JN215167

認知言語学大事典

The Encyclopedia of
Cognitive Linguistics

［編集主幹］

辻 幸夫

［編集］

楠見　孝　　菅井三実
野村益寛　　堀江　薫
吉村公宏

朝倉書店

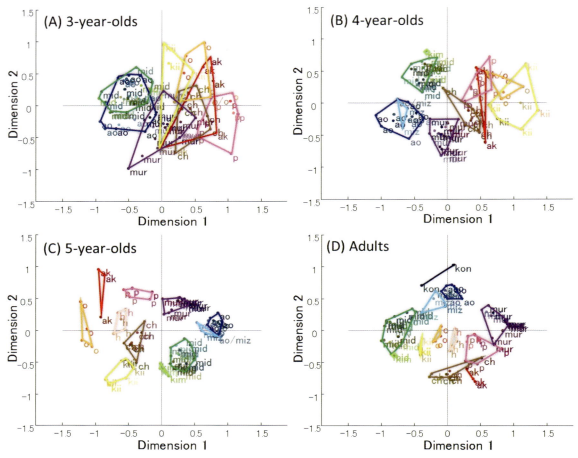

ak=*aka*('red'), ao=*ao*('blue'), ch=*cha-iro*('brown'), h=*hada-iro*('skin color'), kii=*kiiro*('yellow'), kim=*kimidori*('yellowish green'), mid=*midori*('green'), miz=*mizu-iro*('light blue'), mur=*murasaki*('purple'), o=*orenji-iro*('orange'), p=*pinku*('pink')

口絵1 色語彙表象の発達変化を示す多次元尺度法（MDS）プロット（p. 430 参照）

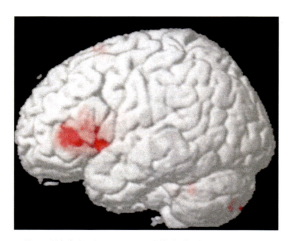

口絵2 語想起課題における血流増加部位（corrected p<0.05）（p. 698 参照）

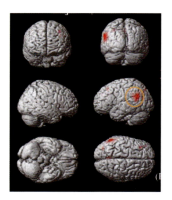

口絵3 音韻判断課題で活動する部位（fMRI）p<0.05 corrected（p. 700 参照）

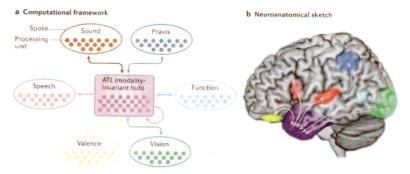

口絵4　オリジナルのハブエンドスポークモデル（p. 704 参照）

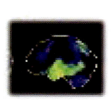

口絵5　語義失語例の脳血流低下部位（脳血流シンチ）（p. 704 参照）

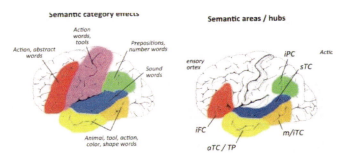

口絵6　意味の領域とカテゴリー特異性のある領域（p. 705 参照）

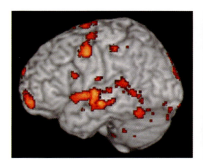

口絵7　単純復唱（内言）uncorrected（p. 717 参照）

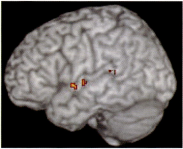

口絵8　単純復唱（内言）corrected（p. 717 参照）

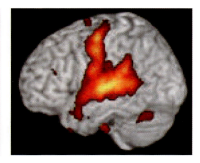

口絵9　単純復唱（外言）（SPM（corrected））（p. 723 参照）

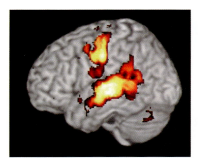

口絵10　単純復唱（外言）（新手法）（p. 723 参照）

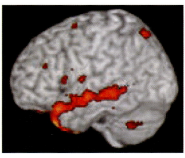

口絵11　単純復唱（内言）（SPM（corrected））（p. 723 参照）

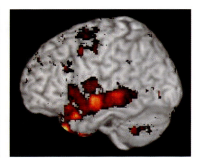

口絵12　単純復唱（内言）（新手法）（p. 723 参照）

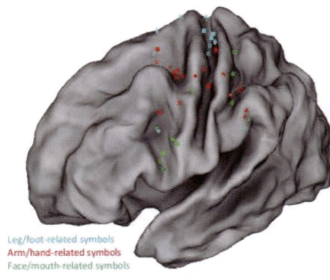

Leg/foot-related symbols
Arm/hand-related symbols
Face/mouth-related symbols

- Hauk et al. [80]
- Tettamanti et al. [92]
- Aziz-Zadeh et al. [93]
- Rueschemeyer et al. [94]
- Tomasino et al. [95]
- Kemmerer & Gonzales-Castillo [96]
- Raposo et al. [97]
- Pulvermüller et al. [79]
- Boulenger [75]
- Postle et al. [98]
- Rueschemeyer et al. [99]
- Desai et al. [100]
- Carota et al. [81]

口絵13 具体的な表現で活性化する脳の部位（p. 721参照）

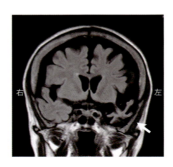

MRI（冠状断）　　　　MRI (VBM)

口絵14 5.11節2.1に示した症例のMRI（p. 786参照）
冠状断で左側頭葉の激しい萎縮を認める（矢印）．VBM（コンピュータによる萎縮程度の解析）では左側頭葉前方に萎縮が強く，これに対して右側に異常を認めない．

ま え が き

　20 世紀から 21 世紀にかけて，言語学はいくつかの大きな転回を見せてきた．例えば，20 世紀前半には行動主義に極端に依拠するアメリカ構造言語学が華々しく誕生したが，すぐさまそれを否定する生成文法が登場した．さらに 20 世紀後半には生成文法に対する根本的な疑問が呈されるようになり，言語学における新しい視点と方法論を希求する機運が多方面で高まった．その中でも認知言語学は大きな潮流の一つである．言語と他の認知機能の関係について共通の問題意識を持つ様々な領域の研究者が合流し，認知言語学という新たな分野を作り上げ今日に至っている．認知言語学が持つ大きな特徴は，言語学としての専門性を維持しつつ，認知科学，情報科学，神経科学などに属する諸分野の発展と軌を一にした総合科学としての学際性を有することである．言語と認知に関する基本的理解を同じくすることで，総称としての「認知言語学」に含まれる広範な研究には実証性を担保に凝集性が得られ，研究成果の相互運用性と共有が図られている．

　認知言語学には揺籃期から現在まで，分野ごとに多くの先駆者はいるものの，唯一の権威となるような創始者はいない．しかし，幸運なことにそのことが自由闊達で経験的な研究を促進する場を提供している．他方その本来的な学際性ゆえに，隣接諸分野に関心を持たない言語学者にとって認知言語学の鳥瞰図を得ることは難しい．現在でも「認知言語学では言語と認知を一緒くたにしている」，「認知言語学では言語の自律性を認めていない」，「認知言語学は意味論と語用論の峻別を否定している」というような誤解に基づく主張が散見されるのはそのためかもしれない．もっとも今日では実証的レベルでの理解がかなり深まってきているのも事実である．研究者間の成果発表や交流の場として国際認知言語学会（ICLA）が 1989 年に設立された．現在，アメリカをはじめ，イギリス，ドイツ，フランス，スペイン，ベルギー，オランダなどの西欧諸国，スウェーデン，ノルウェー，フィンランド，エストニアなどの北欧諸国，チェコやポーランドなどの中欧諸国，東欧はロシア，南米はアルゼンチン，アジアでは日本，中国，韓国などに認知言語学会ないし関連学会があり，そのすべてが国際認知言語学会に加盟している．それぞれは独自の研究大会を定期的に開いているが，共同で定例の国際大会（ICLC）も開催している．

　我が国の認知言語学研究は諸外国に劣らず盛んであり，その規模も世界有数である．本年の夏，日本認知言語学会（JCLA）の第 20 回記念大会（JCLA 20）が開催されたが，同じ会場にて JCLA がホストとなり前述の国際認知言語学会の第 15 回大会（ICLC 15）が連続して開催された．国際大会の開催は我が国では初めてのことである．日々学究に専念する研究者諸氏の熱意にはただ感服するのみである．また喜ばしいことに，本年の秋には JCLA 20 周年の記念式典等が催される．偶然とはいえ，第 1 回の設立記念大会と同じく，筆者の勤務先で開催される．今日までを回想すると認知言語学の健全な発展があり，それを学会運営の立場から肌で感じる機会を与えられ，個人的には極めて感慨深いものがある．

折しも，我が国において認知言語学の大きな諸大会が開催され，令和への改元と重なるこの2019年という年に，満を持して本事典が上梓されることになった．本書は認知言語学の各領域を余すところなく扱う合計5章全63項目の論考と，関連テーマを素描する52のコラムから成り立つ．執筆者は総勢80名，B5版で900頁近い大著である．本事典が対象とする認知言語学の各領域と関連分野の包括性，執筆陣の多様性，何よりも卓越した執筆者による専門領域の簡明な俯瞰と，それに続く洞察に満ちた論考は，世界の名だたる類書を凌駕していると言っても過言ではない．

本事典を編集するうえでは多様な利用者を想定した．したがって，認知言語学の中核となる言語学領域の研究と学際領域を概観できるように構成を考えた．執筆陣は言語学のみならず他分野の研究者をも多く含み，指導的立場にあるベテランを中心に選んだが，主題によっては最も相応しいと考えられる新進気鋭の研究者にも加わっていただいた．

内容の構成はおおむね下記の通りである．

読者が直観的に興味のある領域に辿り着けるよう，本文は5章に分けて収録した．認知言語学の全体像と中核的議論については第1章から第3章に，様々な研究課題と研究成果は第4章に，学際領域については第5章にまとめた．

第1章（総論）は5項目の論考から成り，認知言語学がいかに隣接諸科学と協調しながら切磋琢磨し成立してきたのか，その歴史的流れと現在までを，今後の展開についても触れながら概観する．

第2章（理論的枠組み）は14項目の論考を含む．読者にわかりやすいように説明分野を伝統的言語学（すなわち音韻論，形態論，語彙論，文法論，意味論，語用論，類型論，機能言語学，詩学など）の枠組みで概説し，あわせて認知言語学独自の手法やモデルについて，その取り組みを概観する．

第3章（主要概念）は9項目で構成され，認知言語学の各領域で共通理解とされる前提や基本的概念，キーワードとなるような用語についての詳細な論考をおさめている．

第4章（理論的問題）は，A.言語の進化と多様性，B.言語の創発・習得・教育，C.創造性と表現，という三つの下位区分から成り立つ．本事典では最も大きな章となり，全23項目が含まれる．認知言語学の中核的研究における様々な理論的諸問題，応用的側面，隣接分野にも裾野が広がる関連研究をおさめた．

第5章（学際領域）は12項目から成り立つ．多様な分野と認知言語学がいかに合体あるいは関係するかを鳥瞰できるように，文字通り学際的分野について，それぞれの専門家による論考が含まれる．

コラムは52項目で構成される．興味深い関連トピックや本文を補足する概念あるいは用語の簡潔な説明が得られるよう，関連する各項目に沿って挿入した．

なお，本事典は基本的に読む事典の体裁を保っているが，用語辞典としての役割や研究書・教科書・参考書としての利便性が増すように下記の工夫を施した．

・各項目の目次を詳細にした．

・本文中の重要語は太字とした．

・事項索引と人名索引を日英対照表の役割を兼ねられるように充実させ，関連部分の検索を容易にした．
・本文の目次とは別にコラムの目次を付した．
・用語については原則として辻幸夫編『新編認知言語学キーワード事典』(研究社, 2013 年)にしたがい読者の便を図った．特例のあるものについては複数の用語を併記し，本文・索引から検索できるようにした．
・関連性のある内容について各項目間で相互参照できるように，それぞれの本文中に該当する参照先を挿入明記した．
・文献表に掲載された外国語文献に邦訳書がある場合は可能な限り付記した．
　以上，編者としては利用者の利便性と取り扱いの容易さを十分に考慮した．

　本事典の出版について朝倉書店より筆者に相談があったのは平成 27 年（2015）初夏のことだった．興味深い企画だったので快諾し早速構想を練った．その後，学会でお世話になっている同志 5 人に編集者として加わっていただき，その協力のもとに内容構成の吟味と執筆者の選択を開始し，同時に執筆依頼に着手した．良い事典にしたいという熱意が強かったこともあり，当初の想定よりも大幅に規模が大きくなってしまった．結局，完成するまでに 4 年を要することになったが，今回，晴れて出版に漕ぎつけることができたことは誠に喜ばしい限りである．構想段階から協力を得られた編集者諸氏には，入稿前の原稿から校正ゲラの校閲作業に至るまで，すべてのプロセスにおいて目を通していただいた．骨の折れる作業に協力くださったことに万謝申し上げたい．そして何よりも玉稿を寄せてくださった執筆者に対しては，編集者を代表して，あらためて衷心よりお礼を申し上げる．事典の趣旨に賛同し執筆の申し出を快諾してくださったばかりか，厳しい紙数制限と原稿締切のなかで，編集者の様々なコメントにも真摯にこたえてくださった．最後になったが，本事典の構想段階からたいへんお世話になった朝倉書店編集部にお礼を申し上げたい．
　多くの方々の協力と努力によって完成した本書が，将来にわたって認知言語学と言語学一般，ひいては認知科学分野における基礎的な資料となることを願ってやまない．

　2019 年 9 月

編集主幹　辻　幸　夫

編集主幹

辻　　幸　夫　慶應義塾大学教授：認知科学・意味論

編集者

楠　見　　　孝　京都大学教授：認知心理学・教育心理学
菅　井　三　実　兵庫教育大学教授：認知言語学・現代日本語学
野　村　益　寛　北海道大学教授：言語学・英語学
堀　江　　　薫　名古屋大学教授：言語類型論・認知類型論
吉　村　公　宏　龍谷大学教授：認知言語学・英語学

執筆者

［執筆項目］

青　木　克　仁	安田女子大学教授：言語哲学・社会哲学	1.5
秋　田　喜　美	名古屋大学准教授：言語学	4B.1
浅　井　優　一	東京農工大学講師：文化人類学・言語人類学	5.8
朝　妻　恵里子	慶應義塾大学専任講師：ロシア語・認知文法	コラム 2
足　立　幾　磨	京都大学准教授：比較認知科学	4A.2
荒　川　洋　平	東京外国語大学教授：日本語教育学・認知言語学	4B.7
池　上　嘉　彦	東京大学名誉教授：認知意味論・記号論	1.1
伊　藤　健　人	関東学院大学教授：日本語学・日本語教育学	4C.3
井　上　逸　兵	慶應義塾大学教授：社会言語学	5.7
井　上　京　子	慶應義塾大学教授：言語人類学	5.4
今　井　むつみ	慶應義塾大学教授：発達心理学・言語心理学	4B.2
内　海　　　彰	電気通信大学教授：言語認知科学・言語情報処理	5.10
大　谷　直　輝	東京外国語大学准教授：認知言語学・構文文法	コラム 6, 22, 23, 37
大　月　　　実	大東文化大学教授：理論言語学・意味論	1.4
大　槻　美　佳	北海道大学准教授：神経心理学・高次脳機能障害学	5.5, コラム 48, 49, 50, 51, 52
大　野　　　剛	University of Alberta, Professor：言語学	2.2
大　堀　壽　夫	慶應義塾大学教授：認知言語学・機能的類型論	2.13
大　森　文　子	大阪大学教授：英語学・認知言語学	2.14
岡　　　智　之	東京学芸大学教授：言語学・日本語学	コラム 3
岡ノ谷　一　夫	東京大学教授：認知科学・動物行動学	4A.1
岡　本　雅　史	立命館大学教授：認知言語学・語用論	2.9
尾　谷　昌　則	法政大学教授：日本語学	3.7
小　原　京　子	慶應義塾大学教授：認知言語学	2.8
金　丸　敏　幸	京都大学准教授：外国語教育・認知言語学	コラム 29, 30, 44, 47
楠　見　　　孝	京都大学教授：認知心理学・教育心理学	5.2
熊　代　敏　行	慶應義塾大学教授：認知言語学・日本語学	2.5
熊　代　文　子	慶應義塾大学講師：認知言語学・音韻論	2.1
黒　田　　　航	杏林大学准教授：言語学・認知科学	コラム 7, 10, 17, 36
黒　滝　真理子	日本大学教授：認知言語学・対照言語学	4C.5
古　賀　裕　章	慶應義塾大学講師：言語学・言語類型論	2.13
小　熊　　　猛	滋賀県立大学教授：英語学・言語学	3.3
児　玉　一　宏	京都教育大学教授：英語学・応用言語学	4B.4
酒　井　智　宏	早稲田大学教授：言語学	コラム 4, 5, 19
坂　原　　　茂	東京大学名誉教授：言語学・フランス語学	2.10

執　筆　者

佐 治 伸 郎	鎌倉女子大学准教授：認知科学		4B.3
篠 原 和 子	東京農工大学教授：認知言語学		4B.1, コラム 32
篠 原 俊 吾	慶應義塾大学教授：言語学・英語学		3.4
菅 井 三 実	兵庫教育大学教授：認知言語学・言語教育		3.6, 5.1, コラム 31
鈴 木 亮 子	慶應義塾大学教授：言語学		2.2
鷲 見 幸 美	名古屋大学准教授：意味論・日本語教育学		4C.6
瀬 戸 賢 一	佛教大学教授：レトリック・認知言語学		3.2, 3.5, 4C.1
高 倉 祐 樹	北海道大学特任助教：神経心理学・言語聴覚障害学		コラム 49, 50
髙 嶋 由布子	日本学術振興会特別研究員RPD（東京学芸大学）：手話言語学・認知言語学		5.12
高 橋 英 光	北海道大学名誉教授：英語学・認知言語学		4C.8
田 中 茂 範	ココネ言語教育研究所所長：応用言語学		4B.6
谷 口 一 美	京都大学教授：認知文法・認知意味論		2.7
田 村 敏 広	静岡大学准教授：言語学・絵本学		コラム 38, 39
田 村 幸 誠	大阪大学准教授：英語学・言語学		コラム 15, 25, 28
月 本 洋	東京電機大学教授：人工知能		5.6
坪 井 栄治郎	東京大学教授：言語学・英語学		2.4
中 本 敬 子	文教大学教授：認知心理学・教育心理学		コラム 42, 43
仲 本 康一郎	山梨大学教授：認知言語学		コラム 16, 27, 46
鍋 島 弘治朗	関西大学教授：言語学・認知言語学		3.9
二 枝 美津子	京都教育大学名誉教授：英語学・認知言語学		4C.4
野 村 益 寛	北海道大学教授：言語学・英語学		1.3
長谷部 陽一郎	同志社大学准教授：認知言語学・コーパス言語学		コラム 1, 8
林 宅 男	桃山学院大学教授：言語学		4C.7
早 瀬 尚 子	大阪大学准教授：認知言語学・英語学		2.11
東 森 勲	龍谷大学名誉教授：英語学・認知語用論		コラム 18
樋 口 万里子	九州工業大学教授：英語学		4A.3, 4C.2
平 賀 正 子	立教大学名誉教授：英語学・語用論		5.8
深 田 智	京都工芸繊維大学教授：認知意味論・子ども学		コラム 11, 33, 34, 35
古 牧 久 典	日本大学講師：英語学・認知言語学		コラム 20
古 本 英 晴	国立病院機構千葉医療センター医長：脳神経内科・神経心理学		5.11
堀 江 薫	名古屋大学教授：言語類型論・対照言語学		2.12, 3.8
堀 田 優 子	金沢大学教授：英語学・認知言語学		3.1
本 多 啓	神戸市外国語大学教授：認知言語学		5.3
町 田 章	広島大学准教授：認知言語学・英語学		コラム 12, 13, 14, 40
松 本 曜	国立国語研究所教授：言語学		2.6
宮 畑 一 範	大阪府立大学准教授：認知言語学・意味論		4C.11
村 尾 治 彦	熊本県立大学教授：認知言語学・構文論		コラム 21
籾 山 洋 介	南山大学教授：意味論・認知言語学		2.3
森 雄 一	成蹊大学教授：日本語学・認知言語学		4C.9
森 山 新	お茶の水女子大学教授：日本語教育学		4B.5
八 木 健太郎	中央学院大学准教授：日本語学・日本語教育学		コラム 24, 26
八木橋 宏 勇	杏林大学准教授：言語学・英語学		コラム 9, 41, 45
山 梨 正 明	関西外国語大学教授：言語学・英語学		1.2
吉 村 公 宏	龍谷大学教授：認知言語学・英語学		4A.4, 5.9
李 在 鎬	早稲田大学教授：コーパス言語学・日本語教育学		4C.10
渡 部 信 一	東北大学教授：教育心理学・認知科学		4B.8

［五十音順］

目　　次

第1章　総　　論

1.1　認知言語学と記号論……………………………………………………………………［池上嘉彦］…2
　　　○言語学と記号論／記号学──その誕生　○過渡期としての語用論研究　○記号／言語運
　　　用における認知の主体としての人間の焦点化

1.2　認知言語学と認知科学…………………………………………………………………［山梨正明］…19
　　　○認知科学と知のメカニズム　○認知言語学のアプローチ　○言葉の身体性と知の創発性
　　　○形式文法と自律的言語学の限界　○認知言語学の開放性　○生成意味論のレガシーと
　　　認知言語学　○認知言語学による生成文法批判　○認知言語学と認知科学の新展開

1.3　言語学史から見た認知言語学…………………………………………………………［野村益寛］…32
　　　○認知言語学の考え方　○認知言語学の歴史的位置づけ

1.4　欧米日における認知言語学：その先駆けと現代の旗手……………………………［大月　実］…42
　　　○欧州　○北米：アメリカ，カナダ　○日本

1.5　認知意味論と哲学………………………………………………………………………［青木克仁］…58
　　　○認知科学の中における哲学と認知意味論　○進化の図式の中における認知意味論の位置
　　　づけ　○客観主義　○「認知意味論」の知見の意義　○子どもフレンドリー：ハンフリ
　　　ーの洞察

第2章　理論的枠組み

2.1　認知音韻論………………………………………………………………………………［熊代文子］…78
　　　○認知音韻論の特色　○普遍文法の否定　○分節音　○弁別的素性

2.2　認知形態論………………………………………………………………………［鈴木亮子・大野　剛］…94
　　　○定型性に基づく形態論に向けて　○定型表現　○ケーススタディ　○定型化の動機づけ

2.3　語の認知意味論…………………………………………………………………………［籾山洋介］…106
　　　○認知意味論の基本的な考え方　○捉え方　○百科事典的意味観　○百科事典的意味観と
　　　共通点を有する認知言語学以前あるいは以外の諸説

2.4　認　知　文　法…………………………………………………………………………［坪井栄治郎］…119
　　　○歴史的背景　○認知文法の言語観：機能に動機づけられたものとしての言語　○認知文
　　　法の文法観　○理論的構築物に対する厳しい制限　○基本的文法概念に対する意味的規
　　　定　○認知文法の評価

2.5　認知文法の手法…………………………………………………………………………［熊代敏行］…131
　　　○内容要件　○英語の代名詞照応　○数量詞遊離　○句構造とは何か

2.6　認知意味論………………………………………………………………………………［松本　曜］…152
　　　○認知意味論の歴史　○認知意味論の意味観　○認知意味論の分析

2.7　使用基盤モデル（用法基盤モデル）…………………………………………………［谷口一美］…164
　　　○理論的な背景　○動的使用基盤モデルの概要　○動的使用基盤モデルの与える示唆
　　　○語義の拡張　○文法規則の拡張　○構文の歴史的成立　○構文の習得　○構文文法に

おける使用基盤モデル ○事例モデル

2.8 フレーム意味論 ………………………………………………………[小原京子] …176
　　　○フレーム意味論のなりたち ○認知言語学における位置づけ ○フレームの利点 ○フ
　　　レームの概念の変遷 ○フレームネット

2.9 認知語用論…………………………………………………………………[岡本雅史] …184
　　　○初期認知言語学における語用論の位置づけ ○認知語用論の方法論 ○国内の認知語用
　　　論の動向 ○認知語用論の展望

2.10 メンタル・スペース理論……………………………………………………[坂原　茂] …194
　　　○メンタル・スペース理論の登場 ○メンタル・スペース理論 ○メンタル・スペース理
　　　論の説明の例：名詞句の多重解釈 ○名詞句と役割関数 ○概念統合ネットワークモデ
　　　ル

2.11 構　文　文　法………………………………………………………………[早瀬尚子] …207
　　　○構文文法の基本 ○構文文法の展開 ○構文文法の射程の広がり

2.12 認知類型論……………………………………………………………………[堀江　薫] …220
　　　○言語類型論の歴史展開：初期類型論の全体類型論的志向性 ○認知類型論と言語類型論
　　　の相互関係：サピアの「類型論」・認知言語学・機能主義的言語学との関連を通じて
　　　○認知類型論の展開

2.13 認知・機能言語学……………………………………………[大堀壽夫・古賀裕章] …235
　　　○機能的アプローチの多様性 ○品詞の規定をめぐって ○ヴォイス現象をめぐって

2.14 認　知　詩　学………………………………………………………………[大森文子] …249
　　　○認知詩学とは何か ○認知詩学研究の意義と課題

第3章　主　要　概　念

3.1 身体性と経験基盤主義………………………………………………………[堀田優子] …262
　　　○客観主義からの脱却 ○新たな実在論としての経験基盤主義 ○経験基盤主義における
　　　「経験」と「身体性」 ○言語と思考の経験基盤主義的アプローチ

3.2 カテゴリー化…………………………………………………………………[瀬戸賢一] …270
　　　○世界を分ける ○カテゴリーの性質 ○プロトタイプ

3.3 捉え方／解釈・視点…………………………………………………………[小熊　猛] …281
　　　○形式と意味 ○捉え方に着目した先駆的研究 ○認知言語学の意味観 ○認知能力
　　　○抽象化：詳述性 ○選択：焦点化，スコープ ○際だち：プロファイル，トラジェク
　　　ター／ランドマーク ○パースペクティブ

3.4 イメージ・スキーマ…………………………………………………………[篠原俊吾] …292
　　　○イメージ・スキーマとは ○歴史的背景と基本概念 ○イメージ・スキーマが関わる現
　　　象とその分析

3.5 メタファー・メトニミー・シネクドキ……………………………………[瀬戸賢一] …303
　　　○メタファー ○メトニミー ○シネクドキ ○メタファー・メトニミー・シネクドキと
　　　文法構造

3.6 主観化・間主観化……………………………………………………………[菅井三実] …315
　　　○主観化と間主観化の理論的背景 ○　主観化による意味の希薄化 ○ラネカーによる視
　　　点配列としての主体化 ○トローゴットによる主観化と間主観化

3.7 参　照　点……………………………………………………………………[尾谷昌則] …325
　　　○参照点の概要：Langacker（1993）を中心に ○参照点前史：Langacker（1993）に至

るまで　○様々な応用事例：Langacker（1993）以後の広がり　○参照点の問題点
○参照点の心理学的実在性と関連分野

3.8 文　法　化‥‥‥‥‥‥‥‥‥‥‥‥‥‥‥‥‥‥‥‥‥‥‥‥［堀江　薫］…336
○文法化研究の歴史的展開　○文法化研究と認知・機能言語学および日本語史研究　○文
法化のケーススタディ

3.9 ブレンディング（融合）‥‥‥‥‥‥‥‥‥‥‥‥‥‥‥‥‥‥‥［鍋島弘治朗］…347
○融合の例　○メンタル・スペース理論　○融合の種類　○合成，完成，精緻化という三
つの過程　○形式融合　○行為融合　○本質関係　○統制原則　○融合理論の応用　○
融合理論によるメタファーの分析　○批判

第4章　理 論 的 問 題

A　言語の進化と多様性

4A.1 言語の起源・進化と認知言語学：比較認知科学的視点‥‥‥‥‥‥［岡ノ谷一夫］…360
○言語起源のシナリオ　○言語を可能にした下位機能　○言語以外の高次認知機能

4A.2 言語ラベルの進化：比較認知科学的視点から‥‥‥‥‥‥‥‥‥‥［足立幾磨］…375
○ヒト以外の概念形成能力に見られるヒトとの相違　○言語ラベルと感覚間一致

4A.3 歴史言語学と認知言語学‥‥‥‥‥‥‥‥‥‥‥‥‥‥‥‥‥‥［樋口万里子］…382
○歴史言語学の研究対象と所産　○英語史　○認知言語学から見た，進行形に関わる歴史
的・社会的事実

4A.4 捉え方の普遍性と多様性‥‥‥‥‥‥‥‥‥‥‥‥‥‥‥‥‥‥‥［吉村公宏］…392
○基本的構想と研究史的背景　○普遍性と多様性　○普遍性の高い捉え方（A）　○多様性
の高い捉え方（B）

B　言語の創発・習得・教育

4B.1 音象徴・オノマトペと認知言語学‥‥‥‥‥‥‥‥‥‥‥［篠原和子・秋田喜美］…405
○音象徴・オノマトペ研究概説　○音象徴・オノマトペ研究の認知言語学的展開

4B.2 身体性と記号接地‥‥‥‥‥‥‥‥‥‥‥‥‥‥‥‥‥‥‥‥‥［今井むつみ］…417
○記号接地問題とは：ハルナッドによる記号接地問題の提起とその背景　○言語記号の身
体性と抽象性　○記号接地問題でほんとうに考えるべきこと　○子どもはどのように記
号接地問題を解決しているのか

4B.3 言語習得：認知科学と認知言語学の視点から‥‥‥‥‥‥‥‥‥‥［佐治伸郎］…433
○「経験」はいかにして「意味」となるか　○言語習得と統計学習　○情報共有志向性と
言語習得

4B.4 構文の習得‥‥‥‥‥‥‥‥‥‥‥‥‥‥‥‥‥‥‥‥‥‥‥‥‥［児玉一宏］…450
○構文の交替とは　○構文方法と構文の習得

4B.5 日本における応用認知言語学の過去・現在・未来‥‥‥‥‥‥‥‥‥［森山　新］…456
○応用認知言語学の誕生　○日本における応用認知言語学研究概観　○日本における応用
認知言語学研究の研究分野の変化　○第二言語としての日本語習得・教育研究

4B.6 英語教育と認知言語学‥‥‥‥‥‥‥‥‥‥‥‥‥‥‥‥‥‥‥‥［田中茂範］…467
○問題の所在　○教育的支援としての認知言語学の可能性

4B.7 日本語教育と認知言語学‥‥‥‥‥‥‥‥‥‥‥‥‥‥‥‥‥‥‥［荒川洋平］…481
○日本語教育における応用認知言語学の系譜　○「自然な日本語」の指導　○多義語の意
味ネットワークを用いた語彙研究と辞書開発　○認知言語学による現場知の理論化　○

レキシカル・アプローチと日本語教育

4B.8 自閉症児の認知能力と言語発達……………………………………………………[渡部信一] …492
　　　○自閉症児・晋平に対する実践：出会い，言語発達とコミュニケーション能力，「聴こえ」
　　　の問題，認知能力の発達が言語発達を促すメカニズム，言語獲得

C　創造性と表現

4C.1 日本における認知言語学的比喩研究……………………………………………[瀬戸賢一] …502
　　　○残された 8 冊の著書　○新しい比喩研究　○佐藤信夫とレトリック

4C.2 時制（テンス）と相（アスペクト）の認知言語学……………………………[樋口万里子] …512
　　　○認知文法流アスペクト分類　○アスペクト細分類とプロセスイメージ　○英語の現在時
　　　制の 4 形式の意味機能とアスペクトとの関係

4C.3 格と認知言語学……………………………………………………………………[伊藤健人] …525
　　　○従来の「格」の見方　○認知言語学における「格」の捉え方

4C.4 ヴォイス（態）と認知言語学……………………………………………………[二枝美津子] …537
　　　○ヴォイスと態の形と意味　○日本語のヴォイス　○英語にあって日本語にはない表現　○
　　　受動態の特徴

4C.5 モダリティと認知言語学…………………………………………………………[黒滝真理子] …556
　　　○モダリティとは　○モダリティの二つの捉え方　○ラネカーの認知文法論的アプローチ
　　　から見たモダリティ　○「力のダイナミックス」と多義的アプローチ　○モダリティの
　　　文法化　○Subjectification に対する二つの捉え方　○事態把握の観点から見た類型論的
　　　モダリティ論

4C.6 多義性と認知言語学………………………………………………………………[鷲見幸美] …572
　　　○多義語の成立　○語の多義性　○構文の多義性

4C.7 認知談話研究………………………………………………………………………[林　宅男] …583
　　　○談話分析と認知言語学の言語観と関係　○認知談話研究の展開

4C.8 言語行為と認知言語学……………………………………………………………[高橋英光] …598
　　　○歴史的背景・基本事項　○認知言語学における言語行為の捉え方と分析法　○認知言語
　　　学における命令文の分析法

4C.9 命名論と認知言語学………………………………………………………………[森　雄一] …609
　　　○命名と認知言語学　○名の体系と構造　○表示性と表現性　○命名認知モデル　○命名
　　　と認知の対応性仮説　○再命名　○命名とメタファー

4C.10 コーパスと認知言語学……………………………………………………………[李　在鎬] …617
　　　○コーパスとは何か　○何をコーパスと呼ぶか　○言語研究とコーパス言語学　○コーパ
　　　ス言語学の実際：コロケーション分析を例に　○コーパス研究と認知言語学の親和性　○
　　　コーパスを用いた認知言語学的研究の現状

4C.11 辞書における意味記述と認知言語学……………………………………………[宮畑一範] …631
　　　○辞書づくりの理論　○辞書における意味記述：特に語義配列　○認知的関連性に基づく
　　　辞書記述

第5章　学際領域

5.1 認知言語学と関連領域の連携………………………………………………………[菅井三実] …644
　　　○隣接領域との連携　○言語と知覚との相同性　○鉛直方向と水平方向の非対称性　○学
　　　校教育との連携

5.2 認知心理学と認知言語学……………………………………………………［楠見　孝］…654
　　○認知心理学と認知科学の系譜　○認知心理学の特徴：認知言語学との差異　○認知心理
　　学の知識表象モデル　○認知心理学のカテゴリーとメタファーの研究

5.3 生態心理学と認知言語学……………………………………………………［本多　啓］…669
　　○なぜ生態心理学なのか：背景　○自己知覚と言語表現(1)：エコロジカル・セルフとゼロ
　　形，(2)：他人にとっての環境の見えと一人称代名詞　○認知文法の自己表現論との接点
　　○アフォーダンス知覚と英語中間構文　○英語中間構文と主体移動表現の連続性　○知
　　覚の能動性とアフォーダンス知覚と主体移動表現　○カテゴリー化とアフォーダンス　○
　　比喩表現とアフォーダンス　○アフォーダンス，エフェクティヴィティと状況可能，能
　　力可能　○知覚システムと情報の等価性，冗長性　○環境の意味の共有と響鳴現象　○
　　認知意味論と生態心理学の緊張関係：反認知主義をめぐって

5.4 認知人類学と認知言語学……………………………………………………［井上京子］…682
　　○認知人類学の出現理由　○「民族誌的意味論」の段階　○「プロトタイプ」の段階　○
　　認知人類学における細分化の必要性　○「科学人類学」の段階　○空間認知研究と言語
　　研究　○認知人類学の今後　○人類学と言語学

5.5 神経科学と認知言語学：意味と脳…………………………………………［大槻美佳］…695
　　○脳と言語機能を巡る研究　○言語の階層構造と神経基盤　○意味処理：語の意味／概念
　　のメカニズムと神経基盤

5.6 脳機能計測と認知言語学……………………………………………………［月本　洋］…713
　　○歴史的背景　○脳の非侵襲計測　○比喩理解に関する脳の部位　○身体性に関して

5.7 社会言語学と認知言語学……………………………………………………［井上逸兵］…725
　　○社会言語学の基本的な考え方と認知言語学　○社会言語学の学史的背景　○構造主義と
　　生成文法と社会言語学　○共同・協調・慣習　○個人語と総体としての言語へのアプ
　　ローチ　○中心と周縁の逆転　○認知言語学のキートピックと社会言語学　○認知社会
　　言語学あるいは社会認知言語学にむけて

5.8 コミュニケーションと認知言語学………………………………［平賀正子・浅井優一］…736
　　○範疇化とコミュニケーション　○認知比喩とコミュニケーション　○相互行為のフレー
　　ムとコミュニケーション

5.9 唯識論と認知言語学…………………………………………………………［吉村公宏］…749
　　○唯識の根本思想　○唯識における認知言語学　○認知科学における「認知」と無自性の
　　身体論

5.10 自然言語処理と認知言語学…………………………………………………［内海　彰］…764
　　○自然言語処理の要素技術　○意味空間モデルによる単語の意味表現と類似度計算　○情
　　報検索　○文章の分類　○文章からの情報の抽出や発見　○文章の変換・生成

5.11 神経心理学から見た認知と言語の諸相……………………………………［古本英晴］…780
　　○神経心理学とその方法論　○意味：認知言語学の視点と神経心理学の視点　○神経心理
　　学と言語学　○認知言語学と神経心理学

5.12 手話と認知言語学……………………………………………………………［高嶋由布子］…796
　　○手話言語学　○手話の身体性：類像性　○手話の類像性とメタファー　○手話とジェス
　　チャー

索　　引……………………………………………………………………………………811

コラム目次

1. コンピュータ・プログラミング言語と認知言語学⋯⋯⋯⋯⋯［長谷部陽一郎］⋯31
2. ヤコブソンと認知言語学⋯⋯⋯⋯⋯⋯⋯⋯⋯⋯⋯⋯⋯⋯⋯⋯⋯⋯⋯［朝妻恵里子］⋯41
3. 場 と 言 語⋯⋯⋯⋯⋯⋯⋯⋯⋯⋯⋯⋯⋯⋯⋯⋯⋯⋯⋯⋯⋯⋯⋯⋯⋯⋯⋯⋯［岡 智之］⋯74
4. トートロジーと言語理解⋯⋯⋯⋯⋯⋯⋯⋯⋯⋯⋯⋯⋯⋯⋯⋯⋯⋯⋯⋯⋯［酒井智宏］⋯75
5. 言語と論理：認知言語学的視点から⋯⋯⋯⋯⋯⋯⋯⋯⋯⋯⋯⋯⋯⋯⋯［酒井智宏］⋯76
6. 意味的関係・対立⋯⋯⋯⋯⋯⋯⋯⋯⋯⋯⋯⋯⋯⋯⋯⋯⋯⋯⋯⋯⋯⋯⋯⋯［大谷直輝］⋯117
7. 心 内 辞 書⋯⋯⋯⋯⋯⋯⋯⋯⋯⋯⋯⋯⋯⋯⋯⋯⋯⋯⋯⋯⋯⋯⋯⋯⋯⋯⋯⋯［黒田 航］⋯118
8. ステージ・モデルとビリヤードボール・モデル⋯⋯⋯⋯⋯⋯⋯［長谷部陽一郎］⋯129
9. 定 型 連 鎖⋯⋯⋯⋯⋯⋯⋯⋯⋯⋯⋯⋯⋯⋯⋯⋯⋯⋯⋯⋯⋯⋯⋯⋯⋯⋯⋯⋯［八木橋宏勇］⋯145
10. アナロジーと文法⋯⋯⋯⋯⋯⋯⋯⋯⋯⋯⋯⋯⋯⋯⋯⋯⋯⋯⋯⋯⋯⋯⋯⋯⋯［黒田 航］⋯146
11. 概念化：日常経験と言葉とをつなぐ⋯⋯⋯⋯⋯⋯⋯⋯⋯⋯⋯⋯⋯⋯⋯［深田 智］⋯146
12. 多次元プレーンモデル⋯⋯⋯⋯⋯⋯⋯⋯⋯⋯⋯⋯⋯⋯⋯⋯⋯⋯⋯⋯⋯⋯［町田 章］⋯148
13. 認知図式の発見的意義⋯⋯⋯⋯⋯⋯⋯⋯⋯⋯⋯⋯⋯⋯⋯⋯⋯⋯⋯⋯⋯⋯［町田 章］⋯149
14. コントロールサイクル⋯⋯⋯⋯⋯⋯⋯⋯⋯⋯⋯⋯⋯⋯⋯⋯⋯⋯⋯⋯⋯⋯［町田 章］⋯150
15. 理想化認知モデル⋯⋯⋯⋯⋯⋯⋯⋯⋯⋯⋯⋯⋯⋯⋯⋯⋯⋯⋯⋯⋯⋯⋯⋯⋯［田村幸誠］⋯161
16. 力 動 性⋯⋯⋯⋯⋯⋯⋯⋯⋯⋯⋯⋯⋯⋯⋯⋯⋯⋯⋯⋯⋯⋯⋯⋯⋯⋯⋯⋯⋯⋯⋯［仲本康一郎］⋯162
17. 用法基盤モデル⋯⋯⋯⋯⋯⋯⋯⋯⋯⋯⋯⋯⋯⋯⋯⋯⋯⋯⋯⋯⋯⋯⋯⋯⋯⋯［黒田 航］⋯174
18. 関連性理論と認知語用論⋯⋯⋯⋯⋯⋯⋯⋯⋯⋯⋯⋯⋯⋯⋯⋯⋯⋯⋯⋯⋯［東森 勲］⋯191
19. 意味論と語用論の狭間⋯⋯⋯⋯⋯⋯⋯⋯⋯⋯⋯⋯⋯⋯⋯⋯⋯⋯⋯⋯⋯⋯［酒井智宏］⋯192
20. 語彙語用論と認知意味論⋯⋯⋯⋯⋯⋯⋯⋯⋯⋯⋯⋯⋯⋯⋯⋯⋯⋯⋯⋯⋯［古牧久典］⋯193
21. 統語論と記号的文法観⋯⋯⋯⋯⋯⋯⋯⋯⋯⋯⋯⋯⋯⋯⋯⋯⋯⋯⋯⋯⋯⋯［村尾治彦］⋯218
22. 有 生 性⋯⋯⋯⋯⋯⋯⋯⋯⋯⋯⋯⋯⋯⋯⋯⋯⋯⋯⋯⋯⋯⋯⋯⋯⋯⋯⋯⋯⋯⋯⋯［大谷直輝］⋯231
23. 有標・無標⋯⋯⋯⋯⋯⋯⋯⋯⋯⋯⋯⋯⋯⋯⋯⋯⋯⋯⋯⋯⋯⋯⋯⋯⋯⋯⋯⋯⋯［大谷直輝］⋯232
24. 認知類型論から見た世界の言語⋯⋯⋯⋯⋯⋯⋯⋯⋯⋯⋯⋯⋯⋯⋯⋯⋯［八木健太郎］⋯233
25. 類 像 性⋯⋯⋯⋯⋯⋯⋯⋯⋯⋯⋯⋯⋯⋯⋯⋯⋯⋯⋯⋯⋯⋯⋯⋯⋯⋯⋯⋯⋯⋯⋯［田村幸誠］⋯259
26. 言 語 の 数⋯⋯⋯⋯⋯⋯⋯⋯⋯⋯⋯⋯⋯⋯⋯⋯⋯⋯⋯⋯⋯⋯⋯⋯⋯⋯⋯⋯⋯［八木健太郎］⋯269
27. 類 別 詞⋯⋯⋯⋯⋯⋯⋯⋯⋯⋯⋯⋯⋯⋯⋯⋯⋯⋯⋯⋯⋯⋯⋯⋯⋯⋯⋯⋯⋯⋯⋯［仲本康一郎］⋯301
28. 脱範疇化／脱カテゴリー化⋯⋯⋯⋯⋯⋯⋯⋯⋯⋯⋯⋯⋯⋯⋯⋯⋯⋯⋯⋯［田村幸誠］⋯346
29. ラチェット効果と二重継承モデル⋯⋯⋯⋯⋯⋯⋯⋯⋯⋯⋯⋯⋯⋯⋯⋯［金丸敏幸］⋯373
30. チョムスキーの逆立ちと共進化⋯⋯⋯⋯⋯⋯⋯⋯⋯⋯⋯⋯⋯⋯⋯⋯⋯［金丸敏幸］⋯374
31. 言語の起源・進化：認知言語学への研究の流れ⋯⋯⋯⋯⋯⋯⋯⋯［菅井三実］⋯379
32. 言葉あそびと認知言語学⋯⋯⋯⋯⋯⋯⋯⋯⋯⋯⋯⋯⋯⋯⋯⋯⋯⋯⋯⋯⋯［篠原和子］⋯415
33. こころ，からだ，ことばの協調的発達⋯⋯⋯⋯⋯⋯⋯⋯⋯⋯⋯⋯⋯［深田 智］⋯432
34. 他者との2人称的交流⋯⋯⋯⋯⋯⋯⋯⋯⋯⋯⋯⋯⋯⋯⋯⋯⋯⋯⋯⋯⋯⋯［深田 智］⋯446
35. 他者の心を理解すること：共感〜心の理論⋯⋯⋯⋯⋯⋯⋯⋯⋯⋯［深田 智］⋯447
36. 言語習得と用法基盤モデル⋯⋯⋯⋯⋯⋯⋯⋯⋯⋯⋯⋯⋯⋯⋯⋯⋯⋯⋯［黒田 航］⋯448
37. 他 動 性⋯⋯⋯⋯⋯⋯⋯⋯⋯⋯⋯⋯⋯⋯⋯⋯⋯⋯⋯⋯⋯⋯⋯⋯⋯⋯⋯⋯⋯⋯⋯［大谷直輝］⋯534
38. 責 任 性⋯⋯⋯⋯⋯⋯⋯⋯⋯⋯⋯⋯⋯⋯⋯⋯⋯⋯⋯⋯⋯⋯⋯⋯⋯⋯⋯⋯⋯⋯⋯［田村敏広］⋯535
39. 使役と受動⋯⋯⋯⋯⋯⋯⋯⋯⋯⋯⋯⋯⋯⋯⋯⋯⋯⋯⋯⋯⋯⋯⋯⋯⋯⋯⋯⋯⋯［田村敏広］⋯553
40. 受け身文分析の諸相⋯⋯⋯⋯⋯⋯⋯⋯⋯⋯⋯⋯⋯⋯⋯⋯⋯⋯⋯⋯⋯⋯⋯⋯［町田 章］⋯554

41. メンタル・コーパス……………………………………………………[八木橋宏勇]…630

42. 認知言語学と実験手法……………………………………………………[中本敬子]…666

43. 比喩はどのように理解されるのか………………………………………[中本敬子]…667

44. 自然カテゴリー・自然概念………………………………………………[金丸敏幸]…668

45. サピア＝ウォーフの仮説………………………………………………[八木橋宏勇]…691

46. 空 間 認 知………………………………………………………………[仲本康一郎]…692

47. 基本色彩語…………………………………………………………………[金丸敏幸]…693

48. ミラーニューロンと言語・認知…………………………………………[大槻美佳]…709

49. 脳とメタファーの関係……………………………………[高倉祐樹・大槻美佳]…710

50. 脳とコミュニケーション：プロソディに着目して……………[高倉祐樹・大槻美佳]…711

51. ことばにできる記憶，ことばにできない記憶…………………………[大槻美佳]…712

52. 失語・失読・失書と日本語………………………………………………[大槻美佳]…795

第1章 総論

1.1　認知言語学と記号論

池上嘉彦

「**言語学**」（linguistics）にせよ，「**記号論**」（semiotics）（あるいは，「**記号学**」（semiology））にせよ，一つの研究分野として意識され，一つの「学問」分野として認知される道を歩み始めたのは20世紀の前半であり，その段階で後の発展にとりわけ大きな影響を与えたのは，スイスの言語学者ソシュール（Ferdinand de Saussure: 1857-1913）とアメリカの哲学者パース（Charles Sanders Peirce: 1839-1914）であった．対象とするのが「言語」であるにせよ，「記号」であるにせよ，両者に共通する重大な問題点は，いずれの場合にも，それらを主体的に使用するという能力を有し，それを行使する存在として関わる人間をどのように位置づけるかということであった．

言語学の方では，まず20世紀前半を通して主流の立場にあったアメリカ**構造言語学**では，「話者」として言語を使用する人間を拘束すると想定される抽象的な「構造」を発見し，それを客観的に記述することに専念する，そして「話者」は棚上げし，棚ざらしのままにしておくというスタンスがとられた．次に，20世紀半ば頃から後半にかけて主流となった**変形生成文法**では，母語話者としての人間が有している無限の文法的な文を生成しうるという能力を説明することが言語学の課題として掲げられる一方，その際の話者とは完全無欠の「理想的な話し手兼聞き手」としてのみ考慮されると措定され，その結果，「話者」の営みはすべて「規則」に還元され，「話者」自体は事実上消去されてしまうという処理がなされた．その反動として，具体的な言語使用の場面における「話者」の活発で認知的な営みに焦点を当てるという「語用論」に関わる問題への関心が急速に高まるという過渡期が続く．そのうえでようやく，「認知の主体」としての話者，名実ともに"sujet parlant"（話す主体）という名称にふさわしい話者，という認識を十分に取り込んだ形での「**認知言語学**」が

20世紀最後の四半世紀あたりから，言語学の主流の座につく．

他方，記号論の方では，当初，一方では，ソシュールの言語学での「構造」を「コード」と読み替えて，既成のコードに従う限りでの記号過程を対象とする「伝達の記号論」と，他方ではパースの「**解釈項**」ないしは「**解釈者**」（interpretant）を記号成立の媒介項として想定し，記号過程一般を対象とする「意味作用の記号学」との住み分けという構図が提案された．しかし，既成のコードに基づく記号過程しか扱わないとする前者の本質的な限界は明瞭で，記号論の核心はすべての「モノ／コト」を「記号」（つまり，当事者にとって何らかの意味のあるもの）に変換しうるという「認知する主体」としての人間の営みであるという認識が当然の主流となった．

この流れの中で，刺戟を「記号」（自らにとって意味あるもの）として認識する主体としての人間という構図は，実は人間に限らず人間以外の動物，そしてさらには植物についても該当するという認識が生まれ，それがさらに生物体を構成する組織（例えば，免疫組織），さらには，細胞分裂の契機や遺伝子による情報伝達の仕組み，などにも，十分記号過程として捉えうるものが関与していることが確認され，「**生物記号論**」，「**生命記号論**」（biosemiotics）という名称のもとに，生命の営みそのものが何らかのものを主体とする記号過程によって豊かに特徴づけられているという認識に達する．ここに至って，「認知する主体」として言語という記号を介して自らに関わる意味情報を主体的に処理する話者としての人間という認知言語学の描く図式が，実は人間にとどまらず，広く生命体一般における（比喩的な意味でではあるが）いかにも主体的な生きる営みとも連なるものであるという壮大な展望が得られることになる．

1. 言語学と記号論／記号学 —— その誕生

　一般的な受けとめ方でいうと，「言語学」も「記号論」（あるいは，「記号学」）も，人文系の諸学問の中では比較的若い学問として認識されている．もちろん，この場合の「学問」という名称はその分野での研究がある一定の条件 ——例えば，それ自体に固有と想定される研究対象を有し，それがそれなりの研究パラダイムを備えていて，それに従って探求が進められるといったこと——を満たしているうえに，できればその研究分野固有の学問名が与えられていて，大学レベルの教育機関でその分野の研究に従事する人材を養成する体制が設けられていることが期待されるといったことである．そのようなこととは別に，ある分野の問題について関心が抱かれ，思弁的な考察がなされるといったレベルのことであれば，十分に想像できるとおり，始まりはもっと昔に遡れるわけで，書かれた記録として残されているものに限っての場合，古代ギリシャにまで遡って，言語についてはプラトン（Plato）の『対話篇』の中の「クラテュロス」（Cratylus）における（現代風にいうと）言語の「恣意性」をめぐっての論争，記号については医師ヒポクラテス（Hippocrates）による身体に現れた赤い斑点が麻疹の徴候であるという認識，などがよく言及される．

▶ 1.1　ソシュールの言語学から文化記号論まで

　話を最初の体系化，制度化といった構想と結びついた意味での「学問」ということに戻すと，「言語学」と「記号論／記号学」なら，まず触れなくてはならないのは，ソシュールとパースの二人であり，この点については多くの研究者の見解が一致していると見てよい．ただし，二人の記号論／記号学への関わり方には，かなりの差異のあったことも重要である[→ 1.3]．

　まず，ソシュールの場合であるが，ソシュールが現代的な意味での「言語学」の基礎づけに初めて本格的に取り組んだ（そして後世に大きな影響を残した）存在であるという評価に関しては，十分に定着していると言えよう．実はソシュール以前，19世紀を通しても「言語」についての学問的な取り組みは限定された形では存在していた．そ

れは"philology"（日本語では，ふつう「文献学」という訳語が与えられる）という名称のもとに，任意——ただし，実質的には，もっぱらヨーロッパ——の文化・文明の「古典」時代を解明するという試みをするに当たっては，当時の文献に広く眼を通し，かつ理解できるということが前提となる——その必要に応じるために「古い言語」を研究するということであった．かつては，日本の大学の英文科で文学ではなく語学を専攻するという場合，「英語学」という名称で提供されていたのは，もっぱら古英語や中英語の授業であったが，それも上記のような事情を反映してのことであったのであろう．英語訳が"English philology"でよかったわけである．1950年代に後述のアメリカ構造言語学が導入されると，かなりなためらいの後に最終的には"English linguistics"という英訳名が定着することになった．（ちなみに，ヨーロッパでの研究の流れの中に置かれてきていた日本では当時そういう事情であったが，アメリカではまた別な形で言語学が乗り越えなくてはならない壁があった．アメリカ大陸で研究者が見いだしたのは，ヨーロッパのものとは著しく異なる先住民たちの多様な言語と文化である．そこでは，長い期間にわたる相互交流を通して生み出されたヨーロッパの場合のような，かなりな文化共通性も想定するのが困難であり，言語の理解は，それを用いる人びとの文化についての理解なしには，とても十分なものになりえないという認識が抱かれた．その結果，ヨーロッパの伝統とは独立に，アメリカでは「文化人類学」（cultural anthropology）と呼ばれる学問が急速に発達し，言語の研究は文化研究の一部という構図が成立する．筆者がフルブライト留学生としてイェール大学大学院に留学した折には，「言語学科」（linguistics department）は独立してまだ間もない時期のようであったし，「言語理論」（linguistic theory）と題した専攻コースでそれまでのサンスクリット語必修という条件——伝統的な史的研究偏重の名残り——が撤廃されたのも筆者の入学した1965年からのことであった．他方，言語学科の院生は文化人類学科の科目をいくつか義務的に選択という決まりは，まだそのままであった．）

　ソシュールの考えは，何よりもまず，本人の没

後弟子によって編集された講義録（*Cours de linguistique générale*, 1916）を通して窺い知ることになる．ソシュールは冒頭で「文献学」に言及し，それは「生きた言語」を扱うものではなく，「真の言語科学」とは言えないと評価する．そして自らが目指すのは「言語そのもの」，あるいは「言語の本質」であると確言する．まず取り上げるのは，基本的な単位としての「言語記号」（signe linguistique）で，これは一定の「聴覚映像」と一定の「概念」の「結合」と規定され，言語においてはこの際の「結合」というのは高度に社会レベルでの「約束事」として決まっているのであって，結合している「聴覚映像」と「概念」との間に何らかの必然性があってのことではないという，いわゆる「言語記号の恣意性」が強調される．任意の「聴覚映像」と任意の「概念」とを結合させるという形で記号を生成しうるということは必要に応じて無限個の記号を生成しうるということであり，これが記号体系としての言語の汎用性を支える重要な特徴であることが強調される．そして，ここから話はごく自然と，社会の中で言語と類比できるような他の記号体系へと展開されていく．

> 「言語とは概念を表現する記号の体系であり，それによって，文字，手話，点字，象徴的な儀礼，礼儀作法，軍事用の信号，などと比較することができる．ただし，言語はそのような体系の中でも一番重要なものである．そこで，社会生活の中での記号の生きざまを研究する学問というものが想定できる．…それを「記号学」（sémiologie：ギリシャ語の sémeion〈記号〉から）と名づけることができよう．それは記号が何によって成り立ち，どのような法則がそれを支配するのかを教えてくれるであろう．そのような学問はまだ存在していない．したがって，それがどのようなものであるかは予見できない．しかし，そのような学問は存在する権利を有しており，その位置づけは前もって定まっている．言語学はそうした一般的学問の一部門にすぎず，記号学で見いだされる法則は言語学にも適用されうるはずである．かくして言語学は，人間の関わる様々な出来事全体の中でも，よく規定された領域と結びつけられることとなる．」（Saussure 1916: 33）

上記の引用中には，「言語は社会の中で用いられる様々な記号体系の中でも最も重要なものである」

という趣旨の記述と並んで，「言語学は，より一般的な学問である記号学の一部にすぎない」という発言がある．このことと，言語が手話，儀礼，礼儀作法，軍事用信号，などと類比されていることを合わせ考えてみると，ソシュールは確実なコードを予想するような記号体系のみを記号学の対象として考えていたようにも見えるし，従来は通常そのように受けとめられていた．そのようなことから，ソシュールの構想する記号学では，もっぱら特定の情報だけをコードの規定に従って正確に伝達することを意図する記号体系のみが考慮の対象にされると受けとめられ，（後述の「意味作用の記号学」に対立する）「伝達の記号学」（cf. Mounin 1970）に関わるものという解釈がなされていた．

しかし，20世紀後半の半ばあたりを中心にソシュールの講義録としてまとめられたものの原資料についてなされた綿密な研究から明らかになってきたのは，そのような受けとめ方では過度に単純化されているのではないかという示唆であった．ソシュール自身の手稿に残されている「言語学はこの科学〔記号学〕の一般モデルになるであろう」とか，「〔記号体系の〕本質的側面が明らかになるのは，言語における記号を研究することによってのみである」といった記述，そして最も決定的な形では，ソシュールの講義に出席したうちの少なくとも二人のノートに見られる（しかし，編集された書物には取り入れられなかった）「記号学とは，恣意的に定められた価値を扱う学問である」という定義（丸山 1981）は，ソシュールの真意が「伝達の記号学」対「意味作用の記号学」というような単純な対立図式をはるかに越えるようなところにあったことを示唆している．言語の場合，聴覚映像としての「記号表現」（signifiant）と概念としての「記号内容」（signifié）の間の関係が「恣意的」であるということから生まれてくるのは，一方では，（すでに見たとおり，無限の新しい言語記号の創出が可能になることを通して）無限の新しい「表現作用」の創出が可能になること（なぜなら，「恣意性」の原則は何らそれを妨げるものではないから）であり，他方では，正確な「伝達」の前提となるコードの拘束性（なぜなら，そうなっていることだけがそのコード性の保証で

あるから）である．こうして記号過程に見られる二つの重要な側面は「恣意性」という特徴に集約されるわけで，その「恣意性」の原則に則して無限の記号過程を生成しうる「言語」こそ，コードに依拠する場合も依拠しない場合も含め，あらゆる記号過程のモデルとなりうるものとソシュールは考えたものと思われる．「言語学的な問題は，何をおいてもまず，記号学的である」──『講義』に収録されているこの言葉も，そのような意味で受けとられるべきものであろう．

　ソシュールによる言語についての考察で，もう一つ，後の展開に大きな影響を与えたのは，研究対象とされる「言語」の「体系」（後になって「構造」という術語によって言及される概念に対応するものと受けとめてよいであろう）としての特質が，それを構成する基本単位として，「記号表現」（聴覚映像）と「記号内容」（概念）の結合から成立する「言語記号」の相互間の「対立」（opposition）とそれによって生じる相互間の限定という関係性によって規定される．したがって，個々の言語記号の「価値」はそれが分節する素材内容という「実質」によって決まるのではなく，相互間の「差異」という形式的な要因によって決まるという認識である．

　「言語」を「実質」（substance）によってではなく，抽象的な「形式」（form）によって特徴づけられるとする考え方は，デンマークの言語学者イェルムスレウ（Louis Hjelmslev: 1899-1965）によって徹底的に押し進められた．『言語理論序説』（1943）では，「記号」よりも「記号機能」（sign-function）の方が先行概念であるという規定から始まり，「記号機能」は「表現」（expression）と「内容」（content）という二つの面（plane）における素材に，「形式」が投影され，そこに「形式」によって切り取られた「実質」を浮かび上がらせる．そのようにして，表現面の形式と内容面の形式とが相互依存の関係に置かれたもの──それが「記号」である．ソシュールの「関係を樹立する活動」という発想は，そのまま受け継がれているわけである．

　他方では，言語を徹底して「形式」として捉える姿勢を通して，イェルムスレウはソシュールを越える展望も開いている．例えば，「形式」（記号体系レベルの用語としては「図式」（scheme））が素材に適用され，「実質」が「顕現」（manifest）される（「図式」に対して「用法」（usage）と呼ばれる）という場合，どのような「実質」であるかは副次的な問題となる．そのため，音声言語の文字言語に対する優越といった捉え方もなくなる．そして，さらにイェルムスレウの言葉（Hjelmslev 1947：109）を借りていうと，

> 「〔言語〕理論では，言語形式が実質と切り離した形で構築される．まさにその理由からして，その仕組が自然言語と類似の形式を有する構造体すべてに適用できるのである．」

イェルムスレウは，このようにして「内在的な基盤の上に立って，広義の言語学，すなわち，記号学，を打ち立てる」方向を示したのである．

　言語理論をそのような性格のものとして理解するならば，言語学は人文科学において，ちょうど数学が自然科学において占めているのと同じような中心的な地位を与えられることとなる．あらゆる言語テクストの背後にはその生成を規定する言語体系がある．イェルムスレウの用語で一般化すると，すべての「過程」（process）は，背後に「体系」を予想する．もし言語理論が言語という高度の構造体に関して背後の「体系」を規定することができるとするならば，そして言語理論が「実質」ではなく「形式」についてのものとして構築されているならば，それは言語以外の記号体系についても有効に適用できるはずである．

　イェルムスレウは，このほか，単一の表現面と単一の内容面の相互依存関係によって成り立っている通常の「外延的記号体系」（denotative semiotic system）から出発して，そのような「外延的記号体系」を表現面とする記号体系，および，そのような「外延的記号体系」を内容面とする記号体系とを考え，それぞれを「内包的記号体系」（connotative semiotic system）と「メタ記号体系」（metasemiotic system）と命名した．外延的記号体系に属する記号の記号内容は「表示義」（denotation），内包的記号体系に属する記号の記号内容は「共示義」（connotation）と呼ばれ，この区別は後にバルト（Roland Barthes: 1915-80）によって受け継がれ，術語として定着することとなる．

イェルムスレウのような厳密な理論的考察に基づいて，というよりはむしろ，直観的な判断に基づいてのことのように見えるが，フランスの批評家バルトも，記号研究の分野における典型として「言語学」を提唱した一人であった．バルトは『記号学の原理』（Éléments de sémiologie）と題した短い著作の「序章」で，次のように述べている．

> 「ソシュールは…言語学を記号についての一般的な学の一部を構成するにすぎないと考えていた．ところで，今日の社会生活において，人間の言語ほど広い範囲にわたって用いられている記号体系が他に見いだせるかと言われると，それははなはだしく疑わしい．社会学的な意味合いが皮相的とは言えないような記号体系を求めていけば，我々はたちまち言語と対することになる．…記号体系なるものには，すべての言語が入り混じっているものである．…それゆえ，初めは言語以外の実質と関わっている場合でも，記号学は遅かれ早かれ，その途上に言語を見いだすこととなる．モデルとしてばかりでなく，成分，つなぎ，あるいは，記号内容としてである．…事実，我々はソシュールの述べたことを逆転させる可能性と直面する．つまり，言語学は記号についての一般的な学の一部ではない．…その中の特権的な地位にあると言えるものの一部でもない…．記号学の方が言語学の一部なのである．」

上のバルトからの引用には，記号学はその途上にモデルとして（そして，それ以外の形でも）言語学と遭遇するという趣旨の言明がなされている．バルト自身はそれを「モードの体系」の記述（Barthes 1967）として実践してみせたわけであろうが，この発想はもっと組織的な形では，旧ソ連の記号学者ロトマン（Jurij Lotman: 1922-93）のもとで「**第二次モデル化体系**」（secondary modeling system）の名称で，より明確な位置づけが与えられることとなる．言語は人間の接する世界全般をまずモデル化する機能を有するという意味で「**第一次モデル化体系**」（primary modeling system）であり，人間の生み出した文化は，例えば「文学」はそれ自体がモデル化体系である言語を素材として踏まえ，その上のレベルでモデル化を試みるという意味で，その他に，「絵画」，「音楽」，「映画」などもろもろの営みはモデル化体系としての言語をモデルとしてモデル化を

試みるという意味で，「第二次モデル化体系」なのであるとする．この構想は，「**文化記号論**」（cultural semiotics）と呼ばれる分野での研究を支える基礎的な認識となり，広く応用が試みられることになる．

「文化記号論」を動機づけていたのは，「文化は言語（らしいもの）である」というテーゼであり，それを踏まえて文化の諸相について「文化を言語（らしいもの）として捉える」という試みが意欲的になされた．その結果は，（十分に予想されうることであったが）どのような文化的項目が対象とされるかによって満足度は様々であった．例えば，同じ「文学」という部門であっても，「民話」（cf. Propp 1928）については満足のいく結果が得られるが，「詩」ということになるとそうはいかない．同じ「衣服」という部門であっても，伝統的な民族衣装（Bogatyrov 1937）に限ればよいが衣服全体となるとそうはいかないといった具合にである．背後にあったのは，ソシュール的な言語学で社会的契約として構成される言語がかなりなコード性を前提としているのに対し，文化を構成する諸項目すべてが言語と同程度の拘束力のあるコードによって律される対象ではないということ，そして，同時にソシュールの言語モデルの方についても，言語記号による意味作用を扱う部分の考察がまだ著しく未開拓のままといった事情があったということであろう．このような状況の中で，記号学的な試みも何か固有の研究対象を想定する体系的な学問というよりも，むしろ何か有意義な発見に導きうる（"heuristic"な）方法論的な性格のものという受け止め方が有力で，日本語で「記号学」よりは「記号論」という名称が好まれるのも，背後にそのような意識があるからであろう．

▶ 1.2　主体なき構造言語学から語用論まで

1940年代半ば，それまで十数年にわたって世界を巻き込んだ戦争がようやく終息し，大学を中心として言語研究が本格的に再開されるようになったとき，研究の中心は旧大陸ヨーロッパから戦禍を免れた新大陸アメリカへと移った．その際，早い時期にアメリカに渡ってきた文化人類学者のボアス（Franz Boas: 1858-1942）や戦禍を避けて大西洋を越えてきた言語学者ヤコブソン（Roman

Jakobson: 1896-1982）のように，ヨーロッパの学問的伝統を身につけていた人びとが大きな貢献をしたことも知られている．（1965 年，筆者がイェール大学大学院言語学科に入った折も，ヨーロッパからの留学生数名と筆者だけで，アメリカ人学生がいないといったセミナーのあったことを記憶している．）

　言語研究の中心が，もっぱら印欧語を対象としていたヨーロッパから，アメリカ先住民の言語と精力的に取り組むアメリカに移ることによって，言語学の性格にも微妙な変化が見られた．かつての「文献学」からの自立という課題は，ここでは「文化人類学」からの自立という課題によって取って代わられる．ソシュールの『一般言語学講義』（1916）は，ドイツの言語史学者パウル（Hermann Paul: 1846-1921）の『言語史原理』（*Prinzipien der Sprachgeschichte*: 1880, 1920²）と並んで言語学科院生の必読図書のリストに入っていたが，いずれも授業で取り上げられるというようなことはなかった．（ソシュールについては，ウェルズ（Rulon Wells: 1919-2007）の「ソシュールの言語学の体系」（"De Saussure's System of Linguistics" 1947）と題された論文で評価ずみ，といった受け止め方のようであった．ちなみに，ウェルズはイェール大学での筆者の最初の指導教官．当時のアメリカの大学院言語学科での便覧で筆者が，"semantics" 担当という記載を見いだすことのできた唯一の教授であった．）

　20 世紀を通しての言語研究の大きな流れということであれば，まず，「**構造言語学**」（structural linguistics），それから「**変形生成文法**」（transformational generative grammar），そして「**認知言語学**」（cognitive linguistics）といった形でのパラダイムの変遷を認めることができよう．そして，いずれの場合にも共通して言えることは，この間にアメリカ合衆国が政治的に占めるに至った世界的に重要な位置づけを反映して，パラダイムの交替はアメリカ発の形で起こったということである．本稿の主旨からして，根本的な転換を画したと考えられる「認知言語学」については次節に廻し，本節ではそこに至る前の段階としての最初の二つ，「構造言語学」と「変形生成文法」を取り上げる．

1.2.1　構造言語学

　構造言語学は，20 世紀の前半を通してアメリカ合衆国における言語研究の中核となっていたパラダイムである．ただし，同じ「構造言語学」という名称は，ヨーロッパでの「プラーグ学派」，「コペンハーゲン学派」と呼ばれるグループにも適用される．「コペンハーゲン学派」については，その代表的学者で，ソシュールの構想を極限的にまで抽象化してみせたイェルムスレウとの関連で，すでに 1.1 で触れた．「プラーグ学派」の方は，言語の「構造」よりも，むしろ「機能」に注目することを特徴とするアプローチで，「**機能言語学**」（functional linguistics）と呼ばれることもある．これらと区別して，アメリカ合衆国におけるアプローチには，特別に「**アメリカ構造言語学**」（American structural linguistics）という命名がなされることもある．

　（アメリカ）構造言語学は，その課題をひと言でいうならば，言語の構造の記述ということになろう．ここでの「構造」と「記述」がこのアプローチのキーワードである．まず，「記述」するといっても，もちろん言語表現をそのまま記録するというようなことではない．個々の具体的な言語表現の背後にあると想定される抽象的な型，そのような型に基づいて話者が個々の言語を産出していると想定されるところの型——それを「構造」と呼び，言語使用の具体的な事例から抽出して描き出してみようというわけである．そのようにすることによって，科学というものに期待されている一般化という条件が満たせると考える．「記述」という用語には，また，対象とするものが客観的，かつ正確に捉えられていること，そして，科学としての条件である検証可能性も含意されている．言語学が科学として認知されることへの強い志向性は，当時書かれた論文のいくつかのタイトルにも反映されている．ブルームフィールド（Leonard Bloomfield: 1887-1949）の「言語科学のための公準」（"A Set of Postulates for the Science of Language", 1926），サピア（Edward Sapir: 1884-1939）の「科学としての言語学の地位」（"The Status of Linguistics as a Science", 1929），ウォーフ（Benjamin Lee Whorf: 1897-1941）の「厳密な科学としての言語学」（"Lin-

guistics as an Exact Science", 1940) などは，
その例である．

しかし，「科学」として認知されるということに
関しては，言語学という学問がその対象とする
「言語」をどの程度限定するかという点で，実は大
変厄介な問題を抱え込んでいることが意識されて
いた．それは，言語の「話者」をどう扱うかとい
う問題である．「話者」は人間である．ところが，
人間という存在は，研究対象として扱うに際して
は，徹底した客観性とか厳密さといった科学の要
請には必ずしも馴じまない，ある種のでたらめさ，
気まぐれさをしばしば示すということである．（同
じ長さの2本の直線でも，ほんのわずかの違った
尾鰭が付け加えられると違った長さに見えるとい
った錯視，同じ文であるのに，その文法性につい
ての判断が時間を変えたり，提示の順番を変えた
りすると変わってしまう，といったようなことを
参照．）

アメリカ構造言語学がこの点に関してとったス
タンスは単純明快——つまり，（とりあえず）「話
者」は棚上げしておくということ——であった．
そして，研究者は何よりもまず，客観的に検証可
能な音声的特徴に基づいて話し言葉の分析を進め
るべきで，その際，話者の心中にあって，主観的
で検証不可能と目される「意味」に言及するのは
「破門」（anathema）に値することとされた．（唯
一の「意味」の言及が許されたのは，語彙項目間
で対立的な機能を果たす意味特徴——例えば，
man と woman の間で対立的な意味特徴である性
別の差異——だけで，「**示差的意味**」(distinctive
meaning)という用語が当てられていた．）

このようにして，20世紀の言語研究の大きな流
れは，アメリカ構造言語学において，「**話す主体**」
(sujet parlant) である人間は考慮外に置いて人間
の言語を観察，記述するという不自然なスタンス
で出発することになる．自然科学に類比しうる
「客観性」を志向するあまり生じた歪んだ「**主体な
き言語学**」の誕生である．

1.2.2 変形生成文法

アメリカ構造言語学が自らに課したあまりにも
不自然な制約のために次第に停滞，行き詰まりの
様相を呈してきた20世紀の半ば頃，研究パラダイ
ムの転換が突如，しかも圧倒的な力強さでもって

発生した．当時を体験した者にとっては，まさに
「革命」——いわゆる「**チョムスキー革命**」
(Chomskyan revolution)——という呼び名がふ
さわしいと思えるような目覚ましい転換であった．
きっかけとなったのは，マサチューセッツ工科大
学（MIT）のチョムスキー（Noam Chomsky:
1928-）の『統語構造』(Syntactic Structures,
1957) と題された一見ささやかな刊行物であった
が，そのインパクトは大きく，数年後，次に『文
法理論の諸相』(Aspects of the Theory of Syntax,
1965) が刊行された頃には，構造言語学に代わる
研究パラダイムとして十分にその地位が確立され
ていた．

変形生成文法では，言語研究の課題は構造言語
学の意図した「言語の記述」といったようなもの
ではなく，「人間の（生得的 (innate) と目され
る）言語能力 (linguistic competence) の説明」
であると規定される．（ここでの「説明」
(explanation) という語には，科学的な研究にお
ける達成度は「観察」(observation)，「記述」
(description)，「説明」という順序を踏まえて高
まるという認識を踏まえたものである．）人間の
「言語能力」とは，人間が生まれつきに身につけて
いる，言語を獲得し，行使する能力，そして，そ
の獲得，行使の過程の仕組みを論理的，かつ明示
的な「規則」(rule) の形で提示してみせるのが
「説明」とされた．言語研究の課題がこう規定され
ることによって，ここで初めて，話者としての人
間を主体的な存在として取り込んだ言語研究のパ
ラダイムが成立するかのように見えた．

しかし，実際には，その後の展開は当初想定さ
れているかのように思われた方向へは進んでいか
なかった．まず，人間の言語能力とは，具体的に
は，話者としての人間が無限個の「文法的」
(grammatical) な文を生成することという注釈が
加えられた．そして，そのうえで，考察の対象と
される話者としての人間とは「**理想的な話し手兼
聞き手**」(ideal speaker-listener)——つまり，
「自らの言語を完璧に身につけており，自らの有す
る言語についての知識を現実に運用するに当たっ
ては，文法とは直接関係しない諸条件（例えば，
記憶の限界，気が散るとか注意や関心を集中でき
ないといったこと，そして，（偶発的なものも，

特徴的なものも含めて）種々の誤ち）に影響されることのない」話者——であると規定し，そのような話者が「完全に均質な言語社会に住む」（つまり，本人と同様「理想的な話し手兼聞き手」だけからなる言語社会に住む）という前提で議論を進めると宣言された（Chomsky 1965: 3）[→ 3.2]．

　このような前提のもとで議論が進められると，話者についての扱いがどのようになるかは十分予想できる．一方では，説明の対象となるべき人間の言語能力とは，無限の文法的な文を生成する能力と極めて限定された形で規定された．そして，それを説明するとは，具体的には文法についての有限個の規則を設定し，その運用によって無限個の文法的な文が生成されるということを明示的に示せばよいということである．他方では，これら規則を運用するのは，いささかの錯誤も犯すことのない完全無欠の話者である．とすると，文法的であることを保証するための一連の規則を設定し，それらは常に適正に運用されるという了解にしておきさえすれば，話者なるものに言及する必要は全くなくなるではないか．言語使用の現実の場では，話者は自らの思い込みによる不適切な規則の運用のため，しばしば非文法的な文も生成する．しかし，もしそういう可能性は一切考慮外にしてよいということであれば，一方で有限個の規則，他方でそれらから生成されうる無限個の文法的な文という二項間の関係を提示しておけば十分で，両者の間に規則の運用者として介在する話者を第三の項として提示する必要はないということになる．理想化されることによって，話者は限りなく存在感の希薄なものに変容され，結局は消去されるという憂き目を見たわけである．

　話者が消去されたということと無関係とは言い難いことであるが，もう一つ，言語的な意味の扱いについても，注目しておくべき明らかに過度の単純化が早い時期に「変形」（transformation）の概念との関連で導入された．当初とられていたのは，例えば受動態の文は対応する能動態の文に「変形」が適用されて派生されるというごく素朴な図式であったが，これも早い時期に改定され，対応する能動態の文と受動態の文は共通の「**深層構造**」（deep structure）を有し，それに異なる「変形」が加えられることによって異なる「**表層構造**」

（surface structure）として実現されたものという図式に変更になった．そして，この際，能動態の文と受動態の文の両者に共通する「意味」が「深層構造」で規定されており，それぞれが「表層構造」として能動態の文と受動態の文という異なった形式として実現するために適用される「変形」は「意味」を変えない，したがって，対応する能動態の文と受動態の文は（形式こそ違っているけれども）「意味」は同じといった主張がなされるようになったのである．（後に見るとおり，この考え方は，認知言語学での考え方とは真っ向から対立する．）「**変形は意味を変えない**」（Transformations do not change meaning）という大原則の導入である．この原則の背景にある「意味」の概念は，言語表現の「意味」をその言語表現の「指示対象」（referent）と同一視する——例えば，"John hit Bill" という能動態の文と "Bill was hit by John" という受動態の文とは，同一の「（客観的な）事態」を指しているから「意味」も同じと主張する——ということである．哲学レベルでは，当時，すでに「明けの明星」（the morning star）と「宵の明星」（the evening star）という表現は同一の金星という対象を指しているからといって意味が同じというのはおかしい，といった議論で，言語表現の「意味」と「指示物」とは別物という認識は十分に定着していたはずなのに，（たとえ，問題になったのが語句レベルの「意味」ではなく，文レベルの「意味」であったという違いがあったものの）同じ認識がなされなかったのは，今から思うと不思議なくらいである．おそらく，これは理論化に敢えて過度の簡素化が優先されるということから生じた歪みであろう．

2. 過渡期としての語用論研究

　人間言語の最も本質的な部分を究明するという志向性自体はよいとしても，あまりにも理想化されたレベルで問題設定がなされ議論が展開されるという状況に対しては，反省する必要ありとする気運が次第に高まりを見せ，20世紀の最後の四半世紀の始まる頃から，現実の言語使用の場面というレベルでの言語に注目し，その働き方を改めて把握してみようとする試みがほとんど爆発的と言

ってよいくらいの勢いで広がっていくこととなった．「語用論」（pragmatics）と呼ばれる分野での言語研究である．

"pragmatics" とは，もともと記号論で使われた用語で，「記号と記号使用者の関係を扱う分野」と定義されていたものであるが，言語学の場合に，関心が言語使用者としての話者よりも言語そのものに向けられていたのと平行し，記号論でもこの分野は著しく未開拓のまま，残されていたようである．言語学で話者を十分考慮に入れての言語使用が活発な研究対象として定着するに際して，この術語が新しい関心に対する名称として導入されたということである（日本語の訳語として，言語学の分野の名称としては「語用論」が定着したが，記号論の分野の名称としては「実用論」が用いられることがある）．

語用論の分野で，現実の具体的な場面での話し手，聞き手の間での意味のやりとりが様々な場面について精力的に検討された結果，十分に明らかになってきたのは，そこでは実際に交わされる言語表現の文字どおりの意味をはるかに越える意味（場合によっては，文字どおりの意味とは正反対の意味すら）が伝達されうるという事実であった．つまり，話者は受け止めた言語表現によって担われる文字どおりの意味を自らの知識と突き合わせてみたり，あるいは，それを踏まえて推論を加えてみたりするといった「認知的」な営みを自らの責任で「主体的」に行なうことを通して，様々な読み込みを（補足ばかりでなく，時には補正も加えながら）実践しているということである（また，自らの発話についても相手によって文字どおりの意味以上の読み込みがなされることを想定して言語表現を組み立てるということもする）．要するに，現実の場面での言語使用（"language in use" と呼ばれるもの）については，話者による認知的な介入なしには説明がつかないという認識である．

「語用論」への関心の高まりと平行して注目を集めるようになった言語学のもう一つの新しい分野は「談話分析」（discourse analysis）である．この際の「談話」（discourse）という概念については，当初はごく素朴に「文よりも大きい単位」（つまり，「文がいくつか連結されて生じる単位」）という規定で出発し，伝統的な「語が連結さ

れて文を作る」という「文－文法」（sentence grammar）との類推で「談話文法」（discourse grammar）なるものの構築が検討されたが，この方向づけは早い時期に見当違いのものとして放棄され，以後，「談話」と「文」の差はサイズの問題ではなく，質的な問題である（つまり，「談話」は具体的な場面で用いられた言語表現（したがって，1個の文であっても構わない）という認識に立つもの）という了解に立つことになり，「語用論」との親近性が一層高まった［→ 4C.7 ］．

ここまでくると，「理想的な話し手兼聞き手」が生成する「文法的」な文を対象とする変形生成文法の立場の狭隘さは，十分すぎるくらい明らかである．現実の場面での言語によるコミュニケーションの営みを考えてみれば，母親と子どもの対話のような場面であれば，子どもの側からの文は「非文法的」なものであっても母親の方がそれを補正して受け止めてくれることによって，十分コミュニケーションが成り立ちうるわけであるし，また，全く「文法的」な文であっても，必要以上に丁寧表現を含むものであれば「馬鹿丁寧」であると受け止められ，コミュニケーションが成立しないこともありうる．「文法的」であるということ自体，コミュニケーション生成のための必要条件でも，十分条件でもないわけである．

3. 記号／言語運用における認知の主体としての人間の焦点化

▶ 3.1　主体性の言語学としての認知言語学

3.1.1　「典型性」に基づく「カテゴリー化」の営み

20世紀の言語研究の流れの中で「認知言語学」が新しいパラダイムとして初めて広く眼につくような形で登場するのは，1987年刊行のレイコフ（George Lakoff : 1941-）の *Women, Fire, and Dangerous Things — What Categories Reveal about the Mind*（女性と焔ともろもろの危険なもの—カテゴリーが心の働きについて教えてくれること）（1987）であろう．ただし，この書物で論じられている言語の部門は，もっぱら「語彙」（lexicon）で，その重要な知見の一つは，人間による「カテゴリー化」（categorization）の営み——つまり，人間は自らが言語化の対象とする可能性のあるあらゆる事物を有限個のカテゴリーに

還元し，それぞれに対応する語彙項目を用意するという営み——に関わるものである．これら，人間言語の語彙体系を構成する基本的単位としての「カテゴリー」(category) と呼ばれる概念についての伝統的な考え方は，同一のカテゴリーに属するメンバーは，そのすべてが一定の特徴（ないし，特徴群）を共通に有している（したがって，そのカテゴリーのメンバーである資格（あるいは，ふさわしさ）はすべて対等であると同時に，それ以外のカテゴリーのメンバーとの区別は一目瞭然である）というものであった．レイコフはこの「古典的」な考え方を説得的に否定し，言語に認められるカテゴリー化においては，むしろ，まず話者によって，問題のカテゴリーの最も「**典型的**」(prototypical) な事例が想定されていて，それとある程度類比できる事例はそのカテゴリーのメンバーと認めるというやり方で構成されている（したがって，同じカテゴリーのメンバーであっても，そのカテゴリーのメンバー資格（あるいは，ふさわしさ）はすべて対等ではないと同時に，それ以外のカテゴリーのメンバーとの区別は必ずしも明瞭であるとは限らない）ということを示した．古典的なカテゴリー観では，分類基準がもっぱら分類される対象に関わる「客観的」な特徴に求められるのに対して，言語の使い手としての人間によるカテゴリー化では，人間が分類の営みの主体となり，問題の対象との人間の関わりという「主体的」な分類基準になっているということが読み取れよう．

　言語におけるカテゴリー化についてのレイコフの指摘は，おそらく，指摘されればなるほどそのとおり，やはり，そういうことであったのかといった思いとともに受け止められる事例の一つという印象を与える．つまり，言語との関連で主体的に振る舞う話者としての人間の存在が「客観性」優先という口実のもとで，いかに不当に無視されてきたのかということである．しかし，人間の言語との関わりという問題は，もっと一般的な視野で考えられる一つの場合にすぎないということも認識しておいてよいであろう．「**機能主義**」(functionalism) という名称で言及されることのある考え方で，一般化した形ででは，「機能 (function) が構造 (structure) を規定する」という言い方で知られている．

　典型的な事例としては，「道具」という名称が適用される人間の創造物がある．地球上で出現以来，人類は自らの心身能力の限界を意識し，それを越えた振舞いが可能になるよう，様々な「道具」を創出してきたことは周知であり，人類の進化の研究では，それが創出した最も基本的な文化的な対象として「道具」はまず注目すべき対象とされてきた．

　「道具」は，その形態についてはおよそ多種多様であるし，その多種多様な形態を見えるとおりに記述することは，もちろん不可能ではない．しかし，それだけでは，その文化的な対象としての記述が果たせたとはとても言えない．文化的な対象としての「道具」は，人間によってある目的のために使われるということで，わけあってそういう形態になっているのであって，決して恣意的な産物ではないからである．（例えば，「椅子」がふつう我々が今見るような形態をしているのは，それに想定される用途——つまり，人が安楽に腰を降ろして休めるということ——に大いに動機づけられている．腰を降ろせる平たい部分，それを適度の高さで支える脚，背中を安楽にもたれかからせるための背もたれ，腕をのせるための両側の肘掛け——これらは安楽に座るためという椅子という道具に想定されている機能を満たすことを意図して創り出された特徴であって，決して恣意的に生み出されたものではない．）

　人間によって「使われる」という意味で一種の「道具」としての機能を託されている言語についても，同じ事情が働いているはずである．もし，言語が人間にとって「認知」(cognition) の営み——つまり，意味を生成しそれをやりとりするという営み——の媒体としての「機能」が託され，絶えずそのように使われるとすると，言語の「構造」は人間の認知的な営みの働き方によって十分に「動機づけられて」(motivated) いるはず，というのが，認知言語学の基本的な認識である．そこでは，言語の使い手としての「話者」である人間が言語使用に関わる認知的な営みの主体と位置づけられる．かくして，「話者」が言語研究のパラダイムに（本来，当然そうあるべきであったような資格で）組み込まれる構図が成立するに至っ

たと言ってよいであろう.

3.1.2 「事態把握」―話者の「主体的」な営み

レイコフによってまず提示された言語における「カテゴリー化」についての新しい知見も，そういう新しい発想に基づいて言語の本質を新しく捉え直そうとする試みの第一歩であった．ただ，カテゴリー化の問題との関連で取りあげられたのは，もっぱら言語の語彙の部門である．そして，語彙というのは（ソシュールの「ラング」の概念がもっぱら語彙項目に集中していたことにも反映されていたとおり）言語に関わるもろもろの事情の中でも，社会的な制度としての成立度が相当に高い部分である．レイコフはそういった言語の部門にも，その成立には話者による主体的な営みが実は大いに関わっているのであり，それらはその痕跡として捉えられるということを示したものと評価することができるであろう.

しかし，言語に関わる話者の認知的な営みがいかに主体的に進められるか，しかもそれが継時的に観察できるような形で見てとれる場合というのが他にあるのである．それは，話者がある「事態」に際してそれを言語化するという過程そのものにおいてであり，認知言語学で **「事態把握」**（construal）という名称が与えられている営みである [→ 3.3 , 4A.4].

話者が「発話」するとき――つまり，ある事態を言語によって伝えようとするとき，どのような過程が起こっているのであろうか．発話に際して，話者は言語による表現の基本的な単位として「文」（sentence）と呼ばれるものを作成する．話者は，発話に際して，どのようにして「文」をまとめあげるのであろうか.

その点についての伝統的な考え方というものが「言語的相対論」の提唱者であったウォーフによって，その論考の一つ（Whorf 1940a）の中で次のように紹介されている――そこには二つの段階がある．まず最初に，事態をどのように表現するかについて「考えをまとめる」（formulation of ideas）という段階，そして次に，まとめた考えを「言葉で表現する」（expression）という段階がくる．前者の段階を取り仕切るのは，人間の有する「生まれつき身に備わっている論理能力」（natural logic）であり，後者の段階になって「言語」が登場する．ただし，言いたいことをまとめるという最重要の部分は前者の段階で処理されていて，後者の段階では，すでにまとめあげられている内容に言葉という衣を着せて相手にそれを知覚可能な形にするだけのこと，したがって，後者の段階だけと関わる言語の役割はごく皮相的なものにすぎない――ウォーフは，伝統的な考え方をこのように総括したうえで，実は前者の「考えをまとめる」という段階からして話者の言語が介入しているのであると持論を展開していくのである.

構造言語学では，そもそもその理論的な枠組みに「話者」は組み込まれていなかったから，話者が「文」を生成する過程などといったことは議論の対象にされることすらなかった．次の変形生成文法では，話者は「理想的な話し手兼聞き手」という資格でしか考慮しないという前提を立てることによって「話者」は事実上消去され，「規則」が「文」を生成するという形で議論が進められた．「話者」は「規則」が生成してくれた「文」を受け取り，それをそのまま口にするだけ，といった過程が暗黙のうちに想定されていたということであろう．「話者」は，全く「主体性」のない存在であったわけである.

認知言語学では，この「発話に先立って考えをまとめる」という前者の段階に対して，話者による「事態把握」と呼ばれる営みが関わるものと考える．この「事態把握」とは，具体的には，おおよそ次のような営みであると想定される.

話者が，ある「事態」と対して，それについて語ろうとする際，まず言えることは，話者にとって，その「事態」に含まれるあらゆるもの／ことを言語化することは不可能である．（話者には知覚できないこと，知らないことも含まれているであろうからである.）しかし，同時に，話者にとっては，そこに含まれるもの／ことをすべて言語化する必要も通常はない．話者は差し当たっての発話の場面にあって自らの発話の意図からして「関連性のある」（relevant）もの／ことだけを言語化して，「関連性のない」（irrelevant）もの／ことは無視してよいわけである．そのようにして，かりに「何」（WHAT）を表現するかの選択，決定が決まったとしても，次にそれを「いかに」（HOW）表現するか（例えば，自動詞表現にするか，他動

詞表現にするか，能動態にするか，受動態にするか，など）という点についても，その発話の場面を参照しながら，最も「関連性のある」ものを選択，決定しなくてはならない．（そして，そのうえで具体的にどういう言語表現に載せるか（つまり，「言語化」）へと進んでいく．）

上の「事態把握」の概念の説明については，なおいくつかの補足が必要である．第1に，「関連性のある」という概念には，「（問題の発話の場面に身を置く）話者としての自分自身にとって」という（中立的なニュアンスでの）「自己–中心的」な意味合いを含んだものであることが暗黙の前提になっているということである．したがって，話者は数ある選択肢の中から選択・決定を自らの責任において実行するという意味で「主体的」に振る舞っているというだけでなく，選択・決定の基準が「自己–中心的」であるという意味でも，いわば二重に"subjective"な存在であるということである．第2に，当座の議論に直接関係することではないが，話者による選択，決定は完全に自由意志に基づいて行なわれるものではないという点も追記しておくに値する事項であろう．あるもの／ことの言語化に際して，いくつかの選択肢があるとしても，言語によってどの選択肢が最もよく好まれるかは必ずしも同一ではないし，ある言語には用意されていても別の言語には用意されていないということも十分ありうる．このような場合，話者による選択の可能性は話者の言語によって異なるやり方で制約されているということになる．"thinking for speaking"（言語化を意図しての思考：Slobin 1996）という言い方の示唆するとおり，言語化を前提としての事態把握には，話者の用いる言語自体に由来する制約が話者にかけられることになり，この限りで，ウォーフ的な「言語的相対論」も現実のものとなると考えられよう．（ただし，同時に，話者にはそのような制約を越えて，新しい意味の創造を敢えて試みてみる自由もあることも忘れてはならない．）

3.1.3 「事態把握」と「意味」

言語の話者は発話に先立って，自らが言語化の対象にしようとする事態について，認知言語学で「事態把握」と呼ばれる一連の認知的な処理を事態に対して施す．対象となる事態そのものは，どの

ような認知的な処理を施されうるかに関しては常にいくつかの選択の可能性があり，話者が発話の場面を構成する様々な要件を自らにとっての関与性を評価したうえで自らのとる選択肢を決定する．そのようにして得られる事態把握に沿う形で話者は言語化を進め，発話に至る．

こうした事態把握と呼ばれる話者によるすぐれた意味で主体的な認知的営みが理論的枠組みに組み込まれることによって，言語表現の「意味」の概念も大きく変容する．伝統的なアプローチでは，言語的な「意味」とは，何よりもまず，語句と慣習的に結び付けられている概念内容といったものとして了解されるのが普通であった．認知的な営みの主体としての話者という見方が取り込まれた認知言語学では，「意味」とは話者が言語化の対象となる事態と認知的に関わりあうことで生成されるものというのが基本的な認識となった．認知の主体としての話者は，同一の事態であってもそれを異なるやり方で把握し，異なる「意味」のものとして立ち現れさせることができる．異なるやり方での事態把握は，異なる形の言語表現として実現される．したがって，"different forms, different meanings"（表現の仕方が違えば，（同じことについて言っていても）意味が違う：Bolinger 1977）というのも認知言語学における重要な認識であり，この認識に基づいて言語の構造の本質を見直すという作業も進行中である．

▶ 3.2 パースの記号論を踏まえての展望

スイスの言語学者，ソシュールの「記号学」の構想が（もともと，その背後に想定されていたのが言語の「ラング」——すなわち，社会慣習として話者の振舞い方を制約する力を有する構造体——であったということからして）もっぱら，多かれ少なかれ明示的な「コード」（code）を備えた対象にその適用が限られたのに対し，アメリカの哲学者，パースの「記号論」は，何らかのモノ／コトが何らかの知覚者にとって何らかの意味を帯びる存在となることによって記号と化すという最も基本的な段階からの考察を始めたものであったゆえに，はるかに自由で柔軟に記号過程における主体としての人間の営みを取り込んだ形で多様に展開されていくという道を歩むことになった．

ソシュールとパースの間の記号の概念の基本的

な違いは，それを二項関係として考えるか，三項関係として考えるかという点である．前者では，記号は「記号表現」（意味を担う単位）と「記号内容」（担われる意味）の結合した二項関係として（すでに成立ずみのものとして）捉えられる．他方，パースでは，記号は「記号（表現）」（sign，あるいは，representamen）と「（記号によって指示される）**対象**」（object）と「**解釈項**」（interpretant）という三項関係として考えられる．ソシュールの場合は，（言語における「ラング」に対応して，コードを備え，構造化された抽象レベルでの記号体系が想定されているので，記号と関わる主体は考慮に入れられていないし，同じ理由で「記号内容」には言及されるが，記号が使用面で適用される対象への言及も表面には現れない．他方，パースでは，記号と関わる主体への直接の言及はないものの，「解釈項」という項を立てることによって，問題の「対象」を「記号」として受け止める主体（つまり，「解釈者」（interpreter））の存在が暗黙のうちに了解されるという形になっている．

　パースは「解釈項」とは，ある（記号表現たりうる）ものをある対象を指す記号たらしめるもの，といった意味で解しているように思える．そして，その意味では，パースの「解釈項」は，記号表現による指示対象の定義，ないしは，指示する記号表現によって担われる記号内容，に相当するものではないかという説明もある．ただ，パースの構想においてすぐれて重要な点は，あるものが（もしかしたら，初めて）記号として機能するという時点を念頭に（その折に，使用者の心に浮かぶ思考として）考えているということである．（パースは，思考も記号過程と考えるから，心に浮かんだ「解釈項」は，次にそれ自体が記号となり，それがまた解釈項を生むという形での無限の記号過程の連鎖が生まれると説く．）パースの考え方では，既成のコードによって意味が生じるという場合でなく，人間があるモノなり，コトなりと関わることによって，そこに意味を立ち現わさせるという営みに焦点が置かれており，それがゆえに，以後の記号論の展開において，より広く柔軟に，そして，より実り多い形で取り込まれていくことになる．

20世紀の記号論研究の流れの中で最大の理論的貢献と評価されるエーコの著作，*A Theory of Semiotics*（記号論の理論）（Eco 1976）は，いわば，客観性志向の強いソシュール的な構造主義の伝統を引き継ぐ構想の記号論から，主体的でダイナミックな意味生成の営みから出発するパース的な構想に根ざした記号論へと移行する過程的段階のものと位置づけることができよう．パースについての言及はたびたびなされているし，特に，その中心概念である "interpretant" についてはかなり詳細な検討（pp. 68-72）がなされている一方，著述全体を通しては「コード」の概念が常に念頭に置かれる形で進められているかのように見える．著作の中心をなす第2章，"Theory of Codes"（コードについての理論）では，記号内容面の記述の枠組みとして（多分，この書物の執筆時期に流行していたと思われる）変形生成文法における不毛な "the KF model"（カッツとフォーダーのモデル）が（これを出発点として，最終的には人工知能研究者のクィリアンの発案に基づいた "the Q model" として拡充されてはいるものの）採用されたのも残念であるし，また，第3章 "Theory of Sign Production"（記号生産の理論）の著述も，本来なら意味（したがって，記号）創出の営みがパースのような発想を出発点として展開され，記号論の理論の核心部分となってよかったはずであったが，論述が基本的には既成のコードの変更の営みという形で進められている．そして，最終章である第4章，"The Subject of Semiotics"（記号論における主体）はわずか5ページという短さ（著作全体の1/70以下に相当）で，「主体」の問題は「コード」に変更がもたらされたことが確認された限りで取り上げるのが妥当という提言で締めくくられている．

▶ 3.3　主体性の記号論としての生物／生命記号論

　記号過程に記号と関わる主体を取り込んだ形での構想を導入するきっかけは，意外な方向からもたらされることとなった．エストニア生まれで，20世紀前半を中心に当時のドイツ語圏で活躍した生物学者ユクスキュル（Jakob von Uexküll: 1864-1944）の生物の「**環境世界**」という概念を説いた論考が「意味論」（Bedeutungslehre）と題

された論考などとともにアメリカの記号論学者，シービオク（Thomas A. Sebeok: 1920-2001）によって紹介されるという出来事であった．

3.3.1 ユクスキュルの「環境世界」論

ユクスキュル自身は，彼の時代では生物学者として活動した人物で，記号論研究の流れとの接点は認められない．しかし，その創意に満ちた生物の生態に関わる洞察は，後に「**生物／生命記号論**」（biosemiotics）と呼ばれるようになった考察の出発点として重要な寄与をなした．記号論に組み込まれることとなったのは，「環境世界とその中に住まう主体としての生物」という「生態学」（ecology）的なモデルで，それはおよそ次のように要約できる——生物体はある自然の環境の中に住んでおり，その自然的な環境から，およそ様々な刺戟（stimulus）を受けている．（もちろん，生物体は自らの種が何であるかによって感覚器官の受容能力に差がある．問題の生物体にとって，自らの感覚器官で感知できないような刺戟（となりうるもの）は，その生物体にとって，"irrelevant" な（関与性のない，意味のない）ものとして考慮外に置ける）．自らが感知できる限りの刺戟については，生物体はそれが自ら（の生態）にとって "relevant"（関与性のある，意味のある）ものか，どうかが区別されなくてはならない．そして "relevant" である刺戟については，それに対して適切な反応（response）をとらなくてはならない．（さもなければ，自らのその環境における生存はおぼつかないわけである．）つまり，ここで起こっているのは「記号過程」であって，生物体が「解釈者」として刺戟を「記号」として受けとめ，その（自らにとって）の「意味」/「関連性」を主体的に解釈しているかのような出来事が認められるということである．ユクスキュルは，上記のような（現代風に言えば，「生態学」的な）観察から，異なる種の生物体は，たとえ同一の自然的環境の中に住んでいても，それをそれぞれが異なる環境として受けとめていると考える．それは，自らにとって関与性のある（意味のある）ものと関与性のない（意味のない）ものが生物種によって異なるように意味づけられた環境である．各生物種は自らの周りにそれぞれに固有のやり方で意味づけられた世界を構築しているということ

であり，ユクスキュルはそのような種固有の世界を「**環境世界**」（Umwelt: "um" は「周囲をかこむ」の意味の接頭辞，英語の直訳は "around-world" であるが，英語としては落ちつきの悪い複合形であるので，むしろ，外的な自然環境に対して種固有の生得的な世界という趣旨で "inner world"（**内在的世界**）という言い方が使われることもある）と命名した．

自然の環境がそこに住まう生物体にとって客観的な存在であるとするならば，ユクスキュルの言う「環境世界」は，まず，そこに住む生物体自身の知覚能力によって制約されたものであるという限りで，主観的な性格のものであると言える．しかし，さらにそのうえで，そこに住む生物体が自らの知覚する刺戟を，最低限，自らにとって好ましいものと好ましくないものに選り分けて（比喩的に言えば）認識し，異なる反応の仕方で対応しているとすると，それら生物体はあたかも「主体的」に反応しているかのように見える．実際には，このような場合，もちろん，人間におけるような，すぐれた意味での主体的な認知の営みがなされたうえで，その判断に基づいて選択がなされているというわけではない．いわゆる「本能」（instinct）として生得的に埋め込まれている神経経路の働きが媒介しているということであろう．しかし，結果的にそこでは，認知的な過程が介在した場合と同じように自己の生存にとっての好ましい選択肢が選ばれるということが起こっているのであるとすれば，そこに，その生命体における未成熟な段階での「主体的」な振舞いを認めるのも不可能ではないであろう．（「環境世界」の中に住み，そこで主体的に生きる生物体というユクスキュルの描いたイメージには，当時主流的であった生物の「進化」についての認識に対する批判的な意味合いが込められていたことにも注目しておくとよい．「生物は環境に適応することによって進化する」という認識では，「適者生存」——つまり生物は，自らの置かれている環境に最もよく順応することに成功したものが進化をとげて後世に残る——という原則的な了解があった．実は，自然環境の中で，生物はもっと主体的に生きているものであり，場合によっては自らが自然の環境を変えてしまうことすらありうる，というのがユク

スキュルの認識である．また，すでに触れたエーコの記号論が基本的に「人間中心的」（anthropomorphic）に構成されていたのに対し，ユクスキュルの構想では，記号過程の観察可能な範囲が著しく拡大されうることにも注意——エーコ（Eco 1976: 9）では，身体内的な生理過程として記号論の対象とされなかった「刺戟」も，ユクスキュルでは重要な記号過程を構成する一部となる．記号過程に関わる「解釈者」の概念も人間以外に拡張され，それに伴い「主体」の概念もその本来の典型的事例としての人間のみに関わるとする側面が薄められることになる．同時に，他方では，記号過程はもはや人間に限定される営みではなく，実は広く生命の営みそのものに根源的に関わっているという認識に至るものである）．

▶ 3.4　主体性の記号論としての生命記号論

　ユクスキュルが記号過程の考察において当事者として想定したのは，もっぱら動物であったが，同様の見解は植物を当事者とする場合にも適用され，**「植物記号論」**（phytosemiotics）と呼ばれる分野（例えば，樹木がある種のホルモンを自らの生えている場所の周りの土壌中に分泌し，他の植物の自らのテリトリー内への侵入を防ぐ，といった営み，など）が成立する．その一方では，そのように生物体とその環境との間での記号過程を対象とする**「体外記号論」**（exosemiotics）という形ではなくて，生物体の内部で生じていると想定される記号過程（例えば，人間の体内の免疫組織が他者の人体から移植された器官を異物と「認定」し，それを排除する働きを発動させるような場合）を対象とする**「体内記号論」**（endosemiotics）への拡張ということも考察された．そして，さらに進んでは，これらを統合する形で，分子生物学レベルの現象から，細胞，生物体，生態系に至る様々なレベルでの営みが共通して記号過程によって特徴づけられているという認識を踏まえ，「生命記号論」と呼ばれる分野が誕生することとなる．

　この分野では，生命の誕生と生命を担う生物体の発生に始まり，進化した生物におけるDNAを通しての遺伝の仕組みが果たしている記号論的な意味合いと機能に至るまで，様々な興味深い，刺戟的な指摘がなされている．そのシナリオの一部を次に紹介しておきたい（cf. Hoffmeyer 1996,

川出 2006）．

　(1)初期地球における高温の気象条件のもとで様々な化学変化が活発に進行する．そこでは，自己組織化（self organization）と呼ばれる反応を伴う変化が誘発され，結果的には，変化に参与した物質の特徴の和をはるかに越えるような新しい化学物質が「創発し」（emerge），生物体の素材となりうる有機化学物が次第に複雑度を増す形で生成されていく．次に，それらの有機化合物のあるものに，自らを取り囲む脂質の膜が形成されるということが起こる．こうして個体化した有機化合物が自らを囲む膜を通して，外から一定の物質を取り込むと同時に，外へ一定の物質を排除するという（後に，生物体における「代謝」（metabolism）と呼ばれる）機能——つまり，自らにとっての意味を認識しているとも見える原始的な記号過程を踏まえての営み——が発生する．このような個体が他の個体と集まって群体（colony）を形成し，そこでは個体間で（原始的なコミュニケーションとも呼びうる）記号過程がなされるようになり，それによって創発的に更なる総合的な特徴が生み出されていく．（このようにして「脱物質」化が進行するのと並行して，まさにその意味で，原始的なレベルでではあるが，様々な程度の「主体性」（subjectivity）に特徴づけられた生命体，生物体への進化が進行していったことが十分読みとれよう．変化が漸次的なものであるとの意味で，このような認識では「生物」と「無生物」の間には何か明確な境界線が引けるのではないという受け止め方になる．）

　(2)人間は個体としては死によって消滅する．しかし，DNAというデジタルな記号が次世代の個体に継承されることによって，「系統」としての存続は保たれるわけである．個々の人間は，いわば，そのデジタル・コードに基づいて生産されるアナログな事例とみなすことができよう．しかし，デジタル形式のコード自体にも，時には突然離齬をきたすこともある．（それだけではなく，個体が成長の過程で異なる環境で異なる経験を積むことにより，もともと後天的に獲得された習慣が世代を重ねるうちに生得的な資質に変化していくこと——例えば，言語能力の場合——も否定できない．）つまりデジタルなコードの規定から乖離した

アナログ的な個体が創り出される可能性もあるわけでる．これを一種の自由——「**記号論的自由**」（semiotic freedom）——として受け止めることができるであろう．記号論的自由は「進化」の可能性を拓くものとして位置づけることができるはずである．（ここにも，「主体的」な存在としての余地が人間に残されているということである．）

まとめと展望

記号一般とその中でも典型的な事例と目される言語記号——両者の間には，外延的に言えば，全体と部分という関係があるだけに見えるが，内包的には，両者の間には，（例えば，言語記号の習得，行使に関わる能力には特別に生得的という評価が与えられるということなど）ほとんど橋渡し不可能とすら思えるくらいの差異が介在しているように見えるし，ごく皮相的に両者の突き合せが試みられということはあっても，両者の対比が総括的な枠組みの中で立ち入って取り上げられることは少ない．しかし，20世紀前半以降のほぼ一世紀にわたる二つの分野における研究パラダイムの移行に注目して考察すると，興味深いことに，明らかに同じ方向への収斂が認められる．本稿では，その収斂の方向を（記号運用／言語運用における）主体の認識と，それぞれの理論体系中におけるその位置づけという点に注目する形で歴史的に捉えてみるという試みをした．そこに共通に認められるのは，いずれの分野においても，まず，科学（とりわけ，自然科学）としての条件を満たそうとするひたむきな（時には，涙ぐましいとすら思える）努力がなされるという始まりがあった．それは徹底した物質主義（materialism）的な硬直したスタンスであった．それが，記号論の場合，自らの住まう環境の中で，その環境に見いだされるあらゆる存在物を単なる物質的なモノとしてではなく，自らにとって何らかの「意味」を有する対象として（つまり，記号として）受けとめ，それなりの主体的な反応をする生命体という概念が導入されることによって克服される．言語学の場合は，言語記号自体がすでに慣習的な「意味」を伝えるものではあるが，それを運用する話者としての人間がそれら慣習的な意味をはるかに越える意味を託して記号運用をするという認識を通して，主体

的な意味創出の営みをする認知の主体としての人間という受け止め方が定着する．そこに共通に見られるのは，物質主義に根ざした「**機械論**」（mechanism）的パラダイムから生命体の営みと進化の理解に根ざした「生命論」パラダイムへの着実な移行である．「静的な構造から動的なプロセス」，「他者としての世界」から「自己を含む世界」（日本総合研究所 1998: 40-1）といった後者を特徴づけるものが，そこには十分に見てとれる．その移行の過程は，あたかも物質世界が創発を伴う化学変化を繰り返しつつ，徐々に，そしてついには，主体性を保有する生命体を誕生させるという変容そのものにも類比できるかのようにも見える．生命体にとっては，環境は自然の物質によって構成されたものであることをやめ，すべて意味ある記号論的な対象（短く言えば，記号）によって構成されたものとして立ち現れる．記号論の分野でも，言語学の分野でも，この認識なかなりな試行錯誤を経てたどりつかれたものであったが，間違いなく妥当な到達点であり，今後，この方向での更なる探究が進めていかれるであろうことに疑いない．

▶文　献

有馬道子 2014『改訂版 パースの思想——記号論と認知言語学』岩波書店.

Barbieri, M. (ed.) 2007 *Introduction to Biosemiotics: The New Biological Synthesis*, Springer, Dordrecht.

Barthes, R. 1964 *Eléments de sémiologie*, Seuil, Paris.［渡辺淳・沢村昂一（訳）1971「記号学の原理」『零度のエクリチュール』みすず書房：石川美子（訳）2008『零度のエクリチュール 新版』みすず書房.］

Barthes, R. 1967 *Systéme de la mode*, Seuil, Paris.［佐藤信夫（訳）1972『モードの体系』みすず書房.］

Bloomfield, L. 1933 *Language*, Holt, New York.［三宅鴻・日野資雄（訳）1969『言語』大修館書店.］

Bloomfield, L. 1926 A Set of Postulates for the Science of Language. *Language* 2.

Bogatyrev, P. 1971 (1937) *The Functions of Folk Costume in Moravian Slovakia*, Mouton, The Hague.［松枝到・中沢新一（訳）1981『衣装のフォークロア』せりか書房；桑野隆・朝妻恵里子（編訳）2005『衣裳のフォークロア 増補・新訳』せりか書房.］

Bolinger, D. 1977 *Meaning and Form*, Longman, London.［中右実（訳）1981『意味と形』こびあん書房.］

Brentari, C. 2011 *Jakob von Uexküll: The Discovery of the Umwelt between Biosemiotics and Theoretical Biology*, Springer, Dordrecht.

Chomsky, N. 1965 *Aspects of the Theory of Syntax*, MIT

Press, Cambridge, MA.［福井直樹・辻子美保子（訳）2017『統辞理論の諸相』岩波書店.］

Eco, U. 1976 *A Theory of Semiotics*, Indiana Univ. Press, Bloomington, IN.［池上嘉彦（訳）『記号論 I, II』岩波書店（1990, 1996²），講談社（2013³）（各版に別箇の「訳者解説」つき）.］

Hjelmslev, L. 1947 *Prolegomena to a Theory of Language*, Univ. of Wisconsin Press, Madison, WI.［竹内孝次（訳）1985『言語理論の確立をめぐって』岩波書店.］

Hoffmeyer, J. 1996 [1993] *Signs of Meaning in the Universe*, Indiana Univ. Press, Bloomington, IN.［松野孝一郎・高原美規（訳）1979『生命記号論』青土社.］

Hoffmeyer, J. 2008 *Biosemiotics: An Examination into the Signs of Life and the Life of Signs*, Univ. of Scranton Press, Scranton.

池上嘉彦 1982「言語学と記号論」川本茂雄ほか（編）『講座 記号論 I：言語学から記号論へ』勁草書房.

池上嘉彦 1984『記号論への招待』（岩波新書）岩波書店.

池上嘉彦 1992 [1983] 『詩学と文化記号論』講談社学術文庫［筑摩書房］.

池上嘉彦 2002『自然と文化の記号論』日本放送出版協会.

池上嘉彦 2007 [2000] 『日本語と日本語論』講談社学術文庫［講談社］.

池上嘉彦 2019「事態把握」池上嘉彦・山梨正明（編）『講座 言語研究の革新と継承：認知言語学 II』ひつじ書房.

池上嘉彦・山中桂一・唐須教光 1994 [1983] 『文化記号論』講談社学術文庫［有斐閣］.

川出由己 2006『生物記号論—主体性の生物学』京都大学学術出版会.

Lakoff, G. 1987 *Women, Fire, and Dangerous Things: What Language Reveals about the Mind*, Chicago Univ. Press, Chicago.［池上嘉彦・河上誓作・辻幸夫・西村義樹・坪井栄治郎・梅原大輔・大森文子・岡田禎之（訳）1993『認知意味論—言語から見た人間の心』紀伊國屋書店.］

丸山圭三郎 1981『ソシュールの思想』岩波書店.

Mounin, G. 1970 *Introduction à la sémiologie*, Paris.［福井芳男ほか（訳）1982『記号学入門』大修館書店.］

日本総合研究所（編）1998『生命論パラダイムの時代』第三文明社.

Paul, H. 1880 *Prinzipien der Sprachgeschichte*, Max Niemeyer, Halle.［福本喜之助（訳）1965『言語史原理』講談社.］

Peirce, C. S. 1931-35 *Collected Papers of Charles Sanders Peirce*（Hartshorne, C. and P. Weiss (eds.)）, Vol. 1-6, Harvard Univ. Press, Cambridge, MA.［米盛裕二ほか（訳）1985-6『パース著作集 1-3』勁草書房.］

Propp, V. 1928 *Morfologja Skazki*, Leningrad.［北岡誠司ほか（訳）1987『昔話の形態学』白馬書房.］

Sapir, E. 1921 *Language*, Harcourt, Brace and Co., New York.［泉井久之助（訳）1957, 87² 『言語—ことばの研究』紀伊國屋書店.］

Sapir, E. 1929 The Status of Linguistics as a Science. *Language* 5.

Sebeok, T. and Umiker-Sebeok, J. (eds.) (1992) *Biosemiotics: The Semiotic Web 1991*, Mouton de Gruyter, Berlin.

Saussure, F. de 1916 *Cours de linguistique générale*, Payot, Paris.［小林英夫（訳）1972『一般言語学講義』岩波書店.］

シービオク, T. A.（著）, 池上嘉彦ほか（編訳）1985『自然と文化の記号論』, 1989『動物の記号論』勁草書房.

Slobin, D. 1996 From "Thought and Language" to "Thinking for Speaking". In Gumpers, J. J. and S. C. Levinson（eds.）*Rethinking Linguistic Relativity*, Cambridge Univ. Press, Cambridge.

Uexküll, J. von 1921 *Umwelt und Innenwelt der Tiere*, Julius Springer, Berlin.［前野佳彦（訳）2012『動物の環境と内的世界』みすず書房.］

Uexküll, J. von. 1970³ [1934, 1940²] *Streifzüge durch die Umwelten von Tieren und Menschen; Bedeutungslehre*, Fischer Verlag, Frankfurt am Main.［日高敏隆ほか（訳）2005 [1973]『生物から見た世界』岩波書店.］

Wells, R. 1947 De Saussure's System of Linguistics. *Word* 3.

Whorf, B. L. 1940a Science and Linguistics. *Technology Review* 42.（Whorf（1956）に収録）

Whorf, B. L. 1940b Linguistics as an Exact Science. *Technology Review* 43.（Whorf（1956）に収録）

Whorf, B. L. 1956 *Language, Thought, and Reality*, MIT Press, Cambridge, MA.［有馬道子（訳）1978『言語, 思考, 実在』南雲堂；池上嘉彦（訳）1993『言語・思考・現実』講談社学術文庫［弘文堂］.］

1.2

認知言語学と認知科学

山梨正明

1. 認知科学と知のメカニズム

認知言語学は，広い意味での**認知科学**（cognitive science）の観点に立脚する言語学のアプローチをとっている．認知科学は，人間の知のメカニズムの解明を目指す科学である．ここで，知のメカニズムという場合の「知」は，狭い意味での知性の領域を意味するのではなく，人間の認識のメカニズム，心のメカニズム一般に関わる領域を意味する．

ここで問題にする「知」の中には，広い意味での「知・情・意」，すなわち「知性」・「感情」・「意図」などに関わる心の領域が含まれる．「知・情・意」における「知」は，狭い意味での知性の領域に相当する．この領域には，思考・推論・判断などのプロセスも含まれる．心のプロセスに関わる知の領域としては，さらに知覚・記憶・連想のプロセスなども含まれる．

知・情・意
思考・推論・判断
知覚・記憶・連想

人間の認識と心のメカニズムの根源に関わるこれらの知の領域の解明は，認知科学の研究の重要な研究テーマになっている．これまでの認知科学の研究では，この種の研究テーマは，特に心理学，コンピュータ・サイエンスや AI などに代表される情報科学の関連分野を中心として研究が進められている．しかし，これまでの言語学の研究では，この種の知のメカニズムに関する研究は本格的にはなされていない．

言葉は，人間の心のメカニズムに密接に関わっている．言葉の意味は外部世界に客観的に存在しているのではなく，我々の具体的な身体的経験によって動機づけられている．言語主体としての人間は，外部世界との相互作用を通して具体的な経験を意味づけしている．

これまでの言語研究では，文法的な知識の解明に関わる言語現象の研究が中心になっており，言語主体としての人間の認識の側面とは独立した記号系としての言葉の側面の研究が主眼となっている．しかし，実際の言語現象の中には，記号系のレベルだけでなく人間の知のメカニズム，人間の様々な認識の側面を考慮しなければ一般的な記述，説明ができない言語現象が広範に存在する．

外部世界の理解には，我々の認識が反映されている．またこの認識の過程は，いろいろな形で言葉の世界に反映されている．認知言語学の研究の目的の一つは，形式から意味にわたる様々な言葉の諸相を考察していくことにより，言葉のメカニズムだけでなく，言葉と認知の関係を明らかにしていく点にある．

2. 認知言語学のアプローチ

言葉は，主体と外部世界との相互作用による経験を動機づけとして発展してきた記号系の一種である．言葉には，主体による外部世界の解釈，外部世界のカテゴリー化，意味づけ，等に関わる認知的な要因が何らかの形で反映されている．認知言語学は，このような人間の認知能力に関わる要因を言語現象の記述，説明の基盤とするアプローチをとる．このアプローチをとることにより，言葉の背後に存在する言語主体の認知能力との関連で，言語現象を包括的に捉え直していく方向が見えてくる．このことは，決して言葉の形式・構造の側面を軽視することを意味するわけではない．むしろ，形式・構造に関わる制約も，根源的に言語主体の認知能力や運用能力に関わる制約によって動機づけられているという視点に立つことを意味する．

言葉は，我々が日常生活の生きた環境の中に身をおき，環境とインターアクトしながら身体的な経験を基盤として獲得してきた伝達の手段である．

言葉には，生きた環境の中に身をおき，環境と共振しながら世界を意味づけしていく人間の身体性に関わる要因が様々な形で反映されている．ここで問題とする身体性に関わる要因としては，五感，空間認知，運動感覚，視点の投影，イメージ形成などの要因が含まれる．生物としての人間，環境の中に埋めこまれた存在としての人間が，長い進化の過程を経て獲得するに至った言語能力の根底には，身体性に関わる要因が密接に関わっている．

　従来の言語学のパラダイム（例えば，生成文法のパラダイム）では，いわゆる言語能力は，知覚，運動感覚，イメージ形成，視点の投影，カテゴリー化，等に関わる我々の一般的な認知能力とは独立した自律的なモジュールとしての言語知識であることを前提としている．すなわち，このパラダイムでは，一般的認知能力から切り離された自律的な言語能力の存在を前提としている．これに対し，認知言語学のパラダイムでは，いわゆる言語能力は，一般的な認知能力によって動機づけられており，この認知能力の反映として位置づけられる．換言すれば，言語能力は，この種の一般的な認知能力と不可分の関係にあり，この後者の認知能力に関わる要因を無視して言語能力を規定することは不可能であるという立場に立っている．

　られる．換言するなら，認知言語学のアプローチは，いわゆる言語能力に関わる知識は，五感，運動感覚，イメージ形成，視点の投影，カテゴリー化，等に関わる人間の一般的な認知能力から独立した自律的なモジュールとしての言語知識としては規定できないという視点に立っている．

　この視点は，身体性に関わる前-表象的，前-記号的な生きた経験の場から，言語的知識の発現と分節化のプロセスを根源的に問い直していく立場を意味する．日常言語の形式と意味はどのように発現し，実際の伝達の場においてどのように機能しているのか．日常言語としての記号系は，どのようなカテゴリー化と意味の拡張のプロセスを経て概念体系を発展させてきたのか．言語能力の根源は，どこに求められるのか．言葉の意味と形式の関係は，どのように変化しどのようにゆらいでいるのか．言葉の獲得過程は，どのような経験的な基盤に動機づけられているのか．言葉の創造性の根源は，どこに求められるのか．

　認知言語学の研究プログラムは，言語現象の全体を身体的な動機づけに裏うちされた発現系として創発的に規定していくという視点から，これらの問題を探究していく一貫した方向性を打ち出している．

3. 言葉の身体性と知の創発性

　これまでの言語学の研究では，言語主体としての人間の想像性，情緒・感情，五感，運動感覚をはじめとする言葉の身体的な側面から独立した，言葉の形式的な側面と構造的な側面を中心とする文法（ないしはシンタクス）の研究に力点がおかれている．構造言語学，生成文法理論をはじめとする従来の言語学のアプローチは，この意味で，文法ショーヴィニズム，シンタクス・ショーヴィニズムの言語観にねざす言語学のアプローチであると言える．さらに言えば，この種のアプローチは，文法ないしはシンタクスを中心とする言語能力の自律性を前提とする言語学のアプローチであると言える．

　これに対し，認知言語学のアプローチでは，言語能力は，生物の延長としての人間の身体性を反映する一般的な認知能力によって動機づけられ，この認知能力からの発現の一形態として位置づけ

4. 形式文法と自律的言語学の限界

　言語学の研究は，人間の知のメカニズムの探究に関わる認知科学の一分野として注目されてきている．しかし，これまでの言語学の研究は，言葉の形式や構造に反映される知の一面（特に，文法的な知識）の形式化，定式化に力点がおかれ，その背後に存在する言語主体の身体化された認知能力との関連で言葉の本質を探究していくという視点が欠如している．認知言語学は，このような人間の認知能力に関わる身体的な要因を言語現象の記述，説明の基盤とするアプローチをとる．

　認知言語学的な視点から見た場合，これまでの言語学（特に生成文法理論）で前提とされていた言語観の問題が明らかになってくる．その一つは，モジュール性の問題に関係する．生成文法のアプローチでは，「モジュール的アプローチ」の名のもとに，文法能力に関わる知識を認知能力や運用能力に関わる知識から区分し，前者の文法的知識の

自律性を主張している．しかし，ここまでに考察してきた言語事実（例えば，文法カテゴリーのゆらぎ，意味の発現・拡張に関する事実）から見て，文法的知識の自律性は支持できない．文法能力の反映として限定されているかに見える知識は，空間認知，運動感覚，イメージ形成，カテゴリーの拡張・変換，等が関わる主体の一般的な認知能力と運用能力からの発現の一形態として位置づけられる．

　モジュール性と自律性の問題は，さらに生成文法理論が前提とする，文法性と容認性の区分の問題とも密接に関係する．この理論では，文法性は言語能力に関わる判断の問題，容認性は運用能力に関わる判断の問題として先験的に区分されている．しかし，文法性の前提となる言語能力を，容認性に関わる運用能力から自律的に区分すること自体に本質的な問題がある．したがって，文法性と容認性の区分も問い直されなければならない．言語能力の発現を，身体性に関わる認知能力と運用能力の発現の一形態とする認知言語学の視点から見るならば，文法性の判断に関わる問題は，むしろ容認性の判断に関わる問題として根源的に問い直していく必要がある．

　生成文法理論に代表される**形式文法**のアプローチでは，文法は有限の規則からなり，この規則の再帰的な適用により，形式的に適切な文の集合をアルゴリズム的に生成する規則依存型のモデルとして規定される．そして，この規則依存のアプローチをとることにより，無限に可能な文を生成していく創造的特質（すなわち，規則支配の創造性）が捉えられるとする．しかし，実際の人間が使用する言語表現の分布は，生きたコミュニケーションの文脈の中でその使用範囲が限定されており，このような規則依存のアプローチでは予測できない．この点は，イディオム的な表現のグレイディエンス的分布，プロトタイプ的な表現と拡張表現の相対的な分布の予測に関し特に問題となる．

　このアプローチの限界は，一見，標準的なデータと見られる言語事実の領域に対して仮定される規則（あるいは，一見，コアと見なされる言語表現に対して仮定される規則）の予測性にある．もう一つの問題は，いわゆる言語能力を，柔軟なコミュニケーションの運用能力や認知能力から切り離している点にある．この後者の視点から見るならば，規則それ自体も，根源的にコミュニケーションの能力や認知能力から問い直していく必要がある．言語表現の慣用度の相対性，プロトタイプ的な表現と拡張表現のグレイディエンス的分布によって特徴づけられる多様な言語事実を考慮するならば，いわゆる「規則」は，この多様な事実のうちの標準的に安定していると考えられる言語事実の一部を規定しているにすぎない．

5.　認知言語学の開放性

　認知言語学的のアプローチでは，むしろ実際の言語使用の場から立ち現れるパターン（ないしはスキーマ）の一部として規則を捉え直していく．この点から見るならば，規則が初めから存在するのではなく，言語使用の場において規則が限定的に作り出され，状況によっては（例えば，創造的なコミュニケーションの文脈では）規則自体が改変され変容していくことになる．認知言語学の視点から見るならば，言語の創造性は，生成文法流の閉じた規則支配の創造性ではなく，規則の解体・変容のダイナミズムによって特徴づけられる開かれた創造性として見直されることになる．

　生成文法のアプローチでは，文の意味は，構成性の原理に基づき語彙の辞書的意味と文法規則の関数として間接的に規定される．この規定に従うならば，いわゆる文法（ないしはシンタクス）としての知識は，純粋に形式的な知識として位置づけられ，意味とは独立した形式的な記号系として表示される．また，辞書的意味と文法規則の関数として規定される意味も記号表示として規定されるが，どちらの表示レベルも，身体性を反映する言語主体の認知能力からは独立した記号系として規定される．すなわち，意味表示のレベルは，統語表示とは別の記号系に翻訳される表示レベルにとどまり，身体性を反映する言語外の要因からの動機づけはなされていない．これらの表示レベルは，あくまで外部世界とインターアクトしていく認知主体の解釈と経験的な基盤からは独立した，メタレベルの閉じた記号系の表示レベルにとどまる．

　これに対し，認知言語学のアプローチでは，語彙レベル，句レベル，構文レベル，等のどのレベ

ルの言語単位も，言語主体の概念化の認知プロセスを反映する意味に対応づけられる．換言するなら，これらのどのレベルの言語単位も，派生ないしは構成性の原理によって間接的に規定されるのではなく，認知的な意味を担う単位として直接的に規定される．言語主体の概念化の直接的な反映として位置づけられる言語単位は，ミクロ，マクロのいずれのレベルであれ，ゲシュタルト的な単位として機能する．すなわち，言語単位は，ミクロ，マクロのいずれのレベルであれ，部分の総和からは単純に予測できない特質を持つ統一体とみなされる．

　認知言語学のアプローチでは，言語を閉じた規則の体系として規定していくのではなく，音韻，形態から構文に至る言語単位をスキーマとして規定し，この種の言語単位を，実際の言語使用の文脈における定着度と慣用化の視点から相対的に規定していく．このアプローチでは，トップダウン的に規則が存在し，この規則との関係で可能な事例を派生的に規定していくのではなく，むしろ認知主体の言語使用や言語習得の過程に関わるボトムアップ的アプローチを重視する．換言するなら，このアプローチでは，言語現象の規定に際し，まず具体的な事例の定着度と慣用度との関連でスキーマを抽出していくプロセスに注目し，この抽出されたスキーマとの関連で他の具体事例の一般化を行ない，このスキーマに適合しない事例が出現した場合には，このスキーマが動的な拡張のプロセスに基づき新しい事例を規定していくという，言語使用を重視したアプローチをとる．

　前述のように従来の言語学の規定では，句レベル，文レベルの意味は，それを構成する語彙の辞書的な意味と句構造，文構造に関わる文法規則の関数として間接的に規定される．この規定に従うならば，いわゆる文法（ないしはシンタクス）としての知識は，意味と間接的には結びつけられるが，それ自体は純粋に形式的な知識として位置づけられる．これに対し，認知言語学のアプローチでは，語彙レベル，句レベル，構文レベル，等のどのレベルの言語単位も認知主体の**概念化**（conceptualization）の認知プロセスを反映する意味に対応づけられる [→ コラム 11]．換言するなら，これらのどのレベルの言語単位も，派生ない

しは構成性の原理によって間接的に規定されるのではなく，認知的な意味を担う単位として直接的に規定されることになる．

　さらに，認知言語学のアプローチは，それぞれの言語単位は，文法体系の中に独立に存在するのではなく，文法全体の環境の中に相対的に位置づけられるという言語観に基づいている．この言語観では，各言語単位は，文法の体系全体の環境の中で，意味と形式の動機づけの関係によって相対的に位置づけられる．意味と形式の関係から見て，より動機づけが高い言語単位は，文法体系の中核部分により適合した存在として位置づけられる．また，文法の体系により適合する言語単位は，認知的に単純で，記憶・再生が容易で，習得しやすく，言語使用の文脈において使いやすく，理解しやすい存在として位置づけられる．このような形で把握される文法体系は，認知の効率が最大限になり，形式と意味の動機づけが最大限になるように言語単位を拡張させ，変化させていく記号系として理解される．

6.　生成意味論のレガシーと認知言語学

　認知言語学のパラダイムでは，文法体系における形式と意味の動機づけが，言語現象の記述と分析に際し重要な役割を担っている．ただし，言語の形式と意味の動機づけは，単純に双方向的になされるわけではない．認知言語学のアプローチでは，根源的に，言語の形式的な側面は，外部世界を解釈し外部世界と相互作用していく認知主体の概念化のプロセスを反映する意味によって動機づけられているという視点から言語現象を捉えていく．

　この認知言語学のパラダイムの基本的な考え方は，これまでの言語学の研究背景とは独立に出てきたわけではない．このパラダイムの基本的な考え方は，1960 年代の後半から 1970 年代の初頭に出現した**生成意味論**（generative semantics）のアプローチの中に，すでにその原点を窺うことができる [→ 1.3]．

　生成意味論のアプローチは，次のような基本的な考え方に基づいている．①言語的知識と言語外的な知識の区分は不可能である，②辞書的知識と百科事典的知識の間に絶対的な線を引くことはで

きない，③統語部門は意味部門によって解釈的に規定されるのではなく，後者から前者へと生成的に規定される，④文法は，意味的な要因や語用論的な要因から独立したモジュールとしては規定できない，⑤文法に関わる現象は，意味的な要因や語用論的な要因によって動機づけられている，⑥文法に関わる現象は，日常言語の論理構造，推論，発話の力，会話の含意，等に関わる自然論理（natural logic）と切り離して研究することは不可能である，⑦文法に課される統語的な制約のかなりの部分は，意味と運用に関わる制約から予測される，⑧言語現象は，形式と意味のいずれのレベルの制約であれ，社会・文化的な機能に関わる要因によって動機づけられている，⑨文法カテゴリーとこれに関わる言語現象はファジー（fuzzy）であり，連続階層体（squish）を形成しており，絶対的な境界に基づく規定は不可能である，⑩言語現象の規定に導入される記述・説明項は，形式的で恣意的な理論仮構物ではなく，記号系の外からの経験的な要因によって動機づけられていなければならない．

認知言語学のアプローチでは，統語構造，文法構造をはじめとする言語の形式的な側面は，認知主体の身体性と経験的な基盤を反映する意味的な要因や運用的な要因によって動機づけられているという立場をとるが，この視点は，すでに 以上の①～⑩の生成意味論の基本的なテーゼの中に反映されている．さらに言えば，認知言語学の基本的な考え方は，生成意味論の基本的な考え方の発展的な継承と見ることができる．これは，一つの言語理論のパラダイムの歴史的な位置づけにとどまるものではない．実際，認知言語学の研究プログラムを推進しきている言語学者のレイコフ（George Lakoff）自身が，認知言語学の研究の原点となっている著書（Lakoff 1987）の中で，認知言語学は，生成意味論を経て，現在の研究へと徐々に発展してきたパラダイムであり，認知言語学のいくつかの基本原理は生成意味論の基本原理でもあると明言している（*ibid.*: 582）．

生成意味論から認知言語学への研究プログラムの継承という視点から見た場合，言語現象の分析に際し，この両者の研究プログラムに一貫している方向性を見て取ることができる．それは，言葉の意味の根源としての言語主体の認知能力と運用能力から，形式と意味に関わる言語現象の全体を，いわば認知的，運用的な動機づけに裏うちされた発現系として創発的に規定していくという一貫した方向性であるといえる．

---

7. 認知言語学による生成文法批判

認知言語学のパラダイムは，これまでの理論言語学の研究の主流をなしてきた生成文法理論のパラダイムの本質的な限界を明らかにしてきている．理論的な観点から見た後者の研究パラダイムの問題に関しては，すでに 6 までの考察で指摘している．ここでは，さらに経験科学としての言語学の観点から，生成文法のパラダイムの本質的な限界を指摘する．特にここでは，認知言語学の視点から，言語習得と普遍文法仮説に関わる生成文法のアプローチの本質的な問題を指摘する．

▶ 7.1 言語習得への新たな展望

認知言語学の研究においては，言語習得の研究プログラムは明示的には規定されていない．しかし，認知言語学の基本的なアプローチを理解するならば，言語習得の問題を認知言語学の視点から問い直していく新たな方向が見えてくる[→ 4B.2 , 4B.3]．

認知言語学は，言葉を閉じた規則の体系によってトップダウン的に規定していくのではなく，音韻，形態から構文に至る言語単位をスキーマとして規定し，この種の言語単位の実際の言語使用の文脈における定着度と慣用化の程度に応じて相対的に規定していく．したがって，言語の習得過程においても，音韻，形態から構文にいたるミクロからマクロの言語単位は，具体的な言語使用の文脈における定着度と慣用化との関連で習得されていくという予測が可能となる（より具体的に言うならば，基本的に慣用化され使用頻度の高い言語単位から定着度の低い単位へと習得のプロセスが進んでいくことが予測される）．

またこのアプローチでは，どの言語単位のレベルも動的なネットワークの中に相対的に位置づけられる．すなわち，このネットワークでは，基本的に，非中心的なカテゴリーは，プロトタイプとしての中心的なカテゴリーからの拡張によって動機づけられている．この動的なネットワークの視

点に立つならば，プロトタイプとしての中心的なカテゴリーが，習得の初期の段階のターゲットとなることが予想される．また，この種の動的ネットワークでは，日常生活の経験によって動機づけられる基本レベルのカテゴリーが中心に位置し，これを基点にして，この種の経験による動機づけを欠く上位概念のカテゴリーと下位概念のカテゴリーが相対的に位置づけられる．一般に，この意味での基本レベルのカテゴリーは，プロトタイプのカテゴリーと同様，認知的に単純で，記憶・再生が容易で，言語使用の文脈において理解しやすい言語単位として機能する．この点を考慮するならば，基本レベルのカテゴリーは，プロトタイプのカテゴリーと同様，初期の段階から習得のターゲットになることが自然に予想される．

日常言語には，比喩的な表現やメトニミー的な表現が広範に存在する．また，日常言語には，照応表現，省略表現，ダイクシスに関わる表現，話題化に関わる表現，さらに複数のパターンの融合した拡張表現が広範に存在する．母語話者になることは，字義どおりの表現だけを習得していくだけでなく，この種の創造的な表現や拡張表現を習得していくことを意味する．これまでの生成文法に代表される形式的なシンタクスの言語習得を中心とする研究は，字義どおりの言語表現の文法の習得に焦点が当てられ，この種の創造的な表現や拡張的な表現の習得に関する研究は体系的にはなされていない．これは，生成文法のパラダイムに基づく言語習得のターゲットが，主に形式的な文法的知識としての言語能力に向けられていることに起因する．

これに対し認知言語学は，いわゆる狭い意味での文法的な知識に関わる能力だけでなく，言葉の創造性や拡張に関わる能力を，人間の認知能力から包括的に捉え直していくアプローチをとる．この種の認知能力の中には，類似性や近接性の認識に関わる能力，ターゲットを探索していく参照点能力，複合的なパターンの融合や継承に関わる拡張能力（ないしはインヘリタンスの能力）が含まれる．認知言語学のアプローチでは，この認知能力の観点から，上記の多様な言語表現の習得過程を研究していくことが可能となる．例えば，比喩的な表現やメトニミー的な表現の習得は，類似性

や近接性の認識に関わる認知能力，照応表現，省略表現，ダイクシス，話題化，等に関わる表現の習得は，ターゲットを探索していく参照点能力に関わる認知能力，ブレンディングに関わる表現や拡張構文の習得は，複合的なパターンの融合や継承に関わる拡張能力（ないしはインヘリタンスの能力）の問題として，言語習得のプロセスを研究していくことが可能となる．

認知能力の中には，さらに具体事例からのスキーマ化の能力とスキーマの拡張による新しい事例の予測（ないしは取り込み）の能力が含まれる．認知言語学のアプローチでは，トップダウン的な規則から可能な事例を派生的に規定していくのではなく，言語主体の具体的な言語使用のプロセスに関わるボトムアップ的なアプローチを重視する．このアプローチは，具体的な言語事実の規定に際し，まず具体的な事例の共通性や一般性に基づいてスキーマを抽出していくプロセスに注目し，この抽出されたスキーマに基づいて他の具体事例の予測がなされる．そして，このスキーマに適合しない事例が出てきた場合には，問題のスキーマを動的に拡張しながら，新しい事例の適否を相対的に決めていくという，具体的な言語使用の文脈を重視したアプローチをとる．子どもが具体的な言語データから，音韻レベル，語彙レベル，構文レベルにわたる言語体系を習得していく過程は，具体事例からのスキーマ化の能力とスキーマの拡張の認知能力から説明していくことが可能となる．

▶ 7.2 普遍文法仮説の本質的問題

生成文法に代表される強い生得説に基づく文法観は，言語の習得は，習得のターゲットとなる第一次言語データと人間に生得的な知識の一部として備わっているとされる言語習得装置（language acquisition device: LAD）との相互作用を介して達成されるという前提に立っている．ここで問題となる言語習得装置は，一般に，日常言語として習得可能な文法のクラスを規定する**普遍文法**（Universal Grammar: UG）とこの普遍文法と言語データとの相互作用を律する基本原理からなるとされている．生成文法が普遍文法の存在を主張する論拠の一つは，「**刺激の貧困**」（poverty of stimulus）を前提とする点にある．この仮定によれば，言語習得のための入力として子どもに与え

られる言語経験は均一性を欠き不完全であるが，習得の結果としての大人の文法知識は複雑であるとされる．生成文法は，このように入力としての言語的な経験が不完全で限界があるにもかかわらず，複雑な大人の文法を習得するという事実は，限られた経験と一般的な学習のメカニズムからは説明できないと主張する．そして，この問題を説明するために，人間には生得的な文法知識としての普遍文法が存在すると仮定する．この論法は，生成文法でクリシェイ的に繰り返し引用される言語習得に関するいわゆる「**プラトンの問題**」（i.e.〈問い〉：かくも不完全で貧困な経験にもかかわらず，なぜ，かくも複雑な知識が獲得されるのか？〈答え〉：普遍的な知識があらかじめ備わっているからである，という認識論的なテーゼに関わる問題）を前提とする論法である．

この「刺激の貧困」を前提とする生成文法の言語習得の仮説に関しては，いくつかの本質的な問題が存在する．まずこの仮説では，子どもに提供される言語刺激を，具体的な統計データを示さないまま，概念的に不完全なものとしている．しかし，実際の母親から繰り返し与えられる言語データ（motherese）や子どもを囲む言語共同体から与えられる言語データは，その頻度と情報の余剰性から見て豊かな情報源となっているという事実を考慮する必要がある．また，この仮説で問題とされる刺激は，言語刺激だけにあまりにも狭く限定されている点に問題がある．子どもが実際の言葉の習得の場において与えられる情報（ないしは経験）は，狭い意味での言語情報に限られるわけではない．言葉の習得の過程では，この種の言語情報と同時に，母親を中心とする共同体の人間との相互作用に関わる経験（例えば，ジェスチャー，顔・目，等の表情，雰囲気，身体感覚などから得られる非言語的な情報），子どもと大人の参加している具体的な場面や状況から得られる非言語的な情報が重要な役割を担っている．生成文法の「刺激の貧困」の仮説は，この種の豊かな情報源を考慮していない．

また生成文法は，大人の複雑な文法的知識は，限られた経験と一般的な学習のメカニズムからは説明できないと主張する．しかし，ここで問題とされている一般的な学習のメカニズムは，単純な

条件づけによる強化と帰納のプロセスに基づく行動主義時代の学習のメカニズムを前提としている．現時点で学習の問題を考察していく場合には，このような単純な行動主義的な学習のメカニズムではなく，認知言語学（あるいは最新の脳科学，ニューラルネットワークのモデル）のパラダイムに代表されるような，身体的な経験に根ざす一般的な認知能力を基盤とする学習のメカニズムが研究の背景となっている．生成文法の習得仮説が批判の対象とする学習のメカニズムは，現時点での認知科学の関連分野では問題にされていない．

生成文法の習得仮説は，言語情報における**否定的な証拠**（negative evidence）の欠如を前提として，普遍文法の存在を仮定している．この仮説は，子どもが過度の一般化や誤った言い回しをした際に，母親やその共同体の適切な修正に関する情報が十分に保証されないにもかかわらず，適切な大人の文法が習得されるとし，その原因を可能な表現の集合をトップダウン的に規定する普遍文法の原理に求めるものである．しかし，この場合の否定的証拠も（いわゆる刺激の貧困に関わる情報と同様）狭い意味での言語情報に限定されすぎている．子どもの言語習得は，言語情報だけに限られた場でなされるのではなく，言語内，言語外の様々な情報に満ちた生きたコミュニケーションの場においてなされる．子どもが過度の一般化や誤りを犯した場合，母親や周りの話し手からのパラ言語的な情報やノンヴァーバルな情報（さらに母親や周りの話し手の非言語的な反応）が否定的な証拠として直接的，間接的にフィードバックされることによって，過度の一般化や誤りが修正されていく状況も自然に予想される．したがって，言語情報の否定的な証拠が足りない（あるいは，欠如している）からといって，即，普遍文法の原理の存在を前提とするのはあまりにも短絡的な帰結と言わねばならない．

また，仮に否定的な証拠が存在しないと仮定したとしても，そこから必然的に言語的な知識の一部を構成する普遍文法の原理の存在を仮定する必然性は出てこない．例えば，生成文法で仮定される構造依存の原理に代表されるような普遍文法の原理が，言語的な知識としての自律的な原理である保証はどこにもない．生成文法の言語習得の仮

説は，この種の原理を初めから自律的な言語能力の一部と仮定しているが，この種の能力は，認知言語学が知のメカニズムの一部として注目する一般的な認知能力の一部とみなすことができる．事実，認知言語学の研究では，構造の依存性，有標性，等の制約が，この一般的な認知能力に関わる制約として位置づけられる証拠が指摘されている．

　この後者の視点から見るならば，いわゆる普遍文法の知識として仮定される言語能力の生得性と言語的知識の自律性は経験的に否定されることになる．生得性が認められるとするならば，それはむしろ構造の依存性，有標性，等の制約の背後に存在する一般的な認知能力の一部に認められることになる．

▶ 7.3　言語能力の根源と言葉の生物的・進化的背景

　生成文法のパラダイムにおける言語習得の仮説は，言語と人間の知のメカニズムに関し，さらに次のような前提に立っている．すなわち，生成文法が問題とする普遍文法の知識は，個別言語を律する普遍的な言語的知識として仮定され，ヒトという種に固有の生得的な知識，すなわち，生物的，遺伝的に脳に内蔵されている**心的器官**（mental organ）のモジュールとしての知識として仮定される．しかし，この種の仮定には，いくつかの基本的な問題がある．

　まず，生成文法で普遍文法の名のもとに主張されている知識は，先験的に言語的な性質を持った知識であることが経験的に立証されているわけではない（仮にその知識が普遍的な性質を持っているとしても，個別言語の獲得を可能とする知識であることが，即，言語的な性質を担う知識であることにはならない）．ここで問題とされている知識が，仮に可能な文法の獲得を可能とする知識であるとしても，この種の知識それ自体は言語的な知識ではなく，前-記号的な一般的な認知能力（ないしは運用能力）に関わる知識の可能性も十分に考えられる．言葉の背後に存在する身体性に根ざす認知能力と運用能力を言語現象との関連で明らかにしていく認知言語学のアプローチは，むしろこの後者の一般的な認知能力から，言語獲得のメカニズムを探究していく研究の場を提供する．

　普遍文法の仮定の第2の問題は，モジュールと

しての心的器官のメタファーにある．仮に，ヒトの種に固有の能力が存在するとしても，それを生物学的な意味での器官の一種とみなすことには本質的な問題がある．この種の能力が脳に存在するとしても，それは脳という器官が担っている一つの機能であり，その能力（ないしは知識）自体は器官ではない．また，仮にある器官レベルで特殊化された，言語にも関係する機能がヒトの脳に存在するとしても，その種の機能が言語のためだけの機能として存在している保証はない．その機能は，脳という器官において，言語に関係するだけでなく，視覚をはじめとする五感の機能や運動感覚の機能をも担っている可能性が十分に考えられる．この点を考慮するならば，生成文法の領域固有性（ないしは機能固有性）を前提とするモジュールとしての心的器官のメタファーには，やはり本質的な問題があると言わねばならない．

　普遍文法の仮定の第3の問題は，生物の延長としてのヒトの進化の文脈（ないしは系統発生の文脈）における知識の獲得過程を捨象し，個体レベルの言語獲得の問題だけを，普遍文法を前提として論じている点にある．自然言語，特に我々が伝達の手段として獲得するに至った日常言語は，環境世界に身をおき，環境との相互作用による身体的な経験を背景にして獲得してきた記号系の一種である．たしかに，ヒトという種が，進化の過程で他の類人猿とは異なる言語を獲得するに至ったという事実を考慮するならば，ヒトの個体レベルにおける知識の獲得とヒトの種レベルでの知識の獲得を分けて考えるのは妥当と言える．しかし，進化（ないしは，系統発生）の結果として獲得された知識の一部が，現代のヒトの個体レベルの知識として普遍的な機能を担うに至ったとしても，後者のレベルの知識の普遍性を，すべてヒトだけに固有の知識とみなす言語観には問題がある．

　ヒトの種のレベルでの知識の獲得とヒトの個体レベルにおける知識の獲得との間には，動的な関係が存在している．この知識の問題を言語に関わる知識の問題に限ってみても，この二つの次元の動的な関係を無視することはできない．日常言語には，環境世界との相互作用を反映する主体の知覚のプロセス，カテゴリー化のプロセス，視線の投影，視線の移動，イメージ形成，等の認知プロ

セスが，様々な形で反映されている．長い進化の過程を経て我々が獲得するに至った日常言語の知識の根源は，この種の認知プロセスと環境との相互作用を反映する身体的な経験に動機づけられており，この種の経験の一部は，ヒトだけでなく，類人猿をはじめとする他の高等動物にも共有されている．また，この種の経験の一部は，ヒトの個体レベルにおける言語的な知識だけでなく，類人猿をはじめとする他の高等動物の伝達手段に関わる知識にも反映されている．したがって，ヒトの個体レベルにおける知識の獲得の問題は，ヒトの種レベルでの知識の獲得の問題と切り離すことはできない．また，このことは，ヒトの個体レベルにおける知識の獲得の問題は，類人猿をはじめとする他の高等動物の進化の文脈における知識の獲得の問題と切り離して考えることは不可能であることを意味する[→ 4A.1]．

これまでの，生成文法を中心とする普遍文法の獲得説は，ヒトの種が獲得した言語的知識の問題を，この種の知識の根源となっている進化の文脈における知識の獲得過程の問題から切り離し，前者に関係するヒトの個体レベルの言語の問題だけを一面的に考えすぎている．また，この普遍文法の獲得説は，ヒトの伝達の手段である言語の記号系と他の類人猿の伝達手段の記号系の質的な違いを強調し，他の高等動物からヒトに至る進化のグローバルな文脈において発達してきた前-言語的（ないしは前-概念的）な記号系から言語的な記号系に至る伝達手段の系統発生的な関連性を等閑視している．

このスタンスは，その言語観ないしは記号観と無関係ではない．普遍文法の仮説で問題とされる言語の記号系は，音声の分節構造を中心とする人間言語のヴァーバルな記号構造に限定されており，空間認知や指示，方向づけ，視線の移動などに関わる参照点構造やジェスチャー，顔・目，等の表情，雰囲気，身体運動，イメージ形成などの前-言語的（ないしは前-概念的）な認知能力は問題とされていない．しかし，この種の参照点構造や認知能力は，類人猿をはじめとする高等動物だけでなく，ヒトの記号系（すなわち，我々が使用する伝達手段としての記号系）においても重要な役割を担っている．ヒトと他の動物の伝達手段として

の記号系を，進化の文脈における前-言語的なレベルからの発現過程を通して捉え直していくならば，ヒトの記号系と他の動物の記号系の関連性をより体系的に明らかにすることが可能となる．

生物としてのヒトの認知システムは，自然界の中で進化してきた生物一般の認知システムの制約から単純に切り離して考えることは不可能である．これまでの普遍文法の言語観は，音声の分節構造を中心とする人間言語のヴァーバルな記号構造の自律性を前提とし，ヒトと他の動物に共通する前-言語的な認知システムと記号構造との関係を考慮していない．ヒトの種に固有な普遍文法を前提とする言語観に基づく研究方略を押し進めていく限り，進化の文脈における生物の延長としてのヒトを含む動物一般の記号系の発現過程を明らかにしていく方向は見えてこない．また，この研究方略を押し進めていく限り，実質的な意味で，ヒトの言語を系統発生を考慮した生物学的な視点，進化論的な視点から問い直していく方向は見えてこない．

認知言語学のアプローチは，記号の発現を可能とする前-言語的な認知能力から記号の形式と意味の関係を探究するアプローチである．この種の認知能力の中には，先に触れた空間認知，指示，方向づけ，視線の移動などに関わる参照点能力やイメージ形成の能力が含まれる．本節では，この認知能力との関連で日常言語の記号系を考察の対象としたが，この種の能力は，動物の伝達行動に関係する知覚，視線の移動，身体運動，指示行動，等を可能とする一般的な認知能力の一部でもある．したがって，この認知言語学の研究方略は，狭い意味での日常言語の研究だけでなく，前-言語的な動物の伝達行動を基盤とする記号の発現過程の研究を可能とする．この展望のもとに，認知言語学の研究方略を押し進めていくならば，進化の文脈における生物の延長としてのヒトを含む動物一般の記号系の発現過程を明らかにしていくことが可能となる．

8. 認知言語学と認知科学の新展開

一般に，問題とされる言語学のアプローチを理解するためには，その言語学の背景となる研究文脈を理解する必要がある．言語学は，知のメカニ

ズムの解明を目指す認知科学の研究領域の一分野として位置づけることができる．ただし，言語学のアプローチを理解していく場合，認知科学の進展のどの段階の研究文脈を背景とするかによってその位置づけは異なる．

言語学は，人間の知のメカニズムの解明に関わる**認知科学**（cognitive science）の重要な研究分野の一つである．認知科学を構成する研究分野は，言語学，心理学，人類学，哲学，進化学，脳科学，コンピュータ・サイエンス，人工知能，等，多岐にわたっている．これらの分野は，研究対象へのアプローチの仕方，方法論，その分野の思考法を特徴づける研究パラダイムは厳密には異なるが，いずれの分野も，人間の知のメカニズムの解明に関わる分野であるという点で，広い意味での認知科学の一分野として位置づけられる．

これまでの認知科学の研究は，基本的に3期の段階に区分することができる．まず，初期の段階としての第1期は，記号表示と記号処理の計算を中心とした認知科学，これに続く第2期は，コネクショニズム，並列分散処理，ニューラルネットをはじめとする脳科学的な視点を背景とする認知科学，さらに第3期は，身体-環境の相互作用とアフォーダンス的な視点を背景とする認知科学として区分される（山梨 2000: 265）．

> 第1期：記号主義的，計算主義的な認知科学
> 第2期：脳科学的，コネクショニスト的な認知科学
> 第3期：エコロジー的，環境・身体論的な認知科学

言語学の研究を振り返った場合，生成文法をはじめとする形式文法のアプローチは，第1期の記号表示，記号計算のパラダイムに基づく言語学のアプローチとして位置づけられる．このアプローチは，言語情報や記憶，認識に関わる情報は，分節構造を持つ記号系によって表示されることを前提としている．また，このアプローチは，言葉や心に関わる情報処理のプロセスは，この記号表示に対する一連の操作（i.e. 計算）の過程であり，知覚，推論，判断が関わる情報処理のプロセスは基本的にこの記号操作（ないしは計算）の過程として捉えられることを前提としている．この点で，生成文法をはじめとする形式文法のアプローチは，

第1期の認知科学（すなわち「記号表示主義」と「記号計算主義」の認知科学）を前提としている．

これに対し，認知言語学のアプローチは，言葉の主体としての人間と環境の相互作用を反映する身体的な経験に関わる前-表象的，前-記号的な生きた経験の場から，言語的知識の発現と分節化のプロセスを根源的に問い直していくアプローチをとる．このアプローチは，日常言語の発生の根源には，感覚的な情報処理，イメージ形成，視点の投影，共感，視点のゆらぎをはじめとする感性的な経験と身体的な経験が存在し，この種の経験を背景とする文脈の中から，カテゴリーの分化と分節化を伴う日常言語の記号系が発現してくるという言語観に立脚している．この点で，認知言語学のアプローチは，上記の第3期のエコロジー的，環境・身体論的な認知科学のパラダイムを背景とする言語学のアプローチとして位置づけられる．

まとめと展望

初期の認知科学は，いわゆる「言語論的展開」を背景とする記号・計算主義のパラダイムに基づく知の探究を試みてきたと言える[→ 1.5]．記号・計算主義のパラダイムは，暗黙のうちに，ソシュール的な意味での記号の恣意性，客観的指示性，カテゴリーの境界性，記号系の自律性を前提として，知のメカニズムの探究を試みている．生成文法のアプローチは，この初期の記号・計算主義のパラダイムを前提とする言語学のアプローチとして位置づけられる．

これに対し，認知言語学の研究プログラムは，生物の延長としての人間の身体性を反映する一般的な認知能力と運用能力に関わる経験的な基盤から，記号・計算主義の認知科学のパラダイムとソシュール的な記号主義に基づく言語学のパラダイムの限界を実証的に明らかにしている．この点で，認知言語学のアプローチは，上記の第3期の認知科学のパラダイムに基づく言語学のアプローチとして位置づけられる．また，最近の脳科学，コネクショニスト・モデルの研究，生態論的視点に基づく認知科学の関連分野の研究も，広い意味での身体性を反映する第3期の認知科学のパラダイムを背景として，新しい知の探究の場を拡大してきている．

認知言語学と以上の認知科学の関連分野の研究
は，「言語論的展開」を背景とする初期の認知科学
のパラダイムを越える，新しい認知科学の場（い
わば「身体論的展開」を背景とする新しい認知科
学の場）を形成しつつある．この視点を背景とす
る認知言語学の新たなパラダイム転換により，言
語使用の文脈から切り離された文法の自律性と記
号の恣意性を前提とする従来の理論言語学の研究
の限界を越える，経験科学としてより妥当で健全
な言語学の探求が可能になったと言える．

　近年の認知言語学の研究成果は，単に言語学プ
ロパーの研究の発展に貢献するだけでなく，知の
メカニズムの解明を目指す認知科学の関連分野に
も新たな知見を提供しつつある．認知言語学の最
近の進展において，特に用法基盤モデルの研究，
語彙と構文のネットワークモデルの研究，ブレン
ディングモデルの研究，フレーム意味理論の研究，
メタファー理論の研究は，特に注目に値する．例
えば，用法基盤モデルに基づく言語コーパスの体
系的な分析は，従来の情報科学の統計的手法に基
づく情報処理の研究に新たな分析手法を提供して
いる．語彙と構文のネットワークモデルの研究は，
コネクショニスト・モデルやニューラルネットの
言語習得モデルの研究に新たな分析の場を提供し
ている．ブレンディングモデルの研究は，人間の
思考の創発性の研究と非線形的な思考の創造性の
メカニズムの研究に新たな光を投げつつある．ま
た，フレーム意味理論とメタファー理論の研究は，
詩学，文学研究，文体論，談話・テクスト研究に
おける言葉の創造性の解明に際し，体系的な分析
の枠組みを提供している．ここに挙げた認知言語
学の研究の進展は，最近の認知言語学の研究の学
際的な進展のほんの一端にすぎない．しかし以上
の研究成果は，認知言語学が，言葉と人間の知の
メカニズムの探求に向けて着実に進んでいること
を示している[→ 3.9]．

　また認知言語学は，日常言語の音韻・形態レベ
ル，統語レベル，意味レベル，言語運用レベルに
関わる言語現象に関し，ミクロレベルからマクロ
レベルの現象に至る包括的な研究を進めつつある．
認知音韻論，認知形態論の分野では，音声現象，
音韻現象，プロソディー，等に関わるミクロレベ
ルの言語現象の研究が進められている．また認知

語用論の分野では，テクスト文脈や談話文脈にお
ける言語運用に関わるマクロな言語現象の研究が
着実に進んでいる．さらに認知文法論，認知意味
論の分野においては，ミクロレベルとマクロレベ
ルの中間段階にある文レベルを中心とする統語現
象と意味現象に関わる体系的な研究が試みられて
いる．以上の研究状況は，認知言語学のパラダイ
ムが，言語現象の局所的な現象の研究に傾斜して
いくのではなく，包括的で体系的な言語現象の記
述・説明を試みる健全な研究プログラムとして着
実に進展していることを示している．

▶文　献

Allen, J. and M. S. Seidenberg 1999 The Emergence of Grammaticality in Connectionist Networks. In MacWhinney, B. (ed.) *The Emergence of Language*, Lawrence Erlbaum Associates, Mahwah, N. J., pp.115-51.

Barlow, M. and S. Kemmer (eds.) 2000 *Usage-Based Models of Language*, CSLI Publications, Palo Alto, CA.

Bates, E. 1979 *The Emergence of Symbols: Cognition and Communication in Infancy*, Academic Press, New York.

Bybee, J. 2001 *Phonology and Language Use*, Cambridge Univ. Press, Cambridge.

Bybee, J. and P. Hopper (eds.) 2001 *Frequency and the Emergence of Linguistic Structure*, John Benjamins, Amsterdam.

Croft, W. 2001 *Radical Construction Grammar*, Oxford Univ. Press, Oxford. ［山梨正明（監訳）2018『ラディカル構文文法』研究社.］

Croft, W. and D. A. Cruse 2004 *Cognitive Linguistics*, Cambridge Univ. Press, Cambridge.

Dabrowska, E. 1997 The LAD Goes to School: A Cautionary Tale for Nativists. *Linguistics* 35: 735-66.

D'Andrade, R. 1995 *The Development of Cognitive Anthropology*, Cambridge Univ. Press, Cambridge.

Elman, J. L. 1993 Learning and Development in Neural Networks: The Importance of Starting Small. *Cognition* 48: 71-99.

Elman, J. L. et al. (eds.) 1996 *Rethinking Innateness: A Connectionist Perspective On Development*, MIT Press, Cambridge, MA.

Evans, V. and M. Green 2006 *Cognitive Linguistics: An Introduction*, Routledge, London.

Goldberg, A. E. 1995 *Constructions: A Construction Grammar Approach to Argument Structure*, Univ. of Chicago Press, Chicago. ［河上誓作・早瀬尚子・谷口一美・堀田優子（訳）2001『構文文法論—英語構文への認知的アプローチ』研究社.］

Fillmore, C. J. 1977 Scenes-and-Frame Semantics. In Zampoli, A. (ed.) *Linguistic Structures Processing*, North-Holland, Amsterdam, pp.55-81.

Fauconnier, G. and M. Turner 2002 *The Way We Think*, Basic Books, New York.

Fodor, J. A. 1983 *The Modularity of Mind*, MIT Press, Cambridge, MA.［伊藤笏康・信原幸弘（訳）1985『精神のモジュール形式―人工知能と心の哲学』産業図書.］

Heine, B. 1997 *Cognitive Foundations of Grammar*, Oxford Univ. Press, Oxford.

Johnson, M. 1987 *The Body in the Mind*, Univ. of Chicago Press, Chicago.［菅野盾樹・中村雅之（訳）2001『心のなかの身体―想像力へのパラダイム転換』紀伊國屋書店.］

川人光男ほか 2000「言語に迫るための条件」『科学』70 (5): 381-7.

Lakoff, G. 1987 *Women, Fire, and Dangerous Things*, Univ. of Chicago Press, Chicago.［池上嘉彦・河上誓作・辻幸夫・西村義樹・坪井栄治郎・梅原大輔・大森文子・岡田禎之（訳）1993『認知意味論―言語から見た人間の心』紀伊國屋書店.］

Lakoff, G. and M. Johnson 1980 *Metaphors We Live By*, Univ. of Chicago Press, Chicago.［渡部昇一・楠瀬淳三・下谷和幸（訳）1986『レトリックと人生』大修館書店.］

Lakoff, G. and M. Johnson 1999 *Philosophy in the Flesh*, Basic Books, New York.［計見一雄（訳）2004『肉中の哲学―肉体を具有したマインドが西洋の思想に挑戦する』哲学書房.］

Lakoff, G. and R. E. Núñez 2000 *Where Mathematics Comes From*, Basic Books, New York.

Langacker, R. W. 1986 An Introduction to Cognitive Grammar. *Cognitive Science* 10: 1-40.

Langacker, R. W. 1987 *Foundations of Cognitive Grammar*, Vol.I, Stanford Univ. Press, Stanford.

Langacker, R. W. 1990. *Concept, Image, and Symbol*, Mouton de Gruyter, Berlin/New York.

Langacker, R. W. 2000a *Grammar and Conceptualization*, Mouton de Gruyter, Berlin/New York.

Langacker, R. W. 2000b A Dynamic Usage-Based Model. In Barlow, M. and S. Kemmer (eds.) *Usage Based Models of Language*, Univ. of Chicago Press, Chicago, pp.1-63.

Langacker, R. W. 2001 Discourse in Cognitive Grammar. *Cognitive Linguisitcs* 2(2): 143-88.

Langacker, R. W. 2008 *Cognitive Grammar: A Basic Introduction*, Oxford Univ. Press, Oxford.［山梨正明（監訳）2011『認知文法論序説』研究社.］

Langacker, R. W. 2009 *Investigations in Cognitive Grammar*, Mouton de Gruyter, New York/Berlin.

Lee, D. 2002 *Cognitive Linguistics: An Introduction*, Oxford Univ. Press, Oxford.［宮浦国江（訳）2006『実例で学ぶ認知言語学』大修館書店.］

MacWhinney, B. (ed.) 1999 *The Emergence of Language*, Lawrence Erlbaum Associates, Mahwah, N. J.

Palmer, G. B. 1996 *Toward a Theory of Cultural Linguistics*, Univ. of Texas Press, Austin.

Rosch, E. H. 1973 Natural Categories. *Cognitive Psychology* 4: 328-50.

Rumelhart, D. E. and J. L. McClelland 1986 (eds.) *Parallel Distributed Processing: Explorations in the Microstructure of Cognition*, Vol.1, MIT Press, Cambridge, MA.［甘利俊一（監訳）1989『PDP モデル―認知科学とニューロン回路網の探索』産業図書.］

Talmy, L. 2000 *Toward Cognitive Semantics*, Vols.1/2, MIT Press, Cambridge, MA.

Taylor, J. R. 2003 *Cognitive Grammar*, Oxford Univ. Press, Oxford.

辻幸夫（編）2001『ことばの認知科学事典』大修館書店.

辻幸夫（編）2013『新編 認知言語学キーワード事典』研究社.

Tomasello, M. 2000 First Steps toward a Usage-Based Theory of Language Acquisition. *Cognitive Linguistics* 11(1/2): 61-82.

Tomasello, M. 2002 A Usage-Based Approach to Child Language Acquisition. *Studies in Language Sciences* 2: 3-18.

Ungerer, F. and H.-J. Schmid 1996 *An Introduction to Cognitive Linguistics*, Longman, London.

Varela, F. J. et al. 1991 *The Embodied Mind: Cognitive Science and Human Experience*, MIT Press, Cambridge, MA.［田中靖夫（訳）2001『身体化された心―仏教思想からのエナクティブ・アプローチ』工作舎.］

山梨正明 1988『比喩と理解』東京大学出版会.

山梨正明 1992『推論と照応』くろしお出版.

山梨正明 1995『認知文法論』ひつじ書房.

山梨正明 2000『認知言語学原理』くろしお出版.

Yamanashi, M. 2000 Negative Inference, Space Construal, and Grammaticalization. In Horn, L. R. et al. (eds.) *Studies on Negation and Polarity*, Oxford Univ. Press, Oxford, pp.243-54.

山梨正明 2001「ことばの科学の認知言語学的シナリオ」『認知言語学論考』1: 1-28.

Yamanashi, M. 2001 Speech-Act Constructions, Illocutionary Forces, and Conventionality. In Vanderveken, D. et al. (eds.) *Essays on Speech Act Theory*, John Benjamins, Amsterdam, pp.225-38.

Yamanashi, M. 2002 Cognitive Perspectives on Language Acquisition. *Studies in Language Sciences* 2: 107-16.

山梨正明 2004『ことばの認知空間』開拓社.

山梨正明 2009『認知構文論―文法のゲシュタルト性』大修館書店.

Yamanashi, M. 2010 Metaphorical Modes of Perception and Scanning. In Burkhardt, A. and B. Nerlich (eds.) *Tropical Truth(s): The Epistemology of Metaphor and Other Tropes*, Walter de Gruyter, Berlin/New York, pp.157-75.

山梨正明 2012『認知意味論研究』研究社.

山梨正明 2015『修辞的表現論』開拓社.

Yamanashi, M. 2016 New Perspectives on Cognitive Linguistics and Related Fields. In Yamanashi, M. (ed.) *Cognitive Linguistics*, Vol.1, Sage Publications, London, pp.xix-xlix.

Yamanashi, M. (ed.) 2016 *Cognitive Linguistics*, Vols.1-5, Sage Publications, London.

━━ コラム 1　コンピュータ・プログラミング言語と認知言語学 ━━━ 長谷部陽一郎 ━━

　日本語や英語など社会の中で自然発生的に形成された言語を**自然言語**（natural language）[→ 5.10] と呼び，そうでない言語を**人工言語**（artificial language）と呼びます．機械に一定の処理を行なわせるための命令記述言語である**コンピュータ・プログラミング言語**（computer programming language）は人工言語の一種です．ただ，人工物はそれを生み出した人々の視点や捉え方を反映します．絵画や彫刻など芸術作品はもちろんですが，工業製品にも「扱いやすいこと」「安全であること」「使って楽しいこと」といった設計者の思いが込められているものです．人間は様々な道具を生み出し，磨き上げてきましたが，それは自分たちの身体的・認知的な制約を深く理解する過程でもありました．プログラミング言語もそのような道具の一つであり，機械の側で実行可能な論理を人間的な発想のもとに表現する仕組みを模索する中で発展してきました．

　生成文法や認知言語学など自然言語の理論にパラダイム（理論的枠組み）があるように，プログラミング言語にもパラダイムがあります．元来，デジタル・コンピュータは 2 進数に基づく論理演算を行なうように作られています．最初期のプログラミング言語は 0 と 1 の組合せで構成される 2 進数の**機械語**（machine language）でした．コンピュータに命令を入力するのに機械語は極めて不便です．そこで一定の処理に対応する符丁（ニーモニック）のセットが実装されました．これを**アセンブリ言語**（assembly language）と言います．アセンブリ言語で利便性は向上しましたが，所詮メモリ上のアドレスに数値を書き込んだり読み込んだりといった低水準の手続きを記述するものにすぎません．そこで開発されたのが FORTRAN（1957），BASIC（1964），C（1972）といった高水準な**手続き型言語**（procedural programming language）です．これらの言語によってプログラマは「条件制御」，「繰り返し」，「関数の作成」，「再帰的な関数適用」といった処理を記述できるようになりました．これは機械の側の論理に支配されていたプログラミングの作業を人間の側の発想に近づける「パラダイム・シフト」に他なりません．そして 80 年代以降，さらに人間的な視点から問題領域を記述するための手法としてオブジェクト指向プログラミング（object oriented programming：OOP）の考え方が生まれ，**オブジェクト指向プログラミング言語**が開発されました．C++（1983），Python（1991），Java（1995），Ruby（1995）など，現在のソフトウェア開発で広く用いられているプログラミング言語の多くは OOP 言語です．OOP では問題領域をオブジェクトの相互関係として記述することでプログラムを実現します．例えば，図書館での貸出管理システムであれば，図書館と利用者と文献はそれぞれ異なるオブジェクトとして設計されることでしょう．そして，文献登録，予約，貸出，返却といったイベントは，これらのオブジェクト間での相互のやりとりとして実装されます．認知言語学的に言うなら，それはまさに「モノ」と「関係」の発想に基づくプログラミングです．

　今日，OOP はコンピュータ・プログラミングの世界で支配的なパラダイムとなっています．興味深いのは，80 年代から 90 年代にかけて OOP 言語が普及した時期と認知言語学の発展した時期とが一致していることです．さらに見逃せないのは「クラスとインスタンス」，「継承」，「メッセージング」，「情報のカプセル化」，「多態性」といった OOP 特有の概念が認知言語学の理論的概念と一致していることです（Hasebe 2005）．OOP では **UML**（Universal Modeling Language）という記法を用いてプログラムの設計を図式化しますが，これも認知言語学で図を多用することと似ています．実際のところ，言語学者の中には OOP からの影響について言及している人もいます．例えばゴールドバーグ（Adele Goldberg）は，構文文法における継承リンクの考え方が OOP に由来するものであることを明言しています（Goldberg 1995: 72）．また，Bergen and Chang（2003）はスキーマの記述に OOP の考え方を取り入れた表記方法を用いることを提案しています．

　以上のように，コンピュータ・プログラミング言語の発展は認知言語学的な観点からも興味深く，これからも目が離せません．今後，二つの領域間で積極的に知見が交換され，新たな発見や発展の基盤となっていくことが期待されます．

▶参考文献

Bergen, B. K. and N. Chang 2003 Embodied Construction Grammar in Simulation-Based Language Understanding. In Östman, J.-O. and M. Fried (eds.) *Construction Grammars: Cognitive and Cross-Language Dimensions*, John Benjamins, Amsterdam, pp.147-90.

Goldberg A. E. 1995 *Constructions: A Construction Grammar Approach to Argument Structure*, Univ. of Chicago Press, Chicago.［河上誓作・早瀬尚子・谷口一美・堀田優子（訳）2001『構文文法論─英語構文への認知的アプローチ』研究社.］

Hasebe, Y. 2005 Computer Analogy Reconsidered from a Perspective of Cognitive Linguistics and Object-Oriented Programming. *Proceedings of the Fifth Annual Meeting of the Japanese Cognitive Linguistics Association*: 126-36.

|1.3|

言語学史から見た
認知言語学

野村益寛

どんな学問分野であっても，新しい理論や学説は，真空状態の中から突如として現れるのではなく，歴史的に先行する諸理論や考え方を土壌として生まれてくるはずである．このことは，新しい学問を理解するためには，それを歴史的に位置づけてみることが肝要であることを意味する．

1970年代後半から80年代にかけて形成された認知言語学は，直接的には，認知科学の発展を背景に，生成文法の主流派に対抗する形で登場したと言えるが，間接的には，言語学史上の様々な考えが流れ込む形で成立していると考えられる．本節では，そうした影響関係をアリストテレス，ソシュール，サピア，ウォーフらに探り，認知言語学の基本的な考え方を歴史的に位置づけ，その本質を浮かび上がらせることを目的とする．

1. 認知言語学の考え方

認知言語学の代表的研究者の一人であるラネカー（Ronald W. Langacker）は，「言語とはどのようなものか」に関して次の二つの前提を挙げている（Langacker 1987: 11-2）．

(1) a. 言語はその本質において**記号的**（symbolic）であり，ある種の意味表示と音韻表示が結びついた言語記号・表現の開かれた集まりを，話し手が――対自己的あるいは対他者的に――使用することを可能にする．

b. 言語はヒトの認知の不可欠な部分をなす．そのため，言語構造を説明するには認知処理一般に関する知見と関係づける必要がある．

一方，認知言語学のもう一人の代表的研究者であるレイコフ（George Lakoff）は，認知言語学が尽力すべき課題として次の二つを挙げている（Lakoff 1990: 40）．

(2) a. 言語の説明を心と脳について一般的に知られていることと整合的にする．

b. 言語のあらゆる側面を統べる一般諸原則を特徴づける．

ここで(1)と(2)を比較すると，(1b)と(2a)が同じことを言っていることは明らかであろう．一方，(1a)と(2b)は一見無関係に見える．(1a)は，言語の本質が意味を音声形式によって表す伝達的・記号的機能にあることを述べているのに対して，(2b)は，形式的な側面だけでなく，意味的・語用論的要因も取り込んだ一般化を目指すべきだという考えを表す．しかし，(1a)が「言語のあらゆる側面」を「記号」として統べることを述べているとすると，(2b)と両立するとみなしてもよかろう．そうすると，二人の代表的研究者が認知言語学の本質をなすとみなす基本的考えは一致していると言える．

以下では，このような言語観に立つ認知言語学の意味と文法に関する考え方を簡単にまとめ，この後の議論の準備とする．

▶ 1.1 意味観：百科事典的意味観

(1b)，(2a)で見たように，言語を認知の一環として位置づける認知言語学では，意味とは，指示対象や真理条件ではなく，認知的現象であると考える．

(3) 意味とは，概念内容とその内容を特定の仕方で把握することから成る．「把握」（construal）という術語は，同じ状況を異なる仕方で思い，描くという，私たちに備わっていることが明らかな能力を指す[注1]．　（Langacker 2008: 43）

これにより，例えば，The glass is half full と The glass is half empty は，同じ概念内容を持つが，液体の入った部分に注目するか，入っていない部分に注目するかという「把握」の仕方が異なるため，意味が異なることになる．そのため，グラスにお酒を注いでもらうときに，Stop when it's half full とは言えても，Stop when it's half empty とは言えないとされる．

把握は，言語的・物理的・社会的・文化的文脈（知識）や相手の信念・意図に関する想定などを背

景になされるため，意味は必然的に百科事典的な性格を帯びる．例えば，「塩」の意味は，〈塩化ナトリウム〉という化学的組成だけでなく，用途（調味料，清め，等）や製法，種類なども含み，どこまでが辞書的意味で，どこからが百科事典的意味かを峻別することは困難である．そのため，ある語の意味は，指示対象が同じであっても，言語が違えば（例えば「塩」と"salt"）異なるのが普通だし，同じ言語の話者であってもその人の知識や信念に応じて多少なりとも異なりうる．このような意味の考え方を「**百科事典的意味観**」（encyclopedic view of meaning）と言う[→ 2.3]．

▶ 1.2 文法観：用法基盤モデル・記号的文法観

自分が伝えたいと思う意味（メッセージ）を常に1語で表せるとは限らない．文法（例えば，形容詞＋名詞）とは，そうした場合に，メッセージを表すために，形態素を組み合わせてより大きな単位を作り上げていく仕組みを指す．先に見たように，意味が把握の問題であり，把握が実際の言語使用の場でなされることを考えると，文法は，他者との言語使用の場において実際の言語表現をボトムアップ式に抽象化・一般化することから立ち上がり，使用のたびごとに，修正を加えられていくものとみなされる．すなわち，文法とは，「慣習的な言語単位が構造をなして蓄えられたもの」（Langacker 1987: 57）に他ならない．こうした考え方のことを「**用法基盤モデル**または**使用依拠モデル**」（usage-based model）という[→ 2.7]．

さて，文法が実際の言語使用の場から立ち上がるのであれば，実際に生じる表現が具体的な語彙から構成され，意味を表す限り，文法も意味を表すものと考えられる．文法が，語彙と同様に，意味を表す記号であるとする考えのことを「**記号的文法観**または**象徴的文法観**」（symbolic view of grammar）と呼ぶ．この考え方は，(1a)のしばらく後に続く次の文言に表明されている．

(4) 言語が本質的に記号的であるとする私の考えは，語彙を越えて文法にまであてはまる．

(Langacker 1987:12)

また，意味が認知的なものならば，(1b)，(2a)に従って，文法も一般的な認知能力の観点から動機づけていこうとするのが認知言語学のアプロ

ーチであることになる（野村 2018a を参照）．

▶ 1.3 認知言語学と生成文法

これまで素描してきた認知言語学が，生成文法とどのように対比されるだろうか？ 表1を見てみよう．

表1 説明基準のタイプ（Van Valin and LaPolla 1997: 7）

説明対象	理論内基準	理論外基準	
		言語内基準	言語外基準
統語論	経済性 動機性 予測性	音韻論 意味論 語用論 言語処理	推論 カテゴリー化 知覚 ・・・・・

ある統語現象を説明する際に，データと合致する仮説が二つ以上立てられたとき，どの仮説を採用したらよいかを決める説明基準を分類したのが表1である．「理論内」説明基準とは，仮説の優劣を「どのくらい簡潔か」（経済性），「説明の道具立てがアドホックでなく，独立に動機づけられているか」（動機性），「分析対象以外の現象について検証可能な予測をするか」（予測性）といった基準に基づき判断するということである．これに対して，「理論外」基準は，統語現象を説明するのに「言語内」の要因（意味，言語使用など）を持ち出すか，「言語外」の要因（推論，カテゴリー化など）を持ち出すかに応じて，二つに分けられる．

さて，生得的な普遍文法を仮定する生成文法は，説明基準として理論内基準しか採用しないとされる（Van Valin and LaPolla 1997:10-1）．これは生成文法が以下の2種類の「自律性仮説」を採用することから帰結する[注2]．

(5) a. 言語の自律性：言語能力は，一般認知能力から自律している．

b. 統語論の自律性：統語論は，意味や言語使用に言及することなく記述することができる自律的なシステムである．

理論外基準のうち，「言語の自律性」は言語外基準を却下すること，「統語論の自律性」は言語内基準を却下することにそれぞれ等しい．そのため，生成文法は理論内基準しかとりえないこととなるわけである．

これに対して，先にみた認知言語学の(1b)，

(2a) は，理論外基準の言語外基準をとること，(1a)，(2b) は，理論外基準の言語内基準をとることに等しい．すなわち，認知言語学は，生成文法とは対照的に，説明基準として，理論内基準の他に，理論外基準をもとり，(5a, b) の自律性仮説に与しない言語理論だと特徴づけることができる (野村 2009)．

2. 認知言語学の歴史的位置づけ

1. で見たような特徴を持つ認知言語学は，言語学史のうえでどのように位置づけられるだろうか？ 以下，ここでは，認知言語学をギリシャ哲学，ソシュール，言語相対性仮説，生成意味論との関連で位置づけることを試みる．2.1 では，生成文法がプラトン的な性格を色濃く持つのに対して，認知言語学がアリストテレス的と特徴づけられることを見る．2.2 では，近代言語学の父とされるソシュールがプラトンに由来する言語名称目録観という考え方にどのような異議申し立てを行なったかを概観した後，認知言語学がソシュールのどの面を継承し，どの面を斥けたかを見る．2.3 では，言語を認知の一環として見る認知言語学の考えは，「言語相対性仮説」と呼ばれる考え方と共通する面があることを見る．2.4 では，認知言語学の創始者たちの多くを生んだ土壌として生成意味論を振り返り，認知言語学との関係を考える．

▶ 2.1 プラトン対アリストテレス

民主政の進展した紀元前 5 世紀のアテナイでは，政治的に人より抜きんでるためや訴訟から自分の身を守るためには，民会や法廷における弁論の力が重視された．そこに登場するのが，徳の教育を標榜し，金銭と引き換えに弁論術などを教えてギリシャ中を回ったソフィストと呼ばれる人々である．彼らの多くは哲学的に懐疑主義，相対主義の立場をとったとされる．例えば，大物ソフィストとして知られるプロタゴラスの有名な命題「あらゆるものの尺度であるのは人間だ．あるものについては，あるということの，あらぬものについては，あらぬということの」(『テアイテトス』(岩波文庫)，pp.38-9) は，人間の認識に対して課される制約はなく，すべて各人の思わく次第であるという徹底した相対主義を表している．こうしたソフィストたちは，プラトン (前 427- 前 347) の

目には，「真実らしきものが真実そのものよりも尊重されるべきであることを見ぬいた人たち」(『パイドロス』(岩波文庫)，p.113) と映ったのだった．プラトンは「いやしくもものごとが上手にりっぱに語られるためには，それを語る人の精神は，自分が話そうとしている事柄に関する真実を，よく知っていなければならないのではなかろうか」(『パイドロス』(岩波文庫)，pp.92-3) と考え，問答を通じて「真実そのもの」を追い求めることでソフィストたちの相対主義，懐疑主義に対抗しようとした．この「真実そのもの」は「イデア」とも呼ばれ，知覚の対象である諸々の個物を抽象・一般化して得られたものではなく，「それぞれの物事についてのわれわれの認識のうちに働いて認識を導き前進させる，先験的な原理」(藤沢 1998:115) を指す．プラトンのイデア論において，個物はイデアを分有し，範型たるイデアの似像となることで我々にイデアを想起させ，個物の認識を可能にするとされる．例えば，私たちは，先験的な〈美〉のイデアと無意識のうちに照合することによって，個々の美しいものや人を「美しい」と認識できるわけである．

これに対して，アリストテレスは「いかなる普遍も，その諸個物から離れて別には存在しえない」(『形而上学 (上)』(岩波文庫)，p.288) としてイデア論を批判し，「人間」や「動物」のような種は，「この人」や「この馬」のような知覚可能な個物を離れて超越的に存在するものではなく，個物に内在するものであると考えた．弁論術についても，プラトンがこれに否定的だったのに対して，アリストレテスは「為された行為はどれも，他のようでもありうる類いのものであり，どれ一つとっても必ずそうなければならぬものはない」(『弁論術』，岩波文庫，p.38) とし，人間が関わる現実世界における相対的真理の存在を認め，有用な技術としての弁論術を体系化した．弁論術とは，つまるところ，「まず第一に何を語るか，第二にどう語るか」(キケロ『弁論家について (上)』(岩波文庫，p.240) の問題だとすれば，アリストテレスが「把握」を重視し，「この語とあの語では，それが意味するものを必ずしも同じ状態においてとらえている訳ではない」(『弁論術』(岩波文庫)，p.316) のような認知言語学的な意味観 (cf.

（3））を表明しているのもうなづける.

このようなプラトンとアリストテレスの考え方の違いは，〈数学的理想主義〉対〈生物学的現実主義〉，〈普遍主義〉対〈個物主義〉，〈超越主義〉対〈内在主義〉といった対比でしばしば特徴づけられる（出 1972：29-37）．こうした特徴づけは，生成文法と認知文法の志向性の違いを表すのにもおおむね使えそうである．生成文法は言語知識の獲得に関して生得的な普遍文法を仮定する点において，理想主義的，普遍主義的，超越主義的，すなわち，プラトン的であると言えよう．これに対して，先に見た用法基盤モデルをとる認知言語学では，言語知識は個々の事例に内在する（Langacker 1991: 535）と考える点において，現実主義的，個物主義的，内在主義的，すなわち，アリストテレス的であると言える．プラトンのイデアは先験的原理であるため，その成り立ちを他に求めることができないが，イデア論を斥けるアリストテレスにおいては，知識の外的基盤を問うことができる．そうすると，理論外基準をとるか否かという，表 1 で見た生成文法と認知言語学の相違は，哲学史において繰り返されてきたプラトン的理想主義とアリストテレス的現実主義の対立が舞台を言語学史に移して展開されているものと見ることもできるかもしれない（野村 2008；西村・野矢 2013: 62）．

▶ **2.2　ソシュール**

プラトンのイデア論においては，イデアは言語以前に存在しており，ことばはイデアに貼り付けるラベルでしかないことになる．プラトンの『クラテュロス』において，事物と名前の間の関係が自然なものなのか，慣習的なものなのかという極めて言語学的な問題が議論されるが，あくまで言語以前に存在する，分節された観念・事物と名との関係が問題とされているにすぎない．同様の言語観は，旧約聖書の「そこでヤハウェ神は土からすべての野の獣とすべての天の鳥を造り，人の所へ連れてきて，人がそれにどんな名前をつけるかを見ようとされた．すべて人がそれ（すなわち生きもの）に名づける名はそのままその名前になった．こうして人はすべての家畜，すべての天の鳥，すべての野の獣にそれぞれ名前をつけた」（『創世記』（岩波文庫），p.13）のような記述にも見られ

る．このように，世界における観念およびそれを分有する事物は，人間の言語とは独立にあらかじめ分節されて存在しており，言語とはそれらを名づけ，指し示すための目録にすぎない，とする考え方を「**言語名称目録観**」（nomenclature）と呼ぶ．

西洋において長らく支配的な役割を果たした，この言語名称目録観に対して異議申し立てを行なったのが，ソシュール（Ferdinand de Saussure, 1857-1913）である．ソシュールは，言語なくしては，観念も事物もイデアのようには明瞭に分節されておらず，世界は星雲のような混沌とした連続体をなすにすぎないと考える[→ 1.1]．

(6)思想は，それだけ取ってみると，星雲のようなものであって，そのなかでは必然的に区切られているものは一つもない．予定観念などというものはなく，言語が現われないうちは，なに一つ分明なものはない．（ソシュール 1972: 157）

同様に，音も連続体をなすとソシュールは考える．そうした連続体としての観念と音に対して言語の網の目をかぶせ，分節（＝切り分け）し，両者を結びつけることによって生まれるのが「記号」である（ソシュール 1972: 158, 160）．観念にも音にも「必然的に区切られているものは一つもない」とすると，これら連続体を分節する仕方は「恣意的」なものにならざるをえない．そのため，分節の結果生まれた記号における意味（シニフィアン）と音形（シニフィエ）の結びつきも恣意的となるのである．このような記号の価値は，記号の外に何ら基盤を有しないため，隣接する諸記号との差異によってしか規定されない．例えば，フランス語の mouton と英語の mutton とは，同じ価値を持たない．前者の価値は bœuf などとの対立によって生まれるのに対して，後者の価値は，sheep との対立によって生まれるからである（ソシュール 1972: 162）．

このようなソシュールの言語観は，言語と世界の関係をめぐって言語名称目録観とは対極的な立場にあることは明らかであろう（佐藤 1996 の第 5 章も参照）．言語名称目録観は，世界はあらかじめ分節されており，言語は世界の構造を忠実に写しとったものにすぎないと考えるのに対して，ソシュールは，世界はあらかじめ分節されておらず，

言語ごとに恣意的に異なる網をかけることによって初めて分節されると考えるからである．恣意的な分節に基づいて生まれた記号の集まりである言語は，自然な外的基盤を持たず，「その固有の秩序しか知らぬ体系」（ソシュール 1972: 37），すなわち，自律的な体系をなすことになる．そのため，そうした言語を研究対象とする言語学も自律的な学問となる．

(7) 言語（langue）は，言（parole）とはことなり，切りはなして研究しうる対象である．（中略）言語の科学は，言語活動（langage）の他の要素がなくてすませるばかりか，そうした他の要素が混入していないときでなければ可能でない．

(ソシュール 1972: 27-8)

このことは，ソシュールにおいては，表1の理論外基準・言語外基準をとらないことを表していると解釈できる．この点において，生成文法はソシュールの立場を継承していると言えよう注3．これに対して，認知言語学では，世界の分節は，言語名称目録観が仮定するようにあらかじめ決定されているわけでも，ソシュールが主張するように恣意的でもなく，人間の認知の傾向性と環境の特性との相互作用によって制約される性質のものであり，その結果生まれる言語も自律的な体系ではないと考え，(7) のような考え方は採らない．

その一方で，認知言語学の文法観には，ソシュールの文法観を復権・再評価したとみなせる面がある（野村 2007, 2018b）．まず，先に見た「**用法基盤モデル**」の先駆をソシュールに認めることができる．

(8) 文はすぐれて統合の典型である．ところが文は言にぞくし，言語にはぞくさない（中略）：とすれば，統合は言のなわばりだということにはならないか？　われわれはそうは思わない．（中略）

まず，言語にぞくする表現がはなはだ多数見出される：熟語がそれであって，反省してみればそこに意義ある部分を区別しえなくもないが，それにみじんの変化をも加えることを慣用が禁じているのである（中略）

しかしそれだけではない；規則形にもとづいて構成される統合は，そのすべての類型を，言ではなしに，言語に帰属せしめねばならない．じじつ，言語のうちには一として抽象的なもの

はないから，そうした類型は，言語がじゅうぶん多数の標本を登録しておいてはじめて，存在するのである．　　　　（ソシュール 1972: 174-5）

上の引用中の最後の段落にある「じゅうぶん多数の標本」とは使用頻度・定着度の高い具体的な言語表現を指すと考えられ，まさに用法基盤モデルの考えと合致する．先に認知言語学が文法を「慣習的な言語単位が構造をなして蓄えられたもの」（a structured inventory of conventional linguistic units）と特徴づけることを見たが，この言い回しは，Chomsky（1965: 4）が自身の言語能力／言語運用の区別の導入に際し，ソシュールのラング概念を批判したときに用いた「項目が体系をなして蓄えられたもの」（a systematic inventory of items）という言い回しを連想させる．そうすると，認知言語学は，チョムスキーによって斥けられたソシュールの復権を果たしたとみなすことができる．

次に，認知言語学の「**記号的文法観**」という考えも，ソシュールにその先駆を認めることができる．次の引用を見てみよう．

(9) 文法学は言語を表現手段の体系として研究する；文法的とは，共時的かつ意義的というのに等し［い］　　　　（ソシュール 1972: 187）

文法が表現手段の体系であるならば，文法は意味を表す意義的な存在であるというわけであり，ソシュールと認知言語学とでは意味に対する考え方が異なるとはいえ，語彙と同様に文法についても意味を問うことができるとする姿勢は共通する．そこからの帰結として，語彙と文法に同じ原理が妥当するのであれば，語彙，形態論，統語論の区別は度合いの問題であり，連続的なものと考える点においてもソシュールと認知言語学は共通する（ソシュール 1972: 189; Langacker 1987: 35）．

以上見てきたように，認知言語学は，ソシュールによって唱えられ，生成文法によって継承された，理論外基準・言語外基準をとらない自律的な言語観を斥ける一方で，「記号的文法観」および「用法基盤モデル」という文法観においてソシュールの考え方を継承していると言える．

▶ 2.3　言語相対性仮説

言語記号の意味は，隣接する記号との差異によってしか規定されないとするソシュールに端を発

する**構造主義言語学**（structural linguistics）は，語の意味をいくつかの意味成分に分解する**「成分分析」**（componential analysis）という手法を生み出した．しかし，この意味分析の手法は，親族用語などごく限られた意味分野に対してしか有効ではなく，意味の問題は，ブルームフィールド（Leonard Bloomfield, 1887-1949）を中心とする20世紀前半のアメリカ構造主義言語学では，棚上げされる傾向にあった．そのような風潮の中で，アメリカ・インディアン語の研究を通して意味の問題に取り組んだのが，ブルームフィールドと同時代のサピア（Edward Sapir, 1884-1939）と，その教え子ウォーフ（Benjamin Lee Whorf, 1897-1941）であった．意味の問題こそが言語学の中心課題であると考える点で，彼らは認知言語学の言語観を先取りする．(1a)のしばらく後に続くラネカーの文言と，ウォーフからの引用とを比べられたい．

(10)言語の記号的性質から帰結するのが，ほとんどすべての言語的事柄に対して意味が中心を占めるということである．意味こそが言語にとって何より大切なことである．

(Langacker 1987: 12)

(11)言語学とは本質的に意味の探究であるということを明確に認識しておく必要がある．

(Whorf（池上 1993: 40））

さて，サピアとウォーフの二人に共通して見られる考えを指して，のちの学者が**「サピア＝ウォーフの仮説」**（Sapir-Whorf hypothesis）と名づけたものがある．次のウォーフの引用を見てみよう[→ コラム 45]．

(12)互いに著しく異なる文法を用いる人々は，彼等の用いる文法によって，観察の型を異にし，外見上類似した観察に異なる評価を下すようになるため，彼等は，観察者として同等ではなく，幾分相違する世界観に到達することになる．

(Whorf（有馬 1978: 24））

(13)われわれは，生まれつき身につけた言語の規定する線にそって自然を分割する．（中略）この世界というものは，さまざまな印象の変転きわまりない流れとして提示されており，それをわれわれの心——つまり，われわれの心の中にある言語体系というのと大体同じもの——が体系づけなくてはならないということなのである．われわれは自然を分割し，概念の形にまとめ上げ，現に見られるような意味を与えていく．

(Whorf（池上 1993: 153））

先に見たように，ソシュールは，世界はあらかじめ分節されておらず，言語ごとに恣意的に異なる網をかけることによって初めて世界は分節されると考える．ソシュールのこの考え方は，言語が異なれば，世界像も異なるという解釈（例えば，丸山 1981: 119）を容易に許すが，同じような考えにサピアとウォーフもアメリカ・インディアン語の研究を通して達したのだった．すなわち，ソシュールが「星雲」(cf. (6))と表現したものをウォーフは「さまざまな印象の変転きわまりない流れ」と表現し，これを話者が自分の母語が規定する仕方で分節するため，言語が異なれば，世界の分節の仕方も異なり，「幾分相違する世界観」に達すると考えるわけである．その内容から，サピア＝ウォーフの仮説は**「言語相対性仮説」**（linguistic relativity hypothesis）と呼ばれることもある[注4]．

ソシュールとウォーフの考え方は確かに似た面はあるが，世界の分節の主体について力点の置き方に違いが見られる．ソシュールにおいては，世界を分節するのは，話者というよりは，自律的な「言語」（ラング）であるかのように表現される傾向がある（例えば，ソシュール 1972: 159）のに対して，上の引用から明らかなように，ウォーフにおいては，その主体が「われわれ（の心）」であることを明確にしている．そのため，後者においては，言語が異なれば，世界の認識の仕方が異なるというふうに，人間の心の問題に焦点が当てられることになる．

サピア＝ウォーフの仮説は，しばしば，言語が知覚・認知を決定するというような強い形で解釈されることもある．例えば，色彩用語が2色しかない言語の話者は，世界が2色にしか見えないというような解釈である．しかし，そうした強い解釈が事実にそぐわないことは明らかであろう．また，サピアもウォーフもそのような強い解釈を必ずしも示唆しているわけではない．サピアは，Sapir (1921)の中で「溝」（groove）という語を何度か使用している．例えば，次のようである．

(14)言語は，衣装というよりも，むしろ，前もって用意された道，または溝だとしたら，どうだろう．事実，一番もっともらしいのは，言語は元

来，概念の次元よりも低い用途にあてられる道具であって，思考はその内容の洗練された解釈として生じる，ということだ．(Sapir（安藤 1998：32））

言語は言語以前に分節された観念にまとわせる衣装にすぎないという，先に見た「言語名称目録観」に対応する常識的な見方を斥け，サピアは，言語は思考を造形する「溝」だとする．しかし，この溝は慣習的なものにすぎず，その外に一歩も出られないとサピアが考えていたわけでないことは，次の引用からも明らかである．

> (15)この分析は，ややこじつけに思われるかもしれないが，それは単に，われわれが英語の使い古した表現の溝に慣れすぎて，それを必然的なものと感じるようになっているためにほかならない．けれども，なじみなものを破壊的に分析することこそ，根本的に異なる表現様式を理解するための唯一の接近法なのだ．
>
> (同：152-3)

そうすると，言語とは，思考内容を特定の仕方で「解釈」するものであることになる．

> (16)言語は，思考の特定の方法である．
>
> (同：378)

ここまでくると，サピアの考え方と，(3)で見た認知言語学の意味観との親和性が明らかになるだろう[注5]．サピアのいう「思考の特定の方法」(a particular *how* of thought) と，(3)の「その内容を特定の仕方で把握すること」(a particular way of construing that content) が対応するわけである．この把握の仕方が言語によって慣習化されたものが，サピアのいう「溝」および認知言語学でいう「意味構造」ということになる．認知言語学では，同じ内容を指していても，意味構造は言語によって異なると考える (Langacker 1987: 47；Langacker 1976)．例えば，〈降雨〉という出来事を「雨が降っている」と表す場合と，It is raining. と表す場合では，前者では「雨」というモノを析出し，「降る」という述語の主語に据えているのに対して，後者ではそのようなモノは析出せず，出来事が起こる抽象的な場としてitを主語に据えている点で，両者の意味構造は異なると言える．このように，言語によって「溝」ないし「意味構造」が異なるため，言語が異なれば，話者は状況のどの側面に注意を向けるかが異なるこ

とは十分予想される．次のウォーフの発言はそのことを表している．

> (17)思考というものも問題となっている言語の中に網の目のように設定されている線に従って行なわれる．このような仕組みがあるがために，現実のある様相，ある知的な面に対しては組織的に注意が向けられ，その他のものは他の言語で特徴的であるようなものでも組織的に無視されるということになるのである．
>
> (Whorf（池上 1993: 209））

実際，言語によって話者の注意の向け方に違いがあるということは，心理言語学的な手法によって実証されている (Slobin 1996)．

▶ 2.4 生成意味論

先にサピアとウォーフが意味を言語学の中心課題と考えたことを見たが，文法論において意味を中心に据えたのが，生成意味論である [→ 1.2]．生成文法の標準理論 (Chomsky 1965) では，文法の基底部門によって深層構造が生成され，それに一連の変形規則を適用し，表層構造を導くとともに，深層構造に意味解釈規則を適用することによって文の意味が得られると考えられた．これに対して，生成意味論では，基底部門によって意味表示が直接的に生成され，それに変形規則を適用することによって表層構造を導くとし，統語的規則性を捉えるために設けられた深層構造というレベルを排した（生成意味論の概説としては，村木・斎藤 1978: 201-421，山梨 1983 を参照）．

深層構造 → 意味表示 　　意味表示

↓←変形規則 　　　　↓←変形規則

表層構造 → 音声表示 　　表層構造

図1 標準理論（左）と生成意味論（右）の理論構成

生成意味論は，意味表示の中に様々な語用論的な情報をも取り込んだため，意味表示を表層構造に結びつけるのに必要な変形規則が強力なものとなり，文法理論としては失敗に終わったとみなされる（生成意味論の興亡については，Newmeyer 1986: Chs.4-5 および Harris 1993 を参照）．

冒頭で取り上げたレイコフとラネカーはかつては生成意味論者であったため，生成意味論と認知

言語学の関係がしばしば取り沙汰されるが，両者の生成意味論に対する評価にはやや温度差がある．レイコフは，認知言語学が尽力する課題として挙げた(2)は，生成意味論の課題でもあったとし (Huck and Goldsmith 1995: 109-10)，認知言語学を「アップデートされた生成意味論」とみなしている (Lakoff 1987: 582-5)．まず，生成意味論において意味表示は記号論理学を用いて表されたこともあって，概念構造としばしば同一視され，言語普遍的なものとみなされたため，言語を認知能力の観点から外的に動機づけようとする(2a)の考えは，生成意味論においても主張された (Lakoff 1972: 77-8, 86)．また，生成意味論では，意味を統語論の中心的な問題だとし，意味の中に言語使用に関する様々な一般化も取り込もうとしたのが(2b)の考えであり，これが認知言語学にも継承されているとレイコフはみなしているわけである（山梨 2000: 6.4 も参照）．

これに対して，ラネカーは，生成意味論が意味を明示的に扱おうとしたこと，語彙と文法を統合的に分析しようとした点は共通するとしながらも，自身の認知文法は生成意味論から派生したものではないとやや冷めた見方を示している (Langacker 1987: 4)．しかし，生成意味論が文法を，ある種の意味表示を入力として，それを適切な表層形に関係づけるものとみなしたことは，文法を，語彙と同じく，記号と見る(1a)，(4)の考えに継承されていると見ることができよう．この点において，ラネカーの構想する認知言語学においても生成意味論が一定の影響を及ぼしていることは間違いなかろう．

まとめと展望

ここでは，(1)/(2)としてまとめられる認知言語学の基本的な考え方が，2で見たような言語学史上の様々な考えが流れ込んで成立したものと考えられることを見た．このことは必ずしも認知言語学の独創性を否定するものではない．分析のための道具立てを整備し，幅広い言語現象に適用し，いかに(1)/(2)で示されたプログラムに沿って実証的な研究を積み上げていけるかに認知言語学の評価はかかっている．

▶注

1 「意味」についてのこの考え方は，認識を素材（質料）と形式（形相）からなるとしたカントの認識論を思い起こさせる（カント（1961: 164）参照）．

2 「自律性」の定義の検討について，Croft (1995) を参照．

3 その一方で，生成文法はソシュールが斥けた言語名称目録観的立場をとっている．チョムスキーは語彙習得に関して「私たちは単に，すでに存在する概念につけるラベルを学ぶだけなのです．別の言い方をすれば，まるで子どもが，一切の経験をする前に，[…]概念の長いリストをもっていて，それから，世界を見渡して，どの音がどの概念と対応するのかと考えているようなものなのです」（Chomsky（田窪・郡司: 189-90））と述べているが，これは，イデア的な先験的な概念の存在を認め，言葉はそのラベルにすぎないとする点でまさしく言語名称目録観を表明していると言える．

4 サピア＝ウォーフの仮説の源流としてフンボルトの言語哲学があることがしばしば指摘される．Cf.「どの言語にも，それぞれ特有の世界の見方が潜んでいることになる」（フンボルト 1984: 95）．なお，ラネカーがアメリカ・インディアン語のユト・アステカ語族の研究でも多くの優れた業績をあげていることに注目しておきたい．

5 サピアは文法を「言語の話し手によって直感的に認められている形式の有機的組織体の総体」(the sum total of formal economies intuitively recognized by the speakers of a language; Sapir 1949: 5) と規定しているが，サピアにとって形式とは何らかの意味を表すパターンであることを考えると，ソシュール，認知言語学に類似した文法観を示していると言える．

▶重要な文献

Chomsky, N. 1966 *Cartesian Linguistics*, Harper and Row, New York.［川本茂雄（訳）1976『デカルト派言語学』みすず書房］

創始者自らが生成文法を哲学史の上に位置づけたもの．また，生成文法には，F. Newmeyer のように，生成文法の学説史を研究する者がいる．認知言語学には，その学際性もあって，残念ながらこうした業績に質量ともに匹敵するものはまだ存在しないが，Nerlich and Clarke (2007)，Winters (2015)，酒井 (2017) など少しずつ出てきており，今後の開拓が望まれる．

Allan, K. 2007 *The Western Classical Tradition in Linguistics*, Equinox, London and Oakville.

意味論学者による言語学史の概説書．プラトン，アリストテレスからチョムスキーまでを扱う．認知言語学については独立した章は設けられていないが，数か所で言及がなされる．

▶文献

Chomsky, N. 1965 *Aspects of the Theory of Syntax*, MIT Press, Cambridge, MA.

Chomsky, N. 1988 *Language and Problems of Knowledge*, MIT Press, Cambridge, MA.［田窪行則・郡司隆男（訳）1989『言語と知識—マナグア講義録〈言語学

編〉』産業図書.]

Croft, W. 1995 Autonomy and Functionalist Linguistics. *Language* 71: 490-532.

藤沢令夫 1998『プラトンの哲学』岩波書店.

Harris, R. A. 1993 *The Linguistic Wars*, Oxford Univ. Press, Oxford.

Huck, G. J. and J. A. Goldsmith 1995 *Ideology and Linguistic Theory*, Routledge, London/New York.

フンボルト, W.（著）, 亀山健吉（訳）1984『言語と精神—カヴィ語研究序説』法政大学出版局.

出隆 1972『アリストテレス哲学入門』岩波書店.

カント, I.（著）, 篠田英雄（訳）1961『純粋理性批判』（上）（岩波文庫）岩波書店.

Lakoff, G. 1972 The Arbitrary Basis of Transformational Grammar. *Language* 48: 76-87.

Lakoff, G. 1987 *Women, Fire and Dangerous Things: What Categories Reveal about the Mind*, Chicago Univ. Press, Chicago.［池上嘉彦・河上誓作・辻幸夫・西村義樹・坪井栄治郎・梅原大輔・大森文子・岡田禎之（訳）1993『認知意味論—言語から見た人間の心』紀伊國屋書店.］

Lakoff, G. 1990 The Invariance Hypothesis: Is Abstract Reason Based on Image-schemas? *Cognitive Linguistics* 1: 39-74.

Langacker, R. W. 1976 Semantic Representations and the Linguistic Relativity Hypothesis. *Foundations of Language* 14: 307-57.

Langacker, R. W. 1987 *Foundations of Cognitive Grammar*, Vol.I, Stanford Univ. Press, Stanford.

Langacker, R. W. 1991 *Foundations of Cognitive Grammar*, Vol.II, Stanford Univ. Press, Stanford.

Langacker, R. W. 2008 *Cognitive Grammar: A Basic Introduction*, Oxford Univ. Press, Oxford.［山梨正明（監訳）2011『認知文法論序説』研究社.］

丸山圭三郎 1981『ソシュールの思想』岩波書店.

村木正武・斎藤興雄 1978『意味論』（現代の英文法 2）研究社.

Nerlich, B. and D. D. Clarke 2007 Cognitive Linguistics and the History of Linguistics. In Geeraerts, D. and H. Cuyckens (eds.) *The Oxford Handbook of Cognitive Linguistics*, Oxford Univ. Press, New York, pp.589-607.

Newmeyer, F. J. 1986 *Linguistic Theory in America*[2], Academic Press, San Diego.

西村義樹・野矢茂樹 2013『言語学の教室』（中公新書）中央公論新社.

野村益寛 2007「ソシュールから認知言語学へ—記号的文法観の系譜」『言語』36（5）：32-39.

野村益寛 2008「アリストテレス派言語学としての認知文法」『英語青年』154（3）：4-7.

野村益寛 2009「認知文法」中島平三（編）『言語学の領域 I』（シリーズ朝倉〈言語の可能性〉1）, 朝倉書店, pp.169-89.

野村益寛 2018a「認知文法からみたソシュール」松澤和宏（編）『21 世紀のソシュール』水声社, pp.243-56.

野村益寛 2018b「認知言語学の文法観はどこが独自なのだろうか？」高橋英光・野村益寛・森雄一（編）『認知言語学とは何か？』くろしお出版, pp.23-41.

酒井智宏 2017「認知言語学」畠山雄二（編）『理論言語学史』くろしお出版, pp.115-65.

Sapir, E. 1921 *Language: An Introduction to the Study of Speech*, Harcourt Brace Jovanovich, New York and London.［安藤貞雄（訳）1998『言語—ことばの研究序説』（岩波文庫）岩波書店.］

Sapir, E. 1949 *Culture, Language, and Personality*, Univ. of California Press, Berkeley/Los Angeles.

佐藤信夫 1996『レトリックの意味論—意味の弾性』（講談社学術文庫）講談社.

ソシュール 1972『一般言語学講義』岩波書店.

Slobin, D. 1996 From 'Thought and Language' to 'Thinking and Speaking'. In Gumperz, J. J. and S. C. Levinson (eds.) *Rethinking Linguistic Relativity*, Cambridge Univ. Press, Cambridge, pp.70-96.

Van Valin, R. D. and R. J. LaPolla 1997 *Syntax: Structure, Meaning and Function*, Cambridge Univ. Press, Cambridge.

Whorf, B. L. 1956 *Language, Thought and Reality: Selected Writings of Benjamin Lee Whorf*, Carroll, J. B. (ed.) MIT Press, Cambridge, MA.［有馬道子（訳）1978『言語・思考・実在』南雲堂；池上嘉彦（訳）1993『言語・思考・現実』（講談社学術文庫）講談社.］

Winters, M. E. 2015 On the Origins of Cognitive Grammar. In Daems, J. et al. (eds.) *Change of Paradigms — New Paradoxes*, Berlin / Boston, Mouton de Gruyter, pp. 149-67.

山梨正明 1983「生成意味論」安井稔ほか（著）『意味論』（英語学大系 5）大修館書店.

山梨正明 2000『認知言語学原理』くろしお出版.

═══ コラム2 ヤコブソンと認知言語学 ═══════════════ 朝妻恵里子 ═══

20世紀のロシアの言語学者**ロマン・ヤコブソン**（Роман Якобсон）というと，構造主義言語学の先駆者の一人とされ，認知言語学との結びつきは想像しにくいと思われるかもしれません．しかし，認知言語学における研究成果の一つである**メタファー**と**メトニミー**に関する理論の出発点として，ヤコブソンの名前がたびたび挙げられているように，ヤコブソンの言語理論には認知言語学的視点が多く見うけられます．

ヤコブソンは当時，修辞学の伝統的な概念にすぎなかった「メタファー」・「メトニミー」の中に，彼が再三主張していた言語の使用における「**選択**」・「**結合**」の操作と共通する相を見いだすのです（Jakobson 1956）．この選択・結合とは，例えば，話し手がある「子」を話題にするとき，child，kid，youngster，tot といった類似の単語，あるいは表裏の関係にあるという点で類似した反意語（adult，grown-up，elder，senior）の中から一つを選択します．そして，この話題について語るために，sleeps，dozes，nods，naps，あるいは反意語の awakes，rises，gets up といった意味的に類似する動詞の中から一つ選択します．選択された2語は結合してメッセージとなります．つまり，選択は「**類似性**」の原理——同義性と反意性——に基づき，結合は「**近接性**」の原理に基づきます．このメッセージの生成プロセスにあらわれる選択と結合を，ヤコブソンは「言語分析の本質的な二分法」として重視していたのです．

この選択と結合という言語の配列様式は，ソシュールが「連合」・「連辞」を挙げたことを受けています．ソシュールは，前者を記憶によって形成された潜在的系列に存在するものとし，後者を言語形式として実際に表出する顕在的系列のものと考えています．ヤコブソンはソシュールのこの見解を支持し，選択・結合をメタファー・メトニミー，さらにコード・メッセージとも結びつけて，得意の二項対立に整理します．

選択	類似性	メタファー	コード
結合	近接性	メトニミー	メッセージ

現代の認知言語学からすると，メタファーを類似性と，メトニミーを近接性と結びつけた導入部分にすぎないように思われるかもしれませんが，メタファー・メトニミーが言語の，ひいては人間の思考様式の基本的二軸という点をヤコブソンはいち早く指摘していたと言えます．また，メタファーを潜在的系列のコード，メトニミーを顕在的系列のメッセージに捉えている点は，現代の認知言語学においてもメタファーとメトニミーの相互作用やあるいは逆に双方いずれかの優位性を論じる際など，再考の余地があるでしょう．

ヤコブソンの認知言語学的視点はこれだけではありません．一つだけ挙げておくと，言語の意味がどこにあるのかという大問題に関しても，興味深い指摘をしています．ヤコブソンはソシュールの考えるように，言語記号をシニフィアンとシニフィエの表裏一体の結合体のように考えることに反対します．意味はその記号にあるのではなく，使用の場面，話し手・聞き手の**捉え方**にあることを早々と主張していました．このように，言語を構造の枠に収めるのでなく，言語の担い手の人間の観点から分析する姿勢は，まさしく認知言語学的な考えのあらわれと言えます．

▶参考文献

Jakobson, R. 1956 Two Aspects of Language and Two Types of Aphasic Disturbances. In Jakobson, R. and M. Halle (eds.) *Fundamentals of Language,* Mouton, Hague, pp.67-96.［田村すゞ子（訳）1973「言語の二つの面と失語症の二つのタイプ」川本茂雄ほか（共訳）『一般言語学』みすず書房，pp.21-44／桑野隆・朝妻恵里子（訳）2015『ヤコブソン・セレクション』平凡社，pp.143-80 にも収録.］

Jakobson, R. 1960 Linguistics and Poetics. In Sebeok, T. A.（ed.）*Style in Language,* MIT Press, Cambridge, MA, pp. 350-77.［八幡屋直子（訳）「言語学と詩学」川本茂雄ほか（共訳）1973『一般言語学』みすず書房，pp. 183-224／桑野隆・朝妻恵里子（訳）2015『ヤコブソン・セレクション』平凡社，pp.181-243 にも収録.］

<table>
<tr><td>1.4</td></tr>
</table>

欧米日における認知言語学：
その先駆けと現代の旗手

大月　実

認知言語学はアメリカが発祥の地のように考えられているが，欧州や日本においては同様の考え方がかねてより存在していたために，アメリカ以上に受け入れる素地があったと言える．実際，欧州は ICLA（国際認知言語学会）の本部も置かれているように[注1]，認知言語学が極めて多様に発展している．この状況を日米と対比させながら，地域的特徴とともに主要研究者・研究内容などに言及しながら概観したい．

認知言語学は突然出現したわけではなく，長い時代を経て熟成されてきた思考の現れと見るのが妥当であるが，各地域の特徴を真に浮き彫りにするためには，それぞれの歴史的な背景も踏まえておく必要がある．また，歴史的経緯を見ることで，異なる地域間の相互の影響関係もより明確な形で理解することが可能となるのである．ここでは，主に近代以降を中心に，必要に応じてそれ以前の時代にも言及しつつ，今日の認知言語学の先駆けとなった代表的人物とその思想を再評価し，認知言語学に与えた影響を見てみたい．さらに，現在の認知言語学者の分布に関しても，言語圏および地域的な特徴も含めて俯瞰してみたいと思う[注2]．

1. 欧　　　州

最初に，あらゆる学問において多様で豊かな思潮を生み出してきた欧州につき，認知言語学的発想の萌芽と今日の状況につき解説したい．欧州の中で順序としては，まず18世紀以降，言語学の中心的地位を占め，その後も研究の盛んなドイツ（およびドイツ語圏）を取り上げ，その次にフランス（とフランス語圏），イギリス，そしてその他の地域（ベネルクス，北欧，東欧，南欧）を扱うこととする．

▶ 1.1　ドイツとドイツ語圏
プロシアの言語学者・哲学者・外交官であったフォン・フンボルト（Wilhelm von Humboldt）

によれば，「言語」（Sprache）は，「エルゴン ergon」（作られたもの）ではなく「エネルゲイア energeia」（作ること）であり，それゆえ無限に繰り返される精神の活動となる．また，言語は「**外的言語形式**」（äussere Sprachform）である音と「**内的言語形式**」（innere Sprachform）である文法・意味構造からなる．後者には普遍的な側面と個別的な側面があるが，特に個別的な側面とその個別言語を用いる民族の精神との関係をフンボルトは重視した．言語はその民族の精神つまり思考と密接に関係すると考えたのである．フンボルトの言語観は，のちのウォーフ（Benjamin Lee Whorf）の言語観[注3]や，今日の認知文化人類学の諸モデルとも親和性がある．

19世紀末，ガイガー（Lazarus Geiger）は，**色彩語**の進化的発達に関する説を立てた．人類最古の古典群（『リグヴェーダ』，『ゼンドアヴェスター』，『(旧約)聖書』，『クルアーン（コーラン）』，ホメーロスの詩歌など）において，そのいずれにおいても〈青〉（ブルー）の色が出てこないという事実は，偶然の一致とは考えにくく，何らかの法則による説明を求めるべきであるとした（Geiger 1872）．そして，色彩の獲得は両極から始まり，のちに中間色など他の色が現れると考えた．つまり，まず〈黒〉との対立で〈赤〉が認識され，その後に〈黄〉が登場するが，全体的な方向性として色彩の獲得はスペクトルの順序（ニュートンによる七色分割では〈赤・橙・黄・緑・青・藍・紫〉）に従うというのである．しかもこのような色彩語の発達は，純粋に言語的な名前の問題ではなく，知覚自体の発達の反映である可能性を示唆している．

後にガイガーの説を受けて，マグヌス（Hugo Magnus）が色覚の進化説を展開し，また約100年後にバーリンとケイ（Berlin and Kay）が**基本的色彩語**の存在と進化に関する仮説を立てること

になるのである．ここで重要なのは，ガイガーは，同じ色彩語という集合の要素であっても，それらをすべて対等とみなしたわけではなく，その間に比重の違い，階層性を認めたという点で，認知言語学的なカテゴリー観の先駆けと見ることもできよう．

　心理学者のビューラー（Karl Bühler）は，言語を間主観的な伝達を行なうための形を持った道具と考え，言語研究の最も基本的な四つの原理とそこから導出される帰結を示した（Bühler 1934）．基本的な原理の一つが有名な「**言語のオルガノン・モデル**」[注4]である．このモデルにおいて，記号をその使用の脈絡において把握し，記号が象徴（Symbol）として恣意的に表す「事物および事態」，記号の送信者に必然的に依存する「兆候」（Anzeichen），受信者に自然に訴える「信号」（Signal）を区別した．また，記号の関与項目（メッセージの焦点）とそれぞれの機能の対応関係に基づき，言語の3機能として，①発信者：表現的機能，②受信者：喚起的機能，③指示物・事態：叙述的機能，という区分を提唱した．これは，のちにヤコブソンの言語の6機能の理論に直接の影響を与えることになる．

　ビューラーは，メタファーに関しても興味深い説を立てている．すでにアリストテレスは，『詩学』（1457b: 7-9）において，メタファーは，モノに何か他のモノに属する名前を与えることと定義し，厳密な意味では類推のみがメタファーで，さらに類推には四つの項が関与していると指摘している（1457b: 17-20）．しかし，ビューラーは，そのような客観的な分析は，経験の側面から問題を解明する力を欠いていると述べている．

　ビューラーは，どんな複合語も，ある程度はメタファーであるとした．例えば，der greise Wald（「老齢の森」）という表現には，「人間」と「樹木」という二つの領域の意味が重ね合わされており，そこには両者間の類似する性質が強調されている．ビューラーは，メタファーの創出と理解に，言語的知識と非言語的知識の二つの領域の融合，領域内の要素の選択，一方の領域から他方の領域への移行などを見ていた．ビューラーの説は，複数の**メンタル・スペース**からの要素を統合して融合スペースを構築する，フォコニエとターナー（Fauconnier and Turner）の「**ブレンディング**」の先駆けとも言えるものであろう（Fauconnier and Turner 2002）．

　さて，現代ドイツにおける認知言語学の研究者と組織を取り上げつつ全体を概観してみたい．まず，デュースブルク大学名誉教授のディルヴェン（René Dirven）は，第1回国際認知言語学会（International Cognitive Linguistics Association: ICLC 1）開催の実行委員長を務めたベルギー出身の学者である（デュースブルク大学は，2003年にエッセン大学と統合してデュースブルク・エッセン大学となっている）．また，コブレンツ・ランダウ大学のピュッツ（Martin Pütz）も，ディルヴェンとともにICLC 1の開催を組織した人物で，氏はコブレンツ・ランダウ大学ランダウ・キャンパスで**国際LAUDシンポジウム**（International LAUD Symposium；LAUDはLinguistic Agency University Duisburgの略）開催の実行委員長も務めている．

　この国際LAUDシンポジウムの存在は，ドイツの認知言語学の歴史にとって極めて重要である．このシンポジウムを通して認知言語学がヨーロッパの地にしっかりと根を下ろすことになったと言って過言ではないからである[注5]．

　最初は，1973年にトリーア大学で，言語学の前刷（未定稿版）の配布と毎年のシンポジウムを運営する自発的組織L.A.U.T.（Linguistic Agency University Trier）として発足した．トリーア大学での一連のシンポジウムでは，世界的に著名な言語学者が多数招待されたが，中でも初年度のシンポジウムでは，フィルモアが格文法を廃棄し後のフレーム意味論の先駆けとなる考えを提示している．また，1983年のレイコフ，1984年のラネカーというように，アメリカにおいて認知言語学の基礎を据えた人物を招き直接の学問的交流の場を持ったことは，後のドイツにおける認知言語学の発展に寄与するところ大であったと言えよう．

　その後（1985-1999年），デュースブルク大学が資金を供出し，組織としても整備され，L.A.U.D.と改称した．デュースブルク大学時代のシンポジウムは，主としてテーマつきの大会であったが，また参加者がそれぞれの研究発表を行なうという通常の学会大会に近いものでもあった．そ

のような流れの中で 1989 年，第 3 回目の認知言語学シンポジウムが開催され，これがのちに「**第1 回国際認知言語学会**」と再命名されることになるのである．また機関紙 *Cognitive Linguistics* が創刊された．さらに，2000 年以降は LAUD の名称のもとで，前刷はエッセン大学で担当し，シンポジウムはコブレンツ・ランダウ大学ランダウ・キャンパスで担うようになった．デュースブルク大学の頃からその傾向はあったが，シンポジウムは，ますます学際的な様相を呈し，言語学の多様な諸分野と関連領域との交流が追求され，また応用への志向性も強まっている．近年のシンポジウムのテーマとしては，絶滅危機言語や，認知心理言語学，認知社会言語学，ピジンとクレオールなどがある．

　以上の活動の中心となったのが，トリーア大学（1970 年再設立（1455 年設立・1798 年閉校）），デュースブルク大学（1891 年設立，2003 年エッセン大学と合併），コブレンツ・ランダウ大学（1990 年設立）と，いずれもドイツ西部に位置する比較的若い大学が多いことも興味深い．また，ドイツの特徴として，個人の力もさることながら，このような組織力を挙げることができるのではなかろうか．ちなみに，ランダウは，フランスにほど近いドイツ南西部の独立市で，「意味論」の命名者，ミシェル・ブレアルの出身地でもある．

　国際認知言語学会の設立は，認知言語学の組織化と国際化という意味で極めて重要な出来事であった．これを皮切りに各国で認知言語学会及び関連学会が設立されていくからである．認知言語学会と銘打ったものとしては，まず 1991 年に韓国で談話・認知言語学会が設立され，1998 年にスペイン認知言語学会，2000 年に日本，続いて 2001 年にフィンランド，ポーランド，およびスラヴ認知言語学会が続き，2004 年にロシア，またドイツ認知言語学会（Deutsche Gesellschaft für kognitive Linguistik: DGKL）が設立されている．さらに，2005 年にイギリスとフランス，2006 年に中国，2008 年にベルギー・オランダとなっている．

　最後に，現代ドイツの研究者を何名か取り上げておきたい．ケルン大学のハイネ（Bernd Heine）は，文法化，言語接触，談話文法，アフリカ諸語などの研究で知られているが，ブルガリア出身の

デュッセルドルフ大学のクテヴァ（Tania Kuteva）と文法化，言語進化について共書を著している（Heine and Kuteva 2002, 2007）．ポツダム大学のヴォルフ（Hans-Georg Wolf）は，英語の進化・変異の研究者であり，また，ハイデルベルク大学のポルツェンハーゲン（Frank Polzenhagen）は，言語文化研究に認知言語学的手法はもちろんのこと，コーパス言語学の方法，文化人類学の概念などを導入している．ヴォルフとポルツェンハーゲンは，アフリカ英語を事例に取り上げつつ，世界の多様な英語の変異研究の枠組みとして，コーパス分析を使った認知社会言語学的接近法を提示している（Wolf and Polzenhagen 2009）．

　ハンブルク大学名誉教授のパンター（Klaus-Uwe Panther）は，語用論とその文法構造への影響に関して長年研究してきた．語用論的推論における概念メトニミーの役割を扱ったトーンブルク（Linda Thornburg）との研究（Panther and Thornburg 2003）などで知られている．ロストック大学名誉教授のウンゲラー（Friedrich Ungerer）は，応用言語学，語彙研究，メディア言語，等の研究を行なっている．また，ルートヴィヒ・マクシミリアン大学ミュンヘン（通称：ミュンヘン大学）のシュミット（Hans-Jörg Schmid）は，カテゴリー化，造語法，メタファー，コーパスに基づく語彙論研究など様々なテーマを扱ってきた．ウンゲラーとシュミットの共著である認知言語学の入門書は，ゲシュタルト心理学の発見が言語研究に与えた影響に関して詳しく述べている（Ungerer and Schmid 1996）が，邦訳書（池上ほか 1998）の指摘にもあるように，これもドイツ語圏の研究者ならではの感がある．

　ところで，同じドイツ語圏でも，オーストリアは言語文化的にもやや趣が異なってくる．オーストリア出身の哲学者ウィトゲンシュタイン（Ludwig Wittgenstein）は，言語表現の意味は，その置かれる様々な〈用法〉の中にあるとしたが，これは，認知言語学諸理論とも親縁性のある考えであろう．例えば，言語表現の意味が，表現自体の中に含まれているのではなく，言語使用において認知レベルで構築されるとするフォコニエ（Gilles Fauconnier）の「**メンタル・スペース理**

論」や，言語を現実の使用から遊離した規則の体系と見るのではなく，具体的な発話の場における使用の中に見るラネカー（Ronald Langacker）の「（動的）用法基盤モデル」などである［→ 2.7］．

ただ，ウィトゲンシュタインは，「私たちが〈意味〉という語を使う多くの場合──すべての場合ではないが──このように定義できる：ある語の意味とは，当該言語におけるその用法である」（Wittgenstein 1953: §43）と保留つきで述べているように，すべてのケースについて意味を用法と同一視しているわけではないことは注意する必要があろう．

ウィトゲンシュタインの提案したよく知られた概念として，〈家族的類似性〉Familienähnlichkeit（部分的に共通の要素はあるが，全体を通じて共通といえるものはない場合）が挙げられる．ウィトゲンシュタインは，ドイツ語の Spiel という語について，その語を含む Brettspiele 盤ゲーム（盤を用いるチェス・将棋・碁など），Kartenspiele（トランプゲーム，カード賭博），Ballspiele（球技，ボール遊び），Kampfspiele「（スポーツ）競技」等々すべてに共通する要素はないことを指摘している．

ウィトゲンシュタインは述べている．「『何か共通のものがあるに違いない．そうでなければ Spiele とは呼ばれないだろうから』と言ってはいけない．そうではなく，本当に全てに共通のものがあるかどうかよく見てみよ．というのは，よく見ればすべてに共通するものはなく，類似性，類縁性（があり），しかも全体として一つの系列をなしていることがわかるであろうから．」（Wittgenstein 1953: §66）．娯楽の要素があるものもあれば，ないものもある．勝敗は多くに共通して見られるが，子どもがボールを壁に投げてとるような遊びでは勝ち負けの特徴はない．ウィトゲンシュタインは，この状態を家族のそれぞれの顔の類似性に譬えて，「家族的類似性」と名づけたのである注6．この「家族的類似性」は，認知言語学のカテゴリー観とも深く関わってくるもので，極めて重要な概念として受け継がれている．例えばレイコフは，その「放射状カテゴリー」（radial category）の定義に「家族的類似性」の概念を組み込んでいるのである．

なお，スイスのドイツ語圏の学者としては，ライズィ Leisi（1953, 1973）が重要である．丁寧な観察に基づくその語彙意味論は，理論的枠組みに関わらず，意味論研究者の踏まえるべき文献である．Leisi（1973）は，Leisi（1953）で展開された意味論の考察を，英語を対象として組織的に分かりやすく応用・叙述したもので，当時，欧州では広く読まれた．ライズィは次の世代の研究者を多く育てあげた学者であり，その一人ヴュラー Wyler（1944）は，通時的観点から説得力ある論を立てている．

▶ 1.2 フランスとフランス語圏

認知言語学は意味論を言語学の中心に据えているが，この「意味論」（sémantique）という用語は，ドイツのランダウ出身で，フランスで活躍したブレアル（Michel Bréal）の造語である（Bréal 1897）．ただ，歴史比較言語学の時代にあって，ブレアルもこの語を語彙の意味の歴史研究の意味で用いており，意味を史的変化とは独立にそれ自体として研究対象としたわけではない．しかし，注目すべきは，ブレアルが言語変化に影響を与える知的な原因を探ることにより意味の科学を打ち立てようとしたことである．語の意味がそれ自体で勝手に変わるのではなく，人間の知性（認知）の働きによって変えられることを強調したのである．これは言語の意味を，話す主体の認知過程との関連で規定する認知言語学の捉え方に通じるものであると言えよう．

同じ時代のダルメステテール（Arsène Darmesteter）は，今日の言葉で言えば，語の意味拡張・意味変化による多義語化の型を2種に分けている（Darmesteter 1887）．一つは，〈放射〉（rayonnement）と命名されたもので，事物［対象］A の名称 N が，A にあると見なされる特性 a を共有する他の事物にも適用される場合である．ダルメステテールは，名称 N を中心として，上下と左右斜めの計6方向に線が伸びている図式を示している（図 1a）．事物 A の名称 N のまわりに，特性 a を共有する B，C，D，E，F，G という事物が配置されているのである．

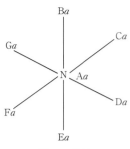

図1a　放射

また放射は，時として，例えば a, b, c という複数の特性を持った事物の名称 N が様々な事物の名称に適用される際に，ある一連の事物とは a だけを共有し，別のものとは b を，さらに別のものとは c だけを共有するというような場合がある（図1b）．

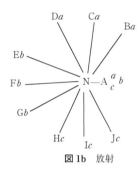

図1b　放射

もう一つの〈連鎖〉（enchaînement）と命名された型は，共通の属性によって展開していくが，最初の項と最後の項ではもはや共通性がなくなるようなケースである．これは，以下のように図式化されている（図2）．

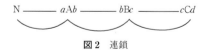

図2　連鎖

この〈連鎖〉は，まさに後にウィトゲンシュタインが〈家族的類似性〉と呼んだ関係性を想起させるものである．ただ，「放射」「連鎖」は，それぞれ放射線と水平線という幾何学的な把握をそのまま概念化しているのに対して，「家族的類似性」はメタファー的把握（表現自体は直喩）になっている．意味の通時的発達・変化およびその結果としての多義性の研究の先駆けと言えよう．

そして，フランス語圏スイスの言語学者で「構造主義の開祖」，ソシュール（Ferdinand de Saussure）も，2元論的な対立概念を多用している（所記／能記，通時／共時，連辞／連合，など）．まず，言語記号を概念と聴覚映像との恣意的な連合とした．「**連合**」（association）とは心的な関係づけであり，「**恣意的**」（arbitraire；英 arbitrary）とは，必ずしも必然あるいは自然でないことである．

ソシュールの「**恣意性**」（arbitraire）には，二つの意味がある．「**第1の恣意性**」は，記号の「**所記**：記号内容」（signifié：記号化されたもの・概念）と「**能記**：記号表現」（signifiant：記号化すること・聴覚映像）の間には何ら自然的・論理的結びつきがないということである．また，「**第2の恣意性**」は，記号間の世界の「**分節**」（articulation）にあり，個々の記号の価値は，その言語体系内の他の記号との対立関係によってのみ決まるということである．**個別言語**（langue）は自律的体系であり，その中の要素の価値は言語外の世界の価値を反映するものではないとするのである．前者は，一つの記号内の所記と能記の関係の恣意性であり，後者は，一つの言語内の記号が有する価値の恣意性である．第1の恣意性は，第2の恣意性の論理的帰結であり，記号分節が恣意的であるから所記・能記の連合も恣意的になるのである．逆に，もし所記・能記の連合の恣意性が基本的であるとするならば，言語記号は単なる名称目録であることになってしまう．

概念が記号化される段階の世界の分節には，法則性がなく非自然的，つまり恣意的であるとされ，構造主義言語学の時代には，そのことを示す好例として色彩語の意味がよく取り上げられていた．しかし，色彩スペクトルの分節が恣意的であるとすると，バーリンとケイ（Berlin and Kay 1969）によって提示されたような基本的色彩語の存在と発達に関する含意的法則性（または強力な傾向性）は説明できないことになる．ソシュールは，オノマトペや音象徴において相対的な有縁性は認めていた．今日，記号と対象との類似性である「**類像性**」（iconicity．これも程度差を含む概念である）が，言語のあらゆるレベルにおいて観察されているのである．ソシュールの記号観は，認知言語学の記号的文法観と一見似ているようにも見えるが，前者が記号の恣意性を基礎にしているのに対して，

後者は形式と意味の間の有縁性を基礎としているという点では異なるものと言えよう.

さて, 現代フランス語圏の代表的な認知言語学関連の研究者としては, まず, (現在はカリフォルニア大学サンディエゴ校を本拠地に活躍している) フォコニエ (Gilles Fauconnier) が挙げられよう. フォコニエは, フランスの言語学者, デュクロ (Oswald Ducrot) の影響のもとに, 集合論的な「メンタル・スペース理論」を造った. のちにターナー (Mark Turner) と協力して, これをブレンディング理論に発展させている[→ 2.10, 3.9].

また, フランスの哲学者・人類学者であるスペルベル (Dan Sperber) は, イギリスの言語学者ウィルソン (Deirdre Wilson) と協力して, 語用論の理論「関連性理論」を提唱した[→ コラム18]（「最小労力／最大効果」という原理が背後にある）. 現在, フランス国立科学研究センター (Centre national de la recherche scientifique: CNRS) のジャン・ニコ研究所所長を務めている. なお, 同センターの研究部長は, 全体論的な解釈意味論・文化記号論のラスチエ (François Rastier) である.

学会活動としては, フランスでは, 2005年にフランス認知言語学会 (Association Française de Linguistique Cognitive: AFLiCo) が設立された. この学会の特徴は, 認知言語学に限らず, 積極的に他の理論的接近法との建設的議論を交わそうとしていることである. 設立者であり初代会長のリール第3大学のレメンス (Maarten Lemmens) は, ラネカーの認知文法とハリデーの機能的体系文法の統合を試みている.

なお, 現代フランスでは, 「陳述操作理論」(T.O.E.) を提唱しているキュリオリ (Antoine Culioli) や, 「意味形式理論」のカディオとヴィゼッティ (Cadiot and Visetti) らもいるが, 彼らの理論は, 話者の心的な操作に関わるとは言え, いくつかの基本的な前提において認知言語学とは異なるものと言えよう.

▶ **1.3 イギリス**

イギリスは, 多くの学問分野で独創的な学者を輩出してきた国であるが, 物理学のニュートン, 生物学のダーウィン, 経済学のアダム・スミスやケインズ, 数学のチューリングに見られるように, 経験的・実践的な分野に強みを発揮してきた. 言語学でも, 言語の使用に関わる語用論の源流となるべき哲学者・言語学者を多く出しているという特徴がある. 発話行為理論を提唱したオースティン (John L. Austin), 日常言語学派後期のストローソン (Sir Peter Frederick Strawson), 会話の理論を立てたグライス (Herbert Paul Grice), ロンドン学派の創始者ファース (John Rupert Firth)注7 の理論を発展させたハリデー (Michael Halliday), ポライトネス・モデルのリーチ (Geoffrey Leech), 等々である. 具体的な言語使用の場面における実体をよく観察し, また道具としての言語使用を見るなど, 英語という言語の有する特徴がその研究にも現れていると言えよう.

イギリス認知言語学会 (UK Cognitive Linguistics Association：UK-CLA) は, 2005年に設立され, 第1回大会はサセックス大学で開催された. 会長は, ポーランド出身のノーサンブリア大学のダンブロフスカ (Ewa Dąbrowska), 副会長は, ランカスター大学のハート (Christopher Hart) である. ケンブリッジ大学出版より出されている学会機関紙 *Language and Cognition* の渉外担当は, LCCM 理論を提唱しているバンガー大学のエヴァンズ (Vyvyan Evans) が務めている. この他, ノッティンガム大学のクラーク (David Clark), ネアリッヒ (Brigitte Nerlich), ポーツマス大学のシンハ (Chris Sinha), ヨーク大学のイーガン (Thomas Egan), ユニヴァーシティ・カレッジ・ロンドン (UCL) 名誉教授のハドソン (Richard Hudson), 等々, 多彩な顔ぶれが見られる.

なお, イギリスにおける研究評価の新たな枠組みである REF (Research Excellence Framework) の評価によると, エディンバラ大学哲学・心理学・言語科学研究科の言語学・英語学専攻 (Linguistics and English Language) は, 言語学分野において全英トップの座を近年, 維持し続けている. 研究科内の**言語進化センター** (Centre for Language Evolution) は, 言語進化研究のメッカであり, 世界初の言語進化の専門課程がある. ハーフォード (James Hurford) とカービー (Simon Kirby) によって1997年に設立された**言**

語進化電算処理研究部門（Language Evolution and Computation: LEC）がコンピュータ・シミュレーションによる研究を中心としていたのに対して，同センターは，その後の研究の発展と多様化に鑑みて学際的な機関として 2016 年に設立されたものであり，言語の起源と進化に関する理論的・実証的研究を活発に行なっている．ほぼ毎週定期的に開催される研究発表会では，教員・院生や他大学からの招聘講師により「言語・認知・進化」の交差する領域に関わる発表がなされ，しばしば言語学の他の領域の専門家，心理学者，生物学者，哲学者なども交えて活発な議論が展開されている．構成員の基本的立場は，チョムスキーやフィッチ，ハウザーなどとは根本的に異なり，認知言語学的な言語観と大いに親和性がある．認知言語学的言語進化論を提唱しているスターリング大学のスミス（Andrew Smith）や，言語の出現と文化的伝播に関する経験的枠組みで知られる，同大学のコーニッシュ（Hannah Cornish）も LEC に所属していた．

▶ 1.4 その他の国々

1.4.1 ベネルクス

オランダは，17 世紀の英蘭戦争では，イギリスと激しく競ったが，オランダ総督ウィレム 3 世がイングランド王ウィリアム 3 世となるなど，歴史的にも，また言語的にもイギリスと関係が深い（そして，いわゆる蘭学を通じて日本とも特別な接点のあった国である）．今日の英文法の基礎研究が北欧の学者や，ポウツマ（Hendrik Poutsma），クルイジンハ（Etsko Kruisinga）などのオランダの学者によるところの大きいことはよく知られているが，言語事実を丹念に記述する伝統の中で，言語研究と研究書の出版が盛んである．認知言語学関係では，アスペクト研究のレイデン（ライデン）大学のボーガルト（Ronny Boogart）や，談話研究のラドバウド大学のスポーレン（Wilbert Spooren）などがいる．

一方，ベルギーは，北部のオランダ語（フラマン語）圏と南部のフランス語（ワロン語）圏，そしてドイツ国境地帯のドイツ語圏に大きく分かれるが，少なくとも言語学に関してはオランダ語圏の学者が圧倒的に多く見られる．認知言語学関連では，ルーヴェ（ン）大学理論言語学主任教授の

ヒェラエルツ（Dirk Geeraerts）は，語彙意味論，語源論の研究や，ファン・ダーレ・オランダ語大辞典（*Van Dale Groot woordenboek de Nederlandse taal*）第 14 版の編集などに携わってきたが，**国際認知言語学会**（ICLA）初代会長として認知言語学の世界的普及に貢献した．同大学のカイケンス（クイケンス，Hubert Cuyckens）は，文法化と（間）主観性の研究プロジェクト長や，認知言語学，語彙意味論，接置詞などに関する書籍・事典の編集長・共編者を務めている．また，言語普遍性，類型論，文法的意味などを研究してきたアントウェルペン大学のファン・デル・アウウェラ（Johan van der Auwera）は，現在，文法・認知・類型論アントウェルペンセンターに所属している．

ベルギーとオランダは，2 か国の研究者で「**ベルギー・オランダ認知言語学会**」（Belgium Netherlands Cognitive Linguistics Association: BeNeCLA）を作っているという点が特徴的であり，それはこの両国の歴史的文化的に密接な関係を反映している．

1.4.2 北 欧

北欧最大の国であるスウェーデンでは，**スウェーデン言語・認知学会**（Svenska Sällskapet för Språk och Kognition：SSSK）の第 1 回大会が，2006 年，スウェーデン北部のウメオ大学で開催された．その後，南部のルンド大学での大会が成功裏に開催されたのを機に，他の北欧諸国へも拡大する機運が高まり，デンマーク，ノルウェー，フィンランドも含めて**スカンジナビア言語・認知学会**（Scandinavian Association for Language and Cognition: SALC）が 2009 年に組織された（どちらの学会名も「認知言語学」ではなく，直訳すれば「言語と認知（研究）のための協会」となっているところは興味深い）．

ウプサラ大学のヴィーバリィ（Åke Viberg）名誉教授は，類型論的観点からの動詞研究，コーパスを活用した対照研究などを行なってきたが，多文化・多言語共生のスウェーデンにあって，非母語話者のためのスウェーデン語のテキストにも多数関わってきた．

ルンド大学のズラテフ（Jordan Zlatev）は，スーネソン（Göran Sonesson）とともに認知記号論

センター（Centre for Cognitive Semiotics: CCS）を設立した．認知記号論は，同じ頃，デンマーク，オーフス大学の記号論センターにおいても独立に誕生している．

スウェーデン言語・認知学会と並行してノルウェーにおいても，2008 年にノルウェー**認知言語学会**（Norsk forening for kognitiv lingvistikk: NORKOG）が作られた．特徴の一つとして，言語学以外の専門の研究者も参加を積極的に推奨し学際的な組織としようとしていることが挙げられよう．ノース・カロライナ大学より移籍したトロムソ大学の計量的認知言語学・ロシア語学・フィンランド語学のジャンダ（Laura Alexis Janda），オスロ大学の多言語環境の言語習得・臨床言語学のシモンセン（Hanne Gram Simonsen），言語進化の用法基盤モデルのフルクスタ（Guro Nore Fløgstad）などがいる．

フィンランド認知言語学会（Suomen kognitiivisen kielentutkimuksen yhdistys [Finnish Cognitive Linguistics Association]: FiCLA）は，1999 年にスウェーデンのストックホルムで設立され，第 1 回研究大会は，フィンランドのオウルで開催された．会長はヘルシンキ大学の構文文法・フィンランド語学・英語学のレイノ（Jaakko Leino）である．フィンランド認知言語学会は，2007 年にタルトゥで設立された**エストニア認知言語学会**（Eesti Kognitiivse Keeleteaduse Ühing [Estonian Cognitive Linguistics Association]: ECLA）と合同で研究大会を開催している．この二つの学会は，ヨーロッパ内の非印欧語圏（ウラル語族バルト・フィン諸語）に設立された認知言語学会であり，印欧語圏の学会との交流，貢献が期待されるところである．

1.4.3 東 欧

ロシア（旧ソ連）出身のヤコブソン（Роман Осипович Якобсон）は，ビューラーの機能的な言語観を受け継ぎ，そのモデルを踏まえて言語によるコミュニケーション（伝達・通信）の構成要因を六つ挙げ，さらにそれぞれに対応する六つの機能を提唱した．言語機能を言語の目的と手段との関係において区別したのである（Jakobson 1960）．また，それに先立つ Jakobson（1956）において，人間の認識・行動に関わる二つの極とし

て，メタファー極とメトニミー極を提示しており，のちの（広義の）メタファー研究に大きな影響を与えている[→ コラム 2]．

ロシアでも認知言語学研究が盛んになってきており，2003 年にはロシア連邦の 50 を越す地域からの学者が参加して**ロシア認知言語学者協会**（Российская ассоциация лингвистов-когнитологов）が設立された．機関紙*Вопросы когнитивной лингвистики*（『認知言語学の諸問題』）を発行している．モスクワ大学には，認知的な観点から命名論・品詞論・カテゴリー化などの分野で多くの業績を残したクブリャコヴァ（Е. С. Кубрякова）や，記号論・言語文化論のスチパノフ（Ю. С. Степанов）がいたが，現在は，概念研究・計算言語学のジミャンコフ（В. З. Демьянков）や，実験辞書学のバラノフ（А. Н. Баранов）などがいる．認知や意味論研究者の比較的多いのは，ロシア南西部ヴォロネシ州にあるヴォロネシ州立大学で，語彙意味論のパポーヴァ（З. Д. Попова），異文化コミュニケーション論のグリシャーイェヴァ（Л. И. Гришаева）や対照言語学のスチェルニン（И. А. Стернин）らがいる．また，タンボフ州立大学には言語的解釈論のボルディレフ（Н. Н. Болдырев）がいる．

ちなみに，現代ロシアでは，かつて共産主義の時代に弾圧されていた教会（ロシア正教会）が，プーチン政権の庇護のもと，勢いを盛り返している．そのような潮流の中でキリスト教に関連する宗教語彙・表現の研究も盛んになっていることは，この国の一つの特徴とも言えよう．必ずしも認知的な方法を直接使っているわけではないが，例えばカザコフ（Казаков 2016）の言語体系における神聖語彙の研究などは，認知的に捉え直して追究することでさらなる成果の期待できる研究であると考えられる．

ポーランド出身の認知言語学者としては，普遍的な意味素研究で知られるワルシャワ大学から後にオーストラリア国立大学に移ったヴィエジュビツカ（Anna Wierzbicka）が最もよく知られているであろう．**ポーランド認知言語学会**（Polskie Towarzystwo Językoznawstwa Kognitywnego: PTJK [Polish Cognitive Linguistics Association: PCLA]）は，2001 年に設立され，その名誉会員

には，ラネカーや，ウッチ大学の談話分析・社会言語学のレヴァンドフスカ・トマスチク（Barbara Lewandowska-Tomaszczyk）がいる．レヴァンドフスカ・トマスチクは，翻訳における意味の問題（Lewandowska-Tomaszczyk and Thelen eds. 2010）や時間の概念化（Lewandowska-Tomaszczyk (ed.) 2016）に関する書籍の編者を務めている．

　ハンガリー出身の言語学者としては，ウルマン（Stephan Ullmann）がよく知られている（ハンガリー名はウルマン・イシュトヴァン Ullmann István[注8]）が，イギリスに帰化し主要著作も英語で発表している（Ullmann 1951, 1962）．ウルマンは，それまでの先行研究を統合大成して意味論を自立的な学問として打ち立てようとした．意味を名前と意義の相互関係と規定した論考は，豊かな文学資料に裏打ちされ包括的であり，理論的研究と実証的研究，共時的研究と通時的研究（および両者の兼ね合い）などのバランスのとれた穏当な見解を明晰な文体で整然とした形で展開している．特に意味変化に関して，意義の類似（隠喩），意義の近接（換喩），名前の類似（民間語源），名前の近接（省略）という4種類と，それらの複合変化に分けた．また意味変化の諸原因を分類している（言語的・歴史的・社会的・心理的・外国語の影響・新名称の必要性）．ウルマンの意味論は，構造主義・生成文法の時代には，顧みられることは少なかったが，認知言語学では特に意味変化研究との関連で再評価，批判的継承がなされている．

　今日の代表的学者としては，ブダペストにあるエトヴェシュ・ロラーンド大学（Eötvös Loránd Tudományegyetem: ELTE. 通称：ブダペスト大学）のクヴェチェシュ・ゾルタン（Kövecses Zoltán）は，感情の概念化，言語・精神・文化の関係性，メタファーの文化間差異などの研究を遂行してきた．またハンガリー語と英語の2カ国語辞典も数点編纂している．

1.4.4　南　欧

　南欧では，**スペイン認知言語学会**（Asociación Española de Lingüística Cognitiva: AELCo/ SCOLA）は，1998年設立で，国別の認知言語学会としては最初のものである．ムルシア（Murcia）大学のサンチェス（Antonio Barcelona Sánchez）とラ・リオハ（La Rioja）大学のデ・メンドーサ（Francisco José Ruiz de Mendoza）は，スペインにおけるメタファー・メトニミー研究の指導的研究者である．

　イタリアでは，ソシュール，パースを踏まえて記号論を理論的に体系化したエーコ（Umberto Eco）が中心となって創刊した *Versus: Quaderni di studi semiotici*（略称：VS）誌には，イタリアのみならず欧州各国の論文が掲載され，毎号のテーマには，認知言語学とも直接・間接に関連のあるものも少なくない．

　ルーマニアの言語学者としては，ソシュールの「ラング／パロール」という二分法に対してその間に「規範」（norma）を置く三分法を提唱した，コセリウ（Eugenio Coseriu ルーマニア語では Eugen Coșeriu）が著名である．現代においては，ガラツィ（Galați）大学のネアグ（Mariana Neagu）など，特に比較的若い世代に認知言語学への関心が高まっている．

　最後に，西洋文明発祥の地，ギリシャにおいても，認知言語学は盛んになりつつある．アテネ大学（Ε.Κ.Π.Α.）には，構文文法・文法化のニキフォリドゥ（*Βασιλική (Κική) Νικηφορίδου*）や語用論・メタファー論のマルマリドゥ（*Σοφία Μαρμαρίδου*）などがいる．同大学言語学科の10名余のスタッフのほとんどが英米（特にイギリス）で学んだ経験を有していることは学問的な方向づけを見るうえでも参考になろう．

　以上，ヨーロッパ全体を言語的に見わたせば，認知言語学は，ゲルマン諸語の言語圏で最も盛んであり，これにロマンス語圏や，スラヴ語圏，フィン・ウゴル語圏などの他の地域が続いている現況である．

2.　北米：アメリカ，カナダ

　アメリカの生んだ最も偉大な哲学者とされる，パース（Charles Sanders Peirce）は，人間の認識と思考を基本的に「記号過程」（semiosis）と見なす認識論的立場に立っている [→ 1.1]．言語の記号と機能に，それぞれ「意味作用」（signification：記号に意味を込めること）と「理解」（comprehension：意図なしでも可能）を認めた[注9]．伝達には「伝送」「意味作用」「理解」の3種があり，言語の場合は

後2者に限られる.

パースは,記号を表示項（representamen：記号として機能する知覚対象）・解釈項（interpretant：記号の意味）・対象項（object：記号の指示対象）という三項関係で捉え,記号の類別を行なった.特に,表示項と対象との関係として,「類像（図像）」（icon：自然な類似性）,「指標」（index：必然的な近接性）,「象徴」（symbol：恣意的な代理性）という区別を立てた.

認知言語学では,「**類像性**」（iconicity：類像的な性質を有すること）は特に重要な概念であるが,この類像性には程度差が認められ,ヘイマン（John Haiman）は,記号と対象の間に何らかの類似性のある「**有縁性**」（motivation）と,同じ形式が同じ意味を有する「**同型性**」（isomorphism）とに下位区分している（Haiman 1980）.

二元論的で静的な「コードとメッセージ」のソシュールの記号論に対して,パースの場合は動的な「記号過程」の記号論である[注10].パースは三分法的カテゴリー原理を駆使している[注11]が,3は,言語にとっても意義深い数字である[注12].古代ギリシャ以来,記号は,その媒体（音声など）,意味（内容,概念）,指示物（もの）というように,一般に三項の組みとして捉えられてきた.また,オグデンとリチャーズ（Ogden and Richards）の提示した「基本的三角形」が上向きの三角形であるのに対して,「母音三角形」は（頂点が下に位置する）逆三角形をなしており,両者あわせて意味と音の組みとなっている.

いわゆる**サピア＝ウォーフの仮説**（言語相対論）は,もちろん二人が共同で唱えた説ではないが,両者にある程度共通の見解があったことも事実である[→ コラム45].Sapir（1929）は,言語が思考を強固に条件づけているとしており,Whorf（1940）は,言語体系（文法）は知的活動の指針であり,また,外界は我々の心（の中にある言語体系）によって体系づけられていると述べている.しかし,よく誤解されているところであるが,Whorf（1941）は,文化的な基準と言語的なパターンの間の相関関係や際だった対応関係に関しては,これを明確に否定しており,両者は相互に影響しながら発展する（ただし,言語の方が融通性は制限されている）のだとしている点は,

注意すべきであろう[注13].

アメリカは,今日の認知言語学のまさに発祥の地であり,その理論的基礎を築いた,または発展させてきた人たちが全国にいるが,MITなど東海岸を中心とする生成文法に対して,西海岸に集中しているという特徴がある.生成文法と異なり,認知言語学は単一の個人の業績により誕生したというよりも,同様の認識を持つ一群の言語学者により形成されてきたと言えるが,中でもレイコフ（George Lakoff）,ラネカー（Ronald Langacker）,フィルモア（Charles Fillmore）などの果たしてきた役割は極めて大きいものがある.

カリフォルニア大学バークリー校のレイコフは,生成意味論の運動において指導的な役割を果たした人物であるが,認知言語学の理論形成と拡張においても中心的な役割を果たしてきた.オレゴン大学の哲学者,ジョンソン（Mark Johnson）との共著では,メタファーの経験的基盤を論じ,また従来の意味論の暗黙の前提となっていた客観主義を批判した（Lakoff and Johnson 1980）.それまでの研究を理論的に集大成した大著 *Women, Fire and Dangerous Things*（1987）では,認知言語学のカテゴリー観,経験基盤主義を擁護し,いくつかの典型例を対象に事例研究を行なうとともに,生成意味論を刷新した理論としての認知文法を提唱している.

カリフォルニア大学サンディエゴ校名誉教授のラネカーは,レイコフ同様,初期においては生成文法の枠組みのもとで研究を行なっていたが,1970年代中頃よりのちに「認知文法」と命名されることになる研究を進めている.その成果は,1987年,1991年出版の2巻本の大著 *Foundations of Cognitive Grammar*（第1巻が「理論的前提」,第2巻が「記述的応用」）で体系化され,生成文法の問題点,認知文法の基礎概念などにつき詳述し認知文法の基礎を築いた.

フィルモア（生前,カリフォルニア大学バークリー校教授であった）も,初期においては生成文法のもとで変形規則の順序づけに関する研究などを行なっていたが,その後,格文法,「格の枠」を経て,一般意味論として拡大した「フレーム意味論」へと理論を進化させていった.多くの弟子を育てた学者でもあり,弟子にはニューヨーク州

立大学バッファロー校名誉教授のタルミー（Leonard Talmy）やプリンストン大学のゴールドバーグ（Adele E. Goldberg），カリフォルニア大学バークリー校のスウィーツァー（Eve Sweetser）などがいる．

これら草創期の認知言語学者がいずれも当初は生成文法の枠組みで研究を行なっていたことは興味深い．特に後の生成意味論の時代に得られた知見の多く（言語のゲシュタルト性，連続階層体，フレーム概念，等々）は認知言語学へと発展的に継承されることになる．文法化，主観化で知られるスタンフォード大学のトローゴット（Elizabeth Closs Traugott，イギリス出身）も，最初，生成文法の枠組みで歴史統語論を研究していたが，その枠組みに限界を感じて，のちに機能的な接近法をとるようになるのである．

一方，ハーバード大学名誉教授であったボリンジャー（Dwight L. Bolinger）は，アメリカ構造主義および生成文法に対して基本的に批判的であった．彼の「意味と形式の一対一対応」，類像性に関する指摘（Bolinger 1977）は，認知言語学に大きな影響を与えている．

認知言語学の構文理論の提唱者としては，**構文文法**（construction grammar）を実証的に体系化した上記のゴールドバーグ（Goldberg 1995, 2006），また，構文概念をより広義に捉え言語の多様性の解明を目指す**根源的［ラディカル］構文文法**（radical construction grammar）を唱えているニューメキシコ大学のクロフト（William Croft）などがいる［→**2.11**］．

フォコニエとの協力でブレンディング理論を提唱したケース・ウェスタン・リザーブ大学認知科学ネットワーク（CSN）所長のターナー（Mark Turner），言語類型論のカリフォルニア大学サンタバーバラ校のコムリー（Bernard Comrie，イギリス出身），実験心理言語学・認知科学のカリフォルニア大学サンタクルーズ校のギッブズ（Raymond W. Gibbs, Jr.），用法基盤モデルの文法化のニューメキシコ大学のバイビー（Joan Bybee），空間表現の文法化のサンノゼ州立大学のスヴォルー（Sosteria Svorou）等々，認知言語学発祥の地であるアメリカは，錚々たる顔ぶれである．

また，ブラジル・アマゾン盆地ピダハン（Pirahã）族の言語研究で知られるベントレー大学のエヴァレット（Daniel L. Everett）も，最初は生成文法の枠組みで研究していたが，後にチョムスキー流の普遍文法はピダハン語によって反証されると確信するようになる．ピダハン語は，交替可能性・転位・生産性・埋め込み・関係代名詞・数詞・量化詞・色彩語・神話・虚構といった特性を欠いているとしており，言語の普遍性と起源を考えるうえで貴重なデータを提供している．

ただ，アメリカにおいては，かつての草創期の目覚ましい勢いが，現在は組織的にも人的にも十分に継承されていないように見える．特に言語学科という組織においては，一部の大学を除いて，かなり厳しい状況に置かれており，再興が望まれるところである．

さて，北米の最後にカナダについて少し触れておきたい．同国西部にあるアルバータ大学の言語学科は，実証的な言語研究が盛んであり，一大センターとなっている．コーパスを活用した研究のニューマン（John Newman）名誉教授や，先住民族の言語研究で知られるライス（Sally Rice）などを挙げることができよう．

3. 日 本

日本における伝統的な文法学・言語研究は，二つの系統があり，藤原俊成や藤原定家などの歌論の流れを汲む富士谷成章につながるものと，本居宣長の始めた国学につながるものである．特に後者の流れから活用などの研究が江戸期に盛んに行なわれるようになる．

本居宣長の門人，鈴木朖の『言語四種論』では，現在の名詞・形容詞・動詞などの「詞」（「体ノ詞」「形状ノ詞」「作用ノ詞」）に対して，現在の助詞・助動詞・副詞・接続詞・感動詞・活用語尾などの「テニヲハ」を基本として捉えており，その表現上の機能を重視する姿勢は，後の時枝誠記に影響を与えている．また，宣長らと思想的立場をやや異にしていた平田篤胤も，その著『古史本辞經』の中で，「然るは物あれば，必ず象あり．象有れば必ず目に映る目に映れば必ず情に思ふ．情に思へば必ず聲に出づ．其聲や．必ず其の見るものの形象に因りて．其の形象なる聲あり．此を音象と謂ふ．」というように，発話をその各々の段

階で捉えていたが，時枝も「言語の本質を一の心的過程として」（『國語學原論』）捉えたのである．なお，富士谷成章の研究は，山田孝雄に受け継がれている．

明治以降の言語学的研究の進展も，それ以前の時期の水準の高い学問的蓄積があったればこそそのものであった．維新後は，西洋の影響も受けつつ，諸理論の単純な輸入・適用ではなく，日本語の特殊性に鑑みた独自の理論構築がなされてきた[注14]．また，特に明治期から戦後にかけての文法論・言語論にはドイツ哲学の影響が顕著に見られるが，このことは当時のドイツにおける諸学，特に歴史比較言語学の隆盛と無縁ではないであろう．ドイツに留学した上田万年の弟子，橋本進吉は外形主義[注15]に基づいた文法論を立て，日本の学校文法のもととなった．ここでは，特に認知言語学に関連の深い文法論を取り上げて見てみたい．

まず，山田孝雄は，それ以前の文法上の区別をヴント（Wilhelm Wundt）の心理学をもとに統一した（『日本文法論（上）』（1902），『日本文法論』（1908）など）[注16]．山田文法において，文の成立に関する重要な概念は「統覚作用」であるが，これもヴントから借用した概念である．「統覚」（Apperzeption）とは，もともとライプニッツ（Gottfried Leibniz）の導入した概念で，感覚によって与えられた対象を判明に知覚する際に，その知覚作用自体を自己の意識として自覚することであった．また，カント（Immanuel Kant）においては，多様な感覚表象を一つにまとめあげる精神作用のことであった．ヴントのいう「統覚」は，より心理的で，注意が受動状態においてなされる結合である「連合」に対して，注意が能動状態であることを要する結合のことである．今日の用語で言えば，前者は「知覚」であり，後者は「認知」と呼ぶことのできる作用である．ただ，山田はヴントの規定をそのまま採用しているのではなく，『日本文法論』では以下のように定義している．

　惟ふに思想とは人間意識の活動状態にして，各種の概念が或一点に於いて関係を有する点に於いて合せられたるものならざるべからず．この統合点は唯一なるべし．意識の主点は一なればなり．この故に一の思想には一の統合的作用存す．之を統

覚作用といふ．この統覚作用これ実に思想の生命なり．

またその少し後で，「一の句とは統覚作用の一回の活動によりて組織せられたる思想の言語上の発表をいふ」と述べている．句（または文）の成立を，形式的に規定するのではなく，「統覚作用」によって成立するというように，心理的・意味的な側面から捉えていることは興味深いが，その方向性を徹底して追求したわけではない（のちに「統覚」の意味は「陳述」の中に吸収されていく）．ヴントは，文の心理学において，注意の焦点である「前景」（およびその逆の「背景」）に相当する考えも得ており，また文の構造を表示する樹形図も考案していたが，特にそのような概念や方法を山田が採用して発展させるということはなかった（ちなみに，松下大三郎は普遍文法を構想し独創的な文法論を立てたが，松下の「断定的職能」は山田の「統覚作用」に対応する概念と考えられる）．

認知言語学的に見て最も重要なのは，日本古来の伝統的な言語観を踏まえて，西洋の思想と批判的に対峙しつつ，独自の理論を立てた時枝誠記であろう（「心的過程としての言語本質観」（1937），『國語學原論』（1941），『國語學原論　続篇』（1955）など）．

自らの理論形成にフッサール（Edmund Husserl）の現象学の影響を認めた時枝は，言語をソシュールの「ラング」（時枝は「記号」と混同しているが）のような，経験に先だって前提される存在ではなく，「純粋経験」としての，表現と理解の「心的過程」と捉えた．そして，ソシュールの分析的言語観に対して，話し手と聞き手の間で交わされるコミュニケーション行動を，段階的に把握した「言語過程説」を唱えたのである．つまり，「話者における三次（事物―概念―聴覚映像）の表現過程＞空間伝達過程（音声・文字）＞聴者における三次（聴覚映像―概念―事物）の受容過程」，である．そして，言語とはこれらの過程の総合自体であるという，総合的な言語観を立てたのであった．

時枝のコミュニケーション論的文法論は[注17]，その正当な評価がなかなかなされなかった．しかし，

『國語學原論』の中で展開された，「言語の本質的要素は，素材を伝達し得る様に加工変形さす主体的な機能の上になければならない．そこで私は，言語に於ける本質的なものは，概念ではなくして，主体の概念作用にあると考へるのである」や，「意味はその様な内容的な素材的なものではなくして，素材に対する言語主体の把握の仕方であると私は考へる」といった主張は，まさに現代の認知言語学の見方を先取りしていると言えよう．また，すでにメタファーやアイロニー，忌詞などの問題も扱っていた．

戦後の日本では，構造主義や生成文法の方法を日本語に適用または応用した研究が多く現れたが，一方で丁寧な観察に基づいた洞察に富んだ研究も少なくない．日本語の文法研究で興味深いのは，学界のいわゆる主流や専門家ではないが，独創的な研究を行なった人物が少なくないことである（ゲシュタルト心理学・音声心理学の佐久間鼎，児童心理学の三尾砂，工学の三上章など）．佐久間は，ビューラーの理論の影響が濃厚で，ビューラーの言語の3機能を踏まえて，「構文の機能による三種別」を立てた．また，場の理論に基づきコソアド論などを展開している．三尾も，場との関係で，文を分類している（「現象文」「判断文」「未展開文」「分節文」）．

さて，現代日本では，**日本認知言語学会**（Japanese Cognitive Linguistics Association: JCLA）が，認知言語学を冠した学会としては世界的にも早い組織化であったことに象徴されるように，認知言語学および関連領域の研究が極めて盛んである．ここでは，JCLA の初代から現在（三代目）までの会長の業績を中心に見ておきたい．

池上嘉彦（東京大学名誉教授）は，『英詩の文法—語学的文体論』（1967），『意味論—意味構造の分析と記述』（1975），『意味の世界』（1978），『「する」と「なる」の言語学—言語と文化のタイポロジーへの試論』（1981），『ことばの詩学』（1982），『詩学と文化記号論』（1983），『記号論への招待』（1984）などから窺えるように，認知言語学が盛んになるはるか以前からの独自の問題意識と深い洞察により学界を先導し続けてきた．特に 1981 年の書は，個別言語の全体的特徴づけによ

る類型論，言語と思考・文化に関わる研究として重要である．その他，『〈英文法〉を考える』（1995），『「日本語論」への招待』（2000），『英語の感覚・日本語の感覚—〈ことばの意味〉のしくみ』（2006）などの著書や，*The Empire of Signs — Semiotic Essays on Japanese Culture*（1991）などの編著書，『ロングマン英和辞典』（2007），『自然な日本語を教えるために—認知言語学をふまえて』（2009）などの共編著書，それに多数の論文，翻訳書，共訳書がある．

山梨正明（京都大学名誉教授）は，生成意味論の時代から最先端の研究に従事し（その成果は『生成意味論研究』（1977）にまとめられている），認知言語学の揺籃期より，その先駆者として数多の論考・研究書を著してきた．『発話行為』（1986），『比喩と理解』（1988），『推論と照応』（1992），『認知文法論』（1995），『認知言語学原理』（2000），『ことばの認知空間』（2004），『認知構文論—文法のゲシュタルト性』（2009），『認知意味論研究』（2012），『修辞的表現論—認知と言葉の技巧』（2015）などの単著のほかに多数の共著，翻訳・監訳があるばかりでなく，以下に挙げるシリーズものの書籍の編集にも携わっている．最近のものとしては，認知言語学と関連分野の最先端の基本文献を収録した，Sage 社から刊行の *Cognitive Linguistics* 全5巻（2016）『ラディカル構文文法』（2018）（Croft 2001 の監訳）などが挙げられる．

辻幸夫（慶應義塾大学教授）は，認知科学・言語心理学・神経心理学の学際的・多面的な研究を推進する一方で，多くの編著書（特に事典類）を世に出している．中でも，『ことばの認知科学事典』（2001），『認知言語学キーワード事典』（2002），『新編 認知言語学キーワード事典』（2013）は，諸問題と概念につき簡潔明快に解き明かした事典で，日本の認知科学・認知言語学のレベルの高さを示すものである．これらの事典は諸外国語では翻訳版が出版されており，本邦の多くの研究者と共に当該領域の裾野の拡大と育成に貢献している（辻 2004, 2008, 2019）．前述のとおり辻は，特に認知言語学と心理学・神経科学など関係領域との研究奨励に熱心だが，それは「言語は身体的基盤の上に成り立ち，心理的・社会文化

的作用によって展開する」という見解に立つからである．この立ち位置は，Gibbs (1994) やTomasello (2003) などの翻訳をはじめ，他分野研究者との対話編である，『心とことばの脳科学』(2006 山鳥重との共著)，『ヒトはいかにしてことばを獲得したか』(2011 正高信男との共著)，あるいは月刊『言語』誌における延べ 2 年半にわたる認知科学者や神経科学者との対談シリーズなどによく表れている．そして，最新の編著書として当事典が加えられるべきであることは言うまでもない．

日本は，認知言語学のシリーズものの書籍の刊行も盛んであり，池上嘉彦・河上誓作・山梨正明（監修）『認知言語学入門』（大修館書店），山梨正明（監修）『講座認知言語学のフロンティア』（研究社），山梨正明・吉村公宏・堀江薫・籾山洋介（編）『認知日本語学講座』（くろしお出版），山梨正明・辻幸夫・西村義樹・坪井栄治郎（編）『認知言語学論考』（ひつじ書房）などがある．

2000 年に設立された日本認知言語学会は，その後着実に会員数を伸ばし，現在，世界最大の規模を誇る認知言語学会となっているばかりでなく，日本における言語関係の学会の中でも特に勢いのある組織であると言えよう．シンポジウムやワークショップにおいて異分野や他学派との交流・議論も活発になされていることは，学問の発展のためにも大いに意義あることと考えられる．

日本の研究者に関しては，本事典の執筆者がまさに現代の（もちろんすべてではないが）代表的な旗手と言えようが，紙数の制約もあり割愛した．その研究内容と関連事項に関しては，そちらの記事を参照いただきたい．続く人々の更なる発展・活躍が期待される．

まとめと展望

以上，欧州・北米・日本における認知言語学の先駆けとなった学者と現代の様々な研究者を取り上げることにより，歴史的・地理的な俯瞰を行なった．割愛した研究者もあるが，基本的な特色・方向性は明らかになったものと思われる．今後の展望としては，認知言語学の性格上，従来以上に他の学問分野との方法の転移，相互の影響が深まり学際性が増すと言えるであろう．日本語は論理

的に使うことは当然ながら可能であるが，実際の日本語の表現は，物理的・論理的というよりはむしろ感覚的・喚情的であり，認知言語学が日本語に親近性のあるアプローチであることを考えると，今後日本語に根ざした有効な理論的貢献が十分期待されるところである．

また，アジア諸国は，欧米の言語研究の受容という観点から，認知科学や認知言語学の研究において先行する日本における取り組みに関心を寄せている．アジアの諸言語は，多様性に富むとともに文献資料にも恵まれ，その肥沃な土壌の開墾を待っているとも言えよう．本節が，時間的展開・空間的分布を踏まえたうえで，今後の発展を見通す一助となるならば望外の喜びである．

▶注

1　組織としての登録地は，2018 年現在，オランダ，ナイメーヘン（Nijmegen）である．ただ，実際の学会運営は国際的であり，執行部も欧州各地ばかりでなく世界中から集まっている．

2　扱う地域が極めて広範囲にわたり，また紙数の制約もあり，学者・研究者の紹介は選択的にならざるをえないが，およその全体像は把握できるかと思われる．

3　ヴァイスゲルバーからボアズ，サピアを経ての間接的な影響関係は当然，想定される．

4　オルガノン（機関論）というのは，アリストテレスによる営為の 3 区分（観想・実践・制作）と形式論理学を後世の学者が命名した用語である．

5　LAUD に関しては，主として Pütz (ed.) (1992)，Dirven et al. (2016) などによる．

6　ウィトゲンシュタインの論の進め方は興味深い．まず，「何か共通のものがあるに違いない」という観念的な先入観からスタートし，しかし，その観念に導かれるのではなく，観察によってそれを超克することを説いているのである．つまり，同様の概念に到達する場合でも，この後取り上げるダルメステテールの場合は，幾何学的な発想をしているのに対して，ウィトゲンシュタインの場合は，観念とその超克という思考法をとっている．観念哲学ではなく分析哲学的な論の進め方と言えよう．

7　ソシュール流の「所記・能記」の二分法を排し，一元論の立場をとった．

8　ハンガリー語では，姓が先にくる．クヴェチェシュの場合も，ゾールタンが一般的な男性名であるが，英語などで著述する場合は，名を先に出して表記している．

9　cf. ソシュールの〈社会的慣習〉と〈伝達〉．

10　有馬 (2014)．

11　ヘーゲルの弁証法の影響とされる（米盛 1981）．

12　その背景としては，3 が身体部位としては「喉」に関わることも関連するであろう（Vries 1974）．

13　レイコフ（Lakoff 1987）は，1 章を割いて言語相対論を批判しているが，ウォーフについての無理解に基づくものであり，言語相対論と認知言語学は決して矛盾するものではない．Niemeier and Dirven (ed.) (2000) な

14 浅利（2008）は，日本語と日本思想というテーマに関して，江戸期の国学者からその後の思想家，文法家に至るまでの諸説を位置づけながら考究している.

15 橋本文法は，「形式主義」と形容されることもある．この用語は本来，ヒルベルトの数学基礎論に関するもので，推論を常識で補わないで機械的に記号の操作とみなす考え方であるが，言語理論に関して言う場合は，形式を特に重視するという意味での素朴な用法と言える．そういう意味では，「外形主義」という呼び名の方が適切であろう.

16 山田文法および近代日本における文法論の成立・意義に関しては，斎藤・大木（編）（2010）に掲載の諸論文（特に，ナロック・ハイコ，服部隆，釘貫亨など）や野村（2002）が優れている．本節の記述も，その一部を負うている.

17 時枝は，そのコミュニケーション論的文法論から，「言語生活」のテーマを提唱した（ただし自らは研究していない）.

▶重要な文献

認知言語学の先駆けとして，特に Bühler（1934）と Wittgenstein（1953）の文献が重要である．それぞれ心理学と哲学という言語学以外の分野における著述であるが，前者は認知言語学の多くの問題意識を先取りしており，また後者も言語に関連する諸問題への深い洞察に満ちている.

▶文　献

浅利誠 2008『日本語と日本思想─本居宣長・西田幾多郎・三上章・柄谷行人』藤原書店.

有馬道子 2014『改訂版 パースの思想─記号論と認知言語学』岩波書店.

Berlin, B. and P. Kay 1969 *Basic Color Terms: Their Universality and Evolution*, Univ. of California Press, Berkeley.［日髙杏子（訳）2016『基本の色彩語─普遍性と進化について』法政大学出版局.］

Bolinger, D. W. 1977 *Meaning and form*. Longman.［中右実（訳）1981『意味と形』こびあん書房.］

Bréal, M. 1897 *Essai de sémantique : science des significations*, Librarie Hachette, Paris.

Bühler, K. 1934 *Sprachtheorie. Die Darstellungsfunktion der Sprache*, Verlag von Gustav Fischer, Jena.

Croft, W. 2001 *Radical Construction Grammar*, Oxford Univ. Press, Oxford.［山梨正明（監訳），渋谷良方（訳）2018『ラディカル構文文法─類型論的視点から見た統語理論』研究社.］

Darmesteter, A. 1887 *La vie des mots: études dans leurs significations*. Librairie Ch. Delagrave, Paris.

Dirven, R. et al. 2016 "A Short History of LAUD"〈https://www.uni-koblenz-landau.de/de/landau/fb6/philologien/anglistik/laudsymposium2016/historyoflaud〉

Fauconnier, G. 1985 *Mental Spaces: Aspects of Meaning Construction in Natural Language*, MIT Press, Cambridge, MA.［坂原茂・水光雅則・田窪行則・三藤博（訳）1996『メンタル・スペース─自然言語理解の認知インターフェイス』白水社.］

Fauconnier, G. and M. Turner 2002 *The Way We Think: Conceptual Blending and the Mind's Hidden Complexities*, Basic Books, New York.

Geiger, L. 1872（1880^2）*Ursprung und Entwickelung der menschlichen Sprache und Vernunft*, Verlag der J.G. Cotta'schen Buchhandlung, Stuttgart.（*Contributions to the History of the Development of the Human Race.* (trans. from the second German edition by David Asher)) Tübner & Co., London.

Gibbs, R. W. 1994 *The Poetics of Mind: Figurative Thought, Language, and Understanding*, Cambridge Univ. Press, Cambridge.［辻幸夫・井上逸兵（監訳）2008『比喩と認知─心とことばの認知科学』研究社.］

Goldberg, A. E. 1995 *Constructions: A Construction Grammar Approach to Argument Structure*, Univ. of Chicago Press, Chicago.［河上誓作・早瀬尚子・谷口一美・堀田優子（訳）2001『構文文法論─英語構文への認知的アプローチ』研究社.］

Goldberg, A. E. 2006. *Constructions at Work: The Nature of Generalization in Language*, Oxford Univ. Press, Oxford.

Haiman, J. 1980 The Iconicity of Grammar: Isomorphism and Motivation. *Language* 56(3)：515-40.

Heine, B. and T. Kuteva 2002 *World Lexicon of Grammaticalization*, Cambridge Univ. Press, Cambridge.

Heine, B. and T. Kuteva 2007 *The Genesis of Grammar: A Reconstruction*, Oxford Univ. Press, Oxford.

平田篤胤 1914『古史本辭經』．井上頼圀・角田忠行（監修），平田盛胤・三木五百枝（校訂）『平田篤胤全集12』法文館書店.

池上嘉彦 1967『英詩の文法─語学的文体論』研究社.

池上嘉彦 1975『意味論─意味構造の分析と記述』大修館書店.

池上嘉彦 1978『意味の世界』NHK 出版.

池上嘉彦 1981『「する」と「なる」の言語学─言語と文化のタイポロジーへの試論』大修館書店.

池上嘉彦 1982『ことばの詩学』岩波書店.

池上嘉彦 1983『詩学と文化記号論』筑摩書房.

池上嘉彦 1984『記号論への招待』岩波書店.

Ikegami, Y. (ed.) 1991 *The Empire of Signs: Semiotic Essays on Japanese Culture*, John Benjamins, Amsterdam.

池上嘉彦 1995『〈英文法〉を考える』筑摩書房.

池上嘉彦 2000『「日本語論」への招待』講談社.

池上嘉彦 2006『英語の感覚・日本語の感覚─〈ことばの意味〉のしくみ』NHK 出版.

池上嘉彦ほか（監修）2007『ロングマン英和辞典』桐原書店.

池上嘉彦・守屋三千代 2009『自然な日本語を教えるために─認知言語学をふまえて』ひつじ書房.

Jakobson, R. 1956 Two Aspects of Language and Two Types of Aphasic Disturbances. In Jakobson, R. and M. Halle *Fundamentals of Language*, Mouton & Co., The Hague.

Jakobson, R. 1960 Linguistics and Poetics. In Sebeok, Thomas A. (ed.) *Style in Language*, MIT Press, Cambridge, MA, pp.350-77.

Казаков, Г. А. 2016 *Сакральная лексика в системе языка*, КДУ, Москва.

Lakoff, G. 1987 *Women, Fire and Dangerous Things*, Univ. of Chicago Press, Chicago.［池上嘉彦・河上誓

作・辻幸夫・西村義樹・坪井栄治郎・梅原大輔・大森
文子・岡田禎之（訳）1993『認知意味論—言語から見
た人間の心』紀伊國屋書店.]

Lakoff, G. and M. Johnson 1980 *Metaphors We Live By*,
Univ. of Chicago Press, Chicago.［渡部昇一・楠瀬淳
三・下谷和幸（訳）1986『レトリックと人生』大修館
書店.]

Langacker, R. W. 1987 *Foundations of Cognitive
Grammar*, Vol. I, *Theoretical Prerequisites*, Stanford
Univ. Press, Stanford.

Langacker, R. W. 1991 *Foundations of Cognitive
Grammar*, Vol. II, *Descriptive Application*, Stanford
Univ. Press, Stanford.

Leisi, E. 1953 *Wortinhalt: Seine Struktur im Deutschen
und Englischen*.［鈴木孝夫訳『意味と構造』1960, 研
究社；1994, 講談社学術文庫.]

Leisi, E. 1973 *Praxis der englischen Semantik*. Carl
Winter, Heidelberg.

Lewandowska-Tomaszczyk, B. and M. Thelen（eds.）
2010 *Meaning in Translation*, Peter Lang, Frankfurt
am Main.

Lewandowska-Tomaszczyk, B.（ed.）2016 *Conceptua-
lizations of Time*, John Benjamins, Amsterdam.

Niemeier, S. and R. Dirven（eds.）2000 *Evidence for
Linguistic Relativity*, John Benjamins, Amsterdam.

野村益寛 2002「意味論研究史管見—認知言語学の視点か
ら」『日本の言語学（月刊・言語 30 周年記念別冊）』大
修館書店, pp.118-29.

Panther, K-U. and L.L. Thornburg（eds.）2003 *Metony-
my and Pragmatic Inferencing*, John Benjamins,
Amsterdam.

Peirce, Ch. S. 1931-58 *Collected Papers*, Hartshorne, C.
and Paul Weiss（eds.）Vols. 1-6.; Burks, A. W.（ed.）
Vols. 7-8., Harvard Univ. Press, Cambridge, MA.

Pütz, M.（ed.）1992 *Thirty Years of Linguistic Evolution:
Studies in Honour of René Dirven on the Occasion of
His Sixtieth Birthday*, J. Benjamins, Philadelphia.

斎藤倫明・大木一夫（編）2010『山田文法の現代的意義』
ひつじ書房.

鈴木朖 1824「言語四種論」1979『言語四種論　雅語音聲
考・希雅』勉誠社, pp.2-26.

時枝誠記 1937「心的過程としての言語本質観」『文学』五
の六・七.［1973『言語本質論』岩波書店, pp.209-
342.]

時枝誠記 1941『國語學原論—言語過程説の成立とその展
開』岩波書店.

時枝誠記 1955『國語學原論續篇—言語過程説の成立とその
展開』岩波書店.

辻幸夫（編）2001『ことばの認知科学事典』大修館書店.

辻幸夫（編）2002『認知言語学キーワード事典』研究社.

辻幸夫（編）2004『인지언어학 키워드 사전（An Encyclopedic
Dictionary of Cognitive Linguistics）』Hankook
Publishing Company.

辻幸夫（編）2008『언어의 인지과학 사전（A Companion
to the Cognitive Science of Language）』Pakijon
Press.

辻幸夫（編）2013『新編 認知言語学キーワード事典』研究社.

辻幸夫（編）2019『新编认知语言学百科』华东理工大学出
版社.

辻幸夫・山鳥重 2006『心とことばの脳科学』大修館書店.

辻幸夫・正岡信男 2011『ヒトはいかにしてことばを獲得し
たか』大修館書店.

Sapir, E. 1929 The Status of Linguistics as a Science.
Language 5(4): 207-14.

Saussure, F. de. 1916 *Cours de linguistique générale*. In
Bally, C. and A. Sechehaye（eds.）, Payot., Paris.

Tomasello, M. 2003 *Constructing a Language: A Usage-
Based Theory of Language Acquisition*, Harvard
Univ. Press.［辻幸夫・野村益寛・出原健一・菅井三
実・鍋島弘治朗・森吉直子（訳）2008『ことばをつく
る—言語習得の認知言語学的アプローチ』慶應義塾大
学出版会.]

Ullmann, S. 1951 *The Principles of Semantics : A
Linguistic Approach to Meaning*, Basil Blackwell,
Oxford.

Ullmann, S. 1962 *Semantics: An Introduction to the
Science of Meaning*, Basil Blackwell, Oxford.［池上嘉
彦（訳）1969『言語と意味』大修館書店.]

Ungerer, F. and H. J. Schmid 1996（2006[2]）*An
Introduction to Cognitive Linguistics*, Longman,
London.［池上嘉彦ほか（訳）1998『認知言語学入門』
大修館書店.]

Vries, A. de. 1974 *Dictionary of Symbols and Imagery*,
North-Holland, Amsterdam.

Whorf, B. L. 1940 Science and Linguistics. *Technology
Review* 42(6): 229-31, 247-8.

Whorf, B. L. 1941 Language and Logic. *Technology
Review* 43: 250-2, 266, 268, 272.

Whorf, B. L. 1956 *Language, Thought and Reality*, MIT
Press, Cambridge, MA, pp.233-45.

Wittgenstein, L. J. J. 1953（1977）*Philosophische Unter-
suchungen*, Suhrkamp Taschenbuch Wissenschaft 203.

Wolf, H.-G. and F. Polzenhagen 2009 *World Englishes: A
Cognitive Sociolinguistic Approach*（*Applications of
Cognitive Linguistics 8*）, Mouton de Gruyter, Berlin.

Wyler, S. 1944 *Die Adjektive des mittelenglischen
Schönheitsfeldes unter besonderer Berücksichtigung
Chaucers*. Univ. Zürich, Diss.phil.

山田孝雄 1902『日本文法論（上）』寶文館.

山田孝雄 1908『日本文法論』寶文館.

山梨正明 1977『生成意味論研究』開拓社.

山梨正明 1986『発話行為』大修館書店.

山梨正明 1988『比喩と理解』東京大学出版会.

山梨正明 1992『推論と照応』くろしお出版.

山梨正明 1995『認知文法論』ひつじ書房.

山梨正明 2000『認知言語学原理』くろしお出版.

山梨正明 2004『ことばの認知空間』開拓社.

山梨正明 2009『認知構文論—文法のゲシュタルト性』大修
館書店.

山梨正明 2012『認知意味論研究』研究社.

山梨正明 2015『修辞的表現論—認知と言葉の技巧』開拓社.

Yamanashi, M.（ed.）2016 *Cognitive Linguistics*（5 vols.），
Sage Publications, London.

米盛裕二 1981『パースの記号学』勁草書房.

|1.5|

認知意味論と哲学

青木克仁

本節では，認知意味論の知見を重視する哲学がどのような特徴を持つのかという問いに答えを見いだそうと考えている．この問いに答えるために私たちは，哲学の認知科学における位置づけを明確にし，そうしたうえで認知科学の「第1世代」と呼ばれる潮流の基底をなす「客観主義」のパラダイムが何であったのかを考察する．認知意味論は，認知科学の「第2世代」に属するが，それと対立する客観主義のパラダイムに従う分析哲学とはどこがどう違うのか，という問いを扱う．さらに「客観主義」のパラダイムと「認知意味論」の差異を浮き彫りにするために，一種の進化論的図式を提供し，その中で「客観主義」のパラダイムが「言語論的転回」の名のもと，いかにして心的領域を意図的に排除することになったのかを論じる．分析哲学は「言語論的転回」を成し遂げたことで，現象学派の哲学より大きく一歩前進したことを誇っている．認知意味論の知見は，客観主義によって排除されてしまった心的領域の中に，人間の認識の根幹をなす豊かな認知的資源が存在していることを教えてくれるのである．したがって，本節では「言語論的転回」によって可能になった客観主義のパラダイムに対比させて，進化史の図式の中に「認知意味論」を位置づけ，それと同時に先駆者となったフッサールやメルロ＝ポンティの知見が排除された心的領域の中に何を見いだし，それがいかに「認知意味論」に受け継がれたのかを見定めようと考える．

1. 認知科学の中における哲学と認知意味論

認知意味論（cognitive semantics）は，1940年代後半辺りから開始される「認知科学」と呼ばれる学際的な研究の中から生まれてきた[→ 2.6]．認知科学は大きく分けると第1世代と呼ばれる時期と第2世代と呼ばれる時期に分けることができる．1940年代後半から1960年代にかけて展開

した第1世代の認知科学は，英米系分析哲学の主張を継承している．その中心は，「**客観主義**」（objectivism）と呼ばれる哲学的潮流を「**言語論的転回**」（linguistic turn）の名のもと，受け入れたことにある．後で詳述するが客観主義的アプローチは，意味とは，記号表象と心的事象から独立しているという意味合いにおいて客観的な実在との関係であると捉える．この関係を十全に確保するためには，すべての概念は字義どおりでなければならないと主張する．客観主義の伝統は，プラトンの「イデア」論やデカルトによる絶対的な「明証性」の探求などのような試みにもその萌芽が見受けられるが，この潮流を最も洗練した方法で発展させ，第1世代の認知科学のパラダイム的な地位にまで高めたのが，フレーゲやラッセルあるいはカルナップ等に端を発する分析哲学だろう．

これに対して，70年代から，第2世代の認知科学が開始される．第1世代と第2世代の間の決定的な違いは，この分析哲学の根底に根強く存在する「客観主義」を取り入れるかどうかというところにある．認知意味論も第2世代に属し，この「客観主義」的な潮流に抗って形成された．西欧には，主に英語圏を中心に発展した分析哲学の流れ以外に，それと対照的に語られることが多い，フッサールを祖とした現象学の流れがある．第2世代の認知科学は，分析哲学の伝統から身を引き離す際に，現象学の思潮から多くを学んでいる．特に，分析哲学においては無視されてきた，メルロ＝ポンティの「身体性に基盤を持つ哲学」と強いつながりを持つ．それでは，分析哲学の大御所的な存在でもあるマイケル・ダメットに，分析哲学と現象学の違いを語ってもらうことにしよう．

マイケル・ダメット（Sir Michael Dummett）は，『分析哲学の起源』の中で，思考の構造について語ろうとするときに唯一の手がかりが言語的表現であり，言語的表現を引き合いに出さずに思

考の構造について語ることはできないという分析哲学の基本的考え方を示した．この考え方に基づき，フレーゲ（F. L. G. Frege）以降の分析哲学の伝統に属する哲学者は，賢明にも「言語論的転回」を成し遂げたのだという．分析哲学の伝統では，ダメット曰く「文の構造と思考の構造という二つの観念は，相伴って展開されねばならない」（ダメット 1998: 8）とされた．他方，現象学派の方はブレンターノ（F. C. H. H. Brentano）の遺産である「志向性」を受け継いだがゆえに，「言語論的転回」からはほど遠いところへ迷い込んでしまったと主張する．ブレンターノの考えを受け継ぐと，対象は，①現実世界に，すなわち心に対して外的に存在するという仕方と，②心的作用に内在的に，すなわち心の内に存在するという仕方の，2通りの仕方で存在することになる．この後者が，ダメットに言わせると，フッサール（E. G. A. Husserl）の『イデーン』以降の現象学において，言語とは独立の意味という神話の源泉になっていくというわけなのだ．つまり，分析哲学の客観主義的傾向は，言語を唯一の証拠として思考の構造に迫ろうとしたことに由来するのである．実は，このときに切り捨てられたのは心的領域なのである．

近代において科学的な知は知識欲を喚起するものとしての「自然」に働きかけ，自然を知りつくそうとした．そのために，主観性を排除し，客観性を保持しようと試みた．しかし，「主観性」を排除するというまさにその所作のため，自然の一部であるはずの人間に関しては無知のままにとどまることになる．それゆえ，ルネサンス期から活性化し，ニュートンによってゆるぎなき地位を確立することになる自然科学の全ヨーロッパへの波及によって「科学的言説」が芽生えるちょうどその頃，パスカルは『パンセ』において次のように述べている．人間存在は，「眠っている間に荒れ果てた無人島に置き去りにされたかのように存在している．誰が自分をここに置いたのか？何をしにここに来たのか？どこへ行くのか？」と．この言葉は，西洋近代を貫いて響き渡ることになる．心的領域そのものを探求することは，まさにそれが主観性の領域であるという理由で心理学でさえ避け続けてきた難題であった．その証拠として，行動主義の隆盛がある．「行動」は観察可能であるし共

有可能性に開かれているが，「心」はそうではないため，「心」は「ブラックボックス」であるという理由で科学的な研究の対象とみなされなかったのである．哲学的な内省による方法で豊かな心的イメージの領域を見いだしたとしても，そこには共有可能性に開かれているという意味合いにおいて，科学的な証拠を提供しうるものは存在していないとされた．「感覚は私たちを惑わす」というデカルトの懐疑からも窺い知ることができるように，心的領域は，曖昧さや錯覚や誤謬の源泉とされてしまうことになる．心的領域は，主観的なもの，情動的なもの，私秘的なクオリア的なものであり，芸術の扱う題材とされ，科学の領域からは遠ざけられてしまう．「クオリア」とは，内観によってアクセスできる，意識に現象する「主観的な質感」のことをいう．

近代科学の成功は，まさに「理性」の勝利だった．人間は「理性的動物」というアリストテレスのあまりにも有名な定義にもあるように，古来より，人間性の座は「理性」であるとされてきた．そして「理性」の証こそが，数学，そして言語の形式的論理構造にあるとされたのである．言語という証拠を分析すれば，理性の本質に迫ることができるとしたら，心的領域という「ブラックボックス」に向かわずとも済むのである．理性的存在者である人間にとって，思考とは言語を論理的に操ることであり，言語の形式的論理構造を解明することで，「ブラックボックス」の中から人間の本質である理性の構造を救い出すことができる．しかも近代科学の成功は，理性的存在者である人間が実在する自然の謎を論理的に解明しうるという確信を与えた．分析哲学は，かくして「言語論的転回」というパラダイムシフトを成し遂げる．第1世代の認知科学は，「言語論的転回」を遂げた分析哲学の「客観主義」の主張を受け入れるという点で一致している．

それに対して，第2世代の認知科学者は，「客観主義」を最終裁定の審級として受け入れることは拒否し，「心的領域」を簡単に切って捨てることはせずに，可能な限り「心的領域」に関する実証的証拠を積み重ねてきた．とりわけ，神経科学の発展は目覚ましいものがあり，脳の活動を非常に高い精度において覗き見しうる様々な種類の洗練

された技術が開発されてきている．それに基づいて，脳神経系のコンピュータ・シミュレーションまで可能となってきているのである．こうした技術革新のもたらしてくれた新たな実証的証拠を前に，果たして「言語論的転回」のもと言語を唯一の証拠と考え，理性の名のもと思考と論理的言語を等価と考え，それ以外の「心的領域」を排除してしまうことができるのだろうか．認知意味論はこれに対して「否」と答えるだろう．次節では，認知意味論の特性を深く理解するために，進化史の中に認知意味論を位置づけてみることで，この疑問に答えようと思う．進化史の中で考えた場合，「客観主義のパラダイム」からくる心的領域の排除という帰結は明らかに間違っているからである．

2. 進化の図式の中における認知意味論の位置づけ

　分析哲学の巨人カール・ポパーは，彼の *Objective Knowledge* の中で，"Thesis of the Three Worlds（三つの世界説）"（Popper 1972: 153）なるものを唱えている．彼のいう「三つの世界」とは，第1の世界である「物質的世界」，第2の世界である「心理的世界」，そして人間の生み出した文化的産物からなる「第3の世界」である．「第3の世界」はそのようなことから，ドーキンス流に言えばミームの世界なのだ．ポパーは，この「三つの世界説」を進化史の中で捉え直している．「物質世界」から，あるときを境に「心理的世界」が出てきて，さらに「心理的世界」から言語が誕生し，それに基づいて「第3の世界」が登場するに至るのだ．ポパーは，フレーゲが心理主義に対抗するために持ち出した「第三領域」から発想を得て，「三つの世界説」を唱えるに至った．面白いことに，ポパーは *Objective Knowledge* の p.161 に見られる注の中で，『論理学研究』第1巻のフッサールが「三つの世界説」の原型に当たる考え方を驚くべき明晰さで表明しているということを述べている．実際に，『論理学研究』第1巻，第48節において，フッサールは，(a)学問を主観的に実現する認識体験の関連，(b)学問の中で究明され，理論的に認識された諸事象，(c)理論的諸理念の論理的関連，の三つを区別している（フッサール 1968: 200）．(a)は，「第2の世界」に，(b)は「第1の世界」に，そして(c)は「第3の世界」にそれぞれ対応するのだ．論理的な構築物を，ミームの世界である「第3の世界」に組み入れるということは卓見なのだが，フッサールは『論理学研究』第1巻で提出した区別を，その後，発展的に展開してはいない．しかし，間違いなく彼の関心は心的世界である「第2の世界」から「第3の世界」への橋渡しの問題にあった．こうした橋渡しの問題をフレーゲから「心理主義」と呼ばれ批判されたが，この問題にこだわり続けたことで「言語論的転回」に完全には踏み切れなかったのである．

　フッサールやポパーに霊感を与えた当のフレーゲは，「言語的転回」への道筋を開き，その後の分析哲学をリードする大きなパラダイム，「客観主義」のパラダイムを用意した．しかし「客観主義」の企ては，人間の心が論理的な計画を促進せうるような純然たる理性などではなく，進化の産物にすぎないということを忘れさせるに至ったのだった．それゆえ，フレーゲは「第3の領域」つまり「第3の世界」の独立を前提として，「第2の世界」に見られる心的資源から論理を基礎づけする試みを「心理主義」の名において徹底的に断罪した．フッサールも「心理主義」によって算術の哲学を構築しているということで，フレーゲから手厳しく批判され，脱心理主義の方向に舵取りしたが，前述したように「言語論的転回」には完全には踏み切れなかったのである．実は，ポパー自身もフレーゲの企てを引き継ぎ，「第3の世界」の「第2の世界」からの独立性を主張しているのである．

　しかし，第2世代の認知科学の成果を見るならば，私たちは，人間の心は偶然が幾重にも織り成されて形成された進化の産物であるということを受け入れ，人間の心が身体化しているという「認知意味論」の基本的着想に立脚して思索を進めるべきときがきたと言わざるをえない．身体化された「心的領域」の探求は，神経科学の急速な発展によって可能となり，これまでのように「言語」だけを分析の対象とするのではなく，神経系が無意識のうちに創発する認知の基盤があるということがわかってきたのである．例えば，心象は，かつては，内観心理学の学問的欠陥のような扱われ

方だったが，神経科学の発達によって，脳神経系の関与部分と相関させて考えられるようになった．こうして「言語論的転回」を旗印に，決定的な証拠を「言語」だけに絞る「客観主義」の流れに対抗する潮流が誕生したのである．それゆえ，客観主義のように，「第2の世界」を切り捨ててしまい，そこからの影響関係を考えずに，ただ「第3の世界」の独立性を謳うことに疑義を呈することができるようになったのである．

ラマチャンドラン（V. S. Ramachandran）は，『脳の中の幽霊』の中で，ダーウィンと並んで進化論を唱えたウォレスに言及しており，ウォレスこそが，人間において，ダーウィンが主張するような「自然選択」という力の作用だけではなく，「文化と呼ばれる強大な新しい力に遭遇した」（ラマチャンドラン 1999: 244）と書いているという．ラマチャンドランは続けて，ウォレスの主張を支持して，言語，そして文化の誕生によって，人間の進化に「ラマルク流」の力が加わったということを述べている．これは，すなわち，前世代が生涯に蓄積した知恵を，言語・文化を介して，次世代に伝えることが可能になったということを意味しているのである．一種の獲得形質の遺伝という不可能とされてきたことが，言語・文化の登場で可能になったのである．言語・文化という「第3の世界」の誕生によって，彼が言うように，「脳は文化と共生関係にある」（同: 244）ようになったのだ．確かに，言語は人間という一つの種においてのみ進化したという稀有な事実がある．それゆえ，「第3の世界」の産出は人間においてのみ可能であった．

そこで，筆者は，「第2の世界」から「第3の世界」へ至る経路を，ダーウィンに敬意を表して，「ダーウィン的ベクトル」と呼び，「第3の世界」から「第2の世界」への経路を，ウォレスの強調したラマルク的可能性に敬意を表して，「ウォレス的ベクトル」と呼ぶことにしたい．この二つのベクトルが本節における探求の指針となるだろう．この二つのベクトルの存在を確認すると，探求の課題は二つあるということになる．一つは，「第2の世界」からいかに「第3の世界」が派生することになったのか，という「ダーウィン的ベクトル」を跡づけることである．ここでは，「ダーウィン的

ベクトル」の可能性の条件とは何なのかについて考察することになるだろう．もう一つは，「ウォレス的ベクトル」から突きつけられる問題を解明することである．その問題とは，「第3の世界」の基盤をなす「言語」を再び「第2の世界」に結びつける蝶番があるのならば，それは一体何なのか，ということなのである．ウォレス，そしてラマチャンドランが着目するような，「第3の世界」からの「第2の世界」への影響力を探求していこうと思う．換言すれば，「ウォレス的ベクトル」の可能性の条件を探りたいのだ．そして，このいずれにも「認知意味論」の知見が関与しているのではないのか，ということを示唆したい．

確かに，「第1の世界」から「第2の世界」それから，さらに「第2の世界」から「第3の世界」への進化過程において，身体性をはじめとする人間の生物学的基盤が関わっていることは否定できない．人間は皆同じ種のメンバーである限りにおいて，進化の過程で，共通の知覚的，行動的，情動的なバイアスを内蔵している脳神経系を備えた身体基盤によって，共通の地球史における環境と相互作用し，認知システムを進化させてきた．進化史の中に人間を位置づければ，「第2の世界」から創発する言語は人間の心に適応するように生み出されたということが想像できる．もちろん，マーク・ジョンソン（M. Johnson）が言うように，心は既に身体化されているということを忘れずに付け足さねばならないだろう．

いったん，「第3の世界」が確立してしまうと，そこから「第2の世界」への多大なる影響は，かつてエドガール・モランが『失われた範例』において採用していた「ホモ・デメンス（錯乱する人間）」という名称に相応しいような現象を招来するに至った．実際に，言語進化は脳の進化よりもはるかに速い．脳の進化は何十万年といった想像を絶するほどの大きな単位で変化していくが，言語の方は，数百年という時が立てば，見分けがつかないほど変化してしまう．例えば，映画『バック・トゥー・ザ・フューチャー』の主人公は，たかだか数十年前にタイムスリップするというだけで，「記号‐対象」関係が変わってしまって，使用している語に対する意味の違いが原因で，彼が所属していないその時代において変人のように扱

われることになってしまう．言語は進化の兆しを一世代が体験しうる形で示し，短期間のうちに意味や用法も変わっていくのである．このように変化が著しいゆえに，「第3の世界」は，あっという間に巨大な影響力を人間の心にもたらすようになったと考えられる．

本節では，「ダーウィン的ベクトル」を進化論的に可能にし，言語を創発させたものが，「ウォレス的ベクトル」，つまり，今や「外づけ」のものとなった言語が再び心に降臨する経路，においても働いている，という仮説を立てる．それこそが，認知意味論のいう「認知的無意識」である，ということを論じていこうと考える．すなわち，「第2の世界」から「第3の世界」へたどる「ダーウィン的ベクトル」の経路においても，「第3の世界」から「第2の世界」へたどる「ウォレス的ベクトル」の経路においても，蝶番としての役割を担っているものは「認知的無意識」である，ということを示そうと考えている．

「第3の世界」の構築が生物学的な進化の速度をはるかに超えて急速に発展し，むしろ「第3の世界」の影響力の方が大きくなっていくと，人間は自分自身が生み出した「第3の世界」の構築物をアナロジーにして自分自身を理解しようとしてきた．それは，例えば，「神」であるし，最近では「コンピュータ」である．神とのアナロジーに基づいて思考を進めると，己の立ち位置を動物とは異なるものとし，その証拠として「理性」を持ち出すようになる．アリストテレスによって，「人間は理性的な動物である」という定義がなされたことは有名だが，人間は，理性，すなわち，論理的，計算的な思索という点において，「不動の動者（思索する思索という純粋思索）」たる神の姿に最も近づくのである．神とのアナロジーを推し進めると，「理性」という人間的特徴の一部が強調されてしまうことになるのだ．

神の死が宣告されて久しいこの時代に，「コンピュータ・アナロジー」が人間性の理解を推し進める新たなパラダイムを設定した．しかし，ここでも称揚されるのは「理性」という側面であり，忘却された側面は，神の時代と同様に，人間にとっての動物的な側面であった．実際に，チョムスキー，ピアジェ，ブルーナー（Jerome Bruner），

マッカーシー（John McCarthy），サイモン（Herbert Simon）ら第一世代の認知科学の始祖たちは，進化論や人間の脳神経系にはほとんど関心を寄せることはなかった．このパラダイムに従う限り，人間はコンピュータ同様の論理的な計算の産物ではなく，あくまでも進化の産物なのだ，という観点が完全に盲点に入ってしまうことになったのだ．

3. 客 観 主 義

ポパーの「三つの世界説」の出所は，分析哲学の祖，フレーゲの区別にある．私たちはこの「三世界説」を利用して，進化史的な説明の図式として応用した．しかし，本来は，フレーゲはこの区別から，「客観主義」の哲学の下地を作ったのである．フレーゲは，存在論的に区別された三つの領域を認めることが必要であるということを説いた．先述したように，これに基づいて，ポパーは「第1の世界」，「第2の世界」そして「第3の世界」を区別した．実は，ポパーもこの「客観主義」の磁場に引き寄せられていた哲学者であった．この点において，「認知意味論」に依拠する哲学とは全く異なる．しかし，そうであるがゆえに，逆に，この「三つの世界説」とそれを可能にしたフレーゲの区別を使うことによって，「客観主義」と「認知意味論」の違いを鮮明に描き出すことができるのである．それゆえ，まず，フレーゲの区別を概観しておこう．

①物理的領域：空間的に広がりを持つあらゆる事物のような物理的対象からなる．

②心的領域：観念，イメージなどの心的表象などからなる．

③思考の領域：意味の客観性を数学や論理学の構築物の普遍的性格を保証するために設けられた領域．思考の構築物である客観的存在者．

フレーゲの意図は，むしろ「思考の領域」を，主観主義的な心的領域から切り離された客観的基準を保証する領域とすることにあった．フレーゲに端を発する「客観主義」の発想では，記号と世界との結びつきを説明するような心的過程は考察から除外されることになる．フレーゲは，数学を心的領域から独立の客観的現実であると考え，人間の心の構造の結果として数学が生成すると考える

方法論を「心理主義」と呼び，徹底した攻撃を加えた．フレーゲは，「思考の領域」を独立した領域として確保することによって，「客観主義」の基盤を作ったのである．フレーゲは，意味はいかなる個人的意識からも独立な，特殊な存在論的領域に存在する，という点を強調し，その公共的で客観的な性格を強調した．

かくして，フレーゲは，「第2の世界」を排除し，論理言語による構築物の世界である「第3の世界」と物理領域である「第1の世界」を直接結びつけようと企てた．その後の，客観主義の意味論は，このフレーゲ的企てを踏襲している．客観主義的アプローチからは，「第2の世界」は，主観性の領域として外されてしまうのである．それによって，「ダーウィン的ベクトル」も「ウォレス的ベクトル」も考慮外ということになってしまう．

ダメットが指摘しているように，分析哲学は，フレーゲの哲学によって，心的領域における「思考」の駆逐を果たしたという点で，フッサールを祖とする現象学とは異なるということを強調する．確かに，これは分析哲学の背後にある考え方であり，これによって分析哲学は，言語分析に論議を集中させる「言語論的転回」(linguistic turn) を成し遂げたとされる．「言語論的転回」において，「思考」は，心的領域から解放され，言語と等価であるとされる．このように，分析哲学の伝統の中心には，レイコフが指摘しているように，思考と言語を等値する「言語としての思考メタファー」が据えられることになる．これによって，「心的領域」に関する実証研究をすることなく，思考は言語の属性を持つものとして分析可能となる．確かに，「記号」としての言語は外在的であるがゆえに公的で，文字として「書かれた記号」によって表象しうる，という利点があるのだ．言語分析は，このメタファー経由でそのまま概念分析となりうるわけで，言語分析こそが分析哲学の中心教義となっていく．かくて，分析哲学は「心的領域」を排除し，思考を言語と等値することで，言語分析がそのまま概念分析となるという武器を手にすることになる．これが「客観主義」への道を開くことになるのである．

分析哲学の歴史の中では，このフレーゲ的目論見から「モデル理論的意味論」が企てられる．

「言語論的転回」によって「心的領域」を排除したため，「モデル理論的意味論」においては，意味は，心的表象のような「心的領域」に関係するのではなく，世界の中に存在する事物との直接的対応関係によって特徴づけられることになる．そして，世界に関するモデルは集合論を用いて構築できるとされた．この意味論は，どのようにして抽象的な記号が，世界の中の事物との対応によって有意味になりうるかを説明しようとした．それ自身は意味のない抽象的な記号が，どのようにして意味を持つようになるのか，という問いに，「心的領域」の要素を入れることなく答えようとしたのである．この問いに対する答えは，記号はある世界に関するモデルの要素との対応によって有意味になる，というものである．この見解は，諸々の存在者とそれから作られた集合だけからなる集合論的構造としてのモデルという数学由来の考え方を取り入れている．世界は集合論的構造として概念化されるのである．現実世界をそうしたモデルと一対一に対応づけることが可能であると想定したうえで，抽象的な記号に意味が付与されるのは，世界のモデルに含まれた存在者の集合に記号が対応するからである，と考えるのである．かくして，意味は，形式言語の記号と集合論的モデルの中の対象との対応関係によって定義される．

意味の客観主義的説明とは，意味は文と，心からは独立した客観的な実在との関係である，とするものである．文が持つ真理値が文の意味である，という見解が代表的だろう．これは，例えば，カルナップが主張した考え方にも反映している．すなわち，文の意味を知ることとは，文が可能な事例のどの場合に真であり，どの場合に真でないのかを知ることである，というものである．こうした考え方は「真理条件的アプローチ」として知られる，客観主義の意味についての典型的理論である．フレーゲ以来，意味を論じる際の基本路線は，意味を指示と真理の関連の中に位置づけるということにある．

このように，意味は抽象的な記号と世界の中の事物との関係にのみ基づいている，と考えるのである．客観主義は，心から独立した客観的現実とこの客観的な現実を直接写像することによって意味をなすような恣意的な記号を仮定する．推論と

はこうした記号を論理規則に従って操作することであり，これによって客観的知識を得ることになるとされる．

これは，要するに「心的領域」を排除し，今や言語と等価となった「思考の領域」と「物理的な領域」の対応関係を保証するモデルを探求するという方法なのである．言い換えれば，文が客観的実在の写像を行なうとする意味論こそが，「客観主義」の意味論なのである．つまり，客観主義の形而上学的前提とは，人間をはじめとするあらゆる生き物が実在を認識するような仕方からは独立した実在の構造を要請しているということにある．

語は物質的な記号として心から独立で客観的実在を持ち，公的に接近可能となる．さらに，世界の中の事物も心から独立で，客観的かつ公的に接近可能とされる．こうして両者の関係も心から独立で公的性格を有したものとして探求されうると考えられた．これによって「第2の世界」すなわち，心的領域を完全に排除できるのだ．

客観主義的意味論が，認知意味論と決定的に異なる点は，対象は人間的理解から独立した様々な特性を持ち，世界はそうした特性を持った対象から成り立っているということを要請するという点である．こうした要請は，世界が実際どうであるのか，ということを決定する一つの正しい「神の眼から見た景観」が存在しているという実在のあり方の理想像を目指すところにある．こうして，言語はこの種の客観的現実を記述しなければならないということになり，そのためには，まさに客観的現実を字義的かつ一義的に写像しうる概念を表現できる言語が必要であるということになるのだ．論理学の規則に従って字義的概念を結合し，世界に関する推論を引き出す純粋に形式的な言語が必要であるとされる．

加えて，人間の本質は理性にあり，理性的な推論形式は，まさに，数理論理学によって特徴づけることができるとされた．すると，思考は，論理言語によって表象可能ということが帰結するだろう．第1世代の認知科学を代表する学問領域であった人工知能（AI）に関する研究において，思考は論理言語の中において表象可能である，という哲学が共有されることによって，推論は機械的な計算操作に置き換えが可能であるとされたのであ

る．客観主義の伝統では，人間特有の心的構成を理性にのみ帰属させるという先験的決定とも呼ぶべき誤解が存在している．そのせいで様々な時代で，繰り返し一連の二分法が回帰し続けてきた．一方では，理性的なもの，論理的なもの，アプリオリなもの，そして他方では，感覚的なもの，物理的なもの，アポステリオリなものが存在し，この両者の間には決定的な線引きがなされ，前者のみに意味と合理性の源泉としての資格が与えられた．その際に，心的領域に属する，情動的なもの，想像的なものは，意味に曖昧さや多義性をもたらす源泉として排除され続けてきた．実際に，フレーゲの伝統に見られるように，「第3の世界」が直接，「物理的な世界」である「第1の世界」と写像関係を表現するモデルによって結びつけられてきた．それによって，このモデル自体が体系として完全なものになりうると期待されたのである．

客観主義的意味論の欠陥をひと言で言えば，人間の理解の構造に欠かすことのできない，最初に意味を生じさせる身体的基盤を無視している，ということになるだろう．客観主義においては，「心理的領域」あるいは「第2の世界」が主観的すぎるという理由で排除されてきたが，認知意味論は，実は「第2の世界」にも身体性を基盤にした十分公共的な認知のための素材が存在しているということを示したのである．神経科学が発展するまで，身体経験から多種多様な構造が生まれるのはどうしてなのか，といった問いには答えが与えられなかったのである．

4. 「認知意味論」の知見の意義

本節において，私たちは，「認知意味論」の知見の意義について考察する．そのために，認知意味論の仮想敵である「客観主義」との比較だけではなく，もう一つの仮想敵である「ソシュール派言語学」との比較をも通して，「認知意味論」を位置づけようと思う．ソシュール派言語学の認知科学への影響は，「客観主義」が認知科学の第一世代と第二世代を隔てるような影響力を及ぼしたほどには強力ではないが，「認知意味論」の先駆者的存在であるメルロ＝ポンティの思索に対して多大な影響力を及ぼした．それゆえ，メルロ＝ポンティ（Maurice Merleau-Ponty）の思索を継承する

うえで，ソシュール派言語学と認知意味論との差異を検討しておく必要があるだろう [→ 2.6].

ソシュール（Ferdinand de Saussure）の言語観は，日本でも丸山圭三郎によって広く知られるようになった言語観である．それによると，言葉があって初めて概念が生まれるのであり，言葉の方が世界の区分の仕方を決定するのだという．言葉を喋る能力が備わる言葉以前の段階では世界は区分されず渾沌としているだけであり，言葉の習得をもって初めて概念が形成され，外界のカテゴリー化が可能になるというわけなのだ．例えば，虹の色は日本語では7色に，英語では6色に，サンゴ語では3色に，リベリアのバッサ語では2色に，それぞれ区分されるということなどから，言語体系が異なると対象の認識の仕方が違ってくると結論する．言語がこのように世界の在り方を全く恣意的に区分づけているゆえ，私たちの認識の仕方も，言語によって決定される区分の仕方に従うのだという．

このソシュール派の言語観は確かに客観主義の言語観とは異なる．客観主義の言語観は，世界は客観的に，心とは無関係に，所与として分節されており，言語表象はせいぜい客観的な所与を最大限に近似的に映す鏡であるにすぎない，と考えて，言語と客観的所与の集合を対応させることによって，言語の記述機能を保証していくことを目的にしていた．ソシュール派の言語観は，「実質」という言い方でやはり実在を前提にはするが，それは所与としては渾沌としているとされ，言語表象という認知システムが実在に投射されて，分節してやることによって，いわば，渾沌を文化に変換することで，対応説を温存させ，言語の記述機能を保証していくことを目的にした．前者では，言語表象は「鏡」になぞらえられ，後者では，言語表象は「色眼鏡」になぞらえられていると言えばわかりやすいだろう．

こうした二つの言語観と対比して「認知意味論」を考えるときに，哲学者の野矢茂樹が使用していたアナロジーに頼るのがわかりやすい．野矢は『語りえぬものを語る』(2011) の中で，認知意味論の路線を擁護するために使用可能な卓抜なアナロジーを紹介している．野矢のアナロジーはこのようなものだ．大きな岩のてっぺんから一筋の水を流すとき，水は重力に従い下方に流れ落ちるが，そのとき，様々な分岐ポイントが存在している．流れを制御したいと思うのなら，その分岐ポイントの一方の側に衝立を用意し流れを誘導することが可能だ．

このアナロジーの教訓は，人間的自然（重力や岩の形状）とでも呼ぶべき人間的な傾向性が根底にあり，それを利用して私たちの行動（水の流れ）を導くのが規範的な力（分岐ポイントに用意された衝立）の源泉になるのだ，ということである．つまり，「人間的自然」というダーウィン的ベクトルに沿って，規範化を行なうことで，人間的文化（第3の世界）が誕生するのである．

ここで筆者が言う「人間的自然」とは，レイコフとジョンソンが『肉中の哲学』(p. 20) の中で「認知的無意識」と呼ぶもののことである．「認知的無意識」とは何なのだろうか．ソクラテスの「無知の知」は「自分が知らないということを知っている」という形で定式化されている．これに倣って「認知的無意識」をソクラテス風に定式化すると，「知っていることを知らない」ということになるだろう．それはあらゆる体験の枠組みとして実際に作動しつつも，それが何であるのかを意識に上らせることは決してできないがゆえに，意識のいかなる反省作用に基づいても意識内容として把握されることは決してない．私たちは，身体的存在者として，ただそのようにしているのだが，なぜそのようにしているのかを意識に上らせることができないのである．例えば，脳や神経系を備えた身体的存在として私たちが環境と相互作用することによって無意識下で必然的にカテゴリー化が生じてしまう．私たちは脳神経システムによる学習プロセスによって，自動的かつ無意識的に獲得してしまう認知のための資源を持つが，私たちがそれを持っているということに気づいていないということが十分ありうる．私たちはこのプロセスに関して，選択の余地がない．身体的存在である私たちが，ただただ環境内を手探りし，歩き回り，知覚し交流をし続けることで獲得されてしまっている．そうしたものを認知資源として活用しつつも，なぜそれがそうしたものとしてあるのかについては知らないのである．少なくとも，純然たる哲学的内省によっては決して知られることは

ないだけではなく、「知らない」ものが「知る」ということの枠組みとして作動してしまっているのである。

野矢のアナロジーに示されているような見方を導入してみると、言語の習得以前にはいかなる差異も存在しない、という考え方に疑義を呈することができる。ソシュールは、言語が不定形の実質を差異化することによって成立するということを述べていたが、ここで筆者が主張したいことは、既存の言語がそうした実質に対して初めて差異化を行なうのではなく、言語による差異化は、人間的に自然な傾向性をもとにしてなされるということだ。少なくとも、進化史的には、野矢のアナロジーに見られるように、人間的な傾向性が利用されて、言語による一層洗練された差異化が進んでいったと考えられる。これは、何も音韻論的な実質に関してのみ言えることではない。意味論的な実質も、人間的な自然とも呼ぶべき人間独特の傾向性が根底にあって初めて、母国語の中で有意味とされる、つまり、規範となるような、人為的な差異へと誘導しうるのだ。

いったん、言語記号間の差異の網の目が緻密化してしまえば、実質との一致は問題にならなくなる。実質を意味内容にしようとすると、そこには私的言語の問題が浮かび上がってくるだろう。つまり、実質的に、私の赤のクオリアは、あなたの赤のクオリアと一致しないかもしれないし、そうでないかもしれないが、実際にそれを知る由もない。にもかかわらず、実際のコミュニケーションにおいては、言語記号間において、「赤」と他の色との差異化に失敗しない限り、コミュニケーションは成立するのである。言い換えれば、差異化に成功すれば、実質の認識に関する個人的な違いを不問に付すことができるのだ。

しかし、ソシュールの区別では、混沌とした実質とそこに差異を挿入する言語の二つしかない。認知意味論はその中間に人間的自然という第三の要素を導入している。ソシュール的な実質の識別が言語の登場に先立って既に「人間的自然」という形で与えられている。換言すれば、ソシュールに反して、差異は決して恣意的ではなく、むしろ、人間の身体と環境の相互作用の中で生まれるということだ。認知意味論が発見した諸々の理論は、

この人間的な自然に関わるものなのである。これは、かつて「身分け構造」と呼ばれた構造に深く関係している。「身分け構造」は、言語による差異化、すなわち、「言分け構造」の導入とともに壊されてしまうとされていた。だが、「身分け構造」と呼ばれるものが、それではあまりにも過小評価されすぎている。言語に先立つ私秘的な領域と言語習得によって可能となる公共的差異の間には、身体の傾向性や身体と環境の相互作用によって産出されるイメージの領域が存在しており、それは決して「クオリア」のような私秘的な領域ではないからだ。「認知意味論」の最大の功績の一つは、この私秘的な領域にまで浸透している「実質」と、「差異のシステム」である言語の側がもたらすとされている「差異」の間に豊かな領域が存在しており、その中にはコミュニケーションや文化の基盤を作ることができるほど十分共有可能で公的なものが存在しているということを示したことにある。

こうした言語と実質との間の豊かな領域への注目は、メルロ＝ポンティによってなされている。メルロ＝ポンティは、意味付与の求心性と遠心性を区別している。私たちは、「求心的意味」と「遠心的意味」の関係を解明していくことによって、メルロ＝ポンティにおける人間の身体性から創発する意味というものを考えていくことができるだろうし、メルロ＝ポンティの認知意味論への影響を知ることができるだろう。

「遠心的意味」とは、反省的意識である「私」が言語を駆使して産出する意味のことを指す。それに対して、「求心的意味」とは言語的意味のレベルではなく、まさしく世界と身体が取り結ぶ知覚的経験が生み出すロゴスのことに他ならない。このロゴスはメルロ＝ポンティによって「感性のロゴス」あるいはカント風に「人間の心の奥底に隠されている技術」（1964: 334）とも呼ばれている。これは世界と身体の非言語的共犯関係によって作られる知覚的経験の結果生み出される「世界への呼応の仕方」なのだ。知覚的経験のレベルで、ある程度まとまりを持った、パターン化された経験が、世界へ呼応するための見取図のように生み出されていくのだが、この見取図のことをメルロ＝ポンティは「身体図式」と呼ぶ。「身体図式」と

は世界と共犯関係にある身体が慣習的に作り出した，世界に呼応するための能力のことなのであり，「求心的意味」を形作る．

知覚的経験のレベルで，生を行使して生きているこの身体が世界と共犯して作り上げる「身体図式」を，反省的意識主体は完全に自分のものとして透明化することはできない．つまり，意識内容として「身体図式」を完全に意識化しえないゆえ，「遠心的意味」の中に完全に取り込むことはできないのである．決して十分に意識に上らせることはできないのだが，身体のレベルで世界への呼応の仕方を知っているという事態をメルロ＝ポンティはこのように表現している．「すべてはまるで…われわれの手前に誰かがいて，意味附与するといわんばかりに行われる」(1974: 351) のだ，と．「私」ではなくて，「身体が知っている」そうした次元の知，「私」つまり反省主体が完全には意識に上らせえないゆえ，「人」が知覚している，とでも言わずにはいられないような，そんな知の次元が存在している．反省主体である「私」以前に，前述定的で，匿名的な「人」の次元である「身体の知」が働いている．「私」という反省意識が芽生える以前に「身体」として生きており，この「身体」として非反省的に世界と交流し，世界を知覚している．このような「身体の知の次元」をメルロ＝ポンティは「求心的意味」ということで表現しようとしているのだ．これはまさに「認知意味論」でいうところの「認知的無意識」の領域であり，それゆえ私たちは「知っていることを知らない」のである．身体と世界の共犯関係が紡ぎ出すこの匿名性の次元ゆえに，私と他者の双方にある無記名の匿名性が意味を紡ぎ出してくるわけで，それこそが相互主観性の基盤となる．すべての意味が遠心的であるのならば，「私」は，意識的に自分の置いたものしか経験の中に見いださなくなってしまい，コミュニケーションは成り立たなくなってしまう危険性にさらされることになる．

メルロ＝ポンティは，「求心的な意味」である知覚的意味の次元で，ソシュール的な恣意性を乗り越えようと考えていた．メルロ＝ポンティによって示されたこのテーマは，「認知的無意識」の名のもと，認知意味論によって引き継がれ，十分に発展された．身体と外界との非言語的な交流によっ

て創発した「イメージ・スキーマ」や「基本レベル・カテゴリー」に裏づけされた言葉は，言葉と意味の絆が恣意的とはとても思われないような「現実感覚」を備えた言葉なのである．

彼の突然の死によって未完に終わってしまった『見えるものと見えないもの』に付されている研究ノートの中で，メルロ＝ポンティは，「知覚される世界は非言語的な意味が存在する次元である」(1989: 241) ということを語っているのだが，これがどのように言語的意味を可能にしているのか，という説明が不十分であることも認めている．同じ研究ノートの中で，「知覚的意味から言語的意味への，行動から主題化作用への移行という問題が残る」(1989: 248) とメルロ＝ポンティは述べている．主著『知覚の現象学』の頃は，そうではないのだが，それ以降，ソシュールの記号の示差的構造ということに影響されたことが災いしたのか，「言語は意味の示差的差異のみを担っている」というくびきに，豊かな発想もつながれてしまっているように思える．それゆえ，例えば，前述した研究ノートには，「沈黙についてその記述そのものが全面的に言語の力にもとづいている」(1989: 252) という反省を読むことができるが，沈黙している知覚的意味を記述するのは，言語をおいて他にはないのだ，という困難が記されている．このようにメルロ＝ポンティの中にも，「言語という証拠」から出発せざるをえない，という困難が見られる．

幸いなことに，私たちは，「言語という証拠」だけではなく，最近の神経科学の知見や，その知見に基づいたコネクショニズムによるシミュレーション・モデルを証拠とすることによって，メルロ＝ポンティが注目した前述定的な「匿名性」のレベルに光を当てることができるようになってきた．また，こうしたシミュレーション・モデルを使って学んだ諸成果から，「言語は意味の示差的差異のみを担っている」という考え方とは異なる言語観を発見しうる．メルロ＝ポンティの，匿名的な「人」の次元で世界のモンタージュが形成される，という比類のない発想は，神経科学を経由しさえすれば，身体と世界の非言語的交流を通して，神経系が無意識のうちに創発する認知の基盤があるのだ，というふうに解釈できる．これこそが，認知意味論が「認知的無意識」と呼ぶ領域なので

ある．認知科学の発展史を考えるときに，最初に身体性に注目し，前述定的な「**匿名性**」のレベルに注目したメルロ＝ポンティの功績は重要なのである．

メルロ＝ポンティは，言語という証拠にしがみついているだけでは，とても見いだしがたい「**身体レベルの知**」を探求しなければならない，という動機を与えてくれた．シンタックス規則からトップダウン方式で開始するのではなく，動的に変化する神経ネット上の発火パターンをシミュレートしていこうというコネクショニズムによるボトムアップ式のアプローチが出てきて初めて，科学の名のもとに「身体レベルの知」に近づくことができるようになった．進化史における「ダーウィン的ベクトル」をたどるとき，このボトムアップ式のアプローチが重要な意味を持つことになる．コネクショニズムは，コンピュータ上で，神経ネットワークをシミュレーションしたもので「**PDP**」（parallel distributed processing）**モデル**と呼ばれている．これは，数百のユニット間に数千の結合を設定し，ユニット間で結合の強度（重み）の変更の結果として形成されるネットワークである．こうすることによって，神経系における，興奮と抑制の伝達の結果として生じるネットワークを模している．マクレランドの報告によれば，彼のPDPモデルは，英語の過去時制を形成する手順を獲得しただけではなく，子どもによく見受けられるように，「-ed」が過去形を作るというルールを過剰汎化してしまうという誤りをも犯す（ラメルハートほか 1989）．PDPモデルがとりわけ効果的に働くのは，知覚を代表とするシンボル下の低次のレベルの過程である．このレベルにおいて，身体的存在者としての人間と環境との力動的相互作用の結果がもたらす影響が「認知的無意識」という形で作動し，いわゆる「高次のレベル」にも多大な影響を与えているのである．PDPモデルは，シンボル下の前概念的なレベルにおいて，脳神経系がまさに「認知的無意識」と呼びうる構造を獲得してしまうことを雄弁に物語っているのである．このように，言語的な証拠以外に，神経ネットワークのシミュレーションによる証拠を見いだすという方法によって，「身体レベルの知」である「認知的無意識」に光を当てるという

困難を乗り越えようとする試みがなされている．かくて，「第2の世界」である心的領域から，「第3の世界」の根底にある言語がいかに生成するのかということの一端を窺い知ることができるのである．

他方で，「第3の世界」から「第2の世界」への影響を考えると，トップダウン式のアプローチの必要性を否定することができなくなるだろう．実際に，私たちは，言葉の定義をしようとするとき，一つの言葉を別の言葉で置き換えるというやり方をしている．にもかかわらず，「第3の世界」の根幹をなす言語が，再び人の心（「第2の世界」）に取り込まれるとき，すなわち，学習の過程を経るとき，ボトムアップ式のアプローチの必要性が出てくるのである．どういうことだろうか．

ヘッケル－セールの法則は，個体発生は系統発生を繰り返す，という定式化で知られている．個体発生の過程においても，系統発生の過程を繰り返すので，「反復説」とも知られている法則である．言語の発生の過程で，この法則に比すべき出来事が起きている．つまり，「第2の世界」から「第3の世界」が発生したという大きな進化史的な流れ（ダーウィン的ベクトル）が一方にはある．こちらの方は，人類が言語を持つに至る過程である．これを系統発生的な出来事に例えることが可能だろう．他方，「第3の世界」の根底をなす言語が，再び「第2の世界」に取り込まれていくという，言語が一個人の心に巣食う過程（ウォレス的ベクトル）がある．こちらの方は，言語習得以前の一個人の心，すなわち「第2の世界」に，「第3の世界」の根底をなす言語が芽生えていくという個人史的な学習プロセスなのである．こちらの方を個体発生的な出来事に例えることができるだろう．このように見たとき，進化史的な大きな流れも，個人史的な小さな流れも，原理的には，同じ過程を応用しているのではないだろうかと考えることができる．そして両者に共通する「同じ過程」こそが，メルロ＝ポンティの言い方を借りるのならば，「**求心的意味**」ということであり，認知意味論の用語を使えば「**認知的無意識**」ということになる．そして，この「求心的意味」の発生の一助をなす原理こそが，「**子どもフレンドリー**」ということなのだ．「子どもフレンドリー」

とは，子どもの学習未熟ゆえに，「認知的無意識が
学習にバイアスをかけてくるわけだが，そのバイ
アスをむしろ，知ってか知らでか，文化の中で学
習しやすさという形で，利用しているということ
を意味する．言語習得の際に，「認知的無意識」
と呼ばれる「認知資源」を活かすことができれば，
子どもにとっては学習しやすい言語，すなわち，
「子どもフレンドリー」な言語ということになり，
子どもにとって学習しにくい言語は，淘汰される
ことになるだろう．言語習得以前の要因で，その
習得にバイアスとなりつつも，最も豊かであると
考えられる資源とは，私たちの脳神経系を備えた
身体性をおいて他にあるまい．「第2の世界」か
ら「第3の世界」の基盤となる言語が創発した際
に，「子どもフレンドリー」であるかどうかという
ことが，一種の淘汰圧として働き，例えば，一定
の学習しやすいタイプの統語システムの型が残っ
たと考えることができるだろう．「子どもフレンド
リー」な特徴を有した言語のみが，再び「第2の
世界」に降臨する際に，子どもの「心」に対して
学習しやすさという導きの糸を与えてくれるがゆ
えに，生き残ることができたのだろう．

5. 「子どもフレンドリー」とはどういうこと なのか？：ハンフリーの洞察から考える

　心理学者のハンフリー（Nicholas Kaynes
Humphrey）は『喪失と獲得』の中で，3万年前
に描かれたと推定されている洞窟絵画が自閉症の
少女の描く絵画と類似点がある，ということに着
目している．彼の指摘している類似点とは，両者
とも写真的正確さと認知的な偏りという点が見受
けられるということである．この類似点から，ハ
ンフリーは類比による議論を展開する．彼はまず，
自閉症の少女がある程度，言語を獲得したその途
端に，彼女の写真的な描写能力が喪失してしまっ
たという事実を指摘する．そうしたうえで，約1
万年前の氷河期の終わり頃に，人類の祖先が洞窟
絵画時代の描写力を喪失してしまったことと，こ
の少女のケースに類似性を見るのである．ここか
ら結論を導き出し，人類も言語能力の習得ととも
に，いったん，写真的な描写力を喪失するに至っ
たとするのである．実際に，この時期の絵画は，
洞窟絵画時代のものと比べると，描写力という点

では凡庸なものが多いという．

　この類比による議論の結論を受けて，ハンフリ
ーは仮説を立てる．すなわち，人類にはまず，写
真的な記憶力が進化し備わっていたが，これが言
語の発達によって新たな抽象化の能力を手にした
途端，写真的な描写力は言語能力に道を譲ること
になる，というのだ．確かに，写真的な描写能力
は，目の前の具体的な個物に足止めをさせてしま
う要因になるだろう．写実的描写能力による個々
の具体的な個物への拘泥は，ラカン的な「**物の殺
害**」を経た「**象徴界**」への参入を妨げる要因とも
なるだろう．「物の不在」ということが，象徴界
への移行の証であり，「差異の体系」としての言語
を成立させたからだ．描写能力が写真的なものに
近ければ近いほど，その心的世界において，写実
的な関係を離れて自由に想像力を発揮しフィクシ
ョナルな世界を形成する力が，その自由度を奪わ
れることになるだろう．

　現生人類の子どもの場合，大脳が発達しすぎた
せいで，未熟児のまま生誕せざるをえないという
「ネオテニー」（幼形成熟）と呼ばれる状態で生誕
するため，神経系の未熟さが幸いし，写真的な描
写力を持たず，四足の動物をすべて「ワンワン」
と呼ぶといったように，一般的なイメージが先行
した後で，特殊へ移行していく．この神経系の未
熟さゆえに，一般的なイメージが先行せざるをえ
ないというハンディが存在するがゆえに，学習の
際に，「典型性」から入るという方法は，人間の
場合かえって救いとなる．子どもの描く絵画を見
ても，このことは容易に理解できるだろう．子ど
もは「木」の典型イメージを描くことはできるが，
「ブナ」，「杉」，「松」などの特定の木を描き分け
ることはないし，ましてやそれぞれの「松」の個
性がわかるような写実力をもって描くのは困難な
のである．

　イメージの細部に拘泥してしまうようなことが
あれば，ボノボのカンジやチンパンジーのシャー
マンとオースチンに特性の単語記号を学習させた
事例が示唆しているように，人間の幼児よりも十
分に成熟した神経系を備えているチンパンジーの
場合は，目の前に生き生きと現前している個々の
事物に拘泥してしまうがゆえに，シンボリック
領域への飛躍が妨げられてしまう．同様に，自閉

症者のような写真的と呼びうるような優れた描写力は，現前している個々の事物との間におのずと築かれてしまう細部にわたる関係性から離れられなくさせてしまうことだろう．

子どもは，およそ18か月頃から部分的な規則を形成し，それを様々な文章の中で使うようになる．「言語の臨界期」がいつまでなのかに関して定説は存在していないが，子どもが語彙を爆発的に習得する時期があるということは確かである．一定の時期を過ぎてしまうと，大人が第二言語の習得に困難を覚えるように，子どもでも母語の習得が難しくなるとされている．すると，この時期に子どもの神経回路に「言語獲得装置」(language acquisition device: LAD) が開かれ，そしてしばらくして閉ざされてしまうと考えることができるだろう．それは，例えて言うなら「森を見て木を見ない」という未熟な神経系がなせる技なのである．チンパンジーたちは，人間よりもずっと成熟した神経系を備えているがゆえに，「森を見て木を見ない」ということが到底できないのである．

私たちの持つカテゴリー群の重要なクラスに自然環境の中の極めて重要な差異に当てはまるものが存在している．認知意味論が「**基本レベルのカテゴリー**」と名づけているカテゴリー群がそれだ．それはカテゴリー階層の中間に位置づけられている．例えば，「動物」という上位カテゴリーや「ペルシャ猫」のような下位カテゴリーに対して，カテゴリー階層の中央に位置しているカテゴリーは「猫」といったカテゴリーである[→ 5.2]．「猫」，「犬」，「車」，「椅子」などのようなカテゴリーが，カテゴリー階層の中間に存在しているカテゴリー群であり，それらは身体経験によって世界を体験する際に，一種の認知的優先性をもって体験される．「森を見て木を見ない」傾向性を備えた幼児にとって習得しやすい，まさに「子どもフレンドリー」な概念学習が可能になる，そうした「基本レベルのカテゴリー」を言語は備えており，子どもたちを言語学習に誘惑するのである．

「基本レベルのカテゴリー」は，自然環境や人為的な文化環境の中で私たちが最も容易に見分けることのできるそうしたカテゴリー群である．「犬」と「猫」を見分けること，「椅子」と「机」を見分けることなどは，どんな子どもでも何の問題も

なく自然にできるだろう．こうしたカテゴリー群には，そのカテゴリー全体を表象しうるような心的イメージが存在している．「猫」や「犬」，「鳥」などを思い浮かべることは誰にでもできるだろう．しかし「動物一般」をイメージしなさい，と言われてもできないだろうし，下位カテゴリーの中には専門家でなければ見分けられないようなものまで存在しており，容易にイメージできないものが存在していることは確かである．「基本レベルのカテゴリー」に関して，私たちは典型的なイメージを心に描くことができるのである．「**典型イメージ**」は，私たちが身体的に環境と交流する際に，遭遇する頻度が高いものによって作られる．例えば，ペンギンのような鳥ではなく，遭遇する頻度の高い，スズメやハトといった鳥のイメージを「典型的な鳥」として心に描くだろう．身近で身体的交流のしやすい日常サイズの物体が典型とされて理解されるのである．親や先生も，子どもに対して，わざわざ非典型的な椅子や鳥を持ち出してきて，概念の学習をさせるということはない．その文化において，典型的とされるものを通して，基本レベルのカテゴリーが学習されるのである．

かくて，ロッシュが指摘しているとおり，カテゴリー化の基本レベルとは，そのカテゴリー・メンバーが，①似た運動行為によって使われるか，それと関わりを持ち，②類似の知覚される形態を持ち，イメージされ，③人間にとって意味のある，同定可能な属性を持ち，④行為主体の小さな子どもにカテゴリー化可能で，⑤言語学的な優先性を持っている，最も包括的なレベルでなければならない (Rosch 1978)．カテゴリー化の基本レベルは，認知が，環境と行為から同時に産出される点のように見える．対象は，まず，行為者である知覚者に相互作用を誘発するものとして己を提供し，行為者は自分の身体をもって対象が可能にする行為に誘導される．行為者／知覚者として振る舞う子どもによって基本レベルの対象に行なわれる行為は，その子どもが属する共同体の文化のもとで実践されている子育ての中で親が補助することになる．

人間の場合は，その未熟な神経系のおかげで「基本レベルのカテゴリー」を学習しやすいのである．さらに，人間の場合，「基本レベルのカテゴ

リー」のようなイメージが豊富でわかりやすいものを利用して，隠喩的投射を行なうことでより抽象的な領域を理解しようとする．この隠喩的投射という方法も「認知的無意識」に属する認知的資源なのだが，隠喩的投射自体も「子どもフレンドリー」なのである．なぜ，他の体験領域への隠喩的な投射が可能なのかを説明するのに有力な理論として「融合理論」と呼ばれている理論が存在している [→ 3.9]．小さな子どもにとって，例えば，愛されているという体験は，抱かれているときの温かさという感覚体験と典型的に相関して起きており，二つの体験は融合している．融合の時期の間に，この二つの領域の連結が自動的にできあがる．子どもは融合ステージを通過することで，二つの同時に賦活される領域を別個のものとしては体験しない時期を過ごす．その後，以前同時賦活されていた領域をメタファー的な源泉と目標に分離した形で使用しうるようになっていく．こうした融合期が存在することも，子どもの脳神経系が未熟だから起きる，と考えられるだろう．融合の時期に形成される領域間の結合は脳神経系に実体化されている．隠喩的投射を可能にするようなニューラル・コネクションは，複数の領域を特徴づけるネットワークが，日々の体験の中で同時起動するような，早期幼児期の「融合」の時期に確立する．このように，隠喩的投射を可能にする神経科学的な学習メカニズムが子ども時代には顕著なのである．

エルマンが神経系のシミュレーションであるPDP モデルの先駆的研究となった「エルマン・ネット」を使って明らかにしたように，入力された文の規則性はネット全体に冗長に表象され，弱いが一貫した構造を示すようになったのである（エルマン 1998）．この学習過程においては，先ほどの例えたように，「木を見て森を見ず」の逆が進行している．つまり，あたかも全体のぼけた画像が与えられ，その後に，次第に解像の精度を高めていくのに似た過程で規則性が習得されていくのである．類推するに，子どもは，看取しえない詳細に拘泥する機会を己の神経系の未熟さゆえに奪われるが，かえってそのおかげで記号間の組合せの上位パターンが浮き彫りにされていくのである．すると，子どもの学習限界がかえって言語学習に

とっては有利に働くということが見えてくる．神経系の未熟さゆえに，細部に拘泥しえない子どもであるからこそ，知らぬうちに少しずつ形成されていた「森」を見ることができるようになるのである．未熟な神経系を備えているがゆえ，写真的な描写力を持たず，個々の樹木に拘泥しえない子どもは，ある日突如，記号間の上位パターンに見られる規則性を備えてしまうことになる．こうした点において，子どもの未熟な脳神経系は，典型的なイメージを学習しやすくできているし，隠喩的投射の下地を形成しているだけでなく，身体と環境との相互作用の中にイメージ図式を創発させるのである．

カントが「**構想力（想像力）の遊び**」と呼んでいる（カント 1964），人間特有の自由さを得るには，写真的，写実的な描写力に向けた進化は，むしろ障害となるだろう．あまりにも写実的すぎる描写力によって，現前する個々の事物を固有のものとして捉えてしまうのならば，そこに相似性を見いだしたり，類比による議論の根幹にある領域間の類似性やメタファー的な領域間の飛躍を可能にする類似性を洞察したりすることが妨げられるからだ．すると，このように結論しうるのではないか．つまり，現生人類の神経系の未熟さというハンディは，かえって人間のみが容易に達成しうるとされるシンボリックな領域への飛躍を助ける結果になったのだ，と．

そもそも，「構想力（想像力）の遊び」がなぜ可能になるのだろうか．確かに，私たちは，イメージを心的に操作しうる．イメージのいかなる性質が操作可能性をもたらすのかを考えてみよう．イメージの性質としては，例えば，現前する対象が不在となっても，心的イメージとして心には残るということが挙げられよう．フッサールの有名な文章に倣って言うなら，たとえ現実の桜が燃えてしまったとしても桜の心的イメージは心に残る，のである（フッサール 1984）．心的イメージは，対象が不在になっても存在しうることからわかるように，対象との間に距離を打ち立てる．この距離のおかげで，心的イメージは，対象の実在から離れて，心的に操作しうるものとして存在しうるのである．これこそが，イメージの象徴化機能と呼ぶべき事態なのである．経験に含まれる現実的

な基礎としてイメージの機能が存在していること
を私たちは忘れてしまいがちだ．イメージに象徴
化機能が備わっているとしたら，私たちはそれを
トップダウン式に活用しているとしても不思議は
ないだろう．「認知意味論」の功績の一つは，ま
さに，このイメージの段階における，象徴化機能
を発見したことにある．

まとめと展望

　認知意味論は，認知科学の第2世代に属する．
第2世代と第1世代との決定的な違いは，「言語
論的転回」という標語とともに一躍支配的なパラ
ダイムとなった分析哲学の「客観主義」を受け入
れるか受け入れないかということにある．私たち
は，「言語論的転回」を決定的なものにしたとさ
れる分析哲学の祖フレーゲの構想に基づいてポッ
パーが提出した進化論的図式に従って，客観主義と
認知意味論の違いを浮き彫りにしていった．ポッ
パーの進化論的図式とは，彼の「三つの世界説」
に基づいている．それは，進化史の過程において，
「第1の世界」である「物質的世界」から「第2
の世界」である「心理的世界」が創発し，そし
て，言語の創発を通して，人間の生み出した文化
的産物からなる「第3の世界」が生み出されるに
至るという考え方である．「客観主義」によれば，
思考の構造について語ろうとするときに，唯一の
手がかりが言語的表現であり，言語的表現を引き
合いに出さずに，思考の構造について語ることは
できないとする．もし言語の構造がそのまま思考
の構造であるのなら，「言語」という証拠は，誰
もがアクセスしうる客観的データを提供してくれ
るし，「第2の世界」すなわち心的領域は，主観
的ゆえ，曖昧さや誤謬の源泉であるがゆえに，む
しろ排除できた方が，「言語という証拠」だけに基
づく厳密な理論化が可能となり都合がいい．した
がって，客観主義的アプローチによれば，意味と
は，記号表象と，心的事象から独立しているとい
う意味合いにおいて客観的な実在との直接的な関
係であると捉える．すなわち，「第2の世界」で
ある心的領域を排除し，「第3の世界」の根幹を
なす言語と「第1の世界」である「物質的世界」
を対応づけるような意味論を確立しようとした．
　しかし，進化史的には，「第2の世界」から

「第3の世界」を支える言語が創発しているゆえ
に，「第2の世界」を完全に排除する，というこ
とは直感的に誤りではないのか，という疑念が生
じるだろう．しかも，言語は，学習される際に，
子どもの「心的領域」の中で処理され学習されて
いくはずである．それゆえ，「第2の世界」の排
除という客観主義的な方法論には盲点が存在して
いるのである．
　ありがたいことに，今や「言語という証拠」だ
けではなく「神経科学的な証拠」に基づいて，
「第2の世界」に関する客観的な語りが確立しつつ
ある．「認知意味論」の知見は，この「神経科学
的な証拠」に根を下ろしている．それゆえ，「言
語による証拠」しか見いだしえなかった第1世代
の認知科学の時代とは違って，「第2の世界」に
共有しうる公共的な認知資源を発見してきた．私
たちのような脳神経系を備えている身体性を持つ
存在者が外界と非言語的に交流するうちに，無意
識のレベルで自然に創発してしまう認知的資源が
存在していることを「認知的無意識」の名のもと
に探求しているのである．
　学習という観点を導入するや否や，子どもの
「心」に外部装置となってしまった言語が再びイン
ストールされるという事態はどのように説明した
らいいのだろうか，という問いに答えねばならな
くなる．その答えは，進化の過程において，「子
どもフレンドリー」であるかどうかということが
一種の淘汰圧として働き，生き残りうる言語を決
定したのだ，ということにある．言語がその学習
過程において「子どもフレンドリー」であるとい
うことは，ネオテニーゆえに，未熟な脳神経系を
持つ人間の子どもにとって習得しやすいというこ
とを意味している．細部に拘泥しうるような成熟
した脳神経系を備えてしまうと豊かな個別事象に
描写的な心が囚われてしまって，「典型イメージ」
のような荒削りなイメージにはたどりつけなくな
るだろう．すると「基本レベルのカテゴリー」の
習得は困難なものとなり，それによって，言語の
習得にも支障をきたすということになるのだ．
　「第2の世界」から「第3の世界」の根底にあ
る言語を創発させるのに，認知意味論が「認知的
無意識」と呼んだ典型イメージやイメージ図式の
領域が認知資源として存在しているのである．こ

の同様の認知資源が，逆に「第3の世界」を支える言語を再び「第2の世界」に招き入れるための蝶番として使用されている．その理由は，やはり「子どもフレンドリー」という点にある．ここでも同様に，子どもの未熟な脳神経系が受け入れやすい認知資源が活用されているのである．

幸いなことに，認知科学の中における哲学は，他の領域と対話を重ねることによって，「知っていることを知らない」という領域，すなわち，「認知的無意識」の領域についての知見を得ることができる．メルロ＝ポンティがその当時の最前線の心理学や神経科学の知見を対話的に結び合わせて，その知見の哲学的な含意を見事に展開してみせたように，哲学は，最先端の認知科学とともに歩み，その知見を学ぶことから出発しなければならないだろう．

▶重要な文献

ジョンソン，M.（著），菅野盾樹・中村雅之（訳）1991『心のなかの身体―想像力へのパラダイム転換』紀伊國屋書店.
　カントの批判書に見られる「構想力」の理論を発展させ，「イメージ図式」の考え方を確立．分析哲学において主流である「客観主義」の批判を通して，「認知意味論」の独特なポジションを打ち立てている．

レイコフ，G.・M.ジョンソン（著），計見一雄（訳）2004『肉中の哲学―肉体を具有したマインドが西洋の思想に挑戦する』哲学書房.
　西洋哲学の伝統そのものに「認知意味論」の知見を使って挑戦している画期的な大著．哲学と認知意味論の知見との関係を知るには欠かせない書籍．

▶文　献

ドーキンス，C. R.（著）1992「利己的な遺伝子と利己的な模伝子」ホフスタッター，D. R.（編），坂本百大（監訳）『マインズ・アイ（上）―コンピューター時代の「心」と「私」』TBSブリタニカ．

Deacon, T. W. 1997 *The Symbolic Species: The Co-Evolution of Language and the Brain*, W. W. Norton & Co.［金子隆芳（訳）1999『ヒトはいかにして人となったか―言語と脳の共進化』新曜社.］

ダメット，M.（著），野本和幸（訳）1998『分析哲学の起源―言語への転回』勁草書房.

エーデルマン，G. M.（著），金子隆芳（訳）1995『脳から心へ』新曜社.

Elman, J., E. Bates, M. Johnson, A. Karmiloff-Smith, D. Parisi and K. Plunkett 1996 *Rethinking Innateness: A Connectionist Perspective on Development*, MIT Press, Cambridge.［乾敏郎ほか（訳）1998『認知発達と生得性―心はどこからくるのか』共立出版.］

ハンフリー，N.（著），垂水雄二（訳）2004『喪失と獲得―進化心理学から見た心と体』紀伊國屋書店.

フッサール，E.（著），立松弘孝（訳）1968『論理学研究1』みすず書房.

フッサール，E.（著），立松弘孝（訳）1970『論理学研究2』みすず書房.

フッサール，E.（著），ランドグレーベ，L.（編），長谷川宏（訳）1975『経験と判断』河出書房新社.

フッサール，E.（著），渡辺二郎（訳）1984『イデーン I-II』みすず書房.

Johnson, M. 1987 *The Body in the Mind*, Univ. of Chicago Press, Chicago.［菅野盾樹（訳）1991『心のなかの身体―想像力へのパラダイム転換』紀伊國屋書店.］

カント，I.（著），篠田英雄（訳）1964『判断力批判（上）』（岩波文庫）岩波書店.

Lakoff, G. 1986 The Meanings of Literal. *Metaphor and Symbolic Activity* 1(4): 291-6.

Lakoff, G. 1987 *Women, Fire, and Dangerous Things*, Chicago Univ. Press, Chicago.［池上嘉彦・河上誓作・辻幸夫・西村義樹・坪井栄治郎・梅原大輔・大森文子・岡田禎之（訳）1993『認知意味論―言語から見た人間の心』紀伊國屋書店.］

Lakoff, G. and M. Turner 1989 *More than Cool Reason: A Field Guide to Poetic Metaphor*, Univ. of Chicago Press, Chicago.［大堀俊夫（訳）1994『詩と認知』紀伊國屋書店.］

Lakoff, G. and M. Johnson 1999 *Philosophy in the Flesh*, Basic Books, New York.［計見一雄（訳）2004『肉中の哲学―肉体を具有したマインドが西洋の思想に挑戦する』哲学書房.］

メルロ＝ポンティ，M.（著），滝浦静雄・木田元（訳）1964『行動の構造』みすず書房.

メルロ＝ポンティ，M.（著），滝浦静雄・木田元（訳）1966『眼と精神』みすず書房.

メルロ＝ポンティ，M.（著），竹内芳郎・小木貞孝（訳）1967『知覚の現象学1』みすず書房.

メルロ＝ポンティ，M.（著），竹内芳郎監（訳）1969『シーニュ1』みすず書房.

メルロ＝ポンティ，M.（著），竹内芳郎・木田元（訳）1974『知覚の現象学2』みすず書房.

メルロ＝ポンティ，M.（著），滝浦静雄・木田元（訳）1979『世界の散文』みすず書房.

メルロ＝ポンティ，M.（著），滝浦静雄・木田元（訳）1989『見えるものと見えないもの』みすず書房.

モラン，E.（著），古田幸夫（訳）1975『失われた範例』法政大学出版局.

野矢茂樹 2011『語りえぬものを語る』講談社.

Popper, K. R. 1972 *Objective Knowledge*, Oxford Univ. Press, Oxford.

Ramachandran, V. S. and S. Blakeslee 1999 *Phantoms in the Brain*, William Morrow.［山下篤子（訳）1999『脳のなかの幽霊』角川書店.］

Rosch, E. 1978 Principles of Categorization. In Rosch, E. and B. B. Lloyd（eds.）*Cognition and Categorization*, Lawrence Erlbaum Associates, New Jersey.

ラメルハート，D. E.・マクレランド，J. L.・PDP リサーチ

グループ（著），甘利俊一（監訳）1989『PDP モデル—認知科学とニューロン回路網の探索』産業図書.

ソシュール，F.（著），小林英夫（訳）1972『一般言語学講義』岩波書店.

Varela, F. et al. 1993 *The Embodied Mind*, MIT Press, Cambridge, MA.［田中靖夫（訳）2001『身体化された心—仏教思想からのエナクティブ・アプローチ』工作舎.］

═══ コラム 3　場と言語 ════════════════════════ 岡　智之 ═══

　「**場**」を一言で定義するのは難しいですが，日常経験的にいう場は，単なる物理的空間ではなく，「いま，ここ」において，人間どうしや人間と対象（モノ，コト，環境を含む）が相互作用する世界だと言っていいでしょう．

　「**場所の論理**」を哲学において最初に提起した西田幾多郎（1987）は，主観と客観の対立から出発する従来の認識論に対し，「自己の中に自己を映す」という意識の野（＝場所）から出発するべきであるとし，それは判断の形式「S は P である」が「述語が主語を包む」形であることに明瞭に表れているとしました．中村雄二郎（1989）では，場所の論理は，「述語論理」と関わり，時枝（1941）文法の「場面論」や詞辞の「入れ子構造」とあいまって日本語の論理を明らかにするものになったと指摘しています．

　「場と言語」の関わりについて早くから指摘していた三尾砂（1948）は「あるしゅんかんにおいて，言語行動になんらかの影響をあたえる条件の総体を，そのしゅんかんの話の場という」と定義し，場が話し手を規定し，文を規定するという「場と文の相関の原理」から「場の文」「場を含む文」などの文類型を提起しました．これは「現象文」「判断文」などの文類型と関連して，日本語の「は」と「が」の問題にも大きな示唆を与えています．また，佐久間鼎（1959）は，ゲシュタルト心理学の立場から日本語学に「場」の理論を導入し，日本語の「は」が「課題の場」を設定する働きをするという独創的な提起をしました．

　言語学においては，格の意味を場所的関係に基づいて記述しようとした 19 世紀前半のドイツの「場所理論」の流れがあります．池上嘉彦（1981）は，「場所理論」をもとに，動詞の意味構造の基本形を定式化しようとしたもので，「状態は場所である」や「変化は移動である」などの事象構造のメタファー的理解につながる先駆的研究です．池上（2007）では，「は」に関連して「話題とはコトが成り立つ場所である」という指摘や，「場所としての自己」＝「自己は何かが出来する—つまり，そこで何かが〈なる〉—場所である」という場所の論理にも通底する指摘を行なっています．また，池上が言う「主観的把握」と「客観的把握」は，「場内在的」と「場外在的」という場所論的観点から捉えなおすことができるでしょう．

　認知言語学との関連では，その理論的基盤となる主要概念の多くが，場と関係しています．フレーム，イメージ・スキーマ（容器のスキーマ）などは場所の一種ですし，認知心理学の「図と地」の分化の能力とは，「モノと場所」を分化する認知能力と考えられます．また，メタファーは，述語の同一性（類似性）に基づく述語論理によって成り立つものであり，「は」において参照点が作り出す支配域は「概念的な場」と考えられます．認知言語学の理論的基盤は場所論と通底するところが多いと言えるでしょう．

　人間が相互作用する現実の場と言語の関係については，語用論や社会言語学の中で積極的に取り上げられてきました．メイナード・泉子（2000）は，「場交渉論」に基づく『情意の言語学』を提起し，井出祥子（2006）は，人と人との関係や，場／コンテクストとの関わりを視野に入れた言語使用の観点として「わきまえ」という概念を提案しています．

　最近では，清水博（2003）の「場の理論」や大塚正之（2013）の『場所の哲学』などの考え方を発展させ，主体（主観）と客体（客観）の二項対立を乗り越えるパラダイムとして「**場の言語学**」が提唱されています．ここでは，人間が相互作用する「いま，ここ」の場や，様々な概念的，理論的な場の根底に，言語の分節化を超えた，すべてがつながった非分離の世界とも言える根源的な場があり，そうした根源的な場を根拠にして，人間の相互作用と言語の関係を考えていくという立場が打ち出されています．

▶**参考文献**

井出祥子 2006『わきまえの語用論』大修館書店.

池上嘉彦 1981『「する」と「なる」の言語学』大修館書店.

池上嘉彦 2007『日本語と日本語論』筑摩書房.

メイナード，泉子 K. 2000『情意の言語学—「場交渉論」と日本語表現のパトス』くろしお出版.

三尾砂 1948「国語法文章論」（『三尾砂著作集 I』ひつじ書房，2003 所収）.

中村雄二郎 1989『場所（トポス）』弘文堂.

西田幾多郎 1987『西田幾多郎哲学論集 I—場所・私と汝 他六篇』上田閑照編，岩波書店.

岡智之 2013『場所の言語学』ひつじ書房.

大塚正之 2013『場所の哲学—近代法思想の限界を超えて』晃洋書房.
佐久間鼎 1959『日本語の言語理論』恒星社厚生閣.
清水博 2003『場の思想』東京大学出版会.
時枝誠記 1941『国語学原論』岩波書店.

══ コラム4　トートロジーと言語理解 ══　　　　　　　　　　　　　　　酒井智宏 ══

　次の問いを考えてみましょう．問い1：オタマジャクシとカエルは何が違うのか．答え：見た目が違う．…そのとおり．ですが，見た目のことを言えば，カブトムシと蝶だって違います．そこで次にこう問われます．問い2：「オタマジャクシとカエルの関係」は「カブトムシと蝶の関係」と同じなのか，違うのか．答え：違う．なぜなら，オタマジャクシは時間が経てばカエルになるが，カブトムシは時間が経っても蝶にはならないから．…そのとおり．ですが，時間の経過のことを言えば，「0歳のあなた」だって時間が経てば「50歳のあなた」になります．両者はもちろん見た目も違います．そこで次にこう問われます．問い3：「オタマジャクシとカエルの関係」は「0歳のあなたと50歳のあなたの関係」と同じなのか，違うのか．「違う」という答えから検討してみましょう．

　問い3に「違う」と答えた場合．なぜ違うと言えるのでしょうか．—だって，「オタマジャクシ」は「カエル」に名前が変わるけど，人間の名前は変わらないから．例えば山田太郎は50歳になっても山田太郎だから．…よろしい．ではオタマジャクシに「鈴木花子」と名前をつけてみましょう．そしてこう問われます．問い4：「『オタマジャクシのときの鈴木花子』と『カエルになったときの鈴木花子』の関係」は「0歳のあなた（山田太郎）と50歳のあなたの関係」と同じなのか，違うのか．同じという気がしてきます．鈴木花子（オタマジャクシ）と鈴木花子（カエル）は，見た目が違って，名前が同じ．山田太郎（0歳）と山田太郎（50歳）も，見た目が違って，名前が同じ．だから，問い4に「同じ」と答える人は問い3に対しても「同じ」と答えなければならなかったのです．戻ってやり直しましょう．

　問い3に「同じ」と答えた場合．もっと時間が経過すれば，「0歳のあなた」は「灰」になります（ここではあなたが火葬されると仮定します．土葬の場合は，「灰」を「土」に読み替えます）．次にこう問われます．問い5：「鈴木花子（オタマジャクシ）と鈴木花子（カエル）の関係」は「『0歳のあなた』と『灰になったあなた』の関係」と同じなのか，違うのか．答え：違う．だって，オタマジャクシとカエルは両方生きているけど，灰になった人間は死んでいて，ただの灰だから．…よろしい．では，生前のあなたにはあんなにやさしかった人が，あなたが死んで灰になったとたん，「これはただの灰だ」と言って蹴飛ばしはじめたらどうでしょうか．

　「やめてくれ，灰になっても私は私だ．」「いや，灰になったあなたはもうあなたではない．」この口論はオタマジャクシとカエルに関しても勃発しえます．「やめてくれ，カエルになっても鈴木花子は鈴木花子だ．」「いや，カエルになった鈴木花子は鈴木花子ではない．捨ててしまおう．」どちらも同じ図式です．問い5には「同じ」と答えなければならなかったのです．Xが時間の経過とともにYになるとき，「YになってもXはXだ」と思うか，「YになったXはXではない」と思うかの対立は常に生じえます．そして，この対立はどちらが正しくどちらが間違っているという性質のものではありません．別に灰にならなくてもよいのです．50歳になったあなたに，相手は「50歳になったあなたはあなたではない．私は若い人が好きなの，さようなら」と別れを告げるかもしれません．

　どこまでを「同じもの」とみなし，どこからを「違うもの」とみなすかは各言語共同体の自由であると言ったのはソシュールでした（Saussure 1916）．私にも新たな言語共同体を立ち上げる権利があります．どこまでを「あなた」と呼ぶかは私の関心と意味づけ次第です（cf. Condillac 1780）．その私の関心と意味づけをあなたが共有するかどうかはあなた次第です．「XはXだ」という**同語反復文**（トートロジー；tautology）が可能なのは，人間が自由な存在だからにほかなりません．そして，自由であるがゆえに，人間は「もはやあなたはあなたではない」と他者を切り捨てもします（酒井 2012）．

▶参考文献
Condillac, É. B. de 1780 *La logique, ou les premiers développements de l'art de penser*, L'Esprit et de Bure l'aîné, Paris.
酒井智宏 2012『トートロジーの意味を構築する—「意味」のない日常言語の意味論』くろしお出版.
Saussure, F. 1916 *Cours de linguistique générale*, Payot.［小林英夫（訳）1972『一般言語学講義』岩波書店.］

═══ コラム5 言語と論理：認知言語学的視点から ═══ 酒井智宏 ═══

言語と論理は相反するものと捉えられることがあります．「言語は人間的だが，論理は非人間的である．」「言語は柔軟だが，論理は機械的である．」「言語をうまく操る人は名文家だが，論理をうまく操る人は詭弁家である．」(cf. 香西 1995)．こうした二項対立は認知言語学の言語観と折り合いがよさそうに見えます．生成文法は言語を演算システムとみなし，形式意味論はこの演算システムを世界と結びつけます．そこに人間の出る幕はありません．これに対して，認知言語学は言語と世界との間に人間という媒介項を回復しました．認知言語学の概説書ではしばしばそのように語られます．実際，論理学の道具立てを駆使した認知言語学の論文は例外的でしょう．以下では，「言語 vs 論理」という二項対立が生まれる道筋を描き出してみたいと思います．

まず確認すべきは，論理学の道具立てを駆使しない論文はありえても，論理を使わない論文はありえず，論理を意識しない生活はありえても，論理を使わない生活はありえないということです（大森 1986/1998/2015）．雨が降りだして傘を差す人は，例えば「雨が降りだした」「雨に濡れるのは嫌だ」「雨に濡れないためには，雨宿りするか，傘を差さなければならない」「雨宿りをする余裕はない」という四つの前提から「傘を差さなければならない」という結論を導いています．この推論ができない人は雨ざらしになるしかありません．

ふだん意識されない論理が意識されるのは「異質な他者」に出会ったときです．雨が降りだしたのに傘を差さない人がいます．「なぜだろう？」この「なぜ」という問いは異質な他者への感受性を示しています（cf. 坂原 1985/2007）．相手は「傘を差すのが面倒だからだ」と答えます．ここで，「前提1：雨が降りだした」「前提2：雨に濡れるよりも傘を差す方が嫌だ」「結論：傘は差さない」といった論証を組み立てることができれば，その他者は「異質だが理解可能な他者」にとどまります．ではもしも相手が「フランスの首都がパリだからだ」と答えてきたらどうでしょうか．「なぜそれが理由になるのか」と尋ねると「昨日が月曜日だったからだ」と返されます．このとき相手は「異質かつ理解不可能な他者」となります．論理の道筋すなわち「生活形式」が違いすぎるからです（Wittgenstein 1953: 野矢 1995/2012: Ch.4）．いくら尋ねても適切な前提を補ってくれない相手，すなわち論理を共有しない相手とは理解しあえず（福澤 2002），信頼関係を築くことができません．

立場を入れ替えてみましょう．雨が降りだして傘を差すあなたに相手が尋ねます．「なぜ傘を差すの？」あなたは驚いて尋ね返します．「なぜそんなことを尋ねるの？」「議論するつもりはないんだ．ただ，わからない人だなあと思って」この先にあるのは口論でしょう．あなたの怒りの原因は相手があなたに「異質かつ理解不可能な他者」というラベルを一方的に貼りつけてきたことにあります．他者の前提の否定は，主張の否定以上に，攻撃と受けとられやすいのです（Ducrot 1972: 91-2）．そこであなたは相手に同じラベルを貼り返します．こうした口論では，「自分の論理をはみ出る他者を理解不能なものとして切り捨てる」ということが行なわれています．ここにおいて，論理は非人間的なものとして立ち現れ，論理のないところに言語生活がありえないにもかかわらず，「論理が二人のコミュニケーション（言語使用）を淀ませている」という **捉え方** (construal) [→ 3.3] が生まれます．

論理が最も明瞭に意識されるのがすれ違いの場面であるという事実こそが，言語と論理が相反するものとして捉えられる原因にほかなりません．このとき人は「私は私」と，他者から，すなわち論理から逃れようとします．しかし，論理から切り離された人間は人間ではありません．人間は論理と縒り合わされています．そこに認知言語学の枠組みで論理を研究する意義があります．

▶参考文献

Ducrot, O. 1972 *Dire et ne pas dire: Principes de sémantique linguistique*, Hermann, Paris.
福澤一吉 2002 『議論のレッスン』NHK 出版．
香西秀信 1995 『反論の技術—その意義と訓練方法』明治図書出版．
野矢茂樹 1995/2012 『心と他者』勁草書房（1995），中公文庫（2012）．
大森荘蔵 1986/1998/2015 『思考と論理』放送大学教育振興会（1986），『大森荘蔵著作集 7』岩波書店（1998），ちくま学芸文庫（2015）．
坂原茂 1985/2007 『日常言語の推論』東京大学出版会．
Wittgenstein, L. 1953 *Philosophische Untersuchungen*, Basil Blackwell, Oxford.［藤本隆志（訳）1976 『哲学探究』（ウィトゲンシュタイン全集 8）大修館書店．］

第2章 理論的枠組み

2.1	認 知 音 韻 論

熊代文子

「**認知音韻論**」（cognitive phonology）は，認知言語学，ひいては認知科学の一分野としての音韻論を探求する学問である．それは，人間言語の文法は生得的（innate）なものではなく，人間の一般的な認知能力やその他の能力を基盤として習得・運用されるものであるという認知言語学の基本的主張が，音韻事象にもあてはまることを示すことをねらいとしている．より具体的には，認知音韻論は，音韻事象が話者の音韻システムとしてどう言語文法に組み込まれているかについて，認知言語学の視点から把握するものである．そして，その行程には，実体としての音韻事象の生物的・物理的な機構の理解が欠かせない．すなわち，認知音韻論は，「言語の起源を言語以外のものにたずねよ」（"derive langauge from nonlanguage!"）（Lindblom et al. 1983: 187）という姿勢のもとに，音韻事象の発露における，人間の一般的な認知能力やその他の能力の役割を追求するものである．

1. 認知音韻論の特色

認知音韻論は，言語の音韻システムは，統語・意味システムと同じように人間の一般的な認知能力やその他の能力を礎としていると主張する．したがって，「音韻論と統語・意味論は別個のモデュールを成している」という生成文法の暗黙の前提を否定する立場にある．しかしながら，認知音韻論は，音韻事象と統語・意味事象には性質の違いがあることをもちろん認識している．では，音韻事象はどのような点において独特なのであろうか？

音韻事象は，言語音声に関わる事象であり，そして，話し手の意図と聞き手の理解から成り立つ認知行為であるという点においては，統語・意味事象と同様である．しかし，音韻事象の独自な点は，言語音声を発する行為は口や鼻や喉という生体器官で行なわれ，音声は音波という空気の振動

の伝搬であり，聞き手が音声を知覚する行為は耳という生体器官で行なわれ，音声は最終的に主として脳で理解されるということである．すなわち，音韻事象は，生物的・物理的実体という側面を持つという点において独特である．音韻事象のそうした特殊性を踏まえて，認知音韻論は，音韻システムがどのように**心的表示**（mental representation）されているかについて把握するためには，音声をやりとりする人間に対する生物学的・物理学的な理解が必須であると考える．

そして，認知音韻論に対峙する理論として，生成文法の下位理論である「**生成音韻論**」（generative phonology）を挙げることができるが，二つの音韻理論を対比させたときに，認知音韻論の特色として際立つものが二つある．一つ目は，生成音韻論で時折見られる論考とは違って，認知音韻論の論考は，個別言語の音韻事象を世界中の多くの言語で見られる**類型論的事実**（typological facts）に帰することをしないということである．ある事象を類型論的事実に帰するということは，「この言語でこの事象が見られるのは，それが世界中の他の多くの言語で見られるからである．だから，この言語でも見られる．」と主張することであり，循環論法である．認知音韻論は，個別言語の音韻事象の説明を，類型論的事実の中にではなく，諸科学の知見の中に可能な限り追求するものであり，その追求において特に人間の様々な認知能力に着目するものである．

二つ目の特色は，一つ目の特色を保持しながらも，音韻事象における「**言語的慣習**」（linguistic convention）の果たす役割を正当に評価するということである．ブレビンズ（Juliette Blevins）が提唱する「**進化音韻論**」（evolutionary phonology）によれば，ある音韻規則・制約が世界中の多数の言語で見受けられても，それに対する反例もまた比較的容易に見つけられることが多く，そし

て，その反例はしばしば通時的変化の積み重ねが**言語的慣習**となって維持されるようになった結果である（Blevins 2004）．生成音韻論の論考においては，そうした反例の存在は理論的に不都合なものとして扱われることが多い．対照的に，ラネカー（Ronald W. Langacker）が提唱する「**認知文法**」（cognitive grammar）は，「**用法基盤モデル**」（usage-based model）を用いて，そうした反例を含む，一律には捉えきれない言語の実相を捕捉するものである（Langacker 1987）[→ 2.7]．そして，用法基盤モデルにおいて，言語的慣習は，それが共時的に説明が可能なものであれ不可能なものであれ，音韻表現の「**適格性の判断**」（well-formedness judgement）において鍵となる役割を果たすことに変わりはない（Kumashiro 2000）．さらに，言語的慣習がそのような役割を果たしていることは，認知文法・認知音韻論とは独立した立場で行なわれてきた言語データの数量解析においても，着実に証明されてきている（Pierrehumbert 1994, Frisch 1996）．

ここでは，ラネカーの認知文法の音韻論に関する主張と，認知科学的観点から行なわれた他の様々な音韻論研究の主張とを相補わせる形で，「認知音韻論」として展開していくこととする．そして，用法基盤モデルを採用して論を進めることによって，音韻事象の実態を「初めにことば（**語**（word））ありき」というスタンスで描写することの妥当性を明らかにすることを目指す．

2. 普遍文法の否定

認知音韻論による音韻事象の分析を論ずる前に，認知音韻論と生成音韻論との比較をもう少し具体的に試みたい．

先に述べたように，認知音韻論は，音韻システムを含む言語文法は生得的なものではなく，人間の一般的な認知能力やその他の能力を基盤として習得・運用されるものであると考えるので，生成文法の「人間は生得的に**普遍文法**（universal grammar）を持ち，個別言語の文法はその普遍文法から演繹的に導かれる」という主張だけでなく，普遍文法の存在そのものも否定する．では，普遍文法とは，生成音韻論においてはどのようなものとして想定されているのであろうか．そして，普遍文法の存在を想定する生成音韻論とそれを否定する認知音韻論とでは，個別言語の音韻事象の説明においてどのような違いがあるのであろうか．そのことについて考察するためには，生成文法的な考え方と認知言語学的な考え方との違いを理解することが必要となる．そして，バイビー（Joan L. Bybee）は，その理解に役立つものとして「**スーパーマーケットの比喩**」（grocery market analogy）というものを紹介している（Bybee 1999: 212）．その比喩を，以下に説明したい．

ある程度活況を呈するスーパーマーケットでは，複数のレジに並ぶ人の列がほぼ同じ長さになることが多い．例えば，レジが5台並ぶ店で，すでにその5台のうちの2台に5人が並んでおり，別の2台に4人が並んでおり，さらに別の1台に3人が並んでいた場合，これからレジに並ぼうとする人は，3人だけが並んでいるレジ，すなわちその時点で列の長さが最も短いレジに並ぶ可能性が高いであろう．そうすると，5人が並ぶ列が2列，4人が並ぶ列が3列できることになり，5台のレジは大体同じ長さの列ができることになる．この「スーパーマーケットのレジには大体同じ長さの列ができるという現象と，スーパーマーケット」を「世界中の多数の言語に見られるある特定の言語現象と，言語」になぞらえるのがスーパーマーケットの比喩である．

まず，生成文法的な考え方は，トップダウン的に論考する．すなわち，生成文法流に問題となっている現象を分析すると，スーパーマーケット（＝言語）は目的論的に「レジの列の長さが同じになるという法則」（＝普遍文法の一構成要素としての言語法則）を持ち，その法則が存在するがためにレジの列でそうした現象（＝ある特定の言語現象）が起こるという主張がなされるであろう．その主張においては，レジでの支払いをできるだけ早く済ませたがるという人間の性質は，直接的には関与していない．

これに対して，認知言語学的な考え方は，ボトムアップ的に論考する．すなわち，認知言語学流の分析は，まず，人間にはレジでの支払いをできるだけ早く済ませたがるという性質があるため，客はできるだけ空いているレジに並ぼうとし，そ

の結果レジの列の長さが同じになるという現象（＝ある特定の言語現象）が起こると考える．そして，その人間の性質は遍在的なものであるがために，その現象（＝ある特定の言語現象）は多数のスーパーマーケット店舗（＝多数の個別言語）で見られると主張する．すなわち，認知言語学流の論考は，多数のスーパーマーケット店舗（＝多数の個別言語）で見られる「同じ長さの列ができる」という現象（＝ある特定の言語現象）を，スーパーマーケットというもの（＝言語というもの）に出現（emerge）する傾向として理解するのであって，スーパーマーケットというもの（＝言語というもの）が何らかのスーパーマーケットに関する法則（＝何らかの言語法則）を持っており，その法則が当該現象を引き起こすとは考えないのである．また，その法則が属するような体系（＝普遍文法）の存在を想定することもしないのである．

　では，このバイビーが紹介するスーパーマーケットの比喩において，スーパーマーケットでの現象を具体的な音韻事象に置き換えてみたい．例えば，**音節**（syllable）は語を構成する基本的な韻律単位であり，「頭子音＋核＋尾子音（CVC）」という基本構造を持っている注1．この音節に関して，ある類型論的事実が存在する．それは，音節が頭子音を一切持たない言語，すなわち音節の構造が「核（V）」と「核＋尾子音（VC）」のいずれかである言語の存在は知られていない一方で，音節が尾子音を一切持たない言語，すなわち音節の構造が「核（V）」と「頭子音＋核（CV）」のいずれかであるという言語は比較的多く存在するという事実である．

　この類型論的事実に基づいて，生成音韻論は，スーパーマーケットが「レジの列の長さが同じになるという法則」を持っているとおそらく主張するのと同じように，言語は「音節は頭子音を好み，尾子音を嫌うという，普遍文法の一構成要素としての音韻法則」を持っていると主張する．そして，問題となっている類型論的事実はその音韻法則が存在する結果として起こると考え，さらに，個別言語内の様々な音韻事象もまたその音韻法則によって引き起こされると考える．例えば，生成音韻論の流派内で現在主流となっている「**最適性理論**」（optimality theory）（Prince and Smolensky

1993）の枠組みでなされた個別言語の分析には，便宜主義的に理論的抜け穴を設定しながら，「頭子音必携（ONSET: 音節は頭子音を持つべし）」と「尾子音禁止（NO CODA: 音節は尾子音を持つべからず）」という二つの音韻制約を，トップダウン的に個別言語の音韻システムに課される揺るぎないものとして論を進めているものが多い（例 Alderete et al. 1999）．要するに，そのような分析においては，個別言語の音韻事象は類型論的事実（から設定される音韻法則）に帰されているわけである．

　ここで，特に尾子音禁止を例として，個別言語の音韻事象を類型論的事実（から設定される音韻法則）に帰することの問題点について考えてみたい．確かに，音節が尾子音を持たない言語や，尾子音を持ちえたとしても，どんな音を尾子音として持ちえるかということについて，頭子音に対してよりも厳しい制限が課せられている言語は多く存在する．例えば，現代日本語には，音節の尾子音は鼻音（例［hoɴ］の［ɴ］），あるいは無声阻害音の重複音の前半部（例［sakka］の最初の［k］）でなければならないという，かなり厳しい尾子音条件が存在する注2．しかし，注意すべきことは，この条件を満たしている限りは，尾子音を伴う撥音便形（例［toɴda］（［tobu］の過去形））や促音便形（例［katta］（［karu］の過去形））が音韻システムに強固に定着している事実からも明らかなように，「尾子音を持つことをとにかく避ける」という傾向を現代日本語に認めることはできないということである（Kumashiro 2000）．

　すなわち，その言語が持つ尾子音に対する条件が満たされている限りは，自由に尾子音を持つ言語は確かに存在するのである注3．そして，そのような言語の音韻事象の説明に，最適性理論が主張するような形で尾子音禁止を持ち出すことは，アルゴリズム的なつじつまを合わせることができたとしても，当該言語の音韻事象の実際の様子の直截的な捕捉とはなっていない可能性が高い．個別言語の音韻事象と類型論的事実を混同すべきではないというのが，認知音韻論の立脚点である．

　では，認知音韻論は，音節は頭子音を好み，尾子音を嫌う傾向にあるという類型論的事実を，どのように捉えるのであろうか．認知音韻論は，ま

ず(1)の二つの音声学的事実に注目する．

(1) a. 頭子音を伴った音節（CV, CVC）は伴わない音節（V, VC）よりも発音が容易であり，また，尾子音を伴わない音節（V, CV）は伴う音節（VC, CVC）よりも発音が容易である．
   b. 容易な発音は困難な発音より好まれる．

(1)の二つの音声学的事実は，スーパーマーケットの比喩において，レジでの支払いをできるだけ早く済ませたがるという人間の性質に相当する．そして，その人間の性質が行動心理学的に説明が可能であるように，(1)の二つの音声学的事実は，生体力学的に（(1a)），もしくは神経生理学的に（(1b)）説明が可能である．したがって，問題となっている音節に関する類型論的事実は，(1)の生体力学的・神経生理学的事実からボトムアップ的に出現するものである，というのが認知音韻論の主張である．スーパーマーケットのレジには大体同じ長さの列ができるという現象を説明するために，スーパーマーケット固有の法則が存在することを主張する必要がないのと同様に，音節は頭子音を好み，尾子音を嫌う傾向にあるという類型論的事実を説明するために，普遍文法やその構成要素としての音韻法則が存在することを主張する必要はない，と認知音韻論は考えるのである．そして，その考え方は，「言語は，人間の身体機能や認知能力から独立して，何らかの普遍的・生得的・公理的な法則体系を持っているわけではない」という認知言語学の主張が音韻論の分野においても堅持されうることを示すものである．言語の類型論的事実は，人間の身体機能や認知能力から帰納的に出現するのであって，普遍文法が存在することによる演繹的な結果ではないのである．

さらに，ここで触れておきたいのは，(1b)の「容易な発音は困難な発音より好まれる」という音声学的事実に対しては，あえて困難な発音が行なわれるという反例が存在するというのが自然言語の実態であるということである．そうした反例の存在は(1b)が絶対的な音声学的事実ではないことを示すものではあるが，それでもなお，(1b)が人間の発話行為における圧倒的な傾向であることは事実である．認知音韻論はその圧倒的な傾向を認識すると同時に，反例を理論的に不都合な例外的現象とするのではなく，共時的には説明が困難なこともある言語的慣習として受け入れるのである．

言語文法が周囲からのインプットを通して習得し運用していくものであるならば，個別言語の事象（＝ある特定のスーパーマーケット店舗での現象）は，まず，人間の生体力学的・神経生理学的事実（＝行動心理学的事実）に基づきながら，その個別言語（＝その店舗）をスコープとして説明を試みるべきである．類型論的事実（＝多数のスーパーマーケット店舗でその現象が見られるという事実）から言語法則（＝スーパーマーケット固有の法則）を設定し，その言語法則（＝スーパーマーケット固有の法則）を個別言語の事象（＝ある特定のスーパーマーケット店舗での現象）の原因・理由とすべきではない．そうすることは，循環論法の愚を犯していることに気づかずに，言語の実相への肉薄を安易に放棄することにつながってしまうからである．

3. 分節音

▶ 3.1 分節音の倹約

次に，認知音韻論による音韻事象の分析に進むこととする．言語の音韻を構成するものとして，まず初めに挙げられるものの一つは，「**分節音**」（segment）であろう．世界中の言語を見渡すと，様々な分節音が存在することがわかる．UCLA 音韻分節音目録データベース（UCLA Phonological Segment Inventory Database：UPSID）上には1984年時点で317の言語と，合計で558個の子音と210個の母音が登録されている（Maddieson 1984参照）．そのように多様な分節音を記号で表すために考案されたものが，国際音声記号（International Phonetic Alphabet：IPA）であり，図1と図2はその例である．

ここで気をつけるべきことは，国際音声記号はあくまでも研究者の便宜のために造られた記号で

図1 母音の国際音声記号
記号が二つ並んでいる場合は，左側は非円唇音を，右側は円唇音を表す．

	両唇	唇歯	歯	歯茎	後部歯茎	そり舌	硬口蓋	軟口蓋	口蓋垂	咽頭	声門
破裂音	p b			t d		ʈ ɖ	c ɟ	k g	q ɢ		ʔ
鼻音	m	ɱ		n		ɳ	ɲ	ŋ	ɴ		
ふるえ音	ʙ			r					ʀ		
たたき音またははじき音		ⱱ		ɾ		ɽ					
摩擦音	ɸ β	f v	θ ð	s z	ʃ ʒ	ʂ ʐ	ç ʝ	x ɣ	χ ʁ	ħ ʕ	h ɦ
側面摩擦音				ɬ ɮ							
接近音		ʋ		ɹ		ɻ	j	ɰ			
側面接近音				l		ɭ	ʎ	ʟ			

図2　子音の国際音声記号
記号が二つ並んでいる場合は，左側は無声音を，右側は有声音を表す．

あり，おのずと記号としての限界があるということである．すなわち，同じ記号で表されるからといって必ずしも同じ音であるとは言えず，実際，同じ記号で表される音が言語によって微妙に異なることがある．図3は，ギリシャ語，スペイン語，英語の [i]，[e]，[o]，[u] 音の音声スペクトルにおける第1フォルマントと第2フォルマントを表示したものである（図3）．

図3が示すように，ギリシャ語の [i] 音，スペイン語の [i] 音，そして英語の [i] 音は微妙に異なっているが，国際音声記号ではいずれも [i] として表される．[e] 音，[o] 音，[u] 音に関しても同様である．いずれにせよ，UPSIDと国際音声記号は，世界には極めて多様な分節音が存在することを示しているのは確かであろう．

さらに，キャットフォード（John Catford）は，自身が提唱する「**人類音響学**」（anthropophonics）に基づいて，人間が物理的に発音可能な分節音は無限に存在しうると主張する（Catford

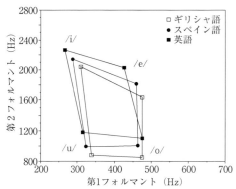

図3　ギリシャ語・スペイン語・英語の四母音の第1・第2フォルマント（Bradlow 1993: 3を改変）

1968）．なぜならば，人間が分節音を発声するメカニズムは，声道内での**調音**（articulation）の際の**調音点**（point of articulation），**調音方法**（manner of articulation），**声門の動き**（phonation）等の複数の要素に基づいて分析可能ではあるが，実際は連続的な距離空間（continuous metric spaces）をなしているからである．言い換えれば，無限に存在しうる，人間が発声・知覚可能な音は，特定の複数の断片に収束することによって個数が有限の言語分節音となるのである．

そして，UPSIDには558個の子音が登録されていることはすでに述べたが，この558個の子音をすべて持っている言語は存在しない．実際，個別言語の子音の数は，最少とされるハワイ語の8個から最多とされるアフリカのクン語の95個まで多岐にわたるが，20個から25個の間であることが多い（Lindblom 1990: 142-8）．この数は，人類音響学の観点からは極めて少ない個数である．同様に，世界には少なくとも210個の母音が存在するが，個別言語の母音の数は5個前後であることが多く，やはり極めて少ないと言える．しかも，5母音システムを持つ言語のおよそ90%が /i, e, a, o, u/ システムを持っているが，もし210の母音の中からこのシステムを構成するような五つの母音を選ぶと仮定すると，その確率は極めて小さな数値である（Crothers 1978, Maddieson 1984, Lindblom 1992: 136参照）．したがって，人類音響学の見地からは，人間は発声・知覚可能な音を極めて倹約して言語分節音として使用していると言うことができる．

▶ 3.2 言語進化における分節音の派生

では，前の 3.1 で述べた個別言語内での分節音の個数の倹約を，認知音韻論はどのように捉えるのであろうか．それを論じるにあたっては，言語進化論的な考察が必要となってくる．オハラ (John Ohala) は，分節音は，言語進化論的観点からは**派生的**（derived）である，すなわち派生することによって存在するにいたったものであるけれども，人類が言語を獲得した後はもはや**原始要素的**（primitive）なものであると主張している（Ohala 1992）．オハラの主張は一見矛盾するように見えるかもしれないが，認知音韻論の観点からは極めて的を射たものであることを見ていきたい．

まず，言語進化論的観点から見た分節音とは，一体何であろうか．その問いに答えるために，以下では，言語をまだ獲得していないが生体力学的・神経生理学的には言語獲得後の人類とすでに同等の能力を保持している人類を想定した上で，彼らがどんな音を発するのを好むであろうかについて考察することとしよう．

音は，言語音として認識されるためには，音声学者が呼ぶところの音節を形成していなければならない（Studdert-Kennedy 1998）．それは，基本的には肺から空気を放出し，下顎を上下に動かすことで形成される（図 4 参照）．

下顎を上げると，声門を通って口腔内に出てきた息の流れが狭められるか，もしくは停止されるかして阻害される．そして，下顎を下げると，息は口腔内を流れて口腔外へと放出される．この一連の動きが，**音節**を形成する．息の流れが口腔内で一度完全に停止され，その後一気に放出されると，それは「破裂音」（plosive）と呼ばれる音の状態を作り出し，息が阻害されずに口腔内を流れると，それは「母音」（vowel）と呼ばれる音の状態を作り出す．また，息が声門を通るとき，その声門が狭窄して声門内の声帯が収縮していれば声帯が振動し，「有声」（voiced）と呼ばれる音の状態になる．

どんな音節を人間は好むのかという問題を探求するために，リンドブロム（Björn Lindblom）らは，おおよそ [b d ɖ ɟ g ɢ] で表されるような七つの有声破裂音から，おおよそ [i y ü ɨ ɯ u ø ə o Œ ɛ ɜ œ ɐ ɑ] で表されるような 19 の母音に移る動きによって発せられる音節 133 個について，発音がどれくらい容易であるかという生体力学的基準と聴覚上どれくらい他と明瞭に区別できるかという聴覚生理学的基準に基づいて，コンピューターでシミュレーションを行なった（Lindblom et al. 1983: 189）．すると，最適さの順で上位 1 位から 15 位の音節は，(2) に挙げるものとなった．

(2) 両唇　　bi　bɛ　ba　bo　bu
　　 歯茎　　di　dɛ　da　do　du
　　 硬口蓋　ɟi　ɟɛ
　　 軟口蓋　gi　　　ga　go

ここで興味深いことは，頭子音である有声破裂音の調音点が「両唇」（labial），「歯茎」（alveolar），「硬口蓋」（palatal），「軟口蓋」（velar）の四つのいずれかである音節が選ばれ，そしてそれらの調音点のうち「両唇」，「歯茎」，「軟口蓋」は，実際に世界中の言語の破裂音の中で最も多く見られる調音点であるということである．そして，残りの「硬口蓋」も，分布が限定的であることが多いが，やはり多くの言語で見られる調音点である[注4]．さらに，母音は五つが選ばれ，その五つの母音は，3.1 で述べたように実際に最も多く見られるシステムをなすものである[注5]．

このリンドブロムらのシミュレーションは，自然言語における音節の分布の様子を，発音と知覚の容易さという機能主義的観点に基づいて予測することにおおむね成功していると言えるであろう．しかしながら，このシミュレーションは，あらか

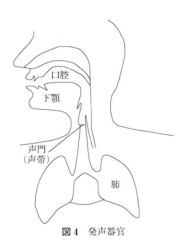

図 4　発声器官

じめ七つの子音と19の母音を設定している．した
がって，実際には連続的な距離空間をなす，人間
の発声・知覚可能な音が特定の複数の断片に収束
することにより言語分節音が出現する様子は再現
されていない．一方，そのような，連続的な距離
空間からの言語分節音の原初的出現に関しては，
少なくとも母音については，ウデイェ（Pierre-
Yves Oudeyer）がシミュレーションに成功して
いる（Oudeyer 2005, 2006）．そのシミュレーシ
ョンにおいては，あらかじめ分断されていない，
人間の発声・知覚可能な音の連続的な距離空間が
設定され，その距離空間が，**「話者同士の調音」**
（attunement）というフィードバックを繰り返す
自己組織化システムの中で，複数の断片に収束し
ていく様子が再現されている．

　リンドブロムらやウデイェのシミュレーション
から推定できることは，人類は，発音しやすく聴
き取りやすい音を好む人間の性質に基づいて，言
語進化の過程で話者同士の調音を繰り返し，無限
に存在するはずの音を収束させ，一定数の分節音
を派生させたということである．すなわち，分節
音は，生成音韻論が想定するように普遍文法がそ
の目録を用意したために倹約的なのではなく，生
体力学的・聴覚生理学的な理由で限定的なのであ
る．これが，分節音は言語進化論的観点からは派
生したものであるというオハラの主張の骨子であ
る．

　ここで，世界中の言語がそれぞれ持つ分節音の
個数と分布の様子に関する**「サイズの原則」**（size
principle）（下記（3））について言及しておきたい
（Lindblom and Maddieson 1988, Lindblom 1992:
140 参照）．

　（3）サイズの原則
　　1. 基本的な（basic）分節音
　　　分節音の数が少ない言語は，「基本的な分節音」
　　　を持っている．
　　　例：[p], [t], [k], [m], [n], [i], [e], [a],
　　　[o], [u]
　　2. 精巧な（elaborated）分節音
　　　分節音の数が中程度である言語は，基本的な分
　　　節音に加えて，「精巧な分節音」を持っている．
　　　例：「放出音」（ejective）[p'], 「入破音」（im-
　　　plosive）[ɓ]
　　3. 複合的な（complex）分節音

分節音の数が多い言語は，基本的な分節音，精
巧な分節音に加えて，「複合的な（より精巧な）
分節音」を持っている．
例：「放出破擦音」（ejective affricate）[t͡s'],
「鼻音化二重母音」（nasalized diphthong）
[ẽw̃]（「São Paulo（サン・パウロ）」の「São」
[sẽw̃] などに見られる）

サイズの原則を一言で述べると，言語は発音の簡
単な分節音を使用することを好み，発音の難しい
分節音はなるべく使用したくないということであ
る．リンドブロムらのシミュレーションは，この
サイズの原則と同調するものである．

▶ **3.3　原始要素的なものとしての分節音**

　3.2 では，オハラの，分節音は言語進化論的観点
からは派生したものであるという主張について論
じた．では，オハラはなぜ，人類が言語を獲得し
た後については，分節音はもはや原始要素的なも
のであると主張しているのであろうか．そのこと
を考察するにあたって，オハラは，分節音は原始
要素的なものであると主張してはいるが，人間が
生得的に所持しているとは主張しておらず，また，
生得的な言語文法によって公理的に付与されると
も主張していないことに留意されたい．それは，
オハラの主張が，分節音もまた，生後，言語発達
の過程で周りの環境から習得されるものであると
いう認知言語学的観点に基づいているからである．

　ここでまず理解すべきこととして，分節音が習
得されるからといって，それは一つずつ個別に習
得されるのではないということがある．その理由
は単純で，通常の話しことばが分節音ごとに区切
られて話されることはなく，乳幼児が分節音単体
を耳にすることもないからである．人はまず語
（ことば）を覚えるのであって，分節音を覚える
のではない．では，乳幼児はどのように分節音を習
得していくのであろうか．

　実は，驚きに値することかもしれないが，我々
の「語は分節音から構成される」という認識を科
学的に裏づける作業は，明快にはなされてきてい
ない．例えば，音響音声学は，機器の格段の進歩
にもかかわらず，分節音とは何であるかを明確に
定義することに関して，いまだ成功に至っていな
い．ゴールドシュタインとファウラー（Louis
Goldstein and Carol A. Fowler）は次のように述

べている．

> 音響記録の中にバラバラで組み合わせ自由な単位を見つけようという初期の試みは，驚くことに失敗に終わった．そしてそれ以来ずっと，そうした失敗は繰り返されてきている．…この失敗に対する反応として，音韻単位（分節音）は，おおっぴらに観察可能な現象の領域から取り除かれてしまい，そして，基本的に心的な単位であると仮定されてきた（Goldstein and Fowler 2003: 160）．

音響音声学が分節音を捕捉しきれないというこの問題は，「**不変性の欠如の問題**」(lack of invariance problem) と呼ばれている．

したがって，話者が分節音の存在を把握するときに一番大きな役割を果たしているのは，「**言語的直感**」(linguistic intuition) であると言うことができる．この言語的直感こそが，人類に調音的かつ聴覚的に連続している音の流れを表音文字で表すということも可能ならしめてきたものである．そして，認知音韻論は，分析の出発点を話者が記憶する発音可能な「**言語単位**」(linguistic unit)，すなわち「**ゲシュタルト単位**」(gestalt unit) としての「ことば（語や語句）」としたうえで，それが分節できるという言語的直感を認知言語学的知見に基づいて以下のように捉える．

まず，認知音韻論の分析の出発点である，ゲシュタルト状態（分節されていない状態）としてのことばというものは，まさに言語を習得中の乳幼児が知覚するものであることに注目されたい．スチュダート-ケネディ（Michael Studdert-Kennedy）は，乳幼児の言語習得について，次のように述べている．

> 初期のことばもまた分化されていない (indivisible) ように思われる．……大人のことばの手本を真似しようとする子どもの最初の試みは，分節されていない (unsegmented) 音の広がりであり，それは分節されていない音節の大まかでアナログなコピーである．そして，子どもが知覚しているものが，その子どもが発声するものよりもずっと分化している (differentiated) と信じる理由はない．(Studdert-Kennedy 1981: 304)

すなわち，乳幼児にとって，ことばは，音声を発する身体的な能力を獲得していきながらそれ全体としての調音を試みる間に，分節されていないゲシュタルト状態の音声連続体から分節できる音声連続体へと移行していくのである．

例えば，英語の環境に身を置いて「nut」ということばを習得しようとしている乳幼児は，図5のような「**意味極**」(semantic pole) と「**音韻極**」(phonological pole) の二極構造を持つ象徴表示を得る．

図5 「nut」の象徴表示

図5においては，その音声（[～]）はまだ [nʌt] のように分節されてはいない．そして，自分が発する音声連続体の [～] が自分がモデルとする（自分が耳にする）[～] とできるだけ同じように聞こえるように調音を繰り返し，その（連続体としての）発音ができるようになる．

次に（または同時進行的に），その乳幼児が「neck」ということばを習得しようとしているとすると，図6のような象徴表示を得る．

図6 「neck」の象徴表示

図6においても，その音声（[=]）はまだ [nek] のように分節されてはいないが，自分が発する [=] が自分が耳にする [=] と同じように聞こえるように調音を繰り返し，その（連続体としての）発音ができるようになる．

この時点で，認知音韻論は，用法基盤モデルに基づいて，その乳幼児に次のようなことが起きると主張する．人間には，複数の対象物からそれらに内包される共通点を抽出する，一般的な認知能力が備わっている．そして，その認知能力は，言語の音韻事象において複数の知覚した音（言語音）を**スキーマ**（schema）化する能力として働く．したがって，その乳幼児は図5と図6の [～] と [=] という音声連続体の最初の部分が（ほぼ）同じ音であることに気づき，それらの音声連続体からその同じ音をスキーマとして抽出する．そして，そのスキーマこそが分節音 [n] なのである．すなわち，文法の音韻システムにおいて図7のネ

ットワーク（network）が形成される[注6].

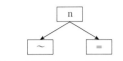

図7　分節音［n］のネットワーク

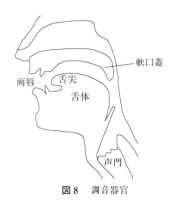

図8　調音器官

こうした作業の繰り返しで，乳幼児は母語の分節音を習得していき，図5と図6の音韻極はそれぞれ［nʌt］と［nek］と分節されて心的表示されるようになるのである．

要するに，認知音韻論は，分節音とは音声連続体群から抽出されたスキーマであると主張する（Langacker 1987）．そして，言語を習得中の乳幼児がひとたびそのスキーマを抽出することに成功すると，そのスキーマはその後その乳幼児の文法ネットワークに言語単位として存在しつづけることになる．このように，認知音韻論の分析は認知言語学の知見に基づいて行なわれるので，乳幼児が獲得する心的表示が成人の文法ネットワークに発展していく様子を自然に捉えることができる．その主張において，言語習得に関しての分析と言語文法に関しての分析が乖離することはない．

そして，認知音韻論の分節音に関するこうした主張に論拠を与えるものとして，ブラウマンとゴールドシュタイン（Catherine P. Browman and Louis Goldstein）が提唱する「**調音音韻論**」（articulatory phonology）を挙げることができる（Browman and Goldstein 1986）．調音音韻論は，音声学から乖離しがちな現在の音韻論研究の状態から脱却することを目指し，調音器官の動きを基本単位として音韻事象を分析する研究であり，調音上の最小スコープは語であると主張するものである．

ここで，調音音韻論がどのように語の発声を分析するか，簡単に見てみたい．人間が言語音を発するとき，口腔内や「声門」（glottis）の狭窄を繰り返す．そして，口腔内で狭窄を起こす具体的な調音器官として，「両唇」（lips），「舌尖」（tongue tip），「舌体」（tongue body）の三つがある．さらに，鼻腔に息が流れるかどうかを調整する調音器官として「軟口蓋」（velum）がある（図8参照）．

調音音韻論は，これら五つの調音器官がそれぞれ独立して語を時間的スコープとして動くことで，発話が起こると考える．例えば，英語のnut［nʌt］という語を発するとき，これら五つの調音器官の動きは図9のような「**動きの総譜**」（gestural score）で表される．

図9　動きの総譜（Studdert-Kennedy 1998: 214を改変）

図9が表すように，おのおのの調音器官は語という時間的スコープの中で独立した動きをし，話者はその動きとタイミングを習得することで語の発音を習得すると調音音韻論は主張するのである．

そして，調音音韻論のこうした主張が正しいものであるとするならば，それは，認知音韻論の「分節音は，人間の，一般的なスキーマ化の認知能力に基づいた，知覚した音からスキーマを抽出する言語能力によって，音声連続体群からそれらのスキーマとして抽出される」という主張の支持につながると言える．なぜなら，話者が自分が発声する別々の音声連続体の一部が同じように聞こえることを知覚するとき，一つまたは複数の調音器官が同じ動きをしていることも同時に認識すると

考えられるからである．このことをスチュダート -
ケネディは次のように述べている．

> 分化はおそらく，子どもの語彙が増えて，運動筋
> 肉・神経のレパートリーの中に繰り返されるパタ
> ーンが出現するとき，始まる．
>
> （Studdert-Kennedy 1981: 304）

　例えば，図5，図6，図7において，話者が
［〜］と［＝］という別々の音声連続体を発する
とき，ともにそれらの冒頭部分で舌尖が上の歯茎
の裏側に接触して息の流れを止め，また同時に軟
口蓋を開くという動きをしている．したがって，
［〜］と［＝］の冒頭部分から共通点として抽出さ
れる［n］という分節音は，その響きだけでなく，
調音器官（舌尖と軟口蓋）の動きとそのタイミン
グによっても把握されるのである（Studdert-
Kennedy 1998, Studdert-Kennedy and
Goldstein 2003, Goldstein et al. 2006）．

　ここまでの主張をまとめると，分節音を習得す
るということは，それを内包する音声連続体群の
共通点を抽出するということである．そして，分
節音を抽出する言語的能力は，人間の一般的なス
キーマ化の認知能力だけにではなく，調音音韻論
が主張するような，各調音器官を独立して動かす
ことができる神経生理能力にも由来しているので
ある．言い換えると，分節音は認知的・神経生理
的に裏打ちされ，音声連続体から非還元的に出現
するのである．音響音声学では分節音の存在の把
握は困難を伴うかもしれないが，分節音は確かに
存在し，それは我々の声道内というよりは脳内に
存在すると言ってもよいのである．言語文法の習
得・運用には人間の様々な一般的認知能力が関わ
っており，特に音韻システムにおいては知覚した
音をスキーマ化する認知能力が肝要な働きをして
いる．そしてまた，音韻システムの認知表示（心
的表示）には身体的な基盤があることを，分節音
の存在は示しているのである．それは，デイビス
（Barbara L. Davis）らが次のように指摘するとお
りである．

> 心的表示は，そのような表示を作り出すために身
> 体が利用できる活動を考慮しなければ，完全に理
> 解することはできない．…そしてその活動という
> のは，発音のメカニズムの動的特徴［を含んでい
> る：筆者注］．　　　　（Davis et al. 2002: 101）

　人類が言語を獲得した後において，周囲で話さ
れている音声連続体は，すでにそこに存在するモ
デルである．そして，そのモデルは分節音を内包
している．すでに存在するモデルを模倣すること
によって習得されるという意味で，分節音は，オ
ハラが主張するように原始要素的なものであり，
質においても数においても個々の言語に固有な言
語的慣習なのである．

　さらに，3.2 節で述べたように，人類は言語進化
の過程で分節音が派生していく際に話者同士の調
音を繰り返したと推定されるが，その話者同士の
調音には，聴覚と調音器官の運動機能の連携が関
わっていたであろう．そして，乳幼児が言語発達
の過程で音声連続体の発音を習得する際に繰り返
す話者単体の調音も，さらに，音声連続体から分
節音を抽出する認知行為も，聴覚と調音器官の運
動機能の連携があってこそ可能となると考えられ
る．こうした聴覚と調音器官の運動機能の連携に，
近年発見されたミラーニューロンが大きな役割を
果たしていると推論できるが，その推論の妥当性
については，今後の研究を待たなくてはならない
（Gallese et al. 1996, Kohler et al. 2002, Hurley
and Chater 2005, Lindblom 2011a）．もしその妥
当性が証明されれば，それは認知音韻論の分節音
に関する主張の正当性を裏づけることにつながる
と十分に期待できる．

4.　弁別的素性

▶ 4.1　弁別的素性の定義

　前の 3.2 と 3.3 では，認知音韻論の，分節音は
生得的・公理的なものではなく，言語進化におい
て派生した，原始要素的な言語的慣習であるとい
う主張について論じた．その主張は，生成音韻論
のそれとは異質なものである．なぜならば，生成
音韻論は，分節音は「**弁別的素性**」（distinctive
feature）によって還元的に構成され，そして弁別
的素性は生得的な普遍文法によって定められる公
理的なものであると考えるからである（Chomsky
and Halle 1968）．では，この「弁別的素性」とは
一体何なのかを，次に考察していきたい．

　ある音韻事象が，一つの分節音だけにではなく，
複数の分節音に共通して起こることがある．例え
ばドイツ語では，(4) に示すように，語尾ではない

位置にある［b］音が，形態変化のために語尾の位置に現れるときに，無声化されて［p］音として現れる．同様の現象が［d］音，［g］音，［v］音，［z］音にも起こり，それぞれ［t］音，［k］音，［f］音，［s］音として現れる（ドイツ語語尾阻害音無声化，Kumashiro 2000 参照）．

(4) Dieb-e [di:bə]　Dieb [di:p]　'泥棒'
　　Rad-e [ra:də]　Rad [ra:t]　'車輪'
　　Tag-e [ta:gə]　Tag [ta:k]　'日'
　　brav-e [bra:və]　brav [bra:f]　'良い'
　　Haus-e [haʊzə]　Haus [haʊs]　'家'

すなわち，ドイツ語の音韻には，{[b], [d], [g], [v], [z]} の分節音のグループと {[p], [t], [k], [f], [s]} の分節音のグループの存在が認められる．そして，それぞれのグループ内の分節音には，音声学的な特徴・共通点が認められる．すなわち，前者のグループにおいては声門内の声帯が振動し，後者のグループにおいては振動しないということである．

このように，(4)において分節音が二つのグループに二分されることに対して，生成音韻論の主張は，前者のグループの分節音は［+voice］（有声，もしくは声）という弁別的素性を持ち，後者のグループの分節音は［-voice］（無声）という弁別的素性を持っているというものである[注7]．そして，生成音韻論において，ドイツ語語尾阻害音無声化は，語尾の位置に現れた阻害音の［+voice］を［-voice］に代える規則・制約であり，その規則・制約の適用の演繹的な結果として，有声の阻害音は対応する無声の阻害音に代わると分析されるのである．

さらに，有声である分節音のグループと無声である分節音のグループの対立は多くの言語で見られる音韻事象であるので，生成音韻論は，［+voice］と［-voice］，ひいてはすべての弁別的素性は生得的な普遍文法によって公理的に与えられ，分節音を構成していると考える．例えば，［b］音は，生成音韻論が想定する弁別的素性のリストに含まれる［+voice］，［+labial］（唇），［+plosive］（破裂音）によって還元的に構成されると考えるのである．どのような弁別的素性が存在するのか，そして，それらは音韻システム内でどのように表示されているのかということは，生成音韻論にお

ける重要な論題である．しかしながら，生成音韻論が主張するところの弁別的素性に対して，その心理的実在性（psychological reality）の希薄さや，言語習得に関する知見との乖離や，実際に説明できるデータの少なさなどの理由で批判が存在することも事実である（Mielke 2008）．

では，認知音韻論は，弁別的素性というものについてどのように考えるのであろうか．はたして，弁別的素性というものは実在するものなのであろうか．

まず，(4)のドイツ語語尾阻害音無声化では，{[b], [d], [g], [v], [z]} 対 {[p], [t], [k], [f], [s]} という二つの分節音群の対立が見られ，前者の共通点は声帯が振動し，後者の共通点は振動しないということであった．したがって，認知音韻論は，人間の一般的なスキーマ化の認知能力に基づいた言語的能力によって，前者から「声帯が振動する」という特徴・共通点がスキーマとして抽出され，後者から「声帯が無振動である」という特徴・共通点がやはりスキーマとして抽出されると考える．そして，その抽出されたスキーマこそが弁別的素性であるというのが，認知音韻論の主張である（Langacker 1987）．図10は，前者から弁別的素性［voiced］が抽出され，後者から弁別的素性［voiceless］が抽出されることを表したものである[注8]．

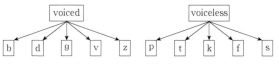

図10　スキーマとしての弁別的素性［voiced］と［voiceless］

すなわち，弁別的素性［voiced］と［voiceless］は，分節音のそれぞれを発する際に声帯が振動している，もしくは振動していないことを認識する能力に裏打ちされて，非還元的にそれぞれの分節音群から出現するのである．要するに，認知音韻論においては，分節音が語に内包されているように，弁別的素性は分節音に内包されているのである．

さらに，3.1で述べたように，分節音を分析する際に考えられる要素としては，声門の動き（声帯の振動）に加えて調音点や調音方法などがあるが，

調音点もまた，弁別的素性として分節音群から非還元的に出現すると考えられることを，以下に見ていきたい．

3.1 で述べたように，世界中の言語には子音だけでも 500 個以上が存在するが，一つの言語が使用する子音の数は 20 個から 25 個の間であることが多い．もし 500 個の子音の中から 23 個の子音を選ぶと仮定すると，その組合せの数は 500!/((500−23)!*23!) となり，40 桁以上の莫大な数となる (Lindblom 1990: 142)．しかし実際には，世界中の個別言語内での子音の組合せはそのような膨大な多様性を示しはせず，それぞれの個別言語内における子音の分布は極めて秩序正しいものであることが多い．例えば，子音が(5)のように分布している言語が多い一方，(6)のように分布する言語は存在しない (Lindblom 1992: 137)．

(5) 仮想上の言語の子音分布 1

```
p . t . k .
b . d . g .
m . n . ŋ .
```

(6) 仮想上の言語の子音分布 2

```
. . t̪ . q ʔ
b . d̪ . g .
. m̪ . n̪ . ɲ
```

では，実在するパターンを表す(5)に特徴的なこととは何であろうか．3.3 で述べたように，[n]という分節音（を内包する音声連続体）を発声するとき，舌尖が上の歯茎の裏側に接触する．それは，[t]や[d]（を内包する音声連続体）を発声するときも同じである．要するに，[n]や[t]や[d]（を内包する音声連続体）はすべて，上の歯茎の裏側という場所を使用する．同様に，[m]や[p]や[b]（を内包する音声連続体）はすべて両唇という場所を使用し，[ŋ]や[k]や[g]（を内包する音声連続体）はすべて軟口蓋という場所を使用する．すなわち，(5)の子音分布は同じ調音点（上の歯茎の裏側，両唇，軟口蓋）を何度も使用していると言うことができる．一方，実在しないパターンを表す(6)は，おのおのの子音が全くバラバラの調音点を使用している．

言い換えれば，3.1 と 3.2 で述べたように，人類は言語進化の途上で，発音がどれくらい容易であるかという基準や聴覚上どれくらい他と明瞭に区別できるかという基準等に基づいて，極めて倹約的に少数の分節音を派生させるに至っただけでなく，それらの調音点も極めて限定しているのである．すなわち，個別言語内の子音群は，一定の調音点を複数回使用するように派生しているのである．なぜ同じ調音点を繰り返し使用するのかについては，生体力学的・神経生理学的に見ると，ある調音点を繰り返し使用するとその調音点を使用する口腔内の動きの特定のパターンが形成され，そのパターンを繰り返し使うことでエネルギー消費が抑制されるからであると考えられる．このパターン形成とそれに対する固執を，リンドブロムは**「なれ合い主義の原則」**（nepotism principle）と呼んでいる (Lindblom 1998, 2000, 2011b)．

そして，認知音韻論の主張は，同じ調音点を繰り返し使用することで，人間の一般的な認知能力に基づいた言語的能力によって「上の歯茎の裏側」，「両唇」，「軟口蓋」という「場所」がそれぞれの分節音群の共通点として抽出され，それらの抽出された共通点，[alveolar]（歯茎），[labial]（唇），[velar]（軟口蓋）もまた弁別的素性であるというものである．図 11 は，弁別的素性 [alveolar]，[labial]，[velar] がそれぞれ {[t]，[d]，[n]}，{[p]，[b]，[m]}，{[k]，[g]，[ŋ]} の分節音群からスキーマとして抽出されることを表したものである．

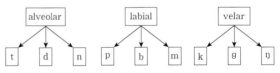

図 11　スキーマとしての弁別的素性 [alveolar]，[labial]，[velar]

ここで留意したいこととして，(5)に代表される分節音の分布は，広い意味で音韻パターンをなしていると考えることができるということがある．そして，(4)のドイツ語語尾阻害音無声化も，分節音群が示す音韻パターンである．要するに，弁別的素性とは音韻パターンを示す分節音群から非還元的に出現した特徴・共通点であると，認知音韻論は主張するのである．

なお，図 11 の弁別的素性は，3.3 で解説した調音音韻論の設定する五つの調音器官（声門・両唇・舌尖・舌体・軟口蓋）とは異なるものである

ことに注意されたい．調音音韻論における調音器官は，あくまでも動的に動く器官であり，解剖学に基づいて公理的に設定されたものである．そして，それは五つに限定されており，個別言語ごとに異なるようには設定されていない．一方，図11の調音点を表す弁別的素性は，あくまでも静的な場所である調音点を，個別言語内の分節音群から抽出したものであり，したがって，個別言語ごとに固有なものである．

さらにその上に，声門の動き（声帯の振動）と調音点に加えて，調音方法もまた弁別的素性として出現すると考えられる．例えば，分節音 [s]，[z]，[ʃ]，[ʒ] はみな音響的にきしむような耳障りな特徴を持っているが，それらは実際の音韻事象でも共通の音韻パターンを示すことが多い．そして，それらの分節音群は「歯茎」という調音点に加えて「摩擦音」という調音方法を共有している．したがって，それらの分節音群が音韻パターンを示す個別言語においては，それらから [sibilant]（歯擦音）という弁別的素性を抽出することができる．このような弁別的素性の存在は，分節音が文法ネットワーク内で，「どのようなメカニズムで発音されるか」という生体力学・神経生理学に基づいた調音的な性質と，「どのように知覚されるか」という音響心理学に基づいた音響的な性質があいまった形で心的表示されていることを示していると考えることが可能であろう（Lin and Mielke 2008, Gallagher 2011）．

▶ 4.2　弁別的素性の固有性

前の 4.1 で，認知音韻論の「弁別的素性は，分節音群から非還元的に出現する，個別言語ごとに固有のものである」という主張について論じたが，ミルキー（Jeff Mielke）は，認知文法・認知音韻論の枠組みからは独立した立場で**「出現的弁別的素性理論」**（emergent feature theory）を提唱し，同様の主張をしている．以下に，ミルキーが，弁別的素性が個別言語ごとに固有なものであることを主張・説明するために紹介する話を引用したい（Mielke 2008:1-2）．

ミルキーによると，北米の大都市の多くに「Blue Nile」という名前のエチオピア料理のレストランが存在する．そうすると，「Blue Nile」というレストランチェーンが存在し，北米全体にフ

ランチャイズを持っていると思う人がいるかもしれない．しかし，「Blue Nile Corporation」という会社の存在を示す証拠は，どこを探しても見つからない．さらに，それぞれの「Blue Nile」が出す料理はエチオピア料理ではあるが微妙に違っており，メニューで使用している活字もバラバラである．したがって，北米の「Blue Nile」というレストランは，それぞれが独自に設立され，経営されているものであるということがわかる．それらが似たような料理を提供し，似たような店内装飾をほどこし，そして似たようなバックグラウンドミュージックを流し，全体として似ているように思えるのは，それらがみなエチオピア料理を出すレストランだからなのである．加えて，ナイル河の源流はエチオピアにあり，北米に住む人の多くがナイル河について何かしらを知っているので，「Blue Nile」というのはエチオピア料理のレストランが掲げるのにはふさわしい名前である．よって，エチオピア料理のレストランの経営者の何人かが「Blue Nile」という名前を独自に選んだとしても，それほど驚くべきことではなく，実際，北米のエチオピア料理のレストランの約7%がこの名前を冠しているということである．

この話でミルキーが述べたいことは，「Blue Nile」という名前のエチオピア料理のレストランがフランチャイズではないということと同じことが，個別言語が持つ弁別的素性についても言えるということである．例えば，[high] という弁別的素性（=「Blue Nile」というエチオピア料理のレストラン）が世界中の言語（=北米中の大都市）に存在しているとしても，それを規定する普遍文法（= それを統括的に経営する「Blue Nile Corporation」）が存在しない限りは，それは個別の言語が独自に持つもの（= 個別の事業主が独自に営業するもの）なのである．

3.1 で述べたように，ギリシャ語の [i] 音とスペイン語の [i] 音と英語の [i] 音は微妙に異なっている．しかし，3言語の [i] 音はどれも [high]（高），[front]（前舌），[unrounded]（非円唇）という弁別的素性を持つとされている．だからと言って，3言語のこれらの三つの弁別的素性がそれぞれ同一のものであることにはならない．それは，これらの三つの弁別的素性がそれぞ

れの言語の弁別的素性として適切であるとしても，ギリシャ語の［high］とスペイン語の［high］と英語の［high］がそれぞれ捉える舌体の位置は別個のものであり，［front］と［unrounded］についても同様のことが言えるからである．3言語が一致して同一の［high］，［front］，［unrounded］という弁別的素性を持っているかのように見えるのは，それぞれの言語の文法ネットワークで抽出された弁別的素性に同じ名前が与えられた結果にすぎない．

　要するに，弁別的素性は分節音から非還元的に出現するものであり，そして，分節音は各言語に固有なものであるので，弁別的素性もまた各言語に固有なものなのである．異なる言語の弁別的素性が同一の名前を持ち，そしてその名前を選んだ理由に共通点があったとしても，それらの弁別的素性がその本質においてそれぞれの言語に固有なものであることに変わりはない．認知音韻論は，弁別的素性の存在を否定しているのではない．認知音韻論の主張は，弁別的素性はあくまでも個別言語内での分節音群の特徴・共通点の表示として心理的に実在するというものである．弁別的素性は，人間の一般的な認知能力を基盤とした言語的能力によって，脳内に出現するのである．

まとめと展望

　ここでは，認知音韻論が認知言語学の一端として音韻事象をどう分析するかを論じてきた．音韻事象が人間の一般的な認知能力を基盤としているものであることを真に理解するためには，生物としての人間がそれをどう発したり知覚したりするかについての理解が欠かせない．そして，音声は物理的実体であり，また人類は共通の生物的特徴を持っていながらも，音韻事象に普遍文法の存在を裏づけるような証拠を見いだすことはできない．音韻システム，そして言語文法は，各言語内で人間の一般的な認知能力に基づいて出現し，維持されるのである．

　そして，認知音韻論の主張の裏づけとなる研究としては，言語データの数量解析やシミュレーションに基づいた分析が着実に累積されてきている．今後，ミラーニューロンなどの研究が進むことで，脳科学的な論拠が与えられることが期待される．

▶**注**

1　「C」と「V」はそれぞれ子音と母音を表す．
2　ここでは日本語の発音の表記は，読者の理解の助けとなるよう，国際音声記号（3.1 参照）と共に訓令式ローマ字を適宜採用する．
3　最適性理論が主張するように，「たとえ，ある子音がその言語が持つ尾子音条件を満たしていても，その子音が自由に尾子音となることができない言語」，すなわち「その言語全体としてはきわめて広範囲な種類の尾子音を許容しながらも，そのうちの特定の尾子音だけを好むかのような音韻現象を示す言語」は確かに存在する．しかし，そうした音韻現象は，畳語（reduplication）などの特定の場合に限定されていることが多い（McCarthy and Prince 1994 参照）．
4　硬口蓋の分布が限定的であることが多いというのは，まさに(2)が示すように［i］音や［ε］音の前のみで用いられ，他の母音の前では硬口蓋ではなく軟口蓋が用いられることが多いということである．
5　(2)における［ε］音は，/i, e, a, o, u/ システムにおける /e/ 音の範疇に属しているとみなすことができる．
6　図7において，長方形で囲まれたノード（node）は，慣習化された言語単位であることを表す．実線矢印は，「カテゴリー化関係」（categorizing relations）の一つである「事例化」（instantiation）を表し，［～］と［＝］は［n］の事例である．
7　認知音韻論においては，弁別的素性が「+」や「-」を用いて表記されることはないが，ここでは，生成音韻論の慣習に従って，「+」と「-」を用いた［+voice］と［-voice］という表記を用いることとする（注8参照）．
8　認知音韻論では，「実際に存在するものの中に内包されるものを認識する能力によって言語文法は成り立っている」という認知文法の主張に従って，「-」で表される負の概念を用いない．したがって，生成音韻論とは異なり，「+，-」という記号を弁別的素性に関して使用せず，声帯の振動・無振動を表す弁別的素性として，［+voice］と［-voice］ではなく［voiced］と［voiceless］を用いる（注7参照）．また，有声阻害音だけではなく，母音や共鳴音も声帯の振動を伴うことに関しての論考は，ここでは割愛することとする（Kumashiro 2000 参照）．

▶**重要な文献**

Bybee, J. L. 1999 Usage-Based Phonology. In Darnell, M. et al.（eds.）*Functionalism and Formalism in Linguistics, Volume I: General Paper*, John Benjamins, Amsterdam, pp. 211-42.

Mielke, J. 2008 *The Emergence of Distinctive Features*, Oxford Univ. Press, Oxford.

Ohala, J. J. 1992 The Segment: Primitive or Derived? In Docherty, G. J. and D. R. Ladd（eds.）*Papers in Laboratory Phonology II: Gesture, Segment, Prosody*, Cambridge Univ. Press, Cambridge, pp. 166-83.

▶**文　献**

Alderete, J. et al. 1999 Reduplication with Fixed

Segmentism. *Linguistic Inquiry* 30: 327–64.

Blevins, J. 2004 *Evolutionary Phonology: The Emergence of Sound Patterns*, Cambridge Univ. Press, Cambridge.

Bradlow, A. R. 1993 Language-Specific and Universal Aspects of Vowel Production and Perception: A Cross-Linguistic Study of Vowel Inventories. Ph. D. Dissertation, Cornell University.

Browman, C. P. and Goldstein, L. 1986 Towards an Articulatory Phonology. *Phonology Yearbook* 3: 219–52.

Catford, J. C. 1968 The Articulatory Possibilities of Man. In Malmberg, B. (ed.) *Manual of Phonetics*, North-Holland, Amsterdam, pp. 309–33.

Chomsky, N. and M. Halle 1968 *The Sound Pattern of English*, MIT Press, Cambridge, MA.

Crothers, J. 1978 Typology and Universals of Vowel Systems. In Greenberg, J. H. et al. (eds.) *Universals of Human Language, Volume 2: Phonology*, Stanford Univ. Press, Stanford, pp. 93–152.

Davis, B. L. et al. 2002 Acquisition of Serial Complexity in Speech Production: A Comparison of Phonetic and Phonological Approaches to First Word Production. *Phonetica* 59: 75–107.

Frisch, S. 1996 Similarity and Frequency in Phonology. Ph. D. Dissertation, Northwestern University.

Gallagher, G. 2011 Acoustic and Articulatory Features in Phonology: The Case for [long VOT]. *The Linguistic Review* 28: 281–313.

Gallese, V. et al. 1996 Action Recognition in the Premotor Cortex. *Brain* 119: 593–609.

Goldstein, L. and C. A. Fowler 2003 Articulatory Phonology: A Phonology for Public Language Use. In Schiller, N. O. and Meyer, A. S. (eds.) *Phonetics and Phonology in Language Comprehension and Production*, Mouton de Gruyter, Berlin, pp. 159–207.

Goldstein, L. et al. 2006 The Role of Vocal Tract Gestural Action Units in Understanding the Evolution of Phonology. In Arbib, M. A. (ed.) *Action to Language via the Mirror Neuron System*, Cambridge Univ. Press, Cambridge, MA, pp. 215–49.

Hurley, S. and N. Chater 2005 *Perspectives on Imitation: From Neuroscience to Social Science*, Vol. 1 and 2, MIT Press, Cambridge, MA.

Kohler, E. et al. 2002 Hearing Sounds, Understanding Actions: Action Representation in Mirror Neurons. *Science* 297: 846–8.

Kumashiro, F. 2000 Phonotactic Interacitons: A Non-Reductionist Approach to Phonology. Ph. D. Dissertation, Univ. of California, San Diego.

Langacker, R.W. 1987 *Foundations of Cognitive Grammar*, Vol. I, *Theoretical Prerequisites*, Stanford Univ. Press, Stanford.

Lin, Y and J. Mielke 2008 Discovering Place and Manner Features: What Can Be Learned from Acoustic and Articulatory Data. *Univ. of Pennsylvania Working Papers in Linguistics* 14.1: 241–54.

Lindblom, B. 1990 On the Notion of "Possible Speech Sound." *Journal of Phonetics* 18 : 135–52.

Lindblom, B. 1992 Phonological Units as Adaptive Emergents of Lexical Development. In Ferguson, C. A. et al. *Phonological Development: Models, Research, Implications*, York Press, Maryland, pp. 131–63.

Lindblom, B. 1998 Systematic Constraints and Adaptive Change in the Formation of Sound Change. In Hurtford, J. R. et al. (eds.) *Approaches to the Evolution of Language: Social and Cognitive Bases*, Cambridge Univ. Press, Cambridge, pp. 242–64.

Lindblom, B. 2000 Developmental Origins of Adult Phonology: The Interplay between Phonetic Emergents and the Evolutionary Adaptations of Sound Patterns. *Phonetica* 57: 297–314.

Lindblom, B. 2011a Sound Systems Are Shaped by Their Users: The Recombination of Phonetic Substance. In Clements, G. N. and R. Ridouane, (eds.) *Where Do Phonological Features Come From?: Cognitive, Physical and Developmental Bases of Distinctive Speech Categories*, John Benjamins, Amsterdam, pp. 67–97.

Lindblom, B. 2011b The Units of Speech: A Bio-Cultural Perspective. Conference Paper. PERILUS 2011, Symposium on Language Acquisition and Language Evolution, the Royal Swedish Academy of Sciences and Stockholm Univ.

Lindblom, B. and I. Maddieson 1988 Phonetic Universals in Consonant Systems. In Li, C. and L. Hyman, (eds.) *Language, Speech and Mind*, Routledge, London, pp. 62–78.

Lindblom, B. et al. 1983 Self-Organizing Processes and the Explanation of Phonological Universals. In Butterworth, B. et al. *Explanations for Language Universals*, Mouton, Berlin, pp. 181–203.

Maddieson, I. 1984 *Patterns of Sound*, Cambridge Univ. Press, Cambridge.

McCarthy, J. and A. Prince 1994 The Emergence of the Unmarked: Optimality in Prosodic Morphology. *North East Linguistic* Society 24: 333–79.

Oudeyer, P.-Y. 2005 The Self-Organization of Speech Sounds. *Journal of Theoretical Biology* 233: 435–49.

Oudeyer, P.-Y. 2006 *Self-Organization in the Evolution of Speech*, Oxford Univ. Press, Oxford.

Pierrehumbert, J. 1994 Syllable Structure and Word Structure: A Study of Triconsonantal Clusters in English. In Keating, P. (ed.) *Papers in Laboratory Phonology III: Phonological Structure and Phonetic Form*, Cambridge Univ. Press, Cambridge, pp. 168–88.

Prince, A. and P. Smolensky 1993 *Optimality Theory: Constraint Interaction in Generative Grammar*, Ms., Rutgers Univ. and Univ. of Colorado, Published 2004 Blackwell, Oxford.

Studdert-Kennedy, M. 1981 The Emergence of Phonetic

Structure. *Cognition* 10: 301-6.

Studdert-Kennedy, M. 1998 The Particulate Origins of Language Generativity: From Syllable to Gesture. In Hurford, J. R. et al. *Approaches to the Evolution of Language: Social and Cognitive Bases*, Cambridge Univ. Press, Cambridge.

Studdert-Kennedy, M. and L. Goldstein 2003 Launching Language: The Gestural Origin of Discrete Infinity. In Chiristiansen, M. H. and S. Kirby (eds.) *Language Evolution*, Oxford Univ. Press, Oxford, pp. 235-54.

2.2

認 知 形 態 論

鈴木亮子・大野　剛

本節では，山田（1924），Langacker（1987），Hopper（1988）等の視点に示唆を得，言語は常に変化し続け共時的文法のみによる言語現象の理解は厳密にはありえないという考え方を基盤として，形態論を論ずる．言語変化はいわゆる伝統的な言語モジュールをまたいで起こり，様々なレベルにおける言語カテゴリー間の明確な分別は不可能であることを反映して，ここでも純粋な形態論以外の関連領域・現象にも議論が及ぶことになる．特に単語・句・節などの伝統的な区切りでは説明できない**定型表現**の構造・使われ方・そして形成が，**接辞**（affix）や**接語**（clitic）をはじめとして，語彙や統語的な側面にまで及ぶことを示す．本節では，特に日本語において形態素化（morphologization 語彙から形態素になること，例えば「もの，わけ」という名詞は，発話の末尾の「〜もの（もん），〜わけ」という終助詞として機能を担うようになった．）が集中している発話の**末尾表現**の形成を中心に，**反応表現**や**談話標識**なども適宜取り上げる．

1.　定型性に基づく形態論に向けて

従来から，実際の使用における言語の大部分が定型表現に基づいていることは，特に英語に関しては観察されており（Fillmore 1979: 92, Pawley and Syder 1983 など），近年では巨大なコーパスデータを使って数量的に示されている（Altenberg 1998, Erman and Warren 2000, Hopper 2011 など）．本節ではまず日本語話者が巨大な数の定型表現を記憶している事実（Tanabe et al. 2014 他）に言及し，日本語でも同様に言語行動の大部分が定型表現によってなされている可能性が高いことを指摘する（2.1）．そして人間の最も基本的行動の一つである日常会話に焦点を当て，そこに観察される定型表現を識別し，構造，機能面からのタイプ分けを紹介する（2.2-2.3）．次

に**定型化**において観察される特徴のうち，特に形態論に関する現象に焦点を当てる（3）．具体的には①形態素の**縮約**，②形態素間の**接合**，③**畳語**形成による語彙化，④末尾表現への変化を含む**語順逆転**で，それぞれ接辞，接語（clitic）等への転成を含む定型化である．さらに定型化の動機に関して四つの点（認知的要因，機能的領域，言語類型，社会的要因）について述べる（4）．最後に，言語使用基盤の科学としての認知形態論の発展のためにも，定型性のさらなる研究が必要であることを指摘する（5）．

2.　定型表現

▶ 2.1　言語使用の大部分が定型表現である

定型表現（formulaic language），つまり決まり文句・パターン化した表現や構文の言語使用における重要性は早くから唱えられてきた［→ コラム9］．例えばフィルモア（Fillmore）によって "a very large portion of a person's ability to get along in a language consists in the mastery of formulaic utterances（Fillmore 1979: 92）" と指摘され，先に触れた近年の研究でも書きことば，話しことばを含めた言語使用が少なからず定型表現で行なわれている事実が特に英語を中心として明らかになってきている．日本語に関しても定型表現の研究は徐々に進められており（例：土屋 2013），特に田辺ほか（Tanabe et al. 2014）による定型表現のレキシコン研究を通して，日本語話者が膨大な数の定型表現を記憶し使いまわしている事実が浮かび上がってきた．

定型表現への関心の高まりには色々な理由が考えられるが，言語の最も基本的な使用形態である**話しことば**の大部分が定型表現で形成されている事実は，従来からの生成規則を中心とした言語の捉え方を完全に変えてしまう可能性がある．定型表現を基盤とした発話には生成規則が必要でない

だけでなく，生成規則を必要とすると考えられる発話の数の少なさからも，話しことばに果たす生成規則の役割は極めて小さいと考えられるからである．さらに近年の使用基盤言語学（使用基盤モデル，usage-based model），会話分析などの実際の言語使用を見る分野の興隆，それに伴った各種コーパスの拡充によって，パターン化した表現や構文の多さが可視化されたことも，定型表現研究の興隆に関係している．今後は，使用基盤言語学に代表される認知言語学，ひいては人間の本質を探究する立場から，人間の基本的行動である日常会話における発話を基盤に，定型性を記述しその理論化を進める必要がある．

▶ 2.2 定形表現の識別基準（試案）

ここでは定型表現の包括的研究の第一歩として「おかえんなさい」や「もう～しかない」や「～ばいい」などのように文法規則によって生成されたとは考えにくい発話を定型表現と呼ぶことにするが，以下のような基準も定型表現の識別に役に立つ．

a. 内省
b. 聞いたこと，使ったことがあるか
c. 非組成的（例 pull someone's leg，お蔵入りする）
d. 統語的に不規則（例 by and large において前置詞と形容詞が等位接続されている）
e. 音の縮約（例 I don't know，なんちゅうの）
f. 使用頻度（例えばインターネット検索におけるヒット件数）
g. 辞書や定型表現のリストに掲載されているか

定型表現の識別基準に関しては，レイとパーキンス（Wray and Perkins 2000），レイ（Wray 2002），コリガンほか（Corrigan et al. 2009b）などに詳述されているが，彼らは定型化しているかどうかの見極めが難しい事例が実際には多々あることにも言及している．この実態に関しては，山田（1924），ラネカー（Langacker 1987），ホッパー（Hopper 2011），デュボワ（Du Bois 2014）等が述べるように**定型化**（あるいは**文法化**，grammaticalization）は発生し続け，さらなる定型化が常に進んでいるのであるから，ある表現の定型化が完了したという線が引けないのは当然と考えられる．さらに定型化を日本語の言語構造の中心的現象として初めて取り扱うのであるから，その現

象の全貌，さらにどこまでを研究現象とするべきかまだ捉えられていないことも認めざるを得ない．変化が恒常的におこる事実を基盤とした新しい（より現実に基づいた）理論が求められている．

▶ 2.3 定型表現のタイプ分け

定型表現の分類は，レイ（Wray 2002），タオ（Tao 2015）等が英語に関して取り扱っている．このセクションでは，発話の基本を成すと思われる定型表現の理解のため，試みとして，私たちが蓄積してきた会話データ[注1]に出てきた表現を，機能・構造・形式などの側面から大まかではあるが以下の7タイプに分類した：a. **決まり文句**（idiomatic expressions），b. **談話標識**（discourse markers），c.**末尾表現**（utterance-final expressions），d. **反応表現**（reactive tokens），e.**語彙化した表現**（lexicalized expressions），f.**コロケーション**（collocations），g. **構文**（constructions）（大野・鈴木 2015）．

これらのタイプへは比較的スムーズに識別が行なえた．同時に，それぞれのタイプ同士の違いが常に明確というわけではなく，実際に複数のタイプにまたがると解釈しうる例が数多くあったという事実も指摘しておきたい．以下は，データで観察された**定型表現**の代表的な例をタイプ別に分類したものである．定型表現以外の発話を含む例では定型的と考えられる部分を下線で示した．

a. **決まり文句**（会話の各コンテクストで決まった表現）
　もしもし／おかえんなさい／ごめんなさい
　あなた，<u>今</u>いいの？（電話をかけたとき）
b. **談話標識**（会話を進行させるための表現）
　なんだろ／なんていうの
　やっぱ，これほら／やっぱりあたし
c. **末尾表現**（終助詞などを含め，知識の獲得方法や確実性を示す）
　それ飲んだ<u>んだよ</u>
　サーフ90って，やってる<u>んだよね</u>
　そんなような<u>感じ</u>
　<u>寮みたいなもんか</u>
　むかっとくる<u>というかさあ</u>
　これだけ出てる<u>っていうのに</u>
　論文を書くの楽しみ<u>じゃない？</u>
　これソファーになる<u>んだって</u>
　夜お出かけが多い<u>んですね</u>

d. **反応表現**（相手の言語行動に対する反応）

　　あるある

　　あ，ほんとだ

　　うそいえ

　　ほら始まった

　　そこまで言う

e.-f. **語彙化した表現・コロケーション**

　　（一定の言葉の組合せの定型化・語彙化）

　　この間 / 今年の夏

　　そういうの［soino］

　　知らない人

　　むかっとくる

　　電話する / 仕事してて / 下宿してた

　　<u>いっぱいある</u>／<u>けっこうあるじゃない</u>

　　新聞取って / 外出る / ドア開ける / 勧誘とか来ない

　　ライトがついて / お店とか出て / 論文を書く

　　<u>深い悲しみに襲われた</u>出来事があって

　　これもらったの... なんか... <u>友達に</u>

g. **構文**（節や句の形成に使用され，語彙的要素を比較的自由に入れ替え可能）

　　高校ん時 / 浜<u>んとこ</u>にさあ / 愛知県<u>の人</u>いたよ

　　なんのマット<u>なの</u>？

　　アメリカ<u>で言う</u>とホームステイ

　　<u>お電話したら</u>　<u>お留守だった</u>から

　　これソファー<u>ん</u>なるんだって　組み立てると

　　飯とか出し<u>てもらってた</u>の？

　　あ，<u>もう一個しかない</u> / ぜんぜん痛<u>くない</u>

　　あんまり楽し<u>くない</u>なあ

　　論文を書く<u>の</u>楽しみじゃない？

　　載る<u>こと</u>は　第二義だよ

　　夜お出かけが多いんですね

　　あれ何だっけ？ / 米が入ってる<u>の</u>　何だっけ？

　　<u>やっぱり</u>あたし研究者として未熟な<u>んだ</u>ね

　　食べ<u>ないで</u>，<u>わるいけど</u>

---

3. ケーススタディ

　2では定型表現全般のタイプ分けについて述べたが，ここでは特に形態論的側面からの定型性の現われ方に着目して，日本語の会話を中心とした言語使用で観察された事例を示す．本節の焦点は形態論であるから，決まり文句（「北は北海道から南は沖縄まで」）や諺（「時は金なり」）のような長めで比較的固定したまとまりというよりは，発話末やそれ以外の部分で定型化して使われている，より短く気づきにくい表現群の形成過程について取り上げる．よく観察されるパターンとして，こ

こでは4タイプを挙げる（3.1 形態素の縮約，3.2 形態素間の接合，3.3 畳語形成による語彙化，3.4 末尾表現への変化を含む語順逆転）．これらの四つは，接辞から構文レベルへと構造的な連続体（cline）をなしていると考えられる．

▶ 3.1　形態素の縮約

　よく使われる表現形式の縮約はインフォーマルな会話では特に広範に起こり，上記で紹介した構造・機能の分類のタイプにかかわらず観察されるが，ここでは最近の変化として2例紹介する．まず事例1として，「〜ね？」「〜じゃね？」の形成，そして事例2では「す」の形成に触れる．双方とも，2.3で述べた定型表現の分類によるとc.の**末尾表現**に当たる．

3.1.1　事例1：「〜ない？」から「〜ね？」，「〜じゃね？」

　「〜ない？」は否定の「ない」が問いかけの上昇音調で発音されるもので，1990年代に首都圏若年層を中心に急速に広がり，聞き手に対しての「同意求め」として多く表れる（田中2010）．一つの重要な音声的特徴として，「〜ない」の直前の語のアクセント核が消失し，いったん音調が上昇すると発話の最後まで続くことが挙げられる（「やばくない？」の「やばく」のアクセント核が消失し／や↑ばくない？／と発音される）．田中は90年代以降のこの新しい「〜ない？」の音調を「**とびはね音調**」と名づけている．とびはね音調の出現以前は，直前の語のアクセント核は保たれており（「やばく」のアクセント核が保たれて／や↑ば↓くない？／と発音される），その音調は「浮き上がり調」と呼ばれていた（川上1963）．とびはね音調でアクセント核が消失する直前の語の品詞・活用形と「〜ない？」との関係は以下のようにまとめられる（田中2010: 122を基に筆者がbのみ加筆）．

(1) とびはね音調「〜ない？」の接続と文例

　　a. 形容詞連用形＋ない？　かわいくない？

　　b. 形容詞＋んじゃない？　さむいんじゃない？

　　c. 名詞・形容動詞＋じゃない？

　　　　あめじゃない？・きれいじゃない？

　　d. 動詞終止形＋んじゃない？

　　　　はれるんじゃない？

　　e. 動詞連用形＋たくない？　たべたくない？

とびはね音調は音調だけでなく，上記(1)に示したような言語形式上のパターン化が進んでいるようである．音調面では「～ない？」そのものの上昇にとどまらず直前の語を巻き込んで上昇が開始すること，そしていったん上昇したら最後までそれが保たれる音調パターンが，直前の語の品詞や活用形にかかわらず共通して見られること，そして1990年代初頭に田中が行なった報告から20年以上たった今も，首都圏で採録された大学生の会話において使用例が認められることを鑑みると，「～ない？」は言語使用の現場で定型化したと考えられる．

2000年代にはこのとびはね音調の「～ない？」が「～ね？」に縮約することが報告されている．つまり発話において連母音 /ai/ が /ai/ ＞ /e:/ ＞ /e へと変化している（田中 2010: 123）．「～ね？」も「～ない？」と同様に，直前の単語のアクセント核が消失して音調がいったん上昇したらそのまま最後まで上昇調が保たれ，同意希求や勧誘という意味で使われている．具体的事例として，東京近郊で聞かれた以下の事例を挙げる．

(2) a. 移動しね？（移動しない？の縮約）（教室での男子大学生同士の会話から．2012年）

　　 b. 話長くね？（話長くない？の縮約）（30歳代男性による，中学生男子をまねた発言．2016年）

(2a)が出現した会話は2人の男子大学生が講義形式の授業に出席するため大階段教室で座っているときのもので，話者はパソコンの充電をしたいので，コンセントが近くにある後方の席へ一緒に移動しようと相手に持ち掛け同意を求めている．bは，中学生バスケチームの保護者会で，30歳代前半の男性コーチが，中学生男子選手の様子を報告する際に発した事例である．自分が説教する時には選手がいかにもこう言いたげな顔をすると言って，彼らが言いそうな一言を「引用」した例である．このような「～ね？」の使い手は，どちらかといえば若い世代の男性話者が連想される．

さて，上記(1b)–(1d)によると「～ない？」は，名詞，形容動詞，形容詞そして動詞に接続するときに「～(ん)じゃない？」という形式をとる．換言すれば「～(ん)じゃない？」は前接する形式の種類が多岐にわたり守備範囲が広い．ゆえに日常の会話でも出現する頻度が「～ない？」よりも多

いのではないかと思われる．もともとは判定詞ダの連用形「で」と提題の副助詞「は」と否定を表す「ない」の組合せである「～ではない」という形が，日常使われる中で「～じゃない」に短縮され，それ自体で一つにまとまった終助詞・文末詞に変化したようで，近年の「～じゃない」の機能や音調の面に焦点を当てた研究も，それが新しい定型表現として研究者の目に留まったことを如実に示している（例：三枝 2004，御園生 2006）．（以後「～(ん)じゃない？」は便宜上「～じゃない？」と表記する．）

そして「～ない」が「～ね」となる変化は，とびはね音調の「～じゃない？」についても観察され，2000年代以降，縮約形「～じゃね？」が出現している．井上（2008: 21）は「～じゃない？」の縮約形「～じゃね？」についての記述の中で，「「～じゃないの」「～じゃん」と似た意味合いで使われているようだ」と指摘し，「新方言」の新たな例として，「栃木か茨城の「尻上がり」と言われていたイントネーションが首都圏に入り込んだ」ものであろうと報告している．

先ほど(2a)で紹介した男子大学生による大教室での発話の少し後に起こるやり取りを見てみよう．2人は比較的前の方に陣取っているため，自分のパソコンの充電をしたいHは，大教室の後ろに機器を置いたまま前方の自分の席に戻ってくる必要があり，躊躇しつつUに話しかける．

(3) H：置いて来ていいかな？
　　 U：いいんじゃね？別に
　　　　だめなの？
　　 H：パソコンとか置いて来ていいかな？
　　 U：ぜんぜんいいんじゃね，だめ？
　　 H：踏まれそうじゃね？

この例ではほんの4秒の間に3度「～じゃね？」が生起している．パソコンを教室の後ろで充電するために置きっぱなしにして大丈夫かということについてHとUの意見が食い違っている局面で，それぞれが自分の意見の述べ終わり部分でとびはね音調でやり取りしているのは，それが「同意求め」として出現することが多いという田中（2010）の観察と符合して興味深い．

3.1.2　事例2：「す」

丁寧語の「です」の「で」の部分を促音化して

「っす」，または単に「す」と発音する傾向が，2000年代初頭にすでに報告されている（例：暑いっす，やばいすね）．尾崎（2000, 2002）は談話データ資料を使って年齢層・性別・後接する終助詞（すね，すよ，すか）との組合せなどの観点から「す」の多面的な分析を行なっているが，尾崎によると既に2000年代初頭には，「す」が少なくとも20代を中心とした若年男性の間で使われている．尾崎はこの丁寧語由来の「す」を「**新しい丁寧語**」と呼んでいる（これ以降特に但し書きがない限り，代表の形式として「す」と表記する）．

さらに「す」の使用が名詞・形容詞だけでなく動詞の終止形に接続する例も聞かれるという（例：行くっすよ）（尾崎2002: 89）．しかし尾崎によると実際のコーパスデータにはその事例はなく，代わりに動詞がまず準体助詞「ん」で名詞化されて「す」が続き最後に終助詞（ね，よ，か）が続く組合せが観察されたという．

以下は「男性のことば・職場編」からの例である．

(4)・読みはわかるんすよ．
　　・どれぐらいかかるんすか？
　　・2時間ぐらいで組めたんすか．　（尾崎2002）

尾崎のデータにおいては動詞に接続する「す」という事例は，「いずれも「です」を基の形とするものであり…「ます」を元の形とする事例は観察されなかった」という（2002: 97）．つまり，例えば「行きますよ＞行きっすよ」のように，動詞の連用形に「ます」の縮約形としての「す」が接続したと考えられる例は見られなかったとしたうえで，尾崎は「おそらくまず名詞や形容詞において「す」が生まれ，その後動詞にも適用されたという可能性が高そうだ」と推測している（2002: 98）．その意味では，2000年代のはじめにおいて既に，若い男性を中心に，「す」を名詞，形容詞，動詞終止形に付加する**終助詞**的な使い方がされていたといえよう（より最近の報告として，呉（2015）の「す」の語用論的機能の分析を参照）．

品詞以外の観点から「す」が後接する要素を見てみると，「まじっすか？」などの**反応表現**（いわゆる相槌）への接続例がある．飯野ほか（2003: 78）は，「まじっすか？」が川柳となって人気を博した例を紹介している（「まじッスカ　スカがつ

いてて　ていねい語」平成14年第15回サラリーマン川柳第9位入選作）．「まじっすか？」は「まじか？」の「やや敬体」バージョンとでも言えようか．敬意を軽めに示すのがよい場合の用法らしく，筆者のデータではインフォーマルな内容の会話において先輩に対して後輩が驚きを示す状況で観察され，他にも反応表現として「ほんとっすか？」「やばくないすか？」なども聞かれる．

「す」は上記のような反応表現のみならず，**挨拶表現**にも**付加**される．例えば筆者は「こんにちは」の縮約形の「ちわ」に「す」が付加されたと思われる「ちわっす」を耳にする．インターネットでの言語使用に目を転じると，ブログでは「ありがとうです」「よろしくです」等に見られるように「です」というコピュラ・述語化詞が挨拶表現に接続する用法について鈴木（2011, 2012）が報告している．さらに検索エンジンを使って「です」を「っす」に入れ替えて「ありがとうっす」「よろしくっす」で検索してみると夥しい数の使用例があることがわかる．このような挨拶表現への「す」の付加は，スポーツ系の部活における使用場面を想起させる．社会的場面や地域による変異などを視野に入れた記述が必要であろう．このように丁寧語「です」由来の「す」は，尾崎の報告から15年以上経た今，動詞，形容詞，名詞，反応表現，挨拶表現など色々な種類の表現の後ろに付加される**接語**（clitic）になっているようである．

しかし，**挨拶表現**における「す」については，「付加」という側面だけではない．多くのモーラからなる長い挨拶表現が縮約された場合に，末尾の「す」が捨象されずに「**残存**」するケースがあるからである．昨今はメディアを通してお笑い芸人の使っている表現が広まることもあり，近年の例では「ありがとうございます」が縮約された「あざす」は特に若い世代の実際の会話でもよく使われている．SNSを通して文字数を節約した短い言葉のやり取りが加速しているらしく，「お願いします」＞「しゃす」という用例も見られる．このような短縮表記は文字メッセージの中だけでなく，ピクトグラム（スタンプやエモーティコンと言われる，特定の言語表現と関係の深い顔の表情や動作などの絵）にも添えられるほどの市民権を得，頻繁に使用されている（図1の付加の「す」の例

2.2 認知形態論   99

図1 「承知っす！」（付加の「す」）

Copyright ⓒ 2016 Seiyu GK.
飛び出す！旬之介＆ニャンノスケ　LINE スタンプ

図2 「しゃす！」（残存の「す」）

Copyright ⓒ 2016 Yahoo Japan Corporation
ヤフー・ジャパン 2016 けんさく と えんじん LINE スタンプ

として「承知っす」，図2の残存の「す」の例として「しゃす！」を参照）．

　大学生に「す」の使用について聞いてみると，ある学生（東京出身，1年男子）は「しゃす（お願いします），ありゃす（ありがとうございます）」という表現を，所属するサッカーサークルの先輩達がいつも使っていて自分もサークル内ではそう言わなくてはならないが，うっかり外で使わないように気をつけている」とコメントしている．これは，大学のサークルという閉じたコミュニティーの人間関係において，やや敬体の「す」を末尾に残した独特の**縮約版挨拶表現**が定型表現として日常的に使われている例と言えよう．

　「ありがとうございます」も「お願いします」も，動詞の丁寧語を形成する「―ます」で終わる表現であり，上述のような長めの挨拶表現の大幅な縮約の結果残存した「す」は「ます」由来であるといえよう．

　ここまで紹介してきた様々な「す」は，現代日本語に存在する「です」（名詞・形容動詞・形容詞に接続）と「ます」（動詞に接続）という二系列の丁寧語が「す」という一つの形式に収斂されることを示す事例である（尾崎 2002: 89 は「一系列化」と呼んでいる）．

　3.1 では形態論から見た定型表現形成のケーススタディとして「縮約」というプロセスに焦点を当て，末尾表現の「～ない？＞～ね？，じゃね？」と「～です・ます＞～す」を考察した．単に当該の形態素そのものの形式の縮約を検討するだけでは不十分であり，音調や，接合する形式，使用されるコンテクストなどを含むより広い射程の現象として議論されるべきであることがわかる．「～ない？」の場合は直前の語の音調があがりそのまま発話の末尾まで保たれる「とびはね音調」が伴うが，「～ね？，～じゃね？」という形式においても同じパターンが引き継がれ，直前の語から**音調**の上昇が見られる．また「新しい丁寧語」と尾崎（2002）が呼んだ「す」の場合は，様々な表現に終助詞的に「付加」されるだけではなく，「～します」で終わる長い挨拶表現が短縮されたときには末尾で「残存」する．「す」は「やや敬体」ともいうべき新しい末尾表現として，反応表現や挨拶表現といった定型表現の形成に一役買っていることがわかった．

▶ 3.2 形態素同士の接合

　3.1 では，一つの形態素に着目し，それが縮約により一層短くなり（「～ない？」＞「～ね？」，「です」＞「す」），新しいまとまりに含められ定型化する事例を取り上げた．ここでは，複数の形態素同士の接合に着目し，接合された形式が新たな文法機能を担う（例えば「だ」と「から」の接合が「だから」という談話標識になる）ケースに触れる．日本語は膠着語として知られ形態素同士の接合はよく見られるが，自然会話のデータにおける接合について二つの特徴を指摘したい．まず，接合のプロセスに頻繁に関わる形態素の例として，特に「だ」の類，「―て」の類，「って」の類，「と」の類が挙げられる．また，接合により形成された定型表現は，発話の周辺部分（発話の開始部分や終結部分）に使用されることが多い．以下に会話データに観察された形式を適宜実際の発話例とともに挙げる．

3.2.1　事例1：「だ」類を含む定型化
　　（連用形「で」，連体形「な」，丁寧語「です」を含む）
　日本語の文法書で，述語化詞，コピュラ，断定詞などの多岐にわたる呼称を付される「だ」は，

実質語の後ろについて文を終結させる形態素として知られる．2.3 のタイプ分けによれば，「末尾表現」・「談話標識」・「反応表現」という少なくとも3タイプの定型表現の形成に関わる例が，会話データにおいて確認できる．つまり末尾表現として話し手の態度を表したり引用表現に続いたりする．また発話の冒頭に立ち談話の前後関係を示す談話標識としてふるまう．また比較的最近の会話データでは，相手の発話に対する反応表現としても観察される．

末尾表現 　ん<u>だ</u>って．
　　　　　（昨日ラーメンを食べに行ったん<u>だ</u>って．）
　　　　　みたい<u>な</u>．
　　　　　（「そんなん取るな アホかー」みたい<u>な</u>．）
　　　　　<u>じ</u>ゃない？／<u>じ</u>ゃね？
　　　　　（行くん<u>じ</u>ゃない？／行くん<u>じ</u>ゃね？）
談話標識 　<u>だ</u>から，<u>だ</u>けど，<u>だ</u>って，でも，ですから，なのに...
反応表現 　<u>だ</u>よね．ですよね．<u>だ</u>ね．
　　　　　（C 平のピザを見て A 子が「食べたい．」と言うと B 太が「<u>だ</u>よね．」と答える）

3.2.2　事例 2：接続助詞「―て」を含む定型化

接続助詞，節連鎖の接辞「―て」などの呼ばれ方をする「―て」は，2.3 のタイプ分けによる「末尾表現」・「談話標識」の 2 タイプに加えて，「接続表現」と呼べる定型表現の形成にも関わっているようである．それぞれの定型表現のタイプごとに以下にいくつか例を挙げる．

末尾表現（主観・引用表現）
　　　　　<u>て</u>しまう（ちゃう），<u>て</u>いう（ちゅう），<u>て</u>いく（<u>て</u>く）
接続表現 　によっ<u>て</u>，につい<u>て</u>，に関し<u>て</u>
　　　　　（A：おふくろは怖いの？
　　　　　B：てかタバコに関し<u>て</u>うるさい）
談話標識 　かと言っ<u>て</u>，とか言っ<u>て</u>

つまり動詞連用形に続く補助動詞として話し手の態度を示す末尾表現になったり，前の節から次に続く節へと導く接続表現になったり，談話標識として発話の冒頭に立ったりする．

3.2.3　事例 3：引用助詞「って」類を含む定型化

引用助詞「って」は，会話の中で他人や自分の発言内容や思考内容などの表現に後続し「言う」などの言語活動を表す述語につなぐ役割を果たす．しかしそれに留まらず談話の様々な場所に出現する多機能な形態素である．ほかの形態素と接合した場合，2.3 のタイプ分けによる「末尾表現」・「談話標識」に加えて，「接続表現」と呼べる定型表現の形成にも関わっている．つまり終助詞として話し手の態度，相手への言い聞かせ，伝聞情報を示す末尾表現になったり，名詞句や節の末尾に現れて後続の述部や節を導く接続表現になったり，談話標識として発話の冒頭に立ったりする．

末尾表現 　<u>って</u>，ん<u>だって</u>
　　　　　（そんなことない<u>って</u>．
　　　　　ラーメンを食べに行ったん<u>だって</u>．）
接続表現 　とか<u>って</u>，<u>って</u>言っても，
　　　　　（読み物みたいなのとか<u>って</u>全部英語だからさ．）
談話標識 　なぜか<u>って</u>言うと，なんでか<u>って</u>言うと，<u>って</u>いうか，<u>つか</u>，<u>てか</u>
　　　　　（A：おふくろは怖いの？
　　　　　B：<u>てか</u>タバコに関してうるさい．）

3.2.4　事例 4：補文標識・条件を示す接続助詞「と」類を含む定型化

「と」は，古代日本語から多面的な機能を担う形態素として存在している．メイズ（Mayes 1991）によれば，現代のインフォーマルな会話の中では，**補文標識**（complementizer）としての「と」は思考内容に言及する際に「と＋思う」の組合せで多く出現し，かたや発話内容を引用する際には「って＋言う」の組合せが多いと指摘している．「と」はほかの形態素と接合した場合，2.3 の定型表現のタイプ分けの中の「末尾表現」・「談話標識」に加えて，「接続表現」の形成にも関わっている．つまり話し手の態度（相手への言い聞かせ，伝聞情報を知らせるなど）を示す末尾表現になったり，名詞句や節の末尾に現れて後続の述部や次の節に導く接続表現になったりする．また**条件節**（conditional clause）としての使用から発話の冒頭に立つ談話標識を形成し，予測される展開などを示す後続の述部につなげる．

補文標識からの末尾表現
　　　　　<u>と</u>か言って．<u>と</u>かって．<u>と</u>．
　　　　　（「あたし塩」<u>と</u>か言って．「あたし醤油」<u>と</u>か言って．）
　　　　　（A：鶯張りの廊下をね走る必要性は，ないだろう<u>と</u>．
　　　　　B：そうですねーうーんなるほどー．）

補文標識からの接続表現・談話標識

> <u>とか言って</u>，<u>というのも</u>，<u>というのは</u>，
> <u>といっても</u>，

条件節からの談話標識

> <u>なぜかって言うと</u>，<u>なんでかって言う</u>
> <u>と</u>，<u>どうしてかって言うと</u>，

　これらの例で特に興味深い事実は，「と」の前に「言う」という動詞がついたり（「なぜかって言うと」），また「と」の後ろに「いう」がついた「という」およびそれに準ずる表現が，非常に頻繁に見られることである．会話においてとりわけ使用頻度の高い動詞「言う」は，以下 4b で述べるような，日本語において文法化・定型化を盛んに行う領域を形成している可能性がある．

　以上，3.2 では二つあるいはそれ以上の形態素が接合され使われることで定型化した事例を取り上げた．特に，会話データで観察される形態素間の接合プロセスには「だ」，「―て」，そして「と」・「って」等が頻繁に関わっていることを指摘した．発話の末尾での終助詞的な表現，あるいは従属節の末尾での接続助詞的な表現，そして発話の冒頭での談話標識としての表現など，小野寺（2014），東泉（Higashiizumi 2015）等が述べるように，文法化・定型化する位置が発話の**周辺部**（発話頭・発話末）に集中しているようである．

▶ 3.3　畳語形成による語彙化

　3.2 では短い形態素が複数組み合わされ繰り返し使われる中で談話標識などとして定型化した例を挙げた．ここでは，形式が重複することで新しい単語が作られる例を挙げる．つまり**畳語**（reduplication）と呼ばれるプロセスで，形式の一部または全体が繰り返されることで新しい単語が作られる語形成の方法の一つである．大里（2014）の日本語，英語，ツツバ語，インドネシア語，フランス語の畳語の通言語比較研究によれば，5 言語すべてで重複による語形成が確認できたが，日本語・インドネシア語・ツツバ語のように重複が表す意味の種類が豊富な言語と，英語・フランス語のように意味の種類が比較的少ない言語とがある．畳語の表す意味は多様であるが，「強意」は 5 言語で観察され，続いて頻度順に「連続性」（4 言語），「複数・多様性」（3 言語），「相互の動作」（2 言語），「動作の繰り返し・反復」（2 言語）などの

意味が確認されたと大里は指摘している．

　畳語は日本語会話データでもよく観察され，ここでは動詞から相槌のような機能を持つ反応表現へ変化した例に関して述べる（鈴木 2016, Ono and Suzuki 2017）．（5）では動詞「ある」が 2 回，「あるある」と 1 単語であるかのように発話され，機能的にも存在動詞というよりも反応表現と分析できる．

(5) A, B は同学年の女子寮生で，寮の一角でおしゃべりをしている．そこへ C という先輩の女子寮生が洗剤の入った容器を持って通りかかる．A が先輩 C に声をかける．

1. A：　洗剤おそろいです！
2. C：　中身違うよ．
3. B：　(1.3)＜ h へえだいじょぶなん［ですかそれ］？ h ＞
4. A：　　　　　　　　　　　　　　　　［笑］
5. B：　＜ h それ［2（大事なこと）］　h ＞？
6. A：　　　　　　［2 あるある］
7. C：　　　　　　［2（…）］だいじょぶだいじょぶ，中身ね＝，もうずっとね中身は一緒やけん．

自分の使っている洗剤と C 先輩の洗剤が「おそろい」であるという A の指摘（1 行目）に対して，C 先輩は，容器の中に入っている洗剤が「違う」製品であると知らせることで，A の指摘を否定している．2 の C 先輩の「中身違うよ」という事実の公表を聞いて，3 行目の B は笑いながら，「へえ」を冠した疑問の発話「へえだいじょぶなんですかそれ？」を，C 先輩に対して発する．それに対して C は 7 行目で「だいじょぶだいじょぶ」と肯定の応答をする．3 の B の問いかけと 7 の C の応答が隣接ペアを形成する中で，7 と重複するかたちで 6 で A が「あるある」を発する．

　音声・形式面では「ある」が繰り返されているが，二つの「ある」の間にはポーズがなく，「ある」のアクセント核もなくなって（つまり平板アクセントで）「あるある」全体が素早く一音調で発話され一つの単語のように聞こえる．統語的には，主語や副詞のような「ある」を動詞と見なすべき要素が文脈に存在しない．機能的には「それはよくあることだ」とか「それは大丈夫」という内容の発言なので，本来の物の存在から状況の存在へと意味の抽象化，さらには B の発話に対する反応へと間主観化を起こしているようだ．

興味深いことに，他の動詞に関しても，反応表現として機能する例が筆者の会話データで観察されている．反応表現として，単体での使用（例：あーわかる）も見られるが，様々な動詞で畳語形式（例：わかるわかる）で生起することが観察されている（鈴木 2016, Ono and Suzuki 2017）．

わかる　＞わかるわかる
やる　　＞やりそうやりそう
来る　　＞きたきた（歌手の話をしていて，その歌手の歌を歌いだした友人に対して）
始まる　＞はじまったはじまった（自分への愚痴を始めた相手に咄嗟に小声・早口で）
出る　　＞あ，また出た（自分を責める発言をした友人に対して）

これらの表現には共通点がある．反応表現として繰り返される場合は，全体が一つの単語であるかのようにひとまとまりの音調で発話される．どれも使用頻度が高い動詞が使われている．さらに最後の 3 例は相手が言った内容への反応ではなく，相手が行った発話行為（歌うことを含む）に対して発せられたメタ反応表現である．相手が行なった発話行為の直後に起こる反応表現なので過去形で定型化しているようである．

▶ **3.4　末尾表現への変化を含む語順逆転**

最後に大野・鈴木（Ono and Suzuki 1992），大野（Ono 2006）を参考に，既存の考えではいわゆる**語順逆転**（postposing）と理解される例の一部が，実は末尾表現への変化を含む述語で始まる構文として分析できることを示す．日常会話では次のような発話が頻繁に観察される．

だめなのあたし　　　　　　［述語（形容動詞）・主語］
何それ　　　　　　　　　　［述語（名詞）・主語］
ばかじゃないこのひと　　　［述語（形容動詞）・主語］
いいじゃんべつに　　　　　［述語（形容詞）・副詞］
どきどきしちゃうもんなんか［述語（動詞）・副詞］

上記のような例は，一般的には主語や副詞等が述語の後に現れた語順変化を含む節として取り扱われる．しかし，これらの発話をコンテクストのなかで音声，意味・機能，形式的側面に焦点を当てて観察すると一定の特性が浮かび上がってくる．

a. イントネーション，テンポ等：一つの単語であるかのようにひとかたまりで発音されている．
b. 述語の意味，発話の機能：反射的に感情を表す発話である．

c. 後半部分に現れる要素の形式：タイプが決まっていて**末尾表現**への変化が進んでいると考えられる．よく観察されるのは以下の 2 種類である．

　指示詞・代名詞
　　（例：あれ，それ，これ，そこ，こりゃ，おまえ，あの人）
　副詞（例：ほんと，やっぱり，もう，なんか）

大野（Ono 2006）では，上記の特性を基盤に，これらが語順変化を含む発話ではなく，述語を最初に置く反射的な感情の表出に特化した構文，つまり定型表現の一つとして捉えられるべきであることを述べている．

4.　定型化の動機づけ

ここでは，接辞や接語（clitic）のふるまいを軸にして定型表現の形成を論じてきた．最後に，定型化を動機づける要因の検討を試みる．この点に関しては特にコリガンほか（Corrigan et al. 2009a）に含まれる論文を参照されたい．

a. **頻度**を基盤とした認知的要因

定型表現を用いることで，効率的に発話の理解・産出ができる．聞き慣れた表現を聞けば，解釈やそのあとにくる事柄の予想も立ちやすいし，産出し慣れた表現は言いやすい．例えば「「す」を発話の後ろに置くことでやや敬体になる」というパターンができたら，いろいろな形式に付加することができる．この要因に関してはレイ（Wray 2002）で詳しく議論されている．

b. **florescence**（Chafe 2000）による定型化の促進

チェイフ（Wallace Chafe）は，言語にはそれぞれ，盛んに文法化を行う領域があり，そこに新しい表現が文法化を通して加わり続ける傾向に目を向け，その状況を florescence（いわば「一斉に開花したような状態」「花盛り状態」）と呼ぶ．文法化は言語形式が頻繁な使用を通して再分析され新たな意味機能を担うようになる現象であり，定型化の一つのタイプと捉えられる．つまりこの florescence という概念は，もともと表現が豊かに存在する領域に，あらたに定型化した表現が加わるという現象にも当てはめて考えられる（鈴木 2016, Ono and Suzuki 2017）．例えば日本語は反応表現（相槌）がすでに非常に豊富であるにもかかわらず，動詞由来の反応表現（例：あるある，

きたきた）の創発・参入が見られる．同様の表現を使いまわす方が効率的に発話の理解・産出ができること（a. 認知的要因），さらには周りの（親しい）人と同じような話し方をするようになること（d. 社会的要因）といった定型化の動機とは特に密接につながっているのかもしれない．

c. 類型論上の要因

上記 a. と b. にも関連することであるが，何がどのように定型化しやすいかについては，言語の類型的特徴によって違いが見られる．例えば日本語は述部が後ろに来る膠着言語であり接尾辞が発達している．また述部内の形態素の配列順は決まっており，動詞・形容詞・名詞など述部の核となる要素の後に話者の判断・態度に関係する主観的情報を示す形式（敬語，補助動詞など），そして発話の一番後部には，陳述を最終的に相手目当てのものに仕立てる，間主観的な情報を表す形式（終助詞よ，ね，さなど）がならぶ（Shinzato 2007）というように，いわば情報内容に応じた順番がある．複数の形態素が組み合わさって終助詞が作られる場合も，形態素の配列はこのパターンに沿っている．

d. 社会的要因

デュボワ（Du Bois 2014）は，会話の中では，前の人が話した発話を部分的にあるいは全部を繰り返すことがよく見られると指摘している．これをデュボワは**共鳴**（resonance）と呼んでいる．共鳴は言語構造のあらゆるレベルで起こり得る．例えば語彙の繰り返し，構文の再利用，発音や音調，身振りや視線の動きの追随などすべてが共鳴の対象となる．なぜ共鳴行動するのかという問いには，人（例えば友人）と同じような話し方がしたいといった理由が考えられる．なお社会的要因に関してはレイ（Wray 2002）も参照されたい．

以上述べた共鳴に関連して，昨今世界を席巻しているSNSによるコミュニケーションでは，同じタイミングでログインしている相手と文字情報をやり取りするチャットという楽しみ方がある．オンライン上の会話は，発話が短いものも多く，共鳴を含めて決まった構造パターンに依拠しやすいことが十分考えられ，ここで述べている社会的要因，さらにはa. で述べた認知的要因が定型化に関わっていることを示している．

以上の議論から明らかなように，a 〜 dは独立して存在するのではなく，それぞれが関係しあって言語の定型化を動機づけているようである．まずは「限られた領域」で複数の定型表現が形成され，パターンとして認識されるようになる．これは，たとえば，まず一つのジャンルで定型化が起こり，そこから一般化する現象（例：Horie 2015の指摘する韓国語のブログ発祥と見られる引用表現）や，一つの地域に限られていた用法が他地域に伝播する（例：井上 2008 ほかの新方言研究）現象と関わっているのであろう．

まとめと展望：定型表現研究の重要性

本節では，定型性を軸として形態論に焦点を当て，言語が，持てるリソースを利用して新しく構造を作り続ける **propensity**（「癖」とでもいうべき傾向）を明らかにした．言語使用基盤の科学としての認知形態論の発展のためにも，定型性の観点からの文法研究が今後さらに必要となるであろう．

▶注

1　本節で使用される用例は，おもに1980年代後半から現在に至るまでカリフォルニア大学サンタバーバラ校，アリゾナ大学，アルバータ大学，慶應義塾大学の研究者を中心に収集された日常会話の録音・録画コーパスから選んだものである．

▶重要な文献

Corrigan, R., E. A. Moravcsik, H. Ouali and K. Wheatley (eds.) 2009a *Formulaic Language. Volume 1: Distribution and Historical Change, Volume 2: Acquisition, Loss, Psychological Reality, and Functional Explanations*. John Benjamins, Amsterdam.
用法基盤アプローチに基づいて言語の定型性に多様な観点から迫る総括的な論文集（全2巻）．多数の言語からのデータを含む点でも重要である．

Onysko, A. and S. Michel (eds.) 2010 *Cognitive Perspectives on Word Formation*. De Gruyter Mouton, Berlin.
伝統的な認知言語学の視点からの語形成へのアプローチ．データは主に英語，ドイツ語などゲルマン語派からである．

Wray, A. 2002 *Formulaic Language and the Lexicon*. Cambridge Univ. Press, London.
言語使用においては，既に覚えた言い回しが中心的な役割を果たすということを指摘した本．談話分析，第一・第二言語習得，失語症研究に言及しつつ，言語知識にお

ける定型性について主に英語のデータを用いて詳細に論じている.

▶文　献

Altenberg, B. 1998 On the Phraseology of Spoken English: The Evidence of Recurrent Word-combinations. In Cowie, A.P.(ed.) *Phraseology: Theory, Analysis, and Applications*, Oxford Univ. Press, Oxford, pp.101-22.

Chafe, W. 2000 Florescence as a Force in Grammaticalization. In Gildea, S. (ed.) *Reconstructing Grammar: Comparative Linguistics and Grammaticalization*, John Benjamins, Amsterdam, pp.39-64.

Corrigan, R. et al. 2009b Introduction: Approaches to the Study of Formulae. In Corrigan, R. et al (eds.) *Formulaic Language*, John Benjamins, Amsterdam, pp.xi-xiv.

Du Bois, J. W. 2014 Towards a Dialogic Syntax. *Cognitive Linguistics* 25(3): 359-410.

Erman, B. and B. Warren 2000 The Idiom Principle and the Open Choice Principle. *Text* 20(1): 29-62.

Fillmore, C. J. 1979 On Fluency. In Fillmore, C. J. et al (eds.) *Individual Differences in Language Ability and Language Behavior*, Academic Press, New York, pp.85-102.

呉泰均 2015「ネオ敬語「(ッ) ス」の語用論的機能」加藤重広（編）『日本語語用論フォーラム 1』ひつじ書房, pp.151-82.

Higashiizumi, Y. 2015 Periphery of Utterances and (Inter) Subjectification in Modern Japanese: A Case Study of Competing Causal Conjunctions and Connective Particles. In Smith, A.D.M. and G. Trousdale (eds.) *New Directions in Grammaticalization Research*, John Benjamins, Amsterdam, pp.135-56.

Hopper, P. 1988 Emergent Grammar and the A Priori Grammar Postulate. In Deborah, T. (ed.) *Linguistics in Context: Connecting, Observation, and Understanding*, Ablex, Norwood, NJ, pp.117-34.

Hopper, P. J. 2011 Emergent Grammar and Temporality in Interactional Linguistics. In Auer, P. and S. Pfänder (eds.) *In Constructions: Emerging and Emergent*. De Gruyter Mouton, Berlin, pp.22-44.

Horie, K. 2015 Genre-specificity of Some Grammaticizalization Processes in Korean: A Contrastive Study with Japanese. Paper presented at NINJAL International Symposium: Grammaticalization in Japanese and Across Languages. 4 July 2015. National Institute for Japanese Language and Linguistics.

飯野公一ほか 2003『新世代の言語学：社会・文化・人をつなぐもの』くろしお出版.

井上史雄 2008「ことばの散歩道 123　新方言じゃね」『日本語学』8: 21.

川上蓁 1963「文末などの上昇調について」『国語研究』16.

Langacker, R. 1987 *Foundations of Cognitive Grammar*. Vol. I, *Theoretical Prerequisites*, Stanford Univ. Press, Stanford.

Mayes, P. 1991 Grammaticization of *to* and *tte* in Japanese, Univ. of California, ms. Santa Barbara.

御園生保子 2006「「じゃない」の意図解釈とイントネーション（第 307 回研究例会発表要旨）」『音声研究』7 (2): 150.

Ono, T. 2006 An Emotively Motivated Post-Predicate Constituent Order in a 'Strict Predicate Final' Language: Emotion and Grammar Meet in Japanese Everyday Talk. In Suzuki, S. (ed.) *Emotive Communication in Japanese*, John Benjamins, Amsterdam, pp.139-53.

Ono, T. and R. Suzuki 1992 Word Order Variability in Japanese Conversation: Motivations and Grammaticization. *Text* 12: 429-45.

Ono, T. and R. Suzuki 2017 The Use of Frequent Verbs as Reactive Tokens in Japanese Everday Talk: Formulaicity, Florescence, and Grammaticization. *Journal of Pragmatics* (2017). 〈http://dx.doi.org/10.1016/j.pragma.2017.07.001〉

大野剛・鈴木亮子 2015「会話と定型性」第 11 回話しことばの言語学ワークショップ発表　慶應義塾大学日吉キャンパス 2015 年 8 月 22 日.

大里彩乃 2014「畳語の研究」『言語文化研究』22: 1-16.

小野寺典子 2014「談話標識の文法化をめぐる議論と「周辺部」という考え方」金水敏ほか（編）『歴史語用論の世界—文法化・待遇表現・発話行為』ひつじ書房.

尾崎喜光 2000「話し言葉の用例探し」『日本語学』19(6): 44-55.

尾崎喜光 2002「新しい丁寧語「(っ) す」現代日本語研究会（編）『男性のことば・職場編』ひつじ書房, pp.89-98.

Pawley, A. and F.H. Syder 1983 Two Puzzles for Linguistic Theory: Nativelike Selection and Nativelike Fluency. In Richards, J.C. and R.W. Schmidt (eds.) *Language and Communication*, Longman, London, pp.191-225.

三枝令子 2004「終助詞「じゃない」の意味と用法」『言語文化』41: 19-33.

Shinzato, R. 2007 (Inter) Subjectification, Japanese Syntax and Syntactic Scope Increase. *Journal of Historical Pragmatics*: 171-206.

鈴木亮子 2016「会話における動詞由来の反応表現—「ある」と「いる」を中心に」藤井洋子・高梨博子（編）『コミュニケーションのダイナミズム—自然発話データから』ひつじ書房, pp.63-83.

鈴木智美 2011「ブログ等に見られる「｜動名詞（VN）／感動詞相当句｜＋です」文について—「〜に感謝です」「〜をよろしくです」の意味・機能」『東京外国語大学留学生日本語教育センター論集』37: 15-28.

鈴木智美 2012「ニュース報道およびブログ等に見られる「〜です」文の意味・機能—「〜を徹底取材です」「〜に期待です」「〜をよろしくです」」『東京外国語大学論集』84: 341-57.

Tanabe, T. et al. 2014 A Lexicon of Multiword Expressions for Linguistically Precise, Wide-coverage Natural Language Processing. *Computer Speech and Language* 28: 1317-39.

田中ゆかり 2010『首都圏における言語動態の研究』笠間書院.

Tao, H. 2015 Any Way You Slice It, "Under the Influence" Is No "Quality Time" : Pragmatic Correlates of Diverse Types of Formulaic Expressions. Paper presented at International Pragmatics Conference, Antwerp, Belgium. July 28.

土屋智行 2013『定型表現を基盤とした言語の創造性 ―慣用表現とことわざの拡張用法に関する社会・認知的考察』京都大学大学院 人間・環境学研究科 博士学位論文.

Wray, A. and M. Perkins 2000 The Functions of Formulaic Language: An Integrated Model. *Language & Communication* 20: 1-28

山田孝雄 1924『日本文法講義』東京寶文館.

2.3	語の認知意味論

籾山洋介

本節では，まず，語の意味を的確に記述・分析するには，人間が有する（言語に特化しない）一般的な認知能力に注目する必要があることを論じる．特に，同一の対象に対して異なる捉え方をすることができるという認知能力に注目する．より具体的には，一つの対象に関して，異なる視点から捉えること，対象の構成要素あるいは全体を焦点化すること，異なるフレームに基づくことが，類義語の意味の相違の重要な要因であることを論じる．さらに，語の豊かな意味を適切に把握するには，百科事典的意味観に立つ必要があることを論じる．百科事典的意味観とは，語の意味について，従来の言語体系内に基盤を置く意味に加えて，語の指示対象が有する諸々の特徴，指示対象と人間の相互作用のあり方なども考慮に入れるものである．さらに，その語から想起・連想される（可能性がある）諸々の事柄も射程に収める．このような意味観は，人間が経験を通して身につけた様々な知識を重視するとともに，言語（の意味など）に関する知識と世界に関する知識は峻別できず，連続的であるとするものであり，意味論と語用論は連続的であると考える．最後に，百科事典的意味観と（部分的に）共通点を有する他の意味に関する考え方を取り上げる．

1. 認知意味論の基本的な考え方

まず，認知言語学などは，一つの言語において全く同じ意味（あるいは文体などの価値）の複数の語などの言語表現はないという考え方を前提とする．この前提に基づくと，同一の物事を表す複数の語が存在する場合，それらの語の意味の違いは必然的に**指示対象**（referent）である物事に求めることはできず，人間がその物事をどのように捉えるか（理解するか，解釈するか）という観点から考えなければならないことになる．**認知意味論**（cognitive semantics）では，語をはじめとする言語表現の意味について当然とも言えるこのような考え方を重視する．つまり，認知意味論は，同一の対象に対して異なる**捉え方／解釈**（construal）をすることができるという人間が有する（言語に特化しない）**認知能力**（cognitive faculty）に注目し，言語の基盤となる捉え方にはどのようなものがあるかを解明することを目指す．

また，我々が言語によって行なう重要なことの一つは，世の中の様々な物事を描写し，他者に伝達することである．このことからも，人間が有する言語（母語）に関する知識と世界（の様々な物事）に関する知識は不可分の関係にあると想定される．さらに言えば，語などの言語表現の意味も，言語体系内のみに求めることはできず，世界に関する様々な知識を基盤としていると考えられる．このような意味に対する考え方は，**百科事典的意味観／百科事典的意味論**（encyclopedic semantics）と言われ，従来の言語学で区別されていた**意味論**（semantics）と**語用論**（pragmatics）は連続的であると考える．

2. 捉　え　方

語（などの言語表現）の意味は，同一の対象に対して異なる**捉え方**（または解釈，事態把握）をすることができるという人間が有する**認知能力**が重要な基盤をなすことをラネカー（Ronald W. Langacker）などに基づき見ていく（Langacker 1987, 1988, 2008）[→ 3.3]．例えば，「ノーアウト満塁」という野球の試合における一つの状況に対して「ノーアウト満塁のチャンス」とも「ノーアウト満塁のピンチ」とも言うことができる（池上 1993: 751 も参照）．つまり，同一の対象に対して異なる**視点**（viewpoint）あるいは立場（ここでは攻撃側と守備側）から捉えることによって，「チャンス」と「ピンチ」というある意味で正反対の意味づけをすることができるわけである．

▶ 2.1 視点の違い

同一の対象を異なる視点から捉えることを直接反映している二つの語として，「のぼり坂／くだり坂」がある（西村 1996: 76）．つまり，一つの坂に対して，坂の下の方から見上げるか，坂の上の方から見下ろすかに対応しているのがこの二つの語である．

さらに，一つの語に，異なる視点が組み込まれていると考えられる「ありがた迷惑」という語を取り上げる（籾山 2014b: 29-30）．次の例を見てみよう．

(1) 就職後は大阪球場の年間特別指定席を買った．通いつめるうちに，<u>南海ホークス応援会長から，一緒に応援しようやって声かけられて</u>．正直<u>ありがた迷惑</u>ですよ．静かに見たかったんでね．［下線は引用者．考察の直接の対象である言語表現には実線の下線を，何らかの意味で注目すべき箇所には点線の下線を施す．以下の例文においても同様］
（『朝日新聞』（朝刊）2009 年 4 月 28 日，
聞蔵 II ビジュアル）

この例において，本人は（一人で）静かに試合を見たいと思っているのだから，その妨げとなる一緒に応援しようという誘いは「迷惑（なこと）」だということは明らかである．ここで，筆者が単に「迷惑」と言わずに「ありがた迷惑」と表現したのは，応援会長は好意で誘ってくれたのだという応援会長の立場に立った推測をした結果だと考えられる．つまり，「ありがた迷惑」という表現は，〈相手は私が「ありがたい」ことだと思うと判断して何かをしたが，実は，そのことは，私にとって「迷惑（なこと）」だ〉（言語表現の意味（を構成する要素）を〈　〉で括って示す．以下同様）という意味を表し，1 語の中に，自分の**視点**だけでなく，相手の視点（に基づく推測）も含むと考えられる．

▶ 2.2 構成要素と全体のいずれを焦点化するか

我々は，複数の要素からなる対象を把握する際に，個々の構成要素を（ある程度）**焦点化**（focusing）することも，対象全体を焦点化することもできる（山梨 1995: 125-27 の「『統合的』認知」と「『離散的』認知」も参照）．このような**認**

知能力に還元できる，**類義語**（synonym）の意味の違いを取り上げる．次の「人々」と「群衆」の例を見てみよう（籾山 2005: 582）．

(2) a. 議事堂前に集まった<u>人々</u>．
b. 議事堂前に集まった<u>群衆</u>．

この例の「人々」と「群衆」は，いずれも「相当数の人間の集合」を表すことができる．ただし，「人々」の方は，人間の集合を構成する個々の人にもある程度目を向けた表現であるのに対して，「群衆」は，（実際には個々の人間から構成されているにもかかわらず）人間の集合を一括りにして捉えた表現だと考えられる．このように考える根拠として，「様々な人々」と「様々な群衆」の違いがある．というのは，「様々な人々」は「人々」を構成する個々の人の多様性を表すことができるのに対して，「様々な群衆」が表すのは，群衆単位での多様性であり，個々人の多様性は表せないからである．続いて，以下の同じ 1 年という期間を表す三つの表現を見てみよう（籾山 2010a: 32-3）．

(3) a. この公園は，<u>春夏秋冬</u>を通して様々な花が楽しめる．
b. この公園は，<u>四季</u>を通して様々な花が楽しめる．
c. この公園は，<u>1 年</u>を通して様々な花が楽しめる．

「春夏秋冬」「四季」「1 年」という三つの表現も，同じ 1 年という期間を指しているが，1 年を構成する個々の要素にどの程度注目するかという点で違いがある．まず，「春夏秋冬」は，1 年は「春」「夏」「秋」「冬」という異なる四つの季節から構成されているということに特に注目した表現であり，1 年という全体を構成する四つの異なる要素を際立たせた表現である．それに対して，「1 年」という語は，構成要素（四つの季節や 12 の月）には目を向けず，その期間全体を一括りにした表現である．さらに，「四季」という語は，1 年という期間に関して，それを構成する要素（ここでは特に四つの季節）にどの程度注目するかということについて，「春夏秋冬」と「1 年」の中間に位置すると考えられる．つまり，「四季」という言い方は，1 年という期間を，四つの季節から構成されていると捉えてはいるが，「春夏秋冬」とは違って，四つの季節が具体的に何であるかについ

ては述べていない.

以上のことをさらに具体例に基づき確認する.「このホテルは,1年を通して温水プールが利用できる」とは言えても,「このホテルは四季／春夏秋冬を通して,温水プールが利用できる」とは言いにくい.というのは,常時,一定の水温・室温に保たれている温水プールの利用は,「四季」の移り変わりに伴う状況の変化とは無関係だと考えられるからである.

▶ 2.3 異なるフレームに基づく捉え方

続いて,同じ物事を,異なる「フレーム」(frame) に基づき捉えることによる**類義語**を取り上げる.まず,フレームを,フィルモア(Charles J. Fillmore) などに基づき,「日常の経験を一般化することによって身につけた,複数の要素が統合された知識の型」と定義する(Fillmore 1982, Fillmore and Baker 2007)[→ 2.8].以下で,次の例に基づき,フレームの観点から「さら地」と「空き地」という語を検討する(籾山 2014b: 76-8).

(4) 再開発の工事は着々と昔のまちなみを消し去りつつある.広がったさら地には,早くも雑草が生えだしている.そのうちアスファルトやコンクリートでふさがれてしまうとも知らずに,山から吹きおろす無遠慮な寒風に耐えている.(『朝日新聞』(朝刊)2014 年 3 月 19 日,聞蔵Ⅱビジュアル)

(5) 子供のころは,よく近所の空き地に入り込んで遊んだものだ.

まず,「さら地」と「空き地」は,「(せいぜい雑草が生えている程度で)何もない土地」であるという点では共通している.ここで,「さら地」は,(4)からもわかるように,「以前はその土地に木々や建物があったが,その木々を伐採したり建物を撤去した結果,今は何もない.さらに,その土地は,将来的に売却したり建物を建てる予定である」というフレームにおいて,〈何もない土地〉を表すと考えられる.つまり,「さら地」は,土地の来歴と将来構想を含むフレームに基づき,現段階における〈何もない土地〉を表しているわけである.

一方,「空き地」は,(5)からもわかるように,その土地の来歴などは問題とせず,「(おおむね)建物が建っている地域」というフレームにおいて,

〈何もない(そこだけ建物が建っていない)土地〉を表すと考えられる.つまり,住宅や商店が建ち並ぶエリアにおいて,そこだけ〈何もない土地〉を指して「空き地」と言うわけである.

続いて,以下の例に基づき「肉眼」と「裸眼」の両語を検討する(籾山 2009: 37-9).

(6) a. 肉眼では見えない微生物を顕微鏡で観察する.
b. バードウォッチングは,肉眼で楽しむ人も双眼鏡を使う人もいる.

(7) 裸眼と眼鏡着用の両方で視力検査をする.

「肉眼」と「裸眼」は,「何も器具類を使わないで見ること(あるいは何も器具類を使わないで見るときの目)」を表すという点では共通しているが,やはり,異なるフレームに基づき異なる意味を有する.まず,「肉眼」は,(6a, b)からもわかるように,「顕微鏡や双眼鏡・望遠鏡などの事物を拡大するものを使って見るか,使わないで見るか」というフレームにおいて,〈その種の機器・器具を使わないで見る〉ことを表すと考えられる.一方,「裸眼」は,(7)からもわかるように,「眼鏡・コンタクトレンズという目の性能を上げるものをつけてものを見るか,つけないでものを見るか」というフレームにおいて,〈眼鏡・コンタクトレンズをつけないでものを見る〉ことを表す.このように,「肉眼」と「裸眼」の違いも,フレームの違いとして示すことができる.

3. 百科事典的意味観

構造主義言語学(structural linguistics) に基づく**成分分析**(componential analysis) などの意味に関する考え方では,語の指示対象が有する特徴はあくまでモノやコトの特徴であって,言語の意味には含まれず,ある語の意味として認められるのは,言語体系内において他の語との違いを示す**弁別的特徴**(distinctive feature) に限られると考えられていた.例えば,「父」という語は,「母」と比べれば〈+男〉という弁別的特徴が抽出でき,「祖父」と異なり〈+(ある人から見て)一世代上〉であり,「おじ」に対しては〈+直系〉であることになる.このように,「父」という語の意味は,〈+男〉〈+(ある人から見て)一世代上〉〈+直系〉という弁別的特徴の束として記述で

きるわけである.

一方，認知言語学の基盤をなす，語をはじめとする言語表現の意味についての考え方は**百科事典的意味観**と言われるものである．ヘイマン（John Haiman），ラネカー，エヴァンス（Vyvyan Evans）とグリーン（Melanie Green）などを踏まえると（Haiman 1980, Langacker 1987: 4.2, 2008: 36-43, 47-50, Evans and Green 2006: 206-22），ある語の**百科事典的意味**（encyclopedic meaning）とは，「その語から想起される（可能性がある）知識の総体」（籾山 2010b: 5）とまとめられる（この定義から，百科事典的意味は相当の個人差があると考えられる）．つまりは，ある語を聞いたときに，頭に浮かぶ（可能性がある）すべての事柄を射程に収めるものである．なお，ある語を発したり聞いたりする場合に，その語に関係する知識がいつも全部想起されるわけではなく，個々のコンテクストによって，ある語の百科事典的意味の一部が活性化されると考えられる．

以上のように，百科事典的意味観は，語の意味に対して，極めて広範囲に及ぶ豊かな内容を認めるものである．このように考えることによって，言語の意味に関わる様々な現象を的確に捉え，説明できることを以下で具体例に基づき見ていくが，各語の百科事典的意味には，少なくとも以下の事柄が含まれる．

- その語に，（現実）世界に指示対象（の集合）が存在する場合は，その指示対象が有する諸々の特徴，その指示対象と人間の相互作用のあり方，その指示対象に対する人間の捉え方.
- その語から連想される（可能性がある）諸々の事柄．そこには，その語の基盤となる背景知識（フレーム，**ドメイン／領域**（domain），**理想化認知モデル**（idealized cognitive model／ICM）など）も含まれる.

▶ 3.1 語の指示対象の特徴の重要性

まず，語の指示対象の特徴が，語の意味として重要な役割を果たす日本語の具体例を取り上げる（籾山 2014b: 第7講）．「金槌」という語は〈泳げない人〉を表すことができる．「金槌」にこのようなメタファー（metaphor）に基づく意味があることを説明するには，「金槌」の本来の意味の一部

として，この語の指示対象の材質の特徴を含める必要がある．つまり，「金槌」は，打ち付ける対象である釘などと接触する部分が「鉄」でできており，金槌全体には〈重くて水に浮かない〉という性質がある．したがって，「金槌」という語の本来の意味に，このような指示対象の材質の特徴を含めれば，〈泳げない人〉という意味はこの特徴に注目したものとして説明することができる．

次は，「月面宙返り」という塚原光男が開発した体操の鉄棒競技の下り技の命名について見る．この体操の技の名づけには，「月面でならともかく，地球上では到底できるとは考えられないほど（当時としては）難しい宙返り」という気持ちが込められていると考えられる．このような名づけ（に込められた気持ち）を理解するには，「月面」という語の指示対象が有する「重力」に関する特徴を知っている必要がある．つまり，「月面」という語の本来の意味の一部として，〈重力が地球の1/6程度（で，地球上よりはるかに飛んだり跳ねたりしやすい）〉というこの語の指示対象が持つ特徴を認めれば，「月面宙返り」という命名も納得がいくことになる．

続いて，「お天気屋」という表現に注目し，「天気」の百科事典的意味を検討する．

(8) あいつはお天気屋だから付き合いにくい.

「お天気屋」とは〈気分・機嫌が変わりやすい人〉を表す．「お天気屋」のこのような意味を理解するには，「天気」という語の本来の意味に，その指示対象が持つある種の特徴を認めなければならない．つまり，我々は，「天気」という語の指示対象である（日本の）天気について，〈変わりやすい（＝比較的短いサイクルで変化する）〉ということを知っている．このように，「天気」という語に〈変わりやすい〉という特徴を認めれば，「お天気屋」が〈気分・機嫌が変わりやすい人〉を表すことに対して説明が可能になる．あらためて確認すれば，この〈変わりやすい〉という特徴は，「天気」という語の指示対象が有する特徴である．

さらに，「雪だるま(式)」という表現を取り上げる（籾山 2010a: 64）．借金がどんどん膨れ上がっていく様子を「借金が雪だるま式に増えていった」という言い方をするが，この「雪だるま式」

という表現は，できあがった雪だるまの姿・形を知っているだけでは理解できない．このような意味での「雪だるま式」という表現は，現在は日本語に定着したものであるが，初めてこの意味で使った人は，人間が雪に働きかけて雪だるまを作るプロセス，すなわち，雪の球を雪の上で転がしていくとどんどん大きくなるという雪だるまと人間の相互作用に基づいていたことは明らかであろう．つまり，この種の表現の意味には，指示対象の特徴に加えて，指示対象と人間の相互作用のあり方も関与しているわけである．

　なお，語の意味として，指示対象に対する捉え方が重要であることは，2.で見たとおりであるが，指示対象に対する捉え方も上述のように百科事典的意味に含まれる．さらに，フレームの重要性についても2.で取り上げたが，既述のとおり，各語の基盤となるフレームなどの背景知識も百科事典的意味に含まれる．

▶ 3.2　百科事典的意味を構成する要素の段階性

　さらに，語の百科事典的意味を構成する諸要素には，より中心的なものとより周辺的なものが段階的・連続的に存在し，周辺的な要素であっても，言語の意味に関わる現象において重要な役割を果たす場合があると考える（Langacker 1987: 158-61, 2008: 47-50, Evans and Green 2006: 215-22）．語の百科事典的意味を構成する諸要素の中心性あるいは重要性について考える観点として，少なくとも「**慣習性**」（conventional である程度）「**一般性**」（generic である程度）「**内在性**」（intrinsic である程度）がある（Langacker 1987: 158-61）．以下，この三つの観点について順に見ていく．

3.2.1　慣習性

　まず，慣習性とは「ある語の百科事典的意味を構成する要素が言語共同体で共有されている程度」のことである．簡単に言ってしまえば，どれくらいの人が知っているかということである．言うまでもなく，ある語の百科事典的意味を構成する要素の中でも，慣習性の高い要素が，相対的に重要なものであるが，慣習性が完全でなくとも百科事典的意味に取り込む必要があることを，以下で簡単に見る（籾山 2010b: 7-8）．

　「煮詰まる」という語は複数の意味を持つが，複数の意味のうち，〈水分が少なくなる〉という意味は大半の人が知っている慣習性の高い意味である．「煮詰まる」には，この他に，〈完成に近づく〉（「ようやく計画が煮詰まってきた」など）と〈行き詰る〉（「煮詰まっちゃってこれ以上アイデアが出ない」など）という二つの意味がある．この二つの意味に関して，相当数の話者が，一方は知っているが，他方は知らないというのが現在の日本語の状況であろう．つまり，〈水分が少なくなる〉という意味と比べて，〈完成に近づく〉と〈行き詰る〉という意味はいずれも慣習性が低いわけだが，この後者の二つの意味を，慣習性の程度が完全でないからといって，「煮詰まる」の意味に含めないというのは問題であろう．百科事典的意味観に立てば，このような意味も，〈水分が少なくなる〉という意味よりは慣習性の低いものと位置づけたうえで，取り込むわけである．

3.2.2　内在性

　続いて，内在性とは「ある語の百科事典的意味を構成する要素が，その語が表す対象に内在している程度，つまりは外的な物事に関与しない程度」のことである（籾山 2010b: 11-12）．先に見たように，「雪だるま式」という表現を理解するのに，「雪だるま」に関して「人間が雪に働きかけて雪だるまを作るプロセス」に関する知識が必要であった．このプロセスは当然のことながら「雪だるま」にとって外的な存在である人間が関与することから，内在性の程度が完全ではないが，この種の特徴も「雪だるま」の百科事典的意味として射程に収める必要があるわけである．次に，「バナナ」という語を取り上げる（籾山 2010a: 98）．「バナナ」の指示対象の諸特徴のうち，〈色が黄色い〉〈湾曲した独特の形をしている〉ということは，内在性の程度が完全な特徴である．一方，〈食用〉という特徴は，人間などの動物というバナナにとっては外的な存在がバナナに対して行なう行為（食べること）に基づくことであるから，色と形に比べて内在性の程度は劣ることになる．ただし，〈食用〉ということも「バナナ」が持っている重要な特徴の一つであり，このような内在性の程度が完全でない特徴も，語の百科事典的意味に含めることになる．

　以上のことは，この世に極めて数多く存在する

人工物の特徴を考えると，さらにはっきりする．というのは，人工物の場合，人間がそれを用いることによって何らかの機能を果たすように作ったものであり，人間が何のために，あるいはどのように使うかといった外在性の高い特徴が重要な役割を果たしているからである．例えば，「ホッチキス」に関する「人間が複数の紙を綴じるためのもの」という特徴は，ホッチキスを使う主体である人間と，人間がホッチキスを用いて働きかける対象（紙）というホッチキスから見て外在的な存在を含むものであるが，「ホッチキス」という語の意味にこのような特徴を含めないというのは明らかに不適切であろう．

3.2.3　一般性

最後に，ある語の百科事典的意味を構成する要素が，その語が表すカテゴリーのどれだけの成員に当てはまるかという程度，すなわち**一般性**の程度に注目し，特に，語の百科事典的意味の一部として，一般性の程度が完全ではない意味（ある語が表すカテゴリーの成員の一部にのみ該当する意味）を認めることが必要であることを論じる．さらに，レイコフ（George Lakoff）の記述などを踏まえて（Lakoff 1987: Ch.5），カテゴリーの成員の一部（下位カテゴリー）の種類を「典型例」「顕著例」「理想例」「ステレオタイプ」に分類し，それぞれを以下のように定義する（籾山 2014a）．

典型例：（ある言語共同体において）あるカテゴリーの中で，典型的な特徴を有し，数多くの成員を含む想起しやすい下位カテゴリーのこと．

顕著例：（ある言語共同体において）あるカテゴリーの中で，そのカテゴリーの何らかの程度性のある特徴を顕著に有する下位カテゴリーのこと．

理想例：（ある言語共同体において）あるカテゴリーの中で，（何らかの観点から見て）理想的な（一群の）特徴を有する下位カテゴリーのこと．

ステレオタイプ：（ある言語共同体において）あるカテゴリーの成員全般に関して，十分な根拠なしにある特徴を有すると広く信じられてはいるが，実際にそのような特徴を有するのは，カテゴリーの成員の一部であるという場合に，そのような下位カテゴリーのこと．

なお，「理想例」は，程度性のある特徴に注目している場合は，「顕著例」の特殊な一種と考えら

れる．以下では，上記の四つの下位カテゴリーを順に取り上げ，一般性の程度が完全ではない意味の重要性について見ていく．

①典型例

まず，「人間」という名詞を取り上げる（籾山 2008）．

(9) いくら頼んでも一銭も貸してくれないなんて，あいつは人間じゃない．

この例では，「あいつ」という「人間」（＝ホモサピエンス）に対して，「人間じゃない」という一見矛盾したことを言っているが，この文はしかるべき意味を持ったものとして理解できる．つまり，この例の「人間」という語は，ホモサピエンス全体を指しているのではなく，ある種の一般性の程度が完全でない特徴を有する，ホモサピエンスの下位カテゴリーを表していると考えられる．つまり，〈情・優しさをある程度有する〉という特徴を持ったホモサピエンスに限定して「人間」と言っているわけである．ここで，〈情・優しさをある程度有する〉という特徴は，ホモサピエンスの大半が持っているものであり，ホモサピエンスの典型例の特徴と言っていいものである．以上から，「あいつは人間じゃない」という場合の「人間」は，〈情・優しさをある程度有する〉という特徴を持つ「人間」の典型例と考えるのが妥当である．

②顕著例

以下の例の「雨」はメタファーとして用いられている．

(10) 質問の雨にさらされて，立ち往生してしまった．

さて，「雨」には，降る量あるいは強さによって「小雨」も「大雨」もある．また，降り続く時間によって「長雨」も「にわか雨」「通り雨」もある．つまり，少なくとも，量・強さ，降り続く時間の点で多様な「雨」がある．ただし，(10) の「質問の雨」というメタファー表現を適切に理解するには，〈ある程度強く，相当時間降り続く雨〉，つまりは，強さと降り続く時間の観点から見て「顕著な特徴を有する雨」を想定しなければならない．このように，「質問の雨」というメタファー表現の理解には，ある観点から見た「雨」の顕著例が基盤となっている．続いて，以下の「風

のように」という**直喩**表現を見てみよう.

(11) イチローは風のように一塁ベースを駆け抜けた.

「雨」と同様,「風」といってもいろいろな「風」がある. 例えば,「強風」「突風」「微風」といった表現からもわかるように, 強さや激しさの点で(段階的に)異なる風がある. さて, (11)の文は, イチローという野球選手の足が非常に速いことを描写していると理解できる. したがって, ここでの「風」は, (「微風」などではなく)〈移動速度が極めて速い〉という特徴を持った「風」のことである. つまり,「風のように」という直喩表現の「風」は, 移動速度という程度性のある特徴について, 顕著な程度を有すると考えなければならない. 以上から,「風のように」という直喩表現を理解する場合にも,〈移動速度が極めて速い〉という「風」の顕著例のみが持っている特徴を認める必要がある.

なお,「①典型例」において,〈情・優しさをある程度有する〉という特徴を持つ「人間」を,「人間」の典型例と考えたが, この種の特徴は程度性を有するものであるから, このような「人間」は顕著例の周辺例であるとも考えられるだろう.

③理想例

まず,「男」という語を含む以下の例を見てみよう.

(12) 「打って男になってこい」. 延長10回1死満塁. 富士宮北の川原誠司監督は代打を告げ, 小林拓人君を打席に送り出した.
　　　　　　　　（『朝日新聞』(夕刊)2005年7月30日,
　　　　　　　　　　　　　　　　　　　聞蔵Ⅱビジュアル）

この例では, 野球の試合の大事な場面で, 監督が,「男」である選手に対して「男になってこい」と言って代打として送り出している. したがって,「男になってこい」における「男」には,〈大事な場面で力を発揮し, 立派なことを成し遂げる〉といった「男」の(ある観点から見た)理想例が有する特徴を認める必要がある.「男」にこのような意味を認めないと,「男」である人に対する「男になってこい」という発言は意味をなさなくなってしまう. 続いて,「病院のように」という直喩表現を取り上げる.

(13) 鹿児島空港は完成してからまだ日が浅いので,

壁, 廊下, 売店, 天井, どこもかしこもういういしく清潔である. 病院のように清潔で白い.
　　　　　　　　　　　　　　　（開高健『新しい天体』,
　　　　　　　　『CD-ROM版　新潮文庫の絶版100冊』）

この例では,「鹿児島空港」について〈極めて清潔である〉ことを示すのに,「病院のように清潔で」と描写している. ただし,「病院」の清潔である程度は様々であろうから,〈極めて清潔である〉という特徴を有するのは, 理想的な「病院」に限られると考えられる. したがって, この例からも, ある種の直喩表現を的確に理解するには, 理想例のみが持つ特徴を認める必要があることがわかる.

なお,「病院」の〈極めて清潔である〉という特徴は,「男」の〈大事な場面で力を発揮し, 立派なことを成し遂げる〉という特徴と比べて, 慣習性が低いであろう.

④ステレオタイプ

最後に, **ステレオタイプ**を取り上げる. まず,「学生気分」という表現を含む実例に基づき,「学生」のステレオタイプが有する特徴について見ていく.

(14) 新入社員や若手社員を陸上自衛隊に「入隊」させる企業が増えている.「隊内生活体験」という短期研修だ. 学生気分を一新させ, 企業戦士に変えようという狙いなのか. さいたま市北区の大宮駐屯地をのぞいてみた.（中略）「隊内生活体験」は, 規律や集団行動の大切さを身につけさせるのが目的だという.
　　　　　　　　（『朝日新聞』(朝刊)2010年5月26日,
　　　　　　　　　　　　　　　　　　　聞蔵Ⅱビジュアル）

この新聞記事によると, 企業が新入社員などを陸上自衛隊に「入隊」させる目的は,「規律や集団行動の大切さを身につけさせる」ことである. ということは, 会社に入る以前の学生には, 規律が身についておらず, 集団行動の意義が理解できていないということが前提とされているわけである. 集団行動の意義については, 確かに運動部に属している学生などを除いて,（十分に）身につけている学生は少ないと思われるが, 規律についてはどうであろうか. 学生にとっての規律を「授業にきちんと出席する」「課題・レポートなどを期日までに提出する」といったことであると考えれば,

現代において，規律正しい学生が学生の大半を占めていると言ってよいだろう．

このように考えると，〈規律正しくない〉という特徴を有する学生は学生の一部だと言えよう．さらに言えば，「学生気分」という語を理解するには，「学生」に〈規律正しくない〉という特徴を認めなければならないが，この種の特徴は，社会人が，学生一般がそうであると十分な根拠なしに信じていること，すなわち，ステレオタイプが有する特徴であることになる．

次に，「宇宙人」という語がメタファーとして用いられている場合を検討する．

(15)「糸井はその<u>変人ぶり</u>から，チーム内で"<u>宇宙人</u>"と呼ばれている．若手がバッティングについて聞くと，『いざとなったら背筋を使え』と答えたそうで（笑い），<u>何を考えているのかわからない</u>と敬遠されてたようです．［以下略］」（スポーツ紙デスク）
（『週刊朝日』2013 年 2 月 8 日，
聞蔵 II ビジュアル）

まず，(15)の「宇宙人」は，ある人に対して用いられていることから，メタファーと考えられる．さて，(15)の「変人ぶり」「何を考えているのかわからない」という表現からわかるように，ここで「宇宙人」と呼ばれている人は，〈普通の人間と行動・考え方などが大きく異なる〉という特徴を有すると思われていることになる．このような特徴を有する人を，メタファーに基づき「宇宙人」と呼ぶ前提として，「宇宙人」に〈人間と行動・考え方などが大きく異なる〉という特徴を認めておく必要がある．ここで，「宇宙人」が有すると考えられているこのような特徴は，十分な根拠なしに信じられていることであるから，「宇宙人」のステレオタイプが有する特徴と考えられる．

ただし，上記の「学生」のステレオタイプが有する〈規律正しくない〉という特徴は，すべての「学生」には当てはまらないとしても，一部の「学生」に該当することは確かであるのに対して，〈人間と行動・考え方などが大きく異なる〉という特徴が，どれくらいの「宇宙人」に当てはまるかを問うこと自体が無意味であろう．というのは，「宇宙人」については存在が実証されていないのであるから，そもそも実際にどのような特徴を有す

るかを問題にできないからである．

4. 百科事典的意味観と共通点を有する認知言語学以前あるいは以外の諸説

ここでは，百科事典的意味観と（部分的に）共通点を有する認知言語学以前あるいは以外の説を取り上げ，百科事典的意味観の位置づけと妥当性を確認する（なお，言語学の歴史における語の意味に関する諸説・諸理論の展開については，Geeraerts 2010 を参照）．

まず，服部四郎，国広哲弥の「**意義素**」の考え方について見る（野村 2002）．「意義素とは単語に該当する音声を聞いた場合に，社会習慣によって反射的に我々が思い出す意識内容のうちの，社会習慣的に繰返し現れる特徴のことをいう」（服部 1957 ［再録 1980: 178]）と定義されている．また，「『単語のかたち』と言い『意義素』と言うのは，社会習慣的の特徴と定義したのだから，各人において個人差がないと想定する」（服部 1968a ［再録 1979: 56]）とある一方で，「『社会習慣』といっても，一つの言語共同体の全員に共通のものも，そのうちの一部の世代，あるいは一部の人々，にのみ共通のものもあろう．正確な記述では，それらの範囲が明らかになっているのが理想である．」（同前 : 88）と記述されており，**慣習性**の程度が完全でない意味も，意義素の射程に入っていると考えられる．

次に，国広（1982）によると，意義素を構成する諸特徴は，以下のように 3 種類に分けられ，それぞれの特徴はさらに，括弧の中のように下位分類される（同前 : 67-8）．

(1) **文法的特徴**（品詞的特徴／統語的特徴）
(2) **語義的特徴**（前提的特徴／本来的特徴）
(3) **含蓄的特徴**（文体的特徴／喚情的特徴
／**文化的特徴**）

これらの諸特徴の固定度（慣習性）について，最初の「品詞的特徴」が一番強く，順に次第に弱くなり，「文化的特徴」に至っては個人差が甚だしいと述べている．この文化的特徴について，「名詞に関して見られ，**連想**の形を取る」とある（同前 : 84）．ある語から連想されることは，本稿における百科事典的意味，すなわち「その語から想起される（可能性がある）知識の総体」に含まれるも

である．なお，「ススキ」には秋の淋しさが連想されるといった例が取り上げられているが，「ススキ」から秋の淋しさを連想するか否かには個人差があり，慣習性の程度が完全とは言えないものである．

以上のように，服部および国広の意義素の考え方は，慣習性の程度が完全ではない特徴も取り込むものであるという点で，百科事典的意味観と共通点を有するものである．

さらに，服部は，意義素は「民間伝承的知識」も含むと述べており（服部1974［再録1979: 109]），百科事典的意味観との近さをうかがわせる．例えば，「狐」や「狸」に対する「人を化かすこと（に基づく特別な感情）」なども意義素の一部をなす（服部1974［再録1979: 110]）とある．加えて，「同一の事物がいろいろな単語によってさし示されうるという事実は，これらの単語の意義素が同一であることを意味しない．たとえば，小さい馬は，発話者が心の中でそれをおとなの馬と対立させている時には『仔馬』と呼ばれうるけれども，牛などと対立させている時には『馬』と呼ばれうる」（服部1968b［再録1979: 41]）とも述べられており，同一の対象に対する異なる**捉え方**につながるものだと考えられる．

最後に，国広（1982）の「意味現象が本質的には心理現象である」（同前: 3)，「意義素の外縁の不確定性をそのまま言語のあるがままの姿として認めるのが筆者の意味観である」（同前: 55) といった記述から，意義素と認知言語学の百科事典的意味観の親和性が高いことが確認できる．

次に，クルーズ（Alan Cruse）の考え方を取り上げる（Cruse 1986)．クルーズの考え方は，**構造主義意味論**（structural semantics）を継承している面があるものの，語の意味に対して一般性の程度が完全でない特徴も取り込んでいるという点で，百科事典的意味観と共通点を有する．また，自身の語の意味に対する考え方からすると，ある語の意味とその語の言語外の指示物に関する「百科事典的」（encyclopaedic）事実とを区別しようとしても恣意的なものとなるという趣旨のことを述べており（ibid: 19)，本節における百科事典的意味観との近さをうかがわせる．

さて，クルーズは，語の意味は（少なくとも部分的には）他の語の意味から成り立っていると考えるモデルを提案している（ibid: 15-20)．そして，ある語の意味が別の語の意味に関与する場合，その意味を，後者の語の「意味特性」（semantic trait）と名づけている．さらに，ある語の意味が他の語の意味に関与する程度，関与の仕方を区別するために，意味特性を，「必須の」（criterial)，「予想される」（expected)，「可能な」（possible)，「予想されない」（unexpected)，「排除される」（excluded）という五つの段階・種類に分けている（ibid: 16)．なお，この五つの段階は連続的であると考えられている（ibid: 18)．ここで，この五つの段階と百科事典的意味における一般性の程度との関係について確認すると，「必須の特性」が一般性の程度が完全である特徴を表し，順に一般性の程度が下がっていき，「排除される特性」は一般性の程度がゼロであるものに相当する．

以上のクルーズの考え方を，日本語の「犬」という語を例に確認する．まず，〈動物〉という意味特性は，「犬」の必須の特性である．また，〈吠える〉は予想される特性，〈茶色い〉は可能な特性，〈歌う〉は予想されない特性，〈魚〉は排除される特性である．以上のように，クルーズの考え方は，語の意味に対して一般性の程度が完全でない特徴も取り込んでいるという点で，百科事典的意味観と共通点を有する．

続いて，プステヨフスキー（James Pustejovsky）の**生成語彙意味論**（generative lexicon）における「**クオリア**（qualia）構造」を取り上げる．生成語彙意味論の基本的な言語観・意味観は，「生成語彙論を計算システム（computational system）と特徴づける」（Pustejovsky 1995: 61)，「意味が合成的に生成されるしくみを説明するのも生成語彙論の特徴である」（小野2005: 23) といった記述からもわかるとおり，認知言語学とは相容れない面を有する．しかしながら，以下で見ていくクオリア構造に関しては，認知言語学の百科事典的意味観と共通する面が見いだせる．

Pustejovsky（1995: 77) は当該の語のクオリアを，その語の意味を最もよく説明する，その語と結びついた特徴や事態の集合と考えている．また，小野（2008: 266) は「ものごとの持つ多面的な情

報を，単語の意味として語の情報に組み込もうというのがクオリア（qualia）という考え方」と述べている．以上の「語と結びついた特徴や事態の集合」「ものごとの持つ多面的な情報」を語の意味に組み込むという考え方は，百科事典的意味観に通じる面があるということは明らかであろう．

クオリア構造は四つのタイプに分けられるが，ここでは**目的クオリア**（telic qualia）のみを取り上げる．目的クオリアとは，おおよそ，ものの本来的に意図された目的や機能のことである（Pustejovsky 1995: 77, 小野 2008: 274-75）．日本語の「小説」と「辞書」という語を例に簡単に説明すると，「小説」は〈読むためのもの〉であるのに対して，「辞書」は〈調べるためのもの〉というように，両語の違いの一面は，目的クオリアの違いとして示すことができる．以上の例からもわかるように，目的クオリアは，内在性の程度が完全ではない特徴を取り込むものである．というのは，「小説」に対する「読む」という行為などは，小説にとって外在的である人間が行なうことであるからである．このように，クオリア構造の目的クオリアは，内在性の程度が完全ではない特徴を射程に入れるという点で，百科事典的意味観と共通点を有するものである．

オールウッド（Jens Allwood）の「**潜在的意味**」（meaning potential）（Allwood 2003）の考え方も百科事典的意味観と関連性を有するものである．潜在的意味とは，おおよそ，その語を使って伝えることができるあらゆる情報の集合のことである（*ibid*: 43）．さらに，潜在的意味には，多様な意味論的・語用論的知識が含まれるとあり（*ibid*: 52），**意味論**と**語用論**は峻別できるものではなく，連続的であると考えていることになる．以上のように，オールウッドの考え方も百科事典的意味観と共通点を有するものである．

最後に，哲学者・野矢茂樹の考え方を簡単に取り上げる（野矢 2011: 23 章，西村・野矢 2013: 82-87）．まず，「ある概念を理解するとは，その概念のもとに開ける典型的な物語を理解することなのである」（野矢 2011: 403）とある．例えば，鳥に関する典型的な物語を語るとは，鳥にまつわる極めて多様な通念の全体を問題にすることである（*ibid*: 411）．このような考え方が，「ある語の

百科事典的意味とは，その語から想起される（可能性がある）知識の総体のことである」という認知意味論の意味観と親和性が高いことは明らかであろう．

ま と め と 展 望

本節では，語の意味に対する認知意味論の基本的な考え方を，日本語の例に基づき見てきた．特に，2. では，同一の対象に対して異なる捉え方をすることができるという認知能力が語の意味の重要な基盤をなすことを示した．3. では，語の豊かな意味を適切に把握するには，百科事典的意味観に立つ必要があることを論じた．このような意味観は，意味論と語用論は連続的であるとする考え方を必然的に導くものである．4. では，百科事典的意味観と（部分的に）共通点を有する意味に関する諸説を取り上げ，認知言語学の内外において百科事典的意味観に向かう動きがあることを確認した．

さて，これまでの言語学の歴史において，意味研究は他の分野に比べて立ち遅れた分野であった．このような状況にあって，認知言語学の本格的な研究の展開とともに，言語の意味に関する興味深い現象が発掘され，多角的な記述・説明が精力的に行なわれているというのが現在の状況であると言っていいだろう．また，一方で，認知言語学の先駆的研究と言えるものが，日本人研究者によって行なわれてきたことも事実である（4. の服部四郎の研究などを参照）．今後，このような先人の研究にもあらためて目を向けることが必要であろう．さらに，豊かな蓄積がある日本語の意味研究をさらに発展させることによって，認知言語学・認知意味論一般へのなお一層の貢献ができると思われる．

▶重要な文献

Geeraerts, D. 2010 *Theories of Lexical Semantics*, Oxford Univ. Press, Oxford.
　歴史言語学から構造主義・生成文法を経て認知言語学に至る言語学の歴史における「語の意味」に関する諸説・諸理論をわかりやすく解説している．

Haiman, J. 1980 Dictionaries and Encyclopedias. *Lingua* 50: 329-57.
　構造主義意味論の問題点を明確にし，言語に関する知識と世界に関する知識が不可分であることを唱えた，百科

事典的意味観についての先駆的研究.

野村益寛 2002「意味論研究史管見—認知言語学の視点から」『日本の言語学—30年の歩みと今世紀の展望』（『言語』30周年記念別冊）大修館書店 pp.118-29.
　認知言語学（認知意味論）に至る日本（語）の意味研究の歴史・蓄積における時枝誠記，服部四郎らの先駆性に光を当てている.

▶文　献

Allwood, J. 2003 Meaning Potentials and Context: Some Consequences for the Analysis of Variation in Meaning. In Cuyckens, H. et al. (eds.) *Cognitive Approaches to Lexical Semantics*, Mouton de Gruyter, Berlin, pp.29-65.

Cruse, D. A. 1986 *Lexical Semantics*, Cambridge Univ. Press, Cambridge.

Evans, V. and M. Green 2006 *Cognitive Linguistics: An Introduction*, Edinburgh Univ. Press, Edinburgh.

Fillmore, C. J. 1982 Frame Semantics. In The Linguistic Society of Korea (ed.) *Linguistics in the Morning Calm*, Hanshin, Seoul, pp.111-37.

Fillmore, C. J. and C. Baker 2007 A Frames Approach to Semantic Analysis. In Heine, B. and H. Narrog (eds.) *The Oxford Handbook of Linguistic Analysis*, Oxford Univ. Press, Oxford, pp.313-39.

Geeraerts, D. 2010 *Theories of Lexical Semantics*, Oxford Univ. Press, Oxford.

Haiman, J. 1980 Dictionaries and Encyclopedias. *Lingua* 50: 329-57.

服部四郎 1957「言語過程説について」『国語国文』26（1）.［再録：川本茂雄ほか（編）1980『言語の本質と機能』（日本の言語学1）大修館書店，pp.163-82.］

服部四郎 1968a「意味」『言語』（岩波講座哲学11）岩波書店，pp.292-338.［再録：川本茂雄ほか（編）1979『意味・語彙』（日本の言語学5）大修館書店，pp.47-90.］

服部四郎 1968b『英語基礎語彙の研究』（再録該当箇所 pp.3-14）三省堂.［再録：川本茂雄ほか（編）1979『意味・語彙』（日本の言語学5）大修館書店，pp.34-46.］

服部四郎 1974「意義素論における諸問題」『言語の科学』5.［再録：川本茂雄ほか（編）1979『意味・語彙』（日本の言語学5）大修館書店，pp.91-130.］

池上嘉彦 1993「訳者解説」レイコフ，G.（著）池上嘉彦・河上誓作・辻幸夫・西村義樹・坪井栄治郎・梅原大輔・大森文子・岡田禎之（訳）『認知意味論—言語

から見た人間の心』紀伊國屋書店，pp.745-63.

国広哲弥 1982『意味論の方法』大修館書店.

Lakoff, G. 1987 *Women, Fire, and Dangerous Things: What Categories Reveal about the Mind*, Univ. of Chicago Press, Chicago.［池上嘉彦・河上誓作・辻幸夫・西村義樹・坪井栄治郎・梅原大輔・大森文子・岡田禎之（訳）1993『認知意味論—言語から見た人間の心』紀伊國屋書店.］

Langacker, R. W. 1987 *Foundations of Cognitive Grammar*, Vol. I, Stanford Univ. Press, Stanford.

Langacker, R. W. 1988 A View of Linguistic Semantics. In Rudzka-Ostyn, B. (ed.) *Topics in Cognitive Linguistics*, John Benjamins, Amsterdam, pp.49-90.

Langacker, R. W. 2008 *Cognitive Grammar: A Basic Introduction*, Oxford Univ. Press, Oxford.［山梨正明（監訳）2011『認知文法論序説』研究社.］

籾山洋介 2005「類義表現の体系的分類」『日本認知言語学会論文集』5: 580-83.

籾山洋介 2008「カテゴリーのダイナミズム—『人間』を中心に」森雄一ほか（編）『ことばのダイナミズム』くろしお出版，pp.123-37.

籾山洋介 2009『日本語表現で学ぶ 入門からの認知言語学』研究社.

籾山洋介 2010a『認知言語学入門』研究社.

籾山洋介 2010b「百科事典的意味観」山梨正明ほか（編）『認知言語学論考』No.9，ひつじ書房，pp.1-37.

籾山洋介 2014a「百科事典的意味における一般性が不完全な意味の重要性」『日本認知言語学会論文集』14: 661-66.

籾山洋介 2014b『日本語研究のための認知言語学』研究社.

西村義樹 1996「文法と意味」池上嘉彦（編）『英語の意味』（テイクオフ英語学シリーズ3）大修館書店，pp.71-93.

西村義樹・野矢茂樹 2013『言語学の教室』（中公新書）中央公論新社.

野村益寛 2002「意味論研究史管見—認知言語学の視点から」『日本の言語学—30年の歩みと今世紀の展望』（『言語』30周年記念別冊）大修館書店，pp.118-29.

野矢茂樹 2011『語りえぬものを語る』講談社.

小野尚之 2005『生成語彙意味論』（日英語対照研究シリーズ9）くろしお出版.

小野尚之 2008「クオリア構造入門」影山太郎（編）『レキシコンフォーラム』No.4，ひつじ書房，pp.265-90.

Pustejovsky, J. 1995 *The Generative Lexicon*, MIT Press, Cambridge, MA.

山梨正明 1995『認知文法論』ひつじ書房.

━━ コラム6　意味的関係・対立 ━━━━━━━━━━━━━━━━━━━━━━━━ 大谷直輝 ━━

　ある言語の母語話者は，その言語内の語をばらばらに記憶するのではなく，他の語と連想により関連づけ，語彙の体系全体をネットワークとして捉えていると考えられます．このネットワーク内で，語と語は，類義的な関係，上位・下位関係，全体・部分関係など様々な関係により結びついています．話者は言語的な活動を行なう際，それらの知識を利用します．例えば，「ダイダイってなに」と子どもに聞かれた親は，上位・下位関係を利用して「色の一種だよ」と答えたり，類義関係を利用して「オレンジ色のことだよ」と説明したりします．語彙のネットワークを構成する関係の一つに意味的な対立関係があります．

　意味的な「対立」を表す関係は一般的に**反義性**（antonymy）と呼ばれますが，「対立」の性質を詳しく見ていくとさらにいくつかの関係に下位分類することができます（池上 1978: 51-3）．一つ目の関係は，相補的な関係（complementary）です．この場合，AとBという二つの語では，Aでないことが Bであることを伴立（entail）します．例えば，「合格」と「不合格」，「国内」と「国外」，「完全」と「不完全」などがその具体例に当たります．これらの語では，2語の間に中間的な段階がないため，「合格」であることは「不合格」でないことと同義になります．

　二つ目は，連続した尺度上で反対の概念を表すものです．この関係だけを狭義に反義性と呼ぶこともあります．この場合，2語の間に明確な境界線がなく，無限の中間段階が存在します．具体例としては，「熱い」と「冷たい」，「広い」と「狭い」，「細い」と「太い」，「重い」と「軽い」などが挙げられます．連続した尺度にあるため，AでもBでもない中間的な段階が存在します．例えば，熱くないからといって必ずしも冷たいわけではなく，そのどちらにも属さない「温かい」あるいは「ぬるい」状態も存在します．

　三つ目の関係は，ある種の方向性の違いとしてまとめることができる対立関係です．この関係には，「行く」と「来る」，「買う」と「売る」，「縛る」と「ほどく」のように相反する行為を表すもの（reverse）と，「雇用者」と「従業員」，「所有」と「所属」のような静的な状態を対照的な視点から捉えたもの（converse）があります．

　他にも**タクソノミー**（taxonomy）において，共通の上位語を持つ複数の下位語は両立をしないという点で意味的な対立関係にあると言えます．例えば，「彼のネクタイは赤い」ことは，同時にネクタイは黄色，青色，黒など他の色ではないことを表すため，各色は意味的な対立関係にあると言えます．

　一般的に，意味的な対立関係にある語は同等の特性を持つと考えられますが，実際は多くの反義語のペアにおいて**無標**（unmarked）の形式が存在します．例えば反義語の long と short では，long の方が無標の形式と言えます．私たちは，物の長さを聞く場合，通常，*How long is it?* のように尋ねます。一方，*How short is it?* は「どれくらい短いのですか」と尋ねるような表現であり，特定の文脈だけで使われます．また，一般的な長さを聞く場合も，*What is its length?* のように long から派生した名詞が使われます（Croft and Cruse 2004: 173-4）．日本語でも，「長い」と「短い」の背景となる尺度は「短さ」ではなく「長さ」です．

　二つの語に意味的な対立が生じる場合，それらの語は意味的に全く異なるわけではなく，特定の尺度あるいはフレームを共有し，その中で反対の価値を持つと言えます．そのため，一見すると意味的な対立がないような語においても，共通の尺度やフレームを設定することで対立関係を読み込むことができます．例えば，学問を背景に見ると「理論」と「実践」は対立する概念として捉えられます．また，最近ではインターネットの発達に伴い「バーチャル」と「リアル」などが対立的に使われることも多くなっています．このように意味的対立は，事物や事態の特性から生じるだけでなく，人間が様々な事物や事態の間に関係を読み込むことにより生じる側面があります．

▶参考文献

Croft, W. and D. A. Cruse 2004 *Cognitive Linguistics*, Cambridge Univ. Press, Cambridge.

Cruse, D. A. 1986 *Lexical Semantics*, Cambridge Univ. Press, Cambridge.

Lyons, J. 1977 *Semantics* 1, Cambridge Univ. Press, Cambridge.

══ コラム7 心内辞書（心的辞書，メンタルレキシコン） ══ 黒田 航 ══

心内辞書（mental lexicon）って何？——これって何だか奇妙．と言うかオクシモロンでは？？ そう思った人は健全な懐疑心があります．この概念は実際，かなり奇妙な概念なのです．理由を簡単に説明します．

まず「心内」辞書って何？——「辞書」が何かはご存知ですよね？ 言葉の意味を調べるのに使う（大抵は分厚い）本です（この頃は電子化され，嵩張らなくなっていますけども）．心内辞書とは要するに，心（あるいは脳）の中にある，実世界で辞書に相当するデータ構造のことです．簡単に言うと，心内辞書とは心あるいは脳内で「語彙知識」が蓄えられている所であり，かつその仕組みのことです．

え？ 語彙知識って何？——この問いにちゃんと答えるには，言語学の標準的な「設計思想」を説明しなければなりません．言語学では便宜的に（ホントに「便宜的に」にです），「文法」の知識と「単語」の知識を大別します．前者を文法知識，後者を語彙知識と呼びます（一方を知っているだけでは言語を知っていることになりません）．文法知識の中核は，語を一定の順序で並べる方法，すなわち統語論のことです．

文法知識も語彙知識も，目に見えたり手で触れる実体ではないので，それなりに抽象的な記述モデルが必要です．文法知識の記述モデルの例が，規則の相互作用（初期生成言語学が採用していたモデル化）とか原理の相互作用とか緩い制約の相互作用（最適性理論が採用しているモデル化）です．語彙知識にも記述モデルがないと困ります（ないと対象の記述ができないので）．ここで言語学者は学派の別によらず（かなり安易な）アナロジーに訴えます．言語の語彙知識は現実の辞書に似た形で心内（あるいは脳内）に実現／表現されているに違いない，と．このアナロジーを追求すると，心内辞書にも語彙項目があり，その一つひとつに音韻と意味が書いてあるということになります．実際，言語学の論文や教科書にもそういう記載が多いのですが，経験科学の問題として見ると，どれぐらい信頼できる推測なのかは不明です．

詳しく言語の実態を見ると，厄介な問題が生じます．いくつか挙げると，a. 文法知識と語彙知識の区別，b. 語彙的意味と語用論的意味の区別，c. 慣用句の意味記述，d. 構文の記述，e. 語彙知識と構文知識の区別，などです．これらの問題が根本的には同一の問題の多面的な現われだとしたら，どうでしょう？ 最初に，標準的な言語学は設計思想として，最初に文法と語彙を区別すると説明しましたが，これが間違っていて副産物として先に挙げた問題が発生しているのは，ほぼ確実です．

とりうる態度は大きく分けて二つあります．一つは，語彙の知識と文法の知識は別物だと定義して議論を始める立場です．もう一つは，両者の違いは認めるとしても，両者の混合が常態と考える立場です．認知言語学は基本的に後者の立場をとります．ただ，後者にはさらに，語彙の知識と文法の知識の区別を認める立場と，その区別を認めず，完全に無化する立場があり，この違いについては，認知言語学者の見解は大きく分かれています．

状況の整理のために統一理論が必要です．では，どんな理論化が可能でしょうか？ 一つの可能性は「構文」を利用することです（例は構文文法）[→ 2.4 , 2.11]．もう一つの可能性は，事例記憶基盤の言語処理を想定することです．具体的に言うと，ヒトが言語を操るときに利用する資源がすべて実例記憶であると考えると，先に挙げた問題はすべて一つのモデルで記述できます．

2.4

認　知　文　法

坪井栄治郎

認知文法（Cognitive Grammar）はラネカー（Ronald W. Langacker）が提唱する文法理論であり，認知言語学の分野における最も包括的な文法理論の一つである．一般的に認知言語学は，言語が人間の一般認知に基盤を持つものであることを主張する．認知文法もその点で変わりはないが，一般的なレベルでのそうした主張の妥当性を具体的な形で裏づけることが容易でないなか，独立に存在を認められる一般性の高い認知機構にのみ基づいた最小の枠組みで言語現象を適切な形で扱えることを示そうとするその指向性の強さと徹底性は他に類を見ないものである．また，そこでなされる主張には，既存の理論に異を唱える形で発展してきた新興理論である認知言語学の内部においても大胆とも言える革新性を持つものを多く含む．認知文法の枠組みを用いて行われる具体的な分析には比較的よく知られているものも多い．しかしながら，そうした分析の背後にある考え方の革新性，最小限にまでそぎ落とされたものでありながら多様な現象を統一的に扱うことを可能にする枠組みの一般性の高さ，は意外と意識されないことが多いように思われる．

認知文法については本節以外に「認知文法の手法」[→ 2.5]，「用法基盤モデル」[→ 2.7]，「主観化・間主観化」[→ 3.6]，「参照点」[→ 3.7]などの関連する節があり，またある程度具体的に細かな点まで説明しない限り認知文法の考え方の必然性や妥当性を伝えることはできないため，本節では，認知文法の最も重要な主張である**象徴的文法観**（symbolic view of grammar）に直接関わる形式と意味の関係の扱いを取り上げ，そこに表れている認知文法の特徴について主に述べる．

1.　歴　史　的　背　景

認知言語学の研究者の第一世代の多くがそうであるように，ラネカーは北米先住民の言語の文法分析を研究活動のはじめとしたが，その後当時急速に台頭しつつあった生成文法の枠組みに則った研究を行い，二十代にして大手出版社から言語学の概説書を複数（Langacker 1968, 1972）上梓していることからも窺えるように，生成文法の興隆で活気に満ちていた当時のアメリカの言語学会において新進気鋭の若手研究者として将来を嘱望されていた．

しかし次第に生成文法理論を懐疑的に見るようになったラネカーは，その後言わばいったん表舞台から姿を消し，自然言語をより適切に扱える枠組みを求めて独自の思索を展開する年月を過ごすことになる．そのようにして数年にわたって思索に沈潜したことの成果を論文にして少しずつ公表した後に，認知文法の全容を二巻にわたって詳述した *Foundations of Cognitive Grammar*, Vol. I, II（Langacker 1987, 1991）を出版した．

認知言語学は特定の研究者の単一の研究プログラムに基づくというよりは，既存の理論の妥当性に疑問を持った研究者たちが様々な形での交流はありながらも基本的にはそれぞれ独自に行ってきた研究を通して集合的に発展させてきたものであり，1989 年の国際認知言語学会の設立とその機関紙である *Cognitive Linguistics* の翌年の発刊をもって一つの言語理論としてのまとまりを持って確立したと言って良いだろう．これとほぼ時を同じくして出版されたのがこの大部の二巻本であり，認知言語学の揺籃期に確かな理論的基盤を提示した意義は大きい．

2.　認知文法の言語観：機能に動機づけられたものとしての言語

認知言語学は全体として広義の機能主義言語学に属するが，認知文法は言語が音声やジェスチャーで概念を表し，他者と意思伝達し合うことを可能にするためのものであり，果たすべきこの機能

に適ったものとなるように働く機能的圧力を受けて言語自体がそうした機能を反映したあり方をしていると考える点で，とりわけすぐれて機能主義的である．

言語形式で概念を表すこと，認知文法の用語法に従えば，音韻構造（phonological structure）で意味構造（semantic structure）を**象徴化／記号化する**（symbolize）こと，に言語の本質があり，言語自体にそれが反映されているならば，意味から切り離された形式だけで自然言語が適切な形で扱えると考えるのは，意味記述のない語形だけの辞書を想定するのと同じくらいにあり得ないこととなる．

言語の**象徴化機能**（symbolic function）は，認知文法においては，音韻構造と意味構造を**象徴化関係**（symbolic relationship）で結びつけている**象徴構造**（symbolic structure），あるいは別の言い方で言えば，象徴化関係で結びついている音韻構造と意味構造を内在させた象徴構造，という，象徴化機能を果たすための必要最小限の道具立てで実現されている．言語のもう一つの本質的な性質である伝達／相互作用機能は，言語が**使用事態**（usage event）と呼ばれる，伝達／相互作用を目的として行われる現実の言語使用から抽出されることから導かれる．後者については**「用法基盤モデル」**の項が別にあり，用法基盤モデルを採ることの必然性と利点については Langacker（2000）に詳述されているので，以下本節では認知文法が最も重要な言語の本質と考える象徴化機能についてどのような立場を採るのかを見ることを通して認知文法の特徴を見ていく［→ 2.7 ］．

3. 認知文法の文法観

すでに述べたように，認知文法では，言語を現実の言語使用に根ざす**用法基盤的**（usage-based）なものと考える．現実の言語使用は，話し手・聞き手の雑多な共通知識に加えてその場にある様々な情報も利用して行なわれるので，言語の産出・理解には多面的・多層的な認知処理が関与するが，そのうちの繰り返される部分が強化されて定着し，関与している複合的な認知処理が自動化して認知処理上単一の**単位**（unit）となる．そのようにして成立する言語単位は，象徴構造としての内容を

持ち，音韻構造や意味構造の共有部分を通して互いに重なり合う関係にあるだけでなく，スキーマ化やカテゴリー化の関係で結ばれた構造を持つので，認知文法では話者の持つ文法知識を指して"a structured inventory of conventional linguistic units"と言う．こうした場合に通常用いられる集合論の用語の"set"「集合」ではなく，"an inventory of merchandise"「商品一覧」，"an inventory of assets"「資産目録」などのような用いられ方をする，「在庫表，手持ちの品の一覧」を表す"inventory"という言葉を用いているのは，他者とコミュニケーションを行なうための一種の資源（resource）としての性質を重視するからであり，こうした表現の選択にも，言語を言語以外の認知とは質的に異なる自己完結的な規則・原則の体系と見て，現実の言語使用を言語の本質には関わらない夾雑物の混じったものとして言語研究の対象から外そうとする生成文法などとの立場の違いが表れている．

なお，"a structured inventory of conventional linguistic units"という規定について一つ注意すべきは，単位化した表現も，新たな使用事象ごとに異なる文脈情報を取り込みながら共通性の強化（reinforcement）・定着（entrenchment）を繰り返して常にわずかずつ変化し続けるので，言語単位の一覧と言ってもそれは定常状態を本質的に欠くものであり，実際にはこれと指せるようなものではない．その意味からは，言語は言語主体が所有しているものとしてよりは，その時点での手持ちの言語単位を他の利用可能な資源とともに利用してコミュニケーションを行なう，動的な認知活動として捉える方が適切なものである．認知文法が言語を文法規則や言語知識としてよりも，動的な認知活動として捉えることについては Langacker（2008: 215-6, 2008: §8.1.1 "What is Language?"）にわかりやすく書かれているので参照されたい．

4. 理論的構築物に対する厳しい制限

▶ 4.1 「内容要件」

音韻構造と意味構造の象徴化関係について重要なのは，象徴構造は意味構造と音韻構造が直接象徴化関係を結ぶことで構成されているのであって，

生成文法などにおいて設定されるような，音韻構造や意味構造から独立したものとして両者をつなぐ統語構造に当たるものは認知文法にはないことである．

言語が現実の言語使用に基づくものであるならば，言語の文法を構成するのは，現実に用いられた象徴構造とそれに内在する音韻構造・意味構造，およびそこから**スキーマ抽出やカテゴリー化**という基本的な認知操作によって生じるものだけのはずである．認知文法では文法記述に必要なものとしてはこれらだけを認め，現実の言語使用から引き出すことのできない，理論依存的に仮構される抽象的なものを文法記述に用いることを認めない．文法記述に課されるこの厳しい制約は，認知文法において「**内容要件**」（The Content Requirement）と呼ばれる．生成文法などでしばしば設定される音形も意味もない空範疇はもちろんのこと，象徴構造に還元されない文法の原素（primitive）として設定される限り，統語範疇も内容要件に適うものではなく，それらによって構成される従来の統語構造のようなものは内容要件によって認知文法から排除される．次節では，内容要件の重要性を「構文」という基本概念の規定を通して見る．

▶ 4.2　構文における形式と意味

言語は意味機能から切り離された形式的な規則の体系ではなく，意味と形式の対である「**構文**」（"construction"）から構成されると考える点で認知文法は構文文法の一種であるが，Croft（2001）のRadical Construction Grammar（以下RCG）やGoldberg（1995）のConstruction Grammar（以下CxG）において意味と対になるものとされているのは認知文法の音韻構造に当たるような具体的な言語形式ではなく，前者においては名詞句や動詞といった文法範疇からなる構造，後者においては主語や目的語のような文法関係からなる構造である．英語の授与動詞の二重目的語構文を例にとれば，RCGやCxGにおいて授与者が受益者に授与物を与えることを表す意味構造が結びつけられるのは具体的な授与動詞の音形ではなく，前者においては「NP1 < verb < NP2 < NP3」のような（相互の語順が指定された）文法範疇からなる構造，後者においては「SUBJ OBJ OBJ2」のような文法関係からなる構造である．

認知文法においてもNPやVPといった文法範疇名称を認知文法の詳細に不慣れな読者の便宜のために用いることは多いが，文法範疇や文法関係は認知文法においては意味的に規定され，意味構造から導かれる，派生的な概念であり，内容要件に従う限り設定することの許されないものである．RCGやCxGにおいて意味と対になるとされているものは言葉の本来の意味での「形式」ではなく，意味とも形式とも異なるインターフェイス的抽象構造である点で認知文法とは基本的な点で考え方が異なっている．認知文法とRCGやCxGとの違いについては，Langacker（2005）において詳しく論じられている[→ 2.11]．

RCGやCxGにおいて生成文法の統語構造にも似た抽象的な構造が設定されるのは，「**名詞**」や「**動詞**」[注1]，「**主語**」や「**目的語**」といった基本的な文法概念を意味構造から直接導くことはできないと考えるために，それを措定しておける表示レベルが必要になるからである．"explosion"のような動詞派生名詞が，品詞としては名詞であっても，物ではなく典型的に動詞が表す事柄を表すことは，品詞は意味的に規定できないことを示し，能動文では動作主である主語が受動文では被動作主であることは文法関係が意味からは自律していることを示す，ということは，言語学の入門書[注2]にもしばしば書かれる「常識」である．認知文法は，そうした基本的で高い通言語的適用可能性を持つと思われる文法概念は基本的な認知過程の言語的な表れ（言語化の対象となる事物に対する認知様式の反映）である．さらに多様性の中に見失われかねないその共通基盤を認知のあり方・**捉え方**（construal）に求めることによって，普遍的な意味による規定が可能になることを主張し，それを表示するための独立のレベルを設定する必要性を否定する．次節では，名詞・動詞と主語という，もっとも基本的な文法概念を取り上げてこのことについて述べる．

5.　基本的文法概念に対する意味的規定

▶ 5.1　名詞の意味的規定

名詞や動詞に対する意味的な規定は，「名詞は典型的には具象物を表す」，「動詞は典型的には意図的行為を表す」というような典型例に対するプロ

トタイプレベルでのものであれば認知文法以外にも見られる．名詞・動詞・形容詞の典型的な意味をその表現形式の無標性に相関させる形で規定した Croft（1991）は，そうした試みの最も重要なものの一つであろう．認知文法が独自なのは，意味的な規定がプロトタイプレベルにとどまらず，スキーマレベルでも可能であること，つまり，非典型的な場合も含めてすべての事例に対して意味的な規定が可能であること，を主張する点にある．

　名詞と言っても "box"「箱」のような典型的な具象物を表すものから，"herd (of goats)"「（同種の動物の）群れ」や "constellation (of stars)"「星座」のような複数の物からなるものを指すものもあり，さらには "recipe"「レシピ」のように，物ではなく，しかも異なる行為からなる手順を表すものもある．動詞についても同様で，典型的な意思的行為を表すものから "see" や "understand" のような意思性のない知覚や認識を表すもの，動きのない状態を表す "know" や "contain" などと，様々である．名詞や動詞にこのような共通性の抽出を拒むかのような多様性があるのに加えて，すでにふれた "explode" と "explosion" のような異なる品詞に属する語の間の意味的同一性の前提があったために，名詞や動詞を意味的に規定するのは不可能とするのが認知文法以前までの一般的な見解であった．

　これに対して認知文法においては，名詞や動詞が表す対象自体の性質や特徴ではなく，当該の対象の認知のされ方に着目する．名詞と動詞の規定に直接関与するものとして認知文法は以下のような認知処理を想定するが，これらがいずれも人間の認知を構成する様々な基本的な認知過程の中に含まれるものであることに異論はないだろう．すなわち，複数のものをまとまりをなすモノとして認知するグループ化（grouping），モノをコトを構成する相互に結びついたものとして見る関係性認知（apprehension of relationships），時間軸に沿って関係性の展開を追う事象展開の心的走査（tracking relationships through time），である．

　複数のものをまとめ上げて認知することは，様々なより基本的な認知に促されて生じる[注3]．例えば，図1(a)の五つの黒丸は，黒丸二つと黒丸三つがそれぞれまとまりを成すように見えるだろう

が，これは近接性認知によっている．これに対して(b)では，黒丸は黒丸だけで，白丸は白丸だけで，それぞれ互いに近接しているわけではないにもかかわらず，入り混じって描かれている数多くの丸を「黒丸」と「白丸」に分けて見るのは色の類似性の認知によっている．

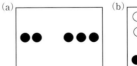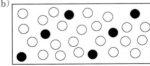

図1　グループ化

"herd"「（同種の動物の）群れ」は近接性と類似性の認知が両方関与している場合であろう．逆に相互の近接性も類似性もなくても一まとまり性の認知が生じるのが "constellation"「星座」などの場合で，言われなければ一つの図柄をなすとは思えない，他と比較して必ずしも相互に近接も類似もしていない複数の星に既知の物（"The Big Dipper"（北斗七星）ならば柄杓）の一体性が投影されることで一つのまとまりをなすものとして受け取られる．"recipe"「レシピ」の場合には，時間的な近接性（連続性）と特定料理の調理という目的が個々には異なる行為をまとまりをなすものとして受け取らせている．このようにしてまとまりをなすものとして認知されたものは，さらに単一物としてモノ化された捉えられ方をすることでより高次のモノとして認知される．図1(b)の六つの黒丸は，色の類似性に基づいて「白丸」に対する「黒丸」と受け取られるだけでなく，斜め一直線上に並ぶ黒丸三つが平行する形で2組あるものと受け取られるだろう．

　認知文法では，このようにグループ化され，一つのものとして認知されたもの[注4]を "thing"「モノ」と総称した上で，名詞はモノを表すものとして規定される．そのような規定によれば，名詞としての本質は具象的単一性にあるのではないのだから，"herd"，"constellation"，"recipe" のような，典型的単一具象物ではないものを表す名詞があることは問題ではなくなる．「箱」のような典型的単一具象物の場合には一見グループ化の過程が関与していないように思える．しかし，「箱」を「箱」として認知する際には，当該の物が「箱」

としての特徴を備えているか確認すべく部分部分を全体にわたって心的に走査（scan）していく必要があり，その際には走査・確認した各部分を「箱」を構成する部分としてまとめ上げて箱という統一体として認知する過程が存在している．典型的単一具象物の場合には物理的にはじめから切れ目のない単一物であるがゆえにグループ化の過程は非連続な物の場合ほどには意識されることがないのであり，単一具象物が典型的な物と受け取られるのはまさにそのためと考えられる．

▶ 5.2　動詞の意味的規定

5.1 で見た，モノの構成部分を走査していってそれらを互いに結びついた統一体として認知することと並行的なのが，事柄のあり方・**関係**（relationship）[注5]を時間の広がりの中で走査して互いに結びついた単一事象として認知することである．前者が名詞を規定するうえで重要性を持つのと同じように，動詞を規定するうえでは後者が鍵となる．

モノの場合の走査とは，空間内に一定の広がりを持って存在する物の部分への注視をわずかずつ連続的にずらしていくことだが，そのような走査にはほんの一瞬の短いものであっても実時間の経過が伴っている．そのような認知処理に要するものとしての時間を認知文法では**処理時間**（processing time）と呼ぶ．コトの認知の場合にも，当該の事象が一瞬一瞬わずかずつ異なる様相を見せて展開していくのを同時進行で認知していくのには処理時間が必要である．しかしながら，モノの認知に認知処理に要する時間の経過が伴うとしても，モノとしての認知内容自体に時間の経過が含まれるわけではないのに対して，コトの認知の場合には，時間の経過は認知内容自体の重要な部分である．この認知内容としての時間を認知文法では処理時間と区別して**把捉時間**（conceived time）と呼ぶ．目の前で展開する事象を観察・認知する場合にはこの二つは一致する．開始から終了まで 10 分かかる事象であれば，それを観察・認知するのに 10 分要し，10 分続いた事象として認知される．これに対して過去の事象を回顧したり未来の事象を想像する場合にはこの 2 種類の時間は一致しない．早く過ぎ去らないかと耐え忍んだ苦労の年月の長さをふと過去を振り返った一瞬に思い返すことは珍しいことではないし，先に楽

しみが続くことを想い描いて今一瞬の苦痛に耐えることもある．

名詞と動詞を規定し分けるためには，認知処理に要する時間の経過と認知内容としての時間の経過の区別に加えて，2 種類の走査を区別する必要がある．眼前に展開するものであれ，過去に起きたことを回想するのであれ，未来の出来事を想像するのであれ，時間軸に沿って時点ごとの有り様を走査して時点間の変化を（あるいは変化がないことを）順次確認していくこともあれば，ちょうど空間の広がりの中にある形状を持って存在する物を端から走査し，部分部分の形状を積み上げるように繋ぎ合わせてある形をした一つの物として認知するように，時間の広がりの中にある仕方で展開する事柄の展開の様子を端から走査し，事柄の一瞬一瞬のあり方を積み上げるように繋ぎ合わせてある展開の型を持つ一つのコトとして**ゲシュタルト**的に認知をすることもある．前者の走査を認知文法では**順次的走査**（sequential scanning），後者を**総括的走査**（summary scanning）という名称で区別し，把捉時間上で順次走査される関係の連なりを**プロセス**（process）と呼ぶ．

このように関連する事柄を整理し，定義し分ければ，名詞はモノを**プロファイル**（profile）し，動詞はプロセスをプロファイルする，という規定が可能になる．プロファイルとは，認知文法でベース（base）と呼ばれる，表現の意味がその意味として意味をなすことを可能にしている，その表現によって喚起される背景的意味範囲の内で，その表現が直接的に意味する部分を指して言う[注6]．「火曜日」を例とすれば，各曜日を他の曜日との関連で規定する曜日順に並んだ七曜日がベースであり，その中の火曜日が「火曜日」のプロファイルである．

"explosion" は，把捉時間上に並ぶ関係（爆発事象に関わるモノの各時点でのあり方）の連なりを意味構造の内容とする点では動詞の "explode" と変わらない．両者は関与する走査の仕方が異なる．"explode" が時点間の変化の有無を問題とする順次的走査による捉え方を表し，したがってプロセスをプロファイルし，動詞であるのに対して，"explosion" は総括的走査によってある展開の型を持って時間軸上に存在する一つのゲシュタルト

とする捉え方を表す．これには上で述べたモノの場合と同じグループ化を伴うので，プロファイルされるのはプロセスではなくモノであり，したがって "explode" とは異なって名詞になる．"explode" と "explosion" の意味が同じとされたのは，両者が同じ内容をベースとして前提している点だけを見る客観主義的意味観によっていたからであり，捉え方の重要性を正しく認識し，名詞と動詞という区別の基盤にどのような捉え方の違いがあるのかを適切に分析すれば，名詞と動詞という文法範疇の違いを意味構造の違いに還元し，内容要件を維持することが可能になるのである．

▶ 5.3 主語の意味的規定

主語については，従来**主語特性**と呼ばれる名詞句の形態面・統語面での特権的振る舞いが主語性の定義に用いられてきた．すでによく知られているように，言語によって，さらには個別言語の構文によって，主語特性を示す名詞句は異なる．一項述語の唯一の名詞句を S，二項述語の行為者的な役割を担う名詞句と行為対象を表す名詞句をそれぞれ A，P とした場合，英語のような対格型言語においては A と S が，**ジルバル語**（Dyirbal）のような能格型言語においては S と P が，それぞれ主語特性を示すし，フィリピン諸語の分裂統語法においては主語特性を示すのが構文によってactor 名詞句だったり topic 名詞句だったりと一定しない．このため，文法的な振る舞いに基づいて主語を規定しようとすれば，主語概念は言語ごと，構文ごとの違いに依存するものとなって普遍的な規定は不可能になる．このことは，認知言語学と多くの点で親和性を持つ Role and Reference Grammar において従来の主語概念に替わるべきものとして，構文ごとに指定される "pivot"「軸項」[注7] という概念が提唱される際の背景にあった認識であり，Croft（2001）の RCG はこれをさらに進めて，主語に限らず文法カテゴリー一般の規定を当該のカテゴリーが現れる構文環境によって行なうべきことを主張している．

通言語的な比較対照を行なううえでは個別言語の多様性を超えて存在する何らかの普遍的な共通の土台が欠かせない[注8]が，主語自体を普遍的な形で規定することが不可能であれば，普遍性を別のところに求めることが考えられる．Croft（2001：155-6）は，「ある言語の…構文においてある名詞句が主語特性を示すならば，その名詞句はその言語の〜構文においても主語特性を示す」というような主語特性の分布に見られる含意階層を想定している．

言語の本質はその動態にあり，言語の普遍性は通時的な変化・共時的な変異のパターンにしばしば現れるものであることに鑑みれば，含意階層という概念自体の重要性に疑いはない．主語特性の分布の含意階層はあくまで主語特性についてのものであり，主語についての普遍性を主語特性という観点から捉えようとしている点では特定の主語特性に言及することで普遍的な主語概念を規定しようとすることと変わらない．認知文法においては，主語特性は主語であることから生じる外面的な表れであってそれを定義づけるものではないのであり，特定の名詞句が主語特性を示すのがそもそも何によっているのかこそ問うべきことと考える．名詞句の文法的な振る舞い自体を説明しようとするならば，当該名詞句の意味によるほかはないが，意味役割によったのでは，すでに見たように能動文と受動文とで主語の意味役割が異なることは扱えないうえ，そもそも能動文に限ってみても "follow/precede" のような相互の静的な関係性を表す動詞，とりわけ "resemble" や "intersect" などの対称性を表す動詞の主語が何に基づいて選択されるのかについて何も語ることができない．

意味役割では主語の選択が扱えないことは，対象の側の属性にのみ基づいたのでは「登り坂」と「下り坂」が区別できないのと基本的には同じことである．意味役割というものは，事象内での役割という，表現対象のあり方，認知文法の用語法によれば特定の仕方で捉える対象となっている**概念内容**（conceptual content），に関わるものであるが，概念内容としては同じ関係の連なりでも，順次走査されればプロセスを表して動詞がプロファイルするものになり，総括走査されればモノを表して名詞がプロファイルするものになることは 5.2で見た通りである．つまり，表現の文法的振る舞いを決めるのは概念内容自体ではなく，それに対するプロファイルのあり方，概念内容の捉え方なのである．

同一物に対しても複数の捉え方が可能であり，それに応じた複数の描写の仕方が可能なのと同様に，客観的には同一の事象に対しても通常複数の捉え方が可能であり，それに応じて複数の表現形式・構文が可能である．ある役割を担うものとして事象に参与することは，それおよびそれが参与する事象に対する捉え方を一定の範囲に限定はするが，決定することはない．そのことの一つの表れが「主語」の多様性と考えられるが，多様性を示すものを前にして，相対化することでその多様性に対処するよりは，その多様性を統一的に捉えることのできる一般性の高い枠組みをまず求めようとするのが認知文法の大きな特徴である．観察される多様性に対処すべく相対化してもなお「主語」について語られることは，その多様性の背後に普遍的な形で捉えるべきものが存在していることを示唆している．言語の本質を何よりもその意味機能に見る認知文法の立場からすれば，多様な表れ方をする「主語」が体現する意味とはどのようなものであるのかを問い，どのような捉えられ方をするものが主語になるのかという，抽象度の高い形での規定を行うことが求められる．

認知文法においては，主語は認知文法の用語法で**トラジェクター**（trajector）と呼ばれる，プロファイルされた関係において主要な注目対象となる（primary focal attention を与えられる）参与者，として規定される[注9]．“The vase was broken.”という他動詞に基づく受身文の場合，何者かが花瓶に対して何事かをなし，その結果花瓶が壊れた状態に至る，その全体が“break”という他動詞によって喚起されるベースだが，受動化されることによって動作主はプロファイルから外され，何事かがなされた花瓶が壊れた状態になる部分だけをこの受身文はプロファイルするので，そのプロファイル部分で最も注目される変化主体の花瓶を表す“vase”が主語になる．文が直接指している客体変化の部分だけではなく，動作主の使役行為の部分も含む因果連鎖全体の中にプロファイル部分を位置づけることにより，変化の引き起こし手がはじめから喚起されることのない自動詞による“The vase broke.”との違いが正しく捉えられる．このことは，**フレーム意味論**において意味の規定が**意味フレーム**を参照する形で行われること

に通じるものである[→ 2.8]．

同一の対象に対しても様々な捉え方をする能力を前提として，言語表現の意味を表現対象の客観的属性で規定できるものとは考えず，対象に対する慣習化された捉え方の重要性を認めることは認知文法に限られるものではないが，これを“grammar as imagery”[注10]という一種のスローガンの下，節構造の構成原理の主要な部分として明示的に位置づけてきたのは認知文法の一つの特徴である．能動文と受動文の交替を含む広義の構文交替が理論ごとに様々な扱われ方をされてきた一方で，そもそもなぜそのような交替現象があるのか，その存在理由自体は問われないことが多いが，認知文法においてはそれは事象に対する捉え方・プロファイルの仕方が複数あることに帰せられ，どのような要因が個々の捉え方を動機づけているかが問うべきこととされる．

動作主役割を担う者は，能動的に他に働きかけて事象の展開を駆動する者であるために相対的に他の参与者よりも注意を引きやすく，そのために主要な注目対象となって主語になりやすい．何らかの変化を伴う事象であれば，変化の主体の方が注目対象となることにも十分な動機づけがある．上でふれた他動詞文の受身のように，動作主抜きの変化事象部分だけがプロファイルされた場合，変化事象の主体がその事象において最も注目されるものとなり，主語となる．

この二つの事象把握のあり方は，我々が自らの行為の相の下にこの世界を捉えることもあれば，我々の目に映る世界のあり様に注目することもあることの反映である．主語特性のあり方に能格型と対格型の二つがあるのは，支配的なものとしてこのどちらも慣習化されうることに帰しうるが，柔軟な人間の認知の常として，いずれの場合も他方の事象把握様式を採ることは可能である．ただしその場合には慣習化された無標の事象把握様式にはよらないことを反映して，対格型であれば受動構文，能格型であれば逆受動構文，という有標構文がそれぞれ用いられることになる．フィリピン諸語の分裂統語法については，Schachter（1977）が示唆しているように，指示（reference）に関わる構文においてはより指示性に関わる topic 名詞句が，行為者性に関わる構文においてはより

行為者性に関わる actor 名詞句が、それぞれ当該の構文と親和性を持つので、そのために相対的により注目されやすくなって文法上の特別な機能を任される主語になると考えることが認知文法の主語の扱いの下で可能だろう。

このように、捉え方のレベルで主語を規定するならば、異なる意味役割を持つ者が主語になることから文法関係の意味からの自律を結論する必要はなくなり、主語特性という観点から見た場合の「主語」が言語によって異なる表れ方をする背後に、文法上の特別な役割を担わせるための参照のしやすさ（accessibility の高さ）を支える最大の焦点化（primary focal attention）という共通性を抽出することが可能になる。

6. 認知文法の評価

以上、象徴化関係にある音韻構造と意味構造を内在させた象徴構造という、内容要件を満たす必要最小限のものだけで理論依存的仮構物を用いない認知文法が名詞・動詞や主語といった基本的な文法範疇や文法関係をどのようにして意味的に規定するのかを概観した。認知文法が文法記述に課している内容要件は非常に厳しい制約であり、それを満たしていることは認知文法の他の理論に対する相対的な優越性を示す点となるが、さらに注目すべきは、そのような制限の厳しい枠組みでありながら、主に従来等閑視されがちだった捉え方について抽象度の高い概念装置による詳細な分析を行い、それ以前にはなされなかった分析・記述を可能にしていることである。5 で見た、従来統一的な規定は不可能とされた名詞・動詞や主語といった基本的な文法概念の通言語的適用可能性をその認知基盤を明らかにすることで捉えているのはその一例だが、主観化や参照点など、他にも広範囲の文法現象に関与する抽象度の高い概念を抽出してなされる一般性の高い分析は、認知文法の文法理論としての魅力を一層高めている [→ 2.5]。

しかしその一方で、通常前提されてしまって検討の対象にされることのない基本的な概念にまでしばしばさかのぼって行われる議論と、高度の一般性を目指して提示される概念や枠組みの抽象性の高さおよびそのために導入される独特の用語法もあってか、認知文法に対しては様々な誤解がな

されることが珍しくない。以下ではこれまで述べてきたことに直接関わる点についてありうる誤解をいくつか見ることで、ここまで述べてきたことを補足することとする。

▶ 6.1 象徴的文法観の「常識」性とその意義

象徴的文法観の下、象徴関係にある音韻構造と意味構造から構成される象徴構造の構造体（assembly）として言語の文法は記述可能であることを主張することは、言語を音と意味とが象徴関係で結びついて構成されている象徴記号からなるものとする、ある意味で常識的な見方と異なることを言うわけではない。このため、目を引く派手さに欠ける地味な主張をしているだけと誤解される恐れがある。

象徴的文法観に則った認知文法の文法理論としての意義を理解するためには、音韻構造とも意味構造とも異なる構造の存在を当然視することが一般的な言語学界においてはそれが維持不可能な「非常識」とされてきたことおよびその理由を理解し、認知文法がいかにしてそれを維持可能なものとするのか、さらには、そのようなある意味で「素朴な」見方こそが、内容要件という、理論構築に課せられる厳しい要請を満たすものであることの意義を理解することが必要である。

▶ 6.2 能動性の表れとしての慣習性：捉え方のレベルでの規定の柔軟性

認知文法が行うような基本的な文法概念に対する意味的な規定が従来試みられてこなかったのは、意味役割のような意味の客観的側面にしか目が向けられず、概念内容に対する捉え方のレベルでの規定という発想がなかったために意味的な規定は不可能とされたことが大きな理由である。それ以外に、意味役割のような概念内容の客観的属性による規定は、まさにその客観性のゆえに、どの言語に対しても同じように妥当するかしないかのいずれかになってしまって言語間の違いを扱えない、ということも意味による規定を諦める理由としてあったと思われる。プロファイルされた関係内で最も焦点化された注目を集めるものとして主語を規定することの優れた点は、当該の事象の性質が許容する一定の範囲内で、言語によって慣習的な注目の仕方が異なることを許容することにある。

事象の全体に等しく**注意**を配分するのではなく、

特定のモノに集中的に注意が向けられるのは，人間の認知が対象をコピー機のようにそのまま写し撮るのではなく，ある部分に選択的に焦点を当てる，人間の認知に一般的な非均整な構造化を伴うものであることによるものである．さらにはそれは注意という限られた認知資源の効率的利用の必要性に遡るのであろうが，すでに見た対象関係を表す述語の存在が端的に示すように，この選択的な焦点化は対象のあり方で自動的に決まるわけではなく，そこに関与する様々な要因に対する言語ごとの慣習化された重視の仕方に応じて，言語ごとに異なりうるものである．

　言語の本質は能動的な認知活動にあるが，能動性は自己決定による選択をその一部として含み，なされる選択を主体ごとに異なり得るものとする．文法記述における慣習性の重要性を言うことは，選択されたものの**慣習化**の結果だけに目を向けた場合，そうなっているからそうなっていると言っているだけにすぎないかのような誤解をともすれば与えやすいが，**慣習性**とはむしろ能動性の表れの一形態であり，言語の本質をその動態に見る認知文法において他の文法理論よりも慣習性への言及が多く，慣習性が言わば「継子扱い」されずに本来認められるべき役割を与えられているのは当然のことであろう．

▶ 6.3　文法分析としての意味分析

　認知文法については，特に自律統語論を前提する生成文法的枠組みから，文法を軽視あるいは無視して意味ですべて扱おうとしている，あるいは，意味分析を行なっているだけで文法理論としての包括性に欠ける，という趣旨の批判がなされることがある．しかし，認知文法の象徴的文法観に簡潔に述べられ，ここまで述べてきたことで示してきたように，そもそも意味と文法とを対比させること自体が根本的な誤りである注11．そのような批判は，語の集合としての lexicon と，lexicon に含まれる語を代入すべき規則の集合としての grammar を峻別したうえで，認知文法の象徴構造を lexicon に属する語にだけ当たるものと誤解することによっている．

　認知文法は用法基盤モデルを採り，象徴構造は現実の言語使用から様々な複合度や抽象度で抽出される．つまり，象徴構造には形態素レベルから

文レベル，さらには単文を超えた談話レベルまで様々なサイズ・複合度のものがあり，そのそれぞれのレベルでも，成分要素がすべて具体的な語彙項目で指定されている決まり文句的成句から，成分要素に要求される意味特徴が一部指定されているだけのものまで，抽象度についても様々にあり，従来 lexicon と grammar に分けて扱われていたものを間のどこにも壁を作ることなく統一的に扱う．認知文法において詳細な意味分析がなされるのは，内容要件の要請に従って統語構造のような現実の言語使用に根ざすものではない理論依存的仮構物なしで自然言語の文法記述を行ううえでは，象徴構造に内在する意味構造を明らかにすることこそ言葉の真の意味での「文法」を明らかにするためにするべきことに他ならないからである．意味は文法を構成するものであって文法の外にあるものではない．

　このことは，"She seems to be a student." のような，意味的には従属節に属するはずのものが主節主語に繰り上げられているのだから意味的な分析は不可能とされてきた，いわゆる繰り上げ（raising）構文に対して，その一見したところの意味と表現形式の食い違いは主節主語が参照点となって従属節の内容を喚起しているためである．そのように考えることによって意味を無視した繰り上げ分析では扱えない現象に対しても自然な説明が可能になることを示した Langacker（1995）などを見れば明らかであろう．

まとめと展望

　言語は音で概念を表す象徴化機能をその本質とし，音韻構造と意味構造が象徴化関係で結ばれた象徴構造からなる．言語は現実の言語使用に基づくものなので，実際に用いられた象徴構造とそれに内在する音韻構造と意味構造，およびそれらから共通性の抽出（スキーマ化）やカテゴリー化によって引き出される構造のみが言語を構成する（＝内容要件）．それらだけでは言語を扱うには不十分として，現実の言語使用から直接引き出すことのできない文法範疇や表示レベルの必要性が従来当然視されてきたが，それは表現対象の属性（概念内容）で意味を規定しようとする客観主義的意味観を前提としていたからであり，そのような

分析の不適切さを是正すれば，従来意味的な規定は不可能とされてきた名詞・動詞や主語を意味構造に還元することは可能であり，内容要件を満たさない仮構物に依存する必要はない．

　現実の言語使用を言語にとって本質的な重要性を持つものと考える認知文法は，理論先行的に分析対象を限定することはせず，これまで多様な構文の分析に適用されてその有効性を示してきたが，基本的には文レベルの現象にとどまってきた．今後新たな進展が期待されるのは，談話（discourse）の統一的な扱いである．

　人間を人間たらしめている特徴の一つに，他者を自分と同じように独自の「こころ」を持つ者として捉えることがある．Tomasello（2003）は，人間の言語の特徴として視点依存的（perspectival）であることを挙げ，それが他者を自分と同じように「こころある者」と捉える話者が相手の視点に合わせたその場にふさわしい表現を選んで用いることによるものとしている．この言語の視点依存性は，認知文法においては捉え方の重要性という形で強調されるものだが，相互の知識状態や発話の場のあり方を常に考慮に入れるこうした**間主観的**（intersubjective）な協調性は，言語のような対人的な認知活動においてはそのあり方を決める上で重要な役割を果たす[→ 3.6]．それがもっとも直接的な重要性を持つ形で表れる対話者間の会話からなる談話レベルの現象については，Langacker（2001）においてその扱いの見通しが示されるにとどまっていたが，単文レベルの現象も対話者の協調的な協同構築に基づくものであることを論じ，単文と談話を統一的に扱うモデルを提示して具体的な分析を行なう試みがLangacker（2012a,b）などの近年の研究において行なわれており，今後の新たな展開が期待される．

▶注

1　名詞と動詞の区別のない言語があるという主張およびそのような主張の誤りについてはLangacker（2005）§3.1参照．

2　例えばJackendoff（1994: 68-9）．

3　以下に挙げる例の多くおよび図はLangacker（2008）による．

4　等価な規定ではあるが，Langacker（1987: §5.2）では「互いに結びつけられた事物（interconnected entities）によって占められる区域（region）」とされて

いた．規定の仕方の変更の理由についてはLangacker（2008: 105; 脚注11）に説明がある．

5　認知文法の用語法の "relationship" は，一項述語が表す意味についても用いられる．詳細についてはLangacker（2008: 113-4）参照．

6　関連する用語およびその詳細な規定についてはLangacker（2008: §3.3.1）参照．

7　Van Valin and LaPolla（1997: 275）参照．

8　文法カテゴリーを個別言語の構文依存的なものと考えるRCGでは，個別言語の文法カテゴリーがそれぞれ特定の範囲を占めるものとして配される普遍的な概念空間（"conceptual space"）を想定しているが，そのような考え方の問題についてはTsuboi（2008）参照．

9　この主語の規定の正しさを示す実験結果がForrest（1996），Tomlin（1997）において報告されている．

10　Langacker（1987: 39），Tsuboi（2008）参照．ただし別の意味に誤解される可能性があるので，"imagery" という言葉は現在避けるようになっている．Langacker（2008: 43, 脚注12）参照．

11　紙幅が限られているために本節では全く扱っていない認知文法における音韻構造の扱いについては熊代（2003）およびそこに挙げられている文献を参照されたい．

▶重要な文献

　認知文法の全体について包括的に書かれたものとしてはLangacker（1987, 1991, 2008）があるが，認知文法を初めて本格的に知ろうとする読者にとっては，近年の展開も取り込みつつ，よりわかりやすい形で認知文法の要点が解説されているLangacker（2008）が読みやすい．Langacker（1990, 1999, 2009）は様々なトピックについて書かれたものから特に重要なものを選んで一部改定のうえ集めたもので，Langacker（2008）と併せて読めば認知文法の全容が理解できる．Langacker（2007）は認知言語学事典のためにラネカー自身が認知文法を簡潔に説明したものだが，内容が圧縮されているため必ずしも読みやすくはないので，認知文法について一通り理解した後で理解を整理するために読むのに向いている．

　他に，「認知文法の手法（2.5節）」，「用法基盤モデル（2.7節）」，「主観化・間主観化（3.6節）」，「参照点（3.7節）」の節も認知文法と関連性が高いので，それらの項で重要な文献として挙げられている文献も参照すると良い．

▶文　献

Croft, W. 1991 *Syntactic Categories and Grammatical Relations: The Cognitive Organization of Information*, Univ. of Chicago Press, Chicago.

Croft, W. 2001 *Radical Construction Grammar: Syntactic Theory in Typological Perspective*, Oxford Univ. Press, Oxford. ［山梨正明（監訳），渋谷良方（訳）2018『ラディカル構文文法——類型論的視点から見た統語理論』研究社.］

Forrest, L. B. 1996 Discourse Goals and Attentional Processes in Sentence Production: The Dynamic Construal of Events. In Goldberg, A. E.（ed.）*Conceptual Structure, Discourse and Language*, CSLI

Publications, Stanford. pp.149-61.

Goldberg, A. E. 1995 *Constructions: A Construction Grammar Approach to Argument Structure*, Univ. of Chicago Press, Chicago.

Jackendoff, R. 1994 *Patterns in the Mind: Language and Human Nature*, Basic Books, New York.

熊代文子 2003「認知音韻論」吉村公宏（編）『認知音韻・形態論』大修館書店, pp.3-78.

Langacker, R. W. 1968 *Language and its Structure*, Harcourt, Brace, and World, New York.［牧野成一（訳）1970『言語と構造—言語学の基本概念』大修館書店.］

Langacker, R. W. 1972 *Fundamentals of Linguistic Analysis*, Harcourt Brace Jovanovic, New York.

Langacker, R. W. 1987 *Foundations of Cognitive Grammar*, Vol. I, *Theoretical Prerequisites*, Stanford Univ. Press, Stanford.

Langacker, R. W. 1990 *Concept, Image, and Symbol: The Cognitive Basis of Grammar*, Mouton de Gruyter, Berlin.

Langacker, R. W. 1991 *Foundations of Cognitive Grammar,* Vol. II, *Descriptive Application*, Stanford Univ. Press, Stanford.

Langacker, R. W. 1995 Raising and Transparency. *Language* 71: 1-62.

Langacker, R. W. 1999 *Grammar and Conceptualization. Mouton de Gruyter*, Berlin.

Langacker, R. W. 2000 A Dynamic Usage-Based Model. In Barlow, M. and S. Kemmer （eds.） *Usage-Based Models of Language*, Univ. of Chicago Press, Chicago, pp.1-63.［坪井栄治郎（訳）「動的使用依拠モデル」坂原茂（編）2000『認知言語学の発展』ひつじ書房, pp.61-143.］

Langacker, R .W. 2001 Discourse in Cognitive Grammar. *Cognitive Linguistics* 12: 143-88.

Langacker, R .W. 2005 Construction Grammars: Cognitive, Radical, and Less So. In Ibáñez, F. J. R. and M. S. P. Cervel （eds.） *Cognitive Linguistics:*

Internal Dynamics and Interdisciplinary Interaction, Mouton de Gruyter, Berlin, pp. 101-59.

Langacker, R. W. 2007 Cognitive Grammar. In Geeraerts, D. and H. Cuyckens （eds.） *The Oxford Handbook of Cognitive Linguistics*, Oxford Univ. Press, Oxford, pp.421-62.

Langacker, R. W. 2008 *Cognitive Grammar: A Basic Introduction*, Oxford Univ. Press, Oxford.［山梨正明（監訳）2011『認知文法論序説』研究社.］

Langacker, R. W. 2009 *Investigations in Cognitive Grammar*, Mouton de Gruyter, Berlin.

Langacker, R. W. 2012a Interactive Cognition. *International Journal of Cognitive Linguistics* 3: 95-125.

Langacker, R. W. 2012b Elliptic Coordination. *Cognitive Linguistics* 23: 555-99.

Schachter, P. 1977 Reference-related and Role-related Properties of Subjects. In Cole, P. and J. Sadock （eds.） *Grammatical Relations （Syntax and Semantics 8）*, Academic Press, Orlando/Tokyo. pp.285-6.

Tomasello, M. 2003 The Key is Social Cogntion. In Gentner, D. and S. Goldin-Meadow （eds.） *Language in Mind*, MIT Press, Cambridge, MA, pp.47-57.

Tomlin, R. S. 1997 Mapping Conceptual Representations into Linguistic Representations: The Role of Attention in Grammar. In Nuyts, J. and E. Pederson （eds.） *Language and Conceptualization*, Cambridge Univ. Press, Cambridge, pp.162-89.

Tsuboi, E. 2008 Semantic Maps and Grammatical Imagery : Universal and Language-specific Aspects of Grammatical Meanings, In Lapaire, J. et al （eds.） *From Gram to Mind: Grammar as Cognition*, Presses Universitaires de Bordeaux, Bordeaux, pp.133-45.

Van Valin, Jr., R. D. and R. LaPolla 1997 *Syntax: Structure, Meaning and Function*, Cambridge Univ. Press, Cambridge.

═══ **コラム8　ステージ・モデルとビリヤードボール・モデル** ═══════ **長谷部陽一郎** ══

　文法には私たちが世界を把握する際の認知パターンの数々が反映されています．この事実の一端を説明するためにラネカー（Ronald W. Langacker）の認知文法で用いられる考え方が**ステージ・モデル**（stage model）と**ビリヤードボール・モデル**（billiard-ball model）です（Langacker 1991, 2008）．

　ステージ・モデルは私たちの基本的な事態把握のモードを表しています．上演中の劇場で観客が目にするのはステージ上の役者によって繰り広げられる様々なイベントです．実際には絶えず「観ている自分」がいるのですが，劇に没頭している観客にとってその事実は背景化しており，特別なきっかけがなければ明確には意識されません．言語表現の主体と概念構造との間にも同じような関係が見られます．典型的な発話場面において，**オン・ステージ領域**（onstage region）の上に様々な**参与者**（participants）を展開することで話者は概念構造を構築します．その際，**概念化者**（conceptualizer = C）である話者自身はあくまで観察者として**オフ・ステージ**（offstage）にとどまっています（図1）．

　ステージ・モデルと関連するもう一つのモデルがビリヤードボール・モデルです．これはオン・ステージ領

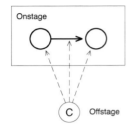
図1 ステージ・モデル

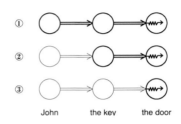
図2 アクション・チェイン

域で繰り広げられる出来事の背後にある因果関係を，物理的な物体と物体がぶつかって次から次へと連鎖的に影響を及ぼす様子になぞらえて表したモデルです．このような見立ては様々な領域での事態把握に関わっており，文法も例外ではありません．例えば名詞と動詞の基本的な性質の違いはビリヤードボール・モデルを用いて次のように説明されます．名詞の**プロトタイプ**（prototype）はボールのように実体を持った「モノ」であるのに対し，動詞のプロトタイプはビリヤードボールの運動のように時間軸上で生じる「イベント」です．また，名詞は概念的に自律的（conceptually autonomous）ですが，動詞は概念的に依存的（conceptually dependent）です．ボール自体は他の要素・要因からの働きかけの有無にかかわらず存在できますが，ボールの運動にはボール自体の存在をはじめ様々な要素・要因が求められます．そう考えると，名詞と動詞とが自律／依存という対極的な関係を示すのは自然な成り行きと言えます．

なお，ビリヤードボール・モデルの考え方を発展させたのが**アクション・チェイン**（action chain）です（Langacker 1991, 2008）．John opened the door with the key（ジョンが鍵でドアを開けた）という文の概念的なセッティング（setting）には，「ジョン」「鍵」「ドア」という三つの要素が関わっています．しかし実際の発話においては，アクション・チェインの部分構造だけをプロファイル（profile）することも可能です．したがって，① John opened the door with the key という表現のほか，② The key opened the door（鍵でドアが開いた）や，③ The door opened（ドアが開いた）といった表現が生じます．このようにアクション・チェインの考え方を用いることで，同じ事態でも捉え方により様々な表現が可能である事実を説明することができます（図2）．

▶参考文献
Langacker, R. W. 1991 *Foundations of Cognitive Grammar*, Vol. II, *Descriptive Application*, Stanford Univ. Press, Stanford.
Langacker, R. W. 2008 *Cognitive Grammar: A Basic Introduction*, Oxford Univ. Press, Oxford.［山梨正明（監訳）2011『認知文法論序説』研究社.］

2.5

認知文法の手法

熊代敏行

　本節では，**認知文法**（cognitive grammar）においてどのような手法によって分析が行なわれ，それがいかに理論的に優れた分析につながるかということを論ずる．具体的には，英語の代名詞の照応と日本語の数量詞の遊離という，従来統語的とされてきた現象を精査する．まず，これらの現象に対して，**生成文法**（generative grammar）の枠組みにおいては，どのようにc統御（c-command）という統語構造をもとにした分析によって説明がなされてきたかを論ずる．続いて，そのような統語的とされる現象に対して，認知文法においては，語彙の意味を重視し，それを吟味することを出発点とするという手法をとることによって，いかに語彙の意味だけではなく，当該の現象の全体までも意味的な構造のみで説明が可能になるかを示す．そして，そのような認知文法の意味重視の手法の妥当性を指摘するだけではなく，意味を見極めるという視点がどのように説明性の高い分析につながるかということも合わせて論ずる．

1. 内容要件

　ラネカー（Ronald W. Langacker）の提唱する言語理論としての認知文法の基本的概念の一つに**内容要件**（content requirement）がある[注1]．内容要件とは，文法記述において許される理論的構築物に関して設けられる非常に厳格な基準である．具体的には，「①：言語表現に実際に現れる音韻，意味，および**象徴構造**もしくは**記号構造**（symbolic structure），②：これらの構造から抽出される**スキーマ**（schema），および③：①と②の要素が関与する**カテゴリー化関係**（categorizing relationship）」以外は文法記述において許されないとするものである（Langacker 1987a: 53-4）[→ 3.2]．内容要件を満たさず，文法から排除されるものは，音形も意味も持たない

空記号や，実際に現れない形を排除するフィルター規則などである．そして，文法の記述の中に必ず象徴構造が存在するということは，すなわちそこに現れるすべてのものに意味があるということになり，これが認知文法による言語研究の手法の最も重要な礎である．ラネカー自身，英語の分析において，従来的には意味内容を持ち合わせない文法的な要素とされてきたものの意味的な分析を初期に積極的に行なっている．be動詞，助動詞のdo，完了のhave，進行形・動名詞の -ing，前置詞の by と of，所有格などの分析である（cf. Langacker 1982, 1987a, 1988, 1990, 1991, 1992）．

　ここで注目すべきは，内容要件によって文法の中に認められないものの中には統語理論の基盤となっている統語範疇（syntactic category）が含まれるということである．つまり，VやNやPといった意味を持たないラベルの使用が認められないということになる．認知文法においては，ある語彙がどの品詞に属するかということは統語的なラベルによって指定されるのではなく，意味的に規定される．具体的には，動詞は**プロセス**（process）を，そして名詞は**モノ**（thing）をプロファイル（profile）するものと定義される．このように，統語範疇が認められなければ，それを基盤とする句構造（phrase structure）も文法の記述として認められないため，それに依存する概念であり，生成文法の中核をなすと考えられるc統御（c-command）という概念も存在しないこととなる．

　c統御という概念が説明に利用される現象の中で，生成文法の発展の歴史において最も重要な役割を果たしたのは，英語の**代名詞照応**（pronominal anaphora）であろう[注2]．この現象の研究で最も代表的なものはラインハート（Tanya Reinhart）によるものである（Reinhart 1983）．この代名詞の照応という現象は，包括的な文法理論を標榜す

る認知文法にとっては，説明することを避けては通れないものであるが，当然のことながら純粋に統語的概念であるc統御に頼ることは許されない．したがって，意味的な概念のみを用いて分析を展開する必要があるが，まさにそのような試みがヴァン・フック（Karen van Hoek）の研究である（van Hoek 1997）．彼女の研究については2.で詳述することとする．

　生成文法による日本語の言語事象の研究においてもc統御は重要な役割を果たしており，代表的なものが**数量詞遊離**（quantifier float）に関するものである．生成文法による宮川の研究を取り上げ（Miyagawa 1989），この統語的とされる現象に関しても，認知文法ではc統御という概念を用いずに説明することが可能であることを3.で論ずる．

2.　英語の代名詞照応

▶ 2.1　生成文法の分析

　まずは，英語の照応代名詞に関する代表的な例文から見ていこう[注3]．典型的なパターンでは，次の(1a)のように先行詞（antecedent）が文中で先に現れ，代名詞が後続する場合は文法的になるが，(1b)のようにその順序が逆になると，非文法的になる．しかし，(1c)では代名詞が先行しているのにかかわらず文法的であり，(1d)では，先行詞が先に現れていても非文法的である．

(1) a. *John* loves *his* mother.
　　 （ジョンは彼の母親を愛している．）
　 b. ** He* loves *John*'s mother.
　　 （彼はジョンの母親を愛している．）
　 c. Near *him, John* noticed a trapdoor.
　　 （彼の近くに，ジョンは落とし戸があるのに気づいた．）
　 d. ** Near John, he* noticed a trapdoor.
　　 （ジョンの近くに，彼は落とし戸があるのに気づいた．）　　　（van Hoek 1997: 1-2）

したがって，**線形順序**（linear order）という概念だけでは，代名詞の**同一指示**（coreference）の可能性をすべて説明することができないことは明白である．

　生成文法がこのような例文を説明するのに用いるのは，句構造に依存した概念であるc統御である．その代表的な研究であるReinhart（1983）は，代名詞の照応に関する制約を次の(2)のように規定する．これは，代名詞ではない名詞句は，それをc統御するいかなる名詞句とも同一指示的にはならないというもので，言い換えれば，代名詞は，自身がc統御する名詞句とは同一指示的にはならないというものである．

(2) A non-pronominal NP must be interpreted as non-coreferential with any NP that c-commands it. （非代名詞的名詞句はそれをc統御するいかなる名詞句とも非同一指示的であると解釈されなければならない．）
　　　　　　　　　　　　　　　（Reinhart 1983: 136）

例えば，(1a)と(1b)の構造においては，主語の位置にある名詞句は，構造的に下位にある直接目的語をc統御し，さらにはその修飾語をc統御する関係にある．(1a)においては，直接目的語の修飾語であるhisが上位にある主語のJohnをc統御しないため文法的であり，(1b)においては，主語のHeが直接目的語の修飾語であるJohnをc統御するので非文になるという説明である．

▶ 2.2　認知文法の分析

2.2.1　代名詞の意味

　それでは，c統御という，句構造に依存した概念を利用することが叶わない認知文法では，この代名詞の照応という現象をどう説明すればよいのであろうか．以下，van Hoek（1995, 1997, 2007）の分析を紹介することで，その手法を辿っていくこととする．

　照応代名詞の分析領域は，どの範囲かと言えば，それは文であろう．文を対象にするのであれば，認知文法としては，文の意味構造の把握が肝要である．しかし，文は，個々の語が結合されてできているものであり，文全体の意味構造の基盤となるのは，あくまでも個々の語の意味である．したがって，照応代名詞の用法をつまびらかにしたいのであれば，まず代名詞自体の意味を考察することが必須となる．それでは，代名詞の意味とは何であろうか．

　ヴァン・フックが援用したのは，Langacker（1985）の**ステージ・モデル**（stage model）とGivón（1989）やAriel（1990）などが提唱する接近可能性の理論（accessibility theory）である

[→ コラム8]．言語の発話においては，話し手と聞き手が存在し，それらがステージ上で起きる様々な事態を観察するという構図が存在する．例えば，"Harry met Sally" という文では，Harry と Sally という二人がステージ上に存在し，それをステージの外から眺めている話し手と聞き手がその二人のある特定のやりとりに注意を向けている．このように登場人物が固有名詞を使って表されている場合には，その登場人物は話し手と聞き手からは遠い存在であると描かれている．

では一人称および二人称の代名詞の場合はどうであろうか．例えば，"I trust you" という文では，話し手が聞き手のことを信じているということを表しているが，原理的には，話し手の名前が Harry であり，聞き手の名前が Sally であれば，"Harry trusts Sally" と言ってもいっこうに差し支えはないはずである．しかし，Harry と Sally という名前を発話の中で用いると，どこか遠くのだれかのように響いてしまうため，対象になっている人物がまさにここにいる話し手と聞き手であることを示したければ，一人称代名詞の I と二人称の代名詞の you を使用しなければならないのである．すなわち代名詞を使うというのは，どこかに探しにいく必要のない，目の前にいてだれなのかということを問う必要もまったくない，すぐ近くにいる，自明の存在を指したいときに使うことばであると言える．

では，he や she などの三人称の代名詞の場合はどうだろうか．これらの代名詞は，話し手と聞き手以外の第三者を指すが，この場合も同様に，話し手と聞き手にとって存在を探索する必要がなく，自明であり，近くにいる場合に使われる．もしくは，文脈的にすぐ前の文に出てきた人物などでもよい．したがって，代名詞の意味用法というのは，発話行為的，もしくは文脈的にその存在が明らかな事物を指すというものである．このように，語彙としての意味が文レベルの意味と密接に関わっているとし，そこを出発点とするのが認知文法の基礎的な手法である．

2.2.2 参照点と近接性

このような先行詞の存在の近接性は，ヴァン・フックの研究においては，認知文法の最も重要な概念の一つである**参照点**（reference point）を用

いて説明される注4．**概念主体**もしくは**概念化者**（conceptualizer）にとって，参照点の規定する**支配領域**もしくは**ドミニオン**（dominion）内においては，参照点の存在は近接したものになり，その参照点に言及したいときには，適切な代名詞を使用するだけで十分である．その具体的な条件は，次の(3)に示されているように，代名詞は参照点の支配領域内に存在しなければならないというものである．

(3) A pronoun must appear in the dominion of a corresponding reference point.（代名詞は当該の参照点の支配領域に現れなければならない．）
（van Hoek 2007: 898）

では，文レベルにおいて，どのような場合に近接的な参照点が存在しうるのであろうか．これに関して，ヴァン・フックは，**顕著性**（prominence），線形順序（linear order），**連結性**（connectivity）の三つの要因を挙げている．

まずは顕著性であるが，認知文法では，文法関係はこの概念に基づいて規定され，「主語＞直接目的語＞間接目的語＞斜格」という，顕著性の違いによる階層が想定される（cf. Keenan and Comrie 1977）．これによって，前掲の(1b)の "He loves *John*'s mother" という文の非文性は，次のように説明できる．代名詞の He は，主語の位置にあり顕著性が高いが，直接目的語の John's mother の顕著性は，それよりも低く，その修飾語にすぎない先行詞の John の顕著性は，それよりもさらに低い．したがって，参照点として機能するのは，最も顕著性の高い代名詞の He ということになるが，そうすると自身の支配領域内に顕著性の著しく低い先行詞が存在するという，本来とは逆の関係になってしまうため，文が非文になるのである．

参照点の選択には線形順序も影響する．次の(4)の例文はいずれも重文であるが，(4a)においては同一指示が可能である一方，(4b)においては可能ではない．これは，先行する文脈においてすでに参照点として機能している名詞句は，その機能を維持し，後続する文脈においても参照点として機能するからに他ならないからである．

(4) a. *Peter* went home, and then *he* took a nap.
（ピーターは家に帰り，そして彼は昼寝をした．）

b. *He went home, and then *Peter* took a nap.
（彼は家に帰り，そしてピーターは昼寝をした．）　　　　　　　　（van Hoek 1997: 7）

参照点の選択に関与するものとしてヴァン・フックがもう一つ挙げるのは，連結性である．二つの名詞句が強く結びついていればいるほど，顕著性の高い方の名詞句が支配領域として機能し，顕著性の低い方の名詞句をその領域内に収める可能性が高くなるというものである．二つの名詞句の間に最も強い連結性が認定されるのは，主語とプロセス内在的修飾語（process-internal modifier）内に存在している名詞句の場合である．次の(5a)において，先行詞は主語の John で，代名詞は前置詞句の in his apartment 内に含まれる his である．この前置詞句は，動詞の表す行為の場所を指定し，その意味構造において不可欠な要素であり，プロセス内在的修飾語である．そのため，主語の John と前置詞句に含まれる代名詞の his との連結性が高く，同一指示が可能となる．一方，(5b)のように先行詞と代名詞を入れ替えると，代名詞が先行詞を支配領域内におくという状況が発生するため，非文となる．プロセス内在的修飾語となるのは，場所の他に，道具を表す名詞句や，時間，起点，終点などを表すものである．

(5) a. *John* holds wild parties in *his* apartment.
（ジョンは彼のアパートで大騒ぎのパーティーを開く．）

b. *He* holds wild parties in *John*'s apartment.
（彼はジョンのアパートで大騒ぎのパーティーを開く．）　　　　　（van Hoek 1995: 326）

▶ 2.3　生成文法と認知文法の分析の比較

次に，ヴァン・フックによる認知文法的分析とラインハートによる生成文法的分析の間には，どのような違いがあるのか比較することとしよう．

2.3.1　代名詞の意味

ラインハートの分析は，直感的な理解が困難であるが，その一番の要因は，どのような場合に代名詞の照応が可能かということにのみ努力が向けられ，照応代名詞とは何なのかという本質を見つめる視点が欠落していることにある．前掲の(2)の条件は，代名詞ではない名詞句はそれを c 統御する名詞句と同一指示的であってはならないというものであり，それは代名詞についての制約の記述

ではなく，代名詞ではないものに関する制約の記述になっている．代名詞の性質を直感的に捉えたいのであれば，代名詞はこうあるべきであるという定義の方がわかりやすいわけであり，そうであれば「代名詞は先行詞によって c 統御されなければならない」とすればよいのであるが，そうはできない理由がある．それは，そのような肯定的な定義では，次の(6)のような逆照応もしくは後方照応（cataphora）の代名詞を含む文をうまく説明できないからである．この文においては，主文の主語の修飾語である代名詞の his が埋め込み文の主語である先行詞の Mandela によって c 統御されないのにかかわらず，同一指示が可能である．

(6) Even *his* admirers admit *Mandela*'s no miracle worker.（彼の賞賛者でさえ，マンデラはまったく奇跡を起こす人ではないことを認めている．）　　　　　　　　　　（van Hoek 2007: 901）

一方，ヴァン・フックの分析では，名詞句同士の相対的顕著性を吟味さえすればよく，名詞句内に修飾語として存在する代名詞よりも，埋め込み文であれ，その主語の位置にある先行詞の方が顕著性が高いため，同一指示になるという説明が可能である．したがって，前掲の(3)の「代名詞は当該の参照点の支配領域に現れなければならない」という直感的にわかりやすい制約でも全く問題がない．

ということは，ラインハートは，c 統御という概念にこだわるあまり，しごく難解な，直感的な理解を阻むような定義にするしか術がなかったけれども，それとは対照的に，照応代名詞の意味の解明を目指すヴァン・フックは，相対的顕著性の重要さに気づき，非常に明解な照応代名詞の定義に辿り着いたということになる．これは，とりもなおさず，照応代名詞の分析においては，統語的分析よりも意味的分析の方が優れていることを表していると言える．

2.3.2　線形順序

前掲の(4)の例から明らかなように，代名詞の照応という現象に関して，文レベルにおいて線形順序が関与していることは疑うべくもない．このような線形順序の関与は，次の(7)にあるような 2 文からなる**談話**（discourse）においても明らかである．

(7) a.*John* checked the mailbox. There was a package for *him*.
（ジョンは郵便受けをチェックした．彼宛の小包みがあった．）

b.**He* checked the mailbox. There was a package for *John*.
（彼は郵便受けをチェックした．ジョン宛の小包みがあった．）(van Hoek 1995: 325)

しかし，c統御という概念はあくまでも文レベルでの関係しか表しえないため，ラインハートには(7)を統語的に説明することは不可能である．となると，線形順序に基づいた全く別個の談話的制約を設定する必要に迫られる．しかし，線形順序が談話でのみ重要な関与をしているのであれば，そのような分離的なアプローチも十分に正当性を持ちうるであろうが，次の(8)の文の適格性の決定的要因は線形順序なのである．この文においては，主文の主語の修飾語である先行詞は埋め込み文内の代名詞をc統御しておらず，その代わりに先行詞が文頭に現れているという順序こそが代名詞との同一指示の要因となっている．

(8)Even *Mandela*'s admirers admit *he*'s no miracle worker.（マンデラの賞賛者でさえ，彼はまったく奇跡を起こす人ではないことを認めている．）
(van Hoek 2007: 901)

すわなち，c統御という概念による説明にとらわれるあまり，談話でその関与が顕著である線形順序が文レベルにおいても関与しているという事実をラインハートは見逃しているのである．しかし，この線形順序の関与を認識し，c統御との共存を許せば，「代名詞は先行詞にc統御されなければならない」という直感的な定義を採用することが可能になるのである．すなわち，2.3.1で論じた相対的顕著性の重要性のみならず，この線形順序の関与も認識できないことが，望まれる直感的な定義からラインハートの分析をよりいっそう遠ざけてしまっていると言える．

2.3.3 視点

代名詞の照応可能性に影響を与えるけれども統語的ではないとされるもう一つの要因に**視点**（point of view）がある．Kuno（1987）などが指摘しているように，同様の構造を持った文であっても，視点の関与によって適格性が変動する場合がある．次の(9a)では，代名詞が先行していても

同一指示が可能であるが，これに対し，(9b)は，ほぼ同じ構造をしているのにもかかわらず，同一指示を許さない．その許さない理由は，fearという名詞が主文の主語であるため，その感情の所有者であるhisの視点から文が解釈されてしまい，埋め込み文内の先行詞との同一指示を阻害するからである．

(9) a.*His* doctor's worst fear is that *Jim* might have AIDS.
（彼の医者の最悪の恐れはジムがエイズかもしれないことである．）

b.**His* worst fear is that *Jim* might have AIDS.
（彼の最悪の恐れはジムがエイズかもしれないことである．）(van Hoek 1997: 205)

生成文法においては，この制約は，統語とは全く別個の語用論的なものとして扱われざるをえない．一方，ヴァン・フックの分析では，fearで表されている感情の所有者は，視点として働くため，文全体の参照点となり，後続する先行詞を支配領域に含んでしまうことが(9b)の非文性の原因であるとの説明が可能になる．ここで着目すべきは，このように働く視点は，**感情移入**（empathy）という側面を持つものの，まぎれもなく参照点の一種に他ならないということである．したがって，上述の顕著性，線形順序，連結性と同様に，参照点を形成するための一つの要因として捉えることができる．となると，生成文法では全く別個の二つの領域に属する制約とせざるをえないものを，認知文法では意味的な制約として統合的に扱うことができるということである．したがって，分析の統合性という点に関しては，認知文法の分析の優位性は明確であると言えよう．

2.3.4 談話レベルの連結性

物語などの談話において，代名詞を使用するか，それとも固有名詞を使うかという選択が話の流れに影響を与えるとする研究がある．Fox（1987）は，物語において登場人物が何か行動を起こすタイミングの前には話の切れ目があり，その切れ目を示すために固有名詞を使うことが好まれるとしている．次の(10)の例では，最後の文でRipleyという固有名詞が使われているが，文脈的には，sheという代名詞を使っても全く問題がないのに

もかかわらず，あえて固有名詞を使い，登場人物が行動を起こす，話の切れ目を表そうとしている．

(10) She [Ripley] did not see the massive hand reaching out for her from the concealment of deep shadow. But Jones did. He yowled. (彼女［リプリー］には，深い陰から隠れた大きな腕が彼女の方に伸びてくるのが見えなかった．しかし，ジョーンズには見えた．彼は叫んだ．) Ripley spun, found herself facing the creature. (リプリーが振り返ると，目の前にあの生き物がいた．)

(Alien p.267, van Hoek 1995: 332)

このような談話における連結性は，2.2.2 で論じた，文レベルにおいて近接性を決定する連結性と同じ性質のものである．すなわち，連結性には，文レベルの要因によって強く結びつき，強い連結が認められる場合と，談話的な要因によって，ごく弱い程度の連結しか認められない場合があるが，その違いは，あくまでも段階的で連続的なものであるということである．

認知文法においては，語彙，文，談話という長さの違いによる区別は存在しない．したがってこの連結性という概念が文と談話という両方の領域に関与しているという事実を統合的に説明することが可能である．一方，生成文法においては，文レベルでの連結性はc統御という概念を用いて説明され，談話レベルでの連結性はそれとは全く別個の制約として扱われる．すなわち，ここでもまた，生成文法による分析は，たとえデータの記述力は十分であっても，二つの別個の制約を設定しているという点で統合性が失われているのである．

▶ 2.4　認知文法の手法の優位性

ここまで論じてきたように，認知文法においての一番の基本は意味構造である．意味構造から分離した統語構造は存在しないという立場は，統語的，意味的という区別をせず，すべてを意味的な制約として説明することを可能にする．そして，文レベル，談話レベルという区別もせず，長さの観点からも統合的な説明が可能である．一方，生成文法においては，代名詞の照応という現象が実際に関与する，統語，意味，談話という幅広い領域において，すべて別個の制約を設定し，それらを本質的な関連性の全くない制約として扱わなけ

ればならない．

統語構造を設定し，それとは別に意味構造や談話構造を設定しても，記述的に十分な言語理論を構築することは可能である．しかし，理論というものにおいて，複数の別個の理論的構築物や制約を設定する理論よりも，そのような別個の設定を排除し，すべての説明されるべき事象を統合的に説明することが可能な理論の方が優れていることは述べるまでもない．そして，言語の理論として大切なことは，単にデータの文法性を説明できるかということだけではなく，直感的に説得力がある分析を提示できるかということもしごく肝要である．この直感性というのは客観的に測定することはほぼ不可能であろうが，実際の言語使用者にとってわかりやすい制約の方がそうでないものよりも心理的実在性が高い可能性は否定できないであろう．

3.　数量詞遊離

日本語の**数量詞遊離**もしくは**数量詞移動**（quantifier floating）という現象は，生成文法による初期の日本語の研究において，多くの著名な研究家が取り組んだ現象である（cf. 奥津 1969; 神尾 1977; 柴谷 1978; 井上 1978; 黒田 1980）．次の(11)の例が示すように，数量詞遊離とは，本来名詞句の前にあるはずの数量詞がそこから遊離して，別の場所に現れるという現象を指す．

(11) a. 昨日，3人の高校生が研究室にやってきた．
　　 b. 昨日，高校生が3人研究室にやってきた．

この現象に関しては，どういう条件のもとに数量詞が名詞句から遊離できるかということが問題とされ，その条件は統語的に規定されるという主張がなされている．その条件づけに関しては，どの種類の名詞句から遊離できるか，そしてどこに遊離できるかの二つに大別することができる．

▶ 3.1　生成文法の分析

遊離もとの名詞句に関する条件としては，文法関係の種類の違いによるものとされている．次の(12)と(13)の例が示すように，主語，目的語，副目的語という項（argument）からは数量詞は遊離することができるが，着点や道具をあらわすような**付加詞**（adjunct）からは遊離ができないものとされる．

（12）a. 学生が3人紀伊國屋で高価な辞書を買った.

　　　b. 太郎が日比谷でバラの花を3本買った.

　　　c. 花子が横浜でドイツ人の高校生に3人会った.

（13）a. *花子は昨日の休みに公園へ3つ行った.

　　　b. *選手たちは車で3台試合会場に到着した.

　そして，遊離先に関する条件としては，初期の分析では，先行詞と数量詞は隣接（adjacent）していなければならないという線形順序による制約であった（cf. Haig 1980; 黒田 1980）．次の（14a）では，「学生が」と「3人」が隣同士なので適格であるが，（14b）では，間に「本を」が存在しているため適格ではないという説明である.

（14）a. 学生が3人本を買った.

　　　b. *学生が本を3人買った.

　　　　　　　　　　　　　　　（Kuroda 1983: 154）

　したがって，文法関係と線形順序という直接関係のない別々の二つの概念を用いて，数量詞遊離という現象を説明していたわけであるが，これをc統御という単一の統語的な概念を用いて説明しようとしたのが宮川である（Miyagawa 1989）．宮川は，次の（15）のような制約を設定し，簡略的に述べれば，先行詞と数量詞は互いにc統御しなければならないと規定した.

（15）Mutual C-Command Requirement: For a predicate to predicate of a NP, the NP or its trace and the predicate or its trace must c-command each other.（相互c統御の要件：述部が名詞句の述部となるためには，名詞句もしくはその痕跡と述部もしくはその痕跡とが互いをc統御しなければならない.）

　　　　　　　　　　　　　　（Miyagawa 1989: 30）

具体的に述べると，移動もとに関する制約については，主語名詞句などの項は，文の右側に現れる下位の数量詞を問題なくc統御できるのに対し，付加詞の場合は，Pが後続し，PPに支配されるので，c統御ができないというものである．そして，移動先の制限に関しては，間にVPなどが存在していなければ，相互c統御が可能であるとしている．しかし，次の（16）のような文においては，「本を」も「3人」もVPの内部に存在しており，そのため「3人」が上位にある主語名詞句の「学生が」をc統御できなくなり，非文になるという説明である.

（16）*学生が［$_{VP}$ 本を3人買った］.

　さらには，宮川の研究は，c統御という概念の有効性を示すだけでなく，名詞句の移動（movement）の証明にもつながっている．前掲の（14b）が非文であるのに対して，次の（17）が適格なのは，かき混ぜ規則（scrambling）による名詞句の移動が関与しているからであるとする．すなわち，数量詞の「3冊」は，移動後の文頭の位置にある「本を」を直接c統御することはできないが，その名詞句が残した痕跡（t）はc統御できるので，適格になるというものである.

（17）本$_i$を学生が3冊t$_i$買った.

　したがって，宮川による数量詞遊離の分析は，c統御と名詞句の移動という，生成文法において中核的な役割を果たす二つの概念の正当性を強く証明するものとされている．しかし，当然のことながら，認知文法には，c統御という概念も名詞句の移動という概念も存在しない．したがって，このような統語的概念を許さない認知文法では，一見この数量詞遊離という現象を説明しえないかのように思われるかもしれない.

▶ **3.2　認知文法の分析**

　では，認知文法の分析においては，どのようなアプローチが可能であろうか[注5]．その糸口は，代名詞の照応の分析の際に，代名詞自体の意味を考察することが重要であったように，数量詞そのものの意味を考察することであろう．数量詞は，名詞を修飾して，その数量を規定するものである．生成文法の分析では，遊離した数量詞は，語順的には離れているが，その離れているところで名詞の数を直接規定しているとされる[注6]．しかし，認知文法的には，単語の移動という概念がない以上，数量詞は初めからその場所に存在しているということになる．その場所とは，いったいどんな場所であろうか．それは副詞が存在する場所と同じであると言える．次の（18）と（19）の例から明らかなように，副詞と全く同様に，数量詞は文頭や動詞の直前などにも自由に出現することができる.

（18）a. 3人，図書館で学生が本を読んでいた.

　　　b. 昨日，図書館で学生が本を読んでいた.

（19）a. 閉館間際まで，学生が本を5人も読んでいた.

　　　b. 閉館間際まで，学生が本を一心不乱に読んで

いた.

では，副詞の意味とはどういうものであろうか.
それは，とりもなおさず動詞の意味を付加的に規
定するものである．動作の様態や程度，そして頻
度などを指定するというのがその働きであること
はあえて論ずるべくもない．では，数量詞が副詞
であるとすると，動詞の何を付加的に規定してい
るのであろうか．数量詞が数を表すものである以
上，動詞の場合は，それが表すプロセスの数であ
ると考えられる[注7]．しかし，単なる回数ではない.
単なる回数は「回」，「度」といった語を使った場
合であり，数量詞を使った場合とは意味が違う.
次の(20a)は，単に学生が咳をした回数が二である
ことを示しているが，(20b)は，同じ事象を表し
うるとしても，学生の数が二であることを明示し
ている.

(20) a. 学生がこの10分で2回咳をした.
　　 b. 学生がこの10分で2人咳をした.
　　　　　　　　　　　　（Nakanishi 2007: 67）

ということは，何が違うかといえば，数量詞は先
行詞の数も合わせて規定するのである．すなわち，
数量詞は動詞を量化する（quantify）ことによっ
て，先行詞の数も間接的に量化するのである[注8].

となると，数量詞を含んだ文の成否は，数量詞
を軸として動詞の表すプロセスを複製できるかと
いうことになるであろう．この考えを使って，果
たして統語的な概念を使わずに，数量詞遊離とい
う現象をどう説明できるか以下検討したい.

まず，何から遊離できるかという点から考察す
ることとしよう．数量詞を軸とした，動詞の表す
プロセスの複製が可能であるためには，動詞の表
す意味構造の中でその数量詞の先行詞の**顕著性**の
高さが重要である．2.2.2で論じたように，認知文
法では，「主語＞直接目的語＞間接目的語＞斜格」
という顕著性の階層が設定されている．したがっ
て，数量詞遊離の遊離もとが項のような顕著性の
高い名詞句に限定されるというのは，認知文法に
おいては容易に説明可能なことである.

次に，移動先に関してであるが，これは動詞の
表すプロセス自体の複製可能性によるものであろ
う．動詞自体の語彙的な性質だけではなく，文レ
ベルの**捉え方**（construal）に影響を受ける場合も
あり，その構成要件には複数の要因が関係してい

ると思われる[注9]．プロセスを複製するためには，
数多の事象の中から，特定のものだけを切り出し
た後，共通点だけに着目し，同じ性質を持ったも
のとして抽象化する必要があると考えられる．こ
の切り出し作業には，個々のプロセスが時間的に
いつからいつまで継続しているか，空間的にどこ
からどこまで広がっているかといった区切りの認
識が必須であると考えられ，そういった区切りが
しやすくなる要因は，複数存在する.

その一つは，基本的には動詞の語彙的な性質で
ある，動作の結果性である[注10]．例えば，動作が終
了後，直接目的語に変化が生じているのであれば，
プロセスの区切りが認識しやすい．次の(21a)では
動詞の表す行為の結果，「おもちゃ」に物理的変化
が起きているが，(21b)では「親友」には何らの
心理的変化すらも起きておらず，このために非文
となる.

(21) a. 子供がおもちゃをもう2つ壊した.
　　 b. *菜穂子は親友をそれでも2人信じた.
　　　　　　　　　　（三原1998: 27-6, 90-1）

ほかに，動詞の語彙的な性質と関係している要
因としては，動作の**完結性**もしくは**終結性**
（telicity）も挙げられる（cf.三原1998）[注11]．すな
わち，動作の終点が明示されている方がプロセス
を区切りやすいということである．次の(22a)の
「横切る」という動詞は完結性が高いが，(22b)の
「散歩する」は，動作の終わりが明確ではなく，
容認度の低下につながっている.

(22) a. 公園を真っ直ぐ3つ横切って駅前に出た.
　　 b. ?公園をゆっくり2つ散歩した.
　　　　　　　　　　（三原1998 27-7: 95）

さらには，動作が完結していなくても，時間的
な制限があれば，プロセスの区切りがしやすく，
数量詞の遊離の容認度が上がる場合がある．次の
(23a)の容認度はあまり高くないが，(23b)のよう
に，「勉強した」を「勉強していた」に変え，動
作の進行中という意味合いにすると，容認度が高
まる（cf.片桐1992; 高見1998; 三原1998）．進行
形の意味構造には，**直接スコープ**（immediate
scope）が関与し，ある特定の時間だけを取り出す
区切り性が内在しているとされる（cf. Langacker
1987b; Kumashiro 2001）．さらには，(23c)のよ
うに，明確に時間を限定した表現を加えることに

よっても容認度が高まる（cf. 三原 1998）．

(23) a. ?? 学生が図書館で 30 人勉強した．

　　　　　　　　　　　　（三原 1998: 27-8, 106）

　　b. 学生が図書館で 5 人勉強していた．

　　　　　　　　　　　　（三原 1998: 27-6, 89）

　　c. テスト前にもかかわらず本館が改装中だった
　　　ので，昨日は閉館まぎわまで，学生が図書
　　　館分室で 30 人勉強した（らしい）．

　　　　　　　　　　　　（三原 1998: 27-8, 106-7）

　ほかに，文レベルでの意味が関与している要因
としては，反復性が挙げられる．動作が反復する
ということは，とりもなおさずプロセスが複製さ
れているわけであり，そこには区切りが明確に意
識されている．前掲の(14b)は非文であるが，こ
れに「次々と」という反復性を示す表現を追加し，
次の(24)のようにすると容認度が高まる．

(24) ? 学生が次々と本を 5 人買った．

　さらなる複製可能性を高める要因としては，数
量詞の後に，「も」や「だけ」といった取り立て
詞を使うと，文の容認度が高まることが指摘され
ている（cf. 片桐 1992; 高見 1998; 三原 1998）．こ
れは，計数性とでも呼ぶべきもので，プロセスの
区切りを意識して，先行詞の数を数えるというこ
とが明確に伝えられている場合には，複製可能性
が高まると言える．次の(25a)は結果性も完結性も
時間的制限性も高くないため，区切りが意識でき
ず，容認度が低いが，(25b)のように数量詞に
「だけ」を加えると，容認度が格段に高まる．「3
人だけ提出した」ということは，1 人提出，2 人
提出と区切りを意識した計数がなされ，3 人提出
した時点で終了，それ以降は提出なし，という大
きな区切りがさらに認識されているのである．

(25) a. ?? 学生はレポートを 3 人提出した．

　　b. 学生はレポートを 3 人だけ提出した．

　　　　　　　　　　　　（高見 1998: 27-1, 92）

　加えて注目すべきは，この文において計数して
いるのは，客観的に捉えられたステージ上の登場
人物ではなく，その状況を観察していた話し手で
あるということである[注12]．したがって，この文で
は，**主観性**（subjectivity）の高い，文レベルで
の捉え方において，区切りが認識されているとい
うことになる．

　しかし，こういった，結果性，完結性，時間的
制限性，反復性，計数性といった一連の要因から

なる複製可能性だけでは，前掲の(15)の「相互 c
統御の要件」が対象とするデータの中に説明のつ
かないものが存在する．具体的には，前掲の
(14a)の「学生が 3 人本を買った」が適格である
のに対し，なぜ(14b)の「学生が本を 3 人買った」
は適格ではないのかを説明するには至らない．な
ぜなら，この両方の文は，数量詞の「3 人」の位
置が違うだけで，複製可能性に関しての差異は全
くないからである．

　では，どのような別の制約が考えられるであろ
うか．これは，これらの文が文脈から切り離され
て解釈されることと密接に関係している．すなわ
ち，そのような文脈にあるため，特定の項目に焦
点があるような解釈はされず，主語の「学生」
も，**特定**（specific）ではなく，**不特定**（non-
specific）であると解釈される[注13]．さらには，文
が表す内容は，時間的にも空間的にも近接した，
眼前で把握可能な状況としては解釈されない．で
は，このような，不特定の主語を持ち，どの要素
にも焦点がなく，眼前描写でもない文がどのよう
に解釈されうるのかというと，それは「学生が 3
人いて，本を買った」という文の表す意味合いに
近い，主語の存在を別個に認定する解釈に限定さ
れる．そして，このような存在を表す解釈におい
ては，文全体を一度に**概念化する**（conceptualize）
のではなく，**参照点**構文を用いて，まず主語名詞
句を参照点として捉えて，その存在を認識し，そ
ののち，後続の部分が表す事象に従事することを
認識するという，二段階の構造になる．さらには，
このような存在を表す参照点構文においては，参
照点の内容に関しての制限があり，存在が表され
る名詞句とそれを修飾する数量詞がともに参照点
内に存在していなければならない．すなわち，
(14a)では，「学生が 3 人」までが参照点となり
え，適格であるが，(14b)では，参照点は「学生
が」に限定され，数量詞が含まれていないため不
適格となるのである．

▶ 3.3　生成文法と認知文法の分析の比較

　それでは，3.1 と 3.2 の議論をもとに，生成文法
と認知文法による数量詞遊離の分析の比較を行な
うこととしよう[注14]．まず，遊離もとに対する制約
に関しては顕著性が大きく関わっていることを論
じた．しかし，この概念は段階的なものであり，

容易に中間的な顕著性を認定することが可能である．統語的分析では，「から」を含むような後置詞句は項ではなく，付加詞であるため，遊離は起きないことになっているが，次の(26)のような例が示すように，可能な場合がある（cf. 高見 1998）[注15]．(26a)の文において「から」名詞句の顕著性は(26b)においてよりも高く，中間的な顕著性を有しており，このことが前者の文法性につながっている．

(26) a. 僕は元旦に教え子から5人年賀状をもらった．　　　　　（高見 1998: 27-1, 94）
　　 b. *人が小さい村から2つ来た．
　　　　　　　　　　　　　（Miyagawa 1989: 31）

しかし，生成文法において，ある句は名詞句か後置詞句かのどちらかでしかありえない．「から」は，起点という意味役割が非常に明確な助詞であり，統語的分析としては，格助詞ではなく後置詞として扱うほかないと思われるが，それではこの文を文法的にすることはできなくなる．一方，認知文法では，格助詞と後置詞を連続した範疇として扱うことが可能であり（cf. Kumashiro 1994），顕著性という概念も段階的なものであるので，こういった問題は一切発生しない．

　つづいて，遊離先に関する制約であるが，前掲の(24)の「学生が次々と本を5人買った」と(25b)の「学生はレポートを3人だけ提出した」においては，(15)の相互c統御の要件を満たしていないにもかかわらず，不適格ではないことに着目願いたい．統語的分析においても，このような文の適格性は当然説明されるべきではあるが，それは非常に厄介な問題にならざるをえない．なぜなら，統語的なc統御とは別個に，意味・談話的制約を設定することは，枠組み的に可能ではあろうが，それはあくまでも統語的に問題のない構造が意味・談話的制約によって排除されるという仕組みであって，統語的に問題のある構造が意味・談話的要因によって容認されるということはありえないはずだからである[注16]．一方，認知文法の分析においては，すべては意味的な制約として扱われ，破るべからざる統語的な制約を設定する必要はなく，(24)や(25b)の適格性は問題なく説明することが可能である．

　次に，結果性に関してであるが，数量詞遊離の

可否にこの性質が関わっていることは宮川自身も認識しており，次の(27)に見られるような対比を説明するために，被影響的対象（affected theme）という意味役割を統語の分析に援用している（Miyagawa 1989: 55）．具体的には，(27a)において，直接目的語の「女性」は「愛している」という行為によって影響を受けないが，(27b)の「窓」は「開けた」ことにより影響を受け，そのために異なった統語構造が生じ，さらにそれによって文法性の違いが生じるとしている．

(27) a. ?*2人，太郎が女性を愛している（こと）
　　 b. 2つ，太郎が窓を開けた（こと）
　　　　　　　　　　　　　（Miyagawa 1989: 60-1）

この分析は，記述力を追求するあまり，本来異質であるはずの意味的制約を強引に統語に持ち込んでいる感が否めない．しかし，すべての制約が意味的である認知文法では，このような理論的統合性の問題は一切生じない[注17]．

　さらに，前掲の(14b)の「学生が本を3人買った」の非文性であるが，宮川の分析では，数量詞遊離に関する一般的な制約に反することによるものとされている．しかし，これは，3.2の議論から明らかなように，文脈から切り離されて解釈されるという，このような文に限定された要因と，さらには存在を表す参照点構文一般に関する制約によるものとして扱われるべきものである．したがって，宮川の分析は文の意味を精査することを怠ったため，本質的に意味的な要因を表層的な統語的制約として見誤ったものと言えよう．

▶ 3.4 認知文法の手法の優位性

　宮川の分析は，c統御と名詞句の移動という概念を用いて，一見，理論内部の統合性を高く保った形での説明を可能にしているように思われる．しかし，実際には，(27)のような例を説明するためには，被影響的対象という意味的概念を用いざるをえなくなっている．宮川は，意味的制約を統語に持ち込み，すべてを統語で統合的な説明をするか，統語とは別の意味制約を認めて，分離的な説明をするかという，どちらも好ましくない二者選択をせまられたあげく，前者を選んだということである．いずれにせよ，純粋に統語的概念だけでは現象を説明しきれず，結局は何らかの形で意味的な制約も設定しなければならないのである．

しかし，統語的制約と意味的制約は相互に関連するものではあっても，あくまでも別個のものとして扱われ，互いの存在の必要性を説明するという密接な関係にはなっていない．

　一方，認知文法による分析では，関連する制約をすべて意味という単一の領域で説明することが可能であり，それに加えて個々の制約を統合的に説明することも可能である．数量詞の遊離に関連する，結果性，完結性，時間的制限性，反復性，そして計数性という一連の制約は，すべて複製可能性を決定するための要因なのである．そしてこの視点は，統語的分析ではうまく説明がつかない，(24)と(25b)，そして(26a)の適格性と(14b)の非文性の説明を可能にしているのであり，このような統合性と記述力において，認知文法の優位性は明らかである．そして，その優位的な分析の基盤となっているのが，まずは関連する個々の語彙の意味を詳細に検討し，さらにはその語彙が現れる文全体の意味もあまねく精査するという，意味重視の手法であることを強調しておきたい[注18]．

4.　句構造とは何か

　2.と3.では，英語の代名詞の照応と日本語の数量詞の遊離という現象を精査し，認知文法においては，c統御という，生成文法において中心的な役割を果たす統語的概念を用いずに，統語的現象を説明することが可能であり，そうすることで高い統合性と記述力が得られることを論じた．c統御の基盤をなすのは句構造であり，したがってc統御を否定することは句構造そのものを否定することにつながる．それでは，句構造という概念は全く言語的な知見に基づかない空虚なものなのであろうか．統語的分析は，これまで広範囲の言語の様々な言語現象に関して，一定の有効な分析を提示してきたことは否定すべくもない．そうであれば，そういった分析のもととなっている句構造にも一定の正当性があるということになる．

　句構造という概念は，文は単語の並列的羅列によって構成されているわけではなく，単語と単語は階層的に結びついているという，どの現代的言語理論にも共通する理解に基づいている．しかし，その階層性が統語的なものなのか，それとも意味的なものなのかという点では大きな隔たりがある

のであり，認知文法の視点からは，句構造は，あくまでも意味構造の一部を切り取って効率的な形で表しているものにすぎないのである．すなわち，意味構造において，どの要素とどの要素がどういう順番で結合して階層を構築するのか，そしてその階層の中でどの要素がどの要素より支配的なのかという部分だけに限定し，そしてその要素にそれぞれVとかVPとかいう本来は意味的なラベルをわかりやすく貼り付けたものが句構造なのである．

　この句構造は，当該の現象の説明において，中核的な要因だけを効率的に抽出して表示することを可能にし，相互作用が複雑で難解な現象の概略を効率的に表せるという利点がある．そして，この簡略性は，言語現象間や言語間の比較を容易にし，それが生成文法をはじめとする統語理論のパラダイムの広がりの一因になっていると考えられる．

　しかし，この句構造はあくまでも簡略的であり，それゆえに不正確であり，言語現象の本質的な複雑さを的確に表しているとはとうてい言えないのである．このような言語現象の複雑さと句構造の簡略性を十分に認識せずに分析を行なえば，知見を欠いた，句構造をただいじっているだけの「遊び」の分析に終わってしまう危険性や，はたまた存在しない類の普遍性の追求にもつながってしまう恐れまでも十分に孕んでいることを指摘しておく．

まとめと展望

　本節では，英語の代名詞照応と日本語の数量詞遊離という現象を取り上げ，このような従来統語的現象とされてきたものに対し，認知文法は，語彙の意味を重視し，それを出発点とする手法を用いることによって，現象のすべてを意味的に説明することを可能にすることを示した．このことは単に理論としての認知文法の妥当性を示すにとどまらず，説明性においても他の理論と比較して優位的であると結論づけることができる．

　この言語理論の説明性に関しては，四つの側面があると考えられる．そのうちの一つは統合性である．生成文法的枠組みにおいては，どちらの現象においても，純粋な統語的規則だけでは十分に

データを説明することができず，意味・談話的制約も併用されているが，認知文法による分析では，それらの分散した説明を意味的概念のみを用いて行なっており，この点において統合性が高いと言える．したがって，生成文法の唱える**自律的統語論**（autonomous syntax）に明確に対抗するものである．

二つ目は，記述力であり，どれだけ多くのデータを説明できるかということである．すべての要因を意味的に説明可能だとする視点が，統語論的分析ではうまく説明がつかないデータを自然に説明できるような事例の存在を指摘した．

そして三つ目が言語内在的**基盤性**（groundedness）である．単なる理論であれば，データの記述力と理論の統合性の優劣だけで判断できるやもしれないが，言語理論に関してはある特定の言語現象がなぜ発生するかという，現象の背後にある動機づけについても説明することが肝要である．代名詞の照応において，代名詞が先行詞を c 統御してはならないという制約が正しいものだとしても，なぜそうでなければいけないのかということは，統語理論には説明が叶わない．その理由は，近接する名詞句を指し示すという基本的な代名詞の働きに関する理解が存在しないからである．同様に，数量詞の遊離においても，統語理論では，先行詞と数量詞が互いに c 統御しなければならないという制約が正しいと主張することは可能でも，なぜそうあらなければならないのかという説明は提示できない．なぜなら，遊離数量詞は副詞であって，あくまでも動詞の表すプロセスを複製するものであるという理解が統語論的アプローチには欠けているからである．言語理論は，ある現象がいつどこでどんな形で起こるかだけではなく，それがなぜ起きるのかということについても説明可能かどうかという，この言語内在的基盤性という点においても評価されるべきである．

最後の四つ目は，言語外在的基盤性である．照応代名詞の分析において，参照点構造の重要性が論じられたが，この基盤となっているのは，顕著性，線形順序，そして連結性という概念である．そして，数量詞の遊離においては，顕著性，結果性，完結性，時間的制限性，反復性，計数性といった概念の関与が指摘された．これらの概念はす

べて，人間の言語能力に特化したものではなく，一般的な認知能力に基づくものとすることが可能である．そうであれば，認知文法は極めて言語外在的基盤性の高い理論ということになる．そして，それは取りも直さず，文法自体も決して自律的なものではなく，認知能力と一体化したものと捉えるべきであるということに通ずる．

このように，認知文法は，理論の説明性において極めて優れた理論であると言うことができるが，それは難点が全くないということではない．認知文法の功績の一つに，意味構造は非常に多岐で，複雑であるということを示したことが挙げられるが，複数の現象が合いまみれる意味構造を一つひとつ紐解いて全容を解明するのは，決して容易なことではない．今後の方向性としては，簡略的な統語的分析で満足するのではなく，詳細な意味的分析をたとえ時間がかかっても積み上げていくことが強く望まれ，結果的には，その努力が言語の本質，ひいては人間の認知の本質の理解への近道であることを最後に指摘しておきたい．

▶注

1　認知文法の理論的概要，および基本文献に関しては，「2.4 認知文法」を参照されたい．

2　最近は忘れられがちであるが，統御（command）という概念を最初に提唱したのは，当時弱冠 27 歳のラネカー自身である（cf. Langacker 1969）．

3　2. の例文において，斜体字は当該の名詞句同士が同一指示であることを表し，和訳は英文の構造をできるだけ正確に示すためにあえて直訳とする．

4　参照点一般に関する説明は，「3.7 参照点」を参照されたい．

5　3.2 における認知文法の分析の詳細については，Kumashiro（2014）を参照されたい．さらに認知文法を用いての先行研究には尾谷（2000）がある．

6　正確には，宮川の分析では，数量詞が先行詞から遊離して別の場所に移動するのではなく，名詞句が数量詞を置き去りにして移動するという仕組みになっている．

7　ここで言うプロセスとは，一般的に動詞と呼ばれるものを認知文法において意味的に定義したことばである．

8　数量詞の副詞性に関する議論に関しては，Ishii（1999），Nakanishi（2007）などを参照されたい．石井は，名詞を修飾する数量詞とは別個に，動詞を修飾する数量詞を認定し，名詞的数量詞は宮川の c 統御による制約に支配されるが，動詞的数量詞は，基底で生成され，そのような制限は受けないとしている．統語的な構造と連動して，動詞的数量詞は分配的な解釈しか許さないとの意味的制約を提示している点は評価に値するものの，あくまでも生成文法の枠組みでの統語的分析にすぎず，

統語構造と意味構造との間の連関は明確に提示されてはいない．一方，中西は，数量詞に対する意味的制約に着目し，その制約の存在理由を数量詞の副詞性に求め，さらには，数量詞が動詞を修飾するメカニズムをモデル理論的意味論（model-theoretic semantics）を用いて分析している点は高く評価できる．惜しむらくは，あくまでも統語的な分析を前提としたうえでの意味分析であり，遊離もとの名詞句に関する条件に関しては，宮川的な c 統御を想定している．したがって，統語と意味は，相互連関するものの，別個のものとして扱っており，自律的統語論という呪縛から逃れられていないと言わざるをえない．

9　この捉え方という概念一般については，「3.3 捉え方／解釈・視点」を参照されたい．

10　この結果性は，意味的制約ではあるが，宮川もその重要性に言及している．後述の 3.3 を参照されたい．

11　三原（1998）の研究は，宮川の c 統御による分析に対する直接的な反論を，語彙概念構造（lexical conceptual structure）を用いて展開している．三原の提示する例文は動詞の意味構造を捉え，示唆に富むものであるが，遊離に関する条件を語彙的な文法的アスペクト限定と意味・談話的な文脈的アスペクト限定という 2 種類に区別していることは恣意的であると言わざるをえない．さらに遊離先に関する条件についてもあまり有効なものが提示されていないのは残念である．

12　ステージの概念については，前掲の 2.2.1 を参照されたい．

13　(14b) の文の非文性の要因が文脈から切り離されて解釈されることにあるという知見は，高見（1998）と共通しているが，残念ながら，高見の知見は，談話情報が欠落しているという点に限定されている．この分析の評価については，後述の注 16 を参照されたい．

14　Nakanishi（2008）は，数量遊離の現象に関して，統語的分析と意味・談話的分析を比較対照しており，論点を整理するうえでは有益である．ただし，中西は置き去り説（stranding view）と副詞説（adverb view）という区別をしているが，これはあくまでも名詞句が移動するのか，移動後の配置がすでに基底構造で存在しているのかという生成文法的見立てを反映しており，原理的には，関連する制約が統語的なものなのか，それとも意味・談話的制約によるものかとは関係がなく不十分である．なぜなら，中西自身の研究がそうであるように（cf. Nakanishi 2007），統語的には副詞として扱い，それに連動した意味的制約を設定することも可能であるからである．

15　高見（1998）は，機能論（functionalism）の立場からの宮川の統語的分析に対する反論であり，高見の提示する反例は非常に有用なものが多い．しかし，高見の説明には，基本的な成立要件の中に意味的なものはいっさい含まれておらず，断片的な感を否めない．例えば，前掲の (14b) の「学生が本を 3 人買った」といった文における談話情報の関与は否定すべくはないが，その関与は限定的であると言わざるをえない．

16　このことを宮川自身も認識するに至り，Miyagawa and Arikawa（2007）では，前掲の (14b) の「学生が本を 3 人買った」のような文において，「本を」の後に音声学的な切れ目がある場合は，「学生が」と「本を」が二重にかき混ぜられた文となり，そのような構造においては，c 統御が可能になるため，適格となるとしている．生成文法による統語の分析に音声学的事実を援用している特異さはもとより，このような切れ目がなくても，(14b) のような文が成立する場合があることを指摘しておきたい．「学生も本を 3 人買った」，「**学生**が本を 3 人買った」のように「学生」に助詞の「も」を付けた場合や，強調して発音され，焦点（focus）となった場合は，切れ目がなくても全く自然である．したがって，この再分析をもってしても，宮川の分析の不備はいっこうに解消されないと言えよう．

17　生成文法による分析で積極的に意味を統語に持ち込もうとするものは他にも見られ，例えば，Kratzer（2004）では，極小主義プログラム（minimalist program）の枠組みを用い，極めて意味的な [telic] という演算子（operator）を句構造の中に想定し，フィンランド語などにおける格付与と完結性の相関性の説明を試みている．しかしながら，この演算子は，それを表す形態素を必要としないものであり，生成文法の内部にも，そのような演算子の存在に異をとなえる向きがある（e.g. Kiparsky 2005）．

18　数量詞以外の日本語の現象においても，認知文法の手法は有効である．例えば，Kumashiro（2016）は主語の意味を見極めることによって，生成文法によるものよりも記述力の高い，日本語の主要構文の分析を提示している．

▶重要な文献

Langacker, R. W. 1990 *Concept, Image, and Symbol: The Cognitive Basis of Grammar*, Mouton de Gruyter, Berlin.

Langacker, R. W. 1999 *Grammar and Conceptualization*, Mouton de Gruyter, Berlin.

Langacker, R. W. 2009 *Investigations in Cognitive Grammar*, Mouton de Gruyter, Berlin.

　認知文法の理論的枠組みは，Langacker（1987a, 1991）の二巻に詳述されているが，Langacker（2008）の方が全体像を掴みやすい．ラネカーによる具体的な研究とその手法は，論文集である Langacker（1990, 1999, 2009）の三巻を参照するとよい．ラネカーの研究の詳細に興味がある場合は，本人のホームページにて 1965 年から始まる研究の軌跡をすべてもれなく確認することができる（http://ling. ucsd.edu/~rwl）．

▶文　献

Ariel, M. 1990 *Accessing Noun-Phrase Antecedents*, Routledge, London.

Fauconnier, G. 1985, 1994[2] *Mental Spaces: Aspects of Meaning Construction in Natural Language*, MIT Press, Cambridge, MA.［坂原茂・水光雅則・田窪行則・三藤博（訳）1996『メンタル・スペース—自然言語理解の認知インターフェイス』白水社．］

Fox, B. A. 1987 *Discourse Structure and Anaphora: Written and Conversational English*, Cambridge Univ. Press, Cambridge.

Givón, T. 1989 The Grammar of Referential Coherence as

Mental Processing Instructions. Technical Report No. 89-7, Univ. of Oregon, Eugene.

Haig, J. 1980 Some Observations on Quantifier Floating in Japanese. *Linguistics* 18: 1065-83.

井上和子 1978『日本語の変形規則』大修館書店.

Ishii, Y. 1999 A Note on Floating Quantifiers in Japanese. In Muraki, M. and E. Iwamoto (eds.) *Linguistics: In Search of the Human Mind―A Festschrift for Kazuko Inoue*, Kaitakusha, Tokyo.

神尾昭雄 1977「数量詞のシンタクス」『月刊言語』 6-8: 83-91.

片桐真澄 1992「書評論文」(Shigeru Miyagawa: *Structure and Case Marking in Japanese*)『言語研究』101: 146-58.

Keenan, E. L. and B. Comrie 1977 Noun Phrase Accessibility and Universal Grammar. *Linguistic Inquiry* 8: 63-99.

Kiparsky, P. 2005 Absolutely a Matter of Degree: The Semantics of Structural Case in Finnish. Paper presented at the 41st Annual Meeting of the Chicago Linguistic Society.

Kratzer, A. 2004 Telicity and the Meaning of Objective Case. In Guéron, J. and A. Lecarme (eds.) *The Syntax of Time*, MIT Press, Cambridge, MA, pp. 389-424.

Kumashiro, T. 1994 On the Conceptual Definitions of Adpositions and Case Markers: A Case for the Conceptual Basis of Syntax. *Papers from the Regional Meeting of the Chicago Linguistic Society* 13: 236-50.

Kumashiro, T. 2001 The Imperfectivizer Aspect in Japanese. 『教養論叢』114: 85-116.

Kumashiro, T. 2014 No C-command or Movement: The Conceptual Basis of Quantifier Float in Japanese. Manuscript, Faculty of Law, Keio Univ.

Kumashiro, T. 2016 *A Cognitive Grammar of Japanese Clause Structure*, John Benjamins, Amsterdam.

Kuno, S. 1987 *Functional Syntax: Anaphora, Discourse, and Empathy*, Univ. of Chicago Press, Chicago.

黒田成幸 1980「文構造の比較」國廣哲弥 (編)『文法』(日英語比較講座第二巻) 大修館書店, pp. 23-61.

Kuroda, S. -Y. 1983 What Can Japanese Say about Government and Binding? *Proceedings of the West Coast Conference on Formal Linguistics* 2: 153-64.

Langacker, R. W. 1969 On Pronominalization and the Chain of Command. In Reibel, D. A. and S. A. Schane (eds.) *Modern Studies in English: Readings in Transformational Grammar*, Prentice-Hall, Englewood Cliffs, pp. 160-86.

Langacker, R. W. 1982 Space Grammar, Analyzability, and the English Passive. *Language* 58: 22-80.

Langacker, R. W. 1985 Observations and Speculations on Subjectivity. In Haiman, J. (ed.) *Iconicity in Syntax*, John Benjamins, Amsterdam, pp. 109-50.

Langacker, R. W. 1987a *Foundations of Cognitive Grammar*, Vol. I, *Theoretical Prerequisites*, Stanford Univ. Press, Stanford.

Langacker, R. W. 1987b Nouns and Verbs. *Language* 63: 53-94. Reprinted in Langacker 1990, pp. 59-100.

Langacker, R. W. 1988 Autonomy, Agreement, and Cognitive Grammar. *Papers from the Twenty-Fourth Regional Meeting of the Chicago Linguistic Society*, Part 2, *Parasession on Agreement in Grammatical Theory*, pp. 147-80.

Langacker, R. W. 1990 *Concept, Image, and Symbol: The Cognitive Basis of Grammar*, Mouton de Gruyter, Berlin.

Langacker, R. W. 1991 *Foundations of Cognitive Grammar*, Vol. II, *Descriptive Application*, Stanford Univ. Press, Stanford.

Langacker, R. W. 1992 The Symbolic Nature of Cognitive Grammar: The Meaning of *of* and of *of*-Periphrasis. In Pütz, M. (ed.) *Thirty Years of Linguistic Evolution: Studies in Honour of René Dirven on the Occasion of His Sixtieth Birthday*, John Benjamins, Amsterdam, pp. 483-502.

Langacker, R. W. 2008 *Cognitive Grammar: An Introduction*, Oxford Univ. Press, Oxford.〔山梨正明 (監訳) 2011『認知文法論序説』研究社.〕

三原健一 1998「数量詞連結構文と『結果』の合意」『月刊言語』(上) 27-6: 86-95, (中) 27-7: 94-102, (下) 27-8: 104-13.

Miyagawa, S. 1989 *Structure and Case Marking in Japanese*, Academic Press, San Diego.

Miyagawa, S. and K. Arikawa 2007 Locality in Syntax and Floating Numeral Quantifiers. *Linguistic Inquiry* 38: 645-70.

Nakanishi, K. 2007 *Formal Properties of Measurement Constructions*, Mouton de Gruyter, Berlin.

Nakanishi, K. 2008 The Syntax and Semantics of Floating Numeral Quantifiers. In Miyagawa, S. and M. Saito (eds.) *The Oxford Handbook of Japanese Linguistics*, Oxford Univ. Press, Oxford, pp. 287-319.

尾谷昌則 2000「数量詞遊離に反映される認知ストラテジー」『言語科学論集』6: 61-101.

奥津敬一郎 1969「数量的表現の文法」『日本語教育』10: 42-60.

Reinhart, T. 1983 *Anaphora and Semantic Interpretation*, Croom Helm, London.

柴谷方良 1978『日本語の分析』大修館書店.

高見健一 1998「日本語の数量詞遊離について―機能論的分析」『月刊言語』(上) 27-1: 86-95, (中) 27-2: 86-95, (下) 27-3: 98-107.

Talmy, L. 1988 Force Dynamics in Language and Cognition. *Cognitive Science* 12: 49-100.

van Hoek, K. 1995 Conceptual Reference Points: A Cognitive Grammar Account of Pronominal Anaphora Constraints. *Language* 71: 310-40.

van Hoek, K. 1997 *Anaphora and Conceptual Structure*, Univ. of Chicago Press, Chicago.

van Hoek, K. 2007 Pronominal Anaphora. In Geeraerts, D. and H. Cuyckens (eds.) *The Oxford Handbook of Cognitive Linguistics*, Oxford Univ. Press, Oxford, pp. 890-915.

━━ コラム9　定型連鎖 ━━　　　　　　　　　　　　　　　　　　　　　　八木橋宏勇 ━━

　言語研究の一つの潮流として，言語を使用から切り離し静的な規則体系として扱う研究から，言語使用そのものに重要性を認め，**用法基盤モデル**（usage-based model）の観点から言語のダイナミックな側面を捉えようとする方向に大きくシフトしてきています［→ 2.7 ］．同時に，イディオム・慣用句・句動詞・コロケーション・ことわざ・格言・常套句など様々な名称で扱われてきた**定型連鎖**（formulaic sequences）は，構成要素の意味の総和から全体の意味を予測しえなかったり，統語的に特異な振る舞いをしたりすることが多いという理由で，従来は言語研究の周辺的地位に置かれてきましたが，この定型性を備えた言語表現こそが言語運用の中心にあるという見方も広がりつつあります．

　事実，コーパスを使用した研究により，書き言葉と話し言葉の別を問わず，日常のやりとりの多くは**複単語ユニット**（multiword units: MWU）で構成されていることが明らかになっています．複単語ユニットは，繰り返し使用されることで複合的な内部構造が意識されなくなり，単一的なユニットとして操作可能である定型連鎖のことで，認知的な際だちが高く，個別言語の言語知識の一部として定着化された言語ユニットとして位置づけられます．これは，学習されない限り適切に再現かつ使用することができないため，慣習的な表現様式と言えます．

　定型連鎖は，第二言語習得研究においても注目されています．アルテンベルク（Bengt Altenberg）は「話し言葉のフレイジオロジーについて」（On the Phraseology of spoken English, 1998）と題する論文の中で，コーパスのデータに現れる語の80%が定型連鎖の一部を占めていると見積もっており，定型連鎖が言語使用の大部分を担っていることを指摘しています．このことから，学習者が定型連鎖に習熟することは，受信と発信の両面において，情報処理の負荷が軽減され，結果として適切かつ流暢な言語使用が達成されると想定されます．しかし，学習者が使用する表現は定型性が低く，一定のレベルに達している学習者であっても定型連鎖を使いこなすことができていないという指摘もあることから，個々の定型連鎖を学習者に内在化させ，さらにその知識を言語使用に生かせるよういかにスキルにまで昇華させるか，より効果的な教育的手法の開発が待たれています．

　ところで，定型連鎖は慣用性が高いからと言って，一つのユニットとして硬直化しているわけではありません．ことわざを例にとると「かわいい子には旅をさせよ」は「いとしい子には旅をさせよ」という変種が観察されますし，英語のことわざ All work and no play makes Jack a dull boy.（勉強ばかりで遊ばないと子どもはだめになる→よく学びよく遊べ）は，しばしば makes 以下が省略されて用いられます．Too many cooks spoil the broth.（船頭多くして船山へ上る）や Make hay while the sun shines.（好機逸すべからず）は，That's a case of too many cooks.（船頭多くしてだね）や Now's the time to make hay.（いまこそ干草のつくりどきだ）のように，一部を述べるだけで全体的な意味を伝達することも可能です（テイラー・瀬戸 2008: 328）．これは，定型連鎖を単一の語彙項目として無機質に扱うべきではないことを物語っているとともに，ことわざにはゲシュタルト性が確認されることも示していることから，一般認知能力と言語との接点が垣間見られる事例として大変興味深いと思われます．また，慣用から逸脱することで**レトリック効果**（rhetoric effect）を生む一資源としても定型連鎖は重要です．例えば Rome was not built in a day.（ローマは1日にしてならず）から［X was not built in a day.（X は1日にしてならず）］というスキーマが抽出されることにより，（X に挿入される候補は主題関係の維持という観点からすると，Rome と同様に「努力や時間をかけて成立するもの」という属性を備えていなければならないという制約はあるものの）Beauty was not built in a day.（美は1日にしてならず）といった創造的な使用も可能となります（八木橋 2015: 10）．

▶参考文献
テイラー，J. R.・瀬戸賢一 2008『認知文法のエッセンス』大修館書店．
八木橋宏勇 2015「使用基盤モデルから見たことわざの創造的使用」ことわざ学会誌『ことわざ』7号．

コラム 10　アナロジーと文法　　　　　　　　　　　　　　　　　　　黒田　航

　言語に文法があるのは確かです．単語をデタラメに並べても意味の通じる表現になりません．言語 L で，どんな語の並びが L の表現として通用するかを決めている未知の実体 X があり，X のことを「文法」と呼ぶなら，すべての言語に固有の文法があります．言語学にとって経験的な問題は，（X を文法と呼ぶかどうかではなく）X の実体が何であるか，の問いです．これは言語学の中心的な問題の一つであり，かつ最も論争の絶えない問題です．なぜ論争が絶えないかと言うと，これは観察や実験で片がつく経験的問題というより，設計思想の問題だからです．X をどうモデル化するかは，言語をどんなシステムであるかを選択的に決めることです．

　ここで強調したいのは，設計思想の問題は価値観の問題であり，単純に観察事実との整合性で決着をつけることが通常はできないということです．文法 ＝ X の定式化で実際に起こっているのは，一定の記述力を持った X のモデル化がいくつかあるけれど，すべて一長一短であり，どれも決定的ではないという状況です．

　以上の問題を指摘したうえで，X の実体が何であるか？にどう答えを出すべきなのでしょうか．実は，これにちゃんと答えるためには，次の関連し合った問題を並行して考え，トレードオフを考慮しないといけません．A：文法をどのように記述する ＝ どんなシステムとしてモデル化するのが効果的か？　B：文法は心内 / 脳内にどのように実現されているか？　C：文法はどのように発達し，衰え（失われ）るか？（前者は個体発生と系統発生の 2 つの観点で，後者は失語症の臨床データとの整合性で評価）．

　A はいわゆる「記述的妥当性」の条件です．これはさらに，言語処理のような関連分野への応用可能性の条件でもあります．B はいわゆる「心理学的妥当性」の問題です．C はいわゆる「言語獲得」の問題です．繰り返しになりますが，これらの三つの問題のどれか一つ，あるいは二つにそれらしい答えを与えることより，すべてに総合的に答えを与えることの方が望ましいのです．以上の注意の下で，認知言語学の方向性を検討しましょう．

　認知言語学には二つの傾向が認められます．第 1 に，A について認知言語学は（生成言語学と違って）「文法とは○○だ」という明示的な定義を避ける傾向があります．第 2 に，文法が積極的に規定可能であることを受け入れても，それを（領域固有な知識 ＝ モジュール知識ではなく），より汎用的な認知メカニズムに帰着しようとすることです．この際，帰着の候補になる汎用メカニズムの好例が**アナロジー**（analogy）です．アナロジーとは一般に，未知の事例に，既知の事例の特性を転用することです．

　一般的傾向は以上のとおりですが，もう少し具体的に述べると次のようになります．A について言うと，認知言語学はすべての流派が文法 ＝ 未知の実体 X の正体がアナロジーだとみなしているのは明らかです．（認知文法の）拡張を許したカテゴリー化やスキーマ化も概念メタファーも構文の適用も（既知の事例の未知の事例への応用という）最も広い意味でのアナロジーの適用例です．B について言うと，認知言語学は積極的な関与をしていません．論点先取をしている論者，つまりアナロジーを基盤に文法を考えることで事足れりと考える論者が多いようです．C について言うと，認知言語学は生成言語学に比べて研究が遅れています．理由は 2 つあります．まず，実験的に検証可能な明示的な（計算）モデルが確立されていないため，加えて実験心理学者や臨床医との連携が確立していないため，です．

　なお，汎用の処理メカニズムを想定することは，いわゆる領域固有性の否定を含意しません．領域ごとに質的に異なるデータ構造があるなら，処理が汎用的であっても領域固有性が生まれる余地があるからです．したがって，言語の心的 / 脳内表象の処理がアナロジー基盤であっても，言語の領域固有性は発現する余地があります．

コラム 11　概念化：日常経験と言葉とをつなぐ　　　　　　　　　　　　　　深田　智

　ここで問題です．「やや」って，いったい何のことだと思いますか．

　「やや」は筆者の息子が 2 歳になった頃に比較的頻繁に使っていた言葉です．姪が関係する場面でよく使われていたので，姪のことを指しているのだろうと思っていたのですが，息子が 2 歳 5 か月の頃，ふと「やや」が何を指していたのか知りたくて次のように尋ねたことがあります．

筆者:「やや」って何?

息子:「ひと」ってことだよ.

筆者:「やや」って言い始めたときから「ひと」だったの?

息子:そうだよ.

　さらにまた,息子が2歳8か月を過ぎた頃,移動中の車の中から見えたものを息子が指さし,それを筆者が英語で言うという遊びをしていたときのこと.子犬を巡って下記のような会話が展開されました.

息子:[立っている人に抱かれている子犬を指さして]あれは?

筆者:dog, ワンワン.

息子:うん, dog.

筆者:あ,いや,あれはpuppyだね.

息子:puppyって?

筆者:「わんちゃん」ってこと.

息子:「わんちゃん」じゃないよ,「いぬ」だよ,あれは.

　人は,1歳を過ぎた頃から「ママ」や「あった」のような有意味語を発するようになると言われています(岩立・小椋 2005: 40-2).また1歳半から2歳頃には,話せる語彙が爆発的に増え,2歳を過ぎると,過去の事柄についてお話をするようになるとも言われています(同上: 43, 61).それでは,このように言葉を話し始めるようになる前の赤ちゃんの頭の中には概念や意味というものはなかったのかというと,決してそうではありません(Mandler 2005 などを参照).赤ちゃんの周囲には,生まれたときからすでに様々なモノが存在していますし,親をはじめ,赤ちゃんと身体的にも,また言語的にもインタラクトする他者が必ずいます.赤ちゃんは,そのようなモノや他者と,日常的に,かつまた多くの場合自発的に,やりとりすることで,世界の中から「私たちにとって意味あるもの」("what is meaningful to us" (Lakoff 1987: 292))を取り出していきます.その過程で子どもの中に,ある一定の言葉と概念の関係も成立してくるというわけです.言葉には,子どもが世界の中から取り出した「意味あるもの」を,概念として定着させたり,必要に応じてこれを調整したりする機能があります.筆者の息子も,生後11か月を過ぎると「お散歩楽しかった?」や「おいしいね」,「お出かけする?」などといった筆者の言葉に「ふん」と答えていましたが,どの言葉に対しても「ふん」と答えるのではなく,自分の気持ちと一致している場合にのみ「ふん」と答えているようでしたので,その頃には様々な概念がすでに形成されていたと考えられます.ただ,まだ完全に,大人と同じような言葉と意味の関係は形成されておらず,例えば食事中に「あむあむして(よく噛んで)」と筆者が言うと,実際に食べ物を咀嚼するのではなく,食べ物を口に入れたまま,ただ「あむあむ」と言葉で言うときと同じように顎を動かしていました(1歳3か月頃).

　「やや」と子犬に関する上述のエピソードからは,①〈人〉という抽象概念は,息子が「人」という言葉を獲得する前にすでに形成されていたこと,②息子が,かつて自分や周りの人が「ワンワン」と呼んでいた動物は「犬」であるとわかっていること,③外部世界に存在しているある動物は〈犬〉という概念を形成する対象であり,それは日本語では「犬」,英語では"dog"であって,"puppy"で示されるような「わんちゃん」ではないと息子が考えていること,などがうかがえます.人は,幼い頃から,様々な経験を通して事物を概念化し,他者からの言葉がけを通して概念と言葉の関係や,母語とそれ以外の言語の関係,あるいは,異なる語どうしの関係を理解していきます.日常経験の中に意味を見いだし,それを言葉とつなげていく過程に関しては,レイコフ(George Lakoff)(1987)やラネカー(Ronald W. Langacker)(2008: Ch. 14),マンドラー(Jean M. Mandler)(2005)などに,また言語獲得後の各言語母語話者の世界の捉え方の違いに関しては,スロービン(Dan I. Slobin)(2000)などに,それぞれ興味深い指摘が見られます.世界をどのように捉えるか,概念化について考えるということは,日常経験が言葉の世界とどう結びついているかを考え,言葉が人の思考や想像(創造)力,ひいては人の行為にどのような影響を与えるかを検討する第一歩となります.認知言語学が探求しようとしてきている重要な課題の一つです.

▶参考文献

岩立志津夫・小椋たみ子 2005『よくわかる言語発達』(改訂新版)ミネルヴァ書房.

Lakoff, G. 1987 *Women, Fire, and Dangerous Things: What Categories Reveal About the Mind,* Univ. of Chicago Press, Chicago.[池上嘉彦・河上誓作・辻幸夫・西村義樹・坪井栄治郎・梅原大輔・大森文子・岡田禎之(訳)1993『認知意味論—言語から見た人間の心』紀伊國屋書店.]

Langacker, R. W. 2008 *Cognitive Grammar: A Basic Introduction,* Oxford Univ. Press, Oxford.[山梨正明(監訳)2011

『認知文法論序説』研究社.]
Mandler, J. M. 2005 How to Build a Baby: III. Image Schemas and the Transition to Verbal Thought. In Hampe, B. (ed.) *From Perception to Meaning: Image Schemas in Cognitive Linguistics*, Mouton de Gruyter, Berlin, pp.137-63.
Slobin, D. I. 2000 Verbalized Events: A Dynamic Approach to Linguistic Relativity and Determinism. In Niemeier, S. and R. Dirven (eds.) *Evidence for Linguistic Relativity*, John Benjamins, Amsterdam, pp.107-38.

══ コラム 12　多次元プレーンモデル ══════════════════ 町田　章 ══

　一般に，言語表現の意味は様々な点において不確定性を持っています．この不確定性を生み出す要因は実に様々ですが，その中でも従来の言語学で注目を集めてきたのが**数量詞スコープ**（quantifier scope）の問題です．例えば，Three boys lifted two chairs.（Langacker 2005: 185）という表現には少なくとも二つの解釈があるのがわかるでしょうか．一つは，3人の少年が（力を合わせて）二つの椅子を持ち上げたという解釈，もう一つは，3人の少年がそれぞれ二つの椅子を持ち上げたという解釈です．このように一つの言語表現に複数の可能な解釈があるという事実は，どんな言語理論にとっても避けて通ることができない言語の根幹にかかわる現象と言えるでしょう．

　ラネカー（Ronald W. Langacker）は，後者の解釈の存在を説明するためには，**プレーン**（plane）と呼ばれる**メンタル・スペース**（mental spaces）を仮定する必要があるとしています．ラネカーは数種類のプレーンを考案し，様々な言語現象の分析に用いていますが，このプレーンは大きく分けて二つの種類があるとしています[→ 2.10]．一つは**事実プレーン**（actual plane）と呼ばれ，もう一つは**仮想プレーン**（virtual plane）と呼ばれるプレーンです．前者は事実（現実，実際）の事物が心的表示されるのに対し，後者は事実（現実，実際）の事物ではない，つまり仮想の事物が心的表示されるプレーンです．この仮想プレーンは，さらに世界のあり方を表示する**構造プレーン**（structural plane）や事物のタイプを表示する**タイプ・プレーン**（type plane）など，必要に応じて下位分類されています．

　先ほどの例における3人の少年が二つの椅子を持ち上げたという解釈は下の図(a)のように図示することができます．この解釈においては，3人の少年も二つの椅子もそれぞれ集合的に一つの参与者として**プロファイル**（profile）されています．そのため，全体としては，事実プレーンにおける，二つの参与者を持つ一つの事態としてプロファイルされています．一方，3人の少年がそれぞれ二つの椅子を持ち上げたというもう一つの解釈は単一の事実プレーンだけからは生じません．図(b)に示すように，少なくとも二つのプレーンを想定する必要があります．そして，事実プレーンにおける3人の少年の一人ひとりがそれぞれ仮想プレーンにおける「少年が二つの椅子を持ち上げる」という事態のタイプと関連づけられます．この関連づけにより，一人ひとりの少年が二つずつ椅子を持ち上げたという解釈が可能になるのです．重要なことは，このようなプレーンを仮定することにより，いわゆる，数量詞スコープの問題を統語構造の階層性や論理演算に頼ることなく記述分析することが可能だということです．

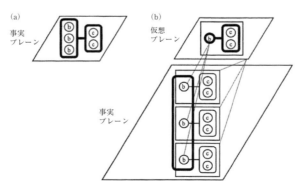

図1　プレーンを用いた認知図式（Langacker 2005: 186）

　実は，プレーンそのものは数量詞スコープの問題を解決するために考案された理論構成物（theoretical construct）ではありません．実際，ラネカーはこのようなプレーンを用いた心的表示を用い，タイプと事例，

コラム 13　　　　　　　　　　　　　149

虚構移動（fictive motion），総称性，時制，メタファーなど，様々な文法上・意味上の問題を記述分析しています（cf. Langacker 1999）．重要なのは，直観に訴える単純な認知図式だけによる分析ではおのづと限界があるということです．複雑に絡み合う概念化の現象は多次元的に捉えて初めて理解されるのです．

▶参考文献

Langacker, R. W. 1999 Virtual Reality. *Studies in the Linguistic Sciences* 29: 77-103.

Langacker, R. W. 2005 Dynamicity, Fictivity and Scanning: The Imaginative Basis of Logic and Linguistic Meaning. In Pecher, D. and R. A. Zwaan (eds.) *Grounding Cognition: The Role of Perception and Action in Memory, Language and Thinking*, Cambridge Univ. Press, Cambridge, pp.164-97.

＝＝＝ コラム 13　認知図式の発見的意義 ＝＝＝＝＝＝＝＝＝＝＝＝＝＝＝＝＝＝＝＝＝＝＝ 町田　章 ＝＝

　経験科学は，一般に，分析対象を記述する手段を持っています．もちろん，言語学も例外ではありません．言語学者たちは従来から論理記号や独自の形式表示を駆使して様々な言語現象の記述に努めてきたのです．それにもかかわらず，多くの認知言語学者はこのような形式表示の使用をあえて避ける傾向があります．それは彼らがこれまでに明らかにしてきた言語現象の多くがこのようなデジタル的な形式表示では捉え切れないような，非常に人間的でアナログ的な姿をしていたからにほかなりません．

　これに対し，ラネカー（Ronald W. Langacker）の提唱する**認知文法**（Cognitive Grammar）はそのちょうど中間的な立場をとってきました[→ 2.4]．強引に形式化を推し進めるのでも，安易に形式化を諦めるのでもない立場です．そのため，認知文法はアナログ的な言語の姿をできる限り形式化する**認知図式**（diagram）による表記法を独自に開発してきました．したがって，認知文法の認知図式には，理解を促すために用いられるスケッチ的な図だけでなく，厳密に定義され体系的に使用される表記法としての図式も含まれています．単なるイメージ図とは異なるのです．ここでは認知図式の持つ**発見的な特性**，あるいは**ヒューリスティクス**（heuristics）に注目してみます．

　ヒューリスティクスとは，人間が問題を処理する際に一般に用いる思考の特性であり，規則や法則に基づいて厳密な予測を立てるような論理計算的思考（＝アルゴリズム（algorithm））ではなく，経験に基づいて大まかな予測を行なうような思考方法を指します（cf. 菅井 2013: 304）．認知文法の認知図式で用いられる**イメージ・スキーマ**（image schema）は，誤ることなしに文法的な文を生成する規則ではなく，認知主体が身体と環境との相互作用によって得た経験のパターンであると考えられています[→ 3.4]．認知主体はこのような経験のパターンであるイメージ・スキーマをヒューリステック（＝発見的）に用いることによって，時に誤りを犯しながら柔軟に言語を運用していくことになります．したがって，認知文法の図式は，厳密な理論的な予測を立てるような理論構成物ではなくヒューリスティクスとしてみなされることになります．

　以上のような認知図式の特性が言語使用者のヒューリスティクスを分析に応用したものだとすると，もう一つの特性は言語分析者の観点から認知図式を捉えたものと言えます．ラネカーは，認知図式のヒューリスティクスについて，次のように述べています．認知文法の図式は数学的厳密さは期待できないものの，分析に必要な明示性（explicitness）は十分に備えている．そのため，分析者である言語学者は，図式を作成するその過程で通常は見過ごしてしまうような細部の意味まで吟味することを強いられ，これが新たな発見につながる（Langacker 2008: 10）．つまり，分析者である言語学者が言語表現の意味を明示的に図式化する過程自体に，新たな発見を促す働きがあるというのです．実際，認知図式を用いてある言語表現を記述しようとすると，何を**ベース**（base）とし，何を**プロファイル**（profile）とするか，何を**トラジェクター**（trajector）とし，何を**ランドマーク**（landmark）とするか，**スコープ**（scope）はどうするかなど，様々な項目に関して一つずつ吟味して決定していく必要が出てきます（「認知文法」[→ 2.4]，「捉え方／解釈・視点」[→ 3.3]）．ラネカーは，この吟味の過程において，新たな発見が促されるというのです．

　以上のように，認知文法における認知図式は，言語使用者の経験から得られたイメージ・スキーマを発見的に分析に取り込むことができる点と言語分析者に新たな発見を促すという意味での発見促進作用という二つの重要な機能を持ち合わせていることになります．これまで，認知言語学的研究においては，形式化による弊害を恐れるあまり，統一した記述のためのメタ言語を作る試みはあまり積極的にはなされてきませんでした．その意味では認知図式による言語現象の記述・分析の試みは重要なチャレンジであると言えるでしょう．

▶参考文献

Langacker, R. W. 2008 *Cognitive Grammar: A Basic Introduction*, Oxford Univ. Press, Oxford.［山梨正明（監訳）2011『認知文法論序説』研究社.］

菅井三実 2013「ヒューリスティクス」辻幸夫（編）『新編 認知言語学キーワード事典』研究社, p. 134.

コラム14　コントロールサイクル　　　　　　　　　　　　　町田　章

コントロールサイクル（control cycle）とは，ラネカー（Ronald W. Langacker）が提唱した，物理，知覚，認識，社会など様々な領域に見られる一般的な認知モデルです．例えば，木の下で猫が休んでいたとします．そして，その前を一匹のねずみが通り抜けたとしたら，その猫はねずみに注意を向けることになるでしょう．そして，その猫はねずみを捕らえる体勢に入り，ねずみに襲いかかり，最後には，ねずみを捕えることでしょう．この一連の出来事を通して，ねずみは猫の制御下に入ることになり，逃れようとしても逃れられない状態になります．このように，ある対象を認知主体の制御下に置くという一連の出来事は，物理，知覚，認識，社会など様々な領域において日常的に起こっており，このような一連の出来事を一般化しモデル化したものがここで言うコントロールサイクルです．

　上記の例を図1に示すように一般化してみましょう．まず，事態は**基点**（baseline），**潜在**（potential），**行動**（action），**結果**（result）の四つの**局面**（phase）から構成されます．この例の場合，**行為者**（actor: A）は「猫」であり，**標的**（target: T）は「ねずみ」です．Dと付された円は，行為者の**制御領域**（dominion: D）を指しており，行為者はこの領域内で制御力を発揮することになります．Fと付された破線ボックスは**領野**（field）を表しており，この領野が潜在的な相互作用の場となります．日常生活の中で，何らかの**事物**（entity）が行為者の領野内に生じた場合，行為者はそれと相互作用する潜在性を有することになるのです．

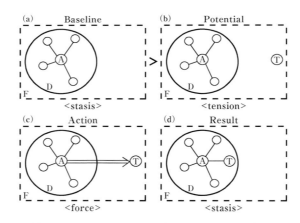

図1　コントロールサイクル（Langacker 2000: 193）

　まず，図1(a)の行為者Aが小さい円で図示された所有物や知識などの事物を制御下に置いている状況からスタートします．この基点局面では，それぞれの事物は制御領域内で確立された位置づけを持っていますので，**安定状態**（stasis）にあるとされます．次に，図1(b)において標的Tが行為者の領野の中に現れた場合，相互作用の潜在性が発生します．この潜在局面は，基点局面の安定状態に対して，**緊張状態**（tension）にあるとされています．図1(c)の行動局面では，行為者が二重矢印で示された**力**（force）を発揮して標的と相互作用します．そして，最終の結果局面（図1(d)）では，標的は行為者の制御領域に入り，制御を受けることになります．この一連の出来事の結果，再び，行為者の周囲の状況は安定状態に落ち着きます．

　これまで認知文法の枠組みを用いた言語分析では，**ビリヤードボール・モデル**（billiard-ball model）［→コラム8］，または**行為連鎖**（action chain）が多く用いられてきましたが，行為者や動作主をエネルギー伝達の起点としてしかモデル化していないこれらのモデルよりも，行為者の意図や目的を明示的にモデル化したコントロールサイクルのほうがより精緻な分析が可能となる場合があるはずです．現実世界では，意図や目

的を持った行為者同士の相互作用が広範な領域に見られるからです．実は，ラネカー自身は主に英語における認識領域（例えば，認識動詞や法助動詞）の分析にこのモデルを用いていますが，認識領域以外の領域の分析や日本語のように**有情性**に関する制約が強い言語の分析にも，コントロールサイクルは重要な示唆を与えてくれる可能性があります（cf. 町田 2017）．

▶**参考文献**

Langacker, R. W. 2002 The Control Cycle: Why Grammar is a Matter of Life and Death. 『日本認知言語学会論文集』2: 193-220.

町田章 2017「日本語間接受身文の被害性はどこから来るのか？—英語バイアスからの脱却を目指して」『日本認知言語学会論文集』17: 540-55.

2.6

認 知 意 味 論

松 本　　曜

認知意味論は認知言語学の中核をなす分野であり，認知言語学は認知意味論から始まったと言ってよい．認知意味論では意味を一般的な認知との関連で捉える．言語の意味の背後には豊富な世界知識（フレーム）があるとし，また意味は概念主体の視点からの世界把握を反映していると考える．語や構文の意味の分析においては，意味の構造にプロトタイプ的構造があるとし，その記述にしばしばイメージスキーマを用いる．また，メタファー・メトニミーをはじめとする比喩を概念的なものとして捉え，語の意味のみならず，文法現象にも応用する．本章ではこれらの概念を用いる認知意味論の全体像を示す．語の意味論に関しては「2.3 語の認知意味論」でも述べられているので，ここでは語に加えて文法的単位の意味についても述べる．

1.　認知意味論の歴史

認知意味論（cognitive semantics）は，フィルモア（Fillmore）とレイコフ（Lakoff）の 1970 年代後半の研究を出発点としている．フィルモアは，当時行なわれていた構造主義的な意味論への代案として，**プロトタイプとフレーム**という概念を用いた意味論を提唱し，意味のカテゴリーの性質と意味における百科事典的知識の役割に関して，新しい考えを提示した（Fillmore 1975）．また，レイコフとジョンソンは，**メタファー**が言語のみならず人間の思考や行動にも見られる根源的な現象であることを論じて，意味の問題を一般的な認知との関連で考えるという考え方を導入した（Lakoff and Johnson 1980）[→ 3.5]．このような研究の流れは，1980 年代の後半にレイコフとラネカーによって体系化され（Lakoff 1987, Langacker 1987, 1988），その頃から「認知意味論」の名前で知られるようになった．認知意味論という名前の登場は，当初「空間文法」（space grammar）（Langacker 1982）と呼ばれていたラネカーの理論が認知文法論と呼ばれるようになったのと時を同じくしている．この意味論はその後タルミーらによってさらに発展している（Talmy 2000）．

2.　認知意味論の意味観

ここでは，認知意味論の意味観において重要な**概念化者**（conceptualizer）について述べる．特に，概念化者の概念化，知識，身体性について取り上げる．

▶ 2.1　概念化者

認知意味論は，1970 年代まで主流であった，構造主義的な意味論に対する代案として発展してきたものである．**構造意味論**（structural semantics）は，構造主義の考え方を意味論に適用したもので，語と語の対立という観点から語の意味を捉えようとした．例えば，boy の意味は，それが girl や man などとどのような対立の構図をなしているかからわかるという考え方である（例えば Lehrer 1974, Leech 1974, Lyons 1977）．この考え方では，言語の体系のみを見ることによって意味を理解しようとしている．これとは別に，語の意味を指示世界との関係で定義しようとする考え方もあった．例えば，記号（語）S の意味とは，外界の事物 A が正しく S の指示物であるとされるために，A が満たさなければならない必要十分条件とする考え方である（Sørensen 1963）．このような考え方は文の意味にも適用することができ，それによると文の意味は真理条件であるということになる（Davidson 1967）．ここで考察されているのは言語と指示世界の関係のみである．

それに対して認知意味論は，言語だけ，あるいは言語と指示世界だけを見ることでは意味は理解できないと考える．意味を理解するためには，表現の指示対象について概念化者が持っている認識，

さらには概念化者自身の特性を考察しなければならないと考えるのである．この概念化者の役割を重視することこそが，認知意味論の大きな特徴である．

認知意味論の意味観においては，この概念化者が三つの点で重要である．つまり，意味は，①概念化者による概念化の産物であり，②概念化者が持つ，指示対象に関する百科事典的知識を背景とし，③概念化者の持つ身体的特徴（およびその生活環境，社会性など）に動機づけられていると考えるのである（松本 2003 を参照）．

▶ **2.2 概念化者と概念化**

まず，意味が概念化者の行なう概念化に基づいているという点について考えよう．概念化者の概念化が意味にとって不可欠であるとする根拠として，同じ事象に対して異なる複数の表現が可能であるという事実がしばしば挙げられる（Langacker 1987, 1990）．例えば，水が半分入ったコップは half-full であるとも，half-empty であるとも表現できる．これは，コップの中の水について，概念化者がどのような期待を持っているかにおいて異なる表現である．また，火山の爆発は，The volcano erupted というようにプロセスとしても表現できるし，the eruption of the volcano というようにコトとしても表現できる．このように同じ状況を表すのに複数の言語表現が存在することは，言語表現の意味が客観的な状況を直接反映したものではなく，概念化者が外界をどう捉えたかを反映していることを示している．ラネカーが述べているように，言語学的意味論にとって重要なのは，概念化者がどのように状況を解釈し，異なる解釈を反映した言語表現のうちどれを選んで描き出すかである（Langacker 1990: 6）．

▶ **2.3 概念化者の知識**

概念化者の役割は，その話者が持つ現実世界に関する様々な知識の関与という点にも見られる．認知意味論においては，語の意味と，その指示対象に関する知識との間には明確な区別がないと考える（Haiman 1980, Langacker 1987, 籾山 2010）．このような指示対象に関する知識は**百科事典的知識**（encyclopedic knowledge）と呼ばれる [→ 2.3]．ここで「百科事典的」というのは，事物に関して誰でも知っているような一般的な知識

を言う．例えば，猫はどのように鳴くとか，どのような姿をしているか，どのような行動をするかなどである．出版されている百科事典には，多くの人が知らないことが書かれており，そのような内容はここで言う百科事典的知識ではない．

この百科事典的知識の役割は，She is like a cat という文の意味を考えてみるとよくわかる．この文がどういう意味かは，猫に関する知識による．性格が猫に似ているという解釈もありうるし，姿勢や服の色，あるいは歩き方が猫に似ているという解釈もあるかもしれない．そのように解釈はいろいろ考えられるが，確かなことは，解釈の際に，私たちの頭の中にある猫に関する一般的知識が参照されているという点である．

▶ **2.4 概念化者の身体性**

さらに，言語の意味には，概念化者である人間の様々な特性が反映している．その重要なものの一つは**身体性**（embodiment）である．語の意味を考察していくと，多くの場合に人間の身体性が関与していることがわかる．例えば，in front of X という表現を考えてみよう．この表現が指す主な位置は，X が人間の場合は①人の顔が向いている方向で，その人から比較的近い位置，X が物体の場合は②物体の「顔」に相当する面が向いている方向で，その物体から比較的近い位置である．ここでまず考えたいのは，「人の顔」という要素である．これは，概念化者である人間の身体の構造を前提としている．人間には顔があって，そこに二つの目があり同じ方向を向いている．さらに，人間は通常その方向に移動する．そのように，人間の身体とその行動パターンによって front は動機づけられている．もし，人間が方向性のある顔を持たず，目が特定の方向を向いていなければ，front とは何処なのかがわからない．人間がクラゲのような身体を持っている場合を想像してみるとこれがよくわかる．さらに，②のケースでは物体を人間に見立てる認識が関わっている．in front of the TV set では，テレビを人間に見立てて，モニター画面の向く方向をもとに front を決めている．これも言語表現の意味に身体性が反映されていることを物語っている．

3. 認知意味論の分析

認知意味論は，意味の分析に関してどのような道具立てを用いるのであろうか．本節では，プロトタイプ，イメージスキーマ，フレーム，概念メタファー，概念メトニミーについて解説し，語と文法の意味においてどのような分析を可能にしてきたかについて解説する．

▶ 3.1 プロトタイプ

認知意味論の出発点となったのが，1970年代の**プロトタイプ**（prototype）をめぐる考察である[→ 3.2]．プロトタイプとは，語の適用の典型的なケースである．1960年代から1970年代にかけて，語の意味には離散的な必要十分条件を見いだすことができないこと（Wittgenstein 1955, Rosch 1973）が広く知られるようになり，その問題を解決するために考え出されたのがこのプロトタイプという概念である．プロトタイプは語の意味と文法的単位の意味の双方に用いられる．

3.1.1 語の意味とプロトタイプ

プロトタイプの例として初期から取り上げられてきたのが，色彩名詞の意味であり，バーリンとケイ（Berlin and Kay 1969）の研究に始まる．バーリンとケイが見いだした重要な点の一つは，それぞれの色彩名詞で表される範囲内にある色は，その意味カテゴリーにおいて同じ立場にはない，ということであった．例えば，英語の話者にいろいろな色相，明度の赤を見せて，どれが最も red らしい red かを尋ねると，確実に選ばれるのは〈真っ赤〉とされる色である．この色が red の**焦点**（focal point）であり，その意味のプロトタイプである．red が指す色はその焦点から離れていてもよいが，それは非典型的な red である．つまり，red は，特定の色相，明度の値により定義される色をプロトタイプとし，それらの連続的な尺度上で，その値に近ければ近いほど典型的である，という構造を持つ．また，ある色が red であるかどうかは Yes/No の二値的に決まることではなく，red のカテゴリーは**ファジー**（fuzzy）である（境界が不明瞭である）ことになる．brownish red などの表現の存在は，色彩名詞のファジー性を示している．

色彩名詞に焦点（プロトタイプ）が存在する

ことに関しては，知覚的な背景があるとされる（Kay and McDaniel 1978, Regier, et al, 2005）．特定の波長の色が生理学的な理由により知覚的に目立つため，それに近い色が色彩名詞のプロトタイプになるのである．このほか，その言語が話されている環境において重要な色が焦点になる場合も知られている．一方，色彩名詞の境界線が，〈真っ赤〉などの知覚的に目立つ色の領域を通ることはない．このような知覚的背景の考察は，分析が真に認知意味論的であるためには重要なことである．

レイコフは，認知意味論におけるプロトタイプ的なカテゴリー観を，アリストテレス以来の古典的カテゴリー観と対立させて考える（Lakoff 1987）．その古典的カテゴリー観においては，カテゴリーは本質的な条件（必要十分条件）によって規定され，その輪郭ははっきりしており，そのメンバーは均等な立場にあるという．プロトタイプの考え方は，この伝統的なカテゴリー観を打ち破るものである．

3.1.2 文法とプロトタイプ

プロトタイプの考え方は，文法的意味に関しても有効である．クロフトは，プロトタイプの考え方を品詞の定義に用いる（Croft 1991）．クロフトは，名詞，動詞，形容詞は典型的には物体，行為，特性を表し，さらにそれらの意味的な特性として，結合価（取る要素の数），状態性，持続性，程度性の四つにおいて，典型的な値をとると考える．例えば，動詞の表す行為は結合価が1以上であり，状態性の面ではプロセス，持続性の面では瞬間的，程度性の面では非程度的であるのに対し，名詞の表す物体は結合価がゼロで，状態性の面では状態，持続性の面では持続的，程度性の面では非程度的であるという特性を持つとする．

プロトタイプの発想は認知言語学のみならず，類型論的な文法研究においても広く認められている．例えば，他動詞構文はある特性の集合をプロトタイプとして持つとされる．これには統語的な特性（二つの項を持つなど）もあるが，意味的には次のような特性があるとされる．つまり，動作主と被動作主の二つが関与し，動作主は潜在力が高く，被動作主は全体的に影響を受ける個別化された物体であり，動詞は意志的で**終結的**（telic），

瞬時的であり，肯定的で事実的であるというものである（Hopper and Thompson 1980など）．これによると(1a)はプロトタイプ的な他動詞文であるが，(1b)は非プロトタイプ的な他動詞文であることになる．

(1) a. Susan broke the window.
　　b. The result disappointed her.

実際のところ，(1a)で表される事象には多くの言語で他動詞構文が用いられる一方，(1b)のような心理事象を表す文は，用いられる構文が諸言語において異なる傾向にある．

▶ 3.2　イメージ・スキーマ

認知意味論で意味の記述に用いられる道具立てに**スキーマ**（schema）がある．スキーマとは事象や経験における規則性の抽象的表示のことである．認知意味論でよく用いられるのは，図式的な**イメージ・スキーマ**（image schema）である［→ 3.4 ］．ここでは，空間前置詞の意味におけるイメージスキーマについて解説し，その後空間的ではない要素を含むスキーマ的認知概念である「力動性」について述べる．

3.2.1　イメージ・スキーマと空間表現

イメージ・スキーマは，英語の前置詞の意味分析においてしばしば用いられる（Brugman 1988 [1981], Lakoff 1987）．多くの前置詞は空間的な意味を持ち，ある物体の位置やその変化を，もう一つの物体の位置との関係で表している．例えば，(2a)のonは，犬の位置を床との関係によって表現し，(2b)のintoは，ボールの移動の着点を池との位置関係によって示している．

(2) a. The dog i on the floor.
　　　（その犬は床の上にいる）
　　b. The ball rolled into the pond.
　　　（ボールは池へと転がり込んだ）

これらにおいて，前置詞の目的語は，注目している物体の位置を規定するための参照物である．タルミーは，ゲシュタルト心理学の用語を用いて，注目している物体（(2a)における犬，(2b)におけるボール）を**図**（figure），背景となる物体（(2a)における床，(2b)における池）を**地**（ground）と呼ぶ（Talmy 1983）．ラネカーは，タルミーの地は背景というよりも二次的な図であると考え，図を**トラジェクター**（trajector），地を**ランドマー**

ク（landmark）と呼ぶ．

この空間前置詞の表す意味は，どのように記述されるべきものであろうか．認知意味論以外の理論において，空間前置詞の意味は，元素的とされる意味要素に基づいて記述されることがある．例えば，ジャッケンドフは，onとintoの意味を次のように表示している（Jackendoff 1983）．

(3) a. [PLACE　ON [THING ...]]
　　b. [PATH TO [PLACE　IN [THING ...]]]

この表示におけるINのような意味要素は英語の単語の意味理解を前提としており，言語を用いて言語の意味を記述するという循環論から脱し切れていない．

これに対して，認知意味論者のレイコフやブラッグマンは，イメージ・スキーマによる表示を提案する．例えば，(4)におけるoverの意味を図1のように表す（Lakoff 1987）．

(4) The plane flew over the hill.

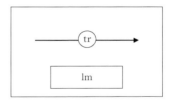

図1　overのイメージ・スキーマ

空間概念というもの自体が私たちのゲシュタルト的な物理的空間体験に根ざしていることからすると，このような表示は意味の表示としてより適切であると言える（Brugman 1988 [1981]）．

レイコフとブラッグマンのイメージ・スキーマは比較的簡素なものであったが，ラネカーはそれを精緻化して，例えば前置詞intoの意味を図2のように表示している．

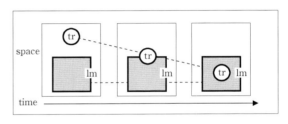

図2　intoのイメージ・スキーマ

3.2.2 力動性

力動性（force dynamics）とは，認知意味論で用いられるスキーマ的概念で，力の観点から見た個体の相互作用のことである（Talmy 1985, 2000）[→ コラム 16]．力動性は空間表現におけるイメージスキーマと異なり，視覚的，幾何学的な情報ではなく，物体間の力の関係を表すものである．

例えば，(5)の文を考えてみよう．

(5) a. The fan kept the air moving.
    （扇風機が空気を動かし続けた）
   b. The piston made the oil flow from the tank.
    （ピストンが油をタンクから流れ出させた）

(5a)では，本来は静止する傾向にある物体（空気）に，より強い力を持つ物体（扇風機）が力を加え続け，その結果，空気が活動の状態（動く）にある．この文における the air のように，本来的に活動あるいは静止の傾向を持つ存在は，**主動体**（agonist）と呼ばれる．一方，この文の the fan のように，主動体に対抗する力を加える存在は，**拮抗体**（antagonist）と呼ばれる．(5a)では，拮抗体が主動体に力を加える期間中，主動体が活動の状態にある．タルミーは，このように使役とその結果引き起こされる事象が同時的である使役を，**拡張使役**（extended causation）と呼ぶ．

これに対し(5b)では，拮抗体が主動体に対して力を加えない状況から力を加える状況に移行し，それによって主動体の状態が静止から活動に変化する．ここで，拮抗体が力を加えるのは主動体の活動開始時のみである．タルミーは，このような使役を**開始時使役**（onset causation）と呼ぶ．

タルミーは(5a, b)における力動性を図 3a,b のように表す．ここで，円形は主動体，窪んだ四角は拮抗体，＋は相対的に力が強い物体を表している．また，・は静止を，＞は活動を表し，円形，窪んだ四角内では主動体の本来的な傾向を，図の下の直線上では使役の結果状態を表している．また下

線上のスラッシュの左右にあるマーク（・と＞）は，それぞれ移行前後の状態を表している．

使役のタイプは上記の二つ以外にもある．(6)は let 使役の例である．

(6) The plug's being loose let the water drain from the tank.（プラグが弛んでいたのでタンクから水が出ていた）

(6)では拮抗体（プラグ）が主動体（水）に対して阻止する力を加えないことによって，主動体が持っている活動傾向がそのまま実現し続けている．図 4 に示すとおりである．

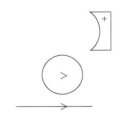

図 4　let 使役における力動性

このような力動性は，英語の法助動詞の意味にも見られる（Talmy 1985, Sweester 1990）．例えば，You may go における may の許可の意味は，図 4 において，主語が主動体であるケースだと言える．つまり，潜在的には主動体の行為を阻止する力があるものの，実際には阻止が行なわれていないということである．

▶ 3.3　フレーム

先に述べたように，認知意味論では，語の意味の背景に事物に関する一般的知識があるとする．この考え方は，フィルモアが提唱した**フレーム**（frame）という概念に端を発するものである（Fillmore 1975, 1977, 1982, Fillmore and Baker 2010）[→ 2.8]．これはフィルモアが人工知能における常識推論の研究（Minsky 1975）から得た概念で，類似する概念に，理想化認知モデル（Lakoff 1987）や領域（Langacker 1987, Radden and Kövecses 1999），現象素（国広 1994）がある．

フィルモアによれば，語はフレームを喚起するという．例えば，「先生は研究室に戻って本をとり，座って読み始めた」という文を聞くと，「研究室」のフレームが喚起される．研究室にはどの

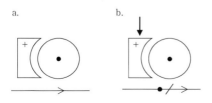

図 3　拡張使役と開始時使役における力動性

ような物があるのか，などに関する知識である．それによって，実際の文には表現されていない様々な情報が補完されて解釈が行なわれる．例えば本をとったのは本棚からであり，座ったのは椅子にであると通常は解釈される．

フレームは様々な意味現象の説明に用いられてきた．語の定義や単語間の意味関係といった語の意味の諸問題，項構造構文の意味などの文法的意味，複合語の解釈などの形態論的意味である．

3.3.1 語の意味とフレーム

フィルモアはフレームをいくつかの語の分析に用いている．例えば，buy, sell, cost, charge, spend, pay などの売り買い動詞の意味を理解するためには，売り買いの事象についての知識が必要であるとする (Fillmore 1982)．そのうえで，売り買いのフレームを図5のように表す．ここでは，売り買いが四つの段階の連鎖として捉えられ，B (＝買い手), S (＝売り手), M (＝お金), G (＝商品) というフレーム要素が，それぞれの段階でどのような状況にあるかがスキーマ的に示されている．まず，BがMを，SがGを所有している中でBとSが同意をする．その内容はBがMをSに，SがGをBに渡し，BはGを，SはMを所有する，というものである．

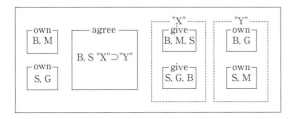

図5 売り買いのフレーム

ここで注目すべき点は，動詞の文法的な項以外のものもフレーム要素として含まれることである．buy という動詞にとって〈お金〉は項ではないが，そのフレームにおいては重要なフレーム要素である．

フレームは語と語の意味関係を捉えるのにも用いられる．上記のような売り買いのフレームを想定すると，そこに参加するフレーム要素のどれが動詞のどの項になるかという観点から，buy, sell, cost, charge, spend, pay の関係が捉えられる．この考え方において語と語は，構造意味論が考えていたような直接対立の関係にあるのではなく，共通して参加するフレーム (buy, sell, cost, charge, spend, pay で言えば図5) を通して，間接的な関係を持つことになる (Fillmore 1982, 松本 2010a)．

3.3.2 文法とフレーム

フレーム知識は統語現象にも反映される．ボアズは，動詞が表す事象に関する背景的知識が，その動詞が結果構文に使うことができるかどうかと関わるとする (Boas 2003: 246-9, 2006)．ここでは英語の移動動詞に関して(7)の例を考えてみよう．

(7) a. Gerry {ran/zigzagged/returned/roamed} across the park.
　　b. Cathy {ran/zigzagged/*returned/*roamed} herself to exhaustion.

通常の移動を表す(7a)と異なり，(7b)では ran と zigzag のみが，本来目的語にはならない再帰代名詞を目的語とした結果構文に使われている．

これは，これらの動詞が身体への影響を伴う移動を表しているかどうかによる．再帰代名詞は移動者の身体を表しており，その身体への影響を伴う移動の場合のみ，この文で容認される．走る (run) とは，手足を激しく動かす移動方法である．ジグザグ進む (zigzag) ことも身体への負荷を伴う．一方，他の動詞が表す移動 (帰る (return)，うろつく (roam)) はそのような身体への影響を伴わない．Run はこのほか，ran his shoes threadbare (走って靴の紐がほどけた) のような結果構文に用いることができるが，目的語となることができるのは run のフレームにおいて存在している事物のみである．

フレーム知識は，日本語の動詞のアスペクト解釈にも関わる．一般にテイル形は動詞の主語の状態変化がある場合に結果に解釈される (「死んでいる」など)．(8a)に示したように，他動詞の受身のテイル形においても，その主語が状態変化を受けている場合に結果の解釈となる．興味深いことに，(8b)は結果の意味に解釈される．「拭く」は対象が綺麗になるとは限らないため，結果の意味を論理的には含意しない．しかしながら，何かを拭くことは，その対象の表面にあるものを取り除くために行なわれることであり，多くの場合，そ

の対象は綺麗になる．拭く行為の結果に関する情報はフレームにおいては存在していると言える．そのよう要素がテイル形の解釈につながっているのである（Matsumoto 近刊）．

(8) a. 花瓶が壊されていた
  b. テーブルが拭かれていた．

3.3.3 フレームと形態論

フレームの概念は形態論においても重要である．例えば，英語の複合語の解釈を考えてみよう（Ryder 1994）．英語の二つの名詞が複合するとき，その名詞の間には様々な関係が可能である．horseshoe と alligator shoe を比べると，前者は馬が履く靴（馬蹄）を指すのに対して，後者はワニの皮製の靴を指す．後者がなぜワニが履く靴を表さないかというと，それは私たちの知識の中にワニが靴を履くという状況がないからである．このように，この二つの複合名詞の解釈は，動物と靴についての背景知識を反映している．

日本語の複合名詞や複合動詞においても，フレーム的情報が重要な役割を果たしている（陳・松本 2018, 松本・陳 2018）．例えば，「泣く」という動詞がどのような動詞・名詞・形容詞と複合して複合動詞，複合名詞を作るかを見ると，それがこの動詞のフレームに含まれる要素と関係していることがわかる．(9)は，泣くことがどのような理由によって起こるかを示している．

(9) うれし泣き，悔し泣き，もらい泣き

これらの存在は，泣くことが悲しみだけでなく，うれしかったり悔しかったりすることによっても起こることを示している．また，他の人が泣いていると影響を受けて泣く場合もあることもわかる．

泣くことによってどのような結果が生じるかを示す複合動詞や，泣くことを手段としてどのようなことが行なわれるかを示す複合動詞もある．(10)がそうである．

(10) a.（目を）泣き腫らす，（顔，頬が）泣き濡れる
  b. 泣きつく，泣きすがる，（人を）泣き落とす

(10a)は，泣くことによって顔やその一部の状態が変わることを示している．また，(10b)は，泣くことは一緒にいる人と関わることを示しており，一緒にいる人が同情することを利用して人に願いごとをしたりできることを示している．なお，こ

れらの意味に関わる〈目〉，〈顔〉，〈一緒にいる人〉は「泣く」の文法的な項ではないが，この動詞のフレーム要素として存在している．

▶ 3.4 概念メタファー

概念メタファー（conceptual metaphor）は認知意味論の発展の中で大きな役割を果たした概念である［→ 3.5 ］．メタファーは意味論の重要な研究課題であったのにもかかわらず，構造主義や生成文法の意味論においてはほとんど取り上げられなかった．レイコフとジョンソンは，認知意味論の初期の著作（Lakoff and Johnson 1980）においてこのメタファーを取り上げ，それを一般的認知との関わりで論じた．メタファーとは文体的な現象ではなく，事物を概念化するために用いられる認知的な仕組みであると考えた．この概念メタファー論は，Lakoff 1987, Grady 1997, Lakoff and Johnson 1999 などを通してさらに発展する．

レイコフらは，概念メタファーとは二つの概念領域間の関係づけであると考える．例えば，(11)に見るようなメタファー表現は人生という領域を旅という領域と結び付けている．これらは，〈人生は旅〉という概念メタファーの表れである．(12)は〈怒りは熱〉という概念メタファーの表れである．

(11) a. He walked as a believer.
    （彼は信仰者として歩んだ）
  b. I'm at a crossroads in my life.
    （私は人生の岐路に立っている）
  c. She came to the end of her life.
    （彼女は人生の終わりに達した）
(12) a. He is breathing fire.
    （彼は火を噴いている）
  b. I'm boiling over.
    （私は煮えくりかえっている）

なお，この概念領域はしばしばフレームと同一視される．

レイコフらの概念メタファー論は四つの点で斬新なものであった．一つは，メタファーが遍在的であるとした点である．つまり，メタファー表現とは，文学作品や特定の作者の文章にのみ見られるものではなく，日常的な言語表現の中に満ちているとした．もう一つは，メタファーの概念性である．彼らによると，メタファーとは事物の捉え

方の問題であるという．このため，メタファーは
言語だけではなく，絵やジェスチャーにも現れる．
例えば(12)の〈怒りは熱である〉はマンガで怒り
を火などで表す点にも現れる．

三つ目はメタファーの体系性である．メタファ
ー表現は個々の語彙の問題だけではなく，体系を
なすとした点である．先ほどの〈人生は旅〉にお
いては，旅行者が生きる人に，旅行の仕方が生き
方に，到着点は人生の目標や死に対応している．
このように，メタファーは体系を成して二つの領
域間を結び付ける．最後に，メタファーは身体経
験に基づくものであるとする点である（鍋島2016
も参照）．例えば，〈怒りは熱〉は人間の身体的経
験にその基盤がある．怒ると体温が上昇するとい
う経験である．

メタファーは構文の研究にも適用されている．
ゴールドバーグは，使役移動構文(13a)と結果構文
(13b)が，〈変化は移動〉という概念メタファーに
よって結び付けられているとする．

(13) a. Johnny threw the ball into the sky.
　　 b. Johnny painted the wall red.

メタファーの研究により，意味論の研究範囲は
大幅に広げられたと言ってよい．メタファーを通
して，認知意味論の研究はジェスチャー，文学，
音楽，宗教学にも広がりを見せるようになってい
る．

▶3.5　概念メトニミー

認知意味論では，メトニミー（metonymy）も
認知領域（フレーム）との関係で定義される．メ
トニミーとは，例えば，A kettle is boilingとい
う文で，kettleがやかんの中の水を指す，といっ
た意味の拡張であり，近接性（contiguity）に基
づく意味拡張とされてきた．認知領域（フレーム）
という概念を用いるなら，この近接性とは，同じ
領域（やかん，あるいは湯沸かしの認知領域）に
属する物の間の関係であると定義できる．つまり，
認識世界内における概念的な関連性がもとになっ
ているということである（Radden and Kövecses
1999，松本2010bを参照）[→ 3.5]．

メトニミーは構文の意味にも関わる．例えば，
(14)の2文は，物体の移動に伴って所有権が移動
するという，授与のフレームが関わっているが，
その中のどの側面に焦点を当てているかが異なる

(Langacker 1987，西村2002)．焦点が当たって
いるのは，(14a)では物体の移動，(14b)では所有
権の移動である．つまり，この二つの間にはメト
ニミーの関係が見られるのである．

(14) a. Susan sent a letter to Harry.
　　 b. Susan sent Harry a letter.

まとめと展望

以上のように，認知意味論は構造主義的な意味
論から脱却することから始まって，関心を寄せる
意味現象を広げながら発展してきた．

初期の認知意味論は，母語話者の直感をデータ
として用い，研究者たちの鋭い内省と深い洞察に
よって分析が進められていた．それは認知意味論
の大きな魅力であると同時に，研究の経験的基盤
における客観性という点からすると弱点でもあっ
た．しかしその後，実験的な研究（Gibbs 1994,
2006など）やコーパスに基づく数量的研究
(Stefanowitsch and Gries 2007など)が盛んに行
なわれるようになり，2000年代中頃以降主流とな
った．これは「量的転回」と呼ばれることがあ
る．この傾向は今後も続くと思われる．深い洞察
と数量的な研究の二つが車の両輪として機能する
とき，認知意味論はさらに発展していくと期待さ
れる．

▶重要な文献

Fillmore, C. J. 1975 An Alternative to Checklist Theories
of Meaning. In *Papers from the First Meeting of the
Berkeley Linguistic Society*, Berkeley Linguistics
Society, Berkeley, CA, pp. 123-31.
　認知意味論の出発点となっている論文．プロトタイプと
　フレームという概念が導入されている．

Lakoff, G. 1987 *Women, Fire and Dangerous Things*,
Univ. of Chicago Press, Chicago.［池上嘉彦・河上誓
作・辻幸夫・西村義樹・坪井栄治郎・梅原大輔・大森
文子・岡田禎之（訳）1993『認知意味論—言語から見
た人間の心』紀伊國屋書店．］
　認知意味論の初期の大作である．カテゴリー論やメタフ
　ァーについて，豊富な例が挙げられ，また研究史的な意
　義がまとめられている．

Talmy, L. 2000 *Toward a Cognitive Semantics*, MIT
Press, Cambridge, MA.
　力動性や語彙化など，独特の視点から意味と認知の関係
　を探った認知意味論の傑作である．

▶文　献

Berlin, B. and P. Kay 1969 *Basic Color Terms: Their Universality and Evolution*, Univ. of California Press, Berkeley / Los Angeles, CA. [日髙杏子 (訳) 2016 『基本の色彩語―普遍性と進化について』法政大学出版局.]

Boas, H. C. 2003 *A Constructional Approach to Resultatives*, CSLI Publications, Stanford, CA.

Boas, H. C. 2006 A Frame-semantic Approach to Identifying Syntactically Relevant Elements of Meaning. In Steiner, P. et al. (eds.) *Contrastive Studies and Valency: Studies in Honor of Hans Ulrich Boas*, Peter Lang, Frankfurt/New York, pp. 119-49.

Brugman, C. M. 1988 [1981] *The Story of Over: Polysemy, Semantics, and the Structure of the Lexicon*, Garland, New York/London.

陳奕廷・松本曜 2018 『日本語語彙的複合動詞の意味と体系』ひつじ書房.

Croft, W. 1991 *Syntactic Categories and Grammatical Relations: The Cognitive Organization of Information*, Univ. of Chicago Press, Chicago.

Davidson, D. 1967 Truth and Meaning. *Synthese* 17: 304-23.

Fillmore, C. J. 1975 An Alternative to Checklist Theories of Meaning. In *Papers from the First Meeting of the Berkeley Linguistics Society*, Berkeley Linguistics Society, Berkeley, CA, pp. 123-31.

Fillmore, C. J. 1977 Topics in Lexical Semantics. In Cole, R. (ed.) *Current Issues in Linguistic Theory*, Indiana Univ. Press, Bloomington, pp. 76-138.

Fillmore, C. J. 1982 Frame Semantics. In The Linguistic Society of Korea (ed.) *Linguistics in the Morning Calm*, Hanshin, Seoul, pp. 111-37.

Fillmore, C. J. and C. Baker 2010 A Frames Approach to Semantic Analysis. In Heine, B. and H. Narrog (eds.) *The Oxford Handbook of Linguistic Analysis*, Oxford Univ. Press, Oxford, pp. 313-39.

Gibbs, R. W. 1994 *The Poetics of Mind: Figurative Thought, Language, and Understanding*, Cambridge Univ. Press, New York. [辻幸夫・井上逸兵 (監訳) 2008 『比喩と認知―心とことばの認知科学』研究社.]

Gibbs, R. W. 2006 *Embodiment and Cognitive Science*, Cambridge Univ. Press, New York.

Grady, J. 1997 *Foundations of Meaning: Primary Metaphors and Primary Scenes*, Ph. D. dissertation, Univ. of California, Berkeley, CA.

Haiman, J. 1980 Dictionaries and Encyclopedias. *Lingua: International Review of General Linguistics* 50: 329-57.

Hopper, P. J. and S. A. Thompson 1980 Transitivity in Grammar and Discourse. *Language* 56: 251-99.

Jackendoff, R. 1983 *Semantics and Cognition*, MIT Press, Cambridge, MA.

Kay, P. and C. K. McDaniel 1978 The Linguistic Significance of Meanings of Basic Color Terms.

Language 54: 610-46.

国広哲弥 1994 「認知的多義論―現象素の提唱」『言語研究』106: 22-44.

Lakoff, G. 1987 *Women, Fire and Dangerous Things*, Univ. of Chicago Press, Chicago. [池上嘉彦・河上誓作・辻幸夫・西村義樹・坪井栄治郎・梅原大輔・大森文子・岡田禎之 (訳) 1993 『認知意味論―言語から見た人間の心』紀伊國屋書店.]

Lakoff, G. and M. Johnson 1980 *Metaphors We Live By*, Univ. of Chicago Press, Chicago. [渡部昇一・楠瀬淳三・下谷和幸 (訳) 1986 『レトリックと人生』大修館書店.]

Lakoff, G. and M. Johnson 1999 *Philosophy in the Flesh: The Embodied Mind and its Challenge to Western Thought*, Basic Books, New York. [計見一雄 (訳) 2004 『肉中の哲学―肉体を具有したマインドが西洋の思想に挑戦する』哲学書房.]

Langacker, R. W. 1982 Space Grammar, Analysability, and the English Passive. *Language* 58: 22-80.

Langacker, R. W. 1987 *Foundations of Cognitive Grammar*, Vol. I, *Theoretical Prerequisites*, Stanford Univ. Press, Stanford.

Langacker, R. W. 1988 A View of Linguistic Semantics. In Rudzka-Ostyn, B. (ed.) *Topics in Cognitive Linguistics*, John Benjamins, Amsterdam/Philadelphia, pp. 49-90.

Langacker, R. W. 1990 Subjectification. *Cognitive Linguistics* 1: 5-38.

Leech, G. 1974 *Semantics*, Penguin, London. [安藤貞雄 (監訳) 1977 『現代意味論』研究社.]

Lehrer, A. 1974 *Semantic Fields and Lexical Structure*, North Holland, Amsterdam.

Lyons, J. 1977 *Semantics*, Cambridge Univ. Press, Cambridge.

松本曜 2003 「語の意味」 松本曜 (編) 『認知意味論』大修館書店, pp. 17-72.

松本曜 2010a 「英語反義語における「反義語らしさ」の決定要因」岸本秀樹 (編) 『ことばの対照』 くろしお出版, pp. 95-107.

松本曜 2010b 「多義性とカテゴリー構造」澤田治美 (編) 『語・文と文法カテゴリーの意味』 ひつじ書房, pp. 23-43

Matsumoto, Y. (to appear) The Semantics of Japanese Verbs. In Jacobsen, W. and Y. Takubo (eds.) *Handbook of Japanese Semantics and Pragmatics*, Mouton de Gruyter, Berlin.

松本曜・陳奕廷 2018 「「泣く」：複合語を手がかりとしたフレーム意味論的分析」『神戸言語学論叢』11: 50-7.

Minsky, M. 1975 A Framework for Representing Knowledge. In Winston, P. H. (ed.) *The Psychology of Computer Vision*, McGraw-Hill, New York, pp. 211-77.

籾山洋介 2010 「百科事典的意味観」山梨正明ほか (編) 『認知言語学論考』No. 9, ひつじ書房, pp. 1-35.

鍋島弘治朗 2016 『メタファーと身体性』ひつじ書房.

西村義樹 2002 「換喩と文法現象」西村義樹 (編) 『認知言

語学Ⅰ：事象構造』東京大学出版会，pp. 285-311.

Radden, G. and Z. Kövecses 1999 Towards a Theory of Metonymy. In Panther, K. and G. Radden (eds.) *Metonymy in Language and Thought*, John Benjamins, Amsterdam, pp. 17-59.

Regier, T. et al. 2005 Focal Colors are Universal after All. *Proceedings of the National Academy of Sciences of the United States of America*, 102(23): 8386-91.

Rosch, E. 1973 On the Internal Structure of Perceptual and Semantic Categories. In Moore, T. (ed.) *Cognitive Development and the Acquisition of Language*, Academic Press, New York, pp. 111-44.

Ryder, M. E. 1994 *Ordered Chaos: The Interpretation of English Noun-Noun Compounds*, Univ. of California Press, Berkeley, CA.

Sørensen, H. S. 1963 *The Meaning of Proper Names*, G. E. C. Gad, Copenhagen.

Stefanowitsch, A. and S. Th. Gries (eds.) *Corpus-based Approaches to Metaphor and Metonymy*, Mouton de Gruyter, Berlin.

Sweetser, E. E. 1990 *From Etymology to Pragmatics: Metaphorical and Cultural Aspects of Semantic Structure*, Cambridge Univ. Press, Cambridge/New York.［澤田治美（訳）2000『認知意味論の展開―語源学から語用論まで』研究社.］

Talmy, L. 1983 How Language Structures Space. In Pick, Jr., H. L. and L. P. Acredolo (eds.) *Spatial Orientation: Theory, Research and Application*, Plenum Press, New York, pp. 225-82.

Talmy, L. 1985 Force Dynamics in Language and Thought. In *Papers from the Twenty-first Regional Meeting, Chicago Linguistic Society*, Chicago Linguistic Society, Univ. of Chicago, Chicago, IL., pp. 293-337.

Talmy, L. 2000 *Toward a Cognitive Semantics*, MIT Press, Cambridge, MA.

Wittgenstein, L. 1955 *Tractatus Logico-philosophicus*, Routledge & Kegan Paul, London.

═══ コラム 15　理想化認知モデル ═══════════════════════ 田村幸誠 ═══

　野球放送を聞いていて，「○○選手には足があります」という表現をアナウンサーが使うのをよく耳にします．もちろん，これは物理的に，あるいは，身体的にその選手にはたまたま足があるということを伝えようとしたものではなく，その選手の「足が速い」という意味で使われたものです．なるほど，日本語では「足が速い」を言い表す比喩表現として「足がある」という言い方があるのだなと短絡的に考えてしまうのですが，実際は，そう簡単でもないことが少し考えるとわかります．例えば，駅から遠く離れたところで開かれた会議などに参加した帰りに，「足はありますか」と聞かれたりしますが，これは駅までの移動手段があるかどうかを尋ねられているのであって，駅までいかに速く走れるのかを聞かれたものではありません．また同じスポーツでも，例えば，サッカー中継を見ていて，アナウンサーが足の速い選手を指して，「○○選手は足があります」という言い方をすることはほとんどないように思えます．さらに，同じ野球でも，守備においていくらスピード感の溢れるファインプレーを見せても，「足がある」という表現はほとんどされませんし，監督が抗議する際に凄いスピードで審判に駆け寄ったとしても，「阪神の監督には足がある」とはなりません．このように考えると，「足がある」＝「足が速い」という公式は，野球の攻撃側の選手，特にランナーの役割を担った選手に当てはまるものであることがわかります．逆に，この「足がある」＝「足が速い」という一見単純に見える比喩表現は，盗塁，バントヒット，ワンヒットで２塁から生還，など野球の攻撃で起こりうる様々な状況を想像できない人には，適切に使用できない表現であることも理解できるでしょう．

　言語学者のレイコフ（George Lakoff）は，1987年に出版した著書の中で，従来，言語学や社会学で使われてきた「フレーム」，「シナリオ」，「スクリプト」などの記述概念を統合する形で，「**理想化認知モデル**」（idealized cognitive model）という概念を提唱しました．この記述概念において最も強調されることは，我々が持っている言葉に関する知識，例えば，各々の語や文法表現の意味や適切性といったものは，我々が有している世界に関する知識に照らし合わすことなしには成立しえない，ということでした．先の例で言えば，「足がある」という表現を聞いたとき，我々は，スポーツという知識，さらにその中の野球という知識，さらにその中で特にランナーの役割という知識にアクセスしたうえで，「足がある」という表現を理解していることになります．一方，そのような知識構造を持たない場合には，「足がある」に関して，何がしかの理解は得られるかもしれませんが，発話者の意図に合致するものは望めないでしょう．

　レイコフの考えにそって，「世界に関する知識」ということをもう少し補足すると，例えば，「電車に乗ること」であったり，「レストランで食事すること」であったり，日常のありとあらゆる経験は，繰り返される中で，それはそういうものとして，つまり，一つの理想化されたものとして我々の頭の中に入っていると想定されます．そして，その理想化された世界に関する知識は，今経験していることを理解し，それを言語化するた

めの基準，あるいは切り口として機能するため，知識という用語の代わりに，特に，認知モデルという用語が使われています．また，理想化された一つの認知モデルは，「電車に乗る」という経験の中に，「切符を買うこと」，「白線の内側で待つこと」，「老人に席を譲ること」，など様々な局面があることからもわかるように下位の理想化認知モデルを幾重にも内包した構造を持っていると想定されます．言語学の目標の一つに，言葉が文化とどのような関連性を持つのかを明らかにする，ということがあります．認知科学の知見を基盤にしたレイコフによる理想化認知モデルの提案は，その目標に向かう大きな指針を示す，画期的なものであるとみなすことができます．

▶参考文献

Lakoff, G. 1987 *Women, Fire and Dangerous Things: What Categories Reveal About the Mind*, Univ. of Chicago Press, Chicago.［池上嘉彦・河上誓作・辻幸夫・西村義樹・坪井栄治郎・梅原大輔・大森文子・岡田禎之（訳）1993『認知意味論—言語から見た人間の心』紀伊國屋書店.］

コラム16　力動性　　　　　　　　　　　　　　　　　　　　　　　　　　　　　仲本康一郎

　認知言語学では，人間の言語や思考は，抽象的な記号システムではなく，身体に基づく知覚や運動の営みを反映するものと考えます．なかでも力動性の認知は，空間認知とともに言語の概念化を支える重要な認知機構と考えられています．

　力動性（force dynamics）とは，二つの物体の力関係や相互作用のことを言い，強制，抵抗，妨害といった様々な図式で表されます．例えば，《強制》の図式は，外から対象に加えられる力を表し，強風にあおられる，人に背中を押されるといった物理的経験や，上司に命令される，怒りや嫉妬に駆られるといった心理的経験によって形成されます．強制の図式に基づく代表的な表現としては，英語の throw, drive, push, force, propel などの**使役表現**があります．例えば，次のような force の用法は強制の図式によって説明されます．（1a）は物理的強制を，（1b）は社会的強制を，（1c）はそのように考えざるを得ないという論理的強制を表します．

(1) a. He *forced* me out of the room.（彼は私を部屋から追い出した）
　　b. She *forced* a suspect to confess.（彼女は容疑者に自白させた）
　　c. I was *forced* to conclude that…（そう結論せざるを得ない）

これらの強制の図式は，図1のように表されます．これは外から加えられる力によって，□で表されたものが動かされることを意味します．このような強制力は物理的な力を指す場合もあれば，社会的に圧力を受ける，あるいは論理的に推論されるといった場合も含みます．

図1　強制の図式（Johnson 1987: 59［邦訳］）

　次に，《抵抗》とは，強制する力に対抗する力のことで，強制力と抵抗力は作用と反作用の関係にあります．抵抗の図式を代表するものとしては，英語の stand, bear, support などの維持動詞があり，これらは放っておくと倒れたり，落ちたりしそうな力に対する抵抗力を表します．また I can't *put up with* it. というときの put up with は「ガマンする」ことを表しますが，従来まではなぜ put と up と with を組み合わせてこうした意味が生まれるのかうまく説明できませんでした．しかしこれも次のような抵抗の図式を用いると，この慣用句は何かを支えるという図式によって成り立っていると自然に説明がつきます．

図2　英語の慣用句とイメージ図式（Holme 2004: 162）

同様の図式は，up を用いた *back up* a theory（理論を支える）や *keep up* appearance（体面を保つ）など，

コ ラ ム 16 163

他の句動詞にも成り立ちます．これらの概念を動機づけているのは，何かが倒れないよう維持する抵抗の図式です．このことは I can't *stand* it. や I can't *bear* it. などがガマンを表すことからもわかります．

同様に，日本語でも「（落ちないように）カバンを持つ」「（倒れないように）はしごを支える」「（飛ばないように）帽子をおさえる」といった力への抵抗を表す動詞が存在します．ここでは維持動詞「おさえる」の用法に注目してみましょう．「おさえる」には，次のような三つの用法があります．

(2) a. |帽子, 獲物, 傷口, …| をおさえる　　：物理的用法
    b. |興奮, 欲望, 嫉妬, …| をおさえる　　：心理的用法
    c. |切符, 部屋, 日程, …| をおさえる　　：社会的用法

これらの用法には力への抵抗という意味が共通しています．例えば，(2a)は帽子が飛ばないように，獲物が逃げないようにすることを，(2b)は沸きあがる感情が表情や態度に現れないようにすることを，(2c)は切符が売り渡されたり，部屋が予約されたりしないようにすることを表します．また日本語では怒りにかられた人をなだめるとき「おさえて，おさえて」のように言いますが，このとき怒りは肚のなかで煮えたぎる熱湯のようなもの，あるいは暴れまわる虫のようなものとして了解されており，人はそれらを押さえ込み，鎮めようとします．またそのようにしておさえられた怒りは堪忍袋という容器に押し込まれます．

▶参考文献

Holme, R. 2004 *Mind, Metaphor and Language Teaching*, Palgrave Macmillan, New York.

Johnson, M. 1987 *The Body in the Mind: The Bodily Basis of Meaning, Imagination, and Reason*, Univ. of Chicago Press, Chicago.［菅野盾樹・中村雅之（訳）2001『心のなかの身体―想像力へのパラダイム転換』紀伊國屋書店.］

Talmy, L. 1988 Force Dynamics in Language and Cognition. *Cognitive Science* 12: 49-100.

|2.7|

使用基盤モデル
（用法基盤モデル）

谷口一美

使用基盤モデル（usage-based model）は，認知文法の提唱者であるラネカー（Ronald W. Langacker）により提案され発展した，言語体系の構築に関するモデルである．現在では認知言語学全般および構文文法にも通底し，これらの諸理論に一貫性を与える極めて重要な言語観となっている．なお国内では「用法基盤モデル」との訳語が多く用いられているが，ここでは「使用基盤モデル」と参照することとする[→|コラム 17|]．

使用基盤モデルは，その名が示す通り言語使用にこそ言語体系の基盤があるとする見方である．言語体系の中でも重要な地位を占める「文法」も，言語の実際の使用事態の中から立ち現れ，言語共同体で使用され慣用化された用法・構文によって規則が創出されると使用基盤モデルでは想定する．この使用基盤によるアプローチの妥当性は，言語の歴史的・語用論的変化や言語習得に関する多様な研究事例によって示されており，私たちの言語知識の心的表示のあり方にも重要な示唆を与えている．

1. 理論的な背景

はじめに，ラネカーが**認知文法**という言語理論の枠組みにおいて使用基盤モデルを提唱するに至った背景について，手短に述べておきたい．

認知文法は，1980 年前後，チョムスキー（Noam Chomsky）による**生成文法**（generative grammar）とは全く異なるパラダイムに基づき提唱された理論である．その当時，理論言語学の分野でもっとも影響力のあった文法理論であった生成文法は，私たちの言語能力，とりわけ統語的能力の普遍性・生得性を前提とするものであった．**普遍文法**（universal grammar）を私たちが生得的に備えているからこそ文法的な文をおしなべて産出することができるというのが，チョムスキーの基本的な仮定である．生成文法において言語使用はあくまで「運用」という経験的かつ付随的な問題である．生成された文が特定の状況下でいかに運用されるかという語用論的側面，外界の知覚や解釈に関わる認知的・心理学的側面からは独立し，自律して機能する統語的能力こそが言語の中枢であり，言語学の研究対象であるとみなすのである．生成文法は現代に至るまで様々な理論的変遷を遂げてはいるものの，基本的な言語観は一貫したものである．生成文法の仮定する「文法」には，個別言語の文法に該当するような具体性はない．移動や併合といった抽象的な統語操作や原理・規則からのトップダウンにより文を生成するシステムが「文法」であるとみなされる．

一方で認知文法は，上述のような統語操作を含む生得的かつ自律的な「文法」の存在を仮定しない．ラネカーは，言語が**音韻極**（phonological pole）と**意味極**（semantic pole）からなる「**記号ユニット**」（symbolic unit）の集合であるとみなす，**記号的文法観**（symbolic view of grammar）を打ち出した[→|2.4|，|2.5|]．その主要な論点のうち，使用基盤モデルに深く関わるものは以下の通りである．

(1) 音声形式や意味を伴わない理論的構成物（例えば生成文法での「空所」「虚辞」）や，変形文法のような深層構造から表層構造への統語的派生は想定しない．音声形式と意味からなる記号ユニットとして，その表層形のみを研究の対象とする．

(2) 記号ユニットの具体性・抽象性の度合いは様々である．例えば語彙項目の場合は，[dog] という特定の音声に「犬」という意味が結合するように，特定の音声形式に具体的な意味が結びつくが，文法の場合は例えば二重目的語構文の [Subj V Obj1 Obj2] という形式的パターンに「Obj1（人）が Obj2（モノ）を受け取り所有する」という意味が結合した，より抽象度の高い記号ユニットとなる．このように，レキシコン

（語彙）と文法は具体性・抽象性の度合いが異なっているものの、いずれも記号ユニットとして扱うことができる。

(3) (2)で述べたように、レキシコンと文法はともに記号的であり、両者は連続的であると言える。これは、レキシコンと文法を明確に区別する従来的な見方とは完全に対照的である。従来の見方では、文法が規則（rule）の集合であり一般性（generality）・規則性（regularity）を持つ一方、レキシコンは多様な語彙項目からなるため一般化が不可能であり、辞書のように項目を列挙するしかない個別性・特異性（idiosyncrasy）の集合であるとされてきた。これをラネカーは「**規則とリストの誤謬**」（rule/list fallacy）と呼び、現実には「規則性」と「特異性」の相違は程度問題であり、両者の間を明確な境界線によって分断することはできないと主張する。

(4) 記号ユニットの担う「意味」は、それが指示する客観的内容のみに還元はできない。話者が外界を多様な認知的要因を介して解釈し概念化した「主観的把握」が言語表現の意味である。

2. 動的使用基盤モデルの概要

上で述べた認知文法の理論的想定から出発し、ラネカーが言語体系全般の構築に関して提唱したのが「**動的使用基盤モデル**」（dynamic usage-based model）である（Langacker 2000）。私たちの使用する言語の体系にはレキシコン（語彙）、音韻論、形態論、文法など、形式的な側面に限定しても様々な次元が考えられるが、それらのすべてが同じ認知的メカニズムにより構築可能であり、生得的な普遍文法という装置が不要であることを示したのが動的使用基盤モデルである。

動的使用基盤モデルにおいて、特に主要な役割を担うのが「**カテゴリー化**」と「**スキーマ**」である。これらの認知的メカニズムについて、はじめに例を挙げながら見ていきたい[→ 3.2]。

▶ 2.1 カテゴリー化とスキーマ

認知言語学は基本的に、心理学者であるロッシュ（Eleanor Rosch）の提唱した「**プロトタイプ・カテゴリー**」（prototype category）を理論的に適用し、中心的事例によって構成される「プロトタイプ」から周辺事例への拡張によりカテゴリーが形成されるという見方をとる。ラネカーはさらに、プロトタイプ・カテゴリーに「スキーマ」（schema）を導入することにより、カテゴリー化の過程をモデル化した。

スキーマとは、いくつかの事例から抽出された共通性を捉えるものであり、**抽象化**（abstraction）・**一般化**（generalization）といった認知的操作によって得られるものである。身近な例として、「鳥」のカテゴリーを考えてみよう。「スズメ」「ツバメ」「カラス」など、鳥のプロトタイプとなる典型的事例の共通性を挙げると「翼や羽毛・くちばしを持ち、飛行し、日常生活では木などの高いところにとまっているのをよく見かける陸生動物であり、卵生である」といった特性になる。これを仮に「スキーマS」と呼ぶ。

図1 「鳥」のプロトタイプとスキーマ

図1の上向きの点線矢印は、スキーマを抽出する「**抽象化**」、すなわち「**スキーマ化**」（schematization）を表す。下向きの実線矢印は「**事例化**」（instantiation）・「**精緻化**」（elaboration）を表しており、スキーマの特性を具現化したものが「スズメ」や「ツバメ」といった具体的な事例であることを示している。このように抽象化と具体化・精緻化は表裏一体となるため、以降の図では便宜的にいずれか一方の関係のみを表示することとする。また、図1のように典型的事例のみから抽出されたスキーマは、事実上「**プロトタイプ属性**」に一致する。

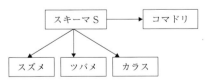

図2 「鳥」のスキーマに合致する場合

ここで、「コマドリ」が新規の事例としてこのカテゴリーに加わったとしよう。コマドリはスキーマSを完全に具体化しているため、スズメやツバメと同様に、スキーマSと実線矢印で結合され、

同じカテゴリーの成員と判断されることになる（図2）.

一方で,「ペンギン」はどうだろうか. ペンギンはスキーマSのうち,「くちばし」「羽毛」「卵生動物」といった特性は備えているものの,「飛行する」という特性を持たないため, スキーマSを完全に具体化した事例であるとは言えない. このように, 既存のスキーマの具体化からは何らかの逸脱を含む場合を「**拡張**」(extension)と言い, 図3のようにスキーマからの水平方向の点線矢印で表示される. また,「ペンギン」のような拡張事例は, 四角形ではなく丸で囲むことで区別する.

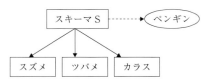

図3 「鳥」のスキーマから逸脱する場合

スキーマSは, 拡張事例であるペンギンを認可することにより, 図4のようにペンギンを取り込んだうえであらためて抽象化したスキーマS′へと発展する. この場合は「飛行する」という特性は消失し,「くちばしがあり, 羽毛と翼がある卵生動物」といった共通性がスキーマS′に相当する.

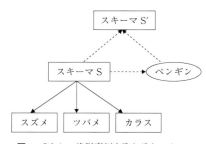

図4 「鳥」の逸脱事例を取り込むスキーマ

ラネカーによると, 新たなスキーマS′が生じても, それによって既存のスキーマSがキャンセルされることはない. つまり私たちは, プロトタイプ属性を持つ典型事例が持つ下位のスキーマ, すなわち比較的具体性の高いスキーマも, 拡張事例を取り込み抽象度が一段階上がった上位のスキーマも同時に保持し複合的カテゴリーを形成しており, 成員間の関係性を様々な程度の抽象性・具体性によって捉えていると考えられる.

このようにスキーマは, カテゴリーの成員である個々の事例の共通性を捉えるものであるため, 一見すると古典的カテゴリー理論における必要十分条件に等しいものと思われるかもしれない. しかし両者には決定的な違いがある. 古典的カテゴリー観による必要十分条件は, それに合致しない事例を排除し, その結果, カテゴリーを構成する成員は一様に条件を満たした均質なものとなり, カテゴリーの境界も明確で固定的なものとなる. 一方でスキーマは, 部分的な合致によっても逸脱事例を認可し, 逸脱事例を取り込めるよう変化する柔軟性を持ち合わせたものである. カテゴリーの成員はより典型に近い事例もあれば周辺的事例もあり, 決して均質とはならない. カテゴリーの境界も, 逸脱事例を取り込むことで拡張する余地のある, ファジーな性質を備えたものである.

▶ **2.2 動的使用基盤モデルと言語体系**

スキーマの抽出と拡張を伴うカテゴリー化のメカニズムを言語体系へと適用し, 言語習得や通時的な言語変化といった, 言語の動的な側面を説明する認知モデルとしてラネカーが提案したのが, 動的使用基盤モデルである. その名前が示すとおり, 言語体系が生得的な規則とは異なり実際の使用事態から導出されるものであること, 言語が決して静態的・安定的なものではなく拡張を許容するものであることをモデル化したものである.

図5で, 左側のLは, ある言語共同体における言語体系を示している. この言語体系にはスキーマAがすでに慣習的なユニットとして定着している. 右側のUは, 特定の言語表現が特定の状況において使用される「**使用事態**」(usage event)を指している.

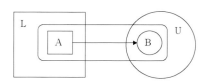

図5 スキーマAに合致する新規事例Bの使用

ある使用事態において, 新規の事例Bが出現したとしよう. その適格性がどのように判断されるかには2通りの可能性がある. 一つには, 図5のように, 既存の言語体系にあるAというスキーマ

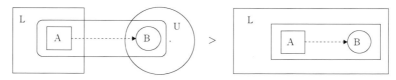

図6 スキーマAから逸脱する新規事例Bの使用とその定着

の事例化（実線矢印）であると判断され，Bは既存の言語体系に適合するものとして容認される．一方で，新規の事例Bが既存の言語体系におけるスキーマAと完全には合致せず，何らかの側面で逸脱した拡張である（点線矢印）と判断される場合が図6である．この拡張事例Bが使用事態において頻繁に出現すると，B自体，および「BはスキーマAからの拡張である」というカテゴリー判断そのものが定着し，言語体系の中に取り込まれ，容認されるようになる（なお，図6の左側では，スキーマAと拡張事例Bの関係を示すA→Bの拡張関係が丸四角形で囲まれており，この関係が非慣例的なものであることを示している．一方で図6の右側では，A→Bの拡張関係が四角形で囲まれており，この拡張関係自体が慣習化したことを示している）．

3. 動的使用基盤モデルの与える示唆

以上がラネカーによる動的使用基盤モデルの概要であるが，このモデルが後の認知言語学・構文文法に与えた重要な示唆として，主に次の3点を挙げることができる．

▶3.1 言語使用と一般的認知機能

動的使用基盤モデルの適用によって言語体系の説明に必要とされるのは，実際の言語使用事態に加え，以下に挙げる一般的認知機能である．

(5) 抽象化・一般化：具体事例からスキーマを抽出する．
(6) カテゴリー判断：既存のスキーマと新規事例とを比較し，合致・逸脱の判断を行なう．
(7) 自動化（automatization）

このような見方は，生成文法のように言語固有の認知機能を仮定する合理主義的立場をとらなくても，言語体系の記述・説明が十分に行なえることを意味している．一方で，言語使用という混沌とした経験にのみ依拠する経験主義的立場に限界があるのも事実である．個々人が同一の共同体で共

有可能な言語体系を構築するには，上記のような一般的認知機能が必要である．これらは人間が普遍的・生得的に備えている一般的認知機能であると考えられ，また心理学において独立に実在性が論証されているため，こうした道具立てを用いたモデル化は妥当なものである．

上記の認知機能のうち，(7)の「**自動化**」について補足的に説明しておきたい．自動化は，ある行為を繰り返すことにより「慣れ」が生じ定着化する現象であり，ルーティン化（routinization）や習慣形成（habit formation）といった現象とほぼ同義である．例えば私たちは，コンピュータのキーボードでのタイピングやスマートフォンの入力に最初は違和感がありストレスを感じても，繰り返しそれを行なうことによって違和感が消失していき，最終的には難なくその動作を行なえるようになる．使用基盤モデルにおいても，出現当初はスキーマに合致しない拡張事例が次第に容認され取り込まれるというプロセスは，自動化の一種であると言える．なお認知文法では，新規の拡張事例が体系内に取り込まれることを指して「**定着**」（entrenchment）と言う．

拡張事例が定着するには，繰り返しその事例を経験すること，つまり，一定の「**頻度**」が必要である．言語変化に使用頻度が重要な役割を担うことは，バイビー（Joan Bybee）による音韻・形態論の研究でもすでに指摘されているとおりであり（Bybee 1995 などを参照），彼女の研究も事実上は使用基盤モデルを早くから示唆するものであったと言える．

▶3.2 具体事例からのボトムアップ，抽象的スキーマと具体事例の共存

ラネカーによる動的使用基盤モデルは，その名前のとおり，言語体系の拡張という動態的側面に着目したモデルではあるが，それは同時に，具体事例から抽出したスキーマの役割を重視したモデルでもある．規則から**トップダウン**で具体事例が

図7 スキーマの階層性

産出されるという従来の文法理論とは逆に，具体事例から規則的なパターン（スキーマ）が立ち現れるとみなす，**ボトムアップ**のアプローチをとる．

さらにラネカーの動的使用基盤モデルでは，仮に既存のスキーマからの拡張事例を取り込んだ結果としてさらに上位のスキーマが得られたとしても，既存のスキーマをキャンセルすることはないとみなす．「鳥」のカテゴリーの例で言えば，図7のように，プロトタイプ的属性を備えた事例の次元と，「飛ぶ」という属性を持たない「ダチョウ」を含めた拡張事例の次元，さらに「陸生」という属性を持たない「ペンギン」を含めた次元というように，複層的な内部構造をなしている．カテゴリーがより多くの拡張事例を取り込むほど，それらの共通性を抽出したスキーマの抽象性はより高くなり，具体的なイメージを喚起しがたくなっていく．こうした複層的カテゴリーの中で，私たちは適宜必要な次元のスキーマを選択し活性化することができる．

このように，より特定的（specific）かつ局所的（local）な具体的知識と，全体的（global）で抽象的知識とは共存が可能なものである．この点は，冒頭で述べた認知文法の論点(3)と整合しており，言語的知識についても同様の見方をとることができる．また，後述するように，構文文法理論において動詞を中心とした個々の語彙項目と文全体のパターンである構文との相互作用を考えるうえでも，この点は重要視されているところである．

▶ **3.3 言語使用の重視と方法論**

言語使用を重視するという使用基盤モデルの態度は，理論的な面にとどまらず，言語研究の方法論にも影響を与えている．言語学では例文の適格性・容認性を根拠として分析や議論がなされるが，そうした例文の適格性は伝統的に，分析者の内省に基づくものであった．こうした主観的判断が使用実態を正しく反映しているという保証はない．使用基盤モデルの言語観を適用する以上，分析の根拠となるデータも実際の使用に基づくものでなければ矛盾が生じるのも確かである．

そこで，言語データとして実際の言語資料からなるコーパスを利用し，使用事態に出現した実例を用いた質的研究，使用事態における出現の分布を統計的に示す量的研究が，認知言語学および構文文法で盛んになされるようになった．この背景には当然ながら，情報技術の目覚ましい発展により大規模かつジャンルの均衡のとれた電子コーパスが整備・公開されるという，研究状況の変化もおおいに寄与していると言える．

以上に述べた特長を持つ使用基盤モデルが，特に言語の動態的側面の分析にどのように適用されるか，例を挙げながら見ていきたい．

4. 語義の拡張

2.1で述べた，プロトタイプ・拡張およびスキーマによるカテゴリー化は，あらゆる言語的カテゴリーに適用可能である．ここでは語義の拡張について主に見ていきたい．語彙項目はしばしば多義性を示すが，認知言語学では複数の意味がランダムに一つの語形式に結合しているのではなく，中心義から拡張義へのリンクによって**多義ネットワーク**を構成するものとみなす．このような**ネットワーク・モデル**による分析の有効性は，すでに多数の論考によって示されているとおりである．このように，語彙項目の多義性はネットワークとして捉えることができるが，拡張義ははじめから存在していたわけではなく，中心義から派生したものとして出現し，次第に定着したものであることが多い．こうした変化も，動的使用基盤モデルによって捉えることができる．

新しい語義の出現について，ラネカーの挙げた

例を見てみよう（Langacker 2000: 17-9）．英語の名詞 "mouse" は，「（動物の）ネズミ」という意味に加え，「コンピュータのマウス」という意味を獲得した．コンピュータが一般に使用され始めた頃，言語使用者は実際にコンピュータを操作する場面において，当該機器とネズミとの類似性（形状や大きさ，コンピュータ本体とつながれたケーブルと尻尾の類似性）に基づいて拡張的に "mouse" という名詞が用いられていることを理解する．言語使用者の知識体系には，"mouse" の意味として「（動物の）ネズミ」は存在していたものの，「コンピュータのマウス」の意味は非慣例的なものであり，少なからず違和感はあったかもしれない．しかしコンピュータが普及した現在，「コンピュータのマウス」の意味は定着し，私たちの知識体系における "mouse" の意味ネットワークに取り込まれていると言えるだろう．

この "mouse" の例のように，新規事例は特定の局所的なコンテクスト（この場合は，コンピュータを使用するという特定の状況）に出現することが多い．また，新規事例は全くのゼロから生み出されているわけではなく，既存の記号ユニット（この場合は，「ネズミ」の意味での mouse）を非慣例的な方法で拡張的に使用することで産出されており，それゆえ聞き手にとってもその意味は理解可能なものとなるのである．もしコンピュータが現在ほど普及しなければ，あるいは，マウスではなく最初からタッチパッドが普及していれば，「コンピュータのマウス」としての "mouse" の用法はこれほど定着していなかったはずである．3.1 で述べたように，新規の拡張事例が定着し既存のシステムに取り込まれるかどうかは，使用の状況，特に使用の頻度によるところが大きいのである．

5. 文法規則の拡張

語義の拡張は使用基盤モデルが有効性を最も発揮する現象であるが，(3)で述べたように，文法もレキシコンと連続体をなす記号ユニットであるため，文法規則に対しても同様に動的使用基盤の見方を適用することができる．

一つの例として，日本語のいわゆる「ラ抜き」の現象を考えてみよう．日本語では，五段活用の動詞は「書ける」「飲める」のように可能動詞に

することができる一方，上一段・下一段活用の動詞は「着られる」「食べられる」のように助動詞ラレルを用いて可能形にする．しかし，後者はしばしば「着れる」「食べれる」というように「ラ」が脱落する．こうした「ラ抜き」は「誤用」であると言われるが，その使用自体は次のように考えると自然な現象とも言える．

五段活用動詞は原形語幹（「書く」の場合は kak-）に -eru を付加することで可能形にする．このパターンを上一段（「着る」: kir-）・下一段（「食べる」: taber-）の活用動詞にも拡張的に適用すると，擬似的な可能動詞が産出され，結果的にラ抜きになる．このとき，「着れる」「食べれる」は上一段・下一段活用動詞の可能形の産出規則に照合すると違反であるが，五段活用動詞の可能動詞という既存の規則に部分的に合致することにより「ラ抜き」が容認されると考えられる．

ラ抜きの使用は若年層が中心であると言われており，依然としてインフォーマルな用法であるという認識は強いものの，その使用が定着しつつあることも確かである．この現象は次のことを示唆している．文法規則は決して日本語教師や研究者などからトップダウンで与えられるのではなく，言語使用者が実際の言語使用の中から規則性を発見して一般化し，創造的にそれを適用しているのである．また，正用であるとされるラレル形は，「お菓子が食べられた」（受身）「先生が着られたスーツ」（尊敬）のように，可能以外の用法があり多義である．ラ抜きにすることによって可能形を他の用法から分別することができるのであれば，実際のコミュニケーションにおいてあいまいさを避けることができ，誤用ではあるが有用ということになる．このように，既存の規則からの逸脱が許容されるには，それなりの妥当な理由があると言える．

今後，ラ抜きの使用がさらに定着した場合，可能動詞の派生に関する規則そのものが変更される可能性も否定はできない．「正しい文法」の記述のあり方は，言語使用に委ねられているのである．

6. 構文の歴史的成立

どの言語においても，文法の現在の姿は歴史的変化の連続の結果である．このことを端的に示す

例として，英語の way 構文の成立過程を使用基盤モデルによって示したイスラエル（Michael Israel）の分析を見てみよう（Israel 1996）.

英語の **way 構文**は［Subj V *one's way* Obl］（Obl は斜格（oblique），前置詞句を指す）という形式を持ち，主語指示物の「移動」を意味する構文であるが，one's way が(8)のように他動詞の直接目的語である場合と，(9)のように自動詞が用いられた擬似目的語である場合がある．擬似目的語である場合は，(9a)のように動詞の意味する動作が移動の「手段」となる解釈，(9b)のように動詞の意味する動作と移動とが共起関係にある「様態」の解釈の2通りがあると言われている.

(8) He made his way out of prison.
   （彼は刑務所から脱出した.）
(9) a. He joked his way into the meeting.
   （彼は冗談を言って何とか会議室に入っていった.）
   b. She knitted her way across the Atlantic.
   （彼女は編み物をしながら大西洋を渡った.）

このように，way 構文には統語的にも意味的にも特異な側面があるが，これらは初めから英語の歴史に存在していたわけではない．イスラエルは OED などの史的データを調査し，擬似目的語として one's way を伴う構文はそれぞれ以下のような段階的変化過程を経ていたことを明らかにした.

(10)「手段」の解釈（= 9a）:

16 世紀末頃，(8)のような経路の「作成」（pave one's way: 道を舗装する），経路作成のための障害の「除去」（cut one's way: 道を切り拓く）を意味する動詞を中心とした用法として出現した．18 世紀にかけてこれらの動詞の意味クラスで生産的に使用され，経路をあえて作成することから「移動の困難性」が含意されるようになる．特に除去系の動詞を用いた cut one's way, fight one's way（闘って道を作る＝奮闘して進む）が中心的用法として 18 世紀頃には定着しており，この用法がさらに類推的に拡張され，19 世紀頃，目的地に到達するための間接的手段を意味する自動詞が許容されるようになった.

(11)「様態」の解釈（= 9b）:

14 世紀頃の中英語期に一般的表現であった "go one's way" に由来しており，one's way は副詞的

対格名詞であったと考えられる．使用される動詞はもっぱら go, ride, run といった基本的移動動詞であったが，18 世紀頃に類推的に他の移動様態動詞（creep, plod など）に生産的に拡張された．さらに 19 世紀末頃，音の発生を伴う移動様態動詞（crunch, crash）が用いられるようになり，「移動」と「音の発生」という共起関係が表されるようになった．ここからさらに，(9b)のように，移動と共起関係にある行為を意味する自動詞が広く許容されるようになった.

以上，way 構文に現在見られる「手段」と「様態」の解釈はそれぞれ異なる表現に起源があったことがわかる．それらの起源的用法自体は特異性のない自然な表現であり，当初は特定の動詞群とともに出現していた．基本的移動動詞から移動様態動詞，さらに音を伴う移動様態動詞というように，局所的な類推の連鎖として構文が拡張し，特定の事例の定着に伴い構文のスキーマも変化していったと考えられる.

また，構文の変化が見られるのは動詞の選択に限らない．現在では way 構文が前置詞句を義務的に伴うが，初期の用例では 'I went my way' のように前置詞句を伴わない事例がむしろ多数であった．時代を経るごとに前置詞句が one's way の具体的経路を指定する要素として定着し，現在の形式の構文として成立したことが，イスラエルによる調査結果から示されている.

こうした構文の歴史的変化は，内容語が機能語へと変化する**文法化**（grammaticalization），あるいは近年「**構文化**」（constructionalization）と言われる語句の統語的・意味的変化の現象（Traugott and Trousdale 2013）にも相通じるものである．局所的な拡張の連鎖として段階的に，長期間にわたって起こる言語変化を捉えるには，使用基盤モデルが不可欠である．また，Traugott（2010）や Verhagen（2005）によって指摘されているように，言語変化は語用論的変化を伴うことも多く，語句の意味が話者の態度や評価の標識へと変化する**主観化**（subjectificatoin），聞き手に対する配慮や会話への参与を促す標識へと変化する**間主観化**（intersubjectification）もまた，使用基盤モデルに合致する現象である［→ 3.6 ］．使用基盤モデルにおける「使用事態」は話者と聞き手

によるコミュニケーションを当然含むものであり，対人的な相互行為の中で言語使用が拡張・定着を繰り返していくのである．

7. 構文の習得

　生成文法が生得的な普遍文法の存在を仮定する大きな論拠の一つが，言語習得である．チョムスキーは，子どもがインプットのみに頼って文法を獲得するにはあまりにもインプットが量・質ともに乏しいとし，子どもが正しい文法を比較的短期間で習得するのは生得的に「文法」を脳内に備えているためであると帰結したのである．確かに文法が生得的であると仮定すれば言語習得の事実に簡単に説明がつけられるが，では認知文法のように生得的な普遍文法を仮定しない理論では，言語習得のメカニズムをどのように説明することができるだろうか．私たちが言語知識として記憶に蓄える莫大な数にのぼる記号的ユニットの集合から，どのようにして文法を習得することができるのだろうか．

　心理学者であるトマセロは，主に心理学の立場から言語獲得研究を行なっているが，Tomasello (2003) は文法構文の習得に関して全面的に使用基盤モデルを援用したものである．その中でトマセロは次のような興味深い提案を行なっている．

　言語習得の初期段階では，特定の語彙項目（動詞）を中心とし［gimme ＿］のようにスロットを伴う「**項目依拠構文**」(item-based construction) が習得される．3歳頃までの子どもの文法では，動詞ごとに独自の項構造や文法標識と使用場面とが結びついている．動詞と動詞の間には何もつながりがなく，あたかも島が点在するかのような状態のため，「**動詞の島**」(verb island) とも言われる．［send ＿ ＿］［gimme ＿］のように，動詞ごとの用法がある程度集積された時点で，複数の動詞に共通する項構造と意味が抽出され［V X Y］（＝ X に Y を移送する）のように一般化され，初めて「構文」が成立するのである．

　言語習得には実際に様々な要因が複合的に関与するものの，トマセロの示した項目依拠構文の段階を経た構文習得はまさに使用基盤モデルを支持するものである．子どもは言語の使用事態において出現した大人の発話をインプットとし，詳細かつ具体的なレベルで言語表現を学習する．Goldberg (2006) でも示されているように，言語習得の初期段階にある子どもは保守的な学習者 (conservative learner) であり，産出される発話はインプットを忠実に反映したものとなっている．子どもの「文法」には最初から「規則」のようなものが存在しているのではなく，規則性はあくまで個々の具体的事例からのボトムアップとして習得されるものであることを強く示唆している．スキーマを形成するために必要となる抽象化の能力が発達するのに伴い，子どもは個々の事例にわたる一般性を認識・抽出し，構文という抽象的パターンや，文法に対応する規則性を習得していくのである．

8. 構文文法における使用基盤モデル

　トマセロによる項目依拠構文の習得モデルは，**構文文法**における使用基盤主義をさらに強化する役割を結果的に担ったと考えられる．

　構文文法理論の提唱者の一人であるゴールドバーグ (Adele E. Goldberg) は，文全体の表す意味がその構成要素となる語彙項目（とりわけ動詞）の意味に完全には還元できないことを指摘し，「**構文の意味**」(constructional meaning) として構文の側からトップダウン的に与えられる意味側面があることを主張した (Goldberg 1995)．例えば "She sneezed the napkin off the table."（彼女はくしゃみをして，テーブルからナプキンを吹き飛ばした．）の場合，ナプキンの移動が引き起こされるという意味を動詞に担わせようとすると，自動詞 sneeze が「くしゃみで軽い物体の移動を引き起こす」という，極めて想定しがたい意味を持つとせざるを得なくなる．そこでゴールドバーグは，［Subj V Obj Obl］という形式を持つ**使役移動構文** (caused-motion construction) が CAUSE-MOVE という抽象的意味を持ち，文全体の意味に寄与していると分析した[→ 2.11]．

　ゴールドバーグの理論は，意味の**構成性** (compositionality). を前提とする語彙意味論的アプローチの限界を示し，特定の項構造そのものが特定の意味を有しえるという仮説を，説得力ある事例分析によって論証した．一方で，「動詞の意味」と「構文の意味」との関係性については，次

のような問題が残されていた.

ゴールドバーグは，動詞の意味を「豊かな**フレーム意味論的意味**」であるとし，例えば動詞 send は〈送り手（sender）送り先（send.goal）送られるもの（sent）〉という，かなり具体的な参与者役割を含むものと規定された．この動詞と融合した "John sent Mary a book."（ジョンはメアリーに本を送った）は，[Subj V Obj1 Obj2] という形式の**二重目的語構文**に結びつく意味である CAUSE-RECEIVE（受け取りを引き起こす）によって，「メアリーが本を受け取り所有する」という意味を表すことになる．一方で，動詞 send は二重目的語構文で用いられる中心的動詞の一つであり，構文の意味に依拠しなくても動詞 send 自体が CAUSE-RECEIVE の意味を表しえると考えることもできる．つまり，"John sent Mary a book." という表現全体の表す意味のうち "メアリーが本を受け取った" という意味の側面をもたらしたのは動詞でもあり構文でもある，とみなすことができる.

また，ゴールドバーグが構文の多義性として挙げた以下の二重目的語構文の例を見てみよう.

(12) a. She refused him a cookie.
    （彼女は彼にクッキーをあげるのを拒否した）
    構文の意味：「Obj1 による受け取りの拒絶」
  b. He promised his son a car.
    （彼は息子に車を約束した）
    構文の意味：「Obj1 が条件を満たせば受け取り可能」

これらはいずれも二重目的語構文の中心的意味である CAUSE-RECEIVE（受け取りを引き起こす）からの拡張として位置づけられるが，例えば (12a) の「受け取りの拒絶」という構文の意味と合致しうるのは，実質的に refuse, deny など拒絶の意味を表す動詞に限られる．したがって，二重目的語構文に「受け取りの拒絶」という意味があったとしても，それはむしろ動詞の意味から決定されているのではないかと考えることもできる.

このように動詞の意味と構文の意味には密接な関係性がうかがえるものの，Goldberg (1995) ではその点に関して詳細な議論はなされてはいなかった．構文の意味が文全体の意味にトップダウン的に課されるとしても，その「構文」はどこから

きたのか——生成文法のような生得的言語能力を仮定しないのであれば，構文はどのようにして習得されるのか，こうした問題に取り組んだのが Goldberg (2006) である．Goldberg (2006) は，トマセロによる構文習得研究を基本的に踏襲し，構文が個々の動詞を中心とした特定のインプットからの一般化として習得されることを一連の実証的研究により示している.

こうした経緯により，構文文法でも使用基盤モデルのうち特に「具体事例からのボトムアップ」という側面に重きが置かれているのが現状である．さらに，語彙に関わる特定的な知識（item-specific knowledge）と構文のような一般化との共存と相互関係という，冒頭の認知文法の論点(3) および 3.2 で述べた使用基盤モデルの特長により関心が向けられている．このような傾向をさらに推進したのが，次に述べる「事例モデル」の適用である.

9. 事例モデル

最後に，使用基盤モデルと親和性を持つアプローチとして「**事例モデル**」（exemplar model）と呼ばれる見方について触れておきたい.

事例モデルは，心理学者であるマディン（Douglas Medin）らによって提唱されたカテゴリー化の方法である．事例（exemplar）とは，具体的で詳細な情報を伴って記憶に保持された個々の事例を指しており，事例間の類似性のみによって新規事例のカテゴリー判断を行なうことができるという経験的な事実を捉えるモデルである．「鳥」のカテゴリーでも，「エミュー」が鳥かどうかを判断するのに私たちはプロトタイプ的なツバメやスズメの属性を想起することはない．「鳥」カテゴリーにおいて周辺事例である「ダチョウ」とそれが持つ詳細な情報（大きさや羽毛の生え方，飛行不能という特性など）に照合することで，「エミュー」は鳥である，と判断することができる．このように，「ダチョウ」という周辺事例と「エミュー」という新規事例の直接的な結びつけによってもカテゴリーの形成は可能なのである.

こうした事例モデルを援用してバイビーは，特定の個別事例が新規の事例を産出する基盤になることを指摘している（Bybee 2010）．例えば(13)

は「**WXDY 構文**」(＝ What's X doing Y?) と呼ばれる構文であり (Fillmore and Kay 1999)，一見すると wh 疑問文の形式ではあるが，実際には聞き手からの返答を要求しておらず，「どうしてこんなことをしているのか」という非難の意味合いが慣習化されている．(13a)の発話は文字どおりの wh 疑問文としても解釈できるが，レストランでウェイターに発せられた(13b)の発話は明らかに非難を意図している．

(13) a. What are you doing with that knife?
　　　　（そのナイフで何をしているの？
　　　　　＝どうしてそんなナイフなんか持っているの？）
　　 b. What's this fly doing in my soup?
　　　　（このハエは私のスープで何をしているの？
　　　　　＝どうして私のスープにハエなんかが入ってるの？）

バイビーは，WXDY 構文の初出が 1953 年製作の映画 "*The Wild One*" で使われた(14)の発話であるとし，コーパスのデータでも 1977 年頃までに出現した例は(14)と全く同じであるか "What's a nice *kid* like you doing in a place like this?" のように部分的に語の入れ替わったバリエーションであったことを示している．

(14) What's a nice girl like you doing in a place like this?
　　　（あなたみたいな良いお嬢さんがこんなところで何しているの？）

このように，WXDY 構文の起源は極めて特定的な事例であったことがわかる．この表現は，具体性を保ったままで記憶に保持され定着し，類推的にバリエーションを産出する基盤となったのである．

　事例モデルは，プロトタイプ・カテゴリーのスキーマに相当する抽象化を行なうことなくカテゴリー化が可能であることを示唆するものである．カテゴリー化に抽象化を適用するのは，個々の事例の詳細を捨象し抽象化しなくては情報量が過多で記憶に保持できないのではないか，と考えられていたためであった．しかし脳科学研究が進展するにつれ，私たちの記憶容量が想定していたよりはるかに大きく，具体的な情報を十分に蓄えられることが明らかになってきた．それに伴い，事例モデルもより認知的妥当性の高いカテゴリー化の

モデルとして評価されるようになったのである．

　実際のところ，事例モデルとプロトタイプ・スキーマによるモデルがどの程度両立可能かという点については，様々な議論がある．事例間の結びつきによるカテゴリー化であっても，より多くの事例との結びつきを持つ事例や，出現頻度の高い事例は，おのづとプロトタイプ効果を示す．Goldberg(2006)，Bybee(2010)らも，事例モデルを適用する一方，構文という抽象化も必要であるとする見方をとる．前述の WXDY 構文も，単に事例間の結びつきだけではなく [What's X doing Y?] という構文が抽出されて X, Y のスロットを任意の名詞句で具現化しているからこそ，(13)のような新規事例が出現していると言える．このように見ると，言語に関してはプロトタイプ・スキーマによるモデル化と事例モデルの併用が現実的であり，両モデルが決して排他的ではない可能性を示唆すると言えるだろう．

まとめと展望

　認知文法で提唱された使用基盤モデルは，動的使用基盤モデルとしてラネカーによって定式化され，言語体系と言語使用との相互作用をカテゴリー化の観点から捉えることに成功し，生得的な普遍文法を想定せずとも言語体系の構築が可能であることを示した．使用基盤モデルがシンプルながら強力なモデル化であるのは，カテゴリー化に関わるスキーマ抽出，高頻度の経験による自動化といった一般的な認知機能に依拠しており，言語固有の能力や機能を恣意的に想定しない点にあるといえるだろう．

　使用基盤モデルは，歴史的な言語変化や言語習得といった言語の動的側面を有効に捉えられることに加え，実際の具体的な事例からのボトムアップとして構文や文法が成立することを強く示唆しており，この点において構文文法でも使用基盤の側面が強調されるようになった．構文文法との融合により，使用基盤モデルは言語知識の妥当な心的表示を提供するモデルとしても有効性を発揮しつつある．

　使用基盤モデルを適用した研究分野は，ここで触れた範囲以外にも広がりを見せている．第二言語習得への応用もその一例と言えるだろう．英語

教育におけるフォーカス・オン・フォームのアプローチもボトムアップ重視であり，実際の使用事例から構文や規則を気づかせていく方法はまさに使用基盤である．今後はさらに，会話などの相互行為に関する社会言語学的側面への応用や，言語接触，言語進化といった言語のダイナミックな現象への応用も期待される．同時に，使用基盤モデルの認知的メカニズムの精緻化に向けて，コロストラクション分析（Stefanowitsch and Gries 2003）に代表されるような統計的手法を応用し，使用頻度と拡張・定着との相関関係を測定し分析するなどの方法も考えられる．今後も脳神経科学の知見との整合性を高め，モデルの妥当性がより実証されることが望まれる．

▶重要な文献

Barlow, M. and S. Kemmer (eds.) 2000 *Usage-Based Models of Language*, CSLI Publications, Stanford.
　ラネカーによる動的使用基盤の論文をはじめ，使用基盤モデルを適用した研究論文9本が幅広く集められており，編者による冒頭の概説も理解の助けとなる．
早瀬尚子・堀田優子 2005『認知文法の新展開―カテゴリー化と用法基盤モデル』研究社．
児玉一宏・野澤元 2009『言語習得と用法基盤モデル―認知言語習得論のアプローチ』研究社．
　以上の2冊は，使用（用法）基盤モデルの入門・概説書として，最初に目を通しておきたい．

▶文　献

Bybee, J. 1995 Regular Morphology and the Lexicon. *Language and Cognitive Processes* 10(5): 425-55.
Bybee, J. 2010 *Language, Usage and Cognition*, Cambridge Univ. Press, Cambridge.
Fillmore, C. J. and P. Kay 1999 Grammatical Construc-

tions and Linguistic Generalizations: The What's X Doing Y? Construction. *Language* 75(1): 1-33.
Goldberg, A. E. 1995 *Constructions: A Construction Grammar Approach to Argument Structure*, Univ. of Chicago Press, Chicago / London. ［河上誓作・早瀬尚子・谷口一美・堀田優子（訳）2001『構文文法論―英語構文への認知的アプローチ』研究社.］
Goldberg, A. E. 2006 *Constructions at Work: The Nature of Generalization in Language*, Oxford Univ. Press, Oxford.
Israel, M. 1996 The Way Constructions Grow. In Goldberg A. E. (ed.) *Conceptual Structure, Discourse and Language*, CSLI Publications, Stanford, pp.217-230.
Langacker, R. 2000 A Dynamic Usage-Based Model. In Barlow, M. and S. Kemmer (eds.) *Usage-Based Models of Language*, CSLI Publications, Stanford, pp.1-63.
Stefanowitsch, A. and S. T. Gries 2003 Collostructions: Investigating the Interaction of Words and Constructions. *International Journal of Corpus Linguistics* 8(2): 209-43.
Tomasello, M. 2003 *Constructing a Language: A Usage-Based Theory of Language Acquisition*, Harvard Univ. Press, Cambridge, MA. ［辻幸夫・野村益寛・出原健一・菅井三実・鍋島弘治朗・森吉直子（訳）2008『ことばをつくる―言語習得の認知言語学的アプローチ』慶應義塾大学出版会.］
Traugott, E. C. 2010 (Inter) Subjectivity and (Inter) Subjectification: A Reassessment. In Davidse, K. et al. (eds.) *Subjectification, Intersubjectification and Grammaticalization*, Mouton de Gruyter, Berlin, pp.29-71.
Traugott, E. C. and G.Trousdale 2013 *Constructionalization and Constructional Changes*, Oxford Univ. Press, Oxford.
Verhagen, A. 2005 *Constructions of Intersubjectivity: Discourse, Syntax, and Cognition*, Oxford Univ. Press, Oxford.

═══ コラム 17　用法基盤モデル ═══════════════ 黒田　航 ═══

　Usage-based Model（UbM）という用語を考案したのはラネカー（R. Langacker）ですが，最初の実践者は彼ではありません．その先駆は1970年代初めのベネマン（Th. Vennemann）による 自然生成音韻形態論（NGP/M, Natural Generative Phonology/Morphology）の提唱で，それをバイビー＝フーパー（J. Bybee ＝ Hooper）が引き継いで70年代後半から80年代初めにかけて独自に発展させました．彼女の*An Introduction to Natural Generative Phonology* は1976年に，*Morphology* は1985年に出版されています（バイビーのフーパー姓時代の仕事が認知言語学でほとんど論じられることがないのは残念なことです）．NGP/M の枠組みが当時の主流だったチョムスキー－ハレ（Chomsky-Halle）の音韻（形態）論と異なっているのは，主流派の現象記述が規則基盤だったのに対し，NGP/M ではアナロジー基盤だったところです．
　言語学の外に先駆を探すなら，ウィトゲンシュタイン（L. Wittgenstein）の「言語ゲーム」論を，それと認めることが可能でしょう．それは規則の代わりに慣例（conventions）を基礎に言語の意味論を構築する構想でした．適用範囲を他領域に拡張したものを便宜的に**慣例基盤モデル**（convention-based model: CbM）と呼ぶ

ことにしましょう.

UbM の定訳は**用法基盤モデル**ですが,これが適切な訳なのか疑問の余地があります.他にも用例基盤や慣例基盤が考えられるからです.どれが最も適切なのかの判別は至難です.usage にせよ convention にせよ,定義が不明確で,それを遡行工法（reverse engineering）で見つけないといけないからです.ここで私は UbM と CbM が次のように統合可能だと考えます.まず,X = usage = convention となる X がヒトの行動の基本単位として存在する.さらに,X は豊かな事例記憶とアナロジーに基づく処理モデルの副産物である,と.

こう考えると認知言語学の UbM = CbM の体現の仕方が不十分であることもわかります.というのは,それは事例記憶をそれほど重要視しておらず,実例基盤モデルを十分に体現していると言えないからです.実例基盤でない用法／用例基盤モデルは矛盾した存在です.このことを実例記憶の量を参照して説明します.

言語の知識のモデル化の対極は,実例記憶の量を最小限にする場合 A と最大限にする場合 B の二つです.A の場合（具体的には実例記憶の量が 0），文法の役割は最大限です.B の場合,文法の役割は必要最小限です.新規な実例は記憶されている実例をかけ合わせて,つまり混合成（ブレンド）して作られます.これらは対極にある理想化です.

B の理想化を追求する文法理論はまれなのですが,それに以下のような十分な恩恵があります.C1：事例基盤の処理を想定することで,非線形性＝ゲシュタルト質を説明できる.C2：非線形性の起源を,ヒトの知性が連想型の事例記憶を持っている点に求めることができる.

B の理想化のもとで事例基盤の言語学的モデルと言語処理モデルを十分に展開すると決めると,説明で使える手段が大きく制限されます.スキーマに依存した説明では,実例は拡張の際に参照される典型例になるときだけ重視されます.これは事例記憶が軽視されるということです.事例基盤モデルを徹底させた場合,スキーマや規則への依存は必要最小限でなければなりません.標準的な認知言語学の説明で中心的役割を演じるのはスキーマです.これには少なくとも次の三つの難点があります.第 1 に,認知言語学の説明でスキーマは天下りに与えられ,内実が不明確である.第 2 に,提案されるスキーマの精度が低い.第 3 に,それにもかかわらず,スキーマは認知言語学の説明で濫用される傾向にある.このような難点は今後の研究によって解決されることが望まれます.

|2.8|

フレーム意味論

小原京子

本節では，**フレーム意味論**（frame semantics）の概略について述べる．従来の語彙意味論との違い，認知言語学における位置づけ，フレームの利点を概観した後に，フレームの概念の変遷をたどり，フレーム意味論の応用領域と今後の展望について見ていく．フレーム意味論は，意味素性や必要十分条件でことばの意味を定義する従来の語彙意味論では扱えなかった，ことばの多様な意味や用法の記述を可能とした．意味とは視点を含んだ，プロトタイプとしての百科事典的・経験的知識であるという種々の認知言語学的アプローチの間で共有されている主張は，フレーム意味論においても根本をなす考え方である．歴史的にも理論的にもフレーム意味論は格文法の発展形とみなすことができ，構文文法とも密接に関連している．しかしながら，格文法における「格フレーム」と深層格（意味役割）が抽象的・客観的・普遍的であったのに対し，フレーム意味論における「フレーム」とフレーム要素は具体的・主観的・経験主義的である．フレーム意味論の理論体系を具現化したものとしてオンライン語彙情報資源フレームネットがある．

1.　フレーム意味論のなりたち

　フレーム意味論とはことばの意味の分析と記述のための枠組みである．フィルモアは，プロトタイプやフレームといった概念が私たちのことばの理解に重要な役割を果たしていると考え，1970年代にフレーム意味論を提唱した（Fillmore 1975）．"Meanings are relativized to scenes"（ことばの意味は，場面に密接に関わっている）は，フレーム意味論の立場を端的に表す有名なスローガンである（Fillmore 1977: 177）．私たちがことばを発するときまたは理解するときには心の中にそれまでに経験したそのことばが使われる際の典型的な状況や**場面**（scenes）やシナリオ，それまでに獲得したそのことばについての知識を思い浮かべる（Fillmore 1977: 193）．フレーム意味論では言語使用におけることばの意味はそのような場面によって決まると考える．

　つまり，フレーム意味論は人間の経験と言語との関連を重視する経験的意味論である．フレームとは，日常の経験を一般化することによって私たちが身につけた，ことばの使用の状況や場面に関する複数の要素が統合された背景的知識の型や枠のことである．フレーム意味論では，ことばが私たちの心にフレームを喚起し，そのようなフレームが言語使用におけることばの意味理解を可能にしていると捉える．この理論の目的は，そのようなフレームを分析することにより語・文・文章の意味を統一的に記述することである．フィルモアはフレーム意味論のことを，**真理条件的意味論**（truth conditional semantics: T-semantics）と対比させ，**言語理解のための意味論**（semantics of understanding: U-semantics）と呼んでいる（Fillmore 1985）．

　従来の古典的カテゴリー観に基づく意味論（後述）では，ことばの意味は意味素性や必要十分条件を用いて定義できると考えられていた．フィルモアはこのような従来の意味論を「**チェックリスト意味論**」と呼んだ．ことばの意味を，それが適切にまたは真理的に用いられるために満たさなければならない必要十分条件のチェックリストで表していたからである（Fillmore 1975: 123）．チェックリスト意味論では言語カテゴリーの境界は明確に決められると考えられていたが，実際には「歩く」と「走る」など境界の曖昧な概念はいくらでもあることからも想像がつくように，ことばの意味の境界を決定するのは容易なことではなかった．フレーム意味論では，私たちはことばの意味をフレームやプロトタイプ（典型例）を用いて理解していると捉えるので，言語カテゴリーの境

界を厳格に見極める必要がない．例えば，従来の
チェックリスト意味論では bachelor の意味を
[-married, +adult, +man] と表すが，これら三
つの意味素性を満たしているにもかかわらず英語
話者は教皇を bachelor とは呼ばないという事実を
説明できなかった．これに対しフレーム意味論で
は，英語話者は bachelor の概念を，結婚について
の経験的知識・社会的通念，すなわち結婚フレー
ム（典型的に男性は一定の年齢に達すると一度だ
け一人の女性とその女性が死ぬまで結婚する）に
即して理解していると捉える[注1]．そして，教皇を
bachelor と呼ばないのは教皇が結婚フレームとは
相容れない存在であるからであると説明する．

フレーム意味論の考え方はソシュール以来の構
造主義的発想とも対照的である．構造主義ではそ
れぞれの語は独立して存在するのではなく，他の
語との意味的関係の中で構造的に位置づけられる．
このような伝統に基づきコセリウ（Eugenic
Coseriu），ライオンズ（John Lyons）らの構造意
味論研究者は，**意味場**（semantic field）の概念を
用いてことばの意味を分析した．例えば man,
woman, boy, girl の四つの単語は一つの意味場を
形成しており，[± male] と [± adult] の二つ
の観点から相互に区別されるとした（cf. 松本
2003: 19）．これに対しフレーム意味論では，こと
ばの意味をことば同士の関係ではなくそのことば
が喚起するフレームに即して記述する．

フィルモアがプロトタイプやフレームの重要性
に着目してフレーム意味論を提唱したのは，認知
心理学や人工知能，社会学などの分野においてス
キーマやフレームの重要性が認識され始めたのと
時期を同じくする．プロトタイプ理論が生まれ，
認知研究の対象が単純な素性から複雑なカテゴ
リーに移行したのに続き，スキーマやフレー
ム（Minsky 1975），スクリプト（Schank and
Abelson 1975）などの概念を用いて人間の認知シ
ステムの複雑な構造が示されるようになった（藤
井・小原 2003: 373）．フィルモア自身によれば，
フレームという用語を使い始めた時期は人工知能
研究者のミンスキー（Marvin Minsky）や社会学
者ゴフマン（Erving Goffman）らの研究に触れる
前だったとのことである（長谷川・小原 2006:
355）．たまたま人工知能，自然言語処理をはじめ，
認知科学の勃興期に複数の関連分野において類義
的な概念が生まれ，相互に影響しあったことは特
筆に値する．

2. 認知言語学における位置づけ

フィルモアは自身のことを認知言語学者ではな
く文法家（grammarian）と呼ぶことが多かった
が，フレーム意味論は認知言語学の意味に関する
主張を共有している [→ 2.6]．すなわち，ことば
の意味は①動的かつ柔軟で，②視点を含むもので
あり，③百科事典的で，④経験に基づく，という
四つの主張である（Geearerts 2006: 3-6）．以下で
は，これらを中心にフレーム意味論の柱となる考
え方を概説する．

第1に，認知言語学ではことばの意味を固定的
なものではなく状況によって変化するものとみな
すと同時に，ことばの意味は中心的な意味と周辺
的な意味という連続性の中で捉えられるものとす
る．フレーム意味論でもことばの意味は必要十分
条件では捉えられず，プロトタイプの概念を用い
て初めて記述できると考える．つまり，ことばが
喚起するフレームを**プロトタイプ**として記述した
うえで，ことばの意味を定義する（Fillmore 1982:
379-81）．

例として，英語の名詞 orphan の意味をフレー
ム意味論で分析してみよう．まず，orphan は
「親が既に死んでしまった子ども」とのみ定義す
る．そのうえで，orphan が喚起する孤児フレーム
を，プロトタイプを用いて以下のように記述する．
子どもは自分自身の養育に関して親に依存し，親
はその養育の責任を受け入れる．親のいない人は
ある一定の年齢に達するまでは社会において特別
な存在である．なぜならばその期間は社会が親に
代わってその人の養育を引き受けなくてはならな
いからである．

ここで，orphan の定義そのものに何歳までが
orphan とみなせるのかについての情報を含めなく
てよいことに注意してほしい．該当年齢について
の情報は orphan が喚起する孤児フレームにプロ
トタイプとして含まれているとみなせるからであ
る．一般的には20代の男性は親に養育してもらわ
なければならない年齢は過ぎていると考えられる
が，このような社会的通念（百科事典的知識）も

孤児フレームの一部である．つまり，20代の男性をorphanと呼ぶのが適切ではないのは，該当年齢に関する情報がorphanの語義にではなく，孤児フレームにプロトタイプとして組み込まれているからである．

つまり，フレーム意味論では，言語カテゴリー，言語カテゴリーが使われる文脈，言語カテゴリーが喚起するフレーム，これらすべてを私たちがプロトタイプとして理解していると捉える．

第2に，他の認知言語学のアプローチ同様にフレーム意味論においても，ことばの意味は外界を客観的に表したものではなく話者の視点や**焦点**（perspective）を含むものとみなしている（Fillmore 1977: 191-3）．出来事や状況を言語化するとき，私たちはその出来事や状況について特定の見方をするのであり，一部に焦点を当てるような見方もする．商取引行為を例に焦点について見てみよう．商取引の状況を完全に記述しようとすると，〈買い手〉，〈売り手〉，〈代金〉，〈商品〉のすべてを同定する必要がある．商取引のプロトタイプはこれらすべての要素を含むからである．ところが，実際に商取引を言語化するときには私たちはその場面の一部に焦点を当てることになる．例えば，〈売り手〉と〈商品〉に焦点を当てたいときには「売る」という動詞を用いてその場面を表し，〈買い手〉と〈商品〉に焦点を当てたいときには「買う」という動詞を用いる．また，〈買い手〉と〈代金〉に焦点を当てたいときには，「支払う」を用いる．

では，フレームと焦点との関係はどうなっているのだろうか．商取引行為を言語化するときには商取引フレーム全体が活性化される．と同時に，ことばは商取引フレームの一部に焦点を与える．したがって，概念的にはそのフレームに含まれるにもかかわらず，発話において言語化されない意味要素（**フレーム要素**）もありうる．そのような場合には，その発話においてはそのフレーム要素に焦点が当たっていないということになる．つまり，商取引に関する動詞「売る」，「買う」，「支払う」のうちいずれを選択したとしても，商取引フレーム全体が背景として心の中に活性化される．と同時に，その一部が焦点化，すなわち前景化される．

別の例を見てみよう．英語話者がThe men spent several hours on land this morning.（男性たちは陸で数時間過ごした）というときには，"on land"が船旅フレーム（船旅に関する社会的通念．例えば，船はときどき寄港し燃料や食料を補給する必要があり，その際には乗客や船員は一時的に陸地に上がる，など）を喚起している注2．船旅フレーム全体には海上を乗客が船に乗って移動するフェーズも含まれるが，この文において話者は"at sea"と対比させて"on land"を使用しており，したがって船旅の全行程のうち船の寄港の際に人が陸地で時間を過ごすフェーズに焦点を当てている．言い換えれば，船旅フレーム全体と，焦点のあたっている"on land"の両方を理解してはじめて上記の文を理解したことになる．つまり，フレーム意味論の立場からは，ことばを理解するとは，背景としてのフレーム全体と，その一部である焦点の両方を理解することである．フレーム意味論におけるフレームと焦点との関係は，タルミー（Leonard Talmy）の**地**（Ground）と**図**（Figure），ラネカー（Ronald W. Langacker）の**ベース**（Base）と**プロファイル**（Profile）の関係に相当する．

第3に，生成文法を含む従来の言語理論の考え方とは異なり，認知言語学ではことばの意味に関する知識と事実の知識（百科事典的知識）とを厳密には区別できないと考える．私たちが言語的な意味と考えているものは百科事典的な知識が（否定されようとも）土台となって初めて成立すると認知言語学は主張する．これを**百科事典的意味論**と呼ぶ（西村・野矢 2013: 82-7）．前述の，結婚フレーム，孤児フレーム，商取引フレーム，船旅フレームは，結婚，孤児，商取引，船旅などについて私たちがもっている典型的な知識や社会的通念，イメージが土台となって構成される．つまりフレームとは百科事典的知識でもある．

最後に，認知言語学では意味は経験基盤的であると主張する．フィルモアによればことばを発話・理解するときに私たちが心の中に**想起**（invoke）するフレームとは，私たちの経験に基づく知識や記憶，場面やイメージである．つまりフレームとは経験的知識である（Fillmore 1977: 193）．

以上，フレームとはプロトタイプで記述される百科事典的かつ経験的知識であり，ことばは出来事や状況に焦点や視点を与えるとするフレーム意味論の考え方を紹介した．すなわち，ことばの意味に関する認知言語学の四つの主張はフレーム意味論においても共有されている．なお，フレームに類似する概念を表すものとして，レイコフの**理想化認知モデル**（Idealized Cognitive Model; ICM），ラネカーの**認知領域**（cognitive domain）がある．

3. フレームの利点

語彙意味論の分野におけるフレーム意味論の利点としては，従来のチェックリスト意味論にとって課題であった，ことばの意味の境界決定の問題を回避できる点が挙げられる（Fillmore 1975: 128-9）．チェックリスト意味論ではことばの意味や用法の適用範囲を明らかにするために，不自然なコンテクストを可能な限り多く設定しそれらに対する話者の直観を調べる必要があった．例えば bachelor の意味の境界を決定するためには，話者に「bachelor と呼べるのは何歳以上の未婚男性か？」，「中年になってから神父を辞めた男性のことを bachelor と呼べるか？」などと聞く必要があった．ところが，不自然なコンテクストについての直観は話者によってばらつきがあることが多いことからもわかるように，信頼できる判断が得られることはほぼ皆無である．これに対して，フレーム意味論ではそのことばが喚起するフレームをプロトタイプとして記述したうえでことばの意味を定義するため，話者の直観を調べる必要が生じない．前述のとおり bachelor の意味と用法は，プロトタイプとしての結婚フレーム（典型的に男性は一定の年齢に達すると一度だけ一人の女性と結婚し，その女性が死ぬまで結婚したままでいる）に即し，「結婚できる年齢であるにもかかわらず結婚していない男性」と定義される．つまり，このフレームのプロトタイプにはチェックリスト意味論研究者が設定するような不自然なコンテクストは含まれていないのである．

フレームの概念は語彙意味分析だけでなく，テキスト（文，文章）の意味分析においても有効である．フレーム意味論では，テキスト全体を解釈する際に私たちは心の中にフレームを想起（invoke）すると捉える．そして，テキストの中に慣習的にフレームと関連づけられた言語形式が含まれる際にはそのテキストは私たちの心の中にフレームを**喚起**（evoke）すると言う．たとえば，Julia will open her presents after blowing out the candles and eating some cake.（ジュリアはろうそくを吹き消してケーキを食べてからプレゼントを開けるだろう）という文を解釈する際には，この文ではお誕生日パーティについては明示的に言及されていないにもかかわらず，私たちはお誕生日パーティフレームを心の中に想起する．また，名詞 presents を birthday presents に変えた Julia will open her birthday presents after blowing out the candles and eating some cake.（ジュリアはろうそくを吹き消してケーキを食べてからお誕生日プレゼントを開けるだろう）では，birthday presents がお誕生日パーティフレームを喚起する．つまり，語の意味は文や文章の意味形成のうえで重要な役割を担っているので，フレームの概念を用いて語のみならず文や文章の意味分析も行なうことができる．もう一つ別の例を挙げよう．The children played on the bus.（子どもたちはバスの車内で遊んだ）は，運行中のバスの車内で子どもたちが遊んでいる光景を記述したもので，廃車となって空き地に打ち捨てられたバスの中の情景を表したものではない．後者の状況を描写するには The children played in the bus.（子どもたちはバスの中で遊んだ）が適切である．前者の文の意味は単に前置詞 on の基本的な意味からのみ得られるのではなく，on が喚起する運行フレーム（目的地に向かって運行中の乗り物に関するフレーム）に基づいている．この例からわかるように，フレームに基づく語義の分析は，文全体の意味を解釈する際に重要となる[注3]．

コーパスから用例を収集し，フレームの概念を使って動詞と名詞 risk などの語の意味と用法を詳細に分析した Fillmore and Atkins（1992, 1994），Fillmore（1992）などの一連の論文は，コーパスデータに基づく語彙意味分析の先駆的な研究となった．これらの論文はフレーム意味論の辞書編纂学における有用性を示すことにもなった．

4. フレームの概念の変遷

　格文法，フレーム意味論，構文文法は歴史的・理論的に関連している．いずれも言語学者フィルモアによって提唱された言語分析のための枠組みである．フィルモアは1960年代後半に格文法，1970年代初めにフレーム意味論，1980年代半ばにカリフォルニア大学バークレー校の同僚らとともに構文文法を提唱した．格文法では当時の変形文法が想定していた深層格よりもさらに深い意味レベルに位置づけられる格（case）の重要性が指摘され，「**格フレーム**」が提案された（Fillmore 1968）．フレーム意味論では「フレーム」に基づくことばの分析と記述が提唱された（Fillmore 1977）．構文文法では文法パターンの分析の際には形式だけでなく意味や用法の記述も必要であることが強調され，語彙のみならず文法パターンの意味や用法にも「フレーム」が関与していることが想定されている（Fillmore 1985, Fillmore et al. 1988）[→ 2.11]．

　ここで注意が必要なのは，格文法の「格フレーム」とフレーム意味論以降の「フレーム」は関連しつつも異なる概念である，という点である（cf. Fillmore 1982: 374-81, 長谷川・小原 2006）．格文法では「格フレーム」は動詞と共起する深層格の組合せと定義された．しかし見方を変えると，格フレームとは動詞が表す事態を特徴づけるものでもある．例えばShe sent it to him.のように動作主＋主題＋着点の三つの格が現れれば何らかの移動を表し，He smashed it.のように動作主＋主題であれば破壊などの使役変化，The candle melted.のように主題だけであれば単なる変化を表す．こうして格文法における格フレームは，当初の単なる深層格の組合せから，因果関係・変化・移動・心理的経験・発話などの状況を特徴づける手段へと，その役割を変えていった．初期の研究では発話は対象ではなかったが，当然のことながら話者・聞き手・話題・伝達内容などの深層格も必要となる．格フレームの役割の変化に伴い格フレームの数も次第に増えていった．

　格文法の次に提案されたフレーム意味論の初期の頃の「フレーム」には視点や焦点は組み込まれていなかったが，文を発話する際に動詞を選択す

るということは視点を選ぶことであるということが指摘され，フレームには視点が含まれると考えられるようになった（Fillmore 1977）．

　自然言語処理の分野では，多くの既存の自然言語処理用辞書や機械翻訳システムに「格フレーム」が用いられていることからもわかるように，格文法と，深層格の組合せとしての「格フレーム」の概念がかなり浸透している．ところが格文法の課題を克服すべく提唱されたフレーム意味論は自然言語処理研究者にはあまり知られておらず，結果的に"meanings are relativized to scenes"というフレーム意味論の主張や，フレーム意味論と格文法との違いが十分に理解されてこなかった．先に見たとおり格文法の「格フレーム」と，フレーム意味論の「フレーム」とはイベントの典型的な型という点では共通性があるが，異なる概念である．「格フレーム」が深層格——抽象的・客観的・普遍的な意味役割——がリストアップされたものであるのに対し，「フレーム」は視点を含んだ話者の経験的知識であり，フレームを構成するフレーム要素も具体的・主観的・経験主義的なものである．

　最後に，話者が心の中にフレームを想起する際に，そのフレームが言語形式によって喚起されたものなのか否かという違いは理論的に重要である．フレーム意味論初期には，言語形式が関与しない認知的・概念的・経験主義的な知識である「**場面**」（scene）と，言語形式が喚起する知識である「**フレーム**」（frame）とが区別されていた（Fillmore 1975）が，現在では場面という用語は使われていない．代わりに，言語形式が関与しないが文の解釈には必要なフレームは「**抽象フレーム**」（abstract frame），言語形式が関与するフレームは「**語彙フレーム**」（lexical frame）と呼ばれ，両者は区別されている（長谷川・小原 2006: 35）．さらに，発話のコンテクスト，つまり話者と聞き手，書き手と読者とのインタラクションに関する経験的知識である「**インタラクションフレーム**」も想定されている（Fillmore 1982: 379）[注4]．

5. フレームネット

　フレーム意味論と構文文法の理論的枠組みをオンライン言語資源として具現化したのが**フレーム**

ネットである．フレーム意味論で語彙意味分析を
行ない，分析結果に基づきコーパスに対してタグ
づけ（アノテーション）を施し，それらをオンラ
イン語彙情報資源としたものである．語彙の意味
を，それが喚起するフレームと，そのフレームを
構成する複数のフレーム要素を用いて記述してい
る．また，フレーム同士の意味的関係もフレーム
間関係として定義している．アメリカのカリフォ
ルニア州バークレーでフィルモアを中心に始まっ
た英語フレームネット・プロジェクトに続き，現
在スペイン語，日本語，ドイツ語，ポルトガル語
などのフレームネット・プロジェクトも進行中で
ある（Fillmore and Baker 2011，小原 2015）．

　フレームネット構築のための語彙意味分析の具
体的手順としては，①フレームの定義，②各フレー
ムのフレーム要素の定義，③そのフレームが関
与する語彙項目（lexical unit）の定義，④コーパ
スからの各々の語彙項目の例文収集，⑤例文への
アノテーション，が挙げられる．これらの手順を
経た語彙意味分析の結果は自動的にデータベース
に蓄積されていく．フレームネット・データベー
スの具体的な中身としては，①意味タグつき例文，
②フレーム，各フレームのフレーム要素，語彙項
目の定義，③各々の語彙項目の結合価パターン，
④データベース検索のための多様なインターフェ
ース，がある．**結合価パターン**とは，該当フレーム
のフレーム要素が文中で具体的にどのように実
現されているかを，￤［フレーム要素．文法機能
．句タイプ．助詞］…￤ のリストの形で抽出したも
のである．例えば，贈与フレーム下に定義される
語彙項目「あげる」の結合価パターンは複数ある
が，そのうちの一つは ￤［贈与者．主語．名詞句
．が］［受領者．間接目的語．名詞句．に］［対象．直
接目的語．名詞句．を］￤ である．同様に，動詞
「もらう」の結合価パターンには ￤［受領者．主語
．名詞句．が］［贈与者．間接目的語．名詞句．に］
［対象．直接目的語．名詞句．を］￤ が含まれる．

　フレーム意味論と構文文法の枠組みを具現化し
たフレームネットの言語学的意義とは何であろう
か．第1に，具体的なフレームとフレーム要素の
認定の仕方，フレーム要素の言語形式による実現
のされ方（結合価パターン），フレーム・フレーム
要素・結合価パターン相互間の関連づけなどを

具体的に表示し吟味できるようになったことであ
る．第2に，語彙の多義性の分析・記述が可能と
なったことである．第3に，語彙やフレームの
記述を，構文文法を用いた構文分析に基づく構
文レパートリーや構文ネットワークつまり**コンス
トラクティコン**（constructicon）構築と結びつけ
られるようになったことである（Fillmore, et al.
2012, Lyngfelt et al. 2018）．第4に，認知言語学
における「文法と語彙の連続性」という基本的テ
ーゼが再確認されるようになったことである
（Boas 2010，小原 2015）．「文法と語彙の連続性」
仮説に反し，両者の分離を前提としたような認知
言語学的分析が実際には多々あることが指摘され
ているが，フレームネットでは，①構文において
形式と意味が対応づけられているのと同様に，語
彙項目においても結合価パターンとして統語的情
報と意味的情報が対応づけられており，②語がフ
レームを喚起するのと同様に構文もフレームを喚
起するとみなされているため，文法と語彙の連続
性が保たれていることになる（小原 2015）．この
ように，フレームネットとコンストラクティコン
の構築が進むことでフレーム意味論と構文文法の
枠組みそのものがさらに精緻化されるという側面
もある．

　フレーム意味論の枠組みとフレームネット・デ
ータを活用した研究例には以下のものが含まれる．
一つ目は言い換えに関する研究である．フレーム
ネット上の各々のフレームには品詞を問わず通常
複数の語彙項目が定義されている．また，フレー
ム同士はフレーム間関係により相互に関連づけら
れている．そこで，同一フレーム内の異なる語彙
項目や，フレーム間関係で関連づけられた異なる
フレームに属する語彙項目を用いた言い換えの研
究が行なわれている（Hasegawa et al. 2011）．ま
た，フレームを介した翻訳の研究も進んでいる
（Boas 2009, Hasegawa et al. 2014）．フレーム意
味論，構文文法，認知文法の枠組みを用いてメタ
ファー表現に関与する構文を分析した研究に
Sullivan（2014）がある．

まとめと展望

　以上，日常の経験を一般化することで私たちが
経験的に身につけているフレームを明らかにする

ことで，語・文・文章の意味を捉えるフレーム意味論について概観した．フレームとは，視点を含んだ，プロトタイプとしての百科事典的・経験的知識である．フレームの概念を取り入れることによりフレーム意味論は，意味素性や必要十分条件でことばの意味を定義する従来の語彙意味論では扱えなかった，多様なことばの意味や用法を記述できるようになった．フレーム意味論は格文法，構文文法と歴史的・理論的に関連している．ただし，格文法における「格フレーム」とそれを構成する深層格（意味役割）が抽象的・客観的・普遍的とみなせるのに対し，フレーム意味論における「フレーム」とフレーム要素が具体的・主観的・経験主義的であるという違いは重要である．オンライン語彙情報資源フレームネットはフレーム意味論と構文文法の理論体系を具現化したものである．フレームネットとコンストラクティコンの構築が進むことで，文法と語彙の連続性という認知言語学の大前提を具体的にどのように保証するか，などについてフレーム意味論と構文文法の理論体系がさらに精緻化されてきていることは注目に価する（小原 2015，Ohara 2018）．

　フレーム意味論の理論にとっての今後の課題は，**抽象フレーム**（言語形式が直接的に喚起するわけでないが話者が心の中に想起するフレーム）と**語彙フレーム**（言語形式によって喚起されるフレーム）の両者をフレーム間関係や構文ネットワークとどのように関連づけるかである．また，フレームネットが，使用依拠（または用法基盤）的観点を取り込み結合価パターンの表示などにおいて頻度情報も含めるべきかについての議論も今後必要となってくるであろう．

　本節で見たとおり，フレーム意味論は語・文・文章の意味を同じ手法で詳細に分析・記述することができる枠組みである．フレーム意味論をオンライン言語資源として具現化したフレームネットは，そのような詳細な意味分析の結果をコーパスへの意味タグづけと語彙項目の結合価パターンとして蓄積していっている．したがって，フレームネットは認知言語学や辞書編纂学のみならず深い意味処理を目指すこれからの自然言語処理にも貢献する可能性を秘めている．

▶注

1　この意味でフレーム意味論におけるフレームとレイコフの理想化認知モデル（後述）は類似している．

2　"on land" と "at sea" が船旅フレームを喚起するのに対し，"on the ground" と "in the air" は空の旅フレームを喚起する言語表現である（Fillmore and Baker 2011: 319）．

3　後述のコンストラクティコン（constructicon）研究もこのような知見に基づく研究と言える．

4　Evans and Green（2006: 228）は speech act frame と呼んでいる．

▶重要な文献

Fillmore, C. J. 1975 An Alternative to Checklist Theories of Meaning. In Cogen, C. et al. (eds.) *Proceedings of the First Annual Meeting of the Berkeley Linguistics Society*, Berkeley Linguistics Society, Berkeley, pp.123-31.
　フレーム意味論の初期の論文で，意味素性と必要十分条件に基づく従来のチェックリスト意味論と，プロトタイプとフレームに基づくフレーム意味論との違いについてわかりやすく論じている．

Fillmore, C. J. 1992 "Corpus Linguistics" or "Computer-aided Armchair Linguistics". In Svartvik, J. (ed.) *Proceedings of Nobel Symposium 82. Stockhorm, 4-8 August 1991*, Mouton de Gruyter, Berlin/New York, pp.35-60.
　コーパスデータに基づく言語学と内省に基づく言語学とを比較し両方の必要性を主張している．動詞・名詞の risk の分析では後にフレームネット構築手法として定着する結合価パターンに基づく手法が試みられている．

Fillmore, C. J. and C. Baker 2011 A Frames Approach to Semantic Analysis. In Heine, B. and H. Narrog (eds.) *Oxford Handbook of Linguistic Analysis*, Oxford Univ. Press, Oxford.
　フレーム意味論とフレームネットの，フィルモアによる最後の概説論文．フレームネットとともに精緻化されてきたフレーム意味論の全体像がよくわかる．

長谷川葉子・小原京子 2006「Charles J. Fillmore 教授に聞く」『英語青年』152(6): 354-9.
　日本語で読めるほぼ唯一のフィルモアのインタビュー記事．フレームの概念の変遷がフィルモア自身のことばで語られる．

▶文　献

Boas, H. C. 2009 Semantic Frames as Interlingual Representations. In Boas, H. C. (ed.) *Multilingual FrameNets in Computational Lexicography: Methods and Applications*, Mouton de Gruyter, Berlin/New York, pp.59-100.

Boas, H. C. 2010 The Syntax-lexicon Continuum in Construction Grammar. *Belgian Journal of Linguistics* 24: 54-82.

Evans, V. and M. Green 2006 *Cognitive Linguistics: An Introduction*, Edinburgh Univ. Press, Edinburgh.

Fillmore, C. J. 1968 Case for Case. In Bach, E. and R. T. Harms (eds.) *Universals in Linguistic Theory*, Holt, Rinehart & Winston, New York, pp.1-88.

Fillmore, C. J. 1975 An Alternative to Checklist Theories of Meaning. In Cogen, C. et al. (eds.) *Proceedings of the First Annual Meeting of the Berkeley Linguistics Society*, Berkeley Linguistics Society, Berkeley, pp.123-31.

Fillmore, C. J. 1977 The Case for Case Reopened. In Cole, P. and J. Sadock (eds.) *Syntax and Semantics*, Vol.8, Academic Press, New York, pp.59-81.

Fillmore, C. J. 1982 Frame Semantics. In The Linguistic Society of Korea (ed.) *Linguistics in the Morning Calm*, Hanshin, Seoul, pp.111-37.

Fillmore, C. J. 1985 Frames and the Semantics of Understanding. *Quaderni di Semantica* 6(2): 222-54.

Fillmore, C. J. 1992 "Corpus Linguistics" or "Computer-aided Armchair Linguistics". In Svartvik, J. (ed.) *Proceedings of Nobel Symposium 82. Stockhorm, 4-8 August 1991*, Mouton de Gruyter, Berlin/New York, pp.35-60.

Fillmore, C. J., P. Kay and M. C. O'Connor 1988 Regularity and Idiomaticity in Grammatical Constructions: The Case of LET ALONE. *Language* 64(3): 501-38.

Fillmore, C. J. and C. Baker 2011 A Frames Approach to Semantic Analysis. In Heine, B. and H. Narrog (eds.) *Oxford Handbook of Linguistic Analysis*, Oxford Univ. Press, Oxford.

Fillmore, C. J. and B. T. Atkins 1992 Toward a Frame-Based Lexicon: The Semantics of RISK and Its Neighbors. In A. Leherer and E. F. Kittay (eds.) *Frames, Fields and Contrasts*, Routledge, New York, pp.113-28.

Fillmore, C. J. and B. T. Atkins 1994 Starting Where the Dictionaries Stop: The Challenge of Corpus Lexicography. In Atkins, B. T. and A. Zampolli (eds.) *Computational Approaches to the Lexicon*, Oxford Univ. Press, Oxford, pp.349-93.

Fillmore, C. J., R. R. Lee-Goldman and R. Rhonieux. 2012 The FrameNet Constructicon. In Boas, H. C. and I. A. Sag (eds.) *Sign-based Construction Grammar*, Center for the Study of Language and Information, pp.309-72.

藤井聖子・小原京子 2003「フレーム意味論とフレームネット」『英語青年』149(6): 373-6,8.

Geearerts, D. 2006 Introduction: A Rough Guide to Cognitive Linguistics. In Geeraerts, D. (ed.) *Cognitive Linguistics: Basic Readings*, Mouton de Gruyter, Berlin.

長谷川葉子・小原京子 2006「Charles J. Fillmore 教授に聞く」『英語青年』152(6): 354-9.

Hasegawa, Y., L-G. Russell, A. Kong and K. Akita 2011 FrameNet as a Resource for Paraphrase Research. *Constructions and Frames* 3(1): 104-27.

Hasegawa, Y., L-G. Russell and Fillmore, C. J. 2014 On the Universality of Frames: Evidence from English-to-Japanese Translation. *Constructions and Frames* 6: 170-201.

Lyngfelt, B., L. Borin, K. Ohara and T. T. Torrent (eds.) 2018 *Constructicography: Constructicon Development across Languages*, John Benjamins, Amsterdam.

松本曜 2003『認知意味論』大修館書店.

Minsky, M. 1975 A Framework for Representing Knowledge. In Winston, P. H. (ed.) *The Psychology of Computer Vision*, McGraw-Hill, New York.

西村義樹・野矢茂樹 2013『言語学の教室—哲学者と学ぶ認知言語学』中公新書.

小原京子 2015「日本語フレームネットに見る文法と語彙の連続性」『日本認知言語学会論文集』15: 471-9.

Ohara, K. 2018 Relations between Frames and Constructions: A Proposal from the Japanese FrameNet Constructicon. In Lyngfelt, B. et al. (eds.) *Constructicography: Constructicon Development across Languages*, John Benjamins, Amsterdam, pp.141-64.

Petruck, M. 1996 Frame Semantics. In Verschueren, J., J-O. Ostman, J. Blommaert and C. Bulcaen (eds.) *Handbook of Pragmatics*, John Benjamins, Amsterdam, pp.1-13.

Schank, R. C. and R. P. Abelson 1975 Scripts, Plans, and Knowledge. In *Proceedings of the International Conference on Artificial Intelligence* 1: 151-7.

Sullivan, K. 2014 *Frames and Constructions in Metaphoric Language*, John Benjamins, Amsterdam.

2.9	認 知 語 用 論

岡本雅史

本節では，認知言語学の観点から語用論的事象を扱う「**認知語用論**」（cognitive pragmatics）という新しいアプローチについて概観する[→ コラム 18]．数多くの研究成果を世に問い，すでに円熟期を迎えていると考えられる「**認知文法**」（cognitive grammar）[→ 2.4]や「**認知意味論**」（cognitive semantics）[→ 2.6]とは異なり，認知言語学の一部門としての「認知語用論」はまだ揺籃期を迎えたばかりであり，その理論的枠組は無論のこと研究対象や分析手法においても分野としての共通性や一貫性を確立し得てはいない．しかしながら，それゆえに今後の進展や成果が期待される分野であり，従来の認知言語学や語用論を大きく刷新する可能性があると考えられる．

まず 1. では，認知語用論が確立しつつある（ないしは未だに確立していない）背景として，初期の認知言語学において語用論がどのように位置づけられていたかに焦点を当て，問題の所在を明らかにする．続く 2. では，認知語用論を標榜する諸研究がどのような方法論を基盤としているかを整理し，認知語用論という名の下で複数の方法論が乱立している現況を概観する．3. では認知言語学の方法論を基盤とした国内の認知語用論研究を紹介する．最後に 4. で，今後の認知語用論の展望について述べ，認知と相互行為が言語を介して複雑に絡み合うコミュニケーション事象に対してどのような新たな分析が可能となるかを構想する．

1. 初期認知言語学における語用論の位置づけ

周知のとおり，旧来の認知言語学は主に統語論（すなわち認知文法）と意味論（すなわち認知意味論）を中心として展開されてきた．その結果，認知言語学の立場に与しない語用論者の一部からは，認知言語学はそもそも語用論という研究分野の存在を認めようとしていないのではないかと非難さ

れることもあった（cf. Levinson 1997: 19）．この点についてラネカー（Ronald W. Langacker）は，意味論と語用論の区別のほとんどは人工的なものに過ぎないとした自身の過去の主張（Langacker 1987: 154）をそうした語用論者が誤解したことに起因すると述べ，彼が拒否しているのは意味論と語用論の厳密な二項対立であり，語用論の存在を否定しているわけではなく，またその区別を完全になくすことを主張しているのでもない，と弁明する．言い換えれば，ラネカーが抱いているモデルは，意味論と語用論がグラデーションをもって連続するものであり，明確な境界線を引くことができないというものである（Langacker 2008: 40）．

しかしながら，ラネカーやレイコフ（George Lakoff）ら第一世代の認知言語学者が，語用論（の少なくとも一部）を統語論や意味論の中に回収しようとしていたと捉えられてしまうのは故なきことではない．それは例えば，**発話行為**（speech act）に対する彼らの考えを見ればよくわかる．

ラネカーは，発話行為論における「**発語内効力**」（illocutionary force）を語用論の構成要素ではなく統語構造と意味論の内在的な一側面として捉える新たな見方を提唱する．彼にとって，あらゆる概念化は言語表現の意味的特徴付けを支える「**認知ドメイン**」（cognitive domain）の一つとして発動されるものであり，言語表現の意味の特定化が意味論に属するのか語用論に属するのかという明確な区別はなく，さらには言語的知識と言語外の知識との区別もないのである（Langacker 1991: 495）．

一方，レイコフもまた，客観主義のパラダイムに対する批判の一環として，意味論と語用論の区別を明確に立てること自体が悪しき客観主義に陥っていることを指摘し（Lakoff 1987: 256），there 構文が喚起する発語内効力に関する詳細な分析を

通じて，統語論的情報と意味論的・語用論的情報を区別するこれまでの生成理論を批判する（*ibid.*: 470-81）．彼の認知意味論のアプローチによれば，これまで意味論や語用論と呼ばれてきたものはどちらも理想化認知モデル（あるいは ICM）を用いて構造化されていると捉えることが可能であり，それにより従来の意味論と語用論の区別は解消されると考えたのである．

　したがって，初期認知言語学が語用論を軽視しているように感じられる一つの理由は，その出自が生成理論に対する一種のアンチテーゼであったため（cf. Harris 1993），生成理論で自明とされていた統語論・意味論・語用論の区別そのものを解体し，それらを包摂する新たな研究パラダイムを構築することに力点が置かれていたからであろう．もう一つの理由は，そうした統語論・意味論・語用論の境界線を明確に引くことができないという主張を正当化するために，初期の認知言語学で取り上げられる例のほとんどが，語用論の枠組みでしか捉えられないと従来考えられてきた言語現象ではなく，文法や語彙の問題と深く交わることが知られていた言語現象であったことである．先に挙げた発話行為および発語内的効力は，生成理論においても Ross（1970）の遂行分析などの中心的課題として，古くから統語論と語用論のインタフェース的現象と捉えられてきたものである．

　こうした背景から，認知言語学の方法論と研究パラダイムに基づく語用論としての「認知語用論」の確立は認知言語学の草創期には果たされず，Sperber and Wilson（1986/1995）において提唱された「**関連性理論**」（Relevance Theory）という，認知言語学とは全く異なる方法論とコミュニケーション観を擁する新たな語用論理論の別称として，「認知語用論」という名を分け合う混乱が生じたと言えよう．

2.　認知語用論の方法論

▶ 2.1　「認知語用論」の併存状況

　Schmid（2012）*Cognitive Pragmatics* は Handbooks of Pragmatics シリーズの一つとして，そのタイトルどおり正面から認知語用論を扱った最初のアンソロジーである．編者であるシュミット（Hans-Jörg Schmid）はその序論の中で，執筆

時点での "cognitive pragmatics" をクエリーとした Google 検索の結果，714 件しかウェブサイトが確認できず，その大部分が，イタリアの認知科学者バラ（Bruno G. Bara）による『認知語用論—コミュニケーションの心的プロセス』（Bara 2010）に関するもの，ないしはイスラエルの哲学者・言語学者カッシャー（Asa Kasher）による同名の研究イニシアチブに関するもの，そして出版前のこのアンソロジーの事前告知，のいずれかであったことを明かし，未だに認知語用論が確立していない現状を記している（Schmid 2012: 3）．

　それから数年経過した現在，"Cognitive Pragmatics" ないしは「認知語用論」を掲げる書籍や論文などの出版物を調査すると，その方法論としては，主に①認知心理学ないしは認知科学に基づくもの（Bara 2010, 2011, Bietti 2012, etc.），②関連性理論に基づくもの（Escandell-Vidal 1996, Carston 1999, 2002a, 2002b, Moeschler 2004, Saussure 2005, 内田 2013, Mazzone 2018, etc.），③認知言語学に基づくもの（山梨 2004, 崎田・岡本 2010, Cap 2014, 小山ほか 2016, etc.），が併存していることがわかる．

　①は，先述した Bara（2010）を代表として，言語を超えたコミュニケーション能力に関わる認知作用を扱うものであり，言語現象を中心としたいわゆる「語用論」とはその対象を異にする．この点で，ベイトソン（Gregory Bateson）の流れを汲む家族療法家のワツラウィック（Paul Watzlawick）らが標榜する「人間コミュニケーションの語用論」（pragmatics of human communication）（Watzlawick et al. 1967）と同様に，狭義の言語学的な語用論ではない広義の 'pragmatics' を志向するものであると考えられるため，その詳細について本節ではこれ以上立ち入らない．

　一方，②の関連性理論を基盤とした認知語用論に関する文献の数は最も多く，特にカーストン（Robyn Carston）が積極的に関連性理論の別称として「認知語用論」を使用していることもその背景にある．また，本邦においても関連性理論の研究コミュニティが積極的に「認知語用論」の名称を打ち出しつつあり，原題にも本文中にもその名称が用いられていない Iten（2005）の邦訳書が『認知語用論の意味論』という邦題が付けられてい

ることもそうした事情を象徴的に反映している[注1].

そして本節で取り扱うのは③の認知言語学の言語観と方法論に基づく認知語用論研究であるが,後述するようにそのほとんどが日本国内の研究である.これは海外で認知言語学に基づく語用論研究がなされていないということを意味するのではなく,そうした多くの研究はあえて「認知語用論」と標榜することがほとんどなく,むしろ1.で述べたように,従来取り扱われてきた様々な語用論的現象に対し,意味論と語用論を区別せず包摂するような新たな切り口で分析が行なわれていることを示している.

実際,先述したシュミットによる認知語用論のアンソロジーでは,彼自身の手による序論を含めて21編の論文が「認知語用論」研究として収録されているが,談話におけるレトリックを扱ったDeignan (2012),ユーモアとアイロニーの認知語用論研究であるBrône (2012),語彙的意味の文脈適応プロセスを認知ドメインや活性領域の観点から論じたTaylor (2012) など,少なくとも全体の1/3は認知言語学の研究プログラムの強い影響下にある.とりわけ,直示表現の理解を「理想認知モデル」(ICM) で,価値体系の動機づけを「イメージ・スキーマ」と「メタファー」で,発話行為の遂行と解釈を「イメージ・スキーマ」「フレーム」「ICM」「メトニミー」などで記述し説明しようとするFabiszak (2012) は,認知言語学の鍵概念を用いて語用論的現象を解明するという方向性を明確に示している.

▶ 2.2 認知言語学と関連性理論の相補的関係

認知言語学と関連性理論の枠組みがどのように異なっており,認知語用論としてどのように共存するべきかについて論じた論考の一つに眞田 (2010) がある.

眞田 (2010) は主にレトリック研究に焦点を当てて二つの異なる言語理論がどのように同一の言語現象を分析することが可能かを比較検討したものである.彼によれば,まずメタファー理解における二つの領域間で写像される要素の決定に関して,関連性理論は「関連性の原理」(principles of relevance) を援用することによってどの要素が写像され,どの要素が写像されないかの選択を説明することができる点で,認知言語学的レトリック

研究の不十分な点を補うことができると指摘する.一方,関連性理論ではメタファーとメトニミーを同一の枠組みで説明しようとする志向性が強く,各々のレトリック現象の違いを等閑視するが,人間の持つ一般的な認知能力の観点から各々の特性を説明することが可能な認知言語学は,間接発話行為などのこれまでレトリックが関わると考えられてこなかった語用論的言語現象までを統一的に説明可能であるという点に後者の優位性を見いだす.したがって,眞田の考えでは,認知言語学と関連性理論は対立するものではなく,少なくともレトリック研究においては互いの利点を活かしあう相補的な関係を結ぶことができるものである (眞田 2010: 37).

こうした眞田の主張は,認知語用論において関連性理論と認知言語学という二つの異なる研究プログラムが穏当に共存することの妥当性を保証しているように思われるが,その論拠に問題がないわけではない.一つは,眞田も自覚しているように,メタファー研究という意味論と語用論のインタフェース的な言語現象に限った主張であることである.メンタル・スペース理論で知られるフォコニエ (Gilles Fauconnier) は,認知言語学の枠組みにおいて今後扱うべき語用論的対象として,量的言語現象,発話行為,前提,指示の曖昧性,レトリック表現,語用論的関数,会話の含意,などを列挙し,そうした古くからの語用論の分析対象に新たな枠組みで捉え直すことの必要性を述べている (Fauconnier 2006: 659).こうした語用論的対象の射程をどのように二つの異なる言語理論があまねくカバーし得るかは全く未知数である.

もう一つの問題点は,眞田が関連性理論と比較検討しているのは,厳密には「認知語用論」というよりも「認知意味論」の方であり,関連性の原理に基づく聴者の推論プロセスを分析の中心に据えた関連性理論と,話者による概念化プロセスに焦点を当てる認知意味論とを直接的に比較することはそもそも不可能(ないしは不適切)であるという点である.いくら同じレトリック現象を扱っているとしても,そもそも意味論と語用論の両者の焦点が異なっており,相補的にならざるを得ないことから,彼の結論は比較対象を設定した時点で予め想定されるものにすぎない.むしろ,眞田

が認知言語的レトリック研究の応用として紹介する，間接発話行為をメトニミーとして捉えたThornburg and Panther（1997）こそが実質的に「認知語用論」の嚆矢であるのだが，関連性理論による代案と十分に比較検討しているとは言い難い．

小山ほか（2016: 12）は，テクストの一貫性理論（Man and Thompson 1988, Sanders et al. 1992）を支持するGiora（1997）による関連性理論の批判と，それに対するWilson（1988）の反論を取り上げ，関連性理論がテクストの適格性のような「結果として解釈された意味」といった《評価》の理論ではなく，「どのように発話が理解されるか」という《理解》の側面を重視した理論となっていることを指摘する．つまり，関連性理論が重視しているのは「聴者がどのように話者の意図した解釈を得ることができるか」という理解（ないしは解釈）のメカニズムであり，このとき発話の言語情報は理解のための手がかりとしての地位しか与えられない．一方，認知言語学ではあらゆる言語形式の背後に**概念化者**（conceptualizer）の認知プロセスが存在していると考える注2．つまり，言語情報は話者の意図を知る手がかりというだけでなく，話者の事態把握の痕跡でもある．

したがって，言語に対する関連性理論と認知言語学の立場の違いは，前者が言語をあくまで話者の意図した「最適解」をどのように算出するかという（静的な）手がかりとして捉えているのに対し，後者は言語を，外部世界を把握する言語使用者の解釈のモードを反映したものとみなすことで，不断に言語使用者と相互作用し多様な解釈を生み出す動的な関係性の相の下に捉える点にある．この言語観の違いは，今後「認知語用論」の研究パラダイムを確立する上で，両者を安易に相補的なものと捉えるのが困難であることを示すものである．

3. 国内の認知語用論の動向

上述したように，認知言語学の研究パラダイムで語用論的現象を分析しようとする認知語用論研究は世界的に見てもそれほど多いわけではない．しかしながら本邦では，日本国内における認知言語学の普及に大きな役割を果たしてきた山梨正明が，最初に認知言語学の視点を背景とする新たな「認知語用論」の開拓を試みた（山梨 2004: 第3章）．そして，それを発展的に継承した崎田・岡本（2010）や小山ほか（2016）が発刊されることで，ようやく認知言語学の方法論と研究パラダイムに基づく語用論としての「認知語用論」が徐々に確立され始めてきたと言える．

具体的には，崎田・岡本（2010）では，チェイフ（Wallace Chafe）の談話情報理論をラネカーのCDSモデルおよび注意のフレームの概念と統合することで，生きた文脈における談話の展開と認知プロセスの詳細な分析を試みたり，ホッパー（Paul J. Hopper）の談話起源説とデュボア（John W. Du Bois）の対話統語論で示唆される，言語運用プロセスから言語構造や規則性が創発されるというアプローチに，認知言語学の知見であるカテゴリー化やスキーマ化，拡張などの話者の認知能力の側面を統合することで，動的な対話を基盤とした発話間のマッピング（響鳴）から文法構造が創発されることを明らかにした．また，話者と聴者の言語コミュニケーションの狭間にある発話事態を聴者の発話理解の潜在的な対象に据えることで，ビューラー（Karl Bühler）のオルガノン・モデルを基盤とした発話事態モデルを構築し，発話理解プロセスがゲシュタルトとしての発話事態に含まれる諸関係の前景化であること，およびそのプロセスにおいて評価軸として関わる言語コミュニケーションのICMについて説明を試みている．さらに，このパースペクティブに基づいて，直喩，メタファー，メトニミー，シネクドキ，ヘッジ表現，理解提示方略，アイロニー，といった多様なレトリック現象が，いかに自然な言語運用と認知能力に深く関わっているかを示すことで，従来は周縁的な言語現象と考えられてきたレトリックから一般的な言語理解のプロセスを見直す可能性を示唆している．

一方，小山ほか（2016）は，語用論の射程を再検討し，テクストや談話といった，従来の語用論では周縁的とみなされてきた対象にまで認知言語学的な分析手法が適用可能であることを示している．具体的には，まず，トマセロ（Michael Tomasello）やバロン＝コーエン（Simon Baron-Cohen）らの研究に代表される「**心の理論**」（theory of mind）や共同注意能力といった広義の

社会的知性を基盤として，人の発話理解メカニズムを説明しようとする社会認知語用論を提案することで，従来の語用論の限界を示しつつ，指差しなどのジェスチャーによる非言語コミュニケーションをも統一的に説明可能な，認知語用論による新たなコミュニケーションモデルの構築を試みている．さらに，テクストや談話を理解する動的なプロセスについて，焦点連鎖や参照点構造などの一般的認知能力や背景知識等の人間の持つ特性をもとに考察し，文レベルの規則性では説明不可能な，視点・パースペクティブの連鎖や複合的な文章構造における自然な要素間の順序付けに対して認知語用論的な説明を与えている．そして，従来は語用論の対象からは外れることが多かった「語り」に着目し，人称代名詞が反映する視点構成を手がかりとして，小説の語りにおける語り手の視点操作の諸相を認知言語学的観点から考察している．

こうした本邦における新たな認知語用論研究の取り組みが示唆しているのは，これまでの語用論や認知言語学でほとんど取り扱われてこなかった，ある意味で周縁的な言語現象の説明を可能にする枠組みとして「認知語用論」が構想されていることに加え，コミュニケーション研究や認知科学，心理学など隣接分野の理論やモデルを取り入れることで統語論や意味論を中心とした旧来の認知言語学の限界を乗り越えようとする志向性が強まっているということである．こうした分析対象の広がりと他分野の理論的道具立ての輸入が，2.1 で示した複数の方法論に基づく認知語用論の乱立状態を解消する方向に向かうのか，それともさらに発散していく方向に進むのかは，今後の研究動向次第であろう．

---

4. 認知語用論の展望

3. で述べたとおり，認知語用論はその分析対象や理論的道具立てを拡充する志向性が強い．この背景には，そもそも「認知語用論」という研究分野が構想される以前から，人々の認知能力と語用論的事象との関係を捉えようとする様々な研究が存在していることが考えられる．

例えばシュミットは，以下に挙げる既存の研究トピックや語用論の下位分野が，認知語用論に強

く関連する，ないしは含まれるべきであるものとと述べている（Schmid 2012: 5-6）．

(1) 共通基盤（common ground），共有知識（shared knowledge）
(2) レトリック，アイロニー，ユーモアなどの非字義的表現
(3) 発達語用論（developmental pragmatics），臨床語用論（clinical pragmatics）
(4) 談話処理（discourse processing），名詞句の同一性指示の識別（reference tracking），推論（inferencing）
(5) 実験語用論（experimental pragmatics）
(6) 語用論的・社会文化的次元を考慮した認知言語学的アプローチ（例：ブレンディング理論）
(7) バラの（認知科学的）認知語用論（Bara 2010）

3. で取り上げた 2 冊の認知語用論の研究書でもこの多くは多少なりともカバーされており[注3]，シュミットの指摘はそのまま今後の認知語用論の展望を示す指針となるだろう．とりわけ，(1) の「共通基盤」や「共有知識」はこれまでクラーク（Herbert H. Clark）らの会話研究で中心的に扱われてきた論点であり，こうしたクラークの理論的枠組を認知語用論的に論じた研究もいくつか存在するが（Horton 2012, 岡本 2017, 2018），まだまだその数は少なく，今後コミュニケーションや相互行為を視野に入れた認知語用論を確立するうえで外せない論点であると言える．また，(2) の非字義的表現は，周知のとおりメタファーやメトニミーなどの認知意味論研究が豊富に存在しているため，その自然な延長として認知語用論研究が行ないやすいテーマであり（e.g., Deignan 2012, Brône 2012），と同時に関連性理論の枠組みでも扱いやすいテーマであるためか数多くの研究が存在する．したがって，認知言語学に基づいた認知語用論を確立するためには，改めて関連性理論との対比を意識した分析を行なう必要があろう．

無論，今後の認知語用論が進むべき方向性は上に挙げた研究トピックや領域に限らない．特に注目すべきは，パスクアル（Esther Pascual）の仮想的相互行為論である（Pascual 2014）．

パスクアルは認知・談話・言語の会話的基盤を**「仮想的相互行為」**（fictive interaction）と呼び，この概念を用いて言語システムとその使用において顕現する概念現象の分析を行なっている．この

仮想的相互行為とは，心理的・談話的・言語的プロセスを構造化する一種の「フレーム」として会話を用いることと同義であり，その適用範囲には，①思考（e.g., talking to oneself），②メタファーによる経験の概念化（e.g., "A good walk is the answer to most problems."），③談話の組織化（例：対話として組織化される独話），④言語システムとその使用（例：修辞疑問文），などがあるとされる．

　このように，仮想的相互行為の現時点での適用範囲はまだ慎重な印象があるが，文レベルの統語的／意味論的現象からテクスト・談話レベルの語用論的現象まで統一的に扱う新たな認知語用論の研究プログラムとして非常に有望であり，さらなる今後の展開を期待したい．

まとめと展望

　以上，これまでの認知語用論の研究動向を概観してきたが，認知言語学の研究パラダイムによる認知語用論は，認知文法や認知意味論で提案されてきた諸概念を語用論的事象に援用するという方向性に偏ってきたとも捉えられる．しかし，認知語用論の目指すものが「これまでの言語学のアプローチを根源的に問い直し，従来の枠組みにとらわれず，実際の生きた文脈における言語運用の側面から，ミクロからマクロまであらゆるレベルの言語現象を取り扱いつつ，言語活動の基盤にある人間の一般的な認知能力がどのように具体的な言語現象を支えているかを明らかにしていく」（崎田・岡本 2010: 232）ことであるとするならば，逆に語用論的に捉え直された人間同士の相互行為や他者認知，共有基盤化などの観点から文法や意味を見直す契機を与える研究が大いに期待される．その意味でも，認知語用論はまだ端緒に就いたばかりなのである．

▶注

1　こうした経緯や現状についての詳細は本節のコラム 18 を参照されたい．

2　この概念化者は，当該の文（ないしは発話）の話者と必ずしも同一ではない．詳しくは岡本（2007）を参照せよ．

3　例えば崎田・岡本（2010）では上記の（1）（2）（3）の論点が取り上げられ，小山ほか（2016）は（4）（5）

（6）の論点に着目した研究を行なっている．

▶文　献

Allan, K. and K. M. Jaszczolt（eds.）2012 *The Cambridge Handbook of Pragmatics,* Cambridge Univ. Press, Cambridge.

Bara, B. G. 2010 *Cognitive Pragmatics: The Mental Processes of Communication,* MIT Press, Cambridge, MA.

Bara, B. G. 2011 Cognitive Pragmatics: The Mental Processes of Communication. *Intercultural Pragmatics* 8(3): 443-85.

Bietti, L. M. 2012 Towards a Cognitive Pragmatics of Collective Remembering. *Pragmatics & Cognition* 20 (1): 32-61.

Brône, G. 2012 Humour and Irony in Cognitive Pragmatics. In Schmid, H-J.（ed.）pp. 463-504.

Cap, P. 2014 Applying Cognitive Pragmatics to Critical Discourse Studies: A Proximization Analysis of Three Public Space Discourses. *Journal of Pragmatics* 70: 16-30.

Carston, R. 1999 The Semantics/Pragmatics Distinction: a View from Relevance Theory. In Turner, K.（ed.）pp. 85-125.

Carston, R. 2002a *Thoughts and Utterances: The Pragmatics of Explicit Communication,* Blackwell, Malden/Oxford.

Carston, R. 2002b Linguistic Meaning, Communicated Meaning and Cognitive Pragmatics. *Mind & Language* 17（1-2）: 127-48.

Deignan, A. 2012 Figurative Language in Discourse. In Schmid, H-J.（ed.）pp. 437-62.

Englebretson, R.（ed.）2007 *Stancetaking in Discourse,* John Benjamins Publishing, Amsterdam/Philadelphia.

Escandell-Vidal, V. 1996 Towards a Cognitive Approach to Politeness. *Language Sciences* 18(3-4): 629-50.

Fabiszak, M. 2012 Conceptual Principles and Relations. In H-J. Schmid（ed.）2012, pp. 123-50.

Fauconnier, G. 2006. Pragmatics and Cognitive Linguistics. In Horn, L. R. and G. Ward（eds.）pp. 657-74.

Harris, R. A. 1993. *The Linguistics Wars,* Oxford Univ. Press, New York, NY.

Horn, L. R. and G. Ward（eds.）2006 *The Handbook of Pragmatics,* Blackwell, Oxford.

Horton, W. S. 2012 Shared Knowledge, Mutual Understanding and Meaning Negotiation. In Schmid, H-J.（ed.）pp. 375-404.

Iten, C. 2005 *Linguistic Meaning, Truth Conditions and Relevance: The Case of Concessives,* Palgrave Macmillan, New York, NY.［武内道子・黒川尚彦・山田大介（訳）2018『認知語用論の意味論—真理条件的意味論を超えて』ひつじ書房.］

Jacobs, R. A. and P. S. Rosenbaum（eds.）1970 *Readings*

in English Transformational Grammar, Ginn & Co., Waltham, MA.

小山哲春・甲田直美・山本雅子 2016『認知語用論』くろしお出版.

Lakoff, G. 1987 Women, Fire, and Dangerous Things: What Categories Reveal about the Mind, Univ. of Chicago Press, Chicago/London. [池上嘉彦・河上誓作・辻幸夫・西村義樹・坪井栄治郎・梅原大輔・大森文子・岡田禎之（訳）1993『認知意味論—言語から見た人間の心』紀伊國屋書店.]

Langacker, R. W. 1987 Foundations of Cognitive Grammar, Vol. I, Theoretical Prerequisites, Stanford Univ. Press, Stanford.

Langacker, R. W. 1991 Foundations of Cognitive Grammar, Vol. II, Descriptive Application, Stanford Univ. Press, Stanford.

Langacker, R. W. 2008 Cognitive Grammar: A Basic Introduction, Oxford Univ. Press, New York. [山梨正明（監訳）2011『認知文法論序説』研究社.]

Liebert, W-A., G. Redeker and L. R. Waugh (eds.) 1997 Discourse and Perspective in Cognitive Linguistics, John Benjamins, Amsterdam.

Mazzone, M. 2018 Cognitive Pragmatics: Mindreading, Inferences, Consciousness, Walter de Gruyter, Boston/Berlin.

Moeschler, J. 2004 Intercultural Pragmatics: A Cognitive Approach. Intercultural Pragmatics 1(1): 49-70.

岡本雅史 2007「比喩表現における意味論的主観性と語用論的主観性」『日本語用論学会第 9 回大会発表論文集』2: 9-16.

岡本雅史 2017「課題達成対話の基盤化を実現する言語・非言語情報の多重指向性」『日本語用論学会第 19 回大会発表論文集』12: 275-78.

岡本雅史 2018「聞き手行動が孕む二重の他者指向性—漫才のツッコミから見る聞き手行動研究の射程」村田和代（編）『聞き手行動のコミュニケーション学』ひつじ書房, pp. 59-88.

Pascual, E. 2014 Fictive Interaction: The Conversational Frame in Thought, Language, and Discourse, John Benjamins, Amsterdam/Philadelphia.

Ross, J. R. 1970 On Declarative Sentences. In Jacobs, R. A. and P. S. Rosenbaum (eds.) 1970, pp. 222-72.

崎田智子・岡本雅史 2010『言語運用のダイナミズム—認知語用論のアプローチ』研究社.

眞田敬介 2010「認知語用論の展開—レトリック研究を中心に—」『札幌学院大学人文学会紀要』88: 23-39.

Saussure, L. de 2005 Manipulation and Cognitive Pragmatics: Preliminary Hypotheses. In Saussure L. de and P. Schulz (eds.) 2005, pp. 113-46.

Saussure, L. de and P. Schulz (eds.) 2005 Manipulation and Ideologies in the Twentieth Century: Discourse, Language, Mind, John Benjamins, Amsterdam/Philadelphia.

Schmid, H-J. (ed.) 2012 Cognitive Pragmatics, De Gruyter Mouton, Berlin/Boston.

Sperber, D. and D. Wilson 1995[2] (1986[1]) Relevance: Communication and Cognition, Blackwell, Oxford. [内田聖二・中逵俊明・宋南先・田中圭子（訳）1993『関連性理論—伝達と認知』（第 2 版）研究社.]

Taylor, J. R. 2012 Contextual Salience, Domains, and Active Zones. In Schmid, H-J. (ed.) pp. 151-74.

Thornburg, L. L. and K-U. Panther 1997 Speech Act Metonymies. In Liebert, W-A., G. Redeker and L. R. Waugh (eds.) 1997, pp. 205-19.

Turner, K. (ed.) 1999 The Semantics/Pragmatics Interface From Different Points of View, Elsevier Science, Oxford.

内田聖二 2013『ことばを読む，心を読む—認知語用論入門』開拓社.

Watzlawick, P., J. B. Bavelas and D. D. Jackson 1967 Pragmatics of Human Communication: A Study of Interactional Patterns, Pathologies, and Paradoxes, Norton, New York , NY. [山本和郎（監訳）・尾川丈一（訳）1998『人間コミュニケーションの語用論—相互作用パターン，病理とパラドックスの研究』二瓶社.]

山梨正明 2004『ことばの認知空間』開拓社.

コラム 18　191

=== コラム18　関連性理論と認知語用論 ===================================== 東森　勲 ==

　スパーバー（Dan Sperber）とウィルソン（Deirdre Wilson）が提案した**関連性理論**（Relevance Theory）は**認知語用論**（cognitive pragmatics）に属し，語用論の一分野で，言語表現のみでなく聞き手の知識と推論を用いて，単語や発話の意味理解を説明します．あらゆる言葉によるコミュニケーションの意味理解をめざす「**心の理論**」（theory of mind）に属します．グライス（H. P. Grice）などの社会的規則を用いた社会語用論（social pragmatics）と対立します．なお，認知言語学の分野で用いられる認知語用論とは，認知意味論，認知類型論などと並ぶ認知言語学のアプローチを用いた談話結束性の分析などとも関連します．

　関連性（relevance）とは認知プロセスへの入力となるもの（知覚，発話，思考，記憶，推論など）の特徴で，**認知効果**（cognitive effects）と**処理労力**（processing effort）により決まります．認知効果とは，頭の中の認知環境に何らかの変化をもたらすことで，(i)さらに証拠を示して，既存の想定を強化する場合，(ii)新たに証拠を示すことで間違っていると思われる想定を削除する場合，(iii)新しい情報と既存の想定との演算で全く新しい想定を作り出す場合があります．処理労力とは，認知プロセスへの入力を表示するのに必要な知覚，記憶，推論に要する労力，コンテクスト情報にアクセスする労力，認知効果を計算する労力などを指します．関連性には程度があり，(i)入力を処理してでてくる認知効果が大きいほど関連性は大きくなり，(ii)認知効果を達成するのにかかる処理労力が小さいほど関連性は大きくなります．関連性理論には認知原則と伝達原則という2種類の原則があり，認知原則とは，人間の認知は関連性を最大にするように方向づけられていて，伝達原則とは，すべての意図明示伝達行為は最良の関連性の見込みを伝達するというものです．関連性の原則が他の語用論により提案された原則，公理と違う点は，(a)人が効果的に伝達するために知っている必要がない，(b)人がそれに従ったり，従わなかったりするものでない，(c)人間の伝達行動に関する例外のない一般化であることです．**表意**とは発話された言語表現から聞き手がキャッチできる明示的な命題を言い，次の四つの操作で得られます．すなわち，①あいまい性の除去（a letter のあいまいさを語用論で除去し，「手紙」か「文字」かの決定など），②飽和とは言語化された論理形式が変項やスロットを含んでいる場合，何らかの具体的な言語表現を語用論で満たすこと（代名詞 it の指示付与など），③自由な語用論的拡充（言語的には論理的項目を満たしているが，語用論的に追加される情報），④アドホック概念形成（発話に含まれる記号化された概念がアドホック概念として聞き手がアクセスした知識を用いて狭くなったり広くなったりして理解される場合）（このような語レベルの分析は**語彙語用論**（Lexical Pragmatics）と呼ばれる）．

　(1) a. Peter: Is Robert a good accountant?

　　　b. Mary: Robert is a *computer*.

　(2) a. Peter: How good a friend is Robert?

　　　b. Mary: Robert is a *computer*.

(Wilson 2009: 54-55)

　(1)のコンピュータは computer の百科事典的情報の中で，人間との共通項が活性化され(1b)ではアドホック概念 COMPUTER* (Computers can process large amounts of numerical information and never make mistakes) から Robert can process large amounts of numerical information and never make mistakes. と理解されます．一方，(2)のコンピュータはアドホック概念 COMPUTER** (Computers lack emotions, intuitions, common sense) から(2b)は Robert lacks emotions, intuitions, common sense. と理解されます．

　(3) <u>マクド食べたい</u>（関西圏での発話）

　(4) <u>お天気</u>だから，お布団を干す

(3)の「マクド」はお店ではなくて，ここでは，「マクドナルドで売られているハンバーガー」など食べ物を指し，(4)の「お天気」は「晴れ，雨，曇りなど」全体でなく，ここでは「晴れ」と狭く理解されます．

　推意とは，非明示的な命題のことで推意前提と推意帰結の2種類があります．

　(5) Hotel owner: I won't charge you for the breakfast because you didn't eat it.

　　　Guest: Thanks. By the way, *I didn't sleep last night.*

(Keller 1998: 35)

(5)では「朝ごはん食べないなら，朝ごはん代金はいらない」というホテルオーナーの発言をちゃかし，宿泊者は，推意前提「夕べ眠れなかったなら，夕べの宿泊代はただ」と考え，「夕べは眠れなかった」と言い，推意前提と発話で計算をし，推意帰結「夕べの宿泊代はただである」を暗に要求するところがおもしろいです．

▶**参考文献**

Sperber, D. and D. Wilson 1995[2] *Relevance: Communication and Cognition*, Blackwell, Oxford.［内田聖二・宋南先・中

遠俊明・田中圭子（訳）1999『関連性理論—伝達と認知（第2版）』研究社.]

Wilson, D. 2009 Parallels and Differences of Metaphor in Relevance Theory and Cognitive Linguistics. 『語用論研究』11: 42-61.

═══ **コラム 19　意味論と語用論の狭間** ═══　　　═══酒井智宏═══

　Ａ：今お話しできますか？ Ｂ：わたし，今日，ちょっとケーキを焼かないといけないんです．Ａ：ちょっとケーキを焼くだけなら今は時間ありますね．それで例の件なんですが…などと話を続けるＡはコミュニケーション障害のレッテルを貼られます．言語表現の（字義的）意味が処理される部門を**意味論**（semantics），言語表現が特定の文脈で用いられることによって生じる意味が処理される部門を**語用論**（pragmatics）と呼びます．語用論レベルの理解にのみ問題を抱えるＡのような人物がいることから，言語学では，先に意味論的処理が行なわれ，その後で語用論的処理が行なわれると考えられてきました．

　Ｂの発言の字義的意味の理解（意味論的処理）には「今日」という語の理解が含まれます．では「今日」とは何でしょうか．「Ｂがこの発言を行なっている日」でしょう．ですが，「Ｂがこの発言を行なっている日」というのは「言語表現が用いられる特定の文脈」ではないでしょうか．また，「わたし」とは誰でしょうか．もちろんＢです．しかし，「わたし＝Ｂ」という理解はやはり「Ｂがこの発言を行なっている」という文脈理解を前提とします．この点で，意味論レベルの理解に語用論レベルの理解が介入していることになります．Ａのような人物でさえ，語用論的能力全般が不自由なわけではないのです．

　これを受けて，「意味論と語用論は明瞭に区別できるものではなく…」と言い出すのは単純すぎます．Ａが「今日」を「Ｂがこの発言を行なっている日」と解釈したのは，「今日」という語の字義的意味「「今日」という語が用いられている日」を正しく理解しているからであり，「わたし＝Ｂ」と理解したのは，「わたし」という語の字義的意味「当該の文脈で「わたし」という語を用いている人物」を正しく理解しているからです（Kaplan 1989）．したがって，この段階では「語用論が意味論的処理に介入することを意味論が強制することがある」ということにとどまり，語用論に対する意味論の先行性は揺らいでいません．

　では「ケーキを焼く」はどうでしょうか．この「焼く」は例えば「石焼き芋のように焼く」のではなく「オーブンで焼く」と解釈される必要があります．しかし，「ケーキを焼く＝ケーキをオーブンで焼く」という解釈は，「焼く」の字義的意味から出てくるものではなく，むしろ，ケーキを焼くことに関する我々の常識（フレーム，スクリプト等）から出てくるものと考えられます（cf. Recanati 2004, 2010）．だとすると，ここでは「意味論が強制しているわけでもないのに，語用論が意味論的処理に介入する」ということが起きています．

　問題はここからです．「「焼く」の字義的意味→語用論の介入→「焼く」の語用論的意味」という図式における「「焼く」の字義的意味」とは何でしょうか．定義上，字義的意味はあらゆる語用論的介入から独立です．しかし，「ケーキを焼く」「石焼き芋を焼く」「魚を焼く」「家を焼く」などのいずれからも独立した「焼く」の意味とは何でしょうか．仮にそんなものがあるとして，それは「ケーキを焼く」「石焼き芋を焼く」「魚を焼く」「家を焼く」などの最大公約数を強引に取り出したものにすぎないのではないでしょうか．ここではむしろ，語用論的意味が先にあって，事後的に字義的意味（スキーマ）が取り出されています．この段階でついに，語用論に対する意味論の先行性が崩れることになります．これこそが，認知言語学における**用法基盤モデル**（Langacker 1988）の言わんとすることにほかなりません．

　次にこう問われます．字義的意味（スキーマ）の取り出しは必要（また可能）なのか？　そんなものがなくても語は使用できるのではないか？　こうして我々はウィトゲンシュタインが始めた哲学的「無意味論」へと足を踏み入れることになります（大森 1965/1998; Ambrose ed. 1979; Recanati 2004; 野矢 2011）．

▶**参考文献**

Ambrose, A. (ed.) 1979 *Wittgenstein's Lectures: Cambridge 1932-1935*, Prometheus Books. ［野矢茂樹（訳）1991『ウィトゲンシュタインの講義II：ケンブリッジ 1932-1935 年』勁草書房.]

Kaplan, D. 1989 Demonstratives. In Almog, J. et al. (eds.) *Themes from Kaplan*, Oxford Univ. Press, Oxford, pp.481-563.

Langacker, R. W. 1988 A Usage-Based Model. In Rudzka-Ostyn, B. (ed.) *Topics in Cognitive Linguistics*, John Benjamins, Amsterdam, pp.127-161.

野矢茂樹　2011『語りえぬものを語る』講談社.

大森荘蔵 1965/1998「ことばの機能とその限界」『言語生活』170 号（1965），『大森荘蔵著作集 3』岩波書店（1998）.
Recanati, F. 2004 *Literal meaning*, Cambridge Univ. Press, Cambridge.［今井邦彦（訳）2006『ことばの意味とは何か——字義主義からコンテクスト主義へ』新曜社.］
Recanati, F. 2010 *Truth-Conditional Pragmatics*, Oxford Univ. Press, Oxford.

コラム 20　語彙語用論と認知意味論　　　　　　　　　　　　　　　古牧久典

　語彙語用論（lexical pragmatics）という理論が 1990 年代から話題になっています．語彙語用論にはいくつかあります（Mercer 1991, Blunter 1998）が，ここでは**関連性理論**（Sperber and Wilson 1995）に基づく，語彙意味論との対比で規定される語彙語用論（Carston 2002）とします［→ コラム 18 ］．ウィルソンは，語彙語用論を，言語使用の中で語や句の言語特有の意味はどのように調整が行なわれるのかを解明する分野としています（Wilson 2003）.

　語彙語用論は，話し手の意図が聞き手にどのように伝わるかの解明を，従来の関連性理論の文単位から語や句の単位で行ないます．特に解釈手順における推論のうち，**アドホック概念構築**が問題となります．アドホック概念構築とは，語や句の文字どおりの意味から，発話の話し手の意図に応じて概念の調整が行なわれることです．**認知意味論**（Lakoff 1987: 80-82）でメトニミーとして説明される working mother（仕事をしている母親）のステレオタイプの理解は，語彙語用論（Wilson and Sperber 2012: 180-1）では文字どおりの意味からの語彙調整によって生じるとします［→ 2.6 ］．一般に，符号化された概念（文字どおりの意味）を大文字とし，伝達された概念（調整結果となる意味）に*をつけて記述し，working mother では working MOTHER が working MOTHER*に語彙調整が生じているとします．

　語彙調整には，文字どおりの意味からの伸縮を捉えるための語彙的縮小と語彙的拡張があります．語彙的縮小とは文字どおりの意味の一部を保持した調整です．例えば，I have a *temperature*.（熱がある；平熱よりも高い）の斜体部は絞り込まれて使われているとします．他にも，I *opened* the window.（窓を開けた）と I *opened* my mouth.（口を開けた）の open の違いも説明可能とするものです．語彙的拡張は文字どおりの意味よりも広がりを持つ意味になる調整です．France is *hexagonal*.（フランスは六角形だ；おおむね六角形），Brown is the new *black*.（茶色は新しい黒だ；今季ファッション基本色の黒に変わる色が茶色だ），メタファーの Robert is a *computer*.（ロバートはコンピューターだ），誇張法の This water is *boiling*.（このお湯，沸騰している；思ったよりも熱すぎる）のそれぞれの斜体部の意味は，語自体の持つ意味に収めることができないため，語彙的拡張が生じているとします．

　同現象について，認知意味論では一般認知能力に裏づけられた幅広い説明をします．例えば，We took the door off its hinges and then walked through it.（ドアの蝶番を外し，そこを通り抜けた）の door の二重の理解にメトニミーが背後にあるとします（Taylor 2003: 127）．上述の TEMPERATURE*は，メトニミーの特性にも通じる活性化領域（Langacker 1999）と関係するでしょう．二つの OPEN*には多義が絡み，move apart（広げる），create aperture（ひらける），make accessible（開放する）などをノードとする open のネットワークモデル（Taylor 2003: 168）やスキーマ性の能力が背後にあります．HEXAGONAL*は，痕跡的認知（国広 1985）や認知ドメイン内のベースとプロファイルとの関係性（Langacker 1988）に対応するでしょう．BLACK*はメンタルスペース（Fauconnier 1985）が深くかかわるでしょう．COMPUTER*は（メタファーのみならず）幅広いカテゴリー化が関わる現象に相当します．認知意味論では語彙語用論の*を詳細に解明していると言えます．

　2000 年代からは，語彙語用論でも日常の（概念）メタファーについての議論が見られます（Tendahl 2009; Wilson 2010; Clark 2013）．誇張法は，認知意味論でも一考の余地がありそうです．文字どおりの意味に対する見解（その根底にあるモジュール観）の違いで隔たりのある両理論ですが，その検討は双方の新たな知見につながるのではないでしょうか．

|2.10|

メンタル・スペース理論

坂原　茂

　自然言語の情報伝達では，言語表現は不十分な情報しか伝えないことが多く，聞き手は多くの情報を補うことで意図された解釈にたどり着く．言語表現は完成された解釈を表現するにはほど遠く，単に解釈のきっかけを与えるだけである．解釈は，先行文脈，既存の知識，発話状況で得られる情報をうまく使って，その場で作り出される．解釈プロセスは，言語表現が伝える意味の受容ではなく，そこからの意味の構築である．**メンタル・スペース理論**（mental spaces theory）は，言語表現が与える貧弱な意味が語用論的操作によって充実した理解へと変貌する過程をできるだけ単純で，明示的なやり方で説明しようとする．この理論の全体的特徴は説明の一般性，談話研究の重視であるが，顕著な技術的特徴は，メンタル・スペースと呼ばれる局所的認知領域への情報の分配と，マッピングと呼ばれる領域間の相互作用の使用である．言語表現の意味はメンタル・スペースに書き込まれ，先行談話，既存の知識（フレームや理想認知モデルなど）や発話状況で得られる視覚・聴覚情報などで補完され，推論などの認知操作で意味が作られていく．

1. メンタル・スペース理論の登場

　言語学は，元来，言語を通して人間の心を研究するという目標を持っていた．しかし，経験科学として確立するために，意図的に研究対象を狭く設定し，この目標を封印してきた．20世紀前半の言語学は音韻論主導であり，1950年代の生成文法登場以後は統語論主導であった．極端な言い方では，音韻論は20から50程度の音素の組合せ理論であり，統語論も動詞，名詞，形容詞など少数の統語カテゴリとそれらカテゴリに属す語彙の組合せ理論にすぎない．こうした組合せは，完璧を目指さなければ，少数の規則で記述できたため，言語は閉じられた自律的なシステムと仮定され，言語学はこのシステムの内的構造を研究すればよかった．

　1960年代半ば意味研究が本格化すると，意外にも，統語論で成功を収めた内的構造の分析という研究方法が意味研究には役に立たないことが明らかになる[注1]．意味の領域は，閉じられたシステムではなかったのである．1965年からの15年間は，様々な研究方法が試みられ，一見，混沌とした状況が続く．しかし，これは，言語観の革新という知の組み替えに，是非とも必要な試行錯誤の期間であった．言語学は哲学，認知心理学，人工知能，コンピュータ科学などから多くのことを学び，新しい言語観とそれに相応しい研究方法を探し続ける．こうして，当時，ようやく形をなしつつあった認知科学の成立に積極的に関わり，認知プロセスとしての言語という言語観とそれに相応しい研究方法を確立していく．

　1980年頃から具体的成果が現れ始める．レイコフとジョンソン（Lakoff and Johnson 1980）はメタファーの詳細な分析により，メタファーが，既存の知識を使って，新しい経験領域を迅速かつ低コストで理解可能にする認知方略であることを明らかにする．これは，言語の研究が人間の思考について多くを教えてくれることを明らかにした記念碑的研究であった．同じ頃，フォコニエ（Fauconnier 1979, 1985）は，言語と認知を仲介するインターフェイスとしてメンタル・スペースという概念を提唱し，ダイナミックな意味構築の理論の研究を開始した．

2. メンタル・スペース理論

　メンタル・スペースとは，談話処理が作り出す部分的・局所的情報領域である．我々は話したり，聞いたり，考えたりする際にメンタル・スペースを作る．言語表現の意味はメンタル・スペースへの書き込み指令であり，メンタル・スペースは要素（例. t: 太郎），要素の属性（例. STUDENT (t): 太郎は学生だ），要素間の関係（例. LOVE (t, h): 太郎は花子を愛している) からなる情報集合である. メンタル・スペースは, 進行中の談話理解に必要な情報のみを含む, 基本的に小さな情報集合であるが, 必要に応じて, 外にあるフレームや理想認知モデルなどの知識集合から情報が流れ込み, 推論, アナロジー, 帰納など様々な認知操作でさらに情報を付け加えることで, 使用された表現からすれば桁違いの複雑なメンタル・スペースに到達することもある. この理論は, 意味は, 単に伝達されるのではなく, その場で作られると考えるので, 研究の中心は意味がどのように作られていくかの過程の解明である. メンタル・スペース理論は, 語用論的意味操作を統合する意味論として出発し, 研究の発展に伴い, 思考一般を研究する認知科学理論に発展した.

メンタル・スペース理論の特徴は, 説明の一般性, 処理の局所性, 談話の重視である. 説明の一般性の有利な点は, 特殊な道具立てを使用しないため, 元来別のものと考えられ, 別の説明が行なわれてきた多くの言語現象を統一的に説明し, 些細な差はあっても基本的に同じ現象であることを明らかにしたことである. メンタル・スペース理論は, 同一の認知操作が複雑度の異なる表現 (単語から談話まで) や, 異質の分野 (言語から自然科学, 数学まで) に共通して働いていると考える. こうして数概念の発達, 工学デザイン, アナロジー, メタファー, メトニミー, 反事実的条件文など表面的に極めて異質の現象がすべて領域間マッピングに基づく同一の認知操作で説明できることを明らかにした. 我々の概念領域の使い方は, 概念領域自体の性質が異なるものであっても, 差異より共通性の方が大きい. 処理の局所性に関しては, メンタル・スペース理論の仮定する処理は局所的なものばかりで, 人間の情報処理の実情にうまく適合する. 談話の重視に関しては, メンタル・スペース理論は, 自然言語はもともと具体的コンテクストに支えられて初めて適切に機能するように作られているので, 研究すべきは, コンテクストから独立した意味などではなく, 具体的コンテクストとの関連で意味がどのように作られてくるかであると考える.

メンタル・スペース理論は, 意味構築を, メンタル・スペースの構築, 管理, 運用として理論化

する. メンタル・スペースは, 要素と, 要素の属性, 要素間の関係を含む. a N などの不定名詞句はメンタル・スペースに新しい要素を導入する. the N などの定名詞句は基本的にすでに導入されている要素を同定するが, 時には新しい要素を導入することもある (ただし, その場合でも, 既知の要素である). 形容詞句や動詞句は, 要素に対して成立する関係を導入する. あるスペースの要素は, 別のスペースの要素と関係を持つことがある. スペース自体も, より大きな構造の中では要素として働き, 他のスペースと対応づけられる.

メンタル・スペースは必要に応じて明示的言語表現がなくても作られるが, 自然言語には, 明示的にメンタル・スペースを操作する表現が多数ある. **メンタル・スペース導入表現** (mental space builder) は, 基本的には新しいメンタル・スペースを作らせる表現であるが, 先行文脈ですでに作られているメンタル・スペースに処理を移すように指示することもある. 英語では, 前置詞句 (in Len's picture, in 1929), 副詞 (really, theoretically), 命題結合子 (if ... then ...), 命題態度や言語行為の動詞 (believe, hope, claim) などが代表的なスペース導入表現である.

言語表現は, メンタル・スペースを作り, そこに要素を導入し, 属性を付け加え, 要素どうしを関係づける. 複数のスペースは, **基底メンタル・スペース** (base mental space) を出発点に, 様々な従属関係で結ばれる**メンタル・スペース構成** (mental space configuration) と呼ばれるネットワークを作る. 談話全体の解釈は, メンタル・スペースとそれらの結合からなる, メンタル・スペース構成により表現される.

3. メンタル・スペース理論の説明の例 : 名詞句の多重解釈

メンタル・スペース理論の説明はできるだけ単純で一般的であろうとする. まず特殊な道具立てを使う理論を観察し, 次にメンタル・スペース理論でそれがどのように説明できるか見てみよう.

▶ 3.1 バック:特定・非特定

最初はバック (Bach 1968) の不透明文脈の処理である. want のような命題態度動詞は不透明文脈を作り, (1)の a fish は特定的, 非特定的のど

ちらの解釈もできる．John はある特定の魚を考え
ていて，それを捕まえるつもりだったのか，それ
ともそうした魚はおらず，魚ならなんでもよかっ
たのか．二つの解釈はそれぞれ(2a)(2b)で表現で
きる．バックは(1)には(2a)(2b)の二つの深層構
造があり，それらが変形で同一の表層構造になる
ため，(1)が曖昧になると説明した．さらに単文構
造の(3)にも，(1)と同じ曖昧性が見られるので，
(3)は(2a)(2b)のような深層構造から従属節を消
去し，単文構造にする変形によって生成されると
説明された．こうした変形が妥当であるかどうか
は別にして，この方法では(1)の二つの解釈が明示
的に区別できるため，名詞句にスコープがあると
いう考えは，優れた仮定と見なされた．

(1) John wanted to catch a fish.
　　（ジョンは，サカナを捕まえたかった）
(2) a. (∃ x)(x: fish)(John wanted(John catch x))
　　 b. John wanted((∃ x)(x: fish)(John catch x))
(3) John wanted a fish.
　　（ジョンはサカナが欲しかった）

▶ 3.2　ジャッケンドフ：イメージ・コンテクスト

ジャッケンドフ（Jackendoff 1975）は，命題態
度動詞を含まない(4)が，命題態度動詞を持つ(5)
と同じ曖昧性を持つと指摘した．(5)については
girl with blue eyes は絵の中のイメージの記述と
も，モデルの記述とも解釈できる．イメージの記
述と考えれば，そのイメージの少女は青くて茶色
の目をしていることになり，矛盾文となる．一方，
モデルの記述と考えるなら，John は，青い目をし
た少女をモデルにして，茶色の目をした少女を描
いたことになる．(5)については，John が矛盾し
た信念の持ち主で，ある少女の目が青く，かつ茶
色であると思っているという解釈と，John が，青
い目をした少女を誤って茶色の目をした少女だと
思い込んでいるという解釈の二つがある．

(4) In John's painting, the girl with blue eyes has
　　brown eyes.
　　（ジョンの絵では，青い目の少女が茶色の目をし
　　ている）
(5) John believes that the girl with blue eyes has
　　brown eyes.
　　（ジョンは，青い目の少女が茶色の目をしている
　　と思っている）

(4)に対して基底の複文構造を仮定し，そこから

変形によって単文構造を導き出すのは不自然で，
名詞句のスコープの違いで曖昧性を説明するのは
難しい．そのため，ジャッケンドフは異なる説明
を採用した．まず絵画，写真，信念，想像を表す
文は，現実世界に対してイメージ関係にあるイメ
ージ・コンテクストを作る．次に二つの様相オペ
レータを仮定し，それがイメージ・コンテクスト
に現れた名詞句に，解釈を決定する特殊な条件を
随意的に付与するとした．第1の様相オペレータ
はイメージ・オペレータで，イメージ・コンテク
スト内の名詞句に随意的にイメージ条件を与える．
この条件が与えられた名詞句はイメージを指し，
この条件が与えられなかった名詞句は現実の対象
を指す．例えば，(6)で，絵の中の Mary のドレ
スには緑の絵の具のシミがあるが，第1の解釈で
はそのシミは Mary のドレスについているシミを
表現するイメージで，絵の一部であるが，別の解
釈では画家が作画中に絵の具を落とすなどして誤
ってつけてしまったシミで，イメージではなく，
絵の一部ではない．この二つの解釈が，a splotch
of green paint に，イメージ条件が与えられたか
どうかの違いとして説明される．

(6) In that painting, there is a splotch of green
　　paint on Mary's dress.
　　（その絵では，メアリのドレスに緑の絵の具のシ
　　ミがある）

第2の様相オペレータは不透明オペレータで，イ
メージ条件が与えられている名詞句に随意的に不
透明条件を与える．不透明条件が与えられた名詞
句はイメージの記述（不透明な解釈）となり，そう
でない場合はモデルの記述（透明な解釈）となる．

したがって，イメージ・コンテクストにある名
詞句は3重に曖昧になる可能性がある．(a)イメー
ジでない．(b)イメージを指すが，モデルの記述
である．(c)イメージがイメージ自体の記述で指さ
れている．命題態度動詞の従属節で見られる曖昧
性が，他のコンテクストでも見られるという，ジ
ャッケンドフの観察は重要であるが，これに対す
る説明は，観察された曖昧性に対して，それと同
じ数の説明概念を導入しており，説明というより
むしろ偽装された記述である．

▶ 3.3　アクセス

メンタル・スペース理論には，要素 a と b が何

らかの知識で結合されると，aの記述を使ってb
を指せるとする．アクセス原則という一般原則が
ある．アクセス原則は，基本的には拡大されたメ
トニミーである．

(7)**アクセス原則**（Access Principle）
二つの要素aとbがコネクタFによってリンク
されていれば（b = F(a)），要素bはその対応物
aの記述によって指すことができる．この場合，a
を**トリガ**，bを**ターゲット**，Fを**コネクタ**（ある
いは語用論的関数）と呼ぶ．

作者は彼の書いた作品と結合されているので，作
者の名前で彼の作品が指せる．こうして，(8)には，
夏目漱石本人を買ったという解釈に加えて，夏目漱
石の作品を買ったという解釈があることになる．こ
の説明では，文の構造が曖昧であるとか，「夏目漱
石」に二つの意味があるなどとは仮定されない．

(8)昨日，夏目漱石を買った．

▶ **3.4　代名詞の一致**
アクセス原則は，統語現象にも影響を及ぼす．
英語では代名詞は先行詞と性・数の一致を行なう．
Plato は男性・単数であるので，それを受ける代
名詞は男性・単数の he であると予想される．と
ころが，(9)では，先行詞 Plato はアクセス原則に
よりプラトン本人でなく，彼の本を指しており，
それを受ける代名詞も本を指している．そのため，
適切な代名詞は he でなく，it である（he を使う
なら，プラトン自身が皮でぐるぐる巻きにされて
いるという奇妙な解釈になる）．(10)では同じこと
が関係代名詞に起こっている．

(9)Plato is on the top shelf.
　　｜It/ *He｜ is bound in leather.
　　（プラトンは一番上の棚にある．
　　｜それ /*彼｜ は革装になっている）

(10)Plato, ｜which/ *who｜ is on the top shelf, is
　　bound in leather.
　　（プラトン，｜それ /*彼｜ は一番上の棚にあり，
　　革装になっている）

▶ **3.5　スペース間アクセス**
アクセス原則は極めて汎用性が高い操作であり，
様々な認知領域（時間，信念，物語，絵や写真な
ど）の結合に対して自由に働くことができる．例
えば，過去の事件を語るときには，事件に対応す
る過去スペースMに，事件の関係者である要素a

が導入される．一方，現在スペースRは明示的に
言語化はされなくても潜在的には常に存在する．
もしMの要素aがRの要素a′と関係づけられる
と，MとRをまたいでアクセス原則が働き，aは
a自身あるいは対応物a′のどちらの記述でも同定
できるようになる．こうして，(11)の the
president に二つの解釈があることが理解される
(Fauconnier 1985)．第1の解釈では，the
president は，その人のMでの記述で，1929年に
赤ん坊の大統領がいたことになる．第2の解釈で
は，the president は，その人のRでの記述にな
り，現在の大統領が1929年に赤ん坊であったとい
うことになる．

(11)In 1929, the president was a baby.
　　（1929年には，大統領は赤ん坊だった）

過去の事件の登場人物が，別の時点でのその人
の記述により同定されることは頻繁に起こる．
Fauconnier (1984) は，殺人事件を報じる新聞記
事から，(12)のような極端な例を引用している．
頭がなくなったのは殺されてからであり，美容院
にいったときには頭はあった．

(12)Avant de mourir, *la femme sans tête* était allée
　　chez le coiffeur.
　　（死ぬ前に，その頭のない女は美容院にいっていた）

▶ **3.6　バック，ジャッケンドフ再論**
アクセス原則を使う説明が，どのようにバック
やジャッケンドフの例を処理するかを見よう．バ
ックの(1)(3)では，John の望みスペース W が作
られ，W に a fish に対応する要素aを導入され
る．言語表現のすることはここまでである．談話
には，言語化されなくても，現実世界に対応する
基底スペースBが常に存在する．Bにaに対応す
る要素a′があれば，aとa′はモデル・イメージコ
ネクタで結合され，特定的解釈となる．もしBに
aに対応する要素がなければ，非特定的解釈とな
る．こうして，名詞句のスコープのような道具立
てがなくとも，(1)(3)に二つの解釈があることが
説明できる．

これにとどまらず，メンタル・スペース理論は，
特定的解釈には，名詞句のスコープを使ったやり
方では説明できない，さらなる曖昧な解釈がある
ことも説明する．アクセス原則からすれば，fish
はaとa′のどちらの記述であっても構わない．a

の記述とすれば，記述そのものは不透明な解釈になり，John が a を fish だと思っているだけで，実はそれは fish でなくても構わない（例えば，実際にはワニなのだが，John はそれをサカナだと勘違いして捕まえようとしている）．a′の記述だとすれば，記述は透明な解釈になり，実際はサカナなのだが，John がそれをワニだと思って捕まえようとしているという事態でも構わない．要素が特定的であることと，記述がどのスペースから発生するかは独立なので，特定的解釈のままで記述は透明にも不透明にもなり得る．一方，名詞句のスコープを仮定するアプローチでは，特定的解釈の名詞句は必然的に透明な記述になるので，こうした曖昧性はあり得ないと予測する．これは重大な理論的欠陥であり，名詞句のスコープは単に不必要なだけでなく，言語事実のまともな記述さえ不可能にしてしまうのである．

次に，ジャッケンドフの例を見てみよう．(4) は，絵スペース M を作り，the girl with blue eyes が M に要素 a を導入する．現実に対応する基底スペース B を考慮すると，John がモデルを使って描いたとすれば，B には a に対応する要素 a′ があり，girl with blue eyes という記述は a の記述であっても a′ の記述であってもよいことになる．a の記述であれば，絵の中の少女の目が青くかつ茶色ということになり，矛盾文となる．a′ の記述であれば，モデルの記述であり，目が青いのはモデルの方で，絵の中の少女の目は青でなく，茶色だということになる．John がモデルなしで描いたとすれば，girl with blue eyes という記述は必然的に a の記述であり，矛盾文となる．(5) についても，絵スペースの代わりに John の信念スペースが使われるだけで，説明の仕方は同じである．これで，(4) や (5) の 2 重の解釈が説明できるが，この説明では，アクセス原則が使われているだけで，特別な仮定はいらない．アクセス原則は，これ以外の言語現象にも適用でき，どのみち必要な一般原則である．

また，(6) に，イメージが介在しない解釈があることも簡単に説明できる．(6) では，場所の指定が 2 段階で行なわれ，まず in this painting で大枠が指定され，次に on Mary's dress で詳細な場所が指定される．a splotch of green paint がシミを表現するイメージでない解釈では，in this painting は単なる場所表現で，スペース導入表現ではなく，(13) と同様，絵スペースは作られない．したがって，(6) にイメージでない単なるシミの解釈があることは，スペース導入表現として働ける表現が，ときには単なる場所表現であることで説明できる．

(13) In my office, there is a book on the desk.
　　（私の研究室に，机の上に一冊の本がある）

このように，メンタル・スペース理論では名詞句の解釈の曖昧性が，名詞句のスコープや様相オペレータなどの特殊な道具立てを使うことなく，簡単に説明できる．

▶ **3.7　見かけの多義性と意味の同定**

言語表現は，目立たない形でも，様々な解釈を生みだす．例えば，「読売新聞」という語はなにを指すのだろうか．(14) では，新聞のコピーにも，新聞社そのものにも，新聞社の株式にも解釈できる（実際には，上場していないので，株は買えない）．(15) では，太郎が新聞社の社員になったとすると，「読売新聞」は企業を表すが，単に建物の意味にも取れる．(16) では，新聞のコピーにも，新聞配達人にも，新聞記者にも解釈できる．

(14) 私は，読売新聞を買った．
(15) 太郎は，読売新聞に入った．
(16) 読売新聞がまだ来ていない．

われわれは，こうしたたくさんの解釈を「読売新聞」の意味としてあらかじめ知っているのだろうか．それとも，解釈はその場で作り出されたものであるのか．直感的には，「読売新聞」は多義的ではない．なぜそう考えるかといえば，多少の違いはあっても，類似の解釈が，別の新聞社（例えば，「産経新聞」）や他業種の企業（「トヨタ」）でも起こるからである．我々は，組織の活動全体を組織の名前で代表させ，必要に応じて，組織の名前を使って，そこに含まれる様々な要素（会社，労働者，建物，株など）に言及する．これは，組織名がトリガで，それについての知識がコネクタで，組織に含まれる様々なものがターゲットとなるアクセス原則の適用例であり，解釈は，一般的知識や発話状況での話題を考慮してその場で作られる．

▶ **3.8　造　語**

意味構築の極端な例が造語である．(17) では，

de-Hortonize（脱ホートン化する）という奇妙な動詞が使われている（Fauconnier 1990）．この語の背景は以下のようなものである．1988年のアメリカ大統領選で民主党大統領候補 Michael Dukakis は，殺人犯 Willie Horton に対し寛容な態度を取ったため，共和党大統領候補 George Bush から犯罪者に甘い大統領候補というネガティブ・キャンペーンを仕掛けられ，敗北した．この記事が出た1990年当時ニューヨーク州知事であった Mario Cuomo は，1992年大統領選の民主党有力候補で，立候補の準備を進めていた．ところが，犯罪者に寛容な態度を見せれば，現大統領であり，1992年の共和党大統領候補であろう Bush から，1988年と同じネガティブ・キャンペーンをしかけられ大統領選で敗北する可能性があった．そこで，それまで犯罪者に寛容であった Cuomo は，犯罪者に対する寛容政策を止める．この複雑な関係を理解したうえで，犯罪者からの寛容政策要望の拒絶が，de-Hortonize oneself で表現されている．

(17) Mario Cuomo: Refuses all clemency requests for first time.
De-Hortonizes himself for 1992.
(Newsweek, 1990.1.15)
（マリオ・クワォモ：初めてすべての寛容の要望を拒絶する．1992年に向けて脱ホートン化する）

ここで見られるアナロジー推論は，メンタル・スペース理論が最も得意とする分野の一つである．詳細は省くが，大まかなところでは，三つのスペースが作られ，三つのスペースの間でアナロジー推論によって様々な情報のやりとりが行なわれ，de-Hortonize という造語の意味が作られていく．第1のスペースは1988年のアメリカ大統領選スペース S_{1988} であり，Bush, Dukakis, Horton に対応する要素と，それらの間のリンクがあり，特に Dukakis に民主党大統領候補，犯罪人に寛容，大統領選の敗者のような属性が与えられている．第2のスペースは1992年のアメリカ大統領選スペース S_{1992} で，Bush, Cuomo に対応する要素があり，Cuomo に民主党大統領候補という属性が与えられている．第3のスペースは1990年の現在スペース S_{now} で Cuomo はニューヨーク州知事，次の大統領選の有力候補である．S_{1988} と S_{1992} とはアメリカ大統領選という同一の構成フレームで構造化されて

おり，民主党大統領候補という役割の共通性により，Dukakis と Cuomo がリンクされる．もし S_{now} で Cuomo が犯罪者に寛容さを示せば，その属性は S_{1992} の Cuomo に投射される．すると，S_{1988} と S_{1992} の類似はさらに大きくなり，アナロジーによる領域間マッチングが働き，S_{1988} の Dukakis の大統領選の敗者という属性が，S_{1992} の Cuomo にも与えられる．これは，S_{now} の Cuomo が是非とも避けたい事態であるので，S_{now} の Cuomo は犯罪者への寛容を棄て，S_{1992} の Cuomo に犯罪者に寛容という属性が与えられるのを阻止しようとする．すると，二つのスペースの類似性は減り，領域間マッチングが阻止され，S_{1988} から大統領選の敗者という属性が，S_{1992} の Cuomo に投射されなくなる．こうして，Cuomo が大統領選に勝利する可能性が出てくる．この複雑なアナロジー推論の全体が de-Hortonize 1語に圧縮されている．

de-Hortonize という造語は，この複雑な推論を理解する手がかりを与えているだけで，背景知識と独立した明確な意味を持つわけではない．したがって，背景知識を共有する話し手の間でしか理解されず，現在ではおそらく理解されないし，この記事以外では二度と使われなかったであろう．また，この語は極度に背景情報に依存しているため，それに少しでも合致しない状況では，犯罪者からの寛容要望の拒絶という同じような行為が，de-Hortonize とは見なされない．たとえば，ニューヨークの警官が，犯罪者からの寛容の要望を拒絶しても，それは de-Hortonize ではない．

4. 名詞句と役割関数

名詞句は常に同一の対象を指すわけでなく，使用状況に応じ様々な対象を指す．現在（2019年）は，「大統領」という語は，アメリカについてはトランプ，フランスについてはマクロン，韓国については文在寅を指す．しかし，2000年ならそれぞれクリントン，シラク，金大中を指した．

名詞句の指示対象の変化を捉えるために，フォコニエ（Fauconnier 1985）は**役割**（role）という考え方を導入している．役割とは名詞句の意味・記述内容によって与えられる関数で，時間・状況・文脈・信念などのパラメータの変化に応じ，記述を満足する個体の集合から適当な**値**（value）

を選び出す．「大統領」は，年と国名のペアをパラメータとする役割関数で，その年に当該の国で大統領である個体を選び出す．パラメータは文脈から明らかであれば往々にして省略される．トランプを指すのに正確には「現在のアメリカ大統領」という言うべきところを，状況によっては「アメリカ大統領」，「現在の大統領」，「大統領」などの省略表現でトランプが指せる．

▶ 4.1 役割解釈と値解釈

役割が文の解釈に本質的に関与する解釈を**役割解釈**（role-interpretation）と呼ぶ．一方，役割の特定の値についての解釈を**値解釈**（value-interpretation）と呼ぶ．(18)がアメリカの政治に関する文であるとすると，大統領の交代が4年ごとにあるという役割解釈と，現在の大統領であるトランプに4年ごとに性格，外観などの変化が起こるという値解釈がある．第2の解釈は，「大統領」を「トランプ」に置き換えて「トランプは4年ごとに変わる」と言っても同じ命題を表すが，第1の解釈では，役割を値に置き換えることはできない．

(18) 大統領は4年ごとに変わる．

(18)の役割解釈は，パラメータの変化に応じ役割の値が変化するという，役割の関数的性格を表現している．この解釈を特に**値変化の役割解釈**（value-changing role-interpretation）と呼ぶ．パラメータの変化に応じて役割に複数の値が存在する場合，複数の値の行動の全体が，その役割の行動と見なされる解釈がある．それを，特に**加算的役割解釈**（cumulative role-interpretation）と呼ぶ．(19)を見よう（Fauconnier 1985）．ニクソンが任期途中で辞職したときのように，年度途中で大統領が変わったとすれば，前任の大統領と後任の大統領がそれぞれ公務員に10億ドル払い，2人が払った金額の合計が20億ドルになれば，(19)はその状況で真となる．単独ではどちらの大統領も20億ドル払っていないが，2人の行動の合算が1個人の行動のように表現され，(19)はその状況の適切な記述となる．

(19) Every year, the president gives civil servants $ 2 billion.
（毎年，大統領は公務員に20億ドル払う）

加算的解釈は意外に頻繁に使われている．例え

ば，(20)には，一つの台風が房総半島に上陸し，いったん海に戻り，再び房総半島に上陸したという解釈と，一つの台風が房総半島に上陸して去った後，別の台風がやってきて房総半島に上陸したという解釈がある．2番目の解釈は加算的で，単独ではいずれの台風も房総半島に再上陸していない．

(20) 昨日，台風が房総半島に再上陸した．

また，役割解釈の特殊なものとして，役割だけがあって，値が存在しないという場合がある．(21)は，役割「序文」に対して値が存在しないことを表している．こうした例を考えると，役割関数はある特定のパラメータに対しては値の定まらない部分関数と考えるのが適当である．

(21) この本には，序文がない．

▶ 4.2 不完全同一性照応の代名詞

自然言語の代名詞は，論理学の変項と同一視されることが多い．この同一視は，代名詞研究の初期には大いに役立ったが，最終的には誤りである．論理学の変項は単に個体の同一性を表すだけだが，自然言語の代名詞は，役割と値を持つ先行詞を引き継ぐため，単なる値の同一性の表示ではない．この当たり前の事実を無視したことがいろいろな見かけ上のパラドクスを生んだ．

代名詞は，先行詞と役割を共有しながらも，先行詞と異なる値を持つことがある．Postal (1967) は英語を話すワニの言葉として，(22)のような例を挙げた．代名詞 it の先行詞は my tail であるが，落ちた尻尾が再び生えてくるわけではない．生えてくるのは my tail であっても，別の尻尾である．つまり，it は役割だけを共有し，値は共有しない．これは**不完全同一性**（sloppy identity）と呼ばれる照応現象で，代名詞を単なる変項と見なす観点からは，パラドクスに映る．先行詞の名詞句は役割と値を持つので，代名詞は(a)役割と値の両方，(b)役割だけ，(c)値だけ，を受けることができる．このことに気がつけば，不完全同一性のような照応があるのは当然のことと理解できる．

(22) My tail fell off, but it grew back.
（私の尻尾は落ちてしまったが，それは再び生えてきた）

代名詞はたいがい先行詞の役割と値の両方を受け継ぐが，先行詞の役割だけ，あるいは値だけを受けることもある．クリプキ（Kripke 1977）は

(23)を挙げた．B_1 は he で，A が her husband で指しているのと同じ人を指しているが，その人が her husband であるとは思っていない．代名詞は値だけを受け，役割は継承しない．一方，B_2 は he で B_2 が her husband と思っている人を指しているが，それは A が her husband と考えている人とは別人である．代名詞は役割のみを受け，それに別の値を与えている．これは(22)で起こっているのと同じ不完全同一性による照応である．

(23) A: Her husband is kind to her.
B_1: He is kind to her, but he isn't her husband.
B_2: No, he isn't. The man you're referring to isn't her husband.
（A: 彼女の夫は彼女にやさしい．
B_1: 彼は彼女にやさしいが，彼女の夫ではない．
B_2: いいえ，彼はそうでない．あなたが指している人は彼女の夫ではない）

ここで(22)に戻り，(22)の最初の文の事件の時刻を t_1 と，次の文の事件の時刻を t_2 とおく．時刻 t_1 と t_2 は役割 my tail の値同定のためのパラメータとして働く．最初の文では my tail に t_1 での値 a が割り当てられる（my tail(t_1) = a）．第二の文では，it は役割のみを受け，それに t_2 での値 b が割り当てられる（it(t_2) = my tail(t_2) = b）．a と b は異なる個体である（a ≠ b）．同様に，(23 B_2)では，B_2 は he で her husband という役割だけを受け，それに A とは異なる値を与えている（Sakahara 1988）．

▶ **4.3 同定文**

通常，役割への値の割り当ては名詞句使用以前に済んでおり，非明示的で，目立たず，ほとんど意識にも上ることもない．ところが，役割への値の割り当てそのものを表現する文がある．(24)は役割「作者」のパラメータ「源氏物語」での値が紫式部であることを表わす．このようなコピュラ文を**同定文**（identificational sentence）と呼ぼう[注2]．同定文での役割は，(18)の値変化の役割解釈と同じで，役割の関数的性格を指す．同定文では役割は値を指していないので，それを指すのに人を指す「彼女」「その人」などは使えず，ものを指す「それ」の使用が義務的になる．例えば，ある人が，源氏物語の作者は清少納言だと思っているとしよう．その人が(24)を言った人の誤りを

ただすため，(25)や(26)のように言ったとしても，それは「源氏物語の作者は，清少納言だ」という解釈にはならない．使えるのは，(27)である．

(24) 源氏物語の作者は，紫式部だ．
(25) *彼女は清少納言ですよ．
(26) *その人は清少納言ですよ．
(27) それは清少納言ですよ．

日本語では同定文は，ほぼ同義の四つのパターンで現れる．興味深いのは(28b)で，この文ではパラメータ，役割，値がこの順で並び，役割関数の働き方がそのまま言語化されたような語順になっている．

(28) a. 源氏物語の作者は，紫式部だ．
b. 源氏物語は，作者は，紫式部だ．
c. 紫式部が，源氏物語の作者だ．
d. 源氏物語は，紫式部が作者だ．

(28b)から役割を省略すると(29)になるが，これは**ウナギ文**である．ウナギ文の生成には，いくつかの説があるが，ウナギ文は役割が省略された同定文である．こうして，「春は曙」，「ビールはアサヒ」などもウナギ文として説明できる．

(29) 源氏物語は，紫式部だ．

5. 概念統合ネットワークモデル

メンタル・スペース理論は，研究の進展に伴い，初期モデルから包括的な**概念統合ネットワークモデル**（conceptual integration network model）に発展している[→ 3.9]．ネットワークモデルは，最小構成では，四つのメンタル・スペースからなる（Fauconner 1997）．

1. **入力スペース I_1 と入力スペース I_2**：ネットワークの出発点になるスペース．二つの入力スペース内にある対応する要素は**スペース間マッピング**（cross-space mapping）により結合される．

2. **総称スペース**（generic space）：二つの入力スペースの共通構造を表すスペース．総称スペースは，入力スペースの図式的・抽象的表現で，そこにある要素はそれぞれの入力スペースの要素にスペース間マッピングで結合される．

3. **融合スペース**（blended space，あるいは単に blend）：二つの入力スペースから要素が選択的に投射され，融合が起こるスペース．融合スペースでは，入力スペースにない**創発構造**（emergent

structure）が作られる．

▶ 5.1 仮想的ボートレース

フォコニエ（Fauconnier 1997）の例を使って，このモデルの働き方を見てみよう．1853 年に Northern Light という快速帆船がサンフランシスコとボストンの間の航海し，高速記録を作った．1993 年に Rich Wilson と Bill Biewenga がその記録を破るため，Great America という名前の双胴船で同じ航路を航海した．新聞は，その航海を (30) のように報道した．Great America は単独で航海をしている．ところが，新聞報道は，1853 年と 1993 年の航海を重ね合わせて，Great America の単独航海を仮想的なレースに見立てている．

(30) Rich Wilson and Bill Biewenga were barely maintaining a 4.5 day lead over the ghost of the clipper Northern Light.
（リッチ・ウィルソンとビル・ビーウェンガは，快速帆船ノーザンライトの亡霊にかろうじて 4 日半分のリードを保っていた）

この文の処理では，1853 年の航海と 1993 年の航海に対応して入力スペース I_1 と入力スペース I_2 が作られる（図 1 参照）．二つのスペースは，1 隻の船（a と c）のサンフランシスコからボストンへの航海（b と d）を表し，同じ構造をしている．対応する要素はマップされる．二つの入力スペースの共通構造を表す総称スペース G が作られ，船は G の船 e に，航路は G の航路 f にマップされる．入力スペースの船は，融合スペース B で異なる要素 g，h に投射される．航路は B で単一の要素 i に投射される．すると，B には，同一の航路を航海する 2 隻の船があることになる．これは，レースのフレームに適合するので，B はボートレースと解釈される．入力スペースはいずれも 1 隻の船の単独航海を表し，これはレースではありえない．実際，Great America の航海を目撃した人が，Great America が Northern Light の記録を破るために航海しているのを知らなければ，Great America の単独航海をレースと考えることはない．Great America の単独航海をレースと概念化できるのは，融合スペースの存在があって始めて可能になる．レースという概念化は，入力スペースから受け継いだ構造でなく，融合スペースで生まれた創発構造なのである．

概念ネットワークにはいくつかのタイプがある．仮想ボートレースのネットワークは，**ミラー・ネットワーク**（mirror network）と呼ばれるタイプのネットワークである．ミラー・ネットワークでは，二つの入力スペースが同一の構成フレームを持つ．この他に，**シンプレクス**（simplex），**シングル・スコープ**（single-scope），**ダブル・スコープ**（double-scope）という 3 種類のネットワークがあり，都合 4 つのタイプのネットワークが区別されている．シンプレクス・ネットワークでは，入力スペース I_1 だけが構成フレームを持ち，入力スペース I_2 は構造化されていない要素の単なる集合で，融合スペースでスペース I_1 がスペース I_2 を構造化する．シングル・スコープ・ネットワークでは，それぞれの入力スペースが独自の構成フレームを持つが，入力スペース I_1 の構成フレームが融合スペースを構造化する．ダブル・スコープ・ネットワークでは，二つの入力スペースの両方の構成フレームが融合スペースの構成に関与する．

融合スペースでは，二つの入力スペースから投射された構造が融合し，新しい構造を作る．概念融合は，科学的発見，デザイン，その他，様々な分野で見られ，創造的思考の重要な源泉である．フォコニエとターナー（Fauconnier and Turner 2002）は，とりわけダブル・スコープ・ネットワークに，人間認知の特殊性，創造性を見る．人間は徐々に様々な認知能力を発展させてきたが，約 5 万年前に突然かつ同時に言語，宗教的儀式，芸

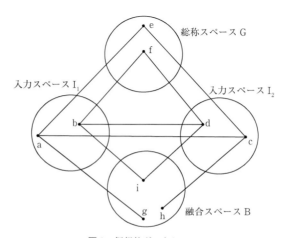

図 1 仮想的ボートレース
入力スペース I_1 と入力スペース I_2 の単独航海は融合スペースでは融合され，レースになる．

術（洞窟壁画），道具製作などの能力を獲得した．フォコニエたちは，この突然の知的進歩の原因は，ダブル・スコープ・ネットワークを操る能力を獲得したことであると考える．人間の創造的思考の最大の源泉は，異なる概念領域を結合，比較，融合する能力であり，概念統合ネットワークは，こうした人間の創造的思考を科学的に研究する指針を示す．メンタル・スペース理論に脳科学的解釈を与え，実験的に実証しようとする研究も行われている．

▶ **5.2 メタファー**

メンタル・スペース理論は**メタファー**を説明するために作られた理論ではないが，メタファーに対しても適確な説明を与える[→ 3.5]．メタファーには二つの考え方があり，第1の見方では，メタファーは字義通りの意味を効果的に表現する表現法で，第2の見方では，メタファーはある対象を別の対象の知識で理解しようとする思考法である．現在の認知言語学では，第2の見方が支配的で，このメタファー観を**概念メタファー**（conceptual metaphor）と呼ぶ．しかし，あるものをどう考えるかと，どう表現するかとは表裏一体の関係にあり，二つのメタファー観は深いところでは共通するところが多い．以下，多領域モデルを使って，ソース（起点領域）とターゲット（目標領域）しか使わない2領域モデルでは説明しにくいメタファーを取り上げ，表現法としてのメタファー観にも一理あることを論じる．

フェコニエとターナー（Fauconnier and Turner 2002）が提唱する概念統合ネットワークモデルでは，メタファーは多領域モデルで表される．ソース・スペースとターゲット・スペースに加えて，総称スペースと融合スペースが使われる．四つのネットワークのタイプのうち，メタファー研究にとって重要なのは，シングル・スコープ・ネットワークとダブル・スコープ・ネットワークの違いである．シングル・スコープ・ネットワーク・メタファーではソースの解釈フレームが，ネットワーク全体の解釈を決定する．多くの概念メタファーはこのタイプのメタファーであり，言語表現も解釈もソースから来ている．例としては，(31)〜(34)のような〈戦い＝議論〉のメタファーがある．

(31) 彼は私の主張を激しく攻撃した．
(32) 私は自分の主張を守るすべがなかった．
(33) 私の主張は粉々に撃破された．
(34) 私は彼との議論で勝ったためしがない．

一方，ダブル・スコープ・ネットワーク・メタファーでは，ソースとターゲットの解釈フレームが複雑に混じりあってネットワーク全体の解釈を決定する．言語表現がソースから，解釈がターゲットからくるような例さえ存在する．古典的メタファー・モデルにとっては，メタファーの解釈を決定するのが，ソースでなく，ターゲットであるというのは意外な事実であろう．こうしたメタファーがある以上，ソース，ターゲットという用語自体が適切と言えなくなる．概念統合ネットワークモデルは，そもそもメタファーの説明のために考えられた理論ではないうえに，ソース，ターゲットという用語が適切でない例があるので，フォコニエたちはメタファーを論じる場合でもソース，ターゲットという用語を避け，入力スペース I_1，入力スペース I_2 という用語を使うことが多い．しかし，メタファーを論じるうえでソースとターゲットはなじみ深い概念であるので，多少の留保をつけたうえで，主たる言語表現を提供する領域をソース，解釈を受ける（かのように見える）領域をターゲットと呼び続けることにする．

▶ **5.3 総称スペースが目立つメタファー**

あるメタファーには特に総称スペースの存在を強く感じさせる．(35)では，ソースはサカナの領域で，ターゲットは競輪選手の領域である．この例は，優秀な競輪選手は年をとり，少しくらい競技能力が衰えても競技生活を続けられるが，平凡な選手は年をとるとすぐに選手生命が終わるという解釈を持つ．ソースのタイとイワシは，ターゲットでは優秀な競輪選手と平凡な競輪選手に，総称スペースでは価値の高いものと価値の低いものに結びつけられる．総称スペースとの結合が保証されるなら，ソースはサカナの領域である必要はなく，宝石でも，ブランド品でも構わない．こうして，(36)，(37)は(35)と同じ解釈を持てることになる．ソースは総称スペースの具体例の一つでしかないから，こうした例ではソースが何であるかはメタファー成立には重要でない．

(35) 腐ってもタイはタイ．イワシは腐ったらすぐに

捨てられる.

(36) 瑕があってもダイヤはダイヤ. 模造ダイヤは瑕があればすぐに捨てられる.

(37) 古くなってもブランド品はブランド品, 偽物は古くなればすぐに捨てられる.

▶ 5.4 融合スペースが目立つメタファー

次に融合スペースの存在が強く意識されるメタファー (38) を見てみよう. この例は, 人間は葦のように弱々しい存在であるが, 考える能力があるので, 人間を力で圧殺するものより高貴だと言っている. ソースは, 葦とそれを圧殺しようとする暴力的な自然であり, ターゲットは, 人間とそれを圧殺しようとする暴力的な自然である. 弱々しいという属性を共有することで, 葦と人間がリンクされる. 「考える葦」という表現に注目すると, 葦は考えることはないので, ソースにあらかじめ「考える葦」があるわけではない. 「考える葦」は, (39) の四つの操作により, 融合スペースで作られる. メタファーは, 既存の知識で, 別の対象を理解する認知方略だとしても, 既存の知識の大きな組み替えが必要となることもある. 「考える葦」は, まっとうな意味では既存の要素ではなく, メタファーを成立させるために, 既存の知識を活用してその場で作られている. このように知識の再編が必要な例では, 融合スペースの存在が目立つ.

(38) 人間は考える葦である.

(39) a. ソースの「葦」とターゲットの「人間」を結合する

b. ソースの「葦」とターゲットの「人間」を融合スペースの単一の要素に投射する

c. それを「葦」と名付ける

d. ターゲットから「考える」という属性を融合スペースの「葦」に投射し, 「考える葦」を作る

メタファーで, ソースとターゲットの要素が合わさって複合表現を作る例は珍しくない. (40) のソースは人体で, 頭脳はその部分である. ターゲットはニューヨークで, コロンビア大学はその部分である. 人体がニューヨークに, 頭脳がコロンビア大学にマップされることで, 「ニューヨークの頭脳」というソースとターゲットにまたがる表現ができあがる. もちろん, 現実世界では, ニューヨークには頭脳はない.

(40) Columbia is the brain of New York.

（コロンビア大学は, ニューヨークの頭脳だ）

x be y of z 構文は, ターゲットの x と z の関係が, ソースの y と（表現されない）w との関係と同じであるという解釈を持つ. この構文で表現されるメタファーは, xyz メタファーと呼ばれる. (40) では, x と z はコロンビア大学とニューヨーク, y と w は頭脳と人体である. 「政界の渡り鳥」（東京都知事の小池百合子氏）や「下町のナポレオン」（「いいちこ」という焼酎）も同じメカニズムに基づいている. 「政界」「下町」はターゲットから, 「渡り鳥」「ナポレオン」はソースから来ている.

メタファーは, 語形成理論にもやっかいな問題を引き起こす. 複合名詞 $N_1 + N_2$ には, $N_1 + N_2$ が表すものは N_2 の種類に属す要素の詳細化だという意味制約があるされる (Allen 1978). 確かに「雄猫」「ペルシャ猫」「野良猫」「家猫」「三毛猫」はすべて猫で, この制約を満たしている. では, 「ウミネコ」はどうか. 翼をもち, 空を飛び回り, 海に潜って魚を捕らえる新種の猫か. 常識的には, ウミネコはネコでなく, トリである. これは, 鳴き声の類似に基づくメタファーである. ソースはネコの領域, ターゲットはトリ, 特にウミドリの領域である. ソースには普通のネコがいるだけで, ネコであるようなウミネコはいない. ターゲットにはネコと同じような鳴き声を出すウミドリがいる. ネコとトリ, およびそれらの鳴き声がリンクされる. ネコとトリは融合スペースで単一の要素にマップされ, ウミネコと名付けられる. ソースにあらかじめネコであるようなウミネコがいて, それがメタファー投射によってターゲットのトリに特殊な解釈を与えるのではない. ウミネコは融合スペースで作られ, それがターゲットに逆投射され, ターゲットのトリがウミネコになるのである. Fauconnier and Turner (2002: 356-7) は, land yacht（ヨットでなく, 自動車の一種）を例にして, 複合名詞での融合を詳細に論じている.

▶ 5.5 ターゲットが解釈を決めるメタファー, 解釈フレームの強要

メタファーでは, 多くの場合, ソースの解釈フレームがターゲットの解釈を規定する. ところが, この説明が当てはまらないメタファーもある. (35) では, 腐ったタイは腐ったイワシより価値があるとされた. ところが, 実世界では, 腐ったタ

イは腐ったイワシと同じくらい無価値で，腐った
タイが腐ったイワシより価値があるわけではない．
腐ったタイが腐ったイワシより高く評価されるの
は，実世界の価値判断ではなく，このメタファー
に固有の解釈である．この例では，ターゲットの
落ち目の競輪選手の優劣の評価に合わせるために，
ソースでの腐ったサカナの評価が実世界の評価と
は別のものになっている．ソースは表現を提供す
るだけで，解釈はターゲットである競輪選手の優
劣の判断からきている．このように，解釈がター
ゲットからくるメタファーが存在する．

　ソースが解釈を決めるメタファーでも，表現の
自然な解釈を排除して，ソースの解釈フレームに
合うように解釈をねじ曲げるメタファーがある．
裕福な家に生まれた幸運な子どもは，「銀のスプー
ンをくわえて生まれてきた子ども」と表現される．
銀のスプーンをくわえて生まれてくる子供はいな
いので，これはメタファーを成立させるために作
られた表現である．ソースは食事で，裕福な家庭
の食事では銀のスプーンが使われ，銀のスプーン
は裕福さの象徴となる．ターゲットは子どもの誕
生である．裕福な家庭に生まれた子どもは，いず
れ銀のスプーンを使って食事をする．この知識に
より，誕生から食事開始までの時間の経過が消し
去られ，融合スペースで，子どもがいきなり銀の
スプーンをくわえて生まれてくる．ところが，よ
く考えれば，子どもにとって，銀のスプーンをく
わえて生まれてくることは，幸運であるどころか，
呼吸の邪魔になるだけで虐待に近い．ところが，
このメタファーは不幸な子どものメタファーでな
く，あくまで幸運な子どものメタファーである．
このメタファーでは，ソースの解釈フレームに適
合するように，自然な解釈が斥けられ，ある意味
で不自然な解釈が強要されている．この例でも，
腐ったサカナのメタファー同様，既存の価値判断
が再利用されているのでなく，よく考えれば不自
然な価値判断が，メタファーを成立させるために
作られている．メタファーが既存の知識を再利用
するといっても，このように大きな知識の再編を
必要とする例もある．

▶ **5.6　説得の道具としてのメタファー，ことば
の彩**

　最後に，議論で人を説得するのに，メタファー

の使用がいかに効果的であるかを見よう．(41)は，
Alphonse Dumas の『王妃の首飾り』の一節であ
る．Taverney 嬢は，宮廷の打算的で無意味な色恋
沙汰に浸りきった自分は，もはや愛とは無縁である
と思っていた．ところが，現在，自分の心に芽生
えている感情は愛なのではないかということに気づ
き，狼狽している．そこで，この狼狽に決着をつ
けるため，〈植物＝愛〉というメタファーを援用す
る．ソースは植物の領域，ターゲットは愛の領域で
ある．植物は愛に，土地は心に，霜は涙にマップ
される．連結が密になるにつれ，ソースの「霜で
凍り付いた土地」とターゲットの「思い出で穢され
た心」が融合スペースで結びつき「涙で凍り付い
た土地」ができあがる．これでは植物は育たない．
ゆえに，愛は育たない．こうして，Taverney 嬢
は，自分の心には愛が育つはずがなく，今自分が
感じている感情は愛ではないと結論する．この議
論では，説得する人と説得される人は同一人物で
あるが，説得が成功するには，〈植物＝愛〉メタ
ファーを経由する必要があった．理詰めで「自分の
荒れ果てた心には愛を受け入れる余地はない」と
説いても，説得は進まなかったのである．

(41)自分が感じていることは，どのように理解すべ
　　きなのか．
　　愛だったのだろうか．ああ，愛は，宮廷の色恋
　　の寒々とした雰囲気の中で，こんなに素早く芽
　　吹き，成長することはない．愛，この珍しい植
　　物は，寛大で，純粋で，無垢な心に好んで花咲
　　く．それは，思い出で穢された心，何年もの間
　　集結してきた涙で凍りついた土地に根を伸ばし
　　たりはしない．いや，私がドシャルネさんに感
　　じたのは，愛ではなかったのだ[注3]

　これまでに見てきたさまざまなメタファーは，
概念メタファー理論が軽視してきたことばの彩と
してのメタファー観を再評価する必要があること
を示す．メタファーはときにはストレートな言い
方より理解しにくかったりするが，少しくらい理
解しにくい言い方の方が知的好奇心を刺激し，強
いインパクトを引き起こす．人間の認知ではさま
ざまな認知プロセスが複雑に絡み合っており，強
い情動を引き起こす表現を選ぶことは，単に面白
い，刺激的であるなどの情動面の効果にとどまら
ず，理解を促進する．メタファーは，知的理解だ
けでなく，認知全体の複雑さを反映する．

まとめと展望

メンタル・スペース理論は，語用論研究の自然な発展として，談話や意味処理の認知的側面を重視することで，従来の意味論には見られなかった，柔軟なアプローチを可能にした．操作概念の一般性のため，異なる立場からのアプローチに有益なアイデアを提供するとともに，この理解が可能にした正確な観察や説明は，他のアプローチにも大いに役立つ．言語学は元来言語を通して人間の認知を解明するという目標があったが，メンタル・スペース理論は，理論の深化に伴い，まさにこの目標を真剣に追求する一般的な認知科学の理論へと発展した．

▶注

1　当時の生成意味論は統語構造と意味構造の一致を，不自然な仮定をしてまで追い求めた．チョムスキーは，早くからそのやり方が非生産的な理論に行き着くことを見抜き，生成意味論を激しく攻撃した．この攻撃がなくとも，生成意味論は行き詰まったはずであるが，チョムスキーはその崩壊を早めるのに貢献した．歴史の皮肉であるが，チョムスキーは生成文法が意味の研究に不適切な理論であることを証明し，生成文法の限界を明らかにした．一方，生成意味論研究者は，生成文法のくびきから開放され，生産的な意味研究を開始し，認知言語学を作るのに成功した．
2　西山（2003）の指定文とほぼ同じ用法である．
3　坂原訳．原文は，Dumas, A. *Le collier de la Reine*, t1: 546-7, Editions Complexe, Paris.

▶重要な文献

Fauconnier, G. 1985 *Mental Spaces*, MIT Press, Cambridge, MA. (Rev. ed. 1994. Cambridge Univ. Press, Cambirdge) ［坂原茂・水光雅則・田窪行則・三藤博（訳）1996『メンタル・スペース』白水社.］
メンタル・スペース理論は，生成意味論やそれ以後の意味研究が解決できなかった様々な問題に新しい見方を提案し，意味研究の可能性を一気に広げた．自然言語の中でいかにメトニミー的操作が広く浸透しているか，この拡大されたメトニミーと使うと，それまでパラドックスとされた多数の言語現象が解決できることを，同定原則（後に「アクセス原則」と改名される）を用いて明らかにした．前提の投射，条件文，比較文，複数世界にまたがる名付けや指示物の同定などの哲学的問題なども論じられている．

Fauconnier, G. 1997 *Mappings in Thought and Language*, Cambridge Univ. Press, Cambridge. ［坂原茂・田窪行則・三藤博（訳）2000『思考と言語におけるマッピング』岩波書店.］
マッピングと呼ばれる要素の関係づけを基礎にして，スペース間で活発な情報のやりとりが行われることで可能になる，自然言語でのダイナミックな意味構築を明らかにした．理論の深化に伴い，アナロジー推論，概念融合などの役割が大きくなり，時制やメタファーも重要な研究対象となる．

▶文　献

Allen, M. 1978 *Morphological Investigations*, PhD thesis. Univ. of Conneticut, Storrs.

Bach, E. 1968 Nouns and Noun Phrases. In Bach, E. and R. Harms（eds.）*Universals in Linguistic Theory*, Holt, Rinehart and Winston, New York.

Fauconnier, G. 1979 *Mental Spaces*, Ms. UCSD, San Diego and Univ. de Paris VIII, Paris.

Fauconnier, G. 1984 *Espaces Mentaux*, Minuit, Paris.

Fauconnier, G. 1985 *Mental Spaces*, MIT Press, Cambridge, MA. (Rev. ed. 1994, Cambridge Univ. Press, Cambirdge) ［坂原茂・水光雅則・田窪行則・三藤博（訳）1996『メンタル・スペース』白水社.］

Fauconnier, G. 1990 Invisible Meaning. *Berkeley Linguistic Society* 16: 390-404.

Fauconnier, G. 1997 *Mappings in Thought and Language*, Cambridge Univ. Press, Cambridge. ［坂原茂・田窪行則・三藤博（訳）2000『思考と言語におけるマッピング』岩波書店.］

Fauconnier, G. and M. Turner 2002 *The Way We Think: Conceptual Blending and the Mind's Hidden Complexities*, Basic Books, New York.

Kripke, S. 1977 Speaker's Reference and Semantic Reference. In Martinich, A.P.（ed）1985 *The Philosophy of Language*, Oxford Univ. Press, Oxford.

Lakoff, G. and M. Johnson 1980 *Metaphors We Live By*, Univ. of Chicago Press, Chicago. ［渡部昇一・楠瀬淳三・下谷和幸（訳）1986『レトリックと人生』大修館書店.］

西山佑司 2003『日本語名詞句の意味論と語用論―指示的名詞句と非指示的名詞句』ひつじ書房.

Postal, P. 1967 Linguistic Anarchy Notes. In McCawley, J.（ed.）1976 *Syntax and Semantics 7*, Academic Press, New York.

Sakahara, S. 1988 On Sloppy Identity. *Kansai Linguitic Society* 8: 31-40.

|2.11|

構 文 文 法

早瀬尚子

本節では，構文文法の変遷を通して，「構文」（construction）という考え方が拡大してきた経緯を概観する．フィルモアとケイ（Fillmore and Kay）らの研究に端を発する**構文文法理論**（construction grammar theory）の発展により，それまで，統語規則に基づいてできあがった結果としての副産物に対するラベルでしかなかった「構文」が，それ自体が学習され言語知識として蓄積されるべき重要な単位とみなされるようになった．また当初は統語的に見て部分の総和以上の意味を持つものに限定されていた「構文」の概念が，構成的に作られるものであってもその表現の内部構成や周囲の要素との結合パターンの可能性など，何らかの側面で予測が難しいとされれば構文と認定できる，という考え方に変わり，その結果，従来の抽象的なレベルのみならず具体的なレベルにも，また接辞レベルから文を超えた談話レベルにまでも，「あちらこちらすべてに構文が見られる」（It's constructions all the way down）（Goldberg 2006: 18）と言われるようになっている．本節ではこの構文文法の流れと現状を概観し，新たな展開と今後の展望について解説する．

1. 構文文法の基本

構文文法理論とは，ある言語形式に慣習化された意味解釈が結びついた構成体としての「**構文**」を言語知識・言語分析における基本単位とみなして，その意味形式の特徴を探求する理論である．従来の認識では，構文といってもある特定の文形式のことを指すにすぎないことが多いが，構文文法では必ずその特定の言語表現形式にある特定の意味が対応したものを「構文」と捉える点が異なる．また「構文」は文だけではなく，意味と形式のペアが成立している限りは，形態素や語や句表現も構文とみなされるし，イディオム表現も，また単文のみならず複文・重文，更には談話やテク

ストレベルに拡大される単位のものも構文となりうる．また，構文の具体性のレベルも様々で，具体的な語句を用いて成立する表現もあれば，抽象度の高い表現の場合もある．

この意味と形式のペアで成り立つ「構文」は，同じく形式と意味の結びつきで表される動詞や名詞などの個々の語彙項目とともに，平行して母語話者に学ばれていく．意味や形式が類似している「構文」同士もまた，互いに関連づけられてネットワークを形成し，母語話者の言語知識体系を形成する．また構文自体が時代とともに変容し様々に変化しうる可能性があるため，構文ネットワークもまた可変的である．

2. 構文文法の展開

▶ 2.1 構文文法の誕生

20世紀後半以降の生成文法理論を中心とする言語学において，構文の位置づけは周辺的であった．文法知識は，文化的言語別に慣習化され個々に学習していく語彙項目のレベルと，言語普遍的で人間が生まれながらに持っている，合理的な規則から成り立つ統語レベルとに分けられていた．そして，結果的にどのような文が組み立てられ産出されるかは，主として動詞の持つ意味的・統語的な特性の反映とみなされた．言い換えると，文の組み立てを決定づける源として，その文に生じる動詞にすべての責任が負わされており，「構文」は文生成プロセスの結果生み出される形式的な副産物でしかない，と考えられていた．

この考えに疑念を呈したのが，フィルモアを中心とする**バークレー派構文文法**（Berkeley construction grammar: BCG）であり，let alone 構文（Fillmore et al. 1988），What is X doing Y 構文（Kay and Fillmore 1999）などの一連の研究である．

(1) a. He wouldn't use a bicycle, let alone a car. /

She wouldn't do calisthenics, let alone lift
weights. (Fillmore et al. 1988)

b. What is this fly doing in my soup?
(Kay and Fillmore 1999)

(1a)は，動詞を中心とした個々の要素から全体を
組み上げる従来のアプローチにとっては問題とな
る側面をはらむ．例えば let alone 以下の要素の文
法的地位には名詞，動詞，動詞句，果ては文まで
と様々なものが許容される．また let alone そのも
のの文法的地位が何かも決定しがたく，この文を
どのような句構造規則で産出すべきかが不明瞭で
ある．つまりこの構文には規則的に産出できる側
面とできない側面とが混在しており，むしろ let
alone には前後の要素の比較対比という全体的意
味が結びつくと考えられる．また(1b)の表現は，
確かに文法規則に基づいて産出できるが，実際に
は字義どおりの疑問文として用いられることはま
れで，現状を非難する意味を伝達する．この側面
は動詞をもとに算出されるものではなく，むしろ
文全体が表す語用論的意味である．また非母語話
者がこの文を適切に使うには，使用できる文脈状
況が限られ偏っていることも学ばなければならな
い．つまりそれも母語話者の言語知識とみなす必
要があることになる．このような一見非標準的な
事例に焦点を当て，その形式に結びついた特定の
意味や機能があることを説き，「周辺」事例を説明
できる理論こそが「中心」現象も包括して扱える
という信念のもと，構文文法という一つの礎が築
かれた．こののち，いわゆる「中心的」文法規則
では組み立てることができない意味や形式を持っ
た，次のような現象を扱う構文文法的研究が次々
に積み重ねられることになる．

(2) a. Him be a doctor!?
（彼が医者ですって？ありえない）
(Lambrecht 1990)

b. It is ASTONISHING the age at which they
(= children) become skilled LIARS. (子ど
もが巧みな嘘つきになる年齢（が早いこととい
ったら）驚きだ)
(Michaelis and Lambrecht 1996)

c. What's Bill doing inspecting a car?
（車を精査するなんてビルはなにをやっているの
だ？）／ What's it doing snowing in August?
（8月に雪なんてどうなっているのだ？）

(Kay and Fillmore 1999)

▶ 2.2　構文文法の隆盛

2.2.1 項構造構文の拡大

　ゴールドバーグ（Adele Goldberg）は「構文」
という考え方を「動詞の項構造に基づく構文」と
いう文法の「中核的」現象に当てはめた点で大き
く注目を浴びた（Goldberg 1995）．二重目的語構
文，使役移動構文，結果構文，Way 構文など，生
成文法の分野では語を**構成的**（compositional）に
足し合わせていく統語的規則に基づいて産出して
きたデータに対し，構文という単位には，その部
分である語を足し合わせた以上の，構文独自の意
味を持ちうること，そして動詞の意味に基づいた
ボトムアップ式な文生成プロセスだけではなく，
トップダウン式に構文が与える項というものがあ
ること，を主張した．

　例として，構文が項を増やすタイプの構文例を
見てみよう（Goldberg 1995: ch. 6, 7, 8, 9）．

(3) a. Joe <u>baked</u> her mother a cake.
（二重目的語構文）

b. Sue sneezed <u>the napkin</u> off the table.
（使役移動構文）

c. She drank <u>the whole pub</u> dry.
（結果構文）

d. He elbowed <u>his way</u> through the crowds.
（Way 構文）

いずれの動詞もその直後にくる目的語をとるよう
な他動詞の使い方は本来しない．しかしこの組合
せが(2)で可能な理由は，この目的語が構文によっ
て与えられる項だからと考える．動詞を中心とし
て文の展開を考える従来のアプローチでは，ある
特定の構文形式でしか生じない特殊な項をもその
動詞の項としてすべて考慮しなければならず，そ
の結果項構造記述や項連結規則の可能性が無限に
増えていく．一方構文文法では，構文という単位
が日常的に経験する事態パターンの鋳型として母
語話者の頭の中に蓄えられていると考え，この構
文の意味と動詞の意味とが合致している場合に**融
合**（fusion）されて文が生成されると考える．こ
の方法なら動詞の意味をそれが生起する構文ごと
にむやみに増やす必要がなく，むしろ構文の与え
る意味に合致する形で動詞が部分的に貢献する，
とみなされる（図1）．

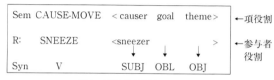

図1 移動使役構文 + sneeze

(3b) では構文はそれ自体が**項役割**（argument role）と呼ばれる独自の項を持つ（図1ボックス内の Sem/Syn 列で表示）．動詞の持つ項は**参与者役割**（participant role）とされ，それが構文の項役割の意味と合致することで融合される．動詞 sneeze は sneezer という単一の役割しか持っていないため，残りの goal/theme 項は構文が与える項として具現化されることになる．

動詞の意味はシンプルな表示しかされていないが，実際には**フレーム意味論**（frame semantics）に基づき，百科事典的知識をも含めた豊かな意味情報が与えられており，その中から状況に応じて合致する意味が選ばれると考える [→ 2.8]．(3b) では激しいくしゃみが，(3c) ではかなりの量の飲酒が，そして (3d) では繰り返される肘鉄が，以下に述べられている事態を引き起こすが，いずれも動詞 sneeze, drink, elbow が拡大して表しうる意味の範囲内として処理できる，と考えたのである．

当初 Goldberg (1995) では構文という単位を「部分の総和以上の意味を全体として持つ言語形式」，つまり**構成性の原理**では説明ができない事例に限定していた．しかしその後，ゴールドバーグは母語話者の持つ言語知識は抽象的レベルから具体的レベルに至るまで，この構文という単位を学習し蓄積することで形成される，とする考えを推し進める．その結果，Goldberg (2006) では構文の定義を拡大し，「たとえ構成性の原理に基づいて得られる構成体でも，それ自体の意味の何らかの側面に予測を超える部分があるならば構文とみなせる」(Goldberg 2006: 5, ch. 3) とした．「何らかの側面」とは，形式面では統語・音声や音調，コロケーションの可能性など，また意味機能の側面では意味論・語用論・談話上での使用状況の特徴や生起環境など，様々な側面が広範囲に考慮に入れられている．その結果，構文と認定される対象の可能性が大きく広がり，倒置や命令文などのように統語理論が派生的に産出してきた一般性の高い表現であっても，用いられる文脈やその意味の偏りを持っているならば，それ自体がいくつかの構文形式がゆるく関連しあった複合体を構成するとみなせることとなった．

構文という全体要素が文法上重要な役割を担うとする考え方を提案したゴールドバーグの功績は大きく，これに引き続いて様々な構文研究が発展することとなった．

2.2.2 構文間の継承関係とネットワーク

Goldberg (1995, 2006) では，構文間での特徴や性質の共有関係を**継承**（inheritance）という形でネットワーク状に表示する．最も高次の階層でその特徴を記述することで，そのノードに支配される下位構文へとその特徴が継承される．ただしゴールドバーグの想定する継承関係は，バークレー派のそれとは異なり，完全なものには限られず部分的 (partial) なものを許す性質を持つため，当該の一般化と矛盾する特性記述を持つ構文が存在していたならば，その一般化はそこで継承されなくなる．このような形で図2のようなネットワークが形成される．

継承リンクには複数のタイプがあり，これも文法知識の一部とみなされている．例えば抽象的構文から具体的構文への対応関係（例：結果構文とその具体化事例である "drive O crazy"）は具体

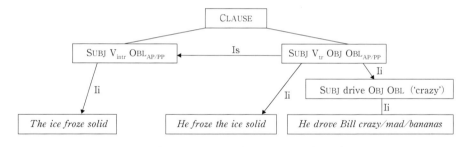

図2 継承リンクに基づく構文ネットワーク（の一部）

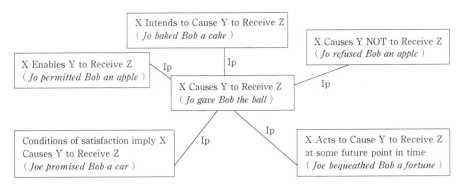

図3 多義リンクに基づく構文ネットワーク

事例リンク（Instance link: Ii）で，他動詞形と自動詞形との対応関係（例：他動詞結果構文（Bob froze the ice solid）と自動詞結果構文（The ice froze solid）は部分関係リンク（subpart link: Is）で，それぞれ特徴の継承を行なう．また形式を共有しているが意味が異なる構文間の関係（例：使役移動構文 He kicked Bob into the yard と結果構文 He kicked Bob black and blue）を，メタファーリンク（metaphor link: Im）で捉えている．

また，同じ形式をとる構文でも共起する動詞により少しずつ異なる意味を表す．Goldberg (1995) ではこれを Lakoff (1987) の over の多義分析にならって構文レベルの多義と捉え，中心義を出発点としてそれぞれの関係を多義リンク（polysemy link: Ip）で結びつけた（図3）．

2.2.3 習得分野における構文形成

子どもが構文をどう習得していくかという問題に対しては，実際の使用事例をもとにその共通性をスキーマとして取り出していくとする**用法（使用）基盤モデル**（usage-based model）の考え方を取り込んでの研究が行なわれている[→ 2.7]．

トマセロ（Michael Tomasello）は子どもが個別の語彙項目に基づいて段階的に文法知識を獲得していくとする「**項目依拠的習得**」（item-based acquisition）という考え方を提唱した（Tomasello 1992）．自分の娘が2歳から3歳になるまでの1年間に丹念にとりためた言語データを精査した結果，新しく発話された文はほぼすべて，それまでに娘が耳にした特定の動詞，もしくは関連する述語がどう使われたかをもとにしていた．つまり，子どもは（少なくとも1歳代では）今までに見聞きしたことのある文パターンを，見聞きしたまま保守的に真似して発話する傾向が強く，特に動詞がどんな参与者をとるか，結果的にどんな構文形式を産出するのかは，動詞ごとに具体例を通じて個別に学んでいるとわかった．このようなプロセスを経て言語を習得することは「**動詞の島仮説**」（verb-island hypothesis）と呼ばれる．実際に用いられた動詞を中心に，大海にポツポツと浮かぶ島のようにその使用パターンが発展するものの，それらを橋渡しし，普遍化して抽象的な構文パターンを取り出すことは，もっと後の段階でなされることだ，という仮説である．

トマセロは言語習得上での「構文」の重要性および心理的実在性を実験で証明している．一般的には統語規則によって産出できる句表現も，子どもの習得データを丹念に見ると，以下の統語パターンへの代入が繰り返し行なわれていることがわかる．

(4) a. Where's {the/my} [X]: Where's the toy? / Where's my book?
　　b. There's a [X]: There's a cat. / There's a pink box.
　　c. Want a [X]: Want a cake? / Want a juice?

Where is a X という構造は初期の発話には見られず，Where's the パターンに代入する形で新しい文が産出される．つまり，最初に耳にした表現 Where's the toy? から子どもは [Where's the X] 構文を抽出し，その構文パターンに基づいての産出を行なっていると考えられる．この考え方からは，構文が構成素構造という単位を必ずしも保持していないことが導かれる．例えば，shoot the breeze というイディオムでは，breeze という語を名詞として，しかも定冠詞 the とともに用いる，

という特異性が決まっている．There is a（n）N（＋XP）という形式をとる There 構文も，There is a という，構成素構造を形成しない表現連鎖が定着して，後に談話上新規の名詞を従えるという共通した特徴を持っている．つまり，構文と認定されるには，意味・談話・情報機能などがより重視されており，それらの機能に対応するレベルである限りは統語論的な形式面での規則性を満たす必然性はないことになる．

　また，構文は文法的に規範とされる主節—従属節といった対応を必ずしも保持しない形で現れることも多い．次の複文構文において，子どもが獲得するのは(5c)→(5b)→(5a)の順番であり，それは主節の動詞が異なっていても同じであった．

(5) a. He thinks that I am wrong. / Peter remembered clearly that he had seen this guy before.
　　b. I believe this is a mistake. / I find these conditions are unfair.
　　c. Suppose we do it this way. Guess what that is?

文法的観点および歴史的変化の観点からは(5a)の複文構造が中核的な位置づけを受け，(5a)から(5c)への移行が想定される．しかし実際に頻繁に用いられ，子どもへの入力となるのは(5c)のパターンであり，しかもただの複文以上の意味（Suppose ＋ SV, Guess what(SV)?）が結びつけられている．つまりまず単層構造を持つ「構文」として表現丸ごとを子どもは習得し，そこから次第に分解して(5b)の1人称による法的（modal）表現形式を経て(5a)の複文構造へと分解していくのである．興味深いのは，この(5c)から(5a)への分解も，(5c)で用いられた動詞を手がかりに行なわれることで，これを動詞の島になぞらえ「**構文の島仮説**」（constructional island hypothesis）と呼んでいる．

　またゴールドバーグ自身が言語獲得に興味を移し，言語処理や獲得順序，そのプロセスについての心理学的な実験を行なうようになった．彼女は頻度による**定着**（entrenchment）の役割を比較的重視しており，その中で提案されたのが「**偏向頻度仮説**」（Skewed frequency hypothesis）である．これは，子どもがよく耳にする構文の多くに，ある特定の動詞でばかり用いられるという偏りが見られること，またその構文の意味の習得は，その最もよく用いられる動詞と共起する具体的な構文表現の意味をもとになされる，とする仮説である（Casenhiser and Goldberg 2005）．例えば二重目的語構文では give（例：He gave me a candy/She gave me some gift.）が，使役移動構文では put（例：He put the box on the table）が，それぞれ最も高頻度で用いられる．子どもは当初は二重目的語構文の持つ移送の意味や使役移動構文の持つ使役移動の意味を知らないが，このgive/put による各々の表現の意味に触れることで，give/put という動詞の意味を，二重目的語構文や使役移動構文全体の持つ意味へと投射する．そのおかげで，次に give とは異なる動詞を用いた事例（例：He sent me a letter）に接したときに，give のときに得られた全体の意味を利用する．その結果，give とは厳密には同じではないにせよ，何らかの方法で対象物を移送する，という意味を send に関しても得られると考えた．

　また従来の言語習得では，「**否定的証拠の欠如**」（no negative evidence）の問題（文法的非文だということを明示的に周りから教えられないのに，子どもが正しい文とそうでない文とを自然に区別できるようになるのはなぜか）がしばしば取り上げられる．ゴールドバーグの答えは「**統計的阻止**」（statistical preemption）であり，可能な二つの構文表現 A, B が考えられる状況で，繰り返しAばかりを聞くことが度重なると，子どもはBという表現がふさわしくないと間接的に推測し，Aだけを正しい表現と選び取って知識として定着させていく，と考えている．このように，構文文法においては頻度に基づく定着を重視する用法（使用）基盤モデルの考え方をベースとした言語習得理論を展開している．

▶ 2.3　構文文法の発展と修正

2.3.1　類型論への応用可能性と問題点

　クロフト（William Croft）は，ゴールドバーグによる構文文法理論を類型論的に応用できると考え，様々な言語での構文記述を試みる中で，構文の構成要素の定義に問題を感じるようになった（Croft 2001）．結果としてクロフトは，構文こそが言語記述の単位であり，構文内に生起する構成

要素は，それ自体が構文とは独立して存在するのではなく，それらが生起する構文内でのみ相対的に規定されるものとみなす．これは初期の構文文法への異議・修正を唱えるものとなった．

構文文法理論の初期の頃は，母語話者の内省直観（introspective intuition）に基づく文脈自由（out of context）での表現形式を研究対象にしていた．また他の言語理論と同じく，意味役割（agent/patient）も統語カテゴリー（noun/verb）も理論原子として最初からその存在を前提とされていた．つまり構文文法理論では，構文が部分の総和以上の全体であると考えてはいたものの，理論原子の存在を肯定し，部分が全体を構成するという考え方を保持する点では，部分的要素から出発するアプローチと思考的には変わらない立場だったと言える．

しかし，世界の言語を広く観察すると，そのような西洋言語中心の文法カテゴリーに合致しなかったり，カテゴリー間での線引きができなかったりする事例を持つ言語にたくさん遭遇する．そのような類型論的な考察から Croft（2001）は，意味役割や文法カテゴリーですら，構文の中で相対的に決まる，構文特有の，また言語特有のものだと結論するに至った．これが**ラディカル構文文法**（radical construction grammar）の発想である．つまり，構文こそが言語記述の出発点であり，基本となるゲシュタルトであり，すべての部分的要素は構文をもとにして相対的に得られると考えた．

この発想の妥当性は，英語の中でも確認できる．例えば同じ能動文であっても(6a)の「主語」と(7a)の「主語」とでは文全体で果たす役割が異なる．その差は英語の場合形式には現れてこないが，対応する受動文が容認できるかどうかに現れてくる．

(6) a. John hit Mary. / The strong wind knocked over the pottery.
　　b. Mary was hit by John. / The pottery was knocked over by the strong wind.
(7) a. The 20th century saw two great wars.
　　b. *Two great wars were seen by the 20th century.

「主語」すべてに共通する特徴を同定することは，英語という，言語学の歴史の中で典型的に扱われてきた言語でも難しく，ましてや多岐にわたる多様性を見せる世界中の言語であればもっと困難を極めることになる．この観察に基づきクロフトは，構文を離れた語や部分要素の規定はありえず，むしろ構文こそが第一義的な言語単位だと主張することになる．

2.3.2　構文と動詞との分業の再考

ゴールドバーグは構文を抽象的なレベルで捉え，実際の具体的表現は，この抽象的な構文と，フレームを踏まえた動詞の意味との適合性によって生まれるとした．しかしこの考え方には，いくつかの問題が指摘されるようになった．

まず第1の問題として，構文文法では語彙と構文との連続性を主張しているものの，実際のゴールドバーグの分析ではこの二つを明確に区別している．例えば Goldberg（1995）では動詞のとる参与者項（＝個別事象の意味役割情報を担う）と構文のとる項役割（＝文の意味・統語構造情報を担う）とを区別し，この二つが意味的に両立する場合にのみ融合が起こると考える．しかしこの構図では，構文を項役割という極度に抽象化されたレベルで捉えるため，本来生起不可能なはずの動詞との融合が必ずしも制限されず，結果として過剰な一般化を阻止する手立てに欠けるという欠点がある（Boas 2010: 57-60）．

また第2の問題として，Goldberg（1995）では動詞の意味を一定だと想定するが，これは動詞の多義を認めていないことに等しいことが挙げられる．動詞が様々な意味を表すことは，その動詞が生じる構文の側の多義ですべて処理しようとするが，そこにも落とし穴がある．Goldberg（1995）は構文の多義のリンクの一つとして写像に基づくメタファーリンクを想定するが，これでは同じ意味クラスの動詞でも構文に生起できる例とできないギャップ例があることを捉えられない．例えば二重目的語構文で発話伝達動詞を用いた例(3)を，Goldberg（1995: 148）では中心義〈移送〉（例：He sent me a letter）をもとに**導管メタファー**（「発話伝達行為は発話内容の移送である」（Reddy 1979））に基づく拡張事例とみなす．

(8) a. She told Jo a fairy tale.
　　b. She wired Jo a message.
　　c. She quoted Jo a passage.

(Goldberg 1995: 148)

しかし類似の意味を表す発話伝達動詞 advise/assure/inform/notify は（9）のように前置詞句をその目的語として要求し，二重目的語構文には生起できない（Boas 2010）.

(9) a. Michael advised Collin * /on the best area for running.
　　b. She assured Jo * /of her love.
　　c. She informed Jo * /of all the beers she had.

(Boas 2010: 57-8)

メタファー拡張による説明では（9）に関して二重目的語構文で生起できるはずという誤った予測をしてしまう.

　この二つの問題への解決法として，構文だけでなく動詞や共起するその他の要素にも詳細な意味情報や統語情報を分け持たせる必要が指摘されている（Nemoto 1998, Iwata 2008, Boas 2010）. Nemoto（1998）では，同じ save を用いた二重目的語構文が少なくとも異なる 2 通りの意味（10）を持つことは，動詞 save が異なるフレームに基づく異なった意味を持つことを認めて初めて説明できることであり，save の意味を一様に考える Goldberg（1995）では扱えないとする. また Iwata（2008）では所格交替現象を例に，（11a, b）の差について，butter は塗り広がるが blanket は自ら面積を広げていく解釈が難しいため，with を用いた構文の意味との合致度が低くなると説明する.

(10) a. John saved her a seat.（彼女のために席を取っておいた：X intends Y to receive Z）：save1 : Storage Frame〈Keeper, commodity〉
　　 b. Steve saved Mary cooking time.（料理しなくてよくなった：X causes Y not to receive Z）save 2: Waste-Prevention〈Preventer, resource-possessor, trouble〉
(11) a. He spread {butter on the bread / the bread with butter}.
　　 b. He spread {a blanket on the sleeping child / * the sleeping child with a blanket}.

(Iwata 2008: 20)

つまり，構文の意味に合致するかどうかは，個々の動詞やその他の共起要素の意味を詳細に検討する必要があると主張した.

　また構文を認定するレベル設定に対しても再考を促し，抽象度の高いレベルだけではなく具体的な動詞クラスや動詞そのものを指定したレベルも構文としてみなすべきだ（Boas 2006, Iwata 2008, Croft 2012）とする，語彙構文文法（Lexical-Constructional Approach）と呼ばれる一連の主張も見られる. Goldberg（1995）は抽象度が高いレベルで構文を認定しているが，その試みは成功しているとは言えない. たとえば（11）の所格交替構文のうち with を用いる形式について Goldberg（1995）は「状態変化を表す構文」と抽象的な規定を行う. しかし（11b）の文は理論上可能ではあっても現実には認められない. つまりこの規定では，現実には存在しない文を産出する，**過剰な一般化**（overgeneralization）という問題を避けられないことになる. ここから Iwata（2008）は，with を用いた構文については「状態変化」よりももう少し具体性の高い「場所格が全体に覆われる（= cover）状態変化」という意味を対応させることを提案している. 抽象度の高い最上位の構文スケルトンだけを構文とみなすよりも，具体的な項目特性を備えた下位レベルの構文をも同時に認め，かつ動詞などの語彙レベルにも詳細な構文的情報を分け持たせることで，現実の言語的ふるまいを正確に記述でき，また新規表現を認可する際にも話者に利用されるべき重要な役割を果たすと考えている（Iwata 2008, Boas 2013 など参照）.

　このように，上位レベルだけではなく語が具体的に挿入される下位レベルにまで，意味と形式のペアとしての構文を認定する方向への修正が提案されており，「あちらこちらすべてに構文が見られる（It's the constructions all the way down）」という精神をもっと徹底的に追究する方向性が見られる.

2.3.3　構文の定義をめぐって

　構文文法の始祖の一人であるケイ（Paul Kay）は，構文の認定やその役割を限定的に考える保守的な立場を維持している. Kay（2005, 2013）にとって構文とは新しい表現を生み出す生産性の高い鋳型であり，したがって文法部門に属するもので，語彙部門とは一線を画すとみなす狭義の定義を採用する. この見方のもとでは，すべてのイ

ディオム表現が構文とはならず，ある特定表現をひな形とした**アナロジー**に基づくバリエーションを示すにすぎないものは「構文」ではない．例えば(12)は構文であり，文法が取り扱わねばならない現象だが，(13)や(14)は構文ではなく，新しい表現パターンが生まれるのは語彙部門に属するcoinage（Kay 2005 ではフィルモアの用語とされている）というメカニズムによるもので，したがって文法が取り扱う範疇には入らないとする．

(12) a. If you're George Bush, you're now allowed to lie in the faces of trusting young voters. (Kay and Michaelis 2011)
b. All I can eat is half a pizza.
(13) a. dumb as an ox / green as grass / dead as a doornail / happy as a lark / strong as an ox
b. *dumb as a cow / cold as ice
(14) a. John sneezed the napkin off the table. (cf. Kay 2005)
b. *She screamed him out of her apartment.

(12)の形式（If X, Y や All S + V is X）自体は生産性が高く，そこに生じる項目に対する制限も少ない．したがって，文法知識としてこの表現を生む装置が必要となる．しかし(14)を Adj. as an N 構文とみなすと，dumb as {an ox/*a cow} のように，現実には許されない表現が多く作成されるという「過剰な一般化」の問題が生じる．また cold as ice は文字どおりの寒さではなく比喩的に人格の冷たさに使う特殊性を見せる．このような側面は一つひとつ学ばねばならない語彙の問題であり，文法が扱うべき生産性を見せていないとする．この議論でいくと，使役移動構文(14)も(14b)のように過剰な一般化を生み出してしまうため，「構文」とみなすべきではなく，むしろ自動詞を他動詞化する Causative Agent 構文や，Path 表現を付加する Added path Argument 構文（Mary went → Mary went to the store）などの組合せによって産出すべきものとする（Kay 2005）．そして，使役移動構文には文法が取り扱うべき十分な生産性が見られないことを指摘し，cold as ice と同様，もとの表現からの類推（analogy）プロセスに基づく coinage の例だと主張している．

一方で Bybee（2013）は頻度による定着効果によって構文の位置づけは変化するとみなされ，ケイの言う構文と coinage の線引きは可能ではないと述べる．また最初は coinage でも通時的に見て生産性を上げることがある．Barðdal（2008: 173）は，アイスランド語の格と項構造構文の研究をもとに，「生産性はタイプ頻度と意味の一貫性との逆の相関性として規定される段階的なもの」と主張し，意味の一貫性が必ずしも高くなくてもタイプ頻度が高いと生産性は最も高く，一方で意味的な一貫性が高いがタイプ頻度が低い場合はアナロジーに基づいて新しい表現が産出されると結論づける（図4）．さらに Traugott and Trousdale（2013）では，ケイが構文とはみなさないパロディー的な類推（analogy）表現を **snowclone** と呼び，このパターンが次第に生産性を増す構文となる可能性について述べる．このようにケイとは異なる構文観を持つ研究者も多く見られる．

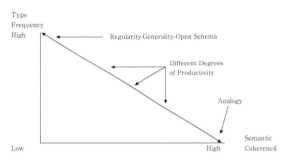

図4　生産性とその段階性（Barðdal 2008: 172）

このように，「構文」の定義そのものをめぐってですら，構文文法理論と銘打つ中でも意見が分かれているのが現状であり，構文文法理論が一枚岩ではないことを端的に表す状況となっている．どの定義に基づくどのアプローチが説明力の点で最も優れているかは，どのような現象を対象とするのか（通時的か共時的か包括的か），どのような文法観や立場をとるか（文法知識がどのようなものをどこまで含めると考えるか）によっても変わる．なかなか決着をみるのが難しい問題である．

3. 構文文法の射程の広がり

構文という単位を言語理論や記述の中で認める考え方は，様々な分野にその広がりを見せており，近年では言語学内外での他の分野との接点が見い

だされつつある.

▶3.1 構文形態論：形態論との接点

Booij（2010）は構文という単位を形態論分野に応用した「構文形態論」（constructional morphology）を提唱し，語形成の規則を一つ設定してその例外を列挙するという従来の考え方ではなく，意味と形式がペアになる複数のスキーマがそれぞれのレベルで取り出されると考えている．例えば -er 接辞（e.g., player, smoother）は，動詞や名詞と結びつくものの，通常は baker（パン焼きを職業とする人）や smoker（日常的に喫煙する人）など，「その行為をする人」という以上の意味を持ち，$[V_i\text{-er}]N_j \longleftrightarrow$ [Agent who does action$_i$ professionaly/regularly]$_j$ というスキーマで捉えられる．しかし propeller は風を送りモノを駆動させる器械（道具），reader は読む対象としての読み物を示し，先述のスキーマをそのまま継承はできないため，それぞれ $[V_i\text{-er}]N_j \longleftrightarrow$ [Instrument which enhances action$_i$]$_j$ や $[V_i\text{-er}]N_j \longleftrightarrow$ [Patient which is intended to enhance action$_i$]$_j$ のように類似だが異なる多義的スキーマが立てられていくことになる．

また，（15）のように異なる接辞による複数の語形成が意味的に互いを踏まえる関係にある場合，「**範列的関連づけ**」（paradigmatically related）を行なうが，これは構文間のネットワークを想定することに等しい．

(15)⟨X-ism Ni $\longleftrightarrow$ [SEM]⟩ ～ ⟨X-ist Ni $\longleftrightarrow$ [SEM]⟩
    socialism — socialist（= socialism を信奉している人）
    communism — communist（= communism を信奉している人）
    fascism — fascist（= fascism を信奉している人）

このように，従来の語形成パターンを構文形成と捉え直すことで，単純な形式の変換だけではなくそれに伴って生じる様々なレベルにおける意味のバリエーションをも包括的に捉えようとする試みが見られる．

▶3.2 構文化理論：歴史変化研究との接点

歴史変化研究の分野では従来，内容語から機能語への一方向的な変化を扱う「文法化」に関心が寄せられていたが，逆の方向性を示す反例や内容語から内容語への変化としての「語彙化」現象が見られることから，文法化という概念そのものの妥当性やその射程が再考を迫られていた．

この二つの一見相反する流れを包括的に扱おうとするのが「**構文化**」（constructionalizaton）理論（Traugott and Trousdale 2013）である．言語が変化する中で新しい形式および意味が作り出された場合，それが内容語か機能語かにかかわらず新しい記号体系つまり「構文」が生じたとみなし，これを「構文化」と考える．構文化の方向性は必ずしも定まっておらず，最終的に機能語的な表現ができれば文法的構文化が，内容語相当の表現が産出されれば語彙的構文化が，それぞれ起こったとみなされるが，この区別はあくまでも連続体である．さらには複数の表現に共通する構文スキーマが micro-/meso-/macro-construction という様々な抽象度で取り出され再利用されることで，新たなる生産性を獲得していく．（16）は語彙的構文化の例で，**snowclone** と呼ばれる，もととなる表現のアナロジー的表現である．

(16) a. Junior's not the sharpest knife in the drawer.
              (Traugott and Trousdale 2013: 224)
    b. [s] he's（…）not the brightest bulb in the pack.　　　　　　　(ibid.)
    c. Poor bill Frisk was not the quickest bunny in the warren.　　　　(ibid.)

いずれも [not the ADJest N1 in the N2] という形式で，not very clever という，部分から必ずしも予測できない意味を表す．sharp/bright/quick などメタファー的に知性に言及できる形容詞を用い，かつその字義どおりの意味を同時に利用して N1 in the N2 と結びつける複雑な構造をなしている．はじめはもとの具体表現に基づくアナロジーによる造語だったと思われるが，次第にこの意味自体が変化し，知性を表す（not very clever）という具体的な意味が一般化されて not very ADJ (metaphorical) へと変化している．

(17) a. He is not the sweetest（candy in the box.）→ "He is not so pleasant in character"
    b. He is not the hottest（marshmallow in the fire.）→ "He is not so sexually attractive"

Kay（2005, 2013）の議論では coinage とみなされ

る現象だが，言語使用の中で少しずつ生産性は上がっている．coinage と構文の区別も歴史変化の中では曖昧となることを示している．

▶ 3.3 談話研究との接点

構文文法では意味および形式として「あらゆる側面」を取り上げて記号としてのペアリングを行なう．このため，音調，イントネーションなどの音声的側面や，対人的，社会的な相互作用における連鎖上，どの位置に生起するかなどといった，テキスト的使用文脈なども構文の情報として研究対象となる [→ 4C.7]．

例えば，電話の応対の始まりの会話における応答—認識（Antonopoulou and Nikiforidou 2011 など）は隣接ペアと呼ばれるパターン化した発言のセットを構成する（例：Hello — This is X speaking — What can I help you?）．また，学校の教室では教師と生徒の間で ‘opening’, ‘answering’ ‘follow up’, ‘evaluation’ といったセッションパターンが，授業全体のみならず個々の発言の中でも繰り返し展開する．Fried and Östman (2004) ではチェコ語の従属接続詞 jestli が会話の中で相手の行動に対する保留や話者のモダリティなど，多様な談話標識として新しい意味と形式のペアが誕生していると議論する．また表現の談話標識化（例：Speaking of linguistics, → Speaking of which, → speaking of, や Granted that…, → Granted, など）というべき，もとの表現から変化して談話上の進行をつかさどるテキスト管理的な意味や，聞き手に対する承認というモダリティ的意味を全体として表す語彙化の例も見られる（早瀬 2017）．

また Interactional Construction Grammar（相互行為的構文文法）という考え方では，構文研究と会話分析の手法を用いた相互行為言語学との接点が見られる．Imo (2015) では I met Mr. Smith yesterday, the teacher of my daughter. に相当するドイツ語の同格表現を扱い，背景知識としての対象の属性が，本来ならば名詞の直後に置かれるべきところ，動詞の不定詞形が置かれるはずの文尾に音調的特徴を伴って提示されることを述べ，これが会話において相手との知識や表現選択の妥当性に関してのすりあわせを行なう役割を果たすと主張する．また Günthner (2011) は，

dense construction と呼ばれる表現の持つ感情的な特性について検討している．例えば Ich (.) in die bAhnhofshAlle. (I (.) into the station concourse) や Ich. wieder rUnter (I (-) again down) などは，定型動詞がない非規範的な表現だが，Bahnhofshalle（駅の構内）や rünter（下の方へ）という重要な情報を担う語の母音が選択的に強調され，また Ich（1人称：私）の後にポーズがおかれることにより，「そこで駅の構内に駆け込んでいったのよ！」「また落ちていったのよ！」のような，ナラティブの中での盛り上がりの効果を生む．起こったことを描写する際に話者が自らの視点から感情を込めて主観的に語ることを示す好例と言える．

まとめと展望

構文文法理論は，意味と形式とのペアリングという基本を押さえながら，その射程を形態論や談話レベルへと広げている．言語獲得や史的変化における動的な側面においても構文という概念が有効に働くことが示され，その分野でも研究が進んでいる．また，当初の構文の定義への反省から，具体的な構文記述や動詞の意味記述と文法知識体系の精緻化という方向へと向かっている．一方で，もともとの創始者をはじめとする研究者たちは，構文の意味と形式の厳密な定式化への試みを行なっている．構文文法理論が扱う現象だけでなく，構文文法理論そのものも，多様化しつつある．

▶重要な文献

Goldberg, A. E. 1995 *Constructions: A Construction Grammar Approach to Argument Structure*, Univ. of Chicago Press, Chicago.［河上誓作・早瀬尚子・谷口一美・堀田優子（訳）2001『構文文法論—英語構文への認知的アプローチ』研究社.］
　構文という考え方を用いて項構造的表現という言語の中核現象へと切り込んだ重要な書.

Croft, W. 2001 *Radical Construction Grammar: Syntactic Theory in Typological Perspective*, Oxford Univ. Press, Oxford.［山梨正明（監訳），渋谷良方（訳）2018『ラディカル構文文法—類型論的視点から見た統語理論』研究社.］
　Goldberg (1995) を受け入れつつも類型論の見地から語ではなく構文こそがすべての言語現象記述の基本単位とみなすべきと説いた本.

Tomasello, M. 2003 *Constructing a Language: A Usage-Based Theory of Language Acquisition*, Harvard

Univ. Press, Cambridge, MA. [辻幸夫・野村益寛・出原健一・菅井三実・鍋島弘治朗・森吉直子（訳）2008『ことばをつくる―言語習得の認知言語学的アプローチ』慶應義塾大学出版会.]

構文文法理論的発想を言語習得の分野で検討しその妥当性を検証した心理学的研究.

Iwata, S. 2008 *Locative Alternation: A Lexical-Constructional Approach*, John Benjamins, Amsterdam.

日本人研究者による. Goldberg（1995）の批判的評価およびその理論の持つ根本的な問題点を指摘した重要な文献.

▶文　献

Antonopoulou, E. and K. Nikiforidou 2011 Construction Grammar and Conventional Discourse: A Construction-based Approach to Discoursal Incongruity. *Journal of Pragmatics* 43: 2594-609.

Barðdal, J. 2008 *Productivity: Evidence from Case and Argument Structure in Icelandic*, John Benjamins, Amsterdam.

Boas, H. C. 2010 The Syntax-Lexicon Continuum in Construction Grammar. *Belgian Journal of Linguistics* 24: 54-82.

Boogaart, R., T. Colleman and G. Rutten 2015 Constructions All the Way Everywhere: Four New Directions in Constructionist Research. In Boogaart, R., T. Colleman and G. Rutten (eds.) *Extending the Scope of Construction Grammar*, Mouton de Gruyter, pp.1-14.

Booij, G 2010 *Construction Morphology*, Oxford Univ. Press, Oxford.

Bybee, J. L. 2013 Usage-Based Theory and Exemplar Representation. In Hoffman, T. and G. Trousdale (eds.) *The Oxford Handbook of Construction Grammar*, Oxford Univ. Press, Oxford, pp.49-69.

Casenhiser, D. and A. Goldberg 2005 Fast Mapping between a Phrasal Form and Meaning. *Developmental Science* 8(6): 500-8.

Croft, W. 2001 *Radical Construction Grammar*, Oxford Univ. Press, Oxford. [山梨正明（監訳）, 渋谷良方（訳）2018『ラディカル構文法―類型論的視点から見た統語理論』研究社.]

Croft, W. 2012 *Verbs: Aspect and Causal Structure*, Oxford Univ. Press, Oxford.

Fillmore, C. J. 1988 The Mechanisms of 'Construction Grammar.' *BLS* 14: 35-53.

Fillmore, C. J., P. Kay and M. C. O'Conner 1988 Regularity and Idiomaticity in Grammatical Constructions: The Case of Let Alone. *Language* 64(3): 501-38.

Fried, M. and J-O. Östman 2004 Construction Grammar: A Thumbnail Sketch. In Fried, M. and J.-O. Östman (eds.) *Construction Grammar in a Cross-language Perspective*, John Benjamins, Amsterdam/

Philadelphia, pp.11-86.

Goldberg, A. E. 1995 *Constructions: A Construction Grammar Approach to Argument Structure*, Univ of Chicago Press, Chicago. [河上誓作・早瀬尚子・谷口一美・堀田優子（訳）2001『構文文法論―英語構文への認知的アプローチ』研究社.]

Goldberg, A. E. 2006 *Constructions at Work: The Nature of Generalization in Language*, Oxford Univ. Press, Oxford.

Günthner, S. 2011 The Construction of Emotional Involvement in Everyday German Narratives―Interactive Uses of 'Dense Constructions', *Pragmatics* 21(4): 573-92.

早瀬尚子 2017「従属節からの語用論的標識化―発話動詞関連の懸垂分詞構文がたどる新たな構文への道」西原哲雄ほか（共編著）『現代言語理論の最前線』（開拓社叢書29）開拓社, pp.231-48.

早瀬尚子・堀田優子 2006『認知文法の新展開―カテゴリー化と用法基盤モデル』研究社.

Hoffmann, T. and G. Trousdale (eds.) 2013 *The Oxford Handbook of Construction Grammar*, Oxford Univ. Press, Oxford.

Imo, W. 2008 Interactional Construction Grammar. *Linguistics Vanguard* 1(1): 69-77.

Imo, W. 2015 Interactional Construction Grammar. *Linguistics Vanguard* 1(1): 69-77.

Iwata, S. 2008 *Locative Alternation: A Lexical-Constructional Approach*, John Benjamins, Amsterdam.

Kay, P. 2005 The Limits of Construction Grammar. In Hoffmann, T. and G. Trousdale (eds.) *The Oxford Handbook of Construction Grammar*, Oxford Univ. Press, oxford.

Kay, P. 2013 The Limits of (Construction) Grammar. In Hoffmann, T. and G. Trousdale (eds.) *The Oxford Handbook of Construction Grammar*, Oxford Univ. Press, Oxford, pp.32-48.

Kay, P. and Fillmore, C. J. 1999 Grammatical Constructions and Linguistic Generalizations: The What's X Doing? Construction. *Language* 75(1): 1-33.

Kay, P. and L. A. Michaelis 2011 Constructional Meaning and Compositionality. In Maienborn, C., C. K. von Heusinger and P. Portner (eds.) *Semantics: An International Handbook of Natural Language Meaning HSK Handbooks of Linguistics and Communication Science Series 23: Semantics and Computer Science*, Mouton de Gruyter, Berlin.

Lakoff, G. 1987 *Women, Fire and Dangerous Things: What Categories Reveal about Our Mind*, Univ. of Chicago Press, Chicago. [池上嘉彦・河上誓作・辻幸夫・西村義樹・坪井栄治郎・梅原大輔・大森文子・岡田禎之（訳）1993『認知意味論―言語から見た人間の心』紀伊國屋書店.]

Michaelis, L. 2013 Sign-Based Construction Grammar. In Hoffman, T. and G. Trousdale (eds.) *The Oxford*

Handbook of Construction Grammar, Oxford Univ. Press, Oxford.

Nemoto, N. 1998 On the Polysemy of Ditransitive Save: The Role of Frame Semantics in Construction Grammar. *English Linguistics* 15: 219-42.

Reddy, M. J. 1979 The Conduit Metaphor: A Case of Frame Conflict in Our Language about Language. In Ortony, A. (ed.) *Metaphor and Thought*, Cambridge Univ. Press, Cambridge, pp.284-97.

Tomasello, M. 1992 *First Verbs: A Case Study of Early Grammatical Development*, Cambridge Univ. Press Cambridge.

Tomasello, M. 2003 *Constructing a Language: A Usage-Based Theory of language Acquisition*, Harvard Univ. Press, Cambridge: MA.［辻幸夫・野村益寛・出原健一・菅井三実・鍋島弘治朗・森吉直子（訳）2008『ことばをつくる―言語習得の認知言語学的アプローチ』慶應義塾大学出版会．］

Traugott, E. C 2010 Dialogic 27 Contexts as Motivations for Syntactic Change, In Cloutier, R. A. et al. (eds.) *Variation and Change in English Grammar and Lexicon*, Mouton de Gruyter, Berlin. 11-27.

Traugott, E. C. and G. Trousdale 2013 *Constructionalization and Constructional Changes*, Oxford Univ. Press, Oxford.

═══ コラム21　統語論と記号的（象徴的）文法観 ═══════════　═村尾治彦═

　認知文法（cognitive grammar）（Langacker 2008 など）では，語彙も文法も形式と意味の対からなる記号と考えます［→ 2.4 ］．このことは，語，句，文の意味自体だけでなく，句や文を形成する文法規則や主語，目的語などの文法関係，名詞，動詞などの文法範疇など，従来統語論で扱われていたものを含めすべて記号構造として考えることを意味します．すべてを記号と捉えるには認知意味論を導入する必要がありました．伝統的な意味論と異なり，認知意味論では，我々人間が認知能力を使って外界の事物をどのように捉えるか（construal）の過程（**認知プロセス**）が重視されます．特に文法的な要素は内容が希薄でその意味的貢献はほとんど「捉え方」によってなされるため，「捉え方」を基盤とする意味論をその説明に必要とするのです．

　プロファイル（profile），**トラジェクター**（trajector），**ランドマーク**（landmark），あるいは，**プロトタイプ**（prototype），**スキーマ**（schema）化，**拡張**（extension）といった**カテゴリー化のプロセス**などの捉え方に基づく概念によって，文法関係や文法範疇が意味的に定義され，記号として説明されます．

　しかし，より単純な構造がより複雑なものへと段階的に統合される順序を示した構成素構造などの統語構造の記述や合成のあり方を記号的文法観でどのように扱うのでしょうか．認知プロセスを重視する認知文法では，句や文形成は人間の一般的認知プロセスから独立して存在する規則の適用によるのではなく，捉え方の一つであるカテゴリー化に基づいて説明されます（Langacker 2008, 2009）．

　具体例で考えてみましょう．図1は「母」，「乾かす」，「洗濯物」の三つの成分構造が「母が洗濯物を乾かす」という合成構造に統合される過程を示したものです．ここでは，「乾かす」の構造の概略的なスキーマ部分（ランドマーク）を「洗濯物」というより詳述的な構造が精緻化し，他のスキーマ部分（トラジェクター）を詳述的な「母」が精緻化して，「母が洗濯物を乾かす」という合成構造となります．この過程では，**対応関係**（correspondence）にある下位構成要素が重ね合わされ，概略的なランドマーク，トラジェクターと詳述的な「洗濯物」，「母」との間において，抽象度が異なるだけで同じ仲間とみなすカテゴリー化が行なわれています．

　同じく，「乾かす」とそれが「洗濯物」と統合された上位構造の「洗濯物を乾かす」の二つの構造間も精緻化の関係にあります．「乾かす」も「洗濯物を乾かす」もともにプロセスという関係概念（relation）をプロファイルする点は同じで，「洗濯物を乾かす」は「乾かす」よりもその関係を詳細に記述している点が異なっているような，いわば種と類の関係になっています．このとき下位構造の「乾かす」は**プロファイル決定子**（profile determinant）（太枠で表示）となってそのプロファイル（関係概念）が「洗濯物を乾かす」に継承されます．一方，「洗濯物」とその上位構造の「洗濯物を乾かす」の間では，前者がモノ（thing）を，後者が関係概念をプロファイルしており，プロファイルの継承関係がありません．「洗濯物」は一成分構造として合

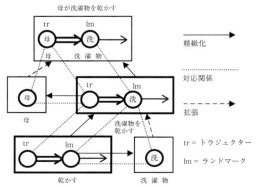

図1　成分構造の合成構造（母が洗濯物を乾かす）への統合過程

成構造に寄与しているとはいえ，一方が他方をより詳述的もしくは概略的に表す種と類の関係にはなく，「洗濯物」から「洗濯物を乾かす」へはモノから関係概念という異なるカテゴリーへの拡張関係にあります．

　このようにして精緻化や拡張というカテゴリー化によって体系的に構造化された情報が意味構造の側面として記号に内在することになります．認知文法では，文法関係や文法範疇，構成素構造のほか，様々な統語的な概念を特別な規則や道具立てを設けることなく，記号的文法観によって扱うことが可能です．テイラー（John R. Taylor）は構成素構造や句構造規則などに対する生成文法などの統語理論での考え方を紹介しながら，記号的文法観から文法の問題を論じており，一読に値します（Taylor 1996: 2 〜 4 章）．

▶参考文献

Langacker, R. W. 2008 *Cognitive Grammar: A Basic Introduction*, Oxford Univ. Press, Oxford.［山梨正明（監訳）2011 『認知文法論序説』研究社.］

Langacker, R. W. 2009 *Investigations in Cognitive Grammar,* Mouton de Gruyter, Berlin.

Taylor, J. R. 1996 *Possessives in English: An Exploration in Cognitive Grammar,* Clarendon Press, Oxford.

|2.12|

認知類型論

堀 江　薫

認知類型論（cognitive typology）は，類型論的に異なる文法的特徴を有する言語間の構造的相違点・類似点を，その背後にある，当該言語間の社会・文化的側面を含めた広義の認知・伝達様式（認知スタイル）および伝達慣習（コミュニカティブ・プラクティス）の相違・類似と相関させて解明しようとする融合的研究分野である（堀江・パルデシ 2009）．認知類型論の基盤となっているのは，**言語類型論**（linguistic typology）という学問分野である．言語類型論は，世界の言語の構造的特徴に基づいた分類を行なう学問であり，世界の言語の多様性と共通性の両面を捉えることを目標としている．認知類型論は，言語類型論の知見を援用し，世界の言語間で見られる共通性と変異を広義の認知言語学的観点から説明する研究分野である．認知類型論はまだ萌芽的な研究分野であり，首尾一貫した観点で書かれた包括的な概説書としては堀江・パルデシ（2009）が現在のところ唯一のものである．おりしも，最近非常にユニークな，いわば認知類型論的な研究アプローチへの概説書と言えるような書物が出版された．ドイッチャー（Guy Deutscher）の *Through the Language Glass. Why the World Looks Different in Other Languages*（2010, 椋田（訳）2012『言語が違えば，世界も違って見えるわけ』）という書籍である．同書は認知類型論の入門書と言っても過言でないような内容の良書である．特に同書の第 6 章「ウォーフからヤコブソンへ」はサピア・ウォーフの言語相対性の仮説に関わる研究史，第 7 章「日が東からの昇らないところ」は，空間的指示に関するレヴィンソン（Stephen Levinson）らの認知人類学的，認知類型論的研究（例：Levinson 2003）への格好の概説を提供してくれている．

ここでは，言語類型論の歴史的発展を簡単に振り返り，機能主義的言語学との連携，さらに認知言語学との融合による「認知類型論」という学問分野の展開をたどる．さらに認知類型論のケーススタディを示す[→|4A.4|]．

1. 言語類型論の歴史展開：初期類型論の全体類型論的志向性

言語類型論は，19 世紀に当時の学問の中心地であったドイツにおいてその基盤が形づくられた．当時は哲学者，思想家が言語に関する思索を巡らせることが一般的であり，その中で言語の普遍性に関する考察を提示したのがヴィルヘルム・フォン・フンボルト（Wilhelm von Humboldt）であった．そしてフンボルトやシュレーゲル兄弟（兄ヴィルヘルム August Wilhelm von Schlegel，弟フリードリヒ Friedrich von Schlegel）といった思想家たちが言語類型論という学問の基礎を作った．

当時は，まだ人文学分野の学問は細かく専門分化されておらず，言語学という学問分野もまだ**比較言語学**（comparative linguistics）の影響が大きく，現代言語学の中核的分野である**統語論**（syntax）はまだ十分に整備されていなかった．このような状況の中で，言語類型論という学問分野は当時の学問の水準における世界の諸言語の構造的特徴に関する情報に基づいた形態的分類を中心にその基盤が作られた．具体的には，世界の諸言語を「**屈折語**」（fusional language）「**膠着語**」（agglutinative language）「**孤立語**」（isolating language）という三つのタイプに分類するという「類型化」の基盤がこの時期に作られた．この形態的類型論はその後もより洗練された形で継承されて現在に至っている（ウェイリー 2006）．

このように，19 世紀の言語類型論研究は方法論的にまだ言語間の構造的なバリエーションの細部を捉えられるまでには十分に洗練されておらず，ある言語の構造を「全体的」に捉えるという「**全体類型論**」（holistic typology）と言うべき特徴が

あった．これは，現代の言語類型論が志向する，語順，格標示，関係節，ヴォイスといった特徴的な部分に着目する「**部分類型論**」(partial typology) という特徴と対立するものである．さらに，全体類型論的なオリエンテーションの一側面として，それぞれの言語の中核にはその言語固有の思考法（発想）とも言うべきものがあるという着想があった．初期言語類型論者の中で特に重要な知見を提供したのは，ヴィルヘルム・フォン・フンボルト (1767 ~ 1835) である．フンボルトは，「言語どうしの違いとは音声と記号のみならず世界観の違いである」と主張した (Deutscher 2010, 椋田（訳）2012：170)．フンボルトは，このように言語構造を言語使用者の認知と関連づけようというオリエンテーションがあった点は注目に値する．

　不幸なことに，当時はまだ統語論が十分に発達しておらず，言語の複雑性を図る尺度として形態論的な基準が用いられた結果，「屈折語（最も複雑）−膠着語（より複雑性が低いが孤立語よりは複雑）−孤立語（最も複雑性が低い）」というように言語の複雑性の比較が単一の尺度で単純化されてしまった．さらに悪いことに，ダーウィンの進化論の影響を受けた文明の段階的進化論という当時の考え方と上記の言語比較が密接に関連づけられた結果，「孤立語：文明が最も発展していない段階→膠着語：文明の発展の次の段階→屈折語：文明が最も発展している段階」といった誤った認識がなされるに至った．なお，現在の言語学，言語類型論ではこのような皮相的な言語の複雑性の捉え方は明確に否定されている．本項で紹介する「認知類型論」は，初期類型論の有していたこのようなバイアスから脱却し，一方で初期類型論の持っていた「全体類型論」の正の側面を継承する学問分野である．

　では，初期言語類型論の持っていた全体類型論的なオリエンテーションのうち「言語」のタイプと「認知」の相互関係を考察する方向性はその後に全く引き継がれなかったのであろうか．筆者の見るところ，言語類型と認知の相互関係について，初期類型論の持っていた価値判断的なバイアスから自由に考察をめぐらした 20 世紀の言語学者としてエドワード・サピア (Edward Sapir) の存在を無視することはできない．サピアの『言語』(Sapir 1921) を始めとする著作には認知類型論的な研究に通じる着想が満ち溢れている．この点については次で改めて触れることとする．

2. 認知類型論と言語類型論の相互関係：サピアの「類型論」・認知言語学・機能主義的言語学との関連を通じて

　1. で述べた，19 世紀ヨーロッパを中心にした，全体類型論的なオリエンテーションを有していた初期言語類型論者が言語と認知の関係に関して提示していた洞察はその後に全く引き継がれることがなかったのであろうか．堀江・パルデシ (2009) の第 1 章「認知類型論とはどのような研究分野か」で詳述したように，言語類型論者とは通常見なされないが，サピアが初期言語類型論者と現代の認知類型論的研究をつなぐ存在であると考える．具体的には，フンボルトから 100 年を隔てたサピアの著作の中には，言語の形態的・構造的特徴による分類を，その背後にある「発想」の類型と関連づけようとする志向性がある．この志向性は例えば以下の引用から伺える．

　　わたしは，接頭辞的言語と接尾辞的言語との相違を強調するのに乗り気ではないが，にもかかわらず，この相違には，言語学者が一般に認めている以上のものが含まれている，という気がしている．ある語幹要素を発音する前に，その形式的な資格を次々と制限する言語（中略）と，語の具体的な核から始めて，この核の資格を次々と制限することで規定し，その都度，先行する全ての一般性を少しずつ切りつめていく言語とのあいだには，かなり重要な心理的な区別があるように，わたしには思われる．前者の方法の精神には，何か図式的，建築的 (diagrammatic or architectural) なところがあるのに対して，後者は，あと思案で刈り込んでいく方法 (a method of pruning afterthoughts) だ．さらに精緻な接頭辞言語にあっては，われわれは，語を浮遊する要素の結晶化と受け止めがちである．典型的な接尾辞言語（トルコ語，エスキモー語，ヌートカ語）の語は，「限定的」な形成物であって，要素が付加されるごとに，形式全体が新たに限定されていくのだ．(Sapir 1921, 安藤（訳）2001: 219-20)

サピアのこのような志向性はどこからきたのであろうか．サピア自身はもともとドイツ言語学の

研究者であったが，人類学者ボアズ（Franz Boas）の学恩を受け，ナヴァホ語，ヌートカ語など北米先住民言語の研究へと導かれた．サピアは，北米先住民言語（例：ヌートカ語）の分析を通じて，後にその弟子のウォーフ（Benjamin Whorf）とともにその創案者として呼ばれることになる「**言語相対性**」（linguistic relativity）の仮説へと導かれていった．言語相対性の仮説とそれが引き起こした論争に関しては Deutscher（2010）の翻訳であるドイッチャー（2012）の第6章に生き生きと活写されており，以下ではその記述を引用する．

> サピアは，言語が哲学的思考に影響を及ぼすという主張をいわば平行移動させて，母語が日常の思考と知覚に影響すると主張した．やがて「言語形式が世界におけるわれわれの位置づけに対して持つ非道なまでの支配力」について語りはじめたが，先人の誰とも違ってサピアは，この種のスローガンに具体的な内容を注入した． (p.174)

そして，ドイッチャーによれば，「石が地面に向かって落ちる」事象を英語とヌートカ語が大きく異なる形態・統語的手段によって表すという観察に基づき，サピアは以下のような主張をするに至る．

> サピアにいわせると，「互いに異なる複数言語での同じ尺度で測れないような経験を分析」したこのような具体例を知ると，「発話の固定した慣習を無批判に受容しているあいだは気づかなかった一種の相対性が，きわめて現実味を帯びて迫ってくる…これが概念の相対性，あるいは思考形式の相対性とも呼ぶべきものである．」そしてサピアは，この種の相対性はアインシュタインのいう相対性より把握しやすいかもしれないが，理解するには言語学の比較データが必要になる，と付言する．
> （ドイッチャー 2012, p.175; 下線は筆者）

言語が心（心象）に対して持つ影響力に対して語る際にサピアは慎重さを有していたが，その弟子ウォーフは両者の関係に関して大胆で直截的な主張を行ない，その結果，言語相対性の仮説に対して論争と多くの批判が提示されることになった．言語相対性の仮説は，その後，近年になって新たな角度から再評価を受けるようになった（Lucy 1992a,b, Gumperz and Levinson 1996, Gentner and Goldin-Meadow 2003 など）．

特に，認知類型論の観点から重要な言語相対性仮説の再解釈は，スロービン（Dan Slobin）による「**発話のための思考**」（thinking for speaking）という仮説である（Slobin 1996）．スロービンは，幼児が母語を習得する際に，その言語で顕在的に行なわれている文法的な区別（例：単数性と複数性，定（definite）・不定（indefinite））に導かれて当該言語を話す際に発動される，その言語特有の「発話のための思考」を習得するという主張をしている．「発話のための思考」は，移動事象を言語化する際にどのような「枠付け」（framing）を行なうかという言語の認知的な類型に関わる通言語的比較研究，第一言語，第二言語学習研究に大きな影響を与えた（Talmy 2000, Spring and Horie 2013, 松本 2017）．

しかしながら，19世紀の初期の言語類型論的研究が有していた全体類型論的オリエンテーションは，20世紀後半に米国を拠点に展開された現代の言語類型論研究には十分に引き継がれなかった．20世紀の言語類型論研究を牽引し，組織化したのはスタンフォード大学に在籍したジョセフ・E・グリーンバーグ（Joseph E. Greenberg）であった．グリーンバーグは，先に述べた19世紀の初期の言語類型論的研究とは対照的に「**部分類型論**」的な現代言語類型論の研究の方向性を確立させた．具体的には，例えば「屈折」「膠着」「孤立」といった特徴によって言語の構造全体を特徴づける「全体類型論」的な方向は棄却され，「語順」「格標示」「ヴォイス」「テンス」「アスペクト」「関係節」といった構造的特徴を手掛かりに言語のある構造的側面（部分）に着目し，世界の諸言語の中である言語がどのようなタイプかを特徴づけ，分類していく「部分類型論」が言語類型論研究の主流となった．グリーンバーグの部分類型論研究のうち特に有名なのは**語順類型論**（word order typology）の研究であり，グリーンバーグは多くの言語普遍性に関する一般化を提示した．グリーンバーグの語順の普遍性（Greenberg 1966: 66）の提案の中には，後の機能主義的言語学の説明を示唆するようなものが含まれていた．例えばグリーンバーグが呈示した45の普遍性の中の普遍性14である．

(1) 普遍性 14. 条件表現では，どの言語にでも通常

の語順として条件節が帰結節に先行する.

（"**Universal 14**. In conditional statements, the conditional clause precedes the conclusion as the normal order in all languages."）

（1）は後にヘイマン（John Haiman）らによって様々な統語現象の説明に用いられた「**類像性**」（iconicity）を示唆する分析である（Haiman 1985）[→ コラム 25].

　1970 年代から語順や主語と主題，使役構文といった統語現象の類型論的研究が大きく進展し（Li 1975, 1976, Li and Thompson 1976, Shibatani 1976），情報構造や類像性といった機能主義的な観点から現象に対する説明がなされることが多かった．機能主義的言語学はヤーコブソン（Roman Jakobson），トゥルベツコイ（Nikolai Trubetzkoy）などに代表されるプラーグ学派言語学を源流としており，ヨーロッパでは Functional Grammar の始祖であるディック（Simon Dik）らに，北米ではギヴォン（Talmy Givón），バイビー（Joan Bybee），ヘイマン，チェイフ（Wallace Chafe），ホッパー（Paul Hopper），トンプソン（Sandra A. Thompson）といった研究者に継承され，言語類型と密接に連携しつつ研究分野として展開し現在に至っている．「**機能類型論**」（functional typology）という用語もあるが，それほど頻繁に用いられるわけではなく，言語類型論と言えば通常，機能主義的なオリエンテーションを有するものを指すほど両分野は密接に結びついている．実際に，極めて主観的な記述になるが，いわゆる言語類型論の概説書のうち，クロフト（William Croft）の *Typology and Universals*（2002）をわずかな例外として，Comrie（1989）（コムリー 1992），Whaley（1997）（ウェイリー 2006），Song（2018）などによる言語類型論の概説書においては認知言語学的な研究への明示的な言及はほとんどない（ただし，クロフトの概説書においても認知言語学の知見への顕著な言及は抑制的である）．

3. 認知類型論の展開

　これに対して，言語類型論研究者のうち，認知言語学の分析的な枠組み（例：ラネカー（Ronald Langacker）の認知文法）を積極的に類型論研究に取り入れていこうという指向性を有している研究者は必ずしも多くない．筆者は 2011 年の国際認知言語学会大会の基調講演でもこの点を指摘したが，クロフト，ケマー（Susanne Kemmer）（いずれもグリーンバーグの直系の弟子でスタンフォード大学を修了）はこのようなオリエンテーションを有する数少ない研究者である（Kemmer 2002）．ただし，ケマーは近年やや認知類型論的な研究から興味が移っている印象がある．一方，クロフトは現在でもなお言語類型論と認知言語学の橋渡しができる最も重要な研究者の一人であり続けている（Croft 2003 [1990], Croft and Cruse 2004, Croft 2012）．

　以上，2.で述べてきた，言語類型論の発展と認知言語学・認知類型論，機能主義的言語学の相互関係を整理すると図 1 のようになる．

　以下では，認知類型論の観点から筆者が行なったこれまでの研究（堀江・パルデシ 2009, Horie 2018a）に基づいて，認知類型論のケーススタディを二つ提示する．これらは，いずれも，例えば語順や格標示といった従来の言語類型論研究で扱われた構造的特徴に基づいた事例研究ではない．むしろ，これらの事例研究が扱っている対象は，個別言語（この場合，日本語）の事象・外界の捉え方（認知）や語用論的慣習を顕著に反映しているという点でより言語全体の特徴づけに資するような現象である．この点で，認知類型論は池上（2000）のいう「個別言語志向的」類型論に近似している．これらの事例研究を通じて，認知類型論の観点からどのような研究が可能かを具体的に示したい．

▶ 3.1　認知類型論と名詞志向性

　「動詞」と「名詞」が文法化によって機能語を生み出す二つの主要な語彙範疇であることには議

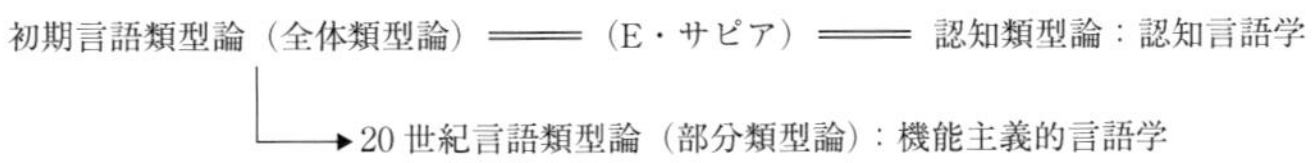

初期言語類型論（全体類型論）＝＝＝（E・サピア）＝＝＝認知類型論：認知言語学

　└─▶ 20 世紀言語類型論（部分類型論）：機能主義的言語学

図 1　初期言語類型論から言語類型論・認知類型論への展開

論の余地がないであろう．名詞と動詞，および両者の中間的なカテゴリーである形容詞の認知・機能的基盤については，これまでもギヴォン，クロフト，ホッパーとトンプソンらによって重要な提案がなされてきた（Givón 1979, Hopper and Thompson 1984, Croft 1991）．文法化の分野においても名詞と動詞が(2)に示したように機能語の重要な二つの源泉であることは間違いない．

(2) (a) 完全動詞 ＞ 助動詞 ＞ テンス・アスペクト・ムード / モダリティ接辞
    (b) 動詞 ＞ 側置詞
    (c) 名詞 ＞ 側置詞
    (d) 側置詞 ＞ 格接辞
    (e) 側置詞 ＞ 従属節マーカー
    (f) 名詞 ＞ 助数詞
    (g) 動詞 ＞ 助数詞
    (h) 指示詞 ＞ 冠詞 ＞ 性 / 名詞類マーカー
    (i) 指示詞あるいは冠詞 ＞ 補文化詞あるいは関係節詞

近年，言語間の「名詞指向性」の程度に関してコーパス研究や対照言語学など様々な観点から研究が行なわれている（金 2003, 新屋 2014）．また**名詞化（体言化）**（nominalization）という形態統語現象に関してはこれまで機能主義的な言語類型論の観点から Koptjevskaja-Tamm（1993）や Yap et al.（2011）をはじめ多くの研究がなされてきたが，近年柴谷方良によってこれまでの言語類型論における「関係節」「連体修飾節」「補文」といったいわゆる「従属節」という概念の見直しにつながるような根源的な主張がなされている（堀江 2018, Shibatani 2017, 2018）．筆者はこれまで多年にわたって名詞化の言語類型論的・認知類型論的研究に携わってきた（Horie 1990, 1991, 1993, 2011, 2012）．この中で，日本語や韓国語のような言語においては，名詞化がいわゆる「補文」をコード化する際に用いられるのはもとより通時的には「副詞節」のコード化にも深く関与し，さらに先述の柴谷の最近の研究によれば「関係節」も名詞化によって分析できる可能性がある．

また，堀江・パルデシ（2009），Horie（2011, 2012, 2018b）でも述べたように，日本語では「述語」の位置（文末）にも名詞化が深く関与している．具体的には(3)のように，述語の連体形（Pred と略）の直後に主要部である名詞相当の機能語が生起する名詞化構造が，コピュラを伴って全体として文法化した述語相当形式として，モダリティ，アスペクト，明証性等の文法的意味を表す．

(3) [Pred の] ＋ だ：証拠性・モダリティ（「説明」「理由」「関連づけ」「断言」等）
    [Pred こと] ＋ だ：モダリティ（「(個人的) 助言」「指示・命令」等）
    [Pred もの] ＋ だ：モダリティ（「(道徳的) 助言」）・テンス（「過去の習慣」）
    [Pred ところ] ＋ だ：アスペクト（「進行相」「完了相」「前望相」）
    「ようだ」：明証性（「様態」）
    「わけだ」：モダリティ（「理由・説明」）等

以下では呉・堀江（2014）および堀江（2015）の観察に基づき日本語の述部の位置で見られる名詞指向性を認知類型論的な観点から考察する．

名詞化が「補文」以外の文の中核的な位置に現れる現象は，英語のような言語ではかなり限定的である．(4)においては，補文化詞「*that*」によって名詞化された定形節補文が本来の補文としてではなく「感嘆」のような喚情的意味を表している．

(4) *That I should live to see such ingratitude!*
    (Quirk et al. 1985, quoted in Evans 2007: 403)
    （この年になってあんな恩知らずな行為を目にするとは！）

これに対して，日本語では(5)のように「名詞化」そのものが文末において述語として機能する構文が多く存在する．これらは，それぞれコピュラを伴った(3)の名詞化述語と意味的な連続性を持ちつつも，話し手の聞き手に対する何らかの働きかけ（「聞き手目当て性」）の機能がより明瞭となり，使用文脈による語用論的解釈の幅がより広くなっている（堀江・パルデシ 2009: 99）．

(5) [Pred の.]：(証拠に基づく)
       説明・主張・確認等 ＋ α
    [Pred こと.]：命令・指示・感嘆等 ＋ α
    [Pred もの.]：断定・主張等 ＋ α
    [Pred わけ.]：理由づけ・正当化等 ＋ α 等

後者の名詞化述語の機能を，前接する述語連体形のテンスによって類型化すると(6)のようになる．

(6) ～ル / タ形：「の」証拠に基づく説明・主張・確認等
    ～ル形　：「こと」命令・指示・個人的助言

〜ル／タ形：「もの」断言・主張等

〜ル／タ形：「わけ」理由づけ・正当化等

　まず，「の」の場合，ル形，タ形が前接すると現実への「説明・確認」を表すが，例文(7a)のように「指示・命令・教示」の意味を表す場合はル形のみと共起する．また，例文(7b)のように「助言・忠告」を表す「こと」の場合はル形のみ共起し，タ形は共起の制限があるなど，「の」と「こと」は連体形のテンスによる意味の分化もしくは連体形のテンスの制限が見られることがわかる．

(7)a. 子供は早く寝る<u>の</u>よ．

　　b. 窓から顔や手を出さない<u>こと</u>．

　　　　　　　　（日本語記述文法研究会編 2003）

　これに対して，「もの」と「わけ」はル形，タ形が前接して，それぞれ「理由づけ・背景説明・正当化」，「正当化・客観性の主張」を示し，連体形のテンスによる意味の分化は見られないことがわかる．

(8)a. 心配しないで．私，あんな話，気にしてない<u>もの</u>．

　　b. 「トマト，また残したでしょ？」「食べた<u>もん</u>！」

　　c. その問題，私，全然わかんなかった<u>わけ</u>．

　　　それでほかの人に聞いた<u>わけ</u>．

　　　そしたら，誰も知らないって言う<u>わけ</u>．

　　　　　　　　（日本語記述文法研究会編 2003）

　以上の日本語のコピュラなしの名詞化述語を，前接する連体形接辞による意味の分化の観点から見ると，表1のようになる．

　このように，日本語のコピュラなしの名詞化述語は複数存在しており，「こと」の場合は前接する連体形のテンスに共起制約が見られており，特に「の」以外には連体形のテンスによる意味の分化はなく，それぞれが固有の語用論的意味を有している．

　「文末」という位置に名詞化が述語として生起で

きる日本語の名詞指向性は，以下のような報道文体の「体言止め」文の使用にも反映している．

(9)［このほかにも複数のバスの乗客がけがをしている］<u>模様</u>．

　　　　　　（2012/7/25 読売新聞；大西 2013: 25）

　大西（2013: 26）は，文末が名詞（N）で終わる引用・報告表現のうち，コピュラのないタイプを「欠如タイプ（N φ）」と呼び，以下のように分類している．

(10) a. X は N.

　　 b. V した疑い／模様／由.

　　 c. V したもの／とのこと.

　それぞれのタイプの例文は以下のとおりである．

(11)a. 桜井署によると，現場は［遮断機や警報機がない］<u>踏切</u>.

　　 b.［花子が合格した］<u>由</u>.

　　 c.［花子が合格した］<u>とのこと</u>.

　日本語においては，文末の位置で，名詞化が述語として用いられ，様々な主観的・間主観的なニュアンスを伴って用いられたり（6 〜 8）（堀江・金 2011），(11)に示した「体言止め」文のように，客観的な（報道）文体を形作るなど，名詞的な表現が動詞や形容詞の代わりに述語として用いられる選好性（名詞指向性）が強い．金（2003）の日韓対照研究によれば，このような日本語の名詞指向性は，同種の傾向を有する韓国語との対比においても相対的により一層顕著であると指摘されている．このような言語間の名詞指向性の違いがどのような要因によるものかを探求するのはすぐれて認知類型論的な研究課題である．

▶ 3.2　認知類型論と言語接触

　認知類型論はこれまで言語類型論が関わってきた関連分野にも新たな知見をもたらすことが期

表1　日本語の名詞化述語（コピュラなし）

日本語		
前接形式	文末名詞化辞	意　味
ル形	の	説明・確認. 指示・命令・教示
タ形	の	説明・確認
ル形	こと	助言・忠告
ル形，タ形	もの／わけ	理由づけ・背景説明・正当化, 正当化・客観性の主張

待される．そのような分野の一つに言語接触（language contact），とりわけ**借用**（borrowing）現象がある．言語接触研究は，Thomason and Kaufman（1988）の先駆的な研究をはじめ，ピジン・クレオールなどの接触言語を中心に進められ，機能類型論的観点から言語接触の類型や，言語間でどのような品詞が借用されやすいかに関する階層など様々な提案がなされてきた（Moravcsik 1978, Heine and Kuteva 2005）．

筆者もこれまで認知類型論的な観点から，日本語と英語の接触現象である借用現象を分析してきた（cf. Horie 2019）．Horie and Occhi（2001）は，英語から日本語に借用された動詞のうちアニメのポケットモンスター（ポケモン）の中での使用を契機に日本語において使用されるようになり，その後日本語の語彙体系に定着するに至った英語からの借用動詞「ゲット（する）」をSlobin（1996）の**「発話のための思考」**（thinking for speaking）の概念を援用し分析した．「ゲット（する）」が借用動詞として興味深い事例を提供する理由としては，借用の際に高頻度で起こる**意味の狭まり**（semantic narrowing）や**特殊化**（specialization）が顕著に見られない点である．これは例えば「カットする」といった英語からの借用動詞の場合と比べてみれば明らかである．「カットする」は「切る」「切断する」などの和語動詞，漢語動詞と直接競合するのではなく，「美容院などで髪を切る」「テープを切る」といった場合の切断行為を表すために特化している．これに比べると，「ゲットする」は「得る」「手に入れる」「取得する」「獲得する」「入手する」などの既存の獲得を表す種々の動詞と比べて顕著な意味の狭まりや特殊化が見られない点が興味深くその理由を認知類型論的な観点から探求した．大学生へのアンケート調査の結果，「ゲットする」は意味的な分類上「日用品，金銭，釣果，席，得点・成績・賞品，資格・機会，情報，彼氏・彼女」など幅広い目的語をとることが確認された．1998 ～ 1999 年の調査の時点ではこれらのうち「日用品，彼氏・彼女，得点・成績・賞品」の三つが最も多い回答数であった．（12）は「彼氏・彼女」を目的語とする典型例である．

（12）医学生ゲットしたいよね．（Horie and Occhi

2001: 28；原文はローマ字）

言語接触研究では，供給側の言語（この場合英語）の**「威信」**（prestige）や受容側の言語（この場合日本語）の**「必要」**（need）が語彙借用を動機づけているという観察が行なわれるが，「ゲットする」の場合，これらの要因は該当しないように見受けられる．では何が「ゲットする」の借用を動機づけているのであろうか．この点に関して，Horie and Occhi（2001）では，日本語の既存の獲得動詞が「獲得方法（例：苦労せずに財産を|手に入れる／*獲得する|）」や「獲得対象（例：地位を|得る／*取得する，*入手する|）」に関して選択的な制約があるのに対して，「ゲットする」はこのような選択制約を母語話者に課している母語の参照枠組み（Slobin の言う thinking for speaking）の束縛から逃れる非母語（第二言語）による手段を提供していると主張した．

また，Horie（2002）では，英語から日本語と韓国語への動詞借用現象を認知類型論の観点から対比させ分析し，興味深い質的，量的な相違点を明らかにした．質的な側面では，塚本（1997）でも指摘されているように，日本語では中国語から借用した漢語を語幹とする**「動名詞」**（verbal noun）（例：入力（する））を文中で使用する際に以下のような 2 種類の構文を定着させている．これに対して，韓国語では同じように漢語語幹を語幹とする動名詞（例：iplyek（入力））が使用される際には通常 1 種類の構文しか用いられず，日本語で定着しているもう 1 種類の構文に対応する構文は容認性が低いという相違が見られる（例文は Horie 2002, p.82, 84 より（原文はローマ字））；塚本（1997）の観察による）．

（13）（a）コンピューターに資料を入力中に…
　　 （b）コンピューターに資料を入力しているうちに…
（14）（a）?khemphyuthe-ey calyo-lul iplyek cwung-ey…
　　 （b）khemphyuthe-ey calyo-lul iplyek ha-nun cwung-ey…

（13a）（14a）と（13b）（14b）の違いは，前者の「動名詞（入力，iplyek）」が動詞化接辞「する，hata」を伴っていないのに対して，後者は伴っているという点である．（13a）の「入力」は表面上は名詞の

ように見えるが実際は「資料の」という属格助詞ではなく「資料を」という対格助詞を伴っていることから動詞として機能していることがわかる．後者は「入力する」「iplyek-hata」というように動詞化接辞を伴っており，対格助詞と共起できるのは当然であるが，前者は，表面的な名詞性と実際の機能的な動詞性の間にギャップがあり，いわば「名詞が動詞のふりをして対格助詞をとっている」ような構造である．日本語と韓国語は構造的な類似性が全般的に著しいが，表面的な構造と実際の機能の間に懸隔がある構造は韓国語においては容認性が低い傾向が一貫して見られる（堀江 2001）．

さらに，質的な面では，韓国語に比べた場合日本語が約2倍の動詞を借用しているという量的な対比が観察された．例えば前述の日本語の「ゲットする」に対応する韓国語の「keythuhata」という借用動詞は Horie（2002）のための実例調査を行なった時点では韓国語においての借用が観察されなかった（その後借用され，現在では使用されているようである）．

借用した漢語語幹動名詞の使用に関して動詞接辞を用いないで対格助詞が共起する(3a)のような構造を創造したり，名詞よりも借用されにくいと言われている（Moravcsik 1978）動詞を英語から積極的に借用して日本語の語彙体系の中に位置づけて運用している実態から，動詞の借用に関して，日本語は韓国語に比べて相対的により進取性を発現する傾向があるということがわかる．

以下では，最近筆者が共同研究で行なった英語から日本語への借用語「ジャック」に関する認知類型論的研究（Hamlitsch and Horie 2017）の一端を紹介する．本研究は日本語に関するものであるが類型論的特徴の異なる言語間の言語接触の興味深い事例として認知類型論の観点からも非常に興味深い示唆を含むものである．「ジャック」はもともと英語の hijack（ハイジャック）をもとにして 1970 年代に受容された借用動詞であり(5)のような用法が初期の用法であった．

(15)キューバ行きの米国内機の<u>ハイジャック</u>が始まる．（2002）（BCCWJ）

その後，「ハイジャック」は「名詞＋ジャック」という形式でいろいろな名詞に付属しうる生産的

な形式（形態素）として再分析され，「シージャック」「バスジャック」「列車ジャック」のように「武器をもって乗り物を乗っ取る行為」という意味で拡張され(6)のような用法を生み出した．

(16)「犯人たちは，今度の列車ジャックを，楽しんでいるんじゃないかと思ったんです」と，早苗はいった．（2004, BCCWJ）

その後，形態素「ジャック」は以下の用例にあるように「空間を何らかの道具（手段）で埋め尽くす行為」という方向に興味深い意味拡張をした．

(17)JR 山陽線で4両編成の車内を為末選手のポスターで埋め尽くす「<u>電車ジャック</u>」も始める．（Asahi Kikuzoo II Visual database）

(18)広告貸し切り電車（<u>トレインジャック</u>）は昨年春から山手線で始めた．（1997, BCCWJ）

(19)とうとう，タケシたちは，ろうかへにげだした．「黒ヘビの<u>教室ジャック</u>だ」みんなが，青ざめた．（1993, NINJAL-LWP for TWC）

(20)通常，民放のドラマであれば放送前の<u>番組ジャック</u>（1997）

(21)そして，日曜日は<u>着物ジャック</u>の日

(22)全日本空輸（ANA）は…　自社広告で埋め尽くす"<u>広告ジャック</u>"を展開．（2007）

(23)JR 山陽線で4両編成の車内を為末選手のポスターで埋め尽くす「<u>ポスタージャック</u>」も始める．

「ジャック」のこのような機能拡張は，例えば「空港ジャック」といった表現において，当該の日本語母語話者が「ジャック」に対して有する既存の「フレーム（frame）」によってかなり異なる解釈を喚起するように思われる．(24)の場合は，「アニメジャック」という複合語が最初に生起し，その後に「空港アニメジャック」と続いているため，「空間を何らかの道具（手段）で埋め尽くす行為」という解釈に自然に導かれる．

(24)徳島阿波おどり空港が，2018 年 9 月 22 日（土）から始まったイベント「マチ★アソビ vol.21」の<u>アニメジャック</u>に遭い，アニメやゲームの装飾に包まれています．
「<u>空港アニメジャック</u>」は 2011 年秋開催の「マチ★アソビ vol.7」以来，秋のマチ★アソビで実施されているイベント．（2018 年 9 月 22 日）
<u>https://gigazine.net/news/20180922-</u>
<u>airport-machiasobi21/</u>

一方，(25)の場合，記事のタイトルで冒頭に

「空港ジャック」という複合語が生起している．この場合，筆者は最初に「空港がテロリストによって占拠された」という解釈を想起してしまった．もっとも，その後に「アルマーニ」とあり，記事本文で「ミラノコレクション」等と続くので，(24) と同様に「空間を何らかの道具（手段）で埋め尽くす行為」という解釈に導かれるのだが，(25) の例は，「～ジャック」という形式がまだ「ハイジャック」から派生された当初の「非合法的・強制的占拠」のニュアンスを依然として失っていないことを示している．

(25) 空港ジャックも…アルマーニが進む「わが道」
　　　読売新聞編集委員　宮智　泉（2018 年 10 月 12 日）
　　　2019 年春夏ミラノコレクションの期間中である 9 月 20 日夜，「エンポリオ・アルマーニ」のファッションショーが行われた．会場は，ミラノの空の玄関口であるリナーテ空港の格納庫．リナーテ空港でファッションショーが開かれるのは史上初．2300 人もの観客が集まるなど，異例ずくめとなった．
　　　https://www.yomiuri.co.jp/fukayomi/ichiran/20181010-OYT8T50034.html

もっとも，後者の「空間を何らかの道具（手段）で埋め尽くす行為」という用法は独自の発展を遂げているようであり，最近以下のような広告を目にする機会があった．

(26) "PLAY TIDY"　　BAG の中を JACK しよう
　　　この夏は遊び心のあるアイテムでお出かけ！
　　　（2018 年 8 月，愛知県豊山町内のショッピングモールで）

この用例には女性が手提げかばんを片手にぶら下げて外出するイラストが添えられており，そのかばんから吹き出しが伸びて，wallet（札入れとお金のイラスト），charm（キーホルダー状のもののイラスト），mobile accessory（携帯カバーのイラスト），pouch（ポーチと文房具のイラスト）という 4 種類のかばんの中身のアイテムが描かれている．この用例は，外出時に自分のセンスに合ったおしゃれな携行品を選んでかばんの空間を（スタイリッシュに）埋めつくしていくことを提案しているように見受けられる．英語の hijack という動詞が日本語に「ハイジャック」という借用動詞・名詞として受容され，さらに「（名詞＋）ジャッ

ク」という生産的な形態素を派生し，「武器で乗り物を占拠する」という意味から「空間を何らかのもので埋め尽くす」という意味的拡張を生じさせた後に，JACK というローマ字表記で本来の英語の jack（動詞「引き上げる」；名詞「ジャッキ」「（トランプの）ジャック」「男，やつ」）という単語の持っていない意味を表すに至っている．「ジャック」の意味拡張は日本語の言語接触現象の認知類型論的なユニークさを如実に物語っている．

日本語の「ジャック」が見せるこのような意味拡張の全貌を捉えるために Hamlitsch and Horie (2017) では Booji (2010) が提唱し近年注目を集めている「**構文形態論**」(constructional morphology) の枠組みを援用した．具体的には「ジャック」の上述した二つの用法を「**形態的構文**」(morphological construction) として捉え，以下のような仮説を提唱した．

(27)「ジャック」の意味拡張は日本語の「列車（汽車・電車）」の意味フレームに関係するメタファー的拡張およびメトニミー的拡張のもとで生じた．（p.137; 原文は英語）

この仮説を構文形態論の表記を用いて示すと図 2 のようになる．

紙幅の関係で構文形態論の表記法の説明は省くが，図 2 のうち最上層のスキーマは「名詞＋ジャック」が，最も抽象度の高いレベルで「何か（どこか）を何かで占拠する」という意味を表すことを示している．より具体的な意味のレベルでは，左辺で「名詞＋ジャック」が「武器をもってある乗り物を占拠（支配）する」意味を表すことを，右辺で「ある手段（道具）によって空間を占拠する（埋め尽くす）」意味を表すことを示している．左辺の意味がハイジャックから派生した「名詞＋ジャック」が借用語として獲得した最初の意味であり，右辺の意味がその後の意味拡張の結果獲得した意味である．

重要な点として両者の意味の橋渡しをしたのは「列車（汽車・電車）」のフレームであることを本研究は主張する．左辺の意味から右辺の意味への拡張において強制的占拠の対象としての列車（汽車・電車）（例文 (16)）から埋め尽くす対象としての列車（汽車・電車）（例文 17 ～ 18）へのメタファー的拡張が生じている．興味深いことに，同

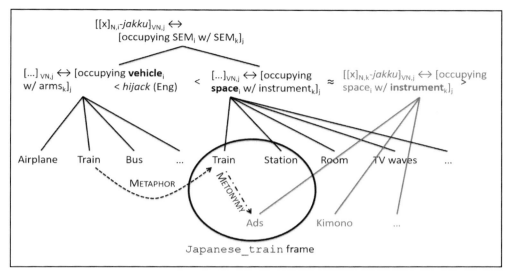

図 2　二つの「名詞＋ジャック」構文の相互関係（Hamlitsch and Horie 2017: 139）

じ「列車（汽車・電車）」のフレームの中でさらなる拡張現象が生じている．具体的には，埋め尽くす対象としての列車から，列車内のスペースを埋め尽くす手段（例：ポスター，中吊り広告）（例文 22～23）へとメトニミー的拡張が生じている．

まとめと展望

本節は，認知類型論という学問分野がどのような特徴を持った学問分野であるかを概観した．具体的には，初期の言語類型論者，そしてサピアが有していた言語構造と思考の相互関係に関する洞察的な考察に源泉を持ちつつ，方法論的に整備された現代の言語類型論と融合的に結びつけて興味深い文法・語彙現象の通言語的分析を可能にしていることを具体的なケーススタディを通じて見た．今後，認知類型論的な文法・語彙現象の研究が類型論的な特徴を異にするさらに多くの言語で行なわれることが期待される．

▶重要な文献

堀江薫・パルデシ，P. 2009『言語のタイポロジー—認知類型論のアプローチ』研究社.
　認知類型論の唯一の体系的な概説書である．言語類型論から認知類型論への歴史的展開を概観し，複文，被従属化構文（言いさし），受動構文，文法化，語彙類型論など通言語データに基づく豊富なケーススタディを通じて認知類型論という学問分野の可能性を示す.

Croft, W. 2001 *Radical Construction Grammar*, Oxford Univ. Press, Oxford.［山梨正明（監訳），渋谷良方（訳）2018『ラディカル構文文法—類型論的視点から見た統語理論』研究社.］
　認知言語学と言語類型論の両分野に精通し，認知言語学と言語類型論分野の融合的研究を推進してきた著者による，類型論的なデータに基づいた構文文法理論の概説書．「認知類型論」的な研究の進むべき一つの方向を示唆している.

Deutscher, G. 2010 *Through the Language Glass: Why the World Looks Different in Other Languages*, Metropolitan Books, New York.［椋田直子（訳）2012『言語が違えば，世界も違って見えるわけ』インターシフト.］
　言語と文化，思考・知覚の関係に関する古代から現代までの言語学的な考察，学説を自在に縦覧する認知類型論分野への入門書といえる良書.

Sapir, E. 1921 *Language*, Harcourt Brace Jovanovich, New York.［安藤貞雄（訳）1998『言語—ことばの研究序説』（岩波文庫）岩波書店.］
　認知類型論の始祖とも言うべきサピアの言語，文化，思考・知覚に関する洞察に満ちた古典的名著.

▶文　献

Booij, G. 2010 *Construction Morphology*, Oxford Univ. Press, Oxford.

Comrie, B. 1989^2（1981^1）*Language Universals and Linguistic Typology*, Univ. of Chicago Press, Chicago.［松本克己・山本秀樹（訳）1992『言語普遍性と言語類型論』ひつじ書房.］

Croft, W. 1991 Syntactic Categories and Grammatical Relations. In *The Cognitive Organization of Information*, Univ. of Chicago Press, Chicago.

Croft, W. 2001 *Radical Construction Grammar*, Oxford Univ. Press, Oxford.［山梨正明（監訳），渋谷良方（訳）2018『ラディカル構文文法—類型論的視点から見

た統語理論』研究社.]

Croft, W. 2003² (1990¹) *Typology and Universals*, Cambridge Univ. Press, Cambridge.

Croft, W. and D. A. Cruse 2004 *Cognitive Linguistics*, Cambridge Univ. Press, Cambridge.

Croft, W. 2012 *Verbs. Aspect and Causal Structure*, Oxford Univ. Press, Oxford.

Deutscher, G. 2010 *Through the Language Glass. Why the World Looks Different in Other Languages*, Metropolitan Books, New York. [椋田直子（訳）2012『言語が違えば，世界も違って見えるわけ』インターシフト，合同出版.]

Fillmore, C. J. 1982 Frame Semantics. In The Linguistic Society of Korea (ed.) *Linguistics in the Morning Calm*, Hanshin, Seoul, pp. 111-37.

Gentner, D. and S. Goldin-Meadow (eds.) 2003 *Language in Mind*, MIT Press, Cambridge, MA.

Givón, T. 1979 *On Understanding Grammar*, Academic Press, New York.

Greenberg, J. H. 1966 Some Universals of Grammar with Particular Reference to the Order of Meaningful Elements. In Greenberg, J. H. (ed.) *Universals of Language*, MIT Press, Cambridge, MA, pp. 73-113.

Gumperz, J. J. and S. C. Levinson(eds.) 1996 *Rethinking Linguistic Relativitiy*, Cambridge Univ. Press, Cambridge.

Haiman, J. (ed.) 1985 *Iconicity in Syntax*, John Benjamins, Amsterdam.

Hamlitsch, N. and K. Horie 2017 Construction Grammar and Frame Semantics Meet Morphological Borrowing: A Case Study of the Borrowed Bound Morpheme *-jakku* in Japanese.『第37回関西言語学会論文集』133-4.

Heine, B. and T. Kuteva 2005 *Language Contact and Grammatical Change*, Cambridge Univ. Press, Cambridge.

Hopper, P. J. and S. A. Thompson 1984 The Discourse Basis for Lexical Categories in Universal Grammar. *Language* 60: 703-52.

Horie, K. 1990 How Languages Encode the Cognitive Notions of Directness and Indirectness: A Typological Study. In Hoji, H. (ed.) *Japanese/Korean Linguistics*, CSLI, Stanford, pp. 61-77.

Horie, K. 1991 Cognitive Motivations for Event Nominalizations. In Nichols, L. et al. (ed.) *Papers from the Regional Meeting of the Chicago Linguistic Society* (CLS) 27(1): 233-45.

Horie, K. 1993 A Cross-linguistic Study of Perception and Cognition Verb Complements: A Cognitive Perspective. Unpublished doctoral dissertation, Univ. of Southern California.

堀江薫 2001「膠着語における文法化の特徴に関する認知言語学的考察——日本語と韓国語を対象に」山梨正明ほか（編）『認知言語学論考1』ひつじ書房，pp.89-131.

Horie, K. 2002 Verbal Nouns in Japanese and Korean: Cognitive Typological Implications.［片岡邦好・井出

祥子（編）2002『文化・インターアクション・言語』ひつじ書房，pp. 89-131.]

Horie, K. 2011 Versatility of Nominalizations: Where Japanese and Korean Contrast. In Yap, F. H. et al. (eds.) *Nominalizations in Asian Languages: Diachronic and Typological Perspectives*. John Benjamins, Amsterdam/Philadelphia, pp.473-98.

Horie, K. 2012 The Interactional Origin of Nominal Predicate Structure in Japanese: A Comparative and Historical Pragmatic Perspective. *Journal of Pragmatics* 44: 663-79.

堀江薫 2015「日本語の「非終止形述語」文末形式のタイポロジー——他言語との比較を通じて」益岡隆志（編）『日本語研究とその可能性』開拓社，pp. 133-67.

Horie, K. 2018a Linguistic Typology and the Japanese Language. In Hasegawa, Y. (ed.) *The Cambridge Handbook of Japanese Linguistics*, Cambridge Univ. Press, Cambridge, pp. 65-86.

Horie, K. 2018b Subordination and Insubordination in Japanese from a Crosslinguistic Perspective. In Pardeshi, P. and T. Kageyama (eds.) *Handbook of Japanese Contrastive Linguistics*, Mouton, Berlin, pp. 697-718.

堀江薫 2018「文構造の中核と周辺における準体構造と連用構造の機能分担と競合」*KLS Selected Papers* 1（関西言語学会）: 226-36.

Horie, K. 2019 Cognitive Linguistics and Language Contact: An Unexplored Terrain, *Journal of Cognitive Linguistics* 4: 1-11.

堀江薫・金廷珉 2011「日韓語の文末表現に見る語用論的意味変化——機能主義的類型論の観点から」高田博行ほか（編）『歴史語用論入門』大修館書店，pp. 193-207.

Horie, K. and D. Occhi 2001 Cognitive Linguistics Meets Language Contact. In Horie, K. and S. Sato (eds.) *Cognitive-Functional Linguistics in an East Asian Context*, Kurosio Publishers, Tokyo, pp.13-33.

堀江薫・パルデシ，P. 2009『言語のタイポロジー——認知類型論のアプローチ』（認知言語学のフロンティアシリーズ5）研究社.

池上嘉彦 2000『「日本語論」への招待』講談社.

金恩愛 2003 日本語の名詞志向構造（nominal-oriented structure）と韓国語の動詞志向構造（verbal-oriented structure）『朝鮮学報』188 号：1-83.

Kemmer, S. 2002 Human Cognition and the Elaboration of Events. In Tomasello, M. (ed.) *The New Psychology of Language*, Vol. 2, Lawrence Erlbaum Associates, Mahwah, New Jersey, pp. 89-118.

Koptjevskaja-Tamm, M. 1993 *Nominalizations*, Routledge, London.

Levinson, S. C. 2003 *Space in Language and Cognition: Explorations in Cognitive Diversity*, Cambridge Univ. Press, Cambridge.

Li, C. (ed.) 1975 *Word Order and Word Order Change*, Univ. of Texas Press, Austin.

Li, C. (ed.) 1976 *Subject and Topic*, Academic Press, New York.

Li, C. and S. A. Thompson 1976 Subject and Topic: A New Typology of Language. In Li, C. (ed.) 1976 *Subject and Topic*, Academic Press, New York, pp.457-90.

Lucy, J. 1992a *Language Diversity and Thought*, Cambridge Univ. Press, Cambridge.

Lucy, J. 1992b *Grammatical Categories and Cognition*, Cambridge Univ. Press, Cambridge.

松本曜（編）2017『移動表現の類型論』くろしお出版.

Moravcsik, E. 1978 Language Contact. In Greenberg, J. (ed.) *Universals of Language*, Vol. 1, Stanford Univ. Press, Stanford, pp. 93-123.

日本語記述文法研究会（編）2003『第8部モダリティ』（現代日本語4）くろしお出版.

呉守鎮・堀江薫 2014「韓国語の文末名詞化構文「-KES」の文法的位置づけと語用論的意味—日本語の文末名詞化構文との対比を通じて」『第34回関西言語学会論文集』61-72.

大西美穂 2013「文末が名詞で終わる報告・引用表現」『日本語用論学会第15回大会論文集』, pp.25-32.

Quirk, R. et al. 1985 *A Comprehensive Grammar of the English Language*, Longman, London.

Sapir, E. 1921 *Language*, Harcourt Brace Jovanovich, New York.［安藤貞雄（訳）1998『言語—ことばの研究序説』（岩波文庫）岩波書店］

Shibatani, M. 1976 The Grammar of Causative Constructions: A Conspectus. Shibatani, M. (ed.) *The Grammar of Causative Constructions*, Academic Press, New York, pp. 1-40.

Shibatani, M. 2017 Nominalization. In Shibatani, M. et al. (eds.) *Handbook of Japanese Syntax*, Walter de Gruyter, Berlin, pp. 271-332.

Shibatani, M. 2018 Nominalization in a Crosslinguistic Perspective. In Pardeshi P. et al. (eds.) *Handbook of Japanese Contrastive Linguistics*, Walter de Gruyter, Berlin, pp. 345-410.

新屋映子 2014『日本語の名詞指向性の研究』ひつじ書房.

Slobin, D. I. 1996 From 'Thought and Language' to 'Thinking and Speaking'. In Gumperz, J. J. and S. C. Levinson (eds.) 2016 *Rethinking Linguistic Relativity*, Cambridge Univ. Press, Cambridge, pp.70-96.

Song, J. J. 2018 *Linguistic Typology*, Oxford Univ. Press, Oxford.

Spring, R. and K. Horie 2013 How Cognitive Typology Affects Second Language Acquisition: A Study of Japanese and Chinese Learners of English. *Cognitive Linguistics* 24(4): 689-710.

Talmy, L. 2000 *Towards a Cognitive Semantics*, Vol. II. *Typology and Process in Concept Structuring*, MIT Press, Cambridge, MA.

Thomason, S. G. and T. Kaufman 1988 *Language Contact, Creolization, and Genetic Linguistics*, Univ. of California Press, Berkeley, CA.

塚本秀樹 1997「語彙的な語形成と統語的な語形成—日本語と朝鮮語の対象研究」国立国語研究所（編）『日本語と朝鮮語（下）』くろしお出版, pp. 191-212.

Whaley, L. J. 1997 *Introduction to Linguistic Typology*, Sage Publications, New York.［大堀壽夫・古賀裕章・山泉実（訳）2006『言語類型論入門—言語の普遍性と多様性』岩波書店.］

Yap, F. H. et al. (eds.) 2011 *Nominalization in Asian Languages: Diachronic and Typological Perspectives*, John Benjamins, Amsterdam.

＝＝コラム22 有生性＝＝　　　　　　　　　　　　　　　　　　　＝大谷直輝＝

　有生性（animacy）とは，名詞が表す指示対象が生物であるか無生物であるかに関わる言語外的な概念のことです．例えば，girl, uncle, John, tiger などの名詞は有生物を表すのに対して，desk, river, tower, peace などの名詞は無生物を表します．有生であるか無生であるかという概念的な区別は様々な言語の構造的な区別に関連しています．一例を挙げると，日本語の動詞の「いる」と「ある」では，「猫が ｛いる／*ある｝」と「ポストが ｛*いる／ある｝」のように，主語の名詞が表す指示対象が有性物であるか無生物であるかによって使い分けがなされています．

　有生性は，有生か無生かという二項対立的なものではなく，「人間」＞「動物」＞「無生物」という連続的な階層とみなすことができます．この場合，「有生／無生」の対立だけでなく，「人間／非人間」が対立します．連続的な尺度のどこに文法的・形態的な切れ目があるかは言語や現象の種類によって変わります．例えば，上で挙げた日本語の「いる」「ある」では「有生」か「無生」かにより語彙が使い分けられているのに対して，英語の3人称単数の代名詞 he/she と it では，「人間（男・女）」か「非人間」かにより語彙が使い分けられています．一方，3人称複数の代名詞の場合，有生性の尺度上に切れ目はなく，有生性の高低にかかわらず they が使われます．

　有生性は語彙の選択制限にも影響を与えます．例えば，日本語の他動詞構文の主語では，無生物は不自然に感じられるため，「借金が私を苦しめた」ではなく，有生物を主語にして「（私が）借金に苦しめられた」「（私が）借金に苦しんだ」のように言う傾向があります．対照的に，英語の他動詞構文の主語は有生性に関してかなり自由であり，「道具」（The hammer hit the nail）や「状況」（The atmosphere made me happy）のような

無生物だけでなく，It's raining（雨が降っている）のように，虚辞が主語になることもあります．一方で，英語の二重目的語構文の与格の項には，所有者となる「人間」を表す名詞が用いられる傾向があり，John sent {Mary/*NY} a letter（ジョンは {メアリー／*ニューヨーク} に手紙を送った）のように，「人間」と「非人間」の対立が見られます．

格も有生性が深く関与する現象です．スペイン語の他動詞を例にすると，(1)のように，特定化された有生物を指示する名詞句は対格の標識である前置詞の a と共起しますが，(2)のような無生物を指示する名詞句には，中立的な格付与がなされます．

(1) María vio a Juan.　　　(2) María vio el libro.
　　Mary see.AOR.3SG ACC John　　　　Mary see.AOR.3SG the book
　　'Mary saw John.'　　　　　　　　　　'Mary saw the book.'

また，一つの言語内で，能格の文と対格の文が使い分けられる分裂能格（split-ergative）型の言語の場合，有生性が高い主語の場合は対格型（すなわち，他動詞の主語(A)と自動詞の主語(S)の格が同一）の格付与がなされるのに対して，有生性が低い主語の場合は能格型（すなわち，自動詞の主語(S)と他動詞の目的語(P)の格が同一）の格付与がなされる傾向があります．様々なタイプの分裂能格型言語に注目することで，シルヴァスティン（Silverstein 1976）で提案された，詳細な有生性の階層が見えてきます．

> 1, 2人称＞3人称＞固有名詞／親族名語彙＞人間 NP ＞有性物 NP ＞無生物 NP

この階層が示すように，最も有生性が高いのは発話の場の参与者である 1, 2 人称です．例えば，オーストラリアの先住民の言語であるジルバル（Dyirbal）語では，1, 2 人称の代名詞を項に持つ文には対格型の格付与がなされるのに対して，それ以外の 3 人称の代名詞や名詞一般を項に持つ文には能格型の格付与がなされます．また，南アメリカの先住民の言語であるカシナワ（Cashinawa）語では 1, 2 人称の代名詞を項に持つ文は対格型，名詞句を項に持つ文は能格型で用いられます．一方で，階層の中間にある 3 人称代名詞を項に持つ文では，S, A, P の格がすべて異なり，格標識は三つに分かれます．

▶参考文献

Silverstein, M. 1976 Hierarchy of Features and Ergativity. In Dixon, R. M. W. (ed.) *Grammatical Categories in Australian Languages*, Australian National Univ. Canberra, pp.112-71.

Whaley, L. J. 1997 *Introduction to Typology: The Unity and Diversity of Language*, Sage Publications, London.［大堀壽夫・古賀裕章・山泉実（訳）2017『言語類型論入門—言語の普遍性と多様性』（岩波オンデマンドブックス）岩波書店.］

══ コラム23　有標・無標 ══　　　　　　　　　　　　　　　══ 大谷直輝 ══

言語表現 A と B をある特徴を持っているかどうかによって区別する際，その特徴を持っている方を**有標**（marked），持っていない方を**無標**（unmarked）と言います．例えば，英語の名詞の単数形と複数形では複数形が［＋複数］という特徴を持っているため有標となります．有標であることは形式的な面からもわかります．英語の単数形と複数形において複数形の形式は，無標である単数形（book）に屈折の接尾辞（book-s）がついています．

有標と無標という概念は，言語学では**プラーグ学派**の音韻論において用いられ始めました．二項対立を好むこの学派では，二つの音素が一つの弁別的な素性（feature）の有無によって対立をなす場合，素性を持つ音素を有標，素性を持たない音素を無標としていました．例えば，/k/ と /g/ はともに軟口蓋閉鎖音ですが，/g/ は［＋有声］という点で有標であり，/k/ は［－有声］という点で無標の形式とされます．

有標と無標が広く観察される言語現象の一つに反義語があります．反義語はある尺度上で対立する概念を表すという点でどちらが基本的であるか一概には言えないと感じるかもしれませんが，しばしば片方の形式だけが無標とみなされます．例えば，old と young では，old の方が young よりも基本的であり無標とみなすことができます．How old are you? と How young are you? を比較してみると，年齢を聞く中立的な表現は前者であるのに対して，後者は使用される文脈がかなり限定され，聞き手が若いことが含意されます．そのため，後者は小さな子に対して「どんなに若いんだ」と尋ねる場合や，年配の人に対する皮肉など，使用される文脈がかなり限定的です．同様に，long/short, far/near, good/bad などの反義的な形容詞についても前者が無標

で中立的であるのに対して，How ⌊short/near/bad⌋ is it? のように質問すると特別なニュアンスが付与されます．

　また，有標・無標といった概念は対をなす言語表現だけでなく，複数の関連する形式についても用いられます．この場合，より一般的で単純な形式が無標となり，不規則的で出現場所が限定されている形式が有標となります．例えば，英語の否定を表す接頭辞 in-，im-，il-，ir- では，最も多様な環境で出現する in- が無標の形式であり，両唇音の前に現れる im（possible），/l/ の前に現れる il（leagal），/r/ の前に現れる ir（regular）は有標の形式とみなされます．

　有標性の概念は意味論的・語用論的に特殊なニュアンスを持つ構文の説明にも用いられます．構文の場合，有標の構文は使用される場面が無標の構文に比べて限定的であり，無標の形式にはない特別なニュアンスを持ちます．例えば，能動文に対して，受動文は形式的には複雑であり，被行為者に焦点が当たるという特徴を持つ点で有標な構文と言えます．また，典型的な他動詞文（例 I kicked the ball）に対して，動能構文（例 I kicked at the ball）は行為の結果状態までは含まないというニュアンスがあり，形式的にも前置詞の at を含むという点で有標と言えます．また，It was the ball that he kicked のような分裂文も the ball が新情報であり，特に重要であることを示唆するため有標な構文と言えます．一般的に，ある形式が有標であればあるほど自然性が低くなります．これは**類像性**（iconicity）の観点から捉えることができます[→ コラム 25]．つまり，動詞を中心とした文が一つのまとまった出来事を表すと考えると，人間が世界を認識する際に典型的であると捉えられる出来事が他動詞文のような無標の構文として現れ，そこから逸脱しているものとして捉えられる出来事が形態的な有標性となって現れると言えます．

　現在，英語や日本語では man/woman，actor/actress，prince/princess や医者（*男医）／女医，子女のように，形態的に男性が無標で女性が有標の表現が多く存在しますが，これらの表現の一部は「**政治的公正**」（political correctness: PC）の観点から改められつつあります．形態的な有標性は概念的な有標性を反映していると考える類像性の観点から見ると，PC とは言語的な有標性を改めることで，社会における有標性を変えようとする社会的な運動とみなすことができます．

▶参考文献
Croft, W. 2003² *Typology and Universals*, Cambridge Univ. Press, Cambridge.
Haiman, J. 1985 *Natural Syntax*, Cambridge Univ. Press, Cambridge.

コラム 24　認知類型論から見た世界の言語　　　　　　　　八木健太郎

　堀江・パルデシ（2009）など，**認知類型論**（cognitive typology）の枠組みから個別言語の認知スタイルの特性を明らかにする研究が，近年数多く見られます[→ 2.12]．この潮流の端緒の一つである池上（1981: 280）は，「英語では〈場所の変化〉の動詞が〈状態の変化〉に転用される（つまり，個体中心的な**捉え方**が本来そうでない分野にまで拡大される）傾向があるのに対し，日本語では本来の〈状態の変化〉の動詞が〈場所の変化〉に転用される（つまり，出来事中心的な捉え方の方が拡大される）傾向がある」と述べ，英語においては「個体」中心的な捉え方が好まれるのに対して，日本語においては「出来事」中心的な捉え方が一般的であるという主張をしています．

　それでは，この池上の主張は，認知言語学において人間の言語使用の根幹に関わるものとして注目されてきた「**換喩**」（metonymy）に関しても並行的に認められることでしょうか．ここでは，本来〈出来事〉を表す動詞と〈個体〉を表す名詞との間に見られる換喩シフトに関して，日本語と英語でどのような共通点と相違点があるのかという問題を検討してみましょう．

　まず，〈出来事〉からそこに関与する〈個体〉への換喩シフトは，英語でも日本語でもそれほど制限なく多くの動詞で認められます．英語の場合，動詞 have（持つ）が同形の名詞 haves となると「富を持つ者」（出来事の主体）を表し，動詞 think（考える）が動名詞 thinking になって「思考」（出来事の対象）を表すなど，動詞が同形の名詞や -ing 形で，その出来事に関与する〈個体〉を表す例が多く，GSL（General Service List）に挙げられている最頻出の動詞 100 語を見ても，62 語に〈個体〉への換喩シフトが確認されます．また，日本語においても〈個体〉への換喩シフトは認められやすく，動詞「頼む」の連用形成名詞「頼み」が「頼むこと（出来事の対象）」を表し，動詞「飲む」を後項に複合名詞化した「酒飲み」が「酒を飲む人（出来事の主体）」

を表すといった例が広範に観察され，『日本語を読むための語彙データベース』に掲載されている最頻出の動詞100語のうち，74語に〈個体〉への換喩シフトの例が確認されます．

　一方で，〈個体〉から〈出来事〉への換喩シフトの方は，英語と日本語で顕著な違いが見られます．英語の場合，名詞が同形の動詞として使用されるケースは少なくなく，典型的に〈個体〉を表す名詞 house（家）が，同形の動詞用法としては「家に住まわせる」という〈出来事〉の解釈を持ち，water が動詞用法として「（植物などに）水をあげる」という〈出来事〉の解釈を持つなど，前述の GSL における最頻出名詞100語のうち，実に71語もの名詞に〈出来事〉への換喩シフトが認められます．ところが日本語では，「男する」や「犬する」などと言うことができないように，「名詞＋する」という典型的な動詞化の言語形式を用いても，その個体が関与する〈出来事〉への換喩シフトの解釈は難しく，上述のデータベースによる最頻出名詞100語のうち，わずかに「顔」，「声」といった身体部位や人間の属性を意味する3語が，「いい顔する」や「低い声した（男性）」のように修飾語を伴ってイディオム的に認められるのみで，換喩シフトが容易でないことが確認されます．

　ここでは日本語と英語の2言語についてのみ事実観察を行ないましたが，この結果から二つの仮説が立てられます．一つは，全体によってその部分を表す換喩は通言語的に容易であること，もう一つは，個体によってその個体が参与する出来事全体を表す換喩には言語間で違いが見られることです．前者は，全体という認知的な際だちが高いものへの言及を介してその部分にアクセスするという一般的な認知機能に基づくために通言語的であり，後者は，冒頭で紹介した池上の知見（英語の個体中心性と日本語の出来事中心性）に関わるものかもしれません．

　ともあれ，これらの仮説が本当に正しいのかどうかは，日英語とは系統の異なる他の言語との対照を通して明らかになるでしょう．

▶参考文献
池上嘉彦 1981『「する」と「なる」の言語学』大修館書店．
堀江薫，パルデシ，P. 2009『言語のタイポロジー──認知類型論のアプローチ』（認知言語学のフロンティアシリーズ5）研究社．

2.13

認知・機能言語学

大堀壽夫・古賀裕章

認知・機能言語学(cognitive-functional linguistics)は，言語を外在的な諸要因と関連づけて理解しようとする様々の研究を包括的に指すカバー・タームである．1. ではその基本的な特徴を見た後で，構造の安定性についての見方の違いという観点から，機能的アプローチの多様性を分類する．2.～3. では機能的アプローチによる類型論研究の事例を取り上げ，その方法論を提示する．2. では主要な品詞（名詞，動詞，形容詞）の通言語的な規定のための，プロトタイプと有標性の概念を用いた枠組みを示す．3. では節構造の基本的な一面であるヴォイスについての研究を見る．通言語的に妥当な枠組みを得るためには，形式面の特徴とともに，事象構造のプロトタイプ，および参与者の語用論的な特徴も考慮に入れたうえで，多様な構文の相互関係を捉える必要がある．4. は今後の方向性について述べる．

1. 機能的アプローチの多様性

トマセロ（Michael Tomasello）は「認知言語学と機能言語学のどちらも言語とは自律的な『心的器官』ではなく，認知的・社会的な性質をもったコミュニケーション活動からなる複合体であり，言語以外の人間の心理と緊密に統合されたものだと考える点では広く意見が一致している」（Tomasello 1998: 4）と特徴づけている．本節でもこの立場をとる．ただし，本節でこのような分野の包括的な概観を行なうことは現実的ではない．以下，本節では機能言語学にしぼって各アプローチの位置づけを行なう．

機能言語学という用語は認知言語学の登場以前から使われている．現代につながる機能的アプローチの源流としては**プラハ学派**を挙げることができるが，本節では歴史的展望ではなく，各アプローチの特徴を横断的に見る．

機能的アプローチを分類する一つの尺度となる

のが，形式的構造をどこまで安定したものとして認めるかという観点である．「穏健」あるいは「保守的」な立場では，形式的構造の安定性と自律性を認めたうえで，そこから生成される文集合と，母語話者が文法的（あるいは容認可能）と認める文集合との間のギャップを，外在的要因（意味論的・語用論的条件）を導入することで解消しようとする．久野（1978, 1987）に始まる一連の機能的分析はこのカテゴリーに入る．それは生成文法と対立するというよりは補完する性格を持つ．

これと対極にあるのが，「急進的」と呼ぶべきアプローチで，形式的構造の存在そのものを疑問視する．すなわち，形式的構造は——名詞や動詞のような統語カテゴリーであれ，主語，従属節，名詞修飾のような文構造の諸側面であれ——「仮象」にすぎず，人間の相互行為の中で創発するものだ，という考え方である．そして形式的構造を論じる場合でも，外在的要因（例えば会話の組織についてのモデル）の観点から，従来の文法とは大きく異なる形で再定義される．ホッパー（Paul J. Hopper）が**創発的文法**（emergent grammar）の名のもとに構想するのはこのようなアプローチである（Hopper 1998）．

この両極の間に，多くの機能的アプローチが位置する．「中道的」な立場では，形式的構造はある程度の安定性を持つと見なしつつ，外在的要因と結びつけて（すなわち体系的な動機づけを見いだして）分析する．例えば Systemic Functional Linguistics（Halliday and Matthiessen 2014）では，形式的構造は確かに存在するが，それは意味を実現するための選択の体系の中に統合されている．機能的アプローチにおいて，整備された文法理論を持つモデルはいずれも「中道的」な立場に属する．Role and Reference Grammar（RRG, Van Valin 2005）と Functional Discourse Grammar（FDG, Hengeveld and Mackenzie 2008）はその

代表例である．これらは形式的構造そのものについても独自の理論を持っている．RRG における節の**層状構造**（layered structure）はその一例である．

　機能言語学は言語類型論との結びつきが強い［→ 2.12 ］．この傾向は伝統的なプラハ学派の機能言語学ですでに見られる（Mathesius 1928）．上に示した各種のアプローチの中でも，特に「急進的」なアプローチと「中道的」なアプローチはどちらも類型論的な傾向が強い．その理論上の理由は，言語間の形の違いを認めつつ，そこに見られるバリエーションを説明するために，どの言語にも共通する外在的要因を参照する必要を認めるからだと思われる（日本語で読める言語類型論の概説としては Comrie 1989; Whaley 1997; 角田 2009）．形式的構造について通言語的に見られるパターンに着目し，外在的要因を参照しつつこれを分析・説明しようとする研究は，一般に機能的類型論と呼ばれる．以下にその研究事例を提示する．

2. 品詞の規定をめぐって

　伝統的な言語記述での品詞の規定は，意味面では直観に基づいたものが主であった．意味面からの定義を精緻化する試みとしては，哲学的な伝統をふまえたライオンズ（John Lyons）の研究がある（Lyons 1977）．認知言語学では，ラネカー（Ronald W. Langacker）に代表されるように，品詞を抽象度の高い概念スキーマによって一般的に定義する（Langacker 1987）［→ 2.4 ］．例えば名詞は THING，動詞は PROCESS をプロファイルするとされる．しかしこのような発想による理論の妥当性を高めるためには，概念スキーマと具体的な言語形式との対応関係がどのようになっているかを明らかにする必要がある．

　クロフト（William Croft）は表1に示すように，名詞，動詞，形容詞のプロトタイプを意味論的カテゴリーと構文の語用論的な使用目的の観点から定義した（Croft 1991, 2001）．タテ軸は意味論的カテゴリー，ヨコ軸は語用論的カテゴリーである．こうして定義される二次元の**概念空間**（conceptual space）は，言語構造にとって外在的で普遍性を持つとクロフトは考える．概念的に**無標**（unmarked）の，すなわちプロトタイプ的な

表1　各品詞の形式的な標示手段

	指示	修飾	叙述
物体	無標の名詞	属格，形容詞化，名詞につく PP	叙述名詞句，コピュラ
属性	形容詞派生の名詞	無標の形容詞	叙述形容詞，コピュラ
行為	行為名詞句，補文，不定詞，動名詞	分詞，関係節	無標の動詞

品詞は，名詞＝〈物体，指示〉，形容詞＝〈属性，修飾〉，動詞＝〈行為，叙述〉という組合せになる．意味論的カテゴリーについてはさらに，時間的な持続性，関係性，段階性などの観点から特徴づけられる．

　クロフトのアプローチでは，このような概念空間の中で言語形式がどのように分布するかに着目して一般化を行なう．具体的には，意味論的・語用論的プロトタイプであるならば，形式面でも無標となる，という主張がされる．反対に，そのようなプロトタイプから何らかの点で外れる場合には，形式面で**有標**（marked）になり，派生形をとったり，分布に制限が加わったりする．ここから得られる予測は，プロトタイプと目されるもの（例えば〈行為，叙述〉）が有標の形をとりながら，そうでないもの（例えば〈属性，指示〉）が無標の形をとることが一貫して起きるような言語は見られない，という一般化である．実際にとられる形式は言語によって異なり，また同一言語でも複数の手段がありうるが，このような類型論的有標性についての予測は，これまでの研究の蓄積によって支持されている（品詞に関する類型論的研究を収めた論文集として（Ansaldo et al. 2010）を参照）．

　一例として，英語の形容詞を見てみよう．（1a）happy は〈属性，修飾〉というプロトタイプ的な組合せの例だが，（1b）happiness はこのプロトタイプから離れて〈属性，指示〉であり，派生形式 -ness を伴った語として現れている．これは形態的な有標性である．

(1) a. The <u>happy</u> prince lived in a beautiful castle.
　　b. Don't envy other people's <u>happiness</u>.

また，〈属性，叙述〉であるときには，英語ではコピュラ（be 動詞等の標識）が必ず伴う．一方，〈物体〉や〈行為〉がプロトタイプ的な用法を離れて，〈修飾〉のために用いられるときには，〈物体，修飾〉の場合は the <u>book's</u> author（属格's）

や a friendly attitude（形容詞化 -ly），〈行為，修飾〉の場合は the dividing line（分詞 -ing），the guy that we met the other day（関係節標識 that）のように，いずれも有標の形をとる．

　表1で示した概念空間は，カテゴリーごとに部分を取り出して詳しく見ることができる．日本語の〈属性〉表現を見てみよう．クロフトは次のような分析を示している（Uehara 1998; Croft 2001: 95; 上原 2002）．

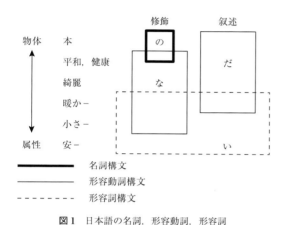

図1　日本語の名詞，形容動詞，形容詞

意味地図（semantic map）とは概念空間上に個別言語の形式がカバーする領域を表したものである．この図は意味地図の**連続性仮説**（Semantic Map Connectivity Hypothesis）──「個別言語における個別構文のカテゴリーは，概念空間において連結した領域に配置される」（Croft 2001: 96）──を支持する．ある形式（構文）がカバーする領域が連続的であるということは，「飛び地」がなく，不規則な「斑模様」がないということである．クロフトは同様の分析をランゴ語についても行っており，そこでも連続性仮説を支持する証拠が示されている（Croft 2001: 101）．

　形容詞の意味上のプロトタイプについては，ディクソン（R.W.M. Dixon）が興味深い分析を行なっている（Dixon 1977）．彼は各言語で形容詞と見なしうる統語カテゴリーの集合の大きさに，目立った差があることを指摘した．英語やフランス語などは形容詞カテゴリーに属する語が極めて多い．これに対して，言語によっては形容詞として認められるカテゴリーに入る語の数が限られていることがある．ディクソンは形容詞に入りやすい属性概念を，表2のような階層の形で示した（Dixon 1977: 31）．これは表1における「属性」の部分を細分化したものと言える．この階層では，上位（左側）にある属性概念ほど，形容詞として具現する確率が高いという通言語的予測がなされる．そうした概念は，時間の中での持続性が高く，段階性を持つ傾向が強い．

表2　形容詞の概念的プロトタイプ

← 基本的				非基本的 →
次元	>	物理的性質	>	その他
年齢		人間の性質		
価値		速度		
色彩				

　例えばイグボ語（Igbo）では「大きい」，「小さい」（以上，次元），「新しい」，「古い」（以上，年齢），「良い」，「悪い」（以上，価値），「黒い／暗い」，「白い／明るい」（以上，色彩）にあたる8語しか形容詞が確認されず，他の属性概念は，これらとは別の形式上の性質を持つという．また，形容詞と認定される語の数が比較的多い言語であっても，概念の種類としては次元，年齢，価値，色彩，物理的性質などに関わるものに限られ，人間の性質や物理的・身体的状態に関わるものは自動詞の形をとることがしばしば見られる．図1に示された日本語の属性とその関連概念のうち，「平和」は表2では「その他」で，「健康」は人間の性質に当たる．これに対し，「暖かい」は物理的性質，「小さい」は次元，「安い」は価値に当たる．日本語の場合，終止形と連体形がイ形語尾をとるものを形式面で形容詞のプロトタイプとすると，そのほとんどは表2の中間から左側に収まる．「その他」に当たるもの，例えば社会的状態，道徳的判断，学術用語などの多くは漢語由来の借用語である．これらは名詞修飾では「（的）な」をとる形容動詞か，名詞修飾で「の」をとる名詞の形で具現し，述語用法ではコピュラをとる（日本語の形容詞カテゴリーについては，工藤（2007）も参照）．

　加えて，表2の意味カテゴリーは，そのレベルを考慮することでより精緻化される．大堀（2002: 67-8）では，色彩を表す語のうち，「白い」，「黒い」，「赤い」，「青い」に加えて「黄色い」，「茶色

い」は形容詞と認定可能だが、「緋色」、「朱色」、「紅色」などは、イ形語尾をとる形容詞とはならないことを指摘している。同様に、「熱い」に対する「灼熱」、「悪い」に対する「極悪」のように、段階性をなくして尺度の極点を表す場合には、カテゴリーとして狭い範囲しか含まれず、形容詞にはならない。したがって、属性概念を表す語の中でも、外延がある程度広い基本語彙にしぼって見た時に、品詞カテゴリーの具現の仕方についてより明確な法則性を見いだすことができる。

概念地図の一部をより詳細に規定して形式面との対応を調べる試みは、〈属性〉の他にも可能である。例えば、動詞を規定する意味面での特徴である〈行為〉について、「典型的な他動的事象」のプロトタイプを規定する試みは機能的類型論の中で数多くなされており、〈行為〉概念について下位タイプを規定し、階層化する試みも行なわれている（Tsunoda 1985, Malchukov 2005）。次の3.では、品詞から節構造へと関心を移し、他動的事象についての文法的表現の多様性と、それを体系的に把握するための枠組みについて論じる。

3. ヴォイス現象をめぐって

▶ 3.1 導入

節の構成において、述語はその**中核項**（core argument）と特定の構造関係を結ぶ。英語や日本語のように、[動作主]（agent）の意味役割を担う中核項が[主語]と呼ばれる文法関係に、[**被動作主**]（patient）の意味役割を担う中核項が一般に[目的語]と呼ばれる文法関係に対応づけられる言語を**対格言語**（accusative languages）と呼ぶ（「主語」・「目的語」の定義の問題については後述）。狭義の**ヴォイス**とは、節中に生起する中核項の名詞句が担う意味役割と、文法関係の特定の対応の仕方をさす（Klaiman 1991, 柴谷 2000, Payne 2006）。そして対格言語において、[動作主] = [主語]、[被動作主] = [目的語]という意味役割と文法関係の対応を特に**能動態**（active voice）という。この対応関係をもつ節構造が基本的であるという事実は、(2a)に示されるように、無標の動詞がこの関係を表現することからわかる。動詞に現れる明示的なヴォイスの標識は、意味役

割と文法関係との基本的な対応が変更されることを合図する。つまり、(2b)の「（さ）れ」という動詞接辞に示されるように、基本から外れる意味役割と文法関係の対応が、有標の形態によって表現される。

(2) a. ハナコがタロウを殺した。
　　b. タロウが（ハナコに）殺された。

(2b)では、被動作主である名詞句「タロウ」が統語的に文の主語に昇格される一方で、動作主である名詞句「ハナコ」が降格されて、文の必須要素ではない**斜格項**（oblique argument）に対応づけられている。このような[被動作主] = [主語]、[動作主] = [斜格項]という意味役割と文法関係の対応は、一般に**受動態**（passive voice）と呼ばれる。

これとは大きく異なる節構造が、**能格言語**（ergative languages）で見られる。(3)は**ジルバル語**（Dyirbal）の例である。能格言語では、(3a)に見られるように、[動作主]の意味役割を持つ項が一般的に有標の能格項に、[被動作主]の意味役割を持つ項が通常は無標で表される**絶対格**（absolutive）項に対応づけられる。

(3) ジルバル語（Dixon 1994: 161, 164）
　　a. yabu　　　　ŋuma-ŋgu　　　bura-n
　　 mother:ABS　father-ERG　　 see-NONFUT
　　 'father saw mother'
　　b. ŋuma　　　 bural-ŋa-nʸu　　 yabu-gu
　　 father:ABS　see-AP-NONFUT　mother-DAT
　　 'father saw mother'
　　（略語は章末を参照）

動詞形態を基準とすると、(3a)は無標の基本形、(3b)は派生形と見ることができるが、(3a)を対格言語と同じく能動文と捉えるか、そして格形態が無標の絶対格項を対格言語と同じ意味で主語と呼びうるかについては、一致した見解がない（Comrie 1989）。

この問題について、ディクソンは自動詞文の唯一項をS、他動詞文の二つの必須項のうち、動詞の表す行為をより能動的に遂行する側の項をA、もう一方の、典型的にAの行なう行為によって影響を被る側の項をOと名づけたうえで、能格言語であるジルバル語においても、主語は対格言語と同じくSとAからなるカテゴリーであると主張し

た（Dixon 1979, 1994）．能格言語においては，S
とOという絶対格によって標示されるカテゴリー
がある種の統語的操作（例えば関係節化や等位接
続構造における名詞句の省略）の対象となるが，
ディクソンはこれを**軸項**（pivot）と呼んで区別し
ている．一方，主語をプロトタイプ的に捉え，主
語属性の多少によって判断する立場（例えば
Keenan 1976 は 30 の主語認定基準を挙げる）か
らは，少なくともジルバル語においてより多くの
主語認定基準を満たすのはSとOであるから，こ
れらを主語とみなすことになる．また RRG では，
通言語的な概念としての主語を廃するとともに，
個別言語の文法体系においても一律に扱われる主
語を措定せず，その代わりに構文ごとに規定され
る**特権的統語項**（privileged syntactic argument:
PSA）という用語を導入している．この枠組みに
よれば，対格言語ではSとAがPSAとなる構文
が優勢であり，能格言語ではSとOがPSAとな
る構文が優勢であるとみなされる（Van Valin and
LaPolla 1997）．

以上より，能格言語における(3a)のような文を
対格言語と同じ観点から捉えることには無理があ
る．柴谷（2002）は，主語，目的語を対格言語に
特化した文法関係とみなし，能格言語には能格項，
絶対格項という別の文法関係を認める．その上で，
能格言語に見られる［動作主］＝［能格項］，［被
動作主］＝［絶対格項］という対応を**能格態**
（ergative voice）と呼び，これを対格言語の能動
態と対応する，能格言語における基本構文とみな
す．換言すれば，能動態は対格言語のみに見られ
るヴォイスであり，能格言語は能格態という固有
のヴォイスを持つというのが柴谷の主張である．
以下では便宜上，柴谷（2002）の分析と用語を採
用することにする．

(3a)と(3b)の関係に戻ると，前者が動詞の必須
項が担う意味役割と文法関係の対応が能格態とい
う基本的な形をとっているのに対し，後者ではこ
のデフォルトの対応が変更され，そのことが動詞
に現れる接辞 -ŋa によって，つまり有標の形態に
よって合図されている．結果，(3b)では［動作
主］の意味役割を持つ項が［絶対格項］に，［被
動作主］の意味役割を持つ項が統語的降格によっ
て与格で標示される［斜格項］に対応づけられて

いる．能格言語におけるこのような意味役割と文
法関係の対応を**逆受動態**（antipassive voice）と
呼ぶ．

まとめると，有標のヴォイスは対格型言語にお
いては受動態，能格型言語においては逆受動態が
典型的な形である．次に，これまでの議論から浮
かび上がってきたヴォイスを特徴づける形式的・
構造的基準を確認し，そうした基準を諸言語の例
に適用する場合に生じる問題を確認して，その解
決に向けた認知機能言語学のアプローチを概観す
る．

▶ 3.2 ヴォイスの形式的側面

これまでの議論から見えてきた，ヴォイスを形
式的・構造的に特徴づけるための基準を(4)にまと
める[→ 4C.4]．

(4) ヴォイスを規定する形式的・構造的基準
　　a. ヴォイスは述語がその項と結ぶ構造関係に関
　　　わるため，本質的に動詞カテゴリーに属し
　　　（Bybee 1985），ヴォイスの交替は何らかの
　　　手段で（典型的には接辞によって）動詞に
　　　標示される（Haspelmath 1990, Siewierska
　　　2005）．
　　b. ヴォイスの交替においては一方が基本であり，
　　　他方がそこからの派生である（Klaiman
　　　1991）．基本であるヴォイスは典型的に形態的
　　　に無標の動詞で表現され，その派生形は形態
　　　的により複雑な動詞形で表現される．形態的
　　　に有標な派生形は，基本のヴォイスと比べて
　　　頻度が低く，語用論的な制限を伴う．
　　c. ヴォイスを文の中で名詞句が担う意味役割と
　　　文法関係の対応とする定義のもとでは，ヴォ
　　　イスの交替には当該名詞句の担う意味役割と
　　　文法関係の変更が必ず伴う．
　　d. 統語的他動性に変更をもたらす（Dixon and
　　　Aikhenvald 1997）．

(2)に見られる日本語の能動態・受動態の対立，
および(3)に見られるジルバル語の能格態・逆受動
態の対立は，(4)の形式的基準をすべて満たしてい
る．しかし，これらのケースと意味，機能的に非
常に類似しているものの，(4)の基準で定義した場
合，ヴォイスの範疇から外れる構文が世界の言語
には数多く存在する．例えば，中国語学で一般に
受動態と呼ばれる(5)のような文は，被動作主
Zhāng Sān が統語的に主語に繰り上げられ，動作

主が jiào/ rang といったこの構文に特有の語によって導かれる一方，動詞 dǎ にヴォイスの交替を示す形態素が現れず，能動文と同様に無標の形式であるため，(4a)の基準を満たしていない．

(5)中国語（北京官話）

Zhāng Sān ｜jiào/ràng｜ Lǐ Sì dǎ le.
Zhāng Sān ｜叫／让｜ Lǐ Sì hit PERF
'張三は李四にぶたれた'.

また，フィリピン諸語に見られるいわゆるフォーカス・システムは，(4b)の基準を満たしていないためヴォイスから除外されることになる．タガログ語（Tagalog）では，(6)のように焦点名詞句は ang という標識に後続し，焦点名詞句がどのような意味役割を持つかが動詞に標示される（なお，フィリピン語学でいう「焦点（フォーカス）」は語用論的な情報構造における「焦点」と同じではなく，文の関心の中心となるものにおおよそ相当する）．

(6)タガログ語（Schachter 1976: 494-5, 一部修正）

a. **Mag-aalis** ang babae ng bigas
AF-will.take.out FOC woman GEN rice
sa sako para sa bata.
LOC sack BEN child
'The woman will take some rice out of a/the sack for a/the child.'

b. Aalis-**in** ng babae ang bigas
will.take.out-**PF** GEN woman FOC rice
sa sako para sa bata.
LOC sack BEN child
'A/The woman will take out the rice out of a/the sack for a/the child.'

c. Aalis-**an** ng babae ng bigas
will.take.out-**LF** GEN woman GEN rice
ang sako para sa bata.
FOC sack BEN child
'A/The woman will take out some rice out of the sack for a/the child.'

(6a)は動作主焦点，(6b)は被動作主焦点，(6c)は場所焦点の文である．これまで，(6a)の動作主焦点の文を能動態，(6b-c)のような動作主以外が焦点の文を受動態とする分析（Bell 1983）や，(6b)を能格態として(6a)の動作主焦点の文を逆受動態とする分析（T. Payne 1982, Cooreman et al. 1984）が提案されているが，(6)のそれぞれの文において動詞はすべて形態的に有標である．加え

て，統語的他動性にも変化がなく，(4d)の要件も満たさないことから，形態統語的基準によってどれか一つを基本形と捉え，それ以外をそこからの派生と規定することは困難である（Shibatani 1988）．

次に挙げる，古典サンスクリット語（Classical Sanskrit）などに見られる能動と**中動**（middle）の対立は，(4c)の基準を満たしていないため，ヴォイスの対立からは排除されることとなる．

(7)サンスクリット語（Klaiman 1991: 24）

a. Devadattaḥ kaṭam karoti
Devadatta:NOM mat:ACC makes.SG:ACTIVE
'Devadatta makes a mat.'

b. Devadattaḥ kaṭam kurute
Devadatta:NOM mat:ACC makes.SG:MIDDLE
'Devadatta makes (himself) a mat.'

(7a-b)の対比からわかる通り，二つの名詞句の格標示は同一であり，動詞に見られる数の一致も両方の文で主格名詞句によって引き起こされている．このように，中動文(7b)は動詞形態の変化を伴うが，能動文における名詞句の担う意味役割と文法関係の対応に必ずしも変更を加えない．

ここまでの議論では，動詞の中核項である動作主名詞句と被動作主名詞句を統語的に実現させる仕方に限ってヴォイスを論じてきた．しかし，多くの言語において斜格項を中核項に取り立てる統語的操作も存在する．具体的には**使役**（causative）や**適用**（applicative）などの構造である．一例として，前述のタガログ語の文を見ると，この言語を(6b)を基本文とする能格言語であると考える立場からは，(6c)の場所焦点の文を，基本文において斜格項である sako, 'sack' が中核項に取り立てられた適用態とみなすことがある．

受動態や逆受動態と，使役構文や適用構文との重要な違いは(4d)に関連する．つまり，受動態，逆受動態は結合価（valency）を減少させるのに対し，使役や適用は一般に結合価を増加させる操作である．これらは(4a-c)の基準に基づいてヴォイスに含めて扱われる場合もあれば，結合価を減少させる受動態，逆受動態のみをヴォイスと認める立場もある（Dixon and Aikhenvald 1997）．

以上のように，ヴォイスの核心には項の文法関係と意味役割の対応があるわけだが，項を節の中

でどのように形式的に表現するのか，項にどのような文法関係を担わせて節に実現させるのかは，単一言語内においても言語間においても多様である．そのため，(4)に挙げた構造的基準に厳格に基づいてヴォイスを定義した場合，意味，機能的に類似する様々な構文がそこから外れることになる．他方，3.3-3.4でその一部を垣間見るように，対象とする「項」を中核項から斜格項にまで広げた場合，ヴォイスの範疇は飛躍的に拡大する．よって，ヴォイスをより広く捉えつつ，経験的に妥当な方法で記述，分析する枠組みが必要とされる．この問題を解決すべく，意味，機能に基づいたアプローチが認知機能言語学の中で提案されている．以下，それを見ていく．

▶ **3.3 他動的事象のプロトタイプとヴォイス選択**

ヴォイスを他動的事象のプロトタイプとの関連で捉えようとするアプローチは，ヴォイスの意味的側面を重視する認知機能言語学の研究者の間で広く受け入れられている．そこではホッパーとトンプソン (Sandra A. Thompson) の提案する，節全体の意味的な**他動性** (Transitivity) を測るパラメーターがヴォイスを適切に理解するうえで重要な役割を果たす (Hopper and Thompson 1980)．ケマー (Suzanne Kemmer) は「ヴォイスに関わるカテゴリーは，文法における他動性というより広い現象と独立に考慮することはできない．他動性のスケールは…ヴォイス一般にとって，そしてとりわけ再帰形や中動態の標示体系にとっての概念的基盤をなす」と指摘している (Kemmer 1993: 247; 同様の見解は Shibatani 2006: 220 にも見られる)．

ギヴォン (Talmy Givón) はホッパーとトンプソンが挙げるパラメーターのいくつかに言及しつつ (Givón 2001: 93)，他動的事象のプロトタイプを，(8a)のような動作主と(8b)のような被動作主が関与し，(8c)のような動詞によって描写される事象と定義する．そのうえで，(9)に示されたような意味的な各パラメーターに関する他動性の変更が，後述する様々な**脱他動的ヴォイス** (de-transitive voice) の使用を動機づけると主張する．

(8) 他動的事象のプロトタイプ

  a. 動作主：典型的な他動事象は，意図的な，コ

ントロールを持った，能動的な，行為を主導する動作主を含み，この動作主は際だった**原因** (salient cause) としてその事象の生起に責任を負う．

  b. 被動作主：典型的な他動事象は，非意図的な，不活性な（受動的な），コントロールを持たない被動作主を含み，この被動作主は**際だった結果** (salient effect) としてその事象の状態変化を示す．

  c. 動詞：典型的な他動節の動詞は，**終結性を持った** (telic)，**完了的な** (perfective)，**継起的な** (sequential)，**現実** (realis) の事態を表す．したがって，典型的な他動事象は，ペースの速い，完結的で現実の，認知的に際だった事象に相当する．

(9) a. 動作主の**能動性** (agentivity) の減少

  b. 被動作主の**受影性** (affectedness) の減少

  c. 動詞の**終結性** (telicity)，もしくは**限界性** (boundedness) の減少

柴谷もまた，ヴォイスを事象タイプと統語構造の対応システムと捉えつつ，(10)を他動的事象のプロトタイプと位置づける (Shibatani 2006: 257)．

(10) （典型的な他動的）行為は意図的動作主によって引き起こされ，動作主の個人的領域を越えて展開し，動作主とは異なる被動作主において終結して，動作主の意図した結果が達成される．

このような事象における動作主と被動作主のいずれに統語的卓立性を与えるかによって，それぞれ対格型，能格型のアライメントが決定される．例えば能動態というヴォイスは，他動性の高い事象タイプと，動作主を卓立させた主格‐対格というコーディングの仕方との対応を指す．

認知言語学における**因果連鎖** (causal chain)，または**行為連鎖** (action chain) を基盤にした事象構造も，(8)と(10)の他動的事象のプロトタイプと関連する (DeLancey 1984; Croft 1991, 1994; Langacker 1991; Nishimura 1997)．(8)と(10)から明らかなように，他動的事象のプロトタイプは使役‐結果事象に相当する．使役の素朴理論において，意図的動作主は自らの自由意志によって行動するという点で究極的な原因に最も相応しい参与者であり，意図的行為を導く因果連鎖の起点として際だちを有する．使役は力の伝達として捉えられ (Talmy 2000)，動作主による働きかけ，つまり力の伝達の受け手である被動作主が，因果連

鎖における終点として際だちを持つ．使役事象は，被動作主が力の伝達の結果として被る状態の生起をもって終結する（John broke the window という行為は The window is broken という結果を含意する）．このように，認知言語学の観点からは，他動的事象のプロトタイプとは，事象参与者間の**力動的な相互作用**（force-dynamic interaction）が明確に非対称的で，事態の成立に対して動作主が明白な責任を負うような事態である．そしてプロトタイプからの意味面での逸脱が，当該言語における基本構文と異なる様々なヴォイスの使用を喚起するとされる．

　以下，他動的事象のプロトタイプとの関連で，いくつかのヴォイスを考察しよう．ギヴォンは(8)に挙げた他動的事象のプロトタイプを基に，再帰構文，相互構文，そして中動態をプロトタイプからの逸脱(9)によって動機づけられた脱他動的ヴォイスと位置づける（Givón 2001）．まず，John killed himself という再帰構文では，主語と目的語が同一指示であるため，この文が表す事象は他動的事象のプロトタイプに見られる参与者の担う意味役割の両極性，つまり(8a)と(8b)のような，動作主と被動作主の間の非対称性を欠いているという点で，意味的他動性が低い．また，柴谷が(10)に挙げる他動的事象のプロトタイプに照らしても，動作主の遂行する行為の影響が動作主自身の領域を出ないという点で他動性が低い．

　John and Bill hit each other のような相互構文では，単一の節において John hit Bill と Bill hit John という二つの事象が表されている．文の主語である John と Bill が一方の事象では動作主であり，同時に他方の事象では被動作主であることに注目すれば，再帰構文同様，二つの名詞句の意味役割に関する非対称性を欠いているという点で，他動的事象のプロトタイプから逸脱している．

　中動態について，ギヴォンは意味的に他動的な動詞が表す事象において，動作主から意味的焦点を取り払うヴォイスと特徴づけた（Givón 2001: 116）．これは(9a)に当たる．そのうえで，中動態は①事象の最中に起こる被動作主の変化(11b)，②そのような変化に向けた被動作主の潜在的状態(11c-d)，③事象生起後の被動作主の結果状態(11e)，を概念化するために使用されるとする

（Givón 2001: 116）．

> (11) a. She broke the window.（能動態）
> 　　b. The window broke.（被動作主事象）
> 　　c. This window breaks real easy.（潜在的状態）
> 　　d. This window is breakable.（潜在的状態）
> 　　e. The window is broken.（結果状態）

(11b-e) の構文は動作主句（例：by Mary），意図を表す副詞句（例：on purpose），道具句（例：with a hammer）などと共起できない，または共起しにくいという点で，受動態とは大きく異なるとされる．一方，柴谷（Shibatani 2006）はギヴォンとは異なり，中動態を動詞の表す行為の影響が主語となる参与者の領域にとどまる様を表すヴォイスと定義し，サンスクリット語の(7)のような文だけでなく，再帰構文もまた，(10)のプロトタイプからの逸脱を示す中動態と捉える．

　中動態をこのように広く定義し，かつ(4)に挙げられた形式的，構造的特徴に固執しない立場をとれば，自動詞はおのづと語彙的に中動態に帰属することになり，自他の交替は語彙的な能動態・中動態の交替と読み替えられる．これをもって柴谷は，能動態・受動態の対立ではなく，能動態・中動態の対立こそが人間言語にとって最も基本的，かつ普遍的なヴォイスの対立であると主張する（cf. Dixon 1979: 102-3）．

　一方，能格言語について見ると，逆受動態の使用は(9b)とそれに伴う(9c)によって動機づけられる（Cooreman 1994）．この点は次のチャクチ語（Chukchi）の例から示される．

> (12) チャクチ語 (Shibatani 2006: 238, 一部修正)
> 　a. ətləɡ = e 　　keyŋ = ən 　penrə-nen.
> 　　father = ERG 　bear = ABS 　attack = 3SG:3SG/AOR
> 　　'The father attacked the bear.'
> 　b. ətləɡ = ən 　　penrə = tko = gʔe 　　keyŋ = etə.
> 　　father = ABS 　attack = AP = 3SG/AOR 　bear = DAT
> 　　'The father rushed at the bear.'

逆受動態である(12b)は能格態の(12a)とは意味面においても異なり，動作主と被動作主の身体的接触がキャンセル可能であり，よって被動作主の受影性が低いという点で，他動的事象のプロトタイプから逸脱する．

　また，(13)のような適用態は，動作主の行った行為の影響が被動作主で終結せず，それを越えて

別の対象に及ぶ点から，柴谷の挙げる(10)のプロトタイプから外れる．

(13) バリ語 (Shibatani 2006: 245)
　a. Tiang mulan biyu 　 di tegalan tiang-e.
　　1SG 　plant 　banana in garden 1SG-POSS
　　'I planted bananas in my garden.'
　b. Tiang mulan-in 　tegalan tiang-e 　 biyu.
　　1SG 　 plant-APPL garden 　1SG-POSS banana
　　'I planted my garden with bananas.'

(13a)の能動態に対し，(13b)は適用態を表す派生接辞 -in が動詞 mulan についている．後者では庭を表す語が動詞の直後に生起し，バナナが庭全体に植えられ，その場所が完全に影響を被っていることがわかる．これは英語における場所交替構文と同様である．統語的にも，結合化がプラス1されて，前置詞をとらない目的語的な名詞句が tegalan, biyu の二つ存在する．

　これらの他にもヴォイスの名のもとに論じられて来た現象は多い．紙幅の都合上，そのすべてを扱うことはできないが，以上のように再帰構文，相互構文，中動態，逆受動態，適用態といった，ヴォイスに関係する実に様々な現象を，他動的事象のプロトタイプと関連づけ，その様々な側面における逸脱として見ることで包括的に捉えることができる．

▶ 3.4 　語用論的ヴォイス

　意味的な他動性とは別に，動作主と被動作主（もしくは非動作主）の相対的な話題性によってその使用が主に動機づけられる，語用論的基盤をもった（広義の）ヴォイスが存在する．ただし，どのヴォイスを語用論的ヴォイスとするかについては研究者によって見解が異なる．中心となるのは**順行**（direct）-**逆行**（inverse）の対立（具体例は(14) 参照）だが，例えばクライマン（M.H. Klaiman）は，順行態-逆行態の対立とフィリピン諸語のフォーカス・システムを含め（Klaiman 1991），柴谷は能動態-受動態と順行態-逆行態を対立したシステムと考える（Shibatani 2006）．一方，ギヴォンは能動態，受動態，逆行態，逆受動態を主に語用論的なヴォイスとみなす（Givón 2001）．表3に示すのはギヴォンの分析である（なお彼の用語では能動態と順行態は同形式という前提であり，かつ能格態を能動態に含める）．

表3　語用論的ヴォイスにおける動作主と被動作主の相対的話題性（Givón 2001: 122）

ヴォイス	相対的話題性
能動態（順行態）	動作主 ＞ 被動作主
逆行態	動作主 ＜ 被動作主
受動態	動作主 ≪ 被動作主
逆受動態	動作主 ≫ 被動作主

　能動態では，動作主が被動作主よりも高い話題性を持つものの，被動作主も省略されたりすることなく，比較的高い話題性を有する．この規範からの語用論的な逸脱に動機づけられた脱他動的ヴォイスの特徴は以下のとおりである．まず，逆行態においては，被動作主の方が動作主よりも話題性が高いが，動作主も比較的高い話題性を保持する．つまり逆行態では，デフォルトである能動態と比べると，動作主と被動作主の相対的な話題性が逆転する．(14)は典型的な順行・逆行の対立が広くみられるアルゴンキン諸語（Algonquian）の平原クリー語（Plains Cree）からの例である．

(14) 平原クリー語 (Klaiman 1993: 345)
　a. Ni-sēkih-ā-nān 　　　　　　 atim.
　　1-scare-DIRECT-1PL:EXCL 　　dog
　　'We scare the dog.' [1 → 3]
　b. Ni-sēkih-iko-nān 　　　　　 atim.
　　1-scare-INVERSE-1PL:EXCL 　dog
　　'The dog scares us.' [3 → 1]

平原クリー語には［2人称 ＞ 1人称 ＞ 3人称］という人称の階層が存在する．この階層の上位に位置する参与者が下位の参与者に対して行為を行なう場合には義務的に(14a)のような順行態がとられる．反対に，行為の方向性が逆転し，人称の階層の下位に位置する参与者が上位に位置する参与者に対して行為を行なう場合には，義務的に(14b)のような逆行態が使用される．(14)ではどちらの文においても，人称や数を表す接頭辞，接尾辞が人称の階層の上位の参与者によってコントロールされているため，順行-逆行を表す標識が文中の参与者と項構造との対応関係を特定する唯一の手段となっている．

　逆行態においては，動作主は比較的高い話題性を保持しており，脱焦点化されているわけではない．それは統語的に降格されておらず，通常は文法項の地位を維持する．したがって，逆行態は結合価に変化をもたらさず他動性を維持するため，

能動態・順行態同様，他動詞文であるのが典型である．順行－逆行の対立は，以前には能動－受動の対立に含めて扱われていた（Hale 1973, Thompson 1989）．しかし(14)に例示したような順行と逆行の関係は(4c)-(4d)の基準を満たしておらず，この点で狭義のヴォイスには含まれない．

受動態では，動作主の話題性が極端に低く，被動作主のみがその節における話題となる．この特徴づけから明らかなように，語用論的な見方をした場合，受動態の機能の本質は動作主を脱焦点化する点に求められる（Shibatani 1985）．

逆受動態においては，被動作主の話題性が極端に低く，動作主がその節の中で唯一の話題である．つまり，語用論的な観点からは，逆受動態の本質的な機能は，能動態（＝能格態）において比較的高い話題性を有する被動作主を脱焦点化することにある．項の語用論的な脱焦点化は，それが動作主（受動態）であれ被動作主（逆受動態）であれ，中核項の統語的な降格に一般的につながる．この意味で，受動態と逆受動態はいずれも結合価の減少を伴うのが典型である．

以下では語用論的ヴォイスのうち，特に受動態と逆行態を詳しく検討する．ギヴォンはこの両者について，非動作主項（被動作主のほか，受け手，道具などを含む）が文法的主語に昇格されるか否かを基準に，各々を二つのタイプに下位分類する（Givón 2001: 128-30）．この区別の有効性は，逆行態については受動態ほど明確に適用できないが，以下に順に例を見ていく．

典型的な昇格受動態では，(2b)やその英語訳である Taro was killed（by Hanako）などに例示されるように，話題である非動作主項が昇格した結果，統語的主語となる．対応する能動文の主語は受動文に生起しうるが，その場合，その項は斜格標示を受ける．結果として，受動文の統語構造は能動文のそれとは全く異なるものになる．また，昇格受動文の主語／話題になりうる被動作主項の範囲にはかなり制限があり，最も一般的なのは被動作主／直接目的語である．したがって，受動化が起きるのは他動詞に制限される傾向が強い．

これに対し，(15)-(16)のユート語（Ute）の各例文 b 例が示すように，典型的な非昇格受動態においては，話題である非動作主が主語に完全には昇格されず，能動文における文法的役割を保持する．能動文の主語／動作主は表現されないものの，受動文の統語構造は，能動態のそれとある程度類似したものになる．昇格受動文とは異なり，ユート語の非昇格受動態では，話題となりうる非動作主項に制限がなく，よって受動化は(16)のように自動詞にも適用される．

(15) ユート語（Givón 2001: 130）
　a. táata'wachi-u　　sivaatuch-i　pakha-qa-p<del>u</del>ga
　　　men/SUBJ-PL　goat-OBJ　　kill-PL-REM
　'The men killed the goat.'
　b. sivaatuch-i　　　pakha-qa-ta-p<del>u</del>ga
　　　goat-OBJ　　　　kill-PL-PASS-REM
　'Some persons killed the goat/The goat was killed by some persons.'
(16) 同（Givón 2001: 131）
　a. ta'wach　　　　wiich-i-m　　　　t<del>u</del>ka-qa-'u
　　　man/SUBJ　knife-OBJ-INSTR　eat-ANT-he
　'The man ate with a knife.'
　b. wiich-i-m　　　　　　t<del>u</del>ka-ta-qa-ax
　　　knife-OBJ-INSTR　　eat-PASS-ANT-it
　'Someone ate with a knife.'

ユート語には昇格受動はなく，(15)-(16)のような非昇格受動しか存在しない．(15a)は他動詞を含む能動文であり，‘the men’ を表す動作主名詞が数の一致（複数）を動詞に引き起こしていることがわかる．(15b)の受動文では，能動文の主語である動作主は表現不可能であるものの，被動作主である ‘goat’ を意味する語は目的語の格標示を保持し，さらに動詞に見られる数の一致（複数）も(15a)と同じく，表現されない動作主によって引き起こされている．このことから明らかなように，被動作主項は主語として完全に繰り上げられているとは言えない．

一方，(16a)は道具の意味役割を持つ斜格項を含む自動詞文であるが，(16b)に見られるように道具を話題にしつつ，動詞形態を受動形にした文を作ることができる．ユート語では，動詞語尾に人称代名詞による随意的な動詞の一致が生起しうる（(15)では標示されていない）．能動文においては，主語と目的語のうち，より話題性の高い方がこの人称代名詞による一致をコントロールする．(16a)では ‘the man’ と対応する代名詞 -'u が ‘eat’ を意味する動詞に接尾辞として現れている．ところが

受動文(16b)においては，'the knife' を意味する道具が話題となり，-ax という接辞をコントロールする．対応する能動文の主語／動作主は現れず，人称代名詞による一致を引き起こすことはない．この点で，'the knife' を意味する句につく格標識は能動文の場合と変わらず道具格で斜格項とみなされるものの，人称代名詞による一致においては一定の主語的な性質を示すものと考えられる．

上の特徴からわかるとおり，非昇格受動はその主要構文としていわゆる**非人称受動** (impersonal passive) を含む．初期の**関係文法** (Relational Grammar) では，受動態は目的語／被動作主の昇格と，それに伴う主語／動作主の降格という二つのプロセスからなると考えられていた．つまり，これは昇格受動に当たる．しかしコムリー (Bernard Comrie) は，非人称受動においては目的語／被動作主の昇格というプロセスを踏まずに，主語／動作主の降格だけが起きることから，この二つのプロセスは独立のものであることを示した (Comrie 1977)．この意味で，柴谷が提案した，受動態の本質は動作主の脱焦点化であるという特徴づけ (Shibatani 1985) は，昇格受動と非昇格受動の公約数的な特徴を捉えたものである．

昇格受動と非昇格受動には構造的に重要な差異があるが，表3に示したギヴォンによる語用論的な受動態の定義に依拠すれば，受動化接辞が動詞に現れていなくとも，(17)のように話題性の低い非指示的な人称代名詞を主語に据えた文は，すべて語用論的機能としては非昇格受動とされる (Givón 2001: 136)．

(17) a. They fired him yesterday.
　　 b. One fires people occasionally.
　　 c. You fire them if you have to.

次に，逆行態における昇格と非昇格の事例について見よう．先に述べたように，一般に順行・逆行の対立は，(18)の日本語の例が示すとおり，統語的他動性のみならず，項の意味役割と文法関係の対応にも変化を及ぼさない (Shibatani 2003; 古賀 2008)．

(18) a. 私はタロウを脅迫した．
　　 b. タロウは私を{#脅迫した／脅迫してきた}．
「脅迫する」という行為が1人称から3人称に対して行なわれた場合には(18a)のように無標の動詞

が使用される．これに対し，同じ行為が3人称から1人称に向けて行なわれる場合には(18b)のように動詞に「てくる」を付加する方が自然である．このような対比は，(14b)のアルゴンキン諸語の逆行形式と並行的であると分析できる．

(18a-b)のいずれにおいても動作主が主語，被動作主が目的語であり，ヴォイスの交替は意味役割と文法関係の対応を変更しない．同様のことは(14)の平原クリー語の例についても言える (Dahlstrom 1986, Klaiman 1991)．これらの例は非昇格逆行の例と見ることができる．

一方，同じアルゴンキン諸語の言語でも，オジブウェー語 (Ojibwe) の順行・逆行の交替では意味役割と文法関係の対応が変化するという分析がされている (Rhodes 1976)．また，別の語族に属するマプドゥングン語 (Mapudungun)（マプチェ語 (Mapuche)）における順行・逆行の対立についても，同様の分析が提案されている (Arnold 1994)．これらの分析によれば，順行態では動作主が主語，被動作主が目的語であるのに対し，逆行態では文法関係が逆転し，被動作主が主語，動作主が目的語となる．これが正しければ，オジブウェー語とマプドゥングン語の逆行態は昇格逆行ということになる．

ギヴォンの逆行態の定義は (表3)，受動態と同じく動作主と被動作主の相対的な話題性（動作主＜被動作主）に基づくものであり，形式的，構造的基準によらないため，以下のような英語の例も逆行態とみなされる (Givón 2001: 161-2)．

(19) a. JOHN she saw in the street, BILL she never found.
　　 b. NOW AS FOR JOHN, Mary saw him in the street a few days later and ⋯
　　 c. He was killed BY THE VIET CONG.

(19a-b)は，被動作主を左方転移によって文頭に移動させるという語順の変更によって，この項の話題性が動作主よりも高いことを示しているため，非昇格逆行と解釈される．一方，(19c)は形式的には受動文であるが，by で表された動作主句が構造上は随意的な句であるにも関わらずわざわざ表現されている．この点に注目すると，by で標示された句の話題性が比較的高いと判断できるため，昇格逆行と分析できる．

また，Givón（2001）では議論されていないが，(5)のような中国語（北京官話）のいわゆる受動文と呼ばれる文では，「叫」や「让」に導かれた動作主句は省略することができず，義務的に表現される．このような動作主はおのづと比較的高い話題性を持つため，これらの構文は Givón の定義では昇格逆行の典型とみなせる．

以上のように，ヴォイスを主として意味論的なもの（3.3）と主として語用論的なもの（3.4）に分類するアプローチは広い範囲の現象を体系的に扱うことが可能であり，一定の妥当性を示すと言える．しかし，それだけでは両者がどのような関係にあるのかが不透明であり，両者を包括的に捉える視点が求められる．柴谷は広範囲のヴォイス現象を統合的に規定するための概念的枠組みを提案している（Shibatani 2006）．彼は主要なヴォイス現象は，行為の**起源**(origin)，**展開**(development)，**終結**（termination）という属性の認知に概念的基盤を持つと言う．この枠組みによれば，語用論的ヴォイスについても，行為の起源としての動作主と行為の終結点としての被動作主を認識したうえで，特に前者の話題性が構文選択の動機となるという点で，一貫した概念的基盤の上に位置づけられる．

その一方で，この枠組みによってヴォイスを規定した場合，これまでヴォイスとみなされなかった実に多様な構文が改めて視野に入ってくる．例えば，行為の起源から見ると，「枯れる」のような動詞は派生を含まない，語彙的な自発態かつ中動態と見なすことができる．また，英語の Taro shot him に対する Taro shot at him という動能構文（conative construction），フィンランド語の対格と部分格の交替も，行為の展開の違い（対象への影響の有無）と結びついており，(12)に示した逆受動態に通じる面がある．行為の終結については，日本語の「タロウがハナコに泣かれた」のような間接受動文／迷惑受身文は受動文でありながら，行為の延長上に参与者が付加されるため，適用態の性質も持つと言える．このように，ヴォイスの捉え方を拡大すると節構造の理論そのものと同化することになる．

まとめと展望

以上，「認知・機能言語学」の中でも機能言語学，とりわけその中の重要な潮流である機能的類型論に焦点を当て，品詞の規定とヴォイス現象に関するこれまでの研究成果を概観した．本節での一貫した見解は，品詞カテゴリーもヴォイスを含む節構造も，言語によって大きく異なるが，意味論的・語用論的要因との対応関係に着目することで，多様性の背後にある法則性が明らかになるということであった．概念的な基盤となるモデル構築および精緻化は今後も求められるが，同時に一定の概念領域内での構文の棲み分けを明らかにすることで，個別言語のより深い理解に達することも可能であろう．個別と普遍という双方向への進展を目指すという点で，機能言語学は他の通常科学と変わるところはない．

▶語釈の略語一覧

1, 2, 3 ＝人称，ABS ＝絶対格，ACC ＝対格，ACTIVE ＝能動態，AF ＝行為者焦点，ANT ＝先行時制，AOR ＝アオリスト，AP ＝反受動態，APPL ＝適用態，BEN ＝受益者，DAT ＝与格，DIRECT ＝順行態，ERG ＝能格，EXCL ＝非包含，FOC ＝焦点，GEN ＝属格，INSTR ＝道具格，INVERSE ＝逆行態，LF ＝場所焦点，LOC ＝場所格，MIDDLE ＝中動態，NOM ＝主格，NONFUT ＝非未来，OBJ ＝目的語，PASS ＝受動態，PERF ＝完了，PF ＝被動作主焦点，PL ＝複数，POSS ＝所有，REM ＝想起時制，SG ＝単数，SUBJ ＝主語

▶重要な文献

Croft, W. 1991 *Syntactic Categories and Grammatical Relations: The Cognitive Organization of Information*, Univ. of Chicago Press, Chicago.
統語カテゴリーと文法関係について，認知的なモデルを構築しつつ形式面との対応関係を考究している．品詞論と共に，因果連鎖のモデルに基づいた格標識とヴォイスについての分析も示唆に富む．

Givón, T. 2001 *Syntax*, 2 vols., John Benjamins, Amsterdam/Philadelphia.
原理的な考察から始まり，広汎な類型論的データをもとに，談話とのインターフェイスを含む文法の広い範囲にわたって機能主義的な観点から考察を行なっている．

大堀壽夫 2002 『認知言語学』東京大学出版会.
認知言語学の基本トピックに加え，機能的類型論の知見を豊富に取り入れた概説書．特に後半の事象構造，意味役割，文法関係，ヴォイス，文法化を扱った各章は有用.

Pavey, E. 2010 *The Structure of Language: An Introduction to Grammatical Analysis*, Cambridge Univ. Press, Cambridge.

主としてRRGの枠組みによる，多くの言語から例を採った文法分析の入門書．各章に演習問題がついている．説明はわかりやすく，英語中心ではない文法モデルに関心がある人には特にすすめられる．

Tomasello, M. 1998 *The New Psychology of Language: Cognitive and Functional Approaches to Language Structure*, LEA, Mahwah．〔大堀壽夫・秋田喜美・古賀裕章・山泉実（訳）2011『認知・機能言語学—言語構造への10のアプローチ』研究社．〕

題名のとおり，認知機能言語学のアプローチを代表する研究者たちの論文を集めたもの．それぞれの枠組みが具体例とともに提示されており，この分野の見取り図を得るには格好である．

▶文　献

Ansaldo, U. et al.（eds.）2010 *Parts of Speech: Empirical and Theoretical Advances*, John Benjamins, Amsterdam/Philadelphia.

Arnold, J. E. 1994 Inverse Voice Marking in Mapudungun. *BLS* 20: 28-41.

Bell, S. 1983 Advancements and Ascensions in Cebuano. In Perlmutter, D.（ed.）*Studies in Relational Grammar 1*, John Benjamins, Amsterdam/Philadelphia, pp. 143-218.

Bybee, J. 1985 *Morphology: The Study of the Relation between Meaning and Form*, John Benjamins, Amsterdam/Philadelphia.

Comrie, B. 1977 In Defense of Spontaneous Demotion: The Impersonal Passive. In Cole, P. and J.M. Sadock（eds.）*Syntax and Semantics, Vol. 8*, Academic Press, New York, pp. 47-58.

Comrie, B. 1989[2] *Language Universals and Linguistic Typology*, Univ. of Chicago Press, Chicago.〔松本克己・山本秀樹（訳）1992[2]『言語普遍性と言語類型論』ひつじ書房．〕

Cooreman, A. 1994 A Functional Typology of Antipassives. In Fox, B. and P. J. Hopper（eds.）*Voice: From and Function*, John Benjamins, Amsterdam/Philadelphia, pp.49-88.

Cooreman, A. et al. 1984 The Discourse Definition of Ergativity. *Studies in Language* 8: 1-34.

Croft, W. 1991 *Syntactic Categories and Grammatical Relations: The Cognitive Organization of Information*, Univ. of Chicago Press, Chicago.

Croft, W. 1994 Voice: Beyond Control and Affectedness. In Fox, B. and P. J. Hopper（eds.）*Voice: From and Function*, John Benjamins, Amsterdam/Philadelphia, pp. 89-117.

Croft, W. 2001 *Radical Construction Grammar: Syntactic Theory in Typological Perspective*, Oxford Univ. Press, Oxford.〔山梨正明（監訳），渋谷良方（訳）2018『ラディカル構文文法—類型論的視点から見た統語理論』研究社．〕

Dahlstrom, A. 1986 *Plains Cree Morphosyntax*, Ph.D. dissertation, Univ. of California, Berkeley.

DeLancey, S. 1984 Notes on Agentivity and Causation. *Studies in Language* 8: 181-213.

Dixon, R. M. W. 1977 Where Have all the Adjectives Gone? *Studies in Language* 1: 19-80.

Dixon, R. M. W. 1979 Ergativity. *Language* 55: 59-138.

Dixon, R. M. W. 1994 *Ergativity*, Cambridge Univ. Press, Cambridge.

Dixon, R. M. W. and A. Y. Aikhenvald 1997 A typology of Argument-Determined Constructions. In Bybee, J. et al.（eds.）*Essays on Language Function and Language Type: Dedicated to T. Givón*, John Benjamins, Amsterdam/Philadelphia, pp. 71-113.

Givón, T. 2001 *Syntax*, 2 vols., John Benjamins, Amsterdam/Philadelphia.

Hale, K. 1973 A Note on Subject-Object Inversion in Navajo. In Kachru, B. et al.（eds.）*Issues in Linguistics: Papers in Honor of Henry and Renee Kahane*, Univ. of Illinois Press, Chicago, pp. 300-9.

Halliday, M. A. K. and C. Matthiessen 2014 *An Introduction to Functional Grammar*, Routledge, Oxford

Haspelmath, M. 1990 The Grammaticization of Passive Morphology. *Studies in Language* 14: 25-72.

Hengeveld, K. and J. L. Mackenzie 2008 *Functional Discourse Grammar*, Oxford Univ. Press, Oxford.

Hopper, P. J. 1998 Emergent Grammar. In Tomasello, M.（ed.）*The New Psychology of Language: Cognitive and Functional Approaches to Language Structure*, LEA, Mahwah, pp. 155-75.〔大堀壽夫（訳）「創発的文法」トマセロ，M.（編）2011『認知・機能言語学—言語構造への10のアプローチ』研究社．〕

Hopper, P. J. and S. A. Thompson 1980 Transitivity in Grammar and Discourse. *Language* 56: 251-99.

Keenan, E. L. 1976 Towards a Universal Definition of Subject. In Li, C. N.（ed.）*Subject and Topic*, Academic Press, New York, pp. 303-33.

Kemmer, S. 1993 *The Middle Voice*, John Benjamins, Amsterdam/Philadelphia.

Klaiman, M. H. 1991 *Grammatical Voice*, Cambridge Univ. Press, Cambridge.

Klaiman, M. H. 1993 The Relationship of Inverse Voice and Head-Marking in Arizona Tewa and other Tanoan Languages. *Studies in Language* 17: 343-70.

古賀裕章 2008「『てくる』のヴォイスに関連する機能」森雄一ほか（編）『ことばのダイナミズム』くろしお出版，pp. 241-57.

工藤真由美（編）2007『日本語形容詞の文法—標準語研究を超えて』ひつじ書房．

久野暲 1978『談話の文法』大修館書店．

Kuno, S. 1987 *Functional Syntax: Anaphor, Discourse, and Empathy*, Univ. of Chicago Press, Chicago.

Langacker, R. W. 1987 *Foundations of Cognitive Grammar*, Vol. I, *Theoretical Prerequisites*, Stanford Univ. Press, Stanford.

Langacker, R. W. 1991 *Foundations of Cognitive Grammar*, Vol. II, *Descriptive Application*, Stanford Univ.

Press, Stanford.

Lyons, J. 1977 *Semantics*, 2 vols., Cambridge Univ. Press, Cambridge.

Malchukov, A. 2005 Case Pattern Splits, Verb Types, and Construction Competition. In Amberber, M. and H. de Hoop (eds.) *Competition and Variation in Natural Languages: the Case for Case*, Elsevier, London/New York, pp. 73-117.

Mathesius, V. 1928 On Linguistic Characterology with Illustration from Modern English. *Actes du Premier congres international de linguistes a la Haye du 10-15 avril 1928*: 56-63.

Nishimura, Y. 1997 Agentivity and Causation in Cognitive Linguistics. In Yamanaka, K. and T. Ohori (eds.) *The Locus of Meaning: Papers in Honor of Yoshihiko Ikegami*, Kurosio Publishers, Tokyo, pp. 277-92.

大堀壽夫 2002『認知言語学』東京大学出版会.

Pavey, E. 2010 *The Structure of Language: An Intro-duction to Grammatical Analysis*, Cambridge Univ. Press, Cambridge.

Payne, T. 1982 Role and Reference Related Subject Properties and Ergativity in Yup'ik Eskimo and Tagalog. *Studies in Language* 6: 75-106.

Payne, T. 2006 *Exploring Language Structure: A Student's Guide*, Cambridge Univ. Press, Cambridge.

Rhodes, R. 1976 *The Morphosyntax of the Central Ojibwa*, Ph.D. dissertation, Univ. of Michigan.

Schachter, P. 1976 The Subject in Philippine Languages: Topic, Actor, Actor-Topic, or None of the Above. In Li, C. N. (ed.) *Subject and Topic*, Academic Press, New York, pp. 491-518.

Shibatani, M. 1985 Passives and Related Constructions: A Prototype Analysis. *Language* 61: 821-48.

Shibatani, M. 1988 Voice in Phillipine Languages. In Shibatani, M. (ed.) *Passive and Voice*, John Benjamins, Amsterdam/Philadelphia, pp. 85-142.

柴谷方良 2000「ヴォイス」仁田義雄ほか（著）『文の骨格』岩波書店, pp. 117-86.

柴谷方良 2002「言語類型論と対照研究」生越直樹（編）

『対照言語学』東京大学出版会, pp. 11-48.

Shibatani, M. 2003 Directional Verbs in Japanese. In Shay, E. and U. Seibert (eds.) *Motion, Direction, and Location in Language: In Honor of Zygmunt Frajzyngier*, John Benjamins, Amsterdam/Philadelphia, pp. 259-85.

Shibatani, M. 2006 On the Conceptual Framework for Voice Phenomena. *Linguistics* 44: 217-69.

Siewierska, A. 2005 Passive Constructions. In Haspelmath, M. et al. (eds.) *The World Atlas of Language Structure*, Oxford Univ. Press, Oxford.

Talmy, L. 2000 *Toward a Cognitive Semantics*, Vol. 1, MIT Press, Cambridge, MA.

Thompson, C. 1989 Pronouns and Voice in Koyukon Athabaskan: A Text-Based Study. *International Journal of American Linguistics* 55: 1-24.

Tomasello, M. 1998 *The New Psychology of Language: Cognitive and Functional Approaches to Language Structure*, LEA, Mahwah.［大堀壽夫・秋田喜美・古賀裕章・山泉実（訳）2011『認知・機能言語学―言語構造への10のアプローチ』研究社.]

Tsunoda, T. 1985 Remarks on Transitivity. *Journal of Linguistics* 21: 385-96.

角田太作 2009『世界の言語と日本語 改訂版』くろしお出版.

Uehara, S. 1998 *Syntactic Categories in Japanese: A Cognitive and Typological Introduction*, Kurosio Publishers, Tokyo.

上原聡 2002「日本語における語彙のカテゴリー化―形容詞と形容動詞の差について」大堀壽夫（編）『認知言語学II：カテゴリー化』東京大学出版会, pp. 81-103.

Van Valin, R. D. Jr. 2005 *Exploring the Syntax-Semantics Interface*, Cambridge Univ. Press, Cambridge.

Van Valin, R. D. Jr. and R. L. LaPolla 1997 *Syntax*, Cambridge Univ. Press, Cambridge.

Whaley, L. J. 1997 *Introduction to Typology: Unity and Diversity of Language*, Sage, Thousand Oaks.［大堀壽夫・古賀裕章・山泉実（訳）2017『言語類型論入門―言語の普遍性と多様性』（岩波オンデマンドブックス）岩波書店.]

| 2.14 |

認 知 詩 学

大森文子

　認知詩学（cognitive poetics）について論じる
にあたり，まずは次の文をご覧いただきたい．「や
まと歌は，人の心を種として，万の言の葉とぞ成
れりける．」これは 10 世紀の初めに編纂された
『古今和歌集』の仮名序の冒頭である．人の心に宿
った喜びや悲しみ，様々な感情が表出され和歌と
いう文学作品が生まれる様子が，種から芽が出た
植物が葉を茂らせるという比喩で描かれている．
人の心とことばの関係，そして心と詩の関係を端
的に言い表したものと言えよう．この比喩を意識
しながらあらためて「ことば」という語に目を向
けてみると，そもそもこの語の漢字表記が示唆に
富むことに気づかされる．「言葉」という表記から
は盛んに生い茂る葉の生命力，青々とした豊かな
色彩のイメージが膨らむのである．枝を広げ豊か
に青葉を茂らせる樹木ももとの種がなければ存在
しえず，また種のままで芽吹くことがなければ
瑞々しい青葉の光景を楽しむことはできない．同
様に，ことばと詩情は切っても切れない関係にあ
り，詩情があってこそことばが生まれ，ことばが
あってこそ形を持たない詩情が耳目に触れるもの
となる．このようなことばと詩情の関係について
認知言語学の立場から研究しようとする分野が
「認知詩学」である．ここでは，認知詩学の輪郭
をたどり，この分野の歩みを振り返り，その意義
と課題に光を当てたい．

1.　認知詩学とは何か

▶ 1.1　科学と文学の相互作用としての
　　　　認知詩学

　認知詩学は，文学作品の面白さと人間の認知の
仕組みを結びつける学問領域である．「認知」
（cognitive）という語は，この分野が科学的アプ
ローチを志向していることを示し，「詩学」
（poetics）という語は文学理論への志向性を示す．
科学と文学という，一見対極に位置するように思

われる二つの学問領域にまたがり，この二つの領
域のバランスをとろうと試みる，あるいは二つの
領域が相互に作用を及ぼしあった成果が認知詩
学である（この 2 領域との関わりにおいて認知
詩学を位置づける見解については，フリーマン
（Margaret H. Freeman）およびブローネ（Geert
Brône）とヴァンディール（Jeroen Vandaele）の解
説がわかりやすい（Freeman 2005, Brône and
Vandaele eds. 2009））．

　二つの領域のインターフェイスというこの位置
づけから，認知詩学研究には 2 方向の動機づけが
想定できる．一つは認知理論を用いて文学研究を
したいという動機づけである．この場合，研究の
目的は文学作品の理解であり，そのための手段が
認知理論ということになる．人間の認知の仕組み
についての理論的説明を用いることによって，文
学作品の持つ意味，なぜ文学作品が私たちの心に
訴えかける魅力を持つのかを探ることができる．
また，文学作品を用いて認知プロセスの研究をし
たいという，上とは逆方向の動機づけもある．こ
の場合，研究の目的は認知理論の構築であり，そ
のための手段として文学作品を利用し，作品から
抽出した用例を分析するということになる．認知
詩学研究がこのような 2 方向性を持つことは，こ
の研究の方法論が文学にも言語学にも寄与するも
のであることを意味する．認知言語学者にとって
は，文学に関心を寄せることが自らの研究の推進
に大きく役立つということである．

▶ 1.2　認知詩学における「認知」

　認知詩学についての具体的な議論に入る前に，
本書の他の章の解説とも重なると思われるが，ま
ず「認知」（cognition）という概念について確認
しておく．*The Oxford English Dictionary*
（*OED*）によると，"cognition" は 15 世紀半ばか
ら使われ出した語で，もともと，知るという行為，
あるいは知るという能力を指し，17 世紀半ばから

哲学の分野で，感覚，知覚を含む広い意味での知の行為や能力の意味で用いられるようになったが，その意味の範囲には感情や意志は含まれていなかった（OED "cognition" n. 1, 2 を参照）．しかし現在では，感情や意志，記憶，想像力，習得，問題解決，情報処理など，様々な心的活動を包含する語である．認知言語学一般において，認知という概念はこの現代的な広い意味で捉えられている．特に認知詩学では，感情や美的（芸術的）感性を重視する（認知詩学における「認知」という概念についてはツール（Reuven Tsur）が詳細に論じている（Tsur 2008））．

▶ 1.3 認知詩学の分析対象

認知言語学があらゆる言語現象を分析対象とし，特に日常言語に注目するのに対し，認知詩学が扱うのは文学的言語である．「詩学」という名がついてはいるが，分析対象は詩に限るものではなく，小説，随筆，戯曲，歌詞など，どのようなジャンルのテクストでもよい．文学作品は，どのような形態をとろうと，ことばの芸術であり，人の心を動かす働きを持つ．とは言え，日常言語と根本的に異なる特殊な言語というわけではない．レイコフとターナーが述べるように，詩的言語は日常言語と基本的に同じ認知プロセスを利用している（Lakoff and Turner 1989）．文学作品の言語が持つ詩情，すなわち美的価値が，どのようにして人の心を動かすのか，その原動力の仕組みを人間の一般的な認知プロセスに照らして探るというのが認知詩学の基本姿勢である．

▶ 1.4 認知詩学の歩み

「認知詩学」という術語を初めて用いたのはツールである．彼は1983年の論文で「認知詩学」という語を明示し，認知詩学理論を提唱した1992年の著書では詩の韻律構造や意味の構造などを広く射程に収めた研究を展開している（Tsur 1983, 1992）．

ツールの元来の立脚点は詩学にあり，詩学研究に認知理論の手法を利用するという立ち位置であるが，逆に認知言語学の観点から詩的言語を分析するという研究姿勢を打ち出したのはレイコフ（George Lakoff）とその共同研究者たちである．レイコフは，ジョンソン（Mark Johnson）との共同研究で，メタファーを単なることばの彩では

なく，人間の心の働きとして位置づけ，日常言語の背景にあるメタファー的思考様式を**概念メタファー**（conceptual metaphor）と呼び，**言語メタファー**（linguistic metaphor: 言語表現としてのメタファー）と区別し，概念メタファーとそれを具現化した言語メタファーの例を詳細に示した（Lakoff and Johnson 1980, 1999, Lakoff 1987）[→ 3.5]．彼らのメタファー研究は認知言語学研究の大きな柱の一つとなった．ターナー（Mark Turner）との共同研究（Lakoff and Turner 1989）では，分析対象を日常言語から詩作品に広げ，詩的言語が認知プロセス解明のための分析対象として重要であることを指摘した．ギブズ（Raymond Gibbs Jr.）も認知の詩的性質に光を当てている（Gibbs 1994）．

21世紀に入り，認知詩学研究は広がりを見せた．ストックウェル（Peter Stockwell）により本格的な認知詩学入門書が刊行され（Stockwell 2002），その翌年には姉妹版として認知詩学の実践的な研究書がゲイヴィンズ（Joanna Gavins）とスティーン（Gerald Steen）の編集により刊行された（Gavins and Steen eds. 2003）．プロトタイプ（prototype），ダイクシス（deixis），認知文法（cognitive grammar），認知シナリオ（cognitive scenario），メンタル・スペース（mental space），概念メタファーなどの認知言語学の諸概念を用い，ストックウェル，ツール，ギブズ，セミーノ（Elena Semino）など気鋭の執筆者11名が，文学作品の認知分析に取り組むその姿勢は意欲的で，興味深い．

その後，特定のテーマに特化した認知詩学研究が盛んになってきている．ストックウェルは，人間の感情や身体経験に着目しながらテクストの芸術的側面に関する研究を深化させている（Stockwell 2009）．フルダーニック（Monika Fludernik）が編集した論文集は，様々な文学テクストの分析を通して認知メタファー理論の発展とそこからの超越を志向する（Fludernik ed. 2011）．ゲイヴィンズはテクスト世界（text world）理論の枠組みで文学テクストを分析する方法論を詳細に提示している（Gavins 2007）．また，最近の認知詩学研究では，特定作品の読み方や，文学に対する分析手法などをめぐって，研究

者間の対話や議論が活発になってきた．ブローネ
とヴァンディールが編集した論文集（Brône and
Vandaele eds. 2009）は，一つの話題について複
数の論文が対話する形式で構成されている．例え
ばセミーノがテクスト世界を取り上げてメンタ
ル・スペース理論の枠組みの有用性を論じ，それ
に対しナラヤン（Shweta Narayan）がセミーノ
の議論を発展させる形で補強する，というように．
また，比喩についてフリーマンとスティーンが異
なる角度からそれぞれ論文を掲載し，ツェン
（Ming-Yu Tseng）がその2者にコメントを記す
という組合せもある．認知詩学は歴史が浅い．し
かも，その対象は文学作品であるが，文学研究の
歴史は長い．伝統のある学問を基盤として，若い
学問領域が育つためには，研究者間の活発な交流，
異なる視点からの見解のぶつかりあいが不可欠で
ある．その意味で本書のような試みは歓迎に値し，
また学ぶことが多々ある．

2. 認知詩学研究の意義と課題

▶ 2.1 コンテクストの重要性

ここからは，認知詩学研究に不可欠な概念およ
び研究姿勢を解説しながら，この研究分野の意義
と課題について考える．まずは19世紀のイギリス
の詩人，ブラウニング（Robert Browning）の詩
から，次の引用をご覧いただきたい．

(1) We that had loved him so, followed him,
　　 honoured him,
　　 Lived in his mild and magnificent eye,
　　 Learned his great language, caught his clear
　　 accents,
　　 Made him our pattern to live and to die!
　　 (Robert Browning, "The Lost Leader," 9-12.)
　　 （我ら，かつて彼をあんなに愛し，彼に従い，彼
　　 を敬った，
　　 彼の穏やかで気高い眼差しの中で生きた，
　　 彼の偉大な言葉を学び，彼の明瞭な抑揚を捉えた，
　　 彼を，人生を生き命を終えるための模範とした，
　　 そんな我らよ！）

この詩は誰のことを語っているのだろうか．ス
トックウェル（Stockwell 2002）は，こうした問
いはコンテクスト（context: 言語表現を取り巻く
文脈，場面，状況）と深い関わりを有すると述べ
る．ストックウェルによると，彼が初めてこの詩

に出会ったのはBBCの番組を聴いているときで
あった．それは1992年の英国議会選挙の後の政治
番組で，当時，労働党が選挙で保守党に3連敗中
であったが，キノック（Neil Kinnock）党首によ
って党内が刷新され，今度こそは勝つだろうと期
待されていた．しかし結果はやはり敗北で，キノ
ックは直ちに辞任した．労働党を支持していたス
トックウェルは，番組でこの詩の引用を聴き，キ
ノック辞任の切なさをこの詩から感じ取ったので
ある．

しかし，(1)の詩をブラウニングが書いたのは全
く異なる背景によるものであった．この詩はワー
ズワース（William Wordsworth）が革命的急進
派から超保守派へと思想を転向したというできご
とを題材としたもので，ブラウニングは，指導者
と仰いだ先輩詩人の転向を裏切りとみなし，怒り
を込めてこの詩を書いたのである．この実際の執
筆背景となったコンテクストに照らせば，思想転
向したのではなく選挙に敗北し失脚した20世紀の
政治指導者を思い浮かべながらこの詩行を読むの
は誤った読み方なのかもしれない．しかし，長年
にわたってこの詩はいろいろな場面で自由に引用
されてきたに違いないとストックウェルは述べる．
文学テクストには様々な読み方がある．作品制作
の背景を調査したうえで解釈する学術的な読み方
もあれば，読者が日常生活の中で自身が置かれた
状況に即して味わう読み方もある．詩の意味を問
うことは，詩がどういう効果をもたらすのか，詩
が何のために用いられるのかを問うことに等しい
とストックウェルは指摘する．

筆者が以前，大学院の授業で，ストックウェル
のこの著作を読んだ際，受講生との討論の題材と
して以下のテクストを挙げた．

(2) 東日本大震災によって破壊された家屋は数知れ
ないが，解体されて更地になってみると，この
場所にはどんな建物があったのだろうかと，ふ
と立ち止まってしまうことがあります．そうい
えばあの災禍から早半年以上も経過したのだと，
改めて月日の早さを実感しています．瓦礫も目
に付く場所からは一応片付けられたようです．
　　しかし，実際に街を歩いてみると，その傷跡
の深さは震災直後よりもむしろ強烈に感じるこ
ともあります．例えば，歩道は原野のごとく長
い雑草が生え，ところどころからのぞかせるイ

ンターロッキングの鮮やかな色，そして，蓋が
壊れたままの側溝など，とてもついこの間まで
人が歩いた道とは思われません．正に，国破れ
て山河ありといった光景です．

(http://miyagemono.com/blog/2011/10/
post-1190.html)

　上記のテクストは，宮城県塩釜市の笹かまぼこ
の販売会社のサイトに掲載されたブログからの引
用で，2011年10月14日という日付が記載されて
いる．このテクストの「国破れて山河あり」とい
うフレーズは，読者の皆さんも御存知のとおり，
杜甫の詩「春望」に由来する．杜甫の生きた玄宗
皇帝の時代，安禄山の反乱により唐の都長安が荒
れ果て，自然の山や河だけが昔のままであること
を嘆く「国破山河在／城春草木深」という表現は，
時代が変わり，国を隔てたこの日本でも親しまれ，
折にふれて引用されてきた．『おくのほそ道』で
も，平泉を旅した芭蕉が，奥州藤原氏三代の栄華
と滅亡に思いを馳せ，「国破れて山河あり，城春に
して草青みたりと，笠打敷て，時のうつるまで泪
を落し侍りぬ．」と記している．このフレーズのも
との作者である杜甫は，唐の都長安で，戦乱をリ
アルタイムで経験しているのに対し，芭蕉にとっ
てのコンテクストは，日本の平泉の地で，芭蕉か
ら遡ること約500年前の奥州藤原氏の時代を想像
しているというもの，(2)のコンテクストは，日本
の宮城県で，戦乱ではないが東日本大震災を実体
験し，その半年後に，被災地の生々しい傷痕を目
の当たりにしているというものである．それぞれ
のコンテクストは異なるが，三者には大きな共通
点がある．「夥しい死傷者が出て，町は破壊され，
荒廃した」ということ，「過去に人間が高度な文化
的生活を営み，繁栄していた場所に現在は雑草が
生い茂っている」ということ，「どのような変事が
起ころうと泰然と存在する山や河を見ると，自然
の力強さに比べて人間の営みがはかないことを否
応なく思い知らされる」ということなどである．
芭蕉も，(2)の著者も，それぞれ自らが身を置くコ
ンテクストで杜甫の詩を思い浮かべ，感慨を共有
した．時代や場所が異なっても，人間は同じよう
な経験をすることがあり，その経験に対して文学
は「共通経験」の例を提示する．文学作品を通し
て，読者は過去の人あるいは作品世界の中の人の

経験との共通性を実感し，読者の中に共感が生ま
れ，強い感慨が呼び起こされる．それが，厳しい
現実世界を生きる人間にとっての救いとなること
もある．文学が持つ価値の一つは，ここにあるの
ではないだろうか．文学作品は常に私たちの隣に
あり，作者の思いは時空を超えて読者に寄り添う
のである．

　作者および読者に関わるコンテクストに目を向
けることの重要性を説くストックウェルの見解は，
傾聴に値する．実は，言語の意味や使用に対する
研究全般に対して有意義な見解なのだが，コンテ
クストの重要性は往々にして忘れられがちである．
認知詩学がコンテクストを重視するという基本姿
勢が言語研究全般に与える示唆は大きい．

　ただし，文学テクストを取り巻くコンテクスト
は読者によって異なり，それぞれのコンテクスト
に照らして様々な読み方が可能になるとはいえ，
私たち研究者が文学テクストに向かい合うとき，
無制限に好き勝手な読み方をしてよいというわけ
ではない．このことについては後述する．

▶ 2.2 間テクスト性

　「国破れて山河あり」というフレーズを通して，
共通する一つの感慨が複数のテクスト上で表現
される様子を観察したが，このようなテクスト
とテクストの間の相関関係は「**間テクスト性**」
(intertextuality: あるテクストがその意味や機能
に関して他のテクストに依存していること) と呼
ばれる (間テクスト性という概念が成立した過程
と，文学理論におけるこの用語の用いられ方につ
いては，アレン(Graham Allen)が詳述している
(Allen 2000))．認知詩学分析に間テクスト性が重
要な役割を果たすことを以下の例で示したい．第
一次世界大戦を描く戦争詩人として知られるオー
ウェン (Wilfred Owen: 1893-1918) の "The
Hospital Barge"（「病院船」）である．

(3) Budging the sluggard ripples of the Somme,
　　A barge round old Cérisy slowly slewed.
　　Softly her engines down the current screwed,
　　And chuckled softly with contented hum,
　　Till fairy tinklings struck their croonings
　　　　dumb.
　　The waters rumpling at the stern subdued;
　　The lock-gate took her bulging amplitude;

Gently from out the gurgling lock she swum.
One reading by that calm bank shaded eyes
To watch her lessening westward quietly.
Then, as she neared the bend, her funnel
　　screamed.
And that long lamentation made him wise
How unto Avalon, in agony,
Kings passed in the dark barge which Merlin
　　dreamed.
　　　　　　　　（Wilfred Owen, "Hospital Barge"）
（ソンム川のゆるいさざ波をかすかに動かしなが
　　ら
一艘の船が古びたセリジーの町をめぐりゆっく
　　りと向きを変えた
穏やかに船のエンジンは回り流れをくだり
満足したようなブーンというやわらかい声で静
　　かに笑っていた
すると妖精の鈴の音が鳴りエンジンのささやき
　　声がやんだ
船尾で波を寄せていた水面は静かになった
水門がかさ高い船体を受け入れた
ゴクゴク嬉しげに喉を鳴らす水門から静かに船
　　はすべり出た
静かな土手のそばで読書する人は手をかざし
音もなく西へと遠ざかる船影を見つめた
そのとき，曲がり角にさしかかった船の煙突が
　　叫び声を上げた
その長くひびく悲嘆の声で彼は知った
アヴァロンへと，臨終の苦しみのなかで
王たちがあの黒い船に乗って渡っていったのだ
　　と，マーリンが夢に見たように）

　ハミルトン（Craig Hamilton）は，ラネカー
（Ronald W. Langacker）の認知文法理論におけ
る**プロファイル**（profile），すなわち認知領域におけ
る際だちの概念を用いて(3)の詩行を詳細に分析し
ている（Hamilton 2003）．ここでは紙面の都合
上，ハミルトンの分析の概略のみを紹介する．こ
の詩は六つの文（センテンス）からなるが，それ
ぞれの文でプロファイルされる対象は少しずつず
れていく．第1文では一艘の船，第2文では船の
エンジン，そして妖精の鈴のような開門の合図の
音，第3文では水と水門と船である．そしてそれ
ぞれの文で，プロファイルされた名詞に対応する
動詞が表す動作（船がさざ波をかすかに動かす，
エンジンが静かな笑い声を立てる，など）もプロ

ファイルされる．第4文では人間が登場し，その
人物と遠ざかる船がプロファイルされ，第5文で
は船のメトニミーとして煙突が，そしてその動作
として叫び声がプロファイルされる．第6文では
船影はプロファイルの対象ではなくなり，警笛を
聞く人が悟った内容がプロファイルされる．
　このように，各詩行において何が認知的に際だ
っているのかを丹念に観察しようとしてプロファ
イルという概念を分析の道具立てに選んだハミル
トンの手法は学ぶに値する．「何が描かれている
か」，さらに言えば（ハミルトンは触れていない
が）「何が描かれていないか」ということがこの詩
の意味において極めて重要だからである．ハミル
トンの分析を超えて，さらに考察を深めてみよう．
音の描写の変化に注目してみる．静かな笑い声の
ような小さなエンジン音，妖精の鈴のような開門
の合図，それと同時に停止するエンジン音．さざ
波を立てるソンム川とその上を緩やかに滑り，遠
ざかっていく船．詩の前半で描かれているのは総
じて静かな世界である．そこに登場する人物も，
静かな土手のそばで，静かに読書をしている．そ
こに突然，船の煙突からの鋭い音が響く．この瞬
間，それまでにプロファイルされていたすべての
静かな音は地（ground）となり，煙突の叫び声が
図（figure）となる．この際だちの変化が意味す
ることは何なのか．また，「描かれていないもの」
に注目すると，この詩のタイトルは"Hospital
Barge"（病院船）となっているにもかかわらず，
詩の本文では"hospital"という語は使われず，描
かれた船が第一次世界大戦の西部戦線の負傷兵を
乗せた病院船であることを明示する表現は全くな
い．読者は，詩のタイトルと，作者が戦争詩人で
あるという知識，第一次大戦の激戦地として知ら
れるソンムという名称から，船が傷病兵を乗せた
病院船であることをわずかに連想できるにすぎず，
むしろ，詩の前半でプロファイルされている緩や
かな船の動き，穏やかで楽しげなエンジン音，妖
精の鈴のような開門の合図の音，水門の嬉しげに
喉を鳴らすような音は，この船の深刻な状況を忘
れさせてしまう．なぜ詩人はこの船が病院船であ
ることを詩の本文の中で際だたせないのか．ハミ
ルトン自身，「奇妙なことに船上の傷病兵はほとん
どプロファイルされていない」と指摘しており，

その謎の答には踏み込んでいないが，そこには何らかの理由があるはずである．

なぜ煙突の叫び声が最終的に最も際だつように描かれるのか，病院船であることや傷病兵を乗せていることがなぜ描写されないのか，という謎を解く鍵は，アヴァロン（"Avalon"）やマーリン（"Merlin"）という，アーサー王伝説を連想させる語の選択にある．明らかに，詩人が読者に喚起させようとしているのは第一次大戦ではなくアーサー王の闘いである．ハミルトンも一言だけ触れているように，オーウェンはテニスン（Alfred Tennyson）の詩 "The Passing of Arthur"（「アーサーの死」）からインスピレーションを得ている．ならばテニスンの作品に注目してみよう．この詩はアーサー王が逆臣との壮絶な戦いの末に死にゆくさまを描いた作品で，最期を自覚したアーサーが忠臣の助けを借りて水辺までたどり着いた場面で一艘の船（barge）が登場する．その船には3人の女王がいて，瀕死のアーサー王がその船に乗り込もうとするとき，彼女たちの悲嘆の泣き声が聞こえてくる．

(4) Three Queens with crowns of gold: and from
　　them rose
　　A cry that shiver'd to the tingling stars,
　　And, as it were one voice, an agony
　　Of *lamentation*, …"
　　　　（Alfred Tennyson, "The Passing of Arthur,"
　　　　　　　11. 366-9. イタリック体は筆者）
　　　　（黄金の冠を着けた3人の女王たち，そして彼女
　　　　　たちからあがったのは
　　　　震えるように瞬く星々に呼応して震える泣き声，
　　　　そして，それはあたかも一つの声のように，悲
　　　　　嘆にくれる苦悶の声，…)

(4)で女王たちの泣き声の描写として用いられた "lamentation" という語を，オーウェンが(3)の船の警笛の描写（12行目）に採用していることは注目に値する．これはテニスンの詩に対する**オマージュ**（hommage: 特定の作家を賛美するためにその作品の一節などをそれとなく挿入，引用，暗示，踏襲すること）であり，オーウェンが魔術師マーリンの名やアーサー王が船で向かったアヴァロンの島に言及したのは，読者にテニスンの「アーサーの死」との間テクスト性を意識させるためである．オーウェンの詩で船を見る人物が読書をして

いることも示唆的である．読書は物語の世界（読書をする人物を取り巻く現実世界とは異なるテクスト世界）へ意識を向ける行為だからである．この「間テクスト性」を念頭に置けば上記の謎は解ける．オーウェンが描きたかったのは単に西部戦線という個別の戦いに登場する船ではなく，船というものが普遍的，根源的に持つ悲しみ（lamentation）なのではないか，と推測できる．そう考えれば船の煙突から突然放たれる音を際立たせ，それを悲しみの叫び声と捉え，第一次大戦の病院船や傷病兵の描写を避けたことも肯ける．筆者の授業の受講生たちに，一般的に船から何が連想されるか尋ねたところ，「旅立ち」，「冒険」，「死」などの意見が出た．陸上動物である人間にとって，水上輸送手段である船に乗ることは危険や死と隣り合わせである．水上へと滑り出し，遠ざかる船は，陸上の私たちの力の及ばないところへ離れていくものであり，船には別れの悲しみがつきまとう．瀕死のアーサー王を乗せた船はそれを体現するものなのである．さらに，テニスンの詩は，アーサー王が "The old order changeth, yielding place to new, …"（「古い秩序は変わりゆき，新しい秩序に地位を譲るのだ」）ということばを残していってしまった後，新たな太陽が昇り，新たな年をもたらした（"the new sun rose bringing the new year"）ということばで締めくくられる．それを踏まえれば，オーウェンの詩の最終行に描かれる船で去っていく王たち（Kings）は，それぞれの治世の終わりを象徴しているとの推測も成り立つ．オーウェンは，第一次大戦という戦争のもたらす悲しみを，人の世の栄枯盛衰のうねりの中でこの世を去りゆく人間の運命の悲しみ一般に包含させたのだと考えられる．

オーウェンはテニスンの詩に触発され，第一次大戦の病院船の風景をアーサー王の世界に重ねて詩を著したが，テニスンの作品も言うまでもなくアーサー王伝説を下敷きにしたものである．15世紀のマロリー（Thomas Malory）による *Le Morte d'Arthur*（『アーサー王の死』）や16世紀のスペンサー（Edmund Spenser）による *The Faerie Queene*（『妖精の女王』）など，様々な作品がアーサー王の物語に由来し，19世紀のテニスンの詩はこの系譜に連なる．このように，あるテ

クストの作者が他のテクストから影響を受け, **引喩** (allusion: よく知られた詩歌や語句などの引用で自分の言いたいことを代弁させる修辞法) を用いるなどの方法で先行テクストと自らのテクストとを関係づける「間テクスト性」は, 多くの文学作品に見られる. 聖書や神話, 民話や伝承などから影響を受けた作品は実に多い. 間テクスト性に対する感度の高さは, 認知詩学研究に大切な要件の一つである. 上記のオーウェンの詩についての認知分析も, 間テクスト性に対する意識を高く持ち, もとの作品に照らして詳細な観察をすれば, テクストにおけるプロファイリングの特異性の理由にまで踏み込んだ考察が可能となるのである.

▶ 2.3 スキーマとコンテクスト

間テクスト性の関わる作品を分析するとき, 利用できる認知言語学上の概念の一つに「**スキーマ**」(schema) がある.「スキーマ」は「フレーム」(frame) や「スクリプト」(script) とほぼ同義で用いられる概念で, テクストと相互に作用を及ぼしあう読者の概念構造を指し, 命題モデルとしての性質を持つ (スキーマの定義についてはレイコフ(Lakoff 1987: 116)を参照).

読者の皆さんは, 有名な小説を原作とした映画や, おとぎ話の主人公をモデルにしたキャラクターが登場するテレビコマーシャルをご覧になったことがあるだろう. 映画の観客, コマーシャルの視聴者としての私たちは, もとの小説なりおとぎ話について何らかの知識 (スキーマ) を持っているが, 映画やコマーシャルを見て, 忘れかけていた原作の断片を思い出したり, 原作と異なる脚色に驚いたり, あるいは面白がったりすることがある. このとき, 私たちの持つスキーマは映画やコマーシャルにより操作が加えられていることになる. 映像作品のみならず, 文学作品も, 読者の持つスキーマに影響を与えることがある. それをストックウェルは文学によるスキーマ操作として特徴づけ,「知識の再構築」(knowledge restructuring),「スキーマの維持」(schema preservation),「スキーマの補強」(schema reinforcement),「スキーマの拡張」(schema accretion),「スキーマの破壊」(schema disruption),「スキーマの更新」(schema refreshment) の六つの操作を挙げる (Stockwell 2002: 79-80).

文学によるスキーマ操作の例として, ストックウェルは "Dream of the Rood"(「十字架の夢」)という作者不詳の156行からなる古英語宗教詩を挙げる. この作品の語りは入れ子型の構造となっており, 詩人の1人称での語りの中に, 十字架が1人称で語る場面が埋め込まれている. まず, 夢の中で宝石がちりばめられ眩い光に包まれた十字架を見たという詩人の語りから始まり, 次に十字架の語りに移り, 十字架が森から切り出され, 磔刑の道具にされる経緯, 震えている自分にキリストがしっかり立てと命じたこと, キリストを抱え上げ, うなだれることなく頭を上げ釘打たれ, キリストとともに嘲罵の声を浴び, 過酷な運命に耐えたこと, 磔刑の後, 十字架が埋められ, その後掘り出され, 金銀の装飾を施され, 天上で人々に崇められる存在となったことなどが語られる. 最後に詩人の語りに戻り, いつか自分も旅立った多くの友と同様に, あの十字架に導かれ主の御許へ行き, 永遠の幸福の中に住まうことができますようにという祈りで締めくくられる.

ストックウェルはこの詩の語りにおける「スキーマ破壊」に注目する. 私たち読者が持つキリスト受難のスキーマは主として聖書に依拠して形作られているが, この詩では福音書とは根本的に異なる視点が提示され, 既存のスキーマが破壊される. 既存のスキーマでは, 十字架は無生物で, 処刑の道具にすぎないのだが, この詩の十字架は, 受動的な存在から能動的な存在へ, 受難の傍観者から参加者へ, 道具から目撃者へ, 無生物から人間の機能を有する者へ, 受容するだけの者から意志を持って行動する者へと反転している (Stockwell 2002: 85-6). 十字架の語りに対するストックウェルのこの分析は, キリストの受難の描写の独特さを明瞭に浮き彫りにし, 説得力が高い.

ただ, テクストを構成する語句に対するストックウェルの解釈には問題点が若干あり, その解釈が認知詩学的分析に影響を与えている[注1]. まず, 以下の引用を見てみよう. この詩の冒頭部分である.

(5) Hwæt, ic swefna cyst secgan wylle,
hwæt mē gemætte tō midre nihte,
syðþan reordberend reste wunedon. (ll. 1-3.)
(聞いてください, 私はすばらしい夢の話をしま

しょう.
その夢を私は真夜中に見たのです.
人間が寝静まっているときに.)

この箇所に対しストックウェルは「聞いてください, 私は語りましょう, このうえない光景を, それは真夜中に私に訪れたのです, おしゃべりする人たちが寝床についている間に」("Listen, and I will say the best of visions / which came to me in the mid-night / while chatterers lay in bed.")という現代英語訳を示しているが, (5)の3行目の"reordberend"という語は「おしゃべりする人たち」(chatterers)とする解釈でよいのか. 本作品については, 何名もの文献学者が現代英語訳やグロッサリーを著している. 本詩を校訂したスワントン (Swanton ed. 1970) や, ディキンズとロス (Dickins and Ross eds. 1934) は"reord-berend"を「話しことばを持つ者, 声を持つ者」(speech-, voice- bearer) すなわち「人間」(man, human being) と定義している. この語は**ケニング** (kenning: 古英語特有の比喩的複合語)で, 人間一般を指すのである (「人間」を指す類似の古英語のケニングには sawlberend (字義は「魂を持つ者」)がある). 上で筆者が記した(5)の和訳はガーネット (Garnett ed. 1901) や, パンコーストとスピース (Pancoast and Spaeth eds. 1910) の現代英語訳によっている. 彼らも"reordberend"を広く人間を指すものと解釈している.

ここで注意すべきは, "reordberend"を正しく解釈することで, ストックウェルの「スキーマ破壊」の観点からの分析を補強できるということである. この複合語が「おしゃべりする人」限定ではなく「人間一般」を指し, しかも"speech"と"bearer"という意味の構成要素を持つことが, 実はテクストが行なおうとするスキーマ操作のための伏線として機能している. 「声を持ち, ことばを話す」存在である人間の「誰もが」床に就いたということを詩人は強調したいのである. 皆が寝静まり, 人の声が全く聞こえない真夜中は, 非日常の世界である. 非日常の世界であるからこそ, 声を持たず, ことばを話すはずのない十字架が話し出すという非現実的なできごとを読者は受け容れやすくなる. "reordberend"という語が真夜中の非日常性を演出していることを浮き彫りにすれば,

従来のスキーマの破壊, 新たなスキーマの構築という見解を, さらなる説得力をもって主張することができる. 語義の正確な解釈が, 議論の構築に大きな役割を果たすことをこの例は物語っている.

次に, 十字架の語りが終わり, 語り手の語りに戻った終盤に目を移してみる. (6)は語り手が天国にいきたいという希望を語る箇所の一部である.

(6) … Nāh ic rīcra feala
frēonda on feoldan, ac hīe forð heonon
gewiton of worulde drēamum … (11. 131-3.)
(私にはもう多くはいない, 勢い盛んな
友達は, 地上には. 彼らはいってしまった
現世の喜びを離れて)

ストックウェルは(6)を「地上には強大な友はもうあまりいない. ここから, この夢の世界から, 彼らは旅立ってしまった.」("I do not have many powerful / friends on earth, but onwards from here they / have departed this world of dreams.") と解釈するが, 問題は133行目の"drēamum"である. ストックウェルはこれを「夢」だと捉える. さらに「夢」と「現実」の対立の観点から分析を進め, 語り手は自分が生きている現実世界を超常的で神秘的な夢の世界と捉え, 語り手にとって本当にリアルで真実なのは天国の方だということをこの詩は描いており, これはキリスト教の思想の持つ神秘性, 霊的な存在のあり方の真実性を主張する一種のスキーマ補強だとストックウェルは論じる. 一見したところ説得力の高い分析のように思われるが, 実際には根本的な誤りがある. "drēamum"の意味がそもそも「夢」ではないのである. 上述のグロッサリーによると, "drēamum"は"drēam"の与格複数形で, その意味は「喜び」(joy, delight) である (本詩で「夢」を意味する語は先に引用した(5)の第1行に見える"swefna"("swefn"の属格複数形)の方である). ガーネットや, パンコーストとスピースの現代英語訳も同様の解釈をしている.

ここで振り返りたいのは, 2.1で論じた, 読者それぞれのコンテクストという観点である. 現代人がこの"drēam"という語を目にすると現代語の"dream"と同じように見えるから, 古英語の「喜び」の意味を無視して"worulde drēamum"を「夢の世」と解釈してしまってもよいのだ, 現代人

風に「夢の世」と解釈しても(6)の意味内容はつじつまが合うではないか，と主張する向きもあるかもしれない．しかし，その主張が成り立つのは，作品中でこの語の出現箇所が(6)の133行目しかないという場合に限られる．実際には(6)の直後，140行目にも同じ単語"drēam"が見られる．そこでは語り手が友達と同様に自分も天国にいきたいと願い，「天国での喜び（drēam on heofonum），そこは主のしもべの人々が宴席に連なり，永遠の幸せを味わう場所」と述べている．(6)と併せて読むと，語り手は，友に先立たれ，現世の喜び（worulde drēamum）はもう望めないので，天国で神のもとで皆と一緒に宴に加わり，天国での喜び（drēam on heofonum）を味わいたいという，ごく自然な天国への憧れを語っていることがわかる．ストックウェルはこの140行目の描写が自らの見解にはそぐわないため，この箇所を意図的に無視し，"worulde drēamum"を「夢の世」とする確信犯的分析をしてしまったのかもしれない．しかし，肝心の古英詩本文で，現世と天国についてともに同じ"drēam"の語を用いた対比的描写がなされている以上，「この世は夢」で「天国は現実」といった解釈は成り立たず，「この世の喜び」と「天国での喜び」の対比を描いているとする解釈のみが成立するのである（仮にストックウェルが"drēam"の正しい語義とこの語が本詩の2か所で使用されていることをよく理解したうえで，あえて(6)では個人的解釈として「夢の世」と読むのだと言うのであれば，その解釈も成り立つかもしれないが，それならばそのように明記すべきである）．

文学作品の解釈にはコンテクストが影響を与えると先に述べた．ここで注意すべきことは，コンテクストには「**言語内コンテクスト**」((intra-) linguistic context) と「**言語外コンテクスト**」(extra-linguistic context) があることである．作者と読者はそれぞれのコンテクストを持っている．時代が変わり，場所が変われば異なるコンテクストを持つことになる．これは言語外コンテクストに当たる．読者は自らの言語外コンテクスト，つまり自らの環境と経験に照らして文学作品を解釈する．この姿勢には基本的に何の問題もないし，むしろそれゆえに文学作品を読者は興味を持って

享受できる．しかし，文学作品を読むときに，その作品の内部のコンテクスト（言語内コンテクスト）を無視し，テクストの一部のみを見て，全体を総合的に見れば整合性がとれないような解釈をした場合，そのような解釈に妥当性があるかというと，否と言わざるをえない．研究のために文学作品から一部を引用してそれを分析対象とする場合，私たちはこのことに十分に留意すべきである．

まとめと展望

ここでは，文学の言語と人間の認知プロセスの関係を探究する認知詩学の研究領域について概説し，認知詩学を研究するうえで重要な姿勢について述べてきた．

認知詩学はまだ若い分野である．発表された研究論文の中には，優れた着眼を持ちながら立論の完成度はさほど高くないものも見られる．認知詩学が大きく発展するかどうかは，これからの研究者の努力にかかっている．認知言語学に携わる私たちが，分析対象として文学の言語に向き合うとき，決しておろそかにしてはならないのが，テクストの言語内・言語外コンテクストへの目配りである．特に，外国語，古い時代のことばなど，研究者にとってなじみの薄い言語を対象とするときには，テクストの正確な解釈を心がけることが必要である．テクストの読解に誤りがあっては，どんなに鋭敏な分析力があっても，理論構築に失敗しかねない．クラシックの文学作品テクストの多くには注釈書があり，文献学（philology）の緻密な研究成果に触れることができる．言語理論研究を志す若い研究者の中には，収集した用例を粗雑に扱い，一つひとつの語義を調べるという手間のかかる作業をないがしろにする人が時おり見受けられるが，煩わしいと思わず注釈書に当たり，文献学の知見から大いに学ぶべきである．整合性のとれた議論を展開するためには，テクストの一部だけを観察して事足れりとするのではなく，テクスト全体に目を配ることも肝要である．そして，テクストの背景にある間テクスト性への意識を高めることも忘れてはならない．文学作品には，先行テクストに流れる詩情に作家の詩的感性が重なり響き合っている場合がある．文学作品の意味を掘り下げるためには，先行テクストと分析対象テ

クストを立体的に結びつけ，詳細に読み比べる姿勢が不可欠である．そのためには，文学を味わい楽しむ気持ちを持つことが大切である．テクストを理論構築のためのデータだと冷たく割り切るのではなく，人の心を種として育った枝葉と捉え直し，その青々と茂る樹木を生み出した人間の心に寄り添う想像力，共感力を持つということである．様々な文学作品に親しむことで，視野も広がり，テクストを分析するための鋭い眼力も養われる．テクストとそれを取り巻く広いコンテクストに対するきめ細かい目配りを怠らなければ，文学テクストは認知言語学研究のための豊かなヒントを私たちに与えてくれるであろう．

▶注

1　この古英詩の正しい解釈と，参考にすべき注釈書，翻訳書については同僚で歴史言語学者の渡辺秀樹教授より教示を受けた．この場を借りて感謝申し上げたい．

▶重要な文献

池上嘉彦 1992『ことばの詩学』（同時代ライブラリー 132）岩波書店．
　ことばの詩的意味についての基本的理解が得られる．詩学とことばの意味に興味を持つすべての人に最初に読んでほしい本．なぞなぞ，わらべうた，民話など親しみのある題材を用いて，ことばの詩的創造性を解き明かす．
Stockwell, P. 2002 *Cognitive Poetics: An Introduction*, Routledge, London.［内田成子（訳）2006『認知詩学入門』鳳書房．］
　認知詩学研究の方法論を学びたいと思う人にとっての必読書．多様なジャンルの文学テクストが登場し，認知言語学の主要な諸概念を用いた著者自身の用例分析例を見ながら，読者各自の分析を模索することができる．
Gavins, J. and G. Steen (eds.) 2003 *Cognitive Poetics in Practice*, Routledge, London.［内田成子（訳）2008『実践認知詩学』鳳書房．］
　上記のストックウェルの本と併せて読むべき姉妹編．各章のテーマが上記書籍と対応しているので，ストックウェルの本で認知詩学的テクスト分析についての基本理解を得たうえで，実践的分析方法を学ぶことができる．

▶文　献

Allen, G. 2000 *Intertextuality*, Routledge, New York.
Brône, G. and J. Vandaele (eds.) 2009 *Cognitive Poetics: Goals, Gains, and Gaps*, Mouton de Gruyter, Berlin.
Dickins, B. and A. S. C. Ross (eds.) 1934 *The Dream of the Rood*, Methuen, London.
Freeman, M. H. 2005 Poetry as Power: The Dynamics of Cognitive Poetics as a Scientific and Literary Paradigm. In Harri, V. et al. (eds.) *Cognition and Literary Interpretation in Practice*, Helsinki Univ.

Press, Helsinki, pp. 31-57.
Fludernik M. 2011 *Beyond Cognitive Metaphor Theory: Perspectives on Literary Metaphor*, Routledge, New York.
Garnett, J. M. (ed.) 1901 *Athelstan, or the Fight at Brunanburh; Byrhtnoth, or the Fight at Maldon; and the Dream of the Rood: Angro-Saxon Poems*, Ginn & Co., Boston.
Gavins, J. 2007 *Text World Theory: an Introduction*, Edinburgh Univ. Press, Edinburgh.
Gavins, J. and G. Steen (eds.) 2003 *Cognitive Poetics in Practice*, Routledge, London.［内田成子（訳）2008『実践認知詩学』鳳書房．］
Gibbs, R. 1994 *The Poetics of Mind: Figurative Thought, Language, and Understanding*, Cambridge Univ. Press, New York.［辻幸夫・井上逸兵（監訳）2008『比喩と認知―心とことばの認知科学』研究社．］
Hamilton, C. 2003 A Cognitive Grammar of 'Hospital Barge' by Wilfred Owen. In Gavins, J. and G. Steen (eds.) *Cognitive Poetics in Practice*, Routledge, London, pp. 55-65.
Lakoff, G. 1987 *Women, Fire, and Dangerous Things: What Categories Reveal about the Mind*, Univ. of Chicago Press, Chicago.［池上嘉彦・河上誓作・辻幸夫・西村義樹・坪井栄治郎・梅原大輔・大森文子・岡田禎之（訳）1993『認知意味論―言語から見た人間の心』紀伊國屋書店．］
Lakoff, G. and M. Johnson 1980 *Metaphors We Live By*, Univ. of Chicago Press, Chicago.［渡部昇一・楠瀬淳三・下谷和幸（訳）1986『レトリックと人生』大修館書店．］
Lakoff, G. and M. Johnson 1999 *Philosophy in the Flesh: The Embodied Mind and Its Challenge to Western Thought*, Basic Books, New York.［計見一雄（訳）2004『肉中の哲学―肉体を具有したマインドが西洋の思想に挑戦する』哲学書房．］
Lakoff, G. and M. Turner 1989 *More than Cool Reason: a Field Guide to Poetic Metaphor*, Univ. of Chicago Press, Chicago.［大堀俊夫（訳）1994『詩と認知』紀伊國屋書店．］
Pancoast, H. S. and J. D. Spaeth (eds.) 1910 *Early English Poems*, Henry Holt and Company, New York.
Stockwell, P. 2002 *Cognitive Poetics: An Introduction*, Routledge, London.［内田成子（訳）2006『認知詩学入門』鳳書房．］
Stockwell, P. 2009 *Texture: A Cognitive Aesthetics of Reading*, Edinburgh Univ. Press, Edinburgh.
Swanton, M. (ed.) 1970 *The Dream of the Rood*, Manchester Univ. Press, Manchester.
Tsur, R. 1983 What Is Cognitive Poetics? *Papers in Cognitive Poetics, No 1*, The Katz Research Institute for Hebrew Literature, Tel Aviv Univ. Tel Aviv.
Tsur, R. 1992 *Toward a Theory of Cognitive Poetics*, Elsevier Science Publishers, Amsterdam.
Tsur, R. 2008 Deixis in Literature: What *Isn't* Cognitive

Poetics? *Pragmatics and Cognition* 16(1): 119-50.
Oxford English Dictionary Online, Oxford Univ. Press,
2016 〈http://www.oed.com/〉.

═══ コラム 25　類像性 ═══════════════ 田村幸誠 ═══

　学会などでよく耳にする研究発表への批判の一つに，「英語を○○語に当てはめただけ」というものがあります．英語のデータに基づいて提案された一般化を暗黙の前提として，日本語など他の言語の分析を行なっている場合にそのような批判の声があがります．このことを踏まえて，次の(1)と(2)を比べてみましょう．

(1) John says that he is hungry.
(2) Caan kaig-ni-uq. 'John says that he is hungry.'
　　John hungry-say-intransitive.3s　　　　　　　　　(Caan Toopetlook, p. c.　cf. Jacobson 1995: 322)

(2)は，ユピック・エスキモー語（Central Alaskan Yup'ik）の文で，英語で示された(1)の状況を述べたものです．(1)と(2)に観察される顕著な構造的な差は，英語では，say と hungry が別々の語で表されているのに対して，ユピック・エスキモー語では，その二つが，kaig-ni-uq と，一つの語に膠着する形，つまり，一つの動詞として表されている点にあります．そして，この構造的な差異が，次に示す英語とユピック・エスキモー語の文法的な差を作り出す決定的な要因になっていると考えられます．(1)には，say と hungry の二つの述語があり，それぞれに John と he という主語が与えられています．John と he の指示対象が同一であるかどうかは，文脈次第です．別の言い方をすると，仮に，(1)において，同一人物であることが意図され，そのように解釈されたとしても，(1)で用いられた表現自体は，異なる人物である可能性を排除しないのです．一方，kaig-ni-uq という一つの述語しかない，ユピック・エスキモー語の(2)の文では，主語が Caan の一つだけであり，それゆえ，どのような文脈を与えられようとも，この(2)において，お腹がすいているのは，Caan 以外にありえないのです．同じ 'say' という意味を内包している文であっても，両言語において，補文やその主語の同定のあり方が大きく異なることがこの一例から見てもわかります．

　言語学者のヘイマン（John Haiman）は，1983 年の論文に代表される一連の研究で，文法現象にも記号の**類像性**（iconicity）が強く関与していることを示しました．一般に言語の記号的特性と言えば，**象徴**（symbol）が真っ先に挙げられます．犬を /dog/ と呼ぶか，/inu/ と呼ぶか，はたまた，/qimugta/ と呼ぶかにあらわれているように，表現形と対象の関係は恣意的，つまり社会的慣習によって決められています．では，表現形が対象の特徴を何らかの形で模したものと理解される類像性は，一体どのように文法現象に関わっているのでしょうか．ヘイマンが着目した言語の類像性は，表現される概念（対象）の緊密性とその言語表現の緊密性に相関性があるということです．例えば，① I fell the tree と② I caused the tree to fall という二つの文は，「木が倒れる」という同じ結果を表しているかもしれませんが，②の表現では特に，主語が直接斧やチェーンソーを使って木を倒したものではないというニュアンスが強く含まれ，また，木を倒そうとしたときと実際に木が倒れるときの間に時間的ズレがあっても構わない表現と認識されます（Haiman 1983: 784-5）．つまり，この因果関係の緊密性の差に相関して，形式的に 1 語で fall と表現するか，句として cause X to fall と表現するかという形式的緊密さの差があらわれたと考えるのです．逆に，冒頭の英語とユピック・エスキモー語の比較で観察された，「お腹がすいた」人への指示の制約の差は，形式的緊密さの違いが概念的緊密性の差にあらわれた例といえるでしょう．つまり，述語を 2 語に分けるか，1 語に凝縮させるかという形式的差異が，二つの出来事の参与者が同一人物であるか，そうでないことが可能であるのかという意味的差異を動機づけていると考えられます．このヘイマンによる類像性研究の画期的な点は，形式と概念の相関関係を中心に据えているため，特に，対照研究や通言語的研究を行なう際に，個別言語の形式的特徴を十分に考慮したうえで，その一般化を行なうことができることにあります．それゆえ，文法形式と意味の記号的関係を重要視する，認知言語学や機能類型論の発展にその後大きく貢献することになりました．

▶参考文献

Jacobson, S. A. 1995 *A Practical Grammar of the Central Alaskan Yup'ik Eskimo Language*, Alaska Native Language Center, Fairbanks.
Haiman, J. 1983 Iconic and Economic Motivation. *Language*: 781-819.

第 3 章

主要概念

3.1

身体性と経験基盤主義

堀田優子

17世紀に哲学者デカルト（René Descartes）によって，人間の心（精神）と身体（物質）をそれぞれ独立した実体とみなす，心身二元論が提唱されて以来，心（精神）に関する研究は，身体や外部の物理的世界から独立させてなされるべきであるという考えが主流となり，その影響は現代にまで及んでいる．言語学においても，チョムスキー（Noam Chomsky）の生成文法などに代表される，「自然科学としての言語学」のパラダイムが生まれた背景には，こうしたデカルトらによる近代哲学における合理（理性）主義（rationalism）の影響があると言える．それに対して，認知言語学では，科学の持つ実証性を保ちつつも，人間の心や言語の究明は身体性と関わる経験的な基盤から切り離して行なうことはできないと考える経験基盤主義の立場をとる．本節では，認知言語学的アプローチの根幹をなす経験基盤主義の考え方と，その中で重要視される「身体性」や「想像力」と言語（とりわけその意味）との関わりについて概観する．

1. 客観主義からの脱却

レイコフ（George Lakoff）とジョンソン（Mark Johnson）らによれば，西洋哲学は「**客観主義**」（objectivism）という神話によって何世紀にもわたって支配されてきたと言う（Lakoff and Johnson1980, Johnson 1987, Lakoff 1987）．「客観主義」は，特定の思想家によって唱えられた特定の考え方というよりも，西欧の哲学と文化に深く根を下ろし，様々な思潮に共通して認められ，前提とされてきた考え方を指す．特に，近代哲学におけるデカルトによる心身二元論によって，多くの西洋思想がより明示的に「客観主義」へと方向づけられたと言われている．

デカルトは，有名な「我思う，故に我あり」という命題によって，私たちが確実に知ることができること（つまり疑いようもない真実）は，「思惟する自分が存在している」ことであると論じた．「思惟するもの」は，精神，すなわち魂，知性，理性であり，それらは「思惟」を本質とする「精神的実体」である一方，物体や肉体は「延長」（長さ，幅，深さを有するもの）を本質とする「物質的実体」であるとみなし，その二つの実体を区別した．つまり，身体から独立した実体としての精神（理性）の存在（すなわち，心身の実在的な区別）を主張したのである．

こうしたデカルトの二元論は，その後の西欧の思考様式に強い，影響を与えており，変容しながらも，フレーゲやラッセルの分析哲学，論理実証主義，チョムスキー流の形式主義的な言語学など，近年の主要な理論の前提の中に生き続けている．

そのような西洋思想を伝統的に支配してきた見解が「客観主義」と呼ばれるのは，以下のような世界観を前提としているからである．

(1) 理性的な思考とは，抽象的な記号の操作から成り立つものであり，これらの記号にそれぞれ意味が付与されるのは客観的に構築された世界，つまり，如何なる生物体の理解からも独立して存在する世界，との対応によってである．

（Lakoff 1987: xii, 邦訳 xi）

客観主義的な立場では，絶対的真実の存在を想定し，それを捉えることのできる理性の営みを，思考する主体（人間）の本性や経験とは無関係の，抽象的な記号の機械的操作として規定しようとする．したがって，言語表現自体も，思考する特定の主体（人間）からは独立して客観的に存在するものであるとみなされ，言語の意味もまた，人間の身体や人間による理解を介さずに，世界の事物や事物のカテゴリーとの固定した（慣習的な）対応関係によって生じるものであるとされる．そこでは，意味の理論と真理（truth）の理論が結びつき，言葉の意味を理解するということは，言葉の正しさを理解することに他ならず，ある文が直接

世界に合致していればその文は真であり，合致していなければ偽であるということになる．そして，意味の理解は，その言明の真偽を決定する条件の理解とみなされ，客観主義的な意味論では，各文の意味は客観的に真か偽かが決まる字義通りの意味だけを指し，「命題的意味」や「真理条件的意味」と同一視されるようになっていく．

このような客観主義的な意味観に反駁する形で，レイコフとジョンソンは，彼らの著書（Lakoff and Johnson 1980, Johnson 1987, Lakoff 1987）の中で，「**経験的実在論**」（experiential realism）あるいは「**経験基盤主義**」（experientialism）と呼ばれる新しい見解を示した．

2. 新たな実在論としての経験基盤主義

「経験的実在論」（あるいは「経験基盤主義」）は，外部主義的な見方（externalist perspective）を前提とする**形而上学的実在論**（metaphysical realism）（客観主義的実在論はその特別な場合）を否定し，「**内的実在論**」（internal realism）を発展させた新しい実在論の一形式である．

客観主義的な実在論では，(1)に示したように，客観的に構築された世界が存在するとされ，私たち人間はその外に位置づけられる．世界は，人間の理解から独立した属性や関係を持つ対象から成り立ち，あるがままに存在するのであり，その「あるがままの世界」についてのただ一つの真の完璧な記述が存在する（つまり「神の目から見た現実の眺望」が可能である）とみなす（Lakoff 1987: 260-1, 邦訳 314-5）．そうした観点では，意味は，現実の外に存在する抽象的な記号と，その現実の中の（属性や関係を伴う）事物やそれらが属するカテゴリーとの対応関係として扱われる．そこでは，記号は，特定の個々の事物だけでなく，大半は事物のカテゴリーを指す．そのため，記号構造は，そうしたカテゴリーを指示しうるものでなければならないし，世界もまた記号構造が正しく指示しうるような適切なカテゴリーに分類されたものになっていなければならないことになる．そこで想定されているカテゴリーは，いわゆる「**古典的カテゴリー**」のみである．なぜなら，古典的カテゴリー観では，カテゴリーは，すべての成員に共有される客観的に与えられた属性（必要

十分条件の集合）によって規定され，明確な境界を持つものだからである．

しかし，客観主義的な実在論が想定しているような古典的なカテゴリー観に対して，ウィトゲンシュタイン（Ludwig Wittgenstein）の「**家族的類似性**」（family resemblance）によるカテゴリー論を皮切りに，バーリンとケイの色彩語の研究や，ロッシュらによるプロトタイプや基本レベルカテゴリーの研究など，人類学，心理学，言語学におけるカテゴリー化に関する研究によって，古典的なカテゴリー観だけでは捉えられない事実が次々と明らかになった．

さらに，外部主義的な見方をとる実在論は，パトナム（Hilary Putnam）によって論理的に矛盾していることが指摘された（Putnam 1981）．彼は，形而上学的実在論が主張する，記号と世界の間の（人間を介さない）直接的な対応関係だけを意味とする定義と「文を構成する部分の意味が変わると必ず文全体の意味も変わる」という一般的な意味論に課せられる制約の間で，矛盾が生じることを論証した．理論上，文の意味があらゆる可能な状況における「真理値」によって定義され，項（つまり部分）の意味があらゆる可能な状況における「指示対象」によって定義されるならば，部分の「意味」（つまり指示）を変化させてもなお，文全体の「意味」を保持する（つまり「真」なので同じ意味を表す）ことが可能となってしまう．パトナムは，形而上学的実在論（客観主義）を基盤とする意味論は，こうした内的な矛盾なしには構築できないと結論付けたのである．

そして，パトナムは「神の目のごとき視点」を想定する形而上学的実在論を斥け，人間が現実の中にいてその内部で機能することによって，人間の視点から世界を理解するという内部主義的な見方（internalist perspective）をとる「内的実在論」を提示した．形而上学的実在論のように，記号は本来，人間から独立して（誰がどう用いるかということとは無関係に）対象と対応すると考えるのではなく，内的実在論では，特定の共同体の使用者によって特定の方法で実際に用いられる記号が，その使用者の概念図式（conceptual scheme）の内で特定の対象に対応しうると考える．この実在論では，対象は概念図式から独立し

て存在するのではなく，概念図式の内部で使用者によって特徴づけられる対象だけが存在することを認められる．また，「内部主義的」な性質ゆえに，概念図式は一つではなく，別の相容れない概念図式が存在する可能性を認めることになるが，何でもありなのではなく，そこには現実世界の経験によって制限が設けられると考える（Putnam 1981: 49-52）．

こうして，形而上学的実在論（客観主義）が経験的に間違っていることが証明され，意味の理論としても矛盾するものである以上，内的実在論はそれに代わるものとして有望であるように思われる．しかし，内的実在論は，意味や推論，カテゴリー化などの問題を扱える新しい理論を提示するわけではなかった（Johnson 1987: Ch. 8, Lakoff 1987: Ch. 16）．そこで，レイコフとジョンソンは，意味や理解，推論などの様々な哲学的問題を解決し，人間のカテゴリー化の事実などを捉えることのできる内的実在論の新しい形，「経験的実在論」（あるいは「経験基盤主義」）を提案する[注1]．この経験に基づく実在論では，内部主義的な見方をとるだけでなく，さらに，私たち人間の身体を媒介とした様々な経験が心の形成や言語に重要な基盤を与えているとみなしており，認知言語学の根幹をなす考え方となっている．

3. 経験基盤主義における「経験」と「身体性」

経験基盤主義的アプローチでは，意味を「思考する生物体（人間）の本性及び経験」（the nature and experience of the organisms doing the thinking）に基づいて特徴づける（Lakoff 1987: 266）．ここで言う「経験」（experience）は，単に一個人にこれまで（偶然に）起こった事柄という狭い意味ではなく，個人のみならず人類や共同体としての「人間の経験全体及びそれに関与するあらゆること」（the totality of human experience and everything that plays a role in it）を指している．例えば，その「経験」の範疇には，「人間の身体の性質」や，直立二足歩行をするといった「人間が遺伝的に受け継いだ能力」，「現実世界の中で身体的に機能する様式」，私たち人間が形成する様々な「社会的組織」なども入ることにな

る（Lakoff 1987: *ibid.*）．

また，客観主義では，言語を「人間」的な要因から切り離し，自律的な対象としてみなしていたが，経験基盤主義ではむしろ，言語には人間の「身体性」（embodiment）が大きく関わると考える．「身体性」という用語は，ここでは，「私たちが人間の身体を持っていること」に根ざす「人間の身体構造や機能といった解剖学的特徴や生理学的能力」だけを指すのではなく，それに加えて，その身体を用いて様々な環境の中で活動するといった「人間の身体を媒介とした物理的，社会文化的環境との相互作用」も含まれる[注2]．

私たちが知覚し，認識できるものは，基本的に，私たちの感性的，身体的経験に由来する．そのため，身体性が経験の「質」に影響を与えることになる[注3]．その明白な例の一つに，色の認識がある．色の波長は外部世界に存在するが，人間の目に入り，直接視感覚を引き起こすことのできる波長は制限される．人間の視覚器官の性質が，視覚経験の性質やその範囲を決定づけており，色のカテゴリーは人間の身体の性質に依存すると言える．その一方，文化が異なると，色のカテゴリー化に違いが見られる場合がある．それは，文化によって基本色カテゴリーの区切り方が異なるからである．そのため，色のカテゴリー化には部分的に文化的慣習（つまり社会文化的経験）も関与していると言える．

経験基盤主義においては，こうした身体性と絡んだ人間の現実の（あるいは潜在的な）「経験」が，私たち人間の概念体系の基盤となっていると考えるのである．

4. 言語と思考の経験基盤主義的アプローチ

客観主義において，「思考とは抽象的な記号の機械的な操作であり，身体性とは無関係である」と考えられていた．それに対して，経験基盤主義では，むしろ「思考は，身体性と関わるものであり（Thought is embodied），想像力と関わるものである（Thought is imaginative）」と捉えている（Lakoff 1987: xiv）．

▶ 4.1 身体性に基づく概念体系

まず，「思考が身体性と関わる」とはどういうこ

とであろうか．経験基盤主義における意味論がそれ以前の意味論と異なる点は，人間の身体的経験が意味の成立にとって不可欠なものであると主張する点にある．

　私たちが推論したり，理解したり，知識を得たり，伝達したりできるのは，私たちの概念の一つひとつが内的にも，他の概念との関連においても，構造化されているからに他ならない．しかし，構造があるからといって，それだけでは意味は生まれない．意味があるかどうかは，対象が客観的に存在するかどうかではなく，ある環境における私たち人間とその対象との関わりの中から意味が生まれると考えられる．言い換えると，有意味性（meaningfulness）は，対象自体の中に存在するわけでも，その存在だけで生じるわけでもなく，ある環境の中である種の存在として機能して生きている私たちの経験の中から生じるのである（Lakoff 1987: 292）．そして，概念構造が有意味なものとなるのは，その意味が私たちの「概念形成以前の身体経験」（preconceptual bodily experience）から生じ，その身体経験と結びついているからであると考える．そのような私たちの概念形成以前の身体経験の中にある，概念構造を生み出す構造には，〈基本レベルの構造〉と〈運動感覚的イメージ・スキーマ構造〉の少なくとも二つの構造がある（*ibid*.: 266-7）．

　まず，**基本レベルカテゴリー**（basic-level category）[→ 3.2]は，カテゴリー形成を行なう人間の身体的本性を反映している．ロッシュらによる心理学からの一連の研究によって，階層の「真ん中」にあるカテゴリーが，事物の形をまとまりのある全体として捉えるゲシュタルト知覚，対象と相互作用する際の身体運動能力，対象の豊かな心的イメージを形成する能力，学習・記憶・使用の容易さといった心理学的な基準に照らして最も基本的であり，カテゴリーの成員のほとんどの知識がこのレベルで蓄積されていることが明らかになった．例えば「動物」＞「イヌ」＞「レトリバー」という順に，上位レベルから下位レベルに階層をなしているカテゴリーの場合，人は「イヌ」のカテゴリーを「基本レベルのカテゴリー」であるとみなす傾向がある．なぜなら，その階層的カテゴリーに含まれる成員のうちで「イヌ」が

人間にとって，全体的な形態をたやすく知覚でき，かつ身体運動の基本的な働きかけを想定でき，その心的イメージをすぐに形成できる最上位レベルであるからである．このようにして，私たちがもつゲシュタルト知覚，身体運動能力，心的イメージ形成能力といった，認知能力の結果として，基本レベルカテゴリーが形成されるのである．

　こうした基本レベルカテゴリーの優位性は，客観主義が立脚する古典的カテゴリー観では決して捉えることはできない．カテゴリーは，人間から切り離された世界に，客観的に存在するのではない．むしろ，基本レベルのカテゴリーは，物理的環境と文化の双方と人間との日常的な相互作用の性質によって決まってくるのである．

　次に，運動感覚的（kinesthetic）イメージ・スキーマ構造について見てみよう．**イメージ・スキーマ**（image schema）[→ 3.4]とは，私たち人間が現実世界の中で日常的に繰り返す身体的経験から抽出される認知構造である．それは，その名称が表すように，詳細な概念ではなく，身体の動き，対象の操作，知覚的相互作用に繰り返し現れるイメージのパターン（抽象的な構造）であり，ゲシュタルト構造（部分が関連し合い，まとまった全体として組織化された形態）を持っている．そうしたゲシュタルト構造によって，「私たちの経験に識別可能な秩序が表れる．人がその秩序を把握したり推論したりする際には，身体に基盤をおく，こうしたスキーマが中心的な役割を果たすのである」（Johnson 1987: xix）．

(2) イメージ・スキーマの例（Johnson 1987: 126, Lakoff 1987: 267 より一部抜粋）
〈容器〉（CONTAINER），〈上‐下〉（UP-DOWN），〈前‐後〉（FRONT-BACK），〈中心‐周縁〉（CENTER-PERIPHERY），〈部分‐全体〉（PART-WHOLE），〈連結〉（LINK），〈経路〉（PATH），〈起点‐経路‐到達点〉（SOURCE-PATH-GOAL）

イメージ・スキーマも，基本レベルカテゴリーと同様，概念形成以前の身体的経験に由来している．

　例えば，「上」「下」という空間概念は，私たちが上に頭，下に足がある身体を持ち，直立姿勢を保ちながら，重力のある世界と関わりあう，様々な身体的な経験から獲得される．身体の垂直軸の

非対称性が，繰り返される日常的な身体経験（私たちの知覚と運動）の中で私たちにとって意味を持ち，〈上－下〉のイメージ・スキーマが生じると考えられる．

また，〈容器〉のスキーマは，「内部」と「外部」とそれらを区別する「境界」から成り立っている．それは，私たちが容器を用いて物の出し入れを経験したり，あるいは自分の身体を（食べ物が出入りする）容器として経験したり，あるいは自分たちを大きな容器（例えば部屋）の中のものとして経験したりするなど，日常的な多くの身体的経験に基づいている．

発達心理学の研究においても，こうしたイメージ・スキーマの重要性が指摘されている．乳児は，コップなどの様々な容器を見て，その中にモノが入っては消え，また出てくるという現象に気づき，さらに，口に物を入れたり吐き出したりしたときや，部屋に入ったり出たりするときなど，数多くの包含関係を経験する．こうした子どもの初期の運動感覚的スキーマは，イメージ・スキーマを生み出し，知覚から概念へ移行する際の重要な結びつきを形成するのである（Mandler 1992）（記号の接地問題［→ 4B.2 ］とも関係する）．

このように，基本レベルの構造とイメージ・スキーマ構造の二つの構造は，概念形成以前の私たちの身体的経験から生じているために，最も直接的に私たちにとって有意味なのである．

▶ 4.2　想像力と概念体系の拡張

上で見たように，私たちの概念体系の中核となる部分は，知覚や身体運動といった身体的経験に直接根ざしている．では，身体経験に根ざしていない「抽象的な」概念の場合はどのように生み出されるのであろうか．そこには「想像力」（imagination）が関係すると考えられる．

客観主義では，「想像力」は人間の身体と結びつきが強く，主観的で空想的なものであるとみなされ，理性の本来の働きから生じる論理的で矛盾がない「合理性／理性的営み」（rationality）とは相容れないものとして排除されてきた．つまり，「合理性」が世界の事物との間に成り立つ純粋で抽象的な論理関係に基づくのであれば，そこに「想像力」の介在する余地は全くない（Johnson 1987: 194-5）．

しかし，経験基盤主義では，人間の「想像力」によって概念体系が広げられると考える．経験を理解するためには，基本レベルの概念だけでなく，上位にあるカテゴリーと下位にあるカテゴリーが必要となる．そのため，基本レベルの概念カテゴリーから，上位カテゴリーあるいは下位カテゴリーへの投射が行なわれる．さらに，ある経験領域を別の経験領域の構造を用いて理解するにはメタファーが必要であり，また，一つの領域のある側面を指示するのに，同一の領域の別の側面を用いるにはメトニミーが必要である．このように，身体性に基づいて作りだされる私たちの概念体系は，「想像力」の働きによって，カテゴリーを形成したり，メタファー的投射やメトニミー的投射が行なわれたりすることで拡張されるのである．

レイコフとジョンソン（Lakoff and Johnson 1980）は想像力の中でも，とりわけメタファーに注目しその役割を重要視する［→ 3.5 ］．一般的にメタファーは詩や文学などで用いられるレトリックであり，非日常的な言語使用であると考えられている．しかし，「メタファーの本質は，あるものを別のものの観点から理解し，経験することである」（The essence of metaphor is understanding and experiencing one kind of thing in terms of another.）とみなし，日常的な経験の理解の多くがメタファーを通して組み立てられ，メタファーは人間の概念形成にはなくてはならないものであると主張する（Lakoff and Johnson 1980: 5）．

メタファーは，経験の中の，相対的に抽象的でつかみどころのない領域を，馴染み深く具体的なものを通して概念化するための手段とみなされている．中でも，日常的に用いられ，概念体系に組み込まれている概念間の関係は，「**概念メタファー**」（conceptual metaphor）と呼ばれ，A is B の形で示される（A が理解の対象となる「目標領域」（target domain）で，B が具体的な経験である「起点領域」（source domain）を指す）．

例えば，(3) に示すように，議論に関する表現の中には戦争に由来する表現が多く見られる．

(3) a. He attacked every weak point in my argument.
  （彼は私の議論のあらゆる弱点を攻撃してきた．）

b. I've never won an argument with him.
（私は彼との議論に一度も勝ったことがない.）
（Lakoff and Johnson 1980: 4）

こうした表現は，〈議論は戦争である〉（ARGU-MENT IS WAR）という概念メタファーによって可能となる．それは単なる言葉遣いの問題ではなく，議論と戦争の間に何か客観的な類似性があることを示しているわけでもない．むしろ，議論の中で私たちが行なう行為の多くが，戦争という概念によって構造を与えられ，部分的に理解されていることを示している．言い換えると，議論における様々な行動と戦争との間に「経験上の類似性」（experiential similarity）を見いだし，理解していると言える．

さらに，ジョンソンやレイコフは，経験の中の多くの側面が比較的限られた数のイメージ・スキーマを介してメタファー的に構造化されている可能性についても議論している．イメージ・スキーマは，それ自体，直接理解されるゲシュタルト構造を伴った概念（意味構造）であるが，もう一つの役割として，他の複合的な概念に構造を与えるために，メタファー的にも用いられる．こうしたメタファー的拡張は，イメージ・スキーマを他の経験領域に写像する概念メタファーによって可能になる．

例えば，〈上－下〉のスキーマを伴う概念メタファーには，以下のような例がある．

(4) a.〈多いは上，少ないは下〉（MORE IS UP, LESS IS DOWN）（例：high / low speed（高速／低速））
b.〈強いは上，弱いは下〉（POWER IS UP, POWERLESS IS DOWN）（例：high / low society（上流／下流社会））
c.〈よいは上，悪いは下〉（GOOD IS UP, BAD IS DOWN）（例：high / low quality（高／低品質））

(a)の〈多いは上〉という概念メタファーの場合，内容物を多くする経験とその内容物の嵩が上ることを見る経験の二つの経験が同時に起きる，「経験上の共起性」（experiential cooccurrence）に基づいている．

また，(b)の支配の力関係や(c)の評価が，垂直方向の関係に基づいて概念化される動機づけとしては，強い者が弱い者より普通身体的に力があって大きく，弱者をねじ伏せて上に立つということや，生命や健康のように肯定的に評価されるものは，普通直立の姿勢と結びつけられるといった，身体的，社会的な経験基盤があると考える．このように，イメージ・スキーマに基づく物事の理解を，メタファーを通して，広い範囲の抽象的な概念にまで拡張することができると言える．

ただし，その拡張はやみくもになされるわけではない．私たちの概念構造は，現実によって，そして現実の一部として私たちが機能する方法によって，制約をうけており，メタファー的拡張も同様に，私たちの身体性と経験によって制約されている．例えば，「多い」や「強い」を（「下」ではなく）「上」として経験する具体的な身体経験は，〈上－下〉のイメージ・スキーマに基づくメタファー的な理解に制約を与えているのである．

メタファーは，概念形成以前の構造を内部に持たないような経験の領域を理解するための手段を私たちに与えてくれる．想像力のうち，ここでは主にメタファーを取り上げたが，私たちの概念体系は，直接的に有意味である基本レベル構造やイメージ・スキーマ構造の二つの基盤から，想像力（メタファーやメトニミーなど）による拡張によって，間接的に有意味な記号構造が構築される．しかも，想像力の営みも，私たちの経験によって動機づけられており，間接的に「身体性」と関わっているのである．

まとめと展望

「経験基盤主義」の考え方における「経験」の中には，私たちが人間である所以のありとあらゆるものが含まれる．そうした人間的要素は，それまでの言語学の伝統的な考え方（客観主義的な考え方）の中では軽視されてきたものであった．認知言語学のパラダイムが登場してから数十年が経ち，「言語や思考には，人間の身体性や経験が根源的に関わっている」という観点に立つ認知言語学的研究は，一定の成果を挙げてきたと言っていいであろう．認知科学の関連分野でも「こころ」や「知」の解明への手がかりとして「身体性」や「経験」が関心を集めており，認知言語学からの知見を活かした研究の進展が期待される．

▶注

1　客観主義と対立し，正反対の考えを示すものに**主観主義**（subjectivism）がある．それは，客観的真理や合理性を放棄し，純粋に主観的な感情や直感，想像力などを重視する考え方であるが，レイコフとジョンソンはその立場に与せず，第3の「経験基盤主義」の立場をとる．主観主義が不適切な理由について，詳しくは，Lakoff and Johnson（1980: Chs. 25 & 28）を参照のこと．

2　山梨（1999: 7）では，身体性に関わる要因（中でも感性的，身体的経験）として「五感，空間認知，運動感覚，視点の投影，イメージ形成」などを挙げている．

3　人間が何かを経験するというその経験の仕方が，かなりの部分人間の身体的基質（身体性）に影響されているということは，**身体化された経験**（embodied experience）とも呼ばれる．それには，運動感覚経験だけでなく，社会文化的経験も含まれる（Johnson 1987）．

▶重要な文献

Lakoff, G. and M. Johnson 1980 *Metaphors We Live By*, Univ. of Chicago Press, Chicago.［渡部昇一・楠瀬淳三・下谷和幸（訳）1986『レトリックと人生』大修館書店.］

メタファーが人間の思考過程を成り立たせていることを豊富な例を挙げて実証し，その後のメタファー研究に多大な影響を与えた名著．客観主義や主観主義を批判し，人間の思考や経験理解を捉える経験基盤主義を打ち出している．

Lakoff, G. 1987 *Women, Fire, and Dangerous Things: What Categories Reveal about the Mind*, Univ. of Chicago Press, Chicago.［池上嘉彦・河上誓作・辻幸夫・西村義樹・坪井栄治郎・梅原大輔・大森文子・岡田禎之（訳）1993『認知意味論―言語から見た人間の心』紀伊國屋書店.］

前半は，カテゴリー化の本質を捉え，客観主義を論駁し，経験基盤主義に基づく「認知意味論」の必要性とその基本的な枠組みを提示し，後半は，三つの事例研究において，その認知言語学的アプローチの有効性を示した大著．

Johnson, M. 1987 *The Body in the Mind: The Bodily Basis of Meaning, Imagination, and Reason*, Univ. of Chicago Press, Chicago.［菅野盾樹・中村雅之（訳）2001『心のなかの身体―想像力へのパラダイム転換』紀伊國屋書店.］

Lakoff（1987）と同様，客観主義を批判し，客観主義が軽視してきた人間の「身体」や「想像力」を重視して，イメージ・スキーマやそのメタファー的投射などの「身体化された想像的構造」を中心に据えた「理解の意味論」の構築を目指している．

▶文　献

Evans, V. and M. Green 2006 *Cognitive Linguistics: An Introduction*, Edinburgh Univ. Press, Edinburgh.

Gibbs, R. W. Jr. 1994 *The Poetics of Mind: Figurative Thought, Language, and Understanding*, Cambridge Univ. Press, Cambridge.［辻幸夫・井上逸兵（監訳）2008『比喩と認知―心とことばの認知科学』研究社.］

Harnad, S. 1990 The Symbol Grounding Problem. *Physica D: Nonlinear Phenomena* 42: 335-46.

今井むつみ・佐治伸郎（編）2014『言語と身体性』（岩波講座 コミュニケーションの認知科学1），岩波書店.

Johnson, M. 1987 *The Body in the Mind: The Bodily Basis of Meaning, Imagination, and Reason*, Univ. of Chicago Press, Chicago.［菅野盾樹・中村雅之（訳）2001『心のなかの身体―想像力へのパラダイム転換』紀伊國屋書店.］

Kövecses, Z. 2002 *Metaphor: A Practical Introduction*, Oxford Univ. Press, New York.

Lakoff, G. 1987 *Women, Fire, and Dangerous Things: What Categories Reveal about the Mind*, Univ. of Chicago Press, Chicago.［池上嘉彦・河上誓作・辻幸夫・西村義樹・坪井栄治郎・梅原大輔・大森文子・岡田禎之（訳）1993『認知意味論―言語から見た人間の心』紀伊國屋書店.］

Lakoff, G. and M. Johnson 1980 *Metaphors We Live By*, Univ. of Chicago Press, Chicago.［渡部昇一・楠瀬淳三・下谷和幸（訳）1986『レトリックと人生』大修館書店.］

Lakoff, G. and M. Johnson 1999 *Philosophy in the Flesh: The Embodied Mind and its Challenges to Western Thought*, Basic Books, New York.［計見一雄（訳）2004『肉中の哲学―肉体を具有したマインドが西洋の思考に挑戦する』哲学書房.］

Lakoff, G. and M. Turner 1989 *More than Cool Reason: A Field Guide to Poetic Metaphor*, Univ. of Chicago Press, Chicago.［大堀俊夫（訳）1994『詩と認知』紀伊國屋書店.］

Mandler, J. M. 1992 How to Build a Baby: II. Conceptual Primitives, *Psychological Review* 99: 587-604.

鍋島弘治朗 2016『メタファーと身体性』ひつじ書房.

Putnam, H. 1981 *Reason, Truth, and History*, Cambridge Univ. Press, Cambridge.［野本和幸・中川大・三上勝生・金子洋之（訳）1994『理性・真理・歴史―内在的実在論の展開』法政大学出版局.］

Taylor, J. R. 1989, 1995², 2003³ *Linguistic Categorization: Prototypes in Linguistic Theory*, Clarendon Press, Oxford.［辻幸夫・鍋島弘治朗・篠原俊吾・菅井三実（訳）2008『認知言語学会のための14章（第三版）』紀伊國屋書店.］

辻幸夫（編）2001『ことばの認知科学事典』大修館書店.

辻幸夫（編）2013『新編 認知言語学キーワード事典』研究社.

山梨正明 1999「言葉と意味の身体性―認知言語学からの眺望」『現象学年報』15: 7-21.

Ziemke, T., J. Zlatev and R. M. Frank (eds.) 2007 *Body, Language and Mind Volume 1: Embodiment*, Cognitive Linguistics Research 35-1, Mouton de Gruyter, Berlin/New York.

コラム 26　言語の数
　　　　　　　　　　　　　　　　　　　　　　　　　　　　　　　　　　　　　　　八木健太郎

〈モノの数〉を表す名詞句があります．例えば，(1)の「学生数」，「支出額」，「練習時間」などの複合名詞は，それぞれ「数」，「額」，「時間」といった本来的に数量を表す要素が後続することで，全体としてはおおよそ〈学生の数〉，〈支払の金額〉，〈練習の時間〉といった数量，つまり〈モノの数〉を表し，(2)のように〈ある数のモノ〉という意味では自然に容認されません．

(1a) A大学は学生数が1000を下回った．
(1b) 先月は支出額が収入を30万ほど上回った．
(1c) 試合が近いので練習時間を倍にした．
(2a) *7名の学生数が食堂で食事をしていた．　　［〈7名の学生〉の意味で］
(2b) *2000万円の支出額が無駄に使われた．　　［〈2000万円の支出〉の意味で］
(2c) *3日間の練習時間をさぼった．　　［〈3日間の練習〉の意味で］

しかしながら，これらの本来的に〈モノの数〉を表し〈ある数のモノ〉という解釈は難しいように思われる名詞句も，(3)の各例のように後者の解釈が認められる場合があります．

(3a) |かなりの／一定の／100以上もの／100を超える| 学生数がその詐欺の被害に遭っている．
(3b) |かなりの／相当な／1000万以上もの| 支出額を支払った．
(3c) |かなりの／看過できないほどの／10日以上もの| 練習時間が無駄になった．

それでは，これら第一義的に数を表す名詞句はどのような場合に〈ある数のモノ〉の解釈を持ちうるのでしょうか．まず，(2)のようにこれらの名詞句に数が特定される連体修飾が前置されている場合には容認度が低く，(3)のように，「かなりの」や「一定の」などの不特定多数を意味する連体修飾が伴っている場合，〈ある数のモノ〉という解釈の容認度が相対的に上昇することがわかります．

また，(4)に見られるように，これらの名詞句が表すものが分けて捉えられているような文脈では容認度が下がり，ひとまとまりとして捉えられる場合には相対的に容認度が上がるという事実も観察されます．

(4a) *かなりの学生数には詐欺にあったことを理解していないものもいた．(「かなりの数の学生」の意味で)
(4b) ?かなりの学生数に詐欺のメールが送られたようだ．

ここまで，本来的に〈モノの数〉を表すと考えられる名詞句が，文脈上の要因によって〈ある数のモノ〉として捉え直されるという言語事象を日本語において確認してきましたが，このような言語事実はレイコフ (Lakoff 1987) の提唱する**イメージ・スキーマ変換** (image-schema transformation)，あるいは山梨 (2000) の「統合的スキーマと離散的スキーマの反転」という概念によって説明されます［→ 3.4］．山梨では，人間の外部世界の理解には，(5)のように図示される「ある対象を，その構成メンバーからなる複数の存在として把握する場合」(「離散的スキーマ」に基づく把握) と，「統合された単一的な存在として把握する場合」(「統合的スキーマ」に基づく把握) があるとし，(6)のような英語の集合名詞の単数用法と複数用法の多義を，二つのスキーマの反転作用によって生じるものと説明しています．(6a)の名詞 audience は，観衆の一人ひとりのメンバーよりもその集合体をひとまとまりとする捉え方がなされているために単数扱いがなされ，(6b)では同じ audience が，観衆個々の構成員に注目する捉え方がなされているために複数の扱いがなされていると考えられます．

(5)　　統合的スキーマ　　　離散的スキーマ

(6a) There was a large audience in the theater.
(6b) The audience were deeply impressed.

上の「〜数」，「〜額」，「〜時間」など，第一義的に数を表す名詞句は，通常はこの「離散的スキーマ」を喚起するものです．しかし，一つひとつの構成要素を数えてそれらの数に注目することをせず，かつ全体をひとまとまりと捉えることが文脈上求められる場合には，「統合スキーマ」が喚起され，特に全体を一つの集合体として捉える〈ある数のモノ〉という解釈が許されると考えられます．

▶参考文献
Lakoff, G. 1987 *Women, Fire, and Dangerous Things*, Univ. of Chicago Press, Chicago.［池上嘉彦・河上誓作・辻幸夫・西村義樹・坪井栄治郎・梅原大輔・大森文子・岡田禎之（訳）1993『認知意味論』紀伊國屋書店．］
山梨正明 2000『認知言語学原理』くろしお出版．

|3.2|

カテゴリー化

瀬戸賢一

世に一つとして同じ樹はなく同じ石はない．にもかかわらずそれらを押しなべて樹と称し石と称する．広葉も針葉も高木も低木も樹と言う．多の中に一を見る——この人間（あるいは生物一般）の営みがカテゴリー化であり，その結果がカテゴリー（範疇，類，クラス）である．人間はそのいくつかに言葉を与えてコミュニケーションと思考の具とした．

ではなぜわざわざカテゴリー化を行なうのだろうか．なぜ世界があるがままではいけないのか．例えばアメーバーのような単純な生き物でさえ，細胞内に取り込む物とそうでない物とを選り分ける．また子孫を残すために仲間を見分ける．これはより高等な生物までほぼ同様であろう．その動機の中心は広い意味での利益である．世界はばらばらの状態より，利益＝生存のためにいくつかの類にまとまっている方が対処しやすい．

ただ，少なくとも人間は，カテゴリー化を行なうのにもう一つの大きな動機づけを持つ．それは関心（興味）である．必ずしも広い意味での利益と結びつかなくてもよい．ただひたすら世界に関心の目を向けて日々観察し実験する．夜空を仰いで星辰の動きを追う．人は利益と関心の2本の鋭利なメスを持って世界を大胆にあるいは繊細に切り分けてきた．必要以上に分類を志向する動物である．

認知言語学の基本書は，そろってカテゴリーを言語の重要概念と捉えてその仕組みの解明に力を注いだ（Lakoff 1987; Langacker 1987, 1991; Taylor 2003[3] [1989]）．このカテゴリーは，ふつうプロトタイプを中心として徐々に周辺に広がるという性質を示す．この見方は，古典的なカテゴリー観と鋭く対立する．

1. 世界を分ける

世界はあるがままにあるのではなく，私たちの五感を通して知覚されるものである．つまり生物的存在としての人間が感応できる環境世界としてある．赤外線や紫外線は網膜には映らず，超音波や超低周波は耳に響かない．物理学者には測定できても私たちには感じられない．眼前にあるのは物理的事実そのものではなく，「投射された世界」（Jackendoff 1983）だと言えよう．私たちが身の丈に合うように構成し（直し）た主観的な世界である．

▶ 1.1 分けてわかる

熊を見たらすぐに逃げよ．黒い体毛の前胸に三日月形の白斑があればツキノワグマ，相撲を取るような相手ではない．カテゴリー認識は時に命に関わる．その一つひとつの特徴リストをすべてチェックしていれば手遅れとなるので，三日月があろうとなかろうと熊のカテゴリーには〈危険〉の特性を織り込んでおく．カテゴリー認識は複雑な世界を扱いやすい類に分けて，最小の努力で最大の情報を引き出す．手間を減らして理解と行動の効率を高める．

もともと投射された世界はのっぺらぼうの連続ではなく，凹凸と濃淡がある．途切れのない印象の流れではなく，ふつう自他を分ける輪郭線を持つ．兎と亀，ゾウとキリン，熊と犬のような自然界のものだけではなく，机と椅子，鋸と鉋，うどんとそばなどの人工物の種別も紛れることはない．それぞれ自然カテゴリーと人工（または文化）カテゴリーと呼ばれる．人工種は特にある目的をもって作り出されたものだけに，境目のはっきりしたものが多い．

では目は境にどう反応するだろうか．輪郭が実際に見える——これは錯視とされるが，マッハバンドあるいはマッハ帯と呼ばれ，カテゴリー化に重要な役割を果たす．試みに白い紙を暗い色調の机の上に広げてみよう．白紙は縁が机と接する部分でより白く，机は白紙と接するところでより暗

く見えるだろう．これは錯視といえども事実である．つまり私たちには輪郭が見える．

　ということは，連続的な世界に言葉の網を打って不連続を生み出すという考え方は都合が悪い．投射された世界はすでにある程度輪郭が備わって見える．いわば世界の一部にはおおよその切り取り線が入っている．もちろん言語により点線の入り方にずれが生じたり，文化により裁ち方に差が現れたりするだろう．それゆえ極端な**名目論**（nominalism）——連続の世界を言語が切り取る——も極端な**実念論**（realism）——ジグソーパズルのピースとしての世界の一片一片に言葉のラベルを貼る——も実態にそぐわない．多の中に一を見るカテゴリー認識はあくまで世界と人間との相互作用によって生み出され，それは身体を基盤に据えた経験によってはじめて可能となる．

　こうして私たちは個を見て類を見る．個と類の両者を認知する．カテゴリー認識は〈を見る〉と〈と見る〉を重ね合わせて〈A を B と見る〉（see A as B）に集約できる．ローカルには個も類もふつう同じ語が担うので，個の A を類の A と見る（あるいは逆に類の A を念頭に個の A を見る）ことが頻繁に起こる．個としていま眼前で吠えている一匹の犬は類としての犬にも属す．また嫌犬家は類としての犬を嫌って個の犬への接近を好まない．

　このようにカテゴリー認識——ときにパタン認識とも呼ばれる——は個と類を往復する．その中には特に個別認識が進んでいる場合がある．例えば顔認識は人間に特化している．一体いくつの個を見分けられるのだろうか．ときに人面魚やジンメンカメムシなどにまで人の顔を見いだす．誰それの顔が映っているという心霊写真もこの類である．これは視覚に限らず他の感覚にも起こる．例えば空耳，あるいは隣席の会話が誤って外国語に聞こえるときなど，カテゴリー化による認識は生活の万般に及ぶ．

　確かに世界には切り取り線が入っているように見える場合があるが，カテゴリー化は概念操作なので，もともと分けにくいものが存在するのも事実である．その実態を次に見よう．

▶ **1.2　分けきれない**

　個の犬を類の犬とみなすことと並んで，犬を動物の一種と分類するのもカテゴリー認識である．また犬と動物の間には複数の中間レベルが設定でき，その犬の下にも狩猟犬，牧羊犬などのサブカテゴリーが設けられる．しかし，カテゴリー分類はいつもすんなり決まるわけではない．

　よく話題になるのがトマトである．野菜なのか果物なのか．果汁が果物を絞った汁ならトマト果汁は果物のジュースになる．一方でトマトはナス科に分類されてたしかに青臭い．植物学的分類に軍配が上がりそうだが，動植物の分類がいつも学問的に整然としているわけではない．と言うより生物学者のリンド以降も論争が絶えない．例えば種子植物を二分するには草と木に分けるのが常識だろう．ところがふつう草に分類されるナスは南国で育てられると木になる．トウガラシもそうだ．

　トマトやナスは決して特殊例ではない．パンとケーキの類別分けに異議はなくても，パンケーキはどちらに帰属させるべきか．マフィンやドーナツも控えている．パンとケーキの類の両方にまたがるだろう．では動物のカテゴリーはどうか．人間はそこに含まれるのか否か．また鳥や魚は．ちなみに動物図鑑にはどちらもふつう載っていない．人間を human animals と称して動物の仲間（下位類）に入れるカテゴリー化も可能だが，ここには人間と動物を対等に扱おうという「政治的に正しい」（politically correct：PC）考え方＝思想が見え隠れする．もっと境界がはっきりしていそうな男女や生死でさえ，今日の生物学の知識に照らせばそうとも言えない．

　言語学の分野では，かつて**言語能力**（competence）の問題でないものは**言語運用**（performance）の領域に出された．しかし両者は対等なカテゴリーではなく，言語運用はごみ箱だった．以降言語能力の入れ物は縮小の一途をたどり，かたや言語運用のごみ箱は膨らみ続けた．あるいは意味論と語用論の領域問題を考えよう．意味論を熱心に整地すれば語用論はぼた山と化す．次に語用論を整えればそれはそれで新たな問題を生む．

　真理値やデジタル判断などの二分法で処理できそうな分野のみを扱っていたのでは，人間の認識と言語は全体として理解できないだろう．そう，自然には整然とした体系はなく，カテゴリー化はすべて人為分類である（池田 1992）．人間の人間

による人間のための分類と言い換えてもいい。「世界は分けないことにはわからない。しかし、世界は分けてもわからない」（福岡 2009）。だがもう一言付け加えるなら，生きるために私たちは分けざるをえない。幸いカテゴリー化は柔軟性に富み，既存のカテゴリーを変更して新たな経験を取り込める。各種のカテゴリーは日々新陳代謝を繰り返し，言わば「動的平衡」の上に成り立つと言えるのかもしれない。

▶ 1.3 みにくいアヒルの子

カテゴリー化には基準があるはずである。個としての犬$_1$と犬$_2$には共通な特質があるだろう。その特質が個としての犬$_3$や犬$_4$など個としての犬すべてにも行きわたるとき，それは本質的特質とみなせる。これに対して，〈斑のある〉という特徴はすべての犬に共通するわけではない。斑のない犬を見つけるのは容易である。これは付帯的特質と言う。本質と付帯によってカテゴリーを隈なく区切る方法は，アリストテレス（『形而上学』）にさかのぼり，しばしば古典的と称される。例えば独身男性という意味の bachelor を [＋HUMAN][＋MALE][＋ADULT][＋NEVER MARRIED] という本質的特質で定義する生成文法の意味論は古典的である。ある対象が [−MALE] であったり [−ADULT] であれば，たちまち bachelor のカテゴリーから排除される。他方独身男性が白人であるかどうかなどは付帯的である。

カテゴリーは共通の本質によって明確に規定できる——これが古典的なカテゴリー観の根本思想である。生成文法の**意味標識**（semantic marker）は本質的特質を，そして**識別素**（distinguisher）は付帯的特質を引き継ぐ。意味標識はいまでは一般に（**意味**）**素性**（(semantic) feature）という用語に置き換えられて，①二価値的（つまり＋か−か），②原子的（それ以上分解できない），③普遍的，④生得的という性質を持つ，とされる。これに基づきカテゴリーは，⑤必要十分な素性によって定義され，⑥明確な境界を持ち，⑦すべての成員は対等である，と特徴づけられる。

認知言語学は①〜⑦のすべてと対立的な見方をする。ここでは一つだけ [ADULT] という特質を取り上げよう。これが原子的な意味素性でないことは多言を要しない。官僚的な取り決め（これ自体は古典的に規定できる）を別にすると，大人であるかないかはにわかに決めがたいからだ。大人びた少年もいれば大きな赤ちゃんもいる。これに成人や社会人などの概念が周辺に迫れば大人の意味は一層混沌とするだろう。どのような特質が備われば大人と言えるのか。こう思案するときそれはすでに原子的な意味素性ではなく，複雑な文化的背景に染まっている。

ただ素性分析のすべてが悪いわけではない。認知言語学はおもに**特性**（attribute）という用語を用いるが，一般に成分分析そのものを捨てるのは，風呂桶の湯とともに赤子を捨てるようなものである。問題は素性にまつわる①〜④の分析姿勢にある。古典的な素性の扱いに対して，認知的な特性は，カテゴリーを構成する複雑な概念が究極的に二価値の原子素性の束に還元できないと考える。

ちょっと考えてみよう。もし仮に意味素性が先の①〜④を満足するなら，カテゴリー形成のプロセスはどうなるだろうか。共有する素性が多ければ多いほど類は確かなものになるだろう。共有素性は似たものを引き寄せるからである。しかし共通する素性を数のみで計れば，数学的には，どの2つのものも同じ度合いの類似性を持つという結論に至る。つまり二羽の白鳥の類似度と一羽の白鳥と一羽のアヒルの類似度は等しい。これを「みにくいアヒルの子の定理」という（渡辺 1978, 1986）。

美が見る人の目の中にあるように，あばたもえくぼであるように，類似性は主観的である。つまり任意の二つのものは，ある状況で人が似ているとみなせば似ているのである（Taylor 2003[3]）。どうにでもなる。それでも「みにくいアヒルの子の定理」は私たちの実感とは相容れない。それはどうしてか。カテゴリーを認識するとき，無意識のうちに素性に軽重を与えるからである。つまりカテゴリー形成に重要な素性をあらかじめ選び取る。素性を設定する段階で主観的に有意な（特定の文化の人間にとって利益になる）ものに比重の差を与えて選ぶためである。

「みにくいアヒルの子の定理」はカテゴリー化にとって極めて重要である。もしすべての素性に重みづけの差がないならば，人間的カテゴリーは支えを失って崩壊してしまう。認知言語学が素性を

嫌って特性を用いるのは単なる用語の問題ではない．そこには思想的な選択がある．

▶ 1.4 カテゴリー化と言語学

カテゴリー化は言語学の第1課題である．言語学の中心はカテゴリー研究である．認知言語学は認知科学の一分野なので，人間の認知について隣接領域と密接な交流を持つが，主たる関心事は言語カテゴリーだろう．これは言語化されたカテゴリーということなので，当然，言語化され（てい）ないカテゴリーはあるのかという疑問が浮かぶ．言語化以前の概念カテゴリーは実在するのか．これは例えば流行語を考えればある程度わかるだろう．はやり言葉が生まれる前にある漠然とした思いが人々の間で醸成されていたはずである．あるいは言葉にならない胸の内を思い浮かべてもいい．さらには赤ん坊のいくつかの表情に形成されつつある概念の萌芽を親なら読み取るだろう．

言語カテゴリーに限れば，言語が世界のどのような側面を言語化するかという問題と，言語内の構造に目を向けてどのような言語単位が認められるかという問題の立て方がある．言語と世界の関係は文化研究に傾斜し，言語単位の研究は言語学プロパーの領域である．音素，形態素，単語，句，文，テクストなどはすべて言語カテゴリーである．音，意味，品詞なども当然そうである．生成文法が独立した統語レベルを認めるのに対して認知言語学はそれを認めない，というのもカテゴリー闘争——何を言語単位と認めるかの論争——の一面と見なせよう．

このようにカテゴリー化は言語学の中心にある．それゆえ一層カテゴリーの構造を見極める必要がある．多義や構文の仕組みを明らかにするにはカテゴリーの性質をより深く理解しなければならない．

2. カテゴリーの性質

言語は自律的で生得的な言語能力が適切な環境の下で発達した結果なのか，あるいは一般的な認知能力の助けを借りて実際の用例に基づいて発現し発育したものなのか．認知言語学は後者の立場に立ち，言語カテゴリーが私たちの概念システムの中の他のカテゴリーと同じ特徴を示す，と考える．言語カテゴリーと一般認知カテゴリーの研究は互いに補完しあう．

▶ 2.1 認知カテゴリーの特質

二足歩行の動物という古典的な人間の定義では，スフィンクスの謎が解けないばかりか，私たちの認知的なカテゴリー観とも合致しない．赤ん坊はハイハイをし，老人は杖を突く．カテゴリーの中をいわば無菌状態のような環境に保つことは人工的には可能だろうが，すでに述べたように，自然な人為分類には雑多な要素が混じり込む．例えば魚のカテゴリーを考えよう．タイやヒラメのような高級魚もいれば，サンマ，サバ，アジのような大衆魚もいる．けっして類は均一ではない．ヒトデ（人手，海星）は英語で starfish なので，fish の類は雑駁だとわかる．いかにもあまり魚を食べない文化の分類である．鳥のカテゴリーならツバメやスズメやハトに対して，空を飛べないダチョウや鶏や海に潜るペンギンまで多様を極める．

2.1.1 中心と周辺

認知カテゴリーの第1の特徴は中心と周辺があること．魚らしい魚や鳥らしい鳥が中心を占めて，そこから次第に周辺に向かう．冒頭でカテゴリー化は多の中に一を見ることと述べたが，正確にはカテゴリーのすべての成員に共通な特性が完全に行きわたる必要はない．鳥のカテゴリーの周辺部では飛ぶのが得意でない鳥や翼が退化した鳥もいる．他方中心（近く）の鳥は悠々と空を舞う．この特徴は自然種のみならず車（car）のような人工種にも当てはまる．セダンが車らしい車であり，トラクターやフォークリフトは周辺部の車だろう．中心部の成員は**プロトタイプ**（**典型**，prototype）と呼ばれ，典型例があって周辺例がある——これが認知カテゴリーの重要な特質である（3.参照）．

2.1.2 階層

第2の主要な特質は階層をなすこと．魚にタイやヒラメなどがいて，そのタイもさらに真鯛や黒鯛などの種に分かれる．このようにカテゴリーはサブカテゴリー（下位類）を従えて，必要に応じてさらに細分化される．他方，魚も鳥もより上位のカテゴリー（例えば生物）に属する．両者は生物の一種である．生物の側から見れば，鳥と魚は動物と並んでその下位類である．逆に生物のカテゴリーを突き抜けて階層を上り詰めれば，ものののカテゴリーに行きつくだろう．あらゆる存在物は

もののカテゴリーに包摂される.

2.1.3 境界

鳥には中心と周辺があると述べたが,境界はどうなっているのだろうか.カテゴリーには境目のあるものとないものがある.鳥のカテゴリーならある.ペンギンなどは周辺例だがいちおう鳥の身内だろう.境界線はかなりはっきりしている.では同じく自然界のもので色彩名の赤はどうだろうか.明らかに典型的な赤が存在し,周辺部はグラデーションになって他色になだれ込む.明確な区切りはない.人工の類でも,例えばプロ野球選手には一線があるが,背の高い人や金持ちの線引きはむずかしい.災害の備蓄品のカテゴリーも周辺がぼやける.カテゴリーには境界が決まるものと決まらないものがある.

2.1.4 専門家カテゴリー

広く何らかの権威・権限を持つ人や組織（expert）が決めたカテゴリーには,選挙権のある人,大学生,オリンピック選手,領海,祭日,和牛,判決などがあり,**専門家カテゴリー**（expert category）と呼ばれる.これらは古典的な必要十分条件によって明確にカテゴリー資格が決まる.専門家は官僚なども含む.

▶ 2.2　ヴィトゲンシュタイン

ヴィトゲンシュタイン（Ludwig Wittgenstein）は古典的なカテゴリー観に根本的な疑問を呈した（Wittgenstein 1953）.現在の認知言語学に哲学的な支柱を与えた.ゲームのカテゴリーが問題となった.ただ英語の game は日本語のゲームより広い概念であり,原語のドイツ語の Spiel は game よりさらに広い概念で game と play を合わせたような意味である.ここでは英語の game で説明しよう.盤ゲーム,カードゲーム,球技,陸上競技,これらすべてに共通な特徴があるだろうか.勝負がつくという共通項を引き出せるかもしれないが,壁打ちテニスも game であり,これをボールとグラブに持ち替えてもやはり game である.英語の game にはすでに遊びの要素が入り込む.幼児が数人手をつないで回りながら歌う童謡 ring-a-ring-o'-roses も game であるが,ここには遊戯的側面しかなく勝者も敗者もない.

LDOCE[6] の game の定義の一部には「子どものおもちゃ遊び,ごっこ遊び」がある.これより広

い Spiel の統一的意味を求めた結果,ヴィトゲンシュタインは多様なゲームのすべてに共通した特徴はなく,それらはゆるい類似性によって結びつけられているにすぎないと考えた.ちょうど数世代の一家族が体形,髪の色艶,目の色,顔立ちなどのいくつかで個々に似ているが,どのひとつの特徴も家族全員には共有されていない場合のように.ヴィトゲンシュタインはこれを**家族的類似性**（family resemblance）と呼んだ.

これは古典的カテゴリー観とは真っ向から対立する見方である.ゲームを定義しようとしてもアリストテレス的な本質的定義は得られない.類似性が部分的に重なり交錯しながら複雑なネットワークを構成する.それでいて全体としては一つのカテゴリーを形成する.ゲームは特殊例ではなく他の多くのカテゴリーに当てはまる.ヴィトゲンシュタインには典型例と周辺例という考えまでは見られないが,認知言語学のカテゴリー研究に大いに貢献したと言えよう.

▶ 2.3　包摂分類と分節分類

分類は二系統あり,**包摂分類**（タクソノミー,taxonomy）と**分節分類**（パートノミー,partonomy）に分かれる（Tversky 1990; Seto 1999, 2003）.

包摂分類は類と種の関係に基づき,カテゴリーはこの方式に従う.カテゴリーとサブカテゴリーは類と種の関係に等しく,また認知言語学でよく用いられるスキーマと事例の関係も同様である.サブカテゴリーはカテゴリー《の一種》（kind-of）であり,事例はスキーマ《の一種》という関係に立つ.具体例ではツバメは鳥《の一種》なので,ツバメは鳥カテゴリーの下位類である.

包摂分類がカテゴリーを対象とするのに対して,分節分類は個を対象とする.あくまで個を見据えてその節目で分けるのが分節分類である.完成品としてのプラモデルの全体を部分（パーツ）にばらす作業に似ている.部分は全体《の一部》（part-of）であって《の一種》ではない.自転車を分解すれば,タイヤ,ハンドル,ペダル,チェーンなどのパーツに分解できるだろう.このときペダルなどは自転車《の一種》ではなく《の一部》である.

この限りで包摂分類と分節分類は紛れそうにな

い．分類の対象（カテゴリーか個か）も分類原理（《の一種》か《の一部》か）も明白に異なるからである．これをベッドで確かめよう．まず包摂分類に従いカテゴリーとしてのベッドをサブカテゴリーに分ければ，二段ベッド，ロフトベッド，折りたたみベッド，ベビーベッド，介護用ベッドなどが得られる．これらは用途の観点からの分類だが，大きさで分ければジュニア，シングル，セミダブルなどになる．いずれも《の一種》の関係を保ち，ベッドのサブカテゴリーを構成する．またベッドの上位のカテゴリーを考えると，ベッドは寝具《の一種》であり家具《の一種》である．寝具や（その上の）家具はベッドのスーパーカテゴリー（上位範疇）である．

他方個としてのベッドを分節分類すればどうなるだろうか．一台のベッドを分解すると，ヘッドボード，床板，フットボード，サイドフレームなどに分かれる．これにマットレス，ベッドパッド，シーツなどを加えてもよい．それぞれがベッド《の一部》である．ではベッドは何《の一部》だろうか．あくまで個にこだわるとベッドは寝室《の一部》と考えるのがよいだろう．寝室はここでは個物なので，分節分類をさらに続けると寝室の上には個としての家が思い浮かぶ．寝室は家《の一部》である．

こうして包摂分類と分節分類はともに上下に展開するが，包摂はカテゴリーを対象にして《の一種》の関係で広がり，分節は個を対象にして《の一部》の関係で上下の階層と結びつく．さらに両者を明確に区別する基準がある．例えばブラシのカテゴリーを包摂分類で下位類に分けると，歯ブラシ，ヘアブラシ，洋服ブラシの3種が得られよう．問題はサブカテゴリーの3種がどのような論理関係で上位のブラシと関連づけられるかである．論理的には〈または〉だ．つまり，ブラシは歯ブラシ〈または〉ヘアブラシ〈または〉洋服ブラシである．

これに対して，例えば個としての草を分節分類に従って茎と葉と根に分けるとしよう．同じく論理関係を求めると，草は茎〈かつ〉葉〈かつ〉根となるだろう．〈または〉では結べない点が重要である．茎と葉と根がすべて揃ってこそ草である．例えば根を落とせば根無し草となって生育できな

い．これはブラシのカテゴリーとは全く異なる．例えば新しい液体ハミガキの発明により歯ブラシが完全に駆逐されたとしても，カテゴリーとしてのブラシは問題なく存続するからである．洋服ブラシならもともと持ってなくてへっちゃら．草もカテゴリーで考えれば，例えば生態系の変化によりサブカテゴリーの水草が絶滅したところで，陸上の草が生き延びれば草のカテゴリーは存続する．

▶ **2.4 カテゴリーは入れ物か？**

包摂分類と分節分類の概要を図示すれば次のようになる．

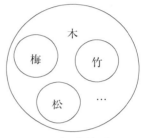

図1　木の包摂分類

図2　木の分節分類

図1はベン図で松竹梅が木《の一種》であることを表し，図2は枝分かれ図で幹枝根が木《の一部》であることを表す．しかしこの図示には欠陥が一つある．図1をもう一度よく見よう．図はカテゴリー関係を示したものだが，空間のメタファーによって二次元的に表されている．その結果，図を見る限り，松竹梅の小円は木の大円《の一部》でもある．これはあくまで図の上での判断である．ところがカテゴリー関係では，梅は木《の一種》だったのではないか．あれほどはっきりしていた《の一種》と《の一部》の区別，つまり包摂分類と分節分類との峻別が紛れそうになる瞬間である．

説明のためにベッドの包摂分類の概略を描こう．二段ベッドや折りたたみベッドはベッド《の一種》であり，ベッドは家具《の一種》なので，図3が

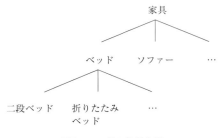

図3 ベッドの包摂分類

カテゴリーを対象とした包摂分類を表したものに間違いない．しかし図の形に関する限り，図3は分節分類の図2とそっくりではないか．もちろん図1のように描こうとすれば描けた．すでに明らかだろう．図示では包摂分類と分節分類の区別がつけられない．なんとでも表示できる．しかも図から判断すれば，すべて空間的な《の一部》の関係と解釈できる．日常言語でも図3（あるいはそれに類する図）を頭に浮かべる限り，「ベッドは家具の一部」「家具の一部にベッドがある」などと言うことは不可能ではない．

どこに陥穽があるのか．カテゴリー（関係）はそもそも図解には馴染まない．図示したとたんにそれはカテゴリーでなく個になる．図1〜図3は，図として見るかぎりそれぞれ全体として一つの個である．どう描こうが（三次元表示も含めて）各部は全体《の一部》である．図1も図2も図3も一つの個物である．

さらに，この種の混同を後押しする言語的圧力がある．〈カテゴリーは入れ物〉の概念メタファーである．カテゴリーは入れ物であり，その中にサブカテゴリーが中身としていくつか入っている．図1はこのとらえ方を表したものとみなしてよい．この思考経路にいったん入れば，入れ物と中身を合わせたものがカテゴリーの全体で，中身の一つはその部分であるとの思考に誘導される．《の一部》の関係が苦もなく導出される．これは，導管のメタファーが学問的なコミュニケーションモデルとしては失格（例えば導管のメタファーに従って「ことばから意味を取りだす」と言っても，聞き手は単純に意味を取りだせるわけではない．意味はそのつど新たに構築されねばならないのだから）にもかかわらず，日常言語としてはこれが大手を振って通用しているのと似てなくもない．

ではカテゴリー論の現状はどうであるのか．認知言語学の浩瀚なレイコフ（George Lakoff）の書（Lakoff 1987）はカテゴリー論を中心に据えた必読書であるが，その中には包摂分類と分節分類の混同がしばしば見受けられる．随所でカテゴリーとサブカテゴリーの関係は全体と部分の関係に等しいとされる．導管のメタファーの場合と異なるのは，全体・部分関係という用語が学問的タームとしても用いられている点である．

この結果は甚大である．まず第1に，カテゴリー関係を見直さなければならない．関係を判断するのに，《の一部》は上で述べた理由により専門用語としての信頼度が低い．「根は草の一部である」と並んで「ベッドは家具の一部である」も通用しかねない．いや，部分的に学者の間でも通用している．これに対して《の一種》は，日常言語としても学問用語としても底堅い．「ベッドは家具の一種である」はいいが，「根は草の一種である」とは言わないだろう．《の一種》はカテゴリー関係を見極めるときのリトマス試験紙として役立つ．

第2に，最近はメタファーと並んでメトニミーが主要な研究分野として取り上げられることが多いが，その中でシネクドキ（提喩）の扱いが問題となる．一般にシネクドキはメトニミーの一種だとされることが多いが，シネクドキの分類には包摂関係と分節関係が混在するのが世界の主流の考えである．これも見直しが迫られる（本書の3.5節参照）．

なお認知言語学の基本タームのスキーマと事例の関係は，比較的安定して包摂関係が維持されているようである（ただし図解には注意）．また伝統的な意味論では**上下関係**（hyponymy）は包摂分類に，**全体・部分関係**（meronymy）は分節分類に従う（Lyons 1977; Cruse 1986）．さらに歴史的な意味変化に関しては**一般化**（generalization）と**特殊化**（specification）が包摂関係に，メトニミーが分節関係（およびその他の隣接関係）に基づく［→ 3.5 ］．

3．プロトタイプ

古典的カテゴリーが形も大きさも整然と並んだイチゴのパックだとすれば，認知カテゴリーは不揃いだが中央に見映えのいいイチゴを配した特売

品である．真ん中の立派なのが**プロトタイプ**（**典型**, prototype）であり，周辺や底にはややいじけたのが隠れている．人間の作るカテゴリーはふつう不揃いのパックのほうである．

▶ 3.1 プロトタイプとは？

カテゴリーを作るとき，スキーマに基づくかプロトタイプを中心にするかによって違いが生じることがある．スキーマが複数の事例から共通性を抽出したものなのに対して，プロトタイプはカテゴリーの典型例である．違いはおもに5点にまとめられるだろう．①2.2で触れたように，カテゴリーはしばしば家族的類似性を示すので，その成員すべてに共通するスキーマ（の束）は抜き出せるとはかぎらない．②すべての成員に行きわたるスキーマは，ときに極めて希薄な内容となって成員の帰属性の判断に役立たない．③スキーマに基づくカテゴリーは周辺が常に確定的となる．④言語習得ではプロトタイプが優先される．⑤多義語でメトニミー展開した場合，元の意味と展開義との間からはスキーマが原理的に抽出できない．

もっともスキーマとプロトタイプは水と油の関係ではない．プロトタイプカテゴリーが形成される途中で徐々にスキーマも形作られても何ら不思議はない．両者は矛盾せず補い合う．ただ言語事実の観察からカテゴリーはプロトタイプを中心に構成されると考えるのが妥当だろう．

ではプロトタイプとは正確には何なのか．しかしこの用語も多義を免れない．①模範例（個物），②代表的なサブカテゴリー，③概念的な中心像，の3用法が区別される．

①は例えば最も科学者らしい科学者としてアインシュタインを挙げたり，天才的作曲家としてモーツァルトを名指す場合である．あくまで個物を対象として，あるカテゴリーの代表をプロトタイプと呼ぶ．ただ弱点は抽象概念．例えば「勇敢」の模範例は挙げようがない．出来事としての勇敢な行為ならいくつか示せるが，勇敢そのものの個別例は表せないだろう．

②は個物でなくカテゴリーを対象とする．鳥のカテゴリーならツバメやスズメなど，bird ならrobin などの代表的なサブカテゴリーがプロトタイプとなる．家具なら椅子やソファーが典型的な下位範疇だろう．これに対して③は特定の個物で

もサブカテゴリーでもないことがある．一種の理想像と言えようか．あるカテゴリーの概念的な中心を思い浮かべてみる．例えば犬なら大きさ，形，毛並み，行動，気質，飼い主との相性などの点から最も犬らしい犬を視覚化できるだろう．絵心があれば絵にも描けもしよう．図鑑に載るかもしれない．にもかかわらず十分に抽象的でもある．例えば性別は問わない．

②と③の間には微妙な使い分けがある．家具のようにカテゴリーのレベルが高い，つまり抽象度が上のカテゴリーでは，②のように，認知されやすいサブカテゴリーがプロトタイプとなる傾向がある．他方，すでに日常レベルにある犬のようなカテゴリー—— 3.2で述べる基本レベル——に関しては，③のように概念的な中心像がプロトタイプとして求められやすい．

プロトタイプカテゴリーは，ふつう**プロトタイプ効果**（prototype effects）を示す．カテゴリーの中は古典的にすべて均一に整列しているのではなくふつう雑多である．しかしただ雑然と散らかっているのではなく，中心にプロトタイプがあって，プロトタイプとの近さ（類似度）によって成員の帰属度が決まる．ロッシュおよびその仲間は心理実験や調査に基づいてプロトタイプ効果を確かめた．プロトタイプに近い成員は想起されやすく同類と判定されやすいなどの特徴を示す．一般によく言及される鳥などのカテゴリーだけでなく，パーティーらしいパーティーやいかにも映画らしい映画という言い方を耳にするだろう．英語ではそれぞれ party-party, film-film と言うが，ここにもプロトタイプ効果が見られる．

プロトタイプ効果はほかにも様々な領域で現れる．例えば鳥の意味特性の一つ [ability to fly] も，典型的な空を飛翔する能力から鶏のように単にばたつく程度にまで広がる．このことは音素，形態素，単語やそれ以上のレベルでも確かめられる．例えば母親の意味は，代理母（surrogate mother）などの出現により典型的な母親からそうでない母親まで複雑な放射状カテゴリー（これは家族的類似性と基本的に同じ）をなす（Lakoff 1987）．一般に多義（これにもいくつかのレベルがある）にはプロトタイプ効果がつきものである（瀬戸編 2007）．

▶3.2 基本レベル

プロトタイプ効果と並んで**基本レベル**（basic level）の存在を明らかにしたのもロッシュ（Eleanor Rosch）（とその仲間たち）である（Rosch 1978; Rosch et al. 1976）．基本レベルとは，カテゴリーの上下の階層の中で私たちが最も日常的に用いるレベルである．向こうの犬を指して「あっ動物だ」とも「おや哺乳類だ」ともふつう言わない．また「まあ秋田犬だわ」とも「ラブラドールレトリーバーが吠えている」とも特別の場合を除いて言わないだろう．犬は基本レベルに属し，特に必要がなければそれで済ましておく．猫も同じ．基本レベルのカテゴリー名は，ふだん遣いの単語の特徴を反映して一般に短く，覚えやすく，すぐに思い出せて，情報量が豊かで，イメージしやすく，私たちの知識はおもにこのレベルで組み立てられる．

これが下位カテゴリーになると，時にキャバリア・キング・チャールズ・スパニエルのような長ったらしい名前になって，愛犬家でないと騎士なのか王なのか犬なのかすぐには判断できないこともある．また役割の観点から警察犬や盲導犬やレスキュー犬と分類されるサブカテゴリーはわかりやすく，基本レベルの名前に役割を足して種類を表す．

もう一つ基本レベルの例として色彩を考えよう．色の名前は言語学者の興味の的となってきた．理由は世界の連続性を表す好例だからである．虹のグラデーションに境目はない．それでもそれを7色，6色……3色などと言語ごとに見分ける．白黒の次に認定される基本色は赤である．赤は血の色，命の色．次は言語によってばらつくが，青，緑，黄から選ばれる（Berlin and Kay 1969）．青は空の色，緑と黄は草木の色とみなせる．言語によってはさらにいくつかの色が基本レベルに加わる．

基本色は短く使い勝手がよい．日本語では白黒をつければ次の候補は赤青である．これら四色が基本色中の基本色だとする言語的証拠がある．真っ赤と言うだろう．これは赤の中の赤で**焦点色**（focal color）と呼ばれる．また赤々という重畳表現も証拠に挙げられよう．これらを緑や黄で試してみると無理なのがわかる．赤のほかに，黒白青では問題ない．黒い，白い，赤い，青いの形容詞は難なく作れるが，緑は形が整わず，黄は色を加えてようやく黄色いとなる．英語でも基本レベルの典型性の高い単語は派生語を生みやすく，whiten，blacken，redden や whiteness，blueness，対する*orangeness，*purpleness などと比較せよ．日本語のオレンジ色やミカン色も，名称そのものからして基本色の中心から外れた表現だとわかる．

▶3.3 プロトタイプと文法

プロトタイプ効果は知覚・認識の多くの分野で見られるだけでなく，言語構造のおそらくすべての領域で観察される．例えば音素 /p/ もその異音の一つ /pʰ/ も，プロトタイプ効果がなければそもそもそれと認定されないだろう．また形態素 -er や -ee の意味の広がりも，プロトタイプからの展開を考えない限り，全体的ネットワークは記述されないはずである．これは歴史的にも，例えば computer はかつて「計算する人」，typewriter は typist 以前なら「タイプを打つ人」を意味したが，それが現在のコンピュータとタイプライターの元の意味である．

また小島，小山，小石，小枝，小骨などの接頭辞「小」の分布を精査すると，それに続く名詞が①二音節，②大和言葉，③大小の区別がつく，のすべてを満たすことが多いとわかる（テイラー・瀬戸 2008）．これにより*小木や*小車は排除される．しかし実際には小魚や小刀などの例が散見される．厳格なカテゴリーの線を引くのはやはり難しく，プロトタイプを念頭に置いた分布を考えねばならない．

語のレベルでもプロトタイプ効果が見られないのはむしろ例外的だろう．例えば日常的な borrow の典型的な用法は，①移動可能なものを②無償で③元通りの状態で返すことを条件にするが，①～③はいくぶん緩められる．その結果固定電話を借りたり，銀行から有利子で借金したり，隣人から調味料などを拝借できる．over などの多義語の研究が盛んになったのもプロトタイプ効果を睨んでのことだが，これはほとんど自明だろう．

プロトタイプ効果は語彙レベルにとどまらず文法カテゴリーにも及ぶ．例えば**名詞らしさ**（nouniness）という見方が成り立つ．book はその

典型例だが，fun は形容詞に近く，destruction は動詞的意味合いを帯び，動名詞は名のごとく動詞との中間的性質を示す．日本語の形容動詞の存立もプロトタイプ構造と連動して考えるべきである．ラネカーがすべての品詞を対象として，もの（thing）と関係（relation）に大別したのもこの流れに沿う．ものの代表は名詞だが，その中でもfather は「（～の）父」という関係も表す．

Kill はしばしば cause to die と分析される．認知言語学は，形が違えば意味も違うというボリンジャー（Dwight Bolinger）の思想（Bolinger 1977）を引き継ぎ，両者の意味は異なる——形には意味的動機づけがある——と考える．Cause to die は遠回しな表現なので意味的にも間接的であり，被害者が死に至るまで何らかの時間的経過があったのだろうと推測させる．

これと関連して認知言語学は独立した統語構造を認めない．意味なしの形はあり得ない．構文はつねに意味と形式が一体になったものである[→ 2.11]．例えば SVO 構文にも中心と周辺がある．Jill kicked the ball.（ジルがボールを蹴った）は中心的だが，The next day saw land.（翌日島が見えた）は周辺的である．両者を比較すれば主語にもプロトタイプ効果が確認できるだろう．主語の典型は**行為者**（agent）で**主題**（theme）を担って文頭に立つ．さらに言えば，行為者は有生で意志あるもの．この点から見て Jill は SVO 構文の典型的な主語だが，The next day は周辺にやられる．

まとめと展望

カテゴリーがどのように形成されるのかを振り返ろう．個物 a, b, c, d, e があるとする．ある観点から a には特性 〈s〉 が顕著に現れることに注目し，b と c にも同じ特性がある程度備わることに気づく．d には 〈s〉 の特性がほとんど感じられず，e にはそれが全くない．このとき特性 〈s〉 に基づいて a, b, c をまとめるカテゴリー A [a, b, c] が形成される．

カテゴリー A を手にすれば個物 a, b, c をばらばらにしておくより，世界の中および脳内の処理が容易になる．扱う単位数が減るからである．このときカテゴリー A は a を中心にして b と c をその

近傍に置いて，新たな個体が現れれば特性 〈s〉 との類似度によって A 内に適切な位置を与える．a, b, c ははじめから個ではなくカテゴリーであるかもしれない．d と e もカテゴリーであっていい．さらに 〈s〉 は単体の特性ではなく特性の束の可能性もある．

大切な点は，a（個あるいはカテゴリー）が特性（の束）〈s〉 を顕著に示すこと，つまり a が（上位）カテゴリー A のプロトタイプになることである．それには a, b, c の間で分布上の偏り——a と言えば 〈s〉，〈s〉 と言えば a という高頻度の結びつき——がなければならない．この分布上の偏りこそ人間的なカテゴリー形成の場となる．偏りがカテゴリーを生む（Taylor 2012）．

こうして形成されたカテゴリーは次の主要な特徴を持つ．①内部はスキーマと事例の関係によって構成される．つまり，《の一種》の包摂分類を構成原理とする（《の一部》の分節分類との混同を避けよ）．②プロトタイプを中心にして周辺に広がる．これがプロトタイプ効果である．③内部は家族的類似性を示す傾向が高い．これはネットワークをなすので相互間の連絡経路を明らかにしなければならない[→ 3.5]．④上位と下位のレベルに挟まれて基本レベルが存在する．これも成員間の偏りに原因がある．⑤カテゴリーは動的平衡を保つ．メンバーの出入り，プロトタイプの変更も含めてカテゴリーは動的に平衡を維持する．いわゆる**ヘッジ**（**生垣**，hedge）**表現**（厳密にいえば，大ざっぱに言うとなど）の存在はカテゴリーのこの弾性を示すものだろう．

カテゴリー化は言語研究のあらゆる場面で遭遇する問題である．①～⑤は互いに関係しあう特徴であり，これら自身がプロトタイプ効果を発揮すると考えられるほどである．その大本を探れば，それは私たちの認識の偏りではないか．世界がまだらに見える．均一を嫌う．言語と文化の様々なレベルの類似と相違は，人間の利益と関心によるカテゴリー化のなせる業なのだろう．

▶重要な文献

Lakoff, G. 1987 *Women, Fire, and Dangerous Things: What Categories Reveal about the Mind*, Univ. of Chicago Press, Chicago. [池上嘉彦・河上誓作・辻幸夫・西村義樹・坪井栄治郎・梅原大輔・大森文子・岡

田禎之（訳）1993『認知意味論—言語から見た人間の心』紀伊國屋書店.］

　カテゴリー化を中心に据えた認知言語学の必読書. 前半が一般論で後半が各論. 前半は断章を連ねるレイコフ独特のスタイルが顕著.

渡辺慧 1978『認識とパタン』岩波書店.

　パタン認識がキーワード. これはカテゴリー化のこと. 理系と文系の双方にわたる広博な知識と経験に支えられた書. 哲学的判断と物理学的推論のまれな結合.

Taylor, J. R. 2003³ [1989] *Linguistic Categorization*, Oxford Univ. Press, Oxford.［辻幸夫・鍋島弘治朗・篠原俊吾・菅井三実（訳）2008『認知言語学会のための14章（第三版）』紀伊國屋書店.］

　カテゴリー化全般に関する基本書. 熟読に値する. 幅広い教養, 綿密な言語観察, 深い洞察, バランスのとれた思考が特色. 初版は1989年, 現在第3版.

Taylor, J. R. 2012 *The Mental Corpus: How Language is Represented in the Mind*, Oxford Univ. Press, Oxford.［西村義樹・平沢慎也・長谷川明香・大堀壽夫（編訳）2017『メンタル・コーパス—母語話者の頭の中には何があるのか』くろしお出版.］

　偏りが人間的なカテゴリーを生む動因となる——このことが豊かな言語データに基づいて実証された. 人間は実践的な言語経験を頭の中にコーパスとして蓄積しているのである. 邦訳あり.

▶文　献

アリストテレス（著）, 出隆（訳）『形而上学（上, 下）』岩波書店.

Berlin, B. and P. Kay 1969 *Basic Color Terms: Their Universality and Evolution*, Univ. of California Press, Berkeley.［日高杏子（訳）2016『基本の色彩語—普遍性と進化について』法政大学出版局.］

Bolinger, D. L. 1977 *Meaning and Form*, Longman, London.［中右実（訳）1981『意味と形』こびあん書房.］

Cruse, D. A. 1986 *Lexical Semantics*, Cambridge Univ. Press, Cambridge.

福岡伸一 2009『世界は分けてもわからない』講談社.

池田清彦 1992『分類という思想』新潮社.

Jackendoff, R. 1983 *Semantics and Cognition*, MIT Press, Cambridge, MA.

Lakoff, G. 1987 *Women, Fire, and Dangerous Things: What Categories Reveal about the Mind*, Univ. of Chicago Press, Chicago.［池上嘉彦・河上誓作・辻幸夫・西村義樹・坪井栄治郎・梅原大輔・大森文子・岡

田禎之（訳）1993『認知意味論—言語から見た人間の心』紀伊國屋書店.］

Langacker, R. W. 1987 *Foundations of Cognitive Grammar*, Vol. I, *Theoretical Prerequisites*, Stanford Univ. Press, Stanford.

Langacker, R. W. 1991 *Foundations of Cognitive Grammar*, Vol. II, *Descriptive Application*, Stanford Univ. Press, Stanford.

LDOCE⁶ (*Longman Dictionary of Contemporary English*), Pearson Education Limited, Edinburgh.

Lyons, J. 1977 *Semantics*, 2 vols. Cambridge Univ. Press, Cambridge.

Rosch, E. 1978 Principles of Categorization. In Rosch, E. and B. B. Lloyd (eds.) *Cognition and Categorization*, Lawrence Erlbaum Associates, Hillsdale, pp.27-48.

Rosch, E. et al. 1976 Basic Objects in Natural Languages. *Cognitive Psychology* 8: 382-439.

Seto, K. 1999 Distinguishing Metonymy from Synecdoche. In Panther. K.-U. and G. Radden (eds.) *Metonymy in Language and Thought*, John Benjamins, Amsterdam, pp.91-120.

Seto, K. 2003 Metonymic Polysemy and Its Place in Meaning Extension. In Nerlich, B. et al. (eds.) *Polysemy: Flexible Patterns of Meaning in Mind and Language*, Mouton de Gruyter, Berlin, pp.195-214.

瀬戸賢一（編）2007『英語多義ネットワーク辞典』小学館.

Taylor, J. R. 2003³ [1989] *Linguistic Categorization*, Oxford Univ. Press, Oxford.［辻幸夫・鍋島弘治朗・篠原俊吾・菅井三実（訳）2008『認知言語学会のための14章（第三版）』紀伊國屋書店.］

Taylor, J. R. 2012 *The Mental Corpus: How Language is Represented in the Mind*, Oxford Univ. Press, Oxford.［西村義樹・平沢慎也・長谷川明香・大堀壽夫（編訳）2017『メンタル・コーパス—母語話者の頭の中には何があるのか』くろしお出版.］

テイラー, J.R.・瀬戸賢一 2008『認知文法のエッセンス』大修館書店.

Tversky, B. 1990 Where Partonomies and Taxonomies Meet. In Tsohatzidis, S. L. (ed.) *Meaning and Prototypes: Studies in Linguistic Categorization*, Routledge, London, pp.334-44.

渡辺慧 1978『認識とパタン』岩波書店.

渡辺慧 1986『知るということ—認識学序説』東京大学出版会.

Wittgenstein, L. 1953 *Philosophische Untersuchungen*, Basil Blackwell, Berlin.

|3.3|

捉え方／解釈・視点

小熊　猛

「捉え方」／「解釈」／「事態把握」(construal)とは，外部世界の状況について発話するにあたり，客観的事態すなわち「概念内容」(conceptual content)を異なる「詳述性」(specificity)，「焦点化」(focusing)，「際だち」(prominence)，「視点」／「観点」(perspective)で意味づけする概念主体(conceptualizer)の主体的な営みを指す認知言語学の専門用語である．言語表現の意味内容や発話の意図を読み解くといった意味での言語コミュニケーション上の解釈(interpretation)とは異なる概念として区別される．言葉は決して外部世界をあるがままに映し出しているわけではない(Langacker 2008: 35)．ある表現の意味とは，概念主体が概念内容をどのように捉える(construe)かという概念操作の所産である．捉え方の違いは意味に反映され，これが表現形式の違いとして現れる．客観的には全く同じ指示対象や事態が別の言語形式でも表現されるのはこのためである．例えば，丘の上にある学校までの坂道は，登校時には「上り坂」(uphill)，下校時には「下り坂」(downhill)と表現されるが，ここには坂道をどこから眺めるかという「視座」の違い，さらには坂道の登り下りに伴う運動感覚が反映されている．概念主体による主体的意味づけの認知プロセスを踏まえ，認知文法では意味は概念化(conceptualization)という心的経験であると定義される(Langacker 1987: 5, 1990: 1, 2008: 4, 2009: 6)．

1. 形式と意味

認知言語学は「意味＝概念化(conceptualization)」と定義する(Langacker 1987: 5, 2008: 4, 43, 2009: 6)．つまり意味とは心的経験であると考えている．ここでの**概念化**とは従来の概念という用語よりも広い範囲を指しており，発話プロセスにおける外部世界の状況とそれを主体的に意味づける概念操作の総体であると換言できる．

同一の客観的事態であっても，対象をどのように主体的に意味づけるかによって様々に異なる形式で表現され得る．これは同じ食材が調理法によって別の料理になることに似ているとも言える．叙述しようとする事物や事象は食材に，どのように概念構築するかという過程は調理にそれぞれ対応すると言える．認知言語学では前者を**「概念内容」**(conceptual content)と呼び，これと対置される認知プロセス，すなわち概念主体による主体的意味づけ側面を**「捉え方／解釈」**と呼ぶ．認知文法において，この主体的意味づけの側面は**「認知的解釈」**(imagery)とも呼ばれたが(Langacker 1987: 110-3, 1991: 4, 15)，後に「捉え方」に用語が一本化される．なお，言語学において「視点」とは一般に「どこから見ている」かという「視座」の意味で用いられるが，時に「どこを見ている」かという「注視点」をも含む「捉え方」の意味で用いられることがある．

認知言語学において意味記述の根幹をなす概念の一つである捉え方には，代表的なものとして「詳述性」(specificity)，「焦点化」(focusing)，「際だち」(prominence)，「パースペクティヴ」(perspective)が含まれ，これらの概念操作はあまねく私たち人間に備わっている基本的な認知能力によって動機づけられていると考えられる．なお，**「パースペクティヴ／視点」**(perspective)とは，同一の指示対象が状況に応じて「上り坂」とも「下り坂」とも表現されるうるといった事態解釈などに関わる空間的な位置関係，つまり対象を捉える主体の立ち位置や視線を投げかける方向といった**「視座」／「基点」**(vantage point)などを指すが，より広義には状況理解において採る視点構図(事態内視点・事態外視点)，フレーム(観点・立場)という意味でも用いられる．

捉え方とは叙述対象の言語化にあたり，概念主体によって主体的に織り込まれる，ないしは当該言語の慣習（convention）に則って盛り込まれる多様な主観的意味づけを網羅的に包含する広義な概念を指すと言える．認知言語学は，言語の在り方を可能な限り一般的な認知能力の観点から動機づけしていこうという方法論をとり，捉え方を概念操作（conceptual manipulation）にまで還元して体系的かつ明示的に記述することを試みる．捉え方の代表的な下位類を説明するに先立ち，言語の形式と意味との関係を巡る文法研究において，捉え方／解釈・視点という主観的意味側面の重要性を明らかにした研究の一部を以下で概観する．

2. 捉え方に着目した先駆的研究

概念内容のみでは十分に捉えきれない言語形式と意味との関係を巡って，概念化者の事態把握の在り方の違いに基づき定式化を試みる文法研究が語彙レベルから構文レベルに至るまで進められた．

語彙項目は一般に概念内容が豊富であり，そのため捉え方そのものが担う意味は構文と比べ相対的には少ないと言える．それでも語彙の意味にも概念主体の捉え方が反映されていることは論を俟たない．語彙の意味も心的経験であることを端的に示す研究としてフィルモア（Fillmore 1982）を挙げることができる［→2.8］．財布の紐の固い人物を描写する際の *stingy*（ケチな）と *thrifty*（質素な）の使い分けにも捉え方の違いが反映しており，前者は *generous*（気前の良い）を反義語とする否定的な評価を表し，後者は *wasteful*（浪費癖のある）を反義語とする肯定的判断を表すとされる（p.125）．このようなコンテクストや社会的価値体系は「フレーム」（frame）または「認知モデル」（cognitive model）と呼ばれる．

ボーキン（Borkin 1973）は補文構造の違いに注目し，I find this chair uncomfortable.（このイスかけ心地良くない）と I find that this chair is uncomfortable.（このイスはかけ心地が良くない）とでは，the chair is uncomfortable という命題内容が前者では自らの直接的経験に基づく〈判断〉として，一方で後者では〈事実〉として捉えられており，I find this chair to be uncomfortable. はその中間に位置づけられると指摘している

（p.46）．

ボリンジャー（Bolinger 1977）は形式が異なれば意味も異なると唱え，類似する対応表現間に観察される微妙な意味の違いを数多く指摘している．例えば，「溺れ死んだ」という事実を表す自動詞文 He stupidly drowned. と疑似受身文 He was stupidly drowned. とでは，前者の自動詞文には why couldn't he have been more careful?（どうしてもっと慎重になれなかったんだろう）が自然に後続できる一方で，後者の疑似受身文については不自然になるという．これには責任の所在をどこに求めているかという概念化者の捉え方の違いが反映しているとされる（pp.16-7）．また，有責性を巡る別の研究としては，ロビン・レイコフ（Lakoff 1971）の GET 受身文の分析を挙げることができる．GET 受身文 Mary got shot on purpose.（メアリーがわざと撃たれた）において on purpose は Mary に責任があることを表す一方で，BE 受身文 Mary was shot on purpose.（メアリーが狙って撃たれた）においては on purpose が銃撃という行為そのものにかかる解釈を受け，Mary には有責性が認められないとされる（p.156）．

ヴェジビツカ（Wierzbicka 1988: 293-4）は，同一の状況を表す異なる言語形式は異なる概念化（different possible conceptualization）を反映しているとし，意味記述には概念主体の捉え方が不可欠であると論じている．彼女は Mary walked around the town.（メアリーは街を歩き回った）と Mary had a walk around the town.（メアリーは街を歩き回ってみた）を対照し，walk の行為主体は本来的に〈行為者役割（agent role）〉と〈経験者役割（experiencer role）〉を併せ持つと指摘したうえで，後者を〈行為〉局面から〈行為に伴う経験〉局面へと意識・関心を移す（conceptual focus shift）構文であると分析する．John walked to the post office to post a letter.（ジョンは手紙を投函しに郵便局まで歩いて行った）に対応すると考えられる[*]John had a walk to the post office to post a letter.（ジョンは手紙を投函しに郵便局まで一歩きしてみた）（p.303, 326）が容認されないのは，目的を明示する不定詞句 to post a letter によって行為局面の背景化が妨げられ，気晴らし的

な経験としての事態把握と馴染まないことに起因しているとされる.

池上（池上 2000; 291; Ikegami 2015; 5）は『雪国』（川端康成）の「国境の長いトンネルを抜けると雪国であった」という冒頭の文を取り上げ,列車に乗車している乗客の視点をとり,列車の移動に伴って車窓から目に飛び込んでくる様子が描き出されることを指摘し,見る対象である〈客体〉と知覚し言語化する概念主体である〈主体〉が〈主客合体〉した主体的解釈（subjective construal）を反映していると論じている.

3. 認知言語学の意味観

外部世界の知覚に基づきながらもそれらを主体的に解釈してゆく創発的な認知過程［プロセス］を扱う側面は認知言語学の特徴と言える.中でも認知文法は,捉え方を概念操作にまで還元する体系的記述を試みている.先述した捉え方の代表的な下位類を説明するにあたり,認知言語学が拠って立つ記号［象徴］的文法観,百科事典的意味観の理解が欠かせない.

記号的文法観または**象徴的文法観**（symbolic view of grammar）とは,言語がそもそも記号的（symbolic）であるという立場をとり,そこに見いだされる構造（言語単位）はその大小（文,節,句,語彙,形態素）を問わず,音韻極（phonological pole）と意味極（semantic pole）との直接的な組合せ（pairing）からなると規定する考え方である（Langacker 1987: Ch. 2. 2; 2008: 5, 15）.この記号［象徴］的文法観は形式と意味は恣意的関係からなるとするソシュール（Ferdinand de Saussure）の記号論の文法観に類似して見えるが,形式と意味の有契［有縁］性さらには記号のゲシュタルト性を視野に入れている点で本質的に異なる（山梨 2009: 11n, 68n）.認知言語学は語彙レベルにとどまらず言語単位にあまねく記号性を認めたうえで,分析可能性（analyzability）のあるものについては,その形式（音韻極）は意味によって動機づけられている（motivated）という立場をとる（Langacker 2008: 6）.この記号［象徴］的文法観に照らすと,形式と意味の有契［有縁］性を認めない言語形式の研究はすなわち音韻極のみを扱う研究というこ

とになる（ラネカー私信）.

意味は概念主体から独立して客観的に存在するのではなく,概念主体が外部世界（outer world）と相互作用（interact）することで発現する動的（dynamic）なものであると認知言語学は考える（Langacker 2008: 43）.このため,概念主体とは無関係に,外部世界に意味を求め「意味＝指示対象」（referent）とする方法論,記号そのものに意味を求め「意味＝概念」（concept）とする方法論のいずれとも一線を画し,認知言語学では「意味＝概念化」（conceptualization）と定義される（Langacker 1987: 5, 2008: 4, 43, 2009: 6）.つまり意味とは心的経験であるという意味観に立っているのである.ここでの**概念化**（conceptualization）とは従来の概念という用語よりも広い範囲を指し,発話プロセスにおける客観的事態とそれを主体的に意味づける概念操作の総体であると換言できる.

記号［象徴］的文法観に立つ認知文法は,図1に示すように語彙や構文パターンは連続体をなしており,両者の間に明確な境界線は引くことができないと主張する.記号構造は定着度・慣習化の程度,具体性（スキーマ性）,記号としての複雑性（symbolic complexity）という三つの尺度において特徴づけられるとされる（Langacker 2008: 21-4）.図1（a）の縦軸は記号構造の定着・慣習化の度合いを表し,上にいく程その程度が高いことを示しており,横軸は右にいくにつれて記号構造がより複合的であることを示している.図1（b）の縦軸は記号構造の具体性の程度を表し,上にいく程スキーマ的であることを示しており,横軸は右にいくにつれて記号構造がより複合的であることを示している.破線は記号構造が連続的であり,隣接するカテゴリーの間に明確な境界線は引けないことを表している.典型的な語彙項目は複雑性（complexity）が低い構造で,音韻極,意味極の両極において具体的であるため,図1（b）の左下の領域に位置づけられる.英語の-erや-mentのような拘束形態素（bound morpheme）およびイディオム類はレキシコンの領域内に収まることになる.これとは対照的に,態や構文をはじめとする文法は総じて抽象［スキーマ］的で,複雑性のスケールにおいては高

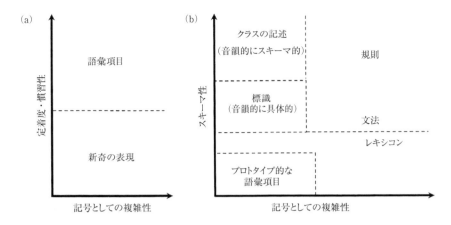

図1 記号構造の連続性（Langacker 2008: 21, Fig. 1. 4. 日本語訳は『認知文法序説』より）

い度合いを示し，右上の領域に位置づけられる（Langacker 2008: 21-4）．

日本語の格助詞などの文法的要素は，複数の語句から構成される構文表現とは異なる領域に位置づけられる．音韻極においては，格助詞は具体的な音であり，スキーマ的である構文とは対極にある．意味極に目を転じてみると，格助詞も構文も客観的意味内容が希薄でありスキーマ的である一方，両者は複雑性というスケールにおいて対照的である．複雑性の程度は違えども，両者はともに客観的意味内容ではなく，捉え方と言う意味側面を担っている点で通ずる．

認知言語学はまた，記号［象徴］的言語観に加えて**百科事典的意味観**（encyclopedic semantics）に立っている（Haiman 1980: 331, 355; Langacker 1987: Ch. 4.2, 2008: 36-43, 49）．この**辞書的意味**と**百科事典的知識**（encyclopedic knowledge）とは連続的であり峻別することはできないというこの意味観の延長線上に，ある表現の意味がそれを構成する下位要素の総和からは必ずしも完全には予測できない，という**部分的合成性**（partial compositionality）があると言える（Langacker 1987: Ch. 12.1, 2008: 42; Goldberg 1995: 4）．ちなみに上述したヴェジビツカは同一の外部状況を表す異なる動詞表現には異なる概念化が反映されていると論じ（Wierzbicka 1988: 293），言語形式の違いを捉え方の相違に求める認知言語学的アプローチをとる一方で，辞書的意味と百科事典的知識は区別できると主張し百科事典的意味観に与しない立場をとっている（Wierzbicka 1995: 289-91）．

4. 認知能力

認知言語学では，基本的な知覚経験から複雑な外部状況理解に至るまでレベルを問わず，言語表現は外部世界を解釈する概念主体の主体的営みを必然的に反映していると考える．比較対照（comparison），相違の認知，**カテゴリー化／範疇化**（categorization），**スキーマ化**（schematization），**焦点化**（focusing），**図・地の分化**（figure/ground segregation），**グループ化**（grouping），**概念の具象化**（conceptual reification）など外部世界の解釈には不可欠な認知能力が私たちには備わっており，これらの基本的な認知能力を用いて私たちは外部世界を主体的に意味づけしているのである（Langacker 2000: 2-3）．

ラネカー（Langacker 2008: 104-5）によれば，私たち人間が上述した所与の認知能力を駆使して外部世界を経験・理解している事実は，およそ言語が介在しない知覚レベルにおいても同様である．私たちには外部世界の**実体**（entity）を**類似性**（similarity）や空間的ないしは時間的**隣接性／近接性**（contiguity）に基づいてグループ化（grouping）して捉える認知能力が備わっている．次の図2 (a)に示す視覚入力情報は，空間的近接性に基づいて左の二つ，右の三つがそれぞれまとまりとして知覚される．図2(b)の視覚刺激は，まずは第1段階として六つの黒い点がその色彩的類似性に基づいて関連づけられ，次に第2段階として左右それぞれの三つの黒い点が空間的近接性に

よって直線として知覚され，またさらにより高次の段階で，2本の直線は平行線というまとまりのある図形として理解される（conceptual reification）．この基本的な視覚の事例において，視覚刺激に内在する類似性および近接性に基づいたグループ化の概念操作が重層的に生じていることがわかる．外部世界は客観的な「まとまり」として立ち現れてくるのはなく，グループ化という主体的認知プロセスによって「まとまり」として認知されるのである．

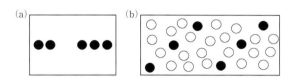

図2　グループ化（Langacker 2008: 105）

ラネカー（Langacker 2008: 105）は，星空を眺めて Big Dipper（北斗七星）を認知する状況においても同様にグループ化の認知プロセスが関わるとして次のように指摘している．私たちは視界に存在する一群の星々の中から特定の星を抽出してまとまりある constellation（星座）として捉えるが，周辺に他の星々も視認されることを考え合わせると類似性および近接性のみでは説明できない．ここでの事態把握は私たちの記憶に蓄えられた柄杓の形状イメージと重なることに動機づけられているというのである．つまり，外部の環境世界を前提としながらも，概念主体は自らの経験や記憶といった百科事典的知識を参照しつつ主体的に事態把握しているのである．

5. 抽象化（abstraction）：詳述性

先に述べたように，外部世界を知覚・経験するということは，概念主体の主体的な事態解釈と必然的に関わる．発話プロセスにおいて，概念内容をどの程度きめ細かく，あるいは概略的に描き出すかには様々な選択肢がある．この解像度（resolution）の設定とでも言うべき主体的解釈は，「詳述性」または「スキーマ性」/「概略性」（schematicity）と呼ばれる（Langacker 2000: 206, 2008: 55-7）．「詳述性」（specificity）とは指示対象である素材をどの程度まで概略（スキーマ）的に捉えるかという概念操作の側面を指す概念である．例えば，同一の指示対象であっても，(1) に示すように必要に応じて異なる詳述性で言語化される．なお，(2) に示すように詳述性という概念は語彙選択にとどまらない．実はこの概念操作は経験理解のあらゆる局面で生じるものであり，後述する認知スコープ（scope）をはじめとするその他の捉え方・解釈においても重要な役割を果たす．また，この詳述性・スキーマ性を適正に調整する概念操作は，差異を捨象し類似性を認知し共通パターンを抽出する**スキーマ化**（schematization），ひいては**カテゴリー化/範疇化**（categorization）にも関わる．

(1) thing（モノ）＞ object（物体）＞ tool（道具）＞ hammer（金槌）＞ claw hammer（釘抜き金槌）

(2) something happened.（何かが起きた）
＞ A person perceived a rodent.（ある人が齧歯類の動物を知覚した）
＞ A girl saw a porcupine.（一人の少女がヤマアラシを見た）　　　（Langacker 2008: 56）

6. 選択：焦点化，スコープ

次に**選択**（selection）という概念操作に基づく**焦点調整**（focal adjustment）について順を追って見てゆくことにする．概念主体は当該の発話に際して，はじめに経験世界から言語化に必要となる概念内容を選択的に切り出し，その概念内容のどの部分を**背景**（background）にどの部分を強調して**前景**（foreground）とするか，といった**焦点化**（focusing）と呼ばれる概念操作を行なう．同一指示にもかかわらず，花壇の紫陽花の葉の上に見つけた状況では「カタツムリ」（snail），料理のレシピでは「エスカルゴ」（escargot）という具合に異なる語彙で表現されるが，この語彙選択の仕組みは百科事典的意味観に立つ認知文法において，異なる焦点化の反映として説明される（Langacker 2008: 49）．ここでの指示対象は，次の図3(a)，(b)に示すように複数の関連する背景知識に跨って位置づけられる．楕円で示されたそれぞれの背景知識領域は**認知ドメイン**［**領域**］（cognitive domain）と呼ばれ，複数の認知ドメイ

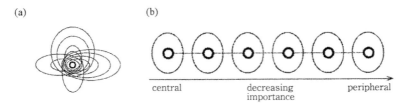

図3：マトリックス（Langacker 2008: 48）

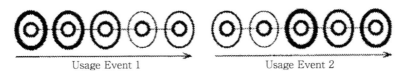

図4 複合ドメイン［領域］の相対的活性化の違い（Langacker 2008: 50）

ンからなる複合ドメイン全体は**マトリックス**（matrix）と呼ばれる（Langacker 1987: 148-9, 2008: 47-50）．発話の状況に応じて，マトリックス内のいずれかの認知ドメインを**基軸ドメイン**（central domain）として位置づけ，さらにはその他のドメインをそれぞれどの程度背景知識として関連づけるかという点で捉え方が異なるのである．図4の楕円の線の太さはそれぞれの認知ドメインの活性化（activation）の度合いを示している．マトリックスを構成する複数の認知ドメインの選択，基軸ドメインおよび活性化の程度の高い認知ドメインの選択は，それぞれ概念内容の選択および**前景化**（foregrounding）という概念操作にあたる．先に挙げた語彙選択においては，いずれも空間，時間，色などのそれ以上分解できない**基本ドメイン**（basic domain）に加えて，生き物，生物学，食などの認知ドメインを背景にして指示対象が概念化される．しかし，両者は基軸ドメインの選択，およびその他の認知ドメインの活性化度合いにおいて異なるというわけである．

次に示すある種の語彙の多義的側面も同様にドメイン選択という焦点化の観点から説明できるという指摘もある（Croft and Cruse 2004: 48）．(3b), (3c)の名詞 *Paris* の指示は，(3a)からのメトニミー解釈（Radden and Dirven 2007: 13-5）と一般に分析できる．認知文法においては，プロファイルと活性化領域のズレ（profile/active-zone discrepancy）ないし参照点（reference-point）という観点（Langacker 1990: 191, 2000: 198）から説明されるであろう．他方，クロフトとクルーズ（Croft and Cruse 2004: 48）はこのような言語形式とその指示のズレもまた同様に焦点化の相違に求められるとし，(3b), (3c)の名詞 *Paris* の指示は，行政システムや民主主義社会に関する知識を含む認知ドメインをそれぞれ基軸ドメインとして活性化させた概念化を反映していると論じている．

(3) a. Paris is a beautiful city.（パリは美しい街だ）
　　b. Paris closed the Boulevard St. Michel.（パリ市庁はサンミシェル通りを封鎖した）
　　c. Paris elected the Green candidate as mayor.（パリの有権者は緑の党の候補者を市長に選んだ）
　　　　　　　　　　　（Croft and Cruse 2004: 48）

焦点調整における選択として，次に（**認知**）**スコープ**（scope）という概念が挙げられる．認知スコープとは概念化の対象を描き出すのに必要なコンテクストを指し，概念化の内容すべてを収めるものは**最大スコープ**（maximal scope: **MS**）と呼ばれる．また，最大スコープ内において対象の特徴づけに最も直接的・決定的に関与する要素として前景化される内部領域は**直接スコープ**（immediate scope: **IS**）と規定され，**オンステージ領域**（onstage region）とも呼ばれる（Langacker 2008: 62-3）．

例えば，*elbow*（肘）の理解においては次の図5が示すように人の身体という概念が基軸ドメイン

として位置づけられ，これが最大スコープを構成する．そして指示対象と全体・部分の関係にある *arm*（腕）が直接スコープを構成する．身体部位の語彙を例に考えるとわかりやすいが，*body*（身体）＞ *head*（頭部）＞ *face*（顔）＞ *eye*（目）＞ *pupil*（瞳）のように，左の語が右隣の語の直接スコープとなる入れ子式形式を持つことがあることが指摘されている．このようなスコープの階層性は，*fingertip*（指先），*eyeball*（眼球），*toenail*（足指の爪）などの複合語においてそれぞれ左の構成要素［形態素］が右の構成要素［形態素］の直接スコープであることにも見て取れる（Langacker 2008: 64-5）．

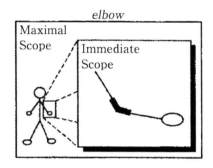

図5　最大スコープと直接スコープ
（Langacker 2008: 64）

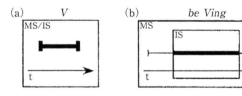

図6　進行相とスコープ（Langacker 2008: 65）

最大スコープと直接スコープの区別は，動詞述部の意味記述においても重要な役割を果たす（Langacker 2008: 65）．図6(a)が示すように，動詞そのものの意味構造レベルにおいては二つのスコープを区別する必要はない．太線横棒は動詞によって表される出来事を表示しており，太線の左右両端部分の短い縦線表示は，それぞれ始まりと終わりを示しており，ここでは出来事全体がスコープ内に収まっている様子を表している．一方，*be…V-ing* の意味構造は図6(b)に示すように，最大スコープ内の特定部分に注目しており，出来事の始まりと終わりの部分が直接スコープには収ま

っていないことを示している．進行相のアスペクトとは，動詞そのものの意味構造に内在する始点と終点部分を直接スコープから外す概念操作であると記述されるのである．このスコープ選択に基づくアプローチは，状態を表す述語が一般に *be… V-ing* の形式をとらない事実に対して，これらの述語の意味構造に始まりと終わりがそもそも内在しないためと自然かつ統一的な説明を与える（Langacker 1990: 91-7, 2008: 155-6）．

7. 際だち：プロファイル，トラジェクター／ランドマーク

ドメイン選択およびスコープ選択といった焦点化調整につづき，相対的な認知的際だち（prominence/salience）に動機づけられた概念操作として，次に**プロファイル**（profiling）と**トラジェクター／ランドマーク割り当て**（trajectory/landmark alignment）という焦点化調整を順に見てゆくことにする．

あらゆる言語表現は単純であれ複雑であれ，ある概念をその意味的土台として呼び起こし，その概念内の下位構造を注意の向けられる焦点対象として切り出す．概念化の基盤となる構造は**ベース**（base）と呼ばれ，認知的な際だちが高い部分構造として概念主体がとりわけ注目する部分は**プロファイル部**（profile）と呼ばれる．プロファイル部とはいわゆる言語表現の直接指示部分と考えて差し支えない．認知文法では言語表現が直接指示することは「プロファイルする」と表現される．プロファイル部とベースの概念は，**図**（figure）と**地**（ground）の概念（Talmy 1978: 627）を基盤としており，プロファイル部とはベースを地（背景）として前景化された図にあたる．「直径」という概念を例にとって見てみよう．「円」という概念を参照することなく「直径」は概念化されることはない．「円」を取り去ってみると，それは単なる「線分」でしかないことは容易に理解できる．

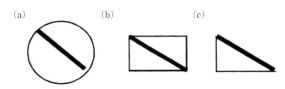

図7　ベースとプロファイル

(a) *hub* (b) *spoke* (c) *rim* (d) *wheel*

図 8　同一ベースにおける異なるプロファイル（Langacker 2008: 67）

ここでの指示対象である「直径」はプロファイル部，そしてこの概念化に際して参照される「円」はベースというわけである．図 7 の太線表示されているプロファイル部はそれぞれ「直径」「対角線」「斜線」と理解されるが，これらの概念化にはそれぞれ「円」「長方形」「直角三角形」の形状想起が不可欠なのである．概念主体はこれらの形状をベースとしてまず喚起し，それぞれの太線で示す直線部分に注目し概念化する．なお，図 8 は同一ベースにおけるプロファイルの違いに応じてそれぞれ「車軸」「スポーク」「リム」「車輪」を指示することを示している（Langacker 2008: 67）．

　ベースを背景として前景化されたプロファイル部を，あらためて相対的な認知的際だちの違いに応じて捉え直すという概念操作は，トラジェクター／ランドマーク割り当て（trajector/landmark alignment）と呼ばれる（Langacker 1987: 218-9, 2008: 71）．

　名詞が**モノ**（thing）をプロファイルする一方で，動詞，前置詞，形容詞などは**関係**（relation）をプロファイルする（Langacker 1987: Ch.5-7, 2008: 67）．名詞とは異なり，関係述詞（relational predicate(s)）は本来的に**依存的**（dependent）であり，必然的に**スキーマ的参与体**（schematic participant(s)）を含んでいるとされる（Langacker 1987: Ch.6.1.1, 2008: 199）．関係概念がプロファイルされるとき，そのプロファイル部に含まれる参与体の際だちが改めて査定され，参与体に様々な際立ちが与えられる．この際，最も高い際だちを与えられる参与体（primary figure）は**トラジェクター**（trajector: **tr**）と呼ばれ，それ以外に参与体が認められるとき，ついで際だちの高い参与体（secondary figure）は**ランドマーク**（landmark: **lm**）と呼ばれる．この際だちの順位づけ操作が**トラジェクター／ランドマーク割り当**てである（Langacker 1987: 217-20, 2008: 70-3）．

　トラジェクターとランドマークの割り当ての違いによる意味的対立の例として前置詞 *above* と *below* が挙げられる．両者はいずれも二つの事物の間に成立する空間的な上下関係をプロファイルし，図 9 に示すようにベースもプロファイル部も全く同じである．図中の上向き矢印は空間的オリエンテーションを，太線部はベース内のプロファイル部を，小円は参与体を，両方向破線矢印は参与体間の関係をそれぞれ示している．ここでの唯一の相違点はトラジェクターとランドマークの割り当てにある．*X above Y* という表現はランドマーク Y を手がかりにトラジェクター X を，*Y below X* という表現ではランドマーク X を目印にトラジェクター Y を位置づけていることを図 9 は表示している．

(a) *above* 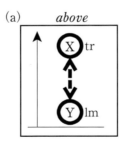　(b) *below*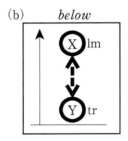

図 9　*above* vs. *below*（Langacker 2008: 71）

　際だちの相対的違いに応じてトラジェクターおよびランドマークが決まるわけだが，この際だちもまた外部世界そのものに内在するものではなく，当該の発話場面において外部世界の状況を概念主体がいかに捉えるかに求められるのである．この事実は特定の談話文脈によっていずれか一方の主体的意味づけが必然的に動機づけられることにより確認できる．Where is the lamp? と問われた状況では the table を手がかりに the lamp を同定する The lamp is above the table.（ランプはテーブルの上あたりです）のみが可能であり，Where is the table? という問いに対しては the lamp の目印

に the table を同定する The table is below the lamp.（テーブルはランプの下あたりです）のみが可能となるというわけである（Langacker 2008: 71）.

　The other guests all left before we arrived.（他の客はみんな我々が到着する前に出発した）と We arrived after the other guests all left.（我々は他の客がみんな出発した後に到着した）の意味対立も同様にトラジェクター／ランドマークの割り当てが概念化者の捉え方に帰する事例である.「客の出発」の後に「自分たちの到着」という出来事が生じるという時系列に沿った客観的事態の展開が，図10(a)，(b)でスキーマ的に表示するように，異なるトラジェクター／ランドマーク割り当てを反映して異なる言語形式で言語化されるのである（Langacker 2008: 72）.

　認知文法では，関係概念の下位クラスの一つである動詞がプロファイルする関係は，前置詞などがプロファイルする非時間的（atemporal）な関係と区別してプロセス（process）と呼ばれる．さらに，認知文法では文法関係（主語，目的語）は意味役割（semantic role）に基づいて規定することはできないことが指摘され，節レベルの主語および直接目的語はそれぞれ動詞によってプロファイルされるプロセスのトラジェクターおよびランドマークであると意味的に規定される（Langacker 1987: 231, 2000: 33-4）.

　多くの場合，参与体間の客観的非対称性はトラジェクター／ランドマーク割り当てを動機づける重要な要因として働くが，本質的には概念化者の捉え方を反映する．例えば，Line A intersects line B.（線Aは線Bと交差している）と Line B intersects line A.（線Bは線Aと交差している），および Janet resembles Margo.（Janet は Margo に似ている）と Margo resembles Janet.（Margo は Janet に似ている）はそれぞれ意味的に等価ではない．intersect（交わる），resemble（似ている）など客観的非対称性が認められない関係においては，何について叙述するかといった概念内容以外の要因，すなわち捉え方によって文法関係が決まることが指摘されている．一般に，〈行為者〉（agent）と〈被行為者〉（patient）からなる典型的な他動的事態においては，働きかける側の〈行為者〉参与体が卓立しトラジェクター候補となるが，対応すると考えられる受動文においては，概念化者の捉え方を反映して概念内容に内在する非対称性が覆されているというわけである.

8. パースペクティブ／視点

　認知言語学において，パースペクティヴ／視点（perspective）とは概念主体が事態を描き出すにあたって，外部世界の知覚に基づきながらどういった視点配置（viewing arrangement）で捉えるかといった主体的な概念操作と位置づけられている．パースペクティヴにはとりわけ基点（vantage point）と方向性（directionality）および「心的走査」（mental scanning）という概念に関わると考えて良い．以下，概念主体による主体的な視点配置（基点および方向性），心的走査の順に見ていくことにする.

　移動事象の事態把握には基点および方向性という概念が欠かせない．サンディエゴにいる概念主体（話者）がシカゴにいる相手に電話をかけ，翌日シカゴを訪れることを伝える状況を考えてみよう．日本語では一般に，「明日シカゴ行くから」のように「行く」という動詞が用いられる．九州，山陰地方，北陸地方には「行く」に加えて「来る」が用いられる方言が存在することが報告されているが，一般に「来る」は容認されない．英語では同じ「概念主体が相手の暮らすシカゴへ行く」という状況が，概念主体のとるパースペクティヴの違いに応じて，"I will go to Chicago tomorrow." と も "I will come to Chicago tomorrow." とも言える．後者は電話の向こうに

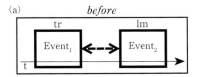
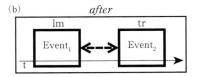

図10 *before* vs. *after*（Langacker 2008: 72）

いる対話相手の視点からの事態把握を反映しているとされる（Langacker 1987: 141）.

次に，先述した『雪国』（川端康成）の「国境の長いトンネルを抜けると雪国であった」という冒頭にみられる視点構図と同じく，登場人物の視点（事態内視点）をとる英語の事例を二つ見てみよう．一つは英語の懸垂分詞構文（dangling participial construction）で，そこには視点配置が決定的に関わっている．Leaving the bathroom, the immediate lobby is fitted with a pair of walnut wall cabinets.（バスルームを出ると，ロビーにはクルミ材のキャビネットが1対備え付けられている）（早瀬 2009: 72）に見てとれるように，分詞句と主節の二つの事態を関連づけ，まとめ上げているのは，行為者から観察者へと変わるものの，概念主体の視点にほかならない（早瀬 2009: 74-5）.「バスルームを出る」のも「ロビーの状況に気づく」のも概念主体であるというわけである．懸垂分詞構文は登場人物の視点（「内」の視点）から，目の前に展開する状況を描き出しており，視点移入による〈主客合体〉した主体的解釈を反映している．

もう一つは There is a house every now and then through the valley.（谷のそhere ここに家々がある）（Talmy 2000: 71）に例示される There 存在構文である．これは時間経過や経路移動の表現を伴う事態内視点の描写である．谷を行く旅人の視点から刻々と変わる情景を描出しており，視点が刻々と移動していく順次視点モード（sequential perspectival mode）（Talmy 2000: 70）と呼ばれるパースペクティヴをとる〈主客合体〉した主体的解釈を反映している．

次に「心的走査」（mental scanning）が関わる「主観的移動」（subjective / fictive motion）と呼ばれる事例を見てみよう（Langacker 1987; Matsumoto 1988; Talmy: 2000）．全く同じ景観が The hill rises gently from the bank of the river.（その丘は川の土手からなだらかに上っている）とも The hill falls gently to the bank of the river.（その丘は川の土手へとなだらかに下っている）とも表現され得る（Langacker 1987: 262）．静的状況であるにもかかわらず，動作を表す動詞が生じているのはなぜだろうか．rise と fall はそれぞれ

丘の形状を心的に辿る，向きの異なる視線の移動をプロファイルしていると分析される．このような概念操作は「心的走査」（mental scanning）と呼ばれるが，ここでのパースペクティヴは外界に内在するものではなく，純粋に主体的要因に起因するものである．

また，方向性の主体的「読み込み」もしくは「織り込み」（imposing）は，入れ子式の所在表現（nested locative construction）にも観察される.「カメラが2階の寝室のクローゼットの棚の上にある」という状況は，Your camera is upstairs, in the bedroom, in the closet, on the shelf. とも Your camera is on the shelf, in the closet, in the bedroom, upstairs.（Langacker 1999: 60; 2008: 81）とも表現され得る．前者はズームイン，後者はズームアウトの心的走査を反映しており，これもまたパースペクティヴという観点から説明される．

まとめと展望

かつて「意味」は客観的外部世界のどのような状況に対応するのかという観点から記述が試みられたが，こうした意味的アプローチは異なる言語形式が客観的に全く同一の状況に対応する事実を捉えることができない．そんな中,「意味」は身体性に基づく「概念内容」とそれを主体的に意味づける概念操作「捉え方／解釈」の総体であるとする概念的アプローチが登場する．後者は叙述対象の言語化にあたり，概念主体によって主体的に織り込まれる「捉え方／解釈」，ないしは当該言語の慣習（convention）に則って盛り込まれる多様な主観的意味づけを指す．

認知言語学は意味を概念化と同定し，人間に共通する基本的認知能力および身体性（Langacker 2008: 28）などに根ざしているという作業仮説に立ち，認知プロセスに還元した意味記述の可能性を追求することに力点を置くと言える．こうした方法論によって，言語の普遍的側面が明らかになると同時に（Langacker 1993: 447），それぞれの言語に慣習化した捉え方に基づく言語類型論的な研究が展望される．更に，選好される捉え方（例えば行為連鎖（action/causal chain）と共感含意階層（empathy hierarchy）のいずれを選好するの

かなど（Langacker 1991: Ch.7.1.1; 7.3.1.1)）と，当該言語が話される共同体の文化ないしは価値観との関連性についてもその解明が期待される.

概念主体は認知能力を駆使して，外部世界に基づきながら，発話時の状況に最も適うパースペクティブのもと主体的に事態を把握すると言える. 対話の相手の視点をとるパースペクティヴを反映するとされる I will come to Chicago tomorrow. という発話は言外に相手と面会したいという思いを示唆するという. こういった談話語用論的機能はどのように〈視点〉と関わるのだろうか. そのメカニズムに迫る研究が期待される.

▶重要な文献

Fillmore, C. J. 1982 Frame Semantics. In Linguistic Society of Korea (ed.), *Linguistics in the Morning Calm*, Hanshin, Seoul, pp.111-37.
　語の意味理解には「フレーム」と呼ばれる経験に基づいて一纏めにされた知識構造が必要となることを指摘した.
Wierzbicka, A. 1988 *The Semantics of Grammar*. John Benjamins, Amsterdam.
　諸言語の多様な具体的事例を示し，それらの対照比較を通して構文の担う意味を事態把握という観点から詳述しており，日本語の迷惑受け身についても扱っている.

▶文　献

Bolinger, D. 1977 *Meaning and Form*, Longman, London. ［中右実（訳）1981『意味と形』こびあん書房.］
Borkin, A. M. 1973 To Be and Not to Be. *Papers from the Regional Meeting of the Chicago Linguistic Society* 9: 44-56.
Croft, W. and A. Cruse 2004 *Cognitive Linguistics* (Cambridge Textbooks in Linguistics), Cambridge Univ. Press, Cambridge.
Dixon, R. M. W. 1991 *A New Approach to English Grammar, On Semantic Principles*, Oxford Univ, Press, Oxford.
Fillmore, C. J. 1982 Frame Semantics. In Linguistic Society of Korea (ed.) *Linguistics in the Morning Calm*, Hanshin, Seoul, pp.111-37.
Goldberg, A. E. 1995 *Constructions：A Construction Grammar Approach to Argument Structure*, Univ. of Chicago Press, Chicago. ［河上誓作・早瀬尚子・谷口一美・堀田優子（訳）2001『構文文法論—英語構文へ

の認知的アプローチ』研究社.］
Haiman, J. 1980 Dictionaries and Encyclopedias. *Lingua* 50 (4): 329-57.
早瀬尚子 2009「懸垂分詞構文を動機づける「内」の視点」『「内」と「外」の言語学』開拓社，pp.55-97.
池上嘉彦 2000『「日本語論」への招待』講談社.
Ikegami, Y. 2015 'Subjective Construal' and 'Objective Construal': A Typology of How the Speaker of Language Behave Differently in Linguistic Encoding a Situation. *Journal of Cognitive Linguistics* 1: 1-21.
Lakoff, R. 1971 Passive Resistance. *Chicago Linguistic Society* 7: 149-62.
Langacker, R. W. 1987 *Foundation of Cognitive Grammar*, Vol.I, *Theoretical Prerequisites*, Stanford Univ. Press, Stanford.
Langacker, R. W. 1990 *Concept, Image, and Symbol: The Cognitive Basis of Grammar* (*Cognitive Linguistics Research* I), Mouton de Gruyter, Berlin.
Langacker, R. W. 1991 *Foundation of Cognitive Grammar*, Vol.II, *Descriptive Application*, Stanford Univ. Press, Stanford.
Langacker, R. W. 1993 Universals of Construal. *Proceedings of the Annual Meeting of the Berkeley Linguistics Society* 19: 447-63.
Langacker, R. W. 2008 *Cognitive Grammar: A Basic Introduction*, Oxford Univ. Press, Oxford. ［山梨正明（監訳）2011『認知文法論序説』研究社.］
Langacker, R. W. 2009 *Investigations in Cognitive Grammar*. Mouton de Gruyter, Berlin.
Matsumoto, Y. 1996 Subjective Motion and English and Japanese Verbs, *Cognitive Linguistics* 7: 183-226.
Radden, G. and R. Dirven 2007 *Cognitive English Grammar*, John Benjamins, Amsterdam.
Talmy, L. 1978 Figure and Ground in Complex Sentences. In Greenberg, J. H. (ed.) *Universal of Human Language*, Vol.4, *Syntax*. Stanford Univ. Press, Stanford, pp.625-49.
Talmy, L. 2000 *Toward a Cognitive Semantics*, Vol.I, *Concept Structuring Systems*, MIT Press, Cambridge, MA and Bradford, London.
Wierzbicka, A. 1988 *The Semantics of Grammar*, John Benjamins, Amsterdam.
Wierzbicka, A. 1995 Dictionaries vs. Encyclopedias：How to Draw the Line. In Davis, P. W. (ed.) *Alternative Linguistics: Descriptive and Theoretical Model*, John Benjamins, Amsterdam, pp.289-315.
山梨正明 2009『認知構文論—文法のゲシュタルト性』大修館書店.

| 3.4 | イメージ・スキーマ |

篠原俊吾

1. このセクションで扱う項目

このセクションでは，意味拡張，文法化など多くの事象に関わる重要な概念の一つである**イメージ・スキーマ**（image schema）について論ずる．まず初めに，この用語が用いられるようになった歴史的背景に触れ，さらに，基本概念として，認知言語学における定義づけとこの現象の四つの主要な特徴（実際の視覚とは異なる，概念形成以前に獲得される，内部構造を持つ，複合的に生ずる）を論じる．続いて，主なイメージ・スキーマの種類，イメージ・スキーマを用いた分析の利点，そして，イメージ・スキーマが関わる現象を具体例として，比喩的拡張，助動詞，主観性の例を取り上げる．さらに，レイコフの提唱する変換不変化仮説とイメージ・スキーマの問題を取り上げ，最後に，今後の課題として，定義と種類の問題，そして，現行の分析とは異なる代案について言及する．

2. イメージ・スキーマとは

子どもは，ことばを獲得する以前から，食べ物を口に入れたり，おもちゃを箱から出し入れしたりしながら，無意識のうちに「内」「外」という感覚を体得する．やがて立ち上がると，「バランス」「上・下」「左・右」の感覚を，そして，手でモノを動かしてみたり，落としてみたりしながら自分の周囲にあるものの在り方を理解する。このようにわれわれは日々繰り返される基本的な経験の中から頻度の高い（したがって重要度の高い）身体経験の共通のエッセンスを抽出し，運動感覚系の心的イメージとして認知する．やがて，この経験は「内・外」の例でいえば，視野（「視界に入る」[come into view]），意思伝達（「考えを言葉に盛り込む」[put one's idea into words]），状態変化（「トラブルに巻き込まれる」[get into trouble]）など，より抽象度の高い異なる領域を理解するのに用いられ，比喩的拡張においても重要な役割を果たすことになる。このような知覚，運動感覚に基づく抽象度の高い心的イメージを**イメージ・スキーマ**（image schema）と呼ぶ．

3. 歴史的背景と基本概念

▶ 3.1 歴史的背景

1970 年代半ばからタルミー（Leonard Talmy）(imaging system) やラネカー（Ronald Langacker）(abstract domain) などが，空間表現の意味は言語の多様性を越えいくつかの普遍的スキーマを用いて分析可能であることを論じ，現在のイメージ・スキーマ論の展開につながる研究を独自の観点から行なってきた．その後 1980 年代に入り，レイコフ（George Lakoff）とジョンソン（Mark Johnson）におけるメタファー論，経験基盤主義の展開を経て，現在のようなイメージ・スキーマという用語が本格的に用いられるようになったのは，レイコフ（1987），そしてジョンソン（1987）においてである．ここで日常の身体経験を基盤とするイメージ・スキーマの存在が指摘され，その後の様々な分野での展開，研究成果へと結びついていくことになる．

哲学的には，心身二元論との関係で，古くからこの研究に結びつく発想は存在していた．1800 年代後半にはジェームズ（William James），1900 年代前半にはデューイ（John Dewey），メルロ＝ポンティ（Maurice Merleau-Ponty）が，我々の思考や表現は，知覚，身体の動きなどを基盤に形成され，両者は不可分であることをそれぞれ指摘しており，現在の研究へと結びつく素地はすでにこの頃から存在していた．その流れを受け継いだのがジョンソンのイメージ・スキーマ論である．

ジョンソン，レイコフによるイメージ・スキーマ論の展開以来，現在では，数多くの分野での検

証が始まっている．例えば，認知心理学，発達心理学，言語心理学，認知神経科学の実験から，イメージ・スキーマは創発的（emergent）なものとして，その心理的実在性が確認されている（Gibbs and Colston 1995）．さらに，神経科学の分野でも，神経回路との関係で，イメージ・スキーマを用いる際，活性化する領域の存在が確認されたばかりでなく，**基本スキーマ**（primitive schema）を用いる際と実際の身体活動を伴う場合に同じ神経回路が活性化するということも検証されつつある（Dodge and Lakoff 2005）．

▶ 3.2 イメージ・スキーマの定義

研究者によって定義も様々であるが（後述），おおむね，ジョンソン（1987）の定義を中心に議論が進められることが多い．我々人間は知覚を通して世界と自己の在り方を理解していくが，その中には，何度も繰り返して生ずる有用なパターンが存在する．これらは，私たちの（広い意味での）経験を理解し構造化していくうえで非常に重要なものであるが，このような繰り返し現れる知覚運動感覚系の経験の型のエッセンスを抽出したものがイメージ・スキーマである．

言語獲得以前に生じたイメージ・スキーマはその後，どのように用いられるようになるのであろうか．バランスのスキーマを例に挙げてみよう（Gibbs and Colston 1995; Taylor 2002）．幼児は二足歩行の段階になると，体の中心に軸を設けて，ある特定の方向に力がかかりすぎないように周囲に力をうまく分散させていくことを覚える．言語獲得以前に体得した「歩行」，「走行」といった知覚運動を通して得たバランス感覚は，言語的な概念の形成以前に無意識のうちに繰り返しあらわれる経験の型のプロトタイプとして擦り込まれ，そこから抽出された知覚運動系のエッセンスがイメージ・スキーマとして浮かび上がってくる．やがて成長すると同じ身体感覚を今度は自転車を乗るのに用い，さらには，「栄養のバランス」「バランスのとれた判断」のように具体的身体活動を伴わない，より抽象度の高い概念の理解に用いるようになるが，「歩行」「走行」といったプロトタイプとなる身体経験と特定の食品を過剰摂取しないよううまく分散していく経験，特定の角度から物事を捉えることを避けできうる限り視点を分散させ

ていく経験との間に何らかの類似性が見てとれると，上位概念としてのイメージ・スキーマが，起点領域（身体経験）から抽象的な目標領域（健康や判断の領域）へ写像され，比喩的拡張が生ずることになる（図1）．

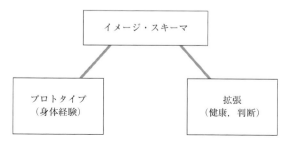

図1 カテゴリー化の三角形（Taylor 2002: 522）

▶ 3.3 イメージ・スキーマの主な特徴

ここでは，イメージ・スキーマが主にどのような特徴（Evans and Green 2006）を持っているのか触れておく．

3.3.1 実際の視覚イメージとは異なる

イメージ・スキーマは，個々の対象に備わる個別具体的な特徴を表すものではないという点で具体的な視覚的イメージとは異なる．視覚的イメージは目を閉じて思い浮かべることができるが，イメージ・スキーマはできない．ある対象に関するイメージ・スキーマを持っている人が，目の前にある対象を見て，それが当該のカテゴリーに当てはまるかどうか判断することはできるが，そのイメージ・スキーマを具体的な形で視覚化することはできない（論文や概説書には，しばしば図式化されたものがイメージ・スキーマとして登場するが，便宜上でやむを得ず視覚化したもので，これが実際のイメージ・スキーマではないことに注意）．例えば，「歩く」「走る」等の運動を通してそれらに共通する［起点－経路－着点］のスキーマが形成されるが，誰が（動作主），いつ（時間），どんな風に（様態）など個別の事例に関する情報は捨象され，様々な運動の共通要素のみが抽出される．

タルミー（2005）は，このような詳細情報の抽象化するイメージ・スキーマの特徴（空間関係のスキーマのトポロジー的特徴）として，①大きさに関して不問（magnitude-neutral），②形に関し

て不問（shape-neutral）[例えば，経路であれば，一直線でも，ジグザグでも，弧を描いても良い]，③かさに関して不問（bulk-neutral）[例えば，過去，未来は広がっているものだが，点で表される]という3点を挙げている．一方，ラネカー（2008）は同様の情報の抽象化をイメージ・スキーマの持つ特徴として「特定の領域に属さない」（domain independent）という点を挙げている．

図2　X in Y において X が一部外にある例

3.3.2　経験基盤（相互作用）的，かつ，概念形成以前に獲得される

前述のようにイメージ・スキーマは，形成に際し人間と外界との関わり（interaction）が重要な役割を果たすという意味において経験基盤的である．例えば，目の前にある対象を自らの手で動かしてみたり，自分が前進して障害物にぶつかり前に進めなくなるといった経験を積みながら，力動性（force dynamics）を理解し，モノの動き，入れ物など容器と対象の出し入れに関する経験を繰り返すことで，in, out, into, out of などの概念の基礎になる容器のイメージ・スキーマが形成される．これらの経験は，言語的な概念形成以前に体得されるもの（preconceptual）であり，(in/out, on/off といった）語彙的な概念は，この基本的な空間把握や対象の動きなどの把握に基づいて形成されることになる．

経験基盤的であるということは，向き合う対象をどのように捉え，知覚者が自己と外界との関係をどのように意味づけるかが重要になることを意味する．たとえ物理的には同じような形，色，空間的な位置づけにある対象であっても，異なる意味づけ（捉え方）がされることがある．例えば，英語では，図2(a)が，ビンとフタの関係であれば，the lid in the jar ではなく，the lid on the jar，または，the lid to the jar のように，on や to を用いるが，電球とソケットの関係であれば，the socket on the bulb でも，the bulb under the socket でもなく，the bulb in the socket と表現するのは，我々が電球とソケットの間に単なる接触，上下関係以上の読み込みをしているからである．また，図2(b)のように，実際には容器からはみ出ているオレンジを the oranges in the bowl のように内側にある（in）と捉えるのは，たとえ物理的にはそうでないとしても容器の中に納められているという捉え方をしているからである．

このように，イメージ・スキーマ形成は，単純に対象の客観的な空間関係をそのまま写し取っているわけではなく，あくまで自己と世界の関係性によって浮かび上がってくるものである（5.3を参照）．

3.3.3　複合的に生ずる（内部構造を持つ），経験のゲシュタルトとして認知する

空間関係を表すイメージ・スキーマは，内部構造を持ち，しばしば基本スキーマ単体ではなく複合体（組合せ）として現れる．例えば，動詞の enter（または，前置詞の into）には，図3(a)の

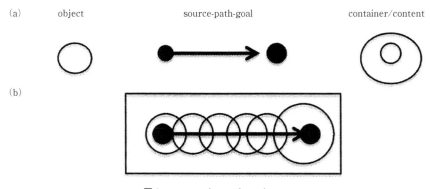

図3　enter のイメージ・スキーマ

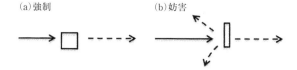

図4 強制，妨害のイメージ・スキーマ

ように容器（内・外，境界線）のスキーマ，経路のスキーマなどが関係しており，部分の集合ではなく，図3(b)のように全体が複合したものとして認知される．

イメージ・スキーマが複合的に現れる傾向にあることは近年の神経科学の研究からも実証されている．多くの実験により，タルミーやラネカーが提唱するような**基本イメージ・スキーマ**（primitive image schema）の存在とそれらを用いる際に活性化する神経回路内の部位はすでに確認されているが，多くの場合は，基本スキーマ単体ではなく，（異なる組合せの）複合体として現れることが明らかになっている（Dodge and Lakoff 2005）．

別の例を見てみよう．タルミーにより明らかにされてきた力動性のスキーマは，八つ（強制，妨害，対抗力，迂回，壁の除去，力の可能化，牽引，抵抗）存在する．例えば，強制，妨害のスキーマは以下の図4のように表すことができる．これらの八つのスキーマには，以下のような共通の内部構造がある（Johnson 1987）．①外界との関わり（相互作用）を経る，②力の方向性（force vector）がある，③典型的には動きの経路は一つ，④力の源とその力を受ける標的がある，⑤力の強さがある，⑥因果連鎖，つまり，起点，標的，力の向き，動きの経路といった帰結がある．

enter同様，我々は，これらの部分の集合としてではなく，全体を一つのユニット（経験のゲシュタルト）として認知している．

3.3.4 心理的に実在している

すべてのイメージ・スキーマは，心理的に実在することが多くの言語心理学の実験から明らかになっている（Gibbs 2005）．また，イメージ・スキーマに相当する行為を想起する（または，言語化する）場合とそれに則した実際の身体活動を行なっている場合には，脳内では，同じ神経回路（部位）が活性化する（Dodge and Lakoff 2005）．

注意すべきなのは，イメージ・スキーマは，長期記憶の中の抽象的心的表象として読み込まれ，抽象的な概念や意味の基礎になっている訳ではない（つまり，どこかに安定的に記憶されているものではない）ということである．我々の脳は，常に（無意識に）体をコントロールするために，外界と自己の関係を観察し，そこから得られた情報を用いて修正をし，（抽象的な推論のような身体活動を伴わない場合でも）身体とそれに伴う行為のシミュレーションをしている．したがって，イメージ・スキーマは，知覚を通した経験と抽象的な概念を結びつける**一時的なリンク**（temporary linkage）と考えるのが妥当である．

▶ 3.4 イメージ・スキーマの種類

イメージ・スキーマを網羅したリストは今のところ存在しないが，一般的には以下のようなものが代表的なものとして挙げられる（Evans and Green 2006）．リストの問題点は，5.2で述べる．

空間：上下　前後　左右　遠近　中心周辺　接触
　　　直線　垂直
包含：容器　内外　表面　満空　内容
移動：速度　起点／経路／目標
均衡：軸均衡　両天秤均衡　点均衡　物理的力の均衡
力　：強制　妨害　対抗力　迂回　障害の除去
　　　力の可能化　牽引　抵抗
統一／多数（性）：融合　集積　分離　反復　部分
　　　全体　個体集合　接触
同化：調和　重ね合わせ
存在：除去　境界線のある空間　循環　対象　過程

4. イメージ・スキーマが関わる現象とその分析

▶ 4.1 イメージ・スキーマを用いた分析の利点

イメージ・スキーマを用いた分析の優位性はいくつか存在するが，第1に，他の記述方法と比較した場合，イメージ・スキーマを用いた分析の方が，記述対象の持つ性質を直観により近い形で表すことが可能であることが挙げられる．例えば，動詞enterは語彙概念構造では図5(a)のように示されるのに対し，イメージ・スキーマは図5(b)のような表記をすることになるが，後者の方が，言語形成以前の心的経験のアナログ的な性質を，言

語を媒介せず，より直接的に反映することができる（Langacker 2008）．

(a) [Event GO([Thing X], [Path TO([Place IN([Thing Y])])])]
(b)　object　　source-path-goal　　container/content

図5　enter の語彙概念構造とイメージ・スキーマ

二つ目の利点は，反転（inverse）の関係を明確にすることができるという点である．例えば，He sauntered out of the room.（彼はふらっと部屋から出て行った），He sauntered into the room.（彼はふらっと部屋に入って来た）のような2文において，イメージ・スキーマを用いることで，in/out の front/back，top/bottom のようなものが全く無関係の概念として存在しているわけではなく，両者が反転の関係であることがわかる．さらに，She entered the room.（彼女は部屋に入った），She exited the room.（彼女は部屋を出た）における enter，exit のような前置詞を用いない空間関係の反転もイメージ・スキーマを用いて説明することによって，（移動）対象，起点 - 経路 - 着点，容器 - 内容物という部分は同じであるが，移動の方向，つまり，起点と着点が入れ替わる関係であることが一目瞭然になる（Dodge and Lakoff 2005）．

▶ **4.2　イメージ・スキーマが関わる現象（比喩的拡張，助動詞，主観性）**

以下，イメージ・スキーマを用いることによって無理のない説明が可能になる事例についていくつか見ていく．

4.2.1　概念メタファーの比喩的拡張

すでに述べてきたように，概念メタファーにおいて，イメージ・スキーマは，起点領域である物理的空間の領域から，抽象的な異なる領域（目標領域）へ写像される際に極めて重要な役割を果たす．ここでは二つ例を挙げておく（例文は Lee 2001）．

(1) a. The cat came out of the house.
　　　［物理的容器（家）］

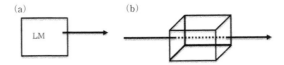

図6　out of のイメージ・スキーマ(a)と through のイメージ・スキーマ(b)

　　　（ネコが家から出てきた）
　b. He did it out of curiosity.
　　　［「原因」を容器に見立てた例］
　　　（彼はそれを好奇心からやった）
(2) a. The train rushed through the tunnel.
　　　［物理的移動対象の通過あり］
　　　（列車はトンネルを駆け抜けた）
　b. He was looking through the window.
　　　［物理的移動対象の通過なし（視線の通過）］
　　　（彼は窓越しに見ていた）
　c. I managed to get through to Pat.
　　　［主体の行なう伝達内容の通過］
　　　（私はパットに連絡をとることができた）
　d. I went through a terrible week last week.
　　　［主体が困難な状況を通過（時間の経過）］
　　　（私は先週ひどい週をなんとか乗り切った）

(1a)は，TR（ネコ）が，容器である LM（家）を起点として，そこから移動したことを表しているが，このような繰り返される物理的な主体の移動の事例を通して out of のイメージ・スキーマが現れる．(1b)では，out of が用いられているのは，この out of のイメージ・スキーマを介して，「好奇心」が抽象的な「容器」状の起点（すなわち，原因）として捉えられているからである．同様に，(2a)のような TR（電車）がある物理的空間 LM（トンネル）を通過することから抽出されたイメージ・スキーマを介して，(2b, c)のような物理的 TR を伴わない（(2b)は視線，(2c)は言語的なメッセージの）通過，さらには，同じスキーマを介して，(2d)は（主体の）抽象的 LM（「困難」）の通過として捉えられていると考えられる（ここには時間を空間的に読み替えるメタファーも含まれている）．

4.2.2　助動詞の意味変化について

「力動性のスキーマ」（この場合は，「強制」と「障害の除去」）によって，助動詞 must，may の根源的用法（root）と認識的用法（epistemic）の関係を説明することができる（Sweetser 1990）．

(3) a. You must come home by ten.
　　　（君は，10時までに家に帰宅しなければならない）
　 b. You must have been home last night.
　　　（君は，昨夜，家にいたに違いない）
(4) a. John may go.
　　　（ジョンは，行っても良い）
　 b. John may be there.
　　　（ジョンは，そこにいるかもしれない）

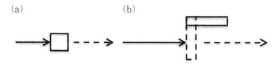

図7　強制(a)と障害(b)の除去

(3a, b)では，背後に同じ「強制」のスキーマ（図7(a)）が存在するが，(3a)のように，社会物理的（socio-physical）な領域に適用されると，根源的用法（「義務」）の意味（=「しなければならない」）になり，(3b)のように，推論（reasoning）の領域に適用されると，論理が命題を特定の方向へ「結論せざるを得ない」（=「違いない」）という認識的用法（「必然性」）の意味になる．同様に，「障害の除去」のスキーマ（図7(b)）が，(4a)では，社会物理的領域において用いられると，「物理的に妨げる障害が何もない」ことを意味する根源的用法（「許可」=「してもよい」）の意味になるが，(4b)のような推論の領域においては，「結論を妨げる障害が何もない」という認識的用法（「可能性」=「かもしれない」）になる．ちなみに，イメージ・スキーマを用いた助動詞分析の代表格であるタルミーは，どの領域にも属さない（domain neutral）イメージ・スキーマが異なる二つの領域に適用されることで，それぞれの意味が生じるという点を重視しているのに対して，同様に代表格であるスィーツァー（Eve Sweetser）は，起点領域である根源的用法のイメージ・スキーマが，目標領域である認識的用法へ写像され，隠喩的な拡張が存在する点を強調している．

▶ **4.3 イメージ・スキーマ変換**

例えば，都心の繁華街の中にいれば，個体認識できる周囲の人間でも，（例えば近くのビルの屋上から）距離を置いて見ると個体性が失われ一つの固まり（「群衆」，時に人の「波」）として認識できる．このように，我々は，個体性の高い対象でも視点を変えることによって連続体に読み替えることがある．同様に，(5b)では，複数個体「兵士」を（(5a)の「線路」のように）連続体として認知する読み替えが行なわれている．

(5) a. The railway track ran along the road.
　　　（1次元）────
　　　（線路が道に沿いに走っていた）
　 b. There were soldiers posted along the road.
　　　（複数個体）-------------
　　　（兵士たちが道路沿いに配置されていた）

さらに我々は同じイメージ・スキーマ内で焦点をずらして捉えることもできる．例えば，overは，He walked over the hill.（彼は歩いて丘を越えていった．）のように起点から目標点までの経路全体に着目しその軌道を表す場合もあれば，He lives over the hill.（彼は丘の向こうに住んでいる．）のように主体の移動の結果のみ（移動の着点である向こう側にいる）に焦点を当て読み替えをすることも可能である（終端焦点）．ちなみに，後者のoverには主体の実際の移動は存在せず，視線の動きだけが残っており（subjective motion），主体化（subjectification）という現象が関係しているが，イメージ・スキーマを用いることでこのような主体化に関わる現象の説明が容易になる．

このように，個体集合を連続体に読み替えたり（=(5b)），イメージ・スキーマ全体ではなく，(He lives over the hill.のように）一部分に焦点を当てたりすることを**イメージ・スキーマ変換**（image-schema transformation）と呼ぶ．over同様，この変換を援用することにより，語彙項目の多義性が説明できる．例えば，以下の(6a-d)のroundは様々な状況を表すことができるが，同じイメージ・スキーマ変換を想定することで，図8に示されるroundの多義的性格が明確になる．

(6) a. She ran round the lake.
　　　（彼女は湖の周りを走った）
　 b. She ran round the block.
　　　（彼女は走って1区画ぐるっとまわった）
　 c. She ran round the corner.
　　　（彼女は走って角をまわった）
　 d. She spent half an hour driving round, trying to find a parking place.

（彼女は 30 分かけて駐車場を探して車で走りまわった）

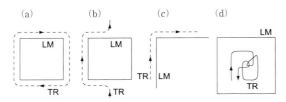

図8 round のイメージ・スキーマ（Taylor 2003: 155）

▶ 4.4 不変化仮説（原理）とイメージ・スキーマ

イメージ・スキーマは，概念メタファーの写像における仮説（原則）においても重要な役割を果たす．メタファーが意味拡張をする際，起点領域の構造は目標領域に写像される．例えば，「プロ野球選手はプロ入り 2 年目で必ず大きな壁にぶつかる」という表現において，起点領域における壁（高い壁など物理的障害物）が目標領域における壁（困難な出来事）に写像された場合，乗り越えるためには身体的，精神的困難を伴うという点で，起点領域のイメージ・スキーマ構造は維持されている．レイコフ（1990）は，「メタファー的写像は，起点領域のイメージ・スキーマ構造を維持する」とし，これを**不変化仮説**（Invariance Hypothesis）として提唱した．その後，必ずしも起点領域のスキーマがすべて写像されていないという指摘をうけて，「メタファー的写像は，目標領域の内部構造に合致する形で，起点領域のイメージ・スキーマ構造を維持する」と修正し，**不変化原則**（invariance principle）としている．現在レイコフが提唱している the neural theory of metaphor では，神経内の起点ノードと目標ノードが何度も同時に活性化（co-activation）するため，起点領域と目標領域が合致しない神経地図は最初から学習されないと考えられている（Lakoff 2008）．したがって，この理論に照らし合わせると，不変化原則に修正する際書き加えた「目標領域の内部構造に合致する形で」という部分は加筆の必要はなくなると考えられる．

5. まとめと展望，および今後の課題

本節では，イメージ・スキーマの定義，種類，特徴，利点などについて概観してきた．イメージ・スキーマは，概念形成以前に，知覚，身体経験を通して得られる感覚の中から頻繁に生ずる有用なパターンを抽出した心的イメージである．これらは，基本的な空間認識に関わる言語的概念獲得の基礎になっているが，さらに，この知覚運動感覚から抽出されたスキーマは，（例えば，「議論」「恋愛」「時間」といったような）より抽象的な概念の獲得の際，起点領域から目標領域へ写像されることになる．この隠喩的な拡張は，（例えば，助動詞の「根源的」意味から「認識的」意味への）意味変化の問題を説明する際にも極めて重要な役割を果たす．さらには，このような図式を援用することで，複数個体を 1 次元的に読み替える，視点を移動させる（終端焦点）などイメージ・スキーマ変換によって生ずる事態認知の読み替えも説明が可能になる．

今まで見てきたようにイメージ・スキーマが極めて重要な心的表象であることは疑いようのない事実であり，基本的で汎用性の高い概念であるが，必ずしもその実態は明確ではなく，詳細を見ていくと，定義，種類など研究者の間で意見が一致しない部分が多い．以下，今後の検討課題として三つ問題点を指摘する．

▶ 5.1 定義と種類について

イメージ・スキーマの定義と種類に関しては 1987 年にジョンソン，レイコフがイメージ・スキーマ論を展開し始めて以来，常に問題提起され，いまだ統一見解は見られない．定義に関して言えば，通常，経路，垂直性といった抽象構造，もしくは，さらに抽象度の高い，循環，経過のようなものがイメージ・スキーマとみなされるが，その一方で，PUSH，GRASP のような基本的なレベルの経験の構造をイメージ・スキーマの例として挙げているケース（Gibbs 2005）もあり，改めて精査と整理の必要性がある．試みの一つとして，Grady（2005）はイメージ・スキーマを（上下，近接，重さなど）直接知覚に基づくものに限定する（そしてより抽象度の高いスキーマを response schema，superschema とし，階層を設ける）提案をしている．一方，Clausner and Croft（1999）は，イメージ・スキーマを様々な領域（domain matrices）の中の一つ「**イメージ・スキーマ領域**」（image schematic domain）と位置づけることを

主張し，直接身体的経験に基づくものに限定しないことを主張している（例えば，内・外，表面，満（充）・空，包含といったイメージ・スキーマは，別個に存在するものではなく，すべて「容器」という一つの領域の異なる部分ということになる）。

このように，現在までのところイメージ・スキーマの明確な定義に関する見解が定まらないことの当然の帰結として，すべてのイメージ・スキーマを網羅するリストを作成することは（少なくとも必要十分条件のような形では）現時点では難しい。以下の①から③に示したように，イメージ・スキーマ論の代表格でジョンソン（1987），レイコフ（1987）においてもリストアップされている種類には相違が見られ，定義の問題同様，今後の課題となる（Hampe 2005 参照）。

①レイコフ（1987），ジョンソン（1987）の両方に挙げられているイメージ・スキーマ
　　容器（包含），経路（起点 - 経路 - 目標），リンク，部分・全体，中心・周辺，均衡，力動性のスキーマ（強制，妨害，対抗力，迂回，障害の除去，力の可能化，牽引，抵抗）
②ジョンソン（1987）のみに出てくるイメージ・スキーマ
　　接触，尺度，遠・近，表面，満（充）・空，経過，循環，反復，融合，調和，分離，対象，集積，可算・不可算（MASS-COUNT），重ね合わせ（最後の二つは，レイコフ（1987）ではイメージ・スキーマ変換として扱われている）
③レイコフ（1987）にのみ出てくる方向性のイメージ・スキーマ
　　上・下，前・後

この他，「無生物の動き」「生物の動き」「自己の動き」「使役による動き」（Mandler 1992），「移動」（Dodge and Lakoff 2005），「拡大」（Turner 1991），「直線」（Cienki 1998），「抵抗」（Gibbs et al. 1994），「左・右」（Clausner and Croft 1999）といった構造が近年の研究からあらたなイメージ・スキーマとして加えられている。

▶ 5.2　イメージ・スキーマと異なる分類方法

ラネカー（2008: 33-4）は，イメージ・スキーマ的な概念の有効性を認識しつつも，内実が明確でないことを挙げ，独自の道具立てを提案している。ただし，ラネカー自身，提唱する以下の三つの分類の境界線は曖昧で明確な線を引くことはできないことを指摘している。現在展開されているイメージ・スキーマ論との比較検討が今後の課題になる。

① minimal concept：空間領域における「線，角度，曲度」，視覚における「明るさ，焦点色」，時間における「先行（優先）性」，ヒトが力を行使したときの運動感覚
② configurational concept：（どの領域にも適用できるので，イメージ・スキーマに一番近い）：対比，境界，変化，継続，接触，包含，分離，多数性，集合（group），点・延長
③ conceptual archetype：モノ（physical object），場所に存在するモノ，空間を動くモノ，人間の肉体，人間の顔，部分と全体，有形の容器と中身，何かを見ること，何かをつかむこと，何かを誰かに渡すこと，力を行使して求める変化をおこすこと，差し向かいの社会的経験（social encounter）

▶ 5.3　普遍性と相対性

本節では，タルミーやラネカーが主張する個別言語を超越した普遍的なイメージ・スキーマ（とその組合せ）の存在を前提としてきたが，これらに対して個別言語の重要性を唱える議論もある。例えば，3.3.2 で扱った，in, on の関係は，韓国語では，英語とは全く異なる基準で範疇化される。韓国語では，包含（in），支持（on）の関係は動詞を用いて表されるが，例えば，おもちゃのブロックを別のブロックに重ねてはめる（= on），ビンにコルクのフタをする（= in）といった，TRと LM が「密着する」（tight fitting）場合には on, in いずれの関係でも kkita で表される。したがって，図 2(a) のように TR と LM が密着している場合は，電球とソケット，ビンとフタいずれの場合も kkita で表される。一方，例えば，ゆとりのあるコンビニの袋に商品が入っている場合，または，図 2(b) のように TR（オレンジ）が LM（入れ物）に密着していない（つまり緩やかな形で包み込まれている，もしくは，囲まれている loose fitting の）場合，nehta で表される（Bowerman and Choi 2003）。このような例から，TR と LM の関係が「密着」（tight-fitting）か「非密着」（loose-fitting）かという言語個別的な空間的区別に関して幼児は幼少期から敏感であり，普遍的カテゴリーによる干渉が目立った形では見られない

ことから，たとえ，包含や支持といった概念が普遍的であるとしても，言語獲得において果たす役割は予想以上に小さいと考えることも可能である．これに対して，近年の言語獲得に関するいくつかの実験において「包含」「支持」の関係に比べると顕著ではないが，「密着」もイメージ・スキーマの一つであると結論づけているものもある（Mandler 2004）．もしこれが正しければ，loose/tight fit のイメージ・スキーマは韓国語話者，英語話者どちらも潜在的には持ち合わせているが，個別言語の語彙にその区別が反映されるかどうかは別の問題であることになる．世界のどの言語にも共通の一定数の基本的イメージ・スキーマが存在し，その組み合わせの結果が相対性に結びつくのか，語彙の獲得には，概念形成以前から個別言語が影響を及ぼしているのか，今後さらに検証を必要とする課題である．

▶**重要な文献**

Evans, V. and M. Green 2006 *Cognitive Linguistics An Introduction*, Edinburgh Univ. Press, Edinburgh.
認知言語学全般の概説書．他の書籍に比べ，イメージ・スキーマを詳述している．

Hampe, B. (eds.) 2005 *From Perception to Meaning, Image Schema in Cognitive Linguistics*, Mouton de Gruyter, Berlin/New York.
イメージ・スキーマ研究者による論文集．哲学，心理学，脳科学等様々な研究者の知見が得られる．

Johnson, M. 1987 *The Body in the Mind*, Univ. of Chicago Press, Chicago.［菅野盾樹・中村雅之（訳）1991『心のなかの身体—想像力へのパラダイム転換』紀伊國屋書店．］
イメージ・スキーマ論の原点になった古典．哲学的論考が中心．

Lakoff, G. 1987 *Women, Fire, and Dangerous Things*, Univ. of Chicago Press, Chicago.［池上嘉彦・河上誓作・辻幸夫・西村義樹・坪井栄治郎・梅原大輔・大森文子・岡田禎之（訳）1993『認知意味論—言語から見た人間の心』紀伊國屋書店．］
Johnson（1987）と並ぶ，イメージ・スキーマ論の原点．over の分析を含む．

Mandler, J. M. 2004 *The Foundations of Mind*, Oxford Univ. Press, Oxford.
幼児のイメージ・スキーマ獲得のプロセスが詳述してある．本文で取り上げた韓国語の空間表現に関しても詳細な実験を行ない解説している．

▶**文　献**

Bowerman, M. and S. Choi 2003 Space under Construction: Language-specific Spatial Categorization in First Language Acquisition. In Gentner, D. and S. Goldin-Meadow (eds.) *Language in Mind* (A Bradford Book), MIT Press, Cambrige, MA.

Cienki, A. 1998 STRAIGHT': An Image Schema and Its Metaphorical Extensions. *Cognitive Lingustics* 9: 107-49.

Clausner, T. C. and W. Croft 1999 Domain and Image Schemas. *Cognitive Linguistics* 10(1): 1-31.

Dodge, E. and G. Lakoff 2005 Image Schemas : From Linguistic Analysis to Neural Grounding. In Hampe, B. (ed.) *From Perception to Meaning: Image Schemas and Cognitive Linguistics*, Mouton de Gruyter, Berlin.

Evans, V. and M. Green 2006 *Cognitive Linguistics An Introduction*, Edinburgh Univ. Press, Edinburgh.

Gibbs, R. W. 2005 The Psychological Status of Image Schemas. In Hampe, B. (ed.) *From Perception to Meaning: Image Schemas and Cognitive Linguistics*, Mouton de Gruyter, Berlin.

Gibbs R. W. (ed.) 2008 *The Cambridge Handbook of Metaphor and Thought*, Cambridge Univ. Press, Cambridge, MA.

Gibbs, R. W. et al. 1994 Taking a Stand on the Meaning of Stand : Bodily Experience as Motivation for Polysemy. *Journal of Semantics* 11: 231-51.

Gibbs, R. W. and H. Colston 1995 The Cognitive Psychological Reality of Image Schemas and Their Transformations. *Cognitive Linguistics* 6: 347-78.

Grady, J. E. 2005 Image Schema and Perception : Redefining a Definition. In Hampe, B. (ed.) *From Perception to Meaning: Image Schemas and Cognitive Linguistics*, Mouton de Gruyter, Berlin.

Hampe, B. (eds.) 2005 *From Perception to Meaning: Image Schemas in Cognitive Linguistics*, Mouton de Gruyter,

Johnson, M. 1987 *The Body in the Mind*, Univ. of Chicago Press, Chicago.［菅野盾樹・中村雅之（訳）1991『心のなかの身体—想像力へのパラダイム転換』紀伊國屋書店．］

Lakoff, G. 1987 *Women, Fire, and Dangerous Things*, Univ. of Chicago Press, Chicago.［池上嘉彦・河上誓作・辻幸夫・西村義樹・坪井栄治郎・梅原大輔・大森文子・岡田禎之（訳）1993『認知意味論—言語から見た人間の心』紀伊國屋書店．］

Lakoff, G. 1990 "The Invariance Hypothesis: Is Abstract Reason Based on Image Schema?" *Cognitive Linguistics* 1: 39-74.

Lakoff, G. 1993 The Contemporary Theory of Metaphor. In Ortony, A. (ed.)[2] *Metaphor and Thought*, Cambridge Univ. Press, pp.202-51.

Lakoff, G. 2008 The Neural Theory of Metaphor. In Gibbs, R. (eds.) *The Cambridge Handbook of Metaphor and Thought*, Cambridge Univ. Press, Cambridge, MA.

Lakoff, G. and M. Johnson 1999 *Philosophy in the Flesh, The Embodied Mind and its Challenge to Western*

Thought, Basic Books, New York.［計見一雄（訳）2004『肉中の哲学—肉体を具有したマインドが西洋の思想に挑戦する』哲学書房.］

Langacker, R.W. 2008 *Cognitive Grammar: A Basic Introduction*, Oxford Univ. Press, Oxford.［山梨正明（監訳）2011『認知文法論序説』研究社.］

Lee, D. 2001 *Cognitive Lingusitics: An Introduction*, Oxford Univ. Press, Oxford.［宮浦国江（訳）2006『実例で学ぶ認知言語学』大修館書店.］

Mandler, J. M. 1992 How to Build a Baby II. *Conceptual Primitives, Psychological Review* 99: 587-604.

Mandler, J. M. 2004 *The Foundations of Mind*, Oxford Univ. Press, Oxford.

Mandler, J. M. 2005 How to Build a Baby: III. Image Schemas and the Transition to Verbal Thought. In Hampe, B.（ed.）*From Perception to Meaning: Image Schemas and Cognitive Linguistics*, Mouton de Gruyter, Berlin.

松本曜（編）2003『認知意味論』（シリーズ認知言語学入門3）大修館書店.

Rohrer, T. 2005 Image Schemata in the Brain. In Hampe, B.（ed.）*From Perception to Meaning: Image Schemas and Cognitive Linguistics*, Mouton de Gruyter, Berlin.

Sweetser, E. 1990 *From Etymology to Pragmatics: Metaphorical and Cultural Aspects of Semantic Structure*, Cambridge Univ. Press, Cambridge.［澤田治美（訳）2000『認知意味論の展開—語源学から語用論まで』研究社.］

Talmy, L. 1983 How Language Structures Space. In *Spatial orientation: Theory, Research, and Application*, Plenum Press, New York, pp.225-82.

Talmy, L. 2005 The Fundamental System of Spatial Schemas in Language. In Hampe, B.（ed.）*From Perception to Meaning: Image Schemas and Cognitive Linguistics*, Mouton de Gruyter, Berlin.

Taylor, J. R. 2002 *Cognitive Grammar*, Oxford Univ. Press, Oxford.

Taylor, J. R. 2003³ *Linguistic Categorization*, Oxford Univ. Press, Oxford.［辻幸夫・鍋島弘治朗・篠原俊吾・菅井三実（訳）2008『認知言語学会のための14章（第三版）』紀伊國屋書店.］

Turner, M. 1991 *Reading Minds. The Study of English in the Age of Cognitive Sciences*, Princeton Univ. Press, Princeton.

山梨正明 1995『認知文法論』ひつじ書房.

コラム27　類別詞　　　　　　　　仲本康一郎

　日本語は，文法的な性や数を用いる代わりに，類別詞によって名詞を分類します．**類別詞・分類辞**（classifier）とは，数量を表す語の後ろにつけて，それがどのような事物かを表す文法標識です．特に数詞と結びつく場合は，伝統的に助数辞・助数詞（numeral classifier）と呼ばれることもあります．

　まずは簡単な例から見てみましょう．日本語では(1)のように，《事物》，《生物》，《道具》というレベルで類別詞が選択されます．これらの事例から，私たちがそれぞれの事物や事象を異なるものとして**カテゴリー化**していることがわかります．これらはさらに(2)のように細かく区分されます．

(1) a. 三本の鉛筆がある　　　：事物の類別詞
　　b. 三匹の子ぶたがいる　　：生物の類別詞
　　c. 三台のタクシーを呼ぶ：道具の類別詞
(2) A. 事物類別詞　全体(粒，本，枚)，部分(点，筋，面)
　　B. 生物類別詞　人間(人，名，方)，動物(匹，頭，羽)
　　C. 道具類別詞　機械(台，機，艘)，衣服(着，足)，書類(冊)

　事物類別詞は，「個」「本」「枚」のように形状が注目され，《粒状》《棒状》《板状》のものに分類されます．こういった区分は，人が環境と関わるときの身体的な動作に動機づけられています．例えば，私たちは，《粒状》のものは手でつまみ，《棒状》のものは手ににぎり，《板状》のものは手ではさみます．

　これらの概念的区分は，図1のようなイメージで表されます．

図1　事物類別詞と形状の制約（松本 1984）

　これらの区分が身体的な構えに基づくことは，同じ対象であっても異なる類別詞が用いられることからもわかります．例えば，扇子や団扇はふだんは「本」で数えるのに対して，重ねていったり，絵を描いたりするときは「枚」や「面」で数えますよね．これは私たちが身体的な接触を通して事物を認識するためです．

　また，日本語の類別詞を用いるとき，私たちは形を捉える以前にその対象が生き物か道具かを気にします．

こうした類別詞におけるカテゴリー化の順序は，次のような誤用例から確認できます．これらはすべて作例ですが，こういった誤用が日本語学習者に引き起こされる可能性は高いと言えるでしょう．

(3) a. ? 彼はスマホを二枚持っています →「台」
　　b. ? サケが川に何本も泳いでいます →「匹」
　　c. ? 子どもが三匹家で遊んでいます →「人」

　もしスマホを単なるモノとして認識すれば，それは板状の存在なので，「枚」という類別詞が用いられるはずです．しかしスマホは事物である前に《道具》として認識されます．そのためスマホを数えるときは，「枚」ではなく道具を数える「台」という類別詞が用いられるわけです．

　同様に，サケは細長い魚なので「本」で数えられそうですが，サケはそれ以前に《生き物》であるため，生き物を数える類別詞「匹」が用いられます．ただし，もしサケが新巻になっている場合は「本」で数えます．この場合，サケはもはや川を泳ぐ魚ではなく《食べ物》として認識されています．

　最後に，生き物の中でも，《人間》は特別な存在であり，「匹」「頭」「羽」ではなく「人」や「名」で数えます．人に対するこうしたまなざしは，幽霊や人形，ロボットなど，人に近い存在に対しても向けられます．例えば，私たちは幽霊を「一人」，鬼を「一匹」と数えますが，それはこれらの存在に人らしさを感じているためと言えるでしょう．

▶参考文献

飯田朝子 2005『教え方でみがく日本語』筑摩書房.

Lakoff, G. 1987 *Women, Fire. and Dangerous Things: What Categories Reveal about the Mind,* Univ. of Chicago Press, Chicago.［池上嘉彦・河上誓作・辻幸夫・西村義樹・坪井栄治郎・梅原大輔・大森文子・岡田禎之（訳）1993『認知意味論―言語から見た人間の心』紀伊國屋書店.］

松本曜 1991「日本語類別詞の意味構造と体系―原型意味論による分析」『言語研究』99: 82-106.

西光義弘・水口志乃扶（編）2004『類別詞の対照』（シリーズ言語対照〈外から見る日本語〉3）くろしお出版.

3.5

メタファー・メトニミー・シネクドキ

瀬戸賢一

メタファーは類似性をバネに意味が跳躍する，メトニミーは隣接性を手掛かりに指示が横すべりする，シネクドキは包摂性に基づいてカテゴリーが伸縮する．「人生の花」は最も盛んな時期を「花」に見立てるメタファー，「鍋が煮える」の「鍋」は入れ物で中身を表すメトニミー，卵焼の「卵」は類名で種（鶏卵）を意味するシネクドキである．これら三者は主要な意味拡張パタンを示す．

メタファーは，認知言語学の牽引車となって新しい言語観を導入した．言葉は巧まずして比喩に溢れる．概念メタファーを中心とする新研究は人文社会の領域のみならず，理系分野も巻き込んで大いに発展した．メタファーは単に言葉の問題ではなく，私たちの根本的な認識法である．

メトニミーは，本格的な研究がメタファーより遅れたが，その重要性はメタファーに劣らない．以来研究はヨーロッパを中心に質量ともに拡大の一途をたどる．ただ何をもってメトニミーと認定するかは不確定な部分を残す．特に隣接性の正確な概念規定が急務であり，これを放置した対象領域の拡大には危うさが潜む．

シネクドキは，三者の中で独立して扱われることが少なく，西洋では古典時代からその内部に不整合が見られた．その中で伝統的な説は，シネクドキをメトニミーの一種とするが，ここには解決すべき問題がある．しかし，その基本線は *OED* (*Oxford English Dictionary*) の権威に守られて容易に動きそうもない．ただし，カテゴリーの正しい理解とも直接関係するので座視できない（本書の 3.2 節参照）．

メタファー・メトニミー・シネクドキは，言葉の認識面や多義記述にとどまらず，文法現象全般に深く関わる．認知言語学の基本用語であるスキーマ，事例，イメージスキーマ，基本レベル，プロトタイプ，写像（mapping，マッピング），フ

レーム，プロファイル，ベース，ドメイン（domain，領域），構文，文法化，ネットワーク，パースペクティブ（perspective，視点・観点）などと切り結ぶ．それだけに三者の関係を整えることは認知言語学の発展に欠かせない．

1. メタファー

コンピュータの世界で，いま「ウェブ」（web）からメタファーの「クモの巣」がすぐに思い浮かぶだろうか．「ネット」（net）もメタファーで「網」が元の意味だろう．新しい分野では新造語の考案よりしばしば既存の用語を拡張して使い回す．それにウェブとネットはイメージが一貫してわかりやすい．世界がまさにコンピュータ網で結びつく．

かと言ってこのイメージがずっと一定なわけではない．ウイルスが登場すれば予防策が講じられ，ハッカーが侵入を企てれば正義のハッカーがこれを迎え撃つのだ．メタファーは事象の一面を照らして，他の面を闇に沈める．また必要に応じて複数のメタファーがそれぞれ独自の光を発しつつ対象に迫る．全体像はその合成によってしか得られないかもしれない．少し足元がおぼつかないが，ときに沈黙かメタファーかの選択も強要されよう．その歴史はけっして浅くない．

▶ 1.1 メタファー 2500 年

アリストテレスの『詩学』にメタファーの最も古い定義が見えるが，意外にもそれはシネクドキも含む鷹揚なものであった（3. 参照）．しかし，古代ギリシア・ローマにおいて重要なことはメタファーの意味の確定ではなく，その効果的な実践であった．

例えばヘーシオドスは『仕事と日』の中で，「（悪しきことに）通ずる道は平ら」であり，「（善きことに）達する道は遠く急な坂」だと語るが，ここには〈労働は旅〉ないし〈人生は旅〉の概念

メタファーが働く．また哲人セネカは『人生の短さについて』の中で，「人々は時間を無料同然に惜しみなく使う」と嘆いたが，ここには〈時間はお金〉の概念メタファーが見てとれる．いずれも偶発的な比喩ではなく，全編を貫く中心的なメタファーである．

メタファーはその後，レトリックの伝統の中で，ローマはキケロの『弁論家について』や紀元後1世紀のクインティリアヌスの『弁論家の教育』などを経て中世ヨーロッパに伝えられる．メタファーに対する認識論的な関心が芽生えて，それが本格化するのは20世紀に入ってからのことである．

20世紀のメタファー論は，リチャーズ（Ivor Richards）に見られるように，レトリックの再評価とともに始まる（Richards 1936）．置換説，比較説，相互作用説などが提唱されて，1980年に概念メタファー理論が登場する．その前年1979年に出版された『メタファーと思考』（Ortony ed. 1993［1979］）は，1977年に開催されたメタファーに関する専門家会議に約千人を集めたと記し，すでにこの時期にメタファーが学際的な研究分野として成熟していたことを証す．その改訂版は新論文6編（旧論文8編が改訂）を加えて1993年に出版された．その中心には概念メタファー理論のレイコフ（George Lakoff）がいた．典型的には起点領域の具象概念（例えば旅）が目標領域の抽象概念（例えば人生）に構造的に写像されることによって抽象概念が理解されると説く．メタファーは言語の問題ではなく思考の問題であり，メタファーは日常言語に遍在し，思考そのものがしばしばメタファーに基づく．2003年の『メタファーと思考のケンブリッジハンドブック』（Gibbs ed. 2008）はタイトルからして先の論集を意識している．その内容からして，この時期にはメタファー論はすでにアメリカを超えてヨーロッパ（東欧を含む）に広がり，さらに東洋にも及ぶ．分野的にも地域的にもほとんど最大図版に達した感があるが，それはすべてが概念メタファー論一色に染まったことを意味するのではない．

少し時代をさかのぼろう．20世紀半ばにヤーコブソン（Roman Jakobson）はメタファーとメトニミーに関する影響力の大きな論文を書いた（Jakobson 1956）［→コラム2］．失語症のパタ

ンをこの観点から分析して，文学，映画，演劇，心理学などを広く論じて，文化人類学のレヴィ＝ストロース（Claude Lévi-Strauss）や精神分析学のラカン（Jacques Lacan）などに分析ツールを提供した．記号論勃興の支えともなった（瀬戸 1990, 1997［1986］）．現在のメタファー論の学際ぶりと一脈通じる．レイコフはしばらく前にメタファーの脳神経理論を提唱する（Lakoff 2008）．

▶ 1.2 Lakoff and Johnson（1980）

レディー（Michael Reddy）の導管メタファーの研究はレイコフ理論の先触れとなった（Reddy 1979）．導管を中心とするメタファーに基づくコミュニケーションのモデル化（例えば「言葉に意味を詰め込み」，相手に「送り」，聞き手が「そこから意味を取り出す」）が伝達の実態にそぐわないことを実証した．例えば，聞き手の立場では，解釈は状況や蓄えられた知識などを総合して行なわれる．単なる意味の受け取りだけでは済まない．コミュニケーションはもっと創造的である．なのに伝達に関わる日常表現はたいてい導管メタファーに従う．

これを受けてレイコフとジョンソン（Mark Johnson）は，「私たちの通常の概念体系はメタファーによって構造化されている」（Lakoff and Johnson 1980）と一般化し，真理値をベースにした論理的思考に楔を打ち込む．事実，「西洋の伝統的な哲学の中心的想定」（同）に否を突きつける．この物言いはおそらく誇張的だが，例えば時間，状態，変化，因果，目的など抽象概念について思考しようとすれば，メタファー抜きでは語れないのではないか．例えば『広辞苑』（7版）は時間の語釈を「時の流れの二点間（の長さ）」と記すが，編者がどの程度意識したかを別にして，「流れ」「点」「間」「長さ」はすべてメタファーである．これらは起点領域に属する空間概念であり，それぞれが目標領域の時間に写像されて時間表現が生じる．

ここから開ける視野は広大である．まさにメタファー研究に火がついた．多数の研究書と論文が現れて，もはや専門家でも全体像が把握しづらい．その中でケベセッシュ（Zoltán Kövecses）によるメタファーの案内書は，レイコフ流のメタファー論の忠実な解説である（Kövecses 2010）．

▶ 1.3 メタファー論の展開

だがドメイン間の写像を中心とする概念メタファー理論に問題がないわけではない．①ドメイン（**意味領域**, domain）とは何か．**フレーム**（frame）と意味が同じなのか異なるのか（Fillmore 1977）．またドメインは包摂分類[→ 3.2]で構成されることもあるのか．さらにドメインが複数からなる複合ドメインは，どのように構成されるのか（Croft 1993）．②起点領域と目標領域間の写像（関数的対応）は実際にはどのように行なわれるのか．目標領域にあらかじめ独自の構造があるのか．また起点領域はどの部分が写像されるのか．③メタファーの種類はどう区別すべきか．例えば「ジュリエットは太陽だ」「人生は山あり谷あり」「あの外科医は肉屋だ」はすべて同じように扱えるのか．④メタファー解釈に関わるブレンディング理論（Fauconnier and Turner 1998, 2002, 2008）には反証可能性があるのか（Gibbs 2000）．つまり，事後的説明以上の証明はできるのか．⑤概念メタファーはより基幹的なプライマリー・メタファーに因数分解できるのか．例えば概念メタファー〈理論は建物だ〉は，2つのプライマリー・メタファー〈理論は物理的構造だ〉と〈存続は立ち続けることだ〉に還元していいのか（テイラー・瀬戸 2008）．概念メタファーにも，カテゴリーの階層に相当する考え方を導入すべきだろう．

これらはメタファー研究がさらに展開するうえで考慮すべきサンプルにすぎない．近年ではコーパスを利用した大規模なメタファー研究も盛んである．社会・文化の様々な分野でどのメタファーがどう使用されるのかが実際のデータに基づいて分析される．机上のメタファーと市井のメタファーには明らかに開きがある（Deignan 2005）．

ではコーパス以前はどうだったのだろうか．西洋にはコーパスに匹敵するような独自の知的伝統がある．例えば『存在の大いなる連鎖』を上梓してその用語を普及させたラブジョイ（Arthur Lovejoy）は，まさに学際の人であり，『西洋思想大事典』の礎を築いた．その任意の一項目，例えば「愛」を覗けば，哲学＝知の愛，プラトンの愛＝プラトニックラブ，宮廷風恋愛などの愛の諸形態が目くるめく展開される．これと比べると，概念メタファーで抽出される〈愛は旅〉〈愛は狂気〉〈愛は戦争〉などはやせ細った愛の片々のように見えなくもない．西洋の伝統的な知に与するヴィアズビカ（Anna Wierzbicka）は，子に対する母の愛や母に対する子の愛が概念メタファー論の俎上にのぼらないことに大いなる不満を持つ．愛はもっともっと豊かな概念ではなかろうか（Wierzbicka 1986）．

メタファー研究は人間研究である．総合的な人文研究と言い換えてもいい．脳研究に向かう前にやるべきことはまだまだいくらでもある．もちろんメタファーの脳神経理論を否定するのではない．ただ，言語研究をもっと充実させなければならない．コーパスの力も発揮できる時代である．しかしデータを読み込んで何が関連する表現かを判断することは，たぶんまだ機械にはよくできないだろう．メタファーを自動的に検知するシステムを開発しようとする研究もあるが，すべてがその方向に向かう必要はない．ドメイン一つをとっても，その意味が本当はよくわからない段階である．

ごく大まかな3つの指針を示そう．①起点領域（S）の視点．②目標領域（T）の視点．③STの視点．①のSはメタファーを生む言語素材に着目する．Sとは概念メタファー〈時間は流れ〉では流れの側である．素材としての（川の）流れはどのようなメタファーを産出するのか．時間以外にも，資金の流れや時代の流れなどに用いられる．話の流れならより口語的だろう．英語のcurrent（流れ）は通貨をも意味する．このようにSの視点は，私たちが何に注視して言語を豊かにしてきたかを問う．哲学・歴史・文学のみならず社会学・心理学・人類学・地理学などの知見の総合を要する．言語学的には多義語の観点と重なるだろう．身体的知覚に基づく表現——その中では空間表現が大きな割合を占める——を体系的に整理することから始めるのも一つの方法だろう（瀬戸 1995a, 1995b, 2017c）．

②のTの視点は〈時間は流れ〉の時間の側に着目する．目標領域の思考対象は言語的にどのように造型されてきたのか．概念メタファー TIME IS MONEY（時は金なり）はフランクリン（Benjamin Franklin）の資本主義的発明ではない．先に示したように，もっと遠い昔から人間の頭および社会の中にあった．また時間に追われるというメタフ

ファーは時の別の側面を示す．現代人はそもそもな
ぜ時間に追われるのか．この問いもメタファー研
究の一部に取り込みたい．エンデ（Michael
Ende）のファンタジー『モモ』と共に時間の近未
来（あるいはポスト資本主義）の在り方を真剣に
考えねばならないからである（瀬戸 2017a）．

③の ST の視点には二つの立場がある．一つは
〈T は S〉から実際にどのようなメタファーの意味
が生じるのかを問う．ブラックの相互作用説やフ
ォコニエたちのブレンディング理論はおもにこの
立場を代表するだろう．もう一つは，愛や時間の
場合のように，一個の T に対して複数の S が対応
するとき，〈T は S$_1$〉〈T は S$_2$〉〈T は S$_3$〉…など
が全体としてどのような体系をなすのかを考える．
複合的な S$_1$, S$_2$…S$_n$ から，T のメタファーがどの
ように構成されるか——これが中心課題となるだ
ろう．これは②の視点と部分的に重なる．

2. メ ト ニ ミ ー

「メガホンを握る」ことは文字どおりには誰でも
できるが，メトニミー解釈の映画監督を務められ
る人は少ない．「赤ずきんちゃん」も教頭の「赤
シャツ」も老医師の「赤ひげ」もメトニミー解釈
がふつうである．いまメタファーに並ぶ勢いでメ
トニミー研究が進むが，その定義は必ずしも明確
なわけではない．まず前史を概観しよう．

▶ 2.1 前 史

文献でたどれるメトニミーの最古の定義によれ
ば，「メトニミーはある表現でもってそれと隣接関
係にあるものを表す言葉のあや」（『ヘレンニウス
に捧げる修辞書』第 4 巻，32.43）である．正鵠
を射る定義であり，現代でもほとんどそのまま使
えるだろう．この書は広く読まれて，かつてキケ
ロ作とされたが現在では作者不詳．メトニミーは
さらにギリシアにさかのぼるだろう．例えば隣接
の概念なら，アリストテレスが連想に基づく想起
について述べるくだりで「想起 ［は…］似たもの
とか，反対なものとか，あるいはそれに隣接した
ものとから」起こると記す（「記憶と想起につい
て」）．メトニミーは古くから隣接概念を基礎とし
た．

20 世紀に入ってヤーコブソンはメトニミーに新
しい風を吹き込んだ．メタファーとメトニミーの

二分法によって言語以外にも多くの分野が横断的
に分析されて，いまなお強い光彩を放つ．トルス
トイの『アンナ・カレーニナ』の終盤，鉄道自殺
に心が揺らぐアンナの気持ちが赤いハンドバック
の揺れでメトニミー的に描かれる．この場面は，
のちに映画化されたとき映像のメトニミーとして
展開されることとなった．1. で言及したレヴィ＝
ストロースたちの新しい研究もこの流れを汲む．
言語学プロパーの分野では意味の通時的な研究に
もメトニミーの目が向けられ（Ullmann 1962），
また語用論の分野にも優れた研究が現れた
（Nunburg 1978）．しかし，まだこの時期は全体
としてようやくメタファー研究が本格化したばか
りであり，メトニミーはおおむね古典時代からの
遺産を継承する段階にとどまった（Lakoff and
Johnson 1980）．

▶ 2.2 メトニミーの定義を巡って

いまもよくあるメトニミーの簡便な定義は「A
が B の代わりをする」であるが，この「の代わり
をする」とは stand for のことである．つまり，B
と言わずに，その代理として A と言う（A stands
for B）．しかし，この句は日常的には主として略
語に用いられる．例えば，EU stands for 'Euro-
pean Union'.（EU は European Union を表す）な
どのように．もう少し突っ込んだ定義では，「A
がそれと緊密に関係する B に言及する」と規定さ
れる．この定義の問題点は，「緊密に関係する」
（closely related）をどう解釈するかである．これ
以上の限定なしに，緊密に（密接に）関係するも
のを探すとすれば，それはいかに困難なことにな
るだろうか．あまりにも広範囲すぎて，これでは，
類似関係のメタファーや包摂関係のシネクドキと
も区別がつかない．結局は，「緊密に関係する」
の意味をさらに突き詰めることになる．

ラネカー（Ronald Langacker）は**アクティブ・
ゾーン**（active zone）の視角からメトニミーの問
題に接近した．例えば，wash a car（車を洗う）
なら，いちいち指定しなくとも，洗うのは主とし
て車の外側だろう．他方，vacuum-clean a car
（車に掃除機をかける）なら車の内部が対象とな
る．それぞれの関連部分が車のアクティブ・ゾー
ンになるが，これは，このような例に関する限り，
確かにメトニミー現象である（Langacker 1993）．

ただし，もっと中心的な多義などの問題とは直接結びつかない．アクティブ・ゾーンは意味的（あるいは指示的）な弾性の問題——意味の微調整の問題——と考えるのがよいのかもしれない．

もう一つメトニミーの定義に関係する概念に，**ドメイン**（**領域**，domain）がある．ドメインとは，ある現象の意味を理解するのに必要となる背景的知識である．この知識は，例えば，弧⊂円⊂図形⊂空間のようにふつう連鎖をなすとされる（Croft 1993）．メタファーとメトニミーを対照的に理解するためにこの概念が用いられて，メタファーは複数のドメイン間の写像，メトニミーは単一ドメイン内の写像と説明される．

しかし，ここにも問題がないではない．**写像**（mapping）とは数学用語で関数対応のことである（x の変化に応じて関数的に y の値が定まる）．なるほどこのアイデアはメタファー理解には比較的すんなりと適用できそうだが，メトニミーでは実際どうなるのか（cf. Fauconnier 1997）．もう一つの問題は，ドメインそのものの性質に関わる．上例の弧⊂円⊂図形⊂空間を借りれば，弧と円は部分と全体の関係（これは隣接関係の一つ）だが，円と図形は下位カテゴリーと上位カテゴリーの関係（これは包摂関係）——円は図形の一種——である．このような異種の分類原理の混在は，結局ここでもドメインの概念が専門用語としてまだ十分に熟していないことを証する．これはドメインだけではなく，この節で取り上げた用語すべてに当てはまる．さらに，レイコフを中心に広がる理想化認知モデル（ICM）という用語にも，同じことが言えそうである．

なぜこのようなやや細かな検討が必要かと言うと，上記の用語についての不安が，そのままメトニミーの定義およびその現象に現れるからである．すぐにメトニミーのより正確な定義を提示するが，その前にメトニミーの基本的性質を少し見ておこう．メトニミーの定義に直接的あるいは間接的に関係するからである．

▶ **2.3 メトニミーの重要な性質**

メトニミーはたいてい言葉ひかえめである．もともとある特定の状況をすべて言語化することは不可能だが，メトニミーはふつうの表現よりもっと言葉を刈り込む．その解釈は，十分に慣習化し

たもの——これは辞書に登録される——を除くと，文脈依存的である．より積極的には，メトニミーは必要最低限を言語化するスピード感のある表現法だ．例えば電話がかかってきてもこちらからかけても，「電話を取る」は「受話器を取る」よりも電話での通話によりすばやく入ることを意味する．

ある文脈で最も注目される部分（全体であってもいい）がメトニミーの**媒体**（vehicle）となって言語化される．「赤ずきん」や「赤シャツ」や「赤ひげ」は，いずれも際だちの高い部分であり，本名以上に注目される（私たちは赤ずきんの本当の名前さえ知らない）．歌の Row, row, row your boat. なら，やはりメトニミーを担う boat に焦点が絞られて，その部分であるオールを懸命に漕いでボートを速く走らせよと命じる．Turn off the soup. なら，スープの煮たちすぎや鍋の吹きこぼれを止めるために，急いでコンロのスイッチを切ってと頼む場面が第一に想像できよう．スープに関心が集中するので，このようなショートカットが起こる．メトニミーは単なる代替ではなく，文脈からの補塡を要求する．

▶ **2.4 メトニミーを定義する**

枝葉を捨てて幹の部分のみに注目すれば，メトニミーはこう定義できる——〈メトニミーとは，一つの場の中で，認知的に際だちの高い A でもって，それと隣接関係にあると想定される B を指示するスピーディーな思考＝表現法である．〉

この定義に少し注釈を加えよう．

①まず「隣接関係」．定義の中核である．すでに見たように西洋の古典時代から伝わる概念である．A と B の隣接の仕方には，主なものに限定すると二種類ある．一つは空間的隣接である．これは，ある一つの場を構成する空間の中で，A と B が〈共起〉する場合である．両者は，例えば，全体と部分の関係であったり，入れ物と中身の関係であったりするが，「隣接関係」はこれらの事例をカバーするスキーマの役割を果たす．もう一つは時間的隣接である．これは，一連の出来事の中で A と B が時間軸上で前後に〈連続〉する場合である．「筆を置く」が「文章を書き終える」を意味するような例を思い浮かべよう．煙を見て火を察知するときのように，時間の前後関係は因果関係

にも発展する.

　このように，隣接関係は，空間的な〈共起〉と時間的な〈連続〉の両方を含む．メトニミーをこの意味での隣接関係によって定義することの利点は，上位カテゴリーと下位カテゴリーとの包摂関係を排除できる点にある．花見の花（上位カテゴリー）で桜（下位カテゴリー）を意味するパタンはメトニミーではない．それでも，花のカテゴリーが大きな円で描かれ，桜がそこに入る小さな円で囲まれれば，小円は大円の一部ではないか，つまり大円と小円の関係も全体と部分の関係と同じと見なされるかもしれない（事実このような論は少なくない）．しかし，これは，図（ベン図＝オイラーの図）による表示によって生ずる誤謬判断である．空間化によって**包摂関係**（taxonomy）と**分節関係**（partonomy）を同一視してしまう錯誤である（Seto 1999, 2003; Koch 2001）（本書の3.2 節の 2.4 参照）．

　②「一つの場」．先に取り上げた単一のドメインと一見似ているが，ドメインにはカテゴリー関係（包摂関係）が紛れ込む可能性があった（と言うよりも，そのようなことにはほとんど無頓着だった）．この点を考慮すると，「場」はフレーム（frame）に近いと考えられよう（Fillmore 1977）．

　③「認知的に際だちの高い」．メトニミーは決して単に A で B を表すというような代替的表現法ではない．言語化される A は，認知的に際だちが高いために，注目されるのである．その際だった A で結果的に B を表すが，言語化される A はメトニミー解釈全体の意味に貢献する．

　④「と想定される」．A と B の間の隣接関係は，客観的・物理的な事実ではなく，認識主体の判断による想定である．つまり，隣接関係にあると認定される，ということ．

　⑤「指示する」．メトニミーは，カテゴリー関係ではなく，一つの場の中での**指示対象**（referent）がおもに関わるので，「**指示する**」（refer）が定義に含まれる．

　⑥「思考＝表現法」．メトニミーの出発点は，言語というよりも思考である．メトニミーの基本的動機は私たちの思考にある．この点はメタファーも同じ．

▶ **2.5　メトニミーを分類する**

　現在メトニミーの分類はほぼ容量ぎりぎりにまで達している．語彙的，命題的，発話内行為的など様々な分類が試みられている（Radden and Kövecses 1999; Panther et al. eds. 2009; 瀬戸（編）2007; 瀬戸 2017c）．分類を見通しのよいものにするには，まずメトニミーの正確な定義が必要なのは言うまでもない．そのうえで，メトニミーのプロトタイプを見定めることが重要だろう．というのも，メトニミーの種類を一つのカテゴリーととらえるならば，当然そこにサブカテゴリーが認められるわけで，そうすればカテゴリー一般の常として中心的なものと周辺的なものが生じるはずだから．

　このとき，例えば，主として語彙的なものに限って，隣接関係が最も強いものから次第に弱いものへ並べられるとする．つまり，物理的な隣接から抽象的な隣接へ，さらに物理的な隣接の中でも最も結束の強い全体・部分関係から，次に入れ物・中身関係へというように，順次結びつきの弱いものへと配列することなどができるだろう．

　また，語彙的・命題的・発話内行為のメトニミーの各領域で，言語間の比較も徐々に進展している．ここからメトニミーの普遍性の問題も浮上してこよう．入れ物で中身を表すパタンはあらゆる言語に遍在すると言えそうなのに，その逆のパタンは皆無に近い．これはどうしてなのだろうか．また，例えば，電球を買いに行って「40 ワットの電球（は）ありますか」（あれば売ってほしいということで，これは発話内行為的メトニミー）と日本語で尋ねるのに対して，英語ではふつう "Do you have any 40-watt lightbulbs?" と問う．意図は同じなのに，言語化パタンが異なる．日本語はものの存在の有無を言語化し，英語は人に所有の有無を尋ねる（Radden and Seto 2003）．

　もともと一般にカテゴリー分類は観点の取り方によっていかようにもなる．この時，確たる定義の下でメトニミーであるかないかを判断して，かつ中心的なものと周辺的なものをわかりやすく配置することが求められる（瀬戸 2017b）．

3.　シ ネ ク ド キ

　シネクドキは，現在のところメトニミーの陰に

隠れてなかなか明確な姿を現さない．しばしばメトニミーの一種とされて，独立した重要性が認定されることは少ない．これは，何もいまに始まったことではなく，すでに古典時代においてもその地位は不安定であった．にもかかわらず，シネクドキは，言語のシステム一般を考えるとき，メタファーとメトニミーに劣らない重要性を持つ（本書の4C.1節2.3参照）．まずその出自を確かめよう．

▶ 3.1 シネクドキの出自

シネクドキの名称がいまに伝わるのは，紀元1世紀のクインティリアヌスの『弁論家の教育』のおかげだろう．古代ギリシア・ローマのレトリックを中世ヨーロッパに橋渡しした書である．その中でシネクドキは4つのパタンに分類される（8巻，6.19）．①一で多／多で一，②部分で全体／全体で部分，③種で類／類で種，④先行することで後続すること／後続することで先行すること，の4種である．

この中で，①は微妙な問題を含むのでいまは置くとし，④は2.で述べた時間的隣接に基づく指示の横すべりなので，後の時代にメトニミーに組み込まれて安定する．問題なのは②と③である．特に③の扱いは安定性を欠く．アリストテレスは③を比喩（広い意味でのメタファー）の一種と見なし（『詩学』21章），『ヘレンニウスに捧げる修辞書』はメトニミーに含め（4巻32.43），クインティリアヌスはシネクドキに分類する，というように三者三様である．他方，②は，アリストテレスでは明言されず，『ヘレンニウス』ではシネクドキ，クインティリアヌスでもシネクドキとして扱われる．

その後の変遷を割愛すると，西洋世界での大方の見方は，OEDの定義に見るように，②と③を併記してシネクドキとして一括することである．そして，ヤーコブソンは，メタファーとメトニミーによる二分法を断行するために，シネクドキをメトニミーの一種としてメトニミーに組み入れた（Jakobson 1956）．レイコフとジョンソンはこの流れに従って，「シネクドキはメトニミーの一種」と見て今日に至る．しかし，この判断に，歴史的ないし理論的根拠があるわけではない．むしろ，屋台骨は歪んだままである．

▶ 3.2 シネクドキをメトニミーから分離する

現在，②は，時代の波にもまれたが，一致してメトニミーの一種と考えられる．全体と部分は最も強固な隣接関係なので，典型性の観点から見てもメトニミーのプロトタイプである．この点に異論はないだろう．問題は包摂関係（カテゴリー関係）を表す③である．理論的に整合させるためには，伝統的なシネクドキの一部をメトニミーから分離独立させなければならない．

図1は伝統的なメトニミー分類を表す．そこではシネクドキはメトニミーの一種である．ただし，このシネクドキには，全体と部分の分節分類と類と種の包摂分類の2種類の思考経路が混在する．カテゴリー関係が隣接関係の中に紛れ込む．この状態のままでメトニミーは統一的に特徴づけられるのだろうか．繰り返すが，包摂関係——類と種の関係，《の一種》の関係——を隣接関係と見誤ってはならない[→ 3.2]．

図2は伝統的なシネクドキの一部を旧来のメト

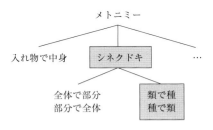

図1 伝統的なメトニミー分類

図2 シネクドキをメトニミーから独立させる

ニミーから分離独立させたものである．図2のシネクドキは，類と種の関係のみに基づく．包摂関係，つまり上位カテゴリーと下位カテゴリーとの関係以外のものは混じり込んではいない．また，図2のメトニミーは，隣接関係のみによって支えられる．隣接関係は，「手を貸す」（〈部分で全体〉）「扇風機が回る」（〈全体で部分〉）「鍋が煮える」（〈入れ物で中身〉）のように，典型的には世界内での指示の横すべりを特徴とし，包摂関係は「卵焼」（〈類で種〉）「セロテープ」（〈種で類〉）のように頭の中でのカテゴリーの伸縮をベースにする．また，隣接関係が多岐にわたるのに対して，包摂分類は大きくとらえれば2種（〈類で種〉と〈種で類〉）に限られるが，この不均衡は本質的な問題ではない．

メタファーの類似関係，新しいメトニミーの隣接関係と並んで，図2のシネクドキの包摂関係を第3の軸と認定するこの見方は，決して新奇なものではない．分節分類と包摂分類を峻別することは，久しい以前から動物学や植物学の基本であったろう．例えば，カブトムシを捕まえて，体節ごとに分ける解剖学的分析（分節分類）と，カブトムシが無脊椎動物の一門で，その下位類は約千種に及ぶという分類学的関心（包摂分類）を，同じ土俵上で戦わせることはできるだろうか．一方は解剖用のメスを持って，他方は補虫網と籠を携えているというのに．

また，言語学では，歴史的な意味変化を記述するとき，メタファーとメトニミーに加えて，**一般化**（generalization）と**特殊化**（specialization）が分析の基本的な道具立てとして認められている．ここで，一般化は〈種で類〉のシネクドキ，特殊化は〈類で種〉のシネクドキに相当する（cf. Geeraerts 1994）．とすれば，歴史的な意味変化は，メタファー・メトニミー・シネクドキを軸に記述できることになる．なお，いわゆる**意味の漂白化**（bleaching）は〈種で類〉のシネクドキ現象と見なしていい．

さらに，認知言語学の中心に目を向けると，すでにスキーマと事例の関係が重要な見方として認定されている．このスキーマと事例の関係は，類と種の関係に他ならない．つまり**事例化**（instantiation）は〈類で種〉を表すシネクドキのメカニズムに相当し，他方，複数の事例から共通成分が抽出される**スキーマ化**（schematization）は〈種で類〉を表すシネクドキの機構に対応する［→ 3.4 ］．

このように，新しい意味を込めてシネクドキをメトニミーから独立させることは，私たちの認識一般の仕組みの解明のみならず，言語記述においても価値ある一歩となるだろう．シネクドキを陽の当たる場所に引き出す必要がある．では，この判断に基づいて文法現象を一瞥しよう．

4. メタファー・メトニミー・シネクドキと文法構造

認知言語学の出発点の一つは，多義語overの研究である（Brugman 1988 ［1981］）．多義語とは，互いに密接な関係を持つ複数の意義が一語に収められたものである．生成文法ではあまり注目されなかったが，overの研究は，認知言語学の新しい流れを決定づけた．その後，overについての新研究が続出し，また語彙の他の分野にも研究が広がり，さらに新しい構文研究の開発にもつながった．

ラネカーは，多義記述のネットワークモデルを示した（Langacker 1990）．図3は，それを若干補足したものである．

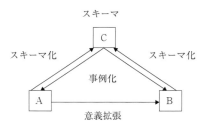

図3　ラネカーのネットワークモデル（一部補足）

Aは中心義，つまり多義語のプロトタイプ的意義である．ここからBへの意義拡張が起こる．ただし，ラネカーの場合，この意義拡張は類似性に基づくメタファー展開に限られる．この点は注意しよう．AからBへの意義展開は類似性のみに基づくので，当然，両者から共通成分が抽出できる．これがCのスキーマであり，そのプロセスがスキーマ化である．そして，この逆が事例化．AとBは，Cがより具体化した事例である．

換言すれば，AとBからCの意義に至るのは

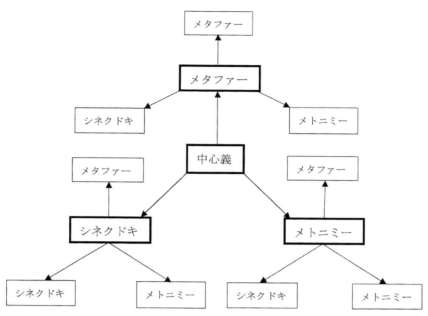

図4 多義ネットワークモデル

〈種で類〉のシネクドキ，CからAまたはBに展開するのは〈類で種〉のシネクドキである．シネクドキの実質的意味がネットワークモデルに正しく取り込まれていることを確認しよう．また，上で述べたように，AからBへの意義拡張はメタファーであった．では，ここで一つ足りない意義展開パタンはないだろうか．

図3のラネカーのネットワークモデルには，メトニミー展開が欠けている．残念なことに，ラネカーのメトニミーへの関心は，事実上アクティブ・ゾーンにとどまってメトニミーの中心現象には至らなかった．その結果，図3のネットワークモデルにはメトニミーが位置づけられていない．仮にAからBへの意義拡張にメトニミーが加えられたとしても，メトニミーの意義展開の基盤は隣接関係なので，AとBから共通成分Cは抽出できない．例えば，drink three bottles（3本飲む）という表現では，Aが入れ物としてのbottle，Bが中身（ワインやビールなど）としてのbottleに相当する．AとBからより抽象的な共通スキーマは――こじつけを除いて――やはり取り出せない．図3は，メトニミー展開が取り込めないので，多義ネットワークモデルとしては破綻する．

新しいネットワークモデルは，メタファー・メトニミー・シネクドキの意味をこれまで示した線に沿って調整したうえで，図4のように描かれるべきである．

派生義は，中心義（プロトタイプ）からメタファー・メトニミー・シネクドキの3方向に展開し，各ノードからも同様の意義拡張が繰り返される．もちろん，これはあくまでモデルなので，個々の多義語においては，意義展開の方向に独自の偏りが生じるだろう．

メタファー・メトニミー・シネクドキが切り開く地平は，多義語の記述モデルにとどまらない．認知言語学は，言語構造が音韻構造と意味構造との結合（シンボル構造）からなると考え，それぞれの構造は，3種の基本原理によって成り立つとの判断がある――**スキーマ関係**（schematicity），**全体・部分関係**（partonomy），**類似関係**（similarity）の3原理である（Taylor 2004）．文法の全体構造を省みるとき必ず立ち返らなければならない基本的視点だろう．このうち，スキーマ関係はシネクドキのメカニズムである包摂関係，類似関係はメタファーのベースそのものであり，これは図3にも明らかである．

もう一つの全体・部分関係は，例えば，a black catという名詞句の全体が，概略［a［black

[cat]]] という部分に分かれる場合などに見られる．この一般的な関係は，メトニミーの基盤となる隣接関係の一種である．この点はすでに疑問の余地はないだろう．ならば，全体・部分関係に替わって，より一層カバーする範囲が広い隣接関係を文法の構成原理の一つに据えられないだろうか．この選択を支持するいくつかの文法現象がある．

音韻面では，**同化**（assimilation）や**縮約**（contraction）などは隣接関係が引き金となる．例えば，接頭辞 un- の発音が /ʌn/ になるか /ʌm/ になるかは，隣接する音韻環境によって変化する．*un*conscious と *un*believable の発音を比べてみよう．また，want to go は構造的には［want［to go]] という全体・部分関係にあるが，縮約が起こった形 wanna go は，あくまで want と to の隣接関係をベースとする．他方，意味面では，プロファイルとベース，tr と lm，コロケーション，派生語，複合表現などが，隣接関係と深く関わる．また，時間的隣接に関しては，自他の交替，使役，他動性，結果表現，語用論的推論などに隣接性が必然的に関与するだろう．

包摂関係（スキーマ性）と類似関係が文法構造を基礎づけることは，すでに多言を要さないはずだ．構文文法や**類像性**（iconicity）[→ コラム 25] などの研究は，包摂関係と類似関係を必ず考慮しなければならない．例えば，wear jeans to school（学校へジーンズをはいて行く）は，drive me to school（学校へ私を車で送る）と構造的に類似関係にあり，かつ，使役移動構文のスキーマ［V NP to NP］の事例の一つである．また，wear は本来「〜を身につけている」を表す状態動詞だが，移動方向を表す to との隣接関係によって「〜を身につけて（…に）移動する」という意味が引き出される．もちろん，使役移動構文スキーマからも意味の供給を受ける．と考えれば，類似，隣接，包摂の三者はすべて，大なり小なり，この表現の意味に関与するわけである．三者の関係は，文法一般を新たな視角から眺めるパースペクティブを与えてくれるのではないだろうか（瀬戸 2014）．

まとめと展望

認知言語学は多義語 over の記述から本格的にスタートした．メタファーとメトニミーは，意義展開の必須の記述パタンとして導入された．メタファー研究が先行し，続いてメトニミー研究が後を追った．しかし，シネクドキは，しばしばメトニミーの一種とされて，独立した重要性が認められなかった．もちろん，その実質的な意味はスキーマ化と事例化が担っていたのだが，多義パタンの一つとして深く追及されることはなかった．これは，シネクドキが種と類の包摂関係のみならず，全体と部分の隣接関係も表すという伝統的な見方の理論上の混乱にも原因がある．

類似・隣接・包摂の関係を正して，多義語を図4 のようなネットワークモデルに従って記述することは，語の意味の全体像を知るうえで欠かせない（瀬戸（編）2007）．しかし，細部にいたるまで絶対的に正しい多義記述というものはない．目的に応じて記述対象や分析の深度は異なって当然だろう．また，現代ではコーパスを用いるのが常識となっているが，どの程度の規模のコーパスをどのように用いるべきかは，やはり目的に応じて異なるだろう．論文としてある特定の語の詳細な多義分析を行なう場合と汎用辞書に多義の概要を掲載する場合とでは，おのずと記述の精度は変わってくるはずである[→ 4C.11]．

類似・隣接・包摂の関係は，多義記述にとどまらない．言語の端々に三者の働きの一つ二つが見られても不思議はない．すでに触れたアクティブ・ゾーンの現象は，メトニミーの仕組みによる日常的な意味の弾性の表れであった．より大きな構文やディスコースの分析においても，メタファー・メトニミー・シネクドキの視点から見えるものは少なくないだろう．

最後に，三者の相互関係はどうなっているのだろうか．例えば，メタファーとメトニミーの組合せの可能性が模索されたりする．その中で，メタファーの根底にはメトニミーがあるというような一見それらしい提議がなされることがあるが，メタファーにも思考の出発点となるような基本的な存在のメタファーがある．そのような複合的な結合の可能性を探究するには，まず，メタファー・メトニミー・シネクドキの個々の性質と用法をしっかりと見極めることが先決だろう．

▶重要な文献

Lakoff, G. and M. Johnson 1980 *Metaphors We Live By*, Univ. of Chicago Press, Chicago.［渡部昇一・楠瀬淳三・下谷和幸（訳）1986『レトリックと人生』大修館書店.］
　メタファー研究に火をつけた書で必読. メタファー研究の新しい意義を豊富に例証した. ただし, メトニミーについては短い一章のみで, シネクドキはメトニミーの一種とされた. 2003 年に追補版. 邦訳あり.

Ortony, A. (ed.) 1993² [1979] *Metaphor and Thought*, Cambridge Univ. Press, Cambridge.
　メタファー研究の学際的広がりを名実ともに示した画期的論集. メタファー研究史上最も重要な論文の一つReddy（1979）を含む. 1993 年の第 2 版は新論文も収容されて一層価値が高い.

Radden, G. and Z. Kövecses 1999 Towards a Theory of Metonymy. In Panther, K.-U. and G. Radden (eds.) *Metonymy in Language and Thought*, John Benjamins, Amsterdam, pp.17-59.
　メトニミーに関する代表的論文. 問題点もあるが, メトニミーの分類に関しては詳細を極める. この論文が含まれる Panther and Radden (eds.)（1999）がヨーロッパでのメトニミー研究を先導した.

佐藤信夫 1978『レトリック感覚』講談社.
　メトニミーとシネクドキを理論的に明確に区別してその意義を明らかにした本邦初の本. 本節は佐藤の基本的思想を継承する［→ 4C.1 ］.

▶文 献

作者不詳 1954 *Rhetorica ad Herennium* (The Loeb Classical Library), Harvard Univ. Press, Cambridge.

アリストテレス（著）, 福島民雄（訳）1968「記憶と想起について」『アリストテレス全集 6』岩波書店, pp.224-39.

アリストテレス（著）, 松本仁助・岡道男（訳）1997『アリストテレース詩学／ホラーティウス詩論』岩波書店.

Brugman, C. 1988 [1981] *The Story of Over: Polysemy, Semantics and the Structure of the Lexicon* (MA thesis), Garland Press, New York.

キケロー（著）, 大西英文（訳）2005『弁論家について』（上下巻）岩波書店.

Croft, W. 1993 The Role of Domains in the Interpretation of Metaphors and Metonymies. *Cognitive Linguistics* 4: 335-70.

Deignan, A. 2005 *Metaphor and Corpus Linguistics*, John Benjamins, Amsterdam.

エンデ, M.（著）, 大島かおり（訳）2005『モモ』岩波書店.

Fauconnier, G. 1997 *Mappings in Thought and Language*, Cambridge Univ. Press, Cambridge.［坂原茂・田窪行則・三藤博（訳）2000『思考と言語におけるマッピング—メンタル・スペース理論の意味構築モデル』岩波書店.］

Fauconnier, G. and M. Turner 1998 Conceptual Integration Networks. *Cognitive Science* 22: 133-87.

Fauconnier, G. and M. Turner 2002 *The Way We Think: Conceptual Blending and the Mind's Hidden Complexities*, Basic Books, New York.

Fauconnier, G. and M. Turner 2008 Rethinking Metaphor. In Gibbs, R. W. (ed.) *The Cambridge Handbook of Metaphor and Thought*, Cambridge Univ. Press, Cambridge, pp.53-66.

Fillmore, C. J. 1977 Topics in Lexical Semantics. In Cole, P. (ed.) *Current Issues in Linguistic Theory*, Indiana Univ. Press, Bloomington, pp.76-136.

Geeraerts, D. 1994 Historical Semantics. In Asher, R. E. (ed.) *The Encyclopedia of Language and Linguistics*, Pergamon Press, Oxford, pp.1567-70.

Gibbs, R. W. 2000 Making Good Psychology out of Blending Theory. *Cognitive Linguistics* 11: 347-58.

Gibbs, R. W. (ed.) 2008 *The Cambridge Handbook of Metaphor and Thought*, Cambridge Univ. Press, Cambridge.

ヘーシオドス（著）, 松平千秋（訳）1986『仕事と日』（岩波文庫）岩波書店.

Jakobson, R. 1956 Two Aspects of Language and Two Types of Aphasic Disturbances. In Jakobson, R. (ed.) 1971 *Roman Jakobson Selected Writings*, vol.2, Mouton, The Hague, pp.239-59.［田村すゞ子（訳）1973「言語の二つの面と失語症の二つのタイプ」川本茂雄ほか（共訳）『一般言語学』みすず書房, pp.21-44／桑野隆・朝妻恵里子（訳）2015『ヤコブソン・セレクション』平凡社, pp.143-80 にも収録.］

Koch, P. 2001 Metonymy: Unity in Diversity. *Journal of Historical Pragmatics* 2: 201-44.

Kövecses, Z. 2010² *Metaphor: A Practical Introduction*, Oxford Univ. Press, New York.

Lakoff, G. 2008 The Neural Theory of Metaphor. In Gibbs, R. W. (ed.) *The Cambridge Handbook of Metaphor and Thought*, Cambridge Univ. Press, Cambridge, pp. 17-38.

Lakoff, G. and M. Johnson 1980 *Metaphors We Live By*, Univ. of Chicago Press, Chicago.［渡部昇一・楠瀬淳三・下谷和幸（訳）1986『レトリックと人生』大修館書店.］

Langacker, R. W. 1990 *Concept, Image, and Symbol: The Cognitive Basis of Grammar*, Mouton de Gruyter, Berlin.

Langacker, R. W. 1993 Reference-point Constructions. *Cognitive Linguistics* 4: 1-38.

ラブジョイ, A.（著）, 内藤健二（訳）2013『存在の大いなる連鎖』筑摩書房.

籾山洋介 1998「換喩（メトニミー）と提喩（シネクドキー）—諸説の整理・検討」『名古屋大学日本語・日本文化論集』6: 59-81.

森雄一 2003「明示的提喩・換喩形式をめぐって」『認知言語学論考 2』ひつじ書房, pp. 1-24.

Nunberg, G. 1978 *The Pragmatics of Reference*, Indiana Univ. Linguistics Club, Bloomington.

Ortony, A. (ed.) 1993² [1979] *Metaphor and Thought*, Cambridge Univ. Press, Cambridge.

Panther, K.-U. et al. (eds.) 2009 *Metonymy and Metaphor in Grammar*, John Benjamins, Amsterdam.

Quintilian（クインティリアヌス）1921 *The Institutio Oratoria of Quintilian*（The Loeb Classical Library），Harvard Univ. Press, Cambridge.

Radden, G. and Z. Kövecses 1999 Towards a Theory of Metonymy. In Panther, K.-U. and G. Radden（eds.）*Metonymy in Language and Thought*, John Benjamins, Amsterdam, pp.17-59.

Radden, G. and K. Seto 2003 Metonymic Construals of Shopping Requests in HAVE- and BE-Languages. In Panther, K.-U. and L. Thornburg（eds.）*Metonymy and Pragmatic Inferencing*, John Benjamins, Amsterdam, pp.223-39.

Reddy, M. J. 1979 The Conduit Metaphor: A Case of Frame Conflict in Our Language about Language. In Ortony, A.（ed.）1993 *Metaphor and Thought*, Cambridge Univ. Press, Cambridge, pp.164-201.

Richards, I. A. 1936 *The Philosophy of Rhetoric*, Oxford Univ. Press, London.

佐藤信夫 1978『レトリック感覚』講談社.

セネカ（著），大西英文（訳）2010『人生の短さについて他二篇』岩波書店.

瀬戸賢一 1990「記号論の記号たち」『人文研究（大阪市立大学文学部）』42(10)：99-112.

瀬戸賢一 1995a『空間のレトリック』海鳴社.

瀬戸賢一 1995b『メタファー思考』講談社.

瀬戸賢一 1997²a［1986］『認識のレトリック』海鳴社.

瀬戸賢一 1997b「意味のレトリック」巻下吉夫・瀬戸賢一『文化と発想とレトリック』研究社, pp. 93-183.

Seto, K. 1999 Distinguishing Metonymy from Synecdoche. In Panther. K.-U. and Radden G.（eds.）*Metonymy in Language and Thought*, John Benjamins, Amsterdam, pp.91-120.

Seto, K. 2003 Metonymic Polysemy and Its Place in Meaning Extension. In Nerlich, B. et al.（eds.）*Polysemy: Flexible Patterns of Meaning in Mind and Language*, Mouton de Gruyter, Berlin, pp.195-214.

瀬戸賢一（編）2007『英語多義ネットワーク辞典』小学館.

瀬戸賢一 2014「語の多義性から見た文法構造」『関西英文学研究』7：69-76.

瀬戸賢一 2017a『時間の言語学』（ちくま新書）筑摩書房.

瀬戸賢一 2017b「メトニミー研究を展望する」『認知言語学研究』2：79-101.

瀬戸賢一 2017c『よくわかるメタファー』（ちくま学芸文庫）筑摩書房.

Taylor, J. R. 2004 The Ecology of Constructions. In Radden, G.（ed.）*Studies in Linguistic Motivation*, John Benjamins, Amsterdam, pp.49-73.

テイラー，J. R.・瀬戸賢一 2008『認知文法のエッセンス』大修館書店.

トルストイ（著），中村融（訳）1965-1968『アンナ・カレーニナ』岩波書店.

Ullmann, S. 1962 *Semantics: An Introduction to the Science of Meaning*, Barnes & Noble, New York.［池上嘉彦（訳）1969『言語と意味』大修館書店.］

ウィーナー，Ph.（編），荒川幾男ほか（日本語版編集）1990『西洋思想大事典』平凡社.

Wierzbicka, A. 1986 Metaphors Linguists Live By: Lakoff & Johnson contra Aristotle. *Papers in Linguistics* 19: 287-313.

|3.6|

主観化・間主観化

菅井三実

認知言語学において言語表現の意味は**概念化**に求められるが，その概念化において，意味を構築する要因の一つに**視点**があり，主観化は，1人称的な視点が概念化に作用する独特のメカニズムである．1人称的な視点が概念化に作用するというのは，極端な1人称的な視点から事態を見る中で，客観的な側面が希薄化し，言語形式の意味や用法に変化が生じる現象を指す．このような意味変化は，内容語が機能語に変化する**文法化**（grammaticalization）の研究の中で注目され，主観化は文法化の一部をなすとされているが，原理的に主観化と文法化は独立した現象であって，主観化を伴わない文法化もあり，共時的な構文交替にも主観化は見られる．主観化に関して先導的な役割を担ってきた研究者として，ラネカー（Ronald W. Langacker）とトローゴット（Elizabeth Closs Traugott）を挙げることができるが，主観性という概念の規定に関して両者で異なる見解が示されており，ラネカーの「主体化」が「話者（概念主体）」の立ち位置に関するものなのに対し，トローゴットの「主観化」は概念内容（言語表現の意味）に関するものである．

以下では，1.で，主観化と間主観化を概観し，2.では文法化との関係で意味の抽象化という点から主観化に関する現象を取り上げ，3.で視点配列の関係から概観し，4.でトローゴットの主観化と間主観化を取り上げる．

1. 主観化と間主観化の理論的背景

認知言語学において，主観化の研究を先導してきたラネカーは，主観化について次のような定義を与えている．

(1) Subjectification ... is a semantic shift or extension in which an entity originally construed objectively comes to receive a more subjective construal.

(Langacker 1991a: 215)

(2) ... this subjective component is there all along, being immanent in the objective conception, and simply remains behind when the latter fades away.

(Langacker 1999a: 298, 1999b: 151)

当初は，(1)のように「もともと客観的に解釈されていたものが主観的に解釈されるようになる過程」ということになるが，後には，(2)のように「客観的な側面の中に主観的な側面があり，客観的な側面が捨象されて主観的な側面だけが残ること」という考え方を採用するようになった．(2)については，2.で詳説することとし，まず，(1)について実際の言語現象や言語分析に即して言えば，心理学的あるいは哲学的な意味で1人称的な視点に基づく捉え方（見方）を言う．1人称的な視点からの解釈が強くなると，客観的な物理事象であっても，発話主体の頭の中で主観的な事象に抽象化され，それによって，言語記号に意味的な変化が生じる．認知言語学で主観性という概念が注目されるのは，主観化が言語形式の意味変化に影響を及ぼすことによるものであった．主観化の研究は，ある種の独特の言語表現に関する観察から，主観性に関わる要因が意味の変化に関与することが指摘され，その具体的な言語分析を通して，概念化における主観性と客観性および間主観性の互換関係が明らかになり，通言語的・通時的に研究が重ねられてきたところである．

日常的な意味での「主観性」と「客観性」は，互いに離散的なもののように受け止められているが，視点という観点から言うと，両者は一元的に捉えられ，「主観性」と「客観性」は切り替えることができる．この点について以下で概略を示しておきたい．次の図1(a)〜(c)は，いずれも「女子生徒」の前に「男性の先生」が立っている様子を描いたものとする．

図1 客観的視点と主観的視点

図1(a)では，話者（概念主体 conceptualizer）が「女子生徒」と「男性の先生」を第三者的（客観的）に見た状況である．(b)は「女子生徒」が話者自身の場合であるが，話者である「女子生徒」も状況（把捉事態）の中に入っており，話者（概念主体）の視点から状況（把捉事態）の中の話者自身が描かれている．(c)は，話者（概念主体）＝「女子生徒」が状況（把捉事態）から外れ，話者の視点から見えた状況だけが描かれた状態である．主観性と客観性を「視点」という観点から言うと，(a)は最も客観的な視点で描かれたのに対し，(c)が最も主観的な視点で描かれており，(b)は両者の中間に位置づけられる．このように，主観性ないし客観性には段階性を認めることができる．

ただ，注意しておきたいのは，(a)のような客観的な視点と(c)のような主観的な視点の関係において，言語の歴史的変化にも〈客観〉→〈主観〉の方向性が認められる一方，常に，(a)→(b)→(c)のように派生するわけではないという点である．4.で後述するように，日本語では〈主観〉→〈主観〉の共時的交替も観察される．哲学的にも，オーストリアの物理学者で哲学者でもあるマッハ（Ernst Mach）は，『感覚の分析』(1886)において，次の図2のように，自己の1人称的な視点こそが根源的な経験であって，私たちが客観的だと思って見ている視点は，主観的な直接経験から派生的に形成されるイメージであるという．

図2は「マッハの自画像」と呼ばれ，マッハ自身が左目で見た自分の身体を描いたものと言われるが，マッハ自身の視点から見える「脚」が描かれ，右側に「鼻」の一部が見えるという．マッハによれば，図2のような主観的な直接経験が根源的な経験であって，客観的な経験は派生的に形成

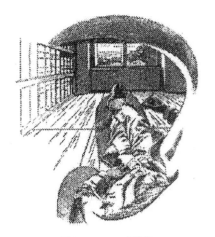

図2 マッハの自画像

されるイメージであるという．

この延長線上に位置づけられるのが「間主観性」(intersubjectivity)という概念である．間主観性は，本来的には個人レベルの「主観」が複数の人（または共同体）の間で共有されることを言う．言い換えると，主観は，本来的には個人レベルのものであるが，実は必ずしも個人レベルでバラバラのものではなく，ある程度まで複数の人（または共同体）の間で共有されるという仮説を言う．哲学者フッサール（Edmund Husserl）によれば，事態の知覚や意味というものは，個人レベルの主観で成立するのではなく，集団を構成する複数の主観で共同的に成立するという考え方を言う．この間主観性という概念を導入すると，客観・主観・間主観は，次のように整理できる．

客観 ↔ 主観 ↔ 間主観

上述のように，客観と主観は（段階性をもって）一元的に捉えることができるが，主観が共有されることで間主観が成立する．言語研究においては「視点」という観点から言語現象を切り口に分析され，客観的な事態把捉と主観的（1人称的）な事態把捉は（段階性をもって）一元的に扱うことが可能であり，両者の間で切り替えることも可能であり，主観性が共有される場においては，対人的な配慮が見られることが明らかにされてきた．

言語学の研究史を見ると，主観化という概念は，古くはバイイ（Charles Bally）やバンヴェニスト（Emile Benveniste）に見られるが，認知言語学

的に理論化した先導的な研究者としてラネカーとトローゴットを挙げることができる．ただ，両者の立場には違いがあり，訳語として，慣習的にラネカーのいう subjectification には「主体化」という訳語が与えられ，トローゴットの subjectification には「主観化」という訳語が与えられる．ラネカーとトローゴットでは現象の中で注目する側面が異なるほか，ラネカーの論考は，初期の Langacker（1990）以降，重視する側面やスキーマ表示に変遷が見られる．これに関連して，深田（2001）や濱田・對馬（2011）ではラネカーの学説に関する詳細な検討がある．また，日本国内でも活発に研究が展開されており，池上（1999, 2003, 2004, 2007）や堀江（2008）といった理論的な枠組みが与えられているほか，Onodera（2004）や堀江・金（2008）などのような事例研究が重ねられてきている．

2. 主観化による意味の希薄化

ここでは，主観化に伴う意味的な変化を取り上げる．

前述のように，ラネカーのいう subjectification は「主体化」と訳されるが，主体化に関して，ラネカーが挙げた事例には次のようなものがある（Langacker 1991b: 326-8）．

(3) a. Vanessa jumped across the table.
　　b. Vanessa is sitting across the table from Veronica.

ここで，主語の Vanessa を TR（trajector）とし，the table を LM（landmark）とすると，(3a) では TR が物理的に移動するのに対し，(3b) において TR は物理的に位置変化を起こしておらず，この点に (3a) と (3b) の差異がある．(3b) においては，(3a) に見られた物理的な移動は捨象され，TR の物理的移動に伴う「視線の移動」のみが残った形になっている．

図3において，矢印つきの実線が示しているのは，TR が LM（＝テーブル）の端から端まで物理的に移動する位置変化と視線の移動の両方なのに対し，図4で矢印が破線になっているのは，物理的な移動が捨象され，視線の移動だけが残っているためである．このように，物理的な位置変化が捨象されるということは，一般化して言えば「意味の一側面が消える」ということであり，これを **希薄化**（bleaching）と言う．希薄化によって客観的（物理的）な側面が弱くなるということは，その分だけ，主観的（抽象的）な側面が強くなることであるから，希薄化は主観化に伴って生じる現象ということができる．

同様のことは次の例にも言える（Langacker 1991b: 327）．

(4) a. The balloon rose rapidly.
　　b. Beyond the 2000 meter level, the trail rises quite steeply.

(4a) では主語の the balloon（気球）が物理的に急上昇という空間移動を起こしているのに対し，(4b) では (4a) と同じ動詞が使われているものの，物理的に trail（山道）が上に向かって移動するというわけではなく，希薄化によって，主語の trail の物理的な移動（位置変化）という側面が希薄化し，主語の静的な形状に沿った「視点の移動」のみが残った形になっている．

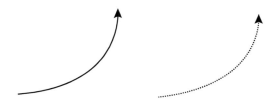

図5　通常の物理的移動（rise）　　図6　主体移動（rise）

図5は，(4a) に含まれる客観的な位置変化を矢印つき実線で表したもので，図6は (4b) における主観的な視線移動を矢印つき破線で表したものである．もちろん，(4) の表現は rise という動詞に限ったことではなく，fall, ascend, descend などの移動動詞でも同様である．(4b) のような言語表現は，**主体移動**（subjective motion）あるいは**仮想移動**（fictive motion）と呼ばれるものの例であ

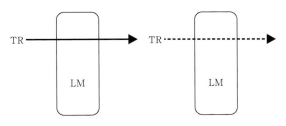

図3　通常の物理的移動（across）　　図4　主体移動（across）

る.

　では，概要をつかんだところで，あらためてラネカー自身の定義を確認しておこう．ラネカー自身，主体化に関して考え方や分析法を発展的に変えてきたところがあり，定義やスキーマ図式に揺れが見られるが，次のような定義を提示している．

(5) Subjectification is the 'laying bare' of conceptual operations which are immanent in the original lexical meanings and in that sense constitute their deepest properties.

(Langacker 1998: 88)

これによれば，ラネカーのいう主体化とは，「もともとの語彙的意味の中に内在し，その意味で最も深いところにある特性を構成する心的操作が顕在化すること」ということになる．この中で，語彙的意味の中に内在する心的操作が顕在化するということは，図4や図6のような認知プロセスをいう．

　日本語にも次のような例が見られる．

(6) a. 市の周辺部を高速道路が走っている.
　　 b. その古城は森と湖に囲まれている.
　　 c. 道路が弓状に曲がっている.

(6a)は「走る」という動詞で描かれているが，客観的に「高速道路」そのものが「走っている」わけではなく，建設された高速道路の長さを視覚的に捉えたときの視線の動きだけが残ったものであり，物理的な位置変化が捨象された(6b)でも「囲む」という動詞が使われているものの，「古城」の周りに別の場所から「森と湖」が集まってきたわけではなく，視覚的に「森と湖」を捉えたとき，視線が「古城」を「囲む」ように動いていることを表している．(6c)でも「曲がる」という動詞が使われているが，客観的に「道路」が直線から曲線に物理的な変化を起こしたということではなく，静的な道路の形を視覚で捉えたとき，視線の動きが「曲がっている」ことを表したものと分析できる．いずれも，動詞の意味に希薄化が認められる．

　このような現象が，文法化の過程に広く認められることが知られるようになった[→ 3.8]．典型的な例として挙げられるのが be going to の用法であり，次の(7a)のように，物理的な移動の継続を表す用法から，歴史的な変遷の中で，(7b)のよ

うな近接未来の用法に変化したことが知られているが，Hopper and Traugott (2003: 69) では以下のように例証している．

(7) a. Mary is going [to visit Bill].
　　 b. Mary [is going to] visit Bill.
　　 c. Mary [is going to] like Bill.
　　 d. Mary [gonna] like Bill.

(7a)は第1段階（Stage I）で，方向を表す動詞 go が現在進行形になったもので，認識客体（＝主語）の物理的な移動の継続を表しており，その go の後ろにある不定詞句 [to visit Bill] が目的を表している．(7b)は第2段階（Stage II）で，[be going to] が未来を表す助動詞として再分析され，それに visit という行為動詞が続いている．このとき，(7a)の用法から(7b)の用法への変化に関わるのが主観化であり，(7a)は，主語の物理的な移動と時間的な推移を同時に心的走査することが表されているのに対し，(7b)のような近接未来の用法では，主語の物理的な移動という側面が捨象され，認識主体が時間的な推移を心的に走査する側面だけが残ることで，Mary が，そのような時間的推移に移行することが表されている．その次の(7c)が第3段階（Stage III）で，[be going to] に後続する動詞が一般化され，like のような状態動詞でも生起できるようになる．(7d)は，最後の第4段階（Stage IV）であり，[be going to] が縮約し，gonna という単一の形態素に再分析されている．

　このような文法化が進むときに作用するとされるのが，Hopper and Traugott (2003) のいう**語用論的強化**（pragmatic enrichment）である．語用論的強化というのは，ある形式 X について，元の意味 A から，B という語用論的意味が生じるとき，特定の文脈で繰り返し用いられることで，その環境で生じる語用論的意味 B が X の中に組み込まれている作用をいう．

　日本語でも，主観化によって動詞に希薄化が生じた例に次のようなものがある．

(8) a. 日本各地の世界遺産を<u>巡って</u>水彩画を描いた.
　　 b. 日本各地の世界遺産を<u>巡って</u>議論が交わされた.

(8a)の「巡って」は品詞としては動詞「巡る」＋接続助詞「て」であって，LM たる「世界遺産」

を中心に周回するような動的な位置変化を表すのに対し，（8b）の「巡って」は，品詞としては複合辞と呼ばれ，格助詞のような機能を持つものであるが，物理的な移動は捨象され，「世界遺産」の周囲にある事柄との静的な関係を表しているにすぎない．

主観化による希薄化は，（7）や（8）のような動詞起源の文法化だけでなく，次のような名詞起源の文法化もある．

(9) a . I'll be there for a while.
    b . Mary read while Bill sang.
    c . Mary liked oysters while Bill hated them.

Traugott（1995: 31-42）によれば，古英語の時代において，while は「時間」を表す普通名詞であり，中期英語の時代に，名詞という内容語から（9b）や（9c）のような接続詞の用法が発達したという．（9b）は二つのものの間に成り立つ時間的な並列関係を表すのに対し，（9c）は時間的な側面が捨象され，二つのものの並列関係だけが残るような形になっている．

3. ラネカーによる視点配列としての主体化

ラネカー（Langacker 2008: 55）は，概念化における心象形成の要因として，詳細性（specificity），焦点（focusing），顕著性（prominence），視点（perspective）の四つを挙げている．詳細性（specificity）は「対象を見るのにどれくらい近づいて見るのか」であり，焦点（focusing）は「どこに視点を置くのか」に関連し，顕著性（prominence）は「その中の何に注目するのか」に関わり，視点（perspective）は「どこから見るのか」に関するものである．主体化は，このうち，視点に関するものである．

視点に関連してラネカーが提唱した考え方に「視点配列」（viewing arrangement）という概念がある．「視点配列」とは，事態に対する視点の置き方であり，その両極端に位置づけられるのが「最適視点配列」と「自己中心的視点配列」である．最適視点配列（optimal viewing arrangement）は，視点を事態の外に置き，発話主体自身が参与者として事態に入り込むことはなく客観的に描く捉え方なのに対し，「自己中心的視

点配列」（egocentric viewing arrangement）は，視点を事態の中に置き，発話主体が事態に没入した状態で描く捉え方をいう．

ここでいう「自己中心的視点配列」に関してラネカー自身が提示した例として次のようなものがある．次の（10）のうち，（10a）～（10b）は 2. で挙げた（3a）～（3b）と同一であるが，その延長線上に（10c）～（10d）を加えたものである（Langacker, 1991b: 326-8）．

(10) a . Vanessa jumped across the table.
     b . Vanessa is sitting across the table from Veronica.
     c . Vanessa is sitting across the table from me.
     d . Vanessa is sitting across the table.

（10a）から（10b）への意味変化は，すでに 2. で述べた通りであるが，ここでは（10b）から（10c）および（10d）への推移について説明を加えていきたい．（10c）は，TR としてのバネッサ（Vanessa）の向かい側に LM としてのベロニカ（Veronica）が座っている関係を表したものであるが，（10c）は，LM の位置に話者自身が座ったときの描写であり，話者自身も LM として描かれているので，図5のような捉え方を反映している．この表現について，Langacker（1991）は，例えば自分がバネッサ（Vanessa）と一緒に写っている写真を見ながら説明するような場面と解釈されると説明している．（10d）は，主体化された状態で，話者自身が事態の中に没入した結果，言語化されなくなったものである．逆に言うと，（10d）のような表現に対しては，発話主体を把捉事態の中において解釈されなければ適切に解釈されないということになる．

ラネカー（Langacker 2008）は，主体化という概念を**概念主体**（conceptualizer）と**ステージ**（stage）の関係で分析している．「概念主体」とは基本的に話者のことであり，認知過程において概念化をする人という点で，概念化者ともいう．「ステージ」とは，描写される把捉事態の場所（舞台）であり，「オフステージ／オンステージ」という区別を設定している．「オフステージ」は，文字通り「舞台の下」にいるときの視点を指した概念で，舞台の下の客席から舞台（ステージ）を見るときのように，舞台は「客体」として捉えられる．これに対して，「オンステージ」は，客自

身が舞台の上に上がって，そこから舞台を見ているときの視点を指した概念で，舞台の上に立つと，舞台そのものは客体化されない．通常，話者はステージの外からステージの上の事象を描写するのに対し，話者がステージの上に立って，同じステージ上で事態を把捉する捉え方を指す．ただ，単に話者がステージの上に乗るだけでなく，概念主体（話者）自身が把捉の視野から外れた捉え方が主体化された状態ということになる．

この観点から，上に挙げた (10b)〜(10d) の言語表現を，ラネカー式のスキーマで表記すれば，おおよそ次のようになる．

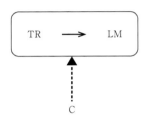

図7　(10b) の図式化

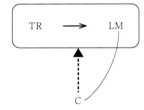

図8　(10c) の図式化

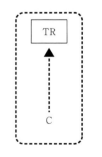

図9　(10d) の図式化

一番上の図7が最も客観性の高い「最適視点配列」を図式化したもので，一番下の図9が最も主観性の高い「自己中心的視点配列」を図式化したものであり，中央の図8が両者の中間的な視点を図式化したものである．図7では，長方形で囲まれたステージ上に TR（＝バネッサ）と LM（＝ベロ

ニカ）があり，それを C（＝概念主体）がステージの外から見ている関係を表している．中央の図8は，図7と同様に，長方形で囲まれたステージ上に TR（＝バネッサ）と LM（＝ベロニカ）がおり，その LM（＝ベロニカ）が話者自身の場合であるが，話者である LM（＝ベロニカ）は自分の姿をステージ上に登場させている状態を表している．一番下の図9は，話者（概念主体）がステージ上にあって，自分の姿をステージの上で見ることはなく，したがって言語化されることもない．ここに挙げた図7〜図9は，それぞれ1. に挙げた図1(a)〜(c) の視点を図式化したものでもある．

最後に，主体化との関連で次のような例を見てもらいたい．

(11) a. We are approaching the goal.
　　　（我々はゴールに近づいている）
　　b. The goal is approaching.
　　　（ゴールが近づいている）

(11) の例を，文脈としていずれもマラソンで長距離を走り続けたときの発話とするとき，(11a) は，一人称代名詞を主語においてはいるものの，発話主体 (C) の視点は事態の外にあって，一人称主語（＝話者自身）を客観的に捉えているのに対し，(11b) では，発話主体 (C) の視点が事態の中に没入している．というのも，マラソンにおいて the goal（ゴール）は物理的に「近づいてくる」(approaching) ものではなく，発話主体自身の視点が動いていると考えなければ，(11b) を適切に解釈できないからである．(11b) のような構造は，マラソンで実際にゴールに向かって走っている選手の視線に立ったときに初めて成立するものであり，極めて臨場的で，発話の〈イマ・ココ〉に即した主観的な把握ということがいえる．

ラネカーのいう「自己中心的視点配列」に関して，日本語では次のような例を挙げることができる．

(12) a. ケーキが食べたい．
　　b. この窓から美しい山が見える．
　　c. 新しいパソコンが欲しい．

(12a) で「ケーキ」を食べることを欲しているのは，明示的に言語化されていないものの，話者自身と解釈される．もちろん，文頭に「私は」のように認識主体（＝意味上の主語）を言語化するこ

とも可能ではあるが，対比的な意味合いを示す必要がない場合を除き，むしろ「私は」のような認識主体の言語化は不自然に感じられる．明示的な認識主体の言語化がないとき概念主体＝話者自身と解釈されるということは，前掲の図9のように，話者自身が認識主体となって事態を捉えているということにほかならない．(12b)と(12c)でも，それぞれ「美しい山」を見ることができる人や「パソコン」を求めている人は，いずれも一次的には話者自身であって，話者の一人称的な視点で描かれており，自己中心的視点配列で書かれていることがわかる．なお，最適視点配列と自己中心的視点配列は，それぞれ，池上(2003, 2004)の「客観的把握」と「主観的把握」に対応し，およそ中村(2004, 2009)の「Dモード」(Displaced mode of cognition)と「Iモード」(Interactional mode of cognition)に対応する．「Iモード」とは，認知主体が環境の中に入った状態で対象とのインタラクションを通して認知像を形成するモードであり，「Dモード」とは，認知主体が環境の外にあって事態が客観世界で生起するものとして眺めるモードをいう．

いま，前述の(12)に対しては，次の(13)のように描くことも可能ではある．

(13) a. ケーキを食べたいと思っている．
　　 b. この窓から美しい山を見ることができる．
　　 c. 新しいパソコンを欲している．

ここに挙げた(13)は，論理的には(11)と同じ内容を含んではいるが，(11)と異なり，話者とは別の主体を主語に置くことができる．すなわち，(13a)〜(13c)の文頭に，例えば「太郎は」や「みんなも」のような3人称的な主語を置くことが可能であり，そうすると，(13)は「太郎」に関する客観的な描写ということになる．(11)と(13)の関係を主観性と客観性に関する共時的な交替現象と考えるとき，(13)から(11)への推移は「主観化」に相当するが，(11)から(13)への推移は「主観化」と逆向きの変化であり，森(1998)の言い方を用いれば，いわば「客観化」ということができる．むしろ，日本語話者の言語感覚として(11)の方が(13)よりも自然に感じられる限りにおいて，日本語では「主観化」という観点からの分析と同時に，逆方向の「客観化」という方向性からの分析を考

える方が自然でもある．

最後に，個別の文法概念との関係で言うと，主観化（主観性）は日本語の授受表現（やりもらい表現）や受動文（〜される）なども1人称志向の構文と言えるし，本書でも述べられているように［→ 4C.5 ］，モダリティにも関連する．She must be in the office.（オフィスにいるに違いない）というとき，助動詞 must の意味は極めて1人称的である．

4.　トローゴットによる主観化と間主観化

ここでは，トローゴットの理論を概観する．

ラネカーの「主体化」が，概念主体（話者）の立ち位置が把捉事態としてのステージの中にいるのか外にいるかに関わることに帰着されるのに対し，トローゴットの主観化は，主体の立ち位置ではなく，およそ「事態に対する客観的な意味から，話し手の評価や態度に関わる主観的な意味への変化」を指す．また，トローゴットの主張で，ラネカーと異なるところとして，主観化の延長上に間主観化という現象を位置づけている．1. で見たように，主観というものは個人の中だけにあるものではなく，複数の人（あるいは共同体）によって共有されることがあり，間主観性と呼ばれる．言語現象においても，トローゴットは，主観化が発達したものとして「間主観化」(intersubjectification)という概念を提唱している．間主観化とは，聞き手の主観に配慮した意味が言語表現の意味として表されるようになるという意味論的・語用論的変化をいう．

この点に関して，トローゴット自身は主観化の定義を次のように提示している（Traugott 1995: 31）.

(14) 'subjectification' refers to a pragmatic-semantic process whereby 'meanings become increasingly based in the speaker's subjective belief state/attitude toward the proposition,' in other words, towards what the speaker is talking about.

(Traugott 1989: 35)

これによれば，トローゴットのいう主観化は「命題（＝話し手が語っている内容）に対する話し手の主観的な信念や態度が徐々に中心的な意味にな

っていく過程」であるという．これに接続するように位置づけられるのが間主観化であり，次のように規定される．

(15) Intersubjectification is the semasiological process whereby meanings come over time to encode or externalise implicatures regarding SP/W's attention to the 'self' of AD/R in both an epistemic and a social sense.

(Traugott 2003: 129-30)

これを要約すれば，トローゴットのいう間主観化は「認識としても社会的にも，聞き手（読み手）である相手自身に対して話し手（書き手）が持つ配慮が，含意的なものから言語表現の意味として確立していく過程」であり，ポイントだけ取り上げれば「聞き手に対する配慮が焦点化されること」と言ってよい．なお，(15) の中で，SP は speaker（話し手）で，W は writer（書き手）を指し，AD は addressee（聞き手）で R は reader（読み手）を指す．

トローゴットは主観化と間主観化を次のように整理している．

(16) Subjectification is a mechanism whereby meanings become more deeply centred on the SP/W, intersubjectification is a mechanism whereby meanings become more centred on the addressee. (Traugott 2003: 129)

要するに，主観化は話し手が中心になるメカニズムであり，間主観化は聞き手が中心になるメカニズムということになる．

間主観化について，Traugott and Dasher (2002: 169-73) から一つ例を挙げるなら，副詞 actually について，14 世紀にフランス語から借用されたときは「実際に」の意味であったが，18 世紀の中頃までには反意を表す「本当のところ」のような主観的な意味を持つようになったという．話者の反意を表すようになったことがトローゴットのいう主観化ということになるが，そこから，19 世紀の初めには「実は」のような意味になり，談話において相手との関係を調整する談話標識として用いられるようになったといい，間主観化が見られるという．

間主観化が含まれる例を日本語から挙げるとすれば，終助詞「ね」の用法があり，次のように例示される．

(17) a. ケーキが食べたい<u>ね</u>．
　　b. この窓から美しい山が見える<u>ね</u>．
　　c. 新しいパソコンが欲しい<u>ね</u>．

この例は，3. で挙げた (12) の各文末に終助詞「ね」がつけられたものであるが，終助詞「ね」には相手と注意を共有する**共同注意**（joint attention）を促す機能があるとされ，(12) の例と比べると，「食べたい」「見える」「欲しい」という話者自身の主観的な希望や判断を表すというより，それを聞き手との間で共有しようとする配慮が見られる（守屋 2006；堀江・金 2008）．このような研究には，意味論と語用論とを結びつけるという側面もある．

さらに重要なこととして，歴史的な言語変化を見たとき，非主観的（non-/less subjective）→主観的（subjective）→間主観的（intersubjective）という一方向性が認められるという（Traugott and Dasher 2002: 225）．この推移は，実際，上述の副詞 actually の歴史的な変化に見ることができるほか，次の例が示すように，Let us (Let's) 構文の変化にも見られるという．

(18) a. Let us go.　（私たちに行かせてくれ）
　　b. Let's go.　　（行きましょう）
　　c. Let's take our pills.（お薬飲みましょうね）

歴史的に見ると，Let us 構文は，古英語の時代において命令法で用いられていたといい，現代英語で言えば，(18a) のように例示される．中期英語になると，勧誘（hortative）の用法が生じ，現代英語でいうと (18b) のように例示される．(18c) は，幼児に対して用いられたり，老人福祉施設で用いられたりする表現で，相手だけが薬を服用する行為を指しているにもかかわらず，自分も一緒に服用するかのように表現したものである．このとき，(18a) は，主観性を含まないという点で，非主観的な用法なのに対し，(18b) は主観性を含む主観的用法であり，(18c) は，他者に対する配慮を含む間主観的な用法ということになる．

日本語では，「しまう」に関する分析がある．

(19) a. 締切の 1 週間前に原稿を書いてしまいました．
　　b. あんなに練習したのに，決勝戦で負けてしまいました．
　　c. 実は，先日の県大会で，私，優勝してしまいました．

(19a)の「～てしまう」は完了というアスペクト的な意味を表しており，客観的な意味を持つのに対し，(19b)の「～てしまう」には遺憾あるいは残念という主観的な意味が含まれる．(19c)の「～てしまう」は，自分の「優勝」を伝えるのに，(照れ隠しのような）配慮が含まれており，この点で，間主観的な用法と見ることができる．梁井(2009)によると，(19)のような補助動詞としての用法は近世後期から見られ，(19a)のようなアスペクト的な意味から(19b)のような主観的な意味への変遷が歴史的に認められるという．また，一色(2011)は，(19c)のような間主観的な用法が見られるようになったことを指摘している．

このほか，敬語の変遷にも非主観→主観→間主観という変遷が見られる．現在，敬語として用いられる「ござる」は，もとは「御座有る（＝貴人の居場所がある）」という意味の非主観的（客観的）な存在表現の一つであったが，それが一語化すると「お役人様がござる」のように尊敬語として「いらっしゃる」の意味になり，現在，全国共通語としては「用事がございます」のように丁寧語の意味で用いられている．尊敬語は対象に対する話者の（主観的な）評価が含まれる点で主観化されたものであり，丁寧語は聞き手への配慮という点で，間主観化されたものであるから，非主観的用法→主観的用法→間主観的用法へという変遷を見ることができる．

最後に，話し手の態度に関わる意味的変化として，次のような例を挙げておきたい．

(20) a. 私はこの新しい選挙制度がよく分からない．
  b. 私はこの新しい選挙制度はよく分からない．
  c. この新しい選挙制度はよくわからない．

(20a)は「新しい選挙制度」について「私」自身が理解できないという能力的な問題を客観的に述べたものであり，(20b)も同様の解釈が可能であるが，(20c)になると「私（の能力）」が背景化され，むしろ「新しい選挙制度」が（一般に）理解されるものかどうかを述べており，その意味において「わからない」は「新しい選挙制度」に対する評価を与える表現になっている．このとき，(20a)から(20c)への意味的な推移に（トローゴット的な意味での）主観化を見ることができるであろう．

まとめと総括

主観化は，認知言語学で重要な基本概念である「視点」に関して，その置き方が特殊な事例と言ってよいものであるが，実際の発話としては決して稀有な表現ではない．主観化が研究者の興味を引くのは，「視点」というミクロの操作が通時的な言語変化の方向性を与えることや，海外発の理論でありながら日本語の敬語史にも対応するといった汎用性の高さのほか，具体的な用例のレベルで，「山道が上昇」(the trail rises)したり，「ゴールが近づいて」(the goal is approaching)きたりと，表現そのものが面白いという側面がある．

今後の研究について二つの方向性を挙げておきたい．一つは，既知の具体的な文法範疇との関連で考えるというものであり，モダリティ，受動文，授受表現，アスペクト，あるいは日本語の形容詞文などが視野に入るであろう．もう一つは，独特の表現や現象を主観化という観点から新たに分析するという方向であり，懸垂分詞を（間）主観性の観点から分析した早瀬(2007)は着眼点として秀逸であるし，歴史的変化の中には，日本語の敬語史を含めて（間）主観性の観点から光を当てるべきものがあるだろう．

▶重要な文献

Angeliki, A. et al. (eds.) 2006 *Subjectification: Various Paths to Subjectivity*, Cognitive Linguistic Research, Mouton de Gruyter, Berlin/New York.
　ラネカーやトローゴットを含む第一線の研究者による重要な論文が所収されている．
澤田治美（編）2011『主観性と主体性』（ひつじ意味論講座第5巻）ひつじ書房.
　主観化や間主観性をキーコンセプトとする日本語による歴史的考察が収められている．
高田博行ほか（編著）2011『歴史語用入門─過去のコミュニケーションを復元する』大修館書店.
　第一線の日本人研究者による論文が収録されている．

▶文　献

Bally, C. 1932 *Linguistique generale et linguistique francaise*, E. Leroux, Paris.［小林英夫（訳）1970『一般言語学とフランス言語学』岩波書店.］
Benveniste, E. 1958 [1966²],《De la subjectivité dans le langage》, In *Problémes de linguistique générale*, 1, Gallimard, Paris, pp.258-66.［岸本通夫（監訳）1983「ことばにおける主体性について」『一般言語学の諸問題』みすず書房, pp.242-52.）

深田智 2001「"Subjectification" とは何か―言語表現の意味の根源を探る」『言語科学論集』7: 61-89.

濱田英人・對馬康博 2011「Langacker の主観性（Subjectivity）と主体化（Subjectification）」『文化と言語（札幌大学外国語学部紀要）』75: 1-49.

早瀬尚子 2007「英語懸垂分詞における『主観的』視点」河上誓作・谷口一美（編）『ことばと視点』英宝社, pp.77-90.

Hopper, P. J. and E. C. Traugott, 2003 *Grammaticalization*, Cambridge Univ. Press, Cambridge.〔日野資成（訳）2003『文法化』九州大学出版会.〕

堀江薫 2008「間主観化―文法の語用論的基盤のタイポロジーに向けて」『言語』37(5): 36-41.

堀江薫・金延珉 2008「『主観化・間主観化』の観点から見た日本語・韓国語の文法現象― Elizabeth C. Traugott 教授の文法化研究の新展開」『言語』37(2): 84-9.

池上嘉彦 1999「日本語らしさの中の〈主観性〉」『言語』28(1): 84-94.

池上嘉彦 2003「言語における〈主観性〉と〈主観性〉の言語的指標（1）」『認知言語学論考3』ひつじ書房, pp.1-49.

池上嘉彦 2004「言語における〈主観性〉と〈主観性〉の言語的指標（2）」『認知言語学論考4』ひつじ書房, pp.1-60.

池上嘉彦 2007『日本語と日本語論』筑摩書房.

池上嘉彦 2011「日本語と主観性・主体性」『主観性と主体性』（ひつじ意味論講座第5巻）ひつじ書房, pp.49-67.

一色舞子 2011「日本語の補助動詞『―てしまう』の文法化―主観化，間主観化を中心に」『日本研究』15: 201-21.

Langacker, R. W. 1990 Subjectification. *Cognitive Linguistics* 1(1): 5-38.

Langacker, R. W. 1991a *Foundations of Cognitive Grammar*, Vol.II, *Descriptive Application*, Stanford Univ. Press, Stanford.

Langacker, R. W. 1991b *Concept, Image and Symbol: The Cognitive Basis of Grammar*, Walter de Gruyter, Berlin/New York.

Langacker, R. W. 1999a *Grammar and Conceptualization* (Cognitive Linguistics Research 14), Mouton De Gruyter, Berlin/New York.

Langacker, R. W. 1999b Losing Control: Grammaticization, Subjectification, and Transparency. In Blank, A. and P. Koch (eds.) *Historical Semantics and Cognition*, Mouton de Gruyter, Berlin/New York, pp.147-75.

Langacker, R. W. 2008 *Cognitive Grammer: A Basic Introduction*, Oxford Univ. Press, Oxford.〔山梨正明（監訳）2011『認知症文法論序説』研究社.〕

森雄一 1998「『主体化』をめぐって」『東京大学国語研究室創設百周年記念国語研究論集』汲古書院, pp.1143-55.

守屋三千代 2006「〈共同注意〉と終助詞使用」『言語』35(5): 62-7.

中村芳久 2004「主観性の言語学―主観性と文法構造・構文」中村芳久（編）『認知文法論II』大修館書店, pp.3-51.

中村芳久 2009「認知モードの射程」『「内」と「外」の言語学』開拓社, pp.353-93.

Onodera, N. 2004 *Japanese Discourse Markers: Synchronic and Diachronic Discourse Analysis*, John Benjamins, Amsterdam/Philadelphia.

Traugott, E. C. 1989 "On the Rise of Epistemic Meanings in English: An Example of Subjectificationin Semantic Change". *Language* 65: 31-55.

Traugott, E. C. 1995 Subjectification in Grammaticalization. In Dieter, S. and S. Wright (eds.) *Subjectivity and Sujectivisation*, Cambridge Univ. Press, Cambridge, pp.31-54.

Traugott, E. C. 2003 From Subjectification to Intersubjectification. In Raymond, H. (ed.) *Motives for Language Change*, Cambridge Univ. Press, Cambridge, pp.124-39.

Traugott, E. C. and R. B. Dasher 2002 *Regularity in Semantic Change* (Cambridge Studies in Linguistics), Cambridge Univ. Press, Cambridge.

梁井久江 2009「テシマウ相当形式の意味機能拡張」『日本語の研究』5(1): 15-30.

3.7 参　照　点

尾谷昌則

　ある対象への心的接触を容易にするために，別の対象を認知的手がかり（＝参照点）として利用することがあり，それは人間が有する認知能力の一つである．我々は，無意識のうちに様々な形で参照点を使用しており，言語表現の意味や適格性を考えるうえでも欠かせない概念である．裏を返せば，様々な言語表現がこの参照点構造によって動機づけられているのである．本節では，まずラネカー（Langacker 1993）が提唱する参照点構造と，それに至るまでの経緯を概観する．その後，様々な事例研究を紹介したうえで，参照点にまつわる誤解や問題点についても触れる．最後に，心理学・認知科学分野において参照点と関係が深いと思われる研究について紹介する．

1. 参照点の概要：Langacker（1993）を中心に

　参照点（reference-point, 略してR）とは，目的の**ターゲット**または**標的**（target, 略してT）へ直接**心的接触**（mental contact）を達成することが困難な場合に，それを助けるために利用されるものである．例えば，「千葉県ってどこ？」という質問に対しては，「東京都の東だ」や「茨城県の南だ」という説明が考えられるが，茨城県民でなければ前者を用いる人の方が多いであろう．

それは，茨城県よりも東京都の方が目立つ存在であり，誰もが容易に想起しやすいからである．この場合，Tは「千葉県（の位置）」であり，「東京都」や「茨城県」がRとなる．このような性質上，Rは誰もが容易に認知できるような際だっているものが選ばれやすい．

　ラネカーは，Tを認知するために上記のような参照点Rを利用する能力を**参照点能力**（reference-point ability）と呼び，図1のようなスキーマで表している．Rを囲む大きな楕円は，Rを手がかりとして利用することで心的接触が可能となる潜在的なTの集合体であり，**ドミニオン**（dominion, 略してD）と呼ばれている．Rを経由して最終的に認知されるTは，当然ながらこのD内に位置づけられる．

　図中の破線矢印は，**概念化者**または**概念主体**（conceptualizer, 略してC）がRを経由してTを認知する際の**心的経路**（mental path）を表しているが，ここでよく誤解されることがある．参照点について紹介する際に，図1のみを示して済ませる文献が多いため，RからTに向かって伸びる破線矢印が，まるでRが（擬人的に）Tを認知しているかのような誤解を与える．しかし，ラネカー（Langacker 1993: 6）も断っているように，これはRに心的接触を行なう第一段階（図2の左

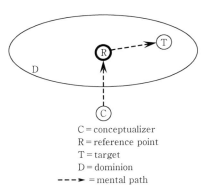

図1　参照点の図式（Langacker 1993: 6）

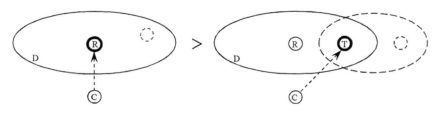

図 2　参照点の動的側面（Langacker 1993: 6）

側）と，そのRを経由することでTへと心的接触を図る第二段階（図2の右側）をまとめて図示しただけであり，心的接触と心的経路は異なる．また，図2の一連の活動は**心的走査**（mental scanning）の一種でもあるため（Langacker 2008: 83），これを正しく反映させるならば，図1は図3のように描くべきである．図3は尾谷（2005: 35）を一部修正したものであり，図中の破線はRとTの間に成立している関係，すなわち**参照点関係**（reference-point relation）を表し，実線矢印は心的接触の流れを表す．

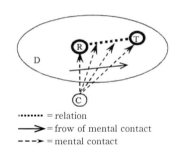

図 3　参照点構造における心的接触の流れ

　ラネカーがこの参照点能力を提唱したのは，次のような所有表現とそれに基づいた様々な関連表現を，一般認知能力の観点から統一的に説明するためであった．

(1) a. my watch　　　　（私の腕時計）
　　b. her cousin　　　　（彼女のいとこ）
　　c. your foot　　　　（あなたの足）
　　d. Sara's office　　　（サラの勤め先）
(2) a. Lincoln's assassination
　　　（リンカーンの暗殺／リンカーンが暗殺されたこと）
　　b. Booth's assassination
　　　（ブースの暗殺／ブースが暗殺したこと）
　　　　　　　　　　　（Langacker 1993: 7）

　例えば，(1a)は「私」と「時計」の間に〈所有者と被所有物〉の関係が成立していることを表すが，もし「私」が時計メーカーの営業担当者であれば〈担当者と担当商品〉の関係となり，必ずしも所有関係は成立しない．(1b)は〈親族関係〉を表すが，彼女がいとこを所有しているわけではなく，単に「彼女から見れば，いとこにあたる人だ」と述べているに過ぎない．そのため，別の人から見れば（＝別のRを経由すれば），「いとこ」ではなく「娘」や「叔母」になる場合も考えられる．(1c)では，「あなた」が「足」を所有していると考えられなくもないが，これは意志のある人物が所有格になっているからであり，「ドアのノブ」ではそれが通用しないため，〈全体と部分〉の関係とされる．(1d)では，「サラ」が「勤め先」に所属する一員であると考えれば，〈部分と全体〉という関係は成立するが，(1c)とは全体と部分の語順が逆になってしまうため，「～の」が全体と部分のどちらを表すのかという問題が生じてしまう．同様のことは(2)についても言える．何らかの動作を名詞化した場合は，動作主を所有格にする場合が多いが，「暗殺」という出来事では被動作主に注目が集まりやすいため，(2a)のように被動作主を所有格にした表現も可能である．

　このような逆転現象は常に可能とは限らない．所有格を手がかり（＝R）にして，その条件に合致する対象（＝T）を同定する場合でなければ成立しないため，(3b)のような場合には不自然になる．

(3) a.　少年の時計；　少女の叔父；　犬のしっぽ
　　b. ??時計の少年；*叔父の少女；*しっぽの犬

　このような非対称性も含めて，人間の認知能力という観点から所有格の意味を説明するには，特殊な条件が満たされた時にのみ成立する〈所有〉〈親族関係〉〈全体と部分〉といった具体レベルの

スキーマではなく，それらを包括する抽象的な上位スキーマを考えざるを得ない．それが参照点構造なのである．

　句レベルの所有表現だけでなく，Langacker (1993)では様々な事例に参照点構造が適用されている．例えば，所有と深い関係を持つ英語の動詞 have は，物理的な力を伴って「手に持つ」ことを表す(4a)だけでなく，(4b-d)のように自分の意志によって被所有物を自由にできない例も存在する．しかし，どの例においても主語（tr.）が目的語（lm.）を位置づけるための場所を想起させる R として機能している点では共通しているため，have は参照点構造を反映する動詞と考えられている．ちなみに，(4c,d)を日本語に訳す場合，have ではなく存在を表す「ある」「いる」を用いるが，これは池上（1981, 1982）が指摘する HAVE 言語と BE 言語の違いである．

(4) a. Watch out — he has a gun!
　　　（気をつけろ．彼は銃を持っているぞ！）
　 b. She often has migraine headaches.
　　　（彼女は時折偏頭痛がする．）
　 c. He has a lot of freckles.
　　　（彼には沢山のそばかすがある．）
　 d. We have a lot of skunks around here.
　　　（ここらへんにはスカンクが沢山いる．）
　　　　　　　　　　　　（Langacker 1993: 14-6）

　二重主語と呼ばれる構文の根底にも参照点構造が認められるとして，同論文ではルイセーニョ語（ユト・アステカ語族：Luiseño language）と日本語の例が挙げられている．文頭の名詞が主題（topic）として R の役割を担っており，T は後続する事態「腹が痛い」「鯛が美味しい」である．

(5) a. noo = p note' tiiwu-q
　　　（私は腹が痛い．）

I = 3s my-stomach hurt-TNS
　　　　　　　　　　　　（Langacker 1993: 22）
　 b. 魚は鯛が美味しい．（Langacker 1993: 25）

　一つの R で不十分な場合は，二つ以上の R が連続して使用されることもある．例えば(6a)では，自分の直接の知り合いでない人物について言及するために，「私→友人→恋人→弟」という具合に R を数珠つなぎにして使用している．一方，(6b)では，ある本の置き場所を説明するために，「二階」から徐々に場所を絞り込んでいくという「入れ子型」の参照点構造が見られる．

(6) a. 私の友人の恋人の弟が，オリンピックに出場したらしい．
　 b. その本は，二階の書斎の左の書棚の一番下の段に入っている．

　このような R と T の連鎖は，句や節の中だけでなく，文同士にも見られる．いわゆる談話というものは，それまでとは異なる新規の話題が導入される場合を除けば，ある大きな話題の範囲内で，小さな話題が次々にシフトしながら展開してゆくプロセスであり，以下の図4のような焦点連鎖（focus chain）をなしている．

2. 参照点前史：Langacker (1993) に至るまで

　参照点構造による所有格の分析の萌芽は，認知文法の前身となるスペース・グラマーの理念を紹介した論文（Langacker 1982）で既に見られる．この論文では，all や both の時だけ of が省略できる(7)のような事例について触れ，この of は「参照されている対象と，その対象の一部分との関係を叙述している」(predicates a relation between a reference object and a restricted inherent sub-

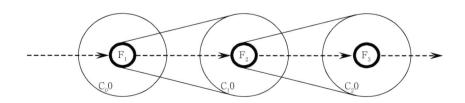

F = focus of attention　　　　　C = context
F_i = reference point　　　F_{i+1} = target　　　C_i = dominion of F_i

図4　焦点連鎖モデル（Langacker 1999: 365）

part of it) ものであり，そこにあるエンドウ豆からその一部を限定するという道筋（restricting path）を辿ることを表すため，*most* や *some* の場合はこれが必須であるが，*all* や *both* の場合はその必要がないので *of* が省略できると説明されている（Langacker 1982: 34）．「参照点」という表現こそ使用されていないが，全体から部分へと限定する（絞り込む）道筋を辿るとしている点は，現在の参照点の定義に通じる．

(7) a. all of the peas　（すべてのエンドウ豆）
　　 b. all the peas
　　 c. most/some/many/seven of the peas
　　　　（ほとんど／いくらか／おおく／七つのエンドウ豆）
　　 d. *most/some/many/seven the peas

　その後，認知文法の理念をまとめた最初の書籍，FCG 第 1 巻（Langacker 1987）では，「参照点」（reference point）という表現が初めて使用されたが，同書には "a point of reference" と表現されている箇所も多々あり，明示的な定義も見られない．とはいえ，認知文法の基礎概念が様々な文法現象を通じて紹介されている同書では，この概念が様々な場面で利用されている．例えば，指示詞の *this*，動詞の *go* や *come* といったダイクシスでは，発話者が立っている場所がデフォルトの R になり（*ibid*: 127, 141），「過去」のような時制では，発話時が事態を時間軸上に位置づける際の時間的 R になる（*ibid*: 172）．他にも，(8)のように，トラジェクターを位置づけるためのランドマークをプロファイルする前置詞句（の名詞）も参照点関係を反映しているとされる．

(8) a. An old church lies just over that hill.
　　　（あの丘を越えてすぐのところに古い教会がある．）
　　 b. There is a mailbox across the street.
　　　（郵便ポストは通りの反対側にある．）

　ただし，(8)には別の R も潜んでいるという．「教会」や「郵便ポスト」の位置を正確に同定するためには，発話者（もしくは認知主体）の位置情報も欠かせない．明示的に言語化されてはいないが，これらの事態を認知している主体がどこかに存在し，それが潜在的な R になっているのである（*ibid*: 131）．これが明示的に表されたものが，例えば "Vanessa is sitting across the table

(from me)." （バネッサがテーブルを挟んで(<u>私の</u>)向かい側に座っている）のような例であり，これらは主体的／客体的な事態把握または捉え方（subjective/objective construal）やグラウンディングにも深く関わっている．

　続いて出版された FCG 第 2 巻（Langacker 1991: 170）では，初めて参照点モデルの図式と定義が示された（ただし 93 年の図 1 とはやや異なる）．例えば，夜空の星には際だっているもの（salient objects）からそうでないものまで様々あるが，まず際だっている星に目を向けることで，その付近に存在する目立たない星も発見しやすくなる．そのような場合に利用される前者が参照点である，という程度の定義ではあるが，その定義に「**際だち**」（salience）の概念が導入された点が重要である．ターゲット，ドミニオン，心的接触といった概念についても同時に示されているため，ほぼ Langacker（1993）の原型がここで整備されたと言ってよい．これらを利用して，所有格にまつわる様々な事例に共通する「**抽象的所有**」（abstract possession）の定義をはじめ，所有を表す *have*，主題，二重主語，メトニミー等の事例分析が提示されている．さらには，節に欠かせない時制や完了相といった文法カテゴリーが事態を時間的参照点によって時間軸上に位置づけるということにも言及されている．これらのうち，特に名詞句に関する分析を例に挙げながら，参照点の定義や認知文法における位置づけを示したのが，1. で紹介した Langacker（1993）である．

3.　様々な応用事例：Langacker（1993）以後の広がり

　Langacker（1993）が参照点を明示的に提示したことで，その後，参照点構造に関する研究が盛んになった．特に所有格，照応，メトニミーに関するものが多い．ここでは，それらを簡単に紹介する．

▶ 3.1　所有格と関係節

　所有格が参照点構造を反映すると説いた Langacker（1993）の冒頭では，R の例として北斗七星を手がかりにして北極星を探すという例が挙げられているにもかかわらず，その北斗七星を所有格にして(9)のように言うことができない．

「A の B」という表現が成立するならば，必ず A と B の間に参照点関係が成立しているとは言えるのかもしれないが，その逆，つまり参照点関係が成立していれば何でも「A の B」という所有格表現にできるとは限らないのである.

(9) *The Big Dipper's North Star

これについてテイラー（Taylor 1996）は，前置型所有表現における所有格名詞には**トピック性**（topicality）という談話機能が必要だと主張しているが，それだけでは十分な説明ができないため，早瀬（2002）はトピック性に加えて以下のような条件を提案している.

(10) 所有格名詞の指示対象は，主要部名詞の概念化に必要とされるドメイン（領域）に存在すると認定される参与者でなければならない.

(早瀬 2002: 62)

ここで言われる「ドメイン」とは，フレーム意味論（Fillmore 1982, 1985）の概念であり，ある語の意味を概念化する際に必ず前提として要求される別の概念（の集合）を指す. 例えば「弧」や「半径」を概念化する際には，必然的に必要になる「円」という概念がそれになる. 概念化に必要なドメインを持ち出すことで，以下の用例の逆転不可能性も説明ができる.

(11) a. the cat's tail
　　 b. *the tail's cat.

尻尾を概念化する際にはその尾が属する身体が必要となるが，ネコを概念化する際には尻尾は必ずしも前提とされないため，尻尾はネコの R にはなれないというわけである. なお，日本語に関する同種の研究としては小熊（1999, 2000）がある.

R を手がかりにして T を同定・限定するという認知プロセスは，所有格に限らず連体修飾や関係節における修飾節と被修飾名詞の間にも見られる. 例えば，(12a) は「少年」を見つけるために「帽子」を R として利用している. 両者を結びつけている「〜をかぶった」という述語は，R と T の間に成立している参照点関係（図 3 の破線に相当）をプロファイルしたものと考えられるが，条件が整えば (12b) のように省略できる.

(12) a. 帽子をかぶった少年
　　 b. 帽子の少年

上記のような省略は，常に成立するわけではな

い. 例えば (13a) を (13b) にできないのは，「青い」がトラジェクターである「目」を「青さ」のスケール上に位置づける形容詞であり，「目」と「少年」の間に成立する参照点関係を表すものではないからである. そもそも，生物が「目」を持っているのは珍しい特徴ではないため，「青い」という特徴も同時にプロファイルした「青い目」でなければ，T を同定するための R としては不十分なのである.

(13) a. 目が青い少年
　　 b. *[R 目] の [T 少年]
　　 c. [R 青い目] の [T 少年]

ちなみに，(13a) は「目の青い少年」と言うこともできる. このように主格のガがノに交替する現象はガーノ交替と呼ばれ，小熊（2004）において参照点構造と tr/lm 認知の観点から詳細な分析が行なわれている.

▶ 3.2　照応への応用

ヴァン・フック（van Hoek 1995, 1997）は，参照点構造と名詞句の**アクセス可能性**（accessibility）という概念を利用して，代名詞の照応について鮮やかに説明している [→ 2.5]. アクセス可能性とは，その名詞句の理解のし易さである. 一般的に，代名詞はアクセスしやすい情報を表し，完全名詞句はアクセスしにくい情報を表すと考えられている（Ariel 1988, Givón 1989）. 例えば，いきなり「おい，アレを出してくれ」と言えるのは，「アレ」が何を指すのか聞き手も容易に理解できる（と話者が想定している）からである. 照応を決定する参照点構造については，句レベルではなく，節レベルの参照点構造が想定されている. 事態の参与者の中で最も際だちが高いトラジェクター（＝主語）は，事態の R としても機能するため，そのドミニオン内に主語以外のすべての参与者が位置づけられる（4. 参照）. ついで際だちの高いランドマーク 1（＝直接目的語）は主語以外の参与者に対して R として機能するため，ランドマーク 2 以下の参与者はすべてそのドミニオン内に生起するという階層構造になっている. また，各々の参与者には，修飾語が付加される場合があるが，修飾語は事態の直接的な参与者ではないため，さらに際だちが劣る存在であり，節構造の中においては R として機能できない（*his* *mother* の修飾語 *his* は，名詞 *mother* に対してはRとして機能するが，これはあくまでも名詞句内の参照点関係であり，節構造におけるものとは区別される）．

このような，節を構成する補語（いわゆる「項」のこと）に見られる主語＞直接目的語＞斜格名詞といった際だちの階層性は，キーナンとコムリー（Keenan and Comrie 1977）が提唱した名詞句の階層性を認知文法の観点から再解釈したものであるが，ヴァン・フック（van Hoek 1995, 1997）はこれを「**補語連鎖**」（complement chain）と呼び，これによって照応関係における〈R → T〉の連鎖が決まるため，以下のような例の適格性が説明できると主張する（例文中の下線は同一指示であることを表す）．

(14) a. *He loves John's mother.
　　 b. His mother loves John.

トラジェクターの *He* がRとなり，ランドマークの *John's mother* はそのドミニオン内で解釈されることになる．つまり，*He*（R）→ *John*（T）という参照点構造が成立しなければならないのだが，これは，John の代わりに he を用いるという代名詞の用法の大前提に違反することになるため非文となる．一方，(14b) では，ランドマークの *John* が，トラジェクター以外の要素に対してRとして機能するため，そのドミニオン内で主語の修飾語 *his* も解釈されることになる．表面的には *his* → *John* という語順になっているにもかかわらず，概念レベルでは *John* → *his* という参照点関係が成立するため，同一指示が成立するのである．

補語連鎖の他には，「語順」，「際だち」，「結びつき」なども照応の適格性に関与する（van Hoek 2007: 898）．語順的に先に出現するものが，後続するものに対するRとして解釈されやすいのは，主題（topic）などの例を見れば明らかであろう．また，Rに選ばれる事物にはある程度の「際だち」が不可欠であるため，「代名詞の先行詞は，その文脈内で十分に際だったものでなければならない」（van Hoek 1997: 57）のも当然である．さらには，RとTの間に何らかの（認知しやすい）関連性がなければ，その対象がそもそもRとして選択されることもないため，何らかの「結びつき」（connectivity）が必要であることも理にかなっている．なお，英語の間接照応について参照点構造の観点から分析している Takahashi（1997）も，「意味関連の原理」と「際だち度の原理」という二つの認知原理を指摘している．

▶ **3.3 メトニミーと関連構文**

Langacker（1993: 29）は，メトニミーも参照点構造に基づく表現であると指摘している．例えば (15a) では「漱石」がプロファイルされているが，述語の「読んだ」と直接結びつくのは（漱石の書いた）「小説」であり，一般に「生産者で生産物を表す」メトニミーと言われる．ラネカーは，プロファイルされてはいないが言語表現に実際に関与している後者を活性領域（active-zone，略して az.）と呼び，メトニミーとはプロファイルと活性領域のずれを含む表現であると定義する．そして，実際にプロファイルされている「漱石」をRとして経由することで活性領域の「小説」へと心的接触を行なう参照点構造がメトニミーにも反映されていると考える（図5. Langacker 1993: 33）．一般に，メトニミーは「○○で○○を表す」とパターン化して説明されることが多いが，これはRとTの間に成立する参照点関係（→図3）をパターン化したものと解釈できる．

(15) a. 私は漱石を読んだ．（生産者で生産物を表す）
　　 b. 手が足りない．　　　（部分で全体を表す）
　　 c. 霞ヶ関を説得する．　（場所で組織を表す）
　　 d. やかんが沸騰している．（容器で中身を表す）

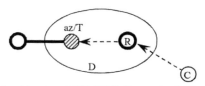

図5 メトニミーの参照点構造（Langacker 1993: 33）

メトニミーの中には，例えば (16) のように，「書く」や「走る」といった動作が活性領域になっている事例もある．ラネカーは，そのような活性領域を *to* 不定詞句によってプロファイルした事例が，(17) のような「**繰り上げ構文**」（raising construction）であると分析している．

(16) a. Zelda began a novel.
　　　（ゼルダは小説を（書き）始めた．）
　　 b. Therese is fast.

(テレーゼは(走るのが)速い.)
(17) a. The computer is likely to crash.
　　　(コンピュータがクラッシュしそうだ.)
　　b. My wombats are easy to wash.
　　　(うちのウォンバットは洗いやすい.)

他には，いわゆる**主要部内在型関係節**（head internal relative clause）も参照点構造を反映したメトニミー表現とされる（Nomura 2000; 野村 2001）．通常の関係節である(18a)は，「食べた」の対象である「林檎」が目的語としてヲ格表示されているため不一致は生じない．しかし，主要部内在型関係節の(18b)では，「林檎がテーブルの上にあった(の)」という出来事がモノ概念化され目的格のヲ格でマークされているが，実際に食べたのは「林檎」だけであり，不一致が生じている．この時，前者がRとなり，その中の「林檎」が活性領域としてTになっている．

(18) a. テーブルの上にある林檎を食べた．
　　b. 林檎がテーブルの上にあったのを食べた．

4. 参照点の問題点

常に問題となるのが，Rの定義である．Tへと心的接触を図るために経由するものがRであるから，どうしても機能的な定義にならざるをえない．Tの同定が容易になるという効果を仮に参照点効果と呼ぶとすれば，参照点効果が認められるものはすべてRだという極論も可能になるが，それを認めると，「赤い花」における限定修飾要素「赤い」もRになってしまう．ラネカーは，形容詞は特定の性質を表すスケール上にトラジェクターを位置づけ，静的な関係を表すものであると規定しているが，そのスケール（の基準値）をRとして利用するとは述べていない．

一方，形式面においては，参照「点」というからには，点として認識しやすい**モノ概念**（thing）がRになるということになるが，事実，これまで紹介した事例の多くは，モノ概念がRになっている．ラネカーも，トピック構文について述べた際に「参照点は常にモノ概念である」と述べており，トピック構文はTがモノ概念ではなく命題（＝事態）であるという点で特殊な参照点構造であるとも述べていることから（Langacker 2008: 513），RもTもモノ概念が典型だと考えているようである．となれば，「赤い花」における「赤い」は，Tの指示範囲を限定する機能はあるものの，モノ概念ではないということで，Rとは認められないのであろう．同じ限定修飾でも，"jar lid" や "basketball net" のような【名詞＋名詞】の場合は，前項名詞がある知識領域を喚起し，その知識領域内において後項名詞が解釈されるため，両者の間には参照点関係が認められると述べられている（Langacker 2008: 504）．

定義の曖昧性は，Dについても言える．ある一つのRからどのようなDが想起できるのか．どのような概念がDの中に含まれるのか．これらを過不足なく規定することは難しい．究極的には，文脈や聞き手と話し手の共有知識または想像力によるとしか言えなくなる．ただし，常に最大公約数的なDを想起することは認知的負担も著しく，非効率的であるため，実際には文脈情報などを利用して限定した，必要最小限のDのみを想起していると考えられる．その代表は，Rとの空間的な位置関係に基づく探索領域（search domain, Langacker 1993）であろうが，他にも文脈に応じて様々な認知ドメインに基づく直接的なドミニオン（immediate dominion: ID）が臨時的に想起されていると考えられる（尾谷 2003: 87）．その良い例がなぞなぞ遊びである．例えば「帽子の中にはどんな動物がいるか」というなぞなぞでは，一般的に「帽子の中」という表現から空間的なIDを想起してしまうのだが，「帽子」を「ボ・ウ・シ」という音韻的なIDで解釈することができれば，答えが「ウシ（牛）」であることが容易にわかる．このように考えれば，なぞなぞの一部は，通常とは異なるIDを探すゲームであると言うこともできる．ラネカー（2008: 84）では，Dが潜在的なTの集合体であるということを反映させて，図1を図6のように加筆しているが，Dが複数のIDの集合体であるとするならば図7のようになる．

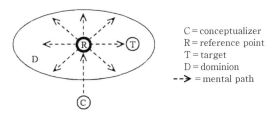

図6　参照点モデル（Langacker 2008: 84）

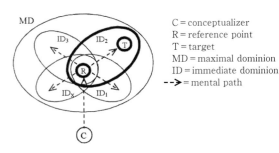

図7 複合ドミニオンモデル（尾谷2003に加筆）

語順に関する問題もある．RからTへと心的走査が行なわれることから，常にRの方が語順において先行すると誤解されがちである．確かに，所有格やトピック構文，(6)に示した入れ子効果などでは〈R→T〉という語順になるが，例えば"a man next to her"のような前置詞句においては，Tである「男」が先行し，Rの「彼女」が後に来る．参照点関係がどのような構文として実現するかは，それぞれの言語で決まっており，必ずしも〈R→T〉という認知プロセスが語順にも反映されるとは限らない．

5. 参照点の心理学的実在性と関連分野

心理学の文脈で参照点についていち早く言及したのはロッシュ（Rosch 1975: 352）である．ロッシュは，ヴェルトハイマー（Wertheimer 1938）が数ある知覚刺激のうち知覚上の**碇泊点**（anchoring point）もしくは基準点として機能する「理想像」のようなものが存在すると指摘したのを承け，ある対象がどのカテゴリーに属するかを判断する際に，それぞれのカテゴリーのプロトタイプがその役割を担うと主張し，これを**認知的参照点**（cognitive reference point）と呼んだ．ロッシュは，レイコフ（Lakoff 1972）が指摘したヘッジ表現を利用して，色彩，線，数に関する実験を行なった．例えば色彩については，与えられた2つの色のペアを「＿＿＿はだいたい（ほとんど，おおむね，ほぼ）＿＿＿である」という文の空欄にあてはめるよう被験者に指示すると，後半の空欄にはプロトタイプとなる色ばかりが用いられるという非対称性が見られたことから，それらがカテゴリー判断の認知的参照点になっていると主張している．数については10の倍数が，線の向きについては斜線よりも水平線や垂直線の方が，

それぞれ認知的参照点になりやすいという．これを承けて，形容詞について研究したTribushinina（2008）は，プロトタイプだけが参照点になるわけではなく，形容詞のタイプによって様々なものが認知的参照点になり得ることを指摘している．

ロッシュは，色彩や数に関する認知だけではなく，人間の様々な認知活動についても認知的参照点の概念が適用できることを示唆しており，例えば街の中を道案内する場合に何らかの目印（landmark）を用いるのはその最たる例であるとしている（Rosch 1975: 546）．空間における特定の位置を説明する場合には，座標軸のような絶対的な基準が存在しない限り，何か基準となるものを設定して相対的に言及するしかない．そのような基準になるものは参照系と呼ばれ（松井1999），自己中心的参照系と環境中心的参照系に大別される（小野2000）．前者は，観察者の身体軸を基準とした方向と距離によって対象を位置づける系であり，後者は，なんらかの外的な座標系によって対象を位置づける系である．参照点を用いた道順説明に関する研究には村上（1998）や鹿嶋（2013, 2014），空間的移動を表す動詞の獲得について参照点の観点から分析したものには羽岡・岩橋（2000）がある．また，対面会話のジェスチャーにおける参照枠と左右性について研究したものには細馬（2003）などがある．

記憶研究においても，参照点構造に類似した概念が提唱されている．それは，先行刺激（プライム）の処理が後続刺激（ターゲット）の処理にも影響を及ぼすという**プライミング効果**（priming effect, Meyer et al. 1975）であり，一般的には，意味的に関係がある語が連続する場合に後続刺激の処理が促進されるという効果が有名である．この効果は，コリンズとロフタス（Collins and Loftus 1975）らの提唱した**活性化拡散モデル**（spreading activation model, 図8）によって説明される．このモデルは，意味記憶の代表的な二つのモデルである**階層的ネットワークモデル**（hierarchical network model, Collins and Quillian 1969）と**特徴比較モデル**（feature network model, Smith et al. 1974; Smith 1978）を統合・改良したものである．人間の語彙記憶は，密接に関連したもの同士が互いに結びついている

ため，ある語彙（が表す概念）が活性化されると，それが周辺に位置する概念にも波及し，潜在的に活性化されるため，次にその語を見た時の処理が早くなるという．

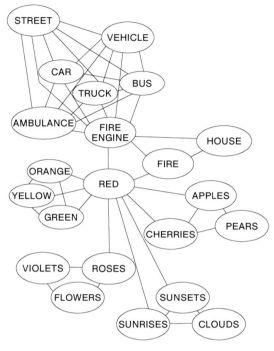

図8 活性化拡散モデル（Collins and Loftus 1975）

先行刺激によって潜在的に活性化されるという周辺概念（の集合体）は，参照点モデルにおけるドミニオンに極めて近い概念であり，その結果ターゲットへの心的アクセスが容易になるという点も参照点モデルと親和性が高い．しかし，両者は決定的に異なる点もある．Rは，それがなければTを正しく同定できない（例えば「私の車」と言えば，世界に存在する数多くの「車」の中から，その文脈において最も自分に関連が深い「車」を限定・同定する）が，プライミング実験は，与えられた文字列が意味を持つ語彙かどうかを判断するだけの作業であり，その指示対象を唯一的に同定する（single it out）というものではないため，参照点構造の基本的な定義には合致しない．

まとめと展望

ここまで，参照点構造が反映された様々な事例を紹介してきた．認知的に際だっているRを経由することでTへと心的走査を行なうという一連のプロセスは，我々人間にとってあまりにも日常的かつ基本的な認知活動であるため，取り立てて意識されることはなかった．だからこそ，所有格，照応，メトニミー，繰り上げ構文，トピック構文などの様々な言語表現の例を挙げ，その重要性を説いたラネカーの研究は注目に値する．

一方で，それ以上の本格的な研究があまり進んでいないのも事実である．参照点構造は，〈所有〉〈部分・全体〉〈親族関係〉といった様々な関係を包括する概念として提案されたことからもわかるように，抽象度の高い概念である．それゆえ，個別の言語現象を分析する際に「両者の間には参照点関係が成立している」と仮定しても，そこから得られる帰結や分析上の利点が少ない，もしくは見いだしにくいのであろう．ラネカー自身も述べているように，参照点構造はあまりにも基本的な認知能力に基づくため，実に多くの言語表現に何らかの形で反映されているが，それがかえって参照点という概念を空虚なものにしてしまう危険性がある（Langacker 1993: 35; 1999: 201）．

説明の道具として魅力に欠けるとなれば，参照点に関する研究は今後どう発展するのだろうか．考えられる可能性の一つは，参照点構造と別の構造を用いた類義表現との比較研究（e.g. 小熊 2004）や，Tを位置づけるDに関する研究（e.g. 尾谷 2003）である．こういった事例研究を地道に重ねることで，間接的に参照点構造の研究を発展させる可能性がある．

もう一つの可能性は，語用論的な側面に光を当てることである．図4でも示されたように，参照点構造は談話においても認められる．聞き手がTへと心的接触しやすいように話し手がRを選択するわけであるから，両者の共有知識やその他の語用論的要因と深く関係していることになる．意味論と語用論を明確に区別しない認知言語学理論にとっては，語用論とのユニフィケーションを考える上でも参照点構造は欠かせない概念である．

ユニフィケーションという観点から見れば，諸概念のユニフィケーションについても研究が期待される．「参照点／ターゲット」は「トラジェクター／ランドマーク」「ベース／プロファイル」といった諸概念とも密接に関わっているだけでなく，

カテゴリー化において認知的参照点として機能するプロトタイプや，活性領域を持つメトニミー，あるドメイン内での解釈を問題とするメタファーなどとも共通点を有する．人間の言語能力を認知能力に還元し，言語と認知を統合的に捉えようとする認知言語学にとっては，これらの諸概念の統合可能性についても今後議論が進むものと思われる．

▶重要な文献

Langacker, R. W. 1993 Reference-Point Constructions. *Cognitive Linguistics* 4(1): 1-38.
　英語の所有格をはじめ，動詞 *have* やメトニミー，トピック構文といった幅広い言語表現に，参照点構造が反映されていることを説いている．
Taylor, J. R. 1996 *Possessives in English: An Exploration in Cognitive Grammar*, Clarendon Press, Oxford.
　参照点構造を用いて英語の所有格を徹底的に分析している．トピック性，複合語になった場合，その他の関連構文といった観点からも分析が加えられている．
van Hoek, K. 1995 Conceptual Reference Point: A Cognitive Grammar Account of Pronominal Anaphor Constraints. *Language* 71: 310-40.
　英語の代名詞照応について，概念的参照点の観点から分析した論文．補語連鎖による参照点構造を想定することで，代名詞よりも先行詞が後に出現する例文の適格性の違いを説明している．

▶文献

Ariel, M. 1988 Referring and Accessibility. *Journal of Linguistics* 24: 65-87.
Collins, A. M. and E. F. Loftus 1975 A Spreading Activation Theory of Semantic Processing. *Psychological Review* 82: 402-28.
Collins, A. M. and M. R. Quillian 1969 Retrieval Time from Semantic Memory. *Journal of Verbal Learning & Verbal Behavior* 8: 240-8.
Fillmore, C. 1982 Frame Semantics. In The Linguistic Society of Korea (ed.) *Linguistics in the Morning Calm*, Hanshin, Seoul, pp.111-38.
Fillmore, C. 1985 Frame and the Semantics of Understanding. *Quaderni di Semantica* 6(2): 222-53.
Givón, T. 1989 The Grammar of Referential Coherence as Mental Processing Instructions. *Technical Report* 89 (7)．
羽岡哲郎・岩橋直人 2000「言語獲得のための参照点に依存した空間的移動の概念の学習」『電子情報通信学会技術研究報告．PRMU，パターン認識・メディア理解』100(442): 39-46.
早瀬尚子 2002「英語所有格表現の諸相―プロトタイプ理論とスキーマ理論の接点」西村義樹（編）『認知言語学I―事象構造』東京大学出版会，pp.161-86.
細馬宏通 2003「対面会話におけるジェスチャーの空間参照

枠と左右性」『人工知能学会 言語・音声理解と対話処理研究会』37: 157-60.
池上嘉彦 1981『「する」と「なる」の言語学』大修館書店.
池上嘉彦 1982「表現構造の比較―〈スル〉的な言語と〈ナル〉的な言語」國廣哲彌（編）『発想と表現』（日英語比較講座 4）大修館書店，pp.67-110.
鹿嶋恵 2013「「道順説明」における参照点の言語表現に関する考察―談話の初期段階に注目して」『熊本大学社会文化研究』11: 73-92.
鹿嶋恵 2014「「道順説明」の談話における概念化と相互作用に関する研究」熊本大学大学院社会文化科学研究科博士論文.
Keenan, E. L. and B. Comrie 1977 Noun Phrase Accessibility and Universal Grammar. *Linguistic Inquiry* 8: 63-99.
小熊猛 1999「「X of Y」，「X の Y」における参照点・標的交替」『石川工業高等専門学校紀要』31: 113-22.
小熊猛 2000「同一指示の参照点・標的交替」『石川工業高等専門学校紀要』32: 111-21.
小熊猛 2004「いわゆる「が / の交替」の認知的再考」『日本認知言語学会論文集』4: 381-91.
Lakoff, G. 1972 Hedges: A Study in Meaning Criteria and the Logic of Fuzzy Concepts. *CLS* 8: 458-508.
Langacker, R. W. 1982 Space Grammar, Analyzability, and the English Passive. *Language* 58(1): 22-80.
Langacker, R. W. 1987 *Foundations of Cognitive Grammar*, Vol. I, *Theoretical Prerequisites*, Stanford Univ. Press, Stanford.
Langacker, R. W. 1991 *Foundations of Cognitive Grammar*, Vol. II, *Descriptive Application*, Stanford Univ. Press, Stanford.
Langacker, R. W. 1993 Reference-Point Constructions. *Cognitive Linguistics* 4(1): 1-38.
Langacker, R. W. 1999 *Grammar and Conceptualization*, Mouton de Gruyter, Berlin.
Langacker, R. W. 2008 *Cognitive Grammar: A Basic Introduction*, Oxford Univ. Press, Oxford.［山梨正明（監訳）2011『認知文法論序説』研究社.］
松井裕子 1999「方向感覚と大規模空間認知における参照系の型の関係」大阪大学博士論文.
Meyer, D. E. et al. 1975 Loci of Contextual Effects on Visual Word Recognition. In Rabbitt, P. M. A. and S. Dornic (eds.) *Attention and Performance* 5: 98-118.
村上恵 1998「「道順説明」における参照点機能と表現類型―地図の図形認知に基づいた異なり」『三重大学日本語学文学』9: 116-05.
Nomura, M. 2000 The Internally-Headed Clause Construction in Japanese: A Cognitive Grammar Approach. Unpublished Ph.D. dissertation, Univ. of California, San Diego.
野村益寛 2001「参照点構文としての主要部内在型関係節構文」『認知言語学論考』1: 229-55.
尾谷昌則 2003「主体化に関する一考察―接続詞「けど」の場合」『日本認知言語学会論文集』3: 85-95.
尾谷昌則 2005「自然言語に反映される認知能力のメカニズム―参照点能力を中心に」京都大学大学院人間・環境

学研究科未刊行博士論文.

小野滋 2000「身体周囲空間の認知―参照系の役割」『日本認知科学会大会発表論文集』17: 50-1.

Rosch, E. 1975 Cognitive Reference Points. *Cognitive Psychology* 7: 532-47.

Smith, E. E. 1978 Theories of Semantic Memory. In Estes, W. K. (ed.) *Handbook of Learning and Cognitive Process, Vol. 6, Linguistic Function in Cognitive Psychology*, Lawrence Erlbaum Associates.

Smith, E. E. et al. 1974 Comparison Processes in Semantic Memory. *Psychological Review* 81: 214-41.

Takahashi, H. 1997 Indirect Anaphors: Definiteness and Inference. *Leuvense Bijdragen-Leuven Contributions in Linguistics and Philology* 86(1/2): 53-80. [山梨正明ほか（編）2001『認知言語学論考1』ひつじ書房, に「英語の間接照応―認知文法の観点から」として日本語版が掲載されている.]

Taylor, J. R. 1996 *Possessives in English: An Exploration in Cognitive Grammar*, Clarendon Press, Oxford.

Tribushinina, E. 2008 *Cognitive Reference Points: Semantics Beyond the Prototypes in Adjectives of Space and Color*, LOT, Utrecht.

van Hoek, K. 1995 Conceptual Reference Point: A Cognitive Grammar Account of Pronominal Anaphor Constraints. *Language* 71: 310-40.

van Hoek, K. 1997 *Anaphor and Conceptual Structure*, Univ. of Chicago Press, Chicago/London.

van Hoek, K. 2007 Pronominal Anaphora. In Geeraerts, D. and H. Cuyckens (eds.) *The Oxford Handbook of Cognitive Linguistics*, Oxford Univ. Press, Oxford, pp.890-915.

Wertheimer, M. 1938 Numbers and Numerical Concepts in Primitive Peoples. In Ellis, W. D. (ed.) *A Source Book of Gestalt Psychology*, Harcourt, Brace, & Co, New York.

3.8

文　法　化

堀　江　薫

文法化（grammaticalization）は，語彙的意味を有する形式（典型的には語）がその語彙的意味を（一部）希薄化または消失させ，新たに文法的意味を獲得する，あるいはすでに文法的意味を獲得した形式がさらに新たな文法的意味を獲得する通時的過程を指すとともに，そのような過程を研究する研究分野そのものも指す．後者は**「文法化研究」**（grammaticalization studies）という用語を用いて前者と区別されることもある．

文法化の研究は 20 世紀初頭のフランスの言語学者メイエ（Antoine Meillet）に遡る（Meillet 1912）が，1980 年代ヨーロッパとアメリカを中心に多くの重要な研究が生産され，認知・機能言語学，歴史言語学，言語類型論などの学会において文法化研究の成果が定期的に発表されるようになった．さらに，文法化の名前を冠した国際学会も開催されるようになった．*New Reflections on Grammaticalization* は文法化研究の代表的な国際学会であり，いくつもの重要な論文集が selected papers の形で編まれた（Wischer and Diewald 2002, Fischer, Norde, and Perridon 2004, Lopez-Cousó and Seoane 2008, Seoane and Lopez-Cousó 2008, Smith, Trousdale, and Waltereit 2015）．

文法化研究は認知・機能言語学の一分野ではないが，文法化のメカニズムを説明するためにメタファー（metaphor）やメトニミー（metonymy），主観性（subjectivity），間主観性（intersubjectivity）といった認知・機能言語学の重要な概念が援用されることからも両者は密接な関係にある．

ここでは，認知・機能言語学と密接に結びついた文法化研究のこれまでの歩みを簡単に振り返り，日本語の通時的研究に文法化がどのような影響を及ぼしているかについても述べる．さらに認知・機能言語学的な観点からの文法化研究のケーススタディを示す．

1.　文法化研究の歴史的展開

文法化は，語彙的意味を有する形式（典型的には語）がその語彙的意味を（一部）希薄化または消失させ，新たに文法的意味を獲得する，あるいはすでに文法的意味を獲得した形式がさらに新たな文法的意味を獲得する通時的過程を指す．また，そのような過程を研究する研究分野そのものも指す（Hopper and Traugott 1993, 2003, Bybee 2015）．

文法化は，通常通時的な，数十年，数百年といった時間の経過の中で生起する現象を指すが，ここでは，現在進行中でまだ完全に文法体系の中に定着していない半ば共時的なバリエーションも文法化の対象に含める．後者はホッパー（Paul Hopper）とトラウゴット（Elizabeth Closs Traugott）が述べている「言語使用の流動的パターンの観点から見た主として統語的，談話・語用論的現象」（Hopper and Traugott 2003: 2）である．

文法化は，特定の言語においてのみ生起する現象ではなく広く世界の諸言語において共通して観察される通時的プロセスである．文法化の研究は，古くはフランスの言語学者メイエにさかのぼるが，体系的に文法化の研究が進展したのは，20 世紀後半（特に 1980 年代以降）である．レーマン（Christian Lehmann）の *Thoughts on grammaticalization*（1995 [1982]）の先駆的研究を嚆矢とし，トラウゴット，ホッパー，バイビー（Joan Bybee），ハイネ（Bernd Heine）らの機能主義的，類型論的オリエンテーションを持った研究者達によって文法化の方向性，メカニズム，文法化の認知・機能的動機づけ，言語間で見られる文法化の表象の共通性・バリエーションなど文法化の多様な側面についての研究が進展した（例：Lehmann 1995[2](1982[1]), Heine et al. 1991, Bybee et al. 1994, Hopper and Traugott 2003[2] (1993[1]), Heine and Kuteva 2002, 2005, Kuteva, Heine et al. 2019, Narrog and Heine 2011, 2019, Bybee 2015; 堀江 2001, 2005, 堀江・金 2009).

　ここでは，文法化の研究の中でいくつかの重要な研究動向を取り上げ，具体的な文法化現象の例を挙げつつ，文法化研究が認知・機能言語学との関連でどのように発展してきたかを，関連学会の動向とともに取り上げる．構成は以下のとおりである．2.で文法化研究と認知・機能言語学との密接な関連を具体的な事例分析を通じて示し，日本語史研究における文法化研究の受容状況を概観する．3.では認知・機能言語学的な観点からの文法化研究の2つのケーススタディを示し，最後にまとめと展望を述べる．

2. 文法化研究と認知・機能言語学および日本語史研究

　文法化研究は，1980年代以降に，認知・機能言語学と密接に関連する形で発展してきた[→ 2.13]．また，文法化のプロセスは通言語的に共通性が見られるため，言語類型論の研究とも関連が深い[→ 2.12]．文法化研究を牽引してきた研究者として特筆すべきは，レーマン，トラウゴット，バイビー，ホッパー，ハイネらである．一方で，生成文法に代表される形式主義的言語学の観点から文法化を研究する研究者も少数ながら見受けられる（Roberts and Roussou 2008).

　クロフト（William Croft）の言語類型論の概説書 *Typology and Universals*（2003）の中には，**「通時的類型論」**（diachronic typology）という章があり，クロフトは以下のように述べている．「言語類型論者が言語の（共時的）状態間の相互関係を探求するのと同じやり方で言語変化自体を類型論的に分類することは可能なはずである」（Croft 2003: 232)．通時的類型論研究の中で同定された「相互関係にある唯一方向的な変化の一つの主要なタイプ」（Croft 2003: 253）が文法化であり，最も一般的な文法化の過程には以下のようなものが含まれる（Croft 2003: 254から抜粋).

　(1)(a)完全動詞 > 助動詞 > テンス・アスペクト・ムード / モダリティ接辞
　　(b)動詞 > 側置詞

　(c)名詞 > 側置詞
　(d)側置詞 > 格接辞
　(e)側置詞 > 従属節マーカー
　(f)名詞 > 助数詞
　(g)動詞 > 助数詞
　(h)指示詞 > 冠詞 > 性 / 名詞類マーカー
　(i)指示詞あるいは冠詞 > 補文化詞あるいは関係節詞

例えば，日本語において観察される文法化のプロセスとして(1a)，(1b)などがある．以下に具体例を示す．(1a)の例としては，存在動詞「あり」が完了アスペクトおよび過去テンスの接辞に転じていった文法化の過程(2a)が該当する．

　(2)(a)てあり（完全動詞）> たり（助動詞）> た（完了アスペクト / 過去テンス)

また(1b)の例としては，小柳（2018：108）が取り上げている「格助詞＋動詞＋て」という構成体が後置詞に変化した文法化の過程(2b)が該当する．

　(2)(b)において（←に置きて）をもって（←を持ちて）について（に就きて)

▶ 2.1 文法化研究と日本語研究

　文法化の研究は，日本語の研究にどのようなインパクトを与えたのであろうか．筆者の個人的体験だが，少なくとも1990年代半ば頃までは日本語学の分野において「文法化」という用語はまだ十分に人口に膾炙していなかった．その代わりに日本語学（国語学）の分野で一般的に用いられていたのが「形式化」という用語であり，文法化と同様の現象が「形式化」という名称で研究されてきた（三上 1972)．ただし，「文法化」という用語や概念はまだ整備されていなかったものの，日本語学の中には後の文法化研究につながるような問題意識があったことが例えば以下の三上の引用からも推察される．

　　或る単語が慣用の結果，一方的な用法に固定して原義からもそれ，時には品詞くずれも引き起す，というような場合にその単語は形式化したという．(p.194)

　形式化という用語は，「形式名詞」などの用語において現在も残存しているが，「語彙的」意味が「機能的・関係的」意味に変化する通時的過程としての意味では「形式化」に代わって「文法化」や「機能語化」といった用語が定着した．

日本語研究に文法化研究の成果が取り入れられるうえで先導的な役割を果たしたのは，日本語の文法化現象を扱った最初の英文論文集であるOhori（1998），『日本語の研究』3(1)「日本語における文法化・機能語化」特集号（2005），ホッパー（Paul Hopper）とトラウゴットの*Grammaticalization*の翻訳（ホッパー・トラウゴット『文法化』2003（日野資成訳））などである．これらの研究を通して，文法化という用語，概念が日本語学の分野においても広く共有されるようになり，現在ではすっかり定着したかに見える（例：青木 2007, 2016, 宮地 2007, 日高 2007）．文法化という用語，概念を適用することによってこれまで日本語学（国語学）ですでに蓄積されてきた観察をことさらに新発見のように取り扱うことを戒める向きもある（青木 2007 など）が，個別言語の伝統的な歴史言語学研究の蓄積が文法化という概念のもとに新たな整理・評価を受けることが可能になり，異なる学問的な伝統が交差し，協働することにより日本語史という研究分野が活性化されるという効果は否定できない．

実際，最近の日本語学分野の研究においては，「文法化」という用語が定着し，英語学分野の文法化研究者との研究上の交流なども活発に行なわれるようになってきている（秋元，小野寺ら）．その中で最近，着目すべき研究として小柳の『文法変化の研究』（2018）が出版された．これは，著者が文法化研究の成果を批判的に検討したうえで日本語史の通時的現象を新たな角度から分析した研究である．また，青木（2016）も，日本語史の研究の蓄積を踏まえない安易な文法化研究に対しては厳しい批判を加えつつも日本語史研究の牽引役的存在として積極的に英語等日本語以外の文法化研究の知見を取り入れている（秋元ほか 2015）．現在では文法化研究は日本語史研究の中に十全な形で組み入れられたと言ってよい．

3. 文法化のケーススタディ

以下では，筆者が行なった文法化研究のケーススタディのうちから，認知・機能言語学的観点から興味深い示唆のあるものを二つ紹介する．

▶ 3.1 直喩の文法化：日・韓・台湾華語の対比を通じて

文法化を推進するメカニズム，動機づけは一貫して文法化研究の重要課題であった．特に，メタファーとメトニミーという二つの認知・機能言語学的要因は，相補的なものであり，文法化の異なる段階で主導的な役割を果たすと考えられている（Hopper and Traugott 2003: 84-93）．

さらに，認知・機能言語学的な観点から興味深い文法化現象がある．「直喩」（simile）表現の文法化現象である．直喩というのは比喩の中でもメタファーやメトニミーなどに比べて最も直截なタイプと言われ，「〜のような / だ」「(be) like」といった形式を用いて直接的に二つの事物を比較するものである（例文3：cf. 小松原・田丸，2019）．

(3) 彼女の肌は<u>雪のようだ</u>．

直喩に用いられる形式が文法化する現象として，通言語的によく知られているのは引用形式への文法化現象である．これは，例えば英語の直喩表現「*like*」に関して以下のような形で観察される（Romaine and Lange 1991）．

(4) a. My love *is like* a rose.
    b. And I'*m like*: "Gimme a break, will you!" （Fleischman 1999）

これと平行的な現象が日本語においても観察される．類似性形式の「みたいだ」（終止形）(5a) の連体形「みたいな」(5b) は，(6) のように「終止形」として引用形式として文法化している．

(5) a. 彼は恋に落ちた<u>みたいだ</u>．
    b. 神様が私のことを捨てた<u>みたいな</u>感じがする．
(6) a. 〈DJ(坂本)の受験のときのエピソードを振り返りながらの発言〉
    …ウナギの骨がのどに引っかかって，ぜんぜんとれなくて，夜中の3時に病院に行く騒ぎ，もう明日テストなのに，<u>みたいな</u>．ウナギには本当気を付けてください．（ラジオ番組「坂本真綾 from everywhere」）
    b. 先生がチョーおじさんなのね．（中略）フランス語なんかしゃべれんのかよ，<u>みたいな</u>．
    （Fujii 2006: 71：原文はローマ字）

現代日本語においては直喩表現「みたいな」は文末で引用形式として生産的に使われている（Fujii 2006, 米倉 2013; cf. 堀江・金 2011, Horie 2015）が，その出自については，元来シナリオ作家などのコミュニティ内で流通していた表現が1980年代前後から一般化したものと言われている

3.8 文 法 化

（松本 2010）．もしそれが正しければ，文末の「み
たいな.」がもともと持っていた「ジャンル性」
が次第になくなり現在では広く一般に使用される
に至っているということと思われる（Horie
2015）．

　文末の「みたいな.」は，「導入する会話表現が
発話されるような状況を呼び起こしながら，その
会話表現をそのままではないが類似しているもの
として模倣提示する表現」と規定されている（メ
イナード 2005: 65）．

　英語の like や日本語の「みたいな.」に見られ
るような直喩表現から引用形式への文法化の経路
は表面的に類似した形式を有する韓国語や台湾華
語においても観察されるのであろうか．以下では
呉・堀江（2013）および江・堀江（2017）の考察
を援用して，韓国語の直喩表現「kes kathun（껏
같은）」や台湾華語の「zheyang(zi)（這様(子)）」
に文末用法で引用形式への文法化の経路が観察さ
れるかどうかを見ていく．最初に韓国語の直喩表
現を見ていこう．韓国語の kes kathun は（7a）のよ
うに終止形あるいは（7b）のように連体形として比
況を表すのが基本的な用法である．

　近年，韓国語では（8）のように連体形が文末で用
いられる用例が頻繁に観察される．以下も同様の
例である．

　例文（8）の文末の「kes-kathun」は，終止形

「kes-kathta」に置き換えが可能である．では，連
体形を文末で終止形の代わりに使用する際にはど
のような動機づけがあるのであろうか．

　例文（8a）〜（8c）は感情・考え（8a, b），書き手の
経験（8c）を示しており，連体形の「kes-kathun」
で文を終結している．例文（8a）〜（8b）の場合，書
き手は「ここを歩いてみるとなかった恋もできる」
「本当に一生こればかり使う」というまだ実現して
いない事態に，連体形の「kes-kathun」で文を終
結している．一方，（8c）の場合，書き手は「一週
間でテレビ番組を大体 50 個は見た」というすでに
実現している自分の感情・考えや直接経験を書い
ているにもかかわらず「kes-kathun」という連体
形で文を締めくくっている．これらの直喩表現は
自分の経験を声高に語ることを避けるような「断
定の回避」的な機能を果たしており，終止形で終
止した文とは異なるニュアンスを表している点で
直喩表現の機能拡張と考えられる．と同時に，こ
のようなニュアンスはあくまで本来の直喩表現の
有する「類似性・近似性」の用法の延長線上にあ
るものと考えられる．このように，日本語の「み
たいな」や英語の「like」と平行した引用形式へ
の文法化の経路は韓国語の「kes-kathun」におい
ては観察されなかった．

　日韓語以外に直喩表現が文末形式に拡張してい
る言語として現代台湾華語がある．台湾華語には

(7) a. Ku-nun　salang-ey　ppaci-n　　　　　kes-kathta.
　　　彼 - は　　恋 - に　　落ちる - 過去連体形　　KES-KATHTA
　　　「彼は恋に落ちた<u>みたいだ</u>.」

　　b. Sin-i　　na-lul　peli-n　　　　kes kathun　　　　nukkim-i　tunta.
　　　神 - が　私 - を　捨てる - 過去連体形　KES-KATHTA- 現在連体形　　感じ - が　　する
　　　「神様が私のことを捨てた<u>みたいな</u>感じがする.」

(8) a. Yeki-l　　ketta po-myen　　eps-ten　　　　salang-to　sayngki-l　　　　kes kathun 〜 !!
　　　ここ - を　歩いてみる - 条件　ない - 過去連体形　恋 - も　　できる - 未来連体形　KES-KATHUN
　　　「ここを歩いてみるとなかった恋もでき<u>そうな</u>.」

　　b. Cincca　phyengsayng　yokes-man　　ssu-l　　　　　kes kathun!
　　　本当に　　一生　　　　これ - ばかり　使う - 未来連体形　KES-KATHUN
　　　「本当に一生こればかり使い<u>そうな</u>.」

　　c. Ilcwuil-ey　　tipi　phulo-ul　han　　osip-kay-nun　po-n　　　　　kes kathun…
　　　一週間 - で　テレビ　番組 - を　大体　　50- 個 - は　　　見る - 過去連体形　KES-KATHUN
　　　「一週間でテレビ番組を大体 50 個は見た<u>ような</u>.」

(9) 像　　獅子　zheyang(zi)- 的（de）肉食動物　是　　　從　　　生肉　攝取　　維他命　　的
　　比喩　ライオン　ような　　　　肉食動物　判断副詞　から　生肉　摂取する　ビタミン類　助詞
　　「ライオン<u>のような</u>肉食動物は生肉からビタミン類を摂取する.」

(10) M：可是　老闆　有點　　　　龜毛…　　　*zheyang*.
　　　　でも　店主　ちょっと　細かい性格　　ような.
　　「でも，あの店主はちょっと細かい性格をしている<u>ような</u>.」
　　（M023-CN-NF-MF-YY『SC』）

(11)（先行会話：F3：違う，一度，父に「お父さん，うちの事業規模をもっと広げる予定がないの.」って聞いたことがあって，お父さんが言った.「もしうちの事業規模をもっと広げたら，仕事の時間が長くなってお前たちはこれから毎晩お父さんの顔を見れないよ」って.）

　　F1：［哇］
　　「うぉ.（驚いた声）」
　　F2：［ho］..　好偉大　　*zheyang*.
　　「あら　偉そうに　<u>みたいな</u>.」　　　（「M016-CN-NF-FFF-AAA」『SC』）

（9）のように名詞を修飾する「*zheyang(zi)* 這様（子）- *de*（的）」という直喩表現がある.

　この形式は，属格形式の「的（*de*）」を脱落させて文末形式に転じ，韓国語の「～ *kes kathun*.」と同様に（10）のように「類似性」の意味を保持しているものがある.

　台湾華語では，（10）のように類似性の意味を保持している用例が，コーパス全体で 6 割を超え，次の（11）の「～ *zheyang(zi)*.」のように，類似性の意味が希薄化され，引用形式として機能している文例はごく少数であった.

　「～ *zheyang(zi)*.」には，これ以外に，自分あるいは他者の発言を冗談めかした評価を交えて引用し，「ぼかし表現によるストレートな響きを避ける対人的な配慮」（メイナード 2005）を表す例もある.（11）は，F2 が「もっと家族と一緒に過ごす時間を作りたいから事業を拡大しない」と答えた F3 のお父さんについて論評している.この場合の「～ *zheyang(zi)*.」には，自分の発言の皮肉なトーンを和らげる効果がある.これらの引用形式は，「談話における話し手の聞き手への配慮がコード化される」間主観的な用法（intersubjectification: Traugott 2010）と考えられる.「～みたいな.」の例は，ほとんどこのような間主観的な引用形式用法であるが，「～ *zheyang(zi)*.」の同様の用法は

コーパス全体の一割程度しか見られなかった.

　他方「～ *zheyang(zi)*.」にはもう一つのタイプがある.この用法は常に引用標識「説 (*shuo*)（言う）」を伴い，類似性の意味が保持されている引用形式の例である.例えば，（12）では「情報通の女性の言った発言」を一字一句忠実に再現するのではなく，おおよその内容を「～ *zheyang(zi)*.」という形式を用いて要約し再現した内容である.この場合の「～ *zheyang(zi)*.」は「～のように言った」という「類似引用」用法（メイナード 2005）であり，文末用法の「みたいな.」に多くの場合見られる間主観的なニュアンスを欠いている.

　日韓語および台湾華語の直喩表現の比較を通じて，直喩表現が，文中の名詞を修飾する位置から文末に転じつつ，機能的には「類似性」の意味を引き続き表すに留まる場合（韓(8)，台(10)），発言を要約し「類似引用」する機能を拡張させる場合（台(12)），さらに類似引用に間主観的なニュアンスを伴わせる場合（日(6)，台(11)）という機能拡張の三つの諸相が三つの言語によって少しずつ異なる形で体現されていることを示した.

　なお，日本語の直喩表現において最も典型的なものとされる「のようだ」の連体形「のような」は以下のように文末形式として用いられる場合があるが，これは「みたいな.」と対照的に引用表

(12)（(An informative friend)）
　1. J: 她 = 就是說 會 很〈E informative E〉. 'She is very informative.'
　2. F: 對 對 對！　'Yes, yes, yes!'
　3. J: 就是 每次 就 會 跟 你 說（*shuo*, 言う），　'She always says to you,'
　　　　　　　（彼女はいつも他の人に言う.）
　4. 喔 我 跟 你 說 有 一 個 新的 什麼 *zheyangzi*.
　　　　　'Oh, I'll tell you what, there is something new, *like this*,'
　（「ねえねえ，新製品があるのよ.」<u>みたいに</u>.）　　　　　（Liu 2003: 71）

現に文法化しておらず，あくまで「類似性」の意味の延長線上にある「断定保留」的な用法である．

(13) 田舎のおばあちゃん家に来たような．（草津温泉・末広屋旅館の口コミ　https://www.jalan.net/yad393753/kuchikomi/detail_10149399/）

以上「直喩」表現の文法化について日本語，韓国語，台湾華語の3言語を対比した．その結果，いずれも直喩の元来の意味を起点とした拡張現象は見られたが，その拡張の程度に関しては日本語が，もともとの直喩表現としての機能から直線的に連続していない引用表現として機能を最も明確に獲得しており，台湾華語がそれに次いで一部引用機能を獲得していることを観察した．一方韓国語は，直喩表現としての機能の延長線上にある，「断定保留」としてのある種のヘッジ表現としての機能は獲得しているが，引用表現への機能拡張は少なくとも現時点では確認されなかった．このように，文法化の研究に認知・機能言語学的，通言語的対照の観点からアプローチすることによって個別言語の文法化のプロセスを他言語の文法化のプロセスと比較することが可能になり，言語間の平行性と興味深い相違点が明らかになることが期待される．

▶ 3.2　言語接触と構文化

言語接触（language contact）は言語間の語彙項目，文法形式の借用現象の総称であり，世界の諸言語の言語接触のメカニズム，接触様態の類型化，品詞間の借用されやすさの階層など様々な提案がなされてきた（Thomason and Kaufman 1988, Matras 2009）．また，言語接触と文法化の相互関係に関しても近年関心が集まっている（Heine and Kuteva 2005）．

ひるがえって日本語に関しては，言語接触は主として語彙項目を周辺諸語（例：中国語，韓国語）や非周辺言語（例：英語，オランダ語，ドイツ語，フランス語，イタリア語，ポルトガル語，ロシア語等）から借用して母語の語彙体系に定着させる**語彙借用**（lexical borrowing）が中心であった．一方，特に民族間の侵略・支配に伴う激しい言語接触状況（例：母語以外の言語の使用の強制）において顕著に観察される**文法借用**（grammatical borrowing）に関しては，日本語の場合，漢文訓読を通じて日本語に受容された「蓋（けだ）し」

「すべからく」「師曰く…」といった形式を除いてあまり多くの事例が観察，報告されてこなかった．例外として，陳（2005）は文法化の観点から，「ニヨッテ」「ヲモッテ」という複合格助詞に関して，これまでの文法化の観点からの分析（Matsumoto 1998）を批判的に検討し，言語接触と文法化の相互関係という観点から以下の主張を行なった（p.133）．

(14) 文法化研究で扱われてきた中古以降のヲモッテの多義性は，全て動詞のモツの意味と関係ない古代中国語の動詞・前置詞「以」の多義性が，漢文訓読により日本語に借用されたものか，漢文を基盤とした変体漢文の訓読により用いられるようになったものである．

(15) 〈原因〉の後置詞ニヨッテは日本語の中で文法化していたが，先行研究が由来するという動詞ヨルの意味は，後置詞が見られた当初に形成されていない．

以下では，筆者が行なった言語接触と文法化に関わる具体的な事例分析を高橋・堀江（2018），Horie（2018）の分析に基づいて提示する．

(16) 殊に［この交渉が］，国連の米ソ英仏代表の努力によって成功を見たことは……
（『現代語の助詞・助動詞─用法と実例』，村木 1983: 43(19)）

(16)の「みる」は，基本的意味である視覚行為の意味を直接表さず，「成功した」のように，「(目的語名詞の表す出来事・状況が)実現する」といった意味を表しており，下線の「目的語名詞＋「みる」」は，「成功をみる⟷成功する」のように目的語名詞を動詞に戻した形式との交替が可能である．このことにより，この「みる」は単独ではなく，「目的語名詞＋「みる」」という単位（構文）において〈実現〉の意味を発現しているものと見なせる．そして「みる」と目的語を切り離せば〈実現〉の意味は発現せず，文自体も適格性を失うこととなる．

(16′) *この交渉の成功を，国連の米ソ英仏代表の努力によって見たことは…

(16″) *この交渉の成功が，国連の米ソ英仏代表の努力によって見られたことは…

また，「みる」が〈実現〉の意味を表すためには，(16)のように，「みる」に何らかの動作性を表す名詞が共起する必要がある．しかし，全ての

動作性名詞が全面的に容認されるわけではなく，(17)に示したような〈出来事・状況における新たな局面への変化・移行〉を表す動作性名詞でないと〈実現〉の意味は発現しない点が重要である．

(17) ⎧一致／解決／合意／増加／決着／成立／定着／完成…⎫ をみる

次に，共起する主語名詞について考える．

(18) 我が国の［輸出は］前年に比べ，大幅な<u>減少をみた</u>.　　　（『林業白書』林野庁，BCCWJ）

(19) 日本の国を，経済をどう再生させるかで，［両首脳が］<u>合意をみた</u>.
（『中日新聞』1998 年 12 月 15 日）

「みる」が〈実現〉の意味を表すとき，(18)「輸出」のような非有生名詞が主語として選択されることが多い．しかし(19)のように有生名詞が選択されても〈実現〉の意味が表れることもある．これをまとめると，〈実現〉の「みる」はその基本的性質として以下(20)の言語内的性質を指摘することができる．

(20) (i)〈出来事・状況における新たな局面への移行〉を表す目的語名詞と「みる」が，「目的語名詞＋「みる」」の単位で意味上の述部を構成する場合に〈実現〉の意味を発現し，なかでも，(ii)主語に非有生名詞が現れる場合において，顕著に〈実現〉の意味が発現するようになる．

本論では，このような現象を動詞「みる」における「語」に内在する意味，用法と捉えるのではなく，「主語名詞＋目的語名詞＋「みる」」という**単位**（unit）で**慣習化**（conventionalization）し**定着**（entrenchment）したそれ自体で意味を有する「構文」（construction）として捉え，「みる」はその構成要素であると考える（cf. Goldberg 1995, 2006, Croft 2001, Taylor 2002, Langacker 2008 等）．

ではこの「構文」はいつごろ日本語に定着したのであろうか．その検証材料として『日本国語大辞典（第二版）』を用いる．記述内容から〈実現〉の「みる」に相当する語義は以下(21)であると判断し間違いないと思われるため，当該の記述に挙げられる『女工哀史』の出版年，1925（大正 14）年前後を大よその初出期として考えていく．

(21) ある行為・作用が実現する．

(22) 冬季暖房のおかげで寒さ知らずに働けるに反し，夏季になって温度の<u>上騰を見る</u>ことは甚だ

しい．（『女工哀史』1925）
（『日本国語大辞典（第二版）』第 12 巻(p. 868)：下線は筆者による）

このことから，以下の仮説を提案する．

(22) 〈実現〉の「みる」の初出推定時期は，現代語の確立期に当たる明治後期から大正前後である．

〈実現〉の「みる」の示すこれらの諸特徴を照らし合わせてみると，当該構文が言語接触（Thomason and Kaufman 1988, Heine and Kuteva 2002, Bybee 2015），具体的には近代期における欧米諸言語との言語接触の結果，創発したという可能性が出てくる．

以下の(24)(25)を比較されたい．

(24) ［今年の上半季は］昨年の上半季に比して収入に於て實に三萬六千四百十七圓九十六錢乃ち<u>三割二分強の増加を見る</u>.
（『太陽』1895 年 8 号，高橋・堀江 2012: 100)

(25) ［The year 1861］<u>saw an increase of 49 per cent</u>. in the number of burglaries and <u>56 per cent</u>. in its cases of housebreaking.
（***The Times***, Feb 20, 1863（同））

(24)(25)はともに，19 世紀後半の和文並びに英文である．二つの文は，主語に時間を表す非有生の抽象名詞，目的語に割合の増加を表す抽象名詞がそれぞれ現れ，そこに他動詞である視覚動詞が共起するという点で表現構造が一致している．他にも類例を挙げておく．

(26) それ以来出版会も漸く其景気を快復して，［一九一四年の十二月には］其前年に於けるよりも多数の<u>出版を見</u>，［昨年の八月及び九月に於ては］六百五十五種と千八種の出版を見た.
（『万朝報』，1916 年 3 月 6 日，神戸大コーパス）

(27) ［The year 1947］<u>witnessed the publication</u> of another book that had long been delayed by the shortage paper.
（Eric, P. *The Gentle Art of Lexicography*，国広 1967: 153）

一般に，抽象名詞は日本語固有のものではなく，近代期の言語政策（国語改革）過程において，欧米諸言語の語彙輸入により外来語という形で日本語文脈に誕生したものであるとされている（木坂 1979, 森岡 1991）．他方，非有生の主語名詞を伴う他動詞構文もまた，同じく近代期における欧文翻

訳の興隆により一般化したと言われる（金田一 1981）．こうした日本語の歴史的変遷を鑑みれば，当該構文は欧米諸言語の影響という言語外的な要因が大きく作用した結果創発に至ったという可能性が考えられる．

このような想定に立てば，〈実現〉の「みる」の初出期や，抽象名詞や非有生の主語名詞といった「日本語らしくない」特徴，また欧文との類似性についても矛盾なく説明できるようになる．なお，本論が欧文と呼ぶものは英語である．これは，〈実現〉の「みる」が創発した近代期において日本語が語彙的，文体的に最も影響を受けた言語が英語であったとされているためである（上野 1980,森岡 1991, Inoue 2001）．

近年，構文文法理論を礎に，構文の史的側面に焦点を当てた研究が増えつつある（Bergs and Diewald 2008, Bybee 2010, 2015, Traugott and Trousdale 2013, 秋元・前田 2013, 秋元ほか（編）2015 など）．これらの研究では，構文の史的発達を「**構文化**」（constructionalization）と呼び，その考察の学問的意義と可能性を強調している [→ 2.11]．構文化の代表的な定義は以下（5）の Traugott and Trousdale のものである．

> 「構文化」とは新たな形式と意味を有する記号（間の結びつき）の創発を指す．構文化は話者集団の言語ネットワークにおいて，新規のタイプ節点を形成する．そのタイプ節点は，新たな統語あるいは形態と，新たに創り出される意味を有する．そして，スキーマ性，生産性，合成性の度合いの変化を伴う．
>
> （Traugott and Trousdale 2013: 22：筆者訳）

構文化の概念には内容語から機能語への通時的変化をその考察対象とする，文法化の概念がその根底にある（cf. Meillet 1912, Lehmann 1995[2] (1982[1]), Hopper and Traugott 2003 など）．文法化を単一の語彙項目の形式，意味，文法機能の通時的変化，他方，構文化を構文全体に対する形式，意味，文法機能の通時的変化と捉えることとする．ここでは便宜的に，通時的変化を受ける語とその語とともに現れる他要素との結合単位，統語環境全体の通時的変化を指して，構文化現象の対象と捉える（cf. Bergs and Diewald 2008, Bybee 2010）．本論の考察対象もまた，〈実現〉の「み

る」という構文現象であり且つ〈実現〉を表す視覚動詞「みる」とその共起名詞との構文化現象であると考える．

「みる」の構文化の背景には，近代前期に出現し，その後近代中期を中心に隆盛した欧文脈という文体の存在がある．これは，「欧文の表現構造を日本語の表現，文脈に直訳的に移入し，いわゆる翻訳調の異質性をもって，日本語表現の慣用を逸脱したところで生きる語脈ないしは文章脈」（木坂 1987：124）のことである．欧文脈の表現構造には文法に関わるものとして以下のようなものが含まれる（森岡 1999）（下線は筆者による）．

(28)【文法カテゴリーに属するもの（一部）】
　　　名詞類：<u>抽象名詞主語</u>，<u>無生物名詞主語</u>，<u>抽象名詞目的語</u>
　　　代名詞類：人称代名詞，関係代名詞

〈実現〉の「みる」を含む構文は，非有生の主語名詞を伴う視覚動詞という英語の視覚動詞の表現構造が，欧文脈文体の出現と定着という背景の中で日本語文脈の中に取り込まれ確実に普及，定着していったものと考えられる．

以上，認知・機能言語学の知見を援用した文法化の研究により，言語接触と構文化に跨るダイナミックな通時的・通言語的現象の分析，記述が可能になることを例証した．

まとめと展望

ここでは，認知・機能言語学と密接に結びついて発展してきた文法化の研究史を概観し，あわせて，日本語史研究に文法化研究がどのようなインパクトを与えてきたかも見てきた．そして，認知・機能言語学的な観点からの文法化研究の展開の可能性を，(i)直喩表現の文法化に関する日本語と他言語の対照研究，(ii)欧文脈との言語接触を通じた日本語における〈実現〉の「みる」構文の創案という2つのケーススタディを通じて検討した．今後も，認知・機能言語学的な観点からの文法化研究は多くの通時的・通言語的な構文，語彙現象に新たな光を照射していくことが期待される．

▶重要な文献

Hopper, P. J. and E. C. Traugott 2003[2] (1993[1]) *Grammaticalization*, Cambridge Univ. Press, Cambridge.［日野資成（訳）2003『文法化』九州大学

出版会.〕

文法化研究の最もスタンダートな概説書. 認知・機能言語学的な研究と文法化研究の密接な相互関係がよく理解できる. また, 様々な言語の文法化のデータがバランスよく提示されている.

Bybee, J. 2015 *Language Change*, Cambridge Univ. Press, Cambridge.〔小川芳樹・柴﨑礼士郎（監訳）2019『言語はどのように変化するのか』開拓社.〕

言語変化に関する類型論的, 認知・機能言語学的観点からの優れた概説書. 文法化研究を牽引してきた著者によるものであり, 文法化に二つの章が当てられている.

青木博史 2016『日本語歴史統語論序説』ひつじ書房.

文法化研究の成果を批判的に取り入れつつ, 日本語史における「名詞節」, 準体助詞「の」, 終止形と連体形の合流などの重要研究課題に新たな光を当てる意欲的な論考.

小柳智一 2018『文法変化の研究』くろしお出版.

文法変化において見られる意味変化の方向性・統語条件, 機能語化, 語彙化など様々なテーマに対して, 文法化研究の成果を十全に取り入れつつ独自の考察を展開した概説書.

▶文　献

秋元実治・前田満（編）2013『文法化と構文化』ひつじ書房.

秋元実治ほか（編）2015『日英語の文法化と構文化』ひつじ書房.

青木博史（編）2007『日本語の構造変化と文法化』ひつじ書房.

青木博史 2016『日本語歴史統語論序説』ひつじ書房.

Bergs, A. and G. Diewald（eds.）2008 *Constructions and Language Change*, Mouton de Gruyter, Berlin.

Bybee, J. 2010 *Language, Usage and Cognition*, Cambridge Univ. Press, Cambridge.

Bybee, J. 2015 *Language Change*, Cambridge Univ. Press, Cambridge.〔小川芳樹・柴﨑礼士郎（監訳）2019『言語はどのように変化するのか』開拓社.〕

Bybee, J. et al. 1994 *The Evolution of Grammar. Tense, Aspect, and Modality in the Languages of the World*, Univ. of Chicago Press, Chicago.

江俊賢・堀江薫 2017「日本語・台湾華語・韓国語の「類似性形式」の文末用法：機能拡張の観点から」『日本認知言語学会論文集』17: 146-58.

陳君慧 2005「文法化と借用―日本語における動詞の中止形を含んだ後置詞を例に」『日本語の研究』1(3): 123-38.

Croft, W. 2001 *Radical Construction Grammar*, Oxford Univ. Press, Oxford.〔山梨正明（監訳）, 渋谷良方（訳）2018『ラディカル構文文法―類型論的視点から見た統語理論』研究社.〕

Croft, W. 2003[2] *Typology and Universals*, Cambridge Univ. Press, Cambridge.

Evans, N. 2007 Insubordination and its Uses. In Nikolaeva, I. (ed.) *Finiteness: Theoretical and Empirical Foundations*, Oxford Univ. Press, Oxford, pp.366-431.

Fischer, O. et al.（eds.）2004 *Up and Down the Cline: The Nature of Grammaticalization*, John Benjamins, Amsterdam.

Fleischman, S. 1999 Pragmatic Markers in Comparative and Historical Perspective: Theoretical Implications of a Case Study. Paper Presented at the 14th International Conference on Historical Linguistics, Vancouver, Canada, August 1999.

Fujii, S. 2006 Quoted Thought and Speech Using the *Mitai-na* 'Be-Like'. In Suzuki, S. (ed.) *Emotive Communication in Japanese*, John Benjamins, Amsterdam, pp. 53-95.

Goldberg, A. E. 1995 *Constructions: A Construction Grammar Approach to Argument Structure*, Univ. of Chicago Press, Chicago.〔河上誓作・早瀬尚子・谷口一美・堀田優子（訳）2001『構文文法論―英語構文への認知的アプローチ』研究社.〕

Goldberg, A. E. 2006 *Constructions at Work: The Nature of Generalization in Language*, Oxford Univ. Press, Oxford.

Heine, B. et al. 1991 *Grammaticalization. A Conceptual Framework*, Univ. of Chicago Press, Chicago.

Heine, B. and T. Kuteva 2002 *World Lexicon of Grammaticalization*, Cambridge Univ. Press, Cambridge.

Heine, B. and T. Kuteva, 2005 *Language Contact and Grammatical Change*, Cambridge Univ. Press, Cambridge.

日高水穂 2007『授与動詞の対照方言学的研究』ひつじ書房.

Hopper, P. J. and E. C. Traugott 2003[2]（1993[1]）*Grammaticalization*, Cambridge Univ. Press, Cambridge.〔日野資成（訳）2003『文法化』九州大学出版会.〕

堀江薫 2001「膠着語における文法化の特徴に関する認知言語学的考察―日本語と韓国語を対象に」山梨正明ほか（編）『認知言語学論考1』ひつじ書房, pp. 89-131.

堀江薫 2005「日本語と韓国語の文法化の対照―言語類型論の観点から」『日本語の研究』1(3): 93-106.

堀江薫・パルデシ, P. 2009『言語のタイポロジー―認知類型論のアプローチ』（認知言語学のフロンティアシリーズ5）研究社.

堀江薫・金廷珉 2011「日韓語の文末表現に見る語用論的意味変化―機能主義的類型論の観点から」高田博行ほか（編）『歴史語用論入門』大修館書店, pp. 193-207.

Horie, K. 2015 Genre-specificity of Some Grammaticalization Processes in Korean: A Contrastive Study with Japanese. 国立国語研究所国際シンポジウム「文法化：日本語研究と類型論的研究」2015年7月4日（立川市）.

Horie, K. 2018 Linguistic Typology and the Japanese Language. In Hasegawa, Y. (ed.) *The Cambridge Handbook of Japanese Linguistics*, Cambridge Univ. Press, Cambridge. pp. 65-86.

Inoue, F. 2001 English as a Language of Science in Japan from Corpus Planning to Status Planning. In Ammon, U. (eds.) *The Dominance of English as a Language of Science: Effects on Other Languages and*

Language Communities, Mouton de Gruyter, Berlin. pp. 447-69.

金田一春彦 1981『日本語の特質』日本放送協会.

木坂基 1979「欧文脈の消長」『言語生活』335: 50-6.

木坂基 1987「現代欧文脈のひろがり」『国文学』32(14): 124-8.

小松原哲太・田丸歩美 (2019)「日本語における直喩の写像方略の類型」『第19回日本認知言語学会論文集』, 37-49.

小柳智一 2018『文法変化の研究』ひつじ書房.

国広哲彌 1967『構造的意味論―日英両語対照研究 (ELEC 言語叢書)』三省堂.

Kuteva, T., B. Heine et al. 2019 *World Lexicon of Grammaticalization*, 2nd edition, Cambridge Univ. Press, Cambridge.

Langacker, R. W. 2008 *Cognitive Grammar: A Basic Introduction*, Oxford Univ. Press, Oxford. [山梨正明 (監訳) 2011『認知文法論序説』研究社.]

Lehmann, C. 1995² (1982¹) *Thoughts on Grammaticalization*, Lincom Europe, München/Newcastle.

Liu F. 2003 *Zheyang(zi) in Taiwan Mandarin: Discourse functions and grammaticalization*, M.A. thesis, National Taiwan Normal University.

Lopez-Cousó, M. J. and E. Seoane (eds.) 2008 *Rethinking Grammaticalization: New Perspectives*, John Benjamins, Amsterdam.

Matras, Y. 2009 *Language Contact*, Cambridge Univ. Press, Cambridge.

松本修 2010『「お笑い」日本語革命』新潮社.

Matsumoto, Y. 1998 Semantic Change in the Grammaticalization of Verbs into Postpositions. In Ohori, T. (1998) pp. 25-60.

Meillet, A. 1912 L'évolution des formes grammaticales. *Scientia (Rivista di Scienza)* 12, Kaoruno.26, 6. Reprinted in Meillet, A. *Linguistique historique et Linguistique générale*, Champion, Paris, pp. 130-48. [松本明子 (編訳) 2007『いかにして言語は変わるか―アントワーヌ・メイエ文法化論集』ひつじ書房.]

メイナード, 泉子・K 2005「会話導入文―話す声が聞こえる類似引用の表現性」『言語教育の新展開 (シリーズ言語学と言語教育 4) 牧野成一教授古稀記念論集』ひつじ書房, pp. 61-76.

三上章 1972『現代語法序説』くろしお出版.

宮地朝子 2007『日本語助詞シカに関わる構文構造史的研究―文法史構築の一試論』ひつじ書房.

村木新次郎 1983「単語の意味と文法現象」『日本語学』2 (12): 39-46.

森岡健二 1991『近代語の成立〈文体編〉』明治書院.

森岡健二 1999『欧文訓読の研究―欧文脈の形成』明治書院.

Narrog, H. and B. Heine (eds.) 2011 *The Oxford Handbook of Grammaticalization*, Oxford Univ. Press, Oxford.

Narrog, H. and B. Heine (eds.) 2019 *Grammaticalization from a Typological Perspective*, Oxford Univ. Press, Oxford.

日本国語大辞典第二版編集委員会・小学館国語辞典編集部 (編) 2007『日本国語大辞典 (第二版)』小学館.

呉守鎮・堀江薫 2013「韓国語の連体形「kes kathun」の終止形化と語用論的拡張―日本語の連体形「みたいな」との対比を通じて」『日本語用論学会第15回大会発表論文集』8: 241-4.

Ohori, T. (ed.) 1998 *Studies in Japanese Grammaticalization*. Kurosio, Tokyo.

Roberts, I. and A. Roussou 2008 *Syntactic Change: A Minimalist Approach to Grammaticalization*, Cambridge Univ. Press, Cambridge.

Romaine, S. and D. Lange 1991 The Use of LIKE as a Marker of Reported Speech and Thought: A Case of Grammaticalization in Progress. *American Speech* 66: 227-79.

Seoane, E. and M. J. Lopez-Cousó 2008 *Theoretical and Empirical Issues in Gramamticalization*, John Benjamins, Amsterdam.

Smith, A. D., et al. 2015 *New Directions in Grammaticalization Research*, John Benjamins, Amsterdam.

高橋暦・堀江薫 2012「言語接触の観点からみた非有生名詞主語の「見る」構文」『第1回コーパス日本語学ワークショップ予稿集』99-108.

高橋暦・堀江薫 2018「〈実現〉を表す視覚動詞「みる」の構文化」山梨正明ほか (編)『認知言語学論考14』ひつじ書房, pp. 117-54.

Taylor, J. R. 2002 *Cognitive Grammar*, Oxford Univ. Press, Oxford.

Thomason, S. G. and T. Kaufman 1988 *Language contact, creolization, and genetic linguistics*, Univ. of California Press, Berkeley, CA.

Traugott, E. C. 2010 Revisiting Subjectification and Intersubjectification. In Kristin, D. et al. (eds.) *Subjectification, Intersubjectification and Grammaticalization*, Mouton De Gruyter, Berlin, pp. 29-70.

Traugott, E. C. and G. Trousdale 2013 *Constructionalization and Constructional Changes*, Oxford Univ. Press, Oxford.

上野景福 1980『英語語彙の研究』研究社.

Wischer, I. and G. Diewald (eds.) 2002 *New Reflections on Grammaticalization*, John Benjamins, Amsterdam.

米倉よう子 2013「類似性から派生する (間) 主観的用法―直喩から引用導入機能への文法化」山梨正明・吉村公宏・堀江薫・籾山洋介 (編)『認知歴史言語学』(認知日本語学講座 7) くろしお出版, pp. 137-63.

▶用例出典
日本語：名大会話コーパス (『名』)
　　　　宇佐美まゆみ監修 2011「BTSJ による日本語話し言葉コーパス (2011 版)」
　　　　『現代日本語書き言葉均衡コーパス (BCCWJ)』
　　　　『中日新聞・東京新聞記事データベースサービス』
　　　　『太陽コーパス』
　　　　『神戸大学付属図書館デジタルアーカイブ　新聞記事文庫』

台湾華語：The NCCU Corpus of Spoken Chinese (『SC』)

━━ コラム 28　脱範疇化／脱カテゴリー化 ━━━━━━━━━━━━━━━　田村幸誠 ━━

　ずいぶん昔，高校生のとき，英語の授業で衝撃を受けたことを覚えています．先生が，何げなく，助動詞 may を訳す際に出てくる日本語の「かもしれない」という助動詞が，歴史的には，副助詞の「か」に係助詞の「も」，それに動詞の「知る」が続いて，さらに否定の「ない」がくっついて，一つの語になっていると教えてくれたときです．昔の日本人を頭に浮かべながら，「か」と「も」と「知る」と「ない」が1語化していく様子を想像してみて，なぜ，そんなことが起こるのかと，頭が爆発しそうになったことを覚えています．しかし，その一方で，このような例こそが，言語学の面白さを教えてくれるように思います．

　認知言語学では言語の変化にも人間の認知的営みが反映され，それゆえ，その変化には何らかの普遍性が伴っている，あるいは言語が作り出されるプロセスそのものが内在しているに違いないと想定し，通時的研究を積極的にすすめてきました．その研究分野は特に文法化研究と呼ばれ，ハイネとクテヴァ（Haine and Kuteva 2007: 34）がまとめたものを引用すると，言語変化をつかさどる文法化には次に挙げる四つの段階的様相が含まれているといいます．

　　（ⅰ）拡張（新しい場面に既存の表現を適用する段階）
　　（ⅱ）意味の希薄化（より抽象的な意味を表すようになる段階）
　　（ⅲ）脱範疇化（本来持っている形態統語的特徴を失い，別のカテゴリーに変わる段階）
　　（ⅳ）音声的磨耗（本来の発音よりも短くなる，縮約された発音になる段階）

　以下，（ⅲ）の**脱範疇化**（decategorialization）に話を絞ってすすめると，では，文法化によって，脱範疇化，すなわち，本来備えている形態統語的特徴を失う，とはどういうことなのでしょうか．ハイネとクテヴァ（2007）の考察にそって，英語と日本語から具体例を一つずつ見ていくことにしましょう．英語の関係代名詞の that は，指示詞の that から発達したものであるとされます．英語の指示詞という統語カテゴリーは，①数の違いを区別する（that vs. those），②名詞を修飾する（that book），③単独で主語になれる（that is a book），④意味的な遠近の違いを区別する（that vs. this）などの特性を持ちます．しかし，関係代名詞の that は，the books that/*those/*this I know や*that is a book is mine の例からわかるように，①から④に示した指示詞の形態統語的特徴を示しません．つまり，関係代名詞の that は，指示詞から発達する過程で，これらの形態統語的特徴を消失し，より機能的な関係詞という別のカテゴリーに脱範疇化したとみなすことができます．

　また，日本語に多く観察される「について」や「によって」や「に限って」などの複合後置詞（複合辞）も動詞が脱範疇化してできたものと考えることができます（原典は Matsumoto 1998）．（1），（2）および（3）を比べてみましょう．

　　（1）トシオさんは，所長のポストにしばらくついていた．
　　（2）トシオさんは，［所長のポストにしばらくついて］退職をした．
　　（3）トシオさんは，［所長のポストについて］解説した．

まず，本動詞「つく」は，（1）にあるように，もちろん，主語をとることができ，副詞相当句（しばらく）によって修飾されることもできます．（2）のように，従属節化し，テ形として使用された場合でも，動詞性が残り，意味上の主語が要求されていることは，ポストについているのがトシオさんだとわかることから明らかです．また，（1）と同様に，その「つく」を「しばらく」など副詞相当句で修飾することもできます．しかし，（3）では，「トシオさん」は「解説する」の主語であることは間違いありませんが，「所長のポストについて」の意味上の主語も，（2）のように兼ねているとは考えられません．主語を要求するという動詞の特性を「ついて」が失っていることがわかります．さらに，「に」と「ついて」の間に副詞相当句（しばらく）を挿入することも不可能です．つまり，動詞の特徴である副詞による修飾という特性も失っています．（3）の「について」は，複合辞化という文法化のプロセスの中で，主語を要求するということと副詞によって修飾可能という動詞に観察される二つの大きな形態統語的特徴を消失し，本来の動詞というカテゴリーから脱範疇化していることが見て取れます．

▶参考文献

Haine, B. and T. Kuteva 2007 *The Genesis of Grammar: A Reconstruction*, Oxford Univ. Press, Oxford.

Matsumoto, Y. 1998 Semantic Change in the Grammaticalization of Verbs into Postpositions in Japanese. In Ohori, T.（ed.）*Studies in Japanese Grammaticalization: Cognitive and Discourse Perspectives*, Kurosio Publishers, pp.25-60.

3.9

ブレンディング
（融合）

鍋島弘治朗

ブレンディング（融合，概念融合，以下，融合）は，メンタル・スペース理論を基礎に，1990年代前半からフォコニエ（G. Fauconnier）とターナー（M. Turner）によって提唱された心的操作で，人間の知的な創造性を説明できる考え方である．フォコニエらの提唱する概念融合理論（Conceptual Blending Theory，以下，融合理論）の基本形は，一般スペース，入力スペース1，入力スペース2，融合スペースの四つのスペースから構成される．融合は，既存知識の搬入，写像，部分的投射，構造の完成，新しい構造の創発などからなる．本節では，融合理論を，融合の紹介，融合例，メンタル・スペース理論，融合の種類，融合の過程，形式融合，行為融合，本質関係，統制原則，融合理論の応用，メタファー分析，批判の12の観点から解説する．融合理論は人間の創造性を明晰に記述できる有効な理論であるが，予測性を高め，適用範囲を制約することは今後も継続して行なわれる必要があろう．

---

1. はじめに

メンタル・スペース理論のフォコニエと，レイコフとの共著もある文学者ターナーは，共同で融合理論を提唱している．（1）の例をご覧いただきたい．

(1) In France, Watergate would not have hurt Nixon.
（フランスだったらウォーターゲート事件はニクソンの痛手にならなかったはずだ．）

アメリカのニクソン元大統領は，敵対陣営の盗聴を指示して，結局，辞任したが，（1）は，このウォーターゲート事件が，もし，フランスで発生していたらという仮定的状況を検討し，問題は生じなかったはずだという帰結を導出した文章である．この用例を使用して融合理論の基本図を説明したのが図1である．

図1の四つの円は後述するメンタル・スペースを意味する．中段に配置された二つのスペースは，入力スペース1と入力スペース2と呼ばれる．（1）の用例を表現した融合図式では，アメリカの政治制度とフランスの政治制度を抽象化した表現が入る．左の入力スペースにはアメリカ，ニクソン，ウォーターゲート事件，アメリカ国民が，右の入力スペースにはフランス，大統領，フランス国民が表現されている（図1）．

アメリカの政治制度とフランスの政治制度は，政治制度という点で共通の要素が多い．国には政府があり，リーダーや国民がいて，国民がリーダーを選ぶ．図1上段に表現された一般スペース[注1]にはこのような共通点が一般化して表示される．

（1）の文章では，アメリカの政治状況とフランスの政治状況から，仮想の政治状況を作り出し，推論を行なっている．この複合された仮想の政治状況を表示するスペースが，図1下段にある融合スペースである．融合スペースには，フランスから国名，国民が投射され，アメリカからニクソンとウォーターゲート事件が投射されている．

このように融合理論は二つの入力スペース，両者の共通点を取り扱う一般スペース，両者を融合した結果として発生する融合スペースという四つのスペースから構成される．融合理論は思考の動的な作用を取り扱う理論であり，スペースは比較的安定的で静的なフレームとは区別される．スペースはフレームを利用する．例えば，〈アメリカの政治状況〉は，スペース内で新規に形成されるものではなく，一般的知識として人々に共有されるフレームであり，融合理論では，このような様々な既存の知識構造を搬入（recruit）する．また，二つの入力スペースから要素を自由に切り出して一つの融合を作り出す．この際，両入力のすべてを融合スペースに投射することはなく，選択的投射（selective projection）となる．さらに，融合

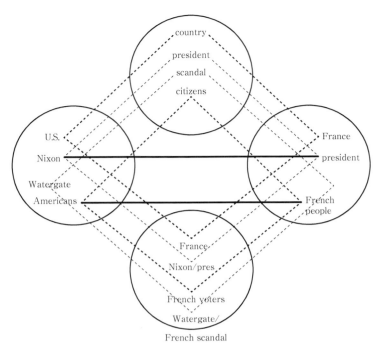

図1 ウォーターゲート事件がフランスで起きていたら（Fauconnier and Turner 2002: 226）

スペースでは，入力になかった構造や推論が創発（emerge）する．融合の組合せ可能性は膨大で，人間の頭脳の創造性が記述できる有望な理論である．一方，その自由度の高さは後述するように反証可能性の欠如を批判されることもある．

2. 融合の例

ここでは，融合の例を追加する．まず，子ども医者の例を紹介しよう．図2のキャッチコピーは「患者様の心臓バイパス手術の執刀医は，ジョーイ，ケイティ，トッドになります」である．一つの意味が奇妙な画像にあらわされているもの，つまり，子どもが手術をするという非現実的な図柄である．この目を惹く画像の真意は，「今の子どもたちは何十年か後にはあなたの命に関わる仕事をしていてもおかしくないんですよ（だから，教育水準を上げましょう）」であり，これは教育支援団体の広告である．ここには，今の子どもたちを含む教育スペースと，大人になった子どもたちが医者として登場する心臓手術という医療スペースが融合されている．

図3は恐竜の鳥への進化の過程に関する仮説をわかりやすく描いたものである．ここでは，時間

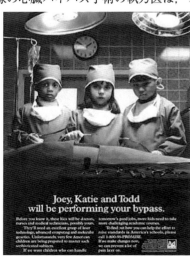

図2 子ども医者の例（Fauconnier and Turner 2002: 67）

図3 恐竜鳥の例（Fauconnier and Turner 2002: 95）

的に異なる進化の段階を同じ平面に表すことにより後に述べる圧縮が行なわれている．さらに，連続する2段階の表象は類似するとともに相違を含む（後述する「対比」）．

中折れカウボーイ（Impotent Cowboy）と呼ばれる用例では，カリフォルニア州の公共広告で，ダンディなカウボーイが煙草を吸っている下に，「喫煙は不能の原因です」とメッセージがある．よく見ると，吸っている煙草は下向きに曲がっている．以下，二つの例を加える．

(2) At this point, *Great American* II is 4.5 days ahead of *Northern Light*.（現時点では，グレートアメリカンII号がノーザンライト号を4.5日リードしています）

(3) Murdoch knocks out Iacocca.（マードックがアイアコッカをノックアウトした）

レガッタと呼ばれる(2)の例をご覧いただきたい．ノーザンライト号というのは，クリッパーという種類の快速帆船で，ゴールドラッシュ時代の1853年に南米のホーン岬を経由してサンフランシスコ - ボストン間を76日と8時間で航行した．これは長く最速記録であったが，1993年にグレートアメリカンII号というヨットがこの記録に挑戦し，新記録を樹立した．(2)はグレートアメリカンII号の航海中の発話として可能である．リードという語は興味深い．明らかに両船はレースとして概念化されているが，実際には時代が大きく違う．ここでは両船の航海がそれぞれの入力スペースとなり，融合としてレースが創発される．同様の類には，カントとのディベートがある．カントの書物を読み解く現代の哲学者は，自分の思考とカントの思考を比較し，あたかもカントと議論をしているように「問いかけ」，「答え」，「やり込める」ことができるのである．

(3)はCEOボクシングと呼ばれる用例である．メディア王の名を持つマードックが，フォード社の元社長，クライスラー社の会長も務めたアイアコッカを倒したという(3)の文章があった場合，ビジネス同士の戦いをボクシングに喩えた例と言える．この際，ボクシングが一つのスペースを構成し，ビジネスが別のスペースを構成することになる．

3. メンタル・スペース理論

ここまで，すでにスペースという用語を使用したが，融合理論はフォコニエのメンタル・スペース理論の発展形である．**メンタル・スペース理論**[→ 2.10]とは，形式意味論の数々の難題を統一的に解決した世界の分割に関する理論で[注2]，その世界は，心的世界，仮想世界，写真，絵画，映画といった表象／人工物，時間など多岐にわたる．(4)〜(7)に例示する．

(4) Lisa has been depressed for months, but she is smiling in the photo.（リサはもう何か月も落ち込んでいるが，彼女は写真の中では笑っている）

(5) In Len's painting, the girl with blue eyes has green eyes.（レンの絵の中では，その青い目の女の子は緑の目をしている）

(6) Len believes that the girl with blue eyes has green eyes.（レンの心の中では，その青い目の女の子は緑の目をしている）

(7) In that movie, a former quarterback adopts needy children.（あの映画では元クォーターバックが恵まれない子供たちを養子にする）

メンタル・スペース理論の図式を使用して(4)を表示すると図4になる．メンタル・スペース理論では通常，円でスペースを表す．左のスペースは，いわゆる現実世界で，(4)によれば現実のリサは元気のない状態にある．このスペースをリアリティの意味でRと表示する．これに対して右は写真スペースである．写真は今の現実と異なる過去の一瞬を切り取る．写真スペースはピクチャーの意味でPと名づける．

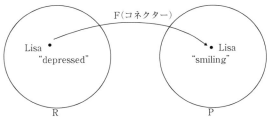

図4 メンタル・スペース基本図

現実スペースRおよび写真スペースPにはそれぞれリサが存在する．現実のリサも写真のリサも同一人物とみなされることから，同一性のコネクターで結ばれる．コネクターは異なるスペースを

対応づける関数 (function) の意味で, F という記号が使用される.

通常ならば, リサが同時に「落ち込んだ状態」と「笑っている状態」になることは論理的矛盾を生じる. しかし, 両者は, 実は異なるスペースに属するそれぞれのリサなので, この矛盾が回避されることになる. (5)では絵画と現実, (6)ではレンの心的世界と現実が異なるスペースを設定する.

(7)では, クォーターバック (QB) というアメリカンフットボールの花形的ポジションにいた元選手が, 恵まれない子ども達を養子にする. 重要なのは元 QB の解釈である. これが映画の世界の中の元 QB だとすると, 映画の世界で, かつて QB だった人の行為となる. 一方, 現実世界の元 QB だとすると, 元 QB が今では役者になり, その役の人がストーリー上で養子を取ることになる. (7)はスペースの解釈次第で異なる意味になり, こういった多義性がスペースの存在とスペース設定の合理性の根拠の一つとなる.

(8)と(9)はカールソンらが挙げるメンタル・スペースの例である (Coulson and Oakley 2000).

(8) When I was twelve, my parents took me to Italy.
（私は12歳のとき, 家族でイタリアに行った）
(9) On a visit to Madame Tussaud's Wax museum, former President Gerald Ford tripped and fell on himself.
（マダム・タッソーの蠟人形館で, フォード元大統領がすべって自分の上に倒れた.）

(8)のような一見なんの変哲もない文章にもメンタル・スペースが関わる. つまり, 「私」で示されるイタリアにいった私は12歳の子どもであること, 語り手である「私」はもうすでに12歳ではなく, イタリアにもいないことなどが, 現実スペースと12歳のときのスペースに分割される. (9)の例では, 偉人をかたどった蠟人形館で現実の元大統領ジェラルド・フォード氏が蠟でできたフォード氏の人形の上に倒れたという例である. ここでは, 蠟人形のフォード氏が *himself* という用語で現実のフォード氏と結ばれている.

4. 融合の種類

フォコニエらは, 融合ネットワークの種類とし
て代表的な4種類を挙げている (Fauconnier and Turner 2002: 120ff). これらは, 単純ネットワーク, ミラーネットワーク, 単一スコープネットワーク, 二重スコープネットワークである.

単純ネットワーク (simplex) は, フレームと値の関係である. 図5では, 「サリーの父」という関係を例示している. 「父」という語は, 子との関連で定義される. そこで入力スペース$_1$に表現された「父」という語の意味フレームには誰かを「父」と呼ぶ立場の視点を意味する ego というスロットが存在する. 一方, 現実世界にはサリーとポールという名前の男女が存在する. 「サリーの父」という句は, ego とサリーをつなぐと同時に, サリーの父の役割とサリーの父ポールをつなぐことになる. 両者が重なった形で親子関係とそれぞれの役割を満たす値としてのポールとサリーが融合スペースに表示されている. これが単純ネットワークである.

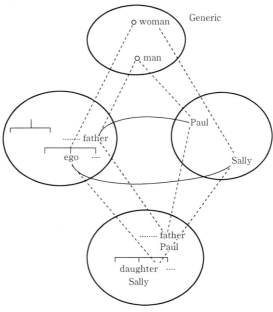

図5 サリーの父

ミラーネットワーク (mirror) は, 二つの入力スペース, 一般スペース, 融合スペースが, すべて同じ構造化フレームを共有する場合である. 具体的には, レガッタの例やカントとのディベートの例で, レガッタの例ではすべてのスペースが帆船, サンフランシスコからボストンへの航海とい

う構造を共有している．カントとのディベートの例では，哲学者とその理論がすべてのスペースに共有されている．

単一スコープネットワーク（single-scope）は，二つの入力スペースが異なる構造化フレームを持ち，その一つが融合スペースを構造化するネットワークである．CEO ボクシングの例では，ビジネス社会のフレームとボクシングのフレームが導入されるが，融合スペースは基本的にボクシング・フレームによって構造化される．

二重スコープネットワーク（double-scope）は，二つの入力スペースが異なる構造化フレームを持ち，両者から融合スペースへの投射が行なわれ，衝突や創発が起こるネットワークである．用例としては PC デスクトップがある．一つの入力はフォルダー，ファイル，ごみ箱といったオフィス・フレームによって構造化されている．もう一方の入力スペースは，*find, replace, save, print* といった従来のコンピュータフレームから構造化されている．旧来の PC ではフロッピーディスクを取り出す際に，ゴミ箱に入れる操作が存在したが，これは衝突の一例となる．

5. 合成，完成，精緻化という三つの過程

融合は三つの過程に分けられる．三つの過程とは合成，完成，精緻化である．これを CEO ボクシングの例で検討したい．まず，**合成**（composition）の過程では，二つのスペースが対応づけられる．マードックとアイアコッカがそれぞれ対戦する両コーナーの選手に対応する．第2の過程である**完成**（completion）では，それぞれの世界知識が全般的に導入される．CEO ボクシングの用例では，ビジネスフレームとボクシングフレームが関わるが，ボクシングフレームからは，対戦，パンチ，KO，レフリー，カウント，勝敗といった要素が導入されることになる．最後の**精緻化**（elaboration）の過程では，これらのイメージがさらに詳細化されることになり，観客の視点から，または対戦者の視点から，リング，ゴング，鋭い形相などがそれぞれの CEO と重ね合わされ，汗，ダウン，歓喜，勝利の雄叫び，湧き上がる観衆といった詳細なイメージを自由に付け加えることができる．

6. 形式融合

融合理論では，形式の融合を取り扱った研究もある．（10）は使役移動構文である．

(10) Rachel sneezed the napkin off the table.（レイチェルはくしゃみでナプキンをテーブルから吹き飛ばした）

使役移動構文は，意味（"X cause Y to move Z"）と形式（[NP V NP PP]（= SUB V OBJ OBL））の対応である（Goldberg 1995）．フォコニエらはこの構文が，（10）のような創造的な例に適用される過程を融合とした（Fauconnier and Turner 1996）．つまり，意味（"X cause Y to move Z"）を入力スペース$_1$に置き，"X acts and that cause Y to move Z" といった意味を入力スペース$_2$に置き，両者が融合されると考える．マンデルブリット（Mandelblit）は，（10）を使役移動構文と，「レイチェルがくしゃみをしたら，ナプキンがテーブルから吹き飛んだ」という因果関係を含む事例が融合されたと分析する（Mandelblit 2000）[注3]．

フォコニエらは，2003 年に統語や語形成に関わる融合を整理して，上述の使役移動構文の他，N + N という複合語を融合として取り上げている（Fauconnier and Turner 2003）．具体例としては，*land yacht* がある．この分析を図6に示す．ここでは，*yacht* という語の意味フレームが入力スペース$_1$となり，これに対応する *land* の意味フレームが入力スペース$_2$となる．ヨットに対応するのは自動車で，逆に *land* に対応するのは *water* になる．重要なのは，*land yacht* が車の一種であるのに，車という言語表現が表出していないことである．

シュミットは，N + N の創造的な複合語の研究データをライダー（Ryder）から受け継ぎ（Ryder 1994），この分析により，のちに述べる最適性原則およびそれに使用される本質関係の重要性を検証した（Schmid 2011）．その結果，8. に述べる 15 の本質関係の中で，「役割」，「表象」，「類推」，「対比」以外の 11 が実際に使用されていることを裏づけた．予測性の検証は融合理論の重要な課題であり，その観点から重要な研究と考えられる．一方，シュミットらが編纂した論文集には，N + N 複合語に関する論文が2点，A + N の句構

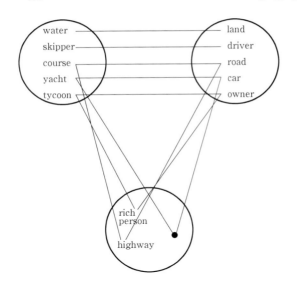

図6 *land yacht* の融合図

造に関する論文が1点掲載されているが，このような語彙レベルの融合を，冒頭のような融合の例と同様に取り扱ってよいかは議論の分かれるところである．

7. 行為融合

融合は概念や形式のみならず，身体運動にも適用できる概念である．これは**行為融合**（action blend）と呼ばれる．ここではウェイターのスキー（skiing waiter）の例，ゴミ箱バスケット（trashcan basketball）の例を挙げる．ウェイターのスキーの例は，スキーのインストラクターが使った実例で，正しく前を向いて滑降する際，「パリのカフェのウェイターがトレーにシャンパンとクロワッサンを乗せてこぼさないように進む感じで」滑るようにと述べた逸話である．ここではウェイターのバランスや姿勢が，スキーの身体運動に当てはめられている．ゴミ箱バスケットは，日本でもなじみが深いと思われるが，ゴミ箱に紙屑を投げ入れる際，バスケットボールのスタイルでシュートする遊びである．ここでは，ゴミ屑を捨てるという行為と，バスケットのシュートが融合されている．

8. 本質関係

フォコニエらは概念融合に最重要な15の概念を挙げ，これらを**本質関係**（vital relations）と呼ぶ．

1. Change（変化）ある要素を別の要素と結びつける．子ども医者の例では，子どもが大人に変化する．
2. Identity（同一性）個人は赤ん坊，子ども，青年期，大人という成長段階を経験していくので，本来は変化している．しかし，私たちは時間を超えて一人の人間として同一人物とみなしている．役割が同一性で結ばれる場合もある．フランスの大統領とアメリカの大統領は，大統領という役割で同一である．
3. Time（時間）時間は，記憶，変化，連続性，同時性，因果などに関わる本質関係である．子ども医者の例では異なる時間が入力スペースに入っている．
4. Space（空間）空間も時間と同様である．カントとの議論の例では，異なる場所が融合されている．
5. Cause-Effect（因果）火と灰は因果で結ばれる．生産者と生産物の関係も因果の一種である．
6. Part-Whole（部分全体）部分全体は，例えば，写真を指して，「ジェーン」と呼ぶとき，写真にはジェーンの顔だけしか映っていないかもしれない．
7. Representation（表象）表象の具体例には写真がある．ほかの例としては絵画，映画，ドラマ，コスプレ，フィギュアなどがある．
8. Role（役割）役割には，リンカーンは大統領であるといった役割と値の関係が存在する．そこで，大統領という役割は，西暦を入力として異なる値を取る関数となる．
9. Analogy（類推）類推は役割-値の圧縮に依存する．父子関係は，異なる父子関係を類推関係で結ぶ．また，「スタンフォードは西海岸のハーバードだ」といえば，北アメリカの大学フレームにおける「北アメリカの著名な研究私立大学」という値が似ていると考えられる．
10. Disanalogy（対比）対比は類推に依存する．例えば，恐竜の異なる段階がこれに当たる．この場合，異なりが変化と概念化されることがある．
11. Property（特性）青いコップは青いという特性を持ち，聖者は聖性を持つ．青いコップではコップは内在的に青い．融合では，外在的な要素を内在的な特性に変えることができる．例えば，暖かいコートは，暖かさを与えるという外在的な意味がその存在の特性として内在化された例である．
12. Similarity（類似）特性が似たものを結びつけるスペース内リンクである．例えば，二つの布の色の

類似性を把握するような場合である.

13. Category（範疇）範疇も特性に似ている．コンピュータ・ウイルスの例では，ウイルスと「コンピューターに忍び込み破壊する要素」がウイルスのカテゴリーとして結ばれる.

14. Intentionality（志向性）志向性は希望，欲望，欲求，恐れ，信念，記憶などの心的態度を意味する．偶然の出来事も志向性を持つものとして擬人化される場合がある.

15. Uniqueness（独自性）融合ネットワークの要素はすべて独自性を持つ．複数の要素が融合されて単一のものとして独自性を持つ場合も少なくない.

9. 統制原則

　フォコニエらは，構成原則（constitutive principles）と統制原則（governing principle）を区分する（Fauconnier and Turner 2002: 309）．前者は，ここまで述べてきた融合の基幹的な要素，すなわち，スペース間写像，融合スペースへの選択的投射，融合スペースでの創発構造の形成などである．一方，**統制原則**は，自由な創造に一定の制約を与える，違反可能な最適性条件（optimality condition）に基づいた原則である．「今後の探求が楽しみな分野（rich area for further exploration）」（Fauconnier and Turner 2002: 345）と言われるように，十分な吟味と新たな展開が可能であろう.

　まず，融合の目標（goal）の代表として，「ヒト目線」（achieve human scale）がある．これは，社会文化的フレームの中で，身体運動と知覚を持つ人間の営みを中心に据える原則である．抽象的でなく，一人の人間の視点からイメージ豊かな状況を喚起すること，これが融合理論を統制する最大の原則である.

　この原則の実現のために以下の下位原則が例示される．「圧縮」（Compress what is diffuse），「全体的洞察」（Obtain global insight），「本質関係強化」（Strengthen vital relations），「物語化」（Come up with a story），「数の圧縮」（Go from many to One）である．この中から「圧縮」の例を中心に論じる．例えば，子ども医者の例では小学生から医者になる過程が圧縮されている．カントとの議論の例では，カントと私の場所が圧縮され，二人がある同一の場にいることが想像される.

中折れカウボーイの例では，喫煙と不能という因果関係が煙草とその形状に圧縮されている．この例は広告の主張がその一点に圧縮され全体が表現されているという意味で「全体的洞察」にも関わる．「物語化」の好例はレガッタであろう．1853年の航海新記録が，100年以上の時を越えたレースとして興味を誘う物語仕立てになっている．また，圧縮にメトニミーが関わる例もある.

(11) Tennessee tramples Kentucky.（テネシーがケンタッキーを下す）

(12) We won the war of 1812.（私たちは1812年戦争に勝利した）

(11)では州の名前が州立大学を指し，さらにそのアメフトチームを指す例である．(12)は，米英戦争や第二次独立戦争と呼ばれる戦いに関する記述だが，勝利したのは当時のアメリカ軍であり，「私たち」は過去から現在に至る米国民を圧縮している.

　フォコニエらはこのほか**最適性原則**（Optimality Principle）として，「統合原則」，「トポロジー原則」，「ウェブ原則」，「解凍原則」，「正当な理由の原則」の五つを挙げている（Fauconnier and Turner 1998）.

統合原則（The Integration Principle）融合スペースは統合された一つのものとして操作可能である.

トポロジー原則（The Topology Principle）融合スペースの各関係は，他のスペースにおける対応物と合致する.

ウェブ原則（The Web Principle）融合スペースの表象は二つの入力スペースへの写像を維持する.

解凍原則（The Unpacking Principle）融合されたモデルを与えれば，解釈者はネットワークの他の構造を推測できる.

正当な理由の原則（The Good Reason Principle）融合スペースの要素に重要性を与える圧力ができる.

メトニミー圧縮（Metonymic tightening）融合スペースに投射される際，メトニミーの「距離」が収縮する傾向がある.

この最適性原則は2002年に改訂される．「正当な理由の原則」が抹消され，メトニミー圧縮が上述の「圧縮」にまつわる数々の原則に拡張され，その他の原則としては「パターン完成原則」「本質関係最大化の原則」「本質関係強化の原則」「関連性

の原則」の四つが加わり，8原則に改められた.

10. 融合理論の応用

融合理論は，文学，広告，デザインなど幅広い応用範囲を持っているが，ここでは，コンピュータへの応用，実体化，脳科学的検証の3点を論じる.

▶ 10.1 コンピュータ科学への応用

コンピュータ科学への応用例としては，ヴィール（Veale）らの研究がある（Veale and O'Donoghue 2000）．ヴィールらは，意味ネットワークと活性伝播の考え方を元にして融合を工学的にモデル化する可能性を示唆した．また，サッパー（Sapper）と呼ばれる柔軟な構造統合のコンピュータモデルが融合理論に近いことを示している.

▶ 10.2 実体化

フォコニエらは，「融合の中の生」（living in the blend）というキャッチフレーズを挙げ，現代社会では身の回りに融合が満ち溢れていることを説いた（Fauconnier and Turner 2002: 83-4, 195ff）．例えば，飛行機のコックピットに様々な数字をいろいろな形で表示する計器がある．融合理論の中で**実体化**（物質的固定，material anchors）と呼ばれる概念の物理化の最も端的な例はアーティファクトであろう．**アーティファクト**とは，人類が加工・製造する道具などの人工物のことである．例えば時間を考える際に，日時計，時計，カレンダーという人工物を抜きにして時間を認識するのは不可能に近いだろう．そして，これらは時間が様々な形で物質的に固定化されたものであり，多くの要素が融合されている.

実体化を論じた認知科学者ハッチンスは，劇場での行列の例を紹介している（Hutchins 2005）．人間の集合と線を融合したものが行列である．行列は到着の順番の物理的共同的記憶となっている．さらに，将来の入場の順番の約束でもある．入場の順番とその根拠という抽象的なものが身体の配列という形で人間の集団と線を融合し，実体化することによって，明白で具体的な目に見える文化的慣習として機能している.

結婚式，豊作や豊漁を祝う祭り，葬式など，人間が作った儀式も同様に融合にあふれている．例えば，出棺の際，葬儀場から火葬場に向かう霊柩車は大きく一回警笛を鳴らすが，これは人間の最大の旅，死への旅路の出発の合図の意味合いを持つ．実際の車，移動，移動の開始を表す警笛が，より大きな旅であり別れであるメタファー的な把握の象徴となっている.

▶ 10.3 脳研究

カールソン（Coulson）は，融合とメタファーを対象としたERP[注4]を使用した脳測定を行なった（Coulson and Van Petten 2002）．この実験では，（13）のような三つの文章を用意し，成人18名の反応を計測した.

(13) リテラル条件
  a. I read that one of Canada's major exports is maple syrup.
    （カナダの主要な輸出品のひとつはメープルシロップだと読んだことがある）
  リテラル写像条件
  b. In the movie Psycho, the blood was really cherry syrup.
    （映画サイコで使われた血は実はチェリー・シロップだった）
  メタファー写像条件
  c. He didn't understand the words, but her voice was sweet syrup.
    （意味はわからなかったが彼女の声は彼にとって甘いシロップだった）

この結果，意味的逸脱に対する反応が[注5]，リテラル条件，リテラル写像条件，メタファー条件の順で大きくなった．この結果は，メタファーの関わらない融合でも，意味的な逸脱を引き出すことができることを意味する.

このほか，広告（Joy et al. 2009），ユーモア（Coulson 2000），デザイン（Imaz and Benyon, 2007）などその応用は多岐にわたる.

11. 融合理論によるメタファーの分析

メタファー理論と融合理論の関係を取り扱った研究では，グレイディらの論文が有名である（Grady et al. 1999）．図7の一般スペースでは，外科医と肉屋が動作主（Agent）という共通の役割で結ばれている．両入力スペースには切るという共通の行為を含んだ出来事が入る．入力スペース$_1$には，医師，患者，メス，手術室，手術の目

3.9 ブレンディング（融合）

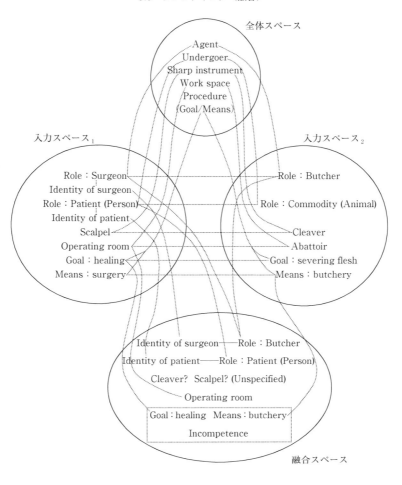

図7 外科医と肉屋の融合 (Grady et al. 1999: 105)

的, 手術の手段という手術フレームが表示される. 一方, 入力スペース$_2$には, 肉屋, 動物, 肉切り包丁, 解体所, 解体の目的, 解体の手段という食肉解体フレームが入る. 最下段では, 両者が融合され, 医師の役割に肉屋が融合される. その結果, 本来, 治療が目的である行為の手段が食肉の解体となり, 目的と手段の間に不整合が生じる. これによって, 悲惨さと一抹のユーモアが創発する.

このほか, フォコニエらは, 時間メタファーの例を挙げ, 人工物を含む複数の融合がこのメタファーの多様性を形作ることを主張している (Fauconnier and Turner 2008). 融合で取り扱う例にはメタファーも多く, メタファーと融合を位置づけることは重要である. 近年, レイコフとフォコニエの共著があり, ネット上で入手可能である. 日本語では鍋島 (2016) が融合理論を使用して文学のメタファー表現を分析している.

12. 批 判

融合理論に関する最も重要な批判はギブス (Gibbs) によるものである (Gibbs 2000). ギブスは四つの観点から批判を述べているが, 大きく二つに集約できる. まず, 第1に反証可能性のなさである. 興味深い事例の分析は可能であるが, 事後的であり, 十分な予測ができないという批判である. 前述の統制原則もこのような批判を受けて登場したという経緯もある. 第2の批判は, 第1の批判とも関連するが, 分析のレベルが不明というものである. 二つの要素や構造を重ね合わせるという融合という概念操作は, 語彙的な融合から広告まで, 概念的融合から形式的融合までに利用できることが主張されている. これらを融合と呼べるのか, 融合と呼べるとしても全く同じ道具立てを利用していると考えてよいのかという妥当

な疑問である.

　ギブス以外にはハーダー（Harder）が *Cognitive Linguistics* に小論を載せている（Harder 2003）. ハーダーの批判はより具体的である. 形容詞＋形容詞，名詞＋名詞の複合に融合理論が使われている. 一方，融合理論の円はメンタルスペースを表現するとされる. この結果，形容詞や名詞一つだけをメンタルスペースで表示することになるが，これは理論内で不整合ではないか，という指摘である.

まとめと展望

　本節ではフォコニエらの融合理論（概念統合理論）を，融合の紹介，融合例，メンタルスペース理論，融合の種類，融合の過程，形式融合，行為融合，本質関係，統制原則，多分野への応用，メタファー分析，批判の 12 の観点から解説した. 融合理論は人間の創造性を明晰に記述できる有用な理論である. 例えば，ジョークや広告といったズレやパロディを利用した高度で複雑な創造的営みを解明するのに最適な理論と考える.

　一方で，いくつかの疑問も呈することができる. まず，形式融合に関するハーダーの批判を真剣に取り上げる必要がある. フォコニエらの例では巧妙に概念のみに限って分析をしているが，そのほかの分析では統語パターンや語形成といった形式の操作に融合理論が使用される場合が散見される. この妥当性は吟味が必要であろう. さらに，概念的分析であってもそれが一つのメンタルスペースを形成すると言えるのか. 融合理論を過剰に拡張して適用することで，理論本来が持つ良さと効果が薄れてしまうのではないか，という懸念がある.

　関連して，ラネカーの認知文法における，部分構造（component structure）と合成構造（composite structure）の関係である〈合成〉の概念とはどのような関係になるのか. 合成とは，部分の意味が合成された全体の意味とは異なるという考え方で，構成性の原理が一般に成り立たないという前提に基づいた機構である. 例えば，RED と PEN の並置（部分構造）は，合成されたRED PEN（合成構造，赤い文字が書けるペン，見た目が赤いペンなど）とは異なる. 融合と合成は，詳細化，衝突，変容，創発といった特徴を共

有している. 融合は合成と同義と考えてよいのか. いずれにせよ，人間の創造的営みを記述することができる重要な概念である融合は，今後さらに分析事例を積み重ねていくであろうし，並行して，その適用範囲に関する検討は継続して行なわれる必要があろう.

▶注

1　Fauconnier（1997）の邦訳（坂原ほか 2000）では総称スペース.
2　Fauconnier（1994）の邦訳（坂原ほか 1996）の後書きにわかりやすい解説がある.
3　日本では山梨（2000）が，拡張事例と動的ネットワークの一例として，Why don't you be quiet? といった文を，Why 構文と Be 形容詞命令形構文のアマルガム的拡張構文として分析している.
4　Event-Related Potentials. 事象関連電位. 非侵襲脳機能計測の一種で脳波を測定する方法. 時間分解能が高い.
5　刺激提示 400 ミリ秒前後に発生する陰性の電圧変位.

▶文　献

Coulson, S. 2000 *Semantic Leaps: Frame-shifting and Conceptual Blending in Meaning Construction*, Cambridge Univ. Press, Cambridge.

Coulson, S. and C. Van Petten 2002 Conceptual Integration and Metaphor: An ERP Study. *Memory & Cognition* 30: 958-68.

Coulson, S. and T. Oakley 2000 Blending Basics. *Cognitive Linguistics* 11(3/4): 175-96.

Fauconnier, G. 1994² [1985] *Mental Spaces*, Cambridge Univ. Press, Cambridge. ［坂原茂・水光雅則・田窪行則・三藤博（訳）1996『メンタル・スペース—自然言語理解の認知インターフェイス』白水社.］

Fauconnier, G. 1997 *Mappings in Thought and Language*, Cambridge Univ. Press, Cambridge. ［坂原茂・田窪行則・三藤博（訳）2000『思考と言語におけるマッピング—メンタル・スペース理論の意味構築モデル』岩波書店.］

Fauconnier, G. and M. Turner 1996 Blending as a Central Process of Grammar. In Goldberg, A. (ed.) *Conceptual Structure, Discourse, and Language*, CSLI Publications, Stanford, pp.113-30.

Fauconnier, G. and M. Turner 1998 Conceptual Integration Networks. *Cognitive Science* 22(2): 133-87.

Fauconnier, G. and M. Turner 2002 *The Way We Think*, Basic Books, New York.

Fauconnier, G. and M. Turner 2003 Conceptual Blending, Form, and Meaning. *Recherches en communication: Sémiotique Cognitive* 19: 57-86.

Fauconnier, G. and M. Turner 2008 Rethinking Metaphor. In Gibbs, R. (ed.) *Cambridge Handbook of Metaphor and Thought*, Cambridge Univ. Press, New York, pp.53–66.

Gibbs, R. W. Jr. 2000 Making Good Psychology out of Blending Theory. *Cognitive Linguistics* 11(3/4): 347–58.

Grady, J. E. et al. 1999 Blending and Metaphor. In Steen, G. and R. Gibbs (eds.) *Metaphor in Cognitive Linguistics*, John Benjamins, Amsterdam, pp.101–24.

Goldberg, A. E. 1995 *Constructions*, Chicago Univ. Press, Chicago. [河上誓作・早瀬尚子・谷口一美・堀田優子 (訳) 2001『構文文法論—英語構文への認知的アプローチ』研究社.]

Harder, P. 2003 Mental Spaces: Exactly When Do We Need Them? *Cognitive Linguistics* 14(1): 91–6.

Hutchins, E. 2005 Material Anchors for Conceptual Blends. *Journal of Pragmatics* 37(10): 1555–77.

Imaz, M. and D. Benyon 2007 *Designing with Blends*, MIT Press, Cambridge, MA.

Joy, A., J. F. Sherry Jr. and J. Deschenes 2009 Conceptual blending in advertising. *Journal of Business Research* 62(1): 39–49.

Mandelblit, N. 2000 The Grammatical Marking of Conceptual Integration: From Syntax to Morphology. *Cognitive Linguistics* 11(3/4): 197–251.

鍋島弘治朗 2016『メタファーと身体性』ひつじ書房.

Ryder, M. E. 1994 *Ordered Chaos: The Interpretation of English Noun-noun Compounds*, Univ. of California Press, Berkeley/Los Angeles.

Schmid, H-J. 2011 Conceptual Blending, Relevance and Novel N + N-Compounds. In Handl, S. and H-J. Schmid (eds.) *Windows to the Mind: Metaphor, Metonymy and Conceptual Blending*, de Gruyter, Berlin/New York, pp.219–45.

Turner, M. 2007 Conceptual Integration. In Geeraerts, D. and H. Cuyckens (eds.) *The Oxford Handbook of Cognitive Linguistics*. Oxford Univ. Press, Oxford.

Veale, T. and D. O'Donoghue 2000 Computation and Blending. *Cognitive Linguistics* 11: 253–81.

山梨正明 2000『認知言語学原理』くろしお出版.

〈http://markturner.org/blending.html（最終検索日：2016年3月31日）マーク・ターナーによる融合理論のサイト（文献リスト有）〉

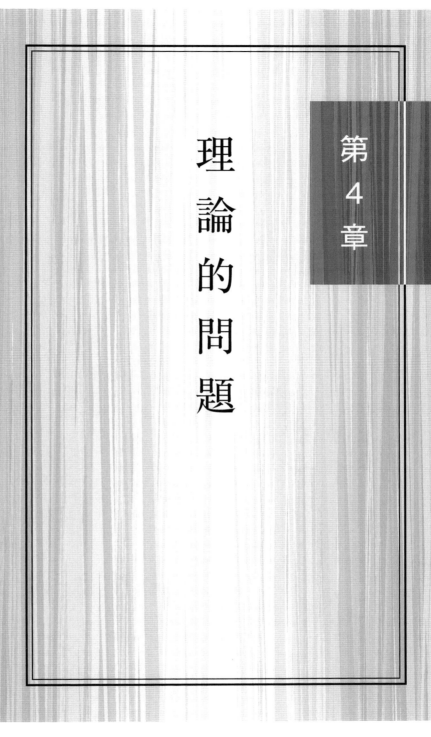

第 4 章

理論的問題

A 言語の進化と多様性

4A.1 言語の起源・進化と認知言語学:比較認知科学的視点

岡ノ谷一夫

比較認知科学とは,多種の動物の認知機能を相互比較することで,認知の進化を考える研究分野である.比較認知科学から言語の起源についてどのような提言が可能であろうか.厳密な意味における言語は,ヒトにしか存在しない.とはいえ言語は単一の機能ではなく,機能の複合体であるから,ヒトの言語を可能にしている下位の認知機能が,動物においてどのように発現しているのかを考えることは可能である.しかし,言語の起源と進化についての研究は,言語が単体の解剖学的構造ではなく思考・コミュニケーション上の機能である以上,直接的な証拠を得ることはできない.この意味では,正解にたどり着くことは不可能である.可能なことは,現在あるさまざまな証拠から考えて,言語の起源と進化を説明する「筋書き」を描くことである.

言語起源の筋書きは,多数の仮説から成り立つであろう.そのうち一部は,ヒトやその他の動物を対象として検証可能かも知れない.また他の一部は,化石や遺物を探ることで検証可能かも知れない.さらに,他の一部は,ヒトの発達過程や成人の脳機能イメージング研究によって検証できるかも知れない.このように,筋書きは常に新たなデータによって更新され続ける必要がある.また,筋書きの信憑性がどれほど高く検証されても,実際に起こったことかどうかは決めることはできない.言語に至る道筋は一つではなく多様であると考えられるからである.以上のように,本節は,従来の事典の項目としてそもそも適切とは言えないが,2016年における比較認知科学的視点による筋書きであると捉えてほしい.

1. 言語起源のシナリオ

▶ 1.1 言語の起源を考えるために

言語は,ヒトとヒト以外の動物を隔てる最も明瞭な特性である.言語の起源を考えることは,ヒトの誕生を考えることに直結する.比較認知科学者であるズデンドルフ(Thomas Suddendorf)は,ヒトとヒト以外の動物を隔てる認知機能について,比較認知科学に関連する膨大な文献を渉猟した結果,仲間と心を通わせる能力と階層性を作る能力とであると提案している(Suddendorf 2013).彼の提案は,言語の起源について,認知言語学をよりどころとする研究者の意見(Tomasello 2009)と,生成文法(極小主義プログラム)をよりどころとして考える研究者の意見と(Berwick and Chomsky 2016)を統合するものであり,検討に値する.ここでは,ズデンドルフの提案に基づき,言語の起源と進化を比較認知科学的視点から考える(図1).

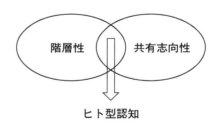

図1 ヒト型認知の特殊性
ズデンドルフの提案によるヒト型認知の特殊性.階層性を認知できること,志向性を共有できることがヒトの特殊性を生み出した.

▶ 1.2 認知言語学における言語起源の考えとその発展

認知言語学者として比較認知科学的研究を推している第一人者はトマセロ(Michael Tomasello)である.トマセロ(Tomasello 2009)は,ヒトとその他の動物を隔てる唯一の生物学的適応は,ヒトが「同種のものを自分と同じく意図を持った主体として理解する」ことであると言う.この結果から生ずるヒト特有の行動特性を,「**共有志向性**」(shared intensionality)と呼ぶ(Tomasello 2010).これにより,ヒトは他個体が学習した結果を集積した知識を自己のものとして取り込むようになり,

蓄積可能な文化を創ることが可能になった．共有志向性は，ズデンドルフ（Suddendorf 2013）の言う第1の能力，仲間と心を通わせる能力に対応するであろう．

考古学的証拠から，言語が生じたのはせいぜい数万年前であると考えられている．進化史的にはこのようにごく最近の出来事であったとしても，言語は文化的蓄積として急激に進化し得たのであるとトマセロは考える．儀式化された身振りによるコミュニケーションが共有指向性によって精緻化してジェスチャーになったのが言語のもとである．そしてその上に音声信号が重複するようになり，次第に音声に比重が移っていったのだと考える（Tomasello 2010）．筆者はこの部分には新たな仮説に基づく説明が必要であろうと感じている．それらについては後述（1.3）することとし，トマセロの仮説についての考察をさらに進めよう．

トマセロが「唯一の生物学的適応」と呼ぶ機能は，単一機能と考えるにはあまりに複雑である．「同種のものを自分と同じ意図を持った主体として理解する」ためには，いったいどのような認知機能が必要であろうか．まず，他個体を同種であるか異種であるか見分ける必要があり，このためには同種の特徴の生得的な記憶と，それを補強する後天的な記憶が必要になる．この過程を「種認知」という．つぎに，他個体に意図を帰属させるには，「心の理論」と呼ばれる認知機能が必要となる．これは，他個体の行動を予測するうえで，他個体が心を持った主体であるという仮説に基づくことを意味する．また，他個体の動作から意図を読み取るためには「ミラーニューロン」または「ミラーシステム」と呼ばれる神経機構が必要である[→ コラム 48]．これらは，自己の動きの運動情報と他者の動きの感覚情報との相互変換を可能にする神経機構である．以上のように，トマセロが「唯一の生物学的適応」と呼ぶ共有指向性を説明するためにも，実際にはこのように多くのメカニズムを仮定しなければならないのである．これらのメカニズムについて，比較認知科学で得られている成果については後に説明する．

▶ 1.3 生成言語学における言語起源の考えとその発展

近年の生成言語学は，言語を可能にする唯一の認知機能として**併合**（merge）を仮定する．併合とは，二つの認知表象を一つに置き換える操作である．「僕は本を読む」という文は，「本を」と「読む」が併合され動詞句が作られ，それに名詞句である「僕は」が併合され，文をなす．これにさらに「（と）思った」を後ろから併合し，前から「彼は」を併合すると，「彼は僕は本を読むと思った」という，名詞句＋動詞句の文構造が，さらに名詞句＋動詞句の文構造に埋め込まれた文ができる．このように，ある操作をした結果がその操作に埋め込まれることを**回帰**（recursion）という．ハウザーらは，回帰が人間言語を規定する唯一の構造ではないかと提案した（Hauser et al. 2002）．これに基づき，動物が回帰を持つ構造とそうでない構造の区別をつけられるかという研究が盛んになった．このような研究を人工言語学習という．回帰によって概念の階層性が作られる．これはズデンドルフが提案する第2の能力である．

藤田（Fujita 2009）は，このような能力は道具使用から生じたと考えている．手の届かないところにある食べ物を熊手のような道具で引き寄せることを学んだ動物は，手の届かないところにある熊手を他の熊手で引き寄せ，それを使って食べ物を引き寄せることができる（Hihara et al. 2003; Wimpenny et al. 2009）．このように，動物が動作を統合して目標を果たそうとする過程は，併合の過程と類似している．藤田は，動作の組合せが内在化したものが認知的な併合操作だと提案しており，これを併合の運動起源仮説と呼ぶ．これがいかにして概念の併合を可能にするかについては，以下に仮説として述べる．

▶ 1.4 言語の創発：比較認知科学的筋書き

トマセロの仮説で最も弱い部分は，どのようにして身振りから音声への転換が生じたのかである．だがトマセロはこれを重要な部分と考えていない節がある．この部分については，岡ノ谷とマーカー（Björn Merker）による相互分節化仮説が説明を補完できると思われる（Merker and Okanoya 2007; Okanoya and Merker 2007）．以下に，トマセロの仮説と我々の仮説を融合し，現時点における言語の創発の比較認知的筋書きを提案する．

多くの大型霊長類は身振りによるコミュニケー

ションを発達させている．ヒト科の祖先種（前ヒト）にも同様な行動があったはずだ．前ヒトの生活では，採餌や捕食者からの防衛のため，結束して行動することで適応度をあげることができた．このため，実際の血縁がなくても集団内では互恵的利他行動が進化した．互恵的利他行動への高い淘汰圧は，他者の動きの予測システムであるミラーシステムを，他者の志向性の予測システムへと変化させた．このことで，前ヒトは他者の心を仮定した行動をとることができるようになった．前ヒトは集団行動による利益を増加させ，共有志向性を得るに至った．

このような社会において，声を合わせて捕食者を威嚇するような行動も進化しえたであろう (Jordania 2011)．また，集団による捕食者防衛によって乳幼児が泣く行動が危険でなくなると，泣き声で親を制御する行動が進化した（Nonaka et al. 2006）．また，発声は毛繕いに変わるものとして集団の結束を維持する機能も持つようになった（Dunbar 1998）．これらの準備のもと，発声の意図的制御が可能になったのではないだろうか．発声は求愛の信号として機能したであろう（Darwin 1871）．このように，前ヒトはうたう大型霊長類となった（Mithen et al. 2006）．ここで，歌とは単に多様な音韻を多様な順番で配列した発声と定義する．前ヒトにおいて，多様な社会的場面で多様な歌がうたわれるようになった．これを音楽的原型言語と呼ぶ（Fitch 2010）．

前ヒトはこのように求愛の歌をうたうようになった．求愛の歌が適応度を反映するものになると，生得的な歌しかうたわない個体より，歌を後天的に獲得する個体を有利にした．すなわち，歌を学習する行動が進化したのである．その結果，多様な社会的場面で歌がうたわれるようになった．ある状況 H で H′ という歌がうたわれ，他の状況 D で D′ という歌がうたわれたとする．H′ と D′ とにたまたま defk という音列が含まれていたとする．さらに，A と B に共通して，複数人の参加が要請された行動が含まれていたとする．すると，次第に，歌の一部である defk をうたうだけで，複数人の参加を要請することができるようになる．例えば歌 H′ が狩りの歌，歌 D′ が食事の歌だとすると，上記の例は理解しやすいであろう．このような相互分節化の過程により記号素がつくられ，記号素の再結合により多様な意味の創出が可能であるとすれば，音楽的原型言語は言語の起源として機能し得る（図 2）．

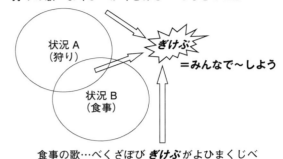

図 2　相互分節化仮説

音列と文脈が相互に分節化され，漠然とした状況との対応を持った発声の一部が具体的な状況と連合し，記号素を作る．

相互分節化仮説に類似した説として，レイ（Alison Wray）の全体論的原型言語仮説およびこれを拡張したミズン（Steven Mithen）のHmmmm 仮説がある（Mithen 2005）．これらの仮説は，ヒトの祖先の発声として連続的に変化するものを仮定している点で，相互分節化仮説と異なる．相互分節化仮説は岡ノ谷（2010）の鳥類さえずり研究から始まっているため，個々の音要素は離散的である．しかしながら，ヒトの祖先の発話が離散的であったか連続的であったかについては，これを決定する手段がない．現生人類の発話は運動面では連続的であるが，知覚面では離散的であることから，相互分節化仮説と Wray-Mithen らの仮説は統合されるべきであろう．

相互分節化仮説の独自性の一つとして，これを可能とする神経系についての仮説も含む点が挙げられる．仮説では，部分的な系列からその統計的性質を計算するのが大脳基底核であり，それをもとに規則を生成するのが運動前野であると仮定されている．また，状況の分節化は海馬・扁桃体で生ずると仮定されている．この仮説は，ヒトにおける脳機能イメージングや鳥類における損傷実験および電気生理実験によって検証されている（図3）．

相互分節化を成り立たせるためには，いくつか

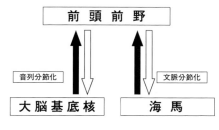

図 3 相互分節化の神経機構

相互分節化は，大脳基底核による統計的学習と海馬・扁桃体による状況分節化が前頭前野とループ結合することで可能になる．

の認知機能がすでに準備されている必要がある．それらは相互の歌学習を可能にする「発声学習」，歌から共通音節を切り出す「音列分節化」および状況から共通部分を切り出す「状況分節化」である．共有志向性を説明するための下位概念とともに，これらも後で説明する．相互分節化により切り出された音と意味との連合は，品詞としての機能を持たない．ゆえにこれらは記号素と呼ばれるべきであろう．記号素は，多様な組合せによる多様な意味を作り出すことを可能にした．記号素に連合した意味は，次第に内在化され，音を発することなく利用することができるようになった．これが概念の成立である．概念どうしの「併合」により，概念の動詞化や名詞化など，品詞カテゴリが生じた．以上のような過程を経て，音と意味の連合から，概念的操作が可能な言語が生まれてきたのであろう．さらに，「併合」が回帰を可能にすることで，「心の理論」の獲得を推進することになったのであろう．

2. 言語を可能にした下位機能

以上で筋書きの呈示を完了し，筋書きで要請される個々の認知機構の説明に入る．ここでは題名にあるように比較認知科学的視点を重視したが，必ずしもその分野に限定するわけではない．最初に，トマセロの共有志向性を導出するための認知機構について説明し，次に岡ノ谷とマーカーの相互分節化から言語の創発に必要な認知機構について説明する．

▶ 2.1 種認知

種認知（species recognition）とは，性行動や親和行動の対象として同種他個体を選択することである．種認知には，視覚・聴覚・嗅覚をはじめ，さまざまな感覚が利用される．

離巣性（ふ化後すぐに歩行と採餌ができること）の鳥類では，ふ化後限定された時間にそばにいた動くもの（実験的に操作されない限りこれは孵卵していた母親である）について，その姿・音声・動きの特徴を急激に記憶する刷り込みが起こる（Horn 2004）．鳴禽類では，最初の交尾経験の相手（多くの場合同種の異性）が属する種に対して，性的嗜好を向けることがわかっている（Immelmann et al. 1991）．これも刷り込みの一種である．刷り込みは種認知を確実にするための適応であると考えられる．

多くの霊長類は，自種の姿に対して好みを示す．藤田らは，レバーを押している間写真が呈示される装置により，5種のマカクザルについて写真の好みを計測した．結果，これらの動物はどれも，自種の写真が呈示されている間，長くレバーを押し続けた（Fujita 1987）．このような好みがあることにより，霊長類の集団は種として凝集性を持つと考えられる．自種の姿への好みの形成過程を調べるため，藤田らはニホンザルとアカゲザルの母子交換（里子）実験を行った（Fujita 1990）．結果，ニホンザルはニホンザルへの好みを発達させなかったが，アカゲザルはどの種に育てられてもアカゲザルを好むようになった．このように，種認知のメカニズムが遺伝的に準備されている種もあれば，正常な環境での経験が必要な種もあることがわかる．

▶ 2.2 心の理論

心の理論（theory of mind）とは，他者に心を仮定する能力を持つことである（Premack and Woodruff 1978）．より具体的には，他者の（文字通りの）視点に立つことができるか，他者の知識が自己の知識と異なることを理解できるか，他者には他者の意図があることを推測できるかなどを実験的に検証することで，その動物が心の理論を持つかどうかがわかる．

これまでに，心の理論を検討する手続きがいくつか考案されている．誤信念課題では，他者の信念が自己の信念と同じである必要がないことを理解できるかどうかを調べる．サリーとアンの課題

では，2体の人形を用意し，劇を行う．サリーとアンはおもちゃで遊んでいる．サリーはおもちゃを籠にしまって退出する．アンはその後，籠にしまわれたおもちゃを出し，箱にしまいなおす．その後，サリーが戻ってくる．はたしてサリーは籠と箱，どちらを探すだろうか．自己と他者の信念が別であることがわかれば，サリーは籠を探す，と正答できるだろう．しかしそれがわからなければ，箱を探すと言うだろう．

大がかりな調査の結果，サリーが誤った信念を持っていることが理解できるようになるのは，3歳から4歳の間であることがわかった（Wellman et al. 2001）．また，バロン・コーエン（Simon Baron-Cohen）らは，自閉症児について同様の調査を行い，平均年齢12歳においても正答率は20％程度であることを報告した．このことから，自閉症の問題のひとつは，心の理論の欠如であるとされた（Baron-Cohen et al. 1985）．

この課題と同型で，より単純化されたものとして，スマーティー課題がある．お菓子の箱を子供に見せ，何が入っているかを聞く．子供は「お菓子」と答える．ところがこの箱の中を見てみると，鉛筆が入っている．この後，「お友達はこの箱に何が入っていると思う？」と尋ねる．ここで，「お菓子」と答えれば心の理論が獲得できていると考えられ，「鉛筆」と答えればまだ獲得していないと判断する．

しかし，誤信念課題を動物に応用するのは難しい．代わりに，心の理論の存在を示唆できるような課題がいくつか提案されている．例えば，2頭のチンパンジーを向かい合わせにして，中央に2つ布袋を置く．うち一つの布袋のそばに餌を置くが，これは1頭のチンパンジーにしか見えない．自分からは餌が見えても，相手からは見えていないことを理解できるかどうかを試験したのである．結果，チンパンジーは相手の視点に立って意志決定することが示唆された（Hare et al. 2001）．

プレマック（David Premack）らは，最初の論文で，飼育下のチンパンジーは心の理論を持っていると考えられると発表した．その30年後，コール（Josep Call）とトマセロは，それまでの研究を概観して，チンパンジーは限定された心の理論を持っているが，誤信念課題の理解は難しいと結論している（Call and Tomasello 2008）．また，ヒトとチンパンジー以外の動物では，心の理論の存在は否定的である．

▶ 2.3 ミラーニューロン

1990年代はじめ，リゾラッティ（イタリア・パロマ大学の研究者）らにより，特異な性質を持つ神経細胞が発見された．この細胞は，サルの運動前野にあり，サル自身がある物体をつかむとき，あるいは，他個体がその物体をつかんでいるのを当のサルが観察しているとき，どちらでも応答する．通常，神経細胞は，運動に応答するものは運動のみに，知覚に応答するものは知覚のみに応答すると考えられていた．しかし，この神経細胞は運動の実行と知覚のどちらでも応答するのである．リゾラッティらは，この特性を持つ神経細胞をミラーニューロン（mirror neuron）と名づけた（Rizzolatti and Sinigaglia 2008）．ミラーニューロンと同様な応答パターンは，その後，機能的MRI（核磁気共鳴画像法）を用いた研究により，ヒトの運動前野およびブローカ野にもあることがわかった（Buccino et al. 2004）．ただし，この場合ニューロンではなくニューロンの集団であり，同一のニューロンが感覚機能と運動機能を併せ持つかどうかはわからなかった．しかしその後，脳外科手術中の患者の同意を得て，ヒトのブローカ野に実際にミラーニューロンがあることが示された（Mukamel et al. 2010）．

たいていの人間は，音楽に合わせてリズムをとることができる．意識しなくても，ほとんどの人は音楽を聴いているとき体を揺らしている．直立不動で音楽を聴く方が不自然だ．なぜ人は音楽に合わせてリズムをとるのだろう．人間以外の動物でもリズムをとるのだろうか．リズムがとれるとは，音楽の拍に合わせて体が動くことである．拍がくるところで体の揺れ幅が最大になり速度が一瞬ゼロに近づく．このような行動が反復されるときリズムをとっていると判断される．インターネット上の動画サイトを利用して，千件以上の動画を調べた研究がある．これによれば，非常に多くの犬・猫の動画があったが，音楽に合わせてリズムをとっている犬や猫は皆無であった．一方，10数件しかないオウムのビデオでは，リズムをとっているといえるケースがいくつか見られた．さら

に，ほんの少数だが，ゾウが音楽に合わせて鼻を
ゆらすビデオもあった．このうち，オーストラリ
ア原産のキバタンで「スノーボール」と名付けら
れたオウムが，ひときわ見事に音楽に合わせてリ
ズムをとることができた（Patel et al. 2009）．

リズムをとるという行動は，音楽を聴くことで，
音楽を生成する際の動きが自然に出てくることで
もある．このような性質は，ミラーニューロンの
関与を予測させる．ある音楽を演奏する際にも活
動するが，その音楽を聴くときにも活動するよう
なニューロンがあるはずである．さらに，一般に，
音を聴くとその音を生成する行動に変換する仕組
みがあるのかもしれない．

ヒトで発見されている聴覚発声系のミラーニュ
ーロンは，スズメ目の鳥類の脳にもあることが報
告されている（Prather et al. 2008）．しかもその
ニューロンは運動前野にあり，大脳基底核に投射
している．大脳基底核は動き全般を司るから，音
楽を聴くとミラーニューロンが活動し，大脳基底
核を刺激し，体全体が動くのではないか，という
仮説をつくることができる．オウム目の鳥類はス
ズメ目の鳥類よりさらに発声学習が柔軟である．
このことは，ペットとして飼育されているオウム
がしばしば人をまねて声を発することからも知ら
れている．発声学習がミラーニューロンをつくる
のではないだろうか．

こうした考察から，リズムをとるのには発声を
学習するシステムを持つことが必要なのではない
か，と考えられるようになった．これを，リズム
の発声起源説という．しかしながら，この仮説が
出されてからいくつかの反例も出されてきた．興
味深いのはアシカである．アシカは発声学習をし
ないといわれている．しかし，音楽に合わせて6
回ボタンを押すと餌がもらえるような実験環境で
訓練すると，非常に正確なリズム同調を示すこと
がわかった（Cook et al. 2013）．このことから，
リズムの発声学習起源説は早くも見直しを迫られ
ている．

ミラーニューロンはあまりに便利な概念である
がゆえに，喧伝されすぎてしまった．一部の研究
については，結果の解釈が恣意的であるようにも
みえるという批判もある（Hickok et al. 2008）．
そもそもミラーニューロンのような便利な神経細

胞がどのように形成されるのか，その仕組みさえ
わかっていない．最初からあるのか，学習により
獲得されるのか．さらに，近年，遺伝子の変異が
なくても遺伝子発現の変異が環境に応じて生じ得
ることがわかってきた．このような現象をエピジ
ェネティクスと言う（Holliday 2006）．ミラーニ
ューロンの形成にはエピジェネティクス（ゲノム
の変異なしに遺伝子発現が変異すること）が関わ
るという説も出てきている（Ferrari et al. 2013;
岡ノ谷 2017）が，これを実験的に示した研究は存
在しない．今後，さらに検証が必要な分野である．

▶ 2.4 発声学習

発声学習（vocal learning）とは，それまで持
っていなかった発声パターンを，外部から刺激と
して与えられることで，新たに獲得することであ
る（Jarvis 2006）．ほとんどの脊椎動物が，音声
信号とある行動とを対応させて学習することがで
きる．例えば，犬に「お手」と言い，該当する行
動を発した場合社会的な強化を与えることをくり
かえすと，犬はいずれ「お手」をするようにな
る．これは聴覚刺激を弁別刺激としたオペラント
条件づけであり，発声学習ではない．また，発声
をする動物の多くが，その発声を情動的に変調さ
せることができる．例えばペットとして飼われて
いる猫や犬は，鳴き声でさまざまな情動表出を行
うが，基本的な発声パターン自体は連続的にしか
変化せず，離散的な変化は示さない．犬や猫の発
声の情動表出が，一部ヒトの発声の変調パターン
に類似し，そのことをもって「しゃべる」という
報告もなされるが，それは聞く側の解釈が大きい．
ここでは混乱を避けるため，発声学習とは，客観
的な指標により外部から与えられた刺激と音響学
的に類似した新たな発声パターンを獲得すること
に限定する．

発声学習をする動物種は限定されている．明ら
かに発声学習をしているのは，鳥類の一部，鯨類
の一部，そして霊長類の人間である．発声学習す
る鳥類は，約1万種のうち半数の5千種で，スズ
メ目，アマツバメ目，オウム目の鳥たちである
（Jarvis 2006）．これらの鳥は，縄張り防衛や求愛
に使われる「さえずり」（歌とも言われる）を同
種から学習する．また，これらの鳥の一部は，社
会的な文脈で使われる地鳴きも学習することがあ

る．鯨類は81種あるが，そのうちの数種でははっきりとした発声学習が記録されている．ハンドウイルカは挨拶に用いる署名声を母親から学ぶし，ザトウクジラのオスは，同じ海域の他のオスの歌を互いに学びあう（なお，イルカとはおよそ4メートル以下のクジラのことであり，クジラの一部である）．霊長類の多くは音声信号を多用して社会生活を営むが，発声学習がはっきりと示された種は人間以外にはいない．複雑な歌をうたうテナガザルでさえ，歌は種特異的なパターンを持ち，ある種のテナガザルを他の種の親に育てさせても（里子実験），遺伝的に決定されたパターンで歌をうたうようになることがわかっている．この他，コウモリの一部やゾウなどで発声学習が見られるという報告があるが，鳥類や鯨類の発声学習に比べればあまり明瞭なものとは言えない．

脊椎動物においては，多くの種が発声をする．これらの発声のほとんどは生得的にプログラムされたもので学習を必要とするものではない．一般に，発声は延髄の呼吸発声中枢で制御され，その部位はさらに中脳発声中枢（中脳水道灰白質）により制御される．中脳発声中枢は大脳辺縁系の変調を受け，発声信号に情動的な変調を加える．以上の解剖学的構造は，発声するすべての脊椎動物に共通である（Striedter 2005）．

しかし，発声学習を示す動物の一部では，特異的な脳構造があることが発見されている．鳥類では，発声学習を示すキンカチョウとジュウシマツにおいて，大脳皮質運動野と延髄呼吸発声中枢を直接連結する神経繊維が見つかっているが，発声学習をしないハトにおいてはこれが同定されていない（Wild 1997）．人間ではこの繊維があるが，チンパンジーやマカクサルにおいては微かな痕跡が見られるのみである（Kuypers 1958）．この解剖学的構造が発声学習をする動物とそうでない動物を分ける唯一の特徴なのかどうかはわからない．しかし，この大脳皮質（運動野）から延髄への発声制御伝導路があれば，少なくとも発声信号に意図的な変調をかけることができる．これがない動物では，情動の変調が発声信号を変調することはできても，意図的な変調はかけられない．発声行動をオペラントとした条件づけは，特にオウム目では簡単に成立するが，マカクサルではたいへん

に難しい．

さてそれでは，人間や鳥，鯨たちには，なぜ大脳皮質運動野と延髄呼吸発声中枢を直接つなぐ伝導路があるのだろうか．胚発生の過程では，あらゆる動物において大脳皮質と延髄とは密な接続を持っているが，それらのうち多くは生まれるまでに刈り込まれ，機能的な接続のみ残る．発声学習を行う動物たちでは，この刈り込みが起こらなくなっており，さらに，発声伝導路が強化されているのであろうと考えられる（Deacon 1998）．発声可塑性に先立ち，この伝導路が強化されることで適応度が上がるような事態が生じ，その後，この伝導路が発声可塑性を可能にすることに流用されたのであろう．鯨類や鳥類においては，水中や空中での呼吸を迅速に精緻に制御するため，この伝導路が強化されていったと考えられる．しかしこの説明は，人間には適用できない．人間の発声学習の起源を説明するためには，新たな仮説が必要である．

▶ **2.5 音列分節化**

人間の乳幼児は連続音声を統計的な規則に基づき分節化することができることが，多くの行動実験で示されている．この能力は，まわりの成人の連続発話の中から言語の階層構造を抽出し，意味との対応を作るために不可欠である．**音列分節化**（string segmentation）の能力は，言語の生物学的な基盤の一つとして重要である．動物行動において，これと対応するような現象が見られるであろうか．ジュウシマツのオスは求愛の歌を親から学習する．ジュウシマツの歌には階層構造があり，2～5つの音要素がまとまり（チャンク）を作り，これらのチャンク間の遷移規則が有限状態文法をなす．これを歌文法と呼ぶ（岡ノ谷 2010）．

ジュウシマツの歌チャンクは，運動パターンの上でもまとまりをなしている．うたっているジュウシマツにフラッシュを浴びせると歌を途中で止める場合がある．チャンクの切れ目では歌は停止しやすいが，チャンクの中では止まりにくい（Seki et al. 2008）．チャンクはまた，歌の知覚時にもまとまりをなしている．オペラント条件づけでジュウシマツを訓練し，短いノイズバーストが聞こえたらスイッチを押すようにした．ジュウシマツにこの課題を施行させながら，背景音として

自己の歌やその逆再生を流した. すると, 自己の歌の再生時にノイズバーストがチャンクの切れ目にあったときには検出時間は短いが, チャンク内では検出時間が長かった. このことは, 歌のチャンクの処理がノイズバーストの処理より優先されることを示している (Suge and Okanoya 2009).

ジュウシマツの歌文法はどのような発達過程で獲得されるのであろうか. これを調べるため, 10組のジュウシマツ雌雄を大きなケージに入れ, 壺巣を 10 か所につけて自由に交配・繁殖させた (Takahasi et at. 2010). この環境で育ったオスの雛たち (第 2 世代) の歌を成鳥後分析し, どの部分がどのオス鳥 (第 1 世代) から学ばれたものなのかを調べた. 第 2 世代のオスたちは 1 〜 4 羽の第 1 世代オスから歌の部分部分を学んでいた. 第 1 世代のオスの歌を分析してみると, 歌要素間の遷移確率が低いところと歌要素間の隙間時間が長いところを分節化して学習していることがわかった. この結果は, ジュウシマツのヒナも音の流れから階層構造を抽出することができることを示す.

ジュウシマツの歌文法の神経制御を探るため, 歌を制御する神経核を順次損傷する実験を行った. 前頭前野に相当する高次の部位の損傷では, 有限状態規則が消え, 固定的な配列の歌に単純化した. 大脳基底核に相当する部位の損傷では, 歌要素の一部の繰り返しが増え, 分節構造が変化した. これらの結果から, ジュウシマツの音列の分節化には前頭前野と大脳基底核の相互ループ構造が必要であることが示唆された.

小鳥の歌システムを対象として得られた上記の結果を人間で追認するため, 人工的に作った統計的分節化の可能な音列を被験者に聞かせ, その際の事象関連電位を測定する実験を行った. 刺激 (音列) を聞いてしばらくすると, ほとんどの被験者の前頭部 (FCz) で分節の切れ目に対応する潜時 400 ミリ秒前後の陰性電位が観測された. この陰性電位の振幅は, 測定終了後に行った弁別実験 (実験で呈示された分節とそうでない分節の弁別) の成績と対応していた (Abla et al. 2008). この電位の発生源を推定すると, 大脳基底核と前帯状皮質にあることが示唆された. 同じ刺激 (音列) を用いて, 分節学習が十分進んだ被験者に対し, 光トポグラフィ装置によって脳の活動部位を測定

する実験も行った. 結果, ブロードマンの 44 野, 45 野を含む左下前頭回に特有の活動が見られ, 音列の統計的分節化が完了すると, 言語音・非言語音に関わらずブローカ野周辺が活動することが示唆された. また, 生後 3 日以内の新生児においても, 同様な刺激によって音列分節化の証拠が得られている (Kudo et al. 2011). このことは, 統計的音列分節化は非常に生得性の高い能力であることを示している.

鳥の実験とヒトの実験を総合すると, 統計的な性質を持った音列は, 大脳基底核と前頭前野が作るループ構造により分節化される. 大脳基底核が局所的な確率を計算して短期的な予測を出し, 前頭前野がより長期的な予測に基づき統計的ルールを構成するのであろう (Okanoya and Merker 2007).

▶ **2.6 状況分節化**

言語は当然ながら形式のみでは成立しない. 形式に対応した意味を処理する仕組みが必要である. 音列が前頭前野と大脳基底核のループ構造で分節化されるように, 状況も何らかの仕組みで分節化される必要がある. 私たち人間は明らかに自分が現在おかれた状況 (外部および内部環境) を分節化しており, 経験の圧縮をしている. 状況を分節化するための構造として考えられるのは海馬である. ラットが新規空間を探索するとき, 特定の場所にいるとき特定の神経細胞が発火するようになることが知られている (O'Keefe and Dostrovsky 1971). このような性質を持つ神経細胞を場所ニューロンという. 場所ニューロンができるということは, とりもなおさず空間が分節化されるということだ.

海馬に入ってくるのは, 空間情報のみならず, あらゆる感覚情報, 強化事態 (行なった行動に対する評価), 状況に対応する情動情報等, さまざまな神経情報である. 海馬はこれらを分け隔てなく分節化する仕組みを備えているのではないだろうか. だとすると, 海馬が状況の万能分析器として働いている可能性がある. 海馬は前頭前野と相互接続を持っているから, このループ構造が**状況の分節化** (context segmentation) を可能にすると仮定してみよう.

海馬を損傷することで空間認知に支障が出るこ

とはよくわかっているが，状況認知にも支障が出て，その結果コミュニケーション障害を起こすことはないだろうか．この推論に基づき，私たちは高度に社会的な齧歯類であるデグーを対象に，海馬損傷がコミュニケーションに及ぼす効果を調べる実験を進めている．現時点では結果はまとまっていないが，海馬損傷を受けたデグーは，親愛の表現である毛繕いに対して攻撃的な応答をしてしまうことがわかっている（Uekita and Okanoya et al. 2011）．この結果のみからは海馬が状況を分節化する証拠にはもちろんできないが，少なくとも海馬がコミュニケーションの文脈理解にも関わっていることが示唆される．

状況が分節化されるだけでは意味が生成されたとは言えない．状況に対してラベル付けが行われる必要がある．このラベルは，体の動きでも音声でもかまわない．恐怖自体に対して身をすくませる行動が，恐怖のラベルとなりうる．攻撃に際して口を開ける行動が，攻撃のラベルになりうる．同様に，状況の知覚に対して特定の情動状態が喚起され，これが辺縁系を変調させ発声を変調させれば，その発声自体が状況のラベルとなりうるであろう．私たちはこのような過程を実験的に観察するため，道具使用訓練を施したニホンザルが自発的な発声を行うことに着目し，二つの異なる状況を準備して，それに対応してサルが自発的に鳴き分けるかどうかを検討した．状況1では，サルが1度鳴く（A）と餌がおかれ，もう1度鳴く（B）と道具が与えられて，サルは道具を使って餌をとることができた．状況2では，もともと道具が与えられた状態で1度鳴けば（C），餌がおかれ，サルはその餌を道具でとって食べることができた．サルの鳴き声の音響構造がどんなものであれ，実験者は決められた手続きをとった．すなわち，実験者はサルの声を分化強化しようとはしなかった．にもかかわらず，訓練を続けて行くと1週間足らずの間に鳴き声が音響学的にカテゴリ化して行った．AとCの鳴き声（餌に対応した鳴き声）が類似したものになり，Bの鳴き声（道具に対応した鳴き声）が特異的なものに変わっていったのである（Hihara 2003）．我々はこの結果を，状況の分節化に対応してラベルそのものも分節化して行った過程と考える．

現存の霊長類の多くは身振りを自発的に使う．また，このような身振りはしばしば発声を伴う（Lameira et al. 2012）．前ヒトにおいても，状況に応じて儀式化した身振りを行うことで，状況の分節化は加速されたであろう．

▶ 2.7 併合と回帰

チョムスキー（Noam Chomsky）は統語規則を抽象化し，単純なものから複雑なものへと整理した．これは現在チョムスキー階層といわれている．1960年代以降，チョムスキー階層の最も基礎となるものを**有限状態文法**（finite state grammar: FSG）という．いくつかの状態を定義し，状態間の遷移にともない文字（列）を出力する．状態間の遷移は1つに固定しておらず確率的に分岐する場合もある．簡単な有限状態文法を用いてそこから産出される文字列と規則を逸脱する文字列と弁別させることで，その文法が学べたかどうかを調べる研究が盛んに行われた．これを人工文法学習実験という．初期の研究では，規則を明示的に与えずとも，また，規則の存在に気づかずとも，人間は規則を潜在的に学習することを示すことが目的とされた（Reber 1967）．

その後，2002年にハウザー（Mark D. Hauser）らが言語進化についての意見論文を発表し，**狭義の言語機能**（faculty of language in narrow sense：FLN）として回帰的な認知操作があるのではないかと提案した（Hauser et al. 2002）．もし回帰的な認知操作が可能であれば，有限状態文法より上の階層の**文脈自由文法**（context free grammar: CFG）も学習可能になるはずだ．文脈自由文法が生成する文字列と，有限状態文法が生成する文字列を学習させ，学習可能な範囲を調べることによって，統語能力の種間比較ができるのではないか．

このような前提のもと，簡単な有限状態文法（AB)n と文脈自由文法 AnBn を学習できるかどうかのテストが，さまざまな動物で行われた（図4の(a)と(b)参照）．有限状態文法（AB)n からは，ABAB, ABABAB などの文字列が産出され，これらとこの規則に従わない例えば ABAA などとの差異がわかるかどうかを調べる．文脈自由文法 AnBn からは AABB, AAABBB などの文字列が産出され，これらとこの規則を逸脱する例えば

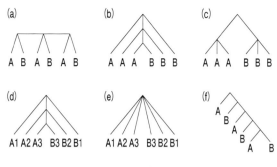

図4 人工文法の階層性

人工文法の階層性は多くの場合一義的に決められない．階層性があることを前提としていても，階層性なしに認知することが可能である．

AABBBとの差異が検出されるかをテストする．このパラダイムに沿って多くの実験が行われた結果，有限状態文法はほとんどの動物が学習するが，文脈自由文法はヒトと鳥類しか学習できないと主張された．

有限状態文法は直近の刺激との確率的関係のみで記述できるが，文脈自由文法は階層性を考慮に入れないと記述できないとされていた．ところが，(AB)nとAnBnのような抽象度の高い刺激をつくることで，階層性を考慮する必要がなくなってしまった．例えば，AnBnが図4(c)のような階層性のない構造から産出されている可能性もある．そこで，A1A2A3B3B2B1などのように同じ添え字をもつ刺激どうしが対応関係を持つことが前提であれば，刺激に階層構造を埋め込むことができると考えられた（図4(d)参照）．

しかし，人工文法学習を使ってヒトと動物の認知機能を比較しようとした研究を検討した結果によれば，このパラダイムでは言語の階層性について議論することができないことがわかった（Ojima and Okanoya 2014）．例えば，添え字をつけても図4(e)のような構造もありえる．また，階層がないとされた(AB)nでも図4(f)のような階層性から生成される可能性もある．

このような混乱に加え，添え字付き文脈自由文法の学習はヒトであっても非常に難しく，埋め込み3階層でも数週間の学習を要した．にもかかわらず，鳥やヒヒなどの動物が1時間程度の刺激呈示でこれを学習したという報告があった．この結果によると，ヒトよりもこれらの動物のほうが文法学習に適応しているという結論を導き出すことになってしまう．それがありえないこととは断定できないが，これらの動物は文法能力を何に使っているのか，特に提案がなされているわけでもない．こうしたことから，現在では人工文法学習については根本的な再検討が必要であると考えられている．チョムスキー階層に基づく人工言語学習パラダイムの限界が明らかである以上，これにこだわらない規則学習パラダイムをつくって，その成績をヒトと動物で比較する研究が必要である．

3. 言語以外の高次認知機能

以上で言語起源のシナリオを説明することができた．しかし，言語は一方向に変化するものではない．萌芽的な言語により可能になった認知機能が，萌芽的な言語に形式的な厳密性を与えることもあろう．すなわち，言語と認知は共進化するのである．そこで，言語との直接の関連はないが，言語と共進化したと思われる認知機能についても検討しておこう．

▶ **3.1 メタ認知**

メタ認知（metacognition）とは，自己の認知それ自体を認知することである．例えば，自己の記憶状態を認知することをメタ記憶という．これもメタ認知の一種である．人間は，自分の記憶内容が不確実な場合は，メモや本，過去のメールなどを参照にするであろう．また，将来も参照するであろう事項はメモにとったり写真に撮ったりする．これは記憶内容によって適応度を増すと考えられる行動である．記憶に限らず，情動や感覚についても私たちはメタ認知をしている．メタ認知が言語と結びつくことで，意識体験が作られる．では動物にもメタ認知があるだろうか．

スミスらはハンドウイルカを使ってメタ記憶の実験を行った（Smith et al. 2012）．2.1キロヘルツの音が聞こえたら右のレバー，それよりも低い音には左のレバーを押すよう訓練された．2.1キロヘルツに近い音が出されると，イルカは判断に迷う．第3のレバーを押すと，1.2キロヘルツという明らかに2.1キロヘルツより低い音が出され，イルカは正しく応答することができる．ただし，このときの報酬は少ない．このようにテストすると，イルカは刺激音が2.1キロヘルツに近づいてくる

と第3のレバーを押すことがわかった．この結果は，イルカが記憶の確かさに応じて反応をしていると解釈できる．

ハンプトンらは，画像の見本合わせという課題で，アカゲザルがメタ認知を示すかどうかをテストした（Hampton et al. 2004）．見本となる画像が出た後すぐ消え，その後，遅れ時間を経て，数枚の画像が示された．この中から見本と同じものを選ぶことができれば報酬が得られるが，イルカの第3のレバーに相当するボタンを押すと，図形を触るだけの簡単な課題に「逃げ」ることができる．このようにすると，見本と見間違いやすい画像が出たときサルはしばしば「逃げ」反応を示すことがわかった．サルも記憶の確かさに応じて課題を選んだと解釈できる．

こういった事例から，一部の動物にはメタ認知が可能であることが今では受け入れられている．しかし動物たちのメタ認知が意識体験とどのように関連するのかを知ることは難しい．

▶ 3.2　心的時間旅行

心的時間旅行（mental time travel）とは，特定のエピソードが生起した際の心的表象を再現する能力，および未来に生起しうるエピソードを過去の事例から構築し現在に思い描く能力である．心的時間旅行はエピソード記憶の形成と想起を可能にするが，この能力は，言語への依存性が非常に強い．言語は表象を縮約するからである．しかし一部の動物では心的時間旅行の能力を持つのではないかとされるものもある．

クレイトンらは，貯食する鳥であるカケスを用いた研究をした（Clayton and Dickinson 1998）．カケスは木の実や幼虫を食べる．木の実は保存性がよいが，死んだ幼虫はすぐ腐ってしまう．しかし幼虫のほうが栄養価は高い．冷蔵庫の製氷皿に砂を入れたものを用いて，カケスがどこに何を隠したか覚えているかどうか調べる実験をした．製氷皿の一部にピーナッツを，他の一部に幼虫を隠したカケスを，4時間後に製氷皿のある部屋に入れると，カケスはまず幼虫を掘り返して食べた．しかし124時間後の場合は，ピーナッツを掘り返して食べた．この結果から，カケスはどこに何を隠したか（where and what），隠してからどのくらい時間が経っているのか（when）についての記

憶，すなわちエピソード記憶に似たものをもっているのではないかと示唆された．類似したパラダイムでハト，ラット，リスザル，オランウータン，ボノボ等（Cheke and Clayton 2010）の動物がエピソード様記憶を持つことが示されている．

▶ 3.3　高次認知と言語

以上のように，メタ認知や心的時間旅行という非常に高次な認知能力も，一部の動物には認められることがわかってきた（Suddendorf 2013）．いっぽう，意図を共有する機能については，その存在を示すことは大型類人猿においてさえ難しいことがトマセロらによって示されている（Tomasello 2009, 2010）．階層的認知操作と，共有指向性（意図共有への指向性）とが融合したところに言語が生じたというシナリオに沿って考えると，人間以外の動物が言語を持たない理由の一つは，共有指向性の弱さもしくは欠如にあるとも考えられる．しかしながら，動物におけるメタ認知や心的時間旅行が示されるためには非常に巧妙な行動実験が必要であったことを考えると（Cheke and Clayton 2010），共有指向性を動物で計測する方法を工夫することで，新たな展開が望めるかもしれない．いずれにせよ，言語は個体の認知機能の拡張と個体群の協力行動の増強に機能しているが，それらの双方への適応として人間において進化したと考えて研究を進めることが重要である．そのためには生成文法（極小主義）的な考え方と認知言語学的な考え方を柔軟に融合できる研究者の存在が必要である．

まとめと展望

ズデンドルフの提案に基づき，ヒト型認知の形成に関わる重要な認知機能として，共有志向性と階層性を前提として，言語がいかに発生しうるかを説明する仮説を提出した．また，その仮説が内包する下位機能についての文献紹介と説明を行なった．さらに，言語が認知機能全般と常に共進化する形質であることを指摘し，メタ認知と心的時間旅行についての説明を加えた．

今後，比較認知科学的視点を言語起源の筋書きに生かしていくためには，行動レベルの研究のみならず，神経回路や遺伝子にまで踏み込み，いわゆる**深層相同**（deep homology）を手段としてい

く必要があろう．異なる動物における二つの機能が相同な遺伝子，相同な神経回路で担われているとすれば，それらの機能が進化史的な関係を持つことが予想できるからである．ヒト以外の動物が言語を持たないのは明らかであるが，彼らとヒトとが思考とコミュニケーションの手段をどのように共有し，どのような機能が言語に至ったのを知ることは，ヒトの心の進化を知るためには不可欠な研究分野である．

本編執筆に際し，以下の支援を受けた．
科研費新学術領域「共創言語進化」#4903，P17H06380；東京大学人間行動科学研究拠点設立委員会，東京大学心の多様性と適応の統合的研究機構．

▶重要な文献

Deacon, T. W. 1998 *The Symbolic Species: The Co-evolution of Language and the Brain*, W.W. Norton & Co., New York. ［金子隆芳（訳）1999『ヒトはいかにして人となったか』新曜社．］
言語の生物学的な起源について，脳と言語の共進化という視点でまとめられた初めての本．その後の言語起源研究の興隆を刺激した．

Merker, B. and K. Okanoya 2007 The Natural History of Human Language: Bridging the Gaps without Magic. *Emergence of Communication and Language:* pp.403-20.
言語の起源としてヒトと動物で共有している歌詞のない「歌」を考え，動物の歌からヒトの言語の萌芽がどのように生まれたのかを相互分節化仮説として提出した．

岡ノ谷一夫 2017「生物言語学 11 〜 20」畠山雄二（編）『最新理論言語学用語事典』pp.232-51，朝倉書店．
言語の生物学的研究に必要な概念として 10 項目を挙げて詳細な説明をした．特に本章に関連するものとして，相互分節化仮説，エピジェネティクス，ミラーニューロン，人工文法学習についての説明がある．

Suddendorf, T. 2013 *The Gap: The Science of What Separates Us from Other Animals,* Basic Books, New York. ［寺町朋子（訳）2015『現実を生きるサル 空想を語るヒト』白揚社．］
ヒトと動物を峻別するものは何かを考察し，入れ子構造を持つシナリオの構築能力と，心を他者の心と結びつけたい衝動とを同定した．

Tomasello, M. 2010 *Origins of Human Communication,* MIT Press, Cambridge, MA. ［松井智子・岩田彩志（訳）2013『コミュニケーションの起源を探る』勁草書房．］
人間言語の起源を社会性，特に共有志向性に求めた．共有志向性は，ヒト幼児において指さし行動として現れ，自分，相手，事物（概念）の 3 項を結びつける能力に発展する．

▶文　献

Abla, D. et al. 2008 On-line Assessment of Statistical Learning by Event-related Potentials. *Journal of Cognitive Neuroscience* 20(6): 952-64.

Baron-Cohen, S. et al. 1985 Does the Autistic Child Have a "Theory of Mind"? *Cognition* 21(1): 37-46.

Berwick, R. C. and N. Chomsky 2016 *Why Only Us: Language and Evolution*, MIT Press, Cambridge, MA.

Buccino, G., F. Binkofski and L. Riggio 2004 The Mirror Neuron System and Action Recognition. *Brain and Language* 89(2): 370-6.

Call, J. and M. Tomasello 2008 Does the Chimpanzee Have a Theory of Mind? 30 Years Later. *Trends in Cognitive Sciences* 12(5): 187-92.

Cheke. L. G. and N. S. Clayton 2010 Mental Time Travel in Animals. *Wiley Interdisciplinary Reviews: Cognitive Science* 1(6): 915-30.

Clayton, N. S. and A. Dickinson 1998 Episodic-Like Memory During Cache Recovery by Scrub Jays. *Nature* 395(6699): 272-4.

Cook, P. et al. 2013 A California Sea Lion（Zalophus californianus）Can Keep the Beat: Motor Entrainment to Rhythmic Auditory Stimuli in a Non Vocal Mimic. *Journal of Comparative Psychology* 127(4): 412-27.

Darwin, C. 1871 *The Descent of Man, and Selection in Relation to Sex*, Murray, London.

Dunbar, R. 1996 *Grooming, Gossip, and the Evolution of Language*, Harvard Univ. Press, Cambridge. ［松浦俊輔・服部清美（訳）2016『ことばの起源』青土社．］

Ferrari, P. F. et al. 2013 Mirror Neurons through the Lens of Epigenetics. *Trends in Cognitive Sciences* 17 (a): 450-7.

Fitch, W. T. 2010 *The Evolution of Language*, Cambridge Univ. Press, Cambridge.

Fujita, K. 1987 Species Recognition by Five Macaque Monkeys. *Primates* 28(3): 353-66.

Fujita, K. 1990 Species Preference by Infant Macaques with Controlled Social Experience. *International Journal of Primatology* 11(6): 553-73.

Fujita, K. 2009 A Prospect for Evolutionary Adequacy: Merge and the Evolution and Development of Human Language. *Biolinguistics* 3(2-3): 128-53.

Hampton, R. R. et al. 2004 Rhesus Monkeys（Macaca mulatta）Discriminate between Knowing and Not Knowing and Collect Information as Needed before Acting. *Animal Cognition* 7(4): 239-46.

Hare, B. et al. 2001 Do Chimpanzees Know What Conspecifics Know? *Animal Behaviour* 61(1): 139-51.

Hauser, M. D. et al. 2002 The Faculty of Language: What Is It, Who Has It, and How Did It Evolve? *Science* 298(5598): 1569-79.

Hickok, G. et al. 2008 Area Spt in the Human Planum Temporale Supports Sensory-Motor Integration for Speech Processing. *Journal of Neurophysiology* 101 (5): 2725-32.

Hihara, S. 2003 Spontaneous Vocal Differentiation of Coocalls for Tools and Food in Japanese Monkeys. *Neuroscience Research* 45(4): 383-9.

Hihara, S. et al. 2003 Rapid Learning of Sequential Tool Use by Macaque Monkeys. *Physiology & Behavior* 78(3): 427-34.

Holliday, R. 2006 Epigenetics: A Historical Overview. *Epigenetics* 1(2): 76-80.

Horn, G. 2004 Pathways of the Past: The Imprint of Memory. *Nature Reviews Neuroscience* 5(2): 108-20.

Immelmann, K. et al. 1991 Influence of Adult Courtship Experience on the Development of Sexual Preferences in Zebra Finch Males. *Animal Behaviour* 42(1): 83-9.

Jarvis, E. 2006 Selection for and against Vocal Learning in Birds and Mammals. *Ornithological Science* 5(1): 5-14.

Jordania, J. 2011 *Why Do People Sing?: Music in Human Evolution*, Logos, West Beach, SA. [森田稔（訳）2017『人間はなぜ歌うのか？』アルク出版.]

Kudo, N. et al. 2011 On-Line Statistical Segmentation of a Non-Speech Auditory Stream in Neonates as Demonstrated by Event-Related Brain Potentials. *Developmental Science* 14(5): 1100-6.

Kuypers, H. 1958 Corticobular Connexions to the Pons and Lower Brain-Stem in Man: An Anatomical Study. *Brain: A Journal of Neurology* 81(3): 364.

Lameira, A. R. et al. 2012 Orangutan Instrumental Gesture-Calls: Reconciling Acoustic and Gestural Speech Evolution Models. *Evolutionary Biology* 39(3): 415-8.

Mithen, S. 2005 *The Singing Neanderthals: The Origins of Music, Language, Mind and Body*, Weidenfeld & Nicholson. [熊谷淳子（訳）2006『歌うネアンデルタール』早川書房.]

Mukamel, R., A. D. Ekstrom, J. Kaplan, M. Iacoboni and I. Fried 2010 Single-Neuron Responses in Humans during Execution and Observation of Actions. *Current Biology* 20(8): 750-6.

Nonaka, Y. et al. 2006 Acoustical Development of the Human Baby Cry: Anatomical and Social Factors. *The Journal of the Acoustical Society of America* 120(5): 3190-90.

O'Keefe, J. and J. Dostrovsky 1971 The Hippocampus as a Spatial Map: Preliminary Evidence from Unit Activity in the Freely-moving Rat. *Brain Research* 34(1): 171-5.

Ojima, S. and K. Okanoya 2014 The Non-Hierarchical Nature of the Chomsky Hierarchy-Driven Artificial-Grammar Learning. *Biolinguistics* 8: 163-80.

Okanoya, K. and B. Merker 2007 Neural Substrates for String-context Mutual Segmentation: A Path to Human Language. In Lyon, C. et al.(eds.) *Emergence of Communication and Language*, pp. 421-34.

岡ノ谷一夫 2010『さえずり言語起源論 新版』岩波書店.

Patel, A. D. et al. 2009 Experimental Evidence for Synchronization to a Musical Beat in a Nonhuman Animal. *Current Biology* 19(10): 827-30.

Prather, J. F. et al. 2008 Precise Auditory-vocal Mirroring in Neurons for Learned Vocal Communication. *Nature* 451(7176): 305-10.

Premack, D. and G. Woodruff 1978 Does the Chimpanzee Have a Theory of Mind? *Behavioral and Brain Sciences* 1(04): 515-26.

Reber, A. S. 1967 Implicit Learning of Artificial Grammars. *Journal of Verbal Learning and Verbal Behavior* 6(6): 855-63.

Rizzolatti, G. and C. Sinigaglia 2008 *Mirrors in the Brain: How Our Minds Share Actions and Emotions*, Oxford Univ. Press, Oxford.

Seki, Y. et al. 2008 Song Motor Control Organizes Acoustic Patterns on Two Levels in Bengalese Finches (Lonchura striata var. domestica). *Journal of Comparative Physiology A* 194(6): 533-43.

Smith, J. D. et al. 2012 The Highs and Lows of Theoretical Interpretation in Animal-Metacognition Research. *Philosophical Transactions of the Royal Society B: Biological Sciences* 367(1594): 1297-309.

Striedter, G. F. 2005 *Principles of Brain Evolution*, Sinauer Associates, Sunderland.

Suge, R. and K. Okanoya 2009 Perceptual Chunking in the Self-produced Songs of Bengalese Finches (Lonchura striata var. domestica). *Animal Cognition* 13(3): 515-23.

Takahasi, M., Yamada, H. and K. Okanoya 2010 Statistical and Prosodic Cues for Song Segmentation Learning by Bengalese Finches (Lonchura striata var. domestica). *Ethology* 116(6): 481-9.

Tomasello, M. 1999, 2009^2 *The Cultural Origins of Human Cognition*, Harvard Univ. Press, Cambridge. [大堀壽夫・中澤恒子・西村義樹・本多啓（訳）2006『心とことばの起源を探る』勁草書房.]

Uekita, T. and K. Okanoya 2011 Hippocampus Lesions Induced Deficits in Social and Spatial Recognition in Octodon Degus. *Behavioural Brain Research* 219(2): 302-9.

Wellman, H. M. et al. 2001 Meta-Analysis of Theory-of-Mind Development: The Truth about False Belief. *Child Development* 72(3): 655-84.

Wild, J. M. 1997 Neural Pathways for the Control of Birdsong Production. *Journal of Neurobiology* 33(5): 653-70.

Wimpenny, J. H. et al. 2009 Cognitive Processes Associated with Sequential Tool Use in New Caledonian Crows. *PLoS ONE* 4(8): e6471.

══ コラム 29　ラチェット効果と二重継承モデル ══════════ 金丸敏幸 ══

　人間（ヒト）という種は「文化を持つ」動物です．動物行動学の発展によって，現在では人間以外も多くの動物種が文化を持つと考えられています．ここでいう文化とは，生物が同種の持つ（多くは種に固有の）知識や行動パターンを利用して外部環境に適応的な行動をとることを言います．こうした動物の文化は，遺伝子という生物的な手段で次の世代に引き継がれます．つまり，ある種の動物は，遺伝子によって生物的な特性と行動的な特性の両方を受け継いでいるわけです．現在ではこの考え方を**二重継承理論**（dual inheritance theory）と呼びます．

　人間も生物種であり，二重継承理論に当てはまる点において他の種と大きな違いはありません．人間も遺伝子によって，固有の認知特性と文化特性を引き継いでいます．しかし，人間の引き継いでいく文化には他の種の動物には見られない特徴があるとトマセロ（Michael Tomasello）は主張します．その一つは人間の文化が累進的に進化する点です．累進的とは，それ以前に存在したものの上に新しいものが積み上がることを言います．

　人間以外の動物の文化は，それ自体が蓄積され，変化を遂げることはありません．しかし，人間の生み出す事物には，物理的・社会的の如何を問わず，時間とともに複雑化するという特徴があります．それだけでなく，複雑化した事物は，すぐに周囲の人間によって学習されます．学習された事物は，そのまま次の複数世代に渡って引き継がれることもあれば，一代の間にさらに改良されることもあります．このように，発明→改良→学習→維持→改良→学習……という一連のサイクルが成立します．人間の文化においては新しいものが生み出されると，学習され，改良されることによって，時間とともに進化し，複雑化するのです．

　トマセロは，人間の文化では一度生み出されたものが，その発明者の死によって無に返ることなく次世代に引き継がれ，時を見て進化，発展するものであると見なします．このように文化が漸進的に変化する現象を「**文化的ラチェット**」と呼びます．ラチェットとは，一定方向にしか回らないように歯車と留め具を組み合わせた仕組みのことです．文化の発展をラチェットのアナロジーで捉えると，一度，生み出された文化という歯車は，ラチェットによってそれ以前に遡ることなく，緩急の差はあるにしても，たえず一方の方向のみに回り続ける，つまり進化し続けることになります．これが文化の**ラチェット効果**です（なお，Tomasello 1999 の訳書では原語の ratchet effect に対して「漸進作用」という訳語を採用しています）．

　それでは，人間の文化におけるラチェットとは一体何でしょうか．トマセロは，それを人間のみが持つ「他者を自らと同一視できる能力」，つまり**同調能力**であると主張します．人間が生物的に受け継いでいる認知特性は他の霊長類とほぼ同じですが，この同調能力のみが人間の持つ固有の特性と考えられています．他者を自らと同一視できると，他者が自らと同じように意志を持って行動する主体であると捉えられるようになります．そして，動作の背後にある意図性と因果関係，すなわち「なぜ，その動作を行なったのか」を読み取ることができるようになります．この能力によって，人間は他者の行動を学習し，その背景を自らのものとして内在化することができるようになります．人間の子どもは発達過程において，身の回りの文化・社会的な蓄積物を学習しながら，これらの背景にある他者の意図も学習していくのです．

　このように他者との同一化という認知能力によって，霊長類をはじめとする他の動物種とは決定的に違う文化的発展が可能となったとトマセロは主張します．人間以外の種では発明によって文化の歯車を進めることはできても，それをとどめておくことができないのです．しかし，人間は文化・社会的な発明を蓄積し，発展させることが可能となりました．こうして人間は言語を含む種々の思考活動を積み上げ，発展させてきたのです．

▶参考文献

田島信元（編）2008『文化心理学』朝倉書店.

Tomasello, M. 1999 *Cultural Origins of Human Cognition*, Harvard Univ. Press, Cambridge.［大堀壽夫・中澤恒子・西村義樹・本多啓（訳）2006『心とことばの起源を探る―文化と認知』勁草書房.］

Tomasello, M. 2003 *Constructing a Language: A Usage-Based Theory of Language Acquisition*, Harvard Univ. Press, Cambridge.［辻幸夫・野村益寛・出原健一・菅井三実・鍋島弘治朗・森吉直子（訳）2008『ことばをつくる―言語習得の認知言語学的アプローチ』慶應義塾大学出版会.］

Tomasello, M. 2008 *Origins of Human Communication*, The MIT Press, Cambridge, MA.［松井智子・岩田彩志（訳）2013『コミュニケーションの起源を探る』勁草書房.］

Tomasello, M. 2014 *A Natural History of Human Thinking*, Harvard Univ. Press, Cambridge.

Tomasello, M., A. Kruger and H. Ratner 1993 Cultural Learning. *Behavioral and Brain Sciences* 16: 495-552.

辻幸夫（編）2013『新編認知言語学キーワード事典』研究社.

══ コラム30　チョムスキーの逆立ちと共進化 ══　　　　　　　　　　　　　　　══ 金丸敏幸 ══

　認知言語学以前の理論言語学では，人間の脳というハードウェアと言語というソフトウェアの関係を考える
とき，言語の構造から人間の脳がどのような仕組みを持っていなければならないか，という観点から考察が進め
られてきました．この考えをさらに推し進めると脳という器官を形成する遺伝子がどのような進化的特徴を
獲得したかという考えに至ります．しかし，脳というハードウェアの進化が百万年単位で起こる現象であるこ
とや進化の方向性が偶発的であることを考えると，言語の構造に合うように脳が進化したとする考え方はいさ
さか楽観にすぎる見方でしょう．

　発想を逆転させて，言語というソフトウェアが人間の脳というハードウェアに対して，どのように最適化し
てきたのかと考えるとどうでしょうか．そのためには，人間の脳が持つ特性を確認しておく必要があります．
生物学的な事実として，人間の脳が肥大化，複雑化したことが挙げられます．脳の肥大化そのものは，線形的
な進化の結果と考えることに無理はありません．つまり，霊長類において進化に伴って脳のサイズが増大する
ことは自然な流れであったと言えます．それでは，なぜ人間だけが言語を扱うことができたのでしょうか．そ
れは，脳，つまり神経細胞の回路網が一定のサイズを超えたことによって情報処理的な意味で質的な変化を遂
げたからだと考えられます．

　神経回路網をモデルにした**ニューラルネットワークモデル**（neural network model: NNM）が考案されたの
は1940年代ですが，それから70年以上を経て深層学習へと発展し，畳み込みニューラルネットワーク
（convolution neural network: CNN）や再帰ニューラルネットワーク（recurrent neural network: RNN），
RNN の時系列処理を改良した長・短期記憶モデル（long short-term memory: LSTM）というモデルが考案さ
れました．初期の段階では計算機の性能やアルゴリズムの問題もあって，二層か三層程度のネットワーク層を
使った処理が中心で，とても複雑な処理ができるモデルとは言えませんでした．しかし，現在の CNN や RNN，
LSTM では，中間層を大幅に増やすことによって画像認識や言語処理といった領域で人間と同じような分類処理
ができるまでに発展しています．

　これらの NNM が従来よりも飛躍的に高精度な言語処理のモデルとなったこと自体も興味深いのですが，こ
こで重要なのは，NNM の発展を可能にしたものが中間層の増加にあったという点です．すなわち，動作原理
的には同じ組織（ユニット）を複数層重ねることによって，情報処理的な観点からは全く次元の異なる処理が
可能となったのです．深層学習の研究の知見に基づいて考えれば，情報処理ユニットの量の増加は情報処理の
質を転換するということになります．こうして人間は複雑な情報処理を行う生物的基盤を手に入れました．

　多層ネットワークの処理には，同質のデータが直列に並び，順番に入力される系列データという形式が適し
ています．ネットワークはデータの出現順序と頻度，そしてその組合せを学習します．言語はこの特性を上手
く利用したシステムと見ることができます．例えば，英語の不規則変化動詞のように頻度の高いパターンは固
有の規則や意味を持つ傾向がありますが，これは多層ネットワークにとって学習しやすい特徴になります．

　ディーコン（Terrence W. Deacon）は，脳科学の立場から言語が生得能力によるものであるというチョムス
キーに代表される生成文法の仮説を否定しています（Deacon 1997）．生成文法では，乳幼児期のわずかな時間
と刺激から言語を習得することは不可能である，との考えに基づいて，幼児の言語習得を可能にしているのは，
人間に生得的に備わった普遍文法（Universal Grammar）によるものであるという仮説を立てています．この
考え方に対して，ディーコンは因果関係を逆に捉えていると言い，文法知識の獲得の鍵は個体や種としての人
間の内部にあるのではなく，言語そのもの，つまり人間の外側にあるという立場に立ちます．つまり，言語を
扱えるように脳が複雑に進化したのではなく，複雑な処理ができるようになった脳が扱いやすい記号体系とし
て，言語の方が進化したと主張しています．

　つまり，文法を始めとする言語の仕組みは，人間の脳に最適化するように進化した結果だというわけです．人
間の脳の進化に合わせて言語が発生し，言語が脳に合うように進化します．さらに，言語という記号操作の必要
性が，脳の構造変化をもたらすという**共進化**が起こることになったとディーコンは考えます．この主張を行なっ
た節のタイトルに対して，ディーコンは「**チョムスキーの逆立ち**」（Chomsky's Handstand）と名づけています．

▶参考文献

Deacon, T. W. 1997 *The Symbolic Species: The Co-Evolution of Language and the Brain*, W. W. Norton & Co., New
　　York.［金子隆芳（訳）1999『ヒトはいかにして人となったか―言語と脳の共進化』新曜社.］

| 4A.2 | 言語ラベルの進化：比較認知科学的視点から | A 言語の進化と多様性 |

言語ラベルの進化：
比較認知科学的視点から

足立幾磨

ヒトはなぜヒトになったのか．ヒトの進化を探る研究は，非常に多様な研究領域群によって推進されている．**比較認知科学**（comperative cognitive sciense）もまたその一つである．現生する多様な動物種の認知機能を相互に比較することで，「認知」という化石には残らないものを対象とし，その進化の道筋を考える学問領域である．比較認知科学において，ヒト言語の進化は高い注目を浴びてきた．ヒトにユニークに見られる言語が進化の道筋の中でどのように創発したのか，どのような生物学的基盤を持つのか，その謎に迫るためである．もちろん，言語を持たない種を対象に言語そのものを調べることは不可能だ．そのため，言語を支える下位機能について様々な知見が集められてきた．その全容については「4A.1 言語の起源・進化と認知言語学：比較認知科学的視点」に詳説されているため参照されたい．ここでは，ヒトの言語の中でも，**言語ラベル**（verbal label）の進化について焦点を当てる．言語ラベルが持つ基本的な特徴は，**象徴性**（symbolism）と**代置性**にあると言える．象徴性とは，ある事物を言語的ラベルによって符号化することである．その際に，記号と事物の間の結びつきに必然性がない，すなわち恣意的であることが重要である．代置性とは，このラベルがそれがあらわす事物を置き換えることができるということである．すなわち，ラベルはいま・ここ，という時空を超えて利用可能となる．これは，**心的時間旅行**（mental time travel）といった心的機能とも密接に関連していると考えられる[→ 4A.1]．このような言語ラベルをヒトはどうして獲得したのであろうか．ここでは概念形成と感覚間一致という二つの現象を通してその進化について考察する．

1. ヒト以外の概念形成能力に見られるヒトとの相違

私たちが暮らす環境の中には，モノや生き物があふれており，また，絶え間なく新しいものがやってくる．この複雑で常に変化する環境の中にいても，私たちは特にそのことを意識することも混乱することもなく，スムーズに生活を送っていける．これは，私たちが，身の回りのモノや生き物を，その見た目や機能などに基づいて，概念に分類し言語ラベルをつけ，情報を整理整頓しているからである．こうした分類の単位を「**概念**」（concept）と呼ぶ．このとき概念に含まれる各事例はそれぞれ区別されたうえで，一つの概念にまとめあげられる．

概念は言語の象徴性・代置性の基盤となる．例えば，「ネコ」という言語ラベルは，様々な体格や品種のネコをまとめた概念に対して割り当てられる．また，このとき，「ネコ」というラベルは実物のネコと等価に扱うことが可能であり，代置性を持つ．

それでは，ヒト以外の動物は概念を形成する認知能力を持つのであろうか．ヒト以外の動物の概念形成能力を調べる先駆けとなった研究は，ハーンスタイン（R. J. Herrnstein）らがハトを被験体として行なったものである（Herrnstein and Loveland 1964）．彼らは，ヒトが写っている写真が提示された場合には反応キーをつつくことをハトに訓練した．次々と新奇な写真刺激を提示して訓練すると，ハトはヒトが写っている場合にだけ高頻度に反応キーをつつくようになった．さらに色手がかりを排除するために刺激をグレースケールで提示してもハトの学習は般化した．これにより彼らは，ハトは「ヒト」という概念を形成したと結論づけた．ハーンスタインらの研究以降，ヒト以外の様々な動物種が概念形成を行なうことが

示されてきた（Hernstein et al. 1976; Cerella 1979; Edwards and Honig 1987; D'Amato and Van Sant 1988）．また，被験体の誤反応から，彼らが刺激中のどのような特徴に着目していたのかを分析する研究も進んだ．こうした研究の結果，ヒト以外の動物も広く刺激を，様々なルールに基づいて分類する能力を持っていることが示されてきた．さらに近年では，筆者らの研究により視聴覚情報を統合した概念を動物が形成することが示された（Adachi et al. 2006; Adachi and Fujita 2007; Adachi and Hampton 2011）．これは，刺激の類似性といった物理的類似性に基づく分類だけではなく，多種多様な事例を統合した概念を動物が形成することを示唆する報告である．

一方で，概念形成の比較認知科学がすすむ中で，ヒトとは大きく異なる点も明らかになってきた．それは，**刺激等価性**（stimulus equivalence）の形成困難である．刺激等価性とは，任意の事物・刺激間に成立した，機能的な交換可能性のことである．シドマン（M. Sidman）らは刺激間の関係性の理解について，数学的概念から引用して，**反射性**（reflexivity），**対称性**（symmetry），**推移性**（transitivity），**等価性**（equivalence）と呼び，刺激等価性を操作的に定義した（Sidman et al. 1982）．

実物のイヌ，「イヌ（音声）」，「イヌ（文字）」という三つの事例を用いて，上記の四つの事例間の関係性について説明する．反射性とは，実物のイヌが見本刺激に提示されたときに，選択肢の中から実物のイヌを選べるといったように，刺激それ自身に対する関係の理解である．次に対称性は，例えば実物のイヌが見本刺激のときに「イヌ（音声）」を選択することを学習した後に，その逆，つまり「イヌ（音声）」が見本刺激として提示された際に実物のイヌを選択するという関係が自動的に形成されることを指す．推移性は，実物のイヌが見本刺激のときに「イヌ（音声）」を，「イヌ（音声）」が見本刺激に提示されたときには「イヌ（文字）」を選択することを学習した後に，実物のイヌが見本刺激のときに「イヌ（文字）」を選択するという関係性が形成されることを指す．最後に，等価性は，実物のイヌが見本刺激のときに「イヌ（音声）」を，「イヌ（音声）」が見本刺激に提示されたときに「イヌ（文字）」を選択することを学習した後に，「イヌ（文字）」が見本刺激のときに，実物のイヌを選択するという関係性が形成されることを指す．つまり，等価性は対称性と推移性の両方の要素を含んだものと言える．これら四つの要件が満たされたとき，実物のイヌ，「イヌ（音声）」，「イヌ（文字）」の間の等価関係が成立すると言える．

ヒトの場合，この刺激等価性は就学前の子どもでも容易に形成されることが示されているが（Sidman and Tailby 1982），言語の表出が見られない遅滞児では刺激等価性の成立が難しいことも報告されており（Devany et al. 1986），この等価性を理解することが，言語ラベルの象徴性・代置性の発現の基盤を形成すると考えられる．

一方で，ヒト以外の動物を対象にこの刺激等価性を調べた研究では，四つの関係性の部分的な成立は見られても，軒並み刺激等価性がヒト以外の動物では成立困難であることが報告されてきた（Sidman et al. 1982; D'Amato et al. 1986; Tomonaga et al. 1991; Kuno et al. 1994）．訓練によって，ヒト以外の動物も，リンゴを見たら「リンゴ」というラベルを選ぶことは学習できる．しかし，ここで学習される内容は，Aを見たらBを選択するという「A then B」ルールの学習であり，それらの事例間に「A = B」といった等価性が成立しないことを示唆している．このことから，動物の持つ概念は，分類ルールの学習にとどまり，象徴性・代置性を含まない，あるいは含むとしてもかなり限局的なものであることがわかった．

2. 言語ラベルと感覚間一致

1. で概観したように，動物にとっては，象徴性や代置性を持つラベルの生成・理解が非常に難しいことが示されてきた．これは，眼前にあるモノを象徴化し，時空間を超えて自由に持ち運ぶことが動物には難しいことを意味している．心的時間旅行が動物では非常に限定的であることとも一致する．このようなラベルの獲得がヒトの表象操作の幅を広げ，言語獲得を加速させたと考えられる．また，もう一つのヒトの言語の特異性として考えられているのが，**概念メタファー**（conceptual metaphor）の存在である．これは，ある概念領域

を別の概念領域を用いて理解することを指し，例えば，モノの価値や社会的な地位といった概念を，空間的な概念（高い・低い）を用いて表現することなどが含まれる．このようにある概念領域を別の概念領域になぞらえて理解，表現することでより処理効率の良い言語体系を構築していると考えられている．

近年，こうしたラベル獲得や概念メタファーの進化的・発達的基盤の一つの要因として注目を浴びているのが，**感覚間一致**（crossmodal correspondence）である．これは，異なる処理ドメインを持つ情報間（特に視聴覚感覚間）に類似性・一致性を知覚することを指している．このような共感覚的な感覚間一致が，感覚統合（視聴覚間の**アモーダルな関係**（amodal relationship））や恣意的関係言語の特徴である恣意性記号性の基盤となるという**音象徴ブートストラッピング仮説**（sound-symbolism bootstrap hypothesis）（今井・針生 2007）は，ヒトの言語獲得において近年注目されている仮説の一つである．一方で，すべての感覚間一致が生物学的背景を持つわけではなく，経験や文化的背景によって2次的3次的に生まれ作り上げられるものもあると考えられる．感覚間一致への比較認知科学的アプローチは，この点についても議論を深める知見を与えると期待される．

コミュニケーションのツールとして「ことば」が機能するためには，他者と共有される必要がある．音と視覚刺激の無限の組合せの中から，他者と共有されやすいラベルや概念メタファーを生みだすことは困難である．しかし，感覚間一致によって，ある音の特徴とある視覚特徴が結びつきやすい認知のバイアスがあるとすればどうであろうか．組合せの幅が狭まることになり，それに基づき生成されたラベルや概念メタファーは，他者にとっても受け入れやすいものとなるであろう．こうした共有・共創的な音韻ラベルが，初期言語の創発・進化を駆動した可能性がある．

それではヒトはなぜ感覚間一致を獲得したのであろうか．これは，言語の進化的基盤を考えるうえで重要な問いである．これまでに，言語との共進化，文化との相互作用，脳の情報処理様式や発達的な変化に由来する可能性，などが議論されて

いるが，明確な答えは得られていない．進化的な基盤を探究するうえで，特にヒトと動物の共通点・相違点を探る比較認知科学的なアプローチを行なうことが重要である．ヒトの特徴は，他の動物種と比較することでより浮き彫りとなるからである．

そこで，筆者たちはチンパンジーを対象に感覚間一致の比較研究を立ち上げ推進してきた．チンパンジーはヒトに最も近縁な現生動物種であり，視覚・聴覚それぞれの処理様式が，非常にヒトと似通っていることがすでにわかっている．そのため，ヒトと同様の刺激を用いることで直接的に比較することが可能である．感覚間一致が言語による相互作用を必要とするかを調べる最初の対象種として最適であると言える．これまでの研究の成果として，チンパンジーも，高い音と明るい色，低い音と暗い色といった，音の高さと明るさの間の感覚間一致や（Ludwig et al. 2011），社会的順位の高低と空間の高低（Dahl and Adachi 2013）や訓練によって学習された系列順序と空間の左右（Adachi 2014）といった，空間情報と序列の間の感覚間一致を持つことがわかった．これらの研究は，言語を持たない動物にもラベルや概念メタファーの基盤となるような感覚間一致が存在することを示した点において非常に重要であると言える．少なくとも，これらの感覚間一致は，言語の体系化の中で創発したのではなく，脳の情報処理様式や発達的な変化に由来するなどの生物学的背景を持ち，言語に先んじて獲得された認知のバイアスであることを示唆するものである．

まとめと展望

本項目では，言語ラベルの進化的起源を探るアプローチとして，概念形成と感覚間一致への比較認知科学的研究を紹介した．まず，一連の概念形成の研究から，動物も多様な事例を様々なルールに基づいて分類することが可能であるということ（概念の形成），一方で，刺激等価性の成立は，ヒト以外の動物ではほとんど見られない，あるいは限局的であるということがわかってきた．これは象徴性・代置性といった言語ラベルを支える特徴が，ヒトにおいて特異的にはぐくまれていることを示唆している．

次に，そういった言語ラベルの獲得に貢献したと考えられる感覚間一致については，大方の予想に反し，音の高さと明るさという音象徴の素地，さらには空間と社会的順位や系列情報といった概念メタファーの素地となる感覚間一致がチンパンジーにおいても認められた．ある種の感覚間一致は少なくとも言語の体系化の中で創発したのではなく，生物学的背景を持ち言語に先んじて獲得された認知様式であり，初期言語はそういったすでに存在する感覚間一致を表現していると考えるのが妥当であろう．

それでは，なぜチンパンジーにおいては，個体レベルでは見られる認知のバイアスが群れ内で共有され，言語ラベルのような記号化が創発しなかったのであろうか．筆者はこのミッシングリンク（missing link）は随意的呼気・音声制御にあると考える．ヒトの発声運動は，皮質運動野から発声運動器官の神経核への直接投射があり，随意性が高いことが知られている．この発声の自由度が，個体内にある感覚間一致にそった「表現」を生み出すことを可能とし，共通したバイアスの醸成，「共創的な表象」創発の駆動力（図1）となっているのではないだろうか．一方，他の霊長類では，この直接投射がないことが報告されている．すなわち，個体内ではチンパンジーもヒトとよく似た感覚間一致を持っているにもかかわらず，このハードウェアの制約がボトルネックとなり，他個体とその感覚を共有する術を持たないため，「共創的表象」を創発するループが駆動しなかったのでは

ないだろうか．

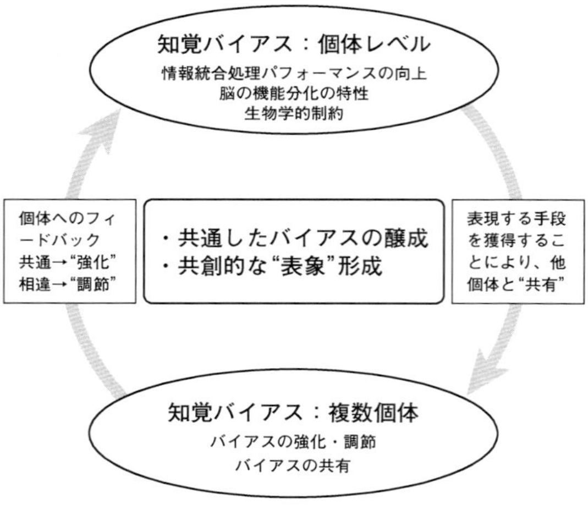

しかしながら，感覚間一致の比較認知科学的アプローチは，ほんの一握りの感覚間一致しか対象としておらずいまだ創世期である．ヒトの持つ多様な感覚間一致に関する知見との間の溝はまだ深く，これらの現象をより広く深く分析していくことが今後必要である．今後，感覚間一致に関して，ヒトとチンパンジーをはじめとするその他の種の間の相違点を明らかにすることで，ヒトの言語の進化的基盤に対し，新たな知見を提供でき，認知言語学，認知科学，進化心理学，比較認知科学の研究分野に大きなインパクトを与えると期待される．

▶文　献

Adachi, I. 2014 Spontaneous Spatial Mapping of Learned Sequence in Chimpanzees: Evidence for a SNARC-Like Effect. *PLoS ONE* 9(3): e90373. doi: 10.1371/journal.pone.0090373

Adachi, I. and K. Fujita 2007 Cross-Modal Representation of Human Caretakers in Squirrel Monkeys. *Behavioural Processes* 74(1): 27-32. doi: S0376-6357(06)00195-1 [pii] 10.1016/j.beproc.2006.09.004

Adachi, I. and R. R. Hampton 2011 Rhesus Monkeys See Who They Hear: Spontaneous Cross-Modal Memory for Familiar Conspecifics. *PLoS One* 6(8): e23345. doi: 10.1371/journal.pone.0023345

Adachi, I., H. Kuwahata, K. Fujita, M. Tomonaga and T. Matsuzawa 2006 Japanese Macaques Form a Cross-Modal Representation of Their Own Species in Their First Year of Life. *Primates* 47(4): 350-4. doi: 10.1007/s10329-006-0182-z

Cerella, J. 1979 Visual Classes and Natural Categories in the Pigeons. *Journal of Experimental Psychology: Human Perception and Performance* 5(1): 68-77.

D'Amato, M. and P. Van Sant 1988 The Person Concept in Monkeys (Cebus apella). *Journal of Experimental Psychology: Animal Behavior Processes* 14(1): 43-55.

D'Amato, M. R., D. P. Salmon, E. Loukas and A. Tomie 1986 Processing of Identity and Conditional Relations in Monkeys (Cebus apella) and Pigeons (Columba livid). *Animal Learning & Behavior* 14(4): 365-73. doi: 10.3758/bf03200080

Dahl, C. D. and I. Adachi 2013 Conceptual Metaphorical Mapping in Chimpanzees (Pan troglodytes). *eLife* 2. doi: 10.7554/eLife.00932

Devany, J. M., S. C. Hayes and R. O. Nelson 1986 Equivalence Class Formation in Language-Able and Language-Disabled Children. *Journal of the Experimental Analysis of Behavior* 46(3): 243-57. doi:

図1　「共創的な表象」を創発するループ

10.1901/jeab.1986.46-243

Edwards, C. and W. K. Honig 1987 *Memorization and "Feature Selection" in the Acquisition of Natural Concepts in Pigeons* (Vol. 18).

Herrnstein, R. J., D. H. Loveland and C. Cable 1976 Natural Concepts in Pigeons. *Journal of Experimantal Psychology: Animal Behavior Processes* 2(4): 285-302.

Herrnstein, R. J. and D. H. Loveland 1964 Complex Visual Concept in the Pigeon. *Science* 146: 549-51.

Kuno, H., T. Kitadate and T. Iwamoto 1994 Formation of Transitivity in Conditional Matching to Sample by Pigeons. *Journal of Experimental Analysis of Behavior* 62(3): 399-408.

Ludwig, V. U., I. Adachi and T. Matsuzawa 2011 Visuoauditory Mappings between High Luminance and High Pitch are Shared by Chimpanzees (Pan troglodytes) and Humans. *Proceedings of the National Academy of Sciences* 108(51): 20661-5.

Sidman, M., R. Rauzin, R. Lazar, S. Cunningham, W. Tailby and P. Carrigan 1982 A Search for Symmetry in the Conditional Discriminations of Rhesus Monkeys, Baboons, and Children. *Journal of the Experimental Analysis of Behavior* 37(1): 23-44. doi: 10.1901/jeab.1982.37-23

Sidman, M. and W. Tailby 1982 Conditional Discrimination vs. Matching to Sample: An Expansion of the Testing Paradigm. *Journal of the Experimental Analysis of Behavior* 37(1): 5-22. doi: 10.1901/jeab.1982.37-5

Tomonaga, M., T. Matsuzawa, K. Fujita and J. Yamamoto 1991 Emergence of Symmetry in a Visual Conditional Discrimination by Chimpanzees (Pan troglodytes). *Psychological Report* 68(1): 51-60. doi: 10.2466/pr0.1991.68.1.51

══ コラム31　言語の起源・進化：認知言語学への研究の流れ ══════════ 菅井三実 ══

　言語の起源と進化に関する研究領域を「**進化言語学**」（evolutionary linguistics）と言い，言語学や認知科学のほか，進化生物学，動物行動学，人類学，心理学，哲学，人工知能など様々な分野が関わる極めて学際的な研究領域です．このコラムでは，進化言語学の研究史を振り返りながら，どのように認知言語学の研究につながるかという観点から，およそ，(1)古典的な研究の概観，(2)20世紀の研究，(3)現在の研究と課題，(4)トマセロの研究，(5)文法化の研究の順に取り上げます．

　まず，18世紀の伝統的な言語学史において，言語の起源に哲学的な考察を加えた思想家にジャン・ジャック・ルソーがいますが，ルソーは，邦訳『言語起源論—旋律と音楽的模倣について』の中で，言語の本質は「情念の表現」であり，言語は（情念としての）「自然の叫び声」から発生したと述べていますが，人間と動物の相違は認めるものの必ずしも両者の差異を強調していません（鵜飼 2013: 3）．同じく18世紀において言語の起源に関する主要文献の一つに，ヘルダーの『言語起源論』を挙げることができます．この時代，言語の起源に関する議論が巻き起こる中，ベルリンの王立科学アカデミーは1769年，懸賞論文を募集しました．懸賞論文の課題は「人間はその自然な能力に委ねられて自ら言語を発明することができたか．また，どのような手段で人間はその発明に到達するか．この問題を明快に説明し，すべての難点を満足させる仮説を求む」というものであり，これに応募して最優秀賞に選ばれたのが，ヨハン・ゴットフリート・ヘルダー（Johann Gottfried von Herder）の『言語起源論』であり，当時の**言語神授説**を批判し，人間が言語を生み出したことを主張するものでした．この論文は，「動物として，人間はすでに言語を持っている」（『言語起源論』宮谷尚実［訳］）という一文で始まり，そもそも人間が他の動物と同等の声を持っていることを指摘したうえで，人間の言語と動物の「言語」とは画然と異なるものと主張しました．ヘルダーの『言語起源論』は，ジュースミルヒ（Johann Peter Sussmilch）による「言語神授説」を克服した点で画期的であり，フンボルトにも影響を与えるものでしたが，言語の起源や進化について新しいアプローチで研究が活性化するのは，200年以上も後のことでした．このような，言語の起源や進化に関する古典的な研究は，哲学や思想の領域にとどまり，現代の進化言語学的研究につながるような形で大きく展開することはありませんでした．それどころか，1866年にはパリ言語学会が言語の起源に関する研究の禁止を制定し，その後，イギリスにおいても同様の制限が課せられ，しばらくの間，欧州における言語起源の研究が盛んになることはありませんでした．

　20世紀に入り，イェスペルセン（Otto Jespersen），ホケット（Charles F. Hockett），ビッカートン（Derek Bickerton）などによって言語の起源・進化や言語設計特性に関する散発的な論考が発表されたものの，現代のような領域横断的かつ組織的な研究に発展するのは20世紀も後半あるいは21世紀まで待たなければなりませんでした．生成文法や認知言語学のほか，比較認知科学，心理学，神経科学など多くの他分野における実証的

な研究で成果が見られるようになってきたことが言語進化研究の発展に寄与した面が大きいのです.

では,現在の研究は,どうなっているでしょうか.言語の起源と進化に関する研究は,伝統的な言語学の手法で言語を観察するだけでは手に負えないため,必然的に学際領域の研究とならざるを得ません.現在では前述の研究分野のほか,コンピュータモデリングや人工知能の諸分野,進化生物学,動物行動学など様々な分野が関わりつつ進められ,進化言語学という名称も使われるようになってきました.では,言語の起源と進化とは何でしょうか.この問いに対して,誤解を恐れず単純化して言えば,「**言語の起源**」(origins of language)を問うということは,「人間が系統的にどのようにして言語を持たない状態から言語を持つ状態へ変化したのか」を問うことであり,「**言語の進化**」(evolution of language)を問うということは,「初期の言語がどのようにして現在のような言語に変化したのか」を問うことです.この問いには十分な科学的な根拠と実証性がなければなりません.言語には化石もなければ,言語だけに特化して進化した器官があるわけでもありません.そこで「どのように」生じて変化したかというだけでなく,「なぜ」生じて変化したかという問いも含め,人間に特有の身体的・認知的な能力や社会的要因との関係から広く言語の起源と進化を考えるのが現在の流れです.認知機能と言語という切り口によって,言語の習得や喪失に関する研究が今日の認知言語学のスコープに入ったように,系統発生的な探究に対しても認知言語学者が目を向けなければならない段階に入ったのです.言語の起源や進化に関する議論は,言語というものをどのように考えるかという問題と深く関連します.ピンカー(Pinker 1994)に代表されるように言語を「本能」と考えるような立場に立てば,言語の進化は生物学的な変化であり,言語獲得も生得的なものとして前提とされます.これに対し,言語を人間が作り出した表現方法あるいは道具と考えるとき,その進化は,実際に言語を活用する人間とともに相互作用的な「**共進化**」(co-evolution)を見せることになります.クラーク(Clark 1997, 1998)やディーコン(Deacon 1997)は,言語は一種の人工物であり,人間によって習得されやすいように淘汰圧を受けて進化していると言います.言語進化は,脳と言語が双方向的に適応することで「共進化」のプロセスをたどったという言い方もできるでしょう.この場合の進化とは,生物学的に遺伝子の変異を伴うような極めて長いスパンの変化というより,より短い間で歴史的・文化的に変化する諸現象を指し,この領域に関する代表的な研究者にトマセロ(Michael Tomasello)がいます.

トマセロは,先のピンカー(Pinker 1994)の刊行後ほどなく「言語は本能ではない」という論考を出しています(Tomasello 1995).そこでは言語の生得性や生成文法の主張する普遍文法を否定しつつ,意図理解や強力な学習機構により他者との協力のもとに言語が形成されていくことを主張しました.その後,彼や彼の共同研究者たちは,認知文法における用法基盤モデルを採用し,言語的スキーマネットワークの形成と他の認知機能の織りなすダイナミックな子どもの言語習得理論を世に出しています.これが,トマセロらのいう「**用法基盤的アプローチ**」(usage-based approach)です(Tomasello 2003)[→ 2.7].言語の起源と進化についても研究を深め,言語が発生する以前から社会的あるいは協力的なコミュニケーションは行なわれており,その上に音声(ジェスチャー)が加わることによって言語が発生したとしています(Tomasello 1999, 2008, 2014).トマセロは,ボイドとリチャーソン(Boyd and Richerson 1985)が主張した「**二重継承モデル**」(dual inheritance model)と同様の考え方を持ち,これを援用しています.二重継承モデルとは,ヒトの行動は生物的継承(遺伝的継承)と文化的な継承という二つの相互作用によって継承されるという考え方であり,文化の継承が遺伝的特性に影響を受ける一方,文化も淘汰圧(選択圧)として遺伝的特性に影響を与えるという相互作用を想定しています.安定した文化が継承されるようになれば,文化が遺伝子にとっての環境となり,やがて,その環境に適した遺伝子を持つ個体が多くなります.社会科学の分野でも人間の行動は主として文化によって継承されるという考え方がある一方,社会生物学や進化心理学の分野では生物的(遺伝的)に継承されるという考えがあり,二重継承モデルは,両者の中間的な考え方と言えます.文化は社会的学習によってヒトが脳内に獲得した情報であるとし,遺伝的継承が遺伝情報によってなされているのと同じように,文化的継承は文化的情報によってなされるというのです.トマセロらの研究でもう一つ重要な点は,人間は他者を,意図を持つ主体として理解する能力が秀でており,卓越した心の理論を形成し,それによって他者との協力やコミュニケーションが可能となっていることを明らかにし,霊長類の比較認知科学的研究とともに人間の子どもの発達認知心理学的研究にも一般化したところにあります.さらに,そこには言語の起源と進化の道筋が体現されていると主張しています.

最後に,言語の文化的進化の一例として**文法化**(grammaticalization)の現象に触れておきます[→ 3.8].

文法化とは，**開放類**（open class）である名詞や動詞のような**内容語**（content word）が，文法的役割を果たす**機能語**（function word）へと歴史的に変化することを指します（Hopper and Traugott 2003）が，特にハイネらは文法化を言語進化との関連で論じています（Heine and Kuteva 2007）．文法化の現象が起こる際は，メタファー，メトニミー，（間）主観化などが関与することがわかっており，その諸側面について認知言語学領域では膨大な数の研究がなされています．他方で，新たな内容語の出現を**語彙化**（lexicalization）と呼ぶとすれば，それは大きく人間の認識と行動に関係します．言語使用者が何を発見し，何に注意を向けているか，それをどう捉えているか，あるいは言語的制約の中で事象をどう整理しているのかなど認知・文化に関する諸事象は，通時的・共時的な多様性を考察するための有益な資料になるからです．

このように認知言語学は，極めて具体的な言語現象から抽象度の高い理論的なレベルまで，人間の認知機能という切り口から言語を考察するため，様々な側面で言語の起源と進化について関与する学問領域です．

▶参考文献

Bickerton, D. 1990. *Language and Species,* Univ. of Chicago Press, Chicago.

Boyd, R. and P. Richerson 1985 *Culture and the Evolutionary Process,* Univ. of Chicago Press, Chicago.

Clark, A. 1997 *Being There: Putting Brain, Body, and World Together Again,* MIT Press, Cambridge, MA.［池上高志・森本元太郎（監訳）2012『現れる存在―脳と身体と世界の再統合』NTT 出版.］

Clark, A 1998. Magic Words: How Language Augments Human Computation. In Carruthers, P. and J. Boucher（eds.）*Language and Thought: Interdisciplinary Themes,* Cambridge Univ. Press, pp.162-83.

Deacon, T. W. 1997 *The Symbolic Species: The Co-Evolution of Language and the Brain,* W. W. Norton & Co., New York.［金子隆芳（訳）1999『ヒトはいかにして人となったか―言語と脳の共進化』新曜社.］

Heine, B. and T. Kuteva. 2007 *The Genesis of Grammar: A Reconstruction,* Oxford Univ. Press.

Hockett, C. 1966 The Problem of Universals in Language. In Greenberg, J.（ed.）*Universals of Language,* MIT Press, Cambridge, MA, pp.1-29.

Hopper, P. J. and E. C. Traugott 2003² *Grammaticalization,* Cambridge Univ. Press, Cambridge.［日野資成（訳）2003『文法化』九州大学出版会.］

Jespersen, O. 1922 *Language: Its Nature, Development, and Origin,* Henry Holt & Co.［三宅鴻（訳）1981『言語―その本質・発達・起源（上）』（岩波文庫）岩波書店.］

Pinker, S. 1994 *The Language Instinct: How the Mind Creates Language,* W. Morrow, New York.［椋田直子（訳）1995『言語を生み出す本能（上下）』NHK 出版.］

Tomasello, M. 1995 Language is not an Instinct. *Cognitive Development* 10: 131-96.［伊藤忠夫（訳）2005「言語は本能ではない」『中京大学教養叢書』46(1): 79-129.］

Tomasello, M. 1999 *The Cultural Origins of Human Cognition,* Harvard Univ. Press, Cambridge.［大堀壽夫・中澤恒子・西村義樹・本多啓（訳）2006『心とことばの起源を探る―文化と認知』勁草書房.］

Tomasello, M. 2003 *Constructing a Language: A Usage-Based Theory of Language Acquisition,* Harvard Univ. Press, Cambridge, MA.［辻幸夫・野村益寛・出原健一・菅井三実・鍋島弘治朗・森吉直子（訳）2008『ことばをつくる―言語習得の認知言語学的アプローチ』慶應義塾大学出版会.］

Tomasello, M. 2008 *Origins of Human Communication,* MIT Press, Cambridge, MA.［松井智子・岩田彩志（訳）2013『コミュニケーションの起源を探る』勁草書房.］

Tomasello, M. 2014 *A Natural History of Human Thinking,* Harvard Univ. Press, Cambridge, MA.

鵜飼大介 2013「言語起源論史における〈人間〉と〈動物〉」『社会システム研究』(16): 1-11.

4A.3 歴史言語学と認知言語学

A 言語の進化と多様性

樋口万里子

　我々の言語が今のような形になっているのは，来し方の歴史の積み重ねの結果である．認知文法は，主に現代英語の諸現象を分析してきたが，史的領域へ研究の視野を広げることは新たな発見と展開に資する．同時に，認知文法の枠組みで解明・集積されてきた，形（音）と意味との様々な対応を説明づける概念ツールや，共通のベースを持ち，異なる際だち方に言葉の意味機能を捉える発想も，史的言語研究に貢献できる．

　ここでは，歴史言語学と認知言語学の接点を垣間見る一例として，現代の英語の進行形の意味機能を，この形の辿った歴史，使われてきた社会，他言語との関係等を含め，複合的背景に根ざしたものとして捉える．まず1.で歴史言語学の研究対象と，2.でその一例としての英語史を，周辺言語との関わりにおいて概観する．その上で，3.で英語史研究の成果から関係事実を抽出し，英国ケルト系言語のウェールズ語の動作名詞の特性と，認知文法流分析を重ね合わせる．

1. 歴史言語学の研究対象と所産

　歴史言語学は，インドヨーロッパ（印欧）語族諸言語間の類似性を説明する系統研究に始まった．

　図1に示すのは，印欧語族諸言語「夜」を意味する語だが，近隣性は一目瞭然である．英語（厳密に言えば古英語）は，系統的に，オランダ語の姉妹，ドイツ語の従兄弟，北欧語の又従姉妹，のような形で，ゲルマン系言語の一員である．他言語も，祖語を共有する，遠い親戚のような関係にある．

　ここには，系統のみならず，文化の興隆・民族の移動・交流，支配・被支配関係を含む，地理的・社会的環境も関わっている．

　歴史言語学は，世界の諸言語の様々な現象の起源，歴史的変化，変化のパターンや要因等について様々な手法で観察し，多元的観点から理論的解明を目指してきた．時代時代の社会，諸言語間の相互作用，方言との関係等が深く関わり，社会言語学，対照言語学，方言学研究等も広く包摂される．

　より具体的には，例えばDrinka (2017) などギリシャ語に影響を受けたラテン語から欧州言語全体に広がった完了形の歴史を扱うもの，日本語の2人称の歴史，古琉球語と古アイヌ語の類似性，

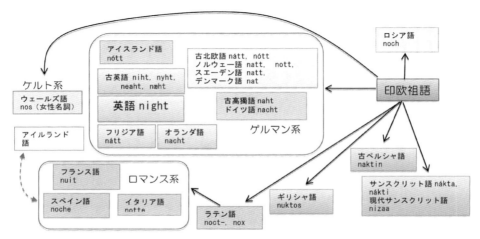

図1　印欧語の「夜」

環太平洋の島々や東南アジアの村々の人々の交流で変化してきた言語パターン等も射程に入り，多種多彩である．

所産としては，異民族が相互に理解し合える言語を構築する際には，単純化が起きること（例えば名詞の性（Grammatical gender）が消失するなど），被征服民の言語変化としては，語彙的には征服者言語の影響が大きく借入語が多いが，統語的には元々の枠組みを保持する傾向が強い，等といった考察，社会の変容からの影響，手話言語の一般性と個別性，等，続々と成果がもたらされている．

言語は時代の流れとともに自然に絶え間なく変化してきたが，変化は，新陳代謝のように極自然に起きる場合もあれば，時代の要請に応じる場合，手紙のやり取り等を含め，人と人とが何らかの形で交流し，人間関係を築く中で起きることもある．進行形も然りである．進行形は，現代英語では，単純形と並ぶ最も基盤的な構文だが，そのルーツも諸現象を支配する要因も未解明の部分が多い．歴史を紐解いて得られることは大きい．

2. 英語史

英国諸島には，50000年程前から人が住み始め，3000年程前にケルト民族が移住し，紀元43年から410年までローマの支配下にあった．ローマの皇帝名を冠したハドリアヌスの壁が，北方の異民族から配下の人々を守っていた．英語史は，元々は主にヨーロッパ大陸北部に住んでいた，アングロ族・サクソン族等を含む様々なゲルマン部族達の一部が，現代の英国（The United Kingdom of Great Britain and Northern Ireland）に移住した，5世紀半ばに始まる．一般的には次のように時代区分される．

古英語	OE: Old English	450-1150年
中英語	ME: Middle English	1150-1500年
近代英語	ModE: Modern English	1500-1900年
現代標準英語	PDE: Present-day English	1900年-

9～11世紀には，同じゲルマン系で現在のデンマークの辺りを拠点としていたデーン人からの度重なる襲来・占拠を受け，1066年にはフランス北部の（ゲルマン系だがノルマンフランス語を使っていた）ノルマン王に征服され，しばらく支配下

に置かれる，等の荒波に揉まれた．

そのため，古英語期には，古北欧語を使っていた人々の日常語（husband, they等）や，フランス語語彙（主に行政・宗教・司法・軍事・料理・建築・医学関係用語）が英語に流入する．

現在の英単語の32%は，古英語由来（bōk 'book,' ende 'end,' gold, hand, land等），45%がフランス語由来（government, art, dinner, temptation, divine等），17%がラテン語（catt 'cat,' stræt 'street' scole 'school'），4%が他のゲルマン系言語由来とされている．頻出上位1000語では，83%が古英語由来，11%がフランス語由来だが，3000語レベルでは，古英語由来の語は29%に落ち，46%がフランス語由来となる．

従来，英国に古英語期以前からいたケルト系民族の言語からの借入語は，地名・地形に関する名詞（London, loch（湖）等）に限られ，指で数える程とされてきた．しかし最近はdad, flannel, paw, pet, slogan, whisky等他にも沢山あることが知られるようになった．ケルト人は元々ヨーロッパ大陸全体に広く住んでおり，ラテン語は永らくヨーロッパの共通語だった．それゆえ英単語の中にはcognacを始め，大陸ケルト系言語→ラテン語→英語，ラテン語→英国ケルト語→英語等，様々かつ複雑なルートが考えられるものも少なくない．

▶ 2.1 古英語（OE: Old English）

古英語は，その後の英語とは大きく乖離している．(1)は，10～12世紀頃の，勇者ベオウルフ（Beowulf）が竜を退治する物語詩の冒頭である．

原文（Klaeber: 1922）［逐語解析］

(1) HWÆT, WĒ GĀR-DEna in geārdagum,
［indeed we spear-danes-（〜の）in yore-days（〜に）］
þēodcyninga　　　þrym gefrūnon,
［kings-（〜の）　　glory hear 過去形］
hū ðā æþelingas　　ellen fremedon!
［how those nobles- 主格　valor do 過去形］

現代英語訳 "Lo! the glory of the kings of the people of the Spear-Danes in days of old we have heard tell, how those princes did deeds of valour."　　　　　　（Tolkien 2014）

（さあ皆々方，お聞きくだされ！古の槍武名高きデーン王達の栄光は語り継がれ轟いている．高貴なる者達が如何に勇武な偉業を成したか．）

逐語解析から，「〜が」「〜の」を表す要素が名詞に付随し主動詞が文末に来る等の点で現代英語よりドイツ語に近い．所々に代名詞 wē（we）や前置詞 in 等，現代英語に近い語も散見されるが，その後は 11 行目にしてようやく þæt wæs gōd cyning! という現代英語の祖先らしい片鱗が目に入る．Þ や ð が th，gōd は good，cyning は king，すなわち That was good king の意である[注1]．例えば日本語の 9 世紀の初め頃詠まれたと考えられる山上憶良の「瓜食めば子ども思ほゆ栗食めばまして偲はゆ」が，万葉仮名を音にすれば，現代の日本の子供でも容易に理解できるのとは大きく異なる．

　古英語では，一つの名詞に，単・複だけでなく，強・弱，女性・男性・中性などの種類があり，動詞にも強弱，それぞれ別にその主語や目的語等がわかる形が語の中に埋め込まれ，形容詞はそれぞれに応じて語尾の形が 40 〜 70 種類程ある．語順を変えても，どの語が主語か，何を修飾しているか等がわかるシステムである．(1)(2)の場合，動詞は文末にある．基本的に主語→動詞→目的語等と語順パターンで意味がわかる現代英語とは隔絶している．

(2) heofodwoþe hlude　　　　crime
　　 [Voice-DAT loud-ADV cry-out-1s]
　　 声で　大きな（副詞）（私は）叫ぶ
　　 I cry out loudly with my voice.
　　　 (from Riddle 8, line 3 (Gelderen 2006: 63))

またこういった，現存する古英語文献のほとんどは，高僧と支配者階級の極々一握りの人々の正装の書き言葉である[注2]．製紙技術が 12 世紀にヨーロッパに伝わり英国に及ぶ 14 〜 15 世紀頃まで，文字文化は多く高価な羊皮紙等に刻まれていた．そのため大多数の一般庶民の普段着の言葉を反映するものはあまり残っていない．

　そのうえノルマン王の統治下にあった 1066 年からしばらくは，公文書等も一般にフランス語やラテン語で書かれ，宗教関係を除けば英語の文献は多くはない．13 世紀初期に書かれた修道女のための書等では，まだ古英語の面影が強く残るが，数世紀にわたり比較的安定的だった古英語の特徴は，その後不思議に急速に消滅する．

▶ 2.2　中英語（ME: Middle English）

　古英語と比べて，中英語は現代英語に格段に近くなる．日本人にとっての源氏物語や平家物語に近い．(3a)は，1430 年頃の庶民の話を口述筆記したとされるものである．

(3a) Than was ther so evel spekyng of this
　　 creature and of hir weeping, … [注3]
　　 "Then there was such evil talk about this
　　 creature and her weeping, …."
　　　　 (*The Book of Margery Kempe* l. 105)
　　 (そして，泣き悲しむ哀れなこの私について
　　　　　 酷い噂が流れて)

もちろん，当時特有の語の意味や使われ方を解説等で確認する必要はあるが，y を i，u を v に置き換え，綴りを音にしてみると，解読にはさほど苦労せずに理解できる．

　それは，中英語文学の代表作品「カンタベリー物語」の冒頭でも同じである．当時はまだ，知識人の文筆活動は仏語やラテン語で書かれることが多かったのに対し，筆者のチョーサー（1343?-1400）は，あえて「世俗の言葉である英語」で執筆した．彼自身の手書き原本は残存しないが，様々な写本を元に，ドイツのグーテンベルグ（Johannes Gutenberg, c.1398-1468）が 1445 年頃発明した活版印刷を 1470 年代英国に導入したキャクストン（William Caxton, c.1422-1491）が活字にした．次の(3b)(3c)は，その第 1 版と第 2 版の冒頭である．

(3b) Caxton 1 （1476 年版）
　　 WHan that Apprill with his shouris sote
　　 And the droughte of marche hath percid þe rote
　　 And badid euery veyne in suche licour
　　 Of whiche vertu engendrid is the flour
(3c) Caxton 2 （1483 年版）
　　 Whan that Apryll wyth hys shouris sote
　　 The droughte of marche hath percyd the rote
　　 And bathyd euery veyne in suche lycour
　　 Of whyche virtue engendryd is the flour.
　　 (http://www.sd-editions.com/caxtons/
　　 index.htm.)
　　 (現代英語韻文調)
　　 When April with his sweet showers with fruit
　　 The drought of March has pierced into the root
　　 And bathed each vein with liquor

whose virtue generates the flower;
（現代英語散文調）
When sweet rain of April
has soaked every vein of roots
dried up in March and
engendered flowers with its liquor,
（甘美で優しい四月の雨が，乾ききった三月
　　の根の隅々までを，効能高き生命の水で
　　潤し花々を咲かす時，）

やはり，y は i，u は v，whan that が when の意，sote が sweet の様々な綴りの一つだった等の用語解説があれば，古英語の(1)や(2)に比べれば，この格調高き冒頭もはるかに容易に理解が可能だ．

(3b)(3c)に垣間見られる綴りや表現の多様性は，まさに，キャクストンの悩みだった．彼は，自分の印刷した書の序で，「言葉は，自分が生まれた頃と齢を重ねた今では使い方も異なり，テムズ川の両岸の人々の間でさえ通じないことがある」等と，活字にする英語をどう定めるかについての苦労を語り，(3d)の如く嘆いている．

(3d)Certaynly it is harde to playse euery man by
cause of dyuersite and change of language.
"It is certainly difficult to please everyone
because of the diversity and the change of
our language."
（言語はあまりに多様で変化するものなので，
皆を満足させるのはほんとうに難しい．）
（http://www.bl.uk/treasures/caxton/
english.html）

▶ 2.3　初期近代英語(Early Modern English)
中英語から近代英語への変遷はなだらかで，階調をなす．綴りは依然として地方により人によりそれぞれで，同一人物の同一著作物の中ですら，同一単語の綴りが様々な場合もある．失楽園を書いたミルトン（John Milton, 1608-1674）は，彼なりに，独特の一貫した綴りとスタイルを目指した．(4)は，彼の詩，ソネット #7（1631 年版）の冒頭である．古今東西普遍的に存在する嘆きを詠んでいる．

(4)How soon hath Time the suttle theef of youth
Stoln on his wing my three and twentith yeer!

（OED）
"How soon has time, the subtle thief of youth,
stolen on his wing my twenty third year!"
（時なる若さの盗人は，巧妙な技で，こちらの
　　知らぬ間になんと素早く私の 23 年目の年
　　を翼に乗せて奪ってしまったことよ．）

ここでも，hath は has，suttle は subtle でこの時代は crafty, wickedly cunning 等の意，theef は thief，Stol'n は stolen，等の注釈があれば，現代語訳はほとんど不要だろう．

▶ 2.4　近代後期英語(Late Modern English)
キャクストンの望んだ標準化は始まってはいたが，18 世紀になっても，綴りや表現パターンには，まだまだ色々なバリエーションがあった．やはり同一人物が同一著作で write の過去分詞に writ, wrote, written 等を使っている場合などがある．それが written に収束するのは 18 世紀末である．ただ，内容にもよるが，何の手ほどきもほとんど必要なく理解できる英語は増えてくる．

(5)Q.How many Times are there in English
expressed by the Verb itself?
A.Two; the present Time, and the past
Time.　　（Ann Fisher 1754: 80-1）
（Q. 動詞自体で表現される時制は，英語にはい
　　くつありますか？）
（A. 二つです．現代時制と過去時制です．）

無論現代まで，英語は弛まなく変化し多様化している．しかし，古英語期 700 年程の間の英語には，様々な民族の言語としての多様性と変化は見られても，基本的な構造には綿々と連なるものがある．中英語から現代英語までの 800 年程の変化にも，自然な連続性が感じられる．ところが，残存文献上の古英語から中英語への激変には目を見張るものがある．歴史言語学研究では，文法構造は，語彙の変化に比べて極めて頑固で，そう簡単には変わらないと言われている．古英語と中英語の違いをどう捉えるかは，歴史社会言語学者（e.g. Trudgill 2010）等の関心の的である．それは V-ing 形や進行形の変遷とも深く関わる．3. では，そこに認知文法の成果を重ねる．

3. 認知言語学から見た，進行形に関わる歴史的・社会学的事実

▶ 3.1 認知文法から見た V-ing

認知文法では，言語の仕組みを，形式（音）と意味との対応に象徴的に捉えるので，同じ形の現在分詞と動名詞にも，共通ベースを規定する．違いは，それぞれが使われる際の，意味機能の**際だち方**（profile）にある（Langacker 1991: 26）．

ラネカーの描く V-ing の語幹動詞 V のイメージスキーマを示す図 2 は，時間の流れに沿って認識されるプロセスを表す．図 3 および図 4 は，現在分詞と動名詞のイメージ，図中の太線は意味の際だちである．図 2 では，時間の流れを表す矢印線にも際だちがあるのに対し，図 3, 4 では時間要素が背景化し細線となり，動詞の意味も抽象化されている．点線円内側は，V の内部局面を表現し，始まりと終わりは直接スコープの外側にある．図 4 の太丸円は，抽象名詞化を表している．

すなわち V-ing 形になるということは，次の①および②または③が起きることである．

①時間要素が際だち要素ではなくなる．
②直接スコープを V 全体の内部局面に限る．
③ V に関する概念が抽象化され均質化する．

例えば Walking is good for you の walking には時間的な位置付けはなく，「歩くこと」という抽象概念を表し，不可算である．こういった V-ing 形は，現代標準英語の進行形にも生ずる形として位置づけられている．そして be 動詞は V-ing と結合し複合構造をなし，①で消失した時間的要素を取り戻し，進行形構文を時制文にする機能を持つ．これは，V-ing と進行形の辿った歴史の所産として見ることもできる．

▶ 3.2 古・中英語の V-ing

まず V-ing が持つこうした抽象名詞の性質は，英語の歴史を紐解いても支持できる．

古英語 V-ing 形は，基本的に動詞から作られた女性抽象名詞の一種で，純粋に名詞だった（e.g. ending）（Irwin 1967）．時に具体・生物等を表す男性名詞のこともある（e.g., cyning(king)）．杉本（2000）は，古英語末期では生産的だったとする．同じゲルマン語の現代のノルウェー語・オランダ語・デンマーク語の V-ing 形も同様で，目的語を取る，副詞で修飾されるなどといった動詞的な性質は全くない．

その後も 13 世紀に女性・男性等の区別が名詞から消えた頃までは様々な類似形もあったが，接尾辞が 1500 年頃 -ing に収束するまで，V-ing 形の動詞性は極めて低かった（Tajima 1985; Donner 1986）．意味的には目的語的なものが続いてもほとんど of を伴っている．Houston（1989）によれば，目的語をとる頻度は，1500 年まで 2% 以下で，1550 年頃 21%，1600 年頃ようやく 63% となる．

一方，現在分詞はというと，古英語期では，当時のゲルマン系諸言語の現在分詞の形と同じく，基本的に安定して V-ende 形である．現代でも，例えばノルウェー語等，英語以外のゲルマン諸言語では，一貫して V-ende で，完全に形容詞で目的語はとらない．古英語の V-ende は，同格用法以外基本的には形容詞で，be 動詞に続く V-ing の他動性については，諸説あり見極めるのは容易ではない（Mitchell 1985）．はっきりしているのは，英語の現在分詞だけが，1300 年頃から地域によって -ande, -and, -inde, inge, yng 等といった多様な形を取り始め，抽象名詞 V-ing が動詞性を帯びた頃，V-ing に収束したことだ．例えば，Julian of Norwich（ca. 1343-1416?）という女性が 1395 年頃創作したと言われている神秘体験話の前半では，現在分詞は V-ande だが，後半では

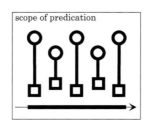

図 2　動詞イメージ

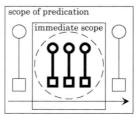

図 3　現在分詞

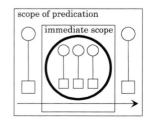

図 4　動名詞

V-ing になっている.

V-ing が V-ende と融合・合併した理由や経緯は定かではないが，認知文法の V-ing を名詞的に捉え得るものとした上で進行形の構成要素とする見解は，こういった歴史的事実と整合的である．古英語の V-ing 形にも，図4の動名詞スキーマと高い相同性があると見てよいだろう．

しかし，純粋に名詞だった V-ing が，急速に動詞性・多機能性を獲得し，動名詞・現在分詞・形容詞としても機能する形へ変遷した理由は，謎に包まれている（Jack 1988）．要因やメカニズム，そこに何が必要だったかについても未解明だ．その変化は，ゲルマン系言語の中で，英語の V-ing だけに起きた．その兆候を示す文献は，中英語では非常に限られているが（3a）等のような当時の庶民の口語の特徴を示すものでは，名詞・動名詞独立分詞構文の V-ing が今より頻繁に目立って現われる（名詞 felynge 'feeling,' 動名詞 this sodeyn chongying 'this sudden change,' 付帯状況分詞構文 usying marchawndyse 'using merchandise,' thankying God ful many timys 'thanking God', havying desyr 'having desire' 等）．

▶ 3.3 進行形の歴史と中世ウェールズ語の VN 構文

V-ing が目的語をとるかどうかは，英語の進行形の発達と，極めて密接な関係にある．進行形の起源を，waes + on huntunge のような古英語の be 動詞＋前置詞＋V-ung/ing なる連鎖とする説もある．だが，これを「お狩場に居る」と解釈すべきとする説もある．また，be + V-ende は拡充形と呼ばれ，beo sittende (be sitting) 等，現代の進行形と似た解釈が可能な例もある．だが，それもかなり稀で，V-ende の主機能は形容詞的である．現代ノルウェー語にも Temperaturen er stigende "The temperature is rising" 等といった，進行形に似たものもあるが，やはり極めて稀で stigende は形容詞でしかない（Elsness: p.c.）．古英語でもノルウェー語でも，V-ing は目的語をとらず，進行形が発達するのはゲルマン語系では英語だけである．

こういった英語の特異性との関連で議論されているのが，古英語期以前から英国に住んできたケ

ルト系民族の諸言語に共通する Verbal Noun（動作名詞，以降 VN）という範疇である．ケルト系言語は，ゲルマン系とは全く異なる系統にあり，その一つウェールズ語も，（6a）のように，見るからに異言語である．

(6a) Rydw i'n darllen llyfr.
　　　(I am (in) reading a book.)　　(Rhys 1977)

しかし，骨格的部分には，中・近代以降の英語と似たところがある（Tolkien 1963; Venneman 2000）．（6a）では，Rydw i（動詞・主語と並ぶが I am の意）に yn（in に似た意），VN の darllen（reading），そして目的語の名詞が続く．中世以降の英語のように，語順（構造）が動詞・主語・目的語の関係を示すシステムである．しかも，中世ウェールズ語の VN は，中英語の V-ing と酷似した次のような機能を持つ．

① V-ing（e.g. the knowing），VN（yr hela 'the hunting'）ともに定冠詞がつくことがある．
② いずれも形容詞に修飾されることがある．
③ 主語や目的語，補語としても機能する．
④ 名詞を修飾できる（corn canu 'sounding horn'）．
⑤ 副詞に修飾され，目的語を取り，動詞性も併せ持つ．

これらすべてが，英語の V-ing が動詞性を帯びる前からの特性である．

最も重要なのは，VN が be 動詞＋yn＋VN で構文をなすことである．（6a）は，現代英語の進行形と同じ意味で用いられ，VN も，認知文法が捉える V-ing の特性と驚く程呼応する．まず，VN は動詞と名詞のベースを持ち，yn により主語の状況が，be 動詞の表象が VN の表す時空の内側にあることを表す．また，VN にも不定冠詞はつかず不可算名詞的である．

他にも同構文と中・近代英語の進行形とには，注目に値する顕著な類似性が見られる．まず，中・近代英語の進行形には be + {on/in/at/an/a/a-} + V-ing という形もあり，17 世紀までは口語で普通に使われていた（Visser 2002）．現代でも民謡や方言等に残っている．次に，yn は英語の in/ an/ on が混然一体化したような音と意味を

持ち，古英語の in にも on や at の意味もある．第三に，進行形の受身文は19世紀でも The house is（a/a-/φ）building といった形をしており，この a が元々は in だったとすると，building が動名詞的だったことを示す．今でも What's cooking? 等といった表現がある．第四に VN の目的語の名詞は of つき名詞のような意味で，中英語の V-ing の意味的な目的語にも of が伴うことが多かった．第五に，時制を担うのは，いずれも be 動詞である．第六に，(6a)は I am reading だけでなく，I read や I do read の意味でも使う．近代英語でも，What do you read? は What are you reading? の意味でも使えたり，do が強意の意味を持たない時期があったりした．近代の英文法書には，英語の進行形は単純形と同義とするものが非常に多く，19世紀でも I run と I am running は等しいと記すものがある．第七に，単純形はウェールズ語にもあるが，VN 構文より文語的である．近代英語でも同様である．Donner（1986）は，15世紀で副詞に修飾されるという点で動詞性を備えた動名詞を使ったのは，唯一 Reginald Peacock という人物だけだったと述べるが，彼はウェールズの出身だった．古来単純形で進行形の意味も表してきたゲルマン系言語の中で，英語でだけ進行形が発達し V-ing の動詞性が開花した．その要因の一つとして，既に十分動詞性を備えていた VN をモデルとして考慮するのは特に不自然ではない．

少なくともこの可能性は，認知文法の理論的枠組みとも整合する．V-ing 形は，図3，4のように動詞から時間的要素を抜いた共通のベースを持ち内包している．iPS 細胞のように，条件が揃えば多機能性を発現する潜在力がある．英語は自動詞が他動詞としても働くことの多い言語である．V-ende の語幹が自動詞であったとしても，そのプロセスが他に何らかの影響を及ぼし図5のように他動的潜在性はある．VN に刺激を受け他動性を獲得することは想像に難くない．であれば，同時に図4のように，他動詞をとる現在分詞の V-ing が発達し V-ende を吸収合併し，分詞構文や独立分詞構文として働くことに繋がる礎地はある．また，「～を～すること」といった意味を表す複雑な動名詞句として主語句や補文のように働くことにも繋がるだろう．さらに V-ing が Nothing is wanting の wanting のように形容詞として機能することとも十分な連関があるだろう．こういった叙述形容詞の wanting は，OED でも中英語期から記載例がある．

V-ing 形の多機能性は，進行形を同定したい研究者を悩ませてきた．1400年頃でも he had ben dwellying 等はよく見られるが，自動詞では，進行形かどうかの判断は非常に難しいことが少なくないからである．認知文法の**プロファイルシフト**（profile shift）という柔軟な概念ツールは，歴史言語学的に他の様々な構文を捉える際にも大いに役立つ可能性を秘めている．

同時に，歴史言語学は，認知文法の提案に再検討を迫り，微調整の必要性を投げかける可能性もある．上述では V-ing と VN との類似性に注目したが，それを偶然とする見解もある．その理由の一つは，VN 構文では英語の進行形と異なり，like などの状態動詞も問題なく使えることである．(6b)は文字通りには I'm liking coffee である．

(6b) Rydw i'n hoffi coffi.
　　 (I like coffee.)

しかしながら，アイルランド，スコットランド，またその地域からの移民が多かったアメリカ南部の地域の英語，英国の植民地だったインドの英語等では，現代でも普通に I am knowing it や He's wanting it 等は使われる．これらを，標準英語ではないとして考慮に入れない向きもあるが，実際には，標準英語を話す人々もいくつかの条件下では使っている．認知文法でも，「とりあえず今は，」というニュアンスが介在すれば，I'm liking this は十分適格文である（cf. Langacker 1991: 208）．

そればかりか，近代の Lowth（1762: 56）や Webster（1784: 24）を含む，多くの著名文法書

図5　自動詞から他動詞へ

では，I am loving が進行形の筆頭例である．Lowth は 18 世紀の英文法最高権威，Webster は今でも辞書の代名詞だ．Webster は，単純形が「今に限定されない，時間的に漠然と広がった状況を表す」のに対し，I am loving は「実際に今愛情を実感していることを表す」と，love の進行形を四頁にわたり詳述する．現代の文法書にも同趣旨の説明とともに，同種進行形の例が多数挙げられている（Visser 2002）．

同意の VN 構文は 11 世紀のウェールズ語の物語にも生じる（Mittendorf and Poppe 2000）．歌や口語では使われ続け，現に今も世界中の皆が I'm lovin' it 等を見聞きする．VN と V-ing を単純に結びつけることには異論もある．13 世紀以降のウェールズ語文献は極めて少なく物的証拠が不十分だからである．しかし，同時に反証することもできない歴史言語学では，征服された民は，征服者の言語の語彙は吸収するが，自分達本来の構造は堅持する傾向があるとされている．しかもウェールズは，13 世紀からイングランドに併合され，英語進化の拠点ロンドンからかなり近い距離にある．ウェールズ語話者の人口は，中世以降激減はしたが，今でも 70 万人いる．DNA や農耕方法を含め，英国には古来からのケルトの伝統や文化を受け継ぐものも多い．古英語が衰退した後の英語に，それまで文字文化にほとんど参加していなかった先住民と，様々な時期に移住してきた民とが互いの文化を吸収し合い，系統は大きく異なりながらも言葉が融合したとすれば，古英語と中英語が乖離していても，多言語が融合した英語の動名詞と進行形の発達に，VN が何らかの形で関与してもおかしくはない．

進行形は，いつの時代も親しい間柄で使われる庶民的口語表現で，劇のセリフや手紙等で頻度が高いことは，すべての進行形研究が指摘している．Arnaud（2002）は 19 世紀文豪達の私信の場合，進行形の出現頻度は 1800 年頃で 1 万語中 10 件，1880 年で 35 件程とし，他のジャンルに比べ高率だとする．しかし，筆者が目にした一般庶民の家族への手紙では，1800 年頃で既に約 1 万語中 267 件であった[注4]．進行形の頻度は常に時代とともに上がるが，特に近代後期は目覚ましい（Beal 2004）．現在でも増加中である．進行形の出現数そ

のものも，聖書では 1534 年頃の版で 10，1611 年で 49，1902 年で 700 とする調査もある．これらの数字は，庶民の文字文化参加率が話し言葉の文字化進行と比例するかのようだ．

一方「I am ｛loving/ knowing｝ は使わない」と記す最初の研究書は，1789 年に出現する．しかしそれは，当時曖昧だった I love と I am loving の区別を明確化する意図で書かれ，例えば「動詞が継続的な愛情を表す場合は後者は使わない」，としたものだった．しかし，後継書では，条件部分が「愛情等を表す場合」と単純化された．それとの因果関係は定かではないが，Murray は 1795 年の第 1 版から 1798 年の第 4 版までは，進行形の例文に I am loving を使っていたにもかかわらず，第 5 版ではそれを I am teaching に替え，「愛情を表す動詞」は進行形に適さないと加筆した．

文法書の記述と英語を母国語とする人々の使う実際の言葉を結びつけるのは，現代の感覚では奇妙に思えるかもしれない．文法書に何と書かれていようが，我々が自然に使う言葉に影響する等とは考えにくい．しかし，近代後期は今とは事情が異なっていた．それまでは叶わなかった立身出世が，産業革命によって，「上流社会の人々が使うと目された礼儀正しい英語」を中核とする教養を身につければ，庶民にも可能となる時代だった（Beal 2004 他）．人々は，2.4 で触れたように，それまで様々な綴りや表現パターンで英語を使っていた訳だが，その矯正とともに，標準英語の礎となる「正しい英語」の指南書を切望した．公教育の広まりも相まって，英文法書の需要は爆発的だった．なかんずく上述の Murray の *English Grammar* の絶大な人気は驚愕的だ．それは，文法は門外漢だった Murray が，所属教会の内輪の子女向けにわかりやすい文法書をと知人に請われ，当時の先行研究から眼鏡に叶った部分を抜粋・整理し編纂したものだったが，確認されているだけでも 1891 年の 69 版まであり，1875 年の 66 版の第 77 刷（1907 年刷）が日本の大学図書館にもある．それも，英米のみならず世界中で何十年にもわたって増版増刷され続けた．19 世紀主要小説では Murray は，誰もが知る文法書の代名詞だ[注5]．さらに，19 世紀後半には「I am loving は正しくない英語」と記す文法書の増版数も著しい．

Murray の記した書き言葉を律する規範が，英語感覚に潜在的に存在するとする見解もある[注6]．

標準英語の利便性と築いてきたその価値の高さには疑いの余地はない．学習者にとっては，詳細な説明より，わかりやすい正誤を決めるルールの方がうれしい．覚えれば済み，皆で共有できれば，効率的で意思疎通も容易になる．正しい英語の教授には，単純化が不可欠だった．

単純形と進行形は，近代まで正装と普段着の違いで役割分担していたのが，上記の Webster の洞察からは，18 世紀，次第に前者が「動詞の表象を広角で捉える」のに対し，後者は「必要に応じて限定する方に特化した」形として，微妙に分業を始めていたと考えられる[注7]．それは同時に英語の現在形の表す「現在」が，他のゲルマン諸言語とは袂を分かち，発話時現在の一瞬のような時間となったことでもある．動作の全体像を発話時現在で捉える単純現在形は，一瞬では捉えられない動作の表現を担えなくなり，その役目を進行形に委ねることとなった．だからと言って，I am loving はあり得ないことにはならないのだが，進行形が動作，単純形が状態を担うといった二項対立的に単純化された図式が規範で強化され，数の原理で定着に繋がるのも不自然ではない．実際現在進行形は，基本的に時空を共有する相手との話し言葉に多く存在する．I am loving は眼前の相手への気持ちを表現するので，書き言葉になることはほとんどなかっただろう．

そもそも know は動名詞や現在分詞自体では Knowing what to do, …等のように普通に使える．進行形でだけ knowing が使えない必然性はない．Langacker は，進行形の機能は状態化することにあり，既に状態であるものをさらに状態化する必要はないから，進行形の V-ing は状態をとらないと言う．しかし，Langacker 自身も述べるように，言語の仕組みには重複的なことがいくらでもある．近代の二重否定は（二重に否定しても否定の意味を持つ），今でも一部の英語に残っている．強調の意味のない肯定文の do 等もあった歴史を見ても，事実を見ても説明のつかないことは，まだまだ山積している．この辺りをどう敷衍していくかについて，今後の研究の進展に期待したい．

まとめと展望

歴史言語学や英語史研究の成果は，認知言語学にとって大いに刺激的であり，現在の様々な現象を捉える分析や仮説を裏づけ，そして検証するための知見の宝庫である．また，歴史言語学で捉えられてきた変化の要因を探り，謎を紐解く際にも，認知言語学の提案は力強いものとなる．

脊椎動物の祖先はピカイアと言われていた時代もあったが，ヒトの遺伝子組成との相似から，最近はナメクジウオとされている．言語と言語現象に関しても，認知言語学と歴史言語学の集積によって，さらに新しい文献が発見され，新しい事実が解明されつつあり，進化が進んでいる．互いに進化の相乗効果が期待される研究分野である．そういった相互作用とともに，互いの領域が他の様々な複合学問領域からの知見をも踏まえ，発展していくことが展望できる．日本語の史的研究にも認知言語学の視点がさらに入ることが期待される．

▶注

1　古英語では不定冠詞は発達していなかった（Wright and Wright 1925）．

2　Kastovsky（1922: 293）は，普段着の言葉に近いものがあるとすれば，唯一 waes + on huntunge が登場する Ælfric の Colloquy（問答集）のみと言う．

3　同書は Margery Kemp の自叙伝であるが，彼女は市長の娘で裕福な家庭に育ったものの，当時の庶民がほとんどそうであったように，読み書きはできなかったので，僧侶に筆記を依頼した．

4　当時の書簡をできる限りそのまま活字にした Austin, F. (ed.) 1991 *The Clift Family Correspondence 1792-1846*, Cectal, Sheffield. からのデータである．

5　ストウ夫人著の『アンクルトムの小屋』（1852）にも "His conversation was in free and easy defiance of Murray's Grammar" のように皆が知っているものとして出現する．

6　Jones, B. 1996 The Reception of Lindley Murray's *English Grammar*. In Tieken-Boon van Ostade, I. (ed.) *Two hundred years of Lindley Murray*, Nodus Publikationen, Münster, pp. 63-80. の p.78 参照．

7　サミエル・リチャードソンのパミラ（1741）では Why are you laughing? の意で What do you laugh for? が使われるが，She never is wanting to give me a good word など，進行形も多く使われている．

▶重要な文献

Visser, F. T. 2002 *An Historical Syntax of the English Language Part 2*, E. J. Brill, Leiden.

４分冊からなる辞書のような書で，様々な文法カテゴリー，語彙ごとの例文とともに洞察に溢れた考察説明も詳しい.

Beal, J. 2004 *English in Modern Times 1700-1945*, Oxford Univ. Press, London.
近代英語とその社会的背景について，わかりやすい解説がある.

van Gelderen, E. 2006 *A History of the English Language*, John Benjamins, Amsterdam/ London.
読みやすい英語史入門書.

Trudgill, P. 2010 *Investigations in Sociohistorical Linguistics: Stories of Colonisation and Contact*, Cambridge Univ. Press, Cambridge.
初学者にもわかりやすい社会言語学入門書.

▶文　献

Arnaud, R. 2002 Letter-writers of the Romantic Age and the Modernization of English: A Quantitative Historical Survey of the Progressive. Accessed at 〈http://www.univ-pau.fr/ANGLAIS/ressources/rarnaud/index.html〉

Beal, J. 2004 *English in Modern Times 1700-1945*, Oxford Univ. Press, London.

Donner, M. 1986 The Gerund in Middle English. *English Studies* 5: 394-400.

Drinka, B. 2017 *Language Contact in Europe: The Periphrastic Perfect through History*, Cambridge Univ. Press, Cambridge.

Evans, D. S. 1964 *A Grammar of Middle Welsh*, School of Celtic Studies, Dublin Institute for Advanced Studies, Dublin.

Houston, A. 1989 The English Gerund: Syntactic Change and Discourse Function. In Ralph, W. F. and S. Debora (eds.) *Language Change and Variation*, John Benjamins, Amsterdam, pp.173-96.

Irwin, B. 1967 *The Development of the ING Ending of the Verbal Noun and the Present Participle from c.700 - c.1400*, Doctoral diss., Univ. of Wisconsin.

Jack, G. B. 1988 The Origins of the English Gerund. *NOWELE* 12: 15-75.

Kastovsky, D. 1992 Semantics and Vocabulary. In Hogg, R. M. (ed.) *The Cambridge History of the English Language Volume 1 The Beginning to 1066*, Cambridge Univ. Press, Cambridge, pp.290-408.

Klaeber, F. 1922 *Beowulf*, Heath & Co., Boston.

Langacker, R. W. 1987 *Foundations of Cognitive Grammar, Vol. I, Theoretical Prerequisite*, Stanford Univ. Press, Stanford.

Langacker, R. W. 1991 *Foundations of Cognitive Grammar, Vol. II, Descriptive Applications*, Stanford Univ. Press, Stanford.

Langacker, R. W. 2008 *Cognitive Grammar: A Basic Introduction*, Oxford Univ. Press, Oxford. ［山梨正明（監訳）2011『認知文法論序説』研究社.］

Lehmann, W. P. 1992[3] *Historical Linguistics*, Routlege, New York.

Lowth, R. 1762 *A Short Introduction to English Grammar*, A Millar, R. and J. Dodsley, London.

Mitchell, B. 1985 *Old English Syntax: Concord, the Parts of Speech, and the Sentence Vol. 1*, Clarendon Press, Oxford.

Mittendorf, I. and E. Poppe 2000 Celtic Contacts of the English Progressive? In Hildegard, L. C. Tristram (ed.) *The Celtic Englishes II*, Winter, Heidelberg, pp. 117-45.

Mustanoja, T. F. 1960 *A Middle English Syntax, Part 1: Parts of Speech*, Société Néophilologique, Helsinki.

Murray, L. 1795 *English Grammar*, Wilson, Spence, and Mawman, York, London.

Murray, L. 1798[4] *English Grammar*, Wilson, Spence, and Mawman, York, London.

Murray, L. 1799[5] *English Grammar*, Longman and Rees, Wilson, Spence, and Mawman, York, London.

Murray, L.1826 *Memoirs of the Life and Writings of Lindley Murray: In a Series of Letters, Written by Himself. With a Preface, and a Continuation of the Memoirs, by Elizabeth Frank*, Thomas Wilson & Sons, York; Longman, Rees, London.

Rhys, J. T. J. 1977 *Living Welsh*, David and McKay Company, New York.

杉本浩一 2000「Peterborough Chronicle における抽象派生名詞について」『東京大学言語学論集』19: 341-87.

Tajima, M. 1985 *The Syntactic Development of the Gerund in Middle English*, Nan'Un-do, Tokyo.

Tolkien, J. R. R. 1963 English and Welsh. In Lewis, H. (ed.) *Angles and Britons O'Donnell Lectures*, Univ. of Wales Press, Cardiff, pp.1-41.

Trudgill, P. 2010 *Investigations in Sociohistorical Linguistics: Stories of Colonisation and Contact*, Cambridge Univ. Press, Cambridge.

van Gelderen, E. 2006 *A History of the English Language*, John Benjamins, Amsterdam/ London.

Vennemann, T. 2000 English as a 'Celtic' Language: Atlantic Influences from Above and from Below. In Hildegard L. C. Tristram (ed.) *The Celtic Englishes II*, Winter, Heidelberg, pp. 399-406.

Visser, F. T. 2002 *An Historical Syntax of the English Language Part 2*, E. J. Brill, Leiden.

Watson, N. and J. Jenkins (eds.) 2006 *The Writings of Julian of Norwich*, Pennsylvania State Univ. Press, Pennsylvania.

Webster, N. 1784 *A Grammatical Institute of the English Language*, Hudson and Goodwin, Hartford.

Windeatt, B. (ed.) 1985 *The Book of Margery Kempe*, D.S. Brewer, Cambridge.

Wright, J. and E. M. Wright 1925 *Old English Grammar*, Oxford Univ. Press, Oxford.

4A.4		A 言語の進化と多様性

捉え方の普遍性と多様性

吉村公宏

捉え方（construal）とは**概念化**（conceptualizations）に言語構造（language structure）を課すことである．概念化が知覚に基づいた状況の認識であるとすれば，捉え方はその認識に言語構造をかぶせて概念化者の捉え・スタンスを記号化することである．概念化の対象は客観世界，主観世界，主客が融合した世界のすべてに及ぶので，あらゆる言語表現は何らかの捉え方を反映する．認知言語学の関心は，そうした捉え方について一言語内の問題としてだけではなく，言語横断的な一般性，言語の類型性についても考究の対象とする．言語のレベルとしては，一語や一文，構文単位のみならず，談話や物語単位，コミュニケーションの観点からも研究される．したがって，認知言語学においての捉え方の研究とは一般言語理論としての言語の本質を考えることに他ならず，捉え方を考慮せずに言語を語ることは不可能と言ってもよい．なお，construal については他の訳語に「解釈」「（事態）把握」があるが，ここでは原則として「捉え方」の用語を一貫して用いる[注1]．

1. 基本的構想と研究史的背景

捉え方はアプリオリに措定された概念ではない．認知言語学の基本理念には**身体性**（embodiment）と**身体基盤的経験主義**（bodily-based experientialism）という2つの考え方がある（Lakoff and Johnson 1999）[→ 3.1]．捉え方は相互に連関したこの2つの基本理念から生じてきた概念である．身体性とは，脳を含む人間の身体の構造と働きが，物質世界と人間，人間同士の相互の関わりを通して，様々な概念（concept）を生み出すという考え方である．そして，身体性に基盤をおいて生じてきたこうした諸概念が種々の経験－判断，推論，記憶，思惟等を形成する．そのとき最も重要な働きをなす要因が言語である．したがって，言語は経験の形成と表出に決定的に関わる．こうした一連の考え方を総称して身体基盤的経験主義と呼ぶ．要するに，捉え方は人間の身体ならびに，環境と身体との相互作用から生じる多様な経験を記号化する営みのことである．

捉え方の研究が言語の本質の究明を目指す以上，捉え方を研究することは人間の経験（あるいは概念形成の仕方）を研究することである．それは「理性」と呼ばれてきたこれまでの哲学的命題の捉え直しとも解することができる．西洋の哲学史では，心と身体を分離する二元論的な人間観が長い期間にわたって席巻してきた．ところが，身体基盤的経験主義的な考え方は，身体を基盤にした心の再規定，さらには身体と環境との共進化をもとに人間の心を捉え直す視点への大転換を意味する．したがって，ここで扱う「捉え方」は二元論的な心身論を排し，心に生起する概念が究極的には身体のあり方や身体と環境との相互作用に基盤を有する概念であることに主眼を置く．

「捉え方」は，実証的な脳科学的裏づけ，認知心理学的証拠，現象学的な考察に根差す概念であり，何かの説明のためのアプリオリな思想的便宜，ないしは理論モデルのための手続き的概念ではないことに注意が必要である．一般的に経験の本質には，身体構造と機能の面から人類種としての普遍性が存在する一方で，進化や文明の発達とともに地域的・時代的な変異を示す側面もあり，そうした点で捉え方の中味は普遍性と多様性（ないしは相対性）の両面を有する．両者は背反・排他的な関係にはなく重層的な連続性を有している．

さて，捉え方は概念化に言語構造を課すことであると述べた．これまで，多くの研究者がそれぞれの視点からその具体的中身について提案をしてきている．その中では，基本的な出発点として以下のラネカーの指摘が最も適切であろう．

The term **construal** refers to our manifest

ability to conceive and portray the same situation in alternate ways.

(Langacker 2008: 43)

すなわち「同じ状況を選択可能な複数の手法で想像し（conceive），それを言葉で描く（portray）能力」を指す．続けてラネカーは，そうするためには，まずは「中立的な方法」（a neutral manner）で喚起された「**概念内容**」（conceptual content）（Langacker 1987, 1991, 2008）がなければならないと言う．そうすると「意味」は概念内容とそれを様々に描く手法の両者，そしてその関係から成り立つことになる（同上書 p.43）．

このことを具体的に説明してみよう．ラネカーの説く中立的な方法で喚起される概念内容とは，事態を捉えるとき，焦点を絞らず事態全体を漠然と捉えるような対象認識のことである．例えば，〈何か容器のようなものに液体のようなものが存在している〉は一つの概念内容である．それは〈モノ$_1$（容器）〉〈モノ$_2$（液体）〉〈存在〉という概念単位からなる漠然とした知覚である．次に，我々はこの概念内容に選択可能な複数の言語構造を課す．例えば，〈何か容器のようなもの〉という概念に「グラス」という名詞を，〈何か液体のようなもの〉に「水」という名詞を，〈存在〉には「ある」という動詞を課す．そこで「グラスに水がある」のような捉え方$_1$が具現化される．別の捉え方としては「グラスに水が半分入っている」（捉え方$_2$），「グラスに水が半分しか残っていない」（捉え方$_3$）として可能である．以上のことは以下の（A）のように表すことができる．

（A）

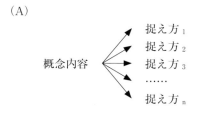

ここでは→が捉え方のプロセスであり，後述するように，様々な**捉え方の操作**（construal operation）を指す．概念内容と様々な捉え方$_{1, 2, 3, n}$の境界線は明確ではないとされる（Langacker 2008: 43）．つまり，記号化の詳述性の程度（描き方の細かさ）によっては漠然とした知覚に極めて近いものもあるからである．いずれにせよ，概念内容である「〈何か容器のようなもの〉に〈液体のようなもの〉が〈存在〉する」は，具現例「グラスに水がある」「グラスに水が半分入っている」「グラスに水が半分しか残っていない」よりも詳述度が格段に低く，それゆえ多様な捉え方を可能にする認識の母体と考えてよい．概念内容を記号で表示することは捉え方が始まることである．

漠然とした知覚（概念内容）から様々な捉え方に至る→の中身は，状況（事物・事態）の中の注意点—「参与者」「存在」「場所」「動き」「（参与者間の）関係」「（動きの）方向」「（動きの）強度」など—に焦点を当てることである．例えば「グラス」「水」は参与者の名称を，「半分」は水の量と空間との「関係」，「ある」は（参与者の）「存在」にそれぞれ焦点を当て記号化したことに他ならない．

こうした一連の捉え方が示唆することは，「記号」的に意味ある認識が成立するためには，我々は「参与者」や「場所」，「動き」や「関係」などに捉われる「必要」があるということである．そうした捉われがもとになって生み出される認識の「めりはり」があってこそ，状況を適切に描くことができるのである．また一つの客観的に同じ概念内容であっても複数の表現に「差異」化することができる（捉え方$_{1, 2, 3, n}$）．ここに至って，はじめて目前の状況を意味ある状況として認識でき，かつそれを他者に伝達することが可能となる．

さて次に，→の部分，つまり捉え方のプロセスが重要になってくる．このプロセスについては，これまで「捉え方の操作」（あるいは「認知操作」（cognitive operation）として言及されてきた．研究者によって様々な具体的提案がなされてきているが，ここではラネカー（Langacker 1987, 2008），タルミー（Talmy 1988, 2000），クロフトとクルーズ（Croft and Cruse 2004），ケベチェス（Kövecses 2005, 2015）の提案に触れておきたい．ラネカー（Langacker 1987）は捉え方の操作として「選択」（selection）「**パースペクティヴ**」（perspective）「抽象化」（abstraction）を挙げる．「選択」は注意の焦点の取捨選択を行なうこと，「パースペクティヴ」は視点・位置づけに関わること，「抽象化」は事物・事態の共通性を取り出し

てカテゴリー化する能力のことである．その後，ラネカー（Langacker 2008）は改訂を行ない，「詳述性」(specificity)「焦点化」(focusing)「際だち」(prominence)「パースペクティヴ」の四つにまとめている．タルミー（Talmy 2000）はタルミー（Talmy 1988）を改訂し，「外形枠構造」(configurational structure)「観点」(perspective)「注意の配分」(distribution of attention)「力動性」(force dynamics) を挙げる．「外形枠構造」とは事物や事態の認識に関わる時空間上の連続と非連続（ものの集合性や行為の連続性など），「力動性」とはモノとモノとの力関係のことである[→ コラム 16]．また，クロフトとクルーズ（Croft and Cruse 2004）は「注意・際だち」(attention/salience)「判断・比較」(judgement/comparison)「観点・位置」(perspective/situatedness)「構成・ゲシュタルト」(constitution/gestalt) の4分類を取り上げ，各々をさらに細分化している注2．例えば，「判断・比較」はカテゴリー化，メタファー，図と地に細分化される．なぜならば，先行する経験との「判断・比較」からカテゴリー化が生じ，二つのドメインの比較からメタファーが生じ，知覚の強弱の比較から図と地が生じると見なすからである．最後に，ケベチェス（Kövecses 2005, 2015）は，主としてメタファー分析を通して捉え方の普遍性と多様性を検証する．生理感覚（上下・寒暖）のような一次的経験は先天的であるので同じメタファーが作られる傾向にあるが，文化や社会慣習が異なれば，例えば「怒りのメタファー」で液体がガスになったり，入れ物が身体全体ではなく腹や胃であったりする．メタファーは捉え方の操作の一つであるが，ケベチェスは文化や社会のあり方に応じて多様な捉え方が可能であることを実証している．

研究者によっては同じ操作が異なるカテゴリーに配属されることがある．詳細に立ち入ることは避けるが，若干の例を示す．クロフトとクルーズ（Croft and Cruse 2004: 46）では，先述したように，メタファーは「判断・比較」の下位カテゴリーに配属されている．ところがラネカー（Langacker 2008: 65ff, 75ff）はメタファーを「焦点化」の下位カテゴリーである「前景」「背景」

が関わる事例として取り上げる．具体性の高い，つまり直接的な身体経験である起点領域を背景として目標領域が設定されるからである．一方，メトニミーについては，クロフトとクルーズ（Croft and Cruse 2004: 48）では「注意・際だち」の下位カテゴリーである「選択」(selection) に配属されている．「選択」はプロファイリングに密接に関わるが，特に，際だった概念プロファイルを「選択」する認知能力と特徴づけている．例えばメトニミー表現である「天丼がいらついている」と接客係が言えば，「天丼」が「天丼を注文した客」にプロファイルシフトを起こしているが（Langacker 2008: 89 ff 参照），クロフトとクルーズは，シフトした特定の概念プロファイルを話者が「選択」した点に注目する．

種々の捉え方の操作は，それをもとにした様々な理論を生む．メンタル・スペース (mental space) 理論（Fauconnier 1997），ブレンディング (blending) 理論（Fauconnier and Turner 1998, 2002）はメタファー，メトニミー（捉え方の操作）を再吟味・精査しつつ，融合スペース (blended space) の仮定によって新しい表現の創発のメカニズムを説明しようとする理論である[→ 2.10 ， 3.9]．ラネカーのアクティブ・ゾーン理論 (active zone theory) は視点，参照点，スコープをもとにした理論である．「衛星枠づけ言語」(satellite-framed language) と「動詞枠づけ言語」(verb-framed language) の分類（Talmy 1985, 2000）は，プロセスと様態の捉え方に関わる語彙・構文理論であり，捉え方を巡る認知類型論の1理論として結実している．Bybee (2010, 2015) による文法と言語変化の説明は，主として記憶に関わる繰り返し，出現頻度等の認知プロセスが基盤となっている．後述する池上 (1981)，Ikegami (1991) による「スル」型・「ナル」型言語，あるいは中村 (2004) のIモード・Dモードは，ラネカーの「パースペクティヴ」，クロフトとクルーズの観点，subjectivity/objectivity（主観性・客観性）などに関わる対照言語理論と見ることができる．

2. 普遍性と多様性

では，本項目の主題である捉え方の普遍性と多

様性はどのように実体化されてきたのか．ここでは両者の概略を描いておきたい．捉え方の普遍性とは人間の生物学的な特性（神経生理学的な身体性）に基礎づけられた言語的経験のあり方を言う．一般に，人間には生まれついて二つの目，耳，手，足があり，目と耳は手と足より上にあり，2足歩行で前進し，感覚器官は片方の側に集中している．上下感覚，前後認識，遠近感などの空間把握はこうした身体構造の特徴に基づいて生じている．例えば「前方」とは直立した姿勢で目のある側の方向を指す．また，目や耳の生理構造によって映像や音の「遠近」を知り，二つの手足の位置から「左右」を認識する．これらは，神経生理学的な身体性が知覚の手法を基礎づけていることの証拠である．次に，記号的表象能力を有する人間はこうした知覚認識を記号化することで，環境をカテゴリー化し，相互の意思疎通を可能にしている．例えば，英語のfront, back, above, below, right, left, far, nearなどは今述べた知覚認識の記号化であり，ほとんどの言語に見られる単語であって，まさに身体性に根差した普遍的な捉え方の具現例であろう（「直接的に有意味な身体性」Lakoff and Johnson 1999参照）．

一方，捉え方にはこうした普遍的なものばかりではなく時間変化や地域変異による多様性を示すものもある．ニスベット（Nisbett 2003）によれば，ヨーロッパ・北米を中心とする西洋人と，中国や日本を中心とするアジア人との思考法は因果関係やカテゴリー化，類似性や文脈依存性（ホール（Hall 1976））の判別など，様々な認識において異質であると説く．例えば，「分類」と「関係」に関しての実験で，〈鶏〉〈牛〉〈草〉のイラストを見せたところ，アメリカ人の子どもは〈鶏〉と〈牛〉，中国人の子どもは〈牛〉と〈草〉にグループ分けする傾向が見られた．前者は「分類」学上のカテゴリー分けを好み，後者は「関係」からのカテゴリー分けを好む．いわゆる地域的な知の伝統，心の習慣など，歴史と社会・文化的起源に端を発するような認知上の異同は，民族ステレオタイプの偏見を助長する皮相的な研究と見なす人々もいる．しかしながら，民族の優劣等の価値観から研究成果を評価するのではなく，ニスベットが行なったように，認知的な諸特性—注意の焦点，知覚の様式，推論法，因果認識など—の視点から捉え方の多様性を意義づける方向の研究は見直されてよいものであろう[注3]．

以上，捉え方には生物学的特質に基礎づけられた普遍性の高いものと，地域慣習や歴史的変遷に動機づけられた多様性に富むものとがある．認知言語学でこれまで正面きって取り上げられてきた捉え方の多くは，前者の捉え方である．前者の捉え方は，料理に例えて言えば，どこの誰がいつ食べても同じ味がするような調理法である．一方，材料・素材が同じであっても，後者の捉え方はエスニック風の調理法に例えられよう．つまり，両者は→の中味が違っているのである．普遍性の高い捉え方は身体構造や生理機能といった万人に共通の身体機能（調理法）で作られるので同じ捉え方（料理）となるが，多様性の高い捉え方は気候や風土に影響された食習慣の違いからその地域コミュニティ，その時代独自の料理ができる．1人の人間でも両方の捉え方を同時に身につけている．二つの捉え方は次のように表すことができよう．

(A) 普遍性の高い捉え方

(B) 多様性の高い捉え方

時間的には（A）は数十万年を単位とし，（B）は文明の発祥から数千年の単位で変化・進展してきたものであるので，（A）の基層の上に（B）が重層的に積み重なるものと言える．慣習が遺伝形質にまで浸透する可能性を考慮すれば，両者の境界はそれほど鮮明ではないであろう．

3. 普遍性の高い捉え方（A）

以下，普遍性の高い捉え方の操作（A）の→の中味について論じたい．次に挙げる(a)〜(i)はその代表的なものの一部である（Langacker 1987, 2000, 2008; Talmy 1988, 2000; Taylor and

MacLaury 1995; Croft and Cruse 2004; Kövecses 2005, 2015 など). 各研究者は, 場合に応じてそれぞれの操作を細分化したり, 関連する新たな操作を付加している.

a) **カテゴリー化** (categorization)

一般的には, 既知の事例や構造と比較することで経験を解釈する認知プロセスであり, ある目的にとって同等であると判断される要素の集合である (Langacker (2008: 17) 参照). 狭義には, 事物や事象について同定や差異化を行ない, 共通性や関係性にしたがって般化することで諸事例を同類であると判断し, まとめる認知過程である (辻編 2013). カテゴリー内の中心的成員をプロトタイプとして典型性や帰属性において勾配を保持しながら周辺的成員へと放射状に拡散する認知のあり方を指す. 鳥カテゴリーではツバメやツグミがプロトタイプ, ニワトリやダチョウ, ペンギンなどは周辺事例であり, 各成員は鳥カテゴリーへの帰属度にしたがって放射状に広がる[→ 3.2].

b) **スキーマ化** (schematization)

複数の経験から固有の共通点を抽出し, 高次の抽象化に到達する認知プロセスである (Langacker (2008: 17) 参照). 狭義には, スキーマとは, 同じ事物, 事象を指す場合, 他の表示よりも概略的で詳細を省いた記述がされている意味, 音韻, 象徴構造を指す (辻編 2013). したがって, スキーマ化は複数の具体的事例に共通点を見いだし, 一般化して理解するときの理解の程度を指す. 英語の *ring* には様々な意味 (指輪, 競技場, 一味, 年輪) があるが, それらすべてについて詳細を省いた概略的な意味はおおよそ「輪形の物体」と言ったものであろう. そうした概略的な意味が *ring* のスキーマ的意味であり, そのようにして理解する認知プロセスをスキーマ化と言う.

c) **詳述性** (specificity) と **概略性** (schematicity)

きめの細かさ, 別名「粒度」(granularity) とも呼ばれる. 一つの行為, 一つの「もの」であっても, それらをどの程度の目の粗さ (細かさ) で捉えるかによって言語的な表現が異なってくる. 一つの同じ行為を表す場合, 日本語動詞であれば「する」「動く」「走る」「疾駆する」の順で詳述性が高くなる. つまり, 目の粗さが細かくなるわけである. 逆方向で概略性が高まる. 一つの同じも

のを表す場合であっても同様で, 名詞「もの」「生物」「動物」「哺乳類」「馬」「サラブレッド」の順で詳述性が高くなる. これは, タクソノミー的なカテゴリー階層の問題と密接に関連した捉え方である.「走る」や「馬」が基本レベルカテゴリーに属する捉え方の言語表現であるとすれば,「する」や「もの」は上位レベルカテゴリー (概略性が高い),「疾駆する」や「サラブレッド」は下位レベルカテゴリー (詳述性が高い) の表現である. 森羅万象ことごとく, 我々は対象となる行為やものを精度の違いにおいて捉えている.

d) **注意** (attention) と **範囲** (scope)

一般に「注意を向ける」と言うが, 我々は状況の中の何か一つの (あるいは複数の) モノに意識を「向け」, 集中させて認知的な際だちを得ている. 雑多な声の中の特定の話し声に注意を向けたり, 絵の中の特定の色遣いに注意を向けたりする. そうすると他の人の話し声や他の色が認知されにくく, ぼやけてしまう.「注意」で重要なことは, **参照点** (reference point) と範囲 (scope) である. 何かを概念化する際, 我々は往々にして目印を活用する. 目印となるものに注意を向け (あるいは向けさせる) ことで最も言いたいこと, 指したいことを理解する (させる) のである. よくあることは, 目指す建物を言うのに, その近くにある目立つ煙突や公園が参照点として働くような場合である. また, 注意の範囲を区切ることで理解が容易になることも多い. 言語的には **メトニミー** が代表例である.「鍋が煮える」「球場が沸く」「神経が図太い」などは「鍋」「球場」「神経」を参照点に「(鍋の中の) 具」「(球場の中の) 観衆」「(神経に代表される) 心の働きのきめ細やかさ」を指す. これらは注意の範囲を指定する.「鍋」と「具」,「球場」と「観衆」,「神経」と「心」は近接した範囲に含まれる. 範囲を区切って目印を探す心理は普遍的な認知であり, 言語表現はこの種の認知方略に依存して成り立っている場合が非常に多い. 注意と範囲は次に述べる「際だち」を支える捉え方の一つでもある.

e) **際だち** (prominence) (**図** (figure) と **地** (ground))

概念内容 (conceptual content) がモノや事態の全体的把握を指すものとすれば, 際だち

（prominence）はそのものや事態の一部，特に注目したい一部に焦点を置いた認知である．全体は背景となる地（ground），際だつものや事態は図（figure）と呼ばれることがある．「際だち」のよく知られた一例は直角三角形（地）における斜辺（図）である．直角三角形を概念内容（地）とすれば，斜辺は際だちを持ったその一部（図）である．三つの辺の一つに注目してその部分を他の部分から際だたせている．また，スキーマと事例化の関係においても際だちは重要な役割を果たす．「細長い棒状の物」でイメージされるものはぼんやりとした概念内容であり，別名スキーマと呼ばれる．この種のイメージは，例えば，日本語では助数詞の「本」で数えられる．エンピツ，大根，レール，電柱，ろうそくなど，実際には無限とも言える具体物がこのイメージの事例として存在する．このうち，**プロトタイプ**と呼ばれる代表例を，かりにエンピツとすれば，それは当該スキーマの「際だった」事例ということになり，こうしたことは認知的なめりはりを表す心的機制と言ってよい．

f) **視点**（viewpoint）

我々は何かを描くとき必ずどこかの視点から見ている．ぼんやりと見ている時でもやはり「全体」的な視点から見ていると言えよう．視点は特定の地点，方向性，動きに関わる．家を見るときは，通例，真正面で直立した地点から捉える．「緩やかに川が下っている（上っている）」という時は川を上方（下方）の方向に動きあるものと捉えている．認知言語学では「**視点配置**」（viewing arrangement）という用語で，観察者と観察されるものや事態との関係を一般化している．我々は「列車が駅に近づく」とも「駅が近づいてきた」とも言う．「列車」に視点を置けば前者，「駅」に視点を置けば後者の表現となる．前者は列車，駅とも外から見た表現となっているのに対して，後者は列車に乗っている我々の視点から描かれている．どちらも同じ一つの事態であることに変わりはないが，どこに視点を置くかで捉え方が異なる．

g) **力動性**（force dynamics）

事態認知はモノとモノとの力関係で捉えられることが多い．「彼の熱意に気持ちが突き動かされた」のような表現では，「熱意」が実際には物理的な作用をしたわけではない．彼の熱意によって

その気がなかったのに自分の気持ちが動いたように感じられる隠喩的表現である．この表現では「熱意」と「気持ち」をモノのようにメタファー化した上で，前者が後者を「突き動かす」といった力関係で表現されている．感情メタファーの多くにはこうした力動性に関わる原理が隠れている（「（心を）打つ，裂く，固める，溶かす，凍らせる，弾ませる，など」）．認知言語学では**他動性**（transitivity）や**アクション・チェイン**（action chain）**モデル**の根底をなす捉え方の一つである．これも概念内容に力関係という「めりはり」を与え記号化することで一つの捉え方を達成している．

h) **メタファー**（metaphor）・**メトニミー**（metonymy）

メタファー（隠喩）とは，ある領域の経験を他の領域の経験に概念化する認知操作である．例えば「愛情は温かさ」は〈母親の温かなまなざし〉〈博士の数式への熱い想い〉などの個別メタファーをまとめ上げる「概念メタファー」（conceptual metaphor）である．ここでは「温かさ」が気温・体温の領域，「愛情」が感情の領域である．二つの領域とも人間の身体経験に根ざすが，ここでは前者の領域の経験（温かさ）において後者の領域の経験（愛情）が概念化されている．これを**概念的写像**（conceptual mapping）と称する．両者（温かさ，愛情）とも身体経験に変わりはないが，特に「温かさ」は生理的な直接的身体経験，愛情は心理に関わる点で間接的身体経験と呼ばれる．メトニミー（換喩）はあるモノ（時に出来事，性質）などが別のモノへ認知的にアクセスする際の参照点となる喩え方である．その際，同じ領域内，多くは**フレーム**（Frame）や**ICM**（Idealized Cognitive Model, 理想化認知モデル）の中でアクセスされるのが一般的である．例えば，「夏休みの宿題は漱石にする」「ホワイトハウスは沈黙を守っている」と言えば，このときの「漱石」「ホワイトハウス」は，「漱石の書いた本」「アメリカ政府」といった解釈となる．いずれも，漱石という人物，ホワイトハウスという建物を参照点に別のモノである本や政府にアクセスしている．通例，こうしたモノどうしは隣接関係にある．隣接関係は，具体的には，全体とその部分，容器とその中身，制作者とその産物，原因とその結果，

場所や建物と機関などである．概念内容を，喩え
を用いて理解・伝達可能な記号としている点で，
メタファー・メトニミーとも捉え方を反映する認
知的操作の一つである．

i）主体化（subjectification）

　捉え方における主体・客体と言った場合，主に
関わることは現実の事態描写において発話者自身
をどのように位置づけるかという問題である．一
般に文は裸のままで現れることは極めて異例であ
る．例えば，英語で girl like boy のような文は裸
の文であり，現実の発話として不完全である．つ
まり，どこの何人の少女がいつどこの何人の少年
を好いているのか，そのような事態が事実あった
のか，想定上のことなのか，などが判然としない
からである．こうした裸の文を「地に足をつけた」
文にするとき，つまり grounding（着地）させる
ときに必要となるのが**グラウンディング要素**
（grounding element）である．例えば上記の文を
these girls may like that boy とすれば発話状況に
「着地」させた完全な文となる．なぜならば，こ
の文には発話者が捉えた現場の状況を明示的に示
すグラウンディング要素（these, -s, may,
that）が備わっているからである．このとき，
these はその場に居合わせた少女たち，-s は少女
が複数であること，may は発話者のそのときの判
断，that はその場の一少年といったように，英語
という言語において，聞き手を納得させるだけの
情報が記号として付加されている．

　主体化（subjectification）とは現場の状況描写
と「自己」の関係に特化されたグラウンディング
のあり方を言う．原理的にはどのような文であれ，
話し手である自己と現場の状況との「関係」が
（非）明示的に備わっているはずである．例えば，
上記の文であれば may は「話し手（＝自己）」が
事態をどのように判断したのかを明示的に表わし
ている点で主体化に一役買っている．したがって，
主体化は主体としての捉え方が多様な仕方で表
出・理解されるプロセスを表す．**発話行為**
（speech act）を例にとれば，母親が子どもに対し
て Don't lie to me! と言う方が Don't lie to your
mother と言うよりも主体的捉え方が強い
（Langacker 1987: 131; Croft and Cruse 2004:
62）．場面の中の代名詞（直示的表現）によって

発話者である自己を直接言及する方が，自分を場
面から引いて第三者のように言及するよりも，主
体としての捉え方が明示化されているからである．
つまりグラウンディングの仕方において主体とし
ての捉えが前面に押し出されてくるのである．同
じことを言うにしても，I thought it's great →
It's great! → Great! → Wow! の順で主体化された
表現となる．認識客体が背後に退き（I thought,
It's），認識主体の心のあり方や動きそのものが顕
在化するという意味において主体化が進むと言う
ことである．主体化は，概念内容を，自己と状況
との関わり方を通して描く捉え方の一つである．

4.　多様性の高い捉え方（B）

　認知言語学では，前述の(a)～(i)はいかなる人
間言語にも共通して見いだされる捉え方の操作と
見なしている．したがって，(a)～(i)をそのプロ
セスに含む普遍性の高い捉え方（A）は生物種と
しての経験的「均質」性を浮かび上がらせる．一
方，人間には経験的な異質性を反映した捉え方，
すなわち多様性の高い捉え方（B）もある．とこ
ろで，（B）にも2種類あると考えられる．一つは
(a)～(i)のような種々の操作が複合的に組み込ま
れ，それらが所与の地域や時代の変異として顕在
化したもの（B-1）である．他の一つは（A）と
は直接的には無関係であり，文化人類学・心理
学・社会学等，言語学の隣接分野から提供された
人間経験の特質が反映されたような捉え方（B-2）
である．もちろん，（B-1）と（B-2）を峻別する
ことは難しいが，原理的には両者を区分しておく
と捉え方の全貌が把握しやすいであろう．以下の
ように整理しておく．

捉え方
- （A）普遍性の高い捉え方
　（原理的な認知操作：カテゴリー化など）
- （B）多様性の高い捉え方
　- （1）（A）の複合としての地域変異・時代変異
　- （2）文化人類学的・社会学的な経験の相

▶ 4.1　多様性の高い捉え方（B-1）

　（B-1）タイプとして「スル的捉え方／ナル的捉
え方」「メタファー」「語り（ナラティブ）」の三
つについて略述したい．「スル型」言語，「ナル

型」言語は認知類型論的な言語の特徴づけである（池上 1981; Ikegami 1991; 堀江・パルデシ 2009）．スル型言語とは英語のように，動作主を文構造の中心に据える発想の言語群である．ナル型言語とは日本語のように，動作主が文構造の中心とはならず，事態の成り行きそのものを中心に発想する言語群である．よく知られた文例は以下のようなものである．

(1) a. We are going to get married in June.
b. 私たち，6月に結婚することになりました．

(1a)では動作主（we）の意図が明確化された表現であるが，(1b)では「結婚する」といった事態の進展に発想の焦点が当てられている．同じ一つの客観的事態であっても日英語では捉え方が異なる．こうした「スル的捉え方／ナル的捉え方」の違いは，注意，際だち，視点の点から説明可能である．すなわち，(1a)では注意の焦点が動作主とその意図に置かれ，その視点から事態が捉えられている．一方，(1b)では事態の「コト」性，つまり誰がどういう意図で成し遂げるといった個体の視点よりも，全体として何が起こるのかに注意の焦点が当てられている．同様の分析は日英語の指示言及の現象にも見られる．英語では指示先がピンポイントで直接的に表現される傾向があるのに対して（You love John, don't you?），日本語では指示先を包む「コト」的表現が好まれる（太郎さんのこと，好きなのね）（辻編 2013: 196）．日英語いずれも，注意の焦点，際だち，視点といった普遍性の高い捉え方の方略を活用する点では共通するが，どのような用い方をするかで変異が生じている注4．

次はメタファーについてである．メタファーの存在自体は普遍性の高い捉え方の操作であるが，種々の異なるスキーマで具現化される点で多様である．Matsuki (1995)，ケベチェス（Kövecses 2005）によれば，「怒り」（anger）メタファーは英語圏では圧縮容器における液体スキーマ，日本語圏では「腹スキーマ」，中国語圏では「気スキーマ」で捉えるとされる．また，ケベチェス（2005, 2015）はメタファーの多様性，文化固有的メタファー（culture-specific metaphor）を論じている．例えば「愛は凧揚げ」（LOVE IS A FLYING KITE，中国語の方言）「人生はひも」

（LIFE IS A STRING）など，欧米圏のメタファー（例えば LOVE IS A PATIENT, LIFE IS A CONTAINER）と異質な事例を多く挙げている．メタファーは所与の文化・社会における経験領域の異なりに応じて異なる具現化がなされる．

ここでメタファーと価値観の問題に触れておきたい．レイコフとジョンソン（Lakoff and Johnson 1980）によれば，所与の文化内の価値観は，その文化内の主要な概念メタファーと一貫性を保つとされる．例えば，MORE IS UP（主要な概念メタファー）は MORE IS BETTER, GOOD IS UP, BIGGER IS BETTER などの価値観と一貫性を保つ．ところが，価値観どうしの衝突が生じる場合がある．一定のサブカルチャー内で共有されている価値観，例えばトラピスト修道会では物質を所有することについては LESS IS BETTER の価値観を有している．なぜなら，彼ら彼女らは VIRTUE IS UP という価値観を最も優先しており，徳や善の概念（VIRTUE）が UP であることは物質欲を少なくすることに通じているからである．すなわち，X IS UP という最上位のメタファーが同じ形式であるにもかかわらず，X の値によって他のメタファーとの一貫性が崩れることになる．日本でも「断捨離」が有徳の価値観であるコミュニティでは MORE IS UP, BIGGER IS BETTER などのメタファーと衝突する．また，時代変遷も関わり，「大きいことはいいことだ」とされた経済成長期のメタファーは，現在では SMALLER IS BETTER, SAVING RESOURCES IS VIRTUOUS に取って代わられつつあると言えるかもしれない．こうしたメタファー概念の変異は，所与の時代とコミュニティにおける人々の生き方に深く根差しており，多様であるからと言って表層的ではない．文化・社会的な身体化にも十分留意する必要があろう．

最後に，「語り」（narrative）について述べる．フィルモア（Fillmore 1985），スロービン（Slobin 1996）によると，言語形式と修辞法との間には関連性があるとされ，各種の「かえる物語」（frog stories）を分析することで，英語とスペイン語の書き方（rhetorical style）に顕著な違いが観察されたとする．彼らは，**衛星枠づけ言語と動詞フレーム言語**における語彙化のパターン（タル

ミー（Talmy 1985, 1991））の特徴が，物語や小説の語り方と一定の相関をなす事実を指摘している．すなわち，英語では衛星要素（不変化詞など）と結びつく移動動詞が存在するために，描写の焦点が移動のダイナミズムに向けられるが，スペイン語では，動詞フレーム型に影響されて，ダイナミズムよりも静的な場面の描写が好まれると言う．言語の類型性は「語り」の類型に一定の影響を与えるものと推測されると結論づけている．

同じ内容であっても世界の文化圏ごとに「好まれる」書き方が存在する点はキャプラン（Kaplan 1966）やコナー（Connor 1996）がすでに指摘するところである．キャプランによれば，同一の主題に対して，英語，セム語，東洋圏（韓国語），ロマンス語圏，ロシア語圏の複数の被験者にエッセイを書いてもらうと，その筋立て・物語り方に，それぞれの文化圏の特徴が見られると言う．以下は，それらを模式的に表した図1である．

図1　キャプランの文化的思考パターン

図1についてはさまざまな解釈が可能であろうが，吉村（2011）では各言語の文法特徴は語り方に影響を与えるとする仮説を提起している．言語的に異なるレベルの現象が一定の相関性を顕在化させる現象を**相同性**（homology）と呼ぶが，以下に述べるような相同性が読みとれそうに思える．すなわち，日本語のような**話題優勢言語**（topic-prominent language）であり，かつVO言語，後置詞言語であれば，結論や主張がエッセイの最後に置かれる傾向があり，英語のような**主語優勢言語**（subject-prominent language）でVO言語，前置詞言語であれば，結論や主張は冒頭付近に置かれる傾向があるということである．つまり，日本語（東洋圏）では，図1にある「うず潮型」に見るように，結論部分は，諸状況を語りながら語りの最後に明示する語り方が好まれる．反対に英語では図1の「一直線型」に見るように，結論や主張をエッセイの最初に配置する語り方が好まれる．おそらく，捉え方の操作―自己と視点，自己と背景（図と地），状況と主体化の相関関係―などが関わって，文法現象と語り方の間に相同性が生じているのではないかと考えられる．その結果，語りにおける捉え方は言語文化圏ごとの変異を許し，かつ多様となるのであろう[注5]．

▶ **4.2　多様性の高い捉え方（B-2）**

捉え方の多様性については，認知言語学以外の隣接分野からの知見も参考になる．時間認知（加藤 2007）や「高（低）文脈」社会（Hall 1976），「包括的・分析的」認知（Nisbett 2003）などは，文化圏という切り口から見た捉え方の多様性の問題として見直すことができる．捉え方は，慣習，宗教，価値観，因習的に伝わる心理的機制上の特性などに依存して変異する．次の表1は東西の捉え方について試論的な概略を示したものである．ここでは，東洋的思考法と西洋的思考法をその価値観・宗教観・歴史観・言語観などから，指標となる観点を中心に類型的にまとめたものである（○数字は日英語の言語特徴を表す）．

表1は，種々の文献を参考に，主として日本語と英語を中心とした二つの文化圏，東洋と西洋を比較したものである．指標は「好まれる」傾向性と理解されるものである．もちろん指標となる観点は2文化圏を排他的に峻別するものではなく，ここに示された以外に多くの他の指標も考えられる．一部の参考文献としては，ベネディクト（2005），ホール（Hall 1976），ニスベット（Nisbett 2003），ディビス・池野（Davies and Ikeno 2002），土居（1971），樺垣（1974），池上（2006, 2007），安藤（1986），木村（1993），安西（2000），山下（1986），森田（1998），加藤（2007），山口（2004）などがあるが，これらはわずか一部にすぎない．また，東洋と西洋以外の文化圏は扱っておらず，イスラム，アラブ，スラブ，ロマンス，インディオ，少数民族など世界にはその他数多くの注目すべき文化圏があることは言うまでもない．

ここで注目したいのは㉕～㉞に挙げられた言語指標（日英比較）と，その他の項目に見られる指標との相関である．捉え方は「概念化に言語構造を課すこと」であるから，言語構造から概念化の特質を探ることは可能である．また，概念化は当

表 1 捉え方の傾向（類型的東西比較）（吉村 2008, 2015 を改訂）

	東洋的	西洋的		東洋的	西洋的
1	包括的思考	分析的思考	19	含意が多い（腹芸）	含意が少ない（字義）
2	状況依存的思考	脱文脈的思考	20	タテ型階層社会	ヨコ型競争社会
3	関係性重視（個体間）	個別属性重視	21	年功序列型	実力登用型
4	相対（依存）的志向	絶対／普遍（独立）志向	22	間・沈黙（徳性）	無間断・多弁（説得）
5	token 的視点	type 的視点	23	多神教的（信仰）	一神教的（信仰）
6	具体的捉え方	抽象的捉え方	24	非対称性（美的感性, 建築・空間）	対称性（美的感性, 建築・空間）
7	循環・再生（時間）	直線・一回性（時間）			
8	背景と個体の関係	前景化された個体中心	㉕	自動詞表現	他動詞表現
9	総合化志向	モジュール志向	㉖	状況中心の描写	人間中心の描写
10	中庸の尊重	白黒（二分法）尊重	㉗	ナル型志向	スル型志向
11	連続的（境界）	断続的（境界）	㉘	表意文字（視覚・空間的）	表音文字（聴覚・時間的）
12	情理的一体感	論理的分析・分類	㉙	話題型（談話的）	主語（文的）
13	多義（あいまい）志向	単義（明示）志向	㉚	プロセス重視	結果重視
14	協調的依存（甘え）社会	独立の自立社会	㉛	動詞中心（こと的）	名詞中心（もの的）
15	conformism（順応主義）	individualism（個人主義）	㉜	音調とモーラ（拍）言語	強勢音節言語
16	自然世界重視	人工物（道具）重視	㉝	我がこと的表現（主観性）	他人ごと的表現（客観性）
17	ゲマインシャフト的	ゲゼルシャフト的	㉞	擬音語・擬態語の多様（オノマトペ）	語彙化の傾向
18	bottom up（思考）	top down（思考）			

該の社会文化圏の価値観の影響を受けていることから，言語指標から所与の文明社会が好む捉え方に迫ることは可能であろう．

まず日英比較の項目中，㉕，㉗，㉚，㉛は 2，3，4，8，10，11，12，14，18，19，21 と相関をなすようである．日本語は動詞中心に「ナル」型志向であり，語りのプロセスを重視する言語であるが，これらは状況の成り行きを注視した語り方であり，自己と場面・状況との関係を連続的・包括的に捉える価値観・心理機制と相同性をなすようである．換言すると，事態を自然発生的かつプロセスを中心に捉えるような言語では，個体と背景との関係性（8）や，個体間の関係性（2）を重視する傾向にあり，その途上で，相手との心的距離を測ったり（21），情理的一体感（12）を求めて中庸（10）への志向性を示すということである．「我がこと」的表現（㉝）とは「私」「自分」という人称を言語化せず，自己と事態との距離を措かずに自己を事態に融かし込んで描く手法である．むろん事に当たって自己がないわけではなく，逆に当然視しているため，自己が客観的に意識化されずに事態と一体化してしまう（池上 2006, 2007; 吉村 2011）．こうした捉え方は，個別属性よりも関係性（3），絶対よりも相対（4），論理的分析よりも情理の一体感（12），自立社会よりも甘えの社会（14）などと親和性が高く，場合によってはタテ型社会（20），年功序列型（21）にも密接に関係するかもしれない．語りが「文」より「談

話」単位を好む傾性（㉙）は事態の包括的捉え（1）やゲマインシャフト（17）的社会，さらには含意の多い会話（19）などと結び付く．その理由は，談話の流れは状況依存的・対人関係的に決定されることが一般的であり，「文」と比較すれば，はるかに「脈絡」や「交渉」から切り離すことが困難な発話単位だからである．血縁も一種の社会的文脈と考えれば談話志向的であることの意味は明らかであろう．

表意文字（ideogram, ㉘）は日本語，中国語が採用した文字体系であるが，表意の図像的身体性（日本語）と表音（phonograph, 英語）の音声的身体性とは，東洋の視覚文化と西洋の聴覚文化との相異を連想させる．内田（2009）によれば，図像的身体性は物質の直接性，音声的身体性は概念的間接性に連関すると言う．これは東洋文化圏がtoken 的視点（5）や，具体的捉え方（6）を好むのに対して，西洋文化圏は type 的，抽象的捉え方を好む傾向と相同的である．

まとめと展望

捉え方とは，知覚に基づいた状況認識に言語構造をかぶせて概念化者の捉え・スタンスを明示することである．知覚に基づく以上，捉え方は身体基盤的な経験主義に基づく概念である．捉え方には普遍性の高い捉え方と，多様性に富む捉え方に大きく二分できる．前者は神経生理や身体構造など生物学的身体性に直接影響を受けた捉え方であ

り，後者は地域や時代における所与のコミュニティが影響を及ぼす捉え方である．

概念内容を様々に記号化する認知操作には「カテゴリー化」「スキーマ化」「詳述性」「注意」「図と地」などがあるが，いずれも認知心理学などの知見によって実証的に裏づけされた概念であり，理論的説明のための手続き的仮定ではない．こうした普遍性の高い捉え方の操作の上層に多様性に富む捉え方の層が認められる．

多様性に富む捉え方は二つに大別できる．一つは普遍的な捉え方の複合変異（何をプロトタイプと見なすか，どのようなメタファーを採用するかなど）として，他の一つは隣接分野（文化人類学，心理学，社会学など）の知見から得られる変異である．前者は推論法（帰納的，演繹的など），因果認識（直線的か否かなど），文脈の価値づけ等，地域や時代の捉え方の傾向に影響を及ぼす．後者の変異の１例として東洋的・西洋的な思考法の違いを挙げることができる．その場合，言語特徴（例えば英語・日本語）の相違が様々な思考法・価値観・社会システムの相違と一定の相同性を有すると推量される．

これまで，捉え方の研究については主に生物学的身体性の側面（普遍的特質）からアプローチされてきたが（Aタイプ），地域や時代における変異（B-1タイプ）や，言語学以外の諸分野，例えば社会学・文化学・人類学的側面から得られる知見（B-2タイプ）も，今後，大いに寄与するものと思われる．なぜならば，捉え方には認識の多様性・相対性も深く身体化されており，人間を生物的存在のみならず，文明・文化的存在として見直す契機となるからである．また，多様性の研究を通して，普遍性の高い捉え方（A）の意義を再発見できる可能性もあろう．

▶注

1　専門用語として「捉え方」と「解釈」は同じ内容を指すが，「解釈」が認知的な「営為」に重点が置かれるのに対して，「捉え方」は「方」で示されているように，営為の「手法」面を重視した呼称である（辻編 2013 参照）．本来，英語の construe は construct（組み立てる）を語源としているため，事態を「能動的・主体的」に把握する意味である．この点で interpret（語源は「二者間の仲介者としてふるまう」）とは異なる点にも注意．construal は interpret のように何かを何かに置き換えて

中立的に説明するのではなく，事態を捉える操作的手法を強調しつつ能動的，主体的に事態を言語コード化する心的働きを表す．

2　Croft（2009）は社会的認知と捉え方の相関を主な課題としており，普遍性の高い捉え方としてコミュニケーションにおける対人関係的協働を指摘するが（communicative joint action），一方で，言語間の多様性にも言及し，社会的な認知的交流から生じる種々の点を考慮している（… crosslinguistic diversity is a reflection of patterns ultimately rooted in social cognitive interactions between human beings (Croft 2009: 418)）．同様の見解は Tomasello（2003: 12）にも見られる（Human linguistic symbols are socially learned, mainly by cultural (imitative) learning… conventional use in acts of communication）．

3　その他，捉え方の多様性に関わる身近な事例をいくつか引いておこう．生物死の捉え方は文明の進展に伴いその定義も変化してきた．脳死，心臓死，脳幹死，植物死など死を巡る定義の多様化は，歴史という時間の流れの中で，また科学知識の発展の中で，捉え方が変異，あるいは創発した事例である．英語の tell a lie と日本語「嘘をつく」は lie と「嘘」の意味を支えるフレーム知識や ICM（理想化認知モデル）の違いによって捉え方の変異を生む（Coleman and Kay 1981; Fillmore1985; Sweetser 1984; Lakoff 1987; 吉村 1995）．また，同じ出来事を述べるときでも「語り方（ナラティブ）」には地域変異が見いだされ（Kaplan 1966），物語単位における捉え方の多様性を窺わせる．このように，捉え方の多様性は，言語を通した経験の異質性を生み出すが，人間の経験を特徴づける本質的な要因である点で普遍的捉え方と同様に重要である．

4　関連して，Hinds（1986）によれば，英語は「人間中心」（person-focus），日本語は「状況中心」（situation-focus）の言語とされる．Nisbett（2003），日本通訳協会編（2007），吉村（2011）では英語は個体（変化）中心でモノ的言語，日本語は事態全体のいきさつ中心で，コト的言語との指摘がある．

5　「語り」（narrative）の普遍性と多様性の起源について，Bruner（1990）はその著書 *Acts of Meaning* の中で「意味へのレディネス」（readiness）と「物語的体制化」を説く．その趣旨は，我々は「…，ある特別なしかたで社会を解釈し，その解釈にしたがって行為するような一連の傾性をもって生まれてくる」ことである（邦訳：103）．こうした原初的傾性は「…言語に先んじて，原始的な形で世界についての原言語的表象として存在」し，「物語的体制化」すなわち「欲求や意図，意味把握のような志向的状態に端を発した物語を組み立てようとする心の体制化に向かう（邦訳：114）」．そうした原初的体制は，その者が生きる文化が用意する伝統的な語りや解釈の仕方に引き入れられ，意味づけの原型が成立する．言葉以前の意味づけへの先天的傾性が，生まれ落ちた社会の語り方に遭遇し，順化し，その語り方を獲得すると論じる．また Hinds（1977）は「好まれる」語り方についての日英の差を明確に示している．これは Bruner の言う「物語的体制化」が日英それぞれの伝統的・慣習的な捉え方に依存して行われた結果と理解できる．

▶重要な文献

Croft, W. and A. D. Cruse 2004 *Cognitive Linguistics*. Cambridge Univ. Press, Cambridge.

認知言語学全般についての入門書ではあるが，特に概念化と捉え方の操作について1章を割いており（第3章），捉え方の説明が充実している．また，先行研究を踏まえたうえで著者独自の分類と説明も興味深い．

Nisbett, R. E. 2003 *The Geography of Thought: How Asians and Westerners Think Differently...and Why*, Free Press. ［村本由紀子（訳）2004『木を見る西洋人・森を見る東洋人』ダイヤモンド社.］

社会心理学者が思考の普遍性への疑いから出発した好書．西洋的な思考法が中心の世界観から，思考の多様化の本質を心理実験などの成果をまじえながら説得的に展開する．住み慣れた地の慣習的な「常識」を唯一のよりどころとして捉える「とらわれ」から解放してくれる．

Taylor, J. R. and R. E. MacLaury（eds.）1995 *Language and the Cognitive Construal of the World*, Mouton de Gruyter, Berlin.

意味の客観主義を排し，言語資源の創造的性質に基盤を置くことで同じ一つの状況であっても多様な表現が可能となる．本書は，こうした捉え方の基本的意味観を基に，メタファー，所有構文，文法化など，様々な現象を広範なデータと諸言語から分析・考察する．捉え方を中心に取り上げた本格的専門書である．

▶文　献

安藤貞雄 1986『英語の論理・日本語の論理―対照言語学的研究』大修館書店.

安西徹雄 2000『英語の発想』（ちくま学芸文庫）筑摩書房.

ベネディクト, R. 2005『菊と刀』講談社.

Bruner, J. 1990 *Acts of Meaning*, Harvard Univ. Press, Cambridge.［岡本夏木・仲渡一美・吉村啓子（訳）2016『意味の復権（新装版）―フォークサイコロジーに向けて』ミネルヴァ書房.］

Bybee, J. 2010 *Language, Usage and Cognition*, Cambridge Univ. Press, Cambridge.

Bybee, J. 2015 *Language Change*, Cambridge Univ. Press, Cambridge.［小川芳樹・柴崎礼士郎（監訳）2019『言語はどのように変化するのか』開拓社.］

Coleman, L. and P. Kay 1981 Prototype Semantics: The English Word Lie. *Language* 57: 26-44.

Connor, U. 1996 *Contrastive Rhetoric: Cross-Cultural Aspects of Second-language Writing*, Cambridge Univ. Press, Cambridge.

Croft, W. and A. D. Cruse 2004 *Cognitive Linguistics*, Cambridge Univ. Press, Cambridge.

Croft, W. 2009 Toward a Social Cognitive Linguistics. In Evans, V. and S. Pourcel（eds.）*New Directions in Cognitive Linguistics*, John Benjamins, Amsterdam, pp.395-420.

Davies, R. and O. Ikeno（eds.）2002 *The Japanese Mind: Understanding Contemporary Japanese Culture*, Tuttle Publishing, Boston.

土居健郎 1971『甘えの構造』弘文堂.

Fauconnier, G. 1997 *Mapping in Thought and Language*. Cambridge Univ. Press, Cambridge.［坂原茂・田窪行則・三藤博（訳）2000『思考と言語におけるマッピング―メンタル・スペース理論の意味構築モデル』岩波書店.］

Fauconnier, G. and M. B. Turner 1998 Conceptual Integration Networks. *Cognitive Science* 22(2): 133-87.

Fauconnier, G. and M. B. Turner 2002 *The Way We Think: Conceptual Blending and the Mind's Hidden Complexities*. Basic Books, New York.

Fillmore, C. 1985 Frames and the Semantics of Understanding. *Quaderni di Semantica* 6(2): 222-54.

Hall, E. T. 1976 *Beyond Culture*, Anchor Books, New York.

Hinds, J. 1977 *Proceedings of the UHHATJ Conference on Japanese Languages and Linguistics*, Univ. of Hawaii, Honolulu.

Hinds, J. 1986 *Situation vs. Person Focus*（『日本語らしさと英語らしさ』）, Kurosio Publishers.

堀江薫・パルデシ, P. 2009『言語のタイポロジー―認知類型論のアプローチ』（認知言語学のフロンティア5）研究社.

池上嘉彦 1981『「する」と「なる」の言語学』大修館書店.

Ikegami, Y. 1991 "DO-language' and 'BECOME-language': Two Contrasting Types of Linguistic Representation." In Ikegami, Y.（ed.）*The Empire of Signs: Semiotic Essays on Japanese Culture*, John Benjamins, Amsterdam, pp.285-326.

池上嘉彦 2006『英語の感覚・日本語の感覚』NHK出版.

池上嘉彦 2007『日本語と日本語論』（ちくま学芸文庫）筑摩書房.

Kaplan, B. R. 1966 Cultural Though Patterns in Inter-Cultural Education. *Language Learning: A Quarterly Journal of Applied Linguistics* 16: 1-20.

加藤周一 2007『日本文化における時間と空間』岩波書店.

木村哲也 1993『英語らしさに迫る』研究社.

Kövecses, Z. 1986 *Metaphors of Anger, Pride, and Love*, John Benjamins, Amsterdam.

Kövecses, Z. 1990 *Emotion Concepts*, Springer, Berlin / New York.

Kövecses, Z. 2005 *Metaphor in Culture: Universality and Variation*, Cambridge Univ. Press, Cambridge.

Kövecses, Z. 2015 *Where Metaphors Come From: Reconsidering Context in Metaphor*, Oxford Univ. Press, Oxford.

Lakoff, G. 1987 *Women, Fire, and Dangerous Things: What Categories Revel about the Mind*, Univ. of Chicago Press, Chicago.［池上嘉彦・河上誓作・辻幸夫・西村義樹・坪井栄治郎・梅原大輔・大森文子・岡田禎之（訳）1993『認知意味論―言語から見た人間の心』紀伊國屋書店.］

Lakoff, G. and M. Johnson 1980a *Metaphors We Live By*. Univ. of Chicago Press, Chicago.［渡部昇一・楠瀬淳三・下谷和幸（訳）1986『レトリックと人生』大修館書店.］

Lakoff, G. and M. Johnson 1980b Conceptual Metaphor in Everyday Language. *Journal of Philosophy* 77(8): 453-86. (reproduced in Goldberg, A. E. (ed.) 2011 *Cognitive Linguistics*, Routledge, New York.)

Lakoff, G. and M. Johnson 1999 *Philosophy in the Flesh: The Embodied Mind and Its Challenge to Western Thought*, Basic Books, New York. [計見一雄（訳）2004『肉中の哲学―肉体を具有したマインドが西洋の思想に挑戦する』哲学書房.]

Langacker, R. W. 1987 *Foundations of Cognitive Grammar*, Vol.I, *Theoretical Prerequisites*, Stanford Univ. Press, Stanford.

Langacker, R. W. 1991 *Foundations of Cognitive Grammar*, Vol.II, *Descriptive Application*, Stanford Univ. Press, Stanford.

Langacker, R. W. 2000 A Dynamic Usage-Based Model. In Barlow, M. and S. Kemmer (eds.) *Usage-Based Models of Language*, CSLI Publications, pp.1-63. [坪井栄治郎（訳）2000「動的使用依拠モデル」坂原茂（編）『認知言語学の発展』ひつじ書房, pp.61-143.]

Langacker, R. W. 2008 *Cognitive Grammar: A Basic Introduction*, Oxford Univ. Press, Oxford. [山梨正明（監訳）2011『認知文法論序説』研究社.]

Matsuki, K. 1995 Metaphors of Anger in Japanese. In Taylor, E. and R. E. MacLaury (eds.) *Langauge and the Cognitive Construal of the World*, Mouton de Gruyter, Berlin, pp.137-51.

Mondry, H and J. R. Taylor 1992 On Lying in Russian. *L & C* 12: 133-43.

森田良行 1998『日本人の発想, 日本語の表現―「私」の立場がことばを決める』（中公新書）中央公論社.

中村芳久 2004「主観性の言語学―主観性と文法構造・構文」『認知文法論 II』大修館書店, pp.3-51.

日本通訳協会編 2007『英語通訳への道』大修館書店.

Nisbett, R. E. 2003 *The Geography of Thought: How Asians and Westerners Think Differently... and Why*, Free Press. [村本由紀子（訳）2004『木を見る西洋人森を見る東洋人』ダイヤモンド社.]

Rosch, E. 1975 Cognitive Representations of Semantic Categories. *Journal of Experimental Psychology: General* 104: 192-233.

Slobin, D. I. 1996 Two Ways to Travel: Verbs of Motion in English and Spanish. In Shibatani, M. and S. Thompson (eds.) *Grammatical Constructions*, Oxford Univ. Press, Oxford, pp.195-219. (reproduced in Goldberg, A. E. (ed.) 2011 *Cognitive Linguistics*, Routledge, New York.)

Sweetser, E. 1984 Semantic Structure and Semantic Change: A Cognitive Linguistic Study of Modality, Perception, Speech Acts, and Logical Relations. Ph. D. diss., Univ. of California.

Sweetser, E. 1987 The Definition of Lie: An Examination of the Folk Theories Underlying a Semantic Prototype. In Holland, D. and N. Quimn (eds.) *Cultural Models in Language and Thought*, Cambridge Univ. Press, Cambridge, pp.43-66.

Talmy, L. 1985 Force Dynamics in Language and Thought, *CLS* 21, Part 2: 293-337.

Talmy, L. 1988 Force Dynamics in Language and Cognition. *Cognitive Science* 12: 49-100.

Talmy, L. 1991 Path to Realization: A Typology of Event Conflation. *BLS* 17: 480-519.

Talmy, L. 2000 *Toward a Cognitive Semantics*, Vol.I, *Concept Structuring Systems*, MIT Press, Cambridge.

Taylor, J. R. and R. E. MacLaury (eds.) 1995 *Language and the Cognitive Construal of the World*, Mouton de Gruyter, Berlin.

Tomasello, M. 2003 *Constructing a Language: A Usage-Based Theory of Language Acquisition*. [辻幸夫・野村益寛・出原健一・菅井三実・鍋島弘治朗・森吉直子（訳）2008『ことばをつくる―言語習得の認知言語学的アプローチ』慶応義塾大学出版会.]

辻幸夫（編）2013『新編認知言語学キーワード事典』研究社.

内田樹 2009『日本辺境論』新潮社.

楳垣実 1974『日英比較語学入門』大修館書店.

Verhagen, A. 2010 "Construal and Perspectivization" Chapter 3. In Geeraerts, D. and H. Cuyckens (eds.) *The Oxford Handbook of Cognitive Linguistics*, Oxford Univ. Press, Oxford.

Wierzbicka, A. 1990 Prototype Save: On the Use and Abuse of the Notion of 'Prototype' in Linguistics and Related Fields. In Tsohatzidis, S. L. (ed.) 1990 *Meanings and Prototypes: Studies in Linguistic Categorization*, Routledge, London, pp.347-67.

山口明穂 2004『日本語の論理―言葉に現れる思想』大修館書店.

山下秀雄 1986『日本のことばとこころ』（講談社学術文庫）講談社.

吉村公宏 1995『認知意味論の方法』人文書院.

吉村公宏 2008「身体性―「好まれる」事態把握の観点から」『英語青年』154(3): 144-8.

吉村公宏 2011『英語世界の表現スタイル―「捉え方」の視点から』青灯社.

吉村公宏 2015「捉え方の普遍性と多様性」『日本認知言語学会論文集』15: 600-14.

| 4B.1 | B 言語の創発・習得・教育 |

音象徴・オノマトペと認知言語学

篠原和子・秋田喜美

言葉の音形と意味の関係は完全に恣意的とは限らない．その顕著な例が音象徴とオノマトペである．これらの現象は，現代言語学において周辺的扱いをされながらも，認知科学・認知言語学の発展により過去数十年の間に大きな進展を遂げてきた．ここでは，特に認知言語学との関係に重きを置きつつ，音象徴・オノマトペ研究を概説する．1.では，音象徴とオノマトペの研究史を踏まえつつ，音象徴の記述的研究の概要とこれまでに記述された音象徴現象を解説し，続いてオノマトペの形式的特性について概観する．2.ではそれぞれに関する認知言語学的課題に焦点を当て，音象徴の身体的動機づけ，オノマトペの認知言語学的分析の主要な項目を概観する．3.では，総括に加えて今後の課題を提示する．

1. 音象徴・オノマトペ研究概説

まずは，音象徴およびオノマトペに関する基本事項，特にその分類や定義についてまとめておく．

▶ 1.1 音象徴の記述的研究

1.1.1 概要と背景

音象徴（sound symbolism）とは，特定の言語音と特定の意味が直接結びつく現象をいう（Hinton et al. 1994: 1）．この現象は，ソシュールが言語の第一原理とした「言語記号の恣意性」（de Saussure 1916 ［1960］）の反例として論じられることが多い．恣意性とは，表すもの（能記）と表されるもの（所記）の関係が，社会的な決まり事以上の理由をもたないことを指す．例えば，英語の tree [triː] という語の形式（音とその配列）は，根，枝，葉といった木の形状や，光合成をするなどの性質とは関係がない．いろいろな言語の tree に当たる語を見ると，フランス語では arbre，ドイツ語では Baum，インドネシア語では pohon，日本語では「き」というように，音素の種類も並び方も異なる．これに対し音象徴は能記と所記が

動機づけられた関係性を持ち，その点で完全に恣意的ではないと考えられる．

音象徴を含む言語単位としてよく言及されるのが，**オノマトペ**（mimetic, ideophone）である（1.2 で詳説）．外界の音を言語音で写した「ガチャン」「ニャオ」（**擬音語**，phonomime/onomatopoeia），視覚的・触覚的情報を写した「ピカピカ」「ガッチリ」（**擬態語**，phenomime），身体感覚や心情を写した「ワクワク」「ズキッ」（**擬情語**，psychomime）などがその例である（金田一 1978; Kakehi et al. 1996）．音象徴現象の中でも特にオノマトペは，言語・方言間や時代間で異なっており，恣意性が全くないわけではない（山口 2002, 2003; 小野 2007）．また，日本語の「硬い」vs.「柔らかい」などの対義語的形容詞対（篠原ほか 2007）や，英語の this vs. that などの対立的指示詞（Traunmüller 2000）なども音象徴的性質を含む語群としてしばしば論じられる．さらに，実験で用いられる「ブーバ」（bouba）vs.「キキ」（kiki）（前者は曲線的で丸みを帯びた図形，後者は直線的で鋭角的な図形と結びつけられる）などの無意味語の音象徴は，Ramachandran and Hubbard（2001）以降「ブーバ・キキ効果」として広く知られるようになった．これらの「音象徴的」な語は，対比されたり文脈で強調されたりすることで，意味の違いが音からある程度想像できる．

音象徴は「**感覚的音象徴**」（sensory sound symbolism）と「**慣習的音象徴**」（conventional sound symbolism）に二分されることがある（Cuskley and Kirby 2013; cf. Hinton et al. 1994）．感覚的音象徴とは，類像性—すなわち，能記と所記の間の類似的関係—が認められるもので，関わる**感覚様相またはモダリティー**（sensory modality）によりさらに「擬音的音象徴」（音の模写）と「共感覚的音象徴」（音の模写ではない

もの）に分けられる．慣習的音象徴（ないし「体系性」）とは，類像性が認めにくいものの，ある程度規則性が見られるものをいう．典型例は英語の"phonesthemic words"である．例えば glance, glare, glimmer, glimpse, glisten, glitter, gloss, glow など，光や視覚に関係する意味を持つ語の語頭に gl- が多く見られることから，gl- という語頭の音素列が"phonesthemes"として〈視覚〉や〈光〉に関わる意味を持っていると考えられている（Firth 1930; Bergen 2004; Kwon and Round 2015）．

音象徴現象は，現代言語学や心理学の主要な研究者によって論じられてきた．例えばブルームフィールド（Leonard Bloomfield），イェスペルセン（Otto Jespersen），ケーラー（Wolfgang Köhler），サピア（Edward Sapir），ファース（John R. Firth），ブラウン（Roger Brown），ヤーコブソン（Roman Jakobson），ボリンジャー（Dwight Bolinger）などが知られている．ソシュールの恣意性の原理が言語学において優勢であった20世紀には，音象徴は言語学の中心テーマとは考えられにくかったが，21世紀初頭，Ramachandran and Hubbard（2001）の神経科学的研究が脚光を浴びたことで音象徴研究は再活性化し，言語学・心理学をはじめ多くの分野で研究が急激に増え，もはや瑣末な現象とはみなされなくなっている．

1.1.2 音象徴研究の記述的成果

音象徴に関連する文献は，プラトンの『クラテュロス』（*Cratylus*）に遡る．そこではクラテュロスとヘルモゲネスが，ものの「名前」はそのものの本質を表しているのか，それとも慣習で決まっているだけなのか，という議論を繰り広げる．日本でも9世紀の空海による真言宗において，日本語の音（モーラ）にはそれぞれ特有の意味があるとされている（Takagi and Dreitlein 2010）．また江戸時代以降の日本語研究には「音義説」と呼ばれる言語音と意味とを関連づける理論があった．

現代言語学的な意味での音象徴研究が始まったのは1920年代である．1929年に，その後の研究に大きな影響を与えた2件の実験研究が文献化された．心理学者Köhler（1947 [1929]）は，タケテ（takete）とマルマ（maluma）（ないしバルマ（baluma））という無意味語がそれぞれ尖った直線的な図形，丸みのある曲線的な図形に合うと感じられることを示した（図1）．

図1　タケテとマルマ（Köhler 1947: 225）

また Sapir（1929）は母音を対象とする実験を行なった．アメリカ人（大半が英語話者）の被験者の多くが，大きなテーブルには mal，小さなテーブルには mil という無意味語（母音 [a], [i] をそれぞれ含む）を選んだことが，初期音象徴研究の例として頻繁に引用される．

ケーラーとサピアが用いたような強制選択式の質問紙調査や，「大きい／小さい」など多数の両極形容詞対の評価尺度を用いる SD（semantic differential）法（Birch and Erickson 1958; Miron 1961 など）は，今日に至るまで，特に言語の違いを越えた音象徴現象を明らかにしようとする研究で用いられている．これらの研究により，様々な言語音と意味・イメージとの関連が明らかにされた．例えば前舌母音（[i], [e] など）は後舌母音（[u], [o] など）よりも〈明るい〉イメージ，無声摩擦音（[s], [f] など）は〈滑らか〉なイメージ，側音（[l] など）は〈柔らか〉なイメージ，共鳴音（[w], [n] など）は〈温か〉なイメージを持つ，等の報告がある．後に，これら強制選択式の方法で抽出された音象徴は，より客観的・間接的な実験法で再吟味された．Bergen（2004）は形態的プライミング，Westbury（2005）は非明示的推論課題，Saji et al.（2013）は産出課題，Asano et al.（2015）は神経科学的方法を用いている．

これら心理学ベースの実験研究が初期の音象徴研究の大半を占めているが，言語学でも語彙調査による音象徴の記述研究が行なわれた．例えばUltan（1978: 553）は38の言語を調査し，指小辞の88.2％が前舌高母音 [i] を含んでいたと報告している．同様の研究として，Jespersen（1922），Woodworth（1991），Berlin（2006）などがある．

以上のような基礎的研究で報告されている主要な音・イメージの対応をまとめたものが，図2, 図3である．

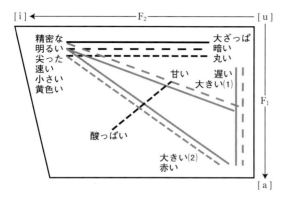

図2 母音の音象徴（Lockwood and Dingemanse 2015: 9 より改変；台形は母音空間を表す．この空間は各母音の音響的特徴（F_1, F_2）により規定され，おおよそ相対的な舌の位置に対応する．左を向いた人の口を想像されたい．）

図3 子音の音象徴（Lockwood and Dingemanse 2015: 9 に若干追加）

また，知覚領域以外のイメージについても音象徴現象が報告されている．図4は，きれいさ・人の性格のイメージ・感情についての音象徴研究の結果をまとめたものである（Kawahara et al. 2015）．

図4 知覚領域以外の音象徴

以上のように，長い研究史の中で様々な音と意味尺度について音象徴的対応が記述されている．その中には，母音による大きさの音象徴のようにある程度の普遍性を見せる例がある一方で，有声性による汚さの音象徴のように特定の言語に限られた例も少なくない（Iwasaki et al. 2007; Saji et al. 2013）．特に普遍性については，2.1で見る認知言語学的な観察が説明を与えてくれることになる．

▶ 1.2 オノマトペの形式的特性

オノマトペは世界中に見られる語類である．日本語・韓国語はもちろんのこと，アフリカ（特にニジェール＝コンゴ語族），南アジア・東南アジア，アマゾン，オーストラリア原住民のいくつかの言語など，オノマトペが豊富とされる言語は広く分布している（Samarin 1970; Voeltz and Kilian-Hatz 2001）．また，英語やフランス語など，オノマトペが少ないとされがちな言語であっても，tick tock や meow といった擬音語であればある程度存在し，オノマトペ起源と推測される動詞（例：peep（覗き見る））や名詞（例：blizzard（暴風雪））も少なくない．

オノマトペの研究は，認知言語学の理論的発展とフィールド言語学の方法論的発展に伴い1990年代以降重要な展開を見せている．一方，それ以前の研究では，日本語学・他言語研究ともに，形態音韻や統語といったオノマトペの逸脱性が目立つ側面が注目を集めてきた．ここでは，音象徴の基礎ともなるこれらの形式的特性をまとめる（より広範な概説としては Childs 1994 を参照）．

まずは音韻的・形態的特徴である．過去の研究では，オノマトペは他の語類とは異なる音素体系や音素配列を用いる，という記述がなされることが少なくなかった．例えば，和語で許されない単独 /p/ 音や /tu/ という音連続が，「ポトン」や「トゥルン」のようにオノマトペでなら不可能ではない．ただ，こうした特性は，当初想定されていたほど中心的な問題ではなく，むしろオノマトペは他の語類と音素体系や規則の大部分を共有する，とするのが近年の見方である（Newman 2001）．

オノマトペの音韻についてもう一点顕著なのが調和現象である．例えば，韓国語のオノマトペは，tüluk（太った）のように母音の「陰陽」が一致する母音調和（vowel harmony）を見せる．また，ダガリ語（ニジェール＝コンゴ語族）などでは，

gbàngbàlàng（長い棒が落ちる音）のように声調が均一となる韻律的な調和現象も見られる.

一方，形態的には，類像的にアスペクト特性（事象の時間的局面）などの意味を写すものが多い（Toratani 2007; Akita 2017）．特に，（1a）のような重複形が広範に見られ，継続性などの意味と結びつく．逆に，（1b）のような非重複形については，閉音節により瞬間性などの意味を表す例が通言語的に見られる.

   （1）a.｛滝のような／＊一滴の｝涙がポロポロと
                     零れた
      b.｛＊滝のような／一滴の｝涙がポロッと
                     零れた

形式的な特色は語レベルのみではない．文レベルの統語的逸脱の例としては，二つの現象がよく知られている．一つは，ハウサ語（アフロ＝アジア語族）やキシ語（ニジェール＝コンゴ語族）などいくつかの言語に見られる，オノマトペの生起が肯定平叙文に限られ，疑問・否定・命令文には現れることができないという現象である．ただし，ハウサ語などでは，一般副詞的な準オノマトペ表現であればこうした文タイプ制限を受けないという報告もある（Newman 1968）.

もう一つは，統語的な独立志向性である．世界のオノマトペ研究を見る限り，オノマトペにとって最も一般的な用法は，（2a）のような副詞用法や（2b）のような文頭・文末における「効果音的」な独立用法（日本語では比較的少ない），つまり述語外の用法である（Kunene 1965）．セマイ語（オーストロ＝アジア語族）のように，この種の用法がオノマトペの大部分を占める言語も存在する一方で（Diffloth 1976），「ピューピューいう」や「ドキドキする」のように，ダミー動詞を用いてオノマトペを述語に組み込む用法も多くの言語に見られる（田守・スコウラップ 1999; Voeltz and Kilian-Hatz 2001）.

   （2）a.小学生がニコニコと笑っている.
                     （副詞用法）
      b.？星が光ってる，キラキラキラ.
                     （文末用法）

これらの形式的特性は，言語学者がオノマトペを特別視するには十分であった．しかし，これらの特徴がオノマトペにとって必要条件でも十分条件でもない点も見逃せない．近年では，機能的側面まで考慮に入れることで，オノマトペを一般語彙との連続性の中で捉えようとする見方が一般的になりつつある．2.2で詳しく見る.

2. 音象徴・オノマトペ研究の認知言語学的展開

前述したように，音象徴とオノマトペはそれぞれ主に心理学と言語学において，基本的特徴の記述がなされてきた．ここでは，それらを基礎に据える認知言語学的研究で明らかになってきたことを紹介する.

▶ 2.1 音象徴の身体的動機づけ

2.1.1 恣意性と身体性

認知言語学の草創期を過ぎた 2000 年代初め頃から，音象徴研究が本格的に認知言語学の文脈で発表されるようになった（Kawahara et al. 2005; 篠原ほか 2007）．音象徴は人間の身体経験が基盤にあると考えられるため，認知言語学の中心的テーゼと深く関連する.

認知言語学では早くから**プロトタイプ論**と**基本レベルカテゴリー**が認知的カテゴリー論の文脈で論じられてきたが[→ 3.2]，これらはソシュールの恣意性の反例という側面もあった．例えば虹のスペクトルを複数の色に分割するカテゴリー化は恣意的であるとされていたのに対し，Berlin and Kay（1969）は，基本色彩語の語群がどの言語でも一定の階層に従うことを示唆する調査結果を提示し，さらに Kay and McDaniel（1978）がその階層は網膜細胞の種類と一致することを示した．これにより，恣意性の典型例とされていた虹の色のカテゴリー化が人間の身体の生理的構造による動機づけをもつ可能性が示された（後にこの研究は追実験により修正を繰り返しつつ発展している）．また，カテゴリーには認知的際だちを持つ基本レベルという特別な階層的レベルがあり，それは人間の認知特性や，環境に適応しやすい身体動作などによって動機づけられていると論じられた（Brown 1958; Berlin et al. 1973; Rosch et al. 1976; Lakoff 1987）．基本レベルは，カテゴリー名の形態論的構造や言語習得のあり方とも関連する点で言語の問題であると同時に，「身体的動機づけ」の好例と考えられた．こうした初期の研究は，

ソシュールの恣意性のうち「記号体系による世界の分節の仕方の恣意性」への疑義を提示することになった.

これに対し，音象徴は言語の記号そのものに内在する恣意性，すなわち音声イメージと概念の結びつきそのものの恣意性に関わる．言語の大半の語は，音形と意味とのあいだに直接のつながりは見られず，その意味でソシュールの恣意性の概念は正しく言語記号の性質を言い当てている．これを額面通りに受け取ってきた言語学では，言語音が特定のイメージを喚起する現象が過小視され，音と意味の有契的関係，さらには異なる感覚モダリティー間の共感覚的関連についてはなかなか研究が進まなかった．これに対し，身体性の観点から見直しを迫ることが，音象徴を取り上げる意義として認識されたのである.

とはいえ，人間の言語が現実世界の制約から離脱し，生理的・物理的動機づけがなくても概念と音とを結びつけて記号化できる力を獲得した点，またそれによって他の動物のコミュニケーション体系とは大きく異なるスケールの記号体系を発展させてきた点は，重要である．言語記号が恣意性を持つかどうかは白か黒かの問題ではなく，人間の言語は恣意性の強い記号を持ちつつも背後に音象徴的性質を残し続けているというのが，認知言語学的に妥当な理解であろう．また近年では言語起源論と音象徴の関連性も議論されており (Berlin 2006; Cuskley and Kirby 2013; Imai and Kita 2014) [→ 4B.2]，類像的な記号から恣意的な記号への進化という連続的な動きを想定する考え方もある (Perniss and Vigliocco 2014).

2.1.2 音声学的動機づけ

音象徴の身体的動機づけについては，音声学の三つの下位分野のうち**調音音声学**と**音響音声学**からの解釈がしばしば取り上げられる（他の一つは聴覚あるいは知覚音声学である）.

調音音声学的動機づけとして議論されるのは，調音時の口腔の形状や筋肉の緊張，気音の流出速度や強さなど，自己受容感覚や触覚で感知しうる感覚である．例えば母音の [i] と [a] がそれぞれ〈小さい〉と〈大きい〉というイメージと結びつくのは，調音時の下顎および舌の位置により口腔の広がり方を身体的に感じ取っているためだと

説明される．破裂音と共鳴音とで，前者のほうが〈硬い〉，後者のほうが〈柔らかい〉イメージと結びつくのは，前者を発音するときのほうが調音器官の緊張が強いためであるとされる（篠原ほか2007).

音響音声学的動機づけの議論は，周波数によるものが中心である．Ohala (1994) の「**周波数信号仮説**」(frequency code hypothesis) によれば，周波数が高い音は共鳴空間が小さいことを，逆に周波数が低い音は共鳴空間が大きいことを想定させるため，周波数の低い声を出す動物は体が大きいと想定される．これは音の発信源が危険な相手かどうかを感知しようとする動物の本能と結びついた身体知の一種として人間にも生得的に備わっているとされる (Ohala 1984)．実際に五つの母音を比較すると周波数の高い方から i-e-a-u-o の順に並ぶが，これは「大きさ」に関する音象徴的イメージ傾向と一致している（篠原・川原2013).

鋭角的で直線的な図形と丸みを帯び曲線的な図形との違いは，音のエネルギー変化の唐突さ・不規則さから説明される．[t] などの無声破裂音は，閉鎖で音が一瞬消えたあと激しいバーストとともに不規則で細かく変化する波が発生する．それに対し [n] などの共鳴音は，鼻に抜けるために完全な閉鎖がなく緩やかに子音が始まり，エネルギー変化が緩やかで規則的である (Kawahara et al. 2015)．ケーラーの二つの図形が takete/maluma のような無意味語と一定の傾向で結びつけられるのは，破裂音と共鳴音のこういった音響的性質から説明される.

音象徴研究における身体的動機づけについて問題となるのは，予測できる「法則」ではない点である．動機づけ一般に言えることだが，動機づけられているからといって必ずそのようになるわけではない.

▶ 2.2 オノマトペの認知言語学的分析

音象徴研究と同様に，オノマトペについても認知言語学の知見に基づき，現象の背後にある認知的基盤が指摘されている．ここでは，オノマトペの意味的側面に光を当てることで進み出した，そのプロトタイプ性・構文性・多義性の研究に注目する.

2.2.1　プロトタイプ性

　オノマトペを論じる際，必ず問題となるのが「オノマトペとは何か」である（Newman 1968; 田守・スコウラップ 1999）．というのも，1.2 で見たように，オノマトペの特徴的な形式だけではオノマトペを捉えきれないためである．実際，現在最も受け入れられている通言語的定義も，「**感覚イメージを描写する形式的に有標な語**」（marked words that depict sensory imagery）（Dingemanse 2011: 25）という非常に抽象的なものとなっている．プロトタイプカテゴリー論（本書第 3.2 節）が一般的になる中で，形式的有標性を含む諸特徴をオノマトペの典型条件と考える見方が広がっている（Childs 1994; 秋田 2016）．オノマトペという語類を，言語個別的にも通言語的にも，ファジーな境界を持つプロトタイプカテゴリーと捉える立場である．プロトタイプという見方は，以下のように，本格化しつつあるオノマトペの意味論にも有効である．

　オノマトペは典型的に非常に具体的で鮮明なイメージを写し取る．例えば，「トクトク」といえば，酒をコップや杯にリズミカルに注ぐ音と様子が喚起される．注がれる液体は基本的にアルコール飲料であり，杯が酒で満たされるにつれ音は高くなっていく．注ぎ方の慎重さまで読み取る話者もいるかもしれない．「リズミカルに」や「慎重に」といった一般副詞では，こうした具体性は得られない．この具体性は，例えば特定の動詞との強いコロケーション（例：トクトクと注ぐ）や動詞省略用法（例：お酒をトクトク）として観察される（Childs 1994; Akita 2012）[注1, 2]．

　一方で，オノマトペ辞典をめくってみると，「ゆっくり」「どんどん」「ちょくちょく」「ずっと」など，典型的なオノマトペと同様の形態をとりながら，具体性に欠け，様々な述語と共起する準オノマトペ的表現に出会う．さらに，「ざわつく」「さわぐ」「そそぐ」「ほろい」「ゴロ」といったオノマトペをもとにした語や，「モミモミ」（＜揉む），「ノンビリ」（＜伸ぶ），「ホッソリ」（＜細い），「ワクワク」（＜湧く）といった一般語起源のオノマトペの存在が通言語的に確認されている．これらの事実は，オノマトペがファジーな境界をもつプロトタイプカテゴリーをなすことの意味的な傍証となる．

2.2.2　構文性

　近年の日本語オノマトペの研究では，構文文法的観点がとられることがある．一般に「形式と意味の対」と定義される「**構文**」（construction）（Fillmore and Kay 1995; Goldberg 1995）[→ 2.11]は，語レベルおよび文レベルにおけるオノマトペの分析に有効とされる．

　まず，語レベルについては，1.2 で述べた形態的特徴とアスペクトなどの意味的特性の対応が**構文形態論**（Construction Morphology; Booij 2010）の好例となる．例えば，「ポロポロ」「ワンワン」「ブーブー」「グイグイ」などに共通する $[\acute{\mu}_1 \mu_2\text{-} \mu_1 \mu_2]$（頭高アクセントの 2 拍重複形；$\mu$ ＝モーラ）という鋳型は，反復・継続などのアスペクト特性と結びつく．この体系性は，オノマトペ化された語（例：メルメル（メールを打つ様子））や新奇のオノマトペ（例：ミョンミョン（液晶を指で押して波立たせる様子））にも受け継がれており，構文の特徴とされる生産性・創造性を見せる（Akita and Tsujimura 2016）．これらのオノマトペを派生分析（角岡 2007 など参照）で捉えようとすると，いくつかの問題が起こる．第 1 に，日本語ではオノマトペの語根がそのままの形では基本的に生起不可能である（例：*ポロと零れる）．そのため，「ポロ＞ポロポロ」のような語形成が仮想の派生となってしまう．第 2 に，仮に「ポロッ＞ポロポロ」のような分析を考えたとしても，非重複形を持たない語（例：テクテク；cf. *テクッ）の扱いが問題となる．それに対し，構文文法的分析では鋳型を語形成の出発点とするため，派生もとの欠如は問題とならない．

　同様の議論が文レベルでも行なわれている．「オノマトペ＋する」という形式をとるオノマトペ動詞には，活動動詞（例：アクセクする，ノンビリする），移動様態動詞（例：チョロチョロする，ブラッとする），心理動詞（例：クヨクヨする，ウンザリする），生理的感覚動詞（例：ズキズキする，チクッとする）などのいくつかの意味タイプがある（Kageyama 2007）．一方で，口語や文学作品ではオノマトペ動詞の新奇用法が多く，そういった例については形態統語環境を考慮した「構文文法的」分析がうまくいく．例えば，「ニャ

ンコが（中略）おもちゃをフワフワする」という例では，通常「マシュマロはフワフワしていて柔らかい」のように状態を描写するオノマトペ動詞が，「ニャンコが」という動作主主語と「おもちゃを」という直接目的語をとっている．このような格パタンや動詞形態から，この「フワフワする」の新奇用法は働きかけを表す接触動詞だとわかる（Tsujimura 2014; Akita and Tsujimura 2016）．さらに，先程の新奇オノマトペ「ミョンミョン」は「液晶をミョンミョンするな」のように使われるが，これも「液晶を」という直接目的語と「するな」という禁止形を頼りにした接触動詞である（Akita 2017）．

創造性を特徴とするオノマトペが，体系性と生産性を捉える構文文法と相性が良いのは自然なことである．これらの構文的特性は，巨大な日本語のオノマトペ体系を支える基盤といえよう．

2.2.3 多義性

オノマトペの多義性（筧 1993）は，認知意味論的に興味深い分布を見せる．日本語を中心とする対照研究の中で，一般語彙との共通点・相違点のほか，多義性研究への一般的提案もなされている．

1点目に，オノマトペは語彙項目として，他の語類と同種の意味拡張を見せる．例えば，英語には(3a)のような動物の鳴き声を表す擬音語動詞が発達しているが，その多くが(3b)のように発話様態動詞（manner-of-speech verb）に拡張する．

(3) a. A wolf howled in the woods.
 b. The neighbors howled "Futz."
（Zwicky 1971: 226）

類例としては，bark（吠える＞怒鳴る），yap（キャンキャン吠える＞ペチャクチャ喋る），growl（唸る＞文句を言う）などが挙げられる（井上 2010）．メタファーに基づく発話様態義は，日本語における「ガタガタいう」や「ブーブーいう」といった擬音語動詞，さらには「吠える」という一般動詞にも見られ，通言語的一般性がありそうである注3．

2点目に，オノマトペに特有な意味拡張も指摘されている．一つは，いわゆる**共感覚的比喩**の一方向性仮説への反例である．一般に，共感覚的比喩の成立にはパタンがあるとされ，特に関係の深い点として，触覚と聴覚の間には「触覚→聴覚」

という一方向性が報告されている（Williams 1976; 山梨 1988［2007］）．例えば，「粗い音」のような表現は一般的だが，「*うるさい手触り」のような表現は不自然となる．これに対し，オノマトペでは(4)に挙げるように，擬音語を基盤とする触覚表現が少なからず見られる（武藤 2015）．

(4) ザラザラした手触り，ガサガサした肌，シャリシャリした歯応え，サクサクした食感，パリパリのシャツ；頭がガンガン痛む（聴覚→触覚）

こうした「反例」が生じる背景には，次に見る生産的なメトニミーの存在があると考えられる．

オノマトペに顕著に見られる意味拡張として，いわゆる**「虚構的」**（fictive）（Talmy 2000a）なメトニミーがある（三上 2006）．游（2014: 170）の調査によれば，この種のメトニミーは日本語における多義オノマトペの40％強にも及ぶ．虚構メトニミーとは，仮想の事象を参照することにより，その事象における対象物の状態を描くもので，「条件的メトニミー」と「痕跡的メトニミー」の2種類がある．条件的メトニミーとは，「仮に対象物に働きかけた場合にこうなる」という未実現の事象を想定するメトニミーである．例えば，「カチカチの氷」と言えば，〈叩いた場合にカチカチと音がするであろう硬い氷〉を指す．一方，痕跡的メトニミーとは，あたかも「対象物が変化を被った結果としてこうなった」かのように，実現済みの事象を想定するメトニミーである．例えば，「バラバラの時計」と言えば，〈おそらくバラバラと（音を立てて）散らばった結果，多数の部品に分離している時計〉を指す．2種類の虚構メトニミーのうち痕跡的メトニミーについては，「町を外れた所」（外れるという移動が起こったわけではない）や「角が一つ落ちた四角」（実際は五角形）といった，オノマトペ以外の例も多く見つかる（国広 1985）．一方，条件的メトニミーについては，オノマトペ以外では同等の例が見つけにくい．条件的メトニミーの多くは，「カチカチの氷」のように擬音語をもとにした触覚表現である．こうした表現が生産的なのは，擬音語が音だけでなくその音の発生原因となる接触事象の詳細（対象物の状態など）までも喚起するほどに高い描写力を持つためである（2.2.1）．つまり，オノマトペは音などを頼りに様々な情報を読み込むことに長けているがゆえに，

仮想の事象までも射程に入れたメトニミー拡張を頻繁に起こせるわけである。(4)で見た「ザラザラした手触り」のような共感覚的比喩の多くはこの条件的メトニミーの例であり，体系的反例の根源はここにあるといえる。

3点目に，オノマトペ研究から多義性研究への一般的示唆を紹介する。従来の多義性研究の中心は名詞や動詞であった。それに対し，オノマトペは言語内・言語間で多様な統語的実現を見せるため[→1.2]，多義性の考察にも統語が関わってくる。副詞的実現を主とする日本語オノマトペは虚構メトニミーに富む。一方，オノマトペの主な統語範疇が動詞である英語では，むしろメタファー拡張が頻繁であり，とりわけ(3)で見た擬音語の発話様態義が広範に見られる。既に述べたように，発話様態義へのメタファー拡張は「ガタガタいう」や「ブーブーいう」のような日本語オノマトペ動詞にも見られる。このように，オノマトペの統語的実現は，何らかの概念的理由で，特定の意味拡張タイプと結びついていると考えられる（Akita 2013）。意味拡張と統語の関係は，長い歴史を持つメタファー研究でも未だ深められていない部分であり，ここからの展開が期待される。

まとめと展望

ここでは，音象徴・オノマトペ研究における基本的な成果と認知言語学的意義をまとめてきた。音象徴については，多様な意味尺度について実験的・記述的研究が積み上げられており，調音音声学と音響音声学の観点からその身体的動機づけが指摘されている。一方，オノマトペについては，単なる音象徴的語彙としてではなく，言語学の対象となりうる見逃せない語類として，プロトタイプ性・構文性・多義性などを中心に認知言語学的研究が進んでいる。いずれにおいても，日本語の研究が重要な成果を上げており，国内では音象徴・オノマトペの研究が学際的言語研究の好例ともなっている。

主要な今後の課題としては，以下の3点を挙げておきたい。1点目は孤立性の解消である。音象徴・オノマトペは，あくまで「現象」であって「分野」ではない。にもかかわらず，本章で紹介した研究は，あたかも一つの研究分野であるかの

ように自己完結する傾向にあり，一般言語学者もこの「周辺分野」には不用意に立ち入らない嫌いがある。音象徴・オノマトペにも既存の理論が応用可能であるというだけでなく，音象徴・オノマトペ研究からそれらの理論に対して何が言えるか，あるいは全く新しい理論の構築は可能かといった挑戦的な視点が必要である。

2点目は類型論的探究である。オノマトペ・音象徴ともに通言語的な共通性と相違性が話題の中心に上りながらも，未だ本格的な比較研究が行なわれていない。これには，他言語におけるデータの不足のほか，通言語的対照を行なうための理論的枠組みがうまく導入されていないことが原因として考えられる。その意味で，近年試みが始まった構文文法（2.2.2），**役割・指示文法**（Role and Reference Grammar）（Toratani 2007），会話分析（Dingemanse 2011），**規範類型論**（Canonical Typology）（Kwon and Round 2015）によるオノマトペ・音象徴の分析は注目に値する。

3点目は研究分野の国際的展開である。篠原・宇野（編）（2013）に象徴されるように，オノマトペ・音象徴研究は国内で大きな学際的盛り上がりを見せた。その一方で，この潮流は強い内向性をはらんでおり，日本語研究と他言語研究の間，さらに国内の日本語研究と海外の日本語研究の間にも大きな隔たりが認められる。今後，国内で得られた成果を海外へと積極的に発信していく姿勢が求められる。言語進化研究で国際的な高まりを見せる類像性への関心と，少しずつ国際連携を始めたオノマトペ研究の活気を，躍進のきっかけとすることができるかどうかが一つの鍵であろう。

▶注

1　オノマトペの高い描写性は，オノマトペに別個の意味表示を設けることで捉えられている。この別個の意味表示は，「**感情・イメージ次元**」（affecto-imagistic dimension）（Kita 1997）や「**描写モード**」（depiction mode）（Dingemanse 2011）と呼ばれる。これらの意味表示は，**類像的ジェスチャー**（iconic gesture）やイントネーションと共有されるとされ，実際オノマトペ（特に統語的独立性の高い用法）はこれらの非言語的特徴と頻繁に共起することが知られる（Nuckolls 1996; Kita 1997; 秋田 2016）。オノマトペの意味的具体性は，詳細な意味記述を得意とするフレーム意味論[→2.8]による記述も行なわれている（Akita 2012; 游 2014）。

2　日本語などにおける「オノマトペ副詞＋動詞」の組合

せ（例：トボトボ歩く，クスクス笑う）は，英語などの動詞1語（例：plod，giggle）に対応することが多いことから（Hirose 1981），語彙化の類型論（Talmy 2000b）の観点から論じられることも少なくない（Ibarretxe-Antuñano 2006; Toratani 2012）．

3　多義性はオノマトペの構成要素についても議論されている．例えば，［*ú*₁*μ*₂-*μ*₁*μ*₂］という形態音韻的な鋳型（1.2, 2.2.2）は，〈反復〉（例：ポキポキ），〈継続〉（例：イライラ），〈複数〉（例：ブツブツ）といった多義と結びつく（Akita 2017）．さらに，音素・音声素性の音象徴にも多義性が記述されているが（例：語頭 /s/ の〈速さ〉〈滑らかさ〉〈爽快感〉），こちらについては認知意味論的な追究が進んでいない（Hamano 1998）．

▶重要な文献

Hamano, S. 1998 *The Sound-Symbolic System of Japanese*, CSLI Publications, Stanford.
　日本語オノマトペの音象徴体系について詳細に記述した研究．音韻論的・通時的分析も含む記念碑的研究．

Hinton, L. et al. (eds.) 1994 *Sound Symbolism*, Cambridge Univ. Press, Cambridge.
　音象徴・オノマトペに関する各種基礎研究を集めた最初の論文集であり，今日でも議論の出発点となっている．1990年代前半のバークレーから発信されたことに認知言語学との因果が窺われる．

篠原和子・宇野良子（編）2013『オノマトペ研究の射程——近づく音と意味』ひつじ書房．
　主に日本語のオノマトペ・音象徴に関する近年の言語学的・学際的研究を広く収めた論文集．

田守育啓・スコウラップ，L. 1999『オノマトペ——形態と意味』くろしお出版．
　日本語オノマトペの諸側面を英語との比較を通じて概説した入門書．特にオノマトペの定義の問題を軸としている．

Voeltz, F. K. E. and C. Kilian-Hatz (eds.) 2001 *Ideophones*, John Benjamins, Amsterdam/Philadelphia.
　諸言語におけるオノマトペの形式と意味に関する研究を収めた論文集．Hinton et al. (1994) と並んでオノマトペの基本文献となっている．

▶文　献

Akita, K. 2012 Toward a Frame-Semantic Definition of Sound-Symbolic Words: A Collocational Analysis of Japanese Mimetics. *Cognitive Linguistics* 23: 67-90.

Akita, K. 2013 Constraints on the Semantic Extension of Onomatopoeia. *Public Journal of Semiotics* 5: 21-37.

秋田喜美 2016「言語体系の中のオノマトペ」影山太郎（編）『レキシコンフォーラム』7: 19-39.

Akita, K. 2017 Grammatical Functional Properties of Mimetics in Japanese. In Iwasaki, N. et al. (eds.) *The Grammar of Japanese Mimetics*, Routledge, London, pp.20-34.

Akita, K. and N. Tsujimura 2016 Mimetics. In Kageyama, T. and H. Kishimoto (eds.) *The Handbook of Japanese Lexicon and Word Formation*, De Gruyter Mouton, Berlin/New York, pp.133-60.

Asano, M. et al. 2015 Sound Symbolism Scaffolds Language Development in Preverbal Infants. *Cortex* 63: 196-205.

Bergen, B. K. 2004 The Psychological Reality of Phonaesthemes. *Language* 80: 290-311.

Berlin, B. 2006 The First Congress of Ethnozoological Nomenclature. *Journal of the Royal Anthropological Institute* 12: 23-44.

Berlin, B. and P. Kay 1969 *Basic Color Terms: Their Universality and Evolution*, Univ. of California Press, Berkeley/Los Angeles.［日髙杏子（訳）2016『基本の色彩語——普遍性と進化について』法政大学出版局．］

Berlin, B. et al. 1973 General Principles of Classification and Nomenclature in Folk Biology. *American Anthropologist* 75: 214-42.

Birch, D. and M. Erickson 1958 Phonetic Symbolism with Respect to Three Dimensions from the Semantic Differential. *Journal of General Psychology* 58: 291-7.

Booij, G. 2010 *Construction Morphology*, Oxford Univ. Press, Oxford.

Brown, R. W. 1958 *Words and Things: An Introduction to Language*, Free Press, Illinois.

Childs, G. T. 1994 African Ideophones. In Hinton, L. et al. (eds.) *Sound Symbolism*, Cambridge Univ. Press, Cambridge, pp.178-204.

Cuskley, C. and S. Kirby 2013 Synesthesia, Cross-Modality, and Language Evolution. In Simner, J. and E. M. Hubbard (eds.) *The Oxford Handbook of Synesthesia*, Oxford Univ. Press, Oxford, pp.869-99.

Diffloth, G. 1976 Expressives in Semai. *Oceanic Linguistics* 13: 249-64.

Dingemanse, M. 2011 *The Meaning and Use of Ideophones in Siwu*, Ph. D. diss., Max Planck Institute for Psycholinguistics/Radboud University, Nijmegen.

Fillmore, C. J. and P. Kay 1995 *Construction Grammar Coursebook*, MS, Univ. of California, Berkeley.

Firth, J. R. 1930 *Speech*, Ernest Benn, London.

Goldberg, A. E. 1995 *Constructions: A Construction Grammar Approach to Argument Structure*, Univ. of Chicago Press, Chicago.［河上誓作・早瀬尚子・谷口一美・堀田優子（訳）2001『構文文法論——英語構文への認知的アプローチ』研究社．］

Hamano, S. 1998 *The Sound-Symbolic System of Japanese*, CSLI Publications, Stanford.

Hinton, L. et al. (eds.) 1994 *Sound Symbolism*, Cambridge Univ. Press, Cambridge.

Hirose, M. 1981 *Japanese and English Contrastive Lexicology: The Role of Japanese "Mimetic Adverbs"*, Ph. D. diss., Univ. of California, Berkeley.

Ibarretxe-Antuñano, I. 2006 *Sound Symbolism and Motion in Basque*, LINCOM Europa, München.

Imai, M. and S. Kita 2014 The Sound Symbolism Bootstrapping Hypothesis for Language Acquisition and Language Evolution. *Philosophical Transactions of the Royal Society B* 369: 20130298.

井上加寿子 2010『オノマトペのレトリック―擬音語・擬態語表現の創発に関する認知言語学的研究』大阪大学博士論文.

Itô, J. and R. A. Mester 1995 Japanese Phonology. In Goldsmith, J. A. (ed.) *The Handbook of Phonological Theory*, Blackwell, MA, pp.817-38.

Iwasaki, N. et al. 2007 What Do English Speakers Know about *Gera-Gera* and *Yota-Yota*?: A Cross-Linguistic Investigation of Mimetic Words for Laughing and Walking. *Japanese-Language Education around the Globe* 17: 53-78.

Jespersen, O. 1922 *Language: Its Nature, Development and Origin*, George Allen & Unwin, London.［三宅鴻（訳）1981『言語―その本質・発達・起源（上）』（岩波文庫）岩波書店.］

角岡賢一 2007『日本語オノマトペ語彙における形態的・音韻的体系性について』くろしお出版.

Kageyama, T. 2007 Explorations in the Conceptual Semantics of Mimetic Verbs. In Frellesvig, B. et al. (eds.) *Current Issues in the History and Structure of Japanese*, Kurosio Publishers, Tokyo, pp.27-82.

筧壽雄 1993「一般語彙となったオノマトペ」『言語』22: 38-45.

Kakehi, H. et al. 1996 *Dictionary of Iconic Expressions in Japanese*, Mouton de Gruyter, Berlin/New York.

Kawahara, S. et al. 2005 An Experimental Case Study of Sound Symbolism in Japanese. Paper Presented at the New Directions in Cognitive Linguistics Conference, Univ. of Sussex.

Kawahara, S. et al. 2015 Iconic Inferences about Personality: From Sounds and Shapes. In Hiraga, M. K. et al. (eds.) *Iconicity: East Meets West*, John Benjamins, Amsterdam/Philadelphia, pp.57-69.

Kay, P. and C. K. McDaniel 1978 The Linguistic Significance of the Meanings of Basic Color Terms. *Language* 54: 610-46.

金田一春彦 1978「擬音語・擬態語概説」浅野鶴子（編）『擬音語・擬態語辞典』角川書店, pp.3-25.

Kita, S. 1997 Two-Dimensional Semantic Analysis of Japanese Mimetics. *Linguistics* 35: 379-415.

Köhler, W. 1947 [1929] *Gestalt Psychology: An Introduction to New Concepts in Modern Psychology*, Liveright, New York.

Kunene, D. P. 1965 The Ideophones in Southern Sotho. *Journal of African Linguistics* 4: 19-39.

国広哲弥 1985「認知と言語表現」『言語研究』88: 1-19.

Kwon, N. and E. R. Round 2015 Phonaesthemes in Morphological Theory. *Morphology* 25: 1-27.

Lakoff, G. 1987 *Women, Fire, and Dangerous Things: What Categories Reveal about the Mind*, Univ. of Chicago Press, Chicago.［池上嘉彦・河上誓作・辻幸夫・西村義樹・坪井栄治郎・梅原大輔・大森文子・岡田禎之（訳）1993『認知意味論―言語から見た人間の心』紀伊國屋書店.］

Lockwood, G. and M. Dingemanse 2015 Iconicity in the Lab: A Review of Behavioural, Developmental, and Neuroimaging Research into Sound-Symbolism. *Frontiers in Psychology* 6: 1246.

三上京子 2006「日本語の擬音語・擬態語における意味の拡張―痕跡的認知と予期的認知の観点から」『日語日文學研究』57: 199-217.

Miron, M. S. 1961 A Cross-Linguistic Investigation of Phonetic Symbolism. *Journal of Abnormal and Social Psychology* 62: 623-30.

武藤彩加 2015『日本語の共感覚的比喩』ひつじ書房.

Newman, P. 1968 Ideophones from a Syntactic Point of View. *Journal of West African Languages* 5: 107-117.

Newman, P. 2001 Are Ideophones Really as Weird and Extra-Systematic as Linguists Make Them Out to Be? In Voeltz, F. K. E. and C. Kilian-Hatz (eds.) *Ideophones*, John Benjamins, Amsterdam/Philadelphia, pp.251-58.

Nuckolls, J. B. 1996 *Sounds like Life: Sound-Symbolic Grammar, Performance, and Cognition in Pastaza Quechua*, Oxford Univ. Press, Oxford.

Ohala, J. J. 1984 An Ethological Perspective on Common Cross-Language Utilization of F_0 of Voice. *Phonetica* 41: 1-16.

Ohala, J. J. 1994 The Frequency Code Underlies the Sound-Symbolic Use of Voice Pitch. In Hinton, L. et al. (eds.) *Sound Symbolism*, Cambridge Univ. Press, Cambridge, pp.325-347.

小野正弘（編）2007『擬音語・擬態語4500 日本語オノマトペ辞典』小学館.

Perniss, P. and G. Vigliocco 2014 The Bridge of Iconicity: From a World of Experience to the Experience of Language. *Philosophical Transactions of the Royal Society B* 369: 20130300.

Ramachandran, V. S. and E. M. Hubbard 2001 Synaesthesia: A Window into Perception, Thought and Language. *Journal of Consciousness Studies* 8: 3-34.

Rosch, E. et al. 1976 Basic Objects in Natural Categories. *Cognitive Psychology* 8: 382-439.

Saji, N. et al. 2013 Cross-Linguistically Shared and Language-Specific Sound Symbolism for Motion: An Exploratory Data Mining Approach. *Proceedings of the 35th Annual Meeting of the Cognitive Science Society*, pp.1253-8.

Samarin, W. J. 1970 Inventory and Choice in Expressive Language. *Word* 26: 153-69.

Sapir, E. 1929 A Study in Phonetic Symbolism. *Journal of Experimental Psychology* 12: 225-39.

Saussure, F. de 1916 [1960] *Cours de linguistique générale*, Payot, Paris (*Course in General Linguistics*, Peter Owen, London).［小林英夫（訳）1972『一般言語学講義』岩波書店.］

篠原和子・川原繁人 2013「音象徴の言語普遍性―『大きさ』のイメージをもとに」篠原和子・宇野良子（編）『オノマトペ研究の射程―近づく音と意味』ひつじ書

房, pp.43-57.

篠原和子・宇野良子 (編) 2013『オノマトペ研究の射程——近づく音と意味』ひつじ書房.

篠原和子ほか 2007「音象徴と身体性」『ことばと人間』6: 1-12.

Takagi, S. and T. E. Dreitlein 2010 *Kūkai on the Philosophy of Language*, Keio Univ. Press, Tokyo.

Talmy, L. 2000a *Toward a Cognitive Semantics,* Vol.I, *Concept Structuring Systems*, MIT Press, Cambridge.

Talmy, L. 2000b *Toward a Cognitive Semantics,* Vol.II, *Typology and Process in Concept Structuring*, MIT Press, Cambridge, MA.

田守育啓・スコウラップ, L. 1999『オノマトペ——形態と意味』くろしお出版.

Toratani, K. 2007 An RRG Analysis of Manner Adverbial Mimetics. *Language and Linguistics* 8: 311-42.

Toratani, K. 2012 The Role of Sound-Symbolic Forms in Motion Event Descriptions: The Case of Japanese. *Review of Cognitive Linguistics* 10: 90-132.

Traunmüller, H. 2000 Sound Symbolism in Deictic Words. In Aili, H. (ed.) *Tongues and Texts Unlimited: Studies in Honour of Tore Jansson on the Occasion of His Sixtieth Anniversary*, Stockholm Univ. Press, Stockholm, pp.213-34.

Tsujimura, N. 2014 Mimetic Verbs and Meaning. In

Rainer, F. et al. (eds.) *Morphology and Meaning*, John Benjamins, Amsterdam/Philadelphia, pp.303-14.

Ultan, R. 1978 Size-Sound Symbolism. In Greenberg, J. et al. (eds.) *Universals of Human Language*, Vol.II, *Phonology*, Stanford Univ. Press, Stanford, pp.527-68.

Voeltz, F. K. E. and C. Kilian-Hatz (eds.) 2001 *Ideophones*, John Benjamins, Amsterdam/Philadelphia.

Westbury, C. 2005 Implicit Sound Symbolism in Lexical Access: Evidence from an Interference Task. *Brain and Language* 93: 10-9.

Williams, J. M. 1976 Synaesthetic Adjectives: A Possible Law of Semantic Universals. *Language* 52: 461-78.

Woodworth, N. L. 1991 Sound Symbolism in Proximal and Distal Forms. *Linguistics* 29: 273-99.

山口仲美 2002『犬は「びよ」と鳴いていた——日本語は擬音語・擬態語が面白い』光文社.

山口仲美 2003『暮らしのことば——擬音・擬態語辞典』講談社.

山梨正明 1988 [2007]『比喩と理解』東京大学出版会.

游韋倫 2014『日中両言語における擬音語の意味と意味拡張——フレーム意味論の観点からのアプローチ』神戸大学博士論文.

Zwicky, A. M. 1971 In a Manner of Speaking. *Linguistic Inquiry* 2: 223-33.

═══ コラム 32　言葉あそびと認知言語学 ═══════════════════ 篠原和子 ═══

　言葉あそびは，人と言葉のかかわりの中で古くから親しまれてきました．言葉であそぶという人間の営みは，言語機能と認知機能の相互作用によって支えられています．その意味で，言葉あそびと認知言語学は本来とても相性がよいはずなのですが，言語学全体をみても，これまでそれほど活発に研究されてきませんでした．なぞなぞやジョーク，詩的言語などの研究はあるものの，対象・方法論ともに，これからもっと認知言語学での研究の発展が期待されるテーマです．

　言葉あそびの研究で重要な鍵となる認知言語学的な考え方は，人の言語能力が，「言語」というモジュールに囲い込まれて独立しているのではなく，言語以外の認知能力や知覚をはじめ脳内のいろいろな機能との相互作用によって成り立っている，という見方です．この見方に立って言葉あそびを本格的に研究した例があります．なんと，**ダジャレ**の研究です．ダジャレといえば，「おやじギャグ」，「くだらない」，「さむい」など残念な評価を受けがちで，なんとなく馬鹿にされていますが，学問的に調べてみると，とても興味深い知見が得られます．

　ダジャレは，音が同じか似ているものを使って意味の違う言葉をならべるあそびですが，音の対応の仕方でいくつかに分類することができます．

　　(1)対応部分の音素が全く同じ(「<u>アルミ缶</u>の上に<u>あるミカン</u>」など)，

　　(2)音素列の順序が入れ替わる現象(metathesis)が含まれる(「<u>ダジャレ</u>を言ったのは<u>誰じゃ</u>」など)，

　　(3)子音が変わる(「<u>胃潰瘍</u>は，<u>痛いよう</u>」では，/k/が/t/に変異しています)，

　　(4)母音が変わる(「<u>朝青龍</u>は，<u>汗少量</u>」など)，

　　(5)音節が挿入される(「<u>アザラシ</u>が<u>雨ざらし</u>」など)，

　　(6)元ネタが言語化されず，対応部分が片方しかない(「<u>マッチョ</u>が<u>売りの少女</u>」など)，

といったタイプがあります．このうち(3)，(4)，(5)について，一連の共同研究を行なってきました (代表的論文は(3)についての Kawahara and Shinohara 2009 です)．

　例えばダジャレにみられる**子音変異**を統計的に分析すると，「音韻素性」が共通であるほどダジャレの変異ペアになりやすいことがわかります．これだけなら驚きませんが，さらに詳しく分析してみたところ，音韻論で

は説明のつかない現象が見つかりました．音素レベルでは違いの程度が同じになってしまう音同士でも，「音声学的に似ている」音ほど，ダジャレの子音変異ペアになる確率が高かったのです．

　これが何を意味しているかというと，「物理的・音響学的に似ている音は似た音として知覚される」という，言語とは独立に存在している「**音響心理学的類似性**」の原理が，ダジャレを作るときに働いている，ということです．つまりダジャレを言う人は，（習ってもいない）音声学の知識に相当する直観を持っていて，それを用いているということになります（おそらく聞き手も同じ直観を持っているでしょう）．これは，「音韻論から先が言語知識」だとしてきた二十世紀の理論言語学の主張とは違っています．言葉あそびに用いられる言語的直観には，言語の外にあるとされてきた認知情報が使われているのです．

　こうして私たちは，言語が他の知覚構造と相互作用しながら働いているという認知言語学の言語観をサポートする現象を，ダジャレの中から見つけました．たかがダジャレ，と言うなかれ．真面目に研究してみると，学問的に価値のある，大問題の解決の糸口になるような発見ができることもあるのです．言葉あそびの中にも，人間の認知能力の秘密がかくれているわけです．

▶ 参考文献

Kawahara, S. and K. Shinohara 2009 The Role of Psychoacoustic Similarity in Japanese Puns: A Corpus Study. *Journal of Linguistics* 45(1): 111-38.

4B.2	B 言語の創発・習得・教育

身体性と記号接地

今井むつみ

記号接地問題は人工知能の核になる問題の一つであり，言語習得の問題でもある．ここでは，言語習得の見地から記号接地の本質的な問題とは何かを問い，記号接地問題を再定義するとともに，言語の身体性，抽象性，恣意性についても再考する．

1. 記号接地問題とは：ハルナッドによる記号接地問題の提起とその背景

伝統的な言語学においては，言語は身体から抽象化され，指示対象と直接の類似性を持たない恣意的な性質を持った記号の体系であると考えられてきた．この考えを踏襲した伝統的記号アプローチをとる人工知能でも，人間の思考は恣意的な性質をもった記号を操作することで実現されていると想定した．

このような考えに対するアンチテーゼとして認知科学者のスティーブン ハルナッド（Steven Harnad）は外国語の記号のみから外国語を学習する事態を例に挙げて以下のように「記号接地問題」（symbol grounding problem）を提起した．

あなたは中国語を学ぼうとするが，入手可能な情報源は中国語辞書（中国語を中国語で定義した辞書）しかないとしよう．するとあなたは永遠に意味のない記号列の定義の間をさまよい続け，何かの「意味」には永遠にたどり着くことができないことになる．　　　　　　　（Harnad 1990: 338）

全く意味のわからない記号の意味を，他の，やはり全く意味のわからない記号を使って理解することはできない．他方，中国語の語を母語の語を介して理解することは可能である．母語の語は「感覚に接地」しており，接地した語を通じて接地していない外国語の記号を理解することが可能なのである．

ハルナッドは，記号の意味を記号のみによって記述しつくすことは論理的に不可能であると指摘した．言語という記号体系が意味を持つためには，基本的なことばの一群の意味はどこかで感覚と接地（ground）されていなければならないというのが彼の論点の中心である．

もともとハルナッドは当時の記号操作によって人間の思考を実現しようとしていた人工知能における伝統的な記号操作アプローチを批判し，当時まだ新しかったコネクショニズムに大きな期待を寄せてこの問題を提起した．しかしこの問題は，人工知能における記号操作アプローチに留まらず，言語をめぐる様々な分野に深く関わる諸処の問題に関係する．まず，この問題は，子どもの母語の学習の際に実際に起こる問題でもある．意味を知っていることばを一つも持たない子どもは，記号を使って新たに記号を獲得することはできない．言語と感覚とのつながりを知らない子どもが，辞書を用いて言語を学習することは不可能である．子どもはどのようにことばを感覚に結びつけ，語彙を構築していくのだろうか．そもそも感覚経験がカテゴリー化されていれば，そこに言語の形式（単語の音声）を結びつけるだけでことばの意味は習得できるのだろうか？

この問題は，言語の身体性と抽象性の問題にも直接関わってくる．記号接地問題は言語が恣意的で抽象的な記号であるという前提自体に疑問を投げかけた．しかし，言語の身体性とは何か，という問題は自明ではない．記号に身体感覚が結び付けられていることが，「言語は身体性を持つ」ということの条件で，それは，言語が抽象的な記号であることを否定することになるのか？　しかし，成人の言語の使い手は感覚的に知覚できない概念——例えば，友情，正義，コミュニケーションなど——を名づけたことばを多数知っており，それらの概念は確かに接地しているという感覚を持つ．

また，もともとは知覚経験に由来するような語が，明らかに知覚以外の領域で拡張して使われ，それを我々は比喩とも思わずに当たり前に，あたかもそれが直接に身体感覚に由来するような感覚で使っている．例えば，「血圧が上がる」，というとき，実際には血流の圧力が強まっているという身体的な状態，あるいは変化を，上方向への移動に置き換えて表現した比喩であるが，普通の人はそれを比喩と思わないほど自然なことと感じる．しかし，「上がる」は血圧など身体の変化だけではなく，「調子が上がる」など，身体から離れた抽象的な概念がよい方向へ変化することにも使う．つまり，言語に用いられる記号の体系は，身体を経て得られる感覚，知覚，運動，感情などの情報に由来した意味を持ちながらも，その記号体系は，身体性から離れた抽象的な記号や記号体系として独自の意味をも持ち得るのである．記号体系が身体に接地しながらも，どのようにそこから離れ，独自の意味を持ちうるのか，どのように抽象的な記号体系に発展しうるのか．さらに，それが子供の母語習得，成人の外国語習得にどのように関係しているのか．この問題こそが記号接地問題で考えなければならないことだろう．ここではこの問題について論考していくが，そのためにはまず，言語記号の性質を，特に身体性と抽象性という観点からしっかりと考えなければならない．

2. 言語記号の身体性と抽象性

▶ 2.1 形式と意味の間の類像性に由来する身体性

記号の抽象性を考えるときにまず挙げられるのは記号形式と意味の恣意性である．伝統的な言語学では言語記号は意味のある関係を持たず，記号形式と記号内容との間は完全に恣意的であるとされてきた．しかし認知の身体性の問題への関心の高まりとともに，言語自体に潜む身体性が再吟味され，実証的に検討されるようになった．このようなもののひとつに，類像性（アイコニシティ）と呼ばれる性質がある［→ コラム25 ］．

類像性とは，記号における形式とそれが指し示す内容の間に何らかの類似的関係が見られる性質を指す．例えば，「りんごの絵」における色や輪郭など（記号形式）は，それが指し示す実際のり

んご（記号内容）の色や形を模したものである．この意味において，「りんごの絵」は，記号形式と記号内容とが類似的関係で結ばれている，類像的な記号であると言える．

言語の進化の過程で言語は複雑に体系化され，記号的としての抽象性を増していった．その過程で，ほとんどの単語の音は，少なくとも意識的に感知できるレベルで，その指示する意味との直接的な類似性を持たなくなった．しかし，言語は最初はジェスチャーなどの身体の動きを記号として使うところから始まり，音声記号としての言語はわれわれ人類の祖先がモノや動作を口で**模倣**（mimicry）したところから始まったという考えは，言語進化を関心事とする多くの研究者に共有される仮説となっている（Ramachandran and Hubbard 2001; Imai and Kita 2014）．

記号形式（つまりことばの音）が特定の感覚を引き起こす現象と意味の間の類似的関係は音象徴と呼ばれる．多くの言語では，音象徴を明らかに感じることができるオノマトペ（擬音語や擬態語）という特殊なことばを語彙に含む［→ 4B.1 ］．オノマトペという特別な語彙クラスを持たない言語も世界には（特に欧米の言語では）存在するが，そのような言語でも，オノマトペではない通常の語に，一見気づかない音象徴が潜んでいるという指摘もある．その傍証として，全く異なる言語族に属する10の言語から対比関係にある形容詞対（例えば大きい―小さい）を抽出し，これらの言語のどれも全く知らない英語母語話者に提示すると，統計的に信頼できる高い確率でどの音がどの意味の形容詞なのかを推測することができたという報告があり（Nygaard et al. 2009），現代の言語の中にも，進化の過程で薄れていった音と意味のつながり，あるいは外界に対することばの類像性が未だに名残りを留めていることが示唆されている．意味と言語形式の間に類像的な関係が統計的に有意な水準で見られるということは言語が完全に恣意的な関係にはないと言うことを示すものであるが，その関係に恣意性がないことは意味しない．形式と意味の関係がもっとも類像的であるオノマトペですら，当該言語の非話者が簡単に検知できない場合が多い．

この現象を検証するために，佐治ほか（Saji et

al. 2013) は人が歩いたり，跳躍したり，走ったりしている様々な動きを英語話者と日本語話者に提示し，動きに適合する音を持つ新奇語をつくるよう指示した．同時に，同じ動画を速い―遅い，大きい―小さい，規則的―不規則などの意味次元で評定してもらい，作成されたオノマトペを音の素性に分解し，新奇語に使われた音と意味の関係を分析した．特筆すべきは，新奇語はほぼすべて，それぞれの言語での音韻体系の制約の中で作成されていたということである．言い換えれば同じイベントを音が合うように表現するのにも，各言語の音韻体系に制約されるため，身体に接地しながらも恣意的な関係がうまれるのである．実際，英語話者と日本語話者が産出した音と意味素性には全体的な共通性が薄く，共通の音象徴が見られたのは速度と鼻音（遅い―鼻音）のみだった．鼻音は空気を連続的に震わせて音を作り出す．この連続性が時間の連続性に対応づけられ，さらに時間的な「遅さ」として拡張されて，「鼻音―遅さ」の対応づけが異なる言語に跨る音象徴として感じられるのかもしれない．

　いずれにせよ，音象徴のように，音と意味の間に有意味な関係があるような語でも，個別言語の音韻体系や意味との対応づけの際の言語固有の選択から普遍性からの逸脱が生まれる．しかしそれは言語記号が身体に接地していないことを意味するものではない．普遍性から逸脱し，言語固有の恣意的な道筋をも言語記号は個別言語の中で身体や世界に接地している．その意味で言語は抽象的であり，恣意的でもあるという二面性を持つ．

▶ 2.2　心内シミュレーションと身体性

　語意が身体感覚に直接つながりがあることを示す根拠として挙げられるのは，ことばを処理するときの脳活動や脳損傷患者の臨床研究である．最近の脳イメージング研究は，単語を処理する時，意味処理の領域だけではなく，その単語が関係する感覚・知覚領域がともに活動することを示している．例えば色の名前を読むだけで視覚野の色処理の部位が活動する（Martin 1995）．あるいは，kick，lick などの動作の動詞を読むと，感覚野の足や舌に対応する部分が活動する．つまり，人はことばを処理するときに，そのことばが関係する感覚野が賦活する（Pulvermuller et al. 2001）．こ

れは語の意味は身体から離れた純粋に抽象的な意味を持つものではなく，身体感覚に接地したものであることを強く示唆する．

　また，脳の一部が損傷した場合，感覚モダリティに特異的に意味の障害が現れる．大槻（2014）は，目の前に「消しゴム」を提示されたとき，視覚認知は問題ないので，何であるのかはわかっているが，「消しゴム」ということばを言うことができない患者の事例を報告している．しかし，この患者は手に持ったとたん，「あ，消しゴムですね」と即答できた．このようなモダリティ特異的な名づけの障害もまた，ことばの意味が，脳の「意味中枢」のようなところに感覚と切り離された形で存在するのではなく，意味は入力の感覚モダリティと直接連結されていることを示唆する．

　ただし，ことばの意味とは単なる外界のなぞりではない．Lupyan and Thompson-Schill（2012）は，ネコの鳴き声あるいは「ネコ」という単語を示した後，ネコの絵を見せてそれが単語あるいは鳴き声が指すものと一致するか否かという判断を求めた．するとヒトは単語を提示したときのほうが，鳴き声などその対象の明らかな特徴を提示したときよりも判断が早かった．これはことばによる指示は非言語的記号による指示に比べて，その指示対象についての圧縮された，抽象化された表象と結びついて，カテゴリーをつくり，情報処理をより効率化していることを示唆している（浅野・渡邊 2014）．実際，後頭葉から側頭葉にかけての損傷をもつ患者で，「家の隣のイヌ」，「私のメガネ」など特定の事物の視覚イメージは持てるのに，「イヌ」「メガネ」など，カテゴリーとしての視覚イメージは持てないという臨床報告がある（大槻 2014）．つまり「メガネ」「イヌ」などの一般的なことばの意味は，特定の事例の詳細な視覚イメージではなく，多くの事例をある程度抽象化した，「カテゴリー表象」なのであり，それがなければ自分の知っている特定の事例を超えて，新しい事例，新しい状況に対してことばを使うことはできない．このような観点からも，言語記号としてのことばはどんなに身体や感覚と結びついていようが，やはり情報を抽象化して凝縮した存在なのである．

▶ 2.3 記号の概念性と解釈可能性に由来する抽象性

言語記号の抽象性は，形式と意味の恣意性からのみ生まれるのではない．ことばは「言語」というヒト固有のコミュニケーションのための記号体系の中に存在する．そこにおいて，はじめて個々のことばは解釈されるのである．この問題を考えるために，まずは記号を使わない他種のコミュニケーションを考えてみよう．話し手がメッセージにコードした情報を受け手が読み解き（両者が共有するメッセージと意味の対応表に基づきデコードし），情報伝達が完了するという情報理論的なコミュニケーションは，ヒト以外の動物の世界にも見られる．例えば有名なミツバチの8の字ダンスは，蜜のある方向と距離を，8の字の回転の大きさと太陽との角度によって示す．あるミツバチがこのダンスを踊っているのを他のミツバチが知覚すれば，彼らは蜜に向かって移動する．ここにおいて蜜の場所という情報は確かに「伝達」される．しかし，ミツバチのダンスは，一意に他個体の「蜜の方向に向かう」行動を引き起こす，いわばスイッチの役割を表すのであって，他個体は何のためにそのダンスが用いられたのか，というようこことを考える解釈の余地はない．つまり，このダンスがこれ以外の目的——例えば天敵であるスズメバチの居場所を仲間に教えるなど——のために使われることはないのである．

一方，ヒトの記号コミュニケーションはどうだろう．ヒトが言語を用いて，「あそこの花には蜜があるよ」と発話すれば（もしくは「指差し」でもよいが），ある時には「自分は蜜を見てきたよ」という叙述的な意味にもなるし，別のある時には「取りに行って下さい」という命令的意味を含意することもある．言いかえればあることを伝えるために，話し手は一つの決まった言い方ではなく，微妙なニュアンスを込めて様々な表現を選択することができる．このように，話し手は意味を投げ，受け手はそれを解釈するために意味を問う．このような表現の多様性，そこから生まれる字義的な意味を超えた解釈の必要性がヒトの記号コミュニケーションの重要な特徴である．

もちろん，解釈されなければならないのは，文や談話レベルのみではない．語自体もその意味は状況によって異なって解釈される．例えば「硬い」「柔らかい」「大きい」「小さい」などのことばは，通常比喩と思われない，ごくありきたりのことばで，一般の言語の使い手は特に抽象性を感じない．しかし，どのような属性をもってそのモノを「硬い」「柔らかい」というかはモノによって全く相対的であり，その意味でこれらの語の意味は，非常に抽象的である．例えば料理の本に卵白をかたく泡立てる」と書いてあったとき読み手はそれをどう解釈するか．この時の「かたさ」の指す物理的特徴は「紙粘土を完全にかたくなるまで乾かす」というときのかたさとは全く異なる．言語の記号は，実は非常に多様な実体の感覚をある抽象的な基準で相対化し，分類している．語の「意味」とはある意味で，そのカテゴリー成員を決めるための基準であると言ってもよい．このような視点で捉えれば，対象が知覚可能かどうかにかからわず，言語の記号はどのようなものでも——直接に知覚・感覚経験可能なモノや事態を表現する語でさえ——抽象的なのである．

▶ 2.4 記号の体系性に由来する抽象性

「かたい」という語の意味基準は何で，どのように生まれるのだろうか．「かたい」は「やわらかい」という語の対比として初めて意味を持つ．「かたい」の意味はまた「荒い」「なめらかな」「カチカチの」などの，触った感覚を表す語との差異によって理解される．つまり，言語記号は体系性を持ち，一つの記号（語）の意味は体系の中の他の語との差異の関係によって決まる．

色を表す一群の語を例に考えてみよう．日本語の体系内における「黄」や「赤」，「緑」などの個々の色語彙の意味をそれぞれ理解するには，「黄」，「赤」，「緑」が同じ「色」という次元（「全体」）における差異関係を理解する必要がある．さらにその「色」という概念を理解するためには，例えば「形」「材質」といったような概念（「部分」）で構成される「モノの属性」という次元（「全体」）において差異関係を理解する必要がある．さらに「赤」の意味をきちんと理解するには「赤」が「ピンク」や「オレンジ」「紫」などとどこで境界を引かれるのかを知っている必要がある．

語彙が差異の体系であることはソシュール（山内訳 1971）をはじめ構造主義言語学者が主張した

ことであったが，彼らは身体に接地している部分はなく，差異の構造，つまり血肉をそぎ落とした抽象的なスケルトンの表象のみがことばの意味であると考えた．しかし，先述の「かたい」の意味を考えるとそうでないことはすぐに明らかになる．語意は感覚や経験に接地されつつ，体系の中の他の語との差異と新しい状況での使用，拡張を可能にする，抽象化されたカテゴリーの基準を内包として持つと考えるのが妥当であろう．抽象的な表象と様々な状況，文脈に埋め込まれた身体感覚や経験の記憶の両方がなければ「かたい」という意味を理解し，適切に使用することは不可能である．

実際の言語運用において，この差異関係をどのように捉えるかということは，話者の状況や視点を反映し柔軟に変わることも強調しておかなければならない．例えば，「ごはん」という語がコミュニケーションにおいて実際に使われるときの意味は，あるときには，「ごはん食べた？」というときのように「食事」という意味かもしれないし，「おかず」や「味噌汁」と対比される「主菜」かもしれない．言いかえれば，実際のコミュニケーションの中では，一体他の何と差異化されたうえで言語記号の意味が焦点化されるのかということは，話者の視点や意図に応じて問われ，変化するのである．

言語記号の意味は単独で存在するのではなく，個別言語の意味のシステムの中で制約され，その記号をとりまく他の語との関係性を理解することが，その記号を他の話者と共有し，さらに創造的に使うために不可欠である．しかし，ソシュール構造主義言語学では，ある時代における言語の静的な構造を分析することで言語の全容を捉えようとしたのに対し，一つの記号の意味を解釈するための「全体」や「部分」とは，固定的に閉じた「全体」「部分」ではなく，そのコミュニケーションの場面におけるその人間の視点や意味づけを反映して柔軟に編成される，クモの巣のように張り巡らされ，共時的にも常にダイナミックに変動を続けるネットワークであるとする点が根本的に異なるのである．

3. 記号接地問題でほんとうに考えるべきこと

▶ 3.1 ハルナッドの考えた言語以前のカテゴリーへの記号の対応づけ

言語記号は，身体や経験に接地しながらも，言語固有の意味システムの中に位置づけられ，常にその意味が解釈され，変動するものであると述べてきた．では，そのように言語という記号体系を捉えたとき，そこにおこる記号接地問題とはどのようなものだろうか．

冒頭に述べたように，ハルナッドは，全く意味のわからない記号の意味を，他の，やはり全く意味のわからない記号を使って理解することはできないので，言語習得の足場となる最初の一群の記号は感覚に直接接地していなければならないが，ひとたび接地した記号の集合をいくつかでも持ち，それが**感覚イメージ的**（iconic）でカテゴリー的な表象を持っていれば，それらのベーシックな語彙の組合せから自然言語の残りの記号を生成することができると考えた．

彼は「**弁別し**（discriminate），**同定する**（identify）」能力は人にとって所与の（つまり生得的に備わっている）ものであり，いくつかの単純な意味のことばはこの能力によって自ら接地できるとも述べている．このようにして得られるベーシックな語彙を組み合わせることによって，感覚経験だけでは接地できない概念のことばも創りだすことができる．例えば「馬」ということばは経験から感覚表象とカテゴリ表象を得ることができるベーシックな語彙の一つであり，「縞」も同様である．そこから自然に「シマウマ」は「馬」と「縞」の組合せが生成可能となり，「馬」と「縞」それぞれの接地を受け継ぐことにより，「シマウマ」も必然的に接地するということである．

▶ 3.2 普遍的なカテゴリー弁別能力があれば記号接地は可能か

ハルナッドのこのような考えは，ロッシュのプロトタイプ理論に大きく影響されたものであろう［→ 3.2 ］．ロッシュ（Rosch 1978）は基礎レベルのカテゴリーは「世界の自然な分節」により普遍的に存在し，それらのカテゴリーが「名づけを待っている」と主張した．この考えは，世界のあり

方が人に世界の分節をアフォードしているという考え方である.

他方,発達心理学の多くの研究者は,ことばの形式を意味に対応づけるためには,すでに整理された概念（つまり意味）が言語や文化にかかわらず,人類普遍的に存在していると考えていた（e.g, Clark 1976; Slobin 1985）.ロッシュは普遍的なカテゴリーを世界の構造にあるとし,発達心理学者たちは乳児の心の中に生得的に存在すると考えた.このような違いはあれ,両者とも,ことばの意味の学習をするということは,それぞれの語に対して,すでに存在しているカテゴリーのどれと対応づけるかを学習することであり,それ以上のプロセスについては何も言及してこなかったのである.

しかし,2.で述べた言語記号の性質に鑑みて考えれば,記号接地が言語学習以前にすでにプリメイドなものとして存在するカテゴリーに名前を貼り付けるだけで接地できるという考えは,言語習得の過程で子どもが直面する本質的な記号接地問題を全く説明していないことが明らかである.個別の言語における世界の切り分けは言語によって大きく異なる.仮に言語・文化に普遍的なカテゴリーを乳児が弁別可能だとしても,子どもは言語習得において,自分が母語とする言語における分節のしかたを理解し,それにそった名づけを習得しなければならないからである.

このことを具体的に考えるために色語彙を例に挙げよう.人の色知覚の「自然な分け方」として「焦点色」が存在することはロッシュ（ハイダー）の有名な研究によって示されている（Heider 1972）.また,いくつの色名を持つか,つまり色領域をどのくらい細かく分けるかは言語によって異なっても,どの色が焦点色になりやすいかには言語普遍的な傾向（色ヒエラルキー）がある.色名を二つしか持たない言語では,それぞれの語は「明るい色」と「暗い色」の区別に対応し,焦点色は私たちの言う「白」と「黒」にだいたい対応する.名前が三つになると赤が加わり,四つになると「黄」「緑と青の包括色」が加わる.色名のヒエラルキーでかなり細分化されないと名づけられないのは,私たち日本語で「紫」や「灰」のあたりの色領域である（Berlin and Kay 1969）.

しかし,言語普遍的な焦点色が存在するとして

も,すべての言語でこの焦点色を中心に色領域がことばに分節されているわけではない.言語によってはダニ語（Dani）のように二つの色名しか持たない言語,4〜5語の単語で区切る言語,英語のように11の色名が基礎語になる言語がある.日本語はそれに「水色」と「キミドリ」が加わって13語が基礎語となっているように思われる.さらに,各言語の選択した数に分割された色名の境界が同じになるわけではない.日本語と英語のように,比較的対応がよいと考えられている二つの言語の間でさえ,個々の単語の範囲がずれることが普通である.例えば英語のorangeの範囲は日本語の「オレンジ色（橙色）」よりもずっと広く,日本人では「茶色」というような明るいベージュ色の範囲まで含む.それと連動してbrownと「茶色」の境界も必然的にずれる.

前述のように,一つの単語の意味は,単語単体では決まらず,当該の言語の中で,同じ概念領域にある他の単語との関係で決まる.子どもは,それぞれの色の名前が知覚領域のどこからどこまでの範囲をカバーするかを学ばなければならない.これはもちろん色の語彙に限定されることではなく,すべての概念領域について当てはまることである.

▶ 3.3 記号接地問題は知識システム構築の問題

単語を適切に使うためには言語学習者は般用の基準となる概念表象を持ち,それにのっとって,その単語の指し示す意味の範囲を知らなければならない.意味範囲を知るためにはその領域に属する他の単語との関係を知り,隣接する単語との境界を知らなければならない.このことは,学習者が一つの単語の意味を習得するにはその領域の他の単語を先に知っている必要があることを意味する.しかし,既存の語彙を持たない子どもは,新しいことばを学習するとき,そのことばを取り巻く他のことばの存在を知りようがないのである.

一般的にシステムを設計するときは,それが社会システムであれ,何かの製品を創り出すための生産ラインのシステムであれ,トップダウンにシステム全体の目的や機能を考え,そこから各要素がどのようにシステムの中で役割を持つかを考える.つまり目的があり,その目的を達成するため

の全体像のイメージがあって，そこから全体像を創り出すための要素や要素どうしの関係を考えるわけである．しかし，語彙という巨大で複雑なシステムの全体像のイメージを，ことばを覚え始めたばかりの子どもが持てるはずがない．子どもは知っている単語が全くない状態からシステムの全体像を示す青写真を与えられることなしに巨大なシステムを自分で創りあげていかなければならない．

そもそもシステムを構築するにはまずかなりの数の（そして最終的には膨大な数の）要素，つまり単語を学ばなければならない．未知のことばの指示対象と指示範囲を一つあるいは少数の事例から帰納的に「正しく」導出することは不可能である．これは哲学者クワイン（Willard van Orman Quine）によって指摘された「ガヴァガーイ（Gavagai）問題」である（Quine 1960）．例えば，ある大人がにんじんを食べているウサギを指しながら子どもに「ほら，ウサギよ」と言ったとしよう．このとき，「ウサギ」という語が指すのはその動物そのものであって，にんじんは含まれないこと，その動物の耳のところだけを指すのではないこと，あるいはその動物の「色」を指すのではないことなどを，一事例の指差しだけから推察することはできない．つまり，目の前の事例の持つ，形，重さ，大きさ，色，模様，触覚，性質，行動などのほぼ無制限の属性のうち，何がことばの指示するところなのか，そして何がそこには関係しないか，ということを決めることを一つの事例の観察から判断することは不可能なのである．

つまり，子どもはこの二つの論理的問題——システムの青写真がないところから互いに依存関係にあるシステムの要素を学習し，要素を関係づけ，システムを創っていかなければならないこと，そこにおいて要素自体も事例から帰納的に学習しなければならないこと——に直面する．人間にとって本当の記号接地問題とはこの問題をどのように解決するかという問題に他ならないのである．

4. 子どもはどのように記号接地問題を解決しているのか

二つの論理的問題を抱えた子どもはどのように記号を身体に接地しながらそこから離れ，総じて

抽象性であり，恣意性な性質を持つシステムとしての言語記号の体系を習得していくのだろうか．ここにおいて再度，ことばは単に特定の対象を**指示**（refer）するものではなく，「概念」を**名づける**，つまり**denote**するものであるということ，その意味は当該の状況下で常に話者と聞き手によって解釈されるものであることを思い出す必要がある．このことを考えたときに，二つの認知の能力が記号接地に必要な能力として浮かび上がってくる．一つには，何のためにことばがあるのか理解すること，つまりコミュニケーションがたがいの情報や気持ち，知識などを共有するものであることを理解すること，もう一つは，そのために，適切に意味を解釈するための推論の能力を持つことである．

▶ 4.1 コミュニケーション参加への意思と他者の心の理解

そもそも子どもは言語インプットを与えられさえすれば自動的に言語を習得できるのだろうか？否である．子どもは，言語の学習の始まりの時から——つまり発語ができる以前の音韻の学習の時から——言語を人との生のコミュニケーションを通じてのみ学ぶことができ，ビデオのインプットからではうまく学べないことが実証的に示されている（Kuhl et al. 2003）．養育者もまた，子どもに対して一方的な語りかけはしない．子どもの言語の発達段階に即して，どのような言い方をしたら子どもが理解するかを常に（多くの場合には無意識に）考え，自分の語りかけに対する子どもの反応を注意深く観察し，子どもの反応に応じて自分の語りかけを調節している．子どもは養育者のインプットを受動的に受け取るのではなく，養育者のインプットを自分に引き寄せるのである．人間は乳児のときからチンパンジーとはちがう他者の意図推論能力を持つと言われている（Tomasello and Barton 1994）．言いかえれば，言語習得の問題を考える時，人間の持つ社会性，社会の中で共有される記号体系という視点は必ず考慮されなければならない．

子どもと他者とのやり取りは，生後12か月くらいになると質的に大きな変化を迎える．当初，子どもと他者（養育者）の関係はほとんどの場合，養育者の行動に対して子どもが何かの反応を返す，

またはその逆といったように，養育者——子ども
のだけで閉じた関係であって，それ以外の他者や
モノの介在はあまり見られないが，生後12か月頃
になると，子どもと養育者，そして両者がその文
脈でともに注意を向けている対象を含む三項関係
がうまれる．つまり，いわゆる「共同注意場面」
と呼ぶ状況が生まれているのである．共同注意場
面において他者と何かにともに注意を向けている
という信念は，コミュニケーションの発現の下地
となる．子どもは他者の視線やイントネーション
から，共同注意場面において他者が何に注意を向
けているのかを敏感に察知し，その情報を言語習
得に利用していくことができるということが実証
的に明らかにされている（Tomasello 2003）．

ただし，非言語的，普遍的な共感の機構は言語
習得の基盤能力であり，それが人間に存在すると
いうことを指摘するだけでは，子どもと養育者が
言語を使ったコミュニケーションの共通基盤を確
立していくプロセスの全容を明らかにするには十
分ではない．他者の心の意図や状態を（ある程度）
理解するある種の普遍的な能力があっても，それ
だけで共感を言語に接地させることはできないか
らである．子どもは自分の母語となる言語でどの
ように自分の気持ちを，あるいは相手に対する共
感を言語の記号として表現するかを学ばなければ
ならない．母語での感情や意図などの心の働きを
表すことばの一つひとつの意味を覚えるだけでは
なく，心の働きに関する一連の**単語群**（mental
words）の「差異の体系」を学習しなければなら
ないし，「だよ」「かなあ」「だね」などの言い方
や文末のイントネーションがそれぞれ話し手の気
持ちや信念の状態とどのように対応づいているの
かという「語用における差異の体系」をも学習し
なければならない（松井 2014）のである．それぞ
れのことばの微妙なニュアンスを理解したうえで
単語を使い分けることができ，さらに抑揚や語尾
の助詞などがそのコミュニティの文化の中でどの
ような「間接的な意味」を持つかを理解していな
ければ，自分や他者の気持ち，感情，意図を適切
に表現することができない．つまり，学習者は，
文化固有の共感の記号化のしかたを理解すること
も必要となる（増田 2014）．

▶ 4.2　バイアスに制約された単語の意味推論

ことばの意味を推論するうえで，社会的手がか
りだけでは十分ではないとしたら，子どもはどの
ようにこの問題に直面しているのだろうか．ボ
ハノンとスタノビク（Bohannon and Stanowicz
1988）によれば，2歳児の発話において語の意味
に関する誤りは5%にも満たないという．つまり，
子どもは，曖昧な状況の中での学習を強いられて
いるにもかかわらず，初めからだいたい正確な語
意を抽出できる．これは，子どもはそもそも語の
意味として考えうる仮説をすべて吟味するような
ことを行なっているわけではなく，ことばはどの
ような概念を指示しうるか，どのような基準で般
用されやすいか，レキシコン（語彙）はどのよう
な構造を持っているか，などについて，メタレベ
ルで暗黙の知識を持っており，この知識（バイア
ス）が単語の意味の推論を制約しているためだと
考えられている（Markman 1989；今井・針生
2014）．

単語の意味を「知る」ためには少なくとも二段
階の推論をしなければならない．まず最初にしな
ければならないのは，単語が発話された状況で単
語が何を指すのかを同定することである．子ど
もは未知の対象にことばが付与されると，とり
あえず，そのことばは対象全体の名前なのだと
想定する．これを「事物全体バイアス」という
（Markman 1989）．さらに，子どもは新しい名前
はすでに名前を知っている事物ではなく，まだ名
前を知らない，つまり名前がついていない事物に
対応づけるというバイアスを持つ．これは「相互
排他性バイアス」（Markman and Wachtel 1988）
と呼ばれる．このバイアスは指差しなどのはっき
りした社会的手がかりがないときに，ことばの指
示対象の同定に役立つ（Haryu and Imai 1999）．

しかし，状況における語の指示対象がわかった
だけでは，その単語を新たな状況で使うことがで
きない．その単語を使うことができるためには，
その語が他のどの対象に般用できるか（あるいは
他のどの対象には般用できないか）を知らなけれ
ばならない．そこにおいては，まず，般用をする
べきか否かの決定と，般用をするなら何を基準に
するのか，ということを知っている必要がある．

単語には，カテゴリーを指示する普通名詞と，

特定の個体の名前である固有名詞があり，当該のことばが普通名詞か固有名詞かは，英語なら文の表面的な形でわかる．普通名詞は "a" "the" のような冠詞が必ず名詞を伴うが，固有名詞は "Fido" のように冠詞を伴わない裸の名詞句として現れるからである．しかし，日本語では固有名詞と普通名詞を区別する表面的な標はないため，当該のことばを般用するべきかどうかは日本語母語児がまず解決しなければならない問題である．しかし日本語母語児は，新奇な事物に未知のことばが付与されるのを聞くととりあえずそのことばはその事物が属するカテゴリーの名前だと考える．今井と針生（Imai and Haryu 2001）の実験では，未知の動物や人工物に「これはネケよ」というふうに未知のことばが導入されると，2歳児も4歳児も，未知のことば「ネケ」を実験者が直接命名した対象以外にも拡張して用い，それは命名対象が動物の場合も人工物の場合も同様であった．つまり子どもは新奇な事物につけられた名前は固有名詞ではなく，普通名詞であってカテゴリーを指すと解釈した．つまり名詞はカテゴリーの名前であるというバイアスを持っているのである（Markman 1989）．

では，子どもは，当該の単語がどのようなカテゴリーを指示すると考えるのだろうか．一般的にカテゴリーは「類似の事物の集まり」と定義される．しかし類似性というのはなかなかやっかいな概念で，色や形，大きさなど様々な知覚レベルにおける類似性，それらの知覚次元を複合した全体的類似性，イヌと骨のような日常的な連合に基づいた類似性，抽象的な構造の類似性など様々な基準での類似性が存在し，大人でもそれぞれの類似性を文脈，状況によって使い分けている（今井2001）．

子どもにバナナの絵を見せ，さらにバナナと同じ上位カテゴリーに属するイチゴとバナナから連想されやすいサルの絵を見せて「これ（バナナ）と同じなのはどっち？」と尋ねると多くはサルを選ぶ．しかし，事物の名前（カテゴリー名）を他の事物に般用する際には，このような連想関係を基準とはせず，一つの知覚次元，つまり形状類似性に焦点を当ててカテゴリーを形成する（Imai and Haryu 2001）．つまり子どもは，ことばを般

化する基準は形の類似性であるという思い込み，「形状類似バイアス」（Landau et al. 1988; Imai et al. 1994）を持っているのである．

▶ 4.3 バイアスの使い方の制御

では前で述べたようないくつかの語意学習バイアスがあれば子どもは「正しい意味」に必ずたどり着くのだろうか？答えは否である．そもそも上記の諸バイアスは「確率的にこうしたほうがうまくいく場合が多い」という類のバイアスであり，絶対的な法則ではない．もっと悪いことにこれらのバイアスを盲目的に適用すると限られた種類のことば以外のことばの学習が阻害される．例えば相互排他性バイアスは明らかに誤りで，実際には一つの事物に複数名称がつく場合のほうが多い．形状類似バイアスも，適用できるのは個別性のある対象に限られる．物質の名前は物質の同一性が般用の基準になり，形状が般用の基準として考慮されてはならないからである（Imai and Gentner 1997）．

つまり，相互排他性バイアスにしろ，名詞カテゴリーバイアスにしろ，形状類似バイアスにしろ，これらの語意学習バイアスと呼ばれるものは，子どもが学習することばが未知の基礎レベルの物体名に限られる場合には，うまく働くようである．しかし，基礎レベルの物体名というのはレキシコンの中のごく一部にすぎない．また，一つの単語はレキシコンの中で独立に存在するのではなく，他の単語群と関係している．ことばの学習とは当該のことばの意味を推論するだけでは不十分で，レキシコンの中に存在する他のことばとの関係の理解が含まれなければならない．しかし，ここで問題は一気に難しくなる．

例えばすでに名前を知っているなじみのある事物に未知のラベルが付与されたとしよう．そのとき，その名前をすでに知っている名前とどのように関係づけたらよいのだろうか．新しい名前は既知の名前の別名で，全く同じカテゴリーを指示するかもしれないし，その上位カテゴリーの名前，あるいは下位カテゴリーの名前かもしれない．二つのカテゴリーがメンバーの一部のみを共有する場合もある（例えば「ペット」と「は虫類」）．あるいは既知のことばはカテゴリーを指示したのに対し，新しいことばはその特定のメンバー固有の

名前であることもありうる．さらにやっかいなの
は，既知のことばを子どもがそもそも過剰汎用し
ていて（例えば，ライオンを「ネコ」と呼ぶよう
に），新しいことばが，その対象の正しい基礎レベ
ルの名前だった，という可能性もある．つまり，
ひとたび基礎レベルの物体名以外の語を含めてこ
とばを学習しようと思ったら，語意学習バイアス
があるだけでは学習は不可能なのである．

　しかし子どもはこの問題で身動きがとれなくな
ってしまうわけではない．例えば形状類似バイア
スは「個としての全体」というものが存在しない
物質には適用してはならないが，日本語は物体の
名前と物質の名前を表面上全く区別しない．しか
し日本人の子どもはモノの可算性を一貫して文法
的に区別する言語（例えば英語）を母語とする子
ども同様，少なくとも2歳の誕生日（生後24か
月）までにはこのことを理解しており，形状類似
バイアスを誤って物質名にも適用するということ
はなかった（Imai and Gentner 1997）．24か月と
いうのは子どもがやっと大人に理解できるような
発話を始めるころであり，形状類似バイアスを用
いて語彙を爆発的に増加させている時期にある．
ということは，子どもは物体と物質の性質につい
て語意学習の初期から——あるいはその前から—
—理解していて，その概念の区別が形状類似バイ
アスの適用を支えているのである．

　また，名詞カテゴリーバイアス，形状類似バイ
アスは固有名詞の学習を困難にするはずであるが，
2歳の時点でも，日本人母語児は，名詞には，カ
テゴリーの名前だけではなく，個体に限定的につ
けられ，般用できない名詞（つまり固有名詞）が
あることを知っている．しかも，固有名詞の対象
として，人や動物は固有名詞がつけられやすいが，
コップやボールなどの日常的な人工物にはつかな
いことも知っているのである（Imai and Haryu
2001）．

▶ 4.4　既知の語の意味の修正と語彙システム の構築

　前述のように，子どもにとっての記号接地問題
は，個々の単語の意味をどのように事例から推論
するかという問題以上に，子どもがどのように単
語間の関係を見いだし，意味領域をシステムとし
て編み上げていくかという問題が核となる．この

ときに非常に重要な役割を果たすのが単語どうし
の対比である．

　我々成人も，日常生活で自分の知らない新しい
語に触れる機会は多い．例えば，目の前に「ネ
コ」がいるときに，あなたの友人が，「あ，カヒ
グがいるよ」と言ったとしよう．するとあなたは
目の前にいるのは自分の知る限りどう見ても『ネ
コ』なのに，なぜこの友人は『カヒグ』と呼んだ
のかと考え，「このネコは飼い主にカヒグという名
前をつけられたネコなのだろうか」「カヒグという
種のネコの名のだろうか」のように「ネコとはこ
ういうものだ」という概念と対比しながら，新し
い「カヒグ」という語の意味に対する推論を行な
うだろう．

　子どもの言語習得も，このような推論の積み重
ねの上に成り立っている．クラーク（1990，
2007）は，語が意味づけされるためのこのような
推論には，慣習化と対比の二つのメカニズムが必
要であることを提唱した．まず，ある語が，特定
の概念を参照するということを理解する（慣習
化）．そしてその理解は，同時に，その予測を裏
切る語の意味の検出を可能にする（逸脱）し，新
しい意味付けを引き起こすのである．

　クラークは，このような推論の働きが子どもの
言語体系の習得を進める基盤となると主張した
（principle of contrast，Clark 1990, 1995）が，こ
の主張は針生と今井の実験により，支持されてい
る（Haryu and Imai 2002）．この実験では実験者
が子ども（3歳児）に，楕円形のボールを見せ，
名前を聞いた．大半の子どもは「ボール」と言
い，「ボール」と言った子どものみ，本実験に参
加した．楕円形のボールに「ヘク」という新奇な
名前をつけ，テストセットの中のそれぞれのモノ
にそれが「ヘク」かどうかを尋ねた．この時セッ
トに含まれたのは，色違いの楕円形のボールと普
通の球形のボールとディストラクタであった．す
ると，子どもは今度も，もともと名づけられた楕
円形のボールと，それと色違いの楕円ボールが
「ヘク」であると答えた．興味深いことに，再度
「ボール」の範囲を聞くと，「ボール」の範囲は実
験前と変わっていた．球形のゴムボールは「ボー
ル」であるが，楕円形のボールは「ヘクであり，
ボールではない」と答えた．つまり，「ヘク」と

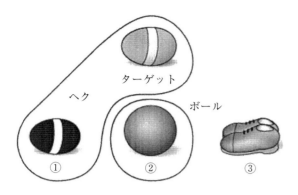

図1 新奇語「ヘク」と既知語「ボール」の範囲（Haryu and Imai 2002）

いう語を知ったことにより，いままで「ボール」としてはおさまりが悪かった楕円形のボールを「ボール」の参照の範囲から外してしまい，「ヘク」はボールと対比される語であると解釈したわけである．

このように，3歳児は，初めて聞いた語の意味を，すでに知っている語との関係を考えたうえで，非常に柔軟に推論することができる．初めて聞く単語を推論する際に，単にバイアスを持っているだけではなく，基本的な概念の知識や，語彙についてのメタ知識（語彙中の品詞とそれぞれの品詞がおおよそどのような種類の概念に対応づけられるかなど）を組み合わせ，さらに関係する既知の単語とも関連も考慮している．しかもその過程において，既知の語の意味の範囲を修正することも行なっている．このような複雑で精緻な推論を繰り返すことで，子どもは単に語彙数を増やすだけでなく，語と語の意味との関係を更新し，それぞれの語の意味を修正し精緻化している．この過程が言語の記号接地を支えるメカニズムとして非常に重要であり，その詳細の解明は記号接地問題を考えるうえで必須である．

▶ **4.5 動作，関係，属性を表す語の記号接地**

子どもは，柔軟で精緻な推論により名詞語彙をすばやく構築していくが，当初から成人と同じように概念領域が分節され，成人同様の意味表象を持っているわけではない．名詞でも日常生活の中で身の回りにある人工物，例えば様々な容器をどのように名づけによって分類するのかは文化によって大きく異なる．日本語でビン，缶，ボトルなどの語で言い分けるところを英語ではbottle, can, canister, jarなどの語で言い分けるが，その分類の基準やカテゴリーの境界は一致しない．言語・文化固有の分類基準を子どもが発見し，成人母語話者と同様に一連の単語群の使い分けができるようになるのはかなり遅く，時には10代半ばにもなる（Ameel et al. 2008）．知覚的に恒常的で安定しているモノの名前でもこのように遅いのなら，知覚的な恒常性が低く，単語自体の範囲すら知覚的に把握しづらい動詞や形容詞の概念領域での分節の基準の発見と境界の整理はさらに時間がかかることは予想に難くない．では子どもはどのようにして個別言語における分節の基準を発見するのであろうか．

4.5.1 動作動詞の接地

筆者たちは，中国語を母語とする子どもが，中国語の「モノを持つ」意味を持つ複数の動詞の使い分けを習得する過程を調査した（Saji et al. 2011）．英語ではモノを持つ動作は基本的に二つの動詞で言い分けるだけで，移動しているときにはcarry，移動を伴わず，静止状態でモノを持っているときにはholdと言う．日本語ではこれらの動作を「持つ」「担ぐ」「抱える」「抱く」「載せる」などの動詞で言い分ける．それに対して，中国語では，さらに細かく，体のどの部分で支えるか，どのような手の形で支えるか，などによって20以上の動詞で言い分ける．例えば「頭の上にモノを載せる」という意味のding，「袋のようなものをぶらぶらとぶら下げるように持つ」linなど，「引き上げるように持つ」tiなど，日本語では個別の動詞で言い分けないような動作も，中国語動詞は呼び分けるのである．

中国語を母語とする幼児（3〜5歳児）と成人に，図2に示した中国語の13の動詞の表す動作のビデオを一つひとつ被験者に見せ，動作に合う動詞を答えてもらい，年齢群ごとに各年齢群の被験者グループが13のビデオをどのような動詞で呼び分けたのかを検討した．まず，それぞれの被験者グループが何個の動詞を用いて動作を呼び分けたかを調べたところ，大人は13の動作を，およそ11語を用いて言い分けていたが，子どものグループは6語〜8語で言い分けており，3歳，5歳，7歳の間で用いる動詞の数に違いはなかった．しかし，3歳から7歳までの子どもの使い分けのし

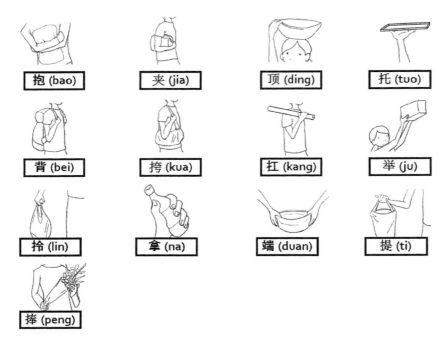

図2 中国語の「モノを持つ」動作を表す動詞

かたには確実に発達が見られ，成人のそれに近くなっていった．非常に顕著な特徴として，子どものグループは，動詞 na を，大人よりも非常に広い動作に対して用いていた．例えば大人が，lin, ti, duan など他の動詞を使って言い分ける動作も，子どもはほとんど na を用いて表していた．na は，日本語で言えば「持つ」にあたる動詞で，最も一般的に「モノを持つ」動作を表す．中国語話者同士の会話では非常に高頻度で用いられる動詞である．Na のほかに，bei（背負う）と bao（両腕で抱える）も高頻度で使われていて，この3つの動詞で「島」をつくり，この3つの語を周辺のまだよく意味がわかっていない動詞の動作へ過剰に般用していた．

さらに，動詞を使い分けるために用いる基準にも大人と子どもの間で違いが見られた．動詞の使い分けに用いていた基準を詳細に分析すると，大人は「どのようにしてモノを持っているか」という「モノの持ち方」という点に着目して動詞を使い分けていた．一方，子どもは「モノの種類」など「モノの特徴」に引きずられて動詞を呼び分けていたのである．一般に，子どもは事態を言語化しようとする際，より知覚的に安定している「動作主」や「モノ」の方に注意を向けてしまい，

「動作主」が「モノ」をどう動かすかという二者を含む抽象的な関係には気づきにくいことが知られている（Imai et al. 2008）．実際に，3歳では「モノの種類」に強く引きずられていた子どもの動詞の使い分けは，5歳，7歳と年齢が進むごとに，「モノの持ち方」を基準にした大人の使い分け方へ近づいていった．

4.5.2 色名の接地

冒頭に述べたように，色語彙は二つの意味で抽象的である．モノの視覚特徴から質感や模様を切り離して「色」という次元だけを抽出して名づけの対象とすることによる抽象性と，切れ目がない色の連続を言語固有のしかたで分節し離散的に扱うことに由来する抽象性である．筆者は現在，子どもが25か月のときから同じ子どもの色語彙の理解と産出を毎月一回のペースで追っていく発達縦断研究を行なった．対象とした色は赤，青，緑，黄色，ピンク，オレンジ，茶色，紫の8色で，成人を対象の調査で成人がそれぞれの色語カテゴリで最も典型的な色とした色を用い，8色の名前をそれぞれの指示対象に対応づけられるかを見た．調査開始時点では数語の色名を言える程度で，しかも対応づけができるのは2, 3語という子どもが大半だった．毎月同じ刺激で調査を繰り返すにも

かかわらず，八つの色名をすべて典型的な指示対象に対応づけることができるようになるのに1年近くかかる子どもが多くいた．つまり色の名前は非常に頻度が高く，語の数も限られているにもかかわらず，各語を典型的な指示対象へ対応づけるのも非常に困難なのである．これは，言語習得以前に乳児が持つ色の弁別能力を基盤にしながらも，知覚カテゴリに名前（音声）を貼り付けていくということでは色の名前は学習できないことを如実に示すものである．興味深いことに，色名は一語ずつ順番に色への対応づけができていくのではなく，まず「赤」「青」「黄」の対応づけができ，次に「ピンク」「オレンジ」ができ，最後まで「緑」「紫」「茶色」にてこずる，というように，段階的に成長し，それぞれの段階において，複数の語が互いに依存しながら学習されていくようである．上記の「持つ系」動詞の場合と同様に，「赤」「青」「黄色」でまず「色語彙システム」の根幹となる基点をつくり，その間を少しずつ埋めていくような感じである．ただし「紫」「茶色」が「赤」や「黄色」よりも遅いのはBerlin and Kay（1969）の普遍的色語階層と一致するが，「緑」の対応づけがこんなに遅いのは，欧米言語の報告では見られない，日本語児の特徴のようである．これは日本語では信号機の進めの色を「アオ」と呼んだり，小松菜やホウレンソウのような緑色の野菜を「アオナ」と呼んだり，実際には緑なのに「アオ」と呼ぶことが原因なのかもしれない．

3歳半ばすぎ頃には，多くの子どもが8つの基本色名をそれぞれの典型色に対応づけることができるようになるが，それぞれの語の境界に関しては成人のそれとはほど遠く，近隣の色名の境界は大きく重なり合っている．それが4歳，5歳と年齢が大きくなるにつれて徐々に整理され，それぞれの語の境界が重ならなくなっていくようになる．色語彙システム全体の表象が成人のそれに近づいていく過程で重要な役割を果たすのが，日本語固有の基礎語の学習である．「水色」「黄緑」「紺」は，英語をはじめとした欧米言語では基礎語ではないが，日本人成人は一貫してこれらの語を，「青」，「緑」，「黄色」，「紫」などと対比して用いるので，この3語は日本語固有の基礎語と思われる．興味深いことに，3歳児はこれらの語をほと

んど言わない．4歳になるとぼちぼち「水色」と「黄緑」を言う子が現れる．すると色語彙全体が成人と少し近づく．5歳になると「紺」はなかなか産出されないものの，「水色」と「黄緑」は安定的に使われるようになり，そうなるとすでに子どもが使っていた色名の境界が整理されて成人のそれに近づくようなパターンが見てとれる．

4.5.3　言語固有の語彙システムをつくる過程

中国語母語児による中国語の「持つ」系の動詞群の習得パターンと日本語母語児による日本語の色語の習得パターンに共通して見てとれることがある．子どもは複雑な語の意味の関係を学ぶ際，まず大まかに対象全体をまとめるために概念領域で中核となる単語を見つけ，それらの語を中心により不安定なもの，抽象度の高いものへ，意味領域を分節していく基準も進化していくのである．

このような過程を考慮すると，母語の記号接地とは単に単語と感覚モダリティをつなげるだけでは達成できない．個々の単語の意味を自ら推論し，意味を推論するためのバイアス，さらにバイアスの適用のしかたを自ら発見する．さらに単語が属する意味領域を発見し，各意味領域を分節する意味基準を発見する．これらの発見はしかし，一気に達成されるものではない．今自分が持つ語彙を分析し，パターンを発見し，それによって語彙のサイズを増大させるとともに，意味の修正を繰り返す．母語の記号体系の身体性はこの循環的な過程から生まれるのである．母語のインプットを自ら分析，発見，修正を繰り返しながら漸進的にシステムを構築していくことで，母語の記号は身体に接地しながらも身体から逸脱し，子どもは巨大な抽象的な概念の記号体系を自在に操り，創造的に用いることができるようになるのである．

まとめと展望

記号接地問題は，恣意的で抽象的な言語記号を身体に接地することなしに習得可能なのか，というハルナッドの問題提起から生まれた．この問題はそもそも言語がモダリティを持たない恣意的で抽象的な性質を持った記号であるという言語学の伝統的な考えとも深く関わっており，最近の多くの研究は多くの言語記号が形式と意味の間に類像性を持つこと，言語処理には意味に関わる運動や

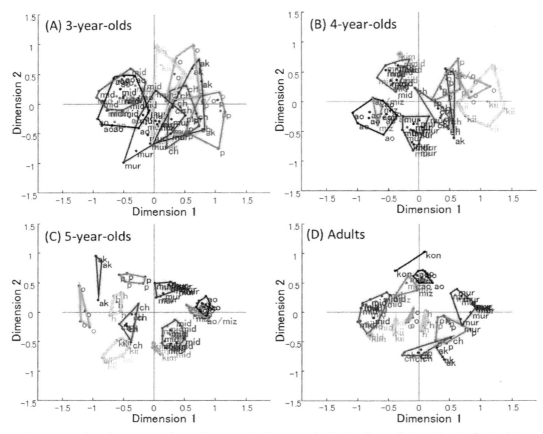

ak=*aka*('red'), ao=*ao*('blue'), ch=*cha-iro*('brown'), h=*hada-iro*('skin color'), kii=*kiiro*('yellow'), kim=*kimidori*('yellowish green'), mid=*midori*('green'), miz=*mizu-iro*('light blue'), mur=*murasaki*('purple'), o=*orenji-iro*('orange'), p=*pinku*('pink').

図3　色語彙表象の発達変化を示す多次元尺度法（MDS）プロット　（口絵1参照）

知覚シミュレーションが伴うことを示している．しかし，単に言語記号が感覚に接地しているということだけでは言語習得における記号接地問題を解決できない．語彙習得における記号接地問題の本質とは，いかに子ども（あるいは人工知能を含む記号学習者）がレキシコンの全体構造はもとより部分構造すら知らず，その中の要素である単語もない状態から膨大な数の単語を含むレキシコンをどのように推論によって習得し，本来抽象的な性質を持つ記号を，その抽象性を感じないまでに身体化していくのか，それはどのようなプロセスにより達成されるのか，その背後にどのような認知能力があるのかという問題なのである．

▶文　献

Ameel, E. et al. 2008 Object Naming and Later Lexical Development: From Baby Bottle to Beer Bottle. *Journal of Memory and Language* 58: 262-85.

浅野倫子・渡邊淳司 2014「知覚と言語」今井むつみ・佐治伸郎（編）『言語と身体性』（岩波講座コミュニケーションの認知科学1）岩波書店 pp.63-91.

Berlin, B. and P. Kay 1969 *Basic Color Terms: Their University and Evolution*, California Univ. Press, California.［日高杏子（訳）2016『基本の色彩語──普遍性と進化について』法政大学出版局.］

Bohannon, J. N. and L. B. Stanowicz 1988 The Issue of Negative Evidence: Adult Responses to Children's Language Errors. *Developmental Psychology* 24(5): 684.

Clark, E. V. 1976 Universal Categories: On the Semantics of Classifiers and Children's Early Word Meanings. In Juilland, A. (ed.) *Linguistic Studies Offered to Joseph Greenberg on the Occasion of His Sixtieth Birthday*, Vol.3, *Syntax*, Anma Libri, Saratoga, pp.449-62.

Clark, E. V. 1990 On the Pragmatics of Contrast. *Journal of Child Language* 17: 417-31.

Clark, E. V. 1995. *The Lexicon in Acquisition*, Cambridge Univ. Press, Cambridge.

Clark, E. V. 2007 Young Children's Uptake of New Words in Conversation. *Language in Society* 36(02), 157-82.

Harnad, S. 1990 The Symbol Grounding Problem. *Physia D* 42: 335-16.

Haryu, E. and M. Imai 1999 Controlling the Application of the Mutual Exclusivity Assumption in the Acquisition of Lexical Hierarchies. *Japanese Psychological Research* 41(1): 21-34.

Haryu, E. and M. Imai 2002 Reorganizing the Lexicon by Learning a New Word: Japanese Children's Interpretation of the Meaning of a New Word for a Familiar Artifact. *Child Development* 73(5): 1378-91.

Heider, E. R. 1972 Universals in Color Naming and Memory. *Journal of Experimental Psychology* 93(1): 10.

今井むつみ 2001「概念発達と言語発達における類似性の役割」大西仁・鈴木宏昭（編）『類似からみた心』共立出版, pp.148-78.

Imai, M. and D. Gentner 1997 A Cross-Linguistic Study of Early Word Meaning: Universal Ontology and Linguistic Influence. *Cognition* 62(2): 169-200.

Imai, M. and E. Haryu 2001 Learning Proper Nouns and Common Nouns without Clues from Syntax. *Child Development* 72(3): 787-802.

今井むつみ・針生悦子 2014『言葉を覚えるしくみ——母語から外国語まで』（ちくま学芸文庫）筑摩書房.

Imai, M. et al. 1994 Children's Theories of Word Meaning：The Role of Shape Similarity in Early Acquisition. *Cognitive Development* 9(1): 45-75.

Imai, M. and S. Kita 2014 The Sound Symbolism Bootstrapping Hypothesis for Language Acquisition and Language Evolution. *Philosophical Transactions of the Royal Society B* 369(1651): 20130298.

Imai, M. et al. 2008 Sound Symbolism Facilitates Early Verb Learning. *Cognition* 109(1): 54-65.

Imai, M. et al. 2008 Novel Noun and Verb Learning in Chinese-, English-, and Japanese-Speaking Children. *Child Development* 79: 979-1000.

Kuhl, P. K. et al. 2003 Foreign-language Experience in Infancy: Effects of Short-term Exposure and Social Interaction on Phonetic Learning. *Proceedings of the National Academy of Sciences* 100: 9096-101.

Landau, B. et al. 1988 The Importance of Shape in Early Lexical Learning. *Cognitive Development* 3(3): 299-321.

Lupyan, G. and S. L. Thompson-Schill 2012 The Evocative Power of Words: Activation of Concepts by Verbal and Nonverbal Means. *Journal of Experimental Psychology: General* 141(1): 170-86.

Markman, E. M. 1989 *Categorization and Naming in Children: Problems of Induction*, MIT Press, Cambridge, MA.

Markman, E. M. and G. F. Wachtel 1988 Children's Use of Mutual Exclusivity to Constrain the Meanings of Words. *Cognitive Psychology* 20(2): 121-57.

Martin, A. et al. 1995 Discrete Cortical Regions Associated with Knowledge of Color and Knowledge of Action. *Science* 270: 102-05.

増田貴彦 2014「文化が生み出す意味体系とその習得」今井むつみ・佐治伸郎（編）『言語と身体性』（岩波講座コミュニケーションの認知科学 1）岩波書店, pp.285-92.

松井智子 2014「感情と態度の記号接地」今井むつみ・佐治伸郎（編）『言語と身体性』（岩波講座コミュニケーションの認知科学 1）岩波書店, pp.151-84.

Nygaard, L. C. et al. 2009 Sound to Meaning Correspondences Facilitate Word Learning. *Cognition* 112(1): 181-86.

大槻美佳 2014「脳における言語の表象と処理」今井むつみ・佐治伸郎（編）『言語と身体性』（岩波講座コミュニケーションの認知科学 1）岩波書店, pp.93-122.

Pulvermüller, F. et al. 2001 Walking or Talking: Behavioral and Neurophysiological Correlates of Action Verb Processing. *Brain and Language* 78: 143-68.

Quine, W. V. O. 1960 *Word and Object*, MIT Press, Cambridge, MA.［大出晃ほか（訳）1984『ことばと対象』勁草書房.］

Ramachandran, V. S. and E. M. Hubbard 2001 Synaesthesia: A Window into Perception, Thought and Language. *Journal of Consciousness Studies* 8 (12): 3-34.

Rosch, E. 1978 Principles of Categorization. In Rosch, E. and B. B. Lloyd（eds.）*Cognition and Categorization*, Lawrence Erlbaum, Hillsdale, pp.27-48.

Saji, N. et al. 2011 Word Learning Does Not End at Fast-Mapping: Evolution of Verb Meanings through Reorganization of an Entire Semantic Domain. *Cognition* 118(1): 45-61.

Saji, N. et al. 2013 Cross-Linguistically Shared and Language-specific Sound Symbolism for Motion：An Exploratory Data Mining Approach. *Proceedings of the 35th Annual Meeting of Cognitive Science*: 1253-8.

Saussure, F. de 1916 [1983] *Course in General Linguistics*（trans. R. Harris）, Duckworth, London.［山内喜美夫（訳）1971『言語学序説』勁草書房.］

Slobin, D. I. 1985 Crosslinguistic Evidence for the Language-Making Capacity. *The Crosslinguistic Study of Language Acquisition* 2: 1157-256.

Tomasello, M. and M. E. Barton 1994 Learning Words in Nonostensive Contexts. *Developmental Psychology* 30 (5): 639.

Tomasello, M. 2003 *Constructing a Language: A Usage-Based Theory of Language Acquisition*, Harvard Univ. Press.［辻幸夫・野村益寛・出原健一・菅井三実・鍋島弘治朗・森吉直子（訳）2008『ことばをつくる—言語習得の認知言語学的アプローチ』慶應義塾大学出版会.］

══ コラム 33　こころ，からだ，ことばの協調的発達 ══════════深田　智 ══

　突然ですが，皆さん，ケンケンはできますか？

　「ケンケンなんて簡単！」とお思いの皆さん，実はケンケンは，子どもにとって結構難しい課題なのです．筆者の息子が2歳9か月を過ぎた頃，知り合いの実験心理学者が「ケンケンできる？」と聞きました．「ケンケン」という言葉を聞いたこともケンケンをやったこともなかった息子は当然できません．そこで知り合いは，「こうやるんだよ」とやって見せてくれたのですが，それを見て息子がやったのは，両足ジャンプ．知り合いは笑いながら「あ，できてないなあ」と言いました．この「できてない」という言葉が気になったのか，その後息子は，ふと気づくと片足ジャンプをしようとするようになり，2週間ほどでケンケンができるようになりました．また一方で，知り合いのスポーツ心理学者の息子（3歳9か月）は，「ケンケンパ，できる？」と聞くと，最後の「パ」の部分だけをやって「できるよ」と言うそうです．ケンケンの難しさとともに，これを表す言葉の獲得ないしはその意味の理解が，この運動の獲得と連動している様子がうかがえます．

　やまだ（1987）によれば，子どもは，生後5か月頃からモノを手で操作する（つかむ，並べる，など）ことが，また，生後9か月頃からどこかに〈行く〉あるいは何かをどこかに〈行かせる〉（例えば，ボールを転がしてあそこに行かせる，など）ことがそれぞれできるようになる，ということです．できる運動が増えると，子どもの世界も広がります．例えば，ハイハイや歩行によってその行動範囲を広げた子どもは，様々な視座から事物を観察できるようになります．そして，その経験を知識として蓄積し，〈いま・ここ〉にいる自分以外の視座からの経験やそのときの他者の心の有りようを想像することができるようになります．また，他者に向かってボールを投げ，他者からボールを受け取るという運動の獲得は，単なる運動の型の獲得ではなく，他者を観察し，他者に合わせて，〈ここ〉の外（〈あそこ〉）にボールを投げ，〈あそこ〉から〈ここ〉の中に入ってくるボールを，〈ここ〉にとどまったまま受け取るという複合的な力の獲得です（やまだ 1987：5章）．これもまた，子どもが〈いま・ここ〉の外に出ていくことのきっかけとなります．

　子どもの運動能力の発達に伴って，大人が子どもにかける言葉の数，語彙のバリエーションも広がります．例えば筆者は，ハイハイが上手にできるようになった息子に対して，その動きに合わせて「バックバック～，はい，前進前進～」のような言葉をかけていました．また，ジャンプをする際には，「はい，ジャ～ンプ」などと声をかけながら，ジャンプさせていました．できる運動が増えるとかける言葉のバリエーションが増え，結果として獲得語彙も増えるというわけですが，ここでさらに注目すべきは，息子ができるできないにかかわらず，筆者がこれに笑顔で応え，それを見た息子もまた（できるできないにかかわらず）その運動を楽しんでいたという事実です．このことは，子どもの運動能力の発達にも，言語獲得の場合と同様に，子どもの〈いま〉を受け入れ，それに応える他者の存在が不可欠であるということを示しているように思います．

　言葉と心の発達，とりわけ言葉と社会性の発達に関しては，これまでも，特に乳幼児を対象として研究が進められてきました（Tomasello 1999 など）．しかし，これに身体あるいは運動能力の発達を絡めた研究は，それほど進んでいません．例えばトマセロとクルーガーは，動詞の獲得を，子ども自身あるいは他者による行為の実現とそれと連動した大人からの言葉がけとの関連で考察しています（Tomasello and Kruger 1992）が，子ども自身の身体あるいは運動能力の発達への言及はありません．筆者は今，他者とのかかわり合いの中での言葉と心と身体（特に運動能力）の相互作用的発達に注目して研究を行なっています（深田 2018, 近刊など）．これを通して言葉の発達を人の成長という広い視座から捉え直してみたいと思っています．

▶参考文献

深田智 2018「"Let's+ 移動動詞"表現と子どもの運動能力及び社会性の発達」『日本認知言語学会論文集』18: 555-60.

深田智 近刊「身体表現活動セッションでの指導者と子どもたちのインタラクションの動的変遷―相互適応の観点から」田中廣明・秦かおり・吉田悦子・山口征孝（編）『動的語用論の構築へ向けて』開拓社.

Tomasello, M. 1999 *The Cultural Origins of Human Cognition,* Harvard Univ. Press, Cambridge.［大堀壽夫・中澤恒子・西村義樹・本多啓（訳）2006『心とことばの起源を探る―文化と認知』勁草書房.］

Tomasello, M. and Kruger, A. C. 1992 Joint Attention on Actions: Acquiring Verbs in Ostensive and Non-Ostensive Contexts. *Journal of Child Language* 19: 311-33.

やまだようこ 1987『ことばの前のことば―ことばが生まれるすじみち 1』新曜社.

| 4B.3 | B 言語の創発・習得・教育 |

言語習得：認知科学と認知言語学の視点から

佐治伸郎

本節では，我々の経験がいかにして意味となるのかを認知科学および認知言語学の観点から論じる．認知言語学では言語の意味は環境や身体との間のやりとりの中に動機を持つことが議論されるが，これが子どもの言語習得においてどのように実現されるのだろうか．この問題を，最近，認知科学で脚光を浴びる課題となっている統計学習と情報共有志向性という観点から探る．

1. 「経験」はいかにして「意味」となるか

種としての人間は，人種や民族の別を問わず個体発生の非常に短い期間に，当該言語社会の成員とコミュニケーションをとるための道具である言語を習得する．このような特徴は近縁の類人猿を含めた他の生物には見られないことであり，人間は系統発生の過程でいかにして言語を得るに至ったのか，また個体発生の非常に短い期間の内にどのように言語習得を習得するのかという問いは有史以来研究者の興味を惹きつけてきたテーマであった．

現代において，心のはたらきを科学的に捉えることを目的とした研究プログラムである認知科学においても，言語習得の問題は中心的なテーマである．認知科学は，人間の心のはたらきを，何らかの情報処理的構造を持った表象として捉え解明することを目指す．認知科学と言語学，さらに言語習得の問題には非常に深い関わりがあり，そもそも認知科学勃興の発端となった重要な契機の一つは，チョムスキー（Noam Chomsky）が当時隆盛を極めていた行動主義心理学，つまり経験論に基づく言語習得論を批判したことにあった．チョムスキーは経験論によって言語が学習されるためには入力の量 / 質ともに不足していること，さらに言語は，学習から汎化を行なうだけでは実現しえない強力な生産性，複雑な文を言語が持っていることを指摘し，言語習得を牽引する演算能力が

人間には生得的に備わっている可能性を主張した（刺激の貧困問題）．このような表象の演算として人間の心のはたらきを捉えようというムーブメントは生成言語学に限ったことではなく，1950 年代頃から様々な方面からおこり，また多大な成功を収め**認知革命**（cognitive revolution）と呼ばれた．心のはたらきを説明するための道具立てを持たなかったそれまでの行動主義に対し，当時の認知科学のアプローチは画期的であった．

人間の心のはたらきを，閉じた表象の形式的演算として捉えるアプローチは長く認知科学の中心的位置を占めていたが，1980 〜 90 年代には一種の限界が指摘されるようにもなってきた．例えばデネット（Daniel Clement Dennett）により整理された「フレーム問題」は現実世界において開かれた世界において問題解決のための前提を予めすべて用意することは不可能であることを指摘し（Dennett 1978），ハルナッド（Stevan Harnad）の「記号接地問題」は記号の演算として捉えられる意味は，外の世界の何を表しているのかという情報を持ちえないことを指摘した（Harnad 1990）[→ 4B.2]．以降，多くの研究者の問題意識は，いかに人間の心のはたらきが，「閉じていないか」を論じることに次第にシフトし，人間の心のはたらきは身体や環境から切り離された**アモーダル**（amodal）な性質を持つものではなく，むしろそれらと密接に関わっていることが多方面から指摘されるようになった．

認知言語学は，この二度目の認知革命ともいうべき潮流をけん引する立場にあったと言ってよいだろう．前述のように認知科学における言語分野は，当初から表象と演算のアプローチが最も成功したと考えられていたもの一つであったが，認知言語学者は人間の言語の意味がアモーダルな表象ではなく環境や身体との間のやりとりの中に動機を持つという主張を行なった（**経験基盤主義**）．

Lakoff and Johnson（1999）は一見抽象的だと思われているような概念であっても，それは身体的に得られる感覚や状況と比喩的思考を通じて繋がっていることを主張し，Langacker（1987）は我々が世界において活動する際に実際に経験する時間的過程や空間関係，力動的関係が，文法構造を構成する基盤となっていることを提案した．

では「経験」と「意味」が確かに無関係ではないとして，「経験」はいかにして「意味」になるのであろうか．「経験」，つまり人間が身体を通じて環境や他者から得られるインプットは一体どのような性質のもので，人間はそれをどのように処理して言語習得を達成するのであろうか．最も一般的なレベルで言えばこのような問いが，今日的な認知科学が扱う言語習得の問題といえる．認知言語学的に言えば，意味や文法が実際のコミュニケーションにおける言語の運用からどのように創発するのかを考える運用基盤モデルと通じる視点であるが，特に認知科学的視点から言えば，様々な環境から得られる連続的な情報は人間の持つどのような認知的特性によって処理され，離散的で抽象的な意味情報に昇華されていくかという点が強調される．

本節でもこのような視点から言語習得の問題を考察するが，一般的に「経験」と言ってもあまりにも広範である．そこで本節では，近年の言語習得研究の重要な課題である，統計学習と情報の共有志向性という二つの観点から迫る．まず2.では，子どもの周りに様々な分布を伴って現れるマルチモーダルな入力と経験として捉え，それをどのように処理して概念を形成するかという問題を統計学習の観点から議論する[注1]．続く3.では，何を動機として子どもが自分自身の記号運用を導きだしていくのかを人間の模倣学習および情報共有志向性の観点から論じる．4.では本節の内容をまとめ，将来の言語習得研究に対する展望を行なう．

2. 言語習得と統計学習

▶ 2.1 パターンを抽出する

前述のように認知科学は，経験論としての言語習得観に疑問を投げかけるところから始まっている．実際に1990年ほどまでの言語習得に関する諸議論も，言語は純粋に帰納的には習得できないという前提を受け，これを補うための生得的な制約の存在を仮定してきた．語の学習を例に挙げれば，子どもは2歳を過ぎたころから，与えられた名詞の正しい参照対象を高い確率で同定できるという**即時マッピング**（fast-mapping）と呼ばれる現象が知られている．言語はその恣意的な性質から，入力として与えられた語の参照対象の同定は，論理的には決定不可能であると考えられてきた（ガヴァガーイ問題：Quine 1960）．例えば「リンゴ」と与えられた音の参照対象が何であるかは，赤い色かもしれないし丸い形かもしれないし，リンゴのヘタの部分かもしれず，可能性は開かれている．このことを踏まえると子どもの即時マッピングの成功は驚くべきことであり，この問題を解決するための生得的制約の存在が提唱されていた．例えば，子どもは与えられた名詞の意味を推論する際，属性（例えばリンゴの色）や部分（リンゴのヘタ）ではなく，まず「事物の全体を参照対象として考える」という制約（事物全体制約）のもと推論する，という説明である[注2]（Markman 1989）．

しかし近年，子どもは，教師がなくとも環境から与えられる情報の分布を分析することに非常に長けており，これまで生得的に与えられるような演繹的前提がないと難しいと考えられていた種々の領域一般の学習が可能であることが明らかになってきた[注3]．外界に分布する情報は確かに時々刻々と変化し，刺激の貧困問題が正しく指摘するように多くのノイズも含まれているが，子どもはそのような環境下においても安定して生起するパターンにいちはやく気づき，以後の入力の処理ための道具として用いるのである．この**統計学習**（statistical learning）に関する発見は，1990年以降の言語習得を巡る議論において，最も飛躍的な発展を遂げたものの一つだろう[注4]．この分野のさきがけとなったサフラン（Jerry R. Saffran）らの研究では，8か月の幼児は音の遷移確率，つまりどのような音の後にどのような音が出現しやすいかを手がかりとして用い，連続した音列の中から適切に単語の並びを切り出すことが可能であることを示した（Saffran et al. 1996）．例えば"pretty baby"という音列の中の単語の区切りの数と位置の組合せは無数にある．しかし実際の環境において音の配列の遷移確率は一様ではなく，

例えば英語対乳児発話の環境において pre- の後に ty が来る確率は 0.8 ほどであるが，ty- のあとに ba が来る確率は 0.03 しかない．乳児はこのような遷移確率に関する手がかりを用いて音列から適切に単語の区切り（この場合であれば ty と ba の間）を学習することができる．実際のサフランらの実験において，乳児は，いくつかの新奇語をその中に含む "golabupabikututibubabupugolabubabupu…" などの連続した音列を聞かされた．その後，乳児がどこに語の区切りを見いだしていたかを確かめると，遷移が高い確率で続く golabu と pabiku という音列を一つのまとまったかたまりとして選好して聞いていた．重要なことに，ここで乳児は受動的に音列を聞いただけであり，明示的なフィードバックを得たわけではないし，積極的な学習を促すような教示的条件があったわけでもない．つまり統計学習は，少なくともある程度は，認知主体によって明確な目的意識がなくとも自動的に行なわれてしまう処理なのである．この遷移確率を用いたカテゴリー形成の手がかりは非常に強力で，その後，単語の切り出しだけではなく言語を構成する様々なレベルのカテゴリー，例えば音声カテゴリー（Werker et al. 2012）や，文法的関係の発見（Tompson and Newport 2007）などに用いられることが明らかになっている．

さて，このような統計学習の能力は，前述の語の参照対象の発見の問題に際しどのように寄与するのだろうか．音列もしくはや単語配列から単語の区切りや文法カテゴリーのようなものを発見する能力は，単一モダリティ内での統計学習である．一方，語の参照対象の発見に関する問題にアクセスするには，音（e.g., リンゴという音）と意味（e.g., リンゴという果物の視覚的あるいは触覚的な心的表象）という別箇のモダリティ情報の間に関係を発見することが求められる．Smith and Yu (2008) は，後者のケースが言語習得場面において，**場面横断型学習**（cross-situational learning）として成立することを示した．例えば図1の左側において，学習者は "ball" や "star" などの語を参照対象が「ボール」か「星」か，どちらの可能性も残る状況で聴く．この状況では他に何も情報がなければボールの参照対象が何であるかはわからない．これは正に前述のガヴァガーイ問題が

提起するような不確実な状況でありまた，実際の言語習得の場面として自然な状況であるといえる．続いて学習者は右図のような別の状況でやはり "ball" や "heart" のような語を参照対象が「ボール」なのか「ハート」なのか不明瞭な状況で聴く．もし共起確率に基づく統計学習が成立するのであれば，ここでは "ball" と「ボール」のつながりに対する確信度が高まるということになる（もちろん次に続く場面次第ではこの確信度が変化することもあり得るため，「正解」に行きついたかどうかはわからない）．ユウらは，12〜14か月の乳児がこのように個々の場面では語と参照対象の関係は曖昧だが場面横断的にみれば確率的な手がかりを用いることができる状況で，適切に参照対象の絞り込みに成功することを明らかにした．

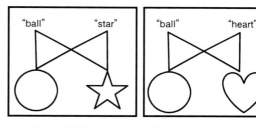

図 1 場面横断型統計学習のパラダイム（Smith and Yu 2008 を改変）

統計学習の存在は，行動実験でその存在が報告されているだけではなく，計算論的な裏づけが数多くの研究から与えられている．例えば前述のサフランらの示した結果に関連して，Mochihashi et al. (2009) は，階層 Pitman-Yor 過程（次に起こる事象の確率を計算するために，考慮すべき文脈の範囲を自動的に決定する手法）を用いたベイズモデルを用い，教師なしで文字列から語の区切りの抽出が可能であることを示している．場面横断型学習に関しても，そもそも Siskind (1996) のモデルは，場面横断型学習が曖昧性を縮減できることを大人／乳児を対象とした行動研究に先駆けてシミュレーションを用いて示しており，その後多くの研究の理論的牽引役を担ってきた．さらに近年では，この分野において発達研究と，実際に複数の感覚情報を，センサーを用いてモデルに取り込み言語習得を実現しようとする認知発達ロボティクス研究とが急速に近接している．例えば Roy and Pentland (2002) は，音声処理（聴覚）と，画像処理（視覚）から得られる複数のモダリティ情報を統合し，適切に入力の発話から単語を分割しつつ視覚情報をカテゴリー化するモデルを実装している．もちろんこれらの計算論的表現と人間の行なっている処理が全く同じかどうかはわからないが，重要なことは，実際にロイ（Deb K. Roy）らも指摘するように，人間を取り巻く連続的性質を持った一見雑多な情報の中には，離散的なカテゴリーを作るための情報が非常に豊富に含まれているということだろう．

▶ 2.2 パターンの上にパターンを積み上げる

重要なことに，人間の統計学習は一様にありうるパターンをすべて検出するのではなく，その時々で利用可能なリソースから段階的にパターンの抽出を行ない，次第に潜在的なパターンへの発見へと結びついていくことが知られている．例えば Saffran and Wilson（2003）は 12 か月の子どもに単純な有限状態文法に基づいて新奇語が並べられた発話を聞かせ，乳児の統計学習がどのように進むのかを調査した．その結果乳児は，最初に連続する音列から音の切り出しを行ない，その次の段階として可能な配列の可否，つまり文法と呼べるようなものについて学習していた．つまり子どもが最初に処理するのは知覚的に顕著な音の情報であり，まずそれを利用してカテゴリーを構築し，さらにそれをベースにして文法のような直接知覚することの難しい潜在的なパターンの学習を行なったようである[注5]．

語学習に関しても，Gogate and Hollich（2010）は，子どもが知覚的な共起情報から次第に言語的意味へと昇華されるという「**語彙理解に関する多感覚基盤仮説**」（multisensory underpinning of lexical comprehension hypothesis）を提唱し，語と参照対象との関係発見を説明する詳細なメカニズムを説明しようとする（図 2）．ここでは，子ども（生後 2 か月〜）に検出可能なパターンは，イマ，ココ性に強く根づき，聴覚—視覚のモダリティが知覚的に強く同期した対応関係である（e.g., 犬が吠えている視覚像と，犬が吠えている声）．次に，必ずしも犬の声そのものではない語音としての類像記号と，参照対象との関係の検出（e.g., 犬が吠えている視覚像と，犬の鳴き声を模したワンワンというオノマトペ），さらに時間的に同期している指標的関係の検出（e.g., 車の視覚像と，車を持って動かすといったジェスチャー）へと進む．ゴガーテ（Lakshmi Gogate）らはこのような類像的 / 指標的関係を足場にして，そのような制約が

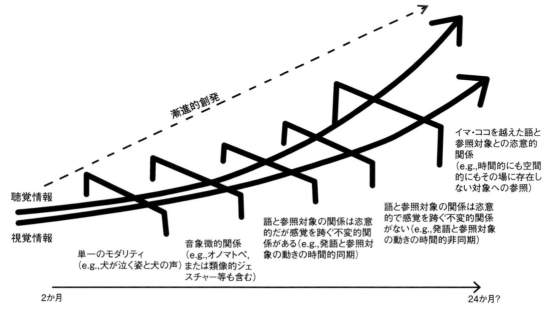

図 2　語彙理解に関する感覚基盤仮説のダイアグラム（Gogate and Hollich 2010 を改変）

ない恣意的な形式と意味の関係の抽出へと向かうと考える.

さらに，従来その複雑性，抽象性ゆえに経験論による説明が最も困難であると考えられてきた統語分野についても，段階的なパターンの抽出が統語構造の習得に大きく寄与している可能性が指摘されている．Tomasello（2003）は理論的側面から，統語構造の習得を**構文**（construction）の習得として考える．ここで構文とは，従来語が形式と意味の対応から成立していると考えられるのと同様，形式（配列）と意味（構文の意味）の対応からなる媒体として考えられており，我々の言語知識は様々なレベルの形式と意味の対応（つまり構文）の**目録**（inventory）として見なされる（symbolic view of grammar, Langacker 1987）[→ 2.11]．この観点から言語習得の過程を追う立場の諸研究は，構文の習得は，—ちょうど，語の学習が知覚基盤強く根差した対応関係に始まり次第にそこから離れていくように—，特定の語彙項目に依存したカテゴリーを持つ**項目依拠構文**（item-based construction）から，語彙項目の別を問わず，イベントを抽象的なレベルでカテゴリー化した**抽象的構文**（abstract construction）へと進む過程であることを指摘する．例えば，Tomasello（1992）の観察では，2歳児が1年間を通して発話した多語文において，ほぼすべてが動詞ごとに特定のパターンを持った発話であった．具体的には，この2歳児は Cut X や，Draw X on Y などの発話をし，それは成人から見てももちろん適切な発話ではあるのだが，Cut X on Y といった発話はしないなど，動詞ごとに産出する構文のパターンは極めて限定的であった．成人の言語では格として一般化されるような，個々の動詞の求めるイベントを跨ぎ一般化した構造（抽象的構文）に基づいた発話は，動詞個別の構文が拡張する形で習得されていった．このような項目依存構文から抽象的構文に至る過程は世界のあらゆる言語において報告されているのみならず，動詞以外の領域についても同じ傾向がある可能性が報告されている．例えば，Pine and Martindale（1996）の調査によると，2歳から3歳の子どもの用いる初期の定冠詞，不定冠詞は，それぞれ異なる名詞のグループにおいて共起しており，それぞれの冠詞

の抽象的機能というよりも名詞に依存して決まっていることが報告された．さらに複文構造のような複雑な構造の習得に関しても，Dissel（2004）は，4名の子どもの不定詞補文の運用について2歳から5歳時になるまで調査した．すると子どもが産出する最初の不定詞は，どの子どもについても主節動詞はほとんど wanna（want to），hafta（have to），gotta（go to）のいずれかであり，自分を主語とし，また必ず現在形であったものが，次第に3人称主語や否定，過去や未来時制を含むものへと変化し，その中で主節動詞も多様化していった．また当初の wanna や hafta の使われ方は非常に法助動詞的で，後続する不定詞補文の表す内容についての態度の表明というコミュニケーション上の意図を持って用いられていたが，次第に主節動詞と補文の間に目的語が挿入されるようになるなど，二つの異なる命題が分割されていく様が観察された．

さて，語にしても構文にしても，統計学習による言語習得が特定の段階を経て進むことは，言語の学習可能性に関する二つの議論に対して重要な含意を持つ．第1に，これまで議論してきたように，統計学習は抽象的，あるいは潜在的な知識の学習を十分説明できうる可能性を持つことである．従来言語習得の経験説一般への批判として，例えば文法のような直接知覚することの難しい抽象的な構造の学習は困難ではないかという指摘があった．しかし前述のようにマルチモーダルな入力情報をその端緒としつつも，それを足場にして次第にそこから離れたカテゴリー構築をすることは可能である．この点に関連して，抽象的知識が学習された結果として考えることは，人間の柔軟な知識運用についてより妥当な説明を与えられるように思われる．例えば，前述の制約や原理，バイアスに関する議論は，それが学習の障害となるときにどのように操作されるのかという問題が指摘されていた．例えば形バイアスは，名詞の参照対象が「形」によって一般化されることを求めるが，当然すべての名詞が形を基準にしてカテゴリーを構成しているわけではない．そのため適切な語彙学習のためにはどこかでこのバイアスは修正される必要がある（今井 2014）．この問題に対して，バイアスがボトムアップの語彙学習の過程で生ま

れる蓋然性の高いという考え方はより妥当な説明を与えることができる可能性がある．例えばSmith（2003）はバイアスの発現および修正が，その時子どもが有している語彙数に強く依存していることを示した．具体的に彼女らの実験では，子どもの形バイアスの出現は語彙数100語程度の子どもに対して強く発現し，それ以上の語彙数を持つ子どもは形に固執しない推論をすることができていたのである．

第2に，統計学習が分布の一様な分析でなく何がしかの制約を受けて段階的に進むことの帰結として，世界の言語の構造に見られる類似性を説明できる可能性がある．従来，経験説に対する批判の1つには，経験が言語習得において主導的な役割を担うのであれば各言語文化圏で独自の系統発生的進化を遂げるはずであり，世界の言語においてなぜ似たような構造が偏在しているのかという問題が説明しづらいという点があった．しかし統計学習に働く様々な制約は，この世界の言語における一定の構造類似性を説明できうる可能性がある．例えばSaffran and Thiessen（2003）は，シラブル頭とシラブル末に有声音／無声音が生起するなど特定の音の**音素配列規則**（phonotactic regularity）を乳児に統計学習させた．すると興味深いことに，/p/,/t/,/k/,や /b/,/d/,/g/のような無声音／無声音どうしをグループにして形成した規則は，/d/,/p/,/k/のような無声音および有声音が同時に入り混じった規則よりもよりも学習しやすいことが明らかになった．この結果を受けサフランは，乳児の統計学習には単純に分布を推定するだけでなく特に利用しやすいリソースが存在しており，それが初期統計学習の制約として働くことによって言語間の類似性が生まれるのではないかと指摘している．この場合は**有声開始時間**（voice onset time）がもたらす身体感覚に基づく弁別が，音素配列規則の統計学習に先立って学習されており，それが後続する学習の制約として働いた可能性が考えられる．統計学習における身体性の役割については本節の最後に再掲するが，今後の言語習得問題の課題となるトピックであると言えるだろう．

▶ **2.3 子どもの周りにパターンをちりばめる**

通常，子どもが受ける言語的入力は，既に当該社会の成員であり，言語運用の熟達者である養育者から与えられる．言語習得の問題は，その片翼を担う社会の側からの働きかけを抜きには語れない．ここで，やはり刺激の貧困説がやはり指摘するように，子どもが言語習得期に受けるインプットは常に規範的な構造を持っているわけではないことは確かである．養育者が子どもに対して語りかけを行なう際，子どもの年齢が低いほど抑揚を大きくとる，ピッチを上げる，母音の音を伸ばす，単純化した句や節を用いたり，身振り手振りを大きくとったりなど，通常の成人どうしのコミュニケーションでは現れないような調整を行なう．養育者の子ども（乳幼児／幼児）に対する特徴的な発話は**対乳幼児発話**（infant/child directed speech: IDS/CDS），動作は**対乳幼児動作**（infant/child directed action: IDA/CDA）と呼ばれる[注6]．これらの入力は子どもが習得すべき成人の言語運用とは異なっているという意味で，行動主義的な意味での教師としては不完全であると考えられるが，近年の研究は，この養育者の特殊な入力は子どもの前述の統計学習に対して非常に有利に働くことが近年指摘されている．例えば，前述のGogate and Hollich（2010）は語彙理解に関する多感覚基盤仮説（図2）のそれぞれの段階に，養育者が与えるインプットが子どもの習得段階に非常に適応的であることを指摘している．例えば対乳児発話において，新奇語は節の最後に最後にイントネーションのピークを伴って合わせられることが多く，特にそれは6か月から8か月の乳児に対する発話に現れやすいが（Fernald and Mazzie 1991; Gogate et al. 2006），実際に乳児は7か月になると乳児は節の最初および最後の語を分節することができるようになることが知られている（Seidl and Johnson 2006）．さらに時間的同期関係の検出についても同じような現象が見られる．例えば養育者は子どもに語り掛ける際，発話の継続時間およびリズムに合わせて，参照対象を揺らしたり動かしたりするような行動を行なうことが知られている．例えば「車だよ」という発話の始まりに対応させて実際の参照対象である車のオモチャを動かし始める，といった具合である．Gogate et al.（2006）の実験では，複数の新奇名詞をつけられた新奇物体を用いて養育者と子ども

が遊ぶ場面を設定し，養育者は遊びの場面でその物体の名前を子どもに教えるように教示された．養育者の教示方略を分析すると，特に5か月児〜8か月の乳児の養育者に関しては，名づけ行為の大半において語と動作が同期していたのに対し，それ以降の月齢になるとそのような同期は次第に使用されなくなっていった．さらに Gogate et al. (2016) の実験では，正に8か月の子どもが，物体への名づけが動作と同期している場合において，語と参照対象の関係を抽出することができたことが報告されている．またこの指標的手がかりはコミュニケーションの相互的なやり取りの中で提供されることもある．Yu and Smith (2012) は，より日常場面に近い動的なコミュニケーション場面において，養育者の働きかけと言語習得場面の関係を調査している．1歳8か月の子どもと親とに新奇な名前のついた一つの物体を用いて遊んでもらう場面を設定し，その時の養育者と子どもの視界や頭の動き，発話音声等の複数モダリティに関わる情報を子どもの視野に合わせたヘッドカメラ，モーションセンサー等を用いて収集した．その後，物体について，子どもが名前を学習したかどうかのテストをし，どのような感覚情報が学習に寄与していたかが分析された．その結果，子どもがその対象を自分の手にとり，自分の視界の中心に捉えているその時に養育者により名づけが行なわれると，よりよくその語を習得できることが明らかになった．これは子ども自身がモノを「持っている」「動かしている」という運動感覚とそれに基づいた外界へ注意は，自然な状況においては様々な対象に分散，集中しているが，それを見越した養育者のタイミングのよい言葉かけの同期が，子どもの正確な語の意味の推論に役立つことを示している．子どもが外界からパターンを発見することに長けているだけでなく，社会の側からもこのような子どもの学習を助ける適切なインプットが与えられているのである．

3. 情報共有志向性と言語習得

▶ 3.1 言語習得研究における共時的意味と通時的意味

ここまでの議論では，子どもが世界に散らばる情報からパターンを発見すること，さらに知覚的なパターンを基盤に，直接知覚することが難しいような潜在的なパターンをも発見していくことができること，さらに養育者の側も，子どものそのような学習に対して適応的に振る舞うことを述べた．しかし経験から語や文法のカテゴリーを抽出できることは，その帰結として人間が生産的に言語を用いることができることを意味しない．例えば経験と音とを対応づけるだけであれば，乳児は生後6か月にはそのような認識が可能になるが (Haith and Benson 1997)，もちろんだからといって6か月の乳児が言語を使い始めるわけではない．そもそも統計学習に関わる学習自体は前述のように計算機にも可能であるし，大型類人猿も同様の能力を保持している進化的に古い能力である (Hauser et al. 2001)．大型類人猿はさらに，人間の飼育下において複数モダリティの統合，つまり特定の形式（手話や文字）とそれが表す対応との恣意的関係を学習することもできる（例えば，松沢 2008）．

しかし，やはりそのような形式—意味対応としての記号習得ができたとして，大型類人猿が人間と同じようにコミュニケーションの道具として用いることができるかどうかはまた別に問わなければならない問題である．例えばよく知られている傾向として，大型類人猿は確かに形式と意味を学習することができるが，それをほとんど「要求」のためにしか使わない (Rivas 2005)．一方，人間はどうだろうか．後述するように人間が他者とコミュニケーションをとるために最初期に用いる明示的な記号はおそらく指さしであるが，子どもは相手の注意を自分の意図する方向に向けることを目的とした指さし（一般に「叙述」または「定位」の指さしと呼ばれる）を，生後1年ほどで用いるようになる (Butterworth 2003)．さらに，子どもは，未知の対象を表すために，既知の記号を組み合わせて用いる．筆者の子どものエピソードであるが，2歳3か月時に「鳥もも肉の骨つき肉」を手に持ち，「種がお洋服着てるよ！」と筆者に教えた．おそらく「種」とは彼にとって「食べられないもの」全般を指しているが，この場合は「骨」のことであり，「洋服」とは彼にとって何かの周りにまとっているもの全般を指しているがここでは「肉」のことであろう．このような，

1〜2歳前後の子どもが自分の知っている情報について，既知の言語形式を組み合わせることによって他者に教えようとする行動は実に頻繁に見られる．

　ここで，言語もしくは記号を「何のために」用いるかという機能的視点が重要になる．2.までの議論は，知覚可能な形式とそれが指し示す意味との結びつき，つまり共時的な意味での「記号」としての言語に焦点を当ててきた．それは一つの重要な視点であるが，実際のコミュニケーションにおいて言語の意味を考える際，それが何のために使われ，実際に何を引き起こしたのかという（ミクロな意味での）通時的観点が必要になる[注7]．なぜならば，「経験」から意味を導き出そうとするとき，言語的であっても非言語的であっても，また日常生活の場面であっても実験室実験であっても，子どもは必ず他者の振る舞いに対しその意図を読み取ろうとする過程の中で意味を作り出すからである．例えば，語彙習得研究の基本的な実験パラダイムの一つである新奇語学習の実験（e.g. Imai et al. 1994）では，子どもが新奇物に対して「ネケ」という名前が与えられ，次にまた別の新奇物が「ネケ」であるかどうか問われる．ここで子どもが行なう最も原初的な推論は「この人はなぜ今ネケという名前をつけたのだろうか」というものであろう．参照する対象が「形」であるか「部分」であるかという問題に対しては統計推論や知覚的な顕現性といった様々な学習のメカニズムに支えられているとして，ここで重要な問題は，子どもが，（多くの類人猿を対象とした実験において与えられるリンゴのような）報酬もない中で，なぜそのような推論をしようとするかということである．なぜ子どもは自分に向けられた記号の意味を理解しようとし，また自分で記号を用いて何かを引き起こそうとするのであろうか．

　近年の比較認知科学研究や言語習得研究では，この点について人間の協力性に基づく，情報共有に関する強い志向性に着目している（Tomasello 2008）．比較認知科学における研究の一つの例では，大型類人猿には一定の他個体の心的状況を推論する能力があり，またそれに基づいた利他的，協力的行動も見られるという報告がある（Warneken and Tomasello 2006）．このことは，

人間の持つ利他性，協力性は進化的基盤に基づくことを強く裏づけており，実際に乳児はそのような利他行動をどこかで学習したと想定することが難しいような状況でも，やはり協力的な行動をとったりする（Warneken and Tomasello 2007）．しかし大型類人猿の利他行動の多くが，直接的に他者の要求を満たすような援助であるのに対し，人間はそれにとどまらず，他者の知っていることを知りたい，自分の知っていることを教えたい，と考える．つまり人間は個体レベルの「要求」だけでなく，それを越えて情報を我々の間で共有したい（共通の行為目的を持ちたい）ということに強い動機を持つ．このことは，「自分に対する他者の行為が何かを知らせようとしているもののはずである」という信念にも結びつく．このような特徴は人間に特有のものであり，指さしや言語を含む記号の運用や，複雑な構文の構成など人間に特有のコミュニケーションに通低していると考えられる[注8]．ここでは特に，この情報共有志向性に強く根差した人間の模倣学習と他者の心の推論のはたらきの関連について論じ，さらにそこから言語習得の足がかりがどのように作られるか，言語に先立つ最初期の記号である指さしの発現を中心に議論を行なう．

▶ 3.2　他者の心的状態に関する推論と模倣

　人間が他者とのやりとりの中で言語習得をいかにして達成するかを考える際，模倣による説明は最も自然に考えられる説明の一つかもしれない．他者から与えられる言語的振る舞いを自ら模倣することによって言語を習得するという考え方は，素朴だが強力なものであるように思える．ただし古典的な模倣学習の考え方は，模倣に対して何らかの教師による強化が行なわれることを前提としており（Millar and Dollard 1941），やはり刺激の貧困説の批判を免れるには至らなかった．しかしその後の研究で，人間は明示的な教師がないような状況でも模倣，もしくは模倣に順ずるような行動を行なうことが明らかになっている．最も有名な例は，新生児が大人の表情を真似する新生児模倣だろう（Meltzoff and Moore 1977）．この現象が成立するためには，「他者の顔」という視覚情報を「自分の顔」と対応づけて運動情報に変換する必要がある．なぜ生まれたばかりの新生児にこの

ようなことが可能であるのか，生得的に組み込まれた機能なのか（Meltzoff and Decety 2003），より一般的な連合学習の結果として獲得されるものなのか（Heyes 2001），いまだ明確な理由はわかっていない．ただし，どちらの説明にしても人間に知覚と運動に共通した基盤，例えばミラーニューロンシステムに代表されるような神経基盤が存在し，それが他者の行為と自分の運動を結びつけることに寄与していることは認めている．そして，非常に重要なことに，人間にこのような基盤が備わっていることは，情報共有への志向性の一つの基盤となる「自分と異なる他者の心的状態を推論するようになる能力」（mentalizing）が9か月以降の乳児に現れることと深い関連があるようだ．明和（2014）によれば，この時期に乳児は，自己主体感（自分自身で行為を行なう感覚），自己身体所有感（身体が自分に帰属しているという感覚）に基づく自他弁別能力を確立する．すると知覚—運動の自動的な協応を抑制することが可能になり，その結果として自分と区別された他者の心的状態をメタな観点から推論できるようになるのではないかと論じている．興味深いことに，新生児模倣を含む他者模倣の産出が9か月よりも前から発現するのに対して，他者から模倣されていることを認識できるようになるのが丁度この時期であることは，この仮説の妥当性を裏づけているようにも考えられる．

　実際に，この9か月以降の時期に子どもは，他者の心的状態を推論することに関する大きな認知的転回を迎える（9か月革命）．この時期の子どもは他者の心的状態に敏感に反応し，大人の注意しているものに対して自分も注意を向けたり，自分が注意を向けているものに大人の注意を向けようとしたりする．自分と他者の間で，自分と他者以外の何か他のものについての注意を共有するための三項関係コミュニケーションが始まるのである．この転換は，人間のコミュニケーションの発達過程にとって非常に重要である．なぜならば，ここに至る前の二項関係コミュニケーション，例えば「両手を上げると抱っこしてもらえる」「泣くとオムツを換えてもらえる」といったようなコミュニケーションの基本的な機能は，大型類人猿が行なうような「要求」である．ところが後述するよ

に，三項関係コミュニケーションの場面に現れる指さしや言語は「叙述」を目的としており，最初から強く相手に自分の外にある何かを「知らせたい」「共有したい」という志向性を有している．このような人間特有のコミュニケーションが，他者の心的状態の推論が可能になることと並行し急速に発現するのである．

　同時に模倣学習そのものについても，この時期にその質が大きく転換する．単に視覚情報を自身の運動に対応づけるだけの模倣でなく，「相手が何をしようとしているか」，相手の行為が目的とするもの，つまり意図を介した模倣を行うようになる．例えば Georgely et al.（2002）は，次のような実験によってこのことを確かめている．実験では，生後13か月の子どもが二つのグループに分けられ，それぞれ「手足が使えない状態でランプのボタンを頭で押した」動画と「手足が使える状態にもかかわらず頭でボタンを押した」動画を見る．1週間後，動画の中に登場した同じランプを子どもは与えられたが，この時子どもがどのようにランプを用いるかが分析された．ここで子どもの模倣が，単純に他者の動作を真似るだけのものであるならば，両方のグループともに，「頭でランプのボタンを押す」という行動を模すはずである．しかし実際には「手足が使えない状態でランプのボタンを頭で押した」動画を見たグループは，「手でランプを押す」という行動をとった．一方，「手足が使える状態にもかかわらず頭でボタンを押した」動画を見たグループは，「頭でボタンを押す」という行動をとった．つまり前者のグループの子どもは，「動画の人物は手足を使いたいが使えなかった」「しかしボタンを押したかったから仕方なく頭で押したのだろう」と推論したと考えられ，後者のグループは「あえて頭で押しているのだろう」と推論した結果，このような行動の違いが表れたと考えられる．両グループの子どもは，「なぜこの人物は頭でボタンを押さなければならなかったのか」という他者の行為の目的を推論したうえで，模倣を行なっていたのである．

　このような他者の意図理解を含む模倣は，記号や言語を習得するための非常に重要なステップを提供する．具体的には，行為の意図を理解することによって，他者がある目的の下で行なった行為

を今度は自分も同じ目的を達成するために用いてやってみる，というタイプの模倣が可能になる（役割交替模倣（role reversal imitation），Tomasello 2003）．例えば「養育者が車の方を指さした．その結果として自分は車の方に注意を向けた」という経験をした子どもが「相手は注意を向けるという目的で指さしをした」ということを理解できれば，次に自分と養育者の役割を反転させて，今度は自分が指さしを用いて養育者の注意を操作することができるようになる．このようなタイプの模倣の達成は，子どもが他者にとっての記号の意味と自分にとっての記号の意味を同じものとして同意する，つまり記号の意味における間主観性が成立していることを示している．この段階において子どもは，記号の意味を単に形式と意味の対応としてではなく，他者の心的状態に変化を引き起こすためのコミュニケーションの道具として用いているということが言えるだろう．

▶ 3.3 指さしと言語

さて，子どもが相手の心的状態を操作するために生まれる最初の記号はおそらく指さしである．指さしは，他者に何かを「要求」するだけでなく，自分の興味のあるものに養育者に「知らせ」「共有する」ためにかなり初期の段階から用いられていることが，種々の研究において確かめられている．例えば，Liszkowski et al. (2004) の実験では養育者と，ちょうど指さしが発現し始める時期である 12 か月の子どもが一緒にいるときに，実験者は子どもに対して見えるように人形を示し，子どもの指さしを引き出した．その際，養育者の子どもの指さしに対する反応を「指さしを無視する」「子どもに注意を向ける」「子どもと指さしの参照対象に注意を向ける」のように三つのタイプにわけて，それぞれで子どもがどのような反応をするかを調査した．すると養育者が「指さしを無視する」，「子どもに注意を向ける」場合では，子どもはその反応に満足せず，さらに指さしを繰り返した．一方，「子どもと指さしの参照対象に注意を向ける」条件のときのみ，子どもはその反応に満足して指さしをやめた．つまり，自分が知っている情報を他者と共有したいという動機に基づき，指さしを行なっていたのである．

さらに養育者の側も，このような子どもの新た

な行動に対して非常に適応的に振る舞う．Liszkowski et al. (2012) は，様々な文化圏に属する生後 7 か月から言語習得期初期の 17 か月までの子どもとその養育者が，コミュニケーション場面においてどのように指さし行動を行なうのかを多様な言語を母語とする親子を被験者として比較した．実験では，養育者と子どもは様々な新奇物や既知物によって飾りつけられた部屋に入り，約 5 分間，そこで二人でコミュニケーションをとってもらった．養育者も子どもも同じような頻度で新しい物体を参照する「最初の」指さしを行なうが，その後相手の指さしに呼応して，次の自分の指さしを展開していく傾向が強く見られた．このことは，子どもも養育者も自発的に指さしを行なっていること，さらに養育者と子どもの指さしによるコミュニケーションが，既に会話のような話者交代を含んだ構造を持っていることを示している．指さしによるコミュニケーションは，この時点で既に後の言語につながるような，連鎖的に情報を共有し合うコミュニケーションの体をなしている．

このような情報共有を目指した記号運用の成立は，その後の言語コミュニケーションの非常に強力な足場となる．実際，前述のように，指さしの発現は，言語の発現に先行する．また子どもの自発的な指さしがされたものに対して養育者はその対象に積極的な名づけをする傾向があり，このことは指さしから言語へと記号コミュニケーションが展開する一つの理由となると考えられている（Goldin-Meadow 2007）．実際に指さしが言語の基盤となることは，近年非常に多くの研究がその証拠を提出している．例えば，子どもの初語の参照対象は，それ以前にその子どもが指さしによって示した対象であると報告されている（Iverson and Goldin-Meadow 2005）．初語以降の語彙発達に関しても，3 歳半の子どもにおける語彙サイズは，驚くべきことに 14 か月時に子どもがどのくらい様々な対象に対して指さしをしたかということから予測されることがわかっている（Rowe et al. 2007）．このように，子どもの他者情報を共有しようとする志向性のもとで生まれる指さしは，その後の言語習得の重要な基盤になるのである．

まとめと展望

本節では，経験からどのように意味を抽出するかという問題に対して，現在の認知科学において重要な課題であると考えられる統計学習と情報共有志向性に基づく社会的学習を中心に論じた．前者は言語を構成する部品（音や語，構文）を外界から抽出するという側面を，後者はその部品をコミュニケーションにおいて特定の目的を達成するために用いるという側面を説明し，言語習得の両輪を担っていると考えられる．また重要なことに，両者はそれぞれ別の進化的基盤を持つと考えられるものの，実際の学習においては非常に相補的に関わっている可能性がいくつかの研究から指摘されている．例えば，Kuhl et al. (2003) の実験では，10か月から12か月の子どもに対し，未知の音の列（外国語）を聞かせて，その音素の弁別が可能かどうかを調べた．ここで子どもは三つのグループに分けられ，それぞれ「音声のみ聞く」「養育者のテレビ映像と音声を通じて聞く」「養育者と生の対話を通じて聞く」という別の方法で入力を与えられた．その後，それぞれのグループの子どもが音素を弁別できたかどうかを確かめたところ，「養育者との生の対話」で入力を受けた場合においてのみ，子どもは正確に未知の音素の弁別が可能であった．実際に統計学習は，明確な学習意図を持った場合により促進が見られることが報告されているが（Kacherigis et al. 2014），Kuhl (2007) ではこの結果を受けて，子どもは確かに強力な統計学習能力を有しているものの，それが学習に十分に発揮されるためには，微細なタイミングで他者からの反応が得られる社会的な相互作用の中で入力が与えられることが必須であると議論している．また人間の社会性の基盤となる模倣においても，その成立に関わる統計学習の役割について，Heyes (2001) は，新生児期におこる視覚と運動を結びつける模倣は，乳児が行為 X の実行時に行為 Y を見る確率が高いために起こるものだと指摘する（associative sequence learning）．このように，実際の学習に関しては，統計学習能力と，社会的学習能力は密接なつながりを持つようである．

最後に，今後の言語習得研究の課題について述べる．第1に，本節前半の統計学習で触れた話題に関することとして，いかに具体的経験が抽象的な知識になるのかというメカニズムについては一層の精査が必要である．特に経験におけるいったいどれくらいの経験の量／質がどれくらいの概念の抽象化（e.g., 語彙習得におけるバイアスの発現）に寄与するのか，あるいはそもそも抽象的だと思われている人間の認知処理がどれくらい個別具体的な経験の制約を受けているのか（e.g., 構文の習得）という問題は未だその全容が明らかになっているとは言い難い．この問題に適切にアプローチするには，純粋な確率や頻度と学習結果との関係を扱う統計学習と合わせて，身体性の問題，特に我々の認知処理がどれくらい過去の経験に依存して成立しているのかというシミュレーションに関する議論を合わせて考えられるべきであるように思われる．我々が外界における経験を抽象化できるのは，感覚情報から必要な情報を残す選択的注意，それを貯蔵する記憶，必要に応じてそれを活性化する認知が統合的に働く結果であると考えられるため，このような内的なメカニズムと，頻度分布の処理をつなげるモデルが必要であろう[注9]．目下のところ，この方向でのアプローチは認知発達ロボティクス分野で盛んであるように思われる（Cangelosi and Schlesinger 2015）．

第2に，人間の情報共有志向性と言語習得の問題を考える際に，言語習得をより広く人間のコミュニケーション一般の問題として考えることは重要であると考える．これまでの多くの言語習得研究は，主に子どもが言語を用いて何を達成するかにのみ焦点を当て，その発達過程を研究してきた．しかし本節で述べたように言語は記号コミュニケーションの一種であり，指さしを含めた様々な非言語記号と連動しながらコミュニケーションを達成するために習得されると考えるべきだろう．実際に本節で述べた指さしの他にも，例えば音象徴語のような有縁的な特徴を持つ記号が，恣意的な特徴を持つ言語の習得を助けるという議論は近年盛んである（Imai and Kita 2014）．このことに関して Tomasello (2008) は，指さしのような指標記号は「あれ」「これ」などの指示語へ，類像記号は名詞や動詞などの内容語と基盤を共にするという興味深い仮説を提供している．この議論には

未だ実証的な証拠が揃っているわけではないが，確かに現状の研究を概観するに，Imai and Kita (2014) は音象徴語が形容詞や動詞などの内容語の習得を助ける可能性は指摘されている．また指示語に関しても近年の類型論的研究は確かに指示語の運用は共同注意の確立および指さしの運用と密接に関わることが報告されており（Enfield 2009），これが習得過程どのように統合・分化しているのかという問題は非常に興味深い問題である．

さらに非言語記号のみならず，非記号的なチャンネル（つまり特に何かの対象を志向しているわけではないコミュニケーションチャンネル）が，言語習得に与える役割を考えることは，今後新しいトピックになるかもしれない．例えばPentland (2010) らは，人間のコミュニケーションには言語的なチャンネルとは独立して，**正直シグナル**（honest signals）と呼ばれる一連の非記号的信号があることを提唱している．例えば，彼らが提唱する正直シグナルの一つに，対話をする各自が他者に与える影響力を表す「**影響力**」（influence）と呼ばれるものがある．これは「一方の話者がどれくらいもう一方の話者の発話パターンに合わせているか」を，片方が話しているか話していないかという状態が，もう片方が話しているかいないかという状態からどれくらいの確率で遷移しているかにより測定される指標である[注10]．例えば影響力のある話し手と影響力の少ない聞き手の会話は，話し手が聞き手の発話に被せるようにして言葉を発するであろう．一方お互いがお互いに対して影響力を持たない場合であれば，二者の間に長くて不規則な中断が入る，といった具合である．ペントランドの指摘では，記号的ではないが人間のコミュニケーション上の重要な役割を担っている信号が言語普遍的にいくつか存在しており，さらに興味深いことにいくつかの信号は前言語期の非常に早い段階から発現するようである（Roy and Pentland 2002）．このような「信号」と，言語習得との関連は未だ十分に研究が進んでいないが，人間のコミュニケーションの成立を非言語，非記号的なものまで含んだ幅広い視点から眺め，その中で言語の役割，特殊性を考えることは，経験を基盤とした言語習得研究の新たな地平を開くものと期待できるだろう．

▶注

1　ここで概念とは，過去の経験を現在の認知処理にトップダウンに利用できるよう結びつける知識を指す．言語の意味もこの定義の内において概念の範疇に属すが，形式との対応に伴いより定常的な表象を想起するケースとみなすことができるだろう．

2　ただし，すべての研究者がこのような制約を生得的であると考えているわけではない．後述するように，このような推論方略は学習の結果として得られるものだと考え**原理**（principle）や**バイアス**（bias）と呼ぶ研究者も多い（Golinkoff et al. 1994）．

3　本節で取り上げる統計学習の他にも，子どもの語の参照対象の発見を説明する説明として，選択的注意，社会的意図の発見，言語的手がかりなどが提案されている．

4　ここで統計学習とは，入力の様々な確率的特徴を用い達成される学習を指し，**分布学習**（distributional learning）や場面横断型学習（cross-situational learning）を含む包括的な用語として用いる．

5　逆にいえば，子どもはまず可能な特徴についての学習しかしないために，後のより複雑な学習が可能になっているともいえる（starting small: Elman 1993）

6　従来このような現象は motherese（育児語）等とも呼ばれてきたが，現在では音韻や語，構文レベルでも調整が行なわれることを鑑み，CDS/IDS という表現が多く使われるようになった．

7　Enfield (2013) は，共時的な形式—意味関係としてのいわばソシュール流の記号は，パース流の通時的観点を含んだ記号過程，つまり，認知主体が記号を知覚し，何らかの解釈項（具体的な行為）を引き起こすことで，対象を表象する，という過程の一部分（記号—対象の関係）として統合されうると論じている．

8　例えば Tomasello (2008) では，系統発生的に人間の情報共有への志向性が「要求する」，「知らせる」，「共有する」と進化していく各段階において，それぞれの目的を達成するために必要な複雑さを持った統語的な要素が生まれたという仮説が議論されている．

9　この分野において代表的なモデルである Barsalou (1999) の**知覚記号システム**（perceptual symbol system: PSS）のモデルは，この問題を考える際，重要かもしれない．この理論では，個々の知覚経験において賦活される神経活動から構成される知覚記号（perceptual symbols）が意識下に存在し，思考や言語などの高次の認知機能の基盤として働くことが議論される．まず知覚記号は種々の感覚運動情報をそのフォーマットに基づき長期記憶に記銘する．このフォーマットは経験のすべての情報を保存するわけではなく，スキーマ的なひな型を持ち，その記銘時の選択的注意の働きによって色，形，音等，いくつかの特徴次元にまたがったものが想定される．これらの知覚記号を言語や推論など必要に応じてまとめあげ，各種の認知活動に利用できる形にするのがシミュレータ（simulator）である．シミュレータとは，知覚記号が構造化されたまとまりで，様々な事物や事態のカテゴリーを，対応している知覚記号を同時に呼び起こすことで記憶をシミュレートする．バーサロはシミュレータを「概念」（concept）と同一視しているが，PSS は人間の外界における知覚経験がいかに概念化

するのか，その過程を捉える理論を提供している．

10　ペントランドは，他に正直シグナルとして「影響力」（どちらが話題の主導権を握っているか．ターンテイクの遷移確率によって測定）「ミミクリ」（どれくらい共感しているか．他者への模倣行為がどの程度見られるかによって測定）「エネルギー」（どれくらい関心を持ったか．声や動きの大きさの変化によって測定），「一貫性」（どれくらい相手に寛容であるか．相手の行為を受けたリズムの変化によって測定）などを挙げている．

▶重要な文献

Saffran, J.R. et al. 1996 Statistical Learning by 8-month-old Infants. *Science* 274: 1926-8.
前言語児が非常に強力な統計学習能力を持つことを示した先駆的論文．
Tomasello, M. 2008 *Origins of Human Communication*, MIT Press, Canbridge, MA.
人間の情報共有志向性が言語の系統発生・個体発生に重要な役割を果たすことを論じた書籍．
Smith, L. B. and C. Yu 2008 Infants Rapidly Learn Word-Referent Mappings via Cross-situational Statistics. *Cognition* 106: 333-8.
場面横断型統計学習が初期の語彙学習に有効に働くことを示した論文．

▶文　献

Barsalou L. W. 1999 Perceptual Symbol Systems. *Behavior and Brain Sciences* 28: 105-67.
Butterworth, G. 2003 Pointing is the Royal Road to Language for Babies. In Kita, S. (ed.) *Pointing: Where Language, Culture, and Cognition Meet*, Erlbaum, Mahwah, pp.9-33.
Cangelosi, A. and M. Schlesinger 2015 *Developmental Robotics: From Babies to Robots*, MIT Press, Cambridge, MA.
Dennett, D. C. 1978 Cognitive Wheels: The Frame Problem of AI. In Hookway, C. (ed.) *Minds, Machines and Evolution*, Cambridge Univ. Press, Cambridge.
Diessel, H. 2004 *The Acquisition of Complex Sentences*, Cambridge Univ. Press, Cambridge.
Elman, J. L. 1993 Learning and Development in Neural Networks: The Importance of Starting Small. *Cognition* 48: 71-99.
Enfield, N. J. 2009 *The Anatomy of Meaning: Speech, Gesture, and Composite Utterances*, Cambridge Univ. Press, Cambridge.
Enfield, N. J. 2013 *Relationship Thinking: Agency, Enchrony, and Human Sociality*, Oxford Univ. Press, New York. ［井出祥子（監修），横森大輔・梶丸岳・木本幸憲・遠藤智子（訳）2015『やりとりの言語学—関係性思考がつなぐ記号・認知・文化』大修館書店．］
Fernald, A. and C. Mazzie 1991 Prosody and Focus in Speech to Infants and Adults. *Developmental Psychology* 27: 209-21.

Gergely, G. et al. 2002 Rational Imitation in Preverbal Infants. *Nature* 415: 755.
Gogate, L. J. et al. 2006 Attention to Maternal Multimodal Naming by 6- to 8-month-old Infants and Learning of Word-object Relations. *Infancy* 9: 259-88.
Gogate, L. J. and G. Hollich 2010 Invariance Detection Within an Interactive System: A Perceptual Gateway to Language Development. *Psychological Review* 117 (2): 496-516.
Gogate, L. J. 2010 Learning of Syllable-object Relations by Preverbal Infants: The Role of Temporal Synchrony and Syllable Distinctiveness. *Journal of Experimental Child Psychology* 103: 178-97.
Goldin-Meadow, S. 2007 Pointing Sets the Stage for Learning Language—and Creating Language. *Child Development* 78: 741-45.
Golinkoff, R. M. et al. 1994 Early Object Labels: The Case for a Developmental Lexical Principles Framework. *Journal of Child Language* 21(1): 125-55.
Haith, M. and J. Benson 1997 Infant Cognition. In Kuhn, D. and R. Siegler (ed.) *Handbook of Child Psychology*, Vol.II, Wiley, NewYork.
Harnad, S. 1990 The Symbol Grounding Problem. *Physica D* 42: 335-46.
Hauser, M. et al. 2001 Segmentation of the Speech Stream in a Nonhuman Primate: Statistical Learning in Cotton-top Tamarins. *Cognition* 78: B53-64.
Heyes, C. 2001 Causes and Consequences of Imitation. *Trends in Cognitive Sciences* 5(6): 253-61.
今井むつみ 2014「言語発達と身体への新たな視点」今井むつみ・佐治伸郎（編）『言語と身体性』（岩波講座コミュニケーションの認知科学1）岩波書店，pp.1-34.
Imai, M. and S.Kita 2014 The Sound Symbolism Bootstrapping Hypothesis for Language Acquisition and Language Evolution. *Philosophical Transactions of the Royal Soceity B* 369(1651): 20130298.
Imai, M. et al. 1994 Children's Theories of Word Meanings: The Role of Shape Similarity in Early Acquisition. *Cognitive Development* 9: 45-75.
Iverson, J. and S. Goldin-Meadow 2005 Gesture Paves the Way for Language Development. *Psychological Science* 16: 367-73.
Kachergis, G. et al. 2014 Cross-Situational Word Learning is Both Implicit and Strategic. *Frontiers in Cognitive Science* 5: 588.
Kuhl, P. K. 2007 Is Speech Learning 'Gated' by the Social Brain? *Developmental Science* 10(1): 110-20.
Kuhl, P. K. et al. 2003 Foreign-Language Experience in Infancy: Effects of Short-Term Exposure and Social Interaction on Phonetic Learning. *Proceedings of the National Academy of Sciences* 100: 9096-101.
Lakoff, G. and M. Johnson 1999 *Philosophy in the Flesh: The Embodied Mind and Its Challenge to Western Thought*, Basic Books, New York. ［計見一雄（訳）2004『肉中の哲学—肉体を具有したマインドが西洋の思想に挑戦する』哲学書房．］

Langacker, R. W. 1987 *Foundation of Cognitive Grammar*, Vol.I, Stanford Univ. Press, Redwood City.

Liszkowski, U. et al. 2004 Twelve-month-olds Point to Share Attention and Interest. *Developmental Science* 7: 297-307.

Liszkowski, U. et al. 2012 A Prelinguistic Gestural Universal of Human Communication. *Cognitive Science* 36: 698-713.

松沢哲郎 2008『チンパンジーから見た世界』東京大学出版会.

Markman, E. M. 1989 *Categorization and Naming in Children: Problems of Induction*, MIT Press, Cambridge, MA.

Meltzoff A. N. and J. Decety 2003 What Imitation Tells us about Social Cognition: A Rapprochement between Developmental Psychology and Cognitive Neuroscience. *Philosophical Transactions of the Royal Soceity B* 358(1431): 491-500.

Meltzoff, A. and M. Moore 1977 Imitation of Facial and Manual Gestures by Human Neonates. *Science* 198 (4312): 75-8.

Miller, N. E. and J. Dollard 1941 *Social Learning and Imitation*, Yale Univ. Press, New Haven.

Mochihashi, D. et al. 2009 *Bayesian Unsupervised Word Segmentation with Nested Pitman-Yor Language Modeling* ACL-IJCNLP: 100-8.

明和政子 2014「真似る・真似られる―模倣の発達的・進化的変遷」開一夫（編）『母性と社会性の起源』（岩波講座コミュニケーションの認知科学3）岩波書店, pp.51-82.

Pentland, A. 2008 *Honest Signals: How They Shape Our World*, MIT Press, Cambridge, MA.

Pine, J. and H. Martindale 1996 Syntactic Categories in the Speech of Young Children: The Case of the Determiner. *Journal of Child Language* 23: 369-95.

Quine, W. V. 1960 *Word and Object*, MIT Press, Cambridge, MA.

Rivas, E. 2005 Recent Use of Signs by Chimpanzees (Pan Troglodytes) in Interactions with Humans. *Journal of Comparative Psychology* 119(4): 404-17.

Rowe, M. L. et al. 2007 Learning Words by Hand: Gesture's role in Predicting Vocabulary Growth. *First Language* 28(2): 182-99.

Roy, D. and A. P. Pentland 2002 Learning Words from Sights and Sounds: A Computational Model. *Cognitive Science* 26: 113-46.

Saffran, J. R. and E. D. Thiessen 2003 Pattern Induction by Infant Language Learners. *Developmental Psychology* 39: 484-94.

Saffran, J. R. and D. P. Wilson 2003 From Syllables to Syntax: Multi-level Statistical Learning by 12-month-old Infants. *Infancy* 4: 273-84

Saffran, J. R. et al. 1996 Statistical Learning by 8-month-old Infants. *Science* 274: 1926-8.

Seidl, A. and E. Johnson 2006 Infant Word Segmentation Revisited: Edge Alignment Facilitates Target Extraction. *Developmental Science* 9: 565-73.

Siskind, J. M. 1996 A Computational Study of Crosssituational Techniques for Learning Word-to-meaning Mappings. *Cognition* 61(1): 39-91.

Smith, L. B. 2003 Learning to Recognize Objects. *Psychological Science* 14: 244-50.

Smith, L. B. and C. Yu 2008 Infants Rapidly Learn Word-Referent Mappings via Cross-Situational Statistics. *Cognition* 106: 333-8.

Tomasello, M. 1992 *First Verbs: A Case Study of Early Grammatical Development*, Cambridge Univ. Press, New York.

Tomasello, M. 2003 *Constructing a Language: A Usage-Based Theory of Language*, Harvard Univ. Press, Cambridge.［辻幸夫・野村益寛・出原健一・菅井三実・鍋島弘治朗・森吉直子（訳）2008『ことばをつくる―言語習得の認知言語学的アプローチ』慶應義塾大学出版会.］

Tomasello, M. 2008 *Origins of Human Communication*, MIT Press, Canbridge, MA.［松井智子・岩田彩志（訳）2013『コミュニケーションの起源を探る』勁草書房.］

Tompson, S. P. and E. L. Newport 2007 Statisitical Learning of Syntax: The Role of Transitional Probability. *Language Learning and Development* 3: 1-42.

Warneken, F. and M. Tomasello 2006 Altruistic Helping in Human Infants and Young Chimpanzees. *Science* 311: 1301-3.

Warneken, F. and M. Tomasello 2007 Helping and Cooperation at 14 Months of Age. *Infancy* 11: 271-94.

Werker, J. F. et al. 2012 How Do Infants Become Experts at Native-Speech Perception? *Current Directions in Psychological Science* 21(4): 221-6.

Yu, C. and L. Smith, 2012 Embodied Attention and Word Learning by Toddlers. *Cognition* 125: 244-62.

＝＝コラム 34　他者との２人称的交流＝＝＝＝＝＝＝＝＝＝＝＝＝＝深田　智＝＝

　筆者が3歳2か月になる息子と散歩に出かけたときのことです．息子は，あるマンションから出てきたおばあちゃんとそのお孫さんに「こんにちは〜」と声をかけました．聞こえていなかったのか，おばあちゃんもお孫さんも「こんにちは」と返してくれません．息子は間をおいて2回ほど「こんにちは〜」と声をかけました．すると，おばあちゃんが，「あら，気づかなくてごめんね．こんにちは．」と応えてくれました．それを聞いた息子は，とても嬉しそうに，筆者に向かって「言ってくれた？」と言いました．またあるとき，息子が2歳半を過ぎた頃のこと，歯磨きや入浴を「イヤ！」と何度も拒否するので「もう知らないよ」と言ったところ，「知

らないじゃない．知ってよ」と言って大泣きしました．どうやら息子は，人が自分を無視することなく，自分に応えてくれることを期待し，また，応えてくれたことに喜びや満足感，充実感を得ていたようです．

やまだ（1987）によれば，人は生まれながらにして他者と「共鳴し，共感し，響存」したいと願い，またそれができる存在―Reddy（2008）の言葉を借りるならば，他者と「かかわること」（engagement）ができる存在―であるということです．生後 0 〜 4 か月頃の乳児も，他者（養育者）と「みる―うたう」関係，すなわち，互いを知覚し，情動を媒介として「共に鳴り響き共鳴」し合う関係を築き，他者と言葉（声）による「や・り」「と・り」だけでなく，見つめ合い，触れ合う，といった身体的な「や・り」「と・り」も行なっています．筆者の育児日記によれば，生後 1 か月を過ぎた段階で，息子の出す声は，（第三者から見て）筆者とおしゃべりしているみたいだったとあり，また，生後 2 か月半を過ぎた頃には，祖母が絵本を読み聞かせている間，まるで祖母と一緒に絵本を音読しているかのように声を出したという記述も見られます．生後 4 か月を過ぎると授乳中に乳首から自分の指へと吸う対象をスライド式に変更し，「にやっ」と笑う行動（からかい行動）が見られたことも記録されています．

ただ，この時期の赤ちゃんには，まだ「覚知された，あるいは意識された自分（〔私〕，あるいは自己 self）」は存在せず，したがって自己と区別された他者も存在しません（やまだ 1987: 150）．赤ちゃんが，他者を意図を持つ主体と理解し，外部世界に対する他者の意図的な行為をモニターするようになるとともに，他者の自分への注意をモニターして自己の概念を形成し始めるのは，生後 9 か月以降，トマセロ（Michael Tomasello）が「9 か月革命」（The Nine-Month Revolution）と呼んだ時期からです（Tomasello 1999）．この時期になってはじめて，赤ちゃんは，他者と並んで〈ここ〉以外の〈あそこ〉にあるモノを共に見ることができるようになります（やまだ 1987）．

この，自己と他者とモノの三項関係の成立も，その根底にあるのは，人が生まれながらにして他者と共鳴，共感，響存したいと願う存在であるという事実です．だからこそ大人は，たとえ生後間もない，まだ言葉も話せない赤ちゃんと向き合うときでさえ，赤ちゃんも自分と同じように，自分なりの意志や思いを持って行動する一人の〈人〉，「あなた」（You）であると考え，他者とインタラクトしたいと願う存在であると信じてかかわり合うこと（"second-person engagement"（Reddy 2008: 31））が大切です．上述した著者の育児日記に示された事例からもわかるように，また，やまだ（1987: 63-4）も述べているように，赤ちゃんは，大人にそのような存在であると思わせるような振る舞いを見せます．この振る舞いによって，大人は，自分の赤ちゃんに対する見方を肯定し，赤ちゃんと積極的に，また言葉も使いながら，インタラクトするようになります．このインタラクションを通して，赤ちゃんは，言葉を獲得し，茫漠と広がる種々雑多な事物に溢れたこの世界から，その社会・文化の中で重要とされる事物を拾い出すようになります．そして，その社会・文化に適した〈人〉として成長していくというわけです．三項関係の成立とその根底にある他者との 2 人称的交流は，赤ちゃんの目を外に向け，赤ちゃんがかかわり合う世界を広げていく上でなくてはならないものであると思われます．

▶参考文献

Reddy, V. 2008 *How Infants Know Minds,* Harvard Univ. Press, Cambridge. ［佐伯胖（訳）2015『驚くべき乳幼児の心の世界―「二人称的アプローチ」から見えてくること』ミネルヴァ書房.］

Tomasello, M. 1999 *The Cultural Origins of Human Cognition,* Harvard Univ. Press, Cambridge. ［大堀壽夫・中澤恒子・西村義樹・本多啓（訳）2006『心とことばの起源を探る―文化と認知』勁草書房.］

やまだようこ 1987『ことばの前のことば―ことばが生まれるすじみち 1』新曜社.

コラム35　他者の心を理解すること：共感〜心の理論　　　　深田　智

『「復興」「絆」なんか違う』

これは，2016 年 3 月 25 日の朝日新聞（朝刊）34 面に掲載された記事の見出しです．この記事には，東日本大震災から 6 年目に入り，被災者と被災地の外にいた人との間に感覚のずれがあるという被災者の声が述べられていました．「被災者同士は共感し，慰め合えても，被災地の外にいた人とその感覚を共有することは難しい」という記者のコメントが示されています．

また一方で，人は，映画を見，物語を読んで，泣いたり笑ったりすることができます．その中の登場人物と自分とを一体化させ，過去の自分の体験を重ねあわせて，登場人物とともに泣き，笑うことができるのです．

他者の情緒的状態を共有し，理解し，それに適切に反応する能力は，「**共感**」（梅田編 2014: 51）と呼ばれています．新生児に見られる，他の新生児の泣き声を聞いて自分も泣くという行動は，この共感の能力の萌芽とされています（梅田編 2014: 第2章）．子どもはその後，生後1年目の終わり頃には，他者の苦悩や苦痛に対して自分自身が泣いたり慰めを求めたりするようになり，1歳を過ぎる頃には，苦しんでいる人を慰めようとしたり元気づけようとしたりすることが，また1歳半頃には，怪我をした人にばんそうこうを与えたりすることができるようになるようです（同上）．事実，筆者の息子も，生後7か月を過ぎた頃，筆者が「痛い，痛い，やめて」と言ってつらそうな顔をしたとき，目に涙をいっぱいためて泣きそうになったことがありました．また1歳8か月頃には，痛くて苦しむ筆者を見て，神妙な面持ちになり，テーブルの上に置いてあった水を持ってくるということがありました（実際には水を飲んだところでその痛みが治まるわけではなかったのですが）．

やがて年少児（3歳児）になると，他者の苦しみに対していろいろな対応ができるようになる（同上）のですが，まだ苦しむ他者が目の前に存在していなくてはならず，物語の登場人物など，目の前に存在しない他者の苦しみに共感できるようになるのは，熊谷（2006）によれば，いわゆる「**心の理論**」（他者にも心があることを理解し，他者の心の状態とそれに基づく行動を推察する能力）が形成される4歳半以降のことのようです（ただし，物語といっても，例えば絵本は，言葉だけでなく絵という視覚刺激によっても登場人物が示されるせいか，幼い子どもであっても，その物語の登場人物に共感しやすいようです．例えば筆者の息子は，1歳の誕生日前後の頃，ある絵本の「ずっとこのままいえにいてくれないかなあ」（主人公「ぼく」の発話）の箇所にくると必ず「ふん（うん）」，また別の絵本の「うちにかえってきてほっとしたのね」（家に帰ってきて寝てしまった主人公「ぼく」を見たおかあさんの発話）の箇所にくるとやはり「ふん」と言っていました）．

人の共感の能力は，以上のような段階を経て発達していくとされています．したがって，大人ともなれば，それまでの経験をもとに，他者の置かれた状況やそのときの感情，心の動きを想像し，適切に対応していくことができそうなものです．しかし，それでもやはり100%の共感はなく，ずれが生じます．その一つが上述の被災者の例です．それならばどうすべきか．記事には，そのヒントが示されています．「この5年間，立ち直るため，どのように過ごしたのか，耳を傾ける．そして，『よくここまで来ましたね』と言葉をかける」．共感しようとする側もされる側も，まずは相手が自分とは異なる心を持った他者であることを受け入れ，そのうえで，その他者と視座を同じくし同じ方向を向いて同じものを見，同じ事柄について語り合う関係を形成することが大切なように思います．

ラネカー（Ronald W. Langacker）（2008）や山梨（2000）をはじめ，認知言語学はこれまで，ことばの意味を認知主体の視座や視点との関連で捉えようとしてきました．見方を変えれば，認知言語学の研究成果は，ことばを通して伝達される他者の思いや考えを理解するには，視座や視点の共有が必要不可欠であることを暗に示してきたとも言えます．これまでの認知言語学の研究パラダイムを発展させ，実際の人どうしのインタラクションを言葉に注目して分析していく試みの中で，共感や他者理解のメカニズムもさらに一層明らかになると思われます．

▶参考文献
熊谷高幸 2006『自閉症―私とあなたが成り立つまで』ミネルヴァ書房．
Langacker, R. W. 2008 *Cognitive Grammar: A Basic Introduction*, Oxford Univ. Press, Oxford.［山梨正明（監訳）2011　『認知文法論序説』研究社．］
梅田聡（編）2014『共感』（岩波講座コミュニケーションの認知科学2）岩波書店．
山梨正明 2000『認知言語学原理』くろしお出版．

━━ コラム 36　言語習得と用法基盤モデル ━━━━━━━━━━━━━ 黒田　航 ━

　言語習得は，言語進化に関わる賑やかな話題です．それと同時に，大いに混乱している話題です．ありがちな誤解による混乱を避けるために，用語と概念を明確にしましょう．まず，言語習得と言語獲得との関係をはっきりさせましょう．ヒトが言語を使うようになる／なった過程には二つのレベルがあります．個体のレベルと種のレベルです．ヒトの個体が（理由はともかく）成長の過程で言語を話すようになること，そしてなったことを「**言語習得**」と呼びます．学習の面を強調しない場合，**言語発達**とも呼びます．一方，ヒトという種が（理由はともかく）進化の過程で言語を話すようになったことを「**言語獲得**」と呼びます．すべての関連文献で

このような統一がなされているわけではないのですが，これらが別の事柄だという理解は必須です．

　言語習得と言語獲得について，**用法基盤**モデルには何が言えるでしょうか？　まず，用法基盤モデルは個体発達としての言語習得についてなら，観察事実と合った最良の説明を提供すると考えられます[→ 2.7]．ヒトの脳は強力な「アナロジー計算実行器」であり，それが豊かな事例記憶に基づくならば，強力な学習を達成することがすでに明らかにされています（近年の Deep Learning の隆盛と，その最大の成果の一つである囲碁プログラム AlphaGo の高性能も証拠と理解できると思われます）．

　種レベルの言語獲得の説明では，用法基盤モデルには明らかな限界があります．これはアナロジー基盤，記憶基盤のモデルである以上，避け難いことです．ただ，少しモデルを一般化させ，種のレベルの「記憶」を処理するようなモデルを考えることが可能です．それには良い案があります．例えばウィトゲンシュタイン（Wittgenstein）の「言語ゲーム論」を一般化して，**コミュニケーションの慣例基盤モデル**（convention-based model: CbM）を構想することができます（詳細は「用法基盤モデル」の項を参照）．CbM の枠組みは十分に一般的なので，言語の個体レベルの知識や技能の獲得だけでなく，種のレベルの知識や技能の獲得にも適用できます．

　興味深いことは，言語進化の計算シミュレーションで実装されている様々なモデルが，慣例基盤モデルの具体例＝実装例だと考えられることです．言語進化の計算シミュレーションは，種のレベルでの経験学習をモデル化したものであり，言語の経験獲得不可能説を中心的ドグマとする生成言語学系の言語獲得論（特に「**生物言語学**」（biolinguistics）と呼ばれる分野）の方向性と真っ向から対立します．

　慣例基盤モデルの方向性には，最近になって，意外な方向から強い追い風が吹いています．近年のプロテオノミクスはエピゲノム研究を含み，その成果からエピゲノムを媒介にして獲得形質が遺伝することが示唆されています（エピゲノムというのは，ゲノムの周りに存在する修飾構造のことです．タンパク質でできています）．

　これは種が個体経験の学習を取り入れつつ進化すると言っているのに等しいのです．これは進化論にとっては天地がひっくり返るような前提の転換です．と言うのは，獲得形質の非遺伝性は現代進化論の中心的ドグマの一つだったからです．これは言語進化論と言語獲得論に大きな意味を持ちます．と言うのも，一部の論者が言語の獲得不可能性（例えば言語の瞬間獲得説）の最大の根拠が，獲得形質は遺伝しないという大前提だったからです．その前提が崩れたら，結論の信頼性は揺らぎます．少なくとも言語の瞬間獲得説の根拠は薄弱になります．

4B.4	B 言語の創発・習得・教育

構文の習得

児玉一宏

ここでは，英語学習者に対して，言葉の不思議さ，言葉について思索することの面白さに気づかせるような英語指導のあり方を探求するうえで，認知言語学（cognitive linguistics）の知見を活用することがいかに有用であるかを，構文研究の事例を紹介しながら考察していく．構文の習得をテーマとして設定しているが，以下では，特に「構文の交替」の習得に焦点を当てる．日本の英語教育では，中等教育であれ高等教育であれ，構文の概念には馴染みがあるだろう．構文という術語は，例えば，「The ＋比較級 …， the ＋比較級 …」文や SVOO 構文など，様々な統語形式の記述に際し，共通の特徴を示すものとして抽出され整理された一種の型であると言える．これに対して，認知言語学における「**構文**」（construction）には，後述するように，理論概念としての特別な意味合いが含まれている．構文の概念を理解し，構文の交替現象の奥に潜むものを学習することを通して文法意識の高揚を図る英語教育の可能性について考えてみることにしたい．

1. 構文の交替とは

英語構文の学習の際に，動詞の統語パターンを構文としてインプットし，他方で意味的に類似した動詞の統語パターンを「**パラフレーズ構文**」として関連づけることがある．このような捉え方は，一種の**構文書き換え**である．たとえば，John baked her a cake.（ジョンは彼女にケーキを焼いてあげた）という構文に対して，John baked a cake for her. という統語パターンはパラフレーズ構文である．この両者の関係を構文書き換えとして捉えるならば，bake NP$_1$ NP$_2$ ⇔ bake NP$_2$ for-NP$_1$ のような機械的な変形を行なっていることになる．

しかし，John baked her a cake.（**二重目的語構文**）と John baked a cake for her.（**for 付き与**

格構文）とは範疇連鎖の点で表層の形式が異なる．これは何を意味しているのか．「ジョンが彼女のためにケーキを焼いた」という訳語だけを見ている限り，確かに互いによく似た意味を表している．しかし，前者の表現には，「ジョンが彼女の代わりにケーキを焼いた」という解釈は成り立たない．また，「ジョンは彼女を喜ばせるためにケーキを焼いた」などの解釈も成り立たない．前者の解釈として許されるのは，「ジョンは彼女にもらってもらうためにケーキを焼いた」だけである．すなわち，二重目的語構文の第 1 目的語である her を**受取人**（recipient）としか解釈できないことが重要である．では，このような意味の違いは，どこから生じてくるのであろうか．この問題の謎解きについては，語彙意味論と構文文法のアプローチを取り上げることにする．

まずは，生成文法の発展と並行して 1980 年代に提唱されたピンカー（Steven Pinker）の**語彙意味論**（lexical semantics）のアプローチである（Pinker 1989）．これは**項構造**（argument structure）の獲得理論であり，動詞の意味と構文の相関の問題をもっぱら動詞の意味構造に還元して扱うことを目論んできた．語彙意味論は，動詞の意味を詳細に記述・分析することによって，構文に特有の意味や構文交替の仕組みを明らかにしようとする．構文には動詞の意味が最大投射されているという考え方で一貫している．具体的に見てみよう．例えば，英語の throw は以下に示すとおり，**to 付き与格構文**と二重目的語構文の両方に生起する．

(1) a. Pedro threw the ball to him.
  （to 付き与格構文）
  [throw$_1$: X ＿＿ Y to-Z]
 b. Pedro threw him the ball.
  （二重目的語構文）
  [throw$_2$: X ＿＿ Z Y]

「ペドロが彼にボールを投げた」という出来事に対して，以上のような2通りの構文の成立が容認される場合，**与格交替**が成立したと言う．

Pinker（1989）の分析では，動詞 throw には二つの語彙的意味が存在すると仮定され，その各々の動詞（throw₁ と throw₂）は，to 付き与格構文，二重目的語構文にそれぞれ結びつくと分析される．Pinker（1989）の枠組みでは，throw₁ と throw₂ には，(2)で示すような**抽象的な意味構造**（semantic structure）が語彙的意味の核になっていることを念頭に置いている．

(2) a. X causes Y to go to Z.
　　b. X causes Z to have Y.

(2a)は「XがYをZへ移動させる」という意味構造を，(2b)は「XがZにYを所有させる」という意味構造をそれぞれ表している．前者は，cause と go の関数であることから移動の意味がプロファイルされているのに対し，後者は cause と have の関数であることから，所有変化の意味がプロファイルされる．(2)で示した抽象的な意味構造は，throw だけでなく give, send など，与格交替を許す動詞全般に共有される中核的な意味である．与格交替可能な動詞であれば，それぞれ(2a), (2b)の意味構造を持つことが必要条件である．以下の図1は，Pinker（1989）によって提案された項構造の交替の仕組みを図式化したものである．

図中の「意味構造を変える規則」は語彙規則であり，これによって「意味構造#1」が「意味構造#2」へ変わると，それに伴って「項構造#1」から「項構造#2」へ自動的に交替することが示されている．意味構造は，**連結規則**（linking rules）を介して項構造へ写像されるため，意味構造を変える規則が適用されると，自動的に項構造も交替するのである．

与格交替は，表面上，to 付き与格構文から二重目的語構文へと顕在的な変形操作をかけることに よって項構造の交替が起こったかのように見える現象であるが，語彙意味論の視点に立てば，動詞の意味構造が交替することによる付帯現象として項構造が交替すると分析されることになる．特に，ピンカーの枠組みで，項の具現化を説明するうえで決定的に重要な役割を果たす連結規則は，「**影響を受ける実体**」（affected entity）が動詞の目的語位置に写像されるという連結規則である．この規則の適用によって，二重目的語構文の第1目的語（間接目的語）には「**所有者**」（possessor）を表す項が写像されるのである．

このように，二重目的語構文として表現された文の意味特性として，所有変化が含意されるのは，動詞自体の意味構造が語彙規則によって変えられるからであると捉えられ，ピンカーは，二重目的語構文に交替する動詞がもたらす意味特性を**所有者効果**（possessor effect）と呼んでいる．

(3) 所有者効果
　　Dativizable verbs have a semantic property in common: they must be capable of denoting prospective possession of the referent of the second object by the referent of the first object.
　　　　　　　　　　　　　　　(Pinker 1989: 48)
　　（与格交替可能な動詞は共通の意味特性を有する．第1目的語の指示対象が第2目的語の指示対象を将来的に所有することができなければならない）

所有者効果が観察されることに関して，Pinker（2007: 59）では，以下の例が示されている．

(4) a. Pedro threw the ball to him, but a bird got in the way.
　　　（ペドロは彼にボールを投げたが，鳥が邪魔をした）
　　b. ?Pedro threw him the ball, but a bird got in the way.

二重目的語構文の動詞直後の目的語（第1目的語）に生起する名詞句には，物理的な意味での**移動先**（goal）ではなく，所有者という意味役割が付与されると考えられる．ピンカーの項構造の交替理論では，動詞の内在的意味に多義性を仮定することによって，項構造の交替と結果として生じる構文間の意味の違いを説明しようとしている．

しかし，英語教育への有用性という観点から，

図1　項構造交替の仕組み

構文交替の仕組みを動詞の意味構造の違いに還元することは，適切な捉え方であるとは言えない．例えば，throw の例で考えてみるならば，「投げてものを移動させる」という意味と，「投げてものを所有させる」という意味がそもそも throw の語彙的意味として存在している，すなわち，多義的であると説明しなければならない．John kicked him the ball.（ジョンは彼にボールを蹴った）のような例も同様に，kick の語彙的意味に二重目的語構文に相関する「蹴ってものを所有させる」という意味が存在することを前提としなければならないのである．

以上のような語彙意味論の分析の仕方に対して，認知言語学の構文理論では，項構造の交替において動詞の意味を多義的と捉えることを回避し，「構文」という理論概念を前面に押し出すことに積極的な意義を見いだしているのである．以下では，認知言語学の構文理論として認知度の高い「**構文文法**」（construction grammar）の枠組みを取り上げ，英語教育にどのような有用性を示す可能性を有するかについて考察することにする．

2. 構文文法と構文の習得

構文文法における構文とは，いかなる概念であるのか．ゴールドバーグは構文を以下のように定義している．

(5)構文

C is a CONSTRUCTION iff$_{def}$ C is a formmeaning pair $\langle F_i, S_i \rangle$ such that some aspect of F_i or some aspect of S_i is not strictly predictable from C's component parts or from other previously established constructions.

(Goldberg 1995: 4)

（C が形式と意味の対応物$\langle F_i, S_i \rangle$をなし，F_iまたはS_iのある側面が C の構成要素から，または他の構文から厳密に予測することができないのであれば，C は構文である）

「構文」の定義の中で，F_iというのは，主語や目的語といった文法関係の組合せによって示される表層の形式を意味する表記である．一方，S_iは，表層形式が胚胎する意味（概括的意味）であり，CAUSE 等の基礎的術語の関数によって定義される．ゴールドバーグの構文観を理解するために，以下に Goldberg（1995: 3-4）で挙げられている英語の項構造構文の具体例を示す．

これらの項構造構文は，人間の経験の基本的なパターンを示している．例えば，二重目的語構文では，「誰かが誰かに何かを受け取らせる」という構文の概括的意味が中心的意味として存在する．誰かが何かをどこかへ移動させる（**使役移動構文**），使役者が何かに状態変化をもたらせる（**結果構文**），何かが移動する（**自動詞移動構文**），誰かが何かに行為を向ける（**動能構文**）など，実際に存在可能な出来事のタイプは有限であるとし，その出来事を表1の基本的な項構造構文が示しているのである．以下では，ゴールドバーグの構文文法における構文の考え方を概説し，併せて，英語教育への活用可能性の観点から，構文交替の習得への構文文法の利点を探っていくことにする．

Goldberg（1995）の功効は，イディオム分析や語法研究だけでなく，構文の特別な下位クラスとして存在する項構造構文の分析においても，構文の概念の有用性を見直そうとしたことにある．

表1　項構造構文

構文	構文の意味	構文の形式
1. 二重目的語構文	X CAUSES Y to RECEIVE Z	S(X) + V + O1(Y) + O2(Z) Pat faxed Bill the letter.
2. 使役移動構文	X CAUSES Y to MOVE Z	S(X) + V(Y) + O + [経路を表す前置詞句](Z) Pat sneezed the napkin off the table.
3. 結果構文	X CAUSES Y to BECOME Z	S(X) + V + O(Y) + [状態を表す語句](Z) She kissed him unconscious.
4. 自動詞移動構文	X MOVES Y	S(X) + V + [移動先を表す前置詞句](Y) The fly buzzed into the room.
5. 動能構文	X DIRECTS ACTION at Y	S(X) + V + [*at*を伴う前置詞句](at Y) Sam kicked at Bill.

Goldberg（1995）の構文観は，構文の意味にはそれを構成する要素の意味に還元できないスキーマ的（schematic）意味が存在するという主張に基づくものである．すなわち，構文には，「**構成性**」（compositionality）の原理を適用することでは計算できないような構文に固有の意味が認められるという立場をとる．構成性の原理とは，複合的な言語表現の意味は構成要素の意味とそれらの要素を結合する統語規則の関数として決定することができるという原理である．例えば，let alone は，by and large「概して」等の**実質的イディオム**（substantive idiom）と同様，この句の意味を構成性の原理によって計算することはできない．let alone という形式自体に「…は言うまでもない，まして…ない」という意味が対応している．ただ，let alone には，alone の後ろにスロットが存在するため，同じイディオムでも実質的イディオムとは異なる．それはスロットを様々な語彙項目が埋めるため，構文としての生産性が認められるからである．このようなタイプのイディオムは，**構文のイディオム**（constructional idiom）と呼ばれることがある．

　ゴールドバーグが，構文を「形式と意味の直接的な対応物」として定義し，二重目的語構文のような項構造構文においても構文自体に固有の意味が存在することを示したことは，関連分野である認知的な言語習得研究からも支持される（Tomasello 2003）．項構造構文の意味を動詞の意味にすべて還元して説明しようとする語彙意味論の問題点を提示したことも指摘しておかなければならない．

　Goldberg（1995: 39）では，基本的な項構造構文は，経験的基盤をもつ人間に関連した場面と結びつくと仮定し，**場面記号化仮説**（scene-encoding hypothesis）が提案されている．

(6) 場面記号化仮説

　　Constructions which correspond to basic sentence types encode as their central senses event types that are basic to human experience.

　　（基本的な文のタイプに相当する構文は，人間の経験の基本をなす出来事のタイプをその中心的意味として記号化する）

この仮説の主張から，項構造構文の意味が人間の経験のプロトタイプ的な場面を指し示していることがわかる．

　項構造構文に対するこのような見方は，英語教育において与格交替に見られる構文交替の理解に資する点が多い．構文文法の主張で英語教育との関連で重要であるのは，「構文の意味は概括的意味として定義され，動詞の意味とは独立に存在する」，「構文の持つ概括的意味を動詞が具体化することによって構文と動詞が融合し，表現全体の意味が得られる」という点であると言える．英語の二重目的語構文を例にとり，Goldberg（1995）が提案する構文と動詞の融合の仕組みを見ておくことにする．

　二重目的語構文の意味は，表1で示したように，CAUSE-RECEIVE（所有を引き起こす）という概括的意味であるが，正確には，CAUSE-RECEIVE〈agt, rec, pat〉と表示される（ここで，agt, rec, pat は，それぞれ agent（動作主），recipient（受取人），patient（被動者）の略である）．agent, recipient, patient は構文の概括的意味を構成する意味役割であり，**項役割**（argument role）と呼ばれる．一方，動詞の意味は，hand「手渡す」を例にとると，〈hander, handee, handed〉という**参与者役割**（participant role）の集合として表示される．hand の場合には，〈手渡す人，手渡される人，手渡されるもの〉が参与者役割に相当する（参与者役割として表示される意味は，動詞が使用される場面やわれわれの知識体系に依存して決定される）．

　では，動詞 kick が二重目的語構文にどのように融合して John kicked Bob the ball（ジョンはボブにボールを蹴った）という文が産出されるかを見ておくことにする．動詞 hand の場合と異なり，kick は蹴られたものの所有者（受取人）を必ずしも要求するわけではない．動詞 kick の参与者役割は，蹴る人（kicker）と蹴られるもの（kicked）のみ，すなわち〈kicker, kicked〉であることが一般的であり，受取人に相当する参与者役割は kick には必ずしも存在しないと考えられる．二重目的語構文の項役割は〈agent, recipient, patient〉であることから，二重目的語構文として具現化するためには，項役割である recipient は，動詞では

なく構文の側からもたらされなければならない.
このように,二重目的語構文の場合,表層の形式
($SVO_1 O_2$)に対して,典型的には〈CAUSE-RECEIVE〉
という意味が構文の意味として直接対応すると仮
定することにより,Pinker (1989) で提案された動
詞に複数の意味構造を仮定することを回避している.

また,「人に物を与える」という出来事を言語化
するうえで,最も基本的で典型的な動詞 give の構
文選択についても,構文の意味の観点から考察し
ておくことにする.一般に,give は与格交替可能
な動詞であるが,以下(7b)のような to 付き与格
構文は,一般に非文法的な文であると判断される
(ゴールドバーグの分類では,使役移動構文の下位
類に相当する).

(7) a. The exam gave her a headache.
　　　（試験は彼女には頭痛の種だった）
　　b. *The exam gave a headache to her.

二重目的語構文と to 前置詞句構文が機械的な書
き換え規則によって関係づけられるのであれば,
(7a)と同様に文法的に正しい文でなければならな
い.I have a headache.（頭痛がする）という表
現が思い浮かべば,headache は英語の発想では所
有の対象となることが理解され,二重目的語構文
の選択に納得がゆくであろう.一方,(7b)では,
使役移動構文の意味として「ものの移動」の意味
がプロファイルされるため,文として容認されな
いことがわかる.構文文法の考え方を活用するこ
とにより,項構造の交替と結果として生じる構文
間の意味の違いが説明される.

ゴールドバーグの構文文法は,項構造構文の記
述,説明において,動詞の意味とは独立に構文自
体が概括的意味を有することを強調し,動詞の持
つ意味よりも構文の果たす役割を強化しようとす
るアプローチである.このような項構造構文の概
括的意味を学習することは,英語の構文理解,特
に構文交替の理解に資するという点で英語教育に
活用することができると言える.

構文書き換え学習を積むにつれて,学習者の中
には,そもそも一つの出来事を表すのになぜ2通り
の構文が使用されるのかという疑問を抱く人も出て
くるであろうし,give のような授与動詞のプロト
タイプに与格交替が成立しない場合があるのはな
ぜかと疑問に思う人もいるであろう.このような疑

問に対して,構文的意味の違いを積極的に活用す
れば,部分的であれ,与格交替現象に一歩踏み込
んだ根拠を与えることができるのではないか.

構文的意味に基づく与格交替研究を英語教育へ
応用するという点では,二重目的語構文および使
役移動構文のプロトタイプを,概略以下のように
捉えることが有効である.

(8) 二重目的語構文
　　形式：Subj (X) + V + Obj$_1$(Y) + Obj$_2$(Z)
　　意味：X CAUSES Y to RECEIVE Z.
　　　　　（X が Y に Z を所有させる）
(9) 使役移動構文
　　形式：Subj(X) + V + Obj(Y) + PP[移動経路を
　　　　　表す前置詞句](Z)
　　意味：X CAUSES Y to MOVE Z.
　　　　　（X は Y が Z{へ・から}移動することを引き起こす）

ゴールドバーグ流の構文文法では,構文には一
般に固定した意味（例えば,二重目的語構文にお
ける 'X CAUSES Y to RECEIVE Z.'）が単独で存在す
るのではなく,体系的に関連しあう一連の意味が
複数結びついていると捉えている.そのため,
Goldberg (1995) は,二重目的語構文の意味が多
義的であると捉え,**「構文の多義性」**（constructional
polysemy）の具体事例であると見なしている.す
なわち,二重目的語構文による表現のすべてが 'X
CAUSES Y to RECEIVE Z.' を含意するのではなく,例
えば 'X intends to CAUSE Y to RECEIVE Z.' を含意
する場合もあることが示されている.

(10) John baked her a cake.
　　　（'X intends to CAUSE Y to RECEIVE Z.'）

'X CAUSES Y to RECEIVE Z.' は二重目的語構文
の中心的な意味を表しているに過ぎないが,<u>'Y to
RECEIVE Z'</u> という抽象的な意味がすべての二重目
的語構文に共有されていることから,二重目的語
構文は大局的に見れば「所有事象」と結びついた
構文として分析できる（使役移動構文についても
同様に構文の多義性が認められる.詳細は
Goldberg (1995) を参照されたい）.冒頭で取り
上げた John baked her a cake. に,なぜ「代理で
ケーキを焼いた」等の意味が存在しないのかは,
構文の意味を理解することによって解決するので
はないか.

英語教育における構文の習得では,このような
構文文法の考え方に基づいて項構造構文の意味を

理解するとともに，構文の交替は，事態の捉え方（事態認知の仕方）に応じて生じる結果であり，機械的な書き換えの産物でないことを知ることが大切である．

まとめと展望

本節では，構文文法を取り上げて，同文法理論が重視する構文の意味について理解を深めた．構文という独立の言語単位を認める構文文法の考え方は，英語教育，特に構文の習得にも資すると言える．英語学習者に，形式と意味の対応関係を表す知識（英文法）を習得させるために，例えば，"give A B ⇔ give B to A" のような構文書き換え規則に目を向けるだけでは，数学の公式のように活用してしまい，単なる記号操作の習熟に終始することにもなりかねない．

言語研究によって発掘された知見を明示的な文法知識として有効に活用することで，学習者は多様な言語現象を統一的に理解する手掛かりが得られると考えられる．教育現場で，構文指導の際に教員が言語使用の具体的な場面や状況とともに構文の基本的な意味を理解させるなど，指導上の工夫を施すことにより，学習者の構文理解は深まるのではないだろうか．また，英語教員が言葉の不思議さ，言葉について思索することの面白さを教授し，英語学習者がコミュニケーションの場において成功体験を重ねることができれば，文法意識の高揚につながるはずであり，相乗効果が期待できるであろう．

▶重要な文献
トマセロ, M.（著）辻幸夫・野村益寛・出原健一・菅井三実・鍋島弘治朗・森吉直子（訳）2008『ことばをつくる—言語習得の認知言語学的アプローチ』慶應義塾大学出版会．

本書は Tomasello (2003) の邦訳である．認知言語学の言語観に基づく用法基盤的な視点から母語獲得のプロセスを明らかにした．特に，子どもが一般的な認知能力に支えられ，どのような学習過程を経て言語構文を習得していくかを明快に論じている．言語学だけでなく言語教育に携わる方々にも一読を勧める．

▶文　献
Clark, E. 2003 *First Language Acquisition*, Cambridge

Univ. Press, Cambridge.

藤田耕司・松本マスミ・児玉一宏・谷口一美（編）2012『最新言語理論を英語教育に活用する』開拓社．

Goldberg, A. E. 1995 *Constructions: A Construction Grammar Approach to Argument Structure*, Univ. of Chicago Press, Chicago.［河上誓作・早瀬尚子・谷口一美・堀田優子（訳）2001『構文文法論—英語構文への認知的アプローチ』研究社．］

Goldberg, A. E. 2006 *Constructions at Work: The Nature of Generalization in Language*, Oxford Univ. Press, Oxford.

Green, G. 1974 *Semantics and Syntactic Regularity*, Indiana Univ. Press, Bloomington.

早瀬尚子・堀田優子 2005『認知文法の新展開—カテゴリー化と用法基盤モデル』研究社．

Hilpert, M. 2014 *Construction Grammar and its Application to English*, Edinburgh Univ. Press, Edinburgh.

児玉一宏・野澤元 2009『言語習得と用法基盤モデル—認知言語習得論のアプローチ』（講座 認知言語学のフロンティア 6）研究社．

Levin, B. 1993 *English Verb Classes and Alternations: A Preliminary Investigation*, Univ. of Chicago Press, Chicago.

Mazurkewich, I. and L. White 1984 The Acquisition of the Dative Alternation: Unlearning Overgeneralizations. *Cognition* 16: 261-83.

中島平三 2011『ファンダメンタル英語学演習』ひつじ書房．

Newman, J. 1996 *Give: A Cognitive Linguistic Study*, Mouton de Gruyter, Berlin.

野村益寛 2014『ファンダメンタル認知言語学』ひつじ書房．

Oehrle, R. 1976 The Grammatical Status of the English Dative Alternation, Unpublished doctoral diss., MIT.

岡田伸夫 2001『英語教育と英文法の接点』美誠社．

Perek, F. 2015 *Argument Structure in Usage-Based Construction Grammar*, John Benjamins, Amsterdam.

Pinker, S. 1989 *Learnability and Cognition: The Acquisition of Argument Structure*, MIT Press, Cambridge, MA.

Pinker, S. 2007 *The Stuff of Thought: Language as a Window into Human Nature*, Viking, New York.

谷口一美 2005『事態概念の記号化に関する認知言語学的研究』ひつじ書房．

辻幸夫（編）2013『新編認知言語学キーワード事典』研究社．

Tomasello, M. 1999 *The Cultural Origins of Human Cognition*, Harvard Univ. Press, Cambridge.［大堀壽夫・中澤恒子・西村義樹・本多啓（訳）2006『心とことばの起源を探る—文化と認知』勁草書房．］

Tomasello, M. 2003 *Constructing a Language: A Usage-based Theory of Language Acquisition*, Harvard Univ. Press, Cambridge.［辻幸夫・野村益寛・出原健一・菅井三実・鍋島弘治朗・森吉直子（訳）2008『ことばをつくる—言語習得の認知言語学的アプローチ』慶應義塾大学出版会．］

山梨正明 2009『認知構文論』大修館書店．

| 4B.5 | B 言語の創発・習得・教育 |

日本における応用認知
言語学の過去・現在・未来

森山　新

1970 年代後半に産声をあげた認知言語学は，今世紀に入り言語の習得や教育の面での応用を目指す応用認知言語学へと着実に発展を遂げている．日本においても 2000 年に日本認知言語学会が誕生して以来，第一言語習得に始まり，第二言語としての英語や日本語の習得や教育などの分野で着実に研究が進んでいる．本節では，これまでの日本における応用認知言語学研究の足跡を，学会の論文集などをもとに振り返り，そこで用いられている方法論，研究が進んでいるテーマはどのようなものか，第二言語としての日本語の習得や教育研究に応用認知言語学のパラダイムはどのように評価され，生かされているのかについて振り返り，その意義と今後の課題について述べることを目的とする．

1.　応用認知言語学の誕生

応用言語学とは言語学理論に焦点を当てるのでなく，第一言語（L1）や第二言語（L2）の習得や教授法に応用することを目指す学問分野である．したがって**応用認知言語学**（applied cognitive linguistics）とは必然的に，認知言語学の理論をL1 や L2 の習得や教授法に応用することを目指している．Pütz et al.（2001）で新しい学問分野として提唱されて以降，融合的学問領域として認知されるようになった．

認知言語学は認知科学の勃興に伴い，心理学や人類学など，隣接諸分野と親密な関係を保ちながら 1970 年代後半に産声をあげ，言語理論としても，また学際的研究分野としても急速に成長を開始した．中でも，認知文法理論を編み出したラネカー（Ronald W. Langacker）の提唱した（**動的）用法基盤モデル**（(dynamic) usage-based model）[→ 2.7]は，具体的な使用に基づいて，言語体系が脳内に体系化されていくプロセスやメカニズムを扱っており，言語習得や言語教授法など

への応用可能性を秘めていた．また子どもの L1 習 得 を 扱 っ た Slobin ed.（1985）や Sinha et al.（1994），Niemeier and Achard（2000），教授法を扱った Dirven（1989），Taylor（1993）など，認知言語学の研究成果を言語習得や教授法に応用する研究はいくつか見られた．しかし，「応用認知言語学」という学問領域が明確に可視化され認知され始めたのは，2000 年にドイツのランダウで 行 な わ れ た 第 29 回 LAUD シ ン ポ ジ ウ ム（International Symposium in Landau, Germany）からである．シンポジウムの結果，*Applied Cognitive Linguistics* を題目とする二分冊の書籍が Mouton de Gruyter から出版される．Pütz et al.（2001）の第 1 巻では理論と言語習得との関係について，第 2 巻では言語教授法が扱われた．

しかしながら，認知言語学は理論的には実際の言語使用を重視していると言いつつも，当時の応用言語学研究において，使用のデータを用いた研究は決して多いとは言えなかった．そのような中，Tomasello（2003）は L1 習得における構文習得が，動詞ごとの構文である**項目依拠構文**（item-based construction）から，動詞を超えた**抽象的構文**（abstract construction）へとボトムアップに進むことを，豊富なデータを用いて実証的に示し，ラネカーの用法基盤モデルの妥当性を示した．またコンピュータなどの IT 技術の進歩に伴う言語コーパスの発達により，コーパスデータに基づく 言 語 学 で あ る **コ ー パ ス 言 語 学**（corpus linguistics）が誕生し，母語話者のみならず，学習者の使用データが大量に集められるようになったことで，用法と使用を基盤とする応用認知言語学はさらに大きな発展を始めた．

このように海外で応用認知言語学が産声をあげる頃，日本では 3 年間の認知言語学研究会としての活動を経て，2000 年に**日本認知言語学会**（the Japanese Cognitive Linguistics Association）が

創設される．日本における認知言語学の発展は海外のそれに比べ，若干遅れて始まったと言えるかもしれないが，海外の認知言語学研究の発展を追いかけるように確実に発展し，今や国際認知言語学会における主要国の一つにまで成長している．応用認知言語学の発展も同様であり，L1，L2 としての英語習得研究や英語教育研究などが日本に持ち込まれるだけでなく，L1，L2 としての日本語習得研究，さらにはそれに基づく日本語教育研究へと応用され，世界に向け発信している．

日本語は認知言語学研究の中心となってきた英語などの欧米語に対し，**言語類型論**（linguistic typology）的には極めて異なる性質を持った言語である．そのようなことから，その研究の成果はこれまで，認知言語学のみならず，様々な言語学理論のパラダイムの普遍性と妥当性を裏づける役割を果たしてきた．日本における，日本語を扱う認知言語学，もしくは日本語を L1 または L2 とする学習者を対象とした応用認知言語学の発展が，世界における応用認知言語学に果たす役割は大きい．

2. 本節の構成

本節では，このように重要な位置に置かれてきた，日本における応用認知言語学のこれまでと現在，そして今後の展望について述べることを目的としているが，上述のように，日本における応用認知言語学の発展が日本認知言語学会の発展を基軸として進んできたため，続く 3. ではまず，その論文集（2001 年創刊の第 1 号から 2016 年発刊の第 16 号）をデータとして，日本における応用認知言語学の足跡を概観する．続いて 4. ではそれに加え，日本の認知言語学における主要な研究が集められた『認知言語学論考』（2001 年第 1 号～2015 年第 12 号）や日本認知言語学会の学会誌として近年創刊した『認知言語学研究』（2015 年第 1 号）なども加え，日本における応用言語学研究について，とりわけどのような方法論が用いられ，どのような研究テーマが扱われてきたのかについて整理する．さらに 5. では，日本における第二言語習得研究を牽引してきた，第二言語習得研究会のジャーナル『第二言語としての日本語の習得研究』（1998 年第 1 号～2015 年第 18 号），日本語

教育を牽引してきた日本語教育学会の学会誌『日本語教育』（1962 年第 1 号～2015 年第 161 号）と国際交流基金の『世界の日本語教育—日本語教育論集』（1991 年第 1 号～2009 年第 19 号）から，認知言語学的観点からの研究を抽出し，分析することで，日本における応用認知言語学，とりわけ（L2 としての）日本語の習得研究や日本語教育，日本語教育研究に，認知言語学がどのような貢献をしてきたのかについて明らかにする．

3. 日本における応用認知言語学研究概観

表 1 は日本認知言語学会論文集に掲載されている研究件数に占める応用認知言語学研究の割合である．表で「ACL 論文数」とは応用認知言語学の論文数を示している．論文数には，口頭発表，ポスター発表だけでなく，講演，シンポジウム，ワークショップで発表された研究も含まれている．その研究が応用認知言語学であるかどうかの判断は難しいが，現時点で明らかにしたいのは概観を展望することであるため，主に論文題目を見て検索したのち，習得・学習・教育などのキーワードでも検索し，そこで選ばれた研究をさらに分析して，該当しないものを排除するという形で行なった．なおシンポジウム，ワークショップでは，司会，コメンテータのコメントは件数にカウントせず，またシンポジウムやワークショップが応用言語学研究的な目的で行なわれている場合には，その中の発表件数はすべて応用言語学研究としてカウントすることとした．その結果，16 号までに1027 件の研究が掲載される中，応用認知言語学研究は 8.0% にあたる 82 件で，全体に占める割合はそれほど多いとは言えなかった．

表 1 日本認知言語学会で発表された研究に占める応用言語学研究の割合

年	全体論文数	ACL論文数	割合(%)	年	全体論文数	ACL論文数	割合(%)
2001	37	2	5.4	2009	71	5	7.0
2002	38	1	2.6	2010	83	4	4.8
2003	41	4	9.8	2011	72	6	8.3
2004	49	1	2.0	2012	61	8	13.1
2005	67	6	9.0	2013	74	5	6.8
2006	67	2	3.0	2014	85	9	10.6
2007	67	8	11.9	2015	78	5	6.4
2008	75	9	12.0	2016	62	7	11.3
				合計	1027	82	8.0

4. 日本における応用認知言語学研究の研究分野の変化

▶ 4.1 概観

次に上記の 82 件の研究に，『認知言語学論考』や『認知言語学研究』に掲載された応用認知言語学研究 5 本を加えた 87 件について，研究分野別の内訳を 4 年ごと 4 期に分けて表したのが表 2，図 1 である．「その他」とは脳科学や脳損傷，失語症，自閉症の対象者に関する研究，人工言語による研究などが含まれる．

図 1 を見ると，第 1 期（2001-2004 年）には L1 習得に関する研究が多いが，第 2 期（2005-2008 年）からは L2 教育に関する研究や，L2 習得研究が多くなっていることがわかる．冒頭でも触れたが，応用認知言語学はラネカーが提唱した（動的）用法基盤モデルを土台として発達した．このモデルは言語習得をカテゴリー化のプロセスとして捉えることから，何より L1 習得に応用しやすい．また，使用を基盤として**ボトムアップ**に言語習得が進むとする考え方は，新たな教授法を考察する際にヒントとなりうる．さらに，認知意味論の基礎を築き，後の認知言語学の誕生に大きく寄与したもう一人の研究者レイコフ（George Lakoff）の意味拡張の**動機づけ**（motivation）の考え方は，習得が難しいとされる拡張義の語義を中心義のそれと関係づけ，L2 教育研究の分野で重要なトピックとなり続けてきた，**明示的指導**（explicit instruction）にも関係する．この点で L2 教育に示唆を与えうることから，第 2 期に L2 教育研究が急増したものと推測される．

▶ 4.2 方法論

次に，各期の研究分野別にそこで用いられた方法論についてより細かく分析してみたい．Tummers et al.（2005）では，認知言語学が言語研究と言語理論の経験的な基盤としての**使用事態**（usage event）を重視し，言語に対し**使用基盤言語学／用法基盤言語学**（usage-based linguistics）の立場を取るとしていながらもっぱら**内省**（introspection）に頼り，使用データに基づいた研究の方法論や定量的側面に関する問題にはあまり関心を向けてこなかったと，それまでの認知言語学の方法論に再考を促している．その上で彼らは，客観的データに基づいた研究法として，**調査**（survey），**実験**（experiment），**コーパス**（corpus）という三つの方法があるとしている．そのため，以下はこの分類に基づいて方法論の動向について述べることにする．

第 1 期の研究は 8 件で，うち 5 件は L1 習得を扱ったものである．これらは**発達心理学**（developmental psychology）的な観点や手法から実証的研究が行なわれたものもあるが（内田 2003 など），それ以外の研究は認知言語学理論に基づき，理論と内省により L1 習得について述べたものであった．また認知言語学は**認知心理学**（cognitive psychology）や発達心理学の発展を土台に誕生，発展してきた．そのため，藤井（2003）は，認知言語学が安易に独善的な習得理論を構築することなく，発達心理学など認知科学の諸領域における実証的習得研究からも学んでその知見を合わせ，研究を進めるべきであると語っている．

次に第 2 期であるが，L1 習得研究の 2 件のうち，1 件は動画を見せる実験データ（佐治・今井 2008），1 件は一部に朝日新聞のコラムのテキストをデータに用いる（谷口 2007）など，実験やコーパスのデータに基づいた研究が行なわれるようになる．L2 習得研究では 9 件のうち 6 件でコーパスや自身で収集したデータなどが用いられているほ

表 2　日本における応用認知言語学研究の研究分野の変化

	L1 習得	L1 教育	L2 習得	L2 教育	その他
2001-2004	5	0	1	0	2
2005-2008	2	1	9	15	1
2009-2012	6	1	8	8	1
2013-2016	5	0	9	10	3

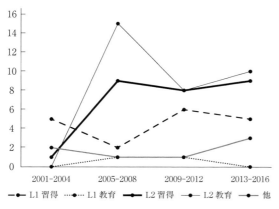

図 1　応用認知言語学研究の動向

か，心理実験（森山 2006），自由産出法（王2008）などの実験データや，質問紙調査（石井2008），受容性判断テスト（白 2008 など 2 件）などの調査に基づく研究が大半を占め，分析にも**多次元尺度法**（multidimensional scaling）（森山2006），**含意スケーリング**（implicational scaling）（森山 2006），形態素解析（佐野 2007）などの分析手法が用いられているものが過半数を超えるようになる．しかし L2 教育研究では，教育的実践の 2 群間比較（森本・堀江 2007），穴埋めテストの実施（新村 2005），教材分析（守屋ほか 2007 など 3 件）なども見られるものの，内省や理論に依拠した考察や教授法の提案（2 件），統制群を設けない教育実践や報告（2 件），作例に基づく内省分析（1 件）など，方法論の面で客観性が保証されておらず，認知言語学を前提としない立場の研究者には受け入れにくいといった課題を残す研究が未だ多数を占めている．

　第 3 期になると，L1 習得研究ではシンポジウムの 1 件を除き，**CHILDES** などのコーパスなど，発話データを用いるもの（谷口 2009; 加藤 2012 など 4 件），実験データを用いたもの（佐治ほか2011）と，すべてデータに基づく研究となっている．L2 習得研究では，ワークショップの総合的考察の論文 1 件を除き，コーパスなどのデータを用いたもの（森山・ナイダン 2009 など 4 件），穴埋めテスト，理解テストなどの調査によるもの（グェン 2012 など 3 件）と，やはりすべてにおいてデータに基づく研究となっている．しかし L2，L1 教育研究では空所補充や作文，適切性判断テストなどの調査によるもの（近藤ほか 2010 など 2件），心理実験による多次元尺度法を用いたもの（森山 2011）が見られるものの，データによらず内省や理論に依拠するもの（4 件，ただしうち 1件は母語話者への簡単な確認を行なっている），カリキュラム分析（2 件）などが用いられ，データによる裏づけが弱い．

　第 4 期になると，L1 習得研究ではレビューを行なった 1 件を除き，4 件でコーパスデータ（CHILDES）などの発話データが用いられている（大関 2014; 深田 2015 など）．L2 習得研究では心理実験を行い多次元尺度法や**クラスタ分析**（cluster analysis）を用いた研究（山崎 2016 な

ど），動画を見せる実験を行なった研究（堀江2013）など，実験データに基づくもの（4 例）や，類似性判断テストや受容性判断テストを用いた調査に基づく研究（鐘 2016 など 2 例），発話データに基づく研究（橋本 2014, 2015, 2016）など，すべてデータに基づいた研究であった．しかし L2教育研究では，空所補充などの質問紙調査や作文を用いたもの（近藤ほか 2015 など 2 例），発話データを用いたもの（櫻井 2014），統制群を設け教育実践の群間比較を行なったもの（藤井 2016）も見られたが，内省分析や理論に依拠した考察が 5例（1 例は母語話者への簡単なインタビュー確認を含む）と多く，データに基づいた実証的研究はまだ多いとは言えない状況である．

　このように，L1 習得研究では初期には認知言語学理論や内省に依拠した研究も見られたが，徐々に発達心理学やコーパス言語学などの影響から，実験的手法やコーパスなどのデータの使用が取り入れられ，データに基づいた研究が整備されていった．同様に L2 習得研究でも，早期から実証的データに基づく研究が主流となっていた．しかし，L2 教育研究の分野では，未だ内省や理論に依拠した研究が少なくなく，データに基づいた**定量的研究**（quantitative study）や統制群を設けた研究など，教育研究法の整備が必要であると考えられる．また，Tummers et al.（2005）によれば，コーパスなどの客観的データを用いる際にも，仮説検証の妥当性を示す具体例を例示するためにコーパスを用いる場合（corpus-illustrated）と，コーパスを基盤に説明や理論の構築を行なう場合（corpus-based）とがあり，後者がより前進した方法論であるとしている．しかしながら，認知言語学的観点からの L2 教育研究ではややもすると，自身の論がまずあり，それを正当化する例を探し出すためにコーパスなどのデータを用いる研究も見受けられる．その場合，結論の客観性は必ずしも担保されない．したがって単に客観的データを用いればよいというのではなく，それをどのように用いるかについても考える必要がある．

▶ 4.3　研究テーマ

　次に，それぞれの分野で，日本で展開されている主な研究テーマにはどのようなものがあるかについて述べていく（L1 教育については 2 件（岩田

2007; 高山・守屋 2011）と少ないため，省略する）．

4.3.1 L1習得研究

子どものL1習得を明らかにした研究としては，認知言語学のパラダイムがL1習得研究に有効であることを述べるもの，L1習得のプロセスを明らかにするものなどがある．

まず，認知言語学的観点からのL1習得の捉え方，およびその有効性について論じるものとして，これまでの**生成文法**（generative grammar）や**形式意味論**（formal semantics）などと比較するもの（野村 2009），文法が先か意味が先かといった議論に対し，データに基づいて考察するもの（内田 2003），発達心理学的な観点に基づくもの（小松 2015）などがある．

また，Tomasello（2003）が，L1習得の使用に基づいたボトムアップのプロセスを具体的に示すと，L1習得の様々な側面をコーパスなどのデータに基づいて検証する研究が多数現れた．加藤（2012）は日本語のL1習得過程について「一語文→二語文→項目依拠構文」というプロセスが見られることを示し，谷口（2009）は中間構文習得のプロセス，深田（2015）は英語に典型的な移動事象表現が go/come を主動詞，様態を付随要素としたパターンから徐々に進むありさまを示した．また，L1習得時には認知発達と言語習得とが並行して進むが，その関係を述べた谷口（2007）では，「〜みたい」という言語表現の習得と類推の認知的発達との関係を述べている．またL1習得におけるインプットの役割を述べた研究として，高梨（2009）ではインプット頻度は習得を促進するが，決定的要因ではなく，子どもの伝達意図に沿って語彙の獲得およびその語の意味獲得が進むことを示した．さらに谷口（2015）は大人から子どもに与えられるインプットは「make ＋ 目的語 ＋ move」や「get broken」といった迂言的使用を多く含み，大人同士の発話とは異なるが，これが子どもの文法獲得を促進する機能を担っていることを示した．

4.3.2 L2習得研究

L2習得では成人学習者のL2習得を扱った研究と子どものL2習得を扱った研究とに大別される．前者では，語彙を扱ったものや文法形態素を扱っ

たものなどがある．格助詞の多義構造を，内省と心理実験で明らかにしたのち，学習者コーパスと含意スケーリングから**習得順序**（acquisition order）を明らかにし両者の関係について考察したもの（森山 2006），ベトナム語を母語とする日本語学習者の場所を表すニ・デ・ヲの習得が「**ピボット・スキーマ／軸語スキーマ**（pivot schema）から項目依拠構文へ」と進むことや，L1習得には見られないストラテジーが用いられていることを示したもの（グェン 2012）などがある．動詞を扱ったものとしては，「切る」の習得が**プロトタイプ**（prototype）からその拡張へと進むことを示したもの（鐘 2016），CUT の意味構造習得において，学習者はうまくカテゴリー化を進められていないことを示したもの（山崎 2016），複合動詞「〜出す」の意味構造と習得との関係を扱ったもの（白 2008）などがある．さらに陳述副詞を扱ったもの（王 2008）もある．そこでは学習者が構築した陳述副詞の意味構造には母語の転移の可能性があること，習得はプロトタイプから拡張へと進むことを示している．さらに，言い切りの「た」の習得について，韓国語を母語とする学習者と中国語を母語とする学習者の間に違いが見られ，母語の事態把握の違いが影響を及ぼしている可能性を示したもの（石井 2008），動詞と形容詞の否定形やテ形の習得プロセスや誤用が，インプットの**トークン頻度**（token frequency）と**タイプ頻度**（type frequency）とを区別することで説明できることを示したもの（森山・ナイダン 2009; ナイダン・森山 2010）など，文法形態素の習得に関する研究もある．

さらに認知類型論と習得との関係を明らかにした研究もある．森本・堀江（2007）は日本語を母語とする英語学習者の関係節の習得を調べ，主節動詞句の処理が関係している可能性を検証した．また堀江（2013）はL2としての英語習得において，日本語，中国語をそれぞれ母語とする学習者でどのような異同があるか，L1は習得にどのような影響を及ぼすかを明らかにしている．

一方，子どものL2習得では橋本（2015）など，橋本の一連の研究がある．これらではある言語項目をピボットとする「スロットつきスキーマ」が生成され，スキーマが合成することで文構造が発

達していく過程や，固まりでの習得が規範的構造習得の手がかりになることなどを示し，「スロットつきスキーマ合成仮説」を提唱し，トマセロ（Michael Tomasello）がL1習得で示したモデルが子どものL2習得でも見られることを示した．

4.3.3 L2教育研究

認知言語学的観点を英語教育や日本語教育の教室活動や教材開発に生かしたり，その効果を明らかにすることを目的とした研究も行なわれている．

英語教育の分野では，田中（2007）で紹介された**コア理論**（core theory）とその教育的な応用のしかたに関する研究がある．例えば藤井（2016）では，認知言語学のボトムアップの言語習得観に基づき，コア図式をトップダウンに与えたグループと，グループ学習によりボトムアップに考えさせるグループとを比較した。その結果，後者のグループの成績が有意に優れており，それに基づきコア理論を実際の教育でどのように用いるかについて提案を行なっている．

認知言語学を日本語教育に生かした研究としては，日本語の事態把握に関する一連の研究がある．**「事態把握」**（construal）は認知言語学で重視されてきたテーマの一つであり，何も日本のみで行なわれている研究ではない[→ 3.3]．しかし日本語の事態把握が英語のそれに対し対照的であり，池上（1981）が「スル型」の英語に対し，日本語は「ナル型」であるとして以来，多くの研究者に研究されるようになった．特にL2としての日本語の教育研究では，「自然な日本語」「好まれる日本語」を教えることを目指し，事態把握の面で日本語は「イマ・ココに密着した認知スタイル」（新村ほか2005），「主観的事態把握」（守屋ほか2007）の言語であると述べたり，中国の日本語教科書には「好まれる言い回し」からの逸脱が見られることを明らかにし，それをもとに，日本語において「好まれる言い回し」とはどのようなものか，どのような指導が有効かを示す研究などがある（近藤・姫野2008）．

また日本語の学習教材開発のための研究も行なわれている．今井ほか（2010）は認知言語学の観点から作成された『日本語多義学習辞典』（アルク社）の特徴について紹介し，パルデシ（2014）は認知言語学とコーパス研究を応用したネット

版『日本語基本動詞ハンドブック』（国立国語研究所）の開発について紹介している．さらに森山（2011, 2015）では，内省分析に依拠する辞書記述の限界を指摘し，それを補完するための方法として心理実験などの手法を用いることを提案している．

この他，認知言語学的観点からL2，L1教育への提言を行なったシンポジウム（吉村ほか2007），英語早期教育を考えるワークショップ（小野ほか2008）など，認知言語学を実際のL1，L2言語教育に生かすための様々な発表が行なわれている．

認知言語学に限らず，ある言語理論や仮説の有効性を確かめ，言語教育に応用するための研究には，実際の教室環境において行なわれるものと，実験室環境でできるだけ要因（変数）を統制して行なわれるものとがある．前者の場合，不特定多数の変数が作用するため，ある効果が現れても，一体それが何に由来するのかを特定することが極めて難しく，近年L2習得研究の分野ではあまり行なわれなくなっている．そしてそれに代わり増えているのが，明らかにしたい要因以外をできるだけ統制して実験的に行なう後者のような研究である．後者は要因を統制するため，教授法の効果が何によるのかを特定しやすい．しかしこちらの場合も実験室環境が実際の教室環境をどれだけ再現できているのかという課題を残す．いずれにせよ，ある言語理論を応用して教育実践を行なった場合の効果を測定するには，研究方法を整備しながら慎重に行なっていく必要がある．その点，認知言語学的観点からの言語教育研究では，未だ理論が先行しがちな研究が少なくなく，結論の客観性が十分に保証できていない．今後その点をいかに改善していくかが課題であろう．

4.3.4 その他の研究

認知言語学は，隣接領域の発達心理学，認知心理学，脳神経科学などの幅広い認知科学の成果を吸収しつつ，1970年代に誕生した複合的な学問領域である．そのため日本における認知言語学研究でもそのような研究がいくつも行なわれている．井原（2002）は失文法者の格助詞の誤用・脱落のデータから，言語能力と一般認知能力との関係について論じ，認知言語学のパラダイムの有効性を論じている．また辻ほか（2013）は意味の獲得・

変容・喪失について広範な関連領域との対話という形で論じている.

5. 第二言語としての日本語習得・教育研究

以上,日本認知言語学会の論文集などから,応用認知言語学の研究の足跡や,そこで用いられた方法論,扱われてきたテーマなどについて述べてきた.ここでは,逆にL2としての日本語の習得研究や教育研究の側から,認知言語学の観点がどのように評価され,取り入れられているのかについて,L2としての日本語の習得・教育研究を扱ってきた代表的なジャーナル『第二言語としての日本語の習得研究』『日本語教育』『世界の日本語教育』に掲載された論文をもとに考察したい.1998年に認知言語学的観点からの論文が初めて掲載されて以来,今日に至るまで,合わせて21本の研究がこれらのジャーナルに掲載されている.

このうち習得を扱っている研究は9本である.**プロトタイプ理論**によれば,習得はプロトタイプから非プロトタイプへと進むとされてきたが,この考え方を習得研究に用いる研究が最も多い.許(2000)は**OPI**(Oral Proficiency Interview)データを用いてテイルの習得を調べ,その結果「現在性」「持続性」「運動性」という3要素がプロトタイプを形成し,習得順序に影響を及ぼしていることを明らかにしている.松田(2000)は「概念形成理論」の「差異化・一般化・典型化」という三つの観点から動詞「割る」の意味習得について調査した.その結果,典型化については学習段階とともに安定に向かうが,差異化・一般化については上級になっても不安定であることを明らかにし,その点を考慮して指導を行うべきであるとしている.菅谷(2004)はプロトタイプ理論を応用したL2習得研究を,「プロトタイプを習得順序やL1**転移**の説明に用いるアプローチ」と,「学習者が形成する**中間言語**のプロトタイプに注目するアプローチ」に分類した.前者の場合には,プロトタイプから習得順序や転移を予測できるが,プロトタイプの基準が問題となったり,プロトタイプの習得が早いのはなぜかという問題の解明が未解決のまま残されているとしている.後者の場合には,中間言語のバリエーションやメカニズムの解

明に応用可能だが,L1および目標言語のプロトタイプにも目を向ける必要があるなどの指摘を行なっている.また加藤(2005)は中国語を母語とする日本語学習者の受容と産出において,L1の「開」「看」の典型度と転移可能性との関係について調べ,**言語転移可能性**(transferability)に関するケラーマン(Eric Kellerman)の理論(Kellerman 1979)を検証している.

また,学習者の**イメージ–スキーマ**(image schema)形成が習得にどのような影響を及ぼすかの研究もある.森山(2001)はL2学習者の言語(中間言語)が,完成に至らず習得が途中で止まってしまう**化石化現象**(fossilization)について,母語のイメージスキーマの転移という観点から論じている.また,大関(2003)は連体修飾節「〜とき」の習得について,学習者はプロトタイプ的なスキーマを作り出し,それに近いものからバリエーションが消えていき,中間言語が再構築されていくという仮説を得ている.

さらに用法基盤モデルではL1習得がボトムアップに進むとしているが,この立場から大人のL2習得過程について明らかにした研究として菅谷(2010)がある.菅谷は造語動詞と実在動詞による活用テストを実施し,日本語の動詞活用が項目依拠学習によるのか,規則学習によるのかを検討した.その結果,動詞活用では両者が関わっていること,学習者と母語話者とで処理方法が異なる可能性を示した.

また用法基盤モデルの立場から子どものL2習得を扱うものとして,橋本の一連の研究がある.橋本(2007)では可能形の習得をL1幼児の場合と比較し,L2幼児は暫定的ルールとして抽象度が低いスロットつきスキーマを形成する段階があるなど,L1幼児とは異なる過程を辿ることを示した.また橋本(2009)では,L2幼児1名を対象に助詞「の」と「が」の習得を調べた.その結果,助詞を含む句レベルの固まりから習得を始め,助詞をピボットとしたスロットつきスキーマを生成,合成することを明らかにし,幼児のL2習得にも用法基盤モデルが有効であることを示した.同時に,スキーマ生成に母語の知識を活用するという点でL1習得とは異なることもわかった.これらの研究では,数量的,記述的の両面で分析が

行なわれている．綿密な数量的分析は客観性を高めているが，対象者が1名から数名と限られており，記述的分析の結果が一般化しにくいことから，今後対象者を増やしていくことが求められよう．

習得には触れず，単に教育的応用を目的とするものは20本中11本と半数を超えている．まず初期においては，イメージスキーマの教育的活用を論じた研究が出現する．杉村ほか（1998）は多義動詞の教育に言語的教示だけでは不十分で，イメージスキーマの活用が効果的であることを実験的に明らかにした．同様に松田（2001）では複合動詞「〜こむ」について，その多義や語義間の関係を，**コア図式**を用いて体系的に説明できるとしている．松田・白石（2006）でも複合動詞「とり〜」について，学習者は母語話者とは異なる意味理解をしており，コア図式を用い，意識的にコアイメージを内在化するような支援ツールが必要であるとしている．さらに宮岸（2004）は日本語とシンハラ語の奪格形態素カラとen/inについて，イメージスキーマを用いて対照分析を行ない，日本語のカラはデ・ニの存在により奪格形態素としての意味領域が狭められていることを示し，それを学習者に提示すれば，習得を促進できるとしている．

その後，認知言語学的観点から多義動詞の意味構造を論じ，日本語教育に生かそうとする研究が数多く現れた．動詞では山本（2000）が本動詞「くる」と補助動詞「〜てくる」の多義構造を分析し，「くる」の各意味が文法化したものが「〜てくる」に見られる意味であり，両者は重なるものであることを示した．また鈴木（2003）は動詞「つく」について，内省分析ではあるものの，理論的プロトタイプと心理的プロトタイプの両方を考慮しつつ多義構造の解明を行なっている．白石・松田（2014）は「ぬく」のコア図式を提示し，それを用いて「V-ぬく」の意味構造を明示的に説明することで学習者の理解が図れるとしている．さらに，形容詞では武藤（2001）が「甘い」と「辛い」を内省分析により分析し，**メタファー**に基づく意味拡張という観点から論じている．格助詞では森山（2002）がデについて論じ，デには場所，時間，道具，材料，原因，様態など，様々な意味を有するが，それらは共通のスキーマ

により結びついているとした．また菅井（2007）は助詞のニについて論じ，ニが持つ空間的用法，非空間的用法，さらには「起点」「動作者」といった周辺的用法を統一的に規定，説明できることを示した．さらに堀（2005）はコーパス調査と言語学的有標性の観点から条件文のプロトタイプを決定，その上で仮定性から事実性・時間性・望ましさ・発話態度への拡張という四つの仮説により拡張を説明している．堀（2005）ではコーパスデータから頻度を測定し，それを言語学的有標性とともにプロトタイプ認定に用いている．しかし，プロトタイプからの拡張についての分析は内省分析によるものである．したがって教育的応用を目指すこれら一連の意味分析研究は，杉村ほか（1998）を除き，どれも内省分析に基づいた研究となっており，残念ながらデータに基づいた検証はあまり行なわれていない．

まとめと展望

以上，日本における応用認知言語学研究の足跡と今日について述べてきた．分野別にみると，初期にはL1習得に関する研究がやや先行するが，次第にL2教育，L2習得に関する研究が増えていった．方法論の面では，初期においては，理論や内省に依拠したトップダウンの研究が比較的多かったが，次第に習得研究を中心に実際の使用データを用いた実証的な研究が多くなっていった．ただし，L2教育研究では未だ理論や内省に依拠する研究が少なくない状況である．

最後にこれまでの研究をふりかえりながら，今後どのような研究が望まれるかについて考察してみたい．まずL2習得に関しては，プロトタイプと習得との関係などでは明らかになってきた部分も多いが，まだまだ明確とは言えない部分も少なくなく，さらなる研究が必要であろう．またL2習得ではプロトタイプだけでなく，学習者の母語も影響を及ぼす．両者はどのように習得に関与するのかについても明らかにしていく必要があろう．またL2教育にも関係する課題として，教室においてトップダウンで教えられることも少なくないL2は，L1同様，使用を基盤としてボトムアップに習得が進むのかについても解明する必要がある．その際にトップダウンの指導，例えば認知意味論

では動機づけを明示的に教えたり，コア図式をトップダウンに提示したりすることがよくあるが，それらはどのような効果があるのか，それら明示的指導により与えられる**明示的知識**（explicit knowledge）は暗示的知識（implicit knowledge）となり習得につながるのか，などの点を明らかにしていく必要があろう．また，日本語は英語と対照的な主観的な事態把握をしていると言われてきたが，これまでの研究ではどちらかというとデータに基づくというよりは理論に依存しがちであった．データを用いる場合にも，自身の主張を例示し正当化する（data-illustrated）ためにデータを用いることが多かった．今後は客観的データに基づいて（data-based）そこから自然と結論が導き出されるような研究が求められよう（Tummers et al. 2005）．またそうした事態把握のしかたは，語の意味や文法といったような言語的な転移というよりは，事態把握のしかたや概念，思考といったような認知的な転移（**概念転移**；conceptual transfer）として L2 習得に影響を及ぼすことも考えられる．そのような非言語的，認知的転移がどのように起きているのかについての研究は，認知と言語の関わりを問い続けてきた認知言語学こそが果たしていくべき分野であろうし，言語データではなく非言語的，認知的なデータを用いた研究も必要であろう（Slobin 1996; Odlin 2008 ほか）．

さらに，もし応用認知言語学の最終目標が，「言語教育への応用」にあるとすれば，研究方法論や分析法のさらなる整備が求められ，そうすることで教育現場や教育研究に有効な示唆を与えられるようにすることが必要であろう．教室環境での研究であれば，要因を最大限統制するとともに統制群を設けたり，事前，事後，遅延のデータを測定し，それらを比較したりして，定量的にその成果を分析していく手法も必要であろう．また，多義語の意味構造分析では一部で心理実験やコーパスなどが取り入れられてはいるものの（今井 1993; 李 2004; 李・伊藤 2008; 森山 2011，2015 など），未だ内省分析によるものが少なくない．心理実験では多次元尺度法やクラスタ分析などが用いられているが，内省を補完する方法として，まだまだ十分であるとは言い切れず，今後さらなる検討が必要であろう（森山 2015，2016b）．内省分析において

も方法論的な整備を行なうことで，研究者間の見解の不一致はある程度抑えることができる（森山 2016a）．こうした研究は辞書開発など，語彙学習に直結する重要な研究テーマであり，意味論や多義語などの語彙習得に多大な貢献を果たしてきた認知言語学こそが取り組んでいくべき課題である．

▶**重要な文献**

トマセロ，M.（著），辻幸夫・野村益寛・出原健一・菅井三実・鍋島弘治朗・森吉直子（訳）2008『ことばをつくる―言語習得の認知言語学的アプローチ』慶應義塾大学出版会．Tomasello（2003）の邦訳版．
　子どものL1習得が使用を基盤にボトムアップで進むことを明らかにし，用法基盤モデルの有効性を示した．応用認知言語学を語るうえで欠くことができない一冊．
辻幸夫（監修），中本敬子・李在鎬（編）2011『認知言語学研究の方法』ひつじ書房．
　認知言語学研究の方法論について，作例と内省，心理実験，コーパスという三つの方法に分けて説明を加えており，応用認知言語学を始め認知言語学の観点から研究を行なう際に読むべき一冊．
荒川洋平・森山新（2009）『日本語教師のための応用認知言語学』凡人社．
　日本語教育を行うに際し必要な認知意味論，認知言語学の基礎知識について紹介するとともに，それらの考え方を教室活動にいかに生かしていくかについて述べている．

▶**文　献**

白以然 2008「複合動詞「出す」の習得―韓国語を母語とする学習者を中心に」『日本認知言語学会論文集』8: 604-6.
Dirven, R. 1989 Cognitive Linguistics and Pedagogic Grammar. *Reference Grammars and Modern Linguistic Theory*: 56-75.
藤井数馬 2016「ボトムアップ式に認知言語学の知見を英語教育に応用するメソッドとその効果―グループ学習とエクササイズ」『日本認知言語学会論文集』16: 440-6.
藤井聖子 2003「言語習得研究への構文理論的アプローチ」『日本認知言語学会論文集』3: 312-20.
深田智 2015「英語の移動事象表現の習得をめぐって」『日本認知言語学会論文集』15: 650-5.
橋本ゆかり 2007「幼児の第二言語としてのスキーマ生成に基づく言語構造の発達―第一言語における可能形習得との比較」『第二言語としての日本語の習得研究』10: 28-48.
橋本ゆかり 2009「日本語を第二言語とする幼児の言語構造の構築―助詞「の」と「が」のスキーマ生成に注目して」『第二言語としての日本語の習得研究』11: 46-65.
橋本ゆかり 2014「日本語を第二言語とする幼児の疑問詞使用の否定表現の習得プロセス」『日本認知言語学会論文集』14: 421-31.
橋本ゆかり 2015「用法基盤モデルから見た幼児の第二言語

としての理由表現の習得プロセス」『認知言語学研究』1: 113-37.

橋本ゆかり 2016「ある仏語母語幼児の助詞「に」「で」の習得についての一考察—用法基盤モデルを援用して」『日本認知言語学会論文集』16: 488-94.

堀恵子 2005「日本語条件文のプロトタイプ的意味・用法と拡張—コーパス調査と言語学的有標性の2つの観点から」『日本語教育』126: 124-33.

堀江薫 2013「認知類型論の応用的展開—第二言語習得研究との関連を中心に」『日本認知言語学会論文集』13: 596-600.

井原浩子 2002「日本語失文法者の産出文に見られる格助詞の誤用と脱落に関する一考察」『日本認知言語学会論文集』2: 1-11.

池上嘉彦 1981『「する」と「なる」の言語学』大修館書店.

今井むつみ 1993「外国語学習者の語彙学習における問題点」『教育心理学研究』41(3): 243-53.

今井新悟ほか 2010「学習辞典編纂のための形容詞の意味ネットワーク記述・試論」『日本認知言語学会論文集』10: 344-54.

石井佐智子 2008「言い切りの「た」の多義性とその習得—韓国語・中国語を母語とする学習者の場合」『日本認知言語学会論文集』8: 600-3.

岩田純一 2007「認知の発達と言語教育」『日本認知言語学会論文集』7: 573-81.

加藤直子 2012「使用基盤モデルの観点からの第一言語としての日本語習得」『日本認知言語学会論文集』12: 564-9.

加藤稔人 2005「中国語母語話者による日本語の語彙習得—プロトタイプ理論，言語転移理論の観点から」『第二言語としての日本語の習得研究』8: 5-23.

Kellerman, E. 1979 Transfer and Non-Transfer: Where We Are Now. *Studies in Second Language Acquisition* 2(01): 37-57.

小松孝至 2015「発達心理学（社会的発達）の観点からみた言語獲得とこころの発達」『日本認知言語学会論文集』15: 662-7.

近藤安月子・姫野伴子 2008「日本語教科書に見る事態把握の傾向—中国で出版された教科書を例として」『日本認知言語学会論文集』8: 296-306.

近藤安月子ほか 2010「中国語母語日本語学習者の事態把握—日本語主専攻学習者を対象とする調査の結果から」『日本認知言語学会論文集』10: 691-706.

近藤安月子ほか 2015「日本語学習者と日本語母語話者の事態把握の傾向差と相対的距離—中国語母語および韓国語母語学習者を対象に」『日本認知言語学会論文集』15: 447-57.

李在鎬 2004「助詞「に」の定量的分析の試み—語法研究の新たな手法を求めて」『日本認知言語学会論文集』4: 55-65.

李在鎬・伊藤健人 2008「決定木を用いた多義語分析—多義動詞「出る」を例に」『日本認知言語学会論文集』8: 55-65.

松田文子・白石知代 2006「コア図式を用いた複合動詞習得支援のための基礎研究—「とり〜」を事例として」『世界の日本語教育—日本語教育論集』16: 35-51.

松田文子 2000「日本語学習者による語彙習得」『世界の日本語教育』10: 73-89.

松田文子 2001「コア図式を用いた複合動詞後項「〜こむ」の認知意味論的説明」『日本語教育』111: 16-25.

宮岸哲也 2004「認知言語学的視点から見た日本語とシンハラ語の奪格形態素」『日本語教育』123: 66-75.

森本智・堀江薫 2007「日本人英語学習者による英語の関係節習得—主文動詞句の処理能率の観点から」『日本認知言語学会論文集』7: 12-22.

守屋三千代ほか 2007「認知言語学から見た日本語教育—〈主観的把握〉の理解・運用のために」『日本認知言語学会論文集』7: 582-94.

森山新・ナイダン・バヤルマー 2009「動詞・形容詞の否定形のインプットの頻度と習得との関係」『日本認知言語学会論文集』9: 320-7.

森山新 2001「中間言語の化石化と第二言語習得のメカニズム」『世界の日本語教育—日本語教育論集』11: 55-68.

森山新 2002「認知的観点から見た格助詞デの意味構造」『日本語教育』115: 1-10.

森山新 2006「多義語としての格助詞デの意味構造と習得過程」『認知言語学論考』5: 1-47.

森山新 2011「「出す」の意味構造に関する実験的研究—日本語学習辞典の開発のために」『日本認知言語学会論文集』11: 277-86.

森山新 2015「日本語多義動詞「切る」の意味構造研究—心理的手法により内省分析を検証する」『認知言語学研究』1: 138-55.

森山新 2016a「上下のメタファーの観点からみた動詞「あがる」の意味構造分析—内省分析法の確立をめざして」『人文科学研究』12: 231-41.

森山新 2016b「多義動詞の意味構造分析法の確立をめざして—「切る」を中心に」『日本認知言語学会論文集』16: 537-42.

武藤彩加 2001「味覚形容詞「甘い」と「辛い」の多義構造」『日本語教育』110: 42-51.

ナイダン・バヤルマー・森山新 2010「動詞と形容詞のテ形のインプットの頻度と習得との関係」『日本認知言語学会論文集』10: 387-93.

グェン・ヴァン・アイン 2012「使用基盤モデルから見る学習者の日本語習得」『日本認知言語学会論文集』12: 570-5.

Niemeier, S. and M. Achard 2000 Cognitive Linguistics: Special Issue on Language Acquisition. *Cognitive Linguistics* 11(1/2): 1-4.

新村朋美 2005「日本語の認知スタイルと配慮表現—日本語教育の立場から」『日本認知言語学会論文集』5: 592-6.

新村朋美ほか 2005「「イマ・ココ」の日本語—その認知のあり方と日本語教育への提言」『日本認知言語学会論文集』5: 592-611.

野村益寛 2009「事件は現場で起きている—使用依拠モデルからみた〈意味〉と〈言語習得〉」『日本認知言語学会論文集』9: 524-34.

Odlin, T. 2008 Conceptual Transfer and Meaning Extensions. In Robinson, P. and N. C. Ellis (eds.) *Handbook of Cognitive Linguistics and Second Language Acquisition*, Routledge, New York, pp.

306-40.

小野尚美ほか 2008「早期英語教育—「ことば」の構造だけでなく学習者が「ことば」をどう捉えるかに注目した英語学習指導法に向けて」『日本認知言語学会論文集』8: 587-94.

大関浩美 2003「中間言語における variation とプロトタイプ・スキーマ—日本語学習者の「〜とき」の習得過程に関する縦断的研究」『第二言語としての日本語の習得研究』6: 70-89.

大関浩美 2014「言語習得データから日本語名詞修飾節を考える—フレーム意味論の観点から」『日本認知言語学会論文集』14: 248-60.

パルデシ, P. 2014「認知言語学とコーパス研究を応用したネット版日本語基本動詞ハンドブックの開発について」『日本認知言語学会論文集』14: 611-9.

Pütz, M. et al. 2001 *Applied Cognitive Linguistics I, II*, Mouton de Gruyter, Berlin.

佐治伸郎ほか 2011「子どもは類像性の程度が異なる音象徴性をどのように理解するか—日本語オノマトペにおける意味的区分を用いた実験的検討」『日本認知言語学会論文集』11: 153-8.

佐治伸郎・今井むつみ 2008「語彙獲得における動詞の使い分けに関する研究—中国語の「持つ」系動詞を事例として」『日本認知言語学会論文集』8: 318-27.

櫻井千佳子 2014「言語獲得にみられる事態把握と場の言語学」『日本認知言語学会論文集』14: 643-6.

佐野香織 2007「参照点能力と第2言語習得—長期定住外国人と日本語母語話者との会話データを通して」『日本認知言語学会論文集』7: 23-32.

許夏珮 2000「自然発話における日本語学習者による『-テイル』の習得研究— OPI データの分析結果から」『日本語教育』104: 20-9.

鐘慧盈 2016「L2「きる」の意味構造がその習得に及ぼす影響」『日本認知言語学会論文集』16: 555-60.

Sinha, C. et al. 1994 Comparative Spatial Semantics and Language Acquisition: Evidence from Danish, English, and Japanese. *Journal of Semantics* 11(4): 253-87.

白石知代・松田文子 2014「多義動詞「ぬく」のコアとそれを用いた複合動詞「V-ぬく」の意味記述— L2 学習者の意味推測を支援するために」『日本語教育』159: 1-16.

Slobin, D. I. (ed.) 1985 *The Crosslinguistic Study of Language Acquisition*, Vol.II, *Theoretical Issues*, Lawrence Erlbaum Associates, Hillsdale.

Slobin, D. I. 1996 From "Thought and Language" to "Thinking for Speaking". In Gumperz, J. J. and S. C. Levinson (eds.) *Rethinking Linguistic Relativity*, Cambridge Univ. Press, Cambridge, pp. 70-96.

菅井三実 2007「格助詞「に」の統一的分析に向けた認知言語学的アプローチ」『世界の日本語教育』17: 113-35.

菅谷奈津恵 2004「プロトタイプ理論と第二言語としての日本語の習得研究」『第二言語としての日本語の習得研

究』7: 121-40.

菅谷奈津恵 2010「日本語学習者による動詞活用の習得について—造語動詞と実在動詞による調査結果から」『日本語教育』145: 37-48.

杉村和枝ほか 1998「多義動詞のイメージスキーマ—日本語・英語間におけるイメージスキーマの共通性の分析」『日本語教育』99: 48-59.

鈴木智美 2003「多義語の意味のネットワーク構造における心理的なプロトタイプ度の高さの位置づけ—多義語「ツク」(付・着・就・即・憑・点)のネットワーク構造を通して」『日本語教育』116: 59-68.

高梨美穂 2009「直示動詞「行く」「来る」の意味獲得— usage-based model の観点から」『日本認知言語学会論文集』9: 38-48.

高山京子・守屋三千代 2011「国語科教育の課題—〈事態の主観的把握〉に基づく〈読解教育〉と PISA 型読解教育の間で」『日本認知言語学会論文集』11: 533-9.

田中茂範 2007「認知的スタンスと英語教育」『日本認知言語学会論文集』7: 552-64.

谷口一美 2007「抽象化の発達と言語習得の相関をめぐって」『認知言語学論考』6: 95-123.

谷口一美 2009「中間構文の習得からみた構文文法的再考」『日本認知言語学会論文集』9: 309-19.

谷口一美 2015「動詞の用法の獲得とインプットとの相関に関する観察」『日本認知言語学会論文集』15: 656-61.

Taylor, J. R. 1993 Some Pedagogical Implications of Cognitive Linguistics. *Conceptualizations and Mental Processing in Language* 3: 201-26.

Tomasello, M. 2003 *Constructing a Language: A Usage-Based Approach to Child Language Acquisition*, Harvard Univ. Press, Cambridge. [辻幸夫・野村益寛・出原健一・菅井三実・鍋島弘治朗・森吉直子(訳)2008『ことばをつくる—言語習得の認知言語学的アプローチ』慶應義塾大学出版会.]

辻幸夫ほか 2013「意味の獲得・変容・喪失」『日本認知言語学会論文集』13: 583-600.

Tummers, J. et al. 2005 Usage-based Approaches in Cognitive Linguistics: A Technical State of the Art. *Corpus Linguistics and Linguistic Theory* 1(2): 225-61.

内田伸子 2003「助数詞の習得におけるヒューリスティック—環境からのインプットか生得的な制約か」『日本認知言語学会論文集』3: 285-95.

王冲 2008「中国語を母語とする日本語学習者の「きっと」「必ず」の意味知識」『日本認知言語学会論文集』8: 607-10.

山本裕子 2000「「くる」の多義構造—「くる」と「〜てくる」の意味のつながり」『日本語教育』105: 11-20.

山崎香緒里 2016「学習者と母語話者が持つ CUT の意味構造は異なるか」『日本認知言語学会論文集』16: 549-54.

吉村公宏ほか 2007「認知言語学と言語教育」『日本認知言語学会論文集』7: 533-81.

4B.6	B 言語の創発・習得・教育

英語教育と認知言語学

田中茂範

認知言語学は，1980年代の初頭（Lakoff and Johnson 1980; Lindner 1981; Langacker 1982）に萌芽期を迎え，1980年代後半から1990年代に大きく開花し（Lakoff 1987; Johnson 1987; Langacker 1990; Goldberg 1995），2000年代になってその勢いを強めている（Talmy 2000; Croft 2001; Taylor 2002; Tomasello 2003; Croft and Cruse 2004; Gibbs 2005; Kövecses 2005; Evans 2009）言語学派である．認知言語学は，人間と世界と言語という三項関係の中で言語現象を説明しようとするところにその特色があり，「身体性」「知覚」「概念形成」といったこれまでの言語学の中心課題にはなりえなかった変数を取り込むことで，言語現象の背後に「意味的動機づけ」が働いていることを明らかにしている．認知言語学のスタンスや知見は，英語教育の抱える問題に対して教育的示唆を与えるものであり，言語教育に対しての関心が高まっている（Boers 2000; Holme 2004; Robinson and Ellis 2008; Littlemore 2009）．

本節では，英語教育の問題の中でも，「基本語力の習得」を話題として取り上げ，その際，何が学習上の問題となるかを明らかにし，それに対処するための概念形成の理論的枠組を紹介すると同時に，具体的な事例を通して，認知言語学の教育的有用性を示す．

1. 問題の所在

語彙力は，学習者の英語力を測る際，信頼度の高い指標である（Nation 2001）．しかし，「語彙力とは何か」と改めて問われれば，英語教育関係者の間で明確な定義が共有されているわけではない．そこで語彙力について論ずるには，その定義をまず示す必要があるが，ここでは，語彙力を基本語力と拡張語力から構成されるものとして捉える．

基本語力は，「基本語を使い分け，使い切る力」として定義することができる．そして，基本語力を基盤に，語彙を拡張していくことが語彙力の習得には求められる．なお，拡張語力には，**話題の幅**（thematic range）とそれぞれの話題に関する**語彙の数**（lexical size）の二つの変数が含まれる．第二言語語彙習得の研究では，語彙の「深さ」（depth）と「幅」（width）が話題になるが（Vermeer 2001），「深さ」は基本語力と，そして「幅」は拡張語力と関係がある．

第二言語の語彙習得研究では，基本語の習得の重要性が強調されている（Schmitt 2000; Nation 2001; Meara 2002; Tanaka 2012）．その理由は，頻度が高いというだけでなく，言語活動の基盤を成しているのが基本語だからである．

本節では，英語の基本語の中でも基本動詞に焦点を当てる．ここでいう基本動詞（break, put, take, give など）は，ほとんどの日本人学習者が知っている単語である．そして，学習の初期段階に導入される語であるがゆえに，「基本的で簡単な単語」と見なされる傾向がある．実際，高等学校では，そういった基本語は「既習語」と見なされ，特段の指導の時間が割かれることは多くない．しかし，基本語を知っているということと基本語力があるということは全く異なる話である．知っていても，使い分け，使い切る（一般化する）ことができないというのが実情だからである．

▶ 1.1 基本語力の習得を困難にしている要因：バイアスの問題

実際，日本人学習者にとって英語の基本動詞の習得はむずかしい（Tanaka 2012）．しかし，それはなぜか．ここでは，学習におけるバイアスという観点から，日本人学習者が直面する問題を明らかにしたい．

語彙学習においては，学習者は，語の使用例（サンプル）に出会い，それを何らかの形で情報処理をすることで，その語がどういう「意味」であ

るかを理解する．図1は，このプロセスを図式化したものであり，英語学習の「認知モデル」と呼びたい．ここではXが学習対象であり，それを仮に「英語の語彙」としよう．英語の語彙というもの全体（英語としての可能性の総体）を母集団P^nで表す．もちろん，母集団は，理論的仮構であって実在ではない．

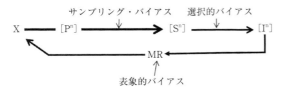

X—学習の対象；P^n—母集団（population）集合；S^n—サンプル（sample）集合；I^n—インテイク（intake）集合；MR—心的表象（mental representaion）

図1 英語学習の認知モデル

英語教育において，一度に全体（例えば，英語の語彙全体）を提示することは原理的にありえない．そこで，サンプルとしての英語（S^n）を選び，それを学習者に提示する．しかし，学習者は与えられたサンプルをすべて学習するということはなく，通常は，選択的学習が行なわれる．そこで，与えられたS^nのあるものは取り込まれるが，他のものは排除される．取り込まれたサンプルを「インテイク」（intake）と呼び，図1では，I^nとして表す．学習者は，自分が取り込んだI^nを通じて，Xがどういうものであるかを理解する．これをXの「**心的表象**」（mental representation: MR）と呼ぶ．

ここで示した認知モデルは，英語そのものであれ，英語の語彙全体であれ，個々の英語の単語であれ妥当するものである．そして，このモデルは，基本語力を獲得する上で日本人学習者が直面する問題が何であるかを理解する際の準拠枠を提供する．以下，説明しよう．

1.1.1 バイアスの問題

Xに英語の語彙全体を充てると抽象的な話になる．そこで，ここではputといった基本動詞の習得を考えてみよう．その場合，母集団（P^n）はputの可能な使用域である．これは理論値であるが，仮に大型辞典に登録されている語義の集合だとしよう．学習者が教科書などを通して遭遇するputの使用例は，そのサンプル（S^n）である．ここでサンプルの代表性という問題がでてくる．すなわち，サンプルが母集団の特性をうまく反映しているかという問題であり，いわゆる「**サンプリング・バイアス**」（sampling bias）である．さらに，putの学習過程において遭遇したすべてのサンプルが「インテイク」（学習したサンプル）になるわけではない．あるサンプル（用法）は習得されても他は学習から除外されることがあるからである．これを「**選択的バイアス**」（selective bias）と呼ぶことができる．そして，学習者は自分のインテイクを基にしてputの概念を表象するわけだが，そこには「**表象的バイアス**」（representational bias）が起こる．なぜかといえば，あらゆる学習は既存知識との関連において進むからであり，英語学習においては，通常，日本語との関連でputの概念的意味を理解しようとするからである．

このように，学習者のputの理解は三つのバイアス——サンプリング・バイアス，選択的バイアス，表象的バイアス——に晒されることになる．そして，これらのバイアスが基本語力の習得をむずかしくしている最大の要因であり，英語教育の課題は，こうしたバイアスをできるだけ抑えるのにはどうすればよいかを考え，実践することである．以下では，概念理解に直接関係する表象的バイアスについて，日本語の利用との関係でさらにみておこう．

1.1.2 日本語の利用の影響としての表象的バイアス

日本人学習者が英語の語彙や文法を学習する際に，「わかる」という感覚を持つことが重要であることは言を俟たない．しかし，例えばputやtakeの意味がわかるというとき，それは何がわかったときにそういえるのであろうか．日本人学習者が英語の単語を学ぶ際に，日本語を通して——putは「置く」，takeは「取る」と対応関係を作ることを通して——「意味がわかった」という感覚を得るが，実はそこに問題がある．

まず，学習者にとって，日本語は「既存の知識」であり，「あらゆる学習は『既知』とのかかわりにおいて行なわれる」という学習理論（Ausubel 1968）からすれば，日本語の利用は不

可避である．語彙学習において，学習者が語の意味理解において母語の対応語を充てるという学習方略は，経験的にもよく知られている通りである．これを「翻訳対応語を探す」(Search Translation Equivalent: STE) 方略と呼ぶことがある (Tanaka and Abe 1985)．しかし，多義語の学習の場合，STE 方略には二つの避けられない問題がある．

その一つは，多義を構成する辞書的語義を累積しても英語の意味を捉えることができないという「意味の無限遡及」の問題，そして，もうひとつは，母語の訳語間に意味的な関連性が感得できないという「意味の分断」の問題である．

例えば break を例にとってみよう．break a vase だと「花瓶をこわす」，break an egg だと「卵を割る」，break a hundred dollar bill だと「100 ドル札をくずす」，break the world record だと「世界記録を破る」，そして break a horse だと「馬を飼い馴らす」となる．同じ break に対して複数の訳語があることから「1 対多」の関係がここにはある．そして，「break＝こわす」をデフォルト的な意味として理解している学習者が多い．しかし，「こわす」は break の意味の一部かといえば，そうではない．実際，日本語の「こわす」と共起しやすい名詞との連語を示すと以下の通りである（国立国語研究所 NINJAL-LWP for BCCWJ を参考）．

・お腹をこわす　・体をこわす　・家庭をこわす
・関係をこわす　・物をこわす　・夢をこわす
・雰囲気をこわす　・体調をこわす

この中で break が使えるのは「物をこわす」ぐらいである．「（食べすぎで）お腹をこわす」(upset one's stomach)「夢をこわす」(ruin one's dream) といった状況で break を使うことは通常しない．これは「break＝こわす」の限界を示している．「break＝割る」や「break＝くずす」にしても同じである．例えば，「口を割る」「数字を割る」「腹を割る」で break は使用しないし，「体調を崩す」「表情を崩す」「態度を崩す」で break は使用しない．だとすれば，break に対して複数の訳語があり，それぞれの訳語に複数の英語表現

が対応する，という「無限遡及の問題」が生じる．すなわち，どこまで訳語をリストしても break の「本来の意味（概念）」を捉えることができないという問題である．

それだけではなく，意味の分断という問題がある．「こわす」「割る」「くずす」「破る」「飼い馴らす」は，日本語では別の動詞であり，ここに意味的な連続性（関連性）を読み取ることはできない．「多義語」とは「意味的に関連した複数の語義を有する語」と定義されるが，「break＝｛こわす，割る，破る，飼い慣らす…｝」という理解のしかたでは，学習者の中で意味の関連性が分断されてしまう．「意味の分断」という問題は，多義語の多義性が失われるということでもある．そして，関連性のないものを学ぶことは有意味性の条件を伴わないがために，学習効率が悪い．

このように基本動詞の習得には，サンプリング・バイアス，選択的バイアスと，日本語の使用が関係する表象的バイアス（意味の無限遡及と意味の分断を含む）が問題となる．そこで，効果的な多義語の指導が求められる．

2. 教育的支援としての認知言語学の可能性

語彙習得の支援を行なうという場合，「どこにどういう支援を行なう必要があるのか」が問われなければならない．そして，この問いに対して糸口を見いだすには，概念形成の機制についての理解が前提となる．語彙の習得は，語彙の概念形成を必然的に含むからである．

▶ 2.1 概念形成論

エバンス (Evans 2009) は，「**語彙概念**」(lexical concept) と「**意味**」(meaning) とを分け，「意味」は，言語使用の文脈の中で発話の意味として現れると主張している．つまり，「語彙概念」は言語形式に慣習的に結びついている意味的特性である．一方，「意味」は，語と結びついた意味単位というより，状況内での言語使用という事象の中で捉えるべきものである，というのがエバンスの論点である．つまり，エバンスは「意味」と「概念」を分け，概念は使用としての意味を経由して形成され，意味も概念との関係で構成されると考えている．してみると，英語学習にお

いて,「語の意味を学ぶ」とは,正確には「語の概念を学ぶ」ということになる.

同様の考え方は,田中・深谷（1998）にもみられる.田中・深谷は,「（意味づけられる）意味」と意味の潜勢態としての「意味知識」を区別し,図2のように,両者は記憶連鎖によって繋がっており,意味づけを通して概念形成が行なわれるという捉え方をしている.

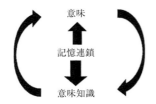

図2 意味知識と（意味づけられる）意味との関係

人は意味知識を利用しつつ,コトバの意味づけを行なう.しかし,意味知識は,意味づけられる意味を決定することはない.ダビッドソン（Davidson 1986）も,日常会話に臨む解釈者は何らかの意味理論を「**先行理論**」（prior theory）として有しているが,それは会話場面に適用されたときに意味を確定するものではなく,必要に応じて改編される暫定的な「**当座理論**」（passing theory）として機能する,と述べている.先行理論がここでいう「意味知識」である.すると,意味づけられる意味と意味知識は相互媒介的な関係に置かれることになる.意味知識を利用しながら意味づけを行なうが,意味づけがまた意味知識の改編の契機になるということである.意味づけは,今・ここでの情況内で行なわれるため,潜勢態としての意味知識は,意味を決定しえないのである.まず,このことを押さえておく必要がある.というのは,語の意味をめぐる議論は,ここでいう「意味」と「意味知識」を区別しないがために混乱するということが少なくないからである.

第一言語であれ,第二言語であれ,語彙習得は,意味づけと意味知識の相互媒介的な関係の中で起こる.特にここで注目したいのは意味知識の形成であり,ある語の意味知識の形成には,概念形成が含まれる（なお「意味知識」には百科事典的な知識も含まれ,エバンス（Evans 2009）の lexical representation という術語に近い）.

2.1.1 概念形成の理論

概念形成を論じるには,「カテゴリーの形成」と「コンセプトの形成」の二つを同時に考慮しなければならない（Smith and Medin 1981）.カテゴリーの形成は,「一般化」と「差異化」を通して行なわれる.一方,コンセプトの形成には,「類型化」が作用する.類型化とは,**事例**（token）から**類型**（type）を得る過程（すなわち,類型概念を形成する過程）であり,英語でいえば"typification"である.すなわち,語彙の概念形成には一般化,差異化,類型化の三つが相互作用的に働くということである.「リンゴ」を例にしてそれぞれを説明してみよう.

ある果物（事物は「りんご」のように平仮名表記）を「リンゴ（コトバはカタカナ表記）」と呼ぶ.これは知覚対象を指す行為である.しかし,りんごといっても形,大きさ,色,味などにおいてその種類は多様である.一般化は「これも A,あれも A」という具合に多様な指示対象の範囲を拡張していく過程である.

しかし,一般化と必ず相互作用するのが差異化である.一般化だけでは無限に使用域を広げてしまう結果になるからである.事物としての「なし」を見て,それを「リンゴ」と呼べば,過剰般化である.そこで「これは A だが,あれは B」と差異化を行なうことが必要であり,一般化と差異化の共同作業によって「林檎（概念は漢字表記）」あるいは「梨」というカテゴリーが形成されるのである.すなわち,カテゴリー化（あるいは分節化）は一般化と差異化の相互作用の結果であるといえる.

語彙習得では,母語であるか第二言語であるかを問わず,**over-extension**（**過剰汎化**）と **under-extension**（**過小汎化**）という試行錯誤を通して語彙範囲に関する「直観」（実際に外延の境界があるわけではなく,あくまで直観である）を得る.しかし,何を根拠に「これはリンゴ,あれはナシ」という差異化を行なうことが可能であるか.カテゴリー化だけに目を向けては十全な概念形成論はできない.カテゴリーを分節しても,それは枠であり,その中身が必要だからである.そこで,カテゴリー化は,コンセプトの形成を必然

的に伴い．そしてコンセプトの形成は，類型化を通して行なわれる．

一般化と差異化は「言語の使用経験」の中で起こるが，言語の使用は個人内での類型化作用を動機づける．個人がリンゴとナシという名詞を適切に使えるのは「林檎」と「梨」という概念を持っているからである．概念の形成は使用に基づき，仮説検証の過程を経て発達的に行なわれる．「りんご」のような知覚対象物の場合は，典型特性を抽出する過程が類型化であると考えられる（Rosch 1978）．してみると，「林檎」という概念は「りんごらしいりんご」という形で表象される．「りんごらしいりんご」，すなわちその「**プロトタイプ**（prototype）」が何らかの形で内在化されているがゆえに，あるりんごを見て「これは変わったりんごだ」だとか「これは小さいりんごだ」といった表現が可能になるのである．類型化が作用することで，プロト概念（類型）の形成が行なわれ，それが一般化と差異化の根拠になるということである．

一般化・差異化・類型化の相互作用モデルは，事物的世界における物事に関して適用できる理論である．名詞的であれ動詞的であれ，知覚可能な対象に関するコトバの概念形成には，経験的基盤があるため一般化，差異化，類型化の相互作用が働く．ここでいう「**経験的基盤**」（bodily experience）（Johnson 1987）とは「りんご」や「なし」のように物として外界に存在し，それとの関わり合うことをいう．動詞概念の形成においても「割る」とか「切る」とか「分ける」という行為は体験が可能であり，体験を基盤にして，概念形成が行なわれると考えられる（Taylor 2002）．

なお，知覚対象を持たない観念的世界における物事の場合は，そもそも経験的基盤となる知覚対象が存在しえない．そこで，典型化は作用せず，その結果として「尊厳らしい尊厳」とか「意味らしい意味」という言い方が成り立たない．これらの抽象名は「AはBである」という定義を通してそれぞれが指向する観念対象が創られるのであり，これはコトバと対象との関係でいえば，コトバが対象を創出する働きだといえる．動詞領域においても「掴（つか）む」と「摘（つま）む」のように経験的基盤を持つ動詞と，「推論する」や「前

提とする」といった思考操作的で，いわば「観念的な動詞」が存在する．「推論する」という動詞の概念は「正義」という名詞の概念のように「である」という形で定義することで了解される．知覚対象を指向する「リンゴ」のような名詞も，類型化を通して「である」としての概念を得るが，「尊厳」と「林檎」の概念形成の違いは，経験基盤から概念が立ち現れるかどうかである．

このように知覚対象に関するコトバと観念対象に関するコトバは，経験基盤の有無という点において異なると考えられるが，共通しているのは，実際の使用を通して，その使い方を学ぶということである．そして，概念形成も経験基盤からの類型化によるものと，定義によるものとの違いがある．

さて，母語の習得にみられるような豊かな言語習得環境であれば，基本動詞の概念（類型概念）を直観として自然に身につけていくことが考えられる．しかし，日本で英語を学ぶといった乏しい言語習得環境では，上記のバイアス問題は深刻であり，それが概念形成の妨げとなる．そこで，できるだけバイアスの少ない概念の指導が必要となる．ここで「バイアスの少ない概念」とは，ある基本動詞の言語的な振る舞いを過不足なく説明することのできる概念のことである．

問題は，基本動詞の概念をどう表象するべきかであるが，以下では，認知言語学で提唱されている「イメージ図式」（Johnson 1987; Gibbs and Colston 1995; Clausner and Croft 1999; Hampe 2005）に注目する．

2.1.2 イメージ図式の教育的可能性

上述したように，類型化は事例（token）をタイプ（type）に分類していく過程である．

認知言語学では，事例の使用を通して言語は習得されるという見解（**usage-based view**）が共有されている（Tomasello 2003）[→ 2.7]．言語習得には，当然，概念や規則の習得が含まれるが，**文脈に依存した言語使用**（contextual usage）を基盤に，文脈の捨象を伴う概念や規則を形成する過程が上で述べた類型化である．

基本動詞の場合も同じである．基本動詞の多くは動作を表す．そして，一般化と差異化を伴う動詞の使用を通して類型化が個人内で起こり，個別

具体的な動作の特性を捨象したイメージ図式，すなわち**動作図式**（action-based schema）を概念として得ると考えることができる．

2.1.3 動詞の多義の捉え方

第二言語における基本語の習得がなぜむずかしいかについての議論は上で行なったが，もっと一般的には，基本語の「**多義性**」（polysemy）がその原因とされている（Schmitt 2000; Nation 2001）．多義現象をどう捉えるかということは，ある語の（意味知識の一部としての）概念をどう捉えるかということと直結しており，それは英語教育で基本語の概念をどう扱うかという問題に繋がる．

エバンス（Evans 2009）によると，レイコフ（Lakoff 1987）に代表されるように，言語使用に現れる可能性を独立した語義（個々の語義にイメージ図式を想定する）として取り扱い，語義間の関係を「**語彙内ネットワーク**」（intra-lexical network）として捉えようとする立場（Norvig and Lakoff 1987）と，ボリンジャー（Bolinger 1977）やミラー（Miller 1978）に代表されるように，語の使用における多様性の根底には，単一の概念があり，語義の選択ではなく，文脈によって語義の解釈が調整されると考える立場がある（同様の見解はデュエル（Dewell 1994），ルール（Ruhl 1989）らにも見られる）．

レイコフは，複数の語義の中でもプロトタイプ的な語義があることに注目し，それを中心に据えて，そこから他の語義を放射状に展開させ，語義間の関係を意味的に動機づける原理を示している．一方，ボリンジャー（Bolinger 1977）は，語には「**単一の共通の概念**」（single overarching meaning）があり，それが文脈によって異なった語義になるという立場を以下のように表現している．

"Now we find <u>a single overarching meaning</u> which performance variables imbue with local tinges that pass for distinct senses." (p.19)〔ここに我々は単一の全体を包括する意味（概念）を見いだすのであり，それが言語使用の変数によって，固有の意味合いを帯び，その結果，独立した語義としてまかり通るのである〕

ミラー（Miller 1978）は，概念と文脈情報の関係についてより具体的に言及し，次のように述べている．

"…the problem is not to choose among fifty or more pre-stored concepts or rules but to sharpen a core concept in a manner appropriate to the discourse and the sentence in which the word occurs." (p.234)〔問題は 50 かそれ以上の予め蓄積された概念や規則から適切なものを選ぶということではなく，語が現れる談話や文に適切な形でコア概念の精度を高めることである〕

田中（1997）は，レイコフのような立場を「語義確定モデル」，ボリンジャーやミラーのような立場を「コア図式論」と呼び，いずれの立場を採用するかについては，多義の品詞論が必要であることを強調している．すなわち，動詞や前置詞の概念は名詞の概念とは異なるということである．名詞の場合には，対象指向性があるため，それが知覚対象であれ，観念対象であれ，名詞が使われる限りにおいて，何かを指すという意識が自然に働く．そこで，名詞の使用の中で名詞と対象との関係が慣習的な繋がりになれば，名詞の多義性には語義確定モデルが当てはまることになる．

一方，動詞や前置詞は何か対象を直接指すことはない．むしろ，名詞が指すモノどうしを関係づけて，出来事を表現するという「関係づけ機能」を持つ．a fish on the hook の on は a fish と the hook の関係を「針にかかった魚」として表している．同様に，a ring on her finger の on は a ring と her finger の関係を「指にはめた指輪」として表している．

辞書編纂者たちは，「かかった」や「はめた」を on の「語義」とみなすが，それらは，ミラー（Miller 1978）がいうように，言語使用の文脈的意味，もっと正確には，言語使用の「状況」を表したものであって，on に本来備わった概念ではない．a woman on a diet は「ダイエット中の女性」，a shadow on the wall は「壁に映った影」という意味合いになるが，「中」や「映った」を on の概念の構成要素とみなせば on の「語義」は

無数になってしまい，その無数の語義を語彙内ネットワーク（intra-lexical network）として表現しようとすれば，途方もない仕事になってしまう．

同様のことが，動詞の多様な「語義」についてもいえる．例えば Meg took some pills. といえば「メグは錠剤の薬を飲んだ」と解釈されるだろう．英英辞典でも take の語義に swallow が含まれる．しかし，この「飲む」は take の概念を形成する語義だろうか．Meg took some pills and put them on the table. になると「手にとる」，Meg took some pills to Bill. だと「持っていく」，Meg took some pills away from children. だと「遠ざける」，さらに Meg took some pills in the drug store and got arrested. だと「盗む」が可能な語義になる．ここで示したのは，語義の文脈依存性であり，語義の不確定性である．

「飲む」「手にとる」「遠ざける」「盗む」などの集合が take の概念を形成するのだろうか．辞書はこれらを take の「語義」と見なすが，実は，これらは take が使用可能な状況を表しているのであり，take という語に張りついた語義ではないと筆者は考える（take のコア概念については田中 1990 を参照）．

概念形成の観点からも動作動詞や空間前置詞の場合には，経験基盤から起こる類型化を通して語固有の概念が暗黙知として形成されると考えることができる．そこで，例えば take や hold のような動作動詞の場合は，様々な動作状況で使われ，その概念は「動作図式」として形成される．動作図式であるということは，視覚的に図式を使って表すことが可能ということである．認知言語学では，概念の図式的表象のことを「イメージ図式／イメージ・スキーマ」（image schema）と呼んでいる．筆者は，基本動詞や前置詞のイメージ図式は類型化の産物であり，それは単独の図式，すなわち「コア図式」（core schema）であると考える（田中 1990, 1997）．

図3 hold のコア図式

例えば，図3は，筆者が想定する hold のコア図式である．これは「何かを一時的におさえておく」というコア概念を図式的に表象したものである．

hold の対象が物の場合は「抱える」や「持つ」という意味合いが生まれ，動きのある対象の場合には「動きを一時的に止める」という意味合いになる．そこで，Hold this bag until I come back. だと「戻ってくるまでこの鞄を持っていてください」ということだが，Hold the door. だと「ドアが閉まらないように，手で押さえておく」という解釈になる．Hold your tongue. は熟語で「黙れ」という意味だが，「舌を動かすのを一時的におさえる」ということからそういう解釈は生まれる．

図式的表象は動作動詞だけでなく，物事の空間的な関係を表す前置詞の意味表象においてもあてはまる．動詞と前置詞は，二つのモノを関係づけるという働きにおいて共通している．an apple in the box において，an apple と the box が前置詞 in によって関係づけられており，それを in (an apple, the box) のように表現することができる．同様に，The woman took a picture of Mt. Fuji. において the woman と a picture of Mt. Fuji の二つの名詞句が take によって関係づけられており，時制を外すと take (the woman, a picture of Mt. Fuji) と「函数的」に表現することができる．

動詞や前置詞の概念が函数的であるということは，それは多様で，複雑な複数の語義から構成されるというよりも，単純であいまいであり，あいまい性があるからこそ，様々な状況に適応が可能なのだと考えることができる．そしてここでいう「単純な概念」が「コア概念」である．

ここで問題なのは，コア図式論と語義ネットワーク論のいずれが正しいかを先験的に決めることではない．理論的妥当性は，当該の語彙の言語的振る舞いをどの程度説明できるかによって決まる．英語教育への応用を考えた場合には，どちらの考え方が上記のバイアス問題のより効果的な解決策になりうるかが重要な考慮点である．筆者は，動詞や前置詞の概念の函数的性質を考慮し，コア図式論を支持する立場を採る．もしコア図式の説明力が高いとなれば，それを当該語彙の心的表象の対象（概念）と見なすことができる．そして，コ

ア図式をうまく提示することで，上記のサンプリング・バイアスと選択的バイアス，それに表象的バイアスの影響を最小化する可能性が出てくる．そこで，必要なのが，コア図式の説明力を示すことであるが，以下では，事例として基本動詞のput と give を取り上げる．

事例1：put

「put の意味は何か」という質問をすると，日本人学習者のほとんどが「置く」と答える．そして，「置く」という語義は，一般的に put のプロトタイプ的語義と見なされている．しかし，「put＝置く」の理解のしかたには限界がある．「距離を置く」「間を置く」「籍を置く」「時間を置く」「秘書を置く」などは put で表現することができないからである．また，「put＝置く」が定着すると，「目薬を差す」といった状況で put がなかなか使えなくなる．そこで，ここでは put のコア（「コア概念」「コア図式」の両方を含む）を示し，その説明力を見ていく．

put のコア概念は「何かを元あったところから動かして，どこかに位置させる」と記述することができる．これを図式的に表すと図4のようになる．

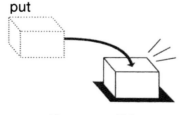

図4　put のコア図式

put のコアが典型的な形で使われているのは，「猫を外にだそう」という状況で Let's put the cat out. と表現する場合においてである．文字通り，「猫を移動させて外に位置させよう」ということである．ただし，「位置させる」はコア図式を理解するための便宜的な表現にすぎず，本来は「位置させる」ではなく「プットする」とすべきである．つまり，「プットする」とはどういうことをうまく表現できるイメージ図式（コア図式）——静止画あるいは動画で——を描き，日本語で

はなく図式で概念を表象させることが英語教育の応用においては決定的に重要である．

さて，「何をどこにプットするか」によって put のさまざまな意味合いが生まれる．put an 82-yen stamp on the envelope だと「82 円切手を封筒にプットする」ということだが，日本語でその状況を表せば「封筒に 82 円切手を貼る」となる．一方，put a picture in the envelope だと「封筒に写真を入れる」となる．ここで注意したいのは，「（切手）を貼る」や「（写真）を入れる」は put の概念を構成する意味ではなく，put を使って表現することができる状況を日本語で表現したものにほかならない，ということである．以下も同様である．

　状況　と　表現
「手にシャンプーをつける」
　put some shampoo in one's hand
「コーヒーに砂糖を入れる」
　put sugar in one's coffee
「ベルト通しにベルトを通す」
　put the belt through the belt loops
「タバコを口にくわえる」
　put the cigarette in one's mouth
「汚れた皿を流しに入れる」
　put the dirty dishes in the sink

put という動詞のコア概念は「何か動かして，それをどこかにプットする」ということで，「どこかに（移動先）」に関する情報が必ず必要となる．これはここで改めて指摘するまでもなく，put について広く理解されているとおりである．しかし，問題は，この put のコア概念が put の用例を過不足なく説明することができるかどうかである．

まず，ある店の店主に「スコップを置いていますか」と聞く場面では，「置く」という動詞が使われているが，移動と移動先が含まれないため，Are you putting shovels? とは言わない（Are you carrying shovels? あるいは Do you have shovels? がここでの適切な表現）．また，「電車の中に傘を置いてきた」という状況も I put my umbrella in the train. とは言わず，I left my umbrella in the train. と言う．「電車の中に（傘を置いてきた）」には場所に関する情報が含まれるが，それは「傘の移動先」を表すものではないからである．これは put のコアの説明力の一端を示

すものである.

以下は,「何をどこにプットするか」という put のコア概念（コア図式）が,抽象的な状況に投射される例である.

- How can you put that Japanese expression into English?（その日本語の表現をどう英語にしますか？）
- That would put her into shock.（そのことで,彼女,ショックを受けるよ）

「何かをどこかにプットする」という際の「どこかに」は物理的な意味での「どこか」だけでなく That would put her into shock. のように,心理的な意味での「どこか（状態）」であることもある.コア図式の投射を念頭に置くと,以下の put の使用も容易に理解できる.

- Now is the time to put duty before pleasure.（今は遊びより仕事を優先すべきときだ）
- You should put the sad experiences behind and forge ahead.

（あの悲しい経験は忘れて,前に進むほうがよい）
ここでも「優先する」や「忘れる」という語義が put の本来の概念（の要素）ではない.ここで表現されているのは put duty before pleasure であり,put the sad experiences behind である.このように put のコア図式を事物的な状況だけでなく,抽象的な状況に投射することができる.これらは,一種の比喩的用法といえるかもしれない.

put のコア図式で説明がむずかしいとされるのが,以下のような「述べる」といった状況を表す用法である.

- Well, let me put it this way.（では,別の言い方をしましょう）
- The world is, to put it mildly, in trouble.（世界は控え目にいっても混乱している）

しかし,これらも例外ではない.Let me put it this way. では,「ある表現」を別の表現に変えるという状況だが,it が「ある表現」を表し,this way が「別様の言い方」で移動先となる.to put it mildly も「ある表現をやんわりとしたものにプットする」ということで,mildly が移動先である.

移動先に関する情報を表すには,前置詞句がすぐに連想されるが,here, there といった副詞だけでなく,this way や mildly という様態副詞も

含まれる.また,in, away, off といった空間副詞も同様である.

以上の考察から,put 構文における移動先情報（WHERE）を表現する言語単位をまとめると以下のようになる.

put ＋ WHAT ＋ WHERE
前置詞句（例. on the envelope, before pleasure）
場所副詞（例. here, there）
様態副詞（句）（例. mildly, this way）
空間副詞（例. on, off）

ここで空間副詞と put の共起関係に注目すると,コアの説明力は,句動詞のふるまいにも及ぶことがわかる.空間副詞は put off や put on のような句動詞を形成する.英語学習者は,put off といえば「～を延期する」を連想する人が多い.Don't put off till tomorrow what you can do today.（今日できることを明日まで延ばすな）という諺は学習者に馴染みの表現である.しかし,put off は「何かを離した状態にプットする」ということで,話題が「予定」だと「（延期先を示して）延期する」とか「延ばす」という意味になる.しかし,put off は「延期する」以外にもいろいろな状況を表現するのに使うことができる.

- Put off your silly ideas.（ばかげた考えは捨てなさい）
- Will you put the lights off?（明かりを全部消してくれませんか）
- Don't talk to me. You're putting me off.（話しかけないで.気が散るから）

考えを頭から切り離して put すれば「考えを捨てる」という意味合いになるし,集中している状態で,私をその状態から離した状態に put すれば,「気を散らす」といった意味合いになる.ここで重要なのは「何かを off の状態にプットする」というのが put off であって,「前提となる元の状態が何であるか」そして「何を（離した状態に）プットするか」によって意味合いが異なってくるということである.

このように put のコアは,put の振る舞いだけでなく,その句動詞の振る舞いをも説明する力を持っているといえよう.以下では,語彙と文法の両面に関係する事例として give を取り上げる.

事例2：give

本節で注目している動詞は，意味表示機能だけでなく，関係づけ機能を持つことから，動詞の意味知識には，当然，動詞の構文的可能性に関する知識が含まれることになる．問題は，語彙的な概念がその語が示す文法的な特性を説明するに役立つかどうかである．もし役立つのであれば，英語教育において文法の新たな説明の仕方を教師は得ることになる．そして，語彙と文法が繋がれば，わかる文法に一歩近づくことができるはずである．ここでは，動詞の概念理解がその動詞を使った文法事象の説明に有効であるということを示す事例としてgiveを取り上げる．

giveは「**与格変更**」（dative alternation）を許す動詞であり，文法と語彙の接点を探るのに格好の動詞である（Oehrle 1976; Cattell 1984; Goldberg 1995）．与格変更とは，Ted gave Naomi a diamond ring. といった「give＋名詞＋名詞」の二重目的構文を Ted gave a diamond ring to Naomi. という前置詞構文に変更できることをいう．言語学的な関心は，与格変更が可能かどうかということを決める条件は何であるかということである．例えば，指輪の例では二つの構文が可能であるが，John gave Mary a headache. を John gave a headache to Mary. とすることはできない．

一般的には，二重目的構文は「give＋間接目的語＋直接目的語」の構文とみなされ，間接目的語は直接目的語で表された対象の受け手（recipient）であると説明される［→ 4B.4 ］．しかし，英語教育では，「間接目的語」とはどういう目的語かという問題に加え，頭痛の例で Naomi は「受け手」ではない，という問題が出てくる．これらをどう説明するか．

giveの意味といえば，学習者だけでなく教師も「与える」を連想する．「give＝与える」という理解を当然のことと考えている教師は少なくないはずである．実際，giveの典型的意味（プロトタイプ）は「与える」であるという理解が根強くある．問題は，プロトタイプ的語義の「与える」がgiveの言語現象を説明することができるかどうかであるが，giveには She gave a belch.（彼女はゲップをした）という文がある．これは「与える」ではどう考えてもおかしい．同様の例は，以下のようにいくらでも見つかる．

・The sun gives light.（太陽は光を出す）
・Cows give milk.（牛は牛乳を出す）
・The experiment gave good results.（実験はいい結果を出した）
・Naomi gave an excellent speech.（ナオミは素晴らしいスピーチをした）

これらは「give＝与える」では説明できない用例である．また，「give＝与える」の限界を示す例として，ホテルのフロントで使われる I gave my coat to the clerk. がある．ここでは「受け手」が示されているが，「give＝与える」では状況的に無理がある．ここでの give は「預けた」ぐらいに解釈すべきであろう．また，give には give up, give off, give out といった句動詞があるが，これらも「give＝与える」では説明できない．

だとすると give のコアは何かという問題になる．結論を先にいえば，「何かを自分のところから出す」というのが give のコア概念であり，図5はそれを図式的に表したものである．

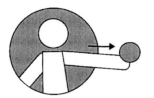

図5　giveのコア図式

「自分のところ」とは単に場所を表す「ところ」ではなく，英語でいえばHAVE空間のことをいう．ここでいうHAVE空間とは主語の所有空間・経験空間のことだといえる．「自分のところから何かを出す」を give のコアとすることで，感覚的に上記の例はすんなり理解することが可能となるだろう．例えば，The sun gives light. も Naomi gave an excellent speech. も「自分のところから出す」というコアを媒介にすることで理解可能となる．これらは宛先が省略されている例ではないかという疑問もあるが，She gave a belch. のような使い方を検討すると，「ゲップ」の宛先は考えにくい．

だとすると，give は「自分のところから何かを出す」がコアで，その宛先を示すと「与える」と

いう意味になるのだと考えることもできるだろう．しかし，この考え方には問題がある．上記の I gave my coat to the clerk. がうまく説明できないからである．宛先は to the clerk によって示されている．しかし，解釈上は，「与えた」という解釈より「預けた」という解釈が優先されるというのがこの例である．このように，宛先が to ＋名詞句で示される場合でも，「give ＝与える」ではうまくいかない場合がある．しかし，give のコアを生かして「give ＝自分のところから出す」と考えると，give A to B の場合，「A を自分のところから出し，B に差し向ける」となり，「預ける」なのか「与える」なのかは文脈に依存すると考えることができる．

give は，give［名詞＋名詞］と give［［名詞］to 名詞］の二つの構文を許容するが，構文が違えば働きも違うし，いつも置き換えができるわけではない．例えば上記の通り，John gave Mary a headache. という文を考えてみよう．これは John gave a headache to Mary. とすることはできない．なぜか．これは give の「構文的な問題」である．常識的に，頭痛をジョンが持っていてそれをメアリーに与えるということはありえないからである．つまり，John gave Mary a headache. の Mary は「何かの宛先（受け手）」ではなく「何かを経験する人」（experiencer）なわけである．そこで，Mary と a headache の関係は［Mary HAVE a headache］という意味関係になる．その際に，Mary が「受け手」か「経験主」かは文脈による．

give のコア概念を英語で記述すれば "cause A to GO" となり，受け手が示された場合は，cause A to GO to B となる．すると，give A to B の構文は，A が GO することが可能なもの（移動可能なもの）に限られるということになる．これがこの構文の使用の際の条件である．a car や milk のような知覚対象を指す名詞だけでなく，attention のような心理的な移動を感得できる対象もここでいう移動可能の条件を満たし，give A to B の構文で表現することができる．しかし，上記の例の a headache は，移動が想定されないがゆえに，この構文で表現することは不可となる．Give me a break. の a break も同様に，移動可能性の条件を満たさない．The story gave me a shudder.（その話でぞっとした）や Give the cat a good bath.（猫をきれいに洗いなさい）なども同様である．

一方，いわゆる「二重目的語構文」の場合は，［A HAVE B］という小さな節を想定し，［A HAVE B］の関係が成り立つ限り，この構文を使うことができる．この場合，「giving という行為を通して A HAVE B という関係が成り立つ」と解釈する．英語でいえば，"S does something that causes A to have B by the act of giving" ということである．この場合 B は移動可能である必要はない．これがこの構文の特徴である．John gave Mary a headache. では［Mary HAVE a headache］という状況をジョンが生み出したということである．この場合，解釈上は，ジョンはメアリーが頭痛を経験することの「原因」である．このように主語が原因になるより明瞭な例として，Overwork gave Naomi a headache. がある．これは明らかに，Naomi had a headache because of overwork. という意味合いであり，overwork が原因になっている．

Oehrle（1976）は，Nixon gave a book to Mailer. と Nixon gave Mailer a book. の二つを比べ，前者は，「ニクソン（大統領）はメーラー（作家）に本をやった」と「ニクソンはメーラーに本を預けた」の二つの解釈があるが，後者は，この二つの解釈に加えて，「メーラーはニクソンのおかげで本を書くことができた」という解釈も可能であると述べている．この三つの解釈は，［Mailer HAVE a book］の状況的解釈の可能性である．The captain gave Fred a kick at the goal. という文は，「主将はフレッドにゴールキックをさせた」という解釈と「主将はフレッドをゴールのところで蹴った」という解釈が可能である．これは a kick at the goal の意味関係の違い（［a kick at the goal］か［a kick］［at the goal］かの違い）に起因するが，注目したいのは［Fred HAVE a kick］において「蹴られる」か「蹴るか」は HAVE の意味の曖昧性によるものであるということである．

さて，give の構文的可能性は以下のようにまとめることができる．なお，以下の記号で S は主語のことである．

give 名詞（A）：S does something to cause A to go by the act of giving.
give 名詞（A）＋to 名詞（B）：S does something to cause A to go to B by the act of giving.
give 名詞（A）＋名詞（B）：S does something to cause A to have B by the act of giving.

　ちなみに，give には自動詞用法がある．A withdrawn person doesn't know how to give. がその例だが，ここでも give のコア図式は生きている．すなわち，引っ込み思案の人は自分の出し方を知らない，という解釈である．なお，give の自動詞用法は oneself が目的語として言語化されていないケースである．また，give and take という決まり文句があるが，これはまさに HAVE 空間を想定し，その中に取り込むのが take であり，そこから出すのが give である．

　give のコア概念の説明力はそれだけに留まらない．give を伴う句動詞には，give off，give up，give away，give out，give over，give in があるが，共通しているのは「自分のところから出す」が背後にあり，その出し方，出す方向，あるいは出した結果に焦点が置かれるのがこれらの句動詞であるということがわかる．「give＝与える」の図式でこれらの句動詞を理解しようとしても無理である．むしろ，ここで示したコアを使う以外，give の句動詞を説明する方法はない．

　give のコアを「自分のところ（HAVE 空間）から出す」とすることで，give away（気前よく与える，秘密などをもらす）だと「何かを自分のとこから出して，遠くに放つ」，give off（臭い・気体などを出す）だと「何かを自分のところから出して，離れさせる」，give up（やめる，放棄する）だと「何かを自分のところから出して，上方に差し向ける」，give in（提出する）だと「何かを自分のところから出して（give），どこかに入れる（in）」といった図式融合の考え方で句動詞を理解することが可能となる．このように本質がわかれば，広範にわたる言語現象が説明可能になる．

まとめと展望

　以上，本節では，まず英語学習における三つのバイアスを指摘した．サンプリングにおけるバイアス，選択的学習バイアス，そして意味表象上の

バイアスである．サンプリング上のバイアスと選択的学習バイアスは，基本語の使用範囲を狭めるという悪影響がある．「目薬を指す」という日常的な行為を英語で put を使って put eye drops in (one's eyes) と表現できない日本人学習者が多いが，そもそも出くわす put の用例が限られていることに原因がある．意味表象上のバイアスは，日本語を通して意味理解することから起こる問題である．英語の語彙を理解する際に日本語を用いると，意味の無限遡及と意味の分断という問題が起こることを指摘した．英語教育は，こうした問題を克服する工夫を考えなければならない．その教育的工夫として期待されるのが認知言語学で提唱されたイメージ図式である．

　本節では，基本動詞領域に注目し，イメージ図式の応用として「コア図式」の英語教育における可能性について説明した．put と give の事例分析を通して示したように，コアの説明力は高い．そこで，学習者がコア図式を内在化したとき，三つのバイアスの影響を少なくした心的表象となりうるという可能性がある．

　コア図式は，今では検定英語教科書や学習辞典や英単語帳などでも利用され，英語の語彙指導の方法のひとつになりつつある．海外でも英語の前置詞の指導にイメージ図式を利用する提案が行なわれている（Tyler and Evans 2003; Tyler 2008）．しかし，コア図式をどう表現し，そしてそれをどう提示すれば効果的かという指導法上の問題は解決されていない．

　コア図式の表現については，静止画か動画か，図式の抽象度はどの程度が適切か，コア図式とその語が使用される状況との関連性をどう示すかといった問題がある．コア図式の提示の方法に関しても，帰納的な方法と演繹的な方法という選択肢がある．言語使用を基盤にして概念形成は行なわれることを鑑みれば，学習者が基本動詞の複数の使用例に触れた段階で，コア図式を示し，一気に類型化を促すという指導方法が考えられる．これは帰納法的な指導法である．コア図式を通して，これまで出くわした基本動詞の事例を統一することができると同時に，それ以降で出くわす事例については，コア図式の有効性を学習者自らが確認する方向で学習を進めることができるからである．

一方，当該の語を学ぶ初期の段階でコア図式を導入するという演繹的な方法も考えられる．演繹的な指導の際のポイントは，最低3個の用例を同時に提示することである．そして，三つの用例に共通するものは何かを考えさせ，コア図式を与えると，用例に依存した意味理解を避けることができる．例えば，Put the cat out.（猫を外に出そう），Put your hand under the tap.（蛇口の下に手をかざしなさい［水が流れます］），Put some butter on the bread.（パンにバターを塗ろう）のような用例を同時に示し，put の共通感覚を理解させることで，「put＝置く」といった安易な捉え方を避けることができるということである．

いずれも経験的に有効な方法であると思われるが，学習効果の最大化を実現するため，コア図式をどう表現し，そしてそれをどう提示すればよいかを教師自らが教育実践の中で明らかにしていくことが，今後の課題であろう．

▶文　献

Ausubel, D. 1968 *Educational Psychology: A Cognitive View*, Holt, Rinehart & Winston, New York.

Boers, F. 2000 Metaphor Awareness and Vocabulary Retention. *Applied Linguistics* 21: 553-71.

Bolinger, D. 1977 *Form and Meaning*, Longman, London. ［中右実（訳）1981『意味と形』こびあん書房.］

Cattell, R. 1984 *Syntax and Semantics*, Vol.17, *Composite Predicates in English*, Academic Press, New York.

Clausner, T. and W. Croft 1999 Domains and Image Schemas. *Cognitive Linguistics* 10: 1-31.

Croft, W. 2001 *Radical Construction Grammar: Syntactic Theory in Typological Perspective*, Oxford Univ. Press, Oxford. ［山梨正明（監訳），渋谷良方（訳）2018『ラディカル構文文法―類型論的視点から見た統語理論』研究社.］

Croft, W. and D. Cruse 2004 *Cognitive Linguistics*, Cambridge Univ. Press, Cambridge.

Davidson, D. 1986 A Nice Derangement of Epitaphs. In Leopore, E. (ed.) *Truth and Interpretation: Perspectives on the Philosophy of Donald Davidson*, Basic Blackwell, Oxford, pp.433-46.

Dewell, R. 1994 Over Again: Image-schema Transformations in Semantic Analysis. *Cognitive Linguistics* 5: 451-80.

Evans, V. 2004 *The Structure of Time: Language, Meaning and Temporal Cognition*, John Benjamins, Amsterdam.

Evans, V. 2009 *How Words Mean: Lexical Concepts, Cognitive Models and Meaning Construction*, Oxford Univ. Press, Oxford.

Gibbs, R.W. 2005 *Embodiment and Cognitive Science*, Cambridge Univ. Press, Cambridge.

Gibbs, R.W. and H. Colston 1995 The Cognitive Psychological Reality of Image Schemas and Their Transformations. *Cognitive Linguistics* 6: 347-78.

Goldberg, A. 1995 *Constructions: A Construction Grammar Approach to Argument Structure*, Univ. of Chicago Press, Chicago.

Haiman, J. (ed.) 1985 *Iconicity in Syntax* (Typological Studies in Language Series 6), John Benjamins, New York.

Hampe, B. 2005 *From Perception to Meaning: Image Schemas in Cognitive Linguistics*, Mouton de Gruyter, Berlin.

Holme, R. 2004 *Mind, Metaphor and Language Teaching*, Palgrave Macmillan, Basingstoke.

Johnson, M. 1987 *The Body in the Mind: The Bodily Basis of Meaning, Imagination, and Reasoning*, Univ. of Chicago Press, Chicago. ［菅野盾樹・中村雅之（訳）2001『心のなかの身体―想像力へのパラダイム転換』紀伊國屋書店.］

Kövecses, Z. 2005 *Metaphor in Culture: Universality and Variation*, Cambridge Univ. Press, Cambridge.

Lakoff, G. 1987 *Women, Fire and Dangerous Things: What Categories Reveal about the Mind*, Univ. of Chicago Press, Chicago. ［池上嘉彦・河上誓作・辻幸夫・西村義樹・坪井栄治郎・梅原大輔・大森文子・岡田禎之（訳）1993『認知意味論―言語から見た人間の心』紀伊國屋書店.］

Lakoff, G. and M. Johnson 1980 *Metaphors We Live By*, Univ. of Chicago Press, Chicago. ［渡部昇一・楠瀬淳三・下谷和幸（訳）1986『レトリックと人生』大修館書店.］

Langacker, R.W. 1982 Space Grammar, Analysability, and the English Passive. *Language* 58: 22-80.

Langacker, R.W. 1987 *Foundations of Cognitive Grammar*, Vol.I, *Theoretical Prerequisites*, Stanford Univ. Press, Stanford.

Langacker, R.W. 1990 *Concept, Image, and Symbol: The Cognitive Basis of Grammar*, Mouton de Gruyter, New York.

Lindner, S. 1981 *A Lexico-Semantic Analysis of English Verb Particle Constructions with Up and Out*, Unpublished doctoral diss., Univ. of California.

Lindstromberg, S. and F. Boers 2005 From Movement to Metaphor with Manner-of-movement Verbs. *Applied Linguistics* 26: 241-61.

Littlemore, J. 2009 *Applying Cognitive Linguistics to English Language Teaching and Learning*, Palgrave Macmillan, Basingstoke.

Meara, P. 2002 The Rediscovery of Vocabulary. *Second Language Research* 18: 393-407.

Miller, G. 1978 Semantic Relations among Words. In Halle, M. et al. (eds.) *Linguistic Theory and Psychological Reality*, MIT Press, Cambridge, MA.

Nation, P. 2001 *Learning Vocabulary in Another Language*, Cambridge Univ. Press, Cambridge.

Norvig, P. and G. Lakoff 1987 Taking: A Study in Lexical Network Theory. In Aske, J. et al. (eds.) *Proceedings of the 13th Berkeley Linguistics Society Annual Meeting*, BLS, Berkeley, pp.195-206.

Oehrle, R. 1976 *The Grammatical Status of the English Dative Alternation*, Unpublished doctoral diss., MIT.

Robinson, P. and N. C. Ellis (eds.) 2008 *Handbook of Cognitive Linguistics and Second Language Acquisition*, Routledge, New York.

Rosch, E. 1978 Principles of Categorization. In Rosch, E. and R. Lloyd (eds.) *Cognition and Categorization*, Lawrence Earlbaum, Hillsdale, pp.27-48.

Ruhl, C. 1989 *On Monosemy: A Study in Linguistic Semantics* (Stonny Brook), State Univ. of New York Press, Albany.

Schmitt, N. 2000 *Vocabulary in Language Teaching*, Cambridge Univ. Press, Cambridge.

Smith, E. and D. Medin 1981 *Categories and Concepts*, Harvard Univ. Press, Cambridge, MA.

Sweetser, E. 1990 *From Etymology to Pragmatics: Metaphorical and Cultural Aspects of Semantic Structure*, Cambridge Univ. Press, Cambridge. [澤田治美 (訳) 2000 『認知意味論の展開―語源学から語用論まで』研究社.]

Talmy, L. 2000 *Towards a Cognitive Semantics* (Two Volumes), MIT Press, Cambridge, MA.

田中茂範 1990 『認知意味論―英語動詞の多義の構造』三友社.

田中茂範 1997 「空間の表現」田中茂範・松本曜『日英語比較選書―空間と移動の表現』研究社.

田中茂範・深谷昌弘 1998 『意味づけ論の展開―情況編成・コトバ・会話』紀伊國屋書店.

Tanaka, S. 2012 New Directions in L2 Lexical Development. *Vocabulary Learning and Instruction* 1: 1-9.

Tanaka, S. and H. Abe 1985 Conditions on Interlingual Semantic Transfer. In Larson, P. et al. (eds.) *On TESOL '84: A Brave New World for TESOL*, TESOL, Washington, pp.101-20.

Taylor, J.R. 1989, 1995[2], 2003[3] *Linguistic Categorization: Prototypes in Linguistic Theory*, Oxford Univ. Press, Oxford. [辻幸夫・鍋島弘治朗・篠原俊吾・菅井三実 (訳) 2008 『認知言語学会のための14章 (第三版)』紀伊國屋書店.]

Taylor, J.R. 2002 *Cognitive Grammar*, Oxford Univ. Press, Oxford.

Taylor, J.R. 2007 Semantic Categories of Cutting and Breaking: Some Final Thoughts. *Cognitive Linguistics* 18: 331-7.

Tomasello, M. 2003 *Constructing a Language: A Usage Based Theory of Language Acquisition*, Harvard Univ. Press, Cambridge. [辻幸夫・野村益寛・出原健一・菅井三実・鍋島弘治朗・森吉直子 (訳) 2008 『ことばをつくる―言語習得の認知言語学的アプローチ』慶應義塾大学出版会.]

Tyler, A. 2008 Cognitive Linguistics and Second Language Instruction. In Robinson, P. and N. C. Ellis (eds.) *Handbook of Cognitive Linguistics and Second Language Acquisition*, Routledge, New York, pp.456-88

Tyler, A. and V. Evans 2003 *The Semantics of English Prepositions: Spatial Scenes*, Cambridge Univ. Press, Cambridge. [国広哲弥 (監訳) 2005 『英語前置詞の意味論』研究社.]

Vermeer, A. 2001 Breadth and Depth of Vocabulary in Relation to L1/L2 Acquisition and Frequency of Input. *Applied Psycholinguistics* 22: 217-34.

4B.7	日本語教育と認知言語学	B 言語の創発・習得・教育
		荒川洋平

本節では，外国語としての日本語教育に対して，認知言語学がどの点でどのような影響をおよぼしたかに関して概説する．

まず，言語学と外国語教育の関連を考察した上で，**応用認知言語学**の輪郭を示す（4B.5 節との若干の重複は了承されたい）．それを踏まえ，認知言語学が日本語教育に対して，主として以下の3点に関して貢献してきたことを述べる．

第1に，日本語母語話者の話す日本語と日本語学習者の話す日本語の相違を**事態把握**の相違に基づくと考え，母語話者に好まれる「自然な日本語」の使用が良好かつ円滑な口頭コミュニケーションに有用であることを明らかにした点である．

第2に，英語の専門辞書に端を発する，**意味ネットワーク**を用いた日本語学習者向けの辞書が開発され，学習者および非母語話者の教員の参考に供した点である．

第3に，過去から現在に至るまで教育現場で共有されてきた効果的な教授法や教授技法を理論化し，整理づけた点である．

最後に上記を総括し，この分野の将来の方向性を展望する．

1. 日本語教育における応用認知言語学の系譜

ここでは言語学の理論を外国語教育に応用するとはどういうことなのかを再考し，その上で，言語学の一分野たる認知言語学が外国語教育の一分野たる日本語教育におよぼした影響に関して論じる．

▶ 1.1 応用認知言語学とは

概説の手始めに，「外国語教育」を定義する．ここでの言語教育とは砂沢（1979）が述べた授業の三要素（学習者・教員・教材）を所与とし，要素間の関連で生じる事象のすべてを含む概念とする．

Bolitho（1999）を援用すれば，外国語教育とは図1のベクトル⑥，つまり授業という単語からプロトタイプ的に想起される，教員から学習者への**目標言語**（target language: TL）に関する情報伝達のみを意味するのではない．図1⑤をも含んだ，両者の双方向的なやりとりによる経験の創発や，図1④のような，学習者が教材に対峙して自律的に行なう学びも含む．すなわち，外国語教育とは，目標言語に対しての「教育」「学習」のいずれも含む上位カテゴリーの概念とする．

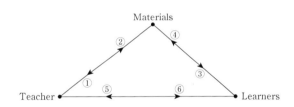

図1 "The eternal triangle"（Bolitho 1999 を一部改変）

次いで，言語学がどのように外国語教育に影響を与えるかについて考察する．

外国語教育の主たる目的とは目標言語の習得であり，多くの場合においては，その口頭運用能力の向上を意味する．殊に政府や自治体の**言語政策**文書にはその目標が文言化され，政策実施の基点を成す（ACTFL 1999; Australian Curriculum 2014; 文部科学省 2015 など）．これに続く付加的な目的は，異文化に対する知識・理解の向上や寛容さの育成，学習者の視野の拡大などであり，これらは教育現場における学習者や保護者のニーズ，さらに教員のビリーフなどから決定され，定期的な検証と評価を受ける（Wiley 2010; 外務省 2013）．

この目的を達成するための主たる方途は，授業である．そしてその実践が言語学の諸理論に基づくものである場合，授業と理論の関係性の考究や，実践内容の構築および評価が，**応用言語学**が扱う

フィールドとなる.

例えばアメリカ構造主義言語学では, 言語使用における文脈は無視して言語の基本を音声とし, 構成の要素とする音声・形態素・統語形式の分析に重きを置いた. その結果, それを理論的主張とする外国語教育においては構造シラバスが採用され, ドリルと呼ばれる音声による反復練習が重視されることとなった. ここに行動主義心理学の見識を加えて教授法の体系としたのが, 代表的な外国語教授法の一つである, オーディオ・リンガル・メソッド (audio-lingual method: ALM) である (Brown 1987).

ここで留意すべき点がある. それは, 個々の言語学者が自らの理論の応用可能性についてどの程度まで意識的であるかについては, 段階的な異なりが見られる点である.

例えば上記理論の泰斗であったフリーズ (Charles C. Fries) やラドー (Robert Lado) は, その理論を英語教育に応用することに意欲を示し, 自ら教授法や教材開発に携わった (Lado 1967, 1988; Strain 2011). 一方, 普遍文法 (UG: Universal Grammar) を提唱した生成文法の提唱者であるチョムスキーは, 自己の理論が英語教育に応用可能か否かに関しては沈黙している. 一方でその追随者である多くの生成文法の研究者は, 教育への応用可能性に言及しており, 日本の英語教育での嚆矢としては藤田ほか編 (2012) や松本 (2011) などがある.

ただし, 生成文法理論に関しての日本の学校教育の外国語教育における実践報告から伺えるのは, 授業や指導にそれを応用するというより, 教員の言語観を涵養する教養事項として位置づける意味が大きい (白畑 2008; 縄田 2011). 言語学において外国語あるいは第二言語 (L2) の習得を研究の中心に据え, より学際的なアプローチが展開されるのは, クラッシェン (Stephen Krashen), セリンカー (Larry Selinker) など, 第二言語習得 (second language acquisition: SLA) の研究者たちが登場して以降のことであり, ここでは UG を構成する原理とパラメータとの関係を前提に, 生成文法の枠組みで言語習得を研究する論文も少なくない (White 2003 など).

それでは認知言語学は, 外国語教育, 特にここ

での主点である日本語教育にどのように影響を与えているのだろうか. 他でも詳説されているように, 認知言語学における言語とは, 話し手が事態や環境を認識して主体的に創出する認知的な営みであり, その使用には推論・比較・カテゴリー化などの認知能力が援用されていると考えられている. その研究においては各言語に反映された認識のパターンを抽出し, 拡張の用法を位置づけるという帰納的なアプローチをとる. この理念や概念を言語教育に取り入れる試みを, ここでは「応用認知言語学」(applied cognitive linguistics) と呼ぶ.

応用認知言語学の総合的な定義は, 谷口 (2013) が試みている. 谷口は英語教育で行なわれてきた, イメージ・スキーマのような図式を学習英文法に使用する試みに一定の価値を与えつつ, しかしながら応用認知言語学を「認知言語学の言語観を理念的なベースとした外国語の習得と教授を目指すもの」と, より広範囲に捉えている. この定義は, 教育の概念に目標言語の学習・習得を包摂している点で通底するものがあり, ここでもこれを採用する.

▶ 1.2 応用認知言語学における日本語教育とは

続いて, 応用認知言語学の下位カテゴリーとしての日本語教育の研究を概観する.

応用認知言語学への試みは認知言語学の発展と軌を一にしており, 言語研究を行なう教員の多くが大学で語学担当者として職を得ていることから, 彼ら・彼女らが外国語教育の目標達成のために認知言語学の理論を合目的的として応用し始めることは, ごく自然な流れであったと予測される.

日本語の応用認知言語学研究として最も古いものは, 藤原・籾山編 (1997) と考えられる. 同書は上級の日本語教育における多様なアプローチを紹介したものだが, 既に籾山は, 籾山 (1992, 1993, 1995) で多義語のプロトタイプ的意味 (中心義) の認定方法を表しており, 本書でも多義語や類義語の指導において, この考え方を用いた方法を教員向けに具体的に述べている.

2000 年代に入ると, 日本語教育と認知言語学の関係を論じた研究が, 松田 (2001) を皮切りに増加してきた. 同論文では, 田中 (1997) が英語教

育で提唱した**認知意味論**のSLAへの貢献，特に**コア図式**や**視点**といった道具立てに着目し，日本語**複合動詞**の後項である「～こむ」の説明を行なって授業への応用可能性に触れた．また2006年には，**日本認知言語学会**の第7回全国大会において，テーマつき研究発表「認知言語学と外国語教育」およびシンポジウム「認知言語学と言語教育」がそれぞれ開催され，本分野に対するアカデミックな関心の高さをうかがわせた．

さらに場所の言語学を提唱する岡は，岡（2007）において，認知言語学の主要概念を紹介したあと，**コア図式**を用いた多義語の説明を日本語教育へどのように応用するかを精緻に論じている．また本論文以前に提出された，認知言語学的な視点からの**格助詞**の統一的な説明（菅井 2002；森山 2005 など）についても，総括的な議論を行なっている．

2009年には，日本語教育において認知言語学をどのように応用するかというテーマを正面から扱った荒川・森山（2009）が出版された．同年には同様のテーマで Holme（2009）および Littlemore（2009）も出版されており，認知言語学の外国語教育への応用というテーマが，国際的に関心を集めていたことが推測できる．

荒川・森山（ibid.）は題名が示すとおり，日本語教員のための認知言語学の入門書という位置づけであり，主として前半部は認知言語学の基本概念に解説をあて，中盤では**メタファー**と多義の問題，後半では習得の問題を主に扱っている．特徴は，概念の説明や研究の紹介に続いて，それを教育現場でどのように応用するかに関して具体例や指針を挙げていることで，前掲した類書2冊と比しても，実践寄りの姿勢は明らかである．

特に外国語教育において織り込むべき提言として挙げた10点（a. **ボトムアップ**のプロセスの重視，b. 反復的な言語使用の重視，c. 形式と意味の**マッピング**強化，d. 学習者のニーズの重視，e. 認知的要因の重視，f. 学習者の**認知能力**の重視，g. **カテゴリー構造**とその再編成の重視，h. **語彙学習**の側面の重視，i. **百科事典的意味**の重視，j. **類型論的特徴**の重視）は，谷口（ibid.）でフォーカス・オン・フォーム（Focus on Form: F on F）との親和性が指摘されるなど，応用認知言語学の

さらなる議論のスタートとして有用と考えられる．これらと日本語の授業との関連は，5で述べる．なお本書は2016年に中国語（簡体字）での翻訳出版がなされ，応用認知言語学の研究者間にとって国際的な紐帯メディアとしての役割を持つこととなった．

近年，多様な教育機関で試みられてきた認知言語学の日本語教育への応用は2016年の Kabata and Toratani（eds.）および2018年の Masuda（ed.）で一定の集成を見た．前者においては Imai（2016）による1999年から2013年までに日本で出版されたこの分野の51本の研究の概観が目を引く．また後者はより実践に傾いた報告が目立ち，スキーマをベースにした格助詞の習得と教育，「ている」「思う」におけるプロトタイプとその拡張に基づく指導の研究が掲載されている．

現在，認知言語学の日本語教育への応用は，主として下記の4点で研究が進められている（習得のみに関する研究は4B.3節および4B.5節に記載する）．

第1に，外国人の発話および教科書における日本語の不適切さを，事態把握における日本語の特質の分析から説明する研究である．

第2に，多義語の構造をネットワークで示し，語彙教育に役立てようとする研究である．この研究は多義語そのものの分析と，教材および教師用参考書としての辞書の開発に分けられる．

第3に，認知文法での知見を**教育文法**に照射し，**コースデザイン**や実際の教え方に用いようとする研究である．英語教育では今井編（2011）の考察が名高く，日本語教育では岡智之（2014）が「イメージ日本語文法」を提案し，序論として格助詞のイメージ・スキーマを提示した上で，この文法体系の構想の一端を示している．

第4は，レキシカル・アプローチに基づくチャンクリストの作成である．

なお，これらのカテゴリーに入らない研究も少なからず見いだせる．

2. 「自然な日本語」の指導

この研究は，学習者の日本語の誤用の原因を，話者の外界環境の把握の仕方および教科書に現れる不自然な日本語にあると考えて，それを分析し，

母語話者に好まれる日本語を教えるためにはどうすればいいかを探ったものである．主たる理論的背景は，池上（1999, 2003, 2004, 2006）の事態把握における相違に関するものである．

▶ 2.1 研究の潮流

この分野の主要な研究者である守屋と新屋は，1990年代前半には，学習者が戸惑ったり，運用を困難に感じたりしがちな文法事項について，日本語学の枠組から解説することをテーマとしていた（川口ほか1991）．しかし，それらに関する誤用の原因が情意的な要素や母語の転移にあるだけでなく，教科書や参考書にもあることを指摘し，同様の関心を持つ研究者である姫野とともに，日本語教育の月刊誌で連載を開始した．しかしその連載をまとめた新屋ほか（1999）にも指摘があるとおり，誤用の中でも「非文ではないが母語話者は好まない言い方」に関しては，従来の日本語学でも未整備であったため，実際の指導法の充実振りと比して解説部分は手作り感が強く，やや一貫性を欠くきらいがあった．

この問題意識と方法論が，池上がリードする事態把握における言語の相違という認知言語学の理論と結びついたのは，2007年の日本認知言語学会におけるワークショップからである．このワークショップで提示された問題意識と研究は，日本語指導の改善案まで視野に入れた池上・守屋編著（2010），日本語母語話者が好む「日本語らしさ」を事態把握，現場性，情報構造などに求めた近藤・姫野編著（2012）に結実し，教材としても全4冊からなる総合教科書（彭・守屋2004）にまとめあげられた．

▶ 2.2 教科書へのアプローチと指導への提言

ここでは主として，池上・守屋（ibid.）の研究を抽出して紹介する．この研究は，データ収集した「自然ではない日本語」が，日本語話者の事態把握，つまり日本語話者が自らの「見え」のままに話すことや，**共同注意**（joint attention）・相互の配慮・主観の共有などを内包した「共同で話す」ことから逸脱した帰結であることを述べ，現行の日本語教科書が文型の骨格を揃えるために不自然な日本語を許容していることを例示している．さらに自然な日本語を教える指導に際しては，**授受表現**や方向を示す動詞についての付加的な解説の

必要を述べ，話者からの「見え」という心的状態を図示するためのイラストや絵教材のヒントを提案するなど，具体的な指導法を数多く提言している．

本研究の眼目は，第二言語の習得と運用における認知能力の役割に注目したことであり，特に近年の守屋の研究は学習者の日本語や教科書を離れた広告表現の日本語における共同注意の様相（守屋2011）にも及んでおり，研究の関心が幅広い方向に向かっている点で注目できる．むろん，本分野の研究が持つ言語教育への有効性は薄れているわけではなく，事態把握の方法を意識化させて国語教育にも応用する試みは菅井（2015）が提言して高い評価を得ている．また一般的な見解ではないが，事態把握と言語化の相違に着目させることで，吉村（2011）が試みている英語教育への働きかけも可能となろう．

3. 多義語の意味ネットワークを用いた語彙研究と辞書開発

▶ 3.1 研究の潮流

1990年代の後半から，日本語学では認知言語学の考え方を用いて，語の多義性を統一的に説明しようとする研究が発表され始めた[→ 4C.6]．その代表的なものとしては，1.2で述べた松田（ibid.）の研究のほか，**格助詞**に関してプロトタイプ・カテゴリーおよびスキーマによるカテゴリー化を用いて分析した岡（2005a, 2005b, 2005c），菅井（1998, 2002），森山（2005, 2006）の研究があり，特に森山の報告書は認知言語学の理論と第二言語の習得過程，さらには教材開発を結びつけたものとして注目される．

一方，英語学の瀬戸賢一は，先行する佐藤（1978, 1986）におけるレトリック論，わけても**換喩**（メトニミー）論を発展させ，字義通りでない語の意味のズレを，類似関係に基づく転義（メタファー）・隣接関係に基づく転義（メトニミー）・カテゴリー間の包含関係に基づく転義（シネクドキ）に分類して「認識の三角形」の理論構築を行なった（瀬戸1986, 1995a, 1995b）．この研究プロセスで最も注目すべきは，のちにSeto（1999, 2003）でまとめ上げられた，メトニミーとシネクドキの明確な区別である．瀬戸はこの理論を用い

て英語の基本多義語の意味ネットワークで記述することを目指し，世界に先駆けて瀬戸編（2007）という大部の専門辞典に結実させた．

瀬戸は後に本理論を一般向け中辞典である瀬戸・投野編（2012）および学習参考書である宮畑・瀬戸（2013）などに応用しており，特に後者は 5.1 で述べる**レキシカル・アプローチ**への試みとしても注目される．瀬戸編（ibid.）の著者であった荒川は本理論を用いた日本語学習辞典の編集を企画し，これは最終的に荒川編著（2011）・今井編著（2011）・森山編著（2012）の 3 分冊としてシリーズ化された．本シリーズは，認知言語学の多義理論を記述に用いた唯一の日本語辞典である．

この 3 冊は現代日本語の名詞，形容詞・副詞，動詞から重要な多義語を選び，母語話者が想起しやすいプロトタイプ的な意味（中心義）が，どのような動機づけで派生的な意味（**派生義**）に展開して意味ネットワークを形成しているかを明示した．合わせて例文も日本語学習者の視点から頻度，**コロケーション**，難易度を考えて示しており，上級学習者ならびに日本語教員，特に非ネイティブ教員のための学習辞書・参考書となっている．

▶ 3.2 『日本語多義語学習辞典』の意義と影響

ここでは本辞書が類書と比して有している意義を日本語教育の観点から述べる．

まず，学習者が出会う日本語の基本多義語をほぼ網羅して意味ネットワークで示した意義である．言い換えれば，本シリーズはさらなる多義語研究のための教育**リソース**を提供していることになる．意味ネットワークの提示により，従来の大辞典では意味の羅列にとどまっていた長大な記述を整理・制御した点は，瀬戸が編集主幹を行なった大辞典および中辞典と同様である．本辞書をベースとした研究には，例えば長谷部（2013）などがあり，現代日本語の多義語の基礎資料は充実しつつある．今後，本シリーズは現代日本語の意味論研究に，少なからず貢献するものと考えられる．

次の意義は，中上級の学習者や日本語の教員に認知言語学の意味観とそれを体現した教授・学習用の参考資料を提供した点である．瀬戸（2013）は「外国語学習のような通例限られた時間と環境

の中では，理想的学習とは別に，教育的指導や辞書の記述による側面的援助が必要であろう」と述べており，本辞書は日本語教育におけるこの面の体現という意義を有する．実際に本シリーズは世界の上級学習者や日本語教員の関心を集めており，既に中国語（繁体字・簡体字）およびタイ語での翻訳版が出版されている．

さらに，多義語の研究に多角的な切り口を与えたという意義が挙げられる．本辞書は日本語の**基本語彙**を記述の対象としたが，基本語彙に関して辞書で意味ネットワークを提示している言語は現在のところ，英語・日本語しかない．本辞書を足がかりに他言語での同様の意義記述が期待されるが，その萌芽的試みとしては西内（2013）が挙げられる．また森山（2015）は自身が本辞書において分析した動詞に関して，**心理実験**を行なう手法により，多義研究の可能性に新しい光を当てた．

多義語が意味ネットワークによって体系的に記述され，語の全体の意味を俯瞰して捉えられるような道具立てが整った現在，この分野の研究で考えるべき点は学習者への語彙の定着方法であろう．それを避けつつ学習者に多義性への気づきを与えるためには，授業における基本語彙，例えば「山」の導入時にあえて「趣味は山（＝登山，原因で行為を示すメトニミー）です」といった派生義を含む文を提示して意味を考えさせるような技法を用いることが教員に要求される．しかし一方，辞書というリソースを用いて，学習者にどのように自律的に学ばせるかは，応用認知言語学の大きな課題である．

4. 認知言語学による現場知の理論化

認知言語学の発展が将来的に日本語教育に寄与した点として，個々の現場で教員が取り組み，経験的に何らかの教育効果があるとして用いられてきた技法や教材，いわゆる**経験則**や**現場知**を認知言語学の観点から理論づけしたことがある．

松岡・五味（2005）は，「母語話者は抽象語彙を論理的に厳密に理解しているというよりも，**イメージ**としか呼びようのない形で理解しているように直感的には思える．そして，そのイメージを学習者に理解させるためには，凡百の抽象的な説明よりは一つの有効なジェスチャーが有効である

ときがある．（中略）これはまさに今をときめく認知言語学に相通じる教授法であり（後略）」として，日本語教員が動詞「かける」に用いるジェスチャーが，動詞の**スキーマ**を身体表現で体感させることになる点を示唆している．

このように授業実践の中で獲得された知識や技法に対して学術的な裏づけをする試みには，教員に自信を与えるというメンタルな利点，**抽象化**によってそれが日本語教育の他の事項にも転用が可能になるという可変性を有するという利点，さらに他の外国語教育にも応用可能になる，間言語的な広がりという利点がある．

そこで，以下は必ずしも一般的な見解とはなっていないものの，現代において主流と考えられる日本語教授法には，認知言語学の観点から見てどのような利点・欠点があるのか考えたい．現代の主流の教授法とは，**文型シラバス**に基づく直接法に「弱い**コミュニカティブ・アプローチ**」を加えた，折衷型の教授法（西口 1992）と考えられるが，これが 1.2 で述べた，荒川・森山（ibid.）が提言する授業アプローチをどのように体現しているのか，いくつかの点に関して考察する．

①ボトムアップのプロセス重視：文法事項の説明を媒介語で行なう**間接法**は，文型の骨格を示してから例文に入るというトップダウン式の伝達プロセスをとるが，多くの直接法では，教員が具体的な文脈を設定し，具体的な例文を聞かせて類推させるところから授業を開始する（東京外国語大学留学生日本語教育センター指導書研究会 2010）．これは文型文法の主要教科書（スリーエーネットワーク 1998; 東京外国語大学留学生日本語教育センター 2010 など）とは逆の手順だが，現場ではこの提言に沿った授業が実践されていると考えられる．

②反復的な言語使用の重視：単純な反復練習はオーディオ・リンガルの通弊として批判されることが多いが，横溝（1997）以後はドリルに**自己表現**の要素を入れたり，単調さをなくしたりする着想が現実化され，教員の創意によって現実場面に即した反復的な練習を行なうことが可能になった．ただしこれは教員の裁量に任されているので，現在の教授法にユニークな技法として，理論的に裏づけられるわけではない．

③形式と意味のマッピング強化：これは言語の習得には語や構文の形式と，それがいかなる文脈でどのような意図を伝えるために用いられるのかという意味のマッピングを意識的に伝えようとするものである．実際，文型シラバスに基づいた，かつて採用例が多かった教科書の中には，**文脈**をいっさい考えないものも存在する（国際交流基金 1981）．これに対して川口は「**文脈化**」という概念を用いて（川口 2004a, 2004b, 2005），初級日本語の全シラバスにわたって従来の授業の再構成を試みている．文脈化とは，ある語や文型といった言語形式が「誰が・誰に向かって・何のために」使われるのかを記述することで，文法教育と表現指導の融合が初めて可能になるという考え方である．この教授法はトマセロ（Michael Tomasello）(2003) が母語の獲得において重要とする「話し手の意図を読み取る能力」「**パターン発見能力**」の促進を，具体的な文脈の設定によって亢進しようとするものであり，L2 の学習においてもこの 2 点の有用さが明らかになりつつある．

④学習者のニーズの重視：ニーズの高さは学習の**動機づけ**と関わりを有するため，国内の日本語教育では，**JSP**（Japanese for Specific Purposes, 専門日本語）の開設と**コースデザイン**が注目されている．大学においても JSP の下位カテゴリーである **JAP**（Japanese for Academic Purposes, 学業のための日本語）が開発され，そのシラバスは **CEFR**（Common European Framework of Reference for Languages, ヨーロッパ言語共通参照枠）における **Can-do Statement**（目標言語を用いて何ができるかという記述）との照合が成されている．

⑤カテゴリー構造と再編成：授業や学習を，学習者の脳内カテゴリーの編集・編成の過程と捉えると，そのカテゴリー内の要素には使用頻度や意味範囲による**典型性**の差が生じ，**プロトタイプ・カテゴリー**の特徴がうかがえる．教え手がこれを意識して授業を進めることは，学習者にとって母語あるいは第一言語（L1）と TL との相違を意識化させることに有用である．特に文型は通例，課をまたいで比較的シンプルな構造（例　意向形の「よう」）からやや複雑な構造（例　よう＋とする）に拡張していくが，これは**スキーマ**の拡張と

も解釈可能である．一方，使用頻度は文型のシンプルさと比例するとは限らない．一般に学習者は先行して学習した事項をより頻繁に用いる傾向があるが（海老原 2015），現行の日本語教育において，教え手が進度に捉われず，頻度における典型性の差という**プロトタイプ効果**まで配慮した授業を展開しているかどうかは，再考されねばならない．

⑥語彙学習の側面の重視：少なくとも L1 においては，言語獲得の本質は語彙の習得であり，文法がそこからボトムアップ的に抽出されるものであるとすると，現行の文型シラバスに基づく日本語教育では，語彙学習は軽視されていると言わざるを得ない．これは日本語教育の教師用指導書において，文法に関するものと比して語彙に関するものが圧倒的に少ないことからも明らかである．荒川編著（ibid.）を皮切りに出版した学習辞典のシリーズはその解決の糸口となるべく刊行されたが，授業における活用では，本シリーズと大森・鴻野（2013）が提唱するような，語彙を主眼に据えた授業との刷り合わせが必要となろう．

単に学習者の母語と目標言語を対照させるだけでなく，それぞれの言語の構造的類似性およびその背後に潜む事象の捉え方にも着目して指導を行う方略である．例えば I'm glad. を「＊私は嬉しいです」ではなく「嬉しいです」と表現するのは日本語が話し手である「私」の主観的な捉え方を重視する言語であることを，必要であれば媒介語を用いて説明するだけの知識・技法が教員には求められる．

このように，現場知や経験則の理論化は，現行の試みにアドホックな正当性を付与する一方，論理立った批判をもまた提供する．認知言語学からのアプローチに限ったことではないが，これらの考え方を日本語教師になるまでの養成教育（preservice education）にも日本語教師になってからの現職教育（in-service education）にも双方での教師教育としてシラバスに組み込んでいくことが今後の日本語教育の課題である．

5. レキシカル・アプローチと日本語教育

ルイス（Michael Lewis）（1993）が提唱する教授法であるレキシカル・アプローチ（lexical approach）も，応用認知言語学の一理論として等

閑視できない存在である．Lewis（ibid.）は語彙と文法に厳密な境界を設けず，使用頻度の高い**コロケーション**やフレーズをチャンク（chunk）という単位にして教えようとする点で，認知言語学の言語観と強い親和性を有する．

この方法論の特徴は同書に述べられた Key principles の最初にある，Language consists of grammaticalized lexis, not lexicalized grammar.（言語を構成するものは語彙化された文法ではなく，文法化された語彙である）に集約されており，計算主義に基づく文法規則からトップダウンで文を生成するよりも，実際の母語話者が用いる使用頻度の高いチャンクに数多く触れることでルールを理解しようというアプローチである．この考え方は，池上らの「母語話者に好まれる言い回し」また荒川・森山が提唱する学習者のボトムアップ的な習得の重視に通底する．

日本語教育においては秋元ほか（2009）の**イディオムチャンク**のリスト作成がレキシカル・アプローチの一例と位置づけられる．また認知言語学の理論に言及していないものの，粟野ほか（2012）による多読授業の試行も graded reader を用いた自然なコロケーションの習得や，多量の事例に触れることによる**スキーマ形成**という観点から，応用認知言語学の実践として注目される．

ただし Thornbury（1998）の批判にもある通り，レキシカル・アプローチに基づいて開発される教材は，単なるフレーズ集の域を出ないものとなる可能性がある．教員としては Bolitho（ibid.）が提示するように，教材と教授法／教授技法との連携を図り，提示したチャンクを暗記させるだけでなく，文脈を与えたうえでの発話を促進したり，抽象化されたルールに気づかせたりする方略が必要となる．そこでの成功は，英語教育や日本語教育の枠にとどまらず，広く外国語教育一般に貢献できる事例となろう．

まとめと展望

ここでは本文をまとめ，認知言語学が日本語教育にどのように応用できるか，方法と内容の両面に関して，将来への方向性を示す．

応用認知言語学の国際ネットワーク
形成に向けて

1.の歴史的背景で言語学の理論が外国語教育に影響を与えた過程を見てきたが，外国語教育の世界においても，ある言語教育が別の言語教育に強い影響を与えるケースが観察できる．英語教育が日本語教育に与える影響は，その端的な例である．

ただし，外国語教育は自国外でそれが行なわれる場合があること，また TL の非ネイティブ教員によっても授業が担当されることを考えると，これが英語教育から日本語教育への単方向的な流れであると言い切ることはできない．例えば日本の大学院で認知言語学を学ぶ留学生は女性を中心に数多く存在し，彼女たちが学位取得後に故国で日本語や外国語としての母語を教授する際に，認知言語学の理論を応用する事例が報告されている．他の学術研究同様に，外国語教育の成果や知見はインターネットで共有され，それらに対する言及や批評，あるいは応用がそれぞれの言語教育で試みられ，英語の母語話者が行なう英語教育であっても，その動向に無縁ではいられない．すなわち応用認知言語学では，L2 教育における試行や達成はボトムアップ的に教員間で共有され，緩やかなネットワークを成していると見なすのが妥当である．この動向は学術や教育の広がり，問題解決に向けての国際協同という観点からも歓迎すべきである．

認知言語学で教えるか，認知言語学を教えるか

ここでは外界事態の把握方法の相違から生じる自然な日本語の研究，多義性に関する意味ネットワークを用いた研究と辞書の開発，レキシカル・アプローチへの試みなどを見てきたが，これらはすべて，認知言語学の考え方を手段にして日本語教育に応用するもの，つまり「認知言語学で教える／学ぶ日本語教育」の範疇にあるものである．一方で，例えば多義語がどのように派生するかという問題や，カテゴリー形成における単純な二分法を配した典型性の問題など，認知言語学の設定課題そのものを学ぶこともまた，学習者の知的フレームワークを広げるのに有効であろう．つまりこれは「認知言語学を<u>教える</u>／学ぶ日本語教育」の範疇である．

英語教育においては McCagg（1997）があり，

Lakoff and Johnson（1980）の考え方を平易に解題した graded reader となっているが，日本語教育においても 4.2 で述べた観点から，類似の読解教材が出版されることが望ましい．現行の日本語の中上級教材には，類似の内容として，比喩の問題や**身体部位**の慣用表現がテーマとして設定されているが，その内容は未だ事項の羅列による国際比較の域を出るものではない．ただし商業出版の形は取っていないが，ミシガン大学の岡まゆみが実践している授業と教材（岡 2014）は，メタファーと文化比較の可能性を，日本語の運用力向上も視野に入れて進めている点で評価できる．

教材論の観点から言えば，McGrath（2002）が主張する教材開発プロセスのうち，編集・応用（materials adaptation）といった手法で現在の日本語教育の読解教材をより高次の内容に読み替えることは，難しいと考えられる．よって必要な措置は，**教材開発**（materials development）となろう．

例えばメタファーが言語だけではなく認識の問題であることや，身体部位の意味拡張が感覚のみならず，高次の認識に関わる意味に変わることなどは，広く認知科学一般に関わる新しい教養のかたちとして示しうる事項である．その書き手は当然，易しい言い換えや基本語彙の感覚に習熟した，大学の日本語教員が勤めることが理想であり，必要であれば英語を初めとする他の外国語教員との連携も望まれる．

▶重要な文献

藤原雅憲・籾山洋介 1997『上級日本語教育の方法』凡人社.
　認知言語学の考え方を日本語教育に取り入れた最初の書籍として歴史的な意義を有する．言語知識/言語外知識の階層構造の提示，語彙指導の方法などに，籾山が切り拓いた認知言語学の知見の応用が示されている．
森山新 2006『認知言語学的観点を生かした日本語教授法・教材開発研究 1 年次報告書』
　平成 17 年から 3 年間にわたって行なわれた科研費取得による研究報告書．それ以前の認知言語学の観点を取り入れた研究発表，論文，教材をリスト化し，関連付けと評価を行なった，本分野の総合的レファレンス．
荒川洋平・森山新 2009『日本語教師のための応用認知言語学』凡人社.
　外国語としての日本語教員向けに書かれた認知言語学の平易な入門書であり，その観点を授業にどのように生かすかについて具体的な工夫と提言を行なっている．メタ

ファー・認知文法・対照研究・教材開発までを押さえる．中国語版あり．

池上嘉彦・守屋三千代 2010『自然な日本語を教えるために—認知言語学を踏まえて』ひつじ書房．

認知言語学の言語観を踏まえ，そこから現れる「日本語話者にとっての自然な日本語」に着目して学習者の不自然に聞こえる発話，教科書の不自然な日本語を分析・検討し，指導の改善への具体的な提言を行なっている．

森山新・荒川洋平・今井新悟（編著）2011 ～ 2012『日本語多義語学習辞典動詞編／名詞編／形容詞・副詞編』アルク．

現代日本語の基本的な名詞，形容詞・副詞，動詞について，日本語の上級学習者および日本語教員を対象に，中心義からの意義展開パターンを用いた意味ネットワークで示した辞典（3分冊）．日本語教材としての応用認知言語学の達成である．

▶文　献

秋元美晴ほか 2009「日本語学習者に必要なイディオムチャンク」『東アジア日本語教育・日本文化研究』12: 1-13.

American Council on the Teaching Foreign of Languages 1999 *National Standards in Foreign Language Education.* 〈http://www.globalteachinglearning. com/standards/5cs.shtml〉

Australian Curriculum, Assessment and Reporting Authority 2014 *F-10 Curriculum/Languages/Aims.* 〈http://www.australiancurriculum.edu.au/ languages/aims〉

粟野真紀子・川本かず子・松田緑（編著）2012『日本語教師のための多読授業入門』アスク出版．

荒川洋平（編著）2011『日本語多義語学習辞典　名詞編』アルク．

荒川洋平・森山新 2009『日本語教師のための応用認知言語学』凡人社．

Bolitho, R. 1990 An Eternal Triangle? Roles for Teacher, Learners and Teaching Materials in a Communicative Approach. In Anivan, S. (ed.) *Language Teaching Methodology in Nineties*, SEOMEO Regional Language Centre, pp.22-30.

Brown, H. D. 1987 *Principles of Language Learning and Teaching*, Prentice-Hall, Eagle Wood Cliff.

海老原峰子 2015『日本語教師が知らない動詞活用の教え方』現代人文社．

藤田耕司・松本マスミ・児玉一宏・谷口一美（編）2012『最新言語理論を英語教育に活用する』開拓社．

藤原雅憲・籾山洋介 1997『上級日本語教育の方法』凡人社．

外務省 2013『海外における日本語の普及促進に関する有識者懇談会・最終報告書』

長谷部亜子 2013「多義語ウエの意味の分析—空間名詞・形式名詞・複合辞としてのウエ」『日本認知言語学会論文集』13: 63-75.

姫野伴子 2008「〈主観的把握〉と〈客観的把握〉—他者行為・心的状態の記述」『国際交流センター紀要』2: 13-22.

Holme, R. 2009 *Cognitive Linguistics and Language Teaching*, Palgrave Mcmillan, Basingstoke.

彭広陸・守屋三千代 2004『総合日本語1 ～ 4』北京大学出版社，北京．

池上嘉彦 1999「日本語の中の〈主観性〉」『言語』28(1): 84-84.

池上嘉彦 2003「言語における〈主観性〉と〈主観性〉の言語的指標（1）」『認知言語学論考』3: 1-49.

池上嘉彦 2004「言語における〈主観性〉と〈主観性〉の言語的指標（2）」『認知言語学論考』4: 1-60.

池上嘉彦 2006「認知言語学と日本語教育」『日本学研究』16: 45-53.

池上嘉彦・守屋三千代 2010『自然な日本語を教えるために—認知言語学を踏まえて』ひつじ書房．

今井新悟（編著）2011『日本語多義語学習辞典　形容詞・副詞編』アルク．

川口義一・小宮千鶴子・守屋三千代・新屋映子・熊井浩子 1991『日本語教育チェックブックポイントをおさえる教え方』バベル・プレス．

川口義一 2004a「学習者のための表現文法—「文脈化」による「働きかける表現」と「語る表現」の教育」『AJALT』27: 29-33.

川口義一 2004b「表現教育と文法指導の融合—「働きかける表現」と「語る表現」から見た初級文法」『ジャーナル CAJLE』6: 57-70.

川口義一 2005「日本語教科書における「会話」とは何かある「本文会話」批判」『早稲田大学日本語教育研究』6: 1-12.

国際交流基金 1981『日本語初歩1，2』凡人社．

近藤安月子・守屋三千代 2006「日本語文法教育の課題—聞き手認知と終助詞を中心に」『日本学研究』16: 91-105.

近藤安月子 2007「日本語教育からみた日本語学」『日本語学』26: 62-70.

近藤安月子・姫野伴子 2007「参照点としての『私』と自己中心的な『私』」守屋三千代・近藤安月子・姫野伴子ワークショップ「認知言語学から見た日本語教育—〈主観的把握〉の理解・運用のために」『日本認知言語学会論文集』7: 583-90.

近藤安月子・姫野伴子（編著）2012『日本語文法の論点 43—「日本語らしさ」のナゾが氷解する』研究社．

Lado, R. 1967 *Contemporary Spanish*, McGraw-Hill, Columbus.

Lado, R. 1988 *Teaching English Across Cultures*, McGraw-Hill College, Columbus.

Lewis, M. 1993 *The Lexical Approach: The State of ELT and a Way Forward*, Thomson ELT, Boston.

Littlemore, J. 2009 *Applying Cognitive Linguistics to Second Language Learning and Teaching*, Palgrave-Mcmillan, Basingstoke.

松田文子 2001「コア図式を用いた複合動詞後項「〜こむ」の認知意味論的説明」『日本語教育』111: 16-25.

松本マスミ 2011「生成文法から英語教育へ，know how の世界に know why が果たす役割—文法理論を英語教育へ活用する」『大阪教育大学紀要 第Ⅰ部門』59(2): 45-

61.

松岡弘・五味政信 2005『開かれた日本語教育の扉』スリーエーネットワーク.

McCagg, P. 1997『*Speaking Metaphorically*―メタファーで話そう』研究社.

McGrath, I. 2002 *Material Evaluation and Design for Language Teaching*, Edinburgh Univ. Press, Edinburgh.

宮畑一範・瀬戸賢一 2013『大学生のための英語の新マナビー Vol.1 単語ナビ』海鳴社.

文部科学省初等中等教育局国際教育課外国語教育推進室 2015『生徒の英語力向上推進プラン』〈http://www.mext.go.jp/a_menu/kokusai/gaikokugo/1358906.htm〉

籾山洋介 1992「多義語の分析―空間から時間へ」『日本語研究と日本語教育』名古屋大学出版会, pp. 185-199.

籾山洋介 1993「多義語分析の方法―多義的別義の認定をめぐって」『名古屋大学日本語・日本文化論集』1: 35-57.

籾山洋介 1995「多義語のプロトタイプ的意味の認定の方法と実際―意味転用の一方向性：空間から時間へ」『東京大学言語学論集』14: 621-639.

守屋三千代 2006「日本語における聞き手認識の言語化」『日本認知言語学会論文集』6: 585-8.

守屋三千代 2008「日本語における〈共同主観的〉特徴と文法現象」『日本語日本文学』18: 37-48.

守屋三千代 2011「広告における受益可能表現―〈事態把握〉の観点より」『日本語日本文学』21: 19-32.

森山新 2005『認知言語学的観点を取り入れた格助詞の意味のネットワーク構造解明とその習得課程（平成14～16年度科研費補助金研究 基盤研究（C）（2）課題番号14510615 研究代表者：森山新）成果報告書』

森山新 2006『認知言語学的観点を生かした日本語教授法・教材開発研究（平成17～19年度科研費補助金研究 基盤研究（C）研究代表者：森山新）1年次報告書』

森山新 2008『認知言語学から見た日本語格助詞の意味構造と習得』ひつじ書房.

森山新（編著）2012『日本語多義語学習辞典　動詞編』アルク.

森山新 2015「日本語多義動詞「切る」の意味構造研究―心理的手法により内省分析を検証する」『認知言語学研究』1: 138-155.

縄田裕幸 2011「理論言語学は言語教育にいかなる貢献をなしうるか―生成文法理論と英語教育の場合」『島根大学教育学部紀要』44 別冊: 7-16.

西口光一 1992「折衷主義かパラダイムの変革か」『アメリカ・カナダ大学連合日本研究センター紀要』15: 1-12.

西内沙恵 2013「受講生セミナー報告 スペイン語母語話者の日本語学習―〔明るい〕と〔claro〕の違い」『立教大学ラテン・アメリカ研究所報』42: 43-8.

西内沙恵 2015「スペイン語話者による日本語多義的形容詞への認識に関する一考察―教材開発の試みを通して」『日本語教育実践研究』2: 81-90.

岡まゆみ 2014「メタファーが内包する文化相互理解の可能性と日本語教育におけるメタファーの活用」筒井通雄ほか（編）『日本語教育の新しい地平を拓く　牧野成一教授退官記念論集』21-38.

岡智之 2005a「場所的存在論によるヲ格の統一説明」『日語日文学研究』52: 171-189, 韓国日語日文学会.

岡智之 2005b「場所的存在論によるデ格の統一説明」『日語日文学研究』53: 235-54.

岡智之 2005c「場所的存在論による格助詞ニの統一説明」『日本認知言語学会論文集』5: 12-22.

岡智之 2007「日本語教育への認知言語学の応用―多義語,特に格助詞を中心に」『東京学芸大学紀要 総合科学系』58: 467-81.

岡智之 2014「イメージ日本語文法の可能性―江副文法の批判的検討を通して」『東京学芸大学紀要 総合科学系 II』65: 497-504.

大森雅美・鴻野豊子 2013『語彙授業の作り方編』（日本語教師の7つ道具シリーズ4）アルク.

新屋映子ほか 1999『日本語教科書の落とし穴』アルク.

白畑知彦 2008「生成文法は外国語教育にどのような貢献ができるか―現場の教師が言語理論を学ぶ重要性を考える」『月刊言語』37(11): 60-5.

佐藤信夫 1978『レトリック感覚』講談社.

佐藤信夫 1986『意味の弾性』岩波書店.

瀬戸賢一 1986『レトリックの宇宙』海鳴社.

Seto, K. 1999 Distinguishing Metonymy from Synecdoche. In Panther, K. U. and G. Radden (eds.) *Metonymy in Language and Thought*, John Benjamins, Amsterdam, pp.91-120.

瀬戸賢一 1995a『メタファー思考』講談社.

瀬戸賢一 1995b『空間のレトリック』海鳴社.

瀬戸賢一（編集主幹）2007『英語多義ネットワーク辞典』小学館.

Seto, K. 2003 Metonymic Polysemy and its Place in Meaning Extension. In Nerlich, B. et al (eds.) *Polysemy: Flexible Patterns in Mind and Language*, Mouton, Berlin, pp.195-214.

瀬戸賢一 2013「レトリックと認知文法から見た英語教育」『2013 年度 JACET 中部支部大会招待論文』1-19.

瀬戸賢一・投野由紀夫（編集主幹）2012『プログレッシブ英和辞典第5版』小学館.

瀬戸賢一ほか 2013『大学生のための英語の新マナビー Vol.2 構文ナビ』海鳴社.

Strain, J. (ed.) 2011 *Charles Carpenter Fries: His 'Oral Approach' for Teaching and Learning Foreign Languages*, CreateSpace.

菅井三実 1998「対格のスキーマ的分析とネットワーク化」『名古屋大学文学部研究論集文学』44: 15-29.

菅井三実 2002「構文スキーマによる格助詞「が」の分析と基本文型の放射状範疇化」『世界の日本語教育』12: 175-191. 国際交流基金日本語事業部.

菅井三実 2007「格助詞「に」の統一的分析に向けた認知言語学的アプローチ」『世界の日本語教育』17: 113-35.

菅井三実 2015『人はことばをどう学ぶか―国語教師のための言語科学入門』くろしお出版.

スリーエーネットワーク 1998『みんなの日本語初級 I 指導の手引き』スリーエーネットワーク.

砂沢喜代次 1979「授業」『教育学大事典3』第一法規. p. 1019.

田中茂範 1997『空間と移動の表現』研究社.

谷口一美 2013「応用認知言語学とレトリック」『JACET 中部支部紀要』11: 30-41.

Thornbury, S. 1998 The Lexical Approach: A Journey without Maps? *Modern English Teacher* 7: 7-13.

東京外国語大学留学生日本語教育センター 2010『初級日本語上・下改訂版』凡人社.

東京外国語大学留学生日本語教育センター指導書研究会 2010『直接法で教える日本語』東京外国語大学出版会.

Tomasello, M. 2003 *Constructing a Language: A Usage-Based Theory of Language Acquisition*, Harvard Univ. Press, Cambridge. [辻幸夫・野村益寛・出原健一・菅井三実・鍋島弘治朗・森吉直子（訳）2008『ことばをつくる─言語習得の認知言語学的アプローチ』慶應義塾大学出版会.]

White, L. 2003 *Second Language Acquisition and Universal Grammar*, Cambridge Univ. Press, Cambridge.

Wiley, T. 2010 Language Policy in the USA. In Potowski, K.（ed.）*Language Diversity in the USA*, Cambridge Univ. Press, Cambridge, pp.255-71.

横溝紳一郎 1997『ドリルの鉄人─コミュニカティブなドリルからロールプレイへ』アルク.

吉村公宏 2011『英語世界の表現スタイル─「捉え方」の視点から』青灯社.

4B.8		B 言語の創発・習得・教育

自閉症児の認知能力と言語発達

渡部信一

近代教育, 特に「近代的な特別支援教育」では, 言語コミュニケーションに障がいを持つ子どもに対しては, 言語それ自体の発達に着目し評価や指導を行なってきた. しかし, 筆者はそのような評価・指導に対し強い違和感を持ち, 自閉症児・晋平（仮名）を対象として約10年の間, 彼の言語発達を支援するために本当に有効な評価および指導とはどのようなものか検討を続けてきた. 本節では, 「近代的な特別支援教育」において重視されてきた「言語の理解および表出」という「見える能力」ではなく, コミュニケーションなどの「見えない能力」あるいは「見えにくい能力」に着目した約10年間の実践を紹介する. さらに, そのような実践のなかで行なわれた「自閉症児の認知能力と言語発達の関係」に関する検討を振り返る. そして, コミュニケーションや「聴こえ」などの「認知能力（「見えない能力」あるいは「見えにくい能力」)」の発達が「言語の理解や表出（「見える能力」) の基礎になっているという考え方を示す.

1. あ る 症 例

本節では, 一人の自閉症児・晋平（仮名）に対する約10年間の実践を紹介するが, その前にこの実践の基本的な考え方を生み出すヒントとなった症例についてはじめに示す.

筆者は晋平に出会う前, スピーチセラピストとしてリハビリテーション病院に勤務していた[注1]. このときに経験した一人の脳損傷患者が示した症状はその後, 筆者の実践における枠組みとなった. 本症例は「娘の名前が思い出せない」などの重篤な語想起障害を主訴とし「脳梗塞による健忘失語症」と診断され, 脳梗塞の医学的治療および言語療法のために入院していた.

本症例が示した症状は, 筆者にとって非常に興味深いものであった. 例えば, 筆者が病室の様子を観察するために行ったときなどは「先生, ちょっと待ってて. 今, 'リンゴ' をむいてあげるから」などと自然に言うことができる. ところが, 言語訓練室における訓練場面や検査場面になると, その「りんご」が言えなくなってしまう. 語想起を促すための様々なヒント（語頭音の提示や類似語の提示）を与えても, 全く改善は見られなかった（渡部 1987, 1990). つまり, 検査・訓練場面の言語能力と日常生活場面の言語能力には大きな乖離が認められた.

そこで筆者には, スピーチセラピストとして本症例の「本当の言語能力」を把握するためには「検査・訓練場面の言語能力」を評価すべきなのか, それとも「日常生活場面の言語能力」を評価すべきなのかという切実な問題が生じた.

「検査やテストで明らかになる言語能力」は評価者にとっても「見える能力」であり, 「客観的・分析的な評価」が可能である. 近代医療はもちろんのこと「近代教育」においても, その営為は「科学的に行なわれなければならない」とされる[注2]. そのために「評価」は誰しもが認める「客観性」を確保する必要があるし, その結果として「どのように指導したらよいか」が示されるよう分析的に実施されなければならないとされる. このような観点に立てば当然, 本症例の言語能力は「検査・訓練場面の言語能力」に対する評価によって示される.

しかし, 症例本人にとってみれば, 大切なのは「検査・訓練場面の言語能力」ではなく「日常生活場面の言語能力」である. 医師や看護師との日々のやり取り, そして退院してからの日常生活, そのなかでコミュニケーションをスムーズに行なうための言語能力が, 本症例にとっては最も重要である. ところが「日常生活において発揮される言語能力」は, 評価者にとって「見えにくい能力」あるいは場合によっては「見えない能力」で

あり，したがって「客観的・分析的な評価」は困難である（渡部編 2017）．

以上のように，筆者の前には二つの選択肢が現れた．結果的に，筆者は「セラピスト」としての業務として「言語検査」を行なったが，筆者の頭のなかには「本当の言語能力とは何か？」という疑問が強く残った．そして，本症例に対する経験は，その後の筆者の研究テーマの一つとして，次のような課題を据えることになった．

> 検討１：人間にとって重要なのは，「客観的・分析的な評価」によって示されるような言語能力ではなく，「日常生活を前提とした言語能力」ではないか？

2.　自閉症児・晋平に対する実践

▶ 2.1　自閉症児・晋平との出会い

リハビリテーション病院勤務の後，筆者は教員養成大学において特別支援学校の教員を目指す学生の指導および学生指導を兼ねた自閉症児に対する教育に 10 年間，携わることになった．筆者の周りの教授の多くは，これまでの研究成果に基づいた「療育マニュアル」を持っていて，それに従い「きちんとした評価」および「きちんとした訓練」を行なっていた．しかし筆者は，どうしてもそれを受け入れることができなかった．はたして「きちんと評価し，きちんと訓練」することが，彼らの日常生活に本当に役立つのだろうか？　そのようなことを，筆者はいつも考えていた．そして筆者は，彼らの「学び」が生まれるのは日常生活場面における母子間のコミュニケーション，家族や保育園の友達などとのコミュニケーション場面であると考えていた．そして，筆者は日常生活場面における評価，日常生活場面における指導のあり方を模索していた．

そのような時，筆者は重度の自閉症と診断された晋平（仮名）に出会った注3．それ以降，晋平とは 20 年以上にわたって関わっている（渡部 1998b, 2004, 2005, 2006）．

筆者が晋平と初めて出会ったのは彼が 4 歳になったばかりのときであったが，言語は理解できず話をすることもできなかった．母親とも視線が合わない，数字や記号に対する強いこだわり，偏食，奇声，多動などが顕著に認められた．

具体的には，晋平は次のような特徴を示した．晋平は物心がついた頃から，数字やアルファベット，ひらがな，カタカナに対する強いこだわりが認められた．晋平は「かなブロック」が大好きだったが，いつもすることは「あいうえお，かきくけこ，さしすせそ…」ときちっと並べることである．つまり，晋平が好きなのは，純粋に「整然と並んだ記号」なのである．リンゴの絵を見ながら「り・ん・ご」と並べたり，「し・ん・ぺ・い」と自分の名前を作って喜んだりはしない．例えば，母親が一緒に遊ぼうとして晋平が遊んでいる横に座り，「し・ん・ぺ・い」と「かなブロック」で作ろうものなら，表情一つ変えず即座に手が飛んできてそれを壊すという．彼にとって，「し」という記号の次に来るものは「しんぺい」の「ん」ではなく，「さしすせそ」の「す」でなければ絶対に許すことはできない．この「きちっと並んでいる」ということには，とことんこだわるのである．

その他にも晋平は，「整然と並んでいるもの」に対し強いこだわりを示した．例えば，一定間隔で同じような木が整然と並んでいる並木道は晋平のお気に入りであるし，同じようなデザインのバスが一列に整然と走り出していくバスセンター前の道路も大好きである．ミニカーを一列に並べることも大好きであり，何十台ものミニカーを数ミリの狂いもなくきちっと並べたりしていた．

さて，筆者はこのような状態にある自閉症児・晋平と関わることになり，「どのように関わっていけば晋平の発達を促すことができるのか」と考えていた．その結果，筆者の関わりの基本となったのが先に経験した健忘失語の症例であった．つまり，筆者は次のように考えたのである．

> 検討２：コミュニケーションなどの「認知能力（「見えない能力」あるいは「見えにくい能力」）」の発達が「言語の理解や表出（「見える能力」）」の基礎になっているのではないか？

こうして「自閉症児・晋平」との関わりが始まった．4 歳から小学校入学までは週 1 回の個別指導と週 1 回の小集団指導，小学校入学から 10 歳までは週 1 回の小集団指導を継続した．筆者は母親との丁寧な話し合いを続け，筆者が考える枠組みでの指導を行なってきたが，結果的にそれは晋

平における予想以上の発達をもたらすことになった[注4].

▶ 2.2 言語発達とコミュニケーション能力

自閉症児・晋平との関わりの中でまず出会った問題は，言語発達とコミュニケーションの関係である．

健常者同士のコミュニケーションでもそうであるし，自閉症児に対する教育でもそうなのだが，様々な情報を「きちんと言葉で伝える」ということは非常に重要なことであるとされる．様々な情報や自分の気持ちを「きちんと言葉で伝える」ことによって初めて，コミュニケーションが成立する．だからこそ，コミュニケーションが苦手な自閉症児に対する「言語指導」は非常に大切であるとされる．そして，言語理解や言語表出という「見える能力」に対する「きちんとした評価」が重視されてきた．

筆者自身，自閉症児・晋平と関わり始めた当初，「どのような指導を行なえば晋平は話せるようになるのだろう？」という問題を抱えていた．この問題をもっと端的に表現すれば，「どのような 'テクニック' を用いて指導すればよいか？」ということである．これまで多くの研究者が，多くの指導（訓練）テクニックを開発してきた．そしてその結果として，筆者は目の前に存在する多くの指導テクニックの中から一つの選択を迫られ苦慮していたのである．

つまり，自閉症児・晋平に対する言語指導を行なうに際してまず最初に筆者に生じた疑問は，「どのような 'テクニック' を用いて指導すればよいか？」という伝統的なものであった．

そのような時期に生じたある出来事は，このような問題とは全く異なった性質を持つ新たな疑問を筆者に生じさせた．その出来事はごく日常的なものであったし，また筆者に生じた疑問も素朴なものである．しかし，その疑問に対して筆者なりの解答を出そうといろいろ考えているうちに，そのような検討自体が「言語発達」について考えるうえで非常に重要な要素を含んでいるということに気がついた．

さて，筆者に生じた疑問とは，次のような晋平の母親の言葉によるものであった（渡部 1995, 2012）．

晋平にとっては，特に話さなくとも別に何の不自由もないはずです．でも，せめて何か人に親切にしてもらった時に「ありがとう」と言えるくらいにはなってほしいと思います．

晋平の母親は，人とのコミュニケーションをスムーズにするために，感謝の気持ちを言葉で伝えることができるようになってほしいと言う．この当たり前のことが，どう言うわけかその時の私にはとても気になった．「でも，コミュニケーションが成立しているから 'ありがとう' と言えるんじゃないのかな．」なぜかそのとき，筆者は強くこのように思った．

検討3：コミュニケーションをスムーズにするために「ありがとう」と言うのか？ それとも，コミュニケーションが成立しているから「ありがとう」と言えるのか？

検討のポイントを整理するため，図示してみる（図1）．感謝の気持ちを「ありがとう」という言葉で伝えることによってコミュニケーションが成立すると考えれば，「ありがとう」は原因であり，その結果として「コミュニケーションが成立する」（A）．ところが，コミュニケーションが成立しているから「ありがとう」が言えると考えれば，「コミュニケーションが成立する」が原因で「ありがとう」と言えることが結果になる（B）．興味深いことに，その因果関係が全く逆転してしまう．

「評価」ということを考慮すれば，「ありがとう」という言語表出は客観的に観察可能であり，客観的・分析的な「言語能力の評価」を行なうことに適している．一方，「コミュニケーション」が成立しているか否かを客観的に捉えることは困難である．したがって，「ありがとう」と言えることが晋平の「評価」に直結しやすい．

さらに，この図に「言語指導」という観点を加えると，前者（A）は，「言語指導を行なうことによって 'ありがとう' と言えるようにし，コミュニケーションをスムーズにする」と言い換えることができる（A′）．この場合，言語指導が原因となり，その結果「ありがとう」と言えるようになる．そして，「ありがとう」と言えることが原因となり，その結果としてコミュニケーションがスムーズになる．このように考えれば，とても明確に言語表出とコミュニケーションの関係を示すこ

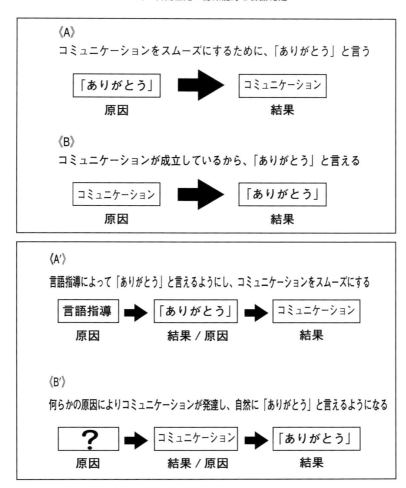

図1 コミュニケーションと「ありがとう」の関係

とができる．つまり，もし「きちんと言葉で伝える」ことを求めようとすれば，きちんと言語指導を行ない確実に「ありがとう」と言えるようにし，その結果としてコミュニケーションの改善を図るという選択をすることになるだろう．

一方，後者（B）では，コミュニケーション能力を発達させる原因を特定することは難しい（B′）．様々な要因が複雑にからみあい，その相乗効果によってコミュニケーションが発達する．したがって，目標として「ありがとう」と言えることを設定しても，どのように指導したらよいのかの明確な答えを得ることはできない．

あえて言えることは，晋平がそのような「状況」の中に存在することにより母親や周囲の親しい人々から「しみ込むように」言葉を学んでゆくということである．コミュニケーション関係が深ま

れば，晋平自身が自然に「話したい」と思うようになるかもしれないし，そうなってはじめて「自らの学び」が生まれる．

結果的に，筆者は母親との丁寧な話し合いを通じて，後者の考え方を選択することを決断した．それと同時に，言語発達とコミュニケーション能力などの認知能力の関係についても注意深く検討していくことを決めた．

▶ 2.3 言語発達の基礎としての「聴こえ」の問題

この頃（晋平が4歳の頃），もう一つ筆者には疑問が生じた．それは，以下のような出来事に端を発している（渡部 1997）．

晋平が一人で遊んでいる側で，筆者は母親と世間話をしていた．筆者がふと晋平に視線を移すと，偶然晋平の視線と合った．晋平と視線が合うこと

は稀なことなので，筆者は少し驚いた．そして，次の瞬間，筆者には次のような疑問が生じた．

検討4：自閉症児・晋平は，私と母親が「話している」様子をどのように見ていたのだろう？

この疑問に対しては，とりあえず二通りの晋平の気持ちが考えられる．

仮説1：「ボクもみんなと同じようにしゃべりたいなあ．」

仮説2：「みんなよくしゃべっているよなあ．でも，ボクには関係ないよ．」

これらは，「話すこと」に対する「**動機**」（motivation）に関係している．そして，仮説1では積極的な言語指導への参加が期待される．もし，晋平が言語指導に対するこのような能動性を持ち，指導に対して協力的であったならば，言語指導は非常に効果的に行なわれうるだろう．換言すれば，このような晋平側の条件が整って初めて，「きちんと評価し，きちんと指導する」ことが有効性を持つようになる．しかし，筆者には晋平が自分自身から話そうとしているとは考えられず，母親が言うように「話さないことに対して何の不自由も感じていない」ように思われた．

晋平の場合，その状況は仮説2に近いと筆者は当初考えていた．つまり筆者は，晋平は「話すこと」に対する動機が全くないのだと考えていた．そして，晋平の「話すこと」に対する動機を高めるために，課題に成功した場合には報酬としてチョコレートを与えるという方法を試みた．しかし，これは全くの失敗であった．言語指導に対して積極的に参加するための契機にしようと用いた報酬が，晋平にとっては1次的な目的になってしまった．晋平は課題の成功や失敗にかかわらず，執拗にチョコレートを要求した．その態度は，筆者たちに「成功したときだけチョコレートを与える」という取り決めの撤回を迫るほど激しいものであった．

このような指導の失敗を経験し，筆者の認識は変化した．つまり，「私と母親が‘話している’様子を，晋平はいったいどのように見ているのだろう？」という疑問に対して解答しようとするとき，動機という視点だけで検討することは誤りではないのかと考えるようになった．そして，筆者には第3の仮説として，次のようなものが浮かび

上がってきた．

仮説3：晋平の耳には（目には），我々の話していることが全く入っていない！

晋平に聴覚障害があるとか，視覚障害があるということではもちろんない．この仮説の意味するところは，物理的には同じ「場」を共有していながら，晋平は全く異なった「世界」に存在しているということである．つまり晋平にとって，「私と母親が‘話している’こと」は別世界の出来事であり，全く「**リアリティ（現実感）**」（reality）がないのである．したがって，「話したい」とも思っていないし，「自分には関係ない」とも思ってはいない．このような意味で，晋平が「話せない」という状況は外国人が日本語を「話せない」という状況とは全く異なっている．

さらにこの仮説は，次のような晋平が示した「聴こえ」に関する特異な現象によっても裏づけられる（渡部 1997）．

現象1：晋平が最も嫌いな音は，「幼い子どもの声」である．赤ん坊の泣き声はもちろん，2～3歳の幼児が母親と話すような声も嫌がる．デパートでエレベータに乗ったときなど，幼児が一緒に乗っていると隔の方でじっと我慢している．特に，甲高い声に対して極端な嫌悪感を示すが，それは声の大きさというよりは声の調子が影響しているようである．また，その声の内容が，悲しいものであっても，楽しいものであってもそれほど違いなく嫌がる．

現象2：晋平の家では，以前から一匹の犬を飼っている．晋平もその犬をかわいがっており，すっかり家族の一員になっている．しかし，一つだけ晋平にとって苦手なことは，この愛犬のほえる声である．例えば姉が学校から帰宅したときなど，犬は喜んで激しくほえる．すると晋平は居間のドアを閉めてその声が聞こえないようにしたり，二階の自分の部屋にあがっていきドアを閉めてしまう．それは，純粋にその「音」を嫌がっているように思われた．

現象3：工事現場からでる大きな音は，晋平にとって嫌いな音のはずである．ところが，時々その音に吸い込まれるように晋平は近寄っていく．そして辛いというように顔をしかめ，両手で耳を押さえる．そんなに嫌ならさっさと離れればよいのにと母親は思うが，しばらくは（10分程度）そこから離れず辛そうに体をよじらせているというのである．

以上三つの現象に共通して言えることは（そしてそれは，晋平が持つ大きな特異性でもあるのだ

が），一般に我々が普通に持っている「音に対するリアリティ」の欠如，つまり「日常生活を背景とした音が持つ意味の欠如」である．晋平は，幼い子どもたちの声に対しても，愛犬のほえる声に対しても，そして工事現場からでる大きな音に対しても，一般に我々が普通に持っている「意味」を持っておらず，したがってその音に対しての「リアリティー」が欠如しているのである．

これまでの研究では，「カクテルパーティー効果」に代表されるように，音の聴き取りには「注意」や「集中」というような「意図性」が重視されてきた（渡部 1997）．例えば「聴き耳をたてる」と言えば，それは対象とする音に「注意」を向け「集中」することを意味した．しかしながら，晋平にとって「聴こえ」の問題は決して「意図性」に還元されるようなものではなく，日常に対する「リアリティ（現実感）」の欠如が原因であると考えられた．

以上のような「言語発達とコミュニケーション能力」に関する検討および言語発達の基礎としての「聴こえ」に関する検討をうけて，筆者は以下のような指導に関する基本的な検討課題を持つに至った．

検討5：コミュニケーションや「聴こえ」などの「認知能力（「見えない能力」あるいは「見えにくい能力」）」を対象とした指導が，結果的に「言語の理解や表出（「見える能力」）の発達を促すのではないか？

▶ 2.4 認知能力の発達が言語発達を促すメカニズム

筆者は，晋平の指導に際して一つのモデルを作成した（図2）．筆者は，このモデルを「しみ込み型の学びモデル」と呼んでいる（渡部 1998a, 2005）．

まず，人間が持つ情報あるいは知識（あるいは「知」）はバラバラに存在するのではなく「情報のネットワーク」として存在する．そして，そのネットワークは「結びつきが弱い」という特徴を持つ．つまり，その結びつきは固定されたものではなく，様々柔軟に変化する．

晋平の言語能力が，母子関係あるいは子ども集団におけるコミュニケーションを基礎として発達していくメカニズムを図2から検討する．左の情報ネットワークは，母親あるいは子ども集団における個々の情報ネットワークを表し，右の情報ネットワークが晋平のものである．晋平は母親や子どもたちと毎日同じ「場」において同じ活動をすることにより，双方の情報ネットワークは徐々に近づいてくる．その「場」における「リアリティーの一致」ということもできる．そして，ある一定の距離まで近づいたときお互いの情報ネットワークは共振を始める．つまり，お互いのネットワークが同周期で活性化し始める．この状態が「情動の共有」である．このような「情動共有」が，母親に「子どもと心が通じた」あるいは「子どもが本当にかわいい」という感情を生じさせる（渡

図2　しみ込み型の学びモデル

部 1993).

このような状況が成立して初めて，一方のネットワーク内に存在していた情報が他方に伝達される．この伝達は，お互いのネットワークがぴったりと共振しているほどスムーズに行なわれる．晋平を主体として考えれば，このような共振によって「情報がしみ込むように伝達される」のである（詳しくは，渡部 2005 参照）．

筆者は晋平との関わりにおいて「しみ込み型の学びモデル」を基礎にすえ，以下の点を重視しながら指導を実施した．

・母子関係を中心に「コミュニケーション」を重視する
・晋平の意志を最大に尊重することにより，自発的な意思表示を促す（要求，拒否，感情など）
・様々な「状況」を設定し，多くの経験をさせる（子ども集団，新しい環境）

結果的に，この選択は正解であった．小学校に入った頃から著しい発達が認められるようになり，それまでの無表情から笑顔が出てきた．また，人の言うことも状況の中ではある程度理解できるようになった．そして，小学4年生の夏休み，晋平は自ら「指書」という独特のコミュニケーション手段を使い始めたのである（渡部 1998b, 2005）．以下，晋平がコミュニケーション手段として自ら獲得した「指書」について紹介する．

▶ 2.5　自閉症児・晋平の言語獲得

ある日，母親は驚いて筆者に次のような報告をしてくれた．

それは8月の最終日，今日で夏休みが終わり，明日から学校という日でした．

夕食を食べ終え，晋平，お姉ちゃん，そして私の3人が，お姉ちゃんの部屋でくつろいでいたときのことです．お姉ちゃんは，明日の学校の用意をしていました．私が何気なく「もう夏休みも終わりね」と言うと，晋平がランドセルのミニチュアを指さしました．それはお姉ちゃんのアクセサリーです．

「ああ，晋平も明日から学校だという気持ちを表現したいんだな」

そう思いましたが，特にそれに対して反応することもなく，ただボーッとしていました．お姉ちゃんも，晋平が指さしたことに気づいたのか気づかなか

ったのかわかりません．

すると晋平は，突然私の手を取ると手を開かせ，手のひらに「がっこう」と指で書きました．そんなことはこれまで一度もなかったので，とても驚きました．

この事件をきっかけにして，晋平は自己表現の手段として「指書」を使い始めた．指書が出現し始めた当初，最も頻繁に出現したのは母親に対してであり，それは学校から帰ってきた後のゆったりした時間に多く見られた．晋平は母親の手を引っ張り自分のところに寄せ，その手のひらに人さし指で書く．もし間違って修正したいときには，手でごみを払うように手のひらをなでる．この行為は頻発し，書いては消しまた書くことが頻繁に行なわれた．

さらに興味深いことは，その「書き順」である．指書の書き順は，しばしば間違った書き順であった．例えば「くるま」の「ま」は，最初に中央の縦線（＋くるりとひねり）を書いてから横線2本を書く．ところが，学校の授業中行なう書字や宿題のプリントで書く文字の書き順はほとんどの場合，正しかった．「くるま」も正しい書き順で書いていた．つまり晋平にとって，コミュニケーション手段としての文字（指書）と，お勉強としての書字では，たとえ同じ文字であったとしても全く異なった意味を持つと考えられた．

検討6：自閉症児・晋平にとって，コミュニケーション手段としての文字（指書）とお勉強としての文字（書字）では，異なった意味を持つのではないか？　そして，そもそも晋平に突然出現した「指書」について，どのように考えれば良いのか？

8月下旬に初めて指書が出現してからしばらくは，3日に1回ほどの頻度で指書は出現した．しかし，徐々にその数および頻度が増加してゆく．指書が出現し始めた8月下旬から12月までの間に母親は30以上の単語を確認している．例えば，何かがほしいとき（要求）の指書としては，「ピザ」「カカオ（カカオの実というお菓子）」「オムライス」「ごはん」「さっぽろポテト」「ドーナッツ」「チキン」などが出現した．また，何かをしてほしいときの指書としては，「せっけん（手を洗いに一緒に来てほしいとき）」「くるま（車に乗りたいとき）」「レンジ（エピソード1参照）」など

が見られた．さらに，何かを伝えたいときの指書
としては，「は（歯が痛いとき）」「ふとん（ベッ
ドに行くことを告げるとき）」「ランドセル（明日
学校があるかどうか尋ねるとき）」「あし（スケー
トをした後，靴を脱ぐとき）」などが見られた．
その他にも，「かっぱぁーず（晋平の好きなスポー
ツクラブの名前）」「みつば（晋平の好きなお菓子
屋の名前）」「め（母親のコンタクトレンズのケー
スを指さして）」「スパゲッティー（エピソード2
参照）」などが出現した．

《エピソード1》
　晋平は好物のラザニアを冷蔵庫から取り出し，
母親のところに持ってきた．そして，母親の手を
取り指書を開始．母親は「ラザニア」と指書する
ものと予想していたが，「レンジ」と指書．母親
は大変驚いたと言う．
《エピソード2》
　その日の夕食はスパゲッティーだった．晋平は
それを知ると，本棚から「あいうえお辞典」を取
り出しスパゲッティーの項目を引き，その書き方
を確認．改めて母親に対し「スパゲッティー」と
指書．

　指書が出現してから3か月後の11月，初めて
学校において，先生に向かって「トイレ」と指書
が出現する．12月には30単語以上の指書が出現
し，その頻度も1日に4，5回から十数回に増加
した．さらに，母親だけでなく姉および祖母に対
しても指書が出現するようになり，学校でも教師
に対する指書が増加してゆく．この頃，教師から
の連絡帳には，コミュニケーション改善の様子が
記載されている．例えば，「この頃，‘トイレに行
く’という意味での‘トイレ’の指書が定着しま
した」などの記載が見られる．
　次の年の1月には「おやすみ」などの挨拶の指
書が出現．初めての指書から6か月経過した1995
年2月には指書の数が100単語を越え，指書が日
常生活に定着したと考えられる．この頃，テレビ
のおもしろい場面で声を出して笑うようになって
くる．母親によれば，そのようなことは「今まで
にはなかったこと」と言う．4月頃から，これま
ではほとんど興味を示さなかった漢字単語に対し

急に興味を持ちだし，漢字絵本や漢字辞書に熱中
する．母親に対し，漢字の音読を求める行為が見
られるようになる．また，自分で漢字を調べると
いう行為が頻繁に出現するようになる．
　さらに，小学校5年生の4月には2単語続けて
指書が出現する．例えば，姉がお風呂に入ってい
るとき母親に対し，「しゅうこ（姉の名前）」「お
ふろ」という指書が出現した．筆者とともに家庭
を訪問した初めて会う学生に対しても指書が出現
する．5月になると形容詞（「小さく」「おおき
な」），動詞（「行く」），助詞（「つみ木で」），感情
語（「すき」）の指書が出現するといった品詞の拡
大が観察された．
　その後，「指書」はコミュニケーション手段とし
て定着していった．そして，初めて「指書」が出
現してから1年後，書き順の誤りは消失した．こ
れまで乖離していた「学校におけるお勉強のなか
での書字」と「コミュニケーション手段としての
指書」が，ここでようやく「文字言語」として統
一されたと考えられる．

　検討7：自閉症児・晋平は，「認知能力」の発達に
　伴い日常生活の「言語」に対するリアリティーが増
　してきて初めて，日常生活に役立つ「言語能力」を
　獲得できたのではないか？

　その頃，筆者は「指書を筆談に発展させるため
に指導しよう」と考えた．そして，試しに意識的
に晋平に対し筆談を求めた．しかし，晋平はそれ
を強く拒絶した．また母親も，「はっきりとした理
由はわからないけど，晋平にとって指書と筆談と
は全く意味が違うように感じます」とコメントし
ている．そこで，筆者はしばらくのあいだ様子を
見ることにした．
　ところが今回もまた，その問題は晋平自身が解
決してくれた．晋平自身が自主的に筆談を開始し
たのである．それは，次のような場面であった．
　晋平は，祖母に何か伝えたいことがあったよう
だ．そこで，祖母の手を取ると手のひらに指書を
始めた．ところが，祖母はなかなかそれを読みと
ることができない．晋平の書き順は全くいい加減
なものだから仕方がない．しばらくすると晋平は
突然その場から立ち去り，まもなく戻ってきた．
そして，その手には紙とボールペンが握られてい

た．電話の脇に置いてあったメモ用紙とボールペンを持ってきたのだった．この時以来，書字がコミュニケーション手段として使用されるようになったのである（渡部 1998b, 2005）．

その後の晋平の成長は，それまで多くの自閉症児と接してきた筆者の予想をはるかに超えるものであった．高校時代には，「相手の気持ちを察したうえで自分の行動を決定する」という高度なコミュニケーションも可能になった．また，小学校から好んで描いていた絵画も上達し，高校一年生からは毎年，小さな個展を開いている．そして，現在はボランティアの人々に支えられながら，障がいを持った数名の仲間たちとともにコーヒーショップをかねた軽作業所で働いている．表通りに面したコーヒーショップの壁には晋平たちが描いた個性的な絵画がかけられ，気に入った客が買ってゆくこともあるという（詳しくは，渡部 1998b, 2005 参照）．

まとめと展望

本節では，コミュニケーションや「聴こえ」などの「認知能力（「見えない能力」あるいは「見えにくい能力」）」の発達が「言語の理解や表出（「見える能力」）」の基礎になっているという考え方に基づいた自閉症児・晋平に対する指導実践を紹介した（「見えない能力」あるいは「見えにくい能力」に対する検討は，渡部（2017）を参照のこと）．約 10 年間の指導の結果，晋平には予想を遥かに超える言語発達を認めることができた．

これまでの学校教育では，「学力」に代表される知識・スキル（技能）を客観的・分析的に「評価」して指導の対象にすることが中心とされてきた．しかし近年，「やる気」などの情意的側面やコミュニケーションなどの社会的側面を含む「人間の能力全体」，いわゆる〈新しい能力〉に着目した「評価」が盛んに議論されている（渡部 2015）．このような近年の大きな潮流は，客観的・分析的に評価しやすい「言語の理解や表出」のみならず，どちらかと言えば捉えることが難しい「言語能力の基礎にある認知能力」をも評価し，指導の対象としようとする気運を生み出している（渡部 2017）．

本節で紹介したのは，「脳梗塞による健忘失語症」と診断され重篤な語想起障害を呈した症例および「重度の自閉症」と診断された晋平の 2 症例のみである．しかし，「認知言語学」という立場で人間の認知と言語の関係性を検討しようとする際，特に「認知の営みがいかにして言語を作り上げているのか」ということを検討する際，これら 2 症例は非常に有効な知見を提供してくれると考えている．さらに，近年著しい発展を遂げ今後の社会に広く普及・浸透しようとしている「人工知能 AI」に対する検討は，人間の「認知」と「言語（記号）」の関係性を捉えるうえでも非常に有効な示唆を与えてくれると筆者は考えている（渡部 2018）．

▶注

1 スピーチセラピストは現在，「言語聴覚士」という資格制度が確立している．しかし，筆者が勤務していた当時そのような資格はなく，筆者が所属していた病院では「心理言語療法士」という職名であった．
2 明治維新以降，近代西欧的な合理主義に基づく教育の枠組が日本の学校教育にも強く影響している．これは第二次世界大戦後も継続しており，「客観的な評価」や「科学的な教育」という考え方を有効なものにしている．教育学あるいは教育心理学では，このような近代西欧的な合理主義に基づく学校教育を総称して「近代教育」と表現することが多い．
3 本章で「自閉症」と表現している障がいは現在，「自閉症スペクトラム障害」（Autistic Spectrum Disorder：ASD）とされている（渡部 2013）．しかし，本事例は医師により正式に「重度の自閉症」と診断されていることを考慮し，ここでは「自閉症」と表現する．
4 筆者自身の職場が変わったため，晋平が 10 歳以降は年に 1 回あるいは 2 回のフォローアップのみであるが，現在まで 20 年以上のつきあいを続けている．

▶重要な文献

渡部信一 2005 『ロボット化する子どもたち—「学び」の認知科学』大修館書店．
　　「正しい知識を簡単なものから複雑なものへ，一つひとつ系統的に積み重ねてゆけば効果的な学習ができる」という基本的な考え方を問い直したうえで，あらためて 21 世紀の高度情報化時代における教育や「学び」を考える．
佐伯胖（監修），渡部信一（編）2010 『「学び」の認知科学事典』大修館書店．
　　様々な教育現場（幼児教育，初等中等教育，高等教育，特別支援教育，e ラーニング，生涯教育など）における最新の「学び」研究について，全国の著名な研究者 34 名が俯瞰する．
渡部信一 2018 『AI に負けない「教育」』大修館書店．
　　人間の知的作業はすべて「人工知能」に取って代わられてしまうのではないか？ そうなったら学校では，どのよ

うな「教育」をすればよいのだろう？このような疑問に対して検討し，これからの AI 社会における「学び」を提案する．

▶文　献

渡部信一 1987「健忘失語例に対する認知心理学的考察」『音声言語医学』28: 217-26.

渡部信一 1990「失語症者の語想起障害における意識的・制御的過程と無意識的・自動的過程」『特殊教育学研究』28: 1-8.

渡部信一 1993「「コミュニケーション事態」における障害児の発達」『福岡教育大学紀要』42: 393-400.

渡部信一 1995「自閉症児に対する言語指導の再考」『福岡教育大学障害児治療教育センター年報』8: 79-83.

渡部信一 1997「人間の「聴こえ」に対するもうひとつのパラダイム—自閉症の音声聴取からのアプローチ」『福岡教育大学紀要』46: 287-94.

渡部信一 1998a「ヒューマン・コミュニケーション・ネットワーク・モデル 98.—コミュニケーション障害に対する新しい情報伝達モデル」『福岡教育大学障害児治療教育センター年報』11: 81-4.

渡部信一 1998b『鉄腕アトムと晋平君—ロボット研究の進化と自閉症児の発達』ミネルヴァ書房.

渡部信一（編著）2004『自閉症児の育て方—笑顔で育つ子どもたち』ミネルヴァ書房.

渡部信一 2005『ロボット化する子どもたち—「学び」の認知科学』大修館書店.

渡部信一 2006「高度情報化時代における自閉症教育」『教育学研究』73(2): 137-47.

渡部信一 2012『超デジタル時代の「学び」—よいかげんな知の復権をめざして』新曜社.

渡部信一 2013「自閉症スペクトラム障害児に対する教育／セラピー」内田伸子ほか（責任編集）『最新心理学事典』平凡社．pp.198-200.

渡部信一 2015『成熟時代の大学教育』ナカニシヤ出版.

渡部信一（編著）2017『教育現場の「コンピテンシー評価」—「見えない能力」の評価を考える』ナカニシヤ出版.

渡部信一 2018『AI に負けない「教育」』大修館書店.

| | 4C.1 | | C 創造性と表現 |

日本における認知言語学的比喩研究

瀬戸賢一

日本における比喩の研究史をたどろうとすると，おそらく紀貫之の『古今和歌集』の仮名序あたりから始めていくつかの歌論書を巡り，江戸期の本居宣長を中継点とすることになるだろう．しかし，はたしてそれで認知言語学的研究になるかと問われると，はなはだ心もとない．たしかに万葉から古今，さらに新古今への歌の変遷には言語学的分析を誘うところがあるが，それでは「比喩」の意味がかなり限定されてしまう．少なくとも花鳥風月や山川草木が比喩の代表的な言語素材だとする考えは，現代の比喩論ないしメタファー論からかなりの距離がある．比喩を和歌の技法にとどめなければならない理由はない．

では言語表現一般を対象とした認知言語学的な比喩研究は日本でいつごろ始まったと見るべきか．それは，うんと時代を下って，佐藤（1978）からとするのがたぶんもっとも妥当な線だろう．この書を含めて佐藤はその前後に 8 冊の単著を世に問うた．それらは個別的にも総合的にも認知言語学的であり，かつその枠を豊かに超えでる可能性をもつ．しかし現実を直視するならば，その功績が専門家の間でも十分に評価されているとは言い難い．佐藤の全著作は，認知的にも言語学的にもレトリック的にも汲めども尽きぬ泉，読むたびに新しい発見がいまなお生まれる．本節はこの点を検証する．

1. 残された 8 冊の著書

佐藤信夫（1932-1993）は生涯にわたってレトリックを研究して 8 冊の書を著した．それらを刊行順に並べよう（表 1）．

その及ぶ範囲は，言語学（とくに意味論），記号論（記号学），そして何よりもレトリックである．レトリックが中心なのは書名からもわかるだろう．たしかに『人間』は記号論が主なテーマであり，『弾性』は認知意味論を先取りするものだが，それらにもレトリックがしっかりと脈打つ．またすべての著作に哲学的基盤がある（佐藤は哲学科の出身だった）．西洋の哲学史がいわば公認の表街道だとすれば，レトリックは反哲学としての裏街道を形成する．レトリックは，19 世紀末にいったん姿を消すが，20 世紀の初頭にはや復活する．西欧で二千数百年の間命脈を保ったものにはそれなりの理由があったと見るべきだろう．

主著は『感覚』と『認識』である．前者は直喩や隠喩などのレトリック用語を 7 つ扱い，後者は諷喩や反語を含む 8 つの《あや》を論じる．そして，『認識』のあとがきは，「この本は『レトリック感覚』の続編でもある」と記す．連続して読むことができ，内容的にも充実する．ただ，『弾性』のあとがきに「私としては，もっとも根源的な（それゆえもっとも一般的な）問題について，全力をつくして考え，書くことができた」と述べられ

表 1 佐藤信夫の単著のすべて

単行本	講談社学術文庫	略称
『記号人間』（1977 年，大修館書店）	—	『人間』
『レトリック感覚』（1978 年，講談社）	『レトリック感覚』（1992 年，解説：佐々木健一）	『感覚』
『レトリック認識』（1981 年，講談社）	『レトリック認識』（1992 年，解説：池上嘉彦）	『認識』
『レトリックを少々』（1985 年，新潮社）	『レトリックの記号論』（1993 年，解説：佐々木健一）	『少々』
『言述のすがた』（1986 年，青土社）	『わざとらしさのレトリック』（1994 年，解説：宇波彰）	『言述』
『意味の弾性』（1986 年，岩波書店）	『レトリックの意味論』（1996 年，解説：三浦雅士）	『弾性』
『レトリック・記号 etc.』（1986 年，創知社）	—	『記号』
『レトリックの消息』（1987 年，白水社）	—	『消息』

ることから，『弾性』を主著とみなす向きもあろう．それはそれでよい．意味分節の弾性と統語上の意味の遊動性にこだわり続けて書かれた『弾性』は，意味論の優れた成果であり，現在の認知意味論の見方に通じる．いまでは当然視され，共通知識となった部分も少なくない．しかし，『感覚』と『認識』は，その絶妙の口調とユーモアのセンスのゆえに，かえってその豊かな学問的意義が継承されず，放置されたままになっている憾みがある．そこここに認知言語学がまだ手をつけていない興味深い問題が萌芽の形で散りばめられ，いくつかはすでにある程度展開されて光彩を放っている．けっして軽い読み物ではない．柔らかいが手強い．安心して身をゆだねると，いきなり背負い投げを食らう．かといって身構えると，そんなに片肘張らないで，と冗談を飛ばされる．

　残る4冊のうち，『少々』『言述』『記号』は，総じて言えば『感覚』と『認識』の魅力あふれる脚注であり，最後の『消息』は，その背景を丁寧に描いた補章と言えるだろう．

　佐藤には翻訳の業績もあるが割愛する．

　もう一つ忘れてならないのは『レトリック事典』（2006年，大修館書店）の存在である．佐藤信夫が企画・構成，佐々木健一が監修，そして執筆は佐藤，佐々木，松尾の3名．『事典』の成立の経緯は，佐々木によるあとがきに詳しい．全体の構想は佐藤の頭にすでにあって周到に準備が進められていたようだが，実際に佐藤の手になる原稿は，合計46の《あや》のうち最初の三つ半にすぎない．それが遺稿となった．それ以降の書き足しも修正も当然ない．これは完成された『事典』を少しも貶めるものではない．ヨーロッパの古典の用語と現代の用語（フランス語と英語），明治以来の訳語の変遷，それらを正確に跡づける作業一つだけでも多大の労力を要す．おそらく他の何人もなしえなかったことだろう．佐藤に対する佐々木と松尾の学問的友情が滲む．それが完遂されて『事典』の形になったことに深い敬意を表さなければならない．

　ただ，いまとなっては詮無いことだが，『事典』はあくまで佐々木・松尾の作品──不朽の作品──であり，佐藤のものではない．『感覚』や『認識』の著者ならこうも書いたであろう，と欲ば

りな想像をするのを抑えがたい．佐藤の洞察が冴えわたったメトニミー（**換喩**，metonymy）と**シネクドキ**（**提喩**，synecdoche）の峻別は，『事典』の中で再び厚い伝統の雲で覆われてしまった．天翔けるように自由奔放な佐藤の直喩論はいったいどこへ飛び去ったのか．あの縦横無尽の誇張法の談論に酔いしれたのはいつのことだったろう．以下では，佐藤の残したものの中から，とりわけ価値ありとみなせるもの若干を拾うことにする．

2. 新しい比喩研究

　比喩の範囲を確定することはそれほど大きな問題ではない．もちろん研究対象を明確にすることは実際上の手続きとして必要だが，常識的に比喩を**トロープ**（**転義**，trope）とほぼ同義と理解して，**メタファー**，メトニミー，シネクドキを中心に，さらに**シミリー**（直喩）を加えた四つを当面の対象としよう［→ 3.5 ］．必要に応じていくつかのことばの綾を加えることができるだろう．

▶ 2.1　シミリー

　まずシミリー（**直喩**，**明喩**，simile）．実態がもっともはっきりしない．一般にメタファーの陰に隠れて真剣な扱いを受けないことが多い．しばしばメタファーが縮約されたシミリーとされることから，シミリーはメタファーの弛緩形との評判をえた．たとえば，「アキレスは獅子だ」のメタファーに対して，「アキレスは獅子のようだ」は表現として緩んだ形だ．これに乗じて，冗長なシミリーは，引き締まったメタファーより品格が劣るとの評価まで受ける．主たる関心がメタファーに向くのは当然だろう．

　メタファー研究が一段落したとき，次の目標はシミリーではなくメトニミーだった．たしかにメトニミー研究は長足の進歩を遂げた．しかし，シミリーは打ち捨てられた貝殻のように，たまに訪れる好事家に見本のいくつかを提供するだけである．

　一つの範例を示そう．

　(a) 獅子だ．

　(b) アキレスは獅子だ．

　(c) アキレスは獅子のようだ．

　(d) アキレスは獅子のように勇敢だ．

　(a) と (b) がメタファー，(c) と (d) がシミ

リー．(a) は，喩えられる対象（アキレス）を伏せていきなり喩える表現（獅子）をだす．アキレスの文脈であれば，「獅子が躍り出た」や「あっ獅子だ」などでもよい．メタファーとしてもっとも力強く効果的とされる．ただし，意味がよく伝わるように文脈を綿密に組み立てなければならない．この点は，実は (b) でもそれほど変わらず，慣習化が進んだ「椅子の脚」のような例を別にすると，定着度の低いメタファーはそれだけ文脈の支えを要する．でなければ十分に通じない．事実，ギリシア神話の英雄アキレスを知らない者には，(b) はなぞなぞのようだろう．たとえば，獅子からふさふさのたてがみが連想されるかもしれない．メタファーはしばしば解釈の危機にさらされる．

(c) は「のよう」がシミリーを合図する．シミリー標識は「に似て」「と同じ」など多数ある．ただし，(c) の解釈は，(b) のメタファーと比べてそれだけ容易になったかと問えば，あまり改善されていないのではないか．アキレスのことをよく知らない者にはやはり謎だろう．どう似ているのかがすぐにはわからない．この意味で (c) のシミリーは (b) のメタファーに近い．

では (d) はどうか．(d) のような型を明喩と呼んで区別することもできるが，(d) こそシミリーの典型例である．ここにこそシミリーの存在理由がある．(d) は「アキレスは勇敢だ」と等価ではない．アキレスの勇敢さはあくまでライオンのような勇敢さである．百獣の王としてのライオンのような，というところに解釈のふくらみがある．

しかし，(d) はもっとも緩んだ形である．どの点で似ているかまで明らかにするのだから．形も一番長い．ネタバレ型と呼んでもいいだろう．解釈に困るということも少なそうだ．もしこれがシミリーの典型例だとすればどこにおもしろさ，さらに言えば有用性があるのだろうか．そもそも (d) は実際によく使用されるのか．むしろ比喩としては幼稚な部類に属するのではないのか．

まず，実例を見よう．ある日，36 歳の絵描きの「私」は妻から唐突に離婚話を切りだされる．二人は台所のテーブルを挟んで座っていた．

　　彼女は襟ぐりの広い，藤色の薄手のセーターを着ていた．白いキャミソールの柔らかいストラップが，浮き上がった鎖骨の隣にのぞいていた．それは

特別な料理に用いる，特別な種類のパスタみたいに見えた．　　　　　（村上春樹『騎士団長殺し』）

これは (d) のネタバレ型のシミリーである．珍しいものではない．村上はむしろこの種のシミリーを得意とする．名手と言っていい．パスタはこの状況で誰もが思いつく比喩ではない．戸惑う「私」は妻に理由を尋ねるが，はかばかしい返事は得られない．

　　彼女は両手をテーブルの上に置き，目の前のコーヒーカップの内側を見下ろしていた．その中におみくじでも浮かんでいて，そこに書かれた文句を読み取っているみたいに．　　　　　　　　　（同）

実例を示すのは，(a)〜(d) のような範例からではわからないことが，しばしば見えるようになるからである．たとえば，すぐ上のおみくじの例をメタファーに「縮約」しようとしてもできない．シミリーにはシミリー独自の表現価値がある．パスタの例も同じだろう．「パスタみたいに見えた」を「パスタに見えた」に書き換えても，「に見えた」が何とか全体のシミリーを支える．単純化された公式的見解は破綻しやすい．

ネタバレ型シミリーは村上の専売特許ではない．

　　モッキンポット神父は甚だ風采の上らない，目付に険のある，天狗鼻のフランス人で，ひどく汚ならしい人だった．髪の毛は前人未到のアフリカのジャングルよろしくもじゃもじゃ生え茂り，その一本一本が上に横に斜めに東に西にと勝手気儘な方向に伸び，その上複雑怪奇に絡み合いもつれ合い，本当にライオンの一頭や二頭は潜み隠れていそうな気配だった．マキシドレスとよく似た神父服は，手垢と摩耗によって鏡のようによく光り，向かい合ったぼくの姿がおぼろげに写るかと思うぐらいテカテカである．（井上ひさし『モッキンポット師の後始末』）

井上作品から (d) タイプのシミリーを集めるのは，正月の伏見稲荷大社の本殿前で小銭を拾うより簡単である．やはりメタファーでは表現できそうにない．ではシミリーの一体どこが独特なのか．シミリーははっきりと「X は Y のようだ」と言い切る．「似ているという明示的宣言が含まれている以上，実は X と Y はほとんど似ている必要がない」（『言述』）．シミリーは似てなくていい！これはとくにネタバレ型に当てはまる．言われてみれば，キャミソールのストラップとパスタとはふつう似ても似つかない．コーヒーカップの中にお

みくじが浮かんでいるはずはない．「意外な類似性《を提案する》比較表現が直喩」であり，「直喩とは《発見的認識》である」（『感覚』）と佐藤は述べる．卓見である．

　では，仲間のように見なされるメタファーとの関係はどうなのだろうか．メタファーは，類似性が「語り手と聞き手のあいだにまえもって共通化されていなければならない．隠喩は，まぎれもなく，類似性《にもとづき》，類似性《に依存し》ている．すぐれた表現者はいつも斬新な隠喩を――つまり斬新な類似性を――発見するものだが，たとえ新発見ではあっても，その類似性は，聞き手になるほどと納得されるものでなければなるまい」（『感覚』）．あまりにも斬新すぎるメタファーは聞き手に拒否される――理解されない――と言い換えられよう．「直喩が相手に対して説明的に新しい認識の共有を求めるのとは逆に，隠喩は相手に対してあらかじめ共通化した直感を期待する．それゆえ，典型的な形としては，直喩は知性的なあやであり，隠喩は感性的なあやであると言うことができる」（同）．

　つまり，メタファーは甘えに望みをかける．お互いにもたれあう．物語が進むにつれて，あるいは会話がはずむにつれて，共通の基盤が次第に整えられる．これによりかかって新しいメタファーが生じることは十分に想定できよう．他方，奇想天外な，前代未聞の比喩はシミリーのものである．それも（d）タイプのネタバレ型――この場合ならネタバラシ型と言うべきか――でなければならない．知性的な方向には，上の例に当てはめれば，村上春樹が待ち構えて，一見反知性的な遊びの方向には井上ひさしが手ぐすね引く．そして，ことばで遊ぶには知性的でなければならず，知性を生かすには遊び心がなくてはならない，と言い足そう．

　シミリーは，自由奔放に駆け回れる．メタファーと比べて表現幅がうんと広い．その気のある書き手にとっては腕の見せどころ．種明かしをしながら表現するので，奇抜で荒唐無稽な比喩でも許される可能性が高い．ぎりぎりの言い回しと出会うのもやはりシミリーだ――「彼女はハーブティーがそれほど好きではない．真夜中の悪魔のように熱くて濃いコーヒーが彼女の好みだ」（村上春樹

『1Q84』）．一体「真夜中の悪魔のように」はどう解釈されるべきか．わからないようでわかる気がする．真夜中の悪魔が飲むなら，ミルクと蜂蜜入りのアメリカンではないだろう．きっと舌がしびれるような深煎りのブラック．「熱くて濃い」がヒントとなる．

▶ 2.2　メタファー

　2.1 の（a）や（b）のメタファーが成立するためには，話し手と聞き手（より広くは世間一般）の間で，獅子の特性についてかなりの共通理解がなければならない．勇敢で，誇り高く，責任感が強く……．けっして勇敢の一語で片付けられるものではない．それは，古代のホメロスのころからギリシアの民衆の間でよく知られていたはずだ．とくに（a）のような**主意**（tenor）抜きで**媒体**（vehicle）のみの表現はそうだろう．佐藤は言う――「隠喩は，直喩にくらべて誤解の可能性が高い」（『感覚』）．誤解が生じるのは，前提とされる共通知識の質と量を算定間違いするからである．通じると思ったのに通じなかった．メタファーは，前提となる類似性の共通認識に基づく比喩である．

　「隠喩は，直喩のように類似性を創作することはできない．が，隠れている類似性，埋もれている類似性を発掘することはできる．それに新しい照明をあてることができる．その発掘の働きこそ，隠喩の生命力にほかならない」（同）．部分的にやや極端な論のように響くかもしれないが，よく考え抜かれた一節である．メタファーは，あくまで類似性の前提に立つ．つまり，聞き手＝読み手も，前提とされる暗黙の類似性に気づいてくれるはずと想定される．ただ，「類似性を発掘する」にも，大いに工夫の余地があるだろう．発言者のやり方次第では，思わぬ支脈に光が当たることもあるだろう．それを新しいメタファーと呼んでいいかもしれない．ただし，それは，もともとあった鉱脈を深堀りして表面化させた結果にすぎない．何もないところにまったく新しいメタファーが生まれたのではないだろう．真に新しい比喩は，2.1 で述べたようにシミリーのものである．

　たとえば，真新しいものではないが，「蛇のように執念深い」というシミリーを考えよう．これを強引に「あいつは蛇だ」とメタファー化したところで，それだけでは意味は不安定ではないか．蛇

が執念深いという知識を私たちはどこで手に入れたのだろう．どうもはっきりしない．言い出しっぺはわからないが，蛇は執念深いという噂がある程度広まった．しかし，世間知というほどには人口に膾炙したわけではない．鶴の恩返しはよく知られるが，蛇の倍返しは聞いたことがない．

もうひとつ，メタファーとしての「煮つまる」の意味はどうだろうか．かなり揺れがあるようだ．議論などが尽くされて，次第に結論が姿を現すことだと思っていると，考えが行き詰まってにっちもさっちもいかない状態の意味で若者が使う．これは誤用だと複数の辞書が注記するが，そんなことはお構いなし．たしかに，たとえば鍋が煮詰まれば，もうそれ以上の展開が望めず，あとは焦げつくだけという状態を頭に浮かべれば，若者の新解釈も無理とは言えない．いったん定着したメタファーが再解釈を受けることは珍しくない．これは「情けは人のためならず」のような箴言でも同じ．本来の意味が頭に入ってなければ，その場で新たな解釈をしなければならない．メタファーはつねに危ない橋である．

ではメタファーの橋を無事に渡りきるには何らかの方策はないのか．「おれ」は薬菜飯店で中華のおこげを注文した．

> 香ばしい匂いが立ちのぼっている．鉢をのぞきこむと，鍋からひっくり返して入れられたものらしく，巨大な饅頭の如きおこげが綺麗なこんがりとしたうす茶色をして盛りあがっている．スープはすでにかけてあって，饅頭の周囲で湯気を立てていた．真赤であり，いかにも辛そうだ．ぐび，と，おれはのどを鳴らし，すぐさま竹製の大きなスプーンをとりあげた． （筒井康隆「薬菜飯店」）

「巨大な饅頭の如き」はシミリーで，公式的には次の「饅頭の周囲で」の「饅頭」はメタファーである．引用の要点は，特異な比喩を例示するためではなく，シミリーとメタファーの連係プレーを示すためである．ほぼ完全に慣習化されたメタファーは，それだけで予告なしに使えるが，まったく新しいメタファーは導入が要る．その露払いを務めるのがシミリー．おこげはまずシミリーで「巨大な饅頭の如き」と喩えられる．次にこれを受けてメタファーが「饅頭の周囲で」と進み出る．この役割分担は，上例だけではなく，ごくふつう

に使われる．シミリーとメタファーの機能的住み分けからして，実にぴったりである．シミリーが先導して類似を導入し，メタファーがそれを展開する．

さて，メタファーには，代置説，相互作用論，概念メタファー論などが並ぶ．このうち，代置説はいわば悪役であり，古典的メタファー論の不備を一身に背負わされる．たとえば，(b) の「アキレスは獅子だ」の「獅子」は「勇敢」の代わりをするというものだ．しかし，言うまでもなく，このような単純な説を誰も真剣に唱えるはずがない．それはあくまで説明上の方便であり，「獅子」の意味は当然「勇敢」に尽きるものではない．メタファーとしての意味は，アキレスと獅子との相互作用から生じる．

概念メタファー論は，個々のメタファー表現を司る，より一般性の高いスキーマに着目する．たとえば，「理論の土台」「理論の柱」「理論の枠組」「理論を支える」「理論が崩壊する」などの各事例を統率するものとして，〈理論は建築〉（THEORY IS BUILDING）の概念メタファーが措定される．メタファーの構造性，あるいは立体性に関心が向けられた．また，その過程で，メタファーの存立基盤が徐々に明らかとなった．私たちの身体的知覚・認識がメタファーを支える．

たとえば，「目立つ」という表現は，何かが目に立って見えるということだろう．かつても，そしてある程度いまも，世界は水平方向が支配的である．その中で垂直方向に抜きん出るものは目に著しい．英語の句動詞 stand out も形容詞 outstanding も，日本語と認識的な経験基盤をほぼ同じくする．out は横一線から飛び出す様を表す．ここにメタファーの文化ごとの個別性と並んでその普遍性という課題が浮上する．

しかし，個々のメタファー——事例としてのメタファーであってもスキーマとしての概念メタファーであっても——の意味解釈の実態を一般的に解明するのは簡単ではない．例えば上の〈理論は建築〉の概念メタファーでは，喩える側の〈建築〉のどの部分が〈理論〉の比喩に用いられるかをあらかじめ見通すのはむずかしい．「土台」「柱」「枠組」などの基本要素は利用しやすい．これに対して「地下室」「天井」「風呂場」などはすぐにメ

タファーとして〈理論〉を語るのに使えそうにない．しかし，次の例を見よう．場面は，理論の構築のような論文ではなく，文章を整えて文学作品を作り上げるプロセスである．天吾は，17歳の少女ふかえりが書いた荒っぽいが強く心惹かれる作品「空気さなぎ」に新人賞を取らせるべく，それを改作するという作業に巻き込まれる．

〔……〕内容そのものには手を加えず，文章だけを徹底的に整えていく．マンションの部屋の改装と同じだ．具体的なストラクチャーはそのままにする．構造自体に問題はないのだから．水まわりの位置も変更しない．それ以外の交換可能なもの——床板や天井や壁や仕切り——を引き剥がし，新しいものに置き換えていく．俺はすべてを一任された腕のいい大工なのだ，と天吾は自分に言い聞かせた．

(村上春樹『1Q84』)

論文と小説との違いはあるが，これだけでも建築のメタファーで通常議論されない部分——「水まわり」「床板」「天井」「壁」「仕切り」——が，工夫しだいでメタファーとして利用できることがわかる．前もって〈建築〉のどの部分がメタファーで使えるかを正確に予想することは困難だろう．深堀りは作家の腕の見せどころなのだ．ひょっとすれば浴室のタイルの選択まで担ぎ出されるかもしれない．

成功したメタファーは，慣習化されることによって辞書に登録されていく．「ステレオタイプ化する素質をもたぬ隠喩は理解されないし，通用しない，とさえ言えるのだ」(『感覚』)．佐藤は，さらに，「根源的比喩というような哲学的問題への道」(同)にも言及する．つまり，「言語は本質的に比喩的なもの」(同)ととらえる考え方である．それは，「ことばは思考の衣装ではなく思考の肉体そのものである」(同)との信念に基づく．

▶ 2.3 メトニミー／シネクドキ

比喩研究に関する佐藤の最大の貢献は，**メトニミー**（**換喩**，metonymy）と**シネクドキ**（**提喩**，synecdoche）とを峻別したことである（本書の3.5節）．伝統的には，シネクドキはメトニミーの一種であり，全体で部分を表す，あるいはその逆の部分で全体を表すことばの綾とされた．認知言語学においても Lakoff and Johnson（1980）および Lakoff（1987）などはこの見方を踏襲した．と

ころが，佐藤は，「昔から提喩の説明にいつも引き合いに出されていた《全体》と《部分》ということばの正体を，レトリックの理論家たちはほとんど例外なく，混乱したままうのみにしていた」(『感覚』)と断じる．「全体と部分〔……〕と俗称される考えかたに，じつは本質的にことなる二とおりの理解のしかたがある」(同)と指摘する．

それがΠ型とΣ型の区別である．この命名は Group μ（1970）による．佐藤の明晰な分析のきっかけとなった（Sato 1979）．要点を先取りすれば，Π型がメトニミーで，Σ型がシネクドキーに対応する．

例えば，木をひとつの個物と見て，つまり，目の前に見える一本の木をひとつの全体と見て，それを部分に分けるとしよう．ここにΠ型の切り分けができる．

Π型：木＝枝および葉および幹および根……

「および」は，論理学の用語では連言「かつ」に相当する．論理積を表し，Πは積（プロデュイ）の頭文字のギリシア文字である．Π型は，カテゴリー関係ではなく，「現実の構造」(同)である．犬であれば，頭，首，胴，足，尾……などに分ける方式であり，意味論ではしばしば**分節分類法**（partonomy）と称される．節目に着目しつつ，精密度を調整すれば，頭はさらに目，鼻，口，耳などに分節されるだろう．その一つひとつが部分となり，眼は頭《の一部》，頭は犬《の一部》という関係が成り立つ．木の場合も同じ．

他方，木をΣ型に従って分解すればどうなるだろうか．

Σ型：木＝ポプラまたは柏または柳または
　　　　樺……

「または」は，論理的には選言に相当する．つまり論理的な和の関係を表す．Σは和（ソム）の頭文字のギリシア文字．Σ型は「現実ではなく意味の構造」(同)である．犬であれば，秋田犬，シェパード，ダックスフント，チワワ……などと種分けする．意味論ではふつう**包摂分類法**（taxonomy）と呼ばれる．この分類法で重要な役割を果たすのは，メスさばきではなく観点である．観点とは，要するに関心の持ち方のこと．究極的には，分類する者の利益を意味する．自分にとって益がもたらされるように分類する．場合により，

犬は，番犬，狩猟犬，盲導犬などにも種分けされるだろう．秋田犬は犬《の一種》，木の場合ならポプラは木《の一種》という関係が成立する．

ところが Σ 型の分類では，とくに何らかの作図に基づいて思考すると，ポプラは木《の一種》なのに，全体としての木《の一部》と見なしてもいいような錯覚に陥る．番犬は犬《の一部》だという言い方も許されないわけではない．このような日常的なことばの弾性を否定することはできない．しかし，ここは正確に考えよう．Π 様式は，現実世界におけるものを対象として，節目に注目して全体を部分に分ける．他方，Σ 型は，カテゴリー（範疇）を対象として，ある観点（関心）から類を種に分類する．論理的には，Π 型で分節された各項は，「かつ」で結ばれて世界の中のひとつの（代表的な）ものを構成するのに対して，Σ 型で種分けされた各項は，「または」で集められて類としてのカテゴリーを形成する．両者の発想基盤は明瞭に異なり，多少とも専門的な分析をする際には，「誤解のしようもない」（同）区別である．

佐藤の才気溢れる機知は，一瞬にしてくっきりと記憶に刻まれる卓抜な例に明らかだ．メトニミーにも種類がある．メトニミーの代表例が「赤頭巾型」だ．メタファーの「白雪姫型」との対比が鮮やかではないか．メトニミーには「青ひげ型」も登場する．グリム童話の青ひげは，恐ろしげな青い髭をたくわえた連続殺人鬼である．新妻に危機が迫る．赤頭巾は，赤ずきんちゃんがいつも身につけているもの．取りはずしができて，身体の一部ではない．赤頭巾は赤ずきんちゃんと，言わば，外在的に隣接する．これに対して，青い髭は，殺人鬼の体の一部である．登場人物の青ひげとその青い髭とは，全体・部分の関係である．

容易に想像されるように，メトニミーの分類で外在的な接触関係と内在的な結合関係とは，互いに区別するだけの値打ちがない．ボーダー上のつけ髭やかつらやコンタクトレンズは，そもそもどちらの型に属させるべきか．いずれにせよ，本質的な問題ではない．青ひげも赤頭巾も，ともに隣接関係に基づくメトニミーと考えよう——これが佐藤の判断である．当然である．

濃くはっきりと境界を印すべきは，むしろ，メトニミーとシネクドキーの区別である．すなわち，一方の赤頭巾型と青ひげ型，他方の人魚姫型とドン・ファン型との間の一線である．後者のペアが真のシネクドキである．人魚姫のお話では，6 人の美しい人魚姫の姉妹が登場する．主人公はそのうちの末っ子なので，命名法は類で種を表すシネクドキ．ドン・ファン——イタリア語でドン・ジョヴァンニ——は，スペインの伝説上の放蕩児で，いまではプレーボーイの代名詞になっている．これは種で類を表すシネクドキに相当する．「21 世紀のアインシュタイン」や「現代のモーツァルト」などもドン・ファン型だろう．

現在，メタファーに次いで，メトニミーの研究が大いに進展した．改めて例示するまでもないほどである．にもかかわらず，根幹のところでメトニミーとシネクドキとの混同がなお見られる．理由は上に述べたとおりだが，もう一つ，類と種の間の意味の弾性現象が軽視されている，という懸念がある．

一般に，比喩は有限のことばで無限の事象に対応するための方策だが，使っているうちに慣習化して辞書の意味に取り込まれていく．だが，すべてが同じようにではない．「慣用化する比喩のうちで，隠喩や換喩ほど目立たないくせにじつはもっとも大きな比率をもつものは提喩であろう」（『感覚』）．佐藤のこの指摘は貴重である．日頃あまり日の当たらない——当たってもよく誤解される——シネクドキの真の意義をここに見るべきだ．「概念＝意味の膨張と収縮とは提喩現象にほかならない．提喩は，比喩のうちでもっとも比喩性の目立たぬ形式である．〔……〕私たちの日常言語は，語彙体系に回収された提喩であふれている」（同）．意味の伸び縮みに関わるシネクドキ現象は，言語の一般的な——それゆえ，きわめて重要な——特性だろう．

「花見」の「花」（類）が「桜」（種）を表すのがシネクドキの代表といわれるが，そればかりがシネクドキーではない．品詞を変えて，俗に「飲む・打つ・買う」と言うのもシネクドキである．ワインを買うなら赤か白かを決めなければならないが，その赤と白は，ワインの選択時にはかなり意味範囲が特殊化しているはず．ビールもいつの間にか意味の揺らぎが激しい．ついに瓶ビールを置かない居酒屋に出くわすことになる．その店の

売りは激安の「生中」.「生」が本物の「生ビール」を意味するとは思えなく,「中」も標準的な「中ジョッキ」なのかどうかあやしい.

「店」という表現も一筋縄ではいかない.

　料理の旨(うま)かった店が,有名になるとすぐまずくなり,そのまま名前だけいつまでも続いている東京,誰も来なくなってすぐにぶっ潰(つぶ)れる大阪などと異なり,神戸は比較的うまい店が比較的有名にもならず,まずくもならず,いつまでも続いている.

（筒井康隆「薬菜飯店」）

短編の冒頭で,三都市の特徴がみごとにとらえられている.出だしの「料理が旨かった店」は,一応ふつうの表現としよう.次の「有名になると」は何についてなのか.国語の問題なら,先行する「店」が正解だが,その「店」は何を意味するだろうか.ここは深入りせず,店の名前（屋号）だとする.では,「店の名前」と「店」との関係は何か.実はけっこう微妙な問題だが,名前は店の特性（の一つ）としよう.人名とその人との関係と同じ.なお,「有名」はシネクドキである.どのような店も人も名を有するだろう.無名の店も名なしなら最初から立ちゆかない.「有名になる」とは,少なくとも「とくに有名になる」ことなので,類で種を表すシネクドキだと判断される.

続いて「まずくなり」も「店がまずくなり」だとすぐにわかるが,この「店」は「そこで出される料理」のことなので,メトニミーである.店は,店の名前,オーナー,料理人,料理,客,値段,サービス,設備などが一体となって一つの**フレーム**（frame）を構成する[→ 2.8].メトニミーによる意味的な磁場と言ってよい.

「誰も来なくなってすぐにぶっ潰れる大阪など」も,なかなか分析の材料が多い.要点のみを略記しよう.「誰も」は客に限定されるはずなので,類で種を表すシネクドキ.「ぶっ潰れる」は,「店をたたむ」などと同じくメタファー.このとき,実は「ぶっ潰れる」対象の「店」も意味的な影響を受ける.次の「大阪など」は,「など」の働きが重要で,全体として種で類を表すシネクドキの常套手段である.

こう考えれば,メトニミーとシネクドキがいかに日常言語に深く入り込んでいるかが明らかとな

ったろう.しかも,両者は異なった思考経路に基づく.メトニミーは現実世界のものとものの隣接関係に基づき,シネクドキはカテゴリーとサブカテゴリーの包摂関係を発想の基盤とする.この点を明らかにした佐藤の功績は大である（瀬戸2017b）.

3. 佐藤信夫とレトリック

レトリック（あるいはその翻訳語としての修辞学など）の用語が日本に広がり始めたのは,19世紀末の明治期だった.このころのヨーロッパは,公教育としてのレトリックがちょうど廃止された時期である.もっとも弱体化した状態のレトリックが輸入されたのだ.以来約百年,レトリックは何とか命脈を保ってきたが,その間に何が行われたか.西洋の修辞用語がどうにか日本語に写し取られ,それらが少し整理されたにとどまる.佐藤においてはじめて,人間の言語に備わる「レトリック性」が真正面から論じられた.

では,歴史の中で,レトリックはどのような役割を担ったのだろう.佐藤によれば,大きく分けて三つある.

①《説得する表現の技術》——レトリックは,法廷での弁論術として始まった.説得力のある弁論が人の命運を握った.それには自由な発言が保障されていなければならない.ギリシア時代には一般民衆にそれが許されていた.しかし,ここにはすでに,真実を大きく踏み外して,白を黒と言いくるめる狡猾な詭弁術が入り込む余地があった.プラトンはレトリックを退け,アリストテレスはそれを擁護した.

②《芸術的表現の技術》——魅力的に表現を整える働き.はじめは,もっぱら口頭で相手を説得することがレトリックの仕事だった.が,やはりいまにいう四技能全般にも有効かもしれないとわかる.そもそも説得に関しても,理詰めのみで結果を急ぐよりも,相手をいい気分にさせて魅了することも大切だろう.説得には,論証よりも納得させる方が有効な場合がある.弁論術は詩学と手を結ぶ.

③《発見的認識の造形》——佐藤がめずらしく胸を張ったことがある.「自分なりに私は大発見をしたつもりでいる」（『少々』）と.連綿と受け継

がれてきた．そしてその間ほとんどこれといった躍進のなかったレトリックの伝統の中に，佐藤はいったい何を見つけたのか．それが《発見的認識の造形》である．その意味を探ろう．

古来，レトリックは魅力的なことば遣いを分類整理して，いくつかの型——しばしば百を超える——にまとめてきた．言わば，表現の教則本である．では，これを学べば誰でもうまい文章が書けるようになるか．そんなことはない．しかし，レトリックは，無自覚のうちに，「はみ出し部分の言語現象をきわめて緻密に分析していた」（同）のである．「はみ出し部分」とは，言語学の分野では，たとえば，構造主義言語学や生成文法などの研究対象からもれる言語現象を指す．古典的レトリックがやってきたのは，「認識と表現の可能性をひろげる組織的探究〔……〕新しい創造的組織のメカニズムの探究」（同）であった．

「はみ出し部分」についてもう少し述べると，ヨーロッパの基礎教育を支えた「論理と文法の手にあまる認識の動きとその表現」（『認識』）を，レトリックが引き受けた．言語認識論的には，「常識的なことばづかいによっては容易に造形されえない発見的な認識は，やむをえず常識からやや逸脱した表現を必要と」（同）した．要するに，「伝統的レトリックの《技法としての》あやの分析は，期せずして，《創造的認識を言語によって造形するための》あやの分析を示唆していたことになる」（同）．

どうしてこうなるのか．それは，ことばの綾を探ると，逸脱のよくある型（パタン）がわかるからである．てんででたらめに方向がずれれば，コミュニケーションが成り立たなくなってしまう．その逸脱パタンを追求すれば，言語的認識の本質に迫れるだろう．メタファーやメトニミーなどと呼ばれる技法の「多様な《ことばのあや》がじつは言語的認識のさまざまな原理的特性の名称でもあった」（同）のだ．《発見的認識の造形》という視点は，レトリックおよび言語の研究に斬新な切り口を開示してくれるだろう．

こう述べれば，すでに佐藤の学問的構えは，明らかに認知言語学の基本テーゼと重なる部分が大きい．たとえば，「ことばは事実を表現するのではなく，事実に対する私たちの見方を表現するもの

だ」（同）という一節は，認知言語学の根本的主張と軌を一にするだろう．「見方」は「視点」と言い換えがきく．「言語はどうしても発言者の特定の視点や関心から離れることができない」（同）からである．この点，論理（学）は，人間の個々の立場や視点を超克してしまった．

おもしろいたとえがある．認知主体がいま立っている位置や関心の向きに応じて，坂は「のぼり坂」か「くだり坂」になる．これは，認知言語学ではすでになじみ深い．佐藤は，これに加えて，梯子の例を紹介する．中立的に定義すれば，「のぼってからおりる，またはその逆の道具」とでもなろうが，「多数の人にとってははしごは《のほりばしご》であって《くだりばしご》ではない，意味的に対称形をなしていない」（同）からである．なるほどそう言われれば「のぼり坂」と「くだり坂」は対称形だ．

これは，はしごの概念が「人間の立場や視点の束だからである」（同）．「ことばの意味はけっして公平無私ではなく，じつにさまざまの，それぞれ特殊な視点からの認識の集成」（同）だということ．視点どうしの関係は必ずしも釣り合ってはいない．スケールを大きくとれば，「初日の出」とは言うが，「地球の初沈み」とは誰も言わない．当然，「日常的には地球中心に考える」（『少々』）からだ．

池上嘉彦は文庫版の『認識』の「解説」で，「レトリックの営みは人間学の中でもっとも中心を占めると言ってもよいくらいのものとなる」と述べる．人間学とは，伝統的な人文研究のことである．佐藤はその「あとがき」の中で，「現代的な理論とのつながりの可能性を，本書のなかから読みとり，それを展開してくださる方があれば，私はしあわせである」と締めくくる．没後四半世紀を経て，佐藤が切り開いた道を，いま認知言語学が引き継ごうとしている．

まとめと展望

佐藤以前のレトリックは，学問の添え物のような地位に甘んじていた．これに対して，佐藤は，レトリックを記号論（あるいは記号学）の中心に位置づけようとした．「もし文法を越えた普遍性をひそかにはらむとすれば，それは，レトリックが

じつは文法より上位の文法，けっきょく言語の記号学をわれ知らずのぞんでいたということではないか」（『消息』）と述べる．

ポイントは二つ．「文法を越えた普遍性」と「言語の記号学」．

上で論理と文法を越えた「はみ出し部分」に言及した．この一見したところ手に負えそうにない逸脱の仕方にも，それなりの逸脱のパタンがあるのを見た．ヨーロッパの各言語および遠く隔たった日本語にも，共通したずれの型があるならば，それは《レトリックの普遍性》を示唆していないか．この点は，メタファーやメトニミーの類型でいくらでも確かめられるだろう．

次に，レトリックと記号論との関係はどうだろうか．70 年代と 80 年代という時代からしても，佐藤が記号論に関心を寄せたのは当然だった．佐藤は，「認識としてのレトリックは記号論のもっとも重要な主題である，と私は考えている」（『少々』）と述べる．ことばの逸脱パタンは，人間にとって可能な認識の型として普遍を志向し，それが記号論一般を基礎づけるという構想であった．日本における記号論は，振り返ると，一過性のものだったようだが，いま一度その思想をさってみる必要がある［→ 1.1 ］．事実，認知言語学の一部は，すでにレトリックによって理論的支柱が与えられていると言えるだろう．佐藤の著作からは，記号論，認知言語学，認知科学の今後の発展に向けてのちょっとしたヒントが得られるはずである．

▶重要な文献
佐藤信夫 1978『レトリック感覚』講談社．
佐藤信夫 1981『レトリック認識』講談社．
　『感覚』と『認識』は，佐藤の全著作の中でもっとも滋養に富む凝縮された味わいが楽しめる．真に認知的な研究に向かうための必読書．言語学の領域を超えでる一歩ともなる．佐藤の他の著作とあわせて読むべきだろう．レトリックの可能性を格段に広げた．

瀬戸賢一 2017a『時間の言語学』（ちくま新書）筑摩書房．
瀬戸賢一 2017c『よくわかるメタファー』（ちくま学芸文庫）筑摩書房．
　佐藤の精神を受け継ぎ，部分的に発展させたもの．前者は，メタファー研究が言語研究に収まるものではないことを，時間のメタファーを中心に論じる．後者は，比喩研究の視点の広がりをたどり，補章に「村上春樹とメタファーの世界」を付して，新たな観点からシミリーにも言及する．
瀬戸賢一・山添秀剛・小田希望 2017『認知言語学演習』大修館書店．
　全三巻．比喩への直接的な言及は第二巻に集中するが，第一巻と第三巻にも直接あるいは間接に関連するトピックが散りばめられている．佐藤の基本的考えを前提とする．

▶文　献
Group μ 1970 *Rhétorique Générale*, Larousse, Paris.
Lakoff, G. and M. Johnson 1980 *Metaphors We Live By*, Univ. of Chicago Press, Chicago.［渡部昇一・楠瀬淳三・下谷和幸（訳）1986『レトリックと人生』大修館書店．］
Lakoff, G. 1987 *Women, Fire, and Dangerous Things: What Categories Reveal about the Mind*, Univ. of Chicago Press, Chicago.［池上嘉彦・河上誓作・辻幸夫・西村義樹・坪井栄治郎・梅原大輔・大森文子・岡田禎之（訳）1993『認知意味論—言語から見た人間の心』紀伊國屋書店．］
佐藤信夫 1977『記号人間』大修館書店．
佐藤信夫 1978『レトリック感覚』講談社．
Sato, N. 1979 Synecdoque, un Trope Suspect. *Revue d'Esthétique* 1-2: 116-127.
佐藤信夫 1981『レトリック認識』講談社．
佐藤信夫 1985『レトリックを少々』新潮社．
佐藤信夫 1986a『言述のすがた』青土社．
佐藤信夫 1986b『意味の弾性』岩波書店．
佐藤信夫 1986c『レトリック・記号 etc.』創知社．
佐藤信夫 1987『レトリックの消息』白水社．
佐藤信夫・佐々木健一・松尾大 2006『レトリック事典』大修館書店．
瀬戸賢一 2017a『時間の言語学』（ちくま新書）筑摩書房．
瀬戸賢一 2017b「メトニミー研究を展望する」『認知言語学研究』2: 79-101.
瀬戸賢一 2017c『よくわかるメタファー』（ちくま学芸文庫）筑摩書房．
瀬戸賢一・山添秀剛・小田希望 2017『認知言語学演習』（全三巻）大修館書店．

時制（テンス）と相（アスペクト）の認知言語学

C 創造性と表現

樋口万里子

時制（テンス）とは，文の表す状況が「今成立している」か「過去に成立していたか」等を表すための言語上のシステムである．英語は現在／過去の二時制システムだが，多数ある言語もあり，言語により千差万別・多種多様である．例えば日本語では未来のことについて，「明日来る」等と現在のことも表す「る形」が使えるのに対し，英語の現在形 I come tomorrow は，通常独立的には不自然である．動詞のない文もある日本語では形容詞にも「美味しい／かった」等と，時制に相当する形の区別があるが，英語には動詞にしかない．

相（アスペクト）とは，「動詞の表象イメージ」に関する分類である．英語では，英文法で言うところの「状態／動作」等といった区別に関わる．ただし曖昧な部分も多く，世界の言語学者の間で見解が一致した定説はない．だが，時制現象を捉えるには，相の理解は不可欠である．

ここでは，まず1.で認知文法［→2.4］の提案を紹介し，次に2.で，関連概念記述との対応を軸にすることにより曖昧さを最小限に抑え，相をアスペクトと呼び概観する．そのうえで，3.で英語の時制現象との関係を捉える．

1. 認知文法流アスペクト分類

▶ 1.1 ラネカーの2分類

動詞の表象は時間の流れにおいて進展し把握されるものである．認知文法ではそれをプロセスと呼ぶ．プロセスは，変化が認識される場合（perfective）と，されない場合（imperfective）に大別できる．この区別は以下のように説明されている（cf. Langacker 1987: 254-62）．

perfective［変化や動きが認知される］
①有界（終わりが認識され bounded）であり，したがって，回数を数え得る．
②不均質であるので，任意の一部は他の部分や全体と異なる．

imperfective［変化が認識されない］
①非有界．境界や終わりが意識されないので回数の概念と馴染まない．
②均質的で，任意の一部も全体と同じ．

これが，認知文法独特のアスペクト分類である．perfective というのは「完了相」の意味だが，日本語では他概念と紛らわしい場合が多いので，ここでは上記のように明確な定義のもと，用語として，perfective/imperfective を用いる．

図1を，動画のコマ送りとみなしてみると，perfective というのは，時系列に並んだ一コマ一コマに，時間 t が t1, t2, t3 と流れるにしたがって（この場合にはボールの大きさの）変化が見て取れる場合である．perfective プロセスには，このように時間が流れるにつれ何らかの点で異なるイメージのコマがある．

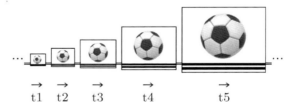

図1　The ball got bigger.

それに対し，imperfective プロセスの場合は，図2のように時間が経過しても静止画を見ているときと同様同じイメージのコマが続く．プロセスの全体像が，どの任意の時点でも認知可能で，いつまでこの状態が続くかは，叙述対象外にある．

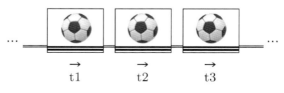

図2　The ball is on the floor.

▶ 1.2 有界性・可算性・完結性

perfective プロセスと imperfective プロセスの識別は，名詞で表されるモノ（thing）を count（可算）と認識するか mass（不可算）とするかの区別になぞらえることができる.

例えば，a cat は，通常は「一匹」等と数えることができる可算名詞（a count noun）だが，'cat' という名詞そのものが，可算名詞と決まっている訳ではない．'cat' が通常可算名詞と認識されるのは，この名詞で表される実体が，言語使用において，①<u>有界</u>で，②<u>不均質</u>だからである．perfective プロセスと同様である．ところが 'cat' 自体には，例文(1)の主節に見られるように無冠詞で，数える対象としては認識しない場合もある．

(1) After a cat got in the way of our SUV, there was <u>cat</u> all over the driveway.
　　　　　　　　　　　　(Langacker 2008: 144)
（猫がウチの SUV の行く手を阻んだかと思ったら，（ひかれて輪郭不明となった）猫だった物体の残骸が，道路中に散乱していた．）

生きていたときの猫は，毛に覆われた皮膚という，猫の外側と体内の境界があり，<u>有界で</u>，パーツから成り立っている．尻尾だけ切り取ってきても，それは，単に猫の尻尾であって猫とは呼べない．猫と呼べる動物の任意の一匹として認識されたのが a cat である．それに対し(1)の無冠詞の cat にイメージされるものは，猫という言葉を使わざるを得ないものの，もはや原形を留めておらず，一匹として認識する対象ではなくなっている．内外と呼べる境界もなく，非有界の何らかの物質（unbounded）と化している．

有界／非有界性の他の区別としては生存中の牛には，a cow 等と有界性を認識するのに対し，肉として認識すると非有界の beef 等と呼び分ける場合等もある．coffee beans（可算）は豆一粒一粒に輪郭を認識するが，挽いて粉状にしたものや通常家庭で淹れた飲み物の coffee（物質・不可算）には輪郭には意味がない．一方で，店で銘柄／サイズ等の価格により，差別化され境界が意識され設定されると I'd like <u>a coffee</u>, please. 等と可算となる．他にも，通常は a bench, a car 等と，物理的形状や輪郭がある<u>有界物</u>として捉える名詞も，機能等を問題にして輪郭を意識しないときは，(2a, b)のように無冠詞の不可算名詞として機能する場合がある．

(2a) You'll have to stand — there's not enough <u>bench</u> for another big person　(*ibid.*: 143)
（（君は）立ってるしかないな．ベンチには大人もう一人のスペースはないんだ．）

(2b) <u>Car</u> is the best mode of transport.
（車というのは一番の移動手段だ．）
　　　　　　　　　　　　　　(Allan 1980: 552)

逆に，ダイヤモンドや金は，鉱物としては同じように物質として認識できるが，英語では，基本的に，前者は可算，後者は不可算である．

(3a) They're looking for ¦*diamond/ a diamond/ diamonds/gold/*a gold/*golds¦.
（彼らはダイヤモンド／金を探している．）

これは，diamond という名詞を，図3のような形状のある程度決まった様々な価値のあるモノとして捉える，英語を使う社会や文化を反映するからである．一方，金の認識には，英語でも基本的に定まった形状は無関係である．砂金・金箔であれ，金の延べ棒（図4）・金塊であれ，金は金として，展性があり化学的腐食に対して非常に強く安定した価値を持つなどの点で均質である．

図3　ダイヤモンド典型　　図4　金のイメージ例
　　　イメージ例

しかし当然のことながら，ダイヤモンドの物理特性の話をしていて，有界性と無関係に認識すれば，もちろん(3b)のように不可算である．同様に金の場合も，金も他と何らかの点で（(3c)の場合は色で）一線を画する，有界の物体として意味を持つ場合は，可算名詞として認識される．

(3b) Diamond is a very hard substance.
（ダイヤモンドはとても硬い物質だ．）

(3c) I'm looking for a gold that is just the right color for a ring.
（指輪にぴったりの色の金を探しているの．）

このようなモノに見られる有界性認知の有無によって識別と呼応した形でプロセスを識別するのが，認知文法のアスペクト分類である．プロセスの場合は，時間の流れにおける変化と有界性（プロセスの始まりや終わり）の有無認識に注目する．

例えば，(4a)は，着工から完成という，有界の変化が認識される perfective プロセスを表す．

(4a) John built a house last year.
（ジョンは去年家を建てた．）

(4b) He slept so well last night.
（彼は昨夜すごくよく寝た．）

(4b)の sleep も，通常生きている人間に関するプロセスとして，眠りに落ち（fell asleep）て始まり目覚めることで終わり（woke up）有界である．加えて，レム睡眠とノンレム睡眠を繰り返しながら心身の疲労を回復する活動として，変化・不均質性が認識される点でも，(4b)の sleep は perfective である．

しかし同じ sleep でも，(5a-c)では imperfective である．(5a)は，職種等の Don の属性を表現しており，いつまで成立しているかは問題にしないという意味で非有界である．

(5a) Don mostly builds houses, not bridges.
（ドンが建造するのは，大抵住宅で，橋じゃないです．）

(5b) Don sleeps here.
（ドンここに眠る．ドンはここで寝ます．）

(5c) Whales never completely sleep.
（鯨は完全に眠ることはない．）

また，(5b)の here は，永遠の眠りについている Don の墓，あるいは日常的に Don が寝る場所などを指し，(5c)は鯨の生態説明である．いずれも「いつまで内容が成立しているか」といったこととは無関係である．

同様に，同じ book という動詞が使われていても，Sue never double-books patients（スーは決して二重に予約患者を取らない）は，Sue に関して見聞きした事例などから帰納法的に導いた彼女の物事の処し方を表し，その状況がいつまで続くかは考慮外で，imperfective プロセスを表す．一方で Right now, she's booking her flight の book は，典型的には発話時の動作を表し，perfective である．

すなわち，perfective か imperfective かという区別は，「この動詞は動作動詞」，「この動詞は状態動詞」といったように決まっているものではない．動詞だけをとりあげて，そのいずれかに2分割するものではなく，あくまで文全体の内容に変化や有界性を意識するかどうかにあるのである．cat や diamond が必ずしも可算名詞ではないのと同じである．このように，名詞の可算／不可算，動詞の perfective vs. imperfective の対立は，物事を認知する主体が，認知対象（entity）を有界で不均質と捉えるか否かの問題であり，言語表現はそういった事物の捉え方を反映している．もちろん，事物の捉え方は，言語が属する文化の中でそれを使う人々の経験の積み重ねがあって築かれ定着していくものであり，人類が共有できる部分もあればしない部分も多い．

以上ここでは，有界性に重心をおいたラネカー（Ronald W. Langacker）のアスペクト分類を概観したが，perfective vs. imperfective と称される二項対立は，より一般的には，dynamic（変化・動的）vs. stative（状態的）と呼ばれている区別におおよそ相当する．そこには微妙な差異や問題もあるが，一般的分類およびその細分類にも，英語の時制現象を捉えるうえで意義深い点もある．そこで，次の2.では，認知文法流分類と一般的分類法の対応関係を概観し，3.で，それらと4構造との対応を取り扱う．

2. アスペクト細分類とプロセスイメージ

ラネカー流の perfective は，Vendler (1967) では，図5のように，さらに accomplishment（達成タイプ）・activity（活動タイプ）・achievement（到達タイプ）の三つに細分され，さらに Smith (1991) では，この Vendler (ibid.) の achievement が，achievement（瞬時タイプ）と semelfactive（動きや変化に要する時間幅がゼロのタイプ）とに分けられている．ラネカーの imperfective を Vendler, Smith は，それぞれ state, stative と呼ぶ．以下，図5および表1で図解を試みる．

3. 英語の現在時制の4形式の意味機能とアスペクトとの関係

英語の時制節は，現在または過去を表す形式

図5 動詞表象（プロセス）分類

表1 アスペクトの分類対照

Langacker 分類	Vendler, Smith の細分類	基本イメージ特性と典型例
①perfective プロセス	・accomplishment（達成タイプ）	①完結点に向かい進展するイメージが伴う． ②途中でやめると，実現はしていない． ③何時間で完成したかを問題にできる． 　(6a) The plane flew to Haneda. 　(6b) He built the house in 3 days.
	・activity（活動タイプ）	①終了点・完結イメージが伴わない． ②途中時点でも実現していると言える． ③従事した期間を問題にできる． 　(7a) The universe is ever expanding. 　(7b) He was walking. 　(7c) He walked for 3 hours.
	・achievement（到達タイプ）	①動きや変化に要する時間がゼロのタイプ．動作が発生と同時に終了しており，二つの異なる状況の境界． 　(8c) He reached the goal. 　(8d) He died.
	・semelfactive（瞬間変化タイプ）	①非常に短いスパンで起きるコト． 　(8a) The light flashed. 　(8b) She coughed.
②imperfective プロセス	・state, stative（変化がないタイプ）	①異なる局面も境界認識もない． ②均質的である． ③どの点においても全体像がある． ④成立期間を問題にすることが可能． 　(9a) The ball is on the table. 　(9b) He lived there for 3 years.

中央の楕円が表すのは，プロセスを叙述対象として認識するスコープ（scope of predication）である．

（形態素）が，単純形では動詞単体の語幹，進行形では be 動詞，完了形では have，と合体して形成される．従来は，こういった時制形式の意味機能を明確に捉えようとする意識が希薄だった．だが認知言語学では，アスペクトの識別によりそこに正面から向き合う．殊に「文の意味内容」を『時制を担う要素』と『それ以外の文内容』に分ける点が重要である．例えば，Iron erodes は，「鉄に錆びる性質がある」という「文内容」が，現在時制の働きにより「発話時点において成立している」ことを表す．

▶ 3.1 単純現在形

単純現在形は，動詞が単体で節をなす．英語の最も基本的な構造であるにもかかわらず，認知文法でメカニズムの解明が進むまで，特に形と意味の関係については，謎が多かった．最大の問題は，

時制は「動詞が表す出来事の生起時間」を表すとされてきた点にある．そうすると，単純現在形はIt's 5 o'clock のような「今現在の事象」だけでなく，①過去から未来にわたり継続する状態や繰り返し習慣・定常的にしばらく起き続ける出来事(10a, b)，②永遠に起き続ける出来事(10c)，③過去の出来事(10d)，④未来の出来事(10e)等と，ありとあらゆる時間・時間帯の事象に関わることになる．

(10a) Joe walks to work.
　　　（彼は歩いて通勤する．）
(10b) The shop opens at ten o'clock.
　　　（この店は10時開店です．）
(10c) The sun rises in the east.
　　　（太陽は東から昇る．）
(10d) Marco Polo meets Kublai Khan in 1275.
　　　（1275年，マルコポーロフビライに謁見す．）
(10e) The train leaves at six tomorrow.
　　　（この電車は明日6時に出ます．）

しかも，現在実際に起きている動作を表すのは現在進行形で，単純現在形は使えない．それゆえWolfson (1982: 33) をはじめとした従前の研究では，単純現在形は，「現在時」とは無関係，または時を超越していると言われることもあった．しかし，当然ながら，過去の出来事については，通常唐突に *He is here yesterday などと現在形で話し始めることはできない．こういった様々な事実に，一貫した説明を施すのは困難であった．

これに対し認知言語学は，現在時制は「動詞が表す出来事が起きる時間」を表すのではなく，「文（プロセス）の内容」が発話時に成立していることを表すとすることによって，現在形の諸現象に一貫した包括的な説明を可能にした．そこでは形式の意味とアスペクト認識が重要な鍵を握る．

単純形は，動詞が表す**プロセスの全体像**（a full instantiation of the profiled process）を表す．例えば，(11) の go は，Joe の t1 から t5 までの時間経過に伴う位置移動全体を表す（図6）．I saw him {crossing/cross} the road の crossing が道路を渡る途中の一点を描くのに対し cross は渡り始めて渡りきるまでの全体を描くのと同じである．

過去というのは無限に広がっているので，単純形でも，(11)のようにプロセス全体を捉え得る．

図6　(11) Joe went to the bank.

しかし，現在というのは，発話時の一瞬のような時点で認知できることを表す．今実際に起きている perfective プロセスについて，発話時（例えば図6のt3時点）で認識できるのは，その一局面にすぎず，進行形を必要とする．知覚対象の全容（銀行に着くまで）を認識し言語化するときには既に終わっている．

それに対し，図2で見た「ボールが床にある」といったような，時が経過しても変化がない事物の位置関係などの imperfective プロセスは，物質名詞と同じく均質的で，分子レベルでも砂金一粒でも金は金であるように，任意の一時点，例えば図7の今時点でも，全体が成立している．

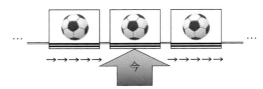

図7　The ball is on the floor. と今時点

(10a-e)も実はそれと同じである．これらが表しているのは，個別の出来事自体ではなく，繰り返される個々の出来事から抽出される，事物のあり方や一般性・定常性である．一定頻度で出来事を繰り出すプロトコルのようなものである．(10a) Joe walks to work は Joe の属性を表し，それは定常性の一種である．図8で言えば，漠たる過去時においても，発話時現在も，しばらくの間未来においても成立し，どの時点でも全貌が捉えうる．かつ，その定常性は，いつまでといった有界性とは無関係に続くものと認識されている．

こういった定常性をさらに抽象化すると図9の横線のようにイメージできる．楕円は認知主体が対象を認識し表現するスコープである．すなわち(10a-e)は，すべて imperfective プロセスが現在

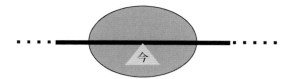

図9 imperfective プロセスのイメージスキーマ

成立していることを表している.

imperfective プロセスだから，今の一点でも全体像を捉えることができる．It's 5 o'clock にしても，いつまでが5時といった意識とは無関係で有界性はない．習慣(10a)も定めた営業時間(10b)も，いつまで継続するかということとは無関係である．単純現在形が様々な時間帯に生起する出来事を表すかのように見えるのは，実は imperfective だからで，事象の成立する時間的広がりが不特定的だからである．

無論，すべての物事には終わりがある．太陽系も50億年の命と言われている．(10c)でプロファイルされている定常性にはいずれ成立しなくなる変化が訪れる．また史実とされてきたことが，新しい発見によって覆されることもある．しかし，そういった変化は，スコープの外側にあり，(10a–e)の描くプロセスは，図9の楕円のスコープの内側では，全て非有界で均質である．

(10d)は史実を，過去に起きた単独の出来事として見ているのではなく，歴史年表上の出来事一覧の一部として理解され，昨日も明日も変わらず（均質）な現在成立している不動の事実として表現されている．「600年聖徳太子摂政となる．」等と同じである．

(10e)も，明日の出来事というよりは，発話時現在で成立しており，いつまで成立し続けるかは意識の外にある，時刻表上の運行スケジュールを表している．

次の(12a)が表すのも，「一週間の予定でここにいる」という非有界の imperfective プロセスが，現在成立しているということである．現在はあくまで一瞬のような時点だが，均質でどの時点においてもその全体像がある imperfective プロセスは一瞬で捉えることができ，その意味に解釈される．(12b)が，Joe の定常的属性，すなわち職業などを尋ねる質問になるのは単純現在形が imperfective プロセスしか表せないからである．これに対し，

過去形の表す出来事には一瞬の場合も時間幅がある場合もある．したがって(12c)は「ここに一週間いた」ことも「一週間の予定でいた」ということも表し得る．

(12a) She is here for a week.
(12b) What does Joe do now?
(12c) She was here for a week.

次のセクションで取り扱う現在進行形も，もちろん現在時制であるので，少し異なる形ではあるが，現在成立していることを表す．

▶ 3.2 現在進行形

発話時の一瞬では実際の時間の流れにおいて起きている perfective プロセスの全貌を捉えることはできないが，その途中の一局面ならば捉えることが可能である．それをそのように表現するのが，**進行形**である．進行形構文 be + V-ing は，時間の流れにおいて捉えられるプロセス V から，いったん時間の要素を外し抽象化して「〜すること，〜している途中」という意味を表す V-ing 形（元々は動名詞性も帯びた現在分詞）と「〜が存在し続けるという imperfective プロセスを表し時制機能を担う」be 動詞とに分解できる．歴史変化で消えてしまったが，元々は V-ing の前に in や on などがあり，V-ing の内側に存在するという形と意味だったこともあり，プロセス V の途中の視点からプロセスを見るという構文になっているものと考えられる[注1]．

構文全体のアスペクトを決定する動詞（profile determinant）は imperfective の be 動詞であり，途中状態自体は現在の一瞬でも成立している．それゆえ，現在生起している perfective プロセスについても What is Joe doing now? のように尋ね，(13)のように応答することができる．

図10の t1 から t5 まで時間の流れにおいて t3 時点を現在とすると，今 walking to the bank の途中状態にあるという言い方となっている．

このように考えると，(14a)が(14b)と同じく彼が今睡眠状態にあるという意味になることが説明できる．

(14a) He is sleeping.
(14b) He is asleep.

もちろんこの二つには非常に微妙な差異もある．(14a)の分詞の語幹動詞 sleep には多くの場合，

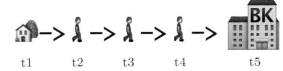

図10　(13) He is walking to the bank.

1.2で言及したような有界の変化・行動イメージが伴い，そのどこかの局面にあることが表せる．したがって(14c)のように「意識して誰かと一緒に」行う共同行為などの場合がありうる．

(14c) He is sleeping with his mother.
(14d) ?He is asleep with his mother.

それに対し，(14b)の asleep は形容詞で，単に「be 動詞が表す存在状態」のあり方を説明し，睡眠自体の有界性は無関係である．よほど特殊な文脈が介在しない限り，母親との協同的行為としてや，主語が意図的に始めた習慣的行為としての解釈は成り立たない．また(14a)は，these days 等を付加しても自然であり，行為が習慣化した現況といった imperfective プロセスのある局面を表し得るが，(14b)にはできない．

進行形は，達成タイプ・活動タイプなど他のアスペクトとの関係においても注目を浴びてきた．進行形は途中状況を表すので，達成タイププロセスの進行形は，プロセスが未完了である．例えば，(15a)ではまだ家は未完成なので実現していない．一方(15b)の walk のような活動タイプの場合，途中においても既に walk という行為自体は実現している．

(15a) He was building the house.
(15b) He was walking.

また，die, stop などの到達タイプの動詞は，通常，「生から死への」，「速度がゼロになる」瞬間の無時間的変化を表す．その一方で，進行形はプロセスの途中の一局面を捉える構文であり，無時間変化には途中が存在しないため到達タイプ自体は進行形にならない．(16a-c)のように進行形になることがあるのは達成タイプに再解釈するからである．

(16a) He is dying.
(16b) The battery is dying.
(16c) The bus is stopping.

(16a, b)は命尽きる寸前の状態を意味する．それは die に「亡(無)くなる」という，完結点に向かい完結点までの前段階的な変化の途中を認識することが可能な場合があるからである．(16c)も，「車はブレーキを踏んでもすぐには止まらない」と理解されているので，速度がゼロになる完結点までの変化の途中をイメージできる．すなわち(16a-c)は，瞬間変化時を完結点とし，そこに到達するまでの，達成タイププロセスの途中として解釈されるのである．

図11(a)の縦の太線は，表1の到達タイプのプロファイルイメージである．それを到達点と見たてた（つまり profile shift を起こした）のが(b)の丸で，太字矢印がそこに至るまでの変化をプロファイルしている．(c)は，(b)でプロファイルされた到達点までのプロセスが今進行中，すなわちその途上にあるイメージである．

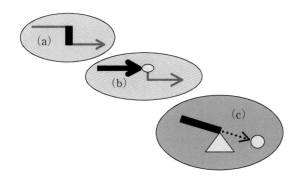

図11　到達タイプイメージ

図式(c)は，(17a)のような，文法書等で近接未来を表すとされている形にも当てはまる．

(17a) He is going to come tonight.

不定詞の to は，元々は前置詞の to だったが，そこに続く名詞が動詞にプロファイルシフトを起こしたものだ．例えば He is going to the bank の the bank は go の目的地だが，(17a)では to come の表すプロセスの開始を完結点とした達成タイププロセス go が，既に実行について意思決定した V に向かい進行しているイメージを表す．

同様に，(17b)の play も Joe の演奏開始時を完結点とした達成プロセスである．心の準備などを含めた準備段階のどこかに発話時がある．

(17b) Joe is playing the guitar at 7.
(17c) Joe is playing the guitar.

このように近接未来の解釈が可能なのは，完結点が，(17b)のようにat 7等と明示されるか，文脈情報等何らかの形で当事者に理解されているか等の場合である．(17c)が現在演奏中の解釈になるのは，活動タイプから達成タイプに転換できないからである．近接未来として解釈されるのは，プロセスが演奏開始という到達点までの途上にあり，演奏は未実現だからである．(17b)の類はこのように演奏という動作自体は未来にあるので未来表現の一種とされているが，実際には実現に向かい現在既に何かが進行していることを表している．

flash, blink といった瞬間タイププロセスは，実は非常に極短時間で終わる動きである．実際の一回の個別事態の場合，スロー再生や，よほど動体視力の優れた認知主体の場合でない限り，その途中を認識し言語化するのは難しい．それゆえ，(18)等の場合は，図12(a)のようにflashという動きが，(b)のように立て続けに起きていてその途中という活動の意味に解釈されることが多い．

(18) The light is flashing.

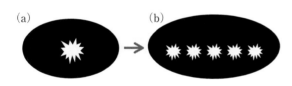

図12　瞬間プロセスイメージ

イメージの転換は他にも様々な形で起きる．例えば，同じ動詞standでも(19a, b)のように，単純現在形では，imperfectiveプロセス(state)を表すのに対し，進行形(19c, d)では，perfectiveのニュアンスが強い．

(19a) The statue stands in front of the school.
　　　(その銅像は学校の前にある．)
(19b) Sarah stands at the door (everyday).
　　　(サラは毎日ドアのところに立ちます．)
(19c) The statue is standing in front of the school.
　　　(その銅像は学校の前にある．)
(19d) Sarah is standing at the door.
　　　(サラは，ドアのところに立っています．)

(19a)は，銅像をいつまでということとは無関係な不動のものとして見ており，(19c)は例えば，その銅像を近々移動させようという議論が持ち上がっているなどといった状況を示唆する．(19b)は，例えばサラはエレベーターガールの仕事をしているのに対し，(19d)は，彼女がたまたま今ドアのところに立っている様子であり，standが人間の活動の途中として認識されている．

一般に，進行形の説明には，「be動詞やlike等の感情動詞，see等の知覚動詞want等の願望動詞などいわゆる『状態動詞』は使えない」といった特記条項が付き物で，そこには，以下のような例外記述が続き，何の説明もないことも多い．

Ⅰ．実際には動作や行為を表す場合
　(20a) He is being polite.
Ⅱ．状態変化を表す場合
　(20b) Sarah's liking her new teacher more and more.
Ⅲ．一時的な状態を表す場合
　(20c) At least for now, I'm liking it.

ラネカーの認知文法の強みは，これらを例外処理する必要がないところにある．動詞には元々様々なイメージ想起が可能だからである．確かに「状態動詞」と呼ばれる動詞の類は，imperfectiveプロセスの表現に使われることが多い．だがそれはあくまで典型の話であって，認知文法では，上記(20a-c)の太字部分は全てperfectiveプロセスとして解釈されると説明付ける．He is politeが「彼が本質的に礼儀正しい」という境界を認識しないimperfectiveプロセスを表すのに対し，(20a)は「礼儀正しく振舞う行為」，(20b)は「感情の度合いの変化」，さらに(20c)も「少なくとも今は好きだが，じき変わる」といった有界性を伴った状態，を示唆し，それぞれperfectiveとされる[注2]．

同様にseeには通常 I see light などのように視覚対象に変化を認識しないimperfectiveプロセスが想起されるため，瞬間的動きとしてのa flashは目的語にし辛く，例えば*I see a flashは，特別な文脈(物語の粗筋を説明している場合など)がない限り奇妙である．*I'm seeing a flashと進行形にしても，瞬間的動きの途中として今を捉えることは普通ないという意味で理解は難しい．ただし，認知主体が，閃光の残像がしばらく目に焼きついて離れない感覚を捉え(21a)のように表現することはできる．この感覚がいつ終わるかといった有界性を意識しない場合である．ラネカーは，話者が

この感覚を一時的で有界と捉えている場合に(21a)といった進行形が選択され，この一過性には目を向けず持続性に焦点を当てている場合(21b)と単純形で表現すると言う．

(21a) I'm still seeing that blinding flash which occurred a moment ago.

(21b) I still see that blinding flash which occurred a moment ago.

次の(22a)と(22b)の場合，意味はかなり異なる．

(22a) Are you wanting to go out tonight?

(22b) Do you want to go out tonight?

(22a)は英文法の問題集などでは，誤りとされている．これは，「行きたい気持ち」が持続せず今だけのものだ解釈すると，質問の意図が判りにくいからである．(22b)では，相手を「一緒に出かけない？」と誘う為に使うことができるが，(22a)ではそれはできない．誘う場合，行きたい気持ちは少なくともしばらくは続いていて欲しいからである．今の気持ちを特に尋ねる理由や意図は，これだけではわからない．

さらに，単純現在形の He walks home は 3.1 で見たように，いつも歩いて帰宅するという習慣のプロトコルを表し imperfective だが，それが一時的な場合も，(23)のように進行形で表せる．

(23) He is walking home these days.

その場合「最近は（車通勤ではなく）歩いて帰宅している」などと，最近実行している習慣の解釈を促す．

ただし，進行形の現在分詞の語幹動詞が表すプロセスに常に有界性があるとは必ずしも断言できない場合もある．好きかどうかは変動することもあるので，(24)には，「（そのうち変わるにしても）今はどうか」と尋ねている場合はもちろん十分考えうる．

(24) How are you liking it?

しかし，そういった変化を有界的に念頭（最大スコープ）に置かない（すなわち一過性の現象とは認識しない）場合もない訳ではない．(25)は，例えば転職者の面接等で頻繁に使われるが，相手の転職したい気持ちが単に今だけという解釈は難しい．

(25) Why are you wanting to leave your present job?
（よかったら転職をお考えになっておられる理由をお聞かせ願えますか？）

そのうち気を変えるだろうという想定の下に，この質問をしている訳ではない場合の方が想起しやすいだろう．それは，状況を認知主体が取り立てて一時的とは認識しておらず want を imperfective に解釈できる場合がある可能性を示唆する．

併せて考察すべき現象として，例えば，イライラの進行形と呼ばれているタイプ等がある．(26a)は，単に図13のような Joe の動作描写であるのに対し，(26b)は，話者の感情的な見方が入る．

図13 (26a) Joe is complaining about the weather.
（ジョーは天気のことをこぼしている．）

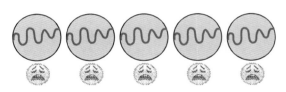

図14 (26b) Joe is always complaining about the weather.
（ジョーは（彼が目に入る時は）いつも天気のことなんかでこぼしてばかりいる．）

しかし，(26b)のタイプに感情的側面が伴うことが多いのは，図14のように，何度も繰り返し辟易した状況が話者の脳裏に蘇るからだと考えられる．留意すべきは，(26a)は目の当たりにした言動をベースにしているイメージだが，(26b)の場合「今話者の眼前でボヤイている」とは限らず，どちらかと言えば話者が目にする Joe の常日頃の行動パターンや性格について述べている imperfective なニュアンスも重層的に感じられることである．

もちろん，always などが共起すると，いつもイライラ表現という訳ではない．(26c)のように好意的に受け止めることが可能な場合もある．

(26c) She is always wanting to learn new things.

ここでも現前で起きた彼女の行為の場面を彷彿と

させるが，今それが起きているとは限らない．

　重要なのは，このパターンの場合，一時的とは言えない人の性質すなわち imperfective プロセスを表している場合もあると言われてきたことである．例えば (27) の類はしばしば誇張表現を伴う expressive な進行形，等と称され，「状態動詞が進行形にならないという条項」のもう一つの例外現象とされてきた．

(27) And he <u>was always wanting</u> more than I ever promised to do for any of you.
　　(あの男の要求はいつも度を超していたんだ.)
　　　　　　　　　(Graham Green, *Human Factor*)

(27) が描く状況も，永続的とまでは言わずとも，取り立てて一時的とは言えない場合もある．むしろ定常的だからこそうんざりしているのであり，それが今如実に感じられることと表出するために進行形が選択されていると考えられる．

　また，進行形は，(28a) のように，お願いを (28b) より控えめに表現する際にも使われる．その控えめさが，相手の気持ちへの配慮に繋がるので，洗練されているという意味でも丁寧・丁重という意味でも polite な表現と説明されている．

(28a) I'm hoping you'll give us some advice.
(28b) I hope you'll give us some advice.

しかし，それは (28a) が，「今ちょっと，仮初に思いついて心に浮かべている」ニュアンスを醸し出すからである．一方 (28b) は，より持続的な希望となり，相手への依頼圧力は増す．この「今ちょっと」という感覚は，「一時的」と重なるところもあるかもしれないが，「長続きはしない」ということと等価とするのが適切かどうか，は不透明なところもある．

　ラネカーの認知文法は「状態」を imperfective と呼び換え，その概念輪郭を精緻化したが，それでも「進行形の現在分詞語幹動詞は perfective でなければならない」と捉えており，前述の特記条項 (p.519, ll. 6-9) 自体はそのまま継承している．だが，例文 (21a) を始め，(22a)，(23)，(24)，(25)，(26c)，(27)，(28) 等の実例は，そこに疑問を投げかけるものである．そもそも動名詞や現在分詞の V-ing には imperfective な場合もあるのだから，進行形の V-ing だけが perfective でなけ

ればならない必然性はない．あるとすれば何らかの説明がそこにこそ必要だろう．単純形は事象を広い視野で眺めるのに対し進行形は単にスコープを相対的に狭めて見る構文なのかもしれない．

　いずれにせよ，認知文法の提案は，言語現象を，規則に縛られたもの，あるいはその例外と処理して終わるのではなく，経験を通して定着していく語感や構文の使用感覚を捉え，それに対しより適切な使用原理を捉えていく基盤となる．そして新たな視点からの新たな知見を取り入れ更なる練り直しを可能とする．

▶ 3.3　現在完了（進行）形とアスペクト

　現在完了形は，「現在と関わりのある過去」を表す形として，過去表現の一種として扱われることが多いが，あくまで現在形の一種で (cf. Drinka 2017)「過去分詞の表す実現した出来事に影響を受けた結果を認知主体が保持している**現在の状態**」を表す．

　fish cooked by him（彼の調理した魚）や cooked fish（加熱調理した魚）の cooked が fish を修飾するように，完了形の過去分詞も have の表す「認知主体が保持する現在の状態」を修飾する．進行形全体の意味を決めるのは be 動詞であったが，現在完了形の have も，構文全体のアスペクトも決定し imperfective で，現在形である．過去分詞の時間要素は，ここでも一旦捨象され，have の時制が文内容の成立時認識を喚起する．

　まず (29a) が示すように，現在完了形が，過去時を表す副詞では修飾できない一方，(29b) のように now 等で修飾できるのは，とりもなおさず現在の話をしているからである．

(29a) * She has left last year.
(29b) He has repaid all his debts now.

また，歴史的に見ても意味的に見ても，He has gone は，「現在の状態」を意味する He is gone や He's got a brother 等と非常に近い関係にある．

　単純過去形の例えば (30a) では，図15のようにプロセスは過去にあり，Joe は，基本的にもう存命ではない．

それに対し (30b) では，過去分詞の表す出来事の実現している部分は，図17のように過去にあるが，live の表す imperfective プロセスは非有界で終わりが認識されず，それが現在の状態を修飾し

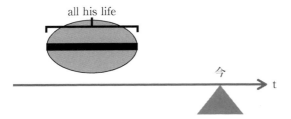

図15　(30a) Joe lived here all his life.

ているので，all his life は「生まれてこのかたずっと」という意味となる．

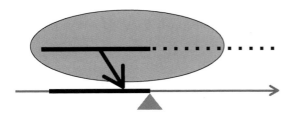

図16　(30b) He has lived here all his life.

これは，現在完了形が，「何らかの点で過去分詞の表すプロセスが認知主体の現況に意味を持っていること」を表すからである．同様に，(31)は，「今水道本管が壊れた影響を受けた（水道が使えない等の）状態にあること」を相手に伝える．

(31) The water main has broken!

現在完了形が最も「完了」形らしいのは，完結点が明瞭な達成タイプのときである．

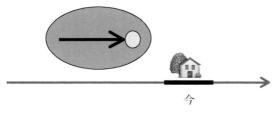

図17　(32a) He has built the house.

プロセスの完了した結果として「家」が存在し，彼には少なくともその家を完成させたことで得た何か（知識や経験等）があるだろう．これが(32b)のように現在完了進行形になると，工事は未完了なので，(32a)と(32b)とでは大違いだ．3.2で見たように，達成タイプの進行形の場合，完成を目指して意思決定しただけの場合もある．その結果として伝えうるのはとりあえず何がしかのことを

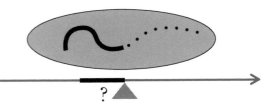

図18　(32b) He has been building the house.

したことだけで図18のようにまだ漠然としている．それに対し，(33a, b)のような活動タイプには，そもそも完了点という概念がなく，進行形でも教育経験は実現している．(33a)は図19(a)のように教えたのは過去のことの場合もあれば，(b)のように今も続いている場合もあり，後者の方がやや優勢である．それゆえ当然今も teaching が継続中である(33b)は図19(c)の様に描くことができ，(33a)と(33b)との間にあまり大きな違いを感じないことが多い．

(33a) She has taught English for five years.
(33b) She has been teaching English for five years.

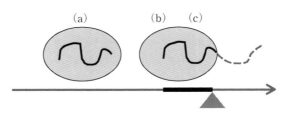

図19　活動タイプの完了形

(33a)が「今まで続く5年間」の意で使われることがより優勢なのは，現在完了形が「主語が現在保持している教育実績の話」をしている場合などである．昔取った杵柄という意味でもいいが，いつのことかわからない経験より，現職の方が現在の状態にとって意味のあることが多いからである．(33b)の方はどちらかと言えば「続いていること」の方に重心があるが，やはり，これまでの知識獲得や経験の積み重ねという活動実績の結果と，それが未来へ継続しその途中にあることを表している．

現在完了（進行）形が全体では結果状態を表すということは，活動タイプと達成タイプのもう一つの違いにも関わってくる．単なる writing letters 自体は活動と認識可能だが，目的語が明確

な(34a)は，達成タイプに属するという認識は案外と重要である．

(34a) She has written five letters.

(34a)は「5通の手紙を完成させたこと」と何らかの因果関係にある結果状態を今現在問題にできる．一方(34b)は，5通の手紙の完成に向け何かが進んではいるが，結果は漠としているため不自然である．

(34b) ??She has been writing five letters.

(34b)の場合，まだ1通目に"Dear Sue,"などと書き始めたばかりの場合もありうる．完成点に向かっているだけなので，「意思決定をした直後」という局面まで拡大して含めることも不可能ではない．すなわち，手紙に対する返事などの結果が期待できる状況にはなっていない．5通仕上げて出したことが前提にあれば，それに対する結果である返事が期待可能であるので(35a)は問題ないが，(35b)は前後のつながりが理解できない文になってしまう．

(35a) Sue has written five letters to Joe, but she has received no reply.

(35b) *Sue has been writing five letters to Joe, but she has received no reply.

(34b)自体も，結果何を言いたいか非常にわかりづらく，このパターンが使われることはまれである．もし多少でもあり得るとすれば，(36a, b)等のように，頻度と期間が補われるか，文脈や会話の参加者の間で，そういった了解がある，すなわち活動タイプの特殊な解釈が可能な場合だろう．

(36a) She has been writing five letters a day for the past ten years.

(37b) She has been writing many letters to the government over the last five years.

まとめと展望

①アスペクトは，英語では，名詞の可算性と相似概念で捉えることができ，英語の基盤構文の意味に深く関わっている．

②現在形 He {lives/is living/has lived} in London はすべて全体で imperfective プロセスを表し，発話時現在で成り立っている．

③V-ing や過去分詞は，時間の要素が捨象され時制には関わらないが，それらのアスペクトは様々な形で現在形諸現象と相互に作用し合いつつ，意味を形成している．

認知文法は，英語時制現象の説明に画期的な提案をしてきた．無論議論には決着していないところもまだまだ山積している．これを基盤として，英語自体および英語以外の言語における時制とアスペクトの更なる分析展開が望まれる．

▶注

1　詳細については，歴史言語学と認知言語学の節(4A.3)を参照されたい．

2　(20b)や(20c)については，かなり口語的な響きがあること，書き言葉としては，少なくとも意識の上では容認しない人々も少なくないことは認識していなければならないが，それについては歴史言語学と認知言語学の節(4A.3)を参照されたい．

▶重要な文献

Allan, K. 1980 Nouns and Countability. *Language* 56(3): 541-67.
　名詞の可算性について豊富な例とともに詳しく考察した論文で，認知文法の優位性がわかる．

Comrie, B. 1976 *Aspect*, Cambridge Univ. Press, Cambridge.
　一般的には最もよく知られたアスペクト研究書．

Langacker, R. W. 1987 Nouns and Verbs. *Language* 63 (1): 53-94.
　名詞の可算性と動詞の完結性を有界性を軸に最もわかりやすく記述した古典的論文．

Filip, H. 2012 Lexical Aspect. In Binnick, R. I. (ed.) *Tense and Aspect*, Oxford Univ. Press, Oxford, pp.721-51.
　アリストテレスからの西洋哲学におけるアスペクト識別の歴史，perfective（完結的）という用語が対応する微妙に異なる概念解説，時制形式との多様な関係等について短くわかりやすくまとめている．

Vendler, Z. 1967 *Linguistics and Philosophy*, Cornell Univ. Press, Ithaca.
　英語に関するアスペクト考察の萌芽期の古典的研究書．

▶文　献

Allan, K. 1980 Nouns and Countability. *Language* 56(3): 541-67.

Comrie, B. 1976 *Aspect*, Cambridge Univ. Press, Cambridge.

Filip, H. 2012 Lexical Aspect. In Binnick, R. I. (ed.) *Tense and Aspect*, Oxford Univ. Press, Oxford, pp.721-51.

Higuchi, M. 2019 Habitual Progressive and Stativity. 『認知言語学研究』4: 12-34

Langacker, R. W. 1987 Nouns and Verbs. *Language* 63 (1): 53-94.

Langacker, R. W. 2008 *Cognitive Grammar: A Basic Introduction*, Oxford Univ. Press, Oxford. [山梨正明 (監訳) 2011 『認知文法論序説』研究社.]

Smith, C. S. 1991 *The Parameter of Aspect*, Kluwer Academic Publishers, Dordrecht/Boston/London.

Vendler, Z. 1967 *Linguistics and Philosophy*, Cornell Univ. Press, Ithaca.

Wolfson, N. 1982 *The Conversational Historical Present in American English Narrative*, Foris Publication, Dordrecht.

4C.3		C 創造性と表現

格と認知言語学

伊藤健人

 格(case)とは,文中での形態的・統語的あるいは意味的な働きに対応した名詞や代名詞の形態変化を指す文法カテゴリーである.しかし,その扱いは,形態的,統語的,意味的な広範囲の言語現象に関わり,理論的な枠組みごとに,また,言語観により多様である.例えば,形態論的な観点では,主格,対格など形態的な語形を標示するものとして,主語,目的語などの文法関係との関わりで扱われる.また,意味論的な観点からは,「動作主」(agent),「道具」(instrument)など文中での名詞句の意味的な役割に関わるものとして扱われる.しかし,特に格の意味に関わる「意味役割」(semantic role)は曖昧なまま使われており,また,形式に関わる形態格との多様な対応関係をどう捉えるかなど,未解決の問題も少なくない.ここでは,それらの問題が認知言語学の考え方によってどのように解決できるかを述べていく.

1. 従来の「格」の見方

 言語学の文脈において,「格」は実に多様な意味で使われている.「格」の形態的な問題は「形態格」(morphological case)として,また,意味的な問題は「意味役割(semantic role)／深層格(deep case)」として扱われてきた.ここでは,この形態格と意味役割について見ていく.

▶ 1.1 形態格

 伝統的な意味では,「格」とは,主に屈折による語形変化としての「形態格」を指し,その種類(形態格の種類)としては,**主格**(nominative case),**対格**(accusative case),**与格**(dative case),**奪格**(ablative case),**属格**(genitive case),**呼格**(vocative case),**所格**(locative case),**具格**(instrumental case)などが挙げられる.

 このような形態格の標示は,狭義には屈折語的な語形変化によるものを言うが,広義には接辞や前・後置詞の付加による膠着語的なものを含む.例えば,1人称の主格／対格／属格(所有格)は,英語では屈折語的に I ／ me ／ my のように語形変化そのもので区別され,日本語では「私が／私を／私の」のように名詞自体の語形変化ではなく,後置詞である格助詞の付加によって膠着語的に標示される.ただし,英語では,屈折語的な語形変化は代名詞の主格,対格,属格の三つの形態格にしか残っておらず,teacher や John のような一般名詞や固有名詞には認められない.例えば,「The teacher(主格)met John(対格)」と「John(主格)met the teacher(対格)」では,主語となる主格名詞と目的語となる対格名詞がそれぞれ同じ形態となっている.ただし,名詞でも属格(所有格)だけは接尾辞「's」の付加により膠着語的に The teacher's や John's のような形態で標示される.

 これに対し,日本語では,名詞句に後置詞である格助詞が付加することによって形態的に標示される.例えば,「友人がレストランで私にプレゼントをくれた.」では,主格は「友人が」,所格は「レストランで」,与格は「私に」,対格は「プレゼントを」のように標示される.特に日本語研究では,名詞句に格助詞「が」が付加した後置詞句を,その形態に注目し,「ガ格名詞句」または簡略化して「**ガ格**」,名詞句に格助詞「を」が付加した**後置詞句**を「ヲ格名詞句」または「**ヲ格**」(その他も同様に与格を「**二格**」,奪格を「**カラ格**」,所格を「**デ格または二格**」,具格を「**デ格**」など)と呼ぶ場合も多い.

 形態格は,具体的に音声や文字で知覚することが可能であり,形態的な側面を重視する言語研究では古くから用いられてきた用語と言える.しかし,見落としてはならないのは,形態格は,単に言語の表層的な側面に関わっているだけではなく,当該の文の文法関係や意味解釈と切り離して理解

することはできないという点である．+確かに，日本語では多くの場合，主格（ガ格）は主語を，対格（ヲ格）は目的語を標示すると言えるが，そのような形態格としての標示機能は文中での統語的・意味的な機能と必ずしも固定的に一対一で対応しているわけではなく，文中での統語的・意味的な側面に大きく関わっている．例えば，「消防署｛が／で｝現場の状況を詳しく調査している」では，主語は具格（デ格）でも標示でき，「幼稚園児にこんなに難しい漢字が読めるわけがない」では，与格（ニ格）が主語を標示し，主格（ガ格）が目的語を標示している．このように，形態格は，話者が関わる様々な事象を解釈して意味づけ，記号化した文構造や意味解釈の結果として現れるものであり，他の文法カテゴリーと独立した単なる形態的な現れではないと言える．

▶ 1.2 意味役割

ここでは，「格」の意味に関わる「**意味役割**」について見ていく．意味役割とは，述語動詞に対して名詞句が担う意味的な役割を言うもので，「格」を意味的な観点から見るものである．意味役割と同様の概念は，「**深層格**」（deep case），「**主題関係**」（thematic relation）など様々あるが，以下では，統一して意味役割と呼ぶこととする．

意味役割は言語の深層的・意味的な側面と関わっているという点において，言語の表層的・形式的な側面と関わる形態格とは大きく異なる．このような形態格と意味役割の区別を明確にしたフィルモア（Fillmore Charles J.）の「**格文法**」（case grammar）を取り上げ，意味役割について詳しく見ていく．なお，フィルモア（1968, 1971）では，深層格という用語が用いられているが，ここでは意味役割とする．

文中の名詞句の意味的な役割は，文法関係上は同じく主語や目的語であっても，それぞれの意味的な役割が異なる場合がある．例えば，(1a-c)の下線部は，いずれも主語であるが，それぞれの文中での意味的な役割は異なり，(1a)のJohnは意図的に行為を行なう[**動作主**]，(1b)のthis keyは行為に用いられる[**道具**]，(1c)のthe doorは行為を受けて変化する[**対象**（object）]という意味役割をそれぞれ担っている．

(1) a. John [動作主] opened the door with this

key.（ジョンがこの鍵でドアを開けた）
b. This key [道具] opened the door.（この鍵がドアを開けた）
c. The door [対象] opened.（ドアが開いた）

主語や目的語といった文法関係は，名詞句の文中での構造的な働きを規定することはできるが，意味的な役割を規定することはできない．

このような問題に対して，フィルモアの格文法では，動詞openは共通の意味役割を持ち，（それらが当時の生成文法の変形操作によって，）異なる形態格（フィルモア（1968）では「**表層格**」（surface case）とされる）として文に現れると考えた．(1)の例の動詞openは，(2a)のような意味役割の組合せである「**格枠／格フレーム**」（case frame）を持ち，これが，(2b)のような主語の選択制限に関わる「**格階層規則**」（case frame）によって，それぞれ(1a-c)のような文として現れるとした．

(2) a. open の格枠：[__ 対象 ＋（道具）＋（動作主）]
b. 格階層規則：動作主＞道具＞対象

(2a)の格枠は，左端の__が特定の動詞（上記の場合，open）を示し，[対象]，[道具]，[動作主]はその動詞がとる意味役割を表している．その意味役割のうち，[対象]は義務的に文に現れるが，（　）の中にある[道具]と[動作主]は随意的で必ずしも文に現れないことを示している．さらに，意味役割は(2b)のような「格階層規則」を持つとされ，この階層に従って，左側から順に主語になる意味役割の優先順序が規定された．

意味役割は，述語との客観的・論理的な関係において，当該の文の名詞句の意味的な役割を担うものであり，様々な文の間における個々の差異（例えば，Johnがthe studentでも，openがbreakでもなど）を超えて言い換えられる文の相互の共通性・同意性を規定しようとするものである．したがって，(3a-c)のように，異なる文の間の共通性が，[動作主]，[道具]，[対象]という意味役割で扱えるようになった．

(3) a. John [動作主] opened the door [対象] with this key [道具].
b. This key [道具] opened the door [対象].
c. The door [対象] opened.

意味役割は，複数の文の間の真理条件的な意味

での対応関係や同意関係を理解するのに有用であり，また，述語の意味的な特性を，深層枠の組合せ（格枠）によって想定することができるという利点がある．しかし，明確な定義がないため，その種類や数が定まらず共通の目録ないしはリストとなるものが存在しないという問題がある．2.3ではこの問題を含め，「格」に関する課題を整理する．

▶ 1.3 従来の「格」に関する課題

ここでは，これまでのまとめとして，3点の「格」に関する課題を指摘したい．これらは，大きく二つに分けられる．課題の1点目は意味役割そのものについてであり，課題の2点目と3点目は意味役割と形態格の双方に関わるものである．

課題の1点目は，「意味役割の種類や数が定まらないことをどうか考えるか」である．意味役割は，多くの言語研究で用いられてはいるが，その名称は統一されておらず，どのような種類のものがいくつあるのか，それらをどのような基準で設定するかは，共通理解を得ていない．格文法を提案したフィルモア自身の意味役割（フィルモアの言う深層格）も，フィルモア（1968）では6種類（動作主格，具格，与格，果格，位置格，対象格）であったが，フィルモア（1971）では与格と結果格の二つを削除し，経験者格，起点格，着点格，時間格の四つを加えて，8種類（動作主格，経験者格，道具格，対象格，起点格，着点格，位置格，時間格）に改められている．また，日本語学においても，仁田（1993）では8種類，石綿（1999）では24種類，国立国語研究所（1997）では35種類，小泉（2007）では40種類と，名称も種類も数も一様でない．

意味役割の種類と数が定まらない要因としては，定義や設定基準が曖昧であることがまず挙げられるが，それだけではなく，意味役割という概念を使って何をするかという言語研究の目的や手法による違いも関わっている．例えば，生成文法のような統語論を研究の中心に据えた言語研究では，意味は統語構造の説明に用いる真理条件的なもので十分であり，意味役割は述語の「**項構造**」（argument structure）の区別に必要な最低限のものがあればよい．一方，日本語教育や英語教育などの言語教育への応用を目指す文法，あるいは，

言語使用の実態を広範に扱う記述文法では，用法レベルの細かな区別が必要となる．同じ言語研究でも，真理条件的な論理関係を扱うには，意味役割の数は少ない方が都合が良く，形態格の違いに対応した文の意味の違いや相互の関わりや繋がりを扱うには，多くの意味役割が用意されていた方が便利であろう．意味役割の種類と数が定まらないのは，このような研究上の立場の違いも要因と言え，特に，言語教育のための文法や記述的な文法には，意味役割の種類や数が過剰に生成される傾向が見られる．

次に，意味役割と形態格との双方に関わるものとして，課題の2点目「一つの形態格が複数の意味役割を標示する場合，それらの意味役割の関係をどう考えるか」と，課題の3点目「一つの意味役割の標示に関わる形態格が複数ある場合，それらの形態格の違いをどう考えるか」について順に見ていく．

フィルモアの格文法では，一つの名詞句には一つの意味役割（深層格という意味での格）のみが与えられる，という「**一名詞句一格**（one case per noun phrase）**の原則**」が示された．それ以来，理論的枠組みを問わず多くの言語研究において「格」を論じる際，暗黙のうちにこの原則が前提とされてきた．しかし，実際の文には，同じ一つの形態格が異なる複数の意味役割に解釈される例は少なくない．山梨（1994）は，例えば，「彼女はハンケチに顔を隠した」の「ハンケチに」は顔がハンケチに移動したという点からは［着点］と考えられるが，顔を隠すための［道具］としても解釈できるとし，この二つのどちらかだけに限定されるわけではないと述べている．そして，意味役割は単一の役割を持つことが前提となっているが，厳密には単一の意味役割として把握することが困難な事例があると指摘している（山梨1994）．この種の事例は，山梨（1994ほか）や仁田（1993ほか）で「**格のゆらぎ**」と呼ばれ，以下に示すように多くの類例がある．（4）は，ニ格で標示される一つの名詞句が，それぞれ複数の意味役割として解釈可能であることを，また，（5）は，同じ一つの意味役割が複数の形態格を伴う名詞句で標示可能あることを示している．

（4）a. <u>布団に</u>［場所・道具］くるまる．

b. 部長の自慢話に［原因・対象］うんざりする.

c. 魚を三枚に［様態・結果］おろす.

(5) a. ちょっとした勘違い｜で／から｜［原因］二人の間に大きな軋轢が生じた.

b. 私｜が／から｜［動作主］欠席者に次回の日程を知らせておきます.

(4a)は, くるまるために使う物としての［道具］と, くるまるところとしての［場所］の二つの意味役割が関わり, どちらか一つだけには限定できない. (4b)では, うんざりするという心理的作用の向かう［対象］と, その心理的作用が引き起こされた［原因］の二つが, (4c)では, おろし方としての［様態］と, おろすことで生じる変化としての［結果］の両面が同等に関係している. また, (5a)では, 同じ意味役割である［原因］が異なる二つの形態格, デ格とカラ格で標示されており, (5b)では, ［動作主］がガ格とカラ格で標示されている.

このような例から, 「一名詞句一格の原則」には該当しない例があることがわかる. しかしながら, (6)のように, 意味役割はいつでも複数の解釈が可能なわけではなく, また, 一つの意味役割がいつでも複数の形態格で標示できるわけでもない.

(6) a. インフルエンザで［原因］／*［対象］／*［着点］会社を休んだ.

b. *インフルエンザ｜で／*から｜［原因］会社を休んだ.

(6a)の「インフルエンザで」の解釈は［原因］だけであり, ［対象］や［着点］など他の意味役割にはなりえない. また, (6b)の［原因］がカラ格で標示できないように, 一般的には, ［原因］はデ格で標示される. したがって, 「一名詞句一格の原則」は, (4)や(5)のような原則に反する例はあるが, 必ずしも誤りであるとは言えない.

これらを踏まえたうえで, 「格」に関して検討すべきは, 「一名詞句一格の原則」にはそぐわない例をどう考えるということである. すなわち, (4)のような一つの形態格が複数の意味役割を標示する場合のそれぞれの意味役割の関係をどう考えるか, また, (5)のような一つの意味役割の標示に関わる形態格が複数ある場合の形態格の違いをどう考えるかが大きな課題となる. 仮に, 「一名詞句一格の

原則」を堅持しようとすれば, 複数の解釈にまたがるものも一つの意味役割として扱う方法が取られ, 例えば, (4a)の「布団に」は, ［道具］とも［場所］とも異なる［道具的場所］などの新たな意味役割を設定することになろう. しかし, この方法では, 意味役割［A］と［B］のように複数の意味役割が関わるたびに, ［A的B］または［B的A］のような複合的な意味役割か, ［C］のような全く別の意味役割を, その都度, 新たに設定しなければならなくなる. その結果, **意味役割の過剰生成**を招く要因となり, 上で挙げた課題の1点目である意味役割の種類や数が定まらないこととも関わってくる.

以上をまとめると, 「格」に関する解決すべき課題として以下の3点が挙げられる.

(6)「格」に関する課題
①意味役割の種類や数が定まらないことをどうか考えるか.
②一つの形態格が複数の意味役割を標示する場合, それらの意味役割の関係をどう考えるか.
③一つの意味役割の標示に関わる形態格が複数ある場合, それらの形態格の違いをどう考えるか.

以下では, これらの「格」に関する課題が認知言語学の考え方でどう解決できるのかを論じていく.

2. 認知言語学における「格」の捉え方

ここでは「格」に関する3点の課題が認知言語学的アプローチによって解決できることを示していく. 特に, キーとなるのは, 「解釈／捉え方／事態把握」(construal), 「プロトタイプ・カテゴリー」(prototype category), 「意味と形式の一対一対応」(one-to-one correspondence between mean-ing and form) である.

▶ 2.1 「格」の解釈／捉え方

まず, 「格」の課題①「意味役割の種類や数が定まらないことをどうか考えるか」から考えていくが, その前に, 認知言語学における意味の見方を概観する.

認知言語学では, 「意味とは概念化である」という「**概念主義**」(conceptualism) の立場をとり, 視点, 文脈を取り入れた主観的な「**解釈／捉え方**」

を重視する．この「解釈」は，一般的な意味での解釈（interpretation）とは異なり，「把捉事態」（conceived situation）を分節し，意味のあるものとして構築していく創造的な営みを言う．したがって，言語表現には主体の「解釈」が反映されており，外部世界を主体的・主観的に意味づけていく主体の認知過程／プロセス（cognitive process）が反映されていると考える．この立場からは，語や文によって一義的・絶対的に決まると考えられている概念も，実際は，「解釈」に依存すると言える．「格」の意味に関わる意味役割も例外ではなく，「解釈」が違えば意味も違い，また形式も違ってくると考える．まさに菅井（2010）が指摘するように「意味役割は絶対的な存在ではなく，文脈の中で相対的に決まるものであり，複数の意味役割が部分的に重なるような関係にある」と言える．

したがって，認知言語学においては，意味役割の「解釈」（つまり意味）は，粗くも細かくも自在に伸縮しうるものとなる．それは，認知言語学では意味を「開いた」（open-ended）ものとして考えるからである．例えば，「イベント・スキーマ」（event schema）や「行為連鎖」（action chain），「因果連鎖」（causal chain）などを用いた「事象構造」（event structure）を論じる場合，意味役割は［動作主］，［対象］，［道具］など数少ないもので事足りる．一方，類義表現，多義構造，意味拡張などの解明を目的とする場合は，意味役割上は同じ［道具］であっても，典型的な［道具］である「太郎が筆ペンで年賀状を書いた」から，周辺的な［道具］である［手段］の「太郎がパソコンで年賀状を書いた」や［様態］の「太郎が手書きで年賀状を書いた」まで，様々な広がりを見せる．

このような立場に立つ認知言語学では，「格」に関する課題①については，意味は「開いた」もので，「格」の「解釈」（つまり意味）は自在に伸縮するため，意味役割の種類や数は固定せずに柔軟に捉えるべきである，という考え方がとられる[注1]．

しかしながら，認知言語学が「格」の意味の規定を放棄しているわけではない．山梨（1993, 1994 ほか）では，認知言語学の意味観に基づき，意味役割の規定に視点や文脈を複合的に取り入れ

た「認知格」（cognitive case）という概念が提案されている．真理条件的な意味関係によって客観的かつ一義的に規定される従来の意味役割とは異なり，「認知格」は概念主体の認知過程をダイナミックに反映するものとして「格」を捉えることで，格領域の柔軟な解釈が可能となる．また，認知格にはプロトタイプ理論が取り入れられており，「格」にはプロトタイプ的なものと非プロトタイプ的なものがあると見ている[注2]．この認知格の考え方を参考に，3.2 では，認知言語学では先の「格」の課題②をどう考えるかを，プロトタイプ理論との関わりで見ていく．

▶ 2.2 プロトタイプ・カテゴリーとしての「格」

ここでは，「格」に関する課題②で挙げた（4a）「布団に［場所・道具］くるまる．」のような例で，一つの形態格で標示される名詞句が複数の意味に解釈できる場合のそれぞれの関係について考える．結論から言えば，このような「格」が表す意味の**相互の重なり合い／オーバーラップ**は，古典的カテゴリーに基づく「格」の見方では規定に則さない"困った事例"であるが，認知言語学のプロトタイプ・カテゴリーに基づく「格」の見方からすると，それらの曖昧性が認められるのは"当然の事例"ということになる．

古典的なカテゴリー観に基づく従来の意味役割では，その成員はすべて同等の属性を持ちながらそのカテゴリーに同等に帰属するものであり，また，ある意味役割と他の意味役割とは明確な境界を持つと考えられてきた．「一名詞句一格の原則」もまた古典的カテゴリー観を根底に持つため，例えば，［道具］という意味役割は，そのカテゴリーの成員が同等に［道具］としての属性を持ち，また，［様態］や［場所］など，他の意味役割とは明確に区別できると考えられていた．

一方，認知言語学で広く取り入れられている**プロトタイプ・カテゴリー**では，中心的成員から周辺的成員まで，成員の典型性や帰属性に**段階性／勾配／グレイディエンス**（gradience）が認められ，かつ，他の**カテゴリーとの境界**は明確に区別できるとは限らないと考える[→ 3.2]．したがって，「格」が表す意味もプロトタイプ・カテゴリーを成しており，その周辺の領域には明確な境界

はなく，他のカテゴリーと相互に重なり合っていると考えられ，カテゴリーが重なり合う領域が同一の形態格によって標示される場合には，当然，複数に解釈されうると見るのである．

このようなプロトタイプ・カテゴリー観では，(8a,b) と (9a,b) のそれぞれの違いが自然に説明できる．(8a) は [道具] らしい [道具] だが，(8b) は [道具] とも [様態] とも解釈できる [道具] らしくない [道具] であり，また，(9a) は [場所] らしい [場所] だが，(9b) は [道具] とも解釈できる [場所] らしくない [場所] と言える．

(8) a. They fought against the enemy <u>with claymores</u>. [道具]（彼らは大刀で敵と戦った）

　　b. They fought against the enemy <u>with courage</u>. [道具・様態]（彼らは ¦勇気を持って／勇敢に¦ 敵と戦った）

(9) a. Two cats were sleeping <u>in the machine</u>. [場所]（二匹の猫が機械の中で眠っていた）

　　b. This dress washes <u>in the machine</u>. [場所・道具]（この服は ¦機械の中で／機械を使って¦ 洗える）

つまり，(8) で言えば，[道具] という「格」が表す意味のカテゴリーは，(8a) のような [道具] としての典型的事例を中心として，段階性を持ちながらカテゴリーの周辺へと向かい，(8b) のような周辺的事例では，[様態] のような他のカテゴリーの境界と重なり合うため，その領域にある事例は [道具] とも [様態] とも解釈できると言えるのである．

さらに山梨 (1995) を参考に with を伴う名詞句の例を見てみよう．(10)～(13) は，それぞれのカテゴリーの典型例であり，(10) は [道具]，(11) は [様態]，(12) は [原因]，(13) は [随伴] と，解釈は安定している．

(10) John broke it <u>with a hammer</u>. [道具]（ジョンはハンマーでそれを壊した）

(11) John solve the problem <u>with ease</u>. [様態]（ジョンはその問題を簡単に解決した）

(12) John was almost dying <u>with hunger</u>. [原因]（ジョンは空腹で死にそうだった）

(13) John went there <u>with his friend</u>. [随伴]（ジョンは友人とそこに行った）

一方，(14)～(16) のような事例の解釈は重なり合う領域にあり，「格のゆらぎ」が認められる．

(14) They fought against the enemy <u>with courage</u>. [道具・様態]（彼らは ¦勇気を持って／勇敢に¦ 敵と戦った）

(15) Our boss said <u>with frown</u>. [様態・原因]（上司は ¦しかめっ面で／不機嫌そうに¦ 言った）

(16) The leaves are wet <u>with dew</u>. [原因・随伴]（葉が露で濡れている／葉に露が付いて湿っている）

(14) は [道具] と [様態] が，(15) は [様態] と [原因] が，(16) は [原因] と [随伴] が重なり合っている．このような「格のゆらぎ」に対し，山梨 (1995) は，ある格のカテゴリーと他のカテゴリーとの間で解釈がゆれ，一律に一つのカテゴリーによって解釈できない事例は，プロトタイプとしての格の解釈と段階性をなすかたちで相対的に規定されると述べている．

これらの例からわかることは，with を伴う名詞句は，[道具]，[様態]，[原因]，[随伴] の四つの典型的な事例だけでなく，[道具・様態]，[様態・原因]，[原因・随伴] のように，カテゴリーの境界が重なり合う領域にある事例まで幅を持った標示に関わっているということである．さらに，先の (8a, b) の [場所] と [道具] が重なり合う事例を含めると，「場所・道具・様態・原因・随伴」の関係には，以下のような「格」のカテゴリー相互の重なり合いが認められる．(17a-i) の例文は，斜体で示した (17a, c, e, g, i) がそれぞれのカテゴリーの典型的な事例であり，太字で示した例文 (17b, d, f, h) が二つのカテゴリーが重なり合う領域に位置づけられる事例である（図1）^{注3}．[注3]

さて，(17) は，「格」の意味的な側面だけでなく，形態的な側面でも興味深い特徴を示している．意味役割としての [道具] に限定してみれば，(17c) の with a hammer が典型的な [道具] を標示しているのに対し，(17d) の with courage は [道具] と [様態] が重なり合う意味を，(17b) の in the machine は [道具] と [場所] が重なり合う意味を標示している．このように，同じ [道具] の標示に，in と with という異なる形態格が用いられる現象は，「格」に関する課題③に関わる．次の 2.3 では，本節の最後の考察としてこの問題を取り上げる．

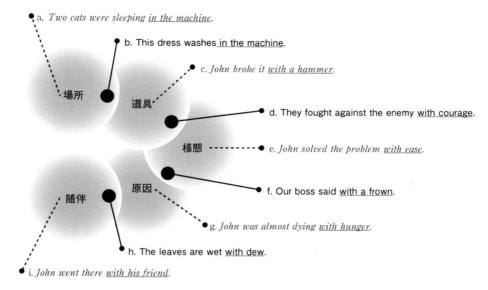

図1 (17)「格」カテゴリーの重なり合いと「格のゆらぎ」

▶ 2.3 「格」の意味と形式の関わり

最後に「格」に関する課題③である「一つの意味役割の標示に関わる形態格が複数ある場合,それらの形態格の違いをどう考えるか」について考える. 認知言語学では,例えば,先の(5a)のように［原因］がデ格でもカラ格でも標示される場合,それらは「異なる意味（解釈）を持つ」と考える. 認知言語学では,「**意味と形式の一対一対応**」という基本原則が広く受け入れられているからである. これは,「形式が同じであれば意味も同じであり,形式が違えば意味も異なる」というもので,「ボリンジャーの原則」とも呼ばれる（Bolinger 1977). この原則に立てば,意味役割としては同じく［原因］とされるものでも,デ格,カラ格,あるいは,by 〜, with 〜などのように形態格が異なれば,意味,すなわち,「解釈」も異なるということになる.

この場合,重要な役割を果たすのは,形式,すなわち,形態格の持つ意味である. 意味役割と形態格と実際の「解釈」という三者の関係は,形態格が同じであれば,意味役割が違っても,「解釈」に共通性が認められるということであり,また,同じ意味役割でも,形態格が違えば,「解釈」が違うということである. 具体的に,「格」の課題③で挙げた(5a, b)を, (18)と(19)として再掲して考えていこう.

(18) <u>ちょっとした勘違い｛で／から｝</u>［原因］二人の間に大きな軋轢が生じた.（= 5a)

(19) <u>私｛が／から｝</u>［動作主］欠席者に次回の日程を知らせておきます.（= 5b)

まず,形態格が同じであれば,意味役割が違っても,「解釈」に共通性が認められるということについて考える. (18)と(19)のそれぞれの下線部は, (18)は［原因］, (19)は［動作主］と異なる意味役割として理解される. しかし,いずれもカラ格という同じ形態格で標示されるのは,両者に「起点性」という意味の共通性があるからである. 共通する「起点性」とは, (18)では［原因］の持つ,一連の出来事の発端になるような因果関係の「起点性」であり, (19)では［動作主］の持つ,情報伝達や働きかけのような行為の「起点性」である. この両者に共通する「起点性」があるからこそ,意味役割の違いを越えて,それぞれにカラ格が用いられるのである.

次に,同じ意味役割でも,形態格が違えば,「解釈」が違うということについて考える. (18)では,同じ［原因］でも,デ格とカラ格という形態格の違いによって,原因の切り取り方,「解釈」のしかたが異なっている. デ格が結果に直結するような,一般的で直接的・明示的な原因をプロファイルするのに対し,カラ格は一連の出来事の発端になるような非直接的・非明示的な原因（遠因とも呼ばれる）をプロファイルしている. したがって,原因が直接的・明示的な場合は,カラ格で

は標示できない．

(20) a. インフルエンザ ｛で／*から｝ 会社を休んだ．（＝6b）
b. 暴風雨 ｛で／*から｝ 屋根が飛ばされた．

また，(19)については，意図的な行為の主体という一般的な［動作主］を特別な意味を付加せずに標示するガ格に対し，カラ格による標示では，行為の意図性よりも情報伝達や働きかけのような行為の起点性をプロファイルしている．そのため，カラ格による［動作主］の標示には述語動詞の制約があり，「知らせる／伝える／連絡する」のような情報伝達に関わる動詞や，「励ます／ほめる／しかる／注意する」などの対人的な働きかけに関わる動詞に限定される．したがって，そのような意味を持たない一般的な動作を表す動詞の文ではカラ格は現れない．

(21) 家族のみんな ｛が／*から｝ 晩ご飯を食べている．
b. 多くの学生たち ｛が／*から｝ 図書館でレポートを書いている．
c. コーチと選手 ｛が／*から｝ 次戦の作戦を話し合っている．

このような例から，同じ意味役割が異なる形態格で標示される現象は単なる形態の違いではなく，意味役割の上では同義関係にあるものに対して形態格が持つ固有の意味を加味し，文全体の意味の解釈に差異を与えているということがわかる．菅井（2005）は，形態格を与えるということは，意味役割を形式的に保証するということではなく，事象の中から特定の側面をプロファイルする操作であると述べている．そして，形態格は，意味役割を具現するために標示されるというより，事象の中からプロファイルする側面を切り取る操作を支援し，同時に，切り取り方を規制すると指摘している（菅井 2005）注4．上記の例は，この指摘を例証するものと言えよう．

まとめと展望

まず，これまでの主な議論を振り返る．1.での導入に続き，2.では，これまでの「格」の見方として，2.1で「形態格」，2.2で「意味役割」を概観したのち，2.3では従来の格に関する課題を3点挙げた．そして，それらの課題を認知言語学では

どう解決するかを3.で述べた．まず，3.1では概念主義に基づいた意味の解釈／捉え方からは，「格」の意味は「開いた」ものであるため，意味役割の種類や数はむしろ固定せず柔軟に捉えるべきであるという考え方を示した．続く，3.2では，プロトタイプ・カテゴリーの観点から，いわゆる「格のゆらぎ」について考察した．「格」はプロトタイプ・カテゴリーをなしており，周辺の領域では他のカテゴリーと相互に重なり合っている．「格のゆらぎ」は，そのようなカテゴリーが重なり合う領域において見られる現象であることを例証した．そして，3.3では，「格」の意味と形式に焦点を当て，特に，形態格が持つ意味と，それによって切り取られる意味について考察した．従来，形態格は形態的・構造的な標識として見られてきたが，「意味と形式の一対一対応」の原則からすれば，形式の異同は意味解釈の異同と関わるはずである．そして，実際の例から，意味役割が違っても，形態格が同じであれば，「解釈」に共通性が認められ，反対に，同じ意味役割でも，形態格が違えば，解釈が違うということを例証した．

最後に，「格」に関する今後の課題として，3.3で考察した問題をさらに発展させ，「格」の形式と意味の体系化が挙げられる．意味役割の代表的なものとしては，［動作主］，［経験者］，［対象］，［道具］，［原因］，［場所］，［位置］，［起点］，［着点］，［経路］が挙げられる（ここでの［場所］は「公園で遊ぶ」のような動作を行なう空間，［位置］は「机の上に（本がある）」のようなものが存在する空間を指す）．形態格が格助詞によって把握しやすい日本語で考えると，それぞれの形態格が標示可能な意味役割の対応関係は表1のようにまとめられる（◎は典型的なもの，○はよく用いられるもの，△はまれに用いられるもの，空欄は標示できないものを表す）．

ここから以下の二つの興味深い問題が見えてくる．

形態格は，基本的に複数の意味役割の標示に関わっているが，それら複数の意味役割と均等に関わっているのではなく，それぞれの形態格が標示する意味役割には主要なものと補助的なものとがある．例えば，カラ格が標示する意味役割の中では，［起点］が主要なものであり，［動作主］と

表1 意味役割と日本語の形態格の対応

形態格	動作主	経験者	対象	道具	原因	場所	位置	起点	着点	経路
ガ格	◎	○	○		△					
ヲ格			◎					△		◎
ニ格	△	◎	△			○	◎		◎	
カラ格	○				○			◎		
デ格	○			◎	◎	◎				

［原因］が補助的なものと言える．なぜなら，［動作主］はガ格が標示する意味役割の主要なものであり，［原因］はデ格の主要なものだからである．それらの中で，特に，ニ格とデ格は三つの意味役割の代表的な標示を担っている．これは何を意味しているのだろうか．

一方，意味役割は，基本的にその標示を代表する一つの形態格を持ち，それに加えていくつかの他の形態格を持つものもある．例えば，［対象］の標示を代表するのはヲ格で，ガ格とニ格での標示も可能であるが，種々の制約や条件がある．それらの中で，特に，［動作主］と［原因］は四つ，［対象］は三つと，多くの形態格で標示される．これは何を意味しているのであろうか．

これらの問題を糸口に，形態格の持つ意味を重視した格標示の仕組み，形態格によって切り取られる意味役割どうしの関わり，そしてこれらの解明に加えて，「格」の形式と意味の相互の関わりを体系化していくことが期待される[注5]．

▶注

1 意味役割の議論は，生成文法の特に GB 理論の時代には盛んであったが，認知言語学全体ではそれほど大きな議論にならないのは，このような意味観によるためであろう．
2 山梨（1993, 1994 ほか）では，「認知格」モデルにより，「格」の意味解釈のゆらぎ，プロトタイプと帰属性，他の「格」のカテゴリーとの重なり／オーバーラップなどの様々な問題を考察している．
3 「格」カテゴリーの重なりや連続性は，(4) で見た日本語のニ格の事例にも見られる．［様態］，［結果］，［着点］，［原因］，［対象］の五つのカテゴリーは以下のように重なり合い，それぞれが重なり合う領域に，①〜④のような例が位置すると言える．

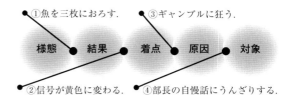

4 菅井 (2005) では，ヲ格，カラ格，ニ格，デ格のそれぞれの形態格に固有の意味を認めて，いわゆる用法とされるものに近い意味役割の差異と共通性について分析している．また，菅井 (2008) では，より積極的に形態格の意味を認め，形態格という明確に実体を持つ言語単位に一次的な意味を求め，意味役割を形態格の意味の副次的なものと位置づける，という考え方を導入している (菅井 2008)．
5 「格」の形式と意味の体系的な問題を正面から扱った論考としては，山梨 (1993, 1994, 1995)，菅井 (2005, 2008, 2010) などが挙げられる．また，森山 (2008)，伊藤 (2008) は，日本語の格助詞の用法，格助詞と動詞の意味の関わり，構文の形式と意味などの議論が中心であるが，それらとの関連で「格」の形式と意味について言及している．

▶重要な文献

Fillmore, C. J. 1968 The Case for Case. In Bach, E. and R. T. Harms (eds.) *Universals in Linguistic Theory*, Holt, Rinehart and Winston, New York, pp.1-88.
　言語の形式的な側面と関わる「表層格」と意味的な側面と関わる「深層格」の区別を明確にし，格文法（case grammar）を提唱した．

山梨正明 1994「日常言語の認知格モデル(1)-(12)」『言語』23（1〜12月号連載）.
　単一の意味役割として把握することが難しい事例（「格のゆらぎ」）があることを指摘し，「認知格」（cognitive case）を提案している．

菅井三実 2005「格の体系的意味分析と分節機能」『認知言語学論考』4: 95-131.
　日本語のヲ格，カラ格，ニ格，デ格の形態格に固有の意味を認め，「格」が認知的にどのような機能を担うかを分析している．

▶文　献

Bolinger, D. 1977 *Form and Meaning*, Longman, London.〔中右実（訳）1981『意味と形』こびあん書房.〕

Dowty, D. R. 1991 Thematic Proto-roles and Argument Selection. *Language* 67(3): 547-619.

Fillmore, C. J. 1968 The Case for Case. In Bach, E. and R. T. Harms（eds.）*Universals in Linguistic Theory*, Holt, Rinehart and Winston, New York, pp.1-88.

Fillmore, C. J. 1971 *Some Problems for Case Grammar*（Georgetown University Monograph Series on Language and Linguistics 24），Georgetown Univ. Press, Washington D. C., pp.35-56.

石綿敏雄 1999『現代言語理論と格』ひつじ書房.

伊藤健人 2008『イメージ・スキーマに基づく格パターン構文』ひつじ書房.

小泉保 2007『日本語の格と文型―結合価理論にもとづく新提案』大修館書店.

国立国語研究所 1997『日本語における表層格と深層格の対応関係』（国立国語研究所報告 113）三省堂.

森山新 2008『認知言語学から見た日本語格助詞の意味構造と習得』ひつじ書房.

日本語記述文法研究会 2009『現代日本語文法 2』くろしお出版.

仁田義雄 1993「日本語の格を求めて」仁田義雄（編）『日本語の格をめぐって』くろしお出版，pp.1-38.

仁田義雄 1995「格のゆらぎ」『言語』24(11): 20-7.

菅井三実 2005「格の体系的意味分析と分節機能」『認知言語学論考』4: 95-131.

菅井三実 2008「現代日本語における格の体系化と認知的分節機能」『日本認知言語学会論文集』8: 137-46.

菅井三実 2010「意味役割」澤田治美（編）『語・文と文法カテゴリーの意味』（ひつじ意味論講座 1）ひつじ書房，pp.133-51.

山梨正明 1983「格文法理論」安井稔ほか『意味論』（英語学大系 5）大修館書店，pp.467-547.

山梨正明 1993「格の複合スキーマモデル―格解釈のゆらぎと認知のメカニズム」仁田義雄（編）『日本語の格をめぐって』くろしお出版，pp.39-66.

山梨正明 1994「日常言語の認知格モデル(1)-(12)」『言語』23（1〜12月号連載）.

山梨正明 1995『認知文法論』ひつじ書房.

＝＝コラム 37　他動性＝＝　　　　　　　　　　　　　　　　　　　＝大谷直輝＝

　伝統的な文法理論において動詞は自動詞と他動詞に大別されます．自動詞と他動詞の区別は，一つの動詞に結合する名詞句の数である**結合価**（valency）と密接な関係があります．つまり，結合価が 1 の動詞が自動詞，結合価が 2 の動詞が他動詞となります．典型的な他動詞が持つ特性は他動性と呼ばれます．他動性は，伝統的には，行為者（agent）から被行為者（patient）へ伝わる行為のような節全体が持つ特性とみなされています．

　他動性（transitivity）は，カテゴリー化の研究におけるプロトタイプ理論を取り入れることで，様々な言語現象の説明に用いることができます．他動性をプロトタイプ・カテゴリーとして捉えた代表的な研究に，ホッパーとトンプソン（Hopper and Thompson 1980）があります．この研究では他動性を 10 の特徴の束の複合体としてみなすことで，他動性によって文法形式がどのように影響を受けるかを捉えようとします．

表 1　他動性が関わる 10 の要因（西光・プラシャント 2010: 3 を一部改変）

要　因	高　い	低　い
A. 参加者	二人以上：動作主と対象	一人
B. 動作様態，動き	動作	非動作
C. アスペクト	動作限界あり	動作限界なし
D. 瞬間性	瞬間	非瞬間
E. 意図性，意志性	意図的	非意図的
F. 肯定性	肯定	否定
G. 現実性	現実	非現実
H. 動作能力，動作主性	高い	低い
I. 被動作性，影響性	全面的に影響	部分的に影響
J. 対象の個別化，個体性	高い	低い

　表 1 における他動性の高さはしばしば言語の形式を動機づけます．例えば，John kicked the ball（ジョンはボールを蹴った）と John resembles his father（ジョンは父親に似ている）はともに他動詞文ですが，表の基準では前者の方が他動性が高いと言えます．前者は後者とは異なり，特に文脈を整えなくても受動態や進行形で使われますが，それは典型的な他動詞が持つ特徴でもあります．

　また，他動性が低くなることで，文の構造が変化することもあります．先ほどの John kicked the ball の例よりも他動性が低い，「ボールを蹴ろうとした」という結果状態を含まない事態は，He kicked at the ball のように自動詞文で表されます（動能構文）．同様に，She bit the apple（彼女はリンゴをかじった）と She bit on the leather strap（彼女は皮のストラップをかんだ）では，かじった結果，目的語の状態が変化するリンゴは他動詞文で，一方，かみついても状態変化がそれほど見られない皮のストラップの場合は自動詞文で表されています（表で言えば特性の(I)が関与しています）．

　受動態も他動性が関与する文法現象です．一般的に他動詞は受動態で用いることができますが，他動性が低

い have や resemble のような他動詞には，中立的な文脈では受動態で用いられないものが多く存在します．一方，自動詞であっても，行為によって被動作主が大きく影響を受けると解釈される場合，受動態で用いられます．例えば，＊This room was lectured in by my brother は講義によって部屋が影響を受けたとは考えづらいため非文法的ですが，This room was lectured in by the queen では，女王陛下による講義によってその部屋は特別な価値を持つことになり影響を受けたと考えられるため，文法的になります．

　他動性が格の表示に影響を与える言語もあります．**グアラニ語**（南アメリカの先住民の言語）やラコタ語（北アメリカの先住民の言語）の自動詞では，自動詞が動作的な事態を表す場合は他動詞の主語と同じ格表示がされ，非動作的な事態を表す場合は他動詞の目的語と同じ格表示がなされます．

▶**参考文献**

Hopper, P. J. and S. A. Thompson 1980 Transitivity in Grammar and Discourse. *Language* 56: 251-299.
西光義弘・パルデシ，P.（編）2010『自動詞・他動詞の対照』くろしお出版．

=== **コラム38　責任性** == 田村敏広 ===

『陽のあたる場所』（原題：*A Place in the Sun*. 1951 年公開，原作セオドア・ドライサー『アメリカの悲劇』）という古い映画をご存知でしょうか？　貧しい家出身のジョージは，工場を経営する伯父の力添えで職を得て成り上がり，社交界の華であるアンジェラと恋に落ちます．ところが，ジョージには同じ職場のアリスという恋人がいました．アンジェラとの仲が深まるにつれ，ジョージはアリスの存在が邪魔になり，殺意を持ってアリスを湖へと誘い出します．ところが，いざボートで湖上へ連れ出すと，彼女を殺すことにためらいを覚えます．そのとき，アリスが興奮して立ち上がり，ボートが転覆し，アリスだけが溺死してしまうのです．その結果，ジョージはアリスの死に対する刑事責任を問われ，第一級殺人罪による死刑を宣告されます．この映画の解釈は様々ありますが，**責任性**（responsibility）と**意図性**（intentionality）の関係を描き出した映画であると解釈することもできます．ある結果が，ある人物の意図的な使役行為によって引き起こされたのであれば，当然のことながらその使役行為者には責任があるとみなされます．しかし，ジョージの場合，少なくともボートの転覆事故に関しては意図が認められず，プロトタイプ的な使役行為者とみなされませんが，結果的にジョージは刑事責任を負うこととなりました．この映画は，ある結果に対する責任が行為者の意図の有無とは無関係に付与されうることを示唆しているとも言えます．

　ここでは，責任が行為者の意図の有無とは無関係に付与されることを端的に表す言語現象の一例として英語の「**Get 受動文**」（*Get*-passives）について簡単に紹介します．Get 受動文は，*Ted got arrested.*（テッドは逮捕された）のように，動詞 get ＋過去分詞の構造を持つ言語形式です．その主語は Be 受動文同様に被動作主あるいは経験者であり，当然ながら記述される事態への意図を持ちません．しかし，非常に興味深いのは，チャペル（Hilary Chappell）が "In the *get*-passive, then, the subject is thought of as having more control in determining the resulting situation than for the corresponding *be*-passive where the subject is purely an undergoer.（Be 受動文の主語が純粋な被動作主であるのに対して，Get 受動文の主語は結果状態に対する制御可能性を持つと考えられる）"（Chappell 1980）と述べているように，Get 受動文の主語は被動作主でありながらも事態の発生を制御しうる存在であり，責任を付与される可能性を持つことです（Lakoff 1971）．次のような例では，Get 受動文の主語には発生した事態への責任があると解釈されます．

　(1) John got beaten by a girl.（ジョンは女の子に殴られた）

この例において，ジョンは「殴られる」という行為の被動作主ですが，その一方でその事態を招いた責任を持つとみなされます．つまり，Get 受動文には，例えば女の子の悪口を言ったりからかったりなど言外のジョンの行為等が含意され，それが結果的に当該の事態を引き起こしたと解釈されるわけです．

　Get 受動文の主語は被動作主であり，記述される事態への意図を持ちません．しかし，先にも述べたように，ある結果に対する責任とは意図の有無ではなく，行為者と発生した事態との間に因果関係を認めることができるかどうかが重要であると言えます．『陽のあたる場所』のジョージもアリスの溺死という事態そのものへの意図はなくとも，湖上へ連れ出したこととアリスの溺死には強い因果関係を認めることができます．Get 受動文の主語も同様に意図を持ちませんが，主語の行為と記述される事態に因果関係が成立していると解釈されるた

めに責任を付与されることになります．特に，主語は被動作主であり，その使役的行為や振る舞いは明示されていないにもかかわらず因果関係が含意されるという意味性質は，言語学的に興味深い点であることは間違いないでしょう．Get 受動文は，西村（1998）で規定されるような使役行為のプロトタイプ構造（〈意図〉＋〈行為〉＋〈結果〉＋〈責任〉）が根底にあり，特に〈結果〉＋〈責任〉の2つの素性をプロファイルした構文だと考えることもできるかもしれません．

　最後に，Get 受動文の主語には責任の付与が関わるため，情報の中立性を重視するメディア報道等においては適していないことを指摘して締めくくりたいと思います．

　(2) 報道において

　　A man who had been playing football at the sports club |was /#got| shot by a man wearing a mask.

　　（スポーツクラブでサッカーをしていた男性がマスクをした何者かに銃で撃たれました．）

▶参考文献

Chappell, H. 1980 Is the *Get*-Passive Adversative? *Papers in Linguistics* 13: 411-52.

Lakoff, R. 1971 Passive Resistance. *CLS* 7: 149-62.

西村義樹 1998「行為者と使役構文」中右実（編）『構文と事象構造』研究社，pp.108-203.

| 4C.4 | ヴォイス（態）と認知言語学 | C 創造性と表現 |

二枝美津子

1. ヴォイス（態）の形と意味

▶ 1.1 ヴォイスとは

ヴォイス（voice, **態**）は，**能動態**，**受動態**という語と形は知られていても，ヴォイス（便宜上，「態」とも表記する）が何を表示するものかについては，時制，アスペクトなどに比べて，議論も多くはされていないし，あまり知られてはいない．日本人英語学習者にとっても，日本語と英語の受動態で表される場面が完全には一致しないため，その概念を把握するのは困難になっている．

本来，「態」は，ギリシャ語古典文法に由来する概念で，動詞の表す事態が主語に対していかなる関係を持つかの表示のことであった．主語が行なう動作を表すのが能動態で，主語が受ける動作を表すのが受動態である．『新英文法事典』によると，話者の観点の違いと述べている．

> Voice（態）　主語と，動詞の表す動作との主格関係を表す動詞の形態をいう．Jim read 'Hamlet' と 'Hamlet' was read by Jim 前者を **能動態**（ACTIVE VOICE），後者を **受動態**（PASSIVE VOICE）という．両者のつたえる客観的事実そのものはおなじであるが，話者の観点が違うのであって，前者は動作主の観点から，後者は動作を受ける対象物の観点から述べている．…
>
> 『新英文法事典』（大塚孝信編）

古典ギリシャ語には，能動態に対立する態として**中動態**（**中間態**）（MIDDLE VOICE）という態もあった．この定義からも明らかなように，voice の区別を動詞の形態の違いで説明している．古典ラテン語，古典ギリシャ語では動詞の活用変化で態の違いを表したが，現代英語，現代ドイツ語，現代フランス語などではそれぞれ be 動詞 + P.P.，sein + P.P.，etre + P.P. など分析的な方法を用いて受動態を表す．どちらにしても，これらの言語では，文は，能動態か受動態のどちらかの態で表

されなくてはならない．Declerk（1991: 53）も以下のように述べている．

> English sentences are either in the active or in the passive voice.

このように，現代英語のヴォイスの違いは能動態と受動態の対立で捉えられている．その使用の割合は使用場面によって異なるが，総じて能動態の方が使用される割合は多く，無標であり，受動態の方が有標の形である（Svartivik et al. 1966）．では，なぜ，使用の割合は少なくても，受動態を表す受動形が必要なのであろうか．これだけ文法の種々の表現・カテゴリーを簡略化してきた英語が，受動形は残したのか，存在する理由があったはずである．また，一方で**中間構文**（His book sells well.）のような形もある（Taniguchi 1994, Yoshimura 1998）．これは，形は能動形であるので能動態なのか，それとも被動作主に焦点が当たっているので受動態なのであろうか．フランス語やドイツ語では，このような表現では再帰目的語をとるが，英語では必要ない．フランス語やドイツ語における再帰目的語は何を指しているのであろうか．焦点の視点からも，形態の視点からも十分に満足のいく答えは出てこない．さらに，種々の観点から考察すると，「態」とは何なのかという疑問が生じるが，答えは複雑で簡単には出てこない．学習初期には，形態・統語的な違いで捉えるだけで，受動態を理解している気分になるが，その形が表す概念・意味となると簡単には理解できていない．**Passive**，「**受動**」「**受身**」というのであるから，行為を受けた，被害を受けた，迷惑を受けたことを意味すると大まかには類推できるが，英語の受身形で表される場合，必ずしも，「迷惑」・「被害」を表すとは限らない．日本人学習者が誤解をする原因として，「受け身」という言葉にもあると思われる．本節では，「態」の概念とは何か，また，言語による「態」の表し方の違い

（特に，英語と日本語）の原因を探ることを目的とする．

(1) a. New houses are built in this area.
　　 b. Her hands are swollen.
　　 c. His lecture was excited.

(1a)～(1c)とも be 動詞と過去分詞からなる受動形で表されているが，被害，受身の意味は含まれていない．少なくとも，日本語に訳すときには，「～る」「～られる」という表現は用いられない．(1c)などは，高校生でも exciting と間違える者が少なくない．これは，受動態の表す意味を正確に把握していないことから生じる間違いである．

　同じ西ゲルマン系の言語であるのに，ドイツ語は受動形に，werden + p.p. と sein + p.p. の2種類あり，伝える意味が微妙に異なる[注1]．古英語にも2種類の受動態があったが，現在は1種類になり，それにつれて両方の差はなくなり，今の「be 動詞＋過去分詞」となっていく．現代英語の受動形は「受動」の意味はあまり濃くはない無色に近いものに思える[注2]．(1b)のように，一見，「be 動詞＋形容詞」と区別がつかない場合もある．古典ラテン語は能動態と受動態の動詞の活用の対立があるが，ギリシャ語には受動態の形はなく，能動態と中動態の対立があり，「受動」の意味は中動態の被動作主に動作が最も強く及んだ場合であり，斜格で動作主が明示される．複雑であり，種々な場合を考慮に入れていくと，「態」は，様々な種類はあっても，主語と動詞の表す動作との関係を表す概念であると推測される．

▶ 1.2 'voice' という語について

　話は少しずれるが，「態」を表す英語は voice である．能動態は active voice，受動態は passive voice と表すが，voice という語の使用を不思議に思う人も多いであろう．一般には 'voice' という語は「声」を連想し，動詞の「声」とは何であろうかと筆者も思っていたことがある．「態」の 'voice（ラテン語では vox）' という語は，元々ローマの文法家によって次のような意味で用いられた．Lyons (1971) によると，voice という語は，音（sound：ギリシャ語の phōné の訳語）の意味で用いられた．特に，声帯の振動によって調音された音の意味で用いられた．また，同時に「意味」(meaning) に対して，語の「形」(form) に

関して用いられたが，この意味は現代言語学では消滅した．そこから新しい3番目の意味が作られ，動詞の能動・受動の「形」(form) を言及するようになった (Lyons 1971: 371-2)．3番目の意味をラテン語文法では本来 'genus' と呼んでいたが，'genus' は次第に名詞の「性」(gender) に関する範疇を指すのに限られて用いられるようになった．そのため，現代では voice は動詞の形を指す語となっている．伝統的なギリシャ語の 'voice' を表す語は 'diathesis' であり，状態・性質・機能を表す語であった．ヨーロッパの文法家の中には 'voice' よりも 'diathesis' という語の方を好む人もいるが，'voice' という語を用いても，動詞の形について述べているときに音 (sound) と混同する危険性は低く，また，英語の文法では 'voice' が伝統的に用いられてきており，現代でも多くの文法家・言語学者が 'voice' を用いている．そこで，ここでも 'voice'（ヴォイス）という語を用いることにする．

▶ 1.3 日本語のヴォイス

　以上，インド・ヨーロッパ系の比較的よく知られた言語のヴォイスを見てきたが，そこでは態の対立は形態，または統語的な違いで定義されている．一方，日本語に目を向けてみると，簡単に統語・形態的に定義することはできず，ヴォイスの扱う範囲が広がってくる．国語学では，「相」と呼ばれてきて，下記は，時枝文法にそった定義である．

> 相《文法》voice　動詞によって表される動作の性質，態とも．一般に，自動・他動・受身・可能・敬譲・使役等の事実をさす．三谷重松は，自他の動詞の「性」，受身・可能・使役・敬譲を「相（すがた）」と名づけ，それぞれ被役相・可能相・使役相・敬相とし，さらに…
> 　　　　　　　　　『国語学事典』（国語学会編）

このように，国語学におけるヴォイスの適用範囲は，英語とは比較にならないほど広い．定義の基準も，いかなる形をとれば受動態であるというような明確な形態的・統語的な形上の区分は記しておらず，むしろ，動詞によって表される動作の性質として捉えており（相という語をあてていたころからも明確であるが），幅広く捉えている．そうは言っても，日本人英語学習者は，受動態に

「ル，～ラレル」と結びつけて使いたくなる．「Be動詞＋過去分詞」の形には「ル・～ラレル」をつけると覚えている者も多い．ただし，それらの形（「ル・～ラレル」がついた形）を中心に，動詞によって表される性質を表すのであるから，当然，日本語の相（態）の扱う領域は英語などより広くなる．

　日本語では形態・統語上で決定的に受動態を区別するものはないと述べたが，直観的には，日本語話者は，受身には動詞に「～ル・～ラレル」という助動詞をつける場合が多い．したがって，意味の上では，日本語の受身は，**間接受身**を中心に「**被害・迷惑**」という概念が重要な要因となる．しかし，英語などインド・ヨーロッパ系の言語では，意味的には日本語の「被害」「迷惑」というより，使役でも被害・迷惑でもない無色透明な主語と動作の状態が記されている．英語では主語が被害・迷惑を受けたことより，最も際だった参与者を主語の形で示し，それが，動作に対していかなるものであるか（例えば，動作を行なったものか，受けたものか）を示すのが，態の重要な役割であると言える．また，中国語では，明確な結果を引き起こす事態のみが受身になり，トルコ語の受身では，動作主は基本的に表現できない（坂原2003：27）．

▶ 1.4　受身形の多義性と主語

　上記で見たように，「態」にもいろいろな種類がある．次の(2a)から(2d)の日本語の文章を見てみよう．

　　(2) a. 花子が花瓶を割った．
　　　　 b. 花瓶が猫に割られた．
　　　　 c. 花子は花瓶を割られた．
　　　　 d. 花瓶が割れた．

(2a)の「花子が花瓶を割った」は能動態で，花子の行為が花瓶におよび，花瓶が割れるという結果をもたらす．そこには，**他動性**があり，花瓶には**受影性**（被影響性；affectedness）がある．一方，(2d)「花瓶が割れた」はどうであろうか．同様に花瓶に焦点が当てられているが，受影性はなく，動作主は不明であり，他動性もなく，花瓶がひとりでに割れた（**自発**）状態の変化の結果を表す．(2b)「花瓶が（猫に）割られた」の場合は，直観的に受身と感じる．被動作主は花瓶であり，動作

主ではなくても，花瓶が割れることに責任があるのは猫であることが表されている．(2c)は，花子が動作主ではないが，被害の意味と尊敬の意味と両方があり，曖昧である．どちらの意味が強いかは，下記のように文脈や主語によるところが大きい．

　　(2) c′ 猫に花瓶を割られた．　　　（被害）
　　　　 c″ 校長先生は花瓶を割られた．（尊敬）

また，可能と尊敬も区別が難しいときもある．(3e)も，一文だけでは，可能の意味か尊敬がわからない場合がある．

　　(3) e. 明日，来られますか？

実際の会話では，人間関係など文脈でわかるが，子どもなどは，判断が難しいらしく，「はい，来られます」と答えて，微笑みをさそう場合がある．普通，可能の意味であれば，「はい，来られます」であるが，「来られるか？」との問いに，素直に「来られる」とそのまま答えてしまうのであろう．可能と尊敬と両方の意味が含まれる．これは，受動態に多義性があるというより，「ル・～ラレル形」が多義的なのであろう．そこから，様々な状態が示される．

　(2a)～(2d)の文を英語に変えると(4a)～(4d)のようになる．(2c)の曖昧は被害の意味は受動形で表されず，(4c)のように，HAVEを用いたHAVE構文が用いられる．尊敬の意味は他の表現を加えるが，受身形のみに関係する表現の中では，決まったものは見いだせない．

　　(4) a. Hanako broke the vase.
　　　　 b. The vase was broken by the cat.
　　　　 c. Hanako had the vase broken.
　　　　 d. The vase broke.

(4)で表す場合では，Hanako と the vase の**参与者**（paticipants）が認知主体のスコープの中にあり，(4a)では動作主 Hanako が最も際だった参与者であり，主語となる．(4b)では，the cat が最も際だった参与者であり，the cat のエネルギーがvase に及び（他動性），vase が割れたことが示されている．The cat は the vase より**際だち**の上では高い．英語は何もなければ際だちの高い方が動作主になるので，行為の対象（ここでは the vase）が最も際だっていることを示す形が必要になる．これが英語の受動形の存在理由である．

(4b)の形をとらなければ，the vase が主語で，それが動詞の行為を受けたものであることは表されない．Langacker(1990, 1991)は，参与者の際だちの違いで能動形と受動形の違いを説明している．

どのような捉え方が態の決定に関わるのか，Langacker (1990: 229-30) の考えを中心にもう少し詳しく見てみよう．英語の二つの態は事態の言語コードに関して，二者択一の関係にある．次の(5a)の能動文と(5b)の受動文とでは，同じ出来事を表す場合に，話者の事態の**捉え方**が異なっている．

(5) a. John opened the door.
    b. The door was finally opened.

認知文法においては，**プロファイル**されたものの中で最も際だちの高いものが**トラジェクター**(trajector)であり，トラジェクターは主語になる傾向があるとされる．次に際だつものが**ランドマーク**(landmark)であり，ランドマークは直接目的語になる傾向にあると考える．**アクション・チェイン**では，トラジェクターが始め(head)に来て，ランドマークは下流(tail)にくる．

図1 能動態のアクション・チェイン（Langacker 1990: 229）

Langacker (1990: 229) は，図1で記すように能動文（active）では文法関係の**図**（figure）と最もエネルギーの高い参与者を一致させることによって，二つの非対称なものとの一致を達成すると述べている．二つの非対称物は，それぞれの知覚される複数の実体の認知プロセスのレベルにおいて，アクセスされやすい順序を反映している．それらの主観的な際だちに関する順序と客観的なエネルギーの流れの方向性は一致する．つまり，客観的に高い方から低い方へと流れるエネルギーの流れは，主観的な際だちの順序と一致する．それに対し受動文では，主語の選択は(5a)で見られるようなパターンとは逆である．トラジェクターである参与者は図2で見られるように，プロファイルされたアクション・チェインの始めではなく下流にある．

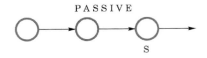

図2 受動態のアクション・チェイン（Langacker 1990: 229）

トラジェクターである最も際だったモノがエネルギーの流れの下流にあるということは，際だちの順序とエネルギーの流れの方向性が一致していないことを意味する．順序づけの結果として生じるこの不一致が受動文を有標な構文にしているものである．つまり，プロファイルされたプロセスは「自然ではない」と解釈を受け，本来の方向性に対してプロセスの（始点よりも）終点を焦点化した参与者を通してアクセスされる．この不一致の不自然さが受動構文の存在理由である（Langacker 1990: 229）と思われる．

▶ **1.5 受身文の使われる場面**

Dixon (1991, 2004) によると，受動構文は「主語の意味を記すのを避ける」ために用いられることから（Dixon 2004: 354），受動構文の本質は「主語より他動詞文の目的語に焦点をあてること」としている（Dixon 2004: 335）．また，**受動構文**の80%以上が動作主に言及していないと述べている（Dixon 2004: 354）．このことは，受動構文には，動作主の明示の必要性が低いことを示している．Dixon は受動構文が使われる場合を次の(a)から(d)のように述べている（Dixon 2004: 117）．

(a) 話者が主語であるのか不明の場合
    e.g. Mary was attracted last night.
(b) 話者が主語が誰であるかを明らかにしたいと望まない場合
    e.g. It has been reported to me that some students have been collaborating on their assignments.
(c) 主語を同定することが聞き手には明らかであり，誰であるか表現する必要がない場合
    e.g. I've been promised.
(d) 主語が誰であるか考える必要がない場合 (2004: 354-5)

Dixon がこの説明で用いている主語とは，他動詞文の主語のことであり，意味的には動作主のことである．正確には，受動構文では動作主的な主語

よりも，行為の対象である目的語が際だっている．

Langacker は，このエネルギーの流れと際だちの不一致には，さらに，もう一つ言及に値する面があるとしている．能動文において，主語ではなく直接目的語として選ばれた参与者が対応する受動文では主語として選ばれるが，「その逆は正しくない」と述べている（Langacker 1990: 230）．つまり，受動文の主語が，それに対応する能動文の直接目的語として選ばれることはないということである．エネルギーの下流にある直接目的語の参与者が，最も際だった参与者として特徴づけられた結果，このような現象が生じるのである．このことは，受動構文に不可欠な参与者は一つであり，受動構文は自動詞（的）であることを示している．

先ほど見たように，日本語と英語の「**態**」の扱いの違いは，双方の**世界観（世界の捉え方）**の違いと密接に関係している．上記のように，英語では，世界は互いに力を及ぼしあう個体からなるネットワークとして概念化される（**billiard model**, Langacker 1991）．この世界観のもとでは，事態のプロトタイプは，**動作主**（agent）が**被動作主／対象**（patient）に働きかけ，被動作主に変化をおこす他動的使役構造である．したがって，最も際だった参与者である動作主は主語になり，次に際だった参与者である被動作主は直接目的語になる．さらに，英語の主語の意味役割のプロトタイプは動作主となる傾向にある．したがって，動作主ではなく動作の対象が最も際だち，主語であることを示す形が必要となる．それが受動形（構文）である．それに対し，日本語は，英語ほど他の参与者からのエネルギーの移動（**他動性**）や，**受影性**はさほど重要ではなく，「自然になる」という**自発性**が核となっている．したがって，典型的な主語は意志を持つ動作主と捉えられる傾向は日本語には少なく，自然にモノ（コト）ができることを自動詞で表すことができる．それゆえ，動作主が主語でないことを示す特別の形は必要ない．誰か（意志を持つもの）が行為を行なった結果，何かができるのではなく，自然に物事が発生したり，できたりする捉え方をするので，動作主，被動作主を際だたせる特別の形態は必要ない．

英語にも(1c)のような表現も存在するが，頻繁に見られるものではなく，稀に見る表現である．

(4a)〜(4d)のような表現は日本語ではよく見られる．一方，英語の(1d)(1e)（いわゆる**能格構文**（ergative construction））では主語は動作主ではなく，それより大きな自然の力を受けたもの（被動作主的なもの）であると感じる．ここでも力のネットワークの影響がある．the vase や the stone の意志で行為がなされたのではなく，（言語化されていなくても）さらに大きな自然界の力がそれらに及んだ結果であると感じるのも，この因果関係に基づいた世界観の反映によるものであろう．ここでもエネルギーのネットワークの概念が生きている．一方，日本語の場合は，英語のように，力のネットワークの考えは強くなく，(6)のように，自然に発生する「自発」の表現が多く，「雨が降る」も自然現象であり，エネルギーの影響は感じられない．日本語は力のネットワークより，**自発の世界観**を反映している．

(1d) The vase broke.
(1e) The stone rolled.
(6) a. 雨が降る．
　　b. 石が川を流れる．
　　c. 堤防が崩れる．

この世界の捉え方の違いが，能動・受動など態の表現の違いとなって反映されている．主語が行為・動作とどのような関係であるかを示すとき，態の区別でそれを示す必要ができてくるエネルギーのネットワークの世界観が「態」を反映している．したがって，次の1.6で見るように，種々の態の表し方が存在する．

▶ 1.6　語彙の再利用

ヴォイスについて，最も際だった参与者が主語になることだけでなく，もう一つ忘れてはならない重要なことがある．坂原（2003: 26-7）は，「ヴォイスは，同一の事態の捉え方が複数あるときに，プロトタイプを大きく変えることなく表現できる概念化を一つの語で表現しようとする語彙の再利用である．例えば，「太郎が花子から本を買った」という事態が起きたときには，同時に，「花子が太郎に本を売った」という事態が起きる．しかし，この二つの表現の対応はヴォイスの現象ではない．一方，「花子が太郎を殴った」と「太郎が花子に殴られた」は，ヴォイスの現象である」と述べている．「態」の特徴は，複数の捉え方があるとき，

プロトタイプを大きく変えることなく表現できる概念化を「同じ一つの語で表現しようとする」という点である．以下の例文では，(7a)と(7b)では捉え方は逆である．しかし，(7a)と(7b)では異なる語彙（「勝つ」，「負ける」）が用いられているので，これはヴォイスの問題ではない．(8)も同じことが言える．(7c)は同じ動詞（勝つ）が用いられ，捉え方が逆であることが示されているので，(7a)と(7c)はヴォイスの問題である．古典ギリシャ語や古典ラテン語でも，態の変化は同一の動詞の活用変化で表される．amo（I love 〜）に対してamor（I am loved）と接尾辞〜rをつけて一人称現在のヴォイスの違いを示す．

(7) a. 阪神が巨人に勝った．
　　b. 巨人が阪神に負けた．
　　c. 巨人は阪神に勝たれた．
(8) a. 太郎が花子にボールを投げた．
　　b. 花子は太郎からボールを受けた．
　　c. 花子は太郎にボールを投げられた．

(7a)と(7b)では焦点，際だちは異なっているが，その行為に異なった語彙を用いているので，ヴォイスの違いとは言えない．

アクション・チェインで表すと，(9)は図3のようになる．このように，英語では，最も際だった参与者をどこに置くかで，ヴォイスが決められる．動作主の方から見るか，被動作主の方から見るかで，能動態か受動態が決まってくる．

(9) a. 「花子が太郎にキスをした．」
　　b. 「太郎が花子にキスをされた．」

▶ **1.7 ヴォイスの類型論的種類**

ヴォイスは，広く解釈すると，概念化の違いに対応して，事態参与者の**文法関係**（主語，目的語，斜格（oblique case））を変える統語操作であり，特に中心項（主語と目的語）の数を変える操作である（坂原 2003: 27）．坂原によると，言語類型論では，能動態，受動態，中動態に加えて，逆受身（antipassive），適用（applicative, applicative extension），使役などもヴォイスの現象と考えられる（坂原 2003: 27）．

　受身：動作主を斜格におき，項を一つ減らす
　逆受身：目的語を斜格におき，項を一つ減らす
　適用：斜格を項に繰り上げ，項を一つ増やす
　使役：使役者を付加し，項を一つ増やす

（坂原 1994, 1998, 2003）

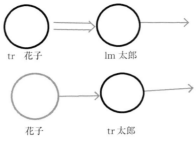

図3 (9)のアクション・チェイン

事態参与者の数を変えないという点にこだわると，(10)の使役は，コアとなる事態に外的な項を付け加えるのでヴォイスの問題ではないことになる．

(10) 太郎が勉強する　→　母親が太郎に勉強させる．

また，日本語の間接受身は，もとの事態に含まれない参与者が付け加えられるので，(11)のように斜格に置かれた項を排除しても，項の数は減らない．

(11) 雨がふった　→　私は，雨にふられた．

2. 日本語のヴォイス

▶ **2.1 直接受身と間接受身**

日本語にも受身は存在する．が，先ほどから見ているように，日本語は，原因が自然発生，自発的なものが基本にある．ある事象と話し手の間に関連があるか否かが問題になる．間接受身の例としては，次のような文がよく使われる．

(12) a. 鶯の声が聞こえる．
　　 b. ここから，富士山が良く見える．
　　 c. 妻に実家に帰られた．
　　 d. オリンピックで，A選手に辞退された．

(12a)の文では，鶯が鳴くことと，話者との間にアクション・チェインで表されるような関係はない．話者の行為・意思とは関係なく鶯は鳴き，話者に聞こえてくる．そこに因果関係は見られない．富士山もそこにあることと，見ている人との間には直接関係はない．違う人が見ても，富士山はその場所からはよく見える．悪人であれ，善人であれ，見る参与者には関係なく，富士山はある．そして，そこから富士山が良く見えるということである．動作主が花瓶を割った行為の流れとは異質な関係である．

▶ 2.2　日本語の間接受身表現

　日本語では受身表現が適格なのに，英語では不適格な場合を考察してみる．日本語には英語と違って，この形をとれば受動態であるといった形態・統語的な形の変化はない．しかし，英語を学習し始めたころ，英語の受動形は日本語に「〜れる・〜られる」と訳すことが多い．そのため，日本語の「ル・ラル（レル・ラレル）」を用いた文を英語に訳すときに受身形を用いがちである．しかし，以下に述べるように，日本語の助動詞「ル・ラレル」は自発，受身，可能，尊敬等を表す．

▶ 2.3　ル・ラルとス・サスの役目

　ここでは，「ル・ラレル」について多義性の視点から観察してみよう．時間という場面での動作・状態・作用を判断するに先立って，話し手が第1に明らかにしようとすることがある．それは，その動作や作用が自然に成り立ったか，それとも，誰かの作為によって成り立ったか，を弁別することである（大野 1978: 121）．日本語では何かの動作を表現する場合に，動作主を必ず明確にしなければその動詞が使えないということはない（大野 1978: 121）．その点，ドイツ語や英語は，主語のプロトタイプは動作主である傾向が強い言語である（Dixon 2004）一方，日本語は動作主のために起こったか，自然になったのかによって動詞の形が変わる．これが受動文の存在理由であることは，先に述べた．英語では，動作主が不明か，述べる必要がないときは，受動形が用いられる．動作主の意思がはっきりしている場合は，能動文でその存在を明示する．また，動作が他に及ぶか否かで動詞をすべて，自動詞か他動詞に弁別しようとすると曖昧なところもある．日本人の英語の辞書をつくる人々が，動詞を自動詞・他動詞に区分しようとして苦しむのはそのためである（大野 1978: 121-2）．

　一方，日本語では，動詞の表す動作が，自然に成り立ち，自然に行なわれていくのか，それとも誰かが作為的にするのかを明示する必要がある．前者の場合には，動詞の下にル・ラレル，または後者の場合はス・サスを加える．しかし，それ以外にも，動詞自身に語尾を加えてその区別を示す場合があった．

例えば（以下は大野 1978: 122），

　かくる○（隠）—かくす○　　ながる○（流）—ながす○
　はなる○（離）—はなす○　　みだる○（乱）—みだす○

というように，ルとスによってそれをはっきり区別することもあった．また，

　あが○る（上）—あぐ　　かか○る（懸）—かく
　かさな○る（重）—かさぬ　かは○る（変）—かふ

というように，「自然にその状態になることをはっきりとルで表し，それに対しては，ルのない形で作為を表すという語の作り方もあったと述べている（大野 1978: 123）．また，

　おく（起）—おこす　　おつ（落）—おとす
　おる（降）—おろす　　（暮）—くらす

このように，日本語では，動作・作用・状態について，それが，自然に成り立ったものであるか，それとも何らかの行為によっているものかを区別する場合には，動詞の語尾にルとスを対立的に用いて区別する（大野 1978: 123）．日本人学習者が，日本語の自然になる意味の助動詞「ル・ラル」を英語の非動作主を主語にする「ル・ラレル」と混同してしまうことが多く，奇妙な英語の受動文をつくる原因となると思われる．

▶ 2.4　日本語の直接受身文と間接受身文

　日本語では，能動文に対立した受動文を直接受身文，対応する能動文がない受身文を間接受身文と分ける．

　(13) a. 太郎がボールを投げた．　　　　　（能動文）
　　　　b. ボールは太郎に投げられた．（直接受動文）

(13b)は(13a)の直接受身で，英語の受動文と似ており，日本人にもわかりやすい．ただ，図4の影響から，受動文に必ず，by 〜をつけなければいけないと思っている学生がかなり多い．英語の受身文の使われる状況を理解するにつれて，誤りは減ってくると思われる．

▶ 2.5　間接受身

　日本語の助動詞「ル・ラル」がついた受身文には，英語などの言語を使う人には不思議なものがある．**間接受身文**と呼ばれ，対応する能動文がない文であるが，特徴として主語が**被害や迷惑**を受ける場合に使われることが多いので，「**被害受身**（主語が被害・迷惑を被っている）；adversity passive」とも呼ばれる受身文である．

(14) a. その学生は，先生に追いかけられた.
          （直接受身文）
      b. 先生は，その学生を追いかけた.（能動文）

(14a)は(14b)の直接受動文である．焦点がaとb
では異なっている．それに対し，(15b)は，(15a)
の能動文ではない．(15b)は(15a)の直接受身文で
はない．実際には，(15a)(16a)の文は良く使われ
るが，英語，ドイツ語を話す人にとっては，理解
が難しいものの一つらしい．

(15) a. 僕は，お父さんに先にトイレに入られた.
          （間接受身文）
      b. *お父さんは，僕を先にトイレに入った.
          （能動文）
(16) a. 私は妻に実家に帰られた.（間接受身文）
      b. *妻は私を実家に帰った.（能動文）
          cf. 妻は実家に帰った.
(17) a. 私は急に雨に降られた.（間接受身文）
      b. *急に雨が私を降った.（能動文）
          cf. 急に雨が降った.

英語では能動文の方が受動文より使用頻度が高い
が（Bybee et al. 1982）受動文は使用場面が限ら
れている．対応する能動文のない，日本語の「間
接受身文」は，実際の状況では能動文より良く使
われる．aとbではaの方が自然な日本語である．
日本語ではこの間接受身文が極めて頻繁に用いら
れるが，興味深いことに，このタイプの受身文は，
世界に5千から6千もあると言われるほかの言語
には存在しない形式であり（わずかにベトナム語
と中世モンゴル語にあると言われているが），日本
語に特有のものである（高見 2011: 49）．日本人英
語学習者は，ル・ラレルがあらわれると，自然発
生の「ル・ラル」を「受け身」と解釈して，英語
では be + p.p. で表す傾向にある．英語の受身は，
対応する能動文の動作主からの影響を受けた被動
作主であるという英語の受動構文（be-passive）
の存在理由を理解していないことから起こると思
われる．

(18) a. 雨に降られた.
      b. 従業員に倒られ，人手が足りない.
      c. 富士山がよく見える.

これら間接受身文は，何かからの他動性を受けた
もの（被動作主）が主語にはなっていない．
(18a)でも，ある動作主が雨を降らせたのではな

い．したがって，これらの文の能動形は存在しな
い．行為を行なったものは明示していないし，話
者がその事象に直接関係してもいない．その事象
の迷惑，被害を受けたものが，明示されている．
迷惑を受けたものと，雨が降った原因とは関係な
い．下の(19)の文は，(18)の文をドイツ人に説明
したときに使ったものである．彼らは，話者と事
象，事物の存在が，直接関係がないということが
理解しにくいようである．

(19) a. *雨雲が雨を降らせた．私はそれによって迷
          惑を受けた.
      b. *病気が従業員を倒した．そして，私は困っ
          ている.
      c. 私が富士山をよく見せるのではなく，富士山
          はそこに立っている．そして，私のいる場
          所から富士山はよく見える.

これらには，動詞の性格（特徴）がある．際だ
ち，動作主とは関係なく事象が起こることを述べ
るのが，日本語の無標の態である．能動態の方が
良く用いられる英語との違いは態の捉え方の違い
による．(20a)は能動文ではあるが，(20b)は直接
受身ではなく，間接受身である．(20b)では妻が
死んだことと自分の行為とは直接には関係ないこ
とがわかる．

(20) a. 妻を殺した.
      b. 妻に死なれた.

▶ 2.6　間接受身と動詞

すべての動詞が間接受身をつくるわけではない.
間接受身になる動詞を三上（1972）は所動詞と能
動詞に分けている．「所」動詞は「所」の範疇で
律しられるような作用や状態を表す動詞で，「時」
の範疇化の動詞の対である（三上 1972: 370）．

能動詞（active）
　ものを然する動詞　　他動詞　　　　　　見ル，消す
　みづから然する動詞　非能格動詞（自動詞）走る，泳ぐ
所動詞（inactive）
　おのづから然する動詞　非対格動詞（自動詞）見エル，消エル
　　　　　　（三上 1972: 260, 270.「づ」は原文ママ）

三上は，「日本語には，所動的表現が非常に多い.
英語でも look, seem, smell などは，所動詞であ
って命令文にはつかわない．そのほか, sell でも
pay でも自動詞としては所動詞であろう．ただし,
能動所動の区別を立てるほどの重要さをもたない」

(1972: 370) と述べている．所動詞の考えを入れていくと，他動詞，自動詞の区別にも重大な影響を与えると確信する．

▶ 2.7 間接受身文の基本的機能

間接受身文の基本的機能は，主語指示物が当該の事象により被害・迷惑を被っており，それが「ニ」格名詞句の指示物のせいであると考えていることを示す．「ヲ」格ではなく「ニ」格を用いることが，英語で言えば，SVO の O が受身形の主語になっているのと異なることが明らかになる．対象の語が主語となっているのではないことも示す．

(21) a. My car was totaled by a truck.

　　　b. A truck totaled my car.

(21a) は (21b) の直接受身で，「トラックは私の車を壊した．」の直接の受身文である．日本語にもこのような直接受身文が存在する．これは，日本人学習者にもわかりやすいものである．「太郎が殴ったの？　殴られたの？」なども，どちらに焦点が当たっているか尋ねる文である．(21a)「私の車は，トラックにめちゃくちゃに壊された」となる．しかし，(22) になると「私は，車をトラックにめちゃくちゃに壊された．」という意味になる．

(22) I had my car totaled by a truck.

(21a) の直接受身文では，主語が「私の車は」となっているのに対し，(21b) の間接受身文では「車」と「私」に分けられ，「私は車を」となる．しかし，あとの部分は全く同じである．(22) の文では，迷惑を被ったのは，「私」であり，壊された対象は「車」であることが示されている．しかし，(21a) の直接受身文でも主語の被害や迷惑の意味が示されている．日本語の場合，直接，間接の受身文では，利害関係を明示することが必要になる．

日本語の直接受身文もどちらの参与者に焦点が当たっているかで，能動か受動か決まる．しかし，三上は，所動詞は重要な要因の一つではあると考えられるが，間接受身文の適格性を決定づける要因ではないと主張する．なぜなら，主語指示物の**非意図的事象を表す自動詞（非対格動詞）**が用いられていても，次のように適格な例があるからである．

(23) a. 山田さんは最愛の娘さんに先立たれ，ずっと

辛い思いをしている．

　　　b. 従業員に倒れられ，仕事の手が足りない．

▶ 2.8 受身文の状態変化制約

日本語でも英語でも，受身文は，動詞の表す事象が，その主語指示物を直接対象としてなされ，その状態に変化や影響を及ぼす場合に適格となる．

2.8.1 受動文の主語の特徴

能動文と受動文では焦点が異なることを先ほど見た．最も際だった参与者が主語になるのであるから，受動文の主語にはどういう際だちがあるのか，考察してみる．

次の (24a) は不適格であるのに，(24b)(24c) は適格である．(24b) の動詞は read で同じである．

(24) a. ??Harry Potter was read by John last month.

　　　b. His dissertation was read by the three members of the committee.

　　　c. John's book was reviewed by Professor Thomas.

(24a) と (24b) は by 〜がつくかつかないかで適格性が決まる．by 〜がつくことで (24b) は適格になる．John が読んでも Harry Potter に何の変化も起こらないため，わざわざ受身にする必要はない．能動文のままで十分である．一方，(24b) や (24c) では，by 以下がつくことによって，主語に何らかの特徴が付与されている．ある参与者を受動形にして主語に焦点が当たっているため，受身にする価値がある．次の (25d) や (25e) の場合も同じである．(25d) も even によって特徴づけられる．(25e) も多くの人によって読まれたということで Harry Potter の特徴が説明される．

(25) d. Harry Potter was read even by John last month.

　　　e. Harry Potter was read by billions of people all over the world.

高校では，受身にならない他動詞として resemble がよく取り上げられるが，have, lack, become, cost, fit, suit などの動詞も他動詞受身にならないと言われている．

(26) a. ??/* A good time was had by John.

　　　b. ?? An enjoyable dinner was had by John and Mary.

(27) a. A good time was had by all.

　　　b. An enjoyable dinner was had.（高見 97）

2.8.2 受身文の特徴づけ制約

受身文は，話し手がその主語を特徴／性格づけるときに適格になる．

三上（1972）の動詞の分類によると，日本語の動詞には，能動詞と所動詞があり，下記のような例が挙げられている．そのすべてが，間接受身文になるわけではない．「所」の範疇は作用や状態を表す動詞として知られ，「時」の範疇の下の動詞の対である（三上 1972: 6-104）．

能動	（active）	見ル, 消ス
受動	（passive）	見ラレル, 消サレル
所動	（inactive）	見エル　消える

三上は，「日本語には，所動詞的表現が非常に多い．英語でも，look, seem, smell などは所動詞であって，命令文には使わない．その他，sell でも pay でも自動詞としては所動詞であろう．ただし，能動受動の区別を立てるほどの重要さを持たない」（三上 1972: 5）と述べている．

三上はさらに詳しくに述べている．

能動詞
| ものを然する動詞 | 他動詞 | 書く, 叩く |
| みづから然する動詞 | 非能格動詞（自動詞） | 走る, 泳ぐ |

所動詞
| おのづから然する動詞 | 非対格動詞（自動詞） | 散る, 凍る |

三上の主張は，重要な要因の一つではあると考えられるが，間接受身文の適格性を決定づける要因ではない．なぜなら，主語指示物の非意図的事象を表す自動詞（非対格動詞）が用いられていても，次のように適格な例があるからである．

(28) a. 山田さんは最愛の娘さんに先立たれ，ずっと辛い思いをしている．
　　 b. 従業員に倒れられ，仕事の手が足りない．

間接受身文の場合

再度，間接受身文を観察してみよう．

(21) My car was totaled by a truck.
　　（私の車は，トラックにめちゃくちゃに壊された）

(22) I had my car totaled by a truck.
　　（私は，車をトラックにめちゃくちゃに壊された）

(21)の直接受身文では，主語が「私の車は」となっているのに対し，(22)の間接受身文に分けら

れ，「私は車を」となるだけで，あとの部分は全く同じである．(22)の文では，迷惑を被ったのは，「私」であり，壊された対象は「車」であることが示されている．しかし，(21)の直接受身文でも主語の被害や迷惑の意味が示されている．日本語の場合，直接，間接の受身文では，利害関係を明示することが必要になる．

(29) a. The church was burned down by the Ku Klux Klan back in the 60's.
　　 （その教会は，60年代，クークラックスクランに焼き払われた）
　　 b. They had their church burned down by the Ku Klux Klan back in the 60's.
　　 （彼らは，教会を60年代にクークラックスクランに焼き払われた）

(30) a. Taro's hypothesis was easily disproved by Professor Yamada.
　　 （太郎の仮説は，山田先生に簡単につぶされた）

(31) Taro had his hypothesis easily disproved by Professor Yamada.
　　 （太郎は，自分の仮説を山田先生に簡単につぶされた）

それに対し，英語の受身文では，動作の被動作主に焦点が当たり，そこに行為の利害関係を明示することは，求められない．日本語の間接受身で示される主語の被害や迷惑の意味は，受身文では不可能で，むしろ，HAVE 構文で明示的に示される．日本人学習者にとっては，英語の受身文には利害関係は必要ないと理解して，直接受身と間接受身を持つ日本語との違いを知っておくことが重要である．

---

3. 英語にあって日本語にはない表現

次の文は英語では受動態で表される．

(32) a. 岬に灯台が立っている．
　　 b. 新興住宅地には新しい家が次々と立っている．
　　 c. 彼は，事故死した．
　　 d. 彼は，首になった．
　　 e. 水が凍った．

上記の例 a～d は，日本語では能動態であるが，英語では受身で表される．日本語では動作主がいかなる行為をしたのか明示する必要はなく，自然になった「**出来文**」が可能である．(32e)の文も，

水は動作主ではなく，（天候，気候などで）水が氷になったことが示されている．

間接受身文：対応する能動文がない
：被害受身（主語が被害・迷惑を被っている）

(33) a. その学生は，先生に追いかけられた．（直接受身文）

    b. 先生は，その学生を追いかけた．（能動文）

(34) a. 僕は，お父さんに先にトイレに入られた．（間接受身文）

    b. *お父さんは，僕を先にトイレに入った．（能動文）

(35) a. 私は妻に実家に帰られた．

    b. 妻は私を実家に帰った．

    cf. 妻は実家に帰った．

(36) a. 私は急に雨に降られた．

    b. *急に雨が私を降った．

    cf. 急に雨が降った．

対応する能動文のない受身文は，「**間接受身文**」と呼ばれる．日本語ではこの間接受身文が極めて頻繁に用いられるが，興味深いことに，このタイプの受身文は，世界に5千から6千もあると言われるほかの言語には存在しない形式であり（わずかにベトナム語と中世モンゴル語にあると言われているが），日本語に特有のものである（高見 2011: 49）．日本人英語学習者は，「レル・ラレル」があらわれると，英語の受身構文 be + p.p. で書き表す傾向にある．それは，被動作主に焦点が当てられていて，対応する能動文の動作主からの影響があるものが主語であるという英語の受動（be-passive）の特徴を知り，影響を受けてきたことによるであろう．以前は，日本語の受身文の主語は情動生物が多かったが，最近，直説受身も含めて，日本語の受身文の主語にも非情動・非生物が多くなってきている．これは，英語などの影響だと思われる．

4. 受動態の特徴

▶ 4.1 受身文の状態変化

受身文は，動詞の表す事象が，その主語指示物を直接対象としてなされ，その状態に変化や影響を及ぼす場合に適格となる．2.8 で詳しく述べたが，重要なことであるので，繰り返しになるがここで簡単に説明することにする．

(37) a. ??Harry Potter was read by John last month.

    b. His dissertation was read by the three members of the committee.

(38) John's book was reviewed by Professor Thomas.

(37a) では，John が読むことで Harry Potter に何らかの影響を与えるということはない．(38) では，著名な教授による書評がなされて本に箔がついて立派な本ということが示されている．

(39) a. Potter was read even by John last month.

    b. Harry Potter was read by billions of people all over the world.

(39a) では even がつくことによって意外性が強調され，(39b) では世界中の大勢の人々によって読まれたという特徴が記されている．このように，受身文の主語は際だちの特徴がある．

▶ 4.2 被害・迷惑は直接受身で捉えられるか

次の (40a) の文は代表的な日本語の間接受身である．これに対応する能動文 (40b) は存在しない．

(40) a. ハワイ大学は，佐藤先生に辞められた．（受身文の利害表明制約）

    b. *The University of Hawaii was quit by Professor Sato.

次に能動文，直接受身文，間接受身文を比較してみよう．

(41) a. A truck totaled my car.（トラックが私の車をめちゃくちゃにした）

    b. My car was totaled by a truck.（私の車は，トラックにめちゃくちゃに壊された）

    c. I had my car totaled by a truck.（私は，車をトラックにめちゃくちゃに壊された）

    d. My car totaled.

(42) c. The church was burned down by the Ku Klux Klan back in the 60's.（その教会は，60 年代，クークラックスクランに焼き払われた．※この文も by ～によってその教会の特徴が述べられている．）

(43) c. They had their church burned down by the Ku Klux Klan back in the 60's.（彼らは，教会を 60 年代にクークラックスクランに焼き払われた）

(44) c. Taro's hypothesis was easily disproved by Professor Yamada.（太郎の仮説は，山田先生に簡単につぶされた）

(45) c. Taro had his hypothesis easily disproved by Professor Yamada.
（太郎は，自分の仮説を山田先生に簡単につぶされた）

(41)の(a)の日本語文を英語に訳すると(41b)にはならない．(41c)では被害が述べられている．(41b)の直接受身文では，主語が「私の車は」となっているのに対し，(41c)の間接受身文では対象と被害者が分けられ，「私は車を」となる．しかし，あとの部分は全く同じである．したがって，**間接受身文**で示される主語の被害や迷惑の意味が，直接受身文でも示されるので，日本語の直接受身文の適格性を説明する制約として，間接受身文と同様に利害制約が必要になるものと思われる．それに対して英語では，日本語の間接受身文で示される主語の被害や迷惑の意味は，受身文ではなく，むしろ **HAVE 構文**で明示的に示される．したがって，英語の受身文の適格性を説明する制約として，被害・迷惑制約は不要であると考えられる．

▶ **4.3 受動と動詞**

次に，英語で受身にならない他動詞が挙げられる．特に，resemble がよく取り上げられるが，これ以外にも have, lack, become, cost, fit, suit のような他動詞も自然には受身にならないと言われている．

(46) a. ??/*A good time was had by John.
b. ?? An enjoyable dinner was had by John and Mary.
(47) a. A good time was had by all.
b. An enjoyable dinner was had. （高見 2001: 57）

これらの動詞には他動性が低く，被動作主に受影性が見られない．動作主に焦点が当たって際だつか，被動作主に焦点が当たるかによって「態」が分かれる．したがって，英語のような因果関係の有効な世界観を持つ言語では，行為を行なう能動態と，行為を受ける受動態とに大きく分かれることになる．一方，日本語のように，自然にモノ（コト）がなるか，行為者が行為を行なうかが重要な区別となる言語では，動作主か被動作主かの区別は必要ではなく（能動態，受動態の区別なく）いかに自然になるか，いかに人がするかなど，その様子が区別される．他動性のネットワークが重要視されるのではなく，主語と行為の様子（関係）が重要になる．したがって，直接受身はできなくても，**間接受身**が成り立つ．受身文は，話し手がその主語を特徴/性格づけをするときに重要になる．

▶ **4.4 受身文の特徴づけ**

先に受身文は，話し手がその主語を特徴や性格をつけるときに適格になると述べたが，この場合に，自動詞文の受身形を忘れてはならない．次に自動詞文の受身構文を見てみる．

4.4.1 自動詞の受身文

中・高校生用の英文法書で，良く知られる「たすき掛け」の図4の長所と短所を見てみよう．

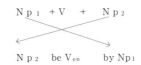

図 4 active と passive の統語関係

この図でもわかるように，受動態を作るのは本来他動詞文がもとにあると考えられ，日本人学習者の多くが，英語の受身文では by ～をつけない方が多い（Bybee et al. 1982）のにもかかわらず，by ～をつけてしまう理由であろう．

受動態で主語になるのは，能動態の目的語である．したがって，受動態にできるのは，目的語をとる他動詞だけである．ただし，「自動詞＋前置詞」でも laugh at, deal with のような熟語は，一つの他動詞とみなせるので，受動態にすることができる．

しかし，(48a)は自動詞文の能動文であり，(48b)は他動詞文の受動文である．他動詞の目的語が受文文の主語になるという「たすき掛け」の理論では(48a)には目的語がないから自動詞の受動文である．

(48) a. John swam in this pool yesterday.
b. *This pool was swum in by John yesterday.

John がこのプールで昨日泳いでいたことを表すのであれば(48a)の文で十分である．プールに焦点を当て受動形にする場合，(48b)の文は不適格になる．わざわざプールを最も際だたせて主語にしたにもかかわらず，(48b)の文では，昨日 John がプールで泳いでも，それでプールがどのようなプー

ルであるかは示されず，そのプールの特徴づけが
なされていない．わざわざ，受身形にする意味を
なさない．一方，次の文では(49a)は動作主がト
ラジェクターで主語になり，(49b)ではプールが
際だっており，several former US president and
scores of Senators によって泳がれたという特徴
が述べられている．(49)の文は b の形にすること
によって，そのプールの特徴づけ，性格づけがな
されている．受動文の主語は被動作主に焦点が当
たるだけでなく，焦点の当たっている参与者の際
だちの特徴は，自動詞の受身形を認めるうえでも
有効である．

(49) a . Several former US president and scores of
Senators have swum in this pool.
b . This pool has been swum in by several
former US president and scores of
Senators.
(50) a . The dog walked under the bridge.
b . *The bridge was walked under by the dog.

(50)では犬が橋の下を歩いても，その橋には何
もなされておらず，橋は影響も受けないので，状
態変化制約も満たしていない．

(51) Generations of lovers have walked under this
bridge.
(52) This bridge has been walked under by
generations of lovers.

何世代も恋人たちがこれまでその橋の下をずっ
と歩いて（デートをした）という事実は，その橋
がどのような橋であるかを特徴づけ，その橋の性
格づけとして機能する．このことは自動詞でも**受
影性**（affectedness）がなくても，主語の特徴を
際だたせるのが受動態の主語の特徴である．動作
によってなされた被動作主に焦点が当たっている
ことは受動態の特徴を保ち，その結果その焦点の
際だちを述べることが可能となる．

日本語でも，同様に，主語の特徴を述べるとき
には**自動詞の受身**が可能である．

(53) *この山は昨日，太郎に<u>登られた</u>．
(54) この山は，もう数百年も前に山頭火に<u>登られて
いる</u>．
(55) *このプールは昨日，小学生に<u>泳がれた</u>．
(56) このプールはまだ誰にも<u>泳がれ</u>ていない，完成
したばかりのプールです．
(57) a . *the pen was written with by John.

b . That pen was written with by Charles
Dickens in the 19th century.

(57b)で，普通のペンではない Dickens によっ
て書かれた特別なペンであるというペンの特徴づ
けがなされている．下記の文もアメリカを移民の
多い国として特徴づけることになる．

(58) a . *The U. S. has been lived in by Ann.
b . The U. S. has been lived in by generations
of immigrants.
(59) a . *The room was gone into by Mary.
b . This room must be gone into only by the
staff.

(59b)ではある部屋がスタッフしか入れない部屋
であるという事実は，その部屋を特徴づけること
になる．したがって，(a)は特徴づけを満たさず不
適格である．一方(b)はそれを満たしているので，
適格である．

4.4.2　自動詞の受身文

その他，高校生用の英文法書にも自動詞の受身
文では resemble がよく載っているが，laugh at,
deal with なども他動詞としてみなされて受動文が
載せられている．

(60) Mike was laughed at by his classmates when
he answered the question.
(61) This problem must be properly dealt with in
the meeting.
(62) Speak when you're spoken to.
（特に子どもに対して，話しかけられるまで黙
っていなさい）
(63) a . The rabbits were taken care of by the
children.
b . The rubbish is taken away every Friday.

その他，laugh at, deal with, speak to, take
care of, take away は全体として他動詞として機
能していると考えることができ，「目的語」を直接
対象としてそれぞれの効果がなされており，その
行為によって，「目的語」は変化や影響を受けてい
る．したがって，これらの文は，受身文の被動作
主の状態の変化を満たしているので適格である．

(64) I don't like to be waited for. I always try to be
early.
（私は人を待たせるのが嫌いなので，いつも早
く行くようにしています）
(65) John is heavily relied on by his family and
colleagues.

（ジョンは家族や同僚にとても頼りにされている）

これらは主語の特徴づけ，性格づけをしており，受身文として機能している．

cf.*I was waited for by Mary yesterday.

日本語でも受身形を用いることによって，主語の焦点を変える場合が多い．また，日本語の受身形の主語は生物，感情を持つものが多いのも特徴である．主語の性質・特徴を示すのが本来の特徴であると言える．これは，最も際だったモノが，行為をしたか，それとも，されたかを問題にするより，そのものの状態など特徴を述べるのが，日本語の態の特質であるからである．

(66) a. テーブルの中央に置かれている．
b. テーブルに二客のグラスが置かれていたことから，来客があったと予測できる．

日本語の受身文の主語は生物・有生のものが多いが，最近では，(66)のように，無生物の主語が受身形の主語になる場合も見られる．これは英語などの言語を学んだ結果の影響であると推測する．

一方，英語の受身文は無生物が主語になっている．先ほど見た，被動作主が最も際だっていて主語になる場合に受動文が必要になるという受動文の存在理由と一致する．

したがって，間接受身文で示される主語の被害や迷惑の意味が，直接受身文でも示されるので，日本語の直接受身文の適格性を説明する制約として，受身文の利害迷惑の制約が必要になるものと思われる．それに対して英語では，日本語の間接受身文で示される主語の被害や迷惑の意味は，受身文ではなく，むしろ HAVE 構文で明示的に示されるので，英語の受身文の適格性を説明する要因として，被害や迷惑の条件を入れる必要はない．

まとめと展望

「ヴォイス（態）」とは一言では説明できないことは明らかである．さらに，様々な複雑な要因が混ざって極めるゆえに，面白い範疇でもある．主語と動詞の動作，状態との関係や，焦点との関係がそれぞれの場面で異なり，また，その背景にその言語の世界観がある．統語，形態的な違いだけでは，それらを反映して「態」は記すことはできない．字数の加減で書けなかったが，二つに態を分

けることに，難しさがある．中動態を考察することで，日本語，英語などの文化を含めた「態」の実体を調べることができる．少なくとも，日本語と英語では，「態」の捉え方が根本的に異なる．「ル，ラレル」に引きずられないようにしなくてはならない．ヴォイス（態）の理解には種々のカテゴリーが重要かつ不可欠である．また，ヴォイス（態）を通して，主語，動詞の性質，自動詞，他動詞，エネルギーのネットワーク，自発など多くのことを見てとれる．ヴォイス（態）を視点に種々の文法を見直すことが可能である．

▶注

1 ドイツ語の werden は「〜になる」の意味で，sein は「〜である」の意味である．

2 weorþan + p.p. と esen（wesen）+ P.P の２種類があった．前者は，行為を受けた場合で，後者は状態を表した．

▶文献

Ackerman, F. and A. Goldberg 1996 Constraints on Adjectival past Participles. In Goldberg, A. (ed.) *Conceptual Structure, Discourse and Language*, CSLI Publishers, Stanford.

安西徹雄 2000 『英語の発想』筑摩書房．

Arce-Arenales, M. et al. 1994 Active Voice and Middle Diathesis. In Fox, B and P. Hopper (eds.) *Voice: Form and Function*, John Benjamins, Amsterdam, pp.1-21.

Brettschneider, G. 1979 Typological Characteristics of Basque. In Plank, F. (ed) *Ergativity: Towards a Theory of Grammatical Relations*, Academic Press, London, pp.371-84.

Bybee, J. L. and D. I. Slobin 1982 Why Small Children Cannot Change Language on Their Own: Suggestions from the English Past Tense. In Ahlquist, A. (ed.) *Papers from the V International Conference on Historical Linguistics*, John Benjamins, Amsterdam.

Carlson, L. 1981 Aspect and Quantification. *Syntax and Semantics*. vol. 14, *Tense And Aspect*, Academic Press, New York, pp.31-64.

Chafe, L. W. 1970 *Meaning and the Structure of Language*, Univ. Chicago Press, Chicago.

Chafe, L. W. 1976 Giveness, Contrastiveness, Definiteness, Subjects, Topics and Point of View. In Li, C. N. (ed.) *Subject and Topics*, Academic Press, New York, pp.25-55.

Chaleston, B. M. 1955 A Reconsideration of the Problem of Time, Tense, and Aspect in Modern English. *English Studies* 36: 263-78.

Comrie, B. 1976 *Aspect*, Cambridge Univ. Press,

Cambridge.

Comrie, B. 1981a *Language Universals and Linguistic Typology*, Blackwell, Oxford.

Comrie, B. 1981b Aspect and Voice: Some Reflections on Perfect and Passive. *Syntax and Semantics*, vol.14, Academic Press, London, pp.31-63.

Croft, W. 1991 *Syntactic Categories and Grammatical Relations: Cognitive Organization of information*, Univ. of Chicago Press, Chicago.

Croft, W. 1993 Voice: Beyond Control and Affectedness. In Fox, B. A. and P. J. Hopper (ed.) *Voice: Form and Function*, John Benjamins, Amsterdam, pp.89-117.

Croft, W. 2002 *Radical Construction Grammar*, Oxford Univ. Press, Oxford.［山梨正明 (監訳)，渋谷良方 (訳) 2018『ラディカル構文文法—類型論的視点から見た統語理論』研究社.］

Croft, W. and A. Cruse 2004 *Cognitive Linguistics*, Cambridge Univ. Press, Cambridge.

Curme, G. O. 1931 *Syntax: A Grammar on the English Language*, vol. Ⅲ, D. C. Health, New York.

DeLancey, S. 1981 An Interpretation of Split Ergativity and Related Patterns. *Language* 57: 626-57.

DeLancy, S. 1987 Aspect, Transitivity and Viewpoint. In Hopper, P. J. (ed.) *Tense and Aspect: Between Sementics and Pragmatics*, John Benjamins, Amsterdam, pp.167-83.

Dixon, R. M. W. 1991 *New Approach to English Grammar*, Oxford Univ. Press, Oxford.

Dixon, R. M. W. 1994 *Ergativity*, Cambridge Univ. Press, Cambridge.

Dixon, R. M. W. 2004 *A Semantic Approach to English Grammar*, Oxford Univ. Press, Oxford.

Dowty, D. 1977 Towards a Semantic Analysis of Verb Aspect and the English Imperfective Progressive. *Linguistics and Philosophy* 1: 45-77.

Fagan, S. M. B. 1989 The English Middle. *Linguistic Inquiry* 19: 181-203.

Fellbaum, C. 1985 Adverbs in Agentless Actives and Passives. *CLS* 2: 1-31.

Fellbaum, C. 1986 *On the Middle Construction in French and English*, Indiana Univ. Linguistic Club, Bloomington.

Fillmore, C. 1968 The Case for Case. In Bach, E. and R. T. Harms (eds.) *Universals in Linguistic Theory*, Holt, New York, pp.1-88.

Fox, B. A. and P. J. Hopper 1994 (eds.) *Voice: Form and Function*, John Benjamins, Amsterdam.

Givón, T. 1994 (ed.) *Voice and Inversion*, John Benjamin, Amsterdam.

Givón, T. and L. Yang 1994 The Rise of the English Get-Passive. In Fox, B. A. and P. J. Hopper (eds.) *Voice: Form and Function*, John Benjamins, Amsterdam, pp.119-49.

Goldberg, A. E. 1995 *Constructions: A Construction Grammar Approach to Argument Structure*, Univ. of Chicago Press, Chicago.［河上誓作・早瀬尚子・谷口一美・堀田優子 (訳) 2001『構文文法論—英語構文への認知的アプローチ』研究社.］

Goldberg, A. E. 1998 Semantic Principles of Predication. In Koenig, J. -P. (eds.) *Discourse and Cognition*, CSLI Publications, Stanford, pp.41-54.

Goldberg, A. E. and F. Ackerman 2001 The Pragmatic of Obligatory Adjunct. *Language* 77: 798-814.

Gruber, J. 1965 *Studies in Lexical Relations*, MIT Press, Cambridge, MA.

Haiman, J. 1983 Iconic and Economic Motivation. *Language* 59: 781-819.

Halliday, M. A. K. 1970 Language Structure and Language Function. In Lyons, J. (ed.) *New Horizons in Linguistics*, Penguin Books, pp.140-65.

Halliday, M. A. K. 1985 *Introduction to Functional Grammar*, Arnold, London.

Hopper, P. J. (ed.) 1982 *Tense-Aspect: Between Semantic and Pragmatics*, John Benjamins, Amsterdam.

Hopper, P. J. and S. A. Thompson 1980 Transitivity in Grammar and Discourse. *Language* 56: 251-99.

池田黎太郎 1998『古典ギリシア語入門』白水社.

池上嘉彦 1981『「する」と「なる」の言語学』大修館書店.

池上嘉彦 1991『英文法を考える』研究社.

伊勢晃 2008「フランス語の代名動詞構文について—受動的用法を中心に」日本語用論学会ワークショップ発表.

Israel, M. et al. 2000 From States to Events: The Acquisition of English Passive Participles. *Cognitive Linguistics* 1: 103-29.

Jackson, H. 1997 *Grammar and Meaning*, Longmans, London.

Jespersen, O. 1924 *The Philosophy of Grammar*, Allen and Unwin, London.

Jespersen, O. 1931 *A Modern English Grammar on Historical Principles, Book Ⅳ, Syntax*, Geroge Allen and Unwin, London.

Jespersen, O. 1933 *Essentials of English Grammar*, George Allen and Unwin, London.

Jespersen, O. 1965 *The Philosophy of Grammar*, W. W. Norton & Company, London.

影山太郎 1996『動詞意味論』くろしお出版.

金谷武洋 2002『日本語に主語はいらない』講談社.

金谷武洋 2004『英語にも主語はなかった』講談社.

金谷武洋 2010『日本語は敬語があって主語がない』講談社.

河上誓作 (編著) 1996『認知言語学の基礎』研究社.

Keenan, E. L. 1976 Towards a Universal Definition of "Subject". In Li, C. N. (ed.) *Subject and Topics*, Academic Press, New York, pp.445-56.

Kemmer, S. 1993 *The Middle Voice. Typological Studies in Language 23*, John Benjamins, Amsterdam.

Kemmer, S. 1994 Middle Voice, Transitivity and Events. In Fox, B. A. and P. J. Hopper (eds.) *Voice: Form and Function*, John Benjamins, Amsterdam, pp.179-230.

Keyser, S. J. and T. Roeper 1984 On the Middle and

Ergative Constructions in English. *Linguistic Inquiry* 15: 381-416.

小泉保 1982「能格性―能格言語と対格言語」『言語』11: 48-56.

Lakoff, G. 1977 Linguistic Gestalts. *CLS* 13: 236-87.

Lakoff, G. 1987 *Women, Fire, and Dangerous Things. What Categories Reveal about the Mind*, Chicago Univ. Press, Chicago.［池上嘉彦・河上誓作・辻幸夫・西村義樹・坪井栄治郎・梅原大輔・大森文子・岡田禎之（訳）1993『認知意味論―言語から見た人間の心』紀伊國屋書店。］

Lakoff, G. and M. Johnson 1980 *Metaphors We Live by*, Univ. of Chicago Press, Chicago.［渡部昇一・楠瀬淳三・下谷和幸（訳）1986『レトリックと人生』大修館書店。］

Lakoff, G. and M. Johnson 1999 *Philosophy in the Flesh*, Basic Books, New York.［計見一雄（訳）2004『肉中の哲学―肉体を具有したマインドが西洋の思想に挑戦する』哲学書房。］

Lakoff, R. 1971 Passive-resistance. *CLS* 7: 149-62.

Langacker, R. W. 1982 Remarks on English Aspect. In Hopper, P. J. (ed.) *Tense-Aspect: Between Semantic and Pragmatics*, John Benjamins, Amsterdam, pp.265-304.

Langacker, R. W. 1987a Nouns and Verbs. *Language* 63: 53-94.

Langacker, R. W. 1987b *Foundations of Cognitive Grammar* Vol.I, *Theoretical Prerequisities*, Stanford Univ. Press, Stanford.

Langacker, R. W. 1988 An Overview of Cognitive Grammar. In Rudzka-Ostyn, B. (ed.) *Topics in Cognitive Linguistics*, John Benjamin, Amsterdam, pp.3-48.

Langacker, R. W. 1990 *Concept, Image, and Symbols: The Cognitive Basis of Grammar*, Mouton de Gruyter, Berlin/New York.

Langacker, R. W. 1991 *Foundation of Cognitive Linguistics*, Vol.II, *Descriptive and Application*, Stanford Univ. Press, Stanford.

Langacker, R. W. 2000 *Grammar and Conceptualization*, Mouton de Gruyter, Berlin/New York.

Langacker, R. W. 2008 *Cognitive Grammar: A Basic Introduction*, Oxford Univ. Press, Oxford.［山梨正明（監訳）2011『認知文法論序説』研究社。］

Leech, G. N. 1971 *Meaning and the English Verbs*, Longman, London.

Lehman, W. P. 1976 From topic to subject in Indo-European. In Li, C. N. (ed) *Subject and Topic*, Academic Press, New York, pp.445-56.

Lemmense, M. 1995 The Transitive-Ergative Interplay and the Conception of the World: A Case Study. In Verspoor, M. et al. (eds.) *Lexical and Syntactic Constructions and Construction Meaning*, John Benjamins, New York, pp.363-82.

Lemmense, M. 1998 *Lexical Perspectives on Transitivity and Ergativity: Causative constructions in English*,

John Benjamin, Amsterdam.

Levin, B. 1993 *English Verb Classes and Alternations*, Univ. of Chicago Press, Chicago.

Levin, B. and M. R. Hovav 1995 *Unaccusativity: At the Syntax-Lexical Semantic Interface*, MIT Press, Cambridge, MA.

Li, C. N. 1976 (ed.) *Subject and Topic*, Academic Press, New York.

Li, C. N. and S. A. Thompson 1976 Subject and Topic: a New Typology of Language. In Li, C. N. (ed.) *Subject and Topic*, Academic Press, New York, pp.457-89.

Lyons, J. 1968 *Introduction to Theoretical Linguistics*, Cambridge Univ. Press, Cambridge.

Lyons, J. 1970 (ed.) *New Horizon in Linguistics*, Penguin Books, New York.

Maldonado, R. 2007 Grammatical Voice in Cognitive Grammar. In Geeraerts, D. and Cuyckens, H. (eds.) *Oxford Handbook of Cognitive Grammar*, Oxford Univ. Press, Oxford, pp.829-69.

三上章 1972『現代語法序説』くろしお出版。

中村芳久 2003「構文と認知―構文の連続性についての争点」『英語青年』148(11): 12-5.

中村芳久（編著）2004『認知文法論Ⅱ』大修館書店。

中尾俊夫 1979『英語発達史』篠崎書林。

中尾俊夫 1988『図説 英語史入門』大修館書店。

二枝（山下）美津子 2003「中間構文・能格構文・再帰構文」『英語教育研究』26: 89-108.

二枝美津子 2004「被動者―主語文の認知言語学的分析」山梨正明ほか（編）『認知言語学論考』3: 93-146.

二枝美津子 2007a『格と態の認知言語学』世界思想社。

二枝美津子 2007b『主語と動詞の諸相』ひつじ書房。

二枝美津子（編著）2007c『句動詞―形と意味の謎』教育出版。

尾谷昌則・二枝美津子 2011『構文ネットワークと文法』研究社。

大野晋 1978『日本語の文法を考える』（岩波新書）岩波書店。

大野晋 2002『日本語の教室』（岩波新書）岩波書店。

尾上圭介 2003「ラレル文の多義性と主語」『言語』32(4): 34-41.

Paffen, K. A. 1960 *Langenscheidts Praktisches Lehrbuch Russisch*, Langenscheidt, Berlin/Munich.

Palmer, F. 1965 *A Linguistic Study of the English Verbs*, Longmans, London.

Palmer, F. 1987 *The English Verbs*, Longmans, London.

Plank, F. 1979 (ed.) *Ergativity: Towards a Theory of Grammatical Relations*, Academic Press, London.

Quirk, R. et al. 1972 *A Grammar of Contemporary of English*, Longmans, London.

Quirk, R. et al. 1985 *A Comprehensive Grammar of English Language*, Longman, London.

Quirk, R. et al. 1990 *A Student's Grammar of the English Language*, Longman, London.

Rapoport, T. 1999 The English Middle and Agentivity. *Linguistic Inquiry* 30: 147-55.

Reichenbach, H. 1947 *Elements of Symbolic Logic*, Macmillan, London.

坂原茂 2003「ヴォイス現象の外観」『言語』32(4): 26-33.

坂本真樹 2002「生態学的知覚論, 心の理論, 属性描写の認知意味論」『認知言語学論考』2: 157-97.

佐久間治 2006『英文法のカラクリを考える』研究社.

佐藤暢雄 1987「英語の能格構文と中間態構文」『英語青年』132(12): 589-91.

柴谷方良 1978『日本語の分析—生成文法の方法』大修館書店.

柴谷方良 1982「言語類型論の展開」『言語』129: 23-30.

Shibatani, M. 1984 Passive and Related Constructions: A Prototype Analysis. *Language* 61: 821-48.

下宮忠雄 1982『バスク語入門』大修館書店.

下宮忠雄ほか 1985『言語学小辞典』同学社.

Silverstein, M. 1976 Hierarchy of Features and Ergativity. In Dixon, R. M. W.(ed.)*Grammatical Categories in Australian Languages*, Australian Institute of Aboriginal Studies, Canberra, pp.112-71. [Reprinted in Muysken, P. and H. van Rjemsdijk(eds.)1986 *Features and Projections*, Walter de Gruyter, Berlin, pp.163-232.]

Stroik, T. 1992 Middle and Movement. *Linguistic Inquiry* 23: 127-37.

Svartvik, J. 1966 *On Voice in the English Verb*, Mouton, Hague.

高見健一 1995『機能的構文論による日英語比較』くろしお出版.

高見健一 2011『受身と使役』開拓社.

高見健一・久野章 2002『日英語の自動詞構文』研究社.

高津春繁 1950『比較言語学』(岩波全書) 岩波書店.

高津春繁 1951『基礎ギリシア語文法』北星堂書店.

高津春繁 1954『印欧語比較文法』(岩波全書) 岩波書店.

田中美知太郎・松平千秋 1951『ギリシア語入門 改訂版』(岩波全書) 岩波書店.

Taniguchi, K. 1994 A Cognitive Approach to the English Middle Construction. *English Linguistics* 11: 173-96.

Tedeschi, P. and A. Zaenen 1981 (ed.) *Syntax and Semantics: Tense and Aspect*, vol.14, Academic Press, New York.

Trask, R. L. 1977 On the Origin of Ergativity. *Journal of Linguistics* 21: 385-96.

Trask, R. L. 1979 On the Origin of Ergativity. In Plank, F. (ed) *Ergativity*, Academic Press, London, pp.385-404.

坪井栄治郎 2004「他動性と構文II—態と他動性」中村芳久(編)『認知文法論II』大修館書店, pp. 205-46.

月本洋 2008『日本人の脳に主語はいらない』講談社.

Tsunoda, T. 1985 Remarks on Transitivity. *Journal of Linguistics* 21: 385-96.

Tsunoda, T. 2006 Reflexive and Middle Construction of Warrunga. In Tsunoda, T. and T. Kageyama (eds.) *Voice and Grammatical Relations*, John Benjamins, Amsterdam, pp.299-333.

van Oosten, J. 1977 Subject and Agenthood in English. *CLS* 13: 459-71.

鷲尾龍一・三原健一 1997『ヴォイスとアスペクト』研究社.

Wierzbicka, A. 1988 *The Semantics of Grammar*, John Benjamin, Amsterdam.

Wierzbicka, A. 2007 *English*, Oxford Univ. Press, Oxford.

山梨正明 1995『認知文法論』ひつじ書房.

山梨正明 2000『認知言語学原理』くろしお出版.

山梨正明 2004『ことばの認知空間』開拓社.

山梨正明 2008『認知構文論』大修館書店.

Yamashita (Nieda), M. 1985 On Voice Category in Grammar. *Bulletin of Kyto Univ. of Education. A* 66: 103-17.

山下 (二枝) 美津子 1986「能格と態の交替の関係」『京都教育大学紀要』69: 131-48.

山下 (二枝) 美津子 2000「能格性と自動詞構文」『京都教育大学紀要』96: 23-35.

安井稔 (編) 1996『コンサイス英文法辞典』三省堂.

安井稔 2008『英語学の見える風景』開拓社.

吉村公宏 1995『認知意味論の方法』人文書院.

Yoshimura, K. 1998 *The Middle Constructions in English: A Cognitive Linguistic Analysis*. PhD diss., Univ. of Otago, New Zealand.

吉村公宏 2001「人工物主語—クオリア知識と中間表現」『認知言語学論考』1: 257-318.

吉村公宏 2004『はじめての認知言語学』研究社.

═══ コラム 39　使役と受動 ═══　　田村敏広 ═══

「**使役**」(causative) と「**受動**」(passive) は一見すると全く異なる出来事のスキーマを持つ概念であるように思えます. 例えば「調べさせる」と「調べられる」では, 出来事の方向性という観点から見れば, いわば対極にあると言えるかもしれません. しかし, 「僕は彼女にその秘密を調べさせた」という使役と「僕は彼女にその秘密を調べられた」という受動は逆方向の出来事であるように見えて, そこには「彼女がその秘密を調べた」という共通項となる出来事が存在します. つまり, 使役と受動を切り分けているのは, 主語 (「僕」) とその共通項の出来事 (「彼女がその秘密を調べた」) の関係のあり方なのです. 具体的には, 主語がその出来事に対して意図的あるいは非意図的に影響性を持つのが使役であり, 出来事が主語に対して影響性を持つのが受動であると考えられます. すなわち, 使役と受動は決して相容れることのない対極に存在する概念ではなく, むしろ, 共通項を有する近い関係にある概念だとも言えるのかもしれません. ここでは使役と受動が相反する概念ではないことを示唆する言語表現を紹介します.

日本語においては「(さ)せる」と「(ら)れる」という助動詞によって明確に区別されますが，英語の have を用いた構文形式では，興味深いことに，使役と受動の解釈で曖昧になる場合もあります．この構文形式について簡単に見てみましょう．英語の動詞 have は，次のように大きく三つのタイプの補文形式をとることができます．

(1)a. I had my house collapse in the earthquake.(NP₁ *have* NP₂ V)
   （家が地震で崩れてしまった）
　b. John always has us all laughing.(NP₁ *have* NP₂ V-ing)
   （ジョンは私たちみんなをいつも笑わせる）
　c. Janice had Mary's hair cut by a barber she trusts.(NP₁ *have* NP₂ V-en)
   （ジャニスは信頼する美容師にメアリーの髪を切らせた）

このような形式の中でも，(1c)のように過去分詞をとり，さらには次の(2)のように主語と補文節主語の所有格の間に同一指示関係が認められる場合，その解釈は「使役」と「受動」で曖昧になることがあります．

(2)a. I had my hair cut.
　b. Seanᵢ had hisᵢ shoes shined.

(2a)では「髪を切らせた」という使役の解釈と「髪を切ってもらった（切られた）」という受動の両方の解釈があります．また，(2b)も同様に「ショーンは靴を磨かせた」と「ショーンは靴を磨いてもらった（磨かれた）」という使役と受動の解釈が可能です．どちらの解釈が優先されるかは語用論的な要因によって決定されることになりますが，この構文形式は使役と受動の両義性を持つ形式であると言えます．なぜ動詞 have を用いた構文形式にはこのような使役と受動の両義性が見られるのでしょうか？鷲尾（1997: 57）は，この両義性を持つ構文形式をとる have について「人と出来事の間に何らかの影響関係（affectedness relation）があるという情報だけが含まれる」とし，その影響関係には「方向性の指定すら含まない」とし，その中核的意味を次のようなスキーマで表しています．

(3)人－[出来事…]　　　　　　　　　　　　　　　　　　　　　　　　　　　　（鷲尾 1997：57）

「人（あるいは物）」と「出来事」との影響関係の方向性は指定されていませんが，その方向性には二つの選択肢しかないと鷲尾（1997）は述べています．つまり，影響の方向性が「人」から「出来事」へと向けられる場合には「使役」として解釈され，「出来事」から「人」へ向けられた場合には「受動」として解釈されることになるというわけです．この構文形式の have の意味の薄さこそが，潜在的な両義性の基盤になっているのだと考えられます．

　ここで紹介した have を用いた構文形式は，使役と受動の事態概念が必ずしも対極にあるのではなく，少なくとも私たちの認知領域においては近接した概念として捉えられていることを示唆しているのではないでしょうか．

▶参考文献
鷲尾龍一 1997「他動性とヴォイスの体系」中右実（編）『ヴォイスとアスペクト』研究社，pp.1-106.

━━コラム40　受け身文分析の諸相━━━━━━━━━━　　町田　章 ━

　認知言語学では，表現の意味には必然的に認知主体の事態の捉え方（construal）が反映されていると考えます．そのため，認知主体の捉え方が異なった場合，同じ状況を描写する際でも The glass is half-full.（グラスは半分満たされている）や The glass is half-empty.（グラスは半分空いている）などの異なった表現を選択することができるのです．

　このような考えを突き詰めていくと，従来の言語学において文法的な交替現象と呼ばれていたものの多くは，同じ概念内容（conceptual content）に対する認知主体の異なった捉え方が反映された表現形式であるという考えに至ります．その最たるものが態の交替（voice alternation）です．例えば，従来の言語学では The cat chased the dog.（その猫がその犬を追いかけた）のような能動文を基準として，これに統語操作を加えて作り出されたものが受動文 The dog was chased by the cat.（その犬はその猫に追いかけられた）であると考えられてきましたが，認知言語学ではそのような分析はとりません．両者は同じ概念内容に対する異なった捉え方の反映にすぎないと考えるのです．英語ではデフォルト的に動作主（agent）をトラジェクター（trajector）

としますが，様々な要因によって被動作主（patient）の方をトラジェクターとしたいときに用いられるのが受動構文ということです．図1に示されているように能動文と受動文の違いは，何をトラジェクターとするかという点のみです．その意味で態の交替現象は認知主体の捉え方の差異を表す現象ということになります．

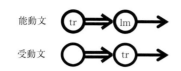

図1 態の交替に見られる捉え方の違い

注意しなければならないのは，英語における受動文の分析をそのまま他の言語に当てはめることはできないということです．なぜなら，それぞれの構文にはそれぞれの構成要素の特徴が反映されますし，他の構文との相互関係の中で決められるその構文独自の生態的地位（ecological niche）も存在するからです（cf. 町田 2017）．例えば，英語の受動構文は be 動詞，受動形態素（-en/-ed），前置詞 by などから成り立ちますが，この受動形態素は，動詞が表す事態の完了や事態の結果局面に焦点を当てる働きをもっていた形式（-en/-ed）が，しだいに事態の被動作主に焦点を当てる際にも用いられるようになったものです．そのため，例えば，事態の結果として何かが出現するような事態を表す作成動詞（verbs of creation）を用いた This cake was baked by John. のような受動文は全く自然な表現です．一方，日本語の受動構文を構成する受動形態素（-(r)are-）は，自発，可能，尊敬などの用法と拡張関係を持つことからわかるように事態の完了や結果局面とはほとんど関係がありません．そのため，「先生に叱られた」のような受動表現とは異なり，「? このケーキはジョンに焼かれた．」というような作成動詞の受動表現は非常に不自然になります．

もちろん，この不自然さは日本語の受動形態素の意味と作成動詞の意味の不整合だけが原因というわけではありません．話題化構文など他の構文との兼ね合いの中で，受動構文の生態的地位が日英語で完全に一致していないことにも原因があります．例えば，上記の英語を和訳するとしたら，むしろ，話題化構文を用いた「このケーキはジョンが焼いた」の方がより原文の意味に近い翻訳となるでしょう．もちろん，「このケーキはジョンに焼かれた」も被害や迷惑の文脈を与えれば容認されるようになります．ただし，これもまた日英語の受動構文の生態的地位の不一致の証ということになります．日本語の受動構文は被害や迷惑を表す方向に英語よりも広く拡張しているのです．また，前置詞 by とニ格が完全に一致した対応関係になっていないことにも注意を払わなければなりません．Langacker（1990: 139-40）にあるように，by は空間の近接関係から動作主標示に拡張したものですが，日本語受動文のニ格は存在の**場所**（location）や**着点**（goal），**経験主**（experiencer）などと拡張関係を結んでいます．その点では，両者は全く異なった動機づけを持っているのです．

▶参考文献

Langacker, R. W. 1990 The English Passive. *Concept, Image and Symbol*. Mouton de Gruyter, Berlin/New York, pp.101-47.

町田章 2017「日本語間接受身文の被害性はどこから来るのか？―英語バイアスからの脱却を目指して」『日本認知言語学会論文集』17: 540-55.

4C.5	モダリティと認知言語学	C 創造性と表現

黒滝真理子

従来，モダリティは，「話し手の心的態度を表す」という主観性のアプローチから捉えられてきたが，定義や分類などが多岐にわたり，明確な捉え方もないまま，単なる示唆に留まる研究が多かった．主観性とは何かを追求する中で，1980年代になってようやく，認知言語学的観点からのモダリティ研究が脚光を浴びるようになってきた．まず，Talmy（1988）や Sweetser（1990）が「力のダイナミックス」，「イメージ・スキーマ」や「メタファー的写像」の概念を導入し，モダリティの意味拡張や多義性を説明した．先駆的な研究としては，Langacker（1991）が，モダリティを非現実性（irrealis）の指標と捉え，主体性／客体性の関係を明確化した．この非現実性の概念は，「話し手が事態内に身を置き（自己のゼロ化），当事者として臨場的，体験的に事態把握しようとする」（池上 2000）という主観的把握の捉え方と多くの面で共通性を持つ．さらに，〈主観的把握〉の傾向が強い日本語において，とりわけモダリティは証拠性／ミラティビティや間主観性と有機的に繋がっていると考える．このように，近年では，モダリティの相対性を事態把握の異同というアプローチから分析する認知類型論的モダリティ研究が豊穣な可能性を数多内包した分野となっている．

1. モダリティとは

澤田（2006: 2）は，「モダリティとは，事柄（すなわち，状況・世界）に関して，たんにそれがある（もしくは真である）と述べるのではなく，どのようにあるのか，あるいは，あるべきなのかということを表したり，その事柄に対する知覚や感覚を表したりする意味論的なカテゴリーである」と定義する．そのモダリティを表すカテゴリーには，法助動詞，法形容詞や法副詞など様々なものがあるが，モダリティの意味機能を十全に表しているのは**法助動詞**である．したがって，以下の論述において，モダリティとは法助動詞の機能をもっぱら指す．

Palmer（1990, 2001）は，（1）のように，モダリティを「**命題的モダリティ**（命題の真実性に関する話し手の判断）」と「**事象的モダリティ**（起こり得る事象に対する話し手の態度）」の二つに大別し，さらに「**命題的モダリティ**」を「**認識的モダリティ**（命題の真実性に対する話し手の心的態度）」と「**証拠的モダリティ**（命題の真実性を裏づける証拠に関するもの）」，「**事象的モダリティ**」を「**束縛的モダリティ**（主語の義務・許可や必要性を表し，事象を引き起こす力は主語の外部にあるもの）」と「**力動的モダリティ**（主語の意志，能力や傾向を表し，事象を引き起こす力が主語の内的な力にあるもの）」と四つに下位分類している．

(1) propositional modality（命題的モダリティ）
  epistemic modality
  （認識的モダリティ：推測・推定・想定・可能性）
  evidential modality
  （証拠的モダリティ：感覚的・報告的）
 event modality（事象的モダリティ）
  deontic modality
  （束縛的モダリティ：義務・許可）
  dynamic modality
  （力動的モダリティ：能力・意志）
(Palmer 2001: 8)

(2) a. Kate *may* be at home now.
  b. Kate *must* be at home now.
  c. Kate *may* come in now.
  d. Kate *must* come in now.
(Palmer 2001: 7)

例えば，may には束縛的モダリティの「してもよい」（e. g.（2c））と認識的モダリティの「かもしれない」（e. g.（2a））がある．must には束縛的モダリティの「しなければならない」（e. g.（2d））

と認識的モダリティの「に違いない」（e. g.（2b））
がある．can には力動的モダリティの「できる」
と束縛的モダリティの「してもよい」とがあり，
否定的・疑問的文脈においてのみ認識的モダリ
ティとなりうる．このように，英語は，法助動詞一
形式が複数の意味・機能を表し，多義的である．

これ以外にもいくつかの分類案が提示されてい
る．Coates（1983）や Sweetser（1990）は非認
識的なもの（束縛的モダリティと力動的モダリテ
ィ）すべてを root modality とし，root modality
／epistemic modality という二分法で捉えてい
る．Narrog（2012）はモダリティを事実性未定の
カテゴリーであるとし，**意志性／非意志性**
（volitive/non-volitive）と**事態中心／発話行為中
心**（event-oriented/speech-act oriented）とに分
け，①認識的モダリティ（may（かもしれない），
must（に違いない）），②束縛的モダリティ（may
（てもいい），must（なければならない）），③意図
のモダリティ（will（つもり）），④力のモダリテ
ィ（can（ことができる））の四つに分類する．認
知文法論の Bybee et al.（1994）は agent-
oriented/speaker-oriented の二分法の立場をと
る．

英語のモダリティの多義性は，これだけ多くの
分類法によって解釈されてきた．名称，性質や分
類などが多岐にわたっていることから，モダリテ
ィに関しては従来豊かすぎるほどの考察の蓄積が
あった．捉え方も多様であることに関しては 2. で
触れる．

2.　モダリティの二つの捉え方

概して，モダリティの捉え方は，大きく分けて，
①話し手の心的態度を表すという**「主観表現論」**
の立場（中右 1979, 1994; Palmer 1986: 16; 仁田
1989; Bybee et al. 1994: 176; 益岡 1999; 宮崎 2000）
と②現実／非現実や事実性の相違を表すという
「非現実事態陳述のモダリティ論」の立場（Lyons
1977; Givón 1995; Palmer 2001; 尾上 2001; Narrog
2002; 野村 2003）の二つがある．

▶ 2.1　「主観表現論」の立場

モダリティとは本来言語学ではなく哲学上の
概念であった．哲学では，法性（ムード）の基
本概念を「可能性」（possibility）と「必然性」

（necessity）とに二分化する様相論理学が確立し，
そのアプローチを言語学においてモダリティに採
用したのである（von Wright 1951; Kiefer 1987）.
例えば，英語のモダリティは，命題内容真偽の
「認識的可能性」／「認識的必然性」を表す認識
的モダリティと，命題内容実現の「義務的可能性」
／「義務的必然性」を表す束縛的モダリティに下
位区分される．これは命題の存在のあり方を追究
する捉え方であり，その延長線上には，Heyse
（1856）のモダリティを「陳述内容と話し手の心的
活動との関係」とする捉え方がある．モダリティ
は一種の主観性を持つとする立場である．

日本語学においては，時枝（1941）の陳述論に
端を発し，「発話をめぐる主観性一般をモダリティ
とする」として広範囲に捉えられてきた．これを
受けて，従来の伝統文法では，表 1 で示すよう
に，モダリティを「話し手の心的態度を表す主観
的なもの」とみなす捉え方が主流であった．また，
命題を外から包み込む点から，**「階層的モダリティ
論」**とも呼ばれた．この立場は，日本語学や日本
語教育で多く支持されてきた．

ただ，黒滝（2012: 87）も指摘するように，心
的態度とは，命題の真偽に関わるものなのか，あ
るいは事象の実現に関わるものなのかといった問
題がある．また，Lyons（1977: 797）は "Alfred
may be unmarried." という例文を挙げて，認識
的モダリティに主観的用法と客観的用法があるこ
とを主張する．すなわち，聞き手と共有する根
拠・証拠に基づいて判断するならば客観的である
が，証拠のいかんにかかわらず話し手のみの根拠
によって判断するとなれば主観的である．したが
って，ことばで表される主観に関わる要素が必ず
しもモダリティとは限らない．むしろ，「可能性」
「必然性」は主観的というより客観的な非現実世界
を表すものなのである．澤田（2011: 31）も「法
助動詞が表している「心的態度」を正確に理解す
るためには，「現実性」あるいは「仮想性」とい
うムード的意味とともに，「可能・能力」「可能
性・推量」といったモダリティ的意味の主観性／
客観性を考慮に入れなければならない」と述べて
いる．この説は正鵠を射ているといってよい．

表1 主観表現論における主なモダリティ観

	モダリティへの捉え方	補足
時枝誠記（1941）	客体的な対象を概念化する「詞」を主体的把握の「辞」が包み込み，文が成立する．文末以外をモダリティとする．	陳述とモダリティの概念を重複して捉えている．
中右実（1979）	命題の蓋然性に関する，発話時という瞬間的現在の話し手の査定（心的態度）	「文を構成するのは命題とモダリティの2つの要素である」とする立場（中右1979；益岡1991）と「命題の外にある，あらゆる言語学的手段を含むもの」とする立場（Fillmore 1968；Palmer1979；仁田1989, 1991）を統合したもの．
仁田義雄（1991）	話し手の描き取った言表事態に対する，認識を中心とする話し手の捉え方および，それをどのように発話・伝達するかといった話し手の伝達的な態度のあり方を表したもの（仁田1991:187）	「言表事態あてのモダリティ（＝認識のモダリティと評価のモダリティ）」／「発話・伝達のモダリティ（＝聞き手めあてのモダリティ）」というモダリティの2層構造論を主張する．命題がモダリティに包み込まれ，モダリティを帯びることによって，文が成立するという．
益岡隆志（1991）	主観的な判断・態度を表す要素（益岡1991:6）	ムードとモダリティの区別に言及し，日本語の文法用語にモダリティのみを取り入れた．

▶ 2.2 「非現実事態陳述のモダリティ論」の立場

認知文法論のLangacker（1987, 1991）は「法助動詞は非現実または潜在的可能性を標示する機能を担う」と述べ，モダリティを「**非現実性**」（irrealis）のカテゴリーとして捉えている．国語学では，山田文法論（1908, 1936）を継承した尾上（2001）が「非現実事態陳述のモダリティ論」を提唱する．尾上（1998:101）は，非現実事態を「話者の現実世界に存在していない事態」と定義し，その具体例として，推量，希求（意志，命令，要請，願望），未実現，可能性，妥当性，反語，仮想や一般化した事態を挙げている．Chafe（1996）は，非現実事態を「直接知覚，記憶や予想ができず，想像による事態」と捉える．すなわち，話し手が現実世界で経験的に把握しているとは言えない事態を非現実世界という．Mithun（1999:173）によれば，現実事態は「実現化される，あるいは起こったこと，起こっていることなどの状況の記述，直接知覚によって知ることのできること」，非現実事態は「純粋に思考の範囲内，または想像によって知ることのできる状況の記述」を表すと区別する．

この「非現実事態陳述のモダリティ論」において，認識的モダリティ／束縛的モダリティの二分法には，表2にも示すように，尾上（2001），Palmer（2001）など様々な解釈がある．黒滝（2005）は，日本語は非現実性を表す認識的モダリティがプロトタイプであること，日本語のモダリ

ティの中心的概念である非現実性は束縛的モダリティよりも認識的モダリティとの方が観念的に結びつきやすいことを論じている．さらに，英語は認識的モダリティ／束縛的モダリティの二分法で整理できるが，日本語の場合，この二分法ではモダリティの概念を十分に把握できないと述べる．それは，日本語の認識的モダリティと束縛的モダリティとは異なる類型であって，両者間に関連性はないからである．また，英語の束縛的モダリティは人間と密接に関わっているのに対し，日本語の束縛的モダリティに相当する評価的モダリティ（「てもいい」や「なければならない」などの複合文末形式）は常に話し手との関わりを表すので，異なる意味機能を持つ．黒滝（2013）は，推量を表す認識的モダリティから意味拡張した証拠的モダリティと自発・可能や意志を表す力動的モダリティが，日本語においては中核的意味機能を担っていると説明する（黒滝2013:327）．**証拠性**（evidentiality）とは話し手と聞き手が共有できる情報に基づいての判断（shared mind）を表し，**間主観性**（intersubjectivity）と関わるものである．Lyons（1982）も**遂行性**（performativity）と証拠性をモダリティの表す主観性の概念として捉えている．Nuyts（2001）やPortner（2009）も証拠性こそがモダリティの主観性を決定すると主張する．証拠性に関しては，7.で詳述する．

このように，認知言語学においては，ラネカー（Ronald W. Langacker）に追随し，モダリティを非現実のカテゴリーとして捉える立場が一般的で

4C.5　モダリティと認知言語学

表2　非現実事態陳述のモダリティ論における主なモダリティ観

	モダリティへの捉え方	補足
Lyons（1977）	義務的モダリティ（deontic modality：道徳的に責任のある主体の行為の必要性や可能性に関わるモダリティ）／認識的モダリティ（epistemic modality：知識・信念・意見などの事柄に関わるモダリティ）の2分類.	テンスとモダリティを認識領域に関わるものとして同一レベルと捉えて，重層的・階層的には考えない.
Langacker（1987）	認識主体の概念化が反映されたものとし，根源的モダリティ（root modality）／認識的モダリティ（epistemic modality）の2分類をする.	モダリティと共起した命題を非現実的（non-factual）な事態と捉える. Lyons（1977）のモダリティの2分法を捉え直した.
Palmer（2001）	確言（assertion）／非確言（non-assertion）の対立軸をもとに，モダリティを「現実性（realis）／非現実性（irrealis）」「事実性（factual）／非事実性（non-factual）」と分類.	epistemic modality／evidential modality／deontic modality／dynamic modality と4分類する.
Narrog（2005）	事態の事実未定の標識としてモダリティを捉えている（Narrog 2005: 184）. 意志性／非意志性（volitive／non-volitive）と事態中心／発話行為中心（event-oriented/speech-act oriented）とに分類.	現実性，妥当性，確言や事実性は同じことを表しているわけであるが，とりわけNarrogは「現実」を事実としてあるものの一部，認知主体の認識によらないで存在するものとして捉える.
Declerck（2011）	モダリティとはある事態が非現実世界（nonfactual world）に位置づけられる現象である.（Declerck 2011: 27）	非現実性の概念に基づくDeclerck説は，モダリティの本質を「非確言」すなわち「確言されていないこと」とするPalmer説と共通する.
山田孝雄（1936）	係助詞から文末への係り結びに典型的にみられる，文を統一させる力をモダリティとする.	文成立の契機を主語と述語の結合（統覚作用）と捉え，その機能が述語にあるとする. 陳述の客体／主体主義的な立場.
尾上圭介（2001）	モダリティ形式とは非現実の領域に位置する事態を語るときのみに用いられる専用の述定形式である.（尾上 2001: 442）	「存在承認（非現実領域に存在を承認するところに生ずるモダリティ）」「存在希求（非現実領域に在り方を希求するところに生ずるモダリティ）」の2分類.

ある. 2.1の「主観表現論」の立場は，モダリティを文法的手段（推量・義務・許可・意志など，ある種の意味表現の道具）とみなしてきたが，「非現実事態陳述のモダリティ論」はモダリティを意味に関わる側面から捉える. 例えば，ラネカーの認知文法において，モダリティ表現は文内容の現実性との関わりで捉えられる. 意味に関わる側面から分析したもう一つの立場に，Kiefer（1987: 90）の「モダリティをその文で表現された事態が妥当かどうかを示すもの」とするものがある. 同様の立場のナロック（Heiko Narrog 2005: 184）は「現実」を事実としてあるものの一部，認知主体の認識によらないで存在するものとして捉えている. その意味で，「事実性」という用語の方が適しているという. 現実は今与えられるものであり，過去は含意しない. 一方，事実性には過去も入るとナロックは解釈する. そして，Narrog（2002）も，肯定的な事実主張と否定的な事実主張を［文内容の事実性を有効なものとして表す表現］としてまとめ，事実性を未決定なものとして示す表現と，反事実的な出来事を修辞的な事実性が未決定のように示す表現とを［文内容の事実性を未決定とする表現］と定義し，モダリティ表現とし

て前者の表現と対立させている. 「この定義は柔軟でありながら，モダリティ表現を意味のレベルで限定できるので，研究の実用的定義として有効だと思われる」とNarrog（2002: 229）は指摘する.

　Lyons（1977）はテンスとモダリティをともに認識領域に関わるものとして同一レベルと捉える. 例えば，英語において「過去形」は必ずしも過去の意味概念を持つとは限らず，「現在形」も必ずしも現在時を表すとは限らない. あたかも認識領域内に遠／近，すなわち現実／非現実的視点があるかのようである. 日本語においても，現実／非現実的視点で見る限り，テンスとモダリティは峻別されない. ラネカーは，モダリティの有無を非現実／現実の対立で捉え，それらは認識領域内での近／遠の対立に関わるものとみなしている. テンスとモダリティが深く関わっていることは，3.のLangackerによる「動的進展モデル」（dynamic evolutionary model）の説明で触れよう.

3.　ラネカーの認知文法論的アプローチから見たモダリティ

　Langacker（1991）の認知文法によれば，法助動詞を伴ったモダリティ文は事態が非現実性

(irreality) の領域内にあることを示すという．非現実性とは，事態がまだ起こっていない，すなわちこれから起こること，あるいは実際に起こったがそれを話し手が直接経験していないこと，あるいは全く架空の事態のことを表す．必ずしも話し手の主観を直接表現するものではなく，むしろ経験に基づいた判断や推量，あるいは根拠のある可能性など，客観的に捉えられることが多い．事態がまだ起こっていない，あるいは実現していないので，モダリティ文において，話し手は事態を現実のものとして心的領域に取り込もうとする力 (force/potency) が働く (Langacker 2013: 15)．それが法助動詞の働きなのである．例えば，"She *may* play the violin." の may は，概念化者 (conceptualizer：通常話し手であるが，そうとは限らない場合もあるので，「そう捉えている人」と定義する) によってプロファイルされ客体化された「彼女はバイオリンを弾く」という実体が非現実の領域，すなわち現実性 (事態の実現を話し手が受け入れている状態) の外側にあることを示している．その非現実関係は，オフステージ (舞台の袖のように，舞台上には居るが観客の眼に届かない部分) にあって，プロファイルされない．

Langacker (1998) はモダリティの定義として (3) の条件を提示する．

(3) a. モダリティは「力」(force/potency) を表示し，その力は源泉 (source) から標的 (target) へと向かう．

b. モダリティは主体的に捉えられる．これは話し手を背後に置く捉え方である．

c. モダリティは，客体化されるプロセスを「グラウンド (G：基盤)」に関係づける**基盤づけ陳述** (grounding predication) の一つである．そのモダリティによって基盤づけられたプロセスは非現実性の領域内にある．

d. 「**グラウンド (G)**」とは，言語事象，その参与者 (話し手／聞き手) と言語事象の直接的な環境 (今／ここ) の総体である．すなわち，話し手と聞き手という概念化者が概念化の客体を認知し概念化する際，その概念化者が存在する位置のことである．グラウンドは言葉を発する際の「基盤」であり，概念化者 (話し手／聞き手) がモノや作用を捉え概念化する際の原点でもあり，また視座の置かれている位置でもある．

ラネカーは一つの法助動詞には二つの意味があり，それを root sense (いわゆる束縛的モダリティのこと) と epistemic sense (いわゆる認識的モダリティのこと) と区分することで，多義性を主張している．両者の違いは，「力の源泉」が何であるかに依拠する．root sense は話し手の信念・考えや権力，社会的な風習，規範や法律などが力の拠り所となり，「能力」・「義務」や「許可」の意味が生じる．一方，epistemic sense の「力の源泉」は話し手の知識や論理であり，実在性が過去から現在，未来へと進展していく「勢い」を査定する．その査定によって「可能性」や「必然性」の意味が生じると Langacker (1991: 273) は説明する．この epistemic sense は，極度に主体性が高い．

(3a) に関して，Langacker (1998: 84-5) は (4) の例文を挙げて，以下のように説明する．

(4) a. You *may* not go out tonight — I forbid it!

b. It *may* very well rain tonight.

(4a) の束縛的モダリティ may が表す「力」の源泉は話し手で，その標的は聞き手である．概して，束縛的モダリティの源泉は話し手や法律などで，その標的は主語や聞き手となる．一方，(4b) の認識的モダリティ may の表す「力」は拡散的であり，Langacker は「実在性」(reality) の「進展的勢い」(evolutionary momentum) に内在していると述べる．すなわち，「実在性」は過去から未来へと進展していく勢いを持っていて，認識的モダリティによって話し手がその勢いを査定するのである (後掲の図2参照)．

(3c, d) の特徴を図示した (図1) を，澤田 (2006: 148) は次のように説明する．r (reality) は「現在の実在性」，tr (trajector) はその作用の主語，t は時間の流れを表している．また，細かい点線は概念化者による作用に捉えられ，二重破線矢印は法助動詞の表す「力」を表す．法助動詞は，オンステージでプロファイルされた客体的な作用 (tr から出ている太い矢印) を，「実在性」の観点からオフステージの基盤 (G) に「基盤づける」(ground) (すなわち，関係づける) 働きをしている．法助動詞の表す「力」(＝二重破線矢印) はオフステージからオンステージに向けられ

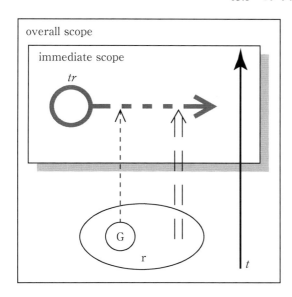

図1　法助動詞の概念化（Langacker 1998: 84）

ていて，プロファイルされていないことになる．Langacker（1998: 84）によると，基盤（G）は，概念化者が概念化する際の場所であり，そのGから伸びている細かい点線矢印はプロファイルされた主語 tr がプロファイルされた矢印の指す事態に向かった過程を表す．これは概念化者の視線である．Gとrを囲む楕円は，二重破線の表す法助動詞の**潜在力**（potency）の源泉を表す．例えば，"She *will* be there." の認識的モダリティの will の場合，tr である she が is there という事態に向

かうことを，概念化者Gである話し手が「だろう」と推量していることを表す．

　山梨（2011）は潜在的可能性がグランディング関係（事態と話し手の現実との間の関係づけ）を構成していることを，次のように説明する．法助動詞はグランディング要素であるので，その本質にはオフステージでかつ主体的に解釈されることが重要である．それによって，事態生起に向かって方向づけられた潜在的可能性の本来的な意味が反映される．主体的に解釈されることで，潜在的可能性は tr（トラジェクター：オンステージ内の注意の焦点）に内在するのではなく，むしろグラウンドに備わることになる．グラウンディング要素は，グラウンドを示すものでもなければグラウンディング関係を示すものでもないので，ただグラウンドされたプロセス，すなわち潜在的効力を受ける対象が，プロファイルとしてオンステージに残されているだけである．そして，潜在的可能性がグラウンドにどのように内在されているかが，認識的モダリティと束縛的モダリティとを区別するうえで基本となっている．例えば，束縛的モダリティの表す義務は，人にある行動を起こさせる社会的潜在効力からなり，許可はある行動を妨げる社会的潜在効力の除去となる．モダリティは，内在する効力の種類と強さの両面で，それぞれ異なる働きをする（山梨 2011: 395）．

　また，モダリティは，本質的には力動的であり，「**力のダイナミックス**」（force dynamics）が関与している．上述の(3a)の特徴である．その「力」は日常の物理的観察から得られる経験に根差されているものである．認知文法においてモダリティの有無は非現実／現実という対立に求められるが，その把握の根底にあるものが，Langacker（1991: 277）の「動的進展モデル」である（図2）．現実世界の進展を示した図2では，概念化者（C）である話し手が，実線の円筒の**実在性**（reality）を認めた状況にあり，一定の方向性に向けて進展の機動力を持ち，そこから進展した**現存する実在性**（present reality）を直接認識し，そこには力の源泉が内在し，それに基づいて心的に推し量っている．そこにモダリティが作用して，非実在領域に広がるのである．その非実在領域が**投射された実在性**（projected reality）と**潜在的に可能な実在**

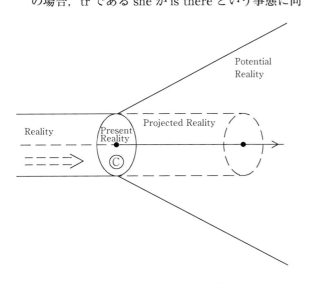

図2　動的進展モデル（Langacker 1991: 277）

性（potential reality）へと二分されて広がる．前者は概念化者の知識という力によって未来時にそのプロセスが実現されることを確信していることを表す．例を挙げると，"Bill and Jane *will* get married next week." の未来時を表す will がある．話し手はその実現に向けて，力が働くこと（自分の知識からすればそうなるであろうということ）を確信している．一方，後者は未来に生じる可能性があり得るものとして捉えられた領域を表す．例えば，"Bill and Jane *may be* getting married soon." における認識的モダリティの may である．よって，will は確実に起こることを表すが，may を用いるとただ単に起こり得ることを表しているにすぎない．ここで注意すべき点は，ラネカーのいう reality とは，概念化者が知っているかどうか，または認めているかどうかということであるので，それ自体認識論的な概念と言えよう．

さらに，図2の円筒の中の矢印は実現が事態成立に向けて働く「力」を表す．その「力」が抽象化されていき認識の客体としての性質を失い主体化される．このようなグラウンディング形式こそがモダリティなのである．そして，モダリティによってグラウンディングされたプロセスは，概念化者には現実として受け入れられず，非現実的に捉えられる．話し手の位置は概念化者の現在時の現実にあり，時間軸上に投影された時間概念が認識領域での遠近概念によって捉えられ，認識の遠／近というレベルで表されている．例えば，「現在時の推量」は近・非現実を表し，「過去の事態で客観的に認識できる内容」は遠・現実を表す．これは，認知言語学においてはテンスやアスペクトもモダリティの表現手段となり得ることを示唆している．

Langacker（2008: 307）の（5）の例文に対し，山梨（2011）では次のように訳されている．

(5) a. This election |*may/will*| be very close.
　　b. They |*may/will/must*| be home now —— they left three hours ago.

a. において，may はグラウンディングされたプロセスを潜在的に可能な現実に位置づけるものであり，ただ単に間近に選挙があり得ることを表すだけである．一方，will はそれを投射された現実に位置づけるので，間近に選挙があると

いう予報になる．両者とも非現実世界でのことである．
b. において，may はグラウンディングされたプロセスの，想起された現在での潜在的な受け入れを表しており，will もしくは must は投射されることでの受け入れを表す．

（山梨 2011: 399）

ラネカーは束縛的モダリティや認識的モダリティにかかわらず，モダリティを「基盤づけ陳述」とみなしている．モダリティはグラウンディングされたプロセスがまだ現実であるとは受け入れられていないことを表す．事態そのものを描写するのではなく，非現実事態を現実化させるグラウンド由来の主体的な力を示す．法助動詞の出現は本動詞の主体化によって説明され，その際グラウンド由来の主体的な力のドメインによって束縛的モダリティか認識的モダリティかが決定される（Langacker 1990: 26）．黒滝（2005）も，「非現実事態を語る話し手の経験や認識の蓄積が主体的な力となる．話し手はその力のドメインにより非現実事態に対して，判断したり可能性を推し量ったりすることで，束縛的モダリティか認識的モダリティかを判断する」と論じている．

ただし，ここで特記すべき点は，認知言語学での subjectification（主体化）は概念化における視点のあり方に関するものであって，主観表現論での主観性／客観性の対立とは異なるということである．ラネカーのいう認知文法論に基づいた subjectification は，概念化者が概念化の対象をどう捉えるかに関与してくる．元来認識の客体であったものの一部が認識の主体の側に取り込まれ，その一部となり主体的に解釈されるようになることを意味する．概念化者の視点が言語表現に反映されてはいるが，それが言語化されていない場合，主観性が高いとみなされる．一方，概念化者が言語化されオンステージに現れていれば，主観的とはみなされない．このように，認知文法論に subjectification を導入することで，束縛的モダリティと認識的モダリティを統合的に扱うことが可能となる．それは，モダリティの概念を明確化するのに有効である．また，ラネカーをはじめとする認知文法でいう subjectification は概念化におけ

る視点のあり方に関するものであり，従来のモダリティの主観表現論の根幹にある「話し手の主観的な気持ちを表す要素／客観世界を表す命題要素」といった対立のものではない．したがって，認知文法では，話し手の心的態度も明示的な認識対象であれば客観的に捉えられる．尾上も，モダリティ文を「過去から現在に至るまでの様々な経験や認識の積み重ねに支えられ，その経験に基づいた判断や推量，あるいは根拠のある可能性などを表す点で，主観的というより客観的に捉えられるものである」（尾上 2001: 470）と指摘する．

4. 「力のダイナミックス」と多義的アプローチ

英語のモダリティは多義的で，命題的モダリティと事象的モダリティを一形式で表す．従来，モダリティの意味的曖昧性を多義と捉えていたが，認知文法では，その多義性をもたらす要因として事態の実現をもたらす「力（ちから）」の所在が問題視される．すなわち，「力」の主体化というプロセスで多義性が説明される．「力のダイナミックス」という概念は，ラネカー以前に，Talmy (1988)，Johnson (1987) や Sweetser (1990) によってモダリティに適用された．とりわけ，スウィーツァー（Eve Sweetser）が束縛的モダリティから認識的モダリティへのメタファー的意味拡張を論じる契機ともなった．しかしながら，スウィーツァー やジョンソン（Mark Johnson）の「力のダイナミックス」の捉え方とラネカーのそれとは異なる．澤田（2006: 147）は次のように説明する．スウィーツァーやジョンソンの分析によれば，推論や証拠の力によって推論者としての話し手がある結論へ導かれることになるので，話し手の存在が相対的に客体化されることになるが，ラネカーの分析では，特定の結末に導かれるのは，話し手ではなく実在性の方である．よって，話し手は客体化されることなく，完全に主体的に捉えられている．とはいえ，現実がどう進展していくのかについての推定をしているのは話し手にほかならないので，認識的モダリティの「力」が主体的であることには変わりはない（澤田 2006: 147）．

また，Mithun (1995) は，非現実事態陳述の形式をもって語られる内容の範囲は言語によって相違点があることを示唆し，「力のダイナミックス」に関して次のように言及する．例えば，日本語の助動詞「（よ）う」には多義性が見られるが，本動詞から派生したものではないので「力の主観化」という「力のダイナミックス」の視点で捉えることはできない．一方，英語の法助動詞は，本動詞が表す事態を非現実の事態として述べるものと捉えられ，それが「主体的な意味での「力」の関与」というアプローチと偶然にも有機的に繋がっているという．したがって，非現実事態陳述と「力のダイナミックス」とは別のレベルのものであり，尾上（2001: 469-70）も指摘するように，あらゆる言語のモダリティが「力のダイナミックス」の観点から説明的妥当性を得られるとは限らない．

Radden and Dirven（2007）はモダリティが「潜在的に可能な実在性」(potential reality) を表すものであることを，「力のダイナミックス」の観点から次のように説明する（Radden and Dirven 2007: 243-4）．図3の束縛的モダリティの must を使った(a)"You *must* go home." において，話し手（s）と imposer は点線で結ばれることで，話し手が imposer であることを示している．両者はオフステージにある．つまりプロファイルされず主体化されている．ここが力の源泉となり，agent の聞き手 you まで力の矢が進む．これを義務の must で表す．その際，オフステージにある話し手からはオンステージ領域を指す点線の矢印が描かれ，概念化者にもなっている．図3の認識的モダリティの must を使った(b)"This *must* be right." において，「進展的勢い」は推論を導く証拠と関わる．そこから話し手に向かう矢は話し手の査定に与える impact となる．認識的モダリティの must は命題の外にある．束縛的モダリティの must も認識的モダリティの must と同じような「力のダイナミックス」で示され，それをパラフレーズすると(6)のようになる．

(6) a. *You must go home.*
   'The force of my authority compels you to go home.'
   b. *This must be right.*
   'The force of available evidence compels me to conclude that this is right.'

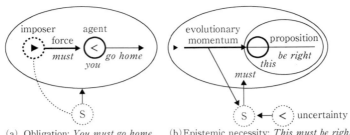

(a) Obligation: *You must go home.*　(b) Epistemic necessity: *This must be right.*

図3　束縛的／認識的用法の must における力のダイナミックスの構図（Radden and Dirven 2007: 243）

（Radden and Dirven 2007: 244）

　束縛的モダリティと認識的モダリティにおいては「力のダイナミックス」という共通の概念が多義性をもたらすと Radden and Dirven は指摘する．モダリティには，主体的な意味での「力のダイナミックス」が関与しているというわけである．

　その他の多義的アプローチには，「力のダイナミックス」の概念を導入し多義分析をした Talmy（1988）と「動機づけられた多義的アプローチ」の観点から説明する Sweetser（1990）がある．

　Talmy（1988: 53）によると，束縛的モダリティは個人の行動の選択に影響を及ぼす意図的な強制力（権威）が関わっていて，その強制力を「力のダイナミックス」と定義するという．その「力のダイナミックス」の概念を用いて，束縛的モダリティを表すと「苦痛や強制を与えるもの」となる．その場合，与える要因は話し手の権力のように主語の外にある．澤田（2001）は，「力のダイナミックス」や domain の概念を用いて，認識領域のイメージ・スキーマを想定する．それにより，認識的モダリティが表す推論のパターンとして「断定」と「予測」を区別し，認識的モダリティの多義性が解明されている．

　Sweetser（1990: 49-52）は，モダリティを「**内容領域**」（content domain），「**認識領域**」（epistemic domain）と「**言語行為領域**」（speech-act domain）の三つに分類し，内容領域が「力のダイナミックス」によって認識領域へという「**メタファー的写像**」（metaphoric mapping）を通して意味拡張されることを論じる．束縛的モダリティとは現実世界における外的・社会的・物理的な意味であり，認識的モダリティとは話し手の内的な推論世界における意味である．例えば，社会・物理的領域における「許可」の may が認識領域に写像されると「可能性」の may になる．may は束縛的用法において「社会・物理的な世界での障壁が存在しないこと」を表し，そのイメージ・スキーマ構造が保存されたまま推論の意味へと拡張していく．その結果，現存する前提から結論にいたる話し手の推論のプロセスに障壁が存在しないことを表すようになる．この写像の根底にあるのが「**イメージ・スキーマ**」（image schema）である．さらに，「力のダイナミックス」の観点から説明すると，義務や許可を表す束縛的用法では社会的な規範や個人的な権力の「力」が主語に働くのに対し，認識的用法では話し手の持つ知識という「力」が推論過程に比喩的に働き，証拠や前提として結論に向かわせると解釈できる．このように，スウィーツァーは，モダリティの多義性を比喩的拡張に動機づけられた「イメージ・スキーマ」と「メタファー的写像」の概念を用いて説明している．"different forms, different meanings" を提唱する Bolinger（1975: 73）も，スウィーツァー同様，認識的モダリティは束縛的モダリティが比喩的に拡大したものであると述べている．ちなみに，ボリンジャー（Dwight L. Bolinger）は構造主義から変形文法への移行期の言語学者であるが，彼の「形式が異なれば意味も異なる」という主張は，「同じ事態であっても，表現形式が異なれば，事態把握の仕方や話し手による意味づけも異なり，意味も異なる」という認知言語学の基本理念に近いものである．

　本節で紹介したモダリティ研究は，「力のダイナミックス」の概念を導入したという意味で，認知言語学に立脚した先駆的ものであるといえよう．ただし，モダリティをメタファー的写像で捉える際，束縛的用法か認識的用法か識別できない場合は，多義的アプローチで説明できない（cf. 関連性

理論に基づく単義的アプローチ：Ehrman 1966; Kratzer 1981; Tregidgo 1982; Perkins 1983; Walton 1988; Groefsema 1995; Papafragou 2000）．しかしながら，モダリティの意味機能を分析する際，束縛的モダリティ／認識的モダリティという二分法が不可欠である以上，多義性の概念とは不即不離である．そして，その多義性を解釈するうえでは，本節の認知言語学的アプローチが有効であるといえよう．

5. モダリティの文法化

4.で触れた比喩的拡張による多義性の分析を軸に，Heine et al.（1991）などが**文法化**（grammaticalization）のプロセスを明らかにしていった［→ 3.8 ］．文法化研究を契機に，モダリティは人間の普遍的な認知過程に大きく関与するものであるという議論が盛んになっていく．そのうえ，歴史的なアプローチの重要性も唱えられ，1980年代に入って，モダリティの意味変化のメカニズムを解明するための文法化研究が活発化した．そのうちに，文法化が生じる背後には話し手の認知プロセスが密接に関わってくるという統一的説明がなされるようになった．「文法化」と「認知」を関連づけ説明したのは，Hopper and Traugott（1993），Traugott（1995），Traugott and Dasher（2005）である．彼らの貢献によって認知意味論が台頭し，人間の認知の特性が言語の意味変化にいかに大きな影響を与えているか，そして，モダリティ表現が文法化の連鎖の中でどのように文法化されているのか，そこにはどのような方向性や規則性があるのかなどが明確化された．同時に，**用法基盤モデル**（usage-based model）（Langacker 1987）の文法化への応用も盛んに行なわれるようになっていった．

文法化とは，**内容語**（content word: 世界に存在するものや事態・出来事を表す名詞や動詞などの語彙的意味を担うもの）から**機能語**（functional word: 接続詞，時制，相や助動詞などの文法関係を表すもの）へ，すなわち，具体的なものから抽象的なものへと単一方向に変化することをいう．これを「**一方向性仮説**」（Unidirectionality Hypothesis）（Bybee 1985: 166）と呼ぶ．その過程において，客観的意味から主観的意味への変化

が付随して起こる言語現象を文法化という（Hopper and Traugott 1993）．その文法化が進む過程では，①**意味の漂白化**（semantic bleaching）②**脱範疇化**（decategorization）③**多層化**（layering）④**保持化**（persistence）といったメカニズムを経て，統語上の独立や語彙的意味の消失，さらには音声的摩擦などが伴う．例えば，未来を表す用法に will, be going to, be -ing, be to など複数共存する要因は多層化によるものである．「（よ）う」以外の日本語のモダリティにはこの多層化が生じなかったこともあり，そのため職能分化というような現象が起こり，多義性は発達しなかった（黒滝 2005: 101）．

モダリティは，人間という〈モノ〉的な項を主語とする本動詞から文法化した．その際，束縛的モダリティから認識的モダリティへという文法化経路を辿って意味拡張していく（Bybee and Pagliuca 1985; Traugott 1986; Bybee 1988; Sweetser 1990）．具体的プロセスは，① ability ＞ root possibility ＞ epistemic possibility ② desire ＞ intention ＞ future ③ obligation ＞ intention ＞ future である（Heine 1993; Bybee et al. 1994）．例えば，英語の can は，［能力］を表す力動的モダリティから，［可能性］を表す認識的モダリティへと文法化する．may の場合，［能力がある＞実行の可能性がある＞実現の可能性を認める］というように，客観的事態から主観的態度へと意味拡張が起こる．

この意味変化は人間の認知プロセスを反映したものである．認知プロセスには，①一般化，②メタファーによる拡張，③語用論的推論による拡張がある．主にスウィッツァによるメタファーは二つの異なる領域を結びつけるのに対し，トローゴットが中心となり提唱された語用論的強化はその間に見られる段階を結びつけるプロセスである．したがって，意味変化におけるこれらの動機づけは相補的な関係にあると言える．

6. Subjectification に対する二つの捉え方

5.でも触れたように，文法化の一方向性による意味変化は subjectification の方向へと向かう傾向がある（Traugott 1982, 1986, 1989）．トローゴット（Elizabeth C. Traugott）のいう subjctification

（主観化）は Lyons（1982: 102）の主観性（話し手の態度・信念の表出）と相通ずるものがある．Traugott（2010: 34）は，非主観的な言語表現が次第に主観的，そして間主観的な意味を表すようになるという主観性の漸次的推移を主張する．とりわけトローゴットは，話し手と聞き手の相互作用である間主観性を重視し，命題に対する話し手の主観的態度が談話機能へと意味拡張する点に着目している．**間主観化**（intersubjectification）とは，話し手の主観的態度を表す意味が語用論的過程を経て聞き手への配慮など聞き手指向的な意味をも表すようになる現象のことをいう（Traugott and Dasher 2002: 31）．日本語の終助詞や待遇表現などがそれに該当する．また，Traugott（1995: 45）は主観化の例として，be going to の運動の意味から未来の意志・推論への発達や，may・must の束縛的用法から認識的用法への発達などを挙げる．

認知文法論に基づいた subjectification にはもう一つの捉え方がある．それが，Langacker（1990, 1999）の subjectification（主体化）である．3. でも触れたが，これは，概念化者がある関係を概念化する際，客体的に捉えられる出来事の本来の意味が希薄化し，その消滅に伴い，把握の背後にある概念化者の視点が浮かび上がり，内在していた主体的意味は徐々に顕在化・前景化するプロセスを言う．すなわち，subjectivity がすべてにあり，客観的な捉え方が失われることによって主体化は起こるというものである．例えば，be going to は物理的空間的移動を表すが，そこには時間的流れに沿った移動という概念化者の認知プロセスが存在する（Langacker 1998: 79）．その一方で，概念化者の心的な動きも存在する．それによって，空間の移動の意味が薄れ，時間軸に沿った心的な動きのみが残る．概念化は話し手が状況を話し手の視点で捉えることと関わるので，客観的には同一事態であっても，視点が異なれば捉え方や表現も異なる．そして，概念化者が言語形式に具現化されていない表現こそ主観性も高く，そこに話し手の視点は言語化されない．要するに，ラネカーのいう「捉え方」とは同じ状況を様々な仕方で認知することを言い，その捉え方が異なれば，モダリティの表す概念も異なってくるというわけである．

トローゴットとラネカー両者の言う subjectification は，ともにモダリティの意味変化を追究するうえで重要なプロセスであるといえよう．しかしながら，トローゴットは通時的変化の観点から subjectification を「脱客体化」と言い意味内容の面から捉えているのに対し，一方ラネカーの subjectification とは概念化者が本質的に事態の中に現れない「主体の没入」のことであり，歴史的な言語変化には直接関与していない．両者は文法化のメカニズムの一つと捉えられているが，本質的には異なるものなのである．

7. 事態把握の観点から見た類型論的モダリティ論

Palmer（2001）は異なる言語間のモダリティの比較対照から得られる新たな知見こそが重要であることを示唆する．近年では，モダリティの文法化研究をはじめ，認知類型論的アプローチからのモダリティ研究が脚光を浴びている［→ 2.12 ］．認知類型論的研究は，E.サピアの『言語』にその萌芽が見られるが，主観性を反映した文法化現象を手がかりに言語間の認知プロセスが解明されてきた．さらに，主観性に立脚したモダリティ研究が，事態把握という新たな方向性を提示し注目されつつある．例えば，各言語における話し手は，同じ事態を異なるやり方で把握し言語化するという事態把握（construal）を行なっている．これこそが，言語固有のモダリティをモダリティたらしめ，かつモダリティの相対性の要因ともなっていると考える．各言語のモダリティは話し手各々が好む事態把握の仕方によって動機づけられている．以下，事態把握の観点から見たモダリティ論を展開しよう．

話し手は発話時以前に事態のどの部分をどのような視点から言語化するかという〈**認知の主体**（cognizing subject）〉としての営みを行なう．これが「**事態把握**」（construal）と呼ばれる過程であり，「**主観的把握**」（subjective construal）と「**客観的把握**」（objective construal）の二つの類型がある（池上 2000）．Whorf（1956: 159）による 'fashions of speaking'（話し手にとって好まれる言い回し）の概念にもあるように，言語話者が特に好んでとられる事態把握のスタンスという

ものがある.

英語話者の場合, 話し手は言語化の対象となる事態の外に身を置く客観的把握の傾向が強い. 池上によれば, 客観的把握とは「話者は問題の事態の外にあって, 傍観者ないし観察者として客観的に事態把握をする—実際には問題の事態の中に身を置いている場合であっても, 話者は（自分の分身をその事態の中に残したまま）自らはその事態から抜け出し, 事態の外から, 傍観者ないし観察者として客観的に（自分の分身を含む）事態を把握する」（池上 2011: 52）ことを言う. すなわち, 当該事態の中に身を置いている場合でも, 話し手は自己分裂の過程を経て, 自らの分身を事態の中に残したまま, 自らは事態の外に身を置き, 観察者・傍観者として客観的に事態を把握する. 事態の外に身を置く話し手にとって, 事態の中に残された自らの分身は自らの〈見え〉に入る. この場合は自ら自身も言語化されることとなる. 話し手は, 他者としての自己を見るような構図となり, 認知主体である自己をも他者化し, もともと他者である 2 人称・3 人称と同列に捉える.（黒滝 2013: 329-31）. ラネカーも話し手と聞き手ともに ground にあると唱えている. 例えば, 認識的モダリティの must は, 1 人称を主語にすることが基本的にはないにもかかわらず, 「気が狂ったのではないか」という独り言を "I *must* be crazy." のように表現して, 自らを他者化する場合がある. このように, 英語においては, 自己の他者化が自然に起こる. ちなみに, これは再帰代名詞の発達とも関連している.

一方, 日本語においてはとりわけ話し手との関わり方が問われるので, 聞き手を話し手自身と対等と考える場面もあり得るが, それは言語に反映されないのである. 言語上では必ずしも話し手と聞き手が対等でないからこそ, 配慮表現が発達している. これは, 主観的把握の傾向が強い日本語ゆえに起こる言語現象である. 池上は, 主観的把握を「ある状況を言語化する際に, 話し手が言語化の対象とする状況の中に身を置くという形で視点を設定し, 自らを認識の原点として言語化のための状況把握を行うこと」（池上 2000: 285）や「話者は問題の事態の中に自らの身を置き, その事態の当事者として体験的に事態把握をする—実際

には問題の事態の中に身を置いていない場合であっても, 話者は自らがその事態に臨場する当事者であるかのように体験的に事態把握をする」（池上 2011: 52）と説明する. 日本語話者は事態を言語化する際, 状況の中に埋没する形で視点を設定し, 自らを認識の原点とする. 話し手の〈見え〉から外界の事態を体験的に捉え, 事態に臨場する形で自らはその状況に居合わせながらも, 自らが**観察の原点**（vantage point）に立って観察するというスタンスがとられるがゆえに, 自らは言語化の対象から外れ, 言語表現上現れてこない. 客体の中に主体が入り込む「主客合一」の立場である. 認識の原点としての自己は言語化の対象として意識されず, 話し手は自らの〈見え〉に含まれず, 無化される. これを「自己のゼロ化」（池上 2000）と言う. まさに, ラネカーの言う「主体の没入」である. 本多（2005, 2013）は, 生態心理学者 Neisser（1988）の用語を借りて, このように捉えられる自己を「**環境論的自己**」（ecological self）と呼ぶ. すなわち, 環境に埋め込まれ, 環境についての自らの知覚から自らを認識する自己のことである[→ 5.3].

日本語において, 体験者である話し手は明示されず, 体験の場の〈イマ・ココ〉に視座を置き, 体験そのものを〈見え〉のままに言語化する. 黒滝（2013）は以下のように説明する.〈見え〉自体はすぐれて自己中心的（ego-centric）な性格のものであり, 話し手が当該事態について抱くあらゆる想いに至るまでが豊かに言語化されることになる. 日本語の認識的モダリティが多様に発達しているのもそのためであろう. また, 日本語は人称を明示しない表現が多く, とりわけ認識的モダリティには人称制限がある. 例えば,「う・よう」の推量や意志の主体も言語化されずに,「自己のゼロ化」が起こっている. 自己が無化されると, あえて話し手を明示しなくても, その話し手は認識的モダリティに内在される. 内在された話し手が段階的に関与する際に, 認識的モダリティも多様化されていく. まさに, 日本語の「見えない主語」を知る手がかりがモダリティにあるといっても過言ではない（黒滝 2013: 330）.

(7) a. 彼女は居ない<u>かもしれない</u>.
　　b. 彼は疲れている<u>に違いない</u>.

c. 海は荒れているようだ.

d. あのレストランは美味しいそうだ.

(7a) (7b) のように, 認識的モダリティにおいて, 認知主体の話し手は言語化されず「自己のゼロ化」が起こっている. また, (7c) (7d) から証拠性判断を表す証拠的モダリティにも「自己のゼロ化」が起こることがうかがえる. 証拠的モダリティは, 伝える根拠や情報の出処, 観察の情報源を示すものである. これらは体験によるものであるから, **証拠性** (evidentiality) の場合, 体験的に事態把握をするといえよう.

従来, 証拠的モダリティは認識的モダリティの下位区分に位置づけられてきた. 概して, 認識的モダリティは事態の非現実性を表し, 可能性や必然性などの様相や話し手の判断を表す文法カテゴリーである. 一方, 証拠性は, ある事態の情報の入手源が明らかになる文法カテゴリーである. また, 認識的モダリティが非現実性を表すのに対し, 証拠的モダリティは現実性を表す. これらの点を踏まえると, 両者は別個のカテゴリーに入ると考えられる.

さらに, 証拠の根拠が新情報であった場合, 意外性がもたらす驚きを示す. これを DeLancey (1997) は **mirativity** (未だ適切な日本語訳がないので「ミラティビティ」と称する.) という. 気づきや予想外の発見がある状況では, まず驚き, それが感嘆となり, 驚嘆する過程で自己移入や自己投入が起こり, そのうえで共感する. 古くは詠嘆の「けり」などがそれに該当する. 感覚を体験する主体は事態の中に身を置き, 言語化されないが, その場に臨在していて, 目の当たりにしている. まさに, 体験した事態を〈見え〉のままに言語化する主観的把握なのである. 要するに, 言語化されない認知主体を暗示するために日本語のモダリティは存在すると言っても過言ではない. とりわけ, 証拠的モダリティは推論した根拠の出処やそこに至るプロセスや証拠の在り方を示すことで, 話し手の主体性を顕現化しようとする働きを担う. よって, 例えば「最後に鍵をかけたのは彼だから, 彼は鍵の場所を知っているだろう」の「だろう」も, 語るべき根拠や証拠あっての推論を表し, 話し手と聞き手が共有できる証拠に基づいての判断を示すという意味で, 認識的モダリティ

というよりもむしろ証拠的モダリティと解釈できる. その際, 話し手は事態に埋没されるから, そこで語られるのは話者の体験にすぎない. 体験的に語られることで, 話し手はその場に臨場し, 当事者的な観点から観察できる. 対象と同じ場にいるわけであるから, 同じ場にいる他者とも状況を共有し, 共感しやすい. 場が体験的に捉えられているため, それらを証拠や根拠とする発話も組み立てられやすい. 直接体験したかのように捉えるからこそ信用度も高まる. 事実,「だろう」のような認識的モダリティは証拠・根拠あっての推量を表す場合が多い (黒滝 2013: 328). また, 証拠性とは話し手と聞き手の共有情報に基づいての判断を表すという意味で, 間主観的でもある.「だろう」の守備範囲は非常に広いことがわかる.

最後に, 従来類型論的に事態把握の傾向差が唱えられてきたが, 実は, どの言語にも主観的把握と客観的把握があり, 話し手は場面ごとにその都度どちらかで捉えていることに触れておきたい.

概して, 英語話者は客観的把握が好まれる傾向にあると言われてきた. ただし, Langacker (2002) も示唆するように, 英語話者でも非客観的把握の表現, すなわち主観的把握をすることがありうる.

(8) a. Look! My picture's in the paper! And Vanessa is sitting across the table from me!

b. ? Look! My picture's in the paper! And Vanessa is sitting across the table.

The latter is however, acceptable to the extent that one "empathizes" with the speaker's image in the paper and imagines the speaker's experience at the moment the picture was taken.

(Langacker 2002: 329, 365)

(8b) は, 英語話者も気づきや新しい発見があり我を忘れるような状況になると, 自己投入し〈自己のゼロ化〉が起こる mirativity の例である. 予想外の体験をして驚きや苛立ちを表す 'What cán it be? (それは一体何なのか)' の can も mirativity を表すモダリティといえよう.

まとめと展望

モダリティは, 従来「話し手の心的態度を表す」という「主観表現論」の立場から議論されてきた.

しかしながら，このアプローチはモダリティを文法的手段とみなしていることから，モダリティ研究が射程に収めることのできる言語には限りがあった．そこで，意味的側面から捉える「非現実事態陳述のモダリティ論」を2.で提示することで説明的妥当性を試みた．このアプローチで捉えると，モダリティ表現は主観的なものだけではなく，客観的なものでもありうる．そして，認知言語学において，モダリティは非現実事態を表すカテゴリーとして捉えられることを指摘した．3.では，その非現実性を表すモダリティと概念化者の関係や主体性／客体性の関係を考察するために，ラネカーの認知文法的アプローチから見たモダリティ論を展開した．ついで，ラネカーの「力のダイナミックス」や，スウィーツァーをもって嚆矢とする「メタファー」の観点からモダリティの多義性を説明したのが4.である．5.では，モダリティの多義性が生じるプロセスを，意味拡張や文法化のメカニズムから解明し，文法化が生じる背後に話し手の認知プロセスが密接に関わっていることを述べた．6.では，文法化と認知を関連づけたトローゴットのsubjectificationとラネカーのそれとは捉え方が異なること，ラネカーのいうsubjectificationは言語変化における重要なプロセスであり，そこでの「主体の没入」すなわち〈自己のゼロ化〉が「主観的把握」の基本概念であることを論述した．

最後に7.で，各言語のモダリティ体系の相違は背後にある事態把握の仕方の異同にあることについて論じた．モダリティは話し手により好まれる事態把握の仕方によって動機づけられている．とりわけ，日本語のモダリティは話し手が推論するプロセスや証拠・根拠の在り処によって使い分けられる．話し手は，事態の中に埋没され〈見え〉のままに臨場的，体験的に把握し，推論に至るプロセスや根拠の出処をモダリティによって示すことで，認知主体を顕現化しようとする．さらに，日本語の類型論的特徴の一つである証拠性／ミラティビティや間主観性とモダリティの関連性にも触れた．従来，事態把握の相違は言語固有とまでは言わないまでも，言語らしさを反映するものであると捉えられてきた．しかしながら，日本語らしさを体現するはずの〈自己のゼロ化〉が，実は英語にも見られることから「どの言語も程度の差こそ認識できるものの，主観的把握になりうる」という示唆が本節で得られた．すなわち，事態把握には普遍性もあれば，相対性，ひいては多様性もあるということである．まさに，認知類型論的研究のあり方が問われるところである．また，本節では言及しなかったが，認知主体である話し手が主語にあらわれない言語現象だけが〈自己のゼロ化〉ではなく，実はそれから逸脱する傾向もあると推察される．

以上の論述によって，認知意味論的動機づけの探求こそが，モダリティ研究においていかに重要であるかおわかりいただけたであろう．今後は，各言語のモダリティが持つ意味機能の比較対照に留まらず，その背後・背景にある認知的スタンスや話し手の認知的営みの相対性にまで考察のウイングを広げていくことが求められよう．それにより，研究の前線を拡大し深化させることで，実り豊かな成果が陸続と生み出されていくに違いない．

▶重要な文献

Palmer（2001）はモダリティを類型論的アプローチから論じた代表的な文献である．さらに，モダリティの認知文法論の深奥を究めたLangacker（1991）は，出発点とすべき基本的な論考である．LangackerのsubjectificationとTraugottのそれとの捉え方の相違についてはGeeraerts and Cuyckens（eds.）（2007）の33章 "Modality in Cognitive Linguistics" の論争が啓発的である．Narrog（2012）は卓越した論を展開していて，モダリティの理論的基盤を確立するうえで必読である．日本語で書かれた英語のモダリティに関する概説的な研究の一つとしては澤田（2006）があり，包括的に論じられていて示唆に富む．『主観性と主体性（ひつじ意味論講座5）』（2011）の中には，認知類型論の先駆的な研究者である池上や澤田の主観性に関して卓見とも言える諸論考がある．証拠性に関してはAikhenvald（2004），ミラティビティはDeLancey（1997, 2001），体験については定延（2002）が参考になろう．

これらは是非一読をお勧めする．

▶文　献

Aikhenvald, A. Y. 2004 *Evidentiality*, Oxford Univ. Press, Oxford.

Bolinger, D. L. 1975 A Note on *Can* and *Be Able*. *Kritikon Litterarum* 4: 71-3.

Bybee, J. L. 1985 *Morphology: A Study of the Relation between Meaning and Form*, John Benjamins, Amsterdam.

Bybee, J. L. 1988 Semantic Substance vs. Contrast in the Development of Grammatical Meaning. *Berkeley Linguistic Society* 14: 247-64.

Bybee, J. L. and W. Pagliuca 1985 Cross-Linguistic

Comparison and the Development of Grammatical Meaning. In Fisiak, J. (ed.) *Historical Semantics, Historical Word-Formation*, Mouton de Gruyter, Berlin, 59-84.

Bybee, J. L. et al. 1994 *The Evolution of Grammar: Tense, Aspect and Modality in the Language of the World*, Univ. of Chicago Press, Chicago/London.

Chafe, W. 1996 How Consciousness Shapes Language. *Pragmatics and Cognition* 4: 35-54.

Coates, J. 1983 *The Semantics of the Modal Auxiliaries*, Croom Helm, London/Canberra.

Declerck, R. 2011 The Definition of Modality. In Patard, A. and F. Brisard (eds.) *Cognitive Approaches to Tense, Aspect and Epistemic Modality*, John Benjamins, Amsterdam, pp.21-44.

DeLancey, S. 1997 Mirativity: The Grammatical Marking of Unexpectedness Information. *Linguistic Typology* 1: 33-52.

DeLancey, S. 2001 The Mirative and Evidentiality. *Journal of Pragmatics* 33: 369-82.

Ehrman, M. E. 1966 *The Meaning of the Modals in Present-Day American English*, Mouton, Hague.

Fillmore, C. J. 1968 The Case for Cas. In Bach, E. and T. Harms (eds.) *Universals in Linguistic Theory*, Holt, New York.

Geeraerts, D. and H. Cuyckens (eds.) 2007 *The Oxford Handbook of Cognitive Linguistics*, OUP, New York.

Givón, T. 1995 *Functionalism and Grammar*, John Benjamins, Amsterdam.

Groefsema, M. 1995 *Can, May, Must and Should:* A Relevance Theoretic Account. *Journal of Linguistics* 31: 53-79.

Heine, B. 1993 *Auxiliaries: Cognitive Forces and Grammaticalization*, Oxford Univ. Press, Oxford.

Heine, B. et al. 1991 *Grammaticalization: A Conceptual Framework*, Univ. of Chicago Press, Chicago.

Heyse, K. W. L. 1856 *System der Sprachwissenschaft*, Ferdinand Dümmler, Berlin.

本多啓 2005『アフォーダンスの認知意味論―生態心理学から見た文法現象』東京大学出版会.

本多啓 2013『知覚と行為の認知言語学―「私」は自分の外にある』開拓社.

Hopper, P. J. and E. C. Traugott 1993 *Grammaticalization*, Cambridge Univ. Press, Cambridge.

池上嘉彦 2000『「日本語論」への招待』講談社.

池上嘉彦 2011「日本語と主観性・主体性」『主観性と主体性』(ひつじ意味論講座第5巻) ひつじ書房 pp.49-67.

Johnson, M. 1987 *The Body in the Mind: The Bodily Basis of Meaning, Imagination, and Reason*, Univ. of Chicago Press, Chicago. [菅野盾樹・中村雅之 (訳) 2001『心のなかの身体―想像力へのパラダイム転換』紀伊國屋書店.]

Kiefer, F. 1987 On Defining Modality. *Folia Linguistica* 21 (1): 67-94.

Kratzer, A. A. 1981 The Notional Category of Modality.

In Eikmeyer, H. -J. and H. Rieser (ed.) *Words, Worlds, and Contexts*, Walter de Gruyter, Berlin, pp.38-74.

黒滝真理子 2005『Deontic から Epistemic への普遍性と相対性―モダリティの日英語対照研究』くろしお出版.

黒滝真理子 2012「認識的モダリティとの意味的関連性からみた日英語の束縛的モダリティ」『モダリティⅡ：事例研究』(ひつじ意味論講座第4巻) ひつじ書房, pp.83-99.

黒滝真理子 2013「日英語の事態把握と間主観的モダリティ ― Potentiality, 状況可能と Evidential Modality の観点から」『認知言語学論考』11: 313-45.

Langacker, R. W. 1987 *Foundations of Cognitive Grammar*, Vol.I, *Theoretical Prerequisites*, Stanford Univ. Press, Stanford.

Langacker, R. W. 1990 Subjectification. *Cognitive Linguistics* 1(1): 5-38.

Langacker, R. W. 1991 *Foundations of Cognitive Grammar*, Vol.II, Stanford Univ. Press, Stanford.

Langacker, R. W. 1998 On Subjectification and Grammaticization. In Koenig, J.-P. (ed.) *Discourse and Cognition: Bridging the Gap*, CSLI Publications, Stanford, pp. 71-89.

Langacker, R. W. 1999 Losing Control: Grammaticization, Subjectification, and Transparency. In Blank, A. and P. Koch (ed.) *Historical Semantics and Cognition*, Mouton de Gruyter, Berlin, pp.147-75.

Langacker, R. W. 2002[2] *Concept, Image, and Symbol: The Cognitive Basis of Grammar*, Mouton de Gruyter, Berlin/New York.

Langacker, R. W. 2008 *Cognitive Gammar: A Basic Introduction*, Oxford Univ. Press, Oxford. [山梨正明 (監訳) 2011『認知文法論序説』研究社.]

Langacker, R. W. 2013 Modals: Striving for Control. In Juana, I. et al. (eds.) *English Modality: Core, Periphery and Evidentiality*, Mouton de Gruyter, Berlin/Boston, pp.3-55.

Lyons, J. 1977 *Semantics,* Vol.2, Cambridge Univ. Press, Cambridge.

Lyons, J. 1982 Deixis and Subjectivity: Loquor, ergo sum?. In Jarvella, R. J. and W. Klein (eds.) *Speech, Place, and Action*, John Wiley, Chichester/New York, pp.101-24.

益岡隆志 1991『モダリティの文法』くろしお出版.

益岡隆志 1999「命題との境界を求めて」『月刊言語』28 (6): 46-52.

Mithun, M. 1995 On the Relativity Of Irreality. In Bybee, J. and S. Fleischman (eds.) *Modality in Grammar and Discourse*, John Benjamins, Amsterdam.

Mithun, M. 1999 *The Language of Native North America*, Cambridge Univ. Press, Cambridge.

宮崎和人 2000「ムードとモダリティ」『日本語学』19(5): 50-61.

中右実 1979「モダリティと命題」林栄一教授還暦記念論文集編集委員会 (編)『英語と日本語と』くろしお出版, pp.223-50.

中右実 1994『認知意味論の原理』大修館書店.

Narrog, H. 2002「意味論的カテゴリーとしてのモダリティ」『認知言語学II―カテゴリー化』東京大学出版会, pp.217-51.

Narrog, H. 2005 Modality, Mood, and Change of Modal Meanings: A New Perspective. *Cognitive Linguistics* 16(4): 677-731.

Narrog, H. 2012 *Modality, Subjectivity and Semantic Change. A Cross-Linguistic Perspective*, Oxford Univ. Press, Oxford.

Neisser, U. 1988 Five Kinds of Self Knowledge. *Philosophical Psychology* 1(1): 35-59.

仁田義雄 1989「現代日本語のモダリティの体系と構造」仁田義雄・益岡隆志（編）『日本語のモダリティ』くろしお出版, pp.1-56.

仁田義雄 1991『日本語のモダリティと人称』ひつじ書房.

野村剛史 2003「モダリティ形式の分類」『国語学』54(1): 17-31.

Nuyts, J. 2001 *Epistemic Modality, Language and Conceptualization*, John Benjamins, Amsterdam.

尾上圭介 1998「文の構造と"主観的"意味」『日本語の文に見られる主観性』（第7回 CLC 言語学集中講義における講義およびハンドアウト）CLC 日本語学院 ことばと文化センター主催.

尾上圭介 2001『文法と意味I』くろしお出版.

Palmer, F. R. 1979 *Modality and the English Modals*, Longman, London/New York.

Palmer, F. R. 1986 *Mood and Modality*, Cambridge Univ. Press, Cambridge.

Palmer, F. R. 1990^2 *Modality and the English Modals*, Longman, London.

Palmer, F. R. 2001^2 *Mood and Modality*, Cambridge Univ. Press, Cambridge.

Papafragou, A. 2000 *Modality: Issues in the Semantics: Pragmatics Interface*, Elsevier, Amsterdam.

Perkins, M. R. 1983 *Modal Expressions in English*, Frances Pinter, London.

Portner, P. 2009 *Modality*, Oxford Univ. Press, Oxford.

Radden, G. and R. Dirven 2007 *Cognitive English Grammar*, John Benjamins, Amsterdam.

定延利之 2002「『インタラクションの文法』に向けて―現代日本語の擬似エビデンシャル」『京都大学言語学研究』21: 147-85.

澤田治美 2001「推論のパタンと法助動詞の意味解釈（下）―認識的な must と should をめぐって」『英語青年』147(4): 225-9.

澤田治美 2006『モダリティ』開拓社.

澤田治美編 2011『主観性と主体性』（ひつじ意味論講座 第5巻）ひつじ書房.

Sweetser, E. E. 1990 *From Etymology to Pragmatics: Metaphorical and Cultural Aspects of Semantic Structure*, Cambridge Univ. Press, Cambridge.

Talmy, L. 1988 Force Dynamics in Language and Cognition. *Cognitive Science* 12: 49-100.

時枝誠記 1941『国語学原論』岩波書店.

Traugott, E. C. 1982 From Propositional to Textual and Expressive Meanings: Some Semantic-Pragmatic Aspects of Grammaticalization. In Lehmann, W. P. and Y. Malkiel (ed.) *Perspectives of Historical Linguistics*, John Benjamins, Amsterdam/Philadelphia, pp.245-71.

Traugott, E. C. 1986 From Polysemy to Internal Semantic Re-construction. *Berkeley Linguistic Society* 12: 539-50.

Traugott, E. C. 1989 On the Rise of Epistemic Meanings in English: An Example of Subjectification in Semantic Change. *Language* 65: 31-55.

Traugott, E. C. 1995 Subjectification in Grammaticalization. In Stein, D. and S. Wright (eds.) *Subjectivity and Subjectivization: Linguistics Perspectives*, Cambridge Univ. Press, Cambridge, pp.31-54.

Traugott, E. C. 2010 (Inter) Subjectivity and (Inter) Subjectification: A Reassessment. In Cuyckens, H. et al. (eds.) *Subjectification, Intersubjectification and Grammaticalization*, Mouton de Gruyter, Berlin, pp. 29-71.

Traugott, E. C. and R. B. Dasher 2002 *Regularity in Semantic Change*, Cambridge Univ. Press, Cambridge.

Traugott, E. C. and R. B. Dasher 2005 *Regularity in Semantic Change*, Cambridge Univ. Press, Cambridge.

Tregidgo, P. S. 1982 Must and May: Demand and Permission. *Lingua* 56: 75-92.

von Wright, G. H. 1951 *An Essay in Modal Logic*, North-Holland, Amsterdam.

Walton, A. 1988 *The Pragmatics of English Modal Verbs*, Univ. of London, Ph.D. thesis.

Whorf, B. L. 1956 *Language, Thought, and Reality*, MIT Press, Cambridge, MA. [池上嘉彦（訳）1993『言語・思考・現実』講談社.]

山田孝雄 1908『日本文法論』宝文館.

山田孝雄 1936『日本文法学概論』宝文館.

4C.6		C 創造性と表現

多義性と認知言語学

鷲見幸美

多義性（polysemy）とは，言語形式が単一の意味ではなく，関連した複数の意味を持っているということである．言語においてよく見られる性質であり，我々が日常的によく使う語の多くは**多義語**（polysem）である．

認知言語学は**非還元主義**の立場をとり，多義語の意味は決して単一の意味に還元できるようなものではなく，複合的な構造を持つカテゴリーだと考える．すなわち，多義性の問題は，意味がどのような**複合カテゴリー**（complex category）であるのか，認知言語学的に言えば，どのようなネットワーク（network）をなしているのかという問題である．具体的には，どのように個別の意味が認められるのか，意味と意味がどのように関連し合って一つのまとまりをなしているのかということが考察の対象となる．

認知言語学では，語だけではなく，形態素，句，構文といった様々な言語単位に多義性を認めている．本節では，主に語の多義性を取り上げる．

1. 多義語の成立

▶ 1.1 拡張した意味の慣習化

我々が日常的によく使う語の多くは多義語である．多義語は，一つの形式が異なる複数の意味を持ち，その複数の意味が相互に関連して，一つのまとまりをなす語である．ある語が従来の意味とは異なった拡張した意味（「派生した意味」とも言われる）で使われ，その拡張した意味が**慣習化**（conventionalization）して新たな意味として**定着**（entrenchment）することにより生じる．従来の意味から拡張した意味が生じる基盤として，**メタファー**（metaphor）・**メトニミー**（metonymy）・**シネクドキー**（synecdoche）や**イメージ・スキーマ**（image schema），**主体化**（subjectification）がよく知られている．

多義語の意味カテゴリーは動的で可変的なもの

である．我々がある語の意味について，「古い意味」「新しい意味」といった言い方をすることからもそれは明らかである．例えば，「イタイ」という語の意味について考えてみよう．国語辞典によっては，〈すばらしく感じられるさま〉という意味が「イタイ」の意味の一つとして記述されているが，現代ではこの意味は使われておらず，かつてあった意味が失われていると言える．一方で，〈無様で痛々しく感じられるさま〉という意味が比較的新しく生じている．

拡張した意味には，慣習化し完全に定着した意味も，慣習化の過程にあって完全に定着したとは言えない意味もある．ここでまた，「イタイ」を例に考えてみる．「イタイ」という語の**プロトタイプ的意味**（prototypical meaning）は，〈怪我や病気による肉体的な苦しさを感じるさま〉を表す（「傷口が痛い」）．このプロトタイプ的意味から，〈精神的な苦しさを感じるさま〉という意味が拡張している（「その話は耳が痛い」）．この拡張した意味は慣習化の程度が高く定着した意味となっていて，万人がその意味を理解し，その意味で使うことがあるだろう．しかし，比較的新しく使われるようになった「痛い人」や「痛いニュース」となると，意味が理解できて自分で使うこともある人，意味は理解できるが自分で使うことはない人，意味はなんとなく理解できるが違和感を覚える人，意味がわからない人などに分かれる．つまり，「イタイ」の〈無様で痛々しく感じられるさま〉という意味は，慣習化の程度が低く，完全に定着した意味とは言い難い．それゆえ，辞書によってこの意味を記述しているものもしていないものもある．

この慣習化の程度差は，多義語の成立プロセスによるものである．ある個人が X という語を従来とは異なった拡張した意味で使う．そして，その意味で繰り返し使うようになり，その個人において拡張した意味が定着する．この時点では X とい

う語はこの人にとって多義語であるが，他の人にとってはそうではない．さらに，別の個人が拡張した意味を何度も繰り返し見聞きすることにより，その意味を定着したものとして認めるようになる．それがどんどん広がり言語共同体のより多くの人が認めるようになり，慣習化の程度が高まって，新しい意味として定着する．つまり，ある意味が定着しているかどうかは，慣習化の程度の問題である．その場限りの意味と完全に定着した意味の間に明確な境界があるわけではなく，両者は連続的であると考えられる．

▶ 1.2　多義語と同音異義語

多義語も**同音異義語**（homonym）も，一つの形式に複数の意味が結びついているが，多義語が複数の意味の間に関連があるのに対し，同音異義語は関連がないという違いがある．国語辞典においても，多くの場合，多義語は一つの見出し語の下に複数の意味が記述されているのに対し，同音異議語は別々の見出し語が立てられてそれぞれに意味が記述されている．

まず，同音異義語を見てみよう．「話す」と「離す」は語源が異なり，意味的な関連性も感じられず，典型的な同音異義語である．「書く」と「掻く」，「優しい」と「易しい」は語源的には単一の語であったが，現代の我々には意味的な関連性が全く感じられず，やはり同音異義語として認識されている．辞書においてもそれぞれが見出し語となっている．次に，多義語を見てみよう．「オレル」の〈鋭角的に曲がる〉（「ホースが折れる」）と〈鋭角的に曲がって分断される〉（「バットが折れる」），〈くじける〉（「心が折れる」）は，意味の間に関連性が感じられる．それぞれメトニミーとメタファーで結びついているのである．

ところが，両者の区別はそれほど厳格にできるわけではなく，多義語と同音異義語は連続的である．例えば，〈上部を固定してぶら下げる〉ことを表す「カケル」（「壁に絵を掛ける」）と〈勝てば獲得し負ければ失う約束で金品を出す〉ことを表す「カケル」（「本命の馬にお金を賭ける」）は同語源であるが，現代ではその結びつきがほとんど感じられず，辞書によってはそれぞれを見出し語としている．しかし，後者は前者からメタファーにより拡張した意味だと考えられ，その関連性

を感じる母語話者もおり，辞書によって一つの見出し語の下に両者の意味を記述しているものもある．つまり，同音異義語であるか，多義語であるかが曖昧な例である．同様の例に，〈自分の方に寄せるように力を加える〉ことを表す「ヒク」（「ドアを引く」）と〈細かく砕く〉ことを表す「ヒク」（「コーヒー豆を挽く」），〈奏でる〉ことを表す「ヒク」（「バイオリンを弾く」）がある．同語源であり，通時的にはメトニミーにより拡張した意味ではあるが，共時的にはその結びつきが感じられにくくなり，現代ではそれぞれが独立した別の語であると認識する母語話者もいる．母語話者によって判断がゆれ，辞書によって記載の仕方も異なる，同音異義語であるか多義語であるかが曖昧な例だと言える．これらは，もともと単一の多義語であった語が複数の同音異義語として再解釈されるようになった例だが，その逆に，語源的には別の二語に意味的な関連性が感じられるようになり，多義語として再解釈されるようになることもある．例えば，英語の〈耳〉を表す"ear"と〈穂〉を表す"ear"は，本来は別の語であるが，〈先についたもの〉という共通点を持つことから，多義語として解釈される傾向がある．

多義語と同音異義語の曖昧な例の存在は，両者が連続的であることを示している．さらに，このような曖昧な例の存在は，多義語の意味カテゴリーが動態的であり，構造の再構成によって，変容する可能性を内在させていることを示している．

2.　語 の 多 義 性

▶ 2.1　複数の意味の認定

多義語は複数の意味を有する．必然的に，どのようにして複数の意味（個別義）を認定するのかということが問題となる．複数の意味の認定には，いくつかの方法がある．

第1には，言語事実に基づく方法がある．類義語，反義語，上位語といった関連語と属する意味分野が異なることが基準となる．例えば，〈楽しい感じを与えるさま〉（「性格が明るい」）を表す「アカルイ」は「朗らか」を類義語とし，「人柄」に分類されるのに対し，〈ある分野についてよく知っているさま〉（「この辺の地理に明るい」）を表す「アカルイ」は「詳しい」を類義語とし，「才能」

に分類される．第2に，言語テストに基づく方法がある．例えば，一方を肯定して他方を否定することができるかどうかをテストすることにより，二つの意味が分離しているかどうかを測ることができる．「太郎は（性格は）明るいけれど，（この辺に）明るくない．（だから一緒に旅行するのは楽しいけれど，よく迷う．）」という文は容認可能である．したがって，それぞれが別の個別義として認められる．また，同時使用ができるかどうかをテストすることにより，一つの意味にまとめて解釈できるかどうかを測ることができる．「太郎は性格と将来が明るい」という文は容認度が低い．「アカルイ」の二つの意味が区別されるにもかかわらず，それを一つにまとめて解釈することが不自然であるためであり，〈希望がもてるさま〉を表す「アカルイ」が〈楽しい感じを与えるさま〉とは別の個別義として認められる．第3に，心理実験による方法がある．例として，カード分類法による意味的類似性の測定が挙げられる．被験者にカード一枚に「アカルイ」を用いた一文が書かれたカードのセットを与え，各文の「アカルイ」の意味が似ているものを集めてグループ化するよう求め，その分類結果を**多次元尺度法**（multidimensional scaling: MDS）や**クラスタ分析**（cluster analysis）により分析する．多次元尺度法は対象間の関係を2次元，3次元といった空間配置で表現する手法であり，近くに配置されれば意味的類似性が高いと判断され，遠くに配置されれば意味的類似性が低いと判断される．また，クラスタ分析は類似性の高いものがクラスタにまとめられる手法であり，一つにまとめられれば意味的類似性が高いと判断され，別々のクラスタが形成されれば意味的類似性が低いと判断される．さらに，母語話者の意味に関する直観も重要である．ある意味とある意味が別だと感じられ，そのような個別義の区分が直観的に自然で妥当性が高いと判断されるということである．例えば，「アカルイ」について，「性格が明るい」と「この辺の地理に明るい」は直観的に意味が異なり，両者を区分するのは妥当性が高いと感じられる．意味区分について自然だと感じられるだけでなく，そのような意味区分に基づく全体構造の説明が自然で妥当性が高いと感じられることも重要である．

以上のような方法で複数の意味（個別義）を認定することができるが，それぞれに長所，短所があり，それぞれの方法に関して否定的な見方もある．言語事実を重視する立場，実験を重視する立場，内省を重視する立場があるが，相互補完的に利用することも可能である．また，非還元主義的な立場をとる認知言語学においては，個別義が十分に離散的（discrete）であることを認めながら，連続的であることも強調される．

▶ 2.2　プロトタイプ的意味の認定

多義語の意味は内部構造を持ち，多義語の有する複数の意味の中には，他の意味より中心的で認知的な際だち（prominence, salience）の高いプロトタイプ的意味と呼ばれるものがある．このプロトタイプ的意味は，中心的意味や基本的意味と呼ばれることもある．プロトタイプ的意味の認定にも，いくつかの方法がある．第1に，用法上の制約を基準とする方法がある．これは，複数の意味の中で，用法上の制約がない（あるいは，最も少ない）意味をプロトタイプ的意味と認定する方法である．例えば，「ハシル」には，①〈人や動物が足を速く動かして前に進む〉（「毎朝5キロ走る」），②〈ある場所に線状物が伸びる〉（「国道に亀裂が走る」），③〈感覚が瞬間的に現れて消える〉（「背中に痛みが走る」）といった意味があるが，①の意味は，「最近の走りは安定している」のように名詞化した用法もあるのに対し，②や③の意味にはない．また，①の意味は，受身形（「ライバルにすぐ後ろを走られて，レースに集中できなかった」）や可能形（「彼ならこの距離を2時間で走れる」）になるが，②や③はならない．用法上の制約がないことから，①の意味のプロトタイプ性が高いと判断できる．第2に，具体性を基準とする方法がある．これは，具体的で観察可能であり，身体経験とより密接に結びついた意味をプロトタイプ的意味と認定する方法である．我々が身体経験を基盤としてカテゴリー化を行なっているという経験基盤主義（experientialism）の考え方に基づく．例えば，「ハシル」の①の意味は，具体的な動作であり，観察することができ，身体経験と結びついている．それに対し，②と③の意味は抽象的である．具体性の高さから，①の意味がプロトタイプ性が高いと判断できる．また，「トオイ」

「チカイ」「フカイ」「アサイ」といった「空間」と「時間」の両方の意味を持つ多義語は，「空間」の意味がプロトタイプ的であり，「空間」から「時間」への拡張は一方向的であることが明らかにされている（籾山 1995）．これは「空間」が視覚による観察が可能で具体性が高いのに対し，「時間」は観察不可能で抽象的であることに基づいている．第3に，心理実験による方法がある．想起のしやすさを基準とし，被験者にその語を使った例文を作成してもらう実験により，より多くの人が最初に思い浮かべる意味を調べるという方法である．例えば，「ハシル」と聞けば，①のような例がまず思い浮かび，②や③のような例を最初に思い浮かべる人はあまりいないだろう．つまり，「ハシル」は，〈人や動物が足を速く動かして前に進む〉という意味が想起されやすいと判断できる．被験者に複数の意味のそれぞれの例文の典型度を判断してもらう実験により，典型度の高い意味を調べるといった方法もある．第4に，使用頻度を基準とする方法がある．これは，コーパスにおける使用頻度を元に，複数の意味の中で最も使用頻度の高い意味をプロトタイプ的意味と認定する方法である．第5に，子どもの言語発達を基準とする方法がある．これは，子どもの言語発達において最初に獲得される意味をプロトタイプ的意味とする方法である．さらに，母語話者の意味に関する直観がある．直観的にある意味が中心的であると感じられ，その意味を中心として他の意味が拡張していると考えられることにより，プロトタイプ的意味を認定する．例えば，「ハシル」の意味①②③の中では，①の〈人や動物が足を速く動かして前に進む〉が中心であり，他の二つの意味はこの意味から拡張したことが直観的に感じられる．

ここで改めて，共時的な多義構造の記述は通時的な意味変化の記述とは異なることを確認しておきたい．「通時的に意味変化の起点である」ことはプロトタイプ的意味を認定する基準にはならないということである．プロトタイプ的意味，多義語の意味カテゴリーは，可変的なものであり，文脈，個人の知識や経験に依存するダイナミックなものである．意味カテゴリーが再構成された結果，通時的な意味拡張の起点であった意味が，共時的には拡張の起点としての地位を失うということがあ

る．例えば，「カタイ」の原義は〈心が定まっていて動揺しない〉（「堅い信仰」）という意味だとされるが，〈しっかりしていて壊れにくい〉（「ダイヤモンドは硬い」）の方が具体性が高く，現在ではより想起されやすい．その結果，〈しっかりしていて壊れにくい〉から〈心が定まっていて動揺しない〉という方向へと拡張が起きているように認識されるようになっており，〈しっかりしていて壊れにくい〉という意味がプロトタイプ的意味だと認定される（松本 2009）．また，"mail" は，〈普通の郵便物〉が原義であるが，〈電子メール〉という意味がプロトタイプ的意味を引き継ぎ，原義が拡張例として位置づけられるようになることが予想されている（Langacker 2008）．

プロトタイプ的意味の形成には，知覚的顕著さ，記憶のしやすさ，使用頻度，社会・文化的重要性，親密度などの要因があると考えられているが，一般的にどれが決定的な要因であるかは明確ではない．これらの要因間にも相互関係があると考えられる．そのため，プロトタイプ的意味を認定するための最も有効な一つの方法が特定できるわけではない．また，それぞれの方法に長所・短所があり，すべての方法がすべての語のプロトタイプ的意味の認定に有効であるとは限らない．語によっては使えない方法もあり，語によって有効な方法が異なりうる．プロトタイプ的意味が複数あるという可能性もある．

プロトタイプ的意味の認定は容易ではないこともあるが，プロトタイプ的意味として認定した意味をカテゴリーの中心に位置づけることで，自然な全体構造の説明ができ，その説明の妥当性が高いと感じられることも重要である．

▶ 2.3 語の多義構造

2.3.1 プロトタイプに基づくネットワーク

プロトタイプに基づくネットワークのモデルの一つに，テイラー（John R. Taylor）の家族的類似カテゴリー（family resemblance category）がある（Taylor 1989, 1995[2], 2003[3]）．家族的類似カテゴリーというのは，哲学者ウィトゲンシュタイン（Ludwig Wittgenstein）によって提唱された家族的類似性（family resemblance）を持つカテゴリーである．家族的類似性というのは，一つの家族の構成員の間に成り立っている様々な類似性，

例えば体つき，顔の特徴，眼の色，歩きかた，気質などが，様々に重なり合い，交差し合っているという性質である（Wittgenstein 1953）．家族の構成員全員に共通点があるわけではないが，構成員が部分的に似ていることで全体がつながり，家族がまとまりを持っている．ウィトゲンシュタインは，「ゲーム」にこの家族的類似性が見られるとする．ゲームと呼ばれるものには様々あり，全てのゲームに共通する属性を見いだすことはできないが，様々な類似性が重なり合い，交差し合うことで，「ゲーム」が一つの家族を形成しているのである．テイラーは，多義的なカテゴリーの複数の意味が意味連鎖（meaning chains）によって間接的に関連付けられているという点に注目し，この種の構造を持つカテゴリーを家族的類似カテゴリーと呼ぶ．意味連鎖の拡張の最初の段階では，意味の関連性はあっても，連鎖が連なることにより，隣接しない意味では間接的にしか関連づけられない．例えば，"climb" は，〈手足を使って苦労して上方向へ移動する〉（"The boy climbed the tree."）というプロトタイプ的意味を持つが，〈手足を使って苦労して移動する〉という意味が前景化された意味（"The boy climbed down the tree and over the wall."）や〈苦労して（段階的に）上方向へ移動する〉という意味が前景化された意味（"The plane climbed to 30,000 feet."）に拡張している．さらに，〈手足を使って苦労して移動する〉という意味からは，〈手足を使って苦労して衣服を着脱する〉という意味が拡張し（"John climbed out of his clothes."），〈段階的に上方向へ移動する〉は空間領域から数値領域に意味が拡張している（"Prices are climbing day by day."）．そして，〈手足を使って苦労して衣服を着脱する〉と〈数値が上昇する〉という意味には，共通する意味がほとんどなくなっている．家族的類似カテゴリーのモデルでは，意味が連鎖によって関連づけられていることが強調されている．

レイコフ（George Lakoff）の**放射状カテゴリー**（radial category）のモデルも，プロトタイプに基づくネットワークのモデルの一つである（Lakoff 1987）．放射状カテゴリーとは，複数の意味が，プロトタイプ的な意味を中心として，複数の方向に，放射状に拡張した構造を持つカテゴリーである．中心的な成員を取り囲むように，非プロトタイプ的な成員が関係づけられ，その非プロトタイプ的な成員を中心にして，さらに周辺的な成員が位置づけられる．

レイコフは，**理想化認知モデル**（idealized cognitive model: ICM）という背景知識に基づいて構造化される放射状カテゴリーの例として，"mother" を取り上げている（Lakoff 1987）．理想化認知モデルというのは，我々が対象を認識するときに利用する背景知識をモデル化したものであり，我々が経験から得た知識を単純化，理想化したものである．レイコフは，"mother" にまつわる理想化認知モデルとして，〈出産〉〈遺伝〉〈養育〉〈結婚〉〈家系〉といったモデルが結合した集合体モデルを想定している．"mother" が「生まれてから現在まで女性であり，子どもを生み，子どもの遺伝子のうち半分を与え，子どもを養育し，父親と結婚していて，子どもより一世代上である」場合は，すべてのモデルが合致し，カテゴリーの中心に位置づけられ，"stepmother（継母）"，"adoptive mother（養母）"，"birth mother（生母）"，"surrogate mother（代理母）" など理想化認知モデルの一部にしか合致しない場合がその周辺に位置づけられる．さらに，出産モデルのみが一致する場合から〈生み出すもの〉という意味（"Necessity is the mother of invention."），養育モデルのみが一致する場合から〈母のように世話をする〉という意味（"He wants his girlfriend to mother him."）へ拡張している．

「爪」も放射状カテゴリーをなす．プロトタイプ的な意味を持つ〈人間の爪〉（「爪を見ると病気がわかるらしい」）を中心として，〈ギター・琴などの爪〉（「指に爪をはめて演奏する」），〈カセットやビデオテープの爪〉（「爪を折ると，録音や録画ができなくなる」），〈傘の爪〉（「傘の骨が折れたので，爪を買って修理した」，〈蓋などの爪〉（「蓋の爪が折れてしまって，ロックできない」）といった様々な意味が拡張している．これらの拡張した意味は，〈つま弾く〉〈引っかける〉〈折られる〉など，人間の爪の持つ異なった機能を基盤とし，その異なった側面の拡張がなされた結果，生じた意味である（〈小さい〉〈平たい〉といった形状の類似性もある）．つまり，すべての「爪」が共通

する意味を持つわけではないが,「人間の爪」を中心として,部分的に重なることにより,相互に関連し合って放射状のネットワークをなしている（松本 2000）.

「家族的類似による意味連鎖」の結果,「放射状のネットワーク」が形成されるという意味で,テイラーとレイコフは異なる側面を捉えてはいるものの,プロトタイプからの拡張に基づいて多義性を捉えているという点では同じであり,いずれもネットワークの節点（node）はどれも意味拡張の起点となりえて,より複雑なネットワークを生み出す可能性があることを重視している.

2.3.2 プロトタイプとスキーマに基づくネットワーク

ラネカーは,言語カテゴリーというものは,通常複合的なものであり,あらゆる種類とサイズの言語構造が**カテゴリー化関係**（categorizing relationship）によって相互に結びついているネットワークとみなすことができるとしている（Langacker 1987 ほか）.

ラネカーのモデルは,複数の事例がプロトタイプからの**拡張**（extension）と**スキーマ**（schema）からの精緻化（elaboration）によって構造化されるモデルである.ネットワークは,以下の図1のように,「スキーマ」「プロトタイプ」「拡張事例」の三つの節点からなる.このモデルをネットワーク・モデルという（Langacker 1991 ほか）.

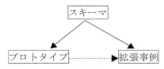

図1　ラネカーのネットワーク（Langacker 1991: 271, 図4(a)）

ある事例が,プロトタイプと同じカテゴリーに属すると認められるに十分な共通点を持ちながら,なんらかの不一致を含むとき,拡張というカテゴリー化関係によって結びつけられ（破線矢印）,カテゴリーに組み込まれる.これが拡張事例である.

スキーマは,いくつかの事例が抽象化のあるレベルで示す共通性のことであり,異なる事例を大まかに見て概略化することによって生じる.つまり,スキーマとプロトタイプ・拡張事例とは具体性の違いがあり,プロトタイプと拡張事例は,スキーマからの精緻化というカテゴリー化関係によって結びつけられる.この拡張（横のつながり）と精緻化（縦のつながり）という仕組みに基づいてネットワークが拡大していく様子が以下の図2に表されている.

ネットワーク・モデルは様々な記号単位に適用可能なものであり,多義語の意味カテゴリーのみを対象としたモデルではないが,多義語の意味カテゴリーのネットワークにおいては,接点のそれぞれが個別義に相当する.ただし,個別義とそのカテゴリー化の関係には定着や活性化（activation）のしやすさに度合いがあることを重視し,その度合いがボックスの線の太さで示される.最も太い線で書かれたボックスが,定着度,活性化の程度の最も高いプロトタイプ的な意味を表している.例えば,"ring" の部分的ネットワークは以下の図3のように図示される.

つまり,ネットワーク・モデルは,新規な意味と完全に定着した意味との間に明確な境界を想定せず,話者の中でどの程度強化されているか,あるいは言語共同体においてどの程度慣習化されているのかが程度の問題であることを捉えたモデルである.

また,抽象的な意味と具体的な意味を認め,意味の階層性（hierarchy）を捉えている.すべての事例が共有する,最も抽象的な意味は,**スーパー・スキーマ**（super schema）と呼ばれるが,すべてのカテゴリーにスーパー・スキーマが設定できるわけではない."ring" のネットワークにも,スーパー・スキーマは構造化されていない.たとえスーパー・スキーマが設定できたとしても,その定着度や活性化の度合いが極めて低い場合もあ

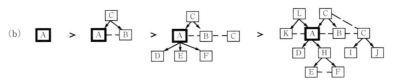

図2　ネットワークの拡大（Langacker 1991: 271, 図4(b)）

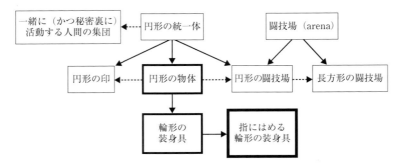

図3 "ring"（名詞）のネットワーク（Langacker 2008: 37, 図2.2 [山梨（監訳）2011: 48]）

　る.
　さらに重要なことは，スーパー・スキーマに多義語の意味が還元できるわけではなく，一つの抽象的意味だけでは，ある語の意味を完全に記述することはできないということである．語は，常に新たな意味を生じさせ，その意味を取り込んで意味カテゴリーが拡大する可能性を秘めている．しかし，一つの抽象的意味だけでは，慣習化された意味の範囲を十分に，かつ正確に予測することは不可能である．あくまでもネットワーク全体がその語の意味である．
　意味の定着度の違いを認め，意味を階層的に捉えることで，意味の**漠然性**（vagueness）と**曖昧性**（ambiguity）の問題について説明することが可能となる（Tuggy 1993; Langacker 2000）．意味の漠然性と曖昧性の問題とは，ある表現が漠然とした一つの意味を持つのか，どちらであるのかが曖昧な二つの意味を持つのかという問題である．多義語の複数の意味を認定する方法には，二つの意味が分離しているかどうかを測るテストと一つの意味にまとめられるかどうかを測るテストがあることを述べたが，分離可能でもあり統合可能でもあるという結果が出ることもある．これは，具体性の高いレベルでは分離可能であり，抽象性の高いレベルでは統合可能でもあるということである．意味の曖昧性と漠然性について言えば，明らかに曖昧である場合とは，より具体的な意味の方だけが定着していて，二つの具体的な意味だけが喚起される場合である．一方，明らかに漠然としている場合とは，より抽象的な意味の方だけが定着していて，一つの抽象的な意味だけが喚起される場合である．しかし，具体的な意味も抽象的な意味も同じような定着度で同じように喚起される場合や，文脈によってより抽象的な意味が喚起されるかより具体的な意味が喚起されるかが変わる場合がある．そのような場合には，意味が曖昧であるのか漠然としているのかが明確に判断できなくなるのである．つまり，意味の曖昧性と漠然性の問題は，以下の図4に示されるように連続的に捉えられる．

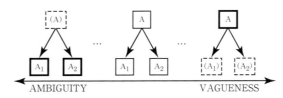

図4 曖昧性と漠然性（Langacker 2000: 37, 図11）

　プロトタイプからの拡張とスキーマからの精緻化は，共通性（類似性）に基づくものであり，それぞれがメタファーとシネクドキーに相当する．つまり，ネットワーク・モデルには，メトニミーにより拡張した意味を取り込むことができない．しかし，ラネカーは，メトニミー（一つのドメイン内のプロファイル・シフト）が多義性を引き起こす中心的な源となっており，多義語は特定のメトニミー的な使用が強化され，慣習化された結果として生じると述べている（Langacker 2008）．例として，"church"の〈宗教的な集まりのために使用される建物〉という意味と〈その建物の中で会合する宗教組織〉という意味，"come"の移動全体を表す意味と最終段階のみを表す意味（"arrive"と類似した意味）が，メトニミーによって関連していることを説明している．

2.3.3　フレームに基づくネットワーク

　意味拡張においてメトニミーが重要な役割を担っていることは，十分に認識されている．そのメ

トニミーによる意味拡張を取り込んだ形でネットワークを捉えるには，メトニミーによって関連づけられる意味に共通するフレームが必要であり，それを明確にしたモデルも提案されている（田中1990; 国広 1994; 松本 2010）．それをフレームと呼ぶことは必ずしも一般化していないが，相当する概念が想定されている．例として，「学校」と"sit"のネットワークを取り上げる（松本 2010）．
「学校」には，〈総合体としての学校〉（「学校が好きだ」），〈校舎〉（「学校を建設する」），〈学校活動〉（「今日は学校がない」）といった意味がある．そして，〈総合体としての学校〉はフレームでもあり，他の意味はその構成要素である．つまり，全体部分関係にあり，メトニミーで結びついている．この「学校」のネットワークは，以下の図5のように図示される．

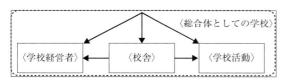

図5 「学校」のネットワーク（松本 2010: 38, 図4）

フレームが点線枠で，意味が実践枠で囲われており，〈総合体としての学校〉はそのいずれでもあることが示されている．また，実践枠が実践矢印で結ばれていることで，メトニミーの関係にあることが示されている．
"sit"には，〈座っている〉という意味から拡張した〈委員会に所属する〉という意味がある．委員会では着席することが一般的であり，|会議|というフレームの中では，〈座っている〉ことと〈委員会に所属すること〉が共起関係にあることから，メトニミーによって拡張している．この"sit"のネットワークの一部は，以下の図6のように図示される．

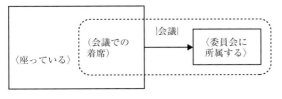

図6 "sit"（一部）のネットワーク（松本 2010: 39, 図6）

|会議| フレームが点線枠で，〈座っている〉と〈委員会に所属する〉という二つの意味が実践枠囲われており，二つの意味がメトニミーによって結びついていることが実践矢印で示されている．

2.3.4 ネットワーク・モデルとメトニミーに基づく拡張の統合モデル

ラネカーのネットワーク・モデルは，メトニミーによって関連づけられる意味を位置づけられない．そこで，メトニミーによって生じる多義性も捉えられるモデルが提案されている．その一つは，籾山（2001）の提案する「ネットワーク・モデルと現象素（phenomeneme）に基づく認知的多義（cognitive polysemy）を統合したモデル」である．この統合モデルは，以下の図7のように図示される．

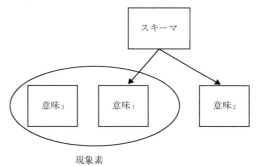

図7 統合モデル（籾山 2001: 54, 図7）

籾山の用いる現象素（国広 1994）という概念は，フレームに近い概念である．"climb"のネットワークは，この統合モデルに従うと，図8のように記述できる．
最も太い枠で囲われた〈手足を使って苦労して上方向へ移動する〉は，プロトタイプ的意味であると同時に，フレームでもある．そのフレームと全体部分関係にある，〈手足を使って苦労して移動する〉と〈上方向へ段階的に移動する〉は，それぞれプロトタイプ的意味とメトニミーの関係にある．〈手足を使って苦労して移動する〉からはメタファーによって〈手足を使って苦労して衣服を着脱する〉という意味が拡張し，〈上方向へ段階的に移動する〉という意味からはメタファーによって〈数値が上昇する〉という意味が拡張している．さらに，〈手足を使って苦労して上方向へ移動する〉と〈手足を使って苦労して衣服を着脱する〉，〈数値が上昇する〉からは，それぞれ〈手足を使って苦労して動作する〉，〈上昇する〉というスキーマ

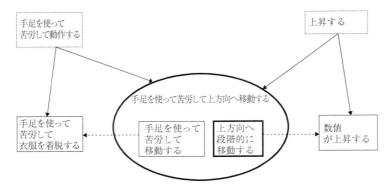

図8　climb のネットワーク

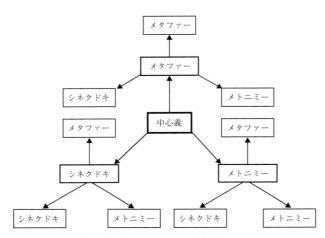

図9　意味ネットワーク（瀬戸 2007b: 41）
（瀬戸（2007）は「シネクドキー」を「シネクドキ」と表記している．）

が抽出できるが，スキーマのそれぞれは慣習化の程度が低く，意味として定着していない．

2.3.5 類似関係・隣接関係・包摂関係に基づくネットワーク

メトニミーに基づく拡張を明確にネットワークに位置づけたモデルの一つに，瀬戸（2007b）の提案する「意味ネットワーク」がある．瀬戸は，スキーマと事例との関係で成り立つネットワーク・モデルにメトニミー拡張を取り込めば，ネットワーク・モデルそのものが機能停止に陥ると述べ，メタファーとメトニミーとシネクドキーをそれぞれ独立した意味拡張のパターンと認める必要があることを強調し，図9のようなモデルを提案している（瀬戸 2007b）．

この統合モデルに従うと，"dog" のネットワークは，図10のように図示できる．

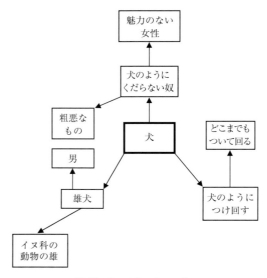

図10　dog のネットワーク

プロタイプ的意味〈犬〉を中心に，シネクドキーにより〈雄犬〉，メトニミーにより〈犬のようにつけ回す〉，メタファーにより〈犬のようにくだらない奴〉が拡張し，それぞれの拡張義がさらにシネクドキー〈イヌ科の動物の雄〉とメタファー〈男〉，メタファー〈どこまでもついて回る〉，シネクドキー〈粗悪なもの〉とメタファー〈魅力のない女性〉により拡張している．瀬戸のモデルは，類似関係・隣接関係・包摂関係の三者が基本原理であることを重視し，全体のネットワークが複雑化していくさまを捉えたモデルである．

3. 構文の多義性

認知言語学は，多義性の概念を広く捉え，構文レベルの言語形式にも多義性を認める [→ 2.11]．拡張した構文の意味のそれぞれが，中心的意味から動機づけられていて，相互に関連し合っている．例えば，英語の使役移動構文の意味は，'X CAUSES Y TO MOVE Z'（X は Y が Z ｛へ／から｝移動することを引き起こす）を中心的意味として関連づけられる（Goldberg 1995）．中心的意味の事例 "Pat pushed the piano into the room." では，主語（Pat）の働きによって，目的語（piano）の位置が空間的に移動する．しかし，拡張した意味においては，主語の働きが目的語の移動にどのように関わるかという点で意味に異なりが生じている．"Pat ordered him into the room." では，結果として目的語（him）の位置変化が主語（Pat）の働きによって引き起こされることが含意されるが，移動は目的語の意志によるものである．また，"Pat allowed Chris into the room." では，主語（Pat）が目的語（Chris）の移動を許可しているにすぎない．さらに，"Pat locked Chris into the room." では，主語（Pat）の働きは目的語（Chris）の移動にかかわらず，"Pat assisted Chris into the room." では，主語（Pat）の働きは目的語（Chris）の移動を促進するだけである．このように，英語の使役構文の多様な意味は，中心的意味の統語的性質を継承しながら，力動性（force dynamics）の観点から見て関連する多様な意味に拡張している．このように，構文の意味がそれと関連性を持った意味に拡張していくことは，**構文的拡張**（constructional extension）

と言われる．

まとめと展望

認知言語学は，様々な言語現象を，人間の認知能力に基づいて記述・説明する学問である．多義性は，そのような認知言語学における主要な関心事であり，広範囲にわたり研究が進められてきた．それは多義性が我々の有するカテゴリー化の能力のあらわれであり，意味の本質に迫るテーマであるためである．

カテゴリー化とは，我々が外界を認知するために用いる，重要な認知処理の方法である．何かを何かと同じであるとみなす，似ているとみなす，関連しているとみなす，異なるとみなすといったプロセスであり，それはまさに外界に対する意味づけである．経験基盤主義的，概念主義的な意味観に立つ認知言語学においては，カテゴリー化を考察することは意味を考察することに他ならない．逆に言えば，認知言語学の多義性の研究は，言語のメカニズムが身体基盤，経験基盤であることを明らかにしてきた．

認知言語学において，言語形式の意味は，決して単一の要素に還元できるようなものではなく，複合的なネットワークを成しているとみなされる．多義性の研究では，意味と意味がどのように関連づけられ，全体としてどのようなネットワークを構成しているのかということが関心事となるわけである．その意味で，ネットワークという概念は非常に重要である．

これまで複数の意味の認定方法，プロタイプ的意味の認定方法，および，意味と意味が相互に関連し合う多義語のネットワークのモデルが論じられ，多義性の研究が進んできた．我々の言語使用が柔軟で創造的であることは，ネットワークがダイナミックなものであることの証である．多義性の研究によってネットワークの動態性が捉えられることで，多義性と同音異義語の連続性や漠然性と曖昧性の問題の連続性も説明できる．

しかし，多義性が高ければ高いほど，その言語形式のネットワークは複雑なものとなる．多義性の高い言語形式について，そのネットワーク全体が明らかになっているわけではない．さらに言えば，こういったモデルの心理的実在性について検

証する研究も限られている．様々な言語形式の多義性について，記述的研究をボトムアップ的に積み上げること，関連分野と密接に関わりながら実証的な研究を積み上げていくことにより，多義性の研究はさらに進み，それが意味についての深い洞察をもたらし，言葉というものを根源的に問い直していくことになる．

　認知言語学が積み上げてきた多義性の研究は，外国語教育への応用も期待できる．言語形式の意味を身体や経験と結びつけて理解すること，言語形式の多義性がいかに動機づけられたものであるかを理解することは，学習者がネットワークを形成していくことにつながり，それが柔軟で創造的な言語使用を可能にすると考えられる．

▶重要な文献

Lakoff, G. 1987 *Woman, Fire and Dangerous Things: What Categories Reveal about the Mind*, Univ. of Chicago Press, Chicago.
　認知言語学，言語学，人文科学に大きな影響を与えた大著．プロトタイプに基づくカテゴリー化を理解するには，特に第1部と後半の事例研究が重要．

Langacker, R. W. 2008 *Cognitive Grammar: A Basic Introduction*, Oxford Univ. Press, Oxford.
　認知言語学を牽引してきたラネカーの大著の中でも，日本語で読める貴重な一冊．ネットワークとスキーマについて理解するには，特に第8章が重要．

Taylor, J. R. 2003[3] *Linguistic Categorization*, Oxford Univ. Press, Oxford.
　第1版（1989）から読み続けられる認知言語学の入門書・概説書．プロトタイプに基づくカテゴリー化について詳しく，語レベル以外のカテゴリーの多義性についても広く扱われている．

松本曜（編）2003『認知意味論』（シリーズ認知言語学入門第3巻）大修館書店．
　英語だけでなく，日本語の例も豊富な概説書．語の多義性について，認知言語学の様々な考え方に基づく分析例を取り上げて，解説している．本節に関しては，特に第3章，第4章が重要．

▶文　献

Goldberg A. E. 1995 *Constructions: A Construction Grammar Approach to Argument Structure*, Univ. of Chicago Press, Chicago.［河上誓作・早瀬尚子・谷口一美・堀田優子（訳）2001『構文文法論―英語構文への認知的アプローチ』研究社.］

国広哲弥 1994「認知的多義論―現象素の提唱」『言語研究』106: 22-44.

国広哲弥 1997『理想の国語辞典』大修館書店．

Lakoff, G. 1987 *Woman, Fire and Dangerous Things: What Categories Reveal about the Mind*, Univ. of

Chicago Press, Chicago.［池上嘉彦・河上誓作・辻幸夫・西村義樹・坪井栄治郎・梅原大輔・大森文子・岡田禎之（訳）1993『認知意味論―言語から見た人間の心』紀伊國屋書店.］

Langacker, R. W. 1987 *Foundations of Cognitive Grammar*, Vol.I, *Theoretical Prerequisites*, Stanford Univ. Press, Stanford.

Langacker, R. W. 1991 *Concept, Image, and Symbol: The Cognitive Basis of Grammar*, Mouton de Gruyter, Berlin.

Langacker, R. W. 2000 A Dynamic Usage-based Model. In Barlow, M. and S. Kemmer（eds.）*Usage-Based Models of Language*, CSLI Publications, Stanford, pp.1-63.［坪井栄治郎（訳）「動的使用依拠モデル」坂原茂（編）2000『認知言語学の発展』ひつじ書房 pp.61-143.］

Langacker, R. W. 2008 *Cognitive Grammar: A Basic Introduction*, Oxford Univ. Press, Oxford.［山梨正明（監訳）2011『認知文法論序説』研究社.］

松本曜 2000「日本語における身体部位詞から物体部分詞への比喩的拡張―その性質と制約」坂原茂（編）『認知言語学の発展』ひつじ書房, pp.317-46.

松本曜（編）2003『認知意味論』大修館書店．

松本曜 2009「多義語における中心的意味とその典型性―概念的中心性と機能的中心性」*Sophia Lingusitica* 57: 89-99.

松本曜 2010「多義性とカテゴリー構造」澤田治美（編）『語・文と文法カテゴリーの意味』ひつじ書房, pp.23-43.

籾山洋介 1993「多義語分析の方法―多義的別義の認定をめぐって」『名古屋大学日本語・日本文化論集』1: 35-57.

籾山洋介 1995「多義語のプロトタイプ的意味の認定の方法と実際―意味転用の一方向性：空間から時間へ」『東京大学言語学論集』14: 621-39.

籾山洋介 2001「多義語の複数の意味を統括するモデルと比喩」『認知言語学論考』1: 29-58.

籾山洋介 2002『認知意味論のしくみ』研究社．

瀬戸賢一（編集主幹）2007a『英語多義ネットワーク辞典』小学館．

瀬戸賢一 2007b「メタファーと多義語の記述」楠見孝（編）『メタファー研究の最前線』ひつじ書房, pp.31-61.

田中茂範 1990『認知意味論―英語動詞の多義の構造』三友社．

Taylor, J. R. 1989, 1995[2], 2003[3] *Linguistic Categorization*, Oxford Univ. Press, Oxford.［辻幸夫・鍋島弘治朗・篠原俊吾・菅井三実（訳）2008『認知言語学会のための14章（第三版）』紀伊國屋書店.］

辻幸夫（監修）2011『認知言語学研究の方法―内省・コーパス・実験』ひつじ書房．

Tuggy, D. 1993 Ambiguity, Polysemy, and Vagueness. *Cognitive Linguistics* 4(3): 273-90.

Wittgenstein, L. 1953 *Philosophical Investigations* (translated by G. E. M. Anscombe). Basil Blackwell, Oxford.［藤本隆志（訳）1976『哲学探究』大修館書店.］

山梨正明　2009　『認知構文論』大修館書店．

| 4C.7 | 認知談話研究 | C 創造性と表現 |

林　宅男

1. はじめに

　談話分析と認知言語学はそれぞれ多様な言語現象を様々な理論的枠組みを用いて融合的に発展してきた. 談話分析は, 20 世紀初頭の「ロシア・フォルマリズム」を契機として起こった文学作品の構造主義的研究に端を発し, 1960 年代中頃以降, 文法研究, 言語哲学, テキスト言語学, 詩学, 応用言語学をはじめ, 文学, 文化人類学, 社会言語学, 心理学, 人工知能, 社会学など多くの分野に急速に広まった（van Dijk 1985）. その目的はコミュニケーションの場においてどのような表現や方略が用いられ, それはどのような動機づけに基づいているのかを多様な観点から機能的に検証することである. 談話分析の研究テーマは, 意図的意味, テキストや会話の構造, 相互行為的意味, 会話の方略, 言語の社会的・文化的意味など多岐にわたる.

　一方, 認知言語学は文法現象を深層の意味構造から解明することを目指した 1970 年代の生成意味をその理論的源流とし, 1970 年以降語彙研究を中心に展開され, 1980 年以降急速に進展した. 認知言語学は形式ではなく意味を言語研究の中心に据えるアプローチである.「認知文法」（Langacker 1991b: 343）では, 言語を音韻構造と意味構造が記号的に結びついたものとして規定し, 形態素, 語, 構文は意味と密接に結びついた記号的構造として一体的に捉えられる. また, 言語の意味には人間の身体性, 主体的世界認識, 話者の経験, 使用状況などが深くかかわるという立場を取る. その主な研究対象には, カテゴリー化, 構文, 比喩表現, 意味拡張, 多義性などが含まれる.

　このように談話分析と認知言語学はそれぞれ独自の歴史的経緯を持ち, 異なる種類の研究テーマを掲げて発展してきたが, この二つは言語現象を言語運用から説明する点で共通しており, その関係は相補的であると言える（林 2009）. すなわち, 談話分析は, 発話において選ばれた表現がなぜ最も適切なものであるかという疑問を認知的能力に照らして明らかにすることができる一方, 認知言語学は, その概念的分析を実際の言語使用の展開や文脈を取り入れることにより検証・補足することができる. 本節では談話分析と認知言語学の融合的研究を「認知談話研究」（cognitive discourse study）と呼ぶ[注1]. 以下では様々なジャンルにわたる多様な研究事例をいくつか紹介し, その有用性を論じる.

2. 談話分析と認知言語学の言語観と関係

　談話分析と認知言語学の融合的研究の紹介に入る前に, 両者の言語観について述べる.

　談話分析と認知言語学の研究パラダイムはいくつかの類似点を有する[注2]. まず, 両者はアリストテレス以来の論理学的アプローチによる古典的な客観的意味分析に異を唱える. それは, 言語は世界と直接的に対応するものではなく, その間に言語使用者としての人間が介在し, 人間が伝え解釈する世界を表す記号であるという主張である. また, 認知言語学の**用法基盤モデル**（usage based model, Langacker 1987）は, 談話分析と同様, 言語形式と意味の関係を実際の談話の中で使われる言語表現をベースにボトムアップ的に一般化していく研究アプローチである[→ 2.7]. さらに, 両者は記号としての言語をコミュニケーションにおける機能の観点から科学的に分析する点でも重なる.

　上で述べたような共通の言語観を持つ談話分析と認知言語学は, それぞれの知見を相補的に取り入れることによりコミュニケーションの道具としての言語をより包括的かつ科学的に捉えることができる. すなわち, 談話分析は認知的原理を取り入れることにより, 言語使用のやり方をより厳密

かつ統一的に説明することができる．一方，認知言語学は概念的意味を実際のコミュニケーションにおける社会的，心理的，文化的側面に照らして分析することによって，概念的意味と形式の関係がどのような動機づけに依拠するのかを明らかにすることができる．以下，この相補的関係を前提に，本節では，内外における様々なジャンルの認知談話研究の事例を紹介し，この融合的研究の重要性を検討する．その内容は，文学作品の文体と概念メタファー（3.1），対話における統語構造とスキーマ（3.2），推論的意味解釈と参照点（3.3.1），ポライトネスと事態把握（3.3.2），談話の情報構造と際だち（3.3.4），発話の相互理解とフレーム（3.3.5），談話のイデオロギーとイメージスキーマおよびフレーム（3.3.6）である．

3. 認知談話研究の展開

▶ 3.1 文体研究と認知言語学

談話分析と認知言語学との接点として，最も早くから行なわれてきた認知談話研究に文学作品のテキスト分析がある．言語芸術としての文学作品を言語学の知見を通して分析する研究分野は**文体論**（stylistics）（**文学的文体論**（literary stylistics））と呼ばれる．文体論の目的は，言語学の知見を用いることによって，言語表現の文学的効果を，より良く，より深く，より綿密に，そしてより体系的に明らかにすると同時に，言語自体の創造性を示すことである（Short 1996）．その分析内容は，リズム（韻律），韻（頭韻，脚韻，母音韻，子音韻），語彙，語法，修辞法，文法構造，話法，結束性，発話行為，意味（含意），展開構造等多岐にわたる．文体論の先駆けは，文学テキストの文学的特性を，逸脱，繰り返し，並行等の特殊な技法が作り出す効果によって特徴づけた，20世紀初頭のロシア・フォルマリズム（Russian formalism）やプラハ学派（Prague school）の研究者である．文体論を言語学の重要なテーマとして最初に位置づけたのは Jakobson（1960）で[注3]，以後，生成文法，選択機能文法，語用論，社会言語学，テキスト言語学，批判理論，談話分析等様々な言語理論を用いた多くの研究が行なわれてきた（Leech 1969; Fowler 1981; Leech and Short 1981; Carter and Simpson 1989）．認知言語学の

観点からの文体論が展開されるようになったのは1980年後半からで，それらには「認知詩学」，「認知修辞学」，「認知文体論」，「認知物語論」などの呼び名が使われている．その代表的なものには，詩における概念表象や世界観が隠喩的表現によってどのように構造化され解釈されるかを示した Lakoff and Turner（1989）や Gibbs（1994），隠喩やブレンディング理論に照らして寓喩の認知モデルを提示した Turner（1996），小説における登場人物の世界観を隠喩や「融合理論」を使って分析した Semino（2008），文学作品を「前景・背景」，「プロトタイプ」，「スキーマ」，「ジャンル」等様々な観点から分析した Stockwell（2002）が含まれる[注4]．

ここでは，文体研究の中でも最も代表的な**認知メタファー理論**（cognitive metaphor theory）を使った研究を紹介する[→ 3.5]．認知言語学では，メタファーを単なる言葉の綾や修辞的技巧ではなく，物事を理解し思考するための認知的体系として捉える（Lakoff and Johnson 1980）．その大きな特徴は，具体的言語表現としてのメタファー（metaphorical expressions）と言語共同体の持つ思考や現実世界を表す概念レベルでの**概念的メタファー**（conceptual metaphor）を区別し，前者は後者の概念的認知様式が具体化したものと捉える点にある．また，認知メタファー理論では，文学的言語と日常言語は本質的に同じものであるとみなす．認知メタファー理論を用いた文体研究では，このような前提に基づき，文学テキストに見られる言語表現の意味を広範な概念的知識構造の文脈に照らして説明する．以下に，その先駆的研究である Lakoff and Turner（1989: 1-11）の分析を示す．

（1）は，Emily Dickinson の4行連詩「私が『死』のために立ち止まれなかったので（Because I could not stop for Death）」の第1連である．

(1) Because I could not stop for Death--
　　He kindly stopped for me--
　　The Carriage held but just Ourselves--
　　And Immortality.
　　　　　　（Lakoff and Turner 1989: 1 に引用）

この4行ではヒトの死が旅の概念によって隠喩的に語られている．その内容は，「私が佇んで死を待

てなかったので，親切にも死の御者が私のために立ち止まった．その客車は私たちと永久だけを乗せていた．」というものである．この意味の生成と解釈の背後にあるのは「死は出発である」（DEATH IS DEPARTURE）という概念メタファーで，その認知様式は，英語では，He passed away. He is gone. や He is no longer with us. 等の日常使われるメタファー的表現に反映されている．読者は，詩作の中に延長的に組み入れられたこのメタファーによって，例えば，この旅は普通にどこかを訪問するようなものではなく「永久の旅」であり，今いるところに帰ることのない旅であると推察することができる．また，ここでは，「佇む（立ち止まる）」（stop），「客車」（carriage）などの表現が示唆するように「人生は旅である」（LIFE IS A JOURNEY）という概念メタファーも組み込まれている．これは，人生には，旅と同じように出発，進行，進路，分岐点，困難，案内，終着点などがあり，両者には多くの構造的重なりがあることを示唆するもので，その写像の対応関係は，a good start in life，make one's way in life，right direction in life 等の英語表現に反映されている．死は人生の終着点であると同時にその後の人生の出発点でもある．読者は，この乗客が出発する後世の旅とはどのようなものであるかについて，自身の持つ様々な知識や世界観を当てはめながら，ここで表現されている内容を拡張してさらに深く理解することができる．

次に，第2連から最後の6連では，人生の旅の行程が様々な場面の展開を通して描かれる[注5]．客車は「学校」を通り過ぎ（We passed the School, where Children strove）（第3連），「穀物畑」を経由し（We passed the Fields of Gazing Grain）（第3連），「震えるような寒さ」の中（The Dews drew quivering and chill）（第4連），「盛り上がった（墓場の）地面」に行き着く（A Swelling of the Ground）（第5連）．これらの場面に使われている四つの表現を「人生は旅である」というメタファーに当てはめると，その道のりはそれぞれ，人生の幼年期，青年期，老年期，終着点に例えられる（Lakoff and Turner 1989: 5）．

このように，認知メタファー理論を用いた文学テキストの分析では，メタファー概念の拡張や組

合せ等によって，詩の意味を深く示すことができる．

▶ 3.2　対話統語構造の認知的原理

認知談話研究は相互行為の研究にも見られる．その一つは相互行為における発話の文構造を認知的能力から捉えたものである．文法研究の方法は，伝統的には内省による抽象的で静的な記号体系の理論的解明が主流であったが，近年では実際の談話のデータを使って研究されるようになった（Du Bois 1987; Hopper 1987; Cumming and Ono 1997）．それは，文の生成や理解に関わる文法規則は，元々実際の談話における言語使用から慣例的にパターン化したものであるという言語観に基づいて始まった[注6]．文法と談話は一体的関係にあるという立場に立つ理論の一つに**対話統語論**（dialogic syntax, Du Bois 2001, 2014）がある．対話統語論では，隣接発話で起こる記号的連携を通して言語的，認知的，相互行為的プロセスを明らかにする．この連携は**共鳴**（resonance）と呼ばれる．例えば，（2）では，Ken は Joanne の指摘した自身の人柄について反論しているが，構文的には，連結辞（be 動詞）の省略形 's と前置詞 like が共鳴している．

(2) JOANNE：(H) It's kind of like ^you Ken.
　　KEN：That's not at ^all like me Joanne
　　　　　　　　　　　　　　（Du Bois 2014: 361）

また，ここでは，語彙的な一致だけでなく構造的類似性も見られる．すなわち，この二つの発話では，主語（it/that），前置詞 like の目的語（you/me）の直示表現，呼格表現（Ken/Joanne），および，（like の）程度を表す副詞句（kind of/not at all）が対応する．対話統語論では，このような共鳴の構造的類似性は「ダイアグラフ」（diagraph）と呼ばれる表記法によって（3）のように示される．

(3) J：It's　　kind of　like　you Ken.
　　K：That's　not at all　like　me　Joanne.
　　　　　　　　　　　　　　（Du Bois 2014: 362）

対話統語論における共鳴とは，語彙的，構造的，意味的対応だけでなく，音素，発話行為，テキストを含むすべての言語レベルで起こる言語的類似性の活性化を指す．会話の参与者間で起こる言語的反復は，会話への関与（Tannen 1989）や会話

の促進（Beun 1985）の機能を持つものとして相互行為の観点からも論じられてきたが，対話統語論では，相互の発話の意味的結びつきをもたらすとされる．

対話的連携に見られるこのような類似的構文パターンの生成プロセスは，**スキーマ**（schema）の抽出というカテゴリー化能力に照らして説明できる．スキーマは物や事象の特徴の詳細を取捨した抽象的構造で，様々な言語レベル（音韻，意味，統語）に当てはまる．またそれは，カテゴリーの中核（プロトタイプ）からの拡張的事例を取り込んだ概略的カテゴリー構造とも言える（Langacker 1987: 552）．Sakita（2006），﨑田（2010）では，共鳴を，創発的に構文スキーマを抽出していくプロセスと捉える．それは，共鳴とは，話者が先行発話の特定のパターンを対話の流れの中で選択的に認識し，そのパターンの特徴に沿って類似する発話を構築していく現象であるからである．（4）の Marci と Kevin の間に見られる共鳴では，前の発話から抽出されたスキーマが創造的に使われ，アイロニー交じりの冗談の意味を伝えている．

(4) MARCI ：[(TSK) Don't forget] to buy
yourself a cookie sheet,
.. before you go to make cookies,
WENDY：[Yeah,
KEVIN ：[And don't forget] to take the
Tupperware out of your oven,
WENDY：you] –
KEVIN ：before you turn it [2on2].
WENDY： [2Sh2] = ush up.
（Sakita 2006: 471-2; 﨑田 2010: 104）

Kevin は，前の Marcy の（クッキーを焼く前にクッキーシートを買うのを忘れないようにという）「忠告」の発話から [don't forget to VP1, before you VP2] というスキーマを抽出し，そのスキーマを用いて（オーブンを点火する前にプラスチックケースを出しておくことを忘れないようにという）「からかい」の発話を創出している．（5）は，そのダイアグラフである．

(5) MARCI ：don't forget to buy yourself a
cookie sheet,
before you go to make cookies
KEVIN ：and don't forget to take the

Tupperware out of your oven, + 1[注7]
before you turn it on + 1
（Sakita 2006: 471-2; 﨑田 2010: 104）

このようにスキーマは，発話理解，レトリック表現，幼児の言語習得の過程等に見られる様々な共鳴現象を統一的に説明することができる．

▶ 3.3 語用論的原理の認知的基盤

3.3.1 推論的意味解釈の認知的原理

ここでは語用論的原理に関わる認知談話研究について触れる．それは，どのような認知的メカニズムでヒトは発話を解釈するのかという問題を扱う研究である．今日の語用論研究では，**推論モデル**（inferential model）が発話解釈のモデルの主流になっている[注8]．それは，聞き手は相手の意図を発話とその場の文脈情報に基づいて推論的に解釈するというもので，そのメカニズムは Grice（1975）によって初めて理論的に体系化された[注9]．彼 が 示 し た **会 話 の 含 意**（conversational implicature）のプロセスは，後に Sperber and Wilson（1986）によって**関連性理論**（relevance theory）として受け継がれた．関連性理論における「関連性」とは，新しい情報が聞き手の持つ想定に対して何らかの進展をもたらす**文脈的効果**（contextual effects）であり，そのような効果によって生まれる発話の（推論的）意味には，指示物の特定など論理的形式から文脈をもとに聞き手によって構築される**表意**（explicature）も含まれる．聞き手は，表意と発話の文脈的情報を元に得た**推意的前提**（implicated premise）を元にその含意を**推意的結論**（implicated conclusion）として演繹的に推論するとされる（Sperber and Wilson 1986: 176-202）[注10]．関連性理論では，この含意の生成には，複数の想定の入力の結合から生まれる「総合的規則」（入力：(i)P，(ii)（もし P であれば Q）；出力：Q）が関与すると規定される．

しかし，この理論のように，聞き手が実際，表意，推意的前提をもとに，論理的計算によって演繹的に発話の意味を推論するのかどうかについては，疑問の余地がある．林（2009）では推論のプロセスには，人間が持つ**参照点**（reference point, Langacker 1993）を使う能力が関与すると主張する[注11]．参照点能力とは，（際だちのある）別の何

かの参照物（reference point）を手がかりに，何かの目標物（target）を指示・理解するという人間の脳が持つ基本的認知的能力である．Langacker（1993）では，この能力は，属格表現，トピック表現，提示的構文，入れ子型場所構文，メトニミー，代名詞の照応等，様々な言語表現の意味理解のプロセスに関与すると指摘している．参照点は談話レベルでも，語や句レベルの意味だけでなく，命題の推論的意味の表出や理解にも関わると言える．談話では，特に，発話の場面，前後の発話内容，発話に関係する推論的意味などの情報も重要な参照点となる[注12]．以下，(6)を例に参照点が含意の形成にどのように関わるかを示す．

(6) Peter：Would you drive a Mercedes?
　　Mary：I would not drive any expensive car.
　　　　　　　　　　（Sperber and Willson 1986: 194）

ここでは，メアリーはピーターの問いに対して直接的に答えていないのでその意味を理解するには推論が必要となる．代名詞Ⅰの同定は，そのプロセスに必要な基本的情報の一つである．この場合，発話の場面が参照点となって，そのターゲットにMaryが選ばれ(7)が得られる．

(7) Mary would not drive any expensive car.

メアリーの発話の解釈に当たって最も重要な部分は，メアリーの言う「高価な車」と「メルセデス」という車種の関係づけである．これは，自身が持つ車に関する百科事典的情報を手がかり（＝参照点）にすることによって可能となる．その結果ピーターは，ターゲットとして(8)を得る．

(8) A Mercedes is an expensive car.

それは，発話の含意の参照点としても機能し，ピータは(7)と先のいくつかの参照点を合わせてそのターゲット(9)を得る．

(9) Mary would not drive a Mercedes.

図1に，以上の推論的解釈全体の参照点構造の概略を示す[注13]．

　以上，関連性理論では，含意は推論と演繹的計算によって得られると規定するが，ここでは，そのプロセスに関わる情報処理は参照点能力によって並列的に行なわれるという，よりシンプルで統一的な説明を示した．

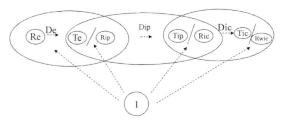

Ⅰ：解釈者；De：表意の領域；Re：「表意」の参照点；Te：「表意」のターゲット；Dip：「推意前提」の領域；Rip：「推意前提」の参照点；Tip：「推意前提」のターゲット；Dic：「推意結論」の領域；Ric：「推意結論」の参照点；Tic：「推意結論」のターゲット；Rwic：「推意結論」に基づく「弱い推意結論」の参照点

図1　推論プロセスの包括的参照点構造（林 2009: 16）

3.3.2　ポライトネスと認知的原理

　認知言語学の知見は言語使用の社会的研究としてのポライトネスの研究にも貢献する．それは，ポライトネスに使われる言語表現の多くは発話の社会的目的に応じて主体的に選択されるからである．このような観点からのポライトネスの研究で最も頻繁に使われているのがBrown and Levinson 1987（1978）（B＆L）の理論である．この理論では，すべての社会的構成員は**公の自己像**（public self-image）としての**フェイス**（face）と目的達成のための論理的能力を持つことを前提とする．ポライトネスのストラテジーは，発話の場面において発話がフェイスに及ぼす威嚇の程度に応じて選ばれる[注14]．フェイスは，他から認めて欲しいという**積極的フェイス**（positive face）と，他から妨げられたくないという**消極的フェイス**（negative face）から構成され，会話では，どのようなフェイスの欲求を満たす必要があるかに応じてポライトネスを使い分ける．そのストラテジーの選択は大きく五つに分類され，例えば，相手のフェイスを威嚇する可能性が比較的低い場合には「積極的ポライトネス」（positive politeness）（例「相手に同意する」，「親しみのある表現を使う」，「共通の基盤を指摘する」，「話し手と聞き手が協力者であることを伝える」），その可能性が比較的高い場合には「消極的ポライトネス」（negative politeness）（例「間接的に伝える」，「強要しない」，「一般化する」，「曖昧にする」）と呼ばれるストラテジーが使われる．

　この理論では，フェイスの欲求を満たすにはどのようなストラテジーがあるかについては具体的表現を挙げて説明されているが，個々の表現がど

のような理由でストラテジーとして機能するかについては十分説明されていない．この点について，林（2013）では個々のポライトネス表現の意味を，**事態把握**（または「捉え方」，「解釈」）（construal）の操作とその**効果**（effect）という観点から分析する．事態把握（捉え）とは，現実世界の物事を様々に**概念化**（conceptualize）することである．物事の捉え方は，情報の視覚的処理と同様，同じものでも，どれくらい厳密に観察するか，何を選んで見るか，どの要素に最も注意を払うか，そして，どの角度からそれを捉えるかによって異なる（Langacker 2008: 55）．また，相互行為においては，話者は談話のストラテジーとして事態把握を意図的に操作することができる．すなわち，話者は相手のフェイスの欲求に照らして方略的に事態を捉えることで，より効果的なポライトネス表現を選択することができる[注15]．

事態把握の意図的な操作は，積極的ポライトネスと消極的ポライトネスの両方に当てはまる．まず，積極的ポライトネスについて，語彙選択のストラテジーを取り上げる．例えば，(10)では，食事を意味する一般的な動詞（eating）ではなく，dining というフォーマルな語が使われている[注16]．

(10) We look forward very much to *dining* with you. (B & L: 181)

これには，**フレーム**（frame）の喚起の操作が関与する．フレームとは，発話が表す物や事象に関する**概念的知識構造**である（Fillmore 1977, 1982）[→ 3.5]．話者はこの語彙表現によって，相手の人物像をより高い社会的地位に位置づけてフェイスの欲求を満たしていることになる．

積極的フェイスへの配慮には構文的選択も関与する．例えば，(11)は(12)よりも丁寧になる．

(11) *Your car* is parked next to *mine*.

(12) *My car* is parked next to yours.

それはこの二つの文では，指示対象物に対する注意の焦点，つまり認知的際だちの度合いが異なるからである（Langacker 1987: 217-20; 2008: 72-3）．すなわち，前者では相手の所有物が**トラジェクター**（trajector, 主要な焦点）として主語の位置に配置（alignment）されているのに対して，自身のものは**ランドマーク**（landmark, 二次的な焦点）として前置詞の目的語となっている．積極

的ポライトネス表現には位置関係の捉え方も関与する．例えば，二人の話者が自分のそばにカバンを置いている場面では(13)は(14)よりも丁寧になる．

(13) Your bag is in front of mine.

(14) Your bag is behind mine.

それは，(13)は相手のカバンを相手側から捉えた描写であり，(14)はその逆で相手のカバンを自分の側から捉えた描写であるからである．この違いは相手への感情移入の度合いの違いとして説明されることが多いが，認知的には**視点**（point of view）の操作が関与する（Langacker 1987: 122）[注17]．

事態把握の操作は多くの消極的ポライトネス表現にも関わる．英語では，相手のフェイスに対する威嚇を和らげる方略の一つとして進行形が使われることが指摘されてきた（Leech 2004）．(15)はその一例である．

(15) You *are forgetting* a moral argument against the use of drugs. (Leech 2004: 29-30)

これには，プロファイルされる注意の**スコープ**（scope of attention）の操作が関与している．スコープとは，言語表現によってアクセスされる焦点の範囲を指す．その範囲が最も狭いものは**直接スコープ**（Immediate Scope），最も広いものは**最大スコープ**（Maximal Scope）と呼ばれる（Langacker 2008: 62）．現在進行形を使うことが緩和効果に繋がるのは，フェイス威嚇行為を表す動詞がプロファイルする時間的スコープを直接スコープに限定することになるからである．

同じくプロファイルに関連するものに，名詞化によるフェイス威嚇行為の軽減がある．例えば，同じ協力の要請でも，(16)は(17)よりも丁寧になる．この違いは，行為者と非行為者がプロファイルされているかどうかという認知的操作によって説明できる．

(16) An urgent request is made for *your corporation*.

(17) *I* urgently request *you* to cooperate with me.

消極的ポライトネスには時制の操作も関与する（B & L: 205）．(18)，(19)の動作は現在の行為や事象を指しているが，過去形を用いることにより，フェイスへの威嚇の程度が緩和される．

(18) I wondered if you *could* help me.

(19) *Did* you want something to drink?

この**語用論的和らげ**（pragmatics softening）の効果には，**グラウンディング**（grounding）の意図的操作が関わっている[注18]．グラウンディングとは実際の発話の場面を中心に物事を捉えることである（Langacker 2008: 259-309）．普通，話者はグラウンディングによって事態を表現するが，(18)，(19)では，実際には目の前の事象でありながら，それを発話のグラウンドから離れたものとして表現している．過去形の使用がフェイスへの威嚇の程度を和らげるのは，現在の発話行為を遠位置に置く操作から生まれると説明できる（Taylor 2003: 394-5, Radden and Dirven 2007: 210-1）．

以上のように，積極的ポライトネスは相手の自己像に対する積極的フェイスを，消極的ポライトネスは相手の自己像に対する消極的フェイスを**前景化**（foregrounding）する様々な認知的操作の効果として説明できる．

3.3.3 談話の情報構造と認知

談話における情報伝達の研究は何かに焦点を当てるという点で認知言語学との接点を持つ．言語の概念的意味を談話におけるイントネーションの構造から捉えた研究にLangacker (2001) がある．それは，言語形式と意味の関係を談話における**注意**（attention）の観点から分析するもので，その中心になるのが**現行談話スペース**（current discourse space: CDS）と呼ばれる会話者のメンタルスペースである[注19]．CDSの中では，情報は**注意のフレーム**（attentional frame）[注20]によって構造化され，時間軸に沿って更新されながら展開する．注意のフレームは，意味極では概念内容に特定のパターンの認知的**際だち**（prominence）（捉え方）を付与し，発話の際には音韻極に**イントネーション・グループ**（intonation group）として具現する．言い換えると，発話の意味とその情報構造は，注意のフレームがイントネーション・グループとしてどのように割り当てられるかによって決まる．その割り当てのパターンが，言語コミュニティの中で繰り返し使われ，慣習化されると文法として定着する（Langacker 2001: 154)[注21]．このイントネーション・グループは

Chafe (1994) の**イントネーション・ユニット**（intonation unit）に相当すると規定される（Langacker 2001: 154-5)．イントネーション・ユニットとは，発話の際に分節化される意味的単位のことである．それは，談話データの詳細な分析に基づいて提案されたもので，音韻的にはポーズ，音調の変化，音の強弱，声の質の変化などによって区切られる．このモデルでは，情報が，話者の意識の中でどのような状態にあるのかによって，「活性的」（active)，「半活性的」（semiactive)，「不活性的」（inactive）に分けられ，一つのイントネーション・ユニットの中には，原則，一つの不活性的情報，つまり新情報，しか含むことが出来ない．これは情報処理に基づく制約であり，その単位は必ずしも文の単位と一致しない．Langacker (2001) では，注意のフレームの割り当ては，句や文の構造に照らして説明されているが，注意のフレームが実際の会話においてどのように展開されるのかについては示されていない．この点について，﨑田 (2010) は，実際の発話データをChafeのイントネーション・ユニットのモデルを使って分析した．その結果注意のフレームによって割り当てられる発話の構造は，慣習化した文法パターンに一致するものではなく，実際には，相互行為の展開に応じて変化し様々な談話的制約によって決まるところが多いことが分かった．例えば，直接話法を使って引用される発話の概念は一つであるが，実際には，(19a, b)のように，それが伝達部と非伝達部の二つに分けて発話されることや，非伝達部がさらに分割されることがある．

(19) a. And I said,

b. Well that's what they're gonna think.

c. I said,

well,

can't blame him.　　　　（﨑田 2010: 51）

これは，場面によって話者が新情報の導入量を調整するためで，同じ構文でも注意のフレームの内容は一様ではない．

また，イントネーション・ユニットは，文法的構成単位と一致するとは限らない．(20)では，名詞句 the regular light horses が二つに分けられている．このような事例は，後続する名詞が新情報

や重要な情報単位である場合に起こることが多い.

(20) But we're talking just the regular,
.. light horses you know.　　(﨑田 2010: 58)

　注意のフレームは談話における話題化 (topicalization) の現象にもあてはまる. 話題化の対象となる情報は, それ自体を際立たせるものであることから, 一つの単位として発話の冒頭に移動されることが多い (＝左方転位)[注22]. このような注意のフレームの割り当ては慣習的なものであるが, 実際には左方移動を伴わない場合でも, (21) のようにその場の状況に応じて一つの情報が独立したイントネーション・ユニットとして発話されることもある.

(21) … (H) My Child = d,
You know,
has already..filled out this form.
　　(﨑田 2010: 60)

この場合, 新情報としての my child が, 話題化と同じような動機づけで, 挿入句 you know によって区切られ, 際だちを与えられている.

　このように, CDS 内の注意のフレームの割り当てには, 慣習的規則としての既存の文法的知識だけでなく発話の場における情報伝達上のストラテジーが大きく関わっている. これは認知言語学の研究は談話分析によって精査することもできることを示すものであり, 両者の相補関係は双方向的である.

3.3.4 発話の相互理解と認知

　認知談話研究はコミュニケーションにおける発話の相互理解の研究にも寄与する. コミュニケーションにおける相互理解の達成は会話の参加者が経験的に構築してきた背景的知識に依存するところが大きい. そのような社会的・文化的知識の集合体は広く**フレーム** (frame) と呼ばれる. これには大きく分けて二つの意味がある. 一つは, 発話の相互行為において「今何が起こっているのか」 (What is going on here?) (Goffman 1997: 153) (例:「冗談」なのか,「侮辱」なのか) を判断する際の枠組みである[注23]. これは主に**相互行為の社会言語学** (interactional sociolinguistics) の研究アプローチで用いられる概念で, 人類学者Bateson (1955) によって提唱された[注24]. それは後に社会学者 Goffman (1974) によって言語によ

るコミュニケーションの相互行為の分析に応用され, さらに, 社会言語学者の Gumperz (1982) や Tannen (1979) によって受け継がれた[注25]. (22) は, このフレームの概念に基づく Tannen (1979, 1993) による実際の発話の分析例で, ここでは話者は自分が見た映像の内容を「映画の観客のフレーム」 (film-viewer frame) を使って聞き手に報告している.

(22) .. and you think "Aha…. un … Are we gonna
go back to the man over there-but no…"
　　(Tannen 1979: 150)

　上で述べたように, 社会言語学のアプローチに基づく談話分析では, フレームは, 発話や発話行為がどのような事象であるかを理解するための知識の枠組みを指すことが多い. 一方, 認知言語学の**フレーム意味論** (frame semantics) における「フレーム」とは発話事象の意味でなく, 言語表現される個々のモノ (人, 物, 事象, 場面) に関する概念的知識構造を指す (Fillmore 1977, 1982)[注26]. 例えば,「週末」 (weekends) という語の理解には, 月曜から始まる 7 日間のサイクルの中の最後の土曜日と日曜日を指すという知識や, この二日間は仕事を休む人が多いというような経験的要素がそのフレームに含まれている (Fillmore 1982: 119). また英語の coast to coast と shore to shore は日本語に訳すと「海岸から海岸まで」という意味になるが, 前者は陸に居る人から, 後者は海に居る人から捉えたものである. つまり, これらの二つの語のフレームには異なる場所からの捉え (＝**視点** (perspective)) が絡む異なる構成要素 (前者では陸とそれを挟む二つの海岸, 後者では海とそれに面する二つの海岸) が含まれている (Fillmore 1982: 121)[注27].

　言語表現に関するフレームの知識は特に文化によって異なることが多く, その違いは相互行為における誤解や意見の対立の原因になることがある[注28]. この点に関して, フレーム意味論は, 特に語レベルで起こる意思疎通の問題点をより厳密に分析することができる. Lee (2001: 171-82) の研究でこれを示す. (23) は, 二人のカップル (Noeline と Laurie) と息子 Michael の三人による, 誕生パーティの計画をめぐるやりとりの一部である.

(23) Michael　I'm gonna have to get Paul to come over, too.
　　　Noeline　Why?
　　　Michael　So people don't crash the party.
　　　Noeline　They won't crash the party, sweetheart you can easily put them off.
　　　Michael　Oh yeah yeah, may be twenty years ago, Mum, you know. Today …if… they'd be easy another forty people if you didn't have a person at the gate.
　　　Laurie　Bullshit.
　　　Michael　Look, I don't want to be embarrassed, you know.
　　　Noeline　But… Don't you think it's a little bit dramatic saying you've gotta have a bouncer at a private person's party?

（Lee 2001: 172）

　冒頭，Michael は，招待されていないのに誕生会に押しかけてくる人達を家に入れないように，兄の Paul に家の入り口で見張り番をしてもらう必要があると提案する．しかし，Noeline と Laurie はその必要はないと反論する．この見解の相違は「パーティ」（party）という語の理解に関する現代の若者と大人という世代間の文化的フレームの違いにその原因がある．おそらく「パーティ」という見出し語の説明で押しかけ客のことに言及する辞書はないであろう．しかし，「押しかけ客」がその語の意味に含まれるかどうかは話者の経験によって異なる．ここでは，Michael にとっては，それはパーティという語のフレームの重要な要素であり，彼の親世代の Noeline と Laurie にとってはそうではなく，この世代間のフレームの内容の違いが議論の引き金となっている．

　会話では様々な誤解が起こる．その一つは，同じ語が複数の意味を持つことに起因するものである．多くの場合，そのような語の意味は中核的（典型的）意味といくつかの類似する周辺的意味からなり，その意味的ネットワークは「**放射状カテゴリー**」（radial category）（Lakoff 1987）と呼ばれる（例えば，「母」という語は，育ての母，生みの母，母方の遺伝子を持つ女性などの日常生活から得られる周辺的意味と，それらを結合した典

型的な母の意味を持つ）．次の(24)では，上で述べたパーティという語のフレームの違いに起因する対立的議論が，warn という語の放射状カテゴリー内の多義的ずれによって平行線をたどっている．

(24) Noeline　(Banging photo album)
　　　　　　　Right. We'll keep an orderly party for Saturday night …All right?
　　　Michael　I just warned you.
　　　Noeline　I don't like the warning. I don't even like what I heard. So don't tell me any more.

（Lee 2001: 177）

　ここでは，Michael は，warn という語を，見張りがいない場合に起こりうる事態（eventuality）を未然に防ぐために用いた．しかし，Noeline はその言葉（warn）に対して過剰反応し，それを「脅す」（threaten）という意味に解釈してしまう．それは，この語が，「対立的議論（＝言い争いの）」という文脈（＝場面的フレーム）の中で使われ，そこから想起される「脅し」というもう一つの意味的要素が前景化されたからであると解釈できる．

　このように，談話の場における会話者間の相互理解の問題は，個々の表現によって活性化（activate）・想起（evoke）される意味要素を認知意味論の観点から検討することにより，一層詳しく分析することができる．

3.3.5　批判的談話分析の認知言語学的アプローチ

　最後に，認知言語学は言語使用の社会的問題として批判的に扱う**批判的談話分析**（critical discourse analysis: CDA）にも取り入れられている．CDA は**ディスコース**（discourse）の背後に潜む，イデオロギー[注29]，パワー，差別，抑圧等を言語使用に照らして明らかにするものである．その研究は Fowler et al. (1979) や Kress and Hodge (1979) らの**批判的言語学**（Critical Linguistics）の研究に端を発し，その社会理論は**ポスト構造主義**（post structuring）や**批判理論**（critical theory）に負うところが大きい．CDA のマニフェストである Fairclough (1989) では，言語現象と社会現象を一体のものとみなし，ディスコースを社会的実践の一形態として捉える．す

なわち，ディスコースはテクストの産出・解釈の社会的過程であり，その過程は社会的条件によって規定される[注30]．

CDA は 80 年代から盛んに行なわれるようになった．そのテキストの分析手法は，90 年代以降はハリデーの体系機能文法が主流であったが，今世紀に入ると認知言語学の手法が多く用いられるようになった（Hart and Lukeš 2007）．CDA は心の構造を言語構造から機能的に明らかにしようとする点で認知言語学のアプローチと重なる．それは，**認知言語学的アプローチ**（cognitive linguistic approach: CLA）とも呼ばれるもので，メタファーを使った研究（Chilton 1996）をはじめ，プロトタイプ理論（prototype theory, O'Halloran 2003），「力のダイナミックス」（Force Dynamics, Hart 2011），認知文法（cognitive grammar, Marín Arrese, 2011）などを含む幅広い認知言語学の理論が応用されてきた．CLA では，テキストの言語表現の意味がその背後にある談話のストラテジーとどのように結びついているかを概念化（＝捉え（construal））の観点から批判的に明らかにしていく（Hart and Lukeš 2007; Hart 2014）．

CDA は制度的トークやマスメディアの言語表現に潜む偏見，社会的正義，パワーなどの問題を扱うことが多い．Hart（2014）では，オンライン新聞のテキストに見られる様々な**捉え方の操作**（construal operations）を**談話ストラテジー**（discourse strategies）に照らして分析し，その操作がどのようなイデオロギーと結びついているかを示す[注31]．

現実の解釈はそれをどのようなイメージスキーマで捉えるかによって変わる．その一つに**構造的配置**（structural configuration）と呼ばれる認知的ストラテジーがある．(25)の二つの文は，同じ状況が，異なる**行動連鎖**（action chain）のイメージスキーマ（「ビリヤードボールモデル」）（Langacker 1991a: 298）で書かれている．

(25)
(1) At one point, [a black-clad man in the crowd agent] [struck action] [an officer patient] with [a long pole instrument] (Telegraph, 1 April 2009)

Hart（2014: 171）

(2) By about 8pm, [running battles action] between [riot police agent] and [demonstrators agent] were taking place across London Bridge. (Guardian, 1 April 2009)

(Hart 2014: 172)

(25-1)は「非対称的行動スキーマ」に基づく表現である．これは，エネルギーが「行為者」であるデモをする人から「非行為者」である警察官へと一方向的に伝達されるという捉え方を反映している．一方，(25-2)は「双方向的行動スキーマ」に基づいて書かれており，そのような偏りを持たない．すなわち，同じデモと警察の衝突でも，Telegraph は Guardian に比べて警察寄りのスタンスで書かれていることが読みとれる．

次に挙げる捉えの操作の例は，**カテゴリー化**（categorization）による偏りである．3.3.4 で述べたように人々が経験によって得る様々な知識の要素はフレームと呼ばれる集合体を構成する[注32]．カテゴリー化はフレーム内の要素を喚起する（＝**フレーム化**（framing））最も典型的なものである．(26)では，抗議行動をしている人たちが，異なる語でカテゴリー化されている．

(26)
(1) Rioters loot RBS as demonstrations turn violent. (Telegraph, April 1, 2009)
(2) G20 protests : riot police clash with demonstrators. (Guardian, April 1, 2009)

(Hart 2014: 174-5)

すなわち，(26-1)では彼らを rioters（暴徒），(26-2)では demonstrators（デモの参加者）という語を使ってカテゴリー化することによって，異なるフレーム化が生じている．これによって，前者では，「暴力」と「破壊」のフレーム要素が喚起され，彼らが便乗的な犯罪的集団であることが含意される．それに対して，後者では「行進」や「訴え」（chanting）の要素が喚起され，政治的な不満を組織的に意思表示する集団という評価が含意される．したがってここでも，前例と同じように Telegraph は Guardian に比べて警察寄りの報道をしていると言える．

このように，認知言語学は，CDA に社会的実践と談話的実践の関係を明らかにする一方，CDA は，認知言語学に対して言語構造が社会的信念や

価値の維持とどのように関係するかを示すことができる。この点について，Hart（2015: 322）は，認知言語学はCDAに「**認知的転回**」（cognitive turn）をもたらすと同時に，認知言語学に「**批判的転回**」（critical turn）をもたらすと述べている。

まとめと展望

談話分析と認知言語学は，それぞれ独自の歴史的経緯を経て異なる種類の研究テーマを掲げて発展してきた。しかし，両者は言語というものを人間が世界を解釈的に表す記号として捉え，それを機能的観点から科学的に解明する点で共通の言語観と分析アプローチを持ち，その関係は相補的である。談話分析は認知的原理や概念的言語分析を援用することで，統一的かつ厳密に言語使用のやりかたを説明することができる。一方，認知言語学は語や文の概念的意味を実際の談話における場面とその展開に照らして分析することによって，概念的意味の多面的で動的な側面を捉えることができる。本節では，この点について，「認知談話研究」の名のもとに，談話分析と認知言語学を融合する内外の様々な研究を紹介し，その有用性を示した。認知談話研究は多岐にわたり，多様な研究が行なわれてきた。本節で検討した談話分析と認知言語学の融合的研究はその一部であり，今後も更なる発展が期待される。また，ここで扱った研究は認知言語学の知見を談話分析に応用したものが多かったが，両者の関係は双方向的であり，その言語研究全体への貢献の可能性も大である。

▶注

1　「談話分析」は「語用論」と同義的に用いられることが多い（Levinson 1983, Schiffrin 1994, 高原・林・林 2002）。本稿で言う「認知談話研究」のアプローチについては，それを「認知語用論」として論じている林（2009, 2013, 2016）を参照。それは，どのような理由で特定の表現（AではなくBという表現）が使われるのかを，様々な角度（社会，文化，心理，認知など）から明らかにしようとする「観点の語用論」（perspective view of pragmatics）（Haberland and Mey 1977; Verschueren 1999; Haberland 2010）の一つである。

2　この点については，語用論と認知言語学の関係を論じた林（2009）及びHayashi（2016）を参照。

3　下のJakobson（1960: 37）の一節は文体研究における言語学の重要性を指摘するものとして頻繁に引用される。

"If there are some critics who still doubt the competence of linguistics to embrace the field of poetics, I privately believe that the poetics incompetence of some bigoted linguists has been mistaken for an inadequacy of the linguistic science itself. All of us here, however, definitely realize that a linguist deaf to the poetic function of language and a literary scholar indifferent to linguistic problems and unconversant with linguistic methods are equally flagrant anachronisms."

4　他に日本の文学作品を分析対象にしたものに，俳句に見られる詩的テキストの創造的意味を「融合理論」（blending theory）を使って分析したHiraga（2002）や，物語内容の生成・理解のメカニズムを「融合理論」，「視点」，「図・地」から捉えた西田谷（2006）がある。

5　この詩の第2連〜6連は次のとおりである（/は行の，//は連の境界を表す。Miller 2016: 239）。
//We slowly drove-He knew no haste/And I had put away/My labor and my leisure too, For His Civility-//We passed the School, where Children strove/At Recess-in the Ring-/We passed the Fields of Gazing Grain-/We passed the Setting Sun-//Or rather-He passed us-/The Dews drew quivering and chill-/For only Gossamer, my Gown-/My Tippet-only Tulle-//We paused before a House that seemed/A Swelling of the Ground-/The Roof was scarcely visible-/The Cornice-in the Ground-//Since then- 'tis Centuries-and yet/Feels shorter than the Day/I first surmised the Horses' Heads/Were toward Eternity-// （Fascicle twenty -three Sheet one）

6　この一体関係を的確に表すものに，"Usage feeds into the creation of grammar just as much as grammar determines the shape of usage"（Bybee 2006: 730）および"Grammar codes best what speakers do most"（Du Bois 1987: 363）がある（Ariel 2009: 6）。

7　+1の数字は，直前のイントネーションユニットの前に省略されたイントネーションユニットが一つあることを表す。

8　一方，モールス信号による通信のように，符号化されたメッセージを復号して直接的に理解するモデルは「コードモデル」（code model）と呼ばれる。

9　Grice（1975）の「協調の原理」（cooperative principles）に基づく「会話の含意」は，それに先立つGrice（1957）の，言語は意図を伝達するための道具であり，その意味は相手に認識される自分の意図の「効果」（effect）であると言う主張に基づいている。これは，Morris（1938）の，記号とは，本来，解釈的意味の「仲介物」（mediator）にすぎず，意味とは解釈者に与える効果であるという指摘に通じる。

10　例えば，Sperber and Wilson（1986: 176-83）は，夫が夕食時に妻の"It will get cold."という発話の解釈過程を次のように説明する。it, willおよびcoldは（それぞれ，指示対象の付与，意味の明瞭化，曖昧性の除去によって）「夕食」，「すぐに〜だろう」，（「寒い」ではなく）「冷たい」を意味し，その結果，「夕食はすぐに冷たくなるだろう」という「表意」が生まれる（それには，この命題が断定であるという命題態度の同定も含まれる）。次に，それを「妻は夫に料理が温かいうちに食べ

て欲しいと思っている」という「推意的前提」に照らし，最後に「妻は夕食の料理が冷たくなる前に夫にすぐに夕食を食べに来てほしい」という「推意的結論」が導かれる．

11 これは，山梨（2000, 2004）の「参照点起動の推論モデル」を発展させたものである．関連性理論も認知的側面を扱うことから「認知語用論」と呼ばれるが，本節におけるこの用語は認知言語学との融合的モデルを指す（林 2009, 2013; Hayashi 2016）．関連性理論と認知言語学とのアプローチの違いについては Evans and Green（2006: 464-5）参照．

12 van Hoek（1997）でも，代名詞と先行詞との照応関係を，文脈情報を参照点，代名詞の意味をターゲットとして説明している．

13 図1では，(9)が新たな参照点の一部となって Mary would not drive a Rolls Royce or Cadillac. のようなさらなる関連する含意（＝「弱い推意結論」）が生まれることを示す．

14 英語の「フェイス」（face）という語は中国語の「面子」に由来すると言われている．面子は，日本語では，「面目」や「体面」などとも言い社会的立場や体裁を意味する．フェイス概念を初めて学問的に論じたのは Goffman（1967）で，彼はそれを人が社会の中で得た社会的評価と定義した．B&L のフェイスの概念はこの理論を発展させたものではあるが，彼らの理論は，それを社会的規範や価値に基づく「必要なもの」（needs）ではなく，個々のメンバーが他から侵されたくない，あるいは認めてほしいという個人的欲求（願望）（want）としている点で，元の Goffman の理論とは少し異なる（林（2005）と Hayashi（2009）では，社会的要素と個人的要素の両方を取り入れたフェイスのモデルを示した）．ある行為（X）がフェイスを脅かす程度の見積もり値（Wx）は，Wx = D(S, H) + P(S, H) + Rx で表される（(S) = 話し手，(H) = 聞き手，(D) = 話し手と聞き手の社会的距離，(P) = 聞き手が話し手に対して持つ権力の度合い，(Rx) = 特定の文化における行為の押しつけがましさの程度）．その見積り値が小さければ「表に出す」（on record），大きければ「表に出さない」（off record）ストラテジーを使って自分の意図を伝えることになる．

15 下の Langacker（2008: 30）からの引用が示唆するように，概念化にはポライトネスを含む広い範囲の認知現象が含まれる．
"It（conceptualization）is understood to subsume (1) both novel and established conceptions; (2) not just 'intellectual' notions but sensory, motor, and emotive experience; (3) apprehension of the physical, linguistic, social, and cultural context; and (4) conceptions that develop and unfold through processing time."

16 ただし，Brown and Levinson（1987(1978): 181）ではこのような敬語表現は消極的ポライトネスとして分類されている．

17 類似の説明は，come の慣用的直示表現にも当てはまる．例えば，Oh, you're acting in Othello tomorrow night, are you? I'll come and watch you from the gallery（Brown and Levinson 1987 (1978): 122）では，

come は相手の視点から捉えた表現である．

18 Taylor（2003）は，「グラウンディング」の「グラウンド」（ground）を "the participants in the event, its time and place, the situational context, previous discourse, shared knowledge of the speech-act participants, and such like."（p.346）と定義する．

19 このモデルは，言語構造は相互行為における「使用事態」（speech event）の中から抽出されるという考えに基づいている．

20 「注意の窓」（windows of attention）とも呼ばれる．

21 フレームの割り当てに基づく意味上の際だちの違いは様々な慣例的構造パターンの意味に見られる（Langacker 2001: 160-2）．例えば，英語の ice と cube という単語から，ice cube という複合語が形成される場合，後者の意味には個々の構成語が持つ際だちは少ない．また，It was upstairs, in the attic. と二つのフレームとして発音される場合には別々の場所として，It was upstairs in the attic. のようにまとめて発音された場合には複合的な要素からなる場所情報になる．さらに，He didn't marry her, because she's intelligent. のように二つのフレームとして発音される場合には副詞節の理由は主節の否定陳述に対して独立しているのに対し，He didn't marry her because she's intelligent では主節の一部となって主節の否定陳述の理由を表す．山梨（2004）では，現行談話スペースがどのように展開されるかについて，日本語のトピックマーカー「は」が出現する用例を使って示している．

22 下は，実際の会話で話題化によって冒頭に配分されたイントネーション・ユニットの例である（﨑田 2010: 59）．
That stupid little b = ichi.
She just married d = addy to take care of her.

23 この定義は，Hymes（1972）の言う「発話事象」（speech event）の概念に相当すると考えられる．類似の概念を表す用語として，他に Chafe（1977）の「スキーマ」や Fillmore（1975）の「プロトタイプ」がある．この種のフレームの概念は様々に定義されるが，Tannen（1979: 138）は，それを Ross（1975）の「期待の構造」（structure of expectation）に相当するとして次のように定義する．"that is, that, based on one's experience of the world in a given culture（or combination of cultures），one organizes knowledge about the world and uses this knowledge to predict interpretations."

24 猿は，「噛みつき」（bite）によって（「攻撃」ではなく）「遊び」に興じているというメタメッセージを表すことがある．この概念は，この観察をもとに提案された．

25 Gumperz（1982）によると，聞き手は，進行中の相互行為の場面の活動について，発話の言語的・非言語的情報を「文脈化の手がかり」（contextualization cue）にして，それを「フレーム化」（framing）する．

26 これは，人工知能研究（Minsky 1975）や認知心理学（Beaugrande 1980）におけるフレームの概念と共通するものである．例えば，Minsky（1975）によると，典型的な「家」のフレームには「台所」，「風呂場」，「住所」といった要素のスロットがあり，それらにはさらに下位フレームがある．この種の知識と類似の概念を表すもの

に,「スキーマ」(schema)(Barlett 1932),「スクリプト」(script)(Schank and Abelson 1977)などがある. 一方,Tannen and Wallet (1993: 60) では,この認知的フレームに当たるものを,(「相互行為的フレーム」(interactive frames) に対して)「知識スキーマ」(knowledge schemas) と呼んで区別する.

27 フレームは文やテキストレベルの理解にも関わる. 例えば,I had trouble with the car yesterday. The ashtray was dirty. の二つの文の間に一貫性が欠けるとすれば,それは,車の故障 (trouble with the car) というフレームに灰皿 (ashtray) という要素が含まれていないからである (Fillmore 1977: 75).

28 それとは反対に,コミュニケーションにおける相互理解は,特定の「フレーム」を持つ語彙を意図的に選択することによって促進されることもある. Hayashi and Hayashi (1995) では,外来語を使用することによって会議での提案の説得力を高めようとしている例を,Fillmore (1982: 125) の言う「フレーム借用」(frame borrowing) の例として挙げている.

29 ここでは,イデオロギーとは,解釈の枠組みのための規範,態度,価値観,スタンスなどを指す.

30 Fairclough (1989) のモデルは,ディスコースはコンテクスト,相互作用,テキストという三つの要素の入れ子構造からなる.

31 データは 2009 年のロンドンで開催された G20 会議に反対するデモの記事である.

32 3.5 節参照.

▶文 献

Ariel, M. 2009 Discourse, Grammar, Discourse. *Discourse Studies* 11: 5-36.

Bartlett, F. 1932 *Remembering: A Study in Experimental and Social Psychology*, Cambridge Univ. Press, Cambridge.

Bateson, G. 1955 A Theory of Play and Fantasy. In Bateson, G. (ed.) 1972 *Steps to an Ecology of Mind*, Chandler, New York, pp.177-93.

Bateson, G. 1972 *Steps to an Ecology of Mind*. Granada, London.

Beun, R. J. 1985 The Function of Repetitions in Information Dialogues. *IPO Annual Progress Report* 20: 91-8.

Beaugrande, R. 1980 *Text, Discourse, and Process*, Ablex, Norwood.

Brown, P. and S. Levinson 1987 *Politeness*, Cambridge Univ. Press, Cambridge. [田中典子 (監訳) 2011 『ポライトネス—言語使用における,ある普遍現象』研究社.]

Bybee, J. L. 2006 From Usage to Grammar: The Mind's Response to Repetition. *Language* 82: 711-33.

Carter, R. and P. Simpson 1989 *Language, Discourse, and Literature: An Introductory Reader in Discourse Stylistics*, Urwin Hyman, London.

Chafe, W. 1977 Creativity in Verbalization and Its Implications for the Nature of Stored Knowledge. In

Freedle, R. (ed.) *Discourse Production and Compensation*, Ablex, Norewood, pp.41-55.

Chafe, W. L. 1994 *Discourse, Consciousness, and Time: The Flow and Displacement of Conscious Experience in Speaking and Writing*, Univ. of Chicago Press, Chicago.

Chilton, P. 1996 *Security Metaphors: Cold War Discourse from Containment to Common House*, Peter Lang, New York.

Cumming, S. and Ono, T. 1997 Discourse and Grammar. In van Dijk, T. (ed.) *Discourse as Structure and Process*, Sage, London, pp.112-37.

Du Bois, J. W. 1987 The Discourse Basis of Ergativity. *Language* 63: 805-55.

Du Bois, J. W. 2001 Towards a Dialogic Syntax. Draft manuscript.

Du Bois, J. W. 2014 Towards a Dialogic Syntax. *Cognitive Linguistics* 25(3): 359-410.

Evans, V. and M. Green 2006 *Cognitive Linguistics: An Introduction*, Edinburgh Univ. Press, Edinburgh.

Fairclough. N. 1989 *Language and Power*, Longman, London.

Fillmore, C. J. 1975 An Alternative to Checklist Theories of Meaning. In Cogen, C. et al. (ed.) *Proceedings of the First Annual Meeting of the Berkeley Linguistics Society*, Berkeley Linguistics Society, Berkeley, pp.123-31.

Fillmore, C. J. 1977 Scenes-and-Frames Semantics. In Zampolli, A. (ed.) *Linguistics Structures Processing*, North-Holland, Amsterdam/New York, pp.55-81.

Fillmore, C. J. 1982 Frame Semantics. In The Linguistic Society of Korea (ed.) *Linguistics in the Morning Calm*, Hanshin, Seoul, pp.111-37.

Fowler, R. 1981 *Literature as Social Discourse: The Practice of Linguistic Criticism*, Indiana Univ. Press, Bloomington.

Fowler, R., et al. 1979 *Language and Control*, Routledge and Kegan, London.

Gibbs, R.W. 1994 *The Poetics of Mind: Figurative Thought, Language, and Understanding*, Cambridge Univ. Press, Cambridge/New York. [辻幸夫・井上逸兵 (監訳) 2008 『比喩と認知—心とことばの認知科学』研究社.]

Goffman, E. 1974 *Frame Analysis: An Essay on the Organization of Experience*, Harvard Univ. Press Cambridge.

Goffman, E. 1982 (1967) *Interaction Ritual: Essays on Face-to-Face Behavior*, Pantheon Books, New York.

Goffman, E. 1997 Frame Analysis：From "Frame Analysis: An Essay on the Organization of Experience." In Lemert, C. and A. Branaman (eds.) *The Goffman Reader*, Blackwell, Malden, pp.149-66.

Grice, H. P. 1957 Meaning. *Philosophical Review* 66: 377-88.

Grice, H. P. 1975 Logic and Conversation. In Cole, P. and J. Morgan (eds.) *Syntax and Semantics*, Academic

Press, New York, pp.41-58.

Gumperz, J. J. 1982 *Discourse Strategies: A Sociolinguistic Work*, Cambridge Univ. Press, Cambridge.

Harberland, H. 2010 Pragmatics as a Component vs. Pragmatics as a Perspective of Linguistics. 『語用論研究』12: 54-68.

Haberland, H. and J. L. Mey 1977 Editorial: Pragmatics and Linguistics. *Journal of Pragmatics* 1(1): 1-16.

Hart, C. 2011 Force-Interactive Patterns in Immigration Discourse: A Cognitive Linguistic Approach to CDA. *Discourse & Society* 22(3): 269-86.

Hart, C. 2014 Construal Operations in Online Press Reports of Political Protests. In Hart, C. and P. Cap (eds.) *Contemporary Critical Discourse Studies*, Bloomsbury, London, pp.167-88.

Hart, C. 2015 Cognitive Linguistics and Critical Discourse Analysis. In Dąbrowska, E. and D. Divjak (eds.) *Handbook of Cognitive Linguistics*, Mouton de Gruyter, Berlin, pp.295-321.

Hart, C. and D. Lukeš 2007 Introduction. In Lukeš, D. and C. Hart, (eds.) *Cognitive Linguistics in Critical Discourse Analysis: Application and Theory*, Cambridge Scholars Publishing, Newcastle, pp.ix-xiii.

Hart, C. and D. Lukeš (eds.) 2007 *Cognitive Linguistics in Critical Discourse Analysis: Application and Theory*, Cambridge Scholars Publishing, Newcastle.

林宅男 2005 「『フェイス』の再考―普遍的ポライトネス理論の構築に向けて」『英米評論』19: 191-220.

Hayashi, T. 2009 Face Construal from Paradigmatic and Syntagmatic Perspectives. In Fraser, B. and K. Turner(eds.) *Studies in Pragmatics 6 Language in Life, and a Life in Language: Jocob Mey-A Festschrift*, Emerald Group Publishing, West Yorkshire, pp.159-165.

林宅男 2009 「『認知語用論』の理論的基盤とその方向性について」『総合研究所紀要』34(3.39): 63-82.

林 宅 男 2013 The Effect of Conceptualization on the Pragmatic Meaning of Politeness. 『語用論研究』15: 57-78.

Hayashi, T. 2016 Cognitive Pragmatics as an Account of Derivational Machinery: A Research Trend in Japan. *East Asian Pragmatics* 1(2): 231-50.

Hayashi, R. and T. Hayashi 1995 A Cognitive Study of English Loanwords in Japanese Discourse. *World Englishes* 14: 55-66.

Hiraga, M. 2002 How Metaphor and Iconicity are Entwined in Poetry: A Case in Haiku. In Muller, W. and O. Fisher (eds.) *From Sign to Signing*, John Benjamins, Amsterdam, pp.317-35.

Hopper, P. J. 1987 Emergent Grammar. *Berkeley Linguistics Society* 13: 139-57.

Hymes, D. H. 1972 Models of the Interaction of Language and Social Life. In Gumperz, J. J. and D. Hymes (eds.) *Directions in Sociolinguistics: The Ethnography of Communication*, Holt, New York, pp.35-71.

Jakobson, R. 1960 Closing Statements: Linguistics and Poetics. In Sebeok, T. A. (ed.) *Style in Language*, New York.

Kress, G. and R. Hodge 1979 *Language as Ideology*, Routledge and Kegan Paul, London.

Lakoff, G. and M. Johnson 1980 *Metaphors We Live By*, Univ. of Chicago Press, Chicago. [渡部昇一・楠瀬淳三・下谷和幸 (訳) 1986 『レトリックと人生』大修館書店.]

Lakoff, G. 1987 *Women, Fire, and Dangerous Things. What Categories Reveal about the Mind*, Univ. of Chicago Press, Chicago. [池上嘉彦・河上誓作・辻幸夫・西村義樹・坪井栄治郎・梅原大輔・大森文子・岡田禎之 (訳) 1993 『認知意味論―言語から見た人間の心』紀伊國屋書店.]

Lakoff, G. and M. Turner 1989 *More Than Cool Reason: A Field Guide to Poetic Metaphor*, Univ. of Chicago Press, Chicago. [大堀俊夫 (訳) 1994 『詩と認知』紀伊國屋書店.]

Langacker, R. W. 1987 *Foundations of Cognitive Grammar*, Vol.I, *Theoretical Prerequisites*, Stanford Univ. Press, Stanford.

Langacker, R. W. 1991a *Foundations of Cognitive Grammar*, Vol.II, *Descriptive Application*, Stanford Univ. Press, Stanford.

Langacker, R. W. 1991b *Concept, Image, and Symbol*, Mouton de Gruyter, Berlin/New York.

Langacker, R. W. 1993 Reference-Point Constructions. *Cognitive Linguistics* 4(1): 1-38.

Langacker, R. W. 2001 Discourse in Cognitive Grammar. *Cognitive Linguistics* 12(2): 143-88.

Langacker, R. W. 2008 *Cognitive Grammar: A Basic Introduction*. Oxford Univ. Press, Oxford. [山梨正明 (監訳) 2011 『認知文法論序説』研究社.]

Lee, D. 2001 *Cognitive Linguistics: An Introduction*, Oxford Univ. Press, Oxford.

Leech, G. 1969 *A Linguistic Guide to English Poetry*, Longman, London.

Leech, G. 2004 *Meaning and the English Verb*, Longman, London.

Leech, G. and M. Short 1981 *Style in Fiction: A Linguistic Instruction to English Fictional Prose*, Longman, London.

Levinson, S. C. 1983 *Pragmatics*, Cambridge Univ. Press, Cambridge.

Marín Arrese, J. 2011 Effective vs. Epistemic Stance and Subjectivity in Political Discourse: Legitimising Strategies and Mystification of Responsibility. In Hart, C. (ed.) *Critical Discourse Studies in Context and Cognition*, John Benjamins, Amsterdam, pp.193-224.

Miller, C. (ed.) 2016 *Emily Dickinson's Poems as She Preserved Them*, Belknap Press of Harvard Univ. Press, Cambridge.

Minsky. M. L. 1975 A Framework for Representing Knowledge. In P. H. Winston (ed.) The *Psychology of Computer Vision*, McGraw-Hill, New York, pp.211-77.

Morris, W. C. 1938 *Foundations of the Theory of Signs*, Univ. of Chicago Press, Chicago.

西田谷洋 2006 『認知物語論』ひつじ書房.

O'Halloran, K. 2003 *Critical Discourse Analysis and Language Cognition*, Edinburgh Univ. Press, Edinburgh.

Radden, G. and R. Dirven 2007 *Cognitive English Grammar*, John Benjamins, Amsterdam/Philadelphia.

Ross, R. N. 1975 Ellipsis and the Structure of Expectation. *San Jose State Occasional Papers in Linguistics* 1: 183-91.

Sakita, T. 2006 Parallelism in Conversation: Resonance, Schematization, and Extension from the Perspective of Dialogic Syntax and Cognitive Linguistics. *Pragmatics and Cognition* 14(3): 467-500.

﨑田智子 2010 「認知と談話・情報」﨑田智子・岡本雅史（著），山梨正明（編）『言語運用のダイナミズム―認知語用論のアプローチ』（講座認知言語学のフロンティア第4巻）研究社, pp.13-86.

Schank, R. C. and R. P. Abelson 1977 *Scripts, Plans, Goals, and Understanding*, Lawrence Erlbaum, Hillsdale.

Schiffrin, D. 1994 *Approaches to Discourse*, Blackwell, Malden, MA.

Semino, E. 2008 A Cognitive Stylistic Approach to Mind Style in Narrative Fiction. In Carter, R. and P. Stockwell (eds.) *The Language and Literature Reader*, Routledge, London/New York, pp.269-77.

Short, M. 1996 *Exploring the Language of Poems, Plays and Prose*, Longman, London.

Sperber, D. and D. Wilson 1995², (1986) *Relevance: Communication and Cognition*, Blackwell, Oxford. [内田聖二・宋南先・中逵俊明・田中圭子（訳）1999 『関連性理論―伝達と認知（第2版）』研究社.]

Stockwell, P. 2002 *Cognitive Poetics: An Introduction*, Routledge, London. [内田成子（訳）2006 『認知詩学入門』鳳書房.]

高原脩・林宅男・林礼子 2002 『プラグマティックスの展開』勁草書房.

Tannen, D. 1979 What's in a Frame? Surface Evidence for Underlying Expectations. In Roy, O. Freedle (ed.) *New Directions in Discourse Processing*, Ablex, Norwood, pp.137-81.

Tannen, D. 1989 *Talking Voices: Repetition, Dialogue, and Imagery in Conversational Discourse*, Cambridge Univ. Press, Cambridge.

Tannen, D. 1993 *Framing in Discourse*, Oxford Univ. Press, Oxford.

Tannen, D. and C. Wallat 1993 Interactive Frames and Knowledge Schemas in Interaction: Examples from a Medical Examination/Interview. In Tannen, D. (ed.) *Framing in Discourse*, Oxford Univ. Press, Oxford, pp.57-76.

Taylor, J. R. 2003 *Cognitive Grammar* (Oxford Textbooks in Linguistics), Oxford Univ. Press, Oxford.

Turner, M. 1996 *The Literary Mind*, Oxford Univ. Press, Oxford.

van Dijk, T. 1985 Introduction: Discourse Analysis as a New Cross-Discipline. In van Dijk, T. (ed.) *Handbook of Discourse Analysis* (Vol.1), Academic Press, London, pp.1-10.

van Hoek, K. 1992 *Path through Conceptual Structure: Constraints on Pronominal Anaphora*. Ph. D. diss., Univ. of California, San Diego.

Verschueren, J. 1999 *Understanding Pragmatics*, Arnold, London.

山梨正明 2000 『認知言語学原理』くろしお出版.

山梨正明 2004 『ことばの認知空間』開拓社.

| 4C.8 | | C 創造性と表現 |

言語行為と認知言語学

高橋英光

20世紀中頃までの意味論と言語哲学では「事実」を伝える言語機能に重点が置かれていた．しかし事実を伝えるのは言語による行為の一つに過ぎない．発話には字義的意味のみならず発語内の力があり多様な行為が行なわれる．これを研究するのが**言語行為論**である．これまでの言語行為論では内省と作例に依存する机上型研究と言語行為を他の言語現象と切り離す分析が主流であった．認知言語学は使用基盤主義に立つので言語行為論についても内省と作例のみに頼らず現実の言語データの観察・分析を重視する．さらに具体的な認知的道具立て（メトニミー，シナリオ知識，プロトタイプ，スキーマ，構文のネットワークその他）を用いて予測力・説明力に富む分析と，話し手と聞き手双方の処理過程の解明を目指す．認知言語学の言語行為論では言語行為を閉ざされた現象とせず他の言語現象との関連性を浮き彫りにする．

1. 歴史的背景・基本事項

以前の言語哲学研究と意味論では，事実を伝えるための言語使用や文の真偽条件が重視されていた．しかしイギリスの言語哲学者オースティン（Austin 1962）は，人間は言葉によって「真」か「偽」を伝えるだけではなく，他の様々な行為を行なうことに着目した．

例えば次の2文を比べよう．

(1) Bill talked a lot.

(2) Will you excuse us for a moment?

(1)のように特定の人物について陳述する発話なら「真」か「偽」の判定ができそうだが，(2)は事情が異なる．真か偽は関与せず聞き手に行動させるための発話である．

オースティンは，私たちの言語行為は3種類の行為—「**発語行為**」（locutionary act），「**発語内行為**」（illocutionary act），「**発語媒介行為**」（perlocutionary act）—を同時に遂行していると

考えた．オースティンの研究はその後サール（Searle 1969, 1975, 1979）に引き継がれ言語行為論の基礎が築かれた．オースティンの言語行為論は「遂行動詞」（例えば affirm, promise, apologize など）を含む言語現象に主な焦点があったが，サールはもっと普遍的な言語行為論の構築を試み，発語内行為を以下の五つに下位分類した．

(3) a. 「**言明・断定**」（assertive）Bill talked a lot. （＝(1)）

b. 「**行為指示**」（directive）Will you excuse us for a moment?（＝(2)）

c. 「**行為拘束**」（commissive）I promise to lend you my PC.

d. 「**表出**」（expressive）(You finished your master thesis?) Congratulations! — Thanks!

e. 「**宣言**」（declaration）I hereby take you as my wife.

これらの発語内行為は「**合致の方向**」（the directions of fit）に違いがあり，(3a)「言明・断定」は言葉を世界に一致させるが（words-to-world）が，(3b)「行為指示」と(3c)「行為拘束」は逆に世界を言葉に一致させようとする（world-to-words）．(3e)「宣言」も世界を言葉に一致させようとするが首尾よく進むと言葉と世界が一致する点で合致の方向は双方向的とサールは考えた．なお(3d)「表出」では合致の方向が関与しない（Searle 1979: 15）．

言語行為論の主な関心は発語内行為に向かうが，オースティンやサールにより陳述以外の言語使用に関心が向けられるようになった意義は大きい．1980年代以降の言語行為論では従来の理論に真理条件意味論を加え理論の精緻化が試みられ（Searle and Vanderveken 1985; Vanderveken 1990; 久保 2001, 2002 を参照），2010年以降は認知科学，形式意味論および言語類型論の研究に依拠して独自の言語行為論を提示する新たな展開が

見られる（例えば Kissine 2013）．

　グライスの研究（Grice 1975）も言語行為と語用論研究に大きな影響を与えた．グライスは「言われていること」（what is said）と「含意されていること」（what is implicated）を峻別し，会話における**「協調の原理」**（Cooperative Principle），つまり**「量（Quantity）の公理」**，**「質（Quality）の公理」**，**「関係（Relation）の公理」**，**「様態（Manner）の公理」**からなる四公理を提案した．グライスの理論はその後レヴィンソン（Levinson 1983）を中心とする新グライス学派と関連性理論の生みの親となった．新グライス派はグライスの四公理を保持するのに対して関連性理論はグライスの四公理を棄却し「関係の公理」の精密化を試みる点が異なる．言語行為論については西山（1983），山梨（1986, 2001），久保（2001, 2002）に有益な解説・論考があり，今井（2001, 2005）では関連性理論の立場からの言語行為論批判と（新）グライス理論批判が見られる．

2. 認知言語学における言語行為の捉え方と分析法

　言語行為の包括的な認知言語学研究はまだなされていないが，行為指示発話行為や命令文の研究で具体的成果が見られる．認知言語学の研究では，①現実の言語使用データに基づく言語行為論を重視し，②話し手と聞き手双方の解釈・推論過程の解明を目指し，③他の言語現象の分析・解明に有効な認知言語学の道具立てを積極的に援用する．これらの分析法は，作例と内省に依存し話し手の発話過程を説明する手だてを持たなく他の言語現象と切り離す傾向の強い従来の言語行為論と異なる．以下では，「発話内行為の認知言語学的再分類」，「間接行為指示文のメトニミー分析」，「行為指示発話行為の理想化認知モデルとイメージ・スキーマ分析」，「行為指示発話行為の**構文文法分析**とプロトタイプ分析」を解説する．

▶ **2.1　発話内行為の認知言語学的再分類**

　歴史的背景・基本事項で例証したように，サールは発話内行為を5種に分類した．これをディルヴェンとフェルスポー（Dirven and Verspoor 1998: 164-6）は3種の上位概念，「構成行為」，「情報行為」，「義務行為」，を設けて図1のような再分類を行なっている．まず，(3a)「言明・断定」にこれと類似性の強い「情報発話行為」を追加し，(3b)「行為指示」と(3c)「行為拘束」はいずれも義務を課するため「義務行為」にまとめている．さらに(3d)「表出」も(3e)「宣言」も儀式的な社会的文脈を必要とする点で「構成行為」と分類している．

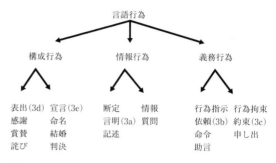

図1　発話内行為の再分類（Dirven and Verspoor 1998: 167）

　現実の発話では「構成行為」，「情報行為」，「義務行為」の重複があり，発話内行為の下位タイプには無限の細分化が可能であろうが，上記の分類は言語行為の大局を捉えており有効である．

▶ **2.2　間接行為指示文のメトニミー分析**

　行為指示発話行為は直接的にも間接的にも行なわれる．聞き手にドアを閉じるよう指示する時に命令文の代わりに疑問文（例えば "Can you close the door?"）や平叙文（例えば "I want you to close the door."）を使うことは間接行為指示発話行為と呼ばれる．

　サールの言語行為論も**関連性理論**も含め従来の語用論研究は特別な努力なしになぜ聞き手は会話の中で瞬時に話し手の意図を正しく理解するのかを十分に説明しない．この限界を克服するためパンサーとソーンブルクは「**発語内行為シナリオ**」（illocutionary scenarios）の理論を開発した．これは母語話者同士が共有するシナリオ構造であり，それをメトニミーでつながる BEFORE → CORE → RESULT → AFTER の4部門で捉えた（Thornburg and Panther 1997: 208; Panther and Thornburg 1998）．

　"Can you close the door?" という疑問文は表面的には聞き手の能力の有無を問う疑問にすぎない．しかし英語話者は幼児期からの経験を通し図

```
(i)   the BEFORE: H can do A.
      S wants H to do A.
(ii)  the CORE: S puts H under a (more or less strong)
      obligation to do A.
      the RESULT: H is under an obligation to do A
      (H must/should/ought to do A).
(iii) the AFTER: H will do A.
```

図2　行為指示発語内行為シナリオ

2のようなシナリオ知識が備わっている．このため純粋にドアを閉じる能力の有無を尋ねているのではなくメトニミー的にドアを閉じる義務が課せられた，と瞬時に解釈する．メトニミーは無制限に起こるわけではない．シナリオの中核（CORE）に近い部門が喚起される必要がある．例えば "It's cold in here."（＝非慣習的依頼表現）は "Can you close the door?"（＝慣習的依頼表現）ほどには「依頼」とわかってもらえない理由は，シナリオの中核から離れているためメトニミーが働きにくいためである．

▶ 2.3　行為指示発話行為の理想化認知モデルとイメージ・スキーマ分析

　パンサーとソーンブルクのメトニミー的シナリオ理論は画期的だが発語内行為の様々な下位タイプ，例えば，命令と依頼の違い，依頼と懇願の違い，を弁別できるわけではない．加えて，ある種の依頼表現，例えば "Can you just hold this for a second?" が "Can you hold this?" より依頼と理解されやすい理由が不明である．このためペレス・エルナンデス（Lorena Pérez Hernández）とルイス・デ・メンドーサ（Francisco J. Ruiz de Mendoza）はメトニミー的シナリオ理論の改良を試みた．まず「コストと利益」，「任意性」，「力」という3パラメターを加え，さらに「理想化認知モデル」（Lakoff 1987）に基づき「**命題的理想化認知モデル**」を加えた．この結果，第1に，依頼と命令はそれぞれ以下のように特徴づけられる．

　(4) 依頼の理想化認知モデル（ICM of Requests）
　　パンサーとソーンブルクのシナリオ構造＋
　　(i) 行為が聞き手にコストを話し手に利益を表示する
　　(ii) 任意性が高い（ポライトネス）

　　(iii) 話し手と聞き手の間の力関係に差がない
　(5) 命令の理想化認知モデル（ICM of Orders）
　　パンサーとソーンブルクのシナリオ構造＋
　　(i) 行為が聞き手にコストを話し手に利益を表示する
　　(ii) 任意性が低い（ポライトネスの欠如）
　　(iii) 話し手は聞き手より力が上位

　つまり，依頼と命令は「コストと利益」については同一だが依頼の「任意性」が高い．この違いによって依頼と比べた命令のポライトネスの低さが説明される．「懇願」（"Please, please, take me to the movies, will you? Please!"）は「依頼」と共通点が多いが，話し手の力の強さを最大化しつつ聞き手の力を最小化する点が異なる．加えて態度副詞表現 please や付加疑問 will you が加わると肯定的ポライトネスが増して話し手の願望の程度が依頼より強くなる．

　第2に，ある表現が理想化認知モデルの活性化する要素が多ければ多いほど依頼（あるいは命令）のより良い例となる．例えば，"Can you hold this?" は依頼のシナリオの前部門（BEFORE）を喚起するがそれ以外を喚起しない．対照的に "Can you just hold this for a second（please）?" では「コストと利益」，とりわけ聞き手のコストが最小化される．"please" が付加されると「任意性」も喚起され依頼の理想化認知モデルに近づくため典型的依頼表現と解釈されやすくなる．

　最後に，命令と依頼のイメージ・スキーマはそれぞれ図3と図4のようになる（Pérez-Hernández and Ruiz de Mendoza 2002: 274 − 5）．

　(6) "The rest of you exit, now," he ordered abruptly. "Yes, sir" they replied all in one

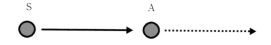

図3 成功する命令行為のイメージ・スキーマ

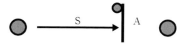

図4 不成功に終わる依頼行為のイメージ・スキーマ

voice.（BNC）
(7)"Can you help your brother with his homework today?" "No, I'm sorry, dad. I can't. I've got to go to the gym."（BNC）

いずれの図でもSは話し手，Aは聞き手を表し，矢印は話し手から聞き手への力の行使を表す．例(6)では抵抗が存在しなく命令が成功する場合を示す．例(7)では障害が依頼内容の遂行を阻止している（Pérez Hernández and Ruiz de Mendoza 2002: 276-81）．なお山梨（2001: 185-6）は Can you X? 型と Why don't you X? 型の間接行為指示文を参照点構造（Langacker 1993）の観点から特徴づけ，後者は前者より疑問文の後景化が進んでいると分析する．

▶ 2.4 行為指示発話行為の構文文法分析とプロトタイプ分析

ステファノヴィッチ（Stefanowitsch 2003: 106-14）は，Can you X? 型の慣習的間接行為指示文にはその構成要素からも他の構文からも予測しえない意味的，形態的特性を有する点で独自の構文とみなせることを主張した．例えば，主語が動作主であり（"Can you close the window?" は依頼だが "Can you see the window?" は依頼を伝えない），動詞の直前に依頼標識が生じることを許可し（"Can you *please/kindly* open the door?"），現在形と過去形の交替があり（"Can/Could you open the door?"），依頼の理由を表す従属節が前置可能である（"Since I've got my hands full, can you close the door?"）．これらの特性は純粋な疑問文の Can you X? とは明確に異なる慣習的依頼の特徴と扱っている．

しかしペレス・エルナンデスは，上記の慣習的間接行為指示文の形式的特性がなくても "Can you hold this for me?" や "Can you hold this for a sec?" などの依頼表現は慣習性が高いので，間接指令文を慣習的か否かに二分するのは誤りであり慣習性を連続的に捉えることを提唱する（Pérez Hernández 2013；類似の提案については Yamanashi 2001: 234 を参照）．また依頼文の実例の多くでは法助動詞 can と二人称単数主語（you），動作動詞を除くと慣習性を表す標識がないため，英語の Can you X? 依頼文には(8)の基礎構文があり，これと多様な拡張構文が図5のようにネットワークを形成すると分析する．

このような分析は行為指示発話行為のみならず構文文法に新しい研究パラダイムをもたらす点で興味深い．

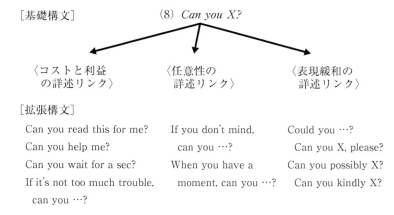

図5 英語の "Can you X?" 依頼構文の家族ネットワーク
（Pérez Hernández 2013: 142 の Fig.6 を簡略化）

3. 認知言語学における命令文の分析法

　行為指示発話行為を本業とするのは命令文であるが，ここでは認知言語学の日本語命令文研究（特に森 2006）と英語命令文研究（特にTakahashi 2012）を紹介する.

▶ 3.1　日本語命令文の認知言語学分析

3.1.1　日本語と英語の命令文

　日本語は英語と系統の異なる言語なので命令文にも様々な違いがある. 第1に，日本語命令形には基本形「しろ」,「やれ」,「するな（禁止形）」などと丁寧形「しなさい」の区別がある. 第2に，日本語命令形は英語命令文と比べ使用頻度がはるかに低い. 筆者によるミステリー小説 *The Pelican Brief* とその日本語訳（『ペリカン白書』新潮社）の調査では，原作の英語命令文556件のうち命令形に邦訳されたのは130件（23.4%）のみで，過半数が依頼形や様々な平叙文に翻訳されていた（詳細は Takahashi 2012: 200 を参照）. 日本語の小説3作品の調査では，命令形の使用総数29に対して依頼形はほぼ4倍（114件）である（高橋 2013）. 対照的に英語命令文は他のすべての行為指示文の約15倍使用頻度が高い（Takahashi 2012: chap. 4）. ただしこの事実は日本語命令文の用法が英語命令文より著しく貧しいことを意味しない（仁田 1999 や村上 1993 を参照）. 顕著に違うのはトークン頻度でありタイプ頻度ではない.

　第3に，日本語の命令形には性差と社会的上下関係による使用制限があり，「しろ」と「するな」は主に男性の表現でふつうは話し手が上位か親しい仲間同士に限られる.「しなさい」は男女ともに使われるが話者が上位である（村上 1993: 101-2）.「くれ」は主に男性の表現であり話者が上位か親しい仲間同士である（佐藤 1992: 134, 153-4）.

3.1.2　潜在型／既存型スケール

　森（2006）は日本語命令文の認知言語学分析で**「潜在型／既存型スケール」**を導入し，以下の(9)を「潜在型」命令文，(10)を「既存型に近い潜在型」,(11)を「既存型」と分類する.

　(9)窓を開けろ.　(10)動いてみろ.　(11)うそつけ.

「潜在型」とは命題内容が発話時点で実現していない通常の命令文である.「既存型」とは，「潜在型」と異なり，命題内容が発話時点で実現してい

る.（11）はうそをつけと指令するのではなくすでに実現された命題内容に対する話し手の（否定的）評価を伝えている. 対応する英語命令文 "Tell me a lie." にこの機能はない.（10）は本来「潜在型」だが脅迫・威嚇で用いられると命題内容が実現しそうな時に発話される点で「既存型に近い潜在型」と森は分析する.（10）と（11）が（9）と異質のタイプであることは引用動詞から明らかである（Yamanashi 2001: 232-4）.

　(12)「動いてみろ」と，（警告した／*命令した）.
　(13)「うそつけ」と，（たしなめた／*命令した）.

　森は(10)と(11)の微妙な違いに着目し「既存型」の存在を裏づける根拠をいくつか挙げている. その一つは「みろ」との共起可能性である.「うそをついてみろ」は「うそをつけ」と異なり相手の馬鹿げた発言に対する評価・反応を表現しない.（10）では「みろ」の共起が必須だが(11)では不可である.

　「潜在型／既存型スケール」のパラメーターは発話の意味や談話文脈を意味分析に取り入れることで命令文の新しい類型論を導入する貴重な洞察と言える. ただ森は「既存型」命令文が英語に存在せず日本語命令文に特有と扱っている. しかし後で述べるように「既存型」は英語にも存在するので分析の修正が少々必要と思われる.

　最近では構文文法を取り入れた日本語命令文分析も見られ，森（2014）では「V てみろ」条件命令文の意味と構造をモダリティの度合いと従属化の視点から研究し，菊田（2011）および Kikuta（2018）は「V てみろ」を複合動詞テミルの条件文からの継承と分析している.

▶ 3.2　英語命令文の認知言語学分析

　英語の命令文については広く信じられているが十分に検証されたことがない定説・教科書の説明がある. 例えば「命令文は典型的に命令（order）か依頼（request）を伝える」と説明される. しかし実際の命令文はそれほど単純ではない.「ポライトネスに欠けるので英語話者は命令文（による依頼）を避ける傾向がある」と解説される（Searle 1979: 36; Wierzbicka 2003: 30）. しかし英語命令文は他の間接的表現の総使用件数のほぼ15倍の使用頻度である.

　以下の理論的説明も一部に受け入れられている.

- 命令文の本質は行為指示的力ではなく「**提示性**」（presentative）である（Davies 1986: 48, 51）.
- 命令文の本質は「**潜在性**」（potentiality）と「**望ましさ**」（desirability）である（Wilson and Sperber 1988; 今井 2001: 91-4）. 望ましさの推定の違いが発語内効力の強弱を説明する（Clark 1993）.
- 命令文には字義的用法の他に次のような非字義的用法がある.

  (14) Peter：Can I open the window?（窓を開けてもいい）

  Mary：Go ahead and let in some nice Arctic air.

  （どうぞご自由に素敵な北極の空気を入れてちょうだい）

Mary の発言は命令文が表す命題内容から自己を分離し，アイロニーが生じている（Wilson and Sperber 1988）.

- 命令文には「肯定」（Come closer and I'll give you five pounds.），「否定」（Come one step closer and I'll shoot.），「中立」（Open the Guardian and you'll find three misprints on every page.）の三解釈がある. 肯定解釈は関連性理論（Sperber and Wilson 1986, 1995）の字義的用法であり，否定と中立解釈は非字義的用法である（Clark 1993）.

しかし命令文の実例を注意深く観察すると様々な疑問・不備が明らかになる. 第1に，「潜在性」と「望ましさ」は，"Will you marry me?", "Can I have your address?", "You should be more careful.", "May the new year bring you happiness!" など多くの「非」命令文に当てはまる. 命令文を十分に特徴づける概念ではない. 第2に，肯定，否定，中立の三分類は有効だが分布はどうなのか. さらに肯定用法同士の違いをどのように説明するのか. 例えば "Wake up and shine!" と "Get well soon." の違いは何か. 「認知環境との相互作用で決まる」などの説明には具体性・有効性がない. 第3に，命令文に独特の動詞のタイプとその使い方はないのか. あるとしたら言語行為とどのように関係するのか.

Takahashi（2012）は英語命令文の包括的認知言語学研究だが，ここでは言語行為論と関係の深い現象と分析に言及するにとどめる. 具体的には「**動詞＋一人称目的語**」連続，命令文のスキーマとプロトタイプ，力の行使の6パラメーター，二人称性，行為指示文選択の一般原理と命令文回避の原則，を解説する.

3.2.1 「動詞＋一人称目的語」連続の遍在

英語の命令文では特定の他動詞が高い確率で「動詞＋一人称目的語」連続で表れる. この動詞グループには命令文で生起頻度が高い let, tell, give などが含まれるが（"Tell me about your family." / "Let me finish."），生起頻度の比較的低い believe, excuse, forgive, trust などの動詞も含まれる. 行為指示を表すことが多いが非行為指示的意味（謝罪の表現や談話標識）としても用いられる（Takahashi 2012: chaps. 2 and 4, 高橋 2014）. さらに「動詞＋一人称目的語」連続は命令文のみならず多くの行為指示文にも遍在する. さらに tell と give は多くの行為指示文中で me（や us）に伴われるが，他の動詞（help, marry, excuse など）は特定の行為指示構文に使用が集中する（高橋 2016 および高橋 2017: 第2章）.「動詞＋一人称目的語」連続の遍在は命令文の典型，つまり話し手の利益，の反映と考えられる.

ステファノヴィッチとグリースも "let me" 連続の頻度の高さを指摘したが（Stefanowitsch and Gries 2003），命令動詞 let の特殊性と扱いこの現象（と行為指示）の一般性を見落としている. さらに彼らは "let me" を主に聞き手の利益の反映と分析するが，これはコーパスの不十分な文脈情報に基づき信憑性に欠ける（高橋 2017：第2章）.

3.2.2 命令文のスキーマとプロトタイプ

命令文の意味を十分に特徴づけるうえで有効なのがラネカーのスキーマ（schema）とプロトタイプ（prototype）の考え方である（Langacker 1991, 2008）. スキーマとは，ある範疇のすべての例にあてはまる抽象的特性であり，プロトタイプ（の分析）は言語カテゴリーの最適例や概念的中核を表示し意味機能を具体的に説明・特徴づける. このように二層で捉えるアプローチをとると言語カテゴリーの普遍的特性と実際の使用法を豊かに特徴づけられる.

命令文のスキーマは，「仮定性」（hypotheticality），「（主語の）二人称性」（second-person subject），「非過去性」（non-past），そして「力の行使」（Force Exertion）の四特性で捉えることができる（Takahashi 1994, 2012: chap. 3, 2014）．最後の特性「力の行使」とは「話者が聞き手に行為をさせるために（命題を実現させるために）行使する様々な種類と度合いの社会的対人的力」を指す．以上の四特性を取り入れると命令文のスキーマは以下のように定義される．

①話し手は直示の場で聞き手にある度合いの力を行使し，その結果，聞き手は仮定の場である行為を行なう．

②話し手の意味役割は力の行使者であり，聞き手は力の行使の標的である．

なお下線部「ある度合いの力を行使」は後の「力の行使の6パラメーター」で述べるように命令文のプロトタイプ判定の主要基準となる（Takahashi 2012: chap. 3, 高橋 2014）．

次に命令文のプロトタイプは以下のように定義される．

①話し手は直示の場で聞き手に高い度合いの力を行使し，その結果，聞き手は仮定の場である行為を行なう．

②話し手の意味役割は使役者的動作主であり，聞き手は被使役者的動作主である．

いかなる命令文のプロトタイプ性も①主要基準「力の行使の6パラメーター」と②補助基準「二人称性」によって判定可能である．

3.2.3　力の行使の6パラメター

実際の命令文の多くは単純な「命令」でも「依頼」でもない．次の日常的な使用例を眺めてみよう．

(15)［職場の会話 浮かない顔をしている同僚 B に A

が声をかける］
A：What's up?
B：I'm having a bad day.
A：*Tell me about it.*

この命令文 "Tell me about it." は純粋な「命令」でも「依頼」でもない．「助言」（"You should tell me about it."）とも「提案」（"Why don't you tell me about it?"）とも解釈できる．このように実際の命令文の発話は発語内行為が曖昧か多義なのがふつうである．先行研究でも「強い力の行使／弱い力の行使」，「肯定／否定／中立」解釈などが分類されたが，分析がそこでとどまっていた．これらの限界を克服するために考案されたのが表1が示す「力の行使の6パラメーター」である（Takahashi 2012: chaps. 1 and 3）．表1の基本理念は，①「命令」，「依頼」，「助言」などの実例の分析に有効ではない名称とは独立に命令文の発話を特徴づける，②命令文の力の行使を六構成要素に分解し個々のパラメーターをプラス（典型）とゼロ，マイナス（いずれも非典型的）を含む数値の内訳と合計で特徴づける，ことにある．

むろん社会的・対人的力の絶対的数値化は不可能だが（Johnson 1987: 43-4），「相対的数値化」は可能である．相対的数値化とは命令文が異なる文脈で行使する指令力の共通点と相違点を明らかにするために最低限必要な数値化を指す．

具体的には，この分析装置では命令文は最大［＋10］（例えば "YOU get out!"）から最小［－7］（例えば "Go on, shoot, if you can!"）までの数値を取りうると仮定する．また命令文のプロトタイプを［＋3］か［＋4］以上と設定するが，その根拠は英語話者が典型と感じる命令文（例えば

表1　主要基準「力の行使の6パラメーター」

命令文の力の行使を計る6パラメーター					
力の行使：	高い	低い	ゼロ	負／低い	負／高い
i. DESIRE	［＋2］	［＋1］	［0］	［－1］	［－2］
ii. CAPABILITY	／	［＋1］	［0］	／	／
iii. POWER	／	［＋1］	［0］	［－1］	／
iv. COST	［＋2］	［＋1］	［0］	／	／
v. BENEFIT	［＋2］	［＋1］	［0］	［－1］	［－2］
vi. OBLIGATION	［＋2］	［＋1］	［0］	［－1］	［－2］
Total Score：	［＋10］	～～～～～～～～～～～～～～～～～～～～～～			［－7］

（Takahashi 2012: 77 の表 3-1 に基づく）

表2 例(15)の *Tell me about it* の力の行使の分析

六パラメーター分析	
DESIRE：〔+1〕or〔+2〕	（聞き手からの情報をある程度望んでいる）
CAPABILITY：〔+1〕	（聞き手には遂行能力がある）
POWER：〔0〕	（話し手と聞き手の社会的力に差がない）
COST：〔+1〕or〔+2〕	（聞き手に負担を課すがその程度は不明）
BENEFIT：〔0〕	（話し手に明白な利益をもたらさない）
OBLIGATION：〔+1〕	（聞き手は応じる義務がある）
TOTAL：〔+4〕 ～ 〔+6〕	

"Give me your address.")では命題内容の実現をある程度望み（DESIRE），聞き手は遂行能力があり（CAPABILITY），行為にはある程度負担が伴い（COST），聞き手には従う一定の義務（OBLIGATION），があるためである．実際，調査した命令文1774例のうち85%以上で力の行使の数値が〔+3〕か〔+4〕を上回っていた．個々のパラメーターの解説は紙数の制限のため省くので興味のある読者はTakahashi（2012: chap. 3）を参照されたい．

(15)の命令文の指令的力は表2が示すように〔+4〕～〔+6〕となる．

しかしこれが小学校の先生と生徒の会話なら力の行使の数値が〔+6〕～〔+8〕に上昇する．POWERとOBLIGATIONの数値がそれぞれ増えるためである．また以下の皮肉用法では力の行使の数値が〔0〕～〔-3〕となる．COSTとOBLIGATIONの数値が下がるためである．

(16)〔東京へ出張するBへ同僚のAが助言する場面〕
　　A：Don't buy anything in downtown Tokyo.
　　B：*Tell me about it.* A single cup of coffee can cost 10 dollars!

Bの命令文は「言わなくていいよ／全くその通りだ」などの意味である．力の行使の6パラメーターを用いると多様な命令文の発話同士の共通点と相違点を詳細に捉える道が開かれる．

2. で「うそつけ」などを「既存型」命令文と名づけ日本語特有の用法と扱う森（2006）の分析を

紹介した．しかし(16)の英語命令文は明らかに「既存型」である．この他にも相手が苛立つ経験を話した時に "Talk about frustrating!" と相づちしたり，ダンクシュートの直後に "Dunk the ball, Charles!" などと実況中継する「既存型」が英語に存在する．このように英語には否定的評価のみならず肯定的評価や相づちの命令文がある．日英の違いは既存型命令文の有無ではなく，英語の既存型の用法の豊かさにあると思われる．

3.2.4　二人称性

これまでの命令文研究では主語を体系的に特徴づけていなかったが，以下のプロトタイプ分析で命令文主語を特徴づけることができる（表3）．

例えば "Give me a call tomorrow." ／ "Listen, Ken." は聞き手が個別的で被使役者的動作主であり典型的である．一方，"Everyone come forward." の聞き手は非個別的，"Shake before using." は聞き手（読み手）は総称的であり非典型的である．"Have a nice day." や "Get well soon." は主語の被使役者性・動作主性が低く非典型的と分類される．

3.2.5　行為指示文選択の一般原理と命令文回避の原則

行為指示文の選択には多様な要因（例えば，コスト，望ましさの度合い，ポライトネス，義務，能力，力関係，場面の深刻さ，緊急性など）が関与する．しかし多くの実例を注意深く観察すると英語でも日本語でも次の一般原理が作用している．

(17) 行為指示文選択の一般原理

表3 命令文主語の二人称性

		〈典型的〉	〈非典型的〉
i.	同定性	個別的	非個別的＞総称的
ii.	意味役割	被使役者的動作主	純粋な被使役者・純粋な動作主から逸脱

行為に伴うコストが高く聞き手が従う義務が低いほど行為指示表現は長く遠回しになる.

(17)に基づき実例を観察すると命令文回避の場合は以下の原理によって予測できる.

(18) 命令文回避の原理
　　要求する行為のコストが高くかつ聞き手にとって応じる義務が低い時に自分の利益のため裸の命令文を使うことは避けよ―ただし緊急時を除く
　　　　　　　　　　　　　　　　　　(Takahashi 2012: 111)

以下は実際に命令文が回避されている談話文脈の例である.

(19) レンタカーの受付担当者と客との会話
　　"Yes, Miss Evans. We've been expecting you. (…) It's a white Lexus in parking space one."
　　"Thank you. *Can you tell me how to get to the Little Nell Hotel?*" (*The Sky is Falling*, p. 176)

レンタカーの受付担当者にとって道案内は本業ではない. 聞き手が答える義務は低くその能力(知識)も不明である. 命令文が選ばれている(20)を比較しよう.

(20) [話し手はアンカーウーマン, 聞き手は秘書の女性].
　　Olivia poked her head in. "Mr. Baker would like to see you."
　　"*Tell him I'll be there in a minute.*"
　　　　　　　　　　　　(*The Sky is Falling*, p. 129)

ここでは勤務契約があり聞き手の義務が明確なため命令文が適切に使用されることになる.

紙数の関係で説明を割愛したが, 認知言語学の疑似命令文の分析については Fortuin and Boogaart (2009) を, 行為指示文の意味と発語内効力の関係については Kochańska (2015) を参照されたい.

まとめと展望

認知言語学による包括的な言語行為論の完成まではまだ時間を要するが, 行為指示発話行為と命令文の研究は着々と進んでいる. 認知言語学の言語行為論では作例と直観だけに頼ることなく現実の発話を観察・分析し, 認知メカニズムを有効に活用して言語行為と他の言語現象との関係を明らかにする. 具体的成果としては, 間接行為指示文の解釈におけるシナリオとメトニミーの働き, 理想化認知モデルによる間接行為指示文の下位タイプ(命令, 依頼, 懇願その他)の分類, 構文ネットワークによる Can you X? 型依頼文の分析, が挙げられる.

命令文分析の成果としては, 英語命令文の日本語命令文と比べた使用頻度の高さと「動詞＋一人称目的語」連続の発見, スキーマとプロトタイプによる特徴づけと「力の行使の6パラメター分析」の開発,「命令文回避の原則」の提案と「潜在型／既存型スケール」の導入を挙げることができる.

伝統的な言語行為論には優れた知見が含まれるが, 現実の言語データを十分に観察せず,「モジュール」と呼ばれる部門分割主義が主流であったため, 他の言語現象との関連性が見落とされていた. 認知言語学の射程の広い柔軟な研究パラダイムの中に位置づけることで言語行為論がこれから大きく飛躍することが期待できる.

▶重要な文献

Panther, K. -U. and L. L. Thornburg 1998 A Cognitive Approach to Inferencing in Conversation. *Journal of Pragmatics* 30: 755-69.
　間接的依頼表現のパイオニア的認知言語学研究と言える. 間接発話行為にはシナリオ構造とメトニミー認知が中心的役割を果たすことを論証している (Thornburg and Panther 1997; Panther and Thornburg 2000 を参照).

Pérez Hernández, L. and F. J. Ruiz de Mendoza 2002 Grounding, Semantic Motivation, and Conceptual Interaction in Indirect Directive Speech Acts. *Journal of Pragmatics* 34: 259-84.
　パンサーとソーンブルクの研究にコストと利益, 任意性の度合いなどの概念を統合して間接指令表現の ICM を考案し,「命令」と「依頼」,「懇願」などを明確に区別している. Pérez Hernández 2013 では構文文法を取り入れた新しい展開が見られる.

Takahashi, H. 2012 *A Cognitive Linguistic Analysis of the English Imperative: With Special Reference to Japanese Imperatives*, John Benjamins, Amsterdam.
　認知言語学の枠組みでなされた英語命令文の包括的研究である. 1774 例からなるデータ分析に基づき命令文に関する誤解と定説の落とし穴を指摘し, 命令文のスキーマとプロトタイプを提示して力の行使を計る独自の分析装置を用いている. さらに命令文回避の原理と行為指示文使い分けの一般原則を提案している. 最終章では日本語命令文と依頼文への言及がある.

▶文 献

Austin, J. L. 1962 *How to Do Things with Words*, Clarendon Press, Oxford. [坂本百大 (訳) 1978『言語と行為』大修館書店.]

Clark, B. 1993 Relevance and 'Pseudo-imperatives'. *Linguistics and Philosophy* 16: 79-121.

Cole, P. and J. Morgan 1975 *Syntax and Semantics 3: Speech acts*, Academic Press, New York.

Davies, E. 1986 *The English Imperative*, Croom Helm, London.

Dirven, R. and M. Verspoor (eds.) 1998 *Cognitive Exploration of Language and Linguistics*, John Benjamins, Amsterdam.

Fortuin, E. and R. Boogaart 2009 Imperative as Conditional: From Constructional to Compositional Semantics. *Cognitive Linguistics* 20(4): 641-73.

Grice, H. P. 1975 Logic and Conversation. In Cole, P. and J. Morgan (eds.) *Syntax and Semantics 3: Speech Acts*, Academic Press, New York, pp. 83-106.

今井邦彦 2001『語用論への招待』大修館書店.

今井邦彦 2005「語用論」中島平三(編)『言語の事典』朝倉書店, pp. 109-43.

Johnson, M. 1987 *The Body in the Mind: The Bodily Basis of Meaning, Imagination, and Reason*, Univ. of Chicago Press, Chicago / London. [菅野盾樹・中村雅之(訳)2001『心のなかの身体―想像力へのパラダイム転換』紀伊國屋書店.]

菊田千春 2011「複合動詞テミルの非意志的用法の成立―語用論的強化の観点から」『日本語文法』11: 43-59.

Kikuta, C. U. 2018 Development of Conditional Imperatives in Japanese: A Diachronic Constructional Approach. *Cognitive Linguistics* 29: 235-73.

Kissine, M. 2013 *From Utterances to Speech Acts*, Cambridge Univ. Press, Cambridge.

Kochańska, A. 2015 Cognitive Grammar, Speech Acts, and Interpersonal Dynamics: A Study of Two Directive Constructions in Polish. *Cognitive Linguistics* 26(1): 61-94.

久保進 2001「言語行為」小泉保(編)2001『入門 語用論研究―理論と応用』研究社, pp.81-101.

久保進 2002「言語行為論への招待―関連性理論からの批判に答えて」『語用論研究』4: 69-83.

Lakoff, G. 1987 *Women, Fire and Dangerous Things: What Categories Reveal about the Mind*, Univ. of Chicago Press, Chicago. [池上嘉彦・河上誓作・辻幸夫・西村義樹・坪井栄治郎・梅原大輔・大森文子・岡田禎之(訳)1993『認知意味論―言語から見た人間の心』紀伊國屋書店.]

Langacker, R. W. 1991 *Foundations of Cognitive Grammar*, Vol.II, *Descriptive Applications*, Stanford Univ. Press, Stanford.

Langacker, R. W. 1993 Reference Point Constructions. *Cognitive Linguistics* 4(1): 1-38.

Langacker, R. W. 2008 *Cognitive Grammar: A Basic Introduction*, Oxford Univ. Press, Oxford. [山梨正明(監訳)2011『認知文法論序説』研究社.]

Levinson, C. S. 1983 *Pragmatics*, Cambridge Univ. Press, Cambridge. [田中廣明・五十嵐海理(訳)2007『意味の推定―新グライス学派の語用論』研究社.]

森英樹 2006「3つの命令文―日英語の命令文と潜在型／既存型スケール」『言語研究』129: 135-60.

森英樹 2014「「Vてみろ」条件命令文のモダリティと再分析構造」『言語研究』145: 1-26.

村上三寿 1993「命令文―しろ, しなさい」『ことばの科学』6: 67-115.

西山佑司 1983「発話行為」安井稔ほか(著)『意味論』(英語学体系5)大修館書店, pp. 627-90.

仁田義男 1999『日本語のモダリティと人称』ひつじ書房.

Panther, K. -U. and L. L. Thornburg 1998 A Cognitive Approach to Inferencing in Conversation. *Journal of Pragmatics* 30: 755-69.

Panther, K. -U. and L. L. Thornburg 1999 The Potentiality for Actuality Metonymy in English and Hungarian. In Panther, K. -U. and G. Radden (eds.) *Metonymy in Language and Thought*, John Benjamins, Amsterdam / Philadelphia, pp. 333-57.

Panther, K. -U. and L. L. Thornburg 2000 The EFFECT FOR CAUSE Metonymy in English Grammar. In Barcelona, A. (ed.) *Metaphor and Metonymy at the Crossroads: A Cognitive Perspective*, Mouton de Gruytor, Berlin / New York, pp. 215-31.

Pérez Hernández, L. 2013 Illocutionary Constructions: (Multiple source)-in-target Metonymies, Illocutionary ICMs, and Specification Links. *Language & Communication* 33: 128-49.

Pérez Hernández L. and F. J. Ruiz de Mendoza 2002 Grounding, Semantic Motivation, and Conceptual Interaction in Indirect Directive Speech Acts. *Journal of Pragmatics* 34: 259-84.

佐藤里美 1992「依頼文―してくれ, してください」言語学研究会(編)『ことばの科学：言語学研究会の論文集5』むぎ書房, pp. 109-74.

Searle, J. R. 1969 *Speech Acts: An Essay in the Philosophy of Language*, Cambridge Univ. Press, London. [坂本百大・土屋俊(訳)1986『言語行為―言語哲学への試論』勁草書房.]

Searle, J. R. 1975 Indirect Speech Acts. In Cole, P. and J. Morgan (eds.) *Syntax and Semantics 3: Speech Acts*, Academic Press, New York, pp. 59-82.

Searle, J. R. 1979 *Expression and Meaning*, Cambridge Univ. Press, Cambridge. [山田友幸(監訳)2006『表現と意味―言語行為論研究』誠信書房.]

Searle, J. R. and D. Vanderveken 1985 *Foundations of Illocutionary Logic*, Cambridge Univ. Press, Cambridge.

Sperber, D. and D. Wilson 1986, 1995[2] *Relevance: Communication and Cognition*, Harvard Univ. Press, Cambridge, 1995[2], Blackwell, Oxford. [内田聖二・宋南先・中達俊明・田中圭子(訳)1999『関連性理論―伝達と認知(第2版)』研究社.]

Stefanowitsch, A. 2003 A Construction-Based Approach to Indirect Speech Acts. In Panther, K.-U. and L. Thornburg (eds.) *Metonymy and Pragmatic Inferencing*, John Benjamins, Amsterdam, pp. 105-26.

Stefanowitsch, A. and S. Th. Gries 2003 Collostructions:

Investigating the Interaction of Words and Constructions. *International Journal of Corpus Linguistics* 8(2): 209-43.

Takahashi, H. 1994 English Imperatives and Speaker Commitment. *Language Sciences* 16(3/4): 371-85.

Takahashi, H. 2012 *A Cognitive Linguistic Analysis of the English Imperative: With Special Reference to Japanese Imperatives*, John Benjamins, Amsterdam.

高橋英光 2013「類像性と頻度の予測力―日英語の依頼表現のサイズ」森雄一・高橋英光（共編）『認知言語学―基礎から最前線へ』くろしお出版, pp. 130-53.

高橋英光 2014「英語の命令文―質的分析と量的分析」『エネルゲイア（ドイツ文法理論研究会機関誌）』39: 1-15.

高橋英光 2016「Cry me a river. はなぜ適格か―英語の二重目的語構文と命令文の融合がもたらすもの」『日本認知言語学会論文集』16: 152-63.

高橋英光 2017『英語の命令文―神話と現実』くろしお出版.

Thornburg, L. and K. -U. Panther 1997 Speech act Metonymies. In Lierbert, W. -A. et al.（eds.）*Discourse and Perspective in Cognitive Linguistics*, John Benjamins, Amsterdam, pp. 205-19.

Vanderveken, D. 1990 *Meaning and Speech Acts* vol I: *Principles of Language Use*, Cambridge Univ. Press, Cambridge.

Wierzbicka, A. 2003 *Cross-Cultural Pragmatics: The Semantics of Human Interaction*, Mouton de Gruyter, Berlin.

Wilson, D. and D. Sperber 1988 Mood and the Analysis of Non-declarative Sentences. In Dancy, J. et al.（eds.）*Human Agency: Language, Duty and Value*, Stanford Univ. Press, Stanford, pp. 77-101.

山梨正明 1986『発話行為』大修館書店.

山梨正明 2001「認知語用論」小泉保（編）『入門語用論研究―理論と応用』研究社, pp.179-94.

Yamanashi, M. 2001 Speech-act Constructions, Illocutionary Forces, and Conventionality. In Vanderveken, D. and S. Kubo（eds.）*Essays in Speech Act Theory*, John Benjamins, Amsterdam, pp. 225-38.

命名論と認知言語学

C 創造性と表現

森　雄一

我々のまわりには様々な事物が存在しているが、その多くに名前がつけられている。どのようなプロセスでその名前が生じるか探究する学問分野が命名論である。本節では、命名論が認知言語学の中でどのように扱われているか、あるいは扱うことが可能か、いくつかのトピックを通して見ることにする。体系的な探究がなされていない分野であるので、それぞれのトピックについての重要点を解説することが中心となる。

まず、認知言語学以前の代表的な命名論研究である、森岡・山口（1985）で取り上げられている「名の体系と構造」という観点に触れたのち、その論考で萌芽的に見られた「表示性」と「表現性」という概念を細かく捉えなおす。次に、吉村（1995）で提示された「命名認知モデル」について述べる。その後、大月（2008）で展開された「命名と認知の対応性仮説」を紹介する。さらに、鈴木（1975）等で考察された「再命名」という興味深い言語現象について、カテゴリーの形成という観点から捉える。最後に、命名とメタファーの関係をいくつかの具体例をもとに示す[注]。

1. 命名と認知言語学

新しい事物が現れたとき、あるいは、その事物の存在に気づいたとき、ほとんどの場合、人間はその事物に名前を与える。事物は名前を与えられることにより、人間世界の一部となる。また、その命名は人間の視点を通しての作業であるため、大月（2008: 117）が述べるように、本質的に認知に深く関わる（言語）行為であり、まさに認知言語学の格好の対象である。本節では、認知言語学以前の代表的な命名論の研究にも触れながら、命名の認知的な側面を中心に解説を行なう。

2. 名の体系と構造

認知言語学以前の代表的な命名論の研究として森岡・山口（1985）がある。そのなかでも、名の体系と構造を論じた部分は興味深いものである。森岡・山口（1985）は、学術名としての植物名の構造と対比しながら、日常語の構造を図1のように提示する。

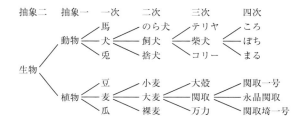

図1　日常語の構造（森岡・山口 1985: 32 の図を改変）

動物の二次名の位置づけや動物と植物の四次名にずれがある（片方が固有名、もう片方が品種名）ことなど疑問点もあるが、この構造の提示と分析は、命名論の機構を考えるにあたって、構造の諸段階によって差がでるという点で重要である。植物学の「科」に用いられている名が日常語では類概念として機能している一次名に相当し、日本語ではこのレベルの名を基準にして、各層の名が派生してくるとしているが、これは認知言語学でいう**基本レベル**（basic level）に相当する段階であろう。日本語では、ほとんどが一語基からなる和語（例：雨、風、雪、川、山、海、馬、犬、兎、豆、麦、瓜）であり、言語習得の初期段階に属するものであるとされる。二次名は、一次名を類としてそれに種差を冠して作られることが多いとされる（例：奥山、岩山、砂山）。このように構造的に「種差＋類概念」という構造をとるため、その範疇が容易に想定されるという意味で公的な一般用語としての性質を二次名は備えている。ついで、植物学の「科」より上位の「綱」「門」の名称は、日常語の抽象名詞に当たり、これもまた抽象の程度により層をなしているとする。以上に見

たように，二次以上のレベル（抽象名，一次名，二次名）は，通常は語としての性格を持ち（森岡・山口 1985: 62），名としてふさわしいのは三次以下の名称であるとし，その命名の契機や着想といった心理面を探る試みが行なわれている．命名論の対象を絞るという意味で重要な指摘であろう．その命名論としての取組みとして，森岡・山口（1985）で萌芽的にあらわれている観点が 3. で述べる**表示性**（representativeness）と**表現性**（expressiveness）という概念である．

3. 表示性と表現性

　名づけは，その対象が属するカテゴリーを表示することとその対象そのものの独自性を表示することのバランスをとって行なわれる．このメカニズムについて前述の森岡・山口（1985）は次のように指摘している．

　　所属する範疇を示すはたらきを表示力（示差性），そのものの特徴を理解させるはたらきを表現力（表意性）と呼ぶとすれば，命名と同時に大量の名がこの二つのはたらきをもつということは，やはり不思議な現象と言わなければならない．
　　　　　　　　　　　　　　　（森岡・山口 1985: 27）

これを認知言語学の文脈の中で捉えなおしたのが吉村（1995）である．

　　固有名の「ふさわしさ」とは，対象独自の個別的な属性を明示しようとする意識，すなわち「表現性」（expressiveness）と，その所属先カテゴリーを明示しようとする意識，すなわち「表示性」（representativeness）との競合から生まれる人間の直感のひとつということになる．
　　　　　　　　　　　　　　　　　（吉村 1995: 164）
　　本論が注目したのは固有名の持つ「表現性」と「表示性」という 2 つの概念である．ここでは，表現性はそのもの独自の個性的側面を強調する機能，表示性はそのものの所属先カテゴリーを明示する機能と捉えた．この両者は命名の指示機能的側面において，相反するベクトルを持つものと特徴づけることができる．
　　　　　　　　　　　　　　　　　（吉村 1995: 202）

　ここでは，その対象が属するカテゴリーを表示することについては「表示性」，その対象そのものの独自性を表示することについては「**表現性**」という用語に関して，吉村（1995）に基づきさらに細かい規定を行なった森（2015）を中心に見てい

く．上の引用にも見られるように，これらの概念には様々な側面がある．表示性には，カテゴリー自体の名称を表示する場合もあれば，カテゴリーの特徴を表示する場合もある．また，カテゴリー自体とは本来関係ないが，それに属する個々の名称の集積からそのカテゴリーに属するものの名称に共通するものとして抽出でき，結果的にそのカテゴリーの特徴となっているものもある．表現性の原初的な働きは，そのカテゴリーに属する別のものと区別することである．その多くの場合はそのものの特徴を利用しているのであるが，区別することと特徴づけることは分けて考える必要がある．

　表示性を「所属する範疇を示すはたらき」（森岡・山口 1985）あるいは「そのものの所属先カテゴリーを明示する機能」（吉村 1995）と捉えた場合，最も思いつきやすいケースはカテゴリー自体の名称を用いる場合である．吉村（1995: 163）は犬に「イヌ」という名前をつければ，表示性は限りなく高くなるものの，他の犬との区別がつけられないと論じているが，名の一部分としてカテゴリーそのものの名称が用いられるのはよくあることである．例えば，会社名などでは「みずほ銀行」「三菱 UFJ 銀行」のように名前の部分としてカテゴリー名である「銀行」が用いられている．このようにカテゴリー自体の名称を示すことを表示性①（カテゴリー名称に関する表示性）とする．

　次に，カテゴリー自体の名称そのものではなくカテゴリーの特徴を示すケースが考えられる．このようなタイプを表示性②（カテゴリー特徴に関する表示性）と呼ぼう．例えば，洗剤の商品名で「ホワイト」というものがあるが，汚れを落とすという洗剤の特徴から，汚れのない状態を意識させるこのような名称が採用されている．これは意味的なものに限定されるのではなく，ペットの名称が「タマ」「ミケ」「ポチ」「シロ」など短い音で呼びやすいようになっているのもそのカテゴリーの特徴と言えるであろう．しかし，カテゴリーの特徴と言えるかどうか微妙なため，表示性②としてよいか判断に迷う場合もある．例えば，新薬の名称の語末に「ン」がつくことについて，森岡・山口（1985）は次のように述べている．

　　現在でも，われわれは，薬の名前というと，アリ

ナミン，アスレタン，アトラキシン，アスピリン，アルペン，イソジン，オクタミン，グレラン，キャベジン，コルゲンなどと，語末に「ン」のつく薬名を，つぎつぎに思い浮かべることができる．語末に「ン」がつくと薬の名前，という観念は，この大正時代に強固に形づくられたわけである．

（森岡・山口 1985: 261-2）

語末に「ン」がつくことは薬というカテゴリーの特徴とは一見考えにくい．ただし，森岡・山口（1985）が上の引用に続く箇所で述べているように，薬に含まれる有効成分名が「ン」で終わることが多いために，その成分に由来する薬名でない場合でも語末に「ン」を付すと，成分関係名らしくなり科学性を印象づけられる．このような筋道で考えると，表示性②の周辺的な事例として考えることができる．

第3に，カテゴリーが本来持つ特徴であるかないかにかかわらず，それがそのカテゴリーに属する名称であることを想起しやすい要素がある．このような要素が存在し，そのカテゴリーに属することを想起しやすいことを表示性③（カテゴリー想起に関する表示性）と呼ぼう．上に表示性②の事例として挙げた例は，特徴に関わると同時に，そのカテゴリーの名称として想起しやすいものであった．本来的な特徴と関わらないものとして，例えば，乗用車の名前と音楽用語は無縁であるが，本田技研が「バラード」，「コンチェルト」，「ジャズ」，「プレリュード」，「フィットアリア」，「クイント（クインテットの略）」，「ライフディーバ」と多くの乗用車の名前に音楽用語を採用したため，そのつながりが意識されやすくなっているようなケースが挙げられる．また，米の品種名で言えば「夢」に関わる名前は表示性②には該当しないが，表示性③に該当するであろう．本来，「夢」は「米」との関わりを持たないのにもかかわらず，現在では，「愛のゆめ，あさひの夢，新生夢ごこち，たかたのゆめ，たんぽの夢，兵庫ゆめおとめ，ほしのゆめ，みえのゆめ，夢一献，夢いっぱい，ゆめおうみ，ゆめおばこ，ゆめかなえ，夢ごこち，ゆめさやか，夢しずく，ゆめしなの，夢つくし，夢十色，夢の華，夢はやと，ユメヒカリ，ゆめひたち，ゆめぴりか，ゆめまつり，ゆめみづほ，夢みらい，ゆめむすび」のように非常に多くの品種

名を持ち，米というカテゴリーを想起しやすいものになっている．そのカテゴリーの特徴が関わる表示性②とは異なり，表示性③は動的な性質を持つ．例えば，「恋」は「夢」と同様に，「米」の品種名として想起されやすい特徴ではないが，「こいごころ，恋ほのか，こいもみじ，ひとめぼれ，恋の予感」など徐々に数を増やし始め表示性③を獲得しつつある．この点で，Carroll（1985: 16）の指摘する "rule schema"（主として命名の語形成的なパターンに関わるもの）の動的特性に近いと言ってよいかもしれない．

表現性は「そのものの特徴を理解させるはたらき」（森岡・山口 1985），「対象独自の個別的な属性を明示しようとする意識」（吉村 1995）を文字どおりに考えた場合，それがあてはまるのは対象の特徴をそのまま名づけに使用する場合である．例えば，黒い犬を「クロ」，白い犬を「シロ」と呼ぶ場合があてはまる．これを表現性①（対象特徴に関する表現性）と呼ぼう．このような直接的でない場合においても表現性①は成り立つ．次の引用を見てみよう．

論理的な名前は，われわれの整理箱の役目を果たし，このおかげで，実物を見せないでもコミュニケーションを可能にするのだが，われわれが，すでに，そのものの所属を知っている場合には必要ではない．農家の間では，
大名　関取　弁慶　水晶
といえば，大麦の名前であることはわかっているはずで，わざわざ，
大名大麦　関取大麦　弁慶大麦　水晶大麦
と類の名をつける必要はない．ここでは，名前が何をさしているかは問題でなく，名前の暗示すること，つまり，豊作や粒の大きさや強さや美しさを表現することがたいせつなのである．名前の論理性より表現性の方が要求されている．

（森岡・山口 1985: 103）

「関取―粒の大きさ」，「弁慶―強さ」，「水晶―美しさ」というつながりは，「クロ―黒い犬」，「シロ―白い犬」のように直接的ではない．しかしながら，ここではメタファーの使用によって，そのものの特徴を示しているといえる．なお，「大名―豊作」のつながりは，「豊作」がこの大麦の種の特性としては疑問であり，ここでの表現性①には該当しないと考えられる．

以上のような特徴づけの他に，表現性の原初的な機能としては単に区別するということが挙げられる．区別するだけなら特徴は必要ない，例えば記号を振っていけばよい．中学校の学級名は，1組，2組，3組……，またはA組，B組，C組などとなることが一般的であるが，その名称は特徴を表していない．このような区別する機能を表現性②（対象区別に関する表現性）と呼ぼう．特徴を表示することは，区別することの一形態であるため，表現性①は表現性②に含まれると考えてよい．表現性①に該当しない表現性②は上の学級名のケースのようにかなり限定的である．また，数字や記号が用いられる場合でも序列を表示したり（例：1等席・2等席……），順番が意味をなしたり（例：1期生・2期生……）する場合は表現性①に該当する．

カテゴリーの中で，名づけられる対象を区別する，または特徴づけを行なうという意味ではなく，その名称がそのカテゴリーの名称のなかでの異質性を示す場合もある．これを表現性③（カテゴリー内での個性を表す表現性）と呼ぼう．吉村（1995: 202）に見た「そのもの独自の個性的側面を強調する機能」としての表現性をこのようなケースと考えてよいかもしれない．例えば，犬に「ドラゴン」「スター」などという名前をつければ，犬らしくない名前として印象づけられ，表現性③が高いと考えられる．

以上，**表示性**と**表現性**について，森岡・山口（1985），吉村（1995）の提示をうけ，そのいろいろな側面について森（2015）をもとに細かく分けて示した．認知言語学の立場から命名を考える場合，とりわけ重要な観点であり，今後のさらなる検討が望まれる．

4. 命名認知モデル

吉村（1995）では，Lehrer（1992）の意味フレームの観点からの命名論を展開し，**命名の認知モデル**を提示している．命名に働くフレーム知識を，対象の持つ属性とドメイン内のリスト間に認められる共有属性の照合を可能にするような知識であるとし，次の図2のようなモデルを提示する．

この命名モデルを米の品種名のケースで考えてみよう．米に品種名をつけるにあたっては，「天

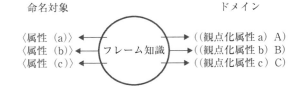

図2 命名モデル（吉村 1995: 175 の図を改変）

候」「天体」「季節」などいくつかのドメインが想定される．このなかで，米の属性として〈白い〉がピックアップされたときには，候補となるドメインの中から天候ドメインが観点化（選択）され，観点化属性が適合する「ゆき」が選択される．例えば，「淡雪こまち，里のゆき，スノーパール，つぶゆき，なごりゆき，ねばりゆき，ゆきおとめ，ゆきの精，ゆきのはな，ゆきひかり，雪の穂，ゆきのめぐみ，ゆきむすび，ゆきん子舞」といったものがそうして名づけられた品種名である．また〈光る〉属性がピックアップされた場合は，天体ドメインが観点化され，**観点化属性**が適合する「星」や「月」が選択されることになる．「一番星，大地の星，つづみ星，とちぎの星，ななつほし，ほしじるし，ほしのゆめ，ほしまる，ホシユタカ，彩南月，おぼろづき，月の光」といった名前が選ばれるであろう．吉村（1995）で論じられている，アメリカにおける車の命名で言えば，車の属性として〈スピード〉が選択され，このときには〈動物〉ドメインが想起される．そして，〈動物〉ドメインから，観点化属性が適合するインパラと結びつくことになる．このように命名に働くフレーム知識とは対象の持つ属性と選択されたドメイン内のリストを結びつける推論能力が働いているとされる．モデル化として優れたものであるが，この場合は表示性（特に表示性②）が高いものに生じる命名モデルである．表現性の高い名づけを取り込んだ拡大されたモデルへと展開することが期待される．

5. 命名と認知の対応性仮説

認知言語学的な観点からの興味深い問題として大月（2008: 140-5）で提起された「命名と認知の対応性仮説」がある．以下，大月（2008）の記述をもとに説明する．

二つの名前があった場合，一方が他方を包含す

る名前を「二次的名前」，包含される名前を「一次的名前」とする．例を挙げると，「カメ」と「ウミガメ」では，前者が「一次的名前」，後者が「二次的名前」である．この二つの命名の順序関係は語構成自体によって明示されているため，この関係性を利用して**命名の階層関係**を設定することができる．

日本語には，陸の生物との類似性に基づいた海洋・海辺生物の名前が以下のように多数存在するが，逆のケースはない．英語においても同様である．ここから次の順序性が得られる．

陸（平地）＞海

ウシ＞ウミウシ，ウマ＞ウミウマ［タツノオトシゴの別称］，ケムシ＞ウミケムシ，サボテン＞ウミサボテン，ツバメ＞ウミツバメ等

また，里の生物との類似性に基づいた山林生物の名前も多数あるが，その逆の事例は今のところ見つかっていない．以上から，次の順序性が得られる．

陸（平地）＞山（森林）

イヌ＞ヤマイヌ，イモ＞ヤマイモ，サクラ＞ヤマザクラ，ネコ＞ヤマネコ，ホトトギス＞ヤマホトトギス等

さらに，少数ではあるが，海洋・海辺生物との類似性に基づいた山林・陸上生物の名称が観察される．

海＞山（森林）

クラゲ＞キクラゲなど

以上から，

陸（平地）＞海＞山（森林）

という階層性が得られる．

これらの命名の方向性は，命名者である人間の視点・認知を反映していると考えられる．つまり，人間活動の基準領域とその後拡大した活動領域という関係性が見いだせるであろう．詳しくは大月（2008）を参照されたいが，これにとどまらず，生理・文化・社会・信念体系等におけるより基本的な単位や次元に関わりを有する要素が，そうでない要素よりも先に命名されているのであり，これが**「認知と命名の対応性仮説」**とされるものである．

6. 再　命　名

従前の言語学の中で考察がされ，認知言語学的なアプローチを用いて捉えなおしが可能なものに**再命名**という現象がある．例えば，「人形」という事物は近代より前の日本に存在し，そのように呼ばれていた．西洋より「西洋人形」が入ってきた段階でそれと区別するという観点から「日本人形」という語が用いられだしたのである．また，携帯電話が普及する前の日本では，家やオフィスの常置されている「電話」は，ただ「電話」とだけ呼ばれていた．携帯電話の普及以後「固定電話」という語が用いられ出したのである．このような現象を再命名と呼び，いくつかのパターンに分類したものを以下に示す．

国名パターン（主に鈴木 1996 で提示されたもの）

酒→日本酒（洋酒と区別するため）

人形→日本人形（西洋人形と区別するため）

菓子→和菓子（洋菓子と区別するため）

服→和服（洋服と区別するため）

楽→邦楽（西洋音楽と区別するため）

新旧パターン

大学→旧制大学（新制大学と区別するため）

カリキュラム→旧カリキュラム（新カリキュラムと区別するため）

特徴パターン

電話→固定電話（携帯電話と区別するため）

テレビ→白黒テレビ（カラーテレビと区別するため）

テレビ→ブラウン管テレビ（液晶テレビと区別するため）

真・本パターン（主に添田 2005 で提示されたもの）

芋→ホンイモ・マイモ（ジャガイモ，サツマイモと区別するため）

ミリン→本ミリン（ミリン風調味料と区別するため）

綿→真綿（木綿製の綿と区別するため）

再命名は，カテゴリー化の観点から分析することができる．すなわち，あるカテゴリーが拡大したとき，元のカテゴリーを新しく増えた部分と区別するために名づけが行われる現象として捉えることができるのである．「電話」というカテゴリーが「携帯電話」を含んだかたちで拡大され，拡大前のカテゴリーに新たに「固定電話」という名がつけられているというのがその一例である．また，

ある事実なり現象を，それと対立することばと並べて使用するうちに，元のものを，対立することばが含む別の視点観点から見なおして，新しい名をつける現象と鈴木（1975）では論じられており，これも認知言語学的な観点と言ってよい．

再命名が起きないケースもまた興味深い．「電動自転車」が出現しても，「自転車」は「自転車」のままであり「人力自転車」とは言わない．また，「電動歯ブラシ」が出現しても「歯ブラシ」のままであるなどの例が挙げられる．これは，新旧両者の関係が拮抗していないために新たな名づけが起きる必要がないと考えられる．

鈴木（1976）は，上と別の観点から次のように再命名の分類をしている．

①再帰型（例：とうがらし→七味とうがらし→一味とうがらし）
②二重再帰型（例：姓→旧姓→新姓）
③反転型（男女別々の教育制度）→共学→別学

①は例えば単なる「とうがらし」が「七味とうがらし」と区別するために「一味とうがらし」と呼ばれるようになったもの．②は例えば，前に名乗っていた姓を「旧姓」と呼ぶ慣習をもとに，新しい姓を「新姓」というもの．「山田という姓の女性が結婚して佐藤に姓が変わったとする．この佐藤という名からかつての山田を考えるとき，旧姓という概念ができる．次にこの山田なる旧姓を基準にして佐藤姓を見直すと，これは二段がまえの構造になっている」（鈴木 1976: 15）ことにより二重再帰型と呼ばれるものである．①②ともに「どちらも或る事物や概念を示す特定のことばが以前から存在しているとき，そのことばを踏まえて新しい別のことばが生まれ，更にその新しく生まれたことばの観点から元の事物が再把握された結果，元のことばと並ぶ新語が誕生するしくみを持っている」（鈴木 1976: 16）のに対し，「共学」の制度ができた後，以前の「男女別々の教育制度」が「別学」と呼ばれる例のような③の場合は，①の「『とうがらし』に相当するような指示対象全体を指す元々のことばがそもそも存在していなかった．再命名というより新しい視点の設定による新語の誕生という方がよいかもしれない」（鈴木 1976: 17）とされる．なお，再命名に関しては計量国語学的な観点からの蓑川（2008）もあり，ここで論

じられている現象の認知言語学的な観点からの捉えなおしも期待される．

---

7. 命名とメタファー

華麗なプレーをするサッカー選手は「ピクシー（妖精）」，精悍な風貌で鋭い打撃を見せた野球選手は「ウルフ」と呼んだようなあだ名を典型として，命名とメタファーは密接な関わりを持つ（Kawakami 1996 を参照．同文献ではあだ名とメトニミーの関係も詳細に取り上げられている）．これに関連して注意が必要な現象がある．岩永（2002）の一節を以下に引用する．

> 続いて形容が絶妙なネーミングです．直喩としては森永製菓のチョコレート「小枝」．隠喩（イメージ喚起）ではカゴメの野菜ジュース「朝市」に，岡山の「トマト銀行」をあげておきましょう．
> （岩永 2002: 85）

この二種のネーミング方法の違いを捉えた点は慧眼と言えるが，チョコレート菓子の「小枝」は，木の小枝との類似性から名づけられたものであり，この場合「のようなもの」のように類似性を示す標識がないのでシミリー（直喩）ではなくメタファー（隠喩）と考えるべきである．野菜ジュースに「朝市」，銀行に「トマト」というのは，類似性をもとにしているというよりも引用文にあるように「イメージ喚起」を狙ってつけられているのでメタファーではなくイメージネーミングとでも呼ぶべきものである．結果的に，物と名前の間に何らかのつながりが考えられるので，メタファーとは全く異質のものではないが，メタファーとは異なるものである（森 2012: 91）．

さて，このトピックに関し，認知言語学的観点からも興味深い分析がされているものに山田（1994）がある．その一部をここで見る．サクラより花が小型のものを「イヌザクラ」，ホオズキと異なり液果が何にも利用できないものである「イヌホオズキ」，特有の臭いがある「イヌザンショウ」，ツゲより不良の材木となる「イヌツゲ」，食用にならない「イヌウド」といった名称を名づけられた植物がある．他にも「イヌ＋植物名」という組合せは多く，その関係は多様であるが，「いずれも参照となる植物と〈有用性〉を比べた場合，それより低価値であることを表しており，「イヌ」

が「劣ったもの」というメタファーとして体系的に用いられている．ここから，「イヌ」に対してマイナスの価値を持つ日本語文化のなかの見方を取り出せるというのが山田（1994）の主張である．これは日本の言語文化に存在する認知構造の一つと考えてもよいものであろう．このような命名に反映したメタファーへの認知言語学的な分析も今後展開されることが期待される．

まとめと展望

　以下にまとめと展望を述べる．森岡・山口（1985）で提示された「名の体系と構造」は，認知言語学の上位レベル・基本レベル・下位レベルというポイントに関わる．様々な名の「段階」が認知言語学的にどのように位置づけられるか今後の課題となろう．「表示性」と「表現性」については，吉村（1995）の基本的な考え方を踏まえて細かく分類を示した．今後は多くの分野の名前を通じてのケーススタディが重要となる．「命名認知モデル」は，命名に働くフレーム知識は，対象の持つ属性とドメイン内のリスト間に認められる共有属性の照合を可能にするような知識であるという考え方である．表示性が高い名前にとどまらず，表現性が高い名前の分析にどのように拡大していくか，今後の課題となろう．生理・文化・社会・信念体系等におけるより基本的な単位や次元に関わりを有する要素が，そうでない要素よりも先に命名されているという「認知と命名の対応性仮説」もその有効性を様々な領域で検証される必要がある．「再命名」に関して，あるカテゴリーが拡大したとき，元のカテゴリーを新しく増えた部分と区別するために新たに名づけが行なわれる現象として捉えた．カテゴリー化の観点からさらなる探究が期待される．「命名とメタファー」の関係については山田（1994）に見られたような文化的なメタファーをどのように解釈していくかさらなる進展が望まれる．

　以上に述べたように，命名論と認知言語学の関係は多様である．多様性を踏まえつつも統一的なモデルづくりもまた今後期待されるものである．

<付記>　本節は滝浦編（2018）第5章（森執筆）と一部重なるものである．

▶**重要な文献**

森岡健二・山口仲美 1985『命名の言語学―ネーミングの諸相』東海大学出版会．
　言語学，日本語学におけるスタンダードな命名論の概説書．本節で取り上げた「名の体系と構造」の他にも命名論に関して多くのトピックが取り上げられている．人名，植物名，学術用語名，あだ名，売薬名など様々なジャンルの名づけを扱い，具体的な命名の事例を把握するのに役に立つ．

吉村公宏 1995『認知意味論の方法―経験と動機の言語学』人文書院．
　「第3章　名前の「ふさわしさ」考」では，本節で取り上げた「表示性」と「表現性」，「命名認知モデル」を提示し，二つの命名調査をもとに実証している．命名調査で取り上げられている題材は極めて面白いものだが，そのアンケートが巻末に付録として掲載され，読者が再調査できるようになっている．

大月実 2008「命名と名前―命名論の新たな地平」『認知言語学論考』7: 117-67.
　名前の本性を「本質存在」と「事実存在」の二重性を持ったものと捉える議論，ヤコブソンのコミュニケーションの6機能に，命名に関わる特徴的な機能を加えて命名論を位置づける考察，名前を呼ぶという行為を「何か（対象）を何か（名前）と呼んで誰か（主体）が誰か（関与者）の注意をひく」という構造と捉えそれを「命名の文法」とする観点など，著者のそれまでの命名論を集成した論考であり，多くの示唆に富む．認知言語学的な観点も本節で取り上げた点を含め多く紙数を割かれている．

▶**文　献**

Carroll, J. M. 1985 *What's in a Name?* W. H. Freeman, New York.

岩永嘉弘 2002『すべてはネーミング』（光文社新書）光文社．

Kawakami, S. 1996 Metaphor and Metonymy in Japanese Nickname. *Poetica* 46: 77-88.

Lehrer, A. 1992 Names and Naming：Why We Need Fields and Frames. In Lehrer, A. and E. F. Kitty (eds.) 1992 *Frames, Fields, and Contrast*, Lawrence Erlbaum, New Jersey, pp.123-42.

簑川惠理子 2008「商品名の命名メカニズムと再命名―家電製品の場合」『計量国語学』26(7): 215-40.

森雄一 2012『学びのエクササイズ レトリック』ひつじ書房．

森雄一 2015「命名論における表示性と表現性―米の品種名を題材に」『成蹊國文』48: 162-70.

森岡健二・山口仲美 1985『命名の言語学―ネーミングの諸相』東海大学出版会．

大月実 2008「命名と名前―命名論の新たな地平」『認知言語学論考』7: 117-67.

添田建治郎 2005『愉快な日本語講座』小学館．

鈴木孝夫 1975「（報告）言語と文化」『日本語の語彙・意味』（シンポジウム日本語3）学生社，p.141.

鈴木孝夫 1976「語彙の構造」鈴木孝夫（編）『日本語の語

彙と表現』大修館書店. pp.6-26.
鈴木孝夫 1996『教養としての言語学』（岩波新書）岩波書店.
滝浦真人（編）2018『新しい言語学—心理と社会から見る人間の学』放送大学教育振興会.
山田孝子 1994『アイヌの世界観「ことば」から読む自然と宇宙』講談社.
山田孝子 1997「命名とメタファー」『月刊言語』26(4): 27-33.
吉村公宏 1995『認知意味論の方法—経験と動機の言語学』人文書院.

| 4C.10 | コーパスと認知言語学 | C 創造性と表現 |

李　在鎬

本節では，コーパスおよびそれを利用した言語研究の特徴について述べたあと，認知言語学におけるコーパス利用の現状と今後の展望について述べる．具体的にはコーパスの定義において重要とされる「代表性」，「均衡性」，「大規模性」の概念について述べた後，コロケーション分析を例にコーパス言語学的分析の実態を確認する．そして，コーパス研究と認知言語学的研究の親和性を示すものとして，用法基盤モデルや連続性に基づく現象記述について触れる．そして，コーパスを用いた認知言語学的研究のケーススタディとして構文研究と語彙研究における具体事例を取り上げる．

1. コーパスとは何か

言語研究のために設計・構築された電子的文章の集合を「コーパス」(corpus) と言い，これを利用した言語研究の手法をコーパス言語学 (corpus linguistics) と言う．コーパスとは何か，コーパス言語学とは何かということをめぐっては諸説あるが，概念的な定義の問題には深入りせず，方法論的特徴と実践面の具体的な手法に焦点を当てて考察する．なお，コーパス言語学の理論的位置づけについては Sinclair (1991); Stubbs (2002); 石　川 (2012); McEnery and Hardie (2012); Szudarski (2018) を参照してほしい．

さて，コーパスを使った言語研究の特徴として，4 点が広く知られている (Leech 1992)．

1. 言語能力より**言語運用**に中心をおくアプローチ
2. 言語の普遍的特徴の解明より，個別言語の記述に中心をおくアプローチ
3. 質的な言語モデルのみならず，数量的な言語モデルにも中心をおくアプローチ
4. 言語研究における合理主義的な立場よりも，経験主義的立場に立つアプローチ

コーパス言語学では言語行動の集積であるコーパスデータを忠実に分析することを目的としているため，言語運用に中心をおくアプローチと言える．もっと正確には，コーパス言語学的見方では，言語運用と言語能力は表裏一体のものとして捉えられ，言語運用から言語現象にアプローチする．この 1 の特徴から 2 の方向性が導かれ，言語現象の個別的特徴に注目する．そして，分析手法として，3 の数量的・計量的手法が用いられる．コーパス言語学では反復される言語的事象は重要であると考えられており，一般的で典型的なものを記述する．こうした特徴を持っていることから，コーパス言語学は，**経験基盤主義**に基づく言語研究の方法論であるとされている．

次に，コーパスを用いる積極的な意義について考えてみよう．それは，2 点にまとめられる (Biber et al. 1998)．

1. 具体的な言語の使用実態をパターン化し，調べることができる．
2. 網羅的に現象を収集することができ，データの偏りが解消できる．

1 の背景として次のことが考えられる．経験科学としての言語研究の意義を考えてみた場合，思弁に基づく理論の精緻化ではなく，具体的な言語使用を分析し，その動機づけを明らかにすることがより重要である．コーパスに基づく言語研究は大量のデータを分析することで，言語の使用実態をパターン化し，グラフなどを用いて可視化することができる．

次に，2 の背景として次のことが考えられる．言語の研究にとって，データの重要性は強調するまでもないことである．作例基盤の研究を否定するわけではないが，人間のイマジネーションには限界があり，必然的に偏ったデータ収集がなされてしまう．しかし，コーパスを使用した場合，入手可能な全用例を解析したり，**無作為抽出**を行なったりすることによって，扱うデータの偏りを回

避することができる．これらの利点を生かすことで，より中立的な立場で，従来の研究では見過ごされてきた現象を発見できる可能性が開かれる．特にコーパスによる語彙研究の手法は，その生起文脈を客観的に記述することができることから言語研究の単なる手法の域を超え，従来の言語研究では認識されてこなかった問題や現象を発掘し，解明していく新たな言語研究のパラダイムとして位置づけられている（Tognini-Bonelli 2001; McEnery and Hardie 2012; Gries 2017）．

以上の議論をまとめると，コーパスを使う最大にして唯一の理由は，個人の言語的直感では得られない科学的・一般的な言語事実が発見できる点に尽きる．具体例を挙げる．行為の難易を表す表現として，「〜にくい」（例：食べにくい）と「〜づらい」（例：食べづらい）という表現があるが，両者の意味的関連性，さらには意味的相違をどのように説明すべきであろうか．この問題を明らかにするため，李ほか（2013）では「現代日本語書き言葉均衡コーパス」（BCCWJ: http://pj.ninjal.ac.jp/corpus_center/bccwj/）を使って，語の共起という観点から調査した．

表1では，BCCWJ を使い，「〜づらい」（表1

表1 「〜づらい」と「〜にくい」の使用例の上位20位

順位	「〜づらい」の例	使用頻度	「〜にくい」の例	使用頻度
1	わかる	215	わかる	853
2	言う	81	見える	255
3	使う	79	言う	251
4	読む	70	考える	248
5	取る	38	出る	164
6	聞く	37	入る	151
7	入る	28	使う	150
8	見える	22	取る	130
9	生きる	19	読む	125
10	話す	18	扱う	93
11	考える	16	聞き取る	85
12	歩く	14	受ける	79
13	出る	13	落ちる	62
14	書く	13	歩く	60
15	食べる	12	起こる	55
16	住む	11	滑る	52
17	絡む	11	溶ける	52
18	扱う	10	住む	47
19	答える	9	答える	47
20	動く	8	直る	45

の左）と「〜にくい」（表1の右）と高頻度で共起する動詞の上位20件を挙げている．表1から観察される事実として，まずは次の二つが挙げられる．一つ目に，使用頻度そのものを見た場合，「づらい」よりは「にくい」のほうが多く使われていること．すなわち日本語の中では，「にくい」のほうがより一般的であるということが言える．二つ目に，「〜づらい」と「〜にくい」は，大部分の動詞に関して一緒に使えること．この二つ目の側面から，「〜づらい」と「〜にくい」の意味的類似性が示唆される．

次に，意味の違いはどのように捉えれば良いのか．意味の違いを明らかにするため，コーパス言語学では語と語が共起する事例に対する詳細な分析を行なう．表1の例で言えば，「づらい」の特徴的な傾向として「話す」「書く」「聞く」「食べる」のように身体を使った身近な動作を表す語と一緒に使われていることが確認できる．一方，「にくい」に関しては「落ちる」「溶ける」「起こる」「滑る」のように自動詞と一緒に使われる傾向であることが確認できる．このことを一般化した場合，「づらい」は人間が意思を持って行なう日常的行為の難易を表すことが多い表現であり，「にくい」は自然発生的に起こる出来事の難易を表すことが多い表現であると言える．なお，この一般化については，次の点を注意する必要がある．コーパス言語学が明らかにする言語使用の傾向は，絶対的な使用条件として提示できるレベルの制約を記述するものではない．あくまで言語使用における傾向性を明らかにするものであり，認知言語学で言う連続性に準拠した記述である．

さて，上述の分析結果は，いわゆる個人レベルの言語的直観では明示的な分析が難しいものであり，コーパスを利用する具体的なメリットであると言える．なお，表1のような頻度に基づく共起語の分析を，**コロケーション分析**と言うが，その基本的な問題意識は次のようなものである．語と語の共起には必ず「濃淡が存在する」ということ．この濃淡の実態としては，「猫をかぶる」のような慣用句としての結びつきから，他動詞と「ヲ格」の共起のように構文レベルで一般化できるものもあり，多種多様である．そして，こうした濃淡の度合を記述する手法の一つとして出現頻度に対す

る観察や共起の度合を「結びつきの強度」という観点から計算式でもって指標化する方法がある．コロケーション指標の詳細は石川（2012）を参照してほしい．また，コロケーション分析に関する理論的位置づけについては 4. で考察する．

2. 何をコーパスと呼ぶか

コーパス言語学の分野では，コーパスは，研究を行なううえで最も基礎的かつ重要な研究資源である．そのため，何をもってコーパスと呼ぶかという論点も重要な議論として位置づけられており，コーパスを理解するうえでは欠かせない論点になる．

まず，何をコーパスと呼ぶかについては，二つの見方が存在する．それは，①言語研究のためのテキストデータであれば何でもコーパスと呼んで良いとする立場，②何らの条件を課していて，それを満たすものだけをコーパスと呼ぶという立場である．前者の立場は，コーパスを広い意味で解釈しているので，広義のコーパスと言える．広義のコーパスでは基本的には研究目的さえあれば，何をコーパスと称するかについては，厳密には規定しない．一方，後者の立場の場合，コーパスを狭い意味で定義しているので，狭義のコーパスと言える．では，どのような条件を課しているのであろうか．これについては，厳密な意味での研究者間の共通理解が存在するわけではないが，おおむね「代表性」，「均衡性」，「大規模性」を基本的な条件として認めている（李ほか 2018）．

まず，第 1 の条件である「**代表性**」について考えてみよう．「代表性」とは対象言語の分布特性を正しく反映するような構成になっているかどうか

の条件である．これは，コーパスに収録する言語データを選択する過程において重視される問題で，狭義のコーパス（の設計）においては最も重要視される側面であると言える．この「代表性」の問題に関して，山崎・前川（2014）は「『代表性がある』とは，コーパスが母集団の過不足のない縮図となっていて，コーパスから得られた観測値で母集団の状況を一定の精度で推測することができることを意味する」と述べている．そして，こうした代表性を最も確実に実現する方法としては，ランダムサンプリングという手法が用いられる．コーパス設計においてランダムサンプリングを行なうということは，コーパスの作り手の価値判断を含まない形で，無作為に収録データが決定されることを意味するものであり，コーパスの利用価値を考えるうえで，重要な意味を持つ．

次に，第 2 の条件である「**均衡性**」について考えてみよう．「均衡性」とは複数のジャンルやドメインから多様な言語資料をバランスよく収集することを含意する概念である．こうした手法で構築したコーパスを均衡コーパス（balanced corpus）と呼ぶ（山崎・前川 2014; 李ほか 2018）．

最後に，第 3 の条件である「**大規模性**」について考えてみたい．「大規模性」とは，コーパスの物理的なサイズに関する問題である．この大規模性は，コーパスの研究資源としての客観性，科学性を保証する性質であると考えられている．というのもコーパスの物理的なサイズの大小によって得られる用例の件数が異なるからである．つまり，小規模であれば，ヒット件数は少ないし，大規模であれば，ヒットする用例の件数は多くなることが予想される．具体例を示す．

表 2 異なる大きさのコーパスにおける語の出現件数（石川 2012: 19）

英語コーパス	animal	large	run	gradually
Brown（100 万語）	72	378	246	51
BNC（1 億語）	6,634	33,034	21,547	3,592
ukWaC（15 億語）	109,131	467,724	356,555	35,244
enTenTen（32 億語）	211,862	790,802	626,372	64,591
日本語コーパス	動物	大きい	走る	徐々に
BCCWJ（1 億語）	9,362	9,757	3,756	2,607
JpWaC（4 億語）	26,505	30,373	9,980	7,825

（ ）はコーパスの総語数

表2では，異なるサイズのコーパスに対して同一のキーワードを検索した場合のヒット件数を比較している．これを見ると，animal については，総語数が 100 万語の Brown コーパスで 72 件，1億語の BNC（British National Corpus）で 6,634件，さ ら に は 15 億 語 の ukWaC（Web as Corpus）では 109,131 件の用例がヒットする．なお，WaC（Web as Corpus）とはウェブのテキストをコーパスとして利用することを目的に考えられたコーパスで，英語に関しては ukWaC，ドイツ語は deWaC，イタリア語は itWaC があり，日本語に関しても，JpWaC がある．

animal に相当する日本語の「動物」について BCCWJ（現代日本語書き言葉均衡コーパス：Balanced Corpus of Contemporary Written Japanese）で 9,362 件，日本語のウェブコーパスである JpWaC で 26,505 件の用例がヒットする．

表2に示したヒット件数の違いは，何を意味するのであろうか．実際の言語研究の分析プロセスでどのように関わるのであろうか．これについて一概に言うことは難しいが，分析結果の安定性に大きく関わっていると言える．というのは，コーパス言語学では得られたサンプルによって何らかの結論が導かれるわけであるが，その分析サンプル数が少ない数となると，その結果も必然的に不安定なものになるからである．つまり，サンプルを変えた場合，分析結果が否定される危険性が（相対的に）高いのである．しかし，大きなサンプル数によって導かれた結果であれば，相対的に（分析結果が否定される）危険性は低いと言える．言うまでもないことであるが，分析結果の安定性はコーパスサイズだけに左右されるものではないことも付け加えておく．

3.　言語研究とコーパス言語学

コーパスデータを扱った言語研究の手法を「コーパス言語学」（corpus linguistics）または「コーパス研究」（corpus research）と呼ぶが，ここでは，コーパス研究の「研究手法」の特徴について考察する．コーパス研究がどんな特徴を持っているかを示すためには，いわゆるコーパスを使わない言語研究の手法と比べてみるのが有効と言える．以下では，辻監修（2010）の議論にそって，

問題を捉えていきたい．

辻監修（2010）では言語研究のために，データをあつめ，分析する作業を三つの次元で捉えている．第1の次元は「作例によるデータ収集か実例による収集か」，第2の次元は「研究者の内省による判断かそれ以外の方法による判断か」，第3の次元は「質的な方法による分析か，量的な方法による分析か」である．

第1の次元は，データとなる言語表現をどこから，どのように収集したかという問題である．**作例基盤**の研究では研究者自身が自らの仮説に従って，用例を作成するのに対し，実例基盤の研究ではコーパスなどの既に存在する言語表現の中から収集する．作例基盤の研究はある種の思考実験的な性質を持っているが，実例基盤の研究は，実験的な性質を持っている．

第2の次元は，収集した言語表現に対して何らかの分析をするとき，研究者自身の言語的直観，すなわち内省を使うのかそれ以外の方法を使うのかという問題である．研究者自身がある文が適当な表現として認められるかどうかを判断することで議論を進めていくような場合は，研究者の内省による研究であると言える．それと対照されるタイプとしては様々なものが考えられる．まず，コーパスに準拠するタイプとしては次のような例が考えられる．特定の語句がいくつ含まれているかといった頻度の計測，どのような語句と一緒に使われるのかを数える共起頻度の計測，文中での特定の語句の出現位置の計測などが挙げられる．次に，被験者を使うタイプとしては，次のような例が考えられる．何らかの言語表現（作例か実例かは問わない）に対して，第三者に容認性を判断してもらったり，その表現の意味を述べてもらったり，その表現を読んで理解するのにかかる時間を計測したりするタイプがある．このように言語使用者である被験者の反応から収集されるデータを**行動データ**（behavioral data）と呼ぶ．コーパスに準拠した頻度データも，被験者の反応に準拠した行動データも研究者自身による内省ではない点で，客観データと呼ぶことができる．

第3の次元は，「この語句の意味は〜である」といった形で表されるようなものか，観察あるいは計測の結果が数値として得られる（その結果統

4C.10 コーパスと認知言語学

表3 言語研究の方法論（辻監修 2010: 13）

タイプ	第一次元	第二次元	第三次元	内容
1	作例	内省	質的	従来の理論言語学で主流であった方法
2	作例	内省	量的	基本的には存在しない（容認可能性に程度を認めて判定を行なう研究はこれに相当するかもしれない）
3	作例	客観	質的	方言やまだ記述されていない言語について複数のインフォーマントに対するインタビューを通して記述を行なう場合など
4	作例	客観	量的	心理学的な実験や調査を行なう研究の多くが含まれる
5	実例	内省	質的	コーパスの事例を研究者自身が内省により分類し，用法を特定するような場合
6	実例	内省	量的	コーパスの事例に対し研究者自身が内省に基づいてコーディングを行ない，多変量解析で分析を行なう場合
7	実例	客観	質的	コーパスの事例に対して，複数のインフォーマントから情報を得て，用法や用例の特徴を定性的に記述するような場合
8	実例	客観	量的	自然言語処理の技術などを使用して，コーパスの語の頻度や共起関係を利用した分析を行なう場合

計的な処理が可能になる）ものかという問題である．ここでは，前者が質的，後者が量的な研究であるとする．以上の三つの次元を組み合わせると表3のようになる．

コーパスを使った研究は，タイプ5〜8のものが該当する．さらに，その中身としても5や6のように分析者の内省を取り入れたものもあれば，8のように完全なプログラム処理に基づいて行なう研究もある．一方の1〜4の研究タイプについては，作例に基づく研究であるため，総体的な特徴としては，研究者の想像力によって研究の成否が決まることが多く，特に1においては自らが作った用例に対して研究者自身の内省で判断を下し，何らかの法則を見つけることを目標に研究が行なわれる．この作例と内省による研究法は統制すべき要因が明示的な場合は，非常に有効であると言えるが，統制すべきパラメーターがはっきりしない場合は，十分な成果が得られないことが多い．このような状況では，コーパスを使った探索的な手法による研究が効果を発揮すると言える．

4. コーパス言語学の実際：コロケーション分析を例に

一般にコーパス研究は，言語研究における方法論の一つとして理解されている．しかし，**Neo-Firthian** と称している研究グループでは，コーパス研究が言語の理論モデルの一つになりうることを示している（McEnery and Hardie 2012）．Neo-Firthian の研究においてキーワードになるの

が「コロケーション」と「談話」である．そして，研究姿勢において特徴的と言えるのが，「言語の使用文脈でもって現象を捉えるところ」である．

さて，コロケーション分析とは語と語の共起には「強弱」もしくは「濃淡」があるという考え方に基づくもので，ある単語のよく使われる組合せや自然な語の連鎖を大規模なデータから抽出する研究の方法論である．コロケーション分析そのものは，コーパスを使わなくても可能なものであるが，個人の内省に基づく研究では網羅性と記述の一般性という意味で問題がある．そのため，コロケーション分析において，コーパスを利用するメリットが大きく，また，コーパスの有用性を示すためにも，コロケーション分析が紹介されることが多い．以下では，McEnery and Hardie（2012）の議論にそって，コロケーション分析の背後にあるコーパス研究の考え方を紹介する．そして，この考察を通して，コーパス研究は言語理論の一つとして位置づけられることを示す．

まず，コロケーション分析では，語の意味を語そのものに単体として内在化させるのではなく，**語の使用環境**，すなわち当該語と高頻度に共起する他の語や構造との特徴的な関係の中で語の意味を記述することを目指すものである．Firth（1968）が指摘する「統辞レベルにおける抽象関係」（an abstraction at the syntagmatic level）に準拠するものである．ただ，何をコロケーションと呼ぶかについては，必ずしも普遍的な定義があるわけではない．というのは，いわゆる慣用句

的なものだけをコロケーションと呼ぶ立場もあれば，一定の頻度で共起する語と語の組合せをコロケーションと呼ぶ立場もあるからである．コーパス研究では，後者の立場で捉えることが多い．また，コーパス研究では，コロケーションはクリアカットに規定できるものではないと認識している．つまり，白なのか，黒なのかの二分論的な概念としてではなく，連続的に規定されるべきものと考えられている．

コロケーションを捉えるためには，三つのポイントを押さえておく必要がある．第1のポイントは，どんなデータをもとにコロケーションを定義するか，第2のポイントは，コロケーションをどのような手続きで決定するか，第3のポイントは，コロケーションはどこに存在するかである．以下では，実例をもとに三つのポイントを検討する．

まず，第1のポイントとして，コロケーションは用いるデータによって変わってくることが知られている．表4のデータは，「中納言」（https://chunagon.ninjal.ac.jp/）を使ってBCCWJで「積む」の用例2,636例を取り出し，「Nを積む」とい

うコロケーションパターンに対して，調査したものである．

表4は，「積む」のコロケーションをサブコーパス別に集計したもので，上位20位までを挙げている．左から2列目のセルにBCCWJ全体における順位とトークン頻度を（ ）に示した．そして，左から3列目に書籍，4列目に雑誌，5列目に国会会議録，6列目にウェブデータとして「Yahoo! 知恵袋」での調査結果を示した．なお，書籍については，出版データと図書館データの合算値でもって順位を決めた．

表4で注目すべき点は，次の三つである．①いずれのサブコーパスでも「経験を積む」というコロケーションが最も多いこと，②出来事を表す抽象名詞（経験，修行，訓練，体験，実績など）との共起例が多いこと，③サブコーパスによる相違として，雑誌ではカタカナ語が上位に来ていること，ウェブでは「メモリ」や「CPU」のようにコンピュータ用語が出ていることである．①，②はサブコーパスの違いに依存しない普遍的な現象であるが，③はサブコーパス，すなわち使用のコン

表4 「積む」のサブコーパス別のコロケーション

順位	全体	書籍	雑誌	国会会議録	ウェブ
1	経験（268）	経験（191）	経験（20）	経験（10）	経験（39）
2	石（46）	石（44）	キャリア（8）	金（4）	エンジン（7）
3	修行（41）	修行（38）	エンジン（8）	実績（4）	金（5）
4	荷物（35）	訓練（29）	トレーニング（5）	割（3）	荷物（5）
5	訓練（35）	荷物（26）	燃料（5）	研修（2）	修行（3）
6	金（28）	修業（22）	バイク（4）	悪行（2）	キャリア（3）
7	修業（28）	トレーニング（21）	葉（4）	研鑽（2）	メモリ（3）
8	キャリア（27）	修練（20）	荷物（3）	訓練（1）	訓練（2）
9	トレーニング（26）	体験（18）	修業（3）	荷物（1）	燃料（2）
10	エンジン（24）	金（17）	石（2）	修練（1）	箱（2）
11	修練（23）	練習（15）	訓練（2）	燃料（1）	鍛錬（2）
12	体験（20）	キャリア（15）	金（2）	もの（1）	水（2）
13	練習（19）	研鑽（14）	練習（2）	兵器（1）	CPU（2）
14	研鑽（14）	石垣（11）	レンガ（2）	土（1）	研修（1）
15	実績（12）	荷（11）	死体（2）	研究（1）	修練（1）
16	徳（12）	稽古（10）	バッテリー（2）	つくし（1）	もの（1）
17	燃料（12）	石炭（10）	実績（1）	機材（1）	つくし（1）
18	花（11）	善行（9）	花（1）	ファンド（1）	機材（1）
19	荷（11）	エンジン（9）	物（1）	引き当て（1）	体験（1）
20	石垣（11）	実績（7）	ブロック（1）	学歴（1）	徳（1）

（ ）内の数値はトークン頻度

表5 複数の指標に基づく「積む」のコロケーション

順位	コロケーション	頻度	コロケーション	MI スコア	コロケーション	ログダイス
1	経験を積む	246	福運を積む	14.02	経験を積む	9.28
2	石を積む	44	研鑽を積む	13.85	研鑽を積む	9.14
3	荷物を積む	39	土嚢を積む	13.46	修練を積む	8.9
4	修行を積む	35	習練を積む	13.34	修業を積む	8.87
5	訓練を積む	32	銀塊を積む	13.02	修行を積む	8.8
6	トレーニングを積む	29	鍾乳石を積む	13.02	荷物を積む	8.31
7	金を積む	29	魚探を積む	13.02	トレーニングを積む	8.22
8	研鑽を積む	25	修練を積む	12.86	キャリアを積む	8.1
9	修業を積む	25	ボールベアリングを積む	12.64	善行を積む	7.8
10	練習を積む	24	善根を積む	12.58	徳を積む	7.75

テキストに依存する個別的な現象である．こうした**普遍性**と**個別性**が交差する側面こそが，コロケーション分析の醍醐味であり，BCCWJ のような均衡コーパスがあるからこそ，実現できる研究と言える．

次に，第2のポイントは，コロケーションをどのような手続きで決定するかの問題がある．この問題については，二つのアプローチが用いられている．①キーワード検索をしたあと，コンコーダンスラインを目視することで，取り出していく方法，②共起の強弱を数学的に定義して取り出していく方法が用いられている．①の方法では分析者の内省に依拠して結果が表現されるのに対して，②の方法では，コーパスが同じであれば，同じ分析結果が再現できるというメリットがある．なお，二つ目の手法に関しては，カイ二乗統計量や対数尤度比や相互情報量などを使ったスコア法が提案されており，指標によって取り出されるコロケーションがかわることもよく知られている（石川2012：李ほか2018）．具体例として表5を示す．

表5は，「NINJAL-LWP for BCCWJ」（http://nlb.ninjal.ac.jp/）で「Nを積む」パターンで用例検索し，頻度と**MI**（mutual information）**スコア**とログダイスを降順で並び替え，上位10位ずつを示したものである．MI スコアとは相互情報量とも言うが，二つの単語のうち，一方が与えられた時，もう一方の単語をどの程度予測できるかを指標化したものである．MI スコアの場合，固定的な表現を発見する際に，役に立つとされるが，**ログダイス**（LogDice）は汎用的な連語パターンを発見する際に，役に立つとされ

る．三つの指標を比べた場合，MI スコアと頻度の間には差が大きく，「経験を積む」は高頻度のコロケーションということになるが，MI スコアとしては10.77である．一方，「研鑽を積む」の場合，実際の頻度としては25回しかないが，MI スコアとしては13.85と高い値を示している．こうした結果の差は，指標が持つ特徴によるもので，分析者においては，用いる指標によって，結果が変わり得るということに注意する必要がある．

最後に，第3のポイントは，コロケーションはどこに存在するのかということに対する問題提起である．生成文法では，語はそれ自身で意味を参照することはなく，形式的・数学的ルールによって生成された統語構造内のスロットに投入されるだけであると考えられてきた．これに対して，Sinclair（2004）などではコロケーションパターンこそが意味の中核をなすと考えられている．そして，言語現象における意味の重要性，コンテキストの重要性をコロケーション研究によって明らかにしている．とりわけ，Sinclair（2004）では，自然言語の文章はコロケーションの連続によって成り立っていると指摘しており，言語の生成メカニズムとして，話者は語を選択しているのではなく，意味の単位を選択している．そして，意味の単位は複数の語から成り立っていると主張している．こうした考え方にもとづき，「文法とは意味の文法であって，語の文法ではない」（Sinclair 2004: 18）と主張している．さらに，複数の語の連結，すなわちコロケーションによって生じる意味は，それらの語が個別的に持つ意味とは異なるとも述べている．

Neo-Firthian のコロケーションに対する考え方は，次のように要約できる（Teubert 2005: 2-3）.

The focus of corpus linguistics is on meaning. Meaning is what is being verbally communicated between the members of a discourse community. Corpus linguistics looks at language from a social perspective. It is not concerned with the psychological aspects of language. It claims no privileged knowledge of the workings of the mind or of an innate language faculty.

Teubert（2005）の指摘において注目すべき点は，①コーパス言語学の本来の研究対象が「意味」の問題であること，②「意味」は言語の個別的集団によって構成されていることを明らかにしているところである．これらは認知言語学の問題意識とオーバーラップする部分が大きい．ただ，**心理的実在性**の問題を扱うかどうかについては，見解の違いがあるが，これはそもそもの研究目的が違うことに起因する部分である．コーパス言語学は表層分布を明らかにすることを研究目的にしているが，認知言語学は**表層分布**の裏側に存在する認知の問題を明らかにすることを研究目的にしている.

5. コーパス研究と認知言語学の親和性

認知言語学とコーパス研究の関連性を議論するうえで，押さえておくべき論点の一つとして，用法基盤モデルがある[→ 2.7].以下では，**用法基盤モデル**とコーパス研究の関連性について触れたうえで，コーパス研究に基づく認知言語学的研究の現状について述べる．そして，具体的な研究例として，構文研究と語彙研究の観点からいくつかの研究例を紹介する.

理論的観点からの言語研究では，長年の伝統として「言語の構造的側面」と「実際の使用の問題」は分離して記述すべきだと考えてきた．こうした発想の典型例が構造主義言語学でいう「ラング」（langue）と「パロール」（parole）という概念である．「ラング」とは，ある言語社会の成員が共有する音声・語彙・文法の規則の総体である．一方の「パロール」とは，「ラング」が具体的に個人によって使用された実体である．「パロール」

は実際の使用を想定したものであるため，個人・場面によって異なり，言い誤りなども含む．そのため，ソシュールは言語学の本質的な研究対象はラングであるべきだとした．類似の概念は生成文法理論でも見受けられる．「言語能力」（linguistic competence）と「言語運用」（linguistic performance）の区別がそれに相当する．構造的知識として定義される「言語能力」とそれの実現体として定義される「言語運用」の問題は二分して捉えることができると考えられてきた．こうした研究パラダイムにおいては，「言語研究＝実際の使用場面や発話文脈を捨象した記号列の研究」と位置づけている．ここで取り上げている用法基盤モデル（usage-based model）は，上述の伝統的見方に対して真っ向から対立する考え方を示している．それは言語の構造的特徴は使用（usage）に応じて動的に変化するという認識のもとで提案されたボトムアップ的言語モデルである.

認知言語学の中で計量的研究を推進しているグリス（Stefan Th. Gries）は，*Ten Lectures on Quantitative Approaches in Cognitive Linguistics*（Gries 2017）において，計量的アプローチによる認知言語学の可能性を総括的に述べており，その中で認知言語学とコーパス言語学はどちらもボトムアップ的方法論をとっていると指摘している．さらに進んだアプローチとして Arppe et al.（2010）では，認知言語学の用法基盤であることを主張するなら，真正な言語使用に基づくべきであると主張し，認知言語学とコーパス言語学の共生の理的課題を議論している．また，山梨（2012: 54）では，認知言語学のアプローチとコーパス研究の接点に関して，以下の4点が1. の Leech（1992）が指摘するコーパス言語学のアプローチと軸を一にすると述べている.

1. 質的分析だけでなく，事例のトークン頻度，タイプ頻度，等の量的分析から一般化を試みる.
2. 典型事例と周辺事例を，個々の言語使用者の変異，ゆらぎ，等を含めて相対的に分析する.
3. 形式文法のトップダウン的アプローチではなく，言語使用に基づくボトムアップ的アプローチを重視する.
4. 経験基盤主義の観点から言語的知識をダイナミックな言語運用の発現として創発的に規定していく.

さらに，山梨（2012）ではコーパス言語学の文法観と用法基盤モデルのスキーマ性を重視した文法観の共通性についても指摘している．認知言語学では，既述のとおり，文法をネットワーク的構造体として捉えているため，構文現象に関しても複数の構文スキーマを認めており，慣習度の違いとしてすべてのスキーマを位置づけている．こうした見方は，Sinclair（1991）が指摘する次の見方と軸を一にすると指摘している．コーパス言語学では，文法規則が先験的に存在し，それにあうような語が選択されるという見方ではなく，**半ば定型化した句**（semi-preconsructed phrase）を丸ごと一つとして選択し，文を組み立てテキストを生産している（Sinclair 1991: 110）．つまり，Sinclair（1991）が指摘する「半ば定型化した句」は認知言語学のイディオムな構成体として理解することが可能であり，認知言語学とコーパス言語学は親和性を持つ研究の枠組みであると言える．

　認知言語学とコーパス言語学の親和性に関するもう一つの論点として，認知言語学では，プロトタイプカテゴリーに代表されるような**連続性**に基づく言語記述を基本姿勢とする．これは，本節の3., 4. で紹介したコロケーション分析でも触れたとおり，コーパス言語学の姿勢とも通じるところがある．例えば，4. の「積む」の事例研究で示したとおり，コーパス言語学では出現頻度でもって表現の一般性を記述しており，これは，言語表現の慣習度の相違を頻度でもって連続的なものとして記述しようとする研究態度であると言える．つまり，コーパス研究では，言語表現を可能・不可能という二項対立的な見方ではなく，異なる度合の一般性を持った連続体として捉えているのである．この点，認知言語学の立場と軸を一にすると言える．

6.　コーパスを用いた認知言語学的研究の現状

　以上で述べたとおり，認知言語学のアプローチとコーパス言語学のアプローチには多くの部分で共通するものがあり，2000 年以降，認知言語学の一部の研究者においてコーパスを利用した認知言語学的研究への試みがなされている．こうした研究に共通する傾向としては，認知言語学において

提唱された理論モデルをコーパスデータでもって検証し，実証するという方向性を持っている点である．

　具体的には，大石（2006）や Diegnan（2005）ではレイコフやジョンソンらによって提案された概念メタファーにおける理論的課題をコーパスデータでもって再考察している．さらに，長谷部（2010, 2018）や Gries and Stefanowitsch (ed.)（2006）や大谷（2015）では，ゴールドバーグやラネカーによって提唱された「**構文**」（construction）の概念を精緻化するため，統計的な手法でもって構文現象の再分析を行なっている．さらに，李ほか（2007）では，認知意味論で提唱しているプロトタイプカテゴリーの考え方をコーパスデータと被験者評定の手法でもって再検討しており，様々な形で応用研究を展開している．以下では，李（2012）の議論を踏まえながら，構文研究と語彙研究の事例研究を注目する．

▶ 6.1　構文研究

　ここでは，コーパス基盤の構文研究の具体例を紹介する．特に認知言語学との関連で行なわれている実践的研究として，共起構文分析（collostructional analysis）について紹介する．

　Stefanowitsch and Gries（2003）では，コーパス基盤の構文研究の方法論として，**共起構文分析**（collostructional analysis）という手法を提案している．これは，語句の表層的共起関係に注目した分析モデルであり，特定の構文と語の共起を**統計的指標**でもって測定することを目的としている．なお，共起構文分析は，4. のコロケーション分析（collocation analysis）を構文研究に応用したもので，とりわけ Stefanowitsch and Gries（2003）では構文パターンと動詞の共起に注目し，共起の強さをはかる指標として，「共起構文強度」（collostruction strength）を提案している．共起構文強度は統計学における検定法の一つである**フィッシャーの直接確率検定**（Fisher's exact test；フィッシャーの直接確率検定またはフィッシャーの正確確率検定とは，2×2 分割表の 2 変数の間に統計学的に有意な関連があるかどうかを検定するための方法）で計算する指標である．二重目的語構文に関して，表6 を報告している．なお，共起構文強度の計算式については Stefanowitsch

表6 二重目的語構文と動詞の共起（Stefanowitsch and Gries 2003: 229）

Collexeme（n）	Collostruction strength	Collexeme（n）	Collostruction strength
1. give（461）	0	16. allocate（4）	2.91E-06
2. tell（128）	1.60E-127	17. wish（9）	3.11E-06
3. send（64）	7.26E-68	18. accord（3）	8.15E-06
4. offer（43）	3.31E-49	19. pay（13）	2.34E-05
5. show（49）	2.23E-33	20. hand（5）	3.01E-05
6. cost（20）	1.12E-22	21. guarantee（4）	4.72E-05
7. teach（15）	4.32E-16	22. buy（9）	6.35E-05
8. award（7）	1.36E-11	23. assign（3）	2.61E-04
9. allow（18）	1.12E-10	24. charge（4）	3.02E-04
10. lend（7）	2.85E-09	25. cause（8）	5.56E-04
11. deny（8）	4.50E-09	26. ask（12）	6.28E-04
12. owe（6）	2.67E-08	27. afford（4）	1.08E-03
13. promise（7）	3.23E-08	28. cook（3）	3.34E-03
14. earn（7）	2.13E-07	29. spare（2）	3.50E-03
15. grant（5）	1.33E-06	30. drop（3）	2.16E-02

（　）内の数値はトークン頻度

and Gries（2003: 218-9）を参照してほしい.

表6の共起構文強度の値が低いほどその動詞は二重目的語構文において生起する確率が高いことを意味する. ここでまず注目すべきことは, 次の2点である. ① give を筆頭とし, send や offer など移送（transfer）を表す動詞において, 高い共起構文強度が認められる点である. この点は, 二重目的語構文に関する理論的な予測がデータにおいても検証されたことを意味する. ②上位20位以下の動詞, 例えば cook や spare, drop のように, 内省では二重目的語構文の用例がすぐには想起できないようなものについても一定の強度が認められる点である. このことは, 二重目的語構文はいわゆる理論が予測する事実以上の多様性が認められることを示唆する.

コーパスに基づく構文研究を特徴づける性質として次の2点を指摘しておきたい. 1点目は言語運用の多様性に対する一般化としての文法記述を目指している点, 2点目は「言えるか」「言えないか」の二者択一ではなく, 「測る」という視点から表現としての一般性を連続的に捉えている点である. 例えば Stefanowitsch and Gries（2003）の分析は, 二重目的語構文として使用される大量の事例の分布を数値化することで, 多様性を発見しつつも, 一般性の違いをランクづけしている.

こうしたアプローチは, 可能な限り言語事実をミニマルに捉え, 極度に単純化することで, 分析を進めていく生成文法の手法とは根本的に異なったものである.

▶ 6.2 語彙研究

ここでは, コーパス研究が語彙研究, 特に**多義語研究**においてどのような関連を持ちうるかを検討する. まず, 多義語に関する研究の歴史は非常に長く, 多義語に関わる言語現象は認知言語学が出現するはるか前から重要な研究トピックとして位置づけられてきた（cf. 瀬戸・Talyor 2008）. 認知言語学以前の主たる研究手法としては, 辞書記述的な視点から語義を羅列し, それに対応する事例を列挙するタイプ, すなわち記述言語学的な研究が主流であった. しかし, 認知言語学が出現したことで, **プロトタイプカテゴリー**をめぐる議論が示すように, 語義同士の**相互関連性**が明らかになった. 方法論に注目した場合, Lakoff（1987）による放射状のカテゴリーであったり, Langacker（1991）による階層的なネットワークであったりしたが, 両者が共有する知見としては, 概念的な連続性の問題がある.

認知言語学における現象的な連続性に対する視点は, コーパスに基づく言語研究の視点と重なる点が多い. 既述したとおり, コーパス言語学にお

いては言語現象に対する視点として,「可」か「不可」かという二者択一的な見方はとらない.いわゆる統語論の議論でよく見られるような文法的か非文法的かという二項対立的なアプローチはとらないのである.コーパス研究の視点では,6.1でも指摘したとおり,一般性を問題にすることが多く,分析のターゲットとなる表現がどの程度一般的かという観点から議論を行なう.このような程度性を重視した研究態度は,連続性を重視する認知言語学の視点と一致する.

認知言語学の多義語研究では分析の仕方が主観的との批判を受けるが,この問題は,コーパス研究において改善できる.多義語に関わる意味分析では,プロトタイプの認定から拡張義の認定,さらには拡張ルートの認定において,客観性を持つ必要がある.しかし,内省による分析では,主観に基づく分析であるゆえ,本質的に客観性や信頼性が担保できない.これに対して,コーパス研究では,大量の用例を観察したうえ,現象分析を行なうため,分析としての信頼性が高いと言える.コーパス研究における多義語分析の古典的な手法として,コロケーション分析がある.具体的な研究例として李ほか(2007)を紹介する.李ほか(2007)では,特定の語義は特定の語形でもって出現することを示した.具体的には動詞「流れる」の場合,(1)から(3)に示すような語形と語義の対応が認められる(李ほか 2007: 64).

(1) a. 観光協会の理事会が自治政府のボイコットで流れた.
    b. ?? 観光協会の理事会が自治政府のボイコットで流れていた.
(2) a. *斜面が北に流れた.
    b. 斜面が北に流れていた.
(3) a. 子供が流れた.
    b. # 子供が流れていた.

(1)は本来予定されていたものがキャンセルされたことを表す用法で,タ形からテイタ形への置き換えは(解釈不可能というわけではないが)文としての自然さが得られない.また,(2)においてはいわゆる第四種の動詞の用法で,必ずテイル形で使われるものであり,他の語形への置き換えは許されない.さらに(3)に関しては川に子供が溺れて流れていたという文脈であれば,置き換えは可能だ

が,流産したという意味においては置き換えが難しく,問題の複雑さを示している.これらの多様性は,断片的ではあるが,語形の問題を語基に対する付加ないしは合成の結果物として扱うアプローチでは十分に記述できないことを示唆している.

本研究では,このことをさらに確認すべく,BCCWJ のデータを利用し,検証を試みた.調査は以下の手順で行なった.

1. 「中納言」を利用し,BCCWJ から「流れる」のKWIC データを収集した.
2. 収集した用例に対して,「流れる」の語形で共起語を確認した.

表7の分布に関して注目すべきは,語形によって共起する名詞に差が見られる点である.「～る」形においては,「沈黙,噂,歳月,声,情報,アナウンス,ニュース,映像」など何らかの情報性を持った名詞が多いこと,「～ている」「～た」「～ていた」形においては,「水」,「地」,「川」,「電流」など,物自体の属性として「流れる」という性質を持っている名詞が多いことが挙げられる.

表7で示した事実から,次のような問題提起ができる.これまで多くの語彙研究,構文研究では,語の基本形をもとに語の意味やコロケーションなどを予測する分析を行なってきた.しかし,表7の事実は,動詞の実際の形によって共起する名詞が異なっていることを示しており,語の形によって表れやすい語の意味タイプ,すなわち抽象物か具体物か,自然物か人工物かなどの語の意味要素によって特定の語形が選択されていると言えるのではないだろうか.

まとめと展望

本節では,コーパス研究における基本的な論点を整理したうえで,認知言語学との関連について検討した.とりわけコーパス研究と認知言語学に関連については,両者の親和性の問題に加え,認知言語学研究の実証性を与えるものとしてコーパス研究は有効であることを指摘した.しかし,コーパス研究は認知言語学的研究を補強するだけではないことも付け加えておきたい.というのは,コーパス研究は新しいタイプの認知言語学的研究を可能にするからである.

表7 「流れる」の語形別のコロケーション

順位	全体	流れる	流れた	流れている	流れていた
1	電流 (137)	沈黙 (46)	電流 (99)	血 (65)	血 (16)
2	血 (129)	噂 (37)	水 (49)	川 (48)	川 (14)
3	水 (100)	歳月 (30)	血 (30)	水 (29)	水 (12)
4	川 (81)	涙 (22)	音楽 (25)	時間 (15)	空気 (9)
5	噂 (57)	空気 (21)	時間 (19)	音楽 (13)	歳月 (8)
6	空気 (55)	血 (17)	川 (18)	電流 (13)	噂 (7)
7	沈黙 (55)	時間 (16)	汗 (17)	もの (11)	歌 (7)
8	時間 (52)	声 (15)	情報 (14)	歳月 (10)	涙 (6)
9	歳月 (50)	情報 (13)	空気 (14)	空気 (9)	音楽 (5)
10	音楽 (48)	月日 (11)	曲 (14)	噂 (7)	情報 (4)
11	涙 (44)	時 (11)	時 (14)	曲 (6)	曲 (4)
12	情報 (39)	アナウンス (10)	涙 (13)	音 (6)	もの (3)
13	もの (30)	もの (10)	噂 (12)	方 (6)	汗 (3)
14	汗 (29)	ニュース (8)	電気 (10)	情報 (5)	時 (3)
15	時 (29)	水 (7)	沈黙 (9)	小川 (5)	小川 (3)
16	曲 (27)	汗 (7)	血液 (8)	資金 (5)	煙 (3)
17	声 (26)	電流 (7)	アナウンス (7)	血液 (5)	時間 (2)
18	血液 (23)	金 (6)	音 (7)	歌 (4)	声 (2)
19	アナウンス (20)	映像 (6)	声 (7)	金 (4)	月日 (2)
20	歌 (18)	風 (3)	映像 (7)	電気 (4)	映像 (2)

コーパスは電子化された言語資料であるため，レジスタに関する情報が取得できる．そのため，それを参照し，集計することにより，**経年変化**などの時系列ベースのデータ処理が可能になる．こうした特徴を生かし，**新語**に関する研究が可能である．例えば，宇野ほか（2010）では，大量のウェブデータを定量的な分析モデルで処理することで，特定の語がいつ出現し，いつ消えたのかを時系列ベースで追跡している．それによって，語が誕生したあと，死滅する流れが見えるということになり，生命現象ともいうべき語の生態系が記述できる．具体例として，「ファブリーズを使って布や衣服を消臭すること」を意味する「ファブる」という動詞の場合，2000年を起点にし，出現文章数が増加傾向にあることを明らかにしている（宇野ほか 2010）．このようなタイプの研究が進むにつれ，次の点が期待される．いわゆる個人差の問題として片づけられがちな新語性の問題について，論証に基づく精緻な考察が可能になる．その意味において，言語研究の新たな一歩になる可能性を秘めていると言える．

最後に，McEnery and Hardie（2012）では，コーパス言語学の今後の進展に関して，興味深い指摘をしている．コーパス言語学と他の言語学の理論が接近していく傾向はこれからも続くと予想しており，この進展が続けば，最終的にはコーパス言語学という分野は独立した研究分野としては消滅することも考えられる．つまり，あらゆる言語研究において，コーパスを利用した分析がなされると，コーパス言語学の独自性はなくなり，コーパス言語学という分野そのものが消滅するということも考えられる．

本稿は，日本認知言語学会2013年度研究大会シンポジウム「コーパス研究は認知言語学に何をもたらすか」の李在鎬の発表原稿および『認知言語学（講座　言語研究の革新と継承）』（2019予定）（ひつじ書房）に収録されている「用法基盤モデル：コーパス研究との接点を求めて」を加筆修正したものである．

▶重要な文献

McEnery, T. and A. Hardie 2012 *Corpus Linguistics: Method, Theory and Practice*, Cambridge Univ. Press, Cambridge.
コーパス言語学の再入門的書籍であり，他の言語理論とコーパス言語学の関連性について色々な観点から述べている．

辻幸夫（監修）・中本敬子・李在鎬（編）2010『認知言語学の方法論入門』ひつじ書房.
　認知言語学における研究手法を紹介しており，「コーパス」，「心理実験」，「作例」による研究の方法論と実例を紹介している.

石川慎一郎 2012『ベーシックコーパス言語学』ひつじ書房.
　コーパス言語学の基本的な考え方や手法を紹介している. 日本語と英語の分析例なども紹介しており，日本語で読めるコーパス言語学の入門書としては最適と言える.

▶文　献

Arppe, A. et al. 2010 Cognitive Corpus Linguistics: Five Points of Debate on Current Theory and Methodology, *Corpora* 5(1)：1-27.

Biber, D. et al. 1998 *Corpus Linguistics: Investigating Language Structure and Use*, Cambridge Univ. Press, Cambridge.

Deignan, A. 2005 *Metaphor and Corpus Linguistics*, John Benjamins, Amsterdam.

Firth, J. R. 1968 A Synopsis of Linguistic Theory 1930-1955. In Palmer, F. R. (ed.) *Selected Papers of J. R. Firth 1952-1959*, Longman, London.〈http://annabellelukin.edublogs.org/files/2013/08/Firth-JR-1962-A-Synopsis-of-Linguistic-Theory-wfihi5.pdf〉

Gries, S. Th. and A. Stefanowitsch (eds.) 2006 *Corpora in Cognitive Linguistics: Corpus-based Approaches to Syntax and Lexis*, Mouton de Gruyter, Berlin/New York.

Gries, S. Th. and S. D. Dagmar 2010 Quantitative Approaches in Usage-Based Cognitive Semantics: Myths, Erroneous Assumptions, and a Proposal. In Dylan, G. and K. Fischer (eds.) *Quantitative Methods in Cognitive Semantics: Corpus-driven Approaches*, Mouton de Gruyter, Berlin/New York, pp.333-54.

Gries, S. Th. 2017 *Ten Lectures on Quantitative Approaches in Cognitive Linguistics*, Brill, Leiden / Boston.

長谷部陽一郎 2010「構文のネットワークモデルについて―二重目的語構文を中心に」山梨正明（編）『認知言語学論考』（No.9）ひつじ書房，pp.81-137.

長谷部陽一郎 2018「コーパスを利用することで認知言語学にとって何がわかるだろうか？」高橋英光ほか（編）『認知言語学とは何か』くろしお出版，pp.135-56.

石川慎一郎 2012『ベーシックコーパス言語学』ひつじ書房.

Lakoff, G. 1987 *Women, Fire, and Dangerous Things: What Categories Reveal about the Mind*, Univ. of Chicago Press, Chicago.［池上嘉彦・河上誓作・辻幸夫・西村義樹・坪井栄治郎・梅原大輔・大森文子・岡田禎之（訳）1993『認知意味論―言語から見た人間の心』紀伊國屋書店.］

Langacker, R. W. 1991 *Foundations of Cognitive Grammar*, Vol.II, *Descriptive Application*, Stanford Univ. Press, Stanford.

Leech, G. 1992 Corpora and Theories of Linguistic Performance. In Svartvik, J. (ed.) *Directions in Corpus Linguistics*, Mouton de Gruyter, Berlin, pp.105-22.

李在鎬 2010『認知言語学への誘い』開拓社.

李在鎬 2012「コーパス分析に基づく構文研究」澤田治美（編）『構文と意味』（ひつじ意味論講座 2）ひつじ書房，pp.241-57.

李在鎬ほか 2007「動詞「流れる」の語形と意味の問題をめぐって」『計量国語学』26(2)：64-74.

李在鎬ほか 2013『認知音韻・形態論』（認知日本語学講座）くろしお出版.

李在鎬ほか 2018『新日本語教育のためのコーパス調査入門』くろしお出版.

McEnery, T. and A. Hardie 2012 *Corpus Linguistics: Method, Theory and Practice*, Cambridge Univ. Press, Cambridge.

野澤元 2009「言語進化への認知言語学展望」児玉一宏・野澤元『言語習得と用法基盤モデル―認知言語習得論のアプローチ』研究社，pp.97-141.

大石亨 2006「『水のメタファー』再考―コーパスを用いた概念メタファー分析の試み」『日本認知言語学会論文集』6：277-87.

大谷直輝 2015「類義的な動詞不変化詞構文における不変化詞の指向性」『認知言語学研究』1: 202-21.

齊藤俊雄ほか（編）1998『英語コーパス言語学―基礎と実践』研究社.

瀬戸賢一・テイラー，J. R. 2008『認知文法のエッセンス』大修館書店.

Sinclair, J. 1991 *Corpus, Concordance, Collocations*, Oxford Univ. Press, Oxford.

Sinclair, J. 2004 *Trust the Text: Language, Corpus and Discourse*, Routledge, London.

Stubbs, M. 2002 *Words and Phrases: Corpus Studies of Lexical Semantics*, Blackwell, Oxford.

Stefanowitsch, A. and S. Th. Gries 2003 Collostructions: Investigating the Interaction of Words and Constructions. *International Journal of Corpus Linguistics* 8(2)：209-43.

Szudarski, P. 2018 *Corpus Linguistics for Vocabulary. A Guide for Research*, Routledge, London/New York.

Teubert, W. 2005 My Version of Corpus Linguistics. *International Journal of Corpus Linguistics* 10(1)：1-13.

Tognini-Bonelli, E. 2001 *Corpus Linguistics at Work*, John Benjamins, Amsterdam.

辻幸夫（監修）・中本敬子・李在鎬（編）2010『認知言語学の方法論入門』ひつじ書房.

宇野良子ほか 2010「新動詞の成立にみる意味と形の変化の相関―『ファブる』と『モフる』の分析から」『日本認知言語学会論文集』10: 377-86.

山崎誠・前川喜久雄 2014「コーパスの設計」山崎誠（編）『書き言葉コーパス―設計と構築』（講座日本語コーパス 2）朝倉書店，pp.1-21.

山梨正明 2000『認知言語学原理』くろしお出版.

山梨正明 2009『認知構文論—文法のゲシュタルト性』大修　　　　山梨正明 2012「認知言語学からみたコーパス言語学の展
　館書店.　　　　　　　　　　　　　　　　　　　　　　　　　望」『英語コーパス研究』19: 43-66.

═══ コラム 41　メンタル・コーパス ═══════════════════ 八木橋宏勇 ═══

> 特に困ったのが，教科書の最初に頻繁にでてくる助詞の「は」と「が」であった．これは「は」でなけれ
> ばおかしい，「が」でなければ不自然だということははっきりしていても，当然の質問であるが，「なぜ
> 『が』ではだめなのか」と問われると答えられない．
>
> （メイナード 1997: i）

　母語話者であれば直感的に運用することができる**言語知識**（knowledge of language）であっても，明示的に
意識化されていないため，いざ説明するとなると困難に直面することがあります．このことから，言語知識は
暗黙知（tacit knowledge）の様相を呈していると考えられます．冒頭の引用は，初めてアメリカ人学生に日本
語を教えることとなった，日本語母語話者のエピソードですが，暗黙知としての言語知識を伝達することの難
しさを明快に物語っているように思われます．
　「言語を知っている」とは，いったい何を知っているということなのでしょうか．徹底した**用法基盤モデル**
（usage-based model）の観点からこの問いに解答を与えようとしたのがテーラー（J.R. Taylor）の *The Mental
Corpus*（2012）です．
　彼は，自然言語の発話やテキストを大規模に集積しデータベース化した言語資料であるコーパスになぞらえ，
ある言語の母語話者が実際に経験した言語データの記憶の集積を「メンタル・コーパス」（mental corpus）と
呼んでいます．同書は，脳内に存在すると想定される言語運用の基盤となる知識体系（I-language ＝内的言語）
は，その発現として実際の言語運用で観察される言語（E-language ＝外的言語）の体験を蓄積することによっ
て形成されるとし，直接的には観察が不可能である前者の有りようを，後者の頻度（frequency）を手がかりに
明らかにしようとしています．
　例えば，(1) The trip was a total failure.（旅行は完全に失敗だった）と (2) The trip was a total success.
（旅行は完全に成功だった）を比べると，(1) の方が自然な言い方であり，英語母語話者の直感としても聞こえ
がよいようです．事実，コーパスのデータでも (1) は (2) の 4 倍もの頻度で出現していることが確認され，
結果として直感的な容認度判断は，言語経験に比例する（ことが多い）と考えられます．
　従来，言語知識は，語彙項目（lexical items）の総体である「レキシコン」（lexicon）と狭義の「文法」
（grammar）という二つの部門に分割して研究が進められてきました．テーラーはこのようなアプローチを「辞
書＋文法書モデル」（Dictionary plus grammar book model）と呼んでいますが，このモデルでは，実際には生
じない文まで生成されてしまう過剰生成（overgenerate）や，実際には生じる文が生成されない過少生成
（undergenerate）を回避できない不備がありました．
　これに対しテーラーは「構文の生態学」（The ecology of constructions, 2004）と題する論文の中で「ある言
語表現が自然な表現だと感じられるのは，その表現と類似していると感じられる他の表現が言語体系の中に存
在し，当該表現に**生態的位置**（ecological niche）を与えているからである」という考え方を提示し，言語知識
に対する別のアプローチを提示しました．例えば，文法的に破格だと感じられる Off with your hat!（帽子をと
れ！）は，シェイクスピアの『ヘンリー六世第 3 部』や『リチャード三世』，さらにはルイス・キャロルの『不
思議の国のアリス』で有名な台詞 Off with his head!（やつの首をはねろ！）に動機づけられており，[P with
NP] というスキーマが抽出されることから On with the show!（ショーを続けろ！）や Down with
imperialism!（打倒帝国主義！）も自然な表現だと感じられます．また，hamburger という語は，地名
Hamburg に接尾辞 -er が接続することで生じた語ですが，現在では，cheese burger などから想定されるよう
に，動機づけとは異なって ham + burger という区切りで認識されています．これは，dog lover（愛犬家）な
ど多くの慣習化した語と音節構造やストレスパターン，意味の境界が一致しており，生態的地位が与えられた
ことに起因すると想定されます．このように，言語使用の実態に即して構築されるメンタル・コーパスは，「言
語運用を可能にしている言語知識の解明」に資する考え方だと言えます．

▶参考文献
メイナード，泉子・K. 1997『談話分析の可能性—理論・方法・日本語の表現性』くろしお出版.

| 4C.11 | 辞書における意味記述と認知言語学 | C 創造性と表現 |

辞書における意味記述と
認知言語学

宮畑一範

辞書編纂において，語義を定めて配列することは，ことばの意味を記述するうえで，必須かつ根幹に関わる作業である．これまで，より妥当な記述を求めて，またユーザの利便性を計るために，どの辞書の編纂者たちも，歴史を紐解いたり，論理性を考慮したり，意味のつながりを思案したり，とりわけ近年ではコンピュータの力を借りたり，あるいはこれらを組み合わせて，数々の試行錯誤や努力を積み重ねている．

ことばの意味が我々人間の精神の営みの結果生み出されたものであることを考えると，その人間の精神作用を中心に据えた意味記述は，目指すべき一つの辞書のあり方だと考えられる．特に記述の技術面に関してはまだ議論ならびに考案の余地はあるものの，認知的観点からのアプローチは，理論的なバックボーンとして包括的かつ一貫した意味記述を実現できる枠組みであると言える．

1. 辞書づくりの理論

辞書はことばの意味を記述する．この実現には理論と実践とが必要になる．理論は，実践を踏まえないと机上の空論となる．実践は，理論がなければ思いつきの場当たり的な記述を生み出す．実践が理論を裏づけし，理論が実践を裏打ちする．二つは，言わば，辞書づくりを下支え押し進める両輪である．

従来辞書学の主要な関心は，どの範囲の項目を見出し語に選定するかと選んだ項目をどう配列するかという側面に向けられていた（小島 1999; Landau 2001; Jackson 2002; Béjoint 2010）．イベント施設づくりに例えれば，選定・配列された見出し語は外観として最初に目に留まる箱物にあたる部分である．一方，個別項目の記述内容の細部が批判の俎上にあげられることも多い．言わば，開催されるイベントの善し悪しにあたる部分である．利用者一人ひとりが直接触れるところである

がゆえに不満も出やすい．しかしながら，利用者が意識することはほとんどないが，実はそういう不満を生み出す原因は，どのようなイベントをどう企画するかという施設運営の目的や理念の内容的・質的な不備や迷走に潜んでいることが多い．辞書づくりで言えば，意味記述を統括する（べき）一貫した思想や理論にあたる．

辞書編纂の実務作業において，個々の項目の記述のために割かれる時間と労力は膨大なものである．その中で，特にベテランの辞書編纂者の職人技的な芸当が頼りにされることも多い．その意味で，辞書づくりの作業現場では，意味記述の理論（の十分な吟味・検討や確立）よりも編纂者の長年の経験に基づくその場その場での直観的判断が優先されてきたことは否めない．

辞書における意味記述の理論は，たとえ個別の記述に有効であっても，それだけでは十分でなく，記述するすべての語彙項目に一貫して適用可能な汎用性が不可欠である．中でも，辞書づくりの心柱となるのは，ことばの意味（という現象）をどう捉え，それをどう記述するかである．ことばの意味は，ほぼすべて多義と言っても過言ではない[→ 4C.6]．これを記述するためには，複数の語義をどのように認定するのかと，認定した複数の語義をどのように並べるのかを定める必要がある．これらを包括的に捉え，多義の記述を体系的に実現できる枠組みは，まさに辞書にあるべき姿を与える指針となる．

2. 辞書における意味記述：特に語義配列

ことばの意味が（ほぼすべて）多義である以上，どの辞書も，それを記述する際には，複数の語義に分け，紙面上にせよモニタ上にせよ，平面上に配置することを余儀なくされる．線条的に順番に並べられ，識別のために数字や文字などが符号として振られる．その符号は，1，2，3…であろう

がa，b，c…であろうが，表記にかかわらず連番をなし，その順序が意味を持つことになる．何の順番に並べるのか．これまでの辞書記述を概観すると，**語義配列**は大別して，歴史順，頻度順，関連順の三つに分類できる．

歴史順は，通時的観点から複数の語義がどのような派生関係にあるかを配列の主たる原則とする．「主たる原則」というのは，記述のうえで意味的な関係も考慮に入れるからである．例えば，下位区分の語義を大括りするグループは何らかの意味的なまとまりをなす．そして同じグループ内の複数の語義を初出が確認される年代順に並べる．しかしながら，特に古い時代の用例は資料の有無によるため，確認される使用例の最古の年代の順に必ずしも語義が配列されず，例えば，最古の用例の年代順とは逆に，字義どおりの意味→比喩的な意味の順に論理性を優先して並べられるケースもある．

頻度順は，共時的観点から問題となる語義がどの程度使用されるかという順位に基づく．したがって，純粋にこの方針に則って配列すれば，複数の語義間の意味的な関係は全く考慮されないことになる．そうなると，完全に各語義がばらばらに配されて，ユーザの利便性を損なうため，実際には何らかの意味的なまとまりに整理したうえで頻度順に従う．

関連順は，複数の語義を意味的な関係に基づいて配列する．起点となるものを設定し，それぞれの語義がそれとどう関係するかにより配列するという大枠は共通するものの，この「起点」と「関係」をそれぞれどう捉えるかによって語義の位置づけや語義どうしの関連づけは大きく異なる．例えば，語源を出発点として他の語義とのつながりを記述する方法は，基本的に歴史順の捉え方である．また，複数またはすべての語義に共通するものを想定するケースも多く見られる．認知的観点で言えば，ほぼスキーマに相当する捉え方と言える．しかし，スキーマだけでは包括的な記述を行なうのに無理があるため，逡巡した形跡と思しき記述の揺らぎがそこここに見られるのが実情である．

このセクションでは，特徴的にこれら三つの配列が観察されるいくつかの辞書の具体的な記述例

に基づいて，それぞれの実態と問題点を概観する．

▶ 2.1 歴史順の語義配列

Oxford English Dictionary（以下 *OED*）は，1888年に刊行を開始した *A New English Dictionary on Historical Principles*（以下 *NED*）を引き継いで，1933年に全12巻（補遺1巻）として，その後第2版が1989年に全20巻（増補3巻）として完成する．2000年より第3版の改訂・編集作業が進行中であり，詳細・進捗に関しては OED online（http://www.oed.com）で見ることができる．

元の表題が示すとおり，「歴史的原理に基づく」編纂方針である．この原則が最も徹底して適用されるのは用例の配列で，確認できる最古の用例から時代を下り，廃語・廃義になっているものに関しては最後に確認される使用例までを順に並べる．語義は，その初出年の同定が資料の有無によることもあり，用例の初出年の順に必ずしも並べられるわけではなく，おおよそ語義発生の時系列に沿いながら，配列には論理性が考慮される．また，語義数が多くなるものについては上位区分を設ける際に意味的なまとまりも配慮される．

例えば，名詞 wave の語義配列と各用例の初出年を見比べてみると，記述における意味のまとまりとつながりへの意識がうかがえる（紙幅の節約と便宜上，主要部のみ抜粋し，語義は簡便な日本語訳；右に続く括弧内の数字は初出用例の年）．

(1) a. 波（1526）
　　b. 高波（1812-16）
　　c. *Poet.* 海（1588）
(2) *transf.* a.（光・音などの）波（1810）
　　b. 脈波（1838）
　　c. 大勢の人の波（1852）
　　⋮
(3) *fig.* a.（人生・情熱などの）荒波（1548）
　　b.（感情・思想などの）うねり（1851）
　　⋮

大区分として，(1)に水域に関する意味，(2)に水以外の具象物に転用された意味（*transf*(erred sense)），(3)に抽象的なものに適用された比喩的な意味（*fig*(urative)）がまとめられている．認知的観点から見ても極めて理にかなった括りと配列である．語義(1)の中のbとc，そして語義(2)

と(3)の配列に着目すれば,(1b)の方が(1c)より
も初出が新しいにもかかわらず,「波」つながりの
強さから上に配置され,また同様に,(2a)の方が
(3a)よりも初出が新しいにもかかわらず,具象・
抽象レベルの概念的隔たりに従って転用義を先,
比喩義をあとに配していることがわかる.字義ど
おりの意味→比喩義の順に配する論理性重視の姿
勢は,語義分けを厳密に行なっていない場合でも
用例の分割・配列では徹底している.flaw(*sb.*[1])
のⅡ4を見ると,定義は「ひび割れ,割れ目」で
あるが,用例は1626年初出の具象義のものが先
で,1606年初出の比喩義のものがあとにまとめて
置かれている.

　日本語では,*NED* を追いかける形で『**大日本
国語辞典**』(富山房:全4巻,1915-19;修訂版全
5巻,1939)が,そして *OED*・*OED2* を追従す
るかのように『**日本国語大辞典**』(小学館:全20
巻,1972-76;第2版全13巻(別巻1),2000-02)
が刊行される.第2版では,初版ではかなわなか
った出典の成立年の記載が,*OED* にならって実現
する.*OED* と同じく,歴史的な観点から編纂・
記述が行なわれているが,単純に初出用例の年順
に語義を配列しているわけではない.

　例えば,「くだる」の記述を見てみよう(冒頭
七つの語義と各語釈の抜粋;右に続く括弧内は初
出用例の出典と成立年).配列を見ると,成立年の
順番よりも空間的意味から抽象度の高い(物理的
高低の特性を伴わない)意味という並びが優先さ
れていることがうかがえる.

(1)高い所から低い所へ移り動く(蜻蛉日記〔974
　頃〕)
(2)川の上流から下流へ移動する(万葉集〔8C 後〕)
(3)神仏などが地上におりてくる(観智院本三宝絵
　〔984〕)
(4)都から地方へ行く(万葉集〔8C 後〕)
(5)京都の内で,南へ行く(宇津保物語〔970 ～ 999
　頃〕)
(6)目上の人または,公から下げ渡される(宇津保
　物語〔970 ～ 999 頃〕)
(7)命令,判決などが申し渡される(古今和歌集
　〔905 ～ 914〕)
　　　⋮

(2)よりも初出用例は新しいにもかかわらず,物
理的高低が明確な(1)を先頭に配し,地形的にはそ

うであるものの物理的高低の認識の程度は低い(2)
が次に配され,そして,現実ではなく信仰上の出
来事であるが空間関係としては物理的高低が関わ
る(3)の順に並んでいる((3)は初版にはなく第2
版で追加;それに伴い(4)～(7)は初版の語義番号
から繰り下げ).そのあとは,地形上の高低とは関
係ないが地理的な位置関係(都・地方,北・南)
を高低で見立てた語義(4)(5)が並び((5)があと
なのは京都の都城に限定された意味であるからと
推測される;なお(4)の語義の初出例は,初版で
はさらに古い古事記を採用している),続けて地位
を高低で見立てた語義が,初出例の年数の順とは
逆に,一般的なもの・限定されたものの順に(6)
(7)と配列されている.

　次に,「目」の記述を見ると(冒頭四つの大区
分の語義の一部とその語釈の要約・抜粋;右に続
く括弧内,同上),いくつかの語義を大きく意味的
にまとめて配列することにも意識を向けている様
子がより明確にうかがえる.

〔一〕視覚器官
(1)視器全体(古事記〔712〕)
(2)眼球(竹取物語〔9C 末～ 10C 初〕)
　　　⋮
〔二〕〔一〕のはたらき
(1)ものを見る動作(宇津保物語〔970 ～ 999 頃〕)
(2)恋する男女が会うこと(万葉集〔8C 後〕)
　　　⋮
〔三〕見る対象
(1)見る対象となる顔や姿(日本書紀〔720〕)
　　　⋮
〔四〕位置,形状,価値などが〔一〕に似ている物事
(1)事柄の中心となる点
　(イ)主眼(随筆・戴恩記〔1644 頃〕)
　　　⋮
(2)眼球を思わせる形状のもの
　(イ)賽の面につけられた,一から六までの点
　　(万葉集〔8C 後〕)
　　　⋮

　〔二〕(1)と〔三〕(1)が,初出例の年数の順とは
逆の配列になっているのは,〔二〕の視覚器官が持
つ働きの方が,〔三〕の見るという行為の対象より
も,〔一〕視覚器官に意味的に近いと判断されたも
のと考えられる.〔二〕の(1)と(2)が,用例初出
年の順とは逆の配列なのも,身体的な動作そのも

のを先に配し，より意味が広がったものをあとに，という判断であろう．そう考えると，〔四〕の(1)(イ)と(2)(イ)では，より具象的な後者を先に配した方が，理にも歴史順にもかなっているように思われるが，あえて逆転している意図は不明である．

　このように，歴史順の語義配列は，大局的には時系列に語義派生を捉える観点を軸としつつ，意味記述のうえでは意味的なつながりやまとまりを考慮したものになっていると言える．

▶ 2.2　頻度順の語義配列

　語義の頻度順配列にはコーパスの貢献が大きい．コーパスとは，広義には電子的に蓄積された言語資料ということになるが，辞書編纂（を含めた言語研究）の観点から厳密に言えば，対象となる言語の多様性を適切に反映するように設計し，サンプル収集して構築されたもの（均衡コーパス）を指す．このコーパスを初めて本格的に辞書編纂に取り入れ，語義配列に頻度順を採用したのは，*Collins COBUILD English Language Dictionary* (1987) である．頻度順配列は，異なる品詞の語義にも適用される徹底ぶりであったが，確かに，よく使われる語義がより上に配置されているので，求める語義が使用頻度の高いものであればすぐに見つけられるメリットがある反面，語義を探す際に予測をつけることができない．そのため，あまり使われない語義を探すとなると（目当ての語義に出会えるまで何の手がかりもなく）上から下にひたすら順に辿るしかない不便は避けられず，現在では（*Collins COBUILD Advanced Learner's Dictionary* 9th ed. (2018)（以下 *COBUILD* 9），特に語義数の多い語彙項目の記述では，品詞や意味のまとまりでグループ化して（例えば，face は①名詞，②動詞（句）に，look は①見る・見なす，②見える・思えるに分けて），その中で頻度順配列を行なうやり方に落ち着いている．

　いわゆる学習英英辞典の「ビッグ4」と呼ばれる4冊のうち，この *COBUILD* 9以外の三つ――*Oxford Advanced Learner's Dictionary* 9th ed. (2015)（以下 *OALD* 9），*Longman Dictionary of Contemporary English* 6th ed. (2014)（同 *LDOCE* 6），*Cambridge Advanced*

Learner's Dictionary 4th ed. (2013)（同 *CALD* 4）――は，さらに語義にアクセスする際の視認性を向上するために，語義（番号）の前に語義の要約にあたるものを「標識」として置く．それぞれ，*OALD* 9は short cuts, *LDOCE* 6は signposts, *CALD* 4は guidewords と呼び名は異なるが，ユーザが求める語義を探す際の（語義を読む前に目を留める）目印としての役割は同じである．この「標識」はまた，どの辞書でも，複数の語義の意味的なまとまりを示すラベルとしても用いられる．厳密に頻度順に徹すればばらばらに配置せざるをえなくなるいくつかの語義を1ヶ所にかためて置くための方策でもある．原則として頻度順には沿いながらも，記述の上で意味的なまとまりを優先する処置と言える．

　例えば，*OALD* 9は名詞 range の記述で，DISTANCE という short cut の下に，語義4 視・聴力の及ぶ距離，語義5 射程距離，語義6 航続距離の三つを「距離」という共通素性でまとめる．*LDOCE* 6は，名詞 love の語義4で，PLEASURE/ ENJOYMENT の signpost の下に，a)愛好と b)愛好の対象という時間的な隣接関係（プロセスに対してその対象）にある二つをまとめる．*CALD* 4は名詞 gas で，AIR SUBSTANCE の guideword の下に，語義1 気体，語義2 燃料ガス，語義3 笑気ガス，語義4 おならの四つを並べる．一般的な「気体」に対して，各種特定の気体である2～4をひとまとめにする．いずれも，妥当と思えるグループ化には，記述時に意識されていたかどうかは定かではないが，結果的には認知的な観点での理由づけが可能である．

　しかしながら，この手段は，ユーザの利便性を高めて，頻度順配列の不利な一面をある程度軽減する表面的なものにすぎない．頻度順による語義配列は，コーパスに依拠するがゆえの根本的な問題をはらんでいる．単純に考えると，適切に設計されたコーパスに基づいて計算された頻度順であれば，同じ語彙項目の記述において，語義分けが同様なら，その配列は辞書によって多少の違いはあってもそう大きく異なることはない，と予想される．ところが実際は，例えばいわゆる学習英英辞典の「ビッグ4」の記述を見比べてみると，しばしば（大きな）相違が観察される．見方によれ

ば，それが各辞書の独自色だと言えなくもないが，コーパス設計における「適切さ」は一様ではなく（あるいは仮に「適切さ」は同様であってもサンプル収集のソースが異なるため）その違いにより配列が，辞書によって（大きく）変わるというのは，ユーザの視点から見て，信頼性の面で心許なく感じざるをえない．

例えば，動詞 bear の記述を見比べてみよう．引用する語義は問題となるものに限定し，語義番号に続けて簡便な日本語訳で示す．各辞書名略記右の括弧内は認定されている総語義数である．「＋」は，他の辞書では分けている複数の語義を，当該辞書では同じ語義番号の下にひとまとめに記述していることを表す．

COBUILD 9（15）
　1　持ち運ぶ
　3　支える
　5　受け入れる
　6　我慢する
　10　〈花・実を〉つける
　12　〈子供を〉産む

OALD 9（12）
　1　我慢する＋受け入れる
　5　支える
　8　持ち運ぶ
　10　〈子供を〉産む
　11　〈花・実を〉つける

LDOCE 6（20）
　1　受け入れる
　2　我慢する
　5　支える
　8　〈子供を〉産む
　9　〈実を〉つける＋〈成果を〉産む
　13　持ち運ぶ

CALD 4（9）
　1　受け入れる＋我慢する
　4　支える
　5　〈子供を〉産む＋〈花・実を〉つける
　6　持ち運ぶ

大きく異なる点として，まず目に留まるのは，COBUILD 9 の筆頭語義が「持ち運ぶ」であるのに対して，他の三つの辞書ではいずれもその語義は中位を少し下回る順位に配置されていることである．しかも，COBUILD のこの配列は初版（1987）から変わっていない（厳密には，初版は

名詞の bear の語義も含めて配列するので語義番号は変わるが，「持ち運ぶ」が動詞義の筆頭であるのは同じ）．

この語義と「〈子供を〉産む」との相対的な関係を見ると，「〈子供を〉産む」が，COBUILD 9 では圧倒的下位，OALD 9 では 2 差で下位，LDOCE 6 では 5 差で上位，CALD 4 ではわずか 1 差で上位，と大きなばらつきが見られる．ただし，CALD 4 は，「〈子供を〉産む」「〈花・実を〉つける」を合算した「上位」なので，語義として分ければ順位が変動する可能性もありうる．

「〈子供を〉産む」と「〈花・実を〉つける」の頻度順も同様に，前者が後者よりも，OALD 9 では 1 差で上位，COBUILD 9 では 2 差で下位に置かれている．LDOCE 6 では，「〈実を〉つける」が「〈成果を〉生む」と合算で，「〈子供を〉産む」の 1 差下位に置かれる．ここでも，**頻度順**の配列は，依拠するコーパスによっても，語義分けによっても，（ときに大きく）異なることが見受けられる．

辞書によって使用するコーパスが異なるのは当然のことであるが，同じ辞書でも，版が変われば利用するコーパスの内容は更新され，用例の追加・変更や語義の見直しが行なわれることは十分予想される．これらに基づいて新たに計算し直すことになるため，頻度による語義の配列順は必然的に改訂ごとに少なからず並びの変動が起こるという不安定さも内包する．

このように，頻度順配列は，コーパスに依拠することに本質的に付随する大きな問題をはらみつつ，表面的な不都合を回避するために特に意味的なまとまりを記述に取り入れていると言える．

▶ 2.3　関連順の語義配列

意味的な関連性を重視した記述の試みは，学習英和辞典に強く見られる．とりわけ，多義語が担う複数の語義がどのように関わっているのかを提示する特別なコラムが 1980 年代から現れる．1970 年半ばに産声をあげた認知言語学の影響が徐々に色濃く表れるようになる．

ただし，この方式の配列は冒頭に用意されたコラムに限られ，本文の語義配列は基本的に頻度順を採用する（したがって，たいていはコラム内の配列順と本文の配列順とが一致しないという不都合を生じる）．制約されたスペースでの記述である

ので，十分にその意図が汲みきれないのは避けられないが，意味的な関連の捉え方やその提示に関していくつか共通する問題点が観察される．代表的なコラムをおおよそ歴史的に追いながら，具体的な記述を通してそれらを概観する．

1983年『グローバル英和辞典』（三省堂）において，多義語の記述に「本義」「分義」という考え方が採用される．「本義」は「いくつかの語義の根底にある基本的意義」，「分義」は「本義の上に形成される意義」と捉えられる．「意義」とは呼ばれているものの，「本義」は複数の語義に共通するスキーマ的なものを想定している．この考え方を継承して，1987年『ニューセンチュリー英和辞典』（三省堂）では多義関係を視覚的にチャート化した「意味の窓」というコラムを設ける．出発点を「中心的意味」に設定し，そこから「似たような意味でまとめ」た各グループへの意味の派生関係を罫線で結んで表示する．しかしながら，出発点が各語義を束ねる共通項的なスキーマに相当するケースと，出発点が語義に対応しそこから他の語義が派生するケースとが混在しており，「中心的意味」の位置づけにはぶれが見受けられる．コラムは，改称・改訂された『グランドセンチュリー英和辞典』（第4版）（三省堂，2017；以下GC4）に引き継がれている（コラム名は第3版から「意味マップ」に変更）．

実際の記述を見ると，基本的には共通項的な観点から捉えるので，back のように「後ろ」という共通するスキーマを出発点として名詞・形容詞・副詞・動詞の各語義をつながりあるものとして扱う一方で，すべての語義に共通するものが設定できない語に関しては，例えば plant は名詞に「植物」，動詞に「植える」と品詞ごとに異なる共通項を設定したり，あるいは light¹ のように単一品詞でも「光」「光を放つもの」「精神的な光」と複数の独立した項目を設定するケースも見られる（図1）．しかも，それに直接続けてあるいは派生関係として（罫線でつないで）同表現が語義としても配置される場合が見られ，「中心的意味」と語義との区別や関係は不明瞭である．

語義として，認知的に言えば，「植物」と「植える」は，対象とプロセスという隣接関係が認められる．同様に「光」と「光を放つもの」は，結

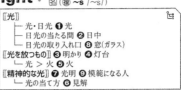

図1　plant と light¹ の「意味マップ」（GC4）

果と原因の隣接関係にある．つまり，意味的に関連のある語義どうしとしての扱いが可能である．「光」と「精神的な光」とは，共通項的な捉え方でも十分まとめられるが，認知的に見れば，具象義「光」から抽象義「精神的な光」（啓蒙する「光」）への見立てによる拡張と捉えるのが適切である．

概して，GC4のコラムの記述においては，多義の要の設定が共通項的スキーマなのか語義なのかが一定しない点が大きな問題として指摘できる．さらに，複数の語義に共通するものを求めるだけでは，すべての語義の意味的な関係を把握するのに無理があることもうかがえる．

複数の語義のつながりを図示するという意味では，『ライトハウス英和辞典』（研究社，1984）の「語義の展開」の方が先行する．コラムは，同じ名称で第6版（2012；以下LH6）に継承されている．「意味の発達と分化」を矢印を用いた流れ図で記述したもので，大半は「原義は…」「元来は…」「ラテン［ギリシャ］語で…」などという語源的な意味を出発点とし，歴史的配列の色合いが強い．しかしながら，別コラム「語義の要約」でしばしば使われる「基本的には…の意」に続けて複数の語義を列記するのと同様の記述も見られる（図2）．例えば raise を見ると，「基本的には「（低いものを）高くする」の意」を起点に具象義一つと抽象義2グループの計三つへの派生を配する．共通

図 2　raise と cast の「語義の展開」(LH6)

するスキーマによって各語義をたばねた記述と言える．また cast では，「投げる」という語義を出発点に，「比喩的に」三つの語義への展開を提示する．比喩的な意味は字義どおりの意味に基づくという論理性に従った記述である．このコラムでは，通時・共時二つの観点の混在に加えて，共時的な記述では，GC4 のコラムと同様に，多義の出発点の扱いが一定でないという問題が観察される．

『スーパー・アンカー英和辞典』(学習研究社, 1996)の「プロフィール」は，図示ではなく説明文の形で「元の意味から枝分かれした意味の流れ」を示す．説明文である利点を活かして，他のコラムに比べて，「比ゆ的に」以外にも「…ということから」のように関係の明示に努めている．「元の意味」は，歴史的な「原義」と共時的な「基本義」の二本立てである．項目によっては，「原義」と「基本義」との関係を記述するものもある．コラムは『アンカーコズミカ英和辞典』(2008; 以下 AC) に引き継がれている．「基本義」はほとんどが多義の出発点となる語義として設定されている (図 3). 例えば absent 形 では，《不在の》という「基本義」は人に関する語義 1 で，そこから「物に用いられて」語義 3（欠けて）と「心に用いられて」語義 2（うわの空の）という派生関係と記述する．認知的観点から見ても妥当な多義構造の記述と言える．しかしながら，「基本義」が語義ではなく，共通項的なスキーマ扱いであるケースも少ないながらあり，cost 動 では《(人に)代償を支払わせる》が「基本義」で，この「代償」が「金銭の場合」語義 1，「労力・時間の場合」語義 2 と記述する．認知的観点から二つの語義を見れば，労力・時間の「代償を支払わせる」は，金銭の「代償を支払わせる」に基づく見立てと捉え直すことができる．

『E ゲイト英和辞典』(ベネッセコーポレーション, 2003; 以下 EG) の「コア」は，「語の中核的な意味や機能」と設定され，これにより「語の意味の全体像を示す」ことを目指す．「図式的」「基本義的」「原義的」「機能的」なものの 4 種に大別される．「中核」として括られるものの，その位置づけには大きな揺らぎが見て取れる．

「図式的」なものは，イメージ・スキーマを想定していると思われる．つまり，すべての語義に共通するものと位置づけられるはずである．ところが，例えば over を見ると，「…を覆って」という「コア」に対して，四つの意味の大括りのうち，Ⅲ「全体を覆う」はこれに該当するとしても，Ⅰ「上を越えて」，Ⅱ「真上に」，Ⅳ「超えた向こうに」の三つは「覆って」を共有しているとは言いがたい（図 4）．四つのスキーマは隣接関係に基づいて関連しており，共通項的観点では捉えられない．

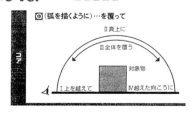

図 4　over の「コア」(EG)

「基本義的」なものも，多義の出発点になる語義ではなく，共通項的な「中核」を設定しようと試みる．しかしながら，例えば pay の「コア」は「代金・敬意・注意などを払う」と扱われており，

図 3　absent と cost の「プロフィール」(AC)

これでは共通項を抽出した包括的なスキーマではなく，意味領域の異なる三つの「払う」を単に合算したにすぎない．本来的な「基本義」として捉えるならば，「代金を払う」を要に，「敬意を払う」「注意を払う」はそれぞれメタファーによる拡張と位置づけるのが妥当である．一方，本来的な意味での「基本義」としての記述を目指したと思われるものもある（図 5）．rough の「コア」は「(きめの)粗い」で，下に続く「訳語を一覧できる欄」に「(きめの)粗い」を先頭に「仕上げられていない」「大ざっぱな」など（のおそらくサブスキーマ的なもの）が列記される．単なる列記なので定かではないが，語義としての「(きめの)粗い」を出発点にした多義関係が想定されている可能性は高い．さらに，fix では，合算的な「目指した場所・状態に固定する」という「コア」に続けて，「訳語を一覧できる欄」に（単なる一覧ではなく）他動詞義 1 に対応する「固定する」を出発点として，六つの語義（群）への派生関係を罫線でつないで記述する．いずれにおいても，共通項的な捉え方に対する迷いが記述に垣間見られる．

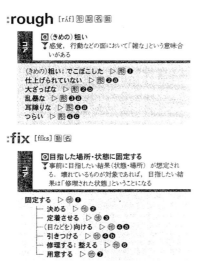

図5　rough と fix の「コア」と「訳語を一覧できる欄」(EG)

「原義」自体，語源としての語義であり，多義の出発点となる語義という意味での「中核」とすれば，共通項的なものとは相容れない．そのため，例えば fast¹ のように，補足説明で「固定した」が原義でそこから「速い」に発展した関係を示

したとしても，「コア」は「しっかり固定した；(人や物の進み方が)速い」のように，前述の pay の場合と同じく，合算的なものにならざるをえない．「機能的」と思われる記述も，it において「コア」が「すでに述べられた対象，事柄をさしたり，あとから述べられる事柄をさす」に補足説明「また，英語では主語を立てる必要があるため天候，気温，時間，距離などを漠然と指す」が続く．その機能を網羅的に挙げているだけで，「中核」と呼べるものは不在である．

『ジーニアス英和辞典』(大修館書店) は，「史上最大の改訂」の一つとして，第 4 版 (2006；以下 G4) で，語義配列を原則頻度順で行なう一方，「語義の流れを知る」ために**「語義展開図」**というコラムを新設する．約 200 項目につけられた記述はほぼすべて，「基本義」(中核的意味)を冒頭に置き，そこから各語義への枝分かれとして提示されていることから，「基本義」とは言いながら語義ではなく，共通項的なスキーマとして位置づけられていると思われる．実際，principle では，「基本義」が「基本となるもの」で，そこから「道義」「原理，原則」「主義，信念」の三つの語義が派生関係として結ばれる（補説も「基本となる」を共通して用いる）．

しかしながら，共通スキーマを出発点に置く捉え方では，これまでに見たのと同じ無理が記述に生じる．例えば，lie¹ は「基本義」が「横たわる」で，そこから枝分かれする二つの大括りが自動詞義 1「横たわる」と自動詞義 3「…の状態にある」である．「基本義」が共通項でないだけでなく，語義の一つに相当する．また，round では「円と円に沿っての運動」，see では「目や心で見る」のように，「基本義」が，共通項的な包括ではなく，内容や概念レベルが異なるものを無理に合算しただけというケースも多々見られる．

これに対して，また他辞書のコラムと同様の逡巡も記述のうえで観察される（図 6）．例えば，like² は「似ている」という「基本義」から，「…に似た」「…と同じように」「…らしく」の三つの語義をぶら下げる形で派生関係を提示する．（スキーマ相当の）基本義と語義「…に似た」を同等に位置づけている．thick では，「詰まっていて厚い」という「基本義」から形容詞義 1a「厚い」を

ひとつだけ罫線でつなぎ，ここから「太い」「密な」「濃い」という三つの語義を派生関係として記述する．「(詰まっていて)厚い」を多義の要となる語義と捉えていると思われる．

図6　like² と thick の「語義展開図」(G4)

このような記述の不安定さを一掃するためか，「語義展開図」は第5版（2014；以下 G5）では，前置詞を主とするわずか29項目に大幅削減される（それ以外は，大半は記述冒頭にメニューのような語義一覧のみのコラムとして残っている）．対象を（ほぼ）前置詞に絞り込んだことで，「基本義」がスキーマとして通用するケースが大半であるが，個別事例として with を見ると，「基本義」が二本立てですべての語義に共通するスキーマとはなっておらず，完全な問題の解消には至っていない（図7）．

図7　with の「語義展開図」(G5)

学習英和辞典で辞書編纂に初めてコーパスを本格的に活用した『ウィズダム英和辞典』（三省堂）は，語義配列に頻度順を採用するが，先に見た学習英英辞書の多くと同じく，あくまでも原則的にであり，サインポストを活用して意味のまとまりの提示も行なう．さらに，第3版（2013）では「語義派生の理解や検索に便利な」ように，重要多義語に「インデックス」というコラムを冒頭に新設している（第4版（2019）も継承）．サインポストでは一つの品詞内でしか括れないのに対して，「インデックス」では，例えば far のように，【時空】で副詞義1・2と形容詞義1，【程度】で副詞義3を示すなど，品詞横断的な意味のまとまりも示すことを試みている．頻度順配列を主軸に据えながらも，意味的な関連性への意識の強まりが垣間見られる．

このように，概して学習英和辞典のコラムにおける**関連順**の配列は，辞書における意味記述という観点から見て，本文における頻度順配列との乖離という問題を抱えつつ，複数の語義どうしの関係をどう捉え，どう提示するかという点で，様々な試行を繰り返しながらも，一貫した包括的な枠組みでの記述は実現できていないと言える．

▶ 2.4　従来の辞書記述

概観したように，従来の辞書記述における**語義配列**のいずれにおいても，程度の差や目的の違いはあれ，何らかの形で意味的なつながり・まとまりを意識した扱いや記述が含まれており，そのすべてではないにせよ，一定の合理性が見られた．特に学習英和辞典のコラムに見られるような意味的な関連性を中心に記述しようという試みに関しては，理論的な大枠を明確には有してはいない（ために一貫性を欠いた記述にならざるをえない）ものの，ある程度は正当と思えるようなつながり・まとまりの提示も見受けられた．

ことばの意味が本来的に多義的であることを考えれば，その記述において，つながり・まとまりを考慮しないわけにはいかないのは当然の理である．また，意味という現象自体が，我々人間の精神活動の産物であることを考えると，辞書編纂者が必要に迫られて理知による熟考の末（少なくとも自身は納得できる内省の結果として）案出した意味のつながり・まとまりの記述が，部分的・個別的にではあれ妥当性を有するのも十分に理にかなっていると言える．

それならば，意味に関わる我々人間の精神作用に最大限注目して，すなわち，認知的な枠組みに基づいて意味的関連性を中心に据えた意味記述を徹底すれば，人間の精神の営みの結果としての多義の実態を提示することが可能なはずである．

3. 認知的関連性に基づく辞書記述

認知的観点からの研究の積み重ねにより，多義はプロトタイプ的な意義を中心に周辺的意義に拡張する放射状カテゴリーをなすこと，そしてその拡張には我々人間の精神の営みが深く関わっており多義を生み出す仕組みには一定のパタンがあることがわかってきた．これらの成果に基づいて編纂された辞書を四つ取り上げて，主にその記述理論について概括し，評価を試みる．

▶ 3.1 Oxford の「新しい」辞書

認知的な研究成果をいち早く取り入れて編纂されたのは，*New Oxford Dictionary of English* (1998) である．オックスフォード大学出版局は，語義配列に関して言うと，歴史順の *OED* と頻度順の *OALD* を出版している．その伝統を踏まえて，第3の配列である**関連順**による記述を認知的観点から行なって新たに世に送り出すという意気込みが表題の new だと推察される．*NED* から new がとれて *OED* となったように，第2版 (2004) からは *Oxford Dictionary of English* (以下 *ODE*) となる．新機軸という意識から実質標準という自信の現れと受け取れる．現在第3版である (2010)（米語版は *New Oxford American Dictionary* で初版 (2001)，第2版 (2005)，第3版 (2011) とも同タイトル）．

記述の枠組みは，意味を核となる**コアセンス** (core sense) とそれに関連する**サブセンス** (subsense) からなる構造と捉え，その関連をコアセンスに対する①比喩的拡張 (figurative extension)，②特殊化事例 (specialized case)，③その他 (others) と位置づける．①は，認知作用で言えばメタファーが関わるものである．②に関しては，特殊化の作用があれば当然その逆の一般化の作用もあり，本来セットのこの二つが引き離され，一般化が③の雑多なものに押し込まれているのは不当な扱いであろう．③自体が端から①，②以外のもろもろという寄せ集め的であるのが問題の元凶かもしれない．

しかしながら，多義に関わる人間の精神作用という観点からこれらの多義の動機づけを見直せば，この大雑把に見える3区分がきれいな3分類に様変わりする．特殊化と一般化の精神作用は，類と

種の包摂関係に基づく**シネクドキ** (synecdoche) である．*ODE* の③から一般化を切り出せば，残りは決して雑多な寄せ集めではなく，多様な隣接関係に基づく**メトニミー** (metonymy) に該当する．①は先述したように，類似関係に基づく**メタファー** (metaphor) である．

とは言え，実際の記述には，どの関係を認定したかを明示するわけではないので，結果としては何らかの認知作用に基づく記述となる．また，コアセンス間も，強くは意識されていないものの，コア・サブセンス間を認知的に捉えれば，結果的に何らかの認知的つながりを読み取れることが多い．

例えば，legend と youth の記述を，参考として頻度順配列の *OALD* 9 のものと比べて見てみよう（語義はいずれも簡易日本語訳；*ODE* の 1, 2, 3 はコアセンス，■はサブセンス）．

legend

ODE 3	*OALD* 9
1　伝説	1　伝説
■聖人伝	2　伝説的人物
2　伝説的人物	3　凡例
3　銘文	4　銘文
■（図表の）説明文	
■凡例	

youth

ODE 3	*OALD* 9
1　若い頃	1　若い頃
■若さ	2　若さ
■早い時期	3　若者
2　若者	4　若者たち
■若者たち	

legend は，1 が古くから語り継がれて今に残る物語（サブセンスはコアセンスの特定種），2 が歴史に名を残している人物，3 が書き残された文言（コアセンスを広く捉えればサブセンスはどちらも特定種），というまとまりで記述されている．これら三つには「残されたもの」という特性が通底し，2・3 はいずれも 1 の見立てと見なせる．

youth は，1 を時間的な意味，2 を人の意味として括ろうという意図を汲むならば，「若さ」の扱いには疑問が残るが，「若い頃」に対して「早い時期」は，物事が発展するプロセスにおける「早い時期」を，人が成長するプロセスにおける「若い

時期」と見立てた語義という適切な認定に基づく記述である.「若さ」は「若者」が持つ特性という関係に着目すれば, 隣接関係を認めることができる. 1と2の関係はおそらく意識されていないと思われるが,「若者」が若者として生きている時期が「若い頃」という隣接関係にある（ので, 1 若者→2 若い頃という配列の方が認知的関連としてより適切な記述と言える）.

いずれにせよ,（原則的に）頻度順に並べただけの OALD 9 と比較してみると, ODE 3 の方が, 語義どうしの関連もまとまりもわかりやすく, 多義としての全体像を見通しよく知ることができる.

▶ 3.2 英語多義ネットワーク辞典

メタファー・メトニミー・シネクドキの三つの精神作用に基づいて, 英語多義語の分析・記述を実践したものが瀬戸賢一（編集主幹）『**英語多義ネットワーク辞典**』（小学館, 2007）である［→ 3.5 ］.

辞書記述において, これらを理論的なバックボーンとするメリットは二つある. 一つは, これらの精神作用の関与の同定が明確な語義認定の基準となる点である. ややもすれば主観的になりがちな語義分けにはっきりとした判断根拠を与えることができる. もう一つは, 語義どうしの関連性を（辞書において実際に記載するかは別にして）同定できる点である. これも, 従来の記述ではなんとなく意味的に近いというぼんやりとした感覚的な部分で「つながり」が扱われることが多かったのが, その「近い」が類似・隣接・包摂のいずれの関係なのか明確に区別・認定が可能となる.

メタファーによる語義拡張は, 一方向的に定まる. 身体的・具体的な概念から精神的・抽象的な概念へ, である. **メトニミーとシネクドキ**は双方向に作用するので, 二つの語義間では拡張の方向は定まらないことがあるが, 第3の語義の存在により, どの語義が元になる語義か（つまり, より中心に近いか）が定まる. 理論的には, これを繰り返すことで, 中心・周辺の位置づけが決まる. 最も多くの節点を持つものが最も中心, すなわち多義の要となる語義（中心義）である.

同書は, 品詞の枠を取り払い, 意味的に関連する語義はひとまとめに配するというラディカルな方法を採る. 実際, 多品詞にわたる多義語では, 異なる品詞間の語義にも認知的な関連性が多く見

られるのは確かであるが, 辞書としての記述という観点から言えば, この品詞一体記述は, 辞書における語義の視認性と検索性を犠牲にしていると言わざるをえない.

▶ 3.3 プログレッシブ英和中辞典〔第5版〕

『英語多義ネットワーク辞典』が最重要多義語 1427 語に限定して記述を行なうのに対して, 『**プログレッシブ英和中辞典〔第5版〕**』（小学館, 2012）は, 収録するすべての語彙項目に関して同じ一貫した認知的観点での記述を目指す. 理論的枠組みは前書と同じく, 多義をメタファー・メトニミー・シネクドキの三つの精神作用に基づく拡張によるものと捉え, 中心となる語義（中心義）を出発点に, 認知的関連性に基づいて他の語義の配列を行なうことで, 意味のまとまりと展開を提示する. ただし, 品詞一体記述というラディカルな方針を転換し, 一般的な辞書同様に品詞別に記述する. 従来的な品詞別の記述を採用することで, 品詞ごとに語義が整理できるメリットがある一方で, 多義の認知的なつながりの提示という点では, 異なる品詞の語義どうしの関連性がたどれなくなるというデメリットは不可避的に伴う. しかしながら, 何よりも, どの語彙項目に関しても一貫した認知的な枠組みに基づいてそれぞれ一つの記述モデルを示したという点で評価できる.

▶ 3.4 日本語多義語学習辞典

『**日本語多義語学習辞典**』（アルク）は, 『英語多義ネットワーク辞典』の思想・理論の影響を色濃く受ける. 名詞編（荒川洋平（編）2011）121 語, 形容詞・副詞編（今井新悟（編）2011）84 語, 動詞編（森山新（編）2012）104 語の日本語多義語に関して, 認知的な関連性に基づき, 中心義から派生義に広がる語義の全体像を見通す. 想定されるユーザが外国語として日本語を学習する者なので, 平易な表現に置き替えてあるが, すべての派生義に示される語義展開の理由には, 認知的観点からの考察による裏付けが十分見て取れる. また同じユーザ層の制約から, 収録項目は基本語のみに厳選され, 記述される語義は使用頻度の高いものに限定されるものの, 一貫した枠組みに基づいて一定数の日本語多義語の多義の関連性とその全体像の記述を実践した点は大きく評価できる. この成果が一般向けの日本語辞書にも応用される

ことを期待したい.

まとめと展望

　従来の辞書記述に見られる歴史順，頻度順，関連順の語義配列を概観することで，意味記述において意味的なつながり・まとまりを無視することはできず，むしろ，それを中心に据えた記述こそがことばの多義の実態を提示できることを見た.そして，認知的観点からのアプローチが，その実現に一貫した包括的な枠組みを提供できることを確認した.しかしながら，多義のつながり・まとまりを究極に追求すると，品詞別に整理して記述するメリットが失われ，他方，品詞別に独立して記述すれば，異なる品詞間（に本来あるはず）のつながり・まとまりが分断されてしまうことになる.

　ODE がコアセンス間のつながりに言及することを避けるのも，ある意味無理はないことかもしれない.多品詞にわたる多義語の場合，とくに第2（以降の）品詞では一つの品詞内の語義を見ているだけでは認知的なつながりが同定できないケースがあるからである.逆に言えば，すべての語義間の認知的な関係を提示するためには，異なる品詞における語義どうしのつながりも記述できないといけないことになる.品詞別の記述を維持しながらも，異なる品詞間の多義関係も提示できるような記述法の案出が待ち望まれる.紙面上での表示の制約と工夫の限界を考えると，web 上やデジタルデバイス上での動作をうまく利用することで活路が開ける可能性は十分にある.

　認知言語学が辞書編纂，とりわけ辞書における意味記述にもたらす貢献は大きい.多義を生み出す人間の精神作用の解明は，何より，従来長年に蓄積された編纂者の経験に基づく直観に頼る部分が多かった意味記述に，包括的な一貫した理論的根拠を与えることができる.人間の認識（の産物）として，どの語義が出発点で，そこからどういう動機づけにより拡張するのかを記述できる.ということは，さらにこの意味記述が整備されれば，本来的に多義的なことばの意味の習得やその教育に関わる領域とも密接に連携し，その発展に寄与できると期待される.

▶重要な文献

Geeraerts, D. 1994 Historical Semantics. In Asher, R. E. (ed.) *The Encyclopedia of Language and Linguistics*, Pergamon Press, London, pp.1567-70.
　歴史的な意味変化を一般化，特殊化，メタファー，メトニミーの四つに分類する.

Geeraerts, D. 2007 Lexicography. In Geeraerts, D. and H. Cuyckens (eds.) *The Oxford Handbook of Cognitive Linguistics*, Oxford Univ. Press, Oxford, pp.1160-74.
　プロトタイプ効果と多義性の扱いを中心に認知言語学が辞書学に与えた影響について論じる.

Halas, A. 2016 The Application of the Prototype Theory in Lexicographic Practice: A Proposal of a Model for Lexicographic Treatment of Polysemy. *Lexikos* 26: 124-44.
　プロトタイプ理論に基づいて多義記述のモデルを提案する.

Kövecses, Z. and S. Csábi 2014 Lexicography and Cognitive Linguistics. *Revista Española de Lingüística Aplicada* 27(1): 118-39.
　辞書記述の基盤として認知言語学の有用性を論じる.

Ostermann, C. 2015 *Cognitive Lexicography: A New Approach to Lexicography Making Use of Cognitive Semantics*, De Gruyter, Berlin.
　認知言語学の理論を取り入れた新しい辞書学のあり方を提案する.

▶文　献

Béjoint, H. 2010 *The Lexicography of English: From Origins to Present*, Oxford Univ. Press, Oxford.

石川慎一郎ほか（編）2006 *English Lexicography in Japan*, 大修館書店.

Jackson, H. 2002 *Lexicography: An Introduction*, Routledge, London.［南出康世・石川慎一郎（監訳）2004『英語辞書学への招待』大修館書店.］

小島義郎 1999『英語辞書の変遷』研究社.

Landau, S. 2001² *Dictionaries: The Art and Craft of Lexicography*, Oxford Univ. Press, Oxford.［初版の翻訳：小島義郎ほか（訳）1988『辞書学のすべて』研究社.］

Lew, R. 2013 Identifying, Ordering and Defining Senses. In Jackson, H. (ed.) *The Bloomsbury Companion to Lexicography*, Bloomsbury Academic, London/ New Delhi/ New York/ Sydney, pp.284-302.

中尾啓介 1993『辞書学論考』研究社.

第 5 章

学際領域

5.1 認知言語学と関連領域の連携

菅井三実

認知言語学は，本来的に高い学際性を有する研究分野であり，認知心理学，生態心理学，人類学，神経科学，自然言語処理，哲学，医学，コミュニケーション論，教育学など広く関連領域と連携を持つ．実際，ラネカーの認知文法では「図と地」の概念をゲシュタルト理論から援用しているほか，プロトタイプ理論（認知心理学），アフォーダンス（生態心理学），失語症（医学）など他の学問領域に由来する概念を認知言語学は積極的に取り上げてきた．認知言語学が他の研究領域と結びつくことは，本書の全編を通して語られるところであるが，本節では，他の節で取り上げられていない現象について考えてみたい．1.で，認知言語学と隣接領域との関係を概観したうえで，2.では知覚に関する「ゲシュタルトの要因」と言語理解との関係を取り上げ，3.では知覚と言語における水平と鉛直の関係を取り上げる．4.では社会科学の領域から国語教育との関係を考える．

1. 隣接領域との連携

認知言語学と他の言語研究との違いを問うならば，一つには「意味」というものに対する考え方として概念主義の立場をとることが挙げられ，また一つには「言語」そのものの位置づけに関して，一般的な「認知」の一部として位置づける点を挙げることができる．実際，認知言語学が学際性を重視するのは，言語というものが，一般的な認知のほか，生理・身体・文化といった言語以外のものとの有機的な連携の中で機能するものと考えるからにほかならない．下の図で言えば，図1のように，言語を言語以外のものと関連づけるということは，図2のように，言語研究と他の研究とを連携させるということでもある．

もちろん，認知言語学の誕生以前から，言語研究を他の研究領域と連携させる試みは行なわれており，例えば，哲学との関係で言うと，古典的に言語は哲学の対象とされ，脳科学においても言語野や失語部位の研究は言語に関する現象を扱うものである．いずれも言語そのものの理解や医学的な解明をゴールとするものであったのに対し，認知言語学は，言語研究をとおして人間の知の営みに関する大域的な理解を視野に入れる．ハッキングが指摘したように，言語が〈認識主体（＝人間）〉と〈認識対象〉のインターフェイスになることから言えば，言語研究者が直接的に扱う対象は言語そのものであっても，そこから，人間の知の営みという大きな研究課題に資する可能性を持つ（Hacking 1975）．この点で，認知言語学は，いわば人間学という側面を持つ[注1]．

認知言語学の隣接領域のうち，最も直接的に関連すると思われるのは，心理学，とりわけ，認知心理学や知覚心理学であり，ラネカーの認知文法では**図地分化**（figure-ground distinction）の概念をゲシュタルト理論から援用していることは良く知られている．事象の知覚においては，全体を均質に見るのではなく，より多くの注意を与える部分と，相対的に注意が少ない部分がある．認知心理学では，事象の中で多くの注意を受ける前景的な部分を「図」（figure）と呼び，事象の背景となっている部分を「地」（ground）と言う．地は単に背景を提供するだけでなく，地によって図は解釈に影響を与える．また，図と地が反転することを図地反転といい，図地反転によって同じ事象が別の解釈を受けることがある．例えば，次の図3において，黒地の中に白丸があるのであって，白地の中に大きな黒面があるとは見えにくい．

図1　研究対象の隣接性　　図2　研究分野の隣接性

図3 黒の「地」に白の「図」

このような図地分化において，知覚的な図（figure）を特徴づける一般的な要因として次のようなものが知られている．

① 2次元的に閉じている図形は図になりやすい（完結性）
② 相対的に面積の小さい方が図になりやすい（大きさ）
③ 垂直・水平なものの方が斜めのものより図になりやすい（向き）
④ 単純・規則的・対称的な領域の方が図になりやすい（バランス）
⑤ 中央にあって，より近いところに見えるものが図になりやすく，背後に広がっているように見えるものは地になりやすい（奥行き）
⑥ 明るいもの，鮮やかなものは図になりやすい（明るさ）
⑦ 動くものは図になりやすい（動静）
⑧ 既存の意味や価値に関係づけられるものは図になりやすい（価値）

上の図3で，白い丸が図（figure）として知覚されるのは⑤および⑥が作用するとともに，⑧にあるように，中央の白い部分を「丸」という既存の名称で把握しやすいのに対して白い部分を除く黒い部分が既存の名称で把握できないことも作用している．①～⑧のような図と地の分化は，個人差がないとは言えないものの，およそ一定の一般性を持つ現象である．

このような知覚的な特性は，言語表現にも反映される．タルミー（Talmy 1978: 627, 2000: 314）が挙げた例によれば，例えば，the bike（＝自転車）と the house（＝家）の位置関係を描写するとき，(1a)のように，bike が図（figure）となって主語として実現される方が自然であって，(1b)のように，house が図（figure）となって主語として実現される配置では容認度が低くなる．

(1) a. The bike is near the house.（自転車が家の前にある）
 b. ??The house is near the bike.（家が自転車の後ろにある）

このペアで，the bike が図（figure）として把握されるのは，bike は相対的にサイズが小さく，可動体（移動物）であるからであり，house が地（ground）になりやすいのは相対的に bike より大きく，不動的な物件であって，知覚的な意味での図と地の特徴に一致するためと説明できる．(1b)の不自然さは，図地分化の原理と照らし合わせて初めて説明できるのであって，純粋に言語的な要因で説明することは難しく，知覚情報処理と言語情報処理の互換性を示す例と考えることができる．

ここに挙げたゲシュタルト心理学のほか，認知言語学と密接に関連する隣接領域として「**複雑系**」（complex system）について触れておきたい．複雑系とは，比較的単純な規則によって構成され，全体として秩序を持ちながらも，予測困難な振る舞いを見せるシステム（系）を言う．複雑系の科学は，個々の定理や分野を指す概念ではなく，複雑なものを，その本質を失わないように新しい視点と方法論で分析する複合的なパラダイムである．複雑系は，20世紀の末に大きなブームを迎えたが，複雑系パラダイムは決して単なる一時期のブームで終わるようなものではない．そもそも，言語というものは，音韻や形態素といった小さな単位の段階から一定のルールがあり，その積み重ねによって大きな単位が構成されるものであるが，語句や文，文章・談話というように単位が大きくなるほどルールで結果を予測することができなくなる．こうした点から見ると，言語研究にとって，複雑系というメタ理論は，いわばパソコンのオペレーションシステムのような働きを担うことが期待できる．言語研究との関連で，複雑系パラダイムのキーワードをいくつか挙げておこう．

「**自己組織化**」（self-organization）というのは，多くの要素が絡み合った混沌とした状態の中から，内生的な力によって，秩序ある構造が形成される現象であり，他から力が加えられないのに秩序が生成される可能性を示したところに意義がある．自己組織化は，言語現象の中にも見られ，語彙の体系と分布，語句の多義化，あるいは文法体系などに自己組織化が観察される．

「**非線形性**」（non-linearity）は「線形性」（linearity）の対立概念として位置づけられる．先

に「線形性」について言うと，線形性は，y = ax＋bのように直線で表される1次式の関係にあることを言う．線形的なものは，入力（x）と出力（y）が単純な比例関係にあり，例えば，入力（x）が3倍になれば出力（y）も3倍になる．線形性は，合成性の原理（重ね合わせの原理）が働くので，不規則な現象に発展する余地はない．これに対し，非線形性というのは，数式で言うと，y = x^{2}のように曲線で表される高次式の関係にあることを言い，入力（x）が3倍になったとき出力（y）がどれくらい変化するのか単純には予測できない．非線形は，単純に合成性の原理（重ね合わせの原理）が通用せず，逆に，合成性の原理が働かないところに非線形の特徴がある．非線形性は言語現象にも観察され，例えば，埋め込み構造は，John says that［Bill says that［Mary says …］］のように無限に繰り返すことが理論的には可能であるが，実際には三つ以上の埋め込みは容認度を著しく下げることが知られている．このとき，埋め込みの階層数と文の容認度は正比例の関係になく，容認度が低くなる理由を構成要素に還元することもできないという点で，この現象が非線形的であることがわかる．

「初期値敏感性」（sensitive dependence on initial condition）は，初期値に対して非常に敏感な依存性を持つカオス特有の性質であり，初期値（初期条件）に微小な変化が生じるだけで長期的には指数関数的に違いが増幅し，予想を越える変化が見られることを言う．言語現象との関連で言うと，会話分析において初期条件の微妙な差異が後の状態に大きな差異をもたらすことは経験されているところである．

「創発」（emergence）は，下位レベルにおける要素間の局所的な相互作用によって上位レベルに大局的な新しい性質が生成されることを言い，下位レベルにないものが上位レベルに出現してくるところに特徴がある．創発は，ゲシュタルトの「全体は部分の総和以上である」という考え方に通じるものであり，還元主義的手法が通じない現象に対応するための重要な概念である．

「フラクタル」（fractal）は，部分と全体が同じ形状を持つ図形であり，幾何学的に言うと，スケールを変えても同じ構造が繰り返し現れる特性を持つものをいう．数学的に厳密な自己相似性を持つものだけでなく，緩い意味で自己相似性を持つものも含めて考える．言語現象においては，例えば，「休校」という語は多義的で，「（台風などの理由により）一日単位で学校を休業すること」と「（学校経営上の理由で）数年単位で学校を休業すること」という二つの意味で用いられるが，ここにフラクタルを援用すると，「休校」が表す二つの意味が自己相似性の関係にあることがわかる．フラクタルはアスペクト表現にも観察され，「花子は，いまジョギングをしている」というような進行相の用法と，「花子は，毎朝ジョギングをしている」のような習慣相の用法の間においても，後者は前者を積み重ねたものであるから，両者はフラクタルの関係で結びつけることができる．

2. 言語と知覚との相同性

ここでは，言語と知覚との相同性という観点から，曖昧文の解釈に知覚的な特性が反映されることを見たい．

ゲシュタルトの要因（factor of configuration）は，知覚的に形態をまとめるときに作用する諸要因の総称で，「ゲシュタルトの法則」あるいは「形態の法則」とも呼ばれ，特に良く知られた要因に，近接の要因（factor of proximity）と類同の要因（factor of similarity）がある．「近接の要因」は「近い距離にあるものは，まとまって知覚されやすい」という傾向で，「類同の要因」は「形や大きさなど性質が同じものは，まとまって知覚されやすい」という傾向を言う．ゲシュタルトの要因には，「近接の要因」や「類同の要因」のほか，「よい連続の要因」（factor of good continuation）「よい形の要因」（factor of good form）「閉合の要因」（factor of closure）「残りを出さない要因」（factor of absence of remainder）「共通運命の要因」（factor of common fate）「経験の要因」（factor of past experience）「客観的態度の要因」（factor of objective set）があり，全体として「できるだけ全体が単純でまとまりのある安定した形になるよう体制化される」という「プレグナンツの法則」あるいは「簡潔性の法則」に概括される．

ここで，「近接の要因」と「類同の要因」が関

与すると思われる事例を挙げよう．いま，12の丸があり，六つの白丸○と六つの黒丸●が，次のように配置されているとする．

(2) ●○　○●　●○　○●　●○　○●

これらの丸印を二つずつ括るよう求められたとしたとき，どのように括るであろうか．一般に(3)のように括る傾向が強いであろうが，(4)のような括り方があってもおかしくはない．

(3)は，物理的に近くにあるもの同士を結びつけており，上述の「近接の要因」が作用したものと解釈できるが，その結果，黒丸と白丸という異なる色の丸を結びつけることとなり，「類同の要因」には従わなかったということになる．一方，(4)は，同じ色の丸同士を結びつけており，「類同の要因」が優先したと解釈できるが，その結果，「近接の要因」には従わなかったということになる．(3)も(4)も，「近接の要因」と「類同の要因」のいずれか一つには従っており，この点で，決して不自然な知覚処理はしておらず，いずれも，十分にありうる解釈と言ってよい．両者の差異は，「近接の要因」と「類同の要因」のいずれを優先させたかの違いに帰着できる．興味深いのは，このような現象が言語表現の意味理解にも反映されることであり，この点について，菅井・黛(2005)に従い，次の例で検討してみたい．

(5) 太郎と次郎に関係のない三郎から事情を聞いた．

(5)を解釈するとき，誰から「事情を聞いた」と読めるだろうか．ここには「太郎」「次郎」「三郎」という三つの名詞句が含まれるが，助詞「と」によって，どれとどれを等位接続するかによって構造的に曖昧になる．具体的には，次の(5′)のように「太郎」と「三郎」を等位接続させる解釈と，(5″)のように「太郎」と「次郎」を等位接続させる解釈がある．

(5′) [太郎と次郎]に関係のない三郎から事情を聞いた．

(5″) [太郎]と[次郎に関係のない三郎]から事情を聞いた．

(5′)のように，助詞「と」によって「太郎」と「次郎」を等位接続させた場合，結局「事情を聞いた」のは「三郎」のみになるのに対し，(5″)の

ように，「太郎」と「三郎」を等位接続させた場合，「太郎」と「三郎」の二人から「事情を聞いた」ことになるが，この二つの解釈のうち，(5′)の解釈の方が容認されやすいのに対し，(5″)の解釈は不自然であろう．というのも，(5′)のように「太郎」と「次郎」を等位接続させるのは，上述の「近接の要因」に従っているのに対し，(5″)のように「太郎」と「三郎」を等位接続させるのは，「近接の要因」にも従っておらず，知覚的な情報処理の点から見て，「太郎」と「三郎」の等位接続は妥当性が低いからである．

このことは，次の例からも確認できる．

(6) 太郎と企業に関係のない三郎から事情を聞いた．

この(6)は，前述の(5)に比して「次郎」を「企業」に変えたものであるが，理論的には，助詞「と」によって等位接続する組み合わせには次の二通りがある．

(6′) [太郎と企業]に関係のない三郎から事情を聞いた．

(6″) [太郎]と[企業に関係のない三郎]から事情を聞いた．

(6′)では「太郎」と「企業」が等位接続され，結果的に「三郎」だけから「事情を聞いた」と解釈されているのに対し，(6″)では「太郎」と「三郎」が等位接続され，全体として「太郎」と「三郎」から「事情を聞いた」と解釈されるが，この二つの解釈のうち，(6′)の解釈よりも，(6″)の方が容認度が高い．(6′)が相対的に不自然に感じられるのは，「太郎」と「企業」という，距離的には近くにあるものの，異質なもの同士を等位接続していることに帰着され，一方，(6″)の容認度が相対的に高いのは，「太郎」と「三郎」という，距離的には遠くにあるものの，類同的なもの同士を等位接続していることに帰着される．このことを知覚的な特性との関係から説明するならば，(6)の解釈においては，(6′)のように近接の要因を優先させる解釈よりも，(6″)のように類同の要因を優先させる方がよいということになる．(6)の解釈において，類同の要因が優先されるのは，「太郎」「企業」「三郎」という三つの参与項の中で，百科事典的に「企業」だけが異質のものという理解が強いためにほかならない．

このことを踏まえると，次の(7)のように，よ

り複雑な現象も，どちらの読みが優勢になるかについて予想が可能になる．

(7) 大学と病院に関係のない企業から事情を聞いた．
この(7)では，「大学」「病院」「企業」という三つの参与項が含まれ，いずれも「個人」ではなく「組織」あるいは「機関」という点で均質であり，緩い意味で類同の関係にあるため，次の二つの解釈のうち，(7′)の方が(7″)よりも優勢になると予測できる．

(7′) ［大学と病院］に関係のない企業から事情を聞いた．
(7″) ［大学］と［病院に関係のない企業］から事情を聞いた．

このとき，(7′)の方が(7″)よりも容認度が高くなるのは，(6)と同様に，(7′)が「近接の要因」に従っているのに対し，(7″)は「近接の要因」にも従っていないためと説明できる．
さらに，次の例でも同様のことが言える．

(8) 国立大学や企業に関係のない私立大学から事情を聞いた．

(8)では，「国立大学」「企業」「私立大学」という三つの参与項は，いずれも「組織」あるいは「機関」ではあるが，百科事典的に「国立大学」と「私立大学」が類同的で，「企業」だけが異質であり，そのような百科事典的な理解が共有される限りにおいて，次の(8′)よりも(8″)の解釈の方が優勢になる．

(8′) ［国立大学と企業］に関係のない私立大学から事情を聞いた．
(8″) ［国立大学］と［企業に関係のない私立大学］から事情を聞いた．

(8)は，前述の(6)と同様に，近接の要因より類同の要因が作用しやすい条件になったためと説明できる．

このような傾向を純粋に統語的な規則で説明することは不可能で，意味的な要因だけでも説明できない．もちろん，表記上，読点「，」を挿入すれば意味の解釈は誘導を受けるが，このことも，意味解釈に視覚情報が影響を与えることにほかならない[注2]．

3. 鉛直方向と水平方向の非対称性

ここでは，水平方向に関する言語表現と鉛直方向に関する言語表現の間に非対称的な関係があり，これが知覚的な特性と性質を共有していることを取り上げる．

知覚の特性として，垂直方向と水平方向には非対称的な関係があり，知覚心理学における「フィックの錯視」(the Fick illusion) という概念が知られている．フィックの錯視は，長さが同じでも垂直に置かれた線分は水平に置かれた線分よりも長く見える錯視を言う．具体的には，次の図4において，縦線と横線は同じ長さであるが，縦線の方が長く見えるであろう．

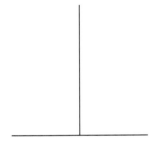

図4　フィックの錯視

このように，鉛直方向に描かれた線分の方が水平方向に描かれた線分よりも長く見えるということは，鉛直方向は水平方向よりも知覚的に優位にあることを示している．フィックの錯視が成立する理由については未だ定まってはいないものの，知覚的な特性として，知覚画像の鉛直方向（上下方向）は圧縮することができるのに対し，水平方向にはそういう性質はないことが指摘されている．
例えば，次の図5において，鉛直方向に長い一本道が描かれており，さながら限りなく続いているように見えるが，それほどの長い道が画像の中では鉛直方向の3分の2くらいの長さに圧縮されて描かれている．

図5　鉛直方向の縮小

鉛直方向の長さが圧縮されて描かれるということは，実際の長さは，画像の中で描かれている長さよりも伸張して解釈されるということであるが，そのような圧縮や伸張は水平方向には観察されない．ここに鉛直方向において長く見える要因が指摘されている．

興味深いのは，同様の原理が言語表現にも反映されるところにある．具体的には，次の(9)のような例に反映されるものであり，サッカーの競技において，選手の動きを表すのに「上がる」や「下がる」が使われることがある．

(9) a. フォワード (FW) の選手が<u>上がって</u>来ました．
　　 b. ディフェンダーは早く後ろに<u>下がった</u>方がいいですね．

言うまでもなく，サッカーにおいて，選手はグラウンドの上を水平方向に動いているのであって，基本的に選手が鉛直方向に動くことはない．(9a)の「フォワード」というのは，相手のゴールに近いところにいる選手を指し，(9b)の「ディフェンダー」というのは自分のチームのゴールに近いところで，相手チームが攻めてくるのを防ぐ役割の選手を指すが，相手のゴールに向かって攻めるとき，あるいは自分のゴールの方に戻るとき，それぞれ，「上がる」あるいは「下がる」という表現が用いられる．同様の表現は，日常表現の中でも観察され，「危ないから，後ろに下がりなさい！」などというとき，必ずしも，鉛直方向の移動がなくても，「下がる」という動詞が用いられるが，ここでも，鉛直方向の概念を表す表現が水平方向の概念を表すのに転用されているということになる．

このように，上下方向の軸が水平方向の軸に派生的に用いられることについて，瀬戸 (1995: 253) は「投射」という概念で記述し，次のような関係があると述べている（図6）．

「投射の原則」
　言語表現においては，上下の軸は水平方向に投射されることはあっても，水平面に属する軸が上下の軸に投射されることはない．

この図が示すように，鉛直方向の概念を表す「上」や「下」が，水平方向における「前」や「後ろ」を表すのに用いられるとき，「上」が「前」に投射され，「下」が「後ろ」に投射されるという．

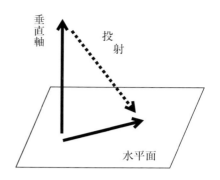

図6　瀬戸 (1995) による「投射機構」

瀬戸 (1995) によれば，厳密には，「上」が投射されるのは「前」そのものではなく，「前」が象徴するものであって，つまりは「価値の中心」といい，逆に，「下」が投射されるのは「後」が象徴する「価値の中心から外れるもの」とされる．これによって，次のように，野球の実況中継からとった例が同じように説明される．

(10) a. 打球は<u>ショートの深いところ</u>で捕球され，一塁に送球されました．
　　　b. 3 球目を高く打ち上げて，<u>浅いレフトフライ</u>に倒れました．

野球という競技も，グラウンドという平面で行なわれるものであって，ピッチャーが投げる「マウンド」と呼ばれる領域以外に大きな高低差はない．したがって，(10a)における下線部のように「ショートの深いところ」は，決して鉛直方向の地下を指すのではなく，ホームベースから水平方向に離れたところを指すとしか解釈されえない．(10b)においても，「浅い」は，水平方向において，相対的にホームベースに近い位置を表しているのであって，鉛直方向を表していない．このとき，野球という競技で，ホームベースのある方が価値のある「上」であり，外野の方が，価値の中心から外れた「下」に相当することになる．

一方で，瀬戸 (1995: 253) は，水平方向の概念が鉛直方向に用いられるケースは認められないという．仮に，そのような用法があるとすれば，本来的に水平方向を表す「左・右」「前・後」「奥行き」「向かい」「横」「脇」などの語句が鉛直方向を表すのに使われるケースを指摘すればいいことになるが，そのような用法は観察されない．この限りにおいて，鉛直方向と水平方向の派生関係に

おいて，およそ〈鉛直方向から水平方向〉という単方向的な傾向が認められることになる．

そのうえで，知覚における鉛直方向の優位性という観点から言うと，鉛直方向から水平方向に投射されるというよりも，むしろ水平方向を鉛直方向に「見立て」て解釈していると考える方が良いのではないか．このような分析ができるところに知覚的な特性を考慮することの意味があると思われる．

4. 学校教育との連携

ここでは，他の学問領域との連携という観点から**言語教育**を取り上げたい[→ 4B.5]．

認知言語学と言語教育との関係について言えば，少なくとも生成文法的なアプローチに比して認知言語学の考え方や手法が言語教育と親和性を持つことは直感的にも支持されていた．実際，言語学と言語教育（とりわけ**英語教育**）との関係に関しては，1990 年代から研究が蓄積されてきている．最初の本格的な成果として，田中茂範（1987，1990）による多義の CNP 理論があり，その基本的な考え方は，抽象的な中核的意味（＝ core）が実現した典型的な意味がプロトタイプ（＝ prototype）であり，それが周辺的な意味とネットワーク（＝ network）をなすというものであった[→ 4B.6]．この理論による基本動詞の分析は，動詞の多義性に関する理解に新しい光をあてるものであり，田中ほか（2003）のような学習用の辞書に結実している．同様に，前置詞 over のスキーマ分析に関する Dewell（1994）の研究も前置詞の理論的な説明を発展させた．また，ゴールドバーグ（Goldberg 1995）が強調した「構文」という考え方も，言語研究として卓見であっただけでなく，日本の英語教育において，それまで「語」や「文」という単位を中心に置いていた文法観に対して，構文という単位で構造を考える見方の有用性を示した点で，重要な役割を果たしている．このほか，基本単語の多義分析やアスペクト，機能語，文法構造に関する認知言語学の研究成果が，それぞれ英語教育に応用されるようになっていった．

認知言語学から言語教育への貢献は，英語教育についで**日本語教育**にも広がっていく[→ 4B.7]．

その実績として，森山（2008）による格助詞の研究は，認知言語学における基礎研究を踏まえた日本語教育への応用として体系的に整備され，様々な文法領域で日本語教育の研究的側面を発展させながら，やがて**応用認知言語学**という新しい分野を生み出していくことになる．

日本における言語教育として，英語教育と日本語教育に加え，学校における**国語教育**を視野に入れることができる．日本の学校における国語教育も広義の言語教育であり，言語研究者が関心を持つべき部分であるにもかかわらず，これまで言語研究者は英語教育や日本語教育ほど国語教育に積極的に関わってこなかったというのが実情であろう．国語教育が英語教育や日本語教育と異なるところは，第二言語を習得するという語学的なものではなく，既に母語の運用を獲得したという前提のうえで行なわれるので，例えば，格助詞「から」の意味がいくつあろうが，それを合理的に整理する必要に迫られていない．したがって，形態格の意味を統一的に説明しようとするような文法的構造や体系に関する研究知見は，国語教育には必要とされていないという面がある．それにもまして重要なのは，国語教育が英語教育や日本語教育と大きく異なるのは国語教育が学校教育という限定的な領域の中で運用されるという点にある．英語教育も，中学生や高校生を対象とする場合は学校教育の一部にはなるけれども，一般社会にも英語教育（英語学習）が広がり，一般社会における英語教育と学校社会における英語教育が連続性を持つのに対し，一般の社会人に必要とされる日本語力と学校社会における国語教育は画然とした隔たりがある．

そのような文脈の中で，認知言語学の研究知見の中で国語教育にとって有益と思われるのは，概念主義的な意味観であろう．認知言語学の**概念主義的意味観**に立つと，意味とは〈ものの見方〉であって，言語表現は，その捉え方を反映したものであるから，どのような言語表現で表されているかということは「意味（＝ものの見方）」を可視的に考えるうえで非常に重要である．表面的な言語表現の差異を考えるということは，認知過程における〈ものの見方〉の差異を考えることにほかならない．例えば，国語科の授業で受け身（受動

態）が扱われるのは，助動詞「れる」「られる」に用法が四つある中の一つとしてであって，他の三つの用法（自発・尊敬・可能）との見分け方（識別法）を中心に説明されるのが一般的であり，実際，次のペアのように，受動文を能動文との対比において考える機会はないという．

(11) a. 男が女を追いかける．
　　 b. 女が男に追いかけられる．

概念主義の立場から上述の(11a)と(11b)の違いを考察すると，両者の差異は，結局，「男」と「女」のうち，どちらに視点を置くかという点に帰着され，(11a)と(11b)は，それぞれ，次の図7(a)，(b)のようなアングルから描いたものと解釈される．

図7　能動態の視点と受動態の視点

図7(a)と(b)が客観的には同一の状況を表しているにもかかわらず，異なる意味を表しているのと同様に，(11a)と(11b)も，論理関係が同一であっても，異なる意味を持つものと分析するのが概念主義的意味観に立つ認知言語学のスタンスであり，図7(a)と(b)のように視覚化すると，もはや，(11a)と(11b)を意味的に同じと考えることはできないだろう．認知言語学の観点から見れば，国語科において文法として扱われる助動詞の指導もおのずと変わる．すなわち，「助動詞レルやラレルは受け身を表す」という規則の暗記よりも，「レルやラレルがつくとどう意味が変わるでしょうか」という問いを考えることの方に意味がある．その際，「全体で言っていることは同じだけれども，どちらに注目するかが違う」という答えを導くことができれば，言語表現を通して〈捉え方〉の差異を理解することが可能になる．

同様に，次のペアでも，(12a)と(12b)を同一の意味と解釈することはできない．

(12) a. お前は，自分から見ようとしないから現実が見えないのだ．
　　 b. お前は，現実が見えないのは自分から見ようとしないからだ．

文法的な用語で言えば，(12)のペアに見られる現象は「倒置」ということになるが，倒置という現象も決して無機的な文法事項なのではなく，認知言語学的に言えば「図地反転」の一つであり，焦点の移動という表現上の技巧ということになる．(12)のペアにおける知的意味の差異を理解することは，言語表現の意味を示差的（弁別的）に読みとる力を高めるだけでなく，言語表現と意味に関する相関関係をメタ言語的に把握するようになることにほかならないのである．

もう一つ，国語教育に言語研究が貢献するのは，メタ的に理解する能力を踏まえて，日本語を意図的にコントロールする力，すなわち，**メタ言語能力**（metalinguistic ability）を高めるとともに，外国語の学習を促進する形で言語の原理を理解すること，社会的な側面において言語の運用に関する能力を高めることが挙げられる．この点について有益と思われる認知言語学の知見として**類像性**（iconicity）を挙げることができる．具体的な事例研究として，菅井（2015）に基づき，表現内容と表現形式との有縁的な関係という観点から，句読点の用法について考えてみたい．いま，三つの事柄を並列的に含む内容を言語化しようとするとき，原理的に，次の(13)〜(15)のような表現形式を用いて表すことができる．

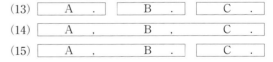

(13)は三つの事柄(A, B, C)を三つの文に分割して表すものであり，(14)は三つの事柄を一つの文に集約して表すものである．また，(15)のように，三つの事柄(A, B, C)のうちAとBの二つを一つの文で表し，全体では二つの文で三つの事柄を表すこともできる．どの表現形式を用いるかは表現内容相関性を持ち，次のように例示できる．

(16) 男子生徒の健康診断は10時からです．女子生徒は13時からです．教職員は16時からです．

(17) 男子生徒の健康診断は10時から，女子生徒は13時から，教職員は16時からです．

(18) 男子生徒の健康診断は10時からで，女子生徒は13時からです．教職員は16時からです．

(16)〜(18)の例は，いずれも同じ情報量を含み，「男子生徒」「女子生徒」「教職員」という三つの事柄を含んでいるが，それぞれ，上掲の(13)〜(15)の表現形式で表されている．すなわち，(16)は三つの事柄を全体として三つの文で表しており，(17)は三つの事柄を一つの文で表している．また，(18)の例は，三つの事柄を二つの文で表しており，「男子生徒」と「女子生徒」を一つの文で括り，「教職員」を一つの文で表している．この中で，どの表現形式を用いた場合でも，文法的に間違いではないが，直感的にわかりやすいように感じられるのは，(18)ではないだろうか．(18)のように，三つの事柄を二つの文で表す書き方を自然に感じるのは，表面的には三つのものが並んでいるように見えても，「男子生徒」と「女子生徒」で「生徒」という一つのかたまりをなし，それと「教職員」が並列になると認識（理解）され，意味的には二つのものの並列という認識が反映されたものと説明することができる．このことから言えるのは，どのような表現内容がどのような表現形式で表されようと完全に恣意的（自由）なのではなく，表現内容によって，その表現内容に相応しい表現形式があるということであり，こうしたメタ的な言語感覚を高めることにおいても認知言語学の知見は国語教育に貢献することが期待できるように思われる．

まとめと展望

認知言語学は，本来的に学際性の高い研究領域であるが，ただ理念的に言語と一般的な認知との有機的な関係を主張するだけでなく，具体的な言語分析を通して実証的に例示する必要がある．本節では，言語と知覚との相同性（2.），鉛直方向と水平方向の非対称性（3.），社会科学的な学校教育との連携（4.）について例証を試みた．

今後，関連領域との連携という観点からの展望として，隣接領域の知見を一方的に援用するだけでなく，相互作用的な研究によって，他の領域での研究に認知言語学の知見が貢献するように努めていくことも必要である．その意味でも，これまで連携が見られた領域だけでなく，教育学や哲学などのほか新たに連携できる分野とも広く関わりを持ち，積極的に目を向けていくことが求められ

るであろう．

▶注

1 もちろん，従来の言語研究の中にも鈴木（1973）のように人間学的な探求は見られるが，必ずしも理論的に体系化されたものではなかった．
2 山中（2000）では，修飾句をＡとし，被修飾句をＸおよびＹとして，"ＡＸとＹ"のような構造を想定するとき，被修飾句ＸとＹが〈同類〉のとき"Ａ［Ｘ並Ｙ］"のような解釈が強くなることが指摘されているものの，そのような構造的要因が必ずしも強い要因ではないと結論づけられている．こうした，山中（2000）の研究は，修飾関係における曖昧性を問題にしたものであったが，本節で提示した分析は，Ａにあたる修飾句がない場合を含めた一般的なものになる．

▶重要な文献

Hacking, I. 1975 *Why Does Language Matter to Philosophy?* Cambridge Univ. Press, Cambridge.［伊藤邦武（訳）1989『言語はなぜ哲学の問題になるのか』勁草書房.］
　哲学は，伝統的に言語（ロゴス）との関係が深いが，本書のタイトルにある問いに対する解答は，言語が認識する主体（人間）と認識される対象の間のインターフェイスになるからということになる．
井庭崇・福原義久 1998『複雑系入門―知のフロンティアへの冒険』NTT 出版.
吉永良正 1996『「複雑系」とは何か』（講談社現代新書）講談社.
Waldrop, M. M. 1992 *Complexity: The Emerging Science at the Edge of Order and Chaos*, Simon & Schuster.［田中三彦・遠山峻征（訳）1996『複雑系』新潮社.］
　「自己組織化」や「創発」などの発想は，すでに言語研究で用いられるようになってきたが，今後も積極的に援用する余地がある．ここに挙げた3冊は，複雑系の入門書・概説書として格好と思われる．

▶文　献

Dewell, R. B. 1994 Over Again: Image-Schema Transformations in Semantic Analysis. *Cognitive Linguistics* 5(4): 351-80.
Goldberg, A. E. 1995 *Constructions: A Construction Grammar Approach to Argument Structure*, Univ. of Chicago Press, Chicago/London.［河上誓作・早瀬尚子・谷口一美・堀田優子（訳）2001『構文文法論―英語構文への認知的アプローチ』研究社.］
Hacking, I. 1975 *Why Does Language Matter to Philosophy?* Cambridge Univ. Press, Cambridge.［伊藤邦武（訳）1989『言語はなぜ哲学の問題になるのか』勁草書房.］
森山新 2008『認知言語学から見た日本語格助詞の意味構造と習得』ひつじ書房.
瀬戸賢一 1995『空間のレトリック』海鳴社.
菅井三実 2015『人はことばをどう学ぶか―国語教師のため

の言語科学入門』くろしお出版.

菅井三実・黛穂高 2005「言語能力と認知機構の互換性に関する覚書」『兵庫教育大学研究紀要』27: 63-71.

鈴木孝夫 1973『ことばと文化』（岩波新書）岩波書店.

Talmy, L. 1978 Figure and Ground in Complex Sentences. In Greenberg, J. H.（ed.）*Universals of Human Language*, Vol.4, Stanford Univ. Press, Stanford, pp.625-49.

Talmy, L. 2000 *Toward a Cognitive Semantics*, Vol.I, *Concept Structuring Systems*, MIT Press, Cambridge, MA.

田中茂範 1987『基本動詞の意味論—コアとプロトタイプ』三友社出版.

田中茂範 1990『認知意味論—英語動詞の多義の構造』三友社出版.

田中茂範ほか（編）2003『E ゲイト英和辞典』ベネッセコーポレーション.

山中信彦 2000「いわゆる『若い男と女』の多義性について」山田進ほか（編）『日本語意味と文法の風景』ひつじ書房，pp.257-73.

5.2

認知心理学と認知言語学

楠見　孝

　認知心理学は，行動主義的心理学に対するアンチテーゼとして，1970 年代から認知革命の影響を受けて始まった．本節では，第 1 に，こうした認知心理学の言語研究の歴史的背景を認知科学との関連の中で説明する．第 2 に，認知心理学の学問上の特徴を認知言語学と比較して，①人間の情報処理機構の重視，②実験法などの実証的方法，③モデル化にあることを述べる．第 3 に，認知心理学の特徴である実証的研究に基づくモデル構築の例として，カテゴリーやメタファー理解を支える知識表象のモデルを紹介する．第 4 に，認知心理学のカテゴリーとメタファー研究について，認知言語学の研究との関連において論じる．最後に，認知心理学と認知言語学の今後の研究展望として，知識表象のモデル化を取り上げ，その研究指針として，①心理的実在性，②多角的アプローチ，③社会的文脈・外界との相互作用の重要性について述べる．

1. 認知心理学と認知科学の系譜

▶ 1.1 認知心理学の誕生

　心理学においては，1920 年代から 1950 年代後半までは，人間の行動を「刺激 – 反応」連合で説明する行動主義の実験心理学が主流であった．しかし，1950 年代後半頃から，人間の「刺激 – 反応」の間にある内的過程（ブラックボックス）を情報処理モデルに基づいて説明する認知心理学が，次第に盛んになってきた．これを**認知革命**という（Gardner 1985）．その契機になった研究には三つの流れがある．

　第 1 は，**計算機科学**，人工知能研究の流れであり，ニューエル（Allen Newell）とサイモン（Herbert Simon）が，数学の定理の証明に代表される人間の問題解決過程を計算機によって初めてシミュレートした一連の研究である．

　第 2 は，**実験心理学**の研究の流れである．代表

的な研究としては，①ミラー（George Miller）の「マジカルナンバー 7 ± 2」というタイトルで 1956 年に出版された研究，②発生的認識論のピアジェ（Jean Piaget）や記憶心理学者バートレット（Frederic Bartlett）が，認知の枠組みとして提起したスキーマに関する研究，そして，③認知心理学の普及の契機になったナイサー（Neisser 1967）の教科書『認知心理学』（cognitive psychology）が挙げられる．

　第 3 は，言語学研究の流れであり，チョムスキー（Noam Chomsky）による**変形生成文法**の研究が代表的である．変形生成文法は，言語を人間の他の認知機能とは独立したモジュールとして扱い，その自律性や生得性を強調していた．それに対して，認知言語学では，人間の言語能力は，人間が持つ他の認知機能によって支えられていると考えると同時に，言語もまた人間の他の認知機能に影響を及ぼすと考える．特に，認知言語学は，認知心理学，さらにそれ以前の心理学研究の理論的構成概念や知見を取り入れて理論を展開している．例えば，図 – 地分化[→ 3.3]，概念のプロトタイプ[→ 3.2 , 5.4]，イメージ・スキーマ[→ 3.4]，類推と写像，身体化認知[→ 3.1]などがある．

　なお，認知心理学が始まった 1970-1980 年代前半頃までは，認知心理学における言語研究は，実験心理学の影響を強く受けていた．ここでは，厳密に統制可能な単語レベルの研究から文レベルの研究，さらに，1980 年代以降には文章，物語の研究が行なわれるようになった．その中では，生成変形文法の影響を受けて，その**心理的実在性**（psychological reality）を実験的に研究することが多かった．ここで，変形生成文法の影響を受けた言語過程や言語獲得の心理学的研究は，**心理言語学**（psycholinguistics）と呼ばれ，言語の心理学（psychology of language）と区別されることもある．

5.2 認知心理学と認知言語学

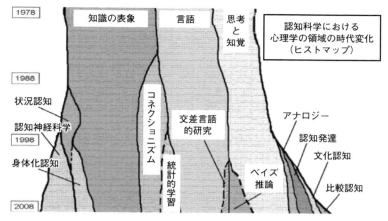

図 1　認知科学会年次大会における発表件数から見た研究テーマ数の推移（Gentner 2010）

　認知心理学は，心理学の一分野というだけでなく，計算機科学，言語学とともに，脳神経科学，文化人類学，哲学など，認知に関わる学問を加えた学際科学である**認知科学**（cognitive science）としても位置づけられるようになった．こうした動きは1960年頃から徐々に盛んになり，1977年には，アメリカにおいて認知科学会が，1983年には日本認知科学会が発足した．日米どちらの認知科学会においても，認知心理学者と人工知能学者，言語学者は中核メンバーとして活躍している．

▶ **1.2　認知科学における認知心理学の研究動向**

　ここでは，認知心理学における研究テーマの過去30年の変遷を認知言語学の関連から見てみる．図1は，認知科学における認知心理学の研究動向（1978-2008年）として，ゲントナー（Gentner 2010）が，アメリカ認知科学会年次大会の第1回1978年から10年ごとに2008年まで，テーマ別の発表件数を参考に研究動向を示したものである．図1より，1978年には，スキーマ，カテゴリー，イメージなどを主なトピックとする，知識表象のテーマがやや多く，言語，思考と知覚の3領域が盛んであったことがわかる．その後，30年にわたって，3領域は主流としての地位を占めつつも，1980年代からはコネクショニズム研究（3.3で後述），1990年代からはメタファーとも関連する類推研究（4.4.4で後述），そして認知神経科学[→ 5.5]が盛んになってきたことがわかる．

　また，図1の左下の一部についてより詳細に説明した図2を見ると，主流の研究に対抗するトレンドとして，1960年代には，ギブソン流の心理学

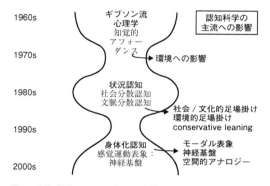

図 2　認知科学における主流に対抗する潮流の発表件数から見る推移（Gentner 2010）

（生態心理学，Gibson 1970）が盛んになり，知覚的アフォーダンスなどの環境構造の直接知覚を重視する考え方は，認知心理学の視知覚や運動領域の研究に取り入れられた[→ 5.3]．

　1970年代後半から1980年代までの間は，**状況認知**（Hutchins 1996）の考え方が盛んになり，1990年ごろに，この考え方は主流の研究に入ってきた．ここでは，人間を社会における複数のサブシステムとして捉え，認知が集団において分散化される点（分散認知）が注目された．

　そして，1990年代以降は，**身体化認知**（embodied cognition），すなわち，認知現象を，身体に依拠したagentとしての人間が，対象，目標，期待からなる具体的な環境の中で，身体や感覚・運動情報をもとに行動していると捉える理論が盛んになり，認知言語学においてもレイコフ（Lakoff 1987）をはじめとする言語の経験基盤性や身体性を重視したメタファー研究に影響を及ぼ

した（Gibbs 2005; Rohrer 2007）[→ 3.1, 3.5].

2. 認知心理学の特徴：認知言語学との差異

認知心理学の主な特徴は，第1に，人間の認知を情報処理システムとして捉え，第2に，実験法などを用いて実証的に解明し，第3に，モデル構築をするという3点である．

▶ 2.1 人間の情報処理

認知心理学の特徴は，第1に，人間の認知を**情報処理**（information processing）**機構**と捉え，それを支える知識表象に着目する点である．これは，コンピュータと人における情報処理の共通性に基づくメタファー，コンピュータから人間への類推（analogy）に基づいている．一方，認知言語学では，知識表象や言語，知覚，運動など扱う研究テーマは共通するが，コンピュータメタファーを使うことは，認知心理学に比べて少ない．

認知心理学では，コンピュータメタファーに基づいて，人間の複雑な認知過程を支える構成要素をいくつかの下位システムに分けて考える．すなわち，図3に示すように，人間の認知過程は，「情報を入力分析するシステム→情報を操作して貯える中央システム→言語・運動による出力システム」に分かれる（e.g. Pinker 1994）.

入力分析システムは，言語刺激（発話，文書など）と複雑に変化する物理的刺激（音，顔）を処理する．入力の中でも顔認知や危険認知，食物発見など，その処理が生得的に重要な意味を持ついくつかの入力に対しては，その入力に対して迅速な処理を行なう**モジュール**が仮定されている．モジュールは他の認知システムと独立に機能する性質を持つ．モジュールに対応する入力は，刺激に基づいて自動的かつ高速で処理され，その処理は無意識的に行なわれる（Fodor 1983）．特に，変形生成文法は，言語のモジュール性を仮定している．さらに，言語がモジュール性を持つかどうか

について は，失語症などの患者を対象として神経心理学研究において検討されている[→ 5.5].

中央システムは，入力情報を心的な表象として表現して，思考を表象の変換操作として捉える．そして，その結果を知識として記憶に貯蔵し，あとで類似する入力があったときに検索して用いる．認知心理学が盛んになる前の行動主義心理学と大きく異なる点は，中央システムをブラックボックスとせずに，中心的な研究テーマとする点である．この中央システムにおいて，膨大な知識（概念やカテゴリー，スキーマなど）をいかに表象し，言語の理解や産出に利用しているかは，認知心理学と認知言語学の両方にとって重要なテーマである（3. で後述）.

出力システムは，中央システムで処理をした結果を出力する．これは，ロボットやコンピュータに比べて自由度の高い発話や書字などの言語出力と運動出力とによって支えられている．

ここで，人間の情報処理モデルの大事な仮定は，限られたリソース（情報処理容量，知識，時間など）と処理の効率性である．そのために，情報処理活動全体をコントロールする**メタ認知**が，処理の効率化を支えている．メタ認知は，メタ認知的スキル（方略の獲得や実行）とメタ認知的知識（方略，課題や自分に関する知識）に分かれる．これらによって，自分の情報処理過程をモニターし，プランを立て，心的努力を最適に配分するような能動的制御が可能になる．メタ認知は，人間の情報処理の重要な特徴として認知心理学では認知言語学よりも重視されている．

さらに，人間は情報処理容量の限界があるため，大量で複雑な情報に対処するためには，処理負荷の低い情報処理方略（ヒューリスティックなど）を用いて，直観的にすばやく結果を得る必要がある（システム1）．例えば，**メトニミー**（**換喩**）や**シネクドキー**（**提喩**）は，知覚的，あるいはカテゴリー内で顕著な部分あるいは全体で，そうでない部分を端的に表現するという点で，情報処理の効率化を反映している（楠見 1990）[→ 3.5].

一方，知識やスキルは，経験からの学習によって長期記憶に保存される．こうした記憶は，生涯を通じて獲得され，その記憶容量に限界はない．新しい知識やスキルは既有の知識と関連づけて獲

入力分析システム→中央システム→出力システム

［感覚・知覚］	［表象］	
物理的刺激	知識	運動
社会的刺激	推論	決定
言語		言語

図3　人間の情報処理の三つの下位システム

得され，類似性（カテゴリーやメタファーなど）や近接性（スクリプトやメトニミーなど）に基づいて構造化される．したがって，既有知識が増大するほど，新たな情報の獲得，理解は容易になり，さらに，それを利用した類推などの高次の問題解決が可能になる（楠見 2002）．

▶ 2.2 実験・調査などの実証的方法

認知心理学の第 2 の特徴は，**実験法**，さらに，観察法や調査法を含む実証的な方法である．認知心理学は，心理学の歴史において主流である実験心理学の伝統を引き継いでいる．その理由は，知覚，学習，記憶，言語，思考，運動などに関わる実験課題を用いて，人間が課題を遂行するときのプロセスやパフォーマンス（成績）を測定するからである．典型的な実験では，実験条件として操作した独立変数（例えば，概念階層における上位水準 – 基礎水準 – 下位水準）が，その効果として測定される従属変数（例：反応時間，正確さ，判断）にどのように影響を及ぼすかという因果関係を検討する（4.1 で後述）．また，**プロトコル分析**という，実験参加者に課題遂行中に考えていることを発話（発話思考）してもらい，その内容から認知プロセスや利用している知識を明らかにする方法もある．

調査法，観察法は，実験に準じる実証的アプローチとして位置づけることができる．調査法は，言語の実証的研究のために用いることも多い．例えば，言語材料としてある要因を操作して系統的に作成した刺激（例えば，慣用性の高い比喩と低い比喩）を呈示して，参加者に親密度，理解可能性などの複数の評定を求める．その評定データについて多変量解析などの統計的な手法を用いることで，呈示した刺激の背後に共通している概念の構造や因果関係が推測できる（中本・李 2011 参照）．また，観察法は，ビデオ記録解析装置などの進歩によって，現実世界における人間の言語行動を解明する手法として位置づけられている．認知心理学は，こうした多角的な方法によって実証研究を行なうことが特徴である．

一方，認知言語学においては，言語事例の分析を，研究者の作例や手作業による収集と言語直観を用いた分析によって行なうことが多かった（例えば，メタファー研究については Lakoff 1987,

1993; Lakoff and Johnson 1980, 1999; Lakoff and Turner 1989）．しかし，1990 年代後半からは，認知言語学研究においても，会話や文芸作品の電子化コーパスを用いてメタファー研究を進めたり（e. g. Deignan 2005），大規模なネット上のデータを用いて言語事例を収集し，統計的分析をしたり，言語使用をモデル化する用法基盤モデルに基づく研究[→ 2.7]や，認知心理学的な実験・調査が行なわれるようになってきている（e.g. González-Márquez et al. 2007; 辻 2011）．

▶ 2.3 モデル構築

第 3 の認知心理学の特徴は，人間の情報処理や知識表象（概念など）のモデルをつくることである．これは，認知心理学が行動主義の影響を受けた 20 世紀前半の実験心理学とは異なる点である．特に，認知科学の一分野として認知心理学を位置づける立場では，人工知能学的方法であるコンピュータシミュレーションに基づくモデル構成に重点がある．こうした**シミュレーション**研究は，人間とコンピュータが機能的に共通する領域（例えば，知覚，言語処理，推論，学習など）を対象に進められてきた．特に，言語処理研究は，変形生成文法の影響を受けて大いに発展した．

ただし，認知心理学的アプローチと，人工知能学的アプローチは，モデル化の目的やモデルの評価規準が異なる．認知心理学のモデルは，人間の認知をどれだけ記述・説明できるかというモデルの**心理的実在性**が重要な評価規準である．

特に，認知心理学において発達したモデル化の手法として，計量的モデルがある．この手法は実験や調査で捉えた複数の変数（要因）間の関係をパス図で示したり，意味構造を 2，3 次元空間で示すことによって，複数の変数間の潜在的な関係性を捉えることがある（例えば，Kusumi（1987）で用いたような，比喩の良さ判断に関わる変数間の因果性・関係性を表したパスモデル等（図 4））．こうした計量的モデルの利点は，データの客観的かつ簡潔な記述と説明（特に隠れたパターンや法則の発見）ができ，さらに，新しいデータの予測に示唆を与える点にある．さらに，コーパスを利用した大規模な言語データを利用して，知識の構造とそれに支えられた処理プロセスの解明が可能になってきた[→ 4C.10]．こうした研究は，3.3

に述べるシミュレーション研究とも結びついている.

3. 認知心理学の知識表象モデル

人間の言語の処理を含む認知システムは膨大な知識（過去経験の貯蔵）によって支えられている．それは，学習，理解，問題解決によって獲得されたものである．その知識をどのように表現するかは，認知心理学と認知言語学の双方において重要な問題である．

認知心理学における**知識表象**のモデルとして，マークマン（Markman 1999）は四つの構成要素（「表象された世界」(represented world)，「世界を表象すること」(representing world)「表象のための規則」，「表象を利用するプロセス」）に基づき，特徴モデル，空間モデル，ネットワーク・モデル，構造モデル，メンタル・モデルを取り上げている．ここでは，認知心理学においてよく用いられ，概念やメタファーなどの言語研究に関わる三つのモデル，特徴モデル，空間モデル，ネットワーク・モデルを主に取り上げる．

▶ 3.1 特徴モデル

特徴モデルは，知識表象の構成要素を特徴（feature, 属性：attribute）とみなし，その集合として概念を表現する．ここで，特徴は，「表象された世界」についての記号表現の一つの形態・側面である．また，概念を特徴のリストや集合で表象することによって「世界を表象する」ことになる（例えば，「心」を {明るい, 広い, …}「沼」を {どろどろした, 暗い, …} といった特徴集合で表現する．そしてメタファー「心は沼だ」の意味を，二つの共有特徴集合の対応づけで捉える）．このように，特徴モデルは，語の意味の構成要素として意味特徴（素性）を想定するモデルが一般的である．これは，意味論の研究と共通性を持っている．ただし，認知心理学実験では，参加者に意味特徴を列挙させ，その頻度やその後の評定に基づいて顕著性 (saliency) を定義し，統計的手法を結果の解釈の根拠としている（楠見 1985）．

特徴モデルでは，特徴が独立であると便宜上仮定することが多い．しかし，心理学的実在性を高めるように，特徴間の関係，関係同士の高次の関係を表現したモデルもある．その場合は，対象の

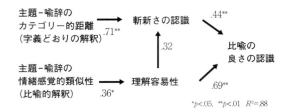

図4 比喩の良さの判断を規定するパスモデル（Kusumi 1987）
数値は標準化パス係数

特徴（属性）と値に基づくフレーム表現をしたり，3.3 で述べるようなネットワーク・モデルによる表現を行なう．

▶ 3.2 空間モデル

空間モデルは，「世界を表象する」ときに空間概念を用いる．空間モデルは，個々の対象を，空間内の点で表現する．空間モデルによって「表象された世界」は空間そのものではなく，空間で表現された概念や意味次元，類似性を意味する．そして，「表象を利用するプロセス」では，類似性は知識表象に直接蓄えられているのではなく，空間内の「心理的距離」から計算することになる（e.g. Kusumi 1987 の多次元尺度解析）．例えば，**共感覚的比喩**（例：柔らかい音）は，五感それぞれの感覚形用語の意味空間を，快−不快と強−弱の2次元で表現しており，「柔らかい」という形容詞は，味，音，色などにおいても，快で弱いことを意味する（楠見 1988）．ただし，実際には2次元では表現できない複雑な意味もある．これまで空間モデルは，評定できる尺度数や空間による図示の限界があるため，2次元または3次元で表現されることが多かった．こうした空間モデルは，概念間の類似性や次元上の意味は表現しているが，すべての詳細な意味を表現することはできない．

近年は，多次元の空間モデルとして大規模コーパスを利用した**潜在意味分析**（latent semantic analysis: LSA）などの手法が盛んになっている [→ 5.10]．LSA では，単語の共出現頻度などの行列データ（例えば 50,000 行）を用いて特異値分解を行ない，上位の特異値（例えば200個）を用いて行列を復元し，単語間の類似度を単語ベクトル間の余弦で表現する（Landauer and Dumais 1997）．さらに，ベクトル間の余弦を概念間の連合の学習とみなして，**コネクショニスト・モデル**による展開も行なわれている．例えば，キンチ

（Kintsch 2008）の Predication アルゴリズムは人間のテキスト理解の一般的モデルとして，知識のモデルを LSA で，テキスト理解のモデルを構築－統合（construction integration: CI）モデルで表現する．さらに，このモデルを比喩理解に応用している．

▶ 3.3 ネットワーク・モデル

ネットワーク・モデルは，ノード（節点）とリンクからなるネットワークによって知識の構造を表現する．すなわち「世界を表象する」．認知心理学では，ネットワーク・モデルは連想記憶，意味記憶のモデルとして，コリンズとキリアン（Collins and Quillian 1969）以来，多くの研究を生み出している．また，認知科学，人工知能学における知識研究において最も重要なモデルであり，意味論研究にも取り入れられている．意味ネットワークにおいては，「表象された世界」はノードに概念のラベルがつき，リンクに方向性がある（例：上位－下位カテゴリーの IS-A 関係，全体－部分の has-part）．さらに，スキーマモデルは，特徴の重要度や特徴間関係，さらには上位－下位概念関係を表現する．近年は，英語の概念の意味ネットワークに基づく電子化類義語辞典である WordNet が認知言語学の研究にも用いられている．

一方，**コネクショニスト・モデル**は，神経回路網を模して入力がどのようなプロセスを踏んで処理されるかを表現すると同時に，表象のネットワーク関係も表現しており，プロセスと表象の両方を統合的に説明するモデルである（McClelland 1989）．ここで，コネクショニスト・モデルは，概念を活性化の分散パターンとして表現する．「表象を利用するプロセス」として考えると，意味ネットワークは，認知心理学ではカテゴリーの判断実験，プライミング実験などにおける反応時間データに基づいて，カテゴリーの階層構造におけるリンクを通した自動的な活性化の拡散過程を説明してきた（Collins and Quillian 1969）．

4. 認知心理学のカテゴリーとメタファーの研究

3. では，認知心理学の特徴である実証的研究に基づくモデルの例として，カテゴリーやメタファ

ー理解を支える知識表象のモデルを紹介した．ここでは，認知心理学のカテゴリーとメタファー研究が，認知言語学の研究との関連の中でどのように展開したかについて述べる．

▶ 4.1 カテゴリーの研究

人間は，自分をとりまく複雑な世界をカテゴリーに分けて認識し，背後にある規則や原因について考えたり，言語で人間に伝えたりする．これは，人間の高度に進化した認知過程に支えられている．認知心理学のカテゴリーに関する理論は，認知言語学の理論の中に取り入れられている[→ 3.2, コラム 38]．

4.1.1 カテゴリーのプロトタイプ

古典的カテゴリー研究では，カテゴリー成員は定義的特徴リストで定義できること（例：三角形カテゴリーを ｛3 辺を持つ｝ で定義する）を仮定していた．しかし認知心理学者ロッシュ（Rosch 1973）に始まる自然カテゴリーの研究は，①定義的な特徴リストによって成員であるかどうかを一義的に定義できないこと（例：家具カテゴリーにおける「傘立て」）や，②同じカテゴリー成員でも中心的で典型的な成員（例：鳥カテゴリーにおける「スズメ」）から周辺的で非典型的な成員（例：ペンギン）までの段階構造（graded structure）があることを，典型性評定やカテゴリー判断時間の実験に基づいて示している．ここで，ある事例が，カテゴリー成員のメンバーかどうかの判断を支えているのが，カテゴリーの中心的な内的表象である**プロトタイプ**（**原型**）である．プロトタイプは，カテゴリー事例の特徴情報を抽象化し，統合した単一表象である．これは，事例のもつ特徴の平均あるいは頻度，構造などの情報からなる．事例のカテゴリー化は，事例をカテゴリーのプロトタイプと比較して，最も類似性の高いカテゴリーの成員と判断する（Rosch 1973）．言語表現においては，非典型的事例には，ヘッジ表現の一つである「一応」をつけることができる（例：ペンギンは一応トリだ）のに対して，典型事例には，つけることができない（例：スズメも一応トリだ）（森 2013）．

4.1.2 カテゴリーの階層構造

概念の階層構造には，上位－下位（クラス包含）関係がある．上位－下位概念水準の中間に

は，（獲得，記憶，伝達等が容易な）基礎レベル概念がある．**基礎（基本）レベル**「イヌ」は上位概念「動物」や下位概念「柴犬」よりも，語彙獲得が早く，記憶しやすく，伝達のときに使われやすいことは，私たちの日常的な言語使用を観察するだけでなく，要因を統制した実験室によってより厳密に検証ができる．例えば，カテゴリー命題の正誤判断の反応時間を測定することで，「トリには羽がある」が「動物には羽がある」よりも速く判断できることから「羽がある」という特徴が「トリ」の水準に蓄えられていることを知ることができる．さらに，実験参加者として背景の異なる人たち，例えば，発達段階の異なる人[→ 4B.3]，熟達の水準が異なる人（動物学の専門家と一般市民），あるいは言語や文化の異なる人[→ 5.4]をグループとして，比較することによって，概念の階層構造が及ぼす影響が明らかになる．

4.1.3 アドホック・カテゴリーとメタファー理解

［動物］のように知識構造に貯えられていると想定できるカテゴリーを通常のカテゴリー（common category）と呼び，通常のカテゴリーが，日常生活の中で運用されるときに，目標や状況・文脈との関係によって，目的遂行のために作られるカテゴリーを**アドホック・カテゴリー**（ad hoc category）と呼ぶ（Barsalou 1983）．例えば，｛おにぎり，水筒，シート，…｝は［ピクニックに持っていくもの］のアドホック・カテゴリーである．

メタファー理解の**類包含**（class inclusion）**モデル**（Glucksberg and Keysar 1990）は，アドホック・カテゴリーに基づく考え方である．例えば，「心は沼だ」は，主題「心」が例える概念「沼」を典型例とする ｛どろどろしたもの，…｝というアドホックなカテゴリーに包含される陳述として考える．そして，特徴 ｛どろどろした，深い，…｝が顕在化して主題の意味が変化する一方，「心」を「湖」で例えれば，｛美しい，澄んだ，…｝といったプラスの評価の特徴が顕在化する（楠見 1994）．ここでは，複数の共有特徴の意味が活性化され，示差的特徴（「湖」の持つ ｛森の中にある，…｝）の意味は相対的に抑制される．

4.1.4 スキーマとプロトタイプシナリオ

一般化された知識のまとまりは**スキーマ**として

説明されている（例：イヌのスキーマは，動物スキーマに埋め込まれており，4 本足などの定数とともに，産地，色などの変数がある）．特に，時系列構造の知識は，スクリプト（Shank and Abelson 1977）として捉えることができる（例：レストランの入店から支払いまでの行為を説明する）．**スクリプト**が時系列構造を持つことは，あるスクリプト内の行為をリストアップする実験で示されている．すなわち，時間的順序どおりにリストアップする条件は，時間的逆順や典型的な順番でリストアップする条件に比べて，想起された行為数が多かった（Barsalou and Swell 1985）．こうしたスクリプトは，時間の次元を持ち，段階に分かれる**プロトタイプ・シナリオ**（Lakoff 1987）と対応する．

例えば，怒りのプロトタイプシナリオは［怒りを引き起こす出来事（メタファー例：怒りを呼び起こす）→怒り（頭に血が昇る）→制御の試み（怒りを押し殺す）→制御の失敗（怒りが爆発する）→報復の行為］という段階に分かれる．私たちは，こうした感情生起やそのコントロールに関するスクリプト（台本）からなる知識を持っているために，自他の感情を理解し，怒りに関する様々な概念メタファーから，各段階に適切なメタファーを写像することができる（楠見・米田 2007;Lakoff 1987）．

4.1.5 放射状カテゴリー

認知言語学におけるカテゴリー研究は，認知心理学ではあまり取り上げていなかった放射状カテゴリーの構造に着目している．レイコフ（Lakoff 1987）は，**放射状カテゴリー**とは，成員を共通特性リストで定義できないカテゴリーとしている．ここでは，概念は複数の下位モデルからなり，中心的下位モデル（プロトタイプ）からのバリエーションとして捉える．そして，放射状カテゴリーの例として，母親カテゴリー（中心的下位モデル：出産した人が母親，遺伝的形質を子に伝えた女性が母親，養育する人が母親，父親の結婚相手が母親）を挙げている[→ 4C.6]．放射状カテゴリーは，様々な言語事例に基づいて例示されているが，人間が実際にこのような概念を知識として持っているのかを明らかにした認知心理学的な実証研究データは少ない．その中で楠見（2015）

は，概念地図法を用いて「愛」についての放射状の概念構造やスクリプト（プロトタイプ・シナリオ）構造を明らかにしていている．

▶ 4.2 メタファーと類似性認知，類推の研究

心理学では，**メタファー**の研究は，言語，発達，創造性などの領域において，単発的に研究を進められていた．これらの研究を，哲学，言語学などのメタファー研究も含めて編集した本 *Metaphor and Thought*（Ortony 1979a）が出版され（第2版は1993年に出版），メタファーが重要なテーマとして認識されるようになった．これは，1970年代後半に，レトリックの復権と認知心理学の台頭が結びついたことが契機になっている．さらに，認知言語学の分野において，1980年代にレイコフら（Lakoff 1987; Lakoff and Johnson 1980）による一連の著作が出版され，比喩が概念体系や認識の基盤に関わるという主張は，認知心理学において，メタファー研究が盛んになるきっかけとなった．さらに，*Metaphor and Thought*（第2版）（Ortony 1993）ではレイコフ（Lakoff 1993）の章も加わっている．特に，認知心理学におけるメタファー研究は，次に述べるように，主題と喩辞の間の類似性認知，類推の研究に影響を受けて展開してきた．

4.2.1 メタファーを支える類似性認知

類似性の認知は，心理学においては，人間の認知過程や知識表象において中心的役割を果たすものとして位置づけられている．すなわち，類似性は，知覚の群化，条件づけにおける般化，学習の転移や干渉，連想，カテゴリー化，比喩，類推，帰納推論，意思決定などの研究において，重要な要因として研究されてきた（Tversky 1977; 楠見 2002）．一方で，3.2で述べたように類似性を多次元空間上の距離に変換する手法（多次元尺度解析）の研究が進められてきた．ここでは，類似性と隣接性は変換可能なものとして扱われている．ここで，類似性と隣接性は，アリストテレス（Aristotle）が連合の法則として提唱して以来，イギリスの経験論の哲学者，そして実験心理学者に至るまで，心の現象を説明するための基本原理であった．

言語に特化していない一般的な類似性認知研究をメタファー研究に応用したのが，トヴァースキ（Tversky 1977）の類似性の対比（contrast）モデルである．このモデルでは，類似性を3.1で述べたように，主題と例える概念の特性集合を照合し，共有特徴や示差的特徴を発見するプロセスと捉える．例えば，「心は沼だ」では，主題「記憶」と例える概念「沼」の間の比較によって，共有特徴｛濁った，深い，…｝を発見する過程として捉えることができる（特徴比較理論）．さらに，オートニー（Ortony 1979b）の改訂モデルでは，共有特徴｛どろどろした，濁った，深い，…｝の顕著性が「心」よりも「沼」において高いという落差が比喩性を引き起こす点に着目している（顕著性落差モデル，楠見 1985）．

これらの特徴集合に基づく類似性理論は，特徴が明確な実験材料を用いたデータや，共有特徴に基づく特徴比喩の分析に適していた．特に，類似性の非対称性，文脈による変化を特徴の顕著性で説明できる点において優れていた．しかし，特徴（関係，構造）の対応づけの方法，対応と非対応の決定，特徴における知覚的特徴・理論的特徴・抽象的特徴の区別など，未解決の問題もあった．次に，これらの類似性とメタファーの問題を，類推の理論として検討してきた構造写像モデルについて述べる．

4.2.2 メタファーを支える類推

ゲントナー（Dedre Gentner）らは，類似性認知と**類推**（analogy），さらにメタファーには，関係構造の整列と写像過程が含まれていることを主張している．すなわち，ゲントナーら（Gentner and Wolff 1997; Gentner and Bowdle 2008）は**構造写像**（structure mapping）**理論**によって類似性認知過程を説明している．構造写像理論では，類似性を，特徴類似性と関係類似性に分ける．そして，二つの類似性によって，特徴だけが類似した「見かけの類似性」（例：砂糖と塩），関係も特徴も類似した「字義どおりの類似性」（例：砂糖と蜜），特徴または関係が中程度に類似した「比喩」（例：心臓と鐘），そして関係が類似した「類推」（例：心臓とポンプ）を区別した．さらに，類推を構造写像として捉えている．すなわち，類推は，ベース領域（根源領域，起点領域）「ポンプ」の関係構造をターゲット領域（目標領域）「心臓」に転移することによって，「心臓」に「ポ

ンプ」と構造的に同型な関係や構造を発見することである．ここには，特徴を構造的に整列する過程があり，次の三つの制約が働いている．

第1は，ベースとターゲットの要素の一対一対応をとることである．例えば，｜弁｜は「心臓」と「ポンプ」において同じ役割を果たしている．第2は，ベースとターゲットの共通の関係に焦点を当てる点である．したがって，両者が同じ特徴を持つことは必要ではない．第3は，システム性原理に基づいて，より高次の関係や構造での対応づけが行なわれることである．そして，因果関係などの高次な関係が共有されているほど，類似性は高く評価される．

対応づけにおいては，共有特徴や関係に焦点が当てられる．ここで大事な点は，**特徴の整列**（alignment）によって対応づけを行ない，対象間の示差的特徴において共通性に関係する（整列可能な）差異は類似性を高める点である（Markman and Gentner 1993）．例えば，「ホテル」と「旅館」の示差的特徴を実験参加者に列挙させると，「ホテル」と「みかん」の示差的特徴よりも多い．しかし，その示差的特徴は整列可能である（例：｜寝床｜という特徴における｜ベッド｜と｜布団｜の差異）．

また，ベースとターゲットが完全に対応する（類似性は高いが新たな情報は導入されない）ことはまれで，むしろ，ベースからターゲットになかった情報を，導入する（carry over）ことが重要である．また，一旦成立した写像を拡張することは，ほかのベースを探すよりも容易である．例えば，概念メタファーを例に挙げると「旅」を「人生」に写像して両者の類似性を見いだしたら，その写像を「陸旅」，「船旅」に拡張するほうが，「旅」以外のベースを発見するよりも容易である．こうした比喩の拡張には，領域やカテゴリー内での拡張や隣接関係に基づく拡張がある．

その後，ゲントナーら（Bowdle and Gentner 2005）は，新奇比喩が慣用化して慣習的比喩になっていく通時的変化を踏まえて，新奇比喩と慣用的比喩の異なる処理過程を考える**比喩履歴仮説**（career of metaphor hypothesis）を提唱している．ここでは，新奇比喩は，主題と喩辞の対応づけによる類似性認知・類推過程に重点が置かれる．

そして，比喩が慣習化されるに従い，類似性認知過程が自動化されて，主題と例える語から抽象的意味（共通のスキーマ）を導く過程に重点が置かれるようになる．例えば，やや慣用的な比喩「誘惑は蜜だ」は，両者の類似性発見よりも「引きつける」という抽象的な意味の抽出が理解において重要である．あるいは，類包含モデル（Glucksberg and Keysar 1990）に基づけば，「誘惑」を，｜蜜｜を典型例とする［ひきつけるもの］という抽象的なアドホック・カテゴリーの事例に位置づけることになる．また，隠喩（例：誘惑は蜜だ）と直喩（例：誘惑は蜜のようだ）のどちらが適切と思うかの選好判断を求めると，新奇な比喩は直喩形式が選好され，慣用化されるにしたがって隠喩形式が選好される．さらに，例える語を特定の比喩的意味で反復呈示する条件を，反復呈示をしない条件と比較して，隠喩形式が選好されることを示している（Nakamoto and Kusumi 2004）．このように，比喩履歴仮説は類似性，比喩理解，類推，カテゴリーを統合的に説明する枠組みになっている（Gibbs 2008）．

ここで，重要なことは，類似性に基づくメタファーの捉え方では，特徴の対応づけ（共有特徴）を基盤とする特徴メタファーと，さらに深い関係や構造の対応づけ（類推）を基盤とする関係・構造メタファーを分けることである．そして比喩は言語で表現されるが，その基盤は類推思考であると考える（Holyoak and Thagard 1995）．

以上述べたように，メタファーの理解・産出を，概念領域間の関係類似性認知を土台としたより普遍的な類推能力によって説明しようとするのが，認知心理学者の一つの考え方である．ただし，概念自体を比喩的なものと捉えるか（例えば，Lakoff 1987），あるいはより一般的な類似性を基盤とする類推能力を土台として捉えるかは，研究者によって見解の相違がある．前者の**概念メタファー仮説**に対するマーフィ（Murphy 1996, 1997）の批判とギブス（Gibbs 1996）の反論は，概念が比喩的であることを仮定するか，より普遍的な構造写像に基づく類推のメカニズムでメタファーを説明するかの論争であった．マーフィは，概念メタファー仮説，例えば，「人生は旅である」というメタファーがあることによって，「旅として

の人生」という比喩的概念の存在を仮定し，一方，「人生は旅である」というメタファーは「旅としての人生」という比喩的概念に基づいて生成されると述べることは循環論に陥ることになるという指摘をしている．そして，普遍的な認知能力である類似性・類推に基づいた説明の方が，心理学的実証が蓄積され，メタファー的言語を含むより広範な現象を説明できるという利点があると主張している．

一方，概念メタファー仮説については，比喩的な概念の成立基盤を，非言語的な証拠や身体的運動感覚的な経験基盤に置くことによって，循環論批判を回避することが考えられる（Gibbs 1996）．その一例が，身体的な経験を基盤とする**イメージ・スキーマ**[→ 3.4]に関する認知心理学的な実験的検証である（例えば，感情については，楠見 1993；「引く」については杉村・楠見 2000；上下については中本 2000；Richardson et al. 2003）．

このように，認知心理学におけるメタファー研究は，認知言語学研究と結びつくことによって盛んになり，人間の言語，思考，知識などの認知のメカニズムを解明するための重要な研究領域となって，発展を続けている[→ コラム 27]，（レビューとして平・楠見 2011）．

まとめと展望

本節では，第1に，認知心理学の言語研究の系譜を，実験心理学を土台にして，認知革命の影響や計算機科学，変形生成文法の影響を受けて発展したものとして捉えた．さらに，学際科学や認知科学としての認知心理学の研究動向について，言語，知識，類推などのトピックが重視されていることを紹介した．第2に，認知心理学の特徴が，人間の認知を情報処理として捉えるモデルと実験などの実証的方法にあることを述べた．第3に，認知心理学の知識表象のモデルとして，特徴モデル，空間モデル，ネットワークモデルについて，比喩研究を例に取り上げた．第4に，認知心理学と認知言語学の両方で重要なテーマとして，カテゴリーとメタファーの研究について論じた．

最後に，認知心理学と認知言語学の研究における今後の課題を，認知心理学者であるマークマン（Markman 1999）が示した認知モデルにおいて表象を用いる際の七つの提言に基づいて検討する．その内容は，(1)現実に表象されている表象に基づく，(2)多角的アプローチをする，(3)様々な詳細度（grain size）のレベルを扱う，(4)表象を操作するプロセスを明確化する，(5)処理の全体像と細部の両方に目配りをする，(6)社会環境を重視する，そして，(7)個人と世界の関係を取り上げることである．これは，表象のモデルについての提言ではあるが，表象とそれを構築・利用するプロセスは不可分である．マークマンの提言に基づいて，今後の認知心理学と認知言語学の学際的なアプローチにおける研究の指針として，以下の二つを提起する．

①心理学的実在性の重視

マークマンが提言した(1)の「認知モデルは現実に表象されている表象に基づく必要性」は，**心理的実在性**の問題である．認知言語学の研究が，精緻であったとしても人間の認知を反映しないモデルや，そのモデルの説明が循環論に陥ることを避けるためにも，心理的実在性を重視したモデルを目指すことは，最も重要な指針である．その意味で，知覚・運動的コントロールと高次の推論やカテゴリー化の関係や，記号設地（symbol grounding）問題などの身体化認知を扱うモデルを構築することは今後の重要な課題である（Gibbs 2005）[→ 4B.2]．また，認知心理学の研究が用いる言語材料は，認知言語学の成果に基づいて，代表性の高い材料を用いることも必要である．

②多角的・多層的アプローチの重要性

3. で見たようにそれぞれのモデルには利点と欠点があり，どれかを選ぶというよりも全体として，記述や説明が強力になるようにいかに結合するかが今後の課題である．認知心理学は，実験結果を説明する局所的なモデルは多いが，認知を全体として説明する統合モデルは多くない．認知言語学も個別の言語現象を説明する局所モデルは多いが，言語と認知を全体として説明するモデルの提案は難しい．マークマンの(2)，(3)，(5)の提言にあるように，認知心理学と認知言語学による多角的なアプローチを利用してモデルを構成すること，状況や目的に応じた様々な水準の表象，すなわち多層的な表象，心理的実在性のある処理の全体像と詳細の両方に目配りをしたモデル化をすることが

重要である.

このように，認知心理学と認知言語学が協同することによって，言語と認知に関わる心理的実在性のあるモデル構築のために，多角的多層的なアプローチそして社会，文化や外界との相互作用を含む幅広いスコープが重要である.

本節は，既発表の論考（楠見 2002，2007，2009）をもとに，大幅に加筆修正を行なったものである.

▶重要な文献

Gibbs, R. W. 1994 *The Poetics of Mind: Figurative Thought, Language, and Understanding*, Cambridge Univ. Press, Cambridge.［辻幸夫・井上逸兵（監訳）2008『比喩と認知—心とことばの認知科学』研究社.］
著者は，認知心理学において，認知言語学との境界領域の研究を進めている比喩研究の第一人者. 比喩（詩）的な思考と言語が，人間の認知の基盤にあることを，心理実験データと言語データに基づいて論じている. 最新の論考としては下記の本がある.
Gibbs, R. W. and H. L. Colston 2012 *Interpreting Figurative Meaning*, Cambridge Univ. Press, Cambridge.
Gibbs, R. W. (ed.) 2008 *Cambridge Handbook of Metaphor and Thought*, Cambridge Univ. Press, Cambridge.
上記の本の 14 年後に，Gibbs が編集したハンドブック. 比喩と思考をテーマに，認知言語学（Lakoff, Fauconnier など），認知心理学（Gentner, Kintsch など）をはじめ多領域の第一線研究者が執筆した 28 章からなる. 比喩と思考の研究の現状を展望した Gibbs の序章から始まり，Ⅱ. 比喩のルーツ，Ⅲ. 比喩理解，Ⅳ. 言語と文化における比喩，Ⅴ. 推論と感情における比喩，Ⅵ. 非言語表現における比喩の六つのパートに分かれる. 特に，ⅢとⅤでは認知心理学実験を用いた比喩研究の最前線を知ることができる.
楠見孝（編）2007『メタファー研究の最前線』ひつじ書房.
我が国における比喩に関するオリジナルな研究の集大成である. 心理学，認知言語学，文体論，計算機科学など様々な分野の研究者が，比喩と認知をテーマに執筆した 26 章からなる. Ⅰのメタファーの理論では，メタファーと認知のダイナミクスを展望した山梨正明の 1 章から始まり，Ⅱ. メタファーとレトリック，Ⅲ. メタファーと概念構造，Ⅳ. メタファーと感覚，Ⅴ. メタファーの認知メカニズム，Ⅵ. メタファー的思考の 6 部に分かれる.
日本認知心理学会（編）2013『認知心理学ハンドブック』有斐閣.
最新の認知心理学の全体像を 173 項目に基づいて知ることができる. 大きく 10 のパートに分かれ，知覚・感性，記憶・知識，思考，言語などのパートは，認知言語学の基礎となる事項が，重要な文献とともに解説されている.

▶文　献

Barsalou, L. W. 1983 Ad-hoc Categories. *Memory and Cognition* 11: 211-27.
Barsalou, L. W. and D. R. Sewell 1985 Contrasting the Representation of Scripts and Categories. *Journal of Memory and Language* 24: 646-65.
Bowdle, B. and D. Gentner 2005 The Career of Metaphor. *Psychological Review* 112: 193-216.
Collins, A. M. and M. R. Quillian 1969 Retrieval Time from Semantic Memory. *Journal of Verbal Learning and Verbal Behavior* 8: 240-8.
Deignan, A. 2005 *Metaphor and Corpus Linguistics* (Vol.6), John Benjamins, Amsterdam.［渡辺秀樹ほか（訳）2010『コーパスを活用した認知言語学』大修館書店.］
Fodor, J. A. 1983 *Modularity of Mind: An Essay on Faculty Psychology*, MIT Press, Cambridge, MA.［伊藤笏康・信原幸弘（訳）1985『精神のモジュール形式—人工知能と心の哲学』産業図書.］
Gardner, H. 1985 *The Mind's New Science*. Basic Books, New York.［佐伯胖・海保博之（監訳）1987『認知革命—知の科学の誕生と展開』産業図書.］
Gentner, D. 2010 Psychology in Cognitive Science: 1978-2038. *Topics in Cognitive Science* 2: 328-344.
Gentner, D. and B. F. Bowdle 2008 Metaphor as Structure. In Gibbs, R. W. (ed.) *The Cambridge Handbook of Metaphor and Thought*, Cambridge Univ. Press, Cambridge, pp.109-28.
Gentner, D. and P. Wolff 1997 Alignment in the Processing of Metaphor. *Journal of Memory and Language* 37: 331-55.
Gibbs, R. W. 1996 Why Many Concepts are Metaphorical. *Cognition* 61: 309-19.
Gibbs, R. W. 2005 *Embodiment and Cognitive Science*, Cambridge Univ. Press, Cambridge.
Gibbs, R. W. 2008 Metaphor and Thought: The State of the Art. In Gibbs, R. W. (ed.) *The Cambridge Handbook of Metaphor and Thought*, Cambridge Univ. Press, Cambridge. pp.3-13.
Gibson, J. J. 1979 *The Ecological Approach to Visual Perception*, Houghton-Mifflin, Boston.［古崎敬・古崎愛子・辻敬一郎・村瀬旻（訳）1985『生態学的視覚論—ヒトの知覚世界を探る』サイエンス社.］
Glucksberg, S. and B. Keysar 1990 Understanding Metaphorical Comparisons: Beyond Similarity. *Psychological Review* 97: 3-18.
González-Márquez, M. et al. (eds.) 2007 *Methods in Cognitive Linguistics*, John Benjamins, Amsterdam.
Holyoak, K. J. and P. Thagard 1995 *Mental Leaps: Analogy in Creative Thought*, MIT Press, Cambridge, MA.［鈴木宏昭・河原哲雄（監訳）1998『アナロジーの力』新曜社.］
Hutchins, E. 1996 *Cognition in the Wild*, MIT Press/Bradford Books, Cambridge.
Kintsch, W. 2008 How the Mind Computes the Meaning of Metaphor: A Simulation Based on LSA. In Gibbs,

R. W. (ed.), *The Cambridge Handbook of Metaphor and Thought*, Cambridge Univ. Press, Cambridge, pp.129-42.

楠見孝 1985「比喩文の理解における語句間の類似性―意味特徴の顕著性が比喩理解に及ぼす効果」『心理学研究』56: 269-76.

Kusumi, T. 1987 Effects of Categorical Dissimilarity and Affective Similarity of Constituent Words on Metaphor Appreciation. *Journal of Psycholinguistic Research* 16: 577-95.

楠見孝 1988「共感覚に基づく形容表現の理解過程について―感覚形容語の通様相的修飾」『心理学研究』58: 373-80.

楠見孝 1990「直観的推論のヒューリスティックスとしての比喩の機能―提喩・換喩に基づく社会的推論の分析」『記号学研究』10: 197-208.

楠見孝 1993「感情のイメージスキーマ・モデル―比喩表現を支える概念構造」『日本認知科学会第10回大会発表論文集』58-9.

楠見孝 1994「比喩理解における主題の意味変化―構成語間の相互作用の検討」『心理学研究』65: 197-205.

楠見孝 2002「類似性と近接性―人間の認知の特徴について」『人工知能学会誌』17: 2-7.

楠見孝 2007「メタファーへの認知的アプローチ」楠見孝（編）『メタファー研究の最前線』ひつじ書房, pp.325-44.

楠見孝 2009「認知心理学におけるモデルベースアプローチ」『人工知能学会誌』24: 237-44.

楠見孝 2015「愛の概念を支える放射状カテゴリーと概念比喩―実験認知言語学的アプローチ」『認知言語学研究』1: 80-98.

楠見孝・米田英嗣 2007「感情と言語」藤田和生（編）『感情科学の展望』京都大学学術出版会, pp.55-84.

Lakoff, G. 1987 *Women, Fire, and Dangerous Things: What Categories Reveal about the Mind*, Univ. of Chicago Press, Chicago.［池上嘉彦・河上誓作・辻幸夫・西村義樹・坪井栄治郎・梅原大輔・大森文子・岡田禎之（訳）1993『認知意味論』紀伊國屋書店.］

Lakoff, G. 1993 The Contemporary Theory of Metaphor. Metaphor and Thought. In Ortony, A. (ed.) *Metaphor and Thought*, Cambridge Univ. Press, Cambridge, pp.202-51.

Lakoff, G. and M. Johnson 1980 *Metaphors We Live By*, Univ. of Chicago Press, Chicago.［渡部昇一・楠瀬淳三・下谷和幸（訳）1986『レトリックと人生』大修館書店.］

Lakoff, G. and M. Johnson 1999 *Philosophy in the Flesh: The Embodied Mind and Its Challenge to Western Thought*, Basic Books, New York.［計見一雄（訳）2004『肉中の哲学』哲学書房.］

Lakoff, G. and M. Turner 1989 *More than Cool Reason: A Field Guide to Poetic Metaphor*, Univ. of Chicago Press, Chicago.［大堀俊夫（訳）1994『詩と認知』紀伊國屋書店.］

Landauer, T. K. and S. T. Dumais 1997 A Solution to Plato's Problem: The Latent Semantic Analysis Theory of Acquisition, Induction and Representation of Knowledge. *Psychological Review* 104: 211-40.

Markman, A. B. 1999 *Knowledge Representation*, Erlbaum, Mahwah.

Markman, A. B. and D. Gentner 1993 Splitting the Differences: A Structural Alignment View of Similarity. *Journal of Memory and Language* 32: 517-35.

McClelland, J. L. 1989 Parallel Distributed Processing: Implications for Cognition and Development. In Morris, R. G. M. (ed) *Parallel Distributed Processing: Implications for Psychology and Neurobiology*, Oxford Univ. Press, Oxford, pp.8-45.

森雄一 2013「認知言語学における日本語研究」森雄一・高橋英光（編）『認知言語学―基礎から最前線』くろしお出版.

Murphy, G. L. 1996 On Metaphoric Representation. *Cognition* 60: 173-204.

Murphy, G. L. 1997 Reasons to Doubt the Present Evidence for Metaphoric Representation. *Cognition* 62: 99-108.

中本敬子 2000「上下の方向づけのメタファーに関する実験的検討―ストループ的課題を用いて」『心理学研究』71: 408-14.

Nakamoto, K. and T. Kusumi 2004 The Effect of Repeated Presentation and Aptness of Figurative: Comparisons on Preference for Metaphor Forms. Proceedings of the 26th Annual Meeting of the Cognitive Science Society, 1611.

Neisser, U. 1967 *Cognitive Psychology*, Prentice Hall, Upper Saddle River.［大羽蓁（訳）1981『認知心理学』誠信書房.］

Ortony, A. (ed.) 1979a *Metaphor and Thought*, Cambridge Univ. Press, Cambridge.

Ortony, A. 1979b Beyond Literal Similarity. *Psychological Review* 86: 161-280.

Ortony, A. (ed.) 1993 *Metaphor and Thought*, Cambridge Univ. Press, Cambridge.

Pinker, S. 1994 *The Language Instinct: How the Mind Creates Language*, W. Morrow, New York.［椋田直子（訳）1995『言語を生み出す本能（上下）』NHK出版.］

Richardson, D. C. et al. 2003 Spatial Representation Activated During Real-time Comprehension of Verbs. *Cognitive Science* 27: 767-80.

Rohrer, T. 2007 Embodiment and Experientialism. In Geeraerts, D. and H. Cuyckens (eds.) *The Oxford Handbook of Cognitive Linguistics*, Oxford Univ. Press, Oxford, pp.25-47.

Rosch, E. H. 1973. Natural Categories. *Cognitive Psychology* 4: 328-50.

Schank, R. C. and R. Abelson 1977 *Scripts, Plans, Goals, and Understanding*, Lawrence Erlbaum, Hillsdale.

杉村和枝・楠見孝 2000「多義動詞『ひく』の意味派生を支えるイメージスキーマの変容」『表現研究』71: 27-34.

平知宏・楠見孝 2011「比喩研究の動向と展望」『心理学研

究』82: 283-99.
辻幸夫監修・中本敬子・李在鎬（編）2011『認知言語学研
究の方法—内省・コーパス・実験』ひつじ書房.

Tversky, A. 1977 Features of Similarity. *Psychological Review* 84: 327-52.

═══ コラム42　認知言語学と実験手法 ═══════════════════ 中本敬子 ═══

　認知言語学の研究法として，実験や調査等の心理学的手法が用いられてきました．実験とは，複数の条件を設定したうえで実験参加者からデータを取得し得られた結果が条件によって異なるかどうかを検討する方法です．調査とは，研究者が作成した質問項目に対して回答を求め，質問項目間の関係や回答者の属性等による回答傾向の違いを検討する方法です．

　実験や調査等の手法は，様々な目的で用いられています（研究法の実際や使用例については，中本・李編（2011）や藤村・滝沢編（2001）などを参照してください）．第一に，言語学者個人の内省による容認性判断や語義の特定等が一般話者の直観と一致しているかを調べるためです．容認性については，判断を3～5段階で求めたり多数の人の判断を統計的に処理したりすることで，その程度を検討しやすくなります．そのため，ある表現が容認可能かどうかの判断が人によって揺れる場合に多数の話者の判断を集約することで一定の結論を出したり，表現を構成する要素を変化させることでどの程度容認性が変化するかを調べたりするといった目的に利用できます．また，特定の語が持つ複数の意味についてグループ化させる等の課題を通して語義間の類似性を検討するといった研究もあります．

　第二に，特定の状況下で発話を採取することで，限定的にではあるけれども理想化された言語データを得るためです．例えば，モノの表面の肌理の細かさと規則性とがそれを表現するためのオノマトペ（onomatopoeia）の産出にどう影響するかを調べるために，実際に刺激として物体を呈示し，その肌理をオノマトペで表現するよう求めるといった研究がこれに相当します．このようなデータは既存のコーパスからは得にくく，実験によって収集することが適していると言えます．他に，複数の語を呈示してそれらを適宜並び替えたり語句を補ったりして文を産出することを求めることや，その言語の使用経験や特定の話題に関する知識量等の点で研究目的に沿った話者に参加してもらい特定の事柄について話したり書いたりしてもらうことなども，第二の目的の例に当たると考えられます．

　第三には，理論的に想定されている概念構造や認知プロセスが心理学的に妥当かどうかを検討するためです．例えば，イメージ・スキーマ（image schema）が心理的に存在し言語運用に影響しているかどうか，言語表現を理解したり産出したりするプロセスに身体運動イメージが関与しているかどうかなどは，言語表現を分析するだけでは明らかになりません．なぜなら，認知言語学研究では，それらの概念構造や認知プロセスが導き出されたそもそもの根拠が言語表現の存在であり，類例をいくら重ねても別種の証拠にはならないためです．そこで，ある言語表現がイメージ・スキーマに合致するような形で呈示されたときとそうでないときとで認識のしやすさに差があるかどうか（例えば，「良い」という語を視界の上部に呈示したときと下部に呈示したときとで特定に要する時間が異なるかどうか）を調べたり，特定の身体的な動きをさせたり禁じたりすることがある言語表現の理解を促進したり妨げたりすることがあるかどうか（例えば，物を引き寄せる動作をしながらのときとそのような動作をしないときとで「親しくなる」という語句の意味理解に要する時間が異なるかどうか）を調べたりするような実験を行なう必要があります．近年，活発に行なわれているある言語表現を処理する際に脳がどのように活性化するかをfMRIや脳波計等を用いて調べる研究も，この第三の例の一種と見なすことができます．

　実験や調査等を使った研究を行なうことで，他の研究から得られた知見を検証するだけでなく，新たな研究に結びつくアイデアを得ることもあるでしょう．何より，実験や調査には手を動かして物を作るような楽しさがあり，ぜひおすすめしたい手法と言えます．

▶参考文献
藤村逸子・滝沢直宏（編）2001『言語研究の技法—データの収集と技術』ひつじ書房.
中本敬子・李在鎬（編）2011『認知言語学研究の方法—内省・コーパス・実験』ひつじ書房.

コラム 43　比喩はどのように理解されるのか　　　　　　　　　中本敬子

「言葉は武器だ」という文と「銃は武器だ」という文とは異なる性質を持つように感じられます．前者は隠喩と呼ばれ「言葉」を「武器」という全く別物で喩えた表現であるのに対し，後者は「言葉」「武器」という語の字義通りの意味からそのまま理解できる字義通りの表現であるとされます．我々が，隠喩（メタファー，metaphor）と字義通りの表現を理解するプロセスとは全く異なるのでしょうか．

この問題に対して，認知心理学では，**名詞隠喩**（nominal metaphor）（X は Y だ）を中心に比喩理解プロセスを検討してきました．その中で，比喩的意味を理解するためのプロセスは，字義通りの理解がうまくいかなかったときにだけ生起する付加的なプロセスではないことが明らかにできました．例えば，先行する文脈が十分にあれば比喩的意味理解に要する時間は字義通りの理解に比べて長いとは言えないこと，先行する文脈がなくとも隠喩がよく使われるものや比喩として適切性が高いものである場合には，比喩的意味はごく初期から活性化されていることが示されてきました．これらは，比喩的意味は特殊なプロセスによって理解されるのではなく，字義通りの意味を理解するためのプロセスを利用して理解されていることを示すと考えられます．

では，比喩的意味の理解に利用される字義通りの意味理解プロセスとはどのようなものでしょうか．これには，大きくは二つの異なる見方が存在します．一つめは，比喩的意味の理解は，喩える概念（**喩辞**（vehicle））と喩えられる概念（**主題**（theme））との類似性を見いだすことでなされると捉える見方です（Gentner and Bowdle 2008）．この見方では，喩辞と主題の概念構造との共通性が重視されます．先の例で言えば，「武器」は ｜相手の身体を攻撃する，自分の身体を守る，攻撃と守備により自分を有利にする…｜ 等の戦闘に関わる概念構造を持ちます．「言葉」にも ｜相手の考えを攻撃する，自分の考えを守る…｜ 等の概念構造があり，これらの構造の共通性を見いだし照合することで「言葉とは武器のように ｜相手を攻撃する，自分を守る，自分を有利にする…｜ ものだ」と理解されます．言い換えると，比喩的意味理解はアナロジーを理解するプロセスに基づくとする説であり，理解プロセスは主題と喩辞との対称的な処理により開始されるとされます．また，隠喩を理解するプロセスは，原理的には，比喩指標を含む直喩（言葉は武器のようだ）と同等であると想定されていると言えます．

二つめの見方は，比喩的意味は，主題を喩辞の指すカテゴリーの事例であると見なすことで理解されると考えるものです（Glucksberg 2003）．先の例で言えば，「武器」の字義通りの意味から「相手を攻撃し自分の身を守るもの」のように特徴づけられる比喩的カテゴリーを抽出し，「言葉」は比喩的な「武器」カテゴリーの事例としてその特徴を継承していると解釈され理解されるとします．このとき，主題は，喩辞の持つ字義通りの意味からどのような側面を重視して比喩的カテゴリーの抽出を行なうべきかという情報を与える役割を持つと考えられています．つまり，カテゴリー化説では，アナロジー説と異なり，主題と喩辞とは理解プロセスの初期から異なる役割を持つものとして非対称的に処理されていると想定しています．また，隠喩は，比喩指標のない直喩ではないと考える点もアナロジー説とは異なります．

現在までのところ，アナロジー説とカテゴリー化説のどちらに対しても支持的なデータも否定的なデータも示されてきており，どちらの説が妥当かについて明確な結論は出ていません（レビューとして，Holyoak and Stamenković 2018）．この原因として，主たる対象としてきた隠喩が名詞隠喩という比較的特殊な形式に限られていることが挙げられるかもしれません．比喩の理解プロセスの解明を進めるためには，動詞隠喩などの多様な形式の比喩表現についても検討を進めると同時に，アナロジーかカテゴリー化かといった択一的な見方ではなく，より統合的なモデル構築を検討する必要があると考えられています．

▶参考文献

Gentner, D. and B. F. Bowdle 2008 Metaphor as Structure-Mapping. In Gibbs, R. W.（ed.）*The Cambridge Handbook of Metaphor and Thought*, Cambridge Univ. Press, New York, pp.109-28.

Glucksberg, S. 2003 The Psycholinguistics of Metaphor. *Trends in Cognitive Science* 7: 92-6.

Holyoak, K. J. and D. Stamenković 2018 Metaphor Comprehension: A Critical Review of Theories and Evidence. *Psychological Bulletin* 114: 641-71.

═══ コラム 44 自然カテゴリー・自然概念 ═══   金丸敏幸 ═══

ロッシュ（Eleanor H. Rosch）による**自然カテゴリー**（自然概念）の研究は，それまでの古典的カテゴリー論とは全く異なる新しいカテゴリー観を示すものでした（Rosch 1973）．ロッシュは言語の中に「家具」や「鳥」のような現実世界の事物を示すカテゴリーがあることを示し，それを**自然カテゴリー**（natural categories）と呼びました．

彼女らの研究によって，自然カテゴリーには，カテゴリーの成員の特徴（属性）を一義的に定義できないこと，カテゴリー内の成員に典型的なものから非典型的なものまで段階があること，が明らかとなりました．カテゴリーの典型的な成員は**プロトタイプ**（prototype）と呼ばれ，カテゴリーの成員が持つ特徴の多くを満たすものと考えられています［→ 3.2 ］.

非典型的な成員はプロトタイプとは違い，カテゴリーの成員に共通する特徴をあまり満たしていないこともあります．しかし，その場合でもプロトタイプやプロトタイプに近いものが持つ特徴が部分的に認められれば，同じカテゴリーの成員として認識されることになります．こうしてカテゴリーの成員同士は，**家族的類似性**（family resemblance）と呼ばれるネットワーク構造を形成します．

それでは，この自然カテゴリーは言語によって生じるものなのでしょうか．人間と動物の認知の違いを研究する比較心理学の知見によれば，サルやハトといった人間以外の動物であっても事物のカテゴリー化は可能であることが明らかとなっています．

外界の事物を認識し，区別することは，動物にとって自らの生存に関わる重要な能力です．外敵と食料を区別し，それぞれに適応した行動をとることができなければ，その個体は早晩消滅することになります．そのため，事物をカテゴリーに分類することは動物にとって原初的な能力の一つです．比較心理学の研究では，敵や味方といった単純な区別だけでなく，「動物」や「鳥」といった自然カテゴリーに相当するカテゴリーについても，ハトは人間と同じように認識できることが明らかになっています．

もう一つ，人間以外を対象とした自然カテゴリーの認識に関係する研究があります．**深層学習**（deep learning）の手法を用いたコンピュータによる画像認識の技術です．2012 年，Google の研究者はコンピュータが画像データのみを学習するだけで画像に含まれる事物を認識できるようになることを示しました（Le et al. 2012）．この研究で用いられた深層学習は 1940 年代に提唱された**ニューラル・ネットワーク**（neural network）の発展型です．

ニューラル・ネットワークは文字通り生物の脳の神経回路網をモデルとしたアルゴリズムで，神経細胞に相当するユニットを階層的に接続することで処理を行ないます．認知言語学の分野では，エルマン（Jeffrey L. Elman）の考案した簡単な文法を学習する**エルマン・ネット**がニューラル・ネットワークを用いたものとして知られています．

画像データを学習した深層学習のネットワークに話を戻しましょう．学習後のネットワークの各ユニットを調べると，入力に近い層には線や点のような単純な特徴が学習されていることがわかりました．一方で，出力に近い上位層では人の顔や猫に相当するものに反応するようにユニットが学習をしていたことも明らかとなりました．学習に際して「猫」というラベルや「猫」の持つ特徴を与えていないにもかかわらず，です．このことは，コンピュータ，すなわちニューラル・ネットワークが様々な画像データから特徴を抽出し，「猫」というカテゴリーを構築したことを意味します．

自然カテゴリーに関する比較心理学や深層学習の研究の知見から導き出されることは，自然カテゴリーは神経回路網という生物学的基盤に支えられたアルゴリズムから生じている可能性が高いというものです．もしこの仮説が正しいのならば，ニューラル・ネットワークの構造から考えて，自然カテゴリーはプロトタイプ性の判断に基づいてトップダウン的に構成されているのではなく，個々の事物が持つ様々な特徴からボトムアップ的に構成される家族的類似性によって成立していると見なすべきでしょう．事物の持つ特徴を学習した末に成立する自然カテゴリーを束ねるものとして，人間は言語というラベルを与えているのかもしれません．

▶参考文献

Le, Q. V. et al. 2012 Building High-Level Features Using Large Scale Unsupervised Learning. *Proceeding of the 29th International Conference on Machine Learning.*

Rosch, E. H. 1973 Natural Categories. *Congnitive Psychology* 4: 328-50.

| 5.3 |

生態心理学と認知言語学

本多　啓

本項では**生態心理学**（ecological psychology）の考え方を取り込んだ認知言語学の知見の一部を紹介する．生態心理学はアフォーダンス理論とも呼ばれ，アメリカの知覚心理学者ギブソン（James J. Gibson）が三つの主著（Gibson 1950, 1966, 1979）を中心に展開した知覚についての反認知主義的・反表象主義的な理論である．この理論は認知科学全般に大きなインパクトを与えてきたもので，日本でも1990年代以降注目を集めている．

本項では，言語における自己の表現，認知文法の自己表現論，英語の中間構文と主体移動表現，カテゴリー化，メタファー，状況可能表現と能力可能表現，共感覚表現と擬態語と複合感覚表現，響鳴現象について，生態心理学から得られる洞察を適用することでどのような分析が可能になるかを解説する．そして，最後に，反認知主義を掲げる生態心理学が認知意味論と緊張関係にあることに触れる．

1. なぜ生態心理学なのか：背景

認知意味論は言語表現の意味に関して，その表現が何を指し示すかという指示対象だけに基づいて規定するのではなく，その対象を人間がどのように概念化しているか（ないしどのような**捉え方**（construal; Langacker 1987, 2008）で捉えているか）との関連で規定するという立場をとっている．人間が事物をどのように概念化するかということは伝統的に心理学や哲学の研究課題であり，したがって認知意味論の観点から意味を研究する際にはこれらの学問分野の知見を援用することが有益である．さらに認知意味論はその基本的な考え方の一つとして，言語表現の意味を支えるヒトの認知過程が身体的基盤を有することを重視している（Johnson 1987, 2017; Lakoff 1987; Lakoff and Johnson 1999）．

心理学の諸分野の中で，人の認知の身体性を最も重視しているものの一つが生態心理学である．本項では生態心理学の知見を言語研究に適用することで得られた知見の一端を紹介する．

2. 自己知覚と言語表現(1)：エコロジカル・セルフとゼロ形

生態心理学の知見を具体的な言語現象の分析に適用した研究の最も早い時期のものと考えられるものとして本多（1994, 1997）がある．ここでその議論の一部を紹介する．

(1) a. We are approaching Kyoto.
   （もうすぐ京都だ）
   b. Kyoto is approaching.
   （京都が近づいてきた）

(1a)では移動動詞 approach の主語として we という移動可能なものが現れている．その意味でこの文は通常の移動表現ということができる．それに対して(1b)では移動動詞 approach の主語として移動不可能な都市を指す Kyoto が現れている．それにもかかわらずこの文は容認可能である．

そして(1b)においては京都に向かって移動している話し手が存在すると解釈される．話し手はこの文では me/us のような音形のある明示的な形で表現されているわけではない．それにもかかわらずこの文では話し手が移動していると解釈される．

(2) a. There <u>are</u> houses <u>at various points in</u> the valley.
   （峡谷にはところどころに家がある）
   b. There <u>is</u> <u>a</u> house <u>every now and then through</u> the valley.
   （峡谷ではときどき家がある）
   　　　　　　（Talmy 1988: 189; 下線は原文）

(2)の2文は同一の状況を表すことができる．つまり(2a)からわかるように，峡谷の中に家が複数あり，しかもそれらの家はそれぞれの場所に安定して存在しているという状況である．しかしな

がら，同じ状況を表す(2b)においては，複数存在するはずの家が a house として単数形で表され，安定して存在するはずのその家々は every now and then と一時的な存在のように表され，なおかつ through the valley のように移動と関連づけられて表現されている．

そして(2b)においても(1b)と同様に，峡谷の中を移動する話し手が存在すると解釈される．話し手はこの文では me/us のような音形のある明示的な形で表現されてはいないし，移動を表す動詞も現れてはいない．それにもかかわらずこの文では話し手の移動が存在すると解釈される．

(1b)や(2b)のような文が成立する背景には生態心理学に言う「**視覚性運動感覚**」(visual kinesthesis)(Gibson 1979) が存在する．視覚性運動感覚とは，環境の見えの変化に伴って知覚・行為者自身の移動が知覚されるという現象である．

ある人物が移動すると，その人物にとって周囲の環境がどう見えるかが変化する（光学的流動(optical flow)）．このことから逆に，自分にとっての環境の見えとその変化から自分自身の位置とその変化（Egolocomotion）が知覚できる．これを視覚性運動感覚と呼ぶ．

ある人物が移動すれば，環境の中に静止して存在する事物が，その人物にとっては移動してくるように見える．東京から京都に向かう新幹線に乗っている人物にとっては，京都が（自分の方に向かって）動いてくるように見える．このことから逆に，京都が（自分の方に向かって）動いてくるように見えるということから，自分自身が京都に向かって移動していることが知覚される．

このとき，自分自身の姿は自分には見えていない．姿は見えていなくても自分が移動していることは知覚される．環境の知覚が同時に自己の知覚を伴うわけである．これを環境の知覚と自己知覚の相補性と呼ぶ．このように，環境の中で存在・行為することで環境の知覚とあわせて知覚される自己をナイサーは「**生態学的自己／エコロジカル・セルフ**」(ecological self) と呼んでいる(Neisser 1988, 1991, 1993)．

以上が，(1b)が容認可能な文として成立することの知覚論的な基盤である．この文は移動する話し手にとっての環境の一側面の見えの変化をその

まま描いたものである．移動する知覚者の視野の中では静止した都市が移動するように見えることから，移動する話し手にとっての環境の見えをそのまま描いた文では静止した都市が移動してくるものとして移動動詞の主語として現れるわけである．そして移動する知覚者にとっての環境の見えの変化から知覚者自身の移動が知覚されるのと同様に，移動する話し手にとっての環境の見えの変化の記述から話し手自身の移動が読み取れるわけである．そして，移動する話し手は姿としては話し手自身に見えない．このことが，話し手自身を明示的に表す一人称代名詞がこの文に現れていないことに対応する．

(2b)も同様である．峡谷の中に複数存在する家は移動する知覚者の視野の中では一度に一つずつ存在することになる．複数存在するものに対して a house という単数形が使用されていることはこのことから説明される．また，峡谷の中に安定して存在するはずの複数の家は，移動する知覚者の視野においては，現れては消え，現れては消えるものである．存在の一時性を示唆する every now and then が安定して存在する複数の家々について使用されていることが，このことから説明される．移動を示唆する through という前置詞がこの文に現れていることも，話し手自身の移動が存在することで説明される．そして，移動する話し手が姿としては話し手自身に見えないことが，この文に話し手自身を明示的に表す一人称代名詞が現れていないことに対応する．

3.　自己知覚と言語表現(2)：他人にとっての環境の見えと一人称代名詞

前節で解説したのは，自己にとっての環境の見えに埋め込まれた形で自己知覚が成立するということ，そして言語表現においては，その自己は音形のない形で表されるということであった．ここでは本多（2005, 2013b）に基づいて，一人称代名詞について述べる．

人間は自分が今いる場所とは異なる位置から環境がどのように見えるかを想像する能力を持っている．特に自分とは異なる位置にいる他人にとって環境がどのように見えるかを想像することができる（視点取得）．そして発達心理学のラヴランド

は，自分とは異なる他人にとっての環境の見えを的確に想像する能力の発達が，一人称代名詞を的確に使用する能力の発達と相関することを示している（Loveland 1984）．つまり，一人称代名詞が成立する知覚論的な基盤はこの想像力だということである．

自分とは異なる位置にいる他人にとっての視野の中に自分自身が姿として含まれうるということを人間は知っている．これをラヴランドの知見と合わせて考えると，（仮想上の）他人の視野の中にいる姿としての自分を指し示す表現が一人称代名詞であるということになる．

なお，一人称代名詞の使用においては，話し手は見られる立場の私と見る立場の自分に分裂しているということになる．

4. 認知文法の自己表現論との接点

ここまでの議論は認知文法における自己表現論とも接点を持つ．これについて，本多（2002, 2005）に基づいて解説する．

まずは次のペアについてのラネカー（Langacker 1990）の観察の紹介から入る．

(3) a. Vanessa is sitting across the table from me.
　　　（ヴァネッサが私から見てテーブルの向こうに座っている）
　　b. Vanessa is sitting across the table.
　　　（ヴァネッサがテーブルの向こうに座っている）
　　　　　　　　　　　　　　　（Langacker 1990: 20）

(3)の2文は話し手自身とヴァネッサの位置関係について同一の事態を表すことができる．しかしこの二つの文は表現性を異にする．話し手を明示的に指示する一人称代名詞を含む(3a)は他人の立場から自分を見ているような表現であるのに対して，話し手がゼロ形になっている(3b)はヴァネッサに向かい合って座っている現場から発話しているような雰囲気になる．この違いは次のペアでより明確になる．

(4) a. Look! My picture's in the paper! And Vanessa is sitting across the table from me!
　　　（ねえねえ，ぼくが写った写真が新聞に載ってるよ！ ヴァネッサがぼくから見てテーブルの向こうに座ってる！）
　　b. ? Look! My picture's in the paper! And

Vanessa is sitting across the table!
（ねえねえ，ぼくが写った写真が新聞に載ってるよ！ ヴァネッサがテーブルの向こうに座ってる！）
　　　　　　　　　　　　　　　（Langacker 1990: 20）

新聞に掲載された写真に写った自分自身の姿を見る状況は，自分の姿を他人が見るのと同様の状況である．このような場合には一人称代名詞を含む(4a)は自然に響くのに対して話し手がゼロ形の(4b)は若干不自然になるというのがラネカーの観察である．

ラネカーのこの観察は本項の2.と3.の議論と完全に対応している．現場にいる人物にとっては自分自身の姿は見えない．したがってその人物にとっての見えをそのまま描いた文では自分自身を音形のある形で明示的に指し示す一人称代名詞は用いられない．しかし姿は見えなくても自分自身がエコロジカル・セルフとしてその場に臨場していることを話し手は知覚している．そしてそのことはその文に表現される．それが(3b)で生じていることである．一方，他人の観点からは自分自身の姿が見える．それを一人称代名詞として音形のある形で明示的に指し示すことができる．その例が(3a)である．

(3b)における話し手は，生態心理学の考え方ではエコロジカル・セルフとして表現されていることになるわけであるが，ラネカーの枠組みではsubjective construalを受けていることになる（Langacker 1990）．また(3a)における話し手に関して言えば，meで表されている見られる立場の私はラネカーの枠組みではobjective construalを受けていることになるが，見る立場の自分は生態心理学の考え方ではエコロジカル・セルフとして表現されていることになり，ラネカーの枠組みではsubjective construalを受けていることになる（Langacker 1990, 1997）．

つまり生態心理学の考え方を取り入れた自己表現論はラネカーの言うsubjective/objective construalに対して知覚理論から基礎づけを与えていることになる．

なお，ラネカーが提唱するsubjective construalは，池上嘉彦の提唱する「主観的把握」とは別の概念であることを付記しておく．前者は自己の捉え方の一つであるが，後者は事態の捉え方の一つである．

5. アフォーダンス知覚と英語中間構文

2.で(1)との関連で解説したのは移動と自己知覚の関連であったが，同様の関係は行為と自己知覚にも成立しており，そのことを考慮することによって分析できる言語表現がある．それについて本多（2002, 2005）などに基づいて解説する．

英語には「能動受動」あるいは「中間構文」などと呼ばれるタイプの表現がある．これについての概論的な解説は松瀬・今泉（2001），吉村（2012）などにある．以下はその典型的な事例である．

(5) a. This book reads easily.
　　　（この本は簡単に読める）
　　b. This car steers like a dream.
　　　（この車の運転のし心地は夢のようだ.）
　　　　　　　　（例文は本多 2014 から）

英語中間構文の第一の特徴は，他動詞の目的語に当たる名詞句が主語になっているにもかかわらず，動詞の形態は通常の能動文と変わりがないということである．そしてそれに加えて，この構文は明示されない動作主に対して主語が提供する行為の可能性を表すものである（Fellbaum 1985）．つまり英語中間構文は可能の標識を持たない無標識の可能表現であるということができる．

以上のような英語中間構文の特性は，この構文が生態心理学で言う**アフォーダンス**（affordance）を表すと考えることで適切に説明することができる．

アフォーダンスとは環境の中の事物が知覚・行為者にとって持つ意味，あるいは行為の可能性である．たとえば硬くて広い地面は人間に対して歩行などの移動をアフォードする．空気は人間に対して呼吸をアフォードする．また大量の水は魚に対して移動や呼吸をアフォードする．一方，硬くて広い地面は魚には移動をアフォードしない．また空気は魚には呼吸をアフォードしない．その代わり体調不良や死をアフォードする．大量の水は人間には呼吸をアフォードせず，体調不良や死をアフォードする．

椅子は（人間に対して）座ることをアフォードする．本は読むことをアフォードするほか，持ち運んだり，枕にしたり，破いたりすることもアフォードする．ベッドは寝ることをアフォードするが，特に小さい子どもに対してはその上で飛び跳ねることもアフォードする．ソファーは座ることをアフォードするが，筆者の研究室の備品のソファーは筆者に対して書類ケースや書籍などを置くこともアフォードする．

重い鉄の扉は力の強い大人には開閉をアフォードするが，力の弱い幼児にはアフォードしない．人間の暮らす家の部屋のドアは飼い猫に対して開閉をアフォードすることもあるが，しないこともある．

このようにアフォーダンスは知覚・行為者に相対的な事物の意味であり，アフォーダンスの知覚は同時に自己知覚を伴う．このことから，英語中間構文とそれを近似的にパラフレーズした通常の能動文(6)の関係は(7)のような移動を表す文のペアと並行しているということができる．

(6) a. This book reads easily.
　　　（この本は簡単に読める）
　　b. You can read this book easily.
　　　（この本は簡単に読める）
(7) a. Kyoto is approaching.
　　b. We are approaching Kyoto. (cf. (1))

また(6a)のような英語中間構文に存在する通常は明示されない動作主（いわゆる「潜在的動作主」）は，(7a)のような移動表現に存在する明示されない移動者と同種の性質のものであり，英語中間構文は知覚・行為者にとっての事物の見えを表す表現であるということができる．つまり(6a)はエコロジカル・セルフとして表された知覚・行為者に対して this book が read easily をアフォードするという知覚・行為者にとっての見えを表すということである．これが英語中間構文の意味構造である．

ただし，人間には自分にとっての環境の意味を自分と同じような他者も共有していると想定する認知的なバイアスがあることから，英語中間構文における潜在動作主は通常は任意の動作主と解釈されることになる．

このように，無標識可能表現としての英語中間構文は**アフォーダンス知覚**に基づく表現であるということができる．英語の歴史の中で中間構文がどのような過程を経て成立し，どのようにして可

能表現としての性質を獲得するに至ったかについてはさらなる解明が必要であるが，現代英語における中間構文がアフォーダンス知覚に基づいた表現であるという点は支持されるものと考えられる．

6. 英語中間構文と主体移動表現の連続性

英語中間構文の典型例とされるのは(5)のようなものであるが，英語中間構文にはこのようなプロトタイプとは異なる性質を持つものが存在することが指摘されている．ここでは「疑似中間構文」とも呼ばれる次のような例を考える．

(8)a. This knife cuts cleanly.
（このナイフはきれいに切れる）
b. The lakes continue to fish well.
（これらの湖（で）は以前と変わらずよく魚が釣れる）
c. This music dances better than the other one.
（この曲はあっちのよりダンスに合ってる）
d. That pogo stick jumps well.
（あのポーゴーはジャンプがしやすい）
（例文は本多 2014 から）

これらにおいては他動詞の目的語に対応しないものが主語になっている．意味役割としては被動者ではなく，道具なり場所なりである．動詞としては(8b-d)のように自動詞が現れることもある．
そしてこの類例として次の(9)がある．

(9)a. The new tartan track runs much faster.
（この新しいタータントラックは前のよりもずっと速く走れる）
b. This artificial snow does not ski badly.
（この人工雪はスキーがしやすい）

(9)をレーゲンハウゼンは中間構文の例としている（Legenhausen 1998: 56）．注目したいのはここに現れている動詞がいずれも移動動詞であることである．そしてその主語は一次元性を持つ長い静止したものである．
一方，これと類似した性質を持つ次のような表現は伝統的に「**主体移動表現**」あるいは「**虚構移動表現**」と呼ばれてきた．これは移動動詞を持つ文の主語としてそれ自体は移動することができない一次元性を持つものが現れる文である．

(10)a. The road runs along the coast.
（この道は海沿いを走る）
（Matlock 2010: 247）
b. That mountain range goes from Canada to Mexico.
（あの山脈はカナダからメキシコに連なっている）
（Talmy 2000: 104）

つまり(9)のような(疑似)中間構文は(10)などの主体移動表現と連続しているわけである．

以上の事実は「中間構文」というカテゴリーと「主体移動表現」というカテゴリーが連続していることを示している．すなわち，移動を表す自動詞を主動詞としてとり，移動が起こる場（長いもの）を指す名詞句を主語として持つ文は，（疑似）中間構文と主体移動表現の境界領域にあるわけである．

中間構文と主体移動表現の関係についてはすでに松本曜が，中間構文に存在する明示されない動作主と主体移動表現に存在する明示されない移動者の間の類似性を指摘している（Matsumoto 1996a, b）．そしてそれを拡張する形で本多（2005）が，主体移動表現の一部は中間構文の周辺事例であるという主張を提示している．さらに本多（2017）は，他動詞 read を含む文の中に中間構文と主体移動表現の両方の性質をもつものがあることを指摘している．

（疑似）中間構文と主体移動表現がカテゴリーとして連続しているということは，主体移動表現の少なくとも一部はアフォーダンスの表現であるということを示唆する．そのような主張は本多（2002, 2005）においてすでになされているが，近年ではブロンベリが**非実在移動表現**（non-actual motion expression; ここで言う主体移動表現を含む）の経験的な動機づけの一つとしてアフォーダンス知覚を挙げている（Blomberg 2015）．実際(10a)は道路の通行可能性を表している．

7. 知覚の能動性とアフォーダンス知覚と主体移動表現

ブロンベリは主体移動表現（非実在移動表現）の経験的な動機づけとしてアフォーダンス知覚，視覚的走査（visual scanning），移動の想像（シミュレーション）の三つを挙げている（Blomberg 2015）．前節の例で言えば，通行可能な主語を持つ(10a)がアフォーダンス知覚に動機づけられた例に

該当し，通行不可能な主語を持つ (10b) が視覚的走査に動機づけられた例ということになる．また (9) は移動のシミュレーションが関わっているといえる．

ブロンベリ自身はこの三つを独立のものとして扱っているが，生態心理学ではアフォーダンス知覚と視覚的走査・移動のシミュレーションは密接に関連していると捉えられる．それは生態心理学が知覚の能動性を重視しており，知覚を行為と関連づけて理解していることによる．

生態心理学においては，知覚は刺激を受容・処理することによって成立すると考えるのではなく，環境を能動的に探索することでそこに実在する情報を獲得することによって成立すると考える．そのような能動的な探索の例としてギブソンは**アクティブ・タッチ**（active touch）を挙げている（Gibson 1962）．これは，物の形を触覚によって知覚する際にその物の輪郭をなぞるなどの能動的な探索が必要であるということである．

このような能動的な探索は道路や山脈などの知覚にも有効である．ある道路がどのようになっているかを知る方法，あるいはその道路を移動する経験がどのようなものであるかを知る方法の一つは，実際にその道路を通ってみることである．これは身体運動による探索である．もう一つの方法は，その道路に沿って，あるいはその道路をなぞるように，視線を動かすことである．これは視覚的走査による探索である．いずれの方法でもその道路の持つアフォーダンスを知覚することができる．山脈の場合には，実際にそこを通ってみることはできない．だが，視覚的走査によってその山脈が通行不可能であること知り，その山脈がどのような位置にあるかを知ることができる．

次のような静止した複数個体の配列に用いられる主体移動表現も同様である．家の配置を知るのに視覚的走査が有効なのである．

(11) Houses run along Mariposa Creek.
　　（家がマリポーザ川にそって軒を連ねている）
　　　　　　　　　　　　　　　　（Matlock 2010: 245）

また，移動のシミュレーションは探索活動のシミュレーションである．

すなわちブロンベリが挙げている主体移動表現の三つの経験的な動機づけは，密接に関連してい

ることになる．

(10) のような文についてラネカーが**主体の移動**（subjective motion; Langacker 1990）という用語を用いたのは，これらには概念化の対象（object; ここでは道／山脈）の移動はないが，概念化の主体（subject）の移動があり，そのことがこれらの例における移動動詞の使用の動機づけになっているという洞察によるものであった．ラネカーの言う概念化の主体の移動は，生態心理学の観点からは知覚を成立させる知覚・行為者の能動的な探索活動と位置づけられることになる．

8. カテゴリー化とアフォーダンス

本が読むことをアフォードするほか，持ち運んだり，枕にしたり，破いたりすることもアフォードすることからわかるように，一つの事物は様々なアフォーダンスを持ちうる．そして物の持つ複数のアフォーダンスのうちのどれに注目するかによって，その物をどうカテゴリー化するかが影響を受けることがある．

ラボフによれば，物の絵を見てその名前を言う実験において，その物でコーヒーやお茶を飲む状況を想像しながら見るか，その物にマッシュ・ポテトが盛ってあるディナーの食卓を想像しながら見るか，その物に切り花が刺されて棚に置かれている場面を想像しながら見るかによって，その物に対する名づけが変わった．同じ物が，飲み物を飲む状況では cup と呼ばれ，ポテトが盛られている状況では bowl と呼ばれたのである（Labov 1973）．

これについてはカテゴリー化に「文脈」が関わっているという解釈もありうる．しかしそれより妥当な解釈はカテゴリー化にアフォーダンスが関わるというものである（深田・仲本 2008: 101）．つまり，その物の持つ複数のアフォーダンスのうちのどれに注目するかによってその物をどうカテゴリー化するかが変わるということである．同じ物でも「飲み物を飲む」というアフォーダンスが注目されれば cup に分類され，「食べ物を盛る」というアフォーダンスが注目されれば bowl に分類されるわけである．

また，イチゴは栽培との関連では野菜に分類され，消費との関連では果物に分類される．

以上のことは英語の前置詞の選択に影響することもある。コヴェントリーは(12)の2文が同一の状況を指し示すことができると指摘している (Coventry 2015: 496).

(12) a. The coffee capsule is *in* the *dish*.
   （コーヒーカプセルが皿に入っている）
   b. The coffee capsule is *on* the *plate*.
   （コーヒーカプセルが皿に乗っている）

すなわち，ある物を「物を入れる」という行為との関連で捉えた場合には，その物は「入れるもの」（dish）と分類されて前置詞として容器に用いられる in が使われるが，同じ物を「物を乗せる」という行為との関連で捉えた場合には，その物は「乗せるもの」（plate）と分類されて前置詞としては on が使われる，ということである。

これは英語の前置詞の意味にトラジェクターとランドマークの間のトポロジカルな関係だけでは説明できない側面があることを示している (Coventry and Garrod 2004).

9. 比喩表現とアフォーダンス

アフォーダンス知覚はメタファー表現の意味にも関わっている。ヨハンソン・ファルクらは英語で path と呼ばれるものと road と呼ばれるもののアフォーダンスの違いが比喩表現としての *path* と *road* の使われ方の違いと並行していることを示している (Falck and Gibbs 2012).

英語話者のイメージにおいて path は road と比較して通りにくく，起伏が多く，進む方向が定まりにくく，徒歩で進むことが多いものであり，しばしば立ち止まるものである。他方 road は path と違って真っすぐで広くて舗装されており，目的地が明確であり，自動車で進むことが多いものである。このような path と road のイメージの違いは両者のアフォーダンスの違いである。

そして比喩的な用法では *path* は「生き方」のような試行錯誤的な性質が強いものに使われやすく，*road* は「政策」のような目標の明確なものに使われやすい。また同じ目標領域に *path* と *road* の双方が使われる場合も，試行錯誤を要する困難な事柄には *path* が用いられるのに対して定まった目標に向かって進むような事柄には *road* が用いられや

すい。

メタファーは起点領域の知識と目標領域の知識の間に構造上の写像関係を構築することで抽象概念を構築する認知機構であるが，起点領域における構造的な知識の構築にアフォーダンス知覚が関わっており，その知識が目標領域への写像においても保存されるという現象が *path* と *road* では生じている。

10. アフォーダンス，エフェクティヴィティと状況可能，能力可能

アフォーダンスは知覚・行為者に相対的な事物の意味である。空気は人間には呼吸をアフォードするが，魚にはアフォードしない。重い鉄の扉は力の強い大人には開閉をアフォードするが，乳幼児にはアフォードしない。ある大学に行くときの急な坂道は元気なときの私には登ることをアフォードするが，疲労困憊の時の私にはアフォードしない。

そこで環境の中の事物と動物の関係に関して環境の側の特性としてのアフォーダンスだけではなく，動物の側の特性を捉える概念が有益となる。ターヴィーらはそのような動物の側の特性をエフェクティヴィティ（effectivity）と呼んだ (Turvey and Shaw 1979; Shaw et al. 1995; 廣瀬 2004).アフォーダンスとエフェクティヴィティは相補性をなしてつながっていることになる。

アフォーダンスをエフェクティヴィティとペアで考えることで言語における可能表現の二大分類としての状況可能と能力可能を生態心理学の観点から理解する端緒を得ることができる。日本語の諸方言において「水泳が苦手なので川で泳げない」と言う場合と「今日は雨風が強いので川で泳げない」と言う場合で異なる可能表現を使うことがある。前者に用いられる表現を能力可能表現，後者に用いられる表現を状況可能表現と呼ぶ。状況可能表現はアフォーダンスに注意を向ける表現であり，能力可能表現はエフェクティヴィティに注意を向ける表現であるといえる（本多 2006, 2013a, 2015).

11. 知覚システムと情報の等価性，冗長性

上述のように知覚の成立には知覚者の能動的な

行為が必要である．そこで生態心理学では知覚の分類も刺激の受容ではなく行為に結びつけて捉え直すことになる．ギブソンは知覚のための身体の行為，知覚のために組織される身体を「**知覚システム**」と名づけた（Gibson 1966）．脊椎動物は5種類の知覚システムを持つ．一つは大地と身体の関係を知覚するためのシステムで，他のシステムの基礎となる〈基礎的定位づけシステム〉である．それ以外に〈聴くシステム〉〈触るシステム〉〈味わい–嗅ぐシステム〉〈視るシステム〉がある．

複数の知覚システムが獲得する情報は等価である．したがって知覚システムが獲得する情報は冗長なことが多い．たとえば火は炎を目で「見る」ことでも知覚できるが，そのほかにパチパチという音を「聞く」ことによっても，こげくさい匂いを「嗅ぐ」ことによっても，熱を「触る」システムで感じることでも知覚することができる．火の知覚はこれらのどれか一つでも成立するし，二つ以上の任意の組合せでも成立する．すでに言及したように物の形は手でなぞるつまり「触る」ことによっても，視覚的に走査するつまり「見る」ことによっても，知覚することができる．

知覚システムはばらばらに機能するわけではない．例えばパチパチという音，こげくさい匂い，明るい炎，高い温度は，共変する．すなわち火勢の強弱に応じてこれらもそれぞれ変化する．その共変のし方が同じ一つの火を特定する．このように，実際の知覚経験においては複数のシステムが協応して知覚者に情報を提供することが多い．

このような情報の等価性・冗長性と知覚システム間の協応が言語に反映している例としては共感覚表現，擬態語，複合感覚表現がある（本多2005）．

共感覚表現とは「明るい声」「涼しい音色」などのような表現である．「明るい声」に現れる「明るい」は視覚に関わる形容詞であるが，「声」は聴覚で認識する対象を表す名詞である．すなわち，修飾する形容詞と修飾される名詞の間に感覚のずれがあるわけである．このずれにもかかわらず修飾関係が成立する基盤には，知覚経験における知覚システム間の協応と情報の等価性・冗長性がある．

擬態語の例としては「ぴかぴか（光る）」「ぬる

ぬる（する）」などがある．「ぴかぴか」光っているものは通常は「ぴかぴか」という音を発しているわけではないし，「ぬるぬる」している表面が手と接触した際に「ぬるぬる」という音を立てるわけでもない．それにもかかわらずこれらの表現が擬音語と同じように類像性の高い表現と感じられるのは，これらの表現が知覚システム間の協応と情報の等価性・冗長性に基礎づけられて成立しているためであるといえる．

複合感覚表現とは擬音語・擬態語を含む次のような表現である（武藤2003: 287）．

(13) a. 炊き立ての真っ白いご飯に*プチプチ*の明太子をたっぷりのせて，はふはふとお召し上がりいただきたい．
　　 b. たらこ・塩数の子・塩いくらをセットにしました．一粒一粒ほぐして塩漬けにした*プチプチ*のいくら，スケソウダラの成熟卵を生のまま塩漬けにしたさらさらのたらこ，ニシンの卵を塩漬けにしたコリコリの数の子です．　　　　　　　　　　　　（下線本多）

「プチプチ」は(13a)では視覚的意味が顕著であるが，(13b)では「触覚的印象（噛み切ったときの食感），そして視覚的印象（粒状のものが細かくぎっしり詰まっている様子），および聴覚的印象（噛み切ったときの音）のすべてを表す」（武藤2003: 287）．この後者のようなものが複合感覚表現である．ここにも知覚システム間の協応が現れている．

12. 環境の意味の共有と響鳴現象

ここでは言語によるコミュニケーションについて本多（2013a）に基づいて解説する．

言語についてギブソンは次のように述べている．

しかし忘れてならないことは，言語によって人から人に伝えられる知識は，環境にある情報の一部を言葉にしたものだということである．つまり，刺激の配列の流れから得ることができる無限の情報それ自体ではないということである．
　　…
しかし子どもがどれほど多く知識を言葉にしたとしても，知っていることをすべて言葉にすることができるわけではない．言葉で物事を表現する能力がどれほど向上したとしても，言葉で言うことができるのは見えていることの一部に限られるはずである．

> 　大人の場合を考えてみよう．たとえば哲学者が，猫がマットにいるのを見たとする．その人は猫がマットにいると知っており，「猫がマットにいる」という命題が真であると信じていて，その命題を言葉で言うとする．このときも，ありとあらゆる種類の言葉にならない事実がこの哲学者には知覚されていると言わざるをえないのだ．
> 　　　　　　　　　（Gibson 1979: 260-1; 訳は本多）

　すなわち言語は環境の中に存在する情報のすべてを捉えるものではなく，情報の一部を選択してそれに注意を向けさせるものであるということである．
　そしてこのような注意の誘導について参考になるのがリード（Edward S. Reed）の言語観（Reed 1995, 1996）である．リードは次のように述べている．

> 　生態心理学から見ると，言語は複数の人間たちが各自の行為と相互の関わりを調整するプロセスを構成する一部と言える．環境の中の情報はまず個体の行為の調整に寄与するが，さらに高等動物では，進化の過程で情報を選択・生成して他者に示す能力を獲得してきたものが多く見られる．言語はそこからさらに進化したもので，このような動物由来の情報が複数の個体の活動と知覚を調整することに寄与するものとなっている．言語は環境の中の情報を基盤としているのだ．
> 　　　　……
> 　言語は観念や表象を伝達する手立てではない．言語は，情報を他者が獲得・利用できるようにし，それにより自分自身の活動と自分の属する集団の活動を調整することに寄与する手立てである．
> 　　　　　　　　　（Reed 1996: 155-6; 訳は本多）

　リードの言語観の一つの重要な点は，言語によるコミュニケーションを〈人〉と〈人〉の間をつなぐ二項関係としてではなく，〈人〉〈人〉〈情報〉の三つをつなぐ三項関係として捉えていることである．言語は人と人の間でキャッチボールのようにやり取りされて観念を運ぶものではなく，また間身体的な協応を産み出したりするだけのものでもない．自分が知覚している環境の中の情報を他者が共有・知覚できるようにすることにより，他者と情報の関係あるいは事物に対する他者の見方を調整し，それによって自分自身と他者の行為を調整するものだということである．
　このような言語の働きは発達心理学にいう「**共同注意**」（joint attention）を媒介するものということになる．リードが実際に取り上げている現象も共同注意の文脈に位置づけることができるものである．
　このような観点から注目に値する言語学の知見として，機能言語学者デュボワ（John W. Du Bois）が提唱するコミュニケーションの構造についての考え方としての「**スタンスの三角関係**」（the Stance Triangle）と，言語コミュニケーションで頻用が観察されるとされる「**響鳴**」（resonance）がある（Du Bois 2007, 2014）．響鳴についてはデュボワ自身の著作の他に﨑田智子による解説がある（Sakita 2006, 2008; 﨑田・岡本 2010）．
　スタンスの三角関係とは図1のようなものである．
　これは共同注意の構図である．デュボワ自身もこれがトマセロらの研究と同じものを捉えようとしていると述べている（2011年度日本語用論学会講演）．ここにおける**主体**（subject）の営みをデュボワは次のようにまとめている（Du Bois 2007: 163）．

(14) 事物を評価し，それにより自己を定位し，それにより事物についての見方を他者と揃える（並立化；評価の調整を行なう）．

　生態心理学の問題意識との関連で言うと，スタンスの三角関係については特筆すべきことが三点ある．

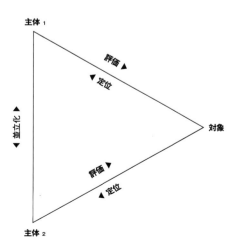

図1　スタンスの三角形（Du Bois 2007: 163）

第一に**主体性**（subjectivity）を個体の頭の中の事柄を指す概念としてではなく，個体と対象の関係を捉えた概念として用いていることである．

二点目は**評価**（evaluation）についての考え方である．デュボワは対象についての捉え方としての評価と対象についての主体の立ち位置の取り方としての**定位**（positioning）を相関するものとみている．例えば誰かが

(15) I like this song.（この歌いいね）

と言った場合，これはその歌についての話し手の評価を伝えると同時に，話し手自身がこの歌を好意的に評価する人間であることも伝えている（Du Bois 2007: 152-3）．このような，対象に対する主体の評価が主体の立ち位置と相関するという考え方は，生態心理学の基本的な知覚観である環境の知覚と自己知覚の相補性に通じるものである．

第三は，間主観性についての考え方である．デュボワは発話者が先行発話の語彙や構文などを再利用する**響鳴現象**（resonance）が日常の会話に頻出することに注目している．

筆者自身が耳にした事例としては次の短い会話がある．これは新学期の学内で女子学生同士がすれ違うときに交わされたものである．

(16) A: ひさしぶり
　　 B: 髪の毛<u>のびた</u>なあ
　　 A: <u>のびた</u>のびた

デュボワはこの響鳴によって主体が事物に対する捉え方を他者との関わりの中で揃える（主体が相手と並立化する）としているわけである．

響鳴の効果としてギャロッドとピッカリングは相互行為による並立化（interactive alignment）を挙げている（Garrod and Pickering 2004; Pickering and Garrod 2004）．彼らの見方をフェレイラとボック（Ferreira and Bock 2006: 1021-22）をもとにまとめると，響鳴には会話の参加者が同一ないし類似の語彙や構文を使用することで，状況についての**捉え方**（representation）を揃える効果があるのではないか，となる．

この考え方は認知意味論の標準的な考え方と親和性が高い．認知意味論では，同一の事物を指示対象としていても表現としての形式が異なれば意味は異なると考える．その意味の異なりは指示対象に対する話し手の捉え方の違いに求められる．

そして逆に，言語形式として同一または類似の表現が用いられる場合には，捉え方のレベルでも同一または類似の捉え方がなされている可能性が高いことになる．

したがって，会話において二人の参加者が同一または類似の言語形式を用いることは，双方の参加者が互いにとって明らかなかたちで事態に対して同一の捉え方をすることにつながりやすいわけである．

なお，共同注意場面において事物に対する捉え方を他者との関わりの中で揃えるということは，会話参加者が内心の恒常的な価値観のレベルで全く同じ捉え方をするようになることを意味しない．その場の行為ないし振舞いとして同じ捉え方をするというレベルの事柄である．内心と振舞いがずれる可能性があることから，結果として発話場面では様々な効果が生じることになる．具体的には，Sakita（2006: 473）は響鳴のもつ会話の含意の例として承認，賛成，アイロニー，不賛成を挙げている．

すなわち生態心理学の観点からは，響鳴は共同注意を介して環境の中の事物の意味を共有するプロセスであるということができる．

13. 認知意味論と生態心理学の緊張関係：反認知主義をめぐって

最後に，認知意味論と生態心理学が緊張関係にあることに触れておく．

生態心理学は知覚についての反認知主義的・反表象主義的な理論であり，認知主義的・表象主義的な知覚理論を批判している．

認知主義的・表象主義的な知覚理論においては，人間は感覚受容器を通じて世界からそれ自体は無意味な感覚刺激を受容し，その刺激に認知的な処理を加えることで世界についての情報を間接的に獲得すると考えられている．それに対してギブソンは，世界についての情報が環境の中に実在すること，そして人間を含めた動物はその情報を獲得することで環境の中の事物が自分自身にとって持つ意味（アフォーダンス）を直接知覚するのだと主張した．このようなギブソンの考え方は直接知覚論と呼ばれる．心理学における生態心理学の独自の立ち位置の根拠はこの直接知覚論にある．

直接知覚論を展開するにあたって生態心理学が重視したのは身体とその能動的な活動である．動物が環境の中で活動するためには環境を知覚することが必要であるが，それだけではなく，環境を知覚するためには活動することが必要であるということをギブソンは示している．

他方，レイコフの主張する認知意味論は世界の実在を認める基本的実在論を採用しており，世界の中での人間の身体的な経験を認知の基盤として重視する経験基盤主義を採用している．ここまでに関しては認知意味論と生態心理学は親和性がある．実際レイコフは認知における身体の重要性と環境とのインタラクションの役割を強調する点に関しては生態心理学を評価している．レイコフ（Lakoff 1987）は認知意味論に対する生態心理学の影響に言及しており，レイコフとジョンソン（Lakoff and Johnson 1980）にも生態心理学への言及がある．

しかし，認知意味論は意味を指示対象に求める考え方を客観主義として棄却し，人間が事物をどのように捉えるかという捉え方の意味論を採用するなかで，実質的に認知主義を採用しており，事物の意味が環境の中に実在するという生態心理学の考え方を客観主義として批判している．

このように生態心理学と認知意味論は原理的な緊張関係にある．本項は，人間が指示対象をどのような捉え方で捉えているかとの関連で言語表現の意味を考える認知意味論の基本的な立場に立脚し，その捉え方を明らかにする学問としての心理学に注目している．そして言語表現の意味を支えるヒトの認知過程が身体的基盤を有することを重視する認知意味論の立場に立脚し，心理学の中でも特に身体性を重視する分野としての生態心理学に注目しているわけである．

ヒトの言語能力の構成それ自体が生態心理学の考え方によって解明できるかどうかについては，今後の研究に待たなければならない．

まとめと展望

以上，生態心理学と認知言語学の関係を見てきた．

認知意味論は人間が指示対象をどのような捉え方で捉えているかとの関連で言語表現の意味を考

える立場をとることから，心理学との親和性が強い．また認知意味論は言語表現の意味を支えるヒトの認知過程が身体的基盤を有することを重視する立場をとることから，心理学の中でも特に身体性を重視する分野としての生態心理学との接点が生じる．

生態心理学の自己知覚論は言語における2通りの自己表現の仕方（ゼロ形／一人称代名詞）およびそれに関連するラネカーの subjective/objective construal に知覚理論的な基礎を与える．アフォーダンス知覚は，少なくとも英語中間構文，主体移動表現，カテゴリー化，メタファー表現，可能表現に関連する．知覚の能動性とそれに関連する知覚システム論は共感覚表現，擬態語，複合感覚表現に関係する．共同注意を介した環境の意味の共有は，少なくとも機能言語学で提唱されている響鳴現象に関係する．

また，反認知主義・反表象主義をとる生態心理学は事実上認知主義をとる認知意味論とは緊張関係にある面もある．そのため，ヒトの言語能力の構成それ自体が生態心理学の考え方によって解明できるかどうかについては，今後の研究に待たなければならない．

▶重要な文献

生態心理学については，ギブソン自身の著作のほかに代表的な入門書として佐々木（1994, 2015）がある．また最近の本格的な研究書として染谷（2017）がある．

生態心理学の知見を言語研究に導入した著作としては，筆者自身によるもの（本多 2005, 2013a, 2013b）のほか，深田・仲本（2008）が重要である．

▶文　献

Blomberg, J. 2015 The Expression of Non-Actual Motion in Swedish, French and Thai. *Cognitive Linguistics* 26: 657-96.

Coventry, K. R. 2015 Space. In E. Dabrowska and D. Divjak（eds.）*Handbook of Cognitive Linguistics*, De Gruyter Mouton, Berlin/Boston, pp.490-509.

Coventry, K. R. and Garrod, S. C. 2004 *Saying, Seeing, and Acting: The Psychological Semantics of Spatial Prepositions.* Psychology Press, Hove/New York.

Du Bois, J. W. 2007 The Stance Triangle. In R. Englebretson（ed.）*Stancetaking in Discourse: Subjectivity, Evaluation, Interaction,* John Benjamins, Amsterdam / Philadelphia, pp.139-82.

Du Bois, J. W. 2014 Towards a Dialogic Syntax. *Cognitive Linguistics* 25: 359-410.

Falck, M. J. and R. W. Gibbs 2012 Embodied Motivations for Metaphorical Meanings. Cognitive Linguistics 23: 251-72.

Fellbaum, C. 1985 Adverbs in Agentless Actives and Passives. *CLS 21, Parasession on Causatives and Agentivity*: 21-31.

Ferreira, V. S. and K. Bock 2006 The Functions of Structural Priming. *Language and Cognitive Processes* 21: 1011-29.

深田智・仲本康一郎 2008『概念化と意味の世界―認知意味論のアプローチ』研究社.

Garrod, S. and M. J. Pickering 2004 Why is Conversation So Easy? *Trends in Cognitive Sciences* 8: 8-11.

Gibson, J. J. 1950 *The Perception of the Visual World*, Houghton Mifflin, Boston, MA. ［東山篤規・竹澤智美・村上嵩至（訳）2011『視覚ワールドの知覚』新曜社.］

Gibson, J. J. 1962 Observations on Active Touch. *Psychological Review* 69: 477-91.

Gibson, J. J. 1966 *The Senses Considered as Perceptual Systems*, Houghton Mifflin, Boston, MA. ［佐々木正人・古山宣洋・三嶋博之（監訳）2011『生態学的知覚システム―感性をとらえなおす』東京大学出版会.］

Gibson, J. J. 1979 *The Ecological Approach to Visual Perception*, Houghton Mifflin, Boston, MA. ［古崎敬・古崎愛子・辻敬一郎・村瀬旻（訳）『生態学的視覚論―ヒトの知覚世界を探る』サイエンス社.］

廣瀬直哉 2004「アフォーダンスとエコロジカル・リアリズム」『椙山女学園大学研究論集人文科学篇』35: 127-37.

本多啓 1994「見えない自分，言えない自分―言語にあらわれた自己知覚」『現代思想』22(13): 168-77.

本多啓 1997「世界の知覚と自己知覚」『英語青年』142(12): 658-60.

本多啓 2002「英語中間構文とその周辺―生態心理学の観点から」西村義樹（編）『認知言語学 1: 事象構造』東京大学出版会，pp.11-36.

本多啓 2005『アフォーダンスの認知意味論―生態心理学から見た文法現象』東京大学出版会.

本多啓 2006「助動詞の Can の多義構造―〈能力可能〉と〈状況可能〉の観点から」『英語青年』152(7): 426-28.

本多啓 2013a「言語とアフォーダンス」河野哲也（編）『倫理：人類のアフォーダンス』東京大学出版会，pp.77-103.

本多啓 2013b『知覚と行為の認知言語学―「私」は自分の外にある』開拓社.

本多啓 2014「プロトタイプカテゴリーとしての英語中間構文再考」『神戸外大論叢』64(1): 15-43.

本多啓 2015「可能表現と自己の境界」田村敏広・西田光一・深田智（編）『言語研究の視座―坪本篤朗教授退職記念論文集』開拓社，pp.378-96.

本多啓 2017「英語における他動詞由来の主体移動表現について」『ENERGEIA』41: 1-14.

Johnson, M. 1987 *The Body in the Mind: The Bodily Basis of Meaning, Imagination and Reason*, Univ. of Chicago Press, Chicago / London. ［菅野盾樹・中村雅之（訳）2001『心のなかの身体―想像力へのパラダイ

ム転換』紀伊國屋書店.］

Johnson, M. 2017 *Embodied Mind, Meaning, and Reason: How Our Bodies Give Rise to Understanding*, Univ. of Chicago Press, Chicago.

Labov, W. 1973 The Boundaries of Words and Their Meanings. In Bailey, C.-J. N. and R. W. Shuy（eds.）*New Ways of Analyzing Variation in English*, Georgetown Univ. Press, Washington, DC, pp.340-73. (Reprinted in Aarts. B. et al.（eds.）2004 *Fuzzy Grammar: A Reader*, Oxford Univ. Press, pp. 67-90.)

Lakoff, G. 1987 *Women, Fire and Dangerous Things: What Categories Reveal about the Mind*, Univ. of Chicago Press, Chicago. ［池上嘉彦・河上誓作・辻幸夫・西村義樹・坪井栄治郎・梅原大輔・大森文子・岡田禎之（訳）1993『認知意味論　言語から見た人間の心』紀伊國屋書店.］

Lakoff, G. and M. Johnson 1980 *Metaphors We Live By*, Univ. of Chicago Press, Chicago. ［渡部昇一・楠瀬淳三・下谷和幸（訳）『レトリックと人生』大修館書店.］

Lakoff, G. and M. Johnson 1999 *Philosophy in the Flesh: The Embodied Mind and Its Challenge to Western Thought*, Basic Books, New York. ［計見一雄（訳）2004『肉中の哲学―肉体を具有したマインドが西洋の思想に挑戦する』哲学書房.］

Langacker, R. W. 1987 *Foundations of Cognitive Grammar*, Vol.I, *Theoretical Prerequisites*, Stanford Univ. Press, Stanford.

Langacker, R. W. 1990 Subjectification. *Cognitive Linguistics* 1: 5-38.

Langacker, R. W. 1997 Consciousness, Construal, and Subjectivity. In M. I. Stamenov（ed.）*Language Structure, Discourse and the Access to Consciousness*, John Benjamins, Amsterdam / Philadelphia, pp.49-75.

Langacker, R. W. 2008 *Cognitive Grammar: A Basic Introduction*, Oxford Univ. Press, Oxford. ［山梨正明（監訳）2011『認知文法論序説』研究社.］

Legenhausen, L. 1998 Mediopassives｜Fuzziness and Speaker Evaluation. In Kühlwein, W.（ed.）*Language as Structure and Language as Process: In Honour of Gerhard Nickel on the Occasion of His 70th Birthday*, Wissenschaftlicher Verlag, Trier, pp.47-62.

Loveland, K. A. 1984 Learning about Points of View: Spatial Perspective and the Acquisition of 'I/You'. *Journal of Child Language* 11: 535-56.

Matlock, T. 2010 Abstract Motion is No Longer Abstract. *Language and Cognition* 2: 243-60.

Matsumoto, Y. 1996a How Abstract is Subjective Motion?: A Comparison of Coverage Path Expressions and Access Path Expressions. In Goldberg A. E.（ed.）*Conceptual Structure, Discourse, and Language*, CSLI Publications, Stanford, pp.359-73.

Matsumoto, Y. 1996b Subjective Motion and English and Japanese Verbs. *Cognitive Linguistics* 7: 183-226.

松瀬育子・今泉志奈子 2001「中間構文」影山太郎（編）『日英対照動詞の意味と構文』大修館書店，pp.184-211.

武藤彩加 2003「九の皿：味ことばの擬音語・擬態語」瀬戸賢一（編）『ことばは味を超える―美味しい表現の探求』海鳴社，pp.241-300.

Neisser, U. 1988 Five Kinds of Self Knowledge. *Philosophical Psychology* 1: 35-59.

Neisser, U. 1991 Two Perceptually Given Aspects of the Self and Their Development. *Developmental Review* 11: 197-209.

Neisser, U. 1993 The Self Perceived. In Neisser, U. (ed.) *The Perceived Self: Ecological and Interpersonal Sources of Self-Knowledge*, Cambridge Univ. Press, Cambridge, pp.3-21.

Pickering, M. J. and S. Garrod 2004 Toward a Mechanistic Psychology of Dialogue. *Behavioral and Brain Sciences* 27: 169-226.

Reed, E. S. 1995 The Ecological Approach to Language Development: A Radical Solution to Chomsky's and Quine's Problems. *Language and Communication* 15: 1-29.

Reed, E. S. 1996 *Encountering the World: Toward an Ecological Psychology*, Oxford Univ. Press, Oxford. [細田直哉（訳）2000『アフォーダンスの心理学―生態心理学への道』新曜社．]

Sakita, T. I. 2006 Parallelism in Conversation: Resonance, Schematization, and Extension from the Perspective of Dialogic Syntax and Cognitive Linguistics. *Pragmatics & Cognition* 14: 467-500.

Sakita, T. I. 2008 A Cognitive Basis of Conversation: Alignment through Resonance. 児玉一宏・小山哲春（編）2008『言葉と認知のメカニズム―山梨正明教授還暦記念論文集』ひつじ書房，pp.621-33.

﨑田智子・岡本雅史 2010『言語運用のダイナミズム―認知語用論のアプローチ』研究社．

佐々木正人 1994『アフォーダンス―新しい認知の理論』岩波書店．

佐々木正人 2015『新版アフォーダンス』岩波書店．

Shaw, R. E., Flascher, O. M. and Kadar, E. E. 1995 Dimensionless Invariants for Intentional Systems: Measuring the Fit of Vehicular Activities to Environmental Layout. In Flach, J., P. Hancock, J. Caird and K. Vicente (eds.) *Global Perspectives on the Ecology of Human-Machine Systems*, Lawrence Erlbaum, Hillsdale, pp. 293-357.

染谷昌義 2017『知覚経験の生態学―哲学へのエコロジカル・アプローチ』勁草書房．

Talmy, L. 1988 The Relation of Grammar to Cognition. In Rudzka-Ostyn, B. (ed.) *Topics in Cognitive Linguistics*, John Benjamins, Amsterdam, pp.165-205.

Talmy, L. 2000 *Toward a Cognitive Semantics*, Volume I: *Concept Structuring Systems*, MIT Press, Cambridge, MA.

Turvey, M. T. and R. E. Shaw 1979 The Primacy of Perceiving: An Ecological Reformulation of Perception for Understanding Memory. In Nilsson, L.-G. (ed.) *Perspectives on Memory Research: Essays in Honor of Uppsala University's 500th Anniversary*, Lawrence Erlbaum, Hillsdale, pp.167-222.

吉村公宏 2012「中間構文の意味論的本質」澤田治美（編）『構文と意味』（ひつじ意味論講座 2）ひつじ書房，pp.201-20.

| 5.4 |

認知人類学と認知言語学

井上京子

人類学という学問分野における認知人類学[注1]の立ち位置は，常に問題がつきまとってきた．文化人類学の中に位置づけようとすると，無理やり押し込んだ分野であるがゆえに認知人類学はもはや瀕死状態だ，と主張する者が出る．その一方で，そうした主張に強く反論する研究者たちは，認知人類学は文化人類学の一部分に属するのではなく，科学人類学として立脚し，今後もますます発展の一途をたどる，と主張している．

本節では，人類学の認知科学との出会いとこれまで認知人類学がたどってきた歴史について，時代ごとにカギとなる理論を中心に3段階に区切り，それぞれの研究目的と方法論を研究事例を挙げながら概観，認知言語学との関連性を考察する．初めに「**民族誌的意味論**」の段階，次に「**プロトタイプ**」の段階，そして「**科学人類学**」へと転換を図る段階を紹介し，最後に言語学から文化人類学への回帰の重要性について再考する．

1. 認知人類学の出現理由

認知人類学は1950年代にアメリカから始まった．その黎明期に報告された**親族名称**（kinship terms）や植物の**タクソノミー**（taxonomy）研究は，方法論の簡潔さで有名であったが，1980年代から90年代にかけて行なわれた研究，例えば**文化的モデル**，推論，**合意**，感情，記憶，動機，分散認知などは，他分野の研究者にはあまり知られていない．

ここでは，アメリカを中心とする認知人類学の過去半世紀の動きを振り返って，1995年に出版されたダンドレード（Roy D'Andrade）の *The Development of Cognitive Anthropology* および2011年に出版されたクロネンフェルド（David Kronenfeld）らの *A Companion to Cognitive Anthropology* で紹介されている認知人類学の概要を検証する．

まず，認知科学に人類学がどう関わることになったのか，その契機をたどると，行き着くのは「文化」の定義の根底にある問題である．すなわち，文化人類学における重要な研究テーマには「人間の文化の性質は何か」，つまり，「文化の成員として受け入れられるために人が身につけなければならない知識とは何なのか」という問題がある．それは果たして命題（proposition）か？　対照要因か？　イメージの集合体か？　タクソノミーの寄せ集めか？　コンピュータプログラムのようなものか？　言語媒体だけか？　それとも他のイメージや身体的スキルをも含むのか？　という問題である．

これと関連して，「こうした知識を人間はどのように構築し使用するかという問題に，こころ（mind）のプロセスはどういった影響を与えるのか」という疑問がある．作業記憶の制約はどんなものか？　知識と感情，知識と動機との関連性はどうなっているのか？　さらには，こうした問題は，知識獲得が他のこころのプロセスに与える影響とも関わっていることから，長期記憶と推論の研究も必要となる．そして，最も重要な争点は「どうすればこうした問題を検証できるか」ということである．

認知の研究は，実験室で得られた実験結果をもとにした命題（propositions）のみに終始するべきではない．（もちろん，実験がいけないわけではないし，実験を通して明らかになることはたくさんあるが）人類学の究極のゴールは，人間の生活を自然界でのあるがままの状態で理解することであるから，人類学者としては，ごく普通の人間がごく普通に（通常）知識を整理し，用いる，その方法を理解するのに役立つ理論が欲しいわけである．

さらに，認知人類学者が研究対象とするのは，**文化的知識**である．というのも，ほとんどの人が

持っている知識というのはすべからく文化的知識であるからだ．すなわち，知識とは，他の人間から教わり，共有する，ことばや話や人工物に埋め込まれているものなのである．

人間社会と人間の思考との関係を明らかにしようとする学問，認知人類学の研究対象は，広範囲にわたる．人間社会における一集団が，いかに事象を**カテゴリー化**（categorization）し，理論づけているのかを探る試みは，野生植物の分類から社会正義といった抽象的な出来事まで，実に様々である．以下，認知人類学の半世紀の歴史と研究動向を簡単にまとめ，それぞれの時期の代表事例を紹介する．

2. 「民族誌的意味論」の段階

1950年代は黎明期で，この学問分野の研究対象が形成された時期であった．人類学分野での**象徴**のシステムを追究する動きと言語学の発展があいまって，「知識としての文化」という概念をグッドイナフ（Ward H. Goodenough）らが提唱した．そして，このような知識の内容と構造を特定しようという研究目標を掲げた．ウォレス（Anthony Wallace）の研究に見られる個人の**迷路**（mazeway）や**復興運動**（revitalization movements）などがこの「知識としての文化」を土台とした研究成果の一環だと考えられる（D'Andrade 1995: 16-7）．

次に，文化的知識の詳細な分析研究が登場する．当初用いられた分析方法は，それまでにすでに存在していたものを借用している．1920年代まで遡るソシュール（Ferdinand de Saussure）の言語音声学での成果をヤコブソン（Roman Jakobson）らプラハ学派が発展させ，「**構造**」（structure）という概念を導入，その構造単位の関係性を明らかにする**成分分析法**（componential analysis）を応用して，**親族名称**の分析に適用したラウンズベリー（Floyd G. Lounsbury）やグッドイナフなどが有名である．また，**分類学的関連性**（taxonomic relations）を分析するのにコンクリン（Harold Conklin）とフレイク（Charles Frake）が生物学から借用した研究手法は，**民族植物学**（ethnobotany）と呼ばれ，一つの確立した分野となった．これらのアプローチは，最終的には「民

族誌的意味論」（ethnographic semantics）と総称されるようになるが，他にも**エスノ・サイエンス**（ethnoscience）[注2]，**民族意味論**（ethnosemantics），**辞書的意味分析**（lexical semantic analysis）などと呼ばれることもある（Blount 2011: 14）．

この時期の基本的な理論モデルは，文化的**カテゴリー**の構造を発見するのに役立つ語彙の分析が中心だったと言えよう．言語学分野への接近は，それとともに分析手法の正確さへの関心にもつながり，心理学分野で開拓された類似性判断（similarity judgments）の借用も行なわれ，潜在的な文化的カテゴリーの発見を助けてくれるような明確な手法の開発に研究者たちは熱心にとりくんだ．

この時期の研究者は，カテゴリーを問題にしていたにもかかわらず，心理学的理論にはほとんど触れずに，各研究者たちは別個に研究を進めていた．ダンドレードの解釈によると，それはまだ，その必要性が認識されていなかったためである．

1950年代から70年代初めまでのこの当時，人類学と社会科学は全般的に，手法，形式，定量化に重点を置いており，その中心ともいえるアメリカの五つの大学，イェール，ペンシルバニア，スタンフォード，UCバークレー，UCアーバインと，ハーバード大学社会関係学科（Harvard Department of Social Relations）がことにこの分野で多くの研究者を輩出した．この時期，NIMH（National Institute of Mental Health）の研究助成がかなり潤沢に大学院生に給付され，認知人類学研究のプログラムもその恩恵に浴していたこともダンドレードは指摘している．結果として，この時期にアメリカの人類学は急速に拡大し，新たな領域が次々と起こり，認知人類学もその一翼を担うことになったのである．

研究成果としてこの時期のものの特徴は，**素性**（feature）と**分類的関係**（taxonomic relations）をどのように分析すればいいかを示唆するものが多いことである．例えば親族，植物，動物，キャラクター名称，病気，色，など様々な領域が調査対象となった．ここでは特に，意味論的分析のための一般的理論の用語を整備し，心理学分野で開発された手法と言語学の手法とを融合させ

		direct		collateral	
		male	female	male	female
G2	+	grandfather	grandmother		
	−	grandson	granddaughter		
G1	+	father	mother	uncle	aunt
	−	son	daughter	nephew	niece
G0		brother	sister	cousin	

図1　英語の親族名称の素性分析（D'Andrade 1995: 29 ［Romney and D'Andrade 1964］）

ることが試みられた．一つ，英語の親族名称を意味素性分析した例を挙げよう（Romney and D'Andrade: 1964）．

血縁関係にある親族の名称を図1にまとめてわかることは，英語では

(1) イトコ（cousin）以外のすべての名称で男女（male vs. female）の対比が存在する．

(2) 世代（G = generation）ごとに名称が異なる．

(3) 世代の素性は，エゴ（本人）と親族との間の親子関係がどれほど離れているかを絶対的距離で表す．したがって例えば，オジ（uncle）とオイ（nephew）はどちらもエゴとの親子間の絶対的距離が1であることから世代はG1に属する．ただし，オジはエゴより一つ上，オイはエゴより一つ下の世代に位置する．

(4) 直系（direct）と傍系（collateral）の対比は，傍系がエゴとは上の世代のキョウダイつながりであるのに対し，直系は上の世代のキョウダイを介したつながりではない，というところにある．

この分析結果が唯一無二の英語の親族名称研究というわけではもちろんなく，対立する研究結果も複数提起されている（Wallace and Atkins 1960; Goodenough 1965; Schneider 1965）．しかしこうした成分分析の利点は，その名称を用いている話者たちにとって自明の世界の切り分け方，

つまりネイティブ・カテゴリーを抽出すれば，語彙素性のタクソノミー（民俗分類）が形成でき，それによってイーミック（emic）[注3]な世界観を提示できると研究者に思わせる方法論であった．ただし，あまたある分類法のうち，果たしてどの分類法が最も基本的なものなのかを示すことが難しいという問題は残ったままだった．

なお，この民族誌的意味論研究の時期に発表された重要な著作として，ブラウント（Blount 2011）は以下の3点を挙げている．まず（図1でも紹介した論文が収録されている）1964年ロムニーとダンドレード（A. Kimball Romney and Roy Goodwin D'Andrade）が編集したAmerican Anthropologist特集号はTranscultural Studies in Cognitionと題され，認知に対する言語学，人類学，心理学的アプローチで書かれた論文から構成されていることから，そもそものはじめからこの分野が学際的性質を負っていたことを物語っている．1969年に刊行されたタイラー（Stephen A. Tyler）編Cognitive Anthropology論文集は，認知人類学黎明期の古典的論文を多く収録している．そして同じく1969年に発表されたバーリンとケイ（Brent Berlin and Paul Kay）のBasic Color Termsは色彩語彙研究で草分け的存在となったことであまりにも有名である．彼らの研究こそが，今日まで連綿と続いている色彩語彙研究の最初の一歩となり，認知人類学をプロトタイプ理論へと導く契機となったのである．

3. 「プロトタイプ」の段階

1970年代初頭にロッシュ（Eleanor Rosch）の登場で幕を開けたのがいわゆるプロトタイプ理論である．彼女が導入したカテゴリーの心理学的理論，これはもはやすべてのカテゴリーが同じスタートラインに立っているわけではないことを意味していた．つまり，言語的カテゴリーの中にはプロトタイプ的なものもあり，実はこのプロトタイプこそが基本的レベルのカテゴリーにその顕著な特徴と記憶や推論への影響力を与えるものである，と考えられるようになったのである[→ 3.2]．その後1980年代初めまでに，人類学においてはプロトタイプ理論は**スキーマ理論**に取って代わられた．そして1980年代半ばには，スキーマを**コネクショニスト・ネットワーク**でシミュレートする可能性が広く受け入れられ，その結果，こころの**表象**（representation）に関しては，ますます抽象的な心理学的理論が打ち出されていった（D'Andrade 1995）．

スキーマ理論とコネクショニスト・ネットワークは，新たなこころの実体を創出した．というのも，スキーマ理論が登場するまでは，こころといえば，少なくとも人類学においては象徴（symbol），すなわち人をつき動かし行動を迫るものを意味していた．単語や表記方法，知覚の特徴が言語形式と世界とを結びつけるような素性だったのである．ところが，スキーマやコネクショニスト・ネットワークでは，思考は言語に頼っているとする，緊密なつながりが断ち切られた．コネクショニスト・ネットワークは，言語的根拠などとは全く関係なく，スキーマ的な素性の集まりを複雑なものと一緒に処理してしまう．また，意味分析と無関係な「こころ」の創出は，推論，比喩，記憶といったこころのプロセスへの興味も引き起こした．

人類学におけるこの時期は，文化的モデル（cultural models）が推論や比喩とどのように影響し合っているかといった分野に焦点が置かれた．その良い例が，ホランドとクィン（Dorothy Holland and Naomi Quinn）の編著 *Cultural Models in Language and Thought* や，レイコフ（George Lakoff）の *Women, Fire, and Dangerous Things* であり，どちらも1987年に出版されている．

クィンが調査したアメリカ人の**結婚観モデル**研究を例にとってみよう．アメリカ人の既婚者男女数名に結婚について自由に語ってもらった録音テープ数十時間分を文字に起こし，**キーワードの意味分析**，**メタファー分類法**，**推論分析法**などを用いて結婚観モデルを作るのだが，その際にメタファー表現として抽出された特徴をまとめたのが表1である．

表1 メタファー表現で表される結婚の特徴（D'Andrade 1995: 169 [Quinn 1987]）

1. 共有性　Sharedness
   We are together in this.　（呉越同舟だ）
   I felt like marriage was just a partnership.
   （結婚はパートナーシップみたい）
2. 持続性　Lastingness
   It was stuck together pretty good.
   （うまく一緒にくっついている）
   We feel pretty confident about being able to continue that way.　（このままいけそう）
3. 互恵性　Mutual benefit
   That was something we got out of marriage.
   （結婚から得られたもの）
   Our marriage is a very good thing for both of us.
   （結婚はお互い良いもの）
4. 相性　Compatibility
   The best thing about Bill is that he fits me so well.
   （彼は私にぴったり）
   Both of our weaknesses were such that the other person could fill in.　（お互いの欠点を補える）
5. 困難　Difficulty
   That was one of the hard barriers to get over.
   （乗り越えるべき壁）
   The first year we were married was really a trial.
   （はじめの1年は本当に試練だった）
6. 努力　Effort
   She works harder at our marriage than I do.
   （結婚に対してより多くの努力を払っている）
   We had to fight our way back almost to the beginning.
   （闘わなければならなかった）
7. 成功／失敗　Success or failure
   We know that it was working.　（うまくいっている）
   The marriage may be doomed.　（滅びゆく運命）
8. リスク　Risk
   There are so many odds against marriage.
   （賭けの部分が多い）
   The marriage was in trouble.　（困った状況）

本来，何百もの結婚に関連する比喩的特徴がありながら，上記八つのキーワードに凝縮されてしまうこと自体，驚くべき発見だが，これらの特徴を協力者が語った話の内容と照らし合わせることにより，クィンはアメリカ人の結婚観モデルを構

築した．そのモデルを要約すると，まず，共有性，互恵性，そして持続性は，愛に基づいた関係であるがゆえに人々が結婚に期待する特徴であり，その一方，相性，困難，努力，成功／失敗，リスクといった特徴は，結婚は自ら進んで結んだ関係であり，かつ，高いレベルの互恵性を保つのはどんな関係でも難しいという事実からくる，というものである．こうしたモデルは，一般的なアメリカ人の結婚観を提示しただけでなく，過去，現在，そして未来にわたって自分と配偶者とに起こる事態にどう対処するべきかの指針になっていることも見逃せない．

クィンらはその後20年間にわたり文化的モデル研究を掘り下げ，2005年までに4冊の本を世に送り出している．そこではコネクショニスト・アプローチを使った研究を展開し，認知人類学を文化研究の枠組みよりはむしろ科学人類学として位置づけるスタンスをとるようになってきている．確かに，文化的モデルの構築は時間と労力を要する研究課題で，いまだ一つの文化全体を説明できるようなモデルを作り上げた研究者はいないし，その実現の可能性も少ない（D'Andrade 1995: 172）．しかし，特定の領域を複数の研究者が共同で調査すれば十分可能で，実際，生態系や環境問題を扱う研究分野での応用にもその有効性が認められ，**エスノ・エコロジー**（**民族生態学**；ethnoecology）の記述が現在進行中である（松井2002; Blount 2011; 他『講座生態人類学全8巻』）．

4.　認知人類学における細分化の必要性

認知人類学の起こりからプロトタイプ理論が出現するまでの期間に発生した副産物に，文化の細分化がある．もちろん，それ以前の人類学において文化を部分に分けることが全く考えられなかったわけではない．しかし，部分に分けられたものが一体どのようなものなのか，どうやって各部分を特定できるのかという問題に，明白な答えは用意されていなかった．文化とは対照的に，社会構造に関しては，役割，ステータス，機関，グループ，クラスなどの部分がしっかり存在していたが，「文化の部分」という表現はほとんど使われることはなく，使われたとしても妙な印象を与えてしまったことだろう．マリノフスキー（Bronislaw Malinowski）以降，文化人類学においては傾向（trait）という用語も信用を失っており，クローバーとクラックホーン（Kroeber and Kluckhohn 1963）が以下のように述べているとおり，1960年代には文化の細分化には反対意見が多数を占めていた．

原子や細胞や遺伝子といった普遍的構成単位のようなものは，文化に関してはいまだ十分に確立されていないことは，多くの人類学者が認めるところである．たしかに，文化の一側面である言語においては，音素や形態素のような普遍的構成単位が確立したというものも多いだろう．しかし，発話よりも無意識な部分が少なく，生物学的な要因に関する部分も少ない文化領域において，このような単位がそもそも発見できるかは大いに疑問である．

ここでの問題は，単に研究分野間の用語の違いにとどまらない．その背後には，研究者たちが一体何を研究対象としているのかを明確に概念化することができていないという問題がある．もし文化が意味と象徴であって，誰かのこころの中にあるものではないとすれば，我々は，儀礼であれ，鶏闘[注4]であれ，親族名称であれ（これらはすべて人類学の領域では有名な研究事例であるわけだが），我々が象徴と見なすものを解釈する以外に何ができるというのであろうか．そして，そもそも何を解釈とするのが意味あることなのだろうか．

だが，もし文化が誰かのこころの中にあるものだとすれば，こころの構造と制約を手がかりに，認知的に形成された単位（素性（component），プロトタイプ，スキーマ，命題，理論など）を探すことが可能となる．これは，文化の微小粒子理論（particulate theory of culture）を可能にする．つまり，文化の「部分」，その組織や相互関係についての理論である．こうした部分や単位が確立すれば，それに伴い，新たな疑問が生ずる．これらの単位はいかに共有されているのだろうか．個々人の間でどのように**分散**（distributed）されているのだろうか．どの単位が内面化されているのか．もちろん，こうした疑問はここで初めて浮かんできたわけではないが，新しい用語で問いかけられることにより，より鮮明に浮上してくるの

である．**文化の合意**（cultural consensus）と分散認知（distributed cognition）を表すモデルは1980年代後半には多くの注目を浴び始めていた．ただし，こうした分野の研究の担い手は認知人類学者に限られていた．というのも，合意や分散認知といった問題自体，文化人類学の主流な枠組みではほとんど意味をなさないものであったからである（D'Andrade 1995）．分散の研究をするためには，分散できる単位の存在を受け入れられなければならないからだ．

しかしその後，文化の合意分析法は多様な分野で重用されるようになってきている．例えば，農業，漁業，鉱業といった生業や医療，福祉分野においても人々の伝統的あるいは地域特有の知識（これがすなわちエスノ・エコロジーだが）を把握するのに役立っている．これは，はからずも松井（1998: 217-8）が，認知人類学が「人間と自然との関わりの諸側面の実践的思想的課題に取り組むときに，極めて有効な寄与を可能にするもので，自然についての思想や環境『観』や資源の利用，管理についての今日的問題等への積極的な寄与が期待できる」と予見した未来が結実しつつあると考えてもよいだろう．

5. 「科学人類学」の段階

認知人類学の1990年代以降の発展はまだ概要がつかみきれないが，ダンドレード（1995）の指摘する注目分野としては，文化的スキーマが行動とどう関連しているのかを探る動きがまず挙げられる．こうした研究動向は，感情や動機の問題と直結しているし，内面化や社会化とも深く関わっていることは言うまでもない．またそれと同時に，認知的構造が人工物の物理的構造や人間社会の行動的構造とどう関わっているのかを探ろうとする試みも，盛んになってきている．概観すれば，近年の認知人類学における傾向は，文化というものを扱うに際し，それは分離でき，社会的に分散され，様々に内面化され，また様々に表出するものとして捉えているといえよう．

この半世紀にわたる認知人類学研究の進展，すなわち学問分野の研究対象を形成し，意味論と分析の尺度を使って研究分析を行ない，スキーマ理論と文化的モデルを公式化し，行動との関連を探

る，という活動はどれもみな完結した物語ではなく，現在もそれぞれ進行中である．Kronenfeldらは編著（2011）で，21世紀以降展開されている主にアメリカ認知人類学研究分野の網羅を試みているが，紙面の制約上ここに収まらなかったものの，非常に重要な研究として，Cognitive Anthropology Research Group（Max Planck Institute for Psycholinguistics）による一連の**空間指示枠**（frames of reference）研究（Senft 1997; 井上 1998; Bennardo 2002; Levinson 2003; Levinson and Wilkins 2006）や，それと密接な関係を持つ**ジェスチャー研究**（McNeill 2000; Kita 2003; Kendon 2004）にも言及がある．

そこで，**空間認知**研究の事例を以下に簡単に紹介しておく（井上 2006を参照）．

6. 空間認知研究と言語研究

これまで哲学，心理学，あるいは言語学の分野においては，3次元空間の水平面をどういう角度で切り取り，それぞれの角度にはさまれた領域をどう呼ぶか（どう言語化するか）という問題には人類共通の解決策があると考えられてきた．それはつまり，我々人間は自分の身体を基準として，まず顔がある面が「前」，背中の面を「後ろ」，と切り分ける．それから今度はその面に対して直角に交わる面で切り分けられる対称な2領域が「右」と「左」として区別できる，という方法である．この「右」「左」の2分法にはこれまで様々な分野の研究者たちが生物学的根拠や，文化的意味合いを見いだしてきているので，すでにわかりきったことだと考えられている．

ところが，この，空間を右と左に切り分ける，と信じられてきた空間把握方法が，実は人類共通のものではないらしいという事実が1990年代に報告されて以来，空間認知と言語の関係を解き明かそうとする研究が盛んになってきた．そもそもメキシコのツェルタル語の一つ，テネハパ語には「右」や「左」に相当する語彙が存在しない．マックス・プランク心理言語学研究所の研究グループによると，右と左という概念は，なんら必然性を伴わず，単に特定の集団内でのみ用いられる空間の切り分け方にすぎないことを示す調査結果が得られたという．

それにはまず図2のように二つのテーブルを用意し，おもちゃの動物を一列に並べてその向きを協力者に記憶してもらう実験を世界各地で行なった．［テーブル1］で相対的に概念を記号化すると（例えばブタ，ウマ，ウシが左を向いて並んでいた，というように，話者中心の空間指示枠を用いる場合），［テーブル2］では協力者とともに［テーブル1］の動物たちも180度回転して再現される．また一方で，絶対的に概念を記号化すると（例えばブタ，ウマ，ウシが南を向いて並んでいた，というように，話者の視点には関係せず絶対的な動かない環境を起点とした空間指示枠を用いる場合），［テーブル1］の動物たちは［テーブル2］へ平行移動するだけのはずである．

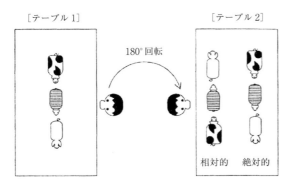

図2 「一列並びの動物たちゲーム」のセットアップ（井上 1998）

15を越える言語地域で空間認知における問題解決の方略を調べた実験結果によると，**相対的指示枠**（relative frame of reference）の言語使用者は概念の記号化も相対的で，**絶対的指示枠**（absolute frame of reference）の言語使用者は概念の記号化も絶対的方略をとる傾向が非常に強いことがわかった．

レヴィンソン（Stephen C. Levinson）は，これは言語が非言語的な空間認知に影響を及ぼしているためと考える．つまり，後で言語化することになれば特定の指示枠を用いる必要があることから，事物の空間関係を認識し，記憶する際にも，（そのとき言語化されなくても）言語が用いているのと同じ指示枠が用いられるのだというのである．これは，スロービン（Dan Slobin）の発話のための思考の場合よりも一歩踏み込んだ相対論的主張である．

さらに，ツェルタル語（Tzeltal）とオーストラリアのグーグ・イミディール語（Guugu Yimidhirr）を比較して，同じような絶対的指示枠を用いるコミュニティでも，それぞれが異なった認知スタイルを持っていることからわかるように，文化が認知に果たす役割と言語ごとの概念構造の違いに関して，もっとフィールド調査を行い，探究する必要があることを説いている．

7. 認知人類学の今後

以上，認知人類学の半世紀の変遷を見てきたが，最後に，今後の認知人類学における注目すべき分野として，**文化能力の進化**に関する研究にもブラウントが言及している点は興味深い．これは，言語学分野における進化の研究（藤田・岡ノ谷 2012）が近年復活，そして1996年に第1回「言語進化の国際会議」（International Conference on the Evolution of Language）が開催されて以降，急速に進展していることにも関係があると考えられる．

文化能力の進化において問われるのは，例えば集団的知識のシステムを発達させる人類の能力はどのようにして出現したのか？　他の種にも関連があるのか？　言語と文化はどちらも同じ進化過程の産物なのか，それとも別個の進化を遂げたのか？　そして，人類が集団的知識のシステムを作り出し，習得できる傾向があるならば，その傾向は人間の子供の認知的発達にどのように現れるのか？　また，そのシステムを用いているコミュニティでの経験と組み合わさることにより，子供たちの文化と言語を学ぶ傾向に違いが出るのか？といった問題である．これはつまり，認知言語学領域で重要な研究分野と考えられている子どもの発達プロセスは，認知人類学においても重要な研究対象となることのあらわれであろう．

これら多岐にわたる認知人類学研究分野だが，根底に通じるのは，文化は「こころ」（minds）にあるとする考え方であり，文化的に共通で分散された（distributed）複雑な認知システムに対する研究者たちの関心と言える．認知科学は文化研究に今後より一層貢献するべきだと主張する者もいる（Bloch 2012）．

さらに方法論についても近年注目すべき展開が

見られる．まず前述のとおり，文化的モデルの有効性を確かめるのに用いられる文化的合意分析（cultural consensus analysis）の広がりがある（Ross 2004; Bernard 2006）．そして，コンピュータを使ったアプローチも親族研究を大きく変えている．Kinship Algebra Expert System（Fischer and Read 2005; Fischer 2009; Read 2009）がその良い例だ．

8. まとめ

認知人類学はここ数十年で理論，方法論ともに大きな進歩を遂げた．その研究対象は，いまだ語彙関連と，人々に共有される意味をそれらの語彙がどう伝えるのかに絞られてはいるものの，認知人類学者はそうした特徴やプロセスを記述することにかけては腕を上げ，正確さも増してきた．アメリカ認知人類学者たち（Kronenfeld 2011）が提唱する道は，進歩の方向性はより良い科学に向かって，近接した学問分野である言語学，心理学，コンピュータ・サイエンスと手を携えて進むことである，という．より良い科学は現代人類学の至上課題ではないかもしれないが，長い目で見れば，本学問分野にとっては注目に値する貢献となることだろう．

9. 人類学と言語学：今後の展望

認知人類学が言語学，それも認知言語学にどう関わるのか，これまで人類学側からの視座で諸研究を紹介してきたが，逆方向の歩み寄りも見られる．言語学者が長期にわたる**フィールドワーク**実践の末，より人類学，それも認知人類学に接近してくる事例が近年注目を浴びたことは記憶に新しい．ブラジル，アマゾン奥地にわずかに残る未開の地に他民族とほとんど接触を持たずに暮らすピダハン族たちを30年以上にわたって**実地調査**してきたエヴェレット（Daniel L. Everett）は，こう考察する．「文化と言語の組合せはどれもが，我々人類という種の一つの集団が，自分たちを取り巻く世界と折り合いをつけながら進化してきたその独自のやり方を示してくれる貴重なセットだということだ．それぞれの集団はそれぞれのやり方で，言語や心理，社会，そして文化の問題を解決してきた．ある一つの言語が記録されることなく失わ

れれば，人間の言語の起源というパズルのピースを一つ失うことになる．けれどもそれより重要なことは，人間がいかに生き，環境をいかに生き延びるかの実践例を一つ失うことだ．テロや原理主義によって，社会をつなぐ絆や共通の希望が断ち切られる恐れの蔓延する現在，消滅しかかっている言語が教えてくれる生存の技術の重要性はいや増しているし，その智慧が失われることは，人類存続の希望に大きなダメージを与えることになる．」（屋代訳 2012: 383）

言語学理論において，正規文法の形成に文化が関わっていると認められるのはおろか，積極的な役割を果たしているなどとされている例はほとんどなく，だからこそ，ピダハン語（pirahã）のように，理論研究者が思いもよらないほど深く，文法形成に文化が関わっていると見られる言語を研究する意味がある，とエヴェレットは主張する．特に，**再帰性**（recursion）を内包しない，そして文化が文法に制限を及ぼしているというピダハン語の現実に基づき，エヴェレットは**普遍文法**の反証を突きつけるとともに，言語を回転させる機構にすぎない文法よりも，世界各地のそれぞれの文化に根差した意味と，文化による発話の制限とが重要視される理論を構築する必要性を説いている（屋代訳 2012: 361）．言語学研究の方法論も，より文化的背景を重要視したものである必要性を感じ，「言語学は現在多くの言語学研究者が信じているように心理学に属するものではなく，サピア（Edward Sapir）が考えたように，人類学に属するものになるだろう」と締めくくっている．

思えば，ガードナー（Howard Gardner）が1985年に認知科学の時代の幕開けを *The Mind's New Science*（日本語訳タイトルは『認知革命』となっている）で高らかに宣言した当時から，言語学と文化人類学の間での真剣な共同研究が重要となると予言したことに鑑みれば，このフィールドワーカー言語学者からの示唆が，21世紀に入って科学人類学へと舵を切った認知人類学研究にどのような手がかりを与えてくれることになるか，今後30年間の言語と文化研究動向を注視すべきである．

本節は，既発表のいくつかの旧稿（井上 2001; 2006）を

基に，現時点での認知人類学研究分野で展開されている内容に合うよう大幅に追加，修正を行なった．

▶注

1 cognitive anthropology の日本語訳が「認識人類学」から「認知人類学」に変化したのは，1980 年代の認知科学時代の幕開け（Gardner 1985）と連動していると思われる．

2 エスノ・サイエンスとは，それぞれの土地の人々が集積している，いろいろな分野についての知識の総体，もしくはそれについての分析的，記述的研究を意味し，一般に自然の諸分野に関するものを指す．産業社会における近代科学（サイエンス）に比肩できるほどの膨大さと緻密さを有することから比喩的に命名されたといわれる（松井 1994: 103-4）．従来の民族誌（ethnography）的記載方法を不満とした一部の人類学者が科学的客観性に基づいた方法論「新しい民族誌 the New Ethnography」をエスノ・サイエンスと位置付ける場合もある（Sturtevant 1964，寺島 2002）．

3 イーミック vs. エティックの対概念は，構造言語学者パイク（K. L. Pike）がはじめて提唱したことで有名であるが，人類学研究においては，イーミックは個別文化の特性を明らかにする研究，エティックは包括的な文化体系研究として位置づけられる．

4 鶏闘は，ギアツ（Clifford Geertz）著 "Deep Play: Notes on the Balinese Cockfight" に描かれた解釈人類学分野の有名な研究事例．

▶重要な文献

松井健 1991『認識人類学論攷』昭和堂．
　人類学研究に長年携わってきた著者が，20 年近いフィールドと理論の両面にわたる総まとめと位置づける本書は，認識人類学（現在では認知人類学の名称で知られる）の成立とその背景，展開から問題点までを網羅している．

D'Andrade, R. 1995 *The Development of Cognitive Anthropology*, Cambridge Univ. Press, Cambridge.
　1960 年代から認知人類学研究をけん引してきた著者が，それまで散在していた当該分野の 30 年分の関連研究者著作論文をまとめ，他分野，特に社会科学・認知科学分野研究者に向けて著した良著．

Kronenfeld, D. B. et al. (eds.) 2011 *A Companion to Cognitive Anthropology*, Wiley-Blackwell, Oxford.
　1960 年代から現在に至るまで，認知人類学分野をその活動の主軸と位置づける研究者総勢 36 名が書き下ろした 29 章からなる認知人類学の現在．D'Andrade（1995）以降の歩みがわかる意欲的論文集．

▶文　献

Bennardo, G. 2002 *Representing Space in Oceania: Culture in Language and Mind*, Pacific Linguistics, Research School of Pacific and Asian Studies, Australian National Univ., Canberra.

Berlin, B. and P. Kay 1969 *Basic Color Terms*, Univ. of California Press, Berkeley.［日高杏子（訳）2016『基本の色彩語─普遍性と進化について』法政大学出版局．］

Bernard, H. R. 2006⁴ *Research Methods in Anthropology*, AltaMira, Lanham.

Bloch, M. 2012 *Anthropology and the Cognitive Challenge*, Cambridge Univ. Press, Cambridge.

Blount, B. G. 2011 Introduction: A History of Cognitive Anthropology. In Kronenfeld, D. B. et al. (eds.) *A Companion to Cognitive Anthropology*, Wiley-Blackwell, Oxford, pp.11-29.

D'Andrade, R. 1995 *The Development of Cognitive Anthropology*, Cambridge Univ. Press, Cambridge.

Everett, D. L. 2008 *Don't Sleep, There Are Snakes: Life and Language in the Amazonian Jungle*, Pantheon Books, New York.［屋代通子（訳）2012『ピダハン─「言語本能」を超える文化と世界観』みすず書房．］

Fischer, M. 2009 Computer Modeling of Kinship, Presentation at the 5th Annual Meeting of the Society for Anthropological Sciences, Las Vegas.

Fischer, M. and D. Read 2005 *Kinship Algebra Expert System*（*KAES*）〈http://kaes.anthrosciences.net〉

藤田耕司・岡ノ谷一夫（編）2012『進化言語学の構築─新しい人間科学を目指して』ひつじ書房．

Gardner, H. 1985 *The Mind's New Science*, Basic Books, New York.［佐伯胖ほか（監訳）1987『認知革命─知の科学の誕生と展開』産業図書．］

Geertz, C. 1973 Deep Play: Notes on the Balinese Cockfight. In *The Interpretation of Cultures*, Basic Books, New York.［吉田禎吾・柳川啓一・中牧弘允・板橋作美（訳）1987『文化の解釈学 I, II』（岩波現代選書）岩波書店．］

Goodenough, W. H. 1965 Yankee Kinship Terminology: A Problem in Componential Analysis. Special issue. *American Anthropologist* 67(5.2): 259-87.

Holland, D. and N. Quinn (eds.) 1987 *Cultural Models in Language and Thought*, Cambridge Univ. Press, Cambridge.

井上京子 1998『もし「右」や「左」がなかったら─言語人類学への招待』大修館書店．

井上京子 2001「文化から見た言語と認知」辻幸夫（編）『ことばの認知科学事典』大修館書店，pp.399-418.

井上京子 2006「文化と言語」『言語科学の百科事典』丸善，pp.427-37.

ヤコブソン, R.（著），桑野隆・朝妻恵里子（編訳）2015『ヤコブソン・セレクション』平凡社．

Kendon, A. 2004 *Gesture: Visible Action as Utterance*, Cambridge Univ. Press, Cambridge.

Kita, S. (ed.) 2003 *Pointing: Where Language, Culture, and Cognition Meet*, Lawrence Erlbaum, Mahwah.

Kroeber, A. K. and C. Kluckhohn 1963 *Culture: A Critical Review of Concepts and Definitions*, Knopf, New York.

Kronenfeld, D. B. et al. (eds.) 2011 *A Companion to Cognitive Anthropology*, Wiley-Blackwell, Oxford.

Lakoff, G. 1987 *Women, Fire, and Dangerous Things*, Univ. of Chicago Press, Chicago.［池上嘉彦・河上誓佐・辻幸夫・西村義樹・坪井栄治郎・梅原大輔・大森

文子・岡田禎之（訳）1993『認知意味論—言語から見た人間の心』，紀伊國屋書店.］

Levinson, S. C. 2003 *Space in Language and Cognition*, Cambridge Univ. Press, Cambridge.

Levinson, S. C. and D. Wilkins (eds.) 2006 *Grammars of Space: Explorations in Cognitive Diversity*, Cambridge Univ. Press, Cambridge.

松井健 1991『認識人類学論攷』昭和堂.

松井健 1994「エスノ・サイエンス」石川栄吉ほか（編）『文化人類学事典』弘文堂, pp.103-4.

松井健 1998「文化と認識」青木保ほか（編）『文化という課題』（岩波講座文化人類学 13）岩波書店, pp.205-28.

松井健 2002『核としての周辺』（講座生態人類学 6）京都大学学術出版会.

McNeill, D. 2000 *Language and Gesture*, Cambridge Univ. Press, Cambridge.

Read, D. 2009 Computer Modeling of Kinship, Presentation at the 5th Annual Meeting of the Society for Anthropological Sciences, Las Vegas.

Romney, A. K. and R. G. D'Andrade 1964 *Transcultural Studies in Cognition*（*American Anthropologist* 66 (3)）.

Romney, A. K. and R. G. D'Andrade 1964 Cognitive

Aspects of English Kin Terms. *American Anthropologist*, 66 (3：2)：146-70.

Ross, N. 2004 *Culture and Cognition: Implications for Theory and Method*, Sage, Thousand Oaks.

Schneider, D. M. 1965 American Kin Terms for Kinsmen: A Critique of Goodenough's Componential Analysis of Yankee Kinship Terminology. Special issue. *American Anthropologist* 67 (5.2)：288-308.

Senft, G. 1997 *Referring to Space: Studies in Austronesian and Papuan Languages*, Oxford Univ. Press, Oxford.

Sturtevant, W. C. 1964 Studies in Ethnoscience. *American Anthropologist* 66 (3.2)：99-113.

寺嶋秀明 2002「フィールドの科学としてのエスノ・サイエンス—序にかえて」寺嶋秀明ほか（編）『エスノ・サイエンス』（講座生態人類学 7）京都大学学術出版会, pp.3-12.

Tyler, S. A.（ed.）1969 *Cognitive Anthropology*, Holt, New York.

Wallace, A. F. C. and J. Atkins 1960 The Meaning of Kinship Terms. *American Anthropologist* 62: 58-80.

山田孝子 1996「言語が映し出す超自然観」宮岡伯人（編）『言語人類学を学ぶ人のために』世界思想社, pp.175-200.

═══ **コラム 45　サピア＝ウォーフの仮説** ═══════════ ──**八木橋宏勇**──

　言語に関心を持つ者を魅了してやまないテーマの一つに，言語・思考・文化の関係があります．「言語」と「（その言語を母語とする人の）経験の様式」の間には何らかの関係があるという考え方は，「**サピア＝ウォーフの仮説**」（Sapir-Whorf hypothesis）と呼ばれ，学問分野を横断してその妥当性が検証されてきました．ただ，この仮説の名称は，アメリカの言語学者サピア（Edward Sapir）とその弟子ウォーフ（Benjamin L. Whorf）の著作にみられる主張の共通点から後世の学者によって名づけられたもので，二人が共同で提起したものではありません．

　　人間は客観的な世界にだけ住んでいるのでもないし，また，ふつうの意味での社会的活動の世界にのみ住んでいるわけでもない．人間は自分たちの社会にとって表現の手段となっているある特定の言語に多く支配されているのである．（中略）「現実の世界」というものは，多くの程度にまで，その集団の言語習慣の上に無意識的に形づくられているのである．……われわれが聞いたり，見たり，あるいは経験したりするのに大体一定のやり方があるが，これはわれわれ共同体の言語習慣がある種の解釈を前もって選択させるからである．

──エドワード・サピア
（ウォーフ 1956: 134, 池上訳: 94）

　ウォーフは，「習慣的な思考および行動と言語との関係」（The Relation of Habitual Thought and Behavior to Language, 1939）と題する論文の中で，言語が他の行為に対して影響を及ぼす現象として，EMPTY という語が引き起こした火災のことを述べています．それは，EMPTY と標示されたガソリン缶は「空である」という意味的な読みにより，「危険ではない」という推論・判断が導かれ，結果として「たばこの吸い殻を投げ入れる」という不注意な行動を引き起こしたことに起因する火災でした．言語使用に際し，言語と（必ずしも言語に特化されない）一般認知能力は不可分の関係にあり，言語は認知的な営みとともに使用されていることを表している出来事だと言えます．

　ところで，サピア＝ウォーフの仮説の解釈をめぐっては，「言語が思考を決定づける」という強い解釈（＝言語決定論）と，「言語が思考に何らかの影響を及ぼす」という弱い解釈（＝言語相対論）があります．前者は，言語が異なれば思考内容も異なることになるほか，言語を介さない思考の存在を否定することにもなるた

め，支持する研究者はほとんどいない状況です．一方，後者に関して認知言語学的に興味深いのは，種としてのヒトが備える一般認知能力は共通していても，言語共同体によって対象の捉え方や志向性に違いが生じているのはなぜかという問題です．

　例えば，名詞に関して単数・複数の標示が文法的に義務化されているか否かで対象の認知に影響が及ぶという研究が知られています．ある1枚の絵に描かれていた内容を語るというタスクにおいて，日本語と同様に助数詞で対象を数えるマヤ語の話者は，助数詞選択の基準となる「素材」「状態」に注目しがちであるのに対し，単数・複数の標示が文法的に強制されている英語の話者は数え上げる単位としての「個体」に着目する傾向がありました（Lucy 1992）．また，日常的に用いる空間参照枠が「右」「左」といった**相対的指示枠**（relative frame of reference）なのか，それとも東西や地理的特性（「山側」「海側」など）といった**絶対的指示枠**（absolute frame of reference）なのかによって，物の配列に対して異なる捉え方をするという実験結果もあります．机上横一直線に並べられた異なる個体 A，B，C を背後にある別の机に「同じように並べる」というタスクにおいて，相対的指示枠を用いる言語の話者は自身から見た相対的な位置関係を基準にどちらの向きでも左右に同じものが置かれるように配置したのに対し，絶対的指示枠をとる言語の話者は自身の向きに左右されずに鏡写しのように配置したのです（井上 1998: 59-64）．これらの実験結果は，言語的特徴と対象の捉え方に相関関係があることを示唆しています ［→ 5.4 ］．

　ところで，サピアは『言語』（*Language*, 1921: 120）において，「どの言語にも一つの基本的な構図，ある種の裁ち方のごときものが存在する」と述べています．言い換えると，個々の言語表現に垣間見られる「らしさ」は，それを束ねる型（スキーマ）に収斂されるということになります．日英対照研究では，日本語の「ナル」「コト」「主観的把握」「過程志向」「無界性」，英語の「スル」「モノ」「客観的把握」「結果志向」「有界性」といった志向性が主張されているほか，「A という言語表現が存在するのは A′ という思考的傾向があるからだ」「A′ という思考的傾向が存在するのは A という言語表現が存在するからだ」という循環論法に陥ることを回避するため，言語と言語以外の文化的構築物（絵画，庭園など）との相同性を指摘することで，言語・思考・文化にアプローチする研究もあります（唐須 1988, 松井 2001, 多々良ほか 2012）．

▶参考文献

井上京子 1998『もし「右」や「左」がなかったら』大修館書店．

唐須教光 1988『文化の言語学』勁草書房．

Lucy, J. 1992 *Grammatical Categories and Cognition: A Case Study of the Linguistic Relativity Hypothesis*. Cambridge Univ. Press, Cambridge.

松井真人 2001「言語と文化の相同性に関する一考察―日本文化と西洋文化における言語とスポーツの構造をめぐって」『山形県立米沢女子短期大学附属生活文化研究所報告』28: 29-40.

多々良直弘ほか 2012「英語と日本語に現れる言語と文化の相同性」桜美林論考『言語文化研究』3: 61-80.

ウォーフ，B. L.（著），池上嘉彦（訳）1993『言語・思考・現実』講談社．

══ コラム46　空間認知 ══　　　　　　　══ 仲本康一郎 ══

　私たちは周囲の空間を歩き回ることで，地形や方角，距離などを認識できるようになります．このように人が移動の経験をもとに頭の中に形成する地図のことを「**認知地図**」（cognitive map）と言います．では，認知地図はどのようなプロセスを経て形作られるのでしょうか．

　チンパンジーなどの類人猿は，ある行動範囲――なわばりで遊動生活をし，季節ごとに移り変わる果実の場所や水場の位置をよく覚えていると言います．その際，彼らは目につきやすい場所を見つけ，その場所を中心に周辺を探索し，慣れてくると新しい参照点を見つけて同じ行動を繰り返します．

　このような**空間認知**（spatial cognition）の方略は，人間にもそのまま当てはまります．私たちは慣れない場所では空間的な見えをそのまま記憶した巡回的な道順＝ルートを用いるのに対して，次第に環境に慣れていき，参照点どうしの配置がわかってくると，全体を俯瞰した地図＝マップを用いるようになります．

　これら二つの空間は，図1のようなイメージで表されます．

　例えば，新しい大学のキャンパスにはじめて足を踏み入れる場面を考えてみましょう．このとき最初に認識されるのは左図のような，ある地点からの見えであり，キャンパス全体の中で建物がどのような空間的な配置をなしているのかはまだ捉えきれていません．しかし，日々の生活においてキャンパスの建物を利用し，建物

 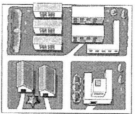

図1 ルート地図（左）とサーベイ地図（右）（新垣・野島 2001）

同士の配置や距離が認識できるようなるにつれ，右図のような俯瞰的な地図——認知地図ができあがっていきます．

では，認知地図ができる前と後では用いられる言語表現はどのように異なるのでしょうか．結論から言えば，はじめは巡回的な道順を利用した**移動表現**が用いられるのに比べ，次第に交差点や目印などの配置を表す**位置表現**が用いられるようになるという変化が見られます．

まず，大学を訪れたばかりの頃は，「この近くに食堂はありますか」「あそこの角を曲がるとすぐ右手にありますよ」といったやりとりによって，移動とともに変化する見えが利用されます．このとき「まっすぐ行く」「角を曲がる」「階段を降りる」といった移動動詞が用いられます．また目的地までの距離を表すのに「遠い」「近い」のような形容詞が用いられます．興味深いことに，こうした目標地までの距離は，「正門から歩いてすぐです」「しばらく道なりに歩きます」のように，移動時間によって指定されることもあります．

次に，俯瞰的な地図を得た後は，特定の観察点にとらわれない位置の表現が用いられるようになります．例えば，「東」「西」「南」「北」という方位の表現や，「山の手」「海の手」，「上流」「下流」といった地形の表現によって空間的なレイアウトを指示できるようになります．こうした俯瞰的な地図が利用できるようになると，「高層ビルが立ち並んでいる」のように，「並ぶ」「集まる」「散らばる」といった集合的な**存在表現**や，「都市部から離れた寒村」のように，「離れる」「接する」「交わる」といった相対的な**位置表現**による分布の表現も用いることができるようになるのです．

以上のような空間表現の多様性について，世界の言語を類型論的観点から調査し，認知的な捉え方の違いとしてまとめた研究として Levinson（2003）があります．

▶参考文献
新垣紀子・野島久雄 2001『方向オンチの科学——迷いやすい人・迷いにくい人はどこが違う？』講談社．
本多啓 2005『アフォーダンスの認知意味論』東京大学出版会．
Levinson, S. C. 2003 *Space in Language and Cognition: Explorations in Cognitive Diersity*. Cambridge Univ. Press, Cambridge.
Tolman, E. C. 1948 Cognitive Maps in Rats and Men. *Psychological Review*, 55(4): 189-208.

コラム47　基本色彩語　　　　　　　　　金丸敏幸

人間の五感に占める視覚の割合は8割から9割と言われています（なお，この説はよく言及されるものの，根拠となるものは1978年に出版された一本の神経心理学の論文に収斂します）．その中でも，色，すなわち色彩は形状や動きと並んで視覚を特徴づける刺激の一つです．生理学的な観点からすると，色の知覚とは，光（電磁波）の特定の波長を人間の網膜にある錐体細胞が受け取って発生した神経信号を脳が処理することによって起きる生理現象，ということになります．

興味深いのは，物理的には同じ波長であるにもかかわらず，その刺激（つまり色）の命名の区分が言語間でかなりの違いを見せるという点です．このような事実は多くの言語学者の関心を集めることとなり，物理的な刺激である色とその呼び名である**色彩語**（color terms）の関係については数多くの分析や研究がなされてきました．

色彩語と言語の問題は，色の境界は言語によって決まるのか，それとも言語とは無関係に色の境界が存在するのか，というところから始まります．構造言語学の時代には，色は光の波長という連続体としての特徴を持つにもかかわらず，色彩語はこれを恣意的かつ離散的に分割するものとして捉えられていました．つまり，色

彩語は言語が世界から独立した構造を持つ好例として取り上げられていたわけです. しかし, バーリン (Brent Berlin) とケイ (Paul Kay) の研究の登場によって, この考え方は一変します (Berlin and Kay 1969).

　バーリンとケイは「**基本色彩語**」(basic color term) を提唱することで, それまで外界とは独立して命名されているとされた色彩語に普遍的な法則があることを示しました. その背景には, どの言語にもそれぞれの色彩名称の中心となる「**焦点色**」(focal colors) が存在するということと, 各言語が持つ色彩名称の種類とその増え方には一定の法則があるという二つの発見があります. 前者は色彩の知覚とカテゴリー化に関する発見で, 後者はカテゴリーの分化と命名に関する通時的な変化の法則の発見です.

　認知言語学が色彩語と関わるのは, 色彩語がまさにカテゴリー化の問題であるからです. ロッシュ (Eleanor H. Rosch) が色彩の認知と記憶において焦点色がプロトタイプ的な性質を持つことを指摘してからマクローリー (Robert E. MacLaury) の Vantage Theory に至るまで, 色彩名称とその色彩名称が表す範囲の関係については, カテゴリーの中心性と境界性という二つの性質が問題となってきました. カテゴリーの問題を考えるとき, カテゴリー内の成員の特徴として様々な要素を考慮する必要がありますが, 色彩語は波長の変化という一次元的な変数のみを考慮すればよいので, 問題の所在を検討するうえでは都合のよい対象であると言えます.

　色彩語を身体的基盤から見ると, 人間には特定の波長をピークにして反応する (多くの場合は) 三種類の錐体細胞 (S 錐体, M 錐体, L 錐体) が存在するので, これらの錐体細胞に対応した色がプロトタイプ (焦点色) になりやすいと考えられます. 実際にバーリンとケイの基本色彩語の出現順序を見ると, 三種類の錐体細胞に対応する「赤」,「緑」,「青」が相対的に早く分化していることがわかります. このことは, 人間にとって認知しやすいものが言語カテゴリーにおいてもプロトタイプになりやすいという認知言語学の考え方にも沿うものです.

　もう一つ認知言語学と色彩語が関わる側面として, 基本色彩語が何か別のものを象徴する現象が挙げられます. 「真っ赤な顔」が怒りを表すといった身体的な隣接性に基づいたメトニミーから,「白旗を揚げる」といったイディオムまで, 色彩語の意味が拡張する現象は様々な言語で観察されます. ただし最初に述べたように, 色彩は視覚の最も基本的な刺激であるがゆえに, あらゆる対象に付随します. そのため, 特定の色彩と事物や出来事との結びつきが固定化されにくく, 単純にメトニミーやメタファーの現象として分析することが難しいという事実があります. 色彩語と象徴の関係は, 文化的, 社会的な問題とも関わる現象でもあり, 今後の研究の進展が期待される領域と言えるでしょう.

▶参考文献

Berlin, B. and P. Kay 1969 *Basic Color Terms: Their Universality and Evolution*, Univ. of California Press, Berkeley. ［日高杏子（訳）2016『基本の色彩語—普遍性と進化について』法政大学出版局.］

5.5

神経科学と認知言語学：意味と脳

大槻美佳

言語機能と脳の関係を巡る知見を概説する．脳と言語機能の関係は，19世紀半ばから神経心理学の分野で探求されてきた．その後，画像技術の進歩が臨床知見と相補って，新しい視点を提示してきた．脳損傷における障害のパターンは，言語システムにどのような壊れ方があり得，どのような壊れ方があり得ないのかの情報を提供し，このことから言語の構造が推測されてきた．また，機能画像は，ある課題を課した場合に，脳のどの部位が活動するかを明らかにできるため，その手法を用いて，多くの臨床知見が検証された．ここでは，言語機能の解明に示唆を与えてきた，神経心理学の知見，機能画像の知見，またいくつかの新しい方法を紹介し，それぞれの関わりあいを含め，概説し，現在の地点を明らかにする．

1. 脳と言語機能を巡る研究

言語は脳がつかさどっている．したがって，「脳」の生物学的特性を抜きにして，そのメカニズムを考えることは難しい．この数十年，脳に関する知見が飛躍的に増えた．これに大きく寄与する変革点となったのは，画像技術の進歩である．さらに，光遺伝学に代表される分子レベルの基礎脳科学の進歩が新しい視点をもたらした．画像技術の発展は，1980年代に導入されたCT（computed tomography）やMRI（magnetic resonance imaging）に始まる．これらは，脳の構造を見る方法で，**構造画像**と称されている．さらに，画像技術の発展は，損傷部位を示す構造画像にとどまらず，血流増加部位や電気的な活動部位を可視化することに成功した．これらの方法は，構造画像と区別して，**機能画像**と称されている．この方法は，当初は，脳血流シンチグラフィー（scintigraphy）のように，定常状態の脳血流の分布を見る方法として普及したが，後に，例えば，言葉を想起したり，理解しているときに，脳のど

の部位が活動するのかを知ることも可能になった．機能画像には，MRIなどのように，構造画像を得るのと同じ機器を用いてできる**fMRI**（functional MRI）のほか，放射性同位元素を投与して血流増加部位を検出する**PET**（positron emission tomography），脳の活動を，脳表の磁場の変化として検出する**脳磁図**（magnetoencephalography: MEG），光を用いて脳血流部位を検出する近赤外線スペクトロスコピー／光トポグラフィー（near infra-red spectroscopic topography: NIRS），電気生理学的に，電位変化（つまり，脳の活動変化）を検討する**事象関連電位**（event-related potential: ERP）などが発達してきた．これらの方法により，それまで臨床的な知見，すなわち，脳損傷者の言語障害から演繹される「言語と脳の関係」のいくつかが証明され，またいくつかが棄却されてきた．また，基礎脳科学分野では，**光遺伝学**（optogenetics）の方法により，細胞レベルで神経活動を制御できるようになり，それによって，例えば，記憶などの高次の脳機能のしくみが明らかになってきた．

これらの新しい方法の進歩は，脳のしくみ，言語のしくみを知るための風穴を開けてきた．しかし，いずれの方法も，それ単独で，脳のしくみ，言語のしくみを解明できるわけではない．画像技術の発展と，言語症候の評価方法の両者が相俟って進歩したことによって，要素的な言語機能と脳の対応部位が明らかになってきたのである．また，機能画像で知見を得るには，脳機能計測時にどのようなタスクを課すかが重要であるが，これは，臨床的な障害パターンから演繹された言語機能に関する仮説をもとにしている．あるいは，記憶のしくみについての，細胞レベルの知見から，言語のしくみを考えるためのてがかりが見つかる場合もある．すなわち，様々な方法は，互いに相補って，言語のしくみを解明してきた．

ここでは，言語機能の解明に寄与してきたこれまでの方法論を，その歴史的な流れと，言語機能との関わりあいを含め，概説する．

▶ 1.1 神経心理学の発達と変遷

脳と認知機能の関係について，古くから，サルなどの霊長類を対象にした神経「生理学」の方法で多くの知見が得られてきた．神経「生理学」の方法には様々なものがあるが，大きく分けて，**破壊実験**と**電気生理実験**の2種類がある．破壊実験とは，サルの脳の特定の部位を破壊し，破壊後の認知行動の変化から，破壊した部位が担っていた機能を推測する方法である．電気生理実験は，サルに特定の課題を行なわせ，脳内に挿入した電極からその電気活動を記録し，どのような課題で，脳のどの部位が活動するのかを直接観察する方法である．これらの方法は，実験系を綿密にコントロールでき，また，再現性のある結果が得られるため，認知〜動作・反応系のシステム解明に多くの知見をもたらしてきた．

言語との関係で示唆を与える機能の一つに，前頭葉内側面の機能がある．サルの実験では，前頭葉の内側面は，運動そのものよりも，その少し前の，運動準備の段階で電気活動が始まっていることが知られており，動作・行為を意図して開始する前に，この部位の活動が必要であることが推測されている．実は，ヒトにおいて，この部位に損傷があると，自発的に言葉が出てこないという症状が起こる．あるいは，ぽつりぽつりと語が出るが，文にならない．これは，表面上は，言語想起の問題，あるいは，文作成の問題に見えるが，言語そのものの問題というよりは，言語開始のための準備電位が起こらないために起こる開始困難にすぎない．このことは，言語反応自体が，「行為」の一環であり，その視点から見る必要があることを示唆する（大槻ほか 1998）．

さて，言語や意味／概念などの高度の認知機能に関しては，ヒトを対象にして検討する必要がある．ヒトを対象にした，脳と認知機能の関係を探求する分野は**神経心理学**（neuropsychology）と称されてきた．神経心理学の手段は二つある．一つは，脳損傷患者の認知機能障害を詳細に検討し，損傷部位と認知機能障害の関係を明らかにする方法である．これは「脳」が中心となる視点からの

方法である．もう一つは，脳損傷者の認知機能障害のパターンから，認知機能の構造・メカニズムを推測する方法である．これは，「認知機能のメカニズム」が中心となる視点からの方法である．この二つの方法から得た知見の統合が，神経心理学の最終的な目標である．

神経心理学の知見は主に「二重解離」の原理によって確立される．**二重解離の原理**（principle of double dissociation）とは，二つの現象（あるいは障害）が独立したシステム（あるいは病巣）によることを裏づける手掛かりとなる．例えば，Aの損傷でaという障害が出現したとする．この一つの事実のみでは，Aという部位が，aという障害に関係するとは言えない．なぜならば，A以外の損傷でも，どこかに損傷があればaの障害が出現するかもしれないからである．さて，次に，Aの損傷はあるがBに損傷がない患者でaという障害が出現したとする．加えて，Bの損傷はあるがAに損傷のない患者で，bの障害が出現したとする．この二つの事実があれば，Aはaに，Bはbに関係すると推測される．このような二つの事象が解離して出現することを手掛かりにして，機能単位と関連病巣を考える視点が二重解離の原理である．このような二重解離の原理を基盤にした認知機能の研究は，「臨床」の名を冠して，**臨床神経心理学**と称されることもある．

言語に関する知見として，19世紀の半ば，ブローカの報告（Broca 1861）が，後に大きな影響を与える先鞭となった．それは，「タン，タン…」としか言えなくなった患者の症状の観察と，その患者の脳損傷部位の検討で，「左下前頭回」という部位の損傷で，大脳損傷に特有の，言語音を発することの障害（今日，**失構音**と称されている）が出現することを報告したものであった．以後，脳の特定の部位の損傷で，言語機能の中の，特定の要素が障害されうるという視点，すなわち**機能局在論**が注目されるようになった．脳の機能局在論は，「一つの機能が特定の部位で担われている」という視点から始まり，やがて，「一つひとつの機能が，連合して働き，様々な高度な認知機能に関与している」という考え方に発展した．この考え方は**連合主義**と称されている．この考え方は，やがて，脳内のネットワーク構造仮説へとつながって

ゆく．ブローカの報告，すなわち「左下前頭回の損傷で，失構音が出現する」という仮説は，その後，画像診断の発達で，病巣部位が訂正され，今日では正確には「左中心前回中～下部の損傷で，失構音が出現する」として，コンセンサスが得られているが，言語の障害を，「構音」のような細かな要素的症候に分けて考えるというブローカの視点は慧眼であり，今日の脳と言語の関係についての考え方の礎になっている．

さて，上述のような，神経心理学の方法は 19 世紀後半から発達してきたが，その知見が飛躍的に増える変革点となったのは，1980 年代後半からの画像診断法，すなわち，CT や MRI の普及以降である．それまでは，患者が亡くなったのち，その脳を調べて，初めて，病巣部位が確定されたが，これらの画像診断法によって，患者の脳損傷部位をリアルタイムで知ることができるようになったのである．そこで，言語障害は，「要素的症候」として解析され，要素的症候と責任病巣の関係が明らかになってきたのである（大槻 2007）（図 1 (A)）．これらは，要素的言語症候と病巣の局在の対応であるが，これらの多くは，後に述べる機能画像の方法で検証されている．したがって，要素的言語症候―病巣の対応，要素的言語機能―その局在の対応に読み替えることもできる（図 1 (B)）．言語症候の詳細は 2. で後述する．

▶ 1.2 認知神経心理学の流れ

1990 年代より，認知神経心理学と称される流れも加わってきた．認知神経心理学は，様々な認知機能はモジュールとして組織化され，表象されているという考えを基盤に，脳損傷者の障害パターンを検討することで，認知機能を説明するモデルの構築と検証を目指す分野である．この視点は，計算論的なコネクショニストモデルの構築に貢献し，様々な認知機能障害のメカニズムを考えるうえでの示唆を与えた．やがて，認知神経心理学の流れは大きく二つに変化してゆく．一つは，「脳」を主体とした従来の臨床神経心理学に，認知心理学の視点を導入した方向性を持つ流れと，もう一つは，脳損傷の部位や脳の特性などの，「脳」に対しての視点を排除し，その第 1 の目的を，もっぱらモデル構築と検証に限定して，その精緻化をめざす流れである．後者は，臨床神経心理学や脳科学とは距離を置くスタンスであったが，近年になり，解剖学的モデルとコネクショニストモデルの対応が試みられるようになってきた（Ueno et al. 2011）．

▶ 1.3 脳機能計測の方法：賦活研究：fMRI, PET, MEG

ここでは，意味あるいは概念と脳を結ぶことに貢献してきた神経科学の主な方法を概説する．

「構造画像」の普及後，1990 年代後半から fMRI, PET, MEG などの機能画像が，認知機能の研究に用いられるようになった．機能画像とは，脳の血流や代謝，電気的な状態，あるいは，それらの変化などの情報を可視化する方法である．特に，被験者に，何らかの課題を負荷し，その時に脳のどの部位が活動するかを検討する研究方法は，**賦活研究**（activation study）と総称され，高次の認知機能と脳の関係に関して，多くの知見を提供している．fMRI や PET を用いた賦活研究では，

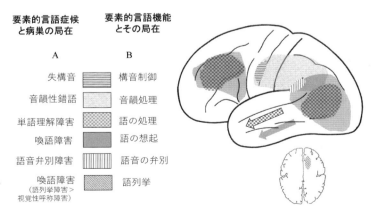

図 1　要素的言語症候／機能と関連する脳部位

特定の課題負荷時に，その負荷に同期して血流が増加する部位を，その課題遂行による脳活動部位と近似すると解釈して，可視化する．事象関連電位は脳表から得られる電位変化を，また，脳磁図では磁場変化を計測し，可視化する．電位変化や磁場変化は，時間解像能が高く，脳の活動部位の経時的な変化を追うことも可能である．図2は，健常人5名に「単語を想起する」という課題（「か」で始まる単語の想起）を課した場合の，5名に共通する血流増加部位を赤で示した図である．ここで，〇で囲まれている部位は，脳が活動している部位と推定される．この部位は，臨床神経心理学の分野で，「損傷されると，単語が想起できなくなる部位」（図1（A））で喚語障害を引き起こす部位の一部，あるいは「語の想起」に関わる部位の一部（図1（B））である「左下前頭回」と一致している．このように，「脳機能の可視化」は，様々な課題負荷時に，脳のどこが活動するかという検討を可能にし，多くの知見が報告されるようになった．

また，賦活研究では，ある課題を行なった場合に「活動が増す領域」に関心が集まったが，一方，ある課題を行なった場合に「活動が低下する（**脱賦活**：deactivation と称されている）領域」の存在も明らかになってきた．レイクルら（Raichle et al. 2001）は安静時に活動する脳領域を報告し，これらの領域は，脱賦活領域と一致することを見いだし，このような脳活動を**デフォルトモードネットワーク**（default mode network）と称した．デフォルトモードネットワークが認知機能とどのような関係にあるかは明らかではないが，デフォルトモードネットワークは他の機能的ネットワークと逆相関を示していることから，逆に，認知機能に連動した活動である可能性も示唆されている．現在のところ，注意機能や，外界への監視機能や，記憶に関係しているという見解もある．いずれにしても，多種多様のネットワークが，安静時にも活動しているという事実は，脳機能が，常に，不休で，相互に密接な情報交換をしていることを示しており，脳機能を考えるうえで大きな視点を提供している．

▶ 1.4 光遺伝学の適応：細胞集合体理論

細胞のレベルでみると，脳には2000億の神経細胞（ニューロン）と，その細胞と細胞をつなぐ構造（シナプス）がある．シナプスは様々なパターンでつながり，その数は数百兆とも言われている．このシナプスで結ばれている神経細胞間の関係の基本原理として，**ヘブの法則**（Hebb 1949）が知られている．これは，ある神経細胞Aの発火が，神経細胞Bを発火させると，両神経細胞の結合が強くなる，すなわち，繰り返しの発火は伝導効率を上げるという説である．このような発火によって，活動する神経細胞集団（cell assembly：**セルアセンブリ**）の符号化が「記憶」の基本であるという考え方である．その神経細胞集団の再活性化のパターンの繰り返しが，電気的な伝導効率を上げ，その伝導効率の変化が，「学習」と考えられている．この仮説は，20年以上も後になって，検証されるに至った．それは，海馬への繰り返す電気刺激が，シナプス間の反応を高め，しかも，数日も持続するという実験結果の報告であった（Bliss and Lomo 1973）．この現象は，**記憶の長期増強**（long-term potentiation：LTP）と称されている．この長期増強現象は，その後，海馬のみならず，大脳皮質で複数見つかっており，様々な脳機能の獲得に関与していると推測されている．さらに近年，光遺伝学の方法が発展してきた．**光遺伝学**とは，光によって活性化されるタンパク分子を遺伝学的手法を用いて特定の神経細胞で発現させ，光で，その神経細胞の活動を操作できる技術である．この方法では，特定の神経細胞の活性あるいは抑制が人為的にできる．この方法をマウスに用いた研究で，特定の記憶に対応する神経細胞集団を活動させ，そのときに恐怖体験を与える

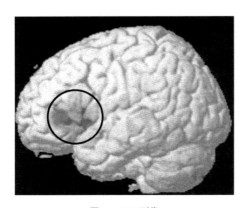

図2 fMRI画像
語想起課題における血流増加部位（corrected p<0.05）（口絵2参照）

と，その特定の記憶と恐怖体験が結びついた偽記憶の形成がなされ（Ramirez et al. 2013），大きな注目を浴びた．その後，新しい記憶の形成のみでなく，すでに記憶として蓄えられている記憶同志を結合させることまで可能となり（Ohkawa et al. 2015; 大川・井ノ口 2013），ある記憶を想起する神経細胞集団 A と B が連合するには，同時に重なって活性化することが条件であることもわかってきた．これらの知見から，我々が従来「記憶」と称してきたことは，神経細胞集団の発火パターンであること，そして，その情報は，新たに作られたり，消えたりするだけでなく，結合したりする可変性を持っていると言える．言語も脳内の活動であり，脳内に形成された情報，すなわち記憶の一部である．記憶理論の中では，言語は，一般のできごとの記憶（**エピソード記憶** episodic memory と称されている）と区別され，**意味記憶**（semantic memory）と称されている．したがって，言語あるいは意味／概念と称してきたものの本体も，このような神経細胞集団の活性化パターンであると推測される．これらの知見は，言語のしくみを考えるうえで，大きな示唆を与える．

2. 言語の階層構造と神経基盤

ここでは，言語に焦点をあて，言語機能の全体像として，これまで明らかになっている点について，臨床神経心理学の知見と，それを裏づけする fMRI の機能画像の知見から整理する．

言語の入力および出力の過程を図 3 に模式的に示した（大槻 2016）．左半分は上から下への方向で，口頭言語（音声聴覚言語）が聴覚的に入力されてから意味理解に至るまでの入力系の過程を示した．右半分は，下から上への方向で，言いたいことを実際に表出するまでの出力系の過程を示した．さらに，それぞれの過程が損傷された場合に出現する症状を白抜き文字で，また，症状の外側にそれぞれの責任病巣を記載した．以下に，それぞれの過程について，これまでに得られた知見を概説する．

▶ 2.1 音声処理
2.1.1 入力の音声処理過程：音響処理

耳に入った言語は，**聴覚的処理**（hearing）を経て，**音声処理**（phonetic process）へと進む．音声処理のうち，入力に関する処理は，特に，**音響処理**（acoustic process）と称されている．この処理過程に問題が生じると，言語音の弁別が難しくなる．これは，**語音の弁別障害**と称されている．例えば「ぬ」と「ね」の弁別が困難になるので，「いぬ」と「いね」の区別ができなくなるというような障害である．

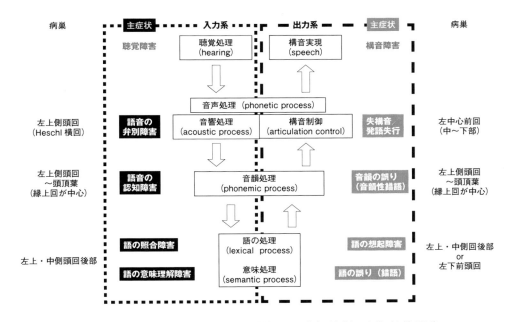

図 3 口頭言語（＝音声聴覚言語）の処理過程とその障害（症状）・病巣（大槻 2016）

2.1.2　出力の音声処理過程：構音制御

音声の出力（表出）に関する処理は，特に，**構音制御**（articulation control）と称されている．この処理過程に問題が生じると，言語音を正しく表出できなくなる．例えば「みかん」と表出したいのに，「み，か〜ん」などと，音が途切れたり，アクセントや抑揚（プロソディー）に異常が生じたり，あるいは，例えば，「か」の音が「gwa」に歪むような現象がみられる．このような障害は，**失構音**（anarthrie）／**発語失行**（apraxia of speech）と称されており，優位半球の左中心前回の中〜下部（and／orその皮質下）の損傷で出現することが明らかになっている（Lecours1976; 大槻 2005; Itabashi et al. 2016）．また，この失構音／発語失行の症候を形成している「音の歪み」「音と音の連結不良」「アクセント・抑揚などのリズムの問題」等の諸要素の強弱は，病巣部位のさらに細かい違いで生じることが明らかになっている．これらのことは，言語音の表出に必要な構音，リズム，アクセントや抑揚も，それぞれ脳の異なる部位で分担されている可能性を示唆している（大槻 2005）．

▶ 2.2　音韻処理

音素（phoneme）は習得した言語によって規定される言語音のカテゴリーを指す．音素に関する処理は**音韻処理**（phonemic process）と総称されている．

音韻処理のうち，入力処理は，語音認知である．この処理過程に問題が生じると，例えば，「か」と「あ」は音が異なることはわかるが，それぞれの音が母語のどの音素と同じなのかということがわからなくなる．具体的には，例えば，「みかん」と提示された場合に，その中に「か」という音があるか否かの判定（これは「'か' がありますか検査」と称されている）ができなくなる．これは**語音の認知障害**と称される．これは，左頭頂葉の下部にある縁上回という部位が担っている機能であることが，機能画像（fMRI）でも示されている（図4）．ここでは，提示された単語の中に，特定の音素が含まれているかどうかを判断しているときに特異的に活動する部位が示されている．

一方，出力に関する処理過程に問題があると，例えば，「けしごむ」と言いたいのに，「けしのむ」とか，「かしごむ」のように，音素が他のものに入れ替わってしまう誤り（音韻の誤り）が生じる．このような音韻の誤りは，**音韻性錯語**（あるいは音素性錯語）（phonemic paraphasia）と称されている．これは，音声として発語を実現する以前の過程，すなわち，単語を構成する音素の選択・配列の過程の障害であると考えられている．なぜならば，この現象は，口頭での表出のみでなく，書字（特に仮名の書字）のような文字表出でも，同じような音の入れ替え（例えば，消しゴムを，「けしのむ」と書いてしまう）として見られるからである．音韻性錯語の責任病巣は，左頭頂葉にある縁上回を中心に，前方へは，頭頂葉の最前部にある中心後回，後ろは，左側頭葉の上部にある上側頭回後部での領域（and／orその皮質下）であり，その範囲のどこが損傷されても，このような反応が出現することが知られている（図1）．

また，この音素の選択・配列の障害は，表出の方法によって，音韻性錯語の出現の仕方が異なる場合がある．表出の方法の違いとは，口頭表出でも，文字表出でも，自発的な発想に基づく表出（口頭表出では自発話，文字表出では自発書字），語想起（口頭表出では対象の呼称，文字表出であれば対象の書称（対象の名前を書く）），復唱（文字表出では書き取り），音読などの違いである．音韻性錯語は，すべての表出形態において同程度に出現する場合と，「自発的な発想に基づく表出や語想起」時には出現するのに，「復唱や音読」では出現しないという二つのパターンがある．「自発的な発想に基づく表出・呼称」と「復唱・音読」の

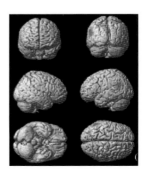

図4　音韻判断課題で活動する部位（fMRI）p<0.05 corrected（口絵3参照）

違いは，前者は，獲得した語彙（心的辞書）から音素を引き出す作業があり，後者は，提示されたことをそのまま言うあるいは書けばよいので，音素を語彙辞書から引き出す作業がない点である．一方で，その逆，つまり，「復唱・音読」のみで音韻性錯語があり，「自発的な発想に基づく表出・呼称」で音韻性錯語がないというパターンは存在しない．このことから，音素レベルの処理，すなわち，音素の選択・配列の機能は，少なくとも，①獲得した語彙（心的辞書）から音素を引き出す過程（自発的な発想に基づく表出や語想起に用いられる過程）と，②すべての表出過程（自発的な発想に基づく表出や語想起のみでなく，復唱，音読など）に共通している過程があると推測される．

以上より，脳損傷者が呈する様々な障害パターンの検討から，言語の音の処理は，入力系では音声レベル→音素レベルへ，出力系では，音素レベル→音声レベルへと直列的に進められていることが示唆されている（図3）．また，入力系の問題と出力系の問題は，必ずしも同時に起こるわけではなく，二重解離することが知られている．したがって，言語の理解の過程と，産出の過程は独立した，異なる神経システムによって担われていると考えられている．

▶ 2.3 語の処理：単語の意味処理に至る前までの過程

単語の意味処理に至るまでの間に，もう少しステップがあることが脳損傷者の障害パターンから明らかになっている．すなわち，いわゆる「概念」へアクセスする前に，まず「語彙インデックス」にアクセスして，単語として認識し，さらに「単語が属する概念領域をおおまかに同定する」処理過程がある．

2.3.1 語の照合：単語であることの認知（単語・非単語の区別：語彙性判断）

提示された語が，実在語か否かを判断したり，あるいは，意味カテゴリーや文法的な役割として，どこに位置づけられるのかを判断する過程である．このような過程が，意味処理の前に，意味処理とは異なる独立した処理過程として存在していると考えられている根拠として，提示された単語に関して，実在語か否かの判断，文法的な役割の判断，意味カテゴリーの判断などが，脳損傷者では解離

して障害されうることがあげられている．

提示された単語が実在語か否かを判断する（**語彙性判断**：lexical decision と称されている）能力について，脳損傷患者では二つの障害パターンがある．一つは，提示された単語の語彙性判断も，その単語に相当する対象の選択（単語の意味理解）も，両者ともできないパターンである．例えば，「メロン」という単語が提示された場合，目の前の選択肢からメロンの絵や実物を選択できないばかりでなく，「メロン」という単語が実在するのかも判断できない場合である．もう一つのパターンは，提示された単語が，実在語か否かの判断（語彙性判断）はできるが，意味が理解できないパターンである．例えば，「メロン」という単語が実在することは即座に判断できる（したがって，「ネロン」という単語は実在しないことも即座に判断できる）が，目前に提示された絵や物品から「メロン」を選択することはできない場合である．しかし，これら二つのパターン以外の障害のされ方，例えば，「メロン」という単語の語彙性判断はできないが，「メロン」の意味は理解できるというパターンは存在しない．このことは，語彙性判断と単語理解の障害は二重解離しないことを示している．すなわち，語彙性判断と単語の意味理解は，並列／独立したシステムで担われているのではなく，両者は直列関係にあり，語彙性判断が，単語理解に先だってなされると考えられる．

2.3.2 カテゴリー分類

語彙性判断の後，もう一つ処理段階が知られている．例えば，「メロン」という単語を提示された場合，それは果物の一種を示す単語であることは漠然とわかるが，具体的にどのような果物なのかはっきりしないという障害のされ方がある．この場合，「メロンはどれですか」ときかれ，眼前の選択肢から，誤って，りんごや西瓜を選択することがあっても，消しゴムや自動車を選択することはない．このようなパターンの存在は，意味理解に至る前の処理過程として，先に述べた「提示された単語が既知の単語であるかどうかを判断する過程」に続いて，「その単語がどの意味カテゴリーに属するかを判断する過程」が存在することを示唆する．

▶ 2.4 語の想起

単語を想起するには様々な状況がある．提示された対象の名前を言うのは「呼称」と称されるが，その呼称にも色々ある．例えば，眼前の対象の名前を言う状況での呼称は，「視覚性呼称」と称され，眼前に対象はないが，指定された基準に従って単語を想起する状況（例えば，「果物の名前」を想起する，あるいは「'か'で始まる単語」を想起する状況）で呼称する場合は**語列挙**と称されている．脳損傷者では，どのような状況でも，語を取り出すことに困難を示すパターンと，視覚性呼称に問題はないのに，語列挙のみに困難を呈するパターンがある．これらのパターンの違いも，病巣の違いによることが明らかになっており（大槻ほか 2003; 大槻 2007），単語の取り出しにも，脳の異なる部位が複数関与していることが示唆されている．

また，語列挙にも，提示される条件によって種類がある．一つは，a.カテゴリー条件による語列挙と称されており，例えば，動物名を挙げるなど，提示されたカテゴリーに準拠した語列挙である．もう一つは，b.音韻条件による語列挙と称されており，例えば，「か」で始まる語を挙げるなど，提示された音韻に準拠した語列挙である．a.カテゴリー条件による語列挙障害と，b.音韻条件による語列挙障害は病巣によって，軽重が異なることが示されている（大槻ほか 2003）．a.カテゴリー条件と b.音韻条件を比較すると，a.カテゴリー条件による語想起のほうが，意味レベルの処理に負荷が大きいと推測される．なぜならば，a.カテゴリー条件では，例えば，「果物」などの意味カテゴリーが規定されるので，「果物」に関連した意味処理が大きく関わると考えられるからである．一方，b.音韻条件のほうが，音韻処理に負荷が大きいと推測される．なぜなら，b.音韻条件では，「'か'で始まる語を挙げて下さい」のように規定されるので，音素を強く意識すると考えられるからである．ただし，音素を強く意識するものの，実在語を想起するわけなので，意味／概念のネットワークへの関与がないというわけではない．臨床的には，a.カテゴリー条件でも，b.音韻条件でも，両者で語列挙能力が低下する場合（仮にパターン A と称する），a.カテゴリー条件では低下するが，

b.音韻条件では低下しにくいパターン（パターン B），逆に，a.カテゴリー条件より，b.音韻条件で大きく低下するパターン（パターン C）がある．左前頭葉あるいは側頭葉後方の機能低下があるとパターン A を呈し，左側頭葉前方のみの機能低下ではパターン B，左頭頂葉の機能低下ではパターン C を示す．これらの障害のパターンから，語彙は脳内で，意味をインデックスにした整理と，音をインデックスにした整理という二つの仕方で整理されていることが推測される．また，脳部位としては，前者には左側頭葉前方，後者には左頭頂葉の関与があり，左前頭葉や側頭葉後方部は，両者に関わっていると推測される．

以上，言語機能の階層構造と，意味処理に至るまで，あるいは，語の取り出しに関する神経基盤を概説した．言語の理解は，音の処理から，いわゆる概念／意味そのものの処理に進む前に，音響処理→音韻処理を経たのち，単語と非単語を区別して単語を実在する語として認識する過程→単語のカテゴリーを認識する過程などを経ることが明らかになりつつある．また，単語を取り出す場合には，単語想起すべてに共通する機能の他に，特定の意味カテゴリーを基準に単語を想起する機能，特定の音を基準に単語を想起する機能などがあり，想起の手がかり（インデックス）によって，用いられる脳の部位／ネットワークシステムを使い分けている可能性が示されている．

3. 意味処理：語の意味／概念のメカニズムと神経基盤

脳と意味／概念の関係について，近年，様々な議論がある．その論点は四つに整理されている（Kiefer et al. 2012）．すなわち，意味／概念の表象（representation）は，①モダリティフリー（入力モダリティ，すなわち，視覚，聴覚などの入力や出力の方法に影響されない）で存在しているのか，モダリティに関連しているのか，②脳内に局在しているのか，分散しているのか，③生得的なのか，経験的に獲得されるのか，④固定したものなのか，可変のものなのかという四つの論点である．しかし，これらの論点は，相互に関連しあっている．ここで，臨床神経心理学や脳科学など，「脳」を中心に言語を検討してきた分野では，

特に，上記，①，②，④の三つの視点に関連した知見がある．ここでは，これまでの意味システム構造の考え方，カテゴリー特異性とモダリティ特異性の知見について概説し，意味システムの構造を考察する．なお，図3では，語の処理と意味の処理を一つの箱の中に表現した．これは，「語」そのものに，意味と音韻情報があり，意味処理と切り離せないからである．

▶ **3.1 意味システムの構造：ハブの想定と語義失語**

入力された言語情報は，2.1，2.2で述べた音声処理，音韻処理，2.3で述べた語彙性判断，カテゴリー分類の過程を経て，意味処理へと進む．単語の意味を理解するということは，例えば，「犬」という単語が提示された場合，「犬」の視覚的イメージ（形，大きさ，色など），吠え声，動き，犬に関係する知識など，様々な情報が統合され，一般化された（抽象化された），いわゆる「概念」に至る，あるいは今日の視点で言う「意味のネットワーク」を励起させることと考えられている．

認知機能の中でも，いわゆる「概念」と言語機能に関する仮説として，最も古いものの一つに**リヒトハイムのモデル**（Lichtheim 1885）（図5）がある．この仮説には，「概念中枢」（図5(B)）なるものが想定されており，入力された言語情報は，聴覚言語中枢（図5(A)）すなわち，ウェルニッケ（Wernicke）領域を経て，この「概念中枢」へ至ることで，意味理解ができ，また，この「概念中枢」からの出力が，運動言語中枢（図5(M)），すなわちブローカ（Broca）領域を経て，語を想起し，発語へつながってゆくと仮定されていた．

このような概念中枢は，今日，**ATLハブ**（anterior temporal lobe-hub）と称され，モダリティ（入出力の方法）が何であっても共通して用いられる，すなわちモダリティフリーの領域として，左側頭葉の先端部に想定されている（Lambon Ralph et al. 2017）（図6）．このハブは，多くの部位とネットワーク構図をなしている中心部（ハブ：hub）という意味合いで用いられている点で，リヒトハイムの概念中枢とはやや異なるが，一方で，意味や概念の中心的な領域がモダリティフリーな，一つの場として想定されているという点では，リヒトハイムの考え方を踏襲している（Collins 1975）．

この仮説の妥当性を示す例として，臨床例が挙げられる．この左側頭葉先端部位（紫色の着色部位）が機能不全になった患者では，語の意味／概念の部分が消失してしまったような反応を示す．提示された単語を理解することも，提示された対象の呼称をすることも難しくなるが，特徴的なのは，既聴感さえ，失われてしまったような反応である．例えば「お名前は何と言いますか？」というような問いに，「おなまえ？おなまえって何ですか？」等と，聞きなおしたり，「鉛筆削り」という単語が出てこない場合に，そのヒントとして「えんぴつけず…」まで提示しても，「はぁ…これ，えんぴつけず…って言うんですか」等と反応するのである．このパターンの言語障害は，特に，**語義失語**（あるいは**意味失語**）などと称されており（田邉ほか 1992），左半球の側頭葉先端〜前方部位が萎縮する変性疾患（前頭側頭葉変性症と称されている）において見られることが多いが，感染症や脳血管障害でも，同部位に限定的な損傷がある場合には類似のパターンを示す．図7は，語義失語を呈した前頭側頭葉変性症患者の脳血流シンチである．黄色〜緑などの着色部位（口絵5参照）は，脳血流の低下部位を示しており，この部分の機能低下を示唆する．この病巣部位は，まさに図6で示されているATLハブの部位（図6）と一致しており，このような患者の存在は，左側頭葉先端部に，いわゆる「概念」のハブがあるという仮説（図6）を支持すると見なされている．

獲得した様々な知識や概念は，記憶の一部であり，これらの記憶は，できごとの記憶（**エピソード記憶**）と区別され，**意味記憶**と称されている．

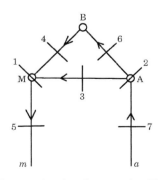

図5 リヒトハイム（Lichtheim）の図式

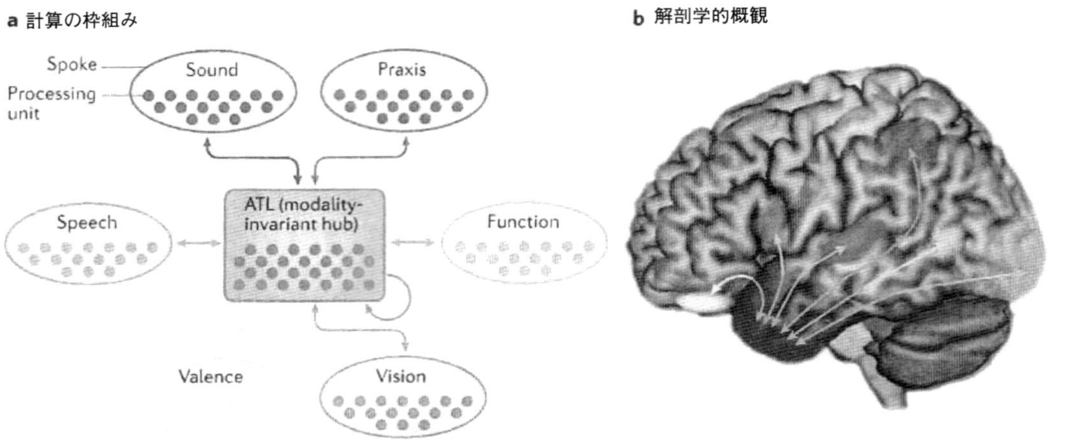

図6 オリジナルのハブエンドスポークモデル（口絵4参照）

意味記憶には，言語も含まれるが，それだけなく，非言語的な知識，例えば，対象に関する知識（眼鏡は顔にかけて，視力を補助する道具であるという知識や，物は重力に従って，上から下に落ちる等の知識）なども含まれる．意味記憶の中で，言語や概念に関係するものは左側頭葉が，非言語性の意味や知識は，右側頭葉が優位に関わっていることが知られている．右半球の側頭葉先端部の機能低下があると，見知った顔を見ても，誰なのかわからず，よく知っているはずの音を聴いても何の音かわからなくなる．例えば，水の音を聴いても水だとわからない，犬の鳴き声を聞いても犬だとわからないなどである．

▶3.2 カテゴリー特異性が示唆すること

図6に示したような特定の概念のシステム／ハブ構造が，左側頭葉の先端部にあることは，コンセンサスが得られつつあるが，しかし，このようなハブが唯一であるのか，また，他の機能，例えば感覚や運動の機能とは全く別，すなわちモダリティフリーに存在するのかに関しては，近年，様々な議論があり（Binder 2011），未解決である．この議論の契機となったのは，単語はカテゴリー

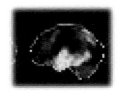

図7 語義失語例の脳血流低下部位（脳血流シンチ）（口絵5参照）

によって，その処理に関与する部位が異なるという知見である．これは**カテゴリー特異性**（category specific）と称されている．これらは，最初に，脳損傷者の研究で報告されていた（Yamadori et al. 1973; Warrington et al. 1984）．Yamadoriら（1973）は，左後部側頭〜頭頂葉の損傷で，身体部位と室内物のカテゴリーのみで低下を示した患者を報告した．またWarringtonら（1984）は，生物の名前はわかるが人工物の名前はわからない患者と，その逆で，人工物の名前はわかるが生物の名前はわからない患者を報告し，生物カテゴリーと人工物カテゴリーで語の理解が二重解離する可能性を報告した．その後，カテゴリー特異性のある障害について，多くの報告が続き，図8に示したようなカテゴリーと脳内分布が知られている．その後，機能画像の研究でも，同様の結果が得られ，語のカテゴリーによって，意味処理の部位が異なることを支持している（Damasio et al. 1996; Price 2000; Bookheimer 2002; Binder and Desai 2011; Pulvermüller 2013）．

このことから，意味／概念は，図6で示されたような唯一の部位ではなく，複数の箇所が担っているのではないかという仮説も提起されている（Pulvermüller 2013）（図9）．

このような，カテゴリー特異性のある分布が何を示唆するのか，まだ十分に明らかではない．しかし，このことは，意味処理が，脳の感覚や運動機能と関連する可能性を示唆している（図8, 9）．例えば，頭頂葉は，外的な対象と身体の空間的関

係を位置づける機能を担っている．この部位が，家具・道具や身体部位に関係するカテゴリーの語と関係が深いのは，家具や道具が身体を用いて使われるため，空間的な情報処理と密接な関わりがあるためと推測される．また，視覚情報は後頭葉の一次視覚野に入った後，側頭葉下部を前方に進みながら，視覚認知処理が進み，意味理解へと至る．その処理過程の通り道にあたる側頭葉下部の中央近傍の損傷では，特に動物や植物などの生物カテゴリーに関係する語が障害されやすい．これは，動物や植物のカテゴリーの理解・想起は，家具・道具や身体部位の理解・想起に比較して，体性感覚や空間的広がりを認知処理することは少なく，むしろ，視覚情報処理の割合が大きいためかもしれない．なぜなら，我々は，犬，象，キリンなどの動物や，トマト，人参，ニンニクなど野菜の認知は，色や姿形などの視覚情報をもとにすることが多いからである．さらに，前頭葉の運動野近くでは，動詞や動きに関する語の障害が出やすく，運動野との関連が推測される．このように，語の処理は，意味カテゴリーごとに異なる脳部位が関与し，その部位はその語の理解・想起に関連した，感覚や運動の処理過程／部位と一致

している可能性が指摘されている（Mahon and Caramazza 2011）．1.4 で紹介した光遺伝学を用いた記憶の研究によると，記憶された情報は，神経細胞集団の発火のパターンであった．このことを考えると，例えば，「トマト」の意味／概念は，視覚情報処理に関係する神経細胞集団の発火パターンと関連する可能性を推測できる．このことは，単語の「カテゴリーによる解離」は，別の言い方をすれば，「視覚情報処理に関連が深い語群」「空間情報処理に関連が深い語群」「運動に関連が深い語群」などの分類による語群間での解離であるという解釈もできる．この考え方は，カテゴリー特異性は，入力や出力の方法（モダリティ）と切り離せないことを示唆する（大槻 2014, 2016）．

▶ **3.3 モダリティ特異性／傾向が示唆すること**

入力や出力などの方法，すなわち入力や出力のモダリティによって，語の処理に関する機能の障害にも解離が生じることが多々報告されている．これは，**モダリティ特異性**（modality specific）あるいは「モダリティ傾向」（modality preference）と称されている．一般に，視覚入力から提示された対象の呼称ができない現象は視覚性失名辞（視覚失語），触覚入力から提示された対象の呼称ができない現象は触覚性失名辞（触覚失語），聴覚入力から提示された対象の呼称ができない現象は聴覚特異性失名辞などと称されている．視覚性失名辞の患者は，例えば，眼前に「櫛」を提示されると，「髪をとかすときに使う…」と，それが何であるのかはわかっている様子で，実際，使用のジェスチャーもできるにもかかわらず，名前を言うことができない．しかし，手に持ったと

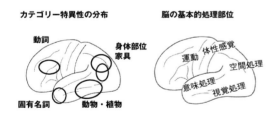

図 8　カテゴリー特異性と脳の基本的処理に関わる脳部位

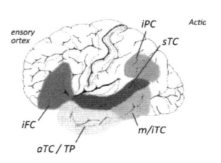

図 9　意味の領域とカテゴリー特異性のある領域（口絵 6 参照）

たん，「あ，櫛ですね」と即答できる．あるいは，「犬」を見て，「うちで飼っているの…あの，ワンワン鳴く…」と言えても，「犬」という語は出て来ない．しかし，聴覚的入力として，犬の鳴き声を聞かせると，「あ，犬です」と即答できる．また，眼前に「消しゴム」を提示しても，その名前が出てこないが，言語定義呼称，例えば「鉛筆で書いたものを消すときに使うものは？」などの問いには「消しゴム」と即答できる．このような入力方法（入力モダリティ）によって，語の想起能力に解離がある現象を説明するには，意味／概念を，入出力とは無関係のシステムとして想定すると（図10a），うまく説明できない．なぜならば，共通の意味システムから語の想起へ至る経路に障害を想定すると，他のモダリティから入力された対象を呼称できることが説明できないからである．したがって，入力モダリティによって呼称障害が個別に生じることを説明するには，図10bかcのような構造を想定しなければならない（大槻 2016）．

図10bは，モダリティごとに意味システムが存在するという考え方である．意味や概念のシステムがモダリティごとに存在するかどうかは未解決の問題である．しかし，これに関して示唆を与える報告がある（大槻 2014, 2016）．ここでは，カテゴリー特異性がある患者（動物や果物・野菜のカテゴリーで低下）で，その誤り内容を検討している．その結果，動物カテゴリーに入る対象すべてが低下していたのではなく，動物の中でも，四足のものが不良であり，また，果物カテゴリーについても同様で，果物全てが不良であるわけではなく，その中で丸い形のものを誤答していたことが明らかになったのである．そこで，果物・野菜ではない，丸い形状の対象と，丸くない形状の対象の呼称能力を比較したところ，丸い形状の対象は，野菜や果物のカテゴリーでなくても，丸くない形状の対象よりも有意に成績が低下していたのである．このことは，いわば，形状依存性の理解障害ともいえる．特定の形状をした対象の名前がわからなくなる現象があり得ることは，少なくとも，対象の視覚情報の処理（形態認知）の過程は，意味処理と切り離せない構造を持っている可能性を示唆する．このことは，モダリティと概念の関係は，連続性を示しながら，処理が進むことを示唆しているのかもしれない（図10c）．この仮説は，事象関連電位の研究において，動物の中で，四つ足とそうでないもの，野菜・果物において，丸い形状のものとそうでないもので，脳内の活動経路が異なることが示され，支持されている（Sugimoto et al. 2016）．

まとめと展望

脳と認知機能の関係について，動物を対象にした神経生理学の方法，脳損傷者を対象にした臨床神経心理学の方法，それにモデル仮説の視点を持ち込んだ認知神経心理学の方法，そして，様々な脳機能を計測する機能画像の方法，光遺伝学の方法が，多くの知見を提供してきた．3.で挙げた問題提起，すなわち，意味／概念は，「モダリティフリーで存在しているのか，モダリティに関連しているのか」「脳内に局在しているのか，分散しているのか」「固定したものなのか，可変のものなのか」に対する答えはまだ完全には得られていない．

意味／概念が「モダリティフリーで存在しているのか，モダリティに関連しているのか」あるいは，「脳内に局在しているのか，分散しているのか」については，二つの考え方がある．一つは，言語の意味処理は，優位半球（左）側頭葉の先端部がハブ（中心領域）として大きな役割を果たし

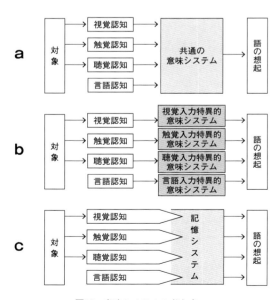

図10　意味システムの考え方

ているという知見（Lambon Ralph et al. 2017）
（図6）である．これは，語義失語などの臨床症候
をも説明しうると考えられている．ただし，視覚
や聴覚などの入力モダリティから入った情報が，
どのようにモダリティフリーの意味／概念になっ
てゆくのかのプロセスは明らかではない．意味・
概念情報は，側頭葉の後方から前方に向かい，モ
ダリティ特異的な符号化から，モダリティを超え
た表象になってゆくという，後ろから前への情報
の流れがあるという考え方もあれば，あるいは，
情報は，後方から前方へ一方向に向かうのではな
く，ボトムアップあるいはトップダウンの関わり
あいが，相互にダイナミックになされているとい
う仮説（Binney et al. 2012）もあるが，いずれも
が，十分に証明されていない．これらに対し，も
う一つの考え方は，意味／概念処理に，左側頭葉
先端の重要性を認めつつも，もっとモダリティに
関係の深い，複数のハブを想定すべきという見解
である（図9）．臨床症候を詳細にみると，それを
支持する所見もある（大槻 2016）．3. で述べた，
語の意味理解・語の想起と，脳の関係における特
異な障害のパターンは，語の意味処理において，
カテゴリー特異性，モダリティ特異性が存在する
こと，そして，意味処理と，感覚・運動機能の処
理の不可分性を示している．画像所見においても，
意味処理が必要な課題施行時の活動部位は，1か
所の領域ではなく，複数の箇所が活動しているこ
とが示されている（Price 2000: Bookheimer
2002）．しかも，それらの部位には，感覚や運動
に関係する領域が含まれている．近年は，さらに，
具象語のみでなく，抽象語においても，感覚や運
動に関連した部位が関与していることさえ報告さ
れている（Dreyer and Pulvermüller 2018）．こ
れらの結果は，概念のシステム／ハブが，完全に
入出力とは無関係の，モダリティフリーとして存
在しているという従来の視点では説明が難しい．
そして，概念のシステム／ハブは，感覚や運動の
システムに織り込まれている可能性も論じられる
ようになった．しかし，この仮説にも反論がある．
なぜなら，現時点では，臨床的には，感覚や運動
のシステムが障害された患者において，意味処理
機能に影響が出たという報告はなく，逆に意味処
理障害があるからといって，感覚や運動に問題が

出るわけではないからである．この両事実を説明
できる仮説が求められている．これらの解決には，
意味／概念の障害を呈する脳損傷患者の症候をよ
り詳細に検討し，意味／概念がどのような障害の
され方をするかを慎重に見ていく必要がある．ま
た，感覚や運動の障害が意味／概念の処理に関わ
っていないのかも，詳細に検討されなければなら
ない．さらに，光遺伝学などの方法を応用し，例
えば，ある入力モダリティ A に関する情報の記憶
を，別の入力モダリティ B に関する情報の記憶に
組み替えられるのか，などの検討も，完全にモダ
リティフリーな意味／概念を想定できるのか否か
の手掛かりとなるであろう．
　　また，意味／概念が「固定したものなのか，可
変のものなのか」に対する答えはどうであろうか．
光遺伝学の知見からは，我々の記憶は，神経細胞
集団の活動の契機によって規定されており，新た
な結合（記憶）の獲得，減弱化のみならず，誤結
合さえ起こすことができる．このような知見から，
語という記憶さえ，脳内に固定した辞書知識が入
っているとはもはや考えられない．情報（記憶）
の可変性について，臨床における知見がさらに蓄
積される必要があろう．例えば，失語症患者で，
記号素性錯語と呼ばれる興味深い現象がある．
記号素とは単語を形成する実詞や接頭・接尾語
や語幹などを指す．これらが二つ以上，組み合
わさって生じる言い間違えが，**記号素性錯語**
（paraphasie monemique（Lecours and
Lhermitte 1972），monemic paraohasia（大槻
2017））と呼ばれている．例えば，ガラスと言お
うとして，「グラスねこ」などになってしまう言い
間違えである．脳損傷で，このような言い間違い
が頻出する患者がいる．しかも，これらの患者は，
「グラス」「ねこ」という単語が，それぞれ実在す
るかどうかの判断はすぐにでき，もちろん意味も
理解している．しかし，「グラスねこ」という単
語が実在するか否かきいても，曖昧である．「グラ
ス」という実在語の記憶と，「ねこ」という実在
語の記憶は確かに存在するのであろうが，それが
結合してしまっているのである．このように，言
語障害にも，単に，ある機能の「破壊」あるい
は，獲得した語彙辞書の「喪失」では説明できな
い現象があり，これらは，新生，消失，結合を繰

り返す，ダイナミックな脳機能の活動という視点で考える必要があるかもしれない．

　脳損傷者の知見，画像所見，細胞レベルの知見，全てがつながる言語システムを考えることが，重要である．このような学際的な視点が繋がるような真実に向かって，我々には，今，パラダイムシフトが必要なのかもしれない．

▶文　献

Binder, J.R. and Desai, R.H. 2011 The Neurobiology of Semantic Memory. *Trends Cognitive* Science 15: 527-36.

Binney, R. J., G. J. Parker and M. A. Lambon Ralph 2012 Convergent Connectivity and Graded Specialization in the Rostal Human Temporal Lobe as Revealed by Diffusion- Weighted Imaging Probabilistic Tractgraphy. *Journal of Cognitive Neuroscience* 24: 1998-2014.

Bliss, T. V and T. Lomo 1973 Long-lasting Potentiation of Synaptic Transmission in the Dentate Area of the Anaesthetized Rabbit Following Stimulation of the Perforant Path. *Journal of Physiology* (Lond.) 232 (2): 331-56.

Bookheimer, S. 2002 Functional MRI of Language: New Approaches to Understanding the Cortical Organization of Semantic Processing. *Annual Review Neuroscience* 25: 151-88.

Broca, P. 1861 Remarques sur le siège de la faculté du langage articulé suivies d'une observation d'aphémie. *Bulletin de la Société Anatomy* 2 (sér. 6): 330-57. 〔秋元波留夫ほか（編），萬年甫（訳）1982『神経心理学の源流 失語編上』創造出版，pp. 21-45.〕

Collins, A. M. and E. F. Loftus 1975 A Spreading Activation Theory of Semantic Processing. *Psychological Review* 82: 407-28.

Damasio, H., T. Jm. Grabowski, D. Tranel, R. D. Hichwa and A. R. Damasio 1996 A Neural Basis for Lexical Retrieval. *Nature* 380: 499-505.

Dreyer, F. R. and F. Pulvermüller 2018 Abstract Semantics in the Motor System?: An Event-Related fMRI Study on Passive Reading of Semantic Word Categories Carrying Abstract Emotional and Mental Meaning. *Cortex* 100: 52-7.

Hebb, D. O. 1949 *The Organization of Behavior: A Neuropsychological Theory*, Wiley, New York.

Itabashi, R., Y. Nishio, Y. Kataoka et al. 2016 Damage to the Left Precentral Gyrus is Associated with Apraxia of Speech in Acute Stroke. *Stroke* 47: 31-6.

Kiefer, M. and F. Pulvermuller 2012 Conceptual Representation in Mind and Brain: Theoretical Developments, Current Evidence and Future Directions. *Cortex* 28: 805-25.

Lambon Ralph, M. A., E. Jefferies, K. Patterson and T. T.

Rogers 2017 The Neural and Computational Bases of Semantic Cognition. *Nature Review Neuoscience*, 42-54.

Lecours, A. R. and F. Lhermitte 1972 Recherches surele lamgage des aphasiques: 4. *Analyse d'un corps de neologismes; notion de paraphasie monemique*. *Enchephale* 61: 295-315.

Lecours, A. R. and F. Lhermitte 1976 The "Pure Form" of the Ohonetic Disintegration Syndrome (Pure Anarthria) : Anatomo-clinical Report of a Historical Case. *Brain and Langueage* 3: 88-113.

Lichtheim, L. 1885 On Aphasia. *Brain* 7: 433-84.

Mahon, B. Z. and A. Caramazza 2011 What Drives the Organization of Object Knowledge in the Brain?. *Trends in Cognitive Sciences* 15(3): 97-103.

Menon, V. 2011 Large-Scale Brain Networks and Psychopathology: a Unifying Triple Net Work Model. *Trends of Cognitive Science* 15: 483-506.

Ohkawa, N., Y. Saitoh, A. Suzuki et al. 2015 Artificial Association of Pre-Stored Information to Generate a Qualitiatively New Memory. *Cell Report* 11: 261-69.

大川宣昭・井ノ口馨 2015「オプトジェネティクスによる記憶の操作」『実験医学』33: 3065-69.

大槻美佳 2005「Anarthrie の症候学」『神経心理学』21: 172-82.

大槻美佳 2007「言語機能の局在地図」『高次脳機能障害研究』27: 231-43.

大槻美佳 2014「脳における言語の表象と処理」今井むつみ・佐治伸郎（編）『言語と身体性』（岩波講座コミュニケーションの認知科学1）岩波書店，pp.93-121.

大槻美佳 2016「言語の神経心理学」『神経心理学』32(2): 104-19.

大槻美佳 2017「錯語の分類と神経基盤」一般社団法人日本高次脳機能障害学会教育・研修委員会（編）『錯語とジャルゴン』新興医学出版社，pp.23-40.

大槻美佳・相馬芳明・青木賢樹・飯塚統・吉村菜穂子・佐原正起・小山晃・小島直之・辻省次 1998「補足運動野と運動前野の喚語機能の比較―超皮質性運動失語の語列挙と視覚性呼称の検討」『脳神経』50: 243-48.

大槻美佳・相馬芳明・成冨博章 2003「言語表出のダイナミズム」『神経心理学』19(2): 64-74.

Price, C.J. 2000 The Anatomy of Language: Contributions from Functional Neuroimaging. *Journal of Anatomy* 197: 335-59.

Pulvermüller, F. 2013 How Neurons Make Meaning: Brain Mechanisms for Embodied and Abstract-Symbolic Semantics. *Trends of Cognitive Science* 17 (9): 458-70.

Raichle, M. E., A. M. McLeod, A. Z. Snyder et al. 2001 A Default Mode of Brain Function. *Proceedings of the National Academy Science of USA* 98: 676-82.

Ramirez, S., X. Liu, P. A. Lin et al. 2013 Creating a False Memory in the Hippocampus. *Science* 341: 387-91.

Sugimoto, K., T. Yamanoi, H. Toyoshima, M. Otsuki, S. Ohnishi and T. Yamazaki 2016 Spatiotemporal Human Brain Activities on Recalling Fruit Names.

SCIS & ISIS2016. Sapporo. 28.8.25 ～ 28.8.28.
田邉敬貴・池田学・中川賀嗣ほか 1992「語義失語と意味記憶障害」『失語症研究』12: 153-67.
Ueno, T., S. Saito, T. T. Rogers et al. 2011 Lichitheim2: Ynthesizing Aphasia and the Neural Basis of Language in a Neurocomputational Model of the

Dual Dorsal-ventral Language Pathways. *Neuron* 72: 385-96.
Warrington, E. K. and T. Shallice 1984 Category Specific Semantic Impairments. *Brain* 207: 829-953.
Yamadori, A. and M. L. Albert 1973 Word Category Aphasia. *Cortex* 9(1): 112-25.

コラム48　ミラーニューロンと言語・認知　　　　大槻美佳

　ニューロン（神経細胞）の活動は，サルなどの動物で，脳内に電極を設置し，そこから直接電気活動を記録することで明らかにできます．1996年にリゾラッティ（G. Rizzolatti）らは，マカクザルの実験で，不思議なニューロンを発見しました（Gallese et al. 1996）．それは，自らの動作時と，他者の動作を見たときの両者で，鏡のように全く同じく活動するニューロンでした．これは後にミラーニューロン（mirror neuron）と名づけられました．このミラーニューロンは，最初は，マカクザルの腹側運動前野（F5）で発見されましたが，その後，下頭頂小葉（IPL）にも発見されました．さらに，自らの動作には反応しないが，他者の動作を見たときにのみ反応するニューロンも上側頭回（STS）で発見されました．そこで，これらのニューロンを結ぶF5-IPL-STSは，**ミラーニューロンシステム**と名づけられました．ミラーニューロンは，対象の提示のみでは反応しませんが，特定の動作に反応します．それは，動作の目的のみならず，どのようにその動作がなされるかという細かい点にまで特異性を持ちます．例えば，「掴む」という動作でも，掴む動作すべてに反応するわけではなく，人差し指と親指でつまむ場合にのみ反応するという具合です．その後，ヒトにもミラーニューロンシステムがあるのではないかと，磁気刺激やPETなどを用いた方法で検討が試みられました．その結果，ヒトにも，例えば他者の動作を見ただけで活動する部位が，前頭葉や側頭葉で観察されました．ミラーニューロンの発見は，様々な領域に影響を与えました．まず，他者の動作に反応することから，他者の動作の模倣に関係しているのではないかという仮説へと広がりました．さらに，動作模倣から言語模倣へとつながり，言語獲得の仮説にも影響を与えました．リゾラッティは，言語との関係についても言及しています（Rizzolatti et al. 1998）．彼らは，ミラーニューロンが発見されたF5という部位は，ヒトでは，言語野の一つとして知られている**ブローカ野**（ブロードマンの細胞構築図では，45野後半と44野と定義）と一致することに注目しました．特に，ブロードマン44野とF5は，細胞構築的にも強い相関があります．彼らは，動作の模倣はやがて，言語の模倣へとつながり，言語の獲得とミラーニューロンの関係を論じています．これは，言語が生得的であるとするチョムスキー等の考えと全く異なり，その観点からも大きく注目されました．さらに，他者の動作に反応ということから，他者への共感（心の理論），自閉症等との関係も論じられてきました．しかし，一方で，ミラーニューロンの知見を，言語や高次の社会的行動にまで広げて解釈することに疑義や批判も少なくありません（Hickok 2009）．批判の一つに，ミラーニューロンの機能の検討が不十分であることがあげられています．実際，サルのミラーニューロンは，実物体に対しての動作に特異性を持って反応しますが，パントマイムのような動作には反応しません．また，サルはもとより，模倣をしないのです．それにもかかわらず，ヒトで，動作模倣との関連が論じられています．また，ヒトでもミラーニューロンがあるという知見は，当初は磁気刺激やPETを用いた間接的検討でしたが，近年，てんかん治療のために大脳皮質に電極を置いた患者の検討から，ヒトのミラーニューロンの存在が直接示されました（Mukamel et al. 2010）．しかし，この報告では，ミラーニューロンは，従来，ミラーニューロンシステムとされてきた部位と全く異なる部位（補足運動野や側頭葉内側面）で検出されました．この結果は，ヒトにもミラーニューロンが存在することを明らかにしたとともに，それは，従来言われてきた神経基盤よりはるかに広く分布している可能性を示しました．したがって，ミラーニューロンが，ブローカ野のみと特別な関係にあるのかは再考される必要が生じました．他者に反応する細胞という視点で，ミラーニューロンの知見は，言語の獲得に関する仮説，心の理論，社会脳など，ちょうど時代の関心と合致する部分があり，やや飛躍した仮説に結びついてしまった面も否めないかもしれません．ミラーニューロンの意義は，他者の動作を見た場合に，自ら動作を行なったと同じように反応する細胞であるという原点にあります．このようなニューロンの存在は，入力と出力を明確に分離してきた神経システムに大きな示唆を与えます．この原点に立ち戻った研究がミラーニューロン発見の真価を明らかにすることが期待されます．

▶参考文献

Gallese, V., L. Fadiga, L. Fogassi and G. Rizzolatti 1996 Action Recognition in the Premotor Cortex. *Brain* 119: 593-609.

Hickok, G. 2009 Eight Problems for the Mirror Neuron Theory of Action Understanding in Monkeys and Humans. *Journal of Cognitive Neuroscience* 21: 1229-43.

Mukamel, R., A.D. Ekstrom, J. Kaplan, M. Iacoboni and I. Fried 2010 Single-neuron Responses in Humans During Execution and Observation of Actions. *Current Biology* 20: 750-6.

Rizzolatti, G. and M.A. Arbib 1998 Language within our grasp. *Trends in Neurosciences* 21: 188-94.

═══ **コラム 49　脳とメタファーの関係** ═══════════════════ **高倉祐樹・大槻美佳** ═══

　近年，脳活動を可視化する手法を用いて，**メタファー**（metaphor）の理解に関与する脳部位を調べた**脳機能イメージング研究**が増加しています．従来，メタファーの理解には，右半球の脳活動が強く関与することが示唆されていましたが，近年では左半球の脳活動を重要視する報告も増加しており，いまだ一貫した知見は得られていません．ラップら（Rapp et al. 2012）は，メタファーの理解に関する 28 のイメージング研究（イディオム，アイロニー，メトミニーを対象とした研究を含む）をメタ分析し，非字義的な言語素材の理解においては，左下～中前頭回，左中～上側頭回に大きな賦活が認められたことを報告しています．さらに，有意差の認められた 16 の賦活領域のうち，右半球は 3 領域（下前頭回，小脳，中側頭回）のみという結果でした．なお，脳損傷患者の言語症状と脳損傷部位の対応関係を調べた神経心理学的研究においては，左下前頭回は文理解能力と関連し，左中前頭回と左中側頭回は単語理解能力と関連していることが指摘されています．つまり，メタファーの理解のためには，字義的な言語素材の理解にも必要とされる基本的な単語理解能力や文理解能力が前提条件として必要であることが示唆されますが，メタファーの理解に特化した脳部位が存在するのかどうかは，現状では明らかではありません．

　このように，一貫した見解が得られていないことの理由としては，それぞれの研究において用いられている言語素材の質，課題内容，およびその難易度などが，十分に統制がなされていないことが指摘されています．具体的には，左半球に大きな賦活が認められたラップら（Rapp et al. 2007）の研究では，「タクシードライバーはカミカゼだ」（Der Taxifahrer ist ein Kamikazeflieger）といった「A は B だ」という言語素材が用いられているのに対し，左半球と右半球の両者に賦活が認められたデサイーら（Desai et al. 2011）の研究では，「アイデアをつかんだ」（grasped the idea）といった動詞のメタファーが言語素材として用いられています．以上より，言語素材の質という条件一つをとっても，左半球優位に処理がなされる場合，右半球優位に処理がなされる場合，左半球と右半球が協働的に作用する場合など，様々なパターンが生じ得ることが推測されます．

　このような状況においては，認知言語学的な観点によって言語素材を統制することが一つの方策と考えられます．例えば，代表的な**方向性のメタファー**（orientational metaphor）の一つとして MORE IS UP（量が多いことは上である）が挙げられます．推測の域を出ませんが，この「方向性のメタファー」を言語素材として提示した場合には，右半球の活動が生じることが予想されます．なぜならば，このメタファーの概念化過程においては，「容器に水を注いだ際の水位の上昇」や，「物を積み重ねた際の高さの増大」など，視覚的および空間的な変化を知覚するための「右半球の機能」が重要な役割を担っていると考えられるためです．

　今後，概念メタファーの理論を考慮した言語素材を用いた神経心理学的な症例研究や脳機能イメージング研究によって，メタファーの理解が保たれながらも，「方向性のメタファー」のみが選択的に障害される症例や，「方向性のメタファー」「構造のメタファー」「存在のメタファー」など，概念メタファーの種類によって脳活動の差異が生じることが確認できるとするならば，認知言語学的にメタファーを捉えることの妥当性を示す重要な知見となると思われます．認知言語学領域と神経心理学領域の学際的研究のさらなる発展が望まれます．

▶参考文献

Rapp, A.M. et al. 2012 Where in the Brain is Nonliteral Language? A Coordinate-Based Meta-Analysis of Functional Magnetic Resonance Imaging Studies. *Neuroimage* 63: 600-10.

Rapp, A.M. et al. 2007 Laterality in Metaphor Processing: Lack of Evidence from Functional Magnetic Resonance Imaging for the Right Hemisphere Theory. *Brain and Language* 100: 142-9.

Desai, R.H. et al. 2011 The Neural Career of Sensory-Motor Metaphors. *Journal of Cognitive Neuroscience* 23: 2376-86.

══ コラム50 脳とコミュニケーション：プロソディに着目して ══ 高倉祐樹・大槻美佳 ══

　脳損傷によってコミュニケーションの諸相にどのような影響が生じるのかを探求することは，より適切なリハビリテーションの一助となるだけではなく，コミュニケーションの構造や脳のしくみを知るための手がかりとなると考えられます．その代表例が**失語症**（aphasia）に関する研究であり，脳と言語のしくみに関する多くの知見が蓄積され続けています．失語症は，記号としての言語的情報の操作能力の低下と位置づけられますが，円滑なコミュニケーションを遂行するためには，言語的情報の送受信のみならず「プロソディ（韻律特徴，prosody）」のような超分節的情報を含む周辺／パラ言語的（paralinguistic）あるいは広く非言語的（nonverbal）な情報の送受信も重要となります．本コラムでは，この**プロソディ**の機能と障害について概説します．

　「プロソディ」とは，音声の持つ「高さ」，「強さ」，「長さ」，「速度」，「アクセント」，「リズム」，「イントネーション」，「ポーズ」などの韻律的特徴の総称と定義されています．脳損傷をきっかけとして生じる「プロソディの障害」（dysprosody）の代表例としては，まるで外国人が話しているような発話に変化してしまう**外国語様アクセント症候群**（foreign accent syndrome: FAS）という病態が挙げられます．この病態の機序（メカニズム）はいまだ明らかではありませんが，「聞こえ方」の特徴としては，ドイツ語様，中国語様，フランス語様など様々な例が報告されています．したがって，プロソディの持つ各要素の障害のされ方によって，喚起される聴覚的印象がそれぞれ異なるのかもしれません．これらは優位半球の損傷によって出現することが知られており，母語に固有のプロソディの実現には優位半球（多くの人は左半球）が重要な役割を担っていることが推測されています．

　一方，非優位半球の損傷では，感情を表現するプロソディの理解や表出が障害される**アプロソディア**（失韻律，aprosodia）という病態が報告されています．しかし「アプロソディア」の報告は極めて少ないのが実情です．その要因の一つとして，評価者が「アプロソディア」の存在を見落としていることが考えられます．「プロソディ」は，他者理解や社会的認知といった文脈において，その重要性が説かれていますが，「プロソディ」が社会的なコミュニケーションの円滑化に寄与しているのであれば，その障害の本質も社会的コミュニケーション場面において顕在化するものと考えられます．逆に言えば，検査室という限られた環境においては，「プロソディの障害」がもたらす困難さは検出されにくい可能性があります．

　実際に，神経心理学領域において「プロソディ」研究の萌芽となったモンラッド–クローン（Georg Herman Monrad-Krohn）とロス（Elliott D. Ross）らの報告（Monrad-Krohn 1947, Ross et al. 1979）に改めて目を向けると，その症例が属する「社会的文脈」が，障害を顕在化させていることに気づきます．モンラッド–クローンが報告した「外国語様アクセント症候群」の1例は，第二次世界大戦中の空襲による頭部外傷後に，ドイツ語様の発話が生じたノルウェー人女性でした．その当時，ノルウェーを占領していた国はドイツであったため，女性はドイツ人に間違われることで差別的な扱いを受けていたことが記載されています（Monrad-Krohn 1947）．つまり，民族性を識別するための固有の「プロソディ」が変化してしまったことと，戦争という文脈の相互作用によって，社会的コミュニケーションにおける問題が生じてしまったと言えます．また，ロスらが最初に報告した「アプロソディア」の2例のうちの1例は，「教師」であったということも，特筆すべきと考えます．つまり本例は，「学校での授業」という演出的かつ高度な「プロソディ」の表出能力が要求される社会的文脈に置かれているために，「プロソディ」の問題が顕在化しやすかったものと推測されます．以上より，「プロソディの障害」とは，ア・プリオリな概念では決してなく，脳損傷者が属する環境文脈や社会との関わりの中で創発されるものとして，再解釈してゆく必要があると思われます．

▶参考文献

Monrad-Krohn, G. H. 1947 Dysprosody or Alterd "Melody of Language". *Brain* 70: 405-15.

Ross E, D. et al. 1979 Dominant Language Functions of the Right Hemisphere? Prosody and Emotional Gesturing. *Archives of Neurology* 36: 144-8.

コラム51　ことばにできる記憶，ことばにできない記憶　　　　　大槻美佳

　ヒトの記憶は，保持される時間によって，**短期記憶**（short term memory）と**長期記憶**（long term memory）に二分されます（図1）．短期記憶は，例えば，電話番号を聴いてメモするまでのような一時的な秒単位の記憶です．長期記憶は，数時間から年余にわたる時間範囲の記憶です．脳損傷において，短期記憶は低下しているが，長期記憶は保たれているパターンと，その逆のパターンがあり，このことは，短期記憶と長期記憶はそれぞれ異なるシステム／神経基盤によって担われていることを示唆しています．ただし，長期記憶の中で，より遠い記憶（遠隔記憶）のほうが近い記憶（近時記憶）より障害されにくく，これは「**記憶の時間勾配**」と呼ばれています．長期記憶

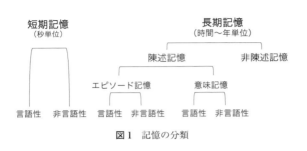

図1　記憶の分類

はさらに，**陳述記憶**（declarative memory）と**非陳述記憶**に大別されます．陳述記憶は宣言記憶と訳されることもあります．陳述記憶とは，ことばでも絵でも，何らかの方法で表現することのできる記憶を指します．これには，いつ・どこ・誰などの時間・場所の文脈の中に位置づけられる**エピソード記憶**と，文脈から離れた組織化された情報の表象・知識である**意味記憶**（semantic memory）があります．非陳述記憶は，記憶内容自体を何らかの形で表現はできませんが，例えば，"体が覚えている"というような記憶を指します．例えば，手続記憶（procedural memory）と称される熟練，スキルなどがここに入ります．また，無意識に刷り込まれる情報もプライミングと称され，ここに分類されます．

　さらに，記憶は，入出力に用いる媒体（モダリティ）あるいは，方略（ストラテジー）という観点からも分類されています．ヒトでは入出力の媒体／方略に"言語"を用いる場合が多く，**言語性記憶**と呼ばれています．言語性記憶は，いわば"言葉にできる記憶"と言えます．それ以外は，**非言語性記憶**と呼ばれ，いわば"言葉にできない記憶"と言えます．例えば，視覚的なイメージや空間的な位置情報などは視覚性記憶と称されます．ただし，視覚的イメージも，例えば，「丸くてギザギザしたもの」などのような言語表現を一部援用できる場合もあり，意識的か無意識的かは別にして，視覚性記憶は多少なりとも言語機能の影響を受けている部分があります．

　さて，短期記憶における言語性記憶は，特に，**言語性短期記憶**（verbal STM）と称されています．耳に入った言語音は，音韻を符号として一時保持されます．言語性短期記憶は容量の制限があり，それは電話番号程度の7桁前後です．これは，左上側頭回の後部～縁上回～中心後回近傍で担われています．長期記憶のうち，エピソード記憶については，言語性記憶は単語や論述を覚えるような記憶，視覚性記憶は形や絵を覚えるような記憶を指します．これらは，海馬を中心とする側頭葉の内側面が中心的役割を果たしていますが，加えて，パペッツ／ペイプズの回路（Papez circuit），ヤコヴレフの回路（Yakovlev circuit）と称されている解剖学的構造も関与していることが知られています．また，言語性記憶は左半球，非言語性記憶は右半球が優位に担っています．意味記憶についても，言語性記憶と非言語性記憶が区分できます．意味記憶における言語性記憶は，獲得した語彙辞書を指します．このシステムが低下する病態は「**語義失語**」と称されています．この場合，語彙が失われてしまうので，例えば「ご気分はいかがですか」と聞いても，「ごきぶんって何ですか？」などと聞き返すような反応がみられます．一方，意味記憶における非言語性記憶には，獲得した種々の情報が含まれます．例えば，顔・景色などの視覚情報，声・音などの聴覚情報です．これらの機能が低下すると，見知った顔，よく知っている音（例えば，水の音，犬の鳴き声）等がわからなくなります．このように，記憶には様々な側面があり，それぞれが担われているシステム／神経基盤を念頭に置きながら，整理して考えてゆく必要があります．

5.6

脳機能計測と
認知言語学

月本　洋

本節では，非侵襲脳機能計測とそれを使用した認知言語学的な研究について解説する．非侵襲脳機能計測としては，機能的磁気共鳴画像法（functional magnetic resonance imaging: fMRI），脳磁計（magnetoencephalography: MEG），陽電子放射断層撮影（positron emission tomography: PET），脳波計（electroencephalogram: EEG）等がある．2. で，MEG について簡単に紹介した後に，fMRI について解説する．また，fMRI データ解析ソフトに関しては，最も使われている SPM（spm2016）の初歩を概説する．そして，3. と4. で fMRI を用いて今まで行なわれてきた認知言語学関連の研究を概観する．紙数の関係で，比喩理解と身体性に関する話題（具体的な表現と抽象的な表現の理解）に焦点を当てる．

1.　歴史的背景

言語学は，過去そして現在でも，基本的に文系の学問である．心理学が似たような学問であるが，心理学では，ヴントの内観に基づく手法の反省に基づいて行動主義が登場し，さらに 20 世紀のコンピュータの出現を契機として，認知主義が登場した．そして，fMRI 等の非侵襲脳機能計測の登場で，心理現象を脳神経現象に基づいて説明する神経科学的手法が盛んになってきている（**非侵襲脳機能計測**とは，脳に対して影響を基本的に与えないで行なう計測のことである）．これと似た状況が，言語学でも，起こってきている．言語学の方法論としては，文献とデータベースと思考に基づくものが主であるが，これに加えて，脳実験が一方法になりつつある．

脳実験も，昔は，頭蓋骨を開けて電極を直接刺して調べるというような実験が（治療に伴って）行なわれていたようであるが，人権問題等でこのような実験ができなくなった．非侵襲計測としては，長い間，脳波計しかなかった．しかしなが

ら，脳波計では脳のことがあまり良くわからない．20 世紀後半になって，PET，MEG，fMRI 等が現れてきた．PET は放射性同位元素を体内に注入するなどの理由で，普及率はあまり高くない．MEGは，装置が高価であることと，取り扱いが少し面倒であるので，台数もあまり多くなく，普及率はあまり高くない．fMRI は，価格と取り扱いやすさから，最も普及している．言語学の脳実験としては，fMRI によるものが最も多い．fMRI は，空間分解能が良いが，時間分解能が悪いので，言語の脳実験では限界がある．これに対して，MEGは時間分解能が良いが空間分解能が悪い．

言語学的な脳実験としては，大きく二つの流れがある．認知言語学的な実験と生成文法的な実験である．生成文法的な実験では，文法を処理する脳の部位を調べている．認知言語学的な実験では，比喩の脳内処理や身体性や記号接地問題[→ 4B.2]等を調べている．

2.　脳の非侵襲計測

ここでは，MEG を簡単に説明したあとに，fMRI の説明を行なう．

▶ 2.1　MEG

MEG は，日本語では脳磁計である．脳は，活動すると磁場を発生させている．この磁場を頭の外から記録・解析することで，脳内で起きている活動を調べるのが MEG である．MEG の長所は，時間分解能が msec 単位であるということである．しかしながら空間分解能に関しては，逆問題を解かねばならないため，良くない．

逆問題に関して簡単に説明する．一般的に言えば，脳内には複数の磁場発生源がある．この複数の磁場発生源は各々磁場を発生する．計測は頭蓋骨の外で行なわれるが，その複数の磁場発生源からの磁場が重ね合わさった合成磁場を計測することになる．したがって，その合成磁場から，複数

の磁場発生源の場所と強さを推定しなければならない．発生源 → 合成磁場 が正方向であり，合成磁場 → 発生源 は逆方向である．合成磁場から磁場発生源の場所と強さを求めねばならないが，このような問題を逆問題という．

例えば，池に石を投げいれると，石が水面にぶつかった場所から，波が広がっていく．今，二つの石を，違う場所に投げ入れたら，中心が違う二つの波が，重なりながら広がっていく．この合成された波を，複数の岸辺で計測して，池のどの場所に，どのくらいの大きさの石を投げ入れたかを推定するという問題が考えられるが，これも逆問題である．現在，MEGの逆問題は，自動的に解く手法も開発されているが，人間が試行錯誤で解く場合も多い．

一方，MEGの長所は，脳から発生する磁界を計測しているだけなので，計測が人体に対して全く非侵襲であるという点である．しかし，その磁界は地磁気の1億分の1程度と非常に微弱であるため，高性能の磁気シールドルームや超伝導技術を駆使した計測装置が必要とされる．図1の右上の写真は，高性能の磁気シールドルームであり，左下の写真が超伝導技術を駆使した計測装置である．MEGは脳にしか使えないので，あまり台数は多くない．日本にあるMEGは30台程度である．なお，MEGでは，脳の表層部分と深部では良好な計測はできない．

▶ 2.2 fMRI

fMRIは，装置としてはMRI（図2）であり，脳機能を計測できるように撮像条件を工夫したものである．月本ほか（2007），菊池ほか（2012）などに基づいて説明する．

脳の活性化している部位のfMRIによる検出は，ボールド（blood oxygenation level dependency: BOLD）効果に基づく．このボールド効果は，1989年に小川誠二によって発見された．神経細胞が活動すると血流量が増え，酸素を含む赤血球であるオキシヘモグロビンが増える．このオキシヘモグロビンの増大がfMRIの値を大きくする，という効果がボールド効果である．

fMRIは，脳の血流の変化から，活動している脳の部分を推定する．神経活動を直接見るのでなく，血流活動から神経活動を間接的に見るのである．血があまり流れていないから，神経はあまり活動していないだろう．血がたくさん流れているから，神経は活動しているであろう．こういう推定方法である．

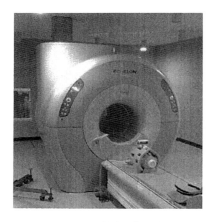

図2　MRI（東京電機大学）

図3の3枚の写真は，筆者のMRI画像である．左の写真が，水平に切って上から見た画像であり，真ん中の写真が前後方向で垂直に切って横から見た画像であり，右の写真が左右方向に垂直に切って後ろから見た画像である．このように，MRI画像は，レントゲン画像みたいなものであるが，fMRI画像は，血流に基づく画像なので，これとはかなり違う．

fMRIの実験の方式にはブロックデザインと事

図1　脳磁計（東京電機大学）

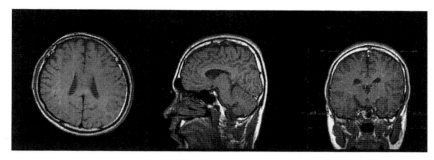

図3 MRI画像

象関連デザインの二つがあるが，簡単なブロックデザインを説明する．MRI装置の中で横になった被験者が実験課題を実行したり実行しなかったりする．実験課題の実行時と非実行時の画像を比較し，分析することにより，脳の活動部分を推定する．かなり単純化していうと，例えば，指を動かしているときの脳の活動部分から指を動かしていないときの活動部分を引き算すれば，指を動かすのに関係のある部分が検出されるということである．

図4は，fMRI画像の模式図である．指を動かしているときのfMRI画像（左図）では，3か所が活動していて，指を動かしていないときのfMRI画像（中央図）では，2か所が活動している．左図から中央図を引き算した結果であるfMRI画像（右図）では，1か所が残る．この残った部分が指の運動と関係がある部分であるとみなすのである．

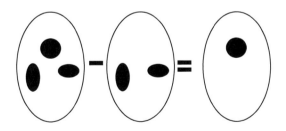

図4 fMRI画像の解析方法

fMRIの長所は，空間的分解能が良いことである．短所は，時間分解能が数100 msec程度で，あまり良くないことである．時間分解能が良くない理由は，fMRIが血流の変化を計測しているからである．神経活動はmsecで変化するが，血流はそれほど速く変化できない．

fMRIは，脳に磁場をかけるため，全く非侵襲というわけではない．わかりやすく言えば，fMRIは，弱い電子レンジである．1.5テスラの磁気強度では，特に問題は発生しないが，4.5テスラの磁気強度では，例えば，マウスでがん細胞が発生したり，fMRIの中で誤って動いてしまったマウスが渦電流で焼け死んでしまったりなどという話を聞く．なお，テスラは，磁気強度の単位である．磁気強度は段々大きくなり，現在では7テスラのfMRIも登場している．なお，fMRIでは，脳の深部では良好な計測はできない．

▶ 2.3 fMRI データ解析

fMRIデータ解析方法について説明する（月本ほか 2007; 菊池ほか 2012）．現在，最も代表的なfMRIデータ解析ソフトウエアは **SPM**（Statistical Parametric Mapping）である．SPMは，簡単にいえば，実験中に活性化している脳の部位を画像化するソフトウェアである．SPMには，いくつかのソフトウエアが入っているが，その中で最も基本的なものは，t検定である．t検定に関しては，月本ほか（2007）等を参照していただきたい．

表1 ブロックデザインの例

ブロック No.	タスク／レスト	撮像回数
1	レスト	1
1	レスト	2
1	レスト	3
1	レスト	4
2	タスク	5
2	タスク	6
2	タスク	7
2	タスク	8
⋮	⋮	⋮
6	タスク	21
6	タスク	22
6	タスク	23
6	タスク	24

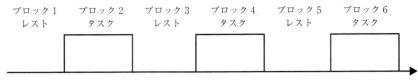

図5 ブロックデザインの例

　実験デザインには**ブロックデザイン**と事象関連デザインがあるが，簡単なブロックデザインについて説明する．指のタッピングを例にする（図5）．タスクのときには，指のタッピングをしている．レストのときには，指のタッピングをしていない．表1では，最初のブロックはレストで，撮像回数が1回から4回までである．2番目のブロックはタスクで，撮像回数が5回から8回までである．fMRIの1回の撮像時間を5秒とすると，1ブロックで4回撮像するから，1ブロックの時間は20秒になる．このレストのブロックとタスクのブロックを3回繰り返す．合計で撮像回数は24回となり，時間は120秒になる．

　fMRIデータは画素の集まりとして表現される．この画素は**ボクセル**（voxel）と呼ばれる．デジカメの場合にはピクセルと呼ばれるが，fMRIデータは3次元なので，ボクセルと呼ばれる．fMRIデータは前処理を行なうが，その説明は省略する．fMRIデータは，ボクセルごとに解析される．ボクセルごとのfMRIデータは表2のようになる．タスクを1とし，レストを0にする．

表2　fMRIデータとタスク／レスト

撮像 No.	fMRIデータ	タスク(1)／レスト(0)
1	3000	0
2	3500	0
⋮	⋮	⋮
7	7500	1
8	7000	1
⋮	⋮	⋮

　fMRIデータを被説明変数(y)として，タスク／レストを説明変数(x)として，回帰分析を行なう（血流動態反応関数（Hemodynamic Response Function: HRF）による補正に関しては説明を省略する）．

$$y = ax + b$$

もし，このボクセルが指の運動野のボクセルであれば，fMRIデータは，タスク(1)／レスト(0)に応じて，大きくなったり小さくなったりするので，回帰係数 a はそれなりに（絶対値が）大きな値になる．もし，このボクセルが指の運動野のボクセルでなければ，fMRIデータは，タスク(1)／レスト(0)に関係なく変動するので，回帰係数 a は（絶対値が）小さい値になる．図6を見てもらいたい．図6の左図がタスク／レストに関係している場合の回帰分析の例であり，右図がタスク／レストに関係していない場合の例である．

　この回帰係数の大小の判断を t 検定で行なう．t 検定は，データが少ないときに有効な検定である．SPMでは，このボクセルごとの検定を uncorrected と呼んでいる．

　さて，脳機能画像を，ボクセルごとに細切れにして，それぞれのボクセルを独立に解析して得られる結果にはあまり信頼性がない．なぜなら，各ボクセルは，隣り合ったボクセルと神経回路でつながっていて独立に動いていないからである．このような問題は統計学では多重比較問題と呼ばれる．SPMではこの問題を解決するために，ランダム場理論を用いた統計的推論を行なう．SPMではこれを corrected と呼ぶ．uncorrected は活性化部位がたくさん出てくる．正しいのも出てくるし，正しくないのも出てくる．

　図7と図8は，単純復唱の結果である．単純復唱（内言）は，聴覚入力と同じ文言を内言する課題である．例えば，「今日は晴れています」という音声を聞いて「今日は晴れています」と内言する．図中の濃い灰色部分が活性化していると推定される部位である．有意水準は5%とした．また，SPMはSPM8を用いた．

　uncorrected は，検出しすぎであり，間違ったのも検出してしまう．corrected は，以前は，あまり検出できないという意見が多かったが，最近，Eklund et al.（2016）が SPM に対して根本的な批判を行ない，その状況が一変した．その批判の

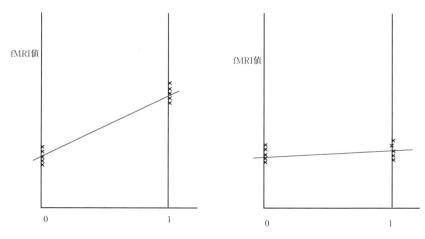

図6 fMRI データの回帰分析の例

内容を極めて簡単に言うと,「corrected にしても,検出しすぎであり,間違ったのを検出してしまう」というものである.

SPM（t 検定とランダム場理論を用いた統計的推論）が検出しすぎである原因は,精度の悪い回帰式からも活性化ボクセルを検出するからではないかと思われる（Tsukimoto and Matsubara 2017）.また,5.では,別の観点から,SPM の検出能力に問題があることを簡単に紹介する.

3. 比喩理解に関する脳の部位

言語の理解には左脳が関与して,右脳は関与していないと思われているが,比喩理解には右脳が関与しているという指摘は,以前からある（Bottini et al. 1994; Burgess and Chiarello 1996）.また,発達心理学の分野では,自閉症児は,左脳は発達しているが,右脳はあまり発達していない,ということが指摘されている.そして,自閉症児は,言語能力に関して,文法的な処理は得意であるが,比喩の理解が困難であるという指摘がある.これから,自閉症児は,右脳が発達していないので,比喩を理解するのが困難なのであろう,と考えられている.

また,坂本らが脳波計を用いて比喩の脳実験を行なっている（Sakamoto et al. 2003）.坂本らは,理解可能性の高い比喩（**通常比喩**）は,左脳と右脳が反応し,理解可能性が低い比喩（**異常比喩**）は,右脳だけが反応すると,主張している.

▶ **3.1 比喩の実験の紹介**

筆者は,Sakamoto et al.（2003）と基本的に同じ実験を,fMRI を用いて行なったので,以下で紹介する（月本・竹迫 2005）.

3.1.1 実験について

実験の概略は,被験者に理解可能な言葉と理解不可能な言葉を提示し,脳の活性化部位の差を見ることで,言葉の意味を理解する時の脳の活性化状況を調べる,というものである.被験者に,通常表現（例：赤い色），異常比喩（例：赤い手触

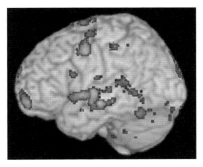

図7 単純復唱（内言）uncorrected（口絵7参照）

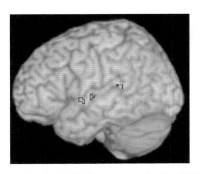

図8 単純復唱（内言）corrected（口絵8参照）

り），通常比喩（例：暖かい色）を視覚的に提示して，その際の脳の活性化部位を調べるというものである．形容詞は22個で名詞は8個で，それらを確率的に発生させて組み合わせた．被験者は男性5人で，実験は約1か月間隔で3回行なった．

課題：
1) 通常表現　（触覚—触覚，視覚—視覚）例：赤い色，暖かい手触り
2) 異常比喩　（視覚—触覚）例：赤い手触り，輝きのある感触
3) 通常比喩　（触覚—視覚）例：暖かい色，荒い色調

視覚修飾語：赤い，黒い，白い，青い，明るい，暗い，鮮やかな，透明な，澄んだ，濁った，輝きのある（計11）

触覚修飾語：暖かい，冷たい，柔らかい，固い，鋭い，鈍い，粗い，粘っこい，なめらかな，乾いた，湿った（計11）

視覚被修飾語：色，色合い，色調，色彩（計4）

触覚被修飾語：感触，手触り，肌触り，さわり心地（計4）

提示方法：タスク—レストと10測定ごとに切り替える
　　　　　タスクは3回行う→1回の実験で合計30測定
　　　　　タスクは，最初に修飾語（600 msec）を提示し，その後被修飾語（1200 msec）を提示．
　　　　　例：暖かい→暖かい色
　　　　　レストは注視点（背景は黒）を提示

3.1.2　比喩では右脳が活性化しやすい

実験結果を左脳右脳に関してまとめると表3のようになる．表中の○であるが，3回の実験中1度でも活性化すれば，○とした．表3から言えることは，比喩では，右脳がより活性化されることである．

図9は通常表現時の右脳である．図10は異常比喩時の右脳である．図9と図10からわかるように，通常表現では活性化しない右脳の前頭葉が，異常比喩では活性化している．なお，図中の黒い部分が活性化部位である．

3.1.3　比喩に慣れると左脳が活性化する

図11～図14は，二人の被験者での異常比喩に関する1回目と約1か月後の2回目の反応である．1回目では，両被験者で，左脳に活性化部位が見られないが，約1か月後の2回目では，両被験者とも，左脳に活性化部位が見られる．言語処理は左脳で行なわれるので，この実験結果は，異常比喩が，最初の1回目では，その異常性ゆえに通常表現のように左脳で処理されることはなかったが，約1か月後の2回目の実験では，被験者が異常比喩に慣れて，もはや「異常比喩」が異常ではなくなって，通常表現化してしまっていること

表3　総合結果

被験者	通常表現（赤い色）		異常比喩（赤い感触）		通常比喩（暖かい色）	
	左脳	右脳	左脳	右脳	左脳	右脳
A	○	○	○	○	×	×
B	○	×	○	○	○	○
C	○	○	○	○	×	○
D	○	×	○	×	○	○
E	○	×	○	○	—	—

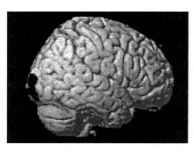

図9　被験者E 通常表現

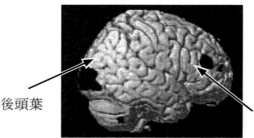

図10　被験者E 異常比喩

表 4 小脳

小脳 被験者	通常表現（赤い色） 左脳　右脳	異常比喩（赤い感触） 左脳　右脳	通常比喩（暖かい色） 左脳　右脳
A	×　×	×　×	×　×
B	○　×	○　○	○　○
C	○　×	×　×	○　○
D	○　○	○　○	○　○
E	×　×	×　○	—　—

で，左脳で処理されているというように，解釈できる．すなわち，この実験は，異常比喩が非異常化して通常表現化する過程である，とみなせる．つまり，最初はなんのイメージも作れないような異常比喩も，何度か提示することによって，なんらかのイメージを作れるような通常表現に変化したのである．なお，被験者の内観報告では，2回目の実験以降で，異常比喩に対して違和感が消失していると報告されている．

3.1.4 比喩で小脳が活性化する

表4から比喩で右脳が活性化していることがわかる．また，図15～図17は異常比喩，通常比喩，通常表現での小脳における典型例を示す．図15，16では小脳の活性化が見られるのに対し，図17では小脳の活性化があまり見られない．すなわち，比喩表現では小脳に反応があるのに対し，通常表現では反応領域がわずかである．また，図18，19では，1回目の異常比喩の結果と2回目の異常比喩の結果である．これらの図よりわかるように，1回目よりも2回目の方がより小脳が活性化していることがわかる．小脳に関しては，5.で触れる．

▶ 3.2 比喩で反応する脳の部位について

前述の実験の結果から，あまり知らない比喩の場合は右脳が活性化するが，よく知っている比喩の場合には左脳が活性化することが示唆される．比喩に関する脳実験をいくつか紹介する．Eviatar and Just（2006）や Shibata et al.（2007）等では，比喩で左脳が活性化すると報告している．Schmidt et al.（2007）では，よく知っている比喩の場合には，右脳よりも左脳が活性化する，と報告している．また，あまり知らない字義どおりの

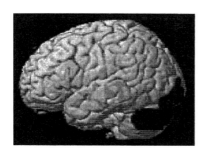

図11　被験者B 異常比喩1回目

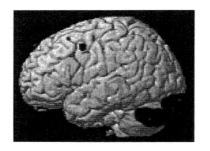

図12　被験者B 異常比喩2回目

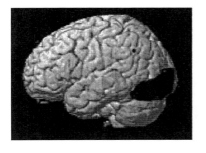

図13　被験者D 異常比喩1回目

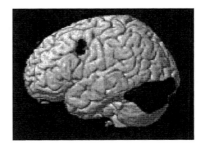

図14　被験者D 異常比喩2回目

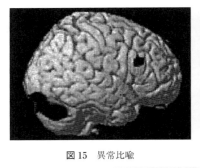
図15 異常比喩

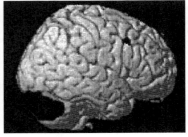
図16 通常比喩

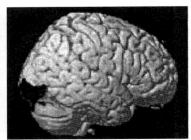
図17 通常表現

小脳

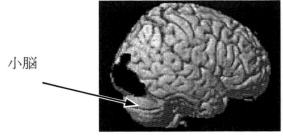
図18 異常比喩1回目

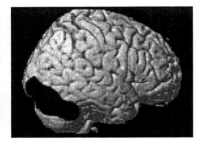
図19 異常比喩2回目

文では，左脳より右脳の方が活性化する，と報告している．そしてLai et al. (2015) では，右脳は，比喩に反応するというよりは，知らない言葉に反応すると報告している．したがって，右脳か左脳かは比喩文か字義どおり文かの違いではなく，知っているか知らないかの違いなのかもしれない．Yang (2014) では，比喩理解における右脳の主たる機能は，意味的に広い領域を活性化させて，意味的に離れた概念を統合することに，そして言語理解における粗い意味処理に関連しているのではないか，と述べている．

比喩で活性化する左脳の部位に関しては，多くの報告があるが，その多くの報告をまとめて分析（これをメタ分析と呼ぶ）した論文がある．Bohrn et al. (2012)，Rapp et al. (2012)，Vartanian (2012) は，比喩に関する脳実験の論文のメタ分析を実施している．これらの論文をまとめると，比喩で活性化する左脳の主な部位は，左下前頭回，左中側頭回，左上側頭回，左下頭頂葉，海馬傍回となる（海馬傍回以外は図20）．このように多くの部位が活性化する．また，これと違った報告もあるので，これは確定的ではない．なお，各部位が比喩の処理でどのような機能を果たしているかは，諸説あり，まだ確定的なことは言えない．

4. 身体性に関して

ここでは，身体性に関係する話題である具体的な表現の理解と抽象的な表現の理解について，最近の脳実験の成果を簡単に紹介する．身体性を簡単に言うと，言語を理解するときに脳の運動野

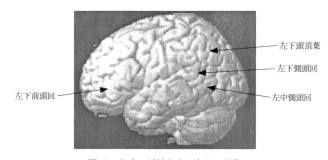
図20 比喩で活性化する左脳の部位

（と感覚野）が関与しているということである．

運動野が動くと実際の身体の動きが起こるが，（言うまでもないが）言語を理解するときに，我々はいちいち手足を動かしてなどいない．とすると，言語理解の際に運動野が関与するということは，どういうことなのであろうか．それは，運動野が微弱に動くことで運動のイメージを作り，それが言語理解に関与するということなのである．

このようなイメージ（想像）と身体の関係については，かなり前から指摘されている．1990年代に**運動課題**とその**イメージ課題**のfMRI実験が多く行なわれた．例えば，運動課題は指のタッピングで，イメージ課題は指のタッピングのイメージである．そして運動課題とイメージ課題で脳のほぼ同じ部位が使われているということが明確になった．

筆者は，この実際の身体運動とその身体運動のイメージで，ほぼ同じ脳の部位が使われているというfMRI実験の結果より，イメージ（想像）は仮想的身体運動であると考えて，これを踏まえた言語の意味論「身体運動意味論」を提唱した（月本・上原 2003, 月本 2005；Tsukimoto 2005）．また，Galleseもほぼ同様の主張「想像は（心的な）シミュレーション」であると主張している（Gallese 2003a, 2003b）．

▶ 4.1 具体的な表現の理解

それでは，具体的な表現の理解で，脳のどの部位が活性化するのであろうか．

図21は，Pulvermüller（2013）の中の図である．13個の実験結果を，まとめて図示している．図21の脳の図の右側に，論文の著者と論文の発表年とその記号（四角等）が書かれてある．

脚に関連する表現（例：蹴る）を理解するときには，水色で表示された部位が活性化した．

腕に関連する表現（例：つまむ）を理解するときには，赤色で表示された部位が活性化した．

顔に関連する表現（例：なめる）を理解するときには，緑色で表示された部位が活性化した．

水色の表示がある部位は，脚の運動野の辺りであり，赤色の表示のある部位は，腕の運動野の辺りであり，緑色の表示のある部位は顔の運動野の辺りである．このように，具体的な表現の理解の時には，その表現に対応する運動野が動いていることがわかる．

▶ 4.2 抽象的な表現の理解

具体的な表現での運動野の活性化は，我々の常識的な理解と合致していたが，抽象的な表現はどうであろうか．次に，抽象的な表現での運動野の活性化を簡単に説明する．

4.2.1 抽象的な表現での運動野の関与

以下の3種類の文を理解するときの比較実験がいくつか行なわれている．そして，脳のどの部位が活性化したかが議論されていて，様々な仮説が提示されているが，ここでは紙数の関係で，それらの仮説を紹介しない．

字義どおりの文：The daughter grasped the flowers（その娘は花をつかんだ）

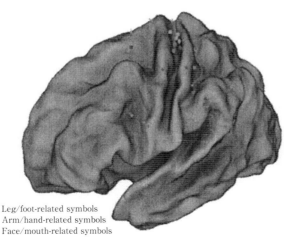

- Hauk *et al.* [80]
- Tettamanti *et al.* [92]
- Aziz-Zadeh *et al.* [93]
- Rueschemeyer *et al.* [94]
- Tomasino *et al.* [95]
- Kemmerer & Gonzales-Castillo [96]
- Raposo *et al.* [97]
- Pulvermüller *et al.* [79]
- Boulenger [75]
- Postle *et al.* [98]
- Rueschemeyer *et al.* [99]
- Desai *et al.* [100]
- Carota *et al.* [80]

Leg/foot-related symbols
Arm/hand-related symbols
Face/mouth-related symbols

図21 具体的な表現で活性化する脳の部位（口絵13参照）

比喩文：The public grasped the idea（大衆はその考えを把握した）

抽象文：The public understood the idea（大衆はその考えを理解した）

なお，Desai et al.（2011）では，上記の3種類の文の比較実験を行なった結果，なじみのない比喩の理解に運動野と感覚野が活性化するが，なじんでくるとこの活性化は小さくなると報告している．これは，我々の体験と整合的である．我々は，なじみのない比喩を理解するときには，いろいろとイメージを意識的に作って理解しようとするが，なじんだ比喩を理解するときには，特にイメージを意識的に作ろうとはしない．

Zwaan（2015）では，抽象的な表現の身体化（運動野の関与）は状況による，と述べている．抽象的な表現を理解するときには，イメージを意識的に作って理解しようとするときもあれば，特にイメージを意識的に作らずに理解する時もある．これは，文脈（状況）によって異なる．

抽象的な表現の活性化領域は，具体的な表現に比べて小さい，という報告もいくつかなされている（Hoffman et al. 2015）．これは，我々の経験と整合的である．具体的な表現は，イメージしやすいが，抽象的な表現はイメージしにくい．イメージしやすいということは，活性化部位が大きいということに対応していて，イメージしにくいということは活性化部位が小さいということに対応している．しかし，具体的な表現と抽象的な表現に関して，現段階では，諸説あり，何か確定的なことは言えない，という状況である（Roxbury 2014）．

4.2.2 感情

「美」などの抽象的な表現の理解に感情が関与していることが指摘されている（Pullvermüller 2013; Samur et al. 2015）．感情や情動は，内臓の（自律的な）運動（例；心臓）と深く関係しているので，「美」などの抽象的な表現の理解は，内臓の（自律的な）運動によって身体化されて理解されるのであろう．

5. まとめと展望

ここでは，脳機能計測（fMRIデータ解析）の精度改良の可能性と小脳の言語機能の可能性につ

いて述べる．

▶ 5.1 fMRIデータ解析について

2.3で述べたように，最近，SPMは検出しすぎと批判されているが，以下では，その逆のSPMが検出できない例を紹介する．SPMと筆者が最近開発した手法（月本ほか 2016）を比較してみる．実験課題は，**単純復唱（内言）**と単純復唱（外言）である．単純復唱（内言）は，前で説明したとおり，聴覚入力と同じ文言を内言する課題である．単純復唱（外言）は，聴覚入力と同じ文言を外言する課題である．外言するときには，顔の筋肉がなるべく動かないようにして空気振動させるようにする．外言と内言のいずれでも，聴覚連合野（ウエルニッケ野を含む）とブローカ野と舌の運動野と運動前野が活性化する．以下では，舌の運動野と運動前野に注目する．10人の被験者で行なった実験結果で，いずれでも，筆者の開発した新手法（以下，簡単のため，「新手法」と略記）は，舌の運動野と運動前野の活性化を検出できた．一方，SPMのcorrected（t検定＋多重比較補正）は，単純復唱（外言）では舌の運動野と運動前野の活性化を検出できたが，単純復唱（内言）では舌の運動野と運動前野の活性化をほとんど検出できなかった．一例を図22〜図25に示す．

図25で検出されている舌の運動野と運動前野が図24では検出されていないことに注目してもらいたい．このように，現在の最も代表的なfMRIデータ解析ソフトウエアであるSPMは，単純復唱の内言（声のイメージ，舌の仮想的身体運動）を検出できないことが多いのである．検出できていないのが，何か瑣末な小さなイメージであれば，それほど大きな影響はないかもしれないが，声のイメージは，イメージの中でも最も基本的なものの一つである．その声のイメージすら検出できない場合が多いとなると，他のイメージも検出されない可能性が高い．そうするとSPMによる結果をどこまで信用して良いのか不安になってくる．SPMのt検定＋多重比較補正が良好に動作しない理由は，回帰分析の誤差に正規分布を仮定していることが原因の一つかもしれない．

▶ 5.2 小脳

3.2で紹介した比喩の実験で，**小脳は活性化している**．小脳に明確に注目して述べている論文は少

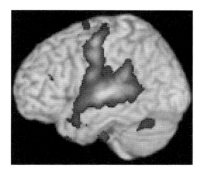

図22 単純復唱（外言）
（SPM（corrected））（口絵9参照）

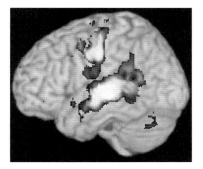

図23 単純復唱（外言）
（新手法）（口絵10参照）

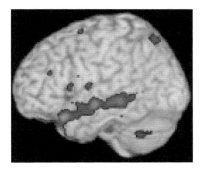

図24 単純復唱（内言）
（SPM（corrected））（口絵11参照）

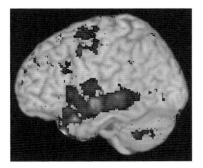

図25 単純復唱（内言）
（新手法）（口絵12参照）

ない（Jirak et al. 2010）．小脳は，運動に関与しているが，高次認知言語機能には関与していないということが，今までの「常識」であったが，最近の研究は，それが間違っていることを示しつつある（Mariën and Manto 2015）．認知言語学の関心事の一つはイメージスキーマである．よく使われるイメージスキーマは，例えば，容器である．「その論文には内容がない」がその例である．このようなイメージスキーマは，どこにあるのだろうか．それは小脳にあるのかもしれない．

本節では，脳機能計測と認知言語学について概観した．脳機能計測（fMRIデータ解析）の精度が，今後改良されると思われるので，もう少し良い実験結果が得られることが期待される．また，今までは，大脳偏重・小脳軽視の風潮であったが，今後，小脳に関する言語機能がわかってくると，認知言語学に新しい知見をもたらすかもしれない．

▶ **文　献**

Bohrn, I. C. et al. 2012 Looking at the Brains behind Figurative Language: A Quantitative Meta-Analysis of Neuroimaging Studies on Metaphor, Idiom, and Irony Processing. *Neuropsychologia* 50(11): 2669-83.

Bottini, G. et al. 1994 The Role of the Right Hemisphere in the Interpretation of Figurative Aspects of Language. A Positron Emission Tomography Activation Study. *Brain* 117: 1241-53.

Burgess, C. and C. Chiarello 1996 Neurocognitive Mechanisms Underlying Metaphor Comprehension and Other Figurative Language. *Metaphor and Symbolic Activity* 11(1): 67-84.

Desai, R. H. et al. 2011 The Neural Career of Sensory-Motor Mmetaphors. *Journal of Cognitive Neuroscience*. 23(9): 2376-86.

Eklund, A. et al. 2016 Cluster Failure: Why fMRI Inferences for Spatial Extent Have Inflated False-positive Rates. *Proc. Natl. Acad. Sci. USA* 113: 7900-5.

Eviatar, Z. and M. A. Just 2006 Brain Correlates of Discourse Processing: An fMRI Investigation of Irony and Conventional Metaphor Comprehension. *Neuropsychologia* 44(12): 2348-59.

Gallese, V. 2003a The Manifold Nature of Interpersonal Relations: The Quest for a Common Mechanism. *Philosophical Transactions of the Royal Society of London B* 358: 517-28.

Gallese, V. 2003b A Neuroscientific Grasp of Concepts: From Control to Representation. *Philosophical Transactions of the Royal Society of London B* 358:

1231-40.

Hoffman, P. et al. 2015 Differing Contributions of Inferior Prefrontal and Anterior Temporal Cortex to Concrete and Abstract Conceptual Knowledge. *Cortex* 63: 250-66.

Jirak, D. et al. 2010 Grasping Language: A Short Story on Embodiment. *Conscious and Cognition* 19(3): 711-20.

菊池吉晃ほか 2012 『SPM8 脳画像解析マニュアル』医歯薬出版.

Lai, V. T. et al. 2015 Familiarity Differentially Affects Right Hemisphere Contributions to Processing Metaphors and Literals. *Frontiers Human Neuroscience* 9: 44.

Mariën, P. and M. Manto (eds.) 2015 *The Linguistic Cerebellum*, Academic Press, Cambridge.

Pulvermüller, F. 2013 How Neurons Make Meaning: Brain Mechanisms for Embodied and Abstract-Symbolic Semantics. *Trends in Cognitive Sciences* 17 (9): 458-70.

Rapp, A. M. et al. 2012 Where in the Brain is Nonliteral Language? A Coordinate-Based Meta-Analysis of Functional Magnetic Resonance Imaging Studies. *Neuroimage* 63(1): 600-10.

Roxbury, T. 2014 An fMRI Study of Concreteness Effects in Spoken Word Recognition. *Behavioral and Brain Functions* 10: 34.

Sakamoto, T. et al. 2003 An ERP Study of Sensory Mismatch Expressions in Japanese. *Brain and Language* 86(3): 384-94.

Samur, D. et al. 2015 Emotional Context Modulates Embodied Metaphor Comprehension. *Neuropsychologia* 78: 108-14.

Schmidt, G. L. et al. 2007 Right Hemisphere Metaphor Processing? Characterizing the Lateralization of Semantic Processes. *Brain and Language* 100(2):

127-41.

Shibata, M. et al. 2007 Neural Mechanisms Involved in the Comprehension of Metaphoric and Literal Sentences: an fMRI Study. *Brain Research* 1166: 92-102.

spm 2016 〈http://www.fil.ion.ucl.ac.uk/spm/〉

月本洋・上原泉 2003 『想像―心と身体の接点』ナカニシヤ出版.

月本洋・竹迫信宏 2005 「身体運動意味論の展開（I）―実験認知言語学の予備的実験」『日本認知言語学会論文集』5: 358-66.

月本洋 2005 「身体運動意味論―言語・イメージ・身体」『現代思想』33(2): 180-91.

月本洋ほか 2007 『脳機能画像解析入門』医歯薬出版.

月本洋ほか 2016 「交差検証法を用いた fMRI データ解析法」『電子情報通信学会論文誌』J100-D（4): 570-9.

Tsukimoto, H. 2005 Embodied Semantics: Towards Experimental Cognitive Linguistics. *9th International Cognitive Linguistics Conference* 325.

Tsukimoto, H. and T. Matsubara 2017 A New fMRI Data Analysis Method Using Cross Validation: Negative BOLD Responses May Be the Deactivations of Interneurons. *arXiv*: 1711.10814.

Vartanian, O. 2012 Dissociable Neural Systems for Analogy and Metaphor: Implications for the Neuroscience of Creativity. *British Journal of Psychology* 103: 302-16.

Yang, J. 2014 The Role of the Right Hemisphere in Metaphor Comprehension: A Meta-analysis of Functional Magnetic Resonance Imaging Studies. *Human Brain Mapping* 35(1): 107-22.

Zwaan, R. A. 2015 Situation Models, Mental Simulations, and Abstract Concepts in Discourse Comprehension. *Psychonomic Bulletin & Review* 23(4): 1028-34.

5.7	社会言語学と 認知言語学

井上逸兵

1. 社会言語学の基本的な考え方と認知言語学

　本節では社会言語学と認知言語学にはどのような接点があり，ありうるかを考えてみよう．

　社会言語学は言語と社会との関わりを論じ，認知言語学は言語とヒトの一般的な認知や経験との関わりを論じる．言語をそれ自体独立した存在とみなさず，それ以外のなにものかとの関わりで考える，あるいは関わりを考えるという点で共通していると考えられる．

　言語を自律的なシステムとみなすのは，明示的にそのように標榜する生成文法だけではなく，19世紀の歴史言語学から，前世紀のソシュール（Ferdinand de Saussure）の構造主義，アメリカ構造主義言語学，そしてチョムスキー（Avram Noam Chomsky）に至るまで近代の言語学の底流にある言語観であり，言語学はそれから逸脱するものを捨象することで科学たらんとしてきた．

　社会言語学はそのような立場に立たない．社会言語学は社会的な文脈，状況に埋め込まれたところの言語にこそ言語の本質を見ることができるという考えであり，社会言語学という名自体が一つの主張である．社会言語学では，言語の本質はまさに人々のやりとりの中にあり，社会こそが言語の生成の場であると考える．言語の自律性と言語使用者集団の均質性を前提とすることはできない．ことばはヒトが使うものである．好むと好まざるとに関わらず，ヒトは他のヒトとともに生きている．ヒトとヒトとは広い意味での社会に生きている．そして，ヒトとヒトとはことばによってつながっている．このありさまを捉えようとするのが社会言語学だ．

　社会言語学には，大きく分けて，方言の分布を見るなどのある程度以上の数のメンバーからなる言語共同体にフォーカスを置くマクロ的なものと（ただし一般にマクロ社会言語学と呼ぶものとは異なる），最少二人の人間の間のコミュニケーション現象にフォーカスを置くいわばミクロ的なものとがある．

　試みに，前者のタイプの社会言語学が扱う現象，例えば方言を，認知言語学の概念を用いて考えてみよう．話し手はある方言の**際だった**（salient）要素を認知的な参照点，もしくはランドマーク（landmark）として用いる．その経験が蓄積されると，やがて長期記憶に貯蔵され，繰り返し活性化（activate）されることによって，社会と言語の当該のノードとリンクが定着（entrench）し，言語的変種と社会的知識が結びつくようになる，という図式を想定することができる．ある言語形式や変種と連想関係にある社会的意味はそのように社会のメンバーの言語能力，言語的知識の一部となっていく．

　社会言語学と認知言語学との異なりに焦点を当てるならば，社会言語学は，言語はたんなる認知的な能力の表れだけであるとはせず，心的構造とプロセスの位相だけを問題とするものでもない．言語はコミュニケーションの道具であり，人間社会の共同を可能にしてきたものである．社会言語学の方が言語の共同的側面，つまり社会の中での言語によりその本質があることを強調することになるだろう．

　認知言語学と社会言語学には基本的なレベルで共通する考えもある．認知言語学では，いかなる個別言語も，生成文法のように言語モジュールのごとき自律した心の働きから言語が生み出されると考えずに，知覚，記憶，感情，推論などの一般的な認知能力の表れと見る．これが意味することは，言語的な知識と言語外の知識の区別は明確なものでないということであり，それはつまり，ラングとパロール，言語能力と言語運用の区別も実は明確ではないということを意味する．認知言語

学的に言えば，意味には百科事典的要素があるということで，それはすなわち社会的なものであるということを意味する．百科事典的意味は，一般的な社会・認知的な過程を経て得られるが，その過程で社会的，語用論的意味が関わる．

認知言語学では，言語は「主体と外部世界との相互作用による経験を動機づけとして発展してきた記号系の一種」であり，「我々が日常生活の生きた環境の中に身をおき，環境とインターラクトしながら身体的な経験を基盤として獲得してきた伝達の手段」であると考える（山梨 2000）．経験から得られたものは現実世界の様々な要因がそこに加わってくるはずで，辞書的な意味だけでなく，当該の言語が用いられるコミュニティでのみ理解し合えるような社会的な意味も生み出される．

このような社会的な意味は統語論など言語学の形式的な議論の中では枠の外に置かれるのが一般的だが，社会的な意味が生まれ，共有されるとプロセスと考えられるモデルは，認知言語学と親和性が高い．「具体的な事象の定着度，慣習度との関連でスキーマを抽出していくプロセスに注目し，この抽出されたスキーマとの関連で他の具体事例の一般化を行ない，このスキーマに適合しない事例が出現した場合には，このスキーマが動的な拡張のプロセスを介して新しい事例を規定していくという，言語使用を重視したアプローチをとる」（山梨 2000）のが認知言語学の基本的な考え方である．

しかしながら，このように認知言語学の定義として「経験」や「コミュニケーション」などの概念が用いられるが，そこでは往々にして説明原理として用いられているにすぎず，実際の具体的な事象を想定していないことが多い．経験やコミュニケーションといった言語活動を行なうことと結びつきやすいことがらが社会と関わりがあると考えるのは当然とも言えるが，認知言語学がヒトの認知の働きとことばのありようを模索する一般的な志向がある一方で，多様な事象を多様なまま描こうとする社会言語学の志向にはミッシングリンクがある．ラネカー（Ronald W. Langacker）は，認知言語学で論じられるような概念的文法的構造の議論は必然的に談話分析や社会的相互行為の議論につながるであろうということを示唆しており

（Langacker 1999），クロフト（William Croft）も多くのことが「頭の中だけにあり，外に出ねばならず」（too much 'inside the head' … "must go 'outside the head'），社会・相互行為的な視点が必要であるとしている（Croft 2009）．認知言語学の多くの論考における認知は「孤独な認知」（山梨正明氏個人談話）なのだ．認知言語学の中で，社会言語学が果たす役割があるとすればそのあたりであるにちがいなく，認知言語学のアプローチの少なくとも一部は社会的な方向へと関心が向くのも必然だろう．

認知言語学においては，意味は百科事典的であるとされ，語や構文の意味は，それが使われた状況に関わる知識と経験から得られたものだと考えられている．しかしながら，認知言語学では，理論的にはそのように論じられるものの，語や構文が使われる実際の状況が事例研究として考察の対象となることは多くない．社会言語学はまさにそのギャップを埋める役割を担いうる．ただし，社会言語学にそのような意図を掲げている研究はいまのところそう多くはない．

認知言語学の基本的前提は社会言語学の変種，変異の説明原理と両立可能なものである．ただし，認知言語学が想定する経験や百科事典的知識が具体的にどのようなものであるかは，多くの場合，ブラックボックス化されている．一方，社会言語学はどちらかと言えば，言語の多様性と言語の外にあるものの実態そのものの方に関心がある．その意味で，認知言語学が想定するよりさらにボトムアップ的であるが，理論志向とは言えない．社会言語学の側から見れば，認知言語学とのコラボレイションによって得るところ大きいのはそのあたりであろう．

2. 社会言語学の学史的背景

社会言語学と認知言語学は異なった出自を持つが，20 世紀の言語学の流れの中で軌を一にすることになった面がある．認知言語学は生成意味論にその萌芽があり，言うまでもなく生成意味論は生成文法からの一つの離反の形だった．生成意味論の主たる活動期はおおよそ 1970 年代とすると，この時期はグライスの協調の原理（Grice 1975），オースティン（John Langshaw Austin），サール

(John Rogers Searle）の言語行為（speech act）論などによって言語学にもたらされた**語用論**（pragmatics）の言語学にとっての始まりの時期でもあり，また言語学の談話分析にも大きく影響を与えることになる Garfinkel のエスノメソドロジーの会話分析の始まりもほぼこの時期の 1960 年代から 70 年代である．ところで，言語はコミュニケーションの手段であり，社会的な存在であり，そのような見方が妥当と考えるなら，社会言語学的な知的営みが大昔から始まっていてもおかしくない．ところが，欧米の言語学の流れを振り返ると，始まりはそれほど古くない．アメリカで言えば，社会言語学の始まりは，これもまた 1960 年代とされるのが一般的だ．Hymes などの民族誌的なアプローチもおおよそ 1960 年代に始まると見てよいだろう．象徴的には，1964 年のインディアナ大学でのアメリカ言語学会の言語学講座（Linguistic Institute）で，Fishman, Ferguson, Labov, Hymes, Gumperz ら，当時のアメリカの社会言語学のそうそうたるメンバーがこぞって社会言語学の重要性を唱えた．言語学界を席巻した Chomsky の 1957 年 *Syntactic Structures* の強烈なインパクトに反応したものであることは時期的に見ても想像に難くない．つまり，上に挙げた，言語学とは出自の違う語用論，談話分析，言語人類学，そして社会言語学は「コミュニケーション系言語学」とでも言いうる研究群として同期し，さらに明示的に反生成文法を謳う生成意味論，認知言語学と同期したと見ることができる．

余談か否かは微妙なところだが，これに加えて少しさかのぼってみると，1900 年初頭にソシュールの名で構造主義言語学が近代言語学の幕開けを告げ，1920 ～ 30 年代にはアメリカ構造主義が興隆を見せ，1950 年代の生成文法の登場を考えると 20 世紀の言語学は四半世紀ごとに新しい展開を見せてきたとも言えよう．そう考えると，奇しくも，語用論，社会言語学，そして生成意味論から認知言語学が同時期に展開し始めたのも偶然ではないと言えるかもしれない．少なくともこれらそれぞれに出自の異なる知的潮流を反チョムスキー的な一つの大きなうねりとして捉えたとしてもそう暴論ではあるまい．社会言語学と認知言語学との合流はそのような歴史の流れに位置づけることがで

きる．

語用論，言語人類学を加えて，社会言語学，認知言語学などは，反チョムスキーとしての表現を用いるならば非自律的な言語学（あるいは「開放系の言語学」（唐須 2008））と呼ぶことができる．上に述べたようにチョムスキー旋風が席巻する 20 世紀後半，特に最後の四半世紀に自律的な言語観に対するアンチテーゼという性格を持ちながら，言語以外のものとの関わりにおいて言語現象を捉えようとする試みとして一つの研究群を形成しているかにも見える．いずれも自律的な言語観に立脚せず，社会，文化，人間の一般的な認知など何らかの言語外の要因との関わりにおいて言語現象を論じようする．それはヒトとヒトが関わるコミュニケーションの中で，社会的，認知的な営みに埋め込まれたものとして言語を捉えようとするパラダイムである．

3. 構造主義と生成文法と社会言語学

認知言語学と社会言語学の合流を反生成文法という位置づけで概観した．20 世紀前半の言語学を特徴づける考え方のもう一つである構造主義との関わりで，認知言語学と社会言語学を見てみよう．

チョムスキーが対峙した構造主義とは，具体的には，言語学一般の呼び名でいうところのアメリカ構造主義言語学で，彼ら（e.g., Bloomfiled）は行動主義的原理に基づく帰納的なデータ分析を標榜していた．ソシュールによって知られるようになった（クルトネ（Baudouin de Courtenay）が先駆者ともされている）構造主義も併せて考えると，この考え方は音素のアイディアに代表される，**示差的特徴**（distinctive features）によって恣意的に体系化された言語の総体を構想していた．一方の生成文法は，生得に備わり，他の認知能力とは切り離されたモジュールを構成する自律的な言語能力がモデルの根幹である．当然，社会言語学はチョムスキーにとっての研究対象からはずされた．

構造主義においては**ラング**（langue）と**パロール**（parole），生成文法においては**言語能力**（competence）と**言語運用**（performance）と，いずれの理論においても抽象／具象という意味では平行の概念が用いられるが，この二つのペアは全く別物である．いずれにおいても社会言語学が

主たるフィールドの一つとする言語変種は後者の
パロールと運用に関わるものと考えられるが，構
造主義におけるラングには少なくとも社会という
集団が想定されている．恣意的な体系もいったん
慣習化されると社会の制約を受ける．社会的な約
束事の集合が言語体系であるとされる．一方の生
成文法の能力の概念には社会はおろかコミュニケ
ーションすら想定されていない．チョムスキーは
言語がコミュニケーションの手段のために生まれ
たと考えるのは誤りであるとすら言っている
（Chomsky 1975）．ヒトはたまたまコミュニケー
ションの手段として言語を用いているだけであっ
て，言語の本質はそこにはないと考えている．端
的に言えば，恣意的／生得的，社会的契約の総体
としての言語／ヒトの生得的資質としての言語と
いう対立が構造主義と生成文法の対立点である．

　生成文法と認知言語学の対立点については，本
書の随所に述べられていることであろうし，この
節でも冒頭で触れたが，生得的，自律的／一般認
知的，経験主義的ということに集約できるだろう．
構造主義と認知言語学については，構造主義が恣
意性を理論の根幹におくのに対して，認知言語学
は言語の成り立ちは完全に恣意的ではなく，一般
的な認知能力や経験などに動機づけられていると
考える．恣意的という語に対しては**有契的**
（motivated）という語が用いられる．

　20世紀の言語学のいわば三角形の角をなすこの
三つの考え方においては，社会言語学は認知言語
学と最も親和性を持つ．構造主義の前提と社会言
語学が離齬をきたすのは，いわゆるソシュールの
パラドクスと言われる事態である．ソシュールは
共時態／通時態という概念を用いて，歴史言語学
と決別した．それまでの言語学は比較言語学（歴
史言語学）が主流で，ソシュールはそこから現在
話されている言語体を分析する視点を提唱し，近
代言語学の幕開けを告げたとされる．いわば歴史
の変化の一時点を輪切りにし，その時点での体系
こそが言語学の対象だとしたのである．

　しかし，この視点は矛盾をはらむことになる．
もしある時点での言語共同体が均質的に同じこと
ばを話しているとしたら，なぜ言語変化が起こる
のか．我々が幾世代も親世代と同じことばを話し
続けるなら，永遠に同じことばを話し続けること

になる．しかし，そのような事実は少なくとも知
られている社会では，ない．現実を観察すればす
ぐにわかるように子どもとその親や祖父母の世代
はたとえ同居していても異なったことばの変異形
を用いている．共時態といえどもそこには多様な
変異が共存しているのである．

　生成文法が社会言語学と相容れないのは前提の
レベルですでに明らかだろう．あえて，生成文法
の次元で，社会言語学の基本的な言語観について
論ずるならば，能力と運用の区別は容易ではない
ことが挙げられるだろう．ハドソンの例を用いれ
ば（Hudson 1996），sidewalk という語に関して
英語話者が知っていることは，その発音，意味，
品詞であるが，同時にこれはアメリカ英語である
ことを知っている．この知識がなぜ能力の一部で
はないのかと言えるだろうか．生成論者なら，こ
れはアメリカ英語という個別言語の問題であり，
やはり運用のレベルにあると考えるだろう．しか
し，例えば put や jump という動詞の意味を知る
ときに，現実世界の引力や運動に関わる知識を運
用のレベルにあることとするなら，そういう要素
をそぎ落としたところの能力に関わる部分として
残っているものはいったいどのようなものなのだ
ろうという素朴な疑問がわく．また，不完全な入
力から完全な出力（言語習得）がなされるという
チョムスキーの「刺激の貧困」の話も，その「貧
困」さ（不完全さ）はデータとして実証されてい
ない．また，非言語的な情報が実際の言語習得に
影響を与えていることについても考慮されていな
い．

4.　共同・協調・慣習

　認知言語学と社会言語学に共通して重要と考え
られる概念に，共同，協調，慣習を挙げることが
できるだろう．認知言語学の基本的な前提の一つ
は，上にも述べてきたように，言語や言語能力は
自律的な体系をなすものではなく，人間の一般的
認知能力から生み出されたものだということだが，
社会言語学的な視点を加えるならばその認知能力
とは慣習に根ざした，社会的なものだということ
になる．クロフトは，社会認知的能力のうち最も
重要な三つは，**共同行為**（joint action），**協調**
（coordination），**慣習**（convention）であること

を論じている（Croft 2009）．以下，しばらく
Croft（2009）に沿って概観してみよう．

　言語は共同行為の産物である．話し手はある意
図を持って話をするが，その際に聞き手を想定し
て話しているばかりでなく，聞き手は発話の意味
を活性化し，相互に反応しながら，話し手が意図
することを推論し，理解しようとする．

　協調（cooperation）が基盤となっているものの
一つは**共同注意**（joint attention）である．共同
注意とは，指さし行動に典型的なように，他者が
意識を向ける先（指先ではなく指が指す対象）を
理解し，他者のその対象に対する注意を共有した
り，自分が注意する対象を他者に理解させ，その
対象への自分の注意を他者に共有させる行動を指
す．共同注意の能力は人間に固有か，少なくとも
人間が最もその能力を持っていると考えられ
（Tomasello 1999），言語の前提条件である社会認
知的な能力である．

　クロフトはさらに言語行為の成立においても，
認知的，共同行為的要因が関わっていることを論
じている．相互の理解と共同注意がなければ言語
行為は成立しないという趣旨の議論だが，より社
会言語学的な問題は**間接言語行為**（indirect
speech act）であろう．表面的な言語行為とは異
なったタイプの言語行為をグライスの言うような
会話の含意を介して成立させる場合は，その推論
のプロセスにより文化的，社会的要因が多く入る
ことが考えられる．ある文化・社会の人にとって
は容易な推論が他の文化・社会の解釈の慣習を持
っている人にとって容易ではないという事例は，
相互行為の社会言語学（Gumperz 1982）やいわ
ゆる異文化コミュニケーションの研究事例に多く
ある．

　クロフトの進化論的言語変化のモデルは，認
知・社会言語学的な基盤を出発点としている
（Croft 2000, 2006, 2009）．彼の進化論的モデル
は，変異と言語変化に，三つの共時的な段階を想
定したものだ．第1の段階は，個人的なレベル，
社会言語学で言うなら**個人語**（ideolect）において
の変異で，時と場合による個人的な言語の変異は
その場の状況や対人関係などの社会的相互行為，
社会的認知が関わっており，社会認知言語学の基
盤はここにあるとしている．第2の段階は，言語

変異が社会的インデクスとなるレベルで，ある変
項がある社会集団と結びつけられて考えられたり
する．これは一般的に言うところの社会言語学の
領域とされる次元だが，クロフトは，ここにおい
ても第1の社会認知言語学的な文脈で考えられる
べきだと主張している．第3の段階は，それが言
語間，あるいは異なった言語コミュニティごとの
差異として定着するレベルである．言語学で言え
ば類型論の領域であるが，ここにおいても根本に
は人と人との社会認知的な相互行為が反映してい
ると考えられる．

　社会言語学と関心を共有する語用論の議論とし
て，グライスの会話の含意も，共同注意がトマセ
ロ（Michael Tomasello）などによって注目を浴
びるようになって再評価されるところがある．グ
ライスの言う協調の原理に基づいた会話の含意は，
自らが意図することを相手が推論することができ
るという想定に基づいており，同様に相手がこち
らの推論を推論できるという「**心の理論**」（theory
of mind）によっている．他者を自らと同様の知性
を持った主体と認識できる能力はトマセロが想定
する高度なヒトの能力である．その意味で，この
営みはヒトの認知の営みであると同時に，コミュ
ニケーションの営為であるという意味で社会言語
学の事象でもある．

　共同注意だけでは共同作業のために十分な能力
とは言えない．共同注意は目の前の行為，行動に
ついては協調を可能にするものであり，必須のも
のであるが，未来の計画やより複雑な協調を要す
る営みについては限界がある．そして，それを可
能にしているのが，高度に社会的な営為であるコ
ミュニケーションである．

　クロフトのいう三つ目の鍵となる概念の慣習は，
構造主義的な記号論の基本概念でもあるが，社会
言語学においても基本概念である．形式と意味
（シニフィアンとシニフィエ）の結びつきは恣意的
であるが，同時に言語コミュニティが共有する慣
習にも基づいている．生成文法的な言語観は，言
語の社会性と相容れないものだが，先にも述べた
がソシュール的な構造主義は，社会言語学とは異
なるものの，モデルとしては社会が想定されてい
る．ラングは言語共同体の社会的規約の体系であ
る．

言語はコミュニケーションの協調のための装置として機能する．そしてそれは共同行為の協調のための装置でもある．共同行為は社会をつなぎとめるものであり，物理的なレベルのコミュニケーションを最下層としてこれらが層をなして言語コミュニケーションを構成している．コミュニケーションのための慣習を進化させてきた能力は言語にとって欠かすことのできない社会認知能力で，言語コミュニティのコミュニケーションの慣習の一つが言語である．

慣習は共同行為の装置の一つで，他者を意図を持った行為者とみなし，共同注意を可能にする社会認知的な能力が構成する文化的な伝統がコミュニティを形成し，言語とコミュニケーションの共有の基盤を作り上げている．言語記号は基本的に恣意的であるが，その慣習を共有していることが認識されれば，協調の装置となる．これは共同注意とは異なった言語の働きで，その慣習に従い，従うことが相互に認識されることで言語コミュニティが成立可能となる．ただし，一メンバーも複数のコミュニティに属することが多く，言語の複層性の要因ともなっている．

クラーク（Lynn Clark）も基本的には同じ路線の議論として，**共有基盤**（common ground）が言語を生み出す認知的社会的能力の背景にあるとしている．共有基盤には二つのタイプがあるという（Clark 1996）．

一つは，**個人的共有基盤**（personal common ground）で，個人間の対面コミュニケーションにおいて直接に形成されるものである．個人的共有基盤は知覚的な基礎を持っており，それは共同注意によって確立される．他者も自らと同一のものに注意を払っていると信じる合理性がなければ自らが知覚しているものは個人的共有基盤の一部とならない．

二つ目のタイプは**公共共有基盤**（communal common ground）である．公共共有基盤は，コミュニティのメンバーが共有するもので，初対面の，個人的な面識がない人であっても，同業者であったり，同じコミュニティにいるものであったりすることが認識されれば，かなりの共有知識を推論できる．この場合のコミュニティも大小の幅が相当あると考えられ，認知言語学会の会員といったものから，日本人，大学生といったものまで広範なものである．

社会（言語学）的観点から言えば，公共共有基盤の土台となるコミュニティについては，「**実践のコミュニティ**」（communities of practice）という見方がある（Wenger 1998）．実践のコミュニティとは集団の参与者が集団での具体的な参与を通して知識やスキルを修得する社会的実践の場を指す．徒弟制的な職場，学校などで見られる．参与者は実践のコミュニティにおいて，様々な役割を担いつつコミュニティに貢献し維持すべく行動する．たんに知識やスキルを個人が修得するだけではなく，コミュニティへの参与を通して経験する役割の変化やプロセスそのものもこの概念によって意図されている．

実践のコミュニティでは，実践の目録が共有されている．定型（ルーティーン）発話・表現，もの，ものごとのやり方，物語，ジェスチャー，象徴，などがそれにあたり，それらを修得することとメンバーとして貢献することは等しい．言語非言語様々な実践を通してコミュニティに貢献し，メンバーとしての役割を担うのである．共同行為に参与することによる共同性，相互に関与し合うことによる共有基盤に焦点を当てようとしている点で，**相互行為の社会言語学**（Interactional Sociolinguistics, Gumperz 1982）と問題意識を共有している．

5. 個人語と総体としての言語へのアプローチ

言語の獲得へのアプローチは，生成文法論者のそれがトップダウン的であるとするなら，認知言語学はボトムアップ的なものである（Tomasello 2000）．ボトムアップ的なアプローチの一つの代表は**用法基盤**（usage-based）**モデル**ということであろう（Barlow and Kemmer 2000）[→ 2.7]．言語構造は話し手のそれまでの経験を通して得られるという考え方だ．しかし，これを単純に捉えると，個人の経験はみな人それぞれであるがゆえに，それぞれが異なった文法を身につけることになる．個々の経験はそれぞれにユニークなので，それを突き詰めれば，それぞれの言語使用者の言語はすべて異なっていることになり，相互理解が

困難になるはずである．このことは，一方で，言語の変異，多様性を説明することになるが，他方で，様々なレベルでの言語の共通性をどのように説明するかという問いに直面する．

例えば，地域方言のようなある集団に共通した変種，変異形を考えてみると，ある地域に共通した経験がその言語コミュニティの言語的な特徴，表現の動機づけになっている可能性がある．「あほやなあ」という大阪などで見られる表現は，適切なプロソディが与えられると，YOU ARE AN IDIOT という字義的なメッセージだけでなく，「おまえは愛すべきやつだ」などというメタメッセージとして解釈されることが多い．これには，この地域の文化的な背景が作用している可能性がある（「あほな」振る舞いが，お笑い芸人のようにウケる，それによって好ましい，親しみの持てる人物と思われる，など）．地域における集団的な経験の蓄積が，言語と言語使用の成り立ちに関わっているということである．

言語の個人差については，言語学では**個人語**（idiolect）という概念で説明されるが，そこから総体としての言語がどのように得られるか，あるいは個人語とどのように関連づけられるかには，いくつかの考え方がありうるだろう．大ざっぱに言えば，個人語から理論上帰納的に抽象化されたものと捉えるのか，生得的に備えられている（普遍的な）言語から結果として生み出され多様化したものと捉えられるか，個人語の使用者である個人が相互行為を通して個人的な差異を包含しながら相互理解を得るために収斂（converge）したものと捉えるか，に大別されるであろう．認知言語学と社会言語学は上の第3の考え方を基本的なレベルで共有している．

6. 中心と周縁の逆転[注1]

20世紀の言語学史を踏まえたうえで，社会言語学と認知言語学とが関わる研究群を通底すると考えられる言語観の一つの切り口は「中心」と「周縁」の逆転である．それはチョムスキー流に言うならば言語能力と言語運用，ソシュール流にはラングとパロールの逆転である．

言語の指示性／非指示性という対立を通してそれを試みに論じてみるならば，非言語的な要素で

あるパラ言語と呼ばれる**韻律**（prosody）が果たす役割と，命題や指示的，外延的意味とは別次元の非指示的な**指標性**（indexicality）の働きを見ることで，これらの非自律的パラダイムの意義を見ることができるだろう．

ガンパーズ（Gumperz 1982）は相互行為の社会言語学と呼ぶ研究プログラムで，言語変種や非指示的要素が，マクロ的な社会的要因とのたんなる相関を超えて，個人が築くネットワークによって形成され，変容を受けていくモデルを提示した．この枠組みの中で彼は言語的変種，慣用表現，スタイル，イントネーションなどの韻律のパターンなどのパラ言語的な要素，非言語的な要素などがいかに推論や解釈のプロセスに関わるかを論じた．そのような言語的，非言語的シグナルはそれ自体が指示的な意味，メッセージ内容を持つだけではなく，「**コンテクスト化の合図**」（contextualization cues）として解釈の枠組みを喚起し，当該の発話をどう解釈すべきかの手がかりとなるように配置されるとした．

コンテクストとは，簡潔に言えば解釈の枠組みを得るために参照する情報の集合であるが，それは一般に所与のもの，あるいは定的，静的なものと考えられてきた．しかし，ガンパーズはコンテクストが会話の参与者自身によってリアルタイムに生み出される側面に着目し，従来のコンテクスト観をよりダイナミックなものに革新した．相互行為のプロセスにおいて参与者は様々なコンテクスト化の合図を手がかりに他者の発話をどう解釈すべきか，どのような活動がそこで起こっているのか，自分に何が期待されているかなどを常に推論していく．従来の言語学ではパロール，言語運用といった非本質的，周辺的とされてきた要素が彼の枠組みでは逆に中心となる．このような視点は認知言語学におけるオンラインの言語処理のプロセスに関わる議論につながるものである．

例えば，カリフォルニア州の白人中流階級では，Who's the artist? という定型句は，固有の慣習的プロソディが伴われると，ほめことばと解釈されるが，英語母語話者でもこのコンテクスト化の慣習を共有しないと純粋な質問と解釈される．この解釈を可能にするのは，*artist* の強勢，韻律であり（重要なことに，この会話の慣習を理解する人

にとってそれを想像し，再生することは容易だ），この定式的な表現形式なのである．異なった韻律は異なった解釈を誘発しうるし，お決まりの定式的表現形式そのものが，この表現自体のコンテクスト化の合図となり，ある解釈を誘導するわけである．また，コンテクスト化の慣習を共有していれば，ほめことばと解釈された後も，対話者が，"It's just a hobby." や "I'm just a fan." と答える一般的な慣習があり，さらにそのまた反応として，"But they're really good." と答えたりする．この枠組みでは研究対象となる事象は，文を超えて一連の相互行為のパターンにまで及ぶことになる．

　これに連なる議論にシルバースタイン（Silverstein 1976）やオークス（Ochs 1990）の指標性の研究やレヴィンソンのダイクシスの議論などがある（Levinson 2006）．シルバースタインはパースが記号の三要素の一つとする**指標**（index）を発展させて，**指示的**（referential）／**非指示的**（nonreferential）の二つのタイプの指標性を論じた（片岡 2002）．指示的な指標性とは人称代名詞やダイクシスなどの明示的な指示内容を持つものや，外延的な（denotative）意味に関わるものである．一方非指示的な指標性とは，暗黙の社会的，文化的前提を土台に，性差や敬意などの社会的関係，対人的関係を示すものであり，明示的，命題的な意味に対するメタ的な機能を果たし，コンテクストに関わる情報を伝達する．

　オークスは発話の中で非指示的に指標される情緒スタンスや認識スタンスが多様なコンテクスト情報を構成するという指標性のモデルを提案した．彼女は言語形式としての音声的諸特徴，語彙・形態・統語的特徴，レジスターによって話者の情緒スタンスまたは認識スタンスが直接に指標され，遂行されている行為や活動，参与者の役割，相互の関係や社会的アイデンティティ，談話のジャンルなどが間接的に指標されるとした．

　指示／非指示という図式をより一般的に展開するために，Who's the artist? の例に戻ろう．コンテクスト化のプロセスはシルバースタインの言う非指示的指標の作用と重なり合う．オークスなら近隣の者同士にあるべき社交性を連想させる情緒スタンスを指標するということになろう．Who's

the artist? はパラ言語等の働きによって指示的な情報（誰がこの絵を描いたのか）を求めているのでなく，会話を社交的に始め，友好的な情緒スタンスを非指示的に指標するのである．

　非指示的な指標に関わる慣習の習得は指示的（ハリディ的に言うならば，「観念構成的」（ideational）（Halliday 1994 など）メッセージレベルの言語習得よりも一般に困難で，誤りが許容され修正を受けられるような環境に長期にわたって身を置くことで可能になると考えられている．家庭や学校での子どもや年季奉公の見習いなどがその習得に最も適した状況にいる．例えば外国語をそのような環境以外で習得しようとする場合，指示的レベルでは上達できても，非指示的なレベルではより大きな困難が伴うと考えられる．

　このような視点は，異なった文化的背景，母語，価値観，コミュニケーション上の慣習やスタイルを持った者たちの接触というより社会言語学のマクロの問題へと連なる．興味深いことは，新しい世代や集団の接触がもたらすところの変革は，しばしばまず非指示的なレベル，あるいはパラ言語のレベルで起こっているということだ．いわゆるバイリンガルの話者たちのコードスイッチングでは二つの言語変種が一つの発話の中で併置されるが，コードをスイッチすること自体が非指示的なメタ機能を担っていると考えられている．

　身近な問題を考えてみよう．「クラブ」と言えば，おそらく中年以上の人の大半が連想するのはクラブ活動やナイトクラブのようなものだろう．しかし，最近の若者の集う「クラブ」は第一音節に高ピッチがおかれず，半上昇調に発音され，（たぶん）ライブハウスのようなダンススポットが指示されるが，このパラ言語的な要素によって差異化がなされているのである．

　昨今問題視されているカタカナ語の氾濫も指示的なレベルでのみ見るなら，「意味不明」，「高齢者に不親切」などの問題として論ずることになる．しかし，より重要なことは，カタカナ語が「自分は外来の概念に通じている」とか「（したがって）進歩的である」などの想定を非指示的に指標しており，それへの価値観を共有している話者間ではお互いの連帯的スタンスを指標しうるということである．「自分たちは同じ『文化』に属している」

と言っているのだ．この場合に問題とすべきなのは，「業界用語」などの隠語がそうであるように，そのようなことばは話者間の同属意識を高めると同時に他者を排除する働きがあるということである．カタカナ語が問題なのは高齢者が理解できないからではない．高齢者がそのコミュニケーション活動から排除されているということなのである．

言語変化やコミュニケーション形態の変化が起こるとき，それはしばしば非言語的，非指示的次元からまず生み出されるとするなら，言語の創造性はまさに人々のやりとりの中にあり，異なるものとの接触こそが言語の生成の場であると考えるべきであろう．いわゆる異文化間のコミュニケーションはコミュニケーションの一つのタイプなのではなく，コミュニケーションの本質なのである．

このような現象を捕捉しようとするのに，言語の自律性と言語使用者集団の均質性を前提とすることが妥当でないのは明らかである．より一般的な認知能力，コミュニケーション能力をもつ言語使用者たちが，コンテクストに根ざした状況，対人的なネットワークの中で相互行為するという視点から，言語現象，コミュニケーション現象を見ることが必要だろう．生成文法などから見れば，周辺的，非指示的と思われる領域にこそ言語とコミュニケーションのより根源的な本質があると考えられる．

7. 認知言語学のキートピックと社会言語学

認知言語学のいくつかのキートピックと社会言語学との可能なコラボレイションについて考えてみよう．

「事態把握，捉え方」(construal) は，ヒトがどのように現実世界を認識し，切り分けるか，言語に表される概念がいかに形成されるかに関わり，主として認知意味論や社会心理学で用いられる概念である[→ 4A.4]．認知言語学の枠組みでは，心的プロセスとして取り上げられるが，先のクロフトの議論においても同様であるが，同時に社会言語学的な基盤も備えていると考えられる．例えば，池上 (1981) の「する」的／「なる」的な対立，主観的把握／客観的把握というような対立，言語人類学でしばしば用いられる「好まれる言い

回し」(fashions of speaking) が認識できるのは暗黙裏に量的なサポートがなされているからである．「する」的な言い回しや「なる」的な言い回しはおそらくどの言語にも実現可能な表現形式としてあると考えられるが，それが言語と文化の類型とされるには，当該の言語コミュニティがその使用を積み重ねてきた経験が背後にあるからである．

メタファーにも社会，文化という切り口が可能であろう．概念メタファーについても，Up is good, bad is down のようにより一般的にどの文化でもあてはまりそうなものから，Argument is war のように特定の社会や文化でのみ概念形成がなされていそうなメタファーもある．また，Up is good のようなより基本的と考えられる概念メタファーも「地位」のように社会的なものもあり，ギブズ (Gibbs 1994) が例示しているように政治，科学，芸術，法律などで用いられるメタファーを問題にしたり，Lakoff (2008) のように政治的な判断に関わる心の働きを論じたりすればより社会言語学的な性格を帯びる研究になるだろう．

認知言語学における構文論では，構文ゲシュタルト的な構成体という言語観に根ざし，語の総和がそのまま文全体の意味とならない，むしろそれ以上の意味を持つと考える．言語主体が，言語使用の文脈における身体的に動機づけられた経験と環境との相互行為によって得た定着度，慣習度に応じて，構文自体が意味を持つ．社会言語学では，このような言語使用に根ざした構文のバリエーションを問題にすることになろう．Bernstein (1971) が**精密コード** (elaborated code) ／**制限コード** (restricted code) という概念で表したような表現スタイル差（構文のバリエーション），広くは Hall (1976) が**高コンテクスト** (high context) ／**低コンテクスト** (low context) という二分法で概念化したコンテクストへの依存度の差によるバリエーションなども構文の問題と関わってくると考える．

例えば，フォーマルな場面とよりくだけた場面との区別や文脈に応じた選択には，構文的要素が含まれている．山梨 (2009) の「**オンライン文法**」(on-line grammar) は，用法基盤的な言語観に加えて，よりインタラクティブな構文観を示したも

のである．時間軸に沿って展開される自然発話には，記憶の限界や局所的な要因によって破格構文が生み出されることがあるが，これもまた認知的な情報処理が反映された構文とみなす必要がある．構文の習得については，トップダウン的な学習ではなく，一定のパターンが日常的に繰り返されることで漸進的に定着していくことが実証的な研究によって明らかになっている（Tomasello 1992, 2003，理論的には吉川 2017）．

8. 認知社会言語学あるいは社会認知言語学にむけて

2000 年代半ば頃から，「**認知社会言語学**」（cognitive sociolinguistics）をタイトルに掲げる論考も現れはじめている．Kristiansen and Dirven（2008）は，社会言語学の主トピックの一つである変異に対する用法基盤的なアプローチや言語政策，政治，社会システムにおける認知などを取り上げた論集である．Moreno-Fernández（2016）は認知社会言語学の理論的な問題や方法論についての議論である．認識論的システムを提示し，検証可能なメタ理論的基礎を構築することを目指している．社会言語学の研究対象でもある世界の諸英語（World Englishes）に対して認知言語学的なアプローチを試みる例もある．Wolf and Polzenhagen（2009）は，それまでのこの分野に理論的な基盤が脆弱であったことを指摘し，用法基盤，経験，および経験の蓄積としての文化などを理論的背景とする認知言語学であれば，その研究の方向は言語の変種や多様性にも向かいうるとしている．

社会的認知やトマセロの認知の基盤となる文化（Tomasello 2001 など）などのような視点は今後も認知言語学において重要なテーマとなっていくであろう．一方で社会言語学には認知という観点の論考はまだ発展の途上にあり，その意味での理論的な基盤がやや脆弱であると考えられる．認知社会言語学と呼ぶにせよ社会認知言語学と呼ぶにせよ，これら二つの分野は相補的な関係にあり，さらなるシナジーが期待できるだろう．

▶注

1　ここでの論考は井上（2003）に基づく．

▶文　献

Barlow, M. and S. Kemmer (eds.) 2000 *Usage-Based Models of Language*, CSLI Publications, Stanford.

Bernstein, B. 1971 *Class, Codes and Control: Theoretical Studies Towards a Sociology of Language*, Routledge, London.

Clark, L. 2005 *A Cognitive Approach to Sociolinguistics*, Univ. of Edinburgh, MSc diss.

Croft, W. 2009 Toward a Social Cognitive Linguistics. In Evans, V. and S. Pouecel (eds.) *New Directions in Cognitive Linguistics*, John Benjamins, Amsterdam.

Gibbs, R. W. 1994 *The Poetics of Mind: Figurative Thought, Language, and Understanding*, Cambridge Univ. Press, Cambridge. ［辻幸夫・井上逸兵（監訳）2008『比喩と認知』研究社.］

Grice, H. P. 1975 Logic and Conversation. In Cole, P. and J. Morgan (eds.) *Syntax and Semantics*, Vol.3, *Speech Acts*, Academic Press, New York, pp. 4158. ［Davis, S. 1991 *Pragmatics: A Reader*, Oxford Univ. Press, Oxford に再録］

Gumperz, J. J. 1982 *Discourse Strategies*, Cambridge Univ. Press, Cambridge. ［井上逸兵・出原健一・花崎美紀・荒木瑞夫・多々良直弘（訳）2003『認知と相互行為の社会言語学—ディスコース・ストラテジー』松柏社.］

Hall, E. T. 1976 *Beyond Culture*. Anchor Books.

Halliday, M. A. K. 1994², 2001³ *An Introduction to Functional Grammar*, Arnold, London. ［山口登・筧壽雄（訳）2001『機能文法概説—ハリデー理論への誘い』くろしお出版（第 2 版の訳）.］

Hudson, R. A. 1996² *Sociolinguistics*, Cambridge Univ. Press, Cambridge.

井上逸兵 2003「『非言語』と『非指示』の言語学，あるいは非『言語学』」『三色旗』2003 年 9 月号.

片岡邦好 2002「指示的，非指示的意味と文化的実践—言語使用における「指標性」について」『社会言語科学』4 (2): 21-41.

Kristiansen, G. and R. Dirven (eds.) 2008 *Cognitive Sociolinguistics: Language Variation, Cultural Models, Social Systems*, Mouton de Gruyter, Berlin.

Lakoff, G. 2008 *The Political Mind: A Cognitive Scientist's Guide to Your Brain and Its Politics*, Penguin, New York.

Langacker, R. W. 1999 *Grammar and Conceptualization*, Mouton de Gruyter, Berlin.

Levinson, S. C. 2006 Deixis. In Horn, L. R. and G. L. Ward (eds.) *The Handbook of Pragmatics*, Blackwell, Oxford.

Moreno-Fernández, F. 2016 *A Framework for Cognitive Sociolinguistics*, Routledge, Ochs, E. 1990 Indexicality and Socialization. In Stigler, J. W. et al. (eds.) *Cultural Psychology: Essays on Comparative Human Development*, Cambridge Univ. Press, Cambridge.

Silverstein, M. 1976 Shifters, Linguistic Categories, and Cultural Description. In Basso, K. H. and H. A. Selby (eds.) *Meaning in Anthropology*, Univ. of New Mexico Press, New Mexico.

Tomasello, M. 2001 *The Cultural Origins of Human Cognition*, Harvard Univ. Press, MA.［大堀壽夫・中澤恒子・西村義樹・本多啓（訳）2006『心とことばの起源を探る―文化と認知』勁草書房.］

Tomasello, M. 2003 *Constructing a Language: A Usage-Based Theory of Language Acquisition*, Harvard Univ. Press, MA.［辻幸夫・野村益寛・出原健一・菅井三実・鍋島弘治朗・森吉直子（訳）2008『ことばをつくる―言語習得の認知言語学的アプローチ』慶應義塾大学出版会.］

唐須教光（編）2008『開放系言語学への招待』慶應義塾大学出版会.

Wenger, E. 1998 *Communities of Practice: Learning, Meaning and Identity*, Cambridge Univ. Press, Cambridge.

Wolf, H.-G. and F. Polzenhagen. 2009 *World Englishes: A Cognitive Sociolinguistic Approach*, Mouton de Gruyter, Berlin.

山梨正明 2000『認知言語学原理』くろしお出版.

山梨正明 2009『認知構文論―文法のゲシュタルト性』大修館書店.

吉川正人 2017「社会統語論」井上逸兵（編）『社会言語学』（朝倉日英対照言語学シリーズ〔発展編〕1）朝倉書店.

5.8

コミュニケーションと
認知言語学

平賀正子・浅井優一

　言語実践としてのコミュニケーションを参与者間の相互理解という観点から捉え，認知プロセスを反映した言語化がどのようにコミュニケーション上の問題として表れるのかについて論ずる．コミュニケーションには必ず参与者が置かれているコンテクスト（話者・聴者，指示対象，社会文化的な前提など）が存在する．参与者はどのようにコンテクストを把握し，解釈し，意味ある出来事としてコミュニケーションを営むのだろうか．本節では，①モノ（語彙）・コト（事態や行為）の概念化（特に範疇化）がコミュニケーションに及ぼす影響，②隠喩（メタファー metaphor）による概念化がコミュニケーションに及ぼす影響，③**相互行為**（interaction）をめぐるフレームの認知がコミュニケーションに及ぼす影響の三つのレベルに大別し，コミュニケーション上の意味（あるいは意図）のズレや離齬について具体例を引きながら示すことによって，認知言語学とコミュニケーションの関わりをできるだけわかりやすく解き明かす．

1. 範疇化とコミュニケーション

(1) コンビニの客が，おでんの具が入った容器を持ってレジに立っている．

客　：お水もらえますか．
店員：はい，お水ですか．お水なら，あちらの棚にペットボトルがありますよ．
客　：違うんです．
店員：えっ，飲み水ですか．ここでお飲みになるのですか．
客　：お湯もらえますか．
店員：あぁ，おでんの汁のことですか．
客　：あ，はい．

　この会話は現実にコンビニで起きた出来事について留学生が話してくれたことに基づいている．客は中国語母語話者で，日本語も買い物には不自由しない程度に話せるという．客が意図していた

のは，「おでんの容器にもう少し汁を加えて欲しい」ということだったそうだ．中国語では「汁」はジュース，「湯」はスープという意味なので，この場面では液体という意味で「水」を使ったのだと言う．店員の最初の誤解は，日本語の「水」がおでんの汁（温かい汁）という意味では使えないこと，また，コンビニというコンテクストでは，「水」は商品として売っているモノなので，店員から見ればこちらの方が意味の通じる解釈であることによっている．次の誤解は，商品ではない場合，店員にとっての「水」は飲み水だったのだ．店員が客の意図を知るのは，客が「湯」に言い換えたことによる．「湯」から温かい液体へと類推を働かせ，おでんの汁にたどり着く．

　(1)が物語るのは，モノを**分類**（classification）するということ（**範疇化／カテゴリー化**categorization）が日常生活の中でほとんど無意識のうちに行なわれている**認知プロセス**の一つであり，とりわけ異言語母語話者間のコミュニケーションでは，このような範疇化の小さな違いが，ことばのやり取りにズレを生むことがあるということである．ここでは，まず**語彙／レキシコン**（vocabulary, lexicon）や発話行為に見られる範疇化について考えてみたい．

▶ 1.1 語彙・言い回しに見られる範疇化

　私たちが，周りにある自然物や人工物をどのように分類しているか，ということを端的に表す身近な事例として，食文化に関わる語彙という観点からまず考察してみよう．

　穀物は日本語と英語ではどのように範疇化されているだろうか．日本の主食である米は，その他の穀物である麦，粟，ヒエ，キビ，トウモロコシ，豆に比べより細かく分類され，私たちの生活の中にあらわれる．例えば，植物としての稲，穀物としての米，食べ物としての飯（めし）・ご飯・ライスである．特に，飯・ご飯・ライスで

は，使われるコンテクストが異なる．和食と洋食，箸を使うかフォークを使うか，茶碗によそうか洋皿に盛るか，ずいぶんイメージが違う．一方，英語圏では主食はパンなので，穀物（grain）のうち麦に該当する英語の語彙は小麦（wheat）に加え，大麦（barley），ライ麦（rye），オート麦（oat）などの種類がある．日本語ではすべてが「麦」の下位分類だが，英語では一つひとつが同格の語彙である．さらに小麦には，穀物である麦（wheat, barley, rye, oat など）と食材である粉（wheat flour, whole wheat flour, rye flour など）に細分化されている．

このように異なる食文化が現実のコミュニケーションのなかでズレとなってあらわれる場面として一例を挙げたい．最近は，日本にも出店しているサンドウィッチのファーストフード店で，パンや具の種類を店員から選択肢として聞かれるという経験をすることがある．パンの種類という意味では，ホワイトブレッド（一般の強力粉を使用）とブラウンブレッド（全粒粉やライ麦粉を使用）に分類されることが多いが，パンの形状によっても，細分類がある（角型食パン薄切り，ロールパン，バンズ，バゲット，クロワッサン，ピタブレッドなど）．そのうえ，選択肢は，具やソースの種類にまでおよぶ．サンドウィッチと言えばホワイトブレッド角型食パンの薄切り，具はゆで卵・ツナ・ハム・チーズ程度しか認識していない一般の日本人には，驚きあるいは戸惑いを感じる瞬間である．

社会習慣や行動をどのように認知しているかが語彙の中に反映されていることもある．例として，「嘘」と英語の 'lie' を比較してみよう．日本語では一般に，嘘とは①真実でないこと（例：「嘘が露見する．」），②正しくないこと（例：「嘘字」），③適当でないこと（例：先生「これから小テストをします．」，生徒「うそ〜！」）という意味で使われる．しかしながら，英語の 'lie' は，①と②の意味が強く（cf. Sweetser 1987），③を表すには，「冗談」という意味合いで 'kidding' が使われることが多い．したがって，"That's a lie." や "You are a liar." という発言は非難の意味が極めて強く，相手の人格をほとんど否定することになる．これらを，日本語の③が含意されている

「うそ〜！」や「やだー，嘘つき.」のように軽い意味合いを表す場面で使うと，大きな誤解や齟齬を生むことになる．

語彙の中で名詞についで動詞も範疇化という点でコミュニケーション上重要な問題を提起することがある．私たちは，まわりで起こっている出来事や事態を無意識のうちに言語化して把握する傾向にある．異言語環境においては，同じ動作と思ってもその動作のどこに焦点を当て，どこからどこまでを動詞の語彙で言語化するかで，（2）に見られるような**事態把握**（event construal）の異なりが表出することがある．

(2)
日本人留学生：I phoned you this afternoon；but, you weren't there.（今日の午後お電話をしたんですが，いらっしゃいませんでした.）
英国人教師：But, I didn't get your phone.（いや，君からの電話はもらっていないよ.）
日本人留学生：I did actually phone you several times.（実際，数回お電話したんですよ.）
英国人教師：Oh, you mean you tried to phone me?（あぁ，電話をかけようとしたんだね.）

日本語で「電話をかける」というのは，受話器をとり（あるいは携帯の画面で）相手の番号をプッシュ（にタッチ）するところまでを指している動作である．電話をかける行為そのものを見ているので，相手が電話に出るかどうかはあまり問題としていない．一方，英語の 'to phone' や 'to give a call' は電話をかけ，目的の相手とつながるところまでを一つの動作として捉えている．つまり，結果に**焦点化**（focus）して動作を認識しているということになる．「燃やしたけど，燃えなかった．」，「沸かしたけど，沸かなかった．」，「説得したけど，だめだった．」など，上記の「電話したけど，いなかった．」に類する表現が，英語にすると不自然に聞こえるのは，対応する英語の動詞（burn, boil, persuade など）では，**行為**の開始から**結果**まですべてに焦点化した事態把握を志向するためだとされている（cf. 池上 1995: 133-49）．

▶ 1.2 発話行為に見られる範疇化

「言う」という行為が同時に別の行為を遂行している場合を**発話行為**（speech act）と言う．例えば，陳述，依頼，許可，お礼，詫び，約束，誉

め，批判，訂正，忠告，同意，提案，疑問，否定などの行為は，ほとんど言葉によって行なわれる．すなわち，発話行為ということになる．言うこと（言語表現）と意図することが同じ場合（**直接的発話行為** direct speech act）もあれば，違う場合（**間接的発話行為** indirect speech act）もある．一般に直接的発話行為には，それぞれの言語で定型化された表現が使われ，意志の疎通には問題が起きないようになっている．例えば，お礼という発話行為は「ありがとう」，詫びという発話行為は「すみません」という具合である．しかしながら，**定型表現**（formulaic expression）であっても異言語間を比較してみると発話行為の分類とのズレが生じることもある．ここでは，「すみません」，「ごめんなさい」という詫びの定型表現をめぐって日英比較を行ない，発話行為とその言語表現の範疇化におけるズレについて分析する．

　例えば，誕生日にサプライズのプレゼントをもらった場面を考えて見よう．「うわー，ありがとう．ほんとにすみませんでした．」のように言えないだろうか．テニスコートで，隣のコートへ飛んでいってしまったボールを戻してもらったとき，「どうもすみません．」と言わないだろうか．これらの「すみません」という表現は，一見すると詫びの定型表現のようだが，場面から考えるとお礼を言っているとも解釈できる．一方，英語圏でこのような場面に遭遇した時に，"I'm sorry." とか "I apologize." と言っても，お礼の発話行為とは認識されない．

　Coulmas（1981）は，**恩義，負い目**（indebtedness）という概念を使い，日本語とヨーロッパ諸語のお礼の発話行為を比較分析している．表1に示すとおり，英語では感謝（gratitude）と遺憾（regret）の意図を伝える場合，定型表現が一対一の対応をしている．一方，遺憾の意を伝えるという行為の下位分類として，相手への負い目を表現

する場合が詫びという発話行為になり，表明しない場合が，残念さや無念の表明の発話行為になる．ところが，日本語では異なる分類がなされている．「すみません」という相手への恩義や負い目を伝える表現によって，感謝と遺憾の意の両方を表すことができるのである．すなわち，日本語のお礼という発話行為は，相手への感謝を述べても，恩義，負い目を表しても良いということになる．

　ここでは，主として語彙や言い回しにみられる範疇化という認知プロセスがどのようにコミュニケーションの離齬に影響を及ぼすかについて，実例を参照しながら概説してきた．これらの範疇化を共有しない相手とのコミュニケーションでは，離齬や誤解などの問題が生じる可能性がある．ここで注意したいのは，現実のコミュニケーションでは問題が生じてから，その原因としての範疇化の異なりが認識されるという点である．異言語では，母語の範疇化との違いが潜在的にありえるということを踏まえながら，相手との小さなズレを見逃さず，コンテクストを手がかりとして何らかの修復を心がけることが大切だと思われる．

2.　認知比喩とコミュニケーション

（3）交差点で信号待ちをしている人（若者二人とおばあさん）が車の往来を見ている．
　若者1：（信号無視の歩行者を指さし）あいつう，危ないなぁ．こんな所，渡るなんて，イエロー・カードだ．
　若者2：赤信号だよ．レッド・カードじゃないかぁー．
　おばあさん：…（一人つぶやく）なんのこっちゃ．

交通規則をスポーツのルールに喩えている若者の会話は，サッカーに疎いおばあさんには意味が伝わらない．日本でサッカーが人気スポーツになる前は，誰もがこのおばあさんと同じだったばかりでなく，そもそもイエロー・カードやレッド・カードという言葉さえ知らなかったのだ．このように，ある行動や経験が多くの人々によって共有

表1　発話行為の分類と表現の日英比較（お礼・詫び・遺憾）

意図	感謝		遺憾	
恩義，負い目	無	有	有	無
英語表現	Thank you.	N/A	I'm sorry.	
日本語表現	ありがとう	すみません		残念です
発話行為	お礼		詫び	遺憾の表明

され，一般化されると，やがてそれを別の行動や経験に対して喩えとして使えるようになる．こうして喩えは**慣習化**（conventionalization）され，私たちの日常生活のあちこちで使われることになる．

認知言語学では，**メタファー**（隠喩，広義の喩え）を単なる**言語表現**（linguistic expression）のレベルだけで捉えるのではなく，広く思考や行動と密接に関係する概念のレベルで捉えようとしている[→ 3.5]．このような捉え方に従えば，メタファーによる**概念化**（conceptualization）が世代間のコミュニケーション(3)に限らず，異言語や異文化間のコミュニケーションにどのように働くのかについて考察することは，やりとりの**相互理解**（intelligibility）の仕組みを認知言語学から捉えるうえで格好の課題を提供することになる（cf. Kövecses 2005: 131-62）．

まず，事例としてアメリカ英語と日本語の**隠喩表現**（metaphorical expression）とその背後にある**隠喩概念**（metaphorical concept）を分析することから始める．

(4) TIME IS MONEY（Lakoff and Johnson 1980 : 7-8）
〈時は金なり〉（レイコフ・ジョンソン 1986: 9-10）
 a. You're *wasting* my time.（君はぼくの時間を**浪費**している．）
 b. This gadget will *save* you hours.（この機械装置を使えば何時間も**節約**できる．）
 c. That flat tire *cost* me an hour.（あのパンクしたタイヤを修理するのに一時間**かかった**．）
 d. I've *invested* a lot of time in her.（彼女には随分時間を**さいてやった**よ．）
 e. You don't *use* your time *profitably*.（君は時間を**有益に使って**いない．）

(4)では英語でも邦訳でも，時間についてあたかもそれがお金であるかのように表現されている．例えば，浪費する（waste），節約する（save），費やす（cost），投資する（invest），有益に使う（use profitably）などである．重要なことは，私たちが時間についてお金のように語るということだけではなく，あたかもお金のようなふるまいをしたり，考えを巡らせたりするということにある．私たちの日常生活において，時間をお金で換算す

るやり方で給料やレンタル料が決められていることからも，〈時は金なり〉という隠喩概念が表現の背後に存在していることがわかる．このような隠喩概念が行動にまで及ぶのは，時間がお金と同等に，限りのある資源であり，価値のあるものとして体系的に認識されているからに他ならない．

そこで，「**表現としての隠喩**」と「**概念としての隠喩**」という二つのレベルに従って，日米を例に比較し，異言語間ではどのような離齬が生じる可能性があるかを考えてみることにする．まず，二つのレベルは次の4通りに組み合わせることができる．①隠喩概念も隠喩表現も共通，②隠喩概念は共通，隠喩表現が異なる，③隠喩概念は異なるが，隠喩表現は共通，④隠喩概念も隠喩表現も異なる（あるいは一方の文化にのみ存在）．それぞれについて，具体例とともに分析する（cf. Hiraga 1991）．

▶ 2.1 隠喩概念も隠喩表現も共通

二つの言語間で隠喩概念もそれを表す隠喩表現も共通であるというものである．この種の隠喩表現を別の言語に直訳した場合，もとの言語で言わんとしていたことが表現される可能性が高い．例えば，(4)で挙げた通り，邦訳でも時間は比喩的にお金とみなされている．表現も概念も共有していれば，コミュニケーション上の離齬が生じ難いことになる．次の(5)は，**空間概念**を比喩的に使ったものである．

(5) HAPPY IS UP/SAD IS DOWN（Lakoff and Johnson 1980: 15）
〈楽しきは上，悲しきは下〉（レイコフ・ジョンソン 1986: 19-20）
 a. I'm feeling *up*.（気分は**上々**だ．）
 b. That *boosted* my spirits.（それが私の元気を**押し上げて**くれた（＝元気をかきたててくれた）．）
 c. My spirits *rose*.（元気が**立ち昇って**きた（＝元気がでてきた）．）
 d. I *fell* into a depression.（気持ちが**落ち込んで**しまった．）

上と下という**空間把握**は，直立する身体から普遍的に**認知基盤**を与えられていると言える．しかしながら上や下にどのような価値づけが行なわれるかについては文化によって異なり，また，それが組み合わされて認識される事象によっても異な

る．例えば，(5)では，幸せや悲しみという感情が上／下の空間概念で隠喩化されている．この場合には，上にポジティブな感情，下にネガティブな感情が組み合わされ，日本語でも英語でも同じ概念化が行なわれている．

▶ 2.2　隠喩概念は共通，隠喩表現が異なる

隠喩表現が異なっていても，その背後にある概念化が共有されている場合がある．例えば，人生の諸相をスポーツに喩えて概念化する場合を考えてみよう．スポーツというジャンルは同じだが，どのスポーツの語彙を使って表すかには，**文化的差異**（cultural difference）が見られる．アメリカ英語では人生を野球に喩えるが，日本語では相撲に喩えるという具合だ．

(6) LIFE IS A BASEBALL GAME〈人生は野球だ〉（cf. 平賀 1988: 54-62）

  a. Right off *the bat*, he asked my age.（<u>バットを振るとすぐに</u>（＝藪から棒）彼は私の年を聞いてきた．）

  b. He *struck out* in his new business.（彼の新事業は<u>三振だった</u>（＝失敗に終わった）．）

  c. He already *had two strikes* against him because he came from a poor family.（貧しい家の出というために彼はすでに<u>ストライクを二つとられていた</u>（＝不利な立場にあった）．）

  d. Don't let him *throw you a curve ball*.（彼に<u>カーブを投げさせないように</u>（＝彼に騙されるなよ）．）

日本でも野球は人気のあるスポーツだが，隠喩概念として顕著に見られるわけではない（例外的に，「ピンチヒッター」，「空振り」などの隠喩表現が使われることがある）．これに対して日本語では，(7)に挙げるように，相撲を使った隠喩表現が多い．

(7)〈人生は相撲だ〉

  a. あの政治家は何事につけても**粘り腰**がある．

  b. あの君の発言は**勇み足**だったね．

  c. 財務大臣は答弁で**土俵際**に立たされた．

  d. **軍配**はそのプロジェクトに上がった．

  e. この状況で「**待った**」はないだろう．

  f. 太郎は土壇場で**うっちゃり**を決めた．

  g. 僕の人生はこのところ**黒星**続きだ．

  h. 深夜にはいって，ストの労使交渉に**水**がはいった．

  i. 納税額によって長者**番付**が発表された．

同様のことは他の隠喩概念でも成り立つ．例えば，人生を舞台に喩えるという概念化である．(8)および(9)は，英語および日本語でどのような隠喩表現が〈人生は舞台だ〉という隠喩概念に対して使われているかを示している．それぞれの例を訳してみても，たやすく理解できる．

(8) ALL WORLD'S A STAGE

  a. Life is a *tragedy* when seen in *close-up*, but a *comedy* in *long-shot*.（人生は**大写し**で見ると**悲劇**だが，**遠写し**で見れば**喜劇**だ．）

  b. We set the *stage* for his comeback.（私たちは彼の復帰の**舞台**を用意（＝お膳立てを）した．）

  c. She always wants to be in the *spotlight*.（彼女はいつも**脚光**を浴びていたい．）

  d. His death rang down the *curtain* on an age.（彼の死が時代の**幕引き**となった．）

(9)〈人生は舞台だ〉

  a. あの人は世界を舞台に活躍している．

  b. わたしの**出番**はまだですか．

  c. あの人はいつも**主役**でないと気に入らない．

  d. 彼の死によって一時代に**幕**がおろされた．

ところが，隠喩表現がより細分化されると，その分野に精通していないと理解が難しくなる．(10)および(11)では，シェイクスピアの舞台や歌舞伎についての知識が隠喩表現の理解に必要とされる．これは，それぞれの母語話者であるかないかという問題よりも，演劇についての知識量の問題だとも言える．

(10) WORLD IS A SHAKESPEAREAN THEATER

  a. What a *Romeo* he is!（彼は何と**ロミオ**（＝ロマンチックな人，恋煩いの男性，女たらし，など）なんだ！）

  b. He's a real *Shylock*.（彼はまさしく**シャイロック**（＝強欲な人）だね．）

  c. He made sure that he got his *pound of flesh*.（彼は**体の肉1ポンド**を確実に手にすることを求めた（＝合法的だが無理な要求が確実に通るようにした）．）

(11)〈人生は歌舞伎だ〉

  a. この成功であの人は**桧舞台**を踏んだ．

  b. この仕事があの男の**花道**を飾ることになるだろう．

  c. あなたの**十八番**は何ですか．

隠喩表現にはその文化独特の風習，風土，生活，歴史，宗教などに関する表現が用いられることが多い．したがって，その文化についての知識を持っていないと，隠喩概念がいくら共通でも，隠喩表現が何を言おうとしているのかを理解できない場合がある．しかし，根本的な概念は共通しているので，その隠喩表現で使われている文化的な現象についての知識さえあれば，比較的容易に理解できるとも言える．

▶ 2.3　隠喩概念は異なるが，隠喩表現は共通

第3の可能性は，二つの文化が隠喩概念を共有していないにもかかわらず，似通った隠喩表現を用いているという場合である．このタイプは，隠喩表現が共通なため，直訳しても一応意味の通った表現になる場合が多い．しかし，隠喩表現の基盤となる隠喩概念は異なるため，別の意味が伝達されてしまう恐れが多分にある．誤解を生みやすく，認識上のズレが生じる可能性が最も高い．

例えば，英語圏では，〈甘さ〉は良いこと，〈酸味〉は悪いこととみなされることが多い．一方，日本の文化では，〈甘さ〉は必ずしも良いことを意味するとは限らない．むしろ，あまり良くないイメージのことも多々ある．

(12) SWEET IS GOOD；SOUR IS BAD 〈甘いことは良い：酸っぱいことは悪い〉
- a. You are *sweet*.（あなたは**甘い**（＝優しい）.）
- b. What a *sweet music*!（何て**甘い**（＝ステキな）音楽なんだ.）
- c. His secretary is a real *peach*.（彼の秘書はホントに**桃のようだ**（＝イケてる）ね.）
- d. The car turned out to be a real *lemon*.（その車は正に**レモン**（＝欠陥車）だとわかった.）
- e. That experience *soured* me on religion.（あの経験のために私は宗教に対して**辛口**に（＝気むずかしく）なった.）

(13) 〈甘いことは悪い〉
- a. あいつは**甘い**.
- b. あの先生は採点が**甘い**ので有名です.
- c. おばあさんが孫を**甘やかす**ので困っている.
- d. そんな**歯の浮く**ような表現を使わないで下さい.

(12a)と(13a)が，表現としては同一でありながら，その意味が著しく異なることに注目されたい．こうした，隠喩概念は異なるが隠喩表現が共通というタイプは，異文化コミュニケーションの齟齬という観点から見て極めて重要である．しかし，このような例を見つけることはそれほど容易ではない．その理由の一つとして，隠喩概念そのもののもつ複雑さ，あるいは両義性が挙げられる．

(14)では，柔らかさという概念が英語と日本語でどのように捉えられているかを比較し，この点について考えてみよう．

(14) SOFT IS BAD 〈柔らかさは悪い〉
- a. He is a *soft man*.（彼は**柔らかい**男だ（＝女々しい）.）
- b. He's a bit *soft in the head*.（彼は頭が少し**柔らかい**（＝足りない）.）
- c. The judge gave a *soft sentence* in the case.（裁判官はこの事例に**柔らかな**（＝軟弱な）判決を下した.）
- d. (該当なし)
- e. That professor is a *soft grader*.（あの先生の点は**柔らかい**（＝甘い）.）
- f. Bill is *soft* with his children.（ビルは子どもに**柔らかい**（＝甘い）.）
- g. He's really *soft-headed*.（彼はホントに**頭が柔らかい**（＝うすバカだ）.）

上記の例は，〈柔らかさは悪い〉という隠喩概念が存在することを示している．だが，その一方で，(15)に示すように〈柔らかさは良い〉という逆の意味を持つ隠喩概念を基盤とした隠喩表現も存在している．

(15) SOFT IS GOOD 〈柔らかさは良い〉
- a. She has a *soft heart*.（彼女は優しい心の持ち主だ.）
- b. We are having a *soft winter* this year.（今年の冬は温暖だ.）
- c. Music *softened* his heart.（音楽が彼の心を和らげた.）

英語の場合，柔らかさの持つ両義性は，「ばかげた」や「ダメな」といった側面に焦点化される場合には悪い意味を表す隠喩表現として，「穏やかさ」に焦点が当てられる場合には良い意味を持つ隠喩表現として表出する．ところが，日本語では(16)にあるように，良い面のみが焦点化されている．

(16) 〈柔らかさは良い〉
- a. あの人は頭が**柔らかい**.

b. あの娘は物腰が**柔らかい**ので好きだ.

c. あの詩人は柔らかい精神の持ち主だ.

(14b)および(14g)と,(16a)が非常に似通った表現であるにもかかわらず,英語と日本語とでは全く違う意味を表していることにここでも注意されたい.このような事態になっているのは,同じ隠喩概念を共有していないからに他ならない.

この種の両義性は,第3のタイプを見つけ出すことを困難にしている要因でもある.また,こうしたかたちで文化の異質性が表出する場合はそれほど多くはない.より基本的で典型的な隠喩概念であればあるほど,その普遍性は高くなってゆくと推測されるからだ.第3のタイプは,基本的な隠喩概念に関しては稀にしか存在しないが,コミュニケーションという側面から見れば最も問題が生じやすいということも認識しておくべきである.

▶ **2.4 隠喩概念も隠喩表現も異なる(あるいは一方の文化にのみ存在)**

第4の可能性は,二つの言語あるいは文化において隠喩概念と隠喩表現が両方とも異なるというタイプである.このタイプに関しては,隠喩概念および隠喩表現に関する文化特有の知識なしには,異文化コミュニケーションは困難なものとなる.しかし,隠喩表現そのものがどのような意味を表すかが理解不能なため,コミュニケーション上の**誤解**が起きる可能性は,第3のタイプよりも少ない.

事例として,英語と日本語では考えが人間の体のどの部分に存在すると概念化されているかについて見てみよう.

(17) IDEAS ARE IN THE MIND〈考えは心／頭にある〉

a. I'll keep your *opinion in mind*.(君の考えを**頭の中**に留めておくよ.)

b. Do you have any *idea in mind*?(**頭の中**に何か考えをお持ちですか.)

c. He couldn't *make up his mind*.(彼は決心が着かなかった.)

d. What's *on your mind*?(何が**心**にあるの.)

e. *To my mind*, it was a silly mistake.(**私の頭**では,それは愚かなミスだね.)

英語では,考えは心／頭にあるとされていることがわかる.一方日本語では,考えは心／頭ではなく腹にあるとされている.

(18)〈考えは腹にある〉

a. 早く**腹**を決めなさい.

b. あいつは**腹**がすわっている.

c. **腹**をくくっていらっしゃい.

d. 昨日はいたくもない**腹**を探られた.

e. **腹**をわって話し合おう.

f. 太郎の口と**腹**とは違う.

g. あの人は**腹**に**一物**あるようだ.

h. その会談は**腹**の**読み合い**に終始した.

i. 太郎は**腹の中**を絶対に見せない.

物の考え方も,表現の仕方も異なる場合なので,表現に使われているその文化独特の生活や習慣を知ると同時に,表現の背後にある概念体系を理解しなければならないが,このような事例は第3のタイプと同様,あまり一般的ではない.

以上,隠喩の概念化をめぐり,それらが異言語・異文化コミュニケーションに与える影響について分析を試みた.隠喩表現という具体的データに基づいて,**認知構造(cognitive structure)**を提供している隠喩概念を抽出し,両者の比較を体系的に行なうことによって,**認知比喩(cognitive metaphor)**のコミュニケーション上の役割について包括的な議論が可能となることを示した.上述の四つのタイプに従えば異言語・異文化コミュニケーションの難易度は,①<②<④<③の順で増してゆくことが指摘できる.

3. 相互行為のフレームとコミュニケーション

次に,コミュニケーションの参与者間の相互理解について,考察のスコープを**言語実践(linguistic practice)**に見られる**語彙的範疇化や隠喩的概念化**の問題から相互行為一般,さらに,社会文化の次元へと拡大する.ここではまず,参与者がコミュニケーションを社会文化的な前提に基づいて範疇化する過程について述べ,次にそのような前提の認知に,マクロな社会文化の次元でズレや齟齬がある場合,コミュニケーションはどのような影響を受け,どのような帰結をもたらしうるのかについて,二つの具体例に基づいて説明する.とりわけ,ここでは,社会学者アーヴィング・ゴフマン(Erving Goffman)による「**フレーム**」(frame)という考え方に沿って議論を進めたい.

▶3.1 フレームと認知

コミュニケーションは，それを営む参与者の保持する社会文化的な前提に基づいて範疇化されていると考えられる．この範疇化の過程を，「**フレーム意味論**」（frame semantics）および「**相互行為のフレーム**」という観点からまず概説しよう．

認知言語学において，言語と社会文化的な前提との結びつきについて論じた研究の一つに，**チャールズ・フィルモア**（Charles Fillmore）の「フレーム意味論」が挙げられる [→ 2.8]．その要諦は，特定の語彙は，それを使用する発話者がとる視点と，それが喚起する語彙群によって形成される**コンテクスト**（＝フレーム）と互いに影響し合いながら存在していると捉えた点にある．言い換えれば，言語の使用は，常に必ず特定の視点とコンテクストを前提に成立するということである．語彙や表現は，その言及指示対象のみではなく，言及対象となっている出来事に対して，言語の使用者がどのような視点やスタンスをとっているのか，これらについての一定の理解（**経験的知識** experiential knowledge，**百科事典的知識** encyclopedic knowledge）が前提とされているのである．

他方，ゴフマンによれば，このようなフレームは，言語のみによって形成されるものではないとされている．言語の使用を含んだ相互行為（コミュニケーション）として形成されるものである．彼はそれを「**相互行為のフレーム**」と呼んだ．ゴフマンによれば，相互行為における「話し手」は，「**発声体**」（animator），「**作者**」（author），「**責任主体**」（principal）など，様々な役割に対応しているという．例えば，ニュース番組のアナウンサーが，報道記者が書き上げたニュースを読み上げるという場面を想定してみよう．ここでは，「アナウンサー」が自分ではない他の誰かが書いたニュースを読み上げる「発声体」，「報道記者」が読み上げられたニュースの「作者」，「テレビ局」が読み上げられたニュースに対して責任をとる「責任主体」となろう．同じことは，相互行為における「聞き手」についても言うことができる．「聞き手」は，「**宛先人**」（addressee），それ以外の「**承認された聞き手**」（ratified hearer），加えて，「**たまたま小耳に挟んだ人**」（overhearer）や「**盗聴者**」（eavesdropper）などのより周辺的な役割に分類することができる（Goffman 1981 [1979]）．通常，私たちは，話し手の役割は話し手が，聞き手の役割は聞き手が，それぞれ一人で担っているように理解していることが多い．しかし，よく観察してみると，それらの役割は分かれていることがほとんどである．

これは，コミュニケーションという相互行為が，その参与者たちによってとられる様々な視点，スタンス，関わり方，それらの総体として形成されるものだからであり，ゴフマンは，そうしたコミュニケーションへの特定の**参与枠組み**を「フレーム」と呼んだ．ゴフマンのフレーム概念を，物語やドラマのように，コミュニケーションの時系列的な進行性，順序や手順などの側面に即して理解した事象が，認知言語学においては，「**スクリプト**」（script）や「**シナリオ**」（scenario）などの用語で説明されている事象である．ゴフマンは，スクリプトやシナリオに近い概念として，「**相互行為の儀礼**」（interaction ritual）という概念を提示している（ゴッフマン 2002 [1967]）．

私たちは，フレームに則って日々の相互行為を範疇化し，それを意味ある出来事として経験しているのである．こうしたフレームの存在が強く意識されることはあまりないが，フレームから逸脱する行為がなされた場合，例えば，参与者が保持するフレーム間に離齬が生じたとき，フレームの存在は強く意識されるものとなる．以下では，二つの事例を参照して，コミュニケーションの範疇化と参与者間の相互理解にフレームがどのように関わっているかについて見てみよう．また，フレームから逸脱したり，フレーム間に離齬が生じた際に，それがどのようにして修復されうるのかについても考えてみたい．

▶3.2 ネット党首討論

2016 年 7 月 10 日に，参議院選挙が行なわれた．この選挙戦に際して，各政党の代表がそれぞれの政策について説明し，それらに対する見解を交わし合う「**ネット党首討論**」が開催された．討論は，各政党の代表 9 名と司会者 2 名によって行なわれ，討論の一部始終は，インターネット上の某動画共有サービスを通してライブ配信された．

討論の冒頭で，各党の代表に 2 分間が与えられ，

各々の経済政策について説明がなされた．その後，挙手をして自らの主張を述べる，という討論形式で進められた．その途中，一人（Z代表）を除き，すべての党代表がそれぞれの主張を展開した後に，司会者がZ代表に質問するというやりとりがあった．

(19)
女性司会者：ここで一つ．Zさん，一度も手を挙げてらっしゃらない，宜しいでしょうか？
男性司会者：僕できれば，Zさんが，再婚相手が見つかったかどうか，ちょっと聞いてみたいんですけど．
Z代表：えっ？
男性司会者：再婚，再婚相手，見つけられたかどうか．そういうことは，あんまり．
Z代表：それは今日のテーマですか？
男性司会者：いや，ちょっと，きょ，興味があって．Zさんが，最近どうされてるのかなって．
女性司会者：お人柄に触れることも．
Z代表：興味でこういう討論をするんじゃ，ないんじゃないですか？
男性司会者：わかりました，じゃあ大丈夫です．
女性司会者：失礼致しました．
男性司会者：じゃあ，これは置いておいて，X党のXさんお願いします．

　以上のやりとりについて少し解説しよう．まず，討論の女性司会者は，一度も挙手をしていなかったZ代表に対して主張を引き出そうと，水を向けた．それに合わせるようにして，もう一人の男性司会者が，Z代表に対して，彼の再婚についての質問をしたのである．質問を受けたZ代表は，その質問の内容が討論の趣旨から外れていると切り返し，苦虫を噛み潰したような表情を浮かべて，不快感を顕わにしたのである．その後，討論は何事もなかったかのように，改めて進行してゆくのであるが，もちろん，何事もなかったで済むはずはない．討論が一つの区切りを迎えたところで，以下のように事態の収拾が図られる．

(20)
女性司会者：その前に，Zさん．
男性司会者：これ読んだ方が良いですか？このとおりに読んだ方が良いの？「先程，Z代表に対しまして，大変失礼な発言をし

ました．発言を撤回して，心よりお詫び申し上げます．」
女性司会者：若干，お詫びになってなかった気も致しますけど．
男性司会者：はい，はい．
女性司会者：あのぅ，まあ，人柄，お人柄に触れてこそ，政治がわかるというポリシーがありまして．
男性司会者：そうなんですよ．
女性司会者：本当に大変失礼致しました．
男性司会者：政策っていうのは...
Z代表：それはおかしい．

　ここでは討論の最中に，男性司会者が，「読まされている」という印象を与える態度で「謝罪文」を棒読みすることによって，事態の収拾を図ろうとしたのである．一体なぜ，このような事態は発生したのであろうか．はじめに，この男性司会者とZ代表の人物像について素描しよう．

　この男性司会者は，30歳代前半の有名国立大学の大学院で社会学を専攻しているという博士課程の学生である．とりわけ，現代日本の「若者」をテーマにした著作で知られている人物で，インターネットを介した政治討論番組のみならず，テレビのバラエティー番組にもコメンテーターなどとして出演している．テレビ芸能コンテクストにおいて，この人物が取る「**キャラクター**」（役割）は，「歯に衣きせぬ質問を悪びれずにする若手社会学者」，「思ったことを直接的に話すが，高学歴な若者」といった類いである．通常であれば，質問することも憚られるような内容に関しても，誰が相手であっても臆することなく，ズケズケと質問することで知られる．一方，Z代表は，70歳代の男性で，曲がりなりにも一政党の党首である．全盛期の勢いには陰りがあるものの，四半世紀にわたり日本の政界に君臨し，絶大な影響力を発揮し続けてきた「豪腕」である．実際に，2012年に彼の離婚報道があり，2014年には，「誰か良い人いないかな．再婚したいよ．」と周囲に漏らしているといった噂が，週刊誌などで報じられていた人物である．

　この両者が則っていた「ネット党首討論」という相互行為のフレームは，どのようなものであったのだろうか．「党首討論」には，国会開催中に行なわれる「首相vs各党党首」による形式性が

重んじられるものと，選挙などの折にテレビ討論のように党首がそろっているところで行なうものがある．「ネット党首討論」という比較的新しいメディアでの討論に今回参加した党首たちが，「国会での党首討論」を前提としたとは思えないが，恐らく「テレビ党首討論」の一種という認識が強かったのではないか．バラエティー番組に出演する若手コメンテーターであり，若者世代の代表という**役割意識**が強かった男性司会者にとって，これは「テレビでの党首討論」ではなく，あくまでも「ネット党首討論」であった．彼にとって，ネット党首討論は，「若者向けの面白いバラエティー番組」といった類いのもの，そのようなフレームに則っていた可能性がある．あるいは，「テレビ党首討論」を，まさに「ネット党首討論」へと変換すること，「若者向けの面白いバラエティー番組」へと再フレーム化する役割を担おうと企図したのかもしれない．こうした役割意識に突き動かされ，彼は，政界の「豪腕」Z代表の意表を突く私的な質問を放ち，「仕掛けた」のである．

しかし，若者へ向けたバラエティー番組としての「党首討論」というフレームも，その中でとる男性司会者のスタンスも，Z代表とは共有されたものではなかったと言える．Z代表にとっては，「ネット党首討論」であろうが何であろうが，それは「党首討論」でしかなかった．彼にとってそれは，厳粛な政治論議の場である．そのようなフレームに則ったZ代表にとって，討論の最中，自らの離婚／再婚についての質問を受けるというのは，まさに青天の霹靂であった．フレームからの逸脱行為に他ならなかったのである．結果，男性司会者による「仕掛け」は，「冗談」としても成就することはなく，単なる逸脱行為として厳しく非難されることになった．男性司会者は，「謝罪文」を読み上げるという制裁を食らうが，詫びの仕方も釈明もZ代表とは異なるフレームがさらに露呈され，両フレームのズレは益々増長してゆく様が見てとれる結果となった．

この「若手社会学者」が，ゴフマンが提示したフレーム概念を知っていたかどうかはさておき，以上のような相互行為においては，フレームの離齬，あるいはフレームからの**逸脱行為**は，「謝罪」という社会的制裁が加えられることによって収拾

可能なものとなった．しかし，そうしたフレームの離齬が，深刻な結末を生み出すことがある．次に紹介する事例は，マクロな社会文化的フレーム（神話や世界観）の隔たりである．

▶ 3.3 キャプテン・クック，あるいは死にゆく神

時代は18世紀末に遡る．大航海時代を経て，西洋と非西洋社会がさらに大規模な出会いを果たしてゆく時代である．太平洋と大西洋を繋ぐ航路を探索する第3回目の航海の途中でハワイを訪れたイギリス海軍艦長であり，海洋探検家でもあった**キャプテン・クック**（Captain Cook）こと，**ジェームス・クック**（James Cook; 1728-79）の殺害をめぐる出来事である．

(21)

1778年1月，クック一行を乗せたレゾリューション号は，フランス領ポリネシアを去り，太平洋を北カリフォルニアに向けて航海する途中，偶然ハワイ群島に辿り着く．ヨーロッパ人がハワイを見た最初であり，ハワイ人がヨーロッパ人を迎えた最初でもあった．その1年後，北極海に航路を求める探検に挑戦するための休養先として，再びハワイ群島にやってきたクックは，ハワイ島のケアラケクア湾に投錨することになった．

18世紀当時，ハワイには神話が存在し，4人の神々が信じられていた．①戦いの神「クー」，②豊饒の神「ロノ」，③生命の神「カネ」，④死者の世界の神「カナロア」である．ロノ神は，虹にのってハワイ島に降りてきたとされていた．地上に降りたロノは，人間と恋に落ち，ハワイの王女と結婚，ケアラケクア湾に住みついた．しかし，ささいな嫉妬から，ロノ神は王女を殺してしまう．過ちに気づいたロノ神は，「いつか色々なものを積んで帰ってくる」と言い残し，大きな帆を持つ巨大カヌーに乗って，傷心の船旅に出る．それ以降，ハワイではロノ神の帰りを待つ収穫の祭「マカヒキ祭」が行なわれるようになった．

1779年1月17日．クックがハワイ島にやって来たのは，このマカヒキ祭の真最中だった．レゾリューション号には，高く聳える白い帆がついており，彼らがとった航路も，ロノ神が帰って来るとされていたハワイ島の南周り航路だった．クックはロノ神として迎えられ，盛大な歓待を受けたのである．補給を終えて，大満足でこの地をあとにしたクック一行だったが，ハワイ島の北西で嵐に遭い，船のマストが折れてしまう．クック一行は，船の修理のため

に，ケアラケクア湾に戻って来ることになるのだが，その時には，マカヒキ祭は終わっていた．しかも，今度は南周りではなく，北回り航路を辿って．ロノ神の象徴であったマストは折れ，航路も反対．クックは戻ってきてはならない仕方でハワイを再訪することになった．

　土着の王・カラニオプウは，なぜ船が帰ってきたのかしつこく聞いて，機嫌が良くなかった．クックに対するハワイ人たちの不信感が顕わになる．クックは神ではなくなったのである．盗みが横行し，諍いが起こる．クックは民衆に銃を放つが，結局，彼はハワイの地に死すことになったのである（多木2003）．

　西洋とハワイの歴史的な出会いにおいて，クック一行とハワイアンたちの間で，一体何が起きたのであろうか．この出来事が示すのは，クック（白人／西洋）の到来という出来事を，ハワイ人たちは，マカヒキ祭として体現されるハワイ島に土着の「**神話フレーム**」（メタファー）に則って範疇化したということだろう．クックは豊饒神ロノとなり，クック到来という偶発事は，ハワイ人にとって文化的な意味を担った必然事，**神話的現実**（mythical realities）として（再）生産された（サーリンズ 1993 [1985]）．しかし，嵐に遭遇し避難するためだったとはいえクックの「季節外れ」の再訪は，この神話フレームからの逸脱行為に他ならなかった．神話フレームを修復するためには，クックは殺害される必要があったのだ．ハワイ人は，フレームの逸脱者クックを殺害し，神話の修復を図ったのである．

　他方，クック一行にとって，ハワイ群島への寄港は何を意味していたのだろうか．クックが指揮を執った第3回航海（1776-80）の目的は，北極海を抜けて太平洋と大西洋をつなぐ北西航路を探索することにあった．ハワイへの接岸は，探索の途上で起きた偶然の産物であった．しかし，クックはこの時までに，いくつかの航海を成功させていたのであり，ニュージーランドやオーストラリア，さらに様々な南太平洋の島々に接岸し，諸民族との出会いを果たしている．その過程でのハワイ島の人々との出会いは，偶然ではありながら想定された出来事，それまでの過程で遭遇した多くの人々，他の多くの「発見」の内の一つにしかすぎなかっただろう．クック等にとって，そして西

洋社会にとって，この航海は地理学的な測量，博物学的な調査の一環であり，様々な地域を比較対照できる「観察者／調査者」としてのフレームに則っていた．西洋とハワイの歴史的出会いは，両者の間に決定的なフレームのズレ，世界観の隔たりを孕んだ相互行為であったのである（cf. 浅井2017）．

　ここで紹介した二つの事例は，それぞれコミュニケーションにおけるフレームの離齬を例示する出来事だと言えよう．前者「ネット党首討論」の場合，男性司会者が政党党首に「謝罪する」という社会的制裁によって，フレームの離齬／逸脱行為は比較的容易に乗り越えられたと言える．しかし，後者「キャプテン・クックのハワイ来島」のケースではどうであろうか．この場合の両者のフレームの離齬は，悲惨な結末をもたらすものだった．クックの「殺害」である．レゾリューション号に乗船していた西洋人たちにとって，ハワイで起きたクックの殺害は，不可解極まりないものであったに違いない．このように，マクロな社会文化の次元におけるフレーム／世界観の離齬は，重大な帰結を生み出すと同時に，参与者間の「相互理解」はきわめて難しいものとなる．こうしたマクロな次元に見られる**認知フレーム**の問題は，宗教戦争やイデオロギーの対立などに敷衍して捉えれば，極めて現代的な課題であるとも言えよう．

まとめと展望

　本節は，コミュニケーションには，必ず，その参与者が置かれているコンテクスト（話者・聴者，指示対象，社会文化的前提など）が存在するという考え方から出発し，そのうえで，参与者は，どのようにコンテクストを把握し，解釈し，意味ある出来事としてコミュニケーションを営み，相互理解を達成しているのかについて，認知プロセスという観点から三つの次元に分けて論じてきた．

　1. では，モノ（語彙）・コト（事態や行為）の範疇化というミクロな認知プロセスが，言語・文化によって異なっており，この差異がコミュニケーションでの相互理解に及ぼす影響について論じた．まずはじめに，一般的なモノ（「水」や主食とする穀物）であっても，異言語間で範疇化に大きな差がありえることを，語彙に反映される範疇

化の細密度を例に説明した．さらに，コト（「嘘」という出来事や「感謝」や「謝罪」などの発話行為）を伝える言語表現も，それらがどのように範疇化されているかに従って，異言語間で使用されるコンテクストが異なることを示した．2.では，私たちの日常に見られる様々な事象が，隠喩（メタファー）によって慣習的に概念化されているということを踏まえ，「隠喩概念」と「隠喩表現」を分けて考え，そこから帰結する4種の組合せを通して，認知比喩がコミュニケーションに与える影響について分析した．世代間，異文化間，異言語間で行なわれるコミュニケーションには，隠喩概念は同じ種類のもの（〈人生はスポーツだ〉）であっても，隠喩表現で使われる意味領域に異なりがある（サッカー，野球，相撲など）場合が多いことについて，豊富な事例を紹介した．さらに，異言語間のコミュニケーションで最も齟齬が起こりやすいケースとして，隠喩表現が同一（「彼は頭が柔軟だ」vs. "He's soft-headed."）だが，隠喩概念が異なる場合（〈柔らかいことは良い〉vs SOFT IS BAD）が見られることについて述べた．一方，異言語間で，隠喩概念も隠喩表現も異なる場合には，表現が理解されないので，コミュニケーション上の誤解はおきにくいことを指摘した．3.では，言語の認知プロセスの問題を，相互行為一般，さらに，マクロな社会文化の次元へと拡大し，参与者がコミュニケーションを社会文化的な前提（相互行為のフレーム，神話や世界観）に基づいて範疇化する過程，およびそこからの逸脱やフレーム間の齟齬が修復される様子について述べた．そのうえで，相互行為のフレームからの逸脱や齟齬がマクロな社会文化の次元で発生した場合，コミュニケーションの参与者の相互理解は極めて難しくなり，思いもよらぬ結末をもたらし得ることについて論じた．

　認知言語学に基づいてコミュニケーションを考えることの重要性は，私たちが，言語を介した範疇化や概念化を通して，実際にそのような特徴を持った社会を大抵は無意識のうちにデザインしていること，その社会の中で私たちは思考し，行動を起こし，日々を生きているということ，この事実を理解する点にある．そのことは言語を通した認知プロセスの考察が，言語が社会文化を体現していること，あるいは，社会や文化を論じるにあたって，言語が重要な糸口となり，人間に関する様々な学問領域を横断的に結びつける要石でありうることを物語っていると言えるだろう．本節で取り上げた様々な事例と分析は，このことを如実にあらわすものであるし，そのことは，異言語間のコミュニケーションは，なぜ異文化間のコミュニケーションを意味するのか，なぜ異言語・異文化コミュニケーションには相互理解の困難がつきまとうのか，これらについての理解を容易にしてくれるものでもあるだろう．そうであるなら，政治的，宗教的，民族的な対立が，深刻な結末を生み出している現代社会において，言語と社会文化の関わりを，認知とコミュニケーションを通した参与者の相互理解という視点から問い続けることが，今後ますます重要性を増してゆくと思われる．

▶ **重要な文献**

大堀壽夫（編）2004『認知コミュニケーション論』大修館書店.
　語用論やディスコース研究の知見を取り入れながら，認知言語学が「語」や「文」の意味を認知プロセスに則って体系的に探るうえで有益であるのみならず，具体的な「コミュニケーション」の分析にも資することを示した一冊.

井出祥子・平賀正子（編）2005『異文化とコミュニケーション』ひつじ書房.
　「異文化コミュニケーション」に関する14の論文が収録された分野横断的な一冊.特に，認知言語学，言語人類学，語用論などの理論的枠組みを援用した論考で構成される第2部は，認知と言語の関係を考えるうえで示唆に富む.

唐須教光（編）2008『開放系言語学への招待—文化・認知・コミュニケーション』慶應義塾大学出版会.
　認知言語学とその関連領域の基本的な考え方や主要な概念が多彩な事例とともにわかりやすく説明されている.現実の「談話」や「コミュニケーション」の分析にどのような理論が援用可能かも知ることができる.文献案内も充実.

早瀬尚子（編）2018『言語の認知とコミュニケーション—意味論・語用論，認知言語学，社会言語学』開拓社.
　言語使用における意味に焦点をあて，意味論・語用論，構文文法，認知文法，言語人類学，社会言語学の分野から研究を概観している.特に，最新の発展についての知見をまとめた一冊.

▶ **文　献**

浅井優一 2017『儀礼のセミオティクス—メラネシア・フィジーにおける神話／詩的テクストの言語人類学的研究』三元社.

Coulmas, F. 1981 Poison to Your Soul: Thanks and Apologies Contrastively Viewed. In Coulmas, F. (ed.) *Conversational Routine: Explorations in Standardized Communication Situations and Prepatterned Speech*, Mouton De Gruyter, The Hague. pp. 69-91.

ゴッフマン, E.（著）, 浅野敏夫（訳）2002『儀礼としての相互行為』法政大学出版局.

Goffman, E. 1981 [1979] *Forms of Talk*, Univ. of Pennsylvania Press, Philadelphia.

平賀正子 1988「アメリカ英語の比喩」比嘉正範・ティール, N.（編）『アメリカの言語文化 II』放送大学教育振興会.

Hiraga, M. K. 1991 Metaphor and Comparative Cultures. *Cross-Cultural Communication: East and West* 3: 149-66.

池上嘉彦 1995『〈英文法〉を考える』筑摩書房.

Kövecses, Z. 2005 *Metaphor in Culture*, Cambridge Univ. Press, Cambridge.

Lakoff, G. and M. Johnson 1980 *Metaphors We Live By*, Univ. of Chicago Press, Chicago.［渡部昇一・楠瀬淳三・下谷和幸（訳）1986『レトリックと人生』大修館書店.］

サーリンズ, M.（著）, 山本真鳥（訳）1993 [1985]『歴史の島々』法政大学出版局.

Sweetser, E. 1987 The Definition of Lie: An Examination of the Folk Models Underlying a Semantic Prototype. In Holland, D. and N. Quinn (eds.) *Cultural Models in Language and Thought*, Cambridge Univ. Press, Cambridge, pp. 86-108.

多木浩二 2003『最後の航海―キャプテン・クック ハワイに死す』新書館.

| 5.9 | 唯識論と認知言語学 |

吉村公宏

認知言語学で言語を説明するとき，メガネの例えを用いることがある．言語はメガネであり，我々は日本語というメガネをかけて世界を見ている．日本語を母語とする限り日本語メガネは外せない．例えば日本語の「ナル」的な**捉え方**（construal）はレンズの屈折のように作用する．日本語では「お茶を入れました」ではなく，「お茶が入りました」のような「ナル」的表現が好まれる．この表現は，事態の中の行為主体を非焦点化することで，事態全体がおのづから生起するような「見え方」に屈折させる．英語の使役構文という「屈折」は「原因—行為—結果」の連鎖に焦点を当てることで事態を**「因果関係」**（cause-effect relationship）で捉えるような「見え方」に補正する．人間は言語という「ことばのメガネ」をかけ，母語に応じたレンズの屈折に合わせて世界を見ている．そうなると，誰しもが思うのは，メガネをはずした裸眼で世界を見てみたいということではないだろうか．

例えが許されるならば，唯識論における言語研究とは，言語というメガネを外し裸眼が捉えた世界を見ることであり，さらには裸眼を消し去った世界の姿を描くことである．唯識が説く「遍計所執性」はメガネをかけて見る世界，「依他起性」はメガネを外した裸眼が見る世界，「円成実性」は眼そのものを取り払ったときに「見える」世界であり，森羅万象を空なるものと修証した世界である．唯識は，世界はこの三種の認識形態からなると説く．知覚からアラヤ（阿頼耶）識にいたる八層の（無）意識層（八識）が縁起において相互に種子（認識力の素）と現行（認識が捉えた現実の姿）のダイナミズムを繰り返す中で，ほとんどの人間は「遍計所執性」の世界に執着することで生を終える（「迷い」）．「ナル」的スキーマや使役スキーマは言葉の潜勢エネルギーとされる名言種子（認識力の素と結びついた言葉）の現行であり，

捉え方の執持を固着させる源である．唯識は，世界が「唯（ただ）識」のみにおいて立ち現れると説く大乗仏教系の教理であり，迷いからの解脱を導く実践の道であり，壮大かつ体系的な認識論哲学でもある．

1. 唯識の根本思想

▶ 1.1 歴史的背景と思想的基盤

インド哲学研究ならびにそれに関わる詳細な仏教史は専門書に譲る．ここでは唯識の根本思想に触れるうえで，関連する歴史的背景とその基盤について概説する．おおよそ東洋の思想は認識と対象との対応について普遍的な実在を説く「実在論哲学」の系譜と，非実在を説く「非実在論哲学」の系譜に大きく分かれる．インド六派哲学の一つであるヴァイシェーシカ派（またはニヤーヤ学派）や説一切有部は実在論哲学に属する．例えば，ヴァイシェーシカ派は観念またはその指標としての語は，すべて存在物と対応していると見なし，いわゆる**表象主義**（representationalistic）的な「対応説」（‘correspondence theory’）つまり，意味の指示対象説に近い．一例を挙げれば，「牛」という語に対応する実体が存在し，それを述語する「白い」「歩く」という語は，実在する白色という属性，歩行という運動に対応するわけである（服部・上山 1971）．「牛」は白牛にも斑牛にも歩いている牛にも適用可能であるから，指示物として牛一般，すなわち牛の普遍が実在すると考えた．さらに，実在のあり方，例えば「関係（＝内属）」（「牛」と「白い」，「牛」と「歩く」）も実在する．そうした実在論のもと，ヴァイシェーシカ派は語の指示物としての存在を6種に分類（実体，属性，運動，普遍，特殊，内属）し，後に非存在（「牛は馬ではない」）も加えられた．ここでは実体が中心的地位を占め，実体に属さないような属性や運動はない．したがって，実在するものの観念

を伝達する標識が語である．説一切有部も，その名称からもうかがえるように，世界を成り立たせている一切のダルマが過去・現在・未来の三世にわたって実在すると考え，諸行無常もダルマの「実在」がなければ成立しないと考えた．基本的には孔子の正名論などもこうした実在論を支持する系譜に属する．

他方，古くウパニシャッドの叡智観から引き継がれた思想には非実在論的思想がうかがわれる．例えば，アートマンは「叡智」の構成体であり，眼という叡智要素は形（客体要素）を捉え，耳という要素は音，足は歩行，思考力は思想や願望を捉えるものとされた．そこでは，ことば（発声機能）は「名称を捉える」叡智と見なされる．アートマンから諸機能が四散することで，外界のあらゆる存在物，つまり実体が「現出」するという思想は非実在論的である．「中観」を説いた龍樹（ナーガールジュナ，2～3世紀），老子（無明の「道」），荘子，臨済禅などはこの系譜を継ぎ，存在の本源的無分節を認める点では唯識もこの系譜に属する．

歴史的には，唯識は既に述べた3種の存在形態を説いた『般若経』（紀元後1世紀頃）や龍樹による中観派の「空」の思想（2～3世紀）など，如来蔵思想の系譜を前提に形成された．説一切有部のアビダルマが客観主義的な「存在の分析」を展開したのに対して，般若経や中観派はそれに批判的であり，唯識もその考えを基本的に引き継ぐ．唯識（vijñapti-mātratā）の原語は動詞「知る（識）」の使役活用語幹がもとになった抽象名詞で「心に映し出された記号・表象」を表すとされる．この「識」に「唯」が付されることで，記号・表象はひとえに心が知らしめた「仮設」であり（三界唯一心），したがって記号が指示するこの世の存在はただ記号的表象のみであって，記号に対応する外界の存在物はないという意である．ここでの「識」は無論，知識ではなく，認識機能あるいは認識の働き（作用）のことである．この種の認識論を打ち出した学派は一般に「瑜伽行唯識派」の名で知られ，彼らは「空」の思想をヨーガ実践によって体得（修証，悟り）できると考えた．唯識の「識」とは広義には人間の認識機能すべてを指すが，究極的には意識の根底にあるとされるアラ

ヤ識のことであり，この識の働きによって自己と自然界のすべてのものの存在が「知らしめられる」（現出する）と考えた注1．

当初，唯識論は弥勒（マイトレーヤー，4世紀後半）によって唱えられ，その後，無着（アサンガ），世親（ヴァスバンドゥ）兄弟によって組織化された（4～5世紀）．とりわけ世親の『唯識二十論』『唯識三十頌』において教義として体系化された（『岩波仏教辞典 第二版』）．代表的な経典は4世紀頃に現れたとされる中期大乗経典である『解深密経 Saṃdhinirmocana-sūtra』と『大乗阿毘達磨経』とされる注2．以下，『解深密教』について触れる．

『解深密教』は玄奘訳の5巻本とされ，龍樹の中観思想に影響を受けた経典である．『解深密経』は「深密」―表面化されない仏陀の真意―を「解き」明かす「経」の意である．一般に，真意を解き明かした説を了義と呼ぶが，一切法，すなわち物質・精神すべてのものの無自性なるを解き明かした了義こそが唯識説であるとされる．「如来」は釈迦が悟りに至った境地を顕現するものであり，「如来蔵」とは如来の胎児の状態を言う．したがって，「如来蔵」は衆生の心に潜在する悟りの可能性（または仏性）のことであり，人間はすべて可能態における如来を本質的に蔵しているとする考え方である．この点で，『如来蔵経』系の思想は人間の心を生まれながら悟りの可能性を蔵する清浄なものと見る．それに対して，『解深密教』における如来は人間の執着心を基本に据え，それを蔵する識（アラヤ識）を想定することで衆生は輪廻の業から免れえない存在と見る注3．

進んで，唯識は，有相唯識説と無相唯識説とに分かれる注4．有相唯識説は，世親の『唯識二十論』を発展させた説で，護法が完成させたと伝わる．その後，有相唯識は中国から日本に伝わった法相宗が受けつぎ，教理学として『成唯識論』（玄奘訳出）として大成した．日本では法隆寺の佐伯定胤による冠導本がある．有相唯識説は識が識そのもの（見分）と識内の形象（相分）とに二分できるとする説であり，有形象唯識論とも呼ばれる．有相は相の実体を認める認識であるので有相系唯識派は小乗仏教の一面を保持する．これに対して，無相唯識説は同じく世親の『唯識三十頌』に端を

発し，安慧（スティラマティ）が注釈を施し，中国で地論宗などの宗派として栄えた．無相唯識説は有相のように識を二分する考え方と異なり，識内の形象は遍計所執，すなわち識の現行としての虚妄分別に他ならず，表象された物を実在と思いこむ認識として教理から退ける考え方をとる．すなわち，アラヤ識そのものの否定によって最高実在が二元性（見分・相分）を離れた絶対知となることを強調する唯識説でもあり，有形象唯識論に対して無形象唯識論とも呼ばれる（服部・上山 1971）．

▶ 1.2 唯識の基本概念と構成

　本節の趣旨から唯識を特徴づけるとすれば，唯識は認識（cognition）と**身体性**（embodiment）に基づいた心の理論（mind-theory）と見ることができる．ただし，唯識学は認知文法理論が遠く母体とする西洋哲学の認識論・身体観・心の理論とは異質である．しかも宗教，とりわけ大乗仏教系の悟りへの階梯（真如修証への修験行）として成立した背景を踏まえると，それが示唆する心の理論は，いわゆる東洋の心性を引き継ぐ我々の常識的な感覚とも異質な部分が多い．こうした点に相当の留意が必要であることを付言しておきたい．そのうえで，ここでは唯識学の基本概念と構成を概観したい．

1.2.1 「空」「無自性」

　既述のように，法相宗は有相唯識系の教えである．明治時代の廃仏毀釈によって衰微した唯識学は『成唯識論』をその経典とし，法隆寺（聖徳宗）・清水寺（北法相宗）によって命脈を保たれたが，後に両寺とも離脱し，現在，法相宗の大本山は興福寺と薬師寺である．宗派の分派という時代背景を有しつつも，基本的には，「空」「無自性」を説く点ではいずれの宗派も共通する．法隆寺建立で知られる聖徳太子はその『維摩経義疏』の中で「有に在りて空を失せず，空に有って万化を成ず，空即ち有，有即ち空」と述べ，大乗仏教の基本テーゼ「色即是空　空即是色」の真意に触れている．佐藤（1968）は太子のこの教えを引用しつつその著作『仏教哲理』の中で次の2首を引いて「空」「無自性」の本質を突く．

　（1）引き寄せて結べば柴の庵（いおり）なり

　解くればもとの野原なりけり
　（2）引き寄せて結びし柴の庵（いほ）なれば
　　　　解かずそのまま野原なりけり

　（1）は「析空観」，（2）は「体空観」と呼ばれる．析空観は，「能所を撤去して相対見を空ずる」の意．作為を棄てて，相対の空を知れということである．庵と野原は止揚されれば同一のものであって，分別する心（見分・相分）が両者を別物と認識させる．世界への働きかけ（能所）によって差異化された虚像が眼前に現象しているだけであり（仮設），両者は本来，差別できない1つの現象（空）にすぎないことを知れということである．（1）では「解くれば」とあるので認識の能動性を前提にしつつ相対・差別からの解放を促す．（2）の体空観は，「能所の形態にある存在が，実はそのまま空であることを知れ」の意．ここでは「解かず」とあるので認識の能動性すら非存在となり，相対性・差別の認識を超えた境意を表す．したがって，庵は「そのまま」であっても野原であり，客体は実は空に他ならないの意である．析空観は「色即是空」，つまり「庵（色）」がすなわち「空（野原）」であることで，形（色）は本来，空なることを説く．体空観は「空即是色」，つまり「空（野原）」がそのままの姿で「庵（色）」であることで，空は色をとって顕現することを言う．両者の真意は，心が映し出す世界は識を離れて客在するものではなく，本来「無自性」であるということである．いずれの和歌も般若（真如，涅槃）の両相（色と空）を説くもので，特に（1）は「無分別智」，（2）は「後得智」と解釈できるとされる．後述する唯識三性のうち「依他起性」（1），「円成実性」（2）の境位を喝破しつつ風雅な表現で描写する．

1.2.2 心の理論—八識と三性

　「空」と「無自性」は唯識学が説く「心の理論」の中心テーマである．唯識が説く心の構成は以下のようにまとめることができる．人間の心は識からなる．識は対象（有形・無形を問わず）を区別して知る働き（了知）である．心は能動的に対象を捉え（志向性），対象は受動的に心に入りくる．例えば『解深密教』［心意識相品］では，「眼と及び色とを縁と為して眼識を生じ」とある．眼とい

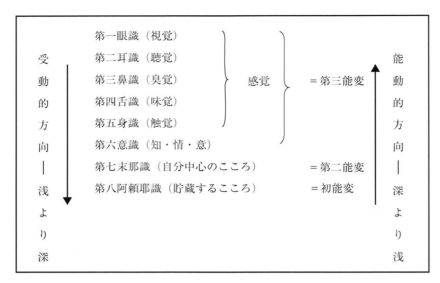

図1 唯識論の八識（太田 1999）

う生理器官と事物とが「縁」をなして眼識（見るという認識）が生じる．同様に，耳，舌という器官と，聲，味とが縁をなして聴覚，味覚という識に転ずる（識転）．一般に，能受する心にはそれを可能にするための諸器官があり，対象と結縁して識（八識）に転ずる．「識る」(cognition) という働きは対象（六境）と器官（六根）との縁から生じる（六根によって捉えられた六境は六識ある）．唯識論における「識」は図1の第一識（視覚）から第八識（アラヤ（阿頼耶）識 ālaya-vijñāna）まで八つある．そしてその働きを51の心に分け，それらを「心所（心所有法の略）」と呼ぶ．

いわゆる五感は「感覚」と呼ばれる識（第一識〜第五識），そして意識は第六識で，知識・感情・意志などが働く識である．第七識（末那（マナ識 manana)）は無意識の自我であり，果てしない執着と欲望を生み出す自我と執着に関わる識である．第八識はアラヤ識であり，宗派と解釈により異熟識・根本識・如来蔵とも呼ばれ，過去の記憶と経験を貯蔵する識とされる．「能変」とは能動的に世界の捉え方を変えていく心的活動のことである．アラヤ識が初能変とされ，心の最基底部に位置することから，人間の存在を根底から規定する最も重要な識とされる．これら八識は自律して稼働するコンポーネントではなく，相互に影響を与えあう動的なモデルである．動的な特性は方向性として現れる．外界からの刺激を直に受け取りそれを深部のアラヤ識へと伝える方向（図1中の浅→深）と，アラヤ識の情報を第一識に伝える方向（図1中の深→浅）と二つの方向である．

二つの方向はより厳密にかつ具体的に規定される．まず，アラヤ識には「種子」と呼ばれる，あらゆる存在を現出せしめる「認識力の素」が貯蔵されている．サンスクリット語では ālaya-vijñāna で，ālaya は住処，vijñāna は識の意とされる．「ヒマーラヤ」が雪を蓄える山であるように，「アーラヤ」は識を蓄える心の意とされる．アラヤ識の働きにより上位七識に表象を生じることを「現行」と呼び，深部から浅部への方向性を実体化する．例えば，眼識がある建物を認識するような表象を生じさせる潜勢的な力はアラヤ識の種子である．また，ある事態を言語によって捉えられるように促す潜勢的な種子は「名言種子」(2.2 参照) と呼ばれるアラヤ識種子である．反対方向に，目で見た印象や事態の捉えなどの表面的な認識は受動的に働きアラヤ識に至って新たな種子として貯蔵蓄積される．これを現行が種子を「薫習」すると言う．現実の行ないが種となって深層の意識に貯蔵されることである．種子と現行は互いに相手の因であり果であり，これを「更互因果」（あるいは「交互因果」）と呼ぶ．また，すでに薫習された種子のうちどの種子が現行するかは他の種子との「因縁」によるとされる．因縁の解釈は多様

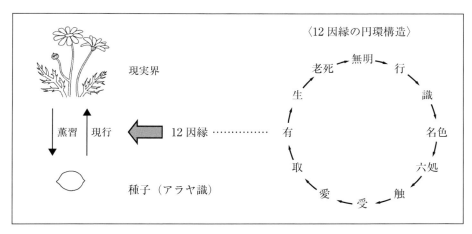

図2　更互因果と12因縁

であるが，ここでは種子が現行する機縁のことと理解する．

　一般に，因縁は12種（無明から老死まで）あるとされ，輪廻の環を形成する．因縁はある種の因果律ではあるが，西洋的な合理性の外部形式ではなく，直接経験の原因分析としての因果律である（ヴァレラほか 2001: 162）．12種の因縁が循環（輪廻転生）するとは，無明から老死までの各段階において，種子と現行との更互因果が一定のパターンを保持し続けることである．すなわち，因縁は経験を創発するパターンであるために，それが働くことで自我感覚の連続性をももたらすことになる．後述する「無自性を証する（涅槃，悟り）」とはこうした因縁によってもたらされる果てしない円環的経験パターンを断ち切ることを意味する．以上を，植物を例えにして模式的に表せばおおよそ図2のようになる．

　唯識ではすべての存在現出の認識的基盤はアラヤ識であるとされるので（「アラヤ識縁起」），生命現象の断続（生死）をある種の存在様態であると観ずれば，生死を種子と現行の「関係」性において規定できる．なぜならば，時間感覚も種子が作り出す1つの現行に他ならず，アラヤ識の種子が今を生きる現実感覚，また自分が過去の自分と同じである自己同一的な継続感覚等々を「生み出す」ことに由来するからである[注5]．そもそもアラヤ識は時間軸上，特定個人に帰属可能なその人物の所有物，意識や心理状態と言ったものではない．アラヤ識を正確に「理解」することは法（物質界・精神界のすべて）を悟ることでもあり，筆者のような凡夫の及ぶところではないが，理解の端緒として管見を呈することが許されるならば，それは身体という物質のかたち（色）をとった普遍的な自然（じねん）（＝その本質は「空」）の顕現ではないかと思われる（1.2.1 参照）．

　唯識とは直接の関連は有しないが，上述の自然を理解するための一つの解釈として魅力的な言説は親鸞の『歎異抄』における次の一節であろう．

「弥陀の五劫思惟の願をよくよく案ずれば，ひとへに親鸞一人がためなりけり，されば，そくばくの業をもちける身にてありけるを，たすけんとおぼしめしたちける本願のかたじけさなよ」
『歎異抄』1931 校注者 金子大栄（p.87）

　弥陀の五劫思惟（ごこうしゆい）の願とは，阿弥陀仏の修行時の名である法蔵菩薩のとき，長期間にわたって思惟にふけり願を成就したと伝わることを指す．法蔵菩薩とは意識の一般者であり，それが衆生としての個々人の自己に入り込んで，救いをもたらそうとする仏の願（本願）としての存在であろう．救いを願う菩薩が執受・摂取して自己の根本意識とするが，そのとき身体が菩薩という普遍的な自然を自らの識として取り込み，アラヤ識として身体化されるのではないか．身体が自然界の一般意識（法蔵菩薩＝仏願，本願）を個人（誰か）にとどめる「器」となると同時に，自然は個（人間）に「身体を与える」ことで菩薩を「植えつけた」のではないかと考えられる（如来蔵思想）．すべてではないにせよ，西洋の身体論では，（無）意識は

人間側から生じたとするのに対して，親鸞の自然法爾的な思想では自然が人間に心を与えたと見る．そのときの自然が唯識論で言うアラヤ識にほぼ相当するのではないかと考えられる．言い換えれば，自然の本質である輪廻の中でアラヤ識が人間界という特定のあり方において生を授けることを意味する（『岩波仏教辞典　第二版』）．これは，人間側の生死から輪廻を構想する発想ではなく，色相の輪廻の中で「人間界の生死」がまさに「人間的な」輪廻の顕れとする捉え方である．この地点から，今一度，人間の生死を捉え直せば，現行が第一〜第七識の状態を劇的に変化させた場合を「死」あるいは「誕生（受生）」と見ることができる（図2参照）．自然を潜在化させたアラヤ識が生物体としての我々の身体に仮託されたため，我々にとっては，本来無自性であるはずの自己を「意識」し始め，そのため自己という個体があたかも「生き死に」するかのように受けとるべく生かされてあるということになるのであろう．したがって「空」を証するとは，アラヤ識の働きによって輪廻転生・生死流転の自然を知らしめられることであり，同時にそのようにして知らしめられた12因縁自体を止観行によって「否定・生滅」せしめることで生死流転の輪廻，すなわち業（カルマ）を超克（解脱）することである．そのとき初めて瑜伽行が完成するとされる（図3参照）．

　次に「三性（trisvabhāva）説」について話を移す．解深密教では，すべての現象は三種の存在形態によって構造化されており，我々はそれらが自性すると誤って認識しているが，いずれも「空」，すなわち無自性であることを悟ることによって，存在の根拠の転換を果たし，輪廻の業から解脱できると説く．自性とは，モノやコトが常に同一性と固有性を保持し続け，それ自身で実体として存在するものと感得する認識様態であるのに対して，無自性とはモノやコトがそれ自体では存在しないと知る認識様態である．三種の存在形態とは遍計所執性，依他起性，円成実性である．そして，根拠の転換は瑜伽行の止心，観察によって可能となるとされる．三性についての解釈は経典により若干の違いがあるが，おおよそ以下に述べるとおりである．

　遍計所執性は名称によって表された様々な物，またはその「特質」（qualia）が客在すると認識する形態であり，ヴァイシェーシカ派の実在論に近い（1.1参照）．例えば，壺という物，茶褐色という色が存在し，茶褐色の壺が存在すると捉える認識のことである．また，壺という語による表象はその壺，あの壺の個別性を消去し「類化」させ「恒常」性を付与する．つまり，記号表象はトークンからタイプへ，具象から抽象的存在に変化させる力を有する（「スキーマ化」（schematization））．唯識の説く遍計所執性は「能所（主客認識）」の「分別」（categorial cognition）によってもたらされる迷い（「有色の諸根及び所依の執受にして」）であり，名称のとおりに対象があると捉える執着，対象のとおりに名称があると認識する執着を指す[注6]．結局，名前や概念は遍計所執性によって付託された非実在の相である．名前によって対象の存在を認知する執着である（仮名に由りて安立して相と為す）．

　依他起性は，他のものを縁として生起（依他起）する構想作用のことである．一切の存在は他との相対関係の下，相互によりあって生起する現象であり，自己完結的な特性を持っていない．例えて言えば「車」は轅，車輪，車軸，車室，車台などの部分集合からなり，各部分に依存した相対関係のもとで初めてその呼称，記号表出，言語的通念，すなわち名（「車」）が成立する．車それ自体としての存在はない（「ミリンダ王の問い」）．また開花という現象は，種を原因，花を結果と見て両者に時間的な因果を構想させる．開花した花の因を種と捉え，相互の関わりにおいて両者の因果的実在を認識する点で依他起の構想であるが，真如の認識には至っていない．

　円成実性は，ありのままの認識様態であり真如とも呼ばれる．円成実性は，依他起性が遍計所執性を「離れて」あるさまで，すべては現行と種子を結ぶ縁起において立ち現れる現象であり実体はないことを修証する識作用である．世界を自己と客体に分別する以前の識であり，現象的存在がそれ自体モノとして存在しないことを知ることである．客体は消滅するわけではないが，依他起性として「そのまま」理解されることが円成実性であるとされる．ただし，涅槃や真如，空も思惟の「対象」とされる限りは仮構の域を出ない．以上の

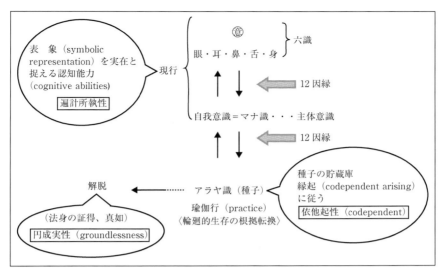

図3 唯識見取り図

ことから，唯識学が考える心の八識と三性の関係を図3でモデル化して示す（英語は Varela et al. (1991) による）．

図3は以下のことを表す．まず人間の心は相互に関与し合う八識からなり，その基層にはアラヤ識がある．アラヤ識は（無）意識の潜勢エネルギーであり，原始以来の過去の経験の総体である種子を保持しつつそれらを未来へと継続させる．生きることは，縁起によって種子が現行し，現行が種子を薫習することの繰り返しである．このとき，現行は表象作用によって実在しないモノやコト（無自性）を「現出」させ（自性），言葉によってそれらを把捉する「言語仮設」に至る．そうした遍計所執性の業を断ち切るために止心などの観法によって瑜伽行を行ない，認識様態の階梯である遍計所執性，依他起性から円成実性へと進む．瑜伽行の目的は輪廻的生存の根拠を転換すること（解脱）であり，それによって真如（涅槃，空）の境位を証することにある．解脱とは，瑜伽行者がアラヤ識を否定・消滅させることによって法界の現成を経験することである．また，三種の存在形態である三性（遍計所執性，依他起性，円成実性）は別々に存在しているわけではなく，唯一の実在（真如＝完成された存在形態，涅槃）が，それに対するわれわれの「関わり方」に応じて現れる形態である．例えば「ナル的」発想や因果的捉え方は，主体意識であるマナ識が表象として現行したものと解釈できよう（マナ識転変）．ただし，後述するように，名言種子を仮想すれば，アラヤ識から現行したとも言える．

2. 唯識における認知言語学

▶ 2.1 言 語

「言語道断」は仏教用語であり，諸法の実相は「空」であり言葉で表現できない，あるいは「空」を証するためには言語を絶たねばならないとの意味である（「大智度論」「瓔珞経」）．禅宗では，言葉は月を指す指であり，月そのものではないと言う．「教外別伝，不立文字，直指人心，見性成仏」と言われ，悟りの教えは言語によらずと説く．釈迦伝説では「拈華微笑」が有名で，伝法は以心伝心であることが強調されてきた．ことほどさように，悟り，法の教えにあたっては，言語による伝達が忌避されてきている．このことは唯識も例外ではない．言い換えれば，仏教，唯識がいかに言語の扱いに敏感であり，かえってその本質が言語哲学にあることの証でもある（竹村 2006: 48）．

既述のように，唯識学においては，言語は人間の意識が仮に打ち立てた「仮設」と呼ばれる．仮設である言語は表象を呼び起こし，表象に対応する事物や事態が実在するとの思いが強まる．しかも，言語仮設は個々人において近似した再現性を有するので，他人とのコミュニケーションといった高次の仮設に至る．

以下，唯識が言語をどのように見てきたかの一端を示す．唯識では名詞の研究が行なわれ，名詞は一般者のみを指し個物を指せない点が強調される．目の前にある「本」を「本」と呼ぶのは，本一般を指す言語の性質によって指示しているにすぎない．それは指示物をタイプ的に言語体系の中に位置づけしたわけであり，直接，個物の「本」そのものを経験したわけではない．現物の「その本（個物）」を直接的に経験できるのは五感で感じるところの物質感覚（仏教用語の「現量」）であり，そうした感覚は一般者を指す言語の働きによって捨象されてしまうので，言葉によっては個物のリアリティに届かない．そこで，個物の「本」は実体を有しているかという問題になるが，唯識で言う我・法（自我とモノ，それらの性質）はすべてが変化する（原子論的にも）ので，不動で普遍のものはないとされる．例えば，今日見た個物の桜は昨日のその桜とは違うはずである．したがって，変化する個物は捉え得ないことから，言語（名詞）は一般者のみに対して行われる．

次に，一般者，例えば「桜」は実在するかという議論が行なわれ，唯識は実在しないという立場をとる．仏教論理学者であった陳那（5世紀）は「桜は非桜の否定（アニヤポーハ理論）」と述べ，ポジティブに桜一般を規定することは不可能であること，桜（一般）は桜（一般）「でない」ものを「否定」することでのみ意味をなすとする．すなわち，言葉の意味は否定を通して他のものと差異が生じることで決定されるとする．ソシュールと同様（竹村 2006: 53），言語は差異化をもとにした体系であり，分節の仕方も言語ごとに異なると説いた．

唯識では我・法の仮設（言語表現）は八識（図1）における転変（能変）として捉えられる．つまり，言葉は仮構物を記号に置き換える心の働きを通して実現される．ところで，八識すべてに三分があるとされる．三分とは相分・見分・自証分（一説には証自証分を加え四分）であり，自証分が転じて相分・見分に分かれることが記号化（encoding）の本質であると見る（「識体転じて二分に似る」成唯識論）．識体はものを区別して知る能力（おおよそ「カテゴリー化」（categorization）），相分は捉えられたもの，見分は捉えると

ころのものである．「斯の二分の依て我・法を施設す」（成唯識論）とあり，心が捉えた外の世界（相分）と心自体（見分）が融合して記号的世界（識）を作り上げることになる．一般者には「共相」すなわち普遍的性質が本来的に存在しないが，意識の中の相分がそれを仮構実現し，それに対して単語（例えば「本」や「桜」という記号）が仮設されることになる[注7]．

八識は固定せず，転識は刹那滅である．人間はそうした刹那滅の「相続」によって分別を繰り返し，仮講の世界を作り上げることで我・法に相（姿や音の性質）を与えている．例えば，音の世界では瞬間ごとに消え去る音の流れ（相続）に対し示差的対立による差異を作りあげ（分節という現行），その差異によって音素がアラヤ識に薫習され，ものの名前と意味の出現に供する[注8]．

▶ 2.2 名言種子

おそらく，唯識学と言語学を結ぶ領域についてこれまでに最も関心を寄せ，また体系的に考察した研究者の一人は井筒俊彦であろう．井筒の主たる関心はイスラム思想と哲学であるが，その該博な知識と深い考察は仏教哲学にも及んでいる．井筒（1991, 1992）は仏教に関わる認識論を展開する中で，とりわけ，言葉の働きを重視する立場をとる．井筒の説に従えば，まず，現実はカオスである（「道は隠れて名無し」荘子の「万物斉一」説）．ところが，カオスをカオスと感じ取る即自的経験（アンソワ）は一般には不可能である（本節冒頭「言葉のメガネ」参照）．そこで，人間は感覚諸器官（いわゆる身体性＝embodiment）を働かせて，カオスの中に物や事象の存在（entity）を見いだし，存在物相互の秩序（conceptual relationship）を感じとり，存在物間の時間的つながり（temporal relationship），出来事間の**因果関係**を捕捉する．このように，存在を「生み出す」意識，関係を構築する意識の働きが，本来，我々の心には備わっている．すなわち，五感による感覚が捉えたことを言葉で置き換える意識の働き（conceptualization）を通して，我々には存在や出来事が現出したように感じ取られる．その働きの中にはすでに「分別」が含まれ，時空間を表象する諸カテゴリーが潜在し，事物相互の「関係」に関わるカテゴリーも感取する[注9]．

では「存在を生み出す意識」とは何か．井筒の言う名言種子は無名から有名を生成する「意味可能体（プロト意味形成素）」としてアラヤ識に留置されると考えた[注10]．

名言種子とは指示の力を持つ意味エネルギーの流動体である．アラヤ識は歴史的経験の蓄積場で，業（カルマ）の活動体であるが，その業が意味種子に変成する過程を薫習と考えた．したがって，井筒の理論では，カオスの即自的経験，すなわち「無自性的即自」がそのままの姿ではなく，言語に関わる意味種子に転成することで初めて世界が分節（自性）されることになる．それは意味種子が存在を喚起し（無を有に変え），存在世界を現出させることに他ならない．そうすることで我々は世界を有「意味」的存在秩序として経験する．裏を返せば，名言種子が結果的に即自的世界を隠す用途として作用していることに他ならず，このことは言語道断ないしは不立文字の教えに通じている．

▶ 2.3 認知文法理論

認知文法理論では，言語構造は基本的な認知システムや認知能力に基づくものとして捉えられ，そうしたシステムや能力から切り離すことはできない（…linguistic structure is seen as drawing on other, more basic systems and abilities… from which it cannot be segregated, Langacker 2008：9）．すなわち，文法は種々の認知能力（知覚，記憶，カテゴリー化，スキーマ化，焦点化，図地分化，視点配列など）に動機づけられており，経験対象（entity）を素材として拾い上げ，それらを言語的に有意味な構造に組み上げる内在的（immanent）な知識として働く．文法が拾い上げ，組み上げる経験対象は森羅万象に及ぶ．眼前の静止物体，それらの性質，物体相互の動きに関わる事態のありさま，時間の中の物体の様相，物体の場所と位置関係に関わる空間把握等々，である．こうした言語的な構想要素（linguistic construct）の基本的概念は**概念原型**（conceptual archetypes）と呼ばれるが，それらはおそらく井筒の言う名言種子に近いものであろう．本来，空なる自然法爾に生きる無自性的本質の只中にあって，言語活動が不可避的に我々に強制することは，**身体性**（embodiment）に基礎づけられた意味可能体の現れであり，その働きによって我々は六識

における了別 境 転変の境位に住し，遍計所執の世界に生きる[注11]．遍計所執の世界に生きるとは，アラヤ識である身体性が縁起において名言種子を孕み，それによって自己と世界に対して記号的な解釈（construal）を絶対的に強いられることである．

グラウンド・ゼロにおける「主体」と「客体」
「存在感覚を生み出す意識」である名言種子（概念原型を生み出すエネルギー体）は言語による仮設世界を生み出す．ここで，本節のテーマを考えるとき，避けて通れない難所の一つは，そうした遍計所執を脱した世界―依他起性，円成実性の世界―をまさに言語，あるいは何らかの記号的可能性において語ることである．自家撞着に見えるこのやり方は，公案が悟りを進める一つの様式であったように，「脱自性的主体」（井筒 1992: 317）に触れる方法としておそらく不可能ではないであろう．

無自性の世界に言語はない．名言種子を蔵するアラヤ識を滅した世界だからである．しかしながら，主体性はその極限的形態においては，主体性そのものを否定した刹那，脱我的主体として働き出すとも言われる（「現成公案」『正法眼蔵』道元）[注12]．かりにそうした世界を「描く」とすれば，言語本来の意味分節機能を超え，非分節的に働いたメタ記号的描写となり，それによって無自性的即自において捉えられた実存に触れることも可能ではなかろうか．以下，1事例として，認知文法の説く「**グラウンディング理論**」（Grounding）における主客の考察をもとに，無自性的即自世界についてのメタ記号的描写を展開してみたい．

佐藤（1968: 305 ff.），井筒（1992: 336 ff.）は臨済禅における自覚の境位を説いた「四料簡」を引き，自己（self）について説明する．禅宗は唯識思想をそのまま受け継いだ直系宗派ではないものの，空思想の進展に伴い，悟りに至る瑜伽行が大乗仏教に融合され，座禅や三昧が説かれる点で両者は根源的に共通している．北魏のインド僧達磨を初祖とする禅は，中国仏教の五家（臨済，曹洞，雲門，法眼，潙仰）として栄え，分派を経たのち臨済，曹洞，黄檗の三派が日本に伝えられたことは周知のとおりである．さて臨済禅において根本哲理とされる四料簡は悟りを開いた人間の四

つの境位を示したものである．それは「無心的主体性の視野に現成する全体フィールド」（井筒1992: 328）と言及され，無差別の根源意識を顕す表現となっている．無心的主体性とは解脱に至った修験者の境位であり，現成する全体フィールドとはそうした境位から捉えた世界の姿である．以下が四料簡である．

[I] 奪人不奪境（人を奪って境を奪はず）
[II] 奪境不奪人（境を奪って人を奪はず）
[III] 人境倶奪　　（人境倶に奪ふ）
[IV] 人境不倶奪（人境倶に奪はず）

『臨済録』示衆

おおむねここでの「人」は主体（主観世界，見分），「境」は客体（客観世界，相分）である．[I] は主体である自己を否定し客観世界のみが現成する意識を表す．客観の世界に没入して一瞬も主体感覚を交えない世界の顕現である．『無門関』第37則に公案「趙州，因みに僧問う，如何なるか是祖師西来の意．州云く，庭前の柏樹子（はくじゅし）」が見える．「達磨がインドより来たった理由は何か」と問う僧に禅師が「眼前の庭の柏の木」と答えた，という公案である．すべてが眼前の柏の木にあるとは，すべてのエネルギーが孤立した個体のかたち（客体）として現成することで，問うこと自体（主体の意識の働き）の是非や評価をいっさい拒絶している．

[II] はすべての客観を超絶する奔放自在の境地（佐藤 1968: 307）である．エネルギーが了々自照する「我」の一点に凝縮し，全フィールドあげての「主」（井筒1992）である．公案（『碧巌録』第53則）に，大師問う「身辺什麼物ぞ」百丈「野鴨子（やあふす）」大師云く「什麼処に去るや」百丈云く「飛び過ぎ去れり」大師，遂に百丈の鼻頭を扭じれり，大師云く「何ぞ曾て飛び去らん」．概略，大師に「今のは何だ」と問われた百丈が「野鴨」と答え，重ねて「どこに行ったのだ」と聞かれ「飛び去った」と返す．そのとき大師がいきなり百丈の鼻頭をひねったので悲鳴をあげた．その後「どうして行ってしまったのか」と聞かれた刹那，百丈はいっきに大悟したという．すなわち，現実界の現象を契機に客体（鴨，飛

ぶ，去る）が突如，かつ全面的に，主体の痛覚の放射（悲鳴）という身体性に転換され現成した．

[III] は主体，客体ともに失う境位である．存在のフィールドに主体・客体ともに姿がない．無時間的現在にいて，物を見る自己も見られる物もその差別が同時に消失する「無」の意識にあると解されよう．[IV] は [III] の反対で，主体も客体もともに肯定された真如の境位である．主と客が対立せず，ともに同じ重みで現存すると観じる無心的主体の自己顕現の現成と解される．

佐藤（1968）は上記の境位を英語 I See Flower（我，花を見る）で説明する．佐藤の考えは人間の心をもって一切の本体とみなすので唯識思想と軌を一にする．その心とは超個（普遍）であると同時に個人に働く心と別物ではない（親鸞の「自然法爾」と同様）．そうした普遍的に備わった人間の心を See（見る）と記号化する．そして普遍の心の働く相（自覚）を I See Myself で表現する（円成実性）．これは仏教で言う般若と呼ばれる絶対智（同 p.19）である．そこで，かりに i see flower を個々人の現実的な「主（i）—客（flower）—経験（see）」とすれば，I See Flower は無自性的客体 Flower を無自性的主体 I が See（無時間的現在）において現成した境地を表す．i see flower は，言葉が喚起するイメージ，客体が呼び起こす記号的意味の両者が，それを概念化する主体のイメージとともに表象される事態描写である．ところが，I See Flower のそれは，花と，花を見る私とが分かたれず，ともに現前しつつその全体フィールド（時枝1941，1955の「場面」概念参照）を直接的に（分節的にではなく）誰ともなく感覚されてある状態（自然法爾）であろう．上記の四料簡（I～IV）は，全フィールドの中での特異点として，Flower, I, nothingness, I + Flower それぞれが現成した境位を指すことになる．いわく，「すべてが花」「すべてが I」「すべてが無」「すべてが有」として感覚された意識である．いずれも無自性を身体化した無心的主体性が自照的に現成しているさまである[注13]．

転じて，認知文法論の主客論はグラウンド（概念化者の視点）から論じられる．種々のグラウンディング要素（定性，近接性，時間性，現実性等）によって物（名詞）や作用（動詞）を紐帯関

係においてとり結ぶことである．(Langacker 1991: 90, 2004: 13) ここで言うI see flower は認識の出発点であり，現実にはグラウンディング要素によってI am seeing a flower, I saw the flower, I had seen flowers 等々と具現化される．次に，完全に主体化された事態描写とは，Gが，客体がとる概念化の最大スコープの外側にある場合を指す．最大スコープの外側とは，Gと完全に切り離された物や作用そのもの，つまり裸の名詞（flower）や裸の動詞（see）である．

上記の四料簡および唯識の主客論はここからが出発点となる．「三昧」（'mindfulness'）とは，忘我を超えた地点にある境位（無差別の根源意識，無根拠性（'groundlessness'）(Varela et al. 1991 邦訳 2001)）のことである．言わば，グラウンド・ゼロから見た世界に住することである．それは，花と概念化者とが差別なく一体化した世界であり，感覚している主体が私であり私でない，また花でもあり花でもない世界のことである．そこでは，Gは客体の最大スコープ外にあるとも言えるし，反対に，客体と完全に同一化しているとも言える（四料簡）．それを描く人間がいない世界であるから必然的に「言語道断」ともなる（ここでのメタ記号はI See Flower）．言語スコープの存在しない世界であるため，メタ記号的描写以外に表現の手法がない．あえて，良く知られた主客の基本構図を用いて図示するとすれば以下の図4に近いであろう（Gは主体，Pは客体）．

図4　四料簡における主客の一例

例えば，四料簡［II］で言えば，現実界の問答が主体の痛覚の放射という身体性に転換されているが，それは公案というメタ記号による脱自性的主体の現れとして現成している．こうしたグラウンド・ゼロにおける主客論は唯識思想における無自性の身体論に基礎づけられている．唯識思想は空の哲学に発した東洋の身体論ではあるが，認知科学の発展の下，西洋思想の中でも注目を浴びつつある思想となってきた．次に，こうした点について概観しておきたい．

まとめと展望

認知科学における「認知」

認知科学は三つの発展段階を経て今日に至っている．身体を一種のシステムとして捉えようとする各段階は，「認知計算主義」（cognitive computationalism）「コネクショニズム」（connectionism）「エコロジー的身体論」（ecological embodiment）と呼ばれる（山梨 2008 参照）．いずれも「認知」（cognition）の定義を巡る議論として発展した．認知計算主義における認知は，情報処理を担う器官として脳を捉え，その処理モードを記号操作における計算と「等価」であると見なす．計算主義においては，世界は身体を離れて客在し（1.1 ヴァイシェーシカ派の「実在論哲学」参照），世界を表象する記号の操作がすなわち心的機能の現れと考えた．発展する人工知能（例えばチェス，将棋，囲碁ゲームなど）はこの種のシステムであり，それらを人間の思考に比肩可能と見なす立場である．第二世代とされるコネクショニズムは並列分散処理系の非線形型ネットワークを重視する立場であり，認知の定義に，神経組織間の協調と競合を通した自己組織化を視野に入れた「創発」的特性を組み込んだ．現在も発展途上にあり，**複雑系**や**カオス理論**を包含しつつ知の探求に新たな局面を拓いている．認知の第三世代とされるエコロジー的身体論は，第一世代が行なったような，外界の環境と人間の知を分断して外界「についての」表象を科学と見る観察的立場を離れ，身体も一種の環境であり外界環境とのインターフェイス的な場から現象学的に立ち現れる経験を自己回帰的に捉えようとする立場である．

この第三世代の認知観において最近最も注目すべきパラダイムは**エナクティヴ・アプローチ**（enactive approach）と呼ばれるパラダイムである．このアプローチは，前二世代の認知観に比して，発想的に大きな転換をもたらすものである．それによると，世界を人間の知が解決すべき問題を提供する「外」的環境とは捉えず，知は，その知自身と世界とがともに意味ある構造体として共

依存的・共進化的に**カップリング**（coupling）することで行為が産出（enact）される性質のものだと説く認知観である．世界と自己が相互依存的（依他起性的）であるとしたコネクショニズムの発展形とも解されるが，とりわけ注目すべき点は，現象学を基盤にした自己言及的作用が認知に本質的に関与すると見た点であり，外への働きかけの結果が再帰的（recursively）に身体へ（言語システムへ，ではない）と回収されることを通して，身体と世界がともに共生的に進化するという考え方である（Maturana and Varela 1998 など）．

認知意味論（cognitive semantics）の主者，例えば Lakoff and Johnson（1999）の表題は「肉中の哲学」（*Philosophy in the Flesh*）であり，肉体の中に思惟が存在すると考えたが，唯識学ではいわば魂（法身の証得，図3）を「通して」肉体が現象する（'The flesh through philosophy'）と見る．つまり，精神（空）は縁起において身体（色）のかたちをとる（1.2.1「後得智」参照）．唯識学は，この点でエナクティヴ・アプローチの説く身体論に本質的に近似しており，この種の身体論に依拠することで経験の特質も大きく変容する．以下，Varela et al.（2001），司馬（2003）などに基づき，唯識学と認知文法との接点について述べる．

無自性の身体論

エコロジー的身体論における自己は，実存的に環境を生きる身体が中心であり，そうした身体的自己を観察や分析を通過させず現象学的な即自経験において捉えようとする．こうした点で，龍樹の説いた中観思想「依存せずに生起されるものは何もない．ならば空でないものは何もない」は核心を衝いたものである（ヴァレラほか 2001: 314）．例えば，「事物―属性」「主体―客体」「原因―結果」の認知スキーマにおいて，それらを真に「知る」ことは縁起，すなわち「共依存的生起」（codependent arising）（図3参照）の経験から免れることはない．属性は事物本体とそれに関わる人の識との共依存において現出（因縁生起）する．また，客体は主体の識を離れてそこにあるのではない．いかなる事物も事態も主と客の依存の「場」に立ち現れる（「主客融合」した「場」，時枝（1941）の「言語過程説」参照）．さらには，結果

は原因の中に，また原因は結果の中に相互に依存して成り立つ現象である（因中有果論）．こうした依他起性的な世界観を発展させた思考法（あるいは体観法）が唯識思想であり，エナクティヴ・アプローチはこの点に気づいた最新の認知科学的アプローチと言っても良い．

エナクティヴ・アプローチを主唱したヴァレラらは，環境世界とカップリングした言語システムとしての行為が世界を生じさせる契機であると述べる．そのとき，有機体と環境世界とが連続的に構造的カップリングするプロセスを「ナチュラル・ドリフト（仏教概念の「妙用」に近い）」と呼び，そのことを体得した境位を無根拠性，すなわち大乗仏教の説く涅槃の悟り（解脱，図3参照）として言及する．すでに西谷（1961）は「悟り」は無根拠性を身体化したあとに生じる慈悲心の現れと説いたが，これなどはヴァレラの認知観，エナクティヴ・アプローチに非常に近いものである．無根拠性は，唯識学の説く「異熟」，すなわち業（カルマ）の執持体であるアラヤ識を受け入れ，かつ滅することを意味する．

司馬（2003: 17）は「唯識三十頌」にある「所変を以って自の所縁と為す」を引き，「世界は予めシステムと独立して存在するものではなく，システムの作動と不可分な所産」と述べる．我々が目指すべき「知」は「～についての」知ではなく，それ自体がその都度発現する知である．それは身体を知の現場とするような知であり，唯識の説くアラヤ識こそは身体を執持し，身体に根差す作用であることから「世界はシステムの作動と不可分な所産」と見なすべきであると言う．そのことを司馬（2003: 17）は「アラヤ識は『痛い』のであり，『痛さ』を表象するのではない」と表現する．アラヤ識は表象（あるいは表象作用）ではなく，即自という意味であろう．

そこで，既述の「無自性」に立ち戻る．それは依他起性が遍計所執性を「離れて」あるさまで，すべては縁起においての仮設であり，実体はないことを修証する識作用のことである．「無自性」が身体化されてあること（「自証」），すなわち「空」を証するとは，龍樹の意図する依他起性を真に知ることである．それを，ヴァレラの文脈に置き換えれば，自己再帰的に構造変化するヒト生命体が

絶え間なく変化する外的環境とカップリングすることを通して，言語システムを「捉え直す」ことにつながる．それは第三世代における身体論が言語を再構築しようと試みているところの営為であり，その営為を名付けて「無自性の身体論」と言っても良いであろう．世俗的には，言語は世界を現出させる遍計所執の原因（名言種子）にすぎない（自性）．しかしながら，井筒が説くように，それは一種子として済ませるにはあまりにも大きな原因である．なぜならば自然法爾が宿った身体が世界の理解と構築のために生み出した原因だからである．自性を無自性に転換すること（止観）は，即自をそのまま受け入れ，身体がただただ自然の営みの場としてのみあることを身体化することに他ならない．将来，我々はこうした地平から言語の意味とメカニズムを問い直すことになろう．それは無自性的身体論から捉えた唯識言語学である．

▶注

1 唯識論は唯心論に近いと言われることもあるが，全く異なる．唯心論は，あらかじめ物と心を想定した上で，物を心に帰して世界を説明しようとする．しかしながら，唯識，あるいは広く仏教は物と心を二元対立的に捉えず，物と心を貫く本性としての世界のことを扱う（竹村2006）．唯識論は，悟りにかかわる宗教面を別にすれば，認知言語学の概念主義的意味観に一脈通じる．

2 他に『摂大乗論』『瑜伽師地論』『中辺分別論』，関連して『如来蔵経』『勝鬘経』も密接に関わる経典．

3 ちなみに禅は唯識と同様，如来蔵思想系ではあるが経典は『楞伽経（りょうがきょう）』『金剛般若経』『宝性論』『起信論』を重視した学派に属する．

4 有象無象（うぞうむぞう）はその転意とする説もある．

5 ちなみにLakoff and Johnson（1999: Chap 10）はそのメタファー（metaphor）論において出来事，とりわけ規則的に繰り返す出来事が時間の意識を生み出すと述べたが，唯識的には全くの正論である．さらに言えば，出来事（脳内シグナルを含め）そのものもアラヤ識種子が生み出した存在形態である．

6 「相・名・分別の言説戯論（ごんぜつけろん）の習氣（じつけ）の執受なり」『解深密教』［心意識相品（しんいしきそうほん）］）．

7 いわゆるオグデンとリチャーズ（Ogden and Richards）による「意味の三角形」とは異なる．唯識ではreferentが実在せず，見分と相分と，相分に付された記号が意味をなすことになる．見分，相分は心の中の出来事であり，ソシュールのシニフィエ，シニフィアンとも異なる．

8 このように言語は遍計所執性であるが，しばしば聞かれる疑問は，万巻の経典で涅槃の教えが説かれ，公案

（問答）で悟りが試され，真言（密教における真理の言葉）で法界が伝えられるのはなぜかという疑問であろう（「果分可説」空海『声字実相義』福田2002）．唯識においても，真実の教えを聞くこと（聴聞（ちょうもん））の余習がアラヤ識に薫習されると言い（「正（声）聞薫習（しょうもんくんじゅう）」無着『摂大乗論』），釈迦の説法である「転法輪（てんぽうりん）」も衆生の迷いを打破するための行の第一階梯として尊重されてきた．したがって，言語は執着を呼ぶ仮設ではあるが，一方で教えを説く媒体としての可能性が認められるということである．涅槃や法界，法性や真如といった離言の真実は，逆説的ではあるものの，言語という形を借りて現象界，衆生界に「教え」として表現可能であり，また公案や真言などは我々が抱く通常の言語イメージとは異質の媒体と見なされているからこそ，認識の転換へと誘う力を有すると考えられてきたのであろう．ちょうど言葉にできない沈黙や叫びを言葉の姿を借りた「詩」に表現して伝えるのと似ているかもしれない．

9 同様の見解はMerleau-Ponty（1945）にも見られ「分離された本質は，言語に属する本質である．もろもろの本質を実存から分離した姿（非即自）で存在させることこそ，言語の働きなのであるが，…」（同上，邦訳p.16）と述べる．ことばが人間に「世界」を与えたわけである（旧約聖書「はじめに言葉ありき」）．

10 名言を顕在化した言葉，意言（いごん）を明確な言葉になる前の潜在的な言葉とする説明もある．この場合，名言種子は意言に相当するものと思われる．高崎ほか（1982: 168-9）参照．

11 六識（＝現行識，眼・耳・鼻・舌・身・意）と七・八識の間の心的活動を了別境転変と呼ぶ．三つの転変（他に異熟（アラヤ識）転変，思量（マナ識）転変（図1の３つの「能変」参照）の一つ．

12 「仏道をならふというは，自己をならふ也．自己をならふといふは，自己をわするるなり．自己をわするるといふは，万法に証せらるるなり」．主客を超えた世界に現成する，心身脱落とも呼ばれる境地．アラヤ識を滅した涅槃の世界である．

13 こうした心性は，達磨が梁の武帝に答えたとされる「廓然無聖（かくねんむしょう）」（『碧巖録』第一則）に表れている．その他，「不識」の境位とも称されよう．

▶重要な文献

竹村牧男　2006『禅と唯識—悟りの構造』大法輪閣．
　禅と唯識はともに仏教を起源とし，それぞれ参禅と瑜伽行という修業体験を通して，物心の対立，主客の対峙を超克することで悟り・涅槃の境地の身体化を目指す．しかしながら，大きな違いもある．禅は直截的で体験の只中から言葉（公案）を発するが，唯識は世界を論理的かつ体系的に説明しようとする．本書は両者の異同に目配りしながら，深部における共通点を説く．専門書に近いが，禅と唯識についての全体像を明らかにしてくれる．

服部正明・上山春平1971『認識と超越（唯識）』（仏教思想4）角川書店．
　『仏教の思想』全12巻の《インド篇第4巻》．唯識学の歴史と源流を訪ね，著者二人による対談，「唯識論と

『空』の思想」を含む．実践である瑜伽行への考察ならびに唯識学の史的，理論的全貌を詳細に解題・解説する．唯識思想の本質を浮かび上がらせる必読の書．

Varela, F. J. et al. 1991 *The Embodied Mind: Cognitive Science and Human Experience*, MIT Press, Cambridge, MA.［田中靖夫（訳）2001『身体化された心―仏教思想からのエナクティブ・アプローチ』工作舎.］
西洋中心の認知科学の発展を批判的に検討した後，非西洋的な哲学伝統に目を向け，人間の経験について考察を深める．とりわけ仏教における「縁起」と「ダルマ」分析から，自己と心の問題に焦点を当てている．知を，観察対象から，身体としてある認知の視点に移し，仏教思想（三昧／覚瞑想）からのエナクティブ・アプローチを提唱する．デカルト以来の心身問題に東洋思想から活路を拓く労作である．

▶文　献

深浦正文 1954『唯識學研究（下）』永田文昌堂．
福田亮成 2002『声字実相義』ノンブル社．
ゴンダ，J.（著）鎧淳（訳）2002『インド思想史』岩波書店．
袴谷憲昭 1994『唯識の解釈学―解深密教を読む』春秋社．
服部正明・上山春平 1971『認識と超越（唯識）』（仏教思想4）角川書店．
兵藤一夫 2006『唯識ということ―「唯識二十論」を読む』春秋社．
池上嘉彦 2002『自然と文化の記号論』放送大学教育振興会．
泉美治 2004『仏教の唯識に学ぶ』学会出版センター．
井筒俊彦 1991『意識と本質』岩波文庫．
井筒俊彦 1992『東洋哲学』（井筒俊彦著作集9）中央公論社．
岩田諦静 2005『増補改訂初歩唯識入門』山喜房佛書林．
金子大栄（校注）1931『歎異抄』岩波書店．
河野哲也 2005『環境に拡がる心―生態学的哲学の展望』勁草書房．
Lakoff, G. and M. Johnson, 1999 *Philosophy in the Flesh: The Embodied Mind and its Challenge to Western Thought*, Basic Books, New York.［計見一雄（訳）2004『肉中の哲学』哲学書房.］
Langacker, R. W. 1991 *Foundations of Cognitive Grammar*, Vol.II, *Descriptive Application*, Stanford Univ. Press, Stanford.
Langacker, R. W. 2008 *Cognitive Grammar: A Basic Introduction*, Oxford Univ. Press, Oxford.［山梨正明（監訳）2011『認知文法論序説』研究社.］
Maturana. H. R. and F. J. Varela 1998 *The Tree of Knowledge: The Biological Roots of Human Understanding*, Revised Edition, Shambhala Publications, Boston / London, Translated by Robert Paolucci, Foreword by J. Z. Young［管啓次郎（訳）1997『知恵の樹』（ちくま学芸文庫）筑摩書房.］
Merleau-Ponty, M. 1945 *Phénoménologie de la Perception*.［中島盛夫（訳）2015『知覚の現象学（改装版）』法政大学出版局.］
水野弥穂子（校注）1990『正法眼藏〈1〉』岩波書店．
修山脩一 1975『解深密経講讃』永田文昌堂．
西谷啓治 1961『宗教とは何か』創文社．
太田久紀 1999『成唯識論要講―護法正義を中心として』中山書房仏書林．
Rhys, D. 1930 *The Milinda-Questions*.［中村元・早島鏡正（訳）1963-64『ミリンダ王の問い』平凡社.］
佐藤通次 1968『仏教哲理』理想社．
Saussure, F. de 1916 *Cours de linguistique générale*, Payot.［小林秀夫（訳）1972『一般言語学講義』岩波書店.］
司馬春英 2003「仏教と科学―認知科学者の仏教理解を手がかりに」『佛教文化学会紀要』12: 1-21.
Takahashi, K. 2006 A Premise of the Trilaksana Theory in the *Samdhinirmocana-sutra. Journal of Indian and Buddhist Studies* 54(3): 1197-204.
高崎直道（編）1982『唯識思想』（講座大乗仏教8）春秋社．
竹村牧男 1995『唯識三性説の研究』春秋社．
竹村牧男 2006『禅と唯識―悟りの構造』大法輪閣．
時枝誠記 1941『國語學原論―言語過程説の成立とその展開』岩波書店．
時枝誠記 1955『國語學原論　續編―言語過程説の成立とその展開』岩波書店．
辻幸夫（編）2013『新編認知言語学キーワード事典』研究社．
宇井伯壽 1965「成唯識論の性質及び立場と第七識存在の論證」『印度哲學研究（第五）』岩波書店．
Varela, F. J. et al. 1991 *The Embodied Mind: Cognitive Science and Human Experience*, MIT Press, Cambridge, MA.［田中靖夫（訳）2001『身体化された心―仏教思想からのエナクティブ・アプローチ』工作舎.］
渡邊照宏 1934「法稱の正一滴論（現量論）」『佛教大学講座（第10回配本）』，佛教年鑑社．
山梨正明 2008「認知言語学の研究プログラムとその科学哲学的背景」『英語青年』6: 132-5.
横井滋子 2015「無の概念―唯識哲学における言葉の問題」日本認知言語学会論文集 15: 635-8（ワークショップ『「無」の概念に関する認知的考察―東西文化の比較』代表シプトゥーナ・マリーナ）．
横山紘一 1976『唯識思想入門』第三文明社．
横山紘一 2011『阿頼耶識の発見―よくわかる唯識入門』幻冬舎．
吉村公宏 2004「認知言語学と言語過程説―解釈（construal）を巡って」影山太郎・岸本秀樹（編）『日本語の分析と言語類型』くろしお出版．
吉村公宏 2007「認知文法の思考法」KLS 28: 349-59.
吉村公宏 2008「身体性―「好まれる」事態把握の観点から」『英語青年』6: 144-8.
結城令聞 1985『唯識三十頌』（佛典講座19）大蔵出版．
和辻哲郎 2011『和辻哲郎仏教哲学読本1, 2』書肆心水．

▶辞典・経典・参照サイト

『唯識　仏教辞典』横山紘一 2010 春秋社.

『大法輪—特集〈唯識〉入門』2001 大法輪閣.

『解深密經』1930 國譯大蔵經 經典部 第八巻 東方書院.

『岩波仏教辞典（第二版）』1989 中村元ほか（編）岩波書店.

『佛教聖典（増補版）』2008 東京大學佛教青年會（編修）三省堂.

http://user.numazu-ct.ac.jp/ ～ nozawa/b/chugan.htm
（2018 年 4 月 13 日閲覧）

http://user.numazu-ct.ac.jp/ ～ nozawa/b/vaisesika.htm
（2018 年 4 月 13 日閲覧）

http://user.numazu-ct.ac.jp/ ～ nozawa/b/ubu-doc.htm
（2018 年 4 月 13 日閲覧）

「唯識修学のページ」

| 5.10 | 自然言語処理と認知言語学 |

内海　彰

本節では，自然言語処理と呼ばれる学問分野で研究されている，コンピュータで言語を処理するための技術や方法について紹介する．近年の自然言語処理は，統計的機械学習の諸手法を用いて，大規模言語データから言語処理に必要な規則や知識を自動的に獲得するというアプローチが主流である．本節では，まずこのアプローチによる自然言語処理の基礎や認知言語学との関係について述べた後に，要素技術としての形態素解析や係り受け解析などを紹介する．次に，ベクトル空間上で単語や文書を表現することによって，単語の意味表現や単語どうしの類似度計算，さらに情報検索における検索質問に対する文書の関連度計算などを可能にする意味空間（ベクトル空間）モデルに関して説明する．そして最後に，自然言語処理の具体的なタスクである，文書クラスタリング，感情分析，機械翻訳などについて述べる．

1.　はじめに

自然言語処理（natural language processing）とは，人間の情報処理やコミュニケーションを手助けすることを目的として，コンピュータで言語を自動的に処理するための方法論や技術を研究する学問分野，もしくはそれらの方法論や技術体系のことである．情報の媒体として人間が最もよく用いるのが言語であることから，情報処理技術の発展には自然言語処理が不可欠である．1900年代中旬に計算機が誕生して間もない頃から機械翻訳などの自然言語処理の研究が開始されたという歴史的事実も，自然言語処理の必要性を物語っている．

最近の自然言語処理の分野は急速な発展を遂げており，その結果として，それらの技術によるアプリケーションやサービスが我々の日常生活の様々な場面に浸透している．例えば，ウェブ上では，自然言語による検索質問を入力することによってユーザが求める情報を探し出すサーチエンジンや，多言語間の翻訳を可能にする自動翻訳サービスが提供されている．個人が多種多様な情報を発信するソーシャルメディアから，その時々の流行やトレンドを提示したり，製品やサービスに対する評判や意見を抽出するサービスも利用可能である．また，現在の生活に深く浸透しているスマートフォンには，音声対話が可能な会話エージェントが組み込まれている．

▶ 1.1　自然言語処理の変遷

現在の自然言語処理の発展の背景には，21世紀初頭に始まった技術的ブレークスルーもしくはパラダイムシフトが存在する．

20世紀（1900年代後半）の自然言語処理においては，研究者やシステム開発者などの人間が言語に関する規則や知識を明示的に与えるというトップダウンアプローチが主流であった．機械翻訳を例に考えると，"A teacher scolded a student." という文を日本語に翻訳するためには，teacher と先生，scold と叱るといった単語や語彙に関する意味の対応関係を記した辞書や，SVO という文法構造を SOV という構造に変換する構文変換規則が必要である．そのために，言語学での知見や自分の直観を頼りに，研究者や開発者がこれらの知識・規則を明示的に書き下してシステムに与えていた．このアプローチは，自然言語処理を含む人工知能の工学的研究と，認知科学や言語学などの理論的研究がお互いに関係し合いながらそれぞれの発展に貢献するという望ましい側面もあるが，技術的な側面からは二つの理由から限界があった．一つは規模の問題である．実用的な言語処理アプリケーションやサービスを可能にするためには，言語知識や規則の大規模化が必要になる．しかし，それらの大規模化を人手に頼るのは，能力の面でもコストの面でも限界がある．狭い範囲ではうまくいく方法も，その範囲を広げたとたんに予想ど

おりの結果が得られないということも多かった. もう一つの, より深刻な問題は, 自然言語が本質的に持つ曖昧性や文脈依存性への対処の困難さである. 例えば, bank という単語は銀行, 土手, 列などの複数の意味を表す. また, "Teacher strikes idle kids." という文では, strike を名詞と考えるか動詞と考えるかによって, 二つの異なる解釈が可能である. このような曖昧さに対して, 人は文脈や常識を利用してどの解釈が適切かを容易に判断できるが, そのような判断を可能にする規則や方法を明示的に与えるのは非常に困難である (これは現在の自然言語処理にとっても依然として難しい問題であるが).

このような問題に対して, 実際の言語使用例に注目して, それらの実例データから計算機が自動的に知識や規則を学習するという事例に基づくアプローチが試みられるようになった. このアプローチは 1900 年代後半から試みられていた (Nagao 1984) が, これが 21 世紀の自然言語処理にブレークスルーをもたらすことになった要因として, 二つの技術的進展が挙げられる. 一つは, 20 世紀末から 21 世紀にかけて起こったインターネットやウェブの急速な普及である. インターネットの普及によって, 計算機が直接処理可能な電子化された言語データ (コーパス) が大量に入手できるようになった. これによって人手によるアプローチの問題であった大規模化が容易になった. もう一つの技術的進展は, 性能の高い様々な統計的機械学習法や深層学習の出現である. これらの機械学習手法によって大量の言語データから有用な言語知識や規則を人手によらず自動的に生成することが可能になった. このようなボトムアップアプローチに加えて, 前処理として言語データから構文情報や意味情報を抽出する各種の要素技術・ツールの出現, 1.4 で述べる WordNet に代表される言語に関する深い理解に基づく言語知識データの整備などが相まって, 現在の自然言語処理の発展が成し遂げられた.

▶ 1.2 認知言語学との関係

自然言語処理の発展において, 認知言語学が果たした役割は大きいとは言い難い. 前述したように, 初期の自然言語処理研究においては, 認知言語学や認知科学の知見 (例えば, フレームやスク

リプトなどの知識表現方法) が取り入れられているし, フレーム意味論に基づく FrameNet のような言語知識データベースが意味処理ツールに用いられている (Gildea and Jurafsky 2002) などの事例はある. しかし現在のボトムアップアプローチが人手を介さない機械学習による手法であることを考えると, 認知言語学が現在の自然言語処理とそれほど関係していないという現状は仕方がない面もある.

しかし, 認知言語学の視点から自然言語処理の変遷を眺めてみると, 興味深いことに気づく. 20 世紀の自然言語処理は, 人手でコンピュータにあらかじめ言語処理に関する規則や知識を与えておくというアプローチであった. これを人間の言語獲得と対比して見てみると, このアプローチは生得的に言語能力が備わっているという生成文法論の考え方に近い. 一方, 21 世紀の自然言語処理は, 大量の言語データから統計的機械学習によって言語処理に関する規則や知識をコンピュータが自ら獲得し, その学習結果に基づいて処理を行なうというアプローチである. このアプローチは, 認知言語学の考え方と非常に親和性が高い. 言語に特化しない一般的な認知能力によって言語が獲得されるとする認知言語学の基盤となる主張は, 言語処理に特化しない機械学習手法による言語知識・規則の獲得と類似している. また, その際に実際の言語使用例の集まりであるコーパスから学習するという点も, 用法基盤モデルの考え方と相通じる. ある意味では, 近年の自然言語処理の成功が認知言語学的な考え方の妥当性を支持していると言うこともできるであろう.

▶ 1.3 Bag of Words

機械学習に基づく統計的自然言語処理では, 大量の言語データを効率良く扱うために単純な仮定に基づく言語モデルを用いることが多い. 最もよく用いられるモデルが, 文書や文章を単語の集合とみなす Bag of Words (BoW) である. BoW モデルでは, 文章中にどの単語が何回出現するかという情報のみで, その文章を表現する. 例えば, "The dog barked against a tree in the park. The cat jumped into a tree in the park." という文章は, 単語と出現回数のペアのリストとして以下のように表現できる.

{ dog:1, bark:1, tree:2, park:2, cat:1, jump:1 }
また，各単語を次元に対応させて $\vec{v} = (1, 1, 2, 2, 1, 1)$ というベクトルとして表現することも可能である．

語順や係り受け関係などの構文情報を含まないこのような単純な表現が，実は多くの言語処理タスクにおいて優れた性能を示すことが明らかになっている．より複雑なモデルも多く試みられているが，大量の言語データと BoW モデルの組合せに比べて，性能が大きく向上するまでには至っていない．BoW モデルの単純かつ高性能というこの性質が，現在の統計的自然言語処理の発展を支えていると言っても過言ではない．

BoW に基づいて文章を表現する際に，文章中に出現するすべての単語を用いずに，特定の単語を除外する前処理を行なうことが多い．一般的に，文章の内容を表現するのに適していない機能語（例えば，前出の例における the, a, in, into）やストップワード（stop words）が除外される．ストップワードとは，機能語ではないが，多くの文章に頻出する一般的な語（例えば，「こと」，「もの」，「する」，「なる」）のことである．

なお，最近の深層学習（deep learning）もしくはニューラルネットワーク（neural network）による自然言語処理では，語順を考慮した BoW に基づいており，上記の前処理は通常行なわれない．

▶ 1.4 言語資源

自然言語処理に必要なデータとして，実際の言語の用例集であるコーパスと，主に単語の意味に関する知識データベースが挙げられる．

コーパス（corpus）は人間が実際に用いた言語表現を大量に収集したデータ集であり，新聞をはじめとして，雑誌，書籍，小説，ウェブなどの多様な種類の文章や会話などのコーパスが存在する．近年では，ウェブやソーシャルメディアから言語表現を収集して，コーパスを独自に構築することも可能である．また，Wikipedia などのウェブ百科事典もコーパスとして利用できる．コーパスに含まれるデータは，言語表現だけしか含まれないもの（タグなしコーパス）と，言語表現とともに品詞や構文構造などの情報を付加したもの（タグ付きコーパス）がある．コーパスは，言語処理を実現するための規則・知識を学習するのに用いられるとともに，学習結果を検証するためにも用いられる．

言語知識データベースとしては，シソーラスや格フレーム辞書などがある．**シソーラス**は単語・語彙をその意味に応じて図1のように階層的に分類した語彙データベースである．シソーラスとして最も利用されているのが，プリンストン大学で開発されている **WordNet**（https://wordnet.princeton.edu/）である．プリンストン大学では英語の WordNet が開発されているが，それを元にして多くの言語に対する WordNet が開発されている．**格フレーム辞書**は，動詞などの述語がどのような語句を格要素として取るかという**述語項構造**（predicate argument structure）を記述した辞書である．例えば，「食べる」という動詞は動作主格（が格）として「人」，「子供」などの人間を表す名詞をとり，対象格（を格）として「ご飯」や「料理」といった食べ物の表す名詞をとるという情報が記載される．

さらに，特定の言語処理タスクの評価や学習に用いるための正解データ集であるテストコレクシ

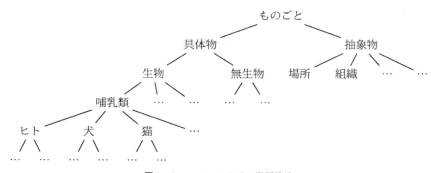

図1 シソーラスにおける階層構造

ョン（test collection）も言語資源の一つである．例えば，単語間の意味的な類似度を求めるというタスク（3.3 を参照）を考えると，WordSim-353 や SimLex-999 などの，単語ペアとその類似度の値を収集したデータ集がテストコレクションに該当する．なお，テストコレクションは正確さが強く要求されるため，通常は人手を介して作成される．

これらの言語資源は，開発者が独自に研究目的に無償で提供しているとともに，LDC（Linguistic Data Consortium）や ALAGIN などの団体によっても提供されている．

▶ 1.5 機械学習

機械学習（machine learning）とは，与えられた有限のデータ集合から，あるタスクを遂行するのに有用な規則や知識などを自動的に獲得する技術・手法のことである．機械学習には，あるタスクに対する入力とそれに対する正解出力がデータとして与えられて，そこから入出力関係を学習する**教師あり学習**（supervised learning）と，入力のみからあるタスクを実行するモデルを生成する**教師なし学習**（unsupervised learning）が存在する．

教師あり学習においては，入力 x_i と出力 y_i のペア（x_i, y_i）が多数与えられて，それらの訓練データから入出力関係を推定する．一般的に，入力 x_i は言語表現から抽出された様々な特徴量をベクトル表現したものが用いられる．どのような特徴量を用いるかは，解くべきタスクに応じて決定される．出力 y_i は単一の値であり，一般に実数値である．多くの自然言語タスクは，任意の言語表現がいくつかのクラス（カテゴリ）のうちのどれに属するかを決定する分類問題に帰着できるため，出力 y_i としてクラスを表すラベル（名義尺度）が用いられる．この場合には，機械学習によって学習されたモデルは**分類器**（classifier）と呼ばれる．教師あり学習のための様々な手法が提案されており，特に自然言語処理の分野では，サポートベクトルマシン（support vector machine: SVM），ナイーブベイズ（naive Bayes），決定木（decision tree）などの手法がよく用いられる．特に近年は，ニューラルネットワークによる教師あり学習が主流となりつつある．

教師なし学習では，あらかじめ正解出力が与えられておらず，学習を通じて適切な出力を得るようなモデルを生成する．代表的な手法としては，入力データをクラスタ（cluster）と呼ばれるいくつかの類似するグループにグループ化する**クラスタリング**（clustering），入力データから変数間の関係性を学習する相関ルール学習，入力データをより少数の本質的な特徴による表現に変換する表現学習（representation learning）などが挙げられる．特に，クラスタリングはカテゴリ化という認知処理の計算論的実現とみなすことができる点で重要な学習手法であるとともに，自然言語処理の多くの処理でも用いられている．クラスタリング手法には，**k-means 法**を代表とする階層構造を持たない分割クラスタリングと，クラスタが階層構造（クラスタの中にサブクラスタがいくつかあり，さらにそれらのサブクラスタの中にサブサブクラスタがあるという入れ子構造）を持つように分類する階層的クラスタリングがある．

なお，機械学習を自然言語処理で利用する際に重要となるのが，与えられたタスクの性能が高くなるように，入力の言語表現をどのような特徴で表現するか（つまり，x_i をどのように決めるか）という問題である．機械学習そのものは人手を要しないが，学習に用いる言語データの表現方法の決定は人手で行うのが普通である．その際に，構文や意味に関する認知言語学的な知見を利用することも考えられる．一方で，ニューラルネットワークによる機械学習では，特徴抽出も自動で行なわれる．このことは人手で特徴選択を行なう必要がないという利点となるが，どのような特徴が学習に有効であるかが見えにくくなるという欠点でもある．

2. 自然言語処理の要素技術

自然言語処理のタスクへの入力として与えられる言語表現からタスクに有用な特徴を抽出するための前処理として，その言語表現の構文情報や意味情報を抽出する様々な解析ツールが用いられる．ここでは，それらの解析技術について紹介する．

▶ 2.1 形態素解析

分かち書きされていない日本語の文を単語（正確には，形態素）に分かち書きするための技術が

形態素解析（morphological analysis）である．形態素解析で行なう処理は，形態素への分割とそれらの品詞（part-of-speech: POS）の同定である．例えば，「太郎は弟に本を貸した女の子を駅で見かけた．」という文は，以下のように形態素に分割され，それらの品詞が求められる．

> 太郎（名詞，固有名詞）／は（助詞，係助詞）／弟（名詞，一般）／に（助詞，格助詞）／本（名詞，一般）／を（助詞，係助詞）／貸し（動詞，自立「貸す」）／た（助動詞）／女の子（名詞，一般）／を（助詞，格助詞）／駅（名詞，一般）／で（助詞，格助詞）／見かけ（動詞，自立「見かける」）／た（助動詞）／．（記号，句点）

これらの処理を行うプログラムを形態素解析器といい，いくつかの形態素解析器が一般に公開されている．

このような処理を行なうために，あらかじめ形態素辞書を用意して，入力された文の先頭から辞書に存在する形態素を切り出していく．通常，このようにして生成される形態素列は複数存在するので，それらのうちのどれが適切かを判断する．どの形態素列が最も適切かは，個々の形態素どうしの連接しやすさから判断する．隣り合う形態素どうしの連接しやすさは，連接コストとして人手で与えたり，コーパスから連接確率を学習することによって求めたりする．

一方，英語のように分かち書きされている言語の場合には，形態素解析として品詞の同定や，語形変化や派生語の原形を求める見出し語化（lemmatization）を行なう．品詞の同定では，隠れマルコフモデル（Hidden Markov Model）などの技術を用いて，ある単語列が与えられたときにそれに対する品詞列の条件付き確率を計算し，その確率が最大となる品詞列を求めるなどの手法が用いられる．

▶ 2.2 固有表現抽出

文章を解析するうえで問題となるのが，人名，地名，製品名などの**固有表現**（named entity）の扱いである．固有表現は何かを指し示すラベル（名前）として機能する言語表現であり，基本的に固有表現を構成する単語や形態素の表す意味とは無関係である．例えば，「電気通信大学」は調布市にある国立大学を指し示す固有表現であり，文

章中ではその大学を指し示す機能だけを果たす．よって，この表現を「電気」，「通信」，「大学」に分割して扱うことはその文章を処理する上で不適切であり，「電気通信大学」が一つの固有表現であることを求める必要がある．人名や地名などの一部の固有表現については，辞書にあらかじめ登録することによって，形態素解析で同定することが可能である．しかし，多くの種類の固有表現（例えば，製品名や遺伝子名）の個数は非常に多く，かつ新しい表現が頻繁に生まれるため，辞書によって対処するのは困難である．以上の理由から，固有表現抽出の技術が求められている．

固有表現抽出とは，文中のどの部分が固有表現なのかを求め，それをあらかじめ決められた固有表現の種類（クラス）に分類する処理である．具体的には，以下の例のように，文を構成する各単語（形態素）を，固有表現の先頭（B）か，固有表現の途中（I）か，固有表現ではない（O）のいずれかに分類することによって行われる．

> 電気　通信　大学　の　キャンパス　は
> B_{ORG}　I_{ORG}　I_{ORG}　O　　O　　O
> 調布　市　に　あります　。
> B_{LOC}　I_{LOC}　O　O　O　O

このタグづけによって，Bで始まりIが連続する部分を一つの固有表現として抽出する．上記の例では，「電気通信大学」が組織名を表す固有表現，「調布市」が地名を表す固有表現として抽出される．BタグとIタグは固有表現のクラスごとに用意するので，クラス数Nの固有表現抽出は，各単語に$2N+1$個のタグのいずれかを付与するという多値分類問題に帰着できる．

個々の単語へのラベルづけは一般的に機械学習で行なわれる．学習に用いられる個々の単語の属性・特徴としては，単語やその前後の単語に関する様々な属性（品詞，文字種，意味，n-gram など）が用いられる．

▶ 2.3 係り受け解析

係り受け解析（dependency parsing）とは，文を構成する語句や文節間の依存関係を求める処理である．文の係り受け構造は，図2のようなグラフで表現できる．このような係り受け構造は，文の意味を解析するうえで必須の情報である，動詞と目的語のような述語項関係や名詞と修飾語のよ

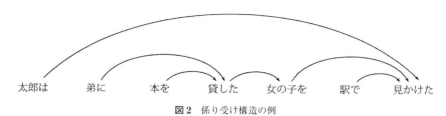

図2 係り受け構造の例

うな主辞修飾（head-modifier）関係の抽出を容易にする点で，従来の句構造文法に基づく構文構造に比べて優れている．特に，日本語のように語順が比較的自由な言語では，句構造文法に基づく構文解析よりも，係り受け解析のほうが構文構造を表現するのに適している．

係り受け解析では，文中の任意の2文節間の係りやすさ（依存しやすさ）を求め，それらの情報から一定の制約（日本語の場合には「必ず後続の文節に係る」や「係り受け関係は交差しない」など）のもとで文全体の係り受け構造を最適化するという方法が採られる．ただし，すべての2文節間の係りやすさを考慮するのは非効率的であるので，係り受け関係にある文節を段階的にまとめていくという方法も考案されている．

▶ **2.4 照応解析**

照応（anaphora）とは，文章中ですでに述べられているものごとを指し示すことであり，そのような指示表現の指示対象を求めるのが**照応解析**（anaphora resolution）である．以下の例文では，下線で示された「自分」，「彼女」などの代名詞や「その本」などの名詞句が指示表現である．

> 花子は妹の部屋を掃除しているときに，自分の本を見つけた．彼女にそのことを問いつめると，「その本，あとで返そうと思ってたんだ」と彼女は答えた．

照応解析では，例えば，「自分」が花子を指し，「彼女」が（花子の）妹を指すことを求めることになる．なお，省略が頻繁に生じる日本語では，省略されている部分（上記の例では「彼女にそのことを問いつめると」の主語）も指示表現と見なして（これを**ゼロ代名詞**（zero pronoun）という），その指示対象を求める処理も照応解析に含まれる．

照応解析の手法としては，規則に基づくアプローチや教師あり学習に基づくアプローチが試みられている．指示表現の指示対象は，指示表現に関する文法的な規則（「彼女」は女性を指すといった性や数の一致）や経験則（指示表現に近い語句ほど指示対象になりやすい）などによってある程度の精度で同定できるため，規則に基づく手法は今でも主流の方法である．一方で，他の言語処理タスクと同様に，教師あり学習によるアプローチも試みられている．入力として指示表現と指示対象（候補）のペア，出力としてそのペアが正しいかどうかの二値を考えて学習を行ない，分類器を生成する．

なお，照応解析は常識などの一般的な知識が必要な場合も多く，自然言語処理の中でも難易度の高いタスクである．そのため，機械が知能を持つかどうかを判定するチューリングテストに代わるテストとして提案されている**ウィノグラード・スキーマ・チャレンジ**（Winograd schema challenge）のタスクに，照応解析が用いられている．

3. 意味空間モデルによる単語の意味表現と類似度計算

自然言語処理に必要な基本的な情報として，単語や語句の意味が挙げられる．特に，BoW アプローチを採用する場合には，その表現単位である単語の意味をコンピュータで扱うことは必須となる．そのための有用な方法として，**意味空間モデル**（semantic space model）もしくは**分布に基づく意味モデル**（distributional semantic model）と呼ばれる一連の手法が用いられる．意味空間モデルでは，文章中の単語の出現分布情報に基づいて，単語の意味を多次元ベクトル空間上で表現する．個々の単語は一つの多次元ベクトルとして表現され，単語間の類似度はそれらのベクトル表現を用いて計算される．図3に意味空間モデルの全体像を示す．

意味空間モデルの研究は，ランダウアー（Thomas K. Landauer）とデュメ（Susan T.

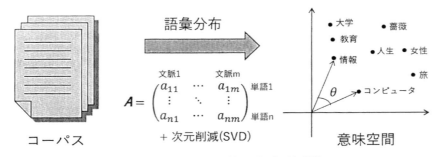

図3 意味空間モデル（数え上げに基づく手法）

Dumais）が**潜在意味解析／分析**（Latent Semantic Analysis: LSA）という手法を提案した（Landauer and Dumais 1997）のが最初であり，その有用性が認識されるにつれて，非常に多くの研究が行なわれるようになった（Turney and Pantel 2010）．特にニューラルネットワークによる機械学習では，入出力の言語表現を数値化するために単語のベクトル表現が用いられることからも重要な技術である．なお潜在意味解析で用いられる手法は，情報検索の分野ですでに提案されていたベクトル空間モデル（文書や検索質問をベクトル表現することによって両者の照合を行なう検索モデル，4を参照）を単語の意味表現に応用したものである．

▶ 3.1 語彙分布仮説

意味空間モデルは，**語彙分布仮説**（distributional hypothesis）という意味の捉え方に基づいている．語彙分布仮説を一言で言うと，単語の意味はそれが用いられる文脈での語彙分布に依存するというものである．例えば，"We found a little, hairy wampimuk sleeping behind the tree."という文を考えてみよう．この文中の wampimuk は実在しない単語であるが，我々はこの文を読んで wampimuk の意味を推測することができる．語彙分布仮説によれば，このような推測が可能なのは wampimuk の意味がそれが出現する文脈での語彙分布（この場合には，little, hairy, sleep, tree など）によって決定（もしくは近似）されるからということになる．

なお，このような意味の捉え方は，実は新しいものではない．言語学者のファース（John R. Firth）は "you shall know a word by the company it keeps"（Firth 1957）という一文でこの仮説を端的に表現している．よって，意味空間モデルは，思索的であった語彙分布仮説を検証可能な仮説にしたと言える．

▶ 3.2 単語ベクトルの生成

単語ベクトルの生成方法は，数え上げモデルと予測モデルに大別できる．数え上げモデルでは，コーパス中の各文脈における各単語の出現回数を数え上げて，それらの値から直接単語ベクトルを生成する．一方，予測モデルでは，文中の一部の単語（列）から別の単語（列）を予測する言語モデルをコーパスから学習することによって，間接的に単語ベクトルを生成する．

3.2.1 数え上げに基づく手法

数え上げに基づく手法では，以下の手順で単語ベクトルを生成する．

(1) 各単語の各文脈における出現回数を要素とする単語ベクトルを行とする単語文脈行列（図3の行列 A）を生成する．
(2) 単語文脈行列 A に対して，重みづけを行なう．
(3) 単語文脈行列 A に対して，次元削減（因子分解）を行なう．

手順(1)の「文脈」として，文書や文章を考える方法と，共起する単語を考える方法がある．前者の方法は，同じ文書や文章に出現しやすい単語どうしは意味的に類似するという考え方に基づいており，各単語の各文書・文章での出現頻度が行列の要素となる．一方，後者の方法は，同じ単語と共起しやすい単語どうしは意味的に類似するという考え方に基づいており，ある範囲（文や一定の長さの単語列）における単語間の共起頻度が行列の要素となる．つまり，この場合には，単語文脈行列は単語共起行列となる．

手順(2)の重みづけの方法としては，単語を文脈とする場合には**相互情報量**（pointwise mutual

information: PMI），文章を文脈とする場合には**tf-idf**（詳細は 4.1 を参照）やエントロピーが用いられる．単語 w_i と文脈（共起語）c_j の相互情報量は次式で与えられる．

$$PMI(w_i, c_j) = \log \frac{p(w_i, c_j)}{p(w_i)p(c_j)} \quad (1)$$

上の式(1)は，単語 w_i が単語 c_j と共起する確率 $p(w_i, c_j)$ がそれぞれの単語が独立に生起すると仮定したときの共起確率 $p(w_i)p(c_j)$ よりも高いほど，それらは強く関係していることを表している．さらに，相互情報量の改良版である**正相互情報量**（負の値をすべて 0 とした相互情報量；Positive PMI）による重み付けが一般的に優れているとされる（Bullinaria and Levy 2007）．

以上の手順で生成された単語ベクトル（単語文脈行列の行ベクトル）をそのまま用いて単語間の類似度を計算することは，単語ベクトルの次元（文脈）が互いに独立（無関係）とみなすことになるが，現実的にはありえない仮定である．類似した文脈（同じテーマに関する文章や，類似した意味を持つ共起語）が多く存在すれば，それらから生成される単語文脈行列に含まれる意味情報は冗長度が高くなり，その性能は冗長な情報に大きく依存してしまう．逆に，同一の文脈には出現しないが，類似する文脈に出現する単語間の類似度を適切に捉えることもできない．さらに，文脈数が次元数と等しいため，単語文脈行列は非常に疎となる（行列の要素の大半が 0 となる）．手順(3)では，これらの問題点を解決するために，できるだけ互いに無関係な情報を保持する少数の次元で表現できるように，単語文脈行列の次元削減を行なう．その手法としては，**特異値分解**（singular value decomposition: SVD）が主に用いられる．特異値分解では，単語文脈行列 A を 3 つの行列 W, Σ, C の積 $A = W \Sigma C^T$ に分解する．Σ は特異値が降順に並んだ対角行列であり，そのうちの上位 k 個の特異値だけからなる対角行列 Σ_k と，それらの特異値に対応する行列 W の k 個の列ベクトルからなる行列 W_k によって，次元削減後の単語ベクトルが生成される．

なお，前述した潜在意味解析（LSA）は数え上げに基づく手法に属し，文章を文脈とする単語文脈行列にエントロピーによる重みづけと特異値分解による次元削減を行なう手法である．

3.2.2 予測に基づく手法

予測モデルの代表的な手法である**word2vec**（Mikolov et al. 2013）では，図4に示す skip-gram と CBOW（Continuous Bag of Words）という二つの手法を用いる．どちらの手法においても，文中の単語の予測問題を 3 層の階層型ニューラルネットワークで解くことによって間接的に単語ベクトルを生成する．両手法で異なるのは予測の内容である．

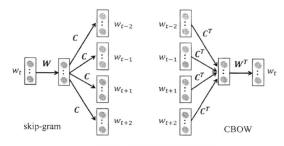

図4 予測に基づく意味空間モデル

skip-gram では，文中の各単語 w_t からその前後 L 語 $w_{t-L}, \cdots, w_{t-1}, w_{t+1}, \cdots, w_{t+L}$（つまり文脈を表す共起語）を予測する問題を考える．一方，CBOW では，逆に，文中の共起単語列 $w_{t-L}, \cdots, w_{t-1}, w_{t+1}, \cdots, w_{t+L}$ から単語 w_t を予測することを考える．いずれの手法においても，予測問題を解くようにネットワークを学習した後に得られる，単語 w_t に対応する層と隠れ層のユニット間の重み（図中の W の行ベクトル）が単語ベクトルとなる．よって，隠れ層のユニット数が単語ベクトルの次元数に一致することになる．

予測に基づく手法は，単語文脈行列から代数的手法によって主因子を取り出す数え上げに基づく手法とは異なり，ネットワークの学習を通じて間接的に主因子特徴を抽出することになる．階層型ニューラルネットワークのこのような性質は表現学習と呼ばれ，深層学習の成功の一因にもなっている．ただし，数え上げモデルと予測モデルが本質的には同等の因子分解を行なっている（skip-gram で求められる行列 WC が，共起語を文脈とする単語文脈行列を PMI で重みづけした行列と同等である）ことも理論的に明らかになっている

(Levy and Goldberg, 2014).

▶ 3.3 単語間類似度の計算

多くの自然言語処理タスクでは，単語間の**意味的類似度**（semantic similarity）を計算することが求められる．例えば，情報検索では，検索に用いる語句に意味的に類似している内容の文書を検索できるのが望ましいし，自動要約や機械翻訳では，語句の置き換えが必要なときに二つの単語が類似した意味を持つかを知る必要がある．

意味空間モデルでは，単語間の意味的な類似度をそれらの単語ベクトルから容易に計算することができる．代表的な計算方法として，二つのベクトルのなす角のコサイン（余弦）を用いる方法がある．二つの単語ベクトルを $\vec{w}_i = (u_{i1}, \cdots, u_{im})$，$\vec{w}_j = (v_{j1}, \cdots, v_{jm})$ とすると，コサイン類似度は次式で定義される．

$$sim(w_i, w_j) = \cos(\vec{w}_i, \vec{w}_j) = \frac{\vec{w}_i \cdot \vec{w}_j}{|\vec{w}_i| \, |\vec{w}_j|}$$

$$= \frac{\displaystyle\sum_{k=1}^{m} w_{ik} w_{jk}}{\sqrt{\displaystyle\sum_{k=1}^{m} w_{ik}^2} \sqrt{\displaystyle\sum_{k=1}^{m} w_{jk}^2}} \qquad (2)$$

なお，類似度という用語を用いるときには，どのような単語間の関係を類似とみなすかに注意が必要である．厳密には，単語間の意味的な類似度はそれらの語が表す意味どうしが似ている度合いのことである．例えば，「紅茶」と「緑茶」はどちらも茶葉にお湯を注いで抽出した飲料（もしくはその茶葉）を表すので，意味的な類似度が高い．一方で，「紅茶」と「カップ」はそれらの意味が似ているわけではないので類似度は非常に低い．しかし，紅茶はカップに注いで飲むものなので，それらの単語は意味的に関連している．一般的に自然言語処理で「類似度」という場合には，後者の**意味的関連度**（semantic relatedness）も含む意味で用いることが多い．それは，多くの言語処理タスクにおいて，「紅茶」と「カップ」が意味的に関連していると判断する必要があるからである．例えば，紅茶の入れ方に関する文書を検索するときには，紅茶とカップが意味的に関係があると知ることが，検索要求に適合する文書かどうかを判断するために有用である．本節でも，特に断

りがない場合には，両者を含めた広い意味で「類似度」という用語を用いている．

▶ 3.4 マルチモーダル意味空間モデル

単語の意味や概念は，五感を通じた感覚身体的経験を基盤として獲得される．例えば，幼児は犬を見たり触ったりしながら，「犬」という単語の意味（概念）を学習する．認知言語学では，さらに身体的経験を通じた環境との相互作用から概念メタファーやイメージスキーマなどの抽象的な知識構造も獲得されると考える．

一方，意味空間モデルにおける意味獲得は，単語がどのような文脈で使用されるのかという言語的経験のみに基づいている．つまり，「犬」の意味をその単語が用いられた文脈から推測することになる．このことから，意味空間モデルを語彙獲得や意味記憶の認知モデルとして捉える場合に，その妥当性が批判の的となってきた（de Vega et al. 2008）．意味空間モデルによる単語のベクトル表現は外界に関連づけられていないという，いわゆる**記号接地問題**（symbol grounding problem）である[→ 4B.2]．

そこで近年では，言語以外のマルチモーダル情報（主に画像情報）を利用して，単語の意味ベクトルを生成しようとするマルチモーダル意味空間モデルが試みられている（Baroni 2016）．そこで用いられる手法は言語情報からの単語ベクトルの生成と基本的に同じである．単語でタグづけされた画像からそれらの特徴量（例えば SIFT 特徴量）ベクトルを抽出し，それらをクラスタリングすることによって，特徴量ベクトルの典型的なパターンを決定する．これらのパターンを「画像の単語」（visual words）とみなして，各単語に関連づけられている画像中の「画像の単語」の出現頻度を数えることによって，単語・文脈行列を生成する．それ以降の重みづけや次元削減の手法は，通常の意味空間モデルと同様の手法が用いられる．また最近では，画像認識のために学習済のニューラルネットワークを用いて画像の特徴ベクトルを計算する手法も用いられる．マルチモーダル意味空間モデルのいくつかの研究から，一般的に，画像情報のみから生成された単語ベクトルの性能は通常の言語情報に基づく単語ベクトルより劣るが，画像と言語の両方の情報から生成された単語ベクト

ルはそれらよりも優れた性能を示すことが示されている（Baroni 2016）.

▶ 3.5 単語ベクトルの合成

単語より大きな単位（例えば，名詞句，文，文章など）の言語表現の意味ベクトルを，それを構成する単語の意味ベクトルから計算しようとする試みが行なわれている.

BoW に基づく最も単純な方法は，言語表現を構成する単語の重心（平均）ベクトルをその表現の意味ベクトルとする方法である．例えば，「かわいい犬」という名詞句の意味ベクトルを，「かわいい」と「犬」の単語ベクトルの平均ベクトルとする．文書分類などの用途で，比較的長い文章どうしの類似度を計算するためには簡潔で有効な方法であるが，語順などの構文情報を無視している点で，名詞句や文などの意味を捉える方法としては適切ではない．この手法では，例えば，「言語処理」と「処理言語」が同じベクトルで表現されてしまう.

この問題点を解決するために，主辞と修飾語の違いを考慮して合成ベクトルを計算するいくつかの手法が提案されている（Utsumi 2014）．例えば，修飾語と類似度の高い単語をいくつか選択し，それらの中で主辞と類似度の高い単語の意味ベクトルを加えて重心ベクトルを計算するという方法（プレディケーション法）が挙げられる．より洗練された方法としては，形容詞や動詞などの意味をベクトルとして表現せずに，線形変換行列として捉える手法も提案されている（Baroni et al. 2014）．この方法では，例えば，「かわいい犬」という名詞句のベクトルは，「かわいい」を表す線形変換行列によって，「犬」ベクトルを線形変換することで求まると考える．線形変換行列は，意味空間における様々な名詞 N と名詞句「かわいい N」のベクトル表現から学習することになる．さらに最近は，グーグルの BERT に代表されるように，文ベクトルを直接求める手法も多く提案されている.

▶ 3.6 トピックモデル

意味空間モデルに関連する技術として，文章に明示されていないトピック（話題）を推定することによって，間接的に単語の意味表現を得る**トピックモデル**（topic model）がある．トピックモデ

ルの具体的なモデルとして，潜在ディリクレ配分法（latent Dirichlet allocation: LDA）や確率的潜在意味分析（probabilistic latent semantic analysis: PLSA）が有名である.

トピックモデルでは，BoW に基づいて K 個のトピックから各文章が生成されると仮定する．具体的には，各文章 d_i がトピック z_j から生成される確率 $P(z_j \mid d_i)$ と，トピック z_j の文章を生成するのに単語 w_k が使用される確率 $P(w_k \mid z_j)$ を考え，それらから確率的に各文書が生成されると考える．トピックは実際に観測されない潜在変数なので，これをベイズ推論の手法を用いて推定することによって，上記の確率を見積もることになる．そのための手法として，変分ベイズ法（variational Bayesian method）やギブスサンプリング（Gibbs sampling）などが用いられる.

トピックモデルは文章分類（5.）など多くの自然言語処理タスクに利用されている．単語の意味表現手法としても，推定結果として得られる確率分布 $P(w \mid z)$ を用いて，各単語 w を K 次元のベクトルとして表現したり，単語 w_i, w_j 間の類似度を条件付き確率 $P(w_j \mid w_i)$ として計算することができる.

4. 情 報 検 索

情報検索（information retrieval）とは，大量の文書集合からユーザの要求する情報に合致する文書を探し出す処理である．ウェブが普及するまでは，書籍や専門的文書を対象とするごく一部の職種の人のみに関係する処理であったが，現在では，誰もがサーチエンジンを用いてウェブ上の情報を検索するようになった．そのため，自然言語処理において，情報検索は重要な処理と位置づけられている.

▶ 4.1 ベクトル空間モデルによる検索

現在の情報検索では，BoW に基づいて文書を表現し，同様に表現された検索質問や検索語（これらをクエリ（query）という）との照合を行なうという方法が一般的である．文書とクエリの関連度を求める手法の代表が**ベクトル空間モデル**（vector space model）である．3 で述べたように，ベクトル空間モデルは意味空間モデルと同じ技術であり，文書を文脈として生成した単語文脈

行列の列ベクトルが各文書を表現するベクトルとなる．したがって，BoW 表現に用いる単語（情報検索の分野では，これらの単語を索引語（index term）と呼ぶ）が決まれば，数え上げに基づく意味空間モデルの手法によって単語文脈行列（索引語文書行列）を生成し，重みづけと次元削減を経て，各文書のベクトルを計算することができる．また，同様にして，クエリに対してもベクトルも求めることができるので，クエリと各文書間の関連度を 3.3 で示したコサイン類似度で計算できる．そして，サーチエンジンの出力のような順位つきの検索結果として，検索質問とのコサイン類似度の高い文書を出力する．

ベクトル空間モデルでは，重みづけ手法として **tf-idf** が一般的に用いられる．そもそも tf-idf は情報検索向けに考えられた重みづけ手法であり，情報検索以外の多くの言語処理タスクでも用いられる．単語 w_i の文書 d_j における tf-idf 値は以下の式で定義される．

$$tf\text{-}idf(w_i, d_j) = tf(w_i, d_j) \times idf(w_i)$$
$$= tf(w_i, d_j) \times \log \frac{N}{df(w_i)} \quad (3)$$

$tf(w_i, d_j)$ は単語 w_i の文書 d_j における出現頻度（term frequency），$idf(w_i)$ は単語 w_i の文書頻度 $df(w_i)$（document frequency）の逆数，N は検索対象の文書の総数を表す．したがって，この式は，出現頻度が高い単語ほど，また文書頻度が低い（その単語を含む文書数が少ない）単語ほど，その文書にとって重要な語であることを意味している．特に，文書頻度が低いということは他の文書にはあまり出現しないということであり，そのような単語は文書 d_j を他の文書と区別するために有用である．逆に言うと，すべての文書に出現する単語は $idf(w_i) = 0$ となるため，対象の文書集合から検索を行なうときには役に立たない単語であるとみなすことになる（通常は idf の値が 0 となるような単語はそもそも索引語から除外する）．例えば，認知言語学の論文を文書集合として考えたときに，「認知」や「言語学」などの単語はどの文書にも出現するので，索引語としては適さないことになる．

▶ 4.2 検索結果の評価

情報検索システムで得られた検索結果の良さを評価する基準として，正確性と完全性が考えられる．正確性は検索結果の中に検索質問に適合する文書がどのくらい含まれるかを評価する基準であり，最も望ましいのはすべての検索結果が検索質問に適合するときである．一方，完全性は検索対象の文書集合に存在する検索質問に適合する文書を検索結果がどれだけ漏れなく含んでいるかを評価する基準である．最も望ましいのは，検索質問に適合するすべての文書を検索結果が含むときである．

正確性と完全性は，それぞれ**適合率**（precision）と**再現率**（recall）という評価指標によって数値化することができる．

$$適合率\ R = \frac{検索結果中の適合文書数}{検索文書数} \quad (4)$$

$$再現率\ P = \frac{検索結果中の適合文書数}{適合文書数} \quad (5)$$

一般的に適合率と再現率はトレードオフの関係にあるので，評価の目的に応じてどちらかの指標を重視して評価することになる．**F 値**（F-measure）は，重視の度合いを考慮して両方の評価基準を統合した単一の指標としてよく用いられる．重視の度合いを a（$0 \leq a \leq 1$）とする（$a > 0.5$ で適合率重視，$a < 0.5$ で再現率重視，$a = 0.5$ で均等）と，F 値は適合率と再現率の重みつき調和平均として次式で計算される．

$$\mathrm{F}\ 値 = \frac{1}{a\frac{1}{P} + (1-a)\frac{1}{P}} = \frac{(\beta^2 + 1)PR}{\beta^2 P + R}$$
$$ただし\ \beta^2 = \frac{1-a}{a} \quad (6)$$

特に，適合率と再現率を同等に扱う場合（$a = 0.5$, $\beta^2 = 1$）には，F 値は以下のようになる．一般的に，F 値と言えばこちらの値を指すことが多い．

$$\mathrm{F}\ 値 = \frac{2PR}{P + R} \quad (7)$$

なお，これらの評価指標は，情報検索だけでは

なく，幅広い自然言語処理タスクの評価指標として用いることができる．特に，二値分類（あるクラスに属するか属さないかの判別）となるようなタスクに対しては，適合率，再現率，F値をそのまま用いることができる．

5. 文章の分類

内容などに基づいて文章や文書をグループ分けする処理は，様々な自然言語処理アプリケーションで求められる処理である．文章の分類は，あらかじめ与えられたカテゴリ・クラスに文書を振り分ける**分類**（classification）と，カテゴリをあらかじめ設けずに対象の文書集合をグループ化する**クラスタリング**（clustering）に大別できる．特にクラスタリングは，事前知識のない文書集合をグループ化できるので，6のテキストマイニングの処理の一部としても用いられる．

必要な文書を取捨選択する（もしくは不必要な文書を除去する）フィルタリングという処理も，分類の一種とみなすことができる．例えば，有害サイトやスパムメールを除外するなどのフィルタリング処理は，個々の文章が有害・スパムかどうかの二値分類を行う処理と同等である．

▶ 5.1　分　類

文章分類（text classification）では，ベクトル空間モデルなどの手法で求めた文章ベクトルを用いるのが一般的である．最も単純な方法は，クラスごとにすでに分類されている文章の重心ベクトルをそのクラスのベクトル表現として，クラスが未知の文章に対して，最も類似度の高いクラスベクトルのクラスに分類するという方法である．また，重心ベクトルを求めずに，最も類似度が高いk個の文章が属するクラスの多数決によって未知文章のクラスを決定する**k近傍法**（k-nearest neighbor method）という手法も用いられる．

しかし，この単純な手法では十分な性能が得られないことも多く，その場合には，1.5で述べた教師あり学習手法によって分類器を生成するという方法が一般的に用いられる．

▶ 5.2　クラスタリング

文章クラスタリング（text clustering）の代表的な手法は，何らかの方法で文章間の類似度を定め，1.5で述べたクラスタリング手法を援用するという方法である．文章間の類似度は，BoWに基づいて生成される各文章の特徴ベクトルを用いて計算するのが一般的である．例えば，ベクトル空間モデルで生成した文章ベクトル間のコサイン類似度を計算するといった手法である．どのような基準でクラスタリングするかに応じて，文章ベクトルに用いられる情報を取捨選択することが行なわれる．一般的には，意味内容の類似度を想定するが，ウェブページなどを対象とするクラスタリングでは，その文書（ウェブページ）のスタイルやジャンルによってクラスタリングすることも行なわれる．

文章の内容に基づくクラスタリングの別の手法としては，3.6のトピックモデルを用いる手法も考えられる．トピックモデルでは，各文章d_iが各トピックz_jに属する確率$P(z_j \mid d_i)$が求まるので，その確率が最も高くなるトピックにその文章を割り当てることによって，クラスタリングを行なうことができる．

また，サーチエンジンなどでの検索結果の文書（ウェブページ）集合をクラスタリングして提示するような場合には，処理時間の短い簡潔な方法として，そこに頻出する語句を利用してクラスタリングする方法も考えられる．この方法では，文書間で共通するいくつかの重要語句を抽出して，それぞれの語句を含む文書の集合を一つのクラスタとする．また，その際に，頻出語句をクラスタリングしていくつかの語句グループを生成し，それに基づいて文書クラスタリングを行なう方法も提案されている．

6. 文章からの情報の抽出や発見

情報は主に言語によって記述・伝達されるため，文章から有用な情報を自動的に抽出することは自然言語処理にとって重要な課題である．自然言語処理の分野では，**情報抽出**（information extraction）という用語は，主に言語知識に関わる特定の情報を文章から抽出するという限定された意味で用いられることが多い．例えば，2.2で述べた固有表現抽出は，この意味での情報抽出の代表例である．その他には，単語間の意味的関係（例：「紅藻」は「テングサ」の上位語）やイベント表現とそれらの時間的関係の抽出などが，情報

抽出における主なタスクである.

一方で, ウェブやソーシャルメディアを通じて大量の文章データが流通している現在では, それらのデータから人手で抽出することが困難である有用な情報を発見する**テキストマイニング**（text mining）の技術が求められている. 特に, ブログ, ツイッター, レビューサイトなどのソーシャルメディアを通じて公開される個人の意見, 感想, 批評から, ある特定の製品やサービスに対する世の中の評判や, 公的な政策や事件に対する世論を把握する処理に対する需要が急速に増加している. このような評判や意見を抽出する処理のことを, **感情分析**（sentiment analysis）または意見マイニング（opinion mining）と言う. さらに, これらのウェブ上の文章データから, 自然言語で記述された質問に対する答えを求める**質問応答**（question answering）も, 情報抽出の一種とみなすことができる.

▶ 6.1 感情分析

感情分析では, ソーシャルメディアでの個人ユーザの発言などの文章から意見や評価が述べられている文や文章を抽出する処理と, 抽出された文の**極性**（polarity）を判断する処理を行なうのが一般的である. 極性とは, その内容の肯定（positive）・否定（negative）を表す特性のことである. どちらでもないことを示す中立（neutral）も含まれることがある.

意見の対象は, 評価項目や観点を明確に与えることができるサービスや製品（例：スマートフォン）から, 評価項目を明確に定めるのが困難な時事問題や政策（例：消費税に対する政策や原発問題）などまで多様である. 文章から意見や評価を抽出する処理では, 前者の場合には, あらかじめ評価項目を用意したり, 情報抽出の手法を用いることによって, 対象の評価項目に関して述べている文を抽出する. 一方, 後者の場合には, 各文の内容が主観的か客観的かを判別する処理（主観性判断）によって意見が述べられている文を抽出する. 主観性判断には, 教師あり学習手法が用いられる.

抽出された意見文から極性を判断する方法としては, 教師あり学習を用いて分類器を構築する手法と, 単語・語彙に関する**極性辞書**（sentiment lexicon）に基づいて文の極性を判断する手法が挙げられる. 後者の極性辞書を用いる手法では, あらかじめ極性が明確に決められる少数の種語（seed words）を用意して, それらの種語からその他の単語・語彙の極性を求めることによって辞書を構築する. 例えば, ある語句がポジティブな種語（例：excellent）やネガティブな種語（例：poor）と共起する度合いを相互情報量を用いて計算し, それらの差からその語句の極性値を求めることができる.

さらに, 意見の極性だけではなく, そこで述べられている感情（emotion）を知りたいこともある. 例えば, 同じネガティブな意見でも, 怒りを感じるほど批判的なのか, それとも単に悲観しているだけなのかを区別したいような場合である. このような感情識別は, 小説中の登場人物の感情の推移を知るなどのテキストマイニング以外の応用も可能であることから, 興味深い課題である. 感情識別は, 基本的に上述した感情分析の手法（教師あり学習による方法や感情辞書を用いる方法）を多値分類に拡張することによって行なわれる. 極性判断に比べて感情の種類は多くなるので, それだけ細かな判断が求められる点で, 極性判断より難しい処理となる.

▶ 6.2 非字義的な表現の抽出

以上で述べた感情分析では, 言語表現の表面上の意味が伝達内容であるという暗黙の仮定が置かれている. よって, この仮定で非字義的な（nonliteral）表現を扱うと不都合が生じる場合がある. 特に問題となるのが, **皮肉**（sarcasm）やアイロニー（irony）の扱いである. 皮肉は肯定的な内容を表面上表す言語表現を用いて否定的な内容を伝達する表現であるので, 感情分析において皮肉を文字どおりの意味で処理してしまうと, 実際とは正反対の結果を得ることになってしまう. 例えば, 「消費税率の引き上げには, 諸手をあげて賛成します（笑）」という表現が皮肉として用いられている場合, 本当は税率の引き上げに批判的な意見であるにもかかわらず, 感情分析では肯定的な意見であると判断されることになる. そこで, 感情分析を適用する前に, 発言が皮肉であるかどうかを判定する処理が必要となる.

皮肉の抽出処理も, 教師あり学習手法によって,

皮肉か皮肉でないかの二値分類器を生成すること
によって行われる（Reyes et al. 2013）．その際に
は，文中に出現する特定の語句やその並びに注目
した特徴量や，皮肉はネガティブな事実に対して
ポジティブな表現を用いることから，対象となる
文やその周辺の極性との違いなども特徴量として
用いられる．

▶ 6.3　質問応答

質問応答では，ウェブ上の大量の文章データか
ら質問に対する回答を得るために，質問解析，ウ
ェブ検索，回答候補の抽出，回答の決定の順で処
理が行なわれる．質問解析では，文で与えられた
質問を解析して，その質問タイプ（5W1H など）
や回答タイプを判断する．例えば，「電気通信大学
の最寄り駅はどこですか？」という質問が，場所
（Where）に関する質問であり，回答候補として
は駅名を抽出すべきであるということを求めるこ
とになる．そして，質問文から検索質問（通常は
単語で与えられる）を生成して，実際にウェブ検
索を行う．

次に，検索結果として得られた文章から，質問
解析で判断された回答タイプに該当する語句を回
答候補として抽出して，それらの候補に対して回
答としての適切さの判断を行なう．回答候補の抽
出には，固有表現抽出などの技術が用いられる．
回答の適切さの判断は，tf-idf などによるスコア
や検索質問との関連度などの情報から最も適切な
回答を決定する．

7.　文章の変換・生成

ここまで述べてきた処理は，与えられた言語表
現に対して何らかの判断を行なったり，特定の情
報を抽出するなど，言語表現の理解に関するもの
である．自然言語処理のもう一つの重要な課題と
して，言語表現の生成が考えられる．ここでは，
言語表現の生成が関係する主要な処理として，機
械翻訳と自動要約を取り上げる．

▶ 7.1　機械翻訳

機械翻訳は，ある言語で記述された文章を，内
容が同等である別の言語の文章に変換する処理で
ある．機械翻訳は，自然言語処理の研究が始まっ
た当初からの重要な課題であり，二言語間の翻訳
を直接行うトランスファー方式や中間言語を介し
て変換を行う中間言語方式などの方法が用いられ
ていた．これらの手法では，1.1 でふれたように，
翻訳のための翻訳知識や辞書を人手によって整備
する方法が採られていた．

近年では，対訳コーパスを用いて翻訳知識を自
動的に獲得する統計的機械翻訳（statistical
machine translation）が主流である．統計的機械
翻訳では，元言語 S から目的言語 T への翻訳にお
いて，元言語の文（翻訳前の文）s が与えられた
ときに，確率 $P(t \mid s)$ が最も高くなる翻訳結果の
文 t を求める問題と機械翻訳を定式化する．ベイ
ズの定理を用いると，$P(t \mid s) = P(t)P(s \mid t)/P(s)$
となり，原文 s の確率 $P(s)$ は一定なので，結局
$P(t)P(s \mid t)$ を最大にする t を求める問題となる．
確率 $P(t)$ は，翻訳結果の文 t の言語 T における
自然さを表すと考えられ，言語 T のコーパスから
得られる n-gram 確率などから計算することがで
きる．一方，確率 $P(s \mid t)$ は，t から s への翻訳の
適切さであり，対訳コーパスを用いて，単語や句
の単位での対応の確率から求めることになる．以
上の確率をもとに，原文 s を与えたときに，
$P(t)P(s \mid t)$ を最大化する t を探索して，翻訳文を
決定する．

さらに最近では，ニューラルネットワークによ
る機械翻訳が統計的機械翻訳よりも高性能である
ことが広く認識されている．例えば，グーグル翻
訳にもこの技術が適用され，大きく翻訳性能が向
上している．

▶ 7.2　自動要約

自動要約（automatic summarization）とは，
与えられた文章からその内容を簡潔に述べた文章
を生成する処理である．人間が文章の要約を行な
う場合には，元の文章の内容を理解したうえで，
要約のための文章を新たに作成するのが普通であ
るが，現在の自然言語処理技術では文章の生成は
非常に困難である．そこで，自動要約では，元の
文章の中で概要を表すのにふさわしい部分（重要
文）を選択して，それを連結して要約とすること
が多い．このような文章を抄録（extract）とい
う．

抄録の生成でポイントとなるのが，元の文章の
中から重要文を抽出する処理である．tf-idf など
の手法を用いて文章の話題を表す単語を同定し，

それらを多く含む文やその前後を重要文としたり，文章構造の性質（例えば，文章や段落の冒頭はその文章の概要を示すことが多い）を利用して重要文を決定することが行われる．また，教師あり学習を用いて入力文が重要かどうかの二値分類を行なう方法も試みられている．さらに，文の一部を削除したり，複数の文を組み合わせて一文とする変換処理も行なわれる．特に要約の分量が制限されている場合には，このような変換処理が必要となる．

まとめと展望

計算資源の増大はもとより，インターネットを通じた大規模コーパスの普及と統計的機械学習法の発展が近年の自然言語処理のブレークスルーをもたらしてきた．その結果，本節で述べた自然言語処理技術が，我々の日常生活のさまざまなシーンに活用されるに至っている．短期的には，これからも，より大量で良質の言語データとより洗練された機械学習法深層学習によって，自然言語処理のさらなる進展がもたらされるであろう．

しかし，依然として自然言語処理には難しい問題が数多く残されている．例えば，言語表現の文脈・状況依存性はまだ満足に扱えていないし，言語表現の生成にいたっては，まだまだ初期段階である．これらの問題に対して有効な手法を開発するためには，おそらく統計的機械学習のアプローチだけでは不十分である．そこで必要とされるのが，言語に関する詳細な分析や新たな発見に基づく処理技術や言語資源の提供であり，その際に認知言語学や認知科学が果たす役割は非常に大きくなるであろう．

逆に，近年では，統計的機械学習アプローチが認知科学や言語学に新たな可能性をもたらしている．これらの統計的手法による人間の言語認知過程のモデル化がさかんに行われるようになった（Griffiths et al. 2010; Goodman and Lassiter 2015）．認知言語学の分野でも，これらの統計的アプローチによって新たな知見が得られるであろうし，また，そこでの知見が自然言語処理のさらなる発展に貢献していくことを期待したい．

▶重要な文献

Jurafsky, D. and J. H. Martin 2008 *Speech and Language Processing: An Introduction to Natural Language Processing, Computational Linguistics, and Speech Recognition*, 2nd Edition, Prentice Hall.
音声処理も含めた自然言語処理の広い範囲の話題を網羅した一冊である．本節のほとんどの内容をカバーしているが，現在出版されている第2版が2008年の発行なので，最新の話題は含まれていない．なお，最新の進展を含めた第3版の出版が予定されており，著者のサイトでその一部の草稿を閲覧することができる．

Manning, C. D. et al. 2008 *Introduction to Information Retrieval*, Cambridge Univ. Press, Cambridge.
情報検索の代表的な入門書であり，情報検索以外にも文章分類・クラスタリングや機械学習についても詳しく述べられている．また，本書の2名の著者による以下の著書

Manning, C. D. and H. Schütze 1999 *Foundations of Statistical Natural Language Processing*, MIT Press.
も，やや古いが，統計的自然言語処理の教科書として定評がある．

Goldberg, Y. 2017 *Neural Network Methods for Natural Language Processing*, Morgan & Claypool Publishers.
近年発展が目覚ましいニューラルネットワーク・深層学習による自然言語処理に関して解説した教科書である．

Liu, B. 2011 *Web Data Mining: Exploring Hyperlinks, Contents, and Usage Data*, 2nd Edition, Springer.
ウェブを対象としたデータマイニングの入門書であるが，テキストマイニングと機械学習に関して多くのページが割かれている．また，著者の専門分野である感情分析に関する内容が充実している．

▶文　献

Baroni, M. 2016 Grounding Distributional Semantics in the Visual World. *Linguistic Issues in Language Technologies* 10(1): 3-13.

Baroni, M. et al. 2014. Frege in Space: A Program for Compositional Distributional Semantics. *Linguistic Issues in Language Technologies*, 9: 241-346.

Bullinaria, J. A. and J. P. Levy 2007 Extracting Semantic Representations from Word Co-Occurrence Statistics：A Computational Study. *Behavior Research Methods*, 39(3): 510-26.

de Vega, M. et al. 2008 *Symbols and Embodiment: Debates on Meaning and Cognition*, Oxford Univ. Press, Oxford.

Firth, J. 1957 A Synopsis of Linguistic Theory, 1930-1955. In Philological Society (Great Britain) (ed.) *Studies in Linguistic Analysis*, Blackwell, Oxford, pp.1-32.

Gildea, D. and D. Jurafsky 2002 Automatic Labeling of Semantic Roles. *Computational Linguistics* 28(3): 245-88.

Goodman, N. D. and D. Lassiter 2015[2] Probabilistic Semantics and Pragmatics: Uncertainty in Language and Thought. In Lappin, S. and C. Fox (eds.) *The*

Handbook of Contemporary Semantic Theory, Wiley-Backwell, Hoboken. pp.655-86.

Griffiths, T. L. et al. 2010 Probabilistic Models of Cognition: Exploring Representations and Inductive Biases. *Trends in Cognitive Sciences* 14(8): 357-64.

Landauer, T. K. and S. T. Dumais 1997 A Solution to Plato's Problem: The Latent Semantic Analysis Theory of the Acquisition, Induction, and Representation of Knowledge. *Psychological Review*, 104: 211-40.

Levy, O. and Y. Goldberg 2014 Neural Word Embedding as Implicit Matrix Factorization. In Ghahramani, Z. et al. (eds.) *Advances in Neural Information Processing Systems 27*, MIT Press, Cambridge, MA, pp.2177-85.

Mikolov, T. et al. 2013 Efficient Estimation of Word Representations in Vector Space. *Proceedings of Workshop at the International Conference on Learning Representation* (ICLR).

Nagao, M. 1984 A Framework of a Mechanical Translation between Japanese and English by Analogy Principle. In Elithorn, A. and R. Banerji (eds.) *Artificial and Human Intelligence*, Elsevier Science Publishers, pp.351-4.

Reyes, A. et al. 2013 A Multidimensional Approach for Detecting Irony in Twitter. *Language Resources and Evaluation* 47(1): 239-68.

Turney, P. D. and P. Pantel 2010 From Frequency to Meaning: Vector Space Models of Semantics. *Journal of Artificial Intelligence Research* 37: 141-88.

Utsumi, A. 2014 A Semantic Space Approach to the Computational Semantics of Noun Compounds. *Natural Language Engineering* 20(2): 185-234.

| 5.11 | 神経心理学から見た認知と言語の諸相 |

古本英晴

　はじめに，伝統的な神経心理学には症候学と解釈学の二つの側面があることを呈示し，その対象と目標の点から神経心理学と認知言語学には高い親和性があることを示す．続いて神経心理学の古典的方法論，すなわち病巣との対応をめぐる二重乖離の原理と離断の考え方・神経系の階層的な捉え方を述べる．ついで伝統的な神経心理学から離れ，認知神経心理学モデルに基づく脳における言語処理の概要を示し，現在の神経心理学における意味（意味記憶）の捉え方と問題点を記述する．続いて具体的事例等を通し，神経心理学から認知言語学へと段階的に解釈と考察の方法を移行する試みを行ない，先に提起した意味／意味記憶の問題を展開すると同時に認知言語学の思考パラダイムが神経心理学に実際に有用であることを示す．最後に再び神経心理学と言語学との関連に触れ，神経心理学との相互の補完可能性について認知言語学と生成文法を比較する．

1. 神経心理学とその方法論

▶ 1.1 神経心理学と言語学

　神経心理学は，杉下（1982）によれば「失語・失行・失認と呼び慣わされてきた大脳損傷による高次精神機能障害を研究することによって，大脳と心の関連を究明する学問領域」であり，そのテーマは「人間の脳の限局性またはび漫性病変や疾患過程によって引き起こされた心理学的作用の障害と変化である」（Poeck 1982）とされる（び漫性とは病変の境界が明確でなく，にじんだように周囲に広がっている状態を指す）．山鳥（1985）は簡潔に，「神経心理学の対象は心理現象である．その目的は心理過程の破壊の諸相を研究することで，人間の心理現象の構造を知り，患者の治療に貢献せんとするものである」と述べている．人間の心理過程を脳損傷患者の呈する症状を通して観察・探求するため，いずれの著者も神経心理学が

学際的な領域であることを強調している．

　このような臨床医学的な観点から，物理的に障害された脳そのものを重視すれば症状に対応する脳機能の局在が常に意識されることになり，この場合は神経心理学を一種の症候学と捉えることになる．一方，心理過程の破綻である症状そのものに重点をおけば，その解釈のためには認識にかかわるすべての学の領域が参与する必要があり，結果として生じる解釈の革新によって症状の捉え方そのものが変化する可能性が生じてくる．すなわち神経心理学には一種の解釈学の要素があるといえる．

　言語機能の障害である失語症は神経心理学の中でも極めて重要な領域であり，これは現在の「日本高次脳機能障害学会」の前身が「日本失語症学会」であった点や，**失語症学**（aphasiology）という学問領域の存在からも窺うことができる．しかし現在の神経心理学会あるいは高次脳機能障害学会への言語学からの参加は驚くほど少なく，また神経心理学に従事する者が言語学へ参与することも同様に希である．認知言語学は「心の動きに着目しコミュニケーションや文化と言語の関係を解明しようとする言語学」（高橋・森 2013）であり，「言語使用の実際に見られる言語の意味や構造がどのような脳の一般的認知機能（原理）と関係するかという，言語の概念的側面に関心を持って発展してきた」（林 2009）のであり，何よりも本質的に「身体を通しての様々な経験が，言語の習得・使用の重要基盤を成していると考える」（籾山 2014）言語学とされている．いわば身体としての具体的な言語を対象としており，根本において現象学に通じる知的営為と言えるように思われる．

　失語症が心理現象としての言語の破綻であるとすれば，初めに述べた神経心理学の位置づけから明らかなように，その目標の一つは言語の構造の解明であり，しかもそれは具体的に身体化された

症状の観察を通して行なわれる．この目標と拠って立つ視点の共通性から，認知言語学と神経心理学は本来不可分の関係と言っても過言ではない．実際，山鳥はその『神経心理学入門』の中で時枝誠記の言語過程説（1941）に触れており，山鳥自身が失語症に何とか応用できないかと口にしているのを耳にしたことがある（私信）．さらに，身体を重視する観点と，またその出自から，認知言語学は「意味の問題を言語研究の中心に据える」ものである（松本 2003）．単に言語とは何かという疑問だけであれば生成文法に基づく言語学も神経心理学と歩むことができる可能性はある．しかし生成文法は言語を心理過程と独立した存在とみなしており，神経心理学にとって「身体に基づく意味」を共有できる相手ではないと思われる．認知言語学と神経心理学との関係については後に項を改めてさらに記述する．

▶ **1.2 神経心理学の方法論と認知神経心理学**
1.2.1 伝統的な神経心理学の方法

症状に対応する病巣の同定方法として，**二重乖離の原理**（principle of double dissociation）（Teuber 1955）が挙げられる（図 1）．

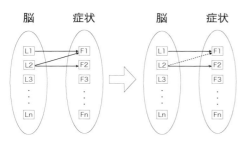

図 1 二重乖離の原理

病巣 L1 が生じたときに症状 F1 が生じる（F2 は生じない）としても，L2 によっても F1 が生じる可能性を排除できない（一対一対応の保証がない）．これに加えて，L2 によって F2 が生じ，F1 が生じないとき，病巣と症状の一対一対応が証明される．

ある心理的能力の脱落と病巣との関連づけを行なう場合，脳の局所的病変が生じ，それに伴いある症状が出現したとしても，脱落した機能と病巣が一対一対応するわけではない．他の病変部位によっても同じ機能の脱落が見られる可能性を排除する必要がある．

病巣 L1 で機能 F1 が障害され機能 F2 が保たれる
病巣 L2 で機能 F1 が保たれ機能 F2 が障害される

ならば F1―L1　F2―L2 の関係が推定されると考える．すなわち一対一対応の写像が保証される．しかしこれは各集合内の要素が独立である場合には明瞭だが，一方あるいは双方が構造化されている（システムを構成している）場合には微妙になる．これは各集合内の要素の選定が症状の解釈の仕方（脱落した機能の同定の仕方）に影響されることの反映でもあり，したがって二重乖離の原則はかなり理想的な内容を述べていることになる．

これに対し，離断（disconnection）の考え方は脳内のシステム論的説明の先駆けと言える．機能間の連絡障害で症状を説明し，古典型純粋失読（字を書くことはできるが読めない．話し言葉は正常）等の離断症候群の説明パラダイムとして有効であることが確認されている．山鳥（1985）は離断で症状を説明するために満たすべき条件として三つを挙げている．

1　二つの機能系を分離できる
2　二つの機能系は相互に独立した入力／出力を持つ（別個にその機能を測定できる）
3　二つの機能系は並列関係である（時間的前後関係がない）

この場合，各機能系の詳細へは立ち入らないことになる．

離断の考え方はシステム論的な神経系の捉え方ではあるが，参与する機能系の階層性はあまり考慮されていない．神経系の階層性はジャクソン（Jackson）によって導入されたと言われる．1884年のジャクソンの講義の一部を紐解くと，てんかん患者の症状の変化を例にとって神経系の階層性を説明している．上位機能系の破綻によって下位の機能系が自律的に作動するとしており，これは近年の**ホロニック・システム**（holonic system）を彷彿とさせる．例示の仕方を見ると，ジャクソンが念頭においているのはピラミッド型の階層システムと思われ，そのシステムの形態から，最も高階の機能系の小さな障害は明確な症状を表さないと述べている．すなわち下位の機能系ほど障害を同定しやすく，症状と病巣の対応も確定的になる．現れる障害が高次になるほど対応する病巣の同定が困難になっていくと言える．山鳥（1985）はこれに関連して，**バイヤルジェ–ジャクソンの原理**（the principle of Baillarger-Jackson）

（Alajouanine 1960）を説明している．アラジュアニンが例として挙げるのは，失語症患者が命題的発話条件では語想起が困難でも，異なる状況（特にリラックスした状態）では可能になることがある現象で，情動と結びつけて論じられている．ここから自動的・意図的発話の区別が生じ，またこれを神経系の階層性と対応させて捉えるならば，下位システムは自律的・安定的で上位システムは意図的・不安定と表現されることになる．

　脳に対するシステム論的な記述はすでにジャクソンの時代ほど単純ではなくピラミッド型の階層性の仮定だけでは不十分であるが，障害される機能が高度になるほど多くの機能系が参与するため，病巣と神経心理学的症状の対応が困難になることは容易に予想される．

1.2.2　認知神経心理学

　伝統的な二重乖離の原則に則り症状と損傷部位の対応ができたとしても脳の機能を語ったことにはならない．脳損傷患者の示す症状を目のあたりにした者の目標は，その症状が出現する機序を知ることであり，失われた機能（失語症であれば言語）の本質を知ることである（そうでなければ原則的には治療の方向・方法が定まらない）．

　認知神経心理学はモデルを提出することでこれに応えようとする．すなわち脳という実体からいったん離れ，認知過程をモデル化し，症状をモデル内の機能の障害の言葉で語ることになる．「箱と矢印」で構成される**ロゴジェン・モデル**（Logogen model）が有名であり，失語症検査バッテリーである SALA（藤林ほか 2004）はこれに基づいて作成されている．失語症の古典的図式であるウェルニッケ・リヒトハイムの図式も広い意味でこれに含めることができるように思われる．しかし「箱と矢印」モデルは素朴な観点からわかりやすいとはいえ，その「箱」の中身については何も教えてくれないと言う不満が残る．

　一方，よりダイナミックなモデルとしてはニューロンに見立てた素子を多階層に，あるいは相互に連結した系を想定した**コネクショニスト・モデル**（connectionist model）または**神経回路網モデル**（**ニューラルネットワーク・モデル** neural network model）が挙げられる．このアプローチの利点はコンピュータ上で症状のシミュレーショ

ンが可能な点にある．またモデルという性質上，不都合があれば（予期せぬ症状に遭遇した場合）随時改訂を重ねていけるという利点もある．

　このようなモデルという方法を構成するにあたり，分離される機能単位の独立性を保証するため再び二重乖離の原理が強調されている（McCarthy and Warrington 1990）．先の図1の脳の解剖学的領域を認知モデル（特にロゴジェン・モデルの「箱」）に置き換えて見るとわかりやすい．この原理の適応の限界は，先の項目で触れたように，構成するシステムの構造・相互関係と機能の捉え方に大きく影響される点であり，このため認知神経心理モデルが先験的に構成されてしまう危険もある．しかしモデルは理解のためにも有効であり，往々にして実体としての脳に重ねて呈示される．

▶ 1.3　現在の神経心理学における言語機能のモデル

1.3.1　二重経路モデルと側頭葉前方部

　言語機能総体を俯瞰する認知モデルであるヒコックらによる二重経路モデル（dual-stream model）を図2，3に示す（Hickok 2009; Hickok and Poeppel 2007）．解剖学的な用語が入り見にくくなっているが，概略を述べると，聴覚的に入力された言語は，「音」から言語音として分析された後，背側路・腹側路の二つに別れて処理されると考える．この場合背側路は発話を含めた音韻処理に関与し，腹側路は意味処理に対応すると捉えられている．しかしこのモデルには幾分問題があり，統語処理についてはヒコックらが述べるほど単純ではない．ヒコックらのモデルでは語の意味は側頭葉の後部で行なわれ，**側頭葉前方部**（anterior temporal lobe: ATL）はより複雑な語の統語的な理解等に関わるとされているが，この点については厳しい批判がある（Visser and Lambon Ralph 2011）．実際，語の意味理解に関しては側頭葉の後方部位ではなく前方部（ATL）が重要な役割を担っていることは臨床的事実からほぼ確立されている．しかし背側経路が音韻，腹側路が意味と単純化すればヒコックの二分法はおおむね受け入れられているように思われる（Ueno et al. 2011）．

1.3.2　側頭葉前方部と意味／意味記憶

　意味は記号論的形式をはるかに超える，言語学

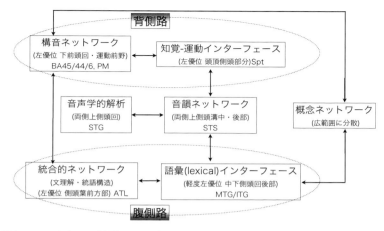

図2 ヒコックらの二重経路モデル（Hickok 2009, Hickok and Poeppel 2007 を参考に作製）

聴取された言語音は両側の聴覚皮質（Aud）で音としての処理を受け，続いて音韻レベルの処理が両側の上側頭溝（STS: superior temporal sulcus）で行なわれる．ここで情報の流れは背側路（dorsal stream）と腹側路（ventral stream）に分かれる．背側路は左半球優位で，左シルビウス裂後方の頭頂葉と側頭葉の境界部である頭頂側頭部分（Spt: Sylvian-parietal-temporal）を経て感覚や音韻的な情報を構音運動に関連する領域（PM: premotor area; BA 45/44/6: Brodmann 45/44/6 野）に投射する．

腹側路はやや左優位で上側頭溝を経て語彙インターフェース（lexical interface）としての中下側頭回後部（MTG/ITG: middle temporal gyrus/inferior temporal gyrus）に至り，語彙の意味の確定が行なわれる．これに対して左側頭葉前方部（ATL: anterior temporal lobe）は文の理解・統語理解・複合的な意味の理解（形容詞＋名詞の理解のように各語の意味を統合する）に関与すると考える．

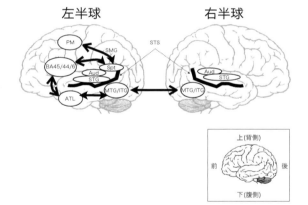

図3 ヒコックらの二重経路モデルに対応する脳部位（右下に脳の部位表現を例示）

Aud：聴覚皮質，STG：上側頭回，STS：上側頭溝，Spt：頭頂側頭部分，MTG/ITG：中下側頭回後部，BA45/44/6：ブロードマン 45/44/6 野，PM：下前頭回・運動前野，ATL：側頭葉前方部，SMG：縁上回．

とくに認知言語学ならびに神経心理学・失語症学の最重要課題であるにもかかわらず，神経心理学領域では「意味領域」「意味機能」として漠然と扱われ，なかば神のごとき存在であった．**意味性認知症**（semantic dementia: **SD**）の発見と確定以前は，意味あるいは概念は大脳皮質に広く分散して表象されていると捉えられ，「連合野の連合野」である角回が重視されていたが，現在では角回に代わり，側頭葉前方部（ATL）が意味機能の中心的部位としての位置を占めている．このとき，ATL は視覚・触覚などの各知覚モダリティ（言語学用語とは異なり，知覚であれば視覚や触覚などの入力様式を指す．側面あるいは「領域」に近い神経学・神経心理学用語）や運動モダリティをいわば仲立ちする中軸的な部分（ハブ hub）として位置づけられている．

ATL のハブ構造を提起したロジャースら（Rogers et al. 2004），パターソンら（Patterson et al. 2007）は，概念ないし意味記憶がその知覚・行為モダリティの各情報処理系に重畳する形で脳内に分散表象されていることを否定はしない．しかし各モダリティを結びつける単純な「連合」だけでは，概念あるいは意味（バナナと梨は形も味も違うが（同じ）果物である）を形成できないことを指摘し，その優越性を主張している．ハブ構造は各情報処理系をスポーク（輻 spoke）とする**ハブ & スポークモデル**（hub-and-spoke モデル）（図4, 5）の中で位置づけられ，ニューラルネッ

トワーク・モデルとして表現され，コンピュータ・シミュレーションによってその正当性が謳われている．近年はスポークである各情報処理系の影響を考慮してハブ構造内に段階的な一種の階層あるいは濃淡とも言える grading を設定し，さらに意味カテゴリーの柔軟性を説明するために前頭葉からの制御を想定している（図5）（Lambon Ralph et al. 2017）．

ハブ＆スポークモデルは美しく，現在意味ないし意味記憶を語るときに避けて通ることができないものとなっている．しかしスポークにあたるモダリティ特異的な情報処理系は知覚ないし行為のシステムであり，ハブとの結合ばかりではなく相互に「連合」している．ビサーとランボン・ラルフ（Visser and Lambon Ralph 2011）はモダリティ特異的な表面上の特徴の連合だけでは概念的な分類ができないことをヴィトゲンシュタインを引き合いに出しつつ主張し，パターソンら（Patterson

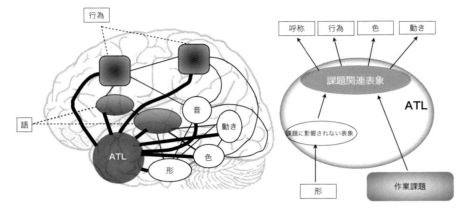

図4 側頭葉前方部（ATL）をハブとする意味記憶の機構（Patterson et al. 2007を参考に作成）

概念／意味記憶がその知覚様式・行為様式に相当する情報処理系に重畳する形で脳内に分散表象されていることを受け入れ，またそれらの間に「連合」が存在することも認める（左図：細い黒線）が，これに加えて側頭葉前方部 ATL はすべての上記システムと結びついている（左図：太い黒線）と考える．すなわち同部位は様式特異性のないハブであり，これによってある入力に対して，概念／意味はひとまとまりになり，そのときの作業課題―線画の呼称など―に対応したものになる（右図）（作業課題は ATL の内部に関与して適切な概念／意味の発現を制御する）．

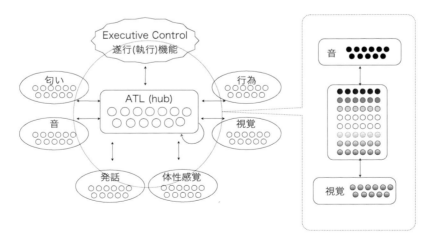

図5 側頭葉前方部（ATL）をハブとする意味記憶の機構（Lambon Ralph et al. 2017を参考に作成）

図4に示した脳との具体的対応関係を省き，ニューラルネットワーク・モデルとしてのフレームを示す．各スポーク領域（様式特異的情報処理系）からの影響（結合程度）を考慮し，ATL（ハブ）内に段階的な濃淡を想定している．これにより様式特異的な影響を ATL 内に反映させようとしている．右に音領域と視覚領域を例にした場合を示す．

et al. 2007）も，バナナと梨を（同じ）果物として認識できる（カテゴリー認識）のはハブ内の中間層の参与によると言う．しかし，それではスポーク間の「連合」は意味／意味記憶の中でどのように位置づけられるのだろうか．また当然のように述べられる「カテゴリー」はどのようなものとして想定されているのだろうか．さらに，ホフマンら（Hoffman et al. 2015）は機能的 MRI（fMRI）を用いた検討によって，抽象語の理解さえも側頭葉前方部のハブ内部に振り分けることが可能であるというが，具体的事物の枠をこえた抽象語の理解をニューラル・ネットの中間層の処理だけで説明できるのだろうか．採用されている実験パラダイムは抽象語の同義語の選択課題だが，そこで述べられる抽象語の理解とはどのような事態を指しているのだろうか．さらに意味記憶に関して常に「両側の」ATL を語りながらモデルで図示されるのは左半球だけである．意味記憶というときの大脳の左右の問題はどうなっているのだろうか．もっと言えば，そもそも言語機能と意味記憶の関係はどうなっているのだろうか．または角回はその位置をもはや完全に ATL に取って代わられたと言ってよいのだろうか．

　以下に具体的事例等を呈示し，上記した意味／意味記憶の問題の一部を念頭におきながら神経心理学から認知言語学へと考察を段階的に移行する試みを行ない，両学問領域の接点を具体的に検証する．

2. 意味：認知言語学の視点と神経心理学の視点

▶ 2.1. 進行性純粋喚語障害(progressive pure anomia)―語義と側性と百科事典的意味―

　意味記憶に関する検討（特にハブ＆スポークモデルに見られる ATL の役割についての検討）は意味性認知症（SD）の症例から得られた知見に多くを依存している．SD は喚語障害と言語理解障害を中核症状とし，通常両側の ATL の著明な萎縮を伴っている．○○と言われ，「○○って何ですか？」と言う反応が典型的で，意味記憶の障害がその基本的病態と考えられている．この点からハブ＆スポークモデルは両側の ATL を意味記憶を

実現するためのハブとして位置づけないわけにはいかないと言える．それでは一方の ATL だけが萎縮している場合はどうなるのだろうか．

　左側 ATL の萎縮のみで著明な喚語困難を示した 68 歳右利き女性（教育歴 9 年）を呈示する（古本 2014）．1 年前から物の名前が出てこなくなり徐々に進行したため受診．受診時点ですでに重篤な**喚語障害（呼称障害・失名辞とも言う）**を示し，「これもあれしたんですけどね，あれですので……」「すこーしずつあれしてるんですけど……くちがうまく言えないのでごめんなさい」「くちが言えないんです」「なんでこんなになってしまったか，全然わかんない．こんなんではしかたがない」「わかってるんだけどあれができない」などの代名詞に満ちた自発発話で，「する」などのいわゆる**万能動詞**の多用が見られた．線画の呼称は名詞・動詞ともにほとんど完全に不可能．**プロソディ**（prosody，イントネーションやアクセントなどの韻律）を含め発音そのものは正常で構音障害は見られない．**音韻性錯語**（音韻の誤り，"たつまき"→"とつまき"）や**意味性錯語**（意味的に関連のある語への誤り，"ダチョウ"→"ニワトリ"）はない．竜巻の線画に対して「ぐるぐると」などの発言はあるものの，重篤な喚語障害のため明確な**迂言**（目標語の代わりに種々の説明で表現する）を発するに至らない．呼称できなくても糸巻きの線画に対して縫う動作を示すなど絵の理解そのものは保たれている．単語レベルの聴覚的理解は名詞・動詞ともにおおよそ 90％程度の正答率で，喚語障害と際だった対比を示した．復唱は良好で有意味語はほぼ 100％可能．無意味語も約 90％正しく復唱できた．「○○って何ですか」という発言は見られなかった．文の聴覚的理解は不十分で，正答率は 60％未満であった．文字言語の詳細な検討は行なっていないが（**本態性振戦**：手が震えるため書字不能），処方薬の注意書きに「大量の牛乳と併せてはいけない」と書いてあるのを見つけ，牛乳を 1 滴も飲もうとしないエピソードがあった．日常生活は調理・入浴・洗濯・掃除を含め自立していた．MRI では左側頭葉前方部（ATL）の萎縮が明らかだが，右側頭葉を含めて他の部位に萎縮は見られない（図 6）．これは VBM（voxel-based morphometry：コンピュータによる正常対

照との萎縮の定量的比較・解析方法）でも確認された．脳血流の評価であるスペクト（SPECT: single photon emission computerized tomography）を行なうと血流低下部位は左側頭葉前方部に限局し，同部位のみの機能低下が推測された．なお本例は発症6年後には道に迷う，室内の掃除ができないなど認知症の症状が明らかになったが，この時点でも，画像上は左側頭葉の萎縮の進行のみが見られ，他の部位に異常は認められなかった．

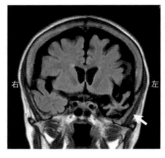

MRI（冠状断）

MRI（VBM）

図6　2.1に示した症例のMRI（口絵14参照）

冠状断で左側頭葉の激しい萎縮を認める（矢印）．VBM（コンピュータによる萎縮程度の解析）では左側頭葉前方に萎縮が強く，これに対して右側に異常を認めない．

　通常SDが示す喚語障害は本例のような喚語困難だけではなく意味性錯語を伴う．すなわち目標語と同一カテゴリーのメンバー（ダチョウ→スワン）ないしそれが属するカテゴリーの名前を挙げる（ダチョウ→トリ）．甚だしい場合はダチョウ→動物，あるいは目標語の属する領域（カテゴリー）の「典型例」（prototype）を挙げる（クジャク→ネコ）とされている（Lambon Ralph et al. 2001）．本例はこのような傾向は見られない点からSDには厳密には一致せず，単語理解の保存からも意味記憶障害が中心的障害であるとは言いにくい．

　意味性錯語どころか，とにかく語が出てこないものの語の理解は保たれているという症状はグラハムら（Graham et al. 1995）が報告した症例FMに極めて類似しており，左側頭葉に限局した萎縮を伴う点も共通している．ランボン・ラルフら（Lambon Ralph et al. 2001）はFMを含めたSD 16例を対象に線画の呼称と語の理解能力を検討し，コンピュータ・シミュレーション結果と併

せて，意味記憶には両側のATLが関与しているが，萎縮が右に優位であれば喚語困難と理解の低下は並行して進み，左に優位であれば喚語困難が優位に立つとしている（この検討では錯語など喚語困難の質は考慮されていない）．ビサーとランボン・ラルフ（Visser and Lambon Ralph 2011）は正常者を対象にしたfMRIの結果から，ATLは基本的に両側性に意味記憶全般を担当しており，左ATLは語音の処理に関係する左上側頭回との連結が強い（図4参照）ために言語刺激に対して右ATLよりも強く反応すると結論している．これはSDでは，萎縮が左に強い場合は絵画を用いた課題よりも言語的な課題で障害が強く，右に強い場合はその逆のパターンを示すことに一致しているとする．実際，SDを診る場合，失語症としての「語義」の喪失と様式横断的意味の障害を分けて捉える考え方が示されている（中川 2018）．種々の批判を経て，最終的にはATLにある種の左右差を容認し，左右のATLと言語・視覚情報との連絡に方向性の差をつけたハブ＆スポークモデルのアップデート版が呈示されるに至っている（Lambon Ralph et al. 2017）．

　しかしこれをそのまま受け入れれば，もともとはモダリティを超越していたはずのATLに言語・非言語のモダリティがあいまいなまま入り込んでいるように見える（もともと意味記憶とは宣言的ないし**陳述的記憶**（declarative memory）の一部であり，言語的なものであったはずだが，この区別はもはや曖昧になっている）．そこには非言語関連意味記憶として，視覚と他のモダリティとの「連合」がひっそりと入り込んでいるように見える．さらにこれに従えば本例も症例FMも語の理解はできるにもかかわらず言語関連意味記憶が障害されていることになる．FMはその後タイラーら（Tyler et al. 1997）による詳細な検討で，理解面でも語の意味障害が検出されており，この解釈はある程度受け入れられないものではない．しかし，本例やFMは重度の喚語困難にもかかわらず日常生活をきちんとおくれていた．実際FMは線画をその視覚属性によるばかりではなく，観念的な観点からも分類することができており（Graham et al. 1995），それはバナナと梨が色や形や味が異なるにもかかわらず「果物」と非言語的

に分類できた＝意味記憶そのものには障害がない
ことを意味している．この錯綜した意味記憶と言
語の関係はどうなっているのだろうか．ATL の検
討は単語レベルにとどまっており，単語を言語と
言い替えている面はないのだろうか．ニューラル
ネットワーク・モデルの制限のもと，現象を語る
言葉とモデルを語る言葉に離齟が生じるのはやむ
を得ないとしても，ハブ＆スポークモデルは本例
や FM に関して説得力に欠けるように思われる．

　翻ってみると，左 ATL が担当するハブが障害
されてもスポーク部分の機能系間の連絡は保たれ
ていると考えられる．その場合ハブがなくても視
覚と発話が結びついていれば呼称はできてもよい
のではないか，理解も一定程度できるのではない
かという疑問が生じる．結局意味記憶を二つに分
けても記号としての言語と意味／意味記憶の関係
には不明確な点が残る．これを避ける一つの方法
は作業課題（task）に応じた処理を行なうには情
報の流れがすべてハブを通して行なわれるという
仮定を立てることである（図 4 右）．すると課題
に直接の関係がなければ，スポーク間の結合によ
る処理が現れることが期待される．

　実際，意味性認知症（SD）患者が，状況によっ
て喚語できたりできなかったり，あるいは理解で
きたりできなかったりする例──自らの職歴につ
いて石油 petroleum（ペトロウリアム）技師であった
と述べたにもかかわらず，石油 petroleum とは何
か？と尋ねられると，さんざん悩んだあげく，「よ
くわからないがガソリン petrol（ペトラル）を使う
ものか？」と答えた例──が挙げられている
（Lambon Ralph and Patterson 2008）．SD に相
同の語義失語（井村，1947）でも，「意味理解の程
度は語句の種類とその用いられる状況によって異
なる．一般に語句が単独に呈示されたとき，特に
限定された一定の事物内容を指示すべき時に困難
である．同様に，談話の中でも一定の事態を叙述
した演述的な文に関して特に理解が困難である」
とある．症例 FM も明示されずに行なわれる課題
の理解は保たれ，明示的課題では障害が強かった
（Tyler et al. 1997）．これはバイヤルジェ－ジャク
ソンの原理に相当する現象であり，作業課題がハ
ブのみならず脳全体に及ぼす影響が示唆される．

　一方認知言語学による意味／意味記憶の捉え方

は百科事典的意味観（籾山 2010），すなわち「そ
の語から想起される（可能性がある）知識の総体」
のことである[→ 2.3]．想起されるという内容が非
言語的概念も含める（調理器具を扱える，人の顔
を認知できる，風呂の道具を使える，食べられる
ものと食べられないものをきちんと区別できる）
等を含めるとすれば，認知言語学はいともたやす
く言語とその意味を結びつけていることになる．
ここには脳の機能の左右差で頭を悩ます姿勢は見
られない．また意味の基礎として知覚様式モダリ
ティにまで遡ることもない．語（音）と意味は一体
で不可分にさえ見える．意味が現れる際の作業課
題との関連は概念領域のどの部分をプロファイル
するかの問題になるように思われる．一方先に触
れたタイラーら（Tyler et al. 1997）は，バナナ
が，「傷んだ rotten」という修飾語を受けると，
その色が黄色から黒色に変わることを取り上げた．

> This would be peripheral rather than central
> information, and have a lower weighting in the
> representation, but it would nevertheless be
> part of the meaning representation of banana
> and become activated when the concept banana
> is encountered.（これ──傷むとバナナの色が黒く
> なること──は周辺的な情報で表象における比重は
> 小さい．しかしそれにもかかわらずそれはバナナ
> の意味の一部であり，バナナの概念が（傷んだと
> いう形容詞に）出会ったときに活性化される．
> 【筆者訳】）．

この表現には形容詞の役割について議論はあろう
が，百科事典的意味観に通じるものがある．

　ATL と意味／意味記憶と言語の関係が完全には
明瞭でない点に加え，以上の対比で明らかになる
のは神経心理学は言語を対象とするとき脳を通し
て常に具体的実体としての身体に向かう（このた
め言語現象を要素に分解しようとする）が，認知
言語学の対象は身体経験を通して確立された抽象
的産物としての言語であるという点であるように
思われる．神経心理学は百科事典的意味を可能に
する神経基盤を求めるのに対して認知言語学は百
科事典的意味から出発している．しかし神経心理
学は上記のタイラーら（ibid. 1997）の記述に見ら
れるように，その実験パラダイムの基礎に認知言
語学の概念を用いている．認知言語学は事象の解
釈と捉え方の枠組みを提供しているのである．

▶ 2.2 意味の二つの側面（taxonomic relation, thematic relation）とメトニミー

ATLが一元的に意味記憶に関連し，要（かなめ）であるとすれば，ATLは意味に関してはすべてに責任を負わなければならなくなる．一方，意味性認知症（SD）に比してアルツハイマー病（AD）は海馬の萎縮こそ目立つが，言語に関連する部位に限局する萎縮を示すことは希で，実際大多数のAD患者は少なくとも重度にならなければ，通常の会話ではその言語機能に特段の異常を感じさせない．松田（2015）は「ADでは種々の言語症状が観察されることが知られているが，特殊な例は存在するとはいえ，通常のADの言語障害は，こうしたADの神経病理と言語症状との対応を反映して，言語の音韻的側面や統辞的側面は比較的保たれ，復唱は障害されず，語彙論的意味論的な障害が主体となる」と述べている．このときの意味はATLの意味記憶なのだろうか．

AD患者の名詞・動詞の類似性判断能力と誤りの質をSALA失語症検査（2004）の課題項目VC16, VC17を用いて検討した結果（古本2015）を示し，意味がATLに一元化されるかを検討してみる．対象はAD患者（AD群）と年齢・教育歴を一致させた健常群（C群）で，VC16は名詞の類似性を，VC17は動詞の類似性を判断させる課題であり，図7のように視覚的に語のペアが呈示され，「食事―御飯」「話す―泣く」は似ている（Yes）か似ていない（No）かの判断が求められる．呈示される語はペアごとに心像性や親密度（頻度）が調整されている．得られる結果の要因は，被験者（AD群/C群）・品詞（名詞（VC16）/動詞（VC17））・示されるペアの類似性（似ている/似ていない）・示される語の心像性（高い/低い）となり複雑である．結果はAD群がC群よりも成績が全般に低く，動詞の方が名詞よりも，低心像語が高心像語よりも成績が一貫して悪かった．呈示される語の類似性の有無は全体では有意な主効果を示さなかったが被験者（AD群/C群）との間で有意な交互作用があり，AD群のみを取り上げると，類似性のない語の判断を誤る率が有意に高く（$p < 0.01$），AD患者は本来意味が異なる語を似ていると判断することが明らかになった．さらにその誤りの大半は意味の異なる語の強制的な関連づけで，「スーツ―旅館→スーツ着て旅館だから同じ」「テスト―費用→テストには費用がかかるから同じ」「舞う―光る→踊るヒトは輝いているから同じ」「殴る―群がる→殴るから群がるのか（似ている）」であった．このような反応は正常対照には全く見られなかった．

図7　SALA VC16, VC17

AD患者では呼称あるいは単語と絵の照合の障害は軽度にとどまり，特に語の理解については，名詞・動詞とも正常高齢者とほとんど遜色ないことが明らかとなっている（古本2013）．したがって今回の結果は，語と絵の照合課題と語の類似性判断課題はそれぞれ語の意味の異なる面を見ていることを示している．

また，誤りの質に注目すればAD患者が示した一種の強制的な関連づけは語のあいだの関係性の問題を想起させる．通常意味的関連は**分類学的関連性**（taxonomic relation）と**テーマ関連性**（thematic relation）に分けて捉えられており（Mirman et al. 2017），前者は「イヌ―オオカミ」の関係であり，後者は「イヌ―骨」の関係に対応する．前者はバーリン・システムのような階層構造（上位カテゴリー・下位カテゴリー構造）の中で位置づけられ，後者は活性化拡散モデルとの親近性を感じさせる．

従来テーマ関連性を見る課題はいくつかの選択肢から刺激に意味的関連のある語ないし線画を選ばせるものである．代表的な検査は**ピラミッドと椰子の木テスト**（pyramid and palm trees test）（図8）であり，非言語刺激であればピラミッドの絵と関連ある線画を選ばせる（図では椰子の木）内容である．ここで採用された語の類似性判断とは課題の構成が異なり同一には論じられないが，以上を鑑みるとADの示した強制的な関連づけは意味のテーマ関連性の側面の**過剰汎化**（thematic overgeneralization）と表現できるかもしれない．

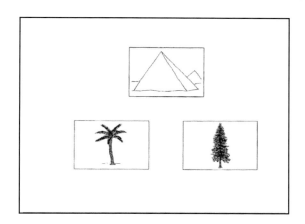

図8　pyramid and palm trees test
試験刺激はピラミッドで，二つの選択肢が下に呈示され関係のある方を選ぶように求められる（この場合は椰子の木）．線画ではなく単語を用いる方法もある．

しかし AD 患者は異なる語の弁別ができていないわけではない．「スーツ―旅館→スーツ着て旅館だから同じ」という発言はスーツと旅館を区別できているからこそ可能なのであり，これは AD 患者が特に理解については正常高齢者とほとんど遜色ないことに一致している．一方，「スーツ―旅館→スーツ着て旅館だから同じ」を聞くと我々は容易に背広を着た人が旅館を訪れている場面を目の前に浮かばせることができる．「殴る―群がる→殴るから群がるのか（似ている）」はそのまま明らかに情景の描写と言える．すなわち異なる二つの語は現れる文脈を設定することで「関連づけ」られている．これは，「ヒトはまとまった複数の出来事を与えられると，因果的関係にあるものとしてその一連の出来事を捉えやすく，2番目の文が最初の文を説明しているものと解釈する傾向にある」という説明（Abbott and Black 1986, 府川 2011）を想起させる．一方，瀬戸（2017）はメトニミーの分類に関連し，その立ち現れる基礎に当たるドメイン概念にフィルモア（Fillmore 1982）のフレーム（「日本語の「場」の概念に近く，ある出来事または状況が起こる場を念頭におく」（瀬戸 2017））を採用した考えを紹介している．これに従えば先の「関連づけ」は AD では異なる語が同じ一つの場に取り込まれ，メトニミーの構成と相同の関係（新たに造られたフレーム内(それは具体的な事物ではないが)）で隣接する部分となっているとも言えるように思われる．この事態はあたかも

語がメトニミー化したかのような印象を与える（図9）．したがって，テーマ関連性は活性化拡散モデルに類似した印象を与えはしても，それを構造化している点で厳密には異なっていると思われる．

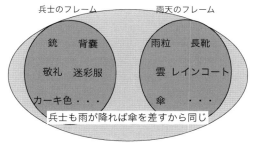

図9　語のメトニミー化（大堀 2002 の図から作製）

上記の事態は AD 患者は個々の語の意味を区別はできても分離しきれていないと言うことを示しており，これは語の意味の境界が曖昧になっていると表現できるように思われる．また AD のような病態で観察されるこのような事態は，単に病的と言うにとどまらず，ヒトでは本来生じやすいことを示唆している．実際 VC16, VC17 のうち類似性のない語のペアを正しく判断できた成績は同時に測定された遂行機能・執行機能（executive function）を反映する検査結果と相関しており，個々の語を弁別するためには努力が必要であることが示唆される．テーマ関連の捉え方が自然な情報処理であり，分類学的関連性は人為的・努力的処理と言うことになる．実際，ジャクソンらの報告（Jackson et al. 2015）の中には正常者は前者を行なう方が反応時間が短いことが示されている．

ATL がハブとして一元的に意味記憶に関与しているのであれば，この意味の一種の連想的な関連，テーマ関連性も ATL の機能の枠の中で説明できなくてはならない．確かに先の FM の報告中には，語の類似性判断課題で「意味」が異なる語を Yes と答える誤りが非常に多かったとの記載が見られる（Tyler et al. 1997）が，FM 自体が SD としては例外的であり，通常の SD では分類学的関連性（taxonomic の）障害の方が目立つことはすでに確定されている（「ダチョウ→スワン」ないし「ダチョウ→トリ」の誤り方）．ATL に前頭葉か

らの制御機構を導入しても，説明できる範囲は分類学的関連性の範囲に限定されている（Lambon Ralph et al. 2017）．ジャクソンらは正常者を対象にfMRIを用いた検討を行ない（Jackson et al. 2015），課題の難易度を説明の中に導入することで分類学的関連性／テーマ関連性の両者をともにATLに一元的に帰させようとしているが説得力が薄く，シュワルツら（Schwartz et al. 2011）による病巣検討からの結果を否定しきれていない．ミルマンら（Mirman et al. 2017）はその総説の中で類学的関連性をATLに，テーマ関連性を側頭頭頂葉皮質 temporoparietal cortex（TPC）に帰させており，意味／意味記憶は二つのハブ（ATLとTPC）に依存するという**二重ハブ仮説**（"dual-hub" hypothesis）を明確に支持している．すなわち，意味／意味記憶におけるATLの位置づけはまだ十分には確定していない．ランボン・ラルフら（Lambon Ralph et al. 2010）は意味は実際の事物の時間的・物理的な細々した差異を捨象したまとまりのある一貫したもの（coherent）であると主張し，ハブとしてのATLの意義を強調しているが，意味／意味記憶に関連する領域が2か所以上であればその主張の根拠は多少なりとも揺らいでしまう．

　認知言語学が拠って立つ百科事典的意味観を振り返ってみると，百科事典的意味は，その語から想起される（可能性がある）知識の総体のことであり，少なくとも以下の事柄を含むとされる（籾山 2010）．

　　　1．その語に，（現実）世界に指示物（の集合）が存在する場合は，その指示物が有する諸々の特徴．
　　　2．その語から連想される（可能性がある）諸々の事柄．そこには，当然のことながら，その語の基盤となる背景知識（フレーム，認知領域，理想化認知モデルICMなど）も含まれる．（籾山 2010 より引用）

これらの要素は，百科事典的意味内部で，慣習性・一般性・内在性・特徴性に基づいて，中心から周辺へと段階的・連続的に存在するとされているが，おおまかには1.は辞書的意味あるいは分類学的関連性に近く，これに対して2.はテーマ関連性と関係が深い印象を与える．ADの検討からは

語の意味は指示物の特徴よりもその語が現れ，使用される状況に深く関連していると思われる．これは2.1で触れたtask（作業課題）と意味処理の関係を想起させる．また先に触れた「語の意味の境界の曖昧化」は認知言語学の言葉で記述するならば，ADでは語の百科事典的意味の周辺部分の劣化・不安定化を生じていると表現できるように思われる（古本 2015; 古本ほか 2018）．

▶2.3　語の意味の周辺と中心部分—類別詞—

　語の類似性判断課題の誤りから，アルツハイマー病（AD）では語の意味の境界が曖昧化していると考えられた．すなわち百科事典的意味観で示される意味の周辺部分に問題があると考えられた．それではADでは意味の中核部分—百科事典的意味の中心部分は全く問題がないのだろうか．

　認知言語学に従えば類別詞は事物の主体的分類を表しており（松本・井上 2003, 松本 1991, 高橋・森 2013），放射状のカテゴリー拡張構造を示し（大堀 2002, 高橋・森 2013），その基礎はメタファー・メトニミーに動機づけられている（高橋・森 2013）[→ コラム 27]．類別詞全体は「事物の体系的分類」を思わせるような整然とした体系性を持っていない（松本 1991）とはいえ，類別詞の産出を評価することで脳機能障害者における事物あるいは語の意味の状態変化を検出できる可能性がある．

　「助数詞の産生」課題であるSALA PR28を用いて，教育歴や年齢などを一致させたAD患者と健常者を対象に類別詞の産生能力を評価した結果（古本 2018）を示し，ADにおける語の意味の中核部分の状態を検討してみる．SALA PR28は線画が描かれたカードを合計20枚呈示し，1枚のカード内に何がどれだけいるか（あるか）を答えるように求める課題であり（図10），図では名詞（鳥／本）—数詞(4/3)—類別詞（羽／冊）が反応になる．AD患者を**簡易知能検査**の成績で軽度・中等度に分けると結果は図11のようになり，名詞と類別詞は中等度AD患者が健常者に比して有意に成績が低かった．誤りの大多数は名詞と類別詞の不一致で，さらにその大半は「正しい呼称（名詞）と誤った類別詞（タクシー四台→タクシー四頭）」が占めていた．さらにこの誤りは，同時に行なったSALA VC16，VC17（名詞／動詞の語の類似

性判断課題）の「類似性のない課題」の成績と有意な負の相関を示した．すなわち類似していない単語のペアを正しく「類似していない」と判断できるほど名詞と類別詞は一致するという結果が得られた．

図 10　SALA PR28 の課題例

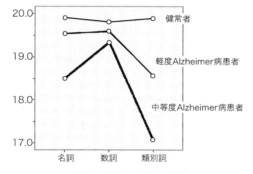

図 11　SALA PR28 の結果

類別詞が常に名詞と共起する点をふまえると，「正しい呼称と誤った類別詞」を引き起こす障害部位として，①共起する名詞の意味，②類別詞の意味，③その双方，の3通りの可能性が考えられる．一方，2.2の結果と考察をふまえると，今回の課題間の相関の検討結果（意味のテーマ関連性の側面の過剰汎化が少ないほど産生される名詞と類別詞は一致する）は，語の意味の周辺が安定的で，個々の語を正しく弁別できるほど類別詞との共起が正しく行なわれることを示している．この点から，ADに認められた類別詞の産生の誤りは，類別詞そのものよりも共起する名詞の意味の障害に因る部分が大きいと解釈できる．松本（1991）の論考を参考にすると類別詞はメタファー・メトニミーに動機づけられた放射状のカテゴリー拡張構造を示すとは言え，その出現には共起する語の基本的な部分―百科事典的意味の中心部分，あるいは該当する意味が属するカテゴリーのプロトタイプが関わると考えられる．したがってADで観察される類別詞の産生障害は，ADにおける語の百科事典的意味の中心部分の障害を示唆し，2.2と併せ，ADでは語の中心と周辺部分の双方が障害されている（語の意味の全体が劣化している）可能性が示唆される．もちろん脳血管障害などによる失語症患者も同じ類別詞の産生課題で，無反応に加え「鉛筆5本→鉛筆5匹」の誤りを示す（未発表データ）が，松田（2015）の言葉を敷衍すれば，これは失語症による言語の記号操作的な問題であって，ADにみられる語彙論的意味論的問題とは思えない．

AD患者との会話には通常は異常を感じない．しかしその発する言葉の意味の中心要素は安定性を失い，その周辺の境界は曖昧模糊となっていると記述できる可能性がある．

以上，認知言語学と神経心理学（失語症学）の重要課題である意味／意味記憶について，臨床的知見（**意味性認知症**(semantic dementia)）に端を発する問題意識を呈示し，現在のトレンドとしての側頭葉前方部ATLの位置づけと問題点を概観したのち，視点を神経心理学から徐々に認知言語学的視点へとうつす形で資料とともに拙いながらの考察を呈示した．認知言語学と神経心理学の差異と，それにもかかわらず共有する問題意識を限定的ではあるが多少なりとも呈示できたのではないかと考える．

3.　神経心理学と言語学

言語学一般と神経心理学との関係について，峰岸は2018年の認知神経科学誌上で，生成文法と脳科学は原理的に共存できないという見解を表明している．峰岸によれば生成文法は，統語は意味・音韻とは独立した言語学のメインの領域であり，また言語は認知機構から独立しているなどの前提のもとで，統語現象の分析を通して言語能力の原理の解明を図ることを目的とするという．形式と意味は分離可能であると考え，文が形態素の一次元的な連鎖からなると考える生成文法のパラダイムでは言語の獲得は対象外であり，またチョムスキー（Chomsky）は言語の使用の問題を生成文法の守備範囲外としているという（峰岸 2005）．峰岸は同論考（2018）の中で生成文法への対案の試

みとして，脳科学と共存できる新しい理論は，言語は人間の認知機構をその基盤とし，統語部門は意味部門・音韻部門などの他の言語モジュールと連続した関係にあり，さらに形態論と統語論を区別する，などの仮定のもとで，言語の運用とその生理的基盤との関係の解明を目的とするものになるとしている．この新しい「反生成文法」理論が前提する仮定の中で用いられる術語はいまだ生成文法の影響下にあるものの，その第一の仮定は認知言語学そのものであり，呈示される目的は認知言語学と神経心理学の接点であり，共有する問題意識である．

　これに対して金野（2018）は異論を唱え，近年の機能画像の研究をふまえ，1.3.1 で触れた二重経路モデルを示し，統語機能を左下前頭回を中心とした機能系に帰せる可能性を示唆している．たしかに左下前頭回—Broca 領域が統語に関係するという意見はある．しかし，金野自身の採用している測定パラダイムは主として受動文・かき混ぜ文の理解課題であり，内容をみれば明らかなように，受動文と能動文の意味を同じものとしている（Kinno et al. 2009, 2014）．しかし，峰岸（2019）の手厳しい指摘を待つまでもなく認知言語学は受動構文と能動構文の意味が全く同じではないことをすでに明確に指摘している．受動構文において述語のプロファイルは変化し，その機能領域は，状態化，動作主の非焦点化，被動者の話題化の三つにまとめられる（Langacker and Murano 1975）ほか，いわゆる迷惑受動の存在が紹介されている（大堀 2002）．統語の神経機構を分離して捉えようとする姿勢そのものがすでに言語を形式—記号操作で捉えられることを前提としており，言語表現によって目の前で展開され，生まれつつある意味は指の間からすり抜けている．統語構造は認識の反映であり，認知言語学の立場からは形式のみを分離して扱うことを正当化することはできない．

　そもそも統語を分離しようとすれば，いきおい文の構造は非日常的になり，理解は難しくなる．「文とは運用としての発話にある程度の抽象を加えたものである」「文はあくまでも抽象的・概念的な構築物であり，一方，発話は外界に具現した実在的な構築物である」（甲田 2016）．統語について神経心理学で従来検討されてきた内容はまさに文で

あって，テクスト・談話ではない．同様の指摘は峰岸（2018）にも見られ「主語と述語を備えた完全な文などというのは，言語学者の理論的な加工物」であると言う．

　「多分野の融合こそが今後の神経言語学〔失語症学・神経心理学を含む：筆者追記〕の進むべき方向である」（金野・酒井 2014）ことに異存はないが，現在の失語症学を含むいわゆる脳科学の大半の接近方法は日常生活で目の前で繰り広げられる実際の発話を軽視し，形式に囚われ，その本質である意味を疎かに扱っている．「測定する機能」あるいは「テーマとする機能」を反省的に捉え直す必要があるように思われる．

4. 認知言語学と神経心理学：まとめと展望

　2.1 から 2.3 で明らかになったように，神経心理学は分析的に症状に対応する．その基本的な仮定は症状を要素に分解し解析すれば見合うシステムの同定が可能で，これを積み重ねることで脳と心理過程との関係を明らかにできる（脳の言葉で心理過程を語ることができる）とする点である．要素に還元することは科学的方法論として妥当に見える．症状が線形であれば要素に分解してもたやすく再構成できる．音素—音節—形態素—語—句—文—談話・テクストと，聞いた音を音素に分解し，そこから語を作り上げ……と，これは生成文法などの構成性の原理（山梨 2009）を想起させる．確かに耳がなければ言語を聴取することはできず，低次な機能はそれに見合う脳内システムとともに同定しやすい（Jackson 1884）．しかし，複雑系はどうか．症状に対応する脳のシステムが線形である保証はない．それは症状から垣間見る機能もまた線形ではない可能性を示唆する．機能画像（特に fMRI）は線形性の仮定に立っている．このように見ると神経心理学は生成文法の影響から逃れていないように見える．

　しかし意味／意味記憶を対象にするのであれば，意味とは何かを暫定的であっても定義，あるいはその構造についてあらかじめ何らかの了解を得ておかなければならない．2.1 でタイラーら（Tyler et al. 1997）が研究にさりげなく百科事典的意味観を導入しているのを見た．また SD の錯語の記述

にはバーリン・システムではなく，ロッシュ（Rosch 1975）を引用する（Tyler et al. 1997）など，そのカテゴリー観には多分に認知言語学的概念を持ち込んでいる様子が見られる．目標語（クジャク）の属する領域（カテゴリー）のprototypeとしてネコを挙げる（Lambon Ralph et al. 2001）点について多少不安はあるものの，他方でプロトタイプに触れるときにコマツグミ robin を例に挙げる点からもそれを読み取ることができる．このような点から，すでに認知言語学は神経心理学領域に浸潤していると言ってよいように思われる．高次脳機能障害学会学術総会でも先駆的に認知言語学からの参与を試みる発表が見られるようになっている（佐藤ほか 2018）．認知言語学の事象の捉え方は解釈の革新をもたらし，症状の記載と観察のパラダイムを革新する——神経心理学を革新する原動力となる可能性があり，また神経心理学から得られた知見は認知言語学の考え方を革新する可能性がある．これは意味のみならず，意味に裏打ちされた構文全体（言語現象全般）に及ぶものと思われる．

本稿で例示した症例ならびに被験者には全員に，発表を含めて検査の趣旨を説明し，文章による承諾を得た．2.2，2.3で示した検討は国立病院機構千葉医療センター倫理委員会で承認されたものである．

▶重要な文献

Lambon Ralph, M. A. et al. 2017 The Neural and Computational Bases of Semantic Cognition. *Nature Reviews Neuroscience* 18(1): 42-55.
ATL の意味記憶機能についての総説．必須文献と言える．free DL 可能．

Hickok, G. and, D. Poeppel 2007 The Cortical Organization of Speech Processing. *Nature Reviews Neuroscience* 8(5): 393-402.
Dual stream model の総説．現時点から見れば内容に問題がないわけではないが脳と言語の関係を現代風に概念的に把握するには適している．free DL 可能．

Mirman, D. et al. 2017 Taxonomic and Thematic Semantic Systems. *Psychological Bulletin* 143(5): 499-520.
taxonomic relation, thematic relation についての総説．free DL 可能．

Graham, K. S. et al. 1995 Progressive Pure Anomia: Insufficient Activation of Phonology by Meaning. *Neurocase* 1(1): 25-38.
進行性純粋性喚語障害の症例．古典的神経心理学のアプローチを見るうえでも無駄にならない．free DL 不可能．

種村純（編）2018『やさしい高次脳機能障害事典』ぱーそん書房．
最も新しい高次機能障害学—神経心理学関係の文字通りの事典．項目別に引け，概要をつかむのに便利．認知言語学の項目がなく，生成文法までとなっている点にやや難がある．

▶文　献

Abbott, V. and Black, J. B. 1986 Global-Related Inferences in Comprehension. In Galambos J. A., R. P. Abelson and J. B. Black (eds.) *Knowledge Structures*, Lawrence Erlbaum, London, pp.123-42.

Alajouanine, T. 1960 Baillarger and Jackson: The Principle of Baillarger-Jackson in Aphasia. *Journal of Neurology, Neurosurgery and Psychiatry* 23: 191-3.

Fillmore, C. J. 1982 Frame Semantics. In the Linguistic Society of Korea (ed.) *Linguistics in the Morning Calm*, Hanshin, Seoul, pp.111-38.

藤林眞理子ほか 2004『SALA 失語症検査—Sophia Analysis of Language in Aphasia』エスコアール．

府川謹也 2011「前置詞 'to' の多義性—推論の役割」*Encounters* 2: 75-98.

古本英晴 2013「構文理解と認知能力— Alzheimer 病と正常高齢者の構文理解障害—（1）定量的検討」『第 37 回神経心理学会（抄）』札幌．

古本英晴 2014「「原発性進行性健忘失語」primary progressive amnestic aphasia —語の理解と形成」『第 38 回日本神経心理学会学術集会（抄）』山形 投稿準備中．

古本英晴 2015「Alzheimer 病の諺・metaphor/metonymy 理解と語の類似性判断—単純化・菲薄化された Alzheimer 病患者の世界を言語機能からのぞく」『日本認知言語学会第 16 回大会 Conference Handbook』pp.190-3.

古本英晴ほか 2018「Alzheimer 病患者にみられる "語のメトニミー化" の基礎— taxonomic relation と thematic relation」『第 42 回日本神経心理学会学術総会（抄）』山形．

古本英晴 2018「Alzheimer 病患者が示す類別詞の誤り：意味の揺らぎ」『臨床神経心理』29: 49-56.

Graham, K. S. et al. 1995 Progressive Pure Anomia: Insufficient Activation of Phonology by Meaning. *Neurocase* 1: 25-38.

林宅男 2009「「認知語用論」の理論的基礎とその方向性」『桃山学院大学総合研究所紀要』34: 63-82.

Hickok, G. 2009 The Functional Neuroanatomy of Language. *Physics of Life Reviews* 6(3)：121-43.

Hickok, G. and Poeppel, D. 2007 The Cortical Organization of Speech Processing. *Nature Reviews Neuroscience* 8(5)：393-402.

Hoffman, P. et al. 2015 Differing Contributions of Inferior Prefrontal and Anterior Temporal Cortex to Concrete and Abstract Conceptual Knowledge. *Cortex* 63: 250-66.

井村恒郎 1943「失語—日本語に於ける特性」『精神神経学雑誌』47(4): 196-218.

Jackson, J. H. 1884 The Croonian Lectures on Evolution and Dissolution of the Nervous System. Lecture II. *British Medical Journal* 1: 660-3.

Jackson, R. L. et al. 2015 The Nature and Neural Correlates of Semantic Association versus Conceptual Similarity. *Cerebral Cortex* 25(11): 4319-33.

金野竜太・酒井邦嘉 2014「言語のモジュール仮説」『総合リハビリテーション』42(1): 27-33.

金野竜太 2018「言語学と脳科学, 失語症学の歩み寄り」『認知神経科学』20: 182-3.

Kinno, R. et al. 2009 Agrammatic Comprehension Caused by a Glioma in the Left Frontal Cortex. *Brain and Language* 110(2): 71-80.

Kinno, R. et al. 2014 Differential Reorganization of Three Syntax-related Networks Induced by a Left Frontal Glioma. *Brain* 137(4): 1193-212.

甲田直美 2016「語用論の射程とテクスト・談話」山梨正明・吉村公宏・堀江薫・籾山洋介（編）『認知語用論』（認知日本語学講座 5）くろしお出版, pp.3-53.

Lambon Ralph, M. A. et al. 2001 No Right to Speak? The Relationship between Object Naming and Semantic Impairment: Neuropsychological Evidence and a Computational Model. *Journal of Cognitive Neuroscience* 13(3): 341-56.

Lambon Ralph, M. A. and Patterson, K. 2008 Generalization and Differentiation in Semantic Memory: Insights from Semantic Dementia. *Annals of the New York Academy of Science* 1124(1): 61-76.

Lambon Ralph, M. A. et al. 2010 Coherent Concepts are Computed in the Anterior Temporal Lobes. *Proceedings of the National Academy of Sciences* 107: 2717-22.

Lambon Ralph, M. A. et al. 2017 The Neural and Computational Bases of Semantic Cognition. *Nature Reviews Neuroscience* 18(1): 42-55.

Langacker, R. W. and Murano, P. 1975 Passives and Their Meaning. *Language* 51: 789-830.

松田実 2015「アルツハイマー型認知症の言語症状の多様性」『高次脳機能研究』35(3): 312-24.

松本曜 1991「日本語類別詞の意味構造と体系 —原型意味論による分析」『言語研究』99: 82-106.

松本曜 2003 認知意味論とは何か. 松本曜（編）『認知意味論』（シリーズ認知言語学入門 3）大修館書店, pp.3-16.

松本曜・井上京子 2003「意味の普遍性と相対性」松本曜（編）『認知意味論』（シリーズ認知言語学入門 3）大修館書店, pp.251-94.

McCarthy, R. A. and Warrington, E. K. 1990 *Cognitive Neuropsychology: A Clinical Introduction*. Academic Press, San Diego, California. ［相馬芳明, 本田仁視（監訳）1996『認知神経心理学』医学書院.］

峰岸真琴 2005「脳科学は「文法」のありかを特定できるか— 一般言語学の立場から」『認知神経科学』7(1): 85-93.

峰岸真琴 2018「脳科学と共存する言語理論は可能か？」『認知神経科学』20(2): 111-9.

峰岸真琴 2019「脳科学の知見に関する一見解：金野竜太先生への返信として」『認知神経科学』21(1): 67-76.

Mirman, D. et al. 2017 Taxonomic and Thematic Semantic Systems. *Psychological Bulletin* 143(5): 499-520.

籾山洋介 2010「百科事典的意味観」山梨正明ほか（編）『認知言語学論考 No.9』ひつじ書房, pp.1-37.

籾山洋介 2014『日本語研究のための認知言語学』研究社.

中川良尚 2018「意味性認知症」種村純（編）『やさしい高次脳機能障害事典』ぱーそん書房, p.471.

大堀壽夫 2002『認知言語学』東京大学出版会.

Patterson, K. et al. 2007 Where Do You Know What You Know? The Representation of Semantic Knowledge in the Human Brain. *Nature Reviews Neuroscience* 8(12): 976-87.

Poeck, K. 1982 *Klinische Neuropsychologie*. Georg Thieme Verlag Stuttgart, New York. ［濱中淑彦（監訳）, 波多野和夫（訳）1984『臨床神経心理学』文光堂.］

Rogers, T. T. et al. 2004 Structure and Deterioration of Semantic Memory: a Neuropsychological and Computational Investigation. *Psychological Review* 111(1): 205-35.

Rosch, E. 1975 Cognitive Representations of Semantic Categories. *Journal of Experimental Psychology: General* 104(3): 192-233.

佐藤亜弓ほか 2018「左前頭葉腫瘍に対し覚醒下手術を施行した一例における術中呼称反応の分析：Broca 野と抽象的態度の関連」『第 42 回日本高次脳機能障害学会学術総会（抄）神戸.

Schwartz, M. F. et al. 2011 Neuroanatomical Dissociation for Taxonomic and Thematic Knowledge in the Human Brain. *Proceedings of the National Academy of Science* 108(20): 8520-4.

瀬戸賢一 2017「メトニミー研究を展望する」『認知言語学研究』2: 79-101.

杉下守弘 1982「序言」秋元波留夫・大橋博司・杉下守弘・鳥居方策（編）『神経心理学の源流 失語編（上）』創造出版.

高橋英光・森雄一 2013「イントロダクション」森雄一・高橋英光（編）『認知言語学 基礎から最前線へ』くろしお出版, pp.1-26.

Teuber H. L. 1955 Physiological Psychology. *Annual Review of Pychology* 6: 267-96.

時枝誠記 1941『国語学原論』岩波書店.

Tyler, L. K. et al. 1997 The Gradual Deterioration of Syntax and Semantics in a Patient with Progressive Aphasia. *Brain and Language* 56: 426-76.

Ueno, T. et al. 2011 Lichtheim 2: Synthesizing Aphasia and the Neural Basis of Language in a Neurocomputational Model of the Dual Dorsal-ventral Language Pathways. *Neuron* 72: 385-96.

Visser, M. and Lambon Ralph, M. A. 2011 Differential Contributions of Bilateral Ventral Anterior Temporal Lobe and Left Anterior Superior Temporal Gyrus to Semantic Processes. *Journal of Cognitive*

Neuroscience 23: 3121-31.
山鳥重 1985『神経心理学入門』医学書院.

山梨正明 2009『認知構文論—文法のゲシュタルト性』大修館書店.

コラム 52　失語・失読・失書と日本語　　　　　　　　　　　　大槻美佳

　失語は，言語という記号操作の障害で，脳の損傷によって生じます．しかし，脳の中で，記号操作は，特定の1システムによって担われているわけではありません．記号操作の様々な側面，例えば，音韻処理，意味処理，統語処理，経時的処理などは，分担して行なわれており，それらが相互にネットワークを作って働き，初めて成り立つことが，近年明らかになってきました．**失語・失読・失書**は，上述の種々のシステムの障害によって生じ，様々な症状としてあらわれます．そこで，言語体系が異なると，言語症状も異なります．言語体系の違いによる症状の違いは，例えば，日本語と欧米語では，特に，統語の障害と読み書きの障害で顕在化します．特に，研究が進んでいるのは，読み書き体系の違いです．

　英語では，読み書きにアルファベットを用いますが，アルファベットは音を示している記号で，**表音文字**（phonogram）と称されています．これは，一つひとつ呼び名はありますが，単語として綴られるとそれぞれ違った読み方を持ちます．［Wednesday］は一つひとつ読めば，ダブリュー，イー，ディー…ですが，単語としてはウェンズディと読みます．英単語でも，dog のように，do はド，g はグと読むことがほぼ規則的である場合と，Wednesday のような不規則語の場合があり，特に後者では，文字—音の規則的対応を適応しても，Wensday では正解でないので，つづり字（spelling）の問題として検出されることになります．一方，日本語では，読み書きに仮名と漢字を用います．仮名は，音を示す記号なので，アルファベットと同じ表音文字ですが，英語と異なり，1文字でも単語でも，文字—音は一対一対応します．「いぬ」は一つひとつ読んでも［i］［nu］ですし，単語としても［inu］です．したがって，「い」が［i］，「ぬ」が［nu］という音と対応するということさえわかれば，英語で，Wednesday を Wensday と書くような誤り（**つづり字**（spelling）**障害**）は起こりません．仮名の障害は，英語では dog をディー，オー，ジーとも言えない障害と同じ基盤によって生じます．さて，漢字は意味と音の両方を持ちます．音もあるので，**絵文字**（pictogram/pictograph）と区別し，**表意文字**（ideogram）と称されています．漢字1文字の障害は，文字—音の対応障害があれば，「犬」という文字を「いぬ」ないし「けん」と読めなくなり，これは仮名やアルファベットの障害と同様です．一方，漢字には，それ一つで意味を持つという特性があります．漢字では，意味がわからなくなる場合と，音がわからなくなる（音読できない）場合の二つの障害パターンがあり，両者は乖離することが知られています．例えば，「犬」という文字を見て，「ああ，あれだ」と意味はわかっても音読できないパターンと，逆に，「いぬ」や「けん」と音読できるのに，何のことを示しているのかわからないパターンがあるのです．このことは，漢字では，意味処理のシステムと音処理のシステムが互いに独立して機能していることを示唆しています．岩田（Iwata 1984, 1986）は，読み書きに，左側頭葉後下部を中心とした文字形態—意味の処理系と，左頭頂葉を中心とした文字形態—音の処理系を想定しました．この二重処理系は，漢字と仮名という2種類の文字体系を持つ日本語ならではの発見で，世界に大きな影響を与えました．その後の検討で，英語でも，類似の現象があることもわかってきました．欧米語では，漢字のように一つで意味をなす文字はないのですが，例えば，単語そのものをひとかたまりにして，漢字のように，意味に直接アクセスするような処理系もあることが推測されています．このように，漢字と仮名の乖離は，普遍的な脳機能という視点からみると，文字形態の視覚処理と，文字の音韻処理の乖離のあらわれと考えられます．このような読み書きの二つの機能系は，漢字と仮名という二つの文字体系を持つ日本語で顕在化するために発見できたのです．言語体系の違いによる症状の違いから，その基盤にある脳の普遍的な機能を演繹できるのは興味深いことで，今後，様々な言語体系での失語・失読・失書の検討が期待されます．

▶参考文献
Iwata, M. 1984 Kanji Versus Kana, Neuropsychological Correlates of the Japanese Writing System. *Trends in Neurosciences*, 7: 290-93.
Iwata, M. 1986 Neural Mechanism of Reading and Writing in the Japanese Language. *Functional Neurology*, 1: 43-52.
岩田誠・河村満 2007『神経文字学—読み書きの神経科学』医学書院.

5.12	手話と認知言語学

高嶋由布子

手話は，ろう者コミュニティの中で使われている自然言語である．音声言語と同じく二重分節性を持ち，空間を利用する文法体系があり，脳内では音声言語と同様の言語関連領域，つまり空間認知とは別の脳内部位で処理されることが示されてきた．ここで「手話」と呼ぶものは，まわりの音声言語を手で表したものでも，教育者が計画した人工言語でもない．初期の研究では，手話が音声言語と同じく言語であるということを証明するべく研究が進められてきたため，音声言語で作られた理論的枠組みにはめ込むという作業が多かった．しかし手話が十分に言語としての特性を持つことから，手話独自の特徴が何かを研究する時代に入り，身体性を鑑みたボトムアップ的な研究が求められている．本節では，手話言語にあらわれる身体性がどのように分析できるかを，類像性，手話のメタファー，空間と文法の観点からひもといていく．

1. 手 話 言 語 学

手話は，視覚＝空間をメディアとし，手指と顔，上体の動きなどを用いて伝達内容を表す言語である．これまで手話研究者は，手話が自然言語であることを証明してきたが，音声言語と比べたとき，手話に色濃く見られる特徴が言語研究にとっては重要になってきている．類像性[→ コラム 25]や空間利用の特徴は，特に認知言語学にとって言語の身体性に関わる知見を提供してくれる良い素材である．

手話の研究が始まるまで，手話が自然言語としての性質を備えているという事実は自明なものではなかった．それまで言語は音声に特権的なものであり，手話はその場限りのもの，あるいは音声言語を身振りに置き換えたものだとみなされていた（cf. Sapir 1921; 池上 1984）．このため手話は，不完全なコミュニケーションの手段の域を出ない

ものと考えられていた．ゆえにろう児教育では音声言語を教えないかぎり「人間として必要な言語的な理性が欠けている」とみなされ，手話を禁止し，読話（読唇）と発声練習，書記言語を組み合わせた口話教育が推進されてきたのである．

こういった歴史的背景から，手話が言語であると発見されて以来，手話が音声言語と同じく言語であることを証明するべく研究が進められてきた．William Stokoe の歴史的な発見，つまり手話が二重分節性を持ち，音声言語と同様に音韻・形態論的な特徴を有しており，文法と慣習化されたレキシコンの体系を持つことが，1960 年に初めて示された（Stokoe 1960）．それに続き，同じ内容を音声言語と手話で表現するのに必要な所要時間がほぼ同じであること（Bellugi and Fischer 1972），親が手話を使う家庭に生まれたろうの子なら音声言語と同様の言語発達のプロセスをたどること，手話を用いているときの脳機能計測をすると言語野が活性化することなどが確認されてきた（Emmorey 2002）．

これらの成果から，2000 年代に入って以降は，手話が言語であることを自明として，手話独自の特徴を追求する時代になった．つまり手話言語を研究することで，音声言語に照らし合わせて共通点を探るだけでなく，音声言語と手話言語の相違点を見いだすことで「人間言語そのものの特徴」と「表現モダリティに依存する特徴」を浮かび上がらせることができる時代が到来したのである．したがって手話研究が重要なのは，これまで「言語」の構造だと考えられていたもののいくらかが，言語が音声を利用していることにより制限されていたものであると明らかにできることである．また，手話を含めた言語研究というパラダイムでは，人間の言語というシステムに固有の要素が何であるかも追究することが可能になったと言える．

この時代において，手話を認知言語学的な観点

から研究する利点は，身体性を重視する点と，用法基盤主義の方法論である．まず，このパラダイムは身体性を動機づけとして考えるので，身体性を色濃く反映した手話という言語と親和性がある．認知言語学の観点から手話を研究すると，類像性が反映している要素を扱いやすくなる．これと同時に，使用からボトムアップ的に言語現象を見ることが手話研究にとっては重要である．

これまでの多くの手話研究がとってきた生成文法的な見方では，音声言語をもとに作られた枠組みを当てはめるが，かなり違うものを無理に理論の枠組みにあてはめて解釈してしまう危険がある．また，手話の語彙には，その手話言語をとりまく音声言語の話者が使ってきた伝達内容を表す身振り，すなわち**ジェスチャー**を起源にしたものが多く見られる（Wilcox et al. 2010）．パラ言語要素であるジェスチャーは離散的な言語要素とは一線を画するとみなされているが，手話ではそこも一続きになっている．これを分析するのに，認知言語学のボトムアップの方法論は役に立つ．手話研究では，言語学者の用いてきた「母語話者の直観」を適用しにくいという問題があり，これは用法基盤の方法論で研究するのが向いている．というのも，母語話者が手話使用者の1割にとどまり，残り9割の実際に使用している人たちはさまざまな混成習得度合いのコードを使用しているのだ．こうした特徴を踏まえて言語を分析するためには，認知言語学的な用法基盤主義の観点が役に立つだろう．

▶ 1.1　手話の発生・習得・言語集団

手話言語は，音声言語を手信号に置き換えたものではなく，誰かが設計したものでもなく，ろう児が集まるところに自然発生する自然言語である．また，全世界共通のボディランゲージでなく，地域ごとに異なるものである．現在，国際 SIL（SIL International）は142の手話言語をリストしているが，手話は小さなコミュニティで現れては消えていくので，数百はくだらないだろうとも考えられている．現地のマジョリティの話す音声言語が同じ英語であるが，アメリカとイギリスの手話は，全く異なる言語である．一方で，アメリカ手話（ASL）とフランス手話（LSF）は姉妹言語の関係にある．ちなみに，日本のろう者が用いている自然言語である**日本手話**（JSL, NS）は台湾手話（TSL）と韓国手話（KSL）と姉妹関係にある（Sasaki 2007）．

姉妹言語であるとはどういうことか，筆者の経験を例に挙げよう．台湾手話は，占領統治時代に日本政府が聾学校を建てたことに起源を持ち，日本手話と日本語の教育から切り離されて70年が経っているが，未だに類似点を多く残している．日本語を学んだことがない台湾人に日本語は当然通じないが，筆者の個人的経験によれば，台湾手話話者に日本手話で話しかけると，まあまあの意思疎通ができる．関東方言話者の筆者が，関西弁話者を初めて相手にしたときよりは通じないが，津軽弁話者から話しかけられるよりはわかるくらいの感覚である．手話がアドホックなボディランゲージだとすれば欧米の手話話者が相手でも同じことが起こるはずだが，そうはいかない．また，その手話が現地語に合わせた記号体系であってもこうはいかないだろう．これは手話が周りを取り囲む音声言語と異なる系譜を持つことの一例である．

手話言語の歴史的なつながりは，音声言語のそれと比べて新しいことが多い．現在報告されている多くの手話の言語コミュニティは，ろう児の教育システムが構築されたところまでは遡れ，教育者や生徒の移動によって伝播し，話者人口の多いコミュニティを形成してきたと考えられている．コミュニティ間の少数の言語話者の移動による影響は強く，有名な例ではフランス手話を話すろうの教師ローレン・クレールがアメリカの教育者トーマス・ギャローデットに請われてアメリカの聾学校の教育に携わったことで，アメリカ手話に影響を与えた（Lane et al. 1996）．台湾や韓国へは，占領統治時代に日本政府が聾学校を建て，教師を派遣したことで言語が伝播したと考えられる．

しかしここで注意しなければならないのは，教育者が手話言語を計画したり，教え込んだりして言語を「作る」のではない，ということである．そうではなく，教育者が音声言語のみを教えようとしても，また「手話」（ここでは手指動作を意味する）を利用して音声言語の文法に沿ったコミュニケーション方法を開発しても，自然と手話言語が子どもたちのあいだで発生し，修正され，手話言語らしさを持った言語が用いられてきたので

ある．手話言語らしさというのは，空間使用など に特徴が見られ，こうした手話言語の文法は音声 言語のそれよりも似通ったところがある．

1981年，ニカラグアで現地初の聾学校ができ，それまで離散していたろう児が集められたことによって，言語発生のプロセスがはじめて記録された（Senghas et al. 2004）．ニカラグア手話は，第1世代が築いたピジン的なシステムを，あとから入ってきた年下の第2世代が，一種のクレオール化の過程で見られるように，複雑な構造を持つ「言語」へと変化させた．これと同様のプロセスが，日本手話を含め，各地で起こってきたと考えられている．手話がこのような「聾学校」をよりどころにするのは，親子間での継承が難しいことに由来する．

生まれつき聞こえないろう児の9割は，音声言語話者である聞こえる親のもとに産まれてくると言われている．ろう児は自然には音声言語を習得できない．他のろう児と交流がないろう児は，家庭でのジェスチャーでのコミュニケーション方法を発達させる．このコミュニケーション方法は**ホームサイン**と呼ばれ，親の使う言語によらず，語順などが定まってくるという（Goldin-Meadow 2003; Goldin-Meadow et al. 2007）．手話の発生は，こうしたホームサインを持ち寄って起こると考えて良いだろう．

ろう児の集まる場所に参加できたろう児は，その集団で継承されている手話を身につけることができる．しかし，習得開始年齢はまちまちになり，言語の習得レベルも様々になる．ただし，残り1割以下の，親もろう者であるろう児は，親から母語として手話を継承することになる（Padden and Humphries 1988）．つまり手話言語の継承の母体は，聾学校のほかに**デフファミリー**（deaf family）がある．デフファミリーとは，聴覚障害を持つ手話話者のもとに手話話者となる聴覚障害を持つ子どもが生まれてきた家族のことであり，その家族に生まれた子どもは，それ以外の9割のろう児と異なり，生まれたときから第一言語になる手話を身につけられる環境にいることになる．早いうちに第一言語として手話を習得した者とそうでない者の差は歴然としており，その後何十年にわたって手話を使用していても，差は埋まらな

いことが報告されている（Mayberry and Eichen 1991）．

日本では，日本手話を第一言語にするろう者の数は，聾学校出身者の概数から6万人程度と考えられている（市田ほか 2001）．聴覚障害で身体障害者手帳を持っている人は35万人弱であるが，補聴手段を用いて音声言語を身につけ使用する者や言語習得後の中途失聴者や高齢難聴者なども含むため，日本手話を第一言語にする人は，聴覚障害者の中でもひとにぎりである．日本手話の母語話者はさらに少なく，多くても1万人程度と見込まれる．

手話の習得については，親も自然言語である手話を話す，生まれたときから手話環境にあるネイティブサイナーにおける言語習得の順序やタイミングは，音声言語の習得のそれらと変わりがない．しかし，それ以外の大多数を占める手話話者においては，言語習得のスタートは，聾学校に入ったときになるし，家庭に手話環境がないことが大半であることから，通常の言語発達とは異なる．言語習得の臨界期以降に身につける人も少なくない（高嶋 2018 も参照）．また，標準語化の圧力が低いため，言語変種が多く，聾学校ごとに異なるコード（単語の違いはもちろんのこと，相づちや文法要素に至るまで違いがある）が使われている．日本手話の言語共同体には，幾種類ものバリエーションがある．

これまで述べてきた「ろう児が集められるところに発生し，継承される」自然言語としての手話のほか，**地域共有手話**（shared sign language）もある．これは，閉鎖的な村や島で，遺伝的な聴覚障害を持つ人が固まって発生し，聴覚障害者がコミュニティ内で一定の割合を超えると発生すると見られている．こういった集団では，多くの聞こえる者も手話を話すようになる．ゆえに地域共有手話は，聾学校が母体の手話とは異なる特徴を持っていることが指摘されている（Zeshan and de Vos 2012）．

このほか，音声言語との接触としては，音声言語話者である通訳者や教育者が用いる，音声言語を視覚化したシステムがある．日本では**日本語対応手話**と呼ばれるものであり，音声日本語の文法に沿って表出される．日本語対応手話は日本語の

音声を話しながらコミュニケーションを行なうことが多く，この形態は**シムコム**（simultaneous communication）と呼ばれる．聾学校では音声言語を身につけさせるために用いられるコードであり，日本手話の語彙を借用し，文法要素である格助詞などは，指文字や口型で表される．語順や空間使用が重要な日本手話と異なり，日本語の格関係は助詞で示されるため，日本手話と日本語対応手話は異なる文法体系を持っている．しかし，これらを一続きのものとして捉える考え方もあり，手話話者の話す手話は，日本手話から，日本手話と日本語のどちらの特徴も備える**中間型手話**を経て，日本語に完全に対応した日本語対応手話までのあいだの連続体のどこかに位置づけられるという主張がある（長南 2005）．

アメリカの研究では，英語版日本語対応手話にあたる**手指英語**（manually coded English: MCE）を教えられたり，親が手指英語を先に学んだような話者で，十全なアメリカ手話ではないインプットを得たりした，自然言語としての手話のインプットが十分でない子どもたちが，十全なアメリカ手話を使うようになる現象も指摘されている．手指で表された英語では動詞に三人称単数現在の –s などを指文字で付与するのだが，そうした線形的な変形に子どもたちは適応せず，手話言語でよく見られる，空間内で動詞の位置や向きを変化させる**動詞の一致**をいつの間にか作り出してしまうのである（Supalla 1991; Supalla and McKee 2002; Singleton and Newport 2004）．全く手話のインプットがない家庭で育った聞こえない子どもが使うジェスチャーのシステムである**ホームサイン**もまた，聞こえる親の使うジェスチャーとは違ったものになるという（Goldin-Meadow 2003）．

これらのことから導き出されるのは，音声イメージを持たないろう者にとって，あるいは視覚メディアを用いる手話という言語においては，音声言語のシステムに適応するのがむずかしいということである．つまり，音声言語のシステムと手話言語のシステムは，それぞれが用いているモダリティ（聴覚なのか，視覚なのか，ここでの「モダリティ」は言語学的なモダリティではなく，五感のモダリティというときのモダリティである）と調音器官に適したものになっているのである．だ

からこそ，中間型手話が産まれるし，たとえ中間型のインプットしかなくても，ろう児によって修正されたシステムは自然言語としての手話に寄っていくのである．

▶ 1.2 手話の音韻と調音の同時性

手話言語学では，音声言語学から用語を借用し，「調音」（articulation）や「音韻論」（Phonology）についての研究がある．音声言語学での「音声」という部分を抽象化して考えた場合の「調音」は言語記号としての体系を持った表象の出し方であり，「音韻」はその離散的な体系のことになる．

音声言語の調音は喉と舌の動かし方によるが，これに対応する手話の調音は，手指動作だけにとどまらず，目や口の動きまでが言語要素となる．まず手指動作，つまり指を何本立てるかなどの「手形」，その手の「位置」，その手がどこからどこにどのような軌跡を描くかの「動き」が手話言語学黎明期から言われている手話の**音素**にあたる．

さらに**非手指要素**である口型や目の開き具合，眉の上げ下げなどが文法マーカーや副詞として働く．手話は音声言語と同じように時間軸に沿った線形性を持っており基本語順もあるが，複数の調音器官で要素が表わされる**同時性**も持っている．

手指動作と非手指要素の関係は，音声言語の音韻とそのパラ言語要素であるイントネーションやジェスチャーの関係になぞらえられるが，手指動作のみを音声言語の書き言葉のように並べたところで，正確な意味が通じないことから，音声言語におけるパラ言語要素と，手話言語における非手指要素の言語上で担う役割は異なり，配分も違う．少なくとも手話では口型で副詞的要素を表せるし，その手段のほうが好まれる．例えば(1a)のように，「とても」と「暑い」を順に並べて表現するよりも，(1b)のように「暑い」と同時に強調の副詞となる口型「oo」を付加した表現が好まれる．

(1) a. / とても // 暑い /
　　　　 口型 oo
　　 b. / 暑い /

手話には調音器官が複数あるほか，音声言語と比べたとき音韻構造が調音のレベルで「見える」という特性がある．音声言語では音響に還元されて喉や舌の調音は見えないが，手話では調音自体も，話者にも聞き手にも見えるのが特徴であると

いえよう.

手話の手指動作は，利き手と非利き手が対称で動くか，非対称な動作をするか，利き手のみが動くかの3パターンに分けられる．別の動作になる場合は，非利き手は無標の手形で静止という制約があり，利き手が図，非利き手が地となり，同時に別々の動きを表すことはない（Battison 1978）.

さらに，眉の上下，目の開閉度合い，口の動き，顎の上下，上半身の傾きがここに加わる．口型は，音声言語の口型の借用である**マウジング**（mouthing），手指単語に義務的に付随する**音韻エコー**，副詞的働きをする**マウスジェスチャー**（mouth gesture）などに分けられる．マウジングと音韻エコーは主に単語に対応しているが，マウスジェスチャーは述語，あるいは文を修飾し，副詞要素として働くほか，相づちや，疑問文マーカーなどの機能を持つ.

手話単語には音声言語からの借用のマウジングがつくことが少なくないし，日本手話の語には日本語のラベルが慣習的につけられている．これはある音韻を持つ語に対応するグロス（ID-gloss）である．例えば「得意」という手話単語がある．これは親指と小指を立て，残りの指を折った手形（Y手形）を，親指側を鼻の位置で，小指を外側に向かって調音する語である．実は〈得意／自信がある〉を意味するだけでなく，口型が「po」に変われば〈どうして？〉という意味になったりする．このようにかなり異なる意味になっても，手指動作につけられたラベルは「得意」のままである．この記法がこれまでの手話研究で慣習的に用いられている．これはなぜかというと，手形や位置をすべて記述するのは煩雑であるためか，手話には実用的な書き言葉がなく，日本語のラベルを便宜的に用いる方がよいが，意味に対応させた語をいちいち書いていると，同じ手形，位置，動きの手指単語に複数のラベルがついてしまい混乱するからである.

また，同じ手指動作に対して，マウジングで意味を限定することもある．例えば〈学校〉と〈勉強〉は，全ての指を伸ばし小指側をくっつけ，指先が上になるようにし，掌を顔側に向けて上下させる運動が共通しており，「がっこう」「べんきょう」というマウジングで意味を区別する.

日本手話に日本語のラベルがついており，また，口型を用いることから，日本手話は日本語の文と同時に表すことが可能であるかのような錯覚に陥ることがある．しかし手話の音節は日本語から独立である．「学校」や「勉強」は日本語では4音節だが，手話では通常2音節である．このマウジングは，必ずしも正しく音声の口型や音節を追っているわけではなく，最初の2，3音のみに省略されて慣習的に用いられていることもある．例えば，「コーヒー」という語彙ラベルが貼られている単語を〈喫茶店〉の意味で使うことがあるが，たいていマウジングは「きっさ」（視覚的には「いあ」に見える）である.

きっさ　　　　　　　　　u・目開き・顎引き

(2) ／コーヒー／　　　／行く／
　　喫茶店に行かない？（お茶でもしませんか）

これは，手話の音節（名詞は2音節であることが多い）にマウジングの長さが合わせられて「きっさてん」では長すぎるので「きっさ」に縮約されたと考えるのか，「きっさてん」と最後まで言わなくとも伝わるから，経済的な理由で最低限の口型が同時に表されているのかは議論が残るところである．実際のところは口型がなくとも意味は定まることが多いし，日本語の教育を十分に受けられなかった年配のろう者がマウジングをあまり使わないことからも，このマウジングが言語として必須の要素でないという意見もある.

さらに，マウジングが義務的な要素ではないのは，口型がマウジングではなく，非手指副詞を表すのに使われるとき，マウジングがキャンセルされることからも示される．口型で副詞要素を表す場合，同じ調音器官を使うマウジングは原理的に表せない．マウジングが果たしていた多義の解消という機能は，副詞口型によっても担われている．副詞はたいてい動詞につくことから，〈学校〉と〈勉強〉という多義語では，動詞の意味の方（勉強）だと解釈が定まる．だから口型で「べんきょう」と言わなくても〈勉強する〉という意味だと理解することができる.

mm・上体前のめり気味

(3) a. ／勉強／
　　まじめに勉強する
　　hee(th)・上体後ろに傾け気味

b./勉強/
　適当に勉強する

　マウジングがどのような機能的な必然性を持ってつけられているのかは，明らかになっていない．マウジングは，ろう者が基本的にバイリンガルであること，手話の調音器官が複数あることから，二つの言語（日本語と日本手話）を同時に表せてしまうという現象であると捉える視点もまた，重要である（坊農 2017）．

▶ **1.3　形態論**

　手話の形態論ではまず，アメリカ手話などの研究で，語彙の中に，手話のネイティブ語彙と，他の言語からの借用があることが指摘されてきた（Brentari and Padden 2001; Johnston and Schembri 1999）．日本手話でも，ネイティブ語彙と，類像的な体系，日本語を借用した指文字を抱合した語彙や，数詞などがある．

　手形が意味を持つ類像的な体系は，伝統的には Classifier（類別詞という訳語もあるが，国内の手話業界でも Classifier あるいは「CL」と呼ばれている），近年では depicting handshapes（描写的手形）とも呼ばれている．異論はあるが，手話言語学の流れの中で，Classifier は形態素として捉えられる．例えば日本手話では，「歩く人」はピースサインを逆さにした手形で表され，前後上下左右方向に自由に動かしてどんな経路をどんな様態で歩いたのか表すことができる．この手形を親指だけ立てて他の指を握りこんだものにし，寝かせると，動物が動き回っていることを表現する．動かし方はかなり自由で描写的なのだが，これらは代名詞的な要素として，定まった語彙（**フローズン語彙**）の中でも散見される．また，Classifier を使った表現は，定まった語よりも意味が一意に決まりにくく，固定化されていないという意味では，コアな語彙を作っている要素とは言いにくい．一方でこうした Classifier は，現在まで研究されている多くの手話言語に見られ，手話言語にとっては重要な要素である．

　次に，日本語の借用の色の濃い**指文字**が入った語であるが，頭字語のようなものと，指文字で日本語の語彙を表したものがある．まず，日本語が一文字の語に対応するものとしては，ある指文字をある調音位置で表すとその意味になる．例えば，指文字の「か」を空中で振ることで〈蚊〉を表し，胸の下の位置で指文字「い」を表せば〈胃〉の意味になる．次に，ネイティブ語彙の手形を指文字に置き替えるものもある．例えば「風邪」という語の手形を指文字の「い」の手形に換えると「インフルエンザ」を示す．また，「問題」という手話の手形を指文字の「か」に変えることで「課題」を表す．このほか，指文字を線形に足すものもある．「わかる」を表す前に，指文字の「り」を加えて「り＋わかる」で「理解」などがある．これらは日本語からの借用である．

　日本語からの借用で指文字を利用した語でも，現在の日本手話の体系に取り込まれている語は「無理」の例のように（指文字の「む」「り」を連続して表すが，親指と人差し指が立った「む」から人差し指と中指を立てた「り」の手形を途中で変えるのではなく，はじめから親指，人差し指，中指を伸ばした状態で手首を返す），手形が変化したりして調音が単純になっている．

　数詞も他の語とは異なる形態を持っている．数字は片手で手形が変わることで表されるが，「第1」と「第2」，「1か月」と「2か月」，「1日」と「2日」，「1時間」と「2時間」などは，手形は数字の1か2で，動きはそれぞれ共通している．

　手話言語では，動詞は無変化動詞（plain verb），空間動詞（spatial verb），一致動詞（agreement verb）という三つのカテゴリーに分けられる（Padden 1988）．これまで研究されてきた欧米の聾学校を母体とする都市型手話ではこれらの動詞体系が見られることが指摘されている．一方で比較的新しく発生したアルサイード・ベドウィン手話（Al-Sayyid Bedouin Sign Language: ABSL）では一致動詞という屈折によって項構造を示すのではなく，語順で項構造を示すことが報告されている（Meir 2010b）．

　動詞の中には，話者の体と切り離せず，基本的に話者＝行為者となる動詞「聞く」「心配する」「身につける」「決める」など無変化動詞がある．一方で，動詞が，主語・目的語が誰か，どこにいるかによって形を変えるものが一致動詞である．

　一致動詞である「渡す」を話者の体から聞き手の方に調音すると「私からあなたに渡す」になるが，聞き手から話者であれば「あなたが私に渡す

（あなたからもらう）」になり，右から左になれば，三人称の右の人から左の人に，というように，同じ手形・軌道の動詞が，発着点を変えることで屈折する．一致動詞のなかでも，「助ける」「教える」「ガミガミ言う」のように話者の体から外側に向かうか，その逆に外側から話者の体に向かうペアのみがあるものと，「渡す」「言う」のように三人称間の行き来もあるものに分けられる．

これらは位置だけが変わる規則的なものもあれば，向きが変わることによって語の形が変化する不規則なものもある．例えば，「頼む（お願い）」という語は手のひら同士を合わせて（合掌のポーズ）から，前方に出すが，他者から自分の方に向けるとき，つまり「頼まれる」は，元の位置（合掌のポーズ）に戻るのではなく，中指の先が喉元を指す程度まで，角度をつける．「断る」では，非利き手は第3関節を曲げ，指先を話者の体の方に向けて近づけていき，この指先を利き手のB手形で前方に押す．しかし三人称から一人称への「断る」（つまり〈私の依頼が断られる〉）だと，利き手で作ったB手形を，指先を上に立て，小指側から前に向けたものを，B手形を胸と平行にしたもので体の方に押し返すものになる．つまり〈依頼〉の意味がある向きの運動が，「断る」では非利き手，「断られる」では利き手，〈断る〉意味のB手形が「断る」では指先が上を向いているが，「断られる」では横を向いている．

「ガミガミ言う」と「ガミガミ言われる」では聞き手の手形は同じだが，「ガミガミ言う」の場合は非利き手が親指だけを立てて他の指を握りこんで，親指が上向きになるようにした手形をつくり（これは人のClassifierである），そこに向かって利き手の手形を振り下ろすが，一人称に向かった「（誰かに）ガミガミ言われる」では，その利き手の手形を顔の斜め上から話し手の方に動かし，非利き手は使わない形もある．このように，一致動詞は，手の向きや手形をそのままに，逆方向に動かせばいいというだけではないことがある．

また，手話にも複合語がある．ネイティブ語彙の中にも，線形的な複合語があり，日本手話では「場所」「何」という連続で〈どこ〉という意味になる．複合語は，音節が短縮するのが特徴である．複合動詞的な要素である動詞連続でも，「刺す」

「死ぬ」〈刺し殺す〉という連続は，間がない連続として表現されることで，一続きのイベントとして認識される（cf. 木村・市田 2014）．こうした複合語的な要素の形成にも一定の形態論的なルールが見られる．

▶ 1.4　文　法

手話の文法は基本的には空間に依存する．1.3で述べたように，複数項がある動詞は，空間上に置いた参与者の位置に一致させるという屈折が見られる．基本語順はあるが，文法が語順に依存しているとは言いにくい．

手話言語はトピック・コメント構造があり，語順は比較的自由に変えられる．基本語順は日本手話ではSOVで，英語圏であるアメリカ手話はSVOである．この基本語順は，ろう児が音声言語の教育を受けるため，周りの音声言語に影響されているらしい（cf. Johnston and Schembri 2007）．例えば台湾手話は日本手話との姉妹言語で，過去にはSOVという報告もあるのに，SVOであるという報告が現在では優勢である（Smith 2005）．現地では，年齢が高いほど，SOV語順で話す人が多いとの直観を台湾手話の研究者は持っている（Yijin Chen 2015 p.c.）．台湾手話は日本の統治時代に聾学校が建てられ，日本手話が導入されたという経緯があるが，戦後，中国語教育が施されるようになったという歴史的背景と，語順の変化に符合が見られる．現在報告されている最も若い手話言語の一つアルサイード・ベドウィン手話は，一致動詞の使用がなく，語順が重視される言語で，SOV語順の選好が観察されるが，SVO語順のヘブライ語やアラビア語を学んだ年数が長い人ほど，SVO語順，つまり音声言語の語順に近づく傾向があることが示されている（Meir 2010b）．このように，歴史的変化が容易に起こることが，手話が語順に依存した文法を持っているわけではないことを示していると考えられるだろう．

日本手話では，主題化変形という操作が容易にできる．この変形には，非手指要素（うなずき）による主題のマーキングが必要であるが，比較的自由に語順を入れ替え，トピック・コメント構造を作ることができる（木村・市田 2014: 34-7）．BSLでは，決まった語順があるのではなく，好ま

れる語順があるだけだという（Sutton-Spence and Woll 1999: Ch.3）．さらに，主語も省略されることがよくある．一致動詞では主語と目的語が省略できる．これは動詞の形態的に情報が補完されることになり，イタリア語などの屈折で主語がわかる現象と類似している．更に言えばこれは head-marked な包合語により近い（Slobin 2007）一方，一致のない動詞では，主語が省略され，中国語のように文脈依存度が高いという（Sandler and Lillo-Martin 2006）．ただ，筆者の観察によれば，第二言語としての日本手話の教育現場では，日本手話は日本語のように文脈依存度が高いわけではないので主語を省略しないようにとの指導がなされている．このことから，日本手話は，日本語と同様の文脈依存性を持つわけではなく，主語を示す方略が日本語のそれとは別であることが示唆される．実際のところ，項を示すのに重要なのは手指動作ではなく，非手指要素である視線の使い分けだという指摘もある（Thompson et al. 2006）．非手指動作の中でも視線のコントロールは，学習者にとって習得が困難な要素であるために，このマーカーを使いこなせない学習者が，彼らの母語である日本語と同じように文脈に依存した主語の省略を行なってしまうと，主語が誰なのか不明瞭な発話になってしまうので，主語を省略しないように，という指導がなされているのかもしれない．ただしこれは現時点では筆者の憶測にすぎない．

　以上のことからまず，語順はさほど重視されていないことがわかる．しかし 1.3 でも触れたように，一致動詞を持たない一部の新しい手話では，語順が項構造を表示するのに重要な役割を果たしていることがある．つまり，空間を使用した文法と語順はトレードオフの関係になっている．

　さらに，トピック・コメント構造を作るうなずきや，一致マーカーとして働く視線以外でも，非手指要素が重要な役割を果たしている．疑問文では，手指の WH- 疑問詞（「何」「誰」「いつ」など）もあるが，極性疑問文なら眉上げ，WH- 疑問文なら眉下げと首振りなど，顔の要素で疑問文をマークする必要があり，手指要素だけでは言語として成り立たない．非手指要素は言語の至る所で現れ，これらの特徴は音声言語のパラ言語要素やジェスチャーよりも言語における役割が重く，

手指要素に交換が不可能である．ちなみに，日本語をベースに，日本手話の手指単語を並べる日本語対応手話には，日本語の文末の疑問文マーカー「ですか」にあたる手指動作を独自に持っている．日本手話にこうした手指単語としての疑問文マーカーがないため導入されたのだと思われる．

　以上のように，機能語にあたるものが非手指要素で表されているために，手指要素だけに着目してしまうと手話の文法は単純なものに見えてしまう誤謬がある．手指の動きと同時に手指以外の調音器官で表される非手指要素は特に，音声言語の線形性を前提としてきた言語学にとって，多くの課題を与える特徴である．

2. 手話の身体性：類像性

　手話言語学者は「音声言語学者」と違って，類像性を無視することはできない．手話言語には類像性が行きわたりすぎているからだ（Taub 2001: 37）．

　手話が恣意性を持っており，二重分節性を備えた言語だと発見される前には，手話がパントマイムのような場当たり的なコミュニケーションの手段だと思われていた．これは，手話の語彙がかなりの割合で**類像的**であることにも一因がある．つまり手話の語彙の中には，見て意味が推察できるものも少なくない．例えば日本手話では「鳥」はくちばしや羽の羽ばたきを手でかたどり，アメリカ手話でも同じくくちばしを表わす．このように，別々の手話言語でも，同じイメージと調音から作られる語もあるが，日本手話とアメリカ手話の「木」のように，かなり違って見えるものもある．「木」は日本手話では親指と人差し指のみを立てた手形を指先が上になるように調音するが，アメリカ手話では，手をパーの形にして上に向かって立てることで，肘から上を木に見立てる調音がなされる．木のサイズが日本手話では，人差し指の長さだが，アメリカ手話では肘から手の先までを用いた大きさとなり，見た目にはかなり異なる．しかし動機づけになっているイメージは下から上に伸びる形で共通している．また，文化的な背景の違いから，異なるイメージを元にする語もある．日本手話の「食べる」は利き手がチョキで，開いた左手の掌が上に向いている．これは箸で茶碗を

持ってご飯を食べる動作からきていることが見てとれる。一方アメリカ手話では，「EAT」はすぼめた手を口元に運ぶ。

これらは，類像的な表現である。例えば日本の幼児語では鳴き声のオノマトペで犬を「わんわん」と呼ぶ。こうした表したいものの属性の一部を直接取り上げた類像的な表現は，〈犬〉を「イヌ」や「dog」とする動機づけが見えない恣意的な表現とは異なる。手話は，決して場当たり的なパントマイムではないし，世界共通でもないのだが，類像的な語彙は見ただけで意味が推測できるものも少なくない。音声言語でも，音情報を元にしたオノマトペは観察されるのだが，メディアとして視覚的な空間を利用する手話では，音声言語より類像性の利用の幅が広く，語彙だけでなく，文法，照応関係にも類像性の利用が見られる。これは，我々が伝達しあう内容には，視覚的に捉えられた情報が多いからだと考えられる（Perniss et al. 2010）。さらに対象の指示（index）もしやすい。

だからといって手話では，視覚的でない指示対象を表すことができないわけではない。慣習化された抽象的な語彙も多く，どんなにゆっくり表現されても，手話を全く知らない者には手話話者の話している内容を掴むことはできない。例えば，グーにした利き手の親指側を，非利き手側の胸に打ちつけることで「面白い」を表すが，これは見ただけでは想像がつかないだろう。手話話者にとっては，その言語を知らない者でも語源が推測できるような表現も，「面白い」のように語源が見てわからない表現も，同じく慣習化された語彙項目であることは確かだ。ゆえに手話研究の黎明期には，特にその類像性が重要な役割を果たしていないことが強調されてきた。

手話研究黎明期の研究では，皮肉なことに，多くの手話研究者が，手話は音声言語に比して類像性が豊かであるという特徴に気づいていながら，できる限りそれを目立たせない証拠が提示されてきた。例えば，アメリカ手話の「VERY-SLOW」は，「SLOW」より速い動きで表される。もし「とても遅い」ことを類像的に表すとしたら，「SLOW」をさらにゆっくり調音することになるだろうが，実際は逆である（Klima and Bellugi 1979: 30）。ちなみに日本手話の「遅い」でも同様

の現象が見られる。さらに，1. で述べた一致動詞は文法として空間を使用し，脳内では空間認知能力とは別の領野で処理されていることが示されてきた（Poizner et al. 1987）。語源には類像性が絡んでいるが，その運用は，恣意的な記号系としての音声言語と同じ操作のみが働いているという主張をしてきたのである。

では，類像性を持つということが，言語の特性と運用に全く反映していないのだろうか。

まず，「VERY-SLOW」がより遅く調音されないことが類像性を使っていない証拠にはならないとウィルコックスは説明する。このより速く強く動かす，つまり「張り」という調音は，強調の意味「VERY」を表しており，「とても暑い」や「とても大きい」などでもやはり，動きの質が「張り」になる。この「張り」が強調であり，逆に調音の動きの質が「ゆるみ」になることで程度の低さを表す。この強調するときに強くなるという動きの質は類像的だろう。さらに，「VERY」という程度を表す副詞がもとの語の調音を変えること自体も類像的である。つまり，「遅い」という形容詞の内容を強調するために，その調音の仕方を変えるというやり方も，音声言語で「とても」や「VERY」をつけるより類像的である（Wilcox 2007）。

手話の音韻では，手の形，調音位置に類像性が反映されていることが示されてきた（Pietrandrea 2002）。さらに，動詞の屈折も，話者の前にある指向性を持った空間を使ったものになる。脳内では空間認知能力と切り離されていることが証明された動詞の一致も，手の動きの向きが，文法的な項構造より，具体的なモノの移動が優先されるなど，空間上の手の移動を用いるというメディアの特性が語の構成に反映する（Taub 2001）。動詞の分析においては，認知文法の説明に合致する現象を見せる。手形や調音位置が動機づけを反映している。名詞的参与者は手指の形で表されるし，動詞は参与者が手指，その動きによって力動性や授受などの向きを表現する（Wilcox 2004）。

手話の言語学に認知言語学的な要素を取り入れているウィルコックスが提案する**認知（言語学）的類像性**（Cognitive Iconicity）では，この音韻極と意味極の双方にイメージがついてくるとして

いる．音韻極にも意味を喚起するイメージが結び
ついており，この意味極と音韻極の身体性に結び
つくイメージが一致していれば類像的であり，こ
のイメージが一致していないと恣意的と言える．
ただし，概念と音韻がセットとして記憶されてい
れば，そこには記号的なリンクが成立しており，
毎回身体性にアクセスする必要はないし，これは
慣習的な記号であるといえる．このリンクが脳内
に貯蓄されていないものは，アドホックにオンラ
インで処理されるもので，記号化されていないも
のといえる．例えばパントマイムなどはこちらに
あたる．つまり，シンボリックリンクは，それが
類像的でも恣意的でも，慣習的なものであると定
義づければよいのである．この音韻極にも意味を
喚起するイメージがぶら下がっていることによっ
て，類像性を利用した詩的な表現も可能になる．
さらには異なる手話を話す手話話者同士が，異な
る音声言語の話者同士よりも早く意思疎通が可能
になることが説明できる（Wilcox 2004）．

　このように，類像性は手話言語に浸透している．
これが言語の学習や処理にどのように影響するか
というと，学習者にとっては記憶を助けるが，英
語とアメリカ手話のバイリンガルの翻訳課題など
ではむしろ，反応時間を遅くすることも指摘され
ている（Baus et al. 2013）．これは，手話言語と
音声言語で類像的な語の扱いがかなり異なるため
であり，距離が遠いことが原因と考えることがで
きる．

　以上のように，手話の類像性を研究することで，
音声言語でも扱われてきた「類像性」がどのよう
なものか見直すことができる．最も根本的なこと
は，類像性は恣意性と相補的な関係にはないとい
うことだ．手話を言語とみなし，音声言語と手話
言語を同じ俎上に上げて「言語」というシステム
について考えるとき，恣意性が相対化され，記号
的な対応関係だけが残る．言語において，音韻と
意味の記号的なつながりは，恣意的であることが
必要条件なのではなく，音声言語では恣意的であ
ることが多いというだけのことなのである．つま
り，言語が記号系として成立しているうえで重要
なのは，恣意的な関係を結んでいることより，慣
習的なものになっていることである．音声言語が
恣意的であるのは，単に類像性が使えない領域が

多すぎるからで，オノマトペなど一部の音それ自
体を写しとる擬音語や，音象徴を用いた擬態語な
どでは，やはり類像的な語が観察される[→ 4B.1]．
一方で，視覚をメディアにする手話は，より類像
的な語が多い．これは，アドホックで原始的とい
う間違った見方がされるか，あるいはまるで無視
して分析されるという極端な扱いをされてきたが，
単に媒体として類像性の利用可能な範囲が広いの
である．

3.　手話の類像性とメタファー

　手話においてメタファー的な拡張は現れにくい．
これには二つの理由があると考えられる．言語集
団の性質上，言葉のあやが使いにくいことと，類
像的な表現であるために具体的なイメージから離
れにくいことである．

　前者は，言語集団に母語話者が1割，残りの9
割がネイティブではないという環境のため，簡素
な話し方を好むということである．メタファー的
な表現だけでなく，遠回しな言い方も好まれず，
結論を先に言うことを求められる．日本手話では，
日本語話者に向かって「だから何？」という句が
よく使われる．ろう者の説明では，日本語の間接
的な言い方を好む文化とは異なり，日本手話では
効率よく情報を伝えようとする**ろう文化**を持って
いるのだという（cf. 木村・市田 2014）．

　後者は，類像的なサインがもともと具体的な意
味に結びついたものであるため，具体的な意味が
希薄化しにくく，メタファー的な写像が起こりに
くい，というものである．アメリカ手話などの詩
的な表現の分析はあるが，それが芸術的な価値が
あるような非日常的な文脈での使用の分析になっ
てしまうのは，そもそも日常的にはメタファー的
な語彙の転用があまり行なわれていないからだろ
う．

　Meir（2010a）は，このメタファー表現の少
なさを「**二重写像制約**」（double mapping con-
straint）と呼んだ．類像的な手話語彙がメタフ
ァー的な転用に向いていないのは，手話の語彙
でメタファー的に転用しようとすると，写像
（mapping）が二重になってしまうからである．こ
れはまず，手話には2.で述べたような，具体的な
表象から手話語彙への写像がある．そのうえで，

この手話語彙をメタファー的な写像を用いて他の概念を表現しようとすると，その具体的な表象が透けて見える手話語彙から抽象度の高い概念への写像という二重のプロセスを経ることになる．すると，最初の具体的な表象と抽象度の高い概念とのイメージの離隔が起こり，理解の妨げになるというわけである．だから類像的で具体的なイメージが透けて見えてしまう語は，メタファー的に抽象度の高い意味に転用するのが難しいというわけだ．

概念メタファー論では，メタファー的な表現は，抽象的な事象を身体的・具体的な経験を通して理解する方略のあらわれであるとしている．そして概念メタファー論では，これは概念領域間の写像であると主張されてきた（Lakoff and Johnson 1980; Lakoff 1993）．メタファーが概念領域間の写像であるとすれば，語彙そのものの意味拡張ではないところに注目すべきであろう．つまり手話における概念メタファーは，抽象的な意味を表す語彙が身体性に基づいているところに観察できる．

Taub（2001）は，アメリカ手話の様々な概念メタファーを分析し，例えば上下の利用（GOOD IS UP）が概念メタファーに基づいていると主張する．日本手話でも「値段が高い」は〈お金〉を表す手形を上方に上げる，「安い」は下方に下ろすことで表す．立場も上下の位置と関係あり，「客」や「上司」，「天皇陛下」はニュートラルな位置より上方で表す．

そのほか，日本手話では市田（2005）が「びっくり」は，「飛びあがる」という語からのメタファー拡張だと指摘している．日本手話の「緊張する」は，胸の位置で手のひらを内側にした両手のB手形（すべての指を伸ばして，つけたもの）をたたくことで表す．心臓が早くドキドキ鳴るという様子を表している．こうした身体性に基づく表現は，内的感覚・感情をそれに伴う身体状態の変化というメトニミーを基盤としたメタファーになっているということができる．

また，筆者の観察によれば，調音位置には似た概念の語が集まっていることが指摘できる（Takashima 2019）．例えば頭の調音位置には「記憶」や「思考」を表す語彙が，手首に「技能」を表す「技術」「うまい」「下手」「身につける／く

せ」「練習」，目に「見ること」だけでなく「調べる」「試す」などが表される．日本語の「見る」が「やってみる」などで〈試す〉の意味になるのと似ていることもわかる．

これらの調音位置が一つの身体的ドメインとして，メタファーの起点領域を構成し，腕が技能，頭が思考や記憶などと対応している．これはメトニミー的な基盤を持つメタファー写像であると言えよう．調音位置が類像的であるという指摘はPietrandrea（2002）がしているが，この調音位置に似た概念が集まり，その身体性を基礎に意味の広がりを持っているのだと考えられる．

---

4. 手話とジェスチャー

手話研究をするとき，どこからどこまでが言語要素で，どこからがノンバーバルな要素なのか迷うところがある．音声言語は，一見したところ線条性が特徴の一つであるが，手話はそれに比べるとかなり複層的な構造をしている．音声言語で同時に表されるものといえば，イントネーションや，ジェスチャーがそれにあたる．ジェスチャーは，これまで言語要素としては捉えられてきておらず，副産物のような見方をされてきたが，近年はそれが見直されつつある．その議論は見過ごせないとしても，手話と同時に表される非手指要素は，それ以上に文法的に重要な地位を占めており，それを抜きにした文法解析は不可能であるため，言語要素として分析せざるをえない．

これは伝達媒体（メディア）の特性による．聴覚モダリティ（感覚様式）は基本的には線形にしか要素を並べられないメディアであるため，音声言語では線形性がその特徴となっている（Pinker and Bloom 1990）．しかし，視覚というメディアでは帯域が広いため，話者が見せられるものすべてが記号となりうる．手話には手であらわされる要素のほか，非手指要素と呼ばれるものがある．目の開き方，眉の上げ下げ，口，頬，顎の前後，上半身のかたむきなどが，語レベルからポライトネスまでの意味を担っている．音声言語でもアクセントやイントネーションで意味が変わるが，もっぱら文法分析では書き言葉が用いられてきて，それらの要素は脇に置いて分析が進められてきた．ジェスチャーやイントネーションは非離散的要素

であり，もちろんそれを無視して情報伝達することも可能だと考えられてきた．しかし手話では，それらは無視できない要素である．これは1.4で述べた日本語対応手話の疑問文マーカーが，日本手話では手指要素に還元できないことなどからも理解できるだろう．

さらに，手話の成り立ちが，音声言語話者が用いてきたジェスチャーにさかのぼれるものもあり，離散的要素から非離散的要素までが連続体をなしていることが指摘されている（Wilcox et al. 2010; Wilcox and Xavier 2013）．手話という言語システムが，聴覚障害児が集まることで生まれたり，ほかの聴覚障害児と関わらなくとも，ホームサインという親の用いるジェスチャーと異なるものを作り出したりすることで，容易に成立することから，言語の起源が手話で，手と同時に口を動かす要素が，だんだんと口のほうに重点が移ることで音声言語へと移行していったのではないかという説もある（Woll and Sieratzki 1998）．一方で音声とジェスチャーが同時にイメージを共有して表されるからこそ，ジェスチャーが先であるという議論は成り立たないという議論もある（McNeill 2012）．これらの議論は言語習得の際に視覚＝空間モダリティでは調音が見えることでミラーニューロンが使えるアドバンテージがあるからなど諸説あるが（cf. Gentilucci and Corballis 2006），現状，聴覚障害のない人間のコミュニティで音声言語を持たないものは発見されていないという事実も勘案しなければならない．つまり，手話もまた音声言語と同等の記号系であるにもかかわらず，音声が使える人たちは，音声言語を使っているのはなぜか，ということに答えていく必要があるということだ．

日本語の「手話」という語は，誤解を招きやすい表現である．手話の要素は「手」だけではない．学習者はとかく手をどう動かすか気にしがちだが，ろう者同士が話しているとき見ている焦点は顔であり，その中でも特に目である．目を合わせていなければ話を「聞いていない」ということになるというコミュニケーション上のルールもさることながら，顔の表情や視線に重要な情報が含まれているためでもある（Emmorey et al. 2008）．

視覚的な言語は，視覚を用いていることによって，音声言語とは異なる特徴を有しており，特に

その同時性が特徴的である．音声言語は，言語音とジェスチャーや他のパラ言語要素を分けて分析することが可能である．しかし，手話の場合は文法を構成する要素が，主な調音器官であると考えられる手指以外の身体部位で表されることがある．この複数の調音器官が全体として談話を作っていくのが手話言語の特徴であり，それぞれがどのように機能しているか，用法を基盤に，ボトムアップ的に検証していくのが，これからの研究では重要になっていくだろう．また，音声言語には，ジェスチャーなど書き言葉では表せない部分にどのような意味があるのかも，手話研究を参照しながら研究を発展させていくことに，意義があると考えられる．

まとめと展望

エヴァンスとレビンソンは類型論の立場から，言語というのはすべてのレベルで違いが認められるものだと述べているが（Evans and Levinson 2009），手話言語もまた，その異なるパターンを持つ言語の一つである．初期の手話研究では，音声言語と基本的には似た構造を持っていることが強調されてきたが，その成果から現在では手話が自然言語であることは疑いのない事実として確立している．そのうえで近年は，その独特な特徴である類像性や同時性を分析した成果も報告が多くなされてきている．認知言語学的な用法基盤の方法論で手話を観察すると，これまで見逃していたジェスチャーや視線，口の動きなどに気づくことになる．手話はどこからどこまでがいわゆる「言語要素」か不明瞭だからだ（cf. Slobin 2008）．こうした手話で培った言語分析の観点は，「言語」のバリエーションの豊かさに対する知見をさらに広げるものとなる．同時性のほか，類像性の利用にしてもそうで，手話言語の分析を通して初めて，言語の特徴は意味と表現の恣意的なつながりではなく，慣習化したつながりが重要なのだと示すことができる．手話言語が類像性をより豊かに利用しているのは，利用可能性が音声より広いからだと考えられる．こうしたことは，音声言語のみで検討していてもわからない点である．また，手話言語の特徴としては，9割が母語話者でなく親子での継承がスムーズでないこと，音声言語に比べて

圧倒的に新しいものもあることなどから，言語の変化についての自然の実験場になっていることも挙げられる．言語についての理解を深めるために，手話言語の研究は欠かせない．手話研究の認知言語学との親和性は高く，特に空間的なイメージを使った認知文法のイメージスキーマを利用しての現象の整理は，今後重要な知見を提供していくと考えられる．

▶重要な文献

木村晴美・市田泰弘 2014『［改訂新版］はじめての手話―初歩からやさしく学べる手話の本』生活書院．
　ろう文化から日本手話とは何かまでの基本を押さえたうえでの手話学習本．初学者向き語学書という体で編集されているが，日本手話の社会言語学的な背景から，少々難易度の高い文法項目まで研究トピックを網羅的に押さえている日本手話にとって重要な文献．

市田泰弘 2005「手話の言語学（全12回）」『月刊言語』34(1-12) 大修館書店．
　認知言語学的観点もとりいれた，日本手話についての連載．類像性や非手指要素など，手話独特の特徴をそのまま捉えようとした試みは，音声言語から見ているだけでは捉えられない側面も多いと気づかされる．

Pfau, R. et al. (eds.) 2012 Sign Language: An International Handbook, De Gruyter Mouton, Berlin.
　手話言語学の現在の第一人者がそれぞれのトピックを執筆した大型ハンドブック．半世紀にわたる手話言語学の歴史において現在までに取り上げられてきた，手話に関わるほぼすべての課題が網羅的に扱われている．

Taub, S. F. 2001 Language from the Body: Iconicity and Metaphor in American Sign Language, Cambridge Univ. Press, Cambridge.
　認知言語学的な観点で手話を分析した画期的な研究書．意味が形式に反映しているのは手話では自明なことだが，手話がどのように身体性を反映し，類像的であることはどのようなところに見られるのかを真正面から取り上げ，分析している．

松岡和美 2015『日本手話で学ぶ―手話言語学の基礎』くろしお出版．
　音韻論から文法，言語発達，手話の研究方法まで，手話言語学の基本的文献を押さえながら日本手話の例でわかりやすく解説する日本手話研究を促進する入門書．画期的なのは，日本語の苦手なろう者でも内容を学べるように日本手話訳のDVDがついているインクルーシブな構成である．

▶文　献

Battison, R. 1978 Lexical Borrowing in American Sign Language, Linstok Press, Silver Spring.
Baus, C. et al. 2013 When Does Iconicity in Sign Language Matter. Language and Cognitive Processes 283: 261-71.
Bellugi, U. and S. Fischer 1972 A Comparison of Sign Language and Spoken Language. Cognition 12(3): 173-200.
坊農真弓 2017「手話相互行為における即興手話表現―修復の連鎖の観点から」『社会言語科学』19(2): 59-74.
Brentari, D. and C. Padden 2001 Native and Foreign Vocabulary in American Sign Language: A Lexicon with Multiple Origins. In Brentari, D. (ed.) Foreign Vocabulary in Sign Languages, Psychology Press, New York, pp.87-120.
長南浩人 2005「手話の表現と理解」長南浩人（編）『手話の心理学入門』東峰書房 pp.1-25.
Emmorey, K. 2002 Language, Cognition, and the Brain: Insights from Sign Language Research, Lawrence Erlbaum, Mahwah.
Emmorey, K. et al. 2008 Eye Gaze During Comprehension of American Sign Language by Native and Beginning Signers. Journal of Deaf Studies and Deaf Education 142: 237-43.
Evans, N. and S. C. Levinson 2009 The Myth of Language Universals: Language Diversity and Its Importance for Cognitive Science. The Behavioral and Brain Sciences 325: 429-48.
Gentilucci, M. and M. C. Corballis 2006 From Manual Gesture to Speech: A Gradual Transition. Neuroscience and Biobehavioral Reviews 307: 949-60.
Goldin-Meadow, S. 2003 The Resilience of Language: What Gesture Creation in Deaf Children Can Tell Us About How All Children Learn Language, Psychology Press, New York.
Goldin-Meadow, S. et al. 2007 How Children Make Language Out of Gesture: Morphological Structure in Gesture Systems Developed by American and Chinese Deaf Children. Cognitive Psychology 552: 87-135.
市田泰弘 ほか 2001「日本手話母語話者人口推計の試み」『日本手話学会第 27 回大会』: 42-5.
池上嘉彦 1984『記号論への招待』岩波書店．
Johnston, T. and A. Schembri 1999 On Defining Lexeme in a Signed Language. Sign Language & Linguistics 22: 115-85.
Johnston, T. and A. Schembri 2007 Australian Sign Language (Auslan) An Introduction to Sign Language Linguistics, Cambridge Univ. Press, Cambridge.
木村晴美・市田泰弘 2014『［改訂新版］はじめての手話―初歩からやさしく学べる手話の本』生活書院．
Klima, E. and U. Bellugi 1979 The Signs of Language, Harvard Univ. Press, Cambridge.
Lakoff, G. 1993 The Contemporary Theory of Metapor. In Ortony, A. (ed.) Metaphor and Thought, Cambridge Univ. Press, Cambridge, pp.202-51.
Lakoff, G. and M. Johnson 1980 Metaphors We Live By, Univ. of Chicago Press, Chicago.［渡部昇一・楠瀬淳三・下谷和幸（訳）1986『レトリックと人生』大修館書店.］
Lane, H. et al. 1996 A Journey into the Deaf-World, Dawnsign Press, San Diego.

Mayberry, R. I. and E. B. Eichen 1991 The Long-Lasting Advantage of Learning Sign Language in Childhood: Another Look at the Critical Period for Language Acquisition. *Journal of Memory and Language* 304: 486-512.

McNeill, D. 2012 *How Language Began: Gesture and Speech in Human Evolution*, Cambridge Univ. Press, Cambridge.

Meir, I. 2010a Iconicity and Metaphor: Constraints on Metaphorical Extension of Iconic Forms. *Language* 864: 865-96.

Meir, I. 2010b The Emergence of Argument Structure in Two New Sign Languages. In Rappaport Hovav, M. R. et al. (eds.) *Syntax, Lexical Semantics and Event Structure*, Oxford Univ. Press, Oxford, pp.101-23.

Padden, C. 1988 *Interaction of Morphology and Syntax in American Sign Language*, Garland, New York.

Padden, C. and T. Humphries 1988 *Deaf in America: Voices from a Culture*, Harvard Univ. Press, Cambridge. [森壮也・森亜美 (訳) 2016『新版「ろう文化」案内』明石書店.]

Perniss, P. et al. 2010 Iconicity as a General Property of Language: Evidence from Spoken and Signed Languages. *Frontiers in Psychology* 1: December, 227.

Pietrandrea, P. 2002 Iconicity and Arbitrariness in Italian Sign Language. *Sign Language Studies* 23: 296-321.

Pinker, S. and P. Bloom 1990 Natural Language and Natural Selection. *Behavioral and Brain Sciences* 134: 707-84.

Poizner, H. et al. 1987 *What the Hands Reveal about the Brain*, MIT Press, Cambridge, MA.

Sandler, W. and D. Lillo-Martin 2006 *Sign Language and Linguistic Universals*, Cambridge Univ. Press, Cambridge.

Sapir, E. 1921 *Language: An Introduction to the Study of Speech*, Harcourt Brace, New York. [安藤貞雄 (訳) 1998『言語—ことばの研究序説』(岩波文庫) 岩波書店.]

Sasaki, D. 2007 Comparing the Lexicons of Japanese Sign Language and Taiwan Sign Language: A Preliminary Study Focusing on the Difference in the Handshape Parameter. In Quinto-Pozos, D. (ed.) *Sign Language in Contact: Sociolinguistics in Deaf Communities*, Gallaudet Univ. Press, Washington, D. C., pp.123-50.

Senghas, A. et al. 2004 Children Creating Core Properties of Language: Evidence from an Emerging Sign Language in Nicaragua. *Science* 3055691: 1779-82.

Singleton, J. L. and E. L. Newport 2004 When Learners Surpass Their Models: The Acquisition of American Sign Language from Inconsistent Input. *Cognitive Psychology* 494: 370-407.

Slobin, D. I. 2007 Breaking the Molds: Signed Languages and the Nature of Human Language. *Sign Language Studies* 8(2): 114-30.

Slobin, D. I. 2008 Putting the Pieces Together: Commentary on "The Onset and Mastery of Spatial Language in Children Acquiring British Sign Language" by G. Morgan, R. Herman, I. Barriere and B. Woll. *Cognitive Development* 231: 20-3.

Smith, W. H. 2005 Taiwan Sign Language Research: An Historical Overview. *Language and Linguistics* 62: 187-215.

Stokoe, W. C. 1960 Sign Language Structure: An Outline of the Visual Communication Systems of the American Deaf. *Studies in Linguistics Occasional*, Linstok Press, Silver Spring.

Supalla, S. J. 1991 Manually Coded English: The Modality Question in Signed Language Development. In Siple, P. and S. D. Fischer (eds.) *Theoretical Issues in Sign Language Research*, Vol.2, *Psychology*, Univ. of Chicago Press, Chicago, pp.85-109.

Supalla, S. J. and C. McKee 2002 The Role of Manually Coded English in Language Development of Deaf Children. In Meier, R. P. et al. (eds.) *Modality and Structure in Signed and Spoken Languages*, Cambridge Univ. Press, Cambridge.

Sutton-Spence, R. and B. Woll 1999 *The Linguistics of British Sign Language: An Introduction*, Cambridge Univ. Press, Cambridge.

高嶋由布子 2018「手話と聴覚障害児のコミュニケーションの発達」藤野博 (編著)『コミュニケーション発達の理論と支援』金子書房, pp. 109-16.

Takashima, Y. 2019 Metaphors of Perception in Japanese Sign Language. In Speed, L. J. et al. (eds.) *Perception Metaphors*, John Berjamins, Berlin, pp.304-26.

Taub, S. F. 2001 *Language from the Body: Iconicity and Metaphor in American Sign Language*, Cambridge Univ. Press, Cambridge.

Thompson, R. et al. 2006 The Relationship between Eye Gaze and Verb Agreement in American Sign Language: An Eye-Tracking Study. *Natural Language & Linguistic Theory* 242: 571-604.

Wilcox, S. 2004 Cognitive Iconicity: Conceptual Spaces, Meaning, and Gesture in Signed Language. *Cognitive Linguistics* 15(2): 119-47.

Wilcox, S. 2007 Signed Languages. In Geeraerts, D. and H. Cuyckens (eds.) *The Oxford Handbook of Cognitive Linguistics*, Oxford Univ. Press, pp.1113-7.

Wilcox, S. et al. 2010 Grammaticalizarion in Sign Languages. In Brentari, D. (ed.) *Sign Languages*, Cambridge Univ. Press, Cambridge, pp.332-54.

Wilcox, S. and A. N. Xavier 2013 A Framework for Unifying Spoken Language, Signed Language and Gesture. *Todas as Letras U* 151: 88-110.

Woll, B. and J. S. Sieratzki 1998 Echo Phonology: Signs of a Link Between Gesture and Speech. *Behavioral and Brain Sciences* 214: 531-2.

Zeshan, U. and C. de Vos 2012 *Sign Languages in Village Communities: Anthropological and Linguistic Insights*, Mouton de Gruyter, Berlin.

和 文 索 引

同じ概念を表す語は／で併記した.
[ ] は前の語と入れ替え可能であることを示す.
( ) は省略して使われることもある.

あ

挨拶表現　98
曖昧性　ambiguity　578
アクション・チェイン／行為連鎖／行動連鎖　action chain
　　130, 540, 592
アクション・チェインモデル　397
アクセス可能性　accessibility　329
アクセス原則　access principle　197
アクティブ・ゾーン（理論）　active zone (theory)　306,
　　394
アクティブ・タッチ　active touch　674
アスペクト／相　aspect　512, 538
アセンブリ言語　assembly language　31
値　value　199
値解釈　value-interpretation　200
値変化の役割解釈　value-changing role-interpretation
　　200
新しい丁寧語　98
アーティファクト　354
宛先人　addressee　743
アドホック概念構築　193
アドホック・カテゴリー　ad hoc category　660
アナロジー／類推　analogy　146, 214, 661
アフォーダンス　affordance　672
アフォーダンス知覚　672
アプロソディア　aprosodia　711
アメリカ構造（主義）言語学　American structural
　　linguistics　7, 482
アモーダル　amodal　433
　　——な関係　amodal relationship　377
アンカーコズミカ英和辞典　637
暗示的知識　implicit knowledge　464
安定状態　stasis　150
暗喩 → メタファー

い

意義素　113
イギリス認知言語学会　UK-CLA　47
生垣／ヘッジ　hedge　279
意志性　volitive　557
異常比喩　717
威信　prestige　226
依存的　dependent　288
一時的なリンク　temporary linkage　295
位置表現　693
一方向性仮説　unidirectionality hypothesis　565
一名詞句一格の原則　one case per noun phrase　527

逸脱行為　745
一般化　generalization　276, 310
　　過剰な——　overgeneralization　213
一般性　110, 111
イディオム　487
　　構文の——　constructional idiom　453
移動先　goal　451
移動表現　693
意図性　intentionality　535
意味　meaning　469
意味記憶　semantic memory　699, 703, 712
意味極　semantic pole　85, 164
意味空間モデル　semantic space model　769
意味失語　703
意味性錯誤　785
意味性認知症　semantic dementia　783, 791
意味素性　semantic feature　272
意味地図　semantic map　237
イーミック　emic　684
意味的関連度　semantic relatedness　772
意味的類似度　semantic similarity　772
意味と形式の一対一対応　one-to-one correspondence
　　between meaning and form　531
意味ネットワーク　481
意味の狭まり　semantic narrowing　226
意味の漂白 [希薄] 化　semantic bleaching　565
意味の窓　636
意味場　semantic field　177
意味標識　semantic marker　272
意味フレーム　125
意味マップ　636
意味役割　semantic role　526
　　——の過剰生成　528
意味領域　domain　304
意味論　semantics, sémantique　45, 106, 115, 192
　　言語理解のための——　semantics of understanding
　　176
イメージ　485
イメージ課題　721
イメージ・スキーマ　image schema　149, 265, 292, 462,
　　473, 482, 572, 663, 666
　　基本——　primitive image schema　295
イメージ・スキーマ分析　599
イメージ・スキーマ変換　image-schema transformation
　　297, 269
イメージ・スキーマ領域　image-schematic domain　298
イメージ図式 → イメージ・スキーマ
イメージネーミング　614

因果関係 cause-effect relationship 749, 756
因果連鎖 causal chain 241
インタラクションフレーム 180
インデックス 639
イントネーション・グループ intonation group 589
イントネーション・ユニット intonation unit 589
引喩 allusion 255
隠喩 metaphor → メタファー
隠喩概念 metaphorical concept 739
隠喩的概念化 742
隠喩［メタファー］表現 metaphorical expression 739
韻律 prosody 731

う

ウィズダム英和辞典 637
ウィノグラード・スキーマ・チャレンジ Winograd schema challenge 769
ヴォイス／態 voice 238, 537, 541
受取人／受益者 recipient 450
受身 537
　自動詞の—— 549
迂言 785
動きの総譜 gestural score 86
有情性 150
ウナギ文 201
運動課題 721

え

影響力 influence 444
影響を受ける実体 affected entity → 実体
英語教育 650
英語多義ネットワーク辞典 641
衛星枠づけ言語 satellite-framed language 394, 399
エコロジカル・セルフ ecological self → 生態学的自己
エコロジー的身体論 ecological embodiment 759
エストニア認知言語学会 ECLA 49
エスノ・エコロジー ethnoecology 686
エスノ・サイエンス ethnoscience 683
エナクショニズム enactionism 759
エナクティヴ・アプローチ enactive approach 759
エピソード記憶 episodic memory 699, 703, 712
エフェクティヴィティ effectivity 675
絵文字 pictogram, pictograph 795
エルマン・ネット Elman network 71, 668

お

負い目 indebtedness 738
応用言語学 applied linguistics 481
応用認知言語学 applied cognitive linguistics 456, 481, 650
公の自己像 public self-image 587
オーディオ・リンガル・メソッド audio-lingual method 482
オノマトペ onomatopoeia, mimetic, ideophone 405, 666
オーバーラップ 529
オブジェクト指向プログラミング言語 object oriented programming 31
オフ・ステージ offstage 129
オマージュ hommage 254
音韻エコー 800
音韻極 phonological pole 85, 164
音韻処理 phonemic process 700
音韻性錯誤 phonemic paraphasia 700, 785
恩義 indebtedness 738
音響音声学 409
音響処理 acoustic process 699
音響心理学的類似性 416
音象徴 sound-symbolism 405
音象徴ブートストラッピング仮説 sound-symbolism bootstrap hypothesis 377
オン・ステージ領域 onstage region 129, 286
音声処理 phonetic process 699
音節 syllable 80
音素 phoneme 799
音素配列規則 phonotactic regularity 438
オンライン文法 on-line grammar 733
音列分節化 string segmentation 366

か

外延的記号体系 denotative semiotic system 5
外国語教授法 482
外国語様アクセント症候群 foreign accent syndrome 711
開始時使役 onset causation 156
解釈 construal → 捉え方
解釈項／解釈者 interpretant 2, 14
階層的ネットワーク・モデル hierarchical network model 332
階層的モダリティ論 557
外的言語形式 äussere Sprachform 42
概念 concept 375
概念化 conceptualization 22, 281, 283, 315, 392, 588, 739
　——する conceptualize 139
概念化者／概念主体 conceptualizer 129, 133, 152, 187, 319, 325
概念空間 conceptual space 236
概念原型 conceptual archetypes 757
概念主義 conceptualism 528
概念主義的意味観 650
概念主体／概念化者 conceptualizer → 概念化者
概念的写像 conceptual mapping 397
概念的メタファー conceptual metaphor 584
概念転移 conceptual transfer 464
概念統合ネットワークモデル conceptual integration network model 201
概念としての隠喩 739
概念内容 conceptual content 124, 281, 393
概念の具象化 conceptual reification 284
概念メタファー conceptual metaphor 158, 203, 250, 266, 376
概念メタファー仮説 662
開放類 open class 381

概略性　schematicity　285, 396
会話の含意　conversational implicature　586
ガヴァガーイ問題　Gavagai problem　423
カオス理論　chaos theory　759
ガ格　525
科学人類学　682
係り受け解析　dependency parsing　768
格　case　525
格階層規則　case hierarchy　526
学習英文法　482
格助詞　483, 484
拡張　extension　166, 218, 577
拡張使役　extended causation　156
格のゆらぎ　527
格フレーム　case frame　180, 526
格フレーム辞書　766
格文法　case grammar　526
格枠　case frame　526
加算的役割解釈　cumulative role-interpretation　200
過剰な一般化　overgeneralization　→　一般化
過小汎化　under-extension　470
過剰汎化／過拡張　over-extension, thematic
　　overgeneralization　470, 788
化石化現象　fossilization　462
仮想移動　fictive motion　317
仮想的相互行為　fictive interaction　188
仮想プレーン　virtual plane　148
家族的類似性　Familienähnlichkeit, family resemblance
　　45, 263, 274, 668
活性化拡散モデル　spreading activation model　332
合致の方向　the directions of fit　598
カップリング　coupling　760
カテゴリー　659
　　――との境界　529
カテゴリー［範疇］化　categorization　10, 121, 165, 284,
　　285, 301, 394, 396, 482, 592, 683, 736, 756
カテゴリー化関係　categorizing relations [relationship]
　　91, 131, 577
カテゴリー構造　483
カテゴリー特異性　category specific　704
カラ格　525
含意スケーリング　implicational scaling　459
簡易知能検査　790
感覚イメージ的　iconic　421
感覚イメージを描写する形式的に有標な語　marked words
　　that depict sensory imagery　410
感覚間一致　crossmodal correspondence　377
感覚的音象徴　sensory sound symbolism　405
感覚様相／感覚モダリティー　sensory modality　405
喚起　evoke　179
環境世界　Umwelt　15
環境論的自己　ecological self　→　生態学的自己
関係　relationship, relation　123, 288
　　――の公理　Relation　599
関係文法　relational grammar　245
完結性　telicity　138

喚語障害　785
観察の原点　vantage point　567
慣習　convention　728
慣習化　conventionalization　127, 342, 572, 739
慣習性　110, 113, 127
慣習的な音象徴　conventional sound symbolism　405
間主観化　intersubjectification　170, 566
間主観性　intersubjectivity　558
間主観的　intersubjective　128
感情移入／共感　empathy　135, 448
感情・イメージ次元　affecto-imagistic dimension　412
感情分析　sentiment analysis　776
完成　completion　351
間接受身　539, 548
間接受身文　547, 543, 548
間接言語行為　indirect speech act　729
間接行為指示文　599
間接的発話行為　indirect speech act　738
間接法　486
含蓄的特徴　113
間テクスト性　intertextuality　252
観点化属性　612
換喩　metonymy　→　メトニミー
完了的な　perfective　241
慣例基盤モデル　convention-based model　174
関連順（辞書記述）　632, 637, 640
関連性　relevance　191
関連性理論　relevance theory　47, 185, 191, 586, 599

き

記憶の時間勾配　712
記憶の長期増強　long-term potentiation　698
擬音語／オノマトペ　phonomime, onomatopoeia　405
機械学習　machine learning　767
機械語　machine language　31
機械翻訳　777
機械論　mechanism　17
起源　origin　246
記号　sign　14
記号（表現）　sign, representamen　14
記号［象徴］化する　symbolize　120
記号学　semiology　2
記号過程　semiosis　50
記号機能　sign-function　5
記号［象徴］構造　symbolic structure　120, 131
記号接地問題　symbol grounding problem　417, 772
記号素性錯誤　paraphasie monemique　707
記号的　symbolic　32
記号的［象徴的］文法観　symbolic view of grammar
　　33, 36, 164, 283
記号内容　signifié　→　所記
記号表現　signifiant　→　能記
記号ユニット　symbolic unit　164
記号論的自由　semiotic freedom　17
基軸ドメイン　central domain　286
擬情語　psychomime　405

和　文　索　引

規則とリストの誤謬　rule/list fallacy　165
基礎レベル　basic level　→　基本レベル
既存型スケール　602
擬態語　phenomime　405
拮抗体　antagonist　156
基底メンタル・スペース　base mental space　195
起点　baseline　150
基点　vantage point　281
機能画像　695
機能局在論　696
機能言語学　functional linguistics　7
機能語　function [functional] word　381, 565
機能主義　functionalism　11
機能類型論　functional typology　223
希薄化　bleaching　→　漂白化
基盤性　groundedness　142
基盤づけ陳述　grounding predication　560
規範類型論　canonical typology　412
基本［基礎］語彙　485
基本（的）色彩語　basic color terms　42, 694
基本スキーマ　primitive schema　293
基本ドメイン［領域］　basic domain　286
基本［基礎］レベル　basic level　278, 609, 660
基本レベルカテゴリー　basic-level category　70, 265, 408
決まり文句　idiomatic expressions　95
逆受動態　antipassive voice　239
客観主義　objectivism　58, 262
客観的把握　objective construal　566
逆行　inverse　243
求心的意味　68
教育文法　483
共感　empathy　→　感情移入
共感覚的比喩　411, 658
共起構文分析　collostructional analysis　625
狭義の言語機能　faculty of language in narrow sense
　368
教材開発　materials development　482, 488
教師あり学習　supervised learning　767
教師なし学習　unsupervised learning　767
教授法　482
共進化　coevolution　374, 380
協調　coordination　728
　──の原理　cooperative principle　599
共同行為　joint action　728
共同注意　joint attention　322, 484, 677, 729
共鳴　resonance　103, 585
響鳴（現象）　resonance　677, 678
共有基盤　common ground　730
共有志向性　shared intentionality　362
極性　polarity　776
極性辞書　sentiment lexicon　776
局面　phase　150
虚構移動表現　673
虚構的　fictive　411
際だち　prominence, salience　288, 328, 394, 396, 539, 589
際だち方　profile　386

際だった　salient　725
　──結果　salient effect　241
　──原因　salient cause　241
キーワード　685
均衡性　619
近接性／隣接性　contiguity　41, 159, 284
緊張状態　tension　150

く

グアラニ語　535
空間概念　739
空間指示枠　frame of reference　687
空間認知　spatial cognition　687, 692
空間把握　739
空間モデル　658
クオリア　qualia　114
具格　instrumental case　525
屈折語　fusional language　220
グラウンディング　grounding　589
グラウンディング要素　grounding element　398
グラウンディング理論　grounding　757
クラスタ分析　cluster analysis　459, 574
クラスタリング　clustering　767, 775
グランドセンチュリー英和辞典　636
繰り上げ構文　raising construction　330
グループ化　grouping　284
グレイディエンス　gradience　529
グローバル英和辞典　636

け

継起的な　sequential　241
経験　experience　264
経験基盤主義　experientialism　263, 433, 617
経験的実在論　experiential realism　263
経験則　485
経験的基盤／身体的経験／身体基盤　bodily experience
　471
経験的知識　experiential knowledge　743
計算機科学　computer science　654
形式　form　5
形式意味論　formal semantics　460
形式文法　formal grammar　21
形而上学的実在論　metaphysical realism　263
継承　inheritance　209
継承リンク　inheritance link　209
形態格　525
形態素解析　morphological analysis　768
形態的構文　morphological construction　228
経年変化　628
ゲシュタルト　Gestalt　123
ゲシュタルト単位　gestalt unit　85
結果　result　150, 737
結果構文　452
結合価　valency　534
結合価パターン　181
結婚観モデル　685

和　文　索　引　　　　815

ケニング　kenning　256
限界性　boundedness　241
原型　659
現行談話スペース　current discourse space　589
言語運用　performance　271, 617, 727
言語外コンテクスト　extra-linguistic context　257
言語学　linguistics　2
言語獲得　language acquisition　448
言語記号　signe linguistique　4
言語教育　650
言語行為領域　speech act domain　564
言語行為論　598
言語実践　linguistic practice　742
言語習得　language learning　448
言語進化センター　Centre for Language Evolution　47
言語進化電算処理研究部門　LEC　48
言語神授説　379
言語性記憶　712
言語性短期記憶　vrebal STM　712
言語政策　481
言語接触　language contact　341
言語相対性（仮説）　linguistic relativity (hypothesis)　37, 222
言語単位　linguistic unit　85
言語知識　knowledge of language　630
言語的慣習　linguistic convention　78
言語的直感　linguistic intuition　85
言語転移可能性　transferability　462
言語内コンテクスト　(intra-)linguistic context　257
言語能力　competence　271, 727
言語のオルガノン・モデル　43
言語の起源　origins of language　380
言語の進化　evolution of language　380
言語発達　language development　448
言語表現　linguistic expression　739
言語名称目録観　nomenclature　35
言語メタファー　linguistic metaphor　250
言語ラベル　verbal label　375
言語理解のための意味論　semantics of understanding: U-semantics　176
言語類型論　linguistic typology　220, 457
言語論的転回　linguistic turn　58
現在完了形　521
現在の状態　521
現実　realis　241
現実感　496
原始要素的　primitive　83
現存する実在性　present reality　561
顕著性　prominence　133, 138
顕著例　111
現場知　485
言明　assertive　598
原理　principle　444

こ

語　word　79

コア　637
コア図式　core schema　463, 473, 483
コアセンス　core sense　640
コア理論　core theory　461
語彙　vocabulary, lexicon　10, 736
　　——の数　lexical size　467
語彙意味論　lexical semantics　450
語彙化　lexicalization　95, 381
語彙概念　lexical concept　469
語彙学習　word learning　483
語彙語用論　lexical pragmatics　191, 193
語彙借用　lexical borrowing　341
語彙性判断　lexical decision　701
語彙的範疇化　742
語彙内ネットワーク　intra-lexical network　472
語彙フレーム　lexical frame　180, 182
語彙分布仮説　distributional hypothesis　770
行為　737
合意　682
行為拘束　commissive　598
行為指示　directive　598
行為指示発話行為　599
行為指示文選択の一般原理　603
行為者　actor　150
行為者　agent　→　動作主
行為融合　action blend　352
行為連鎖　action chain　150, 241
構音制御　articulation control　700
効果　effect　588
公共共有基盤　communal common ground　730
項構造　argument structure　450, 527
高コンテクスト　high context　733
合成　composition　351
構成性　compositionality　171, 453
　　——の原理　209
構成的　compositional　208
構造　structure　683
構造意味論　structural semantics　152
構造画像　695
構造写像理論　structure mapping　661
構造主義意味論　structural semantics　114
構造（主義）言語学　structural linguistics　7, 37, 108
構造シラバス　482
構造的配置　structural configuration　592
構造プレーン　structural plane　148
構想力の遊び　71
後置詞　525
膠着語　agglutinative language　220
行動　action　150
行動主義心理学　482
行動データ　behavioral data　620
勾配　gradience　529
構文　construction　95, 121, 207, 410, 437, 450, 625
　　——の意味　constructional meaning　171
　　——の島仮説　constructional island hypothesis　211
　　——の多義性　constructional polysemy　454

構文化 constructionalization 170, 215, 343
構文書き換え 450
構文形態論 constructional morphology 228, 410
構文的拡張 constructional extension 581
構文文法 construction grammar 52, 452
構文文法分析 599
構文文法理論 construction grammar theory 207
項目依拠構文 item-based construction 171, 437, 456
項目依拠的習得 item-based acquisition 210
項役割 argument role 209, 453
語音の認知障害 700
語音の弁別障害 699
誤解 742
呼格 vocative case 525
語義失語 703, 712
語義的特徴 113
語義展開図 637
語義の展開 636
語義配列 632, 637
国語教育 650
国際 LAUD シンポジウム International LAUD
    Symposium 43
国際認知言語学会 International Cognitive Linguistics
    Association: ICLA 44, 48
    第 1 回―― (International Cognitive Linguistics
    Conference 1: ICLC 1) 44
心の理論 theory of mind 187, 191, 363, 448, 729
語順逆転 postposing 102
語順類型論 word order typology 222
呼称障害 785
個人語 idiolect 729, 731
個人的共有基盤 personal common ground 730
コースデザイン 483, 486
古典的カテゴリー 263
コード code 13
言葉あそび 415
子どもフレンドリー 68
コネクショニスト・ネットワーク 685
コネクショニスト・モデル connectionist model 658,
    659, 782
コネクショニズム connectionism 759
コネクタ 197
語の使用環境 621
コーパス corpus 458, 766
コーパス言語学 corpus linguistics 456
個別言語 langue 46
個別性 623
コミュニカティブ・アプローチ communicative approach
    486
コミュニケーションの慣例基盤モデル convention-based
    model 449
固有表現 named entity 768
固有表現抽出 768
語用論 pragmatics 106, 115, 192, 727
語用論的強化 pragmatic enrichment 318
語用論的和らげ pragmatics softening 589

孤立語 isolating language 220
語列挙 702
コロケーション collocations 95, 485, 487
コロケーション分析 618
根源的［ラディカル］構文文法 radical construction
    grammar 52, 212
コンストラクティコン constructicon 181
コンテクスト context 251, 743
コンテクスト化の合図 contextualization cues 731
コントロールサイクル control cycle 150
コンピューター・プログラミング言語 computer
    programming language 31

さ

再帰性 recursion 689
再現率 recall 774
サイズの原則 size principle 84
最大スコープ maximal scope 286, 588
最適性原則 optimality principle 353
最適性理論 optimality theory 80
再命名 613
作者 author 743
作例基盤 620
サピア＝ウォーフの仮説 Sapir-Whorf hypothesis 37,
    51, 691
サブセンス subsense 640
参照点 reference point 133, 139, 325, 396, 586
参照点関係 reference-point relation 326
参照点能力 reference-point ability 325
残存 98
サンプリング・バイアス sampling bias 468
参与者 participants 129, 539
参与者役割 participant role 209, 453
参与枠組み 743

し

恣意性 arbitraire 46, 405
恣意的 arbitraire, arbitrary 46
子音変異 415
使役 causative 240, 553
使役移動構文 caused-motion construction 171, 452
ジェスチャー 687, 797, 806
視覚性運動感覚 visual kinesthesis 670
色彩語 color terms 42, 693
識別素 distinguisher 272
軸項 pivot 239
軸語スキーマ → ピボット・スキーマ
刺激等価性 stimulus equivalence 376
刺激の貧困 poverty of stimulus 24
自己組織化 self-organization 645
自己表現 486
視座 vantage point 281
示差的意味 distinctive meaning 8
示差的［弁別的］特徴 distinctive features 108,
    727
指示（する）refer 308, 423

指示対象　referent　106, 109, 308
事実プレーン　actual plane　148
指示的　referential　732
事象関連電位　event-related potential: ERP　695
事象構造　event structure　529
事象的モダリティ　556
辞書的意味分析　lexical semantics analysis　683
時制　tense　→　テンス
自然カテゴリー　natural categories　668
自然言語　natural language　31
自然言語処理　natural language processing　764
事態中心　event-oriented　557
事態把握　construal　→　捉え方
実験　experiment　458
実験心理学　654
実験法　657
失語　795
失構音　anarthria　696, 700
失語症　aphasia　711
失語症学　aphasiology　780
実質　substance　5
実質的イディオム　substantive idiom　453
失書　795
実践のコミュニティ　communities of practice　730
実体　entity　284
　　影響を受ける──　affected entity　451
実体化　material anchors　354
実地調査　689
失読　795
実念論　realism　271
質の公理　Quality　599
失名辞　785
質問応答　question answering　776, 777
視点　perspective, point of view, view point　106, 107,
　　281, 315, 397, 483, 588, 590
視点配置　viewing arrangement　397
自動化　automotization　167
自動詞移動構文　452
自動要約　automatic summarization　777
シナリオ　scenario　743
ジーニアス英和辞典　637
シネクドキ（ー）／提喩　synecdoche　484, 503, 507, 572,
　　640, 641, 656
支配領域　dominion　133
自発　539
　　──の世界観　541
自発性　541
指標　index　732
指標性　indexicality　731
事物　entity　150
シミュレーション　657
シミリー　→　直喩
シムコム　simultaneous communication　799
社会慣習　737
斜格項　oblique argument　238
借用　borrowing　226

写像　mapping　307
主意　tenor　505
終結　termination　246
終結性　telicity　138, 241
　　──を持った　telic　241
終結的　telic　154
終助詞　98
習得順序　acquisition order　460
周波数信号仮説　frequency code hypothesis　409
受影性／被影響性　affectedness　241, 539, 541, 549
受益者　recipient　→　受取人
主格　nominative case　525
主観化　subjectification　170
主観主義　subjectivism　268
主観性　subjectivity　139
主観的把握　subjective construal　566
主観表現論　557
縮約　contraction　312
縮約版挨拶表現　99
主語　subject　121
主語特性　124
主語優勢言語　subject-prominent language　400
手指英語　manually coded English　799
授受表現　484
主体　subject　677
主題　theme　279, 667
主体移動表現　673
主体化　subjectification　398, 572
主題関係　thematic relation　526
主体性　subjectivity　677
主体なき言語学　8
主体（の）移動　subjective motion　317, 674
出現的弁別的素性理論　emergent feature theory　90
述語項構造　predicate argument structure　766
出来文　546
受動　passive　537, 553
受動構文　540
主動体　agonist　156
受動態　passive voice　238, 537
種認知　species recognition　363
主要部内在型関係節　head internal relative clause　331
手話　796
順行　direct　243
順次的走査　sequential scanning　123
使用依拠モデル　usage-based model　33
照応　anaphora　769
照応解析　anaphora resolution　769
使用基盤言語学　usage-based linguistics　458
使用基盤モデル　→　用法基盤モデル
状況認知　655
状況の分節化　context segmentation　367
消極的フェイス　negative face　587
上下関係　hyponymy　276
条件節　conditional clause　100
畳語　reduplication　101
証拠性　evidentiality　558, 568

証拠的モダリティ 556
正直シグナル honest signals 444
使用事態 usage event 120, 166, 458
詳述性 specificity 285, 396, 394
象徴 symbol 259, 683
象徴界 69
象徴化関係 symbolic relationship 120
象徴化機能 symbolic function 120
象徴化する symbolize → 記号化する
象徴構造 symbolic structure → 記号構造
象徴性 symbolism 375
象徴［記号］的文法観 symbolic view of grammar 33, 119, 218, 283
焦点 focal point, perspective 154, 178
焦点化 focusing 107, 285, 394, 737, 284
焦点色 focal color 278, 694
焦点調整 focal adjustment 285
承認された聞き手 ratified hearer 743
小脳 722
情報検索 information retrieval 773
情報処理機構 information processing 656
情報抽出 information extraction 775
所格 locative case 525
所記／記号内容 signifié 4, 46
植物記号論 phytosemiotics 16
所有者 possessor 451
所有者効果 possessor effect 451
処理時間 processing time 123
処理労力 processing effort 191
自律的統語論 autonomous syntax 142
事例 token 470
事例化 instantiation 91, 165, 310
事例モデル exemplar model 172
ジルバル語 Dyirbal 124, 232, 238
進化音韻論 evolutionary phonology 78
進化言語学 evolutionary linguistics 379
シングル・［単一］スコープ・ネットワーク single-scope network 202, 351
神経回路網モデル neural network model 782
神経心理学 neuropsychology 696
新語 628
進行形 517
人工言語 artificial language 31
深層格 deep case 526
深層学習 deep learning 668
深層構造 deep structure 9
深層相同 deep homology 371
親族名称 kinship terms 682, 683
身体化された経験 embodied experience 268
身体化認知 embodied cognition 655
身体基盤の経験主義 bodily-based experientialism 392
身体性 embodiment 153, 392, 751, 757, 264
身体部位 488
身体レベルの知 68
心的器官 mental organ 26
心的経路 mental path 325

心的時間旅行 mental time travel 370, 375
心的接触 mental contact 325
心的走査 mental scanning 326
心的表示 mental representation 78
心的表象 mental representation 468
心内辞書／心的辞書／メンタルレキシコン mental lexicon 118
シンプレクス・［単純］ネットワーク simplex network 202, 350
心理言語学 psycholinguistics 654
心理実験 485
真理条件的意味論 truth conditional semantics 176
心理的実在性 psychological reality 624, 654, 657, 663
人類音響学 anthropophonics 82
神話的現実 mythical realities 746
神話フレーム 746

す

図 figure 178, 287, 396, 540
推意 191
推移性 transitivity 376
推意的結論 implicated conclusion 586
推意的前提 implicated premise 586
遂行性 performativity 558
推論 inference 482
推論分析法 685
推論モデル inferential model 586
スウェーデン言語・認知学会 SSSK 48
数量詞移動 quantifier float 136
数量詞スコープ quantifier scope 148
数量詞遊離 quantifier float 132, 136
スカンジナビア言語・認知学会 SALC 48
スキーマ schema 85, 121, 131, 155, 165, 218, 255, 486, 577, 586, 660, 685
　命令文の—— 603
スキーマ化 schematization 85, 284, 285, 310, 396, 754
スキーマ関係 schematicity 311
スキーマ形成 487
スキーマ性 schematicity 285
スキーマ的参与体 schematic participant(s) 288
スクリプト script 660, 743
スコープ scope, scope of attention 149, 286, 588
図地分化 figure-ground distinction, figure/ground segregation 284, 644
スタンスの三角関係 Stance Triangle 677
ステージ stage 319
ステージ・モデル stage model 129, 132
ステレオタイプ 111, 112
スーパー・アンカー英和辞典 637
スーパー・スキーマ super schema 577
スーパーマーケットの比喩 grocery market analogy 79
スペイン認知言語学会 AELCo, SCOLA 50
スペース間マッピング cross-space mapping 201
スル型・ナル型言語 'become'-language 394

せ

性　gender　538
制御領域　dominion　150
制限コード　restricted code　733
政治的公正　political correctness　233
生成意味論　generative semantics　22
生成音韻論　generative phonology　78
生成語彙意味論　generative lexicon　114
生成文法　generative grammar　131, 164, 460
正相互情報量　positive PMI　771
生態学［環境論］的自己／エコロジカル・セルフ
　　ecological self　567, 670
生態心理学　ecological psychology　669
生態的位置　ecological niche　630
精緻化　elaboration　165, 351
生物記号論　biosemiotics　2
生物言語学　biolinguistics　449
成分分析（法）　componential analysis　37, 108, 683
精密コード　elaborated code　733
生命記号論　biosemiotics　2, 15
声門の動き　phonation　82
世界観　541
世界の捉え方　541
責任主体　principal　743
責任性　responsibility　535
積極的フェイス　positive face　587
接語　clitic　94, 98
接辞　affix　94
絶対格　absolutive　238
絶対的指示枠　absolute frame of reference　688, 692
接地　ground　417
セルアセンブリ　cell assembly　698
ゼロ代名詞　zero pronoun　769
前景　foreground　285
前景化　foregrounding　286, 589
線形順序　linear order　132
宣言　declaration　598
宣言の記憶 → 陳述的記憶
先行理論　prior theory　470
潜在意味解析［分析］　latent semantic analysis　658, 770
潜在型スケール　602
潜在性　potentiality　603
潜在的意味　meaning potential　115
潜在的に可能な実在性　potential reality　561
潜在力　potency　561
全体・部分関係　meronymy, partonomy　276, 311
全体類型論　holistic typology　220
選択　selection　285
選択的バイアス　selective bias　468
専門家カテゴリー　expert category　274

そ

相　aspect → アスペクト
総括的走査　summary scanning　123
想起　invoke　178

相互関連性　626
相互行為　interaction　736
　　——の儀礼　interaction ritual　743
　　——の社会言語学　interactional sociolinguistics　590, 730
　　——のフレーム　743
相互情報量　pointwise mutual information: PMI　770
相互の重なり合い　529
相互理解　intelligibility　739
層状構造　layered structure　236
総称スペース　generic space　202
相対的指示枠　relative frame of reference　688, 692
相同性　homology　400
創発　emergence　646
創発構造　emergent structure　202
創発的文法　emergent grammar　235
即時マッピング　fast-mapping　434
側頭葉前方部　anterior temporal lobe: ATL　782
束縛的モダリティ　556
素性　feature　272, 683
属格　genitive case　525
存在表現　693

た

態／ヴォイス　voice　537, 541
第一次モデル化体系　primary modeling system　6
対応関係　correspondence　218
体外記号論　exosemiotics　16
対格　accusative case　525
大規模性　619
対象　object, patient　14, 526, 541
対称性　symmetry　376
代置性　375
体内記号論　endosemiotics　16
第二言語　second language, L2　482
第二言語習得　second language acquisition　482
第二次モデル化体系　secondary modeling system　6
大日本国語辞典　633
対乳幼児動作　infant/child directed action　438
対乳幼児発話　infant/child directed speech　438
代表性　619
タイプ頻度　type frequency　460
タイプ・プレーン　type plane　148
代名詞照応　pronominal anaphora　131
対話統語論　dialogic syntax　585
多感覚基盤仮説　multisensory underpinning of lexical comprehension hypothesis　436
多義語　polysem　482, 572, 626
多義性　polysemy　472, 572
多義ネットワーク　168
タクソノミー　taxonomy　117, 274, 682
ターゲット　target → 標的
多次元尺度法　multidimensional scaling　459, 574
ダジャレ　415
多層化　layering　565
奪格　ablative case　525

脱他動的ヴォイス detransitive voice 241
脱範疇化 decategorialization 346, 565
脱賦活 deactivation 698
他動性 transitivity 241, 397, 534, 539, 541
ダニ語 Dani 422
ダブル・[二重]スコープ・ネットワーク double-scope network 202, 351
たまたま小耳に挟んだ人 overhearer 743
単位 unit 120, 342
単一スコープ・ネットワーク → シングル・スコープ・ネットワーク
単一の共通の概念 single overarching meaning 472
段階性 gradience 529
短期記憶 short term memory 712
単語群 mental words 424
単純現在形 515
単純ネットワーク → シンプレクス・ネットワーク
単純復唱 722
断定 assertive 598
談話 discourse → ディスコース
談話ストラテジー discourse strategy 592
談話標識 discourse marker 94, 95
談話分析 discourse analysis 10
談話文法 discourse grammar 10

ち

地 ground 178, 396, 287
地域共有手話 shared sign language 798
チェックリスト意味論 176
知覚記号システム perceptual symbol system 444
知覚システム 676
力 force 150
　　——の行使の6パラメーター 603
　　——のダイナミックス force dynamics 561
知識表象 658
注意 attention 126, 396, 589
　　——のフレーム attentional frame 589
中核項 core argument 238
中間型手話 799
中間言語 462
中間構文 middle construction 537, 672
中間態 middle voice 537
抽象化 abstraction 165, 486
抽象的構文 abstract construction 437, 456
抽象的所有 abstract possession 328
抽象的な意味構造 semantic structure 451
抽象フレーム abstract frame 180, 182
中心義 482
中動 middle 240
中動態 middle voice 537
調音 articulation 82
調音音韻論 articulatory phonology 86
調音音声学 409
調音点 point of articulation 82
調音方法 manner of articulation 82
聴覚的処理 hearing 699

長期記憶 long term memory 712
調査 survey 458
調査法 657
直接スコープ immediate scope 138, 286, 588
直接的発話行為 direct speech act 738
直喩／シミリー simile 112, 338, 503
チョムスキー革命 Chomskyan revolution 8
チョムスキーの逆立ち Chomsky's Handstand 374
陳述[宣言]的記憶 declarative memory 712, 786

つ

通時的類型論 diachronic typology 337
通常比喩 717
つづり字障害 795

て

定位 positioning 678
定型化 94, 95
定型表現 formulaic language [expression] 94, 95, 738
　　——の識別基準 95
定型連鎖 formulaic sequences 145
低コンテクスト low context 733
提示性 presentative 603
ディスコース／談話 discourse 10, 134, 591
定着 entrenchment 167, 211, 342, 572
碇泊点 anchoring point 332
提喩 synecdoche → シネクドキ
定量的研究 quantitative study 459
デ格 525
適格性の判断 well formedness judgement 79
適合率 precision 774
テキストマイニング text mining 776
適用 applicative, applicative extension 240
手続き型言語 procedural programming language 31
デフォルトモードネットワーク default mode network 698
デフファミリー deaf family 798
テーマ関連性 thematic relation 788
転移 462
展開 development 246
転義 trope 503
電気生理実験 696
典型 prototype → プロトタイプ
典型性 typicality 486
典型的 prototypical 11
典型例 111
テンス／時制 tense 512

と

同一指示 coreference 132
同音異義語 homonym 573
同化 assimilation 312
統覚 Apperzeption 53
等価性 equivalence 376
導管メタファー conduit metaphor 212
動機（づけ） motivation 458, 486, 496

道具 526
統計学習 statistical learning 434
統制原則 353
同型性 isomorphism 51
統計的指標 625
同語反復文 tautology → トートロジー
統語論 syntax 220
動作主／行為者 agent 238, 279, 526, 541
動作図式 action-based schema 472
当座理論 passing theory 470
動詞 verb 121
　　――の一致 799
　　――の島仮説 verb-island hypothesis 210
　　「――＋一人称目的語」連続 603
同時性 799
投射された実在性 projected reality 561
動詞枠づけ言語 verb-framed language 394
動詞フレーム言語 verb-framed language 399
盗聴者 eavesdropper 743
同調能力 373
同定文 identificational sentence 201
動的用法［使用］基盤モデル dynamic usage-based
　　model 165, 456
動能構文 452
動名詞 verbal noun 226
特異値分解 singular value decomposition 771
特質 qualia 754
特殊化 specialization, specification 226, 276, 310
特性 attribute 272
特徴の整列 alignment 662
特徴比較モデル feature network model 332
特徴モデル 658
特定 specific 139
匿名性 68
トークン頻度 token frequency 460
特権的統語項 privileged syntactic argument 239
トップダウン top down 167
トートロジー／同語反復文 tautology 75
トピック性 topicality 329
トピックモデル topic model 773
とびはね音調 96
ドミニオン dominion 133, 325
ドメイン／領域 domain 109, 304, 307
捉え方／解釈／事態把握 construal, representation 12,
　　76, 106, 121, 138, 233, 281, 392, 461, 481, 528, 540, 466,
　　588, 669, 678, 733, 737, 749
　　――の操作 construal operation(s) 393, 592
トラジェクター trajector 125, 149, 155, 218, 288, 540,
　　588
トラジェクター／ランドマーク割り当て trajectory/
　　landmark alignment 287, 288
トリガ 197
トロープ trope 503

な

内在性 110

内在的世界 inner world 15
内省 introspection 458
内的言語形式 innere Sprachform 42
内的実在論 internal realism 263
内包的記号体系 connotative semiotic system 5
内容語 content word 381, 565
内容要件 content requirement 121, 131
内容領域 content domain 564
半ば定型化した句 semi-preconstructed phrase 625
名づける denote 423
なれ合い主義の原則 nepotism principle 89

に

二格 525
二重解離の原理 principle of double dissociation 696,
　　781
二重継承モデル dual inheritance model 380
二重継承理論 dual inheritance theory 373
二重写像制約 double mapping constraint 805
二重スコープ・ネットワーク → ダブル・スコープ・ネッ
　　トワーク
二重ハブ仮説 "dual-hub" hypothesis 790
二重目的語構文 ditransitive construction 172, 450
ニーズ 481
二人称性 603
日本語教育 650
日本国語大辞典 633
日本語対応手話 798
日本語多義語学習辞典 641
日本手話 Japanese Sign Language 797
日本認知言語学会 Japanese Cognitive Linguistics
　　Association: JCLA 54, 456, 483
ニューセンチュリー英和辞典 636
ニューラル・ネットワーク neural netword 668
ニューラル・ネットワークモデル neural network model
　　374, 782
ニューロン 709
認識的モダリティ 556
認識の三角形 484
認識領域 epistemic domain 564
認知 cognition 249
　　――の主体 cognizing subject 566
認知意味論 cognitive semantics 58, 106, 152, 184, 193,
　　483
認知音韻論 cognitive phonology 78
認知科学 cognitive science 19, 28, 655
認知格 cognitive case 529
認知革命 cognitive revolution 433, 654
認知・機能言語学 cognitive-functional linguistics 235
認知基盤 739
認知言語学 cognitive linguistics 2, 7
認知言語学的アプローチ cognitive linguistic approach
　　592
認知効果 cognitive effects 191
認知構造 cognitive structure 742
認知語用論 cognitive pragmatics 184, 191

認知詩学　cognitive poetics　249
認知社会言語学　cognitive sociolinguistics　734
認知心理学　cognitive psychology　458
認知人類学　cognitive anthropology　682
認知図式　diagram　149
認知地図　cognitive map　692
認知的解釈　imagery　281
認知的参照点　cognitive reference point　332
認知的転回　cognitive turn　593
認知的無意識　68
認知（言語学）的類像性　cognitive iconicity　804
認知と命名の対応性仮説　613
認知ドメイン［領域］　cognitive domain　179, 184, 285
認知能力　cognitive faculty　106, 107, 483
認知比喩　cognitive metaphor　742
認知プロセス　cognitive process　218, 736
認知文法　cognitive grammar　79, 131, 149, 164, 184, 218
認知メタファー理論　cognitive metaphor theory　584
認知領域　cognitive domain　→　認知ドメイン
認知類型論　cognitive typology　220, 233

ね

ネオテニー　69
ネット党首討論　743
ネットワーク　network　86, 117
ネットワーク・モデル　network model　168, 659

の

能格　ergative　238
能格言語　ergative language　238
能格構文　541
能格態　ergative voice　239
能記／記号表現　signifiant　4, 46
脳機能イメージング　710
脳磁図　magnetoencephalography　695
能動受動　672
能動性　agentivity　241
能動態　active voice　238, 537
望ましさ　desirability　603
ノード　node　91
ノルウェー認知言語学会　Norkog　49

は

場　74
　　——の言語学　74
バイアス　bias　444
背景　background　285
媒体　vehicle　307, 505
バイヤルジェ－ジャクソンの原理　principle of Baillarger-Jackson　781
破壊実験　696
漠然性　vagueness　578
バークレー派構文文法　Berkeley construction grammar　207
場所の論理　74
パースペクティヴ　perspective　281, 393

派生義　485
派生的　derived　83
把捉時間　conceived time　123
把捉事態　conceived situation　529
パターン　486
発見的な特性　heuristics　149
発語失行　apraxia of speech　700
発語内行為　illocutionary act　598
発語内行為シナリオ　illocutionary scenarios　599
発語内効力　illocutionary force　184
発語媒介行為　performative act　598
発声学習　vocal learning　365
発声体　animator　743
発達心理学　developmental psychology　458
発話行為　speech act, locutionary act　184, 398, 598, 737
発話行為中心　speech-act oriented　557
発話のための思考　thinking for speaking　222, 226
パートノミー　partonomy　274
話す主体　sujet parlant　8
ハブ＆スポークモデル　hub-and-spoke model　783
場面　scene　176, 180
場面横断型学習　cross-situational learning　435
場面記号化仮説　scene-encoding hypothesis　453
パラフレーズ構文　450
パロール　parole　727
範囲　scope　396
反義性　antonymy　117
反射性　reflexivity　376
反生成文法　792
範疇化　categorization　→　カテゴリー化
反転の関係　296
万能動詞　785
反応表現　reactive tokens　94, 95, 98
範列的関連づけ　paradigmatically related　215

ひ

非意志性　non-volitive　557
非意図的事象を表す自動詞　545
被影響性　affectedness　→　受影性
被害受身　adversity passive　543
被害・迷惑／被害や迷惑　539, 543
比較　482
比較言語学　comparative linguistics　220
比較認知科学　comparative cognitive science　375
光遺伝学　optogenetics　695, 698
非還元主義　nonreductionism　572
非言語性記憶　712
非現実事態陳述モダリティ論　557
非現実性　irrealis　558
非指示的　nonreferential　732
非実在移動表現　nonactual motion expression　673
非手指要素　799
非侵襲脳機能計測　713
非対格動詞　545
非陳述記憶　712
必要　need　226

和　文　索　引　823

否定的な証拠　negative evidence　25
　　──の欠如　no negative evidence　211
被動作主　patient　238, 541
皮肉　sarcasm　776
非人称受動　impersonal passive　245
批判的言語学　critical linguistics　591
批判的談話分析　critical discourse analysis　591
批判的転回　critical turn　593
批判理論　critical theory　591
ピボット・［軸語］スキーマ　pivot schema　460
百科事典的意味　encyclopedic meaning　109, 483
百科事典的意味観　encyclopedic semantics, encyclopedic
　　view of meaning　33, 106, 109, 178, 284
百科事典的知識　encyclopedic knowledge　153, 284, 743
ヒューリスティクス　heuristics　149
比喩履歴仮説　career of metaphor hypothesis　662
表意　explicature　586
表意文字　ideogram　795
表音文字　phonogram　795
評価　evaluation　678
表現　representamen　14
表現としての隠喩　739
表現性　expressiveness　610, 611, 612
表示性　representativeness　610, 612
描写モード　depiction mode　412
表出　expressive　598
表象　representation　685
表象主義的　representationalistic　749
表象的バイアス　representational bias　468
表層格　surface case　526
表層構造　surface structure　9
表層分布　624
標的／目標／ターゲット　target　150, 197, 325
漂白［希薄］化　bleaching　310, 317, 565
ピラミッドと椰子の木テスト　pyramid and palm trees
　　test　788
ビリーフ　481
ビリヤードボール・モデル　billiard-ball model　129, 150
頻度　167
頻度順（辞書記述）　632, 635

ふ

ファジー　fuzzy　154
フィッシャーの直接確率検定　Fisher's exact test　625
フィールドワーク　689
フィンランド認知言語学会　FiCLA　49
ブーバ・キキ効果　405
フェイス　face　587
付加詞　adjunct　136
賦活研究　activation study　697
不完全同一性　sloppy identity　200
複合カテゴリー　complex category　572
複合動詞　483
複雑系　complex system　759, 645
複単語ユニット　multiword units　145
復興運動　revitalization movements　683

不特定　nonspecific　139
部分的合成性　partial compositionality　284
部分類型論　partial typology　221, 222
不変化仮説　invariance hypothesis　298
不変化原則　invariance principle　298
普遍性　623
不変性の欠如の問題　lack of invariance problem　85
普遍文法　universal grammar　24, 79, 164, 482, 689
プライミング効果　priming effect　332
プラトンの問題　25
プラハ［プラーグ］学派　Prague School　232, 235
フランス認知言語学会　AFLiCo　47
フレーム　frame　108, 152, 156, 180, 304, 347, 397, 509,
　　588, 590, 742
　　注意の──　attentional frame　589
フレーム意味論　frame semantics　125, 176, 209, 590, 743
フレーム化　framing　592
フレーム要素　178
プレーン　plane　148
ブレンディング　43
ブレンディング理論　blending theory　47, 394
プログレッシブ英和中辞典　641
ブローカ野　709
フローズン語彙　801
プロセス　process　123, 131
　　──の全体像　a full instantiation of the profiled
　　process　516
プロソディ　prosody　711, 785
ブロックデザイン　716
プロトコル分析　657
プロトタイプ／典型　prototype　130, 152, 154, 177, 218,
　　273, 277, 397, 460, 471, 482, 659, 668, 682
　　命令文の──　603
プロトタイプ・カテゴリー　prototype category　165,
　　486, 529, 626
プロトタイプ効果　prototype effect　277, 487
プロトタイプシナリオ　660
プロトタイプ属性　165
プロトタイプ的意味　prototypical meaning　572
プロトタイプ理論　prototype theory　408, 462
プロファイル　profile, profiling　123, 131, 148, 149, 178,
　　218, 253, 287, 540
プロファイル決定子　profile determinant　218
プロファイルシフト　profile shift　388
プロファイル部　profile　287
プロフィール　637
文化記号論　cultural semiotics　6
文学的文体論　literary stylistics　584
文化的差異　cultural difference　740
文化的知識　682
文化的特徴　113
文化的モデル　682
文化的ラチェット　373
文化能力の進化　688
文化の合意　cultural consensus　687
文型シラバス　486

分散　distrubuted　686
文章クラスタリング　text clustering　775
文章分類　text classification　775
分節　articulation　46
分節関係　partonomy　308
分節分類（法）　partonomy　274, 507
文体論　stylistics　584
分布学習　distributional learning　444
分布に基づく意味モデル　distributional semantic model　769
文－文法　sentence grammar　10
文法化　grammaticalization　95, 170, 315, 336, 380, 565
文法化研究　grammaticalization studies　336
文法関係　542
文法借用　grammatical borrowing　341
文法的特徴　113
文脈　486
　　──に依存した言語使用　contextual usage　471
文脈化　486
文脈自由文法　context free grammar: CFG　368
文脈的効果　contextual effects　586
分類　classification　736, 775
分類学的関連性　taxonomic relation　683, 788
分類器　classifier　767
分類辞　classifier　301

へ

ベクトル空間モデル　vector space model　773
ベース　base　123, 149, 178, 287
ヘッケル－セールの法則　68
ヘッジ［生垣］表現　279
ヘブの法則　698
ベルギー・オランダ認知言語学会　BeNeCLA　48
変形　transformation　9
変形生成文法　transformational generative grammar　2, 7, 654
変形は意味を変えない　Transformations do not change meaning　9
偏向頻度仮説　skewed frequency hypothesis　211
弁別し同定する　discriminate, identify　421
弁別的素性　distinctive feature　87
弁別的特徴　distinctive feature　→　示差的特徴

ほ

方向性のメタファー　orientational metaphor　710
放射　rayonnement　45
放射状カテゴリー　radial category　45, 576, 591, 660
法助動詞　556
包摂関係　taxonomy　308
包摂分類（法）　taxonomy　274, 507
ボクセル　voxel　716
補語連鎖　complement chain　330
保持化　persistence　565
ポスト構造主義　post structuring　591
ボトムアップ　bottom up　168, 458, 483
補文標識　complementizer　100

ホームサイン　798, 799
ポーランド認知言語学会　PTJK ／ PCLA　49
ボールド効果　714
ホロニック・システム　holonic system　781
本質関係　vital relations　352
本態性振戦　785
翻訳対応語を探す　search translation equivalent　469

ま

マウジング　mouthing　800
マウスジェスチャー　mouth gesture　800
末尾表現　94
マッピング　483
マトリックス　matrix　286

み

溝　groove　37
ミラティビティ　mirativity　568
ミラーニューロン　mirror neuron　364
ミラーニューロンシステム　709
ミラー・ネットワーク　mirror network　202, 350
民族意味論　ethnosemantics　683
民族誌的意味論　ethnographic semantics　682
民族植物学　ethnobotany　683
民族生態学　ethnoecology　686

む

無作為抽出　617
無標　unmarked　117, 232, 236

め

名詞　noun　121
　　──らしさ　nouniness　278
名詞隠喩　nominal metaphor　667
名詞化　nominalization　224
明示的指導　explicit instruction　458
明示的知識　explicit knowledge　464
命題的モダリティ　556
命題的理想化認知モデル　600
命名の階層関係　613
命名の認知モデル　612
名目論　nominalism　271
明喩　simile　503
命令文回避の原則　603
命令文のスキーマとプロトタイプ　603
迷路　mazeway　683
メタ記号体系　metasemiotic system　5
メタ言語能力　metalinguistic ability　651
メタ認知　metacognition　369
メタファー／隠喩　metaphor　41, 109, 152, 203, 397, 463, 483, 503, 572, 640, 641, 661, 685, 710, 736, 739
メタファー［隠喩］的写像　metaphoric mapping　564
メタファー理論と融合理論の関係　354
メトニミー／換喩　metonymy　41, 159, 233, 396, 397, 484, 503, 507, 572, 640, 641, 656
メトニミー分析　599

メンタル・コーパス mental corpus 630
メンタル・スペース mental spaces 43, 148
メンタル・スペース構成 mental space configuration 195
メンタル・スペース導入表現 mental space builder 195
メンタル・スペース理論 mental spaces theory 44, 47, 194, 349, 394

も

目的クオリア telic qualia 115
目標 target → 標的
目標言語 target language 481
目録 inventory 437
モジュール 656
モジュール的アプローチ 20
モダリティ modality 321, 405
モダリティ特異性 modality specific 705
モノ（概念） thing 131, 288, 331
物の殺害 69
模倣 mimicry 418

や

役割 role 199
役割意識 745
役割解釈 role-interpretation 200
役割・指示文法 role and reference grammar 412

ゆ

有縁性 motivation 51
有界物 513
有契的 motivated 728
有限状態文法 finite state grammar 368
融合 fusion, blending 208, 347
融合スペース blended space 201, 394
融合［ブレンディング］理論 blending 71, 398
　メタファー理論と――の関係 354
有声開始時間 voice onset time 438
有生性 animacy 231
有標 marked 232, 236
喩辞 vehicle 667
指文字 801
ユピック・エスキモー語 Central Alaskan Yup'ik 259

よ

様態の公理 Manner 599
用法基盤言語学 usage-based linguistics 458
用法基盤的 usage-based 120
用法基盤的アプローチ usage-based approach 380
用法［使用］基盤モデル usage-based model 33, 36, 79, 120, 145, 164, 192, 210, 449, 456, 565, 583, 624, 630, 730
与格 dative case 525
与格交替 451
与格変更 dative alternation 476

ら

ライトハウス英和辞典 636

ラチェット効果 ratchet effect 373
ラディカル構文文法 radical construction grammar → 根源的構文文法
ラング langue 727
ランドマーク landmark 149, 155, 218, 288, 540, 588, 725

り

リアリティ 496
力動性 force dynamics 156, 394, 397
力動的な相互作用 force-dynamic interaction 242
力動的モダリティ 556
理想化認知モデル idealized cognitive model 109, 161, 179, 576, 599
理想的な話し手兼聞き手 ideal speaker-listener 8
理想例 111
リソース 485
リヒトハイムのモデル 703
領域 domain → ドメイン
量の公理 Quantity 599
領野 field 150
臨床神経心理学 696
隣接性 contiguity → 近接性

る

類義語 synonym 107, 108, 482
類型 type 470
類型論 483
類似性／類似関係 similarity 41, 284, 331, 661
類推 analogy → アナロジー
類像性 iconicity 46, 51, 223, 233, 259, 312, 651, 796
類像的 803
類像的ジェスチャー iconic gesture 412
類別詞 classifier 301
類包含モデル class inclusion 660

れ

レキシカル・アプローチ 485
レキシコン lexicon 736
歴史順（辞書記述）632
レトリック効果 rhetoric effect 145
連結規則 linking rules 451
連結性 connectivity 133
連合 association 46
連合主義 696
連想 113
連続性 625
連続性仮説 semantic map connectivity hypothesis 237

ろ

ろう文化 805
ログダイス LogDice 623
ロゴジェン・モデル Logogen model 782
ロシア認知言語学者協会 49

わ

話者同士の調音 attunement 84

話題の幅　thematic range　467
話題優勢言語　topic prominent language　400

を

ヲ格　525

欧　字

A New English Dictionary on Historical Principles: NED
　632
ATL: anterior temporal lobe　782
ATL ハブ　anterior temporal lobe-hub　703

Bag of Words: BoW　765
billiard model　541

Cambridge Advanced Learner's Dictionary　634
Can-do Statement　486
CEFR: Common European Framework of Reference for
　Languages　486
CHILDES　459
Collins COBUILD Advanced Learner's Dictionary　634
Collins COBUILD English Language Dictionary　634

E ゲイト英和辞典　637

F 値　F-measure　774
fMRI: functional MRI　695
for 付き与格構文　450

genus　538
Get-passives　535

HAVE 構文　548

JAP: Japanese for Academic Purposes　486
JSP: Japanese for Specific Purposes　486

k 近傍法　k-nearest neighbor method　775
k-means 法　767

Longman Dictionary of Contemporary English　634

MI スコア　623

Neo-Firthian　621
New Oxford American Dictionary　640
New Oxford Dictionary of English　640

OPI データ　462
Oxford Advanced Learner's Dictionary　634
Oxford Dictionary of English　640
Oxford English Dictionary: OED　632

PET: positron emission tomography　695

SD: semantic dementia　783
SPM: statistical parametric mapping　715

to 付き与格構文　450

usage-based view　471

word2vec　771
WordNet　766

欧 文 索 引

日本語が複数ある場合は／で併記した.
[ ] は前の語と入れ替え可能であることを示す.
( ) は省略して使われることもある.

A

a full instantiation of the profiled process　プロセスの全
　体像　516

A New English Dictionary on Historical Principles: NED
　632

ablative case　奪格　525

absolute frame of reference　絶対的指示枠　688, 692

absolutive　絶対格　238

abstract construction　抽象的構文　437, 456

abstract frame　抽象フレーム　180, 182

abstract possession　抽象的所有　328

abstraction　抽象化　165, 486

access principle　アクセス原則　197

accessibility　アクセス可能性　329

accusative case　対格　525

acoustic process　音響処理　699

acquisition order　習得順序　460

action　行動　150

action blend　行為融合　352

action chain　アクション・チェイン／行為連鎖　130, 150,
　241, 397, 540, 592

action-based schema　動作図式　472

activation study　賦活研究　697

active touch　アクティブ・タッチ　674

active voice　能動態　238, 537

active zone (theory)　アクティブ・ゾーン（理論）　306,
　394

actor　行為者　150

actual plane　事実プレーン　148

ad hoc category　アドホック・カテゴリー　660

addressee　宛先人　743

adjunct　付加詞　136

adversity passive　被害受身　543

AELCo　スペイン認知言語学会　50

affected entity　影響を受ける実体　451

affectedness　受影性／被影響性　241, 539, 541, 549

affecto-imagistic dimension　感情・イメージ次元　412

affix　接辞　94

affordance　アフォーダンス　672

AFLiCo　フランス認知言語学会　47

agent　動作主／行為者　238, 279, 526, 541

agentivity　能動性　241

agglutinative language　膠着語　220

agonist　主動体　156

alignment　特徴の整列　662

allusion　引喩　255

ambiguity　曖昧性　578

American structural linguistics　アメリカ構造（主義）言
　語学　7, 482

amodal　アモーダル　433

amodal relationship　アモーダルな関係　377

analogy　アナロジー／類推　146, 214, 661

anaphora　照応　769

anaphora resolution　照応解析　769

anarthria　失構音　696, 700

anchoring point　碇泊点　332

animacy　有生性　231

animator　発声体　743

antagonist　拮抗体　156

anterior temporal lobe: ATL　側頭葉前方部　782

anterior temporal lobe-hub　ATL ハブ　703

anthropophonics　人類音響学　82

antipassive voice　逆受動態　239

antonymy　反義性　117

aphasia　失語症　711

aphasiology　失語症学　780

Apperzeption　統覚　53

applicative　適用　240

applied cognitive linguistics　応用認知言語学　456, 481,
　650

applied linguistics　応用言語学　481

apraxia of speech　発語失行　700

aprosodia　アプロソディア　711

arbitraire　恣意性／恣意的　46, 405

arbitrary　恣意的　46

argument role　項役割　209, 453

argument structure　項構造　450, 527

articulation　調音／分節　46, 82

articulation control　構音制御　700

articulatory phonology　調音音韻論　86

artificial language　人工言語　31

aspect　アスペクト／相　512

assembly language　アセンブリ言語　31

assertive　言明／断定　598

assimilation　同化　312

association　連合　46

ATL: anterior temporal lobe　782

attention　注意　126, 396, 589

attentional frame　注意のフレーム　589

attribute　特性　272

attunement　話者同士の調音　84

audio-lingual method　オーディオ・リンガル・メソッド
　482

äussere Sprachform　外的言語形式　42

author　作者　743

欧 文 索 引

automatic summarization　自動要約　777
automotization　自動化　167
autonomous syntax　自律的統語論　142

B

background　背景　285
Bag of Words: BoW　765
base　ベース　123, 149, 178, 287
base mental space　基底メンタル・スペース　195
baseline　起点　150
basic color terms　基本（的）色彩語　42, 694
basic domain　基本ドメイン［領域］　286
basic level　基本レベル　278, 609
basic-level category　基本レベルカテゴリー　70, 265, 408
'become'-language　スル型・ナル型言語　394
behavioral data　行動データ　620
BeNeCLA　ベルギー・オランダ認知言語学会　48
Berkeley construction grammar　バークレー派構文文法　207
bias　バイアス　444
billiard model　541
billiard-ball model　ビリヤードボール・モデル　129, 150
biolinguistics　生物言語学　449
biosemiotics　生物［生命］記号論　2, 15
bleaching　漂白化／希薄化　310, 317, 565
blended space　融合スペース　201, 394
blending　ブレンディング／融合　347
blending theory　ブレンディング理論　47, 394
bodily experience　経験的基盤／身体的経験／身体基盤　471
bodily-based experientialism　身体基盤的経験主義　392
borrowing　借用　226
bottom up　ボトムアップ　168, 458, 483
boundedness　限界性　241

C

Cambridge Advanced Learner's Dictionary　634
Can-do Statement　486
canonical typology　規範類型論　412
career of metaphor hypothesis　比喩履歴仮説　662
case　格　525
case frame　格フレーム／格枠　180, 526
case grammar　格文法　526
case hierarchy　格階層規則　526
categorization　カテゴリー化／範疇化　10, 121, 165, 284, 285, 394, 396, 482, 592, 683, 736, 756
categorizing relations [relationship]　カテゴリー化関係　91, 131, 577
category specific　カテゴリー特異性　704
causal chain　因果連鎖　241
causative　使役　240, 553
caused-motion construction　使役移動構文　171, 452
cause-effect relationship　因果関係　749, 756
cell assembly　セルアセンブリ　698
Central Alaskan Yup'ik　ユピック・エスキモー語　259
central domain　基軸ドメイン　286

Centre for Language Evolution　言語進化センター　47
chaos theory　カオス理論　759
CHILDES　459
Chomskyan revolution　チョムスキー革命　8
Chomsky's Handstand　チョムスキーの逆立ち　374
class inclusion　類包含モデル　660
classification　分類　736, 775
classifier　分類器／類別詞／分類辞　301, 767
clitic　接語　94, 98
cluster analysis　クラスタ分析　574
clustering　クラスタリング　767, 775
code　コード　13
coevolution　共進化　380
cognition　認知　249
cognitive anthropology　認知人類学　682
cognitive case　認知格　529
cognitive domain　認知ドメイン［領域］　179, 184, 285
cognitive effects　認知効果　191
cognitive faculty　認知能力　106, 107, 483
cognitive grammar　認知文法　79, 131, 149, 164, 184, 218
cognitive iconicity　認知（言語学）的類像性　804
cognitive linguistic approach　認知言語学的アプローチ　592
cognitive linguistics　認知言語学　2, 7
cognitive map　認知地図　692
cognitive metaphor　認知比喩　742
cognitive metaphor theory　認知メタファー理論　584
cognitive phonology　認知音韻論　78
cognitive poetics　認知詩学　249
cognitive pragmatics　認知語用論　184, 191
cognitive process　認知プロセス　218, 736
cognitive psychology　認知心理学　458
cognitive reference point　認知的参照点　332
cognitive revolution　認知革命　433, 654
cognitive science　認知科学　19, 28, 655
cognitive semantics　認知意味論　58, 106, 152, 184, 193, 483
cognitive sociolinguistics　認知社会言語学　734
cognitive structure　認知構造　742
cognitive turn　認知的転回　593
cognitive typology　認知類型論　220, 233
cognitive-functional linguistics　認知・機能言語学　235
cognizing subject　認知の主体　566
Collins COBUILD Advanced Learner's Dictionary　634
Collins COBUILD English Language Dictionary　634
collocations　コロケーション　95, 485
collostructional analysis　共起構文分析　625
color terms　色彩語　693
commissive　行為拘束　598
Common European Framework of Reference for Languages　CEFR　486
common ground　共有基盤　730
communal common ground　公共共有基盤　730
communicative approach　コミュニカティブ・アプローチ　486
communities of practice　実践のコミュニティ　730

comparative cognitive science　比較認知科学　375

comparative linguistics　比較言語学　220

competence　言語能力　271, 727

complement chain　補語連鎖　330

complementizer　補文標識　100

completion　完成　351

complex category　複合カテゴリー　572

complex system　複雑系　645, 759

componential analysis　成分分析（法）　37, 108, 683

composition　合成　351

compositional　構成的　208

compositionality　構成性　171, 453

computer programming language　コンピューター・プログラミング言語　31

computer science　計算機科学　654

conceived situation　把捉事態　529

conceived time　把捉時間　123

concept　概念　375

conceptual archetypes　概念原型　757

conceptual content　概念内容　124, 281, 393

conceptual integration network model　概念統合ネットワークモデル　201

conceptual mapping　概念的写像　397

conceptual metaphor　概念メタファー　158, 203, 250, 266, 376, 584

conceptual reification　概念の具象化　284

conceptual space　概念空間　236

conceptual transfer　概念転移　464

conceptualism　概念主義　528

conceptualization(s)　概念化　22, 281, 283, 315, 392, 588, 739

conceptualize　概念化（する）　139

conceptualizer　概念化者／概念主体　129, 133, 152, 187, 319, 325

conditional clause　条件節　100

conduit metaphor　導管メタファー　212

connectionism　コネクショニズム　759

connectionist model　コネクショニスト・モデル　659, 782

connectivity　連結性　133

connotative semiotic system　内包的記号体系　5

construal　捉え方／事態把握／解釈　12, 76, 106, 121, 138, 281, 392, 461, 528, 566, 588, 669, 733, 749

construal operation(s)　捉え方の操作　393, 592

constructicon　コンストラクティコン　181

construction　構文　95, 121, 207, 410, 437, 450, 625

construction grammar　構文文法　52, 452

construction grammar theory　構文文法理論　207

constructional extension　構文的拡張　581

constructional idiom　構文のイディオム　453

constructional island hypothesis　構文の島仮説　211

constructional meaning　構文の意味　171

constructional morphology　構文形態論　228, 410

constructional polysemy　構文の多義性　454

constructionalization　構文化　170, 215, 343

content domain　内容領域　564

content requirement　内容要件　121, 131

content word　内容語　381, 565

context　コンテクスト　251, 743

context free grammar　文脈自由文法　368

context segmentation　状況の分節化　367

contextual effects　文脈的効果　586

contextual usage　文脈に依存した言語使用　471

contextualization cues　コンテクスト化の合図　731

contiguity　近接性／隣接性　41, 159, 284

contraction　縮約　312

control cycle　コントロールサイクル　150

convention　慣習　728

conventional sound symbolism　慣習的音象徴　405

conventionalization　慣習化　127, 342, 572, 739

convention-based model　慣例基盤モデル　174, 449

conversational implicature　会話の含意　586

cooperative principle　協調の原理　599

coordination　協調　728

core argument　中核項　238

core schema　コア図式　463, 473, 483

core sense　コアセンス　640

core theory　コア理論　461

coreference　同一指示　132

corpus　コーパス　458, 766

corpus linguistics　コーパス言語学　456

correspondence　対応関係　218

coupling　カップリング　760

critical discourse analysis　批判的談話分析　591

critical linguistics　批判的言語学　591

critical theory　批判理論　591

critical turn　批判的転回　593

crossmodal correspondence　感覚間一致　377

cross-situational learning　場面横断型学習　435

cross-space mapping　スペース間マッピング［写像］　201

cultural consensus　文化の合意　687

cultural difference　文化的差異　740

cultural semiotics　文化記号論　6

cumulative role-interpretation　加算的役割解釈　200

current discourse space　現行談話スペース　589

D

Dani　ダニ語　422

dative alternation　与格変更　476

dative case　与格　525

deactivation　脱賦活　698

deaf family　デフファミリー　798

decategorialization　脱範疇化　346, 565

declaration　宣言　598

declarative memory　陳述［宣言］的記憶　712, 786

deep case　深層格　526

deep homology　深層相同　371

deep learning　深層学習　668

deep structure　深層構造　9

default mode network　デフォルトモードネットワーク　698

denotative semiotic system　外延的記号体系　5

denote　名づける　423
dependency parsing　係り受け解析　768
dependent　依存的　288
depiction mode　描写モード　412
derived　派生的　83
desirability　望ましさ　603
detransitive voice　脱他動的ヴォイス　241
development　展開　246
developmental psychology　発達心理学　458
diachronic typology　通時的類型論　337
diagram　認知図式　149
dialogic syntax　対話統語論　585
direct　順行　243
direct speech act　直接的発話行為　738
directive　行為指示　598
discourse　談話／ディスコース　10, 134, 591
discourse analysis　談話分析　10
discourse grammar　談話文法　10
discourse marker　談話標識　94, 95
discourse strategy　談話ストラテジー　592
discriminate　弁別する　421
distinctive feature　示差的特徴／弁別的特徴［素性］　87, 108, 727
distinctive meaning　示差的意味　8
distinguisher　識別素　272
distributional hypothesis　語彙分布仮説　770
distributional learning　分布学習　444
distributional semantic model　分布に基づく意味モデル　769
distrubuted　分散　686
ditransitive construction　二重目的語構文　172, 450
domain　領域／ドメイン／意味領域　109, 304, 307
dominion　支配［制御］領域／ドミニオン　133, 150, 325
double mapping constraint　二重写像制約　805
double-scope network　ダブル・［二重］スコープ・ネットワーク　202, 351
"dual-hub" hypothesis　二重ハブ仮説　790
dual inheritance model　二重継承モデル　380
dual inheritance theory　二重継承理論　373
Dyirbal　ジルバル語　124, 232, 238
dynamic usage-based model　動的用法［使用］基盤モデル　165, 456

E

eavesdropper　盗聴者　743
ECLA　エストニア認知言語学会　49
ecological embodiment　エコロジー的身体論　759
ecological niche　生態的位置　630
ecological psychology　生態心理学　669
ecological self　エコロジカル・セルフ／環境論的自己／生態学的自己　567, 670
effect　効果　588
effectivity　エフェクティヴィティ　675
elaborated code　精密コード　733
elaboration　精緻化　165, 351
Elman network　エルマン・ネット　71

embodied cognition　身体化認知　655
embodied experience　身体化された経験　268
embodiment　身体性　153, 264, 392, 751, 757
emergence　創発　646
emergent feature theory　出現的弁別的素性理論　90
emergent grammar　創発的文法　235
emergent structure　創発構造　202
emic　イーミック　684
empathy　感情移入／共感　135
enactionism　エナクショニズム　759
enactive approach　エナクティヴ・アプローチ　759
encyclopedic knowledge　百科事典的知識　153, 284, 743
encyclopedic meaning　百科事典的意味　109, 483
encyclopedic semantics　百科事典的意味観［論］　106, 284
encyclopedic view of meaning　百科事典的意味観　33
endosemiotics　体内記号論　16
entity　実体／事物　150, 284
entrenchment　定着　167, 211, 342, 572
episodic memory　エピソード記憶　699
epistemic domain　認識領域　564
equivalence　等価性　376
ergative　能格　238
ergative language　能格言語　238
ergative voice　能格態　239
ERP: event-related potential　695
ethnobotany　民族植物学　683
ethnoecology　エスノ・エコロジー／民族生態学　686
ethnographic semantics　民族誌の意味論　682
ethnoscience　エスノ・サイエンス　683
ethnosemantics　民族意味論　683
evaluation　評価　678
event construal　事態把握　737
event structure　事象構造　529
event-oriented　事態中心　557
event-related potential: ERP　事象関連電位　695
evidentiality　証拠性　558, 568
evoke　喚起　179
evolution of language　言語の進化　380
evolutionary linguistics　進化言語学　379
evolutionary phonology　進化音韻論　78
exemplar model　事例モデル　172
exosemiotics　体外記号論　16
experience　経験　264
experiential knowledge　経験の知識　743
experiential realism　経験的実在論　263
experientialism　経験基盤主義　263, 617
experiment　実験　458
expert category　専門家カテゴリー　274
explicature　表意　586
explicit instruction　明示的指導　458
explicit knowledge　明示的知識　464
expressive　表出　598
expressiveness　表現性　610, 611, 612
extended causation　拡張使役　156
extension　拡張　166, 218, 577

extra-linguistic context　言語外コンテクスト　257

F

face　フェイス　587
faculty of language in narrow sense　狭義の言語機能　368
Familienähnlichkeit　家族的類似性　45
family resemblance　家族的類似性　274, 263, 668
fast-mapping　即時マッピング　434
feature　素性　272, 683
feature network model　特徴比較モデル　332
FiCLA　フィンランド認知言語学会　49
fictive　虚構的　411
fictive interaction　仮想的相互行為　188
fictive motion　仮想移動　317
field　領野　150
figure　図　178, 287, 396, 540
figure/ground segregation　図・地の分化　284
figure-ground distinction　図地分化　644
finite state grammar　有限状態文法　368
Fisher's exact test　フィッシャーの直接確率検定　625
F-measure　F値　774
focal adjustment　焦点調整　285
focal color　焦点色　278, 694
focal point　焦点　154
focusing　焦点化　107, 284, 285, 394, 737
force　力　150
force dynamics　力のダイナミックス／力動性　156, 394, 397, 561
force-dynamic interaction　力動的な相互作用　242
foreground　前景　285
foregrounding　前景化　286, 589
foreign accent syndrome　外国語様アクセント症候群　711
form　形式　5
formal grammar　形式文法　21
formal semantics　形式意味論　460
formulaic language　定型表現　94
formulaic expression　定型表現　738
formulaic sequences　定型連鎖　145
fossilization　化石化現象　462
frame　フレーム　108, 152, 156, 180, 304, 397, 509, 588, 590, 742
frame of reference　空間指示枠　687
frame semantics　フレーム意味論　125, 176, 209, 590, 743
framing　フレーム化　592
frequency code hypothesis　周波数信号仮説　409
function［functional］word　機能語　381, 565
functional linguistics　機能言語学　7
functional MRI: fMRI　695
functional typology　機能類型論　223
functionalism　機能主義　11
fusion　融合　208
fusional language　屈折語　220
fuzzy　ファジー　154

G

Gavagai problem　ガヴァガーイ問題　423
gender　性　538
generalization　一般化　276, 310
generative grammar　生成文法　131, 164, 460
generative lexicon　生成語彙意味論　114
generative phonology　生成音韻論　78
generative semantics　生成意味論　22
generic space　総称スペース　202
genitive case　属格　525
genus　538
Gestalt　ゲシュタルト　123
gestalt unit　ゲシュタルト単位　85
gestural score　動きの総譜　86
Get-passives　Get受動文　535
goal　移動先／着点　451, 555
gradience　段階性／勾配／グレイディエンス　529
grammatical borrowing　文法借用　341
grammaticalization　文法化　95, 170, 315, 336, 380, 565
grammaticalization studies　文法化研究　336
grocery market analogy　スーパーマーケットの比喩　79
groove　溝　37
ground　地／接地　178, 287, 396, 417
groundedness　基盤性　142
grounding　グラウンディング　589
Grounding　グラウンディング理論　757
grounding element　グラウンディング要素　398
grounding predication　基盤づけ陳述　560
grouping　グループ化　284

H

head internal relative clause　主要部内在型関係節　331
hearing　聴覚的処理　699
hedge　ヘッジ／生垣　279
heuristics　ヒューリスティクス／発見的な特性　149
hierarchical network model　階層的ネットワーク・モデル　332
high context　高コンテクスト　733
holistic typology　全体類型論　220
holonic system　ホロニック・システム　781
hommage　オマージュ　254
homology　相同性　400
homonym　同音異義語　573
honest signals　正直シグナル　444
hub-and-spoke model　ハブ＆スポークモデル　783
hyponymy　上下関係　276

I

ICLA　国際認知言語学会　44, 48
ICLC 1　第1回国際認知言語学会　44
iconic　感覚イメージ的　421
iconic gesture　類像的ジェスチャー　412
iconicity　類像性　46, 51, 223, 233, 259, 312, 651, 796
ideal speaker-listener　理想的な話し手兼聞き手　8
idealized cognitive model　理想化認知モデル　109, 161,

179, 576, 599
identificational sentence　同定文　201
identify　同定する　421
ideogram　表意文字　795
ideophone　オノマトペ　405
idiolect　個人語　729, 731
idiomatic expressions　決まり文句　95
illocutionary act　発語内行為　598
illocutionary force　発語内効力　184
illocutionary scenarios　発語内行為シナリオ　599
image schema　イメージ・スキーマ／イメージ図式　149,
　265, 292, 462, 473, 482, 572, 663, 666
imagery　認知的解釈　281
image-schema transformation　イメージ・スキーマ変換
　269, 297
image-schematic domain　イメージ・スキーマ領域　298
immediate scope　直接スコープ　138, 286, 588
impersonal passive　非人称受動　245
implicated conclusion　推意的結論　586
implicated premise　推意的前提　586
implicational scaling　含意スケーリング　459
implicit knowledge　暗示的知識　464
indebtedness　恩義／負い目　738
index　指標　732
indexicality　指標性　731
indirect speech act　間接言語行為／間接的発話行為　729,
　738
infant/child directed action　対乳幼児動作　438
infant/child directed speech　対乳幼児発話　438
inference　推論　482
inferential model　推論モデル　586
influence　影響力　444
information extraction　情報抽出　775
information processing　情報処理機構　656
information retrieval　情報検索　773
inheritance　継承　209
inheritance link　継承リンク　209
inner world　内在的世界　15
innere Sprachform　内的言語形式　42
instantiation　事例化　91, 165, 310
instrumental case　具格　525
intelligibility　相互理解　739
intentionality　意図性　535
interaction　相互行為　736
interaction ritual　相互行為の儀礼　743
interactional sociolinguistics　相互行為の社会言語学　590,
　730
internal realism　内的実在論　263
International LAUD Symposium　国際 LAUD シンポジウ
　ム　43
interpretant　解釈項／解釈者　2, 14
intersubjectification　間主観化　170, 566
intersubjective　間主観的　128
intersubjectivity　間主観性　558
intertextuality　間テクスト性　252
intonation group　イントネーション・グループ　589

intonation unit　イントネーション・ユニット　589
intra-lexical network　語彙内ネットワーク　472
(intra-)linguistic context　言語内コンテクスト　257
introspection　内省　458
invariance hypothesis　不変化仮説　298
invariance principle　不変化原則　298
inventory　目録　437
inverse　逆行　243
invoke　想起　178
irrealis　非現実性　558
isolating language　孤立語　220
isomorphism　同型性　51
item-based acquisition　項目依拠的習得　210
item-based construction　項目依拠構文　171, 437, 456

J

JAP: Japanese for Academic Purposes　486
Japanese Cognitive Linguistics Association　日本認知言
　語学会　54, 456, 483
Japanese for Specific Purposes: JSP　486
Japanese Sign Language　日本手話　797
JCLA　日本認知言語学会　54, 456, 483
joint action　共同行為　728
joint attention　共同注意　322, 484, 677, 729

K

kenning　ケニング　256
kinship terms　親族名称　682, 683
k-nearest neighbor method　*k* 近傍法　775
knowledge of language　言語知識　630

L

L2　第二言語　482
lack of invariance problem　不変性の欠如の問題　85
landmark　ランドマーク　149, 155, 218, 288, 540, 588, 725
language acquisition　言語獲得　448
language contact　言語接触　341
language development　言語発達　448
language learning　言語習得　448
langue　個別言語／ラング　46, 727
latent semantic analysis　潜在意味解析［分析］　658, 770
layered structure　層状構造　236
layering　多層化　565
LEC　言語進化電算処理研究部門　48
lexical borrowing　語彙借用　341
lexical concept　語彙概念　469
lexical decision　語彙性判断　701
lexical frame　語彙フレーム　180, 182
lexical pragmatics　語彙語用論　191, 193
lexical semantics　語彙意味論　450
lexical semantics analysis　辞書的意味分析　683
lexical size　語彙の数　467
lexicalization　語彙化　95, 381
lexicon　語彙／レキシコン　10, 736
linear order　線形順序　132
linguistic convention　言語的慣習　78

linguistic expression　言語表現　739
linguistic intuition　言語的直感　85
linguistic metaphor　言語メタファー　250
linguistic practice　言語実践　742
linguistic relativity (hypothesis)　言語相対性（仮説）　37, 222
linguistic turn　言語論的転回　58
linguistic typology　言語類型論　220, 457
linguistic unit　言語単位　85
linguistics　言語学　2
linking rules　連結規則　451
literary stylistics　文学的文体論　584
locative case　所格　525
locutionary act　発語行為　598,
LogDice　ログダイス　623
Logogen model　ロゴジェン・モデル　782
long term memory　長期記憶　712
Longman Dictionary of Contemporary English　634
long-term potentiation　記憶の長期増強　698
low context　低コンテクスト　733

M

machine language　機械語　31
machine learning　機械学習　767
magnetoencephalography　脳磁図　695
Manner　様態の公理　599
manner of articulation　調音方法　82
manually coded English　手指英語　799
mapping　写像　307
marked　有標　232, 236
marked words that depict sensory imagery　感覚イメージを描写する形式的に有標な語　410
material anchors　実体化　354
materials development　教材開発　488
matrix　マトリックス　286
maximal scope　最大スコープ　286, 588
mazeway　迷路　683
meaning　意味　469
meaning potential　潜在的意味　115
mechanism　機械論　17
mental contact　心的接触　325
mental corpus　メンタル・コーパス　630
mental lexicon　心内辞書　118
mental organ　心的器官　26
mental path　心的経路　325
mental representation　心的表示　78, 468
mental scanning　心的走査　326
mental space builder　メンタル・スペース導入表現　195
mental space configuration　メンタル・スペース構成　195
mental spaces　メンタル・スペース　43, 148
mental spaces theory　メンタル・スペース理論　44, 47, 194, 349, 394
mental time travel　心的時間旅行　370, 375
mental words　単語群　424
meronymy　全体・部分関係　276

metacognition　メタ認知　369
metalinguistic ability　メタ言語能力　651
metaphor　メタファー／隠喩　41, 109, 152, 203, 397, 463, 483, 503, 572, 640, 641, 661, 685, 710, 736, 739
metaphoric mapping　メタファー［隠喩］的写像　564
metaphorical concept　隠喩概念　739
metaphorical expression　隠喩［メタファー］表現　739
metaphysical realism　形而上学的実在論　263
metasemiotic system　メタ記号体系　5
metonymy　メトニミー／換喩　41, 159, 233, 396, 397, 484, 503, 507, 572, 640, 641, 656
middle　中動　240
middle construction　中間構文　537, 672
middle voice　中間態／中動態　537
mimetic　オノマトペ　405
mimicry　模倣　418
mirativity　ミラティビティ　568
mirror network　ミラー・ネットワーク　202, 350
mirror neuron　ミラーニューロン　364
modality　モダリティ　321, 405
modality specific　モダリティ特異性　705
morphological analysis　形態素解析　768
morphological construction　形態的構文　228
motivated　有契的　728
motivation　動機づけ／有縁性／動機　51, 458, 486, 496
mouth gesture　マウスジェスチャー　800
mouthing　マウジング　800
multidimensional scaling　多次元尺度法　459, 574
multisensory underpinning of lexical comprehension hypothesis　多感覚基盤仮説　436
multiword units　複単語ユニット　145
mythical realities　神話的現実　746

N

named entity　固有表現　768
natural categories　自然カテゴリー　668
natural language　自然言語　31
natural language processing　自然言語処理　764
need　必要　226
negative evidence　否定的な証拠　25
negative face　消極的フェイス　587
Neo-Firthian　621
nepotism principle　なれ合い主義の原則　89
network　ネットワーク　86, 117
network model　ネットワーク・モデル　168, 659
neural network　ニューラル・ネットワーク　668
neural network model　神経回路網モデル／ニューラル・ネットワーク・モデル　374, 782
neuropsychology　神経心理学　696
New Oxford American Dictionary　640
New Oxford Dictionary of English　640
NIRS　695
no negative evidence　否定的な証拠の欠如　211
node　ノード　91
nomenclature　言語名称目録観　35
nominal metaphor　名詞隠喩　667

nominalism　名目論　271
nominalization　名詞化　224
nominative case　主格　525
nonactual motion expression　非実在移動表現　673
nonreferential　非指示的　732
nonspecific　不特定　139
non-volitive　非意志性　557
Norkog　ノルウェー認知言語学会　49
noun　名詞　121
nouniness　名詞らしさ　278

O

object oriented programming　オブジェクト指向プログラミング言語　31
object　対象　14, 526
objective construal　客観的把握　566
objectivism　客観主義　58, 262
oblique argument　斜格項　238
offstage　オフ・ステージ　129
one case per noun phrase　一名詞句一格の原則　527
one-to-one correspondence between meaning and form　意味と形式の一対一対応　531
on-line grammar　オンライン文法　733
onomatopoeia　オノマトペ／擬音語　405, 666
onset causation　開始時使役　156
onstage region　オン・ステージ領域　129, 286
open class　開放類　381
optimality principle　最適性原則　353
optimality theory　最適性理論　80
optogenetics　光遺伝学　695, 698
orientational metaphor　方向性のメタファー　710
origin　起源　246
origins of language　言語の起源　380
over-extension　過剰汎化　470,
overgeneralization　過剰な一般化　213
overhearer　たまたま小耳に挟んだ人　743
Oxford Advanced Learner's Dictionary　634
Oxford Dictionary of English　640
Oxford English Dictionary: OED　632

P

paradigmatically related　範列的関連づけ　215
paraphasie monemique　記号素性錯誤　707
parole　パロール　727
partial compositionality　部分的合成性　284
partial typology　部分類型論　221, 222
participant role　参与者役割　209, 453
participants　参与者　129, 539
partonomy　分節分類（法）／分節関係／パートノミー　274, 308, 507
passing theory　当座理論　470
passive　受動　553
passive voice　受動態　238, 537
patient　被動作主／対象　238, 541
PCLA　ポーランド認知言語学会　49
perceptual symbol system　知覚記号システム　444

perfective　完了的な　241
performance　言語運用　271, 617, 727
performativity　遂行性　558
perlocutionary act　発語媒介行為　598
persistence　保持化　565
personal common ground　個人的共有基盤　730
perspective　パースペクティヴ／焦点／視点　178, 281, 393, 590
phase　局面　150
phenomime　擬態語　405
phonation　声門の動き　82
phoneme　音素　799
phonemic paraphasia　音韻性錯誤　700
phonemic process　音韻処理　700
phonetic process　音声処理　699
phonogram　表音文字　795
phonological pole　音韻極　85, 164
phonomime　擬音語　405
phonotactic regularity　音素配列規則　438
phytosemiotics　植物記号論　16
pictogram　絵文字　795
pictograph　絵文字　795
pivot　軸項　239
pivot schema　ピボット・［軸語］スキーマ　460
plane　プレーン　148
point of articulation　調音点　82
point of view　視点　588
pointwise mutual information　相互情報量　770
polarity　極性　776
political correctness　政治的公正　233
polysem　多義語　572
polysemy　多義性　472, 572
positioning　定位　678
positive face　積極的フェイス　587
positive PMI　正相互情報量　771
positron emission tomography: PET　695
possessor　所有者　451
possessor effect　所有者効果　451
post structuring　ポスト構造主義　591
postposing　語順逆転　102
potency　潜在力　561
potential reality　潜在的に可能な実在性　561
potentiality　潜在性　603
poverty of stimulus　刺激の貧困　24
pragmatic enrichment　語用論的強化　318
pragmatics　語用論　106, 115, 192, 727
pragmatics softening　語用論的和らげ　589
Prague School　プラハ［プラーグ］学派　232, 235
precision　適合率　774
predicate argument structure　述語項構造　766
present reality　現存する実在性　561
presentative　提示性　603
prestige　威信　226
primary modeling system　第一次モデル化体系　6
priming effect　プライミング効果　332
primitive　原始要素的　83

欧 文 索 引　835

primitive image schema　基本イメージ・スキーマ　295
primitive schema　基本スキーマ　293
principal　責任主体　743
principle　原理　444
principle of Baillarger-Jackson　バイヤルジェ-ジャクソンの原理　781
principle of double dissociation　二重解離の原理　696, 781
prior theory　先行理論　470
privileged syntactic argument　特権的統語項　239
procedural programming language　手続き型言語　31
process　プロセス　123, 131
processing effort　処理労力　191
processing time　処理時間　123
profile　プロファイル（部）／際だち方　123, 131, 148, 149, 178, 218, 253, 287, 540
profile determinant　プロファイル決定子　218
profile shift　プロファイルシフト　388
profiling　プロファイル　287
projected reality　投射された実在性　561
prominence　際だち／顕著性　133, 138, 394, 396, 589
pronominal anaphora　代名詞照応　131
prosody　プロソディ／韻律　711, 731, 785
prototype　典型／プロトタイプ　130, 152, 154, 177, 218, 273, 277, 397, 460, 471, 482, 659, 668, 682
prototype category　プロトタイプ・カテゴリー　165, 486, 529, 626
prototype effect　プロトタイプ効果　277, 487
prototype theory　プロトタイプ理論　408, 462
prototypical　典型的　11
prototypical meaning　プロトタイプ的意味　572
psycholinguistics　心理言語学　654
psychological reality　心理的実在性　654, 657, 663
psychomime　擬情語　405
PTJK　ポーランド認知言語学会　49
public self-image　公の自己像　587
pyramid and palm trees test　ピラミッドと椰子の木テスト　788

Q

qualia　クオリア／特質　114, 754
Quality　質の公理　599
quantifier float　数量詞移動［遊離］　132, 136
quantifier scope　数量詞スコープ　148
quantitative study　定量的研究　459
Quantity　量の公理　599
question answering　質問応答　776, 777

R

radial category　放射状カテゴリー　45, 576, 591, 660
radical construction grammar　根源的［ラディカル］構文文法　52, 212
raising construction　繰り上げ構文　330
ratchet effect　ラチェット効果　373
ratified hearer　承認された聞き手　743
rayonnement　放射　45

reactive tokens　反応表現　94, 95, 98
realis　現実　241
realism　実念論　271
recall　再現率　774
recipient　受取人／受益者　450
recursion　再帰性　689
reduplication　畳語　101
refer　指示（する）　308, 423
reference point　参照点　133, 139, 325, 396, 586
reference-point ability　参照点能力　325
reference-point relation　参照点関係　326
referent　指示対象　106, 109, 308
referential　指示的　732
reflexivity　反射性　376
relation　関係　288
Relation　関係の公理　599
relational grammar　関係文法　245
relationship　関係　123
relative frame of reference　相対的指示枠　688, 692
relevance　関連性　191
relevance theory　関連性理論　47, 185, 191, 586, 599
representamen　表現　14
representation　捉え方／表象　678, 685
representational bias　表象的バイアス　468
representationalistic　表象主義的　749
representativeness　表示性　610, 612
resonance　共鳴／響鳴／響鳴現象　103, 585, 677, 678
responsibility　責任性　535
restricted code　制限コード　733
result　結果　150, 737
revitalization movements　復興運動　683
rhetoric effect　レトリック効果　145
role　役割　199
role and reference grammar　役割・指示文法　412
role-interpretation　役割解釈　200
rule/list fallacy　規則とリストの誤謬　165

S

SALC　スカンジナビア言語・認知学会　48
salience　際だち　328
salient　際だった　725
salient cause　際だった原因　241
salient effect　際だった結果　241
sampling bias　サンプリング・バイアス　468
Sapir-Whorf hypothesis　サピア＝ウォーフの仮説　37, 51, 691
sarcasm　皮肉　776
satellite-framed language　衛星枠づけ言語　394
scenario　シナリオ　743
scene　場面　176, 180
scene-encoding hypothesis　場面記号化仮説　453
schema　スキーマ　85, 121, 131, 155, 165, 218, 255, 486, 577, 586, 660, 685
schematic participant(s)　スキーマ的参与体　288
schematicity　概略性／スキーマ関係／スキーマ性　285, 311, 396

schematization　スキーマ化　85, 284, 285, 310, 396, 754

SCOLA　スペイン認知言語学会　50

scope　スコープ／範囲　149, 286, 396

scope of attention　スコープ　588

script　スクリプト　660, 743

SD: semantic dementia　783

search translation equivalent　翻訳対応語を探す　469

second language　第二言語　482

second language acquisition　第二言語習得　482

secondary modeling system　第二次モデル化体系　6

selection　選択　285

selective bias　選択的バイアス　468

self-organization　自己組織化　645

semantic bleaching　意味の漂白化［希薄化］　565

semantic dementia　意味性認知症　783, 791

semantic feature　意味素性　272

semantic field　意味場　177

semantic map　意味地図　237

semantic map connectivity hypothesis　連続性仮説　237

semantic marker　意味標識　272

semantic memory　意味記憶　699, 703, 712

semantic narrowing　意味の狭まり　226

semantic pole　意味極　85, 164

semantic relatedness　意味的関連度　772

semantic role　意味役割　526

semantic similarity　意味的類似度　772

semantic space model　意味空間モデル　769

semantic structure　抽象的な意味構造　451

semantics　意味論　106, 192

semantics of understanding: U-semantics　言語理解のための意味論　176

sémantique　意味論　45

semiology　記号学　2

semiosis　記号過程　50

semiotic freedom　記号論的自由　17

semi-preconstructed phrase　半ば定型化した句　625

sensory modality　感覚様相［モダリティー］　405

sensory sound symbolism　感覚の音象徴　405

sentence grammar　文－文法　10

sentiment analysis　感情分析　776

sentiment lexicon　極性辞書　776

sequential　継起的な　241

sequential scanning　順次的走査　123

shared intentionality　共有志向性　362

shared sign language　地域共有手話　798

short term memory　短期記憶　712

sign　記号　14

signe linguistique　言語記号　4

sign-function　記号機能　5

signifiant　記号表現／能記　4, 46

signifié　記号内容／所記　4, 46

similarity　類似性／類似関係　41, 284, 311, 661

simile　シミリー／直喩／明喩　112, 338, 503

simplex network　シンプレクス・［単純］ネットワーク　202, 350

simultaneous communication　シムコム　799

single overarching meaning　単一の共通の概念　472

single-scope network　シングル・［単一］スコープ・ネットワーク　202, 351

singular value decomposition　特異値分解　771

size principle　サイズの原則　84

skewed frequency hypothesis　偏向頻度仮説　211

sloppy identity　不完全同一性　200

sound-symbolism　音象徴　405

sound-symbolism bootstrap hypothesis　音象徴ブートストラッピング仮説　377

spatial cognition　空間認知　687, 692

specialization　特殊化　226, 310

species recognition　種認知　363

specific　特定　139

specification　特殊化　276,

specificity　詳述性　285, 394, 396

speech act　発話行為　184, 398, 737

speech act domain　言語行為領域　564

speech-act oriented　発話行為中心　557

spreading activation model　活性化拡散モデル　332

SSSK　スウェーデン言語・認知学会　48

stage　ステージ　319

stage model　ステージ・モデル　129, 132

Stance Triangle　スタンスの三角関係　677

stasis　安定状態　150

statistical learning　統計学習　434

statistical parametric mapping: SPM　715

stimulus equivalence　刺激等価性　376

string segmentation　音列分節化　366

structural configuration　構造的配置　592

structural linguistics　構造（主義）言語学　7, 37, 108

structural plane　構造プレーン　148

structural semantics　構造（主義）意味論　114, 152

structure　構造　683

structure mapping　構造写像理論　661

stylistics　文体論　584

subject　主語／主体　121, 677

subjectification　主観化／主体化　170, 398, 572

subjective construal　主観的把握　566

subjective motion　主体（の）移動　317, 674

subjectivism　主観主義　268

subjectivity　主観性／主体性　139, 677

subject-prominent language　主語優勢言語　400

subsense　サブセンス　640

substance　実質　5

substantive idiom　実質的イディオム　453

sujet parlant　話す主体　8

summary scanning　総括的走査　123

super schema　スーパー・スキーマ　577

supervised learning　教師あり学習　767

surface case　表層格　526

surface structure　表層構造　9

survey　調査　458

syllable　音節　80

symbol　象徴　259, 683

symbol grounding problem　記号接地問題　417, 772

欧 文 索 引　　　837

symbolic　記号的　32
symbolic function　象徴化機能　120
symbolic relationship　象徴化関係　120
symbolic structure　象徴構造／記号構造　120, 131
symbolic unit　記号ユニット　164
symbolic view of grammar　記号［象徴］的文法観　33, 36, 119, 164, 218, 283
symbolism　象徴性　375
symbolize　象徴化する／記号化する　120
symmetry　対称性　376
synecdoche　シネクドキ（ー）／提喩　484, 503, 507, 572, 640, 641, 656
synonym　類義語　107, 108, 482
syntax　統語論　220

T

target　ターゲット／標的／目標　150, 197, 325
target language　目標言語　481
tautology　同語反復文／トートロジー　75
taxonomic relation　分類学的関連性　683, 788
taxonomy　タクソノミー／包摂関係／包摂分類（法）117, 274, 308, 507, 682
telic　終結的／終結性を持った　154, 241
telic qualia　目的クオリア　115
telicity　完結性／終結性　138, 241
temporary linkage　一時的なリンク　295
tenor　主意　505
tense　時制／テンス　512
tension　緊張状態　150
termination　終結　246
text classification　文章分類　775
text clustering　文章クラスタリング　775
text mining　テキストマイニング　776
the directions of fit　合致の方向　598
thematic overgeneralization　過剰汎化　788
thematic range　話題の幅　467
thematic relation　主題関係／テーマ関連性　526, 788
theme　主題　279, 667
theory of mind　心の理論　187, 191, 363, 448, 729
thing　モノ（概念）　131, 288, 331
thinking for speaking　発話のための思考　222, 226
token　事例　470
token frequency　トークン頻度　460
top down　トップダウン　167
topic model　トピックモデル　773
topic prominent language　話題優勢言語　400
topicality　トピック性　329
trajector　トラジェクター　125, 149, 155, 218, 288, 540, 588
trajector(y)/landmark alignment　トラジェクター／ランドマーク割り当て　287, 288
transferability　言語転移可能性　462
transformation　変形　9
transformational generative grammar　変形生成文法　2, 7, 654
Transformations do not change meaning　変形は意味を変えない　9
transitivity　他動性／推移性　241, 376, 397, 534, 539, 541
trope　トロープ／転義　503
truth conditional semantics　真理条件的意味論　176
type　類型　470
type frequency　タイプ頻度　460
type plane　タイプ・プレーン　148
typicality　典型性　486

U

UK-CLA　イギリス認知言語学会　47
Umwelt　環境世界　15
under-extension　過小汎化　470
unidirectionality hypothesis　一方向性仮説　565
unit　単位　120, 342
universal grammar　普遍文法　24, 79, 164, 482, 689
Universal Modeling Language: UML　31
unmarked　無標　117, 232, 236
unsupervised learning　教師なし学習　767
usage event　使用事態　120, 166, 458
usage-based　用法基盤的　120
usage-based approach　用法基盤的アプローチ　380
usage-based linguistics　用法［使用］基盤言語学　458
usage-based model　用法［使用］基盤［依拠］モデル　33, 36, 79, 120, 145, 164, 192, 210, 449, 456, 565, 583, 624, 630, 730
usage-based view　471

V

vagueness　漠然性　578
valency　結合価　534
value　値　199
value-changing role-interpretation　値変化の役割解釈　200
value-interpretation　値解釈　200
vantage point　基点／視座／観察の原点　281, 567
vector space model　ベクトル空間モデル　773
vehicle　媒体／喩辞　307, 505, 667
verb　動詞　121
verbal label　言語ラベル　375
verbal noun　動名詞　226
verbal STM　言語性短期記憶　712
verb-framed language　動詞枠づけ［フレーム］言語　394, 399
verb-island hypothesis　動詞の島仮説　210
viewing arrangement　視点配置　397
viewpoint　視点　106, 397
virtual plane　仮想プレーン　148
visual kinesthesis　視覚性運動感覚　670
vital relations　本質関係　352
vocabulary　語彙　736
vocal learning　発声学習　365
vocative case　呼格　525
voice　ヴォイス／態　238, 537
voice onset time　有声開始時間　438
volitive　意志性　557

voxel　ボクセル　716

W

well formedness judgement　適格性の判断　79
Winograd schema challenge　ウィノグラード・スキーマ・チャレンジ　769
word　語　79

word learning　語彙学習　483
word order typology　語順類型論　222
word2vec　771
WordNet　766

Z

zero pronoun　ゼロ代名詞　769

人名索引（和－欧）

（　）内の語のように読まれていることもある．複数ある場合は／で併記した．

ア　行

アウウェラ　Auwera, J.　48
アリストテレス　Aristotle　34, 62, 272, 303, 583, 661
アルテンベルク　Altenberg, B.　145
アレン　Allen, G.　252
安慧　751

イェスペルセン　Jespersen, O.　379
イェルムスレウ　Hjelmslev, L.　5
イーガン　Egan, T.　47
池上嘉彦　54, 510
イスラエル　Israel, M.　170
井筒俊彦　756
井上ひさし　97, 504

ヴァレラ　Varela, F. J.　760
ヴァン・フック　Van Hoek, K.　132, 329
ヴァンディール　Vandaele, J.　249, 251
ヴィエジュビツカ（ヴェジビツカ）　Wierzbicka, A.　49, 282
ヴィゼッティ　Visetti, Y.-M.　47
ウィトゲンシュタイン（ヴィトゲンシュタイン）　Wittgenstein, L.　44, 174, 263, 274, 449, 575
ヴィーバリィ　Viberg, Å.　48
ヴィール　Veale, T.　354
ウィルコックス　Wilcox, S.　804
ウィルソン　Wilson, D.　47, 191, 193, 586
上田万年　53
ウェブスター　Webster, N.　388
ウェルズ　Wells, R.　7
ヴェルトハイマー　Wertheimer, M.　332
ヴェンドラー　Vendler, Z.　514
ウォーフ　Whorf, B. L.　7, 37, 42, 220, 222, 691
ヴォルフ　Wolf, H.-G.　44
ウォレス　Wallace, A.　61, 683
ウデイェ　Oudeyer, P.-Y.　84
ウルマン　Ullmann, I.　50
ウンゲラー　Ungerer, F.　44
ヴント　Wundt, W.　53, 713

エヴァレット　Everett, D. L.　52, 689
エヴァンス（エヴァンズ／エバンス）　Evans, V.　47, 109, 469
エーコ　Eco, U.　14, 50
エルナンデス　Hernández, L. P.　600
エルマン　Elman, J. L.　71, 668
エンデ　Ende, M.　306

オーウェン　Owen, W.　252
岡ノ谷一夫　361
小川誠二　714
オースティン　Austin, J. L.　47, 598, 726
オートニー　Ortony, A.　661
オハラ　Ohala, J.　83
オールウッド　Allwood, J.　115

カ　行

ガイガー　Geiger, L.　42
カイケンス　Cuyckens, H.　48
カディオ　Cadiot, P.　47
ガードナー　Gardner, H.　689
ガーネット　Garnett, J. M.　256
カービー　Kirby, S.　47
カールソン　Coulson, S.　350, 354
カルナップ　Carnap, R.　58, 63
カント　Kant, I.　53, 71
ガンパーズ　Gumperz, J. J.　731

ギヴォン　Givón, T.　224, 241
キケロ　Cicero, M. T.　304
ギブス（ギップズ／ギブズ）　Gibbs Jr., R. W.　52, 250, 662, 733
ギブソン　Gibson, J. J.　669, 674, 676
キャクストン　Caxton, W.　384
キャプラン　Kaplan, B. R.　400
ギャロッド　Garrod, S.　678
キュリオリ　Culioli, A.　47
キリアン　Quillian, M. R.　659

クィン　Quinn, N.　685
クインティリアヌス　Quintilianus, M. S.　304, 309
グッドイナフ　Goodenough, W. H.　683
クテヴァ　Kuteva, T.　44, 346
グーテンベルク　Gutenberg, J.　384
国広哲弥　113
クブリャコヴァ　Кубрякова, Е. С.　49
グライス　Grice, H. P.　47, 191, 586, 599, 729
クライマン　Klaiman, M. H.　243
クラーク　Clark, D.　47, 380, 426, 730
クラックホーン　Kluckhohn, C.　686
クラッシェン　Krashen, S.　482
グリシャーイェヴァ　Гришаева, Л. И.　49
グリース　Grice, H. P.　603
グリス　Gries, S. T.　624
クリプキ　Kripke, S.　201

グリーン　Green, M.　109
グリーンバーグ　Greenberg, J. E.　222
クルイジンハ　Kruisinga, E.　48
クルーズ（クルス）　Cruse, A. D.　286, 394
クルトネ　Courtenay, B.　727
クロネンフェルド　Kronenfeld, D.　682
クローバー　Kroeber, A. K.　686
クロフト　Croft, W.　52, 154, 211, 223, 236, 286, 337, 394,
　　726, 728
クワイン　Quine, W. O.　423

ケイ　Kay, P.　42, 46, 154, 207, 213, 263, 694
ゲイヴィンズ　Gavins, J.　250
ケベセッシュ（ケベチェス／クヴェチェシュ）　Kövecses,
　　Z.　50, 304, 394
ケマー　Kemmer, S.　223, 241
ケーラー　Köhler, W.　406
ケラーマン　Kellerman, E.　462
ゲントナー　Gentner, D.　655, 661

コヴェントリー　Coventry, K. R.　675
ゴガーテ　Gogate, L.　436
コセリウ　Coseriu, E.　177
コナー　Connor, U.　400
コーニッシュ　Cornish, H.　48
ゴフマン　Goffman, E.　177, 742
コムリー　Comrie, B.　52
コリガン　Corrigan, R.　95, 102
コリンズ　Collins A. M.　332, 659
コール　Call, J.　364
ゴールドシュタイン　Goldstein, L.　84, 86
ゴールドバーグ　Goldberg, A. E.　31, 52, 52, 159, 171, 208,
　　452, 625, 650
コンクリン　Conklin, H.　683

サ　行

サイモン　Simon, H.　62, 654
佐久間鼎　54
サピア　Sapir, E.　7, 37, 220, 221, 406, 689, 691
サフラン　Saffran, J. R.　434
サール　Searle, J. R.　598, 726
サンチェス　Sánchez, A. B.　50

ジェームズ　James, W.　292
シドマン　Sidman, M.　376
ジミャンコフ　Демьянков, В. З.　49
ジャクソン　Jackson, J. H.　781
ジャッケンドフ　Jackendoff, R.　155, 198
ジュースミルヒ　Sussmilch, J. P.　379
シュミット　Schmid, H.-J.　44, 351
シュレーゲル　Schlegel, F.　220, 220
シュレーゲル兄弟　220
シュワルツ　Schwartz, M. F.　790
ジョンソン　Johnson, M.　51, 61, 152, 158, 194, 250, 262,
　　292, 304, 399, 563, 679
シルバースタイン　Silverstein, M.　732

シンハ　Sinha, C.　47
スウィーツァー　Sweetser, E.　52, 563
スヴォルー　Svorou, S.　52
菅井三実　532
杉下守弘　780
久野暲　235
鈴木朖　52
スタノビク　Stanowicz, L. B.　424
スチェルニン　Стернин, И. А.　49
スチパノフ　Степанов, Ю. С.　49
スチュダート - ケネディ　Studdert-Kennedy, M.　85
スティーン　Steen, G.　250, 251
ステファノヴィッチ　Stefanowitsch, A.　601
ズデンドルフ　Suddendorf, T.　360
ストーキー　Stokoe, W.　796
ストックウェル　Stockwell, P.　250, 251, 255
ストローソン　Strawson, P. F.　47
スーネソン　Sonesson, G.　48
スピース　Spaeth, J. D.　256
スペルベル（スパーバー）　Sperber, D.　47, 191, 586
スペンサー　Spenser, E.　254
スポーレン　Spooren, W.　48
スミス　Smith, C. S.　514
ズラテフ　Zlatev, J.　48
スロービン　Slobin, D.　222, 399, 688
スワントン　Swanton, M.　256

世親　750
セミーノ　Semino, E.　250
セリンカー　Selinker, L.　482

ソシュール　Saussure, F.　2, 35, 41, 46, 65, 283, 405, 683,
　　725
ソーンブルク（トーンブルク）　Thornburg, L.　44, 599

タ　行

タイラー　Tyler, L. K.　787
ターヴィー　Turvey, M. T.　675
ダーウィン　Darwin, C.　61
タオ　Tao, H.　95
ターナー　Turner, M.　43, 52, 250, 347, 584
ダメット　Dummett, M.　58, 63
タルミー　Talmy, L.　52, 152, 178, 292, 394, 645
ダルメステテール　Darmesteter, A.　45
ダンドレード　D'Andrade, R. G.　682, 684, 687
ダンブロフスカ　Dąbrowska, E.　47

チェイフ　Chafe, W.　102, 223, 589
チョーサー　Chaucer, G.　384
チョムスキー　Chomsky, A. N.　8, 62, 164, 174, 262, 368,
　　374, 433, 482, 654, 725, 727, 791

ツェン　Tseng, M.-Y.　251
辻幸夫　54
筒井康隆　506

人名索引（和 – 欧）

デ・メンドーサ　Mendoza, F. J. R.　50, 600
ディキンズ　Dickins, B.　256
ディクソン　Dixon, R. W. M.　237, 540
ディーコン　Deacon, T. W.　374, 380
ディック　Dik, S.　223
デイビス　Davis, B. L.　87
テイラー（テーラー）　Taylor, J. R.　575, 630
ディルヴェン　Dirven, R.　43
デカルト　Descartes, R.　58, 262
デサイー　Desai, R. H.　710
テニスン　Tennyson, A.　254
デネット　Dennett, D. C.　433
デューイ　Dewey, J.　292
デュクロ　Ducrot, O.　47
デュボワ（デュボア）　Du Bois, J. W.　95, 103, 677
デュメ　Dumais, S. T.　769

ドイッチャー　Deutscher, G.　220
トヴァースキー　Tversky, A.　661
トゥルベツコイ　Trubetzkoy, N.　223
時枝誠記　53, 558, 781
ドーキンス　Dawkins, R.　60
杜甫　252
トマセロ　Tomasello, M.　171, 210, 235, 360, 370, 373, 380, 432, 447, 461, 486, 729
トローゴット（トラウゴット）　Traugott, E. C.　52, 315, 336, 566
トンプソン　Thompson, S. A.　223, 241, 534

ナ　行

ナイサー　Neisser, U.　654, 670
中右実　558

ニキフォリドウ　Νικηφοριδου, B.　50
ニスベット　Nisbett, R. E.　395
仁田義雄　527, 558
ニューエル　Newell, A.　654
ニュートン　Newton, I.　59
ニューマン　Newman, J.　52

ネアグ　Neagu, M.　50
ネアリッヒ　Nerlich, B.　47

野矢茂樹　65, 115

ハ　行

バイイ　Bally, C.　316
ハイネ　Heine, B.　336, 346
バイビー　Bybee, J. L.　52, 79, 167, 223, 336
ハウザー　Hauser, M. D.　361, 368
パウル　Paul, H.　7
パーキンス　Perkins, M.　95
橋本進吉　53
芭蕉　252
パース　Peirce, C. S.　2, 50

パスカル　Pascal, B.　59
ハーダー　Harder, P.　356
パターソン　Patterson, K.　784
ハッキング　Hacking, I.　644
ハッチンス　Hutchins, E.　354
服部四郎　113
ハート　Hart, C.　47
ハドソン　Hudson, R.　47
パトナム　Putnam, H.　263
バートレット　Bartlett, F.　654
ハバード　Hubbard, E. M.　405
ハーフォード　Hurford, J.　47
パポーヴァ　Попова, З. Д.　49
ハミルトン　Hamilton, C.　253
バラノフ　Баранов, А. Н.　49
ハリデー　Halliday, M. A. K.　592
バーリン　Berlin, B.　42, 46, 154, 263, 694
パルデシ　Pardeshi, P.　220
バルト　Barthes, R.　5
ハルナッド　Harnad, S.　417, 433
ハレ　Halle, M.　174
バロン・コーエン　Baron-Cohen, S.　364
バンヴェニスト　Benveniste, E.　316
パンコースト　Pancoast, H. S.　256
ハーンスタイン　Herrnstein, R. J.　375
パンター（パンサー）　Panther, K.　44, 599
ハンフリー　Humphrey, N. K.　69

ピアジェ　Piaget, J.　62, 654
ヒェラエルツ　Geeraerts, D.　48
ヒコック　Hickok, G.　782
ビサー　Visser, M.　784
ビッカートン　Bickerton, D.　379
ピッカリング　Pickering, M. J.　678
ヒポクラテス　Hippocrates　3
ピュッツ　Pütz, M.　43
ビューラー　Bühler, K.　43
平田篤胤　52
ピンカー　Pinker, S.　380, 450

ファウラー　Fowler, C. A.　84
ファース　Firth, J. R.　47, 406, 621
フィルモア　Fillmore C. J.　43, 51, 94, 108, 152, 156, 176, 207, 282, 399, 526, 743, 789
フォコニエ　Fauconnier, G.　43, 44, 47, 202, 347, 351
富士谷成章　52
藤原定家　52
藤原俊成　52
プステヨフスキー　Pustejovsky, J.　114
フッサール　Husserl, E. G. A.　53, 58, 59, 60, 63, 316
フーパー　Hooper → バイビー
ブラウニング　Browning, R.　251
ブラウマン　Browman, C. P.　86
ブラウン　Brown, R.　406
ブラウント　Blount, B. G.　684
ブラッグマン　Brugman, C. M.　155

プラトン　Plato　3, 34, 58, 406
フリーズ　Fries, C. C.　482
フリーマン　Freeman, M. H.　249, 251
フルクスタ　Fløgstad, G. N.　49
フルダーニック　Fludernik, M.　250
ブルーナー　Bruner, J.　62
ブルームフィールド　Bloomfield, L.　7, 406
ブレアル　Bréal, M.　45
フレイク　Frake, C.　683
フレーゲ　Frege, F. L. G.　58, 59, 60, 62, 262
ブレビンズ　Blevins, J.　78
ブレマック　Premack, D.　364
ブレンターノ　Brentano, F. C. H. H.　59
ブローカ　Broca, P. P.　696
プロタゴラス　Protagoras　34
ブローネ　Brône, G.　249, 251
ブロンバリ　Blomberg, J.　673
フンボルト　Humboldt, W. von　42, 220, 379

ヘイマン　Haiman, J.　109, 223, 259
ベネマン　Vennemann, T.　174
ヘルダー　Herder, J. G.　379

ボアズ（ボアス）　Boas, F.　6, 157
ボイド　Boyd, R.　380
ポウツマ　Poutsma, H.　48
ボーガルト　Boogart, R.　48
ボーキン　Borkin, A. M.　282
ホケット　Hockett, C. F.　379
ホッパー　Hopper, P. J.　95, 223, 235, 243, 336, 338, 534
ポパー　Popper, K.　60, 62
ボハノン　Bohannon, J. N.　424
ホフマン　Hoffman, P.　785
ホランド　Holland, D.　685
堀江薫　220, 341
ボリンジャー　Bolinger, D. L.　52, 279, 282, 406, 472, 564
ポルツェンハーゲン　Polzenhagen, F.　44
ボルディレフ　Болдырев, Н. Н.　49

マ　行

マーカー　Merker, B.　361
マグヌス　Magnus, H.　42
マークマン　Markman, A. B.　658, 663
マクレランド　McClelland, J. L.　68
益岡隆志　558
マッカーシー　McCarthy, J.　62
松下大三郎　53
マッハ　Mach, E.　316
マーフィ　Murphy, G. L.　662
マリノフスキー　Malinowski, B.　686
マルマリドウ　Μαρμαριδου, Σ.　50
丸山圭三郎　65
マレー　Murray, L.　389
マロリー　Malory, T.　254
マンデルブリット　Mandelblit, N.　351
マンドラー　Mandler, J. M.　147

三尾砂　54
三上章　54, 544
ミズン　Mithen, S.　362
ミラー　Miller, G.　472
ミルキー　Mielke, J.　90
ミルトン　Milton, J.　385
ミルマン　Mirman, D.　790
弥勒　750
ミンスキー　Minsky, M.　177

無着　750

メイエ　Meillet, A.　336
メディン　Medin, D.　171
メルロ＝ポンティ　Merleau-Ponty, M.　58, 64, 292

本居宣長　52
モラン　Morin, E.　61
モンラッド - クローン　Monrad-Krohn, G. H.　711

ヤ　行

ヤコブソン（ヤーコブソン）　Jakobson, R.　6, 41, 49, 223, 304, 406, 683
山田孝雄　53, 95
山鳥重　55, 780
山梨正明　54, 269, 527, 561, 726

ユクスキュル　Uexküll, J.　14

ラ　行

ライオンズ　Lyons, J.　177, 236
ライス　Rice, S.　52
ライプニッツ　Leibniz, G. W.　53
ラインハート　Reinhart, T.　131
ラウス　Lowth, R.　388
ラヴランド　Loveland, K. A.　670
ラカン　Lacan, J.　304
ラスチエ　Rastier, F.　47
ラッセル　Russell, B.　58, 262
ラップ　Rapp, A. M.　710
ラドー　Lado, R.　482
ラネカー　Langacker, R. W.　32, 43, 45, 51, 79, 95, 106, 119, 129, 131, 147, 148, 149, 150, 152, 164, 174, 178, 223, 236, 253, 284, 292, 306, 315, 325, 386, 390, 392, 456, 514, 540, 558, 577, 589, 603, 625, 644, 671, 726
ラブジョイ　Lovejoy, A.　305
ラボフ　Labov, W.　674
ラマチャンドラン　Ramachandran, V. S.　61, 405
ラマルク　Lamarck, J.-B.　61
ラルフ　Ralph, L.　784
ランダウアー　Landauer, T. K.　769

リオハ　Rioja, L.　50
リゾラッティ　Rizzolatti, G.　364, 709
リーチ　Leech, G.　47
リチャーズ　Richards, I.　304

リチャーソン　Richerson, P.　380
リード　Reed, E. S.　677
龍樹　760
リンドブロム　Lindblom, B.　83

ルソー　Rousseau, J.-J.　379

レイ　Wray, A.　95, 102, 362
レイコフ　Lakoff, G.　10, 23, 32, 43, 51, 63, 111, 147, 152,
　　161, 194, 250, 262, 269, 276, 282, 292, 304, 332, 399, 458,
　　472, 576, 584, 660, 679
レイノ　Leino, J.　49
レヴァンドフスカ・トマスチク　Lewandowska-
　　Tomaszczyk, B.　50
レヴィ＝ストロース　Lévi-strauss, C.　304
レヴィンソン　Levinson, S.　220, 587, 599, 688

レーゲンハウゼン　Legenhausen, L.　673
レディー　Reddy, M.　304
レーマン　Lehmann, C.　336
レメンス　Lemmens, M.　47

ロイ　Roy, D. K.　435
ロス　Ross, E. D.　256, 711
ロッシュ　Rosch, E.　70, 263, 277, 332, 421, 659, 668, 685,
　　694
ロトマン　Lotman, J.　6
ロフタス　Loftus, E. F.　332
ロムニー　Romney, A. K.　684

ワ 行

ワーズワース　Wordsworth, W.　251

人名索引（欧 – 和）

（　）内の語のように読まれていることもある．複数ある場合は／で併記した．

A

Auwera, J.　アウウェラ　48
Allen, G.　アレン　252
Allwood, J.　オールウッド　115
Altenberg, B.　アルテンベルク　145
Aristotle　アリストテレス　34, 62, 272, 303, 583, 661
Austin, J. L.　オースティン　47, 598, 726

B

Bally, C.　バイイ　316
Baron-Cohen, S.　バロン・コーエン　364
Barthes, R.　バルト　5
Bartlett, F.　バートレット　654
Benveniste, E.　バンヴェニスト　316
Berlin, B.　バーリン　42, 46, 154, 263, 694
Bickerton, D.　ビッカートン　379
Blevins, J.　ブレビンズ　78
Blomberg, J.　ブロンバリ　673
Bloomfield, L.　ブルームフィールド　7, 406
Blount, B. G.　ブラウント　684
Boas, F.　ボアズ（ボアス）　6, 157
Bohannon, J. N.　ボハノン　424
Bolinger, D. L.　ボリンジャー　52, 279, 282, 406, 472, 564
Boogart, R.　ボーガルト　48
Borkin, A. M.　ボーキン　282
Boyd, R.　ボイド　380
Bréal, M.　ブレアル　45
Brentano, F. C. H. H.　ブレンターノ　59
Broca, P. P.　ブローカ　696
Brône, G.　ブローネ　249, 251
Browman, C. P.　ブラウマン　86
Brown, R.　ブラウン　406
Browning, R.　ブラウニング　251
Brugman, C. M.　ブラッグマン　155
Bruner, J.　ブルーナー　62
Bühler, K.　ビューラー　43
Bybee, J. L.　バイビー　52, 79, 167, 223, 336

C

Cadiot, P.　カディオ　47
Call, J.　コール　364
Carnap, R.　カルナップ　58, 63
Caxton, W.　キャクストン　384
Chafe, W.　チェイフ　102, 223, 589
Chaucer, G.　チョーサー　384
Chomsky, A. N.　チョムスキー　8, 62, 164, 174, 262, 368, 374, 433, 482, 654, 725, 727, 791

Cicero 欄

Cicero, M. T.　キケロ　304
Clark, D.　クラーク　47, 380, 426, 730
Collins A. M.　コリンズ　332, 659
Comrie, B.　コムリー　52
Conklin, H.　コンクリン　683
Connor, U.　コナー　400
Cornish, H.　コーニッシュ　48
Corrigan, R.　コリガン　95, 102
Coseriu, E.　コセリウ　177
Coulson, S.　カールソン　350, 354
Courtenay, B.　クルトネ　727
Coventry, K. R.　コヴェントリー　675
Croft, W.　クロフト　52, 154, 211, 223, 236, 286, 337, 394, 726, 728
Cruse, A. D.　クルーズ（クルス）　286, 394
Culioli, A.　キュリオリ　47
Cuyckens, H.　カイケンス　48

D

D'Andrade, R. G.　ダンドレード　682, 684, 687
Dąbrowska, E.　ダンブロフスカ　47
Darmesteter, A.　ダルメステテール　45
Darwin, C.　ダーウィン　61
Davis, B. L.　デイビス　87
Dawkins, R.　ドーキンス　60
Deacon, T. W.　ディーコン　374, 380
Dennett, D. C.　デネット　433
Desai, R. H.　デサイー　710
Descartes, R.　デカルト　58, 262
Deutscher, G.　ドイッチャー　220
Dewey, J.　デューイ　292
Dickins, B.　ディキンズ　256
Dik, S.　ディック　223
Dirven, R.　ディルヴェン　43
Dixon, R. W. M.　ディクソン　237, 540
Du Bois, J. W.　デュボワ（デュボア）　95, 103, 677
Ducrot, O.　デュクロ　47
Dumais, S. T.　デュメ　769
Dummett, M.　ダメット　58, 63

E

Eco, U.　エーコ　14, 50
Egan, T.　イーガン　47
Elman, J. L.　エルマン　71, 668
Ende, M.　エンデ　306
Evans, V.　エヴァンズ（エヴァンズ／エバンス）　47, 109, 469
Everett, D. L.　エヴァレット　52, 689

F

Fauconnier, G.　フォコニエ　43, 44, 47, 202, 347, 351
Fillmore C. J.　フィルモア　43, 51, 94, 108, 152, 156, 176, 207, 282, 399, 526, 743, 789
Firth, J. R.　ファース　47, 406, 621
Fløgstad, G. N.　フルクスタ　49
Fludernik, M.　フルダーニック　250
Fowler, C. A.　ファウラー　84
Frake, C.　フレイク　683
Freeman, M. H.　フリーマン　249, 251
Frege, F. L. G.　フレーゲ　58, 59, 60, 62, 262
Fries, C. C.　フリーズ　482

G

Gardner, H.　ガードナー　689
Garnett, J. M.　ガーネット　256
Garrod, S.　ギャロッド　678
Gavins, J.　ゲイヴィンズ　250
Geeraerts, D.　ヒェラエルツ　48
Geiger, L.　ガイガー　42
Gentner, D.　ゲントナー　655, 661
Gibbs Jr., R. W.　ギブス（ギッブズ／ギブズ）　52, 250, 662, 733
Gibson, J. J.　ギブソン　669, 674, 676
Givón, T.　ギヴォン　224, 241
Goffman, E.　ゴフマン　177, 742
Gogate, L.　ゴガーテ　436
Goldberg, A. E.　ゴールドバーグ　31, 52, 52, 159, 171, 208, 452, 625, 650
Goldstein, L.　ゴールドシュタイン　84, 86
Goodenough, W. H.　グッドイナフ　683
Green, M.　グリーン　109
Greenberg, J. E.　グリーンバーグ　222
Grice, H. P.　グライス　47, 191, 586, 599, 729
Grice, H. P.　グリース　603
Gries, S. T.　グリス　624
Gumperz, J. J.　ガンパーズ　731
Gutenberg, J.　グーテンベルグ　384

H

Hacking, I.　ハッキング　644
Haiman, J.　ヘイマン　109, 223, 259
Halle, M.　ハレ　174
Halliday, M. A. K.　ハリデー　592
Hamilton, C.　ハミルトン　253
Harder, P.　ハーダー　356
Harnad, S.　ハルナッド　417, 433
Hart, C.　ハート　47
Hauser, M. D.　ハウザー　361, 368
Heine, B.　ハイネ　336, 346
Herder, J. G.　ヘルダー　379
Hernández, L. P.　エルナンデス　600
Herrnstein, R. J.　ハーンスタイン　375
Hickok, G.　ヒコック　782
Hippocrates　ヒポクラテス　3

Hjelmslev, L.　イェルムスレウ　5
Hockett, C. F.　ホケット　379
Hoffman, P.　ホフマン　785
Holland, D.　ホランド　685
Hooper → バイビー　Bybee, J. L.
Hopper, P. J.　ホッパー　95, 223, 235, 243, 336, 338, 534
Hubbard, E. M.　ハバード　405
Hudson, R.　ハドソン　47
Humboldt, W. von　フンボルト　42, 220, 379
Humphrey, N. K.　ハンフリー　69
Hurford, J.　ハーフォード　47
Husserl, E. G. A.　フッサール　53, 58, 59, 60, 63, 316
Hutchins, E.　ハッチンス　354

I

Israel, M.　イスラエル　170

J

Jackendoff, R.　ジャッケンドフ　155, 198
Jackson, J. H.　ジャクソン　781
Jakobson, R.　ヤコブソン（ヤーコブソン）　6, 41, 49, 223, 304, 406, 683
James, W.　ジェームズ　292
Jespersen, O.　イェスペルセン　379
Johnson, M.　ジョンソン　51, 61, 152, 158, 194, 250, 262, 292, 304, 399, 563, 679

K

Kant, I.　カント　53, 71
Kaplan, B. R.　キャプラン　400
Kay, P.　ケイ　42, 46, 154, 207, 213, 263, 694
Kellerman. E.　ケラーマン　462
Kemmer, S.　ケマー　223, 241
Kirby, S.　カービー　47
Klaiman, M. H.　クライマン　243
Kluckhohn, C.　クラックホーン　686
Köhler, W.　ケーラー　406
Kövecses, Z.　ケベセッシュ（ケベチェス／クヴェチェシュ）　50, 304, 394
Krashen, S.　クラッシェン　482
Kripke, S.　クリプキ　201
Kroeber, A. K.　クローバー　686
Kronenfeld, D.　クロネンフェルド　682
Kruisinga, E.　クルイジンハ　48
Kuteva, T.　クテヴァ　44, 346

L

Labov, W.　ラボフ　674
Lacan, J.　ラカン　304
Lado, R.　ラドー　482
Lakoff, G.　レイコフ　10, 23, 32, 43, 51, 63, 111, 147, 152, 161, 194, 250, 262, 269, 276, 282, 292, 304, 332, 399, 458, 472, 576, 584, 660, 679
Lamarck, J.-B.　ラマルク　61
Landauer, T. K.　ランダウアー　769

Langacker, R. W. ラネカー 32, 43, 45, 51, 79, 95, 106, 119, 129, 131, 147, 148, 149, 150, 152, 164, 174, 178, 223, 236, 253, 284, 292, 306, 315, 325, 386, 390, 392, 456, 514, 540, 558, 577, 589, 603, 625, 644, 671, 726
Leech, G. リーチ 47
Legenhausen, L. レーゲンハウゼン 673
Lehmann, C. レーマン 336
Leibniz, G. W. ライプニッツ 53
Leino, J. レイノ 49
Lemmens, M. レメンス 47
Lévi-strauss, C. レヴィ＝ストロース 304
Levinson, S. レヴィンソン 220, 587, 599, 688
Lewandowska-Tomaszczyk, B. レヴァンドフスカ・トマスチク 50
Lindblom, B. リンドブロム 83
Loftus, E. F. ロフタス 332
Lotman, J. ロトマン 6
Lovejoy, A. ラブジョイ 305
Loveland, K. A. ラヴランド 670
Lowth, R. ラウス 388
Lyons, J. ライオンズ 177, 236

M

Mach, E. マッハ 316
Magnus, H. マグヌス 42
Malinowski, B. マリノフスキー 686
Malory, T. マロリー 254
Mandelblit, N. マンデルブリット 351
Mandler, J. M. マンドラー 147
Markman, A. B. マークマン 658, 663
McCarthy, J. マッカーシー 62
McClelland, J. L. マクレランド 68
Medin, D. メディン 171
Meillet, A. メイエ 336
Mendoza, F. J. R. デ・メンドーサ 50, 600
Merker, B. マーカー 361
Merleau-Ponty, M. メルロ＝ポンティ 58, 64, 292
Mielke, J. ミルキー 90
Miller, G. ミラー 472
Milton, J. ミルトン 385
Minsky, M. ミンスキー 177
Mirman, D. ミルマン 790
Mithen, S. ミズン 362
Monrad-Krohn, G. H. モンラッド‐クローン 711
Morin, E. モラン 61
Murphy, G. L. マーフィ 662
Murray, L. マレー 389

N

Neagu, M. ネアグ 50
Neisser, U. ナイサー 654, 670
Nerlich, B. ネアリッヒ 47
Newell, A. ニューエル 654
Newman, J. ニューマン 52
Newton, I. ニュートン 59
Nisbett, R. E. ニスベット 395

O

Ohala, J. オハラ 83
Ortony, A. オートニー 661
Oudeyer, P.-Y. ウデイェ 84
Owen, W. オーウェン 252

P

Pancoast, H. S. パンコースト 256
Panther, K. パンター（パンサー） 44, 599
Pardeshi, P. パルデシ 220
Pascal, B. パスカル 59
Patterson, K. パターソン 784
Paul, H. パウル 7
Peirce, C. S. パース 2, 50
Perkins, M. パーキンス 95
Piaget, J. ピアジェ 62, 654
Pickering, M. J. ピッカリング 678
Pinker, S. ピンカー 380, 450
Plato プラトン 3, 34, 58, 406
Polzenhagen, F. ポルツェンハーゲン 44
Popper, K. ポパー 60, 62
Poutsma, H. ポウツマ 48
Premack, D. プレマック 364
Protagoras プロタゴラス 34
Pustejovsky, J. プステヨフスキー 114
Putnam, H. パトナム 263
Pütz, M. ピュッツ 43

Q

Quillian, M. R. キリアン 659
Quine, W. O. クワイン 423
Quinn, N. クィン 685
Quintilianus, M. S. クインティリアヌス 304, 309

R

Ralph, L. ラルフ 784
Ramachandran, V. S. ラマチャンドラン 61, 405
Rapp, A. M. ラップ 710
Rastier, F. ラスチエ 47
Reddy, M. レディー 304
Reed, E. S. リード 677
Reinhart, T. ラインハート 131
Rice, S. ライス 52
Richards, I. リチャーズ 304
Richerson, P. リチャーソン 380
Rioja, L. リオハ 50
Rizzolatti, G. リゾラッティ 364, 709
Romney, A. K. ロムニー 684
Rosch, E. ロッシュ 70, 263, 277, 332, 421, 659, 668, 685, 694
Ross, E. D. ロス 256, 711
Rousseau, J.-J. ルソー 379
Roy, D. K. ロイ 435
Russell, B. ラッセル 58, 262

S

Saffran, J. R.　サフラン　434
Sánchez, A. B.　サンチェス　50
Sapir, E.　サピア　7, 37, 220, 221, 406, 689, 691
Saussure, F.　ソシュール　2, 35, 41, 46, 65, 283, 405, 683, 725
Schlegel, F.　シュレーゲル　220, 220
Schmid, H.-J.　シュミット　44, 351
Schwartz, M. F.　シュワルツ　790
Searle, J. R.　サール　598, 726
Selinker, L.　セリンカー　482
Semino, E.　セミーノ　250
Sidman, M.　シドマン　376
Silverstein, M.　シルバースタイン　732
Simon, H.　サイモン　62, 654
Sinha, C.　シンハ　47
Slobin, D.　スロービン　222, 399, 688
Smith, C. S.　スミス　514
Sonesson, G.　スーネソン　48
Spaeth, J. D.　スピース　256
Spenser, E.　スペンサー　254
Sperber, D.　スペルベル（スパーバー）　47, 191, 586
Spooren, W.　スポーレン　48
Stanowicz, L. B.　スタノビク　424
Steen, G.　スティーン　250, 251
Stefanowitsch, A.　ステファノヴィッチ　601
Stockwell, P.　ストックウェル　250, 251, 255
Stokoe, W.　ストーキー　796
Strawson, P. F.　ストローソン　47
Studdert-Kennedy, M.　スチュダート‐ケネディ　85
Suddendorf, T.　ズデンドルフ　360
Sussmilch, J. P.　ジュースミルヒ　379
Svorou, S.　スヴォルー　52
Swanton, M.　スワントン　256
Sweetser, E.　スウィーツァー　52, 563

T

Talmy, L.　タルミー　52, 152, 178, 292, 394, 645
Tao, H.　タオ　95
Taylor, J. R.　テイラー（テーラー）　575, 630
Tennyson, A.　テニスン　254
Thompson, S. A.　トンプソン　223, 241, 534
Thornburg, L.　ソーンブルク（トーンブルク）　44, 599
Tomasello, M.　トマセロ　171, 210, 235, 360, 370, 373, 380, 432, 447, 461, 486, 729
Traugott, E. C.　トローゴット（トラウゴット）　52, 315, 336, 566
Trubetzkoy, N.　トゥルベッコイ　223
Tseng, M.-Y.　ツェン　251
Turner, M.　ターナー　43, 52, 250, 347, 584
Turvey, M. T.　ターヴィー　675

Tversky, A.　トヴァースキー　661
Tyler, L. K.　タイラー　787

U

Uexküll, J.　ユクスキュル　14
Ullmann, I.　ウルマン　50
Ungerer, F.　ウンゲラー　44

V

Van Hoek, K.　ヴァン・フック　132, 329
Vandaele, J.　ヴァンディール　249, 251
Varela, F. J.　ヴァレラ　760
Veale, T.　ヴィール　354
Vendler, Z.　ヴェンドラー　514
Vennemann, T.　ベネマン　174
Viberg, Å.　ヴィーバリィ　48
Visetti, Y.-M.　ヴィゼッティ　47
Visser, M.　ビサー　784

W

Wallace, A.　ウォレス　61, 683
Webster, N.　ウェブスター　388
Wells, R.　ウェルズ　7
Wertheimer, M.　ヴェルトハイマー　332
Whorf, B. L.　ウォーフ　7, 37, 42, 220, 222, 691
Wierzbicka, A.　ヴィエジュビツカ（ヴェジビツカ）　49, 282
Wilcox, S.　ウィルコックス　804
Wilson, D.　ウィルソン　47, 191, 193, 586
Wittgenstein, L.　ウィトゲンシュタイン（ヴィトゲンシュタイン）　44, 174, 263, 274, 449, 575
Wolf, H.-G.　ヴォルフ　44
Wordsworth, W.　ワーズワース　251
Wray, A.　レイ　95, 102, 362
Wundt, W.　ヴント　53, 713

Z

Zlatev, J.　ズラテフ　48

ロシア語

Баранов, А. Н.　バラノフ　49
Болдырев, Н. Н.　ボルディレフ　49
Гришаева, Л. И.　グリシャーイェヴァ　49
Демьянков, В. З.　ジミャンコフ　49
Кубрякова, Е. С.　クブリャコヴァ　49
Попова, З. Д.　パポーヴァ　49
Степанов, Ю. С.　スチパノフ　49
Стернин, И. А.　スチェルニン　49

ギリシア語

Μαρμαριδου, Σ.　マルマリドウ　50
Νικηφοριδου, Β.　ニキフォリドウ　50

編集主幹紹介

辻　幸夫
（つじ　ゆきお）

1956 年　山梨県に生まれる
　　　　慶應義塾大学大学院後期博士課程修了
　　　　オックスフォードおよびロンドン両大学訪問研究員を経て
現　在　慶應義塾大学教授
　　　　日本認知言語学会会長
編著訳書に以下のものなどがある.
『新編認知言語学キーワード事典』（編著, 大修館書店, 2013)
『ヒトはいかにしてことばを獲得したか』（共著, 大修館書店, 2011)
『認知言語学研究の方法—内省・コーパス・実験』（監修, ひつじ書房, 2011)
『ことばをつくる—言語習得の認知言語学的アプローチ』
　　　　　　　　　　　　　　　（共訳, 慶應義塾大学出版会, 2008)
『認知言語学のための 14 章〈第 3 版〉』（共訳, 紀伊國屋書店, 2008)
『比喩と認知—心とことばの認知科学』（監修, 研究社, 2008)
『心とことばの脳科学』（共著, 大修館書店, 2006)
『認知言語学への招待』（編著, 大修館書店, 2003)
『ことばの認知科学事典』（編著, 大修館書店, 2001)
『英語の意味』（共著, 大修館書店, 1996)
『認知意味論—言語から見た人間の心』（共訳, 紀伊國屋書店, 1993)

認知言語学大事典　　　　　　　　　定価はカバーに表示

2019 年 10 月 15 日　　初版第 1 刷
2020 年 9 月 10 日　　　　第 2 刷

編集主幹	辻　　　幸　夫
編 集 者	楠　見　　　孝
	菅　井　三　実
	野　村　益　寛
	堀　江　　　薫
	吉　村　公　宏
発 行 者	朝　倉　誠　造
発 行 所	株式会社 朝　倉　書　店

東京都新宿区新小川町 6-29
郵 便 番 号　　162-8707
電　　話　03(3260)0141
F A X　03(3260)0180
http://www.asakura.co.jp

〈検印省略〉

Ⓒ 2019 〈無断複写・転載を禁ず〉　　　　　新日本印刷・牧製本
ISBN 978-4-254-51058-4　C 3580　　　　Printed in Japan

JCOPY ＜出版者著作権管理機構 委託出版物＞
本書の無断複写は著作権法上での例外を除き禁じられています. 複写される場合は,
そのつど事前に, 出版者著作権管理機構 (電話 03-5244-5088, FAX 03-5244-5089,
e-mail: info@jcopy.or.jp) の許諾を得てください.

前東北大 佐藤武義・前阪大 前田富祺編集代表

日 本 語 大 事 典

【上・下巻：2分冊】

51034-8 C3581　　　　B 5 判 2456頁 本体75000円

現在の日本語をとりまく環境の変化を敏感にとらえ，孤立した日本語，あるいは等質的な日本語というとらえ方ではなく，可能な限りグローバルで複合的な視点に基づいた新しい日本語学の事典。言語学の関連用語や人物，資料，研究文献なども広く取り入れた約3500項目をわかりやすく丁寧に解説。読者対象は，大学学部生・大学院生，日本語学の研究者，中学・高校の日本語学関連の教師，日本語教育・国語教育関係の人々，日本語学に関心を持つ一般読者などである。

農工大 畠山雄二編著

正しく書いて読むための 英 文 法 用 語 事 典

51062-1 C3582　　　　A 5 判 328頁 本体5000円

英文法用語を見開き2頁完結で明快に解説する。英語教師・英文科学生・上級学習者必携の一冊。〔内容〕品詞／句／節／単文／重文／複文／肯定文／否定文／疑問文／仮定法／一致／意味上の主語／格／(不)可算名詞／非人称のit／序数(詞)／性／動詞とは／不規則活用／助動詞／時制（テンス）／相（アスペクト）／現在分詞／過去分詞／分詞構文／態（ヴォイス）／否定／比較級／関係副詞／制限用法／等位接続詞／従位接続詞／倒置／強調／複合語／派生語／他

農工大 畠山雄二編

最新 理 論 言 語 学 用 語 事 典

51055-3 C3580　　　　A 5 判 496頁 本体7400円

「言語学はいったいどこに向かっているのか」 80-90年代のような言語学の大きな潮流・方向性が見えない時代と世界。それでも，言語学が「行くべき道」は見えなくもない。その道を知るために必要となる言語学の最先端全200項目をそれぞれ2ページで解説する。言語学の巨大な森を見渡す事典。〔内容〕認知言語学，機能文法，ミニマリスト・プログラム，形式意味論，言語獲得，生物言語学，主要部駆動句構造文法，言語哲学，日本語文法，構文文法。

前都立大 中島平三編

こ と ば の お も し ろ 事 典

51047-8 C3580　　　　B 5 判 324頁 本体7400円

身近にある"ことば"のおもしろさや不思議さから，多彩で深いことば・言語学の世界へと招待する。〔内容〕I.ことばを身近に感じる（ことわざ／ことば遊び／広告／ジェンダー／ポライトネス／育児語／ことばの獲得／バイリンガル／発達／ど忘れ，など）　II.ことばの基礎を知る（音韻論／形態論／統語論／意味論／語用論）　III.ことばの広がりを探る（動物のコミュニケーション／進化／世界の言語・文字／ピジン／国際語／言語の比較／手話／言語聴覚士，など）

◈ シリーズ〈言語表現とコミュニケーション〉〈全3巻〉 ◈

コミュニケーションの場での言語表現を検討

前名大 中野弘三編
シリーズ〈言語表現とコミュニケーション〉1

語 は なぜ 多 義 に なる のか

―コンテキストの作用を考える―

51621-0 C3380　　　　A 5 判 200頁 本体3200円

語用論の中心課題である，言語表現とコミュニケーションの場の解明，特に意味伝達のプロセスを解明するシリーズ。第1巻では，意味理論，語用論理論をもとに語の多義性を分析し，歴史的意味変化や，借用の過程で生じる意味変化を扱う。

龍谷大東森　勲編
シリーズ〈言語表現とコミュニケーション〉2

対 話 表 現 は なぜ 必 要 なの か

―最新の理論で考える―

51622-7 C3380　　　　A 5 判 180頁 本体3200円

対話において，話し手は聞き手に何らかの情報を伝達するが，それは両者の知識や感情により，言語表現の本来の意味が変化する。本巻では対話表現の問題とその代表である法表現，婉曲表現，談話標識，配慮表現などの基礎と応用を取り扱う。

前甲南大 中島信夫編
シリーズ〈言語表現とコミュニケーション〉3

発 話 の 解 釈 は なぜ 多 様 なの か

―コミュニケーション能力の働きを考える―

51623-4 C3380　　　　A 5 判 184頁 本体3200円

発話は文字通りの意味だけでなく話し手の意図が言外の意味として伝えられ，それは聞き手の推論により了解される。第3巻では，推論の仕組み・発話解釈の問題，様々な発話表現，ポライトネスなどの語用論的能力の働きを解説。

上記価格（税別）は 2020 年 8 月現在